I0084377

# ENCYCLOPÉDIE

# CATHOLIQUE.

SAINT-CLOUD. — IMPRIMERIE DE BELIN-MANDAR.

# ENCYCLOPÉDIE
# CATHOLIQUE,

RÉPERTOIRE UNIVERSEL ET RAISONNÉ

DES SCIENCES, DES LETTRES, DES ARTS ET DES MÉTIERS,

FORMANT

UNE BIBLIOTHÈQUE UNIVERSELLE,

Publiée sous la Direction

DE M. L'ABBÉ GLAIRE,

DOYEN DE LA FACULTÉ,

DE M. LE V^TE WALSH,

ET D'UN COMITÉ D'ORTHODOXIE.

---

*Tome Sixième.*

**CATHERINE. -- CHARLES II.**

PARIS,

PARENT-DESBARRES, ÉDITEUR,

RUE CASSETTE, 23, PRÈS SAINT-SULPICE.

M DCCC XLIII.

# ENCYCLOPÉDIE

# CATHOLIQUE.

## C



**CHARLES III** (ORDRE DE). Il fut fondé par ce roi d'Espagne en 1771, et en 1772 une bulle du pape en approuva les statuts. Le patriarche des Indes en était le grand chancelier. L'ordre se composait de soixante grands-croix, de deux cents chevaliers pensionnés et d'un nombre illimité de chevaliers sans pension. Il était doté avec le luxe que les rois d'Espagne mettaient en général dans ces institutions dirigées par la dévotion. Il avait un conseil suprême, un maître des cérémonies et un trésorier. Chacun des deux cents chevaliers touchait une pension de quatre mille réaux. L'ordre était sous l'invocation de Notre-Dame de la Conception : aussi les croix des chevaliers avaient au milieu une figure de la Vierge, et les grands-croix portaient une conception brodée en argent sur le côté gauche de l'habit et sur le manteau. On avait donné aux grands-croix et aux officiers de l'ordre des privilèges religieux ; un de ces privilèges était de pouvoir faire dire deux messes par jour dans leurs chapelles particulières, ou, lorsqu'ils étaient en voyage, sur des autels portatifs, même dans des lieux mis en interdiction ; de plus, leurs femmes et leurs filles pouvaient rester, deux fois par an, toute une journée dans les couvents de religieuses cloîtrées, pour voir de proches parentes. On attachait alors une haute importance à ces prérogatives. Du reste l'ordre de Charles III servait et sert encore à récompenser toutes sortes de mérites ou de services, tant militaires que civils.

**CHARLES DE SAINT-PAUL**, dont le nom de famille était *Charles Vialart*, était le petit-neveu d'Antoine Vialart, archevêque de Bourges, mort en 1576, et oncle de Félix Vialart, évêque de Châlons. Il entra dans la congrégation des feuillants, dont il fut nommé supérieur général. En 1640 il fut élevé sur le siége d'Avranches, et il mourut le 15 septembre 1644. Ses ouvrages sont : 1° *Geographia sacra, seu Notitia antiqua episcopatuum Ecclesiæ universæ*, Paris, 1641. Luc Holstenius joignit des notes à cet ouvrage estimé, qui fut réimprimé à Rome en 1666, in-8°, et dont la meilleure édition est celle d'Amsterdam, 1703, in-fol. Un discours de l'ancienne dignité de l'Eglise gallicane et des villes de la Gaule qui obtinrent des droits métropolitains précède la notice des évêchés de France. On réunit ordinairement la *Géographie sacrée* de Charles de Saint-Paul à celle de Sanson, édition avec les notes de J. Leclerc, Amsterdam, 1704, in-fol., et à l'*Onomasticon urbium et locorum S. Scripturæ* d'Eusèbe. 2° *Livre de la rhétorique française*, entièrement oublié aujourd'hui. 3° *Statuts synodaux*, en 1643, imprimés dans la collection de D. Bessin. 4° *Mémoires du cardinal de Richelieu, avec diverses réflexions politiques*, Paris, 1649, in-fol., et sous le titre d'*Histoire du cardinal de Richelieu*, Paris, 1650, in-fol. ; *ibid.*, traduit en latin, Würtzbourg, 1652, in-8°. Ces mémoires contiennent les événements du ministère de Richelieu depuis 1624 jusqu'en 1633. « C'est un méchant livre, écrivait Charles Patin à Spori, contenant une apologie de la tyrannie du cardinal. » On y trouve un chapitre contre Marillac, et un autre contre Châteauneuf, avec un grand nombre d'actes et de lettres sur les affaires du Piémont. Les *Réflexions politiques* n'en sont pas l'ornement le plus agréable. Théophraste Renaudot dit, dans la *Gazette* du 21 mai 1650, que, sur la déclaration de la duchesse d'Aiguillon que cet ouvrage n'était pas de son oncle, « le parlement de Paris rendit, le 11 du même mois, un arrêt portant que ledit livre contenait plusieurs propositions, narrations et discours faux, calomnieux, scandaleux, injurieux, impertinents, contraires aux lois du royaume et préjudiciables à l'Etat, et, comme tel, le condamna à être brûlé. » Cet arrêt fut imprimé à Paris, 1650, in-4°. Son exécution empêcha de publier la suite de ces mémoires, qui existent en manuscrit. « Ce livre, dit Lenglet-Dufresnoy, n'était ni assez bon, ni assez mauvais pour être brûlé. » Ce caustique écrivain trouvait que c'étaient là les conditions voulues, les motifs essentiels pour obtenir cet honneur.

**CHARLES DE SAINT-BERNARD**, autre religieux feuillant, fonda le monastère de Fontaine, et mourut le 14 mars 1621, à l'âge de vingt-quatre ans. Un religieux de la même congrégation publia, sous le nom de *Tournemeul*, la *Vie de Charles de Saint-Bernard*, Paris, 1622, in-8°.

**CHARLES DE L'ASSOMPTION**, carme déchaussé des Pays-Bas français, nommé Charles de Brias dans le siècle, était propre frère de M. de Brias, archevêque de Cambrai. Il servait en qualité de capitaine ou colonel dans l'armée espagnole qui fut battue à Lens, en 1648, par le prince de Condé. Il fut pris dans le combat et amené à Paris. Lorsqu'on le mit en liberté, il retourna dans son pays, où il entra dans l'ordre des carmes déchaussés, et y prit le nom de Charles de l'Assomption. Il se distingua par sa science et par ses talents, enseigna longtemps à Douai avec réputation, fut deux fois provincial de sa province, et mourut le 23 février 1686, dans la première année de son second provincialat. Il s'était d'abord montré zélé partisan de la science moyenne, en faveur de laquelle il publia un ouvrage sous le nom feint de *Germanus Philaletes Eupistinus*. Mais le P. Jérôme Henneguier, dominicain de Saint-Omer, en Artois, lui ayant opposé le livre intitulé : *Vanitas triumphorum quos ab auctoritate adversus prædeterminationes physicas pro scientia media erigere nititur Germanus Philaletes Eupistinus*, le faux Philalète reconnut sa méprise, brisa de sa main les trophées qu'il avait prétendu ériger au molinisme, et sur les ruines de ces trophées abattus il dressa le triomphe du thomisme, dans un ouvrage intitulé : *Thomistarum triumphus, id est, sanctorum Augustini et Thomæ gemini Ecclesiæ solis summa concordia, circa scientiam mediam, naturam puram aut duplicem Dei amorem, libertatem, contritionem et probabilitatem* ; seconde édition, à Douai, sous le nom de *Philaletes Eupistinus*, 3 vol. in-4°, imprimés en 1672, 1673 et 1674. Il publia encore : 1° *Funiculus triplex quo necessitas angelici luminis D. Thomæ ad veram S. Augustini intelligentiam insolubiliter stringitur adversus Baium Molinam et Jansenium*, Cambrai, 1675, in-4°. 2° *Pentalogus diaphoricus, sive quinque differentiarum rationes ex quibus verum judicatur de dilatione absolutionis, ad mentem gemini Ecclesiæ solis SS. Augustini et Thomæ, oblatus ad examen sum. pont.*

*Innocent. XI.* Cet ouvrage, qui est un avant-coureur d'un livre plus considérable sur la pénitence, fut condamné par la congrégation de l'index, le 3 avril 1685. 3° Dix lettres à Mgr. l'évêque de Tournai, sous ce titre : *Theologi Flandei epistolæ ad illustriss.*, etc., *ubi de dilatione absolutionis, de confessione informi ac de frequenti ad sacram synaxim accessu tractatur.* 4° *Elucidatio circa usum absolutionis consuetudinariorum recidivorum, secundum doctrinam S. Thomæ, cum tribus regulis pro frequenti communione*, etc., Liége, 1682. 5° *Vindiciarum postulatio a Jesu Christo peccatorum omnium pœnitentium et impœnitentium redemptore adversus rigoristas, homines a sacro tribunali retrahentes*, Liége, 1683. 6° *Défense de la pratique commune de l'Eglise contre les rigoristes*, Cambrai, 1684 (Magna biblioth. eccles., p. 661; Specul. Carmeli, t. II; Biblioth. carmelit., t. I, c. 311).

**CHARLES DE SAINTE-CATHERINE**, professeur en théologie et habile controversiste de l'ordre des Carmes, mort prieur de Vivone, dans le diocèse de Poitiers, en 1689, est auteur d'un ouvrage intitulé : *Traité des propriétés de l'Ecriture en faveur des nouveaux convertis et de ceux qui aiment les saintes lettres*, Poitiers, 1689.

**CHARLES DE SAINT-BENOIST**, religieux carme de la province de France, ancien professeur de théologie. On a de lui : 1° *Examen de conscience très-abrégé pour faciliter la mémoire du pénitent dans la recherche de ses fautes*, ou *Moyen facile pour reconnaître l'état de sa conscience*, avec une *Réflexion courte et instructive sur chaque matière de péché*, etc., in-12. On y trouve à la fin des prières pour la confession et la communion. 2° *L'Occupation des fidèles durant le saint sacrifice de la messe*, dédié à S. A. R. M$^{me}$ la duchesse d'Orléans, abbesse de Chelles, in-16. L'auteur entreprend de donner, dans cet ouvrage, une exposition des vérités renfermées dans le très-saint sacrifice de la messe, une explication des cérémonies que l'on y observe et des prières conformes aux cérémonies (*Journal des savants*, 1721 et 1722).

**CHARLES** (RENÉ), médecin du XVIII$^{e}$ siècle, naquit à Preny-sur-Moselle, et non à Jussey, en Franche-Comté, comme l'ont avancé sans aucune preuve plusieurs biographes. Il venait à peine de recevoir la robe de docteur, qu'il fut nommé directeur des eaux minérales de Bourbonne-les-Bains. Il fut choisi ensuite pour occuper une chaire à l'université de Besançon, en devint recteur, et mourut en 1752. Il a composé un grand nombre d'écrits qui tous traitent des eaux minérales, des épidémies et des épizooties. 1° *Quæstiones medicæ circa thermas Borbonienses*, Besançon, 1721, in-8° : l'auteur a refondu cette thèse dans sa *Dissertation sur les eaux de Bourbonne*, Besançon, 1749, in-12; 2° *Quæstiones medicæ circa acidulas Bussanas*, Besançon, 1738, in-8°; 3° *Observations sur le cours de ventre et la dyssenterie qui règnent dans quelques endroits de la Franche-Comté*, Besançon, 1741, in-4°; 4° *Observations sur les diverses espèces de fièvres, et principalement sur les fièvres putrides, malignes et épidémiques, et sur les pleurésies qui ont régné en Franche-Comté depuis quelques années*, Besançon, 1743, in-12; 5° *Observations sur la maladie contagieuse qui règne en Franche-Comté parmi les bœufs et les vaches*, Besançon, 1744, in-8°; 6° *Quæstiones medicæ circa fontes medicatos Plumbariæ*, Besançon, 1746, in-8°.

**CHARLES** (CLAUDE-AIMÉ), fils du précédent, né à Besançon en 1718, entra dans l'ordre des jésuites, où il se distingua comme prédicateur. Il a fait imprimer quelques discours, entre autres : *Entrée solennelle de Mgr. Joseph de Croissans, archevêque d'Avignon, faite le 17 décembre 1742*, Avignon, Girard, 1743, in-4°; *Oraison funèbre du comte de Gisors, gouverneur du pays Messin, prononcée le 9 août 1758 dans l'église cathédrale de Metz*, in-4°. Le P. Charles est mort à Besançon en 1769. — M. Eloy, dans son *Dictionnaire historique de médecine*, a confondu Charles, professeur à Besançon, avec un médecin du même nom, à Clermont-Ferrand. Celui-ci a fait une *Histoire des plantes d'Auvergne*. La société littéraire de Clermont a acheté le manuscrit de ses héritiers; mais il n'est point encore publié, que l'on sache.

**CHARLES** (CLAUDE), né à Paris en 1576, reçu docteur en 1606, fut professeur de chirurgie au collége royal de France et doyen de la faculté. Il mourut le 21 juin 1631. Il n'a laissé aucun ouvrage imprimé, car sa dissertation inaugurale (*An dysenteriæ utilis purgatio? negat*) ne mérite point ce titre. On conserve à la bibliothèque royale le cahier des leçons qu'il dicta, en 1615, au collége de France : *Tractatus de lue venerea.* C'est une compilation informe, un recueil de centons entassés sans ordre, sans jugement, et l'on ne peut croire que l'auteur d'une semblable rapsodie eût cultivé avec succès la philosophie et l'éloquence, comme l'assure son panégyriste Charpentier, et comme l'ont répété les biographes Andry, Hazori, etc.

**CHARLES** (JACQUES-ALEXANDRE-CÉSAR), célèbre physicien, naquit à Beaugency en 1746. Dès l'enfance il cultiva la musique, la peinture, et montra une aptitude singulière pour tous les arts. Franklin venait de trouver le moyen de détourner la foudre; cette découverte occupait tous les esprits. Charles voulut s'y consacrer sans réserve. Il entreprit de répéter les expériences physiques les plus difficiles, et déploya une dextérité remarquable dans les démonstrations publiques. Il eut le même succès durant trente années. Cet enseignement de la physique attirait chaque jour un plus grand nombre d'auditeurs. A l'époque où l'invention des aérostats vint frapper les esprits, Charles fit avec Robert, le 3 décembre 1783, le premier voyage aérien qu'on pourrait appeler de long cours, puisqu'il s'éleva du jardin des Tuileries dans un ballon rempli de gaz hydrogène, et descendit dans la plaine de Nesle, à neuf lieues de Paris. Lui-même a fait un récit très-spirituel de ce voyage dans le *Journal de Paris*. L'aménité de son caractère lui avait fait de nombreux amis, mais il n'en fut pas moins exposé à l'envie de plusieurs de ses confrères. Un physicien, qui depuis est devenu si fameux sous le nom de Marat, se présente un jour dans l'appartement de Charles pour l'entretenir de ses prétendues découvertes. Charles le réfute avec politesse; l'autre s'emporte, et, tirant son épée, veut en frapper son adversaire. Celui-ci saisit rapidement son ennemi, le terrasse, et brise son épée sous ses pieds. Marat s'évanouit, et Charles le fait transporter chez lui. Charles mourut en 1825, d'une maladie douloureuse, et il fut remplacé par M. Feuillet dans les fonctions de bibliothécaire de l'Institut (*V.* AÉROSTAT).

**CHARLESTOWN** (*géogr.*), ville et port de mer des Etats-Unis dans la Caroline du sud, *dont elle* est la capitale, fondée en 1630, est située par 32° 41' latitude nord et 82° 8' longitude ouest. Sa population, y compris celle des faubourgs, s'élève à 34,589 habitants, dont 2,000 blancs et 18,000 esclaves; le reste se compose de noirs et de mulâtres libres. Bien bâtie sur une éminence entre les rivières d'Ashley et de Cooper, et à leurs confluents, elle sert de point central à tout le commerce de la Caroline du sud. Contrairement à l'industrie des Etats-Unis du nord qui est manufacturière, celle du sud était presque entièrement agricole; les principales exportations de Charlestown consistent en coton et en riz, de préférence à l'indigo et au tabac dont le trafic y est beaucoup moins considérable. Il s'y exporte aussi, mais en petite quantité, du bois de construction, de la poix, du goudron et de la mousse. Les importations des pays étrangers à Charlestown comprennent principalement les toiles, les cotonnades, les étoffes de laine, la quincaillerie, le fer, l'acier, le café, le sucre, le thé, les vins et l'épicerie. — Le total des importations de Charlestown, en 1832, s'est élevé à six millions trois cent onze mille quatre cent soixante et dix francs, et les exportations à quarante millions trois cent quatorze mille quatre cent seize francs. On évalue à plus de mille bâtiments de différentes grandeurs le mouvement annuel d'entrée et de sortie du port de cette ville, qui est vaste et commode, mais dont l'entrée est fort difficile. — La fièvre jaune a souvent exercé ses ravages à Charlestown, cependant on regarde cette cité comme une des plus saines des Etats méridionaux; aussi est-elle pendant la belle saison le rendez-vous des riches planteurs du pays et des Antilles. Il faut ajouter que la politesse et l'urbanité qui distinguent les habitants de Charlestown en rendent le séjour agréable à tous les étrangers.

**CHARLESTOWN**, ville des Etats-Unis, Etat des Massachusets, comté du Middlesex, à un tiers de lieue environ nord de Boston, bâtie en grande partie sur la presqu'île formée par le Charles-River et le Mystic. Elle communique avec Boston par un pont sur le Charles-River : deux autres ponts traversent le Mystic, et lui ouvrent les routes de Malden et de Chelsea, et un quatrième, jeté sur une baie du Charles-River, la met en communication avec Cambridge. Les rues en sont très-irrégulières; on y remarque la maison de ville, cinq églises ou chapelles, la prison et l'hospice des aliénés de l'Etat de Massachusets. Le gouvernement des Etats-Unis a fait établir dans la partie sud-est de Charlestown un hospice de la marine, un arsenal, un magasin à poudre, un grand chantier couvert pour la construction de gros vaisseaux de guerre, de vastes entrepôts et une belle maison pour la surintendance des édifices publics. Charlestown a été fondée en 1629. — La commune de Charlestown comprend la péninsule située entre le Charles-River et le Mystic, sur laquelle s'élèvent le Breed's-hill, le Bunker's-hill et le Cobble. 6,591 habitants. — La première bataille de la guerre de la révolution américaine se livra le 17 juin 1775 près de Charlestown, qui se composait alors d'environ six cents maisons, et qui fut réduite en cendres par ordre du général anglais Gage. — **CHARLESTOWN** est encore le nom d'un village et petit port d'Ecosse, au comté de Fife; de la ville capitale de Nevis, une des Antilles, et de sept autres communes des Etats-Unis. Elles sont placées dans les provinces suivantes : Etat d'Indiana, chef-lieu du comté de Clarke; Etat de New-Hampshire, comté de Cheshire (cette commune fut le théâtre, le 4 novembre 1747, d'un vif engagement entre un parti français et les Indiens); Etat de New-York, comté de Montgommery; Etat de Pensylvanie, comté de Chester; Etat de Rhode-Island, comté de Washington (les débris de la tribu des Indiens Hawaganset, jadis si puissante, habitent dans cette commune); Etat de Virginie, comté de Jefferson; enfin même Etat, comté de Kenhawa. ED. GIROD.

**CHARLET** (JEAN-BAPTISTE), né à Langres vers la fin du dix-septième siècle, devint chanoine de la collégiale de Grancey, puis curé d'Ahuy près de Dijon. Fort instruit dans l'histoire de son pays, il en avait fait l'objet de ses compositions, qui malheureusement n'ont pas été imprimées et se sont perdues. Le savant Mabillon considérait beaucoup Charlet, avec lequel il fut longtemps en correspondance. On a conservé à Langres son *Abrégé des vies des évêques de Langres*, dédié à l'évêque Clermont-Tonnerre, vers 1712. Voici les titres de ses autres ouvrages : 1° *Martyrologe des saints et des saintes du diocèse de Langres, avec un nécrologe des personnes éminentes en vertus, avec des dissertations sur les saints jumeaux*, etc., 1704; 2° *Collection des antiquités des pays et diocèse de Langres*; 3° *Langres savante, ou Histoire des hommes illustres du diocèse*. Ce dernier manuscrit, l'un des plus importants de cet auteur, fut perdu dans les mains de l'abbé Papillon, auquel il l'avait prêté en 1716. Papillon y puisa l'idée et y trouva les matériaux d'une partie de sa Bibliothèque des auteurs de Bourgogne.

**CHARLETON** (GAUTHIER), célèbre médecin anglais, né le 2 février 1619 à Sephton-Mallet, dans le comté de Sommerset. Il fut élevé à l'université d'Oxford par l'illustre Jean Wilkins, et se montra digne d'un tel maître. Reçu docteur en 1642, il obtint la bienveillance de Charles Ier, qui le nomma son médecin ordinaire. Après la fin tragique de ce monarque il fut successivement membre du collége des médecins de Londres, puis de la société royale, qui venait de s'établir. Sa réputation s'étant étendue au loin, l'université de Padoue lui offrit en 1678 la première chaire de médecine pratique, qu'il accepta d'abord; mais il se détermina à rester à Londres après de nouvelles réflexions. Il remplit pendant deux ans les honorables fonctions de président du collége des médecins, se retira ensuite à l'île de Jersey, où il mourut en 1707. Le nombre et la variété des écrits de Charleton prouvent de grandes connaissances et une vaste érudition. Il débuta dans la carrière littéraire par la traduction de quelques opuscules de Van Helmont; mais son premier ouvrage est défiguré par le style obscur, énigmatique et les absurdes paradoxes de ce visionnaire. En voici le titre : *Spiritus Gorgonicus, vi sua saxipara erutus, seu De signis, causis et sanatione Lithiaseôs*, in-8°, Leyde, 1650. Dans un ouvrage intitulé *Exercitationes physico-anatomicæ, sive Œconomia animalis, novis in medicina hypothesibus superstructa*, Londres, 1659, in-12, il admet la circulation harvéienne, mais il la modifie sans raison, et l'enveloppe d'hypothèses frivoles; il suppose un feu inné dans le cœur, attribue la diversité des sécrétions à celle des pores, que le sang doit traverser, prétend que le fœtus respire dans la matrice, etc. On remarque encore, en dehors de ses nombreux ouvrages médicaux, les suivants : 1° *Chorea gigantum, ou la plus fameuse Antiquité de la Grande-Bretagne, vulgairement appelée* Stone Henge (la pierre de Henge) *près de Salisbury, attribuée aux Danois*, en anglais, Londres, 1663, in-4°. L'auteur prouve que ce monument n'est point un temple romain, comme l'avait assuré le célèbre architecte Inigo Jones; mais il est encore moins fondé à le regarder comme un ouvrage des Danois, puisqu'il était connu et mentionné avant que ce peuple eût pénétré en Angleterre. 2° *Onomasticon zoicon, plerorumque animalium differentias et nomina propria pluribus linguis exponens : cui accedunt mantissa anatomica, et quædam de variis fossilium generibus*, Londres, 1668, in-4°, figures; *ibid.*, 1671; Oxford, 1677, in-fol. Cet ouvrage passe pour le plus important qu'ait publié Charleton. Son dessein a été de déterminer les classes, l'ordre, le genre et même l'espèce des animaux désignés vaguement par les auteurs sous une foule de noms divers. S'il ne lui a pas été possible de toujours atteindre ce but, il faut pourtant convenir que ses efforts ont souvent été couronnés du succès, et son travail est encore aujourd'hui une source précieuse pour les naturalistes. Charleton a publié divers autres écrits sur la philosophie naturelle, sur la morale d'Epicure d'après Gassendi, sur l'histoire naturelle des passions, une réfutation de l'athéisme, quoiqu'il fût l'ami de Thomas Hobbes, et une traduction de la *Vie de Marcellus*, par Plutarque. Il a en outre laissé plusieurs manuscrits. On peut consulter pour la connaissance de tous ses ouvrages, l'*Athenæ Oxon.* de Wood, la *Bibliographie de Haller*, et la *Biographie générale anglaise*. ED. GIROD.

**CHARLEVAL** (CH.-F., SEIGNEUR DE), né en Normandie vers 1613, mort en 1693, a composé quelques poésies qui ont été réunies en un vol. in-18, Paris, 1759; et c'est à lui qu'on doit la fameuse *Conversation du maréchal d'Hocquincourt et du P. Canaye*, imprimée dans les œuvres de Saint-Evremont. On raconte de Charleval un trait fort honorable. Ayant appris que M. et Mme Dacier, ne pouvant vivre assez honorablement à Paris, voulaient se retirer à Castres, il alla leur porter une somme de dix mille livres en or, et la leur donna sous la seule condition qu'ils ne partiraient pas.

**CHARLEVILLE**, ville de l'ancienne principauté d'Arches en Champagne, aujourd'hui du département des Ardennes, à un kilomètre de Mézières, construite au commencement du XVIIe siècle, par Charles de Gonzague, duc de Nevers et de Mantoue, souverain d'Arches, qui en fit dès lors la capitale de cette principauté. Charleville passa ensuite au prince de Condé, du chef d'Anne de Bavière, sa bisaïeule, fille d'Anne de Gonzague-Nevers. Louis XIII, pour la tenir en respect, fit construire en 1639 la forteresse du mont Olympe, qui la dominait vers le nord. Mais la principauté d'Arches ayant été ensuite cédée à la France, Louis XIV jugea, en 1686, que cette forteresse était inutile, et la fit démolir. Charleville est la patrie de l'abbé Longuerue, de D. Charpentier, continuateur de Ducange, du jésuite Courtois, etc. Cette ville, qui est le chef-lieu judiciaire du département des Ardennes, possède en outre une chambre consultative des arts et manufactures, un collége communal, une bibliothèque publique de vingt-deux mille volumes et une célèbre manufacture d'armes. Sa population est de 7,743 habitants. Arches, qui n'est plus aujourd'hui qu'un faubourg de Charleville, était autrefois un lieu considérable, où les princes de la seconde race possédaient un palais connu alors sous le nom d'*Arcæ Remorum*. Ce château fut ensuite possédé par les évêques de Liége, dont l'un le fit détruire en 993. La principauté d'Arches fit plus tard partie des domaines des comtes de Rethel, d'où elle passa aux ducs de Nevers.

**CHARLEVOIX** (PIERRE-FRANÇOIS-XAVIER DE) naquit à Saint-Quentin le 29 octobre 1682. Il entra de bonne heure dans la célèbre compagnie de Jésus, professa les humanités et la philosophie avec beaucoup de distinction, et se distingua dans les lettres par plusieurs bons écrits. D'abord nommé pour travailler au *Journal de Trévoux*, il remplit cette volumineuse collection, pendant l'espace de vingt-deux ans, de nombreux et excellents extraits; ensuite il publia successivement les ouvrages suivants : 1° *Histoire et Description du Japon*, 6 vol. in-12 et 2 vol. in-4° : on a publié, dans la *Bibliothèque catholique*, un abrégé de cette histoire, 1828, 2 vol. in-12; 2° *Histoire de l'île de Saint-Domingue*, 2 vol. in-4°, Paris, 1730, Amsterdam, 1733, 4 vol. in-12; 3° *Histoire du Paraguay*, 6 vol. in-12, 1757; 4° *Histoire générale de la nouvelle France*, 4 vol. in-12; 5° *Vie de la mère Marie de l'Incarnation*, 1 vol. in-12. — L'auteur des *Trois siècles de la littérature française* loue le style du P. de Charlevoix, tout en lui reprochant cependant d'être diffus. Nous convenons qu'il mérite ce reproche pour plusieurs endroits de ses ouvrages, mais en général on les lit avec beaucoup d'intérêt. L'*Histoire du Japon*, bien écrite et très-détaillée, renferme ce que l'ouvrage de Kæmpfer (*Histoire naturelle, ecclésiastique et civile de l'empire du Japon*, en allemand) offre d'intéressant, et réfute ses calomnies contre les chrétiens du Japon, par des faits multipliés, solennels, incontestables, que le seul fanatisme de secte a pu nier ou dénaturer. Dans l'*Histoire de l'île de Saint-Domingue*, le P. de Charlevoix s'est borné à l'histoire civile et politique, sans entrer dans le détail des missions; cet ouvrage, qui est écrit avec clarté et ordre, est aussi curieux que sensé. On trouve dans l'*Histoire du Paraguay* le même ton, la même sagacité, la même exactitude que dans l'*Histoire du Japon*. On dit que l'*Histoire générale de la nouvelle France* est le meilleur livre de tous ceux qui ont été écrits sur cette matière. La *Vie de Marie de l'Incarnation* est onctueuse et propre à porter à la piété. — Le P. de Charlevoix joignait à une science profonde une grande bonté de caractère, des mœurs pures et simples, qui le rendirent le modèle de ses confrères et l'objet de leur estime. Il mourut à la Flèche le 1er février 1761.

L.-F. GUÉRIN.

**CHARLIER** (*V.* GERSON).

**CHARLIER** (GILLES), *Ægidius Carlerius*, théologien, né dans le XVe siècle, à Cambrai, acheva ses études à Paris, au collége de Navarre, où il expliqua quelque temps le fameux livre des *Sentences* de Pierre Lombard, et fut ensuite admis au nombre des docteurs. Elu doyen de Cambrai en 1431, il fut député la même année par le chapitre de cette ville au concile de Bâle, et s'y distingua par son éloquence. Il fit rejeter l'article présenté par les prélats de Bohême sur la nécessité de la pénitence publique (*De peccatis publice corrigendis*), et prononça sur ce sujet un discours que l'on trouve dans les diverses *Collections* des actes des conciles, dans les *Antiquæ lectiones* de Canisius, etc. Charlier, après la session, revint à Cambrai. Les actes du chapitre, rapportés dans la *Gallia christiana*, prouvent que ce ne fut qu'en 1436 qu'il prêta serment en sa qualité de doyen. Ses talents le firent bientôt rappeler à Paris pour y professer la théologie. Il mourut doyen de la maison de Sorbonne, le 23 novembre 1472, dans un âge très-avancé. On a de Charlier : 1° *Sporta fragmentorum*, Bruxelles, 1478, in-fol. C'est le second ouvrage imprimé dans cette ville, où les frères de la vie commune avaient introduit l'art typographique deux années auparavant (*V. Origine de l'imprimerie*, par Lambinet, II, 170-211). 2° *Sportula fragmentorum*, ibid., 1479, in-fol. Ces deux ouvrages se trouvent souvent réunis dans le même volume. Laserna Santander en a donné la description dans son *Dict. bibliogr. choisi*, II, 273. Ils contiennent les réponses de Charlier aux questions qui lui avaient été soumises sur divers points de théologie. Foppens en a cité quelques-unes dans la *Bibliotheca belgica*, I, 28. A la fin du second volume on a recueilli quelques opuscules de Jean d'Eckonté ou Econte, disciple de Charlier. Dans l'un il réfute l'opinion, alors accréditée, que saint Jean était devenu fils naturel de la sainte Vierge, en vertu des paroles adressées de la croix par Jésus-Christ à sa mère : *Femme, voilà votre fils*. Dans les *Miscellanea* de Baluze, III, 301, on trouve le *Récit de la mort du cardinal Julien* (*V.* ce nom), tiré d'un manuscrit autographe de Charlier, conservé dans la bibliothèque du collége de Navarre. Les bibliothèques des Pays-Bas possédaient quelques autres ouvrages restés inédits du savant doyen de Cambrai. On en voyait un à Louvain, intitulé : *Scutum veritatis;* et à Bruxelles et à Lille, chez les dominicains, son *Commentaire sur les quatre livres des* Sentences *de Lombard*.

**CHARLIER** (CHARLES), avocat à Laon, député à l'assemblée législative et à la convention par le département de l'Aisne, naquit en 1760. Il se fit remarquer, dès les premières séances, par l'exagération de ses sentiments. Il proposa de supprimer le recrutement de l'armée, assurant qu'il suffisait de sonner le tocsin pour que vingt-cinq millions d'hommes prissent les armes. Il demanda que les prêtres fussent soumis à un nouveau serment, et que les biens des émigrés et des maisons religieuses fussent vendus. Il vota la mort du roi, défendit Marat lorsque celui-ci fut accusé par les girondins, et contribua de tous ses efforts à la journée du 31 mai, qui les proscrivait. Il fit décréter que les prêtres réfractaires et les émigrés rentrés en France seraient fusillés dans les vingt-quatre heures. On le vit en 1794 s'opposer à la suppression des sociétés populaires de femmes, demander qu'un prévenu qui se soustrairait au décret d'arrestation fût mis hors la loi, voter l'impression d'un discours de Louchet sur la nécessité de maintenir le système de la terreur. Enfin, parvenu au conseil des anciens en 1795, il demanda que ses membres eussent toujours le poignard à la main, pour frapper celui qui voudrait servir la royauté. C'était le prélude d'une aliénation mentale dont les accès violents amenèrent une dernière catastrophe : il se brûla la cervelle dans le mois de février 1797.

**CHARLIER** (PIERRE-JACQUES-HIPPOLYTE), pieux et savant prêtre, né à Noisy le Grand, près de Paris, en 1757, d'un père qu'un emploi assez important dans les fermes avait mis dans le cas d'être utile aux jésuites, au moment où on les chassait de France, fut à cette occasion connu de M. de Beaumont, qui soigna son éducation, et le fit entrer au collége Duplessis, puis au séminaire des Trente-Trois, et enfin à celui de Saint-Magloire. A la mort de M. de Beaumont, Charlier devint secrétaire et bibliothécaire de M. de Juini, archevêque de Paris. Très-versé dans la connaissance des saintes Ecritures, des Pères et de l'histoire ecclésiastique, il fut chargé de travailler au *Pastoral de Paris*, de l'abbé Revers, et il en donna un abrégé en un volume. Il eut aussi part à l'édition du *Bréviaire*, et acheva la traduction en vers latins du poëme de *la Religion*, de Racine, commencée par le même abbé Revers. Il travailla encore à un rituel pour une liturgie générale, et il s'occupait de revoir le second volume des *OEuvres de saint Grégoire de Nazianze*, lorsqu'il mourut à Saint-Germain en Laye le 25 juin 1807. Il n'avait point quitté la France pendant la tourmente révolutionnaire. Il remplit son ministère à Saint-Denis, au milieu des périls de tout genre. Il avait composé un grand nombre d'ouvrages scientifiques et pieux (la liste s'en trouve dans une notice sur sa vie, par J.-B.-A. Boucher, prêtre).

**CHARLIEU**, *Carilocus* et *Cœrus locus*, bourg du comté de Charolais, en Bourgogne, dans le diocèse de Mâcon. C'était autrefois une abbaye et un prieuré conventuel de bénédictins. Il y eut, l'an 926, un concile sur la réparation des lieux saints ravagés par les voleurs et les méchants. Anscheric, archevêque de Lyon, y présida, et l'on y compta dix églises en différents endroits, que l'on ordonna de rendre à cette abbaye (Regia 25, Labb. 9, Hard. 6). L'an 1092, du temps de saint Hugues, abbé de Cluny, on tint un concile à Charlieu, pour réprimer Archambeau V, seigneur de Bourbon (Mansi, t. II, p. 1092).

Abbaye de Charlieu.

**CHARLOT**, s. m. (*zool.*), un des noms vulgaires du grand courlis.

**CHARLOT DE PLAGE**, nom vulgaire de l'alouette de mer.

**CHARLOTTE**, s. f. (*art culin.*), plat d'entremets fait de marmelade de pommes, qu'on entoure de morceaux de pain grillés et frits.

**CHARLOTTE RUSSE**, charlotte faite d'une sorte de crême fouettée qu'on entoure de petits biscuits.

**CHARLOTTE DE CHYPRE** était fille de Jean III de Lusignan, roi de Chypre, de Jérusalem et d'Arménie. Veuve de Jean de Portugal, duc de Coimbre, elle épousa en 1459 Louis de Savoie, comte de Genève, pour obéir aux dernières volontés de son père, et dans l'espoir d'obtenir des secours pour se maintenir dans le royaume de Chypre; mais ce mariage, par lequel elle n'obtint que des promesses, ne l'empêcha pas de perdre son royaume, qu'elle disputa vainement, d'abord à Jacques, fils naturel de Jean de Lusignan, soutenu par le soudan d'Egypte, et ensuite à Catherine Cornaro, qui finit par céder l'île de Chypre à la république de Venise. Charlotte, après avoir fait d'inutiles efforts pour remonter sur le trône de ses pères, se retira à Rome, où elle mourut en 1487, après avoir cédé tous ses droits sur le royaume de Chypre et de Jérusalem à son neveu, le duc de Savoie. Charlotte de Chypre fut le dernier rejeton de l'illustre maison de Lusignan.

**CHARLOTTE-ELISABETH**, née à Heidelberg en 1652, morte à Saint-Cloud en 1722, était fille du comte palatin Charles-Louis, femme en secondes noces de Philippe, duc d'Orléans, et mère du régent. Louis XIV avait pour elle une amitié fondée sur l'estime, mais elle était peu aimée à la cour à cause de sa franchise et de sa vertu, et s'y trouvait, dans le fait, un peu déplacée. « Je n'entends rien aux intrigues, dit-elle dans ses *Fragments de lettres*, et je ne les aime point. Je ne suis ni fière ni spirituelle, aussi m'a-t-on dit souvent que j'étais *tout d'une pièce*. J'ai toujours eu en horreur l'imposture, l'hypocrisie et la superstition. » Les *Fragments de lettres originales de Madame*, écrites de 1715 à 1720, parurent pour la première fois en 1788 (Paris, 2 vol. in-12), et furent réimprimés en 1807 sous ce titre : *Mélanges historiques, anecdotiques et critiques*. Ils embrassent toute la vie de Louis XIV et particulièrement sa vie privée.

**CHARLOTTE-JOACHINE DE BOURBON**, reine de Portugal, née à Madrid le 25 août 1775, du roi d'Espagne Charles IV et de Marie-Louise de Parme, manifesta dès ses premières années une grande vivacité d'esprit, et acquit des connaissances très-variées et très-étendues, sous la direction du P. Scio. Mais sa beauté ne répondait pas à son instruction. Elle fut fiancée, en 1788, au prince Jean, infant de Portugal, que, vu son extrême jeunesse, elle ne vint rejoindre à Lisbonne, pour la consommation du mariage, qu'en 1790. Quelque temps après la naissance d'un premier enfant, Maria-Theresa, née le 29 avril 1793, des dissentiments intérieurs éclatèrent entre les deux époux. En 1806, leur rupture devint publique, après la naissance de dona Anna de Jésus-Maria, leur neuvième et dernier enfant, et subsista jusqu'à la mort de Jean VI, sans autre interruption que des démonstrations apparentes et illusoires de rapprochement qui suivirent la révolution de 1823. La reine douairière de Portugal, Maria I^re, mère de Jean VI, étant tombée en démence, le prince avait saisi les rênes du gouvernement en 1792, et pris le titre de régent en 1799. Son administration fut désastreuse pour le Portugal, et cette puissance eut encore, en 1800, à combattre l'Espagne. Charles IV s'était déterminé avec peine à cette guerre, tant il avait d'affection pour sa fille Charlotte, avec laquelle il avait eu l'année précédente une entrevue à Badajoz. Ce fut dans cette même ville que se conclut le traité, honteux pour le Portugal, qui termina les hostilités. Olivenza fut cédée à l'Espagne et une partie de la Guyane. On a prétendu que l'influence de Charlotte-Joachine ne fut pas étrangère à ces stipulations ignominieuses pour la maison de Bragance; on a même attribué à cette princesse des relations intimes avec l'ambassadeur de la république française, Lucien Bonaparte, qui s'était rendu à Badajoz. — Charlotte avait su se faire des partisans dévoués et nombreux. C'est à eux que Jean VI et toute l'Europe attribuèrent le complot tramé, en 1805, pour le dépouiller de la régence. Depuis cette époque, Jean, alarmé des vues ambitieuses dont il soupçonnait la mère de ses enfants, la laissa reléguée à Quélus, et vécut dans des craintes continuelles, croyant son pouvoir menacé. Coupable ou non, elle ne pouvait lui pardonner d'avoir dit, en présence de plusieurs membres du corps diplomatique, lors de la naissance de don Miguel, en 1802, qu'il ne se considérait pas comme le père de cet enfant, et qu'il ne l'avait reconnu que pour prévenir un scandale. Telle était la triste situation de ce couple royal quand Napoléon envoya Junot en ambassade à Lisbonne. Charlotte saisit cette occasion de manifester encore une fois ses dispositions favorables à la France; car elle portait aux Anglais une haine d'autant plus vive que son faible époux se laissait guider par eux dans sa politique. — On sait que l'ambassade de Junot ne fut à proprement parler qu'une reconnaissance militaire sous des apparences pacifiques. Le moment vint où les Français envahirent le Portugal, et Jean VI comprit la nécessité de s'exiler au delà des mers, dès qu'un décret de Napoléon eut déclaré que la maison de Bragance avait cessé de régner en Europe. Ce fut en 1807, le 28 novembre, que la famille royale s'embarqua, et, dans ces douloureuses circonstances, Charlotte montra une fermeté toute virile. Arrivé au Brésil, Jean VI se fixa dans une résidence à quatre milles de Rio-Janeiro, et la princesse demeura dans cette ville avec trois de ses filles. Elle tenait une cour séparée, qui devint un centre d'opposition contre le gouvernement de son époux, qu'elle ne voyait que les jours de grande cérémonie. Elle intrigua dans les deux mondes, tantôt pour se faire nommer régente d'Espagne durant la captivité de son frère Ferdinand VII, tantôt pour se faire attribuer le gouvernement des possessions espagnoles en Amérique. Mais les événements de 1814 rendirent vaines toutes ses espérances. Cependant la révolution qui s'était faite à Oporto imprima une direction nouvelle aux affaires de la monarchie portugaise dans les deux hémisphères. Jean VI, devenu roi par la mort de la reine Marie, sa mère, donna son approbation à la nouvelle constitution qui lui fut présentée. Ce ne fut point sans hésiter ni sans faire attendre son adhésion jusqu'à son arrivée en Europe. La reine Charlotte contrecarra, comme d'habitude, son époux (1820); elle affecta même de partager les idées des constitutionnels, et recourut à mille moyens pour les amener à lui remettre le pouvoir au détriment de son mari. Mais, une fois convaincue de l'inutilité de ses efforts, elle redevint l'âme du parti royaliste. Elle refusa de prêter serment à la constitution, et les cortès, par décret du 4 décembre 1822, la déclarèrent déchue de ses droits, et ordonnèrent qu'elle serait détenue au château de Ramalhâo. Jean VI n'hésita pas à sanctionner ce décret, qui le dégradait autant comme roi que comme époux. Loin d'être accablée de ce coup, la reine poursuivit ses desseins avec une activité nouvelle. Elle mit dans ses intérêts le comte d'Amarante, qui, le 23 février 1823, fit éclater à Villaréal une insurrection qui se propagea dans les provinces du nord, mais que les mesures énergiques des cortès réprimèrent. Lors de l'expédition du duc d'Angoulême en Espagne, et tandis que Ferdinand VII était entre les mains des cortès de Cadix, Charlotte-Joachine voulut encore une fois, et encore sans succès, faire valoir, comme infante, ses droits au trône d'Espagne. Il est à croire que si Ferdinand VII et ses frères eussent péri, elle aurait tenté les derniers efforts pour exécuter le grand projet qu'elle méditait depuis trente ans de réunir le Portugal à l'Espagne, ou du moins d'assurer d'une manière stable l'ascendant de cette dernière puissance dans la Péninsule, et de détruire l'influence des Anglais, auxquels elle avait voué une haine implacable. Après le mauvais résultat de la tentative d'Amarante, elle excita à la révolte son fils don Miguel (*V.* JEAN VI). Les cortès, hors d'état de résister, se séparèrent le 2 juin 1823. Jean VI seul profita de cette révolution; prévenu à temps, il se rendit auprès des troupes soulevées, et il dut sans doute à cette mesure la conservation de sa couronne. Le marquis de Pamplona obtint sur le roi, par ses révélations, un ascendant qui tourna au profit du parti de la reine. Le roi et la famille royale revinrent à Lisbonne. Pamplona obtint immédiatement du monarque un décret qui portait que son *épouse bien-aimée* rentrerait dans les droits civils et politiques dont elle avait été dépossédée par les cortès. Il condescendit même à aller à Ramalhâo la féliciter sur les heureux événements qui la rendaient à sa famille. La reine revint aussi à Lisbonne; mais bientôt elle se sépara pour toujours de son mari. Le parti de la monarchie absolue triomphait; le comte d'Amarante reparut à la cour, décoré du titre de marquis de Chaves (*V.* CHAVES). On voulait toujours détrôner Jean VI; les affidés de la reine jugèrent que pour achever son triomphe, il convenait d'éloigner du prince ses confidents, et surtout le marquis de Loulé, qui fut assassiné le 29 février 1824. Jean VI, en maintenant l'abolition des cortès, avait annoncé le projet de donner une charte à ses sujets. Ce fut pour les chefs du parti royaliste le motif d'un nouveau complot, qui éclata le 30 avril 1824, et qui fut exécuté par don Miguel. Dès lors Jean VI ne régna plus que de nom. Pourtant la politique de Charlotte-Joachine à l'égard de l'Angleterre parut un instant changer; mais M. Hyde de Neuville, ambassadeur de France, entrava un instant les projets de cette princesse; celle-ci reprit toute son influence après le départ de l'ambassadeur; néanmoins, malgré ses constants efforts pour arriver au pouvoir, la régence lui échappa à la mort de Jean VI. Trois jours avant de mourir, il confia le gouvernement à l'infante Isabelle-Marie, sa troisième fille. Celle-ci, instrument docile du parti opposé à sa mère, fit proclamer reine de Portugal sa nièce dona Maria da Gloria et la constitution (juillet 1826). Mais un autre parti porta à la régence don Miguel, qui devait épouser la nouvelle reine, sa nièce, fille de don Pedro, empereur du Brésil. Cette même année (au mois de décembre), Charlotte-Joachine montra toute la décision de son caractère en mariant, contre le vœu de toute la famille royale, sa fille dona Anna-Jésus-Maria avec le marquis de Loulé, fils du malheureux favori de Jean VI. Bientôt don Miguel renversa la nouvelle constitution et prit le titre de roi (26 avril 1828). Charlotte-Joachine avait eu avec son fils quelques discussions, lorsqu'elle mourut le 7 janvier 1830.

SIDEL.

**CHARLOTTE**, princesse de Galles, fille du prince de Galles, depuis Georges IV, roi d'Angleterre, et de Charlotte-Amélie de Brunswick-Wolfenbuttel, naquit le 7 juin 1796. Cette jeune enfant éprouva dès ses premières années les tristes effets de la division qui régnait dans sa famille : elle ne pouvait pas même voir sa mère lorsqu'elle le désirait; et quand elle obtenait cette faveur, c'était toujours sous la surveillance de quelques subalternes. Ce fut au milieu des douleurs de sa mère et des froideurs de son père qu'elle fut ainsi élevée dans l'isolement, sous la direction de l'évêque d'Exeter. On assure que lorsqu'elle connut la cause des querelles domestiques qui avaient divisé sa famille, elle prit le parti de sa mère. En 1816 elle épousa le prince Léopold de Cobourg, et mourut en couches l'année suivante, après avoir donné le jour à un enfant qui ne lui survécut point. La Grande-Bretagne pleura la mort de cette princesse, aux vertus de laquelle elle avait attaché des espérances de bonheur public (*V.* CAROLINE).

**CHARLOTTENBOURG**, château de plaisance du roi de Prusse, situé sur les rives de la Sprée, à une petite lieue de Berlin, avec un beau jardin. Cette résidence royale, que Sophie-Charlotte, femme du roi Frédéric I^er^, fit bâtir en 1706, porta d'abord le nom de Lützelbourg, d'après le village voisin de Lietzow. Il fut embelli principalement par les soins de la reine Louise, femme de Frédéric-Guillaume III, dont les cendres reposent aussi dans le jardin du château, sous un sarcophage en marbre très-remarquable, où l'on voit sa statue couchée en grandeur naturelle. Des candélabres également en marbre sont placés autour. Tous les étrangers vont visiter ce beau monument, dû au ciseau du sculpteur Rauch. Il est placé dans une chapelle sépulcrale entourée de pins et de cyprès. En mémoire du jour de la mort de Louise, le 19 juillet 1810, on célèbre annuellement un service divin en présence du roi et de sa famille. Le chemin qui conduit de Berlin à Charlottenbourg, à travers le parc, est éclairé le soir et peut compter au nombre des plus agréables promenades de Berlin. La ville, qui s'est insensiblement élevée dans les environs du château, et qui en porte le nom, renferme à peu près 4,800 habitants, occupés principalement de tissages en coton, de la fabrication de bas et de la blanchisserie.

**CHARLOTTE'S-TOWN** (*géogr.*), petite ville, chef-lieu de l'île du prince Edouard (Amérique du Nord), au milieu de l'île, sur la baie d'Hillesborough, avec l'un des meilleurs havres de tous les parages environnants. Elle est bâtie régulièrement et très-favorablement située pour le commerce. Latit. nord, 46°15; long. orient., 45°27.

**CHARMADAS**, philosophe doué d'une mémoire extraordinaire.

**CHARMADAS**, peintre célèbre.

**CHARMANT, ANTE**, adj. (*gramm.*), agréable, qui plaît extrêmement, qui ravit.

**CHARMASAC** (*géogr.* et *hist.*), nom que quelques historiens donnent à la ville de Mensourah, où saint Louis fut fait prisonnier le 5 avril 1250.

**CHARME, CHARMES.** Ce mot a une signification comme beaucoup de mots de notre langue française; il a pour racine le mot *carmen*, vers. C'est donc la poésie qui aurait eu le privilége d'être le moyen de jeter des charmes sur les hommes et de servir de langage aux enchantements. Pour qui sait quel charme la poésie avait sur les anciens peuples, avec quelle énergie elle les poussait au combat, avec quelle douce puissance elle les disposait au plaisir, rien de plus naturel que cette étymologie. — Parmi les acceptions nombreuses du mot charme, il y en a une qui signifie enchantement, *incantatio*. Les sortiléges se faisaient sans doute en chantant les formules magiques. La musique ajoute à l'expression du langage. Le caractère de terreur que les magiciens ou les prêtres du paganisme voulaient imprimer à ceux qui avaient foi en leur puissance, devait trouver évidemment une partie de sa force dans l'intervention de la musique. Le mot charme veut dire encore *attrait*, qui lui-même vient du mot *attractio*, attraction. On sait que ce mot s'emploie autant pour une chose inerte que pour un être animé. On dit aussi bien, *Ce séjour a pour moi des charmes*, que cette autre phrase, *Cette personne a des charmes puissants*. — Il serait sans doute difficile, mais il serait aussi du plus grand intérêt de faire l'histoire des enchantements, d'indiquer comment ils se développèrent, de dire quelles furent leurs variations, et enfin comment ils s'éteignirent devant le scepticisme analytique et moqueur du XVIII^e^ siècle. Il faudrait pour cela des livres, et nous sommes forcé de n'y consacrer que quelques phrases. — Il est évident que dans le premier temps les hommes devaient se passionner pour le surnaturel. Sans tradition, sans histoire, au milieu d'une terre inexplorée, tout devait prendre vis-à-vis d'eux un caractère effrayant ou terrible. Les vents avaient alors leurs grandes voix, et les sombres cavernes leurs mystères. — Alors se trouvèrent d'autres hommes plus rusés et plus téméraires que la foule qui s'élevèrent au-dessus d'elle, et ne tardèrent pas à mettre à profit sa terreur. Voilà l'origine des premiers devins, des premiers enchanteurs, des premières sibylles. Les prêtres du paganisme, que l'instruction plaçait dans une classe élevée, devinrent les propagateurs d'une superstition sur laquelle reposait leur crédit, et l'exploitation des charmes, des enchantements fut établie. Comme la religion s'unissait intimement au pouvoir, aux époques anciennes, celui-ci se servait de la première pour remuer la multitude, pour agir fortement sur son opinion. Tout le monde connaît l'histoire des rasoirs du Capitole romain qui coupaient des pierres, et l'histoire plus curieuse encore des poulets sacrés. Mais les prêtres du paganisme perdirent peu à peu leur influence. Un jour arriva où les dieux du monde romain devinrent muets. Alors le métier de charmeur ou d'enchanteur tomba dans le domaine privé. Ceux-ci se multiplièrent; et ce ne fut pas seulement à Cumes, auprès du golfe de Baies, qu'une caverne servit d'habitation à une sibylle. A Rome, du temps des empereurs, les sibylles se multiplièrent. Dans des retraites cachées à tous les yeux se faisaient des conjurations magiques. Pour conjurer les forces infernales, pour rassurer les esprits terrifiés des puissants du jour, il se passait d'horribles mystères. Il ne fallait pas moins que des membres palpitants d'enfants et des dépouilles arrachées aux cimetières pour donner au charme toute l'énergie de la puissance et de la durée. L'opinion générale avait foi aux opérations de cette nature. Quand on ne crut plus aux dieux de l'Olympe, on crut aux divinités infernales. La superstition la plus absurde est autant la fille de l'ignorance que de l'incrédulité. — La religion du Christ vint éclairer la terre de son flambeau; mais elle ne détruisit pas dans le vulgaire l'héritage d'imbécile crédulité que lui avaient légué les anciens temps. Il y eut seulement plus de sagesse dans les enchantements. Les Médée, les Locuste, les Canidie disparurent; mais elles ne restèrent pas sans postérité. — Ainsi donc, il y eut depuis cette époque une transformation dans les charmes et les enchantements. En effet il ne fut plus question des divinités infernales. Le charmeur ou l'enchanteur était si en dehors des idées religieuses, qu'il ne s'appuyait sur aucune des puissances que l'Eglise admet. Son pouvoir lui était personnel; il jetait un sort. C'était en quelque sorte la malveillance du fort luttant contre la timidité du faible. Lorsque le sort se faisait par le regard, c'était le mauvais œil; quand il se faisait à l'aide de mixtures et de préparations particulières, c'était par l'influence que les qualités physiques ou chimiques de ces mélanges devaient produire sur celui qui était obligé de l'avaler ou d'y goûter. Cependant ces enchanteurs ne se brouillèrent pas entièrement avec le diable. L'Eglise eut à lutter dans les premiers temps contre cet état de perturbation qui agitait l'organisme de ceux qu'elle appelait des possédés, et qui était évidemment la conséquence des manœuvres coupables des faiseurs d'enchantements. — Du temps de la chevalerie, les enchantements, les sorts, les charmes prirent une certaine importance. — Les poëtes eurent le soin de l'alimenter. Il n'y a pas en effet d'histoire de chevalerie qui n'ait sa fable d'enchanteur et qui ne brille par la bizarrerie de la scène d'enchantement lorsqu'elle forme pour l'ordinaire le plus curieux épisode de l'œuvre. Les poëtes, qui ont pris pour thème les traditions du temps de la chevalerie, n'ont jamais manqué de mettre la puissance de leur talent au service de ces créations fantastiques du moyen âge. Qui n'a lu et relu le Tasse et l'Arioste, et ne s'est vivement intéressé à la poésie merveilleuse de leurs immortelles épopées? Mais a-t-on réfléchi sur la cause de ces croyances superstitieuses à l'époque de la chevalerie? Alors l'organisation des Etats n'était pas faite. Il y avait des terres, des pays; il n'y avait pas de nation. On doit concevoir qu'on entourât de gloire et de renom celui qui vouait son épée au service de la justice et de la faiblesse. Mais comme à cette époque reculée il était difficile de suivre les chevaliers dans leurs prouesses, au milieu des pays à demi déserts par lesquels ils chevauchaient, la moindre de leurs actions devait prendre aux yeux de la foule la couleur prestigieuse du merveilleux, et il semble dès lors tout naturel que les chevaliers aient mis à profit cette disposition populaire pour appuyer leur force sur la protection d'un enchanteur, ou pour dérober leur impuissance sous un prétendu mauvais sort qui aurait affaibli leur bras et émoussé leurs armes. — Après cette curieuse époque, l'art des enchantements ne tomba pas en déchéance. Plus tard, dans la brumeuse Allemagne, les enchanteurs se multiplièrent et eurent leurs sataniques conciles dans les clairières des bois ou sur les rives des lacs. De là des légendes qui s'attachèrent aux lieux dont l'aspect pittoresque ou désert devait inspirer des terreurs aux esprits naïfs et timides. L'Ecosse imita l'Allemagne, la France imita l'Ecosse, et jusqu'au sein des montagnes qui ferment la partie méridionale du fertile Languedoc, il n'est pas rare de trouver encore dans toute leur primitive intégrité, de ces traditions d'enchantement qui feraient la fortune d'une imagination de poëte. — On connaît le merveilleux ouvrage du grand Albert. Celui-là et tant d'autres connus ou inconnus furent écrits à l'époque où la science se perdait dans le dédale sans fin des mystères et des arcanes. Alors l'art des enchantements devint une théorie. On sait que la manière d'évoquer l'esprit malin y était formulée avec les détails les plus explicites. La tradition et la grande scène de *Robin des Bois* nous en offrent le fidèle tableau. Mais quand les populations devinrent à la fois plus éclairées et plus nombreuses, que l'imprimerie, les défrichements et les grandes routes eurent rendu tout accessible, les idées comme les lieux, tout cela changea. Le merveilleux s'affaiblit, la réalité prit sa place. Les enchanteurs devinrent des jongleurs, et les sibylles des empoisonneuses. Ce fut la science, dis-je, qui devint, par ses magnifiques enchantements, la magie, le charme par excellence. Ainsi la physique allume l'électricité, la médecine lit dans le cerveau; et par une dernière transformation, les somnambules par magnétisme deviennent des devins quand ils sont sous le charme de leur sommeil. Telle est la période où nous sommes parvenus. A la fois dans le vrai et dans le faux, dans le réel et dans l'hypothétique, nous admirons le merveilleux de la science tout en l'obscurcissant du merveilleux de notre imagination. Quand le siècle aura progressé davantage, ces derniers nuages s'évanouiront, et les charmes et les enchanteurs n'auront plus désormais ni théâtre ni histoire. Il y a deux pays pourtant où la lumière ne chassera pas de longtemps les ténèbres; c'est d'une part la brumeuse Ecosse, et de l'autre l'Italie. Dans un voyage que nous avons fait sur la terre de Virgile et du Tasse, nous avons vu partout régner une habitude singulière. Les hommes et les femmes du nord et surtout du midi de l'Italie portent, comme pandeloques de montre ou en épingles de chemises, de petites cornes en écaille ou en ivoire, sous prétexte que cet ornement est un préservatif souverain contre le mauvais œil. Aussi n'est-il pas rare de voir ce bijou se multiplier sur ceux qui le portent, en raison directe de leurs malheurs. Nous avons vu des personnes en avoir sur elles des douzaines. — Nous finissions tout à l'heure en disant que les enchantements étaient devenus sous un certain point de vue un fait scientifique; nous pourrions le dire également pour cette acception du mot *charme*, qui signifie *attrait*. Les attraits ne s'analysent pas, il est vrai, et c'est pour cela qu'ils ont quelque chose de surnaturel. Ainsi, ce charme qui se distingue moins qu'il ne se fait sentir, et qui émane de la personne qui le possède, est comme une puissance qui se dégage à la manière des fluides. Il se comporte probablement comme l'électricité. En d'autres termes, nous portons autour de nous et avec nous une atmosphère d'émanation dont la source est en nous. Pour ceux qui se trouvent sous la sensation de cette émanation incessante, nous devenons sympathiques ou antipathiques. Ou on se sent attiré vers nous ou repoussé loin de nous; telle est la première impression. Puis l'échange des idées par la conversation, les observations enfin que nos sens nous permettent de faire, guident, éclairent ou modifient ces jugements instinctifs qu'on pourrait appeler une clairvoyance innée. Pour qui veut réfléchir sur ce qu'il éprouve en de telles circonstances, rien de plus simple et de plus ordinaire. Il est vrai que la science ne peut pas analyser les pièces du ressort qui détermine en nous le premier mouvement, c'est-à-dire l'exercice de la sympathie spontanée. Mais il n'en est pas moins vrai que ce phénomène existe, qu'il est chez beaucoup de personnes un guide sûr, et que le temps n'est pas éloigné peut-être où il nous sera donné de connaître la solution de cette énigme physiologique.

Dr Ed. Carrière.

**CHARME** (*botan.*), genre de la famille des capsulifères et de la monœcie polyandrie du système sexuel. Il est constitué par six espèces d'arbres indigènes dans la zone tempérée de l'hémisphère septentrional. Les fleurs mâles des charmes, disposées en chatons pendants, se composent chacune de huit à quinze étamines insérées sous une écaille indivisée et ciliée. Les fleurs femelles, disposées comme les fleurs mâles, naissent deux à deux sur des écailles trilobées. Leur périanthe, faisant corps avec l'ovaire, se termine en quatre ou six dents. Les styles, au nombre de deux pour chaque fleur, sont filiformes et persistants. Le fruit consiste en une noix, monosperme par avortement et accompagnée de l'écorce florale amplifiée. L'espèce la plus commune du genre est le charme commun de nos forêts (*carpinus betulus* Linn.), arbre à écorce lisse et unie, paré d'un feuillage léger. Le bois de charme, excellent pour le chauffage, est de couleur blanche et d'un grain très-serré; on l'emploie fréquemment à la fabrication d'un grand nombre d'instruments destinés à éprouver une grande résistance. Cet arbre jouait un grand rôle dans les anciens jardins, parce qu'il se façonne facilement en toutes sortes de formes; c'est de son nom que dérive celui de *charmille* (*V.* ce mot), devenu général pour désigner toutes les décorations de verdure taillées au ciseau.

Détails du charme.

**CHARME**, s. f. (*anc. cout.*), chaumes, landes et bruyères. — *Vain pâturage est en pleines charmes.*

**CHARMÉ**, adj. m. (*législ. forest.*). On appelle *bois charmé*, un arbre qu'on a gâté par le pied pour le faire périr.

**CHARMÉ** ou **CARMÉ** (*myth.*), fille d'Eubulle, fut mère de Britomartis, qu'elle eut de Jupiter.

**CHARMEIL** (Pierre-Marie-Joseph), médecin militaire, né à Mont-Dauphin vers 1776, était fils d'un chirurgien en chef de l'hôpital militaire de Metz. Lancé de bonne heure dans la carrière médicale, il avait à peine seize ans lorsqu'il fit avec un imperturbable sang-froid, en présence de ses condisciples et de son père, l'amputation d'un membre. Il partit peu après pour l'armée des Grisons, fit plusieurs campagnes, revint en qualité de chirurgien aide-major à l'hôpital de Metz, d'où il fut appelé de nouveau à l'activité de la vie régimentaire. Devenu chirurgien major des lanciers de la garde, décoré de l'ordre de la Légion d'honneur, il fut nommé en 1814 chirurgien-adjoint, troisième professeur dans l'hospice témoin de ses premières études. Les exigences d'un enseignement public demandèrent à Charmeil des travaux inaccoutumés qui fatiguèrent son esprit, déjà froissé par sa position secondaire; son zèle s'en accrut, et on le vit étudier à la fois le latin, le grec, l'allemand, rédiger des leçons sur un plan nouveau, tenter une infinité d'expériences thérapeutiques et jeter les bases de plusieurs ouvrages qui n'ont pas vu le jour. Il a été l'un des membres fondateurs de la société des sciences médicales du département de la Moselle, établie en 1820, et à laquelle il fit part de diverses observations intéressantes ayant pour objet les *maladies syphilitiques* ou la *médecine morale*. A la même époque il publia un écrit qui fut critiqué avec amertume, quoiqu'il péchât plus par les formes que par le fond. Cet ouvrage, remarquable par la bizarrerie prétentieuse du style, avait pour titre : *Recherches sur les métastases, suivies de nouvelles expériences sur la régénération des os*, Metz, 1821, in-8°, avec deux planches lithographiées. Charmeil avait rassemblé huit volumes in-4° de notes sur la médecine du cœur et de l'esprit, et plus de trois mille observations sur les affections syphilitiques, qu'il rangeait par familles, lorsque, l'exaltation de son esprit s'étant accrue, il devint fou et fut conduit à Charenton, où il mourut en 1830.

**CHARMER**, v. a. (*gramm.*), produire un effet extraordinaire sur quelqu'un ou sur quelque chose, par charme, par un prétendu art magique. — Il se dit aussi pour fasciner. — Il signifie au figuré, plaire extrêmement, ravir en admiration. — *Charmer la douleur, la peine, l'ennui, etc. de quelqu'un*, suspendre en lui le sentiment de la douleur, etc. — *Charmer les loisirs de quelqu'un*, les lui faire passer agréablement. — CHARMER, signifie aussi figurément et familièrement, causer une vive satisfaction, et en ce sens, il s'emploie très-souvent au passif.

**CHARMERESSE** (*V.* CHARMEUR).

**CHARMES**, ancienne baronnie du Dauphiné, aujourd'hui département de la Drôme, à huit kilomètres de Romans, érigée en comté en 1652.

**CHARMES-SUR-MOSELLE**, *Carpini*, petite ville de l'ancien duché de Lorraine, aujourd'hui chef-lieu de canton du département des Vosges, à douze kilomètres de Mirecourt, était autrefois défendu par un château fort dont il ne reste plus de vestiges. Elle fut plusieurs fois détruite pendant les guerres du XV^e^ et du XVI^e^ siècle, entre autres en 1475, époque où elle fut prise et brûlée par Charles le Téméraire. Ce fut à Charmes que fut conclu en 1633, entre Charles IV, duc de Lorraine, et Richelieu, le traité en vertu duquel les troupes de Louis XIII occupèrent Nancy. Cette ville, qui était autrefois le siége d'un bailliage, compte maintenant 3,000 habitants.

**CHARMETTON** (JEAN-BAPTISTE), né à Lyon en 1710, fut reçu maître en chirurgie au collége de cette ville en 1743, puis chirurgien de l'hôpital général et démonstrateur d'anatomie. Il fut un des plus dignes associés de l'académie royale de chirurgie de Paris. Cette illustre compagnie proposa, en 1748, un prix sur la nature des dessiccatifs et des caustiques, leur manière d'agir, leurs espèces et leur usage dans les maladies chirurgicales. Charmetton envoya un mémoire intéressant, qui fut couronné et imprimé. Bientôt un nouveau mémoire lui valut un nouveau prix. Il s'agissait de spécifier les signes et la cure des tumeurs scrofuleuses. Charmetton examine en détail les différents points de cette question. Il regarde avec raison le mercure comme un excellent antiscrofuleux, et se montre généralement bon praticien; mais il s'abandonne aux écarts d'une théorie frivole et souvent erronée. Son mémoire, inséré dans le troisième volume in-4° du *Recueil des prix de l'Académie*, fut accueilli favorablement, ce qui engagea l'auteur à le perfectionner encore et à en former une monographie, qu'il publia sous ce titre : *Essai théorique et pratique sur les écrouelles*, Avignon, 1752, in-12, et dont la seconde édition est intitulée : *Traité des écrouelles*, Lyon, 1755, in-12. Charmetton mourut à Lyon le 27 janvier 1781. M. Figuet a donné un *Précis de la vie*, ou *Eloge abrégé de M. Charmetton* (1781), in-8°.

**CHARMEUR, EUSE**, s. sorcier, sorcière; celui, celle qui emploie des charmes. — Au féminin, il s'est dit autrefois d'une femme qui se fait aimer.

**CHARMI**, frère d'Achon. Il fut cause de la déroute d'Israël en dérobant plusieurs effets précieux du sac de Jéricho.

**CHARMI** (*V.* GOTHONIEL).

**CHARMIDAS**, Lacédémonien envoyé en Crète pour y apaiser une sédition.

**CHARMIDAS**, athlète éléen, avait une statue à Olympie.

**CHARMIDAS**, philosophe de la troisième académie. Il florissait environ quatre-vingt-douze ans avant Jésus-Christ.

**CHARMIDÈS**, dont Platon a donné le nom à un de ses dialogues, était fils de Glaucon, et avait pour bisaïeul Dropidas, ami de Solon le Législateur. Il était frère de Pætoné, mère de Platon, et cousin germain de Critias, l'un des trente tyrans. Il se fit remarquer dans sa jeunesse par sa beauté et par sa prodigalité. Ayant dissipé les biens considérables que son père lui avait laissés, il se rangea parmi les disciples de Socrate, et ce fut par les conseils de ce philosophe qu'il se livra aux affaires publiques, ce qui tourna assez malheureusement pour lui; car s'étant mis dans le parti de Critias, il fut un des dix tyrans que Lysandre établit dans le Pirée pour gouverner conjointement avec les trente de la ville, et il fut tué, ainsi que Critias, dans le premier combat que les exilés, commandés par Thrasybule, livrèrent aux tyrans. Xénophon parle de lui dans plusieurs de ses ouvrages, entre autres dans le *Banquet*, où il lui donne un rôle assez intéressant.

**CHARMILLES**. On désigne sous ce nom des plantations de *charmes* (*V.* CHARME) faites en lignes parallèles et taillées chaque année régulièrement, de manière à former des enclos de verdure ou des promenades dont les murailles vives et feuillées pendant une grande partie de l'année abritent les promeneurs contre les effets du vent et du soleil. Au temps où, dans nos jardins, la régularité des formes était un besoin pour l'œil habitué à voir partout de la symétrie, où la ligne droite et le cercle dans leurs combinaisons toujours rigoureuses et tranchées avaient exclu tout autre contour; où les arbres même, loin de conserver le port qui leur était propre, devenaient, sous l'impitoyable *croissant* d'un manœuvre, une statue, un vase, un animal monstreux; où la nature enfin ne paraissait qu'à travers le prisme de l'art et n'était pour ainsi dire considérée que comme un de ses accessoires, les charmilles jouaient un rôle principal dans l'architecture horticole. Tantôt leurs branchages étroitement enlacés se courbaient en arcades nombreuses ou s'amincissaient en élégantes ogives; tantôt ils se terminaient à l'intérieur en corniches plus ou moins saillantes ou en dôme léger. Là on les creusait en niches destinées à recevoir divers ornements de sculpture; ailleurs on préférait les épaissir en sombres et discrets berceaux. Mais plus tard, à mesure que le genre paysager se substitua au genre français, par suite de leur régularité même, les charmilles perdirent de leurs partisans, et après une assez longue vogue elles tombèrent dans la proscription. Cependant on les retrouve encore dans beaucoup de jardins réguliers, et il est facile de leur marquer une place convenable dans les autres en dissimulant la roideur de leurs lignes derrière quelques massifs. A la vérité, par leurs racines longues et avides d'humidité elles nuisent sensiblement aux plantations voisines, mais en compensation elles sont très-propres à masquer des vues désagréables, à faire disparaître les murailles de clôture sous leur épais feuillage. Au printemps elles attirent une foule d'oiseaux; elles invitent par leur fraîcheur aux repas de familles, aux jeux animés, aux danses sans contrainte du village; elles donnent même, par leurs tonsures, quelques produits que ne néglige ni le fermier dans les années de pénurie de fourrage, ni le jardinier qui sait les utiliser pour ses cultures et l'amélioration du sol, ni la ménagère lorsque, de temps en temps, des émondages plus rigoureux lui procurent d'abondantes ramées propres au chauffage du four ou de la buanderie. La culture des charmilles est facile. Après avoir défoncé le terrain quelque temps à l'avance et creusé des tranchées d'une profondeur proportionnée à l'état des racines du jeune plant, on choisit celui-ci de la grosseur du petit doigt au plus, c'est-à-dire de l'âge de trois à quatre ans; on aligne rigoureusement chaque pied à la distance de deux ou trois décimètres de son voisin, et après avoir terminé la plantation à la manière ordinaire, on l'abandonne à elle-même cette première année. Dès la seconde, on redresse à l'aide de tuteurs, ou mieux, de perchettes placées transversalement, les tiges qui tendent à s'écarter de la verticale, et l'on commence à donner quelques coups de croissant ou de ciseaux pour arrêter celles qui s'élèvent ou s'étendent plus que les autres. La troisième année, cette opération comprend un plus grand nombre de tiges et de branches, et la quatrième, il est rare qu'elle ne devienne pas générale. A partir de cet instant on laisse la charmille s'élever d'autant plus rapidement que sa végétation est plus vigoureuse, plus égale, et qu'elle se trouve plus abondamment garnie de branches inférieures; car on doit toujours viser à ce qu'elle ne tende pas à se dégarnir par le bas, et c'est là une condition assez difficile.

**CHARMINUS**, général athénien qui défit en plusieurs circonstances les Lacédémoniens dans la guerre du Péloponèse.

**CHARMINUS**, Lacédémonien député à Xénophon, alors en Thrace, après la retraite des dix mille.

**CHARMION**, suivante de Cléopâtre, qui se donna la mort à l'exemple de cette princesse.

**CHARMIS** (après J.-C. 33), médecin natif de Marseille, vécut à Rome sous Néron. Il accusa d'ignorance tous les médecins qui avaient paru avant lui, condamna la méthode ordinaire de guérir, et entre autres usages celui des bains chauds, auxquels il préférait les bains d'eau froide. C'était là son principal secret. Ce remède n'était cependant pas nouveau, puisque Musa et Euphorbus l'avaient pratiqué longtemps avant lui. Quoi qu'il en soit, Charmis sut si bien persuader son monde, qu'il se trouva, dit Pline, des vieillards consulaires qui se faisaient gloire d'être vus tout roides de froid au sortir de l'eau. Il savait encore si bien se faire payer, qu'il amassa beaucoup de biens. Pline ajoute qu'il exigea une fois d'un malade, qui était de quelque province de l'empire romain, la somme de deux cents grands sesterces, c'est-à-dire environ vingt mille livres de France. — Thessalus et Crinas partagèrent entre eux la faveur et la confiance des Romains, lorsque Charmis se rendit dans la capitale du monde. Tous trois s'annoncèrent plus en charlatans qu'en vrais médecins; et le système particulier que chacun d'eux s'était formé séduisit des esprit curieux de nouveautés, et servit également à les enrichir.

**CHARMOIE**, s. f. (*économ. rust.*), lieu planté de charmes.

**CHARMOIE (LA)**, *Charmeia*, abbaye régulière et réformée de l'ordre de Cîteaux, située à trois lieues d'Epernay, au diocèse de Châlons-sur-Marne. Elle était de la filiation de Vauclair, et fut fondée en 1167 par Henri Ier, comte de Champagne. Parmi les principaux bienfaiteurs de ce monastère, on compte les seigneurs de Conflans, dont plusieurs y ont été enterrés, et dont on voyait les tombeaux dans le cloître (*Gallia christ.*, t. X).

**CHARMON**, adj. m. (*myth. gr.*), surnom de Jupiter, chez les Athéniens.

**CHARMOSYNES**, s. f. pl. (*antiq. gr.*), nom d'une fête que l'on célébrait à Athènes, selon Hésychius.

**CHARMOT**, prêtre, a laissé plusieurs écrits latins touchant le culte des Chinois, imprimés en 1700 (Dupin, *Table des auteurs ecclésiastiques du* XVIIe *siècle*, p. 2806).

**CHARMOUCHE**, s. f. (*anc. term. milit.*), escarmouche.

**CHARMOYS (MARTIN DE)**, sieur de Lauzé, naquit en 1605, d'une famille noble, et fut conduit à Rome, dès sa première jeunesse, par l'amour des beaux-arts. Il s'y lia avec le Poussin, avec Stella et avec tous les grands artistes de cette époque, et y pratiqua la peinture avec succès. Revenu à Paris, il y fut secrétaire du maréchal de Schomberg, et se servit de son crédit à la cour pour faire établir l'académie de peinture, dont il rédigea les statuts (1648), et dont il n'hésita pas à prendre la place de chef. A ce titre, il présidait toutes les séances et rédigeait les procès-verbaux. Il se permit même quelquefois d'emporter les registres de délibération chez lui et de les altérer. De tels abus obligèrent ses collègues à nommer un secrétaire et à contrarier son orgueil en plusieurs occasions. Il s'abstint dès lors d'assister aux séances. L'académie lui donna néanmoins le tire d'*ancien directeur*, et le lui conserva, malgré ses refus, jusqu'à sa mort en 1661.

**CHARMUS** (*temps héroïq.*), un des anciens héros de la Sardaigne, fils d'Aristée, suivant la tradition.

**CHARMUS**, archonte l'an 308 avant J.-C.

**CHARMUS**, poëte célèbre de Syracuse, qui ne faisait de vers que dans les festins. Aussi Cléandre, disciple d'Aristote, ayant recueilli ses poésies, intitula cette collection *Dipnologie* (δεῖπνον, repas, λέγειν, parler).

**CHARMUS**, Athénien contemporain de Pisistrate; il fut le premier qui éleva, dit-on, un autel à l'Amour.

**CHARMUT**, s. m. (*hist. nat.*), poisson de l'Egypte.

**CHARMUTHAS** (*géogr. anc.*), port du golfe Arabique, situé sur la côte de l'Arabie-Heureuse.

**CHARNACÉ (HERCULE-GIRARD, BARON DE)**, fils d'un conseiller au parlement de Bretagne, fut un des plus habiles négociateurs de son temps. Créature et instrument dévoué de Richelieu, il devint, en 1626, ambassadeur auprès de Gustave, roi de Suède, qu'il s'agissait de lancer contre l'empereur d'Allemagne. Charnacé fit conclure entre la Suède et la Pologne, une trêve de six ans, et offrit ensuite à l'héroïque capitaine l'alliance de la France et un subside annuel d'un million deux cent mille livres, à condition qu'il tiendrait sur pied trente mille fantassins et six mille chevaux, pour rétablir les choses en Allemagne sur le pied où elles étaient avant les troubles. Ce traité fut signé à Berenwald en Brandebourg le 13 janvier 1631. Après la mort de Gustave, Charnacé fut envoyé par le cardinal en Hollande, où il était urgent d'empêcher les états généraux d'écouter les propositions de trêve faites par les Espagnols, et réussit encore dans sa mission. Par le traité du 8 janvier 1634, Louis XIII s'était engagé à lever au service des états un régiment d'infanterie et une compagnie de cavalerie. L'ambassadeur en fut nommé colonel. Le siége de Breda ayant été entrepris contre son avis, Charnacé, piqué d'ailleurs d'une réplique offensante que lui avait faite le prince d'Orange, s'élança vers la brèche et fut tué d'un coup de mousquet (1637). On conserve à la Bibliothèque royale un recueil des *Lettres* des sieurs de Charnacé, Brasset et de la Thuillerie au sieur de Rorté, employé pour le service du roi en Allemagne, Suède, Pologne et Danemarck, depuis 1635 jusqu'en 1643, manuscrit in-folio. De plus l'ancien évêque de Troyes, Bouthillier, avait, dans sa bibliothèque, dix volumes in-folio contenant des recueils de lettres, mémoires et dépêches de Charnacé, et de la correspondance qu'entretinrent avec lui, de 1625 à 1637, Richelieu, le P. Joseph, le secrétaire d'Etat Sublet-Desnoyers, et le surintendant L. de Bouthillier, comte de Chavigny.

**CHARNAGE**, s. m. (*gramm.*). Il se dit du temps pendant lequel il est permis de manger de la chair, de la viande. Il est populaire.

**CHARNAGE**, s. m. (*droit féodal*), droit que payaient les troupeaux qui paissaient ou qui passaient sur les terres d'un seigneur.

**CHARNAGE** (*V.* **DUNOD**).

**CHARNAIGRE**, s. m. (*chasse*), race de chiens levriers.

**CHARNALITÉ**, s. f. (*vieux langage*), parenté, incontinence.

**CHARNEL, ELLE**, adj. (*gramm.*), qui est de la chair, qui appartient à la chair. — *Homme charnel*, homme sensuel, par opposition à homme spirituel.

**CHARNELLEMENT**, adv. (*gramm.*), selon la chair. On ne l'emploie guère que dans cette phrase, *Connaître une femme charnellement*.

**CHARNES (JEAN-ANTOINE DE)**, doyen du chapitre de Villeneuve-lès-Avignon dans le XVIIe siècle, était homme de goût et d'une plaisanterie fine. Les ouvrages qu'il a donnés au public sont : 1° *Conversations sur la princesse de Clèves*, petit in-12, imprimées à Paris en 1679, dans le temps que ce roman faisait du bruit; 2° *Vie du Tasse*, in-12, vraie et intéressante. 3° Il a eu beaucoup de part aux agréables *Gazettes de l'ordre de la Boisson*, dont il était membre. Le caractère facile de ses productions lui fit une réputation pour le placer sous-précepteur auprès d'un grand prince; mais différentes raisons empêchèrent la réussite de ce projet. Cet auteur mourut le 17 septembre 1728.

**CHARNEUX, EUSE**, adj. (*médec.*), qui est principalement composé de chair. Il est vieux : on dit, *charnu*.

**CHARNIER**, s. m. lieu où l'on garde les viandes salées.

**CHARNIER** (en latin *carnarium*), signifie, dans l'acception la plus vulgaire, un endroit couvert, auprès des églises paroissiales, où l'on réunissait les os des morts. On appelait aussi *charnier* une galerie qui régnait ordinairement autour des églises paroissiales et attachées à l'église, où l'on donnait la communion aux paroissiens les jours de grandes fêtes. A Paris, on appelait *charniers*, une galerie voûtée, construite tout autour de la clôture du cimetière des Innocents. C'est là qu'on enterrait ceux à qui leur fortune permettait d'être séparés du commun des morts. Cette galerie sombre, humide, servait de passage aux piétons; elle était pavée de tombeaux, tapissée de monuments funèbres et d'épitaphes, et bordée d'étroites boutiques de modes, de lingerie, de mercerie et de bureaux d'*écrivains publics;* de là l'insultante épithète d'*écrivain des charniers* donnée aux auteurs qu'on voulait décrier. Cette galerie fut construite à diverses époques, aux frais de différents particuliers. Le maréchal de Boucicaut en fit bâtir une partie vers les premières années du XVe siècle, et le fameux Nicolas Flamel toute celle qui bordait la rue de la Lingerie. D'un côté la galerie occupait une partie de la largeur de la rue de la Ferronnerie, et sous cette partie de la galerie était peinte la fameuse *Danse macabre* (*V.* MACABRE). En 1786 l'église et les charniers des Innocents furent démolis; on enleva les ossements et plusieurs pieds du terrain de ce cimetière, et on les transporta hors de la barrière Saint-Jacques, dans des carrières (*V.* ce mot) voisines de la maison dite *la Tombe Isoire*. — Le charnier le plus célèbre dans l'histoire est celui de Morat (V. ce mot), plus connu sous le nom d'*ossuaire*. Il fut établi par les Suisses après leur victoire sur le duc de Bourgogne, Charles le Téméraire, et ravagé, dit-on, par les Français de l'armée de Masséna.— CHARNIER signifie encore le lieu qui, dans une maison, est destiné à garder les viandes salées; ce mot désigne aussi des bottes d'échalas destinés aux vignes.— *En term. de marine*, on appelle CHARNIERS, des barriques dans lesquelles on met l'eau que l'équipage doit boire chaque jour. — *En term. de pêche*, on appelle CHARNIER la cuve où l'on met l'huile tirée des foies de morue.

**CHARNIÈRE**, s. f. (*technol.*), assemblage mobile de deux pièces de métal, de bois, ou d'autre matière, enclavées l'une dans l'autre, et jointes ensemble par une broche, par un clou qui les traverse.

**CHARNIÈRE** (*conchyliologie*), se dit de la partie où sont attachées ensemble les deux valves d'une coquille, et sur laquelle se font leurs mouvements.

**CHARNIÈRE**, s. f. (*technol.*), outil du graveur sur pierre, pour percer des trous.

**CHARNIÈRE UNIVERSELLE** (*mécan.*), appareil qui sert à transmettre le mouvement de rotation d'un axe à un autre axe de position variable.

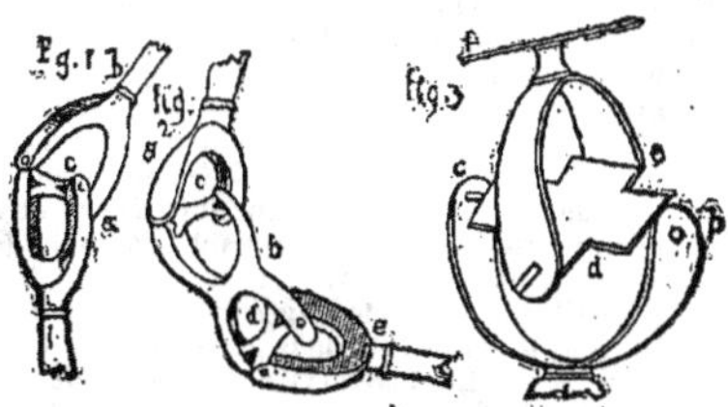

Charnière universelle.

Les deux axes sont terminés en deux branches formant un demi-cercle *a* et *b*, dont les diamètres se croisent perpendiculairement en *c*. Chacun des demi-cercles, et par conséquent l'axe auquel il appartient, est parfaitement mobile autour de son diamètre; de sorte que l'un de ces axes ne peut être en mouvement sans faire mouvoir l'autre. Si l'angle des deux axes surpassait 45°, cette charnière simple ne pourrait plus être employée, et il faudrait avoir recours à la double charnière dont la figure ci-jointe indique suffisamment la composition. Cette même figure représente une charnière universelle d'une autre forme qu'on nomme aussi *joint universel* ou *joint brisé;* elle est destinée à transmettre des forces plus considérables que les précédentes. L'emploi de ces diverses articulations entraîne toujours une grande perte de force par le frottement qui résulte des pressions énormes qu'elles supportent.

**CHARNIÈRES (DE)**, officier de marine, né au commencement du XVIIIe siècle, fut le premier qui, sur les instructions de Véron, pratiqua avec succès la méthode des longitudes en mer, par le moyen de la lune. Il a publié des mémoires sur ce sujet en 1767, 1768 et 1772.

**CHARNOCK (JEAN)**, poëte anglais, né à Winchester en 1756, étudia à Oxford, où il signala son goût pour la poésie par beaucoup de pièces fugitives qui parurent dans les journaux du temps, et parmi lesquelles on remarque ses *Essais politiques*, écrits pendant la guerre d'Amérique dans l'esprit d'opposition qui animait généralement la jeunesse de cette époque. Ayant quitté l'université pour quelques désagréments, il s'appliqua avec ardeur à l'étude de la tactique navale et militaire, et quand il eut acquis sur ce sujet toutes les connaissances qu'on peut se procurer dans le cabinet, il entra comme volontaire au service de la marine en dépit de ses parents qui le déshéritèrent. Il quitta le service lorsqu'il n'eut plus rien à y apprendre, et, rentré dans ses foyers, chercha des moyens d'existence dans les productions de sa plume. Ses ouvrages, où l'on trouve du savoir, des recherches et un bon esprit, ne se distinguent pas beaucoup par le mérite du style. On a de lui les *Droits d'un peuple libre*, in-8°, 1792, où l'on trouve une excellente esquisse de l'origine et des progrès de la constitution anglaise; *Biographia navalis*, 6 vol. in-8°, dont le premier parut en 1794; une *Histoire de l'architecture navale*, 3 vol. in-4°, 1802, avec gravures; et une *Vie de lord Nelson*, 1 vol., 1806, enrichie de lettres originales et très-curieuses du célèbre amiral. Son désintéressement l'entraîna dans de grands embarras pécuniaires, et il mourut de misère et de chagrin en 1807. ED. GIROD.

**CHARNOIS (JEAN-CHARLES LE VACHER DE)**, littérateur français, né à Paris vers 1745, commença à se faire connaître dans la littérature par la continuation du *Journal des Théâtres*. Il fut ensuite chargé de la rédaction du *Mercure*, pour la partie des spectacles. En 1791, il continua *le Modérateur*, journal commencé par MM. de Fontanes et Delandine; mais les principes qu'il professa le perdirent. Sa maison fut pillée : arrêté lui-même après la journée du 10 août, et conduit à la prison de l'Abbaye, il y fut massacré le 2 septembre suivant. Il a laissé, 1° des *Nouvelles*, 1782, in-18; 2° *Histoire de Sophie et d'Ursule*, 1788, 2 vol. in-12; 3° *Recherches sur les costumes et sur les théâtres de toutes les nations, tant anciennes que modernes*, 1790, 2 vol. in-4°. Il a aussi travaillé aux *Coutumes et Annales des grands théâtres de Paris*, 1786 à 1789, 7 vol. in-4°.

**CHARNON**, s. m. (*technol.*), petit cylindre creux qui fait partie de la charnière d'une boîte.

**CHARNU, UE**, adj. (*gramm.*), bien fourni de chair. Il signifie aussi formé de chair. Il se dit également des plantes et de leurs parties quand elles sont pulpeuses et succulentes.

**CHARNURE**, s. f. la chair, les parties charnues, considérées selon les différentes qualités qu'elles peuvent avoir. Il ne se dit qu'en parlant des personnes.

**CHAROBERT** ou **CHARLES ROBERT**, roi de Hongrie, de la maison d'Anjou, neveu de Charles, roi de Naples, et de Louis IX, fut d'abord proposé pour roi par le pape aux Hongrois, qui le refusèrent, ne voulant pas renoncer au droit d'élection ni reconnaître au souverain pontife le droit de disposer de leur royaume; mais après l'abdication d'Othon, duc de Bavière, Charobert fut enfin reconnu par la diète de Hongrie, dans une plaine près de Pest, et couronné en 1312 à Albe-Royale. La seconde année de son règne fut troublée par la révolte de Mathieu, comte palatin. Charobert marcha contre les rebelles et les défit. Il déclara ensuite la guerre au vayvode de Valachie, et, ayant pénétré imprudemment dans cette province en 1330, il perdit presque toute son armée dans une bataille, et fut obligé de se travestir pour se sauver. Il se rendit à Naples avec son fils André, après cette malheureuse expédition, et lui fit épouser la petite-fille de Robert, roi de Sicile. De retour dans ses États, Charobert reçut la visite de plusieurs souverains qu'il accueillit avec magnificence. Sous son règne, la Hongrie, parvenue à son plus haut degré de splendeur, fut plus puissante que les empereurs mêmes, qui la regardaient auparavant comme un de leurs fiefs. La Dalmatie, la Croatie, la Servie, la Transylvanie, la Bulgarie, la Bosnie, la Moldavie et une partie de la Valachie reçurent les lois de Charles d'Anjou, et formèrent un vaste empire. Ce prince mourut en 1342 d'un accès de goutte; il fut regretté de ses sujets, qui l'avaient d'abord reconnu avec tant de peine. — LOUIS, son fils, lui succéda.

**CHAROGNE**, s. f. corps de bête morte, exposé et corrompu.

**CHAROI**, s. m. (*marine*), embarcation des bâtiments qui font la pêche de la morue à Terre-Neuve. On l'appelle aussi *sereur*.

**CHAROLAIS (COMTES DE)**. Le comté de Charolais ou Charollais était compris entre l'Autunois à l'ouest et au nord, et le Mâconnais à l'est et au sud; son étendue était de douze lieues de long sur sept de large. Ce n'était dans le principe qu'une châtellenie dépendante du Brionnais. Jean, comte de Châlons-sur-Saône, la céda en 1237 au duc de Bourgogne, Hugues IV, lequel la donna en partage à Jean, son second fils. Béatrix, fille et héritière de celui-ci et d'Agnès, dame de Bourbon, épousa en 1272 Robert de France, fils de saint Louis. Ce roi érigea le Charolais en comté; Jean, second fils de Béatrix, obtint plus tard le Charolais. Comme il n'eut pas d'héritier mâle, son comté passa à sa fille Béatrix II, qui épousa en 1327 Jean, comte d'Armagnac. En 1390, la maison d'Armagnac vendit le Charolais à Philippe le Hardi, duc de Bourgogne. Avant de succéder au duc Philippe le Bon, son père, Charles le Téméraire porta le titre de comte de Charolais, qu'il rendit redoutable, même à Louis XI. Lorsque Charles le Téméraire eut été tué au siége de Nancy (1477), Louis XI s'empara du Charolais, que plus tard le roi Charles VIII remit à Philippe le Beau, archiduc d'Autriche. Dans la suite, il y eut des querelles au sujet du Charolais, entre les rois d'Espagne, représentants des ducs de Bourgogne, et les rois de France, comme suzerains et propriétaires par le droit de réversion. Ceux-ci occupèrent ce pays par les armes. La possession en fut rendue à Philippe IV, roi d'Espagne, par le traité des Pyrénées, en 1659; mais Louis II, prince de Condé, le fit saisir et s'en fit adjuger la possession. Un des princes de cette maison a porté, sous le règne de Louis XV, le titre de comte de Charolais. Le haut domaine de ce comté fut réservé à la couronne de France. *Charolles*, l'ancienne capitale du comté, est aujourd'hui l'une des sous-préfectures du département de Saône-et-Loire.

**CHAROLAIS** (CANAL DU), appelé maintenant canal *du Centre*, unit la Loire à la Saône, et sert à faciliter les communications entre l'ouest et le midi de la France. Il a vingt-neuf lieues de long, et aboutit d'un côté à Châlons-sur-Saône et de l'autre à Digoin, près du confluent de l'Arroux et de la Loire; il passe à Paray, Saint-Léger et Chagny, et a son bief de partage à Montcenain, où se trouve un vaste bassin alimenté par les étangs du voisinage. Entre ce bief et la Saône il y a cinquante et une écluses; le versant du côté de la Loire n'en a que trente. A Châlons, le canal a un bassin voisin de la route d'Autun. Un obélisque, élevé en 1784, rappelle l'époque où il a été terminé de ce côté; mais il ne l'a été entièrement qu'en 1792. On transporte sur ce canal principalement les productions des départements voisins, telles que le vin, l'eau-de-vie, le charbon, le fer, le bois, etc.

**CHAROLAIS** (CHARLES DE BOURBON, COMTE DE), né à Chantilly le 19 juin 1700, était le second fils de Louis III, prince de Condé, et arrière-petit-fils du grand Condé. Il était frère puîné du duc de Bourbon, qui fut président du conseil de régence, ensuite premier ministre pendant la minorité de Louis XV. L'éducation du comte de Charolais fut très-négligée; et ne put tempérer la violence et la dureté de son caractère. Livré de bonne heure à lui-même et entraîné par l'effervescence de son sang, que rien ne pouvait calmer, il se faisait un jeu, dans son enfance, de torturer des animaux. Plus tard il punissait ses domestiques avec férocité. On a même dit que ses débauches furent quelquefois ensanglantées; mais nous ne connaissons encore que l'horrible marquis de Sade à l'égard de qui de pareilles infamies soient prouvées. Le comté de Charolais quitta secrètement la France en 1717, et il s'expatria pendant plus de trois ans. Il se rendit en Hongrie, et servit contre les Turcs comme volontaire dans l'armée impériale, sous les ordres du prince Eugène. Après cette campagne, où il avait prouvé que la bravoure était véritablement héréditaire dans la maison de Condé, il voyagea en Italie, en Bavière, et fit un assez long séjour à la cour électorale de Munich. De retour en France en 1720, il fut admis au conseil de régence le 16 juin, et succéda, le 9 septembre, au marquis de Dangeau dans le gouvernement de la Touraine. Pair de France, il représenta le comte de Toulouse au sacre de Louis XV, le 25 octobre 1722, et fut fait chevalier des ordres du roi deux jours après, dans l'église de Reims. Le comte de Charolais continua ses désordres. Quelques traditions populaires l'accusent de plusieurs homicides: et, selon ces traditions, il aurait, sans colère, sans motif d'intérêt ou de vengeance, tiré sur des couvreurs pour avoir le plaisir de les voir précipités du toit. Mais on a dit cela de cent seigneurs. Ayant fait nous-mêmes des recherches, nous nous sommes assurés que rien n'était plus faux. Cependant on a cité ce fait comme un exemple de la plus dangereuse impunité, qu'il devait au privilége de son illustre naissance. Quoique Louis XV eût pour lui une aversion trop fondée, il serait venu un jour demander grâce à ce monarque pour le troisième ou quatrième meurtre dont il s'était rendu coupable: « Je vous l'accorde, répondit le roi, mais je vous préviens que je ne la refuserai pas à celui qui vous tuera. » Cette réponse paraît peu vraisemblable; « car une grâce, dit M. Lacretelle dans son *Histoire du dix-huitième siècle*, suppose une accusation, un procès, un jugement, et l'on n'en trouve pas de traces à l'égard du comte de Charolais. » Une chose seulement a lieu d'étonner, c'est que parmi les parents ou les amis des victimes de ce prince, il n'y en ait eu aucun qui ait osé recourir à la justice des tribunaux, ou provoquer, en se vengeant, la clémence du roi. Mais on a dit aussi que cette réponse, qui d'ailleurs ferait honneur à Louis XV, fut faite à l'abbé de Bauffremont, qui, selon les bruits populaires, tuait aussi les gens sur les toits. Et comment attribuer de pareils actes de démence au comte de Charolais, quand on sait que, du reste, c'était un prince sage et réglé dans l'administration de ses biens, et qu'il savait allier l'économie avec la générosité? Chargé en 1741 de la tutelle du prince de Condé, son neveu (mort en 1817), il liquida des dettes et augmenta les revenus de son pupille, sans parcimonie. Tous les historiens lui rendent cette justice, que, malgré la vivacité de son esprit et la fougue de son caractère, il ne manifesta jamais des mouvements d'ambition dangereuse. Dans les dernières années de sa vie, une maîtresse qu'il aima depuis constamment, M^me de Saune, avait pris sur lui un empire dont elle n'usa que pour l'avantage et l'honneur de son amant. Le comte de Charolais mourut subitement, en 1760, sans avoir été marié. Il laissa de cette femme deux filles, qui ne furent pas légitimées de son vivant, mais qui le furent après sa mort, à la sollicitation du prince de Condé. Le comte de Charolais habita longtemps, dans le faubourg Poissonnière, à Paris, un château qu'il avait fait construire lui-même, et qui porte encore son nom.

**CHAROLLES**, *Quadrigellæ*, ancienne capitale du Charolais en Bourgogne, aujourd'hui chef-lieu d'arrondissement du département de Saône-et-Loire, paraît avoir existé avant le X^e siècle. Il en est fait mention dans une ancienne charte, qui nous apprend qu'en 929 Raoul battit les Normands dans les environs de cette ville. Les calvinistes la tinrent quelque temps en leur pouvoir au XVI^e siècle et la saccagèrent; une horrible famine avait fait périr en 1531 la plus grande partie des habitants. Le château, aujourd'hui en ruine, était situé sur une hauteur, dans l'enceinte de la ville. Charolles était le siége d'un bailliage royal, d'une châtellenie et des états particuliers du comté. On y compte maintenant 2,684 habitants.

**CHARON** (NOTRE-DAME DE), *Gratia Beatæ Mariæ de Caronte*, abbaye de l'ordre de Cîteaux et de la filiation de la Grâce-Dieu, située dans la paroisse de Saint-Nicolas de Charon, au pays d'Aunis, diocèse de la Rochelle. Ses principaux bienfaiteurs sont Richard I^er, roi d'Angleterre, duc de Normandie et d'Aquitaine, et la reine Aliénore, sa mère, qui, ayant survécu au roi son fils, confirma, par une charte du mois de mai 1199, toutes les donations que ce prince avait faites en faveur de ce monastère, et que l'on peut voir dans une autre charte du 8 mai 1189. Ces deux chartes sont rapportées dans la nouvelle *Gallia christiana*, vers la fin du tome II, col. 388-389. L'abbaye de Notre-Dame de Charon ayant été ruinée en 1562, elle fut rétablie en 1614, sous le prieuré de dom Pierre Bagon, restaurateur des abbayes de Leschatelliers et de Boschaut (*Gallia christ.*, t. II, col. 1399).

**CHARON** (COMBAT DU PONT DE). Vers le 20 juillet 1793, le général Tuncq, qui commandait une division de l'armée républicaine cantonnée à Luçon, petite ville du département de la Vendée, s'était mis en marche, avec quinze cents hommes, pour attaquer divers postes que les troupes du chef vendéen Royrand occupaient dans les districts de Montaigu, de la Châtaigneraye et de la Roche-sur-Yon. Royrand était un ancien officier qui joignait à un zèle ardent pour la cause royaliste des moyens militaires bien supérieurs à ceux de la plupart de ses compagnons d'armes. Il avait donné à ses troupes une organisation plus méthodique que celle des autres corps vendéens. Tuncq trouva donc, le 25 juillet, à l'attaque de Saint-Philibert, une résistance plus vigoureuse qu'il ne s'y était attendu. Les royalistes firent des prodiges de valeur; mais les patriotes combattaient avec cet enthousiasme dont rien ne peut arrêter les effets, et ils emportèrent le poste. La prise de celui du pont de Charon, vers lequel ils marchèrent ensuite, leur coûta moins de peine, grâce à la trahison d'un déserteur qui livra le mot d'ordre de l'ennemi. Il y eut cependant une action assez vive, et des deux parts les pertes furent encore trop considérables; un frère du général vendéen, Sapinaud de la Verie, demeura sur le terrain.

**CHARON** ou **CARON**, le nocher des enfers. Les poëtes postérieurs à Homère, qui lui-même n'en parle pas, le disent fils de l'Erèbe et de la Nuit. Sa fonction était de passer les âmes des morts ou les ombres aux enfers, en traversant le Styx, le Cocyte et le Phlégéton ou Pyriphlégéton. Le peintre Polygnote l'a représenté sous les traits d'un vieillard, Virgile, au VI^e livre de l'*Enéide*, le peint sous les mêmes traits. Ses yeux étaient étincelants, son visage majestueux et sévère; sa vieillesse, verte et robuste, était celle d'un dieu. Charon avait une barbe blanche et touffue; ses vêtements, d'une teinte sombre, étaient souillés du noir limon des eaux infernales. Un manteau sale attaché par un nœud pendait sur ses épaules; il tenait à la main une perche ou rame pour diriger sa barque, qui était étroite, chétive et de couleur funèbre; une voile couleur de fer servait aussi à la diriger. Le vieux et impitoyable nocher n'y recevait que les ombres de ceux qui avaient reçu la sépulture et qui lui payaient leur passage; le droit était au moins d'une obole et de deux ou trois au plus. Les ombres de ceux qui avaient été privés de la sépulture ne pouvaient être admises dans la barque fatale qu'après avoir erré cent ans sur les bords du Styx. Nul mortel vivant n'y pouvait être reçu s'il ne faisait voir au nocher un rameau d'or consacré à Proserpine. Ce fut avec ce sauf-conduit qu'Enée put pénétrer dans le royaume de Pluton. Longtemps avant ce prince, Charon avait été puni d'un an d'exil dans l'endroit le plus affreux du Tartare, pour avoir passé Hercule, qui n'était pas muni du rameau magique. Les anciens étaient dans l'usage de mettre dans la bouche du mort une pièce d'or ou d'argent pour payer son passage. On dit que les Hermocriens se prétendaient exempts de ce tribut, parce que leur pays confinait aux enfers. — Un grand nombre d'auteurs ont regardé Charon comme un prince puissant qui donna des lois à l'Egypte et leva le premier un droit sur les sépulcres. Suivant Hérodote, il ne fut d'abord qu'un simple prêtre de Vulcain, qui sut usurper le pouvoir, et qui, à l'aide des trésors que lui procura ce droit, vint à bout de construire le fameux labyrinthe où l'opinion vulgaire plaça depuis le vestibule des enfers. Orphée, dit-on, fit connaître en Grèce l'usage établi en Egypte, de mettre dans les urnes funéraires une pièce de monnaie; et les Grecs, dont l'imagination embellissait et dénaturait tout, firent de Charon le nocher des enfers, et de la pièce de monnaie le droit de péage qu'il exigeait.

**CHARON (ESCALIER DE)** (*antiq.*), nom que les Grecs donnaient à un escalier qui, partant de l'orchestre ou du pied des gradins latéraux destinés aux spectateurs, conduisait sur l'avant-scène. C'est par l'*escalier de Charon* que montaient les ombres des morts.

**CHARON**, Magnésien à qui l'on attribue l'invention de la catapulte.

**CHARON**, Thébain d'une famille distinguée, est encore plus célèbre par la part qu'il prit à la délivrance de sa patrie. Les Lacédémoniens s'étant emparés de la citadelle de Thèbes, en temps de paix, avaient mis leurs partisans à la tête du gouvernement et avaient fait exiler beaucoup de monde. Pélopidas et quelques autres de ces exilés s'étant concertés avec Charon, qui était resté à Thèbes, se rendirent chez lui à l'entrée de la nuit, déguisés en paysans. Quelques instants après, Charon fut mandé par Archias, l'un des principaux tyrans, ce qui alarma les conjurés. Charon leur ayant laissé son fils en otage, se rendit vers Archias, qui voulait seulement lui faire part d'un bruit vague qui s'était répandu dans la ville du retour des exilés, et Charon le rassura. Lorsqu'il fut revenu, il se chargea, conjointement avec Mélon, d'aller tuer Archias et Philippe, qui se livraient ensemble à la débauche; et, ayant pris des vêtements de femmes pour pénétrer auprès d'eux, ils n'eurent pas beaucoup de peine à s'en défaire. Les autres chefs ayant été tués en même temps, les Thébains recouvrèrent leur liberté et nommèrent bæotarques, Pélopidas, Charon et Mélon.

**CHARON (J.-C.-D.-P.)** a donné, *Démonstration évangélique, ou Traité de l'unité et perpétuité de la véritable religion, pour servir d'instruction à la lecture de l'Evangile, avec l'explication des soixante et dix semaines de Daniel*, Paris, 1703, in-12. Le dessein de l'auteur est de faire voir que, comme il n'y a qu'un Dieu, il n'y a aussi qu'une véritable religion : ce qu'il montre par des preuves de faits tirées des saints livres et de la tradition des Juifs. Il fait beaucoup de cas des anciennes traditions des Juifs, qu'il soutient ne pouvoir être suspectes, en convenant que leurs nouvelles traditions sont pleines de fables ridicules. Il croit qu'on peut tirer quelques lumières de la cabale; il ne laisse pas de la négliger pour chercher une tradition plus constante et moins récusable dans les paraphrases chaldaïques ou le *Targum*. Il fait une application juste et solide des prophéties anciennes relatives à Jésus-Christ. Il explique d'une manière assez naturelle la fameuse prophétie de Jacob et les soixante et dix semaines de Daniel. Il y a beaucoup d'érudition juive dans tout cet ouvrage (*Journal des savants*, 1704).

**CHARON DE LAMPSAQUE**, fils de Pythoclès, l'un des plus anciens historiens grecs qu'on connaisse, florissait un peu avant Hérodote. Il avait écrit l'*Histoire de Perse*, en deux livres, celle de *Lampsaque*, sa patrie, et plusieurs autres ouvrages. Il ne nous reste de lui que quelques fragments, que l'abbé Sévin a recueillis et traduits en français dans son *Mémoire sur Charon de Lampsaque* (Académie des inscriptions, t. XIV, p. 56 et suiv.). Ces fragments ont été de nouveau rassemblés avec plus d'exactitude par M. Creuzer, dans le recueil intitulé : *Historicorum græcorum antiquissimorum fragmenta*, Heidelberg, 1806, in-8°. Il y a joint des remarques très-savantes et des recherches sur les autres écrivains de ce nom.

**CHARONDAS**, archonte l'an 338 avant J.-C.

**CHARONDAS**, législateur et moraliste ancien, était né à Catane en Sicile. On n'a pas de détails sur sa vie, mais il ne paraît pas qu'il ait jamais été à la tête des affaires d'un pays. Ses principes politiques furent adoptés par plusieurs peuplades comme supérieurs à ceux qui étaient mis en pratique ailleurs, ou parce que Charondas établissait en même temps d'excellents principes de morale. Diodore de Sicile et Stobée nous ont conservé plusieurs de ses maximes. Il recommandait la piété, l'amour de la patrie, le respect pour la vieillesse, la modération dans les discours et dans les actions, la fidélité conjugale, une union paternelle entre les gouvernants et les gouvernés, la protection des opprimés, la haine du mensonge, etc. Il voulait que, dans les jours de fêtes solennelles, on fît au peuple la lecture de ces préceptes. Outre diverses peuplades de Sicile qui avaient adopté les lois de Charondas, Diodore cite aussi les Thuriens, dans l'Italie méridionale, comme s'étant conformés au système politique de Charondas dans leur constitution démocratique. Cette peuplade se composait de dix dèmes. Au XVI^e^ siècle, un jurisconsulte français, Loys le Charon, prit, sur le titre de ses ouvrages ou compilations de droit, tels que le *Grand Coutumier de France* et la *Coutume de Paris*, le nom de l'ancien législateur sicilien.

**CHARONDE** (*musiq. des anc.*), nom d'une chanson de table des Athéniens.

**CHARONIA** (*géogr. anc.*), fontaine du Latium, dont les eaux exhalaient des vapeurs empestées.

**CHARONIEN, IENNE**, adj. (*hist.*), de Charon. Il ne s'emploie que dans cette expression : *Grotte charonienne*, attribuée à certaines grottes dans lesquelles règne un air méphitique qui fait périr les animaux. La *grotte du Chien*, près de Naples, est une *grotte charonienne*.

**CHARONITES.** On nommait ainsi les esclaves mis en liberté par le testament que leurs maîtres avaient fait au lit de la mort.

**CHARONITES ou SÉNATEURS CHARONITES**, s'est dit, d'après Plutarque, des magistrats dont Calpurnie écrivit la nomination sur les tablettes de César, après la mort de ce dictateur.

**CHAROPS**, adj. m. (*mythol.*), surnom sous lequel Hercule avait une statue et était adoré en Béotie, près de l'endroit où ce héros avait vaincu Cerbère.

**CHAROPS**, roi de l'île de Syma ou de Naxos. Il fut père de Nirée, qui alla au siége de Troie.

**CHAROPS**, Troyen, fils d'Hippasus et frère de Socus, tué par Ulysse.

**CHAROPS**, fils d'Eschyle, fut le premier archonte décennal, l'an 754 avant J.-C.

**CHAROPS** s'empara de la citadelle d'Elis, où il excita une sédition pour y établir la démocratie.

**CHAROPS**, Epirote d'une naissance distinguée. Il seconda Flaminius (199 avant J.-C.) dans la guerre qu'il fit à Philippe II, roi de Macédoine.

**CHAROPUS** (*V.* CHAROPS).

**CHAROST** (*géogr.*), petite ville de France (Cher), dans un pays de vignobles, sur l'Arnon; chef-lieu de canton; 1239 habitants; à 5 lieues un quart au sud-ouest de Bourges.

**CHAROST (ARMAND-JOSEPH DE BÉTHUNE)**, pair de France, descendant de Sully, naquit à Versailles en 1728. Dès qu'il eut entendu parler de la bataille de Fontenoy, il se sentit entraîné par l'amour de la gloire, et s'enrôla aussitôt sous les drapeaux du roi de France. A la tête du régiment de cavalerie qu'il avait obtenu, il se distingua dans plusieurs circonstances, et notamment à la prise de Munster. Le courage n'était pas la seule qualité du petit-fils du compagnon d'Henri IV : son désintéressement et son patriotisme se manifestèrent à plusieurs reprises : ainsi, en 1758, au milieu des désastres de la France, il fit porter son argenterie à la Monnaie; et comme son intendant lui faisait quelques représentations sur la valeur d'un pareil sacrifice, il lui répondit : *Je sacrifie bien ma vie pour la patrie, pourquoi ne sacrifierais-je pas mes couverts?* Après la paix, on le vit s'occuper des intérêts des soldats qui avaient combattu avec lui; faire aux uns des pensions qu'ils croyaient toucher de l'Etat, donner aux autres des moyens d'existence par le travail qu'il leur procurait dans ses fermes. Il fit percer de nouvelles routes, établit des ateliers de charité, encouragea l'agriculture. La Bretagne, le Berri, la Picardie, lui durent les améliorations les plus utiles; aussi Louis XV disait-il de lui en le montrant à ses courtisans : *Vous voyez bien cet homme tout simple, hé bien! avec si peu d'apparence il vivifie trois de mes provinces.* La bienfaisance de ce seigneur s'étendait en effet sur toutes les souffrances et sur toutes les misères; il créa une caisse rurale de secours, et abolit les corvées dans ses domaines; il fit des fondations dans diverses communes en faveur des pauvres, des enfants abandonnés, et des cultivateurs dont les récoltes avaient été détruites par la grêle ou les inondations; il institua des prix en faveur de ceux qui trouveraient les moyens d'arrêter ou de diminuer les épizooties. Il s'occupa de l'instruction que l'on pouvait donner aux enfants des campagnes. C'est par lui que fut introduite dans ces provinces la culture du coton, ainsi que l'usage des prairies artificielles et des meules à courant d'air. Il s'occupa beaucoup du perfectionnement des races de chevaux et de moutons, et parvint à faire améliorer les établissements de forges de son canton. Tant de bienfaits devaient forcer le respect; cependant il fut arrêté dans son village à Meillant, et passa six mois à la Force, d'où il ne sortit qu'après le 9 thermidor. Après le 18 brumaire, il fut maire du dixième arrondissement de Paris. Ce fut dans ces fonctions qu'il mourut victime de son humanité. La petite vérole faisait d'affreux ravages dans l'établissement des sourds-muets, dont il était un des administrateurs. Rien ne put l'empêcher d'y continuer ses visites; la contagion l'atteignit, et il mourut le 27 octobre 1800. Il fut l'un des fondateurs de la *Société philanthropique de l'instruction des aveugles travaillants*, de *l'Association bienfaisante judiciaire*, etc. Il a publié des *Vues générales sur l'organisation de l'instruction rurale*, Paris, 1795, in-8°, et d'autres *Mémoires* sur des objets d'utilité publique. Un monument lui a été érigé à Meillant. M. Sylvestre lui a consacré une notice insérée dans les *Mémoires de la société d'agriculture du département de la Seine*.

**CHAROST** (LOUIS-FRANÇOIS, DUC DE BÉTHUNE), parent du précédent, voulut profiter des troubles que la suppression des couvents par Joseph II avait excités en Flandre pour s'élever un trône dans le Brabant. Il était parvenu à enrégimenter quelques mécontents, et à s'emparer avec eux de deux petites villes dont les timides gouverneurs lui avaient ouvert les portes. Deux gendarmes suffirent pour l'arrêter, mais il parvint à s'enfuir; il fut condamné par contumace comme révolutionnaire. En France, où il s'était réfugié, il fut arrêté comme royaliste, et mourut sur l'échafaud le 28 avril 1794 : il n'avait alors que vingt-trois ans. Un biographe, rapportant ce trait d'ambition de ce personnage obscur, rappelle ce mot de Chamfort : *Un nain sous un arc de triomphe.*

**CHAROTTE**, s. f. (*chasse*), espèce de panier en façon de hotte, dont on se sert pour porter les instruments servant à la chasse aux pluviers, et rapporter ces oiseaux quand on en a pris.

**CHARPÈNE**, s. m. (*eaux et forêts*), un des noms vulgaires du charme.

**CHARPENTAIRE** (*botan.*) (*V.* SCILLE).

**CHARPENTE**, s. f. Ce mot signifie, dans son acception la plus générale, tout assemblage de gros bois, quelle que soit sa destination. Mais l'emploi le plus commun de cette sorte d'assemblage est celui qui s'applique, dans le plus grand nombre de pays, à la construction des maisons entières. Effectivement, même là où l'on emploie la pierre et d'autres matériaux à la bâtisse des habitations, le bois, et par conséquent le travail de la *charpente* y entre dans beaucoup de parties, telles que les combles, les planchers, les cloisons, les voûtes, les cintres, les escaliers, etc. La perfection des ouvrages de *charpente* consiste dans l'union de la solidité avec l'économie. Pour cela il faut avoir égard, 1° à la qualité des bois dont on doit faire usage; 2° à leurs formes et dimensions; 3° à la disposition des pièces de bois; 4° à la manière dont elles doivent être réunies dans les assemblages. C'est ce qu'on va développer d'une manière très-abrégée, ces notions devant appartenir aux ouvrages spéciaux sur cette matière. 1° Le bois de chêne est celui qui convient le mieux aux ouvrages de *charpente*, quant à sa force, à sa durée, à l'étendue des pièces qu'il peut fournir et à la facilité du travail. Après le chêne, on peut placer le châtaignier, l'orme, le sapin, etc. La qualité la plus essentielle des bois de *charpente* est d'être bien secs au moment où on les emploie. Trop souvent ceux dont on use ayant été coupés dans des saisons peu favorables, et mis prématurément en œuvre, sont remplis d'une sève qui fermente dans la suite, qui les échauffe et les détruit. Souvent les arbres dont ces bois proviennent ont été abattus avant d'avoir pris la consistance requise. Les indices les plus certains de la bonne qualité d'une pièce de bois de chêne sont, par rapport à la couleur, le jaune clair, ou une teinte couleur de rose; par rapport à la texture du bois, les fibres fortes, bien filées et rapprochées les unes des autres. Ce n'est qu'après quatre ou cinq ans de l'arbre abattu qu'on peut le mettre en œuvre : encore faut-il, pour qu'on puisse l'employer avec sûreté, prendre la précaution de le faire flotter dans de l'eau de rivière, ou dans de l'eau claire, pour lui faire dégorger les sucs mal digérés qu'il peut contenir. 2° Dans la plupart des ouvrages de *charpente* on ne peut pas se dispenser de se servir de bois équarris, tant à cause de la forme générale qui doit résulter de leur combinaison, que par rapport aux assemblages et à la réunion des pièces. Celles qui sont rondes, ne pouvant se joindre qu'en un seul point, ne formeraient pas un assemblage solide. La forme la plus avantageuse qu'on puisse donner aux bois équarris dépend de la position qu'ils doivent avoir et des efforts qu'ils ont à soutenir. Pour tous les bois posés de bout et d'aplomb, qui doivent servir de point d'appui, il faut préférer la forme carrée pour la base, parce que c'est, après le cercle, celle qui, à superficie égale, conserve le plus de force aux pièces de bois, surtout lorsque c'est du *bois de brin*. On appelle ainsi le bois équarri et non refendu du tronc ou d'une branche de l'arbre, en sorte que le cœur est au centre de la pièce. Comme la forme des pièces de bois posées d'aplomb décroît en raison de leur hauteur comparée à la diagonale de leur base, il ne faut pas que la hauteur isolée d'une pièce de bois soit de plus de douze fois la diagonale du carré de sa base, si l'on veut qu'elle ait toute la solidité requise; si sa portée est plus longue, il est à craindre qu'elle ne ploie sous le fardeau. Lorsqu'une pièce de bois doit être posée de niveau, et qu'elle ne doit être soutenue que par ses deux extrémités comme une poutre ou une solive, il faut que le plan de sa base soit formé par un rectangle, au lieu d'un carré. Mais comme les dimensions d'un rectangle peuvent varier à l'infini, on doit observer que la plus petite dimension soit environ la moitié de la grande. Ainsi une poutre à laquelle on donnerait dix-huit pouces de largeur devrait avoir neuf pouces d'épaisseur, de même qu'une solive de six pouces de largeur doit avoir au moins trois pouces d'épaisseur. Toute pièce de bois dont la base est rectangulaire, si elle n'est pas d'aplomb, doit être posée sur son fort, c'est-à-dire de manière que la face la plus étroite soit en dessous. Ainsi une poutre de dix-huit pouces sur neuf pouces de grosseur devra être posée sur le côté qui n'a que neuf pouces de large : c'est ce qu'on appelle être posée *de champ*. 3° La disposition des pièces de bois qui forment un ouvrage de *charpente* est une chose fort importante. Par disposition il faut entendre la position différente que l'on doit affecter aux pièces de *charpente*, selon les lieux et selon les effets qu'elles peuvent opérer les unes à l'égard des autres. On doit en général les placer de manière à ce qu'elles fassent un tout qui puisse résister aux différents efforts et aux mouvements que l'ouvrage entier peut avoir à soutenir. C'est ainsi que, dans certaines cloisons, si l'on prévoit qu'il puisse y avoir quelque côté faible où l'ouvrage serait dans le cas de céder, on a soin de disposer certaines pièces de bois en arcs-boutants, c'est-à-dire inclinées, pour contre-bouter les pièces perpendiculaires. 4° On doit distinguer dans la *charpente* ce que nous venons d'appeler *disposition* de ce qu'il faut appeler *assemblage*. Cette dernière partie est la plus importante de l'art de la *charpenterie*. Cet art étant étranger à notre objet, nous ne nous permettrons que de donner la nomenclature des diverses espèces d'*assemblages*. — *Assemblage à clef*. C'est un assemblage qu'on fait pour joindre deux plates-formes de comble, ou deux moises de fils de pieux, par une mortaise dans chaque pièce, pour recevoir un tenon à deux bouts appelé *clef*. — *Assemblage en crémaillère*, assemblage qu'on fait par entailles, en manière de dents, de la demi-épaisseur du bois, qui s'encastrent les unes dans les autres pour joindre bout à bout deux pièces de bois, parce qu'une seule ne porte pas assez en longueur. — *Assemblage en épi* (*V.* ÉPI). —*Assemblage en triangle*. C'est un assemblage nécessaire pour entrer deux fortes pièces de bois aplomb. On le fait avec deux tenons triangulaires à bois de fil de pareille longueur, qui s'encastrent dans deux autres semblables, en sorte que les joints n'en paraissent qu'aux arêtes. — *Assemblage par embrèvement*, espèce d'entaille en manière de hoche, qui reçoit le bout démaigri d'une pièce de bois, sans tenon ni mortaise. On fait cet assemblage par deux tenons flottants, posés en décharge dans leurs mortaises. — *Assemblage par entailles*. On fait cet assemblage pour joindre bout à bout (ou en retour d'équerre) deux pièces de bois par deux entailles de leur demi-épaisseur, qui sont ensuite retenues avec des chevilles ou liens de fer. On fait aussi pour le même *assemblage* des entailles à queue d'aronde ou en triangle à bois de fil. — *Assemblage par tenon et mortaise*. On fait cet assemblage par une entaille appelée mortaise, laquelle a d'ouverture la largeur d'un tiers de la pièce de bois, pour recevoir l'about ou le tenon d'une autre pièce, taillé de juste grosseur pour la mortaise qu'il doit remplir, et dans laquelle il est ensuite retenu par une ou deux chevilles. A ces détails purement mécaniques, et dont on trouvera l'exposé dans les ouvrages spéciaux, tels que le *Traité de la charpenterie* de Mathurin Jousse, et celui des *Bois de charpente* par Mésange, nous ajouterons encore une table qui indiquera approximativement la proportion dans laquelle les bois de charpente, considérés selon leur grosseur et leur longueur, pourront être employés dans les bâtiments à raison de la charge qu'ils supporteront.

GROSSEUR DES POUTRES DE TROIS PIEDS EN TROIS PIEDS.

| Longueur. | Largeur. | Hauteur. |
|---|---|---|
| 12 pieds. | 10 pouces. | 12 pouces. |
| 15 | 11 | 13 |
| 18 | 12 | 15 |
| 21 | 13 ½ | 16 |
| 24 | 15 | 18 |
| 27 | 16 | 19 |
| 30 | 17 | 21 |
| 33 | 18 | 22 |
| 36 | 00 | 23 |
| 39 | 19 | 24 |
| 42 | 21 | 25 |

GROSSEUR DES SOLIVES.

| Longueur. | Largeur. | Hauteur. |
|---|---|---|
| 9 pieds. | 4 pouces. | 6 pouces. |
| 12 | 5 | 7 |
| 15 | 6 | 8 |
| 18 | 7 | 9 |
| 21 | 8 | 10 |
| 24 | 9 | 11 |
| 27 | 10 | 12 |
| 30 | 11 | 13 |

(*V.* encore au mot SOLIVE).

**CHARPENTE DU CORPS**, l'ensemble des parties osseuses du corps. — CHARPENTE se dit aussi figurément d'un plan, des parties principales d'un ouvrage d'esprit.

**CHARPENTER**, v. a. tailler, équarrir des pièces de bois avec la hache. Il n'est guère d'usage en ce sens; mais, au figuré, il signifie couper, tailler d'une manière maladroite.

**CHARPENTERIE**, s. f. l'art de travailler en charpente. — Il signifie aussi la même chose que charpente, surtout lorsqu'il s'agit de la manière dont le travail est exécuté.

**CHARPENTIER** (*technol.*), ouvrier qui s'occupe d'établir tous les ouvrages de gros bois. Le charpentier doit joindre l'adresse à la force; il doit même posséder quelques connaissances en géométrie et en mécanique pratiques. C'est à lui que l'on confie toujours le soin de mouvoir les plus lourds fardeaux, et il est bien rare qu'il se laisse effrayer par les difficultés. Cette habitude de surmonter les obstacles, d'affronter même le péril dans le *levage* des grandes fermes de charpente, semble avoir donné au charpentier un certain sentiment de supériorité qui est sans doute un peu cause que cet ouvrier est le moins facile à conduire de tous les ouvriers en bâtiment. Il faut en général lui parler avec douceur, et lui faire sentir d'une manière évidente que ce qu'on lui commande est fondé sur des lois de convenance et surtout de mécanique; alors on peut en tirer un excellent parti. Le maître compagnon charpentier s'appelle *gâcheur*. A Paris, un compagnon charpentier gagnait, en 1834, quatre francs par jour. Le prix moyen de la journée de cet ouvrier, dans les départements, est de deux francs cinquante centimes à trois francs. Les principaux outils dont se sert le charpentier, sont : la *bisaiguë*, qui tire son nom de ses deux extrémités aiguisées : elle sert à finir les tenons et les mortaises, enfin à une foule d'usages; la *cognée*, qui sert à équarrir les pièces de bois; l'*herminette*, espèce de petite hache destinée surtout à finir les pièces courbes; l'*ébauchoir*, le *compas*, la *tarière*, la *scie*, la *fausse équerre*, etc., etc., dont les usages sont connus; la *jauge*, petite règle qui sert à mesurer les épaisseurs, à tracer les tenons, les mortaises, les fausses coupes. Les machines principales sont : la *chèvre*, le *cabestan*, le *verrin*, etc. (*V.* ces mots).

**CHARPENTIER**. Cette profession embrassait, au moyen âge, les métiers de menuisier, de tourneur, de charron, en un mot, « toutes manières d'autres ouvriers qui euvrent du tranchant en merrien. » Telles sont les expressions des statuts des charpentiers (1); statuts curieux sous plusieurs rapports, mais surtout sous celui de leur origine et de leur rédaction; car ils sont uniquement basés sur la déposition d'un simple particulier, nommé *mestre Fouques du Temples*, qui déclare au Parloir-aux-Bourgeois, sans doute en présence du prévôt de Paris et d'un greffier, comment il gouvernait la maîtrise pendant qu'il était maître charpentier du roi Louis IX; et cette déclaration devint dès lors une règle pour la corporation. C'est une preuve nouvelle et frappante de ce fait : que presque tous les anciens règlements des arts et métiers ne sont qu'une rédaction des us et coutumes rapportés par les prud'hommes et chefs du métier (2). Sous le règne de Philippe le Bel, en 1313, un arrêt du parlement, contenu dans les *Olim*, vol. III, fol. 147, v°, supprima la juridiction que le maître charpentier du roi exerçait sur les charpentiers et les charrons, comme le maître pannetier sur les boulangers, le maître maréchal sur les maréchaux ferrants, etc. D'autres règlements de la communauté des charpentiers, rédigés en 1454, montrent qu'alors les jurés étaient électifs; mais en 1574, Henri III érigea leur charge en titre d'office, et leur accorda de grands priviléges. La communauté des charpentiers reçut de nouveaux statuts en 1644; supprimée vers le milieu du XVIIIe siècle, elle fut rétablie par un édit en 1776. On distinguait alors les jurés du roi et les maîtres simples. La maîtrise coûtait quinze cents livres. Nous terminerons cet article par une remarque qui fera bien comprendre les progrès de l'industrie, surtout dans les professions relatives à la construction des maisons. Il n'y avait à Paris en 1292 que quatre-vingt-quinze charpentiers menuisiers (3); aujourd'hui on y compte quatre-vingt-dix-sept charpentiers entrepreneurs et près de six cents ateliers de menuiserie.

**CHARPENTIER** (*anc. term. milit.*). Il se dit des sapeurs d'un régiment d'infanterie.

**CHARPENTIER** (*hist.*). Autrefois *charpentier* a été le surnom ou le sobriquet d'un vaillant homme qui, dans les combats, frappait en vrai *charpentier*. Guillaume, vicomte de Melun, qui était avec Hugues le Grand à la première expédition de Jérusalem, fut ainsi surnommé *le Charpentier*, à cause des grands coups d'épée qu'il déchargeait sur les ennemis.

**CHARPENTIER** (JACQUES), né en 1524 à Clermont en Beauvoisis, vint étudier la philosophie à Paris, et ne tarda pas à la professer lui-même au collége de Bourgogne. Devenu procureur de la *nation* de Picardie, il prit à l'université les degrés de bachelier et de licencié en médecine, puis fut recteur pour la philosophie, dignité qu'il conserva pendant seize ans. En 1566, la chaire de mathématiques du collége royal lui fut résignée par Dampestre-Cosel, qui l'occupait : mais le célèbre Ramus s'opposa fortement à cette résignation, prétendant qu'elle ne pouvait avoir lieu pour une semblable place, à laquelle on ne devait point être admis sans un examen préalable. L'affaire fut portée au parlement; on l'y appointa; mais le conseil d'État décida en faveur de Charpentier, qui en 1568 fut élu doyen. Il était devenu médecin de Charles IX, et mourut de phthisie le 1er février 1574. Charpentier s'adonna beaucoup plus à la philosophie qu'à la médecine. Partisan outré d'Aristote, il combattit vigoureusement les ennemis du péripatéticien, et notamment Ramus, auquel il ne pardonna point l'opposition qu'il avait mise à sa nomination. On l'a même accusé d'avoir contribué fortement aux malheurs de ce dernier dans l'horrible journée de la Saint-Barthélemy. On lui reproche avec encore plus de fondement d'avoir altéré, pour la défendre, la doctrine d'Aristote, sous le nom duquel il publia une soi-disant théologie mystique égyptienne, qu'il prétendit traduite de l'arabe, quoiqu'il ignorât les premiers éléments de cette langue; il n'avait fait au surplus que mettre en meilleur latin une ancienne traduction déjà imprimée de cet ouvrage. Charpentier fut intolérant en religion comme en philosophie, et il fit chasser de l'université tous ceux dont il suspectait les opinions. On a de lui : 1° *Descriptio universæ naturæ ex Aristot.; De putredine et coctione*, Paris, 1562, in-4°; 2° *Ad expositionem disputationis de methodo, contra Thessalum Ossatum responsio*, Paris, 1564, in-4°; 3° *Orationes contra Ramum*, 1566, in-8°; 4° *Epistola in Al-*

(1) *Livre des Métiers*, d'Etienne Boileau; *Collection des docum. inéd. sur l'hist. de France*, p. 104, et note *ibid.*

(2) « Se justiçoient au temps dudit mestre Fouques *et de ses devanciers*, toutes manières d'ouvriers de tranchant. »

(3) *Rôle de la taille de Paris sous Philippe le Bel*; *Docum. inéd. sur l'histoire de France*, publiés par le ministre de l'instr. publique, p. 495.

*cinoum*, 1569, in-8° ; 5° un *Commentaire* sur ce philosophe, 1573, in-4° ; 6° *Libri XIV, qui Aristotelis esse dicuntur, de secretiore parte divinæ sapientiæ secundum Ægyptios, ex arabico sermone, etc.*, Paris, 1571, in-4°, etc.

**CHARPENTIER**, premier commis du lieutenant de police Hérault, et mort vers 1750, composa, pour le théâtre de la foire, les *Aventures de Cythère*, 1715 ; *Qui dort dîne*, 1718 ; et *Jupiter amoureux d'Io*.

**CHARPENTIER** (PAUL), provincial des Petits-Augustins, né à Paris le 30 janvier 1699, et mort à Lagny le 28 avril 1773, a publié deux traductions : 1° *Du siége et de la prise de Rhodes*, par Guichard, 1765, in-12 ; 2° *De la Lettre encyclique du général des Augustins sur les affaires d'Espagne*, 1767, in-12. Il a laissé imparfait un *Poëme sur l'horlogerie*, auquel il travaillait depuis longtemps.

**CHARPENTIER** (PIERRE), jurisconsulte, né à Toulouse au commencement du XVI<sup>e</sup> siècle, enseigna publiquement le droit à Genève. Il avait embrassé le calvinisme ; mais, s'étant brouillé avec les chefs de la réforme, et surtout avec Théodore de Bèze, il quitta Genève, dit Bayle, avec sa femme et ses enfants, « sans dire adieu à ses créanciers. » Il se rendit à Paris peu de temps avant les massacres de la Saint-Barthélemy, et se sauva chez Bellièvre, en cette affreuse journée. Bientôt on le vit se déchaîner publiquement, non contre les auteurs des massacres, mais contre ce qu'il appelait la *cause*, c'est-à-dire, la faction des protestants. Il soutenait que les protestants, s'étant servis du prétexte de la religion pour couvrir leur esprit de révolte, avaient été justement punis par l'épée de Dieu que portent les rois. Il disait que leurs assemblées étaient devenues des conventicules où on ne parlait ni de piété ni de correction des mœurs, mais d'armes, de séditions, de levées de soldats et de moyens de faire la guerre à leur souverain ; en sorte que c'était Dieu même qui avait inspiré à un monarque, naturellement fort doux, le dessein de réprimer par les voies les plus sévères le crime de leur rébellion. La cour jugea que Charpentier serait un bon apologiste des massacres chez l'étranger. Il se chargea volontiers de cette odieuse mission, reçut de l'argent et la promesse d'être élevé à des charges qu'il obtint par la suite. Il partit avec Bellièvre, qui alla prononcer, devant l'assemblée des cantons suisses, une harangue apologétique de la Saint-Barthélemy ; Charpentier se rendit à Strasbourg ; il avait déjà professé dans cette ville. Il y fit imprimer, le 15 septembre 1572, une lettre, adressée à François Portus Candiot, savant helléniste. Cette lettre fut publiée en latin et en français, sous ce titre : *Lettre de Pierre Charpentier, jurisconsulte, adressée à François Portes Candiois, par laquelle il monstre que les persécutions des Eglises de France sont advenues, non par la faute de ceux qui faisoient profession de la religion, mais de ceux qui nourrissoient les factions et conspirations qu'on appelle* la cause, in-8°. Charpentier dit dans cette fameuse lettre, qu'il y avait deux partis parmi les protestants : l'un de *pacifiques*, qui agissaient de bonne foi et par principes de religion ; l'autre de *factieux*, qui soutenaient *la cause* ; que le premier parti avait pour chefs d'Espina, Sorel, Albrac, Cappel, la Haye, Mercure ; et le second, Théodore de Bèze, qu'il appelle la *Trompette de Saba*, et contre lequel il se déchaîne avec tout l'emportement de la haine. Il ne se borne pas à excuser le massacre de la Saint-Barthélemy ; il veut encore prouver qu'il a été fait justement, et qu'on a dû le faire pour abattre une faction impie qui voulait renverser le trône et bouleverser l'Etat. Le 1<sup>er</sup> mars de l'année suivante, parut, sous le nom de François Portus, une réponse violente, qui contient des détails peu honorables de la vie de Charpentier. Cette réponse fut réimprimée à la suite de la lettre, en 1574, in-4°. L'une et l'autre ont été insérées dans le tome premier des *Mémoires de l'estat de France sous Charles IX*. Corneille Schulting fit entrer presque tout entière la lettre de Charpentier dans la préface de sa *Confessio hieronymiana*, publiée en 1585. On trouve un précis de la même lettre dans la grande *Histoire* de Mézerai, tom. III. Cette lettre était tombée dans l'oubli qu'elle méritait, lorsque le P. Denis de Sainte-Marthe l'inséra, on ne sait pourquoi, dans ses *Entretiens touchant l'entreprise du prince d'Orange sur l'Angleterre*, imprimés à Paris en 1689. La même année, Jurieu se déchaîna contre Charpentier, dans sa *Religion des jésuites*, et Bayle ne l'a point épargné dans son *Dictionnaire* ; il l'appelle un *furieux ennemi des réformés*. On a encore de lui : *Pium et christianum de retinendis armis, et pace repudienda consilium*, Paris, 1575, in-8°. Cet ouvrage parut la même année, traduit en français : *Advertissement sainct et chrestien touchant le port des armes, etc.*, et fut réfuté par Pierre Lefèvre, maître des requêtes, sous le titre de *Responsio ad Petrum Carpentarianum*. Les deux écrits furent imprimés ensemble, Paris, 1575, in-8°, et la réponse séparément à Neustadt, 1579, in-8°. Charpentier, devenu avocat du roi au grand conseil, vivait encore en 1584. On ignore l'époque de sa mort. Il eût dû voir les premiers temps du règne de Henri IV, s'il était vrai, comme l'avance Rivet dans son *Jesuita Vapulans*, que l'apologiste de la Saint-Barthélemy, devenu ligueur opiniâtre, eût encouru la haine du vainqueur de la Ligue ; mais Rivet semble le confondre avec l'avocat Charpentier, que ses intelligences avec l'Espagne firent périr du supplice de la roue, vers 1596, et qui était fils de Jacques Charpentier, grand adversaire de Ramus.

**CHARPENTIER** (HUBERT), licencié de Sorbonne, né à Coulommiers, au diocèse de Meaux, en 1565, se rendit recommandable par des établissements ecclésiastiques. Le premier est le pèlerinage célèbre de Notre-Dame de Garaison, au pied des Pyrénées, dans le diocèse d'Auch ; le second est celui des missionnaires de Notre-Dame de Betharram, au bas d'une montagne appelée le Calvaire, dans l'évêché de Lescar ; le troisième, plus connu que les deux premiers, est la Congrégation des prêtres du Calvaire, sur le mont Valérien, auprès de Paris, sous l'invocation de *Jésus crucifié*. Cette congrégation devait être composée de treize prêtres, dont Charpentier fut le premier supérieur. En 1666, les curés de Paris s'y firent affilier, et c'est depuis cette époque que l'usage s'établit pour les paroisses de la capitale d'aller en pèlerinage deux fois tous les ans au Mont-Valérien, dans les jours spécialement consacrés au culte de la croix. Le fondateur était l'ami intime de l'abbé de Saint-Cyran, et avait des relations suivies avec les solitaires de Port-Royal. Il mourut à Paris le 10 décembre 1650. Son corps ayant été exhumé il y a quelques années, fut trouvé parfaitement conservé, ce qui accrut singulièrement la dévotion au lieu de sa sépulture.

**CHARPENTIER** (FRANÇOIS), membre de l'académie des inscriptions et belles-lettres, et directeur perpétuel de l'académie française, naquit à Paris en 1630. Destiné d'abord au barreau, il abandonna ensuite cette carrière pour suivre celle des lettres, vers laquelle le portait un penchant prononcé. Il se fit remarquer de Colbert par ses premiers essais, et celui-ci le chargea, lorsqu'il conçut le dessein de former la compagnie des Indes, d'en exposer le projet au roi ; ce qu'il fit dans un ouvrage intitulé : *Discours d'un fidèle sujet du roi, touchant l'établissement d'une compagnie française pour le commerce des Indes orientales*. Les vues de Colbert ayant été agréées par Louis XIV, Charpentier fut chargé de composer une relation sur l'établissement nouvellement fondé ; relation qu'il mit à la suite de son discours. Lorsque éclata, au sein de l'académie française, la fameuse querelle des anciens et des modernes, Charpentier se rangea au nombre des partisans de Perrault, et il eut sa bonne part des sarcasmes que Boileau lança contre eux. Il fut également maltraité par lui, ainsi que par Racine, à propos des inscriptions de la grande galerie de Versailles, dont il était l'auteur. Il avait composé ces inscriptions en français ; le premier, il s'était élevé, avec beaucoup de raison, contre l'usage de rédiger en latin les inscriptions des monuments publics ; mais il avait mis dans celles qui devaient expliquer les tableaux de Lebrun une emphase de si mauvais goût, qu'il fallut les effacer et les remplacer par d'autres plus simples que fournirent Boileau et Racine, non sans donner leur avis sur les premières. On trouve dans les nombreux ouvrages de Charpentier, de l'érudition, de l'art, des traits ingénieux ; mais on lui reproche à bon droit de la lourdeur et de la diffusion. Ces deux défauts règnent dans tout le discours qu'il prononça pour la réception de Bossuet. Toutefois il reste à Charpentier l'honneur d'avoir travaillé avec Colbert à des plans de prospérité publique ; une part importante dans les travaux auxquels on doit cette belle suite de médailles sur les événements du grand règne, et le mérite d'avoir revendiqué pour les inscriptions publiques les droits de la langue nationale. Les principaux titres littéraires sont : un *Traité de la peinture parlante* ; une *Vie de Socrate*, accompagnée des *Dits mémorables du philosophe* ; une *Défense de l'excellence de la langue française* ; enfin une traduction de la *Cyropédie* de Xénophon. Charpentier mourut à Paris en 1702.

**CHARPENTIER** (MARC-ANTOINE), compositeur, né à Paris en 1634, mort dans la même ville en 1702. Dès l'âge de quinze ans il fit le voyage de Rome pour étudier la peinture ; mais, étant entré dans une église où il entendit un motet de la composition de Carissimi, il en fut tellement impressionné qu'il prit la résolution de se faire musicien. Elève de ce même Carissimi, ses progrès furent tels qu'il devint en peu de temps le rival de Lully, dont il excita la jalousie. Après avoir heureusement surmonté les obstacles que lui créait ce maître célèbre, Charpentier changea tout à coup sa manière élégante et facile pour composer une musique pleine de difficultés, mais riche d'une science et d'une harmonie presque inconnues jusqu'alors en France. Le duc d'Orléans, depuis régent, auquel il avait enseigné la composition, fut, dit-on, son collaborateur dans un opéra intitulé : *Philomèle*, qui fut représenté trois fois au Palais-Royal et n'a pas été imprimé. Charpentier dut à ce prince la maîtrise de la Sainte-Chapelle. C'est de lui qu'est la musique de l'*Intermède du Malade imaginaire* (1673), de *Circé* (1675) et de l'opéra de *Médée* qui, en 1693, eut un succès prodigieux. Il a laissé aussi de nombreux recueils de messes et de compositions légères assez estimées.

**CHARPENTIER** (JEAN-FRÉDÉRIC-GUILLAUME), né à Dresde le 24 juin 1738, est mort le 27 juillet 1805, professeur de l'académie et intendant des célèbres mines de Freyberg. Outre plusieurs mémoires insérés dans diverses collections, il a publié les ouvrages suivants : 1° *Géographie minéralogique de l'électorat de Saxe*, Leipzig, 1778, in-4° (en allemand); 2° *Beobachtungen*, etc., c'est-à-dire, *Observations sur les gîtes des minerais*, Leipzig, 1800, in-4°, figures; 3° *Beitrag*, etc., c'est-à-dire, *Mémoire géologique sur les montagnes des Géants en Silésie*, Leipzig, 1804, in-4°, figures.

**CHARPENTIER** (JEAN-JACQUES BEAUVARLET), né à Abbeville en 1730, fut un des plus habiles organistes de la fin du siècle dernier. Il demeurait à Lyon, lorsque J.-J. Rousseau, qui passait par cette ville, eut occasion de l'entendre, et signala son talent. Montazet, archevêque de Lyon, lui donna l'orgue de Saint-Victor de Paris, dont il était abbé; et, l'année suivante, Charpentier obtint celui de Saint-Paul, qu'il conserva jusqu'à la révolution. A cette époque, la suppression du culte le plongea dans la détresse; il mourut en mai 1794. Au doigté le plus net, à l'exécution la plus brillante à la fois et la plus expressive, Charpentier joignait une connaissance profonde de l'harmonie; nul ne modulait avec plus de grâce, avec plus de facilité; nul ne possédait mieux que lui l'art difficile des transitions; tous les styles semblaient lui être également familiers, mais il excellait surtout dans la fugue. Il a laissé, pour son instrument et pour le clavecin, un nombre considérable d'œuvres d'un mérite éminent.

**CHARPENTIER** (RENÉ), sculpteur, né à Paris en 1680, fut élève de Girardon, et travailla à la sculpture du tombeau que cet artiste célèbre avait élevé à sa femme, à Saint-Landry. Charpentier a laissé plusieurs de ses ouvrages dans l'église de Saint-Roch, et notamment le *Tombeau du comte Rangoni*. Il est mort à Paris le 15 mai 1723. Charpentier n'était pas sans talent, mais à une grande sécheresse d'exécution il unissait le mauvais goût qui régnait de son temps, et que ne put détruire son admiration pour les productions de son maître.

**CHARPENTIER** (LOUIS), natif de Brie-Comte-Robert, vivait au milieu du siècle dernier, et a publié : 1° *Lettres critiques sur divers écrits contraires à la religion et aux mœurs*, 1751, in-12, 2 vol.; 2° *la Décence en elle-même, les personnes et les dignités*, 1767, in-12; 3° *Nouveaux Contes moraux, ou Historiettes galantes et morales*, 1767, in-12; 4° *Vos loisirs*, contes moraux, 1768, in-12; 5° *l'Orphelin normand, ou les Petites causes et les grands effets*, 1768, in-12, 3 vol.; 6° *Le Nouveau père de famille*, traduit de l'anglais, 1768, in-12; 7° *Essai sur les causes de la décadence du goût relativement au théâtre*, 1768, in-12; 8° *Mémoires d'un citoyen, ou le Code de l'humanité*, 1770, in-12, 2 vol.; 9° *Essais historiques sur les modes et sur les costumes en France*, 1776, in-12.

**CHARPENTIER**, grammairien, né vers 1740, à Biennes, près de Réthel, alla jeune en Russie chercher dans l'exercice de ses talents la fortune que le sort lui avait refusée. Il y trouva des ouvrages pour apprendre le français, mais aucun pour apprendre le russe dont la connaissance lui devenait indispensable. Un travail opiniâtre triompha d'un obstacle qu'il aurait dû prévoir, mais dont l'idée ne lui était pas venue. Il s'exprimait déjà facilement en russe, lorsque la *Grammaire de Lomonosow* lui tomba dans les mains, et sur-le-champ il entreprit de la traduire en français. Sa version était presque achevée, lorsqu'il s'avisa de la communiquer à l'un de ses compatriotes, M. de Marignan. Le désir de connaître au moins les principes d'une langue jusqu'alors peu répandue au delà des frontières de l'empire russe, lui avait inspiré la même idée qu'à Charpentier; il lui fit présent de sa traduction de la grammaire de Lomonosow. Charpentier convient que cette version était très-supérieure à la sienne; il y fit cependant quelques corrections, et il y joignit des dialogues, un choix de proverbes et toutes les notions qu'il jugea propres à faciliter les progrès des élèves. Cette grammaire russe, la première qui ait été publiée par un Français, fut imprimée à Saint-Pétersbourg en 1768, in-8° de 368 pages, sous ce titre : *Eléments de la langue russe, ou Méthode courte et facile pour apprendre cette langue conformément à l'usage*. Le nom de l'auteur n'est pas sur le frontispice, mais il l'a mis au bas de la dédicace au comte Volodimir Orloff, alors directeur de l'académie impériale, à laquelle Charpentier était attaché comme professeur. Son ouvrage eut plusieurs éditions : celle de Saint-Pétersbourg, 1795, in-8°, est la troisième. Charpentier était revenu quelques années auparavant en France, espérant y jouir de ses économies; mais, effrayé des excès de la révolution, il se hâta de retourner à Saint-Pétersbourg, où il mourut vers 1800, dans un âge peu avancé.

**CHARPENTIER** (F.-P.), mécanicien, naquit à Blois le 3 octobre 1734, de parents pauvres. Mis en apprentissage à Paris chez un graveur en taille-douce, il commença par inventer un procédé purement mécanique, au moyen duquel toute personne ayant quelque connaissance du dessin pouvait graver une planche imitant le lavis, avec la même facilité qu'un dessin, sans employer aucun ustensile de gravure, et il exécuta lui-même un assez grand nombre de gravures, soit en lavis, soit en couleur, entre autres une *Décollation de saint Jean*, d'après le Guerchin. Cette invention lui valut un logement au Louvre et le titre de mécanicien du roi. En 1771 il inventa une machine à forer, puis un nouveau système d'éclairage pour les phares. Louis XVI, à la suite de cette dernière découverte, lui fit offrir plusieurs places; mais Charpentier les refusa toutes, et ne voulut accepter qu'une somme de mille écus. Sous le directoire, il exécuta un instrument propre à percer six canons de fusil à la fois, et une machine à scier plusieurs planches en même temps. Cette machine fut montée aux frais du gouvernement, qui paya quatre mille francs à l'inventeur. Charpentier, simple et désintéressé, se laissa voler, par des intrigants, un grand nombre d'inventions. C'est ainsi qu'un système de moyeux propres à faire rouler facilement les voitures pesamment chargées lui fut enlevé par un Anglais. D'autres fois il en faisait cadeau à ses amis qui se trouvaient dans le besoin : ainsi, ayant composé une machine à graver les dessins de dentelles, qui pouvait être pour lui une source de fortune, il la donna, sans hésiter, à un de ses amis; et, comme sa famille lui en faisait quelques reproches : « Ma foi, dit-il en se frottant les mains, j'ai rendu un pauvre homme bien content. » Charpentier mourut pauvre à Blois en 1817. Il a publié un catalogue complet de toutes ses inventions, parmi lesquelles nous citerons encore la main artificielle qu'il fit pour la Reynie, et dont madame de Genlis parle dans ses *Mémoires*. La plupart des modèles des machines de Charpentier doivent se trouver encore au Conservatoire des arts et métiers.

**CHARPENTIER** (HENRI-FRANÇOIS-MARIE), général français, né à Soissons en 1769 d'une famille de magistrature, reçut une bonne éducation, entra dans la carrière du barreau, et la quitta en 1791 pour s'enrôler dans le premier bataillon des volontaires du département de l'Aisne, où il fut nommé capitaine. Il fit en cette qualité les premières campagnes de la révolution aux armées du Nord; fut ensuite aide de camp du général Hatry, puis adjudant général chef de bataillon en octobre 1793. Devenu colonel, il porta, en 1795, à la convention nationale, les drapeaux de la garnison de Luxembourg, qu'il avait concouru à faire capituler. Envoyé à l'armée d'Italie, il fut nommé général de brigade, et il donna en 1799 de grandes preuves de valeur à la bataille de la Trébia, où il eut deux chevaux tués sous lui, et à celle de Novi, où il fut grièvement blessé d'un coup de feu au bas-ventre, ce qui le força de revenir en France; mais il n'y resta que jusqu'au commencement de l'année suivante. Le premier consul l'ayant emmené sous ses ordres en Italie, il eut une part glorieuse à la brillante campagne de Marengo, et fut nommé aussitôt après général de division, puis chef d'état-major général de l'armée, fonctions qu'il remplit successivement pendant plusieurs années sous les généraux Moncey, Jourdan et le prince Eugène. Commandant une division en 1805 à l'armée de Naples, il força un corps entier de troupes ennemies à mettre bas les armes à Veronette. Il passa ensuite à la grande armée, fit la campagne d'Autriche en 1809, et fut nommé comte après la bataille de Wagram. En 1812, le prince Eugène le fit chef d'état-major du corps d'armée qu'il devait conduire en Russie; mais, après la prise de Smolensk, Napoléon le laissa comme gouverneur dans les provinces russes qui venaient d'être soumises. A la fatale retraite qui suivit, Charpentier fut le chef d'état-major du premier corps commandé par le maréchal Davoust. Ayant été mis à la tête d'une division en 1813, il eut une grande part aux victoires de Lutzen et de Bautzen, et fut nommé, aussitôt après, grand'croix de l'ordre de la Réunion. Il entra l'année suivante dans la garde impériale, commanda une division de cette belle troupe, dans la campagne de France en 1814, et s'y distingua encore dans plusieurs occasions. Il adressa, le 8 avril, son adhésion au rétablissement des Bourbons, fut créé chevalier de Saint-Louis, grand officier de la Légion d'honneur, puis inspecteur général. Mais sa santé, épuisée par tant de travaux et de blessures, le força bientôt de se retirer dans une terre qu'il possédait à Oigny, près de Villers-Cotterets. C'est là qu'il est mort le 14 octobre 1831.

**CHARPENTIER-COSSIGNY** (*V.* COSSIGNY).

**CHARPI**, s. m. (*technol.*), billot sur lequel le tonnelier taille les douves.

**CHARPIE**, s. f. (*carbasus filamentum*), fils de toile usée employés dans le pansement des plaies. De même que nous, les Grecs, les Romains, puis, plus tard, les Arabes, la choisissaient avec beaucoup de soin, et la configuraient suivant les indications qu'ils croyaient avoir à remplir. Comme nous, ils en faisaient des plumasseaux, des bourdonnets, des pinceaux, des tampons plus ou moins gros; ils savaient aussi, en la râpant, la réduire en un état lanugineux. — Le lin façonné, le chanvre préparé, servirent d'abord de charpie; il y avait chez les anciens, comme il y a de nos jours, des marchands bandagistes qui préparaient également la charpie. — La consommation de charpie est énorme dans les hôpitaux et aux armées en temps de guerre; et comme, de nos jours, on use une grande quantité de papier, on craint que la charpie, qui se fait également de chiffons, ne devienne rare, et conséquemment chère; ce qui occasionnerait de grandes dépenses au gouvernement et aux administrations des hôpitaux, et rendrait plus difficile le soulagement des malades; car il est aussi très-urgent que la charpie que l'on emploie soit de bonne nature. — Celle qu'on se procure chez les Israélites, entrepreneurs assez ordinaires de cet article, est suspecte; on la croit sujette à inoculer la gale. Celle qu'on tire des maisons de réclusion, des dépôts de mendicité, des hospices d'enfants trouvés, n'est guère plus propre; elle peut aussi donner la gale. Il faut se défier de celle qu'on a coutume de faire faire aux malades, vu la malpropreté de leurs mains et de leurs lits sur lesquels elle repose pendant sa confection. Le mauvais linge donne de la mauvaise charpie. Celui des prisons et des vieux magasins, le linge hors d'usage, de rebut et de réforme des hôpitaux et des casernes risquent de produire une charpie imprégnée de miasmes malfaisants. Il faut donc la préparer avec du vieux linge bien lessivé, et la conserver loin de l'humidité sans en faire trop à l'avance, et la séparer de tout ce qui pourrait l'imprégner de mauvaise odeur, tel que le linge sale, des restes d'aliments. — Le coton est mauvais, et nuit presque toujours aux plaies; les brins dont il est formé ont trop de roideur et d'élasticité, et trop de pointes: ils irritent et enflamment; d'ailleurs il absorbe mal le pus, et ne se plie pas aux formes qu'on a besoin quelquefois de donner à la charpie. — La laine est pire encore : chaque poil a comme des aiguillons et des écailles qui sont disposés de la racine à l'extrémité, de sorte que, si on le prend par l'une ou par l'autre et qu'on le tourne entre deux doigts, il marche seul dans la direction de la base au sommet, à peu près comme un épi de seigle vert. — La soie, l'étoupe, l'éponge ne peuvent non plus remplacer la toile. — Lorsque la charpie est employée telle qu'elle sort des balles dans lesquelles on l'entasse pour l'envoyer en divers lieux, on la nomme *charpie brute*. Dans cet état elle est impropre aux pansements, parce qu'elle forme des agglomérations dures et susceptibles d'irriter les plaies. Lorsque les filaments de la charpie brute, préalablement choisis, ont été jetés çà et là et forment une agglomération à intervalle fort grand, elle prend alors le nom de *charpie mollette* ou *charpie ouverte*. D'autres fois ces filaments sont rapprochés, presque parallèlement convertis en petits matelas auxquels on donne le nom de *plumasseau*. — La charpie ordinaire est encore susceptible de recevoir les formes, 1° de boulettes, lorsqu'on la roule en globes légers; 2° de bourdonnets ou corps ovoïdes liés au milieu avec un fil ciré double, dont on se sert dans le tamponnement dans le cas d'hémorragie; 3° de mèches, qui sont composées de filaments très-longs et parallèles, et disposés en couches minces aplaties, et qu'on introduit dans une plaie seules, enduites de substances médicamenteuses. — Lorsqu'on racle avec un couteau une pièce de linge bien étendu, on obtient par ce procédé une sorte de duvet fin qu'on nomme *charpie*. — La charpie préparée est faite avec du lin ou du chanvre très-soigneusement arrangés par couches en grands plumasseaux du poids d'un demi-kilogramme chacun, qui sont très-portatifs et très-commodes pour le service chirurgical des armées. — Les usages de la charpie sont des plus importants. Immédiatement appliquée sur les parties, elle les préserve de tout contact qui pourrait les offenser, y entretient une température égale, les excite légèrement, et en absorbe les liquides et les miasmes. — La charpie râpée jouit surtout de cette propriété; mais elle adhère quelquefois trop fortement à la circonférence des plaies (*V.* le mot PANSEMENT).

**CHARPIE.** On dit figurément : *Cette viande est en charpie*, lorsqu'une viande bouillie est trop cuite et comme réduite en filets.

**CHARPIR**, v. a. et n. Il se disait autrefois pour déchirer, mettre en pièces. — Faire de la charpie.

**CHARPOTE** (*géogr. anc.*), aujourd'hui *Kar-Birt*, ville d'Arménie, à l'ouest, dans la Sophène, au milieu des montagnes, au nord-ouest d'Artagiarta.

**CHARPY** (NICOLAS), né à Sainte-Croix, village de Bresse, près de Montluel, au commencement du XVII^e siècle, fut d'abord secrétaire du malheureux Cinq-Mars; il le quitta avant sa disgrâce, et vécut d'intrigues pendant quelques années. Il s'associa ensuite à quelques hommes sans probité, dont il partagea les désordres. La découverte d'un sceau qu'ils avaient contrefait attira sur eux l'attention de la justice, en 1648. Deux des complices de Charpy furent arrêtés; l'un mourut en prison, et l'autre se sauva, après avoir fait porter tout le poids de l'accusation sur Charpy, qui fut pendu en effigie. Pendant ce temps-là il était caché dans une cave, où il resta un mois. C'était l'époque des troubles de la fronde. La cour fut obligée de quitter Paris; Charpy profita de cette circonstance pour s'enfuir et se rendre en Savoie, où il prit le nom de *Sainte-Croix*. Comme il n'était pas délicat sur les moyens, pourvu qu'il arrivât à son but, il reparut bientôt à Paris, et parvint même à s'y faire employer par les ministres. Alors il changea de conduite, passa du libertinage à une dévotion outrée, et se donna même pour un homme à visions. Ses idées singulières sont établies dans deux ouvrages, le premier intitulé : *le Hérault de la fin des temps*, ou *Histoire de l'Eglise triomphante*, Paris, Guill. Desprez, in-4°, sans date, de huit pages; et le second, l'*Ancienne Nouveauté de l'Ecriture sainte*, ou l'*Eglise triomphante en terre*, Paris, Petit, 1657, in-8°. Ainsi que Desmarets et Morin, il annonce la réformation générale de l'Église et la conversion des peuples à la vraie foi; mais il diffère sur les moyens (*V.* DESMARETS et MORIN). Suivant Charpy, l'Antechrist devait naître dans le XVII^e siècle, et sa puissance être détruite par un lieutenant de Jésus-Christ, de la race de Juda. Sous le règne de ce lieutenant, les juifs rebâtiraient Jérusalem et deviendraient les maîtres de toute la terre. Enfin, deux mille ans après l'ascension de Jésus-Christ, tous les hommes seraient rétablis dans la justice originelle, et passeraient sans mourir de la terre au ciel. « On ne peut nier, dit l'abbé Goujet (*Supplément au Dictionnaire de Moréri*), que ce fanatique n'eût beaucoup étudié l'Ecriture sainte. » Il l'avait lue dans les langues originales; mais, malgré ces secours, il donna dans des écarts, parce que son imagination était son seul guide. Il l'avait vive, féconde et assez juste même pour découvrir des rapports, mais il les a poussés à un excès intolérable. Charpy soumit son livre au grand Arnauld, qui en donna une réfutation, imprimée sous ce titre : *Remarques sur les principales erreurs d'un livre intitulé :* l'Ancienne Nouveauté, etc., avec une préface de Nicole, Paris, 1665, in-8°, et avec une nouvelle préface et des additions de l'abbé de Bonnaire, Paris, 1735, in-12. Il paraît que Charpy renonça de bonne foi à ses erreurs. Dupin, et après lui dom Calmet, disent qu'il embrassa l'état ecclésiastique, prit ses degrés en théologie, et mourut en 1670. On a encore de Charpy : 1° le *Juste prince*, ou le *Miroir des princes en la vie de Louis XIII*, Paris, 1638, in-4°. 2° *Elogium cardinalis Mazarini apologeticum*, *seu historiæ Gallico-Mazarinæ compendium*, en vers latins, Paris, 1658, 2^e édit., in-4°. Il prend dans cet ouvrage le titre de conseiller d'Etat. 3° *Catéchisme eucharistique*, en deux journées, Paris, 1668, in-8°. Goujet lui attribue la *Vie de saint Gaëtan de Thienne*, fondateur des *clercs réguliers*, Paris, 1657, in-4°; mais il est plus que probable que cet ouvrage appartient à Gaëtan Charpy. Nicolas a encore laissé manuscrits des commentaires latins sur les prophètes, les Psaumes et l'Apocalypse.

**CHARPY** (LOUIS DE SAINTE-CROIX), de la même famille que le précédent, est auteur d'une *Paraphrase du psaume LXXI sur la naissance du Dauphin*; des *Saintes ténèbres*, en vers français, Paris, 1670, in-12; d'une *Epître à l'hiver, sur le voyage de la reine de Pologne*; et enfin de l'*Abrégé des grands, ou de la Vie de tous ceux qui ont porté le nom de Grand*, en vers latins et français, Paris, 1689, in-4°.

**CHARPY** (JEAN), abbé de Sainte-Croix. L'abbé de Marolles en parle avec éloge dans son *Dénombrement des auteurs*, imprimé à la suite de ses *Mémoires*. On lui attribue une paraphrase en vers des *Lamentations de Jérémie*, et quelques poésies à la louange de Louis XIII.

**CHARPY** (GAÉTAN), né à Mâcon au commencement du XVII^e siècle, entra dans la congrégation des clercs réguliers, connus sous le nom de *théatins*, et devint supérieur de leur maison de Paris, où il mourut en 1683. Il a traduit du portugais en français l'*Histoire de l'Ethiopie orientale*, de Jean de Santo, dominicain, imprimée par les soins de ses confrères, Paris, 1684, in-12, et a laissé manuscrits plusieurs autres ouvrages, parmi lesquels on distingue une traduction de l'italien en français de la *Relation de la mission faite en France par les théatins en* 1644.

**CHARRA-MONGOLI** (*géogr.*), nom donné à la partie orientale de la Mongolie, comprise entre la grande muraille, le désert de Cobi, le pays du Khalkha et la Mandchourie, du 105° au 122° de longitude est. Le climat y est très-agréable au midi, et l'empereur de la Chine vient souvent y passer la belle saison. Elle est divisée en trois provinces : la Charra ou Mongolie propre, le Kartchin et le pays des Ortoves.

**CHARRAN** (*vieux mot*), chemin assez large pour qu'une charrette ou un chariot puisse y passer.

**CHARRASSON** (*vieux mot*), échalas pour les vignes.

**CHARRÉE**, s. f. cendre qui a servi à faire la lessive.

**CHARRÉE**, s. f. (*pêche*), larve d'insectes qui sert d'appât aux pêcheurs.

**CHARREL** (PIERRE-FRANÇOIS), conventionnel dont le nom serait condamné justement à l'oubli, s'il n'eût figuré parmi les juges de Louis XVI, naquit en 1760. Ayant adopté les principes de la révolution, il fut en 1790 élu membre du district de la Tour du Pin, et, en 1792, député du département de l'Isère à la convention nationale. Il déclara Louis XVI coupable, et vota pour la mort de ce prince, « sauf, dit-il, à examiner s'il ne serait pas utile de différer l'exécution. » Cependant, après s'être opposé à l'appel au peuple, il se déclara contre le sursis. Charrel prit peu de part aux débats comme aux travaux de la convention. Du nombre des deux tiers que le sort fit passer, en 1795, au conseil des cinq cents, il en sortit en 1797; mais il y rentra peu de temps après, ayant été réélu par son département. Après le 18 brumaire, il fut nommé par le sénat membre du corps législatif; mais il cessa d'en faire partie en 1803, et rentra dans l'obscurité. Atteint en 1816 par la loi contre les régicides, il se réfugia dans la Suisse, et mourut en 1817, à Constance, dans un état voisin de la misère.

**CHARRES**; ville épiscopale de l'Osroëne, au diocèse d'Antioche, sous la métropole d'Edesse, de laquelle on va en Perse, dit Ammien Marcellin, par deux chemins différents : l'un à gauche, par l'Adiabène et la Tigride, l'autre par l'Assyrie et l'Euphrate. On croit communément que c'est la même ville que Harram, dont il est parlé dans la *Genèse*, d'où Abraham, après avoir passé l'Euphrate, vint dans la terre de Chanaan, et d'où Jacob alla chez son oncle Laban. Saint Jérôme l'entend ainsi : « Charram, dit-il, ville de Mésopotamie, au delà d'Edesse, qu'on appela depuis Charra, où les Romains furent défaits. » La religion ne fit pas beaucoup de progrès dans cette ville aux premiers siècles. Julien l'Apostat, qui ne voulut point passer par Edesse, parce qu'il y avait beaucoup de chrétiens, ne fit point de difficulté de passer par Charres pour aller faire la guerre aux Perses. Cependant cette ville n'a pas laissé de produire de grands hommes, dont Sozomène a fait l'éloge, et les évêques suivants : 1° Abgare, dont parle Théophane, sur la troisième année de l'empire de Julien, qui changea de l'eau en vin en faveur d'une pauvre femme de la campagne. 2° Barsès siégeait à Charres en 349, suivant la *Chronique d'Edesse*. 3° Vitus, en 371. Il souscrivit à la *Lettre de saint Basile aux Occidentaux*, et assista en 381 au premier concile général de Constantinople. 4° Protogène, prêtre d'Edesse, exilé par Valens à Antinoüs, ville de la Thébaïde, où il instruisit les enfants, revint dans sa patrie après la mort de ce prince arien, et succéda à Vitus. 5° Abraham succéda à Protogène. Il avait été moine. L'empereur Théodose le Jeune, désirant le voir, le fit venir à Constantinople et l'embrassa tendrement. L'impératrice sa femme et ses sœurs lui baisèrent les mains et se recommandèrent à ses prières. Il mourut à Constantinople, d'où l'empereur fit reporter son corps à Charres. On lui rendit partout des honneurs infinis. 6° Daniel se trouva au concile d'Antioche, où la cause d'Athanase de Perrhe fut jugée, en 445. 7° Jean I^er souscrivit au concile de Chalcédoine. 8° Stratonique, fait évêque vers l'an 511. 9° Jean II, exilé comme monophysite par l'empereur Justin. 10° Constantin. 11° Léon, succéda à Constantin vers le milieu du VIII^e siècle.

**CHARRET** (*vieux mot*), rouet, instrument propre à filer ou à dévider.

**CHARRETÉE**, s. f. la charge d'une charrette.

**CHARRETÉE**, expression proverbiale. — *Dire à quelqu'un une charretée d'injures*, l'accabler d'invectives.

**CHARRETIER, IÈRE**, s. celui, celle qui conduit une charrette, un chariot. — Proverbialement, *Jurer comme un charretier embourbé*, jurer beaucoup, avec emportement. — Proverbialement et figurément, *Il n'y a si bon charretier qui ne verse*, les plus habiles font quelquefois des fautes. — CHARRETIER se dit aussi quelquefois de celui qui mène une charrue.

**CHARRETIER, IÈRE**, adj. par où peuvent passer les charrettes. — *Voie charretière*, l'espace compris entre les roues d'une charrette, lequel est ordinairement déterminé par les règlements de police.

**CHARRETIN**, s. m. espèce de charrette sans ridelles.

**CHARRETTE**, du latin *carrus* ou *currus*, sorte de voiture de transport formée de deux *roues*, deux *limons*, deux *ridelles*; plusieurs *éparts* qui réunissent ces limons et composent le fond de la charrette; deux *ranchers* horizontaux et quatre *ranchers* verticaux pour maintenir les ridelles; d'un *treuil* pour serrer les colis, d'un *essieu* et de deux *échatignoles* qui le fixent aux limons. La charrette vaut mieux que le chariot dans plusieurs circonstances et localités. Elle est moins lourde, moins dispendieuse, et tourne plus facilement; le tirage en est moindre, et elle l'emporte de vitesse et d'aisance sur les chemins pavés, unis et peu montueux.

**CHARRETTE**, s. f. Proverbialement et figurément, *C'est un avaleur de charrettes ferrées*, c'est un fanfaron. — *Charrette à bras*, petite charrette traînée par un ou deux hommes, et propre seulement au transport de légers fardeaux.

**CHARRETTE.** Proverbialement, *Il vaut mieux être cheval que charrette*, il vaut mieux soumettre les autres à sa volonté que leur obéir.

**CHARRETTERIE**, s. f. ancien proverbe : *Charretterie se boit toute*, quelque vin que l'on charroie, soit bon, soit mauvais, on le boit. C'est ainsi que Marot a expliqué ce proverbe, qui se trouve dans Villon.

**CHARRI** (JACQUES PRÉVOST, SEIGNEUR DE), gentilhomme languedocien, se distingua beaucoup par son courage, dans les armées françaises, sous Henri II et Charles IX. Le maréchal de Montluc en parle souvent dans ses *Commentaires* comme d'un des plus vaillants officiers de son temps. Il fallait qu'il fût aussi l'un des plus vigoureux, si l'on en croit ce qu'en dit Boivin du Villars, dans son *Histoire des guerres du Piémont*. Il raconte que Charri, dans un combat où il défit trois cents Allemands de la garnison de Crescentin, abattit le bras d'un revers de son épée au capitaine de cette troupe, quoique armé de corselet et manches de mailles; et que ce bras fut porté à Bonnivet, qui admira la force de ce coup. Charri, en 1563, commandait dix enseignes d'infanterie, qui furent choisies par le roi pour en faire sa garde française à pied, et il fut le premier mestre de camp du régiment des gardes françaises, dont l'institution se rapporte à cette époque. Cet honneur lui coûta cher; il fut peu de temps après la cause de sa mort. En lui donnant ses provisions on lui fit entendre secrètement, que l'intention du roi n'était pas qu'il dépendît de d'Andelot, alors colonel général de l'infanterie française. D'Andelot, piqué de voir son autorité méconnue, conçut le projet de se défaire de Charri. On croit qu'il engagea dans ses intérêts Chatellier-Portant, gentilhomme de Poitou, dont Charri avait tué le frère quelques années auparavant. Cet officier suborna treize assassins, au nombre desquels on est fâché de trouver le *brave Mouvans*. Le 31 décembre 1563, Charri allant au Louvre, fut attaqué sur le pont Saint-Michel par Chatellier et ses complices, qui l'environnèrent, le tuèrent avec deux amis qui l'accompagnaient, et sortirent à l'instant de Paris. Telle fut la fin de Charri, qui, suivant Brantôme, « était un second Montluc en valeur et orgueil, et qui l'aurait pu être en dignités, s'il ne s'était fait de trop grands ennemis pour l'atteindre. »

**CHARRIAGE**, s. m. action de charrier.

**CHARRIAGE**, s. m. Il se prenait autrefois pour les objets charriés, le bagage. — Il s'employait figurément pour tracas, affaire.

**CHARRIER**, s. m. pièce de grosse toile dans laquelle on met la cendre au-dessus du cuvier, quand on fait la lessive.

**CHARRIER**, v. a. voiturer dans une charrette, dans un chariot, etc. — Figurément et familièrement, *Charrier droit*, se bien conduire, se gouverner comme l'on doit, s'acquitter de son devoir. — CHARRIER signifie aussi emporter, entraîner, en parlant d'un courant d'eau, d'une rivière, etc. — On dit, par extension, *Ses urines charrient du gravier*, ou simplement *charrient*. — Il se dit absolument d'une rivière, d'un fleuve, couverts de glaçons qu'entraîne le courant.

**CHARRIER**, v. a. et n. mot employé par Montaigne pour voyager, faire route.

**CHARRIER DE LA VOILE** (*marine*), se dit en parlant d'un navire qui porte beaucoup de voiles.

**CHARRIER** (*fauconn.*), se dit en parlant d'un oiseau qui emporte la proie qu'il a prise, et qui ne revient que quand on la réclame. — Il se dit aussi en parlant de l'oiseau qui se laisse emporter à la poursuite de sa proie.

**CHARRIER DE LA ROCHE** (LOUIS), évêque de Versailles, né à Lyon le 17 mai 1738, d'une famille riche et considérée, commença ses études dans sa ville natale et les termina à Paris dans la maison de Navarre. Reçu docteur en 1764, il fut fait peu de temps après grand vicaire à Lyon et vice-gérant de l'officialité. Il jouissait déjà d'un canonicat dans la collégiale d'Ainay, chapitre noble de Lyon; il en devint prévôt-curé. Il possédait en outre le prieuré du bois de la Salle, en Beaujolais, qui était un bénéfice simple. Charrier était ou passait pour être janséniste. M. de Marbeuf lui retira ses lettres de grand vicaire peu de temps avant la révolution. Charrier, soit faiblesse, soit conviction, donna dans les idées nouvelles, surtout aux états généraux, où il fut envoyé par le clergé de Lyon. Il commença à se montrer lors des protestations contre le décret relatif à la religion de l'Etat, du 13 avril 1790. Il ne se joignit point à la majorité, et donna les motifs de sa conduite dans une lettre de quatre pages in-8°, en date du 20 mai 1790, qui fut critiquée par Maultrot dans son *Examen de l'ultimatum de Bertholio*, 1790, in-8°. Charrier se défendit par son *Opinion sur le culte public de la religion nationale catholique en France, et quelques autres considérations relatives à son exercice*, in-8°, 44 pages, ouvrage qui est le même que celui intitulé : *Examen des principes sur les droits de la religion*, 3e édit. in-8°, 193 pages. Vers le même temps il publia une *Réfutation de l'instruction pastorale de l'évêque de Boulogne* (M. Asseline) *sur l'autorité spirituelle*, 150 pages in-8°, et des *Questions sur les affaires présentes de l'Eglise de France*, etc., 76 pages in-8°. Dans le premier de ces ouvrages l'auteur se montre favorable aux réformes méditées par l'assemblée. La *Réfutation* n'a rien de solide : quant aux *Questions*, elles ne présentent rien d'assuré. M. Maultrot y répondit par quatre *Lettres* adressées à Charrier; il y fait à l'auteur des objections d'autant plus fortes pour lui qu'il était placé sur le même terrain, puisque tous deux étaient jansénistes. Charrier avait défendu la constitution : il prêta serment en 1791, et fut sur le point d'être nommé évêque de Paris. Elu à Rouen et à Bourg, il choisit l'évêché de la Seine-Inférieure. Dès qu'il fut dans son diocèse, il fit quelques *Lettres pastorales*. L'esprit de modération et de conciliation les avait dictées. Mais bientôt il sentit toute la difficulté de sa position et se démit de ses fonctions le 26 octobre 1791, après trois semaines de séjour à Rouen. Il se retira à Lyon, où il publia l'*Examen du décret du 27 août 1791*, 1792, in-8° de 120 pages. Par ce décret la loi ne considérait le mariage que comme contrat civil : de là l'on en avait tiré des conséquences contre le célibat des prêtres et l'indissolubilité du mariage. Charrier éclaircit ces questions : dans plusieurs passages il eut des idées fixes et nettes, et traita parfaitement le sujet. Pendant la terreur, Charrier vit brûler sa bibliothèque; il fut arrêté et emprisonné dans l'église où il avait été prévôt-curé. En 1795, lorsque les constitutionnels firent leur première encyclique, il n'y adhéra point; sans doute, pour la deuxième, sa bonne foi fut surprise, mais ce fut son dernier acte de faiblesse. Il se réconcilia bientôt avec le saint-siége, et depuis ses sentiments ne se démentirent jamais. Il refusa de se mettre à la tête des constitutionnels de Lyon, d'aller reprendre son siége de Rouen, et vécut d'une manière édifiante et retirée dans sa terre de Sulliénas, au diocèse de Mâcon. Après le concordat, il fut nommé évêque de Versailles, prit, au grand scandale des constitutionnels, le titre de premier évêque de Versailles, bénit son église, et demanda une rétractation aux assermentés. Bonaparte le nomma son premier aumônier; et le pape, pendant son séjour à Paris, alla le voir dans son diocèse. En 1811, il assista au concile de Paris. En 1814, il fut opéré de la pierre : il vécut encore treize ans au milieu des douleurs les plus grandes. Il mourut le 11 mars 1827. Le retour de Charrier dans le sein de l'Eglise fut sa plus belle action.

**CHARRIER** (MARIE-ANDRÉ), avocat à Mende, et député du bailliage de cette ville aux états généraux de 1789, s'opposa fortement aux projets des novateurs, et signa les protestations des 12 et 15 septembre 1791, contre les opérations de l'assemblée. Retiré dans le département de la Lozère, il se mit à la tête des royalistes, et marcha sur Mende, dont il s'empara : il eut plusieurs autres succès assez marquants sur les troupes de la république; mais ayant été fait prisonnier, il fut traduit devant le tribunal de l'Aveyron et condamné à mort le 16 juillet 1794. Louis XVIII a donné la croix d'honneur et des lettres de noblesse à son fils.

**CHARRIÈRE** (JOSEPH DE LA), né à Annecy en Savoie vers le milieu du XVIIe siècle, vint perfectionner ses études médicales à Paris, et retourna ensuite dans sa patrie, où il exerça la chirurgie avec distinction jusqu'à sa mort. Il mit le sceau à sa réputation par deux ouvrages importants : 1° *Traité des opérations de la chirurgie, avec plusieurs observations et une idée générale des plaies*, Paris, 1690, in-12. L'auteur s'étend beaucoup sur la cause, la nature, le siége de la maladie, et très-peu sur le manuel de l'opération, qui devait être son objet principal; il se livre souvent à des discussions frivoles, à des théories évidemment erronées : il donne des étymologies ridicules, qui prouvent que les langues savantes ne lui étaient pas familières. Cependant comme cet ouvrage est un des premiers qu'on ait publiés sur la médecine opératoire, il fut, malgré ses défauts, souvent réimprimé, en 1692, 1695, 1716, 1721, 1727; traduit dans diverses langues : en allemand, par Jean-Léonard Martini, Francfort, 1700, in-8°; ibid., 1715; en hollandais, par Jean-Daniel Schlichting, qui l'enrichit d'une préface, Amsterdam, 1734, in-8°; 2° *Anatomie nouvelle de la tête de l'homme et de ses dépendances*, Paris, 1703, in-8°. Le contenu de cette monographie n'est pas propre à justifier les éloges que l'auteur se donne dans la préface. Après avoir décrit les organes, il en explique les fonctions; mais rarement il puise dans son propre fonds. Ce qu'il dit de la salive est emprunté de Lanzoni; sa doctrine des nerfs est celle de Vieussens, et l'on peut assurer que Duverney a eu de justes motifs pour le ranger parmi les plagiaires.

**CHARRIOT** (*V.* CHARIOT).

**CHARRIOTTE**, s. f. mot de Montaigne, petit chariot.

**CHARROI**, s. m. charriage, transport par chariot, charrette, tombereau, etc. — Il se dit aussi des corps de troupes chargés de transporter les bagages de l'artillerie.

**CHARROI** (DROIT DE) (*féod.*), droit qu'avaient certains seigneurs d'obliger les tenanciers de leur censive à voiturer au château le blé, le vin et les autres denrées de la récolte seigneuriale.

**CHARROI, CHARROIE, CHARROY, CHARROYE.** Le chariot du roi Artus, ou le char du diable, que les paysans ou les gens crédules croyaient passer la nuit en l'air avec grand fracas; les danses des sorciers au sabbat. Il se prend aussi pour tout ce qui est appelé charmes, enchantements.

> Mès gart que ja ne soit si sote,
> Por riens que clers ne lais li note,
> Que ja riens d'enchantement croie,
> Ne sorcerie, ne charroie.
>
> *Roman de la Rose*, vers 14841.

**CHARROIERESSE** (*vieux mot*), sorcière, magicienne.

**CHARRON, CHARRONNAGE** (du latin *currus*, chariot). On nomme ainsi l'ouvrier qui confectionne les *chariots*, les *charrettes*, les *charrues*, les *traîneaux*, les *tombereaux* et autres machines propres au transport des personnes et des choses, à l'exception des caisses de voiture que fabrique le carrossier. Le *charronnage* désigne tout ce qui constitue l'art du charron.

**CHARRON** (PIERRE), né à Paris en 1541, d'abord avocat au parlement, fréquenta le barreau pendant cinq ou six années. Il le quitta pour s'appliquer à l'étude de la théologie et à l'éloquence de la chaire. Plusieurs évêques s'empressèrent de l'attirer dans leurs diocèses, et lui procurèrent des bénéfices dans leurs églises. Il fut successivement théologal de Bazas, d'Acqs, de Lectoure, d'Agen, de Cahors, de Condom et de Bordeaux.

Michel Montaigne lui accorda son amitié et son estime. Il lui permit par son testament de porter les armes de sa maison : grâce puérile, mais dont un Gascon, quoique philosophe, devait faire beaucoup de cas. Charron lui témoigna sa reconnaissance, en laissant tous ses biens au beau-frère de ce philosophe. En 1595, Charron fut député à Paris pour l'assemblée générale du clergé, et choisi pour secrétaire de cette illustre compagnie. Il aurait voulu finir ses jours chez les chartreux ou chez les célestins; mais on le refusa dans ces deux ordres, à cause de son âge avancé, et plus encore du peu de consistance qu'on supposait à sa vocation. Il mourut subitement à Paris, dans une rue, en 1603. — On a de lui : 1° *les Trois Vérités*, 1595, in-8°. Par la première, il combat les athées; par la seconde, les païens, les juifs, les mahométans; et par la troisième, les hérétiques et les schismatiques. Les catholiques applaudirent à cet ouvrage, et les protestants l'attaquèrent vainement; aucun de leurs écrivains d'alors n'avait ni la force de style ni l'esprit méthodique de Charron. 2° *Traité de la sagesse*, Bordeaux, 1601, in-8°, avec des corrections du président Jeannin, Paris, 1604; Elzévir, 1646, in-12, édition recherchée avec celle de Bastien, Paris, 1764, in-8°; et celle d'Amaury-Duval, publiée en 1820 dans la collection des moralistes français. Ce livre combattait si vivement les opinions populaires, que Charron semblait donner dans un excès contraire à celui qu'il condamnait. Deux docteurs de Sorbonne le censurèrent; l'université, la Sorbonne, le Châtelet, le parlement s'élevèrent contre lui; le président Jeannin, à qui on confia cette affaire, dissipa l'orage, et dit qu'il fallait permettre la vente du *livre comme d'un livre d'Etat;* mais cette décision ne justifia pas l'ouvrage aux yeux de ceux qui ne pensent pas sur toutes choses d'après l'autorité d'un magistrat. Le jésuite Garasse a mis Charron au rang de Théophile et de Vanini. Il le croit même plus dangereux, *d'autant qu'il dit plus de vilainies qu'eux, et les dit avec peu d'honnêteté.* Il le peint *livré à un athéisme brutal, accoquiné à des mélancolies langoureuses et truandes.* Il aurait pu lui reprocher avec plus de raison que, dans son livre *de la Sagesse*, il copie souvent Michel Montaigne, son maître, et c'est la vraie source des erreurs de Charron. Plusieurs passages de ce traité ont été corrigés dans les éditions postérieures. (Charron avait composé peu de temps avant sa mort un *Abrégé* et une *Apologie* de son *Traité de la sagesse*, qui fut publié sous le même titre, Paris, 1608, in-8°, réimprimé à la suite du premier ouvrage, dans l'édition de Rouen, 1644, et dans plusieurs autres. M. de Luchet a donné une *Analyse raisonnée de la sagesse*, Amsterdam (Paris), 1763.) 3° Seize *Discours chrétiens*, imprimés à Bordeaux en 1600, in-8°.

**CHARROUX** (*Carrosum*, *Carrofium*, *Carrofinium*), abbaye de l'ordre de Saint-Benoît, située dans le petit pays de Briou, sur la Charente, au diocèse de Poitiers. Elle fut fondée vers la fin du VIII^e siècle par Rotgaire, comte de Limoges, et Euphrasie, sa femme. L'empereur Charlemagne autorisa cette fondation, et enrichit le monastère de plusieurs dons, de même que Louis le Débonnaire. On trouve dans quelques chroniques ou notices que ce monastère fut nommé Saint-Carrof, *Sanctum Carrofum*, à cause d'un morceau de la vraie croix que Charlemagne y déposa, et que, pour la même raison, l'église fut dédiée à Saint-Sauveur. Il y en a qui croient que Carroph est le nom français de ce lieu, mais qu'on l'a changé en celui de Charroux; ce qu'on prouve par ces vers de Théodulphe, évêque d'Orléans, sur la fondation de ce monastère:

> Est locus, hunc vocitant Carroph cognomine Galli.
> . . . . . . . . . . . . . . .
> Quo Salvatoris sub nomine prænitet aula.
>
> (*Gallia christ.*, t. II, col. 1277, nouv. éd.)

Il y a eu cinq conciles à Charroux. Le premier fut tenu l'an 985 (*Gallia christ.*, t. II, p. 511). — Le second, l'an 989, sous le pontificat du pape Jean XV. On y fit trois canons, dont le premier excommunie ceux qui brisent les églises ou qui en emportent quelque chose par violence; le second excommunie ceux qui volent les pauvres; le troisième ceux qui frappent les clercs (Labb. 9; Hard. 6). — Le troisième concile fut tenu l'an 1028 ou 1031, contre les erreurs des manichéens qui se répandaient dans les Gaules, et pour la confirmation de la paix (ibid.). — Le quatrième concile fut tenu l'an 1080, et non pas 1082. La chronique de saint Maxent, dont nous tenons ce concile, ne nous en apprend rien, sinon qu'on y consacra un autel. On croit cependant qu'on y déposa aussi Boson, évêque de Saintes (Labb. 10; Hard. 6). — Le cinquième, l'an 1186, sur la discipline. Henri de Soliac, archevêque de Bourges, cardinal et légat du saint-siége, y présida (ibid.).

**CHARROYER**, v. a. transporter sur des chariots, charrettes, tombereaux, etc.

**CHARROYEUR**, s. m. celui qui charroie.

**CHARRUAGE**, s. m. (*anc. législ.*), droit que les seigneurs levaient sur leurs vassaux, en Champagne, à raison du nombre de charrues que ceux-ci possédaient.

**CHARRUAIGE** (*vieux mot*), autant de terre qu'une charrue peut en labourer en une année.

**CHARRUAS** (*géogr.*), nation indigène des provinces unies de Rio de la Plata, qui habite entre le Parana et l'Uruguay. Les Charruas sont graves, taciturnes et très-belliqueux; leur langue est remplie de sons gutturaux.

**CHARRUE** (*arts mécaniq.*). Cette machine sert à labourer la terre, c'est-à-dire à la couper, diviser, renverser et ameublir. La houe et la bêche sont préférables sous le rapport de la perfection du travail; mais, à raison de son extrême célérité et de l'économie, la charrue convient beaucoup mieux à la grande culture. — Pour qu'une charrue soit d'un usage avantageux, il faut qu'un seul laboureur puisse la tenir, et conduire en même temps l'attelage; qu'elle soit simple, légère et solide; que l'attelage ne soit, s'il est possible, que de deux bêtes; que le soc ait une forme appropriée à la nature du sol, c'est-à-dire tranchant pour des terres compactes, argileuses et pleines de racines, et pointu pour des terres maigres, pierreuses, sablonneuses et légères; que le versoir ait la courbure la plus propre à pénétrer et à renverser graduellement la terre; qu'elle nettoie bien le fond de la raie, et range la terre sur le côté; que la charrue obéisse avec la plus grande facilité au mouvement et à la direction que veut lui faire prendre le laboureur qui la tient; qu'elle se maintienne en terre et d'aplomb sans effort, ce qui s'obtient par un juste équilibre entre l'action et la réaction de la charrue et des terres coupées et renversées, et en entretenant avec soin le tranchant du soc à sa face inférieure. — Il y a un grand nombre de charrues d'espèces différentes; chaque pays a la sienne; mais elles peuvent se réduire à quatre, qui sont des types de toutes.

*Fig.* 1. — Charrue à avant-train, à un seul versoir en fonte.

*Fig.* 2. — Charrue sans avant-train, dite *brandilloire*.

*Fig.* 3. — Charrue tourne-oreille, avec ou sans avant-train, dite de *France*.

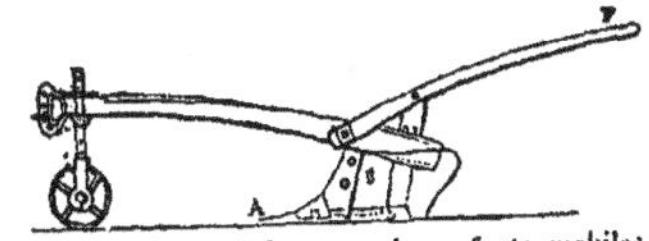

*Fig.* 4. — Charrue à butter à deux versoirs en fonte, mobiles et opposés, avec ou sans avant-train.

Les parties qui appartiennent au corps de la charrue sont: 1° le *soc* A, qui varie de forme, suivant l'espèce de charrue à laquelle il est adapté et la nature de la terre qu'on laboure. En général, il porte une *douille* ou un *talon* par lequel on le fixe sur le corps de la charrue, au moyen de clavettes ou de clous à vis. Il est pointu ou de forme triangulaire dans les charrues destinées aux terrains rocailleux et dans les charrues tourne-oreille et à butter (*fig.* 3 et 4). La *lame* ou *aile* des socs propres aux terres argileuses ou compactes a la forme d'un triangle rectangle dont le plus grand côté de l'angle droit suit la direction à gauche du corps de la charrue; et l'hypothénuse s'écartant à droite, a une largeur égale à celle du fond de la raie, pour en détacher horizontalement la bande de terre. — Les socs se font en fer, dont la pointe et le tranchant sont acérés, ou en fonte dure. Pour que la charrue ne soit pas forcée de sortir de terre, il faut que le tranchant du soc soit toujours exactement dans le plan de la face inférieure. — 2° Le *versoir* ou l'*oreille* B; c'est la pièce la plus importante d'une charrue. L'oreille ne doit pas être seulement la continuation de l'aile du soc, en commençant à son arrière-bord, mais encore il faut qu'elle soit sur le même plan. Sa première fonction est de recevoir horizontalement du soc la motte de terre détachée par celui-ci, et de l'élever et de la renverser graduellement avec le moins d'effort possible. Or, la surface qui produit cet effet est engendrée par une ligne droite ou légèrement arquée, qui se meut le long de deux lignes directrices *ab*, *cd*

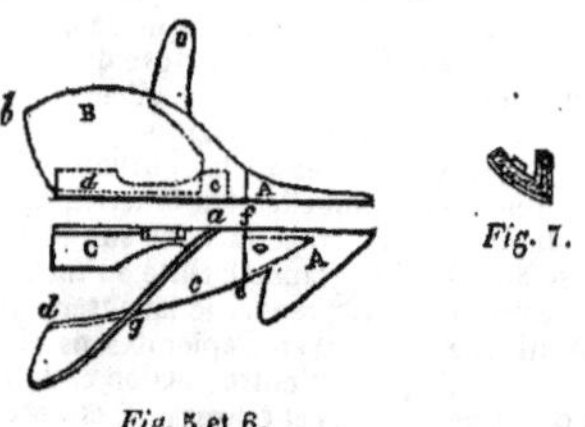

*Fig.* 5 et 6. *Fig.* 7.

formant le bord supérieur et inférieur du versoir, laquelle ligne génératrice, partant de l'arrière-bord du soc *ef*, s'avance d'un mouvement uniforme le long des deux directrices, qui lui font changer à chaque instant l'angle qu'elle fait avec le plan horizontal, arrive en *g*, où elle est verticale, et enfin en *bd*, où elle est renversée à quarante-cinq degrés environ. — L'expérience a confirmé que cette forme est la plus avantageuse. On sent que plus l'angle sous lequel le soc et l'oreille pénètrent en terre est aigu, moins la charrue doit éprouver de résistance; mais cette oreille devant s'écarter à droite d'environ un pied, on serait obligé de lui donner une longueur démesurée si cet angle était par trop aigu. Il en résulterait aussi une grande augmentation de poids et un frottement sur une plus grande surface. L'usage a fait connaître que la longueur de l'oreille ne devait pas excéder vingt à vingt-quatre pouces; ce qui donne un angle de dix à douze degrés, mesuré avec la ligne de gauche. Quant à la hauteur de l'oreille, on la proportionne à la profondeur du labour; on lui donne ordinairement neuf, dix ou douze pouces. — On peut facilement tailler une oreille de charrue dans un bloc de bois, d'après le mode de génération de sa surface que nous avons expliqué. On commence par équarrir et mettre aux dimensions le morceau de bois; et, après avoir tracé sur deux de ses faces opposées les lignes directrices d'en bas et d'en haut, on donne, de pouce en pouce, des traits de scie dans la direction transversale jusqu'à atteindre de part et d'autre ces mêmes directrices, de manière que le fond de chacun de ces traits représente une des positions de la génératrice. Alors, taillant le bois jusqu'à fond de traits, on se trouve avoir un versoir parfait. La face opposée se fait de la même manière, en conservant toutefois une épaisseur convenable. — Comme il est rare que les versoirs soient bien faits, ceux en fonte de fer finiront par être généralement adoptés, ainsi qu'ils le sont déjà en Angleterre et aux Etats-Unis, parce qu'il suffit d'avoir un bon modèle pour les multiplier à l'infini. Déjà, malgré le prix très-élevé de nos fontes, nos bons cultivateurs n'en ont plus d'autres. — On sait que les *araires* du Gers, les charrues de la Franche-Comté n'ont pas de versoir; seulement les manches qui viennent se fixer à droite et à gauche du sep en tiennent lieu. — 3° Le *sep* C, qui, étant prolongé vers le soc, sert à fixer celui-ci, de même que le versoir. On le fait ou en bois ou en fonte. Nous le supposons ici de cette dernière matière. — 4° La *semelle* D, placée à gauche et par-dessous le sep; elle le garantit de l'usure, et forme en même temps le côté gauche de la charrue, qui est le prolongement du même côté du soc, en faisant cependant une légère inflexion concave à l'endroit de la jonction de ces deux pièces. — 5° Le *coutre* E, dans lequel nous distinguons la poignée par laquelle il est fixé, et la *lame* ou partie *tranchante*, affûtée en biseau du côté du sillon, ayant sa face de gauche ou de terre un peu éloignée de celle de la charrue. — Les autres pièces qui composent la charrue sont les manches ou *mancherons* F, par lesquels le laboureur tient sa charrue : celui de gauche descend jusque sur le *talon* du sep, auquel il est réuni par un boulon. Celui de droite se fixe contre la face intérieure du versoir. — Les charrues de Flandre n'ont que le manche de gauche. — La *haie*, l'*âge* ou la *flèche* G est ordinairement de frêne; elle se trouve unie au corps de charrue par l'étançon H et par le manche de gauche, dans lequel elle est fortement assemblée à mortaise et tenon. C'est à travers le milieu de l'âge que passe la poignée du coutre, et à cet effet on a soin de lui conserver plus de force à cet endroit. D'autres fois on le fixe au moyen d'une pièce de fonte qui est elle-même fixée contre la haie avec des boulons, comme on le voit aux charrues que nous avons figurées. Le placement du tranchant du coutre, par rapport à la pointe du soc, n'est pas une chose bien déterminée. Les uns le placent en avant et d'autres en arrière du soc; il y en a même qui les assemblent, afin de les fortifier l'un par l'autre. Chacune de ces manières a ses avantages et ses inconvénients, que nous ne croyons pas devoir examiner ici. Nous dirons seulement que le plus usité est que le coutre précède le soc de quelques pouces. — L'âge, dans les charrues à avant-train, comme celle représentée *fig.* 1, a une position inclinée par rapport au terrain, qui varie entre douze et dix-huit degrés. C'est en allongeant ou en raccourcissant la chaîne, et par conséquent en changeant le point où il appuie sur la sellette de l'avant-train, qu'on fait piquer plus ou moins la charrue; ce qui s'appelle *donner* ou *ôter* de *l'entrure*. Dans les charrues de la Brie et de la Beauce, la haie est relevée à près de quarante-cinq degrés. Alors on en fait varier l'entrure en ajoutant ou en retirant quelques rondelles de fer entre la cheville et le collet de la chaîne : mais aussi, le tirage s'exerçant sur la haie dans une direction qui approche l'angle de quarante-cinq degrés, tend-il à la rompre; ce qui oblige à lui donner beaucoup de force et par conséquent de poids. — La forme des avant-trains varie beaucoup; leur fonction n'étant que de régulariser la marche de la charrue, et n'ayant que très-peu d'effort à soutenir, on doit les faire très-légers. En général, ils se composent de deux roues égales ou inégales dont la hauteur est de vingt-quatre à vingt-six pouces, d'un essieu en bois armé d'équignons, d'une sellette fixe ou mobile et sur laquelle pose la haie. — L'utilité de l'avant-train est contestée, et il est à souhaiter que cette opinion prévale, car il coûte presque autant que la charrue. On sait que les Anglais, les Américains, les Flamands n'en mettent plus aux leurs; ces derniers l'ont remplacé par une espèce de sabot traînant qui supporte le bout de la haie. Mais les premiers n'y mettent absolument rien : c'est le tirage des animaux, combiné avec l'effort que peut faire l'homme qui tient la charrue, qui la maintient dans sa direction (*V. fig.* 2). — La charrue tourne-oreille, qu'on voit *fig.* 3, ne peut avoir un versoir ni aussi large ni aussi courbé que les autres. Dans la charrue dite *de France*, c'est tout simplement une planche triangulaire qu'on place tantôt d'un côté et tantôt de l'autre du sep, suivant le côté où il faut renverser la terre. Le coutre se porte en même temps du côté opposé. A cet effet, sa poignée passe dans une mortaise assez grande pour lui permettre ce mouvement, qu'on lui fait faire à l'aide d'un levier. On sait qu'au moyen de cette charrue on laboure en revenant toujours dans le même sillon; ce qui est avantageux dans les terrains en pente. — La charrue à butter (*fig.* 4) n'est autre chose qu'une houe à cheval. Son poitrail étant extrêmement aigu, on peut se dispenser d'y mettre un coutre; elle peut être établie dans le système des brandilloires; mais, pour être plus sûr de sa marche, on lui met une roulette sous le bout de la haie, comme nous l'avons figurée. Les oreilles, courbes comme à l'ordinaire, sont à charnières; ce qui permet de les ouvrir plus ou moins, suivant la largeur du sillon qu'on trace. Cet instrument est employé pour butter les pommes de terre, le blé de maïs, la vigne, etc. On peut par son moyen faire des rigoles, des fossés, etc. — L'agriculture emploie encore un grand nombre d'autres espèces de charrues, telles que celles à deux et même à un plus grand nombre de socs. Les binots, les sillonneuses, etc., dont on trouve la description dans les ouvrages qui traitent spécialement cette matière, tels que le *Nouveau cours d'agriculture*, l'ouvrage de Thaer, traduit par Matthieu de Dombasle, etc.

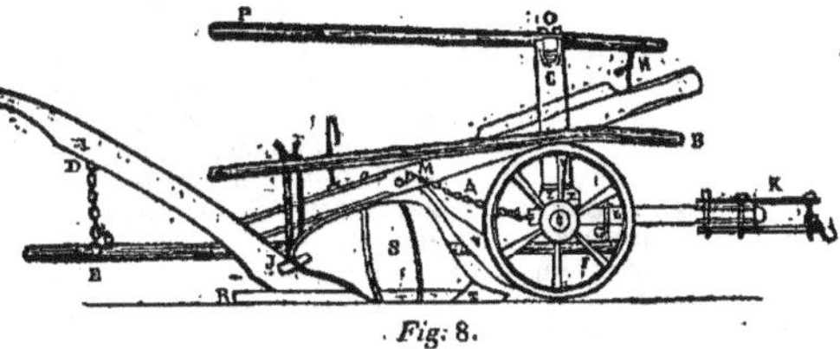

*Fig.* 8.

La figure 8 représente la *charrue Granger*, qui offre tous les avantages des araires, quoiqu'elle ait un avant-train; cette invention nouvelle tire sa principale utilité d'un système de leviers qu'on peut même employer dans toute autre espèce de charrue. Le travail du laboureur est tellement réduit, qu'un enfant un peu intelligent peut tenir lieu d'un homme fort et habile. On y remarque diverses chaînes D, E, N, G qui servent à rendre les pièces solidaires et à faciliter le jeu des leviers (*V. fig.* 8). — B est un levier pour soutenir les *armons*. L, C, sont les *montants* fixés par des mortaises dans la sellette mobile, et maintenus dans le haut par une traverse O indiquée par des points. EF, levier de pression. H, régulateur de la sellette; deux boulons passés dans des trous permettent d'élever à volonté la sellette; alors les montants s'inclinent, et l'âge, qui est fixé entre ces montants, suit ce mouvement, qu'il communique à tout le corps de la charrue. Le *mancheron* I forme avec l'âge un angle de quarante-cinq degrés mesuré sous la haie. K est le régulateur du tirage ou le *tétard*. P est un levier qui a son appui sur la traverse O; R est le *sep*, garni en dessous d'une semelle de fer. S est le *versoir*. T est le *soc*. Y est le *coutre*. Z est la charnière de la sellette mobile. — Les expériences ont toutes été favorables à ce système ingénieux. La charrue Granger laboure exactement seule; il suffit que le laboureur règle la hauteur de l'âge au moyen d'un boulon passé dans les trous des jumelles ou montants C, et la longueur de chacune des chaînes de tir A, suivant la profondeur et la largeur qu'il veut donner aux sillons; qu'ensuite il dirige la marche des chevaux, qu'il les arrête au bout du champ, fasse une légère pression sur le levier P, pour soulever la pointe de l'âge, et par suite faire sortir de terre le soc T; il fixe alors l'extrémité de ce levier dans le crochet U, et lui rend enfin la liberté dès que ses chevaux sont arrivés au commencement de la raie nouvelle.

FRANCOEUR.

**CHARRUE.** Proverbialement et figurément, *Mettre la charrue devant les bœufs*, commencer par où l'on devrait finir, faire avant ce qui devrait être fait après. — Proverbialement et figurément, *C'est une charrue mal attelée*, se dit en parlant d'associés qui ne s'accordent pas, qui n'agissent pas de concert dans leur entreprise. — Figurément et familièrement, *Tirer la charrue*, avoir beaucoup de peine.

**CHARRUE** signifie quelquefois l'étendue de terre qu'on peut mettre en valeur avec une charrue.

**CHARRUE**, s. f. (*pêche*). Il se dit d'un filet en manche employé dans la basse Bretagne.

**CHARRUER**, v. n. Il s'est dit autrefois pour mener la charrue, labourer.

**CHARRUYER**, s. m. Il s'est dit autrefois pour charretier et pour laboureur.

**CHARRY** (*vieux mot*), lieu couvert où l'on remise les charrettes, les charrues et les autres choses nécessaires au labour.

**CHARS**, ancienne seigneurie du Vexin français, aujourd'hui du département de Seine-et-Oise, à douze kilomètres de Pontoise, érigée en baronnie en 1605.

**CHARSJUF** (*botan.*), nom arabe de l'artichaut, suivant Forskaël.

**CHARSS, CHARFI, CHARES** (*botan.*), noms arabes du persil, *apium petroselinum*, suivant Daléchamps. Ils sont bien différents de celui de *baedunis* ou *baquedounis*, mentionné par Forskaël et Delille, dont le témoignage doit être préféré, puisqu'ils ont été sur les lieux. Le nom de *kerafs*, donné, selon eux, à l'ache, *apium graveolens*, a plus de rapport avec ceux que cite Daléchamps, et on peut croire que c'est plutôt à cette plante qu'il faudrait les appliquer.

**CHARTA** (*géogr.*), place de la Mésopotamie, où les Romains entretenaient une garnison.

**CHARTAGNE**, s. f. Il se dit, selon le Dictionnaire de Boiste, d'un retranchement caché dans les bois.

**CHARTAM** (*botan.*), nom arabe du carthame ou safran bâtard, *carthamus tinctorius*, suivant Forskaël.

**CHARTAN** (*géogr. sacr.*), ville de la tribu de Nephthali.

**CHARTE**, s. f. Dans un passage de Rabelais, il signifie un A, B, C, un alphabet collé sur du carton. — **CHARTE VIRADE**, dans le même auteur, carte retournée, sorte de jeu.

**CHARTE** (*antiq.*) se dit du papyrus ou papier d'Égypte.

**CHARTE** ou **CHARTRE**, terme générique, employé comme beaucoup d'autres (*instrument, monument, diplôme*), pour désigner un titre. Outre ces termes relatifs à toute sorte de pièces, il y en avait d'autres qui caractérisaient plus particulièrement les chartes : *Evidentiæ* s'entend surtout des chartes qui renferment des donations; les Latins du moyen âge appelaient *apices* les chartes en général; *titulus* (titre) eut la même étendue de signification. — Le mot *charte* vient du latin *charta*, papier; c'est toute espèce d'actes constatant un accord, une convention, une transaction, soit entre des égaux, soit entre un supérieur et un inférieur, durant le moyen âge. Il faut remarquer que dans les neuf premiers siècles on se servait plutôt de *chartula* que de *charta*, et que dans les XI^e^, XII^e^, XIII^e^ siècles, ce mot s'écrivait souvent *quarta, quartula*. On distingue les chartes entre elles par leur objet. Tout acte où l'on contractait quelque engagement, comme serment de fidélité, d'obéissance, d'hommage, etc., dès que la religion du serment y était interposée, s'appelait *charta sacramenti*. Presque tous ces titres étaient sans dates et sans signatures. Ils n'étaient pas joints à quelques autres pièces, surtout avant le XII^e^ siècle, et au XIII^e^ ils prirent en tout la forme des autres actes. Lorsqu'un hérétique rentrait dans le sein de l'Église, on lui présentait une formule de foi spécialement opposée à son erreur, et il signait simplement. Cet acte fut appelé, dans les premiers siècles, *rétractation*, et depuis, *abjuration*, parce qu'il s'y joignait un serment. Les chartes royaux de défense ou de protection s'appelèrent *chartæ de mundeburde*; mais, dans le XI^e^ siècle, celles du même genre accordées par un évêque ou un seigneur, pour mettre à l'abri du pillage le territoire d'une église, étaient appelées *salvitates* (sauvetés). S'il arrivait un désastre public qui fît perdre à une maison tous ses titres de possession, le magistrat ou gouverneur du lieu faisait expédier deux chartes dites *apennes*, qui étaient à peu près des procès-verbaux du désastre; ce qui les fit appeler *chartæ relationis*; l'une était affichée en public, et l'autre délivrée à celui qui avait perdu ses titres. Alors ceux qui avaient essuyé le désastre présentaient au prince cette relation par une adresse dite *notitia suggestionis*, et le roi y répondait par une charte dite *panchartæ*, au moins depuis le IX^e^ siècle : par cet acte, le prince confirmait les biens et priviléges dont on avait perdu les titres, mais sans rien spécifier. Les pancartes de Charles le Chauve sont les premières qui entrent dans le détail des biens ou terres. On dit que le malheureux présentait au roi la *relation* de son désastre; car les *relations*, en général, étaient des espèces de requêtes où, après avoir rendu compte d'un événement funeste, on implorait la protection de quelque personnage éminent. La signification primitive de ce mot s'est tellement étendue que rien n'est plus commun, depuis le XIV^e^ siècle, que les lettres sous le nom de *relation*. Sous celui de chartes *bénéficiaires*, on entend les donations faites par les empereurs ou par les rois francs des deux premières races aux guerriers, aux nobles et, dans la suite, aux ecclésiastiques mêmes, à condition de vasselage ou de service militaire. Les terres données ainsi à titre de bénéfice viager et personnel ne tardèrent pas à devenir héréditaires et furent appelées *fiefs*. La charte de donation a souvent porté en tête le nom d'*épître* ou *lettre*, et elle en avait réellement la forme, c'est-à-dire l'adresse et le salut. Elle s'appelait encore charte de cession, de cession à usufruit, *charta semiplantaria* (de métayer). C'était la cession d'un terrain pour y planter de la vigne, par exemple; et, au bout de cinq ans, le propriétaire partageait avec le cultivateur qui avait fait les frais du plant, etc., etc. Les chartes de donation et de dotation devinrent innombrables au X^e^ siècle. Il y avait très-souvent une distinction réelle entre la charte de donation et la charte de tradition, en ce que cette dernière était la charte d'investiture du bien que l'on avait donné. La charte de confirmation, qui, au défaut des chartes de donation, prouve suffisamment la vérité de la donation, enchérissait sur les premiers titres. Dans les XI^e et XII^e siècles, elle suivait d'assez près les donations, parce qu'elle était faite ou par le bienfaiteur même, ou par ses successeurs. Les chartes de vente portent ordinairement des titres très-analogues à leur contenu. La *charte de soumission* ou *d'assujettissement* (*charta obnoxiationis*) était une vente de soi-même et de sa famille ; ce qui arrivait, ou dans des temps de famine, ou pour satisfaire des créanciers, ou pour solder une amende, ou pour restitution d'un bien mal acquis. La charte *prestaire* (*prestaria*) était l'acte par lequel une église ou un monastère abandonnait à un particulier l'usufruit de quelques terres, à de certaines conditions. La charte *précaire* (*precaria*) était l'acte par lequel le particulier demandait ou acceptait cet usufruit. Ces deux sortes de chartes devinrent fréquentes dans les VIII^e et IX^e siècles. La charte d'obligation et de caution (*charta cautionis*) obligeait à terme le débiteur devant le créancier. Les chartes d'engagement et de garantie (*pignorationis*) contenaient ordinairement une cession de terre jusqu'au remboursement de certaine somme. Les filles, qui, par la loi salique, étaient exclues de l'héritage de tout franc-alleu, entraient cependant en partage par une charte. L'héritage (*hæreditaria charta*), c'était le père qui le donnait ; il en faisait autant pour ses enfants inhabiles à hériter suivant les lois, parce qu'il n'avait pas pu assigner de dot à sa femme. Lorsqu'un père ne décidait rien par son testament, les frères ou les ayants cause faisaient le partage, et l'acte qui en était dressé s'appelait *charta divisionis*. Pour citer quelqu'un à un tribunal, on lui envoyait une charte dite *charta audientialis*. La charte *andelane*, avec ses dérivés, était ainsi appelée de ces mots allemands *an die Hand*, parce qu'elle était mise de la main du donateur dans celle du donataire. Le cartel de défi ou manifeste cassait les engagements contractés, et déclarait la guerre ; on l'appelait *littera dissidentiæ* plutôt que charte. (*V.* LETTRE, CHIROGRAPHE, etc.) — On appelle *chartes panicles* (*chartæ paniclæ, panicolæ*) celles dont on délivrait autant d'exemplaires qu'il y avait de personnes intéressées dans le contrat. Les *chartes-pairies* (*chartæ partitæ*) étaient ainsi appelées parce que la matière sur laquelle elles étaient inscrites formait différentes parties d'un même tout divisé. Elles remontent jusqu'au IX^e siècle. Sur une même feuille de parchemin ou de vélin, on écrivait un acte, en commençant un peu plus bas que le milieu de la feuille ; puis on retournait la feuille, et, du même côté, on transcrivait la même teneur de l'acte, encore un peu au-dessous du milieu ; puis on partageait seulement la feuille en deux ; et c'est de ces différentes manières de les séparer que ces chartes-parties prirent leur nom. (On expliquera plus bas un autre sens de ce mot.) Ou elles étaient coupées exactement droit, et alors, pour reconnaître qu'elles avaient fait corps ensembles avant de les diviser, on écrivait dans l'entre-deux des actes quelques mots en gros caractères, de manière qu'après la séparation chaque partie avait la moitié de ces gros caractères. Le mot de *cyrographum* (par corruption de *chirographum*, obligation signée de la main du débiteur) était le mot le plus usité pour servir de symbole interlinéaire entrecoupé par la division des chartes-parties. Quelquefois on employait une inscription édifiante, telle que *In nomine Domini*, ou toute autre analogue. On appelait *en dentures* les chartes-parties qui, au lieu d'être séparées droit par le milieu de l'inscription, étaient séparées par une section faite en dent de scie ou en zigzag. Le premier degré d'authenticité ajouté aux chartes-parties, après le cyrographe, fut la signature des témoins, et le second, surtout à partir du XII^e siècle, fut d'y ajouter un ou plusieurs sceaux. Le *syngraphe* était une charte souscrite du débiteur et du créancier, et gardée par tous deux. On reconnaît dans toute charte des caractères intrinsèques et des caractères extrinsèques. Les caractères intrinsèques ou internes sont tellement inhérents aux chartes, qu'ils se retrouvent même dans les copies. Les caractères extrinsèques ou externes sont tellement attachés aux originaux, qu'ils ne se reproduisent nulle part ailleurs. Les caractères intrinsèques, qui sont des signes si évidents de supposition ou de vérité, d'authenticité ou de suspicion, sont : le style propre aux chartes, les différentes manières successives d'orthographier, le langage employé dans les chartes, les différentes époques de l'usage des pluriels et des singuliers, les titres d'honneur pris et donnés dans les souscriptions des chartes, les noms et surnoms, et le nombre distinctif des princes de même nom, les diverses invocations tant explicites que cachées, les adresses, les débuts, les préambules avec leurs clauses tant dérogatoires que comminatoires, les salutations ou adieu final, les formules générales, les annonces de précaution, les dates, les signatures, etc. Les changements de règne ou les pertes des chartes même en ont souvent occasionné le renouvellement. Quant aux moyens de reconnaître la vérité ou la fausseté d'une charte, nous renvoyons à l'article DIPLOMATIQUE ; et, à l'article CRITIQUE HISTORIQUE, nous indiquons quelle utilité scientifique on tire de la connaissance des chartes. On appelle *cartulaires* (*V.* ce mot) les recueils de chartes d'une même maison, arrangées suivant l'ordre chronologique ou autrement. Le *chartrier* est le lieu où les chartes d'une même maison sont mises en dépôt. On emploie quelquefois indistinctement les mots *cartulaire* et *chartrier*, dans le sens de recueil de chartes. Outre les espèces de chartes que nous venons d'indiquer, il y a les *chartes de commune*, les *chartes de privilége*, les *chartes constitutionnelles*. (*V.* COMMUNES, PRIVILÉGES, CONSTITUTION et les articles suivants.) Il existe à Paris, depuis 1821 (ordonnance du 22 février), sous le nom d'*Ecole royale des chartes*, un établissement entretenu par le gouvernement au profit d'un petit nombre d'élèves pensionnaires (6-12) et autres, et dont le but est de favoriser l'étude des monuments de notre histoire nationale, et de former de bons archivistes ou bibliothécaires. Les cours, qui durent deux ans, sont divisés en *cours élémentaires*, *cours de diplomatique* et *cours de paléographie française*. Les élèves sortants qui sont jugés dignes de cette distinction, reçoivent le brevet d'*archiviste-paléographe*, et ont droit à la moitié des emplois qui viendront à vaquer dans les bibliothèques publiques, dans les archives et dépôts littéraires. A. SAVAGNER.

**CARTE DE VOYAGE** (*hist.*), permission du prince ou de l'évêque, dont les croisés étaient obligés de se munir, et qui leur servait de passeport.

**CHARTE NORMANDE** ou **CHARTRE AUX NORMANDS.** On désigne sous ce nom les lettres patentes données par Louis le Hutin aux habitants de la Normandie, pour la confirmation de leurs priviléges. Ce prince leur accorda en 1314 une première charte qui ne contenait que quatorze articles ; mais elle fut augmentée par de nouvelles lettres en date du 15 juillet de l'année suivante. C'est à ces dernières lettres que s'applique plus partilièrement le nom de charte normande. Cette charte fut confirmée en 1339 par Philippe de Valois ; en 1380, par Charles VI ; en 1458, par Charles VII ; en 1461, par Louis XI ; en 1485, par Charles VIII ; et en 1579 par Henri III. Nous croyons faire plaisir à nos lecteurs en leur donnant ici la traduction de la charte normande, l'un des plus curieux et des plus importants documents de l'histoire de l'ancien droit français. — « Art. 1^er. Le roi et ses successeurs ne feront faire en Normandie d'autre monnaie que celle de Paris et de Tours ; et les gros tournois seront du poids et de la valeur qu'ils avaient du temps de saint Louis. — 2. Le fouage ou le monnayage sera levé ; il est marqué dans le registre des coutumes de Normandie. — 3. Les nobles et les habitants de Normandie qui doivent au roi des services à la guerre seront libres lorsqu'ils s'en seront acquittés. — 4. Quand les seigneurs de fief auront rendu leurs services, le roi ne pourra rien exiger de leurs vassaux, sauf le cas d'arrière-ban. — 5. Lorsque le roi et ses successeurs revendiqueront quelque héritage, le procès sur la propriété sera jugé, quoique les possesseurs opposent la saisine ou la possession d'an et un jour. — 6. S'il y a contestation sur la possession d'an et un jour, la chose contentieuse sera mise en la main du roi, jusqu'à ce que la question sur la possession ait été décidée. — 7. Le roi ne lèvera, en Normandie, que ses revenus ordinaires, et n'exigera que les services qui lui sont dus, à moins qu'il n'y ait quelque urgente nécessité. — 8. Aucun sergent royal de l'épée ou autre ne pourra faire exercer son office par des personnes de louage, sous peine de perdre l'office. — 9. On ne pourra prendre des vivres ou autres denrées pour le roi sans ses lettres scellées de son sceau ou du maître de son hôtel, et quand il y aura des lettres, les marchandises seront appréciées et payées avant d'être enlevées. — 10. Le droit de tiers et danger ne sera pas levé sur le mort-bois. — 11. Si quelqu'un se prétend franc du tiers et danger, parce que ses bois ont été plantés anciennement, il en sera exempt en prouvant. — 12. Les deniers levés pour faire ou réparer les ponts y seront employés, etc. — 13. Lorsque le roi sera chargé des bâtiments ou de la reconstruction des ponts, les particuliers n'y contribueront pas. — 14. Les nobles, dans leurs terres, auront le varech et les choses quaives. — 15. De trois ans en trois ans, le roi enverra des commissaires pour informer des excès de ses officiers. — 16. Nul homme libre ne sera mis à la question, à moins qu'il n'y ait contre lui des présomptions violentes de crime. — 17. Aucun avocat ne pourra prendre plus de trente livres pour les grandes causes, etc. — 18. Les causes décidées à l'échiquier de Normandie ne seront pas portées au parlement de Paris. — 19. La prescription de quarante années aura lieu, en Normandie, en toutes matières. — 20. Les héritages qui seront réunis au domaine du roi, par défaut de payement, seront estimés par des prud'hommes. — 21. Les parents pourront faire le retrait des héritages réunis au domaine du roi, faute de payement. — 22. Ceux qui auront des domaines du roi par don, échange ou autre aliénation, ne pourront traduire les autres sujets du roi dans les justices éloignées. — 23. Quand il s'agira d'exécution de lettres passées sous le scel royal, les parties ne seront pas mises en procès, à moins que l'une d'elles ne prétende avoir payé. — 24. En matière de retrait, celui qui ne possédera pas l'héritage ne pourra être ajourné. » Longtemps avant la révolution, on ne suivait plus les dispositions de cette charte : les rois de France y avaient dérogé par des lois postérieures. Néanmoins, son autorité était encore si considérable, que quand il s'agissait de faire quelque règlement qui pouvait intéresser la province de Normandie, et qui était contraire à cette charte, on avait soin d'y insérer la clause : *Nonobstant clameur de haro, chartre normande*, etc.

**CHARTES (GRAND TRÉSOR DES)**, collection de tous les manuscrits qui se trouvaient dans les monastères, de tous les actes et diplômes du temps, commencée par saint Louis et continuée sous ses successeurs. Le grand trésor des chartes s'est conservé jusqu'à nos jours.

**CHARTE (LETTRES DE)** (*anc. législ.*), lettres de grande chancellerie, qui attribuaient un droit perpétuel et contenaient cette adresse : *A tous présents et à venir*.

**CHARTE CONSTITUTIONNELLE** (*V.* CONSTITUTION).

**CHARTES ANGLAISES.** A l'article ANGLETERRE, on a pu voir un aperçu général de la constitution anglaise : c'est ici le lieu de parler avec plus de détails des chartes, qui en sont la base primitive. — Avant l'octroi de la grande charte (*magna charta*) par Jean en 1215, les rois normands en accordèrent plusieurs autres, qui se fondirent dans celle-ci, savoir : — 1° Guillaume le Conquérant, en 1071. On en a révoqué en doute l'authenticité, à cause de quelques interpolations. — 2° La charte de Henri Ier, donnée en 1101, qui servit de fondement à celle de Jean sans Terre. — 3° La charte d'Etienne, qui confirme la précédente, en 1136. — Pour bien comprendre la portée de ces diverses chartes, y compris celle de Jean, il faut connaître la situation respective des grandes forces sociales de cette époque, du trône, de l'aristocratie anglo-normande, du peuple. — Lorsque Guillaume le Conquérant eut soumis l'Angleterre, il partagea tout le pays entre les aventuriers qui le suivaient, mais en se réservant une forte part, celle du lion, part plus que suffisante pour lui assurer la prépondérance : d'abord quatorze cent soixante-deux manoirs, les grandes villes du royaume, une foule de droits et de privilèges qui laissaient toujours une porte ouverte à la fiscalité. C'étaient des amendes, des déshérences, des confiscations dont la couronne profitait infailliblement. — La baronnie, à son tour, relevait immédiatement du roi, *in capite*, malgré tout engagement à l'égard d'un autre seigneur. De plus, le seigneur était obligé au service militaire pendant quarante jours, chaque fois qu'il en était requis. Il fallait fournir de l'argent quand le monarque armait son fils chevalier ; quand il mariait sa fille aînée ; quand il était lui-même fait prisonnier. Le prince jouissait encore du droit de relief ou prise de possession de l'héritage paternel, de la tutelle des mineurs, de la garde noble des riches héritières, ce qui lui permettait de les vendre, en mariage, au plus offrant. — C'était un puissant roi que le roi anglo-normand, et il pouvait à peu près tout dans son royame. Enfin, dans les commencements, lorsque l'aristocratie avait besoin de s'appuyer sur la monarchie et celle-ci sur l'aristocratie, il n'y eut guère de désunion ; il fallait se défendre contre la population vaincue, mais fière, courbée sous le joug, mais frémissant de rage, mais se soulevant parfois avec désespoir. — En ce temps-là il ne s'agissait point de chartes. Bientôt néanmoins la royauté se fit si oppressive, si arbitraire à l'égard de la noblesse elle-même, que les liens entre ces deux corps se relâchèrent et qu'il s'en forma d'autres entre les barons et le peuple. Tous deux souffraient ; ils finirent par s'entendre et compter les uns sur les autres. D'abord il y avait union de souffrances, mais non d'idées ; à coup sûr, les barons ne songeaient guère à la liberté. Mais Dieu permit que ces deux forces se réunissent sur un terrain neutre qui servit comme écoulement, comme résultante à leur emploi. Les rois normands se volaient effrontément leur patrimoine, et le trône revenait au *premier occupant*. Mais, pour y monter au détriment du rival, il était urgent de s'appuyer sur la nation et sur l'aristocratie féodale. Et alors chaque prétendant de flatter le Saxon par l'*appât des lois du bon roi Edouard*, lois très-indéfinies, vivant plus dans le souvenir du peuple que dans la réalité : *Non quas tulit, sed quas observaverit*, dit Guillaume de Malmesbury. Le même fait se représentait quand on était menacé de quelque grande révolte. De cette triple situation faite à la royauté, à l'aristocratie, au peuple, naquirent les *chartes*. — Dans les premières qui furent octroyées, il ne s'agit point de liberté, je l'ai dit. « Les statuts de ces règnes, dit Hallam, ne nous offrent que peu de dispositions destinées à maintenir la liberté sur des bases larges et générales. » Mais ils ne sont pas moins importants à connaître, car ils nous montrent la transition graduelle de la concession octroyée au droit proclamé, le passage du privilège à la liberté. — En 1071, Guillaume le Conquérant a besoin d'asseoir son autorité ; les Saxons ne s'étaient point encore révoltés, et il cherche à se les concilier. Il donne la première charte. — « Nous voulons et ordonnons fermement et concédons que tous les hommes libres de toute la monarchie de notre royaume ci-dessus désigné aient et tiennent leurs terres et possessions bien et en paix, libres de toute exaction injuste et de toute taille, de telle sorte qu'il ne leur soit rien pris ni demandé, si ce n'est le service libre qu'ils nous doivent justement et dont ils sont tenus envers nous, selon qu'il leur a été imposé et accordé par nous en droit héréditaire et à perpétuité, par l'assemblée commune de notre royaume. — Nous statuons et ordonnons fermement que tous les comtes, barons, chevaliers et tous les hommes libres de tout notre royaume soient et se tiennent toujours pourvus d'armes et de chevaux, comme il faut et convient ; et qu'ils soient toujours prêts et bien disposés à s'acquitter envers nous de tout leur service, lorsqu'il en sera besoin, selon ce qu'ils doivent faire pour nous en vertu de leurs fiefs et de leurs tenures, comme nous l'avons établi par l'assemblée générale de notre royaume, et comme nous leur avons donné et concédé à titre de fief héréditaire. Que cet ordre ne soit violé en aucune façon, sous peine de forfaiture envers nous...— Nous ordonnons aussi que tous aient et conservent la loi du roi Edouard, avec les additions que nous y avons faites pour l'avantage des Anglais (Rymer, Act. fœd.). » — Que nous offre cette charte? 1° Aux feudataires, la garantie de leurs propriétés. 2° En retour, l'exercice rigoureux des droits royaux. 3° La mention d'une assemblée générale. C'était celle des barons, réunis autour de Guillaume pour recevoir ses ordres, s'acquitter de leurs fonctions ; rien de plus : ni députation, ni élection. Quant au peuple anglais, il paraît pour mémoire. Il n'y a là aucune contestation de droits publics, rien pour la liberté. D'ailleurs l'état social ne comportait rien de plus : cette longue chaîne, qui s'appelle civilisation, se compose d'une foule d'anneaux, les uns de plomb, de fer, de cuivre, d'or ; ceux-ci brillants, ceux-là rouillés, et pourtant tout cela fait un ensemble. — Mais voici que se présente Henri Beauclerc, l'usurpateur du bien de son frère Robert, qui est en Palestine. L'occasion est excellente, seulement il faut s'emparer de l'esprit public. En l'année 1100, il se rend en Angleterre, où il est reconnu. Cependant, l'année suivante, Robert menace de le suivre dans l'île pour revendiquer son héritage. Dans ce péril imminent, Henri convoque l'assemblée générale de la nation : « Amis et fidèles sujets, dit-il, natifs ou étrangers, vous savez tous parfaitement que mon frère Robert a été, d'après la voix de Dieu, élu roi de Jérusalem, qu'il a pu gouverner heureusement, et comment il a refusé de régner ; c'est pourquoi il mérite justement les reproches et la colère de Dieu. Dans plusieurs occasions vous avez connu sa brutalité et son orgueil. Comme cet homme se plaît dans la guerre et le carnage, il ne peut supporter la paix ; je sais qu'il vous regarde comme une bande de compagnons misérables ; il vous appelle un troupeau de gloutons et d'ivrognes qu'il espère bien fouler aux pieds. Moi, qui suis vraiment un roi doux, modeste et pacifique, je vous conserverai et soignerai précieusement vos anciennes libertés que j'ai déjà juré de maintenir... Si vous le désirez, je confirmerai cette promesse par une charte écrite... Que je sois seulement soutenu par la valeur et la force de la nation anglaise, toutes les menaces des Normands ne me paraîtront plus redoutables » (*Parliamentary Hist.*, t. I, p. 10, édit. 1762). — Comme on le voit, le fils du conquérant n'épargnait point les caresses et les flagorneries aux Anglais ; ce discours fut en effet suivi d'une charte. Elle est importante, mais il ne s'agit guère encore que de réformer les abus précédents. « Je rends d'abord libre la sainte Eglise de Dieu ; je ne vendrai ni n'affermerai, et à la mort de l'archevêque, de l'évêque ou de l'abbé, je ne prendrai rien du domaine de l'Eglise, ni de ses hommes, avant que le successeur soit en possession. » Voilà pour l'Eglise. Quant au temporel, les dispositions se ressentent bien de la société féodale ; toutefois, en y regardant de près, on finit par comprendre comment cette charte put devenir la base de celle de Jean, et pourquoi les Anglais s'y reportaient avec amour. Elle a quelque chose de large, de général, et je lui accorde plus d'importance que M. Guizot. Ainsi : — 1° A la mort d'un seigneur, l'héritier ne sera point obligé de racheter sa terre. Droit d'hérédité pure et simple consacré pour les tenanciers royaux et les arrière-vassaux. — 2° Abolition de l'impôt perçu par le suzerain lorsque son vassal voulait marier sa fille, et permission de la marier à qui il voudra, si ce n'est à l'ennemi du prince. — 3° L'héritière orpheline ne peut être donnée en mariage par le roi que de l'avis des barons. — La veuve sans enfants est autorisée à garder sa dot et son douaire (*maritationem*), et à convoler à de secondes noces seulement de sa propre volonté. — Il en est de même pour la veuve qui avait des enfants. — 4° La tutelle des mineurs et de leurs biens est attribuée à la mère, ou au plus proche parent. — Autorisation d'ester comme on l'entend, s'il s'agit d'une somme d'argent. — L'argent de l'intestat est laissé à la disposition de la femme, des enfants ou des plus proches parents, pour en disposer comme ils l'entendront. — 5° La forfaiture est punie moins rigoureusement, le meurtre est passible des peines prononcées par le code anglo-saxon, et non par la loi normande. » — Ce sont là les principales clauses de la charte de Henri I$^{er}$. Je sais bien qu'elle ne fut point exécutée, comme bien d'autres; mais à force d'être répétée la vérité finit par se faire jour et les principes de droit public par s'établir, parce que le droit est nécessairement, en définitive, plus fort que la violence. A cette époque, en Europe, je ne connais aucun pays qui pût offrir une semblable promulgation de législation sociale, si ce n'est l'Eglise. Lui ôter son caractère féodal serait vouloir l'absurde, l'impossible. Mais aussi est-il à remarquer qu'on reconnaît ici la liberté dans les trois grandes bases de toute société : la religion, le mariage et la transmission de la propriété. J'ose le dire, c'était là un pas immense trente-cinq ans seulement après la conquête normande. — Dès que le danger fut passé, le roi se moqua de son engagement et n'en tint compte; mais il n'en fut pas de même de la nation et de l'aristocratie, dont les intérêts tendaient de plus en plus à se confondre dans une commune alliance. D'ailleurs les événements se chargent de rappeler ces droits proclamés si hautement : Etienne renouvelle les promesses de son prédécesseur; la succession au trône oscille entre tant de mains, l'oppression de toutes les classes devient si capricieuse, que l'esprit public se forme de plus en plus. Etienne est contraint d'abolir *toutes les exactions, injustices et mauvaises pratiques introduites par les shérifs*; il en est de même de la vente publique des offices. Sous Henri II, il y a encore une charte, mais elle est courte et insignifiante, une simple confirmation. On dirait une formalité accomplie pour ne pas laisser périmer les droits et prescrire la tyrannie. Un auteur célèbre l'a dit avec justesse : « Les grands princes savent manier la tyrannie qu'ils inventent, et le prix en sera payé par leurs faibles successeurs qui prétendront la retenir sans que rien en dédommage leurs sujets. » Or ce prince *faible*, successeur presque immédiat de Henri II, fut Jean sans Terre, un des souverains les plus lâches et les plus cruels que la terre ait portés. Cet homme semble avoir été atteint d'une espèce de folie; car on ne sait comment qualifier quelques-uns de ses actes. « Nous venons du diable et nous y retournons, » avait dit Richard I$^{er}$, en parlant de sa famille; en ce cas, il est probable que ce retour a été opéré par Jean sans Terre. C'est à partir de ce prince que la lutte devint terrible, acharnée entre l'aristocratie et la royauté, entre la nation et le trône. Comme cela devait être, la noblesse joue le principal rôle; elle combat pour sa propre cause; mais au moment où le triomphe a lieu, elle se voit contrainte de stipuler aussi pour le peuple. C'est ainsi que Dieu nous mène. — Ici commence un des épisodes les plus dramatiques du moyen âge et de l'histoire. A peine Jean est-il monté sur le trône que les barons se coalisent contre lui, car il se riait de toute loi, de toute justice. Cet homme marchait escorté d'une troupe de spadassins mercenaires qui décidaient à coups d'épée les causes royales; il viole les femmes et les filles de ses barons; il impose de nouvelles contributions arbitraires. En 1201, Jean veut faire la guerre à la France; mais les vassaux refusent de le suivre, s'il ne les rétablit dans leurs droits et leurs privilèges. Le roi, poussé par son mauvais génie, se passe des barons, fait la guerre d'une manière humiliante pour ses armes, et aggrave sa position en faisant assassiner son neveu, Arthur de Bretagne. Bientôt il attaque le clergé, comme si l'Eglise devait toujours être liée aux questions d'affranchissement. Le grand pontife romain, Innocent III, avait nommé Etienne Langton à l'archevêché de Cantorbery. C'était un homme d'un grand caractère et qui avait eu naguère le bonheur extraordinaire de plaire au tyran, malgré ses vertus. Aujourd'hui Jean voulait d'abord posséder les riches revenus de l'église primatiale, et ensuite les vendre au plus offrant. C'était, on le pense bien, un effronté simoniaque que le fils de Henri II. Innocent l'excommunie, met le royaume en interdit, et cet état de choses dure plusieurs années. Philippe Auguste menace l'Angleterre, où les haines vont s'amassant de jour en jour; les barons sont impassibles, et le peuple se montre indifférent même en présence d'une invasion. Alors Jean s'effraya et ne trouva aucune autre ressource que celle de se reconnaître pour vassal du pape, et les barons eux-mêmes eurent part à cette démarche. Ceci est important à constater; car on a souvent admis comme un fait positif leur indignation profonde en apprenant cet acte. C'est le contraire qui est vrai. « Ceux qui s'obstinent, dit Lingard, à juger des opinions, des mœurs, des usages d'un siècle avec ceux d'un autre, ont beaucoup déclamé contre cette transaction, ne trouvant point d'expressions trop fortes pour en caractériser l'ignominie. Il y a dans un tel jugement ignorance et légèreté. Au XIII$^{e}$ siècle, il n'existait rien de dégradant dans le vasselage : c'était la condition de la plupart des princes de la chrétienté. » Après avoir cité plusieurs exemples du même genre dans la famille de Jean et dans des royaumes étrangers, le célèbre historien ajoute : « Au reste, cette donation fut faite de l'avis et du consentement de ses barons, de ses conseillers, des mêmes hommes qui, deux ans après, obtinrent de lui la charte de leurs libertés, dans les plaines de Runningmead. Ses conseillers espéraient ainsi éviter l'invasion qui les menaçait, ou du moins conserver au roi son trône, par l'intervention même du pouvoir qui cherchait à l'en précipiter; les barons saisirent cette occasion d'humilier l'orgueil et de réprimer la violence du despote qu'ils abhorraient. En effet, ils commencèrent à lui demander des concessions, et, sur son refus, ils en appelèrent au pape, actuellement son souverain et le leur, lui faisant observer *que ce n'était pas à la bonne volonté du roi, mais à eux et à l'impulsion qu'ils avaient donnée, qu'il était redevable de sa suzeraineté sur la couronne d'Angleterre*. Ce passage, tiré d'une lettre particulière écrite à Jean par un de ses agents, qui rapporte les propres paroles des barons au pontife, est décisif sur la part qu'ils prirent dans sa transaction avec le pape ». (*Lingard's Hist. of England*). Cette démarche réussit cependant au roi ; l'excommunication fut levée, et Etienne Langton rentra en Angleterre suivi d'une foule de proscrits. Vingt-quatre barons s'étaient rendus garants de la parole royale; qui ne valait pas celle du plus infime parmi les honnêtes gens. En effet, Jean recommença le cours de ses exactions et de ses persécutions. C'était en 1213; il se rend à Portsmouth pour son expédition de France, mais il n'y trouve aucun de ses vassaux ; une immense coalition s'était formée contre sa tyrannie, et Langton, l'énergique Langton est à la tête du mouvement, ainsi que Fitz-Peter, grand justicier du royaume. La justice et la religion s'unissaient pour enfanter la liberté : *Justitia et pax osculatæ sunt !* Pendant une assemblée des barons à Londres, Etienne les convoqua secrètement et leur montra soudain la charte de Henri I$^{er}$ qui vient, dit-il, d'être retrouvée. Un tonnerre d'applaudissements accueille cette production, et, séance tenante, on convient de forcer le monarque parjure à renouveler la garantie de ces droits; une nouvelle assemblée est arrêtée pour se concerter sur les mesures à prendre. — Le 20 novembre 1214, Etienne Langton réunit de nouveau la noblesse à Saint-Edmundsbury, et, au milieu de la nuit, chacun vient à son tour jurer sur l'autel de maintenir cette charte de Henri I$^{er}$, si chère à tous les cœurs. Langton est là, soutenant les âmes par sa présence, les encourageant de son regard calme et noble comme la cause qu'il défend. — Les résultats de cette assemblée furent des proclamations lancées au nom des barons, ordonnant l'observation des lois de Henri I$^{er}$, et prononçant la peine capitale contre les shérifs, forestiers ou autres officiers royaux qui dépasseraient la ligne de leurs devoirs. Ici, comme on le voit, les barons s'attribuaient l'autorité royale; il y avait usurpation véritable, et tous les sophismes échoueront devant ce fait. Ce n'est pas la première fois que les passions ont fait tort à une belle cause. — A cette nouvelle cependant, Jean revient, la rage dans le cœur et ne respirant que vengeance : il médite une exécution militaire. Si le prince eût eu le courage de sa résolution, peut-être l'Angleterre eût été pendant longtemps encore le jouet de l'arbitraire royal ; mais il recula devant l'archevêque. Celui-ci se rendit en sa présence pour lui rappeler que *les accusés avaient le droit d'être jugés par leurs pairs*. Le monarque refuse de rien écouter et avance en armes; mais rien ne peut ébranler Langton : le 6 janvier 1215, les confédérés marchent sur Londres en armes, et exigent du roi qu'il confirme la charte de Henri I$^{er}$ et les lois d'Edouard le Confesseur. Jean était véritablement trop faible pour résister : il avait seulement des mercenaires à sa solde; il demande donc jusqu'à Pâques un délai qui lui est accordé. Il met à profit cet intervalle pour offrir au clergé une charte particulière qui garantit la liberté des élections canoniques; mais en même temps il fait partir pour

Rome un de ses conseillers qui doit le mettre sous la protection du pape, et, sans attendre le retour du messager, il prend la croix pour jouir des priviléges des croisés. Néanmoins toutes ses démarches sont inutiles; les barons envoient, de leur côté, en Italie Eustache de Vesei, et par cet acte même ils reconnaissent l'autorité suzeraine du pontife. N'oublions pas ce fait. Mais, eux aussi, ils n'attendent pas le retour de leur député, et, une fois le délai expiré (19 avril 1215), ils se réunissent à Stamford en Lincolnshire, où plus de deux mille chevaliers de comtés les accompagnent. — Dans cette conjoncture critique, le roi fait demander au parti des barons quelles sont leurs prétentions. « La charte de Henri Ier étendue et expliquée, » telle est la réponse. — « Eh! pourquoi les barons ne me demandent-ils pas mon royaume? s'écrie Jean avec fureur; je ne leur accorderai jamais des libertés qui me réduiraient en esclavage. » Malgré cette exclamation, il renvoya pourtant ses commissaires chargés, 1° d'en appeler au pape, seigneur féodal de toute l'Angleterre; 2° d'offrir l'abolition des mauvaises coutumes depuis le règne de Henri II. Les barons reçoivent ces propositions comme de pures défaites; mais Pandolphe, légat du pape, soutient que le primat doit excommunier les barons. Langton se prétend mieux instruit des intentions d'Innocent, et assure que le roi devait être bien plutôt excommunié s'il ne renvoyait ses troupes étrangères. Au point où en était arrivée l'irritation générale, toute négociation devenait impossible : en effet, on les rompit; le 5 mai, les confédérés renoncèrent solennellement au serment d'allégeance, et la guerre fut déclarée. On avait mis à la tête des troupes Robert Fitz-Walter, comte de Pembroke, qui est déclaré maréchal de l'armée de Dieu et de la sainte Église. Il avait des injures personnelles à venger : le tyran avait voulu violer sa fille Matilda, et, ne pouvant vaincre sa résistance, il l'avait empoisonnée. Enfin le château de Fitz-Walter avait été rasé. C'était plus qu'il n'en fallait pour en faire un ennemi acharné du monarque. — Sur ces entrefaites arrivent des lettres du pape au roi, aux barons, au clergé. Je les ai étudiées avec beaucoup de soin, et d'un bout à l'autre elles m'ont paru animées d'un seul sentiment : Innocent regardait comme son devoir de soutenir la cause de son vassal. Dans sa lettre à l'archevêque, il montre clairement qu'il envisage la question sous un point de vue purement judiciaire, et qu'il cherche à tenir la balance égale entre les deux partis. Innocent soupçonnait les barons de vouloir renverser la monarchie elle-même, et sa correspondance avec le roi prouve que celui-ci représentait toute la lutte comme des empiétements sur les légitimes prérogatives de la couronne. Du reste, nous avons vu que les barons se trouvaient en contradiction avec eux-mêmes. Je ne puis tout citer, on le sent bien; voici cependant un passage remarquable : « Il est injuste, dit le pape, de refuser à Jean les droits qu'avaient paisiblement possédés son père et son grand-père; et il est du devoir de l'archevêque de s'opposer à toutes machinations ou conspirations qui pourraient être ourdies contre l'autorité royale. » Dans sa lettre aux barons, Innocent leur reproche de vouloir enlever par la violence ce qui devait être demandé comme une faveur; promet d'interposer ses bons offices auprès du prince s'ils veulent agir avec modération; enfin il défend toute confédération depuis celle de Douvres sous peine d'excommunication. — Lorsque ces lettres arrivèrent, il était trop tard. Le parti populaire se trouvait déjà maître de Londres, où Fitz-Walter avait de nombreux partisans, et de ce point d'appui les barons menacent ceux qui ne se sont point encore déclarés. S'ils ne se hâtent de rejoindre *l'armée de Dieu et de la sainte Église*, on les traitera en ennemis. Bientôt Jean sans Terre n'eut plus que sept cavaliers (*Matth. Paris.*) : il se prête à tout avec une merveilleuse facilité. Que lui importaient les serments? Il invite lui-même les barons à désigner un jour et un lieu pour la conférence. Elle a lieu dans une vaste plaine nommée Runningmead, entre Staines et Windsor. Ici se décide le sort de l'Angleterre : d'un côté Langton, Fitz-Walter et toute la noblesse anglaise; de l'autre, Jean, presque fugitif avec huit évêques, quinze gentilshommes, ses conseillers intimes, mais qui, au fond, ne sont pas moins ses ennemis que les autres. Des actes préliminaires sont proposés; le roi les signe. Le 15 juin 1215, on lui présente une charte des libertés, dite la grande charte; le roi la signe encore sans la moindre hésitation. Cet acte est devenu trop célèbre pour n'en pas donner une esquisse. — La charte anglaise contient soixante-sept articles, qu'on peut ranger sous trois chefs : le clergé, l'aristocratie, la nation. Elle commence en ces termes : — « Jean, par la grâce de Dieu, roi d'Angleterre, etc. — A tous les archevêques, évêques, comtes, barons, etc. Sachez tous qu'en présence de Dieu, pour le salut de notre âme et de nos ancêtres et descendants; à l'honneur de Dieu, à l'exaltation de la sainte Église, et pour la réformation de notre royaume, d'après le conseil de nos vénérables PP. Étienne, archevêque de Cantorbery et cardinal de la sainte Église romaine (*suivent les noms de huit évêques*); de M. Pandolphe, sous-diacre et familier du seigneur pape; du frère maître de la milice du Temple en Angleterre; des nobles hommes Guillaume Mareschal comte Pembroke (*suivent les signatures de quinze seigneurs*) et autres nos féaux, nous avons d'abord accordé à Dieu, et actuellement, par la présente CHARTE, nous confirmons, pour nous et pour nos héritiers à jamais. — 1° *Clergé.* Art. 1er. Que l'Église d'Angleterre soit libre, et qu'elle jouisse de tous ses droits et libertés sans restriction. Nous voulons que les priviléges de l'Église soient par elle observés de telle manière qu'il paraisse que la liberté des élections, estimée très-nécessaire dans l'Église anglicane, déjà accordée par notre charte, avant nos différends avec les barons, et confirmée, à notre demande par le seigneur pape Innocent III, a été accordée par un acte libre de notre volonté. Nous entendons que ladite charte soit observée de bonne foi par nous et nos successeurs à jamais. » — 2° *Aristocratie. Droits féodaux.* Ces droits étaient plus complexes, plus difficiles à régler; on entre dans plus de détails. — Art. 2. Toutes les libertés spécifiées dans la charte aux sujets sont accordées à perpétuité. Et comme le *relief*, en somme à payer à la mort d'un feudataire pour entrer en jouissance de son héritage, était laissé à l'arbitraire du souverain, il est dit : — Art. 3. L'héritier ne payera pour entrer en possession du fief que selon l'ancienne taxe; savoir : l'héritier d'un comte pour tout son fief, 100 livres; l'héritier d'un baron, pour un fief entier, 100 sols au plus, et tous les autres à proportion, selon l'ancienne taxe des fiefs. — *Garde noble, tutelles, service, aliénations.* Art. 4, 5, 6, 36, 45, 46, 53, 56. Défense au seigneur de prendre la garde noble d'un mineur avant d'en avoir reçu l'hommage. — A sa majorité, fixée à vingt et un ans, il ne doit rien à son seigneur pour mise en possession. — Défense à celui qui garde les terres d'un mineur de détruire ni de détériorer les biens des tenanciers, ni d'en retirer autre chose que des profits raisonnables. — Le shérif chargé d'une pareille garde est responsable de ses actes et de tout dommage. — Obligation pour les gardiens des fiefs de tout maintenir en bon état. — Le feudataire laissait de droit tout son bien à ses héritiers directs, sauf les droits de ses créanciers, de sa veuve et de ses enfants. — Il est défendu de saisir les meubles d'aucun chevalier, sous prétexte de la garde des châteaux, s'il offre lui-même le service, ou de se faire remplacer. S'il remplit son service, il est naturellement dispensé de la garde des châteaux royaux. — Le roi ne pourra prétendre à la garde de l'héritier mineur d'une ferme, parce que ce mineur doit à la couronne une légère redevance, comme des épées ou des flèches. — De même il est stipulé que la couronne ne peut prétendre à la garde noble d'un fief à lui échu par confiscation ou autrement, à moins que le seigneur précédent n'eût déjà ce droit. — Enfin il est permis à un tenancier de vendre ses propriétés, pourvu qu'il lui en reste suffisamment pour accomplir le service du seigneur. — 3° *La nation.* Les articles de la charte qui concernent la nation en masse sont très-importants, car ils sont devenus réellement le point de départ de la constitution anglaise. On peut les ranger sous cinq chefs : 1° droits politiques; 2° droits civils ou mariage; 3° administration de la justice; 4° impôts; 5° commerce. — 1° *Droits politiques.* Les villes, les bourgs et les villages, les barons des cinq ports continueront de jouir de leurs priviléges et anciennes coutumes, et d'envoyer des députés au conseil commun, pour y régler la quotité de l'impôt, décider les affaires publiques. La sommation faite aux tenanciers *in capite* doit avoir lieu quarante jours avant l'assemblée, et les causes de la convocation y seront énoncées. — A l'arrivée des membres, les affaires doivent être expédiées sur-le-champ. Mais on ne dit pas combien de membres composent le grand conseil des barons : c'est qu'en effet ce nombre pouvait varier. — 2° *Droits civils, mariage.* — Art. 7 et 8. Les héritiers seront mariés selon leur état et condition, et les parents en seront informés avant que le mariage soit contracté. — Aussitôt qu'une femme sera veuve, on lui rendra ce qu'elle aura eu en dot, ou son héritage, sans qu'elle soit obligée de rien payer pour cette restitution, non plus que pour le douaire qui lui sera dû sur les biens qu'elle et son mari auront possédés jusqu'à la mort du mari. Personne ne peut la faire sortir de la demeure conjugale pendant les quarante jours qui suivront le décès du conjoint, et jusqu'à règlement du douaire, qui se montera au moins à un tiers des biens maritaux, s'il n'a été préalablement fixé. — Enfin aucune contrainte ne sera employée pour forcer une veuve à se remarier ; mais elle donnera caution de ne le faire que du consentement du seigneur. — 3° *Justice.* La cour des plaids communs n'est plus ambulante, mais devient sédentaire. Par là les procès civils ne seront pas aussi dispendieux. — Tous les ans les grands juges seront envoyés dans les comtés pour tenir les assises criminelles, de concert avec les chevaliers de comtés. Tous les procès seront terminés sur le lieu où ils sont nés, à moins qu'il n'y ait appel au tribunal du *banc du roi*. — Les amendes ne pourront être imposées que pour de grosses fautes, et seront proportionnées au crime. En cas de condamnation, il faudra toujours laisser de quoi vivre au tenancier libre, les moyens de continuer son commerce au marchand, les instruments de labourage au paysan. — Les amendes imposables seulement par le jury. — Enfin, jugement par ses pairs et défense aux shérifs, au connétable ou au coroner de tenir les plaids de la couronne ; engagement de ne vendre, de ne refuser, ni de différer la justice : telles sont les dispositions de la charte qui regardent une des branches les plus importantes de l'administration. — 4° *Impôts.* C'est ici la grande garantie de la nation, celle sans laquelle toutes les autres pouvaient être impunément violées ; car sans elle il était facile au gouvernement de soutenir son arbitraire. — Art. 14. « Nous promettons de ne faire aucune levée ou imposition, soit pour le droit de scutage ou autre, sans le consentement de notre commun conseil du royaume... — Art. 15. Il en sera de même à l'égard des subsides que nous lèverons sur la ville de Londres, laquelle jouira de ses anciennes libertés et coutumes, tant sur l'eau que sur terre... — Art. 17. Quand il sera question de régler ce que chacun devra payer pour le droit de scutage, nous promettons de faire sommer par des ordres particuliers, les archevêques, les évêques, les abbés, les comtes et les grands du royaume, chacun en son particulier. — 5° *Commerce.* Chacun sait à quelles entraves la féodalité soumettait le commerce et l'industrie ; partout des péages, des contributions arbitraires, les mesures fiscales les plus étranges. Tantôt le marchand ne pouvait sortir du royaume, tantôt il était circonscrit dans les étroites limites d'une province, et ce fut en dépit de ces chaînes dont on embarrassait sa marche qu'on vit le commerce s'élever peu à peu et briser ses liens. Les rois anglo-normands ne se firent point faute de cette tyrannie : aussi voyons-nous ici une tentative pour assurer quelques garanties à cette grande artère de la vie nationale. On aime à voir le premier jet de cette plante vigoureuse qui devait plus tard faire une des gloires de l'Angleterre. C'est le premier pas d'une longue route : nous voyons le résultat, tandis que nos aïeux ne pouvaient même deviner l'immense importance de leur premier effort. « Nos marchands, est-il dit à l'art. 50, s'ils ne sont publiquement prohibés, pourront librement aller et venir dans le royaume, en sortir, y demeurer, le traverser par terre ou par eau, acheter, vendre, selon les anciennes coutumes, sans qu'on puisse imposer sur eux aucune maltôte, excepté en temps de guerre, ou quand ils seront d'une nation en guerre avec nous. — Art. 51. S'il se trouve de tels marchands dans le royaume au commencement d'une guerre, ils seront mis en sûreté, sans aucun dommage de leurs personnes ni de leurs effets, jusqu'à ce que nous ou notre grand justicier soyons informés de la manière dont nos marchands sont traités chez les ennemis ; et si les nôtres sont bien traités, ceux-ci le seront aussi parmi nous. » — Tel est donc cet acte célèbre qui a été regardé comme le fondement de la liberté anglaise ; et remarquons que c'est à ses fortes générations catholiques que la Grande-Bretagne le doit. A trois cents ans de là, un parlement courbé sous le protestantisme bâtard d'un Henri VIII ne sut que lui vendre les droits sacrés pour lesquels avaient noblement lutté un Etienne Langton et un comte de Pembroke ! — Que si nous envisageons la grande charte avec nos idées modernes, sans doute nos esprits sont peu satisfaits, et nous serions tentés de demander si les Anglais ont eu si grande raison de la vanter. Mais lorsque nous pesons tout ce que renferment en eux ces grands principes : la liberté religieuse, le jugement par ses pairs, le consentement des impôts, la liberté relative du commerce jointe à un commencement de droit international, alors on est étonné au contraire que les barons du moyen âge aient pu tant faire pour leurs descendants en leur laissant un si riche héritage. — Du reste, il faut bien qu'il en soit ainsi ; pendant des siècles la nation anglaise lutta pour la simple confirmation de cette charte ; pendant des siècles aussi la couronne s'efforça de la détruire par la violence, ou de la miner par la ruse. Une pareille lutte ne se poursuit pas pendant si longtemps pour atteindre un but ou imaginaire ou insignifiant. Jean sans Terre signa sans regret en apparence ; mais on se mit en garde contre son astuce ; il se vit obligé de licencier ses mercenaires, de laisser Londres deux mois encore entre les mains de ses adversaires ; de laisser former un comité de vingt-cinq barons pour recevoir les réclamations ; enfin il autorisa la guerre contre lui-même, s'il se parjurait ! Le droit de résistance à l'oppression fut-il jamais proclamé aussi froidement, aussi hardiment ? De tels actes ont droit de nous surprendre, de blesser nos idées de l'égalité, peut-être ; mais il est difficile de juger sainement à six siècles de distance, et plus difficile encore de poser des limites aux passions exaltées, même dans une cause juste. Dieu seul dit aux flots : *Vous ne dépasserez pas ce grain de sable !* — On conserve au musée de Londres le vénérable manuscrit de la grande charte. Elle a reçu trente-cinq ratifications avant de devenir le patrimoine inaliénable de chaque citoyen anglais. C.-F. ANDLEY.

**CHARTES GÉNÉRALES DE HAINAUT**, ordonnances des archiducs Albert et Isabelle, du 5 mars 1619, contenant le recueil général des lois données jusqu'alors au Hainaut.

**CHARTES PRÉAVISÉES DU CHEF-LIEU DE MONS** (*anc. cout.*), espèce de projet de réforme de la coutume qui, avant l'abolition du régime féodal, régissait les mains-fermes du chef-lieu de Mons.

**CHARTE PARTIE**, contrat d'affrétement d'un navire pour tout ou partie de son tonnage. Cet acte fait mention des noms du capitaine, de la force du navire, de son état et de l'approvisionnement nécessaire au voyage. — De son côté l'affréteur s'engage à payer le prix convenu aussitôt après le débarquement des marchandises. On stipule en outre un nombre de jours pour le chargement et le déchargement, passé lesquels, s'il y a une prolongation, il doit être payé pour chaque jour une somme convenue pour indemniser du dommage causé par le retard. La cargaison est donnée en garantie du payement du montant du fret, comme le navire, ses agrès, etc., garantissent l'exécution du voyage, suivant les clauses du contrat. Ce sont les consignataires qui doivent faire le payement, après avoir reçu les marchandises bien conditionnées, avec les marques et numéros qui s'y trouvent. — Un courtier de vaisseau, à défaut du propriétaire, de l'armateur, ou du négociant à qui il est adressé, peut faire ce contrat qui doit être souscrit par les parties contractantes et par le capitaine, qui est tenu d'avoir à bord la charte partie, suivant l'art. 226 du code de commerce, laquelle doit contenir l'époque du chargement et du départ, et le lieu de la destination, ainsi que les noms des consignataires, qui devront à l'arrivée prendre livraison des marchandises et payer le fret stipulé dans le contrat. — Une charte partie a une grande importance pour le commerce maritime ; elle demande une grande exactitude dans les conditions des clauses qu'elle contient. Peu de gens ont l'habitude nécessaire pour rédiger ce contrat convenablement ; aussi, comme les clauses sont ordinairement les mêmes pour tous les voyages, les chartes parties sont imprimées à l'avance ; les noms, le prix du fret, les lieux de départ et de destination sont seuls en blanc, il n'y a plus qu'à les remplir et à signer ; par là l'on évite bien des procès.

**CHARTE PRIVÉE** (*V.* CHARTRE PRIVÉE).

**CHARTÉ**, s. f. (*vieux langage*), cherté, haut prix. — Estime.

**CHARTÉ** (*vieux mot*), qui a une charte, un privilége, un droit.

**CHARTHA** (*géogr. sacrée*), ville de la tribu de Zabulon.

**CHARTIER (ALAIN)**, né en Normandie, et, suivant quelques biographes, à Bayeux, en 1386, fit ses études à l'université de Paris. La facilité avec laquelle il réussissait dans les langues, et les succès qu'eurent quelques petites pièces qu'il composa dans sa jeunesse, lui méritèrent les titres d'excellent orateur, de noble poëte et de très-renommé rhétoricien. Il était à peine âgé de seize ans lorsqu'il forma le projet d'écrire l'histoire de son temps. Le roi Charles VI, voulant l'encourager à ce travail, le nomma clerc, notaire et secrétaire de sa maison. Charles VII le continua dans cette place. Nous n'avons vu nulle part qu'il ait été archidiacre de Paris et conseiller au parlement. On ignore l'époque précise de sa mort ; Duchesne la place à l'année 1458 ; Lamonnoye, avant 1457 ; enfin d'autres assurent qu'il mourut à Avignon en 1449, et qu'il fut inhumé dans l'église des Antonins de cette ville, où l'on voyait son épitaphe. Cette particularité a été inconnue à Duchesne, qui a donné l'édition la plus complète de ses œuvres, Paris, 1617, in-4°. Ce recueil contient l'*Histoire de Charles VII*. S'il n'est pas certain que cet ouvrage soit d'Alain Chartier, il l'est du moins qu'il n'a pas pu l'achever. Le P. Lelong l'attribue à

Gilles Bouvier, dit *Berry* (*V.* BOUVIER). Les continuateurs de Moréri, en adoptant l'opinion du P. Lelong, distinguent mal à propos Gilles Bouvier de Berry, et, en croyant relever une faute de ce bibliographe, sont tombés eux-mêmes dans une erreur très-grossière. On trouve ensuite un ouvrage en prose mêlé de vers, intitulé : *l'Espérance, ou Consolation des trois vertus, Foi, Espérance et Charité; le Curial* (ou le Courtisan); *le Quadrilogue invectif.* C'est une déclamation contre les abus qui régnaient alors. Les interlocuteurs sont : France, peuple, chevalier et clergé. *Dialogus familiaris super deploratione Gallicæ calamitatis*, et quelques autres morceaux moins importants en latin. Les pièces en vers français forment la seconde partie de ce recueil : on y distingue : *le Débat du réveille-matin; la Belle dame sans mercy; le Bréviaire des nobles*, en vers de dix syllabes; *le Livre des quatre dames.* On remarque dans toutes ces pièces beaucoup de naïveté. La plupart des critiques conviennent que la langue française a eu de grandes obligations à Chartier. Il passe même pour l'inventeur du rondeau qu'on nomme déclinatif. L'auteur des poésies attribuées à Clotilde de Surville (*V.* SURVILLE) a attaqué avec violence la réputation littéraire de Chartier. Il est assez singulier que ce pseudonyme ne parle que d'ouvrages de Chartier absolument inconnus, et que sa critique ne soit pas tombée une seule fois sur ceux de ses ouvrages conservés. Il lui attribue une traduction des *Nuits attiques*, d'Aulu-Gelle; *la Fleur de belle rhétorique*; un *Traité sur la nature du feu de l'enfer*, et un autre sur les *Ailes de chérubins.* M. Barbier, dans son *Dictionnaire des anonymes*, indique comme étant de Chartier un ouvrage en prose intitulé: *Demandes d'amour*, Paris (Mich. Lenoir), in-8°. Outre l'édition que nous avons citée du recueil de ses ouvrages, il en est encore quelques autres que les curieux recherchent avec empressement; la plus rare est celle de Paris, Galliot Dupré, 1529, in-8°. Ils avaient été précédemment imprimés sous le titre de *Faicts, Dits et Ballades*, Paris, 1484, 1489 et 1526, in-fol. goth. *Le Quadrilogue* l'avait été séparément à Bruges, par Collard Mansion, dès 1477, in-fol. goth. Pour donner une preuve du degré d'estime dont Alain Chartier avait joui dans son siècle, Pasquier rapporte que, se trouvant un jour endormi sur une chaise, Marguerite d'Écosse, épouse du dauphin de France, depuis Louis XI, s'approcha de lui, et lui donna un baiser sur la bouche. Alain était fort laid. Les seigneurs et les dames de la suite de cette princesse marquant leur étonnement de cette action, elle leur dit : « qu'elle ne baisoit pas la personne, mais la bouche dont estoient sortis tant de beaux discours. »

CHARTIER (JEAN), frère d'Alain, fit profession à l'abbaye de Saint-Denis. Alain, qui jouissait de l'estime du roi Charles VII, fit connaître son frère à ce prince, qui le nomma son historiographe et le chargea de mettre en ordre les chroniques que l'on conservait dans le trésor de cette ancienne abbaye. Il s'acquitta de ces fonctions d'une manière si agréable au monarque, que celui-ci lui ordonna de le suivre dans ses guerres contre les Anglais, et que non-seulement il lui faisait fournir de sa maison toutes les choses dont il avait besoin, mais qu'il tenait à sa disposition des gens pour le servir et des chevaux pour le transporter partout où il voulait. On sait que Jean Chartier vivait encore en 1461, année de la mort de Charles VII, et on croit qu'il ne survécut que peu de temps à son bienfaiteur. Les *Grandes Chroniques de France*, débrouillées par Chartier, et augmentées par lui de l'*Histoire du règne de Charles VII*, ont été imprimées deux fois dans le XV^e^ siècle : la première en 1476, à Paris, 3 vol. in-fol. (les curieux en recherchent les exemplaires, où les trois derniers feuillets du troisième volume se trouvent doubles, parce qu'ils ont été imprimés deux fois, avec quelques différences); la deuxième, en 1493, Paris, Ant. Vérard, 3 vol. in-fol. Cette édition est mieux exécutée que la précédente, et l'on en connaît des exemplaires sur peau de vélin. Ces chroniques ont été réimprimées avec une continuation jusqu'à l'an 1513, et avec la *Chronique martinienne* (*V.* GAGUIN), Paris, 1514, 3 vol. in-fol., et enfin dans la Collection des Historiens de France (*V.* BOUQUET). On trouve dans cet ouvrage beaucoup de fables, mais aussi beaucoup d'anecdotes curieuses et de faits utiles, surtout dans ce qui concerne la troisième race. On peut consulter sur cet ouvrage, et sur les différentes éditions qui en ont été faites, un mémoire de la Curne Sainte-Palaye, au t. XV du *Recueil de l'académie des inscriptions et belles-lettres.* L'*Histoire de Charles VII*, de Chartier, a été imprimée seule à Paris en 1661, in-fol., par les soins de Denis Godefroy, qui l'a fait suivre des *Vies* du même prince, par d'autres écrivains contemporains, et de plusieurs pièces intéressantes, dont on verra le détail dans la *Bibliothèque historique de France*, n° 17270. On a encore de Chartier un manuscrit in-fol., contenant les *Différends des rois de France et d'Angleterre.* Le style de cet écrivain est naïf; il a été à même de puiser dans les sources, et ses ouvrages sont regardés comme les meilleurs que l'on puisse consulter pour le temps où il a vécu.

CHARTIER (GUILLAUME), évêque de Paris, né à Bayeux, parent, et, suivant même quelques auteurs, frère d'Alain et de Jean, dont il a été question dans les articles précédents, fut élevé à la cour de Charles VII, qui lui témoignait une attention particulière. Martial de Paris dit dans ses *Vigiles :*

> Il fut jadis son écolier premier
> Le bon évêque de Paris Charretier.

Tout ce qu'on doit conclure de ce passage très-remarquable, c'est que le roi faisait lui-même les frais de l'éducation de quelques jeunes gens de la cour, au nombre desquels se trouvait notre Chartier. Nommé à l'évêché de Paris en 1447, il se fit aimer des pauvres par sa bienfaisance, et chérir de tout le peuple par le zèle avec lequel il prenait sa défense dans toutes les circonstances. Il sollicita Louis XI de former un conseil composé de six membres, deux de chaque ordre, pour aviser aux moyens de soulager le peuple, en diminuant les impôts dont il était surchargé. Ce conseil en abolit la plus grande partie, ce qui indisposa le roi contre Guillaume, qui en avait été l'âme. Pendant la guerre dite du *bien public*, les princes ligués étant venus se loger avec leurs troupes dans les environs de Paris, invitèrent les bourgeois à venir conférer avec eux sur les changements qu'il convenait de faire dans le gouvernement du royaume. L'évêque de Paris fut un des députés qui assistèrent à cette conférence, et il ne tint pas à lui que l'entrée de la ville ne fût accordée aux princes, ne prévoyant pas que la révolte de Paris devait entraîner alors la perte de la France. Louis XI ne lui pardonna ni cette démarche ni l'opinion qu'il avait manifestée, et, depuis ce temps, il cessa de lui montrer aucune confiance. Après sa mort, arrivée en 1472, le roi écrivit au prévôt des marchands pour lui faire connaître ses sujets de plaintes contre le prélat, et voulut qu'on les mît dans son épitaphe. Duclos dit que Guillaume, qui avait les vertus de son état, n'avait pas celles d'un politique; qu'il aurait dû se borner à l'administration de son diocèse, et non s'occuper de celle du royaume, que ses conseils auraient perdu s'ils eussent été suivis.

CHARTIER (RÉNÉ), né à Vendôme en 1572, montra dès sa plus tendre jeunesse une passion ardente pour l'étude, et cultiva en même temps la littérature, la philosophie et la théologie. Avantageusement connu par quelques tragédies latines assez bien versifiées et par d'autres poésies dans la même langue, il fut appelé à Angers pour y enseigner les belles-lettres, remplit cette chaire avec distinction et composa sur la conversion de Henri IV à la religion catholique une pastorale en seize cents vers latins qu'il fit réciter par ses disciples. Il étudia aussi la jurisprudence, les mathématiques et la médecine. D'Angers il se rendit à Bordeaux, puis à Bayonne, où il professa la rhétorique. Son séjour dans cette ville fortifia son goût pour la médecine, et il profita du vaste champ que lui offrait, pour herboriser, le voisinage des Pyrénées; il vint ensuite à Paris perfectionner son éducation médicale, et, le 26 août 1608, il fut reçu docteur de la faculté, qui bientôt (1610) lui confia la chaire de pharmacie. En 1612 il fut nommé médecin des dames de France; en 1613, médecin ordinaire du roi; en 1617, professeur de chirurgie au collége royal. Il mourut le 29 octobre 1654, d'une apoplexie qui le surprit à cheval, à l'âge de quatre-vingt-deux ans. Si Chartier n'a publié aucun ouvrage original, il s'est acquis une grande célébrité comme éditeur. Il publia d'abord, *Ludovici Dureti scholia ad Jacobi Hollerii librum de morbis internis*, Paris, 1611, in-4°; ensuite, *Bartholomæi Perdulcis universa medicina, præmissa auctoris vita*, Paris, 1630, in-4°; mais son plus beau titre de gloire est sans contredit l'édition complète des œuvres réunies d'Hippocrate et de Galien : *Hippocratis Coi et Claudii Galeni Pergameni archiatron opera Renatus Charterius Vindocinensis, doctor medicus Parisiensis, etc., plurima interpretatus, universa emendavit, instauravit, notavit, auxit, secundum distinctas medicinæ partes in tredecim tomos digessit, et conjunctim græce et latine primus edidit.* Cette production importante et même unique offre des avantages qu'on ne saurait trop apprécier. Le texte grec a été conféré sur toutes les anciennes éditions, et restitué sur une infinité de manuscrits originaux; la traduction latine est mise à côté du grec et corrigée presque mot à mot;

l'ordre des matières est tel, qu'on a dans un même volume les traités d'Hippocrate et de Galien sur le même sujet. Cet ouvrage forme treize volumes in-folio, dont dix seulement furent imprimés du vivant et sous les yeux de l'auteur, savoir : les six premiers, le huitième et le treizième en 1639; le septième et le douzième en 1649; les neuvième, dixième et onzième furent publiés en 1679, par les soins de Blondel et Lemoine, docteurs de la faculté. Ce travail immense, qui fait tant d'honneur à Chartier, ruina sa fortune et celle de sa famille. Avant de le mettre au jour, il avait fait imprimer un *Index* des ouvrages d'Hippocrate et de Galien, dont on n'a que les titres, en invitant ceux qui découvriraient quelques-uns de leurs écrits à les lui envoyer. Cet index grec et latin est sans date, et n'a que trente-neuf pages.

**CHARTIER (JEAN)**, son fils aîné, né à Paris en 1610, fut reçu docteur en 1634, devint médecin ordinaire du roi et professeur au collége royal. Ami de la chicane, il se félicita d'avoir attisé le feu de la discorde au sein de la faculté, par son livre intitulé : *la Science du plomb sacré des sages*, ou *De l'antimoine*, Paris, 1651, in-4°. Cet opuscule, attribué par quelques-uns à Philippe Chartier, par d'autres à Davisson, parut en latin dans le t. VI du *Theatrum chimicum*, Strasbourg, 1659, et forme le 205e traité de la collection, sous ce titre : *Scientia plumbi sacri sapientum, seu cognitio rararum et singularium virtutum, potestatum et qualitatum antimonii, per Joannem Chartier*, etc. L'intolérant Gui Patin, connu par son aversion pour les partisans de l'antimoine, se déchaîna de la manière la plus indécente contre Chartier, et le fit rayer du tableau en 1651; mais il y fut rétabli en 1653, sous le décanat de Paul Courtois, et mourut en 1662.

**CHARTIER (PHILIPPE)**, frère de Jean, né à Paris en 1633, se livra également à la médecine, reçut le doctorat en 1656, remporta l'année suivante, au concours, la chaire de professeur au collége royal, devint médecin ordinaire du roi, et mourut d'une indigestion le 25 août 1669, à l'âge de trente-six ans. Il revendiqua l'ouvrage publié par son frère sur l'antimoine, et se vantait publiquement d'en être l'auteur.

**CHARTIL**, s. m. (*économ. rust.*). On appelle ainsi, dans une ferme ou maison de campagne, un endroit destiné à mettre les charrettes à couvert des injures du temps. Il signifie aussi le corps de la charrette.

**CHARTISTE** (*hist.*), partisan d'une charte quelconque, et particulièrement de la charte de don Pedro en Portugal. Il s'emploie par dénigrement. — Ce mot désigne aussi un parti formé dans ces derniers temps en Angleterre.

**CHARTOGRAPHE**, s. m. (*didact.*), qui écrit sur les chartes, qui en fait un recueil.

**CHARTOGRAPHE** ou **CARTOGRAPHE**, auteur de cartes géographiques.

**CHARTOGRAPHIE**, s. f. (*didact.*), traité sur les chartes.

**CHARTOGRAPHIE** ou **CARTOGRAPHIE**, recueil de cartes de géographie. — Art de tracer les cartes de géographie.

**CHARTOGRAPHIQUE**, adj. des deux genres (*didact.*), qui concerne la chartographie.

**CHARTOLOGOI NOGOSSUM** (*hist. nat.*). Le canard aux ailes en faucille, *anas falcaria* Linn., est ainsi nommé par les Mongols, qui l'appellent aussi *boronogossum*.

**CHARTON**, s. m. Il s'est dit autrefois, et se dit encore dans quelques provinces, pour charretier. On le trouve dans la Fontaine.

**CHARTOPHYLAX**, s. m. (*hist.*), le gardien des chartes, actes et diplômes ecclésiastiques dans l'empire de Constantinople. Nul ne pouvait être promu à un évêché, à une abbaye, etc., sans l'approbation du chartophylax. Le chartophylax présidait le grand conseil du patriarche et connaissait de toutes les causes ecclésiastiques.

**CHARTRAIN, AINE**, adj. et s. (*géogr.*), qui est né à Chartres ou dans les environs. — Qui concerne cette ville ou ses habitants.

**CHARTRAIN (PAYS)**. Le pays Chartrain faisait partie de la Beauce. Les Carnutes, qui l'habitaient lors de la conquête de Jules-César, étaient le peuple le plus célèbre de la Celtique. Ils étaient d'origine gallo-kimrique, et formaient une nation importante dans l'ordre politique et surtout dans l'ordre religieux de la Gaule, ayant pour capitale *Autricum* (aujourd'hui Chartres), entourée de vastes forêts et réputée le point central de tout le territoire gaulois. Leur seconde ville, *Genabum* (aujourd'hui Orléans), bâtie au sommet de la courbure que forme la Loire en se repliant dans la direction de l'est à l'ouest, était une place de commerce florissante. Les Carnutes possédaient des terres sur la rive gauche de la Loire; mais on ne connaît que très-vaguement leurs limites, comme celles de la plupart des cités gauloises. La plus solennelle des assemblées druidiques se tenait une fois l'an sur le territoire des Carnutes; on y accourait avec empressement des provinces les plus éloignées (*V.* DRUIDES). Après que la conquête romaine fut bien consolidée, le pays des Carnutes fit partie de la quatrième Lyonnaise. — Chartres a eu depuis la fin du IXe siècle des comtes héréditaires qui le furent aussi de Blois et qui devinrent comtes de Champagne (*V.* CHARTRES [Comtes de]). Le comté de Chartres vint ensuite dans la maison de Châtillon. — Plus tard, le roi Philippe le Bel l'ayant acquis, le donna au comte de Valois son frère, et le roi Philippe de Valois le réunit à la couronne. En 1528, François Ier l'érigea en duché pour Renée de France, duchesse de Ferrare, à laquelle il l'engagea; d'où il vint au duc de Nemours, qui le vendit à Louis XIII en 1623. Il été ensuite donné en apanage aux ducs d'Orléans. — Le Chartrain proprement dit, en y comprenant le Dunois, pouvait avoir vingt-cinq lieues du midi au nord, et dix de l'orient à l'occident. — Chartres était le siége de l'un des quatre grands bailliages du gouvernement de l'Orléanais. Ce bailliage était fort étendu et avait sa coutume particulière. — On donne quelquefois le nom de *Chartrain français* à la partie septentrionale et à la partie orientale du diocèse de Chartres, qui dépendaient du gouvernement de l'Ile-de-France. Le Chartrain français avait Mantes pour principale ville; Dreux, *Montfort l'Amauri*, *Houdan* et *Dourdan* en faisaient aussi partie. — Dans le temps où l'on se plaisait à donner à chaque peuplade, à chaque ville de notre pays une origine fabuleuse, il se trouva des auteurs qui eurent le courage d'affirmer que les Gomérites, envoyés pour peupler la Gaule celtique peu de temps après le déluge de Noé, sous la conduite de Samothéus, jetèrent les premiers fondements de Chartres et lui donnèrent le nom que nous lui connaissons aujourd'hui.

**CHARTRAN (JEAN-HYACINTHE-SÉBASTIEN)**, maréchal de camp, naquit le 21 janvier 1779 à Carcassonne. Ses parents étaient de riches négociants qui tentèrent vainement de lui faire courir la carrière commerciale. Son goût irrésistible l'entraînait vers le métier des armes, et il s'engagea à quatorze ans dans l'armée des Pyrénées-Orientales. Après avoir fait les campagnes de 1794 et 1795, il passa à l'armée d'Italie, puis à celle du Rhin. Plusieurs actions d'éclat lui valurent alors le grade de major (8 octobre 1812). Ce grade lui permet de jouer un rôle plus important. Il culbute six mille Russes qui lui disputent le passage des défilés de Pina et décide la victoire à la bataille de Culm. Ces services signalés font reconnaître en lui un officier digne des grades supérieurs; il est nommé général de brigade. Les Bourbons rentrent en France: Chartran est mis en disponibilité. Au retour de l'île d'Elbe, Napoléon le charge du commandement du département de l'Aude. On retrouve bientôt le général Chartran à la bataille de Fleurus, où il remplace, sur la fin de la journée, son général en chef qui vient de tomber frappé mortellement. On le retrouve encore à la sanglante journée de Waterloo. C'est là sa plus glorieuse bataille. Tandis que l'armée est partout repoussée, il reste maître de la position qu'on lui a confiée et opère sa retraite en bon ordre. Napoléon quitte une seconde fois la France pour n'y rentrer jamais. L'armée est licenciée. Envoyé d'abord en surveillance à Metz, le général Chartran est arrêté et traduit devant une commission. Il avait à peine trente-six ans et comptait déjà vingt-deux ans de bons et glorieux services. Malgré ces titres à la reconnaissance de la France, il est condamné à mort et fusillé. A. ISAMBERT.

**CHARTRE DE CHAMPAGNE** ou **CHAMPENOISE**. C'est le nom que l'on donnait autrefois en chancellerie aux lettres en forme de chartre, c'est-à-dire données *ad perpet. rei mem.* et qui devaient avoir leur exécution dans la province de Champagne. L'origine de cette distinction des chartres de Champagne d'avec les chartres de France, c'est-à-dire des autres lettres données pour les autres provinces du royaume, vient de ce que les comtes de Champagne avaient leur chancellerie particulière, qui avait son style et ses droits de taxe qui lui étaient propres. Lorsque la Champagne fut réunie à la couronne, on conserva encore quelque temps la chancellerie particulière de Champagne, dont l'émolument tournait au profit du roi, comme celui de la chancellerie de France. Dans la suite, la chancellerie particulière de Champagne fut supprimée; on continua cependant encore longtemps, dans la chancellerie de France, à distinguer ces chartres ou lettres qui étaient pour la Champagne. On suivait pour ces lettres l'ancien style et le tarif de la chancellerie de Champagne. Il en est parlé dans le *Sciendum* de la chancellerie.

**CHARTRE**, s. f. vieux mot qui signifiait prison (du latin *carcer*); il s'est conservé dans cette dénomination : *Saint-Denis de la Chartre*, lieu où saint Denis fut autrefois en prison, et dans cette locution, *chartre privée* (*V.* ci-dessous.)

**CHARTRE PRIVÉE** (*droit*). On se servait anciennement du mot *chartre* comme synonyme de prison (*carcer*); on le trouve employé en ce sens dans le *Roman de la Rose*, et au chapitre 23 de l'*Ancienne coutume de Normandie*. L'ancienne chronique de Flandre, chapitre 66, dit *chartrier* pour désigner un prisonnier. On nommait *chartre privée* tout lieu autre que la prison publique, où une personne était retenue sans l'autorité de la justice. Le droit romain considérait ce fait comme une entreprise sur l'autorité du souverain et prononçait contre le coupable la peine du dernier supplice (loi 1, § 1, *Cod. de privatis carceribus*). Dans notre ancienne législation française, l'ordonnance criminelle de 1670 défendait aux prévôts de faire *chartre privée* dans leurs maisons ou ailleurs, à peine de privation de leurs charges. Aujourd'hui cette expression n'est plus usitée, mais le Code d'instruction criminelle a renouvelé la défense de tenir les personnes arrêtées légalement dans un lieu qui n'est pas destiné à servir de maison d'arrêt, de justice ou de prison. (*V.* LIBERTÉ INDIVIDUELLE, MANDAT D'ARRÊT.)

**CHARTRE** (*médec.*). Ce mot, en la signification de prison, a été employé pour maigreur, tristesse, dépérissement, parce que la prison est ordinairement une cause de langueur et de tristesse. La *chartre*, en termes de médecine, est donc une maladie chronique à laquelle les enfants sont sujets, et qui consiste dans une langueur et une maigreur considérable de tout le corps, excepté la tête qui est fort grosse, et le ventre gonflé et dur.

**CHARTRE-SUR-LE-LOIR** (LA) (*géogr.*), bourg de France (Sarthe), sur le Loir; chef-lieu de canton. Il a des tanneries et commerce en blé et en bétail. 1,628 habitants; à cinq lieues trois quarts sud-sud-ouest de Saint-Calais.

**CHARTRÉES** (VILLES CHARTRÉES), c'est-à-dire qui ont des anciens titres de leurs priviléges et franchises. (*V.* VILLE.)

**CHARTRER** (*vieux mot*), accorder une chartre, un privilége.

**CHARTRES**, *Auctricum*, *Carnutum civita*, est une des plus anciennes villes de France. Avant la conquête des Romains, elle était la capitale des *Carnutes* ou *Carnuti* (*V.* ce mot) et le siége principal du druidisme, et elle acquit, sous la domination romaine, une assez grande importance. Placée plus tard sous la puissance immédiate des rois francs, elle fut successivement prise par Thierry II, roi d'Orléans et de Bourgogne, et en 852 et 872 par les Normands, qui la brûlèrent et la détruisirent. Durant la longue lutte de la France et de l'Angleterre, elle tomba au pouvoir des Anglais, et ne fut reprise qu'en 1432. Attaquée sans succès par les protestants en 1568, elle fut prise en 1591 par Henri IV, qui s'y fit sacrer trois ans après. — Vers la fin du onzième siècle, la ville de Chartres était défendue par une enceinte de fortifications, dont quelques parties subsistent encore, entre autres une porte en pierre de taille flanquée de deux grosses tours. — La cathédrale de Chartres est un des plus beaux monuments que nous ait légués l'architecture du moyen âge : une église construite sur son emplacement avait été incendiée trois fois, quand l'évêque Fulbert, lors du dernier incendie arrivé en 1020, fit un appel à la générosité de tous les princes chrétiens, et du produit de leurs offrandes commença le nouvel édifice, qui, après sa construction, qui se prolongea pendant près de cent trente ans, fut dédié à la Vierge le 17 octobre 1260, par Pierre de Maincy, soixante-seizième évêque de Chartres. — Le projet avait été d'abord de construire les deux clochers sur le même dessin, mais il n'y eut d'achevé que celui qui est appelé le *clocher vieux*. En 1838, par la négligence de quelques ouvriers, le feu prit à la toiture du bâtiment et détruisit complétement la charpente. — Des fonds assez considérables ont été votés par les chambres pour réparer ce malheur. — On remarque encore à Chartres l'ancienne église de Saint-André, le cabinet d'histoire naturelle, la bibliothèque publique renfermant quarante mille volumes imprimés et huit cents manuscrits, et où l'on conserve un verre ayant appartenu à Charlemagne, qui était anciennement déposé dans l'abbaye de la Madelaine de Châteaudun. — Chartres était jadis la capitale du pays Chartrain et de la Beauce, avec le titre de duché-pairie; son diocèse comprenait huit cent dix paroisses : elle était comprise dans le gouvernement général de l'Orléanais et dans le ressort du parlement de Paris. C'est aujourd'hui le chef-lieu du département d'Eure-et-Loir, et le siége d'un évêché; elle possède des tribunaux de première instance et de commerce, une société d'agriculture et un collége communal. — Sa population actuelle est d'environ quinze mille habitants. — C'est la patrie d'un assez grand nombre d'hommes célèbres, parmi lesquels nous citerons : Guillaume de Saintes, évêque d'Evreux; Philippe Desportes, Mathurin Régnier, P. Nicolle, André et Michel Félibien; Fleury, mort doyen de la comédie française; J. Dussaulx, conventionnel et académicien; Pétion de Villeneuve, conventionnel; le général Marceau, etc., etc.

Porche septentrional de la cathédrale de Chartres.

**CHARTRES (Siéges et prises de).** Chartres fut plusieurs fois prise et pillée sous les rois de la première race, et plus tard par les Normands, notamment en 858. — Rollon (Rolf) vint de nouveau l'investir en 911. Cette fois le roi Charles lui en fit lever le siége. Mais ce fut son dernier acte de vigueur contre les pirates du Nord : peu après, il leur céda la Neustrie. Depuis 1417 le duc de Bourgogne était maître de Chartres, qui était occupée par des Bourguignons et par des Anglais. En 1432, le bâtard d'Orléans forma le projet de surprendre cette ville et trouva le moyen de s'assurer des intelligences dans la place; en effet, il y avait partout un fort parti opposé aux Anglais. Un bourgeois, nommé le petit Guillaume, qui faisait d'habitude le commerce de sel, avec ses charrettes, d'Orléans à Blois et à Chartres, vint la veille du dimanche des Rameaux se présenter, le matin de bonne heure, à la porte de la ville. Il amenait avec lui plusieurs voitures chargées de tonneaux. Il était connu, on ne se défia de rien. Plusieurs portiers étaient gagnés; d'autres se mirent tout aussitôt à emporter des paniers d'aloses que le marchand leur avait promis. Une des charrettes s'arrêta sur le pont-levis. C'étaient des hommes d'armes qui, vêtus de blouses, chaussés en guêtres et le fouet à la main, conduisaient les voitures; d'autres étaient enfermés dans les tonneaux : ils sortirent de leur cachette et tombèrent sur les gardiens des portes. Une embuscade, commandée par le sire d'Illiers, n'était pas éloignée; elle arriva à leur aide. Un religieux jacobin, nommé maître Sarrazin, qui était du complot, avait justement fixé l'heure de son sermon au moment où devait se faire l'attaque, et avait choisi une église à l'autre bout de la ville. La garnison et les bourgeois du parti anglais furent donc longtemps à se mettre en défense; toutefois on commença à se battre dans les rues. L'évêque était un Bourguignon, nommé Jean de Fétigni; il se mit vaillamment à la tête des défenseurs de la ville; mais bientôt après il fut tué. Le bailli se sauva par-dessus les murs; et le bâtard d'Orléans étant arrivé à la tête d'une seconde embuscade, la ville fut entièrement soumise. Ce fut une grande nouvelle pour les Parisiens. Chartres n'est pas éloigné de Paris; c'était de là qu'arrivait la plus grande partie des farines, et le pain allait être encore plus cher. Tout semblait dégoûter les bourgeois de cette domination anglaise qui n'éprouvait plus que des échecs. Les protestants assiégèrent Chartres sans succès en 1568; Henri IV la prit en 1591, après deux assauts infructueux, et grâce à l'habileté du comte de Châtillon. Ce capitaine inventa, dit l'historien de Henri IV, un pont pour descendre à couvert dans le fossé et monter à l'assaut. Aussitôt que cette machine fut placée, les assiégés capitulèrent. En entrant dans la ville, le roi fut arrêté par une députation des habitants; le magistrat lui fit une longue et ennuyeuse harangue, où il établissait que la ville appartenait au roi par le droit divin et par le droit humain. Impatienté de ces longueurs, le Béarnais s'écria : Ajoutez-y, et par le droit canon. Puis, poussant son cheval, il entra dans Chartres.

**CHARTRES (Comtes de).** Depuis la fin du IX^e^ siècle, Chartres eut des comtes héréditaires qui possédaient aussi les comtés de Blois et de Champagne (*V.* Blois et Champagne). Plus tard, le comté de Chartres appartint à la maison de Châtillon (*V.* ce mot). Philippe le Bel en fit ensuite l'acquisition pour le donner à son frère le comte de Valois, et Philippe de Valois le réunit alors à la couronne. Erigé en duché par François I^er^ en faveur de Renée de France, duchesse de Ferrare, il fut racheté en 1623 par Louis XIII, des mains du duc de Nemours, et devint ensuite apanage de la maison d'Orléans, où le fils aîné porta toujours le titre de duc de Chartres (*V.* Orléans [Maison d']).

**CHARTRES (Monnaie de).** Un de nos numismates les plus distingués, M. de la Saussaye, vient d'attribuer à Tasjet, roi de Carnutes et allié de César, une curieuse pièce de billon, qui porte d'un côté pour légende le mot *tascutios*, autour d'un pégase, et de l'autre εαχισομις autour d'une tête de Bacchus ou d'Apollon, derrière laquelle on remarque un pampre. Cette belle monnaie, qui était restée longtemps parmi les pièces incertaines est la seule médaille gauloise qu'on puisse, avec certitude attribuer à la ville de Chartres. On a retrouvé, de nos jours, quelques triens mérovingiens frappés dans cette ville par le monétaire Blidomond, *Blidomondus*, et n'offrant d'autre particularité remarquable qu'une extrême barbarie. Mais, à partir du règne de Pepin, Chartres nous présente une suite de monuments numismatiques plus nombreux et surtout plus intéressants. Le premier de ces monuments est extrêmement curieux : c'est un denier qui annonce une sorte de transition entre le faire des artistes de la seconde race et celui de ceux de la première. On y voit, au droit, un ange tenant deux croix, avec les lettres *carn* dans le champ, et au revers, seulement les deux majuscules R F. Il nous reste également des deniers frappés à Chartres sous les règnes de Charlemagne, de Charles le Chauve et de Eudes. Ceux de Charlemagne présentent entre eux ces différences de style que l'on remarque dans le numismatique de ce prince. Ce sont d'abord des pièces sur lesquelles on lit en lettres mal formées le nom de la ville, CARNOTAS, et de l'autre le nom du roi, CARLUS, en deux lignes. Ensuite des pièces d'un type moins barbare, présentant au droit une croix à branches égales, avec la légende CARNOTAS CIVITAS entre grènetis, et au revers CARLUS REX FR., avec le monogramme dans le champ. Les deniers de Charles II et d'Eudes n'offrent rien de particulier. On a prétendu qu'aucune espèce n'avait été frappée à Chartres, depuis cette époque jusqu'à celle où les monnaies des barons commencèrent à avoir cours. C'est une erreur. Il faut restituer à cette ville une pièce où l'on voit le monogramme de Charles, avec la légende GRATIA DIREX, et l'inscription à deux lignes CAR CIVITAS. Cette pièce est de Charles le Simple, et elle a été incontestablement frappée à Chartres. Depuis la fin du X^e^ siècle jusqu'en 1319, époque où le roi de France racheta du comte de Chartres la monnaie de cette ville, le type de cette monnaie présente d'un côté une croix, et de l'autre une figure bizarre, qui a beaucoup occupé les antiquaires. On a essayé d'expliquer cette figure de différentes manières; l'explication proposée par M. Lelewel est la seule qui soit admise aujourd'hui. Ce savant voit dans cette figure une tête humaine défigurée. Nous reviendrons sur cette opinion et sur la figure qui y a donné lieu, et qui se représente sur un grand nombre de monnaies du moyen âge, à l'article Type monétaire. La monnaie de Chartres, dont il existe plusieurs échantillons, exemplaires de types, de modules et de titres différents, fut d'abord anonyme; le côté de la tête chartraine était anépigraphe, et l'autre portait pour légende CARTIS CIVITAS. Mais le comte finit par placer son nom au commencement de la légende : R. COMCARTIS CIVITAS (Richard de Beaumond, 1235-1255); I. COMCARTIS CIVITAS (Jean, 1255-1279, ou Jeanne, 1279-1293). — Nous avons dit que le type chartrain représentait originairement une tête. Lelewel a cru en trouver l'original dans ces triens barbares dont nous avons parlé plus haut. Nous aimerions mieux y voir l'effigie de la sainte Vierge. — D'après l'ordonnance de 1315, les deniers de Chartres devaient être à trois deniers dix grains argent le roi, et à la taille de 235 au marc, et les mailles de deux deniers vingt et un grains de loi argent le roi; quatorze deniers chartrains ne valaient qu'un sou tournois.

**CHARTRES**, *B. Maria de Castris*, abbaye de l'ordre de Saint-Augustin, sous le titre de *la Nativité de la Vierge*, fondée vers l'an 1077; elle était située dans le Périgord, sur une colline auprès d'un ruisseau nommé *le Cerf*, qui se jette dans la rivière de Visère, à 5 lieues de Périgueux. Depuis longtemps l'on n'y voyait plus que des ruines. Il y avait cependant encore un abbé qui en percevait les revenus (*Gallia christ.*, t. II, col. 1504, nouvelle édition).

**CHARTRES**, *B. Maria de Castris*, abbaye de l'ordre de Saint-Augustin, sous l'invocation de la Vierge. Elle était située dans le diocèse de Saintes, à une lieue de Cognac, près de la Charente, et fut fondée par le seigneur du Bourg-Charente, du temps d'Arnauld IV, surnommé *Taillefer*, comte d'Angoulême (*Gallia christ.*, t. II, col. 1133).

**CHARTRES (Renaud de)**, évêque de Beauvais; puis archevêque de Reims en 1414, fut nommé chancelier de France en 1424, et reçut l'an 1439 le chapeau de cardinal au concile général de Florence, des mains du pape Eugène IV. La même année, ce prélat sacra dans son église métropolitaine, en présence de la *Pucelle d'Orléans*, le roi Charles VII, auquel il rendit de grands services. Il mourut subitement à le 4 avril 1443, Tours, où il était allé trouver le roi pour traiter de la paix avec l'Angleterre.

**CHARTRES (Alphonse de)**, capucin du XVII^e^ siècle. On a de lui : 1° *Démonstrations évangéliques, ou Vérités pratiques choisies dans chaque Evangile et expliquées*, deux volumes imprimés à Paris en 1665, 1669 et 1670; 2° une traduction française du livre italien intitulé : *le Phénix de Louis Mancini, ou Exercices de l'âme crucifiée, ressuscitée* (Dupin, *Table des auteurs ecclésiastiques du* XVII^e^ *siècle*, page 2562.

**CHARTRETTES** (*géogr.*), village de France (Seine-et-Marne), dans une position agréable, près de la Seine. On y remarque, entre autres belles habitations, le château du Pré. 504 habitants, à 11 lieues et demie sud-sud-est de Melun.

**CHARTREUSE**, s. f. couvent de chartreux. — Il se dit figurément d'une petite maison de campagne isolée, solitaire.

**CHARTREUSE** (LA GRANDE). On nomme ainsi un monastère situé dans le département de l'Isère, à 6 lieues de Grenoble. Berceau de l'ordre des *chartreux* (*V.* ce mot), dont saint Bruno fut le fondateur, la grande Chartreuse n'était d'abord composée que de petits bâtiments épars, construits en 1084 ou 1086, à un quart de lieue de ceux qui existent actuellement. En 1132, on en fit de nouveaux qui furent incendiés et reconstruits à huit époques successives; les derniers datent de 1676. Les cloîtres seuls n'ont pas été atteints par les flammes; leurs voûtes portent encore l'empreinte de l'architecture fantastique du moyen âge. L'ensemble de ces constructions est d'un aspect agréable et pittoresque; l'intérieur est vaste, commode, bien divisé; chaque cellule se compose de trois pièces et d'un petit jardin. Les étrangers y sont reçus dans deux pavillons formant avant-corps à l'entrée principale. Une hospitalité franche, cordiale et désintéressée y est accordée à toutes les personnes qui s'y présentent; on est surpris de trouver au sein de cette solitude et dans la pratique constante de devoirs austères, des hommes toujours affables, d'un esprit fin, délicat, et nullement étrangers aux usages du monde. L'enceinte qui renferme la *grande Chartreuse*, est appelée le *désert*. Tout y rappelle l'enfance de la création, et l'on dirait, en y arrivant, que le sol est encore vierge de pas humains. Des rochers escarpés dont le sommet se perd dans les nuages, des forêts peuplées d'arbres séculaires entourent cette retraite, et n'en permettent l'entrée qu'aux deux extrémités, où un torrent, précipitant ses eaux toujours pures, semble encore en disputer le passage à l'homme envieux d'y pénétrer. Il est difficile de se soustraire à une émotion vive et profonde à l'aspect de cette nature sauvage, majestueuse et sombre; l'âme s'y pénètre d'une religieuse mélancolie, qu'elle conserve longtemps encore après avoir quitté les lieux qui l'ont fait naître. Les religieux qui habitaient la *grande Chartreuse* furent contraints de l'abandonner à l'époque de la révolution; en 1816, ils furent autorisés par le gouvernement à en reprendre possession. Ils sont aujourd'hui au nombre de trente. (*V.* CHARTREUX [Ordre des].)

**CHARTREUSE** (*art culin.*), mets composé du mélange de plusieurs légumes.

**CHARTREUSES**, religieuses de l'ordre de saint Bruno. — Il y avait quelques couvents de chartreuses, qui observaient la même règle que les chartreux, excepté qu'elles mangeaient toujours en commun. Elles avaient conservé l'ancienne consécration des vierges, qui se faisait par l'évêque en la manière prescrite par les anciens pontificaux, lorsqu'elles avaient atteint l'âge de vingt-cinq ans. L'évêque, en leur donnant l'étole, le manipule et le voile noir, prononçait à peu près les mêmes paroles qu'il dit à l'ordination des diacres et des sous-diacres. Dans les statuts des chartreux de l'an 1368, il fut défendu de recevoir à l'avenir ou d'incorporer à l'ordre de nouveaux couvents de filles, et il n'y en avait plus que cinq dans le dernier siècle, dont trois étaient assez près de la grande Chartreuse, et deux autres dans les diocèses d'Arras et de Bruges. (*V.* CHARTREUX.)

**CHARTREUVE**, *Cartovorum*, abbaye de l'ordre de Prémontré, était située à 6 lieues de Soissons. Elle fut bâtie au XII^e^ siècle par Eudes de Bailleul, son abbé premier, dans un fonds qui lui fut cédé pour cet effet par Hugues le Blanc, seigneur de Chécry. On croit que c'est la première abbaye de l'ordre de Prémontré qui ait été fondée dans le diocèse de Soissons (*Gallia christ.*, tom. X, col. 483).

**CHARTREUX** (ORDRE DES). Issu d'une noble famille de Cologne, après avoir, par de brillantes études dans l'université de Paris, acquis de solides connaissances en théologie, Bruno, fondateur de cet ordre, avait été pourvu d'un canonicat à l'église de Reims, dont il fut ensuite chancelier et théologal ou écolâtre, c'est-à-dire chargé de l'instruction des clercs. Plus tard, le siége archiépiscopal de Reims étant vacant depuis deux ans par la déposition de Manassès, que Bruno avait accusé et convaincu de simonie, il réunissait alors tous les suffrages pour être élu à sa place, lorsque entraîné par un amour extraordinaire pour la solitude et la contemplation, il renonça aux dignités ecclésiastiques; résolu de s'enfoncer dans quelque retraite ignorée où il pût en paix se livrer à ses goûts et aux actes de la vive piété dont il était animé. Accompagné de six de ses amis qu'il avait déterminés à le suivre, il se dirigea vers le Dauphiné, contrée propre, par ses montagnes sauvages, hérissées de bois épais et de rochers gigantesques, à lui offrir un désert selon ses vœux. Ils allèrent trouver Hugues, évêque de Grenoble, ancien élève de Bruno dans l'école de Reims, et lui firent part de leur dessein. L'évêque crut reconnaître en eux sept étoiles dont il avait eu la vision, et leur assigna la solitude de *Chartrouse*, ou *Chartreuse* pour retraite, sans négliger toutefois, afin d'éprouver la solidité de leurs intentions, de mettre sous leurs yeux un tableau décourageant de ce lieu sauvage, sillonné par un torrent dévastateur, entouré de pics affreux et de sombres forêts de sapins où des neiges presque perpétuelles glaçaient l'atmosphère, où toute végétation semblait refusée à cette terre désolée. Leur zèle, au contraire, s'anima davantage aux paroles du prélat, et les nouveaux solitaires partirent sous sa conduite pour s'établir dans ce triste séjour, dont Siguin, abbé de la Chaise-Dieu, de qui dépendaient ces parages, leur fit donation à la demande de l'évêque. — Ils construisirent d'abord, à quelque distance les unes des autres, de basses et étroites cellules à la manière des anciennes laures de la Palestine, et pour se rapprocher mieux encore des coutumes des moines de la Thébaïde, ils s'y logèrent deux à deux. Tel fut, entre 1084 et 1086, vers la fête de saint Jean-Baptiste, l'obscur berceau d'un ordre devenu riche et puissant, et qu'on retrouve encore au même lieu. Il ne paraît pas que Bruno ait donné des statuts particuliers à ses disciples; mais, comme à Cluny et à Cîteaux, ils adoptèrent la règle exacte de saint Benoît. L'austérité de leurs mœurs est attestée par Guibert, abbé de Nogent, qui en parle dans ses écrits en 1104, à peu près vingt ans après leur établissement; et l'on s'étonnait même, dans ce siècle si fécond en abnégations personnelles pour se livrer à des œuvres de mortification que l'on a peine à croire possibles de nos jours, on s'étonnait, disons-nous, que le fondateur, familiarisé avec une existence douce et commode, pût embrasser dans un âge déjà mûr un genre de vie aussi rigoureux. Tous s'engagèrent à garder un silence imperturbable. Leur conversation entière du jour n'était qu'avec Dieu, dont ils chantaient encore les louanges une partie de la nuit. Ennemis de l'oisiveté d'esprit et de corps, ils partageaient leur temps entre la prière et le travail. On les voyait, se livrant à une industrie active, tantôt suspendus aux flancs des rochers, en détruire les menaçantes aspérités pour se procurer des matériaux de construction, tantôt la hache à la main exploiter les sapins séculaires qui offraient aux neiges un abri impénétrable contre les rayons du soleil. Armés de la bêche, ils émondaient le sol aride des rocs et des ronces qui le rendaient impropre à la culture; ils élevaient des digues contre la fureur du torrent avec les obstacles dont ils débarrassaient son lit; en un mot, à la voix de la religion, ces infatigables ouvriers changèrent, pour l'exemple et au profit de l'humanité, une solitude inhabitable en un pittoresque séjour, et forcèrent une nature triste et inerte à produire et à s'embellir sous leurs mains habiles. — Une de leurs occupations consistait aussi à transcrire des manuscrits et des livres de piété, conformément à un de leurs règlements qui leur enjoignait positivement ce moyen de pourvoir dans le principe à leur subsistance, afin de n'être à charge à personne. Bruno, sans s'être constitué leur supérieur, était néanmoins considéré comme tel par les religieux, au-dessus desquels le plaçaient d'ailleurs ses connaissances élevées et ses vertus. Quelque temps après leur établissement, Bruno et ses compagnons obtinrent un acte authentique de la cession que leur avaient faite, à l'exemple de l'abbé de la Chaise-Dieu, divers bienfaiteurs dont le nombre prouve la vénération qu'on avait conçue pour lui et pour sa nouvelle communauté. Mais il ne jouit pas longtemps du calme et de l'asile qu'il s'était préparé à l'abri de ces rochers où il se croyait oublié du monde. Lorsque Urbain II fut monté sur le saint-siége, il voulut, au milieu des difficultés que lui suscitait la puissance rivale de l'antipape Guibert, avoir auprès de lui son ancien maître, car il avait étudié à Reims sous Bruno, et l'envoya tirer de sa solitude pour en recevoir des conseils. Il n'y avait pas six ans qu'il avait formé son établissement. Obligé d'obéir, il ne put, malgré ses promesses de revenir, adoucir à cette nouvelle les regrets de ses disciples, qui voulaient le retenir. Enfin il fallut céder à leurs protestations de ne point se séparer de lui; il consentit à ce qu'ils l'accompagnassent, laissant aux soins de l'abbé de la Chaise-Dieu son ermitage, où il espérait revenir, et ils se rendirent à Rome, où le pape leur donna l'hospitalité avec les marques de la plus haute estime. Mais, au milieu du fracas de la ville éternelle, les bons solitaires reportaient souvent avec tristesse leurs pensées vers leur tranquille vallée. Il leur avait fallu renoncer à ces douces méditations, à ces lectures pieuses que rien ne troublait; à cette psalmodie si harmonieuse au sein d'une nature âpre et sauvage parmi les bruits du torrent, à ces oraisons ferventes de la vie contemplative. Forcés de rompre à chaque instant le silence qui avait pour eux tant de charmes parmi leurs rochers, troublés par des visites importunes, ils demandèrent avec larmes à Bruno de les y ramener. La permission lui en fut refusée; mais il obtint que ses compagnons s'en retournassent sous la conduite de Landevin, qu'il leur désigna pour prieur. Cependant, au milieu des honneurs dont il jouissait et malgré l'intimité d'Urbain II, il aspirait toujours à la solitude; mais il ne put obtenir de rejoindre son cher ermitage de Dauphiné. Le pape lui accorda enfin la permission de se retirer au désert *della-Torre* en Calabre, où il fonda une seconde Chartreuse. C'est là qu'il mourut en 1101, après avoir eu la consolation d'être visité par Laudevin au nom de ses anciens compagnons, qui le regardaient toujours comme leur chef. C'est à cette occasion qu'il répondit à leur sollicitude pour lui par la lettre pleine d'onction et d'un attachement si tendre et si sincère qui nous a été conservée dans ses ouvrages, avec une seconde adressée à Raoul Levert, où respire son goût profond pour la solitude. Il y décrit dans les termes suivants sa retraite *della Torre*, pour reprocher sans doute ses anciennes résolutions à cet ami, qui avait abandonné autrefois ses projets de quitter le monde avec lui : « Cette solitude, dit-il, est assez éloignée du commerce des hommes; l'air y est pur, l'œil y découvre de riantes prairies et des collines; les fontaines coulent dans les vallées; on y voit des arbres chargés de fruits; les eaux ne manquent point aux jardins, et, lorsque l'esprit est fatigué par le travail, la vue agréable de ces lieux champêtres procure un doux délassement; car l'arc ne saurait toujours être tendu, et on goûte dans cette retraite la paix du cœur, que le monde ignore. » Après la mort de son fondateur, le monastère de Calabre, par son éloignement de la Grande-Chartreuse, échappant à la surveillance des visiteurs, se relâcha beaucoup et fut abandonné aux religieux de l'ordre de Cîteaux, puis ensuite rendu par le pape Léon X aux chartreux en 1513. — Il ne paraît pas que l'ordre des chartreux ait fait de grands progrès dans ses commencements, puisque du vivant de Bruno, canonisé en 1514, il n'existait que la Grande-Chartreuse et celle *della Torre*, qui prit le nom de Saint-Etienne en Calabre et n'eut qu'une courte existence. En 1137, sous le généralat du B. Guigues, il n'y avait que les trois chartreuses des Portes, de Saint-Sulpice et de Mériac, avec la Grande-Chartreuse, comme on le voit par sa lettre dédicatoire aux prieurs de ces monastères, en leur envoyant les premières constitutions de l'ordre, où il n'est pas question de celle de Saint-Etienne *della Torre*. L'ordre était fondé depuis environ un demi-siècle quand ce général, qu'on peut regarder comme son second fondateur, tant pour la sagesse de son gouvernement qu'à cause de la solidité des lois qu'il y mit en vigueur, écrivit ces constitutions sous le nom de *Coutumes de la Grande-Chartreuse*. Elles étaient communes aux autres maisons pour que les observances fussent uniformes. Ces anciennes coutumes régissent encore le rit et les cérémonies de l'office divin; le chant seul est différent. Les veilles sont devenues plus austères; car alors, hiver comme été, les religieux n'interrompaient pas leur sommeil pour dire matines. En proportion de la brièveté des nuits d'été, leur office était plus court; ils dormaient moins aussi, mais il leur était permis de reprendre entre sexte et none ce qu'ils avaient perdu du sommeil de la nuit. Tous les jours de chapitre, qui étaient ceux des fêtes solennelles, ils s'entretenaient ensemble après none; en considération des hôtes religieux, on leur accordait la permission de s'entretenir avec eux, même en particulier. Ils se visitaient les uns les autres avec autorisation; pouvaient travailler ensemble quelquefois et se parler, mais ils reprenaient le silence devant toute personne étrangère à la maison. Aux fêtes de chapitre, ils mangeaient ensemble matin et soir, de même que le jour de la mort d'un religieux, et n'étaient pas obligés ce jour de rester dans leurs cellules, afin de se consoler ensemble de la perte d'un frère. Ils faisaient certaines fois leur cuisine eux-mêmes dans leurs cellules; avec des provisions qu'on renouvelait après qu'elles étaient épuisées. Des jours étaient affectés à la distribution par le cuisinier, qui était aussi économe et sous-procureur, de pain, de vin, d'œufs, de poisson et de fromage. Ils buvaient du vin à tous leurs repas, excepté aux jours d'abstinence. Ils pouvaient observer volontairement trois fois la semaine cette abstinence au pain, à l'eau et au sel, avec l'autorisation du prieur. Ils se faisaient saigner cinq fois l'année, et ces jours-là les repas étaient meilleurs, plus copieux, et on accordait récréation. Les novices qui ne pouvaient pas supporter les austérités et qui voulaient quitter la Chartreuse, ne devaient pas retourner dans le monde; ils étaient obligés d'entrer dans un ordre plus doux. Le prieur, élu par la communauté, n'était pas distingué des autres; il prenait connaissance de toutes choses, rendait visite aux hôtes, recevait les religieux étrangers, et rompait le jeûne de religion avec eux en faveur de l'hospitalité. Chaque chartreuse avait alors deux maisons : l'une en haut, où demeuraient les moines, et l'autre en bas, qui était habitée par les convers. La Grande-Chartreuse est encore ainsi répartie. Le procureur tenait la place du prieur et était son vicaire dans la maison d'en bas, où les religieux pouvaient descendre pour cause de maladie. Le prieur y allait passer une semaine après en avoir demeuré quatre dans la maison d'en haut; et il ne lui était pas permis de franchir les limites de la Chartreuse. Ces limites des terres qu'ils possédaient dans chaque maison devaient en renfermer, d'après une ordonnance qui fut faite au commencement de l'ordre, une surface telle que les chartreux pussent y recueillir, sans jamais les franchir, ce qui était nécessaire à leur subsistance. Il y avait deux sortes de ces limites : les unes appelées les *termes des moines*, les autres les *termes des possessions*. Les termes des moines étaient compris dans un espace qu'on leur désignait pour se récréer et se promener ensemble, soit en présence du prieur, soit en son absence. Cette promenade a retenu le nom de *spatiament*, du mot latin *spatiari*. Les *termes des possessions* étaient les limites qui comprenaient le reste de leurs terres. — Les frères convers avaient une règle à part. Un frère leur faisait la cuisine commune. Il était en outre portier et gardien de l'église, ainsi que de tous les ustensiles et meubles de la maison; si quelqu'un en perdait, celui-ci reconnaissait sa faute en se prosternant contre terre. Il y avait aussi un boulanger, un cordonnier, un maître des bergers, un garde du pont et un autre qui avait inspection sur les terres labourables, les granges et les bœufs. Ceux qui demeuraient à la maison n'avaient du vin qu'une fois le jour, excepté le jeudi et les fêtes solennelles. Les jours ordinaires où les moines jeûnaient, ils faisaient deux repas. Leurs mets ordinaires à dîner ou à souper, quand ils ne mangeaient qu'une fois le jour, étaient des herbes crues, des fruits et des racines. Ils ne se faisaient saigner que quatre fois l'an, et pendant trois jours alors ils avaient du vin deux fois chaque jour. S'ils avaient soif l'après-midi, on leur permettait de boire du vin, bien qu'ils fussent exempts de travail. Depuis le dîner jusqu'à vêpres, ils s'entretenaient de bonnes choses, et ceux qui n'avaient pas été saignés mangeaient comme les autres. Enfin, pendant l'avent et le carême, ils recevaient la discipline toutes les semaines. — Telles étaient les principales observances de la Grande-Chartreuse prescrites par le B. Guigues, et qui ont servi de règle à toutes les maisons de l'ordre. Quant à l'abstinence de la viande, les chartreux s'étaient solennellement engagés, dans le chapitre général qui se tint l'an 1254 en présence de l'archevêque de Tarentaise et de l'évêque de Grenoble, à n'en faire aucun usage, même dans les plus grandes maladies. Les premiers actes des chapitres généraux qui ont été tenus dans l'ordre sont ceux du chapitre que saint Anthelme convoqua l'an 1141. Ils fixaient par maison le nombre des religieux à celui qui avait été déterminé par le B. Guigues pour la Grande-Chartreuse. Ce nombre consistait en treize ou quatorze moines et seize convers. Et attendu la fixation du nombre des religieux de chaque maison, celui des domestiques et des animaux était déterminé pour l'uniformité et la modestie. Ainsi aucune maison de l'ordre ne pouvait avoir plus de vingt domestiques, plus de douze cents brebis et chèvres, sans compter les boucs, plus de douze chiens, plus de trente-deux bœufs et vingt veaux, plus de quarante vaches et plus de six mules. Mais les revenus de la plupart des maisons étant augmentés dans la suite par les terres et les rentes qui leur ont été données ou qu'elles ont acquises, le nombre des religieux, des domestiques et des animaux s'est aussi accru. Du temps du père Hélyot, qui écrivait en 1718, la Grande-Chartreuse renfermait dans ses termes trois maisons unies ensemble, la *Grande-Chartreuse*, la *Correrie* et *Chalais*. Elle était habitée par quarante-cinq moines, autant de frères convers et plus de cent quarante domestiques qui subsistaient de ses revenus, se montant à environ trente mille livres de fixe et six mille livres de casuel, provenant de la vente des bois, des animaux et autres denrées, « ce qui, dit l'historien que nous venons de citer, sans une disposition secrète de la Providence, ne suffirait pas aux grandes dépenses qu'ils sont obligés de faire dans ce saint lieu, non-seulement pour l'entretien des religieux et des domestiques, mais encore pour tous les hôtes qui y viennent tous les jours, et quelquefois en fort grand nombre, auxquels on donne à manger fort honnêtement; ce qui n'empêche pas qu'ils ne fassent de grandes aumônes aux pauvres. » — En 1151 on voit, par quelques coutumes que le général dom Basile ajouta à celles du B. Guigues, qu'il n'y avait encore que quatorze maisons de l'ordre. Mais on en trouve cinquante-six cent dix ans après, quand Bernard de la Tour fit la seconde compilation des statuts, qu'on a appelés les *anciens statuts*, confirmés dans un chapitre général de l'an 1259. Par ces anciens statuts le même nombre des moines et des convers subsistait toujours. Mais on y avait ajouté encore sept autres convers ou *oblats*, que l'on nommait *rendus*, auxquels on ne donnait point le nom de frères. L'un d'eux était clerc et pouvait être élevé au diaconat; mais, s'il voulait être prêtre, il fallait qu'il passât dans un autre ordre. Ces rendus étaient employés à la culture des terres. Ils faisaient un noviciat d'un an et la même profession que les convers, dont ils avaient le même habillement, excepté le clerc, qui avait un capuce carré et une chape noire. Il y eut dans la suite plusieurs clercs parmi eux, et ces clercs purent être promus au sacerdoce et devenir moines. Dans ce dernier cas, on bénissait leur habit, mais non pas leur personne, qui avait reçu la bénédiction à la première profession. Il y avait encore des *donnés* et des *prébendaires;* les uns et les autres étaient séculiers et furent supprimés dans la suite, ainsi que les rendus. — D'après de nouveaux statuts en 1368, par Guillaume Raynaldi, l'usage était de dire des messes sèches, c'est-à-dire sans offrir le sacrifice, lorsqu'il y avait deux messes assignées pour le même jour, comme il arrive en carême aux fêtes avec jeûne; mais plus tard les chartreux se sont contentés de dire dans leur cellule une messe de la Vierge, ne récitant ainsi que le texte de la messe qui commence par ces mots : *Salve, sancta parens.* — Après la mort de Grégoire XI en 1378, le schisme qui troubla l'Eglise divisa aussi les chartreux. Les Italiens et les Allemands, qui prenaient parti pour Urbain VI et son successeur Boniface IX, tinrent successivement leurs chapitres généraux à Rome, à Maurbac près de Vienne en Autriche, ainsi que dans d'autres lieux, et avaient leur général particulier, de même que les Français, les Espagnols et ceux de leur union qui avaient reconnu Clément VII pour chef de l'Eglise, étaient aux ordres d'un général de leur choix et célébraient leurs chapitres généraux à la Grande-Chartreuse. Enfin, en 1410, par la déposition au concile de Pise de Grégoire XII et de Benoît XIII, Alexandre V étant assis sur la chaire de Saint-Pierre, tous les chartreux se réunirent pour le reconnaître souverain pontife. Les deux généraux des deux partis dissidents renoncèrent chacun à leur office, et l'on élut pour général dom Jean de Griffomont, Saxon, prieur de la Chartreuse de Paris. L'union, par ce moyen, fut rétablie et consolidée. *Une troisième compilation* des statuts fut encore faite en 1509. Ils ne contiennent de remarquable que les prescriptions suivantes : Dans les pays où il n'y avait point de vignes, les convers devaient se contenter de bière et ne boire du vin qu'aux grandes fêtes. Les religieux pourraient dormir dans leurs lits. Ceci ne veut point dire qu'ils ne faisaient point usage de leurs lits, puisqu'ils en avaient, mais qu'il leur était loisible de s'y remettre après matines, ce que les coutumes de Guigues défendaient, puisque dans chaque cellule il y avait de grands bancs à cet effet; mais le temps du sommeil ayant été considérablement interrompu dans la suite par les matines, cet usage fut retranché à cause de la rigueur du froid, l'hiver surtout. Enfin il y eut encore une autre compilation en 1572 pour analyser et réunir les coutumes de Guigues et des statuts subséquents, de manière à ce qu'il fût facile de les rechercher et de les garder dans la mémoire. A ce propos, des religieux voulurent, par le crédit des séculiers, obtenir du chapitre général quelques dispenses des austérités de leurs pratiques; mais leurs efforts furent vains, quoiqu'ils eussent causé le retard de la publication de ces règlements jusqu'en 1581, où ils parurent sous le titre de *Nouvelle Collection des statuts*, qui furent enfin les derniers. Ils prescrivirent des veilles plus austères qu'auparavant, en faisant lever les religieux avant minuit pour matines. Ils retournent ensuite au lit, mais ne peuvent plus dormir dans le jour. Les autres changements ou additions à ces statuts sont insignifiants. — Mais il y a encore parmi les chartreux d'anciennes pratiques dignes de remarque au sujet de l'office divin. Ils ne peuvent entrer au chœur pour la messe quand l'Evangile est commencé. Pour les fautes commises au chœur, ils prennent le *Veniam* ou pardon à deux genoux. Si l'on a commencé le *Gloria Patri* du premier psaume du premier nocturne des matines et des autres offices, ils ne peuvent plus entrer à l'office sans la permission du président. Si l'on sort au dernier psaume du second nocturne, et que l'on tarde si longtemps qu'on n'assiste ni aux *Preces* ni à l'*Exultabunt*, ou si les jours de douze leçons on sort aux cantiques, on ne peut assister à laudes, à moins qu'on ne rentre avant le *Gloria Patri* du premier psaume de laudes. Nous croyons devoir signaler ces minutieux règlements, afin de donner une idée de l'ordre et de l'importance qu'on exige dans les moindres actes de ces religieux pour les faire atteindre à la plus grande perfection humaine. — On peut regarder le bref accordé par Urbain II à Siguin, abbé de la Chaise-Dieu, pour remettre les premiers disciples de saint Bruno en possession de la Grande-Chartreuse à leur retour de Rome, comme la première confirmation que cet ordre a reçue du saint-siége. Une plus authentique fut accordée à Guigues II, neuvième général, par une bulle d'Alexandre III datée du 17 septembre 1170. Ce pontife mit aussi les chartreux sous la protection du saint-siége, ce qui les fit jouir des priviléges dont furent favorisés les ordres de Cluny et de Cîteaux. Martin V les exempta de payer les dîmes des terres qui leur appartenaient; et Jules II, en 1508, ordonna que toutes les maisons de l'ordre, en quelque contrée qu'elles fussent situées, obéiraient au prieur de la Grande-Chartreuse et au chapitre général.

Chartreux.

L'habillement des religieux consiste en une robe de drap blanc, serrée par une ceinture de cuir blanc ou de corde de chanvre, avec une petite cuculle à laquelle est attaché un capuce aussi de drap blanc au chœur, et, quand ils paraissent en public, ils mettent une cuculle plus grande qui descend jusqu'à terre, à laquelle est aussi attaché un capuce; aux côtés de cette cuculle il y a des bandes assez larges. Lorsqu'ils sortent, ils portent des chapes noires avec un capuce de même couleur attaché à une mozette ronde par devant et se terminant en pointe par derrière. Ils portent continuellement le cilice et un lombard ou ceinture de corde sur la chair nue. L'usage du linge leur est interdit. Ils n'ont pour chemise que des tuniques de serge, couchent sur des paillasses, et les draps de leurs lits sont de laine. Les convers ont aussi une robe blanche et longue; portent, quand ils sortent, une chape grise, et laissent croître leur barbe. Ils sont ceints aussi du lombard, et ne font point usage du linge. Une des particularités de la formule des vœux de ces convers anciennement était dans les paroles suivantes : *Que si j'étais assez hardi de m'en aller et de m'enfuir de ce lieu, les serviteurs de Dieu, qui s'y trouveront, pourront de leur plein droit et autorité me rechercher et me contraindre par force et par violence de retourner à leur service.* Il est probable que de nos jours et avec nos lois cette formule a été modifiée. Cet ordre a donné à l'Eglise plusieurs saints, dont les principaux sont : saint Hugues, évêque de Lincoln; saint Anthelme, évêque du Belley; saint Etienne et les bienheureux Ulric et Didier, tous trois évêques de Dié. Il a eu quatre cardinaux, dont trois de ses généraux ont en outre refusé le chapeau. Il a fourni plus de quatre-vingts archevêques ou évêques. Des prélats ont en retour quitté leurs siéges pour entrer dans son sein. Parmi les écrivains célèbres qu'il a produits, le plus distingué est Denis Rike, communément nommé Denis le Chartreux, ou le Docteur extatique. — On a compté cent soixante-douze chartreuses, dont cinq de filles, et soixante-quinze en France. Quelques-unes d'entre elles étaient d'une grande magnificence, particulièrement celles de Pavie, de Gaillon en Normandie, de Nancy, encore aujourd'hui habitée; celle de Naples, qui surpassait les autres en ornements et en richesses. Pour en donner une idée, il suffit de dire que dans cette maison, entièrement construite de marbre et de jaspe, il a été employé sous un seul prieur plus de cinq cent mille écus en peintures, dorures, sculptures et argenteries. La Grande-Chartreuse de France, sévère comme la nature qui l'environne, restreinte un peu actuellement dans ses dépendances, contenait autrefois dans ses termes trois lieues de circuit. Elle a été six fois la proie des flammes depuis le XIV^e^ siècle jusqu'à 1676, où a eu lieu le dernier incendie. Quand la tempête révolutionnaire souffla sur les communautés religieuses et les emporta de notre terre de France, il est consolant de songer qu'au souvenir des grands services que les ordres travailleurs avaient rendus à l'agriculture, et des immenses soulagements que les aumônes versaient dans le sein des classes pauvres de tous les cantons où ils étaient établis, la reconnaissance et le respect des populations élevèrent généralement la voix vers les districts pour faire rayer de la liste de proscription les chartreux et les trappistes. Ils s'exilèrent néanmoins, emportant l'estime de leurs plus ardents détracteurs eux-mêmes, et accompagnés des regrets publics. Mais à peine le concordat eut-il été promulgué, qu'on les vit, en 1803 et 1804, revenir avec empressement relever les ruines de leurs cloîtres abandonnés, rendre à la fertilité les terrains à qui seule leur persévérance avait la puissance de commander de produire, et se livrer à de nouveaux défrichements sous le regard tolérant du gouvernement impérial, qui avait compris leur utilité, et savait bien n'avoir rien à craindre de leur modération. La Chartreuse de Nancy se repeupla en même temps que la Grande-Chartreuse, où l'on compte environ cent quatre-vingts religieux, dont quarante à cinquante pères, dans les bâtiments de la maison d'en haut, qui ont subi quelques modifications par suite de réparations faites aux anciennes constructions tombées en délabrement pendant leur abandon. Toutes les cellules des religieux sont dans le grand cloître, et à une distance égale les unes des autres. Dans chacune se trouvent les commodités nécessaires à un homme entièrement séquestré du monde : chambre à cheminée, chambre à coucher, cabinet d'étude, réfectoire, galerie, garde-robe, grenier et jardin. Les uns travaillent à leur jardin, les autres à des ouvrages de menuiserie, de sculpture, de tour, ou autres semblables. Ils sont approvisionnés de toutes sortes d'outils et des livres propres à leur genre de travail ou d'étude. Ils ne quittent leurs cellules que pour aller au chœur trois fois par jour, à matines, à la grand'messe et à vêpres. Hors ce temps, ils demeurent enfermés et prennent chez eux leur repas, qu'on leur passe par une ouverture pratiquée en dehors, et cela sans interrompre leur silence. Les jours de fête, ils vont dire au chœur toutes les heures de l'office, et mangent ensemble au réfectoire commun. Non-seulement l'entrée de leur clôture, mais celle de leur église et même de la cour, est interdite aux femmes : autrefois ils n'exceptaient aucune personne de ce sexe, et l'an 1418 le chapitre général imposa une rigoureuse pénitence à un prieur de Paris, pour avoir laissé entrer la reine dans sa maison. — L'hospitalité la plus délicate et la plus honorable est continuellement exercée dans la Grande-Chartreuse envers les nombreux visiteurs de tous rangs qui y affluent. Au milieu de ces pieux cénobites placés entre le ciel et la terre, et contemplant autour de soi cette nature imposante travaillée par les mains de leurs devanciers ; en promenant ses regards sur cette vallée fertile qu'arrose, dans son cours régularisé, le torrent dont les eaux desservent des usines hardiment établies sur ses bords, l'homme du monde s'étonne et admire, le chrétien s'édifie, l'économiste applaudit, l'artiste trouve pour ses crayons de sévères et gracieux paysages ; enfin le poëte religieux, dans une sublime inspiration, s'écrie avec Lamartine :

Jéhova de la terre a consacré les cimes ;
Elles sont de ses pas le divin marchepied :
C'est là, qu'environné de ses foudres sublimes,
Il vole, il descend, il s'assied.

. . . . . . . . . . . . . . . .
. . . . . . . . . . . . . . . .

Paisibles habitants de ces saintes retraites,
Comme au pied de ces monts où priait Israël,
Dans le calme des nuits, des hauteurs où vous êtes,
N'entendez-vous donc rien du ciel ?

Ne voyez-vous jamais les divines phalanges
Sur vos dômes sacrés descendre et se pencher ?
N'entendez-vous jamais des doux concerts des anges
Retentir l'écho du rocher.

Quoi ! l'âme en vain regarde, aspire, implore, écoute ;
Entre le ciel et nous est-il un mur d'airain ?
Vos yeux, toujours levés vers la céleste voûte,
Vos yeux sont-ils levés en vain ?

**CHARTREUX**, s. m. (*hist. nat.*), chat dont le poil est d'un gris bleuâtre. On dit aussi, adjectivement, un *chat chartreux*.

**CHARTREUX** (*botan.*), champignon du genre agaric, qui croît dans nos environs, et dont les qualités sont suspectes. Paulet (*Traité*, vol. II) le prend pour le *velucati* de Vaillant et l'*agaricus lecophaeus* de Scopoli. Cette plante est d'un gris semblable à celui des chats qu'on nomme chartreux, couleur qui lui est donnée par de petits poils noirs, ou écailles, serrés sur un fond blanc, qui rendent sa surface velue. C'est ce que Vaillant a voulu exprimer par *velucati*.

**CHARTRIER**, *tabularium*, trésor, lieu où l'on gardait les chartres d'une abbaye, d'une communauté, d'une seigneurie, etc. Les églises avaient leurs chartriers, dont la garde était confiée à des clercs qu'on appelait *cartularii*, *scriniarii*, *cartophylaces*. C'est des chartriers des églises qu'on a tiré en Italie des actes écrits sur le papier d'Egypte depuis le milieu du Ve siècle jusqu'au VIIe ; en France, un grand nombre de diplômes de nos rois de la première et de la seconde race ; en Angleterre, les anciennes chartes originales des rois saxons et anglais (*V.* le *Nouveau Traité de diplomatique ; V.* aussi CHARTE, DIPLOME, DIPLOMATIQUE).

**CHARTRIER**, garde du trésor des chartres, *custos tabularii*, *cartularius*, *cartophylax*, *scriniarius*.

**CHARTRIER** (*vieux mot*), triste, malade, incommodé ; geôlier, prison, prisonnier ; de *carcerarius*.

**CHARTRIME** (*vieux mot*), celui qui tient registre de quelque chose.

**CHARTRIN, CHARETENIER, CHARTRENIER, CHARTRIER** (*vieux mot*), geôlier, prisonnier ; du latin *carcerarius*.

**CHARTRON** (*vieux mot*), petite layette en forme de tiroir qu'on fait au haut d'un des deux côtés d'un coffre.

**CHARTROUSSAIN, CHARTRUSSIN** (*vieux mot*), un chartreux, *carthusianus* ; et, suivant Borel, de *carcer*, parce que ces religieux ne sortaient jamais. Il est plus probable que ce nom vient de *Catorissium*, *Caturissium*, lieu où ils s'établirent pour la première fois ; en français, *Chatrouse*, d'où l'on a fait *chartreuse*.

**CHARTULAIRE**, s. m. (*hist.*), volume où étaient transcrites ou recueillies les principales chartes d'une abbaye, d'une seigneurie. — Officier préposé à la garde des chartes, des papiers concernant le public. — Celui qui présidait aux jugements ecclésiastiques, au lieu du pape, et qui gardait les chartes de l'Eglise (*V.* CARTULAIRE). — Quant au *cartulaire de Constantinople*, *V.* CHARTOPHYLAX.

**CHARUA** (*botan.*). Ce nom arabe est donné, suivant Forskaël, à son *ricinus medicus*, qui est, selon Delile, le même que le ricin ordinaire, *ricinus communis*, et que celui-ci nomme *kharoua*. Il est encore indiqué dans la Flore d'Orient de Rauvolf, qui le nomme *cerua* et *kerua*. Les noms *keraii* et *karagusju* lui sont donnés dans la Perse, suivant Kaempfer. C'est peut-être aussi la plante que Pernetti, dans son voyage aux îles Malouines, a vue à Buénos-Ayres, et dont il parle sous le nom de *charrua*, sans autre désignation.

**CHARUAGE** (*vieux mot*), voiturage, action d'amener en charrette.

**CHARUB** (*botan.*), nom arabe du *ceratonia*, d'où est dérivé son nom français *caroubier*.

**CHARUECA** (*botan.*), nom espagnol du letisque, suivant Mentzel.

**CHARUL** (*botan.*). Suivant Rauvolf, ce nom a été anciennement donné, dans le Levant, au *paliurus*.

**CHARUMFEL** (*botan.*). Granger, qui voyageait dans le Levant vers 1756, avait envoyé au jardin du roi, sous ce nom arabe, des graines d'une espèce de basilic du Levant, à odeur et saveur d'œillet. Elles levèrent dans le temps et produisirent une plante qui ne subsiste plus au jardin, et dont le caractère spécifique ne fut pas constaté. Il faut observer que le girofle, qui a l'odeur d'œillet, est aussi nommé en arabe *charumfel* ou *carumfel*.

**CHARUS**, lieutenant d'Alexandre. Il fut un de ceux que ce prince chargea d'attaquer le rocher d'Aorne.

**CHARVATAR**, s. m. (*comm.*). C'est en Perse, et particulièrement à Bender, à Congo, ce qu'on appelle en France un *douanier* ou un *barager*. Cet officier lève un droit sur les denrées qui entrent, et ce droit est proportionnel au poids. Les personnes mêmes n'en sont pas exemptes ; elles sont estimées les unes dans les autres à trente-trois marcs, du poids de six livres, c'est-à-dire à cent quatre-vingt-dix-huit livres. Or le marc de six livres est de huit gazes, et les huit gazes de quatre sous; d'où il est facile d'avoir en sous ce que chaque personne paye d'entrée.

**CHARY** (*géogr.*), rivière du Takrour, découverte par le major Denham, qui, dans sa relation, n'en a pas déterminé suffisamment le cours. Elle aboutit au lac Tchad, sur la côte méridionale, par plusieurs embouchures; mais on ignore si elle y afflue après être descendue des montagnes, ou si elle lui sert d'écoulement. Ce dernier fait est généralement admis par les indigènes, ce qui porte à croire que la Tchadda, reconnue par Lilander pour être un des affluents du Niger ou Kouara, est sa partie inférieure. Toutefois cette question est encore un des problèmes de géographie africaine. Le Chary est large, rempli d'îles, très-poissonneux, et nourrit des hippopotames et des crocodiles.

**CHAS.** Il se disait autrefois de l'intervalle entre deux poutres ou d'une travée.

**CHAS** ou **CHAS-CHATIAU** (*anc. term. milit.*) (*V.* CHAT-CHATEIL).

**CHAS**, s. m. (*art mécan.*). Ce terme a plusieurs acceptions très-différentes ; c'est, chez les amidonniers, une expression du grain amolli dans l'eau sous la forme d'une colle ; chez les aiguilliers, c'est la partie ouverte de l'aiguille; et chez les tisserands, c'est l'expression de grain des amidonniers mise en colle, et employée à coller les fils de la chaîne, afin de leur donner un peu moins de flexibilité.

**CHAS** (*construct.*), plaque de métal de forme carrée, percée d'un trou par lequel passe le fil auquel on passe le plomb. Chacun des côtés du chas a la même dimension que le diamètre du plomb.

**CHAS**, compilateur infatigable, était né vers 1750 à Nîmes. En terminant ses études, il fut admis chez les jésuites; mais la suppression de la société ne lui permit pas de prononcer ses vœux. Il se fit avocat à Paris. A dater de 1784, il publia chaque année des brochures et des compilations médiocres. Plus tard, il concourut à la rédaction de divers journaux royalistes. Pendant la terreur, il se condamna prudemment au silence. Après le 18 brumaire, il fit imprimer la *Mort de Robespierre*, drame en trois actes, attribué mal à propos par quelques auteurs à Sérieys. Chas se déclara, dans un grand nombre de brochures, en faveur du nouveau gouvernement; mais changeant d'opinion avec les circonstances, après avoir, en 1803, comparé Bonaparte à Charlemagne, il ne vit plus, en 1817, dans l'ex-empereur que le singe de Cromwell. Quoique laborieux, il n'avait pu faire d'économies pour sa vieillesse; et, dans les dernières années de sa vie, on le voyait au Palais-Royal solliciter la pitié des passants. Il est mort vers 1830, si complétement oublié qu'aucun journal ne lui a consacré un souvenir. Il serait trop long et fort inutile de donner ici la liste de ses ouvrages.

**CHASAB** (*botan.*), nom arabe de l'*acorus calamus*, suivant Mentzel.

**CHASÆRET** (*V.* CHASS).

**CHASAL** (*vieux mot*), masure, ferme, métairie, maison en ruine.

**CHASALLIA** ou **CHASSALIA** (*botan.*). Ce genre, établi par Commerson sur une seule espèce, ne paraît pas devoir être séparé des *pœdaria* (*V.* PÉDÉRIE). Les rameaux du chasallia sont glabres, ligneux, articulés, garnis de feuilles opposées, lancéolées, glabres, coriaces, acuminées, rétrécies à leur base en pétioles connivents; les stipules aiguës, fort petites; les fleurs pédicellées, disposées en grappes droites, terminales, à ramifications courtes et opposées; les pédoncules et les pédicelles comprimés; les calices glabres, à cinq dents; la corolle tubulée, à cinq découpures courtes et droites. Le fruit paraît être une baie ovale, s'ouvrant à son sommet. Cette plante croît à l'île de France, où elle a été découverte par Commerson.

**CHASCAÑON** (*botan.*), un des noms grecs de la bardane, *lappa*, suivant Mentzel.

**CHASCEOR**, **CHASCIERE** (*vieux mots*), cheval de chasse et chasseur.

**CHASE**, **CHASSIER** (*vieux mots*), celui qui tient un fief, une maison.

**CHASEMENT**, s. m. (*vieux lang.*), habitation, demeure.

**CHASEMENT** ou **CHASSEMENT** (*anc. législ.*), jouissance d'un héritage accordé à une personne, pour la durée de sa vie, à la charge d'une redevance annuelle en argent, sous quelque autre réserve.

**CHASERET**, s. m. (*écon. rust.*), petit châssis à fromage.

**CHASI-ATTRALEB**, **GASI-ALCHALEB** (*botan.*), noms arabes du *satyrion* des Grecs et de Daléchamps, qui est la dent-de-chien, *erythronium dens canis*.

**CHASIDA** (*hist. nat.*). La cigogne, *ardea ciconia* Linn., porte, en hébreu et en persan, ce nom, qui s'écrit aussi *hasida*, et qui, suivant Gesner, est également donné, dans la première de ces langues, à la huppe, *upupa epops* Linn.

**CHASIDÆENS** ou **ASIDÆENS**, Juifs ainsi appelés pour le zèle avec lequel ils observaient la loi de Dieu qu'ils avaient pris l'engagement volontaire de suivre dans toute sa rigueur. Ils formaient une secte vaillante de Judée, qui après le rétablissement du temple de Jérusalem au retour de la captivité de Babylone, s'était imposé, outre l'obéissance aux prescriptions de la loi, toutes les pratiques rigides que la tradition leur avait appris avoir été mises en usage par leurs ancêtres. En considération du haut degré de sainteté auquel ils aspiraient, on les appela *Chasidim*, c'est-à-dire pieux. Ils se faisaient remarquer par leur valeur au combat, et se joignirent à Mattathias et à ses compagnons dans leur retraite de Jérusalem au milieu des montagnes et des déserts de la Palestine pour échapper à la persécution d'Antiochus. Les Chasidæens plaçaient au premier rang de leurs devoirs de piété, de combattre courageusement et, jusqu'à la mort pour la défense du culte et du temple du vrai Dieu, profané dans ces temps malheureux par les sacriléges des idolâtres. Ils firent sous les ordres de Mattathias des prodiges de valeur pour purger leur patrie des oppresseurs qui la désolaient et pour rendre la religion de leurs pères à sa première pureté.

**CHASIDIM** (*hist. relig.*), membre d'une secte juive fondée au XVIIIe siècle, en Ukraine, par un rabbin nommé Israël, qui se disait exorciste, et qui prit le nom de *Balshem* ou de *Possesseur de Dieu*. Il condamnait toute instruction, et recommandait à ses disciples des pratiques immorales, qu'il leur présentait comme un moyen de s'unir intimement avec Dieu.

**CHASIER**, s. m. (*vieux lang.*), espèce de forme pour le fromage.

**CHASJIR** (*botan.*). Forskaël dit qu'on donne en Egypte ce nom à l'échinope, *echinops sphærocephalus*, nommé aussi *sjokedsjemmel*, c'est-à-dire chardon du chameau, parce que le chameau le mange volontiers, quoiqu'il soit très-épineux. Delile, parlant de l'*echinops spinosus*, le désigne sous le nom de *khachyr* et sous celui de *chouk-el-gemel*, dont il donne la même traduction. Forskaël a produit encore ailleurs l'échinope sous le nom arabe de *djirdama*.

**CHASLES**, **CHALES** ou **CHALLES** (GRÉGOIRE ou ROBERT DE) naquit à Paris le 17 août 1659, et devint écrivain dans la marine. Il visita successivement les Indes, la Turquie et le Canada. Dans ces deux dernières contrées, il fut fait prisonnier. De retour à Paris, son humeur satirique, que développait encore l'amour excessif des plaisirs de la table, le fit bannir de cette ville et reléguer à Chartres, où il mourut. On a de lui: 1° *les Illustres Françaises*, Paris, 1725, in-12, 3 vol.; 1739, 1748, 1750, in-12, 4 vol. Ce sont diverses histoires ou nouvelles assez intéressantes, mais écrites d'un style fort négligé. On n'a pas manqué de prétendre qu'il avait été le héros de quelques-unes : elles fournirent à Collé le sujet de *Dupuis et Desronais*; 2° *Journal du voyage fait aux Indes orientales par l'escadre de Duquesne*, en 1690 et 91, la Haye (Paris), 1721, in-12, 3 vol.; 3° la *Traduction du sixième volume de l'histoire de Don Quichotte*, Paris 1713, in-12. Ce volume fut, comme les précédents, attribué à Filleau de Saint-Martin, mais de Chasles le réclama.

**CHASLES** (FRANÇOIS-JACQUES), avocat au parlement de Paris, au commencement du XVIIIe siècle, a laissé un *Dictionnaire universel chronologique et historique de justice, police et finances, distribué par ordre de matières, contenant l'indication des édits, déclarations, lettres patentes et arrêts du conseil d'Etat, rendus depuis l'an 1600, jusques et y compris* 1720, Paris, 1725, 3 vol. in-fol.

**CHASLES** (PIERRE-JACQUES-MICHEL) naquit à Chartres en 1753. Après avoir fait à Paris d'excellentes études, il obtint une place de professeur de rhétorique dans sa ville natale. Quelque temps après, il fut nommé chanoine à Tours. C'est alors qu'éclata la révolution française. Chasles se précipita avec ardeur dans le parti révolutionnaire, et revint à Chartres où il fit paraître, sous le nom de *Correspondant d'Eure-et-Loir*, un journal patriotique. Nommé maire de Nogent-le-Rotrou, il fut enfin député par son département à la convention nationale. Il prit place parmi les montagnards, et vota la mort de Louis XVI sans appel et sans sursis, après avoir demandé qu'on n'accordât au malheureux roi ni conseils ni défenseurs. Chasles, adversaire constant des girondins, participa de tout son pouvoir à la révolution du 31 mai. Nommé commissaire du gouvernement près l'armée du Nord (1793), il fut gravement blessé à la jambe sous les murs de Warwick. Une accusation fut alors portée contre lui par un grand nombre de citoyens de Lille. Il fut rappelé, comparut devant l'assemblée (1794), et parvint à se justifier des excès qu'on lui reprochait. Nous le voyons paraître à la tribune pour combattre le projet sur les lois organiques présenté par Fréron, et la loi de la grande police de Siéyès. Bientôt éclate contre la convention une conspiration jacobine. Chasles, qui s'est toujours fait remarquer parmi les plus exaltés, est accusé d'y avoir pris part et décrété d'accusation. Il est arrêté et enfermé au château de Ham. La loi d'amnistie du 4 brumaire an IV vient mettre fin à sa captivité. Il obtient un brevet de colonel et une place aux Invalides. La loi qui exile les anciens conventionnels à 20 lieues de Paris, le force à s'éloigner de la capitale. Chasles disparaît dès lors et pour toujours de la scène politique, et meurt dans la retraite le 22 juin 1826. — Le seul ouvrage qu'on ait de lui a paru à Chartres en 1785, sous le titre de *Timante* ou *Portrait fidèle de la plupart des écrivains du* XVIII^e *siècle*.

A. ISAMBERT.

**CHASLON** (*hist. sacr.*), un des anciens du peuple d'Israël, chargé par Josué de faire le partage de la terre sainte.

**CHASLHUIM**, fils de Misraïm et petit-fils de Cham.

**CHASMARHYNQUE**, s. m. (*hist. nat.*), genre d'oiseaux.

**CHASMATE** (*anc. term. milit.*), casemate : c'est ainsi que Rabelais écrit ce mot. — Ce même auteur l'emploie encore pour abîme, ouverture qui se fait subitement dans la terre.

**CHASMATOPHYTE**, s. m. (*botan.*), plante en forme de gueule.

**CHASNADAR-AGASI** (*hist. mod.*), eunuque qui garde le trésor de la validé ou sultane mère du grand seigneur, et qui commande aux domestiques de sa chambre. Et comme les trésors ne sont pas moins recherchés en Turquie que dans les autres cours, celui qui en est le dépositaire est en grande faveur auprès de la sultane mère, et peut beaucoup par son moyen, soit pour son avancement, soit pour l'avancement de ceux qu'il protége. — CHASNADAR BACHI, ou, comme d'autres l'écrivent, HASNA DAR BACHI (*hist. mod.*), est, en Turquie, le grand trésorier du sérail, qui commande aux pages du trésor. *Azena* ou *hasna* signifie *trésor*, et *baschi* signifie chef. Il est différent du tefterdar ou grand trésorier, qui a le maniement des deniers publics et du trésor de l'Etat, et n'est chargé que du trésor particulier du grand seigneur, qu'on garde dans divers appartements du sérail, sur la porte de chacun desquels est écrit le nom du sultan qui l'a amassé par son économie. Ce sont des fonds particuliers, tels que ceux qu'on appelle en France la *cassette*. La chambre du trésor est la seconde du sérail du grand seigneur. La première, qui se nomme la *grand'chambre*, est celle des favoris de sa hautesse. La chambre du trésor, à la tête de laquelle est le chasnadarbachi, est composée de deux cent soixante officiers, qui sont gouvernés par un eunuque blanc, qui est nommé *odà baschi*, chef ou lieutenant de la chambre. — Ils sont formés dans tous les exercices d'usage à la Porte ottomane, et peuvent arriver à la grand'chambre, quand il se trouve quelque place vacante, ou on leur donne d'autres emplois conformes à la faveur de ceux qui les conduisent.

**CHASOT DE NANTIGNY** (LOUIS), né au mois d'août 1692 à Saulx le Duc en Bourgogne, vint de bonne heure à Paris, et s'y consacra à l'éducation de quelques jeunes seigneurs. Ces fonctions honorables augmentèrent son amour pour l'étude. Il s'adonna particulièrement à celle de l'histoire et aux pénibles recherches qu'exige la science des généalogies. Ses ouvrages sont recommandables par l'exactitude des détails, par une méthode claire et précise. C'est à lui qu'appartient toute la partie généalogique des suppléments de Moréri. Dans sa vieillesse il devint aveugle, et mourut le 29 décembre 1755. On a de lui : 1° *Tablettes géographiques*, Paris, 1725, in-12; 2° *Généalogies historiques des anciens patriarches, rois, empereurs et de toutes les maisons souveraines, jusqu'à présent*, Paris, 1736-1738, 4 vol. in-4°; ce grand ouvrage n'est point achevé; 3° *Tablettes historiques, généalogiques et chronologiques*, Paris, 1749-1757, 8 vol. in-24; 4° *Tables généalogiques de la maison de France et de celles qui en sont sorties*, in-4°; c'est un extrait de ses *Généalogies historiques*; 5° *Tablettes de Thémis*, 1755, 2 vol. in-24; 6° *Abrégé de la généalogie des vicomtes de Lomagne, avec une dissertation sur la branche de Candale*, Paris, 1757, in-12.

**CHASPHONA** ou **CASBONA** (*géogr. sacr.*), ville de la Palestine ou pays de Galaad.

**CHASPIA** (hébr., *argent, cupidité*), nom de lieu. C'est peut-être le mont Caspie, vers la mer Caspienne, entre la Médie et l'Hyrcanie (I. *Esdr.*, VIII, 17).

**CHASS** (*botan.*), nom arabe et égyptien de la laitue cultivée, suivant Forskaël. Le *chass-asfar* en est une variété verte, et le *chass-ahmar* une variété rouge. La laitue est nommée *chasœrel* par Mentzel.

**CHASSABLE**, adj. des deux genres (*vieux lang.*), bon à chasser.

**CHASSAGNE**, s. m. (*comm.*), sorte de vin de Bourgogne.

**CHASSA-GOMBA** (*géogr.*), ville du Boutan, résidence du lama de Phari.

**CHASSAGNE** (IGNACE-VINCENT-GUILLOT DE LA), fils d'un professeur en médecine à l'université de Besançon, naquit en cette ville au commencement du XVIII^e siècle. Il a composé quelques romans oubliés, quoiqu'ils ne soient peut-être pas inférieurs à la plupart de ceux qu'on imprime aujourd'hui. S'ils ne brillent pas du côté de l'invention, ils sont du moins assez purement écrits, et le bon sens et les mœurs y sont toujours respectés. En voici les titres : 1° *le Chevalier des Essars et la Comtesse de Bercy, histoire remplie d'événements intéressants*, Paris, 1735, 2 vol. in-12, réimprimée la même année à Amsterdam, 2 vol. in-12; 2° *Histoire du chevalier de l'Etoile, contenant l'histoire secrète et galante de mademoiselle de M... avec du...*, Amsterdam, 1740, in-12; 3° *les Amours traversés, histoires intéressantes dans lesquelles la vertu ne brille pas moins que la galanterie*, la Haye (Paris), 1741, in-12; 4° *Mémoires d'une fille de qualité qui s'est retirée du monde*, Paris, 1742, in-12; nouvelle édition, Paris, 1755, in-12; 5° *la Bergère russienne*, 1745, in-12. De la Chassagne est mort à Paris vers 1750, dans un âge peu avancé.

**CHASSAIGNE** (LA), *Cassania*, abbaye de l'ordre de Cîteaux, située dans la Bresse, au diocèse de Lyon. Elle était fille de Saint-Sulpice de Bellay, et fut fondée par Etienne de Villars, vers l'an 1165. Elle comptait parmi ses bienfaiteurs les seigneurs de la Palu et Roger, comte de Carcassonne et vicomte de Beziers, qui y fut enterré (*Gallia christ.*, t. IV).

**CHASSAIGNE** (ANTOINE DE LA), docteur de Sorbonne en 1710, ensuite directeur du séminaire des Missions-Etrangères, naquit à Châteaudun dans le diocèse de Chartres, et mourut en 1760 à soixante-dix-huit ans. Il joignit à des mœurs très-pures un savoir étendu; son attachement au jansénisme lui attribua bien des peines. On a de lui la *Vie de Nicolas Pavillon*, évêque d'Aleth, 3 vol. in-12, ouvrage diffus, écrit avec négligence. Il est divisé en deux parties, dont Chassaigne n'a fait que la deuxième, qui traite des affaires du jansénisme et de la régale; la première partie est de Lefèvre Saint-Marc, qui l'a rédigée sur des mémoires fournis par Duvaucel, théologal du chapitre d'Aleth.

**CHASSAIGNON** (JEAN-MARIE), auteur de quelques ouvrages singuliers, était né vers 1736, à Lyon, d'une famille ancienne dans le commerce d'épicerie. Sa supériorité sur tous ses condisciples et les succès brillants qu'il obtint dans ses classes exaltèrent sa vanité naturelle au point que sa raison en fut altérée. Il s'échappe, une nuit, de la maison paternelle, part pour Genève à pied, et se présente, un pistolet à la main, dans une auberge isolée, dont le maître, le croyant un voleur, le fait arrêter. Son père, désolé de son évasion, le découvre dans sa prison et le fait rendre à la liberté. N'ayant pu le déterminer à revenir à Lyon, il le dépose dans un couvent voisin, en le recommandant à l'humanité des religieux. Une nuit, Chassaignon trace, dans une *épître* au Vanini de Ferney, un plan d'insurrection contre les dogmes catholiques; mais à peine était-elle écrite, qu'il tombe frappé d'un coup de sang. Il croit reconnaître, dans cet accident, la main de Dieu qui s'appesantit sur lui, et il met en pièces l'infernale épître qu'il tenait dans ses mains comme un charbon brûlant. Le souvenir de cette nuit effrayante le jeta dans un délire mystique. Il écrit sa confession, et la dépose sous un arbre, qu'il arrose de ses pleurs. En vain son directeur tente de le ramener aux règles communes de la piété, sa tête s'égare de plus en plus; son imagination lui représente tantôt les supplices de l'enfer, tantôt les béatitudes du ciel, et il se persuade qu'il a vu réellement ce qu'il a rêvé. Pour échapper aux idées qui l'obsèdent, il entreprend un pèlerinage. Vêtu d'un mauvais habit, un bâton noueux à la main, il s'échappe du couvent où son père l'avait laissé. Il s'éloigne des routes communes et des auberges commodes; lorsqu'il a soif, il se désaltère dans les ruisseaux, et il n'a, pour apaiser sa faim, que le pain que lui accorde la pitié. Après un mois de fatigues et d'abstinence, il arrive à Châtillon-sur-Seine, où le hasard lui fait rencontrer un jésuite de sa connaissance, qui s'empresse de lui offrir un asile. Bientôt sa pieuse misanthropie le conduit à l'abbaye du Val des Choux. Le prieur lui propose d'y rester; il répond : « Une sainte oisiveté m'est interdite, et ce qui est vertu pour vous dégénérerait pour moi en forfaiture. » Cependant la tête de Chassaignon finit par se calmer. Résolu d'embrasser l'état ecclésiastique, il se rend à Paris avec le consentement de son père, et se fait recevoir au séminaire de Saint-Sulpice, d'où il part quelques mois après pour suivre les cours de théologie de l'école des dominicains. Mécontent de ses professeurs et plus encore de la discipline de ses élèves, il renonce à la théologie et à l'état ecclésiastique. « Je me tiendrai, dit-il, à la porte du temple; j'y taillerai le caillou du solitaire de Chalcide. » Il revient à Lyon, et, se croyant revêtu du sacerdoce de la haute censure, il va dans les églises épier la conduite des ministres de la religion. Ayant surpris en faute deux prêtres et un magistrat, il dévoile leurs torts dans un pamphlet violent. Cet écrit est supprimé comme diffamatoire, et Chassaignon, décrété de prise de corps, est obligé de se réfugier en Savoie. Il y passa six mois, cultivant la botanique, et vivant de pain et d'eau. Ce régime austère commençant à le lasser, il vint aux environs de Genève, et, muni d'une lettre du curé de Rumilly pour Voltaire, il se rendit à Ferney. Mais il implora vainement l'humanité du *défenseur de Calas*, qui se trouvait plus malade que de coutume. Éconduit du château sans avoir obtenu même un morceau de pain, il passa la nuit dans une baraque à demi ruinée, mourant de faim et de soif. Le lendemain, il reprit la route de Lyon. Pendant son absence, la procédure intentée contre lui avait eu son cours, et tous ceux qui connaissaient Chassaignon inclinaient à l'indulgence. « Un peu d'or purgea son décret; il se rendit en prison, eut les honneurs de l'écrou... La farce dura trois heures; la servante du logis lui demanda ses étrennes (*Nudités*). » Ce fut peu de temps après que Chassaignon composa les *Cataractes de l'imagination*, ouvrage bizarre, rempli de folies et d'idées singulières, mais où l'on trouve assez de verve et d'originalité pour regretter que l'auteur n'ait pas joui de son bon sens. A cet ouvrage succéda la tragédie de *Cromwell*, qu'il entreprit, dit-il, « pour livrer ses hideux ossements, ses mânes parricides au poignard de Melpomène, aux torches dévorantes d'une nouvelle Tisiphone. » Lors du passage de Raynal à Lyon, Chassaignon court à son hôtel, et lui parle de son drame avec l'enthousiasme et la physionomie d'un inspiré. Raynal le questionna sur sa croyance et le félicita de son attachement à la foi catholique : « Vous êtes, lui dit-il, né pour le bonheur! Hélas! la vraie religion est une statue divine qu'on a défigurée et jetée à terre... Quelle main lui rendra ses belles formes et son piédestal? » Là-dessus, Chassaignon, entraîné toujours par son imagination au delà des limites du possible, se persuade « que Raynal évêque serait le rempart, l'ornement du trône et des autels, le prophète et le régénérateur de la nation française (*Nudités*). » Obsédé jour et nuit de cette idée, il se rend à Paris pour consulter les sages. C'étaient Saint-Martin, Court de Gebelin et Mesmer. Tous les trois lui disent : « Ce que l'abbé Raynal a ébauché, c'est à un autre de l'achever. » Ces paroles parurent à Chassaignon renfermer un grand sens, et il se mit à courir les églises, à suivre les prédicateurs en crédit, dans l'espoir de découvrir parmi eux le régénérateur. Lassé de le chercher inutilement, il quitta Paris vers la fin de 1784, couvert de haillons sous lesquels il cachait un bon habit, de l'argent et des pistolets. Il déclare qu'en voyageant de cette manière, son but était d'éprouver par lui-même la dureté des hommes, afin d'avoir un motif de les haïr. Vivant, depuis la mort de son père, dans la solitude la plus complète, il cherchait tous les moyens d'exalter son imagination. C'est ainsi qu'il avait constamment sur sa table de travail une tête de mort et un crucifix. La révolution qu'il avait prévue ne le surprit point; mais il y vit un châtiment de Dieu, et il n'hésita pas à s'offrir en holocauste pour apaiser sa colère. Lorsque les prêtres, chassés du sanctuaire, furent persécutés, il prit leur défense dans un écrit bizarre, mais plein d'une rare énergie. Dans cet ouvrage, dont le titre seul (*les Crimes du peuple*) suffisait, à l'époque où il parut, pour faire dévouer Chassaignon à la proscription, il attaque avec la plus grande violence les principaux auteurs de la révolution. Quelques mois après, il offrit de venir à Paris défendre Louis XVI devant la convention. Après le siége de Lyon, il ne fut pas arrêté, comme il devait s'y attendre. Il s'était retiré depuis quelques mois à Thoissey, et il mourut en 1796. On a de lui : 1° *les Cataractes de l'imagination*, etc.; 2° *Éloge de la Broliade*; 3° *les États généraux de l'autre monde, vision prophétique*; 4° *Étrennes* ou *Adresses à MM. les rédacteurs du Courrier de Lyon*; 5° *les Nudités* ou *les Crimes du peuple*; 6° *Offrande à Charlier*; 7° *les Ruines de Lyon*, ode. Il a laissé quelques ouvrages manuscrits.

**CHASSANION** (JEAN DE), écrivain protestant, naquit à Monistrol en Valais. Il a composé plusieurs ouvrages en faveur de sa secte. Le principal est son *Histoire des albigeois, touchant leur doctrine et leur religion, contre les faux bruits qui ont été semés d'eux à Genève*, 1595, in-8°, ouvrage mal écrit et avec une partialité ridicule. On a encore de lui : 1° *De gigantibus eorumque reliquiis atque iis quæ ante annos aliquot nostra ætate in Gallia reperta sunt*, Bâle, 1580, in-8°; Spire, 1587, in-8°; 2° *Histoires mémorables des grands et merveilleux jugements et punitions de Dieu*, 1585, in-8°.

**CHASSANIS** (CHARLES), littérateur, né vers 1750, à Nîmes, d'une famille honorablement connue dans le commerce, fit de bonnes études, et suivit la carrière à laquelle ses parents le destinaient; mais, sans rien relâcher des devoirs d'un négociant, il continua d'employer ses loisirs à la culture des lettres. Regardant la religion comme la base la plus solide des États, il prit sa défense dans plusieurs écrits. Il eut le bonheur d'échapper aux poursuites des comités révolutionnaires, et mourut en 1802, à un âge qui semblait lui promettre encore des longs jours. On a de lui : 1° *Essai historique et critique sur l'insuffisance et la vanité de la philosophie des anciens comparée à la morale chrétienne*, Paris, 1785, in-12. Cet ouvrage est annoncé comme une traduction de l'italien de dom Gaëtan Sertor; mais on soupçonne que Chassanis en est le véritable auteur. On en trouve une analyse intéressante dans l'*Année littéraire*, t. IV, p. 145. 2° *Morale universelle, tirée des livres sacrés*, Paris, 1791, in-16. 3° *Du Christianisme et de son culte contre une fausse spiritualité*, Paris, 1802, in-8°. W. S.

**CHASSE**, espèce de coffre varié de forme et de dimension, soit en bois, soit en métal, et plus ou moins orné, dans lequel on mettait le corps entier d'un saint ou d'une sainte, ou bien seulement une portion plus ou moins considérable de ses reliques, quelquefois aussi différents objets lui ayant appartenu, et que l'on exposait ainsi à la vénération des fidèles, sans avoir à craindre aucune altération. Ce mot *châsse*, que l'on disait autrefois *casse*, vient du latin *capsa*, boîte. — Les châsses étaient ordinairement placées sous les autels les plus remarquables; quelquefois aussi elles étaient placées à une certaine élévation et d'une manière fort apparente, soit dans une chapelle décorée à cet effet, soit même dans le chœur de l'église, et souvent soutenues par de grandes figures, ou bien par des supports si considérables que la châsse alors était presque inaperçue. On avait cependant soin d'en vitrer quelques parties afin de laisser apercevoir ce que renfermaient ces châsses. On ne les ouvrait que très-rarement, dans de pieuses cérémonies, et pour montrer les reliques à de hauts personnages, ou bien pour constater leur authenticité par la lecture et la confrontation des titres placés dans la châsse par l'ordre de ceux qui avaient envoyé ou donné les reliques, ou bien par ceux qui avaient fait faire les châsses. Les plus anciennes avaient souvent la forme d'une église ou bien celle d'un tombeau; elles étaient quelquefois décorées de la figure du saint auquel elles étaient plus spécialement consacrées, de celles de Jésus-Christ et de ses apôtres, de la Vierge, ou bien aussi de quelques figures allégoriques; souvent la dévotion les avait fait enrichir d'un grand nombre de pierreries et de joyaux. Quelques châsses étaient l'objet d'une grande vénération; les fidèles assistaient en foule à leur translation, ainsi qu'aux anniversaires qu'en célébrait l'Église, ou bien aux processions dans lesquelles elles étaient portées en grande pompe pour demander la cessation de quelque fléau ou calamité publique. Des princes allant à la guerre se sont fait accompagner par une châsse célèbre, croyant par ce moyen rendre leur armée victorieuse. Dans d'autres circonstances on vit les rois Charles le Chauve, Robert, saint Louis et Charles IX réclamer l'honneur de porter des châsses sur leurs épaules et se revêtir de la dalmatique pour remplir cette fonction. On a vu aussi transporter une châsse dans la chambre d'un prince en danger de mort, espérant, par l'intercession du saint, obtenir sa guérison. — L'usage des châsses est tellement ancien qu'il serait difficile de dire à quelle époque ont été faites les premières; mais on sait qu'elles ont été détruites à diverses époques, d'abord en Orient, dans le Ve siècle, par les iconoclastes, qui regardaient le culte des images comme une espèce d'idolâtrie; ensuite en Europe, dans le IXe et le Xe siècle, par les Normands, qui s'enrichirent de leurs dépouilles; en France et en Hollande, vers la fin du XVIe siècle, par les calvinistes, qui, à l'exemple des iconoclastes, étaient ennemis de toute superstition; puis enfin en France en 1793. Bien peu ont échappé à cette dernière destruction; de sorte que, malgré le grand nombre de châsses qui a existé, on en voit fort peu maintenant, si ce n'est en Italie et en Espagne. — Les églises où l'on conservait le plus de châsses étaient celles de la cathédrale de Cologne, la Sainte-Chapelle de Paris, Saint-Victor de Marseille, Saint-Laurent de l'Escurial, etc. A Rouen, on portait dix-sept châsses à la procession de la *fierte* de saint Romain. On peut trouver sur les châsses des détails fort curieux dans les remarques de M. Langlois sur la châsse de saint Romain, publiées dans l'intéressant ouvrage de M. Floquet, intitulé *Histoire du privilége de saint Romain* (t. II, p. 575). — Nous aurions désiré présenter à nos lecteurs des renseignements spéciaux sur ces monuments, dont la plus grande partie n'existe plus maintenant; mais ce travail, qui n'est pas sans intérêt sous le rapport des arts, de l'histoire et de l'antiquité, a paru trop long et trop spécial pour trouver place ici.

Châsse émaillée, conservée à la cathédrale de Chartres.

**CHASSE** (*écon. rur.*), poursuite, et en particulier action de poursuivre et de s'emparer des animaux. Le mot est dérivé de *casse*, appartenant à la basse latinité, et qui répond à l'italien *caccia*, *cacciare*. M. Ch. Nodier croit que *chasser* est corrompu de *sacher*, mot qui dériverait de *sagittare*. Les différentes manières de chasser sont chose trop connue pour que nous les répétions ici : on sait qu'il y a la chasse *à courre*, *au tir*, *à l'oiseau*, celle qui s'exécute avec des piéges ou des animaux dressés à cet effet, comme les furets, etc. Tous les ouvrages qui traitent des occupations de la campagne donnent à ce sujet des détails auxquels nous renverrons nos lecteurs. Platon appelle la chasse un *exercice divin*, *l'école des vertus militaires*, paroles singulières dans la bouche d'un philosophe aussi grave. Xénophon, Arrien et d'autres capitaines grecs ont écrit des traités de la chasse. Chez les autres peuples de l'antiquité, les préjugés ne furent pas les mêmes. Les Romains abandonnèrent en général aux esclaves et aux derniers de leurs serviteurs cet exercice qu'ils ne considérèrent que sous un rapport productif. Il y avait chez eux des idées trop perfectionnées pour attacher de l'importance à un semblable emploi de leur loisir, et leur système de conquête absorbait tout le temps qu'ils auraient pu lui sacrifier. Avec des habitudes, des mœurs et un sol différents, les Francs eurent des préjugés tout contraires; la chasse fut considérée comme occupation noble. Dans la notice que Hincmar nous a conservée de l'ancienne cour de nos rois, on trouve indiqués jusqu'à cinq grands officiers des chasses, nombre considérable pour ce temps. Tacite et César, en fournissant des détails sur les mœurs des Germains, racontent avec quelle passion ils poursuivaient le gibier qui peuplait leurs forêts, et parmi ce gibier étaient les buffles, suivant le conquérant et l'historien des Gaules. Dans l'*Asatia illustrata* de Schœpflin, on trouve une curieuse description des chasses de Louis le Débonnaire dans les forêts des Vosges. Il est certain que dès lors cet exercice était arrivé, parmi nos ancêtres, à un point de perfection qu'il a perdu depuis et qu'il n'avait jamais atteint chez les nations de l'antiquité. Strabon et Arrien assurent que les bons chiens de chasse étaient exportés des Gaules. Il est d'ailleurs prouvé que tout ce qui concerne la fauconnerie fut à peu près inconnu chez les Grecs, et il n'y a nulle trace dans l'histoire que ces peuples cosmopolites aient introduit dans leurs meutes des ours et des lions dressés, comme il s'en trouva aux chasses de Charlemagne (*oros* et *leos*, dit l'auteur du roman de Gérard), circonstance assez singulière pour mériter d'être notée. Non-seulement, aux premiers temps de la monarchie, la chasse était une nécessité pour les nations naissantes qui se fixèrent dans l'Occident, mais elle amena en quelque sorte cette chevalerie errante qui caractérise toute l'époque du moyen âge de ces nations. Chez nos bons aïeux, *prier* et *chasser* étaient les deux grandes affaires de la vie, heureux quand le positif ne l'emportait pas sur la contemplation; et encore la liturgie écrite n'était-elle, dans ces siècles grossiers, qu'une répétition de celle de l'Eglise primitive, tandis que, sur des tablettes en cire, on a conservé des détails sur les premières chasses. Montfaucon, le livre retrouvé par Trapperel au XV$^{e}$ siècle, de *Modus et ratio sur le dit de la chasse*, Dutillet, Brussel dans l'*Usage des fiefs*, *le Miroir de Phœbus* du comte de Foix, du Fouilloux, qui avait baptisé François I$^{er}$ le *Père des lettres*, du surnom beaucoup plus réel de *Père des veneurs*, fournissent une foule de circonstances qui viennent à l'appui de notre opinion. Nous pourrions ajouter que les idées de musique des Francs, ou du moins la première trace de cet art, remonte à leur passion pour la chasse. Les fanfares sont les compositions les plus anciennes de nos archives musicales. On formerait de gros volumes des ordonnances rendues par nos rois sur la chasse et sur le privilége dont jouissaient à cet égard certaines classes; ces ordonnances eurent infiniment d'influence sur les mœurs nationales et sur la servitude de la population. On sait les événements que cette législation amena en Angleterre. En France, on vit longtemps subsister l'application d'une peine semblable pour le braconnier et pour l'assassin (*V.* l'article suivant). Ces faits eurent une conséquence non moins singulière et peu appréciée de nos jours : ils contribuèrent à maintenir à la chasse l'attrait qui la fit rechercher avec tant d'ardeur par nos rois et par la noblesse jusqu'aux jours de notre révolution. Réservé pour quelques-uns, le plaisir de poursuivre et de tuer le gibier pouvait réellement être quelque chose autrefois. D'abord il y avait du gibier, ensuite les habitudes d'une existence de province, de la vie de château, les traditions des piqueurs, de l'officier de fauconnerie, la meute qui se transmettait en héritage, les relations que ces grandes réunions entraînaient, enfin les habitudes militaires de presque toute la haute aristocratie, contribuaient à rendre le plaisir de chasser une jouissance d'exception où tout le monde ne pouvait atteindre, et qui, par cela même, avait plus de prix pour ceux qui en jouissaient. Depuis que cette occupation est devenue une contribution indirecte qui se classe au budget comme les loteries, le tabac ou la ferme des jeux, la chasse n'est plus rien en France. Le gibier a disparu avec l'introduction du tir; car forcer un lièvre, un renard, un chevreuil ou un sanglier, est aujourd'hui chose rare. On n'a plus maintenant de meute que pour lancer le gibier. Ce sont des chiens mal accouplés, de races différentes, hurlant, se coupant, chassant à vue, sans relais, sans retour, et qui obligent leur maître à courir après pour leur disputer à coups de fusil leur malheureuse proie. Un oiseau ne s'élève plus noblement du poing de son maître au milieu des airs (*V.* FAUCON). Le plomb en *cendrée* massacre les perdreaux, déchire les cailles, et blesse autant de pièces qu'il en a livrées au chasseur. Tout chasseur expérimenté doit prévoir d'ici à peu de temps la fin de cet exercice, qui n'est plus que le désœuvrement de la vie de la campagne ou la spéculation du braconnier qui vit du produit de son gibier. Le déboisement toujours croissant de nos coteaux et des montagnes enlève au gibier tout moyen de retraite. L'introduction des prairies artificielles lui a été également nuisible, à cause de la fauchaison. Faut-il, malgré ces faits qui menacent nos tables de les rendre veuves d'une production si agréable, s'élever contre le système actuel? Nous ne le pensons pas, parce qu'il semble d'accord avec les idées de liberté dont chacun apprécie l'importance. Il y aurait mieux sans doute à créer si on s'occupait d'une loi sur cette matière : elle pourrait être plus conservatrice, plus équitable; mais aussi ne faut-il pas oublier l'agriculture et les troupeaux dont le gibier est l'ennemi le plus dangereux. Plus les forêts deviennent rares en France, plus le gibier doit le devenir, et plus il est nécessaire en même temps que cela arrive, si le morcellement de la propriété est regardé comme la base et la source du bien-être de notre nouvelle sociabilité. Dans le nord de l'Europe, en Russie, en Pologne, la chasse est encore le noble exercice tel qu'il fut jadis dans tous les pays couverts de forêts; là l'absence du danger n'enlève pas à ce plaisir ce qu'il a de plus piquant pour les hommes de cœur; et si le chasseur a pour lui sa force, sa ruse, ses armes, son nombreux cortége de piqueurs et de meutes, la bête fauve a ses bois impénétrables, ses marais, ses cachettes, d'immenses étendues où elle règne seule et où il n'est pas toujours sûr de la suivre. On connaît les chasses d'Angleterre et d'Ecosse, celle au renard, par exemple, que Walter Scott et d'autres écrivains nous ont si bien décrites. Nous reviendrons sur cette matière aux mots. VÉNERIE, FAUCONNERIE, MEUTE, etc. (*V.* aussi les articles CHIEN, ARRÊT, AFFUT, BATTUE, etc.).

CHASSE (DROIT DE LÉGISLATION SUR LA). Le droit de chasse est un droit naturel dont les peuples ont usé avant tout autre. La chasse fournit aux peuples primitifs la nourriture et les vêtements; elle résultait aussi de la nécessité d'enlever aux animaux sauvages la possession du monde encore inhabité. C'était donc le premier degré de civilisation, que n'ont pas encore dépassé certains débris de peuplades sauvages à peau rouge de l'Amérique du Nord, aujourd'hui chassées de forêt en forêt et traquées comme des bêtes fauves par le génie civilisateur des défricheurs de l'union américaine, que n'ont pas dépassé non plus les habitants d'une grande partie des îles de l'Océanie et des peuplades de la Laponie et de la Sibérie. L'Ecriture sainte glorifiait le surnom de *fort chasseur*, et ce mérite donnait alors la suprématie. — Examinons successivement et succinctement le droit de chasse chez les anciens, au moyen âge et dans les temps modernes. — § I<sup>er</sup>. *Du droit de chasse chez les anciens.* — La chasse, dans l'antiquité, était libre et permise à tous; aucunes lois n'en restreignaient l'exercice; elle était soumise seulement à des usages traditionnels et non à des règles écrites. Xénophon a composé un traité sur la chasse; il la décrit sous le rapport de l'art, et donne des conseils aux jeunes Grecs sur la manière de se rendre infatigables à la poursuite des animaux, sur le choix et l'éducation des chiens de chasse, sur les différentes manières de dépister le gibier; en un mot c'est un traité pratique de la chasse, mais il ne la considère pas dans ses rapports avec le droit de propriété. — Les Romains, sous la république, n'eurent pas de lois spéciales sur la chasse; mais lorsque, sous l'empire, de guerriers ils devinrent légistes, ils fixèrent quelques principes sur cette matière. — Le droit de chasse était considéré par eux comme une manière d'acquérir la propriété, *par occupation*, des animaux domestiques, qu'ils rangent au nombre des *res nullius*, des objets qui n'appartiennent à personne (*Institutes*, liv. II, tit. I<sup>er</sup>, *De divisione rerum*, §. 12. et suivants). L'occupation était une manière d'acquérir du droit des gens, qui correspondait avec notre droit naturel. La chasse était permise aussi bien sur la propriété d'autrui que sur la sienne propre; elle était donc indépendante du droit de propriété. Cependant il y avait une restriction : c'est que le propriétaire pouvait interdire au chasseur le passage sur sa terre; mais, quand il y était entré, il pouvait chasser. Le gibier n'était censé appartenir au chasseur que quand il s'en était emparé (*occupaverat*). Les animaux qui se fixent dans un certain lieu, comme les abeilles, les pigeons, ne tombaient pas sous le droit de la chasse tant qu'ils conservaient l'esprit de retour vers les pigeonniers ou les ruches que leur avait préparés la main de l'homme; les enlever ainsi, c'eût été commettre un vol. Il en était autrement, si ces animaux abandonnaient leurs demeures habituelles; ils reprenaient alors leur liberté naturelle, et redevenaient soumis au droit d'occupation ou de chasse. Il en était de même des lapins élevés dans les garennes et des cerfs apprivoisés. — Quant aux animaux domestiques, comme les poules et les oies, ils n'étaient jamais soumis au droit de chasse; dans le cas même où, par un hasard quelconque, ils se seraient échappés de la basse-cour, ils ne cessaient pas d'appartenir à celui qui les avait nourris jusqu'à ce jour, et s'emparer d'eux c'eût été commettre un vol. — § II. *Du droit de chasse au moyen âge.* — En France, dans le commencement de la monarchie, la chasse était libre comme chez les Romains. Cependant la loi salique contenait déjà quelques prohibitions, germes du système féodal. Elle défendait de voler ou tuer un cerf dressé pour la chasse, et punissait ce délit d'une amende. Cette même loi punissait aussi celui qui volait le gibier tué par autrui. On ne sait précisément à quelle époque la chasse devint le privilége exclusif de la noblesse. Le concile de Tours, convoqué sous le règne de Charlemagne, en 813, défend la chasse aux ecclésiastiques. C'est probablement vers la fin des Carlovingiens, et lorsque le régime féodal se consolida, que les vassaux de la couronne s'approprièrent, comme un monopole, un droit qui jusque-là avait été commun à tous. Les établissements de saint Louis défendaient aux roturiers, sous peine d'amende, de chasser dans les garennes de leurs seigneurs. Les coutumes du Beauvoisis punissaient de la potence le vol de gibier commis pendant la nuit. Mais ce ne fut qu'en 1396 que Charles VI défendit expressément aux non-nobles, qui n'auraient pas obtenu de permissions, de chasser à aucune bête, grosse ou menue, ni oiseau en garenne ni dehors.—D'après les coutumes et les ordonnances, le droit primitif de chasse appartenait au seigneur suzerain, au roi, qui était censé l'avoir délégué à ses vassaux par inféodation, en même temps que le droit de rendre la justice.—Les articles 26 et 30 de l'ordonnance royale d'août 1669 sur les eaux et forêts accordaient aux seigneurs, aux gentilshommes et aux nobles le droit de chasse dans l'étendue de leurs hautes justices et dans leurs forêts, buissons, garennes et plaines, mais sous la condition qu'ils ne pourraient chasser, à force de chiens et d'oiseaux, qu'à une lieue des plaisirs du roi, et pour les chevreuils et bêtes noires, dans la distance de trois lieues. — Quand la propriété du fief appartenait à un seigneur, et le droit de haute justice sur le même fief à un autre seigneur, le droit de chasse appartenait concurremment au propriétaire et au justicier. Le droit de ce dernier était purement honorifique, et par conséquent personnel et incommunicable, tandis que le droit du propriétaire de fief était réel et inhérent à la terre. Le propriétaire pouvait conséquemment céder la jouissance de ce droit et délivrer des permis de chasse sur ses terres. Le haut justicier, au contraire, ne pouvait chasser qu'en personne. — La cession du droit de chasse pouvait avoir lieu anciennement au profit de roturiers; mais peu à peu les ordonnances interdirent ces cessions, et un arrêt du conseil du 20 janvier 1761 fait défense à ceux qui ont obtenu de pareilles cessions d'en user; et cette défense n'est pas restreinte aux roturiers, elle s'étend même aux gentilshommes qui n'étaient ni propriétaires ni hauts justiciers des terres sur lesquelles ils prétendaient droit de chasse.—Le seigneur suzerain avait-il le droit de chasser sur les terres de son feudataire? Non, à moins que l'acte d'investiture ou les aveux du vassal ne donnassent cette prérogative au seigneur dominant. La fidélité est la seule chose qui soit de l'essence du fief : *Feudum in sola fidelitate consistit.* — L'usufruitier et la douairière d'une haute justice ou d'un fief avaient le droit de chasser dans l'étendue de cette haute justice et de ce fief. — La chasse était-elle permise d'une manière absolue aux seigneurs sur leurs terres? Non, assurément. Il leur était défendu de chasser dans les terres ensemencées, depuis que le blé était en tuyau jusqu'à la moisson exclusivement, et dans les vignes, depuis le 1<sup>er</sup> mai jusqu'à la vendange. Il leur était également interdit de chasser les cerfs et biches et de chasser au chien couchant, chasse destructive du gibier.—La pénalité, en matière de délits de chasse, était tellement atroce, que ce n'est qu'en 1669; et par l'article 2 du titre *des chasses*, dans l'ordonnance des eaux et forêts, que le roi a défendu de condamner au dernier supplice pour fait de chasse. Mais les autres peines afflictives établies par l'ordonnance de juin 1601 contre *les personnes viles et abjectes*, c'est-à-dire les roturiers, furent maintenues : ainsi les verges appliquées jusqu'à effusion du sang (art. 12 de l'ordonnance de 1601), pour avoir chassé aux cerfs, biches et faons; en cas de récidive, nouvelle application de verges et bannissement de quinze lieues à l'entour (art. 13); pour la troisième fois, les galères, le bannissement perpétuel du royaume, la confiscation des biens, et même la mort, s'il est ainsi trouvé raisonnable par les juges (art. 14).—La connaissance des délits de chasse était attribuée; pour les forêts royales et les cas de chasse aux cerfs et biches, aux capitaines des chasses royales, et pour les délits ordinaires aux officiers des eaux et forêts. — Des lois particulières, dans le détail desquelles nous ne pouvons entrer, régissaient les diverses provinces de Flandre, d'Artois, du Cambrésis, du Hainaut et de la Lorraine, etc.—La chasse du loup était soumise à des lois particulières applicables à tout le royaume. Il y avait des sergents louvetiers, qui avaient le droit de convoquer les paysans pour la destruction de ces animaux féroces, qui, surtout aux époques de guerre civile et dans les hivers rigoureux, se répandaient en grande quantité dans les campagnes.—Les seigneurs hauts justiciers et les officiers des eaux et forêts étaient également chargés de ce soin par les ordonnances de 1601 et 1669. — § III. *Etat actuel de la législation sur la chasse.* — L'article 715 du Code civil maintient en vigueur la législation spéciale sur la chasse; elle se compose de quelques dispositions encore existantes de l'ordonnance de 1669, de la loi spéciale du 30 avril 1790, du décret impérial du 4 mai 1812, enfin des dispositions combinées d'un arrêté du directoire exécutif du 28 vendémiaire an v, et d'une ordonnance du 18 août 1832. Nous ne donnerons pas le texte de toutes ces dispositions, que l'on trouvera dans tous les recueils des lois et ordonnances; mais nous résumerons les principes qui sont épars dans ces lois, et nous les diviserons en quelques articles séparés.—Art. 1er. *Du droit de chasse.* —Le droit de chasse est inhérent à la propriété rurale et n'en peut être distrait; tout propriétaire a le droit de détruire sur ses possessions toute espèce de gibier (loi du 11 août 1789, art. 3). Le propriétaire peut louer et céder ce droit. Si le bailleur ne se réserve pas la chasse sur les terres qu'il loue, elle appartient tacitement au fermier (arrêt de la cour de cassation du 13 juin 1828; Merlin, *Questions de Droit*, v° Chasse). Cependant cette question peut être controversée, et la cour royale de Paris a jugé que lorsqu'il s'agit du bail d'un domaine, le droit de chasse n'appartient au fermier que quand il lui a été *expressément* conféré par le propriétaire (Dupin, *Lois forestières*, p. 783). Quand le fermier n'a pas le droit de chasse sur le fonds affermé, il a du moins une action en dommage pour le préjudice causé à ses récoltes.— La chasse appartient aux usufruitiers et aux emphytéotes, à l'exclusion du propriétaire foncier. — Le droit de chasse est soumis à des règles spéciales pour les forêts et bois des communes, des établissements publics, de l'Etat et de la couronne.—Les communes mettent ce droit en location, et le prix entre dans les recettes ordinaires de la commune; l'administration des bois communaux est assimilée sous tous les rapports à celle des bois de l'Etat. — Dans les forêts de l'Etat, à partir du 1er septembre 1832, le droit de chasse est affermé et mis en adjudication (loi du 21 avril 1832). — Les baux sont consentis pour six saisons dans les forêts domaniales. Les adjudicataires ne peuvent se livrer à la chasse qu'après avoir obtenu de l'inspecteur un permis, qu'ils doivent exhiber chaque fois qu'ils en sont requis. L'adjudicataire peut se faire accompagner d'un ami, mais il est interdit à cet ami de chasser isolément. La chasse à tir et la chasse à courre sont seules permises; il est interdit aux adjudicataires d'user de panneaux, filets, lacs, lacets, etc. Il est défendu d'introduire des lapins dans les forêts domaniales. — La chasse est prohibée dans les forêts de la couronne (loi du 18 avril 1790, art. 16). Il faut obtenir une permission du conservateur, et les propriétaires mêmes des terrains enclavés dans les domaines de la liste civile n'ont pas la faculté, par une exception unique, de chasser sur leurs propres terres. Si le gibier réservé pour les plaisirs du roi cause du dégât aux propriétés voisines des parcs et enclos de la couronne, il y a lieu à dommages-intérêts contre la liste civile. — La chasse des animaux malfaisants et nuisibles doit être encouragée par les corps administratifs (loi du 6 octobre 1791). La loi accorde une récompense à celui qui les tue (loi des 11 ventôse et 10 messidor an v); c'est une prime de cinquante francs par chaque tête de louve pleine, quarante francs par chaque tête de loup, et vingt francs par chaque tête de louveteau. Le sanglier n'est pas considéré comme un animal nuisible de sa nature (arrêt de cassation du 3 janvier 1840).—Les préfets ont le droit d'ordonner une chasse générale de loups dans l'étendue de leurs départements, de concert avec les agents forestiers, et sur la demande de ces derniers et de l'administration municipale. La louveterie, réglée par l'ordonnance du 20 août 1814, est rentrée, depuis que la charge de grand veneur a été supprimée, dans la conservation forestière. Les officiers de louveterie ne peuvent chasser sur le terrain des particuliers qu'en observant les formes de l'arrêté du 19 pluviôse an v, art. 3 et 4, et sous la surveillance des agents forestiers. Ils sont tenus d'entretenir à leurs frais un équipage de chasse, composé au moins d'un piqueur, deux valets de limiers, un valet de chiens, dix chiens courants et quatre limiers. Les commissions de louveterie sont renouvelées tous les ans; elles sont retirées dans le cas où les titulaires ne justifient pas de la destruction des loups. — Art. 2. *Du délit de chasse.* La chasse est interdite à tous, même aux propriétaires, dans l'intérêt général des récoltes, pendant le temps que les terres ne sont pas dépouillées. Le préfet, dans chaque département, fixe l'ouverture de la chasse, qui a lieu ordinairement dans les jours du mois d'août, ou les premiers du mois de septembre. Mais la loi du 30 avril 1790 a admis quelques exceptions à cette règle; ainsi les propriétaires peuvent chasser en tous temps sur leurs terres closes de murs ou haies vives, lacs, étangs et bois. On ne peut chasser dans les vignes depuis le mois de mai jusqu'à la vendange. — Le délit de chasse *en temps non prohibé* a lieu quand un individu chasse sur le terrain d'autrui sans son consentement. La loi de 1790 punit ce délit d'une amende de vingt francs ou de dix francs, suivant que le délit a été commis au préjudice d'une commune ou d'un particulier. Les tribunaux ne peuvent se dispenser de prononcer l'amende, sans violer la loi et commettre un excès de pouvoirs. Si le délit est commis par un fonctionnaire public, qui devait le réprimer, celui-ci doit être condamné au maximum de la peine. Il y a délit de chasse, par cela seul qu'un individu a tiré sur le terrain d'autrui un coup de fusil, même sur une corneille, et bien qu'il ne fût que dans une avenue. L'amende et l'indemnité sont portées à trente et quinze francs, quand le terrain de la commune ou du particulier sont clos de murs et de haies, et à quarante et vingt francs, quand ce terrain clos est attenant à une habitation (loi du 28 avril 1790). — L'amende est de vingt francs pour le délit de chasse en temps prohibé, par le propriétaire ou autre. — En cas de récidive, les amendes ci-dessus sont doublées; la troisième fois elles sont triplées, et ainsi de suite. — Dans tous les cas les armes avec lesquelles la contravention aura été commise seront confisquées, sans que néanmoins les gardes puissent désarmer les chasseurs. — La question de discernement relativement aux mineurs de seize ans (art. 66 du Code pénal) n'est pas applicable en matière de chasse, et l'on ne peut appliquer à ce délit le bénéfice des circonstances atténuantes (*V.* ce mot). — Le propriétaire qui fait lever le gibier sur son fonds, ou le chasseur, qui a blessé un animal sur un terrain où il a droit de chasse, n'a pas le droit de poursuivre sur le fonds voisin; il doit s'arrêter et rompre ses chiens sur la ligne de démarcation des héritages. Le fait par un chasseur porteur d'un fusil, d'avoir regardé d'un chemin voisin ses chiens chasser dans les terres d'autrui, sans les empêcher ni les rompre, constitue un délit de chasse. — Celui qui soustrait frauduleusement le gibier tué ou tellement blessé qu'il est sur le point d'être pris, se rend coupable de vol. — Le propriétaire n'a aucun droit au gibier tué par le délinquant sur le terrain non clos. Il en est autrement du gibier tué dans un terrain clos; le gibier en ce cas n'appartient pas au chasseur, parce qu'il est le fruit d'un larcin ou même d'un vol, et que ce n'est point un mode d'acquérir. Le délinquant peut en être dessaisi, ou l'on peut en demander la restitution, comme de chose volée (Fournel, *Lois rurales*, p. 92 et 93). — Les pères et mères répondent des délits de chasse de leurs enfants mineurs de vingt ans, non mariés et domiciliés avec eux, sans pouvoir néanmoins être contraints par corps. La contrainte par corps pour les majeurs s'exerce de la manière suivante. Le délinquant qui n'a pas, huitaine après la signification du jugement, satisfait à l'amende prononcée contre lui, sera contraint par corps et détenu en prison, pendant vingt-quatre heures pour la première fois, huit jours pour la seconde fois et trois mois pour la troisième fois, ou toute contravention ultérieure. — Les délits de chasse commis dans les forêts de la couronne continuent d'être soumis aux ordonnances de 1601 et 1669. Ceux qui chassent dans les parcs royaux avec armes à feu, les jours où le roi chasse en personne, sont passibles de trois mois de prison (décret du 14 septembre 1791). — Art. 3. *Du port d'armes.* Tout chasseur doit être muni d'un permis de port d'armes. Ces permis, délivrés par les préfets, ne sont valables que pour un an (décret du 11 juillet 1810). Le prix du port d'armes, fixé à trente francs par le décret de 1810, a été réduit à quinze francs par la loi du 28 avril 1816. Le permis est valable dans toute l'étendue de la France, et non pas seulement dans le département où il a été délivré. Les personnes décorées de la Légion d'honneur avaient été originairement dispensées de cet impôt et ne payaient qu'un franc, ainsi que les chevaliers de Saint-Louis (décret des 22 mars 1811, 12 mars 1813); mais ce privilége a été supprimé comme contraire à la charte (ordonnance du 17 juillet 1816). Les condamnés à des peines afflictives et infamantes sont déchus du droit de port d'armes (Code pénal, art. 28). La matière correctionnelle, les tribunaux peuvent interdire en tout ou en partie l'exercice de ce droit (42, 43, 401, 405, Code pénal). — Le défaut de port d'armes constitue un délit correctionnel, distinct du délit de chasse et passible d'une amende de trente à soixante francs (décret du 4 mai 1812). En cas de récidive, l'amende sera portée à soixante francs au moins et deux cents francs au plus. Le tribunal pourra même prononcer de six jours à un mois de prison. Si le port d'armes est délivré et que seulement le chasseur ne l'ait pas au moment où les gardes ou gendarmes le demandent, il doit les frais faits jusqu'à la justification du fait. Les tribunaux doivent appliquer les deux peines aux deux délits de chasse en temps prohibé, et de chasse sans permis de port d'armes. C'est une dérogation au principe du non cumul des peines posé dans l'art. 265 du Code d'instruction criminelle. — Le propriétaire qui a chassé sans permis sur son terrain ensemencé est coupable du délit de port d'armes, encore bien que ce terrain fût clos (arrêt de cassation du 23 février 1827). La chasse sans permis de port d'armes, dans un bois environné de fossés, lorsque ce bois ne forme pas un enclos lié à la maison d'habitation, constitue le délit de port d'armes. — Art. 4. *Des agents ayant pouvoir de constater les délits de chasse et de port d'armes.* Ce sont : 1° les agents de l'administration forestière, 2° les gardes champêtres et gardes forestiers, 3° les gendarmes. — Les gardes forestiers rédigent leurs procès-verbaux et les affirment au plus tard le lendemain devant le juge de paix du canton, ou devant le maire de leur commune, ou de la commune où le délit a été commis ou constaté, à peine de nullité. Ils doivent être enregistrés dans les quatre jours. Ces procès-verbaux font foi jusqu'à inscription de faux, et la preuve testimoniale n'est pas admise contre eux, quand ils ont été revêtus de toutes les formalités prescrites et dressés par deux gardes forestiers ; s'ils ont été dressés par un seul, ils ne feront preuve, jusqu'à inscription de faux, que pour des délits entraînant une condamnation de cent francs. Lorsque les procès-verbaux ne font pas foi jusqu'à inscription de faux, ils peuvent être corroborés par la preuve testimoniale. Les agents forestiers sont sans qualité pour poursuivre un délit dans une chasse affermée à des particuliers. — Les gardes champêtres sont choisis par les maires, avec approbation du conseil municipal, et commissionnés par le sous-préfet ; ils doivent être âgés de vingt-cinq ans. Tout propriétaire a le droit d'avoir pour la conservation de ses propriétés un garde champêtre particulier ; il est tenu de faire agréer son garde forestier par l'administration ; celui-ci doit en outre prêter serment devant le tribunal de première instance. — Les procès-verbaux des gardes champêtres des communes et des particuliers doivent être affirmés dans les vingt-quatre heures, devant le juge de paix ou le maire ; quand ils sont en forme, ils font foi jusqu'à preuve contraire (loi du 28 septembre 1791). Il n'est pas permis aux gardes de fouiller qui que ce soit, sous prétexte qu'ils le soupçonnent de porter du gibier. — Les gendarmes sont chargés de saisir les chasseurs masqués, et de dresser des procès-verbaux de contraventions aux lois sur la chasse (ordonnance du 29 octobre 1820). Les officiers de la gendarmerie sont officiers de police judiciaire et peuvent recevoir les plaintes et dénonciations, constater les délits et les crimes. Les simples gendarmes peuvent seulement dresser procès-verbal. Les procès-verbaux des gendarmes font foi jusqu'à preuve contraire, et ne sont pas sujets à la formalité de l'affirmation. — Toute attaque, toute résistance avec violences et voies de fait envers les gardes champêtres et forestiers est qualifiée, suivant les circonstances, crime ou délit de rébellion (Code pénal, art. 209, 210, 211). — L'autorisation du conseil d'Etat est nécessaire pour poursuivre les gardes forestiers, mais non les gardes champêtres. — Art. 5. *De la poursuite, de la compétence et de la prescription.* — Les tribunaux correctionnels étant compétents pour juger les délits, à raison desquels la loi prononce un emprisonnement de plus de cinq jours ou une amende de plus de quinze francs, et le minimum des peines prononcées par la loi du 28 avril 1790 étant de vingt francs d'amende, les délits de chasse sont de la compétence des tribunaux correctionnels. On doit saisir le tribunal correctionnel du lieu où le délit a été commis. Les militaires eux-mêmes sont justiciables de la juridiction correctionnelle à raison de ces délits. — Dans le cas de chasse en temps prohibé, l'action appartient et au propriétaire au préjudice duquel le délit a été commis, et au ministère public, qui peut en poursuivre la répression d'office. — Le délit de chasse en temps non prohibé au contraire ne peut être poursuivi que sur la plainte du propriétaire sur le terrain duquel le délit a été commis : le ministère public ne peut agir d'office. — Quant au délit de chasse sans permis de port d'armes, c'est au ministère public qu'appartient l'action répressive ; c'est une atteinte à l'ordre public, qui ne peut être subordonnée à la plainte des particuliers. — L'appel des jugements correctionnels rendus en matière de chasse doit être interjeté dans les délais et les formes réglés par le Code d'instruction criminelle (art. 199, 200, 201). Il y aura également lieu au pourvoi en cassation, dans les cas prévus par la loi. — Toute action pour délit de chasse sera prescrite par le laps d'un mois à compter du jour où le délit aura été commis, excepté pour les délits de chasse dans les bois de la couronne ou de la liste civile, qui restent soumis à la prescription de trois mois, établie par l'ordonnance de 1669 (loi du 28 avril 1790). — Mais l'action intentée en temps utile fait que la poursuite n'est susceptible d'être périmée que par une interruption de trois ans, comme en matière constitutionnelle ordinaire. La prescription est interrompue par la plainte, et par des actes d'instruction, tels qu'audition de témoins, mandats de comparution, interrogatoires de prévenus, qui ont lieu dans le mois du délit. — Le délit de défaut de port d'armes se prescrit également par un mois. ANT. ISAMBERT, avocat.

**CHASSE** (*droit canon*). Les ecclésiastiques et les religieux ne peuvent chasser sans pécher, parce que cela leur est défendu par un très-grand nombre de canons : on en trouve plus de trente dans la seule collection de Binius, qui renferment cette défense. Nous n'en rapporterons qu'un seul, tiré du quatrième concile général de Latran, sous Innocent III, conçu en ces termes : *Venationem et aucupationem universis clericis interdicimus* (can. 15 et cap. *Ne in agro, de statu monach., in Clement.*). Ces défenses ne doivent s'entendre cependant que de la chasse qui se fait avec bruit, et non de celle qui se fait tranquillement et sans clameur, comme de tendre des filets. *Venatio... quieta et sine clamore, et ponere laqueum vel rete, ubi nec est clamor, nec canes, licita est clericis causa necessitatis vel recreationis* (Glossa, *in cap. Episcopor., de clerico venatore*; Tostat., *in cap.* 6; *Matth.*, 9; 43; Pontas, au mot *Chasse*, p. 1, Suppl.; et au mot *Ecclésiastique*, cas 6). — Selon l'art. 21 de l'ordonnance de janvier 1600, les ecclésiastiques, prêtres, religieux et clercs qui chassaient étaient soumis aux mêmes amendes que les laïques ; et, selon l'arrêt du conseil du 3 avril 1702, lorsque ces mêmes ecclésiastiques étaient accusés de fait de chasse, le juge royal en devait connaître conjointement avec l'official.

**CHASSE** (*acceptions diverses*). *Rompre la chasse, l'ordre de la chasse*, troubler la chasse, ou même l'interrompre tout à fait. — *Habit de chasse*, l'habit d'uniforme que portent les chasseurs qui accompagnent à la chasse le roi, les princes ou les grands seigneurs. — CHASSE se dit quelquefois des parties d'une terre, d'un domaine, qui sont réservées pour la chasse. — Il signifie aussi, collectivement, les chasseurs, les chiens et tout l'équipage de chasse. — Il signifie encore le gibier que l'on prend. — Il se dit, en musique, d'une sorte d'air qui a le caractère des fanfares que l'on chante à la chasse. — *Donner la chasse*, poursuivre. — En termes de marine, *Donner chasse*, poursuivre un navire, un vaisseau qu'on veut reconnaître ou dont on veut s'emparer. — *Appuyer une chasse*, poursuivre vigoureusement. *Prendre chasse*, se retirer à pleines voiles pour éviter le combat, pour se dérober à l'ennemi. — *Soutenir la chasse*, seconder le vaisseau qui donne chasse ; et, dans un autre sens, fuir à égalité de marche sans être joint par l'ennemi. On dit en des sens analogues : *Maintenir, Continuer la chasse ; Lever, Abandonner la chasse*, etc. — CHASSE se dit aussi du plus ou du moins de facilité qu'une voiture ou toute autre machine semblable a de se porter en avant. — Il se dit également, en mécanique, d'une certaine liberté de course qu'on laisse à quelques parties d'une machine, pour qu'elle puisse se prêter à des irrégularités accidentelles de force ou de mouvement.

**CHASSE** (*jeu de paume*). Une *chasse* est, au jeu de paume, la distance qu'il y a entre le mur du côté où l'on sert et l'endroit où tombe la balle du second bond. Cette distance se mesure par les carreaux : quand la chasse est petite, on dit : une chasse à deux, à trois carreaux et demi.

**CHASSE-MORTE**, figurément et familièrement, se dit d'une affaire commencée que l'on ne poursuit pas, qui demeure là. — Proverbialement et figurément, *Marquer une chasse*, relever une parole, remarquer dans une affaire, dans la conduite d'un homme, une circonstance dont on veut tirer avantage. — *Ecluses de chasse*, écluses destinées à nettoyer un port, un chenal, un bassin. — *Huîtres de chasse*, celles qu'apportent les chasse-marées.

**CHASSES** (CAPITAINE DES) (*anc. législ.*), juge établi pour connaître des délits de chasse.

**CHASSE** (*ponts et chaussées*), écoulement rapide de l'eau pour entraîner les sables, vases ou galets qui obstruent un chenal ou une rivière.

**CHASSE** (*pêche*) se dit d'un filet tendu sur des piquets en forme de palis.

**CHASSE** (*technol.*), sorte de niveau à l'usage du maçon. — Charge de poudre grenée au fond d'une pièce d'artifice. — Outil à l'usage du raffineur de sucre. — Maçonnerie qui garantit le verrier de l'action du feu. — Outil du fabricant d'ancres. — Partie d'une balance au milieu de laquelle est placée l'aiguille. — Courbure des dents d'une scie. — Partie du métier de tisserand qui frappe la trame après chaque coup de navette. — Il se dit, dans les ateliers typographiques, du nombre de lignes que chaque page de la copie renferme de plus qu'une page d'impression.

**CHASSÉ**, s. m. (*chorégraphie*), pas de danse qui s'exécute en allant de côté, soit à droite, soit à gauche.

**CHASSÉ** (CLAUDE-LOUIS-DOMINIQUE DE) naquit à Rennes en 1698; il était d'une famille noble et servit quelque temps dans les gardes du corps. Son père ayant perdu sa fortune, Chassé se fit chanteur et débuta à l'Opéra au mois d'août 1721; il ne valait guère mieux sous le rapport de la méthode que la plupart de ses camarades; mais sa voix était agréable, son physique revenant; il avait du feu, et il aimait son art avec passion. Un jour qu'il lui arriva de tomber dans une marche : « Passez-moi sur le corps! » cria-t-il aux comparses qui le suivaient. Roland était son meilleur rôle. Il quitta le théâtre en 1757. On a de lui un recueil de chansons bachiques. Il mourut à Paris le 27 octobre 1786. E. V.

**CHASSE-AVANT**, s. m. (*technol.*), surveillant des ouvriers dans les grands ateliers.

**CHASSE-BONDIEU**, s. m. (*technol.*), morceau de bois dont les scieurs de long se servent pour enfoncer leur coin.

**CHASSE-BOSSE** (*botan.*), un des noms vulgaires de la lysimachie ordinaire, *lysimachia vulgaris*, regardée comme vulnéraire résolutive, bonne pour dissiper, par son application, les tumeurs ou bosses occasionnées par des coups ou contusions.

**CHASSE-CARRÉE**, s. f. (*technol.*), sorte de marteau à deux têtes carrées.

**CHASSE-CHIEN**, s. m. Il se dit, dans le langage populaire, pour portier.

**CHASSE-COQUIN**, s. m. Il se dit, dans le langage populaire, pour bedeau, suisse d'église.

**CHASSE-COUSIN**, s. m. terme familier qui se dit d'un mauvais vin et d'autres choses propres à éloigner les parasites.

**CHASSE-CRAPAUD** (*hist. nat.*). L'oiseau auquel on a donné ce nom et celui de foule-crapaud est l'engoulevent, *caprimulgus Europœus* Linn.

**CHASSE-DIABLE**, s. m. (*botan.*), un des noms vulgaires du mille-pertuis.

**CHASSE-FIENTE** (*hist. nat.*). Levaillant a appliqué cette dénomination à un vautour d'Afrique, qui est le *vultur fulvus* de Gmelin.

**CHASSE-FLEURÉE**, s. f. (*technol.*), planche dont le teinturier se sert pour écarter l'écume de la surface de la cuve.

**CHASSE-GOUPILLE**, s. m. (*art milit.*), outil d'armurier.

**CHASSEL** (CHARLES), sculpteur, naquit à Nancy en 1612. Il est mis au nombre des plus fameux sculpteurs en petit que la Lorraine ait produits. Peu d'artistes ont saisi plus habilement que lui la manière de développer les parties extérieures du corps humain. Il existe de cet artiste, au musée de Nancy, un crucifix en bois représenté d'une manière si pathétique, que le sang semble circuler dans les veines; l'expression en est d'une admirable vérité. La reine mère, voulant occuper l'enfance de Louis XIV, fit venir Chassel à Paris. Cet artiste fut chargé de faire en petit, pour le monarque enfant, une armée de cavalerie et d'infanterie. Il y avait représenté toutes les machines nécessaires aux batailles et aux siéges. Ces différents détails étaient rendus avec la plus scrupuleuse vérité. C'était avec ces petites sculptures de Chassel que Louis XIV préludait au grand art de la guerre. Chassel, honoré du brevet de sculpteur de ce prince, mourut à Paris dans un âge fort avancé, et laissa un fils qui se distingua dans la même carrière.

**CHASSEL** (RÉMI-FRANÇOIS), petit-fils de Charles Chassel, sculpteur de Louis XIV, suivit avec distinction la profession de ses ancêtres. Il naquit en 1666 à Metz, où son père, sculpteur du roi, s'était retiré, à cause du malheureux état où se trouvait alors la Lorraine. Dès l'âge de dix ans, Chassel partit pour Paris. Son père le confia au sculpteur Lecomte, qui en prit un soin particulier. Il travailla ensuite chez Boulogne, Coustou, Desjardins, et revint en Lorraine, après avoir séjourné plusieurs années dans la capitale. Le duc Léopold Ier lui donna une place de professeur à l'académie de peinture de Nancy, qui rivalisait avec les plus célèbres de l'Europe. Chassel a composé un grand nombre d'ouvrages; mais le vandalisme révolutionnaire les a fait disparaître presque tous : 1° le *Monument funèbre du président Cueillet;* 2° le *Monument du procureur général Matthieu de Meulon;* 3° celui de *Jean-Léonard, baron de Bourcier et de Montureux*, ouvrage regardé comme le plus beau de tous ceux qui se trouvaient à Nancy; 4° dans l'église des Carmes de la même ville, une *Piété* et une *Charité;* 5° dans l'église des Dames du Saint-Sacrement, le *Mausolée de François-Josias Bousmard*, l'un des meilleurs ouvrages de Chassel; 6° *le Génie des beaux-arts*, groupe destiné à une fontaine publique, que Stanislas fit vendre pour élever sur son emplacement le bâtiment de l'université; 7° un *Monument pyramidal élevé par le prince de Guise en l'honneur de Léopold;* 8° le *Portique de l'hôtel de Gerbéviller*, à Nancy; 9° une *Vénus;* 10° le *Mausolée de M. le Bègue*, à Saint-Dié; 11° le *Mausolée de M. Dufort*, dans la même ville; 12° le *Tombeau de M. de Ludres*, à Ludres; 13° les *Bustes de Charles V, de Léopold et de son Altesse Royale Madame;* 14° quelques *Figures sculptées*, sur la montée qui conduisait à l'église des chanoines de Saint-Dié; 15° le *Christ* formant le devant d'autel de la chapelle ducale, dans l'église des cordeliers de Nancy; et diverses autres compositions remarquables. Presque tous les ouvrages de Chassel ont été exécutés en marbre blanc ou en pierre de Savonnières, et dans de grandes dimensions. C'est sur ses dessins, faits par ordre du duc Léopold, que Sébastien Leclerc, ami et compatriote de Chassel, a gravé les batailles de Charles V, destinées à orner l'ouvrage que le P. Hugo devait écrire sur sa vie aventureuse et guerrière. Des raisons de politique ayant mis obstacle à l'exécution de ce projet, Leclerc conserva les planches dont Chassel corrigeait les épreuves au moment de son décès, arrivé le 5 octobre 1752.

**CHASSELAS** (*botan.*), variété de raisin (*V.* VIGNE).

**CHASSELOUP-LAUBAT** (LE COMTE), né à Saint-Sernin en 1754, entra au service comme volontaire au commencement de la révolution, et se distingua dans les premières campagnes sur le Rhin, ainsi qu'à l'affaire d'Arlon en 1794. Il était parvenu à cette époque au grade de chef de bataillon dans le corps du génie. Pendant la campagne d'Italie de 1796, il fut chargé de diriger les siéges de Milan et de Mantoue, et de réparer les fortifications de Peschiera, de Cagnano et Pizzighitone, et il déploya dans l'exécution de ces travaux de tels talents, que Napoléon le nomma général de brigade, et peu de temps après général de division. En 1801 le général Chasseloup dirigea, sous les ordres de Brune, le siége de Peschiera. En 1805, il eut, sous Masséna, une grande part au succès du passage de l'Adige. En 1806, il dirigea les travaux du siége de Dantzick. De retour en Italie (1810), il fit d'Alexandrie une des places les plus importantes de l'Europe. Il se rendit encore fort utile pendant la campagne de Russie. Napoléon récompensa tous ces services en le nommant (1811) conseiller d'État (section de la guerre) (1813), grand-croix de l'ordre de la Réunion, sénateur et comte d'empire. Sous la première restauration, il fut créé pair de France et grand-cordon de la Légion d'honneur. Après la deuxième, il vota contre la condamnation du maréchal Ney; et, jusqu'à sa mort, il fit partie de la minorité libérale de la chambre des pairs. Napoléon à Sainte-Hélène a rendu un éclatant témoignage à sa probité et à ses talents. Il est mort à Paris le 6 octobre 1833.

**CHASSE-MARÉE**. Ce nom est donné à un petit navire à deux mâts : le plus grand est au centre et très-incliné sur l'arrière; celui de misaine s'élève verticalement près de l'étrave. Ces deux mâts gréent des voiles à bourcet. Les plus grands chasse-marées ont un port de cent tonneaux, un tapecu, un hunier et des focs volants.

**CHASSE-MARÉE**, s. m. voiturier qui apporte la marée. Il se dit aussi d'une voiture qui sert à transporter la marée. — Figurément et familièrement, *Aller un train* ou *d'un train de chasse-marée*, aller fort vite.

**CHASSE-MARS**, s. m. (*calend.*). Il se dit quelquefois de la fête de l'Annonciation, qui vient ordinairement à la fin du mois de mars.

**CHASSE-MERDE** (*hist. nat.*), nom donné, ainsi que celui de stercoraire, au labbe, *larus parasiticus* Linn., dans la fausse supposition qu'il se nourrissait des excréments de l'espèce de mouette qu'il poursuit pour lui faire rejeter le poisson qu'elle a avalé.

**CHASSE-MOUCHE**, s. m. espèce de petit balai avec lequel on chasse les mouches. — Il se dit aussi d'une espèce de filet à cordons pendants dont on couvre les chevaux dans la saison des mouches.

**CHASSE-MOUCHE** (DIEU) (*V.* MYAGROS).

**CHASSE-MULET**, s. m. (*technol.*), valet de meunier.

**CHASSENEUIL** (*géogr.*, *hist.*), bourg de France, département de la Charente. — Chasseneuil paraît avoir été autrefois une ville importante. Charlemagne y tint le seul champ de mai qu'il convoqua dans la France romaine. C'était la résidence ordinaire des rois d'Aquitaine.

**CHASSENEUX** (BARTHÉLEMI DE), né à Issy-l'Evêque, près d'Autun, en 1480, étudia le droit aux universités de Dôle et de Poitiers, et alla perfectionner ses études aux universités de Turin et de Pavie. Pendant le séjour qu'il fit dans ces deux villes, il fut chargé de diverses missions en Italie. Revenu en France en 1502, il fut d'abord avocat du roi à Autun, et se fit, dans l'exercice de ces fonctions, une réputation de science et de talent qui ne tarda pas à attirer l'attention sur lui. Il fut nommé conseiller du parlement de Paris en 1531, et l'année suivante président du parlement de Provence. Accusé de malversation par l'avocat général Laugier, il fut complétement justifié de cette accusation en 1535, par une commission composée de quatre présidents tirés de quatre différents parlements. François I^er l'appela cette même année à son conseil pour y travailler à l'ordonnance d'Is-sur-Tille, relative à la réformation de la justice. Il occupait encore en 1540 la place de président au parlement d'Aix, lorsque fut rendu ce fameux arrêt du 18 novembre, qui ordonnait que toutes les maisons des villages de Cabrières et de Mérindol, occupées par les hérétiques vaudois, seraient démolies, ainsi que les châteaux et les forts qui leur appartenaient, et que les habitants seraient les uns bannis et les autres livrés aux flammes. Il paraît que Chasseneux arrêta l'exécution de cet arrêt; il est du moins certain qu'il demanda et obtint de François I^er que les habitants de Mérindol fussent entendus, et que tant qu'il vécut l'arrêt ne fut point exécuté (*V.* OPPÈDE). — Parmi les œuvres de Chasseneux, il faut citer un *Commentaire sur la coutume de Bourgogne*, en latin. C'est un des premiers ouvrages dans lesquels on ait essayé d'une manière systématique à éclairer le droit coutumier à l'aide du droit romain. Ce *Commentaire* a été imprimé plusieurs fois; il a même eu l'honneur d'être annoté par Dumoulin, qui cependant ne faisait grand cas ni de l'ouvrage ni de l'auteur. Il faut citer encore *Consilia*, dans lequel on trouve une espèce d'excommunication prononcée par l'official d'Autun contre certains insectes qui dévastaient les vignes de Beaune. Mais cette excommunication n'était qu'une sorte de malédiction qui était en usage dans ce temps-là contre les animaux malfaiteurs et autres fléaux. Or, pourquoi ne s'adresserait-on pas à Dieu pour le prier de détourner les calamités? On a pu, en de telles occasions et dans la simplicité de ces anciens temps, ne pas examiner bien rigoureusement toutes les circonstances qui accompagnaient ces sortes d'usages; mais cet abus ne saurait autoriser le blâme que les protestants ont déversé sur Chasseneux, et encore moins les gloses et les fables qu'ils ont accumulées sur cette pratique.

**CHASSE-NOIX**, s. m. (*art milit.*), outil d'armurier, espèce de chasse-goupille.

**CHASSE-POIGNÉE**, s. f. (*technol.*), outil qui sert à chasser la poignée d'une épée sur la soie de la lame.

**CHASSE-POINTE**, s. f. (*technol.*), outil qui sert à chasser les pointes ou goupilles d'un ouvrage quelconque.

**CHASSE-POMMEAU**, s. m. (*technol.*), outil qui sert à chasser le pommeau d'une épée sur la soie de la lame.

**CHASSE-PUNAISE** (*botan.*) (*V.* CIMICAIRE).

**CHASSER**, v. a. mettre dehors avec violence, contraindre, forcer de sortir de quelque lieu. On l'emploie quelquefois, par exagération, dans le langage familier. *Pardon si je vous chasse, mais il faut que je sorte.* — Il se dit figurément, tant au sens physique qu'au sens moral. — Proverbialement et figurément, *La faim chasse le loup hors du bois*, la nécessité détermine un homme à faire, même contre son inclination, beaucoup de choses pour se procurer de quoi vivre. — *Chasser le mauvais air*, purifier l'air. Il se dit aussi des choses qui servent à l'assainissement de l'air. — CHASSER signifie, par extension, congédier, renvoyer une personne dont on est mal satisfait. — CHASSER signifie aussi mener, faire marcher devant soi. Il se dit principalement en parlant des bestiaux. Par extension, *Chasser l'ennemi devant soi*, le faire retirer de poste en poste. — CHASSER signifie encore pousser quelque chose en avant. — Proverbialement et figurément, *Un clou chasse l'autre*, une nouvelle passion, un nouveau goût, de nouveaux soins en font oublier d'autres. Il se dit quelquefois, dans un sens analogue, en parlant des personnes. — *En term. de manége, Chasser son cheval*, le porter en avant en serrant les jambes. — CHASSER signifie en outre poursuivre, tâcher de prendre à la course avec des chiens certaines bêtes, comme lièvre, renard, chevreuil, loup, cerf, sanglier, etc. — *En term. de marine, Chasser un navire*, lui donner chasse, le poursuivre. *Chasser la terre*, s'en approcher, la reconnaître. — CHASSER signifie aussi neutralement, poursuivre toute espèce de gibier. *Ce chien chasse de haut vent*, il chasse contre le vent. — Figurément et familièrement, *Cet homme chasse bien au plat*, il a bon appétit, il aime à manger le gibier que les autres tuent. — Proverbialement et figurément, *Les bons chiens chassent de race*, ou *Bon chien chasse de race*, ordinairement les enfants tiennent des mœurs et des inclinations de leurs parents; et, dans le même sens, *Cet homme chasse de race*. Cela se dit en bonne et en mauvaise part; mais on ne le prend jamais qu'en mauvaise part lorsqu'il s'agit d'une femme. *Cette fille chasse de race;* elle est coquette, comme l'était sa mère. — Figurément et familièrement, *Leurs chiens ne chassent pas ensemble*, se dit de deux personnes qui ne sont pas en bonne intelligence. — Figurément et familièrement, *Chasser sur les terres de quelqu'un*, entreprendre sur ses attributions, sur ses droits, etc. — *En term. de marine, Ce bâtiment chasse sur ses ancres*, il les entraîne et leur fait labourer le fond. On dit, dans un sens analogue, qu'*Une ancre chasse*, lorsqu'elle ne tient pas le fond. On dit aussi qu'*Un bâtiment chasse sur un autre, chasse à la côte*, lorsque, chassant sur ses ancres, il va tomber sur un autre bâtiment ou se jeter à la côte. — *Les nuages chassent du nord, du sud*, etc.; ils viennent du nord, du sud, etc. — *Cette voiture chasse bien;* elle n'est pas lourde, elle roule avec facilité, son mouvement est commode et prompt. — CHASSER, *en term. d'imprimerie*, signifie neutralement espacer fortement les lignes, remplir beaucoup d'espace avec peu de caractères. — *Ce caractère chasse plus que tel autre;* les mots composés avec ce caractère occupent plus d'espace que s'ils étaient composés avec tel autre. — CHASSER, *en term. de danse*, est aussi neutre, et signifie exécuter le pas de danse appelé *chassé*.

**CHASSER DE GUEULE** (*vénerie*), laisser aboyer un limier, qui naturellement est secret.

**CHASSER SON CHEVAL EN AVANT** (*manége*), doubler son action avec les jambes pour lui donner un degré de vitesse plus considérable, ou vaincre la résistance qu'il oppose.

**CHASSER LES MOUCHES** (*escrime*), se dit d'un tireur, quand, au lieu de prendre des contre ou toute autre parade double, il pare au hasard à droite et à gauche par des mouvements irréguliers.

**CHASSER** (*ponts et chaussées*), ouvrir l'écluse de chasse.

**CHASSER DU NORD, DU SUD**, etc. (*marine*), se dit en parlant de la direction des nuages.

**CHASSER** (*botan.*) (*V.* CHODIE).

**CHASSE-RAGE** (*V.* PASSE-RAGE).

**CHASSERANDERIE**, s. f. (*droit féod.*), droit payé par des meuniers à un seigneur qui avait un moulin banal, pour obtenir la permission de chasser dans l'étendue de sa banalité.

**CHASSERESSE**, adj. et s. f. Ce mot, qui est synonyme de chasseuse, ne s'emploie guère qu'en poésie.

**CHASSE-RIVET**, s. m. (*technol.*), outil dont on se sert pour river les clous en cuivre.

**CHASSE-RONDELLE** ou **CHASSE-ROUE**, s. m. (*technol.*), outil de charron.

**CHASSETON** (*hist. nat.*). On appelle ainsi, en Savoie, le grand duc, *strix bubo*.

**CHASSEUR, EUSE**, s. celui, celle qui chasse actuellement, ou qui aime à chasser. — CHASSEUR se dit aussi d'un domestique occupé dans une terre à chasser pour son maître. — Il se dit également d'un domestique en habit de chasse qui monte derrière la voiture. — CHASSEUR, *en term. de marine*, se dit d'un bâtiment qui en poursuit un autre. Dans ce sens, on dit quelquefois adjectivement, *Le vaisseau chasseur*.

**CHASSEURS A CHEVAL.** L'institution des chasseurs à cheval est toute moderne. Au commencement du règne de

Louis XV, les compagnies franches et les légions, corps mixtes auxquels on donnait aussi le nom de troupes légères, faisaient encore en partie le service qui devait plus tard être confié aux *chasseurs à cheval*. Les chasseurs de Fischer, dont la création ne remonte pas au delà de 1740 (ou 1743), furent les premiers qui parurent dans les armées françaises; mais ce corps, originairement composé d'une seule compagnie de cent hommes, n'était pas régulièrement constitué. Quelques années après, on forma de cette compagnie une légion de six cents hommes, et l'on y adjoignit deux cents cavaliers. Ce nouveau corps prit successivement la dénomination de *dragons-chasseurs* et celle de *volontaires*. L'ordonnance de 1776 attacha un escadron de chasseurs à cheval à chacun des vingt-quatre régiments de dragons existants à cette époque. Ces différents essais ayant fait sentir l'utilité de corps réguliers de cavalerie légère, on renonça à ce mélange, et, en 1779, on créa six régiments de chasseurs, dans la composition desquels entrèrent ces vingt-quatre escadrons. Telle est l'origine des régiments de chasseurs à cheval. Les services importants que les chasseurs à cheval rendirent pendant la guerre d'Amérique leur assignèrent un rang distingué dans la cavalerie française et en firent bientôt élever le nombre. On en comptait en 1792 douze régiments, que l'on désignait par des noms de province; c'étaient les chasseurs d'*Alsace*, des *Trois-Evêchés*, de *Flandre*, de *Franche-Comté*, de *Hainaut*, de *Languedoc*, de *Picardie*, de *Guienne*, de *Lorraine*, de *Bretagne*, de *Normandie* et de *Champagne*. L'organisation du 10 brumaire an IV porta à vingt le nombre des régiments de chasseurs à cheval, et celle de l'an VIII leur donna un effectif de vingt mille sept cent vingt-quatre hommes. Les régiments de chasseurs, portés à trente et un sous l'empire, furent réduits à vingt-quatre sous la restauration. Ils prirent alors les noms des départements où ils furent levés. Ainsi il y eut les chasseurs des *Ardennes*, de la *Somme*, de l'*Orne*, de la *Charente*, etc. Ils perdirent ces dénominations en 1819, et ne furent plus désignés que par leur numéro d'ancienneté. Depuis la révolution de juillet on a réduit à quatorze, puis à douze, les dix-huit régiments qui existaient en 1830. Ces douze régiments se composent aujourd'hui de cinq escadrons chacun, et constituent une force réglementaire de quinze mille cent quatre-vingt-douze hommes sur le pied de guerre, et de onze mille neuf cent soixante-seize sur le pied de paix. L'institution des règlements de chasseurs à cheval, dont le service est le même que celui des hussards, n'a été imitée que par quelques puissances de l'Europe; et il est à remarquer que ce sont presque toutes des puissances du second ordre. Ainsi la Russie, l'Autriche, la Prusse, l'Angleterre, la Bavière, n'ont pas de régiments de chasseurs, tandis qu'on en compte huit en Espagne, deux en Belgique, un en Suède, un dans le royaume de Naples.

**CHASSEURS A CHEVAL DE LA GARDE IMPÉRIALE.** En 1798, le général Bonaparte, commandant en chef l'armée d'Egypte, avait créé une compagnie de *guides à cheval*, qui lui servit de garde pendant toute la durée de cette expédition, et qu'il ramena en France vers la fin de 1799. Cette compagnie changea alors de dénomination, et prit celle de *chasseurs à cheval*. Elle fit partie de la garde des consuls organisée par arrêté du 7 frimaire an VIII, et forma le noyau du régiment de chasseurs institué le 17 nivôse an X. Augmenté à différentes reprises, ce régiment se composait en 1813 de deux mille cinq cents officiers, sous-officiers et soldats. Ce régiment prit en 1814 la dénomination de *corps royal des chasseurs à cheval de France*. Rétabli sur son ancien pied le 8 avril 1815, il fut enfin définitivement licencié en septembre de la même année. La garde royale compta aussi, dès son organisation, en septembre 1815, parmi les corps qui la composaient, un régiment de chasseurs à cheval. Ce régiment subsista jusqu'au 11 août 1830.

**CHASSEURS A PIED.** L'origine des chasseurs à pied est exactement la même que celle des chasseurs à cheval. On établit en 1760, dans chaque bataillon d'infanterie française, une compagnie de chasseurs qui prit la gauche des compagnies de fusiliers. Ces compagnies, licenciées à la paix de 1763, ayant été de nouveau recréées en 1775, se firent bientôt remarquer par leur belle tenue et leur discipline, et l'on conçut l'idée d'en former des corps spéciaux. Cependant ce ne fut qu'en 1788, et après plusieurs essais, que l'on en organisa douze bataillons, pris de préférence parmi les soldats nés dans les montagnes du midi de la France. Ces bataillons, portés à quatorze en 1793, formèrent un an plus tard les trente demi-brigades d'*infanterie légère* qui se distinguèrent pendant les campagnes de la révolution et de l'empire; on en comptait en 1813 et 1814 trente-sept régiments, qui formaient un effectif de quatre-vingt-dix mille hommes; il y en a aujourd'hui vingt et un, dont l'organisation est semblable à celle des régiments de ligne. Sur les huit compagnies dont se compose le bataillon, il y en a une de *carabiniers*, six de *chasseurs* et une de *voltigeurs*. L'ordonnance constitutive du 25 février 1835, qui a subi fort peu de modifications depuis, donne à ces vingt et un régiments un effectif de cinquante-neuf mille cinq cent trente-cinq hommes sur le pied de guerre, et de trente-neuf mille deux cent soixante-quinze sur le pied de paix.

**CHASSEURS A PIED DE LA GARDE IMPÉRIALE.** Après la journée du 18 brumaire, le premier consul composa sa garde de celle du directoire, et l'augmenta de quelques armes spéciales. L'arrêté du 7 frimaire an VIII y fit entrer une compagnie de chasseurs à pied, forte de quatre-vingt-dix-neuf hommes, officiers compris. Cette compagnie forma le noyau des deux bataillons de chasseurs créés le 25 brumaire an X. Ces deux bataillons, commandés par un chef de brigade, étaient composés de huit compagnies, et formaient un effectif de mille six cent quatre-vingt-dix-neuf hommes, officiers compris. Le maréchal Soult en fut nommé colonel général. Ce corps fut augmenté le 10 thermidor an XII d'un bataillon de vélites, et l'on en composa en 1806 deux régiments de neuf cent soixante hommes, qui, en 1811, furent portés à mille six cents hommes. Enfin en 1813 on créa un bataillon *bis* de chasseurs à pied. Les deux régiments, réunis en un seul en 1814, prirent le titre de *corps royal des chasseurs à pied de France*. Un décret du 8 avril 1815 les rétablit sur leur ancien pied, et en créa un troisième. Ils furent tous licenciés en août et septembre de la même année.

**CHASSEURS D'AFRIQUE.** Neuf mois après la conquête de la régence d'Alger, le 21 mars 1831, le gouvernement créa, sous le nom de *zouaves*, deux bataillons et deux escadrons d'indigènes, pour le service de la nouvelle colonie. Ces derniers prirent, peu de temps après, la dénomination de *chasseurs algériens*, et enfin celle de *chasseurs d'Afrique*. Ces deux escadrons furent successivement portés à trois régiments en 1832, et à quatre en 1839. La dernière ordonnance constitutive de ces quatre régiments fixe le complet des deux premiers à six escadrons de chasseurs français et à deux escadrons de spahis ou indigènes; et celui des deux derniers à cinq escadrons de chasseurs français et un escadron de spahis. Dans l'ordre de bataille, les escadrons de spahis prennent la gauche de leur régiment. Ces quatre corps ainsi organisés forment un effectif réglementaire de cinq mille cinq cent trente hommes, dont deux cent quatre-vingt-dix-huit officiers.

**CHASSEUR-PATINEUR** (*art milit.*) se dit des soldats d'un corps au service de la Norwége. Les chasseurs-patineurs voyagent en hiver au moyen de patins de bois longs de cinq à six pieds.

**CHASSIE**, s. f. (du latin *cœcare*, aveugler) (*médec.*), humeur grasse, onctueuse et jaunâtre, désignée sous ce nom vulgaire lorsqu'elle coule plus ou moins abondamment des bords des paupières et de l'angle interne de l'œil, lorsque ces parties sont le siége d'une irritation inflammatoire, qui a souvent un caractère chronique. Cet écoulement, fort désagréable, force les malades de recourir fréquemment aux soins de propreté, à des lotions émollientes; sans quoi la chassie, qui s'accumule autour des cils, sur les bords des paupières et au coin de l'œil, ne tarde pas à se condenser, et forme en se durcissant une bordure croûteuse, qui augmente l'irritation, et réclame promptement l'emploi des moyens indiqués ci-dessous. L'épaississement de la chassie pendant le sommeil agglutine les paupières, et ne permet de les ouvrir qu'après qu'elle a été enlevée. Dans l'état de santé, une humeur sébacée miscible aux larmes est sécrétée par les follicules de Meibomius (*V.* FOLLICULES), en quantité suffisante pour former un enduit sur les bords des paupières et donner aux cils la souplesse convenable. Cette humeur ne reçoit pas alors de nom particulier. Elle remplit à l'égard de l'œil le même office de protection défensive que le cérumen dans l'oreille et que les fluides sébacés dans toute l'étendue de la peau; mais ici, en se mêlant aux larmes dans lesquelles elle est soluble, elle favorise considérablement les mouvements si fréquents des paupières, dans le clignotement soit normal, soit convulsif, en rendant les frottements doux et non susceptibles d'irriter. C'est cette même humeur, formant dans l'état de santé un enduit convenable des bords palpébraux, qui prend le nom de *chassie* lorsque, plus ou moins altérée dans sa nature chimique, elle coule abondamment pendant l'inflammation des follicules de Meibomius ou follicules sébacipares des paupières, que les médecins oculistes désignent sous le nom de *lippitude*. — On dit des personnes atteintes de cette maladie, qu'elles ont toujours de la chassie aux yeux, ou qu'elles ont *les yeux bordés de cire*. — On dit aussi, *Il est chassieux*, *Elle est chassieuse*, *Paupières chassieuses*; ou, substantivement, *C'est un chassieux*, *C'est une chassieuse*. — Pour guérir cet écoulement de chassie, lorsqu'il a un caractère chronique, sans être survenu à la suite de la petite vérole, on a recours à des pommades cathérétiques, connues des praticiens qui les ont mises en vogue : telles sont la pommade anti-ophthalmique de Desault, celle de Régnat, celle de Janin, etc., etc., qu'on trouve chez tous les pharmaciens, et dont les recettes sont dans tous les formulaires pharmaceutiques.

**CHASSIGNET** (JEAN-BAPTISTE) naquit à Besançon à la fin du XVIe siècle ; il eut pour maître le savant Huet, et il puisa dans les leçons de ce guide éclairé un grand amour pour les lettres, auxquelles il consacra toute son existence. Ses poésies, qui sont en général empreintes de mélancolie, ont fait croire qu'il avait été malheureux ; mais il nous dit quelque part qu'il était porté naturellement à une tristesse que les distractions mêmes des fêtes ne pouvaient dissiper. On lui doit, entre autres ouvrages, deux poëmes intitulés : *Mépris de la vie et consolations contre la mort*, Besançon, 1594, in-12, et *Paraphrases sur les cent cinquante Psaumes de David*, Lyon, 1613, in-12. Ces compositions ne sont pas sans quelque mérite littéraire. On peut sans doute y relever bien des longueurs et en blâmer quelques idées bizarres; mais, en général, l'auteur fait preuve d'un esprit sage et d'un travail consciencieux. Ses vers sont bien frappés, la rime assez riche et constamment alternée; enfin les enjambements sont rares. On reconnait dans Chassignet un contemporain de Malherbe. Il vécut, à ce que l'on croit, jusqu'en 1620.

**CHASSIGNET** (1) (FRANÇOIS, BARON DE), homme d'Etat, oublié jusqu'ici dans les dictionnaires historiques, naquit en 1651 à Besançon, d'une famille patricienne, qui a produit plusieurs hommes de mérite, entre autres un poëte remarquable pour le temps où il a vécu (*V.* CHASSIGNET [J.-B.]). Après avoir achevé ses études, il embrassa la profession des armes, au service de l'Autriche, et parvint rapidement aux premiers grades. Ses talents l'ayant fait remarquer de l'empereur Léopold, ce prince le chargea de l'éducation de l'aîné de ses fils (Joseph Ier), et l'employa dans diverses affaires importantes où Chassignet montra beaucoup de zèle et de capacité. Après la mort du roi d'Espagne Charles II (1er novembre 1700), la France s'empressa de faire reconnaître pour son successeur le jeune duc d'Anjou (Philippe V), proclamé d'abord à Madrid, et peu de temps après à Naples. L'empereur Léopold, qui convoitait cette riche succession pour son second fils, l'archiduc Charles, forma sur-le-champ une nouvelle coalition contre la France; et, en attendant qu'il pût faire passer une armée en Espagne, fit entrer des troupes en Italie, pour y attirer les Français. L'Autriche conservait de nombreux partisans à Naples, surtout parmi les nobles, fatigués d'être gouvernés par un vice-roi espagnol. Quelques-uns firent offrir leurs services à l'empereur s'il voulait renverser Philippe V, dont l'autorité mal affermie ne pourrait résister au moindre choc. Léopold accueillit leurs offres avec empressement, et choisit Chassignet pour conduire cette grande entreprise. Muni d'instructions nécessaires, il partit pour Naples (juillet 1701). En passant à Rome, il vit les principaux seigneurs napolitains qui s'étaient engagés à le seconder; et il s'arrêta quelques jours à Bénévent, chez le prince de l'Ariccia, pour se concerter avec lui sur les mesures les plus propres à faire réussir la conjuration. Dans une réunion des chefs qui eut lieu à Naples peu de jours après l'arrivée de Chassignet, il fut convenu que l'on commencerait par poignarder le vice-roi (le duc de Médina-Cœli), au moment où il sortirait de son palais; que l'on s'emparerait ensuite des forts, où l'on aurait soin de ménager des intelligences, et que l'on profiterait du trouble pour proclamer l'archiduc. L'exécution de ce plan fut fixée d'abord au 19 septembre, jour de la Saint-Janvier ; mais craignant que la solennité de la fête, loin de le favoriser, ne devînt un obstacle à leur projet, les conjurés l'ajournèrent au 5 octobre. Malgré le mystère dont Chassignet avait enveloppé ses démarches, la conspiration fut découverte par l'indiscrétion de quelques subalternes à qui l'on avait été forcé de se confier. Les mesures que le vice-roi prit aussitôt, soit en changeant la garnison des forts, soit en faisant arrêter plusieurs personnes suspectes, avertirent Chassignet qu'il était trahi. Son avis fut d'abandonner, du moins pour le moment, un plan devenu désormais impraticable; mais les conjurés, dans leur désespoir, résolurent au contraire d'en avancer l'exécution. On était dans la nuit du 27 septembre; ils forcèrent Chassignet de monter à cheval et de parcourir les rues de Naples, tenant dans ses bras le portrait de l'archiduc, et suivi d'hommes du peuple, qui crieraient *Vive Charles III* (1) ! Pendant ce temps, les séditieux forcèrent les portes des prisons, dont ils firent sortir indistinctement tous ceux qui y étaient renfermés, et s'emparèrent ensuite du palais de la vicairie, où ils commirent toutes sortes d'excès. Quelques-uns, ignorant que la garnison des forts avait été changée, se présentèrent pour y être reçus; mais ils furent dispersés à coups de fusil. Abandonné de la plupart de ceux qui l'avaient suivi, Chassignet se réfugia dans le cloître de Saint-Laurent, où il arbora l'étendard d'Autriche et fit placer devant lui une table chargée de pistolets, qu'il laissait prendre à ceux qui se déclaraient pour l'archiduc. Mais, quand le jour arriva, le calme se rétablit. Chassignet, arrêté sans résistance, fut conduit en prison, et peu de temps après transféré en France, où il fut mis à la Bastille. Tant que dura sa détention, il reçut tous les mois de l'empereur cent écus, dont il distribuait aussitôt la moitié aux autres prisonniers, se contentant du surplus pour ses propres besoins. Renneville, l'un de ses compagnons d'infortune, a, dans son *Histoire de la Bastille*, loué la modération de Chassignet, sa prudence, sa douceur et sa piété profonde. « C'était, ajoute-t-il, un seigneur très-habile dans les négociations, d'un grand courage et d'une expérience éprouvée » (t. Ier, p. 114). Les lettres l'aidèrent à supporter sa longue captivité. Il composait des vers assez agréables, comme on peut en juger par le *sonnet* que Renneville rapporte (II, 404). A la paix de Rastadt (1714) il recouvra sa liberté, et courut à Vienne, où l'archiduc, cause innocente de sa longue détention, occupait le trône impérial sous le nom de Charles VI. Son dévouement fut récompensé par le titre de conseiller d'Etat. On conjecture que, déjà sur le retour de l'âge, et d'ailleurs affaibli par sa prison, il ne jouit pas longtemps des bienfaits de son souverain.

**CHASSIPOL** (DE), nom que Barbier, dans son *Dictionnaire des anonymes*, et M. Brunet dans son *Manuel du libraire*, donnent à l'auteur d'un ouvrage assez intéressant pour lui mériter une place dans cette biographie. Rien n'étant plus commun dans l'histoire littéraire que des noms défigurés par le changement d'une lettre, il serait possible que *Chassipol* fût le même que *Chassepol*, à qui l'on attribue deux romans assez médiocres, l'*Histoire nouvelle des Amazones*, Paris, 1678, 2 vol., et l'*Histoire des grands vizirs*, Paris, 1677, 3 vol. in-12. On conserve au cabinet des estampes un portrait de François de Chassepol, gravé par Audran dans la bordure d'une thèse. Ce Chassepol pourrait bien être l'auteur des romans que l'on vient de citer, et avoir en même temps rempli quelque place dans la robe ou dans la finance. La précaution qu'il a prise de ne pas mettre son nom à la tête de productions trop légères pour qu'un homme grave pût les avouer, semble confirmer cette conjecture. Chassepol, que ses fonctions mettaient en rapport avec Colbert, fut chargé par ce grand ministre de lui fournir un mémoire sur les finances des Romains. Ce travail, que vraisemblablement Colbert ne destinait pas au public, ayant été découvert dans les cartons du ministère, fut mis au jour sous ce titre : *Traité des finances et de la fausse monnaie des Romains*, Paris, 1740, in-12. Il est précédé d'une introduction de l'éditeur, qui pourrait être Guillaume Beauvais, dont on retrouve à la fin du volume le curieux opuscule : *De la manière de discerner les médailles antiques de celles qui sont contrefaites*. L'auteur, quel qu'il soit, du *Traité des finances*, était très-instruit de la législation des Romains. Après avoir expliqué l'origine et les diverses causes de l'accroissement successif du domaine de l'Etat, il parle des autres sources du revenu public, des impôts, des amendes, des confiscations, du droit d'aubaine, etc. Dans une seconde partie, il indique brièvement les différents modes de recouvrement des impôts, et les attributions de tous les officiers chargés de l'administration des finances. Quoiqu'on puisse désirer dans cet ouvrage plus d'ordre et des développements plus étendus, il n'en est pas moins encore consulté avec fruit (*V.* le *Journal des savants*, 1740, p. 231).

**CHASSIPOLERIE**, s. f. (*jurisp. anc.*). C'était un droit singulier usité en Bresse, que les hommes ou sujets du seigneur lui payaient pour avoir droit, en temps de guerre, de se retirer avec leurs biens dans son château. — *Chassipol*, en Bresse, signifiait *concierge*; et de là on a fait *chassipolerie* (*V.* Chevel dans ses

(1) Il est mal nommé Sassignet par les différents historiens de la conjuration de Naples.

(1) C'est ce rang que le prince devait occuper dans la série des rois de Naples.

*Observations sur les statuts de Bresse*, p. 311; et Laurière dans son *Glossaire*, au mot *Chassipolerie*).

**CHASSIRON** (Pierre-Matthieu-Martin de), trésorier de France, conseiller d'honneur au présidial de la Rochelle, naquit à l'île d'Oléron en 1704. Il se fit une réputation littéraire en publiant des *Réflexions sur le comique larmoyant*, Paris, 1749, in-12. Armé des traditions classiques et voulant combattre à la fois le goût de son siècle et les succès que la Chaussée et ses imitateurs avaient obtenus, il soutint que la nouvelle manière de traiter le comique n'est pas autorisée par l'exemple des anciens; que l'on n'a pas la liberté de changer sans cesse la nature de la comédie, et que, sous le rapport du plaisir et de l'utilité, le comique larmoyant, inférieur au genre de Plaute et de Molière, ne passera point à la postérité. Le succès des ouvrages de cette espèce a démenti la prédiction de Chassiron. Son écrit fit cependant quelque sensation, et il obtint même le suffrage de Voltaire, qui avait sacrifié à la nouvelle Thalie. Le goût du public finit par l'emporter sur des censures pleines de raison à beaucoup d'égards, mais qui devaient perdre leur force en présence des émotions si communicatives de la scène. Chassiron fut l'un des fondateurs de l'académie de la Rochelle. Il prononça dans la première séance de cette société, le 22 juin 1735, un discours sur le but de son institution. Il fit ensuite paraître, en tête du premier *Recueil des mémoires de l'académie*, publié en 1747, Paris, in-8°, l'histoire et le précis sommaire de ses travaux. Les *Réflexions sur le comique larmoyant* ont été réimprimées dans le t. III de ces mémoires, qui parut en 1763. « Il y a peu de recueils qu'on puisse mettre à côté du vôtre, écrivait l'abbé Raynal à Chassiron, et de l'aveu de nos meilleurs connaisseurs, on ne lui en doit préférer aucun. » Chassiron mourut à la Rochelle en 1767.

**CHASSIRON** (Pierre-Claude-Martin, baron de), agronome distingué, né à la Rochelle le 2 novembre 1753, mort à Paris le 15 avril 1825, resta en France, quoique noble, pendant la révolution, perdit la moitié de sa fortune, devint cultivateur, fut le premier habitant de la Charente-Inférieure qui éleva des mérinos, introduisit la pratique du parcage, multiplia les prairies artificielles, et s'occupa du dessèchement des marais de la Vendée, des Deux-Sèvres et des pays voisins. Il parvint à dessécher parfaitement ceux de Boëze, qui avaient 3,000 arpents d'étendue. Il conçut et parvint à faire adopter le projet d'un canal de navigation entre la Rochelle et Niort, destiné surtout au dessèchement de six mille arpents de marais qu'il parcourt. La reconnaissance publique a donné son nom à ce canal. Il fut l'un des fondateurs de la *Société d'encouragement* et membre de la *Société d'agriculture*. Il fit aussi partie du conseil des anciens. Il n'a écrit que quelques opuscules et l'article *Dessèchement* dans le *Dictionnaire d'agriculture;* mais cet article à lui seul est un ouvrage. On a de lui : 1° *Lettres sur l'agriculture du district de la Rochelle et des environs*, 1796, in-12; 2° deux *Lettres aux cultivateurs français sur les moyens d'opérer un grand nombre de dessèchements par des procédés simples et peu dispendieux*, 1801, in-8°; 3° *Essai sur la législation et les règlements nécessaires aux dessèchements à faire ou à conserver en France;* 4° *Richard converti*, ou *Entretien sur les objets les plus importants du code rural*. Il a aussi donné des morceaux dans les *Mémoires de la société royale et centrale d'agriculture*, et il a fourni plusieurs articles au *Nouveau Cours complet d'agriculture*, publié chez Déterville en 13 vol. in-8°. M. Silvestre, secrétaire perpétuel de la société royale d'agriculture, a publié une *Notice sur le baron Chassiron*, Paris, 1826, in-8°.

**CHASSIS**, s. m. (*technol.*), ouvrage de menuiserie composé de plusieurs pièces qui forment ordinairement des carrés où l'on met des vitres, de la toile ou des feuilles de papier huilé, pour empêcher le vent, les injures du temps, etc. — *Châssis dormant*, l'assemblage de montants et de traverses qui encadre les parties mobiles d'une fenêtre, et qui est fixé dans la feuillure de la baie. — Chassis signifie aussi une espèce de cadre sur lequel on attache, on applique, on fait tenir un tableau, une toile ou autre chose semblable. — Chassis se dit en général, dans les arts, de ce qui enferme et enchâsse quelque chose. — *Châssis d'imprimerie*, cadre de fer ordinairement traversé d'une barre, dans lequel on place les caractères assemblés en pages, en les serrant de tous côtés avec des coins. — *Châssis d'une table*, ce qui soutient le dessus d'une table. — *Châssis de pierre*, dalle de pierre qui en reçoit une autre en feuillure. — *Châssis de serrurerie*, l'assemblage des montants et des traverses d'une porte de fer, où le bâti d'une rampe d'escalier.

**CHASSIS** (*hort.*). A mesure que la culture des pays froids et tempérés commença à s'étendre aux végétaux qui croissaient naturellement dans des climats plus chauds, il fallut chercher les moyens d'obtenir une chaleur artificielle, et dès qu'on l'eut trouvée à l'aide de la simple concentration des rayons solaires, de la décomposition des matières organiques ou du feu, on dut encore s'occuper de la conserver par des abris de diverses sortes. A cet effet on employa des *cloches*, des *châssis*, des *bâches*, enfin des *serres*, dont il faudra parler avec quelque étendue. Les *châssis* sont toujours composés de deux parties distinctes : la *caisse* ou le *coffre* qui circonscrit et isole du sol environnant la terre à laquelle on veut confier des cultures exotiques ou de primeur, et les *panneaux*, qui défendent ces mêmes cultures contre les variations de température atmosphérique. La caisse est un carré long à parois, le plus ordinairement en bois de sapin, rarement en chêne, dont la longue durée compenserait cependant la cherté. Quelquefois, en dehors de la première *caisse* on en établit une seconde, à la distance d'environ un pied; puis, après avoir creusé de huit à dix pouces l'intervalle qui les sépare l'une de l'autre, on le remplit de paille d'avoine, de balles de blé, de fougère, de feuilles, ou de toute autre substance bien sèche, peu conductrice de la chaleur; et afin que l'humidité ne les pénètre pas, conformément aux préceptes donnés par A. Thouin dans le *Cours complet d'agriculture*, on les couvre d'une planche qui porte sur les bords des caisses, et qui, étant un peu inclinée en dehors, renvoie les eaux à quelque distance. Par la même raison on a soin d'établir tout autour de la caisse extérieure un déversoir en terre qui éloigne les eaux pluviales et les dirige vers les terrains voisins. Ces sortes de châssis, ajoute le savant que nous venons de citer, quand ils sont faits avec soin, sont imperméables à des gelées de douze à quinze degrés, et si on a la précaution de les placer favorablement, par exemple dans le voisinage d'un mur, à l'exposition du midi, et qu'on couvre bien le dessus des panneaux avec des paillassons et de la paille, ils sont à l'épreuve des plus grands froids de nos climats. Lorsque les parois des châssis sont en maçonnerie et s'élèvent dans une fosse, de sorte que, sans dépasser beaucoup le niveau du sol environnant, elles permettent à un homme de circuler à l'intérieur, ces sortes de constructions prennent le nom de *bâches* et participent à la fois aux usages des *châssis* et des serres. Les panneaux qui recouvrent les caisses sont construits en bois, en fer ou en fonte, de manière à recevoir et maintenir solidement le vitrage destiné à laisser pénétrer à l'intérieur du *châssis* une lumière convenable pour chaque culture. On peut les exhausser à divers degrés ou les enlever tout à fait quand il est besoin de renouveler l'air ou lorsque la température extérieure est telle qu'on n'a pas intérêt à l'élever davantage à l'intérieur. Les usages des châssis sont aussi variés qu'importants en horticulture. Tantôt ils protégent des semis de végétaux exotiques qui ne lèveraient pas ou lèveraient mal en plein air; tantôt ils favorisent jusqu'à l'arrivée des chaleurs printanières la première croissance des plantes que l'on repique ensuite, et qui n'auraient pas eu, sans une telle combinaison, le temps d'accomplir avant le retour des froids toutes les phases de leur végétation. C'est à l'aide de châssis qu'on obtient un grand nombre de légumes et de fruits de primeur, qui sont d'autant plus recherchés sur la table des riches que leur apparition devance davantage la saison ordinaire; c'est par leur moyen qu'on peut cultiver, à défaut de bâches, les ananas, devenus plus communs dans nos régions depuis quelques années, et voir fleurir mieux que dans les serres mêmes beaucoup de végétaux exotiques délicats, particulièrement de la belle et nombreuse famille des liliacées, qui, bien que cultivés en pleine terre, redoutent cependant les gelées printanières et craignent au moins autant la privation d'air et de lumière. C'est encore au moyen des châssis qu'il est facile de faire reprendre des boutures herbacées, dont l'évaporation produite par le renouvellement de l'air ambiant compromettrait le succès; de marcotter ou de greffer grand nombre de plantes dont la chaleur active les mouvements séveux et favorise puissamment la reprise, etc. Presque toujours on pose les châssis sur des *couches* (*V.* ce mot). Les cultures sous châssis exigent des soins éclairés et assez minutieux. En effet, tandis que certains semis prospèrent à une demi-lumière, d'autres s'étioleraient, périraient peu à peu, ou, pour adopter l'expression technique, fondraient à l'obscurité. Les repiquages nouvellement faits, les boutures d'une reprise difficile s'accommodent à merveille d'une atmosphère en quelque sorte stagnante; beaucoup de plantes veulent au contraire un air fréquemment renouvelé. Enfin il en est qui craignent plus que d'autres, celles-ci l'humidité, celles-là l'action concentrée des rayons solaires, de sorte qu'il faut avoir soin de grouper ensemble les cultures qui offrent sous ces divers rapports le plus d'analogie entre elles; de donner aux unes une exposition ombragée, aux autres une clarté vive; de laisser les panneaux abaissés sur celles-ci, de les soulever sur celles-là dès qu'on s'aperçoit aux gouttelettes qui se forment en dedans des vitraux qu'elles sont enveloppées de plus d'humidité qu'elles ne peuvent en absorber; d'éviter toujours pendant les fortes chaleurs les coups de soleil, en interposant entre cet astre et les panneaux un corps médiateur, tel que des toiles ou des paillassons. Il y a des *châssis fixes* et des *châssis portatifs*, c'est-à-dire qu'on peut transporter au besoin d'une couche sur une autre. L'histoire nous apprend que dans les jardins de Tibère on en avait monté sur des roues, afin de pouvoir les traîner à chaque heure du jour aux expositions les plus chaudes et les rentrer le soir dans des orangeries. De nos jours, afin de mieux profiter de toute la chaleur du soleil, on calcule l'inclinaison des panneaux d'après le degré de son obliquité: ainsi on les pose horizontalement sur la couche en été, parce qu'alors ils reçoivent les rayons calorifiques à peu près perpendiculairement; et on les incline au contraire de plus en plus du nord au sud quand on veut les utiliser durant l'automne, l'hiver ou une partie du printemps.

**CHASSIS** (*technol.*), bordure d'une table à couler le plomb.

**CHASSOIR**, s. m. (*term. de tonnelier*). C'est un morceau de bois de chêne d'un demi-pouce d'épaisseur, de sept ou huit pouces de longueur et d'environ six pouces de largeur. Le tonnelier le pose par un bout sur les cerceaux qu'il veut chasser, et frappe sur l'autre avec un maillet pour faire avancer le cerceau, afin qu'il embrasse étroitement la futaille (*V.* TONNELIER).

**CHASSOIRE**, s. f. baguette des autoursiers (*V.* AUTOURSIERS).

**CHASSUAIRES** (*géogr. anc.*), peuple de la grande Germanie, situé le long des rives de l'Adrana et du Visurgis. Il était borné au nord par les Delgubini et les Chérusques, et à l'ouest par les Sicambres.

**CHAST** (*botan.*). Ce nom est donné, en Syrie, suivant Rauvolf, au *costus arabicus*, commun aux environs d'Antioche.

**CHAST-CHASTEL** (*anc. term. milit.*) (*V.* CHAT-CHATEIL).

**CHASTE**, adj. des deux genres, qui s'abstient des plaisirs d'un amour illicite. Il signifie aussi pur, éloigné de tout ce qui blesse la pudeur, la modestie.

**CHASTE** (DE), commandeur, gentilhomme ordinaire de la chambre du roi, et gouverneur de Dieppe et d'Arques, fut choisi par Catherine de Médicis, en 1583, pour aller avec une compagnie de fantassins dans l'île Tercère, y soutenir, contre Philippe II, les intérêts d'Antoine, prieur de Crato, élu roi de Portugal par une partie du royaume. Chaste, jugeant que la France aurait tort de hasarder la vie de ses soldats pour défendre peut-être inutilement les droits d'un prince étranger qui ne savait pas se battre, demanda à la reine la permission de s'embarquer sur un vaisseau particulier, pour aller d'abord reconnaître Tercère, et faire ensuite un rapport sur sa force et sur les moyens de conserver les Açores. On apporta tant de lenteurs au départ de Chaste, que l'on apprit le départ de la flotte espagnole de Lisbonne. Chaste fit voile du Havre, le 17 mai, avec sa troupe, et arriva le 11 juin à Tercère, où il fut accueilli par le peuple et par les Français envoyés un an auparavant. Bientôt les Espagnols arrivèrent et mirent à terre six mille hommes; les Français, mal secondés par les Portugais et contrariés par les manœuvres des jésuites, perdirent beaucoup de monde en s'opposant à l'attaque des Espagnols, et furent obligés de capituler. Ils quittèrent Tercère le 14 août, et, après une navigation pénible, abordèrent en Biscaye. Chaste, à son arrivée à Paris, remit un rapport circonstancié de son expédition à la reine mère, qui lui témoigna sa satisfaction. Il forma en 1603, avec des négociants de Rouen, une compagnie pour continuer les découvertes au Canada et y former des établissements. Malgré son âge avancé, il se disposait à y aller, lorsqu'il fit connaissance de Champlain qui arrivait des Antilles, et lui proposa la direction de l'armement pour le Canada. Champlain, à son retour en France, en 1604, apprit la mort de Chaste, ce qui interrompit cette entreprise, mieux combinée que les précédentes. On trouve dans la deuxième partie du 2ᵉ vol. du recueil de Thévenot, *Voyage de la Tercère, fait par le commandeur de Chaste, etc.* Il n'y est question que des événements militaires; on n'y trouve rien de relatif à la géographie.

**CHASTEIGNER DE LA ROCHEPOZAI** (HENRI-LOUIS), évêque de Poitiers, mort en 1651, a laissé: 1° un *Abrégé des dictions les plus célèbres de la philosophie et de la théologie;* 2° *Meuble des axiomes de philosophie et de théologie;* 3° *Exercitations sur les livres de la Bible;* 4° *Dissertations éthicopolitiques;* 5° *le Nomenclateur des cardinaux qui ont écrit depuis l'an 1000;* 6° un *Commentaire* sur la Genèse, l'Evangile de saint Matthieu et les Actes des apôtres.

**CHASTEL** (FRANÇOIS-THOMAS), né à Pierrefitte, dans le Barrois, le 30 janvier 1750, passa de bonne heure en Allemagne, et s'y livra spécialement à l'enseignement de la langue française. Ce fut dans ce but qu'il publia un grand nombre de traductions et d'écrits estimés. Nommé professeur de français à l'université de Giessen, il contribua par ses leçons, autant que par ses ouvrages, à reprendre et à faciliter l'étude de cette langue en Allemagne. Cet estimable professeur mourut dans les premières années de ce siècle. Il a publié en français: 1° *Petit Recueil de fables, contes et petits drames, avec une table alphabétique des mots, termes et expressions contenus dans ce livre, et les remarques nécessaires sur la syntaxe et le génie de la langue, etc.*, Giessen, 1778, in-8°; ibid., 1784, in-8°; 2° *Traité méthodique de la bonne prononciation et de l'orthographe française*, ibid., 1781, in-8°; 3° *Chansons de table*, d'après Claudius et le comte de Stolberg, et deux petites *Pièces de Burger*, mises en vers français avec l'original, ibid., 1785, in-8°; 4° *Introduction à la lecture des ouvrages en vers français, suivie d'utiles et d'agréables rapsodies recueillies sur le Parnasse français, avec les éclaircissements nécessaires en allemand*, ibid., 1788, 3 vol. in-8.; en allemand, ibid., idem; 3 vol. in-8°; 5° *l'Oracle*, ou *Essai d'une méthode pour exercer l'attention de la jeunesse par des jeux en demandes et en réponses, par madame Laffitte, traduit du français en allemand, accompagné de notes par Crome, et d'une préface par Sophie, veuve de la Roche*, Offenbach, 1771, in-8°; 6° *Essai d'une grammaire, augmenté du traité de l'étymologie et de la syntaxe française, avec des tables*, Francfort et Leipzig, 1792, in-8°; 7° *Alphabet d'histoire naturelle*, ou *Représentations et Descriptions de quelques animaux de Shreber et Buffon*, Offenbach, 1792, in-8°; 8° *Tu as cessé de souffrir, infortuné monarque, etc.;* complainte allemande sur les malheurs de Louis XVI, traduit en français sur l'air du Pauvre Jacques, etc., avec l'original à côté et l'explication en prose de l'un et de l'autre, Giessen, 1793, in-8°; 9° *Recueil de petits mémoires sur les sciences, arts et métiers les plus nécessaires*, en allemand et en français, Francfort, 1794, in-8°; 10° *Petite Terminologie scientifique*, ou *Instruction pour employer correctement les termes techniques des sciences, des arts et des métiers*, Francfort, 1798-1800, 2 vol. in-8°. La *Vie* de ce grammairien, écrite par lui-même, a été insérée dans l'*Histoire littéraire de la Hesse*, par Frieder. Z.

**CHASTEL** (P.-L.-A.), baron, né en 1774 à Veigi, en Chablais, s'enrôla en 1792 dans la légion des Allobroges, prit part aux diverses actions qui eurent lieu dans les Alpes, sur la Durance, puis sous les murs de Toulon. A la paix de Campo-Formio, Chastel, qui avait fait preuve de bravoure à l'armée des Pyrénées-Orientales et en Italie, fut renvoyé en Egypte. Ce fut dans une des excursions auxquelles nos généraux furent entraînés par la poursuite de Mourad-Bey, que Chastel découvrit le fameux zodiaque de Dendérah, qui, plus tard, transporté en France, y devint l'objet d'une si vive polémique. Revenu en Europe avec le grade de chef d'escadron, digne prix de ses services, il assista aux journées d'Ulm, d'Austerlitz, fit les campagnes de Prusse et de Pologne, déploya dans toutes les rencontres une rare capacité et un courage à toute épreuve, fut fait colonel, et appelé à l'armée d'Espagne. Créé général de brigade sur la demande du maréchal Soult, il se distingua à la bataille de Wagram, et il fut élevé au grade de lieutenant général en 1812. L'empereur, à qui le mérite militaire du baron Chastel n'avait pu échapper, lui confia le commandement d'une division de cavalerie forte de quatre mille hommes, à la tête de laquelle il poussa des reconnaissances lointaines, et se distingua dans plusieurs occasions, notamment à la bataille de la Moskowa, où les charges qu'il exécuta ébranlèrent le corps du général Doklorow, et à Gœrlitz, en Saxe, où le corps d'armée de Murat, dont il faisait partie, eut à lutter contre vingt-cinq mille cavaliers, quarante mille hommes d'infanterie et une artillerie nombreuse. La présence de l'ennemi sur le territoire français sembla doubler l'énergie de Chastel. Il rassembla sous les murs de Paris tout ce qu'il put trouver de troupes disponibles dans les dépôts, et combattit avec sa valeur ordinaire; mais devant la trahison et devant les forces supérieures de nos ennemis il lui fallut céder. Sa division et celle du général Bordesoulle faisant partie du corps du duc de Raguse furent repoussées jusqu'à la barrière de Ménilmontant. Ici nous ne rappellerons qu'un seul fait qui suffira pour l'éloge du baron Chastel. Le duc de Raguse avait une si grande estime pour son caractère, et redoutait tellement l'ascendant que pouvait exercer sur l'armée cet officier général, incapable de transiger avec l'honneur, qu'il crut devoir, au moment où il traitait avec le prince de Schwartzemberg, non-seulement lui laisser ignorer ses négociations, mais lui retira même le commandement de ses troupes. En 1815, Chastel fit partie, dans le deuxième corps, de l'armée qui combattit en Belgique avec un courage digne d'un autre sort; et si l'on eût alors suivi ses conseils, Wellington n'eût pas été secouru, et les désastres du mont Saint-Jean se fussent changés pour la France en succès éclatants. Rentré dans la vie privée après les cent jours, il vivait au sein de l'étude et entouré d'une société choisie, lorsqu'en 1820, on ne sait par quelle basse manœuvre, il fut signalé comme étant à la tête d'un complot qui aurait eu pour but l'enlèvement du duc d'Angoulême à son passage dans les environs de Lons-le-Saulnier. A cette occasion, le baron Chastel dirigea une poursuite en calomnie contre le *Drapeau blanc*, dont l'éditeur responsable fut condamné par jugement rendu sur appel à Bourg, le 18 mai 1820. Le lieutenant général Chastel, regardé à juste titre comme un des meilleurs officiers de cavalerie de l'armée française, et dont Napoléon faisait un cas tout particulier, avait été mis à la retraite et s'était retiré à Ferney-Voltaire. Il mourut à Genève en 1826.

**CHASTELAIN** (Jean), né à Agde, reçut en 1659 le doctorat à l'université de Montpellier, dont il fut nommé professeur en 1669. Doyen de la faculté en 1694, il mourut en 1715. Astruc dit que Chastelain avait beaucoup d'esprit et de savoir, et qu'il écrivait très-bien. Cependant il n'a laissé qu'un mince opuscule, production informe de sa jeunesse et qu'il n'a jamais avoué : *Traité des convulsions et des vapeurs*, Paris, 1691, in-12. On doit savoir gré à ce médecin d'avoir le premier pris la défense de la circulation du sang dans les écoles de Montpellier. — Il eut deux fils médecins, Pierre et Jacques. Celui-ci obtint la survivance de la chaire de son père, et mourut en 1725, après avoir publié une *Dissertation latine* sur la respiration, Montpellier, 1721, in-4°. C.

**CHASTELAIN** (Claude), chanoine de l'Eglise de Paris, sa patrie, fut mis par M. de Harlay, archevêque, à la tête d'une compagnie pour la composition des livres d'église. Il possédait la science des liturgies, des rites et des cérémonies de l'Eglise. Il avait parcouru l'Italie, la France, l'Allemagne, et partout il avait étudié les usages de chaque Eglise particulière. Il connaissait tout ce qu'il y avait de curieux dans les lieux où il passait, et souvent il en instruisait même les gens du pays. Il mourut en 1712, à soixante-treize ans. On a de lui : 1° les deux premiers mois de l'année du *Martyrologe romain*, Paris, 1705, in-4°, traduits en français, avec des additions à chaque jour des saints qui ne sont point placés dans ce martyrologe selon l'ordre des siècles ; la première, de ceux de France ; la seconde, de ceux des autres pays ; et des notes sur chaque jour. Les recherches de l'auteur regardent principalement la vérité des faits. Il était très-lié avec le P. Papebroch, l'un des plus célèbres bollandistes. On conserve à la bibliothèque des avocats de Paris une copie manuscrite du second volume, qui comprend les mois de mars et d'avril. 2° *Martyrologe universel*, Paris, 1709, in-4°. C'est la traduction en français du martyrologe romain, avec des notes et des additions. Cet ouvrage est rédigé dans le goût du précédent, plein de l'érudition la plus recherchée. 3° *Vocabulaire hagiologique*, dans les *Etymologies de la langue française* de Ménage. 4° *Vie de saint Chaumont*, Paris, 1699, in-12. Les bollandistes lui ont dédié un volume de leur savante collection.

**CHASTELAIN** (Jean-Claude), membre du directoire dans le district de Sens, né en 1747, fut nommé en 1792 député à la convention. Il se fit remarquer par le courage avec lequel il manifesta ses opinions royalistes. Dans le procès de Louis XVI, il se déclara pour l'appel au peuple, et fut le seul de son département qui ne vota pas la mort; il opina pour la détention, et le bannissement à la paix. Lorsque l'on fit le dernier appel, son vote fut pour le sursis. Dans d'autres circonstances il donna de nouvelles preuves de courage. Il protesta contre la révolution du 31 mai qui avait proscrit les girondins : la protestation fut déférée à la convention. Le rapporteur ne pouvant lire sa signature parmi celles qui se trouvaient au bas de cet acte, demanda qu'on fît grâce à cet inconnu; mais Chastelain se leva aussitôt, et déclara que *la signature était la sienne, et qu'il voulait partager le sort de ses collègues*. Jeté dans les prisons pour cet acte d'indépendance, il y resta jusqu'à la mort de Robespierre. Après avoir été rappelé dans cette assemblée, il passa au conseil des cinq cents, d'où il sortit dans le mois de mai 1797. Après la révolution du 18 brumaire, il devint juge au tribunal civil de Sens. Peu de temps après, il se retira dans une campagne voisine de cette ville, où il est mort dans le mois d'avril 1824. On lui doit : *Pacte social combiné sur l'intérêt physique, politique et moral de la nation française et des autres nations*, 1795, in-4°, avec tableau.

**CHASTELARD** (Pierre de Boscoselc de), gentilhomme dauphinois, petit-neveu, ou, suivant de Thou, petit-fils de Bayard, né vers 1540, se fit d'abord connaître par plusieurs actions d'éclat. Ses parents l'avaient attaché à la puissante maison de Montmorency. Ayant conçu une violente passion pour l'infortunée Marie Stuart, il l'accompagna une première fois en Ecosse, lorsque après la mort de François II elle quitta ce plaisant pays de France. Chastelard, obligé de revenir à Paris, ne put supporter longtemps cet exil; il passa de nouveau en Ecosse. La reine l'accueillit avec faveur; mais son imprudence fut la cause de sa perte. Surpris dans la chambre de Marie Stuart où il était parvenu à s'introduire secrètement, il fut livré aux tribunaux et condamné à perdre la tête. Avant de marcher au supplice, le malheureux qui avait entendu sa sentence avec une noble fermeté, lut l'ode de Ronsard *sur la Mort*; puis, se tournant vers l'endroit où était la reine, il s'écria : *Adieu la plus belle et la plus cruelle princesse de ce monde!* « Chastelard, dit Brantôme, avoit beaucoup d'esprit, et se servoit d'une poésie douce et gentille, aussi bien qu'aucun gentilhomme de France. » Il ne nous reste de lui qu'une seule pièce de vers, conservée par le Laboureur dans les *Mémoires de Castelnau*.

**CHASTELER** (François-Gabriel-Joseph, marquis du) et de Courcelles, baron d'Incourt, seigneur de Carnières, de Longueville, la Cattoire, Rianwelz, Ansermont, Bouland et des bois de Louvignies, naquit à Mons le 20 mars 1744. Son père, Jean-François du Chasteler, marquis de Courcelles et de Moulbais, était membre de l'état noble du Hainaut, président du conseil souverain de cette province et conseiller d'Etat. En 1762, il fut nommé chambellan de l'empereur, en 1765 lieutenant de la garde royale des hallebardiers, puis de la garde noble en 1775, gouverneur et prévôt de Binch en 1769, et conseiller d'Etat d'épée en 1770. Deux passions dominantes se partagèrent sa vie : les prétentions nobiliaires et l'amour des lettres. Sa généalogie, qu'il avait composée, lui attira de longues tracasseries de la part de la maison du Chastelet, qui ne voulait point reconnaître celle du Chasteler, et de la cour de Vienne, où sa prétention à descendre de la maison de Lorraine fut mal accueillie. Ayant obtenu en 1769 pour lui et ses descendants la permission de draper ses armoiries d'un manteau ducal et de les sommer d'une couronne de duc, il ne s'en tint pas là et sollicita le titre de prince, qu'il ne put obtenir, malgré la persévérance de ses démarches. Cependant ses travaux littéraires n'en étaient pas moins actifs. En 1774 il concourut pour le prix de l'académie de Bruxelles, qui avait demandé quels étaient les principaux changements que l'établissement des abbayes dans le VII<sup>e</sup> siècle, et l'invasion des Normands dans le IX<sup>e</sup>, avaient apportés aux mœurs, à la police et aux usages des Belges. Il n'obtint pas le prix; et son mémoire, auquel il fit des additions en 1783, ne fut pas imprimé. Il fut plus heureux en 1778, et, ayant remporté la médaille d'or pour une dissertation sur les émigrations des Belges, il fut l'année suivante nommé membre de l'académie; deux ans après, il en était directeur, et il exerça ces fonctions de 1781 à 1788. Il reçut en cette qualité, le 12 juillet 1782, au sein de l'académie, le czar Paul I<sup>er</sup> et son épouse, et lut devant ces illustres personnages ses *Mémoires* restés inédits *sur les troubles des Pays-Bas*. Pendant que des jésuites s'occupaient de la rédaction des *Analectes Belgiques*, l'académie, jalouse de remplir un des principaux objets de son institution, résolut de publier les monuments de l'histoire des Pays-Bas, et forma, à cet effet, un comité composé de ceux de ses membres qui étaient le plus versés dans cette partie, savoir : du marquis du Chasteler, des abbés de Nelis et Ghesquière, de MM. Gérard et Desroches. Ce comité tint ses séances chez le premier, où l'on convint de se réunir. On donne une idée de son plan dans le septième volume des *Nouveaux Mémoires de l'académie*. Cela fut cause que le ministre plénipotentiaire nomma du Chasteler pour présider aussi l'association chargée de diriger les Analectes. On a de lui : 1° *Généalogie de la maison du Chasteler avec les preuves*, Bruxelles, 1768, in-folio (et non pas 1774, in-8°, comme il est dit dans la *France littéraire* de M. Quérard); *Préliminaires*, 8 pages; texte, 12 pages; deuxième édition, tirée à environ cinquante exemplaires, 1777, in-folio de 53 pages, sans les preuves; 2° *Mémoire sur la question historique proposée par l'académie impériale et royale des sciences et belles-lettres de Bruxelles en 1776, relativement aux principales expéditions ou émigrations des Belges dans les pays lointains*, auquel cette académie a décerné le prix en 1778, Bruxelles, 1779, in-4° de 101 pages. 3° *Réflexions* *sommaires sur le plan à former pour une histoire générale des Pays-Bas autrichiens, lues à la séance de l'académie du 11 novembre 1779*, 21 pages in-4°. 4° *Mémoires et lettres sur l'étude de la langue grecque*, Bruxelles, 1781, in-8°. Des réflexions dont il avait entretenu l'académie et où il émettait l'opinion que la connaissance des langues grecque et latine, telles qu'on les enseignait dans les universités, n'était pas indispensable, lui avaient attiré des attaques si violentes qu'il s'était déterminé à mettre les pièces du procès sous les yeux du public. 5° *Eloge de l'abbé Suger*, 1781. 6° *Dissertation où l'on cherche à fixer le temps où Crasmer fut évêque de Tournay*, lue à la séance de l'académie le 22 mars 1781. 7° *Gisleberti, Balduini quinti, Hannoniæ comitis, cancellarii, chronica Hannoniæ nunc primum edita*, Bruxelles, 1784, in-4°. Du Chasteler s'est borné à faire imprimer une copie du seul exemplaire connu de Gislebert, manuscrit possédé par le chapitre de Sainte-Waudru. Un second volume contenant les notes devait paraître, mais il est presque certain que ces notes n'ont jamais été écrites. 8° *Liste de quelques manuscrits de la bibliothèque impériale à Vienne, relatifs aux Pays-Bas*, insérée dans le cinquième volume des *Anciens Mémoires de l'académie*, pages 191-226. Elle fut aussi tirée à part, mais à vingt-cinq exemplaires seulement. Les manuscrits annoncés par du Chasteler sont au nombre de trente-sept. On y trouve, entre autres, une copie de Jacques de Guise, où l'on dit qu'il est natif de Chièvre la Franche, tandis que tous les biographes, y compris M. le marquis de Fortia, le font naître à Mons. 9° *Lettre à M. l'abbé Maus, relativement aux grandes fermes*, insérée dans le quatrième volume des *Anciens Mémoires de l'académie*. 10° *Mémoire sur la déesse Nehalennia*, dans le cinquième volume des mêmes mémoires, pages 70-73, avec un plan. Ce morceau fut écrit à l'occasion du cadeau que Van der Pierre, ministre plénipotentiaire de la Hollande à Bruxelles, avait fait à l'académie d'un monument de la déesse Nehalennia trouvé en Irlande, et qu'on peut voir maintenant enchâssé dans un des murs de la cour intérieure du musée de Bruxelles. 11° Enfin plusieurs notes sur des antiquités, lesquelles sont disséminées dans le recueil de la même société savante. Le marquis du Chasteler possédait une belle bibliothèque dont il avait confié le soin à un homme capable de l'aider dans ses recherches, Philippe Baert, et qui fut ensuite bibliothécaire du vicomte Edouard de Walkiers. Baert s'était beaucoup occupé des sculpteurs flamands, et il se proposait de publier sur leur vie et leurs ouvrages un traité qui n'a pas vu le jour; mais M. Lamayeur doit avoir eu connaissance de ces papiers, puisqu'il les cite dans les notes de son poëme intitulé *la Gloire Belgique*. Le mariage en secondes noces de du Chasteler avec une dame protestante, fille du bourgmestre d'Amsterdam Hasselaar, lui attira l'inimitié du cardinal de Franckenberg, et ne lui procura point le bonheur domestique, puisque, après neuf ans, les deux époux se séparèrent. Du Chasteler mourut à Liége le 11 octobre 1783. On trouve sa biographie dans l'*Annuaire de l'académie de Bruxelles* pour 1825, pages 90-93, et une notice beaucoup plus complète par M. H. Delmotte, dans les *Archives historiques et littéraires du nord de la France*, t. IV. Malgré la modération et la sagesse que le marquis du Chasteler déploya dans la révolution brabançonne, ou peut-être à cause de cela même, il ne put échapper à la satire et aux plaisanteries des ineptes pamphlets dont le public était alors inondé. Dans un des plus rares, intitulé *Recueil des requêtes..., avec l'Apocalypse du bienheureux Jean* (1782, in-8° de 83 pages), il est représenté comme un philosophe incrédule et niais, parodiant bêtement les encyclopédistes. La treizième requête est signée de lui, en sa qualité de directeur de l'académie impériale et royale.

**CHASTELER** (JEAN-GABRIEL, MARQUIS DE), général autrichien non moins distingué par son courage et sa bravoure que par ses vastes connaissances, naquit en 1763 au château de Moulbais, dans le Hainaut. Après avoir reçu sa première éducation au collége du Fort, à Metz, il entra en 1776 au service de l'Autriche, où il se fit avantageusement connaître de 1781 à 1784, comme lieutenant du génie, lors de la construction des fortifications de Josephstadt et de Theresienstadt. Dans la guerre de Turquie, il servit dans le corps d'armée du duc de Cobourg, et se fit remarquer dans plusieurs occasions, nommément en 1789, à Novi, où il monta à la brèche, et au siége de Belgrade. Pendant les troubles des Pays-Bas, il donna les plus grandes marques de son attachement à la maison d'Autriche. Depuis la révolution française, il prit part, comme lieutenant-colonel du génie, à toutes les campagnes de l'armée autrichienne. Son habileté dans les négociations lui fit confier en 1796 et 1797 des missions diplomatiques tant en Pologne qu'à Saint-Pétersbourg. Après la paix de Campo-Formio, il fut nommé plénipotentiaire pour régler la prise de possession et la délimitation des provinces vénitiennes nouvellement acquises par l'Autriche, et en 1799 il fut nommé quartier-maître général de l'armée austro-russe en Italie. A cette époque le marquis de Chasteler contribua beaucoup à la victoire remportée par Kray sur Schérer, près de Vérone. Il justifia aussi la confiance de Souvarof à la bataille de la Trébia, du 17 au 19 janvier 1799. Dans les tranchées ouvertes devant Alexandrie, il fut blessé pour la treizième fois d'un coup de feu. A peine guéri de sa grave blessure, il fut envoyé en 1800 à l'armée du Rhin. Il obtint une brigade dans le corps qui se trouvait alors dans le Tyrol, où il instruisit la landwehr du pays. Pendant le temps que le Tyrol n'était occupé que par des *sauvegardes* françaises et autrichiennes (et ce fut lui qui commandait ces dernières), il conçut d'excellents plans pour la fortification du Tyrol, la formation de la landwehr et du landsturm, ce qui lui valut de la part des états du pays le droit de nationalité (indigénat). Dans la guerre de 1805, il ajouta encore à ses anciens titres par le combat au passage du Strut avec la division bavaroise de Deroy, par sa marche sur Salzbourg et par l'expulsion de Marmont de Graetz. En janvier 1809, le marquis de Chasteler eut le commandement du huitième corps d'armée, et reçut l'ordre de l'archiduc Jean d'aller porter l'insurrection dans le Tyrol. De concert avec Hormayer, il soutint les efforts des Tyroliens, fidèles à l'Autriche, contre la toute-puissance de Napoléon. Dans Inspruck il força huit mille Français et Bavarois de se rendre. Indigné de cet échec, l'empereur des Français rendit à Ens un ordre du jour par lequel il mit hors la loi « un certain Chasteler, soi-disant général au service d'Autriche, chef de brigands, auteur d'assassinats exercés sur les prisonniers français et bavarois, et instigateur du soulèvement des Tyroliens, » et ordonna, en cas qu'il fût pris, de le traduire devant un conseil de guerre et de le fusiller dans les vingt-quatre heures. Là-dessus l'armée bavaroise sous les ordres du maréchal Lefebvre pénétra dans le Tyrol. Chasteler alla bravement à sa rencontre; mais son armée fut défaite le 13 mai près de Wœrgl. Se voyant cerné de toutes parts et ses communications coupées, il évacua le Tyrol et pénétra par la Carinthie et la Styrie inférieure en Hongrie. Quand la guerre fut terminée, il eut pendant quelque temps le commandement militaire de Troppau, et en 1813 il se trouva à la tête du corps de grenadiers de la grande armée dans les batailles de Dresde et de Kulm; il devint ensuite grand maître de l'artillerie, puis gouverneur de Theresienstadt. Il prit possession de Dresde, lorsque les alliés refusèrent de ratifier la capitulation que Klenau avait conclue avec Gouvion-Saint-Cyr. En décembre 1814 il fut nommé gouverneur de Venise, où il mourut en 1825 (*V. Zeitgenossen*, première série, n° 6).

**CHASTELET** (*anc. term. milit.*), petit château. — **CHASTELET**, dans Rabelais, sorte de jeu auquel les enfants jouent en assemblant des noix de manière à en faire une petite pyramide.

**CHASTELET** (*féod.*), lieu qui servait anciennement de forteresse, de manoir, et où se sont tenues depuis les audiences des juges royaux. A cette dernière époque, les chastelets servaient en outre de prisons royales.

**CHASTELET DE PARIS** (*V.* CHATELET).

**CHASTELET** (PAUL HAY, SIEUR DU), avocat général au parlement de Rennes, maître des requêtes et conseiller d'Etat, naquit en Bretagne en 1592. Son esprit le fit choisir pour être un des premiers membres de l'académie française, et il fut le premier secrétaire de cette compagnie jusqu'à sa mort, arrivée le 6 avril 1636. Magistrat intègre et habile orateur, il employa souvent son éloquence pour tâcher de sauver les victimes de la vengeance du cardinal de Richelieu, et il fut un de ceux qui intercédèrent avec le plus de chaleur en faveur du duc de Montmorenci. Le *factum* qu'il publia en faveur de Boutteville et de des Chapelles parut si éloquent et si hardi, que Richelieu lui reprocha que sa pièce semblait condamner la justice du roi : « Pardonnez-moi, répliqua du Chastelet, c'est pour justifier sa miséricorde, s'il en use envers un des plus vaillants hommes du royaume. » Il était un des commissaires nommés au procès du maréchal de Marillac. Voulant fournir à celui-ci un motif de le récuser, il écrivit contre lui une satire latine en prose rimée; mais son artifice fut découvert, et il fut lui-même privé de sa liberté pendant quelques jours. Cette pièce curieuse se trouve dans le *Journal du cardinal de Richelieu*. Ce ministre aimait à s'entretenir avec du Chastelet, dont il goûtait beaucoup l'esprit plein de feu; mais il se défiait de la solidité de son jugement, et ne lui donna jamais d'emplois considérables. Un peu avant sa mort, il lui fit donner dix mille écus; aussi celui-ci, dans la plupart de ses ouvrages, s'attache à faire le panégyrique du cardinal. Les principaux sont : 1° *Entretiens des Champs Elysées*, 1631, in-8°. 2° *Avis aux absents de la cour*, pièce de cent cinquante vers, contre ceux qui avaient suivi la reine mère à Bruxelles; on la trouve dans le recueil de Sercy. 3° *Recueil de diverses pièces pour servir à l'histoire* (de 1620 à 1635), Paris, 1635, in-folio. 4° *Histoire de Bertrand du Guesclin*, enrichie de pièces originales, Paris, 1666, in-folio. 5° On lui attribue aussi la *Seconde Savoisienne*, Grenoble, 1630, in-8°. — Paul Hay, marquis DU CHASTELET, son fils, a publié : 1° *Traité de l'éducation de M. le Dauphin*, Paris, 1664, in-12; 2° *la Politique de la France*, Cologne, 1669, in-12, réimprimée avec des augmentations, sous le titre de *Troisième volume du Testament politique du cardinal de Richelieu.*

**CHASTELET** (GABRIELLE-EMILIE DE BRETEUIL, MARQUISE DU), naquit en 1706, du baron de Breteuil, introducteur des ambassadeurs et princes étrangers auprès du roi. Son esprit et ses grâces la firent rechercher en mariage par plusieurs seigneurs distingués. Elle épousa le marquis du Chastelet-Lomont, lieutenant général des armées du roi, d'une famille illustre. Les bons auteurs anciens et modernes lui furent familiers dès sa jeunesse. Elle s'appliqua surtout aux philosophes et aux mathématiciens. Son coup d'essai fut une explication de la philosophie de Leibnitz, sous le titre d'*Institutions de physique*, in-8°, adressées à son fils, son élève dans la géométrie. Les rêves sublimes du philosophe allemand ne lui ayant paru ensuite que des rêves, elle l'abandonna pour Newton. Elle traduisit ses *Principes* et les commenta. Cet ouvrage, imprimé après sa mort en 2 vol. in-4°, a été revu et corrigé par M. Clairaut. La marquise du Chastelet mourut d'une suite de couche en 1749, à quarante-trois ans, au palais de Lunéville. L'étude ne l'éloigna point du monde. Elle se livra à tous les plaisirs, les rechercha même plus qu'une femme sage n'a coutume de le faire. Elle avait pris ce goût chez les gens qu'on appelle philosophes; elle en avait toujours auprès d'elle, à Paris, à Cyrei et à Lunéville. Ces messieurs lui avaient aussi appris à ne point souffrir de critiques. Un auteur, ayant osé en risquer une, ne tarda pas à se voir renfermer ; mais, dans l'espoir qu'il serait plus circonspect dans la suite, la marquise le fit élargir.

**CHASTELLAIN** (GEORGES). Cet écrivain est placé dans notre galerie biographique comme un de ceux qui ont le plus contribué à perfectionner la langue française, surtout la prose. Né à Gand en 1404, il avait d'abord embrassé la profession des armes, et avait voyagé en Espagne, en France, en Italie et en Angleterre, où il se signala en différentes rencontres par son adresse et par sa bravoure, ce qui lui valut le surnom d'*Aventurier*. Il se mit ensuite au service du duc Philippe le Bon, qui le nomma panetier et conseiller privé. Le successeur de ce prince donna à Chastellain le titre d'*indiciaire* ou d'historiographe, et l'arma chevalier au chapitre de la Toison d'or, en 1473, ordre dont il ne fut pas cependant roi d'armes, quoiqu'on l'ait souvent répété, et que le dise Walter Scott, qui l'a représenté comme versé dans toutes les subtilités de l'héraldique ; et en effet il possédait à fond cette science, regardée alors comme une des premières; mais il n'en était pas moins habile en l'art d'écrire et dans celui de la parole : ses contemporains ne tarissent pas sur son éloge à cet égard. Olivier de la Marche, qui l'appelle son *père en doctrine ;* Jean Molinet, son élève ; Geoffroy de Thory, Guillaume Crétin, Jean le Maire de Belges, l'abbé de Saint-Cheron, Lacroix de Maine, du Verdier, Etienne Pasquier, Pontus Heuterus, Aubert le Mire, Valère André, Sweertius, etc., sont unanimes, et le proclament, avec exagération sans doute, l'un des plus beaux génies du XV<sup>e</sup> siècle. Il mourut pendant le siége de Neuss, et non pas de Bruges, comme le marque l'imprimeur de M. J.-A. Buchon, le 20 mars 1474 (v. s.), à l'âge de soixante-dix ans, et fut inhumé dans l'église de la Salle-le-Comte à Valenciennes. Jean Robertet, notaire et greffier du parlement de Dauphiné, écrivit à ce sujet quelques élégies et complaintes, dont parle Jean le Maire. Les ouvrages de Chastellain ne sont pas tous connus : plusieurs n'ont pu être jusqu'ici retrouvés. En voici une liste aussi complète qu'il nous a été possible de la dresser : 1° *Récollection des merveilleuses advenues en notre temps*. Cette chronique, rimée et divisée par couplets de huit vers, a été continuée par Molinet. 2° *Le Temple de la ruine d'aucuns nobles malheureux, tant de France que d'autres nations étrangères, à l'imitation de Boccace.* Ce traité en prose est adressé à Marguerite d'Anjou, femme de Henri VI, roi d'Angleterre. 3° *Complainte sur la mort de Philippe le Bon, avec une Epître adressée à Chastel Aérin, roi d'armes de Charles VII.* 4° *Différentes ballades et pièces de vers.* 5° *Les Epitaphes de Hector, fils de Priam, roy de Troye, et de Achille, fils de Peleus, roy des Myrmydons.* C'est un ouvrage singulier, mêlé de prose et de vers. 6° M. de Kéralio, dans les *Notices et extraits des Manuscrits* (t. v, p. 167), a fait connaître la correspondance de Chastellain avec Robertet et le sieur de Montferrant, gouverneur de Jacques de Bourbon, sixième fils de Charles I<sup>er</sup>, duc de Bourbon et d'Auvergne, et d'Agnès de Bourgogne. 7° *Histoire du bon chevalier messire Jacques de Lalain, frère et compagnon de l'ordre de la Toison d'or.* 8° *Chroniques des ducs de Bourgogne.* 9° *Les Principaux Exploits en armes du duc Charles.* 10° *Les Magnificences du duc Charles.* 11° *L'Instruction d'un jeune prince pour se gouverner devant Dieu et le monde.* On a encore attribué à Chastellain le poëme du *Nouveau Chevalier délibéré, contenant la mort du duc Philippe* (lisez Charles) *de Bourgogne, qui trespassa devant Nancy en Lorraine.*

**CHASTELUX** ou **CHATELUX**, nom d'une célèbre maison de Bourgogne, dont le premier personnage mentionné dans l'histoire est *Jean de Beauvoir*, seigneur de CHASTELUX, qui servit en Picardie sous le roi de Navarre en 1352. — Son petit-fils, *Claude de Beauvoir*, seigneur de CHASTELUX, est le membre le plus connu de cette famille. Né à la fin du XIV<sup>e</sup> siècle, et attaché en 1409, en qualité de chambellan, à Jean sans Peur, duc de Bourgogne, il le servit avec le plus grand zèle, et gouverna en son nom le Nivernais, les villes de Mantes, Pontoise, Meulan et Poissy. Il fut l'un des chefs de la petite troupe de chevaliers bourguignons qui conçut et exécuta l'aventureux projet de surprendre Paris dans la nuit du 28 au 29 mai 1418 (*V.* LECLERC [Perrinet]). Chastelux sut profiter du désordre qui régna dans la ville après ce coup de main, rançonna les riches bourgeois, et se fit nommer, dès le 6 juin, maréchal de France, en remplacement du vieux sire de Rieux. Nommé, peu de temps après, lieutenant et capitaine général dans le duché de Normandie, il fut défait et tomba au pouvoir des Armagnacs ; mais le roi, à la sollicitation du duc de Bourgogne, paya sa rançon. Il se signala encore par plusieurs autres exploits. Rappelé en Bourgogne après le meurtre de Jean sans Peur, il surprit Crevant et y soutint pendant cinq semaines, en 1423, un siége mémorable contre toute l'armée française, à laquelle les Bourguignons, joints aux Anglais, firent essuyer enfin une défaite complète; aussi fut-il comblé d'éloges par Philippe le Bon et par le chapitre d'Auxerre, auquel appartenait la seigneurie de Crevant, et qui lui accorda les honneurs du canonicat. Chastelux assista, au nom du duc de Bourgogne, aux conférences tenues pour la paix à Auxerre en 1432, et mourut en 1453.

**CHASTELUX** (FRANÇOIS-JEAN), d'une ancienne maison de Bourgogne, né à Paris en 1734, entra de bonne heure au service, et se distingua successivement en Allemagne et en Amérique, où il passa en 1780. A son retour en France, il obtint le gouvernement de Longwy. Il mourut à Paris le 27 octobre 1788. L'académie française l'avait reçu en 1775. Dès sa jeunesse il avait été lié avec ce qu'on appelle les *philosophes*, et avait toujours été très-zélé partisan de leurs opinions, comme on le voit dans son *Traité de la félicité publique*, rempli du fiel le plus amer contre le christianisme, auquel il rend néanmoins des hommages forcés, en montrant combien les républiques chrétiennes les moins bien constituées sont supérieures aux gouvernements les plus vantés de l'ancienne Grèce. M. Renouard en a donné une nouvelle édition en 1822, précédée d'une notice par M. Alfred de Chastelux fils. Son *Voyage dans l'Amérique septentrionale* est empreint du même philosophisme (*V.* le *Journal historique et littéraire*, 1<sup>er</sup> mars 1787, p. 323). Ce qu'il a écrit *sur l'Union de la poésie et de la musique* prouve que ces matières lui étaient peu connues. Entre autres paradoxes, il avance que pour faire un bon opéra français il suffit d'imiter Métastase dans la coupe des vers et les compositeurs italiens dans la musique théâtrale. Parmi ses autres ouvrages, il faut placer son *Discours sur les avantages et les désavantages qui résultent pour l'Europe de la découverte de l'Amérique*, Londres (Paris), 1787, in-8°; son *Eloge d'Helvétius ;* ses *Discours en vers à l'armée américaine*, traduits de l'anglais de David Humphreys; des articles au *Supplément de l'Encyclopédie* et dans les journaux littéraires du temps. Sa confiance dans les inventions philosophiques était telle, qu'il fut le premier à se faire inoculer, sur la parole de M. de la Condamine, et qu'il s'écria en allant trouver M. de Buffon : *Me voilà sauvé !*

**CHASTEMENT**, adv. d'une manière chaste.

**CHASTENAY-LANTY** (ERARD-LOUIS-GUI, COMTE DE), né le 30 janvier 1748, à Essarois, en Bourgogne, d'une des plus anciennes familles de cette province, entra fort jeune dans la carrière des armes, et parvint bientôt au grade de colonel. Tout concourait à lui assurer dans l'armée les plus brillants succès; mais, s'étant montré fort opposé aux innovations du ministre Saint-Germain, il donna sa démission et se mit à voyager en Prusse, où il fut présenté au grand Frédéric, et où il put s'entretenir encore avec plusieurs lieutenants de ce grand capitaine. Revenu dans sa patrie, il conçut le désir de se vouer à la diplomatie. Il avait parcouru l'Italie et toute l'Allemagne. Il avait fait un cours de droit public à l'université de Gœttingue. Il avait assisté au congrès de Teschen. Partout il s'était attiré la considération et l'estime. Mais la faveur du gouvernement n'accueillit pas ses justes espérances; lui-même y renonça bientôt. L'éducation de ses enfants, de savantes études et la pratique des bienfaits occupèrent tous ses moments. Le comte de Chastenay fut en relation avec les savants les plus distingués de son temps, entre autres, Fourcroy, Charles de Jussieu, Desfontaines, Thouin, etc. Il avait possédé près d'Amiens une terre appelée Fleury, qu'il fut obligé de vendre pour arrangement d'affaires. Son souvenir et celui de M^me^ de Chastenay s'y sont perpétués à travers deux ou trois générations. Revenu en Bourgogne, ce fut là surtout qu'il exerça sa bienfaisance. Frappé des inconvénients qui résultaient pour les pauvres, dans un pays alors fort isolé, du défaut des secours de l'art, il traita, en 1784, avec le chirurgien le plus habile du canton, et lui fit contracter l'engagement de visiter tous les quinze jours les familles pauvres de la commune d'Essarois. Les médicaments devaient être fournis à ses frais; et ce traité a été exécuté jusqu'à la fin de 1792. Dans le même temps, le comte de Chastenay avait établi un bureau de bienfaisance dont il faisait seul tous les fonds. Les crises de la révolution purent seules déranger cette fondation. L'hiver de 1788 à 1789 fut partout d'une rigueur extrême; le château d'Essarois devint alors l'asile de la population souffrante. Les élections pour la députation aux états généraux s'ouvrirent au commencement de 1789. Le comte de Chastenay, qui eût sans doute réuni beaucoup de suffrages dans le tiers état, fut élu député par l'ordre de la noblesse. En 1792, il se rendit à Rouen avec sa famille; il ne retourna en Bourgogne qu'au printemps de 1794, au moment où la terreur était à son comble. Son départ de Rouen avait été nécessité par une loi révolutionnaire qui bannissait les anciens nobles des villes réputées maritimes. Inscrit sur la liste des émigrés, quoiqu'il n'eût jamais quitté la France, il fut dans le même temps dénoncé à Fouquier-Tainville, et conduit au tribunal révolutionnaire à Paris, où le 9 thermidor vint le soustraire au danger le plus imminent, et dont ne l'eussent tiré ni les souvenirs de sa conduite patriotique ni la plus touchante réclamation des habitants d'Essarois. Le pouvoir tyrannique de Robespierre était renversé depuis deux mois, lorsque le comte de Chastenay fut mis en jugement devant le tribunal révolutionnaire qui n'avait cessé d'exister, mais dont les juges avaient été changés pour la plus grande partie. Il eut principalement à répondre devant ce tribunal d'une lettre qu'il avait écrite en 1792 à un de ses amis de la Côte-d'Or, en faveur des prêtres non assermentés. Cette lettre, que nous aurions aimé à citer si elle avait pu entrer dans le cadre étroit d'une notice biographique, est pleine d'idées généreuses et de sentiments élevés. Il fallait que toutes les notions du juste et de l'injuste, du bien et du mal, fussent perdues dans le pays, pour que cette lettre, où respire tant de patriotisme et d'amour de l'équité, fût imputée à crime à son auteur. Le comte de Chastenay fut défendu par le célèbre Réal, qui n'eut point de peine à le faire acquitter, mais dont le talent eût été parfaitement inutile deux mois auparavant. Il retourna à Châtillon aussitôt après, et y reprit avec délices ses occupations de bienfaisance et d'utilité publique. Lorsque les désordres de la révolution commencèrent à prendre fin sous les auspices de Bonaparte, Chastenay devint membre du conseil général du département de la Côte-d'Or; il fut vice-président, durant toute sa vie, du bureau de bienfaisance de la ville de Châtillon. Il fut porté en 1811 par les électeurs de son arrondissement à la candidature du corps législatif, et, quand il en fut temps, choisi par le sénat. Dans cette assemblée, comme partout où il avait passé, le comte de Chastenay se fit remarquer par ses opinions libérales et son opposition au despotisme. En ce sens, il eut quelque part à l'opposition qui se manifesta parmi les membres du corps législatif au commencement de 1814. Il adhéra ensuite un des premiers à la déchéance de Napoléon, et se soumit sans hésiter au gouvernement royal. Après la dissolution de la chambre des députés, qu'amena le retour de Bonaparte en 1815, il retourna dans son département. A compter de ce moment, il cessa de remplir toutes fonctions publiques, à l'exception de celles de membre du bureau de bienfaisance de Châtillon. A la fin de 1825, sa santé, qu'avait longtemps entretenue une vie pure et exempte de tous genres d'excès, fut altérée par une maladie éruptive. Il expira le 21 avril 1830. Le dernier acte de sa vie fut la concession à la commune d'Essarois d'un terrain qu'elle désirait pour élever une maison commune. — CHASTENAY-LANTY (Henri-Louis, comte de), fils du précédent, né à Paris le 8 juillet 1772, et mort le 5 mai 1834, était entré fort jeune dans une compagnie des gardes du corps; et en 1792, comme sous-lieutenant dans la garde constitutionnelle de Louis XVI, qui fut bientôt licenciée. Échappé, non sans peine, aux périls qui furent pour tous les défenseurs du roi la suite du 10 août 1792, il rejoignit sa famille à Rouen, puis revint avec elle à Châtillon. En 1794 il servit utilement son père par son adresse et son courage, en retardant son arrestation. Incarcéré lui-même, *à cause*, était-il dit dans le mandat d'arrêt, *de l'union qui régnait dans toute la famille, et qui devait impliquer la complicité des enfants avec un père traduit devant le tribunal révolutionnaire*, il resta en prison jusqu'après le 9 thermidor. Il avait épousé M^lle^ de la Guiche, dont il n'a point laissé d'enfants. En 1814, il fut chargé de porter à Louis XVIII le décret de son rappel et de celui de sa famille, et il remit ce décret à Calais entre les mains du roi lui-même. Il entra ensuite, avec le grade d'officier supérieur, dans les chevau-légers de la garde. Après la suppression de ce corps en 1815, il fut employé comme colonel dans la première division militaire, où il remplit par intérim, à Versailles et à Orléans, les fonctions des généraux absents. Il fit la campagne d'Espagne en 1823, comme chef d'état-major de la division de dragons du premier corps. Chef d'état-major au camp de Lunéville en 1827 et 1828, il y fit encore preuve de zèle et de capacité. Il fut nommé pair de France en 1832. Simple, doux et affectueux, le comte de Chastenay se montra le digne héritier des vertus paternelles. Il mettait sa joie à faire le bien, et plus d'un cœur reconnaissant gardera longtemps son souvenir. En lui finit la maison de Chastenay.

CHASTETÉ, vertu morale et chrétienne, qui consiste à réprimer et à modérer les plaisirs déréglés de la chair. Il est dangereux de blesser cette vertu, lorsqu'on en parle sur un ton trop philosophique; c'est une faute que l'on peut reprocher aux protestants et aux incrédules. Au mot CÉLIBAT, nous avons cité les paroles par lesquelles Jésus-Christ et les apôtres ont voulu inspirer aux chrétiens la plus haute estime pour la *chasteté*. Le nom même de *vertu*, synonyme de celui de *force*, nous fait sentir qu'il est louable de réprimer les penchants qui maîtrisent trop impérieusement la nature; or, s'il en est un dont l'empire soit redoutable, c'est le goût des voluptés sensuelles; pour peu que l'on ait pour lui d'indulgence, on en devient bientôt esclave. Malgré la corruption du paganisme, les philosophes anciens avaient compris le mérite de la *chasteté*. Cicéron, après avoir reconnu que le culte de la Divinité exige beaucoup d'innocence et de piété, une inviolable pureté de cœur et de bouche, *De nat. deor.* (liv. II, c. 28), rapporte un passage de Socrate où ce philosophe compare la vie des âmes *chastes* à celle des dieux (*Tuscul.*, IX, liv. I, n° 114): *Casta placent superis*, disaient les poëtes mêmes. A Rome, dans les plus grandes solennités, on faisait marcher des chœurs de jeunes gens de l'un et de l'autre sexe pour chanter les louanges des dieux; on présumait que la *chasteté* propre à leur âge était un mérite aux yeux de la Divinité. Mais il faut convenir que les mœurs publiques répondaient mal à cette persuasion. *Heureux les cœurs purs, parce qu'ils verront Dieu* (*Matth.*, V, 8). Par ces courtes paroles, Jésus-Christ a éclairé le monde et l'a purifié des désordres du paganisme. Nous convenons que, sur ce point, l'Evangile porte la sévérité très-loin; qu'aux yeux d'un chrétien une pensée réfléchie, un désir, un regard, la moindre complaisance sensuelle, suffisent pour blesser la *chasteté*. Il est étonnant qu'une morale aussi austère ait pu trouver non-seulement des auditeurs dociles dans les siècles très-corrompus, mais des sectateurs qui l'ont réduite en pratique sous les climats les plus propres à y mettre obstacle. Rien cependant ne prouve mieux la sagesse de notre divin Maître. Lorsque les nations sont parvenues au dernier degré de civilisation, la liberté et la familiarité qui règnent entre les deux sexes pourraient avoir les plus funestes suites, s'il n'y avait pas de principes de morale, capables de produire les mêmes effets que la clôture, la réserve, la vie retirée des femmes chez les Orientaux. Il faut donc alors que la religion suggère les précautions, excite la vigilance, anime les efforts, écarte les dangers, défende sévèrement tout ce qui peut nuire à la pureté des mœurs. Telle a été précisément l'époque à laquelle l'Evangile a été prêché. — On doit distinguer la *chasteté* d'avec la continence. Un homme qui vit dans la continence ou hors l'état du mariage, peut n'être pas chaste, et il y a une *chasteté* propre à l'état du mariage. Mais quiconque ne s'en est pas fait une heureuse habitude, ne la gardera dans aucun état. Ordinairement elle coûte peu, lorsqu'on s'est accoutumé de bonne heure à la respecter et à fuir tout ce qui peut y donner atteinte. — Il n'est pas vrai que les éloges donnés à la *chasteté* par les Pères de l'Eglise et par l'Evangile inspirent du mépris ou de l'éloignement pour le mariage; au contraire, personne n'a pourvu plus efficacement à la sainteté de cet état que Jésus-Christ, en nous faisant connaître le prix de la *chasteté*. Ce n'est point la pureté du mariage qui en éloigne les hommes, c'est sa corruption. Nous ne ferons donc pas un crime aux Pères de l'Eglise d'avoir loué les vierges, qui ont préféré la mort à la perte de leur pudeur; ils connaissaient mieux que nos philosophes jusqu'où il fallait pousser la rigueur des maximes sur cet article important. Quelques-uns de ces derniers ont dit que la *chasteté* consiste à ne jouir des plaisirs sensuels qu'autant que la loi naturelle le permet. Nous n'adoptons point cette notion. La loi naturelle a été très-mal connue par les philosophes. Plusieurs ont approuvé ou exercé la fornication et d'autres désordres. Saint Paul est le premier qui ait prescrit aux personnes mariées et à celles qui ne le sont pas des règles sages et solides (I. *Cor.*, VI et VII). C'est l'Evangile qui nous a fait connaître sur ce point la vraie loi naturelle. En nous enseignant que l'homme est fait à l'image de Dieu, que son corps même est consacré à Dieu par le baptême, qu'il est le temple du Saint-Esprit et destiné à une résurrection glorieuse, il nous a donné de l'homme une tout autre idée que celle qu'en avaient les philosophes; il nous a mieux fait sentir la nécessité de dompter les appétits déréglés du corps et de les soumettre à l'esprit. Mais quand on pense, comme la plupart des incrédules modernes, que l'homme n'est qu'un animal, on en conclut comme eux qu'il est en droit de suivre sans scrupule toutes les inclinations de l'animalité, et que, quand il y résiste, il résiste à la nature. Il est aisé de voir les effets que doit produire sur les mœurs des nations cette doctrine détestable. Par antipathie contre le célibat et contre le vœu de continence, les protestants ont parlé de la *chasteté* avec une espèce de mépris; ils ont tourné en ridicule les éloges qu'en ont faits les Pères de l'Eglise. Qu'en est-il arrivé? Ils sont devenus moins scrupuleux sur l'adultère, et Luther lui-même s'est exprimé sur ce point d'une manière scandaleuse; ils ont permis le divorce pour cause d'adultère, et ils ont donné sur ce sujet une fausse interprétation de l'Evangile. En second lieu, les mœurs des peuples du Nord, qui étaient autrefois plus pures que celles des nations du Midi, sont aujourd'hui pour le moins aussi licencieuses. C'est le témoignage qu'en rendent les voyageurs. Voilà comme le relâchement, sur un article de morale, ne manque jamais d'en entraîner d'autres et de produire les plus funestes effets (*V.* CÉLIBAT, CONTINENCE, VIRGINITÉ).

**CHASTETÉ**, divinité allégorique que les Romains représentaient sous l'habit d'une dame romaine. Elle portait un sceptre à la main, et l'on voyait deux colombes à ses pieds.

**CHASTILLON** ou **CHATILLON** (ALEXIS-MADELEINE-ROSALIE, DUC DE), né en 1690, de l'illustre et ancienne maison de Châtillon-sur-Marne (*V.* CHATILLON), colonel d'un régiment de dragons de son nom en 1705. Il obtint en 1713 le grand bailliage et la préfecture royale d'Haguenau, érigés en fief masculin pour lui et ses enfants mâles. On le créa successivement inspecteur général de la cavalerie, commissaire général et mestre de camp général de cette arme, maréchal de camp en 1719 et chevalier des ordres du roi en 1731. Employé à l'armée d'Italie en 1733 et 1734, il combattit à Parme et fut créé lieutenant général. Commandant la cavalerie à la bataille de Guastalla, il chargea deux fois celle des ennemis, la repoussa, et, en la poursuivant, il fut blessé dangereusement à la jambe d'un coup de fusil. Ses vertus et la haute estime dont il jouissait à la cour le firent choisir, en 1735, pour être gouverneur du dauphin, fils de Louis XV. Il fut créé duc et pair en 1736, et lieutenant général au gouvernement de Bretagne en 1739. Il conduisit le dauphin à Metz, lors de la maladie du roi, et fut exilé peu après. On prétexta que c'était pour avoir amené le jeune prince sans la permission du roi, qui ne pouvait la donner, puisqu'il était mourant; mais les conseils qu'il donna à son élève, dans le moment où il crut qu'il allait monter sur le trône, furent la véritable et l'honorable cause de sa disgrâce. Il revint de son exil en 1747; mais il ne parut plus à la cour et mourut en 1754. La descendance mâle de sa maison s'éteignit dans la personne de son fils.

**CHASTRE** (CLAUDE DE LA), maréchal de France, chevalier des ordres du roi et gouverneur du Berri et d'Orléans, s'éleva par son mérite et par la faveur du connétable de Montmorenci, dont il avait été page. Il se fit un nom distingué par ses exploits en divers siéges et combats. S'étant jeté dans le parti de la Ligue, il se saisit du Berri, qu'il remit dans la suite au roi Henri IV. Il mourut en 1614, à soixante-dix-huit ans, avec la réputation d'un très-brave officier, mais d'un médiocre général. On a de lui *la Prise de Thionville* en 1555, Paris, 1558, in-4°. — Il eut un fils, Louis DE LA CHASTRE, qui, sans beaucoup de mérite, obtint cependant le bâton de maréchal de France en 1616, et mourut en 1630. La maison de la Chastre tire son nom d'un grand bourg de Berri sur l'Indre. Elle a produit plusieurs personnages illustres, entre autres, Pierre *de la Chastre*, archevêque de Bourges et cardinal, mort en 1171.

**CHASTRE** (EDME, MARQUIS DE LA), comte de Nançay, de la même famille que les précédents, maître de la garde-robe du roi, puis colonel général des Suisses et Grisons en 1643, se signala à la bataille de Nordlingue, où il fut fait prisonnier. Il fut tué à la guerre d'Allemagne en 1645. On a de lui des *Mémoires curieux* et intéressants, qui se trouvent imprimés avec ceux de la Rochefoucauld, à la Haye, in-12, 1691. Ils ont le mérite de la vérité avec l'air du roman.

**CHASUBLE**, *casula*, *planeta*, ornement d'église que le prêtre met par-dessus son aube pour dire la messe. Les chasubles des anciens étaient rondes et fermées de tout côté, excepté à l'endroit où l'on passait la tête pour se vêtir; ainsi, elles enfermaient les bras comme tout le reste du corps, et, pour agir des bras, on relevait la chasuble des deux côtés sur chaque bras. On voyait encore des chasubles de cette forme à Sens et dans un grand nombre d'autres églises. Elles étaient communes aux laïques et aux clercs pour l'usage ordinaire; mais les prêtres et les diacres en avaient de particulières, quoique de même forme, pour l'autel. Comme elles étaient fort incommodes, on commença d'abord à les faire moins longues par les côtés que par devant et par derrière; ensuite on les a insensiblement échancrées, jusqu'au point qu'elles ne sont plus qu'une bande large devant et une bande derrière. Le mot de chasuble vient de *capsa* ou de *capsula*, ou de *casula*, *quasi parva casa*, parce qu'étant large et ronde, elle couvrait tout le corps de l'homme comme une petite *case* ou *maison*. Parmi les Latins, la chasuble de l'évêque ne diffère pas de celles des prêtres; mais, chez les Grecs, celle de l'évêque est parsemée de quantité de croix, au lieu que celles des prêtres n'ont qu'une seule croix, non plus que les nôtres. La chasuble peut être regardée comme le symbole de la charité et de l'autorité sacerdotale (Bollandistes, *Act. SS. maii*, t. VII, p. 96; Sindanus, *Panopl.*, liv. LXVII, chap. 56; Bocquillot, *Liturg. sacrée*, p. 157 et suiv.; de Vert, *Cérémonies de l'Eglise*, t. II, préface, p. 14; item, p. 344, pontifical).

**CHASUBLIER**, nom donné à celui qui fait principalement des chasubles, et qui s'applique aussi à l'ouvrier ou tailleur qui confectionne toutes sortes d'ornements d'église. L'art de faire les chasubles (*V.* l'art précédent), ornement que le prêtre met par-dessus l'aube et l'étole pour célébrer la messe, n'a fait et n'a dû faire que peu de progrès. Les formes sont depuis longtemps consacrées, ainsi que le genre de dessin. On a fait des chasubles très-riches à Lyon, et la dernière exposition de 1834 a prouvé qu'on ne pouvait pas aller au delà des modèles exposés. On emploie néanmoins des étoffes beaucoup moins chères, ornées de broderies et de galons plus ou moins fins et précieux.

**CHASUS** (*botan.*), nom arabe, selon Daléchamps, du ciste, qu'il nomme ledon, et qui est le *cistus monspeliensis* de Linnæus. C'est un de ceux sur lesquels on récolte une espèce de ladanum.

**CHASUTH** ou **KESSUTH** (*botan.*), noms arabes de la cuscute, suivant Dodoëns.

**CHAT** (*hist. nat.*). Ce genre a été établi par Linné; il fait partie de l'ordre des carnassiers, et doit être placé à côté de celui des hyènes. Les espèces qu'il comprend sont digitigrades, et offrent toutes un air de famille qui les fait aisément reconnaître; elles ont d'ailleurs les caractères suivants : pieds antérieurs pentadactyles, c'est-à-dire à cinq doigts, les postérieurs tétradactyles ou à quatre; ces doigts, surtout ceux des pieds antérieurs, sont toujours armés, excepté chez le guépard, d'ongles relevés dans le repos et couchés obliquement dans les intervalles des doigts, d'où ils peuvent sortir à la volonté de l'animal, qui les meut en contractant les muscles fléchisseurs de ses dernières phalanges. C'est au moyen de ces ongles, que l'on appelle *ongles rétractiles* ou griffes, que l'animal s'accroche à sa proie et aux corps contre lesquels il veut grimper; lorsqu'il les rentre dans leurs gaînes et les cache sous les poils, on dit qu'il fait patte de velours. Les dents ne sont pas moins remarquables; elles sont établies sur le type le plus carnassier que l'on connaisse; leur nombre est de trente, savoir : douze incisives, six à chaque mâchoire : les quatre intermédiaires tranchantes, disposées en forme de coin et échancrées à leur face interne; les deux latérales plus grandes et pointues; quatre canines, très-grandes, coniques et peu crochues; quatorze mâchelières ainsi distribuées : deux fausses molaires en haut et en bas de chaque côté; quatre carnassières (une à chaque partie), les supérieures à trois lobes et un talon mousse en dedans, les inférieures sans talon; et enfin deux très-petites tuberculeuses à la mâchoire supérieure (une de chaque côté), sans rien qui leur corresponde en bas. — La langue des chats est mince et couverte à sa face supérieure de papilles cornées, dont la pointe est dirigée en arrière; c'est pour cela que ces animaux écorchent lorsqu'ils lèchent; les oreilles sont courtes, en cornet triangulaire et dressé, avec un repli et un petit lobe à la base de leur bord externe. La queue est le plus souvent longue et très-mobile. Elle est tantôt nue et floconneuse à son extrémité, tantôt au contraire couverte dans toute son étendue de poils très-longs, comme chez les lynx. La verge des mâles est dirigée en arrière et couverte de crochets; les femelles ont le vagin tout à fait simple; leurs mamelles sont abdominales et varient pour le nombre. — Tous les animaux du genre *felis* ont la tête arrondie, le museau court et qui paraît donner peu d'étendue à l'organe de l'odorat, mais les narines s'ouvrent sur les côtés d'un mufle assez élargi; leurs yeux sont diurnes ou nocturnes, c'est-à-dire qu'ils leur permettent de voir tantôt de nuit, tantôt de jour; ils ont leurs pupilles rondes ou verticales. — On compte plus de quarante espèces de chats répandues dans l'ancien continent et dans le nouveau, sous toutes les latitudes, cependant plus abondantes entre les tropiques que dans les contrées du Nord. Toutes ont un riche pelage composé de poils courts ou bien au contraire fort longs, et dont la coloration, généralement fauve, est tantôt uniforme, tantôt variée de bandes ou de taches plus ou moins grandes. Ce sont de tous les mammifères ceux qui ont le plus d'appétit pour la chair; aussi aiment-ils à se repaître d'une proie palpitante, et ne mangent-ils la viande morte que lorsqu'ils n'ont pu en trouver d'autre. Leur taille varie, depuis celle du chat domestique et au-dessous, jusqu'à celle du lion et du tigre, qui là sont les plus grands de l'ordre des carnassiers; mais ils offrent tous à peu près les mêmes habitudes. Prudents sans pour cela manquer de courage, ces animaux surprennent plutôt leur proie qu'ils ne l'attaquent; pour l'atteindre, ils se tiennent cachés derrière quelque tas de feuillage, s'élancent dès qu'ils la croient à leur portée; et, comme ils sont très-agiles, ils la manquent rarement; les plus petits la poursuivent même jusque sur les arbres. Ils courent très-vite, cependant les chiens les surpassent, mais ils sont de tous les animaux ceux qui progressent par bonds avec le plus de célérité. — Ils sont presque tous nuisibles à l'homme par les dégâts qu'ils occasionnent dans ses troupeaux; quelques-uns sont même assez hardis pour l'attaquer lui-même; cependant avec des soins on parvient à les apprivoiser presque tous, et il en est que l'on tient en domesticité. — Nous les diviserons, avec M. Frédéric Cuvier, en deux sous-genres: le premier comprenant toutes les espèces qui ont les ongles rétractiles, et le second réservé au guépard, qui seul manque de cette sorte d'armes. Le premier sous-genre sera partagé en deux sections, l'une pour les espèces qui ont les pupilles rondes et qui sont de l'ancien ou du nouveau continent; l'autre pour les espèces telles que le chat domestique, etc., qui ont au contraire les pupilles verticales. On pourrait aussi, comme quelques personnes ont essayé de le faire, choisir parmi les espèces du genre quelques-unes de celles qui sont le plus remarquables (telles que le lion, le tigre, le léopard, le lynx, etc.), et les considérer comme les types d'autant de sous-genres dans lesquels les autres viendraient se grouper. — § I. ESPÈCES DONT LES ONGLES SONT RÉTRACTILES. — Les espèces de ce sous-genre sont très-nombreuses; aussi a-t-on recours pour les classer à la forme de leurs pupilles et même à leur patrie. — *Espèces dont la pupille est circulaire.* — Les unes sont de l'ancien monde : le LION, *felis leo* L., avec ses variétés, telles que les lions de Barbarie, du Sénégal, de Perse ou d'Arabie, du Cap, etc. (*V.* LION). — Le *felis spalæa* de M. Goldfuss est une espèce fossile, observée dans la caverne de Gailenreuth; elle est voisine du lion pour la taille, et de la panthère pour la forme. — Le TIGRE, *felis tigris* (*V.* TIGRE). — La PANTHÈRE, *felis pardus* L. (*V.* PANTHÈRE). — Le LÉOPARD, *felis leopardus* L. (*V.* LÉOPARD). — Le SERVAL, *felis serval* L. (*V.* SERVAL). — Le CARACAL, *felis caracal* (*V.* CARACAL). — Le LYNX de Moscovie, polaire; le LYNX des modernes (*V.* LYNX). — Auprès de cette espèce on peut ranger, comme formant une petite section, tous les chats qui ont des pinceaux de poils aux oreilles. Tels sont le lynx de Moscovie, le caracal, le lynx polaire et encore l'espèce suivante, que M. Temminck a décrite dans ses monographies de mammalogie sous le nom de CHAT PARDE, *felis pardina.* La longueur de ce *felis* est de deux pieds neuf pouces en comprenant la queue qui a sept pouces. Sa taille est celle du blaireau, mais il est plus élevé sur jambes. Il paraît habiter les contrées les plus chaudes de l'Europe, telles que le Portugal, l'Espagne et peut-être aussi la Sardaigne et la Sicile. On n'a point encore constaté son existence en Barbarie, mais il est probable qu'il s'y trouve. Son pelage est fauve, avec des taches noires plus ou moins foncées en dessus et blanches en dessous. Il est connu dans le commerce sous le nom de *lynx de Portugal.* C'est une fourrure fort estimée à cause de sa rareté et de la longueur de ses poils. Son prix est de six francs à dix et même quinze. — CHAT DE JAVA, *felis javanensis* et *sumatrana* Horsfield, nommé par Temminck le servalien, *felis minuta.* Cette espèce, qui fait double emploi, a de longueur dix-sept pouces pour le corps seulement, et de hauteur moyenne huit pouces. Elle est d'un gris jaunâtre, blanchâtre en dessous, variée de taches noires pleines et irrégulières. Cinq bandes pleines garnissent le dessus du cou et deux les côtés des joues. Le bout de la queue est blanc. On trouve ce chat à Java et à Sumatra. C'est le *kurwuk* des Javans. — CHAT DU NÉPAUL, *felis torquata* Fréd. Cuvier, *Histoire des mammifères.* Ce chat est long de vingt-trois pouces et haut de dix seulement. Il est d'un gris fauve, assez clair en dessus, plus pâle dessous, et varié de taches longues transversales sur les parties antérieures, plus petites et isolées sur les postérieures. Sa queue a cinq demi-anneaux en dessus et le bout noir. Le Bengale et le Népaul. — CHAT A TACHES DE ROUILLE, *felis rubiginosa.* Cette autre espèce, plus récemment connue, a été rapportée de Pondichéry par M. Bélanger et décrite par M. Isidore Geoffroy dans la partie mammalogique du *Voyage aux Indes orientales.* Elle se distingue de toutes les espèces congénères par un système de coloration tout à fait particulier, et qui lui a mérité son nom. Elle a le pelage gris roussâtre supérieurement, blanchâtre inférieurement, et marqué de taches de rouille, qui sont sous le ventre d'une teinte plus foncée que partout ailleurs. Sa queue est de la même couleur que le fond de son pelage, et sans taches. Taille du chat domestique. — A la suite de ces espèces viennent quelques autres appartenant également à l'ancien continent, mais qui sont bien moins connues. Tels sont le *felis doré* et le *felis longiba* de M. Temminck, ainsi que sa PANTHÈRE DE JAVA, qu'il considère comme une espèce distincte de celle d'Afrique, celle-ci étant regardée par lui comme analogue au léopard. Suivant cet auteur, le CHAT MELAS, *felis melas* de Péron, ne serait qu'une simple variété de cette panthère qu'il n'a point encore figurée. M. Lesson regarde au contraire le *felis melas* comme une espèce parfaitement établie. « Sa taille est, dit-il, celle de la panthère (panthère d'Afrique, ou léopard de M. Temminck); son pelage est d'un noir très-vif, sur lequel se dessinent des zones de même couleur, mais qui semblent plus lustrées. Ce chat, nommé *arimaou* par les Javanais, sert aux combats singuliers du Rampok (*V.* PANTHÈRE). » — Étudions maintenant les espèces à ongles rétractiles et pupilles circulaires qui appartiennent au nouveau continent. — Ces espèces sont assez nombreuses; mais il en est plusieurs qui ont été indiquées trop vaguement pour qu'il soit permis de les caractériser. — Le JAGUAR, *felis onca* L. (*V.* JAGUAR). — Le COUGUAR, *felis concolor* (*V.* COUGUAR). — CHAT JAGUAROUNDI, *felis yaguarundi* Desm., habite le Chili, la Guyane et le Paraguay. Il est de la taille du chat domestique, et se tient dans les bois, où il fait la chasse aux oiseaux. Son pelage est d'un brun noir piqueté de blanc sale, et les poils de sa queue sont plus longs que ceux du corps. — CHATI, *felis mitis* Fréd. Cuv., *Mamm.*, est long de deux pieds onze pouces, et haut de quatorze pouces environ. Son pelage est fauve, marqué de rangées de taches noires sur le dos et sur les flancs, où elles sont plus petites. Oreilles noires, avec une tache blanche sur le milieu de chacune. Ce chat a pour patrie le Brésil et le Paraguay. Ses mœurs douces lui ont fait donner le nom de *felis mitis.* — CHAT ÉLÉGANT, *felis elegans*, décrit par M. Lesson et figuré dans sa *Centurie zoologique.* Celui-ci a de longueur totale trente pouces six lignes. Son pelage est court, épais, fourni et très-doux, teint de roux vif sur les parties supérieures, avec des taches d'un noir profond, tandis que les inférieures sont blanches et tachées de brun foncé. Il habite le Brésil.

Chat élégant.

— L'OELOT, *felis pardalis* L. (*V.* OELOT). — L'OCÉLOIDE, *felis macroura* Temm. (*V.* OCÉLOIDE). — Le COLOCOLLA, *felis colocolla* (*V.* COLOCOLLA). — CHAT BAI, *felis rufa*, appelé aussi *lynx d'Amérique* et *chat cervier*, est de la taille du renard. Son pelage est gris, teint de fauve, avec de petites taches noires très-nombreuses, placées sur le corps et sur les membres; ses oreilles ont de petits pinceaux comme celles du lynx; en hiver il prend une teinte roussâtre. Cet animal habite l'Amérique septentrionale. M. Temminck croit qu'il faut lui rapporter le *lynx du Mississipi* et le *chat à ventre tacheté* de M. Geoffroy. C'est le *bay-cat* des Anglo-Américains. — *Espèces à ongles rétractiles qui ont les* PUPILLES VERTICALES. — En première ligne on doit placer le CHAT SAUVAGE, *felis catus* L.,

Chat sauvage.

qui est d'un tiers environ plus grand que notre chat domestique. Ses couleurs sont en dessous d'un blanc grisâtre, en dessus d'un gris foncé, nuancé de jaunâtre et varié de bandes plus foncées, disposées longitudinalement sur le dos et transversalement sur les flancs, les épaules et les cuisses; lèvres noires ainsi que la plante des pieds; queue annelée de noir et de gris fauve, avec son extrémité noire. Cet animal vit isolé ou par paires dans les contrées couvertes de bois. On le trouve en Europe et dans une partie de l'Asie. Sa nourriture consiste en oiseaux de toutes sortes et en petits mammifères rongeurs ou carnassiers qu'il guette et poursuit sans cesse, et sur lesquels il tombe ordinairement à l'improviste. Les mâles s'allient avec les femelles de nos chats domestiques. — C'est de cette espèce que l'on fait généralement descendre les diverses races de nos *chats domestiques*, dont les plus notables sont : le CHAT D'ESPAGNE, *felis catus hispana*, figuré par Buffon au t. VI de son *Histoire des quadrupèdes*. Son pelage se compose d'un mélange de taches blanches, rousses et noires; ses lèvres et la plante de ses pieds sont de couleur de chair. — Le CHAT DES CHARTREUX, *felis catus cœruleus* L., Buff., t. IV, pl. 4, dont les poils sont très-fins et généralement d'un gris d'ardoise uniforme; lèvres et plantes des pieds noires. — Le CHAT D'ANGORA, *felis catus angorensis* L., Buff., t. IV, pl. 5, est revêtu de poils longs et soyeux, variant assez pour la couleur. — Les CHATS DOMESTIQUES TIGRÉS, *felis catus domesticus*,

Chat domestique.

sont les plus communs. Ils paraissent se rapprocher plus qu'aucun autre du type sauvage. — Ces animaux, comme le dit Buffon, ne sont qu'à demi domestiques; ils font la nuance entre les espèces vraiment domestiques et celles qu'on ne trouve qu'à l'état sauvage. « Le chat, dit-il, n'est qu'un domestique infidèle, qu'on ne garde que par nécessité, pour l'opposer à un autre ennemi domestique encore plus incommode et qu'on ne peut chasser; car nous ne comptons pas les gens qui, ayant du goût pour toutes les bêtes, n'élèvent des chats que pour s'en amuser; l'un est l'usage, l'autre l'abus; et quoique ces animaux, surtout quand ils sont jeunes, aient de la gentillesse, ils ont en même temps une malice innée, un caractère faux, un naturel pervers, que l'âge augmente encore et que l'éducation ne fait que masquer... La forme du corps et le tempérament sont d'accord avec le naturel; le chat est joli, léger, adroit, propre et voluptueux; il aime ses aises; il cherche les meubles les plus mollets pour s'y reposer et s'y ébattre; il est aussi très-porté à l'amour; et, ce qui est rare chez les animaux, la femelle paraît plus ardente que le mâle; elle l'invite, elle le cherche, elle l'appelle, elle annonce par de hauts cris la fureur de ses désirs, ou plutôt l'excès de ses besoins, et lorsque le mâle la fuit ou la dédaigne, elle le poursuit, le mord, et le force pour ainsi dire à la satisfaire, quoique les approches soient accompagnées d'une vive douleur. » Cette douleur, que les chattes expriment par des cris si aigus, est produite par les papilles cornées et dirigées en avant dont l'organe mâle est garni à sa pointe. — Les chats domestiques ne s'attachent point à l'homme aussi fidèlement que le chien; cependant ils se trouvent aujourd'hui sur presque toute la terre habitée; mais dans quelques endroits ils n'ont été apportés qu'à une époque récente, et ils ne paraissent pas avoir existé à la Nouvelle-Hollande avant la découverte de cette vaste contrée par les Hollandais. Dans plusieurs endroits ils ont quitté les lieux habités pour rentrer dans l'état sauvage. — Suivant M. Temminck, le chat domestique ne viendrait pas du *felis catus*, mais d'une autre espèce qui habite l'Egypte. Voici ce que dit cet auteur (*Monographie de mammal.*) : « En cherchant à remonter à l'origine du chat, on se trouve en quelque sorte guidé par la pensée vers les contrées qui furent témoins des premiers élans de la civilisation, des connaissances et des arts. C'est de l'enceinte des temples consacrés à Isis et sous le règne des Pharaons qu'on a vu naître les premiers rayons des sciences, depuis plus dignement honorées en Grèce et portées de proche en proche dans les contrées que nous habitons. L'Egypte, témoin de cette civilisation naissante, a sans doute fourni à ces habitants réunis en société cet animal utile. Plus encore que les autres peuples cultivateurs, les Egyptiens ont dû apprécier les bonnes qualités du chat; s'ils en ont eu connaissance, ce que tout porte à croire, il est certain qu'une espèce sauvage propre à ces contrées a fourni la première race domestique. » L'espèce égyptienne, qui a offert à M. Temminck le sujet de ces considérations, a été rapportée de l'Afrique septentrionale par M. Ruppel; M. Temminck l'a décrite dans ses *Monographies* sous le nom de CHAT GANTÉ, *felis maniculata*. Cette espèce est un peu plus petite que le chat domestique (la domesticité influe le plus souvent sur la taille des animaux en l'augmentant; aussi est-il fort extraordinaire, dit M. Temminck, de voir que le chat sauvage d'Europe est plus gros que les races domestiques auxquelles il a donné naissance). Sa queue est de même dimension, et la teinte de son corps généralement grise, marquée de fauve en dessus, blanche en dessous, avec sept ou huit bandes fines et noires sur l'occiput et une ligne dorsale noire. — S'il faut en croire l'auteur cité, toutes nos races de chats domestiques ne reconnaîtraient point une même origine. C'est ainsi que ceux de l'Afrique et d'une partie de l'Europe descendraient de l'espèce égyptienne, tandis que la race du chat angora, qui est originaire de la Russie asiatique, serait le produit d'un autre type sauvage inconnu, et qui probablement vit dans les contrées du nord de l'Asie. — CHAT BOTTÉ, *felis caligata* Temm., est un autre *felis* que l'on trouve dans l'Afrique septentrionale et aussi au Bengale et dans la presqu'île de l'Inde. Il est un peu moins grand que le suivant, dont il ne diffère peut-être que par la face externe de ses oreilles qui est d'un roux brillant. — CHAUS, *felis chaus*, a été représenté dans l'*Histoire des mammifères* de M. Fréd. Cuvier, liv. LVI. Il est long de trois pieds un pouce en comprenant la queue, et haut de quinze pouces. Sa patrie est l'Egypte et les contrées voisines de la mer Caspienne. — MARGUAY, appelé aussi MARGAY, *felis tigrina* L. C'est le *baracaya* de d'Azara. Son pelage, fauve en dessus, blanchâtre en dessous, est parsemé de taches noires allongées, disposées en cinq lignes longitudinales sur le dos et obliques sur les flancs. Les épaules sont tachetées de fauve foncé et bordées de brun noir; queue annelée irrégulièrement. — Le margay habite l'Amérique méridionale, le Brésil et la Guyane principalement. — § II. ESPÈCES DONT LES ONGLES NE SONT POINT RÉTRACTILES. — On n'en connait encore qu'une seule, elle a les pupilles circulaires; c'est le GUÉPARD, *felis jubata* L., dont on voit la figure dans l'ouvrage de M. Fréd. Cuvier, livraison 39. On connait vulgairement le guépard sous les noms de *tigre chasseur, léopard à crinière*, etc.; c'est l'*youse* des Persans. Son pelage est fauve, couvert de petites taches noires, rondes et pleines, disposées avec régularité, et n'ayant point la forme de rose. Il a une crinière sur la nuque. Longueur du corps, trois pieds trois pouces; de la queue, deux pieds deux pouces; hauteur moyenne, deux pieds deux pouces. Cet animal habite l'Asie méridionale. On dit qu'il peut être dressé pour la chasse. — On connait quelques espèces fossiles appartenant au genre *felis*. G. Cuvier, dans son grand ouvrage, en cite deux, lesquelles ont été trouvées dans trois sortes de gisements : dans les cavernes de Hongrie, d'Allemagne et d'Angleterre, dans les brèches osseuses de Nice et dans les couches meubles qui renferment des débris de grands pachydermes. L'une de ces espèces est le *felis spelæa* (Cuv., *Oss. foss.*, nouv. édit., IV, p. 449 et pl. 36), aujourd'hui fort bien connu, depuis le travail de M. Goldfuss (*Mém. de la soc. des Curieux de la nature*, t. XI); l'autre est le *felis antiqua* Cuvier, *ibid.* GERV.

**CHAT-HUANT** (*hist. nat.*). Ce nom est vulgairement donné aux espèces du genre CHOUETTE (*V.* ce mot). M. Cuvier l'a employé, après M. Savigny, pour indiquer un petit genre dans lequel il place la *hulotte* ou *chouette des bois*, qui est le *chat-huant* de Buffon. C'est un oiseau que l'on trouve par toute l'Europe dans les grandes forêts, et particulièrement dans celles qui sont très-touffues. Il se nourrit de rats, de taupes, de mulots, de grenouilles, de petits oiseaux et même aussi de sauterelles et de scarabées. Il pond dans les nids abandonnés quatre ou cinq œufs blanchâtres. — On appelle *chat volant* les espèces du genre GALÉOPITHÈQUE (*V.* ce mot), et *chat genette* la genette ordinaire. GERV.

**CHAT DOMESTIQUE** (*écon. rur.*). Faire l'éloge de cet animal, que les Helvétiens avaient choisi comme symbole de la liberté, c'est rappeler ce que Pétrarque, J.-J. Rousseau et Sonnini de Manoncourt ont écrit en sa faveur d'une manière si éloquente et si pressante. Buffon et Rozier l'ont maltraité. Cependant il faut bien croire que le chat ne mérite pas tout ce que l'on en dit de peu flatteur, puisqu'on le trouve dans tous les pays, chez les riches comme chez ceux qui sont loin de connaître l'aisance; qu'il est agréé dans toutes les maisons, où il vit en bonne intelligence avec les autres animaux. Le chat réunit tous les extrêmes. On le craint pour ce qu'on appelle sa perfidie, qui n'est, en effet, que le résultat de la grande irritabilité dont il est doué. On l'aime par faiblesse, il serait peut-être plus vrai de dire par besoin. La guerre continuelle qu'il fait pour son seul et unique intérêt, purge nos habitations d'un ennemi importun, dont les dégâts multipliés produisent, à la longue, d'énormes pertes. S'il attaque les oiseaux, les jeunes lapins, les levrauts, combien de rats, de souris, de mulots, de taupes, de serpents, de chauves-souris, etc., deviennent sa proie! Je l'ai vu détruire des quantités considérables de blattes durant mon séjour à Livourne, où les habitations en sont envahies du bas en haut. Il leur fait la chasse avec autant de constance que le chien griffon. — Ce que le chat ne peut ravir de haute lutte, il le guette, il l'épie avec une patience inconcevable. Voyez-le tapi au bord d'un trou, ramassé dans le moindre espace possible, les yeux fermés en apparence, et cependant assez ouverts pour distinguer sa proie et en saisir les moindres mouvements; son oreille est au guet, rien ne lui échappe. Direz-vous qu'il y a là de la férocité? Tient-il sa proie, il s'en joue et s'en amuse pendant quelque temps. Le taxerez-vous pour cela de perfidie? Eh! messieurs les chasseurs, êtes-vous moins inhumains? insultez-vous moins au malheur, ne tendez-vous point des piéges nombreux aux chantres des forêts, à la gazelle timide, au cerf, au daim, etc.? Et vous, misérables qui ne vivez que de calomnie, qui allez troubler la paix des ménages, l'union des familles pour satisfaire au plaisir de dire du mal, êtes-vous moins féroces? Et vous qui faites le métier de dénoncer vos semblables, de les provoquer aux désordres afin de les assommer ou de les tenir dans des cachots infects, êtes-vous moins cruels?... Laissez au chat son naturel, son penchant à la petite rapine, puisqu'il rend tant de bons services à la maison rurale, et tâchez, comme lui, de tempérer des inclinations vicieuses par des qualités réelles. — Buffon a eu tort de dire que le chat bien élevé devient seulement souple et flatteur. S'il eût étudié sans prévention cet animal, il se serait assuré que là où il est traité convenablement, il se montre ami fidèle et dévoué, capable de toutes les perfections de la vie sociale. « Oui, disait mon ami Sonnini, quelque perverses que l'on suppose les inclinations du chat, elles se corrigent, elles acquièrent un caractère aimable de douceur lorsqu'il est traité avec ménagement, et qu'on l'a habitué aux soins, aux caresses et à la familiarité. » Je vais donner quelques faits à l'appui. — On cite de nombreux exemples de chattes qui ont nourri de leur lait des écureuils, des chiens, des lapins, et eurent pour ces animaux beaucoup d'affection; d'autres vécurent dans l'union la plus intime avec des oiseaux. On a vu des chats mourir de chagrin de la perte de leurs maîtres. Dumaniant, l'auteur dramatique, avait donné l'hospitalité à deux chats malades. Une fois rétablis, ils ne voulurent plus le quitter. Il habitait d'ordinaire la petite ville de Clermont-sur-Oise, et allait passer la belle saison à quelques lieues de là. Lorsque les deux chats voyaient approcher les instants du départ, ils partaient ensemble et se rendaient deux jours à l'avance à la nouvelle habitation, où ils recevaient leur maître avec plaisir et joie. Ils en agissaient de même au moment du retour à la ville. Flamand, de Versailles, rentier et vieux garçon, a reçu de son chat la plus haute preuve de l'attachement. Un soir il rentre chez lui assez tard, rapportant le montant d'un revenu qu'il touchait chaque année le même jour. A peine eut-il ouvert la porte de sa chambre que l'animal fidèle, qui ne quittait presque jamais cette pièce, se précipite au-devant de lui, miaulant d'un ton lamentable, se tenant dans ses jambes de manière à embarrasser sa marche, et comme pour l'empêcher de passer outre. Enfin il se lance sur sa poitrine, fixant les yeux vers l'alcôve. Flamand flatte son chat de la voix, de la main; mais celui-ci paraît insensible à ces témoignages; puis il s'approche de l'alcôve, alors le chat saute à terre, se tient au bord du lit, son dos s'élève en se courbant, ses oreilles se couchent, son poil se hérisse, sa queue s'agite avec violence, tout son être exhale la fureur. Le maître se baisse, aperçoit un pied, et conservant tout son sang-froid, il se relève en prenant le chat dans ses bras et en lui disant : Viens, mon Bibi, je t'ai laissé trop longtemps enfermé, tu meurs de faim, pauvre animal, viens, viens prendre ta pâtée. A ces mots, il sort emportant son chat, ferme la porte à double tour, appelle du secours, et l'on retire de dessous le lit un misérable armé d'un poignard..... Et dites encore que le chat n'aime point celui qui l'aime!... T. D. B.

**CHAT DE MER** et **CHAT MARIN** (*moll.* et *poiss.*). On donne vulgairement ce nom à l'*aplysia depilans* L. (*V.* APLYSIE), et à quelques coquilles hérissées d'épines, telles que le *murex tribulus* Linn., et le *murex crassispina* Lam. (*V.* ROCHER). On a aussi donné ce nom à la chimère arctique (*V.* CHIMÈRE), parce que ses yeux brillent dans l'obscurité. — Le nom du chat marin est donné, sur nos côtes, à l'anarhique-loup, à la roussette et à un pinelode (*V.* ANARHIQUE, SQUALE et SILURE).

**CHAT** (*matière médicale*). La plupart des anciens auteurs de matière médicale rapportent diverses propriétés, que plusieurs médecins d'autrefois ont accordées aux différentes parties du chat, tant domestique que sauvage. La graisse de ces animaux, leur sang, leur fiente, leur tête, leur foie, leur fiel, leur urine distillée, leur peau, leur arrière-faix même porté en amulette, ont été célébrés comme des remèdes admirables; mais pas un de ces auteurs n'ayant confirmé ces vertus par sa propre expérience, on ne saurait compter sur l'espèce de tradition qui nous a transmis ces prétentions de livre en livre : au moins faut-il attendre, avant de préférer dans quelques cas ces remèdes à tous les autres de la même classe, que leurs vertus particulières soient confirmées par l'observation. — C'était là ce qu'on disait déjà il y a un siècle, et l'observation n'a rien vérifié. Avouons même, à l'honneur de nos contemporains, qu'ils ont distrait leur attention de semblables amulettes dignes d'occuper la méditation de ces médecins de carrefours qui courent la ville et la province, et qu'on nomme en termes catégoriques des charlatans. — Cependant, comme il est également intéressant de consigner les aberrations dans lesquelles a pu tomber l'esprit humain, afin de venir en aide au bon sens et à la réflexion en leur composant une autorité grave, telle qu'une encyclopédie que nos descendants puissent toujours consulter, nous allons décrire ces prétendues vertus médicales du chat. — La graisse du chat sauvage amollit, échauffe et discute; elle est bonne dans les maladies des jointures; son sang guérit l'herpe ou la grattelle. — La tête du chat *noir*, réduite en cendre, est bonne pour les maladies des yeux, comme pour l'onglet, la taie, l'albugo, etc. — La fiente guérit l'alopécie et calme les douleurs de la goutte. — On met sa peau sur l'estomac et sur les jointures pour les tenir chaudement; on porte au cou l'arrière-faix pour préserver les yeux de maladie. L'énumération de ces vertus est tirée du *Dictionnaire de médecine* de James, qui l'a prise de la *Pharmacologie* de Dale, qui l'a copiée lui-même de Schrœder, lequel cite à son tour Schwenckfelt et Misaldus. Comme on voit, ces vertus sont moins le résultat de remèdes appliqués qu'une tradition grossière peut-être encore défigurée des élucubrations médicales de quelque barbier de village, car on sait qu'autrefois les barbiers rasaient et saignaient. — La continuation de la matière médicale d'Herman recommande, d'après Hildesheim et Schmuck, d'avoir grand soin de choisir un chat *mâle* ou *femelle*, selon qu'on a un homme ou une femme à traiter. La graisse du mâle est un excellent remède contre l'épilepsie, la colique et l'amaigrissement des parties d'un homme; et celle de la femelle n'est pas moins admirable pour une femme dans le même cas. Le célèbre Ettmuler eut la faiblesse d'avoir assez de confiance en ces remèdes, dont il recommande l'usage, avec la circonstance de ce rapport de sexe.

**CHAT** (*mythol.*). Cet animal était un dieu très-révéré des Egyptiens : on l'adorait sous sa forme naturelle, ou sous la figure d'un homme à tête de chat. Celui qui tuait un chat, soit par inadvertance, soit de propos délibéré, était sévèrement puni. S'il en mourait un de sa belle mort, toute la maison se mettait en deuil, ou se rasait les sourcils; et l'animal était embaumé, enseveli, et porté à Bubaste dans une maison sacrée, où on l'inhumait avec tous les honneurs de la sépulture ou de l'apothéose. Telle était la superstition de ces peuples, qu'il est à présumer qu'un chat en danger eût été mieux secouru qu'un père ou qu'un ami, et que le regret de sa perte n'eût été ni moins réel ni moins grand. Les principes moraux peuvent donc être détruits jusque-là dans le cœur de l'homme : l'homme descend au-dessous du rang des bêtes quand il met la bête au rang des dieux. Hérodote raconte que quand il arrivait quelque incendie en Egypte, les chats des maisons étaient agités d'un mouvement *divin;* que les propriétaires oubliaient le danger où leurs personnes et leurs biens étaient exposés, pour considérer ce que les chats faisaient, et que si, malgré le soin qu'ils prenaient dans ces occasions de la conservation de ces animaux, il s'en élançait quelques-uns dans les flammes, ils en portaient un grand deuil.

**CHAT** (*accept. div.*). Familièrement, *Elle est friande comme une chatte*, et figurément, *C'est une chatte*, se dit d'une femme très-friande. — Bas langage, *Elle est amoureuse comme une chatte*, se dit d'une femme qui est de complexion amoureuse. — Proverbialement et figurément, *Il le guette comme le chat fait la souris*, se dit d'un homme qui en épie un autre. — Proverbialement et figurément, *A bon chat, bon rat*, bien attaqué, bien défendu. — Proverbialement, *Ces gens s'accordent, vivent comme chiens et chats;* ils ne peuvent s'accorder, ils ne sauraient vivre ensemble. — Proverbialement et figurément, *La nuit tous les chats sont gris;* la nuit, il est aisé de se méprendre, de ne pas reconnaître ceux à qui on parle. Il signifie aussi que, dans l'obscurité, il n'y a nulle différence, pour la vue, entre une personne laide et une belle personne. — Proverbialement, figurément et familièrement, *Payer en chats et en rats*, payer en bagatelles, en toutes sortes d'effets de mince valeur. — Proverbialement et figurément, *Emporter le chat*, sortir d'une maison sans dire adieu à personne. — Proverbialement, *Il n'y a pas là de quoi fouetter un chat;* l'affaire, la faute dont il s'agit, n'est qu'une bagatelle. Proverbialement et figurément, *Musique de chat*, musique dont les voix sont aigres et discordantes. — Proverbialement et figurément, *Jeter le chat aux jambes de quelqu'un*, rejeter la faute sur lui, ou lui susciter malignement quelque embarras. — Proverbialement et figurément, *Cette fille a laissé aller le chat au fromage*, elle s'est laissé abuser. — Proverbialement et figurément, *Bailler le chat par les pattes*, présenter une chose par l'endroit le plus difficile. — Proverbialement et figurément, *Se servir de la patte du chat pour tirer les marrons du feu*, se servir adroitement d'un autre pour faire quelque chose de périlleux dont on espère recueillir le profit. — Proverbialement et figurément, *Chat échaudé craint l'eau froide*, quand une chose nous a causé une vive douleur, nous a été très-nuisible, nous en craignons même l'apparence. — Proverbialement et figurément, *Acheter chat en poche*, conclure un marché sans connaître l'objet dont on traite. *Vendre chat en poche*, vendre une chose sans l'avoir montrée. — Proverbialement et figurément, *Eveiller le chat qui dort*, réveiller une affaire qui était assoupie, chercher un danger qu'on pouvait éviter. — Proverbialement et figurément, *Appeler un chat un chat*, appeler les choses par leur nom. — Proverbialement et figurément, *Il n'y a pas un chat*, il n'y a absolument personne. — Proverbialement et figurément, *Avoir un chat dans la gorge*, se dit d'un chanteur qui éprouve quelque embarras dans le gosier.

**CHAT**. Proverbialement, *Quand les chats n'y sont pas, les souris dansent sous la table*, il y a du désordre là où les maîtres, les magistrats ne maintiennent pas la tranquillité. — *C'est le nid d'une souris dans l'oreille d'un chat*, c'est une chose impossible. — *Avoir joué avec les chats*, avoir des égratignures au visage. — *Il entend bien chat sans dire minon*, se dit d'un homme habile qui entend à demi-mot. — *Aller voir pêcher les chats*, se laisser trop facilement convaincre. — *C'est le chat!* manière populaire de répondre à une assertion à laquelle on ne croit pas.

**CHAT**, s. m. (*marine*). On donne ce nom à un bâtiment qui pour l'ordinaire n'a qu'un pont, et qui est rond par l'arrière, dont on se sert dans le nord, et qui est d'une fabrique grossière et sans aucun ornement, mais d'une assez grande capacité, étant large de l'avant et de l'arrière. Ces bâtiments sont à plate varangue, et ne tirent pour l'ordinaire que quatre à cinq pieds d'eau. On leur donne peu de quête à l'étrave et à l'étambord; les mâts sont petits et légers; ils n'ont ni hune, ni barre de hune, quoiqu'ils aient des mâts de hune, et l'on amène les voiles sur le pont au lieu de les ferler. La plupart des voiles sont carrées; ils ont peu d'accostillage à l'arrière. La chambre du capitaine est suspendue, s'élevant en partie au dehors, et l'autre partie tombe sous le pont comme dans les galiotes. La barre du gouvernail passe sous la dunette ou chambre du capitaine; mais elle n'a point de manivelle; elle sert seule à gouverner. Quelquefois on met à la barre du gouvernail une corde, avec laquelle on gouverne. En général, le chat est un assez mauvais bâtiment, et qui navigue mal; mais il contient beaucoup d'espace et porte grande cargaison. La grandeur la plus commune du chat est d'environ cent vingt pieds de longueur de l'étrave à l'étambord, vingt-trois à vingt-quatre pieds de large, et douze pieds de creux; alors la quille doit avoir seize pouces de large et quatorze pouces au moins d'épaisseur. On la fait le plus souvent de bois de chêne, et quelquefois de sapin.

**CHAT** (*pêche*) se dit d'un petit grappin dont les pêcheurs se servent pour retirer du fond de la mer leur lesture quand elle leur a échappé.

**CHAT**, machine de guerre au moyen de laquelle, après avoir comblé le fossé d'une ville, on prenait position au pied du rempart que des mineurs s'efforçaient alors de renverser, tandis que la machine elle-même les protégeait contre les projectiles lancés par les assiégés. Cette machine n'était autre chose qu'une galerie mobile de sept pieds de hauteur sur huit de largeur et seize de longueur, formée d'une charpente légère avec un double toit de planches et de claies. Ses flancs étaient défendus par un tissu d'osier, et le tout était revêtu de cuirs frais ou de couvertures de laine. Comme ces machines ne pouvaient atteindre leur but que quand elles étaient en grand nombre et travaillaient ensemble, on en joignait ordinairement plusieurs de front; on les remplissait d'hommes armés d'outils; et, mises en mouvement à force de bras, elles s'approchaient, avec la prudente circonspection de l'animal dont on leur avait donné le nom, de la muraille que l'on voulait saper. — Ces machines furent employées dans les siéges jusqu'à la fin du XIII^e^ siècle, et même plus tard. — On lit dans le poëme de Philippe Auguste, par Guillaume Guiart:

Devant Boves fut l'ost de France  
Qui, contre les Flamans Constance,  
Li mineur pas ne sommeillent,  
Un chat bon et fort appareillent,  
Tant œuvrent dessous et tant cavent,  
Qu'une grande part du mur destravent.

On lit dans le même ouvrage, sous la date de 1205, à l'occasion du siége et de la prise de Constantinople par les croisés:

Un chat font sus le pont atraire  
Dont piéça mention feismes,  
Qui fust de la roche meismes;  
Li mineurs dessous se lancent,  
Le fort mur à miner commencent  
Et font le chat si nombrer  
Que rien ne les peut encombrer.

Dans la *Vie de saint Louis*, par Joinville, il est aussi question de chats employés dans des siéges de villes ou de châteaux. Les perfectionnements qu'a reçus la science de la guerre, et surtout la découverte de la poudre, ont fait abandonner cette machine, ainsi que beaucoup d'autres dont on ne connaît que le nom aujourd'hui.

**CHAT** (*artillerie*). C'est un instrument dont on se sert dans l'artillerie pour examiner si les pièces de canon n'ont point de chambre ou de défaut. C'est un morceau de fer portant une, deux ou trois griffes fort aiguës, et disposées en triangle; il est monté sur une hampe de bois. Les fondeurs l'appellent le *diable* (*V.* ÉPREUVE).

**CHAT D'UN PLOMB.** C'est une pièce de cuivre ou de fer, ronde ou carrée, au milieu de laquelle est un trou de la grosseur du cordeau du plomb : il doit être de la même largeur que la base du plomb, puisqu'il sert à connaître si une pièce de bois est d'aplomb ou non.

**CHAT** (*monnaie*). C'est la matière qui coule d'un creuset par accident ou par cassure.

**CHAT** (*ardois.*). C'est le nom que ceux qui taillent l'ardoise donnent à celle qu'ils trouvent si dure et si fragile, à l'ouverture de l'ardoisière, qu'elle ne peut être employée. Ils donnent aussi le même nom aux parties les plus dures, qui se trouvent quelquefois dispersées dans l'ardoise, et qui empêchent la division. Ils appellent ces parties de *petits chats*.

**CHAT** (*technol.*), sorte de drap dont la chaîne est de diverses couleurs. — Chevalet de couvreur. — Fonte qui s'échappe du creuset.

**CHAT DE MARS.** Dans Rabelais, martre.

**CHATAF** (*hist. nat.*). Les Hébreux désignaient sous ce nom, et sous ceux de *chatas* et *chauras*, les hirondelles considérées génériquement.

**CHATAIGNE**, *castanea*, fruit du châtaignier sauvage. — Il est enveloppé de deux péricarpes ; le premier, dur, coriacé et armé tout autour de pointes, s'ouvre en trois ou quatre parties; l'autre, doux et mollet, renferme une ou plusieurs châtaignes dont le péricarpe immédiat est dur, coriacé et lisse en dehors. Le dedans se compose d'une substance pulpeuse et ferme, qui se ramollit et acquiert un goût agréable par la cuisson sous la cendre, dans l'eau ou dans la poêle à rôtir. — On doit fendre les châtaignes qu'on fait cuire sans eau pour éviter qu'elles fassent explosion. Elles se récoltent dans le Midi, principalement à Saint-Tropez et dans le Languedoc, où elles forment la base de la nourriture des habitants de la campagne. Dans le commerce on les mêle aux marrons, qui sont plus recherchés et plus chers. — Les châtaignes se gâtent facilement, et les insectes qui se glissent dans ce fruit le rendent souvent amer. — CHATAIGNE DE CHEVAL, fruit du marronnier d'Inde, ainsi nommé à cause de sa ressemblance avec la châtaigne et de l'usage qu'en font les vétérinaires pour guérir les chevaux poussifs. — CHATAIGNE D'ACAJOU. Ce fruit porte aussi les noms de *noix d'acajou* et *anacarde antarctique*, et il appartient à l'*anacardier*, grand et bel arbre des Indes occidentales, qui ressemble à l'acajou et se trouve classé dans la décandrie monogynie de Linné. — CHATAIGNE D'EAU, *tribule aquatique*, *macre*, *saligot*, *cornuelle*, *corniole* (*tribulus aquaticus* de la tétrandrie monogynie de Linné). Cette plante, qui vit dans les fleuves et dans les lacs, pousse des tiges longues, grêles, remplies de suc, garnies de vrilles, qui grossissent à la superficie de l'eau et produisent des feuilles larges presque semblables à celles du peuplier ou de l'orme, mais plus courtes et plus arrondies. Elles sont garnies de plusieurs nervures crénelées et précédées de pétioles longs et gros. Les fleurs sont petites, blanches, soutenues par un pédicule arrondi, solide, vert, que recouvre un léger duvet. Les fruits ressemblent à de petites châtaignes, mais armées de quatre pointes grosses et dures. De couleur grise d'abord, puis noire, elles ont une membrane qui se sépare. Ils contiennent une substance pulpeuse, blanche, ferme, de la saveur des châtaignes, et dont la farine a de l'analogie avec celle des fèves. Ces fruits sont astringents et rafraîchissent; ils s'emploient en gargarisme et en cataplasmes pour calmer, adoucir et résoudre. — Dans la campagne on mange une grande quantité de *châtaignes d'eau* cuites ou rôties. — CHATAIGNE CORNÉE. En anatomie vétérinaire, on nomme ainsi une petite plaque située tant à la partie inférieure et interne de l'avant-bras qu'à celle supérieure interne du canon de derrière chez le cheval. Chez l'âne, la *châtaigne cornée* est remplacée par une surface chagrinée de la grandeur d'une pièce de cinq francs. — CHATAIGNE DE MER. On donne ce nom, principalement sur les côtes de la Normandie et de la Saintonge, aux oursins, espèce d'animaux connus aussi sous la dénomination de hérissons de mer. — CHATAIGNE A BANDES. Dans le commerce on désigne de cette façon un mollusque qui est le *murex nodosus*. — CHATAIGNE NOIRE, espèce de coléoptère (*ovipares*) qui appartient au genre *hispe* ou coléoptère phytophage.

**CHATAIGNER** (ALEXIS), graveur, naquit à Nantes en 1772, de parents riches qui lui donnèrent le moyen de suivre son goût pour les beaux-arts. Après avoir étudié le dessin, soit dans sa ville natale, soit à Paris, il prit des leçons de gravure sous Quéverdo. Il fit en peu de temps des progrès très-rapides, et de bonne heure son nom se rattache à d'importantes entreprises. Il a gravé à l'eau-forte la plupart des planches du *Cours historique et élémentaire de peinture* ou *Galerie complète du Musée*, rédigée par Lavallée et publiée par Filhol, Paris, 1801 et années suivantes, 10 vol. in-18; il a travaillé aussi à la *Collection des costumes et uniformes*, 1803 et 1804. Dans toutes ses compositions on remarque une touche facile, correcte, variée, et l'on est étonné quelquefois de la finesse de son burin. Un excès de travail affaiblit sa santé et accéléra sa mort qui arriva dans le mois de décembre 1817.

**CHATAIGNERAIE**, s. f. (*économ. rust.*), lieu planté de châtaigniers.

**CHATAIGNERAIE** (DUEL DE JARNAC ET DE LA). En 1547, les obsèques de François Ier étaient à peine terminées, quand François de Vivonne, sieur de la Châtaigneraie, sollicita le nouveau roi de France, Henri II, de lui accorder le champ clos pour combattre à outrance contre Gui Chabot, sire de Jarnac. Ce duel offrait un exemple nouveau de la dépravation des mœurs. On avait jeté dans la chambre du roi un écrit contenant l'imprécation et la malédiction prononcées contre Ruben, pour donner à entendre à Henri II que Diane de Poitiers, sa maîtresse, alors âgée de quarante-huit ans, avait été auparavant la maîtresse de son père. Henri, loin d'être révolté de cette image, s'amusait à trouver des exemples semblables autour de lui, et il avait répété que Jarnac était l'amant de sa belle-mère, et que c'était avec l'argent qu'il recevait d'elle qu'il faisait figure à la cour. Jarnac, sans paraître savoir d'où l'imputation était venue, l'avait repoussée comme calomnieuse. La Châtaigneraie, qui passait pour la meilleure lame du royaume, et qui était déjà l'un des favoris du roi, comptait s'élever davantage encore en adoptant une querelle que celui-ci n'osait pas avouer : il se déclara l'auteur d'un propos aussi déshonorant pour un gentilhomme, et prétendit en tenir les détails de Jarnac lui-même. Henri II accorda le combat, ne doutant pas qu'il ne dût être fatal à ce dernier. Les lices furent ouvertes le 10 juillet, dès six heures du matin, à Saint-Germain en Laye. Le roi y assista avec toute sa cour ; le duc d'Aumale avait accepté l'office de parrain de la Châtaigneraie; Charles Gouffier de Boissy était parrain de Jarnac. On fit le choix des armes avec tous les rites de l'ancienne chevalerie. Lorsque enfin l'un des hérauts d'armes prononça le cri : « Laissez aller les bons combattants, » ils s'élancèrent l'un sur l'autre et se portèrent plusieurs coups d'épée ; tout à coup la Châtaigneraie tomba, blessé au jarret d'une manière inattendue, d'où est venu le terme proverbial *recevoir un coup de Jarnac*. — Le vainqueur ne voulut point achever son ennemi ainsi renversé. Tour à tour il lui criait : « Rendez-moi mon honneur ! » puis il revenait devant le roi, lui criant : « Sire, prenez-le, je vous le donne. » La Châtaigneraie ne voulut jamais le rendre, et le roi hésita et garda longtemps le silence avant de l'accepter en don. Cependant le vaincu fut emporté du champ de bataille; le vainqueur fut embrassé par le roi, qui lui dit : « Vous avez combattu en César et parlé en Aristote. » Et comme la Châtaigneraie se laissa mourir, plus de dépit et de honte que de la gravité de sa blessure, dont il arracha les bandages, Henri II, délivré d'un témoin qui serait devenu incommode, accorda dès lors sa faveur à Jarnac. — On peut voir les détails de cette affaire dans l'*Histoire des guerres de religion* de Lacretelle, et dans l'*Histoire des Français* de M. Sismondi ; encore mieux dans les mémoires contemporains. M. Dulaure ne les donne pas dans son *Histoire de Paris*, parce que le fait eut lieu, comme nous l'avons dit, non dans la capitale, mais à Saint-Germain en Laye. Mais, en l'indiquant, il dit : « Les partisans des progrès de la civilisation doivent s'élever contre la mémoire de Henri II, et l'accuser d'avoir fait revivre une des plus odieuses coutumes de la barbarie, en rétablissant l'usage des duels, que saint Louis et autres rois avaient pris tant de soin à détruire. Henri II, en effet, autorisa par sa présence le combat singulier de la Châtaigneraie et de Jarnac, et cette autorisation eut des suites très-funestes. Le roi ignorait que depuis environ trois cents ans ses prédécesseurs avaient fait de grands efforts pour abolir cette habitude sanglante! Les rois pèchent très-souvent par ignorance » (tom. IV, p. 198, 199, édition in-12).

**CHATAIGNIER**, *castanea*, grand et bel arbre de l'Europe tempérée, de la famille des cupulifėrées, suivant M. Richard, ou des amentacées, suivant MM. Lamarck et de Candolle. On réunissait autrefois le châtaignier et le hêtre dans un même genre; aujourd'hui ces deux arbres forment deux genres à part, séparés par de nombreux caractères auxquels il faut ajouter que la substance des graines est farineuse dans le châtaignier, tandis qu'elle est huileuse dans le hêtre. On le cultive comme arbre fruitier, dans plusieurs pays où il n'existe pas naturellement dans les forêts, et l'on commence à le répandre beaucoup, par des semis et par des plantations, en sorte qu'il semble destiné à remplacer un jour quelques-uns de nos arbres forestiers, soit pour le chauffage, soit pour la construction et les arts. Voici les principaux caractères de ce genre : « Les fleurs sont monoïques; les mâles, en longs chatons, se composent d'un involucre calicinal campanulé, à six divisions, contenant douze à quinze étamines; les femelles, réunies au nombre de trois à cinq dans un involucre écailleux et épineux qui les cache jusqu'à leur sommet, sont situées à la base des chatons mâles ou à l'aisselle des feuilles supérieures : l'ovaire est rétréci à son sommet, couronné par les cinq petites dents du limbe calicinal; il offre de trois à sept loges qui contiennent chacune deux ovales, et se terminent par autant de stigmates subulés, roides, qu'il offre de loges. Les glands sont renfermés dans l'involucre épineux, qui les recouvre en totalité et semble former le péricarpe. » L'espèce unique est le **CHATAIGNIER COMMUN**, *castanea vulgaris*. C'est un grand arbre dont les rameaux sont longs et très-étalés, dont l'écorce est unie et grisâtre, et dont le tronc acquiert un diamètre considérable et se creuse ordinairement dans sa vieillesse. Ses feuilles sont oblongues, pointues, fermes, glabres, bordées de dentelures en scie, écartées et assez saillantes; les chatons mâles ont une odeur pénétrante. L'involucre ou cupule épineuse, qui enveloppe les fruits, se rompt irrégulièrement lors de la maturité. Cet arbre croît sur le penchant des coteaux et des montagnes, dans les terrains légers; il fleurit en juin et juillet; ses fruits sont mûrs en octobre; dépouillés de leur cupule épineuse, ces fruits sont désignés sous les noms de châtaignes ou marrons; ils sont très-farineux quand ils sont cuits; leur saveur est légèrement sucrée et agréable. Ils se composent d'une très-grande quantité de fécule, de gluten qui a la plus grande analogie avec celui qu'on retire de la farine des graminées et d'un principe sucré. C'est un aliment sain dont on fait usage dans plusieurs provinces de la France, telles que le Limousin, les Cévennes, le Périgord, l'île de Corse, et dans le nord de l'Italie, la Savoie et la Suisse. C'est à Lyon que se débitent les meilleures châtaignes; elles y sont envoyées par les montagnards qui habitent les pays circonvoisins, par les paysans des Alpes et même du nord de l'Italie. Dans les lieux où les châtaignes sont une partie de la nourriture journalière, on prolonge leur durée par des moyens variés, selon l'état dans lequel on veut les conserver. La dessiccation par une chaleur modérée, obtenue en grande partie par la combustion des *hérissons* ou *brous*, est la préparation la plus sûre et la plus adoptée. Les châtaignes ainsi dépouillées de leur enveloppe intérieure peuvent être réduites en farine, mais elles ne sont pas susceptibles de *panification*, et s'opposent même à la fabrication du pain, lorsqu'on essaye de les mêler avec les céréales. Les citadins se contentent de les faire rôtir ou cuire sous la cendre, usage qui remonte à une haute antiquité, si l'on en croit Rabelais, ou bien ils les font bouillir dans l'eau. Les Limousins commencent par blanchir les châtaignes avant de les faire cuire, et la cuisson des fruits n'est terminée que lorsqu'ils ont été dépouillés de leur double enveloppe. Ils sont alors débarrassés de l'amertume que conserve la châtaigne lorsqu'elle n'a pas été dépouillée de son enveloppe avant la cuisson. Quelques médecins ont pensé que les châtaignes sont une nourriture peu propre à développer les facultés intellectuelles; car on a cru remarquer que le génie domine et produit ses œuvres les plus admirables dans les contrées où les habitants ne manquent point de nourriture animale; mais c'est là une de ces questions qui demandent encore un grand nombre d'observations avant de pouvoir être rationnellement jugées. On connaît plusieurs espèces de châtaigniers plus ou moins recommandables par la grosseur ou la bonté de leurs fruits, ou par les qualités de leur bois. Celle qui reçoit le nom impropre de *marronnier* se distingue par la grosseur et la douceur de ses fruits, qui deviennent plus gros, parce que dans la même enveloppe il en existe ordinairement une ou deux, et celle qui reste profite de la nourriture qui était destinée aux trois graines qui doivent ordinairement exister dans chaque coque. L'espèce appelée châtaigne *verte* est assez grosse, de bon goût et durable. L'arbre qui les porte conserve plus longtemps que les autres son beau feuillage; il se plaît sur les montagnes du Limousin. L'*exalade* vient du même pays, et passe pour la plus savoureuse de toutes; mais l'arbre est petit et dure moins longtemps que les autres châtaigniers. Ces défauts sont rachetés, au jugement des cultivateurs, par une fécondité qui comble annuellement et excède quelquefois leurs vœux. A la longue, le châtaignier devient plus gros que le chêne, mais il ne s'élève pas aussi haut. On en cite quelques-uns qui sont devenus fameux par leur développement gigantesque; tel est par exemple celui du mont Etna, connu sous le nom de châtaignier de cents chevaux, parce que son ombrage peut couvrir, dit-on, cent cavaliers et leurs montures; cependant quelques voyageurs disent qu'il paraît composé de plusieurs arbres greffés ensemble par approche. Près de Sancerre, on voit un de ces arbres qui a près de dix mètres de tour, et qui produit des fruits en très-grande abondance, quoiqu'il soit connu depuis six cents ans sous le nom de *gros châtaignier*, ce qui lui suppose un âge d'au moins dix siècles. Peut-être moins bon que le bois du chêne pour les constructions civiles et navales, celui du châtaignier est son égal pour les travaux du tonnelier, du charron, du treillageur; il brûle aussi un peu plus lentement, mais donne autant de chaleur.

Détails du châtaignier.

**CHATAIGNIER NAIN**, *castanea pumila* (Lam., *Dict. enc.*, I, p. 709; Mich., *Arb. Amer.*, II, p. 166, pl. 7); vulgairement chincapin. Cette espèce, qui appartient exclusivement à l'Amérique septentrionale, présente des dimensions fort différentes, selon le climat sous lequel elle croît. Dans les parties du nord des Etats-Unis, dans les terrains secs et arides, elle n'est pour ainsi dire qu'un arbrisseau qui parvient rapidement à plus de sept à huit pieds de haut, tandis que dans la Caroline méridionale, la Géorgie et la basse Louisiane, où le sol est frais et fertile, elle s'élève quelquefois à trente ou quarante pieds de hauteur, sur douze à quinze pouces de diamètre : il est vrai cependant qu'elle reste le plus souvent au-dessous de ces proportions. Ses feuilles sont longues de trois à quatre pouces, oblongues, lancéolées, courtement pétiolées, glabres en dessus, légèrement cotonneuses et blanchâtres en dessous, bordées de dents obtuses. Ses fleurs sont disposées comme dans le châtaignier commun, mais moitié plus petites. Les péricarpes sont arrondis, hérissés d'épines, et ne renferment qu'une seule châtaigne, qui n'est guère plus grosse qu'une noisette sauvage, et qui a une saveur très-douce. — Le bois de chincapin a le grain plus fin et plus serré que celui du châtaignier ordinaire; il est aussi plus pesant, et il a probablement, encore plus que lui, la propriété de résister longtemps à la pourriture : mais, comme on en trouve rarement de gros morceaux, il est fort peu en usage. Le chincapin est cultivé en Europe, dans les jardins de botanique et chez quelques amateurs, comme objet de curiosité. On a essayé de le greffer par approche sur le châtaignier ordinaire; mais il est rare qu'il y réussisse.

**CHATAIGNIER DE LA GUYANE** (*botan.*). Dans quelques cantons de cette contrée, on donne ce nom au pachirier, *pachira* *aquatica* (Aubl., p. 726, t. 291), qui est le *carolinea* de quelques botanistes modernes.

**CHATAIGNIER DE SAINT-DOMINGUE** (*botan.*). Dans cette colonie on nomme ainsi le *cupania*. Le même nom est donné en Amérique au *sloanea*, parce que son fruit est hérissé comme l'enveloppe extérieure des fruits du châtaignier ordinaire.

**CHATAIN**, adj. m. qui est de couleur de châtaigne. Il n'est guère usité que dans ces locutions, *poil châtain*, *cheveux châtains*. Il est invariable quand il est suivi d'un autre adjectif qui le modifie. *Des cheveux châtain clair*.

**CHATAINE**, s. m. (*anc. term. milit.*), capitaine.

**CHATAIRE**, *nepeta* (*botan. phan.*). Trente espèces au plus, remarquables par leur odeur et quelques-unes par leur grandeur, constituent ce genre de plantes de la famille des labiées et de la didynamie gymnospermie. Leur patrie est restreinte à la Sibérie, à l'Europe méridionale, à la côte de Barbarie et aux dernières limites de l'Asie occidentale. On les trouve dans les terrains humides et sablonneux, sur les rives des torrents qui longent les Alpes et les Pyrénées. On en cultive plusieurs à cause de leurs fleurs carnées ou améthystées du plus bel aspect; d'autres ont joui longtemps de la réputation, aujourd'hui nulle, d'être emménagogues, antihystériques et carminatives. Une seule est très-connue sous le nom d'*herbe aux chats*, à cause du plaisir qu'ils trouvent à se rouler dessus, à la déchirer pour s'immerger, si l'on peut s'exprimer ainsi, dans l'huile volatile répandue abondamment en toutes ses parties: j'entends parler de la **CHATAIRE COMMUNE**, *N. cataria*, que l'on rencontre sur le bord des chemins, aux lieux humides, et dont l'odeur pénétrante a quelque chose de fétide qui la fait repousser des jardins. — La **CHATAIRE TUBÉREUSE**, *N. tuberosa*, originaire d'Espagne, présente dans ses racines, crues ou cuites, un aliment assez agréable. Elle se distingue aussi par ses beaux épis d'un pourpre violet très-prononcé. Sa tige est haute d'un mètre, avec feuilles cordiformes, oblongues, pubescentes. Elle est en fleurs depuis le mois de juin jusqu'à la fin d'août. — L'espèce la plus intéressante est la **CHATAIRE RÉTICULÉE**, *N. reticulata*, qui se cultive en pleine terre, dans les terrains secs et chauds qui lui rappellent son sol natal, la Barbarie. Cette espèce forme un buisson, montant à plus d'un mètre et demi de haut. Ses tiges sont droites, rougeâtres sur leurs angles arrondis, parsemées de poils blancs, longs et rares, avec des feuilles d'un vert foncé, souvent tachetées de jaune verdâtre, opposées en croix et presque amplexicaules. Elle se couvre, durant tout l'été, de longs épis terminaux, chargés de fleurs d'un violet pâle ou bien d'un bleu purpurin foncé. Pour la multiplier on a recours à ses graines, qui mûrissent sous la température de Paris, quand la plante est bien exposée, et par la séparation de son pied au printemps. Sa culture, ainsi que celle des autres chataires, ne présente rien de particulier.

**CHATAL**, s. m. (*anc. term. milit.*), captal.

**CHATALHUIC** (*botan.*), nom mexicain d'une casse dont les feuilles sont composées d'environ neuf paires de folioles, suivant la figure qu'en donne Hernandez, p. 70. Elle n'est rapportée à aucune des espèces connues; on ne peut l'assimiler à la casse d'Alexandrie, ou casse ordinaire, qui n'a que cinq paires de folioles.

**CHAT-CHATEIL**, s. m. (*anc. term. milit.*), ancienne machine de guerre sur la construction de laquelle on n'est pas d'accord. Selon quelques-uns, elle était employée offensivement dans les siéges.

**CHAT-CHATEIL** ou **CHAT-CHATIAN** (*vieux lang.*) se disait, selon certains auteurs, d'une galerie couverte, flanquée de tours.

**CHATE** (*botan.*), *chatis*. Daléchamps dit que le pastel, *isatis tinctoria*, est ainsi nommé chez les Arabes. Ce nom est bien différent de celui de *fidil el djemal*, cité par Forskaël pour son *isatis ægyptia*.

**CHATE, CHATTE, QUATTE** (*botan.*), noms arabes d'une espèce de concombre, *cucumis chate*, pour lequel Forskaël cite aussi le nom de *abdelavi*, et Delille celui de *a-bd-allaouy*, en ajoutant que le fruit non mûr est nommé *a-ggour*.

**CHATEAU**. Ce mot, dérivé du latin *castrum*, *castellum* (d'où *castel*, *châtel*, etc.), a reçu deux acceptions différentes. Suivant l'une, qui est de beaucoup la plus moderne, on appelle ainsi une vaste maison de plaisance, habitation d'un riche particulier ou plutôt de quelque souverain; dans ce dernier sens, il est synonyme de *palais*. Ainsi Versailles, Chantilly, Chambord, et dans un ordre moins élevé, les Rochers, Ferney, Valençay, le Lude, etc., reçoivent le nom de châteaux. La France en possédait jadis un grand nombre, peuplés de souvenirs illustres, ou remarquables par le luxe et l'élégance de leurs accessoires, ou le charme de leur situation. Par suite de la révolution de 1789, une partie avait déjà disparu; d'autres ont été détruits de nos jours, sous les coups de ces spéculateurs avides et ignorants qu'on a essayé de flétrir par le nom de *bande noire*. L'Angleterre, l'Italie et la haute Allemagne sont fort riches en édifices de ce genre. — Dans sa seconde acception, le mot **CHATEAU** (*chastel*, *chastiau*, etc.) désigne, chez nos plus vieux historiens, un bâtiment fortifié, placé d'ordinaire sur une hauteur, et destiné à défendre soit un passage ou une position importante, soit la ville même qui s'était peu à peu élevée alentour. Trop souvent, aux jours de la féodalité, qui furent l'âge d'or des châteaux, ces forteresses menaçantes, employées, comme on sait, à un tout autre usage, servirent d'asile à des barons avides et cruels qui rançonnaient les voyageurs et opprimaient les vilains et les bourgeois. Il existe dans le nord de l'Europe des restes de châteaux ou forts d'une date plus ancienne, qui appartiennent au temps de nos derniers Carlovingiens ou du moins de Guillaume le Conquérant. L'Espagne en possède encore qui datent de la domination mauresque. Ceux qui couronnent les Vosges et quelques hauteurs du grand-duché de Bade, celui de Baden et celui de Heidelberg, comptent parmi les plus remarquables. Quelquefois le château était isolé, ainsi qu'on vient de le dire; d'autres fois il faisait partie du système de défense d'une ville, comme on le remarque dans la plupart des places frontières; il prend, dans ce dernier cas, le nom tout moderne de *citadelle*; on pouvait, par ce moyen, prolonger longtemps la résistance de ces places, et souvent, la ville même emportée, le plus fort restait encore à faire, à moins que le château ne manquât d'eau, de vivres, ou de défenseurs intrépides. Il y a dans nos vieilles chroniques des exemples célèbres de ces siéges de châteaux, bien plus importants et plus difficiles que ceux des villes mêmes: tels sont ceux de Château-Gaillard par Philippe Auguste, de Châlus par Richard Cœur de Lion, où ce prince fut blessé à mort, de la bastille de Dieppe par Louis XI, alors dauphin, etc. Vers le milieu du XVII^e siècle, un grand nombre de ces châteaux, qui protégent aujourd'hui nos côtes et nos frontières du Nord, furent créés par le génie de Vauban et passent pour des modèles en ce genre. Plusieurs des anciens, rendus inutiles par leur situation dans l'intérieur du royaume, désormais paisible, furent détruits ou démantelés, d'après le vœu même des gens du pays, à la suite des guerres de religion, de celles de la Ligue et même de la Fronde, où ils avaient trop souvent protégé de grands crimes et d'odieux brigandages. De nos jours, la bande noire n'a pas plus épargné cette classe de châteaux que la première. — Ces forteresses, si imposantes par leur masse, l'épaisseur de leurs murailles (qui est quelquefois de quinze à vingt pieds), l'effet si pittoresque que présentent aujourd'hui leurs débris souvent visités du voyageur, offrent une disposition assez uniforme, du moins à partir du XII^e siècle. Presque tous sont placés, comme on l'a dit, sur une hauteur, au passage d'un défilé, ou sur le bord d'un lac ou d'une rivière. On avait soin d'y ménager des puits ou de vastes citernes. Au milieu d'un ensemble plus ou moins compliqué de tours et de tourelles (plus tard de bastions), s'élevait une tour plus forte et beaucoup plus haute que les autres; c'était le *donjon*. Là se retiraient les défenseurs du château quand il ne leur était plus possible de disputer le reste à l'ennemi; ils pouvaient encore s'y maintenir avec avantage, en accablant de flèches, de pierres, de jets d'eau ou d'huile bouillante, et plus tard de feux de mousqueterie, les assaillants entassés dans des cours et à la portée du trait. — Du reste, avant d'arriver jusque-là, ceux-ci avaient eu de nombreux obstacles à vaincre. Sans parler des ouvrages qui défendaient d'assez loin les abords de la place, elle était elle-même entourée de fossés profonds, ordinairement pleins d'eau; les portes étaient précédées d'un pont-levis, mû par des leviers dont l'emplacement se reconnaît encore dans nos vieilles portes de villes et de châteaux. On y voit aussi la coulisse où se mouvait la *herse* qui, abattue souvent derrière les plus hardis assaillants, leur ôtait tous moyens de retraite. Enfin, du milieu de la voûte qui surmontait cette porte descendait quelquefois une lourde pièce de bois appelée *assommoir*, ce qui indique trop bien sa destination. — Le rapprochement d'un château ou *chastel* et d'une ville formée sous sa protection, a donné naissance à une multitude de noms de lieux qui rappellent cette situation. — Depuis la chute complète de la féodalité et jusqu'en 1789, nos anciens châteaux isolés ne furent plus que des demeures seigneuriales, avec fossés, tours, girouettes, haute et basse justice, etc.; à certaines époques, les vassaux venaient y acquitter leurs redevances et se soumettre à des coutumes quelquefois humiliantes.

**CHATEAU.** Proverbialement, *Ville prise, château rendu*, on ne peut guère tenir dans le château, dans la forteresse, quand la ville est prise. — Proverbialement et figurément, *Faire des châteaux en Espagne*, former des projets en l'air, se repaître de chimères. — *Château de cartes*, petit édifice que les enfants s'amusent à construire avec des cartes. — Proverbialement et figurément, *Château de cartes*, petite maison de campagne fort enjolivée et peu solidement bâtie. — *En term. de marine ancienne, Château de poupe*, ou *Château d'arrière*, et *Château de proue*; ou *Château d'avant*, espèce de logement qui était élevé sur la poupe ou la proue d'un navire au-dessus du dernier pont.

**CHATEAU** (*hist.*). Il s'est dit absolument, dans les premières années de la révolution, de la cour et des intrigues qu'on lui attribuait. On disait, dans le même sens, *Le pouvoir exécutif*, *Le veto*.

**CHATEAU D'EAU.** C'est un bâtiment destiné à recevoir les eaux qui sont apportées par des aqueducs, et à les diviser en différents canaux, d'où elles se répandent et se distribuent pour les divers usages des villes et des jardins. — Ces monuments sont quelquefois d'un genre à ne point laisser apercevoir en dehors les eaux qu'ils renferment; alors ils exigent une décoration et un caractère d'architecture qui indiquent leur nature et leur destination. Le plus souvent ils sont accompagnés de cascades, embellis de nappes et de jets d'eau. Tels sont ceux de Rome moderne, tel était celui de Rome antique, dont on voit encore les restes sur le mont Esquilin, près de l'arc de Galien, et le seul qui nous soit parvenu des Romains. — On l'appelle le château de l'eau Julia, *castello dell' aqua Giulia*. Les antiquaires se sont trouvés divisés sur le nom de l'eau qui venait aboutir à ce *castellum aquarium*; mais Piranesi, ayant pris les niveaux des divers aqueducs, a trouvé que celui qui correspondait au réservoir était celui de l'eau Julia, dont le conduit se voit encore. Il ne recevait qu'une partie de cette eau, dont l'autre moitié était détournée pour aller sur le Viminal. — Ce château d'eau se trouvait admirablement placé entre deux grandes routes, telles qu'on les voit aujourd'hui, ou pour mieux dire à la rencontre du *bivium*, où la grande rue se sépare en deux voies, dont l'une se rend à la porte Esquiline, et l'autre *ad ursum pileatum*; ce qui faisait un point de vue superbe et un objet de décoration pour la sortie de la ville de ce côté. — On observe encore, dans les restes de cet édifice, les moyens mis en œuvre par l'architecte hydrauliste pour les ramifications de l'eau, et pour la conduire aux différentes directions qu'on voulait lui donner. On y remarque un double réservoir inférieur où l'eau se purifiait, et un double conduit, au cas que l'un des deux eût besoin de réparation. Il y avait aussi extérieurement, pour recevoir les eaux jaillissantes, un grand bassin dont on distingue quelques vestiges. — La décoration extérieure de ce château d'eau paraît avoir eu beaucoup de magnificence. Une de ses niches a conservé des restes de marbre qui en faisaient le revêtement et des indices non équivoques, c'est-à-dire de petites attaches de bronze répandues dans toute la construction, qui prouvent que ce revêtement y fut général. On trouva enterrées, sous les ruines de l'édifice, des bases et des colonnes de marbre *cipolino*. Enfin, entre les deux grandes arcades qui se voient encore, étaient placés les magnifiques trophées faussement appelés de Marius, et qui décorent aujourd'hui la balustrade du Capitole. Il semble, par quelques particularités de ces trophées, qu'ils doivent appartenir aux victoires d'Auguste. — La construction de ce même château d'eau est remarquable par la grandeur des briques qui y sont employées, par leur dureté singulière et leur forme en coin, qui donnait aux voûtes une plus grande solidité. — Rome moderne a plusieurs châteaux d'eau; car on doit donner ce nom à plusieurs de ces monuments qu'on appelle indistinctement des fontaines. La fameuse fontaine de Trevi serait un véritable château d'eau, si la décoration de son architecture avait plus de rapport avec ce qui convient au caractère d'un tel monument, et si le pompeux étalage de la sculpture, le fracas des eaux, et tous les ornements extérieurs, ne faisaient une diversion trop grande à l'aspect du corps principal de l'édifice, dont le genre, au reste, comme on l'a dit, sort des convenances. — Un monument moins pompeux, mais plus d'accord avec la bienséance, et dont l'effet est peut-être plus grand, est le château d'eau de la fontaine Pauline, sur le Janicule, à Rome. — On peut du reste se faire une autre idée d'un château d'eau. On peut n'envisager ce genre de monument, sans le secours apparent des eaux jaillissantes, que du côté des formes, du style et du goût qui peuvent le caractériser; et sans doute il y aurait un peu plus de difficulté à y réussir. Mais, nous devons l'avouer, un pareil monument reste encore à faire; car on n'oserait plus citer, comme digne d'arrêter les yeux et l'attention des gens de goût et des artistes, ce soi-disant château d'eau qui est en face du Palais-Royal à Paris. La renommée qu'a eue cet édifice ne prouve autre chose, sinon qu'il y eut un temps où la renommée était à fort bon compte.

QUATREMÈRE DE QUINCY.

**CHATEAU** (GUILLAUME), né à Orléans en 1633, mort à Paris en 1683, devint graveur comme par hasard. La connaissance fortuite d'un habile artiste en ce genre créa en lui le goût de la gravure en Italie, où la curiosité seule l'avait attiré. Il y grava avec succès plusieurs portraits de papes, et après avoir parcouru une grande partie de cette contrée inspiratrice, il vint se fixer et exercer son art à Paris, où son talent lui mérita la protection et les bienfaits du ministre Colbert. L'académie de peinture l'élut un de ses membres. On distingue parmi les estampes de Château : *la Manne du Désert*, *l'Aveugle-né*, *le Ravissement de saint Paul*, *la Guérison des aveugles de Jéricho*, *la Mort de Germanicus*, d'après le Poussin; *l'Assomption de la Vierge*, d'après Annibal Carrache, et d'autres ouvrages d'après Raphaël, le Corrége, l'Albane, Carle Maratte et autres maîtres. Il a signé des noms *Castellus Gallus* les estampes qu'il a gravées en Italie.

**CHATEAU** (LOUIS-CHARLES), né à Paris en 1757, mort dans cette même ville vers 1804, a mérité d'être cité comme graveur de distinction pour ses vignettes et ses petites gravures à l'eau-forte, charmants chefs-d'œuvre de patience, de fini et de perfection.

**CHATEAUBRIANT** (FRANÇOISE, COMTESSE DE), fille de Jean de Foix, vicomte de Lautrec (et non de Phébus), née en 1475 ou environ, fut mariée très-jeune à Jean de Laval, seigneur de Châteaubriant. Rien n'est plus incertain que l'histoire de cette dame et de ses amours avec François I^er^. Voici le roman imaginé par Varillas dans son *Histoire de François I^er^*. Le comte de Châteaubriant éloignait avec soin de la cour sa femme, dont la beauté, quoique cachée au fond de la Bretagne, était fameuse : il la gardait à vue dans ses terres, ou l'y retenait par ses ordres, quand son devoir l'appelait auprès du roi; il l'accusait d'un éloignement peu naturel pour le monde; les courtisans inspiraient à François I^er^ le désir qu'ils avaient de la voir; Châteaubriant, pour se délivrer de ces persécutions, écrivait à sa femme les lettres les plus pressantes, sous la dictée même de ceux qui soupçonnaient sa sincérité; cependant la comtesse n'arrivait pas. Le comte avait fait faire deux anneaux d'une forme bizarre et parfaitement semblables : il en avait remis un à la comtesse et avait gardé l'autre; la comtesse ne devait venir à la cour que lorsqu'elle aurait reçu l'anneau de son mari. Châteaubriant garda mal le secret; on gagna son valet de chambre, on eut l'anneau, on en fit faire un troisième absolument pareil, et avec une lettre de Châteaubriant, on fit venir la comtesse. Se voyant trahi, le mari jaloux partit aussitôt pour la Bretagne, laissant à la cour la jeune de Foix, qui se consola par les plaisirs, par l'ivresse du pouvoir et par l'orgueil d'avoir le roi pour amant. Après la bataille de Pavie, la comtesse de Châteaubriant vit tomber son crédit devant la puissance de la mère du roi, Louise de Savoie. Elle retourna près de son mari, espérant qu'elle parviendrait sans peine à le fléchir. Il la reçut et ne voulut point la voir : il l'enferma au fond de son château dans une chambre tendue de noir, où tout annonçait la mort qu'on lui préparait. Là, Françoise de Foix n'avait d'autre consolation que de voir, à l'heure des repas, sa fille âgée de sept ans. Le tyran regardait tout d'un lieu où il ne pouvait être aperçu, et ce spectacle ne l'attendrit pas. La mort de la fille rompt tout lien entre les deux époux. Au bout de six mois, le mari entre pour la première fois dans la chambre de sa femme avec six hommes masqués et deux chirurgiens : il la fait saigner des deux bras et des deux pieds, et la laissa expirer. Il se déroba d'abord par la fuite au ressentiment de la maison de Foix et à la justice des lois; mais, entraîné par une inclination nouvelle, François ne tarda pas à tout oublier. Montmorency, le connétable, devenu tout-puissant, fit obtenir des lettres d'abolition à Châteaubriant, qui lui fit, en retour, donation de ses biens. — Hévin, avocat au parlement de Rennes, a solidement réfuté ce conte de Varillas, d'après lequel la comtesse de Châteaubriant serait morte d'une manière si tragique en 1525 ou 1526. Il est prouvé, par l'épitaphe même de cette dame, gravée sur son tombeau dans l'église des Mathurins de Châteaubriant, qu'elle n'est morte qu'en 1537, et ce tombeau lui fut érigé par son mari même. Précisément à l'époque où l'on veut que celui-ci l'ait assassinée, il n'était occupé que des moyens d'éluder les dispositions de la coutume de Bretagne, qui ne lui permettaient pas d'avantager sa femme. Hévin révoque aussi en doute les amours de la comtesse avec François I^er^; mais ces amours sont trop bien constatés pour les contemporains, et surtout par Brantôme, pour qu'on ne soit pas forcé d'en reconnaître la réalité. Le récit de Brantôme est, du reste, bien différent de celui de Varillas. Il nous fait voir la comtesse, depuis le retour du roi, jouissant de sa liberté, des honneurs de son rang et du souvenir de son ancienne faveur, regrettant son amant infidèle, et se vengeant de lui par un trait généreux. François Ier et sa sœur Marguerite avaient pris plaisir à orner de devises galantes des bagues et d'autres bijoux que le roi avait donnés à la comtesse de Châteaubriant lorsqu'il l'aimait. La duchesse d'Étampes, nouvelle maîtresse de François, voulut avoir ces bagues, à cause des devises, et le roi les fit redemander à la comtesse. Celle-ci répondit qu'elle les chercherait, mais qu'elle était malade, et qu'elle demandait trois jours. Elle fit fondre et convertit en lingots toutes ces bagues. « Portez cela au roi, dit-elle au gentilhomme qui vint les demander; et assurez-le bien que le poids y est tout entier. Quant aux devises, elles sont gravées dans mon cœur; c'est là qu'il doit les chercher. » Le roi, qui ne tenait à ces bagues que pour les devises, fit rendre l'or à son ancienne maîtresse (Brantôme, *Dames galantes*, et article de FRANÇOIS Ier). — Le crédit de Mme de Châteaubriant avait surtout contribué à l'avancement de ses frères, dont l'un était le célèbre maréchal de Lautrec. — Quant à l'histoire de la donation faite par le comte de Châteaubriant au connétable de Montmorency, voici comment elle eut lieu. Châteaubriant était gouverneur de Bretagne, et croyait encore pouvoir se mettre au-dessus des lois, comme du temps de la belle comtesse, sa femme. Il s'était approprié des fonds considérables votés par la province pour des travaux publics qu'il n'avait point exécutés. Le connétable, en étant averti, envoya le président des comptes de Bretagne à Châteaubriant pour lui faire peur de la colère du roi. « Il mit ainsi (disent les *Mémoires* de Vieilleville), le seigneur de la maison en si grande frayeur, que celui-ci eût voulu être mort, cet envoyé lui répétant *que qui mange de l'oie du roi, en cent ans il en rend la plume.* » Après ce *précurseur*, comme l'appelle Vieilleville, le connétable arriva à son tour à Nantes, « ayant fait entendre au roi qu'il allait faire une cavalcade par tout le royaume, pour connaître des déportements des gouverneurs et l'état des frontières. » Il redoubla la frayeur de Châteaubriant par l'annonce de la sévérité qu'il voulait apporter à rechercher les abus survenus depuis douze ans dans les finances du roi. — « Ainsi (continuent les *Mémoires*) fut frappé le coup qui produisit le contrat; car M. de Châteaubriant perdant courage ne cessa qu'il n'eût parlé à lui le lendemain au plus matin, ayant le président avec lui, et y furent trois bonnes heures; et, au sortir de là, ils partirent tous après dîner pour aller à Châteaubriant y consommer quelques jours en bonnes chères, durant lesquelles M. le connestable envoya devers le roi son secrétaire Berthereau, avec mille louanges du sieur de Châteaubriant, qu'il avait bien perdu son temps d'être descendu jusque-là; car il n'y avait province sous sa couronne mieux conduite, régie ni policée que celle de Bretagne. » Une quittance universelle fut envoyée à Châteaubriant, avec l'ordre de Saint-Michel. C'est par cet ignoble moyen que le connétable de Montmorency hérita du comte de Châteaubriant et d'une des plus belles terres du royaume.

**CHATEAUBRIANT** (*géogr., hist.*), petite ville fort ancienne de la Bretagne, aujourd'hui chef-lieu d'arrondissement du département de la Loire-Inférieure. L'origine de Châteaubriant paraît remonter au temps de la domination romaine. Mais son nom, devenu si célèbre dans l'histoire du règne de François Ier et dans nos annales contemporaines, lui vient de Briant, comte de Penthièvre, qui en 1015 y fit bâtir un château. La Trémouille vint former en 1488 le siége de ce château, qui tint bon pendant quelque temps, et qui ne capitula que lorsque l'artillerie y eut ouvert une large brèche. Les fortifications et le château furent alors rasés; et du vieux donjon de Briant il ne reste plus que trois tours, dont deux sont fort élevées. Dans le château neuf, on voit encore l'appartement de la belle Françoise de Foix, comtesse de Châteaubriant, et le cabinet doré où, suivant une tradition fabuleuse, elle périt victime de la jalousie de son mari. La terre et seigneurie de Châteaubriant était un des plus anciens fiefs du duché de Bretagne. On la trouve citée dans Guillaume le Breton sous le nom de *Castrum Briani*, et dans la liste des bannerets de Bretagne, du temps de Philippe Auguste, sous celui de *Castrum Briencii*. Après avoir appartenu à la maison de Laval, elle passa au connétable de Montmorency, qui, d'après les mémoires de Vieilleville, se la fit donner par le mari de la célèbre maîtresse de François Ier, en lui faisant peur de sa sévérité au sujet des prévarications commises par le comte dans son gouvernement de Bretagne. Plus tard, elle appartint à la maison de Bourbon-Condé. Châteaubriant, situé à 13 lieues de Nantes, compte aujourd'hui 3,709 habitants.

**CHATEAUBRIANT** (ÉDIT DE). Henri II s'était toujours montré fidèle à la politique de François Ier, qui poursuivait les protestants à Paris tandis qu'il les soutenait en Allemagne. Pour ôter tout soupçon qu'il pût favoriser ceux de la religion, il publia, le 27 juin 1551, à Châteaubriant un édit en quarante-six articles. Il commençait par rappeler les diverses tentatives faites par lui et par son père pour extirper l'hérésie : « Et n'y voyons, dit-il, aucun amendement, ni espérance d'y pouvoir remédier, sinon par un extrême soin et diligence, et avec toutes les rigoureuses procédures dont on doit user pour repousser vivement l'injure et obstination d'une telle malheureuse secte, et en purger et nettoyer notre royaume. » La sévérité de ce préambule fait prévoir les mesures rigoureuses qui vont suivre; en effet, la connaissance et la correction des hérétiques était attribuée par cet édit tant aux cours souveraines qu'aux juges présidiaux, sous la condition toutefois qu'à ceux-ci se joindraient dix conseillers ou dix avocats du ressort pour signer les sentences définitives, car les jugements portés contre les hérétiques étaient sans appel. Puis viennent les prescriptions les plus sévères et les plus minutieuses contre la liberté de la presse, surtout contre l'introduction de livres venant de lieux suspects, principalement de Genève. Tous les livres imprimés devaient être soumis à la censure de la Sorbonne. Les imprimeries clandestines étaient interdites, et la copie signée d'un manuscrit destiné à l'impression devait être laissée entre les mains du censeur, dont l'autorisation était même nécessaire pour qu'on pût mettre en vente les livres provenant d'un héritage. A l'arrivée d'un ballot de livres, le censeur devait être requis et présider lui-même à l'ouverture du paquet. Les imprimeries et les magasins des libraires et des imprimeurs de Paris étaient soumis annuellement à deux visites du censeur, qui devait aussi inspecter trois fois par an la ville de Lyon. Enfin les libraires étaient obligés de tenir exposés dans leurs boutiques un catalogue des livres prohibés et un autre des livres qu'ils avaient en étalage. De plus, il était défendu d'admettre qui que ce fût dans les écoles ou dans les tribunaux, s'il ne pouvait produire un certificat d'orthodoxie. Vient ensuite l'énumération des peines portées contre ceux qui les défendaient devant les tribunaux, contre ceux qui leur envoyaient des secours d'argent ou qui adressaient des lettres aux protestants réfugiés soit à Gênes, soit dans d'autres pays séparés de l'Église. Tous les biens de ces réfugiés devaient être, par le fait même de leur fuite, confisqués au profit du roi. Enfin une clause assurait aux délateurs le tiers des meubles ou immeubles des condamnés et des proscrits.

**CHATEAUBRIANT** (FAMILLE DE) (*V.* LAVAL).

**CHATEAUBRIANT** (TRAITÉ DE). Ce traité est peu important par lui-même; mais comme il servit de prétexte à Anne de Beaujeu, régente de France pendant la minorité de Charles VIII, pour envahir une partie de la Bretagne, il est nécessaire d'en dire ici quelques mots. — Les divisions qui avaient éclaté en Bretagne pendant l'administration de Landois, ministre et favori du duc François II, prirent un caractère particulier, lorsque le duc d'Orléans, brouillé avec Anne de Beaujeu, vint chercher un refuge à la cour de ce prince. La régente vit dans cette circonstance une excellente occasion pour intervenir dans les affaires de Bretagne; aussi le procès et le supplice de Landois ne purent-ils apaiser les troubles. Le duc d'Orléans, qui devait plus tard devenir roi de France, sous le nom de Louis XII, et recevoir le titre de père du peuple, se mit alors à la tête des seigneurs bretons les plus opposés aux projets de la régente. Il fit plus; il ne craignit pas de s'entendre avec l'étranger pour résister à la cour. Le 13 décembre 1486, une ligue fut signée dans ce but entre Maximilien, roi des Romains, le roi et la reine de Navarre, le duc de Bretagne François II, le duc de Lorraine, le duc et le cardinal de Foix, frères de la duchesse de Bretagne, les comtes d'Angoulême, de Nevers et de Dunois, le sire d'Albret, les seigneurs de Lautrec, de Pons et d'Orval, beaucoup de seigneurs bretons, le prince d'Orange, Lescure, comte de Comminges, le maréchal de Rieux et la comtesse de Laval. Cette ligue fut tenue secrète pendant quelque temps; mais bientôt un assez grand nombre de seigneurs bretons, peu satisfaits de voir le gouvernement de leur pays passer dans les mains du duc d'Orléans et d'autres seigneurs français, songèrent à prendre des mesures de précaution. Le duc François II ayant eu l'imprudence de laisser croire que les ennemis du ministre Landois allaient être recherchés pour les actes qui avaient entraîné sa condamnation, le méconten-

tement éclata, et, sur l'invitation du comte de Rohan, du maréchal de Rieux et du comte de Laval, presque toute la noblesse bretonne se réunit à Châteaubriant. On jura d'expulser le duc d'Orléans, le comte de Dunois, le prince d'Orange et le comte de Comminges, qui, aux yeux des Bretons, n'étaient que des étrangers. Anne de Beaujeu avait trop d'habileté pour ne pas entrer dans cette nouvelle ligue qui pouvait aisément contre-balancer celle qui avait été conclue le 13 décembre 1486. Elle prodigua les promesses aux conjurés, et parvint à leur faire signer avec la France, vers le milieu de l'année 1487, une convention qui reçut le nom de Châteaubriant. On stipula que Charles VIII ne ferait entrer en Bretagne que quatre mille hommes de pied et quatre cents hommes d'armes. La régente déclara en son nom qu'il ne venait que pour punir la rébellion du duc d'Orléans, s'engagea à n'attaquer aucune place que de concert avec le maréchal de Rieux, et à faire acquitter religieusement le prix de tout ce que ses troupes consommeraient. Mais la digne fille de Louis XI, peu soucieuse de ses promesses, avait déjà mis en campagne une armée de douze mille hommes, qui s'empara d'un grand nombre de places importantes, sans toutefois avoir pu se rendre maîtresse de Nantes. Malgré la résistance de cette ville, les positions que prirent alors les troupes aidèrent considérablement aux avantages qu'elles remportèrent plus tard, et au succès de la bataille de Saint-Aubin du Cormier, livrée le 28 juillet 1488. — Cette bataille, dans laquelle le duc d'Orléans fut fait prisonnier, porta un coup terrible à l'indépendance de la Bretagne, qui cependant ne fut réunie à la France que sous le règne de François I<sup>er</sup>. — Ainsi le traité de Châteaubriant ne fut qu'une ruse adroite dont se servit Anne de Beaujeu pour commencer l'invasion de la Bretagne.

**CHATEAUBRUN** (JEAN-BAPTISTE VIVIEN DE), auteur dramatique, naquit à Angoulême en 1686. Pour ne point déplaire au duc d'Orléans, prince auquel il était attaché comme maître d'hôtel, et aussi pour qu'on ne lui reprochât pas de consacrer aux lettres un temps qu'il devait à ses occupations administratives auprès du ministre de la guerre d'Argenson, il s'abstint courageusement, pendant quarante ans, de mettre au théâtre les pièces qu'il avait faites en secret. Ce ne fut qu'à soixante-huit ans qu'il produisit ses œuvres sur la scène. Il débuta par la tragédie des *Troyennes* qui réussit, et s'est soutenue assez longtemps au théâtre. Cette tragédie offre des situations touchantes; le style, faible en général, est quelquefois plein de sentiment, de naturel et de pureté. Mademoiselle Clairon dans le rôle de *Cassandre*, et mademoiselle Gaussin dans celui d'*Andromaque*, contribuèrent beaucoup au succès. Châteaubrun allait chercher tous ses sujets dans la tragédie grecque; il en imitait les modèles autant que possible, mais sans comprendre au fond le génie grec, et sans voir par où cette imitation pouvait être originale. Après les *Troyennes* parurent *Philoctète* et *Astyanax* qui eurent peu de succès. Châteaubrun avait encore composé deux autres tragédies; mais les ayant laissées dans un tiroir qui ne fermait pas, un jour il ne les retrouva plus; son valet en avait enveloppé des côtelettes : on assure qu'il supporta cette mésaventure avec beaucoup de philosophie. Il mourut dans un âge avancé en 1775. Il avait été reçu à l'académie en 1753.

**CHATEAU-CHALON** (*géogr.*), bourg de France (Jura), près de Lons-le-Saulnier. Vins renommés.

**CHATEAU-CHINON**, *Castrum* ou *Castellum Caninum*, petite et forte ville ancienne avec titre de comté, dans le département de la Nièvre, jadis capitale du Morvant et siége d'un bailliage seigneurial. Cette ville occupe, à ce que l'on croit, l'emplacement d'une forteresse romaine. C'est ce que du moins tendraient à prouver de nombreux restes de monuments et de larges voies pavées. — C'était autrefois une place importante, défendue par des fortifications considérables et par un vaste château, sous les murs duquel Louis XI défit en 1475 l'armée du duc de Bourgogne. Les royalistes se rendirent maîtres de la place après un long siége, et passèrent au fil de l'épée la garnison ainsi qu'une grande partie des habitants.

**CHATEAU-DAUPHIN** (PRISE DE). Le prince de Conti, joint à don Philippe, commandant l'armée espagnole, avait passé le Var, emporté Nice et Villefranche, et pénétré jusqu'à Château-Dauphin à l'entrée de la vallée de Stura. Le 19 juillet 1744, le bailli de Chivri et Chevert escaladèrent ce roc sur lequel deux mille Piémontais étaient retranchés. Malgré l'artillerie qui les foudroyait et la présence du roi de Sardaigne, ils en atteignirent le sommet, et restèrent vainqueurs après un combat sanglant et acharné où on avait vu des grenadiers français profiter du recul des pièces pour se jeter dans les embrasures des retranchements. Du côté des alliés, il périt deux mille hommes; mais il n'échappa aucun Piémontais. Le roi de Sardaigne, au désespoir, voulait se jeter parmi les assaillants. — Le prince de Conti écrivit à Louis XV : « C'est une des plus brillantes et des plus vives actions qui se soient passées; les troupes y ont montré une valeur au-dessus de l'humanité. La bravoure et la présence d'esprit de M. Chevert ont principalement décidé l'avantage. »

**CHATEAU-DU-LOIR**, *Castrum ad Lœdum*, *Castrum Lidi*, ancien chef-lieu des vaux du Loir, petit canton de Touraine, aujourd'hui compris dans le département de la Sarthe. Vers le milieu du XVI<sup>e</sup> siècle, Château-du-Loir soutint un siége fort long, pendant sept ans, contre Geoffroy Martel, comte d'Anjou, qui en retint le seigneur prisonnier, et ne lui donna la liberté que lorsqu'il lui put céder cette place avec d'autres qui étaient à sa convenance. Le seigneur du Château-du-Loir était Gervais, évêque du Mans. Vers l'an 1090, Mathilde de Château-du-Loir apporta cette terre à Elie de la Flèche, qui se mit en possession du comté du Maine, non sans avoir été obligé de le disputer vivement à Guillaume le Roux, roi d'Angleterre (*V.* MAINE). Château-du-Loir était alors la meilleure forteresse du pays, et ce fut là qu'Elie se retrancha pendant que les Normands ravageaient son comté. Depuis, ce château suivit la fortune des successeurs d'Elie, qui devinrent comtes d'Anjou, ducs de Normandie et rois d'Angleterre. Richard Cœur de Lion assigna sur cette terre le douaire de la reine Bérengère sa femme. Après la réunion des provinces démembrées, Philippe Auguste en fit don à Guillaume des Roches, sénéchal du Maine, de l'Anjou et de la Touraine. Château-du-Loir passa ensuite aux comtes de Dreux, desquels Philippe de Valois le racheta en 1387 pour la somme de trente et une mille livres; puis elle fut donnée en apanage avec le Maine à Louis, premier duc d'Anjou, et réunie à la couronne par Louis XI. En 1496, Charles VIII la donna au maréchal Trivulce sous le titre de baronnie. Louis XII la lui conserva en 1499, mais à la charge de rachat perpétuel. Cédée par le maréchal de Trivulce à P. de Rohan, maréchal de Gié, elle fut retirée aux héritiers de ce dernier, puis donnée par engagement à la maison de Soissons, qui la posséda à ce titre jusqu'au commencement du XVIII<sup>e</sup> siècle. — Outre le siége dont nous avons déjà parlé, le château, construit sur un rocher isolé et entouré d'eau, fut encore investi et pris en 1075 par Foulques le Réchin, comte d'Anjou, et en 1181 par Philippe Auguste. En 1589 il se rendit à Henri IV. — Château-du-Loir a aujourd'hui une population de 3,500 habitants.

**CHATEAUDUN**, *Castellum Dunum*, *Castrum Dunense* ou *Castrum Dunii* (d'une hauteur), ancienne capitale du comté de Dunois, aujourd'hui chef-lieu d'arrondissement du département d'Eure-et-Loir, à quarante-huit kilomètres de Chartres. Situé sur une hauteur au pied de laquelle coule le Loir, Châteaudun porta aussi le nom de *Rupes clara* ou *Urbs clara* (ville claire, que l'on aperçoit de loin). Aimoin la mentionne dans la Vie de Sigebert, et Grégoire de Tours dans celle de Gontran. Le premier des vicomtes particuliers de Châteaudun est Geoffroy I<sup>er</sup>, fils de Warin de Bellesme et petit-fils de Guillaume I<sup>er</sup>, comte d'Alençon. Geoffroy I<sup>er</sup> fut assassiné vers 1041. Son successeur fut son fils Rotrou I<sup>er</sup>, mort vers 1066. Celui-ci fut le sixième ou septième aïeul de Geoffroy IV, mort vers 1248, dont la fille puînée Clémence porta cette vicomté dans la maison de Dreux, d'où elle passa successivement par mariage dans celle de Clermont, de Flandre et de Craon. — Jean de Craon, grand échanson de France, dix-huitième vicomte de Châteaudun, fut tué en 1415 sans laisser de postérité. Alors la vicomté de Châteaudun revint à Charles, duc d'Orléans, qui en 1439 le donna avec le comté de Dunois à son frère naturel, Jean, bâtard d'Orléans (*V.* DUNOIS). — Au XVIII<sup>e</sup> siècle, Châteaudun, capitale du Dunois et chef-lieu d'un bailliage, avait une abbaye royale de l'ordre de Saint-Augustin, dont on attribuait la fondation à Charlemagne. Le château, remarquable par la hardiesse de sa construction, est accompagné d'une grosse tour bâtie, suivant les traditions locales, par Thibaud le Vieux ou le Tricheur en 935. Le reste des constructions est dû aux comtes de Dunois, ducs de Longueville (XV<sup>e</sup> siècle). Châteaudun fut presque entièrement détruit par un incendie en 1723. Les environs de cette ville furent en 1183 le théâtre d'un massacre épouvantable des bandes dévastatrices des Brabançons, Cottereaux, etc. Les Capuicés (*V.* ce mot) y rencontrèrent une troupe considérable de ces aventuriers; ils en tuèrent sept mille sur la place, et firent un grand nombre de prisonniers, parmi lesquels se trouvaient quinze cents filles de joie que ces brigands traînaient à leur suite. Ces malheureuses furent ensuite impitoyablement brûlées avec les aventuriers à la fortune desquels elles avaient lié la leur.

— Châteaudun a donné le jour à plusieurs hommes célèbres, entre autres, à Lambert-li-Cors, qui commença avant Alexandre de Paris le poëme de l'*Alexandride;* et à l'orfévre Jean Toutain, l'un de nos plus habiles peintres en émail. — La population de cette ville est aujourd'hui de 6,500 habitants.

**CHATEAUDUN** (MONNAIE DE). On n'a encore retrouvé aucune monnaie de Châteaudun antérieure à Charlemagne; mais on en connaît beaucoup de la période carlovingienne. Outre la pièce de Charlemagne, qui ne porte que le nom et qui appartient au second genre des monnaies frappées sous son règne, il en existe de Charles le Chauve, d'Eudes et de Raoul, mais aucune ne déroge au type consacré de ces princes. C'est toujours le nom de la ville DUNICASTRUM ou DUNICASTELLUM, et la légende GRATIA DI REX, avec le monogramme royal d'Eudes, de Charles ou de Raoul; seulement ces deux lettres DI de la légende y sont quelquefois remplacées par les lettres DN, abréviation de DOMINI. D'après un usage qui était général au moyen âge, les vicomtes de Châteaudun prirent au XI$^e$ siècle, pour type de leur monnaie, celui qui était adopté dans leur ville épiscopale, Chartres. Mais les monétaires ne tardèrent pas à défigurer cette empreinte, et bientôt ce type des monnaies dunoises n'eut plus que les caractères généraux des monnaies de Chartres. On y voyait toujours une tête sur le côté dépourvu de légende, mais une tête qui s'altérait autrement que celle de Chartres. Quant à l'autre côté, on y lisait en caractères cunéiformes DUNICASTELLUM ou d'autres lettres, très-souvent mêlées et formant une légende bizarre et défigurée, autour d'une croix à branches égales. Enfin, vers la première moitié du XIII$^e$ siècle, lorsque déjà les derniers linéaments de la tête avaient disparu pour faire place à une figure à laquelle on ne peut pas donner de nom, les seigneurs de Châteaudun commencèrent à mettre dans la légende leurs initiales ou leurs prénoms tout entiers. Le premier qui introduisit cette nouveauté semble être Geoffroy V, qui vivait vers l'an 1216. Robert de Dreux, Raoul de Clermont et tous les autres seigneurs de Châteaudun continuèrent cet usage jusqu'à la confiscation du comté en 1393. A force d'altérer le type primitif, ils avaient fini par le faire ressembler au type des tournois, et depuis le XIII$^e$ siècle la légende avait envahi le côté qui jusqu'alors en avait été dépourvu. Il paraît qu'en 1226 les vicomtes de Châteaudun cherchaient à étendre au delà de leurs possessions le cours de leurs monnaies. Il existe en effet une ordonnance royale rendue afin de réprimer cet abus. D'après l'ordonnance de 1315, les deniers de Châteaudun devaient être à trois deniers dix grains de loi argent le roi, et les mailles à onze deniers vingt et un grains; quatorze deniers dunois valaient un sou tournois.

**CHATEAU-FREMONT** (*géogr., hist.*), ancienne seigneurie de Bretagne (aujourd'hui département de la Loire-Inférieure), à 3 myriamètres de Nantes, érigée en marquisat en 1694.

**CHATEAU-GAILLARD-D'ANDELY** (SIÉGES DU). Philippe Auguste, exécutant la sentence prononcée contre Jean sans Terre par la cour des pairs, entra, en 1203, dans la Normandie, pendant que son ennemi se livrait avec insouciance au plaisir et à la débauche. Il vint mettre le siége devant les forteresses d'Andely; c'était le boulevard de la province entière, et Richard n'avait rien négligé pour en compléter la défense. Un château très-fort dans une île de la Seine, le bourg d'Andely entouré d'une double enceinte, enfin le Château-Gaillard, au haut d'un rocher escarpé sur la rive droite de la rivière, formaient un ensemble de fortifications redoutable pour cette époque. Philippe commença l'attaque au mois de septembre, et pendant cinq mois il éprouva la plus vigoureuse résistance. Les assiégés avaient à leur tête le vaillant Roger de Lascy, connétable de Chester. Après de longs combats, qui sont décrits d'une manière animée par Guillaume le Breton, dans son poëme de *la Philippide*, le château de l'île fut pris d'abord; le bourg d'Andely céda ensuite. Roger commença alors à manquer de vivres, et renvoya de l'enceinte toutes les bouches inutiles. Deux bandes, chacune de cinq cents vieillards malades, femmes ou enfants, avaient déjà traversé le camp des assiégeants. Une troisième troupe de douze cents malheureux, repoussée par Philippe, dut rester entre le camp et la place. En butte aux traits des deux armées, sans abri et sans vivres, réduits à se nourrir de la chair des chiens ou des cadavres de leurs compagnons, plus de la moitié avaient déjà péri, quand Philippe, touché enfin de leur sort, leur distribua des vivres et leur permit de se retirer; mais il était trop tard, la plupart moururent après avoir mangé. Cependant la résistance du Château-Gaillard se prolongea tout l'hiver, et ce fut seulement le 6 mars 1204 qu'il fut pris de vive force, après avoir été escaladé et incendié par les assiégeants. Roger de Lascy n'avait plus alors que cent quatre-vingts combattants. Pendant la durée de ce siége opiniâtre, le roi Jean s'était enfui en Angleterre. Château-Gaillard, dont il reste des ruines fort curieuses, a été démantelé par ordre de Louis XIII (*V.* ANDELY).

**CHATEAU-GAY** (*géogr., hist.*), ancienne seigneurie de l'Auvergne, aujourd'hui département du Puy-de-Dôme, à 6 kilomètres de Clermont-Ferrand, érigée en marquisat à la fin du XVII$^e$ siècle.

**CHATEAU-GIRON**, petite ville de l'ancienne Bretagne, à 16 kilomètres de Rennes, aujourd'hui chef-lieu du département d'Ille-et-Vilaine. Elle était autrefois fortifiée. Ce fut sous ses murs que le comte de Soissons fut battu et fait prisonnier en 1590 par le duc de Mercœur. Château-Giron compte aujourd'hui 1,453 habitants.

**CHATEAU-GIRON** (GEOFFROY), gentilhomme breton, suivit dès sa jeunesse les armées et se signala par son courage. En 1376 il soutint avec beaucoup de valeur le siége de Saint-Malo contre le duc de Lancastre. En 1382, il fut l'un des chefs de l'armée que Jean VI, duc de Bretagne, envoya en Flandre au secours de son cousin Louis, comte de Flandre, et se trouva à la bataille de Rosebec, que Charles VI gagna sur les Flamands. Il prit les armes en 1415, pour délivrer le duc Jean que les Anglais avaient fait prisonnier; il les contraignit à lever le siége de devant le mont Saint-Michel, après les avoir vaincus dans un combat naval. Ce fut lui qui signa l'accord fait entre ce prince et les Anglais en 1427. Il vivait encore en 1442.

**CHATEAU-GONTIER**, *Castrum Gonterii*, petite ville de l'ancien Anjou, aujourd'hui chef-lieu d'arrondissement du département de la Mayenne, à 38 kilomètres d'Angers, fut entourée de fortifications au commencement du XII$^e$ siècle par Foulques Néra, comte d'Anjou, qui substitua le nom de Gontier, que portait le chevalier auquel il en confia la garde, à celui de *Basilica* (basoche), sous lequel elle était connue auparavant. Plus tard, Foulques donna cette forteresse en fief à Yvon, que l'on croit avoir été fils d'Yves, comte de Bellesme et d'Alençon. — La terre de Château-Gontier passa plus tard par mariage à Pierre II, comte d'Alençon, et fut vendue par Jean II à la maison d'Amboise. Saisie en 1431 par arrêt du parlement, séant à Pontoise, elle fut ensuite réunie à la couronne, d'où elle fut détachée en 1656, pour être érigée en marquisat, en faveur de Nicolas Bailleul, président à mortier au parlement de Paris, chancelier de la reine Anne d'Autriche et surintendant des finances. Cette ville était, avant la révolution, chef-lieu d'une élection, d'un présidial et d'une sénéchaussée. Elle possède aujourd'hui un tribunal de première instance, une société d'agriculture et un collége communal. Sa population est de 6,143 habitants. — Il s'est tenu à Château-Gontier cinq conciles provinciaux : en 1231, 1254, 1269, 1336 et 1448. Louis XI y fit sa résidence pendant quelques mois; les Vendéens s'en emparèrent le 20 octobre 1793, mais ils furent forcés de l'évacuer quelque temps après.

**CHATEAU-GONTIER** (CONCILES DE). Il s'est tenu plusieurs conciles à Château-Gontier. Le premier, l'an 1221, selon Bochel, dans son ouvrage intitulé : *Nomencl. synod. et autor. edit.*, 1609. Le second concile fut célébré l'an 1231 par François Cassardi, archevêque de Tours, et ses suffragants. On publia trente-sept canons ou règlements. Le premier enjoint aux prélats de ne pas souffrir de mariages clandestins, et de procéder à la séparation de ceux qui les ont contractés. Le deuxième défend aux archiprêtres et aux doyens ruraux de connaître des causes de mariage. Le troisième veut qu'on oblige le curé présenté à jurer qu'il n'a rien donné ni promis, et qu'il ne sait pas que personne ait rien donné ou promis pour lui. Le quatrième ordonne aux évêques d'obliger tous les clercs qui ont des bénéfices à charge d'âmes de les desservir personnellement. Le huitième, que l'on mettra par écrit les coutumes des églises cathédrales. Le neuvième porte que ceux qui communiquent avec des excommuniés seront privés de l'entrée de l'église, s'ils continuent à le faire après qu'on les aura avertis. Le dixième, que les ordinaires n'emploieront pas fréquemment d'excommunications générales. Le quatorzième fait défense aux prélats d'exiger de l'argent en donnant les églises à ferme. Le quinzième porte que les patrons qui donnent des provisions à des personnes qui n'ont point de capacité seront privés de leur droit de présenter pour cette fois. Le vingt-quatrième ordonne aux moines d'observer le silence, et de s'habiller d'une manière uniforme, selon leurs règles. Le vingt-huitième porte qu'un abbé n'ira point à la campagne sans avoir un moine avec lui, ni un moine sans valet. Le vingt-neuvième, qu'on ne mettra pas un

moine tout seul dans les prieurés. Le trentième, qu'on excommuniera les usuriers tous les dimanches. Le trente-quatrième défend, sous peine d'excommunication, de contracter mariage avant la publication des bans (Labbé, 11; Hard., 7). Le troisième concile fut célébré par Pierre de Lamballe, archevêque de Tours, et ses suffragants, l'an 1253. On y prononce excommunication contre ceux qui n'observent pas la constitution de Grégoire X, insérée dans les *Nouvelles Décrétales*, et qui commence par ces mots : *Quia nonnulli ibidem*. Le quatrième, l'an 1268, par Vincent de Pilènes, archevêque de Tours, avec ses suffragants. On y publia huit canons. Le premier et le second excommunient ceux qui s'emparent des biens de l'Eglise, ou qui troublent sa juridiction. Le troisième porte qu'on refusera la sépulture ecclésiastique à ceux qui demeurent excommuniés plus d'un an. Le quatrième défend de dépouiller les prieurés vacants par mort ou autrement. Le huitième renouvelle les règlements des conciles précédents (Regia, 28; Labb., 11; Hard., 7). Le cinquième concile fut tenu l'an 1336, par Pierre, archevêque de Tours, et ses suffragants. On y fit douze canons. Le premier défend d'inquiéter ceux qui ont des affaires par-devant les tribunaux ecclésiastiques. Le second défend d'usurper la juridiction ecclésiastique, sous peine d'excommunication. Le troisième défend d'exiger des péages des ecclésiastiques. Le septième prononce excommunication contre ceux qui causent du scandale dans l'église; et le huitième, contre ceux qui empêchent qu'on n'y fasse les offrandes accoutumées. Le neuvième porte qu'on lira au peuple assemblé dans l'église les statuts du concile, plusieurs fois l'année, comme le premier dimanche d'avent, de carême, etc. Le douzième porte que l'évêque pourra absoudre, dans son diocèse, de tous les cas d'excommunication, de suspension, etc., dont il est parlé dans le concile (Labb., 2).

**CHATEAU-L'ABBAYE**, *Castellum Abbatiale*, abbaye régulière située auprès de Mortagne, entre l'Escaut et la Sambre, à l'extrémité du diocèse d'Arras. Elle fut bâtie, suivant Gazeus, par Louis le Bègue, vers l'an 870 ou 880, pour des chanoines séculiers, à la charge de prier à perpétuité pour les chrétiens qui avaient été massacrés et enterrés en ce lieu par les Normands. Le Mire, dans sa Chronique, p. 120, dit aussi que dès l'an 870 on avait établi en ce même lieu des religieux de Saint-Benoît, ou des chanoines séculiers. Gazeus et le Mire conviennent encore que ce monastère fut rebâti vers l'an 1155 pour l'ordre de Prémontré, par Evrard Radoulx, prince de Mortagne et châtelain de Tournay, qui y fut inhumé l'an 1180. C'est de sa situation auprès du château de ce seigneur que le monastère tirait son nom de Château-l'Abbaye (*Gallia christ.*, t. III, nouvelle édition).

**CHATEAU-LANDON**, petite ville de l'ancien Gâtinais français, aujourd'hui chef-lieu de canton du département de Seine-et-Marne, à 30 kilomètres de Fontainebleau.—Cette ville, dont le nom latin est *Castrum Nantonis* ou *Landonis*, passe pour être fort ancienne, et l'on pense généralement qu'elle existait déjà sous la domination romaine; saint Séverin y mourut en 503, et Childebert, fils de Clovis, y fonda quelques années après une abbaye, qui fut reconstruite vers 1151. Sous les rois de la seconde race, Château-Landon devint le chef-lieu d'un comté; Louis le Gros y avait un château où il séjourna, en 1119, pendant les vives et longues querelles des chanoines d'Etampes et de l'abbé de Maurigny. En 1436, les Anglais s'emparèrent de la ville et du château, que le connétable de Richemont reprit d'assaut en 1437. Cette ville fut encore prise par les reîtres en 1587, et par les ligueurs en 1589. L'église paroissiale, dédiée à Notre-Dame, est remarquable par son clocher, que fit, dit-on, construire un évêque de Poitiers, vers le milieu du XV^e siècle. La population de Château-Landon est aujourd'hui de 2,200 habitants.

**CHATEAU-LANDON** (MONNAIE DE). Château-Landon possédait, sous la seconde race et au commencement de la troisième, un atelier monétaire d'où sont sorties quelques pièces, dont quelques-unes sont parvenues jusqu'à nous. Telles sont, entre autres, des deniers d'argent de Charles le Chauve et de Carloman II, qui n'offrent d'ailleurs aucune singularité remarquable, et des deniers frappés au nom de Philippe I^er, de Louis VI et de Louis VII. Ceux de Philippe I^er, qui sont fort rares, présentent d'un côté le nom de la ville, *Landonis Casti*, avec une croix grecque cantonnée de deux croisettes dans le champ, de l'autre le nom du roi *Philippus rex*, inscrit autour d'une figure bizarre que l'on a comparée à la pièce du blason, connue sous le nom de *pal*. Cette figure est accompagnée de deux O en forme de croix, et de quelques autres caractères que l'on n'a point encore expliqués. Nous sommes assez portés à voir dans cette espèce de pal une imitation dégénérée du monogramme d'Eudes, monogramme que l'on retrouve en effet sur les monnaies d'une ville voisine, celle d'Etampes. L'empreinte des deniers de Louis VI et Louis VII n'est qu'une dégénérescence de celle de la monnaie de Philippe I^er. On y retrouve ce pal avec le nom royal; mais les O en forme de croix se sont métamorphosés en une croix véritable, et les autres caractères sont remplacés par une crosse, circonstance qui a fait attribuer à l'abbaye de Saint-Séverin de Château-Landon l'émission de cette monnaie. Quoi qu'il en soit de cette opinion, que nous ne partageons pas, il existe encore à Château-Landon un lieu connu sous le nom de *la Monnaie*.

**CHATEAU-L'ARC** (*géogr., hist.*), ancienne seigneurie de Provence, aujourd'hui département des Bouches-du-Rhône, à 12 kilomètres d'Aix, érigée en marquisat en 1687.

**CHATEAULIN**, *Castrolinum* (*géogr., hist.*), petite ville de l'ancienne Bretagne, aujourd'hui chef-lieu d'arrondissement du département du Finistère, à 23 kilomètres de Quimper, et dominée par les ruines d'un ancien château, bâti vers l'an 1000 par Budie, comte de Cornouailles. Elle possède un tribunal de première instance et une société d'agriculture. Sa population est de 2,783 habitants.

**CHATEAU-MEILLANT**, *Castrum Mediolanum*, *Castrum Melliani* (*géogr., hist.*), petite ville de l'ancien Berry, aujourd'hui chef-lieu de canton du département du Cher, à 28 kilomètres de Saint-Amand, fondée, suivant l'opinion la plus générale, par les Romains, est surtout remarquable par un ancien château que l'on fait remonter au V^e siècle. On y voyait encore, au siècle dernier, une grosse tour carrée, bâtie, suivant la tradition populaire, par Jules César, et sur la lanterne du dôme de laquelle était une figure en cuivre doré, représentant Mellusine, personnage qui figurait aussi dans les armes de la maison de Saint-Gelais Lusignan, à laquelle la seigneurie de Château-Meillant avait appartenu.

**CHATEAU-MEILLANT** (MONNAIE DE). Haultin et, après lui, de Bèze ont publié, sans doute d'après le manuscrit de Saint-Victor, où l'on trouve quelques détails sur la monnaie de Château-Meillant, le dessin d'un denier de cette ville qui n'existe plus nulle part. On y voit d'un côté la légende : † MARGARETA DNA (*domina*), avec un lion rampant dans un champ parsemé d'étoiles; et de l'autre — R. — † CASTRIMELHA, avec une croix grecque. Cette pièce, qui doit avoir appartenu à Catherine de Bones, dame de Château-Meilhant (1280-1323), et une autre récemment découverte, et qui date de la fin du XIV^e siècle, sont les seules monnaies que l'on connaisse de Château-Meillant. La dernière est un *barbarin*, copié sur ceux de Limoges. On y lit d'un côté le mot CHASTELLUM, autour d'une croix grecque, et de l'autre MHELIARES, autour d'une tête barbare (*V.* LIMOGES [Monnaie de]).

**CHATEAUNEUF** (*géogr., hist.*), petite ville du département d'Ille-et-Vilaine, à 13 kilomètres de Saint-Malo, était jadis une place importante. Elle joua un assez grand rôle dans les guerres civiles de Bretagne entre les Montfort et les Penthièvre. Elle était défendue par un château qui fut pris par les troupes royales le 26 mars 1592, repris peu de temps après par le duc de Mercœur, et enfin démantelé par ordre de Henri IV en 1594. — Il y a auprès de Châteauneuf un fort hexagone construit sous terre en 1777, d'après les plans de Vauban, et destiné à protéger la côte nord-ouest du département. On peut y loger six cents hommes. Le magasin à poudre est voûté à l'épreuve de la bombe.

**CHATEAUNEUF** (RENÉE DE RIEUX, surnommée *la Belle* DE), naquit vers 1550, d'une noble famille de Bretagne. Elle fut placée comme fille d'honneur auprès de Catherine de Médicis, et son étonnante beauté, qui pendant longtemps fut proverbiale à la cour, lui attira les hommages de Charles IX et du duc d'Anjou, depuis Henri III, dont elle fut la maîtresse pendant plusieurs années. Ce prince lui adressa, par l'entremise de Desportes, le *rimeur* de la cour, une foule de sonnets qui roulent tous sur sa beauté, et en particulier sur sa blonde chevelure. Devenu roi de France, Henri III s'unissant à Louise de Vaudemont, bien que, d'après le malicieux Tallemand des Réaux, il eût eu *quelque envie* d'épouser sa favorite, proposa la main de la belle Châteauneuf au comte de Brienne, simple cadet de famille; celui-ci néanmoins refusa un mariage qui le déshonorait en lui assurant la faveur du roi, et il fut forcé de quitter la cour. Cependant mademoiselle de Châteauneuf craignait peu les charmes de la jeune reine; elle se crut même assez sûre de sa puissance pour oser braver cette princesse dans un bal; et le roi se vit forcé de la punir de cette insolence en l'éloignant de la cour. Par dépit, et peut-être par amour, elle épousa un Florentin nommé Antinotti, qu'elle poignarda dans un accès de jalousie. L'ancien amour du roi la fit absoudre de ce crime, et plus tard, après avoir, suivant Tallemand des Réaux, refusé la main du prince de Transylvanie, qui avait envoyé demander une fille de la cour de France, elle épousa Philippe Altoviti, capitaine de galère, que Henri III créa baron de Castellane. Ce second mari périt encore de mort violente; il fut assassiné par Henri d'Angoulême, grand prieur de France, contre lequel il avait conspiré. Depuis cette époque (1586) l'histoire perd la trace de mademoiselle de Châteauneuf, et l'on ne sait même pas la date précise de sa mort.

**CHATEAUNEUF** (L'ABBÉ DE), originaire de Chambéry, passa la plus grande partie de sa vie à Paris, où il mourut en 1709. Il fut parrain de Voltaire et l'un des derniers amants de Ninon, dont il célébra la mort par une petite pièce, insérée, on ne sait pourquoi, dans les œuvres de J.-B. Rousseau. L'abbé de Châteauneuf cultiva la musique, et avait composé un *Traité de la musique des anciens*, Paris, 1725, in-8°, qui fut publié après sa mort par Morabin, et qui reparut avec un nouveau frontispice en 1734. Ce petit ouvrage, qu'il paraît avoir composé pour Ninon, est à la fois inexact et superficiel, et fut vivement critiqué par Burette (*V.* BURETTE). C'est au reste la seule production connue de l'abbé de Châteauneuf.

**CHATEAUNEUF** (L'EPINE DE), diplomate français, était cousin de Dumouriez (*V.* ce nom). Né vers 1755, il annonça de bonne heure des dispositions pour les lettres, et fit d'excellentes études dans les colléges de Paris. Dumouriez s'attacha ce jeune homme à sa sortie des écoles, et, le trouvant plein d'esprit et d'instruction, l'emmena en Pologne, où il l'accrédita près de la confédération. Il lui avait fait obtenir du duc de Choiseul une sous-lieutenance dans les dragons de Custine. En 1771, Châteauneuf reçut un brevet de capitaine d'infanterie; mais, quoique courageux, détestant la guerre par philosophie, il revint en France peu de temps après Dumouriez, et entra dans la carrière des consulats. Nommé d'abord chancelier de Peyssonnel à Smyrne, il fut ensuite employé, avec le même titre, à Tripolitza, puis chargé par intérim du consulat de la Morée. Il fut, en 1784, nommé consul à Tripoli de Syrie, et, en 1787, consul général à Tunis. Pendant son court ministère, Dumouriez, qui n'avait jamais cessé de lui porter le plus vif intérêt, le choisit pour remplacer, comme résident de France à Genève, Castelnau, qui était l'agent public des princes. Après la chute du trône, Châteauneuf fut confirmé dans ce poste par le conseil exécutif et accrédité comme agent de la république française; mais, ne voulant conserver aucune relation avec les hommes qui venaient de forcer son cousin à s'expatrier, il quitta Genève en 1793; et, après avoir demeuré quelque temps en Hollande, s'établit libraire à Hambourg, où il mourut en 1800. On a de lui: 1° *Idylles de Théocrite* mises en vers français, suivies de quelques idylles de Bion, Moschus et autres auteurs plus modernes, Amsterdam, 1794, in-8°; 2° *Paraboles de l'Evangile* mises en vers français, 1795, in-4°. C'est par erreur que, dans les biographies contemporaines, ces deux ouvrages sont attribués à M. de Châteauneuf, auteur des *Vies des grands capitaines*.

**CHATEAUNEUF OU VAL DE BARGIS** (*géogr.*, *hist.*), ancienne châtellenie du Nivernais, aujourd'hui département de la Nièvre, à 24 kilomètres de Nevers. La population de ce lieu est aujourd'hui de 2,057 habitants.

**CHATEAUNEUF DE BONAFOS** (MONNAIE DE). Les monnaies d'Alby sont les mêmes que celles de Châteauneuf de Bonafos. Nous avons donc cru devoir les réunir pour en faire le sujet d'un seul article. On ne connaît qu'un seul triens mérovingien d'Alby; c'est une petite pièce d'or sur laquelle on lit ALBIVIENSE autour d'un profil droit, et *domino monitario* autour d'une croix à branches égales. Aucun denier carlovingien appartenant à cette ville n'a encore été retrouvé; il faut descendre jusqu'au temps de la féodalité pour retrouver quelques traces de la monnaie de cette ville. Elle semble avoir appartenu tout entière, à cette époque, au comté de Toulouse. Plus tard elle fut divisée entre trois possesseurs, le comte de Toulouse, l'évêque d'Alby et le seigneur de Bonafos, qui firent, vers le milieu du XIIIe siècle, un accord par lequel ils convinrent que la monnaie d'Alby nommée *Raymondine*, serait frappée à frais et à bénéfice communs, dans le château de Bonafos. Il existe en effet d'anciens deniers sortis de l'atelier monétaire établi en vertu de cette convention, et qui présentent au côté droit la légende RAIMVNDVS, dans le champ un monogramme que nous n'avons pu lire sur les pièces que nous avons eues entre les mains, et au revers le mot ALBIECI autour d'une croix; c'est sans doute ce type dégénéré qui a donné naissance à l'empreinte publiée par Duby. Cette empreinte a été longtemps regardée comme inexplicable; nous y avons cependant reconnu les mots *Raymundus* et *Albie civitas*, RAMVIVID et ALBIECI. La croix grecque du revers y est restée; mais le monogramme s'est changé en quatre petits piliers dont les deux supérieurs accostent une crosse. A la fin du XIIe siècle ou au commencement du XIIIe, Sicard d'Alamon changea cette monnaie et la ramena à une meilleure empreinte. On y vit alors, d'un côté, une croix avec les mots ALBIENSIS, et de l'autre les quatre petits piliers réunis en croix et cantonnés, au troisième canton, d'une crosse; autour on lisait la légende R. BONAFOS, dont la première lettre, R, est un souvenir de l'ancienne légende RAIMVNDVS.

**CHATEAU-NEUF DE GADAGNE** (*géogr.*, *hist.*), ancienne seigneurie avec titre de duché, dans le comtat Venaissin, à 8 kilomètres d'Avignon. Ce lieu, dont la population est aujourd'hui de 1,100 habitants, était possédé, au XVIIe siècle, par une des plus illustres familles du pays (*V.* GALLÉAN [Famille de]).

**CHATEAU-NEUF DE GALAURE** (*géogr.*, *hist.*), ancienne baronnie du Dauphiné, aujourd'hui département de la Drôme, à 16 kilomètres de Romans.

**CHATEAU-NEUF LE ROUGE** (*géogr.*, *hist.*), ancienne seigneurie de Provence, aujourd'hui département des Bouches-du-Rhône, érigée en marquisat en 1723.

**CHATEAUNEUF-RANDON** (*géogr.*, *hist.*), petite ville de l'ancien Gévaudan, aujourd'hui chef-lieu de canton du département de la Lozère, à 24 kilomètres de Mende, célèbre par le siége qu'y soutinrent les Anglais en 1380 contre du Guesclin, général des armées de Charles V. Ce fut devant cette place que mourut le connétable, en donnant aux capitaines qui l'entouraient ce conseil qu'il avait toujours suivi lui-même: « Qu'en quelque pays qu'ils fissent la guerre, les gens d'Eglise, les femmes, les enfants et le pauvre peuple n'étaient pas leurs ennemis. » — Le gouverneur de Randon avait capitulé avec du Guesclin, et promis de se rendre dans quinze jours, s'il ne recevait pas de secours. Lorsque ce temps fut écoulé, le maréchal de Sancerre s'avança sur le bord du fossé de la ville assiégée, et somma le gouverneur de se rendre; il répondit qu'il avait donné sa parole à du Guesclin, et qu'il ne se rendrait qu'à lui. Sancerre avoua alors que le connétable était mort. « Eh bien, reprit le gouverneur, je porterai les clefs de la ville sur son tombeau. » Sancerre revint tout préparer pour cette cérémonie extraordinaire. On ôta de la tente du héros tout ce qu'elle renfermait de lugubre; son cercueil fut placé sur une table couverte de fleurs; puis le gouverneur de la ville assiégée sortit de la place à la tête de sa garnison, traversa l'armée au bruit des trompettes, et arriva dans la tente du connétable; les principaux officiers de l'armée, debout et silencieux, y étaient rassemblés. Le gouverneur se mit à genoux devant le corps du connétable, et déposa sur son cercueil les clefs de la place et son épée. Un modeste monument a été élevé en 1820 au hameau de la Bitarelle, sur le théâtre de cet événement.

**CHATEAUNEUF-RANDON** (LE COMTE DE) était capitaine de dragons et gentilhomme du comte d'Artois, lorsque la convocation des états généraux fut reconnue indispensable (1789). Nommé par la noblesse de Mende pour la représenter aux états généraux, il siégea sans cesse au côté gauche. — Lorsque l'assemblée constituante eut terminé son œuvre et fait place à une autre chambre, Châteauneuf-Randon fut élu président de l'administration de la Lozère. Les talents qu'il déploya dans ce poste le firent députer par ce département à la convention nationale. Nous trouvons le nom de Châteauneuf-Randon parmi ceux qui ont voté la mort de Louis XVI sans appel ni sursis. C'est assez dire qu'il siége parmi les montagnards dont il est un des plus violents champions. Cette violence le fait élire membre du comité de sûreté générale. Envoyé comme représentant du peuple à l'armée qui vient de s'emparer de la malheureuse ville de Lyon, il accuse Gauthier et Dubois-Crancé de *modération*, et demande qu'on lui envoie quarante membres des jacobins pour *régénérer* le pays. Il est à son tour accusé de terrorisme par les habitants de Saint-Flour. Grâce à la protection de Collot-d'Herbois, l'accusation n'est pas suivie, et il évite le tribunal révolutionnaire. Le directoire, redoutant cet homme fougueux, mais voulant utiliser ses talents, le nomma général de brigade, et lui confia le commandement de Mayence (1798). Mais son général en chef, Jourdan, avec lequel il eut quelques difficultés, fit confier cette place à un autre. Enfin nous retrouvons encore Châteauneuf après le 18 brumaire. Ses talents lui méritent la préfecture de Nice. Mais les habitants ne peuvent oublier le sinistre passé de leur nouveau préfet; des troubles graves éclatent à son arrivée; contraint de céder à l'opinion publique, il se retire pour toujours dans la vie privée. Sa mort eut lieu en 1816.

A. Isambert.

**CHATEAUNEUF-SUR-CHARENTE** (*géogr., hist.*), *Castrum Novum, Neocastrum*, ancienne châtellenie de l'Anjou, aujourd'hui chef-lieu de canton du département de la Charente, à 12 kilomètres de Cognac, érigée en comté en 1644. Charles V la prit sur les Anglais, après un long siége, en 1380. C'est entre cette ville et celle de Jarnac que se donna, en 1569, la fameuse bataille connue sous le nom de Jarnac, et où les calvinistes furent battus (*V.* Jarnac). La population de Châteauneuf-sur-Charente est aujourd'hui de 2,350 habitants.

**CHATEAUNEUF-SUR-CHER** (*géogr., hist.*), ancienne seigneurie du Berry, aujourd'hui département du Cher, à 16 kilomètres de Bourges, érigée en marquisat en 1681, en faveur de Colbert. Cette ville, dont la population est aujourd'hui de 2,019 habitants, possédait autrefois une riche collégiale.

**CHATEAUNEUF-SUR-LOIRE** (*géogr., hist.*), ancienne seigneurie de l'Orléanais, aujourd'hui département du Loiret, à 17 kilomètres d'Orléans, érigée en marquisat, en 1691, en faveur de Balthazar Phelipeaux, secrétaire d'Etat, et aïeul de Louis Phelipeaux, comte de Pontchartrain, qui fut chancelier de France de 1699 à 1714.

**CHATEAUNEUF-SUR-SARTHE** (*géogr., hist.*), ancienne seigneurie de l'Anjou, aujourd'hui département de Maine-et-Loire, à 16 kilomètres d'Angers, érigée en baronnie en 1584.

**CHATEAU-PONSAC** (*géogr.*), bourg de France (Haute-Vienne). Antiquités; 3,800 habitants.

**CHATEAU-PORCIEN**, *Castrum Porcianum* ou *Castrum Porcinctum*, ancienne principauté de Champagne, aujourd'hui chef-lieu de canton du département des Ardennes, à 7 kilomètres de Réthel. La ville de Château-Porcien est mentionnée dans le testament de saint Remy, archevêque de Reims; mais elle devait exister bien antérieurement à cette époque, puisqu'on a découvert sur une montagne, au nord-est de cette ville, d'anciennes fondations de murs, des puits, des pavés et des médailles romaines. Château-Porcien, situé sur la rive droite de l'Aisne, est dominé par un rocher escarpé sur lequel on aperçoit encore les ruines d'un château fort, bâti dans le XV^e siècle, lequel a subi quatre siéges en peu de temps. Tombé au pouvoir des Espagnols, en 1650, il fut repris la même année par les Français, qui le perdirent encore en 1652, mais le recouvrèrent en 1653. — Cette ville ne fut d'abord qu'une simple seigneurie, qui relevait du comté de Sainte-Ménéhould, et que Raoul de Château-Porcien vendit, en 1265, à Thibaut, roi de Navarre, et comte de Champagne, en échange de revenus que ce prince lui assigna à Fismes; puis elle passa avec la Champagne à Philippe le Bel, qui l'érigea en comté en 1303, en l'échangeant avec Gaucher II de Châtillon contre la terre de Châtillon-sur-Marne. Depuis elle passa dans la famille des ducs d'Orléans, et, en 1439, dans celle des seigneurs de Renty, qui la possédaient lorsque Charles IX, en 1561, l'érigea en principauté. Après avoir appartenu aux ducs de Nevers, elle fut acquise, en 1659, par le cardinal Mazarin, et passa ensuite aux ducs d'Aiguillon.

**CHATEAU-REGNARD** ou **RENARD**, *Castrum Vulpinum*, petite ville du Gâtinais Orléanais, aujourd'hui du département du Loiret, doit son origine à un château fort construit par Regnard le Vieux, comte de Sens, vers le milieu du X^e siècle. Louis le Gros détruisit ce château en 1230; mais Robert, comte de Joigny, le fit reconstruire, et l'entoura de fortes murailles flanquées de tours, dont il existe encore quelques restes assez bien conservés. Il fut démoli en 1627 par ordre de Louis XIII. La seigneurie de Château-Regnard appartenait en 1569, à l'amiral de Coligny, après la mort duquel elle passa dans la maison de Nassau-Orange. Cette ville compte aujourd'hui 2,988 habitants.

**CHATEAU-REGNAULT** ou **RENAUD**, *Castrum Reginaldi*, petite ville de l'ancienne Champagne, aujourd'hui du département des Ardennes, à 12 kilomètres de Mézières. C'était autrefois une principauté souveraine dont le chef-lieu était Montlharmé. La ville fut bâtie en 1230 par Hugues, comte de Réthel, et elle appartint successivement aux comtes de Réthel et aux ducs de Clèves. En 1629 Louis XIII en acquit la souveraineté en échange de Pont-sur-Seine, propriété de la princesse douairière de Conti. Louis XIV en fit raser le château, qui était très-fort. La population de Château-Regnault n'est plus aujourd'hui que de 600 habitants.

**CHATEAU-REGNAULT** (Monnaie de). On a plusieurs pièces frappées dans cette ville à l'effigie de François de Conti, qui posséda la seigneurie de Château-Regnault au commencement du XVII^e siècle. Ces pièces sont de tous métaux et trop peu intéressantes pour que nous nous arrêtions à les décrire.

**CHATEAU-REGNAULT** (*géogr.*), petite ville de l'ancienne Touraine, aujourd'hui chef-lieu de canton du département d'Indre-et-Loire, à 28 kilomètres de Tours, fut bâtie au commencement du XII^e siècle par Geoffroy, seigneur de Château-Gontier, qui lui donna le nom de l'un de ses fils. La seigneurie de Château-Regnault changea ensuite plusieurs fois de maîtres; elle fut érigée en marquisat en 1620. Cette ville compte aujourd'hui 2,468 habitants.

**CHATEAU-RENAUD** (François-Louis Rousselet, comte, puis marquis de), l'un des plus grands marins que la France ait produits, naquit en 1637. Il servit d'abord dans les armées de terre, et se distingua sous les ordres de Turenne, à la bataille des Dunes et aux siéges de Dunkerque et de Berg-Saint-Vinox. Il entra dans la marine en 1661, en qualité d'enseigne de vaisseau, et se distingua, en 1664, dans une descente opérée sur les côtes d'Afrique par l'armée navale aux ordres du duc de Beaufort. Nommé capitaine de vaisseau en 1672, il fut envoyé contre les pirates barbaresques; il s'empara avec un seul vaisseau de cinq de ces corsaires. Il fut promu l'année suivante au grade de contre-amiral, et fut chargé d'aller croiser avec cinq vaisseaux dans les mers du Nord. A peine y était-il arrivé, qu'il aperçut un convoi de cent trente bâtiments marchands, escorté par l'amiral hollandais Ruyter, avec huit vaisseaux de guerre. Quoique inférieur en forces, Château-Renaud n'hésita pas à commencer l'attaque; le convoi fut dispersé : trois vaisseaux hollandais coulèrent bas, et les autres furent forcés de chercher un asile sur les côtes d'Angleterre. Il commandait une escadre de six vaisseaux, lorsqu'il fut rencontré sur les côtes d'Espagne, au commencement de l'année 1677, par l'amiral hollandais Evertson, avec une flotte de seize vaisseaux de ligne et de neuf brûlots. Château-Renaud voulut d'abord éviter le combat; mais, forcé ensuite de l'accepter, il soutint l'attaque avec tant de bravoure et manœuvra avec tant d'habileté, que l'armée hollandaise, après avoir perdu trois vaisseaux, fut forcée de se réfugier en désordre dans le port de Cadix, et de retourner ensuite en Hollande pour réparer ses avaries. Château-Renaud prit part au bombardement d'Alger qui eut lieu en 1688; il fut promu l'année suivante au grade de lieutenant général des armées navales, et fut chargé de porter en Irlande les secours que la cour de France envoyait à Jacques II. Il partit de Brest le 6 mai 1689 avec vingt-quatre vaisseaux, deux frégates et six brûlots, arriva le 12 sur les côtes d'Irlande, et opéra heureusement le débarquement des troupes et des munitions qu'il était chargé de transporter, malgré les efforts d'une flotte anglaise de vingt-huit voiles, qui vint l'attaquer et qu'il mit en fuite. Le 18, il rentra à Brest avec sept navires hollandais qu'il avait capturés dans sa route. Il commandait l'avant-garde de l'armée de Tourville dans le combat livré par cette armée le 10 juillet 1760, à la hauteur de Bevezières, à la flotte combinée des Hollandais et des Anglais chargés de combattre l'avant-garde de l'armée ennemie, commandée par l'amiral hollandais Evertson. Il parvint à l'envelopper et la séparer du corps de bataille, et il la combattit avec tant de vigueur, que la destruction de la plus grande partie des vaisseaux qui composaient cette escadre décida du succès de la journée. Lors de la guerre de la succession d'Espagne, Château-Renaud fut nommé capitaine général de l'Océan par Philippe V, roi d'Espagne, en 1701, et par Louis XIV vice-amiral du Levant. A la mort de Tourville il passa dans les Indes occidentales, pour défendre les établissements espagnols contre les entreprises des Anglais et des Hollandais, et ramena en Europe la flotte du Mexique. Informé que l'armée combinée d'Angleterre et de Hollande l'attendait sur les côtes d'Espagne avec des forces supérieures aux siennes; il voulait relâcher dans un port de France; mais l'amiral espagnol, don Manuel de Vélasco s'y opposa, et voulut aller aborder à Vigo en Galice. Il causa ainsi le désastre de la flotte, dont six vaisseaux et neuf galiotes tombèrent au pouvoir des alliés, après que Château-Renaud eut accordé qu'on en brûlât sept et qu'on fit échouer les autres pour ravir cette riche proie à l'ennemi. Chateau-Renaud reçut le bâton de maréchal de France en 1703. A l'époque de sa mort, arrivée en 1716, il était lieutenant général et gouverneur de la province de Bretagne.

**CHATEAUROUX**, chef-lieu du département de l'Indre, est une ville fort ancienne, et doit son nom et son origine à un château fort construit dans le X^e siècle par Raoul Déols, surnommé *le Large*, c'est-à-dire le libéral. Des habitations se groupèrent peu à peu autour de ce château, et formèrent dans le siècle suivant le nom de *Castrum Radulphi*, d'où vient le nom moderne des Châteauroux. Cette ville, qui tomba plus tard au pouvoir de Philippe Auguste et fut par lui réunie au Berry, était, dans l'origine, possédée par des princes de Déols, issus, suivant l'opinion la plus commune, de la famille des ducs d'Auvergne. La seigneurie de Châteauroux fut érigée en comté, le 16 juillet 1497, par Charles VIII en faveur d'André de Chouvigny, vicomte de Brosse. Plus tard, elle passa dans la famille des princes de Condé, et fut érigée en duché-pairie par lettres de mai 1616, en faveur de Henri II de Bourbon, prince de Condé. En 1736 Louis XV en fit l'acquisition, et la donna à sa maîtresse, Marie-Anne Mailly-Nesle, qu'il créa duchesse de Châteauroux. Après la mort de cette femme, en 1744, ce duché retourna au domaine royal. La ville de Châteauroux était, avant la révolution, le chef-lieu d'une élection. Elle possède aujourd'hui des tribunaux de première instance et de commerce, une chambre consultative des arts et manufactures, et une société d'agriculture. On y compte 11,587 habitants. C'est la patrie du général Bertrand.

**CHATEAUROUX** (Monnaie de) (*V.* Déols).

**CHATEAUROUX** (Marie-Anne, duchesse de), naquit en 1719. Elle était de la maison de Nesle. Mariée à seize ans au marquis de la Tournelle, elle devint veuve à vingt-trois ans (1742). Louis XV, qui avait déjà eu publiquement pour maîtresses les trois sœurs aînées de la jeune marquise de la Tournelle, l'ayant vue chez la marquise de Mailly, l'une d'elles, fut pris d'une passion violente et subite. Il la fit dame du palais de la reine, lui donna le duché de Châteauroux, et elle entra dans le lit qui avait reçu ses trois sœurs. Loin de nous l'idée d'excuser une pareille immoralité. Cependant nous rappellerons que ce débordement de mœurs était général, et qu'on était bien près de la régence, époque dont la dépravation est devenue proverbiale. La faute de la duchesse de Châteauroux appartient donc, pour ainsi dire, à son siècle. Mais ce qui n'appartient qu'à elle, c'est un instinct naturel des grandes choses. Seconde Agnès Sorel, elle s'indigne de la mollesse de son royal amant, qui abandonnait à des ministres le soin de gouverner la France. Excité par elle, on vit tout à coup Louis XV, à la mort du cardinal de Fleury, déclarer qu'il se passerait désormais de premier ministre, et qu'il voulait tenir en personne les rênes de l'Etat. Il partit même pour se mettre à la tête des armées. Mais il tomba malade dans les murs de Metz (1744). Profitant de la faiblesse où le plongeait son mal, les ennemis de la duchesse de Châteauroux arrachèrent au monarque l'ordre de chasser sa maîtresse qui l'accompagnait. Louis XV, rétabli, exila ceux qu'il avait écoutés, et la duchesse de Châteauroux rentra bientôt en faveur par l'entremise du duc de Richelieu. Mais elle n'en jouit pas longtemps. Une maladie subite l'enleva le 8 décembre de cette même année. Le bruit se répandit qu'elle avait été empoisonnée. Mais ce bruit n'a jamais été confirmé par aucune preuve. — Plusieurs lettres de la duchesse ont été rassemblées dans deux volumes, et ont été publiées à Paris en 1806, sous le titre de *Recueil des lettres de madame de Châteauroux à différentes personnes*. A. Isambert.

**CHATEAU-SALINS** (*V.* Salins).

**CHATEAU-THIERRY**, *Castrum Theodorici*. Suivant une ancienne tradition, cette ville doit son origine à un château fort que Charles Martel fit construire pour garder le roi Thierry IV. Ce château, terminé vers l'an 730, resta au domaine royal jusqu'à ce que Louis le Bègue l'eût donné à Hébert Ier, comte de Vermandois, dont les successeurs le conservèrent jusqu'en 945, époque où il passa à Richard, comte de Troyes. — En 1231, Château-Thierry obtint du comte de Champagne une charte de commune, et ses franchises furent confirmées en 1301 par Philippe le Bel. En 1303 eut lieu dans cette ville une assemblée des grands du royaume. Château-Thierry dut à sa position importante comme place de guerre de nombreuses vicissitudes. Prise en 998 par Raoul, duc de Bourgogne, elle fut reprise la même année par le comte de Vermandois, et tomba l'année suivante aux ducs de France. Les Anglais l'assiégèrent inutilement en 1371; ils parvinrent à s'en emparer en 1421, et en furent chassés quatre ans après. Charles-Quint l'attaqua, et la prit en 1544. Durant les guerres de la Ligue, elle fut emportée d'assaut, en 1591, par les Espagnols, qui y commirent les plus grandes cruautés. Elle se soumit à Henri IV en 1595; et vingt ans après elle se rendit au prince de Condé et au duc de Bouillon. Rentrée sous l'obéissance du roi en 1616, elle fut prise et pillée en 1652, pendant les guerres de la Fronde. Lors de la guerre d'invasion, en 1814, Château-Thierry eut horriblement à souffrir du passage des alliés des Bourbons, qui, dans les premiers jours de février, la livrèrent trois fois au pillage. Le 12 février eut lieu sous ses murs le combat auquel elle a donné son nom (*V.* l'art. suivant). — Château-Thierry, qui, avant la révolution, faisait partie de la Brie champenoise, était le chef-lieu d'une élection et le siége d'un bailliage et d'un présidial; c'est aujourd'hui l'un des chefs-lieux d'arrondissement du département de l'Aisne. Elle possède un tribunal de première instance, un collége communal et une bibliothèque publique. Sa population est de 4,697 habitants. C'est la patrie de notre grand fabuliste Jean de la Fontaine.

**CHATEAU-THIERRY** (Combat de). Le 12 février 1814, les troupes du général York étaient en bataille sur un plateau en arrière du ruisseau des Caquerets, lorsque les colonnes françaises arrivèrent devant elles. La canonnade s'engagea vivement; la cavalerie des ennemis fut bientôt culbutée par la nôtre; le général Béliard tourna leur extrême droite, enfonça leurs carrés, et le petit nombre de soldats qui purent s'échapper alla rejoindre le reste de l'armée, qui passait en désordre la Marne à Château-Thierry. L'empereur ayant vu le prince Guillaume de Prusse qui sortit de la ville pour porter secours aux fuyards, envoya contre lui le général Petit, qui, avec deux bataillons de grenadiers, lui prit quatre cents hommes, et l'obligea de repasser les ponts, et d'y mettre le feu. Cette glorieuse journée, qui ne coûta que quatre cents hommes, fit perdre à l'ennemi trois pièces de canon, douze cents hommes et dix-huit cents prisonniers. Le lendemain, les Français rentrèrent dans Château-Thierry, et se mirent, le 14, à la poursuite des ennemis, auxquels ils firent encore éprouver des pertes considérables, et qui expièrent alors les horreurs qu'ils avaient commises dans Château-Thierry et dans les environs; car les paysans, exaspérés, en massacrèrent plus de deux mille qui s'étaient réfugiés dans les bois.

**CHATEAU-VILLAIN**, *Castrum Villanum*, petite ville de l'ancienne Champagne, aujourd'hui département de la Haute-Marne, à 16 kilomètres de Chaumont. La seigneurie de Château-Villain fut érigée en comté, sous Henri II, en faveur de Joachim de la Baume, comte de Montrevel, et en duché-pairie, sous le nom de *Vitry*, en 1703, en faveur du comte de Toulouse.

**CHATEAU-VILLAIN** (Monnaie de). L'ordonnance de Lagny, rendue en 1315, nomme le seigneur de Château-Villain parmi ceux qui jouissaient du droit de battre monnaie; cette monnaie, qui n'a pas été retrouvée, devait être à 3 deniers 6 grains de loi, et à la taille de 240 deniers au marc. Il fallait 15 deniers de Château-Villain pour faire 1 sou ou 12 deniers tournois.

**CHATEB** (*astron.*), nom arabe de la planète de Mercure.

**CHATÉE** ou **CHATTÉE**, s. f. Il se dit de la portée d'une chatte.

**CHATEIGNERAYE** (La), petite ville de l'ancien Poitou, aujourd'hui chef-lieu de canton du département de la Vendée, à 15 kilomètres de Fontenay-le-Comte, où se livra, en 1793, un combat meurtrier entre les soldats de la république et les Vendéens. Cette ville compte aujourd'hui 1,437 habitants.

**CHATEIGNERAYE** (Combat de la). L'armée vendéenne ayant vaincu, à Thouars, le général Quetineau, se dirigea sur Parthenay. D'Elbée, maître de cette ville, marcha, le 13 mai 1793, avec douze ou quinze mille hommes, sur le poste de la Châteigneraye, que défendaient trois mille républicains que commandait le général Chalbos. Attaqués par des forces supérieures, ces braves furent écrasés, tués ou faits prisonniers. Les Vendéens, maîtres de la ville, pillèrent les habitations des patriotes; mais ils furent forcés de se retirer quelques jours après, à la nouvelle de l'approche de Chalbos, qui s'avançait à la tête d'une armée plus considérable.

**CHATEL** (Tannegui du), issu d'une maison de Bretagne, ancienne et illustre, se fit connaître, jeune encore, par ses exploits guerriers. Son frère, Guillaume, lui avait donné l'exemple d'un courage et d'une intrépidité rare. En 1404, Guillaume fut tué par les Anglais devant l'île de Jersey. Tannegui le vengea : suivi de quatre cents gentilshommes bretons, il descendit sur les côtes de l'Angleterre, et en rapporta un riche butin. — Bientôt après, il fut nommé premier chambellan du duc d'Orléans. Lorsque celui-ci eut été assassiné par les hommes du duc de Bourgogne, Tannegui du Châtel suivit Louis, duc d'Anjou, dans l'expédition qu'il fit en Italie, sur les sollicitations d'une partie des barons napolitains. Il rendit à ce prince des services importants, et, au retour de cette guerre,

dont les résultats furent si peu satisfaisants, il s'attacha au dauphin, qui le fit maréchal de Guyenne. Tannegui était prévôt de Paris en 1415. Dans l'exercice de ces fonctions, il se montra partisan inébranlable des Armagnacs, et fut le moteur des supplices infligés à beaucoup d'entre les Bourguignons, surtout en 1419. Le dauphin Louis et Jean, son frère, moururent empoisonnés, et bientôt un complot livra Paris aux Bourguignons. Tannegui, au milieu du tumulte, court à l'hôtel du dauphin, qui fut depuis Charles VII, s'enferma avec lui dans la Bastille, puis, ne le croyant plus en sûreté à Paris, le transporta à Melun. Ensuite il revient dans la capitale pour en chasser les partisans du duc de Bourgogne. Un combat s'engage dans la rue Saint-Antoine; les Bourguignons (*V.* ce mot) sont les maîtres; Tannegui et les siens sont encore une fois forcés à la retraite au milieu d'un affreux carnage. Cependant la guerre étrangère joignait les maux qu'elle entraîne à ceux que cause toujours une guerre civile : les Anglais, à la faveur des haines qui divisaient les Français, avaient fait dans une partie du royaume de rapides progrès. On sentait la nécessité d'un rapprochement entre les factions, ou peut-être l'une d'elles saisit-elle le prétexte d'une réconciliation pour se délivrer du plus grand de ses ennemis. Quoi qu'il en soit, une conférence eut lieu sur le pont de Montereau-Faut-Yonne, entre le dauphin Charles et le duc de Bourgogne, Jean sans Peur. Celui-ci fut traîtreusement assassiné, et, malgré les dénégations de Tannegui et les assertions des historiens monarchiques, un soupçon grave plane sur cet homme : on l'accusa de son vivant même d'avoir été l'instigateur et l'instrument du meurtre; aujourd'hui même le doute n'est pas éclairci, ou plutôt ce n'est plus un doute, si l'on en croit les témoignages recueillis par des écrivains consciencieux (*V.* BOURGOGNE, JEAN SANS PEUR, MONTEREAU). Tannegui, inflexible dans ses idées, domina longtemps, comme l'un des chefs du parti des Armagnacs, le faible roi de Bourges. Mais les circonstances forcèrent Charles VII à le sacrifier au connétable de Richemond (*V.* cet article). Il l'envoya en Provence, dont il fut grand sénéchal en 1443. En 1449, Tannegui avait rempli les fonctions d'ambassadeur à Rome, lorsqu'il mourut dans un âge avancé. — CHATEL (Tannegui du), neveu du précédent, fut très-favorisé de Charles VII, qui le fit grand maître de son écurie et lieutenant du Languedoc. Lorsque ce roi mourut (1461), le palais fut déserté par les courtisans, qui s'empressèrent d'entourer Louis XI, auquel ils avaient nui tant de fois auprès de son père. Tannegui seul n'abandonna point le corps inanimé d'un prince qui lui avait témoigné tant d'affection; il avança même, pour les frais de ses funérailles, trente mille écus, qui ne lui furent remboursés qu'au bout de dix ans. La plupart des historiens attribuent à l'oncle ce fait honorable, mais c'est à tort. — Pendant quelque temps, Tannegui du Châtel (qui prit le nom de vicomte de la Bellière après son mariage avec Jeanne, vicomtesse de la Bellière) s'attacha au service de François II, duc de Bretagne : il ne tarda pas à encourir la disgrâce de celui-ci, et revint en France, où Louis XI lui rendit la charge de grand maître des écuries. En 1468, il le nomma gouverneur du Roussillon, et fit de lui un des premiers chevaliers de l'ordre de Saint-Michel. Le vicomte de la Bellière rendit à Louis XI d'utiles services dans les combats et dans les négociations. Il fut tué en 1477 au siége de Bouchain, où il avait accompagné le roi.

CHATEL (DU) ou CASTELAN, en latin *Castellanus* (PIERRE), l'un des plus savants hommes du règne de François Ier appartenait à l'Eglise. Erasme l'avait distingué comme sachant très-bien le grec, et l'avait chargé de corriger les éditions grecques qu'il faisait faire à Bâle. Du Châtel avait ensuite voyagé en Italie, puis dans tout le Levant. Quand il en revint, il avait beaucoup vu, beaucoup pensé, comme il avait beaucoup appris dans les livres; il fut présenté à François Ier par l'évêque du Bellay, et François commença par l'attacher à sa personne pour s'entretenir avec lui pendant ses repas; car du Châtel parlait avec grâce, et savait à propos faire usage de ses connaissances très-variées. François Ier disait de lui : *C'est le seul homme dont je n'aie pas épuisé la science en deux ans.* Dans les conversations que François avait avec les savants qui l'entouraient, du Châtel se distinguait par une liberté courageuse et par une éloquence utile. Cette liberté déplaisait à quelques beaux esprits : ils firent une cabale pour le perdre; ils essayèrent d'en dégoûter le roi; ils affectèrent de contredire du Châtel avec amertume et avec acharnement; ils tâchèrent de le confondre sans pouvoir y réussir. Le roi les laissait faire, parce que cette contradiction aiguisait les esprits et produisait la lumière; mais il fit dire à du Châtel par le dauphin qu'il ne se décourageât point, et qu'il continuât sur le même ton; que le seul moyen de perdre sa faveur serait de contenir son zèle et de sacrifier la vérité. — Du Châtel remplaça Colin dans les fonctions de lecteur du roi, ce qui a donné matière à des bruits injurieux pour lui. Théodore de Bèze (*Histoire des Eglises réformées*), pour le punir de s'être arrêté à la tolérance et de ne s'être pas fait protestant, a raconté que du Châtel avait détruit dans Colin le premier auteur de sa fortune. On ne reconnaîtrait pas à ce procédé le vertueux du Châtel, et l'on reconnaît à ce récit les préventions ordinaires de Théodore de Bèze contre ceux qui n'étaient pas de sa secte. Du Châtel n'était ni malfaisant ni ingrat; il avait fait ses preuves : on l'avait vu, animé par la reconnaissance, voler au secours d'un de ses maîtres, Pierre Turrel ou Turreau, juridiquement accusé de sacrilége, et le défendre avec autant de zèle et, dit-on, autant d'éloquence que Cicéron avait défendu Archias. On ignore si Colin avait en effet présenté du Châtel à François Ier. Galand, qui n'en dit rien dans sa *Vie de du Châtel*, parle de discours tenus par Colin qui occasionnèrent des brouilleries et rendirent Colin odieux; ces tracasseries purent indisposer le roi contre Colin. Un autre auteur (Pierre de Saint-Julien, *Préface à l'histoire de Bourgogne*) parle d'une dispute qui s'éleva entre du Châtel et Colin en présence du roi, sur un sujet qu'il ne spécifie pas. Colin, qui ne connaissait que les livres, citait des livres; du Châtel, qui avait vu par lui-même, disait ce qu'il avait vu. François Ier sentit combien ce dernier avait d'avantage; depuis ce temps il se dégoûta de Colin, et s'attacha à du Châtel. Colin peut, ou de bonne foi, ou par envie, avoir attribué sa disgrâce à celui qu'il voyait en profiter, mais il paraît que le mérite de du Châtel assura seul sa faveur. En 1539 François Ier donna à du Châtel l'évêché de Tulle, en 1544 celui de Mâcon. — En 1546, lors des atroces persécutions qui firent périr Etienne Dolet sur un bûcher, du Châtel fit de courageux et inutiles efforts pour sauver la vie à ce savant. L'évêque de Mâcon eut encore des démêlés assez vifs avec le cardinal de Tournon, au sujet des protestants, que celui-ci voulut toujours brûler, et que l'évêque voulait qu'on traitât avec une indulgence chrétienne. L'intolérance l'emporta, et le cardinal reprochait à l'évêque sa charité : *J'ai parlé en évêque*, lui répondit du Châtel; *vous agissez en bourreau.* C'est ce même du Châtel qui, entendant le chancelier Poyet dire à François Ier qu'il était le maître des biens de ses sujets, lui dit avec indignation : « Portez aux Caligula et aux Néron ces maximes tyranniques, et si vous ne vous respectez pas vous-même, respectez un roi ami de l'humanité, qui sait que le premier de ses devoirs est d'en consacrer les droits. » Malheureusement François Ier n'était que trop disposé à partager la manière de voir de son chancelier. — Les recueils d'anecdotes disent que François Ier demandant un jour à du Châtel s'il était d'extraction noble, celui-ci répondit : « Sire, Noé dans l'arche avait trois fils; je ne vous dirai pas bien précisément duquel des trois je suis descendu. » — Lorsque François Ier mourut, en 1547, du Châtel prononça l'oraison funèbre de ce prince à Notre-Dame de Paris et à Saint-Denis; cette oraison funèbre est fameuse par le ridicule des tracasseries qu'elle pensa exciter. Du Châtel avait dit qu'une âme aussi vertueuse que celle de son héros avait dû monter tout droit au ciel. Les théologiens n'aimaient pas du Châtel, qui les méprisait; ils prétendirent qu'il avait voulu nier le purgatoire, et ils envoyèrent des députés à la cour, pour faire des remontrances à du Châtel. Ces députés arrivèrent à Saint-Germain en Laye au milieu des mouvements, des intrigues, des agitations du nouveau règne; on avait tout autre chose à faire que de les écouter, et ils ne savaient à qui s'adresser; ils tombèrent entre les mains d'un maître d'hôtel du roi, nommé Mendoze, esprit libre et plaisant, quoique Espagnol. Mendoze du moins les régala bien. A table, ils parlèrent de l'affaire qui les amenait; quand Mendoze vit qu'il ne s'agissait que de cela : « Messieurs, leur dit-il, on est un peu occupé ici; le temps n'est pas propre pour agiter ces matières. D'ailleurs, entre nous, j'ai fort connu le caractère du feu roi, il ne savait s'arrêter nulle part, il fallait toujours qu'il fût en mouvement. Je puis vous répondre que s'il a été en purgatoire, il n'aura fait qu'y passer, ou tout au plus goûter le vin en passant; vous ne l'y trouveriez plus. » Les députés partirent sur cette plaisanterie, sans avoir pu parler à l'évêque. — Henri II fit du Châtel grand aumônier de France en 1547, et évêque d'Orléans en 1551. — Ce savant était né à Arc en Barrois; il mourut à Orléans en 1552. On a conservé de lui un petit nombre d'écrits. — Les envieux de du Châtel s'étaient réunis pour élever sur ses ruines un certain Bigot, dont ils vantaient avec affectation l'esprit et les connaissances. François Ier, avant de le faire venir de Normandie sa patrie, voulut savoir quel homme c'était. Du Châtel lui dit que c'était un philosophe qui suivait les opinions d'Aristote. — « Et quelles sont ces opinions? » demanda le prince. — « Sire, répondit d'abord l'adroit courtisan, Aristote préfère les républiques à l'Etat monarchique. » On sait combien François Ier était jaloux de son autorité et de la prérogative royale. La réponse de du Châtel fit sur son esprit une impression si forte, qu'il ne voulut plus entendre parler de Bigot.

**CHATEL** (JEAN), fils d'un marchand drapier de Paris, ne profita point de l'éducation que son père lui donna. Il s'annonça dans le monde par un crime exécrable. Ce jeune homme, plein de son noir projet, trouva le moyen de pénétrer dans l'appartement de Henri IV, de retour à Paris après son expédition des Pays-Bas en 1594. Ce prince s'avançait vers deux officiers qui étaient venus lui rendre leurs devoirs et qui tombèrent à ses genoux ; comme il se baissait pour les relever, Chatel lui donna un coup de couteau dans la lèvre supérieure du côté droit, le coup lui cassa une dent. L'assassin se fourra dans la presse, mais on le reconnut à son visage effaré. Se voyant pris, il avoua aussitôt son crime. Henri IV voulait qu'on le laissât aller ; mais il fut conduit au Fort-l'Evêque sous bonne garde. Il soutint, dans son premier interrogatoire, qu'il avait commis ce parricide comme une action qu'il croyait méritoire. Les faussetés dont on a souvent barbouillé cet article nous obligent à transcrire ce que les historiens les moins prévenus pour les jésuites ont écrit sur ce sujet. « On lui demanda, dit le continuateur de Fleury (*Hist. eccl.*, tom. XXXVI, pag. 489, 502, etc.), chez qui il avait étudié ; il répondit que c'était chez les jésuites du collége de Paris, qu'il avait étudié trois ans sous le P. Gueret, et en dernier lieu aux écoles de droit de l'université ; que c'était de lui-même qu'il avait pensé qu'en tuant le roi il expierait ses péchés. Il protesta constamment jusqu'à la mort et au milieu des tourments que ni le P. Gueret, ni aucun jésuite, n'avaient aucune part à son crime. Dupleix (*Histoire de Henri le Grand*, p. 163) confirme ce que le continuateur de Fleury avance : « Les jésuites, dit-il, étaient haïs, d'aucuns des juges même ; mais ni preuve, ni présomption ne pouvaient être arrachées de la bouche de l'assassin par la violence de la torture, pour rendre les jésuites complices de son forfait. Des commissaires furent députés pour aller fouiller tous les livres et écrits de cette compagnie. » A ces témoignages on peut ajouter celui de M. de l'Etoile, qui ne doit point être suspect ; il dit que Chatel, par son interrogatoire, déchargea du tout les jésuites, même le P. Gueret, son précepteur (*Journal de l'Etoile* à l'année 1595) ; M. de Thou (liv. III), Matthieu (tom. II, liv. I, pag. 182), Cayet (liv. VI, pag. 432), Sully (*Mémoires*, tom. II, pag. 457, édition de 1763), disent que Chatel disculpa formellement et son professeur et tous les jésuites de lui avoir jamais conseillé d'assassiner le roi, ou même d'avoir eu aucune connaissance de son dessein, quoique, suivant M. de l'Etoile, Lugoly, lieutenant de la maréchaussée, se fût déguisé en confesseur pour arracher de Chatel son secret. Un manuscrit de la bibliothèque du roi, coté 9033, confirme toutes ces vérités. « Le parlement, dit Péréfixe (*Histoire de Henri le Grand*, pag. 225), condamna le parricide à avoir le poing droit brûlé et à être tenaillé, puis tiré à quatre chevaux. Le père de ce misérable fut banni, sa maison de devant le palais démolie, et une pyramide érigée en la place. Les jésuites, sous lesquels ce méchant avait étudié, furent aussitôt accusés de l'avoir imbu de cette pernicieuse doctrine, qu'il est permis d'assassiner un roi hérétique ou excommunié ; et, comme ils avaient beaucoup d'ennemis, le parlement bannit toute la société du royaume par le même arrêt de leur écolier..... Ceux qui n'étaient point leurs ennemis ne croyaient pas que la société fût coupable ; de sorte que, à quelques années de là (dix ans), le roi révoqua l'arrêt du parlement, et les rappela » (*V.* GUINARD, GUERET).

**CHATEL** (FRANÇOIS DU), peintre, naquit à Bruxelles en 1626. David Téniers lui reconnut de si heureuses dispositions, qu'il mit tous ses soins à le former. Du Chatel est un peintre ingénieux, que l'on peut comparer à Gonzalès Coques. Les biographes ne donnent aucun détail sur la vie de cet excellent artiste ; mais sa fortune dut être considérable, si nous en jugeons par le nombre de ses ouvrages et par le prix qu'il en recevait. Du Chatel a peint si exactement dans la manière de David Téniers, que l'on peut aisément s'y tromper. Il avait cependant plus de noblesse que son maître dans sa manière de traiter les mêmes sujets. Il ne peignait, en sortant de l'atelier de Téniers, que des tabagies et des corps de garde ; mais il abandonna, par la suite, ce genre de compositions, pour ne peindre que des conversations, des assemblées, des bals et des portraits de famille. Partout son dessin est correct, sa couleur excellente et sa touche pleine d'esprit. Du Chatel entendait très-bien la perspective, de même que le clair-obscur ; il ne peignait guère ses figures que de la hauteur d'un pied ; elles sont toutes habillées suivant la mode du temps. Le tableau le plus considérable de cet habile maître représente le *Roi d'Espagne qui reçoit le serment de fidélité des états du Brabant et de la Flandre*, en 1666 : on y compte plus de mille figures. Ce tableau est d'une beauté admirable et d'une variété singulière ; les groupes en sont bien liés, et les plans partagés habilement et sans confusion. Bien des gens se sont mépris à ce tableau, et l'ont cru de la main de Coques. Sa longueur est d'environ vingt pieds sur quatorze de hauteur.

**CHATELAIN.** L'origine des châtelains est fort modeste. Ils n'étaient d'abord que de simples officiers des ducs et des comtes, qui les envoyaient commander en leur nom dans les bourgades ou forteresses de leurs domaines. Ces officiers rendaient la justice, maintenaient les sujets dans l'obéissance de qui avait droit de l'exiger, et jouissaient, dans toute l'étendue de leur ressort, de la même autorité que les vicomtes dans les villes. Pour éviter les conflits, partout où il y avait depuis longtemps un vicomte, on n'envoyait point de châtelain, et le vicomte commandait au château aussi bien qu'à la ville. Un châtelain ne pouvait point se charger de la garde d'un second château sans le consentement du seigneur à qui appartenait celui qui avait été confié d'abord à sa surveillance, et quand il avait sous lui des sous-châtelains, *subcastellani*, le seigneur pouvait exiger, que ces subalternes lui prêtassent aussi un serment de fidélité. Vers le milieu de la seconde partie du treizième siècle, les châtelains furent, dans les villes royales, remplacés par des prévôts qui n'eurent que la juridiction municipale, avec le jugement des causes qui s'y rattachaient, et résidèrent dans les villes ou les bourgs. Quand à l'autorité militaire et à la garde des châteaux, elles furent remises à des commandants de place ou des capitaines, dont quelques-uns, en mémoire de leur origine, prenaient le titre de capitaines-concierges. Ces officiers recevaient directement les instructions et les ordres du roi. Plus tard on appela châtelains les seigneurs investis du pouvoir de posséder un château entouré de fortifications, et dont la terre, érigée en châtellenie, conférait le droit de justice. Dans la hiérarchie nobiliaire, les châtelains étaient d'un rang inférieur à celui des barons.

**CHATELAINE**, s. f. chaîne à laquelle sont suspendus des instruments de couture, des clefs, etc., et que les dames portent à leur ceinture.

**CHATELAIN** (HENRI), né à Paris en 1684, passa en Hollande après la révocation de l'édit de Nantes, et fut pasteur de l'église wallone d'Amsterdam, où il mourut en 1743. Ses *Sermons* ont été imprimés en cette ville, 1759, 6 vol. in-8°. Ils sont plus solides qu'éloquents ; dans tout ce qui regarde l'Eglise catholique, l'auteur étale avec zèle les préjugés de sa secte.

**CHATELAIN** (MARTIN), né aveugle à Warwick, dans le XVIIe siècle, faisait au tour des ouvrages finis en leur genre, tels que des violes, des violons, etc. *On lui demandait un jour* ce qu'il désirait le plus de voir : *Les couleurs*, répondit-il, *parce que je connais presque tout le reste au toucher*. « Mais, répliqua-t-on, n'aimeriez-vous pas mieux voir le ciel ? » — *Non*, dit-il, *j'aimerais mieux le toucher*.

**CHATELAIN** (JEAN-BAPTISTE), dessinateur et graveur à la pointe et au burin, naquit à Londres en 1710. Joseph Strutt nous représente Châtelain comme un homme d'un caractère bizarre, mais d'un talent très-distingué pour graver le paysage. Ceux qu'il a faits d'après les tableaux de Gaspard Poussin, sont en grand nombre ; plusieurs ne sont que des eaux-fortes, terminées en manière noire par Houston. Châtelain a aussi beaucoup travaillé d'après Marco Ricci, Piètre de Cortone et Nicolas Poussin. Les différentes gravures qu'il a faites d'après ces maîtres sont estimées ; la touche en est libre et facile ; l'exécution pleine d'esprit. Châtelain était compté au nombre des plus habiles graveurs de paysages ; mais il ne se mettait à l'ouvrage que lorsqu'il était pressé par la nécessité. Il a gravé plusieurs pièces, en société avec son ami Vivarès, élève de Lebas ; d'autres sont entièrement de Châtelain, quoiqu'on y trouve le nom de F. Vivarès accolé au sien : c'est un charlatanisme des marchands d'estampes, qui profitaient de la préférence que les amateurs accordaient aux gravures de Vivarès, pour ajouter son nom à celui de Châtelain. Le beau paysage de Piètre de Cortone, avec ces paroles : « Suivez-moi, je vous ferai pêcheurs d'hommes, » est gravé tout entier par Châtelain, quoiqu'on lise le nom de Vivarès à côté du sien ; c'est ainsi que la gravure du beau paysage de M. Poussin, où l'histoire de Pyrame et Thisbé est si heureusement représentée au milieu d'un orage, porte encore le nom de Vivarès, quoiqu'il n'y ait pas travaillé; le même charlatanisme est encore mis en usage à l'égard d'un fort beau paysage, dans le style héroïque de Fr. Bolognèse, gravé par Châtelain, et représentant la *Vue de Castel Gandolfo*. Châtelain est mort à Londres en 1771. Il a gravé à l'eau-forte divers paysages de sa composition, où l'on trouve le germe d'un talent supérieur.

**CHATELANIA** (*botan.*). Necker, dans ses *Eléments de botanique*, publiés en 1791, a cru établir, sous ce nom, un nouveau genre de plantes, déjà constitué par de Jussieu en 1789, sous le nom de *drepania*, et plus anciennement encore par Adanson, sous le nom de *tolpis*. Nous pensons, malgré l'autorité de Gaertner, que le nom de *drepania* doit être préféré, parce qu'Adanson, ayant très-mal caractérisé son *tolpis*, il est juste de considérer de Jussieu comme le véritable auteur du genre.

**CHAT-EL-ARAB** (*géogr.*), fleuve de la Turquie d'Europe, pachalik de Bassora, formé par la jonction du Tigre et de l'Euphrate, qui a lieu sous les murs de Corna.

**CHATELDON**, petite ville de l'ancien Bourbonnais, aujourd'hui chef-lieu de l'arrondissement du Puy-de-Dôme. On a publié, il y a quelques années, le dessin de deux deniers du XII^e^ siècle, présentant d'un côté, le monogramme d'Herbert, avec la légende : CASTELLVMDOM, de l'autre, l'*a* et l'*ω* attachés aux branches d'une croix grecque, et les mots LVDOVICVS VIVIT ou PHILIPPVS REX. Ces deniers sont évidemment des imitations des deniers manceaux; et, quoiqu'ils portent les noms de Louis VI et de Philippe Auguste, il serait déraisonnable d'y voir des monnaies royales : ce sont des monnaies d'un seigneur obligé d'inscrire sur ses espèces le nom de roi, et qui, au mot REX, a même substitué dans l'une de ces pièces le mot VIVIT, parce qu'il espérait par là rendre son denier plus semblable encore à ceux du Mans, qui portaient pour légende : SIGNUM DEI VIVI. Ce seigneur ne pouvait être que celui de Châteldon (*Castellum Odonis*), lieu dont le nom se trouve inscrit sur cette monnaie, et qui se trouve à peu de distance de Montluçon et de Gien, où la monnaie d'Anjou a souvent été copiée.

**CHATELÉ, ÉE**, adj. (*blason*). Il se dit d'une bordure ou d'un lambel chargé de plusieurs châteaux.

**CHATELET**, s. m. (*technol.*), partie du métier du rubanier.

**CHATELET DE PARIS** (GRAND ET PETIT). Quelques historiens ont attribué la fondation du grand Châtelet à Jules César. Il est plus probable que sa construction sur l'emplacement qu'occupe aujourd'hui la place du même nom, à l'extrémité septentrionale du Pont-au-Change, ne doit être attribuée qu'aux rois de la troisième ou de la seconde race. Ce n'était, dans l'origine, qu'une forteresse en bois destinée à la défense de la capitale, qui était renfermée à cette époque dans l'île de la Cité. Ce fut postérieurement la demeure du prévôt de Paris, lorsque Philippe Auguste eut porté l'enceinte de la capitale fort au delà du Châtelet.—Les partisans de l'origine romaine de cet édifice se fondaient sur ce qu'il existait au grand Châtelet une chambre appelée *chambre de César*, et une inscription latine portant ces mots : *Tributum Cæsaris*. Mais les bénédictins Lobineau et Félibien, qui ont propagé cette erreur dans leur *Histoire de Paris*, ont dénaturé, en le reproduisant, le témoignage de Corrozet, le plus ancien descripteur de Paris. Corrozet dit au contraire avoir vu sur un treillis placé près de la porte du Châtelet, une inscription française ainsi conçue : *Ici se payait le tribut de César*. On voit que ces preuves sont insuffisantes pour faire remonter l'origine du grand Châtelet à une aussi haute antiquité. — Le petit Châtelet était situé à l'extrémité méridionale du Petit-Pont, au bas de la rue Saint-Jacques. Son origine doit être contemporaine de celle du grand Châtelet et avoir eu le même but, celui de servir de tête de pont et de défense du côté du midi. Son existence sous Philippe Auguste est prouvée par un accord de ce roi avec l'évêque de Paris, en l'an 1222, dans lequel il est question de l'enceinte du château du Petit-Pont (*Recueil des historiens de France*, t. XVIII, p. 740). — Du temps de saint Louis, c'est au petit Châtelet que se percevaient les péages et droits d'entrée. Il fut détruit par une inondation et reconstruit en pierre par le prévôt de Paris Hugues Aubriot, en 1369, dans le but de contenir la turbulence des écoliers de l'université, qui occasionnait des émeutes continuelles. — Le prévôt de Paris eut sa juridiction au Châtelet; il avait des sergents à cheval pour l'exécution de ses sentences, et des auditeurs et énumérateurs pour l'assister. De grands abus se commettaient alors dans l'administration de la justice; car une ordonnance de Charles IV (20 mai 1325) prescrit la réforme de ces abus et la suspension des officiers du Châtelet qui s'en rendaient coupables. — Un grand nombre d'ordonnances vinrent réglementer successivement la juridiction du Châtelet. Nous exposerons seulement la dernière organisation de ces tribunaux. Le nombre des notaires au Châtelet, au XIV^e^ siècle, était de soixante. — La cour du Châtelet était présidée par le prévôt, le lieutenant civil, le lieutenant général de police et deux lieutenants particuliers; elle se composait en outre de cinquante-cinq conseillers et de dix conseillers honoraires, et se divisait en quatre sections : l'audience du parc civil, celle du présidial, la chambre du conseil et la chambre criminelle.—C'est au-dessus de la porte de cette dernière chambre qu'avait été inscrit ce distique de Santeuil, qu'on lit aujourd'hui au-dessus de la chambre des appels de police correctionnelle :

> Hic pœnæ scelerum ultrices posuere tribunal;
> Sontibus unde tremor, civibus inde salus.

Les officiers du Châtelet célébraient chaque année, le lundi après le dimanche de la Trinité, une fête ou cavalcade appelée *la montre*, cavalcade qui rendait successivement visite au chancelier, au premier président, au procureur général et au prévôt de Paris.—Le Châtelet avait, comme le parlement, sa basoche, composée de tous les clercs de cette cour, travaillant chez les notaires, commissaires, procureurs et greffiers.—Les prisons du grand et du petit Châtelet ont eu une triste célébrité. Sauval, dans ses *Antiquités de Paris* (t. III, p. 3 et 338), donne les noms de ces cachots, dont quelques-uns révèlent les souffrances qu'y devaient endurer les prisonniers : par exemple la Fosse, le Puits, les Oubliettes, les Chaînes, les Boucheries, etc. Il paraît que les prisonniers étaient descendus dans le cachot dit la *Fosse* par une ouverture pratiquée à la voûte du souterrain, comme on descend un seau dans un puits. On citait encore la *Chaussée d'Hypocras*, où les prisonniers avaient les pieds dans l'eau, et ne pouvaient se tenir ni debout ni couchés, et la *Fin d'aise*, qui était pleine d'ordures et de reptiles (*Histoire ecclésiastique*, t. 1^er^, p. 130). — La juridiction du Châtelet a été supprimée par la loi du 11 septembre 1790. Le petit Châtelet avait été démoli en 1782. Le grand Châtelet subsista jusqu'en 1802, et sur l'emplacement qu'il occupait a été établie une place vaste et aérée, décorée d'une fontaine monumentale.

**CHATELET (LE)** (*géogr.*), bourg de France (Cher), près de la Portefeuille; chef-lieu de canton; 1,368 habitants. A quatre lieues un quart S.-O. de Saint-Amand-Montrond.

**CHATELET** ou **CHASTELET-LOMONT** (FLORENT-LOUIS-MARIE, DUC DU), né en 1727 à Sémur en Bourgogne, de la célèbre marquise du Châtelet, qui cultiva son esprit avec le plus grand soin; entra au service de bonne heure, et fit ses premières armes sous son père, officier de mérite. Colonel à seize ans, il se distingua à la bataille d'Hastembeck à la tête du régiment de Navarre, et y reçut une blessure que l'on crut mortelle. Après avoir été menin du père de Louis XVI, il fut créé duc en 1777; et, lors du renvoi de l'archevêque de Sens, il refusa la place de chef du conseil des finances. La mort du maréchal de Biron ayant laissé vacante la place de colonel des gardes françaises, elle fut donnée au duc du Châtelet, qui était aussi colonel du régiment du roi. Les gardes françaises, sincèrement attachées à leur ancien colonel et à son illustre famille, auraient désiré avoir pour chef le duc de Lauzun, héritier de son nom et de son titre, et qu'on regardait comme le plus aimable et le plus brillant seigneur de la cour. Le nouveau duc de Biron n'ambitionnait pas moins de se voir à la tête de ce corps privilégié. Telles furent les préventions qui accompagnèrent la nomination du duc du Châtelet au commandement des gardes françaises. La discipline qu'il voulut y introduire, les réformes qu'il entreprit, utiles sans doute en elles-mêmes, mais dangereuses dans les circonstances où il se trouvait, excitèrent les murmures des soldats et les préparèrent à la révolte, dont ils prirent bientôt l'initiative. On a dit que les nombreux changements que le duc du Châtelet voulut faire dans le régiment des gardes françaises furent une des causes de la révolution, ou au moins une des plus immédiates; mais sous un gouvernement plus ferme et plus habile que celui de Louis XVI, tout cela eût été de peu d'importance. Au premier mouvement insurrectionnel, le duc du Châtelet, qui était député aux états généraux par la noblesse du Barrois, fit tous ses efforts pour le réprimer. A l'assemblée nationale, il professa des opinions très-modérées. Lorsqu'il fut question de statuer si, en cas d'extinction de la branche aînée des Bourbons régnante en France, celle d'Espagne pourrait avoir des droits à la couronne, le duc du

Châtelet fut d'avis d'écarter toute discussion sur un pareil sujet, par opposition à Mirabeau, qui, pour plaire à la maison d'Orléans, voulait que l'exclusion des Bourbons d'Espagne fût déclarée. Dans la nuit du 4 août 1789, le duc vota pour le remboursement de la dîme et de tous les droits féodaux sur le pied d'une juste estimation, et fut un des premiers à demander l'abolition des corvées seigneuriales et des servitudes personnelles, sans aucune indemnité. Il était d'avis que le rachat des droits féodaux ne serait pas moins avantageux aux titulaires qu'aux redevables eux-mêmes. Il soutint que tous les ministres du roi devaient être responsables de leur gestion, et proposa d'adopter à leur égard le *warrant* d'Angleterre. Il voulait qu'on affectât pour quatre cents millions de biens ecclésiastiques au payement de la dette; mais il s'opposa à l'expropriation du clergé. A ces concessions près et à quelques autres de peu d'importance, le duc du Châtelet resta fidèlement attaché à son ordre. Proscrit pendant le règne de la terreur, il ne voulut point sortir du royaume, et resta longtemps à Paris; il fut enfin arrêté en Picardie et envoyé au tribunal révolutionnaire. Lorsqu'il arriva dans les prisons de la Conciergerie, toutes les chambres où il y avait des lits étaient occupées; il fut relégué sur la paille, dans un cachot infect, parmi les malfaiteurs. Un voleur, condamné aux galères, que le concierge employait aux travaux les plus dégoûtants dans l'intérieur de la prison, avait la commission de l'appeler, comme les autres détenus, et faisait entendre ce cri grossier : « Eh! Châtelet, *aboule* (viens ici); eh! Châtelet!... » Le rédacteur de cet article a vu le malheureux duc dans cette situation affreuse, et la supportant avec résignation. Traduit devant le tribunal, son sort y fut bientôt décidé. Condamné à la mort, il voulut se la donner lui-même; et, n'ayant point de poignard dont il pût se percer, il se frappa la tête contre les murs, brisa un carreau de vitre et se déchira les flancs avec les débris; mais il ne parvint qu'à se faire des contusions et à se couvrir de sang. On le porta sur l'échafaud dans cet horrible état (13 décembre 1793). Le duc du Châtelet avait été ambassadeur en Autriche et ensuite en Angleterre, d'où il revint en 1770. On a publié sous son nom, en 1808, des mémoires intitulés : *Voyage en Portugal*, qui ne sont pas de lui (*V.* Cormatin, t. IX). On trouve plusieurs de ses lettres imprimées dans les *Mémoires du duc de Choiseul*, dont il fut un des amis les plus zélés. — La duchesse DU CHATELET, son épouse, née *Rochechouart*, subit le sort de son mari en 1793.

**CHATE-LEVANT, CHATE-PRENANT** (*jurispr.*). C'était une clause qui se mettait anciennement dans les contrats au pays Messin, par laquelle on donnait pouvoir à ceux qui prenaient des fonds à gagière ou à mort-gage, d'en prendre ou percevoir tous les fruits.

**CHATELIER** (DE SALMON DU), évêque d'Evreux, mort en cette ville le 8 avril 1831, était issu d'une ancienne famille du Maine. A l'époque de la première révolution, il avait émigré, et était passé en Angleterre, où il vécut longtemps près de la famille royale exilée. Il rentra en France avec les princes en 1814, et fut attaché, à titre d'aumônier, à la maison de M. le comte d'Artois, depuis Charles X. En 1822, il fut promu au siége épiscopal d'Evreux, en remplacement de M. Bourlier, qui venait de mourir. Il fut en même temps créé comte et pair de France. Quand éclata la révolution de 1830, il se rendit à Verneuil, où il adressa un dernier adieu au roi exilé, puis revint administrer son diocèse. La nouvelle révolution lui enlevait les trois quarts de ses revenus; cependant nulle plainte, depuis et alors, ne sortit de sa bouche. Les pauvres ne le virent point diminuer les aumônes qu'il leur prodigua en tout temps.

**CHATELLAIN** (JEAN LE), religieux augustin, était né à Tournai dans le XVe siècle. Son talent pour la prédication le fit choisir pour les principales chaires de France. Il vint en Lorraine, où il s'acquitta pendant plusieurs années, avec applaudissement, des fonctions de son ministère; mais, comme il penchait en secret pour les opinions du luthéranisme, il ne put résister au désir de les manifester publiquement. Les ecclésiastiques, qu'il n'avait point ménagés dans ses discours, se réunirent contre lui; ils le firent arrêter comme il s'éloignait de Metz en 1524, et conduire en prison à Nomeny, petit bourg peu distant de cette ville. Les magistrats de Metz, partisans de Châtellain, voulurent le venger en faisant arrêter quelques officiers de l'évêque; mais ils furent obligés de les relâcher presque aussitôt. Des juges désignés par le pape Clément VII, que l'on avait instruit de cette affaire, lui firent son procès, et le condamnèrent à être brûlé, comme convaincu d'hérésie et relaps. Cette sentence fut prononcée le 12 janvier 1525. — On lui attribue une *Chronique de la ville de Metz*, en rime, imprimée en cette ville en 1698, in-12; cette édition ne va que jusqu'à l'année 1471. Dom Calmet a fait réimprimer cette *Chronique* dans le tome III de son *Histoire de Lorraine*, avec la continuation jusqu'en 1550; mais on en connaît les manuscrits qui vont jusqu'en 1620.

**CHATELLARD** (JEAN-JACQUES DU), né à Lyon en 1693, entra de bonne heure dans la compagnie de Jésus. Il professa d'abord les belles-lettres; mais son goût l'entraînait vers les mathématiques, et ses supérieurs ne voulurent pas gêner la nature. Après les avoir enseignées dans les colléges, il fut nommé professeur d'hydrographie au port de Toulon, et chargé de l'instruction des gardes de la marine. Il exerça ce pénible et critique emploi pendant trentre-trois ans, et sut gagner l'estime, le respect, l'attachement et la confiance de cette jeune noblesse. Il mourut à Lyon, le 15 octobre 1757. — On a de lui : *Recueil des traités de mathématiques à l'usage de MM. les gardes de la marine*, estimé; il le publia en 1749, 4 vol. in-12, à la prière de ses élèves, pour l'avancement desquels il avait un zèle infatigable. « Mais ce zèle n'était rien, dit l'abbé Paulian, comparé à celui dont il était animé, lorsqu'il travaillait à leur faire éviter les écueils trop ordinaires dans leur état, ou à les faire rentrer dans les sentiers de la vertu. »

**CHATELLENAGE** (*jurispr. anc.*). Le fief appelé *châtellenage* consistait en la garde et gouvernement d'un château, pour le comte laïque ou ecclésiastique propriétaire de ce château, avec un domaine considérable qui y était attaché, la seigneurie et toute justice dans ce domaine, et encore la suzeraineté sur plusieurs vassaux. Ce droit de châtellenage existait dès le milieu du XIIe siècle (*V.* Brussel, *Des fiefs*, p. 712 et 714).

**CHATELLENIE**, juridiction d'un seigneur châtelain. Au XIVe siècle, et quand le titre de baron cessa d'être attribué exclusivement aux grands feudataires de la couronne, on le donna aux gentilshommes qui possédaient quatre châtellenies relevant d'un duc et d'un comte.

**CHATELLER**, v. a. (*vieux langage*), conduire, gouverner.

**CHATELLERAULT**, *Castrum Heraldi*, ville de l'ancien Poitou, aujourd'hui chef-lieu de sous-préfecture du département de la Vienne. Cette ville tire son nom d'un de ses anciens seigneurs nommé Hérault, qui y fit bâtir un château dont il ne reste plus aucun vestige aujourd'hui. Ses premiers possesseurs portaient le titre de vicomtes. En 1514, elle fut érigée en duché-pairie en faveur de Gilbert de Bourbon, comte de Montpensier, auquel elle était venue par héritage de la maison d'Armagnac. Mais, quelques années après, elle fut réunie à la couronne par l'arrêt de confiscation prononcé contre le frère de Gilbert, le célèbre connétable de Bourbon. En 1584, Henri III l'engagea avec le même titre de duché à François de Bourbon, duc de Montpensier. Lors de la révolution, elle était possédée par le duc de la Trémouille à titre d'engagement. — La ville de Châtellerault, qui était jadis une place forte, fut plus d'une fois, pendant les guerres de religion, prise et reprise par les protestants et les catholiques. C'était, au moment de la révolution, le chef-lieu d'une élection et le siége d'une sénéchaussée. Cette ville possède aujourd'hui des tribunaux de première instance et de commerce et une société d'agriculture. Sa population est de 9,437 habitants. On y remarque un beau pont sur la Vienne, dont la construction est attribuée à Sully, et une célèbre manufacture d'armes blanches.

**CHATELLERAULT** (DÉCLARATION DE). Après l'explosion révolutionnaire déterminée par l'assassinat des Guises, Henri III, abandonné, rebuté de tous, n'avait plus d'autre ressource qu'une alliance avec le roi de Navarre. C'était la première chance favorable qui se présentait au Béarnais pour relever son parti et se rapprocher du trône, et il la saisit avec son habileté ordinaire malgré les répugnances des siens. Introduit à Châtellerault en 1589, par les bourgeois qui étaient pour la plupart huguenots, il y publia le 4 mars un manifeste adressé aux trois états de France. Cette pièce, rédigée par Duplessis-Mornay, était un chef-d'œuvre d'adresse. Le roi de Navarre s'y posait comme médiateur entre la Ligue et la royauté, interpellant tous les Français de se réunir à lui pour le salut de la patrie, faisant déjà pressentir sa conversion au catholicisme. Après s'être plaint de ce qu'on ne l'avait point convoqué à l'assemblée de Blois et avoir déclaré qu'il était prêt à demander au roi, son seigneur, la paix du royaume, pourvu qu'on respectât son honneur, il ajoutait : « Je sais bien qu'en leurs caziers vos députés ont pu insérer cette maxime générale, qu'il ne faut qu'une religion en un royaume, et que le fondement d'un Etat est la piété, qui n'est point en lieu où Dieu est diversement servi, et par conséquent mal. Je l'avoue, il est ainsi, à mon très-grand regret; je vois force gens qui se plaignent de ce mal, peu qui veuillent y remédier... Or je me suis toujours offert à la raison, et m'y offre encore... Et moi et tous ceux de la religion nous nous rangerons toujours à ce que décernera un concile libre ; c'est le vrai chemin, c'est le seul que de tout temps on a pratiqué. Sous celui-là nous passerons condamnation ; mais de croire qu'à coups d'épée on le puisse obtenir de nous, j'estime devant Dieu que c'est une chose impossible, et de fait, l'événement le montre bien... Or, laissons cela ; si vous désirez mon salut simplement, je vous remercie. Si vous ne souhaitez ma conversion que pour la crainte que vous avez qu'un jour je vous contraigne, vous avez tort ; mes actions résistent à cela... Il n'est pas vraisemblable qu'une poignée de gens de ma religion puisse contraindre un nombre infini de catholiques à une chose à laquelle ce nombre infini n'a pu réduire cette poignée... Je vous conjure donc tous par cet écrit, autant catholiques, serviteurs du roi, mon seigneur, comme ceux qui ne le sont pas, je vous appelle comme Français, je vous somme que vous ayez piété de cet État et de vous-mêmes, nous avons tous assez fait et souffert de mal ; nous avons été quatre ans ivres, insensés et furieux ; n'est-ce pas assez ? Dieu ne nous a-t-il pas assez frappés les uns et les autres pour nous faire revenir de notre endurcissement, pour nous rendre sages à la fin, et pour apaiser nos furies, etc.? » — Après avoir ensuite démontré les dangers de la guerre pour tous, pour le roi, pour la noblesse, pour le clergé, pour les peuples des villes et des campagnes, il invoque les députés aux derniers états. Les royalistes, les ligueurs eux-mêmes, il les adjure de sacrifier leurs passions, leurs querelles au bien de la France. Il promet sa protection et sauvegarde à tous ceux qui se voudront unir à lui en cette bonne résolution, et il engage sa foi et son honneur qu'il ne souffrira jamais que les catholiques soient contraints en leur conscience ni en leur exercice libre de la religion, ayant de longtemps appris que le vrai et unique moyen de réunir les peuples au service de Dieu, c'est la douceur, la paix et les bons exemples (1). — Un mois après ce manifeste, le roi de Navarre signa avec Henri III un traité par lequel il s'engageait à servir le roi de toutes ses forces et moyens contre ceux qui violent l'autorité de sa majesté et troublent son État : dès lors la nature de la guerre civile était entièrement changée. C'était le royalisme luttant contre l'omnipotence populaire.

**CHATELLIERS (LES)**, *B. Maria de Castellariis*, abbaye de l'ordre de Cîteaux et de la filiation de Clairvaux, était située dans le Poitou, près de la ville de Saint-Maixant, entre Poitiers et Maillezais. Elle eut pour auteurs quelques ermites du nombre des disciples de Géraud de Sala, et avant la mort de ce saint abbé, qui arriva l'an 1120. On prétend même que ce fut Géraud de Sala lui-même qui la fit bâtir, à la prière de ses disciples. Et ce qui est marqué dans l'ancienne *Gallia christiana*, que cette abbaye fut bâtie le treizième jour des calendes de février de l'an 1162, doit s'entendre non de sa première fondation, mais de son agrégation à l'ordre de Cîteaux (*Dictionnaire universel de la France; Gallia christ.*, t. II, nouvelle édition).

**CHATENAY** (*géogr.*), village de France, département de la Seine ; on y voit la maison où est né Voltaire. 600 habitants.

**CHATENOIS**, bourg de l'ancienne Alsace (aujourd'hui département du Bas-Rhin), situé au pied des Vosges, à 4 kilomètres de Schelestadt. Ce lieu, dont la population est aujourd'hui de 2,900 habitants, fut pris et brûlé à plusieurs reprises : en 1298, par les bourgeois de Schelestadt, pendant la guerre entre les Impériaux et l'évêque de Strasbourg ; en 1445, par les Armagnacs ; et en 1525, après la défaite sanglante qu'y éprouvèrent les paysans révoltés. On voit encore à Châtenois quelques débris d'anciennes fortifications.

**CHATENOIS**, bourg de l'ancien duché de Lorraine, aujourd'hui du département des Vosges, était le séjour des premiers ducs de la province, qui en avaient fait une place forte. Ils y possédaient un château dont les ruines subsistent encore. Hadwige de Namur, femme du duc Gérard d'Alsace, y fonda en 1070 un prieuré de bénédictins, dans le cloître duquel Thierry II, le Vaillant, fut enseveli en 1115.

**CHATEPLEUSE**, ou **CHATE-PELEUSE**, ou **CHATTE-PERLEUSE** (*hist. nat.*). Ce sont les noms vulgaires des charançons, et particulièrement de la calandre du grain.

**CHATERIE** (*V.* CHATTERIE).

(1) Cette déclaration se trouve tout au long dans Duplessis-Mornay, t. IV, p. 72, et *Mémoires de la Ligue*, t. III, p. 238-245.

**CHATFAUX**, s. m. (*anc. term. milit.*), échafaud. — Il s'est dit de la machine de guerre nommée aussi *chat-chateil* (*V.* ce mot).

**CHATHAM** (*géogr.*), ville d'Angleterre (Kent), sur la Medway, près de Rochester, dont elle forme comme un faubourg. Après Portsmouth, c'est la forteresse la plus régulière des Iles-Britanniques. Elle est défendue par plusieurs forts et par une citadelle qui renferme un arsenal, un parc d'artillerie, des magasins et des maisons particulières ; mais Chatham est surtout remarquable par ses grands établissements maritimes, où l'on voit des magasins immenses, une corderie de cent quatre-vingt-dix toises de long, etc. Ses principaux édifices sont l'église paroissiale et la chapelle de l'arsenal. Il y a une école de construction navale. Cette ville a été fondée par Charles II. — 15,000 habitants. A 10 lieues est-sud-est de Londres. Les vaisseaux et les chantiers anglais de Chatham furent incendiés par Ruyter en 1667.

**CHATHAM** (*V.* PITT).

**CHATHETH, CHITIRA, ITICA** (*botan.*), noms arabes du tragacantha des anciens, *astragathus tragacantha*, suivant Daléchamps.

**CHAT-HUANÉ, ÉE**, adj. (*hist. nat*). Il se dit des oiseaux de proie qui ont le pennage d'un chat-huant.

**CHATIABLE**, adj. des deux genres, qui mérite d'être châtié ; qui peut être châtié.

**CHATIAKELLE** (*botan.*), nom caraïbe d'une plante des Antilles, *bidens nivea* de Linné, maintenant *melanthera hastata* de Michaux.

**CHATIER**, v. a. (*gramm.*), punir, corriger quelqu'un qui a failli, lui faire souffrir la peine qu'il mérite. — Proverbialement, *Qui bien aime, bien châtie*, c'est aimer véritablement quelqu'un que de le reprendre de ses fautes. — *En term. de manége, Châtier un cheval*, lui donner des coups de cravache ou d'éperon, lorsqu'il refuse de faire ce qu'on exige de lui. — **CHATIER** se dit aussi en parlant des ouvrages d'esprit, et signifie polir, rendre plus pur, plus correct.

**CHATIÈRE**, s. f. (*écon. domest.*). C'est une ouverture carrée pratiquée aux portes des caves, des greniers, et de tous les endroits d'une maison où l'on renferme des choses qui peuvent être attaquées par les souris et par les rats, et où il faut donner accès aux chats pour qu'ils détruisent ces animaux.

**CHATIÈRE**, s. f. (*hydrauliq.*), diffère de la pierrée en ce qu'elle est moins grande, et bâtie seulement de pierres sèches posées de champ des deux côtés, et recouverte de pierres plates appelées *couvertures*, en sorte qu'elles forment un espace vide d'environ neuf à dix pouces en carré, pour faire écouler l'eau superflue d'un bassin, ou d'une très-petite source. Ces chatières bâties ainsi légèrement sont sujettes à s'engorger.

**CHATIÈRE**, piége pour prendre les chats.

**CHATIEUR**, s. m. Il se dit quelquefois, dans le langage familier, de celui qui châtie. Saint-Simon appelle les conquérants des *châtieurs de nations*.

**CHATILLON, CHATOUILLE** (*hist. nat.*), c'est le nom que l'on donne, dans quelques cantons de la France, à l'ammocœte lamproyon. *

**CHATILLON**, abbaye de l'ordre de Cîteaux dans la Lorraine, près du bourg de Mangienne, sur la rivière d'Ostin, au diocèse de Verdun. Elle fut fondée vers l'an 1135, ou même un peu plus tard, par Adalbéron de Chiny, évêque de Verdun, lequel donna une partie de la forêt de Mangienne, au lieu nommé Wiberstap, pour l'établissement de ce monastère : mais les religieux n'y ayant pu subsister à cause des mauvaises eaux qui y étaient, ils se retirèrent au lieu nommé Châtillon. Cette abbaye était régulière élective, et elle avait embrassé la réforme au commencement de l'autre siècle (*Histoire de Lorraine*, t. III, col. 83).

**CHATILLON** ou **CHASTILLON** (MAISON DE). Plusieurs anciennes puissantes familles de France ont porté ce nom. La plus célèbre est celle de CHATILLON-SUR-MARNE, qui était alliée aux maisons souveraines de France, d'Autriche et de Jérusalem, et se divisait en un grand nombre de branches dont les principales furent : Les comtes de Saint-Paul et de Blois, de 1235 à 1291. — Les comtes de Blois, de 1291 à 1386. — Les comtes de Penthièvre, de 1337 à 1434. Nous avons consacré un article spécial au premier et au plus célèbre des comtes de Penthièvre de la maison de Châtillon (*V.* CHARLES DE BLOIS). — Les comtes de Saint-Paul, de 1291 à 1360. — Les comtes de Porcien, seigneurs de Fère, de 1248 à 1453. — Les seigneurs de Dampierre, de 1325 à 1471. — Les seigneurs de Châtillon, de Gandelus, Troissy, la

Ferté, etc., de 1329 à 1667. — Les seigneurs de Bois-Rogues, comtes de Châtillon, de 1630 à 1762. — Les marquis de Châtillon. — Les seigneurs de Marigny, de 1450 à 1683, etc. — Les membres les plus distingués de cette famille sont : EUDES, fils de Miles, qui, sous le nom d'Urbain II, fut le premier des papes français. — RENAUD, qui suivit à la croisade Louis le Jeune, devint prince d'Antioche par son mariage avec Constance, fille de Boëmond II, se rendit célèbre par ses brigandages, et finit par tomber entre les mains de Saladin, qui lui fit trancher la tête. — JEAN DE CHATILLON, comte de Crécy et de Porcéan, connétable de France. Il naquit en 1250, fut créé connétable de Champagne en 1286, et commanda les troupes de cette province partout où elles se trouvèrent. Il mit en fuite, en 1291, l'armée de Henri, comte de Bar, gendre du roi d'Angleterre, se battit en héros à la funeste journée de Courtrai, le 11 juillet 1302, et fut nommé par Philippe le Bel connétable de France, après la mort de Raoul de Clermont de Nesle, tué à cette bataille. Il contribua beaucoup, en 1304, au gain de la bataille de Mons-en-Puelle. En 1307, il fit couronner le roi de Navarre, à Pampelune, Louis, fils aîné de Philippe le Bel, et depuis roi de France sous le nom de Louis X, dit le Hutin. Ce prince lui confia alors les affaires les plus importantes. — GAUCHER DE CHATILLON assista au sacre de Philippe le Long et à celui de Charles le Bel, qui le choisit, en 1324, pour un de ses exécuteurs testamentaires. Il signa, comme commissaire au nom du roi, les traités de paix faits avec l'Angleterre en 1325 et 1326. En 1328, il commanda l'armée française à la bataille de Mont-Cassel, où les ennemis furent entièrement défaits, et il mourut l'année suivante. — ALEXIS-MADELEINE-ROSALIE DE BOIS-ROGUES, DUC DE CHATILLON, né en 1690, fut successivement colonel d'un régiment de dragons, inspecteur général de la cavalerie, maréchal de camp et lieutenant général. Il commandait en cette qualité la cavalerie française, à la bataille de Guastalla, où il fut dangereusement blessé. Ses vertus et l'estime dont il jouissait à la cour le firent choisir, en 1735, pour être gouverneur du dauphin, fils de Louis XV. Il fut créé duc et pair en 1736, et lieutenant général au gouvernement de Bretagne en 1739. Lors de la maladie de Louis XV, il conduisit le dauphin à Metz, et fut exilé peu de temps après, sous prétexte qu'il avait fait cette démarche sans en avoir reçu l'ordre du roi ; il revint de son exil en 1747, mais ne reparut plus à la cour. Il mourut en 1754. — LOUIS-GAUCHER DE CHATILLON, son fils, fut le dernier mâle de sa maison. Il mourut en 1760, et ne laissa que deux filles, les duchesses d'Uzès et de la Trémouille. — André Duchesne a écrit l'histoire de la maison de Châtillon-sur-Marne, in-fol., 1621. — Une autre famille de ce nom, celle de CHATILLON-SUR-LOING, a fourni à la France l'amiral Coligny et ses deux frères, Dandelot et Odet (*V.* COLIGNY).

**CHATILLON EN PIÉMONT** (COMBAT DE). L'armée de réserve, conduite par Bonaparte, venait, par une marche hardie, de franchir le mont Saint-Bernard, quand le général Lannes, commandant l'avant-garde, arriva, le 19 mai 1800, devant Châtillon. Il y trouva quinze cents Croates occupant, à l'embranchement des deux vallées, une position resserrée et bien appuyée à la rive gauche de la Dora ; il la fit tourner par la droite, et, l'attaquant en même temps de front, il déposta les Autrichiens, leur prit trois cents hommes, trois pièces de canon, et poursuivit le reste jusque sous le fort de Brad.

**CHATILLON-LE-DUC**, ancienne seigneurie de Franche-Comté, aujourd'hui du département du Doubs, érigée en baronnie en 1626.

**CHATILLON-LES-DOMBES**, petite ville de l'ancienne province de Bresse, aujourd'hui chef-lieu de canton du département de l'Ain, érigée en comté en 1561, et acquise en 1645 par mademoiselle de Montpensier, qui la réunit à la principauté de Dombes. La population est de 2,636 habitants.

**CHATILLON-SUR-DORDOGNE** (*V.* CASTILLON).

**CHATILLON-SUR-INDRE**, petite ville de l'ancienne Touraine, aujourd'hui chef-lieu de canton du département de l'Indre, près de la rive gauche de l'Indre, à 44 kilomètres de Châteauroux. — C'était jadis une place forte, et sa position sur la frontière du Berry lui donnait une assez grande importance. Elle fut réunie par confiscation à la couronne, en 1204. C'était le siége d'un présidial et d'une prévôté royale.

**CHATILLON**, *Castellio*, abbaye de l'ordre de Saint-Augustin, située dans la ville du même nom, sur la Seine, au diocèse de Langres, fut fondée vers l'an 1138. Elle était sous l'invocation de Notre-Dame et de saint Vorle, dont les reliques y furent transférées du temps de Charles le Chauve. Cette église fut desservie d'abord par des chanoines séculiers, que Bruno, évêque de Langres, avait établis sur la fin du $x^e$ siècle. Il y avait dans le dernier siècle des chanoines réguliers de la congrégation de France, et c'était la seule paroisse de la ville. Saint Bernard, abbé de Clairvaux, avant d'embrasser la vie monastique, avait passé les premières années de sa jeunesse à Châtillon, et y avait été instruit dans les sciences humaines par ceux qui les enseignaient alors dans cette maison (*Gall. christ.*, tom. IV, col. 770).

**CHATILLON-SUR-LOING**, petite ville de l'ancien Gâtinais orléanais, aujourd'hui chef-lieu de canton du département du Loiret, est dominée par un ancien château où est né l'amiral de Coligny, dont le tombeau se voit encore dans la chapelle de cet édifice. Après avoir appartenu à la famille de Bragne, Châtillon-sur-Loing était passé par héritage à la maison de Coligny. Cette ville fut prise, pillée et brûlée en 1559 par les huguenots, qui la saccagèrent de nouveau en 1562 ; elle fut reprise par les catholiques en 1569. Après le meurtre de l'amiral Coligny à la Saint-Barthélemy, un arrêt du parlement de Paris ordonna, le 27 octobre 1572, que le château de Châtillon-sur-Loing serait rasé, sans qu'on pût jamais le rebâtir ; que les arbres du parc seraient coupés à la moitié de leur hauteur ; qu'on sèmerait du sel sur le terrain de la maison, et qu'on élèverait dans la cour une colonne sur laquelle on graverait cet arrêt ; mais, par un autre arrêt du 15 mai 1576, ces dispositions furent révoquées. En 1648, Châtillon fut érigé en duché-pairie, et en 1698 Louis XIV en fit un duché héréditaire en faveur de Paul-Sigismond de Montmorency, troisième fils de François-Henri, duc de Piney-Luxembourg. La population de cette ville est aujourd'hui de 2,126 habitants.

**CHATILLON-SUR-MARNE**, bourg de l'ancienne Champagne, aujourd'hui chef-lieu de canton du département de la Marne, à vingt-huit kilomètres de Reims, était autrefois une ville considérable. Hérivée, fils d'Eudes, premier membre connu de la maison de Châtillon, y fit construire, en 926, un château que Louis d'Outre-Mer assiégea sans succès en 940 et 947. Prise et en grande partie détruite par l'armée de Charles-Quint en 1545, la ville de Châtillon tomba encore, en 1575, au pouvoir des calvinistes, qui achevèrent de la détruire. Châtillon a donné son nom à l'une des plus illustres familles de la France. Elle appartenait, au siècle dernier, à la maison de Bouillon. Sa population n'est plus aujourd'hui que de 448 habitants.

**CHATILLON-SUR-SEINE**, petite ville de l'ancienne Bourgogne, aujourd'hui chef-lieu de l'un des arrondissements du département de la Côte-d'Or. L'existence de cette ville remonte à une époque très-reculée, et l'on pense qu'elle prit naissance au $IV^e$ et au $V^e$ siècle. Elle formait autrefois deux villes distinctes, séparées par deux bras de la Seine, par des murs, des fossés et des portes. L'une portait le nom de Bourg, et l'autre était nommée Chaumont. Elles avaient chacune leur château, mais elles sont réunies depuis longtemps. Le comté de Châtillon-sur-Seine fut réuni de bonne heure au duché de Bourgogne, dont il ne fut jamais démembré, et avec lequel il fut réuni à la couronne. Les ducs de Bourgogne de la première race avaient choisi pour séjour habituel la ville de Châtillon, où l'on voit encore des restes du château qu'ils avaient fait construire. Cette ville était regardée avant la révolution comme la capitale de la contrée connue sous le nom de *Pays de la montagne* ; c'était le siége d'un bailliage considérable. Elle possède aujourd'hui des tribunaux de première instance et de commerce, et une bibliothèque publique de 7,000 volumes. Sa population est de 4,175 habitants ; c'est la patrie de Philandrier, de Petiet, ancien ministre de la guerre, et du maréchal Marmont.

**CHATILLON-SUR-SÈVRE** ou **MAULÉON**, petite ville de l'ancien Poitou, aujourd'hui chef-lieu de canton du département des Deux-Sèvres, existait déjà, dit-on, du temps des Romains, et portait le nom de *Malus Leo* ou *Maleolium*. Elle eut beaucoup à souffrir durant les guerres de religion ; elle fut prise et pillée par les troupes de Henri IV en 1587. La baronnie de Mauléon fut érigée en duché-pairie, par lettres patentes du mois de mars 1736, en faveur d'Alexis-Madeleine-Rosalie, comte de Châtillon (*V.* CHATILLON [Famille de]). Ces lettres portaient : « que le nom de la terre de Mauléon, ainsi érigée en duché-pairie de France, serait commué, tant pour ledit duché que pour la ville de Mauléon, en celui de Châtillon. » Pendant la guerre de la Vendée, Châtillon fut le quartier général et le siége du gouvernement des insurgés. Elle fut prise et brûlée plusieurs fois, et il n'y resta debout que quelques maisons ; elle a été depuis entièrement reconstruite. C'était avant la révolution le chef-lieu d'une élection. On y compte 935 habitants.

**CHATILLON-SUR-SÈVRE** (COMBAT ET PRISE DE). Westermann avait amené, en 1793, dans Parthenay sa brave et terrible légion germanique, formée de trois mille volontaires ou déserteurs étrangers. Impatient de se signaler, il la mena, le 3 juillet, contre la Rochejacquelin et Lescure, qu'il trouva en position sur le Moulin-aux-Chèvres, et couvrant la ville de Châtillon. Sans consulter le nombre, Westermann ordonna l'attaque. Après deux heures d'une lutte sanglante, il s'empara de ces hauteurs et des canons. La déroute est complète. Il tue, met en fuite et poursuit tout ce qui s'oppose à son passage, et entre vainqueur dans Châtillon, quartier général des Vendéens. Il y trouve des magasins considérables, et délivre un grand nombre de prisonniers républicains. Après avoir fait incendier le château de la Rochejacquelin, comme celui de Lescure, Westermann, renforcé par deux mille gardes nationaux, prit position sur les mêmes hauteurs où trois jours auparavant il avait été vainqueur; mais il ne devait pas s'y maintenir longtemps. Lescure, Bonchamp et la Rochejacquelin avaient rallié leurs forces. Les Vendéens se glissent en silence sur les hauteurs. Surpris au milieu des ténèbres, le bataillon formant l'avant-garde de l'armée républicaine prend la fuite. En un instant la déroute est complète. Les canonniers sont tués, les canons sont précipités dans la descente qui mène à Châtillon, et les renforts envoyés de la ville sont entraînés par les fuyards. Vainement Westermann conserve son audace, et fait les plus grands efforts pour rallier sa troupe. Abandonné de ses soldats, n'ayant plus d'artillerie, il tourne avec fureur la bride de son cheval, et s'enfuit, accompagné de trois cents cavaliers. Les résultats de cette journée furent immenses pour les royalistes. Ils firent plus de deux mille prisonniers. Les canons, les armes, les munitions, les bagages, restèrent en leur pouvoir. Ce qui échappa à cette défaite se rallia péniblement à Parthenay. Dans les premiers jours d'octobre de la même année, le général Chalbos, ayant fait sa jonction avec l'armée de Saumur, marcha droit à Châtillon à la tête de onze mille hommes. Lescure et Beaurepaire couvraient cette ville, et étaient campés sur les hauteurs du Bois-des-Chèvres. Chalbos fit halte pour un moment, et plaça son artillerie sur les hauteurs. Le bouillant Westermann, qui connaissait et le théâtre de la guerre, et les ennemis qu'il fallait combattre, reçut ordre de s'avancer avec sa brigade. Mais il ne put soutenir la charge d'un corps d'élite commandé par Lescure en personne; les colonnes formant la droite et la gauche des républicains plièrent de leur côté sous le feu des Vendéens, qui cherchaient à tourner les canons. Atteint d'un coup mortel, le général Chambon tomba en criant : *Vive la république!* Depuis trois heures, la lutte continuait opiniâtre et incertaine, quand Westermann, soutenu par les grenadiers venus à son secours, fait un mouvement sur sa droite, culbute l'aile gauche des Vendéens, et la met en déroute. En même temps, Chalbos rétablit le combat sur sa gauche, et bat l'aile droite des Vendéens. Blessé grièvement, Beaurepaire dut à quelques braves qui se dévouèrent de ne pas demeurer au nombre des morts. Westermann poursuivit les ennemis avec deux mille hommes, et entra le même soir à Châtillon. L'armée entière le suivit, et il sortit aussitôt avec cinq cents hommes pour éclairer la route de Mortagne, par laquelle les généraux vaincus s'étaient retirés. Mais ceux-ci, renforcés inopinément par d'Elbée et Bonchamp, revinrent à la charge. Westermann, accablé, se replia en désordre sur le gros de l'armée, qui, atteinte elle-même par la peur, abandonna Châtillon dans une extrême confusion. Westermann sortit le dernier de la ville, et abattit d'un coup de sabre un Vendéen qui s'attachait à la queue de son cheval. Il protégeait la retraite à la tête des grenadiers de la convention, quand, averti que les royalistes, pour célébrer leur victoire, s'étaient gorgés de vin et d'eau-de-vie, il revient sur ses pas, et arrive à minuit à leurs avant-postes. Au *qui vive?* des sentinelles, il répond *royalistes*. Les postes sont égorgés. On trouve dans la ville les Vendéens épars, étendus ivres morts. Plus de dix mille sont massacrés, et à peine leurs chefs ont-ils le temps de monter à cheval. Westermann les poursuit, rentre à Châtillon, et se résout à détruire cette ville, si souvent funeste aux républicains. Sa cavalerie met aussitôt pied à terre, pille, incendie les maisons, et retourne à Bressuire à la lueur de cet horrible embrasement. Le lendemain, les Vendéens revinrent en force pour livrer de nouveaux combats; mais, au lieu d'ennemis à vaincre, ils ne trouvèrent qu'une ville en feu et des milliers de cadavres à demi brûlés, ou écrasés sous les décombres. Ils se retirèrent alors en désordre à Chollet, où le rendez-vous général était assigné.

**CHATILLON** (CONGRÈS DE). En 1814, les armées étrangères avaient envahi la France, et s'avançaient vers Paris. Cependant leur triomphe était encore loin d'être assuré, et les chances de la guerre paraissaient si incertaines, qu'on crut prudent, de part et d'autre, d'essayer encore une fois s'il était possible de s'entendre pour prévenir de plus grands malheurs, mais sans suspendre les hostilités. On ouvrit donc, le 5 février 1814, un congrès à Châtillon-sur-Seine, chef-lieu d'arrondissement du département de la Côte-d'Or et ville de 4,175 habitants. Ce congrès se composa du comte Stadon, du baron G. de Humboldt et du comte Rasoumofski, plénipotentiaires de l'Autriche, de la Prusse, de la Russie; l'Angleterre y fut représentée par les lords Aberdeen, Cathcart et le général Charles Stewart; en outre, le lord Castlereagh, ministre, fut présent. Le général Caulaincourt, duc de Vicence, fut l'envoyé de la France. D'un côté au moins on suivit les négociations sans bonne foi. Quelques succès obtenus par les alliés les enorgueillirent; on devait se baser sur les propositions faites à Francfort à la fin de 1813, et qui s'appuyaient sur ce que les ennemis eux-mêmes appelaient les *limites naturelles*, de la France. Mais alors ils changèrent d'idée, et, refusant de laisser à la France une consistance analogue au rang qu'elle doit occuper dans le système politique, ils présentèrent un projet de traité qui contenait les plus dures conditions de paix : Napoléon ne pouvait les accepter. Il lui restait d'ailleurs un espoir, celui de terminer l'invasion ennemie par une éclatante victoire et de reprendre ainsi tous ses avantages. « C'est par trop exiger, dit-il hautement; les alliés oublient que je suis plus près de Munich qu'ils ne le sont de Paris. » On assure que c'est le soir du combat de Champaubert, le 10 février, qu'il dit cette phrase, que M. de Pradt, dans son ouvrage, a travestie de cette manière : «Enfin je puis être encore une fois maître du monde.» Bientôt Caulaincourt (V. ce nom), impérieusement pressé de donner une explication définitive, remit un contre-projet. L'empereur consentait à restreindre sa domination dans l'étendue de l'ancienne France, avec la Savoie, Nice et l'île d'Elbe, et à condition que la couronne d'Italie, royaume dont l'Adige formerait la frontière du côté de l'Autriche, serait donnée au prince Eugène Beauharnais, et aussi avec la réserve que les principautés de Lucques, de Neufchâtel et le grand-duché de Berg retourneraient aux titulaires précédemment investis. Les plénipotentiaires alliés rejetèrent ce contre-projet, et le 19 mars eut lieu la rupture de ce congrès de Châtillon, où l'on était venu avec l'intention de suivre les événements. Pendant qu'il durait encore, l'Angleterre, la Russie, l'Autriche et la Prusse avaient conclu à Chaumont, une quadruple alliance pour 20 années (V. CHAUMONT). M. Pons de l'Hérault a publié à Paris, en 1825, un ouvrage sur le *Congrès de Châtillon*.

**CHATILLON** (NICOLAS DE), célèbre ingénieur, né à Châlons-sur-Marne en 1547, mort à Paris en 1616. Attaché à Henri IV et à Louis XIII, il fut employé à diverses constructions publiques. Son talent et ses services lui méritèrent la confiance de ces deux monarques. Sur les dessins de Châtillon fut bâtie la place Royale, dans le quartier du Marais à Paris; c'est lui qui acheva les travaux du Pont-Neuf commencé sous le règne de Henri III : on lui doit aussi l'édification de l'hôpital Saint-Louis à Paris.

**CHATILLON** (LOUIS DE), peintre en émail, graveur et dessinateur de l'académie des sciences, né à Sainte-Menehould (Marne), mort en 1734 à Paris. Il peignit, par ordre de Louis XIV, différents portraits en émail dont la perfection justifia toujours le choix qu'on avait fait de lui. Le ministre Colbert employa Louis de Châtillon conjointement avec Nicolas Robert et Abraham Bosse à la magnifique collection des *Plantes*, peintes sur vélin, conservée au cabinet des estampes. En outre les principales gravures de Châtillon sont : *les Parques filant la destinée de Marie de Médicis*, d'après Rubens; une partie des *Conquêtes de Louis XIV* d'après Leclerc; les *Sept Sacrements* d'après le Poussin; quelques paysages historiés et différentes fontaines à l'eau-forte d'après Lebrun.

**CHATILLON**, poëte, sous-chef de l'administration de la loterie royale, mort à Paris en 1826, à l'âge de 50 ans, a publié 1° *Epître aux Muses*; couronnée à l'académie des jeux floraux, le 3 mai 1821, Paris, 1821, in-8°; 2° *la Chemise*, conte; 3° *les Derniers Adieux du poëte*, élégie, Paris, 1825, in-8°. Il était membre de l'académie de Dijon.

**CHATIMENT**, dernier terme de pouvoir qu'un homme peut exercer sur un autre qui est placé sous sa dépendance. Le châtiment qui atteint sans vouloir améliorer est répréhensible. Au moyen d'une distinction aussi simple, les lois criminelles n'auraient pas été barbares chez tous les peuples (*V.* PÉNALITÉ). Dans l'ancienne société, le droit de châtiment laissé au père de famille était immense; il devait en être ainsi, puisque sa responsabilité s'étendait à tout ce qui lui appartenait. D'un autre côté, les mœurs se montrant féroces, on n'en appelait qu'à la force. Aujourd'hui encore, en France, l'éducation qui ne procède que par châtiment est mal entendue : elle ne purifie pas, elle corrompt; puis c'est un moyen qui devient promptement stérile, puisqu'il est impossible de le ménager. De tous les genres de châtiments, les plus abjects sont les châtiments physiques; ils supposent un état de dégradation qu'ils augmentent à leur tour, en tourmentant le corps au lieu de réformer l'âme; ils manquent le but, car c'est toujours à la moralité des hommes que le châtiment doit s'adresser. Ce n'est que par exception qu'il est permis de châtier la première enfance; et il y a toujours plus de profit à développer chez elle la raison que la crainte.

**CHATIMENTS MILITAIRES.** Les châtiments, les peines, les punitions, les supplices demanderaient à être l'objet d'une distinction raisonnée; aucun code militaire ne s'en est encore occupé. Le *châtiment* diffère de la *peine* en ce que celle-ci est prononcée par l'autorité souveraine ou par le juge qu'elle délègue, tandis que le châtiment est prononcé et quelquefois même infligé par tout supérieur en grade. Quant à la punition, elle est du domaine de la discipline, non de la justice. Aucune théorie légale n'aidant, continuons à regarder le mot *châtiment* comme terme générique, par rapport à *peine* et à *punition*, tout en convenant que ce mot tombe en désuétude, parce que, pris isolément, il se complique de l'idée d'une correction manuelle. Les châtiments militaires s'infligeaient, il n'y a pas un siècle encore, à des femmes aussi bien qu'aux hommes de troupe; les chefs de corps faisaient fustiger publiquement celles qu'on surprenait avec des soldats; on appelait *marionnettes* la batterie de caisse qui couvrait les gémissements de ces malheureuses, et qui accompagnait leur passage à travers les bretelles ou baguettes. On leur barbouillait ensuite le visage avec des caustiques ou du noir à l'huile : ce dernier moyen était plutôt l'usage du camp ou de la route; l'autre s'appliquait plutôt en garnison; c'était un passe-temps et un spectacle de la place d'armes. — Sous les Valois, qui les premiers ont donné une législation pénitentiaire à l'armée, ces *châtiments*, ainsi les nommaient leurs ordonnances, étaient d'atroces supplices, qui s'exerçaient surtout sur l'infanterie; la cavalerie était traitée avec plus d'égards, ayant souvent même le privilége de l'impunité; mais la *piétaille*, comme on l'appelait, encourait les peines mutilantes, nommées *estrapade* ou *piquet;* elle subissait l'*amputation d'un poignet*, la *transforation de la langue*, l'*essoreillade* ou extirpation des oreilles, peine la plus commune, comme le témoigne l'antiquaire Roquefort, qui cite quantité de synonymes du mot *essoreillade*. — Depuis Henri IV, les châtiments cessent presque tous d'être mutilants; ils ne consistent plus jusqu'à Louis XIV que dans le piquet ou la suspension par un bras, un seul pied pouvant s'appuyer; dans l'application des coups de plat d'épée; dans la *bastonnade* (*V.* ce mot) avec le manche de la hallebarde. Celle-ci était réservée aux fantassins; mais le cavalier avait la prérogative de n'être châtié qu'à coups d'épée. Bellon, qui écrivait sous Henri IV, fait, à cet égard, une singulière et naïve recommandation; il invite les officiers à ne se *servir que du plat, et à ne pas tuer le soldat*. — Les châtiments maintenus depuis Louis XIV, surtout dans l'infanterie, étaient les *baguettes*, les *bretelles*, le *cheval de bois*, tant pour homme que pour femme; les *coups de plat de sabre* et le *piquet*. Ces exécutions avaient lieu avant la parade, à l'ombre du corps de garde de la grande place. — Qui croirait que l'ordonnance du 5 juillet 1764, relative au camp de Compiègne, faisait revivre le *percement de la langue* contre ceux qui blasphémeraient le saint nom de Dieu, de la Vierge et des saints. — Les châtiments ont été quelquefois infligés par la justice, quelquefois par la police; mais c'était une législation si confuse, la gradation des fautes était si mal déterminée, que cette partie de l'histoire se refuse à être approfondie; il suffit de dire qu'on peut regarder les *châtiments* comme ayant été quelquefois le *maximum* des corrections ordonnées par la discipline, quelquefois le *minimum* des répressions qui émanaient de la justice militaire.

**CHATINI, CHATINIE, CHAITINI** (*botan.*), noms arabes de la guimauve, suivant Daléchamps.

**CHATMEZICH** (*botan.*), nom arabe d'une espèce de tamarin, suivant Mentzel. Les noms rapportés par Forskaël sont très-différents : le *tamarix gallica* est nommé *kattab-achmer*, et celui du Levant *atl*.

**CHATMIÆ** (*botan.*), nom arabe de l'*alcea ficifolia*, espèce de rose trémière, suivant Forskaël; c'est le *khatmych* de Delile.

**CHATON**, s. m. petit chat.

**CHATON** (*botan.*) se dit de l'assemblage des fleurs mâles ou femelles de certains arbres, disposées sur un pédoncule grêle et ordinairement pendant, de manière à offrir quelque ressemblance avec la queue d'un chat.

**CHATON**, s. m. la partie d'une bague dans laquelle une pierre précieuse est enchâssée. — Il se dit aussi de la pierre montée.

**CHATONER**, v. n. (*vieux langage*), ramper, aller à quatre pattes.

**CHATONNEMENT**, s. m. (*technol.*), action d'encastrer dans un chaton.

**CHATONNER**, v. n. (*technol.*), encastrer dans un chaton.

**CHATOUILLE**, s. f. (*pêche*), espèce de petite lamproie fréquemment employée pour la pêche de l'anguille, du brochet et de la lotte.

**CHATOUILLE** ou **CHATROUILLE** (*malac.*), nom que les marins du Havre et de quelques autres ports de la Manche donnent au poulpe commun.

**CHATOUILLE** (*hist. nat.*) (*V.* CHATILLON).

**CHATOUILLEMENT**, sensation particulière que détermine chez certaines personnes, appelées pour cela *chatouilleuses*, un attouchement superficiel, instantané et subit de quelque partie du corps. Cette sensation, qui commence par être agréable, et qui bientôt devient incommode, douloureuse et même insupportable, ne se manifeste pas également; outre que les femmes, les enfants, et en général tous les sujets nerveux, en sont plus susceptibles que d'autres, on observe que les parties les plus pourvues de nerfs sont aussi les plus aptes à le développer. Tout le monde sait que la paume des mains, la plante des pieds, les régions des côtes, la lèvre supérieure, et des parties plus secrètes, sont le siége d'une sensibilité très-développée, et que, si elles viennent à être chatouillées, il s'ensuit un besoin de rire insurmontable et fatigant qui peut aller jusqu'à la convulsion. — Quelquefois on a vu cette plaisanterie avoir des suites funestes, et l'on dit que le crime et la tyrannie en ont fait usage pour faire périr des individus; on les enveloppait de manière à les maintenir dans l'immobilité la plus complète, puis on leur chatouillait la plante des pieds sans interruption. Bientôt survenait une anxiété convulsive et une contraction permanente des muscles de la poitrine qui amenait une asphyxie mortelle. L'habitude cependant émousse cette sensation comme toutes les autres; et l'on prétend que les nobles dames de la Russie, comme les voluptueuses créoles, se font chatouiller doucement la plante des pieds par une jeune esclave pour s'endormir. — Le chatouillement et les phénomènes singuliers qui en sont la suite sont inexplicables. Pourquoi ce rire inextinguible? pourquoi ces convulsions? pourquoi tel est-il insensible à une impression qui peut tuer tel autre? Nous ne pouvons que constater les faits, savoir, que le chatouillement exerce son action plus spécialement sur les nerfs qui se distribuent aux muscles de la respiration. Il résulte de ce qui précède que, dans tous les cas où la respiration est accidentellement suspendue, il peut être utile de solliciter l'action des muscles respirateurs par le moyen du chatouillement provoqué avec modération; mais qu'en général on doit s'abstenir d'une pratique dont les inconvénients très-réels ne sont compensés par aucun avantage.

**CHATOUILLEMENT** se dit par extension de certaines impressions agréables que reçoivent les sens.

**CHATOUILLER**, v. a. causer en certaines parties du corps, par un attouchement léger, un mouvement involontaire, un tressaillement qui provoque ordinairement à rire. — Proverbialement et figurément, *Se chatouiller pour se faire rire*, s'exciter à la gaieté, à la joie pour un faible sujet, ou même sans sujet. — *En term. de manége, Chatouiller un cheval de l'éperon*, le toucher légèrement avec l'éperon. — CHATOUILLER se dit, par extension, de tout ce qui produit sur les sens des impressions agréables. Il signifie figurément plaire, flatter.

**CHATOUILLEUX, EUSE**, adj. qui est fort sensible au chatouillement. Il se dit aussi du cheval. — Figurément et familièrement, *Cet homme est bien chatouilleux*, il s'offense aisément, il se fâche pour peu de chose. — Figurément, *Cette affaire. Cette question est bien chatouilleuse*, il faut la traiter avec beaucoup de circonspection, parce que les plus légères erreurs auraient de graves inconvénients.

**CHATOUILLEUX A L'ÉPERON** (*manége*) se dit d'un cheval qui, au lieu d'obéir à l'éperon, hennit et rue.

**CHATOYANT, ANTE**, adj. Il se dit des objets qui, vus sous différents aspects, semblent changer de couleur, comme l'œil du chat.

**CHATOYANTE** (*minér.*). Delamétherie a donné ce nom aux pierres demi-transparentes qui ont des reflets brillants et variés, en raison de l'aspect sous lequel on les voit; il place dans cette espèce de genre l'*œil-de-chat* (*V.* QUARTZ CHATOYANT), l'*héliolithe* (*V.* FELDSPATH CHATOYANT), l'*œil-de-poisson* (*V.* FELDSPATH NACRÉ).

**CHATOYANTE** (*hist. nat.*). Razoumowski a donné ce nom à une petite couleuvre qu'il a découverte aux environs de Lausanne, en Suisse.

**CHATOYANTE ORIENTALE** (*minér.*). C'est une variété de corindon-télésie, connue aussi sous le nom de *saphir œil-de-chat* (*V.* CORINDON).

**CHATOYEMENT,** s. m. (*néolog.*), effet produit par une surface chatoyante.

**CHATOYER,** v. n. (*term. de lapidaire*), changer de couleur selon les différents aspects.

**CHATRER,** v. a. ôter les testicules. — *Châtrer une truie, une chienne*, leur faire une opération qui les mette hors d'état d'avoir des petits. — *Châtrer des cotrets, des fagots*, en ôter quelques bâtons. — *Châtrer des ruches*, enlever, avec un couteau de fer fait exprès, la cire et le miel d'une ruche. — *Châtrer un fraisier*, en ôter les rejetons superflus. *Châtrer des melons, des concombres*, en retrancher quelques fleurs. — *Châtrer une roue*, ôter une faible partie des jantes pour en resserrer les raies. — CHATRER se dit quelquefois, figurément et familièrement, des ouvrages d'esprit, et signifie en retrancher ce qui choque les bonnes mœurs, la religion et le gouvernement. — CHATRÉ, ÉE, participe. Il est aussi substantif. *C'est un châtré. Voix de châtré.*

**CHATRE** (LA), *Castra*, jolie petite ville du Berry, aujourd'hui chef-lieu d'arrondissement du département de l'Indre, construite, dit-on, sur l'emplacement d'un camp romain. — La seigneurie de la Châtre faisait autrefois partie de la principauté de Déols; elle fut acquise en 1614 par Henri II de Bourbon, prince de Condé. C'était autrefois le siége d'une élection; elle possède aujourd'hui un tribunal de première instance, et sa population s'élève à 4,343 habitants.

**CHATRES**, ancienne seigneurie de l'Ile-de-France, aujourd'hui département de Seine-et-Oise, érigée en marquisat en 1692, en faveur de J.-B. du Deffant, beau-père de la célèbre marquise de ce nom. La seigneurie de Châtres passa depuis dans la famille d'Arpajon, et fut de nouveau, en 1720, érigée en marquisat sous ce nom, qu'elle a toujours porté depuis (*V.* ARPAJON).

**CHATRES** (MONNAIE DE). La petite ville de Châtres, sous les Carlovingiens, était chef-lieu d'un canton nommé *Pagus Cartiensis*, et possédait un atelier monétaire, dont on connaît un magnifique denier qui porte pour légende : CASTRA MONETA, avec les monogrammes et toutes les marques qui distinguent les espèces de Charles le Chauve.

**CHATREUR,** s. m. celui qui fait métier de châtrer les animaux.

**CHATRI**, femme d'un tailleur d'habits de la ville de Sens, sous Henri III, eut vingt ans après son mariage toutes les marques d'une véritable grossesse : elle demeura trois ans au lit sans pouvoir accoucher. Enfin les douleurs s'étant apaisées, et l'enflure durant toujours, elle resta dans cet état près de vingt-quatre ans. Après sa mort, qui arriva la soixante-huitième année de son âge, son mari la fit ouvrir, et on trouva dans son sein le corps d'une petite fille tout formé, mais pétrifié. M. d'Alibour, alors médecin de la ville de Sens, et depuis de Henri IV, témoin oculaire de cette singularité, en donne la relation.

**CHATRICES,** *Castriciæ* ou *Castri Locus*, abbaye de l'ordre de Saint-Augustin, était située en Argonne, dans une île, sur la rivière d'Aisne, au diocèse de Châlons. Elle fut fondée vers l'an 1144 ou 1145, par Eustache, son premier abbé, et dotée par Alberon, évêque de Verdun : ce monastère dépendait autrefois de l'abbaye d'Arouaise; mais il fut réuni à la congrégation des chanoines réguliers de France (*Gallia christ.*, t. x, col. 952).

**CHATRILLON,** s. m. (*vieux langage*), jeune et petit animal auquel on a fait ou l'on fera subir la castration.

**CHATRURE,** s. f. (*vétér.*), opération de la castration qu'on fait subir aux animaux.

**CHATSCHATEL,** s. m. (*hist.*), sorte de machine que saint Louis fit construire durant les croisades pour protéger les travailleurs (*V.* CHAT-CHATEIL).

**CHATTACK,** s. m. (*métrol.*), mesure agraire employée dans l'Inde. Le chattack de Calcutta vaut are 0,039997.

**CHATTAI-RENAY** (*botan.*), espèce de chayaver ou hedyote de la côte de Coromandel, qui est peut-être l'*hedyotis paniculata*. On indique aussi sous le même nom, dans un herbier de Pondichéry, une espèce de *trianthema*.

**CHATTE,** s. f. (*marine*), sorte de grappin.— Espèce de chasse-marée à fond un peu plat, servant à la pêche. — Il se dit encore de divers bâtiments employés comme alléges ou comme barques-citernes.

**CHATTEMENT,** adv. à la manière des petits chats. Mot qui, selon Boiste, a été employé par d'Alembert. Quoi qu'il en soit, il ne pourrait être admis que dans un langage très-familier.

**CHATTEMITE,** s. f. Il se dit d'une personne qui affecte une contenance douce, humble et flatteuse pour tromper quelqu'un. Il est familier.

**CHATTER,** v. n. Il se dit d'une chatte qui fait ses petits.

**CHATTERER** (*hist. nat.*), nom du jaseur en anglais.

**CHATTERIE,** s. f. Il se dit, dans le langage familier et enfantin, des bonbons, des friandises qu'on donne aux enfants.

**CHATTERTON** (THOMAS). La vie de ce jeune Anglais, d'un génie original, fut courte, mais remplie d'événements. Il la commença et la termina dans l'indigence et le malheur, laissant après lui une sorte de célébrité acquise par ses talents, son caractère et son infortune. Son père, employé dans une école de Bristol, était mort quand il vint au monde le 20 novembre 1752, laissant sa mère dans un état voisin de la misère. Ses facultés, quoique d'un ordre supérieur, ne s'annoncèrent point par les signes qui les caractérisent ordinairement dans l'enfance. Placé à l'âge de cinq ans dans l'école où son père avait été occupé, il fut bientôt renvoyé comme incapable de rien apprendre. L'orgueil qui le gouverna toute sa vie, et qui lui donnait déjà à cet âge le besoin de dominer ses camarades, ne se tournait point en émulation pour les surpasser; il semblait dédaigner ce qu'apprenaient les autres. Revenu chez sa mère, sans savoir encore lire, il rencontra par hasard un vieux livre de musique écrit en français, dont les figures enluminées excitèrent vivement sa curiosité. Pour parvenir à savoir ce qu'il contenait, *étant tombé en amour devant cette merveille*, comme il le dit lui-même dans une pittoresque expression anglaise, Chatterton consentit enfin à apprendre à lire, et, dès ce moment, se donna à l'étude avec autant de succès que le permettait son caractère ardent, inquiet, qui le portait sans cesse d'une occupation à l'autre; en sorte que lui, qui ne sut jamais bien ni le latin, ni le français, ni même la grammaire de sa propre langue, acquit par la suite, en différents genres, une variété de connaissances auxquelles sa confiance et la vivacité de son esprit attachaient un prix fort au-dessus de sa valeur réelle; mais cette conscience, cette vivacité, fruits d'un orgueil satisfait, ne se rencontrèrent point dans l'enfance de Chatterton. Son orgueil était sombre et taciturne; il ne se pressait pas de produire les moyens qu'il sentait être insuffisants pour lui procurer les distinctions dont le besoin le dévorait. Il fut reçu à l'âge de huit ans à l'école de charité de Colston, où l'un de ses maîtres, nommé Philipps, se livrait, suivant la portée de son esprit, à un goût trop vif pour la poésie : Chatterton ne parut pas profiter de l'exemple poétique dont tous ses camarades s'étaient enthousiasmés. Tout, dans l'école, faisait et récitait des vers; lui seul se taisait, et cachait sous une apparence de mélancolie et d'incapacité le travail d'un esprit dont les efforts ne pouvaient être médiocres. Enfin cet esprit produisit des fruits si péniblement élaborés, et son premier ouvrage fut une satire; il la composa à onze ans et demi. Elle était dirigée contre un méthodiste qui avait changé de secte par intérêt. Cette satire n'a de mérite que pour l'âge auquel elle fut composée. Chatterton n'en tira point vanité, il cacha même cet effort de travail à ses camarades; mais cet essai décida de son goût et de sa vocation. Sa mère et sa sœur, confidentes de son talent, virent sa mélancolie se changer tout à coup en une vivacité pleine d'indiscrétion et de vanité. Il ne rêvait plus que gloire, fortune, immortalité, et ces deux êtres, les seuls qu'il paraisse avoir aimés, partageaient ses chimériques espérances. La lecture devint dès lors sa passion dominante; il consacrait le peu d'argent dont sa mère lui faisait le sacrifice à louer des livres, dont le catalogue de ceux qu'il avait lus à douze ans se montait à soixante et dix : la plupart étaient des ouvrages d'histoire et de théologie. Il avait un singulier goût pour les vieux mots des langues, et l'on a trouvé une correspondance qu'il entretenait avec un de ses amis d'école, dans laquelle ils employaient réciproquement, suivant le désir de Chatterton, les termes les plus inusités et les plus anciens. Son goût pour la satire ne fit que grandir et se développer avec l'âge. Ce fut le penchant de toute sa vie, fruit naturel d'un esprit présomptueux et vindicatif. Vers l'âge de quinze ans, il fut placé comme clerc chez un procureur de Bristol, où il put se livrer amplement à ses goûts pour la lecture dans les heures de loisir que lui laissait son emploi. Un an s'écoula dans ce nouveau genre de vie avant qu'il commençât à fixer l'attention publique par la publication d'un article dans le journal de Bristol. Il se trouvait dans l'église de Sainte-Marie-Radcliffe de Bristol, construite ou rebâtie durant le règne d'Edouard IV par un riche marchand nommé Canynge, six ou sept coffres remplis de papiers qui y avaient été déposés par le fondateur. L'un d'eux, appelé le *coffre de M. Canynge*, semblant renfermer des titres importants, était fermé de six clefs. On voulut en reconnaître la valeur, et vers l'an 1727 on en retira les pièces qu'on jugea de quelque utilité, laissant le coffre ouvert et les manuscrits ou autres papiers abandonnés à la merci du premier venu. Le père de Chatterton en avait emporté une certaine quantité dont il se servait pour couvrir ses livres et ses bibles d'école. Le reste, après sa mort, était employé par sa veuve à des usages de ménage. Chatterton, dont son goût pour les antiquités fixait l'attention sur les objets de ce genre, s'empara des débris de ces parchemins, les emporta pour les examiner, et quelques jours après annonça avec un enthousiasme fou qu'il avait découvert un trésor. Ce fut sans doute dans cette circonstance qu'il forma le projet de la supposition à laquelle il pensait devoir sa fortune. Son goût pour les anciens usages augmenta ; il se procura des dictionnaires de tous les vieux dialectes anglais, et en 1768, à l'occasion de l'ouverture du pont de Bristol, il fit paraître dans le journal du Farley's-Bristol, un article intitulé : *Description de moines passant pour la première fois sur le vieux pont, extraite d'un ancien manuscrit*. Après quelque incertitude sur l'auteur de cette pièce, qui aurait du mérite si elle était authentique, Chatterton fut reconnu pour l'avoir mise au jour, et il déclara qu'il l'avait trouvée, avec un grand nombre d'autres manuscrits précieux, parmi les vieux papiers que son père avait tirés du vieux coffre de M. Canynge, en annonçant que plusieurs étaient encore en sa possession. Il les attribuait à un nommé Thomas Rowley, moine ou prêtre du XV^e^ siècle, et ami de M. Canynge, qui les avait conservés. Ces bruits s'accréditèrent, et il présenta plusieurs morceaux de sa composition à de crédules et respectables habitants de Bristol, qui admiraient ces poésies comme véritablement les œuvres de Rowley. Encouragé par le succès de la supercherie qu'il employait en donnant aux parchemins dont il se servait un air d'antiquité au moyen d'un peu d'ocre, et en les foulant ensuite aux pieds, il écrivit à Horace Walpole pour lui parler de ses découvertes, lui offrant de les lui communiquer, et joignit à sa lettre, comme échantillon, une ode sur la mort de Richard I^er^. Mais Walpole, de concert avec les poëtes Mason et Gray, auxquels il les soumit, reconnut leur évidente fausseté sur-le-champ, et les renvoya assez longtemps après à Chatterton, qui, dans une lettre très-impertinente pour les lui redemander, lui écrivait qu'il n'aurait pas osé le traiter ainsi s'il n'avait pas connu sa situation. Walpole lui avait répondu poliment dans le principe, en lui exprimant des doutes sur l'authenticité de sa poésie, et l'assurant d'ailleurs qu'il se trouvait tout à fait hors d'état de s'en servir. Cette fois il ne répondit plus. Chatterton en conserva contre lui un ressentiment implacable, qu'il manifesta depuis en divers ouvrages. Il avait, pendant ces entrefaites, entamé une correspondance avec le *Town* et le *Country-Magazine*, deux journaux littéraires, dans lesquels il insérait différents articles prétendus anciens et des fragments en vers intitulés : *Poëmes saxons écrits dans le style d'Ossian*. Quoi qu'il entreprît, il le menait à terme avec une inconcevable opiniâtreté. Aucun caractère poétique ne fut plus enthousiaste que celui de Chatterton. Il s'était imaginé qu'il ne pouvait bien écrire qu'en certaines saisons, et il croyait la pleine lune capable de développer son génie poétique au plus haut degré. Aussi, et comme si l'astre nocturne eût été son flambeau inspirateur, il consacrait presque toutes les nuits de cette époque à la composition. — La situation de Chatterton chez son procureur lui devenant de plus en plus insupportable, il effrayait sans cesse cette famille paisible par des idées et des menaces de suicide. Il poussa cette monomanie jusqu'à un testament qu'il eut soin de laisser en évidence, et dans lequel il annonçait qu'il n'existerait plus le lendemain. Ces raisons décidèrent de son renvoi, et c'est alors qu'il s'empressa de partir pour Londres, dont le séjour était l'objet de tous ses vœux. C'était aux environs de Pâques de l'année 1770. En apprenant son voyage à un de ses amis, il lui disait : « Ma première tentative sera dans la carrière littéraire; les promesses et les encouragements m'ont été suffisamment prodigués pour dissiper mes doutes de réussite; mais si contre toute espérance je me trouvais désappointé, je me ferais prédicateur méthodiste. La crédulité a autant de puissance que la Divinité a d'éternité. Une nouvelle secte peut aisément être établie et prospérer; que si la fortune m'abandonne aussi là, un pistolet sera ma dernière ressource. » De tels sentiments dans le cœur d'un jeune homme de dix-sept ans ne promettaient pas des résultats moraux bien favorables pour l'avenir. Dès son arrivée à Londres, il prit divers engagements avec les libraires, dans les revues littéraires et auprès de différents journaux. Déterminé à se faire une réputation par quelque moyen que ce fût, il avait embrassé avec chaleur le parti de l'opposition politique, dont les chefs l'accueillirent d'une manière à flatter son incommensurable amour-propre au point d'achever de lui tourner la tête; ses premières lettres à sa mère étaient pleines de ses espérances de fortune. « Si l'argent suivait les honneurs, mandait-il à sa sœur, je vous aurais bientôt formé une dot de cinq mille livres sterling. » Mais à peu de distance de là il formulait ainsi ses plaintes, en voyant la fortune abandonner la cause à laquelle il s'était attaché d'abord : « Au reste, disait-il, ce serait un pauvre auteur que celui qui ne saurait pas *tenir sa plume* des deux côtés; » et en même temps qu'il ne considérait comme bassesse rien de ce qui pouvait mener à la fortune, il ne la voyait que comme un moyen de considération, et il ajoutait : « Si je pouvais m'abaisser jusqu'à un travail de bureau, je trouverais vingt places pour une, mais il est dans ma nature de ne pouvoir ni de ne *vouloir* vivre qu'avec les grands. » Une de ses parentes, chez laquelle il logeait, l'engageant à chercher une occupation plus solide que le métier d'écrivain, il entra dans une fureur extraordinaire, et s'écria : « On me mettra bientôt à la Tour, ce qui fera ma fortune. » Au milieu de ses espérances, qui l'étourdissaient jusqu'à se croire appelé à changer les destinées de sa patrie, il perdit celui de ses protecteurs sur lequel il comptait le plus, le lord-maire Bedford, dont il était accueilli avec bienveillance; mais il ne paraît pas qu'il lui eût témoigné une grande reconnaissance : une élégie qu'il fit sur cette mort, plus par intérêt que par sentiment, où l'on trouva plus d'esprit que de sensibilité, fut le seul tribut de regret qu'il paya à son bienfaiteur. Depuis, la fortune lui montra la vanité de ses prétentions exagérées. Il tomba dans une gêne à laquelle il avait été habitué dans sa famille; les privations même les plus cruelles l'assiégèrent, mais il eut la force de les déguiser, en changeant de logement, pour que ceux qui avaient été témoins de ses quelques jours de prospérité ignorassent sa détresse. Il continuait à employer le prix de ses travaux littéraires, aussi mal payés que facilement acceptés, à se donner les airs de l'aisance et à fréquenter les lieux de divertissement public, qui lui étaient devenus, disait-il, plus nécessaires que la nourriture. En même temps il envoyait à sa mère et à sa sœur tous les présents dont il pouvait disposer, en leur faisant de pompeux détails sur les ouvrages dont il était chargé. Enfin, ne pouvant plus suffire à ses dépenses ni supporter plus longtemps une telle existence, il se décida à abandonner le théâtre de ses dissipations et à renoncer à la vie littéraire en sollicitant un emploi comme chirurgien-aide dans les établissements anglais de la côte d'Afrique. Cette faveur lui fut refusée. Dans son désespoir, et après avoir passé plusieurs jours sans manger, ayant refusé avec indignation, la veille même de sa mort, l'offre faite par l'hôte chez lequel il logeait, d'un dîner qu'en tout autre temps il aurait accepté avec plaisir, il eut recours à ce qu'il s'était accoutumé à considérer comme sa dernière ressource. A l'aide de l'arsenic, il commit le crime du suicide; il mourut le 28 août 1770, avant d'avoir atteint sa dix-huitième année. Il fut enterré dans un cimetière qui longe la maison de travail de Shoë-Lane, où l'on montre son humble tombe. Triste fatalité! le lendemain de son inhumation le docteur Fry, principal du collége de Saint-Jean-d'Oxford, arrivait à Bristol pour prendre des renseignements sur les poésies de Rowley et sur Chatterton, auquel il voulait accorder sa protection. Hélas! tout ce qu'il apprit de ce dernier fut la nouvelle de sa mort, qu'il recueillit de la bouche même d'une mère désolée. Ses ouvrages se répandirent avec l'histoire de ses malheurs; un enthousiasme tardif s'attacha à sa mémoire, et l'infortuné Chatterton devint un des objets de l'intérêt public. — L'authenticité des poëmes attribués à Rowley fut d'abord soutenue par des hommes dont l'opinion faisait autorité comme antiquaires dans le monde littéraire; mais les défenseurs de cette idée furent enfin réduits au silence, et

Chatterton en est aujourd'hui presque universellement reconnu pour l'auteur. Ce sont ses titres de gloire, et il les a composés à quinze ans. On y trouve une imagination forte et brillante, une heureuse intention, et, ce qui peut paraître extraordinaire, souvent une profonde sensibilité! Ils renferment les différents genres de poëmes : tragédies, poëmes héroïques et lyriques, ballades, épîtres, pastorales, etc. Des ouvrages qu'il a donnés sous son nom, les meilleurs sont ses satires, écrites avec toute l'amertume qui faisait le fond de son caractère. Ses autres poésies, consistant en morceaux détachés adressés à différentes personnes, déploient des beautés, mais sont inférieures au reste. La prose qu'il a insérée dans différents journaux est pleine d'agrément et de sel. Enfin, lorsqu'on songe à l'âge de Chatterton, tout ce qu'on lit de lui donne l'idée qu'il n'avait pas besoin de mourir dans sa dix-septième année pour être considéré comme un des êtres les plus extraordinaires qui aient existé. —Comme son génie, la personne de Chatterton était formée avant l'âge. Il avait déjà les manières et la dignité d'un homme mûr; ce qui le distinguait surtout était une figure des plus prévenantes. Il avait une soif immodérée de connaissances, et apprenait avec une grande facilité. Sa passion dominante, celle qui gouverna toute sa conduite, était le désir de la gloire littéraire. Cette passion perçait dans sa correspondance, et semble l'avoir poursuivi constamment. Convaincu du pouvoir d'une volonté forte, il avait coutume de dire que « Dieu a donné à l'homme des bras assez longs pour atteindre à tout, qu'il ne suffit que de prendre la peine de les étendre. Tout, ajoutait-il, pouvait être achevé par la diligence et l'abstinence. » Cette dernière était une de ses grandes qualités. Dans son enfance il s'était rendu remarquable par une excessive sobriété, en se réduisant souvent au pain et à l'eau volontairement; « parce que, disait-il, il ne voulait pas se rendre plus ressemblant à la brute que Dieu ne l'avait fait. » — On a recueilli avec soin ses ouvrages, qui ont été imprimés plusieurs fois depuis sa mort. L'édition de 1803, en 3 volumes in-8°, est une des plus complètes. D'autres lui ont succédé dans ces dernières années. Ed. Girod.

**CHATUKAN** (*hist. nat.*), quelques naturalistes disent que ce nom est donné par les Jakoutz à un esturgeon, *acipenser stellatus*.

**CHATUTE-MEKÈLE** (*hist. nat.*), nom que les Kalmouks donnent à la tortue bourbeuse.

**CHATZINTZARIEN** (prononcez catzintzarien), *chatzintzarius*. Les chatzintzariens étaient des hérétiques qui se moquaient du Trisagion. L'empereur Théodose le Jeune les fit chasser de Constantinople, après que le tremblement de terre qui arriva sous son règne eut cessé (Codin, *Traité des origines de Constantinople*, nombres 25 et 26 (*V.* Trisagion).

**CHATZOTZEROTH** (*musiq. instrumentale des Hébreux*), espèce de trompette des Hébreux, dont voici la description tirée du chapitre 2, livre III, de l'*Histoire des Juifs de* Josèphe, traduite par Arnaud d'Andilly : « Sa longueur était presque d'une coudée; son tuyau était environ de la grosseur d'une flûte, et il n'avait d'ouverture que ce qu'il en fallait pour l'emboucher; le bout en était semblable à celui d'une trompette ordinaire : les Hébreux la nommaient *asosra*. Moïse en fit faire deux, dont l'une servait pour assembler le peuple, et l'autre pour assembler les chefs, quand il fallait délibérer des affaires de la république; mais, quand elles sonnaient toutes les deux, tous généralement s'assemblaient. » Puisque chacune de ces trompettes servait à un usage différent, elles devaient avoir un trou différent; et puisqu'on les sonnait aussi souvent ensemble, leurs trous devaient être consonnants, au moins probablement; ainsi elles étaient naturellement à l'octave, qui est la consonnance la plus simple et la plus naturelle. Au reste, il paraît, par la description que donne Josèphe, que la chatzotzeroth était fort semblable à la trompette des Romains (*V.* Trompette).

**CHATZK** (*géogr.*), petite ville de Russie (Tumbov), dans une plaine, sur le Liespaïa-Chatcha. Elle commerce en chanvre, quincaillerie, étoffes de soie. 6,000 habitants, à 33 lieues nord de Tumbov.

**CHAU** (*vieux langage*), *chaus, chaut, choué, chû*, tombé, participe du vieux verbe *chaïr* : et il ne m'importe, de *chaille*, qui vient du verbe *chaloir*.

**CHAU** (*botan.*). On lit dans le *Recueil des voyages* qu'un arbrisseau de ce nom existe dans la Virginie; il est en buisson, ayant le port du groscillier. Ses baies sont bonnes à manger, et leur goût est excellent.

**CHAUALER, CHAUVALER** (*vieux langage*), tomber à la renverse.

**CHAUBE** (*botan.*). Suivant C. Bauhin, les Turcs nommaient ainsi la boisson qu'ils préparaient avec les graines de l'arbre qui est le *bon* ou *ban* de Prosper Alpin, le *buncho* d'Avicenne, le *bunca* de Rhazès, si connu maintenant sous le nom de caféier.

**CHAUBOUILLER**, v. a. (*vieux langage*), brûler.

**CHAUCÉE, CHAUCEU, CHAUCHON** (*vieux langage*), pressoir, cuve où l'on foule la vendange (*calcatorium*).

**CHAUCEMENTE** (*vieux langage*) (*calceamentum*), soulier, botte, chaussure.

> N'avoit pas souvent *chaucemente*,
> Et quant à la la fois avenoit
> Que il uns sollerés avoit
> Pertuissiez et deforetez,
> Moult i ert grande la clartez.
>
> *Fab. de S. Pierre et du Jougleour.*

**CHAUCER** (Geoffroy), le plus ancien des poëtes classiques anglais, naquit, selon l'opinion la plus généralement reçue, en 1328. On ignore quelle était sa famille et les circonstances de ses premières années, qui s'écoulèrent à Londres où il prit naissance et fut élevé d'abord. On a prétendu qu'il appartenait à une maison noble; d'autres le font descendre d'un marchand sans fortune. Quoi qu'il en soit, il reçut à Londres une éducation première, alla achever ses études successivement à Cambridge, puis à Oxford, et même il est probable qu'il vint à Paris. Ce fut dans la première de ces universités qu'il se fit connaître comme poëte à l'âge de dix-huit ans par sa *Cour d'amour*, le premier poëme connu qui ait été écrit en anglais. Après la conquête des Normands, le français, qui était la langue des vainqueurs, devint en Angleterre l'idiome, sinon universel, du moins dominant. Il était surtout la langue des grands et celle des poëtes. Cependant quelques essais furent tentés pour élever l'anglais aux mêmes honneurs; mais le talent des poëtes qui l'avaient entrepris ne s'était pas trouvé suffisant pour opérer une révolution, qui d'ailleurs n'était pas encore parvenue à son point de maturité. Elle était réservée à Chaucer, comme il est donné aux esprits supérieurs de recueillir les fruits qu'a mûris en silence la suite des siècles. La *Cour d'amour* obtint un grand succès. Après avoir voyagé assez longtemps pour perfectionner ses connaissances en tout genre, déjà fort étendues pour l'époque où il vivait, après avoir étudié quelque temps les lois dans le Temple, Chaucer, dégoûté de cette étude, vint à la cour d'Edouard III, où il fut d'abord varlet, puis page, quoiqu'il ne pût être alors de la première jeunesse. Il s'était mis, par ses poésies, très en faveur auprès du roi protecteur des lettres, et surtout de son fils, le fameux duc de Lancastre, Jean de Gand. Chaucer s'était fait courtisan dans le meilleur sens du mot; ne dépendant point des ministres, il avait traité directement avec les princes. Confident de l'amour du duc de Lancastre pour sa cousine la duchesse Blanche, il célébra dans ses vers cet amour, leur mariage, les charmes et les vertus de la duchesse, qui n'empêchèrent pas son mari de lui donner bientôt une rivale, lady Catherine Swinford, gouvernante de ses enfants, dont il fit épouser à Chaucer la sœur Philipps. Cette union eut lieu en 1360, et affermit la faveur du poëte auprès du duc, qui le recommanda à celle du roi davantage encore. Il fut revêtu de diverses places honorables, entre autres de celle d'envoyé auprès de la république de Gênes, ce qui lui donna l'occasion de visiter Pétrarque, et de la place de commissaire auprès du roi de France, pour traiter d'un renouvellement de trêve. Froissard prétend qu'il eut aussi commission de faire des propositions pour le mariage de Richard, prince de Galles, avec la princesse Marie de France; mais cette négociation n'eut pas de succès. Il eut aussi des places lucratives, comme celle de contrôleur des douanes dans le port de Londres. On lui avait donné lors de son mariage, en présent de noces, une maison presque contiguë au palais royal de Woodstock, et une rente de trente marcs sur l'échiquier. Cette somme fut doublée, quand il fut nommé gentilhomme de la chambre du roi. En un mot, il fut enrichi des bienfaits de la cour, parmi lesquels on remarque le don d'un *pot de vin* qui devait lui être délivré chaque jour dans le port de Londres par l'échanson du roi sur les produits des douanes. Il suivit le roi Edouard en France, lors de l'expédition infructueuse qui se termina par la levée du siége de Reims. Partisan dévoué du duc de Lancastre, il embrassa avec chaleur les opinions de l'hérésiarque Wiclef, et consacra sa plume à flatter les vices et l'ignorance du clergé anglais de son temps. L'avénement de Richard II, en 1377, semblait devoir être favorable à Chaucer, par le crédit que devait prendre sur un roi jeune et peu capable un prince ambitieux tel que le duc de Lancastre; mais, devenu bientôt suspect au roi par ses intrigues, celui-ci s'était aussi aliéné le peuple par son attachement à la doctrine de Wiclef; en sorte que la situation de ses partisans devenait tous les jours plus précaire. L'attachement personnel de Chaucer à Wiclef, avec lequel il s'était intimement lié, l'exposait à la haine des partisans de Rome. En 1382, les wicléfistes ayant voulu faire nommer à Londres un maire de leur secte, le choc des deux factions fut tel, qu'il en résulta une sédition violente. On informa contre les auteurs de la sédition; Chaucer fut soupçonné et obligé de s'enfuir. Il alla dans le Hainaut, où il vécut assez tranquille. La cour d'Angleterre lui permettait de toucher ses revenus et même les appointements de sa place de contrôleur des douanes. Il était passé ensuite en Zélande, d'où il fut forcé, par l'infidélité de ses agents, de repasser secrètement en Angleterre d'où il ne lui arrivait plus aucun secours. Mais on le découvrit bientôt. Il fut jeté en prison, traité avec rigueur et privé de sa charge. Il n'obtint sa liberté, au bout de cinq ans environ de persécutions et de détention, qu'au prix de plusieurs révélations nuisibles à son parti, auquel il devint par là extrêmement odieux. Dans le même temps, le duc de Lancastre, qui nourrissait le fol espoir de parvenir à la couronne d'Espagne, avait épousé en secondes noces la fille de Pierre le Cruel, tout en conservant toujours son ancien attachement pour Catherine Swinford, dont il avait eu plusieurs enfants, fut obligé, par la clameur publique, de s'en séparer. Chaucer, privé encore de cet appui, réduit à la plus extrême détresse, obtint la permission de traiter de ses pensions, et quitta la cour pour s'occuper uniquement de travaux littéraires dans sa retraite de Woodstock. Ce fut ce temps de malheur qu'il consacra à la révision de ses principaux écrits qui se composaient alors, après sa *Cour d'amour*, du poëme de *Troïlus et Créséide*, d'*Arcile et Palémon*, de la *Maison de la Renommée*, etc.; car, au milieu des intrigues de la cour, des discussions théologiques et des occupations que lui donnait son emploi de contrôleur des douanes, où il était obligé de faire chaque jour la perception lui-même, Chaucer n'interrompit point le cours de ses travaux poétiques. Il nous dit lui-même qu'il était si exact à remplir les fonctions de sa place, qu'il ne fut porté au registre des absences qu'une seule fois, et qu'il ne trouvait de plaisir à ses occupations littéraires « qu'après avoir vérifié ses comptes, et quand le travail du jour était terminé. » — Il ne paraît pas que l'invention des ouvrages dont nous venons de parler appartienne à Chaucer; car il en donne quelques-uns pour imités, et les autres le sont visiblement, soit du *Roman de la Rose*, de Boccace, soit de quelques auteurs moins célèbres. Il paraît avoir puisé surtout dans les ouvrages des troubadours provençaux, qu'il affectionnait particulièrement et auxquels la fierté anglaise lui reproche d'avoir emprunté un grand nombre de mots pour les transporter dans sa langue, comme il est aisé de le voir par l'abondance des mots français qui se trouvent dans ses écrits. Ces poésies, dont l'invention, quand elle appartiendrait à Chaucer, ne vaudrait pas la peine d'être revendiquée, portent l'empreinte du mauvais goût qui régnait alors dans toute l'Europe. Dans sa *Cour d'amour*, le poëte amoureux reçoit de sa dame la promesse qu'elle le rendra heureux le premier mai. Dès le matin de ce beau jour, les oiseaux, pour le célébrer, chantent un office en l'honneur de l'amour, et cet office n'est autre chose que celui de l'Eglise, dont ils se partagent les différentes prières : le rossignol chante le *Domine, labia mea aperies;* l'aigle, le *Venite*, etc. — Dans *Troïlus et Créséide*, poëme dont l'action se passe durant le siége de Troie, *Troïlus* est désigné comme un jeune chevalier (*knight*), et, de même précisément que l'A est maintenant la première lettre de l'alphabet, Créséide était, parmi les dames troyennes, la première en beauté, en dépit d'Hélène. — Ses autres ouvrages, tels que la *Maison de la Renommée*, que Pope a imitée dans son *Temple de la Renommée*, et les poésies faites en l'honneur du duc et de la duchesse de Lancastre, sont, pour la plupart, des rêves, des visions allégoriques, mêlées de dissertations morales ou théologiques dans le même goût du temps, ce qui, outre la difficulté de la langue, rend la poésie de Chaucer pénible et ennuyeuse. On y trouve cependant de la vérité dans la peinture des caractères, et une délicatesse de sentiment qui, dans ce temps-là s'alliait assez à la grossièreté des expressions. — Il fit encore dans sa retraite son *Testament de l'Amour*, espèce d'imitation de la *Consolation* de Boëce, qu'il avait traduite dans sa jeunesse. Au lieu que la Philosophie apparaît à Boëce dans sa prison et vient le consoler, c'est l'Amour qui se présente à Chaucer, et, en récompense de ses fidèles services, lui laisse par forme de legs, ainsi qu'à tous ceux qui suivent ses instructions, les plus sages préceptes de philosophie, de morale et de religion. — Avec celle du duc de Lancastre, la fortune de Chaucer changea de nouveau. Le duc revenait en 1389 de l'Espagne où il avait inutilement essayé de recouvrer les royaumes de Castille et de Léon, qu'il prétendait lui appartenir du chef de sa femme, mais d'où il avait rapporté des sommes considérables qui lui servirent à relever son parti à la cour. Quatre ans après, sa seconde femme étant morte, il épousa Catherine Swinford, et fit légitimer les enfants qu'il avait eus d'elle. Chaucer, allié si près de la famille royale, vit se renouveler les faveurs de la cour, et fut même encore, à ce qu'il paraît, employé à son service. Il ne perdit rien à la mort de son beau-frère le duc de Lancastre, suivie bientôt après de la révolution qui plaça sur le trône le fils de celui-ci, Henri de Lancastre. Cependant il paraît qu'à cette époque il vivait entièrement retiré de la cour, et jouissait tranquillement de sa fortune dans le château de Dunnington, où on a montré longtemps le chêne sous lequel on prétend qu'il allait méditer, et qui portait le nom de *chêne de Chaucer*. Ce fut là que, durant ses dernières années, il composa celui de ses ouvrages qui a conservé le plus de réputation, ses *Contes de Canterbury*, recueil d'histoires dans le genre du *Décaméron* de Boccace, imaginées pendant un pèlerinage de Chaucer avec quelques amis à Saint-Thomas de Canterbury. Les sujets, entièrement anglais, offrent une grande variété de caractères peints avec la vérité propre à ce poëte, et une vivacité qu'on ne lui trouve pas toujours. — Chaucer a eu le sort de tous les écrivains qui ont montré du génie dans les premiers temps de la renaissance des lettres, lorsque la langue et le goût n'étaient pas encore formés. Les Anglais assurent que, malgré l'irrégularité de la versification, sa poésie ne manque pas d'harmonie; et cette irrégularité n'a pas empêché de le regarder comme l'inventeur du vers héroïque anglais. On l'admire et on le loue beaucoup, mais on le lit peu. Chaucer est le premier qui ait fait usage dans la poésie des fictions et de l'esprit chevaleresque. Il vivait dans un temps où les croisades et les pèlerinages disposaient au genre de composition qu'il a adopté sous ce rapport. Un de ces contes est dans le goût de Don Quichotte. On a de lui trois stances morales intitulées: *Conseils de Chaucer*, qu'on prétend avoir été ses derniers travaux littéraires. Il mourut le 25 octobre 1400, en voulant se rendre à Londres où l'appelaient ses affaires, arrêté en route par les fatigues du voyage dans une maison qu'il fut forcé de louer à Westminster. Il était âgé de soixante-douze ans, et fut enterré dans l'abbaye de Westminster. — Il n'avait point dirigé ses études vers la langue grecque; mais il parlait latin, français et italien. Son auteur favori était Virgile. Il se complaisait dans la lecture des aventures romanesques, et était avide des chants des ménestrels de tous les pays. Ses œuvres ont été recueillies en anglais, Londres, 1821, in-fol. — La petite-fille de Chaucer fut mariée en troisièmes noces à Guillaume de la Pole, duc de Suffolk, dont la postérité s'éteignit dans le duc du même nom, que Henri VII fit décapiter. ED. GIROD.

**CHAUCERIE** (*vieux langage*), le métier de culottier et de cordonnier (*calcearium*).

**CHAUCES (LES)**, peuplade germanique, avaient leurs demeures entre l'Ems, le Wéser et l'Elbe, vers les côtes de la mer du Nord, dans les pays actuels d'Ostfrise, d'Oldenbourg, de Brême; ils se divisaient en *Chauci majores* et *Chauci minores* (grands et petits). Ils entrèrent, vers le milieu du IIIe siècle, dans la confédération franque, suivant l'opinion à peu près générale aujourd'hui qui admet comme fait historique la formation et l'existence de cette ligue (*V.* FRANCS).

**CHAUCH** (*botan.*) (*V.* CHOCH).

**CHAUCHE-BRANCHE** (*hist. nat.*). On appelle ainsi, en Sologne, l'engoulevent, *caprimulgus europæus* Linn. qui se nomme en Provence *chauche-crapaud*.

**CHAUCHÉ** (COMBAT DE). Les chefs Sapinaud, de la Verie et Goqué étaient parvenus à réunir quelques débris des Vendéens dispersés en décembre 1793 sur la rive gauche de la Loire. Charette désirait les adjoindre à sa petite armée. Il s'avança, le 15 janvier 1794 jusqu'à Chauché, pour recevoir ce renfort, qu'il supposait avec raison devoir être inquiété dans sa marche par les colonnes républicaines qui, au nombre de douze, parcouraient la Vendée. En effet, il rencontra bientôt le détachement qui fuyait, presque à la débandade, devant des forces supérieures, et ces forces qui elles-mêmes se dirigeaient sur Chauché pour le reprendre aux Vendéens. Charette, après avoir rallié les fuyards, sut profiter d'un mouvement mal combiné de trois des colonnes républicaines, et se porta successivement sur chacune d'elles, sans qu'elles pussent se porter un secours mutuel; il les battit séparément, et leur tua plus de quinze cents hommes.

**CHAUCHE-BRANCHE**, s. f. (*technol.*), levier pour élever de grands fardeaux.

**CHAUCHEMER** (LE P. FRANÇOIS), religieux dominicain, docteur en théologie, né à Blois en 1640, fut provincial de son ordre à Paris, et y mourut le 6 janvier 1713. C'était un des bons prédicateurs de son temps ; il eut plusieurs fois l'honneur de prêcher devant le roi, et ce fut toujours avec succès. On a de lui : 1° des *Sermons sur les mystères de la religion chrétienne*, Paris, 1709, in-12 ; 2° *Traité de piété sur les avantages de la mort chrétienne*, Paris, 1707, 2 vol. in-12 ; réimprimé en 1714 et 1721. François Gastaud, avocat au parlement d'Aix, avait fait, en 1699, in-8°, l'oraison funèbre de la fameuse Mme Tiquet (Marie-Angélique Charlier) décapitée en 1699 pour avoir attenté à la vie de son mari. Le P. Chauchemer fit la critique de cette plaisanterie, qu'il trouvait déplacée, et y joignit un discours moral et chrétien sur le même sujet. Gastaud répondit à ces deux pièces, et on les trouve toutes dans le recueil qui en a été fait en 1699 et 1700, in-8°. Ces pièces ne sont remarquables que par la singularité du sujet et par le tour qu'on lui a donné.

**CHAUCHE-POULE** (*hist. nat.*), nom du milan, *falco milvus* Linn., en Champagne.

**CHAUCHER** (*vieux langage*), fouler avec force (*calcare*).

**CHAUCHE-VIEILLE**, s. f. nom donné au cauchemar dans quelques provinces de France.

**CHAUCHIÈRE** (*vieux langage*), four à chaux (*calcaria*).

**CHAUCHON** (L'ABBÉ). Nous avons de lui une *Journée sainte*, in-12, 1752.

**CHAUCIE** (*vieux langage*). Ce mot nous paraît signifier impôt, droit, entrée, etc. « Toute maniere de leun neis pois de Vermendois en char, ne doivent payer que deux deniers de chaucie » (*Establiss. des mestiers de Paris*, fol. 200).

**CHAUD, AUDE**, adj. qui a de la chaleur, qui donne de la chaleur. — On dit adverbialement *Boire chaud*, *Manger chaud*, *Servir chaud*. — *Pleurer à chaudes larmes*, pleurer excessivement. — *Tempérament chaud*, tempérament ardent. — Proverbialement et figurément, *Il faut battre le fer pendant qu'il est chaud*, il ne faut point se relâcher dans la poursuite d'une affaire, quand elle est en bon train. — Figurément et familièrement, *Cet ouvrage est encore tout chaud de la forge*, il sort des mains de l'auteur, il a été achevé tout récemment. — Figurément et familièrement, *Avoir les pieds chauds*, jouir des commodités de la vie, être dans une situation heureuse et agréable. *Il en parle bien à son aise, il a les pieds chauds*, se dit proverbialement d'un homme qui parle de sang-froid des misères et des douleurs qu'il n'éprouve pas. — Proverbialement, *Froides mains, chaudes amours*, la fraîcheur des mains annonce d'ordinaire un tempérament ardent. Proverbialement et figurément, *Il a la main chaude*, se dit de celui qui gagne plusieurs parties de suite à certains jeux où le gagnant fait toujours. — Proverbialement et figurément, *Il ne trouve rien de trop chaud ni de trop froid*, *Il n'y a rien de trop chaud ni de trop froid pour lui*, se dit d'un homme avide, qui veut tout avoir, qui prend de toutes mains. — Proverbialement, *Si vous n'avez rien de plus chaud, vous n'avez que faire de souffler*, se dit pour donner à entendre à une personne qu'elle se flatte vainement de quelque espérance. — *Main chaude*, jeu où une personne, courbée sur les genoux d'une autre et les yeux fermés, reçoit des coups dans une de ses mains qu'elle tend derrière elle, et doit deviner qui l'a touchée. — Proverbialement et figurément, *Le rendre tout chaud*, *Le rendre chaud comme braise*, se venger promptement de quelque tort qu'on a reçu, ou faire une repartie vive et prompte à un propos piquant. — *Etre chaude*, se dit des femelles de quelques animaux, et signifie être en chaleur. — CHAUD se dit aussi des vêtements qui conservent ou augmentent la chaleur naturelle du corps. — Il signifie également qui augmente la chaleur intérieure du corps. — *Fièvre chaude*, fièvre ardente, fièvre accompagnée de délire. Cette locution n'est point usitée dans le langage médical. Proverbialement et figurément, *Tomber de fièvre en chaud mal*, tomber d'un état fâcheux dans un pire. — CHAUD signifie, figurément, ardent, passionné, zélé. — Familièrement, *Il n'est ni chaud ni froid*, se dit d'un homme qui ne se détermine ni d'un côté ni de l'autre. — Figurément, *Etre chaud de vin*, avoir un peu trop bu. — *Style chaud*, style animé. — *En term. de peinture*, *Ton chaud*, *Coloris chaud*, ton, coloris brillant et vigoureux. On dit aussi dans ce sens, *Un tableau chaud de couleur*. — A la guerre, *Action*, *Affaire chaude*, *Attaque chaude*, action, affaire, attaque où le combat est sanglant. On dit, par extension, dans le langage ordinaire, *La dispute*, *La querelle fut chaude*. — *Alarme chaude*, grande et soudaine alarme. — Figurément et familièrement, *La donner bien chaude*, donner une grande alarme en faisant le mal plus grand qu'il n'est. — CHAUD signifie encore, figurément, prompt, qui se met facilement en colère. *Il est chaud et emporté* ; *Il a la tête chaude*. On dit dans le même sens, *Avoir le sang chaud*. — CHAUD signifie quelquefois récent. Ce sens est familier. — CHAUD s'emploie aussi comme substantif, dans le sens de chaleur. — *Tenir chaud* se dit des vêtements qui protégent contre le froid, ou qui augmentent la chaleur naturelle du corps. — Figurément et familièrement, *Il faisait chaud à cette affaire*, *à cette action*, *à cette attaque*, on y courait de grands dangers. — Proverbialement et figurément, *Souffler le chaud et le froid*, louer et blâmer une même chose, parler pour et contre une personne, être tour à tour d'avis contraire. — Figurément et familièrement, *Cela ne lui fait ni froid ni chaud* se dit d'un homme qui reste indifférent sur une affaire. — Figurément et familièrement, *Cela ne fait ni chaud ni froid* se dit de ce qui ne sert ni ne nuit à une affaire. — A LA CHAUDE, locution adverbiale, sur l'heure, dans le premier moment : il est familier, et il vieillit.

**CHAUDE**, s. f. (*technol.*), degré de chaleur que l'on donne à une pièce de fer. — Degré de cuisson que l'on donne à la matière du verre. — *Chaude suante* se dit de certain degré de chaleur que l'on communique au fer.

**CHAUDEAU** (*calens jusculum*), espèce de bouillon ou de breuvage, composé de vin chaud, parfumé d'épices, que des jeunes gens masqués et vêtus de costumes bouffons apportaient autrefois aux nouveaux mariés vers le milieu de la nuit des noces. — Il se disait aussi d'une boisson composée de lait bouilli avec du sucre, des jaunes d'œufs et de la cannelle, qu'on donnait aux femmes nouvellement accouchées.

**CHAUDE-CHASSE** ou **CHAUDE-SUITE**, s. f. (*anc. législ.*), poursuite d'un prisonnier. Chasse vive et forcée.

**CHAUDE-COLE**, s. f. Il se trouve dans de vieilles lois et ordonnances pour chaude colère, emportement. — *A la chaude-cole*, d'un premier mouvement.

**CHAUDELAIT**, s. m. (*art culin.*), espèce de pâtisserie.

**CHAUDEMENT**, adv. de manière que la chaleur puisse se conserver. Il signifie figurément, avec ardeur, avec vivacité.

**CHAUDERIE** (*relation*) (*V.* CHAUDRERIE et CHAVERI).

**CHAUDE-SOURIS** (*vieux langage*), chauve-souris ; oiseau de nuit.

**CHAUDES** (EAUX-) ou **AIGUES-CAUDES** (Basses-Pyrénées). Les Eaux-Chaudes sont situées dans une gorge de la vallée d'Ossan, à une lieue de Laruns. On y arrive par une fort belle route percée à travers les rochers : tout près de là est la petite rivière de Gabas. De Pau, dont on suit la route, il y a aux Eaux-Chaudes environ 8 lieues. — Le village est petit ; il est tout au plus composé de dix à douze maisons, dont la construction même ne remonte qu'à quelques années. Ces maisons sont peu logeables ; à peine y trouve-t-on le simple nécessaire. Les commodités de la vie citadine, le *confortable*, comme disent nos judicieux voisins, toutes ces mille fantaisies du luxe que les habitudes d'une vie heureuse rendent bientôt indispensables, tout cela manque aux Eaux-Chaudes. Il est aisé de voir que ce lieu thermal n'a jamais été fréquenté que par des malades de la contrée, gens trop simples ou trop souffrants pour s'occuper d'une habitation et de ses embellissements. Les étrangers vont rarement prendre ces eaux : on les visite pour le médecin qui les prescrit, plus peut-être que pour elles-mêmes. On connaît aux Eaux-Chaudes les six sources suivantes : *lou Ray* (le Roi), dont la température est de 26 degrés Réaumur ; *l'Arressecq* (c'est-à-dire le Moulin à scie), de 20 degrés ; la source *Rodot*, de 22 degrés environ ; *l'Esquirette* (la Clochette), de 27 degrés Réaumur ; *lou Clot* (le Trou), de 28 degrés ; enfin la source *Mainvielle*, qui est froide (9 degrés). De ces différentes sources jaillit une eau fort limpide, parfaitement incolore, et presque sans odeur : elle a la légèreté de l'eau distillée. M. Longchamp, qui paraît l'avoir analysée, dit n'y avoir trouvé qu'une petite quantité de sulfure de sodium, que quelques traces d'alcali libre ou caustique, et en outre un peu de sulfate de chaux et un peu de silice. — Les deux plus sulfureuses des six sources, *l'Esquirette* et *l'Arressecq*, sont de deux tiers plus faibles que les Eaux-Bonnes, c'est-à-dire de treize quinzièmes moins fortes que l'eau de la *Grande-Douche* de Baréges. On les prend sous toutes les formes : boissons, douches et bains. Ces eaux sont ordinairement employées contre la paralysie et contre les rhumatismes, à peu près comme les eaux salines thermales des autres pays. On les conseille aussi dans les engorgements d'entrailles, dans l'hypocondrie, dans les maladies du foie et de la rate, dans la jaunisse et contre les pâles couleurs. — On prescrit généralement l'eau de la source de *l'Arressecq* pour boisson d'ordinaire, et l'eau de *l'Esquirette*, qui est plus forte, comme vin d'*extra*, et pour terminer le repas thermal ou la cure. On prétend que cette dernière eau, prise à la dose de plusieurs verres, a quelquefois enivré les malades. Jadis on les croyait efficaces contre la stérilité, et sans doute c'est à cette croyance qu'elles ont dû leur surnom espagnol d'*empregnadas*, qui veut dire *engrosseuses*. On y a souvent amené avec fruit les chevaux poussifs du haras voisin. — Ces eaux sont ouvertes aux malades depuis le 1er juillet jusqu'au 1er novembre : c'est un mois après que les autres eaux sont fermées. Les Eaux-Chaudes étaient fort à la mode du temps de Henri IV, qui, lorsqu'il était simple roi de Navarre, y fit plus d'un voyage, suivi de sa cour. Sa sœur Catherine les visita aussi en 1591, ainsi que le témoignent plusieurs inscriptions, entre autres celle-ci, qui est placée un peu au-dessus de la source de *l'Arressecq* :

A DAME CATTIN
DE FRANCE, SOEUR DU ROI TRÈS-CHRÉTIEN
HENRI IV :
EN JUIN 1591, etc.

La vallée d'Ossan, ainsi que l'indique son nom (*Ursi Saltus*, saut de l'ours), sert de refuge et de patrie à beaucoup d'animaux remarquables par la beauté de la fourrure, et quelques-uns même par la délicatesse de leur chair. On fait dans cette vallée un assez grand commerce de pelleterie, et la chasse de l'ours y est devenue une sorte de profession pour quelques montagnards sans peur et sans travail. Il y a sur le plateau de *Buron*, à la réunion des vallées d'Aspe et d'Ossan, un paysan qui, à lui seul, à déjà tué trente-trois ours, et qui a retiré de cette chasse cinq mille six cent soixante-seize francs (cent francs d'indemnité par ours, et soixante-douze francs, prix ordinaire de chaque peau). Au village d'Iserte, où naquit notre célèbre Bordeu en 1722, on trouve une grotte remarquable par ses stalactites énormes, ses pierres étincelantes, son profond silence, sa fraîcheur et son obscurité à l'extrémité de la grotte. On ne découvre que des montagnes couvertes de forêts.

**CHAUDES-AIGUES.** C'est le nom d'une petite bourgade du Cantal en Auvergne, nom dont elle est redevable aux eaux très-chaudes, mais aujourd'hui fort négligées, qui se trouvent dans son voisinage, et qui autrefois étaient célèbres sous le nom de *Calentes Baiæ*. — Ces eaux ont quatre sources assez distinctes, dont la température diffère de l'une à l'autre, et même semble varier pour chacune, selon les intempéries de l'air ou les saisons. Il y a : la source du *Parc*, 70 degrés Réaumur ; la source du *Ban*, 56 degrés ; la source de la *Ronde*, 59 degrés, et celle des *Bains Folgère*, 58 degrés. La première de ces quatre sources est d'une abondance extrême : elle fournit plus de vingt-cinq mille pieds cubes d'eau toutes les vingt-quatre heures. Quoique Sidoine Apollinaire ait parlé de ces eaux en fort bons termes, et que M. Berthier les ait analysées, on les emploie néanmoins fort peu comme médicaments. Les habitants du pays se bornent à en boire la veille de la Saint-Jean. Ces eaux contiennent de petites quantités de muriate de soude, du sous-carbonate de soude et de plus un peu de magnésie, un peu de chaux et d'oxyde de fer. Les canaux dans lesquels cette eau circule renferment fréquemment une pyrite de fer fort curieuse, sur la formation de laquelle les théoriciens ne sont pas d'accord. — On devrait essayer de cette eau dans les rhumatismes chroniques, dans les paralysies locales sans altération du cerveau, et dans les flegmasies lentes des organes internes. Il n'existe encore que quelques baignoires à Chaudes-Aigues. — Les sources de Chaudes-Aigues n'ont guère été utilisées jusqu'à présent que pour des usages industriels ou domestiques : on les détourne dans des canaux ; on les conduit dans des usines ou dans de simples maisons, servant de rendez-vous commun et de lieu d'assemblée dans les longues et froides soirées d'hiver. Cette eau sert à blanchir des laines, à lessiver le linge, à tanner et corroyer le cuir, et principalement à aviver les couleurs qu'emploient les teinturiers et les chapeliers, à cause des sels martiaux et alcalins qu'elles recèlent. Cette eau pourrait de même servir à des incubations artificielles, ainsi qu'à différents autres usages économiques. Après cinq minutes d'immersion, un œuf y durcit, et les aliments peuvent y cuire. Enfin les sources bouillantes de Chaudes-Aigues, ainsi que M. Berthier l'a démontré, tiennent lieu d'une forêt fort étendue.

**CHAUDET** (ANTOINE-DENIS), statuaire, né à Paris le 31 mars 1763, manifesta dès ses plus jeunes années, un goût passionné pour la sculpture. Mais il étudia son art pendant un moment de décadence, et puisa à l'académie et dans l'école de Stouf les principes détestables qui régnaient alors dans les arts : le bas-relief représentant *Joseph vendu par ses frères*, et qui lui valut, en 1784, le grand prix de sculpture, était du plus mauvais goût. Obéissant au système admis alors à l'académie, et qui voulait que, pour se montrer habile à travailler le marbre, on usurpât, pour le ciseau, les attributions du pinceau, Chaudet avait représenté dans son bas-relief un paysage avec tous ses accessoires : des troupeaux, des ruisseaux, des arbres, un pont, des bergères. « J'y aurais mis, disait-il en plaisantant, de la pluie, si le programme l'eût ordonné. » Cependant il y avait de si grandes qualités dans ce bas-relief, que les camarades de Chaudet le portèrent en triomphe. Lorsque Chaudet arriva à Rome, la vue des grands modèles de l'antiquité et des maîtres de la renaissance opéra une révolution dans ses idées. Il étudia avec ardeur Raphaël, et c'est par l'étude assidue des chefs-d'œuvre de ce peintre et des statues antiques que le sentiment de la beauté et de la pureté se développa en lui. Chaudet renouvelait ses études en commun avec Drouais. A son retour à Paris, en 1789, il fut reçu agréé à l'académie. Son talent, trop pur, ne fut pas d'abord très-goûté ; mais, l'école de David ayant triomphé de celle de Boucher, Chaudet finit par être apprécié à sa juste valeur. Il exposa, en 1789, une statue représentant la *Sensibilité* ; en 1793, le modèle d'un bas-relief, exécuté au péristyle du Panthéon, et représentant le *Dévouement à la patrie* ; en l'an VI, sa belle statue de *Cyparisse pleurant son jeune cerf*, exécutée en marbre et exposée en 1810 ; en l'an IX, *OEdipe enfant rappelé à la vie par Phorbas*, son chef-d'œuvre ; *l'Amour*, le groupe charmant de *Paul et Virginie* ; en l'an XII, *Cincinnatus au moment où il vient d'apprendre qu'il est nommé dictateur* ; en 1808, *Orphée et Amphion*, pour le conservatoire de musique. Outre ces ouvrages, il exécuta encore la statue de l'*Empereur*, pour le palais du corps législatif ; un bas-relief pour la cour du Louvre ; la *Paix*, magnifique morceau d'orfévrerie, exécuté en argent, de grandeur naturelle, et placé aux Tuileries ; le bas-relief qui décore le plafond de la première salle du musée ; *Bélisaire*, ciselé en bronze par Chaudet lui-même ; l'ancien bas-relief du fronton du palais du corps législatif, et la statue de *Napoléon*, pour la colonne de la place Vendôme ; une statue de *Dugommier*, qui se trouve aujourd'hui à Versailles, et plusieurs bustes. Chaudet s'était également exercé dans la peinture : il a peint, en 1793, un *Archimède résolvant un problème pendant la prise de Syracuse* ; plus tard, *Enée et Anchise au milieu de l'incendie de Troie*, etc. ; mais il lui manquait entre autres qualités, pour réussir dans cet art, le sentiment de la couleur, qui est tout autre chose que celui de la forme. Il possédait complétement ce dernier ; mais, malgré la correction de son dessin, malgré la grâce de sa composition, il manquait de profondeur dans la pensée. Du reste Chaudet est l'un des plus grands sculpteurs de l'empire ; il est cependant plus élégant qu'élevé, et, s'il réussit dans les sujets gracieux, il échoue dans les grands sujets qu'il traite. La composition du fronton du corps législatif était au-dessous de son talent ; sa statue de l'empereur, vêtu d'un costume idéal, lorsque tous les ornements de la colonne étaient conçus dans un système national et réel, était un contre-sens, et que l'on a su éviter dans ces dernières années. Au reste il ne faut pas accuser Chaudet seul de cette faute, ou plutôt de cette erreur : il obéissait au goût de l'époque, et peut-être aussi à une volonté supérieure. Cet artiste fut membre de l'Institut, et il venait d'être nommé professeur à l'école des beaux-arts, lorsqu'il mourut le 19 avril 1810.

**CHAUDIER**, v. n. (*vénerie*), entrer en chaleur. Il se dit des levrettes.

**CHAUDIÈRE** (*V.* CHAUDRON), vase ordinairement de métal fondu ou battu. — La chaudière diffère du chaudron en ce que celle-là n'a pas d'anse pour la suspendre ; elle pose sur le foyer destiné à la chauffer ; quelquefois même elle est bâtie dans sa masse ; souvent aussi on lui donne de grandes dimensions. On fait les petites chaudières d'une seule pièce de cuivre ou de fer battu, ou bien on les coule en fonte. Si les proportions de la chaudière doivent dépasser une certaine limite, on la compose alors de plusieurs pièces qu'on assemble avec des clous fortement rivés à froid. La confection de vases ainsi composés n'offre rien de bien difficile : ce sont ordinairement les chaudronniers qui s'en chargent. Le plus souvent les chaudières n'ont pas de couvercle. — Depuis l'invention des machines à feu, on s'est vu dans la nécessité de faire des chaudières, ou plutôt des bouilloires fermées, de sorte que la vapeur qui se dégage de l'eau que contient l'appareil ne puisse se répandre au dehors qu'autant qu'on lui livre passage par une ouverture qu'on ouvre et qu'on ferme à volonté. La forme de ces sortes de chaudières a beaucoup varié. — Celles qui sont le plus en usage maintenant, approchent plus ou moins de celle d'un cylindre. On fait ces chaudières en fer battu ou en cuivre, dont l'épaisseur varie suivant le degré de tension de la vapeur qu'elles doivent éprouver. — Rarement on fait en fonte des chaudières destinées à contenir la vapeur. Cette matière étant peu ductile, le vase se briserait, à moins de donner à ses parois une épaisseur extraordinaire. — Les chaudronniers et les mécaniciens fabriquent les chaudières qui font partie des machines à feu. Elles sont toujours composées de plusieurs pièces assemblées avec des clous rivés.

**CHAUDIÈRE D'ÉTUVE**, s. f. (*marine*), vase qui, dans les ports, sert à faire chauffer le goudron.

**CHAUDIÈRE** (*pêche*) (*V.* CAUDRETTE).

**CHAUDIÈRE** (*technol.*), partie du four à chaux qui se trouve au-dessus du cendrier.

**CHAUDIÈRE** (*géogr.*), rivière du Bas-Canada qui sort du lac Megartick, et se jette dans le Saint-Laurent, un peu au-dessous de Québec, en formant, à une lieue au-dessus de son embouchure, une magnifique cataracte de cent vingt pieds de hauteur. Son cours est de 30 lieues.

**CHAUDON** (LOUIS-MAYEUL, plus connu sous le nom de DOM), l'un des plus laborieux biographes du XVIII<sup>e</sup> siècle, était né le 20 mai 1737 à Valensoles, diocèse de Riez. Après avoir achevé ses études aux colléges de Marseille et d'Avignon, il embrassa la règle de Saint-Benoît, dans la congrégation de Cluny. Le goût des lettres avait en partie décidé sa vocation; et, comme la plupart des jeunes gens, il cultiva d'abord la poésie; mais il y renonça bientôt pour se livrer entièrement à l'étude de l'histoire et de la chronologie. N'ayant pas tardé à s'apercevoir que le *Dictionnaire* de Ladvocat (*V.* ce nom) laissait beaucoup à désirer, il entreprit de le compléter pour son usage. Celui de Barral (*V.* ce nom) n'ayant point rempli son attente, D. Chaudon fit paraître en 1766 le *Nouveau Dictionnaire historique*, dont le succès surpassa toutes ses espérances. Contrefait presque immédiatement dans les pays étrangers et même en France, imité ou traduit dans plusieurs langues, tout concourut à prouver et l'utilité de l'ouvrage et sa supériorité sur ceux qui avaient paru jusqu'alors dans le même genre. Quoique occupé sans cesse à revoir son dictionnaire, à le retoucher et à l'améliorer, dom Chaudon sut encore trouver le loisir de composer plusieurs écrits estimables. En 1767, il publia le *Dictionnaire antiphilosophique*, dans lequel, tout en rendant justice aux talents prodigieux de Voltaire comme écrivain, il repousse avec force ses attaques contre la religion. Il reçut, à l'occasion de cet ouvrage, des brefs très-honorables du pape Clément XIII, et plus tard du pape Pie VI; mais il n'aurait point échappé aux sarcasmes de Voltaire, s'il n'eût prudemment gardé l'anonyme. Deux ans après (1769), D. Chaudon publia sous le masque de *des Sablons* l'examen des jugements portés par Voltaire sur quelques grands écrivains. Renonçant à la polémique, il conçut l'idée de la *Bibliothèque d'un homme de goût;* mais, obligé d'ajourner l'exécution de cet utile ouvrage, il remit à son frère (*V.* l'article suivant) les matériaux qu'il avait déjà rassemblés, et se contenta de le diriger dans ses recherches. La congrégation de Cluny ayant été supprimée en 1787, D. Chaudon put alors rentrer dans le monde. Il habitait depuis quelque temps la petite ville de Mezin dans le Condomois, et ses amis l'engagèrent à s'y fixer. Etranger aux débats de la politique, il eut le bonheur d'échapper aux persécutions de la révolution; mais elle lui enleva les trois quarts de sa petite fortune. Ce fut donc une nécessité pour lui, dans un âge avancé, de chercher des ressources dans la vente de son *Dictionnaire*, dont sept éditions étaient entièrement épuisées. Il en publia une huitième à Lyon en 1804, dans laquelle le Supplément de Delandine (*V.* ce nom) fut refondu, et qui contient d'ailleurs diverses améliorations. Le libraire Bruyset exigea que les deux noms fussent imprimés sur le frontispice; mais Chaudon n'y consentit qu'avec beaucoup de répugnance. Il prit en 1810, par l'entremise de Bruyset, de nouveaux arrangements avec Prud'homme (*V.* ce nom) pour la réimpression de cet ouvrage, et il lui envoya son exemplaire chargé de notes et de corrections; mais il n'eut d'ailleurs aucune part à cette édition, que Ginguené a caractérisée par ces mots : *C'est le recueil le plus complet de quiproquo bibliographiques que l'on connaisse.* Chaudon reçut dans les dernières années de sa vie un témoignage flatteur de l'estime que lui portaient les habitants de Mezin. Ils firent exécuter son portrait par un habile peintre, et l'inaugurèrent solennellement dans la salle des séances de la mairie. Quoique malade, Chaudon s'occupait alors d'un ouvrage sur les locutions vicieuses, qui devait être le complément des *Gasconismes corrigés* de Desgrouais, et il en a publié des fragments dans le *Bulletin polymatique* du musée de Bordeaux. Cet homme estimable mourut le 28 mai 1817, à quatre-vingts ans. Il était membre de l'académie des Arcadiens et de plusieurs sociétés littéraires. Outre une *Ode sur la calomnie*, 1756, et une *aux échevins de Marseille*, 1757, in-4°, qui prouvent que Chaudon n'était pas poëte, on a de lui : 1° *Lettre à M. le marquis de *** sur un prédicateur du XV<sup>e</sup> siècle*, in-4°. 2° Le *Chronologiste manuel*, Avignon, 1766, in-12; Paris, 1770. On a retranché de la seconde édition l'épître dédicatoire à Trublet. 3° *Nouveau Dictionnaire historique*, par une société de gens de lettres, Avignon, 1766, 4 vol. in-8°. L'abbé Saas, qui n'en connaissait sans doute pas l'auteur, le reproduisit en 1769, avec des corrections, à Rouen, sous la rubrique d'Amsterdam. D. Chaudon donna depuis sept éditions de son ouvrage, qu'il porta jusqu'à huit volumes par des additions successives. L'édition de Lyon, Bruyset, 1804, a 13 vol. in-8°; et celle de Paris, Prud'homme, 21, en y comprenant un vol. de supplément. Le *Dictionnaire* de Chaudon a servi de base à celui de Feller (*V.* ce nom), à celui de Goigoux et au *Dictionnaire italien* de Bassano. 4° *Dictionnaire antiphilosophique*, 1767, 1769, 2 vol. in-8°; réimprimé sous le titre d'*Anti-Dictionnaire philosophique*, Paris, 1775; quatrième édition, 1780, 2 vol. in-8°. 5° *Les Grands Hommes vengés*, ou *Examen des jugements portés par Voltaire et autres philosophes*, Lyon, 1769, 2 vol. in-8°. 6° *L'Homme du monde éclairé*, Paris, 1779, in-12. 7° *Leçons d'histoire et de chronologie*, Caen, 1781, 2 vol. in-12, ouvrage bien fait. 8° *Nouveau Manuel épistolaire*, 1785, in-12; 1786, 2 vol.; compilation surpassée par celle de Philipon de la Madeleine. 9° *Eléments de l'histoire ecclésiastique*, Caen, 1785, in-8°; nouvelle édition, 1787, 2 vol. in-12. C'est un extrait de l'ouvrage de Fleury, continué jusqu'au pontificat de Pie VI. Chaudon est l'éditeur du *Dictionnaire historique des auteurs ecclésiastiques*, Lyon (Avignon), 1767, 4 vol. in-8°; il en a composé la préface et retouché les principaux articles. On lui doit l'*Eloge* du P. Marin (*V.* ce nom); enfin il a revu les *Mémoires pour servir à l'histoire de Voltaire*, Amsterdam, 1785, 2 vol. in-12. M. Chaudruc de Crézannes a publié une *Notice* sur D. Chaudon, dans les *Annales encyclopédiques*, 1817, t. III, p. 280.

**CHAUDON** (LE P. ESPRIT-JOSEPH), frère cadet du précédent, était né vers 1738 à Valensoles. Après avoir professé les humanités dans divers colléges de l'Oratoire, il rentra dans le monde, et se livra tout entier à la culture des lettres. Sur l'invitation de son frère, il se chargea de rédiger la *Bibliothèque d'un homme de goût;* mais D. Chaudon revit l'ouvrage, y ajouta, dit Barbier, plusieurs chapitres qu'il est facile de reconnaître au style plus serré et plus concis que celui des autres, et concourut aux frais de l'impression (*V. Dictionnaire des anonymes*, n° 1741). La première édition, Avignon, 1772, 2 vol. in-12, fut reproduite en 1773 sous la rubrique d'Amsterdam. Quelques années après, l'abbé de la Porte s'empara de cet ouvrage, y fit de nombreuses additions, et le publia (1777) sous le titre de *Nouvelle Bibliothèque d'un homme de goût*, 4 vol. in-12. Desessarts en donna depuis une édition in-8°, augmentée d'un volume de supplément (*V.* DESESSARTS, t. XI); et plus tard il s'associa Barbier pour refondre cet ouvrage. L'édition qu'ils en publièrent sur un plan plus étendu, Paris, 1808, 5 vol. in-8°, n'a point été terminée. « Il me reste, dit Barbier (ibid.), à traiter la partie des sciences naturelles, morales et politiques.» Esprit Chaudon était mort en 1800. Il est l'auteur des ouvrages suivants, tous anonymes, et que la plupart des bibliographes attribuent à son frère : 1° *les Imposteurs démasqués et les usurpateurs punis*, Paris, 1776, in-12. 2° *Dictionnaire interprète-manuel des noms latins de la géographie ancienne et moderne*, ibid., 1778, in-8°, ouvrage utile. Ce n'est guère qu'un extrait de la *Géographie* de Baudrand (*V.* ce nom). 3° *Les Flèches d'Apollon*, ou *Nouveau Recueil d'épigrammes*, Londres (Paris), 1787, 2 vol. in-18. — LE P. MAYEUL, capucin, était aussi frère de dom Chaudon; il devint membre de l'académie des Arcadiens, et publia la *Vie du B. Laurent de Brindes*, Avignon, 1784, et Paris, 1787, in-12 (*V.* LAURENT).

**CHAUDRÉE**, s. f. (*technol.*), quantité de soie à teindre en noir à la fois.

**CHAUDRELAS** (*vieux langage*), cuivre, airain, ainsi nommé, parce qu'on en faisait des chaudières; d'où *chaudrelier*, chaudronnier, celui qui travaille ces métaux.

**CHAUDRERIE**, s. f. (*relation*). Quelques voyageurs appellent ainsi, en parlant de l'Inde, ce qui se nomme caravansérai en Perse et en Turquie (*V.* CHAVERI).

**CHAUDRET**, s. m. (*technol.*), livret de feuilles de baudruche à l'usage du batteur d'or.

**CHAUDRON** (de *caldarium*), vase de forme cylindrique en cuivre ou laiton, fait au marteau, qu'on porte ou qu'on suspend au moyen d'une anse mobile (*V.* ci-après CHAUDRONNIER).

**CHAUDRONS RÉSONNANTS DE DODONE.** Les chaudrons résonnants de *Dodone* (*V.* ce mot) ont été très-fameux dans l'antiquité. Voici la description qu'on en trouve dans Etienne de Byzance : « Il y avait à Dodone deux colonnes parallèles et proches l'une de l'autre. Sur l'une de ces colonnes était un vase de bronze de la grandeur ordinaire des chaudrons de ce temps; et sur l'autre colonne une statue d'enfant. Cette statue tenait un fouet d'airain mobile et à plusieurs cordes. Lorsqu'un certain vent venait à souffler, il poussait ce fouet contre le chaudron, qui résonnait tant que le vent durait; et, comme ce vent régnait ordinairement à Dodone, le chaudron résonnait presque toujours. C'est de là qu'on fit le proverbe, *airain de Dodone*, qu'on appliquait à quelqu'un qui parlait trop, ou à un bruit qui durait trop longtemps. »

**CHAUDRON** (*marine*), calotte de plomb percée de plusieurs trous, et clouée sous le pied d'une pompe, pour empêcher les ordures de la cale de s'y introduire. — Petite calotte de cuivre clouée sur l'habitacle, et percée de quelques trous, pour laisser passage à la fumée de la lampe d'habitacle.

**CHAUDRONNÉE**, s. f. ce qu'un chaudron peut contenir.

**CHAUDRONNERIE**, s. f. l'art, le commerce du chaudronnier, et toute marchandise de chaudronnier.

**CHAUDRONNIER** (*art mécaniq.*), artisan qui travaille la tôle de cuivre et de fer pour en fabriquer des marmites, des chaudières et une foule d'ustensiles de ménage. — Le cuivre rouge serait trop mou si on l'employait sans l'*écrouir*, c'est-à-dire sans le battre à froid sur une enclume. Cette pratique sert d'ailleurs à donner des formes diverses aux vases qu'on veut fabriquer. — L'opération la plus difficile du chaudronnier est la *rétreinte*; elle a pour objet de façonner au marteau une plaque de cuivre, de manière à lui faire prendre la forme concave sans aucune soudure. On *emboutit* d'abord la plaque en frappant au milieu, sur un tas, avec un marteau à tête ronde. Quand le métal a pris de la dureté on le *recuit* en le faisant rougir au feu et le laissant refroidir. On réitère cette opération autant de fois qu'il est nécessaire. Lorsque la plaque a été suffisamment emboutie par ce travail, on pose la partie concave sur une bigorne ronde, et l'on frappe en dehors afin d'étendre le cuivre, en ménageant toujours les bords. On réussit ainsi à faire des cafetières, des tasses, et même des boules sphériques. — Quand le vase doit être fait de plusieurs pièces, on taille et l'on travaille à part chaque partie pour lui faire prendre la forme voulue, et l'on cloue les bords l'un sur l'autre en les rivant. Pour cela on perce avec un balancier les deux bords contigus; on passe un clou de cuivre dans le trou; on le rive en dedans à coups de marteau, tandis qu'un ouvrier tient fixement en dehors le *chasse-rivet*; on nomme ainsi un marteau dont la tête est creusée d'un trou peu profond. Le clou entre dans ce creux, et se refoule sur lui-même. L'adresse de l'ouvrier consiste à joindre exactement les deux bords sans solution de continuité. Lorsqu'on remarque un espace vide dans la rivure il faut y couler de l'étain. — Les vases faits de plusieurs pièces sont aussi quelquefois réunis par des soudures. On découpe les bords qu'on veut joindre en tenons et mortaises, avec le soin et la précision convenables pour qu'après avoir soudé ces bords l'épaisseur soit partout la même. Ensuite on joint les bords, et on les lie pour les maintenir momentanément ensemble; on couvre les joints avec du borax mouillé, et l'on dispose du côté intérieur des grains de soudure. On expose à un coup de feu; la soudure fond et coule dans les interstices. La pièce est alors aussi solide que si on l'avait rétreinte. On rapporte de la sorte un fond circulaire sur une partie cylindrique; cette opération s'appelle *braser*. On peut ensuite forger la pièce comme si elle n'avait pas de soudure. — Les soudures se font souvent sur des pièces dont l'un des bords a un pli qui s'adapte exactement sur le contour de l'autre bord. — Il y a deux espèces de soudures pour le cuivre rouge, la *forte* et la *tendre*. La première est ordinairement composée de huit parties de laiton et une de zinc : on fait fondre le laiton dans un creuset, et l'on y jette le zinc chauffé; on agite le mélange, et on le verse sur un balai de bouleau qu'on tient au-dessus d'une cuve d'eau. Cette soudure en grenaille est fusible et très-malléable. — On peut aussi employer trois parties de cuivre rouge et une de zinc. En augmentant la proportion de cuivre rouge, la soudure devient plus forte et moins fusible : on peut aller jusqu'à seize parties de cuivre rouge sur une de zinc (*V.* ALLIAGE). Quand plusieurs pièces doivent être soudées successivement, on commence par employer la soudure la moins fusible; et l'on termine par celle qui l'est le plus, afin que les premières soudures ne coulent pas quand on fait les dernières. — La soudure tendre est un alliage de deux parties d'étain et une de plomb; on le coule dans une lingotière pour l'employer au fer chaud, à la manière des *ferblantiers*. — Quant aux soudures propres aux pièces de laiton, la forte est la même que ci-dessus; cependant on réduit quelquefois la proportion de laiton jusqu'à deux parties contre une de zinc. La soudure tendre se fait avec six parties de laiton, une de zinc et une d'étain : on fait fondre le laiton; on y jette ensuite l'étain, puis enfin le zinc, qu'on a fait chauffer. On brasse le mélange, et on le réduit en grenailles comme on vient de le dire. Il est inutile de remarquer que pour qu'une soudure puisse prendre il faut que les pièces soient grattées, décapées et bien nettes. — Les chaudronniers font souvent aussi les étamages, et même des pièces en tôle de fer, en fer-blanc, etc.

**CHAUDRONNIERS.** Les maîtres chaudronniers de Paris formaient une communauté très-ancienne; on en comptait dix-huit dans cette ville sous le règne de Philippe le Bel, et ils sont désignés dans le rôle de la taille imposée sur les habitants, en 1292, sous le nom de *chaudronniers* et de *maignens* ou *maingnens* (1). Leurs statuts, qui étaient antérieurs au règne de Charles VI, furent confirmés et augmentés par lettres patentes de Louis XII, au mois d'août 1514. Ils avaient deux courtiers par eux élus à la pluralité des voix, et qui étaient tenus de les avertir de l'arrivée des marchands forains. Les fonctions de ces courtiers étaient incompatibles avec la profession de marchand; ils ne pouvaient acheter pour leur compte aucun des objets dont ils faisaient le courtage. Enfin il était défendu à tous les forains de vendre dans Paris aucune marchandise de chaudronnerie, autrement qu'en gros et pour une somme au-dessous de quarante livres. Quoique ne formant qu'une seule et même corporation, les chaudronniers étaient et sont encore divisés en trois classes : les uns sont appelés *chaudronniers grossiers*, qui ébauchent et finissent toutes sortes d'ouvrages; les seconds sont nommés *chaudronniers planeurs*, et ne font que planer les ouvrages qui sortent des mains des grossiers; enfin les troisièmes sont les *chaudronniers faiseurs d'instruments*, qui ne font que les cors, les trompettes, les cymbales et autres instruments de musique en cuivre. On donnait le nom de *chaudronniers au sifflet* à des ouvriers auvergnats qui couraient la province, et annonçaient leur passage dans les villes et les campagnes au moyen d'un instrument composé de neuf tuyaux inégaux, appelé communément *flûte de Pan*. Ces artisans nomades portaient ordinairement leur bagage sur leur dos, dans une *drouine* ou besace de peaux. Ils allaient achetant et revendant le vieux cuivre, employant peu le neuf, et raccommodant les ustensiles de cuisine. Quelques-uns, qui ne vendaient que du neuf et composaient l'aristocratie du métier, avaient des chevaux chargés de grands paniers d'osier, dans lesquels ils mettaient leurs marchandises et leurs outils. Il était défendu à ces chaudronniers ambulants de siffler et d'exercer leur métier à Paris et dans les autres villes du royaume où les hommes de leur profession étaient réunis en corps de jurande. A l'époque de l'abolition des jurandes, il fallait, pour être reçu maître chaudronnier, avoir fait six ans d'apprentissage et payer six cents livres; le brevet coûtait en outre cent dix livres. On compte aujourd'hui cent soixante-treize chaudronniers à Paris.

**CHAUDUN** (*vieux langage*), boudin, extrémités des animaux, issues, tripes.

**CHAUF**, s. m. (*comm.*), soie de Perse.

**CHAUFFAGE** (*V.* les articles CHEMINÉES, FOURNEAUX, ETUVES, SÉCHOIRS, etc. Nous ne traiterons ici que du chauffage à la vapeur). — CHAUFFAGE A LA VAPEUR. — Ce mode d'échauffement, dont la découverte est due à Rumfort et plusieurs

(1) L'ancien mot *maignen* est encore en usage dans le midi de la France. *V. Paris sous Philippe le Bel*, par M. Géraud, p. 521.

applications à MM. Montgolfier, Clément et Desormes, etc., présente des avantages marqués dans un grand nombre de circonstances; aussi devient-il d'un usage de plus en plus général. En effet il n'offre aucun danger pour le feu, le foyer pouvant être à une grande distance des endroits que la vapeur doit échauffer; cette considération est importante lorsqu'il s'agit de porter la chaleur dans de vastes ateliers, ou des magasins remplis de matières très-combustibles, telles que le coton, par exemple. — Dans le système de chauffage par la vapeur, un seul foyer suffit pour toutes les parties d'un bâtiment d'une grande étendue : cette circonstance est une cause d'économie, puisque les pertes de chaleur s'augmentent avec le nombre des foyers. Il y a de plus économie de main-d'œuvre et facilité dans la surveillance. Une grande régularité de température est facile à obtenir, et c'est une condition essentielle de succès de beaucoup d'applications; pour certaines étuves et séchoirs, pour les manufactures de coton filé en numéros très-fins, les opérations de teinture, divers apprêts, l'encollage du papier, etc. Enfin il est très-facile, comme nous le verrons plus bas, de calculer d'avance, pour ce mode de chauffage, toutes les dimensions de la chaudière et des conduits propres à donner les résultats qu'on se propose d'obtenir, la quantité de *combustible*, la dépense d'établissement, etc. — Les appareils que nécessite ce procédé varient de mille manières dans leurs formes, en raison des choses qu'on veut échauffer, et suivant les localités. Nous indiquerons les principes auxquels toutes ces variétés de forme doivent se rattacher, et nous citerons quelques exemples des nombreuses applications utiles qu'on peut en faire. — De tous les métaux propres à la fabrication des chaudières destinées à échauffer par le moyen de la vapeur, le cuivre est celui qui réunit le plus d'avantages. La fonte, pour présenter la même résistance que le cuivre, exige l'emploi d'une masse plus considérable de matière, et partant des constructions plus solides. Les réparations sont plus difficiles, et lorsque les chaudières, d'ailleurs beaucoup plus altérables, sont hors de service, la fonte a perdu les deux tiers de sa valeur, tandis que le cuivre n'en a perdu qu'un tiers. Il en est à peu près de même de la tôle. — Le plomb est trop sujet à se fondre et à se déformer. L'étain, plus fusible encore, manque de ténacité; il se ploie difficilement. Il est cher et peu solide. Le zinc est trop susceptible d'altération. — On a donc tout intérêt à employer le cuivre pour établir un chauffage à la vapeur. La forme de la chaudière présentera d'autant plus de solidité qu'elle s'approchera davantage de celle d'une sphère ou d'un cylindre terminé par des fonds hémisphériques. Cette observation est importante lorsqu'il s'agit d'élever la température de la vapeur beaucoup au delà de 100 degrés, puisque dans ce cas il faut établir une pression dans la chaudière et dans tous les tuyaux avec lesquels elle est en communication : cette pression peut équivaloir à celle de plusieurs atmosphères. Dans ce cas aussi, qui est celui des évaporations vives au moyen de la vapeur, toutes les clouures doivent être doubles, et le recouvrement des feuilles de cuivre de 7 à 8 centimètres; l'épaisseur du cuivre sera proportionnée à la pression qu'il doit supporter, et devra être capable de résister à une pression double au moins. — Les dimensions de la chaudière et des tuyaux sont réglées sur la quantité de chaleur dont on a besoin, et d'après ces données, que la chaudière ayant 2 ou 3 millimètres d'épaisseur, elle produit par heure 45 ou 50 kilogrammes de vapeur par mètre carré de surface exposé au feu d'un foyer ordinaire, pour lesquels on brûlera environ 6 à 7 kilogrammes de charbon de terre; et que dans les tuyaux destinés à porter la chaleur où elle est utile, et dont l'épaisseur est de 1 millimètre et demi, la vapeur condensée est égale en poids à 1k,2 pour chaque mètre carré par heure; ce qui équivaut à 1k,200×650=780 unités, équivalant à 15k,60 d'eau chauffée à 50 degrés, ou 62k,4 d'air (51 mètres cubes environ); ou enfin à 120 mètres cubes d'air dont la température serait élevée de 25 degrés. — Un résultat pratique reconnu en Angleterre démontre qu'il faut un mètre carré de fonte ayant 20 millimètres d'épaisseur, chauffé constamment par la vapeur, pour élever la température de 67 mètres cubes d'air de 20 degrés. Relativement aux calorifères par la vapeur, non-seulement la forme de la chaudière peut varier, mais encore, pour les mêmes résultats, sa capacité et la *surface du liquide* qu'elle contient, puisque tout dépend de la surface métallique exposée au feu : ainsi dans les bateaux à vapeur, où l'on doit surtout économiser la place le plus possible et produire beaucoup de vapeur, on multiplie les surfaces chauffantes en faisant passer les produits de la combustion par plusieurs tuyaux qui circulent dans l'intérieur de la chaudière; on laisse aussi la surface extérieure de la chaudière enveloppée par la flamme. — Il résulte de là que la quantité de liquide contenue dans une chaudière ne peut nullement être considérée comme une cause de production de vapeur, mais seulement comme un *magasin* ou *réservoir* de chaleur. — Parmi les tuyaux dans lesquels passe la vapeur, il faut distinguer ceux qui servent à échauffer de ceux dont la fonction est seulement de faire traverser à la vapeur l'espace compris entre l'endroit qu'elle doit échauffer et la chaudière; on conçoit que ces derniers doivent être d'un petit diamètre, puisque la chaleur qu'ils perdent est proportionnelle à leur surface. Pour calculer la section du passage nécessaire à une quantité de vapeur donnée, il suffit de rappeler la vitesse de la vapeur d'eau, sous la pression que peut supporter la chaudière; cette vitesse est énorme : elle est égale pour une atmosphère à 590 mètres par seconde, en sorte que, sous cette pression, il passerait par un orifice d'un centimètre carré 59 mètres cubes de vapeur par seconde, ou 3,540 mètres par minute, ou 212,400 mètres par heure,=1,630 kilogrammes de vapeur environ : ce qui équivaut à la chaleur de 10,595 kilogrammes d'eau à 100 degrés; ou enfin à 1,059,500 unités de chaleur. — On voit, d'après ces bases, que de très-petits passages et une légère pression de 2 ou 3 pieds d'eau doivent suffire pour conduire la vapeur, et que, dans presque toutes les circonstances ordinaires, des tuyaux d'un pouce de diamètre sont bien plus que suffisants : on ne doit cependant pas les construire plus petits en général, de peur que le passage ne se trouve trop rétréci dans les coudes, par un aplatissement dû à une cause quelconque, et par l'eau qui peut se condenser dans le trajet de la vapeur. Il faut avoir la précaution d'envelopper ces tuyaux de poussière de charbon sec, de laine ou de tout autre corps peu conducteur, pour éviter le refroidissement. — Les conduits de la vapeur dans les endroits qu'elle doit échauffer sont établis dans un but tout opposé : ainsi ils doivent développer la plus grande quantité de chaleur possible, et celle-ci étant en raison de la quantité de vapeur condensée et de la facilité avec laquelle le calorique traverse les enveloppes, il est nécessaire que les surfaces de ces conduits soient étendues et le rayonnement du calorique facilité en les conduisant d'une couche de peinture d'une couleur terne. Nous avons vu qu'une surface de 1 mètre carré en cuivre de 2 à 3 millimètres d'épaisseur laisse passer par heure dans l'air (en supposant une différence de 60 degrés entre l'intérieur du conduit et l'air extérieur, ou que l'eau condensée sorte à 40 degrés) la chaleur de 1,200 grammes de vapeur condensée=1,200×650—40=732 unités. — Les tuyaux de chaleur dans lesquels la vapeur se condense doivent être soutenus par des supports mobiles, tels que des rouleaux ou des bancs à roulettes; sans cette précaution, les allongements et retraits alternatifs qui ont lieu fréquemment dans les variations de température, ne pouvant s'opérer librement, feraient plisser ou déchirer les tuyaux, ou même arracher les scellements peu solides qui les retiendraient. Ces dilatations et contractions des tuyaux sont d'autant plus considérables que la température moyenne dans toute la longueur est plus élevée, et réciproquement. Comme les mouvements qui en résultent deviennent faciles au moyen de la disposition que nous venons d'indiquer, on peut en profiter pour régler l'entrée de la vapeur : une soupape est placée à cet effet dans le tuyau; lorsque celui-ci s'allonge par la chaleur, elle diminue graduellement le passage de la vapeur, et abaisse en même temps la température : c'est, comme on le voit, un véritable régulateur. — Les produits de la combustion doivent être dirigés, au sortir du fourneau de la chaudière à vapeur, sous un réservoir destiné à alimenter celle-ci d'eau, indépendamment de l'eau qui se condense et qui peut être ramenée directement dans la chaudière ou dans le réservoir qui l'alimente; on peut faire passer les conduits de la fumée dans les pièces qu'on veut échauffer, afin de tirer parti d'une portion de la chaleur qui est entraînée dans la cheminée par le tirage. Le tuyau du réservoir qui alimente d'eau la chaudière à vapeur doit plonger dans le liquide qu'elle contient, et avoir, soit au-dessus, soit au-dessous de ce réservoir, une hauteur perpendiculaire plus grande que celle d'une colonne d'eau qui représente la pression de la vapeur. Si cette pression était un peu considérable, il faudrait que l'eau fût introduite dans la chaudière au moyen d'une *pompe foulante* (*V.* ce mot et MACHINE A VAPEUR); c'est ce qui a lieu lorsqu'il est utile d'élever la température de la vapeur au point d'avoir une ébullition vive dans le liquide, qu'elle doit échauffer au delà de 100 degrés. — Lorsqu'on n'a à sa disposition que des eaux chargées de sels calcaires, les dépôts qu'elles forment dans les chaudières présentent de graves inconvénients : ils peuvent faire casser la fonte, et même faire éclater le cuivre par une explosion, ou causer sa fusion là où ils sont adhérents. On évite ces accidents en introduisant dans l'eau de la chaudière quelques pommes de terre coupées en morceaux, et qu'on renouvelle de temps à autre, tous les quinze jours ou tous les mois, après avoir vidé l'eau bourbeuse et rincé la chaudière. — La surface de la grille sur laquelle le charbon brûle doit être égale au tiers environ de la surface du fond de la chaudière, et en être distante d'environ 45 centimètres : le passage de la fumée dans la cheminée et les autres conduits doit être le même dans tous les points, et sa section être égale à la surface de la grille. Des dimensions qui seraient sensiblement différentes de celles-ci présenteraient des inconvénients que la pratique a démontrés, mais qu'il serait trop long de détailler ici. — Les principes généraux du chauffage à la vapeur étant établis, nous devons en citer des applications particulières pour nous faire mieux entendre. — Nous supposerons qu'on veuille échauffer l'intérieur d'un atelier, d'une maison d'habitation, d'une étuve, d'un séchoir, etc., soit qu'il y ait un ou plusieurs étages, et, dans ce dernier cas, un tuyau vertical portera la vapeur dans divers endroits au moyen d'embranchements horizontaux. Quant aux renouvellements, à la distribution et circulation de l'air chaud, etc. (*V.* CALORIFÈRES, ETUVES, SÉCHOIRS, etc.). — Si toute la masse de l'air à échauffer par heure, y compris les renouvellements, est calculée devoir être égale à 100 mètres cubes dont la température doive être élevée de 30 degrés, ce qui équivaudra à la chaleur de $1000 \times 1^k,230$ (poids d'un mètre cube d'air)$=1230$ kilogrammes, dont la chaleur équivaut à celle de $\frac{4}{1230}=307^k,5$ d'eau à 30 degrés ou 9210 unités; que les pertes de la chaleur par les parois des fenêtres, etc., puissent être évaluées au cinquième de cette quantité, ou 1845 unités (1), il faudra en tout fournir $9210+1845=11055$ unités de chaleur : divisant ce nombre par 7050 unités, pouvoir calorifique de 1 kilogramme de charbon de terre, nous aurons $1^k,568$, quantité théorique, ou environ 2 kilogrammes pour 10 heures, égalant un quart d'hectolitre, dont la valeur est de 1 franc, terme moyen, à Paris. — La quantité de vapeur pour former cette chaleur sera de $\frac{11055}{650-30}$ (2)$=17^k,83$ par heure. Or, puisqu'un mètre produit au moins 40 kilogrammes par heure, la surface chauffante de la chaudière sera de $0^m,44575$, ou un peu moins que la moitié d'un mètre carré, ou à très-peu près un demi-mètre, si l'eau condensée emporte plus de 30 degrés de température. On détermine aussi facilement, d'après les données établies plus haut, la surface rigoureusement nécessaire des tuyaux qui donnent la chaleur : en effet il suffit de poser cette relation :

$$780 \text{ unités} : 1 \text{ mètre} :: 11055 : x = 14,17.$$

Ce sera 14 mètres de surface et une fraction : la circonférence des tuyaux étant de 25 centimètres, il faudrait une longueur totale de 56 mètres environ. — Le chauffage à la vapeur n'est pas seulement utile pour élever la température de l'air intérieur des maisons, des ateliers, etc.; il peut être appliqué à une infinité d'usages dans lesquels il présente souvent économie de combustible et de main-d'œuvre, parce qu'il permet de centraliser vers un seul foyer toute la production de la chaleur nécessaire à diverses applications. Si l'on veut élever la température d'un liquide d'un nombre quelconque de degrés jusqu'au terme de l'ébullition, et qu'il soit nécessaire d'y ajouter de l'eau, ou que du moins on le puisse sans inconvénient, on doit faire plonger le tuyau dans le liquide, afin que toute la vapeur qu'il conduit soit mise en contact avec ce liquide; c'est le meilleur moyen de profiter de la chaleur que la vapeur d'eau contient. En effet, en se condensant tout entière jusqu'à ce que le mélange soit à 100 degrés, elle abandonne toute la chaleur qui la constituait à l'état élastique, et qui est égale à celle de six fois et demie son poids d'eau chauffée depuis 0 degré jusqu'au 100e degré. C'est le cas le plus simple de chauffage par la vapeur; il est donc extrêmement facile d'en calculer toutes les circonstances. — Si, par exemple, on veut élever en 10 minutes à 70 degrés centigrades 1,000 kilogrammes d'eau dont la température initiale soit de 12 degrés, la différence ou l'élévation de température à produire sera de $70-12=58$ degrés, équivalant à 58,000 unités de chaleur qui sont contenues dans $\frac{58800}{650}=89^k,23$ de vapeur. — Il faudra donc mettre dans une cuve, ou dans tout autre vase convenable, environ 910 kilogrammes d'eau, y faire *barboter* à peu près 90 kilogrammes de vapeur à l'aide d'un tuyau d'un pouce de diamètre au plus, qui plongera d'un pied ou deux dans le liquide. Le combustible qu'il faudra pour cette opération se déduit aisément de ce que nous avons dit plus haut. Si l'effet du barbotage de la vapeur peut causer un dérangement nuisible dans les matières légères placées suivant un certain ordre, telles, par exemple, que des écheveaux de coton, on fait arriver la vapeur sous un double fond percé de petits trous. — Ce mode de chauffage peut être utilement appliqué à la fabrication de la colle dans les papeteries (*V.* GÉLATINE), à fondre divers *sels* en poudre, au *blanchiment* des toiles, à diverses opérations de *teinture*, etc. On voit que, toutes choses égales d'ailleurs, il doit faire profiter de la plus grande quantité possible de la chaleur que la vapeur contient, puisqu'elle la communique à l'eau en se condensant tout entière et sans pertes sensibles. — On échauffe l'eau et divers liquides de même que l'air, par un *contact indirect* avec la vapeur, c'est-à-dire que celle-ci, ne devant pas toucher ni se mêler aux corps qu'elle échauffe, ne les traverse qu'enveloppée dans des conduits perméables seulement à la chaleur : dans ce cas, la matière de ces conduits est choisie d'après l'action spéciale que les corps à échauffer pourraient exercer sur elle; aussi ne fait-on guère plonger dans les acides que le *plomb*, l'*argent* ou le *platine;* le *fer* convient très-bien pour les solutions *alcalines;* le *cuivre* doit être préféré en général pour toutes les solutions *neutres.* — Ce mode de chauffage sans pression n'est économique que relativement aux températures peu élevées, inférieures à 60 degrés centigrades; si l'on voulait passer ce terme, la condensation deviendrait plus difficile, et la quantité de vapeur qui s'échapperait sans être liquifiée causerait une perte assez considérable, à moins cependant que la surface qui condense la vapeur ne fût très-étendue. — La construction de l'appareil est très-simple; il suffit de faire passer dans le liquide que l'on veut échauffer des conduits adaptés à une chaudière à vapeur quelconque : ces conduits sont ordinairement des tuyaux cylindriques que l'on fait circuler soit latéralement du haut en bas d'une cuve, comme dans les serpentins ordinaires, soit au fond seulement de la cuve; quelquefois aussi la vapeur chemine dans une double enveloppe adaptée au vase qu'on veut échauffer. Les parois extérieures de cette enveloppe doivent être garanties le plus possible du *refroidissement* à l'aide de corps non conducteurs. — Les calculs relatifs à ce moyen d'échauffer ne présentent aucune difficulté. Nous avons déjà indiqué ceux qu'on peut faire pour déterminer la surface chauffante de la chaudière qui fournit la vapeur, la quantité de vapeur nécessaire à la production d'une quantité de chaleur donnée, le combustible qu'on emploie pour y parvenir, etc. Il nous suffit donc de connaître maintenant la surface métallique qui, en condensant la vapeur, sera mise en contact avec le liquide à échauffer. L'expérience a démontré qu'un mètre carré de cuivre mince, en contact avec de l'eau dont la température initiale 0 degré est portée graduellement à 100 degrés, laisse condenser par heure 100 kilogrammes de vapeur (1). C'est comme si l'on voulait obtenir une température moyenne entre 0 et 100 degrés, c'est-à-dire 50 degrés. — Dans ces deux cas, ayant une masse d'eau à échauffer, que nous supposerons égale à 800 kilogrammes, la chaleur équivalente sera $800 \times 50 = 40,000$ unités, la quantité de vapeur nécessaire pour cette quantité de chaleur sera égale à $\frac{40000}{650}=61,53$, et la surface de cuivre en contact avec le liquide sera $\frac{61,53}{100}=0,615$ mètres carrés. — En supposant un tuyau de 9 centimètres de circonférence, il suffirait qu'il eût 68 centimètres 40 millimètres de longueur; mais on doit lui donner une longueur plus grande, afin que la vapeur soit entièrement condensée, ce qui devient d'autant plus difficile que la température du bain s'élève davantage. — Ce mode de chauffage peut *s'appliquer* utilement à échauffer les

(1) On évite une grande partie de la déperdition de chaleur occasionnée par les vitres, souvent très-minces, en les mettant doubles, bien mastiquées et laissant entre elles un intervalle de 6 à 8 millimètres. Cette disposition, peu coûteuse, présente des avantages très-marqués.

(2) On déduit 30 unités, dans la supposition que l'eau sort des tuyaux à 30 degrés de température; cette perte n'est au reste pas entière, lorsque l'eau qui emporte cette chaleur est conduite de nouveau à la chaudière.

(1) Cette quantité serait plus considérable encore, si l'on employait des tuyaux en argent, et très-sensiblement moindre dans de la fonte ou du plomb, métaux qui sont moins conducteurs du calorique, et nécessitent des épaisseurs fortes.

*bains*, pour entretenir la température des *cuves d'immersion* dans les papeteries, etc. — Le chauffage par la vapeur libre ou peu comprimée est employé pour sécher les toiles en les enroulant sur des cylindres creux que la vapeur traverse (*V.* SÉCHOIRS). — On s'en sert aussi dans quelques apprêts, et particulièrement pour *calandrer*. La vapeur présente dans cette dernière opération des avantages très-marqués sur les masses de fer rougies au feu qu'on employait partout autrefois ; sa température est beaucoup plus égale, et l'on évite le travail pénible d'enlever ces masses de fer, de les porter au feu, d'en rapporter d'autres, etc. — M. Taylor a construit, d'après le même principe, un appareil fort ingénieux et dont les applications sont déjà nombreuses. Nous le décrirons à l'article EVAPORATION. P.

**CHAUFFAGE** (DROIT DE) (*féod.*), droit de faire couper du bois pour son usage dans les forêts royales.

**CHAUFFAILLES** (*géogr.*), bourg de France (Saône-et-Loire). Toiles. 3,300 habitants.

**CHAUFFAU, CHAUFAUS, CHAUFFAUT, CHAUFFAUX** (*vieux lang.*), échafaud, lieu élevé; en basse latinité *catafaltus*, *scapus*.

**CHAUFFAUDER** (*vieux lang.*), échafauder, élever un échafaud; condamner un criminel au supplice. — *Estre chaufoldé*, être mis sur un échafaud, être condamné à mort.

**CHAUFFAULT** (*anc. term. milit.*), espèce de tour de bois, machine de guerre propre à l'attaque et à la défense.

**CHAUFFE**. Les fondeurs en canons, en cloches, en statues équestres, etc., appellent ainsi un espace carré pratiqué à côté du fourneau où l'on fait fondre le métal, dans lequel on allume le feu, et dont la flamme sort pour entrer dans le fourneau. Le bois est posé sur une double grille de fer qui sépare sa hauteur en deux parties; celle de dessus s'appelle la *chauffe*; et celle de dessous, où tombent les cendres, le *cendrier* (*V.* l'article FONDERIE).

**CHAUFFE**, temps employé au chauffage d'un appareil. — *Surface de chauffe*, la partie d'un appareil que l'on doit chauffer. — CHAUFFE, opération entière de la distillation.

**CHAUFFÉ**, s. m. (*technol.*), espace où le fondeur allume le feu, sous le fourneau qui contient le métal à fondre.

**CHAUFFE-CHEMISE** ou **LINGE** (*vannier*), panier haut de quatre à quatre pieds et demi, large d'environ deux pieds, et dont le tissu à claire-voie est d'osier ; le dessus en est fait en dôme avec de gros osiers ronds, courbés en cerceaux, et se croisant : on met une poêle de feu sous cette machine, et on étend dessus les linges qu'on veut faire sécher.

**CHAUFFE-CIRE**, s. m. officier de chancellerie qui avait la charge de chauffer la cire pour sceller.

**CHAUFFE-LIT**, s. m. (*écon. domest.*), bassinoire; moine.

**CHAUFFE-PANSE**, s. m. (*écon. domest.*). Il se dit familièrement d'une cheminée très-basse.

**CHAUFFEPIÉ** (JACQUES-GEORGES), né à Leuvarde en Frise le 9 novembre 1702, embrassa de bonne heure l'état ecclésiastique parmi les prétendus réformés, et exerça successivement le ministère à Flessingue, à Delft, et depuis 1743 à Amsterdam. Il mourut dans cette ville le 3 juillet 1786. Il est connu par divers ouvrages qu'il a composés ou traduits en français. Son principal est un *Dictionnaire historique et critique*, pour servir de supplément à celui de Bayle, Amsterdam, 1750-1756, 4 vol. in-fol. Chauffepié n'y a point imité le scepticisme de son modèle; mais il donne en toute occasion l'essor au fanatisme de sa secte. Luther et Calvin sont, si on l'en croit, les deux plus grands hommes du monde. M. de Bonnegarde a donné un abrégé de ces deux lexicographes, en 4 vol. in-8°, Lyon, 1773. En réduisant leurs ouvrages en un seul, il a retranché les impiétés de l'un et le fanatisme de l'autre, et par là a mis le lecteur chrétien en état de profiter des lumières de ces deux écrivains, sans s'exposer à la contagion de l'erreur. Du reste Chauffepié a dû respect pour la religion, et la défend, en plusieurs occasions, avec autant de lumière que de zèle.

**CHAUFFE-PIEDS**, s. m. (*écon. domest.*), chaufferette.

**CHAUFFER**, v. a. rendre chaud. On l'emploie aussi avec le pronom personnel : *Venez vous chauffer*. — Figurément et familièrement, *Allez lui dire cela et vous chauffer au coin de son feu*, vous ne seriez pas bien venu à lui tenir ce langage dans un lieu où il serait le maître. — Proverbialement et figurément, *On saura*, *On verra de quel bois je me chauffe*, on verra, on saura de quoi je suis capable, quel homme je suis. — Proverbialement et figurément, *Nous ne nous chauffons pas du même bois*, nous n'avons pas les mêmes sentiments, les mêmes opinions. — Absolument, *Ce bois chauffe plus que tel autre*, il brûle mieux, et donne plus de chaleur. — En termes de guerre, *Chauffer un poste*, faire tirer vivement l'artillerie sur ce poste.—Figurément et familièrement, *Chauffer quelqu'un*, l'attaquer vivement par des raisonnements ou des plaisanteries. — CHAUFFER signifie quelquefois, figurément et familièrement, faire une chose avec promptitude ou avec action.— CHAUFFER est aussi neutre. — Figurément et familièrement, *C'est un bain qui chauffe*, se dit d'un gros nuage qui menace de la pluie.—Proverbialement et figurément, *Ce n'est pas pour vous que le four chauffe*, ce n'est pas pour vous que telle chose est préparée.

**CHAUFFERETTE**, ou plus exactement *chauffe-pieds*, petit appareil destiné à chauffer ou à maintenir chauds les pieds. Un petit vase de terre ou de tôle rempli de cendres chaudes ou de poussier de charbon allumé, et quelquefois renfermé dans un coffret de bois percé de trous, telle était la chaufferette vulgaire dont se servaient jadis les gens qui n'avaient pas le moyen de se chauffer mieux. Mais on leur reprochait plusieurs inconvénients, dont le plus réel et le plus grand était le dégagement d'acide carbonique, qui pouvait, dans les endroits fermés, produire des accidents sérieux, ou tout au moins de grandes incommodités. Alors on imagina de substituer au réchaud allumé une plaque de fonte chauffée enfermée dans un appareil approprié, ou de l'eau bouillante contenue dans un vase d'étain, qu'on pouvait, au besoin, mettre dans le lit. Enfin l'invention la plus commode et la plus moderne est celle des *augustines*. Qu'on se figure une petite boîte plate de la hauteur d'un tabouret, et recouverte d'un tapis; au fond est une petite lampe à l'huile au-dessus de laquelle se met un coffre plat, rempli de sable fin, qui, échauffé par la flamme de la lampe, maintient une douce et constante chaleur. Ces chaufferettes, simples et sans mauvaises qualités, sont généralement en usage à présent, et ont même été adaptées aux voitures particulières et publiques. Dans plusieurs diligences, et à Paris dans les voitures de place appelées berlines du Delta, on a les pieds chauffés de cette manière. On a reproché aux chaufferettes en général d'être une cause du catarrhe utérin chez les femmes (*utéro-vaginite*) : cette assertion est mal fondée, et tout au plus s'appliquerait-elle à l'usage de chaufferettes trop ardentes, comme les emploient quelquefois, faute de mieux, les pauvres gens. En tout cas, elle ne devrait pas faire proscrire un usage utile et innocent en lui-même.

**CHAUFFER LES PIEDS** (*anc. législ.*), donner la question par le moyen du feu.

**CHAUFFER** (*marine*), brûler de la paille sous la carène d'un bâtiment pour en fondre le brai, la dégager de tous les corps qui s'y sont attachés, et détruire les vers.

**CHAUFFER** (*technol.*), tirer le soufflet dans une forge quand le fer est au feu.

**CHAUFFERIE**, s. f. forge destinée à forger le fer qu'on veut réduire en barres.

**CHAUFFERIE** s. f. (*technol.*), partie du four à briques. — Un des ateliers des grosses forges.

**CHAUFFEUR**, s. m. ouvrier chargé d'entretenir le feu d'une forge, d'une machine à vapeur, etc. On dit aussi, adjectivement, *ouvrier chauffeur*.

**CHAUFFEURS** (*hist. mod.*). Ce nom désigne une espèce particulière de brigands qui, à la faveur des troubles qui agitèrent la France à la fin du XVIII^e^ siècle et même encore au XIX^e^ (de 1795 à 1803), désolèrent de la manière la plus affreuse les départements de l'Est et du Midi. Ces brigands se faisaient un jeu de tous les crimes : le vol, le pillage, le meurtre, le viol, l'incendie, n'étaient rien pour eux. On les appelait *chauffeurs* parce qu'ils *chauffaient* graduellement la plante des pieds de leurs victimes, jusqu'à ce que celles-ci eussent révélé le lieu où elles cachaient leur argent et leurs objets précieux. Ces bandes, réellement formidables, se composaient de vagabonds de toute espèce, de malfaiteurs expérimentés et hardis, de déserteurs et de soldats licenciés. Le directoire ne prit contre eux que des mesures insuffisantes. Lorsqu'on saisissait quelques chauffeurs, les juges devant lesquels on les traînait étaient tellement dominés par la crainte, qu'ils n'osaient les condamner. Pourtant on était parvenu à les faire disparaître sur quelques points. Bonaparte, devenu premier consul, fit agir la force publique avec énergie. Peu à peu ces brigands, que les uns prétendaient excités par les royalistes et les autres soudoyés par l'Angleterre, furent anéantis. Schinderhannes (*V.* ce nom), le plus redoutable d'entre eux, se défendit jusqu'en 1803, dans les nouveaux départements du Rhin. Les chauffeurs sont aussi connus sous le nom de *garrotteurs.*

**CHAUFFOIR**, lieu d'un monastère où les religieux, les religieuses vont se chauffer. — Il s'est dit aussi, dans les théâtres, d'un endroit où les comédiens et les spectateurs vont se chauffer. On dit maintenant *foyer.*

**CHAUFFOIR** signifie encore un linge chaud avec lequel on couvre, on essuie un malade, une personne qui est en sueur. — Il se dit également d'un linge de précaution pour les femmes.

**CHAUFFOIR** (*technol.*), caisse de tôle dans laquelle le cartier fait sécher les feuilles de carton qu'il veut coller.

**CHAUFFOIRS.** Dans les contrées où règnent des froids rigoureux et prolongés, la bienfaisance publique ou privée ouvre, pendant la mauvaise saison, de vastes salles chauffées, où les malheureux des deux sexes, mais plus particulièrement les femmes et les vieillards, peuvent se réunir et se livrer à tous les travaux qui n'exigent point un atelier spécial. Quelquefois les chauffoirs servent de refuge aux pauvres, non-seulement pendant le jour, mais encore pendant la nuit. On emploie alors pour le coucher des lits suspendus qu'on retire chaque matin. Dans la belle saison les chauffoirs peuvent recevoir une autre destination : ils peuvent servir de magasins ou d'ateliers de travail. Il y a quelques années on a essayé, mais sans succès, d'introduire les chauffoirs publics à Paris (dixième arrondissement). — On peut aussi appeler *chauffoirs* les foyers couverts et entourés de siéges qu'on voit dans quelques grandes villes des pays froids, autour des théâtres et en d'autres lieux où stationnent les voitures.

**CHAUFFURE**, s. f. (*technol.*), défaut du fer ou de l'acier qui, ayant été trop chauffé, s'écaille.

**CHAUFOUR** et **CHAUFOURNIER.** On donne le premier de ces noms à l'usine ou à l'atelier où se prépare la CHAUX; le *chaufournier* est l'industriel qui se livre à cette fabrication (*V.* l'article CHAUX ci-après). On peut consulter pour les opérations techniques de l'art du *chaufournier* un excellent traité de M. Pelouze sur ce sujet, lequel fait partie d'un volume qui contient en outre la description des arts du briquetier, du tuilier et du charbonnier (Paris, 1829, in-12, avec figures).

**CHAUFOUR** (*hist. nat.*), un des noms vulgaires du pouillot ou chantre, *motacilla trochilus* Linn.

**CHAUFOURRIER** (JEAN), peintre français, né en 1672 et mort à Paris en 1757. Quoiqu'il ne soit aujourd'hui connu que d'un petit nombre d'amateurs, ses tableaux représentant la *Cascade de Saint-Cloud*, une *Mer calme au clair de la lune*, et un *Coup de vent qui surprend une barque de pêcheur*, sont encore recherchés. Sylvestre a gravé quelques compositions de Chaufourrier; on les trouve dans son œuvre. Ce maître avait fait une étude particulière de la perspective; on en remarque d'heureux effets dans ses ouvrages; il était professeur de cette science lorsqu'il mourut.

**CHAUGOUN** (*hist. nat.*), espèce de vautour, dont Levaillant a donné la description et la figure dans son *Ornithologie d'Afrique*, t. 1er, p. 32 et pl. 11, *vultur chaugoun* Daud.

**CHAULAGE, CHAULER**, termes d'agriculture par lesquels on indique l'opération qui consiste à passer dans une lessive alcaline les grains que l'on veut semer afin de les préserver de la carie. Le procédé indiqué par M. Cadet de Vaux pour cette opération est celui du chaulage par immersion. Il se fait sur un setier de blé du poids de deux cent quarante livres à la fois, en vidant le grain dans un cuvier. On met sur le feu trente-six à quarante pintes d'eau, ce qui fait environ quatre seaux; quand elle est chaude au point de pouvoir y tenir difficilement la main, on y éteint le quart d'un boisseau de chaux vive; on verse ensuite sur le blé cette eau de chaux, qui doit s'élever au-dessus du grain de deux ou trois travers de doigt; on couvre le cuvier, et on le laisse pendant vingt-quatre heures dans un endroit chaud. On remue avec une pelle, et on repasse deux ou trois fois dans les vingt-quatre heures l'eau sur le grain, en la soutirant par la bonde; puis on lâche la bonde, et on fait écouler l'eau que le grain n'a pas absorbée; après quoi on le retire du cuvier et on l'étend sur une aire. On peut faire usage de cette semence le même jour; sinon, on la met en tas, et on a la précaution de la remuer, de peur qu'elle ne s'échauffe; mais il vaut mieux, en général, que le blé soit chaulé quelques jours d'avance. Le grain ainsi chaulé est exempt de la carie : l'effet de la chaux est de détruire cette maladie sans incommoder le semeur, et à peine ce grain est-il confié à la terre, qu'il germe; les insectes ne l'attaquent point, parce qu'il est pénétré de la saveur âcre de la chaux; enfin, comme aucun grain n'échappe à la germination, on peut diminuer la semence, qui se trouve d'ailleurs diminuée par le seul fait de l'opération du chaulage, puisque douze boisseaux de grain ainsi préparés en rendent quinze. — Ce mode de chaulage est le plus en usage parmi les cultivateurs; cependant nous en avons vu quelquefois préférer un autre, qui a été indiqué par M. Laborie. Il consiste à prendre de la suie bien érasée et à ajouter par boisseau de cette matière environ vingt pintes d'eau bouillante. On brasse ce mélange avec un bâton pour qu'il soit opéré convenablement, et l'on ajoute ensuite de l'eau froide à peu près dans la même proportion que l'eau bouillante déjà employée. Durant les vingt-quatre heures qui suivent le mélange, on brasse encore trois ou quatre fois; après quoi la lessive est faite. Les choses ainsi disposées, et le blé destiné à la semence étant déposé dans une cuve, on le couvre de la préparation que nous venons d'indiquer après l'avoir de nouveau remué, et de manière à ce qu'elle couvre le grain de trois ou quatre pouces. Le blé, ayant ainsi trempé pendant vingt-quatre heures, sort de la cuve fort renflé, et enduit d'une couche légère de suie qui lui reste adhérente en séchant, et qui l'accompagne dans le sillon (*V.* aussi l'article CARIE).

**CHAULIAC, CAULIAC**, ou **CHAULIEU** (GUI DE), était natif d'un village de Gévaudan, sur les frontières d'Auvergne, et florissait vers le milieu du XIVe siècle. Il étudia la médecine à Montpellier sous Raimond de Molières, et il fit tant de progrès dans cette science, ainsi que dans la chirurgie, qu'il fut nommé pour enseigner la dernière dans les écoles de cette université. Il est bien apparent qu'il a aussi étudié à Bologne, car il parle avec considération des médecins de cette ville, et surtout de Bertrucius, qu'il appelle son maître. On apprend de lui-même qu'il a pratiqué longtemps à Lyon, mais qu'étant ensuite passé à Avignon il y fut médecin et chapelain commensal du pape Clément IV en 1348. Il y était encore, en la même qualité, auprès d'Urbain V en 1363, et, pour cette raison, on croit qu'il eut le même emploi à la cour d'Innocent VI, qui siégea à Avignon entre Clément et Urbain. Il parle d'Innocent, dans la description qu'il fait de la peste qui se renouvela sous son pontificat en 1360; il marque même qu'il était alors à Avignon, et, quoiqu'il ne dise rien du rang qu'il avait à la cour du pape, celui qu'il avait eu auprès de Clément VI, son prédécesseur, semble assez le faire connaître. — C'est Gui de Chauliac qui nous a laissé la description de ce terrible fléau qui s'étendit par tout le monde en 1348, et fit périr le quart du genre humain. Cette peste, qui se montra d'abord dans l'Inde, désola les provinces de l'Orient pendant trois ans. Ses ravages durèrent pendant sept mois à Avignon, où elle parut avec des symptômes différents. Pendant les deux premiers mois, c'était une fièvre violente avec crachement de sang; elle fit périr en trois jours tous ceux qui en furent atteints. Le reste du temps la fièvre fut continue avec des charbons et des abcès, principalement aux aines et sous les aisselles. La malignité de cette seconde espèce de fièvre ne fut différente de la première qu'en ce qu'elle n'emportait les malades qu'au bout de cinq jours; mais vers la fin de son règne elle devint plus traitable. Le médecin dont je parle en fut attaqué à Avignon quand elle était sur son déclin; il languit pendant six semaines entre la vie et la mort, mais il échappa à la fureur d'un bubon qui prit une tournure favorable et suppura. — Gui de Chauliac a beaucoup enrichi la chirurgie par les lumières qu'il y a répandues; à peine existait-il, cet art si utile à l'humanité : les cataplasmes, le vin, les emplâtres et les onguents étaient presque les seules ressources qu'il avait contre les maux qui demandent l'opération de la main. On ne connaissait alors aucune de ces méthodes que les Grecs et les Arabes avaient détaillées avec plus ou moins de précision; Gui les remit en usage, et mérita par là le titre de restaurateur de la chirurgie. Cette réforme lui fit beaucoup d'honneur; elle fut même d'autant plus utile au public, que, médecin et chirurgien tout ensemble, il ne l'avait entreprise qu'à la faveur de la mûre expérience dans laquelle il avait vieilli. C'est cette expérience qui lui apprit à se servir à propos du trépan, pendant que d'autres n'osaient l'employer. Il fit encore fort heureusement la suture du tendon; il enleva une partie du cerveau, et guérit son malade; il inventa plusieurs instruments; dans le cas d'amas de pus dans la poitrine, il n'hésita pas à faire l'opération de l'empyème; il fit celle de la fistule à l'anus, et dans la cataracte il tenta de rétablir la vue par l'abaissement du cristallin. Il ne faut cependant point croire que sa pratique fût toujours sans défaut; il passa téméraireament à la castration dans la cure de la hernie et à la suture après l'opération de la taille. On lui reproche encore d'avoir donné tête baissée dans les rêveries de l'astrologie judiciaire; mais on pourrait l'excuser là-dessus en disant que la confiance aux influences des astres était plutôt le vice de son siècle que celui de son esprit. — Ce médecin était à Avignon au service du pape Urbain V lorsqu'il composa, en 1363, un corps de chirurgie fort étendu sous le titre d'*Inventarium, sive Collectorium artis chirurgicalis medicinæ* : c'est ainsi que dans ce temps-là on intitulait la plupart des livres. On prétend que Laurent Joubert est le premier qui lui ait donné le titre honorable de *Grande Chirurgie*, dans la traduction qu'il en a publiée avec des notes de sa façon. On a plusieurs éditions latines de cet ouvrage de Gui de Chauliac : *Chirurgiæ tractatus septem, cum antidotario*; *Venetiis*, 1490, 1499, 1500, 1519, in-folio. *Ibid.*, 1546, in-folio, avec la Chirurgie de Brunus, de Théodoric, de Roland, de Lanfranc, de Roger et de Bertapalia. *Lugduni*, 1518, in-4°; 1559, 1572, in-8°. Il y a une traduction en espagnol imprimée à Valence en 1596, in-folio. — Plusieurs médecins célèbres ont travaillé à expliquer et à commenter cette Chirurgie. Symphorien Champier y a fait des additions et des corrections. Jean Faucon, professeur et doyen de la faculté de Montpellier, a donné un volume d'annotations aussi gros que l'ouvrage même de Chauliac : *Joannis Falconis notabilia super Guidonem; Lugduni*, 1559, in-4°. Laurent Joubert, chancelier de la faculté de Montpellier, a pris la peine de le traduire en français et d'y ajouter des commentaires fort amples : *Chirurgie de Gui de Chauliac avec des annotations;* Lyon, 1585, in-4°; 1592, 1659, in-8°. Isaac Joubert, fils du traducteur, y a joint une espèce de dictionnaire *en interprétation des langues dudit Gui*. Jean Tagault, professeur de Paris, s'est attaché à l'amélioration de cette Chirurgie en la réformant d'un bout à l'autre, en corrigeant la diction, qui est assez barbare, et en ajoutant quantité de citations tirées des auteurs anciens : *Metaphrasis in Guidonem de Cauliaco; Parisiis*, 1543, in-4°. On ne s'est point encore contenté de ces éditions; on a poussé l'estime qu'on avait pour l'auteur jusqu'à faire des abrégés de son grand ouvrage. Tels sont : *Chirurgia parva ; Venetiis*, 1500, in-folio, avec la Chirurgie d'Albucasis. — *Le Chirurgien méthodique;* Lyon, 1597, in-12. — *Questions en chirurgie sur les œuvres de maître Gui de Chauliac*, par François Ranchin ; Paris, 1604, in-8°. — *Remarques sur la chirurgie de Chauliac ;* Lyon, 1649, in-8°, par Jean Faucon. — *Commentaires sur la Grande Chirurgie de Chauliac*, par Simon Mingelousaux; Paris, 1682, 2 volumes in-8°. — *Abrégé de la Chirurgie de Gui de Chauliac*, par Verduc; Paris, 1693, 1704, 1716, in-8°. — La Grande Chirurgie de notre auteur était un excellent ouvrage pour le siècle où il vivait. Il y débrouilla avec beaucoup d'ordre les matières obscures et difficiles que la barbarie des siècles précédents avait couvertes de tant de ténèbres. On peut dire qu'il a plus contribué que personne à faire de la chirurgie un art régulier et méthodique. Tagault et tous les autres qui ont écrit après lui n'ont fait que l'imiter et souvent que le copier. Ce livre a été pendant longtemps le seul ouvrage que les chirurgiens lussent et où ils puisassent les préceptes de leur art. Ce passage, qu'on lit dans les Mémoires pour servir à l'histoire de la faculté de médecine de Montpellier, par Astruc, est bien avantageux à la considération qu'il inspire pour les ouvrages de Gui de Chauliac; M. Lorry, docteur régent de la faculté de médecine en l'université de Paris, qui a mis au jour les mémoires du célèbre Astruc, renchérit cependant sur ce que cet écrivain a dit. — Voici comme il s'exprime page 23 de sa préface : « Mais une des époques les plus brillantes de la faculté de Montpellier est celle où elle a produit le fameux Gui de Chauliac, homme qui doit tenir une place distinguée entre les bienfaiteurs de l'humanité, et qui mérite encore de conserver toute son autorité dans un siècle aussi éclairé que le nôtre. Il doit porter éternellement le titre de restaurateur de la chirurgie. Il n'y a pas encore cent ans que les livres de Gui de Chauliac étaient les livres classiques des chirurgiens; ces livres étaient leurs guides, et, par analogie à son nom, ils l'appelaient *leur Guidon*. En effet, sa pratique industrieuse éclaircit les procédés obscurs des anciens; en ajoute de nouveaux, et les confirme par des observations et des principes sûrs. Ses écrits chirurgicaux ne sont pas surchargés des fatras obscurs de méchante théorie dont tant d'écrits postérieurs ont été gâtés ; ils tendent droit au but, et le grand art des précautions y est exposé avec une circonspection également éloignée de la timidité et de l'imprudence. » Beaucoup d'auteurs modernes se trouveraient fort honorés si leurs ouvrages étaient accueillis d'un pareil éloge.

**CHAULIER**, s. m. (*technol.*), celui qui exploite un four à chaux.

**CHAULIEU** (GUILLAUME AMFRIE DE), abbé d'Aumale, prieur de Saint-Georges en l'île d'Oléron, de Poitiers, de Chenel et de Saint-Étienne, seigneur de Fontenai dans le Vexin normand, où il naquit en 1639. — Son père, maître des comptes à Rouen et conseiller d'Etat, ayant été employé par la reine mère et le cardinal Mazarin à l'échange de la principauté de Sedan, acquit la protection de la maison de Bouillon, et Guillaume de Chaulieu dut aux agréments de son esprit et à la gaieté de son caractère l'amitié des ducs de Vendôme. Il fut mis à la tête de leurs affaires, et en obtint des bénéfices qui lui donnèrent trente mille livres de rente. Il eut un appartement au Temple, et il y coula des jours joyeux et paisibles, au sein des plaisirs et au milieu d'une société brillante et spirituelle. — Elève de Chapelle, il surpassa son maître. Ses vers respiraient une douce négligence, et empruntaient leur charme d'une imagination brillante et d'une expression franche et naïve qui ne se trouve point chez les poëtes qui font de la versification un art. Il ne composait point en auteur, mais en convive aimable, en philosophe insouciant, qui laissait couler ses pensées aussi naturellement qu'elles se présentaient à son esprit. De là cette délicatesse exquise, cette fleur de sentiments et quelquefois cette hardiesse qui séduisent les cœurs en leur parlant le langage de la vérité. — Aussi Voltaire n'a-t-il pas hésité à placer Chaulieu dans le Temple du Goût : mais seulement *comme le premier des poëtes négligés*. — Il est fâcheux pour la gloire de ce poëte ingénieux que sa philosophie épicurienne soit souvent une apologie du matérialisme, et que l'esprit y brille aux dépens de la sagesse. La morale doit être l'âme de la bonne poésie, et, en imitant Horace par la grâce et le charme de ses vers, le poëte français n'a pas semé ses pièces de ces maximes et de ces traits sentencieux et nobles qui abondent chez le favori de Mécénas. L'épicuréisme de Chaulieu forme d'ailleurs un contraste remarquable avec une profession dont on devrait au moins respecter les dehors, et les licences de sa morale sont aussi inexcusables que les licences de sa poésie. — L'âge ne mit pas de frein à ses passions voluptueuses, et il conservait à quatre-vingts ans les goûts et la vivacité de sa jeunesse, même lorsque les infirmités vinrent l'avertir que le terme de sa longue carrière s'approchait. — La meilleure édition des œuvres de Chaulieu est celle qui parut en deux volumes in-8° en 1774; mais celle que la jeunesse peut lire sans danger, et que les gens sages peuvent rechercher, est celle qu'a publié le libraire Desessarts, en un volume in-12, sous le titre d'*Élite des poésies de Chaulieu*. DU MERSAN.

**CHAULIODE** (*hist. nat.*). Sous ce nom de genre, Latreille a séparé de celui des hémérobes une espèce qui a des antennes pectinées, et qu'on trouve à Philadelphie (*V.* HÉMÉROBE et STÉGOPTÈRES).

**CHAULIODE** (*hist. nat.*). Schneider a le premier établi ce genre de poissons qui appartient à la famille des siagonotes, et que quelques ichthyologistes ont confondu avec les ésoces. Ses caractères sont les suivants : deux dents à chaque mâchoire, fort longues, et sortant de la bouche, de manière à se croiser sur la mâchoire opposée quand la gueule se ferme; nageoire dorsale répondant à l'intervalle des pectorales et des catopes, et à premier rayon prolongé en filament. — Chauliode est un mot grec (χαυλιόδους), qui indique la manière dont les dents sortent de la bouche chez ce poisson. — Le CHAULIODE : *chauliodus Sloani*, Schneider, p. 430; *chauliodus setinotus*, Schneider, tab. 85 ; *esox stomias*, Shaw; *vipera marina*, Catesby. Corps allongé, étroit; tête plus large que le tronc; gueule largement fendue; dents aiguës, séparées les unes des autres, courbées vers le sommet, mâchoire inférieure plus longue, recouvrant la supérieure; yeux situés au sommet de la tête; nageoires pectorales insérées très-bas, aiguës; catopes au milieu de l'espace qui les sépare de l'anale; teinte générale verte. Taille d'environ quinze pouces. — Le chauliode a été pris dans la mer qui baigne les rivages de Cadix. On en conserve un individu au muséum britannique; un second existe dans un cabinet particulier à Londres.

**CHAULIODONTE**, adj. des deux genres (*hist. nat.*), dont les dents font saillie hors de la bouche.

**CHAULMAGE**, s. m. (*vieux langage*), la coupe du chaume.

**CHAULMOI**, s. m. (*vieux langage*), champ inculte. — Champ ouvert.

**CHAULMER** (CHARLES), littérateur du XVII^e siècle, sur lequel on n'a que des renseignements incomplets. Barbier (*Examen critique*, 188) conjecture avec beaucoup de vraisemblance qu'il était né dans la Normandie. Venu jeune à Paris, il y perfectionna ses études, et vécut dans la société des gens de lettres. L'empressement avec lequel il recherchait la protection des grands fait penser qu'il n'était pas trop bien traité de la fortune. Il mit au jour, en 1638, *la Mort de Pompée*, tragédie qui n'a de commun avec l'un des chefs-d'œuvre de Corneille que le titre et une situation indiquée par l'histoire. Il dédia cette pièce à Richelieu, « dont il avait précédemment ébauché le portrait dans *l'Histoire de France* et dans quelques autres ouvrages en français, en latin, en grec, en vers et en prose. » Selon toute apparence, il fut assez mal récompensé de ses éloges, puisqu'il continua de travailler pour les libraires. Chargé de revoir et de polir l'*Abrégé des annales ecclésiastiques*, par Sponde (*V.* ce nom), il abandonna cette besogne fastidieuse pour s'occuper de la traduction française d'un autre *Abrégé* des mêmes annales, par le P. Aurèle de Pérouse. Chaulmer était engagé dans les ordres, puisqu'en offrant cette traduction au cardinal Barberin (1664) il lui demanda la cure de Hamel en Normandie, dont la collation lui appartenait comme abbé de Saint-Evroult. Le cardinal lui répondit qu'il en avait déjà disposé pour un de ses domestiques. L'année suivante (1665), Chaulmer fit paraître une édition latine de l'*Abrégé des annales ecclésiastiques*, par le P. Aurèle, avec un supplément. Il reproduisit en 1673 la traduction de cet ouvrage augmentée du supplément et d'un dictionnaire. En tête de cette édition, il prend le titre d'historiographe; et, dans le privilége pour l'impression, on lui donne ceux de conseiller du roi et d'historiographe de France. Elle est dédiée à M. le Bossu, dont il déclare que la protection lui a été fort utile, et il se flatte que cet ouvrage transmettra leur nom à la postérité la plus reculée possible. L'immortalité que Chaulmer croyait pouvoir donner par ses écrits, ses amis la lui promettaient à lui-même. Au-devant de la traduction dont on vient de parler, on trouve une foule de vers à sa louange; de grecs, par Vatier, son cousin, professeur d'arabe au collége royal; de latins, par Dutot; de français, par du Pelletier, Fr. Colletet, etc. Si l'on en croit le quatrain suivant de Petit, il était doué d'une fécondité plus grande encore que celle dont Boileau félicitait le bienheureux Scudéri :

Les livres naissent sous ta plume
Comme des champignons au bois;
Tu ne fais qu'allonger les doigts
Pour nous mettre au monde un volume.

— Chaulmer est cité par l'abbé de Marolles dans son *Dénombrement des auteurs pour le nouveau monde* qu'il lui avait dédié. On peut conjecturer qu'il mourut vers 1680, dans un âge avancé. Les seuls ouvrages que l'on connaisse de lui sont : 1° *Abrégé de l'histoire de France*, Rouen, 1636, in-8°; Paris, 1665, 2 vol. in-12. 2° *La Mort de Pompée*, tragédie, Paris, 1638, in-4°. Cette pièce est très-rare. Cornélie, dit Parfait, y partage, avec les spectateurs, le déplaisir de voir trancher la tête à Pompée (*V. Histoire du Théâtre-Français*). Suivant Barbier, elle offre quelques situations intéressantes. 3° *Tableaux de l'Europe, Asie, Afrique et Amérique*, avec l'*Histoire des Missions*, Paris, 1664, 4 vol. in-12. L'auteur avait d'abord publié chaque volume séparément. 4° *Le Nouveau Monde, ou l'Amérique chrétienne*, avec le supplément à l'*Abrégé des annales ecclésiastiques* (de Baronius), ibid., 1663, in-12. 5° Les *Epîtres familières de Cicéron*, traduites en français, ibid., 1664, 2 vol. in-12. Cette édition a été renouvelée en 1669 et en 1674. 6° L'*Abrégé des annales ecclésiastiques de Baronius*, par le P. Aurèle, traduites en français, ibid., 1664, 6 vol. in-12; deuxième édition, ibid., 1673, 9 vol. in-12. Le huitième contient le *Supplément*, et le neuvième le *Dictionnaire ecclésiastique*. 7° *Magnus Apparatus poeticus*, ibid., 1666, in-4°, dédié à Colbert. C'est à peu de chose près une reproduction littérale du *Gradus ad Parnassum*. 8° *Nouveau Dictionnaire des langues française et latine*, ibid., 1671, in-4°.

**CHAULNES**, *Calniacum* (*géogr.*, *hist.*), ancienne baronnie de Picardie, aujourd'hui chef-lieu de canton du département de la Somme, érigée en comté en 1563, et en duché-pairie en 1621.

**CHAULNES** (FAMILLE DE). La terre de Chaulnes fut d'abord longtemps possédée par la famille d'ONGNIES, qui s'éteignit, à la fin du XVI^e^ siècle, dans la personne de Louis d'ONGNIES, en faveur duquel elle avait été érigée en comté en 1563. Elle passa ensuite à Philibert d'Ailly, vidame d'Amiens, dont la sœur la porta en dot, en 1619, à HONORÉ D'ALBERT, SEIGNEUR DE CADENET, qui, deux ans après, fut créé duc de Chaulnes. Honoré d'Albert est la tige et le membre le plus célèbre de la famille de Chaulnes. — Frère de Charles-Albert de Luynes, favori de Louis XIII et connétable de France, il fut présenté à la cour sous le nom de Cadenet, et dut à la puissante protection de son frère les bonnes grâces du roi et un avancement rapide. Nommé successivement, et à de courts intervalles, mestre de camp, puis lieutenant général du gouvernement de Picardie, il devint enfin maréchal de France en 1619, et fut créé duc de Chaulnes et pair de France en 1621. Il commanda avec le maréchal de la Force, en 1625, l'armée de Picardie, et repoussa en 1635 les Espagnols, qui avaient fait invasion dans cette province, dont il avait été nommé gouverneur en 1633. Il se distingua au siége d'Arras, en 1640, se démit, en 1643, du gouvernement de Picardie, et fut nommé à celui de l'Auvergne, qu'il garda jusqu'à sa mort, arrivée en 1649. — CHARLES D'ALBERT D'AILLY, son troisième fils, né en 1625, prit le titre de duc de Chaulnes après la mort de son frère aîné. Il fut nommé lieutenant général en 1653, puis envoyé trois fois en ambassade à Rome, et exerça, en 1673, les fonctions de plénipotentiaire à Cologne. Il était gouverneur de Guyenne, lorsqu'il mourut, en 1698, sans laisser de postérité. — Il avait institué pour son héritier LOUIS-AUGUSTE D'ALBERT DE LUYNES, son parent, qui fut créé de nouveau pair et duc de Chaulnes en 1711, et mourut maréchal de France en 1744.

**CHAULNES** (MICHEL-FERDINAND D'ALBERT D'AILLY, DUC DE), pair de France, lieutenant-général des armées et gouverneur de Picardie, petit-neveu d'Honoré d'Albert, duc de Chaulnes, naquit à Paris en 1714. Après s'être illustré par une longue suite de travaux militaires, il consacra tous ses loisirs à la culture des sciences et des arts, et s'adonna particulièrement à la dioptrique et à l'art de perfectionner les instruments de mathématiques, et surtout ceux qui servent à l'astronomie. Il mourut le 23 septembre 1769, par suite des chagrins que lui causèrent des malheurs domestiques dont Louis XV chercha vainement à le consoler par ses bienfaits. Sa mort fut presque subite : mais il avait mis quelques jours auparavant ordre à ses affaires temporelles, et reçu les derniers sacrements avec les sentiments les plus marqués de la piété et de la religion, qui avaient toujours été la règle de sa conduite. On a de lui : 1° la *Nouvelle Méthode pour diviser les instruments de mathématiques*, dans la *Description des arts et métiers, publiée par l'académie des sciences*, 1768, in-folio, à laquelle on a joint sa *Description d'un microscope et de différents micromètres destinés à mesurer des parties circulaires ou droites avec la plus grande précision*. 2° Un *Mémoire* où brille partout le génie de l'invention, sur une nouvelle *machine parallactique* plus solide et plus commode que celles qui sont en usage. 3° Plusieurs *Mémoires* dans le *Recueil de l'académie des sciences*; et quelques *pièces* dans le *Journal de physique*. — Son épouse (Anne-Joséphine BONNIER, duchesse DE CHAULNES) s'était occupée de science; mais elle donna dans tous les excès : elle causa par ses folles dépenses la ruine de son époux, qu'elle fit mourir de chagrin, contracta un second mariage qui la couvrit de honte, et mourut en 1787. — Son fils (Marie-Joseph-Louis D'ALBERT D'AILLY, duc de CHAULNES) naquit en 1741, fut connu, jusqu'à la mort de son père, sous le nom de duc de Pecquigny. D'abord militaire, et devenu colonel à l'âge de 24 ans, il s'occupa de science, et fit des découvertes en chimie, telles que les moyens d'extraire les sels de l'urine, de faire cristalliser les alcalis, de secourir les asphyxiés. Il voyagea dans plusieurs contrées de l'Europe et en Egypte. Il mourut dans l'obscurité en 1797. Il était de la société royale de Londres.

**CHAULSAILLES** (*vieux langage*), fiançailles, noces.

**CHAULX** (*vieux langage*), le chou, plante potagère (*caulis*); en bas breton *caol*, *caul*, *cawl*.

**CHAUMAGE**, s. f. (*agricult.*), action de couper le chaume, ou le temps où on le coupe.

**CHAUMARD** ou **CHOMARD**, s. m. (*anc. terme de marine*), gros montant de bois fixé sur un banc du premier pont d'un grand bâtiment, pour recevoir les garons des drisses de basses vergues et ceux des guinderesses de mât de hune. — Bloc de bois percé de plusieurs clans qui reçoivent des réas (*V.* POULIOT).

**CHAUME** (*calamus*). On donne vulgairement ce nom à la tige des graminées (*V.* ce mot); c'est un tube allongé, creux, cylindrique, ordinairement simple, rempli d'une substance plus ou moins consistante, entremêlée de filets ligneux très-fins, composés eux-mêmes de fibres encore plus délicates. On le confond souvent et très-maladroitement avec le chalumeau, mot destiné à exprimer la prétendue tige des cypéracées. Le chaume ne se divise point, il porte un seul épi : il est entrecoupé de distance en distance par des nœuds saillants et durs, d'où partent des feuilles entières, longues, étroites, terminées en pointe et engaînantes à leur base. Dans le nœud s'opère en secret la séparation des filets, dont les uns sont chargés de produire la feuille et les autres d'aider au développement successif de la partie qui s'élève. Dans le langage agricole on appelle *chaume* la racine et la partie inférieure du véritable chaume qui restent encore quelque temps sur pied après que les blés ont été coupés. On n'est point d'accord sur l'emploi du chaume : les uns l'arrachent pour le brûler dans la maison; les autres pour le faire pourrir dans les étables ou bergeries; quelques-uns le réduisent en cendres sur place; d'autres enfin l'enterrent par un coup de charrue. De toutes ces méthodes la dernière est, à notre sens, la meilleure: le chaume est encore rempli de tous les principes constituants de sa végétation, les rayons d'un soleil ardent n'ont pas encore eu le temps de les dissiper; dans cet état il fournira plus d'humus, et puis c'est un moyen certain de détruire beaucoup de mauvaises herbes dont les graines ne sont pas encore mûres.

**CHAUME** (**LA**), *Calmaria*, abbaye de l'ordre de Saint-Benoît en Bretagne, au diocèse de Nantes, sur la rivière de Tenu, près de Machecoul. Elle reconnaissait pour son fondateur Harscoit, seigneur de Rais, quoiqu'il ne l'ait pas fait bâtir. Il céda l'an 1055 à Pérennesius, abbé de Redon, les églises de Notre-Dame et de Saint-Jean, près de la ville de Sainte-Croix de Machecoul, en lui recommandant de cultiver surtout le territoire de Notre-Damine, d'y bâtir des cellules, et d'y mettre des religieux qui eussent la crainte de Dieu. Il ajouta que si l'abbé ou ses successeurs jugeaient à propos d'y établir un abbé, il serait tiré de la communauté de Redon, et agréé par les seigneurs de Rais; ou si ces derniers nommaient l'abbé, ils le présenteraient à la communauté de Redon; mais si les uns et les autres ne pouvaient s'accorder, les religieux de la Chaume éliraient leur abbé conformément à la règle de Saint-Benoît. On ne sait en quel temps la communauté de la Chaume a été assez nombreuse et assez opulente pour avoir un abbé. Glémarhocus est le premier abbé de ce monastère qu'on trouve dans les titres : il souscrivit à une donation faite à l'abbaye de Redon en 1100 (*Hist. de Bretagne*, t. 2).

**CHAUMEIX** (**ABRAHAM-JOSEPH DE**), littérateur français, né à Chanteau, près d'Orléans, au commencement du XVIIe siècle, a publié en 1758 les *Préjugés légitimes contre l'Encyclopédie*, en 8 volumes, dont les deux derniers sont consacrés à l'examen du *Livre de l'Esprit*. Cet ouvrage est minutieux et diffus. L'auteur n'a pas su lui donner la forme et le piquant qui pouvaient le rendre agréable. « Mais il n'en est pas moins vrai, dit l'abbé Sabatier, qu'il a relevé un nombre infini de bévues et de traits d'ignorance dans les cinq premiers volumes de cette énorme compilation. Ces volumes cependant sont les mieux faits. Que pensera donc la postérité de cet ouvrage si vanté? N'y trouvera-t-elle pas plutôt le monument de la présomption, de l'orgueil et de l'ignorance de notre siècle, que celui de ses lumières, de ses vertus et de ses talents.» Les philosophes, ne pouvant répondre solidement à Chaumeix, se liguèrent pour le faire repentir de son ardeur à les attaquer. On l'accabla de sarcasmes et d'injures; Voltaire inséra son nom dans ses facéties, et en fit un *marchand de vinaigre*, un *maître d'école*, un *janséniste*, un *convulsionnaire;* d'Alembert l'appela une *manière de Père de l'Eglise*. Toutes ces plaisanteries tendaient à décréditer le zèle d'un homme qui pouvait devenir redoutable. Il donna cependant encore le *Sentiment d'un inconnu sur l'oracle des nouveaux philosophes*, 1760, in-12; et *les Philosophes aux abois*, 1760, in-8°. Il se retira ensuite à Moscou, où il mourut on ne sait pas précisément à quelle époque.

**CHAUMENY**, s. m. mot de Rabelais, pain dur et grossier, plein de paille.

**CHAUMER**, v. a. et n. (*agric.*), couper, arracher du chaume.

**CHAUMERET**, s. m. (*hist. nat.*), espèce de bruant.

**CHAUMET** ou **CHAUMERET** (*hist. nat.*). L'oiseau auquel on donne quelquefois ce nom, suivant Salerne, est le bruant de haie, *emberiza cirlus* Linn.

**CHAUMES**, *Calamæ*, abbaye de l'ordre de Saint-Benoît, était située dans une petite ville du même nom, dans la Brie, au diocèse de Sens. Elle avait été fondée en 1811. L'abbé était le seigneur de la ville.

**CHAUMES**. Dans les Vosges on appelle ainsi les hautes montagnes dont on a abattu tous les arbres, et dont les sommités, ordinairement un peu étendues, offrent des pâturages où l'on conduit durant l'été les bêtes à grosses cornes, les chèvres et les moutons. C'est sur les chaumes que l'on fabrique les fromages de Gérardmer, de Gruyère, de Vachelin, etc. Les chaumes ont parfois de 1,000 à 1,400 mètres d'élévation; l'herbe y est courte, abondante, de bonne qualité, presque uniquement formée de graminées, de composées et autres plantes nourrissantes et aromatiques. Ce sont généralement des anabaptistes qui louent ou exploitent les chaumes. Ils y ont des huttes pour le bétail et d'autres pour la fabrication des fromages. On monte sur les chaumes depuis le 15 mai, quelquefois plus tard, selon que les neiges fondent plus ou moins vite; et l'on en descend vers les premiers jours d'octobre, aussitôt que la neige reparaît. Quand on arrive le matin sur les chaumes, principalement avant le lever du soleil, on trouve les animaux couchés, les vieux font le cercle, tenant la tête en avant; au centre sont les jeunes, les femelles pleines. Il faut bien se garder de conduire avec soi un chien : la vue de cet animal met les vaches en fureur : elles se lèvent, mugissent d'une manière effrayante. Ce signal est celui du péril, car on voit accourir aussitôt les bestiaux des chaumes voisines. Le chien ne tarde pas à périr, et son maître, s'il ne monte promptement sur un arbre, s'il ne se réfugie à toutes jambes vers une hutte, court les plus grands dangers.

**CHAUMES** (**SAINT-LÉONARD DES**), *Sanctus Leonardus de Calmis*, abbaye de l'ordre de Cîteaux, fille de Beuil-sous-Pontigny. Elle était située dans l'étendue de la paroisse de Notre-Dame de la Rochelle, à une lieue de cette ville. Les auteurs et le temps de sa fondation ne sont pas bien connus. Les uns l'attribuent aux seigneurs de Dampierre en Aunis, et d'autres, comme l'historien des *Comtes de Poitiers*, p. 92, à Eudes ou Othon, duc d'Aquitaine, vers l'an 1036. On n'en trouve point d'abbé avant 1191, quoique le monastère fût uni à la congrégation de Cluny dès l'an 1168. Richard, roi d'Angleterre, lui accorda des exemptions et des privilèges qui furent confirmés par Othon, duc d'Aquitaine, neveu de ce prince. On met aussi au nombre de ses principaux bienfaiteurs les seigneurs de Mauléon, ceux de Surgères, de Maran, de Mauzé, de Noailles, etc. Cette abbaye ayant été ruinée par les calvinistes, les religieux perdirent la plus grande partie de leurs revenus. On y faisait la fête de saint Léonard, dont le monastère portait le nom, le 6 novembre (*Gallia christ.*, t. II, col. 1400).

**CHAUMET** s. m. (*agric.*), instrument qui sert à couper le chaume.

**CHAUMETON** (**FRANÇOIS-PIERRE**), médecin, né le 20 septembre 1775, à Chouzé, petit bourg sur la Loire, était fils d'un chirurgien qui ne lui laissa qu'un modique héritage. Après avoir fait de très-bonnes études, il vint suivre les cours de médecine à Paris. Lorsque la loi l'appela sous les drapeaux, il fut nommé chirurgien des hôpitaux militaires; mais, doué d'une sensibilité trop vive et incapable de supporter le spectacle de la douleur, il préféra bientôt la pharmacie, qui d'ailleurs le ramenait à ses goûts naturels, les sciences physiques, les langues et la bibliographie. Il fut admis au nombre des pharmaciens de l'hôpital d'instruction du Val-de-Grâce. Un voyage qu'il fit peu de temps après en Italie acheva de développer son goût pour l'histoire littéraire de la médecine. De retour en France, il s'occupait à mettre en ordre les notes innombrables qu'il avait recueillies, lorsqu'un incendie lui ravit ce précieux trésor et presque toute sa bibliothèque. Des études forcées, la mort d'une épouse chérie, celle d'une excellente mère, et la perte du fruit de ses immenses recherches, développèrent en lui le germe d'une misanthropie à laquelle le disposaient une sensibilité profonde et une excessive irascibilité, traits principaux de son caractère. Pour l'arracher au chagrin qui le minait, on le fit nommer médecin de l'armée de Hollande; il parcourut, à la suite des troupes françaises, cette contrée, la Prusse, la Pologne, l'Autriche, l'Illyrie, apprenant partout la langue de chaque pays, et fouillant avec avidité dans toutes les bibliothèques. Le mauvais état de sa santé le détermina à demander sa retraite, et il vint se fixer à Paris. Divers articles dans le *Magasin encyclopédique*, la *Bibliothèque médicale* et les *Annales de la médecine politique* de Kopp avaient donné une haute idée de son savoir, et surtout il s'était fait redouter des écrivains sans talent, qui étalent sans pudeur leurs ridicules prétentions à la gloire, lorsqu'il se chargea de la direction du *Dictionnaire des sciences médicales*, qu'il abandonna au bout de quelques années, voyant cette entreprise, d'abord si bien conçue, dégénérer en une pure spéculation mercantile. Il entreprit alors la *Flore médicale*, dont il rédigea tout le texte jusqu'à la lettre G. Dans le même temps il donnait des articles aux journaux scientifiques les plus répandus, et en fournissait aussi un grand nombre à la *Biographie universelle*. Après trois ans d'une longue et cruelle agonie, il succomba le 10 août 1819, à la phthisie pulmonaire. Chaumeton ne s'est point distingué dans la pratique de l'art de guérir; il croyait même peu au pouvoir de la médecine, parce qu'il n'avait guère vu de malades et qu'il était affecté d'une maladie incurable. Mais il avait une érudition immense, un style pur et parfois élégant. Il a rendu un immense service en donnant parmi nous le premier exemple d'une critique sévère. Jusqu'alors peu de médecins avaient osé juger avec franchise les productions dont leur littérature s'appauvrit de jour en jour, et chaque mois voyait renouveler les scandales d'éloges dictés ou rédigés par les auteurs eux-mêmes. Depuis sa mort, on a souvent cherché à imiter son allure toujours franche, et parfois un peu rude; mais c'était son savoir, son impartialité, sa haine de toute dépendance et de toute autorité despotique, sa loyauté et son désintéressement qu'on devait imiter. Il fut immensément instruit, mais il ne sut jamais flatter; aussi vécut-il pauvre et mourut-il dans un état voisin de l'indigence, au milieu d'une vaste bibliothèque pour l'accroissement de laquelle il se refusait jusqu'au nécessaire. Il a laissé peu d'ouvrages; et, quoique tous soient empreints d'un ardent amour de la liberté et de l'indépendance, aucun d'eux ne donne une idée même éloignée de ses connaissances. Les seuls qui aient paru à part sont un *Essai médical sur les sympathies*, Paris, 1803, in-8°, et un *Essai d'entomologie médicale*, Strasbourg, 1805, in-8° : c'est la thèse qu'il présenta pour le doctorat. Tous ses autres écrits sont disséminés dans les recueils périodiques.

**CHAUMETTE** (**Antoine**), né à Vergesai dans le Velay, à deux lieues du Puy, fut, au rapport d'Astruc, dans son traité *De morbis venereis*, un des plus célèbres chirurgiens de son temps. Contemporain de Guillaume Rondelet, il en fut l'intime ami, d'après ce qu'a écrit le savant médecin Joubert, qui a publié la vie de Rondelet. On a de lui le traité suivant : *Enchiridion chirurgicum, externorum morborum remedia, tum universalia, tum particularia, brevissime complectens. Quibus morbi venerei curandi methodus probatissima accedit. Autore Antonio Chalmeteo, Vergesaco, apud Anicienses chirurgico diligentissimo;* Paris, 1560, in-12, plusieurs fois réimprimé et traduit en diverses langues. C'est un précis de chirurgie pratique divisé en cinq livres, avec des gravures en bois, représentant les divers instruments de chirurgie.

**CHAUMETTE** (**Pierre-Gaspard**) naquit à Nevers le 24 mai 1763. Quoique fils d'un cordonnier très-peu fortuné, Chaumette reçut quelque instruction; il manifesta de bonne heure un esprit d'indépendance qui lui fit d'abord quitter son pays natal et le poussa à s'embarquer. Il navigua quelque temps en qualité de mousse et de timonier; mais, bientôt dégoûté de la marine, il partit pour Paris, où on le retrouve clerc copiste chez un procureur, en 1789. Ayant fait la connaissance de Camille Desmoulins, on l'employa à haranguer les groupes populaires, et il ne tarda pas à être admis dans la société des cordeliers, qui se faisait remarquer par l'exagération de ses opinions démagogiques. Il écrivit alors dans le *Journal des révolutions de Paris*, que publiait Prud'homme; ce fut à peu près à cette époque que le ministre Rolland le chargea d'une mission dans les départements qu'il remplit avec succès. Cependant Chaumette resta à peu près inconnu jusqu'au 10 août 1792; mais à partir de cet événement, auquel il avait contribué, il joua un rôle plus important, et parut au premier rang parmi les personnages influents. Le jour de sa nomination au poste révolutionnaire de procureur général de la commune, il prit le nom d'Anaxagore, saint qui avait été, disait-il, pendu pour son impiété. — Chaumette parlait avec facilité; son organe net et sonore plaisait à la multitude, qui applaudissait avec frénésie ses discours pleins du sentiment de la démocratie la plus ardente. Pendant que la famille royale était en prison, il fit passer à Louis XVI une gravure représentant le supplice d'un comte de Flandre et une petite guillotine au dauphin. Ce fut lui qui provoqua l'établissement du tribunal révolutionnaire, la loi du *maximum*, la révolution du 31 mai, la formation de l'armée révolutionnaire et la loi des suspects. L'exaltation de son esprit ressemblait à de la démence; il voulait que tous les Français portassent des sabots, et qu'on plantât de pommes de terre les jardins des Tuileries et du Luxembourg, disant que les citoyens d'un pays libre devaient se nourrir seulement de pommes de terre et de pain. Il avait cependant pour le vin de Champagne un goût tout particulier, et il arrivait souvent au club des jacobins la tête pleine des vapeurs de l'Aï; on remarquait alors que sa parole était plus abondante et qu'il parlait mieux. Après que la révolution du 31 mai eut été accomplie, il entreprit de former une faction nouvelle indépendante des cordeliers et des jacobins, et dont le but était, dit-on, de détruire la convention, accusée de modérantisme par la portion la plus exagérée des clubs. Il devint un des principaux chefs de la faction des *hébertistes*. — Ce fut Chaumette qui inventa la fête de la Raison. M^lle^ Maillard, actrice de l'Opéra, remplit le rôle de la déesse; debout sur un char, elle fut amenée dans la convention, portant un manteau bleu sur les épaules, un bonnet rouge sur la tête et tenant à la main une pique. Il demanda que l'église métropolitaine de Paris fût consacrée au culte de la Raison et de la Liberté. L'ex-capucin Chabot convertit la proposition en motion spéciale, et elle fut adoptée. Robespierre et Danton ne s'associèrent pas à ces dégoûtantes exagérations de l'esprit d'impiété, et celui-ci trouva même plus tard le moyen de les faire cesser. Cependant Chaumette, de plus en plus poussé dans la voie où l'avait conduit son exaltation démagogique, demanda l'interdiction de l'exercice public du culte et la destruction des monuments royaux et religieux. Robespierre, voulant mettre un terme à ces scandaleuses propositions du parti où l'athéisme était érigé en principe, fit arrêter Hébert, Clootz le Prussien, et quelques autres qui le représentaient dans la convention. Chaumette dut à la crainte qu'inspirait sa popularité d'échapper d'abord à la proscription; mais, arrêté bientôt après, il fut enfermé au Luxembourg, et n'en sortit plus que pour être exécuté le 13 avril 1794.

**CHAUMIÈRE**, habitation du pauvre. Elle a pris son nom de l'habitude où l'on est de la couvrir de paille, de chaume ou de mousse, ce qui l'expose à de fréquents incendies. Il serait à désirer qu'elle fût construite en terre argileuse sur un parallélogramme de cinq mètres de large sur dix de long, et creusée de trente centimètres en contre-bas du niveau du sol. L'argile doit être adhérente et compacte, bien battue, parfaitement pilonnée par couches de cinq centimètres d'épaisseur, légèrement humectée d'eau en la corroyant, afin de ne former qu'une seule masse ferme et dure. On élève ce massif d'aplomb jusqu'à deux mètres de hauteur, et ensuite on le continue en pente de quarante-cinq degrés jusqu'au sommet, pour former le comble de la chaumière, plaçant par intervalles des crochets en bois pour arrêter les perches de la couverture, qu'on fait ensuite en chaume, roseaux, genêt, bruyères. De la sorte la chaumière est saine, à l'abri du feu; la famille du malheureux y trouve un asile assuré. On peut y établir des divisions en planches et se procurer toutes les aises convenables, donner à chaque division une destination particulière, ce qui amène le besoin de l'ordre et de la propreté. De pareilles habitations ne sont nullement coûteuses, l'argile abondant presque partout; ce serait une charité bien entendue que d'en offrir une à chaque famille indigente. Quand on est assuré d'un lieu de repos agréable, quand on peut dire : *Je suis ici chez moi*, l'amour du travail vient de suite, accompagné de la santé. Les colonies agricoles de la Belgique viennent à l'appui de cette réflexion. Il en sera traité plus bas.

**CHAUMONT** (**Saint**), vulgairement ainsi appelé, son vrai nom étant **Ennemond**, né d'une illustre famille originaire des Gaules, vint à Paris sous le règne de Clovis II, et mérita par ses vertus d'être choisi par ce prince pour être le parrain de son fils aîné, depuis roi sous le nom de Clotaire III. Son zèle et sa piété l'ayant élevé sur le siége de Lyon, il remplit les devoirs de l'épiscopat avec toute l'exactitude d'un fidèle pasteur. La ville de Lyon lui dut l'établissement d'une communauté de vierges particulièrement consacrées aux œuvres de charité, auquel deux de ses sœurs lui furent fort utiles. Ce saint évêque fut massacré le 28 septembre 657 près de Châlons-sur-Saône, peu après la mort de Clovis II, par une troupe de soldats chargés de cette sacrilége exécution par Ebroïn, maire du palais, qui craignait que le prélat ne fît connaître les vexations dont il accablait le peuple de Lyon. Saint Wilfrid, depuis évêque d'Yorck, et les autres ecclésiastiques qui l'accompagnaient, rapportèrent son corps à Lyon, et l'enterrèrent dans l'église de Saint-Pierre. « L'existence des évêques et des prêtres, dit un auteur, fut toujours un objet redoutable aux yeux de ces hommes puissants et ambitieux qui veulent, au mépris des lois et de la raison, établir et perpétuer le règne de la tyrannie. Ils savent combien cette existence les arrête dans l'exécution de leurs vues intéressées et sanguinaires; et voilà d'où viennent les efforts qu'ils font pour la détruire. En effet, cette barrière une fois anéantie, où les peuples trouveraient-ils des défenseurs assez vigoureux contre la violence et l'oppression? Ils seraient bientôt, hélas! dans la triste et dure nécessité de plier respectueusement le cou sous le joug dont il plairait à l'autorité arbitraire de les charger. »

**CHAUMONT EN VEXIN**, *Calvus Mons*, *Calvimontium* (*géogr.*), jolie petite ville du Vexin, aujourd'hui chef-lieu de canton du département de l'Oise, à 27 kilomètres de Beauvais. Cette ville joua un rôle important durant les longues luttes de l'Angleterre et de la France aux XII^e^ et XIII^e^ siècles. Elle était bâtie sur un mamelon élevé, couronné par un château dont il ne reste plus que quelques ruines. Brûlée par les Normands en 1140, et par les Anglais en 1167, elle ne fut pas reconstruite sur le coteau; mais elle s'étendit dans la vallée, sur le bord de la rivière de Troëne. Sous Louis VII, on y voyait des souterrains immenses dont on ignore aujourd'hui l'entrée. Chaumont était autrefois le chef-lieu d'une élection et d'un bailliage. Sa population est aujourd'hui de 1,126 habitants.

**CHAUMONT EN BASSIGNY** (*géogr.*), jolie ville de l'ancien Bassigny, aujourd'hui chef-lieu du département de la Haute-Marne. Le nom de cette ville figure dans l'histoire dès l'année 961, époque où le roi Lothaire y passa à son retour de Bourgogne; ce n'était alors qu'un bourg fortifié par un château. Elle faisait depuis longtemps partie des domaines des comtes de

Champagne, lorsque l'un deux, Henri deuxième du nom, lui accorda, par une charte de 1190, la coutume de Lorris. Une prévôté y fut établie en 1202, et Chaumont commença dès lors à prendre quelque importance. Chaumont était alors protégée par un château fort séparé de la ville, et dont il ne reste plus aujourd'hui que les débris d'une grosse tour carrée. Les remparts dont la ville était environnée furent construits en 1500, par ordre de Louis XII. François I$^{er}$ et Henri II y ajoutèrent quelques bastions : mais cela est maintenant à peu près détruit. Chaumont était, avant la révolution, le chef-lieu d'une élection et d'un bailliage et présidial. Elle possède aujourd'hui des tribunaux de première instance et de commerce, une société d'agriculture et un collége communal. Sa population est de 6,318 habitants.

**CHAUMONT** (**Traité de**). Lorsque après la rupture du congrès de Châtillon (*V.* ce mot) les plénipotentiaires des quatre grandes puissances alliées, incertaines encore de l'issue de la lutte dans laquelle elles étaient engagées contre Napoléon, voulurent prévenir la possibilité d'une dissolution de la sixième coalition, elles arrêtèrent les bases d'un traité qui fut signé à Chaumont le 1$^{er}$ mars 1814, acte diplomatique dont les conséquences allaient être plus redoutables pour la France que tous les plans stratégiques des alliés. On a donc eu raison d'appeler cette quadruple alliance, remarquable déjà par l'esprit de méfiance qui y règne, « un événement de la plus haute importance » (*Histoire abrégée des traités de paix*, édition de Schœll, t. x, p. 414 et suivantes) : c'est à la fois une alliance offensive et défensive, avec objet défini et tout spécial ; c'est un traité de subsides, et encore un pacte de concert éventuel, portant mutualité de garanties dans une direction politique clairement indiquée. Elle fut signée pour l'Autriche par le prince de Metternich, pour la Grande-Bretagne par lord Castlereagh, pour la Prusse par le baron depuis prince de Hardenberg, et pour la Russie par le comte de Nesselrode. Cette quadruple alliance n'a pas été consignée dans un instrument unique que toutes les parties aient approuvé : il y eut traité spécial de chacune d'elles avec les trois autres, ce qui donna six instruments, conformes d'ailleurs, à la seule différence de l'indication des parties contractantes. La cause de cette singularité est sans doute que des clauses secrètes devaient être ajoutées aux articles patents, et que l'existence de ces clauses devait rester ignorée de l'une des parties. En effet, pour entraîner le concours des masses à cette guerre, présentée comme une lutte de l'esprit d'affranchissement et de liberté, deux des gouvernements du Nord avaient dû exalter l'élan des idées libérales dans leurs populations, et l'on se proposait de refréner ce mouvement au plus tôt, dès qu'on l'aurait exploité au profit du pouvoir souverain. Or cette partie secrète de l'alliance de Chaumont, qui peut-être a servi plus tard de base à la sainte alliance (*V.* ce mot), ne pouvait convenir aux vues du cabinet de Saint-James, quelle que fût alors sa politique. Aussi voit-on que c'est en dehors des communications des alliés avec l'Angleterre que se révèle l'existence des clauses secrètes de l'alliance de Chaumont ; car nous n'en trouvons d'autre indication que celle qui résulte d'une *note confidentielle* remise à Vienne, le 11 novembre 1814, par le comte de Nesselrode aux plénipotentiaires d'Autriche et de Prusse, dans laquelle il est dit que : « Le traité d'alliance de Chaumont et la paix de Paris stipulèrent que l'Allemagne serait un Etat fédératif. » Or ni le traité de Chaumont ni celui de Paris, tels qu'ils ont été publiés, ne contiennent de stipulation semblable. On peut voir au XII$^{e}$ volume, p. 683, du *Recueil* de Martens, la teneur des articles de l'alliance de Chaumont ; il suffira de donner ici une rapide analyse des principales dispositions. Le *préambule* établit les causes et la nécessité d'une poursuite vigoureuse de la guerre contre Napoléon, s'il refuse les conditions de paix proposées ; l'ordre de choses qui sera alors établi est placé sous la garantie des contractants. — L'article 1$^{er}$ stipule qu'un contingent de cent cinquante mille hommes sera tenu en campagne contre l'ennemi commun par chaque allié. — Chaque allié s'oblige à ne pas traiter séparément avec lui (art. 2). — Un subside de cinq millions de livres sterling, fourni par l'Angleterre pour le service de l'année 1814, sera réparti par parties égales et en termes mensuels entre les trois autres puissances. Les secours à fournir ultérieurement par l'Angleterre seront convenus le 1$^{er}$ janvier de chaque année ; elle devra payer encore, après la conclusion de la paix, au prorata du subside convenu, deux mois à l'Autriche et à la Prusse, et quatre mois à la Russie, pour le retour des troupes (art. 3 et 4). — Si l'une des puissances est menacée de quelque attaque de la part de la France, chacune des autres enverra immédiatement à son secours un corps de soixante mille hommes, dont dix mille de cavalerie (art. 5 et 8). — Tout contingent dû par l'Angleterre pourra être fourni en troupes étrangères à sa solde, si mieux elle n'aime le représenter par un subside, au taux annuel de vingt livres sterling par fantassin, et de trente livres sterling par cavalier. Enfin l'art. 16 étend à vingt années la durée de cette alliance. — C'est encore à Chaumont que fut signé, le 3 mars 1814, entre le prince de Metternich, le duc de Campo-Chiaro et le prince Cariati, l'article additionnel au traité de Naples modifié, qui devait maintenir le prince Murat dans la possession des biens de la famille Farnèse à Rome, ainsi que d'autres biens allodiaux situés dans le royaume de Naples.

**CHAUMONT-SUR-LOIRE**, bourg de l'ancien Blésais, aujourd'hui du département de Loir-et-Cher, à 12 kilomètres de Blois, dominé par un ancien château situé, suivant la tradition, sur l'emplacement d'un manoir bâti par Gueldin, chevalier danois, et par Thibaud le Grand, comte de Blois. Ce château fut reconstruit par les seigneurs d'Amboise, entre les mains desquels il resta jusqu'en 1550. A cette époque il passa aux seigneurs de la Rochefoucauld, qui le vendirent pour la somme de cent vingt mille livres à Catherine de Médicis, qui plus tard força Diane de Poitiers de le prendre en échange contre la terre de Chenonceaux. — La population de ce bourg est aujourd'hui de 985 habitants.

**CHAUMONT-LA-PISCINE**, *Calvus-Mons*, abbaye réformée de l'ordre de Prémontré, située dans le Réthelois, à 2 lieues de Château-Porcien, diocèse de Reims, et fondée par Réginald de Roset, suivant le nécrologe de Saint-Just de Beauvais. Ce ne fut d'abord qu'un ermitage, auquel saint Bertaud et saint Amand, qui se retirèrent dans ce désert avec quelques autres personnes de piété, donnèrent naissance, dit-on, à la fin du V$^{e}$ siècle. L'église de Chaumont était dédiée à la Vierge et à saint Bertaud. Elle dépendait du prieuré de Château-Porcien en 1087, et était occupée par les chanoines de Prémontré dès le milieu du XII$^{e}$ siècle. Elle fut transférée avec le monastère, du consentement des supérieurs de l'ordre, dans un lieu appelé la Piscine, entre Chaumont et Château-Porcien, par Etienne Galinet, qui en était abbé commendataire en 1623, et c'est de là que lui vient le nom de Chaumont-la-Piscine (*Gallia christ.*, t. IX, col. 326, nouv. édit.).

**CHAUMONT** (**Famille de**). Cette famille tire son nom de la petite ville de Chaumont en Vexin. Elle date de Robert I$^{er}$, seigneur de Chaumont et vidame de Gerberoi. Son fils, Osmond I$^{er}$, fut fait prisonnier par les Anglais en 1119, malheur qui arriva la même année à Guillaume I$^{er}$, fils et successeur de ce dernier. Dans la longue suite des seigneurs de Chaumont, nous nous bornerons à citer : Richard de Chaumont, seigneur de Guitri, conseiller et chambellan de Charles VI ; — Guillaume de Chaumont, cinquième du nom, conseiller et chambellan de Charles VI, puis général réformateur des eaux et forêts de France. La famille de Chaumont se divise ensuite en plusieurs branches, savoir : 1° seigneurs de Guitri et de Bertichères ; 2° seigneurs de Bertichères et d'Orbec ; 3° seigneurs d'Athicules ; 4° seigneurs de Bois-Garnier ; 5° seigneurs d'Esguilly ; 6° seigneurs de Saint-Chéron, de Courmoncle et de Riviers. Dans la première branche, nous distinguerons : Philippe de Chaumont, maréchal des camps et armées du roi, mort des blessures qu'il reçut au combat de Poligny en 1638, et Gui de Chaumont, grand maître de la garde-robe du roi, tué au passage du Rhin en 1672. Dans la deuxième, Henri de Chaumont, baron de Lecques et de Bourbon, maréchal des camps et armées du roi. Dans la troisième : 1° Louis de Chaumont, seigneur d'Athicules, tué, en 1567, à la bataille de Saint-Denis, où il portait le guidon de la compagnie d'ordonnances de Charles de Montmorency, baron de Banville ; 2° Hugues de Chaumont, maréchal des camps et armées du roi vers 1660. Dans la quatrième : 1° Jean de Chaumont, maître de la librairie de Henri IV, conseiller d'Etat ordinaire, mort en 1667 ; 2° son fils, Paul-Philippe, fut évêque d'Acqs, garde de la bibliothèque du Louvre, et l'un des quarante de l'académie française. Il mourut en 1697. Enfin nous remarquerons, dans la branche de Saint-Chéron, Antoine de Chaumont, chevalier de l'ordre du roi, l'un des cent gentilshommes de sa maison, surintendant des maisons et affaires de la reine d'Ecosse, mort en 1582.

**CHAUMONT** (**Charles d'Amboise, seigneur de**), grand maître de France, neveu du cardinal d'Amboise, qui le nomma gouverneur de Milan. En 1506, lorsque Louis XII, cédant trop facilement aux conseils du cardinal, prêta des secours au pape Jules II contre ses propres alliés, ce fut Chaumont qui commanda les troupes chargées de prendre Bologne. L'année suivante, il dirigea le siége de Gênes : à la bataille d'Agnadel, il était à la tête de l'avant-garde. En 1516, conservant son crédit malgré la mort de son oncle, l'auteur de sa fortune, il eut le commandement des troupes qui guerroyèrent pour le compte du duc de Ferrare et de l'empereur ; et l'histoire lui reproche d'avoir traité quelquefois les vaincus avec une horrible cruauté. Le 12 octobre, il investit Jules II dans Bologne, et l'aurait enlevé, si le rusé pontife n'eût recouru à des négociations trompeuses pour échapper au danger. Bientôt après, le pape s'empara de la Mirandole ; Chaumont, auquel le roi avait associé dans le commandement le vieux et brave maréchal Trivulzio, devait venger avec éclat ces échecs. Mais cette tâche était au-dessus de ses forces. Inhabile tacticien, opiniâtre et jaloux de son collègue, il essuya de nouveaux revers qui le jetèrent dans une profonde mélancolie. Il était du reste bourrelé de remords d'être forcé de combattre le pape, d'une excommunication. Il était déjà bien malade de chagrin quand un accident hâta les progrès de son mal. Transporté à Correggio, il envoya solliciter le pape de lever les censures qu'il avait encourues ; mais avant que l'absolution fût arrivée, il mourut le 11 mars 1511, à l'âge de 38 ans.

**CHAUMONT** (**Le chevalier de**), capitaine de vaisseau, né vers 1640, fut envoyé, en 1685, par Louis XIV en qualité d'ambassadeur auprès du roi de Siam (*V.* le mot Siam). Il fut bien accueilli, reçut de grands honneurs, et signa avec les ministres siamois un traité dans lequel étaient stimulés les intérêts du commerce français et surtout ceux de la religion catholique. Peu de temps après, il prit à bord de son vaisseau et amena à Brest deux ambassadeurs siamois qui devaient flatter la vanité de Louis XIV. L'époque de la mort du chevalier Chaumont est ignorée. Il avait écrit la *Relation* de son voyage, imprimée à Paris en 1686.

**CHAUMONT** (**Denisoit de**), l'un des chefs de cette faction de cabochiens qui, sous le règne de Charles VI, firent à Paris de si *merveilleuses besoingnes*. La populace mutinée contraignit le duc de Guyenne à lui confier le commandement et la garde du pont de Saint-Cloud. L'anonyme de Saint-Denis l'appelle *Infâme écorcheur de bestes*.

**CHAUMONT** (**Jean**), conseiller d'Etat et seigneur de Bois-Garnier, naquit en 1580, obtint la charge de garde des livres du cabinet du roi, et mourut en 1667. Il a composé quelques ouvrages, dont un seul est encore recherché par la bizarrerie de son titre : c'est la *Chaîne de Diamants*, Paris, 1684, in-4°. L'auteur y réfute ceux qui attaquent ces paroles de la consécration : *Ceci est mon corps*.

**CHAUMONT** (**Paul-Philippe de**), fils du précédent, embrassa l'état ecclésiastique, et succéda à son père dans la charge de garde des livres du cabinet, à laquelle il joignit celle de lecteur du roi. L'académie française le reçut en 1654, quoiqu'il n'eût alors publié aucun ouvrage, et il fut ensuite un des quatre commissaires que le président de Noviou choisit parmi les académiciens pour terminer à l'amiable leur procès avec Furetière. En 1671, Louis XIV nomma Chaumont à l'évêché d'Acqs, qu'il ne conserva que treize ans ; car en 1684 il revint à Paris, afin de se livrer à son goût pour l'étude. En 1693, il publia un ouvrage intitulé : *Réflexions sur le christianisme enseigné dans l'Eglise catholique*, 2 vol. in-12. Chaumont mourut à Paris en 1697, dans un âge avancé.

**CHAUMOUSEZ**, *Calmosia*, abbaye de l'ordre de Saint-Augustin, de la congrégation de Saint-Sauveur en Lorraine, diocèse de Toul, fondée, vers l'an 1090, par un saint personnage nommé Séhérus. Elle était régulière et soumise immédiatement au saint-siége. L'abbé y exerçait la juridiction quasi-épiscopale, comme aussi dans quelques paroisses et dans quelques prieurés de sa dépendance. Il avait droit de conférer les ordres mineurs, tant à ses religieux qu'aux autres sujets de son abbaye. Le pape Paschal II accorda à cette abbaye l'exemption dont on vient de parler, sous la redevance d'une étole sacerdotale, que l'on devait donner chaque trois ans au palais de Latran : dans la suite, cette redevance fut évaluée à un florin d'or, dont on a des quittances jusqu'en 1492 (*Hist. de Lorraine*, tom. III, col. 87).

**CHAUNE**, s. f. (*technol.*), instrument d'épinglier pour couper les tronçons de laiton.

**CHAUNCY** (**Sir Henri**), auteur anglais du XVII^e siècle, natif du comté de Hertford, mort en 1700, après avoir rempli plusieurs places dans l'ordre judiciaire du pays de Galles. Charles II lui avait conféré, en 1681, l'honneur de la chevalerie. On a de lui les *Antiquités historiques du comté de Hertford*, Londres, 1700, in-folio, en anglais, ouvrage qui, malgré quelques digressions pédantesques, est estimé en Angleterre.

**CHAUNY**, *Calniacum*, petite ville de l'Ile-de-France, aujourd'hui chef-lieu de canton du département de l'Aisne. Elle passe pour fort ancienne, et l'on croit qu'elle n'est autre que le lieu nommé *Contragium* dans l'Itinéraire d'Antonin. Philippe de Flandre donna, en 1167, aux habitants de Chauny une charte de commune, qui fut confirmée par Philippe-Auguste en 1213. Cette ville fut assiégée par les Espagnols en 1552. Chauny était autrefois une châtellenie royale, et avait une coutume particulière. On y compte aujourd'hui 4,200 habitants.

**CHAUPY** (**Capmartin, Bertrand de**), littérateur et antiquaire, était né vers 1720, à Grenade, près de Toulouse. Ayant embrassé l'état ecclésiastique, il vint à Paris, et s'y lia bientôt avec ceux de ses confrères qui partageaient son goût pour l'étude. Il s'engagea dans les querelles du parlement avec le clergé, et prit vivement la défense de son ordre contre la magistrature, dans divers écrits qui furent condamnés. Exposé lui-même à des poursuites quoiqu'il eût gardé l'anonyme, il partit pour Rome, en 1756, muni de lettres de recommandation pour plusieurs prélats. La vue des monuments de cette ville tourna ses études vers l'antiquité ; et, sans s'effrayer de la grandeur de l'entreprise, il forma le projet de donner la description de l'Italie ancienne. Dans ce but il employa dix ans à rassembler des matériaux ; mais avant d'annoncer son grand ouvrage il en détacha, pour sonder le goût du public, la partie qu'il jugeait la plus neuve et la plus intéressante, et la fit paraître en 1769 sous ce titre : *Découverte de la maison de campagne d'Horace*. L'accueil que reçut cet essai encouragea l'abbé Capmartin à continuer d'explorer les ruines de l'Italie ; mais ayant obtenu, vers 1776, l'autorisation de rentrer en France, il abandonna tous ses projets littéraires, et se hâta de revenir à Paris, rapportant de son exil des livres rares, des médailles et une collection assez précieuse d'antiquités. Satisfait de sa modeste fortune, il vécut plusieurs années tranquille, partageant son temps entre la culture des lettres et la société de quelques amis. Il fit, en 1785, un voyage en Champagne pour visiter l'ancienne ville découverte par Grignon sur la petite montagne du Châtelet (*V.* Grignon, t. XVIII, et ci-après), et l'encouragea beaucoup à pousser plus loin ses fouilles, lui promettant qu'il serait bien dédommagé de ses peines et de ses dépenses. La résistance des parlements à l'autorité royale ranima la vieille haine que Capmartin portait à ce corps de magistrature. Lors de la demande de la convocation des états généraux, il prévit que, dans la situation des esprits, cette mesure amènerait des changements dans les principes constitutifs de la monarchie, et que le clergé surtout serait l'objet des attaques des réformateurs. Il reprit donc la plume dans l'intention de signaler le danger et d'indiquer la manière dont les états devaient être composés pour opérer, sans secousses, les réformes qui seraient jugées nécessaires ; mais la marche des événements dépassa toutes ses prévisions ; et, avant qu'il eût achevé son ouvrage, la révolution avait triomphé de tous les obstacles qu'il prétendait lui opposer. Sa prudence le fit échapper à tous les dangers auxquels sa double qualité de prêtre et d'ami de l'ancien régime l'exposait. A cette époque il demeurait à Sens, et c'est là qu'un jeune littérateur, qui depuis est devenu membre de l'académie française, eut souvent occasion d'apprécier cet esprit original. Il portait dans la société, qu'il n'évitait cependant pas, une habitude de préoccupation et de taciturnité dont il ne sortait guère que lorsqu'il trouvait moyen de citer son auteur favori ; il en parlait non-seulement en homme qui sait ses vers par cœur, mais en ami de tous les jours : il semblait qu'il fût son contemporain et qu'il eût encore causé avec lui la veille. Il trouvait dans Horace la prophétie de tous les événements de la révolution qu'il avait désiré prévenir. Chaupy mourut à Paris, en 1798, âgé de près de 80 ans ; il avait été très-lié dans ses dernières années avec Mercier de Saint-Léger, Beaucousin et autres bibliophiles. On a de lui : 1° *Observations sur le refus qu'a fait le Châtelet de reconnaître la chambre royale*, en France, 1754, in-4° et in-12 ; 2° *Réflexions d'un avocat sur les remontrances du parlement du 27 septembre 1756 au sujet du grand conseil*, Londres (Paris), 1756, in-12. Ces deux écrits furent condamnés par le parlement comme renfermant des principes contraires aux lois fondamentales du royaume. Dans le temps, on attribua le premier à dom la Taste (*V.* ce nom) ; mais il est aujourd'hui prouvé que Capmartin en est le véritable auteur. 3° *Découverte de la maison de campagne d'Horace*, Rome, 1767-69, 3 volumes in-8°, avec une carte de la Sabine. Ce titre trop modeste ne donne pas une idée de l'importance de l'ouvrage, dans lequel l'auteur répand un nouveau jour sur la topographie des provinces voisines de Rome. Il place la maison de campagne d'Horace dans la Sabine, sur les bords de la *Digentia*. Cette opinion est partagée par Lalande, qui, dans son voyage en Italie, paraît avoir eu connaissance des recherches de Capmartin. C'est un point d'érudition à l'abri désormais de toute critique. Les nouveaux commentateurs d'Horace ont profité des travaux de Chaupy pour expliquer différents passages de ce poëte, dont le sens n'avait point encore été déterminé d'une manière satisfaisante. Un résumé de son livre savant, mais indigeste, se lit à la tête de la traduction qu'ont donnée, en 1812, des œuvres d'Horace MM. Campenon et Desprès; ce morceau, qui est dû au premier, a été adopté par les traducteurs qui sont venus depuis, et a été traduit en allemand par M. A.-G. Gebhardt, Leipzig, 1826, in-8°, avec une carte géographique. 4° *Philosophie des lettres qui aurait pu tout sauver; Misosophie voltairienne qui n'a pu que tout perdre*, Paris, 1789-1790, in-8°, 2 parties du XXX et 700 pages Ce volume est très-rare; il n'en a été tiré, suivant les bibliographes, qu'un petit nombre d'exemplaires aux frais de l'auteur, qui ne les mit pas dans le commerce. On peut croire que cette rareté vient plutôt des circonstances où il fut publié et de la suppression que Chaupy en dut faire avec le plus grand soin quand il eut reconnu que, sans remplir ses vues, il pouvait compromettre sa tranquillité. Voici le jugement qu'il en porte lui-même dans l'avant-propos : « C'est moins un ouvrage qu'un *pot-pourri* qu'on publie. Les moindres défauts qu'on lui trouvera sont ceux de plan, d'ordre et de style... Le bouleversement des choses n'a pu qu'influer sur la manière d'en parler. Mon écrit a dû être véritablement marqué au coin du génie qui présidait aux états, qui, entre tous les caractères, a déployé surtout celui d'ennemi de tous ordres... La honte de tant de défauts m'a souvent fourni la pensée de renoncer à cet ouvrage; mais elle ne manquait pas de se changer en celle de continuer; et elle m'était donnée par la réflexion que, si c'était une *grande eau vague*, on y pourrait pêcher non-seulement des poissons, mais quelques perles. » En le publiant, Capmartin avait pour but d'attaquer la révolution dans sa source. « Cette source, dit-il, n'est pas douteuse, on ne peut s'empêcher de la reconnaître dans ce libertinage d'esprit et de cœur, réduit par Voltaire en un système qu'il eut, on ne sait s'il faut dire l'audace ou l'impudence de décorer du nom de philosophie...: mais la philosophie est l'amour de la sagesse, que son nom exprime, et le voltairianisme n'est caractérisé que par la haine de tout bien. Elle est capable de changer la terre en ciel; le voltairianisme ne l'est pas moins de la changer en enfer, en y apportant le défaut de tout ordre, et l'interminable horreur qui la caractérise... » Il examine ensuite si diverses réformes projetées sont nécessaires, et il se déclare pour la négative. « La France, dit-il (p. 179), a la constitution monarchique la plus parfaite. On en a la preuve dans la prospérité toujours croissante de la nation. Elle n'a pas été la plus grande du monde, sans le moyen de devenir ce qu'elle a été. » L'abbé Capmartin annonçait le projet de donner à son ouvrage une suite, dans laquelle il aurait rassemblé les textes et les monuments anciens à l'appui de ses principes; mais les circonstances ne lui permirent pas de s'en occuper.

**CHAURAF** (*hist. nat.*) (*V.* CHATAF).

**CHAUS** (*felis chaus*) (*zoologie*). Cet animal est intermédiaire, pour la taille, entre le lynx et le chat sauvage; son poil est brun jaunâtre en dessus, avec quelques nuances plus foncées, plus claires à la poitrine et au ventre, blanchâtres à la gorge; il a deux bandes noirâtres qui marquent le dedans des bras et des cuisses. Sa queue va jusqu'au *calcaneum*; elle est blanchâtre vers la pointe, avec trois anneaux noirs; le derrière des pieds et des mains est noirâtre comme le bout des oreilles. Cet animal a été découvert dans les vallées du Caucase, où il fréquente les endroits inondés et couverts de roseaux, poursuit les poissons, les grenouilles et les oiseaux aquatiques. Il a été retrouvé par M. Geoffroi dans une île du Nil.

**CHAUSEL** (*hist. nat.*). C'est, chez les Arabes, le pélican, *pelecanus onocrotalus* Linn.

**CHAUSSAGE**, s. m. (*féod.*), droit que l'on payait au seigneur pour l'entretien d'une chaussée.

**CHAUSSAGE** (*écon. dom.*), ce qui est nécessaire pour entretenir quelqu'un de chaussures. On dit aussi chaussure dans ce sens.

**CHAUSSANT, ANTE**, adj. qu'on chausse facilement. Il est peu usité, et ne se dit guère que des bas.

**CHAUSSARD** (PIERRE-JEAN-BAPTISTE) dit *Publicola*, naquit à Paris en 1766, et mourut dans cette ville en 1823. Il avait fait ses études au collège de Saint-Jean de Beauvais, sous la direction du savant auteur de l'*Origine des cultes*, qui devint son ami. A peine âgé de 21 ans, Chaussard fit imprimer une *ode*, qui concourut pour le prix de l'académie française, *sur le dévouement du duc de Brunswick* (1787). Il se fit recevoir avocat au parlement, et, criminaliste imberbe, il publia en 1789 une *Théorie des lois criminelles*, qu'il adressa à l'assemblée nationale. Il avait embrassé la révolution avec ardeur, et, à l'instar de Paris, depuis greffier en chef du tribunal révolutionnaire, qui avait quitté son nom pour prendre celui de *Fabricius*, Chaussard échangea le sien contre celui de *Publicola*. En 1791, il fit paraître sa *Lettre d'un homme libre à l'esclave Raynal*, et *la France régénérée, pièce en vers et à spectacle*. En 1792 parut son livre *De l'Allemagne et de la maison d'Autriche*, ouvrage acheté et distribué par le gouvernement, réimprimé avec des changements, même dans le titre, en 1799 et en 1800. Vers la fin de 1792, Chaussard fut chargé par le ministre Lebrun, d'aller révolutionner la Belgique. Il partit pour Bruxelles avec le titre de commissaire du conseil exécutif. Tandis qu'il travaillait à amener l'acte de réunion à la France, il se trouva plusieurs fois en présence de Dumouriez, qui ne l'a pas épargné dans ses mémoires. Ce général rapporte que, le 11 février 1793, il trouva la ville d'Anvers dans la consternation; que le commissaire Chaussard venait de casser tous les magistrats, d'ordonner leur arrestation et aussi celle de soixante-sept notables de la ville; que le général Marassé, refusant d'exécuter cet ordre, répondit gaiement au commissaire, qui lui reprochait de se conduire en vizir: « Allez, M. Chaussard, je ne suis pas plus vizir que vous n'êtes Publicola! » et Marassé le fit partir sur-le-champ. Après son retour à Paris, Chaussard fut nommé secrétaire de la mairie, et bientôt après secrétaire général de l'instruction publique. Il avait publié un traité de l'*Éducation des peuples* (1793), et des *Mémoires historiques et politiques sur la révolution de la Belgique et du pays de Liége*, 1793, in-8°. Lorsque le directeur la Reveillère voulut fonder une religion nouvelle, Chaussard s'en déclara l'apôtre, et, oubliant qu'il avait proclamé, dans une pièce de vers, que le *peuple seul est Dieu*, il monta en chaire, dans l'église Saint-Germain l'Auxerrois, et prêcha le nouveau Dieu des théophilanthropes. Il fit successivement imprimer l'*Esprit de Mirabeau*, *Essai philosophique sur la dignité des arts* (1798); son *Coup d'œil sur l'intérieur de la république française*, ou *Esquisse des principes d'une révolution morale* (1799); *le Nouveau Diable boiteux*, ou *Tableau philosophique et moral de Paris* (1799, 2 vol. in-8°); les *Fêtes des courtisans de la Grèce*, annoncées par l'auteur comme supplément aux *Voyages d'Anacharsis et d'Anténor* (trois éditions, 1801, 1803, 1820, 4 vol. in-8°), ouvrage assez superficiel, et souvent licencieux; *Héliogabale*, ou *Esquisse morale de la dissolution romaine sous les empereurs* (1803, in-8°). Ce ne fut pas sans doute pour la publication de ces deux derniers ouvrages (l'auteur avait gardé prudemment l'anonyme) que, cette même année 1803, il fut nommé professeur de belles-lettres au lycée de Rouen, d'où il passa bientôt à celui d'Orléans. Il avait des titres plus honorables dans des odes patriotiques sur *la Paix*, sur *le Combat d'Algésiras*, etc., et surtout dans sa traduction de l'*Histoire des expéditions d'Alexandre*, par Arrien (1802, 3 vol. in-8°, et atlas in-4°). Chaussard avait été reçu membre de la société philotechnique en 1811; il venait alors de publier, sous le titre d'*Épître sur quelques genres dont Boileau n'a point fait mention dans son art poétique*, son meilleur ouvrage, qu'il retravailla depuis, et dont il fit un poëme en quatre chants, sous le titre de *Poétique secondaire*, ou *Essai didactique sur les genres dont il n'est point fait mention*, etc., 1817, in-12. A l'époque de la restauration il était titulaire de la chaire de poésie latine à Nîmes, et il en touchait les appointements, quoiqu'il eût obtenu de résider à Paris comme chargé de travaux classiques pour l'université. Il fut bientôt écarté du corps enseignant, sans pension, et dès lors il ne s'occupa plus que de littérature. On peut citer encore, parmi les nombreux ouvrages de Chaussard, son *Traité sur les monuments publics et la magistrature des édiles* (1800, in-8°); *Jeanne d'Arc* (1806, 2 vol. in-8°); *Heur et Malheur*, ou *Trois mois de la vie d'un fou et d'un sage* (1806, 2 vol. in-12); le *Pausanias français, état des arts en France à l'ouverture du XIX<sup>e</sup> siècle* (1807, in-8°); et *les Anténors modernes*, ou *Voyage de Christine et de Casimir en France*, etc. (1807, 3 vol. in-8°). Chaussard était occupé, quand la mort le surprit, d'une traduction en vers des *Odes d'Horace*, et de celle d'un *Choix de poésies lyriques de Schiller*. Comme poëte, Chaussard suivait les traces de Lebrun, dont il était admirateur enthousiaste. Mais, avec l'énergie du Pindare français, il n'avait ni sa verve dithyrambique, ni ses fougueux écarts; et quoique, dans ses odes, la force remplace la grâce, elles ont eu un légitime succès. Celle qui est intitulée *l'Industrie et les Arts* a été trois fois réimprimée in-8° et in-4°.

**CHAUSSE** (MICHEL-ANGE DE LA), en latin *Causeus*, né à Paris dans le XVIIe siècle, a publié plusieurs ouvrages qui l'ont placé au premier rang parmi les savants qui se sont livrés à cette époque à l'étude de l'antiquité. Son goût pour cette science lui fit quitter sa patrie pour se rendre à Rome, où il se fixa. Il a donné successivement : 1° *Romanum Museum, sive Thesaurus eruditæ antiquitatis, in quo gemmæ, idola, insignia sacerdotalia, etc., CLXX tabulis æneis incisa, referuntur ac diluciduntur ;* Rome, 1690, in-fol. On en fit une seconde édition, Rome, 1707, in-fol., et une dernière, Rome, 1747, 2 vol. in-fol. : c'est la meilleure; elle contient deux cent dix-huit planches. Cet ouvrage fut traduit en français sous ce titre : *le Cabinet romain*, ou *Recueil d'antiquités avec les explications*, etc., Amsterdam, 1706, in-fol. 2° *Le Gemme antiche figurate ed intagliate in rame da Pietro Santi Bartoli, con le annotazioni di Michel Agnolo de la Chausse*, Rome, 1700, in-4°. 3° *Aureus Constantini Aug. nummus de Urbe, devicto ab exercitu gallicano Maxentio, liberata, explicatus*, Rome, 1703, in-4°. 4° *Due Lettere in cui si parla della colonna, nuovamente ritrovata in Roma nel Campo Marzo ed eretta già per l'apoteosi di Antonini*, Naples, 1704 et 1705, in-8°, publiées par Nic. Bulifon. 5° *Pitture antiche delle grotte di Roma e del sepolcro de' Nasoni*, Rome, 1706, in-fol. Cet ouvrage, publié en italien et commencé par Pietro Santi Bartoli et P. Bellovi, fut terminé, augmenté et publié en latin par François, fils de Pietro Santi Bartoli, qui acheva les gravures, et par de la Chausse, qui en perfectionna le texte, sous ce titre : *Picturæ antiquæ cryptarum romanarum et sepulcri Nasonum, a Petro Bellovio et M. A. Causeo*, Rome, 1738, 1 vol. in-fol.

**CHAUSSE**. C'est l'habillement de la jambe d'un homme ou d'une femme, écrit Nicot, dans son dictionnaire; d'où il faut conclure qu'on nommait ainsi autrefois ce qu'aujourd'hui nous appelons bas. *Chausse* a été fait de *caliga*, comme *fraise* de *fraga*, suivant Ménage en ses *Origines*, et c'est pourquoi, ajoute-t-il, pour suivre l'orthographe, il faudrait écrire *chauce*. Mais cette opinion n'est pas celle de plusieurs autres savants, qui préfèrent l'explication donnée par Wachter, en son *Glossaire germanique*. *Hosen*, dit ce dernier, dans tous les dialectes germaniques, signifie ce qui couvre les bras, les jambes et les cuisses. Le latin barbare dit *hosa ;* l'anglo-saxon, *sein-hosen ;* le français *chausse*, que l'on dérive à tort du latin *caliga*. Dans les premiers temps, ce vêtement était lâche et rayé de différentes couleurs; puis on le porta serré sur la jambe et marquant le mollet. Plus tard ces chausses furent roulées sur les genoux. Il ne faut pas les confondre avec l'espèce de caleçon large ou culotte qui fut d'usage pendant plusieurs siècles, et qu'on nommait HAUT-DE-CHAUSSE. Ce dernier prenait de la ceinture aux genoux, finissant juste où commençaient les chausses. Ainsi que le haut-de-chausse, elles étaient encore de mode pendant le règne de Louis XIV.

**CHAUSSE**. Expression proverbiale, *Avoir des chausses de deux paroisses*, porter des bas dépareillés.

**CHAUSSE DE COLBACK** (*cost. milit.*), partie supérieure du colback ; elle est formée d'un morceau de drap qui pend sur le côté.

**CHAUSSE** (*pêche*), manche du brégin.

**CHAUSSE** (*technol.*), outil de l'épinglier.

**CHAUSSE**, s. f. pièce d'étoffe que les membres des universités portent sur l'épaule dans les fonctions publiques, et qu'on nomme aussi *chaperon*. — CHAUSSE se dit aussi d'une pièce de drap taillée en capuchon pointu, dans laquelle on passe des liqueurs qui ont besoin d'être clarifiées. — CHAUSSE D'AISANCES, le tuyau des latrines, qui est ordinairement de poterie revêtue de plâtre.

**CHAUSSES**. Proverbialement et figurément : *Il n'a pas de chausses*, il est fort pauvre. — Proverbialement et bassement, *Tirer ses chausses*, s'en aller, s'enfuir. — Proverbialement et figurément, *Cette femme porte les chausses*, elle est plus maîtresse dans la maison que son mari. — Figurément et populairement, *Tirer quelqu'un au cul et aux chausses*, le serrer de si près, qu'il ne peut s'échapper, qu'il ne peut s'empêcher de faire ce qu'on veut. Il signifie aussi s'occuper de quelqu'un pour examiner et censurer sa conduite, son caractère. — Proverbialement et figurément, *Faire dans ses chausses*, avoir une grande peur. — Proverbialement et figurément, *Il a la clef de ses chausses*, se dit d'un jeune homme qui n'est plus en âge d'être châtié. — Proverbialement, figurément et populairement, *Prendre son cul pour ses chausses*, se méprendre grossièrement.

**CHAUSSES** (*anc. term. de mar.*) (*V.* CHAPEAU).

**CHAUSSES DE PAGE**, chausses courtes et plissées, que portaient les pages, et qu'on appelait aussi *trousses*.

**CHAUSSE** (ORDRE DE LA) (*hist. mod.*). C'était un ordre militaire institué à Venise dans le XVe ou le XVIe siècle, car on ne sait pas au juste l'année de son établissement. Il était composé de jeunes Vénitiens de la meilleure noblesse, et sa fin était de combattre pour la foi et pour le service de la république. Les chevaliers portaient une chausse qui s'étendait depuis la cuisse droite jusqu'au pied, et qui était divisée par bandes de plusieurs couleurs, les unes en long et les autres en travers. C'est de là qu'ils ont pris leur nom.

**CHAUSSE DE MAILLES** (*art milit.*), portion du costume de mailles qui rappelle le temps où, dans les habitudes civiles, on donnait le nom de *chausses* à de longs bas qui s'unissaient au haut-de-chausse, à la trousse, à la jupe. Grégoire de Tours dépeint les chausses de mailles en usage de son temps, et le moine de Saint-Gall décrit celles de Charlemagne. — Les chausses de mailles appartenaient à l'armure à haubert ; les porter était, suivant Ducange, interdit aux écuyers; elles formaient un pantalon de peau, extérieurement garni de mailles de fer, excepté aux parties qui appuyaient sur la selle : leur bord supérieur s'accrochait au bord inférieur de la cotte mailles. — Une modification de l'usage des chausses a été celle des tabliers de mailles ; ces modes s'éteignirent lors de l'adoption des armures à cuirasse, à grèves, à cuissards, à platines.

**CHAUSSE D'HIPPOCRATE** (*chim.*). C'est un sac de forme conique qui est fait presque toujours avec une grosse étoffe de laine blanche, plus ou moins serrée. On s'en sert particulièrement pour filtrer les sirops.

**CHAUSSÉ, ÉE**, adj. (*manége*). *Cheval chaussé trop haut* se dit d'un cheval dont les balzanes montent jusque vers le genou et le jarret.

**CHAUSSÉAGE**, s. m. (*anc. législ.*), droit de péage, droit de passage sur certaines chaussées.

**CHAUSSÉES** (*constr.*), levées plus ou moins étendues et exhaussées qui servent soit à soutenir les eaux, soit aux grandes communications dans l'intérieur d'un pays. Lorsqu'elles sont chargées du premier emploi, ce sont des *digues ;* mais toute digue n'est pas une chaussée, au lieu que ce mot est réellement synonyme de *grande route*, et peut être employé partout dans cette acception. Cependant nous ne profiterons pas ici de cette synonymie consacrée par l'usage pour résumer les notions diverses relatives aux *routes ;* nous réserverons pour ce mot ce qui concerne la législation, l'administration et la police des voies de communication. Ce que nous avons à dire sur la forme et le chargement des voitures trouvera sa place à l'article ROULAGE. Nous nous bornerons donc, quant à présent, à la construction des diverses sortes de chaussées. — CHAUSSÉES-DIGUES. Si ces barrières, opposées à l'irruption ou à l'écoulement des eaux, n'ont pas d'autre destination que de servir de digues, leurs dimensions sont fixées par des formules de statique dont les données sont la ténacité et la pesanteur spécifique des terres. On suppose d'abord qu'il ne s'agit que de mettre en équilibre la poussée des eaux, en raison de leur abaissement au-dessous du niveau de la surface, avec la résistance des terres au même degré d'abaissement. Après avoir déterminé cette limite du nécessaire absolu, on la recule beaucoup, on double même quelquefois l'épaisseur trouvée pour le cas d'équilibre, afin d'être parfaitement en sûreté contre le danger d'une rupture subite et des inondations désastreuses qu'elle pourrait causer. Quant à la surface de ces chaussées, il est évident que leur sommier est, sur toute la longueur, également élevé au-dessus des eaux soutenues, et que par conséquent il est horizontal si les eaux sont stagnantes, et que le long d'une rivière sa faible inclinaison ne peut être que celle du courant. Du côté extérieur, les terres sont abandonnées à leur talus naturel, et du côté des eaux la pente est ordinairement plus roide et revêtue de pierres pour empêcher les invasions que les eaux en mouvement ne manqueraient pas d'y faire si elles agissaient directement sur les terres. La face extérieure n'est exposée qu'à l'action des eaux pluviales, et le gazon dont elles se couvrent bientôt la préserve suffisamment de toute dégradation. — Les chaussées-digues font quelquefois partie d'une grande route : telles sont celles qui bordent une partie du cours de la Loire, et qui servent à garantir des campagnes fertiles de l'invasion des sables charriés par ce fleuve. Pour celles-ci, on est dispensé de tout calcul de solidité; elles ont toujours plus d'épaisseur qu'il n'en faut pour contre-balancer la pression exercée par les eaux, pourvu que le débordement ne les surmonte point. C'est parce que les digues du Pô ne sont pas assez hautes que les eaux du fleuve passent quelquefois au-dessus, y font de larges ouvertures, et causent de grands dégâts dans les campagnes riveraines. Les chaussées d'étang servent aussi, en quelques lieux, de chemin à travers un vallon; dans ce cas, elles sont toujours assez solides, quelle que soit la hauteur des eaux qu'elles ont à soutenir, mais elles exigent des constructions particulières qui seront indiquées à l'article ETANG. — **CHAUSSÉES GRANDES ROUTES.** Le tracé de ces voies publiques suppose la solution de problèmes assez compliqués et des recherches qui ne peuvent être soumises à un calcul rigoureux. Il faut régler la pente qu'on leur donnera, fixer le *maximum* de roideur que le roulage peut tolérer; vient ensuite l'étude du terrain, puis l'application sur son relief d'une ligne qu'il faut rendre la plus courte que l'on peut, sans que son inclinaison excède nulle part la limite qu'on doit se prescrire. Mais cette ligne la plus courte n'est pas toujours celle qui convient le mieux; une autre un peu plus longue peut, en certains lieux, offrir les avantages d'une pente mieux réglée ou d'un moindre déblai, être parcourue plus facilement, même plus promptement, ou construite avec plus d'économie, etc. Il s'agit de consulter et de concilier autant qu'il est possible des intérêts nombreux et divers, de pourvoir aux besoins du moment sans perdre de vue ceux de l'avenir. — La largeur des chaussées grandes routes est plus grande en France que dans aucun autre Etat de l'Europe, ce qui ne prouve nullement que nous soyons le plus ambulant de tous les peuples. Chacun a pu se convaincre qu'une partie assez considérable de nos larges chaussées est tout à fait inutile et par conséquent nuisible en raison de ce qu'elle coûte et du terrain qu'elle enlève à la culture. Les *chaussées romaines*, dont on vante la solidité, étaient fort étroites en comparaison des nôtres, et suffisaient néanmoins pour les transports, les voyages et la correspondance du vaste empire de Rome. A cette époque on n'était certainement pas plus sédentaire en Europe qu'on ne l'est aujourd'hui. Les voies romaines dont il reste encore de grands débris ont été le sujet de dissertations réputées profondes et de méprises qui, à force d'être répétées de livre en livre, ont passé pour des vérités, des faits certains. On affirme avec une entière confiance que ces grands travaux furent exécutés par les légions romaines, et cette assertion, qui n'est fondée sur le témoignage d'aucun des écrivains qui ont le mieux fait connaître l'organisation et le service des légions, obtint cependant assez de crédit pour influer sur la législation. On ne devrait pourtant pas ignorer que dans les provinces éloignées de Rome, même dans les Gaules, les travaux publics ordonnés par les préfets étaient exécutés par des corvées imposées aux habitants du pays, et que les soldats romains n'y prenaient part que pour maintenir l'ordre et châtier les paresseux. Ces guerriers, accoutumés à faire des empereurs, et qui, lorsqu'ils étaient à Rome, dédaignaient de monter jusqu'aux étages habités par les classes laborieuses, ne se seraient pas abaissés jusqu'aux métiers de pionnier et de terrassier. — Si les voitures n'avaient qu'à se mouvoir sur une surface incompressible, plane et horizontale, la force de traction serait réduite à ce qu'il faut pour vaincre le frottement de l'essieu dans le moyeu, résistance qui, pour les voitures bien faites, n'est guère que la deux-centième partie de la charge. Un cheval traînerait donc sans trop de fatigue un poids de cent cinquante quintaux métriques (30,000 livres). Les chemins de fer approchent beaucoup de cette perfection, mais sur les meilleures chaussées de la Grande-Bretagne, les chargements sont réduits au huitième du *maximum*. L'art de rendre les chaussées aussi *viables* qu'elles peuvent l'être est donc celui de rendre leur surface unie et très-peu compressible. Il paraît que le meilleur procédé pour obtenir ce résultat est celui de M. Mac' Adam, ingénieur anglais, dont le nom a passé dans la langue technique, en sorte qu'on dit aujourd'hui *macadamiser* un chemin (le construire suivant la méthode de Mac' Adam). Suivant cet ingénieur, la convexité de la surface des chemins doit être réduite à la cent vingtième partie de leur largeur; en sorte qu'une voie de douze mètres de large n'aurait qu'un décimètre de bombement. Le fond de la chaussée doit être maintenu sec, élevé au-dessus des inondations, d'une résistance uniforme; au lieu des blocs de pierre dont on les charge ordinairement, qu'on n'y dépose que des fragments d'autant plus petits que la pierre sera plus dure, et qui pour celle de la moindre consistance n'excéderont pas le poids d'une demi-livre; qu'on forme une couche de trois décimètres au plus de pareils fragments arrangés avec soin pour laisser le moins de vide que l'on pourra, multiplier les contacts, empêcher qu'aucune partie de l'assemblage ne puisse se déranger. Ces préceptes généraux sont susceptibles de modifications dans quelques circonstances; mais M. Mac' Adam insiste sur la nécessité d'établir le fond de la chaussée au-dessus des inondations, parallèlement à la surface extérieure, abstraction faite du bombement sur des terres dont la consistance égale celle du terrain vierge bien sec, ou sur ce terrain même; que la charge de pierres mise sur ce fond soit imperméable à la pluie, compacte, solide; son épaisseur sera réglée d'après ces conditions. M. Mac' Adam n'approuve pas les pavés: c'est, dit-il, une construction plus dispendieuse, d'un entretien plus cher et plus incommode, et qui favorise moins la marche des voitures. Le procédé qui porte son nom fait de grands progrès en Angleterre. Dans quelques années, les résultats constatés seront assez nombreux pour que l'on puisse juger définitivement cette partie de l'art des constructions, et alors nous accepterons sans doute la décision sans adopter la méthode nouvelle. On en a cependant fait quelques essais en France; mais il est bien à craindre que ces faibles débuts ne soient bientôt perdus de vue.

**CHAUSSÉE** (*technol.*) se dit, dans un moulin, d'une espèce de sac au travers duquel passe la farine. — Pièce de la cadrature d'une montre qui porte l'aiguille des minutes.

**CHAUSSÉES DE BRUNEHAUT.** Ce nom, donné aux chaussées romaines en Picardie et en Belgique, a fort embarrassé les savants. A en croire la Chronique de Jacques de Guyse, cette dénomination viendrait de ce qu'un archidruide appelé Brunhalde, roi, vers l'an 1026 avant J.-C., du formidable royaume de Belgis, fit construire sept grandes routes partant de sa capitale, lesquelles avaient toutes cent pieds de largeur, et dont quatre, ornées de colonnes de marbre et bordées d'allées de chênes, étaient recouvertes en briques. A cette légende merveilleuse, qui, on le pense bien, n'a pu satisfaire personne, ont succédé des explications plus raisonnables. Dom Grenier, savant religieux de Corbie, tire le nom Brunehaut de deux mots celtiques qui signifient *hauteur de cailloux*. Enfin la dernière opinion émise à ce sujet est que la célèbre Brunehaut, femme de Sigebert, roi d'Austrasie, et morte en 613, répara d'anciennes voies romaines auxquelles le peuple donna son nom; mais alors il faudrait expliquer pourquoi l'on n'a commencé qu'au XIIIe siècle à les appeler ainsi. Plusieurs ouvrages ont été faits sur cette matière; nous nous bornerons à citer l'*Histoire des grands chemins de l'empire romain*, par Bergier; l'*Histoire du duché de Valois*, par Carlier, et une *Description des voies romaines, vulgairement appelées Chaussées Brunehaut*, par Grégoire d'Essigny, dans le *Magasin encyclopédique* de 1811.

**CHAUSSÉE DES GÉANTS** (*Giants' Causeway*), promontoire sur la côte septentrionale de l'Irlande, province de l'Ulster, comté d'Antrim, près et à l'ouest du cap Bengore. Il se compose d'une immense quantité de colonnes naturelles qui s'étendent du pied d'une haute colline jusque dans la mer. A marée basse, cet amas de colonnes paraît avoir six cents pieds de long sur deux cent quarante de large; mais on n'a pu déterminer encore jusqu'où il s'étend dans les profondeurs de la mer. Sa hauteur n'est pas égale; en quelques endroits il s'élève à plus de trente-six pieds au-dessus du rivage, dans d'autres il n'en a pas quinze. Les colonnes sont verticales, tantôt longues et entières, tantôt courtes et brisées, mais généralement de formes et de grandeurs différentes. Les unes, et ce sont les plus nombreuses, représentent des pentagones et des hexagones, les autres sont de forme triangulaire ou quadrangulaire, d'autres enfin, et en très-petit nombre, ont la forme heptagone. Les diagonales sont de quinze à vingt-quatre pouces. Ces colonnes se composent d'un nombre plus ou moins considérable de pierres, de six à vingt-quatre pouces de longueur, jointes aussi bien que deux pierres peuvent l'être. Toutefois cette jonction n'a pas lieu entre deux extrémités planes; ces pierres s'emboîtent l'une dans l'autre. Les colonnes sont jointes les unes aux autres de manière qu'il ne reste aucun vide entre elles. Leurs sommets sont creux, et leur ensemble retrace en quelque sorte des rayons de miel. Au dehors, ces colonnes sont polies et de couleur blanchâtre; brisées, elles présentent intérieurement la couleur du marbre noir. Elles ont, quant à leur nature et à leur dureté, beaucoup de ressemblance avec le marbre d'Ethiopie dont parle Pline. Cette sorte de pierre se trouve abondamment dans beaucoup d'autres parties du comté. Dans le voisinage de cette Chaussée des Géants, il y a d'autres amas de colonnes du même genre; il y en a aussi dans les îles voisines; mais dans celles-ci les pierres sont superposées sans emboîture et unies à leur sommet. La Chaussée des Géants est une des curiosités de l'Irlande, et les voyageurs viennent de loin pour voir cette espèce de temple, dont les milliers de colonnes ont leurs bases dans les flots. Quand dans une légère embarcation on avance, à la mer montante, entre ces faisceaux de piliers d'asphalte, comme entre les colonnes d'une longue nef de cathédrale gothique, on est saisi de surprise et d'admiration, et l'on adore le créateur de cette merveille que les hommes n'ont point élevée. ED. GIROD.

**CHAUSSÉE-D'ANTIN** (*hist. de Paris*). C'est le nom affecté à l'un des quartiers du deuxième arrondissement de Paris, et qui, partant de la barrière de Clichy, en suivant à droite les murs de la ville jusqu'à la barrière des Martyrs, continue à droite par les rues des Martyrs et du Faubourg-Montmartre, les boulevards Montmartre et des Italiens, et les rues de la Chaussée-d'Antin et de Clichy jusqu'à la barrière. Sous le règne de Louis XIV, ce quartier, aujourd'hui l'un des plus beaux et des plus élégants de la capitale, était couvert de terrains incultes, de marais, de jardins et de maisons en petit nombre. Un chemin, le long duquel coulait un ruisseau à découvert, conduisait de la porte Gaillon, située sur le boulevard auprès des bains Chinois, jusqu'au village des Porcherons, où les ouvriers allaient s'enivrer avec du vin à quatre sous le pot. On y voyait encore un cimetière, une voirie, deux chapelles, dites de Sainte-Anne et de Notre-Dame de Lorette, et enfin une ferme appelée la *Grange-Batelière*, qui existait depuis le XII^e siècle. Lorsque Louis XV, pendant sa minorité, fixa son séjour à Paris, le chiffre de la population augmentant en raison des courtisans nombreux qu'il amenait à sa suite, il fallut songer à les loger tous, et, à cet effet, la ville demanda et obtint l'autorisation, en 1720, de construire un nouveau quartier sur l'emplacement compris entre le boulevard et la rue Saint-Lazare, à la condition de prolonger et surtout de faire voûter le grand égout. On se mit aussitôt à l'œuvre : plusieurs rues furent percées, et des hôtels superbes s'élevèrent comme par enchantement. Mais ce fut surtout sous le règne de Louis XVI et pendant la révolution que la Chaussée-d'Antin prit l'aspect qu'elle a aujourd'hui et détrôna le faubourg Saint-Germain, qui, jusqu'alors, avait été le quartier le plus riche de la capitale. Au commencement du XVIII^e siècle, dans tout l'espace destiné à devenir le rival du noble faubourg, le jour où la noblesse d'argent prendrait place auprès de la noblesse par droit de naissance, on ne comptait encore qu'une seule rue, la rue Grange-Batelière, dont la partie qui donne sur le boulevard date de 1704 ; l'autre avait été construite auparavant. Quinze ans plus tard, à l'époque où l'autorisation de bâtir un quartier nouveau fut accordée aux magistrats de la ville, une rue fut percée sur l'ancien chemin des Porcherons, et en face de la porte Gaillon, d'où le quartier reçut d'abord le nom de quartier Gaillon. Alors cette rue fut appelée d'abord rue de l'Egout-Gaillon, puis de la Chaussée-Gaillon, et enfin de la Chaussée-d'Antin, parce qu'elle commençait en face d'un hôtel appartenant au duc d'Antin, surintendant des bâtiments. En 1720, elle quitta le nom de chemin de la Grand'-Pinte, qu'elle tenait de l'enseigne d'un cabaret, pour prendre celui de l'Hôtel-Dieu, à cause d'une ferme appartenant à cet hospice, et qui était en face de la rue Saint-Lazare. C'était déjà la plus belle et la plus large rue du quartier ; elle eut depuis encore d'autres destinées. En 1791, on lui donna le nom de Mirabeau, en mémoire de cet orateur qui y était mort ; en 1793, elle fut nommée du Mont-Blanc, à la suite du décret du 27 novembre 1792, qui réunit à la France le département de ce nom ; en 1816, on lui rendit le nom de Chaussée-d'Antin qu'elle a conservé depuis. Vers l'année 1734, on commença à construire dans la rue Chantereine, appelée alors ruelle des Postes, et plus tard, en 1799, rue de la Victoire, parce que Bonaparte y logea en arrivant d'Egypte. La rue du Rocher date de la même époque. Plus tard, en 1776, fut bâtie la rue de Provence, et successivement, jusqu'en 1786, s'élevèrent les rues d'Artois, de la Rochefoucauld, Chauchat, Taitbout, Pinon et Lepelletier. La rue des Martyrs, qui n'était, pendant le siècle dernier, qu'un chemin conduisant au cimetière Montmartre, fut appelée, de 1793 à 1806, rue du Champ-du-Repos. La rue Pigalle reçut, en 1792, son nom de celui du célèbre sculpteur qui y demeurait. La rue des Trois-Frères date de 1784, et tient son nom de trois frères jardiniers qui y firent bâtir la première maison. En 1799 fut percée la rue du Helder, ainsi nommé pour perpétuer le souvenir d'une victoire remportée sur les Anglais en Hollande ; les rues Saint-Georges, Blanche et Saint-Lazare, dont on ignore la date précise, avaient été commencées bien avant les précédentes, surtout la dernière appelée autrefois rue des Porcherons, puis d'Argenteuil, puis enfin de Saint-Lazare, parce qu'elle conduit à la maison de Saint-Lazare. — De nos jours, le quartier de la Chaussée-d'Antin, s'il n'a pas pris une nouvelle extension, a vu du moins plusieurs rues nouvelles s'élever sur son emplacement. La Chaussée-d'Antin ne se borne pas, du reste, au quartier de ce nom qui fait partie du deuxième arrondissement. Cette dénomination a été appliquée aussi, par extension, à une grande partie du quartier de la place Vendôme, qui se prolonge à gauche de la rue de la Chaussée-d'Antin, et qui est habité par les mêmes commensaux que le quartier voisin. La finance y domine ; cependant elle n'y règne pas exclusivement ; car, depuis son origine, la Chaussée-d'Antin a été l'asile des élégants et des dandys qui donnent la mode à la capitale. — Elle a été illustrée aussi par des célébrités d'un autre genre. Dans la rue de la Chaussée-d'Antin habitait et mourut Mirabeau. Dans la même rue mourut aussi, en 1825, le général Foy. La *Cité-d'Antin*, bâtie dans ces dernières années, a été percée sur le terrain d'un hôtel tristement fameux par le bal qu'y donna l'ambassadeur d'Autriche à l'occasion du mariage de Napoléon et de Marie-Louise, pendant lequel éclata un incendie où périt la princesse de Schwartzenberg. — Dans un petit hôtel de la rue Chantereine, qui appartenait primitivement à Talma, eut lieu, en 1795, le mariage de Napoléon Bonaparte avec Joséphine Tascher, comtesse de Beauharnais ; près de là s'élevait une magnifique salle de spectacle, nommée le *Théâtre-Olympique*, qui a fait place, depuis 1816, à un bel établissement de bains. — La rue d'Artois, qui en 1830 a pris le nom de rue *Laffitte*, était et est encore occupée par les plus riches représentants de la banque. — Dans la rue Saint-Lazare, on remarquait, il y a une vingtaine d'années, le jardin et l'établissement des frères Ruggieri, artificiers, sur l'emplacement desquels on a continué la rue Saint-Georges et percé un nouveau quartier, que l'on a décoré du titre de *Nouvelle-Athènes*, et qui se prolonge jusque sur l'emplacement du fameux jardin de Tivoli, dont il ne reste plus dans la rue Saint-Lazare qu'un établissement d'eaux thermales et minérales factices. — Parmi les rues remarquables de la Chaussée-d'Antin, on compte encore celle de la Tour-des-Dames, où plusieurs jolies maisons se sont élevées par les soins d'artistes célèbres. — La Chaussée-d'Antin renferme aussi plusieurs établissements publics, qui sont : l'église Notre-Dame de Lorette, que nos plus habiles artistes ont décorée de peintures ; une maison d'asile pour les enfants en bas âge, la poste aux chevaux, la mairie du deuxième arrondissement, l'Opéra et la prison pour dettes.

**CHAUSSÉE (PIERRE-CLAUDE NIVELLE DE LA)**, de l'académie française, naquit à Paris en 1692. Neveu d'un fermier général, il pouvait prétendre à la fortune ; il donna la préférence aux lettres. Son premier ouvrage fut une critique des *Fables* de la Motte, avec qui il était lié, mais qui permettait à ses amis de censurer, même publiquement, ses écrits. Lorsque la Motte eut avancé son fameux paradoxe sur l'inutilité de la versification dans la tragédie et dans l'ode, la Chaussée se joignit à la Faye pour le combattre, et il publia son *Epître à Clio* (1732, in-12), qui eut dans le temps beaucoup de succès, et qui jouit encore de l'estime des connaisseurs ; il y a, contre l'ingénieux novateur, plusieurs traits d'une franchise qui pourrait passer pour de la dureté. Il avait plus de quarante ans lorsqu'il commença à travailler pour le théâtre, où il donna d'abord *la Fausse Antipathie*, qui obtint assez de succès, et déjà annonçait le genre auquel l'auteur devait se livrer. Une circonstance singulière contribua à le lui faire adopter. M^lle Quinault l'actrice, femme de beaucoup d'esprit, croyant apercevoir dans une parade de société qu'on jouait alors le germe d'une pièce fort attendrissante, engagea Voltaire à s'en emparer. Sur le refus de ce poëte, elle proposa le sujet à la Chaussée, qui l'accepta, et en fit *le Préjugé à la mode*. Ainsi le drame larmoyant est né de la parade bouffonne. *Le Préjugé à la mode* fut pour l'auteur un triomphe que le temps a confirmé. Le ridicule d'un mari qui craint de se montrer amoureux de sa femme n'est heureusement plus dans nos mœurs ; mais la situation singulière à la fois et touchante de deux époux qu'un odieux préjugé sépare, et la catastrophe fortunée qui les réunit, sont des beautés de tous les temps et dont l'effet est toujours sûr ; elles rachètent ce que l'ouvrage peut avoir de défectueux du côté de l'intrigue qui manque quelquefois de force et de vraisemblance, des caractères qui ne sont pas tous habilement dessinés, et du dialogue où la plaisanterie ne se mêle pas toujours avec goût au sérieux et au pathétique. Moins de fautes peut-être, mais aussi moins de beautés, ont placé *l'Ecole des amis* au rang des pièces froidement estimables. La Chaussée crut que son talent de faire couler les larmes pouvait s'élever jusqu'aux infortunes tragiques, et il fit *Maximien*, sujet déjà traité par Th. Corneille. L'auteur dramatique s'y fait connaître à l'art avec lequel les situations sont combinées ; mais l'écrivain laisse trop à désirer du côté de la vigueur et du coloris. La pièce eut vingt-deux représentations ; mais elle n'est pas restée au théâtre. L'auteur, craignant sans doute que quatre succès consécutifs n'eussent lassé sa fortune, ou plutôt irrité l'envie, donna *Mélanide* pour l'ouvrage d'un jeune homme inconnu ; elle réussit au delà de son espoir. *L'Ecole des mères* et *la Gouvernante*, qui suivirent, eurent un peu moins de succès dans la nouveauté ; mais elles ont acquis par la suite une supériorité marquée au théâtre, où elles reparaissent souvent, et c'est peut-être entre ces deux pièces qu'il faut choisir pour trouver le chef-d'œuvre de la Chaussée. Le sujet de *la Gouvernante* est une aventure qui venait d'arriver récemment à M. de la Faluère, conseiller au parlement de Bretagne, qui, ayant, sans le vouloir, fait rendre un arrêt injuste dans une cause dont il était rapporteur, répara d'une partie de sa fortune le tort fait à la personne condamnée. Les autres ouvrages de la Chaussée sont : *Paméla*, sujet traité depuis par Voltaire dans *Nanine; l'Ecole de la jeunesse*, *l'Homme de fortune, le Rival de lui-même*, *le Vieillard amoureux, l'Amour castillan, la Rancune officieuse, les Tyrinthiens, la Princesse de Sidon*, *Amour pour amour*, etc. Toutes ces pièces sont totalement oubliées aujourd'hui, à l'exception de la dernière, qu'on a reprise plusieurs fois avec succès ; elle est tirée, ainsi que l'opéra de *Zémire et Azor*, du conte de *la Belle et la Bête*. La Chaussée, qu'on accusait de ne savoir traiter que des sujets tristes et lamentables, voulut apparemment repousser ce reproche, lorsqu'il fit *le Rapatriage*, parade en vers, d'une gaieté fort graveleuse, et plusieurs contes, dont les sujets sont assez libres. Il contribua aussi à ces recueils de facéties, connus sous les titres de *Recueils de ces messieurs*, etc. On prétend que, pour se venger des épigrammes que Piron ne cessait de lancer contre lui, il contribua fortement à l'empêcher d'entrer à l'académie. Cet acte de ressentiment lui fit donner, dans quelques sociétés, le sobriquet de *la Rancune*. Il s'opposa également à l'admission de Bougainville, et il dit en mourant : « Il serait plaisant que ma place lui fût donnée. » C'est en effet ce qui arriva, et Bougainville se vengea de son prédécesseur en le louant avec exagération. La Chaussée mourut le 14 mai 1754, âgé de soixante-deux ans, d'une fluxion de poitrine qu'il avait gagnée en travaillant à son jardin. Ses œuvres ont été publiées en 5 vol. in-12, Paris, 1762. Voltaire a dit de lui qu'il était *un des premiers après ceux qui ont du génie*. « Le style de la Chaussée, dit la Harpe, est en général assez pur, mais pas assez soutenu ; il est facile, mais de temps en temps il devient faible ; il y a beaucoup de vers bien tournés, mais beaucoup de lâches et de négligés. En un mot, il n'est pas à beaucoup près aussi poëte qu'il est permis de l'être dans la comédie, et, dans ses bonnes pièces même, la versification n'est pas aussi bien travaillée que la fable ; mais, tout considéré, il sera mis au rang des écrivains qui ont fait honneur à la scène française, et si le genre nouveau qu'il y apporta était subordonné aux deux autres, il eut assez de goût pour le restreindre dans de justes limites, et assez de talent pour n'y être pas surpassé. »

**CHAUSSEMENT**, s. m. (*vieux langage*), chaussure.

**CHAUSSE-PIED**, s. m. instrument de corne ou long morceau de cuir dont on se sert pour chausser plus facilement un soulier.

**CHAUSSER**, v. a. mettre des bas, des souliers, etc. — Figurément, *Chausser le cothurne*, se mettre à composer des tragédies. On le dit également d'un auteur qui s'essaye dans la tragédie. — *Chausser le cothurne* se prend aussi en mauvaise part, pour dire enfler son style. — Figurément, *Chausser le brodequin*, se mettre à composer des comédies. On le dit également d'un acteur qui s'essaye dans la comédie. — *En term. de manége, Chausser les étriers*, enfoncer trop avant ses pieds dans les étriers. — *Chausser les éperons à quelqu'un*, lui mettre les éperons en le faisant chevalier. — Figurément et familièrement, *Chausser de près les éperons à quelqu'un*, poursuivre de près quelqu'un qui s'enfuit. — Figurément et familièrement, *Se chausser une opinion dans la tête*, s'entêter d'une opinion. Il se prend toujours en mauvaise part. — CHAUSSER avec un nom de personne pour régime, signifie mettre une chaussure à quelqu'un. On l'emploie dans ce sens avec le pronom personnel. — *Ce cordonnier chausse bien, chausse mal*, il fait mal les chaussures. *Ce cordonnier chausse un tel, chausse toute la famille*, il fait ordinairement des chaussures pour un tel, pour toute la famille. — *Cette personne n'est pas aisée à chausser*, il est difficile de lui faire des chaussures qui lui aillent bien. — Figurément et familièrement, *C'est un homme qui n'est pas aisé à chausser*, on ne le persuade pas aisément. *Ce bas. Ce soulier chausse bien*, il va bien sur la jambe, sur le pied. Par analogie, en agriculture, *Chausser un arbre*, *une plante*, entourer de terre le pied d'un arbre, d'une plante, pour les soutenir et favoriser leur accroissement. — CHAUSSER est aussi neutre ; mais alors il ne s'emploie que dans ces phrases, *Chausser à six points*, *à sept points; Chausser à tant de points*, porter des souliers de telle ou telle longueur. — Figurément et familièrement, *Ces deux personnes chaussent à même point, sont chaussées à même point*, elles ont même humeur, même inclination, etc. — CHAUSSÉ, ÉE, participe. — Proverbialement et figurément, *Les cordonniers sont les plus mal chaussés*, on néglige ordinairement les avantages qu'on est le plus à portée de se procurer par son état, par sa position, etc. — Figurément et familièrement, *Elle est toute des mieux chaussées*, se dit d'une femme de bon ton, d'une petite-maîtresse. *Il ne s'adresse qu'aux mieux chaussées*, il ne courtise que les personnes jolies et de qualité. — Proverbialement, *S'enfuir un pied chaussé, l'autre nu*, s'enfuir en toute hâte, sans prendre le temps de s'habiller.

**CHAUSSER LA GRANDE SERRE D'UN OISEAU** (*fauconnerie*), entourer l'ongle du gros doigt de l'oiseau, avec un morceau de peau qui lui sert d'entrave.

**CHAUSSETIER**, s. m. marchand qui fait et qui vend des bas, des bonnets, etc.

**CHAUSSE-TRAPE** (*art milit.*), sorte d'arme défensive composée de quatre pointes en fer, longues d'environ quatre pouces, et réunies par leurs extrémités à un centre commun, de sorte que, trois de ces pointes portant sur la terre, la quatrième est toujours en l'air. Cette arme, dont l'usage a presque entièrement disparu, était employée comme obstacle : on en parsemait les avenues des retranchements, les passages par lesquels l'ennemi pouvait arriver ; on en répandait sur les brèches, les défilés et dans les gués de rivière à faible courant. Les chausse-trapes étaient surtout dangereuses pour la cavalerie. — CHAUSSE-TRAPE se dit également d'un piége que l'on tend pour prendre les bêtes puantes.

**CHAUSSE-TRAPE** (*botan.*), *calcitrapa* (*cinarocéphales* Juss., *syngénésie polygamie frustranée* Linn.). Ce genre de plantes, de la famille des synanthérées et de la tribu naturelle des centauriées, fut d'abord établi par Vaillant, puis confondu par Linné dans son grand genre *centaurea*, ou plutôt employé par lui comme sous-genre ou section de ce genre par de Jussieu. De Candolle, en adoptant le genre *calcitrapa* de Vaillant et de Jussieu, y a réuni les *seridia* de ce dernier auteur. Nous suivons son exemple, parce que les deux genres de M. de Jussieu se confondent absolument par des nuances insensibles. Nous les conservons néanmoins comme sous-genres. — Le genre calcitrape ou chausse-trape se distingue des autres genres dont se compose la tribu naturelle des centauriées, par la structure des squammes qui forment le péricline ; ces squammes coriaces sont terminées au sommet par un appendice spiniforme, ramifié, penné dans les calcitrapes proprement dites, palmé dans les séridies. Les deux sous-genres réunis comprennent environ vingt-cinq espèces, dont la plupart habitent l'Europe méridionale. Nous allons faire connaître quelques-unes de celles qui habitent la France. — *Premier sous-genre :* CALCITRAPE. La CALCITRAPE ÉTOILÉE (*calcitrapa stellata* Lam., *Fl. franç.; centaurea calcitrapa* Linn.) est une plante annuelle ou bisannuelle, très-commune, pendant tout l'été, sur les bords des chemins, surtout dans les lieux secs, stériles, pierreux ou sablonneux, et que tout le monde connaît sous le nom de chausse-trape ou de chardon étoilé. Sa tige, très-rameuse, forme une touffe étalée, arrondie, haute d'un pied environ. Elle est anguleuse, subpubescente, garnie de feuilles pinnatifides, dont les divisions sont étroites, linéaires et distantes. Les calathides sont sessiles, terminales, environnées de bractées foliiformes, indépendantes du péricline : celui-ci est muni d'épines jaunâtres, très-grandes, les corolles sont purpurines ; et les cypsèles dépourvues d'aigrette. Pendant la préfleuraison, les calathides en bouton semblent porter une étoile épineuse dont l'aspect est assez agréable. — La CALCITRAPE A DENTS DE MOULE (*calcitrapa myacantha; centaurea myacantha* Decand., *Fl. franç.*) a la tige grêle, rameuse, faible, glabre. Les feuilles, rapprochées vers l'extrémité des rameaux, sont sessiles, linéaires-oblongues, légèrement cotonneuses, les unes dentées en scie, les autres un peu lobées vers leur base. Les calathides sont terminales, solitaires, cylindriques, et plus petites que dans l'espèce précédente ; leur péricline est glabre, formé de squammes coriaces, imbriquées, terminées chacune par un appendice corné, concave, ovale, bordé de neuf à onze dents épineuses, acérées, presque toutes égales entre elles, et analogues aux dents de la charnière des coquilles bivalves ; les corolles sont purpurines, égales entre elles, et les cypsèles sans aigrette, comme dans la chausse-trape. Cette plante bisannuelle, qui fleurit aux mois de juillet et d'août, a été trouvée dans les environs de Paris, à Vincennes, Cachant, etc., sur les bords des fossés. — La CALCITRAPE SOLSTICIALE (*calcitrapa solstitialis* Lam., *Fl. franç.; centaurea solstitialis* Linn.) est une plante annuelle, qu'il n'est pas rare de rencontrer autour de Paris, où elle se fait remarquer par ses fleurs jaunes, dans les mois de juillet et d'août, sur les lieux secs, au bord des chemins et au pied des coteaux. Sa tige dressée, un peu rameuse, ailée, haute d'un pied environ, porte des fleurs dont les supérieures sont presque linéaires, et les inférieures assez larges, profondément sinuées en lyre, avec un grand lobe terminal. Les calathides, situées à l'extrémité des rameaux, ont le péricline globuleux, ordinairement glabre, composé de squammes imbriquées, terminées chacune par cinq épines, dont l'une, occupant le milieu, est incomparablement plus longue. Les cypsèles du disque sont aigrettées; celles de la couronne sont sans aigrette. — *Deuxième sous-genre* : SÉRIDIE. La CALCITRAPE RUDE (*calcitrapa aspera; centaurea aspera* Linn.). Elle croît dans les champs et les lieux stériles de nos provinces méridionales. Ses tiges sont cannelées, rougeâtres, hautes d'un à deux pieds; ses feuilles sont lancéolées, un peu étroites, dentées ou sinuées, et rudes au toucher; les calathides sont petites, composées de fleurs purpurines, entourées d'un péricline dont les squammes portent trois ou cinq épines très-petites, rougeâtres. Les cypsèles, mouchetées de lignes noirâtres, sont surmontées d'une aigrette très-courte.

**CHAUSSETTE**, s. f. demi-bas de toile, de fil, etc., que l'on met sous des bas.

**CHAUSSIER**, s. m. Il s'est dit autrefois pour soulier.

**CHAUSSIER** (FRANÇOIS). C'est une illustration médicale des temps modernes : à ce titre elle mérite quelques lignes de biographie. Chaussier naquit à Dijon en 1746. C'est dans cette ville qu'il fit ses premières armes médicales et qu'il se prépara par le travail à acquérir la position élevée dans laquelle il se fit remarquer bientôt. Il fit dans cette ville un cours d'anatomie où il s'écartait des routes battues en indiquant une classification nouvelle des muscles du corps humain qui avait un grand avantage de simplicité et de clarté sur les classifications connues. On touchait alors en France à cette époque où l'édifice social, ébranlé sur sa base, devait bientôt tomber. On allait tout refaire en politique, et depuis longtemps on avait compris que la médecine devait se régénérer en suivant l'impulsion que lui avait donnée la philosophie du XVII^e^ et du XVIII^e^ siècle. A cette époque il n'y avait pas de médecin instruit qui ne devinât le moment où une grande révolution se ferait dans les idées reçues et même dans les idées fondamentales de la science. Chaussier avait l'intelligence de cet avenir auquel le siècle touchait; et il contribua bientôt par lui-même au mouvement qui allait se produire. Choisi pour organiser l'instruction publique, il fut bientôt l'un des membres de cette école de santé où brillèrent à côté de lui Fourcroy et Cabanis. L'école polytechnique venait d'être créée par Monge; et Chaussier fut encore choisi pour enseigner la chimie à ces jeunes élèves que la science préparait aux sérieux devoirs des hauts emplois civils et militaires. Ce professeur rendit un grand service à la médecine par la manière dont il remplit sa mission à l'école de santé. Il enrichit la science de guérir d'idées sur lesquelles ne s'étaient pas arrêtés jusque-là les esprits les plus avancés. Il fit comprendre que la connaissance de l'organisation des animaux n'était pas indifférente à la connaissance de l'organisation de l'homme; que les mystères physiologiques qu'il était permis d'éclaircir au sein de ces êtres inférieurs servaient d'induction aux mystères plus difficiles de l'être qui occupe le sommet de la création. Ainsi donc c'est à lui qu'on doit le germe de cette anatomie comparée, cette science si remarquable qui embrasse l'organisation de tous les êtres créés, pour mieux faire ressortir ce qu'a de beau, ce qu'a de supérieur l'organisation humaine. Pour mieux faire pénétrer ses idées, Chaussier avait créé un excellent langage anatomique : il avait voulu que chaque nom de muscle ou d'organe indiquât par son étymologie la place qu'il occupait dans le corps et même sa destination. On n'a pas exactement suivi la méthode de Chaussier; mais tous les dialectes anatomiques en usage émanent du sien. Les idées générales que Chaussier avait fait prévaloir et qui étaient comme une sorte de philosophie anatomique prenaient base sur des connaissances de détail qu'il possédait parfaitement. Ainsi, comme Bordeu, il avait su procéder du composé au simple et rapporter à quelques tissus primitifs la variété de tissus et de parenchymes qui forment la composition du corps. C'est de là qu'il partait pour esquisser la composition des organes et le jeu de l'organisme, et qu'il établissait sur l'analyse et la connaissance des éléments anatomiques cette science de la vie en action qui s'appelle la physiologie. Ici il y a une chose très-importante à faire remarquer : le mouvement qui se produisait à l'époque où travaillait Chaussier avait un caractère de critique tel, que toutes les forces intellectuelles se réunissaient pour ruiner, pour détruire le passé. Eh bien ! Chaussier s'écarta de cette voie; il chercha la vérité et ne s'inquiéta pas de savoir si ses travaux le conduiraient peut-être à confirmer d'anciennes idées ou des idées que rejetait le génie du temps. Aussi consciencieux qu'infatigable dans la mission qu'il s'était donnée, il ne songeait qu'à trouver la vérité pour avoir le bonheur et l'honneur de la faire connaître. Or voici ce qu'il crut devoir admettre pour l'explication des phénomènes de la vie : il reconnut qu'il y avait un principe de vie séparé des attributions particulières de la matière; que si celle-ci est sensible, que si elle se meut, il y a au-dessus de cette mobilité et de cette sensibilité quelque chose de plus général, de plus puissant et de plus inaccessible à l'analyse directe, qui, parce qu'elle est une force supérieure, régit toutes les forces secondaires. Il est vrai que ce principe fondamental de la physiologie, comme l'entendait Chaussier, est le même que celui qu'enseignait Hippocrate, le Platon de la médecine, et qu'enseigne depuis sa fondation l'école platonicienne de notre science, celle de Montpellier. Il est vrai que penser ainsi, que défendre et démontrer une telle opinion, c'était faire acte de spiritualisme, lorsque le spiritualisme paraissait avoir fait son temps; mais il s'agissait de la vérité, et la vérité est immuable, quelles que soient les époques et les doctrines. Du reste, il faut tout dire : à l'époque où Chaussier professait, aucun joug ne pesait sur les idées ou les opinions des savants; on paraissait ne pas craindre les hardiesses de l'intelligence humaine. Loin de s'en défier, on semblait au contraire compter sur elle. Dans les années qui suivirent les temps révolutionnaires, pendant le consulat et l'empire, Chaussier continua ses travaux et ses enseignements. Clair et méthodique dans sa chaire, il réunissait toujours autour de lui un grand nombre d'auditeurs; il possédait, disent ceux qui l'ont suivi, un talent d'exposition et de démonstration extrêmement remarquable. Bien qu'il fût concis, il savait tout dire, et, lorsqu'il passait d'une question à une autre, c'est qu'en quelques phrases il avait su l'épuiser; le goût de la physiologie gagna beaucoup à ces cours faits d'une manière aussi remarquable. Il inspira sans doute à M. Richerand l'ouvrage et presque le seul ouvrage de physiologie que nous ayons en France. Mais, si ce livre n'est pas ce qu'il devrait être, on ne doit en accuser ni l'intelligence de Richerand ni l'enseignement de Chaussier : rien de plus difficile à écrire que l'histoire et la science de la vie humaine en action, son temps n'est pas encore venu. — L'activité d'esprit qui distinguait Chaussier parmi tous les autres ne lui permettait pas de laisser reposer longtemps son intelligence : pour lui le repos était dans le travail lui-même. C'est à passer d'un genre de travail à un autre qu'il trouvait ses moments de loisir; aussi a-t-il beaucoup fait pour la science, soit par les idées qu'il a émises, soit par les ouvrages qu'il a laissés. Il n'a pas sans doute laissé de gros volumes, car il n'aimait pas à perdre, en travaillant son style, un temps qu'il préférait consacrer à acquérir des connaissances, à en formuler le rapide aperçu et à les communiquer à ses élèves; mais il a laissé des écrits nombreux qui consistent dans des tableaux synoptiques, des mémoires sur divers sujets, des travaux sur l'hygiène, la chimie, l'anatomie générale, descriptive et pathologique. Il a laissé aussi des ouvrages ou des manuscrits sur la physiologie, sur les maladies, les accouchements, les monstruosités, l'orthopédie, sur l'organisation médicale et sur l'histoire de la médecine; il a su atteindre, comme on le voit, tous les sujets. Il est rare en effet que les esprits élevés ne soient pas vastes : un édifice ne s'élève à une grande hauteur qu'à la condition de la solidité et de la largeur de ses premières assises. — *Un homme carré par la base* était pour l'empereur la formule qui lui servait à définir les hommes qu'on pourrait appeler complets. Chaussier en eût mérité l'application, et peut-être que Napoléon, qui était si bon juge en pareille matière, la lui a faite. — Quand l'empire s'écroula commencèrent la déchéance et les malheurs de Chaussier : par une mesure politique, la restauration le priva, dès son avénement, de la chaire qu'il occupait à l'école de médecine. Chaussier avait encore une place à l'école polytechnique et une autre à la Maternité; il perdit la première, et on tenta de le priver de la seconde. Mais les administrateurs de cet établissement charitable s'opposèrent à la volonté du pouvoir. Leur résistance fut couronnée de succès : Chaussier ne fut pas chassé de son dernier asile. Presque septuagénaire, ces mesures violentes ébranlèrent sa santé. Habitué à des fonctions dont il n'avait jamais cessé d'être digne, l'inactivité à laquelle on le condamnait lui fit craindre le vide qui s'ouvrait dans son avenir. Tombé de si haut, privé de deux chaires où il pouvait être utile encore et communiquer à son auditoire des idées qu'il n'acquérait que pour les répandre aussitôt, il fut brisé dans sa chute. Sa santé, qui avait souffert, paraissait s'altérer tous les jours davantage. Évidemment une catastrophe se préparait, et Chaussier allait descendre dans la tombe. Il ne mourut pas ; mais une paralysie le frappa. Au moment de l'événement, il put indiquer par signes ce qui convenait à son état, et ce fut sans doute à la promptitude des secours qu'il avait su réclamer qu'il dut l'existence et un prompt rétablissement. Il lui fut permis en effet, quelque temps après, de pouvoir aller jusqu'à l'hôpital, d'y faire son service, et même de continuer de temps en temps cet admirable apostolat du médecin devant lequel il n'avait jamais reculé, et qui lui faisait visiter si souvent les étages élevés où se trouve la mansarde du pauvre. Mais le peu d'énergie qui lui restait ne devait pas être dépensé en remplissant les devoirs d'un trop pénible dévouement ; il se condamna donc à la retraite ; et, entouré de jeunes hommes qui avaient été ses élèves et qui étaient devenus ses admirateurs, il apprenait par eux tout ce qui se faisait, tout ce qui s'écrivait ; il suivait avec eux le mouvement de la science, et son fauteuil de vieillard devenait une chaire d'où plus d'une fois descendaient de remarquables leçons. Malgré cette activité au sein de la retraite et qui tenait toujours en mouvement les grands ressorts de la vie, cette précieuse existence devait s'user. Mais avant sa mort une grande compensation devait consoler le savant octogénaire. Hallé venait de mourir et avait laissé un fauteuil vide à l'Institut. L'Institut proclama Chaussier l'héritier du fauteuil de cet homme illustre. Au milieu des travaux auxquels il s'associa, Chaussier oublia les violences dont il avait été la victime ; un grand, un solennel dédommagement venait de lui être donné : il triomphait. Chargé souvent par l'illustre compagnie qui l'avait choisi pour membre de faire des rapports sur les travaux qui lui étaient présentés, Chaussier ne se montrait jamais au-dessous de sa tâche. Il était aussi lucide, aussi méthodique, aussi logique que lorsqu'il jouissait de la plénitude de ses facultés. Un jour, c'était dans l'année 1828, il lut un rapport sur un cas de médecine légale que toute l'assemblée remarqua pour la supériorité avec laquelle il avait été conçu et dirigé. Ce fut sa dernière lecture et sa dernière apparition à l'académie ; il mourut quelques jours après d'une inflammation du cœur et des gros vaisseaux, la même maladie que celle dont mourut Dupuytren, et qui fut également précédée d'une attaque de paralysie. Chaussier était alors âgé de 82 ans.

D^r Ed. Carrière.

**CHAUSSIERS** ou **CHAUCIERS**. Les statuts de la corporation des chaussiers, ou fabricants de chausses, consistaient en un petit nombre d'articles, et ne contenaient aucune disposition remarquable. Ils pouvaient prendre autant d'apprentis qu'ils le voulaient, et ceux-ci étaient obligés, en entrant en apprentissage, de payer huit sous, dont trois revenaient au roi et quatre à la confrérie du métier. Quiconque commençait le métier de la chausserie devait, à l'exception des fils de maître, payer vingt sous d'entrée; savoir : quinze au profit du roi et cinq à la confrérie du métier. Trois prud'hommes assermentés faisaient la police du métier, et dénonçaient au prévôt de Paris les infractions aux statuts que leur surveillance leur faisait découvrir. Une ordonnance concernant la police du royaume, rendue le 30 janvier 1350 par le roi Jean et publiée en février suivant, contient, en son titre XXXVI deux articles que nous croyons curieux de reproduire ici, parce qu'ils peuvent donner connaissance du prix des ouvrages confectionnés par les chaussiers au milieu du XIV^e siècle : « Les chaussetiers, y est-il dit, ne prendront et n'auront, pour la façon d'une paire de chausses à homme, que six deniers, et à femme et enfants quatre deniers et non plus. Ceux qui les appareillent (les chausses) ne prendront, pour mettre une pièce ès avant-pieds, ou coudre la chausse, que deux deniers ; et, s'ils font le contraire, ils l'amenderont. » — Les chaussiers de Paris intentèrent, en 1280, un procès aux fripiers qui achetaient de vieilles robes, les nettoyaient en rafraîchissant le drap, et en faisaient des chausses qu'ils vendaient comme faites de drap neuf; et, sur leur demande, Guillaume Thibout, prévôt de Paris, défendit aux fripiers, sous peine de quatre sous d'amende au profit du roi, et de douze deniers au profit des gardes du métier, de continuer cette pratique frauduleuse. Lorsqu'au milieu du XVIII^e siècle on répartit les différents métiers de Paris en six corporations, les chaussiers, devenus fabricants de bas, eurent la prétention d'en former une à eux seuls ; mais ils échouèrent dans leur prétention : on les réunit aux drapiers, et tout ce qu'ils purent obtenir fut de faire donner à leur corporation le nom de communauté des *drapiers-chaussiers*.

**CHAUSSON**, s. m. chaussure qu'on met au pied par-dessous les bas, et quelquefois par-dessus. — Figurément et familièrement, *Tout son équipage tiendrait dans un chausson*, se dit en plaisantant d'un homme qui n'a guère de linge, de hardes. — Chausson se dit aussi d'une espèce de soulier plat à semelle de feutre, de buffle, etc., dont on se sert pour jouer à la paume, pour faire des armes, etc. On appelle *chaussons de bal, de danse*, des souliers fort légers qui servent pour danser. — Chausson se dit encore d'une sorte de pâtisserie qui contient de la marmelade, de la compote ou des confitures, et qui est faite d'un rond de pâte replié sur lui-même.

**CHAUSSURE**. La forme de la chaussure a varié, dans tous les temps et chez tous les peuples, comme celle de toutes les autres parties du vêtement. Nous allons jeter un coup d'œil rapide sur les principales de ces variations, en suivant l'ordre chronologique. — 1° Hébreux. Les Hébreux ne portaient guère de chaussures qu'à la campagne; ils les déposaient dans l'intérieur de la maison, ainsi que dans le deuil; ils les quittaient aussi lorsqu'ils étaient ou qu'ils voulaient paraître sous l'impression d'un sentiment de respect. Leurs chaussures étaient faites de cuir, de lin, de jonc ou de bois. Quelquefois les guerriers portaient des chaussures de fer et d'airain. — 2° Egyptiens. Les Egyptiens employèrent, pour faire leurs chaussures, des feuilles de palmier et de papyrus. Leurs souliers, par leur forme, ressemblaient assez aux nôtres. — 3° Perses. Les bas-reliefs de Persépolis nous représentent les Perses avec une espèce de chausson. — 4° Grecs. Sur les monuments, la chaussure des Grecs ne consiste ordinairement qu'en une simple semelle liée sur le cou-de-pied et jusqu'à la moitié de la jambe, par le moyen de deux bandelettes ou courroies croisées plusieurs fois : c'était le cothurne des voyageurs. Dans ses *Euménides*, Eschyle paraît avoir donné aux Furies le cothurne des chasseurs crétois, dont la semelle était très-épaisse : cette chaussure devint celle des chasseurs, des amazones, des nymphes de Diane. Les auteurs grecs parlent encore de plusieurs autres chaussures. On peut les réduire à trois sortes : elles avaient la forme de bottines, ou bien celle de souliers ou chaussures pleines, ou enfin celle de sandales ou semelles simples. — Pour que les notions que nous donnons ici sur les chaussures grecques soient réellement utiles à ceux de nos lecteurs qui voudraient s'occuper d'archéologie, nous devons reproduire les noms, et, autant que cela nous sera possible, préciser les formes diverses de cette partie du vêtement chez ce peuple. — *Hypodêmata* était le nom général des chaussures de toute espèce; l'action de se chausser se désignait par le verbe *hypodéin* (lier en dessus), et celle de se déchausser par le verbe *luein*, ou *hypoluein* (délier, délier par-dessous). Les poëtes se servaient, pour désigner la chaussure, du mot *pédila* (garniture des pieds). Les courroies qui attachaient la chaussure sous la plante des pieds s'appelaient *himantes*. — On désignait par le nom de *diabathra* les chaussures communes aux deux sexes; par celui de *sandala* ou *sandalia*, dans les premiers temps, la chaussure des héroïnes et des femmes les plus élégantes. — Les *blautai* étaient des chaussures qui se portaient dans l'intérieur des maisons; les *compodes* ressemblaient à ces dernières, mais étaient moins élégantes. — On appelait *péripharides* la chaussure des femmes d'un haut rang. — Les *crépides* étaient réservées aux militaires; on les nommait encore *harpides*. — Les *arbulai* étaient des chaussures larges et commodes; les *persiques* des chaussures propres aux femmes, de couleur blanche, et portées ordinairement par les courtisanes. — Les *laconiques* ou *amaclaïdes* étaient une chaussure lacédémonienne, de couleur rouge. On donnait le nom de *carbatinai* à une chaussure grossière, qui servait aux habitants de la campagne. Les *embatai* étaient portées par les comédiens. Le *cothurne* était une espèce de brodequin à l'usage de ceux qui déclamaient les tragédies; il allait également aux deux pieds; les cothurnes étaient quelquefois appelés *embades*. — 5° Romains. Les Romains avaient différentes chaussures (*calceamenta*), mais surtout deux espèces principales : l'une, le *calceus* (soulier), couvrait la totalité du pied, à peu près comme nos souliers, et s'attachait en devant avec une courroie, un cordon ou un lacet; l'autre, *solea* (sandale), couvrait seulement la plante des pieds : elle était retenue par des courroies ou par des lanières de cuir. Il y avait plusieurs sortes de chaussures de cette dernière espèce. Les expressions *discalceati* (déchaussés), et *pedibus intectis* (à pieds découverts), désignaient ceux qui en faisaient usage. Le Romain qui paraissait en public portait toujours la chaussure appelée *calceus*. — Aux fêtes, on prenait ordinairement des sandales, mais on avait soin de les ôter pour les repas. Un homme, en paraissant en public avec des sandales, s'exposait à passer pour efféminé. Les femmes pouvaient prendre cette chaussure quand elles sortaient. — La chaussure des sénateurs était de couleur noire, et atteignait le milieu de la jambe; un croissant d'or ou d'argent (*luna, lunula, littera* C) était placé au sommet du pied. Cette distinction, qui paraît avoir été particulière aux sénateurs patriciens, était appelée *luna patricia* (croissant patricien). — La chaussure des femmes était ordinairement blanche, quelquefois rouge, écarlate ou pourpre, jaune, et ornée de broderie et de perles, surtout le dessus. Les souliers des hommes étaient généralement noirs; quelques particuliers en portaient de rouges ou de couleur écarlate. Du temps des empereurs, on ornait fréquemment les souliers d'or, d'argent et de pierres précieuses; on en portait aussi dont le dessus était relevé en pointe à l'extrémité, ayant la forme de la lettre f, et que l'on appelait *calcei repandi*. — Suivant divers écrivains, les sénateurs avaient quatre courroies à leur chaussure, et les plébéiens une seule. — Les habitants de l'ancien Latium portaient des souliers faits de peau non tannée, et appelés *perones*. Les peuples connus sous les noms de *Marsi, Hernici, Vestini*, s'en servaient aussi. — La classe indigente portait des chaussures de bois ou des sabots; c'était aussi celle des condamnés pour crime de parricide. — Il paraît que les gens de la campagne portaient une chaussure semblable appelée *sculponeæ*, avec laquelle ils se frappaient quelquefois le visage réciproquement. Les courtisanes, s'il faut en croire Térence, caressaient leurs favoris à coups de sandale, comme fit Omphale à l'égard d'Hercule. — On appelait *caligæ* la chaussure des soldats; elle était quelquefois garnie de clous; celle des comédiens, *socci* (brodequins), mot souvent employé pour *soleæ*, et celle des acteurs tragiques, *cothurni* (cothurnes). — Les Romains se servaient encore, pour s'envelopper les pieds, d'une espèce de chaussure qui était faite de laine ou de poil de chèvre (*udones*); ils avaient pour les chevaux et les mules des chaussures de fer qui ne s'attachaient pas au sabot avec des clous, comme de nos jours, mais que l'on ajustait aux pieds de manière à ce qu'on les pût ôter et remettre à volonté; quelquefois elles étaient d'argent ou même d'or. — 6° *Chaussure au moyen âge et dans les temps modernes*. Divers anciens monuments représentent Clovis avec une chaussure qui se rapproche beaucoup de celle que portaient de son temps les magistrats romains. Comme rien de semblable n'existe dans les statues ou les images des princes francs de la même époque, quelques auteurs en ont conclu, sans que l'on voie bien sur quoi ils se fondent, que Clovis avait une chaussure particulière, à raison du titre de patrice que lui avait conféré l'empereur d'Orient Anastase. — Du temps de l'historien Grégoire de Tours, on offrait une chaussure aux fiancées en même temps que l'anneau de noce. — Les bottes des Chinois (dit de Guignes) sont de soie noire ou de cuir, et ne dépassent pas le mollet; elles sont larges : les Chinois s'en servent au lieu de poches, et y mettent des papiers et leur éventail. — Autrefois, en Espagne, on fabriquait des pantoufles avec du genêt. « On va nu-pieds et le plus souvent nu-jambes aux îles Maldives (dit Pysard); mais, dans leurs logis, les habitants se servent de pantoufles ou de sandales faites de bois, et, quand quelqu'un de qualité plus grande que la leur les vient visiter dans leur maison, ils quittent ces sandales et demeurent nu-pieds. » Les chaussures d'écorce de tilleul, nommées *lapti*, sont très-communes en Russie; on calcule qu'un paysan russe en use au moins cinquante paires par an, et qu'elles emploient environ cent cinquante pieds de tilleuls de trois ans au moins d'âge. Les Japonais se servent de chaussures de paille de riz, dont une grande partie est exposée en vente à vil prix dans toutes les villes et sur toutes les routes; ils emploient aussi des sandales de bois, mais les gens riches portent des souliers de peau de chamois. — Au VII<sup>e</sup> siècle de l'ère chrétienne, certaines chaussures, aujourd'hui très-communes, étaient à la portée d'un très-petit nombre de personnes. On a cité le legs de deux sandales fait à une église par Léobaud, ancien abbé de Fleury-sur-Loire. Charlemagne ordonna formellement aux ecclésiastiques, dans l'un de ses capitulaires, de prendre des sandales pour dire la messe. Les bulles des papes du XIV<sup>e</sup> siècle sont remplies de censures contre le luxe qu'étalaient dans leur costume, et particulièrement dans leur chaussure, les moines et les prêtres de ce temps. — En 1337, l'archevêque de Trèves reprochait aux moines de porter *des solers destranchiés com chevaliers, etc.; de chevaucher à grans espées..., com un comte, les jambes découvertes; d'aller de neu et jor en place commune, en nosses, en danses et en autres leus que ne sont mie à dire; de menjuer en jardins avec femmes séculières et nonains, dissolument, à grant foison de menestriers, etc.* — Le calife Hakken, fondateur de la religion des Druses, défendit aux cordonniers égyptiens, sous peine de mort, de fabriquer des souliers ou d'autres chaussures pour les femmes. De Guignes rapporte que les bas des Chinoises ne descendent que jusqu'à la cheville, et qu'elles enveloppent le reste du pied avec des bandelettes. Lorsqu'elles sortent de leurs maisons, elles mettent des souliers avec des talons de bois garnis de cuir; elles ne se soutiennent que sur ces talons. — Les monarques scandinaves faisaient porter par leurs vassaux, en signe de dépendance, la chaussure dont ils se servaient. — D'anciens historiens rapportent qu'Olaüs Magnus, roi de Norwége, ordonna à un prince d'Islande de porter sur ses épaules des souliers qu'il lui envoyait, et ils ajoutent que l'insulaire obéit sans murmurer, un jour de Noël, en présence de plusieurs ambassadeurs norwégiens. — Au dire de Paul, diacre de l'Eglise d'Aquilée, au VIII<sup>e</sup> siècle, les anciens Lombards portaient leurs souliers découverts jusque sur le gros orteil et liés de courroies de cuir par-dessus le pied. — Quelques paires de souliers faisaient souvent partie des présents offerts aux papes par les souverains, à l'époque de Louis le Débonnaire. — Salomon III, duc de Bretagne, contemporain de ce fils de Charlemagne, charge des ambassadeurs qu'il envoie à Rome de présenter, en son nom, au chef de l'Eglise, avec une statue d'or de grandeur naturelle, un mulet sellé et bridé, trente tuniques, trente pièces de drap de toutes couleurs, trente peaux de cerfs, trente *paires de souliers* pour ses domestiques, etc. — Des chaussures très-bizarres ont eu autrefois beaucoup de vogue en France et dans les pays voisins; les chroniques et les sermonnaires du moyen âge sont remplis d'invectives contre les souliers dits *à la poulaine*, imaginés du temps de Philippe Auguste. Le bout de ces souliers se relevait par-devant en forme de bec, le derrière était armé d'éperons; leur longueur, qui varia sous le règne de Philippe, suivant l'importance des personnages, était communément d'un demi-pied; des bourgeois aisés les voulaient quelquefois d'un pied. L'ordonnance royale du 10 octobre 1367, qui interdit en France les souliers à long bec, dits *à la poulaine*, prétend qu'ils avaient été trouvés *en dérision de Dieu*. On pouvait difficilement combattre ou même marcher avec cette bizarre chaussure. Aussi les chroniqueurs du XIV<sup>e</sup> siècle remarquent-ils que les cavaliers du duc Léopold d'Autriche, défait et tué en 1386 par les Suisses à la fameuse bataille de Lembach, ayant mis pied à terre au commencement de l'action, coupèrent les longues pointes de leurs souliers: cette distinction était alors exclusivement réservée aux nobles. — En France, sous Charles VI, cette chaussure si grotesque fut remplacée par une mode non moins grotesque : on porta des souliers d'un pied de large. Dès l'année 1462, un statut du roi Edouard IV, que rapporte le jurisconsulte Blackstone, défendit à tout gentilhomme anglais qui était au-dessous du rang de lord, de porter des souliers ou des bottes dont la pointe excédât deux pouces. Du temps de François I<sup>er</sup> et de Rabelais, c'est-à-dire au milieu du XVI<sup>e</sup> siècle, quelques personnes n'avaient pas encore quitté les souliers *à la poulaine*. — Lorsque les chaussures échancrées, proscrites à Genève, reparurent douze années après, en 1555, le réformateur Calvin exhorta les magistrats de cette république à les interdire de nouveau. — En Angleterre, les souliers eurent, dès l'année 1633, la forme usitée aujourd'hui; on y adapta des boucles en 1670. — Un éditeur du *Roman de la Rose* a prétendu que les moines de la fameuse abbaye de Saint-Martin de Tours portaient autrefois des miroirs à leurs souliers; cette chaussure est épaisse et composée de gros papier, renforcée en dessous par un cuir. Ces souliers sont relevés par devant, et tiennent les doigts écartés et relevés en l'air. Les habitants du Kamtchatka fabriquent des souliers d'un usage solide avec la peau des baleines. — Nous n'avons pas la prétention d'indiquer dans cet article toutes les variations que depuis deux siècles la mode a successivement introduites dans l'usage de la chaussure: là, comme en tout, elle s'est montrée capricieuse, futile, inconstante. Nous n'avons pas voulu indiquer non plus toutes les modifications qu'ont subies les diverses espèces de chaussures; c'est un sujet vaste, et la difficulté réelle qui se rencontre à le traiter n'aurait pas une compensation suffisante dans l'utilité de semblables détails (*V.* les articles spéciaux consacrés dans cette Encyclopédie aux principales formes de chaussure chez les divers peuples du monde). Aux détails purement historiques que l'on vient de lire, nous devons, pour présenter à nos lecteurs tous les documents qu'il leur importe d'avoir sur ce sujet, ajouter ici l'indication des actions nombreuses, favorables ou nuisibles, que la chaussure exerce sur la jambe et sur le pied. Les chaussures propres à la jambe et remontant plus ou moins sur les genoux, servent à défendre ces parties contre les intempéries de l'air et à les garantir du choc et du frottement des corps extérieurs. En outre de ces deux actions, les chaussures des pieds diminuent les effets de la pression et du poids de tout le corps sur la région plantaire, qui appuie sur le sol, et la défend contre les aspérités anguleuses qui pourraient s'enfoncer dans les chairs. Nous avons déjà dit que le pied de l'homme offre à la plante des callosités naturelles, qui sont une sorte de semelle ou portion de chaussure; mais ces callosités sont évidemment insuffisantes pour prémunir le pied contre toutes les causes qui peuvent le blesser dans les exercices nombreux et très-variés auxquels se livrent les hommes de toutes les professions chez les nations civilisées. L'utilité des chaussures est donc facile à constater à l'égard des personnes qui exercent beaucoup les membres inférieurs. Depuis longtemps, selon les diverses idées de beauté qu'on a attachées aux formes de la jambe et du pied, les chaussures ont été employées par les personnes oisives, soit pour faire ressortir les belles formes, soit pour masquer les imperfections ou les difformités de ces parties. L'art, poussant alors trop loin ses prétentions, vint mettre à la torture tous les tissus vivants comprimés douloureusement par les chaussures les plus élégantes. Voilà pourquoi abondent dans les villes les plus populeuses et les plus civilisées de notre vieille Europe les médecins pédicures pour la guérison des cors, des oignons, des durillons, des inflammations, des phlyctènes, des excoriations, des accès de goutte, des ongles rentrés dans la chair, etc., etc. — Si la constriction produite par les chaussures peut causer une foule de maladies, on sent la nécessité de les prévenir de bonne heure, en n'usant que de celles qui s'adaptent convenablement à la forme des pieds et des jambes; les chaussures artificielles, dont les orthopédistes font usage contre les difformités de ces deux parties du corps, sont l'une des ressources mécaniques les plus efficaces de leur art, lorsque la compression qu'elles produisent est bien uniforme, lente, bien graduée, lorsque les redressements obtenus dans le jeune âge sont secondés et consolidés par un traitement hygiénique bien approprié à la constitution du sujet. Diverses chaussures sont aussi employées avec beaucoup de succès contre les varices des jambes, contre le gonflement habituel des pieds. En général, le choix du tissu et des formes de la chaussure est commandé par le besoin de conserver la santé des jambes et des pieds, et de sentir ces parties à l'aise, comme on le dit vulgairement. C'est pourquoi les chaussures, plus ou moins légères ou plus ou moins défensives, varient nécessairement suivant les saisons, les climats, les professions, et quelquefois aussi suivant la nature des animaux parasites et venimeux des pays que l'on habite ou dans lesquels on voyage. Les détails relatifs à toutes ces variétés de chaussures pourront être donnés dans plusieurs articles de notre *Encyclopédie*.

**CHAUSSURE.** Expression proverbiale : *Trouver chaussure à son pied*, trouver justement ce qu'il faut, ce qui convient. Il se dit aussi d'une personne qui en trouve une autre capable de lui tenir tête.

**CHAUSSURE.** Proverbialement, *Avoir un pied dans deux chaussures*, avoir à choisir entre deux partis également avantageux.

**CHAUSSURE** (*écon. dom.*), ce qui est nécessaire pour entretenir quelqu'un de souliers, de bottes, etc.

**CHAU-TU**, s. m. (*botan.*), orange de la Chine.

**CHAUVE, CHAUVETÉ.** Le premier de ces termes signifie qui n'a plus de cheveux ou qui n'en a guère. C'est dans le sens le plus usuel qu'on dit : *Une personne chauve*. Le deuxième désigne aussi le plus vulgairement l'état d'une tête chauve; il a pour synonymes les mots *calvitie*, *alopécie* et *pelade*. Les notions philologiques données à l'occasion de ce mot *calvitie* nous dispensent de nous arrêter à l'étymologie des termes *chauve* et *chauveté*, auxquels nous devons rattacher l'indication succincte des deux maladies connues sous les noms d'*alopécie* et de *pelade*. — *Alopécie* signifie, dans les lexiques du langage usuel, maladie qui fait tomber les poils de la tête, du grec ἀλώπηξ, renard, parce que ces animaux sont sujets à cette affection. En médecine, on comprend sous ce nom la chute des poils de toutes les parties du corps. En style vulgaire, la *pelade* (du verbe peler ou de épiler) est une maladie qui fait tomber à la fois le poil et les cheveux, tandis qu'en pathologie on entend par ce nom la chute de la surpeau ou épiderme, qui se détache et tombe par écailles, à la suite ou pendant la chute des poils. — Nous avons donné un aperçu de toutes les parties et organes caducs des corps organisés. Ici nous devons nous borner à quelques vues générales sur la caducité ou la chute des poils, qui produit la chauveté ou le dégarnissement des parties des végétaux et des animaux qui sont pourvues primitivement de ces sortes de filaments cornés ou épidermiques. — La perte plus ou moins précoce des cheveux qui grisonnent et blanchissent (*V.* CANITIE), ou qui tombent sans changer de couleur, a lieu quelquefois, dans la jeunesse, sur des personnes d'une constitution saine, et peut être attribuée à des dispositions organiques héréditaires. Ce genre de chauveté, propre à certaines idiosyncrasies, commence par le front, le vertex, s'étend plus ou moins en arrière et sur les tempes. C'est en vain que les personnes qui l'éprouvent recourent aux moyens cosmétiques, tels que la moelle de bœuf, les graisses d'ours et d'oie, une pommade faite avec l'axonge et les feuilles de noyer, et en général toutes les graisses fines, qu'on a regardées comme ayant la propriété de donner aux cheveux une végétation plus active. Ces moyens ne nous paraissent utiles qu'en remédiant à la sécheresse du cuir chevelu. Ils ne peuvent agir que comme défensifs contre les intempéries de l'air et préserver des affections rhumatismales de cette région de la tête plus ou moins dépourvue de son vêtement naturel. C'est dans ce but que les personnes chauves de bonne heure doivent se résoudre à faire usage, soit de faux toupets, soit de perruques, pour se prémunir et se guérir même des douleurs rhumatismales ou des névralgies de la peau du crâne. Ces ressources de l'art de la coiffure sont encore plus utiles dans la chauveté qui a lieu dans l'âge avancé, pour se garantir des effets du froid et de la chaleur. On voit cependant des individus n'en éprouver aucun inconvénient et pouvoir se dispenser de ces sortes d'abris artificiels. Si l'on peut jusqu'à un certain point remédier à la laideur produite par la perte des sourcils à l'aide des moyens de l'art de la toilette, la difformité qui résulte de la perte des cils ne peut guère être masquée. Ce n'est qu'au théâtre ou dans les cas de déguisements qu'on a recours aux barbes et moustaches artificielles. — Il ne faut pas confondre la chauveté générale de tout le corps, qui est le résultat des maladies du tissu de la peau, avec l'absence de barbe et de poils dans les autres parties de la peau chez les individus qu'on a faits eunuques dans l'enfance, ni avec la chauveté apparente de quelques régions du corps, que certaines nations sont dans l'usage de produire artificiellement, soit en tondant ces parties, soit en les couvrant de pommades épilatoires. Cette chauveté n'est qu'instantanée, puisque immédiatement après la tonte les cheveux ou les poils poussent de nouveau, et recouvrent les régions de la peau, dont la nudité artificielle est commandée par l'usage dans les divers genres de civilisation qui influent sur les idées que les diverses nations se sont faites de la beauté physique. Pour que la chauveté soit effective et durable dans les corps organisés en général, il faut que les plumes, l'épiderme, les écailles, après leur chute, ne se renouvellent pas. Quand ce renouvellement, qui est dans l'ordre naturel, a lieu dans un grand nombre d'animaux, les parties tombées étant immédiatement remplacées par celles nouvellement produites, les régions du corps où se passe ce phénomène, connu sous le nom de *mue*, ne sont point chauves ou ne paraissent telles que très-peu de temps. — De ce que l'ablation des organes génitaux faite pendant l'enfance entraîne le non-développement de la barbe et des autres poils caractéristiques du sexe masculin, il n'en faudrait point conclure que la perte de ces mêmes organes à une époque postérieure et plus ou moins éloignée de l'âge de puberté, produise la chute des cheveux, ni celle des poils de la barbe; car on a vu des individus qui avaient subi la castration être abondamment pourvus de cheveux et de barbe, longtemps après cette opération. Lorsque, par l'effet de plusieurs maladies survenues à des intervalles plus ou moins grands, les cheveux et les poils tombent plusieurs fois, la première chute est suivie d'une nouvelle pousse de cheveux et de poils de même nature et en quantité presque aussi considérable, surtout si l'individu est jeune; après la seconde perte, les poils deviennent plus rares; enfin, après une troisième chute de cheveux, la tête reste largement chauve, et les autres parties du corps sont également plus ou moins épilées, selon la nature des maladies, dans la détermination desquelles nous ne devons point entrer ici. On a remarqué constamment que les têtes chauves sont plus dégarnies, 1° dans les endroits les plus exposés aux pressions de la coiffure; 2° dans les parties où la peau est plus voisine des os, et réciproquement que les tempes, le voisinage des oreilles et la nuque surtout sont encore recouvertes de cheveux quand le reste de la tête est tout dénudé, parce que des couches musculaires plus ou moins épaisses et des vaisseaux plus nombreux sont subjacents à la peau de ces trois parties de la tête. — Le moyen regardé généralement comme le plus sûr pour empêcher que la perte des cheveux et des poils soit complète est de les raser tous, et de répéter fréquemment cette opération; qui paraît activer la nutrition des bulbes pilipares, et par suite la sécrétion de la matière *mucoso-cornée*, qui se transforme en filaments pileux. Quelques pathologistes ont comparé la pousse des cheveux après leur coupe à celle des rejetons vigoureux d'un arbre qui languissait, et dont on a retranché le sommet et les branches privées de vie. L'alopécie ou la chauveté produite par la syphilis, après avoir été fréquente pendant la dernière moitié du XVI^e^ siècle et le commencement du XVII^e^, a diminué peu à peu, et elle est depuis longtemps un des phénomènes les plus rares de cette maladie. Ne pouvant étudier avec détail la chauveté dans toute la série des corps organisés, animaux et végétaux, notre attention a dû se porter naturellement sur ce phénomène observé dans l'espèce humaine. — Nous nous bornerons à dire qu'en anatomie, soit végétale, soit animale, on a donné l'épithète de *chauves* aux semences nues qui ne sont ni chevelues ni aigrettées, et à toutes les parties de l'enveloppe des animaux dépourvues des divers téguments de nature cornée. — En botanique et en zoologie, on emploie aussi ce nom comme caractéristique des espèces, lorsque la chauveté ou plutôt la nudité naturelle de certaines parties dépourvues de poils, de plumes, d'écailles, etc., est un signe certain pour les distinguer. — Les chauves-souris ont été ainsi nommées parce qu'on les a regardées comme des souris volantes, et parce que leurs ailes sont *chauves*, ou dégarnies de plumes. — Dans le style figuré, l'adjectif *chauve* est employé dans un grand nombre de cas. — Proverbialement on dit, *L'occasion est chauve*, pour exprimer qu'il est difficile de la saisir, et qu'il ne faut pas la laisser échapper quand elle se présente. — Nous manquons de mots dans la langue française pour exprimer adverbialement ou par un verbe l'idée de *chauveté;* nous en avions déjà fait la remarque à l'article CALVITIE.

**CHAUVE**, adj. f. (*myth. rom.*), surnom qui fut donné à Vénus en mémoire du dévouement des Romaines qui, pendant le siége du Capitole par les Gaulois, se coupèrent les cheveux pour qu'on en fît des cordes dont les assiégés manquaient.

**CHAUVE**, s. f. (*technol.*), veine blanche dans une carrière d'ardoise.

**CHAUVEAU** (FRANÇOIS), peintre, graveur et dessinateur, naquit à Paris en 1613. Élève de Laurent la Hire, il se fit d'abord connaître par quelques petits tableaux d'une agréable composition et d'une exécution facile; puis il se mit à graver au burin, auquel il préféra bientôt la facilité d'opérer à l'eau-forte. Sa fécondité était prodigieuse, et l'on fait monter à trois mille les estampes sorties de sa main. Quoique son dessin soit correct et que ses œuvres aient beaucoup de force, de vérité et de mouvement, sa manière est malheureusement empreinte de dureté et de sécheresse, et elle pèche souvent par le mauvais goût. Ses principales gravures sont celles de l'*Ancien Testament*, de l'*Histoire grecque*, des *Métamorphoses d'Ovide* mises en sonnets par Benserade, de l'*Alaric* de Scudéry, des *Délices de l'esprit* de Desmarets, des *Poëmes de Clovis* et *de la Pucelle* par Chapelain, des *Fables de la Fontaine* et une partie de la *Vie de saint Bruno* d'après les tableaux de Lesueur. Admis à l'académie des sciences lors de sa création, Chauveau mourut à Paris en 1676, laissant cinq fils, dont le plus jeune s'est fait un nom dans les arts.

**CHAUVEAU** (RENÉ), sculpteur et architecte, fils du précédent, naquit à Paris en 1663, et y mourut en 1722. Élève de Caffieri, sa vive imagination et sa promptitude d'exécution le firent distinguer par le ministre Colbert, qui lui donna un logement aux Gobelins. Dès l'âge de vingt-six ans, il se vit chargé, grâce à ce puissant protecteur, de tous les projets et esquisses relatifs aux divers travaux entrepris par le gouvernement. Ayant épousé la fille aînée d'un statuaire italien, des discussions de famille déterminèrent Chauveau à accepter les offres brillantes qui lui étaient faites pour passer en Suède. Il y demeura sept années, et y fit des ouvrages remarquables. De retour en France, Chauveau fut chargé de grands travaux pour les maisons royales. On en voit surtout à Versailles qui attestent son génie et son talent. C'est lui qui inventa le groupe, exécuté depuis en bronze, du Soleil, devise de Louis XIV, sous la figure d'Apollon, placé au milieu des quatre Saisons et présidant sur elles. Chacun de ces quatre petits tableaux est entouré d'attributs et d'ornements d'une admirable délicatesse. René Chauveau fut employé par tous les grands seigneurs de cette époque. On raconte qu'occupé à travailler au château du comte de Torcy, celui-ci lui ayant demandé combien il voulait gagner par jour, l'artiste offensé partit aussitôt abandonnant une commande des plus lucratives.

**CHAUVEAU-LAGARDE** (N.) naquit à Chartres en 1765. Il jouissait déjà de quelque réputation au barreau de Paris, lorsque les premiers troubles de la révolution vinrent lui fournir l'occasion de déployer son courage et son talent sur un plus vaste théâtre; il défendit, entre autres, le général Miranda, Brissot, la reine Marie-Antoinette et Charlotte Corday. Arrêté après ce dernier procès, il recouvra la liberté après le 9 thermidor, et défendit devant une commission militaire, en 1797, l'abbé Brottier, accusé de conspiration royaliste avec Dunaud et Lavilleheurnois. Devenu avocat au conseil d'État sous le règne de Napoléon, à la déchéance duquel il adhéra en 1814, il porta la parole au nom de son ordre, pour féliciter Louis XVIII sur sa rentrée à Paris. Mais, après la seconde restauration, l'avocat de Marie-Antoinette consacra toujours son dévouement et son éloquence aux proscrits d'un autre parti. Après la révolution de juillet, il fut nommé conseiller à la cour de cassation. Il est mort au mois de février 1841. On a de lui quelques ouvrages relatifs aux causes qu'il fut chargé de défendre.

**CHAUVELIN** (GERMAIN-LOUIS DE), né en 1685, garde des sceaux de France, et secrétaire d'État au département des affaires étrangères. Revêtu de ces deux places importantes en 1727, il devint le second et l'homme de confiance du cardinal de Fleury; il avait rempli avec éclat la charge d'avocat général au parlement de Paris, connaissait les formes et les lois du royaume, et était très-utile au cardinal, qu'il éclairait sur tous ces objets. Né avec un génie actif et pénétrant, il porta la même supériorité de lumières dans la direction des affaires étrangères. A un esprit fin et délicat il joignait un abord facile et gracieux, un commerce charmant, une conversation séduisante. Il était lié avec les plus grands seigneurs de la cour, savait se faire des amis puissants, dont le crédit pût le soutenir en cas de disgrâce. Habile à découvrir ses ennemis, il déconcertait leurs projets d'autant plus facilement qu'il connaissait toutes les intrigues de la cour. Ses vues étaient vastes, ses correspondances très-étendues. Il était secret sans affectation; sacrifiant une partie de son sommeil aux affaires, et conséquemment très-expéditif, il embrassait beaucoup d'objets et était capable de suffire à tout; il aimait les gens de mérite, protégeait les arts, et s'occupait avec ardeur à les faire fleurir; enfin il était supérieur en tout au premier ministre, dont il avait toute la confiance. Les courtisans, en cherchant à le perdre, jouèrent au cardinal de Fleury un tour perfide, dont les six dernières années de sa vie se sont cruellement ressenties. D'abord on répandit sourdement que, par le traité de Vienne en 1736, il avait sacrifié les intérêts des alliés à l'empereur Charles VI; qu'il aurait dû lui faire acheter la paix à des conditions plus dures, que ce prince, battu de tous côtés, aurait été forcé d'accepter; on alla même jusqu'à attaquer sa probité, en l'accusant d'avoir reçu des sommes immenses pour prix d'un si grand service; ensuite on persuada au cardinal que l'héritier désigné de sa place et de son autorité se lassait d'attendre, brûlait du désir de posséder son héritage, et était capable de lui donner des dégoûts pour l'obliger à l'abandonner. Le cardinal, qui peut-être peu de jours avant d'entrer dans le ministère ne l'ambitionnait pas, craignit de le perdre dix ans après l'avoir obtenu; il chercha à s'assurer de la vérité de cette imputation; on lui en donna quelques preuves. Alors il oublia qu'il avait plus de quatre-vingts ans, qu'un second lui devenait de jour en jour plus nécessaire, que sans cet appui il allait devenir le jouet des intrigues; il crut qu'il se vengeait d'un traître, et perdit un homme qui lui était plus utile que jamais. Chauvelin fut exilé à Bourges le 20 février 1737. Il avait laissé un mémoire justificatif de sa conduite, dans lequel il est probable qu'il attaquait l'administration du cardinal; ses amis, croyant le servir, firent parvenir le mémoire au roi, qui, le regardant comme un libelle contre un homme dont il pleurait la perte, changea le lieu de l'exil de Chauvelin, et l'envoya à Issoire, dans les montagnes d'Auvergne. Il obtint, trois ans après, la permission de venir dans sa terre de Grosbois, et il mourut à Paris le 1er avril 1762, âgé de soixante-dix-sept ans.

**CHAUVELIN** (FRANÇOIS-CLAUDE, MARQUIS DE), capitaine au régiment du roi en 1734, servit avec distinction en Italie, et parvint au grade de major général dans l'armée du prince de Conti, avec laquelle il fit la guerre sur le Bas-Rhin et en Flandre. Maréchal de camp en 1745, il concourut à la défense de Gênes, où le roi le nomma son ministre plénipotentiaire et commandant des troupes qu'il envoyait en Corse. Il réussit à pacifier cette île pour quelques années. Lieutenant général en 1749, il fut nommé ambassadeur à la cour de Turin en 1753, et il quitta Gênes. Cette république, en considération des services qu'il lui avait rendus, l'agrégea au corps des nobles génois, et le fit inscrire au livre d'or. Grand-croix de l'ordre de Saint-Louis, il obtint en 1760 une des deux charges de maître de la garde-robe du roi. Le marquis de Chauvelin joignait à beaucoup de finesse dans l'esprit le caractère le plus aimable, parlait avec grâce et facilité, et réunissait tous les talents nécessaires à un négociateur. Il s'était même acquis de la réputation à la guerre. Il mourut subitement d'un coup de sang en faisant la partie du roi, au commencement de l'année 1774, et fut universellement regretté. On a de lui des vers faciles et agréables, entre autres un impromptu connu sous le nom des *Sept Péchés mortels*, qu'il fit à l'Isle-Adam, chez le prince de Conti, où il se trouvait seul avec sept femmes. — Il avait pour frères, CHAUVELIN (Jacques-Bernard), intendant des finances et conseiller d'État, et l'abbé CHAUVELIN, dont l'article suit.

**CHAUVELIN (HENRI-PHILIPPE)**, frère du précédent, abbé de Montier-Ramey, chanoine de Notre-Dame et conseiller au parlement de Paris. Il acquit une grande célébrité par l'audace avec laquelle il attaqua le premier les jésuites. Il s'était déjà fait connaître, en 1750, dans la grande affaire des immunités. Le roi ayant demandé à l'assemblée du clergé une somme de sept millions et demi, et une déclaration ordonnant de constater la valeur des biens ecclésiastiques dans le royaume, l'assemblée se plaignit vivement qu'on voulait l'assujettir à l'impôt du vingtième, et qu'on attaquait toutes ses immunités; elle fit imprimer des extraits de ses procès-verbaux depuis 1561, tendant à prouver que les sommes payées par le clergé avaient toujours été demandées, accordées et reçues comme dons gratuits, libres et volontaires. L'abbé Chauvelin publia des *Observations* contre ces extraits, qui furent imprimées en 1750, in-4°; et la même année parurent les fameuses lettres : *Ne repugnate*, attribuées par les uns à Silhouette, et par d'autres à Chauvelin. La France était alors agitée par des dissensions religieuses. Chauvelin était regardé dans le parlement de Paris comme le coryphée des jansénistes. Le parlement continuait avec une singulière activité ses procédures concernant le refus des sacrements. Le roi lui ayant ordonné en 1753 de suspendre toutes poursuites, Chauvelin fit prendre par sa cour un arrêté portant qu'elle ne pouvait *obtempérer* sans manquer à son devoir. Des lettres de cachet signifiées par les mousquetaires, dans la nuit du 8 au 9 mai, frappèrent deux présidents et deux conseillers. Chauvelin fut enfermé au mont Saint-Michel, et ses trois collègues au château de Ham, à celui de Pierre-Encise et aux îles Sainte-Marguerite. Chauvelin supporta son malheur avec fermeté. Rentré dans le sein du parlement, il ne tarda pas à se venger des jésuites, qu'il devait regarder comme ses ennemis, puisqu'il les haïssait. Le 17 avril 1761, il prononça un discours qui parut imprimé sous le titre de *Compte rendu par un de messieurs sur la doctrine des jésuites*. Le *Compte rendu* par le procureur général Omer Joly de Fleury ne vint qu'après, et Chauvelin eut le triste honneur de l'initiative dans cette grande affaire. On frappa des médailles, on grava des estampes pour célébrer son triomphe. Son portrait, peint par Carmontelle et Roslin, fut gravé par Cochin, Lafosse, Moitte et Gravelot. On osa, dans un médaillon, réunir son profil à celui de Henri IV. On le compara, dans de mauvais vers et de méchantes caricatures, à David, vainqueur de Goliath; Chauvelin était petit, extrêmement contrefait, et d'une laideur effroyable. Le 29 avril 1767, il prononça au parlement un discours (qui fut imprimé in-4°) au sujet de la pragmatique sanction du roi d'Espagne concernant les jésuites, et, le 9 mai suivant, un arrêt bannit les jésuites. Ce fut à cette époque que l'abbé Chauvelin, arrivé au terme de ses vœux, cessa de prendre une part active aux travaux du parlement, et fut nommé conseiller d'honneur. Dès lors il tomba dans une espèce d'oubli. Il mourut en 1770, à l'âge de cinquante-quatre ans. On lui attribue un ouvrage anonyme et singulier, intitulé : *Tradition des faits qui manifestent le système d'indépendance que les évêques ont opposé, dans les différents siècles, aux principes invariables de la justice souveraine du roi sur tous ses sujets* (1753), in-12.

**CHAUVELIN (FRANÇOIS-BERNARD DE)**, fils du marquis de Chauvelin, dont l'article précède, fut élève de l'école militaire de Paris. Il était depuis peu d'années au service lorsque la révolution éclata. Il occupait en même temps à la cour la charge de maître de la garde-robe qu'avait eue son père. Nommé aide de camp de M. de Rochambeau, il accompagna en 1791 à l'armée du Nord ce général que le gouvernement avait chargé de remplir les vides qu'y avait laissés l'émigration des officiers. En 1792 il dut à la protection de Dumouriez, dont il avait fait alors la connaissance, la place d'ambassadeur à Londres : il fut le seul des agents français nommés alors que reconnurent les cabinets étrangers. On assure que cette charge ne lui fut accordée que pour l'éloigner de la cour et pour lui faire rendre la place qu'il occupait, place de confiance dont on l'a accusé d'avoir abusé en révélant au parti révolutionnaire tous les détails de la vie des Tuileries. M. de Talleyrand l'accompagna et même le dirigea dans son ambassade. Malgré son adresse, malgré l'habileté de son conseiller, Chauvelin, qui avait été maintenu par le gouvernement républicain, ne put se faire accréditer de nouveau près du cabinet de Saint-James. L'Angleterre déclara la guerre à la république française, et Chauvelin rentra en France. Envoyé avec une mission diplomatique à Florence, il ne fut pas plus heureux que Sémonville et Maret, qui n'avaient point été reçus; son départ fut même précipité; car lord Hervey déclara au grand-duc que si le représentant de la république française n'était pas parti dans vingt-quatre heures, il bombarderait Livourne. De retour en France, Chauvelin, qui avait embrassé la révolution, faillit en être la victime. Il avait appartenu à l'ancienne cour; il était noble et marquis; ses amis oublièrent ses services pour ne se rappeler que son extraction; il fut incarcéré; pendant onze mois il resta dans les prisons, et ne dut son salut qu'au 9 thermidor. Retiré depuis cette époque à une campagne près de Dijon (l'abbaye de Cîteaux qu'il avait achetée), il y resta pendant toute la durée du gouvernement directorial. Nommé par le sénat membre du tribunat, il ne cessa pas d'y être franchement républicain, en combattant les entreprises ambitieuses du premier consul, l'institution de la Légion d'honneur et le budget de l'an XII. Quoiqu'il eût été nommé secrétaire de cette assemblée, il fut du nombre de ceux que les consuls indiquèrent comme devant sortir l'année suivante. Il en fut dédommagé par les suffrages des électeurs de Beaune, qui le nommèrent candidat au corps législatif. Bonaparte, dont il fit alors l'éloge, lui donna la préfecture de la Lys et la croix d'honneur. Chauvelin passa huit ans dans ces fonctions : il fut ensuite appelé au conseil d'Etat. Envoyé en 1812 dans la Catalogne pour y former deux départements, il eut bientôt le titre d'intendant général de cette province. Louis XVIII lui conféra le titre honoraire de conseiller d'Etat. On assure que le refus que lui fit la cour de lui rendre son ancienne charge de maître de la garde-robe le jeta dans les rangs de l'opposition libérale. Il fut nommé député en 1815 par le département de la Côte-d'Or, et depuis cette époque il fut presque toujours membre de la chambre. Nous ne pouvons pas nous imposer l'obligation d'énumérer tous les discours que fit Chauvelin à cette assemblée pendant le cour de ses fonctions législatives : on peut dire qu'il n'est aucun sujet d'administration, de politique intérieure ou étrangère qu'il n'ait abordé, et sur lequel il n'ait parlé, toujours en prenant pour base la charte de Louis XVIII, où les républicains avaient trouvé quelques-unes de leurs idées favorites. Les éphémérides de la chambre pourraient seules rappeler ses improvisations, souvent brillantes, toujours vives, auxquelles il se livrait avec une rare facilité d'élocution. On le voyait sans cesse cherchant dans les paroles ou la conduite des ministres une occasion de tomber sur eux; c'était un ennemi infatigable; il ne laissait jamais en repos ses adversaires. On a dit de lui : « Quand il parle de sa place, c'est Beaumarchais; à la tribune, c'est Barnave ou Chapelier. » On ne saurait lui contester le talent oratoire; et ses discours écrits sont remarquables par une grande force et un style toujours soutenu : cependant il y a plus d'esprit que de vérité, de satire que de raisonnement; son caractère était en effet spirituel et caustique. Chacun sait qu'en 1820 il lutta avec force contre la nouvelle loi d'élection : on se rappelle encore l'espèce de triomphe ou d'ovation qu'il obtint du peuple, lorsque sur la place Louis XV on s'empressa autour de la chaise qui le transportait à la chambre; enfin le procès qui fut la suite des troubles au milieu desquels il parut est devenu déjà de l'histoire. Nous ne saurions douter de la part immense qu'eurent les opinions et les actions de Chauvelin à la révolution de 1830. Cet orateur de l'opposition a passé les dernières années de sa vie dans les souffrances : attaqué par le choléra, il est mort dans le mois d'avril 1832.

**CHAUVENCI (LOUIS DE LOOZ, COMTE DE CHINI, SIRE DE)**. Ce seigneur, d'une famille ancienne et puissante des Pays-Bas, qui a pris part aux événements les plus remarquables de leur histoire, et a eu elle-même plusieurs historiens, tels que Mantelius, acquit de la célébrité à la fin du XII^e^ siècle par le tournoi qu'il donna à Chauvenci-le-Château, village sur la rive gauche du Chiers, entre Stenai et Montmédi, à deux lieues de la première de ces villes et à une petite lieue de la seconde. Ce tournoi, qui réunit une brillante noblesse, aurait cependant été oublié, s'il n'avait inspiré un trouvère contemporain, qui l'a chanté en vers. Jacques Bretex date lui-même son œuvre du 8 août de l'année 1285. Le P. Ménestrier, si versé dans tout ce qui tient à la science héraldique, connaissait ce poëme dont il cite des fragments page 235 de l'*Usage des armoiries*, et page 372 de l'*Origine des armoiries*. Feu Delmotte, bibliothécaire de la ville de Mons, l'ayant retrouvé dans le dépôt qui lui était confié, le prépara pour l'impression; son fils a fait paraître ce travail tel qu'il était, quoiqu'il eût besoin d'une révision attentive et sévère, attendu les progrès qu'a faits depuis quelque temps la connaissance de la littérature française du moyen âge. Louis de Looz, sire de Chauvenci, devait être fils de Gérard, le fondateur de l'abbaye d'Herkenrode. On le fait mourir en 1218, sans enfants; ce qui prouverait que Bretex se mit à écrire dans une vieillesse très-avancée et plus qu'octogénaire, chose surprenante, si l'on fait attention à la chaleur de son style et aux détails d'imagination qu'il a quelquefois répandus sur son récit.

**CHAUVE-SOURIS**, *vespertilio*, le grand genre de mammifères carnassiers qui compose, avec celui des *galéopithèques*, la famille des CHÉIROPTÈRES (*V.* ce mot). Les chauves-souris ont les bras, les avant-bras et les doigts excessivement allongés, et formant, avec la membrane qui en remplit les intervalles, de véritables ailes, autant et plus étendues en surface que celles des oiseaux; aussi leur vol est-il très-haut et très-rapide. Leurs muscles pectoraux ont une épaisseur proportionnée aux mouvements qu'ils doivent exécuter, et le sternum a, dans son milieu, une arête pour leur donner attache, comme celui des oiseaux. Leurs pieds de derrière sont faibles, divisés en cinq doigts presque toujours égaux, et armés d'ongles tranchants et aigus. Leurs yeux sont excessivement petits; mais leurs oreilles sont souvent très-grandes, et forment, avec leurs ailes, une énorme surface membraneuse presque nue et tellement sensible, que les chauves-souris se dirigent dans tous les recoins de leur labyrinthe, même après qu'on leur a arraché les yeux, probablement par la seule diversité des impressions de l'air. Ce sont des animaux nocturnes qui, dans nos climats, passent l'hiver en léthargie. Ils se suspendent, pendant le jour, dans des lieux obscurs. Leur portée ordinaire est de deux petits qu'ils tiennent cramponnés à leurs mamelles, et dont la grosseur est considérable à proportion de celle de la mère. Spollanzani parle des excellents pâtés de chauves-souris qu'on mange en Sicile; il est encore d'autres pays où on les regarde comme un mets délicat. Ce genre présente des subdivisions très-nombreuses; mais, vu que le cadre dans lequel nous devons nous restreindre est très-étroit, nous allons seulement énumérer les divisions principales, et donner quelques détails sur les espèces qui s'y rattachent. Les ROUSSETTES, *pteropus*, ont des incisives tranchantes à chaque mâchoire, et des mâchelières à couronne plate; aussi vivent-elles surtout de fruits, dont elles font un grand dégât; elles savent cependant fort bien poursuivre les oiseaux et de petits quadrupèdes; ce sont les plus grandes des chauves-souris; elles paraissent se plaire beaucoup aux Indes orientales. Leur membrane est échancrée profondément entre leurs jambes; elles n'ont point ou presque point de queue. Leur doigt index, de moitié plus court que le médius, porte une troisième phalange et un ongle qui manque dans les autres chauves-souris; mais les doigts suivants n'ont chacun que deux phalanges. Leur museau est simple; leurs narines sont écartées; leurs oreilles médiocres, sans oreillons; et leur langue hérissée de piquants recourbés en arrière. Leur estomac est un sac très-allongé et inégalement renflé. Les trois espèces suivantes n'ont pas de queue. La ROUSSETTE NOIRE, *pterulus edulis* Geoffroy, d'un brun noirâtre, plus foncé en dessous, des îles de la Sonde, des Moluques et de l'île Bourbon, où elle se tient, le jour, suspendue en grand nombre aux arbres. On est obligé de garnir les fruits de filets pour les préserver de ses dévastations. Son cri est fort et ressemble à celui de l'oie. Elle se prend au moyen d'un sac qu'on lui tend au bout d'une perche. Les indigènes trouvent sa chair délicate; mais elle déplaît aux Européens à cause de son odeur de musc. La ROUSSETTE ORDINAIRE, brune, ayant la face et les côtés du dos fauves, appartient aux îles de France et de Bourbon, où elle habite sur les arbres dans les forêts. On a comparé sa chair à celle du lièvre et de la perdrix. La ROUSSETTE A COLLIER, d'un gris brun, avec le cou rouge. Elle est des mêmes îles, où elle vit dans les arbres creux et les trous de rochers. Les autres roussettes ont une petite queue; ce sont: la *roussette d'Égypte*, laineuse et grise, vivant dans les souterrains; une autre *à longue queue*, parce que cet organe est un peu plus long et à demi engagé dans la membrane, habite l'archipel des Indes. Les CÉPHALOTES diffèrent surtout des précédentes en ce que les membranes de leurs ailes, au lieu de se joindre aux flancs, se réunissent l'une à l'autre sur le milieu du dos, auquel elles adhèrent par une cloison verticale et longitudinale. Toutes les autres espèces sont insectivores, et ont trois mâchelières de chaque côté aux mâchoires. Ces mâchelières sont hérissées de pointes coniques et pourvues d'un nombre variable de fausses molaires. Leur membrane s'étend toujours entre leurs deux jambes. Ce sont: les MOLOSSES, à museau simple, à oreilles larges et courbes, naissant près de l'angle des lèvres et s'unissant l'une à l'autre sur le museau, à oreillon court et non enveloppé par la conque. Leur queue occupe toute la longueur de leur membrane interfémorale, et s'étend le plus souvent au delà. Les NOCTILIONS, à museau court, renflé, fendu comme un double bec de lièvre, garni de verrues et de sillons bizarres, à oreilles séparées. Ils ont quatre incisives en haut et deux en bas. Leur queue est courte et libre au-dessus de leur membrane interfémorale. L'espèce la plus connue est d'Amérique, de couleur fauve, uniforme: c'est le *vespertilio leporinus*. Les PHILLOSTOMES, dont le nombre régulier des incisives est de quatre à chaque mâchoire, et qui se distinguent en outre par la membrane en forme de feuille relevée en travers sur le bout de leur nez. Leur langue, qui peut s'allonger beaucoup, se termine par des pupilles qui paraissent disposées pour former un organe de succion, et leurs lèvres ont aussi des tubercules arrangées symétriquement. Ce sont des animaux d'Amérique, qui courent à terre mieux que les autres chauves-souris, et qui ont l'habitude de sucer le sang des animaux. Le VAMPIRE, sans queue, à feuille ovale, creusée en entonnoir, brun roux, grand comme une pie, de l'Amérique méridionale. On l'a accusé de faire périr les hommes et les animaux en les suçant; mais il se borne à faire de très-petites plaies, qui peuvent quelquefois être envenimées par l'influence du climat. Le FER-DE-LANCE, ayant la feuille du nez en forme de lance à bords entiers. Le FER CRÉNELÉ, ayant la feuille du nez en forme de fer de lance, dentelé au bord. Les MÉGADERMES, qui ont sur le nez une feuille plus compliquée que les espèces précédentes, l'oreillon grand, le plus souvent fourchu, les conques des oreilles très-amples, et se soudant l'une à l'autre sur le sommet de la tête, la langue et les lèvres lisses, la membrane interfémorale entière et sans queue. Ils ont quatre incisives en bas; mais ils en manquent en haut, et leur os intermaxillaire reste cartilagineux. Tous appartiennent à l'ancien continent. Nous citerons la *feuille* de Sénégal, à feuille du nez presque aussi grande que la tête, le *sponce* de Ternate, de l'Archipel des Indes, enfin le *trèfle* de Java. Les RHINOLOPHES, vulgairement appelés *fers-à-cheval*, qui ont le nez garni de membranes et de crêtes fort compliquées, couchées sur le chanfrein, et présentant en gros la figure d'un fer à cheval; leur queue est longue et placée dans la membrane interfémorale. Il y a deux espèces très-communes en France, et découvertes par Daubenton: le *grand* et le *petit fer-à-cheval*, qui habitent les carrières, s'y tenant isolés, suspendus par les pieds, s'enveloppant de leurs ailes, de manière à ne laisser voir aucune autre partie de leur corps. Les NYCTÈRES, dont le chanfrein est creusé d'une fosse longitudinale marquée même sur le crâne et bordée d'un repli de la peau qui la couvre en partie. Leurs narines sont simples. Ils ont quatre incisives en haut, sans intervalles, et six en bas; leurs oreilles sont grandes, non réunies, et leur queue est comprise dans la membrane interfémorale. Ce sont des espèces d'Afrique. Daubenton en a décrit une sous le nom de *campagnol volant*. Les RHINOPOMES ont sur le chanfrein une fosse moins marquée, les narines au bout du museau, et une petite lame au-dessus, présentant une espèce de boutoir; leurs oreilles sont réunies, et leur queue dépasse de beaucoup la membrane. On en connaît un d'Égypte où il se tient surtout dans les pyramides. Les TAPHIENS ont au chanfrein une fossette arrondie; mais leurs narines n'ont point de lames relevées; leur tête est pyramidale, et on ne leur compte que deux incisives en haut; ils en manquent même souvent. Les mâles ont sous la gorge une cavité transversale. Un petit prolongement de la membrane de leurs ailes forme une espèce de poche près du carpe. M. Geoffroy en a découvert une espèce dans les catacombes d'Egypte. Les MARMOSES ont quatre incisives à chaque mâchoire; les supérieures assez grandes, les inférieures trilobées; leur crâne est singulièrement élevé comme une pyramide au-dessus du museau, et de chaque côté du nez est une lame triangulaire qui va rejoindre l'oreille. Les CHAUVES-SOURIS COMMUNES ou *vespertilions* ont le museau sans feuille, ni autre marque distinctive, les oreilles séparées, quatre incisives en haut et six en bas. Leur queue est comprise dans la membrane. C'est le sous-genre le plus nombreux de tous; on en trouve des espèces dans toutes les parties du monde. Nous en comptons six ou sept en France, parmi lesquelles on remarque les *chauves-souris ordinaires*, à oreilles oblongues, de la longueur de la tête, à poil brun, marron dessous; les jeunes, gris cendré. La SÉROTINE, à ailes et oreilles noirâtres, couleur marron foncé; la femelle plus pâle. On la trouve sur le toit des églises et des édifices peu fréquentés. La NOCTULE, fauve, à oreilles triangulaires, plus courtes que la tête, l'oreillon arrondi, un peu plus grande que la sérotine. Dans le creux des vieux arbres. La PEPISTRELLE, la plus petite de ce pays-ci, brun noirâtre, à oreilles triangulaires. Les OREILLARDS, dont les oreilles, plus grandes que la tête, sont unies l'une à l'autre sur le crâne, comme dans les mégadermes. L'espèce vulgaire est ici encore plus commune que la chauve-souris. Ses oreilles égalent presque son corps; aussi lui a-t-on donné le surnom d'*auritus*. Elle habite les maisons, les cuisines, etc. Enfin les naturalistes reconnaissent encore une division d'espèces appartenant à l'Amérique septentrionale; elles ont les oreilles médiocres, et le museau simple des vespertilions; deux incisives seulement à la mâchoire supérieure. Ce sont les NYCTICÉES.

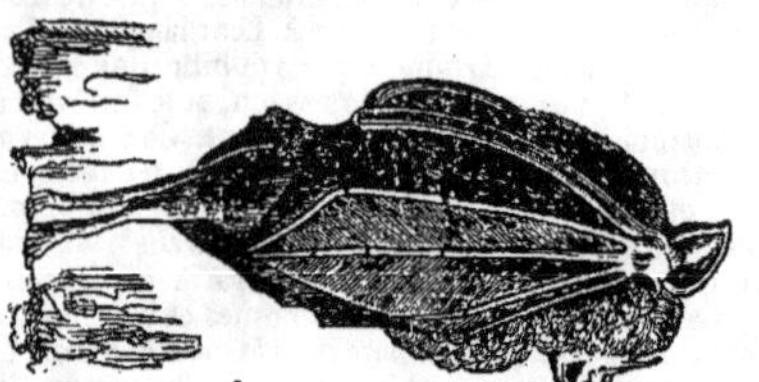

Chauve-souris au repos.

**CHAUVE-SOURIS** (*hist. nat.*), nom vulgaire d'un poisson d'Amérique qui appartient au genre malthée. On a aussi quelquefois appelé ainsi la mourine (*V.* MALTHÉE et MYLIOBATE).

**CHAUVE-SOURIS** (*marine*). Il se dit de la partie la plus élevée de la ferrure du gouvernail, s'étendant en ailes, tribord et bâbord de l'étambot. On dit également *souris-chauve*.

**CHAUVET**, ordonnateur en chef de l'armée d'Italie. Nous ne connaissons sur lui que ces mots de Napoléon : « Chauvet est mort à Gênes; c'est une perte réelle pour l'armée; il était actif, entreprenant. L'armée a donné une larme à sa mémoire » (*Lettre de Bonaparte au directoire*, du 17 germinal an IV).

**CHAUVIER** (CLAUDE-FRANÇOIS-XAVIER), conventionnel, né en 1748 à Lure, petite ville de Franche-Comté, y pratiquait la médecine en 1792, lorsqu'il fut nommé député du département de la Haute-Saône à la convention nationale. Il y siégea parmi les modérés. Dans le procès de Louis XVI il vota pour la détention de ce prince, son bannissement à la paix, et se prononça d'ailleurs contre l'appel au peuple et contre le sursis. Après la chute de Robespierre, il fut envoyé dans les départements de la Corrèze et de la Dordogne, avec des pouvoirs dont il ne se servit que pour faire disparaître les traces encore récentes de la terreur. A la fin de la session, il entra au conseil des cinq cents. En quittant les fonctions législatives, il fut nommé maire de sa ville natale, puis membre du conseil général de son département. Il mourut à Lure en 1814, laissant la réputation d'un honnête homme et d'un médecin instruit. Il avait de la littérature et des connaissances assez étendues dans l'histoire naturelle et les sciences physiques.

**CHAUVIN** (ETIENNE), ministre protestant, natif de Nîmes, quitta sa patrie après la révocation de l'édit de Nantes, et passa à Rotterdam, puis à Berlin, où il occupa une chaire de philosophie. Il mourut en 1725, à quatre-vingt-cinq ans. On a de lui : 1° un *Lexicon philosophicum*, in-folio, 1692, à Rotterdam, et 1713, avec figures, à Leuvarde; 2° un nouveau *Journal des savants*, commencé en 1694 à Rotterdam et continué à Berlin, mais moins accueilli que l'*Histoire des ouvrages des savants*, de Basnage, meilleur écrivain et plus homme de goût.

**CHAUVIR**, vieux mot que l'on trouve dans tous les dictionnaires usuels de la langue avec la signification de dresser les oreilles : *aures subrigere*, et l'observation qu'il ne se dit que des animaux qui ont les oreilles longues et pointues, comme les chevaux, les ânes et les mulets. M. Ch. Nodier, dans son *Examen critique des dictionnaires de la langue française*, lui donne une signification toute contraire, et il appuie son sentiment d'exemples assez concluants pris dans les anciens auteurs, et qui prouveraient, en effet que ce verbe a été détourné de sa première et véritable acception. Il est parlé dans Rabelais (*Pantagruel*, l. v, chap. 7) d'une « pleine mangeoire d'avoine, laquelle quand les garçons d'estable cribloient, il leur *chauvait* des aureilles, leur signifiant qu'il ne la mangeoit que trop sans cribler. » Régnier, traduisant (satire VIII) le *demitto auriculas* d'Horace, dit : « Je *chauvy* de l'oreille. » Enfin Oudin traduit *chauvir* en italien par *chinare dimenando le orecchie*. — Quant à l'étymologie de ce mot, que l'on fait venir du latin *calvus* (chauve), nous ne voyons pas trop quels rapports elle aurait avec l'une ou l'autre des deux significations qu'on vient de voir.

**CHAUVIR**, v. n. (*vieux lang.*), devenir chauve.

**CHAUX**. La chaux (*calx*) est l'oxyde de calcium des chimistes; elle est connue de toute antiquité; c'est une des substances les plus répandues dans la nature, où on ne la trouve jamais pure, mais toujours à l'état de combinaison avec des acides, surtout l'acide carbonique. Elle est la base de toutes les montagnes calcaires, et forme le marbre, la craie, le spath calcaire, la pierre à chaux, les coquilles des mollusques, l'albâtre, le cristal d'Islande, le plâtre; elle constitue également la base solide des os des animaux. On prétend cependant qu'on l'a trouvée pure dans quelques volcans, dans une source à Savonnière, près de Tours, et dans le fond de la mer, sur les côtes de Marocco. Falconer rapporte en avoir trouvé dans les environs de Bath. On peut croire que ce sont probablement des feux souterrains qui ont chassé l'acide carbonique avec lequel ces chaux devaient être combinées; car la chaux absorbe avec tant de rapidité cet acide, qu'il lui est impossible de rester pure au contact de l'air. Pour obtenir la chaux pure, les chimistes calcinent le carbonate de chaux, ou mieux du marbre, que les statuaires détachent de leurs blocs, des coquilles d'huîtres et de colimaçons ou de la craie; les coquilles donnent aussi du sulfure de calcium, provenant du soufre des matières animales. C'est ordinairement avec les pierres calcaires, formées de carbonate de chaux, qu'on fabrique la chaux en grand; c'est l'art des chaufourniers. Voici comment ils opèrent : on prend des fragments de pierres calcaires, qui ne soient ni trop petits ni trop gros; on en remplit un grand fourneau vertical et cylindrique, que les chaufourniers désignent sous le nom de four à chaux. A la partie inférieure de ce fourneau existe un dôme où l'on fait du feu avec du bois, des bruyères ou de la houille, suivant les localités. On entretient ce feu pendant plusieurs jours, l'augmentant graduellement, jusqu'à faire rougir toute la masse; on la laisse refroidir, et, quand elle est assez froide pour être retirée sans qu'elle puisse brûler les ouvriers, on la renferme dans des tonneaux pour la priver du contact de l'air. On doit éviter de donner un trop haut degré de chaleur, parce que la pierre, contenant toujours un peu de silice ou d'autres terres, éprouverait une vitrification qui en changerait les propriétés : on dit alors vulgairement qu'elle est brûlée : on reconnaît qu'elle est calcinée convenablement, quand elle ne fait plus effervescence avec les acides. On fait quelquefois, et dans quelques localités, des modifications, soit dans la construction du fourneau, soit dans le grillage de la pierre calcaire; ainsi un grand nombre de chaufourniers construisent leur four avec les pierres calcaires elles-mêmes, et mêlent le combustible avec la substance qu'ils veulent calciner, en les arrangeant lits par lits alternativement. Il y a encore d'autres sortes de fours pour la cuisson de la pierre à chaux; je veux parler des fours intermittents et des fours coulants. La société d'encouragement avait provoqué, il y a plusieurs années, des recherches sur les moyens de cuire la chaux avec économie et rapidité, en proposant un prix considérable. Son but a été atteint par MM. Deblinne et Donop, ingénieurs. La forme du four qui leur a paru la plus convenable pour l'emploi de la tourbe comme combustible, est la même que celle qu'on emploie en Prusse pour la calcination par le charbon de terre. — *Fours intermittents*. Le plus souvent, les chaufourniers creusent un trou circulaire irrégulier dans les flancs d'une butte, et en tapissent les parois avec une maçonnerie en pierres, posées à sec, recouvertes d'un mortier de terre, ou, ce qui vaut beaucoup mieux, d'un mur en briques réfractaires. Cette ouverture a une forme ovoïdale; ils y amoncellent la pierre en forme de voûte au-dessus du foyer, en laissant des interstices; mais ce moyen est mauvais sous le rapport de l'économie du combustible, de la quantité et de la qualité des produits. La forme des fours actuellement employés comme les plus économiques est celle d'un ovoïde, muni d'un conduit pour l'air, d'une porte pour retirer la chaux cuite, d'une grille en fer servant de support au combustible, et d'une porte pour l'introduire. Quand on a rempli convenablement le four, en ayant soin de laisser des intervalles pour donner passage à la flamme, on entretient sur la grille un feu étouffé, pour enfermer la pierre, qui, si on poussait trop rapidement l'opération, se fendillerait, pourrait s'affaisser, et empêcher le passage de la flamme; on augmente graduellement le feu, et l'on continue la calcination jusqu'à ce que l'affaissement soit à un sixième de la masse totale, et que la flamme passe au-dessus des pierres calcaires presque sans fumée; on diminue alors le feu graduellement. Il faut éviter avec soin qu'un courant d'air froid vienne noircir les pierres déjà rougies; car toute la fournée pourrait être perdue; et, pour l'éviter, il faut entretenir toujours un feu égal. Il faut, dans ces fours, deux volumes de tourbe pour un de chaux. Ils ne sont pas sans inconvénients. On se sert près de Paris, en Belgique, dans le pays de Liége, en Angleterre, de fours continus ou coulants, dont les parois intérieures ont la forme d'un cône tronqué renversé, que l'on charge par lits alternatifs de quatre parties de pierre à chaux en volume, et d'une de charbon de terre. On commence le feu avec quelques fagots que l'on jette dans le four. Une grande diminution dans la fumée indique la fin de la calcination; on extrait environ les deux tiers de la fournée, puis l'on ajoute sur la partie supérieure et par lits une quantité correspondante de pierre et de charbon, et l'on continue ainsi indéfiniment. La dimension du four règle la quantité de produits que l'on obtient; plus ils sont hauts et mieux il marchent. Il faut toujours que leur hauteur soit double du diamètre du gueulard. Les fours belges donnent une plus grande quantité de chaux, parce qu'on en retire la chaux par huit ouvertures que l'on a pratiquées à la partie inférieure; de plus ces fours sont d'une dimension très-vaste, et sont chargés continuellement. Quand la demande cesse, on ferme les ouvreaux, on recouvre le haut avec des pierres et de l'argile, et la masse reste incandescente pendant plus de huit jours. Il suffit d'ouvrir les ouvertures pour remettre l'opération en train. Ce dernier genre de fourneau est loin d'être aussi bon que le précédent, parce qu'il ne donne pas un produit exactement cuit dans toutes ses parties; il a cependant sur les fours intermittents l'avantage de ne faire perdre que très-peu de combustible, puisque le four à chaux est constamment rempli de pierres calcaires qui sont continuellement attaquées par le feu. La meilleure pierre à chaux est d'un gris bleuâtre, sonore et dure, conservant sa forme et sa dureté après sa calcination. La chaux qui se divise le plus promptement dans l'eau, qui produit le plus de chaleur, qui arrosée d'un peu d'eau tombe en poudre fine, et qui se dissout entièrement, sans effervescence, dans un acide, doit être regardée comme bonne à la construction, à la fabrication du mortier. La chaux pure est blanche, caustique, cristallisable, en hexaèdre, douée d'une réaction alcaline très-puissante. Sa pesanteur spécifique est de 2,3. Elle est facile à pulvériser, sa saveur est caustique et urineuse; elle détruit pomptement les matières molles animales; c'est pour cela qu'on l'emploie dans certaines inhumations pour désorganiser rapidement les cadavres. Elle est infusible au feu le plus violent; mais, si elle est mélangée avec de la silice ou de l'alumine, elle se vitrifie. La chaux n'a pas d'odeur; mais elle en développe une particulière pendant son extinction. On éteint la chaux en versant dessus peu à peu la moitié environ de son poids d'eau; on entend un sifflement; la chaux se fendille, augmente de volume, et dégage une grande quantité de chaleur; une partie de l'eau reste absorbée, l'autre s'évapore. Dans cette opération la chaleur est si forte, que l'on peut quelquefois allumer des corps combustibles en les mettant en contact avec la chaux. Dans l'obscurité il y a quelquefois dégagement de lumière. J'ai été témoin de ce phénomène une seule fois. La chaux s'éteint à l'air plus lentement, et, en absorbant l'acide carbonique, la calcination peut lui redonner ses propriétés primitives. Quand on emploie beaucoup d'eau pour éteindre la chaux, elle se délaye et forme ce qu'on nomme un lait de chaux, qu'on emploie, dans les arts, à badigeonner les bâtiments et à fabriquer des mortiers et ciments; il sert aussi dans quelques préparations chimiques. On l'emploie avec succès pour la conservation des œufs; pour cela, on les choisit bien frais, et on les met dans un lait de chaux; on les conserve ainsi jusqu'à six mois. La chaux est un peu soluble dans l'eau. Kirwan a trouvé qu'il faut six cent quatre-vingts parties d'eau à quinze degrés pour dissoudre une partie de chaux. On prétend que l'excellence de la chaux des anciens Romains ne consistait que dans l'emploi de cette chaux, longtemps éteinte avec de l'eau très-pure, avant qu'on en fit usage; mais aussi un tel ciment ne peut convenir que pour les édifices que l'on construit dans l'eau; il y a même des cas où il ne faut éteindre la chaux qu'au moment de s'en servir; il serait cependant à désirer que quelqu'un fît des essais sur de la chaux éteinte depuis trois ans au moins. Dans plusieurs contrées des Indes, on fait de la chaux avec des coquilles ou des madrépores; il en est de même dans les lieux où l'on peut en faire de grands amas. Quand la pêche des huîtres cesse dans les chaleurs, on la continue dans certains pays, pour les écailles, dont on fait de la chaux, qu'on emploie à blanchir le fil et les toiles. Cette chaux peut être très-bonne à cet usage et aux gros ouvrages de maçonnerie; mais l'expérience prouve qu'elle ne vaut rien pour badigeonner les murs, et qu'elle s'écaille. La chaux que l'on obtient par la calcination en grand n'est pas identiquement la même; elle varie suivant les substances que contiennent les pierres à chaux naturelles : elles renferment souvent du carbonate de magnésie, de manganèse, de fer, ou de l'argile, et la présence de ces corps altère les propriétés de la chaux d'une manière quelquefois très-utile. Quelquefois la chaux a la propriété de se durcir dans l'eau; d'autres fois elle conserve son état primitif d'agrégation, et ne se durcit pas : ces dernières sont les chaux aériennes, et les premières, les chaux hydrauliques. Parmi les chaux aériennes, il y a la chaux grasse et la chaux maigre, qui contient beaucoup de magnésie. Il y a deux sortes de chaux hydrauliques, l'une supérieure, nommée ciment romain, et l'autre inférieure. La chaux supérieure acquiert dans l'eau ou hors de l'eau, au bout de très-peu de temps, une dureté considérable. Nous allons indiquer quelles sont les variétés de calcaires principaux qui donnent ces diverses chaux : 1° calcaire d'eau douce de Château-Landon, près de Nemours, donne de la chaux très-grasse; 2° calcaire de Saint-Jacques, chaux très-grasse; 3° calcaire grossier de Paris, chaux très-grasse; 4° calcaire de Lagnieux (Ain), chaux grasse employée à Lyon; 5° calcaire d'eau douce de Vichy (Allier), chaux bonne, peu grasse; 6° calcaire des environs de Paris, chaux maigre, non hydraulique; 7° calcaire de Villefranche (Aveyron), chaux maigre, non hydraulique. En général, les chaux maigres s'échauffent moins, augmentent moins de volume, et donnent une pâte courte et peu liante, quand on les délite avec l'eau. — *Calcaires donnant des chaux moyennement hydrauliques.* 1° Calcaire de Vougy (Loire), entre Roanne et Chaulieu; 2° calcaire de-Saint-Germain (Ain); 3° calcaire de Chaunay, près de Mâcon; 4° calcaire de Digne (Jura). — *Calcaires donnant des chaux très-hydrauliques.* 1° Calcaire secondaire de Nîmes (Gard); 2° chaux de Leroux (Puy-de-Dôme); 3° calcaire secondaire de Metz (Moselle); 4° calcaire marneux de Sénonches, près de Dreux (Eure-et-Loir). Ce dernier calcaire est très-renommé. La chaux est employée à faire des mortiers et ciments. Nous nous étendrons davantage sur les chaux grasses, maigres et hydrauliques, aux mots *Mortier, Ciment* (*V.* ces mots).

**CHAUX-DE-FONDS** (LA), grand et joli bourg de Suisse dans le canton et principauté de Neufchâtel, étale ses coquettes habitations d'ouvriers le long d'une large vallée dont les coteaux montagneux au couchant la séparent à regret de la Franche-Comté. Une chaîne de gracieuses maisons de campagne, toutes consacrées à l'industrie, déployées sur les deux côtés de la route, l'unit au Locle. Saluons d'un regard d'envie ces modestes chalets, séjour de paix et de travail, jetés çà et là au penchant des collines avoisinantes, répandus sur la verdure comme des perles de la rosée matinale et brillant des fraîches couleurs dont leurs hôtes heureux les ont parés. Mais la gravité de l'ouvrage auquel sont destinées ces humbles lignes impose silence à notre enthousiasme de montagnard jurassien. Nous ne devons signaler ici la Chaux-de-Fonds qu'en tant qu'elle a droit à une mention dont bien des villes antiques d'inutile mémoire, autrement que pour la chronologie et l'histoire, ont été honorées. Ce bourg, naguère village, qui, au moment où nous écrivons ces lignes, ressort ville des ruines de l'incendie désastreux qui menaça de l'anéantir il y a quelques années, malgré sa situation isolée, sa position oubliée au sein des montagnes arides et rocheuses du haut Jura, en dépit des hivers de sept mois qui accumulent quelquefois jusqu'à trente pieds de neige dans ses environs, est appelé, après sa réunion avec le Locle, à figurer comme un des principaux foyers industriels où se développe l'intelligence artistique et mécanique sur notre continent. La population des vallées du Locle et de la Chaux-de-Fonds s'est élevée, dans le milieu du dernier siècle, à plus 7,000 habitants, et on l'estime aujourd'hui à la valeur de plus de 10,000. Tout y est mécanicien, artiste, doreur, émailleur, peintre ou graveur. L'horlogerie et les dentelles y sont la principale occupation des deux sexes; le génie de la mécanique surtout semble d'autant mieux naturalisé sur ces hauteurs du Jura qu'elles ne produisent guère autre chose, et l'industrie s'y transmet comme un bien, comme un héritage de famille. Tous les ustensiles nécessaires à l'horlogerie se confectionnent sur les lieux mêmes. Il s'y fabrique, année commune, plus de cinquante mille montres. Tout individu est certain de s'y procurer une honnête existence par son travail, et c'est cette certitude qui est cause de la précocité des mariages. Dès qu'un enfant connaît la partie de son père, on l'établit à son compte. Il y a à peine un siècle que cette contrée n'était couverte que de forêts sauvages et inhabitées. Telle est l'admirable puissance de l'industrie, qu'en moins de trois générations elle a converti ces déserts en riantes campagnes semées de villages et de hameaux florissants. Outre l'effet naturel de la multiplicité des mariages hâtifs, ce qui a contribué au rapide accroissement de la population, c'est la libre faculté à tout étranger de s'établir dans le pays avec la simple exhibition d'un certificat de bonne vie et mœurs. L'origine de la fabrication des montres dans ces lieux remonte à l'an 1679. Un habitant des montagnes en avait rapporté une de Londres; un ouvrier ingénieux ayant été chargé de la réparer en étudia le mécanisme, et, après avoir consacré plus d'une année à se fabriquer les instruments nécessaires pour en confectionner une semblable, il mit six mois à l'établir. Le goût de ce genre de travail gagna ses compatriotes, qui sont aussi très-adroits dans les autres branches des arts mécaniques. On a inventé à la Chaux-de-Fonds une foule d'instruments de mathématique et d'astronomie. Les torrents et les cours-d'eau descendant du Jura ont été ingénieusement mis à profit pour la construction de différentes usines pittoresquement situées dans des endroits où la main de l'homme a triomphé des obstacles de la nature. L'affabilité de ces montagnards envers les étrangers est proverbiale. Leur esprit est cultivé, et, comme ils consacrent généralement leurs loisirs à la lecture, on trouve avec admiration des bibliothèques publiques dans tous les villages de la contrée. La propreté, l'élégance même, règnent dans leurs demeures; car la gêne, le besoin, la paresse sont inconnus parmi ces heureuses et laborieuses populations, vivant sous les lois d'un gouvernement doux et équitable dans cette terre classique de la liberté. — Une foule d'hommes célèbres dans les arts étaient jadis paysans dans ces vallées d'où sont sortis les deux Droz, dont l'un exerçait encore à Paris il y a quelques années l'art de graveur en médailles avec beaucoup de distinction, et ce Girardet que son burin a immortalisé. La Chaux-de-Fonds a donné aussi le jour à cet infortuné Léopold Robert dont la peinture pleure encore la fin tragique et prématurée.

ED. GIROD.

**CHAUX (MADEMOISELLE DE LA)** serait, malgré son esprit et ses malheurs, entièrement oubliée aujourd'hui si Diderot n'eût consacré quelques pages à retracer sa touchante histoire. Née vers 1720, à Paris, d'une famille honorable, elle reçut une éducation plus soignée que ne l'était alors celle des femmes. A beaucoup d'esprit et de dispositions pour les sciences joignant une sensibilité très-vive, elle connut le médecin Gardeil (*V.* ce nom), l'aima, s'en crut aimée, et finit par quitter ses parents pour vivre avec l'homme de son choix. Gardeil ne possédait rien; mais ses talents lui promettaient un avenir. En attendant une clientèle qui ne pouvait manquer, il travaillait à une *Histoire générale de la guerre* avec d'Hérouville et Montucla. Mlle de la Chaux jouissait de quelque fortune; elle la mit à la disposition de son amant, qui en usa comme de la sienne propre. Epuisé de fatigues, il tomba malade; pour alléger son travail, Mlle de la Chaux apprit l'hébreu et se perfectionna dans le grec, dont elle avait déjà quelque teinture. Le désir d'ajouter à ses connaissances lui fit apprendre l'italien et l'anglais. Elle se délassait de l'étude en gravant de la musique; et, lorsqu'elle craignait que l'ennui ne gagnât son amant, elle chantait. La famille de Mlle de la Chaux, dont l'honneur était blessé par cet attachement public, recourut à l'autorité pour la faire renfermer dans un couvent. Voulant se soustraire aux recherches de la police, elle vécut plusieurs années cachée dans les quartiers les plus reculés, ne voyant ses amis que la nuit. Tant de sacrifices devaient être payés par la plus noire ingratitude. Un jour Gardeil se lassa de sa femme, qui lui avait donné des preuves de l'amour le plus vrai et le plus tendre; il lui déclara froidement qu'il ne pouvait et ne devait plus la voir. Ce fut pour elle la cause d'une maladie où elle souhaita mille fois de mourir; mais sa jeunesse et les soins du médecin le Camus la sauvèrent. Diderot prit le plus vif intérêt à ses souffrances. « Pendant sa convalescence, dit-il, nous arrangeâmes l'emploi de son temps. Elle avait de l'esprit, de l'imagination, du goût et des connaissances plus qu'il n'en fallait pour être admise à l'académie des inscriptions. » Les matières les plus abstraites lui étaient devenues familières, et on l'entendait parler métaphysique à d'Alembert, à l'abbé de Condillac et à Diderot, qui lui adressa son *Addition à la lettre sur les sourds-muets*. D'après les conseils de ses amis, elle traduisit de l'anglais les *Essais* de Hume *sur l'entendement humain*. Mlle de la Chaux, en travaillant, reprit un peu de courage et de gaieté. Sa traduction de Hume ne lui avait pas rendu grand argent. Les Hollandais impriment tant qu'on veut, pourvu qu'ils ne payent rien (1). Diderot lui proposa de composer un ouvrage d'agrément auquel il y aurait moins d'honneur et plus de profit. Au bout de quatre ou cinq mois, elle lui apporta *les Trois Favorites*, petit roman plein de grâce, mais dans lequel il s'était glissé plusieurs traits applicables à Mme de Pompadour. Il était impossible de les supprimer sans gâter l'ouvrage, et de le faire paraître tel qu'il était sans s'exposer à la vengeance de la marquise. Diderot lui donna le singulier conseil d'envoyer l'ouvrage à Mme de Pompadour, avec une lettre qui la mît au fait de cet envoi. Deux ou trois mois s'écoulèrent sans que Mlle de la Chaux entendît parler de rien. Au bout de ce temps, un chevalier de Saint-Louis se présenta chez elle avec une lettre de la marquise, qui la pressait de venir à Versailles recevoir des marques de sa reconnaissance. Le chevalier, en sortant, laissa sur la cheminée un rouleau de cinquante louis. Mlle de la Chaux avait autant de timidité que de mérite; et toutes les instances de ses amis ne purent la décider à se rendre au désir de Mme de Pompadour. Le même émissaire revint avec une nouvelle lettre pleine de reproches obligeants, et en partant il lui laissa une gratification au moins égale à la première. Mais Mlle de la Chaux n'alla point à Versailles. Peu de temps après, elle retomba malade; tous ses amis, même Diderot, la quittèrent l'un après l'autre; il n'y eut que le médecin le Camus, qui lui avait offert de l'épouser, qui ne l'abandonna point. Cette infortunée mourut vers 1758, âgée de moins de 40 ans. Les détails que l'on vient de lire sont extraits en partie de l'opuscule de Diderot : *Ceci n'est pas un conte*, édition de Brière, VII, 359. Maigeon en atteste la vérité.

(1) Suivant Diderot, cette traduction fut imprimée presque en même temps que sa *Lettre sur les sourds-muets*, par conséquent de 1750 à 1751; il ajoute qu'elle fut bien accueillie du public; et cependant on ne connaît pas d'autre traduction des *Essais* de Hume que celle de Mérian, Amsterdam, 1758. *V.* Barbier, *Examen des Dictionn.*, p. 150.

**CHAV**, s. m. (*métrol.*), mesure de capacité pour les matières sèches employée dans quelques cantons de la Suisse. Le chav vaut seize setiers.

**CHAVAGNAC (GASPARD, COMTE DE)**, d'une ancienne famille d'Auvergne. Après avoir porté longtemps les armes au service des rois Louis XIII et Louis XIV, il se retira en Espagne, et puis à Vienne en Autriche. Il servit l'empereur en qualité de lieutenant général, et fut son ambassadeur en Pologne. Il retourna en France après la paix de Nimègue, et mourut vers la fin du XVIIe siècle ou au commencement du XVIIIe. On a de lui des *Mémoires*, Besançon, 1699, 2 vol. in-12; Paris, 1700. Ces mémoires, écrits d'une manière attachante, contiennent ce qui s'est passé de plus considérable depuis l'an 1624 jusqu'en 1679. Ils sont fort naïfs.

**CHAVANA** (*hist. nat.*) (*V.* CHAVARIA).

**CHAVANCELLE** (*botan.*). Les habitants de la Sologne nomment ainsi un champignon poreux du genre bolet (*boletus solonienis* de Cand., *Fl. fr.*, 6, n° 309), qu'ils font recueillir en automne sur le tronc des arbres pour en préparer l'amadou, qui se vend à Orléans. Il est demi-circulaire, latéral et sessile; il atteint un pied de diamètre; sa surface supérieure est brune, et, çà et là comme déchiquetée; il est jaune en dessous; sa consistance, de nature sèche, est plutôt charnue que ligneuse.

**CHAVANE (FRANÇOIS-XAVIER)**, doyen de la faculté de droit de l'université de Nancy, naquit en 1707. Dès l'âge de vingt-trois ans, il fut docteur agrégé à l'université de Pont-à-Mousson. En 1746 il devint professeur en titre. Lorsque cet établissement eut été transféré à Nancy (1768), Chavane continua d'occuper une chaire que personne ne méritait mieux que lui. Il fit paraître un ouvrage élémentaire qui, par la clarté des définitions et l'heureux arrangement des matières, devint le manuel de tous les étudiants en droit. Il est intitulé : *Manuductio in elementa juris romani, juxta ordinem Institutionum Justiniani disposita*, Nancy, 1773, 2 vol. in-12. L'auteur rapproche quelquefois des dispositions du droit romain celles de la coutume de Lorraine et des ordonnances des ducs qui paraissent s'y rapporter ou en dériver. La modestie et les vertus de Chavane donnaient encore plus de relief à son savoir. Il mourut à Nancy, universellement regretté, au mois de mars 1774.

**CHAVANOU** ou **CHAVANOUX**, rivière de France qui prend sa source dans le département de la Creuse, sépare ce département de celui du Puy-de-Dôme, celui-ci de celui de la Corrèze, et se jette dans la Dordogne à 1 lieue et demie au-dessus de Bost. Cours, 12 lieues, dont 4 flottables à bûches perdues.

**CHAVANT** (*hist. nat.*). Suivant Salerne, on donnait en Sologne ce nom et celui de chatmiant commun au chat-huant, *strix stridula* Linn.

**CHAVARIA, CHAUNA** (*ois.*). C'est le nom d'un genre de la famille des kamichis, établi par Illiger pour une seule espèce que d'Azara décrivit sous le nom de *chaïa*. Les caractères au moyen desquels on la différencie des kamichis sont de peu d'importance. C'est pourquoi MM. Cuvier et Temminck ont cru devoir la laisser avec eux dans un genre unique. Le chaïa ou chavaria n'a point de corne sur le vertex; son occiput est orné d'un cercle de plumes susceptibles de se relever; son plumage est d'un plombé noirâtre avec une tache blanche au fouet de l'aile et une autre sur la base de quelques-unes des grandes pennes alaires. C'est un oiseau massif, qui a le cou long et la tête petite ; ses ailes sont armées de forts éperons avec lesquels il se défend. Il a pour patrie le Paraguay et une grande partie du Brésil ; il se tient dans les lieux éloignés des habitations, et recherche pour se nourrir les herbes aquatiques. Dans quelques localités, les Indiens l'élèvent en domesticité et le placent parmi leurs troupes d'oies et de poules, parce que l'on dit qu'il est fort courageux et capable de repousser les oiseaux de rapine.

Chavaria.

**CHAVARIGTES**, s. m. pl. (*hist. mod.*), hérétiques mahométans opposés aux schystes. Ils nient l'infaillibilité de la prophétie de Mahomet, soit en elle-même, soit relativement à eux, parce qu'ils ne savent, disent-ils, si cet homme était inspiré ou s'il le contrefaisait; que, quand ils seraient mieux instruits, le don de prophétie n'ôtant point la liberté, leur prophète est resté maître pendant l'inspiration de l'altérer et de substituer la voix du mensonge à celle de la vérité; qu'il y a des faits dans l'Alcoran qu'il était possible de prévoir; qu'il y en a d'autres que le temps a dû amener nécessairement; qu'ils ne peuvent démêler, dans un ouvrage aussi mêlé de bonnes et de mauvaises choses, ce qui est de Mahomet et ce qui est de Dieu; et qu'il est absurde de supposer que tout appartient à Dieu, ce que les chavarigtes n'ont pas de peine à démontrer par une infinité de passages de l'Alcoran qui ne peuvent être que d'un fourbe ou d'un ignorant. Ils ajoutent que la prophétie de Mahomet leur était superflue, parce que l'inspection de l'univers leur annonçait mieux que tout son enthousiasme l'existence et la toute-puissance de Dieu; que, quant à la loi établie avant lui, le don de prophétie n'ayant nulle liaison avec elle, elle n'a pu lui accorder le droit de lui en substituer une autre; ce que leur prophète a révélé de l'avenir a pu être de Dieu, mais que ce qu'il a dit contre la loi antérieure à la science était certainement de l'homme; et que les prophètes qui l'ont précédé l'ont décrié, comme il a décrié ceux qui viendraient après lui, comme ceux-ci décrieront ceux qui les suivront; enfin ils prétendent que si la fonction de prophète devient un jour nécessaire, ce ne sera point le privilége de quelques-uns d'entre eux, mais que tout homme juste pourra être élevé à cette dignité. Voilà les contestations qui déchirent et qui déchireront les hommes qui auront eu le malheur d'avoir un méchant pour législateur, que Dieu abandonnera à leurs déréglements, qu'il n'éclairera point de la lumière de son saint Évangile, et dont la loi sera contenue dans un livre absurde, obscur et menteur.

**CHAVARITA** (*hist. nat.*), nom chaldéen de la cigogne, *ardea ciconia* Linn.

**CHAVAYER** (*V.* CHAYAVER).

**CHAVER**, v. a. (*vieux langage*), creuser, faire un fossé.

**CHAVERI**, s. m. (*relation*). Selon le dictionnaire de Trévoux, il s'est dit, aux Indes, d'une halle publique. C'est probablement une autre corruption du mot indien que les voyageurs écrivent *chauderie* ou *chaudrerie* (*V.* ce mot).

**CHAVES** (*géogr.*), petite ville du Portugal (Tra-los-Montes), sur la Totema, que l'on passe sur un pont de dix-huit arches, construit par les Romains. Elle a deux faubourgs et trois forts, et des eaux minérales, qui lui avaient fait donner par les Romains le nom d'*Aquæ Flaviæ*. 5,000 habitants, à 16 lieues ouest de Bragance.

**CHAVES** (NULFO DE), capitaine espagnol, fut détaché, en 1557, par le gouverneur du Paraguay, avec une flottille et deux cent vingt soldats pour aller s'établir sur le territoire des Indiens Xarayes. Chaves remonta le Parana, y laissa sa flottille, et pénétra dans le pays que l'on nomme aujourd'hui province de *Chiquitos* et de *Matogrosso*, où il acquit des renseignements sur les mines d'or. Les Indiens Paysaris, Xaramasis et Samaracasis le reçurent amicalement; mais les Trabasicoris lui livrèrent plusieurs combats. Il les battit, et, ayant résolu de former un gouvernement indépendant du Paraguay, il partit pour Lima, et obtint du vice-roi du Pérou l'autorisation qu'il demandait. Revêtu du titre de lieutenant du vice-roi, il retourna avec des troupes dans le pays qu'il avait découvert, y fonda en 1560 la ville de Santa-Cruz de la Sierra, s'y établit avec sa famille, et gouverna la nouvelle colonie jusqu'à sa mort.

**CHAVES** (JÉROME DE), né à Séville, publia une *Chronographie* ou *Repertorio de los tiempos*, Séville, 1554 et 1580. Il traduisit en espagnol le *Traité de la sphère*, de Sacrobosco, en y joignant un grand nombre d'additions et de notes, et le fit imprimer dans la même ville en 1545, in-4°. Il dressa deux cartes géographiques, l'une du territoire espagnol (on la trouve dans le théâtre d'Ortelius), l'autre de l'Amérique : elle n'a point été publiée.

**CHAVES** (EMMANUEL DE SILVEYRA PINTO DE FONSECA, COMTE D'AMARANTE, MARQUIS DE), né à Villa-Real en Portugal, de l'une des familles les plus illustres de ce royaume, entra fort jeune dans la carrière des armes, et fit avec distinction, à la tête d'un corps auxiliaire portugais, de 1809 à 1814, la guerre de l'indépendance dans la Péninsule. Mais ce qui rendit son nom plus célèbre encore, ce fut l'énergie qu'il mit à combattre le parti révolutionnaire en 1823, lorsque les Français entraient en Espagne pour soustraire Ferdinand VII à l'influence des cortès. Le roi Jean VI se trouvant alors à Lisbonne sous une influence à peu près semblable, le comte d'Amarante réunit ses domestiques et ses vassaux; puis, après avoir adressé aux Portugais une proclamation énergique, il dirigea cette troupe sur la petite ville de Chaves, où la garnison, forte de sept cents hommes, se déclara en sa faveur, et où il établit son quartier général. Il y forma aussitôt une espèce de gouvernement, à la tête duquel il plaça l'évêque de Braga, et recruta sa petite armée de déserteurs et de beaucoup de partisans de la royauté absolue, qui accoururent de toutes les parties du Portugal, tandis que les cortès, réunies à Lisbonne, lançaient des décrets contre lui, le déclaraient privé de ses titres et emplois, et faisaient marcher à sa rencontre leur général Luis de Riego, qui réussit d'abord à s'emparer de Villa-Real, et parvint à couper ses communications. Mais le comte d'Amarante obtint pendant ce temps une victoire signalée sur un autre corps auprès de Santa-Barbara. Cependant la supériorité des troupes constitutionnelles le força ensuite de se retirer sur le territoire espagnol près de Valladolid, au moment où l'armée française entrait dans ce pays sous les ordres du duc d'Angoulême, pour y protéger Ferdinand VII contre les cortès. Le comte d'Amarante s'empressa de lui offrir ses services; mais cette offre fut refusée, sous prétexte que la France n'était pas en guerre avec le Portugal. Les royalistes espagnols, qui combattaient sous les ordres du curé Mérino, se montrant plus conséquents dans leur système, accueillirent avec empressement les royalistes portugais, et le général Luis de Riego, qui avait poursuivi jusqu'en Espagne le comte d'Amarante, n'osa pas se mesurer contre les deux troupes réunies. Cependant le comte d'Amarante avait peu d'espoir de succès, lorsque l'infant don Miguel, puis le roi Jean VI lui-même, ayant échappé à la captivité dans laquelle ils étaient retenus par les cortès, arrivèrent inopinément à Villa-Real, où bientôt ils furent environnés d'un grand nombre de troupes et de partisans dévoués, tandis que les membres des cortès prenaient la fuite ou se réfugiaient sur des flottes étrangères. Le roi rentra le 5 juin 1823 dans Lisbonne avec son fils don Miguel, qu'il nomma généralissime de ses troupes, et ils s'y réunirent à la reine Charlotte, qui n'avait pu, comme eux, échapper à sa captivité, mais qui, du fond du palais de Ramalhão, où elle était reléguée, avait eu beaucoup de part à ce triomphe de la royauté absolue. Le comte d'Amarante fut alors réintégré dans les emplois et les honneurs dont l'avaient privé les cortès, et le roi le créa *marquis de Chaves*, en souvenir de son premier succès. Le monarque ajouta à cette faveur une riche dotation, et une médaille, avec la légende *Fidélité héroïque des Tramontanos*, fut frappée en commémoration de cet événement. Le marquis de Chaves se fit peu remarquer jusqu'à l'époque où, les Anglais étant débarqués en Portugal (janvier 1827) pour y appuyer le parti constitutionnel, cet invariable défenseur de la cause des royalistes se mit encore une fois à la tête des provinces de Tra-los-Montes et de Beira, et livra au comte de Villaflor, près de Coïmbre, un combat où la supériorité numérique de ses ennemis l'obligea à la retraite. Il se réfugia de nouveau sur le territoire espagnol, et vint bientôt après à la tête de cinq mille hommes, se dirigeant sur Porto, dont il n'était plus qu'à dix milles, quand Villaflor, qui s'était réuni au marquis d'Angeja, lui fit essuyer une défaite, laquelle fut suivie de quelques défections parmi ses troupes. Le parti des royalistes semblait alors complétement anéanti, lorsqu'une insurrection subite le fit triompher à Lisbonne, où don Miguel rentra au milieu des cris de *Vive le roi! à bas la constitution!* Le marquis de Chaves y rentra également; mais dès lors, atteint d'une aliénation mentale, il ne put jouir d'un événement qui devait combler ses vœux, et il mourut dans cette ville le 7 mars 1830 (*V.* CHARLOTTE-JOACHINE et JEAN VI).

**CHAVESTRIAU**, s. m. (*vieux langage*), querelle, débat, démêlé.

**CHAVIGNY** (JEAN-AIMÉ DE), né à Beaune en Bourgogne vers 1524, était docteur en droit et en théologie. Jean Dorat, son professeur en langue grecque, lui avait communiqué son goût pour l'astrologie judiciaire. Épris de cette vaine science, il abandonna son pays pour aller étudier sous le trop fameux Nostradamus, dont il médita les leçons pendant vingt-huit ans. Il publia ses rêveries dans quelques ouvrages, et mourut vers 1604 âgé de plus de quatre-vingts ans. Les auteurs qui ont parlé de Chavigny l'ont fait d'une manière inexacte. Lacroix du Maine distingue Jean-Aimé de Chavigny de Jean de Chavigny, dont on trouve un sonnet à la tête de la traduction des *Mondes*, de Doni. Cependant Papillon, dans sa *Bibliothèque de Bourgogne*, assure qu'il ne s'agit là que d'un même auteur, et son opinion a été généralement adoptée; mais, dans la liste de ses ouvrages, il lui donne le nom de *Jacques-Aimé*. Si c'est une faute d'impression, comme elle n'a point été corrigée dans l'*errata*, les continuateurs du P. Lelong l'ont copiée. M. Teissier, a pris *Aimé* pour le nom de famille, et *Chavigny* pour celui de la patrie de cet auteur. Quoique cette erreur eût été remarquée déjà plusieurs fois, elle n'en a pas moins été copiée tout récemment dans un *Dictionnaire historique*. Chavigny avait composé un assez grand nombre d'ouvrages: on en trouvera les titres dans la *Bibliothèque de Bourgogne*. Les principaux sont: 1° *la Première Face du Janus françois, contenant les troubles de France depuis* 1534 *jusqu'en* 1589, *fin de la maison valésienne, extraite et colligée des Centuries et Commentaires de Michel Nostradamus* (en latin et en français), Lyon, 1594, in-8°; id., nouvelle édition, augmentée sous le titre de *Commentaires sur les Centuries et Pronostications de Nostradamus*, Paris, 1596, in-8°, rare; 2° *les Pléiades, divisées en sept livres, prises des anciennes prophéties, et conférées avec les oracles de Nostradamus*, Lyon, 1603, deuxième édition augmentée, 1606, in-8°: c'est un recueil de prédictions dans lesquelles l'auteur promet à Henri IV l'empire de l'univers; il faisait des vers français, des vers latins et même des grecs; on en trouve de sa façon à la tête des ouvrages de Gabriel Chapuis, de Fougerolles, de Pontoux, de Duverdier, et d'autres auteurs avec qui il était lié; 3° il a publié un recueil sous ce titre: *les Larmes et Soupirs sur le trépas très-regretté de M. Antoine Fioncé Bizontin*, Paris, 1582, in-8°, fort rare. Lacroix du Maine lui attribua la traduction de la *Vie de Cornelius Gallus*, qui a été transformée par la *Bibliothèque de Bourgogne*, en une traduction des *Vies des grands capitaines de Cornelius Nepos*. Dans un nouveau dictionnaire, où il y a deux articles, l'un sous le nom d'*Aimé*, et l'autre sous celui de *Chavigny*, on lui attribue par erreur une *Traduction en vers des œuvres de Virgile*, Paris, 1607, in-8°.

**CHAVIGNY** (THÉODORE DE), né à Beaune en Bourgogne, fut d'abord envoyé extraordinaire dans toute l'Italie, en Espagne et en Angleterre, puis ministre plénipotentiaire à la diète de l'empire à Ratisbonne, ministre auprès du roi de la Grande-Bretagne en 1731, puis envoyé extraordinaire en Danemarck, ambassadeur en Portugal, à Venise et en Suisse en 1751. Il passait pour un des plus grands politiques et des plus habiles négociateurs de l'Europe, et jouissait même chez l'étranger de cette réputation justement méritée. Son abord était froid, mais gracieux et doux; il était d'un commerce aisé, prudent, d'une pénétration rare. Après le renvoi d'Amelot en 1744, il fut chargé, conjointement avec Dutheil, de tout le détail des affaires étrangères. Ce fut lui qui négocia à Francfort le traité d'alliance défensive entre l'empereur Charles VII, le roi de Prusse, l'électeur palatin et la régence de Hesse-Cassel, à l'effet de contraindre la reine de Hongrie à reconnaître l'empereur en cette qualité et à lui restituer ses Etats héréditaires. En conséquence de cette négociation, le roi de Prusse publia un manifeste où il exposa les raisons qui l'engageaient, comme membre de l'empire, à donner des troupes auxiliaires à l'empereur, attaqué, dépouillé par la reine de Hongrie, et méconnu par cette princesse, malgré l'unanimité des suffrages qui l'avaient élevé à l'empire. Chavigny était oncle du comte de Vergennes, qu'il avait formé aux affaires politiques.

**CHAVIREMENT**, s. m. (*marine*), action de chavirer, état d'un vaisseau qui chavire.

**CHAVIRER**, v. n. (*marine*), tourner sens dessus dessous. Il se dit d'un bâtiment qui tourne sur lui-même de manière à montrer sa quille au-dessus de l'eau. On le dit aussi d'un bateau.

**CHAVIV** (JACOB BEN), savant rabbin de la ville de Zamora, obligé de quitter l'Espagne lorsque les juifs furent chassés de ce royaume en 1492, se réfugia à Salonique, où il mourut au commencement du XVIe siècle. Il est connu surtout par son *Hain Israël*, c'est-à-dire *Fontaine d'Israël*, ouvrage où sont expliquées en abrégé toutes les histoires hyperboliques des deux Talmuds. Ce livre, dont les Hébreux font le plus grand cas, a été très-souvent réimprimé et commenté; la plus ancienne édition parut à Constantinople en 1511; celle qui parut à Salonique vers la même époque, sans date ni indication du lieu d'impression, est aussi fort rare et recherchée. C'est de ce livre que sont tirés les *Collectanea de rebus Christi regis*, que Genebrard publia avec la *Chronica minor*, Paris, 1572. — CHAVIV (Lévi Ben), fils du précédent, et célèbre rabbin comme lui, se distingua dans les écoles de Safet et de Jérusalem, composa des *Consultations légales* qui furent imprimées en hébreu, Venise, 1565. Il mit la dernière main au *Hain Israël* de son père, et mourut vers 1550.

**CHAVIV** (MOISE), rabbin portugais, réfugié dans le royaume de Naples, publia en 1488 le *Commentaire d'Aben Hezra sur le Pentateuque*, et composa divers ouvrages de grammaire, de philosophie et de théologie, dont on peut voir le détail dans le *Dizionario degli autori ebrei*, de l'abbé de Rossi; plusieurs sont demeurés manuscrits.

**CHAVOCHE** (*hist. nat.*), un des noms vulgaires de la chouette, ou grande chevêche, *strix ulula* Linn.

**CHAVONIS**, s. m. (*comm.*), toile de coton des Indes.

**CHAVREAU**, s. m. (*agric.*), sorte de bêche triangulaire et un peu courbée.

**CHAW** (*hist. nat.*), nom hollandais du choucas, *corvus monedula* Linn.

**CHAWER**, dont le nom a été corrompu par nos historiens des croisades en celui de *Sanar*, était d'une famille arabe très-ancienne, à laquelle appartenait Halsymah, nourrice de Mahomet. *Thélaï*, surnommé *Saléh*, fils de Rozzyk, l'éleva à la dignité de gouverneur du Saïd supérieur, la première après celle de grand vizir. Chawer, doué de beaucoup de finesse, dissimula quelque temps ses projets ambitieux; mais il ne put si bien les masquer qu'ils ne fussent devinés par Thélaï. Celui-ci se reprocha alors de lui avoir accordé sa confiance, et mit au nombre des trois fautes dont il se reconnaissait coupable la promotion de cet officier à un gouvernement aussi important. Néanmoins, comme il n'était point en son pouvoir de réparer cette inconséquence, il recommanda à son fils Adel, en mourant, de ménager un esprit aussi entreprenant. Loin de suivre un conseil aussi sage, Adel ôta à Chawer sa dignité, et celui-ci, n'ayant plus de mesures à garder, se rendit en toute diligence au Caire, fit mourir le fils de son bienfaiteur, et s'empara du vizirat, le 22 de moharrem 558 (31 décembre 1162). Ainsi finit la maison des Rozzyk, qui avait joui du pouvoir souverain pendant le règne de quelques califes fathémytes. Au bout de peu de mois, un officier, nommé *Sorgham*, rassembla quelques troupes, tomba sur Chawer, le mit en fuite, et le força de se retirer en Syrie, auprès de Noradin, dont il implora le secours. Noradin était instruit de l'état de révolte, de faiblesse et d'anarchie où se trouvait l'Egypte, et fut flatté d'une circonstance qui lui permettait de s'immiscer dans les affaires de cette province; il donna ordre à Chyzkoûh d'accompagner Chawer, en lui recommandant de s'instruire de la position exacte de l'Egypte, et de s'y ménager des intelligences. Sorgham, trop faible pour résister, et dont la tyrannie avait révolté les Egyptiens, fut vaincu et tué. Chawer rentra en possession de la dignité de vizir; mais il refusa de remplir les conditions auxquelles il s'était engagé, et qui étaient de donner à Chyrkoûh, outre la paye de ses troupes, le tiers du revenu de l'Egypte. Irrité de cette perfidie, le lieutenant de Noradin s'empara de Bilbéïs et de Chargyah. Alors Chawer s'adressa aux croisés, qui s'empressèrent de le secourir, vinrent assiéger Chyrkoûh dans Chargyah, et ne l'abandonnèrent que lorsqu'ils eurent appris les succès que Noradin obtenait sur les croisés de Syrie. Ils firent auparavant un traité avec les musulmans, d'après lequel ils devaient évacuer l'Egypte. Chyrkoùh, satisfait d'être débarrassé de cet ennemi, retourna en Syrie, mais avec la ferme intention de revenir bientôt en Egypte : l'occasion s'en étant présentée en 562 (1166-1167), il vint jusqu'à Djyzeh. Chawer, effrayé, appela de nouveau les croisés, et en fut de nouveau secouru; mais cette fois leurs armes ne furent point heureuses. Vaincus par Chyrkoùh à Al-Abwan, ils lui laissèrent le champ libre, et celui-ci dévasta le Saïd, et prit Alexandrie, où il laissa son neveu, le grand Saladin, qui l'avait accompagné dans sa première campagne; enfin, après quelques vicissitudes dans les succès, cette expédition se termina par un traité. Chyrkoùh s'engagea à livrer Alexandrie aux croisés, et à retourner en Syrie ; ces derniers, en retour, devaient lui payer une somme d'argent. En 564 (1168-1169), les progrès des croisés en Egypte ayant attiré l'attention de Noradin, il y renvoya Chyrkoùh avec une armée considérable. Chawer, après avoir laissé les Francs prendre Peluse et brûler le Caire, cherchait à les amuser par de belles paroles, leur promettant de payer une très-grosse somme d'argent, dont il leur porta une partie, sous la condition qu'ils s'éloigneraient ; ce qu'ils firent. Chyrkoùh et Saladin arrivèrent au Caire le 4 de réby 2e (5 janvier 1169). D'abord ils vécurent avec Chawer dans une union qui n'était qu'apparente. Celui-ci, de son côté, usait de sa politique ordinaire ; il promettait le tiers du revenu de l'Egypte, et employait en toute occasion des manières affectueuses ; mais ces dehors servaient de voile à la plus noire des perfidies. Il forma le dessein d'inviter Chyrkoùh et Saladin à un repas splendide, à la faveur duquel il se rendrait maître de leurs personnes. Il est vrai de dire que son fils le détourna de ce projet; cependant il ne put être tenu tellement secret, qu'il n'en vint quelque bruit à leurs oreilles. Plusieurs officiers, à la tête desquels était Saladin, résolurent la perte de ce traître, et, s'étant emparés de sa personne un jour qu'il se rendait près de Chyrkoùh, ils le poignardèrent. Telle fut la digne fin d'un homme qui eut peu de talents militaires et politiques, et ne se distingua que par l'impudeur avec laquelle il se jouait de ses serments.

**CHA-WGA** (*botan.*), arbre de la Chine, mentionné dans le *Recueil des voyages*, qui a le port du laurier, les feuilles toujours vertes, et qui, couvert de fleurs dans la belle saison, est un des ornements des jardins.

**CHAYA** (*botan.*), nom donné par quelques lexiques pour *chayaver*.

**CHAYAVER** (*botan.*). Cette plante de l'Inde a une racine employée dans les teintures, sur la côte de Coromandel, comme la garance l'est en Europe; elle appartient de même à la famille des rubiacées, sous le nom d'*oldenlandia umbellata*. On trouve dans le *Pinax* de C. Bauhin, sous celui de *chappavur* ou de *rubia virginea*, une plante de Virginie, dont la racine est employée dans les teintures. C'est peut-être la même que le chayaver, dont le nom et le pays auraient été mal indiqués à Bauhin.

**CHAYE**, s. f. (*métrol.*), monnaie d'argent dont on se sert en Perse. La *chaye*, qu'on appelle aussi *zœjue*, vaut fr. 0,24.

**CHAYE**, *radix orixincis* (*botan.*). Le chaye est une plante vivace; on l'arrache chaque année pour la replanter, ce qui a pu faire croire qu'elle était annuelle. On la cultive dans les terres légères et sablonneuses ; elle vient aussi dans les contrées des côtes orientales, dans la presqu'île en deçà du Gange, nommée par les géographes hindous, partie méridionale de l'Inde; ce qui semble annoncer que cette plante est indigène à ce pays. Elle ressemble au gramen ; elle forme des touffes plus ou moins considérables, composées de dix à douze tiges triangulaires, et de la grosseur d'un tuyau de plume. Elle ne s'élève qu'à huit ou dix pouces; ses feuilles, larges de près de deux lignes et longues de six à sept pouces, sont d'un vert clair ; elles sortent toutes du pied des tiges. Ses fleurs, très-petites, sont couleur de chair, et un peu bleuâtres, disposées en rose le long du sommet des tiges comme celles de la lavande; elles ont un petit calice monophylle, cinq très-petits pétales, presque inodores, au milieu desquels sont placés trois filets très-déliés, appuyés sur le fond du calice, où est le pistil ; ces filets sont un peu plus longs que les pétales, et surmontés chacun d'une corolle si déliée, qu'on l'aperçoit à peine. Lorsque les pétales sont tombés, il leur succède une petite capsule oblongue, un peu aplatie, renfermant une semence rougeâtre de la grosseur de celle du tabac. La fleur est si petite, qu'il est impossible de la tenir entre les doigts pour l'observer. C'est la racine de cette plante, si utile aux arts de la teinture ou de la peinture sur toile, qui a donné le nom à ce végétal. On préfère le chaye de la côte d'Orixa à celui de Coromandel, qui ne s'emploie que pour les marchandises communes, tandis que celui qui se récolte depuis Ougol jusqu'à Visigatapan, sert à fixer les couleurs fines que l'on emploie pour les mouchoirs faits à Madras, à Saint-Thomé, etc. Les racines de ce végétal ont quelquefois jusqu'à deux pieds de long; on choisit pour l'usage des teintures fines celles des plantes qui ne donnent que des racines de huit à douze pouces; l'expérience a prouvé que les petites avaient plus de vertus que les longues. Elles sont toutes pivotantes, grosses comme celles du chiendent, et forment une touffe épaisse autour de la plante. Elles sont jaunâtres quand elles sont fraîchement cueillies, et deviennent couleur de paille en se desséchant ; alors elles donnent à l'eau, par décoction, une légère nuance de rouge. En les arrachant de terre, on les secoue pour en faire tomber la terre sans jamais les laver. On transporte la touffe deux fois par an dans une terre préparée à la charrue; on plante les plus petites tiges après qu'on a tondu leurs racines. M. Legouy rapporte qu'ayant laissé, après la décoction, infuser pendant une nuit quelques racines de chaye, il en trouva l'eau rougeâtre ; il y ajouta un peu d'alcali fixe; et aussitôt la décoction se trouva chargée d'une fécule jaune qui se précipita, et avec laquelle il teignit du coton qui était aluminé. Le contraire est arrivé dans une infusion de safran des Indes (la terre mérite) ; elle est d'un beau jaune très-brillant, et, en y mêlant de l'eau de chaux, la teinture prend une couleur rougeâtre. Les vases de terre cuite, les seuls où l'on fait la décoction de racine de chaye, se trouvent enduits d'un vernis qui a une nuance violette assez belle. Les Indiens, pour teindre et peindre en rouge les toiles de coton et le fil avec lequel ils fabriquent les mouchoirs, donnent d'abord au fil ou à la toile, déjà décruée, une certaine préparation. On les fait tremper dans du lait de buffle ou de brebis, mêlé avec du myrobolan réduit en poudre : sur deux pintes de lait on met deux onces et demie de la poudre de myrobolan ; on augmente les proportions suivant la quantité de toile ou de fil. On les met dans ce mélange pendant dix ou douze heures, ensuite on les tord et on les fait sécher au soleil, après quoi on les lave dans une eau courante ; mais cette fois on les fait sécher à l'ombre. Pour les rendre plus lisses, on ploie en plusieurs doubles les toiles, ou doubles écheveaux de fil, et on les bat fortement avec un rouleau de bois dur, en les posant sur une pièce de bois cylindrique, aussi de bois dur ; on change les plis de temps en temps, pour que la battue soit égale partout. Le lait mêlé avec la poudre de myrobolan a la propriété, comme étant un corps gras, joint à un acide astringent, d'empêcher les couleurs de baver et de s'étendre sur la toile, et cette préparation ajoute aux autres mordants de la force sans nuire ni au fil ni à la toile. Sur deux pintes d'eau de puits la plus séléniteuse, on met deux onces d'alun pulvérisé et quatre onces de bois de sapan concassé. Ce bois, nommé *vartangen entamoul*, et commun dans l'Hindoustan, donne une belle couleur rouge ; pour l'animer davantage, on y ajoute une once de bois de santal rouge. On tient ce mélange exposé au soleil pendant deux jours, ayant attention de le ranimer de temps en temps, pour qu'il n'y tombe ni ordure ni poussière, surtout aucun acide, ni aucune partie de sel marin. Ensuite on le fait cuire pendant une heure à un feu modéré. Si l'on veut que le rouge soit plus foncé, on augmente la proportion de l'alun jusqu'à la dose totale de quatre onces. Il est nécessaire d'employer des eaux crues; aussi celles de Mazulipatan, qui ont cette qualité au plus haut degré, sont réputées les meilleures pour faire cette teinture; et les fils et toiles qu'on y teint sont d'un rouge plus vif, plus foncé et plus durable que ceux des autres pays. Les eaux de Paliacate, situées dans le haut de la côte de Coromandel, à dix lieues de Madras, tiennent le deuxième rang, celles de cette dernière ville le troisième, et celles de Pondichéry, de Tranquebar et de Negapatan, dans le sud de la même côte, le quatrième rang. Quelle que soit la vertu de ces eaux, la couleur ne serait solidement fixée ni sur le fil ni sur l'étoffe, et ne serait pas aussi brillante, si on ne les passait pas dans la décoction faite avec la racine du chaye. On réduit les racines en poudre impalpable dans un mortier de granit et non de bois pour la teinture du fil ; on les brise pour la peinture des chites : les Hindous donnent la préférence au premier moyen, parce que, disent-ils, le bois nuirait à la vivacité des couleurs et à la propriété de la racine, que l'on est obligé d'humecter légèrement pour la réduire en poudre; autrement l'eau dissoudrait les parties extractives du bois qui, se mêlant à la racine, en altéreraient la vertu et la couleur, puisque la poudre du chaye se chargerait des parties extractives résineuses, ou de la gomme du bois dans lequel on le pilerait. Sur trois livres de poudre de cette racine on met environ dix pintes d'eau de puits tiède; on agite ce mélange avec une spatule de bois blanc, dont on fait dégorger toute la sève en la mettant tremper pendant quelques jours dans de l'eau de chaux. Cette décoction ne donnerait qu'une nuance terne, sans ton de couleur, et qui ne serait pas agréable; mais elle sert à aviver, à fixer la couleur rouge du bois de sapan, ainsi que toutes les couleurs violettes, vertes, jaunes, et même celle de l'indigo. On plonge la toile ou le fil dans cette décoction, qu'on tient sur le feu à un degré de chaleur que la main peut supporter; on tourne le fil et l'étoffe en tous sens pendant une demi-heure, afin qu'ils soient bien pénétrés; on augmente le feu jusqu'à ce que les mains ne puissent plus soutenir la chaleur; alors on laisse refroidir la liqueur pour retirer l'étoffe. Lorsque la chaleur est dissipée, on retire la toile, on la tord fortement, et on la garde roulée en elle-même jusqu'au lendemain dans l'état de l'humidité. Alors on la lave dans plusieurs eaux, on la fait sécher à l'ombre, puis on la fait tremper dans une eau qui tient du sel marin en dissolution. Cette plante n'exige aucun soin de culture; elle ne demande même pas les arrosements que les Hindous prodiguent à toutes les autres espèces de graminées ou de végétaux. Celui-ci, en outre, ne prospérant que dans les terrains secs et arides, il n'y aurait pas un grand inconvénient à le naturaliser dans notre pays. Les Hindous, afin d'augmenter l'état de la couleur et de la rendre durable, font imbiber les mouchoirs dans l'huile de sésame, et en étendent sur toutes les parties peintes de la toile ou des chites. Par ces procédés, on est certain que les couleurs, loin de s'altérer au blanchissage, s'avivent de plus en plus; de sorte que les mouchoirs qu'ils font et qui ont subi le plus souvent cette opération sont ceux qui ont le plus d'éclat. Pour la peinture des chites, les Hindous commencent par dessiner tous les contours avec une liqueur préparée ainsi : de l'eau de riz aigrie, du myrobolan en poudre, et de la limaille de fer; après la dissolution, ils mêlent à cela de la décoction épaissie de chaye; ensuite ils étendent sur la toile, excepté sur les parties qui doivent être teintes en rouge ou en violet, un enduit qui n'altère aucune couleur et qui est composé de cire brute, mêlée par trituration avec de l'huile de sésame, de la résine élastique, et du blanc de céruse. Cette opération faite et le mélange refroidi, ils plongent la toile à plusieurs reprises dans un bain de safran tenu chaud; après chaque immersion, ils adoucissent les nuances trop vives de la couleur avec la moelle d'un roseau. Enfin, lorsque le rouge est appliqué, et que la toile est sèche, on recouvre les masses teintes en cette couleur, et l'on enlève celles qui doivent recevoir le violet, le bleu, etc. C'est alors, et après que la pièce est sèche, qu'on la plonge dans le bain ou décoction de chaye, pour aviver et fixer les couleurs; cette décoction agit également sur toutes. Pour enlever l'enduit dont il est question ci-dessus, on met la toile dans un bain léger d'eau de chaux tiède, qui fait fondre la composition et éprouve les couleurs sans nuire à la toile. Cette composition peut servir plusieurs fois au même usage; mais, pour qu'on la manie facilement et qu'elle puisse mieux adhérer à la toile, il faut qu'elle soit appliquée en état de liquéfaction (*Annales des arts et manufactures*, an XII, t. XVII, p. 130).

**CHAYENNE, CHAGAYENNE** ou **CHARHA**, rivière des Etats-Unis (territoire du Missouri), qui descend des Rocky-Mountains et se jette dans le Missouri, par le 44° 30' de latitude nord, après un cours très-long et en grande partie navigable.

**CHA-YEU** (*botan.*), nom donné par les Chinois, suivant Duhalde, à l'huile tirée du fruit d'un arbre qui a quelque ressemblance avec le thé. Il est de hauteur médiocre, et croît sans culture sur le penchant des montagnes et dans les vallées pierreuses. Son fruit, vert, d'une forme irrégulière, contient un noyau osseux.

**CHAYMAS**, s. m. (*ethnogr.*), langue parlée par les indigènes de Venezuela, dans la province de Cumana.

**CHAYOTE** (*botan.*). Dans l'île de Cuba on donne ce nom, suivant Jacquin, à une plante cucurbitacée, qu'il nommait *sycios edulis*, et qui est le *sechium edule* de Swartz et de Willdenow. Son fruit est bon à manger. On en distingue deux espèces, ou plutôt deux variétés, l'une à fruit lisse de la grosseur d'un œuf de poule; l'autre à fruit plus long et couvert de pointes molles.

**CHAYOTILLO** (*botan.*), nom espagnol donné dans le Mexique au *calboa*, genre de plantes cucurbitacées, publié par Cavanilles.

**CHAYQUARONA** (*hist. nat.*). Seba (*Thes.* II, tab. 9, n^os 1, 2) appelle ainsi un serpent, orné de très-belles couleurs, qu'il dit venir du Brésil. C'est la couleuvre chayque de Lacépède, ou *Coluber stolatus* de Linné. Sa véritable patrie est la côte de Coromandel.

**CHAYR** (*botan.*). L'orge ordinaire, *hordeum vulgare*, est ainsi nommée en Egypte, suivant Delile. Elle est nommée *sjaeir* par Forskaël.

**CHAZELLES** (JEAN-MATTHIEU DE), né à Lyon le 24 juillet 1657, y fit ses études, et n'avait que dix-huit ans quand il vint à Paris. Duhamel, secrétaire de l'académie des sciences, voyant les dispositions du jeune Chazelles pour l'astronomie, le présenta à Cassini, qui le prit avec lui à l'observatoire. « Il travailla sous M. Cassini, dit Fontenelle, à la grande carte géographique en forme de planisphère, qui est sur le pavé de la tour occidentale de l'observatoire, et qui a vingt-sept pieds de diamètre. » Chazelles aida en 1683 J.-D. Cassini dans la prolongation de la méridienne; le duc de Mortemar voulut l'avoir pour maître de mathématiques, l'emmena à la campagne de Gênes en 1684, et lui procura en 1685 une nouvelle place de professeur d'hydrographie pour les galères à Marseille. Quelques campagnes que les galères firent en 1686, 1687 et 1688, donnèrent occasion au professeur de montrer la pratique de ce qu'il avait enseigné, et de faire des observations par le moyen desquelles il donna ensuite une nouvelle carte des côtes de Provence. Il leva aussi les plans de quelques rades, ports ou places. Chazelles et quelques officiers de marine avaient eu l'idée qu'on pourrait avoir des galères sur l'Océan, « et, en 1690, dit encore Fontenelle, quinze galères, nouvellement construites, partirent de Rochefort presque entièrement sur sa parole, et donnèrent un nouveau spectacle à l'Océan: elles allèrent jusqu'à Tenbay en Angleterre, et servirent à la descente de Tingmouth. » Chazelles fit dans cette expédition les fonctions d'ingénieur avec une intrépidité et une exactitude qui étonnèrent les officiers généraux. Les galères hivernèrent à Rouen, et Chazelles employa le temps qu'il passa dans cette ville à mettre en ordre ses observations sur les côtes du ponent. « En 1693, il parcourut la Grèce, l'Egypte, toujours le quart de cercle et la lunette à la main. En Egypte, il mesura les pyramides, et trouva que les quatre côtés de la plus grande étaient exposés précisément aux quatre régions du monde; » d'où l'on conclut l'invariabilité des méridiennes (1). A son retour, il fut en 1695 associé à l'académie des sciences, et retourna à Marseille reprendre ses fonctions de professeur. Lorsqu'en 1700 on reprit les travaux pour la méridienne, il accompagna et aida encore J.-D. Cassini. Revenu à Paris l'année suivante, quoique malade, il communiqua à l'académie le vaste dessein qu'il méditait d'un portulan général de la Méditerranée. Les neuf dernières années de sa vie, quoique aussi laborieuses que les autres, furent presque toujours languissantes. Une fièvre maligne, qu'il négligea dans les commencements, l'enleva le 16 janvier 1710. Le *Neptune françois*, publié à la fin du XVII^e siècle, contient beaucoup de cartes de Chazelles.

**CHAZELLES DE PRISY**, doyen des présidents à mortier au parlement de Metz, fut nommé en 1790 président de la comptabilité nationale, qui remplaça la chambre des comptes au commencement de la révolution. Ce magistrat était le neveu de l'abbé de Radonvilliers, précepteur de Louis XVI. S'étant rendu au palais des Tuileries dans la nuit du 9 au 10 août 1792, il y fut massacré avec les autres défenseurs du trône. Chazelles se délassait des fonctions pénibles de la magistrature par l'étude du jardinage et des plantes étrangères. C'est à lui que l'on doit le *Dictionnaire des jardiniers* traduit de l'anglais de Miller, publié sous le nom d'une société de gens de lettres; Paris, 1785-1788, 8 vol. in-4°; idem, Bruxelles, 8 vol. in-8°. Chazelles est auteur du supplément, qui n'a paru que dans l'édition in-4°, Metz, 1790, 12 vol. Cette traduction aurait pu être plus fidèle et plus élégante. On y a ajouté des notes peu intéressantes, dont la plupart traitent des propriétés médicinales, et n'ont qu'un rapport indirect très-éloigné avec le sujet principal (*V.* MILLER).

**CHAZELLES** (LAURENT-MARIE de), né à Metz le 28 juillet 1724, et non *Chazelles de Prisy*, qui s'est occupé avec distinction d'histoire naturelle et d'horticulture. M. Dupetit-Thouars les a confondus. D'abord avocat au parlement de Metz, Chazelles passa conseiller au même siége; il avait à peine trente ans lorsqu'il fut revêtu de la toge de président. Elu membre de l'académie de Metz, lors de sa fondation en 1760, il présida cette société en 1764, 1765, 1768. A l'époque de la révolution, il se retira dans le château de Lorry-devant-le-Pont qu'il avait fait bâtir, et dont les immenses plantations furent respectées au milieu du désordre universel. Chazelles ne sortit de sa retraite qu'en 1800, pour présider le conseil général du département, ce qu'il fit durant cinq sessions consécutives. Il mourut à Metz le 28 mai 1808.

**CHAZILITE** (*hist. relig.*), membre d'un ordre musulman

(1) M. Nouet, par des mesures récentes et plus exactes, s'est assuré que l'alignement des côtés de cette pyramide décline vers l'ouest de 0° 19' 58".

fondé par Chazily ou Schazily vers la fin du XIII^e siècle. On dit aussi Schazilite.

**CHAZINZARIENS** (*hist. ecclés.*), hérétiques qui s'élevèvent en Arménie dans le VI^e siècle. Ce mot est dérivé de l'arménien *chazus*, qui signifie croix. Dans le texte grec de Nicéphore, ces mêmes hérétiques sont appelés *chatzintzariens*, χατζιντζάριοι. On les a aussi nommés *staurolatres*, c'est-à-dire *adorateurs de la croix*, parce que, de toutes les images, ils n'honoraient que celle de la croix. Quant à leurs dogmes, ils étaient nestoriens, et admettaient deux personnes en Jésus-Christ. *Nicéphore*, liv. XVIII, chap. 54, leur impute quelques superstitions singulières, et entre autres de célébrer une fête en mémoire d'un chien nommé *Artzibartzes*, dont leur faux prophète Sergius se servait pour leur annoncer son arrivée. Du reste, ces hérétiques sont peu connus, et leur secte ne fut pas nombreuse.

**CHAZNA**, s. f. (*hist. mod.*). On nomme ainsi en Turquie le trésor ou l'endroit où se gardent à Constantinople les pierreries du grand seigneur. Celui qui en a la garde est un eunuque noir qu'on appelle *chazna agasi*, qu'il faut distinguer du trésorier des menus plaisirs.

**CHÉ**, s. m. (*relation*), instrument de musique des Chinois, garni de vingt-cinq cordes.

**CHÉ** ou **XE** (*hist. nat.*), nom chinois du musc, *moschus moschiferus* Linné, suivant Novarette.

**CHEAB-EDDYN** (ABDEL-RAHMAN), né à Damas l'an 599 (1300 de J.-C.), occupe un rang distingué parmi les historiens arabes du VII^e siècle de l'hégire, pour l'histoire de Noradin et de Saladin dont il est l'auteur, et à laquelle il a donné le titre de *Ahzar al-roudhataïn* (Fleurs des deux parterres). Le savant dom Berthereau a traduit de longs extraits de cet ouvrage pour son *Histoire des croisades*. Cheab-Eddyn avait beaucoup de littérature et versifiait agréablement. Aboul-Fedâ nous a conservé dans son histoire quelques fragments de ses poésies. Outre cette histoire, on a encore de lui deux *Abrégés de la chronologie de Damas*, l'un en quinze volumes et l'autre en cinq; une *Histoire des Obaïdites;* un supplément à *l'Ahzar al-roudhataïn*, et plusieurs autres ouvrages dont Aboul-Mahalan nous a conservé la nomenclature dans sa biographie. Il mourut en ramadan, 665 de l'hégire (6 juin 1267 de J.-C.). — Cet auteur, qui est aussi connu sous le nom de *Abou-Chamàh*, ne doit pas être confondu avec CHEAB-EDDYN IBRAHIM, autre historien arabe, mort en 642 de l'hégire, et dont la chronique est souvent citée par Aboul-Fédâ.

**CHÉABLE**, adj. (*vieux langage*), qui peut tomber.

**CHEADLE**, petite ville d'Angleterre (Stafford), environnée de mines de houille et d'usines. 4,000 habitants. A 5 lieues nord-nord-est de Stafford.

**CHÉANCE**, s. f. (*vieux langage*), utilité, profit, aubaine. — Chute.

**CHÉANT, ANTE**, adj. (*vieux langage*), tombant.

**CHEAUS**, s. m. pl. (*chasse*). Il se disait, selon le dictionnaire de Trévoux, des petits de la louve, des chiens et des renards.

**CHEBRON**, ville de la tribu de Juda (*Josué*, XV, 40).

**CHEBEC**, petit bâtiment qui navigue principalement sur la Méditerranée. Il a trois mâts : le premier sur l'avant est très-incliné. Ces mâts portent des voiles latines enverguées sur des antennes. Les chebecs équipés pour le commerce gréent quelquefois des voiles carrées sur des mâts à pible; ces bâtiments sont remarquables par leur élancement et leur quête. Ils vont à la voile et à l'aviron; leur port est de trois à quatre cents tonneaux.

**CHEBEL**, s. m. (*antiq.*), nom d'une mesure de longueur, supérieure à la coudée, dont on se servait en Egypte, en Judée, et dans d'autres parties de l'Asie. Le *chebel* valait un peu plus de deux toises.

**CHEB-EL-LEYL** (*botan.*), nom arabe de la belle-de-nuit, *nyctago*, suivant Delile.

**CHEBET** (*botan.*), nom arabe de l'aneth, *anethum graveolens*, suivant Delile. Ses grains sont nommés *chamar*.

**CHEBETIBA** (*botan.*), nom caraïbe du *cupania*, cité dans l'herbier de Surian.

**CHEBREISS** (BATAILLE DE). Bonaparte, maître d'Alexandrie, se dirigea sur le Caire avec son armée, son artillerie de campagne et un petit corps de cavalerie. Lorsque la flottille et les autres divisions eurent rejoint à Rahmanieh, on s'ébranla, et l'on remonta le Nil à la recherche de l'ennemi. On le trouva rangé en bataille devant le village de Chebreiss ou Chobrâkit, et appuyé au Nil, sur lequel il avait des chaloupes canonnières et des djermes armées. Napoléon avait donné ordre à la flottille française de continuer sa marche en se dirigeant de manière à pouvoir appuyer la gauche de l'armée, et attaquer la flotte ennemie au moment où l'on attaquerait les mameluks et le village de Chebreiss. Malheureusement la violence des vents ne permit pas de suivre en tout ces dispositions : la flottille dépassa la gauche de l'armée, gagna une lieue sur elle, se trouva en présence, et se vit obligée d'engager un combat très-inégal, ayant à la fois à soutenir le feu des mameluks et à se défendre contre les bâtiments turcs. Elle courut de grands dangers. Néanmoins elle réussit enfin à sortir victorieuse de cette lutte, où les savants membres de la commission n'avaient pas été les derniers à payer de leur personne. Cependant le bruit du canon avait fait connaître à Bonaparte l'engagement de la flottille; il fait marcher l'armée au pas de charge. Elle s'approche de Chebreiss. Pendant que les soldats républicains contemplent avec surprise ces célèbres mameluks, leurs armes étincelantes, leur costume resplendissant d'or et d'argent, leurs superbes montures, Bonaparte reconnaît la position, et aussitôt son génie puissant lui fait deviner la tactique nouvelle qu'il faut opposer à ces impétueux adversaires. Il forme ses divisions en carrés longs sur quatre files de profondeur qui se flanquent naturellement, l'artillerie aux angles et dans les intervalles. Mourad ordonne la charge; mais ses braves cavaliers se brisent contre une inébranlable barrière de baïonnettes; le feu croisé de l'artillerie achève de les éloigner du champ de bataille. Alors les carrés, jusque-là immobiles, s'élancent au pas de charge, et s'emparent du camp de Chobrâkit (13 juillet 1798). Les mameluks perdirent six cents hommes, les Français une centaine. Mourad se hâte de regagner le Caire. La flottille ennemie prit également la fuite en remontant le fleuve.

**CHEBRON** (*géogr. sacrée*), ville de la tribu de Juda.

**CHEBRON** (*géogr. anc.*), montagne de l'Idumée. Elle fut prise par Judas Machabée.

**CHEBRON**, roi d'Egypte, régna treize ans.

**CHÉBUDA** (*géogr.*), île du golfe de Bengale (*V.* TCHÉBUDA).

**CHÉBULE** (*botan.*), un des cinq myrobolans mentionnés dans les livres de matière médicale et de pharmacie; c'est le *myrobolanus chebulus* de Vesling, que Linné rapportait à son genre *ximenia*, sous le nom de *ximenia ægyptiaca*, et dont Delile a formé un genre distinct sous celui de *balanites*, qui a quelques rapports extérieurs avec l'*agihalid* de Prosper Alpin, mais qui paraît en différer.

**CHÉCAL** ou **CHÉCHAL**, s. m. (*anc. term. milit.*), sénéchal.

**CHECCA-SOCCONCHE** (*botan.*). Ce nom péruvien est celui du *guardoquia incana*, genre de plante labiée, de la flore du Pérou, qui a le calice du thym et la fleur de la sauge. Sa saveur est agréable; on la mêle dans des assaisonnements, et on emploie son infusion comme cordiale.

**CHÉCHILLON**, adj. m. (*anc. cout.*). *Pré chéchillon*, se dit dans le même sens que champeau.

**CHECHISHASHISH** (*hist. nat.*), nom sous lequel est connu, à la baie d'Hudson, le chevalier grivelé, *tringa macularia* Gmel.

**CHECKS**, mot synonyme de *draft* ou *traite*, désigne en Angleterre une espèce de traite tirée sur un tiers, avec l'ordre de payer telle somme au porteur. Les *cheks* ne se tirent que sur les *bankers*, les mêmes que les Hollandais appellent *cassiers*, et qui se distinguent de nos banquiers en ce qu'ils ne s'occupent pas ordinairement d'affaires de change. Les *checks* doivent être présentés dans le plus court délai possible. Ils sont payés de suite, ou au moins avant cinq heures du soir. Si le détenteur a trop tardé de se présenter, celui sur lequel on a tiré peut lui refuser le payement, sans qu'on ait aucun recours contre lui.

**CHÉCY**, commune de France (Loire), sur le canal d'Orléans, près de la Loire. 1,945 habitants. Poste du Pont-aux-Moines. A 2 lieues est d'Orléans.

**CHÉ D'EAU**, s. m. (*botan.*), arbre de la Cochinchine.

**CHÉDEAUX** (PIERRE-JOSEPH), né à Metz le 31 août 1767, fut destiné de bonne heure au commerce, et l'apprit à Lyon, où il était, en 1790, chef d'une fabrique de soieries. Revenu dans sa ville natale cinq années après, il jeta les premières bases du grand établissement de broderies que possèdent aujourd'hui ses associés, et composa plusieurs mémoires pour améliorer l'état du commerce. En 1806, on le nomma juge au tribunal de commerce. En 1810, il devint membre de la société d'agriculture et des arts, et fut chargé, l'année suivante, de transmettre au ministère des renseignements sur le mouvement de l'industrie dans les grandes foires d'Allemagne. Appelé, en 1813, au conseil général du commerce de France, il profita de cette position pour adresser au gouvernement un travail sur les moyens d'occuper la classe indigente dans les grandes villes. Il reçut, en 1814, la croix de la Réunion, et envoya au ministre un nouveau mémoire sur les moyens d'affermir le crédit et d'établir une grande circulation. Ayant fait partie, la même année, d'une députation chargée de présenter à Louis XVIII les hommages du commerce messin, Chedeaux saisit la circonstance pour exposer au gouvernement les avantages qu'un transit général procurerait à la France. Maire de Metz en 1815, il fut ensuite président de la chambre du commerce. Pleine de confiance dans la droiture de ses vues, la députation de la Moselle le pria, en 1816, de s'établir à Paris afin d'obtenir pour Metz un entrepôt; établissement d'un avantage équivoque, mais dont Chedeaux ne cessa de caresser l'idée et de poursuivre l'exécution. Ce fut sur sa proposition, et d'après ses plans, que le conseil municipal de Metz, dont il faisait partie, institua une société de bienfaisance, qui fut si utile pendant la disette de 1817. L'année suivante, dans un conseil de ministres auquel assistaient toutes les députations de l'Est, ainsi que celles des ports, il plaida avec chaleur la cause des entrepôts et des transits, et reçut, la même année, le brevet de conseiller du roi au conseil général du commerce. Peu après il parla dans le même conseil, présidé par le ministre de l'intérieur, en faveur des entrepôts de Metz et de Paris. Il fit en 1826 un voyage sur les frontières de Prusse et des Pays-Bas, pour chercher les moyens d'ouvrir un débouché aux produits surabondants de nos vignobles, et transmit à cet égard beaucoup de documents au président du bureau du commerce. Ses produits manufacturiers lui firent obtenir des médailles décernées aux expositions départementales de 1823, 1826, 1828, et à celle du Louvre de 1827. Maire, pendant les cent jours et en 1831, d'une ville où les partis se heurtaient violemment, Chedeaux agit avec beaucoup de prudence, mais avec des intentions plus droites qu'éclairées. Il désirait vivement une candidature à la chambre des députés; plusieurs fois il se mit sur les rangs, et toujours il en fut écarté. Aux élections de 1830, malgré de grandes chances de succès, il se désista pour assurer l'élection d'un député de l'opposition, générosité dont ce parti le récompensa par ses suffrages en 1831. Après neuf mois de fatigues dans la capitale, il se disposait à regagner ses foyers lorsqu'il succomba, le 13 avril 1832, au terrible fléau qui désolait la France. Indépendamment des MÉMOIRES cités dans cet article, il a publié plusieurs opuscules que l'on a fait connaître dans la *Biographie de la Moselle*, t. I, p. 250-252. Chedeaux n'était ni un orateur ni un brillant écrivain, mais il avait un sens droit, et il nous appartient, à nous qui l'avons vu corriger lui-même ses manuscrits, de repousser l'injuste reproche de ceux qui se refusent à l'en croire l'auteur.

**CHEDEK** (*botan.*). Dans quelques livres anciens on trouve sous ce nom la mélongène, *solanum melongena*, qui est encore désignée dans le Levant, suivant Rauvolf, sous ceux de *melantsana*, *batleschaim*, et une de ses variétés sous celui de *bedengian*. Le *chadec*, espèce d'oranger, est aussi nommé *chedek*, par corruption, dans quelques lieux.

**CHEDEL** (PIERRE CANTIN), graveur né à Châlons-sur-Marne en 1702, mort dans la même ville en 1762. Après avoir appris les premiers éléments de dessin sous Lemoine, premier peintre du roi, il se livra à l'étude de la gravure dans l'atelier de Laurent Cars; mais, ne se sentant pas les dispositions nécessaires pour réussir dans la gravure historique, il suivit le penchant qui le portait à dessiner et graver de petits sujets. Il y réussit complétement, et ses compositions sont remplies d'esprit, de feu et de goût. Employé par la plupart des libraires, Chedel exécuta un nombre considérable de petits paysages, d'expéditions militaires, de sujets grotesques, chefs-d'œuvre d'invention, de gentillesse et de légèreté. Sa trop grande assiduité au travail et sa vie trop sédentaire lui occasionnèrent plusieurs infirmités dont il mourut. Il avait acquis l'estime de tous les honnêtes gens par la douceur de ses mœurs, sa probité et ses habitudes religieuses. On cite parmi les productions de Pierre Chedel : *l'Ouvrage du matin*, *l'Heure du dîner*, *l'Après-Midi*, *les Adieux du soir*; des sujets historiques et des portraits d'après Van der Meulen, Jean Breughel et autres peintres de l'école française et flamande; quatre paysages d'après Teniers; de gracieuses compositions d'après Watteau et Wouwermans.

**CHÉDIÉTROS** (*temps héroïques*), nom de l'un des chiens d'Actéon.

**CHÉE**, rivière de France (Marne) qui se jette dans la Saulx, au-dessous de Vitry-le-Brûlé. Cours 13 lieues, dont 4 lieues et demie flottables.

**CHEEANK**, s. m. (*botan.*), racine de Siam.

**CHEEK** (*botan.*), nom qu'on donne en Laponie à l'*osmunda struthiopteris* Linn., fougère particulière aux contrées du Nord.

**CHEEKE** (JEAN). Cet écrivain naquit à Cambridge en 1514, et fit ses études dans l'université de cette ville. Le grec était le principal objet de son application, et il s'adonna avec tant d'ardeur à la connaissance de cette langue, alors presque entièrement négligée, qu'à vingt-six ans il en fut nommé professeur par Henri VIII, qui créa une chaire de grec exprès pour lui. Il rendit de grands services à l'université dans cette place, mais il eut à essuyer de vives contrariétés lorsqu'il voulut introduire une réforme dans la prononciation du grec; mais il finit par triompher, soutenu par l'appui du roi, auprès duquel, grâce à la conformité de ses opinions avec celles de Henri VIII, il jouissait d'un grand crédit. On ne sait pas l'époque à laquelle il avait adopté la réformation, non plus que celle où il embrassa les ordres; mais on le voit, dans le courant de sa vie, ecclésiastique et marié. En 1554 il devint le précepteur du prince royal, depuis Edouard VI; il donna aussi quelque temps ses soins à Elisabeth, ce qui augmenta encore sa faveur à la cour. Henri VIII lui donna plusieurs bénéfices et des terres en propriété. Il fut nommé, en 1550, premier gentilhomme du conseil privé d'Edouard VI, et fait chevalier. Au commencement de 1553, il obtint la dignité de secrétaire d'Etat et reçut de nouvelles terres en don du roi; mais, deux mois après la mort d'Edouard, s'étant rangé du parti de Jeanne Gray, et ayant exercé pendant le court espace de son règne les fonctions de secrétaire d'Etat, à l'avénement de Marie il fut arrêté comme prévenu de trahison, et ne recouvra sa liberté qu'en 1554, après avoir été dépouillé d'une partie de ses biens. Etant passé sur le continent dans la crainte de nouveaux dangers, après quelque séjour à Bâle, puis en Italie, il vint s'établir à Strasbourg, où les protestants anglais réfugiés avaient une église. Le reste de ses biens fut entièrement saisi en punition de cette démarche, et il se trouva réduit à donner, pour vivre, des leçons publiques de langue grecque. Cependant sa réputation faisait désirer au parti catholique de le convertir de gré ou de force. Vers le commencement de 1556, sa femme s'étant rendue à Bruxelles, lord Mason, ambassadeur de la reine dans cette ville, et lord Pajet, ses amis du temps d'Edouard VI, et alors amis du parti dominant, l'engagèrent à la venir chercher dans cette ville, et, pour l'y déterminer, lord Mason lui promit un sauf-conduit, tant en son nom qu'en celui de Philippe II. Cheeke, avant de se mettre en route, consulta ses connaissances en astrologie : elles lui promirent un heureux voyage, mais apparemment qu'elles n'avaient pas stipulé pour le retour; car, en revenant, il fut précipité à bas de son cheval, saisi, jeté dans un chariot, les yeux bandés, les pieds et les poings liés, conduit au premier port, embarqué et mené à la Tour de Londres. Il n'y fut pas plutôt arrivé que les deux chapelains de la reine vinrent l'endoctriner. Il résista d'abord; mais devant des menaces sa fermeté succomba; il fit une sorte de rétractation, demandant à la reine d'épargner sa faiblesse, et de le dispenser d'un désaveu plus formel. On n'y voulut point consentir, et il fut obligé de se soumettre à tout. A cette condition, on lui rendit la liberté et ses biens; mais, soit fureur de parti, soit inimitié personnelle, le parti triomphant sembla vouloir jouir de sa honte, en la forçant d'assister au procès et à la condamnation des hérétiques. Incapable de supporter tant de douleurs et d'humiliations, il mourut de chagrin le 13 septembre 1557 à l'âge de quarante-trois ans. Ses ouvrages principaux sont : 1° un traité *De pronunciatione græcæ potissimum linguæ dissertationes*, in-8°, Bâle, 1555; 2° *De superstitione, ad regem Henricum*, écrit placé par l'auteur à la tête de sa traduction latine du traité de Plutarque *De la superstition* : on en voit dans la bibliothèque de l'université de Cambridge une copie manuscrite écrite avec soin. La couverture de ce manuscrit est en argent, ce qui fait présumer que ce fut l'exemplaire offert à Henri VIII. Ce traité a été traduit en anglais par Elstob, et publié par Strype à la fin de la vie de Cheeke, Londres, 1705, in-8°. On a aussi de lui plusieurs traductions de grec en latin, particulièrement des homélies de saint Jean Chrysostome, Londres, 1543 et 1547. Parmi les ouvrages de Cheeke qui sont perdus ou inédits étaient plusieurs ouvrages de théologie, une *Introductio grammaticæ*, probablement pour l'usage d'Edouard, et des traductions en latin de Josèphe, de Démosthènes, Aristote, Eschyle, Euripide, etc. — Cheeke était un homme de beaucoup d'esprit, d'un grand savoir, d'un caractère bienveillant, charitable, mais faible à l'excès.

ED. GIROD.

**CHÉELA**, s. m. (*hist. nat.*), autour de l'Inde.

**CHEF** (SAINT-), *Sanctus Theuderius*, ancienne abbaye de l'ordre de Saint-Benoît, située dans un bourg du même nom, au diocèse de Vienne en Dauphiné. Elle était dédiée à saint Theudère, que l'on appelle ordinairement saint Chef. Elle reconnaît pour fondateur saint Theudère, pénitencier de la ville de Vienne, qui la bâtit dans une forêt jusqu'alors inhabitée. Cette abbaye fut sécularisée sous le règne de François Ier, par le pape Paul III, et changée en un chapitre noble de vingt-huit chanoines. La mense abbatiale a été unie à l'archevêché de Vienne, ce qui donnait droit à ce prélat d'en conférer tous les canonicats; mais il ne pouvait les donner qu'à des habitués reçus par le chapitre, devant lequel ils faisaient preuve de seize quartiers de noblesse. Le doyen, qui était élu par le chapitre, conférait tous les offices claustraux (*Dictionn. universel de la France*).

**CHEF**, s. m. (on prononce l'F), tête. Il ne se dit guère maintenant, au propre, qu'en parlant de reliques. *Le chef de saint Jean.* — Il s'emploie quelquefois dans la poésie badine. *Le chef couronné de lauriers.* — *Tant de chefs de bétail*, tant de pièces de bétail. On dit plus ordinairement, *Têtes de bétail.* — CHEF se dit figurément de celui qui est à la tête d'un corps, d'une assemblée, etc., qui y a le premier rang et la principale autorité. *Le roi est le chef de l'Etat; le pape est le chef visible de l'Eglise.* — Il se dit particulièrement, dans un sens générique, des officiers et des sous-officiers de divers grades qui commandent une troupe. — Il signifie aussi quelquefois général d'armée. — *Chef du nom et des armes, chef de nom et d'armes*, celui qui est le premier de la branche aînée d'une grande maison. — *Abbaye chef d'ordre*, ou simplement *chef d'ordre*, la principale maison de l'ordre, celle dont toutes les autres dépendent (*V.* ci-dessous). — *Chef d'escadre*, titre que portait autrefois l'officier supérieur de marine auquel on donne aujourd'hui le titre de *contre-amiral* (*V.* ce mot et ESCADRE). *Chef d'escadron*, *Chef de bataillon* (*V.* ci-dessous). *Chef de poste* (*V.* ci-dessous). *Chef de peloton, de division, de section*, se dit, dans les exercices militaires, de celui qui dirige les mouvements d'un peloton, etc. — *Chef de pièce*, le canonnier qui pointe, et qui commande la manœuvre d'une pièce de canon. — *Chef de file*, l'homme qui est le premier d'une file de gens de guerre, soit à pied, soit à cheval. *En term. de marine*, il se dit du vaisseau qui est le premier de la ligne de bataille, qui tient la tête de l'armée. — *Chef de division*, celui qui est à la tête de tous les employés d'une division, dans un ministère, dans une administration. On dit, dans un sens analogue, *Chef, Sous-chef de bureau.* — *Chef d'atelier*, celui qui dirige les travaux d'un atelier, dans une manufacture. — *Chef d'orchestre*, celui qui dirige un orchestre. — *Chef d'emploi* se dit, au théâtre, par opposition à *double*, et signifie le plus ancien des acteurs qui remplissent les rôles d'un même emploi. — *Chef de cuisine, d'office*, le principal officier de cuisine, d'office. — Dans quelques cours, *Chef de gobelet*, *Chef de fruiterie, de paneterie*, etc., le principal officier du gobelet, de la fruiterie, etc. — *Commander une armée en chef*, y avoir le principal commandement en qualité de général. On dit dans un sens analogue, *Général en chef*, *Commandant en chef.* — *Etre en chef*, *Travailler en chef dans une affaire*, en avoir la principale direction. — *Etre en chef dans une entreprise, dans une négociation.* On dit en des sens analogues, *Ordonnateur en chef*, *Ingénieur en chef*, etc. — *Greffier en chef*, le premier greffier dans une cour de justice, dans un tribunal. — En parlant de biens, d'héritages, de succession, *De son chef*, de son côté, par soi-même. On dit aussi *Du chef de quelqu'un*, comme exerçant les droits de quelqu'un. — *De son chef* signifie aussi de sa tête, de son propre mouvement, de son autorité privée. — CHEF signifie encore article, point principal. *En term. d'ancienne jurisprudence criminelle*, *Crime de lèse-majesté au premier chef*, attentat, conspirations contre la personne du prince; *Crime de lèse-majesté au second chef*, attentat contre l'autorité du prince ou contre l'intérêt de l'Etat. — *Mettre une entreprise à chef*, *Venir à chef*, achever une entreprise, la mettre à fin : ces phrases ont vieilli. — CHEF, *en term. de blason*, pièce qui est au haut de l'écu et qui en occupe le tiers. — CHEF, dans les manufactures de drap, de toile, etc., le bout par lequel on a commencé à fabriquer l'étoffe. — En chirurgie, *Les chefs d'un bandage*, ses bouts, ses extrémités.

**CHEF** a été employé par Montaigne pour cap, promontoire. — *Au chef*, locution adverbiale, au bout, à la fin. — CHEF, le premier jour du mois; *chef d'octobre.* — CHEF-CENS (*féod.*), premier cens et capital que l'on payait, en reconnaissance de la seigneurie directe, à celui qui le premier avait baillé l'héritage à cens. — CHEF-LIEU, *chef-mez*, *chef-meix* ou *chef-mois*, lieu principal d'une seigneurie, celui où les vassaux sont tenus d'aller rendre foi et hommage, et de porter leur aveu et dénombrement. — CHEF-SEIGNEUR, seigneur féodal, suzerain, censier, foncier, sans qu'il soit nécessaire pourtant qu'il relève immédiatement du roi. — CHEFS-LIEUX D'HAINAUT (*anc. législ.*), certains arrondissements du Hainaut qui suivaient, pour les mains-fermes ou rotures, des coutumes particulières. — CHEF D'EAU (*ancien term. de marine*) (*V.* HAUTE MARÉE). — CHEF D'ATTAQUE (*musiq.*), musicien chargé de conduire tous les chanteurs qui, dans un chœur, chantent la même partie. Les chefs d'attaque marquent les entrées. — CHEF (*écon. dom.*) se dit absolument parmi la domesticité, du chef de cuisine, du premier cuisinier d'une grande maison. — CHEF (*technol.*), morceau de pâte que le boulanger réserve pour servir de levain à la fournée suivante. — Ficelle double qu'emploient les coffretiers. — Côté à pic d'une carrière.

**CHEF DE BOURG** (*vieux langage*), lieu principal.

**CHEF DE PIÈCE** (*jurispr.*). Antérieurement au code de commerce, il était admis, lorsqu'un négociant tombait en faillite, que le fabriquant qui lui avait livré des marchandises pouvait revendiquer les pièces restées intactes et qui conservaient, sans interruption, *le chef* et *la queue.* Ce droit n'existe plus. — Toutefois le code de commerce spécifie certains cas de revendication qui sont fort restreints.

**CHEF DE BATAILLON et D'ESCADRON.** Nous avons fait connaître au mot BATAILLON quelle est l'organisation de cette fraction d'un régiment d'infanterie; nous donnerons au mot ESCADRON la composition de cette portion d'un régiment de cavalerie. L'ordonnance sur le service intérieur confie aux chefs de bataillon et aux chefs d'escadron le soin de l'instruction théorique et pratique des officiers, sous-officiers et soldats placés sous leurs ordres, et les en rend responsables. Elle les charge de surveiller tous les détails relatifs à la discipline, au service, à la tenue, au logement et à la subsistance des troupes. Ils doivent constamment s'assurer qu'il est pourvu aux besoins des sous-officiers et soldats dans toutes les situations de la vie, en santé comme en maladie, à la caserne et dans la prison, en route et en garnison. Les bataillons et les escadrons étant, dans les armées, les unités des manœuvres de la division (*V.* ce mot), qui est elle-même l'unité des grands mouvements, on conçoit toute l'importance du rôle que jouent dans une affaire les *chefs de bataillon* et les *chefs d'escadron.* Alors les liens qui unissent les bataillons et les escadrons aux régiments n'existent plus. La force des bataillons est déterminée par le nombre d'hommes auquel la voix d'un chef peut se faire entendre avec facilité pendant les manœuvres, et qui peuvent se mouvoir en ligne sans se désunir. L'expérience l'a fixé à sept ou huit cents hommes. L'unité admise pour les manœuvres de cavalerie est l'escadron de cent vingt chevaux environ. Le front d'un tel escadron, sur deux rangs, n'est qu'à peu près la moitié de celui d'un bataillon. Mais le bruit de la cavalerie qui couvre la voix du commandement, et la difficulté plus grande d'y conserver de la régularité dans les mouvements, semblent justifier cette diminution d'étendue. Les armes spéciales, l'artillerie, le génie, le corps des officiers d'état-major, ont aussi leurs chefs de bataillon et leurs chefs d'escadron. Dans les deux premières, où il y a des officiers de troupes et des officiers sans troupes, les officiers supérieurs de ces grades remplissent, dans les régiments de leurs armes respectives, à peu près les mêmes fonctions que les officiers du même grade dans l'infanterie ou dans la cavalerie. Les officiers sans troupes appartiennent à l'état-major de chacune de ces deux armes. Dans l'artillerie, les chefs de bataillon sont chargés de l'inspection et de la direction des fonderies, des manufactures d'armes, des fabriques de poudre et de salpêtre; dans le génie, ils remplissent les fonctions d'ingénieur en chef. Les lieutenants généraux de ces armes peuvent seuls y prendre des chefs de bataillon pour aides de camp. Les lieutenants généraux des autres armes peuvent appeler près d'eux en cette qualité des chefs d'escadron. En France, et dans presque tous les autres pays de l'Europe, c'est du grade de capitaine que l'on parvient à celui de chef de bataillon ou de chef d'escadron. Les nominations se font, dans l'armée française, moitié au choix, moitié à l'ancienneté, suivant les règles fixées par la loi sur l'avancement. On suit à peu près les mêmes principes dans la plupart des armées étrangères. Il n'en est pas de même en Angleterre, où l'organisation de l'armée diffère de celle de toutes les autres armées du continent. Les grades supérieurs se donnent ou se vendent. Sans faveur, sans argent, les mérites, les services n'obtiennent point d'avancement. La vente des grades forme, dans ce pays, un impôt qui, dans la dernière guerre, s'est élevé à plus de dix millions par an. Le prix d'une commission de major, grade correspondant à celui de chef de bataillon, s'élève à deux mille livres sterling (cinquante mille francs). Dans la cavalerie le prix est doublé.

**CHEF D'ÉTAT-MAJOR.** Ce titre n'est connu également que depuis la guerre de la révolution : mais les fonctions auxquelles il se rapporte sont de tous les temps ; elles étaient celles du taxiarque grec, du questeur ou du préfet d'armes romain, du maréchal de l'ost des bas siècles, du chancelier d'armée du XVI^e siècle, du maréchal général des logis des XVII^e et XVIII^e. Les armées d'Allemagne et du Nord avaient et ont encore leurs quartiers-maîtres généraux. — La dénomination de chef d'état-major est fausse et mal choisie, c'est le général d'armée qui est le chef de son état-major. L'officier général ou supérieur qu'on nomme chef d'état-major n'est en réalité qu'un chef de bureau le sabre au côté; on ne saurait trop dénoncer aux académies existantes ou futures les incohérences de la langue de la guerre. — Tout grandissait sous Bonaparte, il fallut grandir les titres : celui de chef d'état-major, devenu infime, fut primé par la qualification de major général ; ce fut une nouvelle et plus étonnante aberration en fait de langage, car l'ancien major général, qu'on croyait faire revivre, n'avait au contraire été qu'un aide d'étage peu élevé : c'était tout au plus un lieutenant, plus souvent un capitaine à double épaulette, qu'on appela d'abord sergent-major, et ensuite major ; il devenait major général quand il avait charge de communiquer l'ordre à tous les majors d'un camp de siége. — Les fonctions actuelles d'un chef d'état-major d'armée, ou d'un major général, consistent à régler les marches, asseoir les camps, poser les grand'gardes, transmettre le mot, expédier les ordres, combiner les convois et les fourrages, surveiller la partie administrative, tenir état du matériel et des forces, répartir les guides, mettre en mouvement les espions et en administrer la partie secrète, subvenir aux avitaillements, assurer la solde, distribuer les cantonnements, assigner leur poste aux combattants avant la bataille, tenir la correspondance courante avec le ministre et lui adresser périodiquement les bulletins historiques, la carte des marches, le relevé graphique des batailles, enfin être ce qu'a été si longtemps le maréchal, vrai chef d'état-major d'autrefois, c'est-à-dire, suivant les termes de Biron, qui écrivait en 1611, « estre le sommier et le portefait de l'ost et de l'armée. »

**CHEF DE POSTE,** officier ou sous-officier qui prend ce titre à l'instant où la portion de la garde montante qu'il commande prend possession du poste qui lui est échu. Le chef de poste, quand sa troupe prend les armes, tient la droite du premier rang s'il est sous-officier ; il se place en avant de la troupe s'il est officier ; son service est réglé par une consigne ; son droit consiste à punir de corvée les fautes légères, à se faire présenter les sentinelles relevantes et relevées, à faire l'appel de sa troupe sous les armes aussi souvent qu'il le juge nécessaire ; sa surveillance s'exerce sur les sentinelles, leur tenue, leur ponctualité ; il reçoit les rondes et patrouilles, fait prendre les armes en cas d'alerte, et détache une partie de sa troupe en cas d'incendie.

**CHEFS D'ORDRES ET DE CONGRÉGATIONS.** On appelait ainsi autrefois, dans les ordres réguliers ou hospitaliers, la première ou principale maison de laquelle dépendaient toutes les autres maisons de l'ordre, et où se tenait le chapitre général. Les abbayes chefs d'ordre étaient toutes régulières, et elles exerçaient une certaine autorité sur les maisons qu'elles avaient formées. Les abbés titulaires de ces abbayes prenaient aussi le titre de *chefs d'ordre*, et ils jouissaient en cette qualité de plusieurs priviléges. Leurs monastères étaient exempts des visites de l'évêque diocésain, et affranchis de la nomination du roi, pour les bénéfices qui étaient à leur collation. Ils avaient la juridiction de leurs religieux, et leur pouvoir, à cet égard, était très-étendu. Ils avaient enfin un droit de visite et de correction sur tous les monastères soumis à leur autorité. Voici les noms des seize maisons d'ordre que l'on comptait en France. *Bourg-Achard* en Normandie, chef d'une réforme de chanoines réguliers de l'ordre de Saint-Augustin, établie en 1680. *La Chancelade* en Périgord, chef d'une congrégation de chanoines réguliers du même ordre, et qui était composée de six maisons. *La Grande Chartreuse* en Dauphiné, chef de l'ordre des chartreux. *Citeaux* en Bourgogne, chef de l'ordre de Citeaux. *Clairvaux* en Champagne, chef d'une filiation très-nombreuse du même ordre. *Cluny* ou *Clugny* en Bourgogne, chef d'une congrégation de l'ordre de Saint-Benoît. *La Ferté* en Bourgogne, chef de l'une des quatre filiations de l'ordre de Citeaux. *Feuillants* dans le Comminges, chef de la congrégation de ce nom. *Fontevrault* dans le Saumurois, chef de l'ordre de ce nom. *Grandmont* dans la Marche, chef de l'ordre de ce nom. *Morimont* dans le Bassigny, chef d'une des quatre filiations de Citeaux. *Pontigny* en Champagne, chef d'une des quatre filiations de l'ordre de Citeaux. *Prémontré* dans le gouvernement de l'Ile-de-France, chef de l'ordre de son nom. *Saint-Antoine* en Dauphiné, chef de l'ordre de son nom. *Saint-Ruf* en Dauphiné, chef de l'ordre de son nom. *Sainte-Geneviève* à Paris, chef de la congrégation de son nom. Ces seize maisons jouissaient ensemble d'un revenu annuel qui se montait à la somme de onze cent dix mille livres de rente.

**CHEFAU** (*vieux langage*), maison de maître, principale demeure, habitation principale.

**CHEF-BOUTONNE** (*géogr.*), bourg de France (Deux-Sèvres), chef-lieu de canton. Il y a des fabriques de serges, de droguets, de faïence, et il s'y tient de très-forts marchés de bestiaux. 2,260 habitants. Poste aux lettres. A 3 lieues un quart sud-sud-est de Mille.

**CHEFCIER** ou **CHEFECIER**, *capicerius, capitiarius* et *primicerius*. On est partagé sur l'office du chefcier. Les bénédictins disent que le chefcier était une espèce de sacristain, et dérivent son nom de *capitium*, qui signifie la partie d'une église qui est derrière l'autel, où est, disent-ils, la sacristie, et qu'on appelle en français *chevet* ou *chevais* (*Acta SS. bened. sec. III*, part. I, p. 310). Mais, dans les anciennes églises, la sacristie est à côté et non derrière l'autel. D'autres tirent le nom de chefcier, *a capienda cera*, de ce qu'il prenait la cire, parce qu'il avait soin des cierges et du luminaire. — D'autres disent que le chefcier était la même chose que le *primicerius*, c'est-à-dire le premier inscrit dans la matricule ou le catalogue appelé *cera*, parce qu'on écrivait ce catalogue sur une petite planche couverte de cire. On l'appelait donc aussi dans le même sens *capicerius, chefcier*, de *caput*, chef, et de *cera*, catalogue, parce qu'il était le chef ou le premier du catalogue ou de la matricule de l'église.

**CHEF-CHOUF** (*botan.*), nom arabe ou égyptien de l'*aristida lanata* de Forskaël, ou *aristida plumosa* de Linné, suivant Delile.

**CHEF-D'ŒUVRE**, s. m. (on prononce *chè-d'œuvre*), ouvrage difficile que faisaient autrefois les ouvriers pour prouver leur capacité dans le métier où ils voulaient se faire passer maîtres. — Il signifie figurément, ouvrage parfait ou très-beau, en quelque genre que ce puisse être. — Par extension, *C'est un chef-d'œuvre d'habileté, de malice, de patience*, etc., ce qu'un tel a dit, a fait, annonce beaucoup d'habileté, de malice, de patience, etc. — Proverbialement et plaisamment, *Il a fait là un beau chef-d'œuvre, Voilà de ses chefs-d'œuvre*, se dit d'un homme qui a causé quelque désordre, qui a fait quelque chose de mal par inadvertance, par emportement.

**CHEFECIER** (*V.* **CHEFCIER**).

**CHEFETAIN, CHEFVETAIN** ou **CHEFVETAINE** (*anc. term. militaire*) (*V.* **CHEFTAIN**).

**CHEFFE** (*vieux langage*), cage à enfermer de jeunes poulets.

**CHEFFONTAINES (CHRISTOPHE)**, autrement **PENFENTENIOU**, ou *a Capite Fontium*, était originaire de l'évêché de Léon en Bretagne, issu de la maison des Esmorus par son père, et de celle des Esnégues par la dame de Coëtguis, sa mère : l'une et l'autre maisons nobles et anciennes de Bretagne. Christophe entra dans l'ordre de Saint-François, et fit ses études avec beaucoup de succès à Paris. Il fut élu provincial de la Bretagne en 1562, et général de son ordre en 1571. Grégoire XIII le créa archevêque de Césarée en 1579, pour exercer les fonctions de l'épiscopat dans le diocèse de Sens, en l'absence de l'archevêque le cardinal de Pellevé, qui résidait ordinairement à Rome. En 1586, il fit un voyage en Flandre, et convertit à Anvers un grand nombre d'hérétiques. Des envieux, jaloux de ses succès, l'ayant accusé d'avoir lui-même des sentiments peu orthodoxes, il alla à Rome en 1587, et y mourut, âgé de soixante-trois ans, le 26 mai 1595, dans le couvent de Saint-Pierre *in Montorio*. Outre sa langue naturelle, qui était le bas breton, il savait le grec, l'hébreu, le latin, l'espagnol, l'italien et le français. Il était bon philosophe pour son temps, et avait bien étudié la théologie positive et la scolastique. Il avait composé divers ouvrages avant et durant son épiscopat ; savoir : 1° une Lettre française qu'il écrivit sur le libre arbitre et sur les mérites, pour répondre à la

Lettre qu'un jurisconsulte huguenot avait écrite à son frère, afin de l'obliger à quitter l'Eglise romaine, en voulant lui persuader que sa foi sur cet article était contraire à l'Ecriture sainte et à l'ancienne doctrine. Cheffontaines lui fit alors une réponse française au nom du frère de ce jurisconsulte; il l'a depuis mise en latin et dédiée au pape Grégoire XIII, étant général de son ordre, l'an 1575. Il y prouve le libre arbitre de l'homme par les passages de l'Ecriture et des Pères, et répond à ceux que le jurisconsulte avait objectés. L'homme, selon lui, avait été créé parfaitement libre; cette liberté a été affaiblie par le péché d'Adam; mais elle est rétablie par la grâce de Jésus-Christ. Il tâche ensuite d'accorder la grâce et le libre arbitre, sans entrer dans les questions épineuses de l'école. Il traite assez succinctement du mérite des bonnes œuvres, en prouvant que la vertu doit avoir une récompense éternelle. 2° Vers le même temps, il donna un autre traité de controverse intitulé: *Défense de la foi de nos ancêtres touchant la présence réelle du corps de Jésus-Christ dans le sacrement de l'eucharistie*, en deux livres, qui ont été traduits en latin. 3° *De la correction nécessaire de la théologie scolastique*, ou *De la nécessité d'accorder les opinions contraires de la scolastique*. Son but principal est de faire voir que le sentiment des théologiens qui soutiennent que la consécration de l'eucharistie se fait par les paroles de Jésus-Christ ne peut s'accorder ni avec l'Ecriture, ni avec le concile de Trente. Il veut que Jésus-Christ ait consacré avant de prononcer ces paroles: *Ceci est mon corps*, etc. « Car, dit-il, 1° Jésus-Christ bénit le pain; l'ayant béni, il ordonna à ses apôtres de le prendre et de le manger, et leur déclara en même temps que c'était son corps par ces paroles: *Ceci est mon corps*. Quand il dit à ses apôtres: *Prenez et mangez*, il ne leur a pas voulu dire de prendre et de manger du pain, mais son corps. 2° Le concile de Trente suppose qu'avant la distribution le corps de Jésus-Christ était dans l'eucharistie. Or ces paroles: *Ceci est mon corps*, accompagnaient la distribution. Ce n'est donc point par ces paroles que Jésus-Christ a fait le pain son corps. » Voici, selon cet auteur, toute la suite des actions de Jésus-Christ. Il prit du pain et rendit grâce à son Père. Il bénit ce pain, et le consacra par cette bénédiction. Il offrit son corps au Seigneur sous les espèces du pain. Il rompit l'eucharistie, se communia le premier, communia ensuite ses apôtres, en leur disant: *Prenez et mangez, ceci est mon corps; faites ceci en mémoire de moi.* — Il est très-difficile de trouver des exemplaires de son ouvrage, *De necessaria correctione theologiæ*, qui ne soient lacunés depuis la page trente-trois jusqu'à la quarantième inclusivement. Les feuilles qu'on a ôtées de cet endroit se trouvent communément remplacées par autant de feuillets d'un autre ouvrage du même auteur, qui n'a de rapport à celui-ci que par les chiffres des pages. 4° On a encore de cet auteur: *Chrétienne Confutation du point d'honneur*, etc., traduite en latin sous le titre de *Confutatio puncti quod dicunt honoris*, à Cologne. 5° *Perpetuæ Virginis Mariæ ac Joseph sponsi ejusdem Virginis catholica defensio*. 6° Un dialogue intitulé: *Hyperapistes, sive Propugnator libri Perpetuæ Virginis*, etc., à Lyon. 7° Un supplément contenant les priviléges concédés de nouveau, et qui ont été omis dans le recueil des monuments de l'ordre de Saint-François, intitulé: *Monumenta ordinis minorum*. 8° *Compendium privilegiorum fratrum minorum et aliorum fratrum mendicantium, et determinationum multarum quæstionum super regulam sancti Francisci a sancto Bonaventuro editam*. 9° *Nova Illustratio fidei adversus impios, atheos et omne genus infidelium conscripta*, avec deux discours sur la Vierge, à Paris. 10° *Nova Illustratio fidei adversus improbos*, en quatre dialogues. 11° *Varii tractatus*. 12° Les troisième, quatrième, cinquième livres de la *Défense de la foi de nos ancêtres*. 13° *De sanctorum invocatione*. 14° *De indulgentia et de jubileo*. 15° *De veteri celebrandi missam ritu*. 16° *De certis capitibus decreti a concil. Trid. facti*. 17° *De la philosophie chrétienne*. 18° Un traité sur ces paroles du symbole: *Credo Ecclesiam*. 19° *De la vertu des paroles par lesquelles se fait la consécration du saint sacrement*. 20° *Dispute de ce qui est utile et nécessaire*, à Paris, en 1586. 21° *Dissertation sur la phophétie du sceptre de Juda*. 22° *Traité de la vraie religion qu'on doit tenir, étant au sacrifice de la divine messe*, 1577, in-8°, extrait d'un sermon qu'il avait prêché en 1571 dans l'église de Saint-Eustache à Paris. Cheffontaines écrit bien en latin, et il est fort dans le raisonnement. Il a laissé plusieurs autres ouvrages qui sont demeurés manuscrits jusqu'à présent (Wadingue, p. 90; Dupin, *Biblioth. des aut. ecclés. du* XVI<sup>e</sup> *siècle*, part. V et table, p. 1314; le P. Jean de Saint-Antoine, *Biblioth. francisc.*, t. I, p. 261).

**CHEF-LIEU**, s. m. (on prononce l'F), lieu principal. Il se disait autrefois du principal manoir d'un seigneur, d'un chef d'ordre. Il se dit maintenant des villes principales, de certaines divisions administratives du territoire français. *Chef-lieu de département* ou *de préfecture*. *Chef-lieu d'arrondissement* ou *de sous-préfecture*. *Chef-lieu de canton*, etc.

**CHEFNEUX** (MATHIAS), né à Liége au commencement du XVII<sup>e</sup> siècle, entra dans l'ordre des ermites de Saint-Augustin, où il se distingua par son application à l'étude, et par son zèle à remplir les devoirs de son état. Il mourut vers l'an 1670. On a de lui: 1° une *Explication des Psaumes* en latin, Liége, in-8°, peu estimée. 2° Une *Chronique* suivie *De la vraie religion*, depuis la création jusqu'au temps de l'auteur, Liége, 1670, 3 vol. in-folio, en latin, ouvrage superficiel.

**CHEFTAIN**, s. m. (*vieux langage*), capitaine, chef, directeur.

**CHEGROS**, s. m. (*cord.*, *bourr.*) C'est un bout de filet plus ou moins long, composé d'un nombre plus ou moins grand de fils particuliers, cordelés ensemble et unis avec de la poix ou de la cire. Pour cet effet on prend un morceau de cire blanche ou jaune, ou de la poix; et lorsque les fils ont été cordelés et commis à la main, on saisit le filet qui en résulte, et on le presse fortement contre le morceau de cire ou de poix, qu'on fait glisser plusieurs fois sur toute sa longueur, afin qu'il en soit bien enduit. Quand le *chegros* ou *chigros* ou *ligneul* (car les cordonniers appellent ligneul ce que la plupart des autres appellent chegros ou chigros) est bien préparé, on en arme les extrémités avec de la soie de sanglier, dont les pointes, très-menues, passent facilement dans les trous pratiqués avec l'alêne, lorsqu'il s'agit d'employer le chegros à la couture des ouvrages (*V.* SELLE, SOULIER).

**CHÉHÉRI-VAN**, *Apollonia*, ville de la Turquie asiatique (Bagdad), dans une fertile vallée, sur la route de Bagdad à Hamadan, à 20 lieues nord-est de la première. 6,000 habitants.

**CHEHREZOUR**, pachalik de la Turquie asiatique qui comprend la majeure partie du Kourdistan et s'étend entre les 34° et 38° de latitude et entre les 39° et 44° 10′ de longitude est. Au nord il a le pachalik de Van; à l'est la Perse; au sud le pachalik de Bagdad; à l'ouest ceux de Mossoul et de Diarbekr. Sa longueur est de 70 à 75 lieues, sa largeur de 50. Le pachalik se divise en 20 sandjiakats, et a pour chef-lieu la petite ville de Chehrezour.

**CHÉIBANY**, surnom sous lequel sont connus plusieurs auteurs arabes, dont le plus célèbre est Aboûl-Abbas-Ahmed-Ben-Yahya. Cet écrivain, cité souvent sous le nom de *Tsalab-el-Nahouï*, est mis au rang des plus habiles grammairiens de sa nation. On le range ordinairement parmi ceux de Koufah, ville fort renommée par son école et les grands hommes qu'elle a produits. Chéibany naquit vers la fin de l'année 200 de l'hégire (mai 815 de Jésus-Christ), et commença ses études à l'âge de seize ans. Ses progrès furent rapides, et il nous apprend lui-même que dès l'âge de dix-huit ans il excellait dans l'art de bien lire, ou plutôt de bien comprendre les auteurs arabes et le Coran, dont il paraît avoir fait une étude particulière. Il s'adonna ensuite à l'étude des *Hadyts*, ou *Traditions prophétiques*, et comme sa mémoire était vaste, sa piété fervente, son caractère plein de droiture et de sincérité, on venait le consulter de toutes parts sur les points difficiles. Il mourut le 17 de djoumadi 291 (6 avril 910), à Bagdad, par suite d'un accident. Un soir qu'il sortait de la mosquée, lisant un livre qu'il tenait à la main, un cheval, dont sa surdité l'empêcha d'entendre l'approche, le renversa dans un fossé, d'où on le retira grièvement blessé. Il mourut des suites de cette chute au bout de deux jours. On a de cet auteur plusieurs ouvrages, dont Ibn-Khilcan donne la nomenclature. Voici les principaux: 1° *Traité* (estimé) *de l'éloquence arabe*, connu sous le titre de *Fasshy*. 2° *Recueil de proverbes*. 3° *Explication des poëtes*. 4° *Recueil des mots que le monde prononce mal*. 5° *Traité de lecture*. 6° *Commentaire sur le Coran*. 7° Divers *Traités* sur différentes parties de la grammaire.

**CHEIK** (*V.* CHÈK).

**CHEIKH-UL-ISLAM**, s. m. (*hist. ottom.*), littéralement *chef de l'islamisme*, titre du mufti (*V.* CHÈK.)

**CHEILALGIE**, s. f. (*médec.*), douleur aux lèvres.

**CHEILALGIQUE**, adj. des deux genres (*médec.*), qui a le caractère de la chéilalgie.

**CHÉILANTHE**, adj. des deux genres (*botan.*), qui a des fleurs labiées.

**CHÉILANTHES** (*bot.*). Ce genre, de la famille des fougères, diffère très-peu de celui des adiantes; il a été nommé *chéilanthes* par Swartz, et *allosurus*, par Bernhardi. La fructification consiste en des points très-écartés, marginaux, recouverts chacun par une membrane (*indusium*) en forme d'écaille qui tient au bord de la fronde, et qui s'ouvre de dedans en dehors ; les capsules qui composent la fructification s'ouvrent irrégulièrement, et sont munies d'un anneau. Les espèces de ce genre, adopté par un grand nombre de botanistes, s'élèvent à environ vingt-cinq. M. Poiret pense qu'on doit les laisser dans le genre adiante. Il est vrai que beaucoup d'entre elles ont été regardées comme des espèces de ce genre; mais l'on doit dire qu'elles forment un groupe distinct, même à l'œil, de celui des adiantes, dont elles n'ont pas toujours la délicatesse : les autres espèces avaient été placées dans les genres *pteris*, *lonchitis*, *aspidium*, *polypodium*, *nephrodium*, *acrostichum* et *trichomanes*. Ces diverses mutations prouvent que le *chéilanthes* a des rapports avec tous les genres que nous venons de nommer, et qu'il est un de ces genres tolérés pour placer certaines espèces de fougères qui, par leurs caractères ambigus, se trouveraient mal placées dans tout autre (*V.* FOUGÈRES). Les espèces de chéilanthes se trouvent dans l'ancien et dans le nouveau continent, leur fronde est ordinairement peu élevée, et deux, trois ou quatre fois ailée; on n'en connaît qu'une qui soit simplement ailée. Les plus remarquables sont : le *chéilanthes fluet*, *cheilanthes micropteriis* Sw., fil. 324, t. III, f. 5. C'est l'espèce à fronde, simplement ailée ou pennée; les pennules sont arrondies, velues et à contour sinueux, crénelé. Elle croît aux environs de Quito. Le *chéilanthes odorant*, *cheilanthes odora* Sw. Schkuhr. *Cript.*, tab. 123. Cette jolie petite fougère, remarquable par l'odeur agréable qu'elle exhale, surtout lorsqu'elle est sèche et qu'on la froisse entre les doigts, croît en Europe, et principalement en Italie, en Suisse, en Tyrol, et dans les îles d'Hyères, sur les rochers, dans les vignes, etc. Ce n'est point le *polypodium fragrans* de Linné, comme on l'avait cru, lequel croît dans les Indes orientales, et continue aussi une espèce de ce genre (*cheilanthes fragrans* Sw.). Ce n'est pas non plus le *polypodium fragrans* de M. Desfontaines, qu'on trouve dans les fentes des rochers en Natolie et en Barbarie, mais qui est encore une espèce du même genre (*cheilanthes suaveolens* Sw.). Toutes ces espèces sont les vrais types du genre *chéilanthes*, et du nombre de celles qui ont été réunies au *pteris*, à l'*adiantum* et au *polypodium*. Le chéilanthes odorant est une fougère qui n'a pas plus de trois à quatre pouces de hauteur : ses pétioles sont bruns, un peu velus; les frondes viennent en touffes : elles sont glabres, deux fois et même presque trois fois pennées : les dernières pennules sont oblongues, obtuses, sinueuses, et à lobes entiers, arrondis et obtus. Le CHÉILANTHES DAVALLIOIDES; Bory, Willd., sp. 5, p. 461. Très-belle fougère de trois à quatre pieds de hauteur, découverte dans les îles de France et de Saint-Maurice par Bory de Saint-Vincent. Les frondes sont trois fois ailées, à pennules ovales oblongues, entières et obtuses, portant à l'extrémité la fructification, dont la forme est oblongue, et la membrane qui la recouvre brune. Le nom de *chéilanthes* vient de deux mots grecs, qui signifient *fleur* et *lèvre*. Ce genre est ainsi nommé à cause de l'aspect de ses points fructifères. (LEM.)

CHEILINE (*hist. nat.*). Ce poisson montre dans quelles erreurs peut conduire la méthode de classer les êtres par leur apparence générale. D'après sa forme oblongue et plusieurs détails de son organisation, Bloch jugea que ce devait être un spare. Cependant la cheiline n'est en réalité qu'un labre, mais un labre où la ligne latérale s'interrompt vis-à-vis de la fin de la dorsale, pour recommencer un peu plus bas, où les écailles de la fin de sa queue sont grandes et enveloppent un peu la base de la caudale. Les cheilines sont de beaux poissons de la mer des Indes.

CHÉILION (*hist. nat.*). Commerson a donné ce nom à un genre de poissons de la famille des léiopomes, lequel a été conservé par Lacépède et par M. Duméril. Voici ses caractères : dents en rang simple, fort petites; nageoire dorsale unique, basse et très-longue; museau déprimé, lèvres grosses et très-pendantes; corps et queue fort allongés; écailles petites. Il est assez facile de distinguer ce genre de ceux qui composent la famille des LÉIOPOMES (*V.* ce mot). Chéilion est une expression grecque, qui indique le volume des lèvres, χεῖλος, *la lèvre*. — Le CHÉILION DORÉ, *cheilion auratus*. Tout le corps d'un jaune doré; quelques points noirs, répandus sur la ligne latérale; taille d'environ quinze pouces; nageoire caudale arrondie. Il a été trouvé par Commerson à l'île Maurice, où il est si commun, que sa chair est négligée, quoiqu'elle soit blanche et agréable au goût. — Le CHÉILION BRUN, *cheilion fuscus*. Teinte générale d'un brun livide; catopes blanches ; taches blanches sur les nageoires du dos et de l'anus; les pectorales transparentes ; taille d'à peu près onze pouces. Des mers des Indes.

CHÉILOCACE, s. m. (*médec.*), mal aux lèvres.

CHÉILOCOCCA (*botan.*). Salisbury, dans son *Prodromus*, p. 412, a nommé *cheilococca apocynifolia* la plante qui depuis a reçu le nom de *platylobium formosum* (*V.* PLATYLOBE).

CHÉILODACTYLE, *cheilodactylus* (*hist. nat.*). C'est l'un des genres les plus reconnaissables de tous les acanthoptérygiens. Les chéilodactyles forment l'une des coupes les mieux déterminées du règne animal; ils appartiennent à la famille des sciénoïdes de Cuvier et des dimènèdes de Duméril. Les poissons qui composent ce genre ont le corps allongé, la bouche petite et de nombreux rayons épineux à la nageoire dorsale, et surtout les rayons inférieurs de leurs pectorales simples et prolongés hors de la membrane comme les cirrhites. On voit combien ces poissons s'éloignent, par ces caractères, non-seulement de ces derniers, mais encore de tous les polynèmes qui offrent la même disposition, par plusieurs des rayons inférieurs de leurs pectorales qui sont libres et forment autant de filaments. Ils en sont bien séparés par l'absence des dentelures du préopercule, par les épines de l'opercule, et notamment parce qu'ils manquent de dents au vomer et au palatin. Ce genre est peu nombreux en espèces. Celle qui lui sert de type se rencontre le plus communément au Cap; c'est le CHÉILODACTYLE A BANDES, *cheilodactylus fasciatus* Lacép. La nageoire dorsale de ce chéilodactyle s'étend depuis une portion du dos voisine de la nuque jusqu'à une très-petite distance de la nageoire de la queue; le dernier rayon de chaque pectorale, quoique très-allongé au delà de la membrane, est moins long que le treizième, et lui-même l'est moins que le douzième, et le douzième que le onzième. Sa caudale présente un peu la forme d'une faux ; sa tête est petite, sa bouche peu fendue. On voit cinq lignes verticales brunes sur le corps, des taches foncées sous la nageoire du dos et celle de la queue. Le *cheilodactylus Antonii* de Cuvier figure dans l'iconographie du règne animal. Ce poisson, qui vient des mers du Chili, est brun, avec quatre bandes transversales blanchâtres à partir du milieu du corps jusqu'à la queue; ses nageoires sont rougeâtres.

Chéilodactyle.

CHÉILODIPTÈRE, *cheilodipterus* (*hist. nat.*), genre de l'ordre des acanthoptérygiens, appartenant, suivant la méthode de Cuvier, à la première famille, celle des percoïdes, et qui nous présente une partie des caractères qui rendent si remarquables les apogons et les pomatomes; du reste il s'éloigne de ces derniers par des crochets ou dents longues et pointues qui arment ses mâchoires. Son corps, oblong, garni, ainsi que les opercules, de grandes écailles, a deux dorsales bien séparées l'une de l'autre, et même plus séparées que chez l'apogon. Les chéilodiptères sont de petits poissons de la mer des Indes, rayés la plupart longitudinalement. Trois espèces distinctes jusqu'à présent constituent ce sous-genre. La première est le CHÉILODIPTÈRE A HUIT RAIES (*cheilodipterus octovittatus* Cuv.). Il a de chaque côté de la queue une tache ou bande verticale noire qui se voit dans la plupart des apogons; sa couleur paraît avoir été blanchâtre, avec huit bandes longitudinales noirâtres qui se rendent depuis la région de l'anale jusqu'à la tache noire de la queue; il est aussi un peu plus grand que les apogons connus, et son museau un peu moins court. La mâchoire supérieure a trois grandes dents pointues de chaque côté, et il y en a quatre de chaque côté de l'inférieure. Les écailles sont assez lisses, et la caudale est échancrée en croissant. L'espèce a été observée par Commerson sur les côtes de l'île de France, au mois de janvier ; sa chair n'est pas mauvaise. Ce poisson est assez rare, dit-il. En effet, aucun voyageur ne l'a rapporté depuis. Une espèce qui doit ressembler beaucoup à la précédente, et qui cependant est différente, est le *perca lineata* de Forskaël (*perca arabica* Cuv., Gmel. ; *centropome arabique* Lacép.). Ce poisson a les mêmes dents, les mêmes opercules, les mêmes écailles tombant facilement, les mêmes nombres de rayons ; mais le nombre des lignes noires de chaque côté est de quatorze à seize ou dix-sept. Le bord argenté est teint de rose dans plusieurs de leurs intervalles; elles s'arrêtent au milieu de l'espace qui est entre la dorsale et l'anale d'une part, et la caudale de l'autre. Sur la base de la caudale est une large bande verticale verte, changeant en vert ou en doré; au milieu de cette bande est une tache ronde et noire. Le bord antérieur de la première dorsale est noir. Ce poisson a été observé par Forskaël dans la mer Rouge; on l'y nomme en arabe *djesauvi*. M. Ehremberg l'a aussi entendu appeler *tabah* par les Arabes de Lohaïa. Enfin la troisième espèce est le *chéilodiptère à cinq raies* (*cheilodipterus quinquelineatus* Cuv., Val.). Les formes sont les mêmes qu'à l'espèce de Commerson, son œil aussi grand, les écailles autant et plus larges; ses canines sont moins saillantes à proportion. Il a en outre cinq raies noires de chaque côté du corps: une impaire le long de la ligne du dos, en avant et en arrière des dorsales; une qui va du sourcil au bord supérieur de la caudale; une venant du bout du museau, interrompue par l'œil et finissant au milieu de la base de la caudale; une venant de dessous l'œil, passant par la base de la pectorale et finissant au bord inférieur de la caudale; enfin une qui vient de la mâchoire inférieure et finit en arrière de l'anale.

**CHÉILOPHYME** (*médec.*), tumeur aux lèvres.

**CHÉILORRHAGIE**, s. f. (*médec.*), écoulement de sang par les lèvres.

**CHÉILORRHAGIQUE**, adj. des deux genres (*médec.*), qui a rapport à la chéilorrhagie.

**CHEINSIL** (*vieux langage*), habit de paysan fait en toile.

**CHÉIRANTHÉ, ÉE**, adj. (*botan.*), qui ressemble à la giroflée (*cheiranthus*).

**CHÉIRANTHIFOLIÉ, ÉE** (*botan.*) (*V.* CHÉIRANTHOPHYLLE).

**CHÉIRANTHODENDRE** (*botan.*) (*V.* CHÉIROSTÉMON).

**CHÉIRANTHOIDE**, adj. des deux genres (*botan.*), qui ressemble à la giroflée.

**CHÉIRANTHOIDES** (*botan.*). La famille des plantes crucifères se divise en deux sections caractérisées par le fruit, qui est siliculeux, c'est-à-dire court dans l'une, et siliqueux ou allongé dans l'autre. Quelques auteurs forment dans chacune des subdivisions, et distinguent dans la seconde les *érucacées* ou *érucoïdes*, dont la silique se prolonge en un bec au delà des valves, et les *chéiranthoïdes*, qui n'ont qu'une pointe très-courte au sommet de la silique.

**CHÉIRANTHOPHYLLE**, adj. des deux genres (*botan.*), dont les feuilles ressemblent à celles de la giroflée.

**CHÉIRAPSIE**, s. f. (*médec.*), action de se gratter.

**CHEIRI, KEIRI, ALKEIRI** (*botan.*), noms arabes cités par Daléchamps de la giroflée, et principalement de l'espèce à fleur jaune, *cheiranthus cheiri*. Il est devenu, avec l'addition d'un autre mot, le nom générique, donné par Linné, qui signifie fleur de cheiri.

**CHÉIROBALISTE** ou **CHIROBALISTE**, s. f. (*hist. anc.*), ou **BALISTE A MAIN**. Elle est composée d'une planche ronde par un bout, échancrée circulairement par un autre bout. Le bois de l'arc est fixé vers l'extrémité ronde; sur une ligne correspondante au milieu du bois de l'arc et au milieu de l'échancrure, on a fixé sur la planche une tringle de bois, précisément de la hauteur du bois de l'arc; cette tringle est cannelée semi-circulairement sur toute sa longueur. Aux côtés de l'échancrure d'un des bouts on a ménagé, en saillie dans la planche, deux éminences de bois qui servent de poignée à la baliste. Il paraît qu'on élevait ou qu'on baissait la baliste par ces poignées, qu'on en appuyait le bout rond contre terre, qu'on plaçait le corps dans l'échancrure de l'autre bout, qu'on prenait la corde de l'arc avec les mains, qu'on l'amenait jusqu'à l'extrémité de la tringle cannelée qui la retenait, qu'on relevait la baliste avec les mains ou poignées de bois qui sont aux côtés de l'échancrure, qu'on plaçait la flèche dans la cannelure de la tringle, qu'avec la main ou autrement on faisait échapper la corde de l'arc du bout de la tringle cannelée, et que la flèche était chassée par ce moyen sans pouvoir être arrêtée par le bois de l'arc, parce que la cannelure semi-circulaire de la tringle était précisément au-dessus de ce bois, dont l'épaisseur était appliquée et correspondait à l'épaisseur du bois qui restait à la tringle, au-dessous de la cannelure (*V.* BALISTE).

**CHÉIROGALE**, *cheirogaleus* (*hist. nat.*). Ce petit genre, appartenant à la famille des quadrumanes lémuriens, est placé le dernier de tous. Il ne comprend que trois espèces; le chéirogale grand, le moyen et le petit, qui sont de Madagascar.

**CHÉIROLOGIQUE** (*didact.*) (*V.* CHIROLOGIQUE).

**CHÉIROMYS** (*hist. nat.*). Ce mot, que l'on écrit aussi *chiromys*, a pour synonyme le mot *daubentonia*. Il sert à indiquer en latin le genre aye-aye (*V.* ECUREUIL).

**CHÉIROMYZE**, s. f. (*hist. nat.*), genre d'insectes diptères.

**CHÉIRONOMIE**, s. f. (*antiq.*) (*V.* CHIRONOMIE).

**CHÉIROPLASTIE** (*médec.*) de χεῖλος, lèvre, et πλάττειν, former; opération par laquelle le chirurgien *régénère*, pour ainsi dire, plus ou moins complétement l'une ou l'autre lèvre, soit que cette partie ait été détruite par une blessure ou une altération, soit qu'elle ait été simplement déformée ou qu'elle présente quelque vice de conformation congéniale.

**CHÉIROPTÈRE**, adj. des deux genres (*hist. nat.*), dont les mains sont transformées en ailes.

**CHÉIROPTÈRES** (*hist. nat.*). Cette dénomination, que M. Duméril remplace par celle de chiroptères, signifie proprement *mains changées en ailes*. M. G. Cuvier s'en est servi, d'après Blumenbach, pour indiquer une famille de mammifères carnassiers qui ont un repli de la peau étendu entre les membres et les doigts des extrémités antérieures, mais qui n'ont pas tous pour caractère d'avoir, comme leur nom semblerait l'indiquer, les mains modifiées en manière d'ailes; c'est même ce qui les a fait répartir en deux grands genres ou tribus, qui sont: la première, celle des *galéopithèques*, appelés aussi *pleuroptères* ou *chats volants*, qui ont les doigts des mains égaux à ceux des pieds, et tous munis d'ongles. Leur membrane est poilue, et ne produit l'effet que d'un simple parachute. Ces animaux ne composent qu'un seul genre, celui des GALÉOPITHÈQUES (*V.* ce mot). La deuxième comprend les espèces connues vulgairement sous le nom de *chauve-souris*, et auxquelles il serait peut-être plus convenable de laisser en propre, comme l'ont fait MM. Temminck et de Blainville, le nom de *chéiroptères*, puisqu'elles ont seules pour caractères d'avoir les doigts des extrémités antérieures tous allongés et privés d'ongles, (excepté le pouce, qui est libre et très-court) et réunis, ainsi que les espaces latéraux et interfémoraux, par une membrane mince, dénudée, formant de véritables ailes. Les espèces de cette tribu sont fort nombreuses; aussi a-t-on dû les partager en plusieurs genres (*V.* CHAUVE-SOURIS).

**CHÉIROSTÉMONE A FEUILLES DE PLATANE** (*botan.*), *cheirostemon platanoides* Humb. et Bonpl., Pl. éq., 1, p. 82, t. XXIV, arbre découvert par MM. Humboldt et Bonpland à la Nouvelle-Espagne, dans les forêts de la province de Guatimala: il forme un seul genre particulier, voisin de la famille des malvacées, appartenant à la *monadelphie pentandrie* de Linné, distingué par un calice coloré, à cinq découpures; trois bractées alternes à la base du calice; point de corolle; cinq filaments réunis en tube; les anthères linéaires; un style; une capsule à cinq loges. — Cet arbre s'élève à la hauteur d'environ quinze pieds, soutenant une cime touffue; ses branches sont tortueuses, étalées horizontalement, chargées vers leur extrémité de feuilles alternes, pétiolées, fauves et tomenteuses en dessous, glabres en dessus, échancrées en cœur à leur base, divisées en sept lobes, légèrement dentées à leur contour, accompagnées de stipules lancéolées caduques. Les fleurs sont grandes, solitaires, pédonculées, opposées aux feuilles, d'un beau rouge, situées à l'extrémité des jeunes rameaux; le pédondule est tomenteux, uniflore, muni à son sommet de trois bractées lancéolées, velues: le calice a l'apparence d'une belle corolle campanulée, charnue, longue d'un pouce et demi, à cinq découpures profondes; rouge en dedans, il est revêtu en dehors d'un duvet roussâtre; à la base de chaque découpure, un tubercule arrondi, correspondant à une fossette intérieure nectarifère, caractère qui pourrait faire supposer que ce qu'on prend ici pour calice est une véritable corolle. Les filaments sont colorés, libres et ouverts en main à leur partie supérieure; l'ovaire pubescent; le style plus long que le tube des étamines. Le fruit consiste en une capsule ligneuse, couverte d'un duvet noirâtre, longue de trois pouces, à cinq loges, à cinq angles saillants, s'ouvrant sur les angles depuis le sommet jusque vers le milieu, en cinq valves; les réceptacles anguleux couverts de poils roux; les semences attachées par un pédicelle sur les côtés de l'angle interne de chaque cloison, munies d'une caroncule près de leur sommet, au-dessous duquel se trouve un ombilic allongé; le périsperme de même forme que la semence; les cotylédons ovales, foliacés; la radicale courte, ovale.

**CHEISARAN, CHEISAR** (*botan.*), noms arabes, suivant Rumph, d'une espèce de rotang cité par cet auteur. *Herb. Amb.*, vol. 5, p. 97, t. LI, et que Louieiro nomme *calamus petrœus*.

**CHEITORE**, ville de l'Hindoustan, dans la province d'Oudipour, soumise au rana ou premier prince parmi les rajas indous. Toute la province dont cette ville est le chef-lieu est remplie de hautes montagnes coupées de vallées étroites, ou de plaines environnées de montagnes qui ne laissent passage que par des défilés très-étroits, ce qui rend le pays fortifié naturellement. Elle renferme cependant des terrains labourables suffisants à la nourriture d'une nombreuse population, et est favorisée d'un climat des plus doux, par sa position entre 24' et 28' de latitude. Cette contrée peut être considérée comme ne devant jamais avoir d'autres possesseurs que ceux qui l'occupent actuellement : on doit la regarder encore comme le dernier asile, le sanctuaire de la religion et des mœurs des Hindous. En dépit des attaques tentées contre elle par les empereurs Gaznavede, Patan et Mogul, elle n'a jamais été réduite que de nom, et tels sont la bonté de ses forteresses et l'esprit d'indépendance de ses habitants, que toutes les guerres qui leur ont été intentées, même par Aurengzeb, se sont terminées par une retraite ou une défaite de la part des agresseurs. Elle tomba pour la première fois dans les mains des mahométans en 1295, quand Alla prit possession du sceptre des Mogols. Cheitore était la capitale des Ranas dans les jours de leur splendeur; c'était alors une place de guerre considérable et de grande étendue, avec une forte citadelle sur la montagne voisine. Mais elle fut complétement ruinée par Aurengzeb en 1661. Sa citadelle avait éprouvé le même sort en 1567, lorsque Acbar s'en était rendu maître.

ED. GIROD.

**CHÈK.** Il n'est aucun titre arabe plus prodigué que celui de chèk, depuis le chèk uslam ou grand mufti jusqu'aux mendiants couverts de haillons. Il est même très-ordinaire d'entendre les jeunes Arabes d'Egypte apostropher les baudets en leur criant *ia chik* (ô chèk). — Chez les Bédouins des environs de la Mekke, qui sont ceux qui ont le plus fidèlement conservé les traditions des premiers jours de l'islamisme, le titre de chèk est donné à tous les chefs quels qu'ils soient. Le père de famille même reçoit ce nom, et par extension on le donne indifféremment à tous les vieillards. Pour éviter la confusion, on a le soin d'ajouter une phrase pour spécifier la fonction de celui que l'on désigne du nom de chèk. Ainsi *chèk el bed*, *chèk el gama*, *chèk el bélette;* chèk de la maison, chèk de la mosquée, chèk de la ville. Le chèk el kébir, grand chèk, est le chef de la tribu. On voit par là que le mot chèk peut parfaitement se traduire par chef, et, comme les chefs sont ordinairement âgés, on s'en sert pour parler poliment à un vieillard. De même encore, la sagesse, la sainteté, devant toujours être l'apanage du pouvoir, la qualité de chèk se donne aux sages et aux saints. Ces sortes de catachrèses, par analogie, sont fréquentes dans la langue arabe. — En Egypte, où le vice-roi s'est efforcé de se rapprocher autant que possible de l'organisation française, le territoire a été divisé en départements : le moudir est le préfet, le mamour est le sous-préfet, et le titre de chèk el bélette a été donné exclusivement à des espèces de maires. Alexandrie et le Caire sont divisés en arrondissements commandés par un chèk. Mais, dès que l'on quitte le langage officiel, le sens du mot s'étend et finit par avoir les mêmes acceptions qu'en Arabie. — Au Maroc et en Algérie, ce titre est moins commun; il semble être remplacé par celui de kalifat. En Turquie il n'existe pas; chèk est un mot tout arabe.

COGNAT.

**CHEKAO** (*minér.*). C'est le nom d'un des composants de la porcelaine de la Chine. On ne sait pas bien sûrement quelle est cette substance qui entre dans la composition de la couverte en émail, et qui sert même, dit-on, à y dessiner des ornements en relief. Il paraît cependant, d'après la description que l'on en donne et l'opinion même de plusieurs voyageurs, que c'est du gypse ou chaux sulfatée.

**CHEKEN** (*botan.*), espèce de myrte du Chili, décrite par Feuillée.

**CHÉKI**, ville de la Russie méridionale (Chirvan), dans un pays montagneux, avec un château fort où réside un kan qui commande à tout le pays environnant. 600 maisons. A 47 lieues est-sud-est de Taflis.

**CHÉ-KING**, s. m. (*phil. chin.*), titre d'un poëme didactique chinois qui développe les préceptes de la morale dont les bases sont posées préalablement dans l'*Y-King*. Le *Ché-King* appartient à l'école de Koung-Tseu ou Confucius.

**CHEKSNA**, rivière de Russie qui sort du lac Bielo-Novgorod, arrose les gouvernements de Novgorod, et se jette dans le Volga vis-à-vis de Ribinsk. Cours, 70 lieues.

**CHÉKY**, s. m. (*métrol.*), unité de poids employée en Turquie. Le chéky vaut, kilog. 0,318935.

**CHELA** (*poiss.*). Ce sous-genre, établi par Buchanan, est à celui de l'able ce que le barbeau est au cyprin proprement dit. Il se compose de véritables ables à dorsale et anale courtes. La dorsale répond sur le commencement de l'anale, et dans plusieurs des espèces le corps est comprimé comme dans certains clupes; tel est le rasoir (*cyprinus cultratus* Lin.), Bloch, 57, remarquable encore par sa mâchoire inférieure qui remonte en avant de la supérieure, et par ses grandes pectorales taillées en faux.

**CHELÆ**, nom grec du Scorpion, l'un des douze signes du zodiaque.

**CHELCHIT**, certain lieu du Cumberland, province d'Angleterre. Il y eut un concile l'an 787, du temps du pape Adrien Ier. On y fit vingt canons. Le premier ordonne de garder la foi de Nicée; le second, de baptiser selon les canons. Le troisième porte que l'évêque tiendra son synode deux fois par an. Les quatrième, cinquième et sixième regardent les mœurs et la conduite des évêques, abbés, abbesses, prêtres, diacres, moines. Le dixième défend aux prêtres de célébrer la messe les jambes nues, et aux fidèles, d'offrir des morceaux de pain. Il défend aussi de se servir de corne pour le calice ou la patène. Le onzième traite des devoirs des rois et de l'excellence des prêtres. Le treizième parle de la justice qui doit régner dans les jugements sans acception de personne. Le quatorzième condamne les fraudes, les rapines, les tributs injustes imposés à l'Eglise. Le quinzième défend les mariages incestueux, et le seizième ne veut pas que les bâtards héritent. Le dix-huitième ordonne d'accomplir exactement les vœux qu'on a faits. Le dix-neuvième commande d'abolir les restes des rites païens. Le vingtième traite de la conversion, de la pénitence, de la confession, et défend de prier pour ceux qui meurent impénitents (Spelman, *Conc. angl.;* Regia, 18; Labbe, 60; Hardouin, 3).

**CHELCIAS**, général juif. Il fit tuer Silas, lieutenant des armées du roi Agrippa, pour lui succéder dans le commandement, l'an de J.-C. 43.

**CHELCIAS**, garde des trésors du temple de Jérusalem, l'an de J.-C. 63.

**CHÉLÉ**, s. f. (*médec. anc.*), nom donné par les Grecs aux pinces des crustacés; à un instrument usité pour l'extraction des polypes du nez, et aux rhagades.

**CHÉLÉAB**, fils de David et d'Abigail, auparavant femme de Nabal (*II. Reg.*, III, 3).

**CHELEM**, s. m. (*jeux*). Il se dit, au whist et au boston, d'un coup qui consiste à faire, à deux, toutes les levées. *Faire chelem.*

**CHELES** (*géogr. anc.*), port du Bosphore de Thrace, situé sur la côte méridionale du Pont-Euxin, entre le fleuve Sangaris et la petite île d'Apollonie.

**CHÉLICÈRE**, s. f. (*hist. nat.*), partie de la tête des araignées qui est en forme de pinces.

**CHÉLICORNE**, adj. des deux genres (*hist. nat.*), qui a des pinces garnies de soies.

**CHÉLIDOINE**, s. f. (*vieux langage*), pierre précieuse. — CHÉLIDOINE, dans Rabelais, hirondelle de mer.

**CHÉLIDOINE** (*botan. phan.*), *chelidonium*. Que dire de ce genre de la famille des papavéracées et de la polyandrie monogynie, dont les plantes, toutes vivaces, laissent fluer un suc jaune très-âcre et corrosif lorsqu'on blesse une de leurs parties, exhalent une odeur fétide lorsqu'on les froisse, sont rejetées par les bestiaux, et que le cultivateur trouve à peine bonnes pour augmenter la masse des fumiers lorsqu'elles sont en fleurs? La médecine s'en sert, il est vrai; mais leur emploi est dangereux, je devrais même ajouter qu'il est inutile, puisqu'on peut les remplacer très-aisément. Il faut en reléguer l'usage à l'art vétérinaire, et plaindre ceux qui remettent la guérison de leurs maux à des empiriques recourant aux chélidoines. Quelques jardiniers les recherchent comme plantes d'ornement, et c'est, selon moi, pousser la complaisance au delà du terme. Je n'aime pas plus la CHÉLIDOINE COMMUNE, *chelidonium majus*, que l'on trouve partout à l'ombre des vieux murs, dans les lieux humides, avec ses fleurs jaunes disposées en manière d'ombelle terminale, que la CHÉLIDOINE A FEUILLES DE CHÊNE, *chelidonium laciniatum*, longtemps regardée comme simple variété, malgré les cinq lobes étroits de ses feuilles divisées en lanières aiguës, et malgré ses pétales qui sont découpés, quand ils sont grands et entiers, dans l'espèce commune.

**CHÉLIDOINE D'AMÉRIQUE** (*botan.*). On donne, dans les Antilles, ce nom au *bocconia*, genre de plantes voisin de la chélidoine ordinaire dans l'ordre naturel, et donnant comme elle un suc jaune.

**CHÉLIDOINES** (*foss.*). On a autrefois donné ce nom à de petites dents de poissons fossiles (*V.* GLOSSOPÈTRES).

**CHÉLIDOINE** (PETITE) (*botan.*), un des noms vulgaires de la ficaire (*ficaria, ranunculus ficaria* de Linné).

**CHÉLIDOINE** ou **PIERRE D'HIRONDELLE** (*minér.*). On nomme ainsi de petits cailloux presque lenticulaires, très-polis, de nature ordinairement siliceuse, appartenant aux agates, et peut-être aussi au calcaire compacte. On les trouve dans le lit de certains torrents : on en recueille surtout dans les grottes de Sassenage, près de Grenoble, où coule, comme on sait, un torrent rapide. Il paraît qu'ils doivent leur forme et leur poli au mouvement des eaux. On croyait qu'ils venaient des nids d'hirondelles. On les emploie pour chasser de dedans les yeux les poussières ou corps étrangers qui s'y sont introduits. À raison de leur petitesse, de leur forme et de leur poli, ils peuvent glisser entre la paupière et le globe de l'œil sans l'irriter (*V.* PIERRE D'HIRONDELLE).

**CHÉLIDOINE**, martyr, aussi bien que son frère Emétère ou Hémitère, après avoir servi avec honneur dans les armées de l'empire romain en Espagne, renoncèrent à cette milice séculière, et eurent la tête coupée, ensuite de plusieurs autres tourments, pour n'avoir point voulu sacrifier aux idoles. Dans le moment que le bourreau leur abattit la tête, on vit l'écharpe de l'un et la bague de l'autre enlevées par le vent jusqu'aux nues : ce qui fut pris pour une assurance de la gloire dont Dieu récompensait leur pureté et leur foi, dont l'écharpe blanche et l'anneau d'or étaient les symboles. Ceci arriva au IV^e siècle à la Calahorra, ville de la Vieille-Castille, où l'on faisait leur fête dès le même temps, et où les miracles qui s'opéraient à leurs tombeaux attiraient un grand concours de peuple. On y montre encore aujourd'hui une grande partie de leurs reliques dans la cathédrale et une chapelle qui porte leur nom. On dit que leurs têtes ont été transportées à San-Tonder, ville du diocèse de Burgos. C'est le poëte Prudence qui nous apprend ce que nous savons de ces saints martyrs dans son poëme des *Couronnes*, divisé en quatorze chants ou hymnes à l'honneur de quelques martyrs d'Espagne. Le premier de ces chants est consacré à la mémoire des deux saints frères Emétère et Chélidoine, et l'on y voit ce que nous avons rapporté de leur martyre sur la tradition qui s'en était conservée; car les actes judiciaires en avaient été déchirés et brûlés par les bourreaux, comme Prudence s'en plaint avec chaleur. Ceux qu'on lit par conséquent dans le recueil de Bollandus n'ont d'autorité que ce qui est conforme au récit de Prudence (Baillet, 3 mars).

**CHÉLIDON** (*hist. nat.*) (*V.* CHÉLIDONIEN).

**CHÉLIDONE**, maîtresse de Verrès.

**CHÉLIDONIDE**, fille de Léonidas, roi de Sparte, était femme de Cléombrote. Son père ayant été banni de Lacédémone par les intrigues de Cléombrote, son époux, elle l'accompagna dans son exil. Plusieurs années après, ce prince étant rentré dans Sparte, il en chassa Cléombrote et sa faction. Chélidonide, au lieu de partager alors la fortune de son père, comme elle avait partagé ses malheurs, suivit son mari, qu'elle consola de ses disgrâces.

**CHÉLIDONIDE**, fille de Léotychidès, roi de Sparte. Cette princesse, ayant été contrainte d'épouser Cléonyme, déjà avancé en âge, commit un adultère avec Acrotatus, fils du roi Aréus, pour lequel elle avait conçu de l'amour. Cléonyme, irrité de se voir ainsi méprisé, excita Pyrrhus, roi d'Epire, à le venger en portant les armes contre Lacédémone. Chélidonide, craignant alors de tomber entre les mains de son époux, se préparait à se donner la mort quand les Spartiates firent lever le siége.

**CHÉLIDONS** (*hist. nat.*). Ce nom, qui, dans Aristote, paraît désigner l'hirondelle de cheminée, a été employé par d'autres naturalistes, comme embrassant la famille entière des oiseaux qui, pourvus d'un large bec, d'un ample gosier, ont le vol rapide, la vue perçante, et, tenant leurs mandibules habituellement ouvertes, y engloutissent les insectes dont ils font leur seule nourriture. Ces oiseaux, qui, comme les rapaces, se divisent en diurnes et nocturnes, comprennent d'une part les hirondelles et les martinets, et de l'autre les engoulevents. Leurs caractères communs sont d'avoir le bec déprimé à sa base, très-fendu, les pieds fort courts et les ailes très-longues.

**CHÉLIDONIE** (χελιδών, hirondelle), nom que l'on donnait au vent Favonius lorsqu'il soufflait en février et en mars, parce qu'il ramenait les hirondelles.

**CHÉLIDONIEN, IENNE**, adj. (*hist. nat.*), qui ressemble à l'hirondelle (χελιδών).

**CHÉLIDONIENS** (*géogr. anc.*), peuple d'Illyrie.

**CHÉLIDONIES** (*mythol.*), fêtes rhodiennes, dans lesquelles de jeunes garçons allaient de porte en porte demander des secours en chantant des hymnes nommés *chélidonismes*. Ces fêtes se célébraient au mois de boédromion.

**CHÉLIDONIES** ou **CHÉLIDOINES** (*géogr. anc.*), îles de la Méditerranée situées sur la côte de la Lycie, au sud du Sacrum Promontorium, et à l'entrée du golfe Pamphylius.

**CHÉLIDONINE**, s. f. (*botan.*), substance particulière que contient la chélidoine (*V.* CHÉLIDOINE).

**CHÉLIDONISMES** (χελιδών, hirondelle, νόμος, chanson), hymnes chantés dans les Chélidonies.

**CHÉLIDONIUM** (*géogr. anc.*), promontoire du mont Taurus, qui s'avance au loin dans la mer de Pamphylie.

**CHÉLIDORÉE** (*V.* CHÉLYDORÉE).

**CHÉLIFER** ou **PORTE-PINCE** (*hist. nat.*). Geoffroy a désigné sous ce nom de genre des insectes aranéides semblables aux scorpions par leurs palpes en forme de bras garnis de serres, mais privés de la queue, dont le corps est très-plat, et la manière de marcher semblable à celle des crabes. On les nomme aussi scorpions des livres, pince-crabes (*V.* PINCE).

**CHÉLIFÈRE**, adj. des deux genres (*hist. nat.*), qui se termine par une pince.

**CHÉLIFORME** (*hist. nat.*), qui a la forme d'une pince.

**CHÉLIFÉRÉ, ÉE**, adj. (*hist. nat.*), qui ressemble à un chélifer.

**CHÉLIFÉRÉS**, s. m. pl. (*hist. nat.*), famille d'arachnides.

**CHÉLIGNATHE**, adj. des deux genres (*hist. nat.*), qui a les mâchoires en forme de pinces.

**CHELIMONTOMA** (*botan.*), nom arabe de la chélidoine, selon Tabernæmontanus et Mentzel. Il est écrit *chelodomontoma* par Daléchamps.

**CHELIN** (*V.* SCHELLING et SHELLING).

**CHELINGUE** (*marine*), bateau à fond plat de la côte de Coromandel.

**CHÉLIOC** (*hist. nat.*). Ce nom paraît être donné au coq dans la province anglaise de Cornouailles.

**CHÉLION**, fils d'Elimélech et de Noémi, se retira avec sa famille dans le pays des Moabites pour éviter une famine qui désolait le royaume d'Israël. Il choisit chez ce peuple Orpha pour épouse, et mourut peu de temps après.

**CHÉLIPALPE**, adj. des deux genres (*hist. nat.*), qui a les palpes en forme de pinces.

**CHÉLIPE** (*hist. nat.*) (*V.* PINCE).

**CHELLÆ** (*botan.*). Dans l'Arabie, le *scandix infesta* porte ce nom, ou celui de *gazar-sjaeitani*, suivant Forskaël. La carotte est aussi nommée *chælle*, de même que l'*ammi*.

**CHELLERI** (FORTUNÉ), compositeur de musique, né à Parme en 1668, était originaire d'Allemagne, et son nom de famille était *Keller*. Il perdit, jeune encore, ses père et mère, qui le destinaient au barreau, et c'est aux soins d'un de ses oncles, maître de chapelle de la cathédrale de Plaisance, qu'il dut le développement de ses dispositions pour la musique. Ses essais de musique vocale ayant été accueillis, il composa un opéra intitulé : *la Grisilda*, qui acheva de le faire connaître ; et, après avoir fait représenter un ouvrage sur le théâtre de Crémone, il alla en 1709 en Espagne, où il visita les musiciens en réputation. De retour dès l'année suivante dans sa patrie, il l'enrichit d'un grand nombre de compositions, qui furent représentées avec succès sur les principaux théâtres d'Italie. Sa réputation le fit successivement appeler en Allemagne, en Angleterre et en Suède; mais le climat de ce dernier pays étant contraire à sa santé, il se fixa en Allemagne. Ce compositeur, qui avait de la science et un goût pur, est mort en 1758 à l'âge de quatre-vingt-dix ans, avec le titre de conseiller de cour du roi de Suède et du landgrave de Hesse-Cassel, maître de chapelle et membre de l'académie royale de musique de Londres.

**CHELLES**, s. f. pl. (*comm.*), toile de coton des Indes.

**CHELLES, CALA** ou **CELLÆ**, bourg de l'Ile-de-France, aujourd'hui du département de Seine-et-Marne, à 24 kilomètres de Meaux, possédait autrefois une riche abbaye de bénédictines, fondée en 660 par Bathilde, femme de Clovis II, et dont le trésor rivalisa longtemps de magnificence avec celui de Saint-Denis. Cette abbaye a eu pour abbesses plusieurs princesses du sang royal. Son revenu se montait, avant la révolution, à environ soixante mille livres. Supprimée à cette époque, elle fut en partie démolie trois ans après, vendue par lots et convertie plus tard en habitation particulière. — Il y a avait en outre à Chelles, sous les rois de la première race, un manoir royal où se retira Chilpéric après la mort de deux de ses fils. Ce fut dans le même lieu qu'il fut assassiné par les émissaires de Frédégonde.

**CHELLES** (MONNAIE DE). Le monastère de Chelles avait, sous la seconde race, le droit de battre monnaie. On possède en effet des deniers et des oboles de Charles le Chauve qui portent pour légende KALAMONASTERI(UM). Ce sont d'ailleurs les seules monnaies que l'on puisse attribuer à cette localité.

**CHELM**, ville de Pologne (Lublin), avec un château fort bâti sur une hauteur; siége d'un évêque grec uni. Elle était jadis florissante. Chef-lieu d'un palatinat. 2,000 habitants. A 14 lieues et demie est de Lublin.

**CHELME**, adj. des deux genres, mot que l'on employait du temps de la Ligue pour rebelle, turbulent, fanatique. Il se trouve dans la Satire Ménippée.

**CHELMON** (*ichthyol.*). M. Cuvier a donné ce nom à un genre de poissons qu'il a démembré du groupe nombreux des chétodons, et qui appartient comme eux à la famille des leptosomes. Ces poissons doivent être ainsi caractérisés : *ni dentelures, ni épines aux opercules; corps ovale; museau allongé en un bec étroit; une seule nageoire dorsale.* La forme du museau distingue les chelmons des vrais chétodons, des platax, des héniochus, etc.; leur nageoire dorsale unique les sépare des chétodiptères où elle est double : l'absence des dentelures et des épines aux opercules les isole des holacanthes, des pomacanthes, etc. — Le CHELMON BEC-ALLONGÉ, *chelmon rostratus; chætodon rostratus* Linn.; Bloch, 202, fig. 1. Nageoire caudale arrondie, plus courte que le museau, qui est cylindrique; cinq bandes transversales noires et bordées de blanc de chaque côté du corps; une tache noire, arrondie et bordée de blanc, vers la base de la nageoire dorsale; teinte générale d'or et d'argent; vingt raies longitudinales brunes et très-étroites; orifice de chaque narine simple. Ce poisson, très-beau par la vivacité de ses couleurs, habite les mers de l'Inde, se tenant le plus ordinairement près de l'embouchure des rivières, dans les lieux où l'eau est peu profonde. Il se nourrit d'insectes, particulièrement de ceux qui vivent à la surface des mers sur les plantes marines, et emploie, pour les saisir, une manœuvre remarquable : il lance sur eux une pluie d'eau salée à l'aide de son museau allongé, et les atteint ainsi quelquefois à la distance même de six pieds. Cette chasse devient un spectacle assez amusant pour que les gens riches de la plupart des îles des Indes orientales se plaisent à nourrir dans de grands vases un ou plusieurs de ces animaux. Leur chair est d'ailleurs agréable et salubre.

Chelmon bec-allongé.

— Le SOUFFLET, *chelmon longirostris*; *chætodon longirostris* Linn., Brousson.; *chætodon enceladus*, Shaw. Nageoire caudale en croissant; museau cylindrique et très-allongé; ouverture de la bouche petite; couleur générale citrine. Ce poisson a été découvert par Broussonnet dans les eaux du Grand-Océan (*V.* CHÉTODON et LEPTOSOMES).

**CHELMON**, ville qui est vis-à-vis d'Esdrelon, et près de laquelle une partie de l'armée d'Holopherne était campée avant qu'il vint assiéger Béthulie (*Judith*, VII, 3).

**CHELMSFORD** (*Cæsaromagus*), ville d'Angleterre, au confluent de la Chelmer et de la Cann, que l'on y passe sur un beau pont d'une seule arche; chef-lieu du comté d'Essex. On y remarque l'église paroissiale, l'hôtel du comté, un joli théâtre, une vaste prison, construite sur le plan d'Howard. Les environs sont fort agréables. 5,000 habitants. A 11 lieues nord-est de Londres.

**CHÉLODINE** (*rept.*), nom donné récemment à un genre d'émydes (*V.* EMYDE).

**CHÉLODONTE**, adj. des deux genres (*hist. nat.*), qui a les dents en forme de pinces.

**CHÉLODONTES**, s. m. pl. (*hist. nat.*), famille d'arachnides.

**CHÉLONARIE** (*hist. nat.*), *chelonarium*. Fabricius a décrit sous ce nom, dans le *Système des éleuthérates*, t. I, p. 101, un genre d'insectes coléoptères qui comprend deux espèces d'Amérique, très-voisin des genres anthrène et birrhe. Nous ne connaissons pas assez ces insectes pour en parler ici.

**CHÉLONE** (χελώνη, tortue), nymphe que Mercure changea en tortue, et condamna à un éternel silence, parce qu'elle refusa d'assister aux noces de Jupiter et de Junon.

**CHÉLONE**, s. m. (*botan.*), genre de plantes d'ornement.

**CHÉLONE** (*hist. nat.*). Jurine a désigné sous ce nom, dans sa *Méthode de classification des hyménoptères*, un insecte fort singulier, rangé précédemment comme une espèce d'ichneumon, sous le nom d'*oculator*. On n'en connaît pas les mœurs. Son abdomen est formé d'un seul anneau, que l'auteur compare à un sabot renversé, ou à une boîte ovoïde ayant en dessous une ouverture ovale échancrée ou fendue pour laisser sortir l'aiguillon; le corselet a deux petites épines latérales en arrière. Latreille a nommé ce genre sigalaphe.

**CHÉLONÉE**, s. f. (*hist. nat.*), genre de tortues marines.

**CHÉLONIADE** et **CHÉLONIDE** (*V.* CHÉLONIEN).

**CHÉLONIDE** (*V.* CHÉLIDONIDE).

**CHÉLONIEN, IENNE**, adj. (*hist. nat.*), qui ressemble à une tortue.

**CHÉLONIENS** (*hist. nat.*). Ce nom fut positivement donné, par M. Brongniart, à un ordre de reptiles que Klein avait désignés sous le nom collectif de *testudinata* et Linné sous le nom de *testudo*. Bien que cette classe embrasse indistinctement toutes les tortues, l'origine de son nom vient du mot grec χέλυς, dont Aristote se servait pour désigner individuellement la tortue de mer. Cette classification a été adoptée, à très-peu de chose près, par les meilleurs naturalistes, tels que Cuvier, Duméril et Oppel. Ce qui distingue au premier coup d'œil les chéloniens des autres reptiles et même de tous les autres animaux, c'est ce double bouclier qui ceint leur corps et ne laisse passer au dehors que leur tête, leur cou et leurs quatre pieds. Et en effet la seule ressemblance qu'on pourrait leur trouver avec les *tatous*, animaux mammifères qui s'en rapprochent le plus en apparence; c'est le test, qui protége aussi le corps de ces derniers. Le bouclier des chéloniens prend dans sa partie supérieure le nom de *carapace*, et dans sa partie inférieure celui de *plastron*. Ils doivent à la conformation de leurs pattes, qui sont courtes et éloignées de la ligne moyenne du corps, cette lenteur qui a fait passer leur marche en proverbe. Les organes de la sensibilité sont très-peu développés chez eux comme chez tous les autres reptiles; mais, en revanche, leur irritabilité est très-remarquable. Ainsi, qu'on leur enlève le cerveau ou la tête, ils ne manifesteront aucune résistance et seront cependant encore assez vivaces pour se mouvoir pendant plusieurs semaines. Leur sobriété n'est pas moins surprenante; ainsi ils peuvent passer des mois entiers, et même des années, sans prendre de nourriture. Manquant de larynx, ils n'ont pas de voix et poussent simplement des soupirs; ils accomplissent l'acte de la génération avec une lenteur excessive. Quoique le mâle mette beaucoup d'ardeur à s'en acquitter, l'accouplement dure ordinairement quatorze ou quinze jours, et quelquefois même vingt ou trente. Les œufs qui en résultent sont arrondis et revêtus d'une couche calcaire analogue à ceux des oiseaux. Ces animaux ne couvant pas leurs œufs, l'époque de la sortie des petits est très-variable, puisqu'elle dépend de la température atmosphérique. Leurs mâchoires sont, comme celle des oiseaux, recouvertes de pièces cornées, excepté dans les chélydes, où elles ne sont garnies que de peau. Cette organisation prouve qu'ils sont essentiellement herbivores. Cuvier dit que, dans la plupart des cas, on peut distinguer les mâles des femelles à l'extérieur, parce que les premiers ont un plastron concave (*V.* TORTUE).

**CHELONION** (*botan.*), un des noms grecs du cyclame, ou pain de pourceau, suivant Mentzel.

**CHELONISCUS** (*hist. nat.*). Fab. Columna, décrivant une carapace de tatou imparfaite, et ignorant le nom de l'animal auquel elle avait appartenu, donna à cet animal supposé par lui le nom de chéloniscus.

**CHÉLONITES** (*foss.*). Les auteurs anciens ont donné ce nom à des GLOSSOPÈTRES (*V.* ce mot). Quelquefois aussi on a désigné ainsi ceux des oursons fossiles auxquels on trouvait la forme d'une écaille de tortue (*V.* SCUTELLE).

**CHELONITES SINUS** (*géogr. anc.*), golfe du Péloponèse, situé sur les côtes de l'Elide, vers le nord, entre le promontoire Memnon et l'île de Thia.

**CHELONITES** (*géogr. anc.*), promontoire de l'Elide, au nord du golfe Chélonite.

**CHÉLONOPHAGES** (*hist. nat.*), nom par lequel on désigne certains peuples qui ne vivaient que de tortues, et qui, au rapport de Pline et de Diodore de Sicile, habitaient près de l'Ethiopie, sur les bords de la mer Rouge.

**CHÉLONOPHAGES**, peuple d'Asie qui habitait une partie de la Caramanie.

**CHÉLOPODE**, adjectif des deux genres (*hist. nat.*), qui a les pieds armés d'ongles crochus.

**CHÉLOSTOME** (*hist. nat*). Latreille appelle ainsi un genre d'insectes hyménoptères, de la famille des mellites ou apiaires de C. O., pour ranger l'*apis maxillosa* de Linné, qui est la femelle, et dont notre auteur soupçonne que Linné a fait du mâle l'*apis florisomnis*. La disposition des mandibules, qui sont, au moins dans les femelles, très-avancées, arquées et fourchues, leur a fait probablement donner le nom qu'elles portent, qui signifierait, en grec, bouche ou pince. Latreille n'a encore rapporté à ce genre que l'espèce précédemment indiquée.

**CHELSEA** (*géo.*), village d'Angleterre au comté de Middlesex, hundred d'Ossulstone, très-près et à l'ouest de Londres, sur la rive gauche de la Tamise. C'est là qu'est situé l'hôtel des militaires invalides d'Angleterre, qui, avec ses dépendances, occupe une superficie de vingt hectares. Le bâtiment principal est un grand carré, au milieu duquel est la statue en bronze de Charles II. Il est bâti en briques; les ornements d'architecture sont en pierre de taille. Outre ce bâtiment où ne sont logés que trois cent trente-six pensionnaires, il y a un enclos et de vastes jardins. Les militaires qu'on y reçoit sont invalides, ou doivent avoir vingt ans de service; ils sont assujettis au service des troupes de garnison. Il y a aussi un grand nombre de militaires externes. La dépense annuelle de cet hospice, y compris la solde des officiers, directeurs, employés, etc., varie de six cent soixante-quinze à sept cent cinquante mille francs. Cet établissement fut fondé en 1682 sous le règne de Charles II, et achevé en 1690. Il fut projeté par le philanthrope sir Stephen Fox, qui contribua à son érection pour trois cent vingt mille francs. — En 1801 on fonda à Chelsea un autre établissement sous le titre d'*Asile militaire*, pour l'entretien et l'éducation des enfants de soldats. — Ce village contient de plus le palais des évêques de Winchester, et un jardin botanique qui appartient à la corporation des pharmaciens de Londres.—Population de la paroisse de Chelsea, 26,860 habitants. — Le nom de CHELSEA est commun à deux communes des Etats-Unis, situées l'une, Etat de Massachussetts, canton de Suffolck, et l'autre, Etat de Vernon.

ED. GIROD.

**CHELSUM** (JAMES), ministre anglican, naquit à Westminster en 1740. Il a fait paraître, 1° *Remarques sur l'histoire romaine de Gibbon*, en 1772 et 1778, in-8°, ouvrage estimé; 2° *Défenses des remarques sur l'histoire romaine de Gibbon*, 1785, in-8°; 3° *Essai sur l'histoire de Mezz-Tinto*, in-8°. Cet écrivain était plein de mérite; il mourut en 1801.

**CHELTENHAM**, petite ville d'Angleterre (Glocester), dans une vallée fertile, sur le Chilo, avec une église gothique, un théâtre et des eaux minérales très-fréquentées. 3,000 habitants; à 2 deux lieues trois quarts est-nord-est de Glocester.

**CHELUB** (*astron.*), nom arabe de la constellation de Persée.

**CHELVA**, ville d'Espagne (Valence), avec des fabriques d'aspargatas ou chaussures de cordes. 7,000 habitants; à 14 lieues et demie ouest-nord-ouest de Valence.

**CHÉLY** (SAINT-) (*géogr.*), bourg de France (Aveyron). 3,300 habitants.

**CHÉLYDE** (*erpétol.*), *chelys*. M. Duméril a établi sous ce nom un genre de l'ordre des chéloniens, auquel il assigne les caractères suivants : *pattes à doigts palmés, à plus de trois angles mobiles; carapace molle, mais couverte d'écailles, ne protégeant ni la tête ni les pattes; mâchoires plates; point de bec de corne; narines avancées; tympan distinct.* La gueule des chélydes ressemble beaucoup à celle des pipas; leur nez constitue une espèce de trompe; leur peau est couverte de tubercules verruqueux; leur queue est fort courte. Χέλυς est un mot employé par les Grecs pour désigner les tortues. La MATAMATA, *chelys simbriata* Dum.; *testudo matamata* Brugn.; *testudo simbriata* Schn. Carapace oblongue, aplatie, à trois carènes longitudinales épineuses; front garni d'une aile de chaque côté; cou épais, frangé; treize plaques dorsales, vingt-cinq marginales; plastron ovale, bifide postérieurement; tube des narines très-long; queue verruqueuse, cylindrique, obtuse. La couleur de l'animal est d'un brun foncé uniforme en dessus, et un peu plus pâle en dessous. Les pattes antérieures ont cinq doigts onguiculés à peine distincts; les postérieures en ont quatre onguiculés et un peu plus courts, sans ongles. La matamata vit dans les marais de Surinam et de Cayenne, où elle se nourrit de mollusques. Autrefois elle était assez commune dans cette dernière colonie, où on lui donne le nom par lequel nous la désignons. Elle y est beaucoup plus rare aujourd'hui, parce qu'on la chasse avec acharnement à cause de la bonté de sa chair : il y en a pourtant encore en abondance dans les lacs de Mayacaré, dans la crique de Houassa, etc.—Le muséum de Paris en possède deux individus. Cette chélyde parvient à la taille de deux ou trois pieds. — La CHÉLYDE *à deux épines, chelys bispinosa; testudo bispinosa*, Ruiz de Xelva, Daudin. Carapace oblongue, aplatie, tronquée en devant, fourchue en arrière; point d'ailerons membraneux sur le front; huit appendices frangés de chaque côté, et quatre au-dessous du cou. Taille d'un à deux pieds. Elle paraît habiter le Brésil. Connue seulement par une lettre de l'Espagnol Ruiz de Xelva à feu Daudin (*V.* CHÉLONIENS).

**CHÉLYDIN, INE**, adj. (*hist. nat.*), qui ressemble à une chélyde.

**CHÉLYDINES** s. f. pl. (*hist. nat.*), famille des reptiles.

**CHÉLYDORÉE** (*géogr. anc.*), de χέλυς, tortue, et δῶρα, présents; montagne de l'Arcadie, située au nord de cette province, sur les confins de l'Achaïe, auprès du mont Cyllène. Les Arcadiens la nommèrent ainsi, parce que, disent-ils, Mercure y trouva une tortue, à laquelle il enleva son écaille pour en former une lyre; de là vient que les Latins se servaient du mot *testudo* pour désigner une lyre.

**CHÉLYDOIDE** (*hist. nat.*) (*V.* CHÉLYDIN).

**CHÉLYDRE**, s. m. (*hist. nat.*), nom donné par les anciens à un serpent amphibie qu'ils distinguaient néanmoins du chersydre.

**CHELYS** (*erpétol.*), nom latin (*V.* CHÉLYDE).

**CHÉLYS**, s. f. (*ant. grecq.*), espèce de lyre moins grande que le *barbiton*.

**CHÉLYS** (*hist. nat.*) (*V.* CHÉLYDE).

**CHEMA**, s. m. mesure ancienne. Les Athéniens en avaient deux : l'un pesait trois gros, l'autre deux; ce dernier équivalait à la trentième partie d'un cotyle. Celui des Romains appelé *chème* contenait une livre et demie : c'est une mesure des fluides (*V.* LIVRE et COTYLE). Mais remarquez qu'il est assez difficile de déterminer la capacité des mesures par le poids des fluides ou liquides, à moins qu'on ne connaisse individuellement le fluide même qu'on mesurait; car il est à présumer que ce fluide ne pèse aujourd'hui ni plus ni moins en pareil volume qu'il pesait jadis.

**CHEMAGE** ou **CHINAGE**, s. m. (*jurispr.*). C'est un droit de péage qui se payait à Sens pour les charrettes qui passaient dans les bois. Ce droit devait être fort ancien, puisque l'on trouve dès l'an 1397, un arrêt du 18 avril qui en exemptait l'abbaye de Saint-Pierre de Sens (*Glossaire* de Laurière, au mot *Chemage*). Il en est aussi parlé dans les lois d'Angleterre, *Chart. de Forest. an.* 9; Henri III, ch. XIV, où il est appelé *chimagium*.

**CHEMAM, SCHEMMAM** (*botan.*), noms arabes d'un concombre, *cucumis schemmam* de Forskaël, que M. Delile reporte au *cucumis dudaïm*. Son fruit, d'abord velu, devient lisse en mûrissant. On le cultive à cause de son odeur forte et assez agréable; mais on ne le mange pas.

**CHEMBALIS**, s. m. (*comm.*), sorte de cuir qui vient du Levant.

**CHEMBEL**, s. m. (*anc. term. milit.*), tournoi.

**CHEMBÉLER**, v. n. assister à un tournoi, à un chembel; y figurer comme combattant.

**CHÉMÉ** (*métr. grecq.*), mesure de liquides, valait deux *cochliarious* (*V.* ce mot).

**CHÊMER** (SE), v. pron. maigrir beaucoup, tomber en chartre.

**CHEMERAGE**, s. m. (*jurispr. anc.*). C'était le droit qui appartenait à l'aîné dans les coutumes appelées *de parage*, que ses puînés tiennent de lui leur portion des fiefs en parage, c'est-à-dire sous son hommage. Ce terme *chemerage* vient de celui de *chemier*, qui dans ces coutumes signifie aîné; le chemerage est un des avantages du droit d'aînesse. C'est une question fort controversée entre les commentateurs de savoir si ce droit est attaché à la personne de l'aîné, ou à celui qui par le partage ou convention se trouve propriétaire du chef-lieu. Leurs opinions différentes sont rapportées par Guyot dans sa *Dissertation sur les parages*, t. III. Il paraît que ce droit était attaché à la personne de l'aîné. Le chemerage pouvait néanmoins se constituer de différentes manières (*V.* ci-après CHEMIER).

**CHEMIAKA** (DMITRI-IOURIÉVITCH) était le troisième fils d'Iourié (Georges) Dmitrovitch, lui-même fils de Dmitri Donskoï, lequel, par son pacte de 1389 avec son frère Vladimir, avait établi l'ordre de succession linéale à la place du séniorat. En dépit de cet acte fondamental, Iourié contesta le titre grand-ducal de Russie à son neveu Vasileï ou Vassili III (*V.* VASSILI II et III) en 1428, puis en 1431, et, cette dernière fois, finit par prendre les armes contre le grand-duc légitime, Chemiaka. Comme ses deux frères, Dmitri Krasnoï (le Roux) et Vasileï Kossoï (le Louche), seconda son père dans cette tentative qui fut d'abord couronnée de succès, mais que ne tarda pas à déjouer l'appel fait par Vasileï III à la loyauté de la population de Moskou. Il le suivit de même, lorsqu'en 1433 Iourié revint à la charge, remporta la victoire de Rostoff, et s'empara successivement de presque toutes les villes de Vasileï III. Iourié, qui venait de prendre pour la seconde fois le titre de grand-duc, mourut le 6 juin 1434; Vasileï Kossoï s'arrogea soudain le titre de son successeur : Dmitri Krasnoï, Dmitri Chemiaka répugnèrent à la soumission qu'il exigeait; et, plutôt que d'obéir à celui dans lequel ils ne voulaient voir que leur égal, ils rappelèrent et rétablirent Vasileï III. Cette restauration fut triste. Les fers furent la récompense des secours qu'avait prêtés Chemiaka au triomphe de son cousin et à la défaite de son frère. Bientôt pourtant, lorsque Vasileï vainqueur eut fait crever les yeux à ce dernier, atrocité sans exemple en Russie depuis deux siècles, Chemiaka vit s'ouvrir la porte de sa prison : on eût dit que le tyran voulait ainsi calmer sa conscience, ou bien qu'ayant mis Kossoï dans l'impossibilité de lui nuire, il n'avait à redouter dans nul autre de ses cousins un compétiteur. C'est pourtant ce qui devait avoir lieu quelques années plus tard. Un instant le kan de la horde d'Or, Kitchim, vainqueur de Vasileï III à la journée de Sousdal (6 juillet 1445), voulut, tandis qu'il emmenait le grand-duc en captivité, donner le trône grand-ducal à Chemiaka, et même il entra en négociations avec lui. Mais ceux qui tenaient à ce que Chemiaka ne régnât point répandirent adroitement le bruit de sa mort; Kitchim Makhmet, trompé par cette rumeur, et d'ailleurs effrayé des nouvelles qu'il recevait de Kasan, rendit alors la liberté à Vasileï, qu'il fit reconduire à Moskou. Chemiaka ne renonça point à l'espérance du trône qu'il avait été sur le point de posséder. Il ourdit, avec les princes de Tver et de Mojaïsk, une conspiration contre le grand-duc : elle réussit complétement. Le Kremlin et Moskou furent occupés par surprise, pendant la nuit, par les conjurés. Le prince de Mojaïsk s'empara de Vasileï, qui faisait ses dévotions au tombeau de saint Serge. Chemiaka, vainqueur, se fit proclamer sous le nom de Dmitri IV; mais l'histoire n'a point ratifié cette appellation en le portant sur la liste des souverains légitimes. Du reste tous les boyards, sauf un, lui prêtèrent serment de fidélité. Ce rebelle, car tel est le nom que lui donnaient Chemiaka et ses flatteurs, s'appelait Théodore Bassenok : il fut condamné à mort; mais il parvint à s'échapper en Lithuanie. Le peuple russe a flétri son persécuteur, en donnant à toute sentence inique la dénomination proverbiale de *jugement à la Chemiaka*. Non moins cruel que le prince sur lequel il avait usurpé, Chemiaka lui fit subir la peine du talion; et Vasileï, privé des yeux à son tour et désormais connu sous le nom Vasileï Temnoï (ou l'Aveugle), alla végéter avec sa femme dans Ouglitch. Ses fils Ivan et Iourié avaient été sauvés par le dévouement de leurs gouverneurs, qui les avaient mis sous la protection des fidèles boyards de la maison Riapolovski à Mourom. Chemiaka, craignant toujours pour sa puissance tant que les enfants de son compétiteur seraient libres, proclama qu'il voulait leur donner des apanages et faire sortir leur père de prison; et, après avoir de son mieux accrédité ce bruit, chargea Jonas, évêque de Riaisan, de se faire remettre par les boyards les deux pupilles confiés à leur loyauté. Jonas, trompé, se rendit garant de la foi de Chemiaka, reçut les princes sous sa protection, avec des cérémonies qui devaient les rendre inviolables, et les conduisit à Moskou, accompagné des Riapolovski. Chemiaka ne put retenir des pleurs à la vue de ses jeunes parents, il les admit à sa table, puis les envoya rejoindre leur père à Ouglitch, mais sans se presser d'assigner des apanages aux uns et de briser les fers de l'autre. L'intrépide Jonas alors exprima toute l'indignation que lui causait la duplicité de Chemiaka, et appela sur sa tête les vengeances célestes. Cette espèce d'anathème produisit sur tous les esprits une impression prodigieuse. En même temps Bassenok et le prince de Borofsk, Vasileï Jaroslavitch, beau-frère de Vasileï III, armaient dans la Lithuanie, devenue le champ d'asile et le point de ralliement d'une foule de mécontents. Ne pouvant se dissimuler et les dangers qui le menaçaient du côté du dehors et la haine qui grondait au dedans, Chemiaka crut conjurer la tempête par un arrangement à l'amiable avec le prince dont il occupait la place. Se rendre à Ouglitch avec sa cour, se faire amener le grand-duc son prisonnier, lui demander pardon, offrir de lui rendre le pouvoir et ses biens, dont iniquement il s'était déclaré le maître, tels furent les actes ostensibles auxquels descendit Chemiaka. Le prince aveugle répondit que la faute venait de lui, qu'il avait mérité la mort, que Chemiaka, en ne lui infligeant d'autre peine que la prison, lui avait fourni l'occasion de faire pénitence de ses péchés, et finalement qu'il ne consentait point à reprendre le grand-duché. Le seul fief qu'il consentit à recevoir fut celui de Vologda. Tous deux alors versèrent des larmes, s'embrassèrent, dînèrent ensemble, puis partirent, Vasileï pour Vologda, suivi de toute sa famille, Chemiaka pour Moskou, dont il se regardait désormais comme légitime possesseur. Mais cette fastueuse réconciliation n'avait été qu'une comédie : l'abbé Trifon de Saint-Cyrille à Biéloséro releva Vasileï de ses serments, et se chargea lui et son couvent du péché, s'il devait y en avoir à punir son usurpateur; le prince de Tver (Boris-Alexandrovitch) donna sa fille en mariage au jeune Ivan, et, en considération de cette alliance, joignit ses troupes à celles que déjà conduisait Vasileï. L'armée lithuanienne, sous les ordres de Bassenok, de Riapolvski, du prince de Borofsk, marchait en même temps; enfin deux fils de l'ex-kan Oulon Makhmet amenaient un corps tatar au secours de l'ex-grand-duc de Moskou. Pressé par tant d'ennemis, Chemiaka et le prince de Mojaïsk, son unique allié, placèrent leur camp à Volok-Lamski, pour couper leurs adversaires de Moskou. Mais un des boyards de Vasileï tourna l'armée de Chemiaka, parut la veille de Noël devant le Kremlin, et une porte de la citadelle s'étant ouverte pour laisser passer une princesse qui voulait entendre la messe de minuit à la cathédrale, il s'introduisit dans le fort, sur lequel bientôt flotta leur drapeau. Chemiaka et Andréiovitch s'enfuirent, tandis que Vasileï rentrait en triomphe dans Moskou (17 février 1447). Chemiaka avait à sa suite la mère du triomphateur; mais presque aussitôt il la renvoya, fit sa soumission, et obtint, en abandonnant une partie de ses possessions, amnistie et tranquille jouissance du reste. Quoique cimentée par un traité, cette réconciliation n'était pas plus sincère que la première : car c'était une réconciliation spoliatrice. Chemiaka, retiré dans sa principauté de Halitch, ne cessa de machiner des plans pour expulser Vasileï et pour reprendre tout ce dont les événements l'avaient privé. La guerre civile à laquelle son ambition donna naissance a ceci de remarquable, que c'est la dernière dont le récit souilla les annales moscovites. Chemiaka finit par voir sa cause complétement ruinée à la sanglante et décisive bataille de Halitch (27 janvier 1450) : il se réfugia dans Novogorod, et quelque temps après dans Oustioug, où le poison mit brusquement un terme à ses jours le 23 juillet 1453. Ainsi finit en même temps que le moyen âge un prince qui par ses défauts, ses qualités, sa vie d'aventures, son esprit romanesque, sa versatilité, son impressionnabilité jointe à la barbarie, a résumé bien ce moyen âge dont il est une des figures les plus brillantes, quoique les moins connues. Chemiaka unissait à l'intrépidité des talents politiques d'un ordre fort élevé: il connaissait les hommes, savait parler à chacun son langage, et persuadait toutes les fois qu'il voulait se donner la peine de prendre la parole; ses décisions étaient promptes : vaincu, il ne désespérait point de la fortune. Un mot achèvera son éloge : si la horde soutint son rival de préférence à lui, c'est qu'elle le redoutait plus que son rival.

**CHEMIER**, s. m. (*droit. féod.*), l'aîné d'une famille noble, celui qui prélevait un préciput dans les partages, et jouissait du droit de chemerage.

**CHEMILLÉ** (*géogr.*), ancienne baronnie de l'Anjou, aujourd'hui département de Maine-et-Loire, érigée en comté en 1555.

**CHEMILLÉ** (COMBAT DE). Quelques jours après que le tocsin de la terrible insurrection de la Vendée eut sonné pour la première fois, les paysans, commandés par le voiturier Cathelineau, enlevèrent Chemillé, petite ville du département de Maine-et-Loire qui était défendue par trois canons et deux cents hommes (14 mars 1793). Un mois après, Berruyer, qui, d'après son plan d'attaque général, s'avançait avec cinq colonnes dans la haute Vendée, arriva devant ce bourg avec celle qu'il commandait en personne, tandis que Duhoux l'y rejoignait avec un autre corps de mille hommes. Un vif combat livra aux républicains le village jusqu'à l'église dont les insurgés étaient encore maîtres à l'entrée de la nuit. Cette résistance acharnée engagea Berruyer à se replier à Saint-Lambert.

**CHEMIN**, s. m. espace en longueur sur une certaine largeur, qui sert de passage pour aller d'un lieu à l'autre. — L'art de construire, de disposer et de percer les chemins est sans doute un de ceux qui contribuent le plus à l'utilité et à la gloire d'un empire. Tout ce qui a rapport à cette partie si intéressante des travaux publics concerne spécialement les ouvrages qui traitent des ponts et chaussées. Pour ne pas priver cependant celui-ci des notions générales qu'on pourrait y chercher, nous diviserons cette matière en deux parties. Les connaissances de construction occuperont cet article; celles d'histoire ou de description seront la matière du mot VOIE (*V*. ce mot). — DES CHEMINS ANTIQUES. Les matières dont les Romains faisaient usage dans la construction de leurs chemins, étaient la chaux, le sable, la terre franche, l'argile, l'arène, la grève, le gravier, les cailloux, les pierres dures, les grès, les laves. — Les anciens comprenaient sous le nom de cailloux, les galets ou pierres globuleuses de différentes couleurs qu'on trouve au fond des rivières et sur la grève des mers et des fleuves, surtout dans les ports et havres, où souvent ils se rencontrent en si grande abondance, qu'ils les obstruent. Outre les galets, les anciens, ainsi que les modernes, ont donné le nom de cailloux à toutes pierres ignescentes, c'est-à-dire à celles dont on peut tirer du feu en les frappant les unes contre les autres ou avec l'acier. — Sous le nom de pierres dures, on peut comprendre les cailloux, les laves et les pierres calcaires; cependant ces dernières ne s'employaient pour le pavé qu'à défaut d'autres, mais on les mettait en œuvre pour former le massif intérieur qui servait de fondement aux grands chemins; c'est à sa construction et à son épaisseur qu'étaient dues la solidité et la durée des voies antiques. — Ce massif se composait de différentes couches, que les Romains désignaient sous les noms de *statumen, rudus, nucleus, summa crusta* ou *summum dorsum*. — Le *statumen* était composé de moellons plats, posés sur une forte couche et maçonnés à bain de mortier. Avant de poser cette première couche, on creusait une tranchée entre deux lignes parallèles, de la largeur du massif. Lorsqu'on avait reconnu que le sol était ferme et solide, on se contentait de le battre avec de forts pilons ferrés, ou de gros cylindres qu'on roulait plusieurs fois sur le fond égalisé. La profondeur de la tranchée devait être telle, que la superficie du chemin pût être plus élevée que le niveau de la campagne. Il y en avait, tels que ceux de la Gaule Belgique, dont la hauteur était de quinze à vingt pieds au-dessus du sol; c'était proprement des levées. — La seconde couche, appelée *rudus*, était formée d'une maçonnerie de blocage, et composée de petites pierres de toutes formes et de toute nature, mêlées avec force mortier. Cette seconde couche, qui avait environ un pied d'épaisseur, était battue et massivée avant de recevoir la troisième, qu'on appelait *nucleus*. — Le *nucleus* ou noyau était composé de différentes matières. Dans quelques chemins, c'est un mélange de chaux, de craie et de terre franche, battues et corroyées ensemble; dans d'autres, c'est une couche de béton, c'est-à-dire de gravier corroyé avec de la chaux; enfin, dans quelques autres, cette troisième couche ne s'y trouve point. — La quatrième couche, appelée *summum dorsum*, *summa crusta*, était formée de cailloux ou de grandes pierres plates, taillées en polygones irréguliers, ou équarries à angles droits. Ces pierres étaient enfoncées dans la couche appelée *nucleus*. Le pavé de la voie Appienne, une des plus célèbres de l'antiquité, est tout en grandes pierres de lave, posées de cette manière, taillées en pointes de diamants par-dessus, et formant des figures de cinq, de six ou de sept côtés. Les plus grandes ont trois ou quatre pieds de diamètre. Selon Palladio, on se servait de lames de plomb pour prendre les angles et le contour juste des parties qui devaient se raccorder. La largeur de la voie, entre les marges, est d'environ quatorze pieds; les marges ont quinze pouces de haut sur vingt et un pouces de large; les pavés sont enfoncés dans une espèce de maçonnerie en blocage d'environ neuf pouces d'épaisseur; au-dessus de laquelle on n'aperçoit que la terre battue et affermie. En d'autres endroits, le massif est beaucoup plus épais, et l'on trouve deux murs de fondation sous les marges. On remarque dans celles-ci des pierres plus élevées, éloignées d'environ vingt-deux pieds. Au delà des marges, il pouvait y avoir de chaque côté un demi-chemin, dont le dessus était garni d'arène ou de gravier; cependant cette disposition n'était pas toujours uniforme; car, dans quelques endroits, on découvre les restes des massifs qui étaient sous ces parties de chemins, et ailleurs on remarque des vestiges d'édifices, dont les faces sont précisément sur l'alignement de la partie pavée. Les fragments encore existants de cette ancienne voie se trouvent, en beaucoup d'endroits, sains, entiers, bien unis, et ne paraissant avoir souffert aucune altération depuis deux mille ans (*V*. APPIENNE [Voie]). — Les chemins antiques dont la superficie n'était point pavée se formaient par une couche de béton, c'est-à-dire d'un mélange de gravier broyé avec la chaux fraîchement éteinte, et massivée avec des pilons ferrés. Les parties de ce gravier, qui étaient quelquefois d'un gris bleuâtre, ont fait donner le nom de chemin ferré à ceux dont la surface était formée de cette matière; elle acquérait avec le temps une plus grande dureté que les pavés en pierre de taille. On voyait autrefois, près de Lyon, des parties de béton qui avaient formé la superficie d'un chemin antique. Leur largeur était de sept à huit pieds sur un pied et demi d'épaisseur : des blocs de la pierre la plus dure étaient moins solides. — Les Romains faisaient aussi des chemins sans y employer de ciment, ou de mortier de chaux et sable; ils y substituaient la terre franche: cela n'empêchait pas qu'ils n'observassent le même nombre de couches massivées fortement, ce qui ne laissait pas de leur procurer une fermeté et une solidité supérieures encore de beaucoup à celles des chemins modernes, où l'on n'observe pas le même procédé. — Lorsque les chemins devaient être élevés au-dessus du niveau de la campagne, ils en soutenaient les bords par des murs de revêtement. Entre ces murs ils arrangeaient par couches tous les matériaux qui devaient former la chaussée. Ils avaient soin d'employer les plus gros pour former les premières couches, et de battre chaque couche avant d'en ajouter une autre. — Quelquefois l'endroit même où l'on faisait passer le chemin pouvait fournir les matériaux nécessaires à sa construction. Alors ils creusaient à droite et à gauche du chemin pour en retirer ces matériaux. Dans d'autres endroits, on est étonné de ne trouver aux environs des chemins aucune des matières dont ils sont composés, ce qui fait croire que souvent elles étaient amenées de fort loin, ou que, pour les trouver, on faisait des fouilles très-profondes. — Les anciens ont épuisé, dans l'art des chemins, toutes les ressources possibles de l'industrie. Les restes de leurs travaux en ce genre sont peut-être les plus véridiques témoins de leur magnificence. Se rencontrait-il des eaux, des lacs, des rivières, les dépenses des ponts n'étaient rien pour eux. On admire à Urbin en Italie, depuis l'église Sainte-Marie du Pont jusqu'à un endroit appelé Cailli, la voie Flaminienne, suspendue sur des arcs qui donnent passage au fleuve Métaurus; les murs de soutenement, qui sont en pierre de taille, ont une hauteur surprenante. — Fallait-il percer les montagnes et les rochers pour abréger ou adoucir une route, ils faisaient des chemins souterrains, qu'ils éclairaient par des espèces de puits ouverts, de distance en distance, dans les flancs de la montagne. Tel est le passage que l'empereur Vespasien fit percer au travers de l'Apennin pour la voie Flaminienne. Il y avait près de Naples deux routes souterraines : une sous le mont Misène, pour aller de Baies à Cumes; l'autre, qui subsiste encore, traverse le Pausilipe. La longueur de ce passage est d'environ un mille; sa largeur est de trente pieds, sa hauteur moyenne de cinquante. Il est éclairé par deux soupiraux et une ouverture au milieu. Ce grand ouvrage paraît remonter à une très-haute antiquité. Varron, Sénèque et Strabon en parlent comme d'une chose déjà très-ancienne de leur temps. — Dans d'autres lieux, on voit des chemins taillés aux dépens des plus durs rochers, comme à Pivernum, appelé aujourd'hui Piperne, et à Terracina, sur la route de Rome à Naples. Auprès de Sisteron en Provence est un reste de chemin antique que Claudius Posthumus Dardanus fit couper dans le roc, où il grava l'inscription qui fit donner à ce lieu le nom de *Preta Scripta*. — Auguste fit par le même procédé ouvrir plusieurs chemins dans les Alpes; mais le récit le plus merveilleux, en fait de travaux itinéraires, est celui de Tite Live, par rapport aux moyens qu'Annibal employa pour fendre les rochers des Alpes, et y ouvrir des routes pour son armée. On a longtemps rejeté dans la classe des fables le procédé du vinaigre et du feu que Tite Live dit avoir été mis en usage par le général carthaginois; plus d'un critique a toutefois essayé de justifier par de nouvelles expériences le récit de l'historien romain. Mais cette discussion allongerait inutilement cet article. — DES CHEMINS MODERNES. Autant les anciens, et surtout les Romains, mirent de solidité dans la construction de leurs chemins, autant on peut dire que les modernes ont négligé cette qualité si importante: qualité plus nécessaire cependant encore pour eux, dont les charrois et les voitures ont sans comparaison plus de charge que chez les anciens. Les chemins modernes ne sont ordinairement que des allées dont on aplanit le terrain. Les moyens même les plus dispendieux qu'on emploie aujourd'hui ne sauraient, sans de continuelles réparations, procurer des routes longtemps solides; encore moins doit-on en attendre une durée qui puisse apprendre après des siècles de destruction, si jamais nous aurons eu des routes. — Les chemins modernes surpassent cependant ceux des anciens en un point; c'est la largeur; car il ne faut pas croire Bergier lorsqu'il avance que les grandes voies militaires des Romains avaient jusqu'à soixante pieds de largeur. Ce qui l'a induit en erreur; c'est une voie ferrée, de vingt pieds de large, qu'il a trouvée en Champagne; d'où il a conclu, sans autre preuve, que ce qu'il voyait, n'était que le tiers de la totalité de la route, comme si, en supposant qu'on pût découvrir un jour une partie de nos chemins ferrés de soixante et douze pieds de large, on concluait que la largeur des chemins de France était de deux cent seize pieds. Il est certain que la largeur des plus grandes voies militaires, consulaires, prétoriennes, n'avait, au sortir de la capitale, que trente-deux pieds romains, qui reviennent à vingt-neuf pieds un pouce quatre lignes de pied de roi; savoir: quatorze et demi pour l'*agger* ou la partie du milieu, qui était pavée, et sept pieds et demi pour les *margines* ou berges. La méprise de Bergier, qui n'avait pas vu d'autres chemins antiques que ceux qu'il avait découverts en Champagne, a été adoptée et répétée par tous ceux qui ont copié son ouvrage, entre autres par Gauthier. — Les chemins pavés modernes, appelés grandes routes ou chemins royaux, sont aussi divisés, comme les voies romaines, en trois parties: la partie pavée et les deux berges. On donne à la première le nom de chaussée; elle est bombée, c'est-à-dire que son profil sur la largeur est un arc de cercle, afin de donner un libre écoulement aux eaux. Dans les environs de Paris, le pavé est formé par des cubes de grès qui ont huit pouces sur tous sens. Ces cubes sont disposés par rangs parallèles, selon la largeur de la chaussée, et en liaison comme les pierres qui forment les assises d'un mur; ils sont rangés sur une couche de sable qu'on appelle *forme*. Le terrain sous la forme doit avoir été affermi, pour que la charge des voitures ne puisse pas enfoncer et désunir les pavés. — Les berges ou les deux parties collatérales de la chaussée ont de largeur dix-huit à vingt pieds; la longueur des essieux des voitures ayant été fixée à cinq pieds dix pouces, il en résulte que, dans une route de soixante pieds de large, il peut passer neuf voitures de front. Dans ces chemins, dont la largeur est sans doute un abus, il n'y a de solide que la partie pavée. Les deux berges exigent un entretien perpétuel. Au lieu d'être formées par des massifs de maçonnerie, comme les marges des chemins antiques, elles ne sont ordinairement composées que de la terre des fossés creusés au delà des berges pour l'écoulement des eaux pluviales. On a beau couvrir en gravier ou en pierrailles la superficie de ces terres rapportées, comme le fond n'a pas assez de fermeté, il s'y fait toujours des ornières. De plus, elles s'imbibent d'eau; et, lorsqu'elles en sont pénétrées, cette partie du chemin devient impraticable, surtout l'hiver; et la poussière, l'été, la rend très-incommode. C'est pourquoi il serait plus avantageux de ne donner aux berges que la moitié de la largeur de la partie pavée, ainsi que le pratiquaient les anciens, et de les faire plus solides. En donnant dix-huit pieds de largeur à la partie pavée, les berges seraient de neuf pieds, et la largeur totale de la route de trente-six pieds, c'est-à-dire un espace plus que suffisant pour que quatre voitures y puissent passer de front. — Pour que les berges eussent toute la solidité requise, il faudrait qu'elles fussent, comme les margines des anciens, formées par un massif de maçonnerie couvert de béton ou de gravier. Ce procédé, qui pourra paraître dispendieux, le serait peut-être moins que celui dont on se sert pour former et entretenir les grandes berges de nos grands chemins. On y gagnerait d'abord la largeur, et ensuite tout l'entretien dont elles n'auraient plus besoin. On y trouverait de l'économie en ne faisant point usage de chaux; ou en la réservant pour les parties les plus essentielles. — Ainsi, après avoir formé la masse générale du chemin en terre ou en pierrailles, selon les pentes et directions qu'il doit avoir, à dix-huit pouces au-dessous de sa superficie, on poserait sur cette masse bien consolidée un rang de pierres plates, d'environ un pied de superficie. Sur ce premier rang, qui pourrait avoir huit à neuf pouces d'épaisseur, on mettrait une couche de maçonnerie en blocage, à bain de mortier, recouverte d'un lit de sable ou de gravier, le tout bien battu, et retenu par des murs de soutenement. Lorsque la partie du milieu devra être pavée, sur le premier rang de pierres plates, on étendra un lit de sable ou de mortier pour recevoir le pavé. — Pour faire mieux sentir la nécessité de donner à toutes les parties d'un chemin une fermeté uniforme, capable de résister dans tous les temps au roulage des voitures, il faut dire ici que la charge d'une voiture à deux roues va jusqu'à six milliers, et que celle d'une voiture à quatre roues va jusqu'à douze; ainsi l'effort de compression de chaque roue est d'environ trois milliers; cette charge ne porte pas sur une surface plus grande qu'un demi-pied superficiel. Il n'est pas étonnant qu'un si grand poids, posé sur une si petite superficie, creuse, dans toute la largeur des chemins des ornières qui, se remplissant d'eau de pluie, s'approfondissent de plus en plus par l'action des voitures, dont les roues rentrent sans cesse dans les mêmes ornières. Les terres qui s'élèvent de chaque côté sont encore un nouvel obstacle pour les voitures. — Dans les chemins, comme on vient de le proposer, la fermeté serait si grande, que les roues des voitures les plus chargées ne pourraient faire que de légères traces sur le sable qui les couvrirait. Ces traces, qui ne seraient pas capables de fixer les roues, tendraient plutôt à affermir la superficie du chemin qu'à la détruire; d'ailleurs, comme les matières dont ce massif serait composé ne pourraient se ramollir par les pluies, il en résulterait que la surface du chemin serait dans tous les temps ferme et solide. — Dans les circonstances où l'on ne pourrait pas se procurer la chaux et les matériaux nécessaires pour former une chaussée aussi solide, ou qu'ils deviendraient trop chers à cause de l'éloignement des lieux, on pourra toujours, en faisant dans chaque terrain des fouilles, rassembler des matériaux plus ou moins susceptibles de procurer aux chaussées la solidité désirable. On trouve partout des cailloux ou des pierrailles, du gravier ou du sable, de la craie ou de la terre. Toutes ces diverses matières, arrangées par couches et bien massivées, peuvent former un corps solide.

QUATREMÈRE DE QUINCY.

**CHEMIN AQUATIQUE.** On appelle ainsi tous les chemins faits sur les eaux courantes des fleuves et des torrents, comme les ponts et les digues, et sur les eaux dormantes, comme les levées à travers les marais et les étangs. On comprend aussi sous le nom de *chemins aquatiques* les rivières navigables et les canaux faits à main d'homme, comme on en voit dans toutes les contrées de l'Europe (*V.* CANAL).

**CHEMIN ARTIFICIEL.** C'est un chemin qu'on fait à force de bras, soit de terres rapportées, soit de maçonnerie, et dont l'existence est due entièrement au travail des hommes. Telles sont la plupart des levées le long des rivières, des marais, des étangs.

**CHEMIN COMBLÉ.** Ceci a deux significations: ou c'est un chemin qui est fait dans une vallée ou fondrière pour regagner deux côtes de montagnes, ou un chemin antique que les décombres de quelque ville voisine ont couvert d'une certaine épaisseur de matériaux; en sorte qu'en fouillant on découvre l'aire de l'ancien pavé.

**CHEMIN DE CARRIÈRE.** C'est ou le puits par où l'on descend dans une carrière pour la fouiller, ou l'ouverture qu'on fait à la côte d'une montagne pour en tirer de la pierre ou du marbre.

**CHEMIN DE TRAVERSE.** C'est celui qui communique à un grand chemin. On appelle aussi chemin de traverse tout sentier de détour plus court qu'une route ordinaire.

**CHEMIN DOUBLE.** On appelait ainsi, chez les Romains, un chemin pour les charrois à deux chaussées, l'une pour aller, l'autre pour venir, afin d'éviter la confusion. Elles étaient séparées par une levée en manière de banquette de certaine largeur, pavée de briques de champ pour les gens à pied, avec bordures et tablettes de pierre dure, des montoirs à cheval d'espace en espace, et des colonnes milliaires pour marquer les distances. Le chemin de Rome à Ostie, appelé *Portuense*, était de cette manière.

**CHEMIN DROIT.** C'est le chemin le plus court, le plus à la ligne et de niveau qu'il est possible.

**CHEMIN ESCARPÉ.** C'est celui qui est fait sur la côte d'une montagne par sinuosités, et qui est soutenu, du côté du précipice, par des levées de pierres sèches, et quelquefois de maçonnerie en certains endroits, comme ceux des Alpes pour passer de France en Italie, et ceux des Pyrénées pour aller en Espagne.

**CHEMIN FENDU**, chemin qui est fait dans quelque butte ou montagne, dont on a enlevé la crête et relevé les berges pour le rendre plus doux. On entend encore par chemin fendu celui qui est taillé dans un rocher, comme il y en a en Provence et en Languedoc, faits par les Romains, ou comme celui des Alpes, que Charles-Emmanuel II, duc de Savoie, a fait couper en 1670 entre Chambéry et Turin.

CHEMIN FERME. On donne ce nom à celui dont le sol est affermi par la terre battue, ou formé de cailloux, de roche ou de sable, ou d'une aire de maçonnerie composée de chaux, de gravois, de briques et de tessons de pots, ou enfin qui est pavé de quartiers de roche.

CHEMIN FERRÉ. Les Romains appelaient ainsi tout chemin pavé de pierres extrêmement dures, ou parce que ces pierres avaient la dureté du fer, ou plutôt parce qu'elles résistaient aux fers des chevaux et des charrois. On nomme aujourd'hui chemin ferré celui dont le sol est de roche vive ou formé d'une aire de cailloux.

CHEMIN MILITAIRE. Les Romains donnaient ce nom aux grands chemins par où passaient les armées.

CHEMIN NATUREL. C'est celui qui est fréquenté par une longue succession de temps, à cause de sa disposition, et qui subsiste avec peu d'entretien.

CHEMIN PARTICULIER, chemin fait pour la communication d'un château à un autre ou à un grand chemin (*V.* AVENUE).

CHEMIN PUBLIC ou GRAND CHEMIN. C'est tout chemin droit ou traversant, militaire ou royal.

CHEMIN RAMPANT se dit de celui qui a une pente sensible. Quand cette pente est de plus de 7 pouces par toise, les charrois ne peuvent y monter qu'avec beaucoup de peine.

CHEMIN RETIRÉ, petit chemin qui est à côté de celui des charrois, et qui sert pour les gens à pied, comme les banquettes des quais et des ponts de pierre, et les bornes des fossés et canaux faits par artifice.

CHEMIN ROYAL. On appelle ainsi celui de tous les chemins où l'on épargne le moins la dépense et le travail pour le rendre le plus court, le plus commode et le plus sûr qu'il est possible.

CHEMIN TERRESTRE. C'est celui qui est formé naturellement par la terre qui se trouve sur le lieu, ou par des terres rapportées en manière de levée, soutenues de berges en glacis, avec une aire de gravois ou de pavé.

CHEMIN DE FER. L'importance et la multiplicité, comme aussi le caractère de généralité des questions qui se rattachent aux chemins de fer, et dont quelques-unes ne sont pas encore décidées, nous déterminent à renvoyer ce qui concerne cette grave matière à l'article général COMMUNICATION (VOIES DE).

CHEMIN se dit, par extension, de toute ligne ou voie qu'on parcourt ou qu'on peut parcourir, pour aller d'un lieu à un autre. On le dit aussi en parlant des animaux et des choses. — Il signifie, figurément, moyen, conduite qui mène à quelque fin. — *Il a su trouver le chemin de son cœur*, il a su toucher cette personne, il a su s'en faire aimer. — CHEMIN s'emploie aussi dans diverses phrases proverbiales, familières, etc. — Proverbialement, *Bonne terre, mauvais chemin*, dans les terres grasses, les chemins sont mauvais. — Figurément, *Chemin de velours*, chemin sur une pelouse. Il se dit familièrement, dans une action plus figurée, d'une voie facile, agréable pour parvenir à quelque chose.— Familièrement, *Vieux comme les chemins*, fort vieux. — Proverbialement et figurément, *A chemin battu il ne croît pas d'herbe*, il n'y a point de profit à faire dans un négoce dont trop de gens se mêlent. — Figurément, *Suivre le chemin battu*, s'attacher aux usages établis. — Proverbialement et figurément, *Le grand chemin des vaches*, l'usage commun et ordinaire. — Proverbialement et figurément, *En tout pays il y a une lieue de mauvais chemin*, il n'y a point d'entreprise où il ne se rencontre quelque difficulté. — Provervialement, *Tous chemins vont à Rome*, divers chemins mènent au même endroit; et figurément, divers moyens conduisent à la même fin. — Proverbialement et figurément, *Il ne faut pas aller par quatre chemins*, il faut s'expliquer franchement, il ne faut pas chercher tant de détours. — Figurément et familièrement, *Je le mènerai par un chemin où il n'y aura pas de pierres*, je le poursuivrai vivement, je ne lui ferai pas de quartier. On dit dans le même sens, *Je lui ferai voir bien du chemin*.— Proverbialement et figurément, *Trouver une pierre en son chemin, des pierres dans son chemin*, trouver quelque obstacle à ce qu'on a dessein de faire.—Proverbialement, *Bien dépenser et peu gagner, c'est le chemin de l'hôpital*. — Proverbialement et figurément, *Prendre le chemin de l'école, le chemin des écoliers*, prendre le chemin le plus long. — Figurément, *Montrer le chemin aux autres*, faire quelque chose que les autres font ensuite, ou faire quelque chose à dessein que d'autres le fassent.— Proverbialement et figurément, *S'arrêter en beau chemin, à mi-chemin*, abandonner une entreprise dont la réussite paraissait assurée. — Figurément et familièrement, *Faire son chemin*, parvenir, obtenir de l'avancement, s'enrichir, etc.—Figurément et familièrement, *Aller le droit chemin*, procéder avec sincérité, avec loyauté, sans artifice. — Figurément et familièrement, *aller son petit bonhomme de chemin*, vaquer à ses affaires, poursuivre ses affaires tout doucement et sans éclat. — Figurément et familièrement, *aller son grand chemin*, n'entendre point de finesse à ce qu'on fait, à ce qu'on dit. *Aller son chemin, Aller toujours son chemin*, poursuivre son entreprise, ne se pas détourner de la conduite qu'on a commencé à tenir.—Figurément, *Chemin faisant*, en même temps, par occasion. — Figurément et par menace, *Je le trouverai en mon chemin*, je trouverai occasion de lui nuire. *Il me trouvera en son chemin*, je le traverserai dans ses desseins. — Figurément, *Couper chemin à quelque chose*, en arrêter, en empêcher le cours, le progrès.

CHEMIN. Proverbialement, *Qui trop se hâte, en beau chemin se fourvoie*, lorsqu'on agit avec trop de précipitation, on gâte souvent une belle cause, une bonne affaire. — CHEMIN DE LA CROIX (*hist.*) se dit du chemin que Jésus-Christ a parcouru en portant sa croix de Jérusalem au Calvaire. — Il se dit figurément, d'une suite de tableaux placés dans une église et représentant les divers actes de la passion. — CHEMINS FORAINS (*anc. législ.*), chemins qui se trouvent à l'entrée d'une ville et près de la porte. — CHEMINS ROYAUX, chemins faisant partie du domaine de la couronne. — CHEMINS SEIGNEURIAUX, chemins de traverse appartenant aux seigneurs hauts justiciers, comme ayant été démembrés autrefois de leur domaine. — CHEMINS VICOMTIERS, chemins dont le seigneur du lieu dispose en toute propriété. — CHEMINS VOISINAUX, chemins établis pour la commodité des habitants des bourgs et villages voisins. — *Entamer le chemin* (*manége*), commencer à galoper. — *Entamer le chemin à droite*, se dit du cheval qui part au galop, quand ses deux pieds de droite arrivent sur le sol en avant des deux pieds gauches. — *Manger le chemin*, se dit d'un cheval, quand il avance trop rapidement.—CHEMIN (*technol.*), voûte sous laquelle le verrier met le bois pour chauffer le four. — Suite de chantiers sur lesquels on roule les tonneaux d'un bateau jusqu'à terre. — Ouverture par laquelle on tire la pierre d'une carrière. —Voie ou jeu d'une scie. — Trace d'un diamant sur la meule. — Tapis long et étroit, ou pièce de toile cirée que l'on étend sur les parquets des appartements ou dans les vestibules, d'une porte à l'autre.

CHEMIN (FEMME DE) (*vieux langage*), femme ou fille débauchée, de mauvaise vie, qui appelle les passants.

CHEMIN (*législ.*). C'est un espace de terrain servant de communication d'un lieu à un autre. — On distingue plusieurs sortes de chemins: 1° les routes royales et départementales, et les chemins du halage; 2° les chemins publics et vicinaux; 3° les chemins privés. — Il ne sera question ici que des chemins publics, vicinaux et privés. Pour les autres, *V.* ROUTES, HALAGE (Chemins de). — DIVISION. § 1er. CHEMIN PUBLIC ET VICINAL. — § 2. CLASSEMENT, ÉTABLISSEMENT ET RÉPARATION DES CHEMINS. — § 3. COMPÉTENCE DE L'ADMINISTRATION ET DES TRIBUNAUX POUR LES ACTIONS ET LES CONTRAVENTIONS RELATIVES AUX CHEMINS. — § 4. CHEMIN PRIVÉ. — § 5. PRESCRIPTION. — § 1er. *Chemin public et vicinal; leur nature.* Il ne faut pas confondre les *chemins publics* avec la *voie publique;* car ce sont deux choses tout à fait distinctes. Il résulte même de cette distinction une différence essentielle relativement à la poursuite des actions et des contraventions qui s'y rapportent, ainsi que nous le verrons au § 3. Par *voie publique* on doit entendre les rues, places et carrefours des villes et villages; les *chemins publics* s'entendent des communications qui conduisent de ville en ville, de commune en commune, ou qui servent, hors de l'enceinte des communes, à l'exploitation des propriétés rurales. Cette distinction résulte d'un arrêt de cassation du 15 février 1828, (Sirey, t. XXVIII, 1re partie, p. 270). — § 2. *Classement, réparation et établissement des chemins.* La propriété des chemins communaux et vicinaux est établie, soit en vertu des plans terriers des communes, soit par une jouissance immémoriale, soit par les états de ces chemins arrêtés par les préfets et déposés à la mairie de chaque commune. Lorsqu'il y a lieu d'en créer de nouveaux, ils sont établis sur une délibération du conseil municipal, par un arrêté du préfet, qui en fixe la largeur et la direction. Dans ce cas, il est dû une indemnité aux propriétaires sur les terrains desquels doivent passer les nouveaux chemins, comme pour les travaux d'utilité publique. Indépendamment des chemins communaux et vicinaux, il existe aussi des sentiers dont les communes ont la jouissance ; la propriété de ces sentiers s'établit comme celle de toutes les autres propriétés, c'est-à-dire par titres et par prescription. Les réparations et l'entretien des chemins sont à la charge des communes. Nous croyons devoir donner ici le texte même de la loi du 28 juillet 1824, qui a créé sur cette matière une législation toute nouvelle. « ART. 1er. Les chemins reconnus par un arrêté du préfet sur une délibération du conseil municipal, pour être nécessaires à la communication des communes, sont à la charge de celles sur le territoire desquelles ils sont établis, sauf le cas prévu par l'article 9 ci-après. — ART. 2. Lorsque les revenus des communes ne suffisent point aux dépenses ordinaires de ces chemins, il y est pourvu par des prestations en argent ou en nature, au choix des contribuables. — ART. 3. Tout habitant, chef de famille ou d'établissement, à titre de propriétaire, de régisseur, de fermier ou de colon partiaire, qui est porté sur l'un des rôles des contributions directes, peut être tenu pour chaque année, 1° à une prestation qui ne peut excéder deux journées de travail ou leur valeur en argent, pour lui et pour chacun de ses fils vivant avec lui, ainsi que pour chacun de ses domestiques mâles, pourvu que les uns et les autres soient valides et âgés de vingt ans accomplis; 2° à fournir deux journées au plus de chaque bête de trait ou de somme, de chaque cheval de selle ou d'attelage de luxe, et de chaque charrette en sa possession pour son service ou pour le service dont il est chargé. — ART. 4. En cas d'insuffisance des moyens cidessus, il pourra être perçu sur tout contribuable jusqu'à cinq centimes additionnels au principal de ses contributions directes. — ART. 5. Les prestations et les centimes additionnels dans l'article précédent seront votés par les conseils municipaux qui fixeront également le taux de la conversion des prestations en nature. Les préfets en autoriseront l'imposition ; le recouvrement en sera poursuivi comme pour les contributions directes, les dégrèvements prononcés sans frais, les comptes rendus comme pour les autres dépenses communales. Dans le cas prévu par l'article 4, les conseils municipaux devront être assistés des plus imposés, en nombre égal à celui de leurs membres. — ART. 6. Si des travaux indispensables exigent qu'il soit ajouté par des contributions extraordinaires au produit des prestations, il y sera pourvu, conformément aux lois, par des ordonnances royales.—ART. 7. Toutes les fois qu'un chemin sera habituellement ou temporairement dégradé par des exploitations de mines, de carrières, de forêts, ou de toute autre entreprise industrielle, il pourra y avoir lieu à obliger les entrepreneurs ou propriétaires à des subventions particulières, lesquelles seront, sur la demande des communes, réglées par les conseils de préfecture, d'après des expertises contradictoires. — ART. 8. Les propriétés de l'Etat et de la commune contribueront aux dépenses des chemins communaux dans les proportions qui seront réglées par les préfets en conseil de préfecture.—ART. 9. Lorsqu'un même chemin intéresse plusieurs communes, et, en cas de discord entre elles sur la proportion de cet intérêt et des charges à supporter, ou en cas de refus de subvenir auxdites charges, le préfet prononce en conseil de préfecture, sur la délibération des conseils municipaux assistés des plus imposés, ainsi qu'il est déjà dit à l'article 5. — ART. 10. Les acquisitions, aliénations et échanges, ayant pour objet les chemins communaux, seront autorisés par arrêtés des préfets en conseil de préfecture, après délibérations des conseils municipaux intéressés, et après enquête *de commodo et incommodo*, lorsque la valeur des terrains à acquérir, à vendre ou à échanger, n'excédera pas trois mille francs; seront aussi autorisés par les préfets, dans les mêmes formes, les travaux d'ouverture et d'élargissement desdits chemins, et l'extraction des matériaux nécessaires à leur établissement, qui pourront donner lieu à des expropriations pour cause d'utilité publique, en vertu de la loi du 8 mars 1810, lorsque l'indemnité due aux propriétaires pour les terrains ou pour les matériaux n'excédera pas la même somme de trois mille francs. » — Nous faisons observer sur ce dernier article, que la loi du 8 mars 1810 a été abrogée par l'article 67 de celle du 7 juillet 1833, qui règle maintenant tout ce qui a rapport à *l'expropriation forcée pour cause d'utilité publique* (*V.* ce mot). — § 3. *Poursuite des actions et répression des contraventions relatives aux chemins publics.* Ce règlement des compétences est ce qu'il y a à la fois de plus difficile et de plus important dans cette matière ; on peut même dire que la jurisprudence tient lieu de législation, tant cette législation est confuse et incomplète. Le conseil d'Etat le comprit tellement, que dans un avis approuvé le 6 novembre 1815, cité par M. Cormenin (*Questions*, t. 1er, p. 274), il réclama une législation complète sur cette matière; cet avis n'eut pas de suite. Il nous est impossible de rapporter en entier les arrêts du conseil et des tribunaux qui ont établi les règles de la compétence respective de l'autorité administrative ou judiciaire; nous présenterons seulement le résumé général de la jurisprudence que nous empruntons au savant ouvrage de M. Cormenin (*Questions*, t. 1er, p. 275 et suiv.). D'après ces principes, 1° les maires sont compétents pour faire démolir, en exécution des mesures d'urgence prises par les préfets ou des arrêtés des conseils de préfecture, aux frais des contrevenants, les barrières qui interceptent ou les clôtures qui rétrécissent les chemins vicinaux, pour donner des alignements, afin de construire ou de se clore le long des chemins vicinaux, sauf recours à l'autorité supérieure ; 2° aux préfets appartient la reconnaissance des anciennes limites, la fixation de la largeur, la classification, la direction et le rétablissement provisoire des chemins vicinaux ; 3° au ministre de l'intérieur est dévolu le droit de réformer les arrêtés des préfets, et de provoquer devant le conseil d'Etat, dans l'intérêt de la loi, l'annulation des arrêtés des conseils de préfecture ; 4° aux conseils de préfecture appartient le droit de statuer sur les anticipations des propriétaires riverains commises sur un terrain précédemment inscrit au tableau, ou reconnu vicinal par arrêté du préfet, après recherche de ses anciennes limites pendant l'instance; 5° les tribunaux de police simple et correctionnelle sont chargés de la répression des contraventions et délits, dans les cas prévus par les lois pénales ; 6° enfin les tribunaux civils prononcent généralement sur toutes les questions de propriété, de servitudes et d'indemnités relatives aux chemins. — Telles sont les règles de compétence qui, dans l'état actuel de la jurisprudence, sont généralement admises. Nous avons encore à parler des lois de police faites dans l'intérêt de la conservation des chemins et de la sûreté des voyageurs. L'usurpation, la dégradation et la détérioration des chemins publics sont des délits correctionnels, punis d'une amende de trois francs à quatre francs, et les auteurs de ces délits doivent être en outre condamnés à la réparation des chemins et à la restitution. C'est aux tribunaux correctionnels que le jugement de ces infractions appartient (loi du 27 septembre-6 octobre 1791, tit. II, art. 40 ; arrêt de cassation du 2 août 1828, Sirey, t. XXVIII, Ire partie, p. 417). Mais les tribunaux de police simple sont seuls investis de la connaissance des *embarras* des chemins par le dépôt sans nécessité de matériaux ou de choses quelconques, qui empêchent ou diminuent la liberté et la sûreté du passage (code pénal, art. 471 4°; arrêt de cassation du 15 février 1828, Sirey, t. XXVIII, Ire partie, p. 270). Ces délits et contraventions sont constatés par les procès-verbaux des maires ou des gardes champêtres, et envoyés au procureur du roi ou au juge de paix du canton, suivant que l'infraction doit être soumise au tribunal correctionnel ou de simple police. Il arrive souvent, dans les campagnes, que les maires négligent de constater les délits commis sur les chemins; dans ce cas, il appartient à chaque citoyen de les dénoncer par voie de plainte, soit au procureur du roi, soit au ministère public près le tribunal de simple police, et de provoquer ainsi l'action de la justice, soit auprès de l'autorité administrative supérieure, pour appeler son attention sur la conduite de l'autorité locale. Mais chaque habitant de la commune ne peut pas intenter directement et en son nom personnel des actions judiciaires à raison de ces faits ; mais, en les faisant connaître à l'autorité, il peut prier le sous-préfet de convoquer le conseil municipal pour avoir son avis. En un mot, chacun a le droit incontestable d'adresser à l'autorité judiciaire et administrative tous les renseignements et les observations qui peuvent les éclairer sur ce qui se passe dans la commune.—§ 4. *Chemins privés.* Il n'existe pas de législation spéciale relativement aux chemins privés; ils sont soumis aux mêmes règles que les autres propriétés. La loi pénale ne punit pas les dégradations ou les usurpations commises sur les chemins privés, comme elle l'a fait pour les chemins publics ; elle ne réserve aux propriétaires de ces chemins qu'une *action civile :* c'est à eux qu'il appartient de veiller à la conservation de leurs droits. — § 5. *Prescription.* La prescription se rapporte aux actions civiles et aux actions criminelles. — 1° La prescription civile relative aux chemins résulterait d'un défaut d'usage pendant trente ans; il faut remarquer toutefois que les chemins portés sur le tableau des *chemins vicinaux* ne sont pas soumis à la prescription. C'est en ce sens qu'a décidé un arrêt de la cour de Rouen du 11 février 1825 (Sirey, t. XXVI, IIe partie, p. 218). Un chemin *privé* dans l'origine peut devenir *public* par prescription (arrêt de Bourges du 30 janvier 1826, Sirey, t. XXVII, IIe partie, page 62). 2° L'action publique, à raison des délits et contraventions, se prescrit par un mois, la loi qualifiant ces infractions de *délits ruraux* (arrêt de cassation du 25 août 1809, Sirey, t. XVII, Ire partie, page 346). Il est entendu que la partie lésée a toujours le droit de réclamer la restitution du terrain prétendu usurpé sur le chemin.

**CHEMIN COUVERT**, ouvrage de fortification qui fait partie des dehors d'une place, et dont l'invention date du commencement des guerres de la Hollande contre Philippe II. Aussi le mot espagnol *corridor* fut-il employé sous cette acception avant que l'expression *chemin couvert* lui eût été préférée. Si quelques traités du XV^e siècle parlent de chemins couverts, ce n'est pas dans le sens actuel, et si l'Italie nous a prêté presque tous les termes de fortification, elle a, au contraire, traduit du français son *strada coperta*, comme l'ont fait également les Anglais dans leur *covert-way*. — Avant l'invention des *parallèles* (*V.* ce mot), les sorties étaient d'un puissant effet; on chercha donc à les faciliter et à en multiplier les issues; à cet effet on changea en *chemin couvert* l'ancien *corridor de contrescarpe*, en l'agrandissant et en y ménageant des places d'armes propres à rassembler et à contenir les troupes de sortie, jusqu'au moment de l'irruption. — Un *chemin couvert* est une voie ou un terrain à ciel ouvert. Son glacis est à saillants et à rentrants. Son rez-de-chaussée est masqué, du côté extérieur, par un parapet, circonstance qui lui a fait donner son nom, assez ambigu et assez mal inventé du reste. — Le chemin couvert est vu des embrasures correspondantes de la place et des flancs des batteries dont il est avoisiné; il communique au fond du fossé au moyen de rampes ou d'escaliers; si le fossé est sec, il correspond avec les contre-mines du rempart; il recèle des galeries meurtrières qui se rattachent aux galeries d'enveloppe et menacent au besoin la dernière parallèle que creuserait une armée assiégeante. L'occupation primitive et principale des grenadiers était d'insulter à coups de grenades le chemin couvert; maintenant on essaye quelquefois encore de l'emporter d'emblée. Aussi est-il gardé par des postes et des sentinelles d'infanterie. Si l'assiégeant s'en approche méthodiquement, et qu'il l'aborde par des demi-parallèles, le chemin couvert devient un théâtre d'escarmouches et de luttes dans lesquelles l'attaquant est réduit aux travaux les plus meurtriers du siége. La prise du chemin couvert devient, si l'ennemi en reste maître, le préliminaire de la descente à ciel ouvert, ou de la descente couverte, et ces opérations sont elles-mêmes le prélude de la batterie en brèche, de l'assaut et de la prise de la place.

**CHEMIN DE SAINT-JACQUES**, nom que l'on donne vulgairement à la voie lactée.

**CHEMIN** (CATHERINE DU), femme de Girardon, et digne de l'être par le talent supérieur de peindre les fleurs. L'académie de peinture et de sculpture lui ouvrit ses portes. Elle mourut à Paris en 1698. Son illustre époux consacra à sa mémoire le beau mausolée que l'on voit dans l'église Saint-Landry. Ce monument de génie et de reconnaissance fut exécuté par Nourrisson et Lelorrain, deux de ses élèves, d'après le modèle de leur maître.

**CHEMINAIS** (TIMOLÉON), jésuite, né à Paris, en 1652, d'un commis de M. de la Vrillère, secrétaire d'Etat, fit admirer son talent à la cour et à la ville. Lorsque ses infirmités lui eurent interdit le ministère de la prédication dans les églises de Paris et de Versailles, il allait tous les dimanches instruire les pauvres de la campagne. Sa réputation a longtemps approché de celle de Bourdaloue : elle a paru céder ensuite cette proximité à celle de Massillon; il semble néanmoins que ses discours sont plus touchants, et font en général plus d'effet sur les cœurs, quoique peut-être moins éloquents que ceux de l'évêque de Clermont. Le P. Bretonneau a publié ses *Discours* en 5 vol. in-12. Le P. Cheminais mourut en 1689, âgé de trente-neuf ans, en digne ministre de cette religion qui l'avait animé pendant sa vie. Sa carrière fut courte, mais elle fut bien remplie. On a de lui *les Sentiments de piété*, imprimés en 1691, in-12, ouvrage qui se ressent un peu trop du style de la chaire, et pas assez du langage simple et affectueux de la dévotion.

**CHEMINEAU**, s. m. (*technol.*), cheminée portative. — Sorte de pain que l'on faisait jadis à Rouen, pendant le carême.

**CHEMINÉE**, s. f. nom que l'on donne au lieu où l'on fait du feu dans les maisons. Les parties d'une cheminée sont l'âtre ou foyer, le contre-cœur, le manteau, les pieds-droits et le tuyau. — *Des cheminées chez les anciens.* Ç'a été longtemps une question parmi les érudits, et c'en est encore une parmi ceux qui ne le sont pas, de savoir si les anciens connurent ou non l'usage des *cheminées*. — Quoique le mot latin *caminus*, fait du grec *kaminos*, puisse donner à entendre que le nom avec la chose signifiée aura passé des anciens jusque chez nous, cependant, en admettant ici dans tout son entier la preuve étymologique, il faudrait encore savoir jusqu'à quel point la différence des usages et des formes peut en laisser supposer entre les mots. — D'abord on ne doute point que les anciens n'aient employé plusieurs procédés très-différents pour échauffer l'intérieur de leurs chambres et de leurs appartements. J'ai déjà rendu compte d'un de leurs usages à cet égard au mot BRASIER (*V.* ce mot), mais qui n'a aucun rapport avec nos *cheminées*. — Les deux mots *caminus* et *focus*, dont les Romains se servaient pour désigner le lieu où se faisait le feu, se trouvent employés par les écrivains de manière à laisser beaucoup de doute sur les différences qu'ils pouvaient comporter. En effet, *focus*, qu'on pourrait prendre pour un brasier et un de ces ustensiles, déjà décrits, où l'on brûlait du charbon, se prend aussi pour un lieu propre à brûler du bois; ce qu'Horace donne plus qu'à entendre lorsqu'il dit :

Dissolve frigus ligna super foco
Large reponens.

Lorsque Vitruve prescrit de quelle manière, dans les métairies, on disposera, par rapport aux étables, le lieu où l'on fera le feu dans la cuisine, il se sert aussi du mot *focus*, qui sans doute ici, moins encore que partout ailleurs, ne saurait vouloir dire un brasier portatif. — Cicéron, en écrivant à Atticus, lui dit, dans le même sens qu'Horace : *Camino luculento tibi utendum censeo.* Quand Vitellius fut élu empereur, le feu gagna du *caminus* à la salle à manger, ou *triclinium* : *Nec ante in prætorium rediit quam flagrante triclinio ex conceptu camini.* Sueton, cap. 8. — Voilà bien, comme l'on voit, les deux mots *focus* et *caminus* employés de manière à ne pouvoir être traduits, l'un et l'autre que par le mot *cheminée*. J'ajoute que dans tous ces textes on ne peut appliquer à ces mots d'autre idée que celle que nous attachons à celui qui fait le sujet de cet article; c'est-à-dire que ces mots emportent avec eux l'idée d'un lieu où l'on brûle du bois, et qui devrait nécessiter un passage pour la fumée. Le second texte s'applique particulièrement à nos *cheminées*. On fait voir, par d'autres citations des anciens, qu'ils avaient dans leurs maisons des conduits pour la fumée. — Philocléon, dans la comédie des *Guêpes* d'Aristophane, se cache dans une *cheminée*; un esclave qui l'entend s'écrie : Quel bruit fait le tuyau de la *cheminée* ! Philocléon, découvert, répond qu'*il est la fumée, et qu'il cherche à s'échapper*; et le fils, un peu après, se plaint de ce que l'on va dire partout qu'il est le fils d'un ramoneur de *cheminées*. — Appien, *De bello civili*, lib. IV, parlant des proscriptions des triumvirs, assure que plusieurs citoyens se réfugièrent *dans les tuyaux des cheminées* pour se dérober aux recherches des meurtriers. — On lit encore dans Virgile :

Et jam summa procul villarum culmina fumant.

Déjà l'on voit fumer les combles des maisons dans le lointain.

C'est bien sans doute ici le cas de dire que la fumée ne va pas sans feu. Ainsi, en rapprochant tous ces passages entre eux, il en résulte que les anciens avaient dans leurs maisons et des foyers où l'on *brûlait du bois*, et des tuyaux qui conduisaient la fumée jusqu'au-dessus des combles. Si ces deux parties constituent ce que nous appelons *cheminées*, on pourrait donc, d'après les passages que nous venons de citer, affirmer que les anciens avaient des *cheminées*. — Voici maintenant quelques autorités qui pourront paraître plus décisives encore; car, dans ce genre, le moindre monument prouve plus que les meilleurs raisonnements. — Scamozzi dit avoir vu à Baïes une véritable *cheminée* antique, qui fut découverte de son temps : elle était quadrangulaire, et son tuyau formait une pyramide, c'est-à-dire qu'il se terminait en cône renversé. Le même auteur affirme que François Sanèze en vit une pareille à *Civita-Vecchia*, et qu'il s'en est découvert plusieurs autres en différents endroits. — Près de la ville de Desaignes en Vivarais, au diocèse de Valence, est un édifice qui paraît avoir échappé à l'œil pénétrant des savants des différents âges comme aux efforts des siècles destructeurs, et dans lequel on voit une sorte de *cheminée* dont le tuyau est un cône presque aigu. — Je trouve dans la Martinière, à l'article *Curiosolites*, que les ruines de la ville de Corseult présentent un monument semblable. « On a trouvé, dit-il, dans une espèce de chambre de douze pieds en carré, enduite de ciment, une *cheminée* de cinq pieds de large, qui exhalait la fumée (par deux canaux de tuile) d'une pièce cimentée aux deux coins. Ces canaux sont de dix-huit pouces de haut et de six en carré. Aux deux côtés opposés, ils sont percés de trous carrés, longs de cinq pouces sur un et demi de large. » — Si l'on réunit ces preuves aux autorités précédentes, à toutes les vraisemblances, au besoin qu'une multitude d'arts et de métiers eurent des *cheminées*, on n'en contestera pas sans doute l'existence chez les anciens. Aussi est-il moins question de prouver qu'ils eurent des *cheminées* que d'en démontrer l'emploi pour l'intérieur des appartements ; et c'est, il faut l'avouer, le point sur lequel on est le plus dépourvu d'exemples et d'autorités probantes. Avant la découverte des villes englouties par le Vésuve, on n'avait par les ruines antiques que des notions très-vagues sur l'intérieur des maisons des anciens. Les grands monuments avaient pu seuls résister à la main du temps, et pendant bien des années on connut mieux la forme d'un amphithéâtre ou d'un cirque que celle d'une chambre et des détails qui la composaient. — Les découvertes d'Herculanum et de Pompeï devaient jeter un plus grand jour sur toutes ces notions. Cependant on doit dire qu'il ne s'y est rien rencontré jusqu'à présent qui réponde précisément à ce que l'on entend par *cheminée ;* mais on y a trouvé, dans presque toutes les maisons, des moyens uniformes d'échauffer les pièces qui ne répondent proprement ni à ceux de nos poêles ni à ceux de nos *cheminées*, et qui avaient sans doute un grand avantage sur les uns et sur les autres. On y était, dit Winckelmann, beaucoup mieux garanti du froid sans *cheminées*, que nous ne le sommes aujourd'hui près d'un grand feu. — C'était par le moyen de l'*hypocaustum*, ou de ce que nous appellerions aujourd'hui étuve, que l'on échauffait l'intérieur des appartements. Cet hypocauste, ou poêle souterrain, échauffait non-seulement les pièces au-dessous desquelles il se trouvait, mais même tous les étages de la maison, par le moyen des tuyaux de chaleur répandus dans les murs et les cloisons, et qu'on élevait dans toute leur hauteur. Sénèque nous dit que de son temps on inventa certains tuyaux qu'on mettait dans les murailles, afin que la chaleur du feu que l'on allumait en bas des maisons, passant par ces tuyaux, échauffât également ces chambres jusqu'au plus haut étage. *Impressos parietibus tubos, per quos circumfunderetur calor, qui ima simul et summa fovent æqualiter.* — Longtemps, dans les différentes ruines d'antiques habitations où de telles étuves se voient encore, on a paru en ignorer le véritable usage ; et comme l'*hypocauste* ou fourneau souterrain était une des parties essentielles des thermes et des bains (*V.* BAINS), partout où l'on rencontrait un hypocauste on supposait l'existence d'un bain. Rien n'était plus capable de faire sentir cette erreur que les découvertes de Pompeï. Comment supposer en effet que de très-petites maisons eussent renfermé chez elles des bains, lorsqu'on sait qu'il y avait partout des édifices publics destinés à cet usage, qui exigeait une suite considérable de pièces et des moyens que les particuliers ne sauraient se procurer ? Comment d'ailleurs supposer que ces bains n'auraient été formés que du *caldarium* ou des chambres chaudes, puisqu'on n'y trouve, dans la plupart, aucune idée des autres pièces des bains ? — Si l'on rapporte maintenant ce qui s'est trouvé dans un bon nombre des maisons de Pompeï avec ce que Pline le Jeune nous apprend de la sienne à *Laurentum*, on verra que l'on a dû concevoir dans l'emploi des hypocaustes un usage différent de celui que ces fourneaux avaient dans les bains, où ils servaient à échauffer les eaux et les chambres à suer ou le *laconicum*. En effet l'écrivain déjà cité nous décrit assez au long toutes les pièces des bains qui formaient une partie de sa spacieuse maison. Mais c'est un endroit entièrement séparé du reste de la maison, dans ce que nous appellerions un pavillon détaché, que Pline s'était formé un petit appartement de retraite dont il nous décrit avec beaucoup de soin toute la distribution : « Sous une de ces chambres, dit-il, j'ai fait pratiquer un hypocauste fort petit, qui communique et répand, par une petite ouverture, autant et si peu de chaleur que l'on veut. » *Applicitum est cubiculo hypocaustum perexiguum, quod angusta fenestra suppositum calorem, ut ratio exigit, aut effundit, aut retinet.* Dans un autre corps de bâtiment du Laurentin était une suite de chambres à coucher où l'on entrait par un corridor où le plancher suspendu était formé de dalles. Par ce souterrain circulait et se communiquait de toutes parts la chaleur du feu qu'on y entretenait en le tempérant avec soin. *Adhæret dormitarium membrum, transitu interjacente, qui suspensus et tabulatus conceptum vaporem salubri temperamento huc illucque digerit et ministrat.* — Voilà bien, sans aucun doute, des hypocaustes ou fourneaux souterrains, placés sous des pièces qui ne furent ni des étuves ni des bains, et dont le seul objet était d'échauffer d'une manière aussi active qu'on le voulait les pièces destinées à l'habitation et au sommeil. — Ecoutons maintenant Winckelmann dans les détails de quelques-unes des habitations de Pompeï. « Au pied de la colline sur laquelle était bâtie la maison de campagne, il y avait un petit bâtiment qui servait de retraite pendant l'hiver. Dessous terre sont disposées, deux par deux, de petites chambres dont la hauteur est égale à celle d'une table ordinaire. Au milieu de ces chambrettes sont des piliers de briques liées ensemble simplement avec de l'argile, sans la moindre chaux ; et cela afin qu'elles résistent mieux à l'action du feu. Ces briques sont placées de manière qu'une grande brique, qui porte sur deux petites, se trouve exactement posée sur le milieu de l'une et de l'autre. C'est de ces mêmes briques qu'est fait le plafond, qui est pour ainsi dire horizontal, et qui porte le plancher d'une petite chambre dont le pavé est en mosaïque grossière, et dont les murs étaient revêtus de plusieurs espèces de marbre. Dans ce pavé étaient pratiqués des tuyaux carrés en maçonnerie, dont les ouvertures donnaient dans la chambre d'en bas. Ces tuyaux, réunis ensemble, parcouraient l'intérieur du mur de l'appartement au-dessus de la chambrette, dans un conduit couvert d'un enduit de marbre pilé, et se prolongeant jusque dans l'appartement du second étage, où la chaleur se répandait par une espèce de mufle de chien en argile, lequel était garni d'un bouchon. Les chambrettes d'en bas, sous terre, étaient dans des poêles. Devant ces poêles régnait une allée fort étroite, c'est-à-dire du tiers de la largeur des chambrettes, et c'est dans cette allée que donnaient les grandes ouvertures carrées du poêle, élevées à la largeur d'un doigt seulement au-dessus du pavé de l'allée, et dont la hauteur allait jusqu'à la moitié des deux piliers intérieurs. C'est par ces ouvertures qu'on y mettait des charbons ardents, qui, en raison de leur quantité, échauffaient plus ou moins les briques d'en haut, et cette chambre servait d'étuve. La chaleur du poêle, qui s'était jetée dans les bouches des tuyaux, montait ensuite le long de la muraille, et allait se communiquer à la chambre située au-dessus de l'étuve. Ces poêles ou chambres souterraines offrent néanmoins une difficulté : car, comme ils étaient murés de tous côtés, à l'exception des trous carrés dont nous venons de parler, il est difficile de concevoir comment on s'y prenait pour en enlever les cendres, puisque l'allée qui y conduisait était si étroite, qu'il n'était pas possible d'y manier une pelle. Je n'y trouve qu'un moyen, c'est qu'on faisait entrer un petit garçon par l'un de ces trous carrés, qui me paraissent être assez grands pour cette espèce de manœuvre. » — On voit que l'hypocauste ou poêle souterrain qui servait à échauffer l'intérieur des maisons ne différait de l'hypocauste des bains que par la grandeur et la solidité de la construction. En effet, dans les fourneaux des bains, on employait le bois et la flamme qui, parcourant toute la superficie du plafond, devait avoir une tout autre activité que le charbon, dont il paraît qu'on se servait dans les maisons. Nous disons *il paraît*, parce qu'à une maison de Pompeï on a trouvé encore dans une chambre souterraine un amas de charbons. Nous renvoyons donc, pour la connaissance plus précise de cette construction, aux articles BAINS et HYPOCAUSTE, où l'on trouvera de nouveaux détails sur cet objet. — En résumant tout ce qui vient d'être dit, il doit passer pour constant que les anciens connurent et employèrent la forme de nos *cheminées*, composées d'un âtre ou foyer où l'on brûle du bois, et d'un tuyau pour en dégager la fumée ; mais il est vraisemblable aussi qu'elles étaient affectées à certains besoins, comme à ceux de la cuisine, seule pièce des habitations où Vitruve en fasse mention. Il est bien prouvé, en outre que la méthode d'échauffer une maison en général par le moyen des poêles souterrains et des tuyaux de chaleur qui circulaient dans tous les murs, devait dispenser chaque pièce de la maison d'avoir un foyer particulier. C'est pour cela qu'on trouve dans tant de maisons des vestiges d'hypocaustes, sans qu'on voie dans aucune de leurs chambres des indications de *cheminées*. — *Des cheminées chez les modernes.* Deux raisons ont contribué à multiplier, dans le nord de l'Europe, les foyers particuliers qu'on appelle *cheminées :* la rigueur des hivers, et le nombre considérable d'étages qui forment autant de maisons que celles-ci ont de locataires, ce qui rendrait difficile le procédé général dont on a parlé chez les anciens ; procédé qui ne convenait qu'à une seule habitation et à un seul propriétaire. Au reste les poêles qu'on pratique dans les appartements en Russie ont un rapport avec les hypocaustes des anciens, comme on le verra au mot POELE ; mais le midi de l'Europe n'a rien conservé de cet usage. Soit, comme l'ont prétendu quelques écrivains, que les hivers soient

plus tempérés qu'ils ne l'étaient autrefois, soit que la modicité des fortunes particulières n'ait jamais permis à ces procédés dispendieux de se renouveler et de s'étendre, on ne voit que très-peu de *cheminées* dans les maisons de l'Italie et de l'Espagne. La seule manière de corriger, dans l'intérieur des appartements, l'influence des frimas, c'est d'entretenir au milieu des pièces un foyer portatif, qu'on appelle brasier (*V.* ce mot), où l'on ne brûle que du charbon. — Cet usage est aussi général dans le palais des grands et des riches que dans les maisons des moindres particuliers; cependant on trouve aussi l'usage des *cheminées* modernes dans les plus anciens palais : je ne parle point de celles qu'on pratique dans les cuisines, et qui sont communes à toutes les maisons; je parle de ces *cheminées* de décoration et de parade que l'on a imitées en France, et dont on trouve des copies plus ou moins riches dans nos anciens châteaux. — Ce qu'on doit dire sur les *cheminées* chez les modernes peut se diviser en deux parties : l'une qui concerne les *cheminées* dans l'intérieur des appartements, et l'autre qui a rapport à l'extérieur des *cheminées*, c'est-à-dire à leurs tuyaux au-dessus des combles des maisons. — Ce qui regarde les *cheminées* dans les intérieurs des maisons nous présente quelques observations à faire sur leur forme, sur leur décoration et sur leur situation. — La plus ancienne forme des *cheminées*, on la retrouve, je l'ai déjà dit, dans les anciens palais; la grandeur des pièces où elles figurent exigeait la hauteur et la grandeur des dimensions qu'on y voit. Longtemps aussi, même dans les maisons particulières, les *cheminées* furent tenues très-hautes et très-larges; alors un seul feu rassemblait et échauffait toute la famille. Depuis que la commodité intérieure a exigé la diminution et le rapetissement des pièces, les *cheminées* ont diminué en même proportion et ont augmenté en nombre. Le genre de décoration affectée aux *cheminées* n'a pas enflé pour peu sur leurs formes. Autrefois on y appliquait toute la richesse des formes de l'architecture, de celles du moins qu'on employait aux portes et aux fenêtres. Quelques *cheminées* d'Italie sont embellies de colonnes, d'entablements, et d'autres le sont de statues : telle est celle de la grande salle Farnèse, dont le couronnement est formé par les deux statues allégoriques que Guillaume de la Porte avait destinées au tombeau d'Alexandre VII, mais qu'il jugea lui-même trop médiocres pour figurer dans l'église de Saint-Pierre. — Les *cheminées* de l'hôtel de ville de Paris, bâties par Dominique de Vérone, au bon goût près de la sculpture qui les décore, sont des imitations de celles du palais Farnèse. Les marbres et les métaux brillent encore dans les *cheminées* du palais de Versailles, construites presque toutes selon le même goût et avec les mêmes dimensions; des tableaux ornent ordinairement leur manteau, où des bustes et des bas-reliefs se trouvent adossés. Ces *cheminées*, il faut l'avouer, font un bel effet dans l'ensemble et la décoration des anciens palais; elles ont quelque chose de noble et d'imposant. Quels que soient les vices d'enroulements, de cartouches, et autres mesquineries semblables qu'on y retrouve quelquefois, il faut avouer que la décoration des intérieurs a perdu au nouveau système de la disposition des *cheminées*. — C'est particulièrement à la mode des glaces qu'on doit ce changement. Decotte, premier architecte du roi, est le premier, dit-on, qui ait introduit l'usage des glaces sur les *cheminées*; mais d'abord cette invention n'avait point banni toutes les autres espèces d'ornements. Les glaces atteignirent insensiblement à un point de grandeur qui n'a plus permis d'y associer d'autres objets; les chambranles des *cheminées* se rapetissèrent à proportion que les glaces augmentèrent de volume et d'étendue; et ce goût est devenu si général, qu'on ne voyait plus en France une seule *cheminée* sans glace (*V.* GLACE). — La grandeur ordinaire des *cheminées*, depuis longtemps, n'est fixée que par celle des pièces. Leur chambranle ne surpasse pas en général trois pieds et un quart de hauteur dans les appartements de société; mais dans les grandes salles, les antichambres, les salles des gardes, les galeries, etc., elles peuvent être de six pieds de hauteur, ainsi que celles du Palais-Royal, de l'hôtel de Toulouse, qui sont les plus remarquables de Paris. — On fait les chambranles des *cheminées* les plus ordinaires de pierre de liais que l'on peint en couleur de marbre; mais il est rare qu'aujourd'hui on n'emploie pas le marbre à ces revêtissements. Le marbre blanc, quoiqu'il soit fort en usage dans ce genre, est celui pourtant qui semble y convenir le moins; la fumée en altère bientôt l'éclat. On travaille à Rome ces chambranles avec les matières les plus précieuses : le porphyre et le granit, la mosaïque et les ornements en bronze qu'on y applique, en font des objets de curiosité qu'on destine ordinairement aux étrangers, les seuls qui y mettent le prix qu'ils valent; car, comme on l'a dit, l'usage des *cheminées* n'est pas assez commun dans ce pays pour qu'on puisse en attendre le débit. On peut citer plusieurs de ces ouvrages comme des modèles du goût et de la décoration qui peuvent encore convenir à ce genre. C'est là surtout que le goût arabesque peut trouver place d'une façon convenable; car la petitesse de nos cheminées actuelles ne permet pas d'y employer avec vraisemblance les membres de l'architecture. Les jambages, la traverse, peuvent recevoir des rinceaux, des enroulements, des cannelures, et tous les objets de détail dont les compartiments égayent la vue. — La situation des cheminées n'est pas indifférente dans les pièces d'un appartement. On doit se donner de garde de les adosser contre le mur de face, entre les fenêtres, parce qu'elles chargent le mur et que leur souche paraît trop hors du comble; elles doivent, autant qu'il est possible, se présenter en entrant, mais rarement devant une porte; il faut non-seulement avoir soin qu'elles se trouvent à droite de la principale porte d'entrée, mais qu'elles soient placées dans le milieu de la pièce, afin que vis-à-vis on puisse, si on le veut, leur opposer un trumeau de glace de la même largeur que celle de la *cheminée*, et enrichi des mêmes ornements, à l'exception des chambranles, à la place desquels on met une table, une console, ou tout autre meuble principal. C'est par le secours mutuel de ces deux glaces placées vis-à-vis l'une de l'autre et dans une direction bien parallèle, que la réflexion des lumières se perpétue, et donne aux pièces cet air de grandeur qui forme l'effet qu'on y recherche lorsqu'elles sont placées avec la précaution qu'on y vient d'indiquer. — Ce qui reste à dire sur les *cheminées* concerne leur partie extérieure, c'est-à-dire les tuyaux qui s'élèvent au-dessus des combles des maisons. — Je ne dirai rien de leur construction qui est le plus souvent en plâtre, quelquefois en briques posées de plat, et rarement en pierre de taille. — Les tuyaux construits de cette dernière façon ne se voient guère qu'aux châteaux anciens et aux maisons royales. Les bâtiments du Louvre et des Tuileries nous en offrent de somptueux exemples. On a de tout temps admiré leur hauteur, la solidité de leur construction et la richesse de leur décoration. Il ne reste, suivant moi, qu'une seule chose qu'on n'y a jamais assez remarquée, c'est l'inutilité de tout ce luxe, et l'abus d'ornements prodigués à des objets qui, n'étant que d'une utilité grossière et d'un usage peu noble, n'auraient jamais dû se concilier une attention si particulière, ni jouer dans les bâtiments un rôle si important. Je sais que la hauteur démesurée des combles qui écrasent les édifices en question nécessita la hauteur désordonnée de ces *cheminées*, et que celles-ci acquérant par là une masse extraordinaire, suggérèrent de corriger par la décoration l'insipidité de leur aspect. Mais je sais aussi qu'on n'excuse point un vice par un autre vice. On doit tout simplement conclure de ceci que les combles élevés sont un ridicule d'autant plus grand dans les bâtiments, qu'ils entraînent avec eux la conséquence plus ridicule encore des *cheminées* dont on a parlé. — Les tuyaux des *cheminées* ne sont que des objets de besoin qui, loin de figurer dans les édifices, doivent au contraire se soustraire, le plus qu'il sera possible, à la vue du spectateur. Leurs formes étant sans accord comme sans liaison avec les autres parties des bâtiments, leur nombre et leur position ne peuvent jamais être déterminés par aucune règle de goût et de symétrie; l'on voit, quels que soient les ornements qu'on leur applique, qu'il y aura toujours plus de raison pour en proscrire la vue qu'ils ne sauraient en avoir pour plaire aux yeux. — Les pays où l'usage des *cheminées* est rare ont à cet égard, dans l'aspect de leurs édifices, un grand avantage sur ceux où le climat en commande la multiplicité. Rien ne défigure tant les combles et les couronnements des maisons que cette multitude de constructions bizarres qui en hérissent le sommet. Cette différence est une des principales raisons de la beauté des aspects des villes d'Italie, et du mauvais effet de celles de France. — Mais l'architecte ne peut rien contre la nécessité du climat. L'usage des *cheminées* est tellement lié, dans certains pays, aux besoins les plus impérieux et aux commodités les plus urgentes, que l'on serait blâmable de les envisager sous un autre point de vue que celui de la situation la plus avantageuse pour prévenir les inconvénients de la fumée dans l'intérieur des appartements.

**CHEMINÉE ADOSSÉE.** C'est une *cheminée* qui est posée contre un mur ou contre le tuyau d'un autre *cheminée*.

**CHEMINÉE A DOUBLE FOYER,** *cheminée* d'une invention économique, qu'on peut employer avantageusement dans les maisons neuves en les construisant. Supposons une salle de compagnie adossée à un cabinet d'étude ou à une chambre à coucher. Veut-on faire passer le feu de la salle dans la pièce suivante. Il ne faut qu'un coup de pied pour faire tournoyer le foyer tout entier avec le feu. Cela se fait, parce que le foyer porte dans la partie supérieure sur une vis sans fin, jouant dans un châssis de fer qui traverse le conduit de la *cheminée*, et dans la partie inférieure. — Cette *cheminée* mobile porte sur un pivot scellé dans le plancher. Toute cette machine tourne donc avec la plus grande simplicité sur ces deux points d'appui, et elle s'ajuste exactement au parement de la *cheminée*.

**CHEMINÉE AFFLEURÉE** est celle dont l'âtre et le tuyau sont pris dans l'épaisseur du mur, et dont l'architecture du manteau est en saillie.

**CHEMINÉE A L'ANGLAISE**, petite *cheminée* à trois pans sur son plan, et fermée en anse de panier.

**CHEMINÉE A LA PRUSSIENNE**, *cheminée* de tôle fort petite, qui s'introduit dans une plus grande, dont le devant est fort bas, a l'extrémité supérieure terminée en cône tronqué, qui se ferme plus ou moins au moyen d'un couvercle. Cette *cheminée* a souvent l'effet qu'on en attend, mais pas toujours. D'ailleurs elle est incommode en ce qu'on n'y peut faire qu'un feu étroit et de bois court, et que, présentant peu d'ouverture, il est difficile qu'une compagnie nombreuse s'y chauffe. En outre, chaque fois qu'on veut faire ramoner, il faut un maçon pour déboucher l'entrée de la *cheminée*.

**CHEMINÉE ANGULAIRE.** C'est une *cheminée* dont le plan est circulaire et qui est située dans l'angle d'une chambre, comme on en voit dans quelques villes du Nord.

**CHEMINÉE DE CUISINE.** C'est celle qui n'a qu'une hotte, et le plus souvent sans jambages.

**CHEMINÉE EN HOTTE**, *cheminée* dont le manteau, fort large par le bas et en figure pyramidale, est porté en saillie par des courges et corbeaux de pierre, comme on le voit aux anciennes *cheminées*.

**CHEMINÉE EN SAILLIE.** On appelle ainsi celle dont le contre-cœur effleure le nu d'un mur, et dont le manteau est en dehors.

**CHEMINÉE ISOLÉE**, *cheminée* placée au milieu d'un chauffoir, qui ne consiste qu'en une hotte soutenue en l'air par des soupentes de fer, ou portée par quatre colonnes, comme les anciens le pratiquaient. — On appelle encore *cheminée isolée* celle qui, étant adossée à une cloison, laisse un espace entre le contre-cœur et les poteaux de crainte du feu.

**CHEMINÉE.** Figurément et familièrement, ***Faire un acte, un arrangement, une affaire sous la cheminée***, faire quelque chose en cachette, et sans observer les formes. — Proverbialement et populairement, ***Il faut faire la croix à la cheminée***, se dit quand on voit une personne entrer dans une maison où il y avait longtemps qu'elle n'était venue.

**CHEMINÉE** (*marine*), trou carré par lequel passe un mât de hune.

**CHEMINÉE** (*technol.*), petit vide occasionné par l'air dans une pièce de métal fondu. — Trou par lequel on fait l'extraction des matières contenues dans une fosse d'aisances. — Trou par lequel ces matières y tombent. — Tube de verre qui entoure la lumière d'un quinquet. — Petit cylindre saillant, dans le centre duquel est creusé le trou de lumière et sur lequel on place la capsule d'amorce dans les armes à percussion.

**CHEMINÉE (CHEVALIER DE)** *term. de dérision* (*vieux langage*), chambellan qui reste auprès de son maître, tandis que les autres chevaliers vont à la guerre.

**CHEMINEL**, s. m. (*horticult.*), variété de poire avec laquelle on fait du poiré.

**CHEMINEMENT**, s. m. (*art. milit.*), marche progressive des travaux offensifs d'un siége. — Marche comparée des armes ou troupes diverses.

**CHEMINER**, v. n. marcher, aller, faire du chemin pour arriver quelque part. — Figurément et familièrement, *Cheminer droit*, ne point tomber en faute. — Figurément et familièrement, *Cet homme sait cheminer*, il sait aller à ses fins, il fait ce qu'il faut pour s'avancer. On dit dans le même sens, *Cet homme chemine, il cheminera*. — Figurément, en parlant d'un poëme, d'un discours, *Cela chemine bien*, l'ouvrage est bien suivi; les parties en sont bien disposées, bien enchaînées.

**CHEMINEUX, EUSE**, adj. Il se dit familièrement, suivant le dictionnaire de Boiste, d'une personne qui marche vite, qui fait beaucoup de chemin.

**CHEMINON, CHEMINO et CHEMINIO**, abbaye de l'ordre de Cîteaux, fille de Trois-Fontaines, au diocèse de Châlons-sur-Marne, entre Vitry et Bar-le-Duc. Elle fut d'abord de l'ordre de Saint-Augustin, et fondée au commencement du XIIe siècle. Les frères Alard et Alberic, suivis de quelques autres personnes de piété, s'étant retirés dans la forêt de Luiz pour y vivre dans les exercices de la pénitence et sous la règle de Saint-Augustin, ils bâtirent une maison avec une église sous le nom de Saint-Sauveur, sur un fonds qui leur fut donné par Alix, comtesse de Champagne, et ses deux fils, Philippe, évêque de Châlons, et Hugues, comte de Champagne. Le pape Paschal II confirma en 1103 cet établissement, et le nouveau monastère fut soumis à l'abbaye d'Arouaise en Artois. Pour rendre cette maison plus nombreuse, le comte Hugues lui céda en 1110 une autre terre voisine, appelée *Chemino*, à la charge d'y bâtir une église à l'honneur de saint Nicolas, et d'y assembler des religieux pour y vivre régulièrement avec frère Alard, qui en fut le premier supérieur. L'église fut en effet bâtie, et Richard, évêque d'Albano, légat du saint-siége, en fit la dédicace au mois de décembre de la même année, et l'exempta de toute juridiction épiscopale, avec la participation et du consentement de l'évêque de Châlons. On met au nombre des principaux bienfaiteurs de Cheminon les chanoines de Saint-Corneille de Compiègne, qui en augmentèrent les revenus par une donation qu'ils lui firent en 1116. Quelques années après, ce monastère quitta la règle de Saint-Augustin pour embrasser celle de Cîteaux, comme il paraît par une bulle du pape Innocent II, en date du 17 février 1140. L'abbaye de Cheminon était autrefois si nombreuse, que les moines regardaient comme une réduction considérable la résolution qu'ils avaient prise de ne pas excéder le nombre de soixante religieux et de cent quarante-six convers, si ce n'était que le revenu augmentât. Il n'y eut dans la suite que huit religieux, qui firent entièrement rebâtir les lieux réguliers (la Martinière, *Dictionnaire géographique; Gallia christ.*, t. IX, col. 964).

**CHEMINOT** ou **CHEMINET** (JEAN), carme dont parle Trithème dans son ouvrage des Écrivains de l'ordre des carmes, sous le nom de *Joannes de Cimineto*, fut professeur dans le couvent de Metz, et se distingua par son savoir, ses sermons et son éloquence. Il a composé, 1° *Speculum institutionis ordinis sui*, lib. I; 2° *Sermones de tempore*, lib. I; 3° *Sermones de sanctis*, lib. I; 4° *Sermones per quadragesimam*, lib. I, et quelques autres ouvrages (dom Calmet, *Biblioth. lorraine*).

**CHEMISE**, vêtement de linge et à manches qui touche immédiatement au corps. Les chemises de femme ne sont pas faites comme celles des hommes : celles-ci, entre autres différences, sont moins longues. On fait des chemises de toile et de coton. La science des étymologistes, qui n'a épargné que fort peu de mots, s'est exercée sur l'origine du nom de chemise. La loi salique, Victor d'Utique et Isidore de Séville, emploient le mot latin *camisia* dès le Ve siècle. *Camisia* aurait été fait de *cama*, mot étranger qui signifie un lit; parce que, dit Isidore, on se servait de chemises quand on se mettait au lit. Quoi qu'il en soit de cette étymologie, l'assertion de ceux qui prétendent prouver l'extrême rareté du linge de toile au XVe siècle, parceque, disent-ils, la femme du roi Charles VII avait seule deux chemises de toile, cette assertion, disons-nous, ne prouve pas que l'usage des chemises fût peu répandu à cette époque; car ce vêtement était souvent en serge. Des monuments du XVIe siècle et d'un temps antérieur établissent clairement que l'usage ne fut pas toujours de garder sa chemise en se couchant. La chemise que portait le roi de France le jour de son sacre était de soie, ouverte et garnie de cordons aux endroits où il devait recevoir l'onction. Il y a des chemises faites et garnies avec un grand luxe; mais on peut douter qu'elles approchent de la magnificence dont Duloir nous donne un exemple. Le sulthan Amurath ayant pris Bagdad par une intelligence secrète avec le gouverneur, la femme de celui-ci s'empoisonna pour ne pas survivre à cette trahison. Le sulthan fit apporter à Constantinople dans son trésor deux chemises de cette dame qu'il choisit parmi le butin, parce qu'elles étaient tellement enrichies de pierreries, qu'on les prisait cinquante mille sequins. Au lever du roi, avant la révolution, la personne de la plus haute naissance parmi celles qui se trouvaient présentes, y compris les princes de sa famille, lui donnait sa chemise. On faisait faire amende aux criminels nus en chemise, pour marque d'une plus grande infamie, et les meurtriers portaient une chemise rouge en marchant au supplice. On a aussi appelé *chemises* les aubes des ecclésiastiques dont se vêtirent d'abord les lecteurs servant au chœur. La *chemise ardente* était une espèce de chemise, frottée de soufre, qu'on faisait endosser à ceux qui étaient condamnés à être brûlés vifs. La *chemise de mailles* était une espèce de cotte de mailles qu'on mettait sous le pourpoint comme une arme défensive. Le mot de *chemise* entre dans plusieurs locutions proverbiales, et se trouve employé dans plusieurs arts comme terme technique. Il serait trop long de donner ici toutes les acceptions. Il sera question de la chemise, sous le rapport hygiénique, aux mots LINGE et VÊTEMENT. A. SAVAGNER.

**CHEMISE.** *Etre en chemise*, n'avoir que sa chemise sur soi. — Figurément et familièrement, *N'avoir pas de chemise*, être fort pauvre. *Mettre quelqu'un en chemise*, le ruiner entièrement. — Familièrement, *Vendre, Engager, Manger jusqu'à sa chemise*, vendre, engager, jouer, manger tout ce qu'on a. — Figurément et familièrement, *Je cacherais, Je voudrais cacher cet homme entre ma peau et ma chemise, Je le mettrais dans ma chemise*, il n'est pas de moyen dont je ne fusse disposé à me servir pour mettre cet homme en sûreté. — Proverbialement et figurément, *La peau est plus proche que la chemise*, les intérêts personnels sont plus forts que les autres. — Proverbialement et figurément, *Entre la chair et la chemise il faut cacher le bien qu'on fait*, il faut faire le bien sans ostentation. — *Prendre une chemise blanche (jeux)*, se dit à l'hombre lorsqu'on écarte ses neuf cartes pour en prendre d'autres.

**CHEMISE DE MAILLES**, corps de chemise qui était fait de petits annelets d'acier, et dont on se servait pour se couvrir comme d'une arme défensive.

**CHEMISE** se dit aussi d'un morceau de toile qui sert d'enveloppe à certaines marchandises, telles que le drap, la soie, etc. — Il se dit encore d'une feuille de papier qui renferme et qui couvre d'autres papiers.

**CHEMISE** se dit également, *en term. de maçon*, d'un crépi, d'un revêtement de maçonnerie, d'une enveloppe de mortier, etc. *En term. de fortification*, la *chemise d'un bastion* ou d'un autre ouvrage, la muraille de maçonnerie dont un ouvrage est revêtu.

**CHEMISE.** Ancien proverbe, *La chemise est plus proche que le pourpoint*, les intérêts personnels sont plus forts que les autres.

**CHEMISE DE CHARTRES** (*hist.*), se disait d'une petite médaille que les pèlerins rapportaient de Notre-Dame de Chartres, et qui avait deux petits ailerons faits comme les manches d'une chemise.

**CHEMISE (FRÈRES DE LA)** (*hist. ecclés.*), nom que le peuple donnait aux chanoines réguliers de Latran.

**CHEMISE ARDENTE** ou **CHEMISE DE SOUFRE** (*anc. législ.*), vêtement enduit de soufre qu'on faisait prendre à un criminel condamné à être brûlé vif.

**CHEMISE A FEU** (*art milit.*), genre d'artifice incendiaire en usage dans la marine et dans les siéges défensifs.

**CHEMISE DE FER** (*art milit.*), armure défensive faite d'un tissu de petits anneaux (*V.* ci-dessus **CHEMISE DE MAILLES**).

**CHEMISE DE CLAIRON, DE CORNET, DE TROMPETTE** (*musiq. milit.*), partie opposée au pavillon, prolongement rectiligne de l'enroulement.

**CHEMISE** (*archit., hydraul.*), maçonnerie qui enveloppe une conduite de poterie.

**CHEMISE** (*marine*), toiles ou nattes dont on tapisse la cale d'un navire qu'on charge en grenier. — *Serrer les huniers en chemise*, ramasser la toile du fond en forme de colonne au pied du mât de hune.

**CHEMISE** (*sculpt.*), la couche de potée dont les statuaires fondeurs forment la chape d'un moule.

**CHEMISE** (*technol.*), partie inférieure du fourneau dans lequel on fait fondre le minerai. — Canon de fusil ébauché. — Calotte dont les verriers revêtent, en certains cas, la couronne du four de fusion.

**CHEMISER**, v. a. (*chimie*), garnir une cornue d'un enduit qui la préserve des premières impressions de la chaleur.

**CHEMISETTE**, s. f. diminutif. Sorte de vêtement qui se met sur la chemise, et qui prend d'ordinaire depuis les épaules jusqu'aux hanches.

**CHEMMIS** (*géogr. anc.*), ville d'Egypte dans la Thébaïde, était appelée par les Grecs Panopolis. On y voyait un temple dédié à Persée. Cette ville fut la patrie de Danaüs, fondateur d'Argos.

**CHEMMIS** (*géogr. anc.*), île du lac Buticus dans la basse Egypte. Elle était célèbre par un temple d'Apollon. Les anciens pensaient que cette île était flottante.

**CHEMNICIA** (*botan.*), nom donné par Scopoli au genre de la guiane nommé *rouhamon* par Aublet, et *lasiostoma* par Schreber, qui diffère du vomiquier, *strychnos*, par le nombre des parties de la fructification diminué d'un cinquième, et par celui des graines réduites à deux dans chaque fruit. Ces différences n'ont pas paru suffisantes pour séparer ces deux genres.

**CHEMNITZ** est la première ville manufacturière et la seconde ville commerciale du royaume de Saxe, cercle de l'Erzgebirg. Elle est située sur le Chemnitz, qui, non loin de là, se décharge dans la Mulde. La ville est belle et solidement construite; elle contient environ mille maisons, cinq églises, un lycée, etc. Les édifices consacrés aux manufactures sont d'une apparence remarquable et embellis par des jardins. Parmi les 10,000 habitants dont se compose sa population, on compte environ mille deux cents maîtres tisserands, qui entretiennent huit à neuf cents compagnons et apprentis, et qui fabriquent des étoffes de coton tant blanches que de diverses couleurs, des guingans, des fichus ou cravates de toute espèce, des piqués et des couvertures de lit. Les douze manufactures de cotonnades, dont l'établissement date du milieu du XVIIIe siècle, entretiennent de trois à cinq cents ouvriers, et fournissent chaque année cinquante mille pièces. Les plus estimées de ces fabriques, où l'on suit les nouveaux procédés, se rapprochent plus aujourd'hui du goût français que du goût anglais; elles fournissent des étoffes solidement teintes, et sont parvenues sous ce rapport à un tel degré de perfection, qu'on en préfère les produits à ceux des fabriques anglaises. Quarante filatures, tant grandes que petites, situées dans la ville et dans les environs, fournissent chaque année près d'un million de livres de coton filé de tous les numéros. Les frères Bernhard de Harthau, Wœhler et Lange, furent les premiers qui importèrent à Chemnitz les moulins à filer, et l'Anglais Whitefield reçut du roi un traitement pour diriger ces importations. Quelques grandes machines se meuvent au moyen de l'eau, d'autres au moyen de la vapeur, d'autres plus petites au moyen de chevaux. Les blanchisseries les plus considérables auprès de la ville, mentionnées déjà dans des documents qui remontent au XIe siècle, appartiennent en partie à la communauté, en partie à des particuliers. La filature de lin était, avec la blanchisserie, la première branche d'industrie exercée à Chemnitz. Il y a beaucoup d'ateliers de teinture de fil rouge à l'anglaise qui occupent une grande quantité d'ouvriers. Un grand nombre de maisons en gros, ou du pays ou étrangères, et parmi ces dernières plusieurs maisons grecques, y entretiennent d'immenses dépôts de coton. Il se fait chaque année un négoce considérable, qui amène le débit de plusieurs milliers de douzaines de bonnets et de paires de bas de coton, fabriqués dans les villages voisins. Le commerce se compose aussi d'autres produits manufacturés de Chemnitz; de couteaux de Leipzig, de Francfort, de Brunswick; et en partie encore d'expéditions immédiates pour l'Allemagne ou pour le dehors. Les grandes routes de Vienne à Leipzig et de Nüremberg à Dresde, qui se croisent près de Chemnitz, n'augmentent pas peu la vivacité des relations commerciales. Non loin de la ville, dans l'église dite du Château ou aussi du Monastère, on montre la flagellation du Christ, parfaitement travaillée et formée, vers 1740, d'une seule pièce d'un tronc de chêne. Dans les montagnes boisées du voisinage on trouve, outre du grès et du jaspe, que l'on emploie beaucoup pour la construction des chaussées, des calcédoines, des cornalines, des agates, etc. Chemnitz, ville fondée par les Sorbes, est une des plus anciennes de la Saxe, et paraît avoir été fortifiée déjà par Henri l'Oiseleur. C'était une ville impériale avant de devenir, en 1318, la propriété des margraves de Misnie.

**CHEMNITZ (COMBAT DE).** L'armée de Silésie avait passé l'Elbe dans les premiers jours d'octobre 1813. Napoléon résolut de marcher aussitôt à elle et de l'attaquer avant qu'elle fût réunie aux trois autres armées des coalisés. Murat, qui se trouvait avec trois divisions à Freyberg, et Poniatowski, qui occupait Altenbourg, devaient masquer ce mouvement en contenant l'avant-garde de la grande armée de Bohême. Cette avant-garde était déjà parvenue à la hauteur de Paning et d'Altenbourg, lorsque les troupes de Napoléon n'étaient encore qu'aux environs de Duben, se dirigeant vers Rosslaw et Wittenberg. Murat porta sur-le-champ ses divisions en avant de Freyberg, et prit lui-même la route de Chemnitz avec le deuxième corps d'infanterie et la cavalerie de Kellermann. A quelque distance de cette ville il rencontra la division autrichienne du général Murray; les circonstances lui paraissant favorables, il fit attaquer. La fortune se décida bientôt pour les Français: Murray fut culbuté et repoussé vers Waldkirchen, après avoir perdu beaucoup de monde. L'ancien adjudant commandant Carrion-Nisas, qui servait dans les rangs de l'armée française comme volontaire du 20e de dragons, se distingua particulièrement dans cette affaire: il entra le premier dans un carré ennemi, qui fut fait entièrement prisonnier.

**CHEMNITZ** (MARTIN), *Chemnitius*, disciple de Mélanchthon, est fameux par son *Examen concilii tridentini*, cours de théologie protestante, en quatre parties, qui forment un vol. in-folio, Francfort, 1585, ou 4 vol. in-8°. Il mourut en 1586. Il était né en 1522 à Britzen, dans le Brandebourg, d'un ouvrier en laine. Les princes de sa communion l'employèrent dans les affaires de l'Église et de l'Etat. Personne n'a mieux réfuté ses erreurs que le cardinal Bellarmin.

**CHEMNITZ** (BOGESLAS-PHILIPPE), petit-fils du précédent, est auteur d'une *Histoire* très-détaillée, en 2 vol. in-folio, de la guerre des Suédois en Allemagne sous Gustave-Adolphe. La reine Christine, en récompense de cet ouvrage, anoblit l'auteur et lui donna la terre de Holstedt en Suède, où il mourut en 1678. Il est inutile de dire que l'enthousiasme du protestantisme n'a pas permis à l'auteur d'être toujours impartial et véridique.

**CHEMNITZ** (CHRÉTIEN), petit-neveu de Martin, naquit à Kœnigsfeldt en 1615. Après avoir été ministre à Weimar, il fut fait professeur en théologie à Iéna, où il mourut en 1666. On a de lui, 1° *Brevis instructio futuri ministri Ecclesiæ*; 2° *Dissertationes de prædestinatione*, etc., etc.

**CHEMNITZ** (JEAN-JÉROME), pasteur de l'église des Militaires à Copenhague, né en 1730, mort le 12 octobre 1800, a publié plusieurs ouvrages importants sur l'histoire naturelle, qui ont contribué aux progrès de cette science. Ils sont tous écrits en allemand. Les principaux sont, 1° *Petit Essai de la testacéo-théologie pour parvenir à la connaissance de Dieu par les coquillages*, Francfort, 1660, in-4°; 2° *Sur un genre de coquillages nommé chiton par Linné*, Nuremberg, 1784, in-4°; 3° *Nouveau Cabinet systématique de coquillages*, 12 vol. grand in-4°. C'est un des plus beaux ouvrages que nous ayons en ce genre, et un des plus complets. Il a été commencé par Martini, qui a publié seulement les trois premiers volumes.

**CHEMNIZER** (IVAN-IVANOVITCH), fabuliste russe, le *la Fontaine* de la Russie, si toutefois notre fabuliste peut avoir un émule. Il naquit à Saint-Pétersbourg en 1744, d'une famille allemande, servit d'abord dans la garde impériale, et ensuite dans le corps des mineurs, qu'il quitta bientôt pour se livrer uniquement à son goût pour les lettres. Avant de demander son congé, il fit plusieurs campagnes, et voyagea avec un de ses supérieurs en Allemagne, en Hollande et en France. Il mourut en 1784 à Smyrne, où Catherine II l'avait envoyé comme consul général, pour réparer l'injustice de la fortune à son égard. C'est dans cette espèce de retraite qu'il composa ses *Fables et Contes*, en trois parties, plusieurs fois réimprimés. La meilleure édition est celle de Pétersbourg, 1799, in-8°. Chemnizer a imité la Fontaine et Gellert dans quelques-unes de ses fables; mais il a le mérite de l'invention dans le plus grand nombre: ce qui lui manque, ce sont les traits du génie et la grande variété du poëte français. Il en avait, dit-on, la bonhomie, l'insouciance et la naïveté.

**CHÉMOSIS**, de χήμωσις, qui vient lui-même de χαίνειν, bâiller, être entr'ouvert. Ce mot sert à désigner une affection inflammatoire de la conjonctive. Mais nos lecteurs doivent ne pas ignorer ce que c'est que la conjonctive : c'est une membrane transparente et couverte de vaisseaux qui couvre la surface du globe oculaire jusqu'aux bords de la cornée qui forme la partie antérieure de ce qu'on appelle communément la prunelle. Quand le chémosis s'établit, les vaisseaux qui couvrent la conjonctive se gorgent de sang; et, par le progrès de l'inflammation, l'accumulation du sang devient assez forte pour former épanchement dans le tissu cellulaire sur lequel la conjonctive est étendue. Alors une tuméfaction considérable et d'un rouge vif affecte l'œil avec assez de force pour faire croire qu'il est poussé hors de l'orbite. La conjonctive est même le plus souvent en saillie sur la cornée, autour de laquelle elle forme un gros bourrelet. Cet état inflammatoire, lorsqu'il est si développé, peut se communiquer aux autres parties de l'œil, et finir même par détruire l'organe. La mort même peut résulter du chémosis, lorsque l'affection est devenue assez puissante pour déterminer une maladie du cerveau. — Pour traiter convenablement cette maladie, il faut se baser sur l'intensité des symptômes; ainsi, quand le chémosis est violent, il est nécessaire d'employer la médication antiphlogistique la plus active. Ce traitement consiste dans les larges saignées à la lancette, dans l'application de sangsues au voisinage de l'œil malade, et surtout dans une petite opération qui donne instantanément un bon résultat, et peut aller même jusqu'à arrêter complètement la marche de la maladie. Cette opération consiste dans le débridement, dans l'ouverture, à l'aide de la lancette, de la conjonction tuméfiée. Elle se fait ordinairement sur le bourrelet qui forme saillie autour de la corne transparente. Ce moyen d'action doit être constamment secondé par une diète sévère et par l'usage de boissons délayantes et rafraîchissantes. Le traitement doit à la fois être local et général. Quand la maladie n'a pas une trop grande intensité, il faut sans doute moins insister sur les sangsues; mais il est toujours nécessaire d'y avoir recours pour éviter qu'un excès de confiance ne fasse perdre une occasion favorable durant le cours d'une maladie qui marche quelquefois si rapidement. Cependant, comme le chémosis, d'une intensité plus ou moins grande, résulte le plus souvent d'une ophthalmie négligée, il n'y a qu'à soigner avec intelligence la première maladie, pour ne pas contracter la seconde.

**CHEMPS** (*bot.*), nom arabe du ciche, *cicer*, selon Mentzel et Daléchamps; celui-ci le nomme encore *hamos* et *alhamos*. Il est nommé *homes* par Forskaël.

**CHEMS-EDDYN**, fondateur de la dynastie connue sous le nom de *Molouk-Curt*, prince curt, succéda à son aïeul dans le gouvernement du Khoràçàn l'an 643 de l'hégire (1245 de Jésus-Christ), et, s'étant fait confirmer dans cette dignité par Djenghuyz-Kan, il profita des guerres qu'entreprirent Hologou, Abaca-Kan et Borac, pour étendre ses domaines et se rendre indépendant. Il réussit en grande partie, bien que ses desseins fussent devinés et déjoués par le premier ministre d'Abaca, qui l'attira à Tauris, où il mourut l'an 676 (1277-8). Comme il avait eu la précaution de faire toutes les dispositions nécessaires pour la réussite de ses projets, son fils lui succéda et étendit ses domaines par la prise de Candahar. Cette dynastie a fourni huit princes, parmi lesquels on doit distinguer Hoceïn, surnommé *Moeyz-Eddyn*, qui brilla également par ses vertus guerrières et par son amour pour les lettres. Son fils, ayant refusé de se rendre à la cour de Tamerlan, attira sur lui les armes de ce conquérant, qui le fit prisonnier en 785 de l'hégire (1383), et le mit à mort, ainsi que ses enfants. En lui finit la dynastie des rois curt.

**CHEMSSITE**, s. m. (*hist. relig.*), membre d'un ordre monastique musulman fondé vers la fin du XVe siècle par Chemss' uddinn Siwassi. On dit aussi *shemssite*.

**CHEN** (*ornith.*). Ce mot grec désigne spécialement l'oie, et en grec moderne le terme *chana* embrasse la famille des canards. L'oiseau dont parle Varinus sous le nom de *chennion* n'appartiendrait pas, malgré l'identité apparente de la racine, au même genre, si, comme le dit Gesner, c'était une petite corneille qu'on sale en Égypte.

**CHEN** (*géogr. anc.*), petite ville de la Laconie, patrie de Myson.

**CHÊNAIE**, s. f. (*agric.*), lieu planté de chênes.

**CHENAILLE** (*vieux langage*) (*V.* CHIENNAILLE).

**CHENAL**. On appelle ainsi la partie du lit d'une rivière où il y a une profondeur suffisante d'eau pour la navigation. C'est le passage des bateaux. *Chenaler* signifie chercher un passage. Dans les circonstances ordinaires, c'est-à-dire hors des sécheresses et des grandes crues, la plupart des rivières ne sont point navigables sur toute leur largeur; leur lit est semé d'inégalités parmi lesquelles la sonde ou l'usage reconnaît les endroits où il y a le plus d'eau, et c'est la ligne formée par la suite de ces hauts-fonds qui constitue le chenal. Il y a des rivières dont le régime capricieux fait varier fréquemment le chenal: ainsi la Loire ne permet que la plus inconstante navigation; le chenal varie souvent et met en défaut le pilote le plus expérimenté. Il devint donc indispensable, dans de telles rivières, de tracer le chenal autant que l'on peut; et c'est ce qui se fait au moyen de balises (*V.* ce mot). Quelquefois on se procure et on entretient un chenal dans une rivière au moyen du curage; mais le succès de cette opération n'est le plus souvent que momentané, et le régime naturel des eaux souffre difficilement d'être contrarié. L'amélioration de la navigation des rivières, qui est aujourd'hui en France une question très-importante, consiste à procurer à la navigation un chenal constant. Cette question, encore peu étudiée par les ingénieurs, paraît ne pouvoir être résolue pour quelques rivières, le long desquelles on préférera sans doute creuser des canaux. C'est ce dernier système qui, dans une acception absolue, a fait dire à Brindley, ingénieur anglais, que les rivières ne devaient servir qu'à alimenter les canaux. Les ports de mer n'offrent pas tous, en tout temps, un mouillage suffisant; ils sont obstrués par les sables et galets que les marées y amassent, et il faut aussi y entretenir un chenal pour les bâtiments. C'est à cette importante opération qu'on fait servir les écluses dites *écluses de chasse*, parce que l'eau, retenue derrière les portes de ces écluses, chasse en s'échappant les dépôts amoncelés, et débarrasse ainsi le chenal (*V.* ECLUSES).

**CHENALER**, v. n. (*marine*), suivre les sinuosités d'un chenal.

**CHENALOPEX** (*ornith.*). Cet oiseau, cité par Aristote, et dont le nom a été traduit en latin par celui de *vulpanser* ou oie-renard, était vénéré en Egypte à cause de son attachement pour ses petits. On l'avait rapporté au tadorne, *anas tadorna* Linn.; mais Geoffroy Saint-Hilaire prétend que c'est la bernache armée, *anas ægyptiaca* Linn. Les anciens ornithologistes ont beaucoup disserté sur le passage du liv. x, chap. 22, de l'Histoire naturelle de Pline, où cet auteur, parlant d'oiseaux nommés *chenalopeces* et *chenerotes*, se borne à dire que ce sont des espèces d'oies dont la dernière, plus petite que l'oie sauvage, est un mets recherché; et ils ne les ont pu déterminer, quoique vraisemblablement il s'agisse ici de la bernache et du cravan. D'un autre côté, Moerhing a appliqué le nom de *chenalopex*, comme terme générique, au grand pingouin, *alia impennis* Linn.

**CHENANE**, s. f. (*agric.*), terre argileuse et mêlée de sable.

**CHÉNANTOPHORE**, adj. des deux genres (*botan.*), qui porte des fleurs en gueule.

**CHÉNANTOPHORES** (*bot.*). M. Lagasca (ou la Gasca), botaniste espagnol, a publié, en 1811, une dissertation sur un nouveau groupe de plantes qu'il forme dans la famille des synanthérées, et auquel il donne le nom de chénantophores (*chænantophoræ*), formé de trois mots grecs exprimant que ces plantes portent des fleurs en gueule. Il est à remarquer que M. de Candolle avait proposé ce même groupe, sous le nom de *labiatiflores*, dans un mémoire lu, en janvier 1808, à la première classe de l'Institut; mais ce mémoire n'a été publié qu'en 1813; et d'ailleurs M. Lagasca dit avoir terminé son opuscule en 1805, et avoir envoyé le manuscrit en France au commencement de 1808. Il est donc fort difficile de juger à qui la priorité doit être attribuée, et il est peut-être convenable d'accorder aux deux savants botanistes des droits égaux à la découverte des rapports intéressants qu'ils ont fait connaître. M. Lagasca considère ses chénantophores comme un ordre parfaitement naturel, et qui doit être placé entre les chicoracées et les corymbifères de M. de Jussieu. Le caractère essentiel qu'il lui attribue est d'avoir le limbe de la corolle divisé supérieurement en deux lèvres, dont l'extérieure est plus large. Il divise cet ordre en trois sections: la première comprend les genres à calathides non radiées, et se sous-divise en deux parties, selon que le clinanthe est nu ou garni d'appendices: les genres à clinanthe nu sont les *perezia, leucheria, lasiorrhiza, dolichlasium, proustia, panargyrus, panphalea, caloptilium, nassauvia;* les genres à clinanthe fimbrillé ou squammellé sont les *triptilion, trixis, martrusia, jungia, polyachurus*. La seconde section comprend les genres à calathides radiées; ce sont les *mutisia chætanthera, aphyllocaulon, perdicium, chaptalia diacantha*. Enfin la troisième section, celle des chénantophores anomales, se compose des genres dont le disque est régulariflore: tels sont les *bacasia, barnadesia, onoseris* et *denekia*. Le nouveau groupe proposé par MM. Lagasca et de Candolle ne nous paraît pas avoir été accueilli par les botanistes avec toute la faveur qu'il mérite. Ceux dont l'autorité est la plus respectable parmi les sectateurs de la méthode naturelle sont convaincus que les chénantophores ne sont réunies que par un lien artificiel, et qu'elles doivent être dispersées. Après avoir nous-même longtemps hésité, nous avons définitivement adopté une opinion contraire, sans toutefois embrasser pleinement le système de MM. Lagasca et de Candolle. Il résulte en effet de nos observations que les chénantophores ou labiatiflores doivent former deux tribus naturelles, immédiatement voisines l'une de l'autre, mais parfaitement distinctes, principalement par la structure du style et du stigmate. Dans la première, que nous nommons la tribu des *mutisiées*, et que nous plaçons à la suite de nos tussilaginées, les deux branches du style des fleurs hermaphrodites sont courtes, non divergentes, un peu arquées en dedans, demi-cylindriques, arrondies au sommet qui est un peu épaissi, munies sur la face interne plane de deux très-petits bourrelets stigmatiques marginaux, confluents au sommet; et sur la partie supérieure de la face interne convexe, de quelques petites papilles collectrices éparses. Dans la seconde, que nous nommons la tribu des *nassauviées*, et que nous plaçons avant nos sénécionées, les deux branches du style des fleurs hermaphrodites sont longues, divergentes, arquées en dehors, demi-cylindriques, tronquées au sommet, qui est garni sur la troncature d'une touffe de poils collecteurs; les bourrelets stigmatiques ne sont presque point sensibles. Notre méthode de classification étant uniquement fondée sur les affinités naturelles qui résultent de l'ensemble des caractères, et non d'un caractère unique, nous admettons dans nos tribus des mutisiées et des nassauviées quelques synanthérées à corolle non labiée, tandis que nous excluons de ces mêmes tribus quelques synanthérées à corolle labiée: c'est encore un point sur lequel nous différons de MM. Lagasca et de Candolle. Nos mutisiées comprennent, entre autres genres, les *mutisia, chætanthera, cherina* H. Cass; *aphyllocaulon, gerberia* H. Cass., *trichocline* H. Cass., *chaptalia, lasiopus* H. Cass., *leria, onoseris*, etc. Nous comptons parmi nos nassauviées les *nassauvia, coloptilium* ou *sphærocephalus, triachne* H. Cass., *triptilion, trixis, martrasia* ou *durnerilia, panphalea, lasiorrhiza* ou *chabræa, perezia* ou *clarionea, homoianthus*, etc. Il est très-remarquable que M. Lagasca, qui n'avait fait nulle attention aux caractères différentiels offerts par le style et le stigmate, a cependant en général assez bien rapproché, d'une part les nassauviées, de l'autre les mutisiées, sans les mélanger confusément, comme a fait M. de Candolle. C'est que le botaniste français a établi ses divisions sur des caractères d'une très-faible valeur, et qui ne sont point en relation avec les affinités naturelles. Les mutisiées ont des rapports si frappants avec les lactucées et les carlinées, que nous les avions d'abord placées entre ces deux tribus; mais, par cet arrangement, il devenait impossible de placer convenablement les nassauviées; c'est pourquoi nous nous sommes décidé à faire un changement dans la série que nous avions adoptée, et qui devra désormais commencer ainsi: 1° *vernoniées;* 2° *eupatoriées;* 3° *adénostylées;* 4° *tussilaginées;* 5° *mutisiées;* 6° *nassauviées;* 7° *sénécionées*, etc.

**CHENAPAN**, s. m. mot tiré de l'allemand, où il signifie un brigand des montagnes noires. En français, il signifie un vaurien, un bandit. Il est populaire.

**CHENAPAN**, s. m. (*anc. term. milit.*), long fusil de montagnard.

**CHENAR**, s. m. (*botan.*), arbre de Perse, inconnu aux naturalistes.

**CHENARD**, s. m. (*écon. rur.*), nom vulgaire du chènevis.

**CHENAU, CHAISNEAU, CHENEX** (*vieux langage*), gouttière, canal de bois qui reçoit les eaux d'un toit et les jette en bas.

**CHENAVARD**, s. m. (*comm.*), espèce de feutre grossier.

**CHENBEL** (*anc. term. milit.*) (*V.* CHEMBEL).

**CHENCHELCOMA** (*botan.*), nom péruvien du *salvia oppositifolia* de la flore du Pérou.

**CHENDANA** (*botan.*), nom du sandal ou santal, *santalum*, à Sumatra, suivant Marsden.

**CHENDY** ou **CHANDY**, ville de Nubie, dans le Dangolâh, près du Nil. Toutes les habitations sont de forme carrée et surmontées de terrasses; les rues sont larges et assez bien alignées; mais le vent y accumule une si grande quantité de sable, qu'il est difficile d'y circuler. Nulle part, en Nubie, les mœurs ne sont aussi dépravées qu'à Chendy. L'ancien prince de Chendy ayant fait mourir Ismayl-Bey, fils du pacha d'Egypte, qui l'avait dépossédé de ses États, le pacha en tira une vengeance éclatante, en faisant détruire la ville. Avant cette époque on y comptait 8 à 900 maisons et 6 à 7,000 habitants, et elle était le plus grand marché d'esclaves du pays. Ce sont des Chaykichs qui l'ont repeuplée. A 78 lieues sud-est de Dangolâh.

**CHÊNE** (*agricult.*), *quercus*. Ce genre, qui fait partie de la *monoécie polyandrie* de Linné, de la famille des *amentacées* de Jussieu, et de celle des *cupulifères* de Richard, a pour caractères principaux des fleurs monoïques incomplètes et sans pétales; un fruit appelé *gland*, espèce de capsule ou de coque enchâssée à sa base dans une coupe ou *cupule* hémisphérique; cette coque est indéhiscente, monosperme, c'est-à-dire contenant une seule amande partagée en deux lobes. Les fleurs mâles, en chatons axillaires, ont un collier monophylle, quatre ou cinq fides; quatre à dix étamines à filaments très-courts; des anthères larges et jumelles. Les fleurs femelles ont un collier très-petit à six dents aiguës, appliqué à la base du style. Ovaire à trois loges confuses; un style court; trois, quatre ou cinq stigmates sillonnés ou réfléchis. Ce genre a quelques rapports avec le châtaignier et le noisetier; il comprend de grands arbres et des arbrisseaux indigènes ou exotiques; à feuilles simples et alternes, ordinairement découpées. On distingue aujourd'hui plus de cent espèces de chênes, presque toutes d'une grande importance pour les pays où elles croissent, par la variété et l'abondance de leurs produits. Le tan, le liége, le quercitron, la noix de galle, le kermès, les glands doux, sont d'un emploi journalier dans les arts et l'économie domestique; on connaît l'excellente qualité du bois de chêne pour les constructions civiles et navales, pour la menuiserie, la tonnellerie, le chauffage, etc. Partout la culture du chêne est regardée comme une source de richesses agricoles, et presque partout malheureusement elle est mal dirigée, ou abandonnée à la routine et au hasard. On a établi, dans ce grand genre, des coupes plus ou moins naturelles, fondées sur la forme des feuilles, sur leur persistance ou leur caducité, etc. Néanmoins la détermination des espèces n'est pas toujours facile, à cause de la disposition des feuilles à varier de forme, non-seulement selon les terrains et les expositions, mais encore sur le même arbre et dans la même année. La distinction des chênes à feuilles caduques et à feuilles persistantes n'est pas rigoureusement exacte, puisque certaines espèces rangées dans la première division ne se dépouillent de leurs feuilles qu'après l'hiver, ou même les conservent deux ans, tandis que des *chênes verts* perdent les leurs au printemps. Dans la nomenclature succincte des principales espèces, nous suivrons l'ordre généralement adopté : nous indiquerons d'abord celles qui croissent en France, et parmi les espèces exotiques celles qui se recommandent davantage par leurs produits, ou que la beauté de leur port et l'élégance de leur feuillage font rechercher pour l'ornement des jardins paysagés, des parcs, des avenues, etc. — CHÊNE COMMUN, blanc, à grappe, *quercus pedunculata* Linn., dont les fruits sont suspendus à de longs pédoncules. C'est l'espèce la plus répandue; on la trouve principalement dans les bois et dans les bons fonds humides, où elle parvient à la hauteur de quatre-vingts à cent pieds sur trois ou quatre de diamètre. Son bois a beaucoup d'aubier; c'est le plus droit et celui qui se fend le mieux ; il est très-recherché des constructeurs de vaisseaux, des charpentiers, des menuisiers, des fabricants de merrain, d'essettes, de lattes, etc.; sec, il pèse cinquante livres par pied cube. C'est le *quercus* des anciens. — CHÊNE ROUVRE, rouvre à glands sessiles, *quercus robur* Linn., croît le plus souvent dans les fonds arides, sablonneux ou graveleux ; il est commun au bois de Boulogne près de Paris. Ses rameaux s'étendent plus que ceux du précédent; son tronc s'élève moins, quoiqu'il acquière quelquefois un diamètre plus considérable. Son bois a peu d'aubier, est très-dur et presque incorruptible; il se fend difficilement, et pèse, sec, soixante-dix livres par pied cube. C'est le *robur* des anciens; il a beaucoup de variétés. — CHÊNE TOUZIN, *quercus toza* Bosc., dont certaines variétés se rapprochent du précédent ; il a la propriété de pousser des rejetons de sa racine et de se multiplier par cette voie. Son bois, très-noueux, se tourmente beaucoup et n'est pas employé pour la fente; il pèse, sec, soixante livres par pied cube ; l'écorce est très-estimée des tanneurs. — CHÊNE PYRAMIDAL, chêne-cyprès, ou des Pyrénées, *quercus fastigiata* Wild., est très-remarquable par la disposition de ses rameaux qui le fait rechercher pour l'ornement des jardins ; on tire ses graines de Dax, où, dit-on, il a été apporté de la basse Navarre. — CHÊNE-OSIER, *quercus viminalis* Bosc., se distingue par la disposition traînante de ses rameaux ; il s'élève peu ; ses pousses de deux ou trois ans s'emploient, dans les départements de l'Est, aux gros ouvrages de vannerie. Ces cinq premières espèces de chênes se rapprochent par un si grand nombre de variétés intermédiaires, qu'on les a longtemps regardées comme ne formant qu'une seule espèce. Nous citerons encore le chêne de l'Apennin, *quercus apennina* Lamarck, souvent confondu avec une variété de la seconde espèce sous le nom de *chêne à trochet*. Il ne perd ses feuilles qu'au printemps, ce qui l'a fait nommer *chêne hivernal*, aux environs de Lyon. Son bois est presque aussi dur que celui de l'yeuse, mais il n'a pas été suffisamment étudié. On trouve encore dans les forêts de l'est de la France le chêne de Bourgogne, *quercus crinita* Lamarck, dont le bois paraît de très-bonne qualité, mais n'est pas encore bien connu ; le chêne d'Autriche, *quercus cerris* L., qui diffère très-peu du précédent, etc. Dans la division des chênes verts, nous devrons mentionner le CHÊNE VERT, yeuse, *quercus ilex* L., dont il existe une foule de variétés à feuilles très-grandes ou très-petites, entières ou dentelées, velues ou glabres en dessous ; à fruits très-gros, ou très-petits, etc. On trouve le chêne vert presque toujours isolé au milieu des buissons, sur les coteaux ou dans les plaines arides; rarement en futaie. Il croît très-lentement ; ce n'est qu'après plusieurs siècles qu'on en tire des grumes de sept à huit pouces de diamètre; une fois coupé, il ne repousse qu'en buissons, et ne peut être assujetti à une exploitation régulière. La persistance de ses feuilles, d'un vert sombre, et la forme de sa tête le font rechercher comme arbre d'ornement ; il ne s'élève qu'à quarante pieds. Son bois est très-dur, et pèse, sec, soixante-dix livres par pied cube. Le CHÊNE LIÉGE, *quercus suber* L., croît isolé, comme le précédent, et s'élève à la même hauteur ; on a remarqué qu'il devient de plus en plus rare en France depuis un siècle. Son bois est très-dur ; sa croissance très-lente; à cent ans, il est à peine de la grosseur du bras. Son écorce, qui doit son épaisseur à l'accroissement du tissu cellulaire, tombe naturellement tous les sept à huit ans; ce n'est qu'après cet intervalle qu'on fend l'écorce en long sans entamer le *liber*. Communément on commence cette opération quand l'arbre a vingt ou vingt-cinq ans ; mais alors l'écorce n'est bonne qu'à tanner ou à brûler, il faut attendre la deuxième ou troisième récolte pour pouvoir en faire des bouchons, et ce n'est guère qu'à cent ans qu'elle a toute l'épaisseur et l'homogénéité requise. Quand l'écorce est enlevée, on l'expose par le côté interne à l'action du feu, qui l'assouplit, et permet de l'étendre sur le sol, où on la charge de pierres pour la redresser et en former des planches. Les qualités du bon liége, sont d'être épais au moins de quinze lignes, rougeâtre, souple, élastique, ni ligneux, ni poreux ; le jaune et le blanc ne sont pas estimés. Les glands du liége sont doux et excellents pour les porcs. Il est encore plus sensible au froid que l'yeuse; aux environs de Paris, où il croît difficilement en pleine terre, il faut l'empailler l'hiver. Parmi les chênes d'Europe, cultivés en France avec plus ou moins de succès, nous mentionnerons le chêne ou kermès, *quercus coccifera* L., qui croît en touffe, et ne s'élève guère à plus de quatre pieds. Sur lui vit le kermès, espèce de cochenille, *coccus*, qui, avant la découverte de l'Amérique, fournissait la couleur écarlate, qu'on retire aujourd'hui à moins de frais et en plus grande quantité de la cochenille du nopal. Le chêne faux kermès, *quercus pseudococcifera* Desf., originaire de Barbarie, se trouve, comme le précédent, avec lequel il a du rapport, dans les jardins botaniques, où on les tient en pots, pour rentrer l'hiver en orangerie. On cultive encore les chênes de Gibraltar ou faux liége, *quercus hispanica* Lamarck, à feuilles d'égilope, *quercus œgilopifolia* Lamarck, des îles Baléares. Les *quercus exoniana* Bosc., *faginea* et *Turneri* Lamarck, tous d'Espagne, *quercus ballota* Desfont., très-rapproché de l'yeuse, mais à glands doux, très-comestibles, comme ceux du *quercus esculus* Linn., du *quercus rotundifolia* Lamarck, etc. Parmi les chênes du Levant, nous ne devons point passer sous silence le vélanède, *quercus œgilops* Lamarck : l'importance de ses cupules dans la teinture doit faire désirer qu'on le multiplie dans le midi de la France ; le chêne à la galle, *quercus infectoria* Oliv., sur lequel on recueille la noix de galle du commerce : peut-être pourrait-on le naturaliser, ainsi que l'insecte (*diplolepis* Oliv.) qui forme sa galle, dans nos départements méridionaux. On cultive dans les écoles de botanique, ou dans les pépinières marchandes, la plupart des espèces des Etats-Unis : les principales sont le chêne blanc, *quercus alba* L., qui s'élève à quatre-vingts pieds, et a le bois moins pesant, mais plus tenace et plus élastique que celui de notre chêne commun : il ne craint pas les gelées du climat de Paris; le chêne des marais, *quercus palustris* Mich. (*quercus prinus* Linn.), ou à feuilles de châtaignier; arbre superbe qui croît très-rapidement, et devient aussi grand que le précédent ; il a le bois trop poreux pour qu'on en puisse faire des douves. Il supporte bien les hivers de Paris, ainsi que les suivants : chêne noir, quercitron, *quercus tinctoria* Mich., très-belle espèce de quatre-vingt-dix pieds de hauteur; son écorce, très-amère, donne une couleur jaune qui s'applique solidement sur la laine, la soie, le papier; cette écorce n'est pas moins recherchée pour le tannage des cuirs ; le quercitron peut devenir une acquisition importante pour nos teintures. Chêne acuminé, *quercus acuminata* Mich., a ses feuilles encore plus semblables à celles du châtaignier que le *palustris* : il s'élève à soixante pieds. Chêne de montagne, *quercus monticola* Mich., fournit de bon bois de chauffage. Chincapin, *quercus pumila* Mich., n'a pas plus de deux à trois pieds de hauteur, mais fournit une immense quantité de glands. Chêne rouge, *quercus rubra* Linn., de quatre-vingts pieds : recherché pour les plantations d'ornement, les parcs, les avenues ; bois très-médiocre, et trop poreux pour retenir les liquides. Chêne écarlate, *quercus coccinea* Lamarck, ne se distingue guère du précédent, tant que ses feuilles sont vertes ; mais, quand elles sont devenues rouges, on les reconnaît à leur teinte plus vive, et d'un effet magnifique en automne. Chêne toujours vert, *quercus virens* Mich., développe, à quinze pieds de terre, de trois à six grosses branches qui se recourbent jusqu'à terre à leur extrémité, et forment ainsi un demi-globe, quelquefois de cent pieds de diamètre. Cette belle espèce, dont les glands sont fort doux et le bois très-estimé pour la marine, ne résiste pas aux froids du climat de Paris, mais pourrait s'acclimater dans les landes de Bordeaux. Nous ne ferons que nommer les chênes à feuilles de saule, *quercus phellus* Linn., de soixante pieds ; de Catesby, *quercus Catesbœi* Mich., petit, mais très-élégant ; de Banister, *quercus*

*Banisteri* Mich., arbrisseau propre à des remises pour le gibier, etc. — *Culture*. Les fruits du chêne ou glands varient comme les autres parties de l'arbre : dans la même forêt on en voit de très-gros et de très-petits, de très-courts et de très-allongés, de pâles et de colorés, d'isolés et de réunis sur le même point d'attache, de doux et d'acerbes, etc. Quelques-uns mûrissent dans le cours d'un été; d'autres ont besoin de rester deux ans sur l'arbre, comme dans les espèces qui conservent leurs feuilles l'hiver. Ceux des *quercus pedunculata* et *robur* ne sont mangeables qu'après avoir été bouillis dans une lessive alcaline; il est probable que les anciens habitants de la Grèce mangeaient les glands doux du *quercus esculus*, comme les Espagnols mangent ceux des *quercus rotundifolia, Turneri hispanica, ægilopifolia, faginea*, etc., soit crus, soit cuits sous la cendre ou dans l'eau, et néanmoins toujours inférieurs en bonté à la châtaigne. On a calculé que dans les années favorables la quantité de glands existant sur un arbre adulte suffirait pour planter un arpent; et que cinquante arpents pourraient être plantés avec les fruits d'un seul chêne de soixante ans. Mais, de ces milliers de glands, les uns périssent par les attaques des insectes, les autres servent de nourriture à divers quadrupèdes, aux bestiaux, aux oiseaux, etc. Beaucoup pourrissent par les pluies, ou perdent leur faculté germinative par l'effet des sécheresses; un plus grand nombre encore reste à la surface du sol sans pouvoir se développer complétement, faute de circonstances favorables. Dans certains cantons les cultivateurs utilisent une grande partie des glands, qui seraient ainsi perdus, en les employant à la nourriture des porcs, des oies, des dindons, dont ils améliorent beaucoup la chair. On appelle *glandée* l'opération de ramasser les glands, ou de conduire dans les bois les animaux qui mangent ces fruits sur place. Pour conserver les glands pendant quelques mois, on les met en tas dans un lieu frais, et on les couvre de paille, de feuilles sèches, etc.; une méthode plus sûre, c'est de les mettre à stratifier dans de la terre qui ne soit ni trop sèche, ni trop humide, jusqu'en avril, époque où on les retire pour les semer, qu'ils soient germés ou non. On sème le gland à la volée sur une terre entièrement labourée, et on l'enterre ensuite avec la charrue ou la herse; ou bien on jette le gland dans le sillon que forme la charrue, pour le recouvrir en ouvrant le sillon suivant; ou bien enfin on se contente de labourer des bandes de deux à trois pieds de large, dans lesquelles on fait, à la houe, un rang d'augelots ou potelots, à la distance de six pieds, où l'on met trois ou quatre glands qu'on recouvre légèrement de terre. Quel que soit le mode employé, on doit opérer au mois d'avril, quand il n'y a plus de gelée à craindre et que le temps est à la pluie. Quand on sème à la volée, il faut semer épais, faire la part des lapins et des mulots, laisser des chemins dans les semis, et ne pas trop enterrer le gland; à six pouces, il pourrit; à cinq, il jaunit; à trois ou quatre, il lève bien. Le chêne reprend difficilement lorsqu'il est transplanté; la longueur de son pivot en est la principale cause. On a imaginé plusieurs moyens de parer à cet inconvénient. Le premier est de casser le bout de la plantule dans les glands germés; alors il se forme à sa base plusieurs racines qui poussent plus lentement : dans ce cas, il est nécessaire de semer à la main pour que les restes du pivot soient placés dans une situation convenable. Le deuxième moyen est de semer les glands non germés en pots, caisses, etc., qui n'ont que quelques pouces de profondeur, et qui arrêtent le pivot à cette longueur; c'est la méthode suivie pour les chênes d'ornement, ou pour ceux qu'on veut acclimater et rentrer l'hiver en orangerie. Le troisième moyen, qui rentre dans le précédent, est de choisir un terrain ou une argile infertile, et même la roche, soit à une petite distance de la surface. Quelques pépiniéristes veulent qu'on sème en lignes écartées d'un pied, et qu'au mois d'avril de la seconde année, au moment où la végétation va se développer, on coupe les racines du plant entre deux terres à six ou huit pouces de la surface, et plus bas, s'il est possible; cette opération est quelquefois suivie de succès, c'est-à-dire que la plus grande partie des *chêneaux* continuent à végéter, mais quelquefois aussi tous périssent. Du reste, le semis en pépinière ne diffère pas du semis en plein champ. On peut transplanter les chênes de deux ans jusqu'à cinq ans, lorsqu'ils sont devenus *défensables*, c'est-à-dire d'un à deux pouces de diamètre, et de huit à dix pieds de haut. Si l'on essayait de transplanter des chênes de semis avec leur pivot, on en perdrait peut-être deux sur trois après l'âge de trois ans, et six sur sept à l'âge de cinq ans : la transplantation ne peut donc avoir lieu, avec quelque certitude de réussite, que pour des chênes cultivés d'abord en pépinière avec les précautions indiquées plus haut. Il ne faut jamais déraciner les jeunes chênes lorsqu'il gèle, ou que le vent du nord souffle avec violence; car si ce vent saisit les racines, surtout à la fin de l'hiver, quand la sève commence à circuler, elles sont, pour ainsi dire, desséchées à l'instant; toute circulation est interceptée, et les arbres périssent. Il est plus prudent de les arracher dans un temps chaud et de les planter de suite. Quand on a ménagé la racine des chêneaux en les replantant, il est inutile de la receper; quand on les a écourtées, le recepage est avantageux. La croissance de la plupart des chênes n'est ni rapide, ni lente. Brédel l'a évaluée, dans les bons terrains, à un pied de hauteur sur un demi-pouce de circonférence par année, jusqu'à environ quatre-vingts ans; à partir de cette époque, elle se ralentit progressivement. Ils grossissent encore, pendant un siècle peut-être, après avoir cessé de croître en hauteur. Plot, dans son *Histoire naturelle d'Oxford*, parle d'un chêne dont les branches, de cinquante-quatre pieds de longueur, mesurées depuis le tronc, pouvaient ombrager trois cents cavaliers ou quatre mille piétons. Roy, dans son *Histoire générale des plantes*, rapporte que, de son temps, on voyait en Westphalie plusieurs chênes monstrueux, dont un servait de citadelle, et dont un autre avait trente pieds de diamètre et cent trente pieds de hauteur. On peut juger de l'énorme grosseur de ces arbres par celui d'où furent tirées les poutres transversales du vaisseau le *Royal Doverling*, construit sous Charles Ier, roi d'Angleterre; ce chêne fournit quatre poutres, chacune de quarante-quatre pieds de longueur sur quatre pieds neuf pouces de diamètre. Lorsque le bois de chêne est coupé dans une saison convenable et employé bien sec, il dure très-longtemps, pourvu qu'il soit à l'abri des injures de l'air. Pour le préserver de la pourriture, des crevasses et des vers, il faut, 1° n'abattre le chêne que dans le temps où il a le moins d'humidité, pendant la suspension de la séve, c'est-à-dire l'hiver; 2° équarrir l'arbre aussitôt qu'il est abattu; 3° en plonger les pièces pendant quelque temps dans de l'eau salée; 4° les mettre ensuite à couvert de manière que l'air (mais non le soleil) puisse les frapper librement. Le bois de chêne rougit quand il est dans la vieillesse; il est alors très-recherché pour les ouvrages de force et pour les meubles. Nous avons déjà fait connaître, au commencement et dans le cours de cet article, les propriétés et les usages principaux du chêne; nous n'avons plus que peu de choses à en dire. Ses feuilles nourrissent les animaux, pourrissent lentement, et, quand elles sont entassées, donnent une chaleur plus durable que celle du fumier. Il en est de même de l'écorce pilée, ou du tan, qui, après avoir servi à la préparation des cuirs, s'emploie à faire des couches dans les serres chaudes et des mottes à brûler. Presque toutes les parties de l'arbre peuvent être employées comme astringentes; pourtant on ne fait guère usage que de la noix de galle; le kermès figure aussi dans les traités de matière médicale, mais nous doutons qu'on en fasse souvent usage aujourd'hui (*V.* BOIS, DOUVE, EXPLOITATION, FORÊT, GALLE, LATTE, TAN).

CHÊNE. Proverbialement, *Payer en feuilles de chêne*, payer en effets de nulle valeur.

CHÊNE DE CHARLES II (*astron.*), nom d'une constellation méridionale, introduite par Halley, en mémoire du *chêne royal* sur lequel Charles II se cacha, pendant vingt-quatre heures, après sa défaite à Worcester le 3 septembre 1651. Cette constellation, composée en grande partie des étoiles du Navire, n'a point été adoptée par tous les astronomes.

CHÊNEAU, s. m. jeune chêne.

CHÉNEAU, s. m. conduit de plomb ou de bois qui recueille les eaux du toit, et les porte dans la gouttière ou dans le tuyau de descente.

CHÊNEDOLLÉ (CHARLES PIOULT DE), poëte né à Vire en 1769, d'une famille noble, se fit remarquer parmi les meilleurs élèves de Juilly. Lorsque la tempête révolutionnaire vint troubler le calme de la France, il quitta sa patrie, et il habita d'abord la Belgique, ensuite la Hollande, puis Hambourg où il connut Rivarol. Ce fut de cet homme spirituel qu'il reçut le secret de cette conversation si brillante, si étincelante de traits ingénieux, qui le distinguait éminemment. Il concourut, dans cette ville, à la rédaction du *Spectateur du Nord*, journal hebdomadaire qui répandait alors en Allemagne la connaissance de notre littérature et d'excellents principes de politique. Lorsque Napoléon ouvrit les portes de la France aux exilés, Chênedollé se hâta d'y revenir. Sa réputation l'y avait précédé; il la devait à quelques beaux vers publiés à l'étranger, et surtout à une ode pleine de verve et d'harmonie adressée à Klopstock, qui lui avait témoigné de l'intérêt et de l'estime pendant son séjour en Allemagne. On eut toute la mesure de son talent, lorsqu'en 1807 parut le poëme du *Génie de l'homme*, plusieurs fois réimprimé. Si l'immensité du cadre fut l'objet de quelques critiques, le talent avec lequel ce cadre était rempli ne fut méconnu d'aucun homme de goût. On rendit pleine justice à l'élévation des pensées, à la vérité des images, au style brillant et pur de cette grande composition. Le *Génie de l'homme* obtint d'illustres suffrages; ceux de Fontanes et de Châteaubriand se distinguèrent entre tous les autres. Vers le même temps, Chênedollé concourut aux jeux floraux, et trois fois il obtint le prix de l'ode. Il a réuni celles qui furent couronnées dans ses *Etudes poétiques*, où beaucoup d'autres morceaux de poésies très-remarquables se trouvent rassemblés. A son talent poétique Chênedollé joignait des connaissances étendues; et l'on s'étonnait de la supériorité avec laquelle il traitait des questions scientifiques assez généralement étrangères aux gens de lettres. Lorsque Fontanes fut grand maître de l'université en 1810, il confia à Chênedollé un emploi important dans l'enseignement à Rouen, et, en 1812, celui d'inspecteur de l'académie de Caen, qui le rappela au sein de sa famille. Là, tout entier aux devoirs de ses fonctions, à ses études chéries, et enfin à sa solitude charmante du Coisel, plantée de ses propres mains, il vécut heureux. Décoré de la croix de la Légion d'honneur par Louis XVIII, il obtint, dans le même temps, une nouvelle et bien rare dignité littéraire, ce fut celle de maître des jeux floraux qu'il reçut de Toulouse. De plus en plus solitaire, il échangea en 1830, presque malgré lui, sa retraite contre une inspection générale. Mais bientôt le souvenir de ses anciennes et douces habitudes se réveilla plus vif; il y céda, et résigna ses fonctions en 1832. Libre, et rendu sans partage à ses goûts paisibles, tout devait lui faire espérer encore de longs et heureux jours, lorsqu'il mourut dans son château du Coisel, le 2 décembre 1833, au moment où peut-être il songeait à revoir ses nombreux écrits. Indépendamment de son grand poëme, l'œuvre de toute sa vie, *Titus* ou *Jérusalem détruite*, dans lequel la puissance et l'antique religion de la Judée, succombant à la fois sous Rome païenne et le christianisme naissant, ont dû offrir à son génie de si hautes conceptions épiques et de si brillants contrastes, Chênedollé a laissé en manuscrit des richesses ignorées ou même inattendues, dont on pouvait à peine entrevoir l'existence dans ses épanchements les plus intimes : 1° des *Mélodies normandes*, recueil de poésies nationales, presque toutes inspirées par les sites pittoresques, les souvenirs historiques ou les mœurs populaires de son pays; 2° une *Théorie des corps politiques*, écrite à la manière de Montesquieu et de Rivarol; 3° des *Voyages* et des *Mémoires*, dont l'importance, le charme et la variété seront facilement appréciés quand on saura que, chaque soir, il écrivait son histoire de la journée et l'extrait détaillé de toutes ses conversations. Et avec combien d'hommes célèbres dans tous les genres et dans tous les pays ne s'était-il pas trouvé! 4° une traduction en prose des *Odes d'Horace*, dont on trouve des fragments, avec un *Essai sur les traductions*, dans le n° 7 du *Spectateur du Nord*. Ses ouvrages imprimés, outre le *Génie de l'homme*, qui a eu quatre éditions, dont la dernière est de 1825, in-18, sont : 1° *l'Invention*, poëme dédié à Klopstock, Hambourg, 1795, in-8°; 2° *Esprit de Rivarol*, Paris, 1808, in-12 (avec M. Fayolle); 3° *Etudes poétiques*, in-8°, Paris, 1820; 2° édition, 1822; 4° beaucoup de morceaux de poésie dans l'*Almanach des Muses*, dans le *Spectateur du Nord*, et un *Eloge de la Neustrie* (ode) dans le tome second des *Mémoires des antiquaires de Normandie* (1826). Chênedollé fut, avec M. Fayolle, éditeur des *Œuvres de Rivarol*, Paris, 1808, 5 vol. in-8°.

**CHENEIN**, s. m. (*horticul.*), variété de raisin.

**CHENEL** (*vieux langage*), petit ou jeune chien.

**CHENELAYE** (LA), ancienne seigneurie de Bretagne, aujourd'hui département d'Ille-et-Vilaine, érigée en marquisat en 1644.

**CHENER, CHEMER** (*vieux langage*), s'ennuyer, sécher d'ennui.

**CHENERAILLES**, petite ville de la Marche, aujourd'hui chef-lieu de canton du département de la Creuse. Cette ville, qui était autrefois très-forte, fut détruite presque entièrement par les Anglais au commencement du XV<sup>e</sup> siècle. Reconstruite, vers 1440, par Bernard et Jacques d'Armagnac, comtes de la Marche, elle soutint, en 1592, un siége contre les royalistes, qui ne s'en emparèrent qu'après huit mois de blocus. La population de Chenerailles est aujourd'hui de 1,028 habitants.

**CHÉNÉROS**, s. m. (*hist. nat.*), espèce d'oie sauvage dont parle Pline.

**CHENEROTES** (*hist. nat.*) (*V.* CHENALOPEX).

**CHENET**, ustensile de foyer que l'on place ordinairement par paires dans les cheminées, et qui sert à soutenir et à élever le bois, afin de le faire brûler plus facilement. On ne trouve ni dans Homère, ni dans Théocrite, ni dans Hésiode, aucune trace de cet ustensile. On peut croire avec assez de vraisemblance, dit M. l'abbé Morellet, qu'on a commencé d'abord à soutenir les bûches par leurs extrémités sur d'autres bûches qui tenaient les premières élevées, en laissant sous leur milieu un passage à l'air. C'est du moins ce qu'on peut conjecturer d'après la forme même des anciens bûchers, fidèlement conservée sur les toiles de nos opéras. Lorsque ensuite la cendre était accumulée, on a pu donner à l'air la même activité en retirant les cendres du milieu, le bois portant alors sur la cendre par les deux bouts. Voilà très-probablement le moyen qui aura été employé pour construire et soutenir le feu, et il n'y a point là de chenets.—Les chenets ne paraissent pas non plus avoir été connus des anciens Romains, même au siècle d'Auguste. On ne trouve point de terme latin qui les désigne, et les auteurs de vocabulaires et de dictionnaires sont obligés d'employer des périphrases, telles que *fulmentum ferreum quo ligna sustinentur*, *fulmentum focarium*, *subices focarii*, pour traduire notre mot français. Le besoin de cette périphrase prouve que ce petit ustensile n'a point eu de nom distinctif dans la langue des anciens Romains, par conséquent qu'il leur a été inconnu; opinion à l'appui de laquelle d'ailleurs nous pourrions citer au besoin ce joli passage d'Horace où le poëte dit qu'il bravera la rigueur du froid, *ligna super foco large reponens*, ce qui signifie clairement qu'Horace mettait les bûches immédiatement sur son feu, c'est-à-dire sur les autres bûches déja emflammées, et que par conséquent il n'avait point de chenets. — Il est difficile de fixer l'époque où un homme, inquiet et amateur de nouveautés, aura voulu soutenir les bûches par les extrémités sur quelque matière dure et solide. On se sera servi d'abord, sans doute, de pierres; puis, voyant qu'elles se calcinaient au feu, un autre y aura substitué des briques. C'est là probablement le premier pas vers le perfectionnement, le premier changement apporté dans l'art de faire le feu. Il s'en est fait un plus considérable lorsqu'on a imaginé deux supports de fer, soit forgé, soit fondu, pour soutenir le bois à une certaine hauteur au-dessus de l'âtre. Peut-être l'auteur de cette invention s'est-il regardé comme un esprit créateur et s'est-il flatté que son nom passerait à la postérité. En ce cas, sa vanité a été trompée, car on ignore son nom et l'époque de sa découverte; mais à coup sûr elle ne remonte qu'à un petit nombre de siècles, et M. Dutens (*Recherches sur l'origine des découvertes attribuées aux modernes*, 2 vol. in-8°; Paris, 1766, 1776 et 1812), qui conteste tout aux modernes, ne leur dispute pas celle-là. — Toutefois, l'art n'en est pas demeuré là; après s'être longtemps servi de chenets de fer, un artiste a imaginé d'orner la partie antérieure du chenet de figures diverses d'hommes et d'animaux, de vases, de fruits, etc. Alors on y a employé le cuivre et l'or; on a fait des lions et des tigres se chauffant paisiblement avec nous, les pattes croisées, des bergers jouant de la flûte et des bergères dansant au coin de notre feu, des fleurs croissant dans les cendres, des chasseurs forçant le cerf sous la cheminée, des pommes de pin végétant sur des socles, etc. Enfin nos artistes modernes ont déployé dans les formes des chenets toute la fécondité de leur génie et toute la richesse de leur goût, si l'on peut dire toutefois que la plupart des ornements dont nous venons de parler soient d'un goût bien sévère et d'une appropriation bien exacte et bien entendue. — On donne dans quelques provinces le nom de *landiers* à de grands chenets de cuisine, et celui de *marmousets* à des chenets très-simples qui consistent en deux pièces triangulaires de fer fondu d'environ deux pouces de haut. — Quant à l'étymologie du mot *chenet*, il n'y a point de doute qu'elle ne vienne de ce que, dans l'origine, on aura donné pour ornement à cet ustensile la figure de *chiens*; c'est là l'opinion de Borel, dans son *Trésor des antiquités gauloises*, et cette opinion est partagée par Ménage, Furetière, Trévoux, Gébelin et autres lexicographes. Le dernier que nous avons nommé dit qu'on a d'abord appelé les *chenets* des *chiennets*. « Ce sont, ajoute-t-il, les gardes du feu, les deux lares. » On disait en effet autrefois *chiennet* pour un *petit chien*, témoin ces vers de Villon dans son *Grand Testament* :

> Un beau petit chiennet couchant
> Qui ne lairra poulaille en voye.

A Rouen, où l'on dit, parmi le peuple, *quenot* pour petit chien, on appelle aussi les chenets des *quenols*. — Les Anglais et les Allemands donnent comme nous le nom de *chien* au *chenet*, ce qui vient comme nouvelle preuve à l'appui de l'origine de ce dernier mot; les premiers appellent cet ustensile *dog* (chien), et les seconds *Feuerhund* (chien de feu).

**CHENET** (*marine*), machine de fer qui sert à donner le pli aux bordages que l'on chauffe.

**CHÊNETEAU**, s. m. (*eaux et forêts*), jeune chêne.

**CHÊNETTE** (*botan.*), nom donné à quelques herbes qui ont le feuillage du chêne, telles que la germandrée, *teucrium chamædrys;* une véronique, *veronica chamædrys;* une dryade, *dryas octopetala.*

**CHENEUSE**, s. f. (*botan.*), nom vulgaire de l'agripaume.

**CHENEVAS** (*vieux langage*), corbeille.

**CHÈNEVEAU**, s. m. (*pêche*), sorte de filet.

**CHENEVEUX** (*vieux langage*), chanvre, chènevis, graine de chanvre.

**CHÈNEVIÈRE**, s. f. (*écon. rur.*), champ semé de chènevis, champ où croît le chanvre. — *Épouvantail à chènevière*, vieux morceau de linge ou d'autre chose semblable qu'on place sur un bâton, dans une chènevière, pour faire peur aux oiseaux. — Proverbialement et figurément, *C'est un épouvantail à la chènevière, de chènevière*, se dit d'une personne laide et mal bâtie, ou d'une personne habillée ridiculement. — Proverbialement et figurément, *Ce n'est qu'un épouvantail de chènevière*, se dit pour donner à entendre qu'une personne ou une chose dont on veut nous faire peur n'est propre qu'à épouvanter des personnes timides.

**CHENEVIÈRES** ou **CHENNÉVIÈRES** (**FRANÇOIS DE**), connu surtout par l'amitié dont l'honora Voltaire, naquit en 1699 à la Rochefoucauld, petite ville de l'Angoumois. Entré jeune au service, il passa bientôt dans l'administration, et, après avoir rempli les fonctions de commissaire ordonnateur en Allemagne et dans les Pays-Bas, fut fait premier commis des bureaux de la guerre à Versailles. Tous ses contemporains le représentent comme un homme aimable, obligeant et plein de belles qualités. Lorsque M^me^ de Pompadour eut obtenu le renvoi du comte d'Argenson (*V.* **VOYER**), il ne craignit point de se compromettre en restant fidèle au ministre disgracié, et s'honora par une conduite très-rare dans un courtisan. Son goût pour les lettres lui avait toujours fait rechercher la société des beaux esprits; mais il eut le tort d'aspirer lui-même au titre de littérateur. Lié depuis 1750 avec Voltaire pour quelques services qu'il lui avait rendus, il entretient dès lors une correspondance avec l'auteur de la *Henriade*, qui le remerciait de ses *jolis vers*, et lui assurait, par quelques pièces échappées à sa muse brillante et facile, une immortalité que Chenevières n'aurait jamais obtenue par ses ouvrages. Il se démit en 1768 de la place de héraut d'armes de l'ordre de Saint-Louis. En 1772, il fut nommé inspecteur général des hôpitaux militaires, et mourut octogénaire le 13 novembre 1779. Chenevières avait eu pour amis Fontenelle, Moncrif, Gentil-Bernard, Thomas, Barthe et Marmontel. On a de lui : 1° *Détails militaires*, dont la connaissance est nécessaire aux officiers et principalement aux commissaires des guerres, Paris, 1742, 4 vol. in-12; nouvelle édition augmentée, 1750-68, 6 vol. Les deux derniers sont un supplément. C'est un précis des ordonnances, rangées d'après les différentes parties du service. 2° *Loisirs de M. de....*, la Haye (Paris), 1764, 2 vol. in-12. Le premier contient, outre un assez grand nombre de pièces fugitives, quatre opéras-ballets : *Célina* ou *le Temple de l'Indifférence détruit par l'Amour; Amaryllis; Lysis et Mysis*, et enfin *Glaucé*. Le second volume est rempli tout entier par une correspondance très-insignifiante. « Cela fait un tas énorme de platitudes parmi lesquelles on aurait de la peine à trouver une ligne supportable. » Ce jugement de Grimm n'est pas trop sévère (*V. Correspondance littéraire*, 15 octobre 1764). Le portrait de Chenevières a été gravé par Fiquet. Thomas fit pour mettre au bas les vers suivants :

> Chéri des belles et des grands,
> Bon citoyen, ami sincère,
> Poëte aimable, Chenevière
> Eut des amis dans tous les rangs,
> Et sut aimer comme il sut plaire.

**CHÈNEVILLE**, s. f. (*écon. rur.*). Il se dit, dans quelques endroits, pour Chènevotte.

**CHÈNEVIS** (*botan.*), nom vulgaire du chanvre, ou plutôt de sa graine, d'où vient celui de *chènevottes*, donné à ses tiges dépouillées de leur écorce, dont on fait de bonnes allumettes, qui s'enflamment facilement.

**CHENEVIX** (**RICHARD**), littérateur et chimiste anglais, naquit en Irlande, où s'était fixée, après la révocation de l'édit de Nantes, sa famille, française d'origine. Son grand-oncle, Richard Chenevix, mourut en 1775, après avoir, durant trente-quatre ans, occupé le siége épiscopal de Waterford et Lismore réunis. Son aïeul et son père avaient tous deux été colonels. Ces exemples domestiques n'engagèrent point le jeune Richard à courir la carrière des armes dans une époque qui, plus qu'aucune autre cependant, offrait des chances de rapide avancement. Dès son adolescence, il annonça son goût pour les études paisibles du cabinet. Au reste, doué d'une extrême facilité, il fit marcher de front la culture des lettres et celles des sciences, surtout de la chimie. Sa réputation ne tarda pas à s'étendre au delà des limites de l'Angleterre : membre de la société royale de Londres en 1801, il fit ensuite partie de presque toutes les sociétés scientifiques de l'Europe. Chenevix mourut, après quelques jours de maladie, à Paris, le 5 avril 1830. Il s'était marié en 1812 à la comtesse de Rohault. On a de cet habile expérimentateur : I° *Remarques sur la nouvelle nomenclature chimique établie par les néologues français*, Londres, 1802, in-12; II° *Observations sur les systèmes minéralogiques* (publiées en français dans le t. LXV des *Annales de chimie*, 1808, et traduites aussitôt en anglais par un des membres de la société géologique). Dans ce morceau, remarquable par la force des raisonnements et par la finesse des observations, Chenevix se déclare l'antagoniste du célèbre système de Werner, et prend la défense de celui de Haug. Ses objections ne restèrent pas sans réponse; mais le chimiste anglais riposta par ses *Remarques sur la réponse de M. d'Aubuisson aux Observations*, etc. (en anglais), publiées pour la première fois à la suite de la seconde édition des *Observations*, Londres, 1811, in-8°; III° dans le *Recueil des transactions philosophiques :* 1° *Observations et Expériences sur l'acide muriatique oxygéné, ainsi que sur quelques combinaisons de l'acide muriatique dans ses trois états ;* 2° *Analyse du corindon et de quelques substances qui l'accompagnent;* 3° *Analyse des arséniates de cuivre et de fer, ainsi que du cuivre rouge octaédrique de Cornouailles*, 1801; 4° *Observations et Expériences sur la poudre du docteur James, avec une méthode de préparer par la voie humide une substance analogue;* 5° *Observations sur la nature chimique des humeurs de l'œil;* 1803; 6° *Recherches sur la nature du palladium;* 7° *De l'action réciproque du platine et du mercure;* IV° Dans le *Journal* de Nicholson : 1° *Analyse d'une nouvelle variété d'or natif*, 1801 ; 2° *Expériences pour déterminer la qualité de soufre contenue dans l'acide sulfurique;* 3° *Recherches sur l'acide acétique et sur quelques autres acétates.* A côté de ces résultats d'observations scientifiques, on sera surpris sans doute de voir Chenevix publier une comédie, *les Rivaux mantouans*, et une tragédie historique, *Henri VII*, l'une et l'autre en 1812. Dans ce dernier ouvrage, l'auteur se rapprochait, autant que possible, du système dramatique de Shakspeare. Ces deux pièces, qui n'ont point été représentées, ont joui d'un succès d'estime, et comptent parmi les monuments de la grande tentative de rénovation littéraire dont l'Angleterre et la France ont eu le spectacle dans ces dernières années. Chenevix laissa de plus en manuscrit un ouvrage politique dont le titre au moins promet beaucoup; c'est un *Essai sur le caractère national et sur les causes principales qui contribuent à modifier les caractères des peuples dans l'état de civilisation.*

**CHÈNEVOTTE**, s. f. brin, morceau de la partie ligneuse du chanvre dépouillé de son écorce.

**CHÈNEVOTTER**, v. n. (*agricult.*), pousser du bois faible comme des chènevottes.

**CHENEVRAU, CHENEVREAU, CHENEVRIL** (*vieux langage*), chènevière, lieu semé de chènevis pour faire venir du chanvre.

**CHENG**, s. m. (*relation*). Il se dit, suivant Laveaux, d'un instrument à vent en usage chez les Chinois.

**CHENGO-VERAG** (*botan.*), nom hongrois du mille-pertuis, suivant Mentzel.

**CHENIB** (*astron.*), nom arabe de la belle étoile de la constellation de Persée.

**CHENICA**, s. f. (*métrol.*), mesure de capacité pour les matières sèches, employée en Perse. La chenica vaut litre 1,3151.

**CHENICE** ou **CHENIX**, s. f. (*antiq. grecq.*), mesure grecque de capacité pour les graines, inférieure au médimne, et valant un peu plus qu'un de nos litres. Quatre *cotyles* valaient une *chenice*, et quarante-huit *chenices* valaient un *médimne*.

**CHENICE**, mesure qui était la huitième partie du boisseau.

**CHÊNIER** (*botan.*). Ce nom est donné par M. Paulet à deux champignons du genre agaric qui croissent principalement sous les chênes. — L'un est le CHÊNIER DUR (Paul., pl. 84, fig. 3-5). Il appartient à la famille des feuillets faucilleurs. Son pédicule, cylindrique et ferme, porte un chapeau roux foncé, garni en dessous de feuillets de même couleur. Sa chair est blanche, ferme, coriace, d'une saveur fade qui répugne. Néanmoins ce champignon n'a pas incommodé les animaux auxquels on en a fait manger. Il se trouve au bois de Boulogne. — Le second chênier est le CHÊNIER VENTRU (Paul., tab. 51, fig. 1-4); *agaricus crassipes* Schæff., tab. 87-88. Il appartient à la famille que Paulet appelle le *gros clou*. Il est commun aux environs de Paris, et facile à reconnaître à son odeur de bois de chêne. Il a une saveur de champignon qui n'est point désagréable; des essais faits sur des animaux prouvent qu'il n'est point malfaisant. On le trouve, solitaire, ou par touffes, au pied des chênes. Son chapeau est fauve ou marron, garni en dessous de feuillets blancs roussâtres. Le pied est coriace, ventru, et d'un roux foncé presque noir.

**CHÉNIER** (LOUIS DE), consul général français et historien, naquit en 1723 à Montfort, bourg situé à 12 lieues de Toulouse. Sa famille était originaire de Chénier, petit hameau situé entre le Poitou et la Saintonge, et d'où elle a tiré son nom. Orphelin dès son enfance, il alla chercher fortune à Constantinople, où il dirigea d'abord une maison de commerce. Plus tard il fut attaché au comte Desalleurs, ambassadeur de France près la Porte ottomane. Il sut donner dans ce poste la plus favorable opinion de ses talents, et, à la mort de son protecteur le comte Desalleurs, il remplit les fonctions de consul général et de chargé d'affaires de la marine et du commerce. Il occupa ce poste avec distinction de 1753 à 1764. A cette époque, la nomination d'un nouvel ambassadeur, M. de Vergennes, le fit rappeler à Paris. Il en partit bientôt pour accompagner M. le comte de Brugnon, chargé d'une mission en Afrique, et fut bientôt nommé consul général auprès de l'empereur de Maroc. Mis à la retraite en 1784, il se vengea noblement de cette disgrâce en dotant son pays de deux ouvrages qui contiennent des renseignements précieux, recueillis durant un séjour de quarante ans dans le Levant. Ces ouvrages sont : 1° *Recherches historiques sur les Maures et Histoire de l'empire de Maroc*, Paris, 1787, 3 vol. in-8° avec cartes; 2° *Révolution de l'empire ottoman et observations sur les progrès, les revers et l'état présent de cet empire*, Paris, 1789, 1 vol. in-8°. Ces deux ouvrages sont écrits avec pureté et élégance. On voit que l'auteur s'est principalement et peut-être trop exclusivement préoccupé de donner une idée exacte des mœurs des Maures et des Ottomans; aussi peut-on lui reprocher un peu de négligence pour la partie historique. Au reste ce défaut est racheté par le mérite des autres parties, qui contiennent des détails entièrement neufs et d'un haut intérêt sur des mœurs et des coutumes si peu connues et qui s'écartent tant des nôtres. Louis de Chénier publia en outre un petit écrit de circonstance sous le titre de *Réclamations d'un citoyen*. Cet ouvrage le fit nommer membre du premier comité de surveillance de la ville de Paris. Dans ce poste difficile il sut se montrer toujours homme de bien. Il fit ensuite partie de la section de Molière et de la Fontaine, nommée plus tard section de Brutus, et en présida même le comité. Il perdit cette place après le 31 mai 1793 pour n'avoir pas été l'instrument docile de la faction violente qui immola les girondins. La mort de son fils André Chénier (*V.* ce mot), qui périt sur l'échafaud pour avoir blâmé les excès des tyrans révolutionnaires, frappa d'un coup terrible ce malheureux père. Il ne s'en releva jamais, et mourut à Paris le 26 mai 1795. La section Brutus lui rendit des honneurs après sa mort, et son éloge prononcé par Vigée a été imprimé à Paris. — Louis de Chénier avait laissé en manuscrit six *Lettres sur les Turcs* dans lesquelles il relève plusieurs assertions inexactes du baron de Tott (*V.* ce mot). Nous ignorons si elles ont jamais été publiées. — Chénier avait eu quatre fils, qui tous quatre furent des hommes d'un mérite distingué. L'aîné embrassa comme son père la carrière diplomatique, et obtint plusieurs consulats; le second s'illustra dans le métier des armes, et parvint au grade d'adjudant général; les deux plus jeunes sont le sujet des articles suivants.

ALF. ISAMBERT.

**CHÉNIER** (MARIE-ANDRÉ DE), troisième fils de Louis Chénier, consul général de France, et d'une Grecque célèbre par son esprit et sa beauté, naquit à Constantinople le 29 octobre 1762. Frère aîné de l'auteur de *Charles IX, Henri VIII, Tibère* et *Timoléon*, il fut envoyé de bonne heure en France, commença ses études à Carcassonne, et vint vers 1773 les terminer à Paris au collège de Navarre. Il savait le grec à seize ans, et déjà la poésie séduisait sa jeune imagination. A vingt ans, il entra comme sous-lieutenant dans le régiment d'Angoumois, en garnison à Strasbourg; mais, au bout de six mois, il prit en dégoût profond cette vie désœuvrée, inutile, perdue pour la gloire, et revint à Paris, où il se livra à des études sérieuses. Cette ardeur de travail, rare chez un jeune homme, lui mérita dès lors l'amitié de Lavoisier, de Palissot, de David et de Lebrun; mais sa santé, trop faible, l'obligea de suspendre ses études favorites. Après un voyage en Suisse, entrepris pour son rétablissement, il fut quelque temps attaché à M. de la Luzerne, ambassadeur en Angleterre. Mais il éprouva encore des mécomptes dans cette nouvelle position, et, après quelques voyages, il se fixa enfin, vers 1788, définitivement à Paris. — Ce fut alors, à vingt-six ans, qu'il se mit à travailler avec une suite et un ordre constants à des ouvrages antérieurement commencés ou seulement ébauchés. Son premier essai, le poëme intitulé *l'Invention*, indique sa tendance à frayer aux muses des routes nouvelles. Puis son âme pure s'éprit des beautés de la nature, et il composa des *églogues*; puis, comme Lucrèce, il essaya, dans l'*Hermès*, d'expliquer la nature des choses au moyen des découvertes modernes. — Il était occupé de ces soins littéraires, lorsque d'imposants événements vinrent l'arracher à ses études. L'année 1789 avait rempli d'espoir les cœurs généreux. Les intérêts de la patrie l'emportèrent sur ceux des lettres. Poëte, comment n'aurait-il pas aimé la liberté? Mais, ami constant de la liberté, il fut ennemi opiniâtre de la licence, et eut le courage d'attaquer à la fois et les principes d'anarchie et les résistances aristocratiques qui se développaient de toutes parts. La haine des partis auxquels il faisait une énergique opposition a tenté d'accréditer l'existence d'une prétendue inimitié politique entre lui et son frère Marie-Joseph Chénier : cette inimitié n'exista jamais; je n'en veux pour preuve (et il y en a bien d'autres) que la dédicace de son ode première :

. . . . . . . . . . . . . . . . . . . . . . . . . .

Mon frère, que jamais la tristesse importune
Ne trouble tes prospérités! etc., etc.

Leur but, leurs idées étaient les mêmes, et ne variaient que par la forme; l'auteur de *Charles IX* s'attache aux idées nouvelles avec toute l'ardeur de son génie; le chantre de *la Jeune Captive*, avec toute la modération du sien : mais les deux frères, à part cette dissidence politique, plus apparente que réelle, furent toujours unis par les liens d'une amitié sainte et fraternelle. Lors du procès de Louis XVI, André Chénier, qui, dans un journal rédigé de concert avec Regnault de Saint-Jean d'Angely, avait épuisé tout ce que la raison des âmes généreuses pouvait avoir de force pour faire changer les formes de cette procédure, proposa à M. de Malesherbes de partager près du roi les périls de sa tâche. Ce fut encore lui qui écrivit, avec quelques corrections indiquées par M. de Malesherbes, la lettre signée dans la nuit du 17 au 18 janvier, par laquelle Louis XVI réclama le droit d'appeler au peuple du jugement de la convention. — Forcé de se soustraire aux recherches des ennemis que lui avait valu son dévouement aux idées de justice et d'humanité, il se réfugia à Versailles, où son frère lui choisit lui-même un asile. Mais il eut l'imprudence de venir à Passy porter des consolations à la famille d'un de ses amis, de M. Pastoret, qu'on venait d'arrêter, fut lui-même arrêté comme suspect, et conduit à la Conciergerie. Son frère, alors député, mais en butte à la haine de Robespierre, eût dû sans doute élever la voix en faveur d'André. Cependant c'eût été se perdre sans le sauver. Le père, dans sa tendresse impatiente, eut le tort de fatiguer par des plaintes inutiles les puissants d'alors. On lui répondit enfin : « Quoi! est-ce parce qu'il porte le nom de Chénier, parce qu'il est le frère d'un représentant, que depuis six mois on ne lui a pas fait son procès? Allez, monsieur; votre fils sortira dans trois jours. » Son père espérait, le cœur joyeux, voir la fin de sa captivité, et la veille du jour où il fut jugé le rassurait encore en lui parlant de ses talents et de ses vertus. « Hélas! dit André, M. de Malesherbes aussi avait des vertus. » Traduit devant le tribunal révolutionnaire, il ne daigna ni parler ni se défendre; il fut déclaré *ennemi du peuple*, convaincu d'avoir écrit *contre la liberté*, et défendu la *tyrannie*; il fut encore chargé de l'étrange délit d'avoir conspiré pour s'évader. Sa condamnation à mort devait être mise à exécution le 7 thermidor (25 juillet 1794). Deux jours plus tard, et la France ne l'eût pas perdu. André Chénier monta sur la charrette des condamnés à huit heures du matin. Près de lui, par une sorte de faveur du sort, vint se placer l'infortuné Roucher, son ami, le peintre des *Mois*. Que de regrets ils exprimèrent l'un sur l'autre! Aux paroles de Roucher Chénier répondit: *Je n'ai rien fait pour la postérité*. Puis, se frappant le front, il ajouta: *Et pourtant j'avais quelque chose là*. Et durant le trajet fatal, on raconte qu'ils récitèrent tour à tour la première scène d'*Andromaque*, où les sentiments profonds du malheur et de l'amitié sont retracés en vers immortels, et sans doute un dernier sourire effleura les lèvres de Chénier lorsqu'il prononça ces beaux vers :

> Oui, puisque je retrouve un ami si fidèle,
> Ma fortune va prendre une face nouvelle;
> Et déjà son courroux semble s'être adouci
> Depuis qu'elle a pris soin de nous rejoindre ici.

Les œuvres imparfaites de ce jeune poëte nous révèlent tout ce qu'il aurait pu faire. Des pensées gracieuses et respirant une mélancolie douce caractérisent ces essais qu'il voulait revoir avec un soin rigoureux. Au nombre des premières productions qui firent concevoir de son génie une si grande espérance, on trouve le poëme de *l'Invention*, l'idylle intitulée *le Malade*, et l'ode (*la Jeune Captive*) qu'il adressa de sa prison à M^lle^ de Coigny. — Les œuvres d'André Chénier ont paru en 1819: l'éditeur, M. H. de Latouche, les a fait précéder d'une notice pleine d'intérêt. ALF. ISAMBERT.

**CHÉNIER** (MARIE-JOSEPH DE), poëte, fils de Louis de Chénier, naquit à Constantinople le 28 août 1764. Il fut envoyé de bonne heure en France, et fit ses études au collége Mazarin, où il eut pour professeur Geoffroy. Les relations postérieures qui eurent lieu entre le maître et l'élève prouvent qu'alors celui-ci n'était pas le plus révérencieux de ses condisciples. Destiné à la carrière des armes, il entra en 1781 dans un régiment de dragons en qualité de sous-lieutenant. Au bout de deux ans, il renonça à cette profession, quitta la garnison de Niort, et revint à Paris. Il se livra dès lors à son goût pour la littérature. A l'âge de vingt-deux ans, il présenta la tragédie d'*Azémire* aux comédiens français, qui la jouèrent le 4 novembre 1786 à Fontainebleau, et deux jours après à Paris. Cette pièce n'obtint pas de succès : on remarquait cependant quelques traits heureux, quelques vers faciles; mais en somme elle promettait plus de talent qu'elle n'en prouvait. Chénier crut devoir mieux étudier l'art auquel il se consacrait : ce ne fut que trois ans après qu'il mit au jour sa deuxième tragédie, *Charles IX*, qui fut représentée le 4 novembre 1789. Ce drame fut attaqué comme attentatoire à la monarchie et à la religion: c'était un ouvrage de parti. L'auteur y répandit avec profusion les idées nouvelles: jamais le théâtre n'avait retenti de paroles aussi hardies sous le rapport politique comme sous le rapport religieux. L'auteur, sous le vain prétexte d'attaquer l'intolérance et le despotisme, prêcha les vertus républicaines. Il dénatura l'histoire dans le but de rendre plus odieux le caractère de Charles IX et les événements malheureux qui se passèrent sous son règne. Toutefois nous dirons que cette pièce eut un grand succès, et fut traduite en plusieurs langues. La tragédie de *Henri VIII* suivit celle de Charles IX; elle fut représentée en 1791, ainsi que *la Mort de Calas*. L'année suivante il donna *Caïus Gracchus*. Toutes ces pièces lui donnèrent la plus grande popularité; il y proclamait le républicanisme le plus ardent. Son *Caïus Gracchus* fut entièrement conçu dans un but démagogique. Chénier fut accusé par les royalistes de pousser à l'anarchie, et par les révolutionnaires de ne préconiser que la modération. Un représentant osa s'élever contre ces mots sublimes qui se trouvent dans la pièce, et qui faisaient d'une manière trop évidente le procès des anarchistes de cette époque criminelle: *Des lois et non du sang*. Albitte se sentit assez de courage pour trouver mauvais cet hémistiche, et il eut assez d'influence sur ses collègues pour faire ordonner la suppression de cette tragédie républicaine. Porté à la convention après le 10 août, Chénier s'attacha au parti démocratique; il vota la mort du roi. Ses fonctions législatives ne l'ayant pas éloigné du théâtre, il donna sa tragédie de *Fénelon*, qui eut un faible succès. Devait-elle être applaudie par les amis de la religion, qui ne pouvaient s'empêcher de voir avec peine la pourpre épiscopale portée par des comédiens et en quelque sorte profanée sur les planches? Pouvait-elle réunir les suffrages des philosophes, qui certes n'étaient pas alors plus disposés que dans d'autres temps à applaudir aux vertus d'un évêque? Chénier s'attira la haine de l'intolérance irréligieuse, sans se concilier les suffrages des hommes pieux. Il fit représenter *Timoléon*, dont les applications hardies portèrent ombrage au comité de salut public; la représentation en fut défendue, et les copies furent saisies et brûlées : une seule fut sauvée, et servit à reproduire la pièce en 1795. Depuis ce temps jusqu'à l'époque du couronnement, Chénier ne fit rien pour la scène; mais dans cette circonstance il donna *Cyrus*, pièce faite pour le moment *en l'honneur d'un monarque par un républicain*. Le caractère de Chénier, pas plus que son talent, n'était assez flexible pour faire sortir de la bouche qui avait redit les vers de Caïus Gracchus des paroles de louange envers celui que les républicains, tout aussi bien que les royalistes, pouvaient appeler du nom d'usurpateur. Cette pièce fut reçue froidement; les éloges donnés à Bonaparte y ayant été présentés sous la forme de conseils, déplurent au public autant qu'à l'empereur. Sous le rapport littéraire, c'est une imitation du *Ciro riconosciuto* de Métastase, et presque une copie de *Mérope*. Ce fut le dernier ouvrage dramatique que fit représenter Chénier. Cependant il en composa d'autres, tels que *Philippe II*, *Tibère*, *Brutus et Cassius*, *OEdipe roi*, *OEdipe à Colone*, *Nathan le Sage*; ces trois dernières pièces sont des imitations de Lessing. On a trouvé aussi dans son portefeuille des fragments d'une *Ecole du scandale* d'après Shéridan, et d'une traduction de l'*Electre* de Sophocle. Il avait aussi commencé un *Werther*; mais on n'en a pas trouvé de fragments. Il composa aussi un opéra, *le Camp de Grandpré*, en un acte, et une comédie, *Edgard* ou *le Page supposé*, représentée en 1785. Outre ses œuvres dramatiques, il a fait dans les différentes assemblées législatives où il fut depuis la convention jusqu'en 1802, un grand nombre de *discours* sur des questions importantes: sur les récompenses dues aux savants, aux écrivains et aux artistes; sur la conservation des monuments, des livres et des objets de science et d'art; sur l'organisation de l'instruction publique; sur l'établissement spécial du conservatoire de musique. Comme critique, Chénier jouit de quelque réputation : il fit un grand nombre d'*articles* qui furent insérés dans *le Mercure* de 1809 et 1810. Il composa un ouvrage *sur la liberté des théâtres* en 1789; une *Traduction de la Poétique d'Aristote*, et plusieurs *Discours sur les premiers siècles de la littérature française*, qui ont été lus à l'Athénée de Paris; enfin le *Tableau historique de l'état et des progrès de la littérature française en Europe depuis* 1789: ce dernier ouvrage est écrit avec pureté et élégance; il ne mériterait que nos éloges s'il n'avait été fait sous l'influence des idées philosophiques de l'auteur; si son admiration pour ses amis ne l'avait rendu quelquefois injuste envers ceux qui suivirent une autre route que lui, et s'il n'avait pas exercé une censure trop amère à l'égard de ceux qui voulaient que la morale fût la base des lois, et que la religion fût celle de la politique : au reste l'auteur a tiré une conséquence fausse selon nous; car il prétend, d'après son exposition, que jamais la France n'a eu une plus belle période littéraire que les vingt années de notre révolution. Chénier s'occupa aussi de poésies légères; il fit des *chants* et des *hymnes* pour toutes les fêtes républicaines, même pour l'*apothéose de Marat*; il a publié aussi des *Epîtres*, des *Odes* et quelques *Satires*. Chénier fut nommé inspecteur général de l'instruction publique; son *Epître à Voltaire* le fit destituer : il tomba alors dans le dénûment le plus complet; cependant Napoléon vint à son secours, et lui fit une pension de huit mille francs, dont il ne jouit pas longtemps. Le 11 janvier 1811 il succomba à une maladie qui le dévorait depuis douze ans : il n'était âgé que de quarante-sept ans. Nous n'avons point parlé de l'accusation que l'on dirigea contre lui à l'occasion de la mort de son frère. Plusieurs années après le supplice d'André Chénier, Marie-Joseph fit une *Epître à la Calomnie*. Dans ces vers adressés aux mânes de son frère, il cherche à se laver du crime qu'on lui a reproché. M. Arnaud a tenté de le justifier dans le discours qu'il a prononcé sur sa tombe : « Poursuivi, dit-il, par la calomnie, Chénier se réfugia dans les bras de sa mère; se seraient-ils ouverts à son repentir, s'il eût été couvert du sang d'un frère? » Châteaubriand fut nommé à sa place à l'Institut : dans le discours qu'il devait faire pour sa réception, il blâmait la conduite de Chénier; ce discours ne fut pas prononcé. Chénier avait une imagination ardente; son âme était ouverte aux passions les plus violentes : nous sommes loin de lui contester de grands talents; il les consacra à la défense de la cause républicaine, et son nom se trouve à côté de celui des hommes qui ont ensanglanté notre malheureuse patrie. Son *théâtre* a été recueilli en 2 vol. in-18; ses *poëmes* en 1 vol. in-8°, et ses *OEuvres complètes* en 4 vol. in-8°. M. Daunou en a donné une nouvelle édition précédée d'une *notice* et ornée du portrait de l'auteur d'après Horace Vernet, 9 vol. in-8°, 1824, 1825 : trois volumes de cette édition qui jouit d'une grande réputation comprennent les œuvres posthumes de Marie-Joseph Chénier.

**CHENIL**, du latin *canile*, bâtiment qui sert à loger les chiens et surtout les meutes de chiens de chasse, et en même temps les officiers et les valets de la vénerie, et qui est ordinairement composé de plusieurs cours, salles et chambres. Au figuré, on dit familièrement d'un logement sale et vilain que c'est un vrai *chenil*.

**CHENILLE** (*hist. nat.*): *eruca*, Pline; *κάμπη*, Théophraste. On nomme ainsi particulièrement les larves des insectes à quatre ailes écailleuses, ou les lépidoptères, sous leur premier état, depuis leur sortie de l'œuf jusqu'à l'époque où ils se transforment en chrysalide. On appelle cependant encore fausses chenilles les larves de quelques hyménoptères, comme celles des uropristes ou des mouches à scie. — On reconnaît, en général, les chenilles ou les larves des lépidoptères à leur corps allongé, composé de douze anneaux ou articulations, la tête non comprise; garni de neuf boutonnières ou trous destinés à la respiration, situés de chaque côté du corps, et qu'on nomme *stigmates*. Toutes les chenilles ont d'abord six pattes écailleuses ou à crochets simples, correspondant aux trois premiers anneaux et aux pattes que l'insecte doit avoir sous l'état parfait; et, en outre, un nombre variable de tubercules ou d'appendices courts, membraneux, garnis chacun de rangées de petits crochets recourbés en dedans, qui servent aussi de véritables membres, ou de moyens de transport à l'insecte. — Roësel, Lyonnet, Réaumur, ont fait connaître un grand nombre de chenilles et leur organisation; mais leur histoire tient à celle des lépidoptères en général, et nous renvoyons à cet article tous les détails de mœurs, de forme et d'organisation que présentent ces insectes sous ce premier état. Nous allons indiquer succinctement, dans cet article, les principales différences qui doivent être connues de tous les entomologistes. — Chacun des genres et même des sous-genres des lépidoptères offre des configurations, des habitudes et même une structure variée. C'est ainsi, par exemple, que, pour le nombre des pattes, les uns en ont huit, d'autres dix, douze, quatorze ou seize. Les phalènes, dites géomètres, d'après la forme de leurs chenilles, qui ne peuvent se transporter qu'en mesurant, pour ainsi dire, l'espace à pas comptés, ne peuvent changer de place que par le rapprochement des tubercules qui se trouvent placés à l'extrémité de leur corps, et qui font l'office de crochets, sur lesquels tout l'animal s'appuie pour faire lâcher prise aux pattes écailleuses et à l'extrémité antérieure, laquelle se redresse et se porte juste au degré le plus considérable d'extension auquel elle puisse parvenir. Arrivées là, les pattes articulées, ou à crochet simple, saisissent les aspérités de la surface, s'y accrochent à leur tour, et deviennent le nouveau point d'appui vers lequel les tubercules postérieurs viennent adhérer de nouveau. La plupart de ces chenilles sont rases et de la couleur des tiges des plantes ou des arbustes sur lesquels elles sont appelées à vivre. Souvent elles se tiennent immobiles sur ces tiges, en formant avec elles un angle semblable à celui sous lequel s'éloignent le plus ordinairement les branches du végétal, ce qui leur donne l'apparence d'une tige tronquée, et ce qui les a fait nommer *arpenteuses en bâton*. Les chenilles à huit pattes, c'est-à-dire à deux paires de tubercules seulement, vivent ordinairement dans des étuis ou des fourreaux qu'elles se construisent elles-mêmes, en rapprochant des feuilles ou d'autres matières tantôt animales, tantôt végétales, à l'aide de fils de soie; telles sont celles des teignes, des lithosies. — La forme des chenilles ne varie pas moins. Les unes sont demi-cylindriques, comme celles du bombyce du trèfle; d'autres sont quadrangulaires ou présentent des plans anguleux, comme celles de certains sphinx; d'autres sont courtes, ovales, et ont été comparées à des cloportes, à des poissons. Les unes sont rases, lisses et polies, tout à fait étiolées ou colorées diversement; d'autres ont la peau tuberculeuse ou chagrinée, et dure au toucher, garnie de pointes cornées simples ou ramifiées. Il en est qui sont excessivement velues, et qu'on a nommées pour cette raison martres ou hérissonnes. Dans quelques espèces, comme dans celles du bombyce du pin, dans la processionnaire, dans la fuligineuse, ces poils se cassent très-facilement, et produisent des ampoules ou une sorte d'érésipèle sur la peau de l'homme dans laquelle ils pénètrent. Ces poils sont tantôt disposés en aigrettes, en faisceaux, en brosses, en plumes diversement colorées, que l'on a comparées, suivant leur situation sur le corps de l'animal, à des oreilles, des brosses, des panaches. — Quelques-unes, comme celles des papillons *machaon*, *podalyre*, et autres dits chevaliers, font sortir une sorte de tubercule, charnu en Y, de l'espace compris entre le cou et la tête; d'autres, comme les chenilles dites à queue fourchue, ont le dernier anneau du corps terminé par deux tentacules protractiles qui paraissent, comme dans les premières, avoir pour usage d'éloigner, à l'aide d'une liqueur qui suinte de ces parties, les animaux qu'elles ont à craindre. — Beaucoup de chenilles vivent en société : les unes d'une manière permanente, et pour tout le temps où elles doivent conserver cette forme, comme celles des *bombyces*, dites processionnaires; celles de beaucoup de phalènes d'*alucites* et d'*yponomeutes*, en se filant une tente commune sous laquelle elles se retirent dans les temps de pluie, dans le jour ou dans la nuit, suivant que les espèces se nourrissent et doivent éviter plus ou moins certains oiseaux dits échenilleurs. D'autres vivent isolées : c'est ainsi, par exemple, que, parmi les papillons, les paons de jour proviennent de chenilles qui ont été déposées toutes ensemble sur les orties, où on les trouve constamment en grand nombre, tandis que l'*atalante*, le *C. blanc*, vivent solitairement. Les unes fuient la lumière, et se trouvent sur les racines, comme celles des *hépiales;* dans le tronc des arbres, comme celles des *cossus;* dans les ruches des abeilles comme les *galléries;* dans les étoffes de laine, la fourrure des animaux, les semences des graminées, comme celles des *teignes;* dans les fruits, comme les *pyrales*, etc. : mais la plupart des chenilles se nourrissent des feuilles des plantes, tantôt bornées à une seule espèce, tantôt à plusieurs végétaux, comme l'a donné à observer la chenille du sphinx du troëne, que l'on trouve aussi sur le lilas et sur le frêne; celle du papillon brassicaire, qui vit sur la capucine et sur le réséda. — Les chenilles sont en général très-voraces : on a observé par exemple que dans certains jours la chenille du mûrier, vulgairement dite le ver à soie, dévorait le double de son poids de matière végétale. — Toutes les chenilles, en se développant, ont besoin de changer de peau, afin que leurs parties puissent être contenues dans leur tégument. C'est une opération admirable que cette *mue*, dans laquelle l'insecte se dépouille de toutes ses parties extérieures, dont il sort comme d'une enveloppe ou d'un fourreau dans lequel il était contenu. A cette époque, qui se renouvelle jusqu'à huit ou neuf fois pour certaines espèces, l'individu éprouve une sorte de maladie. Il reste sans prendre de nourriture, il se gonfle; sa peau éclate et se fend ordinairement en longueur sur le dos, et c'est par cette fente qu'il sort en abandonnant sa dépouille. Dans cette peau de l'insecte on retrouve l'étui de toutes les parties, des mâchoires, des ongles, du crâne, des anneaux, des stigmates, des cornes, des épines, et quelquefois même des poils. — Dans quelques cas, comme dans la première mue du bombyce du mûrier, la chenille, de velue qu'elle était, devient rase; mais le plus ordinairement, comme on peut le voir dans celles de la noctuelle du bouillon, du groseillier, etc., les taches et les couleurs de chaque mue sont autrement disposées, et d'une autre teinte, qui la fait aisément distinguer. — En sortant de la peau que la chenille abandonne, toutes ses parties sont dans un état de mollesse qui ne cesse que par son exposition à l'air : enfin, à l'époque déterminée par la nature pour la métamorphose ou pour le changement en chrysalide, chacune des espèces, par une sorte d'instinct, se retire dans le lieu convenable pour y travailler tranquillement aux moyens de se mettre en sûreté et de se protéger contre les ennemis divers attachés à sa destruction. Les unes se filent un *follicule* ou un *cocon* avec un art très-varié, ou se construisent une sorte de tombeau, de coque solide, ovalaire ou cylindrique; tels sont la plupart des lépidoptères nocturnes. D'autres se métamorphosent à l'air libre, en se fixant par la queue, et quelquefois en même temps par le milieu du corps, à quelques substances solides : tels sont les papillons de jour (*V.* pour plus de détails, les articles INSECTE, MÉTAMORPHOSE, CHRYSALIDE, LÉPIDOPTÈRES, et tous les mots imprimés ci-dessous, auxquels nous renvoyons le lecteur afin d'éviter les répétitions. *V.* aussi les articles BOMBYCE, PAPILLON, SPHINX, TEIGNE).

Chenille.

**CHENILLE A QUEUE DE POISSON** (*V.* BOMBYCE et PHALÈNE PAPILIONNAIRE). — **CHENILLE A AIGRETTE** (*V.* NOCTUELLE DE L'ÉRABLE). — **CHENILLE ARPENTEUSE OU GÉOMÈTRE**

(*V.* PHALÈNE). — CHENILLE BEDAUDE (*V.* PAPILLON GAMMA ou ROBERT LE DIABLE). — CHENILLE A BROSSES (*V.* BOMBYCE PUDIQUE). — CHENILLE DU CHOU (*V.* PAPILLON BRASSICAIRE). — CHENILLE CLOPORTE (*V.* PAPILLON POLYOMATTE).—CHENILLE COCHONNE(*V.* SPHINX COCHONNET). — CHENILLE COMMUNE (*V.* BOMBYCE CHRYSORRHÉE).—CHENILLE A CORNES (*V.* SPHINX et NOCTUELLEPSI). —CHENILLE ÉPINEUSE (*V.* PAPILLON). — CHENILLE FAUSSE ou FAUSSE CHENILLE (*V.* UROPRISTES). — CHENILLE A FOURREAU (*V.* TEIGNES, PHRYGANES). — CHENILLE HÉRISONNE ou MARTRE (*V.* BOMBYCE CAJA). — CHENILLE LIVRÉE (*V.* BOMBYCE DE NEUSTRIE). — CHENILLE A OREILLES (*V.* BOMBYCE DISPARATE ou ZIGZAG). — CHENILLE DU PIN (*V.* BOMBYCE PYTHIOCAME). — CHENILLE PROCESSIONNAIRE (*V.* BOMBYCE). — CHENILLE QUEUE FOURCHUE (*V.* BOMBYCE VINULE). — CHENILLE DU SANTE (*V.* COSSUS).

**CHENILLE.** Figurément et familièrement, *C'est une chenille, une méchante chenille*, se dit d'un homme qui se plaît à mal faire. On dit aussi d'un importun, *C'est une chenille dont on ne saurait se débarrasser.* — Figurément et familièrement, *Cet homme est laid comme une chenille*, il est extrêmement laid, d'une laideur repoussante.

**CHENILLE** se dit aussi d'un tissu de soie velouté, qui imite la chenille, et dont on se sert dans les broderies et d'autres ornements.

**CHENILLE** se disait autrefois d'un habillement négligé que les hommes portaient avant d'avoir fait leur toilette.

**CHENILLE BLANCHE** (*conch.*). C'est le nom marchand de la cérite buive.

**CHENILLE DE CASQUE** (*cost. milit.*), crinière non flottante et à poil court.

**CHENILLE** (*vieux langage*), terme de guet pour avertir les messiers qu'on vole dans les champs dont ils ont la garde.

**CHENILLETTE** (*botan.*), *scorpiurus* Linn., genre de plantes dicotylédones, polypétales, à étamines périgynes, de la famille des légumineuses Juss., et de la *diadelphie décandrie* Linn., dont les principaux caractères sont d'avoir un calice à cinq divisions presque égales; une corolle papilionacée, à étendard arrondi, à ailes presque ovales, et à carène semi-lunaire, presque ventrue; dix étamines, dont neuf ayant leurs filaments réunis à leur base; un ovaire supérieur, surmonté d'un style terminé par un stigmate simple; un légume oblong, coriace, sillonné, contourné en spirale, et divisé en articulations contenant chacune une graine.— Ce genre renferme cinq espèces, dont quatre croissent naturellement en France, et la cinquième en Barbarie. Les chenillettes sont des plantes herbacées, annuelles, à feuilles simples et alternes, à fleurs solitaires ou réunies plusieurs ensemble au sommet d'un long pédoncule axillaire. Leur nom français paraît leur venir de la ressemblance que leurs gousses vertes ont avec les chenilles. Toutes ces plantes étant nulles sous le rapport de leurs propriétés, nous abrégerons la description des espèces, en ne rapportant que les deux suivantes: CHENILLETTE VERMICULÉE (*scorpiurus vermiculata* Linn., *Spec.*, 1050; Gaertn., *Fruct.*, 2, p. 345, t. CLV, fig. 4). Ses tiges sont longues de huit à dix pouces, couchées, nombreuses, légèrement velues. Ses feuilles sont oblongues, élargies dans leur partie supérieure, rétrécies en pétiole à leur base. Ses fleurs sont jaunes, petites, solitaires au sommet de chaque pédoncule, et remarquables par les cinq dents profondes de leur calice. Les légumes sont épais, roulés sur eux-mêmes, chargés de tubercules obtus et disposés par séries longitudinales. Cette plante croît dans les champs en Provence, en Languedoc, en Italie, etc. — CHENILLETTE SILLONNÉE (*scorpiurus sulcata* Linn., *Spec.*, 1050; Gaertn., *Fruct.*, 2, p. 346, t. CLV, fig. 4). Cette espèce a ses feuilles plus larges et plus obtuses que la précédente. Ses pédoncules sont ordinairement chargés de trois à quatre fleurs; ses légumes se tortillent, dans leur partie supérieure, en deux tours de spirale; ils sont marqués de sillons très-profonds, et chargés sur leur dos de quatre rangs d'épines droites, roides, grêles et pointues. Cette plante croît dans les champs de nos départements méridionaux.

**CHENIN, CHENNIN** (*vieux langage*), parjure, traître, menteur, faussaire, déloyal, lâche; du latin *caninus*.

**CHENIN**, s. m. (*vieux langage*), chenil (*V.* ce mot).

**CHENISQUE** (*antiq. gr.*), extrémité de la poupe d'un vaisseau. Elle était ainsi nommée, parce qu'elle ressemblait au cou d'oie ou de cygne.

**CHÉNIUS** (*géogr. anc.*), montagne de l'Asie-Mineure, située dans le Pont, vers l'est, chez les Macrones. C'est du haut de cette montagne que les dix mille aperçurent la mer pour la première fois depuis leur départ pour retourner en Grèce.

**CHENIX** (*antiq. gr.*) (*V.* CHENICE).

**CHENNÉ** (*botan.*). On trouve sous ce nom, dans quelques livres, le henné ou alkanna des Arabes, qui est le *lawsonia* des botanistes.

**CHENNETEAU**, s. m. (*vieux langage*), petit chêne.

**CHENNETES** (*vieux langage*), les burettes qui servent au sacrifice de la messe; de *canna* (en basse latinité *cannatæ*).

**CHENNEVIÈRE**, s. f. (*agricult.*), variété de pomme à cidre.

**CHENNIE** (*hist. nat.*), *chennium*. Latreille nomme ainsi de très-petits coléoptères à deux articles aux tarses, qu'on trouve sur la terre humide. Il n'en a décrit qu'une espèce, sous le nom de *bituberculé*. Il lui a reconnu des mandibules, onze articles aux antennes, dont le dernier est plus grand et comme globuleux.

**CHENNIS** (*géogr. anc.*), lieu dont parle Plutarque, est sans doute le même que *Chemmis*.

**CHENOBOSCION** (*géogr. anc.*), ville de la Thébaïde, vers le centre, sur la rive droite du Nil, vis-à-vis de *Diospolis parva*.

**CHÉNOBOSCON** (*botan.*), nom grec de l'argentine (*potentilla anserina*, suivant Mentzel).

**CHÉNOCOLYMBES**, s. m. pl. (*hist. nat.*), famille d'oiseaux.

**CHÉNOCOPROS**, s. m. (*pharm. anc.*), nom qu'on donnait autrefois, suivant quelques lexiques, à la fiente du canard, employée alors en pharmacie.

**CHENOLE** (*agricult.*), sarment de vigne conservé deux ou trois ans, dans le but de faire produire plus de grappes aux ceps.

**CHENOLEA** (*botan.*). Ce genre de plantes de Thunberg a été réuni par Lhéritier à la soude, *salsola*, dont il diffère seulement par sa graine renfermée dans une capsule, et contournée en spirale.

**CHÉNOLITHE** (*hist. nat.*) (*V.* CÉRAUNITE).

**CHÉNOMYCHON**, s. m. (*botan.*), nom donné par les Grecs à une plante que les oies n'aiment pas. On l'appelait aussi *nyctegrète*.

**CHENON**, s. m. (*construct.*), vitrage dont toutes les pièces paraissent liées comme les anneaux d'une chaîne.

**CHENONCEAUX** (*géogr.*, *hist.*), petite ville du département d'Indre-et-Loire, à 32 kilomètres de Tours, sur les rives du Cher, où l'on remarque un des plus beaux châteaux de la province. La fondation du château de Chenonceaux est due à Thomas Bohier, qui le bâtit, sous le règne de François Ier, sur l'emplacement occupé depuis le XIIIe siècle par un très-modeste manoir appartenant à la famille de Marquis. Henri II l'acheta en 1555, et le donna à Diane de Poitiers avec le duché de Valentinois. Elle déploya, pour l'embellir, la magnificence et le goût qui lui étaient naturels; mais à la mort du roi, sur lequel Diane avait exercé un si long empire, Catherine de Médicis, jalouse même du monument élevé par sa rivale, la contraignit à le lui céder en échange de la terre de Chaumont-sur-Loire, et en acheva les travaux avec une pensée d'orgueilleuse émulation. Transmis par la reine à Louise de Vaudemont, sa belle-fille, Chenonceaux vit couler les larmes de la veuve de Henri III. — Construit sur un pont qui traverse le Cher, Chenonceaux est encore parfaitement conservé; il appartient au comte de Villeneuve.

**CHENOPODA** (*botan.*). Breynius avait donné ce nom à un aspalath du Monomotapa, que Linné a nommé pour cette raison *aspalathus chenopoda*. On retrouve encore, sous le même nom donné par Pline, et cité par C. Bauhin, un *genista spartrum* de ce dernier, qui n'est point rapporté dans les ouvrages modernes. Il se rapproche peut-être de l'*anthyllis erinacea*, ou mieux encore de l'*asparagus horridus*.

**CHÉNOPODE**, *chenopodium* (*botan. phan.*). Ce genre de plantes, connu sous le nom d'*anserine* ou *patte-d'oie*, nom qu'il doit à la disposition de ses feuilles, appartient à la famille des *chénopodées* de Ventenat, et à celle des *atriplicées* de Jussieu, et à la *pentandrie digynie* de Linné. Il comprend des végétaux herbacés ou sous-frutescents à feuilles alternes, sans gaîne ni stipule, tantôt planes, tantôt étroites, cylindriques, subulées, plus ou moins charnues, à fleurs petites, verdâtres, hermaphrodites, ordinairement disposées en grappes ou panicules terminales. Chacune de ces fleurs a un calice monosépale persistant, à cinq divisions très-profondes. Les étamines sont au nombre de cinq, et leurs filets sont opposés aux divisions calicinales. L'ovaire est libre, un peu comprimé, à une seule loge renfermant un seul ovule attaché à la partie supérieure. Du sommet de l'ovaire naissent trois, rarement quatre stigmates sessiles et subulés. Le fruit est un akène globuleux, comprimé, enveloppé par le calice qui ne prend plus d'accroissement après la fécondation. La graine renferme un embryon grêle, recourbé autour d'un endosperme charnu. — Ce genre a de grands rapports avec les genres *arroche* et *soude*. Il se distingue du premier par ses fleurs qui sont hermaphrodites et non polygames, par son calice fructifère, à cinq lobes, ne prenant plus d'accroissement après la fécondation, tandis que dans les *arroches* le calice des fleurs fertiles est à deux divisions qui s'accroissent après la maturité du fruit. Les chénopodes se distinguent des soudes par la privation de ces appendices scarieux qui naissent et se développent sur le calice, lorsque la fécondation s'est opérée, et qui caractérisent les soudes. Le nombre des espèces du genre qui nous occupe en ce moment s'est successivement accru, en sorte qu'aujourd'hui on en compte soixante, tandis que la deuxième édition du *Species plantarum* n'en mentionnait que dix-huit. Ces espèces sont disséminées sur presque toutes les contrées du globe. On les a subdivisées en plusieurs groupes, d'après la considération de leurs feuilles. Les plus remarquables sont le **CHÉNOPODE SÉTIFÈRE** (*chenopodium setigerum*), dont les Espagnols retirent de la soude par incinération ; le **CHÉNOPODE BOTHRYS** (*chenopodium bothrys*), dont l'arome approche beaucoup de celui du ciste ladanifère ; et le **CHÉNOPODE AMBROSIOÏDE** (*chenopodium ambrosioides*), dont les feuilles infusées sont diurétiques, sudorifiques et anthelmintiques.

**CHÉNOPODÉES**, *chenopodeæ* (*botan. phan.*), famille connue aussi sous le nom d'*atriplicées*, et dont les caractères sont : périgone découpé profondément en plusieurs parties; étamines définies, attachées à la base du calice ; ovaire supère; un ou plusieurs styles ; une ou plusieurs graines nues ou renfermées dans un péricarpe; fleurs monoïques, polygames ou hermaphrodites. L'*anserine*, dite *patte-d'oie*, est le type de cette famille.

**CHÉNOPODÉ, ÉE** (*botan.*), adj. qui ressemble à un chénopode.

**CHÉNOPODIÉ** (*V.* CHÉNOPODÉ).

**CHENOPODIUM** (*botan.*) (*V.* CHÉNOPODE).

**CHENOPUS** (*botan.*) (*V.* CHÉNOPODE).

**CHÉNORAMPHE**, s. m. (*hist. nat.*), oiseau des Indes orientales.

**CHENOSIRIS**, nom que les Egyptiens donnaient au lierre, parce que cette plante était consacrée à Osiris.

**CHÉNOSURE**, s. m. (*hist. nat.*), genre de reptiles sauriens.

**CHENOT (ADAM)**, professeur à l'académie Joséphine médico-chirurgicale de Vienne en Autriche, est mort en cette ville en 1789. Il a publié : *Tractatus de peste*, Vienne, 1766, in-8°. Cet opuscule, justement estimé, a été traduit en allemand par Schweigart, Dresde, 1776, in-8°.

**CHÉNOTRIQUE**, adj. des deux genres (*botan.*), qui a la gorge de sa corolle velue.

**CHEN-SI** (*géogr.*), province de la Chine septentrionale, bornée à l'est par la province de Chan-Si, dont le Houang-Ho la sépare, et par celles de Ho-Nan et de Hou-Pé; au sud, par celle de Tse-Chouhan ; à l'ouest, par celle de Kan-Sou; et au nord par la grande muraille, qui la limite du côté de la Mongolie. Elle est située entre 31°58' et 39°30' de latit. nord, et entre 103° et 108°30' de longit. est. Sa longueur, du nord au sud, est de 190 lieues; sa moyenne largeur, de l'est à l'ouest, de 70 lieues; et sa superficie de 9,250 lieues. C'est un pays montueux. Dans la partie méridionale s'élèvent les monts Péling, qui se rattachent à l'ouest aux monts Bayan-Kara, et constituent la ligne de partage d'eau qui divise le bassin maritime de la mer Jaune en deux bassins de fleuves. Ces monts accompagnent la rive droite du Houang-Ho, et, à leur entrée dans la province, envoient au nord les monts du Chen-Si, qui forcent le Houang-Ho à dévier vers le nord, et à décrire un circuit immense. La principale rivière de cette province, le Hoeï-Ho, est tributaire du Houang-Ho, qui la borne à l'est. On remarque, entre autres, le Kialing-Kiang et le Han-Kiang, qui descendent du versant méridional de Péling. — Le climat est sain et assez tempéré. Le sol est fertile et la végétation active; mais il est exposé à la sécheresse et à la dévastation des sauterelles. Il produit beaucoup de grains et de légumes communs en Chine, un peu de riz, des fruits médiocres, de l'huile, de la soie, de beaux bois de construction et de charpente, une espèce de bois de sandal, de la rhubarbe, du tabac, du chanvre, des plantes médicinales et tinctoriales, etc. On y élève des chevaux de petite taille, mais robustes et légers à la course; des mulets, des bestiaux de toute espèce, des moutons à la queue grasse, des chèvres, des porcs, et beaucoup de volaille et d'abeilles. Il y a des muscs, des zibelines, et beaucoup d'ours et d'autres bêtes fauves dont les peaux sont très-recherchées. Il y a aussi du gibier en abondance. Quelques-unes des rivières sont aurifères, ce qui ferait présumer qu'il y a dans les montagnes des mines d'or; mais le gouvernement n'en permet pas l'exploitation. Les autres minéraux sont le cinabre, le pétrole, le plomb, le marbre et la houille, dont les mines paraissent inépuisables. Il y a aussi des sources salées et des marais salants. — On évalue la population à 7,287,443 habitants. Ils passent pour les plus beaux hommes de la Chine, sont doux, actifs, courageux et polis envers les étrangers. Ils montrent plus de goût pour les arts et les sciences que les Chinois occidentaux, ont des manufactures d'étoffes de laine, de serge, de tapis et de papier, et commercent avec les Mongols et les Tartares établis au nord de la grande muraille, auxquels ils fournissent principalement des produits de leur sol et de leur industrie. — On admire dans cette province la grande route qui conduit de la ville au département de Hang-Tchoung, remarquable à cause des nombreux obstacles qui s'opposaient à cette entreprise, tels que montagnes à aplanir, précipices à combler, ou ponts hardis à construire au-dessus de profonds abîmes. On dit qu'il a fallu 100,000 ouvriers pour l'exécuter dans l'espace de quelques années. — Cette province était autrefois bien plus étendue qu'elle ne l'est aujourd'hui ; elle se divisait en deux parties : Si-Han, qui a formé la province actuelle de Chen-Si, et Kan-Sou, qui constitue une province particulière. Elle se divise maintenant en sept départements, savoir : Foung-Tsiang, Hang-Tchoung, Ing-An, In-Liu, Si-Ian, Thoungh-Tcheo, et Ian-An. Ces départements comprennent cinq arrondissements et cinquante-huit districts. On trouve en outre dans le Chen-Si cinq arrondissements qui relèvent immédiatement du gouvernement de la province, et qui renferment quinze districts. Le chef-lieu est la ville de Sin-Ghan-Fou. ED. G.

**CHENU**, vieux mot qui vient du latin *canus*, blanc, et qui signifie blanc de vieillesse. On l'applique aussi figurément et par extension à ces hautes montagnes, telles que les Alpes, qui sont ordinairement couvertes de neige. On le disait encore autrefois des vagues blanchissantes de la mer. — Quelques étymologistes ont prétendu que le mot *chenu* avait été fait par corruption des deux mots *chef nud*, et qu'il signifiait dépouillé de cheveux, et par extension, en parlant d'un arbre dépouillé de ses branches. — Quoi qu'il en soit, ce mot, dans l'une et dans l'autre de ces acceptions, ne s'emploie guère qu'en poésie.

**CHENU (JEAN)**, avocat, né à Bourges en 1559, partagea son temps entre les devoirs de son état et la composition de divers ouvrages, dont les uns concernent la jurisprudence, et les autres l'histoire de sa province. Il mourut en 1627. Ses principaux écrits sont : 1° *Archiepiscorum et episcoporum Galliæ chronologica historia*, Paris, 1621, in-4°, assez exact, mais superficiel, et d'ailleurs effacé par le *Gallia christiana*. 2° *Chronologia historica patriarcharum, archiepiscoporum Bituricens. et Aquitanarum primatum*, Paris, 1621, in-4°. Cette deuxième édition est la meilleure. 3° *Recueil des antiquités et priviléges de la ville de Bourges et de plusieurs autres villes capitales du royaume*, Paris, 1621, in-4°. Il laissa en manuscrit une *Conférence de la coutume de Bourges avec celles des pays voisins*, et en ordonna l'impression par son testament ; mais cet ouvrage n'a pas été publié.

**CHENUCE** (*botan.*) (*V.* CHEUNCE).

**CHEOIR**, v. n. ancienne orthographe du verbe choir, tomber.

**CHEOITE**, s. f. Il s'est dit autrefois pour chute.

**CHÉOPS**, qu'on croit le même que Chembès, dont parle Diodore de Sicile, devint roi d'Egypte vers l'an 880 av. J.-C., suivant les calculs de Larcher. Il changea en tyrannie le gouvernement, qui avait toujours été très-modéré. Il fit fermer les temples, interdit les sacrifices, et s'empara des revenus des prêtres, qui étaient très-considérables. Il accabla ses sujets de travaux insupportables, en leur faisant fouiller des carrières, tailler des pierres et construire des chaussées, uniquement pour élever la grande pyramide, qu'il destinait à lui servir de tombeau. Il poussa la dépravation jusqu'au point de prostituer sa propre fille. Il mourut après avoir régné cinquante et un ans, et eut pour successeur Chephren, son frère, qui marcha sur ses traces. Leur histoire est peu certaine. Hérodote convient lui-même qu'il n'en sait que ce qu'il avait entendu dire aux prêtres, et il ne paraît pas y ajouter beaucoup de foi.

**CHÉOU-SIN** ou **TCHÉOU**, dernier empereur de la seconde dynastie chinoise appelée *Chang* (*V.* CHINE).

**CHEP, CHEPER, CHEPIER, CHEPS** (*vieux langage*), fers qu'on met aux pieds et aux mains des prisonniers. — Partie d'un champ aboutissant à un autre.

**CHEPA** (*hist. nat.*) (*V.* CHOUPA).

**CHEPAGE** (*vieux langage*), prison, geôle.

**CHEPHREN**, roi d'Egypte, frère et successseur de Chéops, 830 av. J.-C., voulut, à l'exemple de son frère, élever une pyramide pour rendre son nom célèbre. Mais les Egyptiens portèrent une haine si violente à ces deux princes, qu'ils refusèrent de donner leurs noms à ces fastueux monuments.

**CHEPIER** (*vieux langage*), geôlier, gardien d'une prison.

**CHEPPE** (LA) (*géogr.*, *hist.*), village du département de la Marne, arrondissement de Châlons, situé dans une plaine immense; population, 350 habitants. C'est à peu de distance de ce village que se trouvent des retranchements, appelés *Camp d'Attila*; et il paraît à peu près incontestable que c'est là que se donna la bataille où le roi des Huns fut battu par Aétius en 451. Ces retranchements ont une circonférence de 1,792 mètres, et occupent une superficie de 243,648 mètres (*V.* CHALONS [Bataille de]).

**CHEPSTOW** (*géogr.*), petite ville d'Angleterre (Monmouth), sur la Wye, à trois quarts de lieue de son embouchure dans le golfe de Bristol, avec un port qui peut recevoir des navires de 700 tonneaux, et des chantiers de construction. Il s'y fait un commerce considérable en bois de charpente, fer, cidre. 4,000 habitants. A 4 lieues au sud de Monmouth.

**CHEPTEIL** (*V.* CHEPTEL).

**CHEPTEL** (BAIL A). On nomme cheptel (prononcez *chetel*) le contrat de bail par lequel celui à qui appartient un troupeau de vaches, de chèvres, de brebis, et généralement de bestiaux susceptibles de croît ou de produire du profit, le donne à un autre pour le garder, le nourrir et le soigner, aux conditions qui sont convenues entre eux. Il doit en être passé acte par écrit; cependant la preuve par témoins en est admise, même à l'égard des tiers, lorsque ce qui en fait l'objet n'excède pas une valeur de 150 francs. Le cheptel se distingue en *cheptel simple* ou *ordinaire*, *cheptel à moitié*, *cheptel de fer*, et *cheptel donné au colon partiaire*. A défaut de conventions entre les parties, la loi détermine les effets de ce contrat suivant ses diverses espèces. Il y a une autre sorte de contrat improprement nommé *bail à cheptel*, par lequel une ou plusieurs vaches sont données pour les loger et les nourrir. Le bailleur en conserve la propriété, et il a seulement le profit des veaux qui en naissent.

**CHEPTELIER**, s. m. (*jurispr.*), preneur d'un bail à cheptel.

**CHEPU** (*hist. nat.*). En Galice, on appelle ainsi l'oblade, *boops melanurus*.

**CHÉPU**, s. m. (*technol.*), billot sur lequel le tonnelier bûche le bois.

**CHER, ÈRE**, adj. qui est tendrement aimé, auquel on tient beaucoup. — Il s'emploie particulièrement dans certaines façons de parler familières : *Mon cher monsieur*, etc. — On dit aussi, entre personnes qui se traitent familièrement, *Mon cher*, *Ma chère*, et alors *cher* est employé substantivement. — CHER signifie aussi qui coûte beaucoup. — *Chère année*, année où le blé est beaucoup plus cher qu'à l'ordinaire. — Proverbialement et figurément, *C'est chère épice*, se dit d'une marchandise qui est plus chère qu'elle ne devrait l'être. — Figurément, *Le temps est cher*, le temps presse. — CHER se dit encore de celui qui vend à plus haut prix que les autres. — CHER se prend aussi adverbialement, et signifie à haut prix. — Proverbialement et figurément, *Je le lui ferai payer, Il le payera plus cher qu'au marché*, se dit pour faire entendre qu'on se vengera d'un homme dont on a reçu quelque injure. — CHER, adverbe, s'emploie quelquefois figurément. — *Vendre bien cher sa vie*, se bien défendre avant de succomber.

**CHER** (*géogr.*), rivière de France qui prend sa source près du hameau du Cher (Creuse), arrose le département de l'Allier, traverse celui auquel elle donne son nom, coule ensuite dans ceux de Loir-et-Cher et d'Indre-et-Loire, et se jette dans la Loire, vis-à-vis de Saint-Mars, au-dessous de Tours, dont elle baigne le territoire. Cours, 78 lieues, dont 48 flottables, depuis Chambouchard (Creuse) jusqu'à Saint-Aignan, et 19 navigables, de ce dernier endroit à son embouchure. Ses principaux affluents sont l'Auron, l'Erdre et la Saudre.

**CHER** (DÉPARTEMENT DU) (*géogr.*). Ce département de la France est formé du Berri et du Bourbonnais. Ses bornes sont : au nord, les départements de Loir-et-Cher et du Loiret; à l'est, celui de la Nièvre; au sud, ceux de l'Allier, de la Creuse et de l'Indre; et, à l'ouest, celui de Loir-et-Cher. Il tire son nom d'une des principales rivières qui l'arrosent. Sa superficie est de 7,208 kilomètres carrés et 80 centièmes de kilomètre carré, ou de 720,880 hectares. Le pays est généralement plat. On trouve cependant quelques montagnes aux environs de Sancerre. Cette ville est elle-même bâtie sur une hauteur. Le sol est généralement fertile, à l'exception de la Sologne, située à l'extrémité nord-est du département, dont le terrain est sablonneux et peu productif. Il serait à désirer que les habitants du Cher s'occupassent du desséchement des étangs. Le département n'en renferme pas moins de cinq cents, dont la superficie peut être approximativement évaluée à 8,500 hectares. Les principales rivières sont la Loire, l'Allier, le Cher et l'Auron, affluent du Cher. Le département est sillonné par dix-huit routes, tant royales que départementales, et traversé par le *canal du Centre* ou du *Berri* et par le *canal latéral de la Loire*. Il possède plusieurs mines de fer et une carrière de pierres très-dures à Charly. Le département du Cher se divise en 3 sous-préfectures ou arrondissements communaux et en 4 arrondissements électoraux, et nomme ainsi 4 députés. — Le chef-lieu de préfecture est Bourges. Cette ville est située à 23 myriamètres 3 kilomètres de Paris; sa latitude est de 47° 4' 58", sa longitude de 0°, 3' 43" est. Les 3 arrondissements qui composent le département se subdivisent en 29 cantons, et les 29 cantons en 298 communes. La population est ainsi répartie :

| CHEFS-LIEUX D'ARRONDISSEMENT. | POPULATION des COMMUNES. | des ARRONDISSEM. | du DÉPARTEMENT. |
|---|---|---|---|
| Bourges. . . . . | 25,326 | 106,478 | 276,853 |
| Sancerre. . . . | 3,482 | 70,907 | |
| Saint-Amand. . | 7,382 | 97,470 | |

Le département du Cher possède une cour royale et une académie dont le siége est à Bourges. Cette ville est le quartier général de la 15e division militaire. Le département fait partie de la 22e conservation forestière, de la 4e inspection des ponts et chaussées, et du 11e arrondissement et de la 3e division des mines.

Le département du Cher a payé à l'Etat en 1840 :

| | fr. | c. |
|---|---|---|
| Contributions directes. . . . . . . . . . | 2,585,120 | 91 |
| Enregistrement, timbre et domaines. . . | 1,443,821 | 28 |
| Pêche et forêts. . . . . . . . . . . . | 410,548 | 05 |
| Douanes et sels . . . . . . . . . . . . | » | » |
| Contribut. indirectes, tabacs et poudres. | 1,096,271 | 71 |
| Postes . . . . . . . . . . . . . . . . | 194,358 | 03 |
| Produits éventuels affectés aux dépenses du département. . . . . . . . . | 91,612 | 37 |
| Produits divers. . . . . . . . . . . . | 20,310 | 37 |
| Produits universitaires. . . . . . . . . | 10,047 | 71 |
| Total . . . . | 5,858,091 fr. | 05 c. |

Le chanvre est un des principaux produits du Cher. Il possède aussi des vignes. Les vins rouges de Chêne-Marchand et de Friambeau, et les vins blancs de l'Epée et de la Perrière sont assez estimés. Les produits des mines sont le principal objet de l'industrie du pays. On y trouve quinze hauts fourneaux et trente forges ou fonderies. On compte aussi quelques fabriques de draps, des blanchisseries pour les laines, des fabriques de toiles, des filatures de cotons, des coutelleries, des tanneries, des brasseries, des fabriques de porcelaine. — Il se tient 212 foires dans le département, dont quelques-unes ont pour but le louage des domestiques. — Les villes principales du département sont, d'abord, les trois chefs-lieux d'arrondissement : Bourges, dont il faut admirer la cathédrale et l'hôtel de ville, ancienne habitation de Jacques Cœur; Sancerre, située sur une montagne d'où l'on découvre les riches vignobles du Sancerrois; Saint-Amand, au confluent de la Marmande et du Cher, et que dominent les ruines du château de Montrond. — Les autres villes sont : les Aix-d'Angillon, Baugy, Mehun, Vierzon, Château-Meillant, Culant, Dun-le-Roi, Lignières, Aubigny et Henrichemont. — Le département possède une source ferrugineuse, connue sous le nom de *Fontaine de fer*. Elle est située à Bourges dans le faubourg Saint-Privé. On doit signaler à l'attention du voyageur le château de Troï, près de Culant, et les ruines de celui de Boisiramé, près de Vorly. Parmi les personnages historiques originaires du département, les plus célèbres sont : Bourdaloue, l'un des plus grands orateurs de la chaire; Jacques Cœur, le célèbre argentier de Charles VII; le général Augier et l'illustre maréchal Macdonald. AL. ISAMBERT.

**CHERA** (*myth. gr.*), littéralement *veuve*, nom de Junon. Ce fut sous le nom de *Chera* que Téménus éleva un temple à cette déesse lorsqu'elle se sépara de Jupiter.

**CHÉRADAME (JEAN)**, né au commencement du XVIe siècle d'une famille originaire d'Argentan, prend, à la tête de ses livres, tantôt le surnom d'*Hippocratès*, parce qu'il avait étudié la médecine, tantôt celui de *Charmurius*, composé de deux mots grecs qui désignaient allégoriquement son ardeur pour l'étude. On ignore la date de sa mort; mais on sait qu'il s'acquit l'estime des gens de lettres qui contribuèrent à l'établissement du collége royal, de ceux qui en furent les premiers professeurs, et qu'il y occupa lui-même une chaire de grec vers 1540. On a de cet habile helléniste : 1° *Grammatica isagogica*, Paris, 1521, in-4°; cette grammaire est claire et méthodique. L'auteur en donna depuis un abrégé avec un parallèle mystique des lettres hébraïques et grecques, sous le titre d'*Introductio alphabetica*, etc., Lyon, 1537, in-8°. 2° *Lexicon græcum*, Paris, 1523. 3° *Alphabetum linguæ sanctæ mystico intellectu refertum*, 1532, in-8°. Ce n'est qu'un exposé de la valeur de chaque lettre de l'alphabet hébreu, accompagné d'un sens mystique, assez conjectural. 4° *Lexicopator etymon*, 1543, in-fol. C'est le plus important des ouvrages de Chéradame; mais les étymologies n'en sont pour la plupart fondées que sur des conjectures; cependant l'explication des termes grecs est ordinairement bonne. On trouve à la fin divers opuscules grecs, pour faciliter l'étude de cette langue aux commençants. 5° *In omnes Erasmi chiliades Epitome per Adrianum Barlandum cum adictamentis et accurata Cheradami recognitione*, 1526. Il se plaint, dans l'épître dédicatoire à Boudet, évêque de Langres, du peu de soin qu'on mettait alors à imprimer correctement les livres grecs et latins, au point, dit-il, que si Aristote revenait, il ne reconnaîtrait pas ses propres ouvrages. 6° des *Préfaces* en grec sur chacune des neuf comédies d'Aristophane, dont il avait revu le texte, 1528. Duverdier attribue à Chéradame une traduction française du livre d'Ulric de Hutten, intitulé *De la médecine du bois dit guaïac pour chasser la maladie de Naples, indûment appelée françoise*, Lyon, sans date. — CHÉRADAME (Jean-Pierre-René), né en 1738 à Argentan, probablement de la même famille que le précédent, fut membre de l'académie de médecine et trésorier de l'école de pharmacie de Paris; il concourut à la rédaction du *Codex medicamentarius*, et mourut le 24 août 1824.

**CHERAGE**, s. m. (*anc. législ.*), subside qui se levait autrefois sur les étrangers pour leur séjour dans le royaume. — Droit de douze deniers parisis payés annuellement au roi par les bâtards et aubains, mariés ou veufs, et établis en certaines provinces.

**CHERAIN** (*horticult.*) (*V.* CHENEIN).

**CHERAMBOHIR**, s. m. (*botan.*), arbrisseau des Indes.

**CHERAMELA** (*botan.*), nom malabare d'où dérive le nom français chéramelier, donné au *cicca*, genre de la famille des euphorbiacées.

**CHÉRAMELIER** (*botan.*), *cicca*. Quelques arbrisseaux des Indes orientales ont donné lieu à la formation de ce genre, de la famille des euphorbiacées, appartenant à la *monoécie tétrandrie* de Linné. Rapproché des phyllantes, il s'en distingue par des fleurs monoïques : les mâles composés d'un calice à quatre folioles arrondies, concaves; point de corolle; quatre étamines; les anthères globuleuses : dans les fleurs femelles, un ovaire surmonté de quatre styles, d'autant de stigmates bifides. Le fruit est une capsule, ou plutôt une baie globuleuse, à quatre coques connivertes; une semence dans chaque coque. Linné n'avait mentionné qu'une seule espèce de *cicca*, qui est le CHÉRAMELIER A FEUILLES DISTIQUÉES : *cicca disticha* Linn.; Lam., *Ill.*, tab. 757, fig. 1; *Neli-Poli*, Rheed., Malab., 3, tab. 47, 48; *cheramela*, Rumph., *Amb.*, 7, tab. 33, fig. 2; vulgairement *amvallis*. On soupçonne, avec beaucoup de probabilité, que cet arbrisseau est la même plante que l'*averrhoa acida* Linn. Ses grands rapports avec les phyllantes l'ont fait nommer *phyllanthus longifolius* Jacq., *Hort. Schœnbr.*, 2, tab. 194. Ses rameaux sont élancés, allongés, très-simples; quelques auteurs les considèrent comme le pétiole d'une feuille ailée : les feuilles sont alternes, glabres, ovales, lancéolées, aiguës, très-entières, médiocrement pétiolées; les fleurs plus petites, monoïques, réunies par groupes sur de petites grappes pédonculées, situées à la base des rameaux. — CHÉRAMELIER NODIFLORE : *cicca nodiflora* Lam., *Ill. gen.*, tab. 757, fig. 2. Lamarck nous a fait connaître cette espèce, dont Sonnerat lui a envoyé des échantillons de l'île de Java. Elle se distingue aisément de la précédente par ses feuilles au moins une fois plus petites, ovales, ou presque orbiculaires; les fleurs très-petites, réunies par paquets axillaires, presque sessiles, placées le long des rameaux. Les fruits sont de petites baies globuleuses. — La plante que Loureiro a nommée *cicca racemosa*, *Fl. Cochin.*, p. 680, est à peine distinguée de la première espèce, d'après la description qu'en donne cet auteur. Ses feuilles sont ovales; ses fleurs en grappes, à quatre découpures; ses baies acides. Elle croît aux Indes orientales, dans le royaume de Champava, et se cultive à la Cochinchine.

**CHERAMUS** (*hist. nat.*). Ce terme et celui de *ceramides* paraissent désigner la même espèce d'oiseau que *cheneroles*, qui est présenté par Pline comme appartenant au genre *anser*, oie (*V.* CHENALOPEX).

**CHERASCO** (*géogr.*), petite ville des États sardes (Piémont), près du confluent de la Stura et du Tanaro. Elle est environnée de murs, bien percée et bien bâtie, et arrosée par un canal dérivé de la Stura. 7,225 habitants. A sept lieues au nord de Mondovi.

**CHERASCO (PRISE DE)**. Après la victoire de Mondovi, Bonaparte ne voulant laisser aucun relâche aux Piémontais et aux Autrichiens, envoya Masséna investir Cherasco, ville revêtue d'une bonne enceinte palissadée et garnie de vingt-huit pièces de canon, que l'ennemi abandonna pendant la nuit. L'acquisition de cette petite place, importante à cause de sa position au confluent de la Stura et du Tanaro, procura un poste à l'abri d'un coup de main, très-propre à établir les dépôts de première ligne, empêcha le rétablissement de la communication avec Beaulieu, et força Colli de se mettre à couvert au delà du Pô.

**CHERASSI**, s. m. (*métrol.*), monnaie d'or de la Perse. Le *cherassi de Schah-Iman* vaut fr. 5,25; celui d'*Aboul-Faiz*, 15,44; celui de Kouli-Kan, 38,43. On l'appelle aussi *chevesi*.

**CHERBALI** ou **CHERBASSI**, s. m. (*comm.*), soie de première qualité que l'on tire de la Perse.

**CHERBOURG**, ville forte et maritime, place de guerre de première classe, chef-lieu d'une préfecture maritime, d'une direction des douanes et de l'une des sous-préfectures du département de la Manche, est le siége d'un tribunal de première instance, de commerce et de la marine, et possède une école d'hydrographie de deuxième classe. Sa population est de 15,443 habitants. Elle est située à l'extrémité de la presqu'île du Cotentin, à l'embouchure de la Divette, au fond de la baie comprise entre le cap Levi à l'est et le cap de la Hogue à l'ouest. — Cherbourg, qui est désigné sous les noms latins de *Cæsaris burgus*, *Caroburgus*, *Chereburgem*, *Cherebertum*, passe pour une ville fort ancienne. Il est bâti sur l'emplacement d'une station romaine, appelée *Coriallum* dans l'Itinéraire d'Antonin. On croit son château d'origine romaine, et Vauban, qui le fit démolir en 1688, crut y reconnaître des restes de maçonnerie antique. Agrold, roi de Danemarck, y séjourna vers 945. Un acte de 1026 parle de son château. Guillaume le Conquérant fonda l'hôpital dans la ville et construisit l'église du château. Le roi d'Angleterre Henri II y fit souvent de longs séjours avec la reine Éléonore et toute sa cour. Lors de la conquête de la Normandie par Philippe Auguste, Cherbourg tomba sans coup férir au pouvoir des Français. En 1295 il fut pillé par les Anglais. En 1355, le Cotentin ayant été cédé à Charles le Mauvais, roi de Navarre, Cherbourg devint le principal appui de la domination de ce prince; et, durant le reste du XIVe siècle, ce fut là que débarquèrent constamment les troupes anglaises et navarraises qui venaient ravager la Normandie. En 1418 les Anglais assiégèrent Cherbourg, dont ils ne purent s'emparer qu'après trois mois de siége. En 1450 l'armée du roi Charles VII assiégea et reprit cette place, et ce succès compléta l'expulsion des Anglais de la Normandie. Durant les guerres de la Fronde, cette ville embrassa le parti du prince de Condé. Vers 1687, Louis XIV forma le projet de créer un port militaire à Cherbourg, et d'en faire une place forte considérable. Vauban y fut envoyé; mais après quelques travaux préliminaires, le projet fut abandonné, et même en 1689 les nouveaux ouvrages et les anciennes fortifications furent détruits par ordre de la cour. Néanmoins on sentit bientôt la faute qu'on avait commise, et, dans les premières années du XVIII$^{e}$ siècle, quelques travaux furent entrepris à la hâte; mais ils étaient insuffisants, et les Anglais purent sans peine, en 1750, s'emparer de Cherbourg. Napoléon comprit toute l'importance de Cherbourg, que Vauban appelait une *position audacieuse*, et il fit reprendre avec activité les travaux de la digue que l'on avait commencée sous Louis XVI. « Jamais les Romains, dit-il dans le *Mémorial de Sainte-Hélène*, n'entreprirent rien de plus fort, de plus difficile, qui dût durer davantage... J'avais résolu de renouveler à Cherbourg les merveilles de l'Egypte : j'avais élevé déjà dans la mer ma pyramide; j'aurais eu aussi mon lac Mœris. Mon grand objet était de pouvoir concentrer à Cherbourg toutes nos forces maritimes; et, avec le temps, elles eussent été immenses. Afin de pouvoir porter le grand coup à l'ennemi, j'établissais mon terrain de manière à ce que les deux nations tout entières eussent pu, pour ainsi dire, se prendre corps à corps; et l'issue ne devait pas être douteuse, etc. » Nous ne pouvons entrer ici dans le détail des prodigieux travaux exécutés et terminés à Cherbourg depuis le commencement de ce siècle. Nous nous bornerons à dire que l'illustre voyageur, M. Alexandre de Humboldt, ayant été visiter Cherbourg en 1837, s'est écrié, après avoir vu la digue, que *c'était le plus bel ouvrage de main d'homme qu'il eût jamais vu*. La digue est établie à six mille mètres de l'entrée du port de commerce; sa longueur est de trois mille sept cent soixante-huit mètres sur une base de quatre-vingts mètres. Cherbourg, qui était anciennement compris dans le Cotentin, le diocèse de Coutances, le parlement de Rouen, l'intendance de Caen et l'élection de Valognes, est la patrie des frères Parmentier, qui en 1550 découvrirent l'île de Fernambouc; de Jacques et de François Callières; de Jean Hamon, médecin; du contre-amiral Troude, etc.

**CHERBOURG (SIÉGES DE).** Le château de Cherbourg a soutenu plusieurs siéges mémorables. En 1378, cette ville, que le roi de Navarre avait cédée pour trois ans à Richard II, fut assiégée par les Français; mais la résistance fut vigoureuse et opiniâtre. Olivier du Guesclin, frère du connétable, tomba dans une embuscade que lui avait dressée le commandant anglais, et fut fait prisonnier. Enfin, après six mois d'efforts infructueux, les assiégeants renoncèrent à leur entreprise. — En 1450, les Anglais, battus à Formigni et chassés de toutes les places qu'ils possédaient en Normandie, se retranchèrent dans Cherbourg, dont ils étaient maîtres depuis 1418, et bientôt y arrivèrent d'Angleterre toutes sortes de munitions. Cependant le connétable de Richemont assiégea la place, « la plus forte de Normandie, sans nulle excepter, dit Alain Chartier. Les François s'y gouvernèrent honorablement et vaillamment, et firent battre la ville de canons et bombardes, et de plusieurs autres engins merveilleusement et le plus subtilement que oncque homme vit. » Ainsi les assiégés virent avec étonnement leurs ennemis dresser une de leurs batteries sur la grève, dans un lieu que les eaux de la mer couvraient deux fois par jour. A l'approche de la vague, ils bouchaient la lumière et la bouche de leurs canons avec des peaux graisseuses, et, quand les eaux s'étaient retirées, il revenaient à leurs pièces et recommençaient le feu. Enfin le commandant, Thomas Gowel, capitula le 22 août. Ainsi la Normandie était tout entière redevenue française. — En 1758, lorsque les escadres anglaises, encouragées par l'ineptie de nos gouvernants, venaient faire des tentatives jusque dans nos ports, ils s'emparèrent de Cherbourg sans opposition, en restèrent tranquilles possesseurs durant huit jours, démolirent les fortifications, brûlèrent vingt-sept vaisseaux, emportèrent l'artillerie et même les cloches, et ne se retirèrent qu'après avoir fait payer une forte rançon aux habitants.

**CHERBACHEM** (*botan.*), nom arabe donné, suivant Daléchamps, soit à l'ellébore blanc, *veratrum*, soit à l'ellébore noir, *helleborus*.

**CHERBAS, CHAS** (*botan.*), noms arabes de la laitue, suivant Daléchamps.

**CHERBOSA** (*botan.*) (*V.* COPOUS).

**CHERBRO** (*géogr.*), île de l'Afrique occidentale, dans l'Océan Atlantique, à 2 lieues et demie de la côte de Sierra-Leone, vis-à-vis de l'embouchure du fleuve Cherbro. Elle est basse, malsaine, et produit du riz, des patates douces, des cocos, des oranges, du café, de l'indigo, du coton et du bois.

**CHERBRO** (*géogr.*), fleuve de l'Afrique occidentale (Sénégambie), qui se jette dans l'océan Atlantique par trois bouches. Les gros navires peuvent le remonter jusqu'à 20 lieues et ceux de soixante et dix ou quatre-vingts tonneaux jusqu'à 90 lieues.

**CHERBURY** (MYLORD) (*V.* HERBERT).

**CHERCEL** (*vieux langage*), hoyau, instrument de jardinage; houe, bêche, pioche.

**CHER-CENS** (*féod.*) (*V.* CENS).

**CHERCHAGE**, s. m. (*vieux langage*), quête, recherche.

**CHERCHE**, s. f. quête, soin que l'on prend pour chercher. Il n'est employé que dans cette locution familière : *Etre en cherche de quelqu'un*. On doit dire *être à la recherche*.

**CHERCHE** (*vieux langage*), religieuse qui fait la ronde dans le monastère pour voir s'il ne s'y passe rien contre la règle.

**CHERCHE** (*archit.*) (*V.* CERCE).

**CHERCHE-FICHE**, s. m. (*technol.*), outil dont le serrurier se sert pour dégager l'aile d'une fiche engagée dans le bois.

**CHERCHEL** (*Julia Cæsarea*), ville maritime de l'Algérie, à 72 kilomètres ouest d'Alger, fut construite près des ruines de l'ancienne Césarée, par les Maures chassés d'Espagne, dans les dernières années du XV$^{e}$ siècle. L'amiral André Doria s'en empara par un coup de main en 1531. Le hasard décida de l'occupation de cette ville par les Français, le 26 décembre 1839. Un brick de commerce français allant d'Alger à Oran fut pris par un calme plat à la hauteur de Cherchel; les Kabaïles s'en emparèrent. Mais le capitaine, qui avait fait mettre la chaloupe à la mer, parvint avec son équipage à gagner Alger. Le lendemain, deux bateaux à vapeur incendiaient le brick français amarré dans le port de Cherchel, et l'occupation de cette ville fut décidée. En effet la première opération de la campagne de 1840 fut la prise de cette ville. Le 15 mars, le corps expéditionnaire entrait à Cherchel, évacuée par ses habitants (*V.* CAVAIGNAC). Les habitants n'ayant plus reparu, un arrêté du gouvernement de l'Algérie, en date du 20 septembre 1840, ordonna le séquestre et la réunion au domaine de l'Etat de toutes les propriétés situées dans la ville et dans la zone de défense du territoire qui n'auraient pas été réclamées au 1$^{er}$ octobre Il prescrivit en même temps la formation d'une colonie composée de cent familles, dont chaque chef dut recevoir une maison dans la ville et dix hectares de terre dans la banlieue, à la charge de réparer la maison et de cultiver les terres dans l'année 1841.

**CHERCHEMENENT** (*vieux langage*), enquête juridique pour parvenir à un bornage; le bornage lui-même.

**CHERCHEMONT** (JEAN), né en Poitou, d'une famille noble et illustre, sur la terre de Plessis-Cherchemont, près de Pailheudes, vers la fin du XIII$^{e}$ siècle, se livra à l'étude du droit, entra dans les ordres sacrés, plaida à Paris devant le parlement, et s'y fit remarquer par son éloquence. Devenu clerc du roi, il revint dans son pays, pourvu des fonctions de doyen de l'Eglise de Poitiers. En 1320 Cherchemont était chancelier de Charles, comte de Valois, et il ne tarda pas à devenir évêque de Noyon. Une plus haute position l'attendait; car, légiste et prêtre, savant en droit et en théologie, le roi Charles le Bel éleva cet illustre Poitevin à la dignité de chancelier de France, le choisit, en 1325, pour un des exécuteurs de son testament, et l'employa, la même année, dans les négociations qui eurent lieu pour la prorogation d'une trêve entre la France et l'Angleterre. A l'avénement de Philippe le Valois, Cherchemont remplit d'abord les fonctions de chancelier; mais il ne tarda pas à être remplacé. Retournant alors dans sa province, il fit une chute de cheval qui occasionna sa mort, et on l'inhuma à Poitiers, dans une chapelle qu'il avait fondée. On a reproché à ce chef de la justice un amour excessif de l'argent. Les concessions qu'il se fit faire dans la ville d'Orléans des domaines dont le roi avait la libre disposition, les poursuites dirigées contre ses héritiers en 1328, et autorisées par le roi pour restitution de droits de sceaux perçus exclusivement et à outrance à son profit, donnent lieu de penser qu'un homme aussi distingué que Cherchemont, sous les rapports politiques, ne fut pas sans reproche pour ce qui concerne la probité; tout au moins on peut dire qu'il fut d'une âpreté qui se rapproche beaucoup du défaut de délicatesse.

**CHERCHE-POINTE** (*technol.*) (*V.* CHERCHE-FICHE).

**CHERCHER**, v. a. se donner du mouvement, du soin, de la peine pour trouver, pour découvrir quelqu'un ou quelque chose. — Proverbialement, *En cherchant on trouve*. Il se dit aussi des choses inanimées, *L'eau cherche un passage*. — Proverbialement et figurément, *Chercher quelqu'un par mer et par terre*, *Le chercher à pied et à cheval*, le chercher partout, faire toutes les diligences possibles pour le trouver. Proverbialement et figurément, *C'est chercher une aiguille dans une botte de foin*, se dit en parlant d'une chose que l'on cherche parmi beaucoup d'autres, et qui est très-difficile à trouver, à cause de sa petitesse. — Proverbialement et figurément, *Chercher midi à quatorze heures*, chercher des difficultés où il n'y en a point. — *Chercher l'ennemi*, aller à la recherche de l'ennemi pour lui livrer bataille. — CHERCHER signifie particulièrement tâcher de se procurer quelqu'un ou quelque chose, faire des efforts pour obtenir un certain résultat. — *Chercher femme*, chercher à se marier. — *Chercher de l'argent*, faire des démarches pour se procurer, pour emprunter de l'argent. — *Chercher son pain*, mendier. — *Chercher sa vie*, chercher les moyens de subsister. — Proverbialement, *Le bien cherche le bien* se dit lorsque le bien vient à celui qui en a déjà beaucoup. — *Chercher noise*, *Chercher querelle*, se mettre de propos délibéré dans le cas de se brouiller avec quelqu'un. — *Chercher malheur*, *chercher son malheur*, faire des choses capables d'attirer quelque malheur à celui qui les fait. On dit familièrement, à peu près dans le même sens, *Chercher à se faire battre*. — CHERCHER, précédé de l'un des deux verbes *aller* et *venir*, signifie souvent aller trouver, venir trouver quelqu'un, et se dit tant au propre qu'au figuré. — *Aller chercher quelqu'un* signifie aussi, dans une acception particulière, aller auprès d'une personne pour la conduire ensuite quelque part, ou pour l'avertir de s'y rendre. On dit de même, *Venir chercher*, *Envoyer chercher quelqu'un*. — *Aller chercher quelqu'un* se dit même quelquefois pour aller visiter quelqu'un. — *Aller chercher quelque chose*, aller en quelque lieu pour y prendre ou y recevoir quelque chose. — CHERCHER est souvent accompagné de la préposition *à*, suivie d'un infinitif, et alors il signifie tâcher, s'efforcer de. — On le dit aussi des choses inanimées.

**CHERCHER SA CINQUIÈME JAMBE** (*manége*) se dit en parlant d'un cheval lorsqu'il se porte sur la main et y cherche un point d'appui.

**CHERCHER LA SONDE EN VENANT DU LARGE** (*marine*), approcher des côtes pour trouver le fond avec la sonde.

**CHERCHEUR, EUSE**, s. celui, celle qui cherche. Il se prend ordinairement en mauvaise part.

**CHERCHEUR** (*astron.*), petite lunette à court foyer, adaptée au télescope, et au moyen de laquelle on dirige cet instrument vers l'astre que l'on veut observer.

**CHERCHEURS.** Stoup, dans son *Traité de la religion des Hollandais*, dit qu'il y a dans ce pays-là des *chercheurs* qui conviennent de la vérité de la religion de Jésus-Christ, mais qui prétendent que cette religion n'est professée dans sa pureté par aucune Église, par aucune communion du christianisme; en conséquence ils ne sont attachés à aucune. Mais ils cherchent dans les Écritures, et tâchent de démêler, disent-ils, ce que les hommes ont ajouté ou retranché à la parole de Dieu. Stoup ajoute que ces *chercheurs* sont aussi communs en Angleterre. Il doit s'en trouver dans tous les pays où l'incrédulité n'a pas encore fait les derniers progrès. Quant aux incrédules décidés, ils ne cherchent plus la vérité; ils ne s'en soucient plus, ils craignent même de la trouver. Tertullien disait aux *chercheurs* de son temps : « Nous n'avons plus besoin de curiosité après Jésus-Christ, ni de recherches après l'Évangile... Cherchons, à la bonne heure; mais dans l'Église, dans l'école de Jésus-Christ : un des articles de notre foi est que l'on ne peut trouver que des erreurs hors de là » (*De præscript. hæret.*). Saint Paul a pris le nom de *chercheur* dans un sens différent (*I Cor.*, I, 20). « Où est le sage, dit-il, où est le scribe, où est le *chercheur* de ce siècle? » Il paraît que l'Apôtre entendait par là ceux d'entre les Juifs qui cherchaient dans l'Écriture des sens mystiques et cachés, mais qui n'y trouvaient que des rêveries, comme ont fait la plupart des docteurs juifs.

**CHERCHEUSE D'ESPRIT** (*littér.*), femme pédante et prétentieuse.

**CHERCHIER** (*anc. jurisp.*), droit qui exemptait les sujets du chapitre de Toul de toutes recherches de la part des officiers de ville.

**CHERCHIER, CHERCHOUR** (*vieux langage*), dignitaire de cathédrale, chargé de veiller au bon ordre dans les lieux réguliers.

**CHERCONNÉE**, s. f. (*comm.*), étoffe de soie et de coton qui vient des Indes.

**CHÈRE**, s. f. terme sous lequel on comprend tout ce qui regarde la quantité, la qualité, la délicatesse des mets, et la manière de les apprêter. — *Il est homme de bonne chère*, il aime la bonne chère, et s'y connaît. — *Chère entière*, grand repas suivi de plusieurs divertissements. — *Chère de commissaire*, repas où l'on sert de la viande et du poisson. — Proverbialement et figurément, *Faire grande chère et beau feu*, faire une fort grande dépense. — *Faire chère lie*, faire bonne chère en se livrant à la gaieté. Cette phrase a vieilli. — Proverbialement, *Il n'est chère que de vilain*, lorsqu'un avare se résout à donner un repas, il y met plus de profusion qu'un autre. — Chez les cabaretiers, *Tant pour la bonne chère*, tant pour le couvert et les autres menus frais dont on ne fait pas le détail. Il est vieux. — CHÈRE signifie aussi accueil, réception, et, dans ce sens, il n'est guère usité que dans cette phrase, *Il ne sait quelle chère lui faire* : cela se dit d'un homme qui, enchanté de recevoir un de ses amis, ne sait quel bon accueil lui faire.

**CHÈRE** (*géogr.*), rivière de France (Loire-Inférieure) qui prend sa source à l'est de Châteaubriant, passe par cette ville et se jette dans la Vilaine au-dessous de Langon. Son cours est de 13 lieues, dont une navigable.

**CHÉRÉAS**, athlète sicyonien.

**CHÉRÉAS**, capitaine thébain tué par Cléombrote.

**CHÉRÉAS**, général qui abandonna Ptolémée, lieutenant d'Alexandre, pour suivre le parti d'Antiochus.

**CHÉRÉAS**, général d'Antiochus, frère de Timothée, commandait dans la ville de Gaza. Il fut tué par les Machabées avec son frère Apollophane.

**CHÉRÉAS**, tribun des gardes prétoriennes, tua Caligula l'an 41 de Jésus-Christ, pour éviter lui-même le supplice. Les prétoriens exaspérés l'égorgèrent à l'instant.

**CHÉREAU (FRANÇOIS)**, graveur, né à Blois en 1680, et mort à Paris en 1729, annonça de bonne heure les plus heureuses dispositions pour la gravure qui se développèrent avec succès sous la conduite de Pierre Drevet le père, et ensuite sous celle d'Audran. Son burin est pur et harmonieux, savant et hardi. On remarque dans les portraits qu'il a gravés, et surtout dans celui de Louis de Boullongne, de l'élégance, de la vérité et de l'expression. L'académie le reçut en 1718 au nombre de ses membres, et il fut nommé ensuite graveur ordinaire du cabinet du roi. Outre divers morceaux remarquables qu'il a gravés de la galerie du régent, on distingue de Chéreau un *Saint Jean dans le désert* d'après Raphaël et un portrait du *cardinal de Polignac*, d'après Rigaud. — CHÉREAU (Jacques), son frère, né en 1694, se distingua aussi dans l'art de la gravure, qu'il abandonna pour le commerce des estampes. On cite de lui une *Sainte Famille*, d'après Raphaël; *David tenant la tête de Goliath*, d'après le Féti; *le Lavement des pieds*, d'après Nicolas Bertin.

**CHÉRÉCRATE**, disciple de Socrate.

**CHEREBERT** (*V.* CARIBERT).

**CHEREDRAMON** (*botan.*), un des noms anciens de la prêle, *equisetum*, suivant le traducteur de Daléchamps. Elle était plus connue anciennement sous celui de *hippuris*, qui a été depuis transporté à une autre plante.

**CHÉRÉE** (*géogr. anc.*), petite ville d'Égypte, située dans le Delta sur le Nil. On avait creusé depuis cette ville jusqu'à Alexandrie un canal qui recevait les eaux du lac Mœris.

**CHEREFEDDIN** (V. CHERYF-ED-DYN-ALY).

**CHEREM**, *anathème*. Les Hébreux distinguaient trois sortes d'anathèmes ou d'excommunications : le *nidduï* ou *séparation*, la première et la moindre des trois; le *cherem*, qui était la grande excommunication, et qui privait l'excommunié de la plupart des avantages de la société civile, à peu près comme notre excommunication majeure; le *schammata*, qui était une excommunication qui emportait la peine de mort. La sentence de *cherem* ne pouvait être portée qu'en présence de dix personnes; mais l'excommunié pouvait être absous par trois Juifs, ou même par un seul, pourvu qu'il fût docteur de la loi (Bartolocci, *Bibl. rabbin.*; Basnage, *Hist. des Juifs*, t. V, liv. VII, chap. 20, édit. par.).

**CHEREM** (*botan.*), nom hébreu de la vigne, suivant Mentzel.

**CHÈREMENT**, adv. tendrement, avec beaucoup d'affection, avec beaucoup d'amour. — Il signifie aussi à haut prix. — Il s'emploie figurément dans ce dernier sens. — *Vendre chèrement sa vie*, *la faire chèrement acheter*, se dit d'un homme qui, avant de périr, tue ou blesse plusieurs de ceux qui l'attaquent. On dit dans le même sens, mais trivialement, *Vendre chèrement sa peau*.

**CHEREMIA** (*botan.*), nom donné dans l'île de Bourbon au chéramelier, *cicca disticha*. Quelques habitants de l'île le nomment chéremelier.

**CHÉRÉMIDE**, philosophe grec, frère d'Epicure. Ce dernier composa en son honneur un traité intitulé *Chérémide*.

**CHÉRÉMOCRATE**, architecte qui bâtit le temple de Diane à Ephèse.

**CHÉRÉMON**, astronome qui vivait du temps d'Auguste. Il écrivit une histoire d'Egypte, et composa un livre intitulé *Hiéroglyphiques*.

**CHEREN** (*hist. nat.*), nom arabe du martin-pêcheur, *alcedo hispida* Linn.

**CHÉRÉPHANE**, archonte l'an 452 avant J.-C.

**CHÉRÉPHON**, poëte tragique d'Athènes et disciple de Socrate. Il avait composé une tragédie intitulée *les Héraclides*.

**CHÉRÉSILÉE**, fils d'Iasius, fut le père de Pæmandre, auquel les Tanagriens rapportaient leur origine.

**CHÉRESTRATE**, femme d'une illustre naissance, mère du philosophe Epicure.

**CHERFA** (*botan.*). En Hongrie, suivant Clusius, on nomme ainsi le *cerrus* de Pline, qui est le *quercus cerris* des botanistes.

**CHERIBON** (*géogr.*), ville sur la côte septentrionale de l'île de Java, au fond d'une vaste baie; chef-lieu de division et de province; résidence d'un gouverneur hollandais, avec un fort et un port, par lequel il se fait un grand commerce. Avant d'avoir été ravagée par une épidémie en 1804 et 1805, sa population était considérable; elle ne s'élève pas aujourd'hui à 15 ou 16,000 âmes. A 45 lieues et demie est-sud-est de Batavia. Lat. S. 6° 45'; long. E. 106° 9'.

**CHÉRIC** (*hist. nat.*). Ce petit oiseau, qu'on trouve à Madagascar, est une espèce de figuier de Buffon, *motacilla maderaspatana* Gmel., et *sylvia madagascariensis* Lath.

**CHERICATO, CHERICATI, CHERICATUS** (JEAN), né à Padoue, le 8 décembre 1633, de parents pauvres, originaires d'Angleterre, trouva dans la charité d'une religieuse le moyen de faire ses études. Il s'appliqua particulièrement au droit civil et canon, fut reçu bachelier à Padoue en 1651, et nommé ensuite coadjuteur de la chancellerie épiscopale de la même ville. En 1656, il fut élevé au sacerdoce, et mourut en 1719, à l'âge de quatre-vingt-quatre ans, avec la réputation de l'un des plus habiles hommes de son temps dans les matières ecclésiastiques. On a de lui, 1° *Discordiæ forenses*, 1 vol. in-fol., réimprimé en 1717 : l'auteur en a laissé trois autres volumes qui n'ont point paru; 2° une édition des *Decisiones cleri patavini*, à Venise, in-folio, chez le célèbre Paletti; 3° *De sacramentis tractatus septem*; 4° *Erotemata theologiæ moralis*; 5° *Via lactea, sive Institutiones juris canonici*; 6° *Decisiones juris civilis*; 7° la *Vie du cardinal Barbarigo*, dont l'auteur avait mérité l'amitié et la confiance par l'étendue de ses lumières, la solidité de son esprit, et la sagesse de sa conduite. (*Giornale de' letterati d'Italia*, t. XXIX, part. XII, pag. 307 et suiv.).

**CHÉRIF.** Dès que les successeurs de Mahomet eurent étendu leurs conquêtes sur une grande portion de la Syrie, le calife cessa de résider à la Mecque. Cette ville et son territoire, qui s'étend de Djedda à Taïffa, réputés sacrés, furent gouvernés par un descendant de Mahomet; c'est ce gouverneur qui prenait le nom de grand chérif. Les autres membres de la même famille lui formaient une cour des grands fonctionnaires, qui tous indistinctement étaient appelés chérifs. Les grands chérifs, d'abord simples gouverneurs du territoire sacré, ne tardèrent pas à usurper le pouvoir sacerdotal, et peu à peu ils balancèrent et dominèrent même la puissance du grand mufti. Quand l'empire fut divisé, quand la suprématie flottait incertaine de Saladin aux sultans ottomans d'Icone, quand l'étendard de Mahomet était encore à la Mecque, le grand chérif était le premier personnage de l'islamisme. Non-seulement le cérémonial lui donnait partout le premier rang, mais il décidait les doutes théologiques en dernier ressort. — L'établissement du padischa à Constantinople, et ses efforts pour se substituer au calife, portèrent les premières atteintes à l'influence du grand chérifat. Enfin, s'étant laissé enlever par ruse l'étendard de Mahomet, il fut bientôt réduit à son rôle primitif, au gouvernement du territoire sacré. De son autorité suprême il ne lui resta qu'un vain droit de préséance. Le sultan est obligé de descendre de cheval devant lui. Mais, outre que ces deux hauts personnages se rencontrent rarement, on ne manque jamais de ruse pour éviter au padischa cet acte de vassalité. — Enfin il était réservé à un soldat parvenu de détruire complétement cette grande autorité. Méhémet Ali, devenu maître de la Mecque, y mit un gouverneur militaire. Aussitôt le grand chérif et tous les chérifs réclamèrent contre cette usurpation. Il les laissa faire en ayant l'air de négocier, mais en définitive pour attendre l'effet de la division qu'il semait adroitement parmi eux. Yaya, grand chérif alors, eut avec un vieillard chérif-chamber un violent démêlé. Méhémet feignit de pencher du côté du chamber, et Yaya le fit assassiner. Le vice-roi saisit cette occasion pour enlever le grand chérif et le retenir prisonnier au Caire. Deux régiments de nouvelle formation suffisaient et au delà pour contenir les Mecquois. Au grand étonnement des fidèles, de son autorité privée, il nomma un nouveau grand chérif, et le fit installer comme s'il se fût agi de l'un de ses généraux. Mais Ibn-Aoun, le nouvel élu, ne conserva qu'un semblant d'autorité. Homme adroit et intelligent, il voulut, par de sourdes manœuvres, troubler tellement le pays, que les Egyptiens fussent forcés de le quitter pour toujours. Par malheur Méhémet pénétra ses desseins, et, au milieu de 1836, il lui donna l'ordre de venir au Caire. Ibn-Aoun n'osa refuser. Une fois au Caire, on lui prescrivit de ne plus quitter cette ville: ainsi le chérifat fut aboli. Depuis douze cents ans, pour la première fois, la Mecque n'eut pas de grand chérif. — Cet état de choses dura jusqu'au moment où le pacha d'Egypte, forcé par les puissances signataires du traité du 15 juillet, rendit la Mecque et son territoire au grand seigneur. Afin sans doute que l'autorité de Constantinople ne s'y établît pas sans compétiteur, il y renvoya préalablement Ibn-Aoun. Mais le chérifat avait été trop souillé pour se relever dans toute sa gloire; aujourd'hui ce n'est plus qu'un fantôme impuissant à la merci du premier venu. — On comprend qu'en Orient, avec des mœurs polygames, les familles se multiplient rapidement; aussi les chérifs, descendants de Mahomet, furent-ils toujours très-nombreux. Ils se distinguaient d'abord par un turban vert; mais bientôt cet insigne fut usurpé par tous ceux qui étaient nés le vendredi, et il leur fut impossible, à cause de leur grand nombre, de faire respecter leur privilége. Aujourd'hui porte le turban vert qui veut. — Il n'est pas jusqu'au nom de chérif qui n'ait été pris à la famille de Mahomet: aux environs d'Alep et dans le Maroc, des corporations de derviches se donnent hardiment ce titre.

**CHÉRIFS** (DYNASTIE DES). D'après la signification du mot *chérif*, ce titre aurait dû s'appliquer à toutes les familles de princes musulmans qui descendaient de Mahomet par sa fille Fatime, notamment aux califes fatimides d'Egypte et aux rois de Perse de la maison des Sofis. Néanmoins on a désigné par là d'une manière spéciale les princes qui gouvernent la Mecque depuis la décadence des califes de Bagdad, et les souverains de Fez et de Maroc, à partir du XVI<sup>e</sup> siècle de notre ère. — Les chérifs de la Mecque appartiennent à diverses familles fort puissantes en Arabie, et, à la mort du titulaire, c'est l'individu le plus actif ou le plus heureux qui le remplace. Ces chérifs, trop faibles pour se maintenir par eux-mêmes, furent contraints, dès l'origine, de reconnaître l'autorité de monarques plus puissants, tels que les souverains de la Perse, les sultans mameluks d'Egypte, et plus tard les sultans ottomans. Dans ces derniers temps ils avaient été dépouillés en partie par les Wahhabites; aujourd'hui ils sont sous la dépendance de Méhémet Ali, pacha d'Egypte; leur autorité, qui, à de certaines époques, s'est étendue jusqu'à Médine, se borne à la Mecque, aux ports de Gedda et de Genbo, et à Thayef. D'ailleurs une partie des principaux fonctionnaires est à la nomination des sultans de Constantinople. Quant aux empereurs de Fez et de Maroc, ce sont les mêmes qui prennent le titre de *maulâ* ou de maître, mot qui est prononcé *mouley*.

**CHÉRIFAT**, s. m. (*hist.*), dignité de chérif; pays gouverné par un chérif.

**CHÉRILE**, historien et poëte grec de Samos, naquit vers la LXXIII<sup>e</sup> olympiade. Obligé de quitter sa patrie, il vint à Halicarnasse, et se lia étroitement avec Herodote. Le roi de Macédoine Archélaüs faisait de ce poëte un si grand cas, qu'il lui assigna un revenu de quatre mines par jour. Dans un poëme dont il nous est resté quelques vers, Chérile avait célébré la victoire remportée par les Grecs sur les troupes de Xerxès; l'orgueil national en fut si flatté, que les Athéniens firent compter au poëte panégyriste une pièce d'or pour chacun de ses vers. Il mourut en Macédoine, après avoir écrit d'autres ouvrages (*V.* SUIDAS). — Il ne faut pas confondre ce Chérile avec un méchant poëte du même nom qui vivait sous Alexandre le Grand, c'est-à-dire vers la CXIII<sup>e</sup> olympiade, et qui suivit ce prince dans ses expéditions, pour les chanter en mauvais vers. — Alexandre, quoi qu'en dise Horace, se dissimulait si peu l'extrême médiocrité de son poëme, « qu'il eût mieux aimé, disait-il, être le Thersite d'Homère, que l'Achille de Chérile. » Il fit même avec lui un assez plaisant marché : ce fut de lui faire donner un *philippe* pour chacun de ses bons vers, et un soufflet pour les mauvais. Compte fait, lorsque l'ouvrage fut achevé, il se trouva que le poëte avait reçu en tout sept *philippes*. Ce n'était pas le moyen de faire fortune ; aussi le pauvre Chérile mourut-il de faim, ou, selon quelques autres, des nombreux soufflets que lui méritèrent ses mauvais vers. — Suidas fait mention d'un troisième CHÉRILE, poëte tragique d'Athènes, qui fleurit vers la LXIV<sup>e</sup> olympiade. Il avait composé cent cinquante pièces de théâtre et remporté treize fois le prix. Ce fut lui qui inventa, dit-on, les masques et le costume théâtral.

**CHERIMOLIA** (*botan.*), nom péruvien d'une espèce de corossol, *anona cherimolia* de Lamarck, *anona tripetala* d'Aiton, dont le fruit a une saveur agréable, et passe pour un des meilleurs du Pérou. On le trouve dans l'*Abrégé des voyages* et dans d'autres livres sous le nom de *chirimoya*.

**CHÉRIN** (BERNARD), né à Langres, généalogiste et historiographe des ordres de Saint-Lazare, de Saint-Michel et du Saint-Esprit, commissaire du conseil et censeur royal, mettait, dans l'examen des titres qu'on lui présentait, une probité si sévère, que l'on disait « qu'il était injuste à force de justice. » Il mourut à Paris en 1785. — CHÉRIN (Louis-Nicolas-Henri), fils du précédent, conseiller de la cour des aides, généalogiste des ordres du roi, commissaire pour l'expédition des jugements et autres actes concernant la noblesse, avait publié diverses généalogies, et un bon ouvrage sur la jurisprudence nobiliaire, lorsque, dans les premières années de la révolution, il suivit la carrière des armes. Il était adjudant général à l'armée du Nord en 1793, et il fut nommé général de brigade pour avoir, dit-on, excité les soldats d'un bataillon de l'Yonne à tirer sur Dumouriez, qui prit la fuite. Chérin suivit le général Hoche dans les départements de l'Ouest, et le général Humbert dans l'expédition d'Irlande. Il fut nommé en 1797 commandant de la garde du directoire ; il servit ensuite en qualité de général de division, fut chef de l'état-major de l'armée du Danube, et mourut en 1799 des blessures qu'il reçut en Suisse. On a de lui : 1° *Généalogie de la maison de Montesquiou-Fezenzac ;* 2° *la Noblesse considérée sous ses différents rapports dans les assemblées générales et particulières de la nation ;* 3° *Abrégé chronologique d'édits, déclarations, règlements, arrêts et lettres patentes des rois de France de la troisième race, concernant le fait de noblesse.*

**CHERINA** (*botan.*), *corymbifères* Juss. ; *syngénésie polygamie superflue* Linn. Ce nouveau genre de plantes, établi par H. Cassini dans la famille des synanthérées, appartient à sa tribu naturelle des mutisiées. La calathide est radiée, composée d'un disque multiflore, équaliflore, labiatiflore, androgyniflore, et d'une couronne unisériée, pauciflore, biliguliflore, féminiflore. Le péricline, oblong et presque égal aux fleurs radiantes, est formé de squammes imbriquées, ovales, uninervées, membraneuses sur les bords. Le clinanthe est plan, nu, fovéolé. L'ovaire est allongé, atténué inférieurement, couvert de fortes papilles charnues, et muni d'un bourrelet apicilaire. L'aigrette est longue, blanche, composée de squamellules nombreuses, inégales, filiformes laminées, très-finement et régulièrement barbellulées. Les corolles de la couronne ont le tube plus long que le limbe, qui est biligulé ; la languette extérieure très-large, trilobée au sommet, presque glabre ; l'intérieure colorée comme l'extérieure, mais plus courte, très-étroite, linéaire, indivise inférieurement, divisée supérieurement en deux lanières filiformes, non roulées. Les corolles du disque sont presque régulières, à peine labiées, les deux lèvres étant très-courtes et divisées chacune très-profondément, l'extérieure en trois lobes, l'intérieure en deux lobes. Les étamines ont les filets laminés et papillés, l'article anthérifère grêle : les appendices apicilaires très-longs, linéaires, aigus, entregreffés inférieurement ; les basilaires longs, filiformes, un peu barbus. Les fleurs femelles portent cinq rudiments d'étamines avortées, libres, et réduites aux appendices apicilaires. — La CHÉRINE A PETITES FEUILLES (*cherina microphylla* H. Cass.) est une plante herbacée, annuelle, de six à huit pouces, toute glabre ; à tige dressée, rameuse, grêle, cylindrique ; à feuilles alternes, sessiles, lancéolées, entières, luisantes, très-petites ; à calathides solitaires à l'extrémité des rameaux ; leur disque est jaune foncé, et la couronne brun rouge. Cette plante vient du Chili. — La *cherina* est très-voisine des *chœthanthera ;* mais elle en diffère suffisamment par le péricline, qui n'est ni involucré ni appendiculé ; par des fleurs femelles à languette intérieure bifide, et non pas indivise comme dans les *chœthanthera ;* par les fleurs hermaphrodites à corolle presque régulièrement quinquélobée.

**CHÉRIP**, s. m. (*hist. nat.*), un des noms vulgaires du moineau franc.

**CHÉRIR**, v. a. aimer tendrement. — CHÉRI, IE, participe. *Un prince chéri de ses peuples. Image chérie. Main chérie.* — En parlant des anciens Hébreux, *Le peuple chéri de Dieu.*

**CHÉRISEY** (LOUIS, COMTE DE), né à Metz en 1667, d'une famille très-ancienne, combattit en Allemagne sous les maréchaux d'Asfeld et de Coigny. En 1738, Louis XV le créa lieutenant général malgré son âge avancé ; il servit encore en 1742 et 1743, signala son courage par divers faits d'armes, fut blessé deux fois à la journée d'Ettingen, et, à peine guéri, alla commander sur la Sarre sous les ordres de Coigny, puis en Flandre sous le maréchal de Noailles. Il mourut à Metz en 1750. Ses fils et petits-fils ont tous suivi la carrière militaire ; l'un de ces derniers, maréchal de camp en retraite, a commandé un régiment de la garde royale ; l'autre, capitaine d'état-major, a donné sa démission en 1830.

**CHÉRISOPHE**, chef des huit cents Lacédémoniens qui combattirent en faveur de Cyrus le Jeune contre son frère Artaxerxès Longue-Main.

**CHÉRISSABLE**, adj. des deux genres, digne d'être chéri.

**CHERIWAY** (*hist. nat.*). Cuvier pense que l'aigle ainsi nommé par Jacquin n'est qu'une variété d'âge du *falco brasiliensis* Gmel., ou *caracara* de Marcgrave.

**CHERK-FALEK** (*botan.*). Ce nom, qui signifie iris ou arc céleste, est donné en Égypte, suivant Delile, à une espèce de liseron, *convolvulus cairicus*. Il cite le même nom pour la fleur de passion, *passiflora cærulea*.

**CHERLA** (*hist. nat.*) (*V.* CHERNA).

**CHERLER** (PAUL) a donné quelques écrits relatifs à l'histoire de Bâle, sa ville natale : 1° *Encomium urbis Basileæ, carmine heroico*, Bâle, 1577, in-4° ; 2° *Ecclesiæ et academiæ Basil. luctus h. e. epitaphia, seu Elegiæ funebres* XXXII *virorum illustrium et juvenum, qui in urbe et agro Bas. peste interierunt anno* 1554 ; Bâle, 1565, in-4° de 147 pages, livre rare et curieux. On y trouve, entre autres, l'épitaphe d'une Bâloise (Dorothée Werkerin) qui avait survécu à ses onze maris ; elle se termine ainsi :

> Huic totidem versus, fuerat quot nupta maritis
> Fecimus, undecimus sed bene talis erit.
> Apta viro nulli fœmina, digna mori.

**CHERLER** (JEAN-HENRI), médecin et botaniste du XVII<sup>e</sup> siècle, était citoyen de Bâle, et fit ses études à l'université de cette ville, où il prit le bonnet de docteur. Il épousa la fille de Jean Bauhin, et se montra digne d'une telle alliance en se livrant à la recherche des plantes, et en aidant son beau-père dans la composition d'une histoire générale des plantes. Il en fit paraître l'esquisse six ans après la mort de ce savant (*V.* Jean BAUHIN). La grande histoire ne parut qu'en 1650 et 1651, en 3 vol. in-fol., après la mort de l'un et de l'autre, dans la ville d'Yverdun (*Ebrodunum*), par les soins de Graffenried de Berne et de Chabrée. Il s'y trouve plusieurs plantes qui ont été découvertes par Cherler, nommées et décrites par lui pour la première fois ; aussi leur a-t-on donné le surnom de *cherleri*. Tels sont entre autres une espèce de trèfle et un ononis. Il est difficile de connaître la part que Cherler a prise à cet important ouvrage ; ce n'est que par quelques mots échappés çà et là que l'on peut savoir quels sont les articles qu'il a faits. C'est ainsi que, dans l'histoire de l'orme, il dit que, dans un ouvrage particulier sur les insectes, il sera dit (par moi Cherler) la différence qu'il y a entre le *cynips* et le *conops* de Théophraste. Ce passage apprend aussi que Cherler avait entrepris de faire un traité sur les insectes ; mais il n'a pas été publié. Cherler avait voyagé dans le midi de la France ; il avait parcouru les environs de Narbonne et de Montpellier, ensuite les Alpes et le mont Saint-Gothard pour en observer les plantes. Haller consacra à sa mémoire, sous le nom de *cherleria*, un genre qu'il forma d'une plante qui tapisse les endroits humides des hautes Alpes ; cette dénomination a été adoptée par Linné et par tous les autres botanistes.

**CHERLERIE** (*botan.*), *cherleria* Linn., genre de plantes dicotylédones polypétales, à étamines hypogynes, de la famille des *caryophyllées* Juss. et de la *décandrie trigynie* Linn., dont les principaux caractères sont d'avoir un calice à cinq folioles ; cinq pétales petits et échancrés ; dix étamines ; un ovaire supérieur, surmonté de trois styles ; une capsule à trois valves et à trois loges, contenant chacune deux graines. On ne connaît qu'une seule espèce de ce genre. — CHERLERIE FAUX-SÉDUM, *cherleria sedoides* Linn., *Spec.*, 608; Lam., *Ill. gen.*, t. 376. La racine de cette plante est vivace, et donne naissance à des tiges nombreuses, couchées, longues de quelques pouces, disposées en gazon, et garnies d'une grande quantité de feuilles linéaires, aiguës, opposées, réunies à leur base, et très-rapprochées les unes des autres. Ses fleurs sont petites, d'une couleur herbacée ou un peu jaunâtre, portées sur de courts pédoncules. Cette plante croît dans les prairies élevées et sur les rochers humides des Alpes et des Pyrénées, où elle forme souvent des gazons d'une étendue assez considérable.

**CHERMAN** (*hist. nat.*), nom arabe de l'*orphie* (*V.* ce mot).

**CHERMASEL** (*botan.*). C'est sous ce nom que sont désignées, par Belon et Clusius, les galles qui se trouvent sur le tamaris du Levant, *tamarix orientalis*, qui est l'*atle* des Egyptiens.

**CHERMEN** ou **CHERMÈS** (*botan.*), noms arabes de l'insecte nommé aussi *kermès*, qui a passé longtemps pour être le fruit du chêne écarlate, *quercus coccifera*, sur lequel il vit.

**CHERMÈS** (*hist. nat.*) (*V.* KERMÈS et PSYLLE).

**CHERNA** (*hist nat.*), nom espagnol de la *perca scriba* de Linné (*V.* PERSÈQUE).

**CHERNITES** (*min.*). C'est, dit Pline, une pierre propre à conserver les cadavres : mais elle a peu d'action ; elle ne les consume pas. Le corps de Darius a été conservé dans un semblable cercueil. Cette pierre avait la blancheur de l'ivoire. — Est-ce du gypse blanc compacte, qui a, comme l'on sait, la plus grande ressemblance avec l'ivoire, lorsqu'il est poli, au point de devenir jaunâtre comme lui sur les parties saillantes? Est-ce simplement un marbre blanc? C'est ce qu'on ne peut encore décider.

**CHÉROGRILLE**, s. m. (*hist. nat.*), nom que les anciens donnaient à une espèce d'hérisson. On écrit aussi *chærogrille*.

**CHÉROKI** (*géogr.*), nom des membres d'une tribu indienne des Etats-Unis, au nord des Etats de Géorgie et d'Alabama, et dans le sud-est du Tennessee. Une grande partie des Chérokis a été civilisée par les missions.

**CHÉROLLE**, s. f. (*agric.*), un des noms vulgaires d'une espèce de vesce.

**CHÉROMACUS** (*temps hér.*), un des fils d'Electryon et d'Anaxo.

**CHÉRON** (*temps hér.*), fils d'Apollon et de Théro, fille de Plyas : il donna son nom à la ville de Chéronée.

**CHÉRON**, capitaine spartiate, tué dans un combat qu'il livrait aux Athéniens.

**CHÉRON**, Grec auquel Alexandre confia le gouvernement de la ville de Pellène, qui jusqu'alors avait appartenu aux Athéniens.

**CHÉRON** (SAINT-), *Sanctus Caraunus*, abbaye de l'ordre de Saint-Augustin, située près de la ville de Chartres. On lit sur une pierre du chœur que ce fut le roi Clotaire qui la dota. Il y en a qui disent que l'église fut bâtie par saint Papoul, évêque de Chartres, qui vivait sur la fin du VI$^e$ siècle. Il est certain qu'elle était déjà érigée en abbaye au IX$^e$ siècle ; car il y avait, en 885, un abbé nommé Haimeric. On y mit ensuite vers l'an 1016 des chanoines séculiers, dont celui qui était à la tête portait le titre de prévôt. Ce monastère demeura dans cet état jusque vers l'an 1149 que Goslen de Leugis, évêque de Chartres, y introduisit des chanoines réguliers, et y rétablit la dignité abbatiale qu'on avait abolie en faisant passer le monastère aux chanoines séculiers. Lors de ce rétablissement, l'abbaye de Saint-Chéron jouissait d'une prébende dans la cathédrale de Chartres. Cette abbaye a été possédée par les chanoines réguliers de la congrégation de France (*Gallia christ.*, t. VII, col. 1304, nouv. édit.).

**CHÉRON**, *Caraunus*, martyr au pays chartrain, était Romain, c'est-à-dire né de parents gaulois, qui avaient été sous l'obéissance des Romains, selon la manière de parler qui était en usage sous la première race de nos rois. Il vivait vers la fin du V$^e$ siècle, dans le temps que les Gaules étaient partagées entre les Français, les Bourguignons et les Wisigoths. Après la mort de ses parents, il vendit tout son bien, en donna le prix aux pauvres, et se retira dans la solitude pour se cacher entièrement au monde; mais Dieu permit que l'évêque du lieu où il s'était retiré, connaissant son mérite, l'ordonnât diacre. Revêtu de ce caractère, et brûlant du désir de faire connaître Jésus-Christ, Chéron prêcha d'abord la pénitence dans les lieux voisins de son pays. Il passa ensuite dans les provinces des Gaules qui appartenaient aux Français, dont la plupart étaient encore idolâtres. Il entra dans le pays chartrain, où il trouva quelques chrétiens, dont le nombre surpassa bientôt celui des idolâtres par ses soins et ses travaux. Quelques disciples qu'il avait avec lui pour l'aider dans le ministère de la prédication l'ayant engagé d'aller prêcher à Paris, il fut tué en chemin dans une forêt, à trois lieues de Chartres, par une troupe de voleurs, fâchés de ne point lui trouver tout l'argent qu'ils souhaitaient, et de ce qu'en les amusant il avait facilité à ses compagnons le moyen de s'enfuir, comme il en était convenu avec eux. C'est ainsi qu'il devint le martyr de la charité, en donnant sa vie pour sauver celle de ses frères. Son corps fut reporté à Chartres, et enterré sur une éminence hors de la ville qui fut appelée la *Montagne sainte*, à cause de lui et de plusieurs personnes de piété qui s'y firent inhumer par dévotion. Un riche bourgeois de la ville, nommé Ségran ou Siran, y fit bâtir une église dès le temps des enfants ou des petits-fils de Clovis, qui depuis a été une abbaye de chanoines réguliers, qui conservaient les reliques du saint. On fait sa fête le 28 mai, que l'on croit être le jour de son martyre ou de sa première sépulture. Les actes du saint ne sont pas jugés absolument faux, quoiqu'ils ne soient que d'un auteur du IX$^e$ siècle. On les trouve dans la continuation de Bollandus, avec les remarques de Henschénius (Baillet, 28 mai).

**CHÉRON** (ANNE) (*V.* BREMOND [Gabrielle]).

**CHÉRON** (CHARLES), graveur, naquit à Lunéville en 1635. Ses talents dans la gravure lui méritèrent à Rome la charge de premier graveur du pape. Louis XIV, informé de l'habileté de cet artiste, engagea son ambassadeur auprès du saint-siége à déterminer Chéron à passer en France. L'honneur d'avoir mérité l'attention d'un prince qui rassemblait autour de son trône tous les grands hommes de l'Europe attira Chéron à Paris. Le roi le chargea du soin de graver toutes les médailles que les Français faisaient frapper à la gloire de leur monarque triomphant, et ce prince lui donna un logement au Louvre avec une pension considérable. Chéron mourut à Paris le 30 juillet 1699.

**CHÉRON** (ELISABETH-SOPHIE), fille et élève d'Henri Chéron, peintre en émail, née à Paris en 1648, se fit un nom célèbre par ses talents vraiment remarquables en peinture, en gravure, en musique et en poésie. Tant de talents réunis lui acquirent des distinctions méritées. Elle fut admise à l'académie en 1672 sur la présentation de Lebrun, puis à celle des Ricovrati de Padoue en 1699, sous le nom de la muse Erato. Louis XIV lui fit une pension de cinq cents livres. Elevée par son père dans le calvinisme, elle se convertit à la religion catholique, et en pratiqua les devoirs d'une manière exemplaire. A soixante ans, elle épousa M. le Hay, ingénieur du roi, qui n'était guère plus jeune qu'elle. Ce mariage philosophique n'avait d'autre but que d'avantager son mari qu'elle estimait depuis longtemps. Elle mourut en 1711. Comme poëte on a d'elle : *Essai en vers de psaumes et de cantiques.* — *Les Cerises renversées*, poëme en trois chants. — *Ode sur le jugement dernier.* — Ses principales productions en gravure sont : une *Descente de croix*, d'après Zumbo. — *Livre de principes de dessin*, en 36 planches. — *Pierres gravées*, en 41 planches.

**CHÉRON** (LOUIS), son frère, né à Paris en 1660, mort à Londres en 1723. Un séjour de dix ans en Italie lui fit faire d'excellentes études de Raphaël et de Jules Romain, et, de retour en France, il y publia d'estimables ouvrages en peinture et en gravure. Son attachement au calvinisme le détermina à passer en Angleterre. Parmi ses toiles on remarque : une *Visitation ; Hérodiade tenant la tête de saint Jean; le Prophète Agabus devant saint Paul.* Il grava beaucoup à l'eau-forte, et ses estampes les plus estimées sont : *Saint Pierre guérissant un boiteux ; Ananias et Saphira frappés de mort ; l'Eunuque baptisé par saint Philippe.*

**CHÉRON** (LOUIS-CLAUDE), littérateur, né à Paris le 18 octobre 1758, d'un père attaché à l'administration générale des forêts, fut nommé en 1790 membre du département de Seine-et-Oise, et vint siéger en 1791 à l'assemblée législative, où il manifesta des opinions sages et modérées ; il y fut membre du comité des domaines. Arrêté comme suspect en 1793, il ne recouvra sa liberté qu'après le 9 thermidor ; il refusa en 1798 d'entrer au conseil des cinq cents, dont il avait été élu membre. Il fut en 1805 nommé préfet de la Vienne, et mourut à Poitiers le 13 octobre 1807. La culture des lettres a rempli tous ses loisirs ; le plus connu de ses ouvrages est une imitation de la meilleure pièce du théâtre comique anglais, *School for scandal* (l'École de la médisance), par Shéridan ; elle parut en cinq actes sous le titre de *l'Homme à sentiments* (1789), puis en trois actes sous celui de *Moraliseur* (1801), ensuite sous celui de *Volsain et Florville*, enfin en 1805 sous celui de *Tartuffe de mœurs*. Ses autres ouvrages sont : 1° *le Poëte anonyme*, comédie en deux actes et en vers, qui manque d'action, mais en général élégamment écrite ; 2° *Caton d'Utique*, tragédie en trois actes et en vers, imitée d'Addison, 1789 ; 3° une traduction des *Leçons de l'enfance*, par miss Maria Edgeworth, 1803, 5 vol. in-16, avec le texte en regard ; 4° *Lettres sur les principes élémentaires d'éducation*, par Elisabeth Hamilton, 1803, 2 vol. in-8° ; 5° *Tom Jones*, ou *Histoire d'un enfant trouvé*, traduite de Ch. Fielding, 1804, 6 vol. in-12. La traduction publiée par Laplace de ce chef-d'œuvre des romans était abrégée ; la traduction entière donnée par M. Laveaux avait eu peu de succès ; le nouveau travail de Chéron fut bien accueilli par les gens de goût, et ce n'est que dans sa traduction que les personnes qui ne savent pas l'anglais peuvent lire *Tom Jones*. Il a laissé en manuscrit une comédie en cinq actes et en vers, et deux comédies en un acte, reçues au Théâtre-Français ; une autre comédie en cinq actes et en vers qu'il était sur le point de présenter ; une tragédie d'*Othello* en cinq actes et en vers ; une *Traduction* des meilleures odes d'Horace ; un grand nombre de poésies fugitives.

**CHÉRON** (FRANÇOIS), frère du traducteur de Fielding, naquit à Paris en 1784. Neveu de l'abbé Morellet, il reçut de cet académicien, ainsi que son frère, les premières leçons de la bonne littérature. Jeune encore lorsque la révolution commença, il se montra fort opposé à tous les excès, et rédigea dans divers journaux des articles qui le firent proscrire après la journée du 10 août 1792. Arrêté pendant la terreur, il ne recouvra la liberté qu'après la chute de Robespierre. Associé dès lors à toutes les entreprises du parti royaliste, il courut de grands dangers aux 2 et 3 prairial an III, 13 vendémiaire an IV, où il fut proscrit nominativement comme président de la section du Roule. Obligé de prendre la fuite, il ne reparut qu'après le triomphe de Bonaparte au 18 brumaire. Revenu dans la capitale, il y composa, avec Picard, l'excellente comédie de *Du haut cours*. Nommé chef de division au trésor public, il conserva cet emploi jusqu'à la chute de Napoléon en 1814. Ayant alors embrassé avec beaucoup d'ardeur la cause de la restauration, il fut nommé censeur de la *Gazette de France*, puis employé dans différentes occasions par M. de Blacas, et chargé de la direction du *Mercure de France*, que voulut alors rétablir la liste civile ; mais le retour de Bonaparte, en mars 1815, fit abandonner cette entreprise. Après le second retour de Louis XVIII, Chéron fut nommé chevalier de la Légion d'honneur, censeur du *Constitutionnel*, puis censeur dramatique et enfin commissaire du roi près le Théâtre-Français. Il mourut subitement à Paris, le 16 janvier 1828, d'une attaque d'apoplexie. Chéron fut, pour les premiers volumes, un des rédacteurs de la *Biographie universelle* ; et il a rédigé, entre autres articles, celui de Crébillon le Tragique. Il avait publié : 1° *Napoléon*, ou *le Corse dévoilé*, ode, 1814, in-8° ; 2° *Tribut d'un Français*, ou *Quelques Chansons faites avant et depuis la chute de Bonaparte*, 1814, in-8° ; 3° *Sur la liberté de la presse*, 1814, in-8°. Il a encore été le collaborateur de Bellin dans la comédie des *Deux Espiègles*.

**CHÉRON** (AUGUSTE-ATHANASE), naquit à Guyancourt le 26 février 1760. Il n'avait pas encore vingt ans, lorsqu'il débuta à l'Opéra. En 1786, Chéron épousa M^lle^ Dozon, premier double de M^me^ Saint-Huberti. Les rôles où il se fit le plus remarquer sont : Agamemnon d'*Iphigénie en Aulide*, le pacha de *la Caravane*, le roi Ormus de *Tarare* et OEdipe d'*OEdipe à Colone*. Quoique bon musicien, Chéron était assez médiocre chanteur ; mais la nature l'avait doué d'une basse étendue et sonore, ce qui constituait, à cette époque, les meilleures conditions et les plus favorables chances de plaire au public. — Chéron mourut à Versailles le 5 novembre 1829.

**CHÉRONDAS**, archonte l'an 338 avant J.-C.

**CHERONE** (*géogr. anc.*), ville de la Sarmatie européenne, au delà du Borysthène.

**CHÉRONÉE**, *Cheronea*, autrefois Arné, ville de Béotie, située au nord-ouest, près des confins de la Phocide, sur le Céphise. — Plusieurs batailles se livrèrent près de cette ville. La première remonte à l'an 447 avant J.-C. Les Athéniens y furent battus par les Béotiens. C'était pendant la première guerre sacrée, au sujet des Phocéens, qui avaient pillé le temple de Delphes. Les Phocéens eux-mêmes ne jouèrent dans cette guerre que le rôle d'auxiliaires. Tout se passa entre les Spartiates et les Athéniens. Ceux-ci furent défaits par les Thébains, alliés de Sparte, et ce revers entraîna pour eux la perte de la Béotie. Une trève de trente ans eut lieu l'année suivante, et fit, pour quelque temps, oublier et les Phocéens et le temple (*V.* GUERRE SACRÉE). — La seconde bataille de Chéronée est plus célèbre que la première. Les intrigues d'Eschine préparaient pour Philippe II, roi de Macédoine, et père d'Alexandre le Grand, un prétexte pour se mêler des affaires des principales républiques grecques, dont ce prince voulait se rendre maître. Une nouvelle guerre sacrée allait lui ouvrir l'entrée de la Béotie et de l'Attique. Les Locriens d'Amphissa étaient déclarés sacriléges pour avoir labouré le champ Cirrhéen, consacré à Apollon depuis plus de deux siècles ; le peuple avait été de plus exclu par le conseil des amphictyons du droit public et religieux de la Grèce. Eschine, alors revêtu de la charge de pylagore, fait donner à Philippe le soin d'exécuter la sentence contre les profanateurs du culte d'Apollon. Le roi de Macédoine, suivi des députés de toutes les villes qui ont condamné les Locriens d'Amphissa, envahit leur territoire, démantelle leurs villes, y met des garnisons et surprend Elatée, qui le rend maître des passages de la Phocide et de la Béotie (338 avant J.-C.). A cette nouvelle, les Athéniens et les Thébains oublient leur rivalité pour ne s'occuper que du danger commun. Thèbes reçoit une garnison athénienne. L'armée des deux républiques confédérées, forte de trente mille hommes, commandée par des généraux inhabiles ou corrompus par l'or de Philippe, livre bataille aux Macédoniens près de Chéronée : Philippe fut vainqueur. Les Athéniens et les Thébains avaient été poussés à la résistance par Démosthène surtout. Cet orateur prit honteusement la fuite dans cette bataille. — L'orateur Démade au contraire, fait prisonnier par Philippe, se concilia l'estime de ce prince par une parole courageuse. Le roi de Macédoine étant venu se montrer à ses prisonniers revêtu de tous les ornements de la royauté, et insultant à leur malheur, Démade lui dit : *Tu pourrais jouer le rôle d'Agamemnon, Philippe, et tu joues celui de Thersite.* Philippe rentra aussitôt en lui-même, et lui rendit la liberté (*V.* DÉMADE). Du reste quoi que Philippe ait pu dire ou faire dans l'ivresse de la victoire, sa conduite fit bien voir qu'il était réellement grand, qu'il voulait conserver les institutions de la Grèce et de la Thessalie, et que, loin d'opprimer la liberté, il ne briguait que le commandement suprême d'une nation réellement indépendante. Quel bonheur pour la Grèce si ce prince eût pu réunir tous les États de ce pays en une ligue soumise à un principe constant et *un* dans son influence, dans son action, et fonder avec le consentement général un nouvel ordre de choses (*V.* PHILIPPE II, ROI DE MACÉDOINE). Longtemps après cette seconde bataille de Chéronée, on voyait aux environs de cette ville les tombeaux des Thébains morts en combattant celui qu'ils regardaient comme l'ennemi de la liberté hellénique. — Après bien des vicissitudes, la Grèce devint romaine. Le monde romain y fut en présence avec le monde asiatique : l'Occident, formulé par un nouveau représentant, avec l'Orient, dont le symbole, sous une face au moins, paraissait aussi changé : Sylla d'un côté, Mithridate de l'autre. Les environs de Chéronée servirent encore de champ clos dans ce duel. Taxile, général du roi de Pont, fut battu par le Romain Sylla : celui-ci éleva sur le lieu du combat un trophée qui devait perpétuer le souvenir de sa victoire (*V.* SYLLA, MITHRIDATE). — Chéronée fut aussi la patrie de Plutarque (*V.* ce nom).

**CHÉRONÉEN, ÉENNE**, adj. et s. (*géogr. anc.*), habitant de Chéronée. — Qui appartient à cette ville ou à ses habitants.

**CHÉRONÈSE** (*géogr. anc.*), ville de Carie, située dans la Doride, auprès de Cnide.

**CHEROOLING** (*hist. nat.*), nom donné à un pluvier par les habitants de Sumatra.

**CHÉROPHYLLÉ, ÉE** (*botan.*), qui ressemble au cerfeuil.

**CHÉROPHYLLÉES**, s. m. pl. (*botan.*), famille de plantes ombellifères.

**CHÉROPONIE** (*antiq. grecq.*), *chæroponia* (χεὶρ, main, πόνος, travail), fête de Grèce qui était célébrée par des artisans.

**CHÉROPOTAME**, s. m. (*hist. nat.*), genre de mammifères fossiles. — Quelques écrivains ont emprunté ce nom comme synonyme d'hippopotame.

**CHERPILLE**, s. f. (*anc. cout.*), usage établi dans la banlieue de Villefranche, où le bas peuple, aussitôt qu'il croyait les grains mûrs, allait en troupe les moissonner de son autorité privée, sans ordre ni permission des propriétaires, fermiers ou cultivateurs, et surtout, sans oublier de se payer de sa peine en prenant la dixième gerbe.

**CHERQUE** (*vieux langage*), Circassien, habitant de la Circassie.

**CHERQUELER, CHERKELER** (*vieux langage*), partager les terres d'un héritage, assigner à chacun ce qui lui en appartient.

**CHERQUEMANAGE, CHERKEMANIE, CHERQUEMANEMENT, CHERQUEMINEMENT** (*vieux langage*), information faite pour connaître les bornes d'un héritage.

**CHERQUEMANER** (*vieux langage*), fixer les bornes d'une terre.

**CHERQUEMOLLE**, s. f. (*comm.*), étoffe des Indes.

**CHERQUER** (*vieux langage*), parcourir, voyager en divers pays.

**CHERQUIJER** (*vieux langage*), chercher, examiner avec soin.

**CHERRE** (*vieux langage*), charrette, chariot; en basse latinité, *carreta*, *carrus*.

**CHERRÉE** (*écon. domest.*). On appelait ainsi autrefois la cendre qui avait servi à la lessive.

**CHERRIER** (SÉBASTIEN), chanoine régulier, curé de Neuville et de Pierrefitte au diocèse de Toul, né à Metz le 11 mai 1699, a beaucoup travaillé pour l'instruction de l'enfance, et principalement sur la manière de lui apprendre à lire. Voici la liste de ses ouvrages : 1° *Méthode familière pour les petites écoles, avec un Traité d'orthographe*, 1749, in-12; 2° *Méthodes nouvelles pour apprendre à lire aisément et en peu de temps, même par manière de jeu et d'amusement, aussi instructives pour les maîtres que commodes aux pères et mères, et faciles aux enfants, avec les moyens de remédier à plusieurs équivoques et bizarreries de l'orthographe.*

**CHERRIÈRE** (*vieux langage*), chemin par où peut passer une charrette; rue.

**CHERRONÈSE** (*géogr. anc.*), forteresse située à 70 stades d'Alexandrie, à l'occident du port d'Eunoste.

**CHERRY** (*géogr.*), île de l'Océan Glacial du Nord en Europe.

**CHERRY DEANISH** (*hist. nat.*). Les Anglais donnent, au Bengale, ce nom et celui de *bird of knowledge* au second calao du Malabar de Buffon, variété du *buceros malabaricus* Gm.

**CHERRY-TREE** (*botan.*). Swartz, dans sa *Flora Ind. occid.*, dit que l'on nomme ainsi à la Jamaïque l'*ardisia tinifolia*, à cause de la couleur très-rouge de son bois; et il ajoute qu'il ne faut pas le confondre avec l'*ehretia tinifolia*, qui porte le même nom dans les îles anglaises.

**CHERS** (*vieux langage*), chaire, chaise.

**CHERS, CHERSES** (*vieux langage*), char, voiture. « Le nom du Seignor est poissant et getta les *chers* de Pharaon et l'ost d'icellui en la mer » (*Bible Historiaux, Exode*, ch. XV, vers. 4).

**CHERSÆA** (*hist. nat.*), nom spécifique d'une vipère du nord de l'Europe (*V.* VIPÈRE). Le mot χερσαία (*terrestris*) était, chez les Grecs, l'épithète d'une espèce d'aspic.

**CHERSEL, CHERSSEL** (*vieux langage*), cerceau, enseigne de vin à vendre en détail, droit qu'on paye pour mettre cette enseigne.

**CHERSIAS**, poëte d'Orchomène, que Chilon réconcilia avec Périandre.

**CHERSIBIUS**, un des fils d'Hercule que ce héros tua pendant sa fureur.

**CHERSIDAMAS**, fils de Priam tué par Ulysse. — Un des fils de Ptérélas.

**CHERSINE** (*hist. nat.*) (*V.* CHERSITE).

**CHERSIPHRON**, architecte, appelé par divers auteurs anciens *Ctésiphon*, *Archiphron*, *Crésiphon*, etc., naquit à Gnosse, dans l'île de Crète. Il traça le plan et commença la construction du fameux temple d'Éphèse, continué après sa mort par son fils Métagènes, après celui-ci par Démétrius, surnommé le *serviteur de Dieu*, et par Péonius, ou plutôt Poénius d'Éphèse, et mis dans la suite au nombre des sept merveilles du monde. Encouragé par le vœu des peuples ioniens de l'Asie, qui contribuèrent tous aux frais de la construction, Chersiphron développa dans le plan la plus grande magnificence. L'édifice formait un parallélogramme d'environ quatre cent vingt-cinq pieds romains de long, sur deux cent vingt de large, ou environ trois cent quatre-vingt-cinq pieds de roi sur deux cents, et en nouvelle mesure cent vingt-cinq mètres sur soixante-cinq, y compris dix marches qui régnaient tout autour. Il offrait un *diptère octostyle*, c'est-à-dire qu'on y voyait deux façades opposées l'une à l'autre, présentant toutes deux un frontispice à huit colonnes. Un double portique, élevé sur les dix marches, entourait la *cella* ou le corps du temple. Le nombre total des colonnes s'élevait à cent vingt-sept, ce qui, en admettant un double rang de quinze sur la longueur des portiques, peut faire croire qu'on en comptait soixante-seize au dehors de l'édifice, et cinquante et une dans l'intérieur. Celles du dehors avaient soixante pieds romains de haut, ou cinquante-quatre pieds et demi de roi; elles étaient d'un marbre tiré des environs d'Éphèse d'une seule pièce et d'ordre ionique. Chersiphron inventa, pour transporter ces grandes masses, ainsi que les pierres de l'architrave, des machines décrites par Vitruve, et dont Léon Alberti a fait graver des dessins dans son *Traité d'architecture*. L'édifice fut élevé sur l'emplacement qu'avait occupé auparavant un temple bâti par Crésus et Ephésus, incendié et ensuite restauré ou reconstruit par les Amazones. De là venait apparemment la fausse tradition, conservée par Justin et par Solin, qu'il était l'ouvrage de ces femmes guerrières. Suivant un manuscrit de Pline, qui a appartenu au cardinal Bessarion et que l'on conserve à Venise dans la bibliothèque de Saint-Marc, on employa cent vingt ans à le construire; celui auquel Hardouin s'est conformé porte que l'ouvrage ne fut entièrement terminé qu'au bout de deux cent vingt années; ce dernier texte est le plus conforme à l'histoire. Les auteurs anciens ne disent point positivement à quelle époque l'édifice fut commencé; mais nous trouvons dans Diogène Laërce et dans Hésychius de Milet que ce fut Théodore de Samos, architecte et sculpteur, fils de Rhécus ou de Téléclès, qui conseilla de placer du charbon dans les fondements : il doit suivre de là qu'on entreprit la bâtisse, et que par conséquent Chersiphron florissait vers la XX^e^ olympiade, ou, au plus tard, dans la XXIV^e^ (684 ans avant J.-C.). Crésus, roi de Lydie, qui régna de l'an 559 à l'an 545 avant J.-C., donna une partie des colonnes qui décoraient l'extérieur. Cet édifice fut incendié par Erostrate la première année de la CVI^e^ olympiade, 356 ans avant notre ère; mais, quoique Strabon semble dire que le feu le détruisit entièrement et qu'on en éleva un nouveau, il serait facile de prouver par le texte même de cet auteur, et par d'autres considérations, qu'il n'y eut que le toit de consumé. Les Ephésiens se chargèrent seuls de la restauration, qui fut dirigée par l'architecte Dinocrate ou Cheiromocrate, et vingt-deux ans après il était déjà rétabli dans son ancienne splendeur. Ainsi ce riche monument, qui, sous les Romains, n'avait pas cessé d'exciter une si vive admiration, était toujours l'ouvrage de Chersiphron. Cet artiste composa, de concert avec son fils Métagènes, un écrit où il publia le plan, et où il détermina les proportions de l'ordre ionique; son écrit subsistait encore au temps de Vitruve. Les Goths incendièrent le temple d'Ephèse sous le règne de Gallien, et il ne fut plus restauré. Les colonnes qui ne furent point enlevées par les empereurs d'Orient, l'ont été dans les temps modernes par les sultans Bajazet et Soliman, qui les ont fait servir à l'ornement de leurs mosquées. Des fragments de marbre couvrent encore le terrain une lieue à la ronde. On peut consulter pour l'histoire de ce monument, la *Dissertation* de Giov. Poleni, imprimée dans la deuxième partie du t. 1^er^ des *Mémoires de l'académie de Cortone* et le *Voyage en Grèce* de M. de Choiseul-Gouffier.

**CHERSIS** (*temps héroïques*), une des Phorcyades.

**CHERSITE**, adj. des deux genres (*hist. nat.*), qui vit sur la terre.

**CHERSITES** (*hist. nat.*). On a récemment donné ce nom, formé du mot grec χέρσος, *continent*, aux tortues de terre qu'Aristote désignait déjà par les mots χελωνή, χερσαῖος (*V.* TORTUE).

**CHERSO** (*géogr.*), anciennement *Crepsa*, île d'Illyrie, dans la mer Adriatique. Elle est séparée du continent par le canal de Farissina, dont la plus petite largeur est de trois quarts de lieue. Elle a 18 lieues de long, une demi-lieue à 2 lieues de large et 103 lieues carrées de superficie. Sa surface est inégale, arrosée par des sources, et offre un petit lac appelé Sezero. On y recueille un peu de blé, du vin, de l'huile, des oranges et autres fruits. Il y a de belles forêts et des pâturages où l'on élève du bétail. Le gibier, la volaille, le poisson y sont très-abondants. Sa population s'élève à 9,000 habitants industrieux. Elle a pour chef-lieu une petite ville du même nom, située sur une baie profonde qui y forme un port sûr et vaste. 3,400 habitants. A 11 lieues sud de Fiume.

**CHERSO** (*géogr.*), ville d'Illyrie, chef-lieu de l'île du même nom, dans la mer Adriatique, au fond d'une baie profonde. 3,400 âmes.

**CHERSOBATE**, adj. des deux genres (*hist. nat.*), qui rampe sur la terre.

**CHERSOBATES**, s. m. pl. (*hist. nat.*), famille de poissons.

**CHERSOCHÉLONES**, s. m. pl. (*hist. nat.*), famille de tortues comprenant celles qui vivent sur la terre.

**CHERSODOLOPES**, s. m. pl. (*hist. nat.*), famille de serpents.

**CHERSOHYDROCHÉLONES**, s. m. pl. (*hist. nat.*), famille de tortues comprenant celles qui vivent dans l'eau douce.

**CHERSON** (prononcez *Kherson*) (*géogr.*) est le nom d'un gouvernement de la Russie et en même temps celui de sa capitale. Ce gouvernement est borné par ceux de Tauride, d'Ecaterinoslaw, de Kief et de Podolie, ainsi que par la Moldavie, la Bessarabie et la mer Noire. Les principaux fleuves sont le Dnieper, le Bog et le Dniester. Le terrain est presque partout uni, et le sol y est différemment fertile. La partie qui avoisine la Podolie, le gouvernement de Kief et celui d'Ecaterinoslaw, produit du blé en abondance; mais vers les embouchures du Bog, de l'Ingoul, du Dnieper, et surtout sur les bords de la mer Noire, il est aride, sablonneux et peu propre à la culture. On ne trouve nulle part de bois que dans le district d'Elisabetgorod, où il y en a quelque peu. On se chauffe partout avec les joncs et la paille. Le bois, qui est indispensable pour la construction, est amené de très-loin sur les rivières. Les mûriers et la vigne réussissent bien dans ce pays. On fait des eaux-de-vie de vin qui le cèdent très-peu à celles de France; mais la principale et pour ainsi dire la seule branche économique des habitants de ce gouvernement consiste dans le nombre de leurs troupeaux. On compte 300,000 habitants dans le gouvernement de Cherson. Ce sont des Russes, des Arméniens, des Juifs, beaucoup d'Allemands et de Bulgares. Ces deux derniers peuples forment des colonies, qui augmentent et prospèrent tous les jours davantage par les soins du gouvernement. La sage administration du duc de Richelieu, autrefois gouverneur général de cette province, a contribué particulièrement à l'état de prospérité dont elle jouit aujourd'hui. Ce gouvernement est partagé en quatre districts, dont les chefs-lieux sont : 1° *Cherson*, capitale de tout le gouvernement; 2° *Elisabetgorod;* 3° *Olviopoli;* et 4° *Syraspol.* Les endroits les plus remarquables qu'on y trouve encore sont Nikolaev, Otchakof, Berislaw, Novomirgorod, Odessa, Ovidiopol, Gregoriopol, Doubossari et Alexandrie. Le clergé est soumis à l'archevêque d'Ecaterinoslaw, qui prend aussi le titre d'archevêque de Cherson et de Tauride. — La capitale du même nom que le gouvernement, comme nous l'avons dit plus haut, est située sur le Liman, golfe formé par le Dnieper (à 9 lieues de son embouchure), et principal port militaire pour la flotte de la mer Noire. Elle fut fondée en 1778; mais en 1780 elle a été considérablement agrandie. En peu de temps, on vit s'élever une ville florissante à l'endroit où naguère on n'apercevait que les steppes les plus arides. Les vaisseaux marchands y arrivaient de tous les pays de l'Europe; le commerce commençait à y fleurir, et on aperçut avec étonnement et pour la première fois le pavillon russe flotter jusque dans le port de Marseille. Cherson est bien fortifié, et renferme 2,000 maisons bâties en pierre pour la plupart, et 10 à 12,000 habitants. La ville se compose de quatre parties : la forteresse, avec une église, un hôtel des monnaies, un arsenal et une fonderie de canons; le faubourg grec avec une grande cour de commerce; le grand magasin de la marine et les chantiers de construction; enfin le faubourg des soldats. Dans le second quartier, qui sert de citadelle à la forteresse, se trouvent les chantiers sur lesquels se construisent les vaisseaux de guerre et en général tous ceux qui sont employés dans la mer Noire, les magasins de vivres et le faubourg grec, habité par la bourgeoisie. On y trouve trois églises dont une grecque, une catholique romaine et une russe; un grand marché bâti en briques, et deux auberges. Le faubourg des militaires ne contient que trois rues et une seule église. Les maisons y sont chétives et presque toutes habitées par des matelots et des artisans. Il y a beaucoup de juifs à Cherson, mais ils y vivent misérablement. Le commerce de bois de construction y est important; on voit de grands dépôts de ce bois sur un quai qui a une lieue de longueur. Depuis la fondation d'Odessa, Cherson tombe en décadence; elle ne peut soutenir la concurrence avec cette nouvelle ville beaucoup plus avantageusement située pour le commerce. — Cherson est éloigné de Saint-Pétersbourg de 430 lieues sud-est, et de Moscou de 345 sud-sud-ouest : latitude nord 46° 37', longitude est 30° 18'. L'amirauté est maintenant transférée à Nikolaev, qui est située plus commodément et plus sainement. Il entre annuellement dans le port, où il y a un lazaret, quatre cents vaisseaux plats grecs, sans compter quelques bâtiments autrichiens et français. Il s'amasse beaucoup de vase et de boue à l'embouchure du fleuve, ce qui donne naissance à un grand nombre de marais et d'îles entre lesquelles le lit du fleuve se rétrécit; c'est ce qui a lieu surtout au point où le Dnieper et le Bog forment un golfe en se réunissant dans la mer; il faudrait en conséquence creuser un nouveau lit au fleuve et le garnir de digues, afin qu'il pût se débarrasser peu à peu de la fange qui obstrue la navigation. Un canal de ce genre fut oublié par Potemkim lors de la fondation de Cherson; c'est pourquoi les vaisseaux qui tirent beaucoup d'eau sont obligés en arrivant de débarquer une partie de leur cargaison à Otchakof, dont le port a dix-sept pieds d'eau, et les mêmes en sortant y prennent quelquefois leurs cargaisons entières. Cependant, en 1823, on a creusé l'Ingul, qui se jette dans la mer Noire, jusqu'à une profondeur de dix-huit pieds et demi, et, en 1826, un vaisseau de cent dix canons a pu naviguer de Stapel à Nikolaev.

**CHERSONÈSE** ou **CHERSHONÈSE** (*géogr.*) est un mot grec qui veut dire presqu'île, de χέρσος, continent, et νῆσος, île. On aurait donc pu distinguer un nombre infini de chersonèses, mais l'usage n'en compta que quatre : ce furent, 1° la *Chersonèse de Thrace* ou *Chersonèse* tout court, aujourd'hui presqu'île des Dardanelles, entre le golfe Noir (Melanes Sinus) et l'Hellespont; 2° la *Chersonèse Taurique* ou *Grande Chersonèse* (*V.* CRIMÉE), entre le golfe Cercinite, qui n'a pas changé de nom, et le Bosphore Cimmérien (détroit d'Iénikalé), qui unit l'Euxin aux Palus Méotides; la *Chersonèse Cimbrique*, qui est la péninsule danoise où sont compris le Jutland et les duchés de Slesvig et de Holstein; 4° la *Chersonèse d'Or*, dans l'Inde transgangétique. On croit que c'est la presqu'île de Malacca. De ces quatres Chersonèses, la première fut connue la première; les tragiques y placent Polymnestor, contemporain de Priam, et quelques autres princes. Dès le VIe siècle avant J.-C., on voit les Athéniens tenter d'y former des relations. Un roi dolonk y régnait sur les Dolonks. Bientôt un Athénien, Miltiade, y obtint le pouvoir suprême, qu'il lègue à son neveu Stésagore, et qu'usurpe bientôt Miltiade II, le célèbre vainqueur de Marathon. Les Athéniens ne tardèrent pas à se rendre maîtres de ce pays, presque insignifiant par l'étendue, mais très-important par sa position, qui donne la clef de la Propontide et de l'Euxin. Ils eurent pourtant des guerres à soutenir pour la possession de leurs villes contre des princes indigènes. Cotys, roi d'une autre contrée de la Thrace, leur en enleva plusieurs. Philippe, à son tour, convoita la Chersonèse, et le fils de Cotys, Chersoblepte, rendit aux Athéniens les conquêtes paternelles qu'il se sentait incapable de défendre. La résistance d'Athènes n'empêcha pas la réunion de la Chersonèse à la Macédoine. Dans la suite elle fit partie du royaume de Thrace, érigé par Lysimaque; puis, après la catastrophe de ce dernier, elle redevint le partage tantôt des roitelets du pays, tantôt de la Macédoine. Enfin, avec la Thrace tout entière, elle fut absorbée dans l'empire romain, au Ier siècle de l'ère chrétienne. Cardie, Saros, Alopéconèse à l'ouest, et à l'est Sistos et Callipolis, dans la partie centrale de l'isthme Lysimachie, en étaient les villes les plus remarquables. Pour les Chersonèses Taurique et Cimbrique ou Cimmérienne, elles tiraient leur second nom de leurs habitants, imaginaires ou réels; car, si les Taures ont habité la Crimée, il n'est pas sûr que le Jutland ait été occupé par les Cimbres. Au reste, une liaison singulière unit ces deux péninsules, puisque le détroit d'Iénikalé, voisin des Taures, s'appelle Bosphore Cimmérien (*V.* BOSPHORE). De là le grave problème ethnographique : les Kimri (ou Cimbres) ont-ils eu successivement pour demeure les deux presqu'îles ? Les ténèbres cimmériennes, les grottes cimmériennes, où les poëtes placent l'empire du Sommeil, de la Stagnation et de la Mort, se rapportent au moins autant aux environs des Palus-Méotides qu'aux côtes du Jutland. Au reste, la Chersonèse Taurique, où l'antique mythologie localise un peuple taure, un roi Thoas, une déité femelle dont le nom indigène fut Oupi (d'où Ops, Opis), un culte sanglant et inhospitalier, devint ensuite un lieu très-commerçant. Phanagorie donnait dans son port asile à cent vaisseaux. Panticapée, au nord-est, devenait capitale d'un royaume du Bosphore, qui comprenait au moins tout le gouvernement russe de la Tauride, et qui subsista de l'an 480 avant

J.-C. jusqu'en 360, et peut-être plus longtemps : Mithridate, roi du Pont, le conquit; mais il redevint bientôt une monarchie particulière. On ne sait rien de la Chersonèse d'Or, si ce n'est qu'elle avait un cap que Ptolémée nomme Malacukolon, ce qui indique bien les Malais.

**CHERSONÉSIEN, IENNE**, adj. et s. (*géogr.*). Il se dit des habitants d'une des Chersonèses.

**CHERSONÉSUS** (*géogr. anc.*), ville grecque, sur la côte occidentale de la Chersonèse Taurique.

**CHERSOPHOLIDOPHIDES**, s. m. pl. (*hist. nat.*), famille de serpents.

**CHERSYDRE** (*hist. nat.*). Celse, Ætius et d'autres médecins anciens appellent ainsi un serpent venimeux, contre la morsure duquel ils proposent des remèdes, mais que nous ne savons à quel genre rapporter. Cuvier a établi tout récemment sous le même nom un sous-genre dans le genre des hydres, de la famille des ophidiens hétérodermes. Il lui donna pour type l'outerlimpe, serpent très-venimeux des rivières de Java. Cuvier pense que par χέρσυδρος les Grecs entendaient la couleuvre à collier.

**CHERTÉ**. Ce mot est l'opposé de celui de *bon marché*. La *cherté* est la haute valeur, le *bon marché* la basse valeur des choses. Mais comme la *valeur* des choses est relative, et qu'elle n'est haute ou basse que par comparaison, il n'y a de cherté réelle que celle qui provient des *frais de production*. Une chose réellement chère est celle qui coûte beaucoup de frais de production, qui exige la consommation de beaucoup de *services productifs*. Il faut entendre le contraire d'une chose qui est à bon marché. Ce principe ruine la fausse maxime : *Quand tout est cher, rien n'est cher* : car, pour créer quelque produit que ce soit, il peut falloir, dans un certain ordre de choses, faire plus de frais de production que dans un autre ordre. C'est le cas où se trouve une société peu avancée dans les arts industriels, ou surchargée d'*impôts*. Les impôts sont des frais qui n'ajoutent rien au mérite des produits. Les progrès dans les arts industriels sont, soit un plus grand degré d'*utilité* obtenu pour les mêmes frais, soit un même degré d'utilité obtenu à moins de frais. La plus grande quantité d'un certain produit obtenu pour les mêmes frais est une grande somme d'utilité obtenue. Cent paires de bas produites par le métier à tricoter procurent pour les mêmes frais une utilité double de celle de cinquante paires produites par les aiguilles d'une tricoteuse (*V.* l'article CHER).

**CHÉRUBIN**, esprit céleste, ange du second ordre de la première hiérarchie. Les commentateurs ne sont pas d'accord sur la vraie signification du mot hébreu *cherub*, au pluriel *cherubim*. Les uns disent qu'il vient du chaldéen *charab*, *laboureur* ou *graveur*; *chérubin* signifierait donc simplement des gravures ou des figures. D'autres disent qu'il signifie *fort* et *puissant*, et ils citent Ezéchiel, qui dit au roi de Tyr : *Tu cherub unctus* ; Vous êtes un roi puissant. Quelques-uns prétendent que chez les Egyptiens *cherub* était une figure symbolique, couverte d'yeux, et qui avait des ailes, emblème de la piété et de la religion. D'autres pensent que *chérubim* signifie en hébreu, *comme des enfants*; de là les peintres représentent les *chérubins* par des têtes d'enfants, avec des ailes de couleur de feu. Plusieurs enfin ont cru que *cherub* signifie nue nuée; que quand l'Ecriture peint Dieu *assis sur les chérubins comme sur un char*, elle entend les nuées. La figure des *chérubins* n'est pas mieux connue que le sens de leur nom. Selon Josèphe, *Antiq. Jud.*, liv. III, c. 6, les *chérubins* qui couvraient l'arche étaient des animaux ailés qui n'approchaient d'aucune figure qui nous soit connue. Ezéchiel parle de *chérubins* qui avaient la figure de l'homme, du bœuf, du lion, de l'aigle; mais rassemblaient-ils toutes ces figures en une seule? Villalpand le croit ainsi ; mais cela n'est pas certain. Saint Jean, *Apoc.*, c. IV, nomme les *chérubins* des *animaux*, sans en déterminer la forme. Par ces symboles, les écrivains sacrés ont sans doute voulu donner aux Hébreux une idée de l'intelligence, de la force, de la célérité avec lesquelles les esprits célestes exécutent les ordres de Dieu. Théodoret et d'autres ont pensé que le *chérubin* placé à l'entrée du paradis terrestre, après qu'Adam et Eve en eurent été chassés, était une figure effrayante et terrible ; plusieurs croient que c'était une nuée mêlée de flammes, ou un mur de feu; qui fermait à nos premiers parents l'entrée du paradis.

**CHÉRUBIN**, en peinture et en sculpture, se dit des têtes d'enfants avec des ailes, que les peintres placent dans leurs tableaux et les sculpteurs dans leurs ornements pour figurer des anges.

**CHERUBIN** (*vieux langage*), le haut, le sommet de la tête.

**CHÉRUBIN SANDOLINI** (LE P.), capucin d'Udine, s'appliqua aux mathématiques et surtout à la gnomonique; il publia sur cette dernière science un ouvrage volumineux sous ce titre singulier : *Taulemma cherubicum catholicum, universalia ac particularia continens principia sive instrumenta ad horas omnes italicas, bohemicas, gallicas atque boylonicas, diurnas atque nocturnas dignocendas, et ad componendum per universum orbem earum multiformia horologia exquisitissimum*, Venise, 1598, 4 vol. in-folio divisés en douze livres. Ce bon religieux laissa en manuscrit plusieurs autres ouvrages de mathématiques. — CHÉRUBIN DE MORIENNE (LE P.), capucin, se distingua par son zèle et ses talents dans la mission entreprise pour la conversion des calvinistes du Chablais (*V.* SAINT FRANÇOIS DE SALES). D'un grand nombre de discours et de controverses qu'il avait composés à cette occasion, on n'a imprimé que ses *Acta disputationis habitæ cum quodam ministro hæretico, circa divinæ eucharistiæ sacramentum*, 1593, sans lieu d'impression. Ce pieux missionnaire mourut à Turin, en 1600, en réputation de sainteté.

**CHÉRUBIN** (LE PÈRE), capucin, fut un géomètre et un mécanicien habile; il naquit vraisemblablement à Orléans, vers le milieu du XVIIe siècle, d'une famille inconnue. Les recherches biographiques les plus minutieuses n'ont pu nous faire découvrir ni son véritable nom, ni aucun détail relatif à ses premières années. Voué de bonne heure aux austères pratiques de son ordre, il sut du moins allier les devoirs qu'elles imposent avec la culture des sciences mathématiques. La géométrie et la mécanique ont été les principaux objets de ses études ; mais c'est surtout par ses travaux en optique qu'il s'est acquis de la célébrité. Chérubin a fabriqué des instruments dont la supériorité relative a été utile aux progrès de cette dernière science, sur la théorie de laquelle il a publié un assez grand nombre d'ouvrages, qui, fort recherchés à l'époque où ils parurent, peuvent encore aujourd'hui être consultés avec fruit. Le P. Rheita, religieux de l'ordre auquel appartenait Chérubin, avait imaginé la construction du *télescope binocle*. Il perfectionna cette invention quelques années après sa mort, et en 1676 il fut admis à présenter au roi un de ces instruments. Il est formé de deux télescopes égaux et disposés de manière à diriger la vue sur le même objet, qu'on mire ainsi avec les deux yeux. Il arrive ici un phénomène au moins curieux : lorsqu'on regarde par un seul des deux tubes, on aperçoit l'objet comme on l'apercevrait avec un télescope de la même partie et de la même dimension ; mais, si l'on regarde dans les deux à la fois, le champ de la vision semble s'agrandir, et l'objet se rapprocher. Ce n'est là en effet qu'une illusion de la vue. L'action des deux télescopes n'est point réellement supérieure à celle d'un seul, et à l'aide du binocle on ne peut découvrir ce que ne montrerait pas une seule de ses branches, ou un télescope ordinaire de force égale à l'une de ces branches. Cependant il résulte de cette combinaison un degré de clarté qui favorise les observations. On dut croire que le télescope binocle, susceptible au reste de nouveaux perfectionnements, conserverait la supériorité qu'il paraissait avoir sur les lunettes astronomiques dont on se servait alors. Mais l'usage, devenu général, d'un instrument bien plus puissant, celui du télescope à réflexion, fit abandonner l'invention des PP. Rheita et Chérubin. Néanmoins, le regret qu'ont manifesté divers mathématiciens du dernier siècle, de l'oubli dans lequel on avait laissé tomber cette invention, est aujourd'hui sans objet; elle a été appliquée avec avantage depuis quelques années, aux lunettes achromatiques d'une petite dimension, dont on se sert dans les spectacles ou dans les réunions publiques, pour agrandir la vision et rapprocher les objets. Les perfectionnements de l'acoustique ont aussi occupé le P. Chérubin. Il raconte lui-même dans une lettre du 27 février 1675, adressée à Toinard, une expérience exécutée en présence du général de son ordre. « Je fis, dit-il, entendre très-distinctement à quatre-vingts pas de distance, et discerner les voix des particuliers dans une multitude qui parlaient ensemble, quoique dans le milieu on ne les pût aucunement entendre, car ils ne parlaient qu'à voix basse, et néanmoins on n'en perdait pas une syllabe. » Son supérieur lui défendit de donner de la suite à une pareille invention, qu'il considéra comme pouvant devenir dangereuse pour la société civile. On n'aurait en effet aucun moyen de défense contre ce procédé qui mettrait à la merci du premier venu les secrets les plus intimes. Avant et après le P. Chérubin, son invention, qui aurait facilité une inquiète curiosité, n'aurait peut-être pas été repoussée par la haute moralité qui la fit condamner par le général de son ordre. L'ingénieux Chérubin respecta scrupuleusement la défense qui lui avait été faite ; mais il avoue avec naïveté à Toinard que dans une seule circonstance, où il s'agissait des intérêts de son ordre, il avait fait usage de son mécanisme, et découvert des secrets importants qui favorisaient son parti. — Comme l'époque de sa naissance, celle de la mort du P. Chérubin demeura un secret du cloître. On a de lui : 1° *la Dioptrique oculaire, ou la Théorique, la positive et la mécanique de l'oculaire dioptrique en toutes ses espèces*, Paris, 1671, in-fol., avec 60 planches et un frontispice. 2° *La Vision parfaite, ou le Concours des deux actes de la vision en un seul point de l'objet*, Paris, 1677, in-fol. L'année suivante, Chérubin publia la traduction latine de cet ouvrage, *De visione perfecta*, etc., et en 1681 le tome II du même ouvrage, sous ce titre : *la Vision parfaite, ou la Vue distincte*. 3° *Effets de la force de la contiguïté du corps, par lesquels on répond aux expériences de la crainte du vide et à celle de la pesanteur de l'air*, Paris, 1679, in-12. L'auteur, dit le P. Bernard de Bologne, biographe des capucins, parle dans cet ouvrage d'une *machine télesgraphique*, à l'aide de laquelle il dessinait les objets éloignés; et il s'y plaint que le *Journal des savants* eût mentionné avec éloge les microscopes de Hooke, inférieurs à ceux qu'il avait établis. 4° *L'Expérience justifiée pour l'élévation des eaux par un nouveau moyen, à telle hauteur et en telle quantité que ce soit*, Paris, 1681, in-12. 5° *Dissertation en laquelle sont résolues quelques difficultés prétendues au sujet de l'invention du binocle*, in-12, sans date. Le P. Chérubin a encore publié divers ouvrages sur l'impénétrabilité du verre, sur le télescope et le microscope binocle; sur la nature et la construction du télescope; enfin sur la machine qu'il appelle *télesgraphique*, espèce de pantographe à dessiner la perspective; mais le P. Bernard ne donne que les titres de ces écrits, sans rapporter aucun détails relatifs à leur publication.

CHÉRUBIN DE SAINT-JOSEPH, religieux carme, nommé Alexandre de Borie dans le XVII^e siècle, naquit à Martel, dans le vicomté de Turenne, le 5 août 1639, et fit profession dans l'ordre des carmes en 1656. Il enseigna la philosophie et la théologie dans plusieurs maisons de l'ordre, fut douze fois provincial de sa province, et mourut à Bordeaux le 4 avril 1725. Le P. Chérubin s'étant occupé plusieurs années à faire des recueils sur l'Ecriture, pour son usage particulier, il eut ordre de de ses supérieurs, lorsqu'il y songeait le moins, de les ranger et de les faire imprimer pour l'utilité commune de tous les carmes. Ces recueils, tirés des interprètes anciens et modernes, et de tous les auteurs qui ont écrit avec quelque sorte de succès sur la Bible, forment un gros ouvrage connu sous le nom de *Bibliotheca criticæ sacræ*. Il contient dix-sept dissertations, partagées en quatre volumes in-folio. Le premier volume, imprimé à Louvain, chez Guillaume Strickwant, 1704, a pour titre *Bibliotheca criticæ sacræ circa omnes ferè sacrorum librorum difficultates. Opus plurimorum annorum, studiosis Scripturæ sacræ paratum, tyronibus quam maxime necessarium, theologis omnibus percommodum, concionatoribus etiam opportunum, doctis memoriæ juvandæ idoneum, ex veterum Patrum traditione, probatiorum interpretum curis, clariorum criticorum judiciis, non ingenii vi, sed patienti labore collectum.* Ce volume renferme cinq dissertations : la première sur la lecture de l'Ecriture sainte, la seconde sur la manière de l'étudier, la troisième sur les principes de la cabale des juifs, la quatrième sur le culte religieux des juifs, avant la construction du temple de Salomon, la cinquième fait l'histoire de ce temple. Le second volume, imprimé à Louvain la même année, contient aussi cinq dissertations. La première et la seconde, qui font la sixième et la septième de tout l'ouvrage, donnent une ample explication des sacrifices et des fêtes des juifs, la troisième sur ce que l'Ecriture appelle l'*Urcin* et le *Thummin*, la quatrième sur les écoles et les sectes des juifs, la cinquième sur le Talmud et les autres livres que les juifs respectent. Le troisième volume, imprimé à Bruxelles chez Jean Smedt en 1705, ne renferme que trois dissertations : la première sur la cabale des Juifs, où l'auteur examine quel usage les chrétiens peuvent faire de la théologie des rabbins; la seconde roule sur le gouvernement spirituel et politique des Juifs; et la troisième contient une liste des versions modernes de l'Ecriture, avec les observations que les savants ont publiées sur ces versions. On trouve à la fin une longue discussion sur la traduction du Nouveau Testament de Mons. Le quatrième volume, imprimé à Bruxelles en 1706, contient quatre dissertations qui, selon le plan de l'ouvrage, sont la quatorzième, la quinzième, la seizième et la dix-septième. Dans la première, l'auteur parle encore de la version de la sainte Ecriture en langue vulgaire, et particulièrement de la version du Nouveau Testament de Mons, imprimé à Liége en 1702. Il examine en quoi le texte du P. Quesnel, dans son Nouveau Testament, est conforme à celui de Mons, ou en est différent. Des versions françaises il passe aux italiennes, espagnoles, allemandes, etc. La seconde dissertation traite de l'usage licite ou illicite de ces versions de l'Ecriture en langue vulgaire, et de la version des missels et des autres livres ecclésiastiques. Dans la troisième, il fait l'histoire des éditions de l'Ecriture en plusieurs langues, ou des Bibles polyglottes. La quatrième et dernière dissertation n'est qu'un catalogue des livres supposés à divers auteurs ecclésiastiques, à commencer par les apôtres, jusqu'au XIII^e siècle. Le P. Chérubin avait d'abord promis de donner sa *Bibliotheca criticæ sacræ* en douze volumes in-folio; mais, le malheur des temps ne lui ayant pas permis de continuer ce grand ouvrage, il forma un autre dessein qui, dans des bornes plus étroites, renfermât à peu près les mêmes connaissances, et qui fournît à ses religieux, et à tous ceux qui s'adonnent à l'Ecriture sainte tous les secours nécessaires pour avancer dans la critique sacrée et pour en surmonter les difficultés. — Dans cette vue, il entreprit un autre ouvrage en neuf volumes in-8°, imprimés à Bordeaux, depuis 1709 jusqu'à 1716, sous ce titre : *Summa criticæ sacræ, in qua scholastica methodo exponuntur universa Scripturæ sacræ prolegomena ad usum theologorum pro theologiæ positivæ studio feliciter inchoando.* Ce que l'auteur nous donne ici n'est pas un abrégé de ce qui avait déjà paru de ses grands ouvrages. C'est dans le fond d'une lecture prodigieuse qu'il a trouvé de quoi remplir ces neuf volumes, où il a soin de rapporter sur chaque difficulté les sentiments des interprètes et des critiques anciens et modernes. On remarque, dans le jugement qu'il en porte, un grand respect pour l'antiquité, mais qu'il ne pousse pas jusqu'au mépris des nouvelles découvertes. Cette *Somme de la critique sacrée* peut tenir lieu de la *Bibliothèque de la critique sacrée*, que l'auteur n'a point achevée comme nous venons de le remarquer (*V.* le *Journal des savants*, 1705, 1711; les *Mémoires de Trévoux*, 1710, 1711, 1712, 1713; la *Bibliothèque des auteurs ecclésiastiques du XVIII^e siècle*, t. I, p. 227; *Bibliotheca carmelitana*, t. I, col. 324).

CHERUBINI (LAERZIO), né à Norcia, dans le duché de Spolette en Ombrie, au XVI^e siècle, conçut le projet de recueillir les constitutions et les bulles des papes, depuis Léon I^er, et commença à publier cette grande collection à Rome, en 1617, sous le titre de *Bullarium*; elle fut continuée par ses fils, réimprimée à Lyon en 1655 et 1673. La dernière édition qui est aussi la plus estimée, fut donné à Luxembourg en 1742 et années suivantes. Le *Bullarium magnum* s'étend jusqu'à Benoît XIV, et comprend dix-neuf tomes, ordinairement reliés en douze volumes in-folio. Après avoir joui de l'estime de Sixte V et de ses successeurs, Laerzio Cherubini mourut sous le pontificat d'Urbain VIII vers 1626. — CHERUBINI (Angelo-Maria), religieux du Mont-Cassin, fut le principal collaborateur de son père et son continuateur après sa mort. Il publia à Rome, en 1638, les *Constitutions d'Urbain VIII*. — CHERUBINI (Flavio), donna un *Compendium* du Bullaire, Lyon, 1624, 3 tomes en un volume in-4°.

CHERUBINI (MARIE-LOUIS-CHARLES-ZÉNOBIE-SALVADOR) naquit à Florence le 8 septembre 1760. Dès ses plus tendres années il annonça des dispositions extraordinaires pour la musique; et ses progrès dans cet art furent si rapides, qu'à treize ans il écrivit un intermède et une messe solennelle. La protection du grand-duc de Toscane le mit alors à même de compléter ses études musicales sous la direction du célèbre Sarti. Le premier ouvrage dramatique de Cherubini est *Quinto Fabio*, qui fut bientôt suivi de plusieurs autres; presque tous obtinrent un grand succès, tant en Italie qu'à Londres, où l'auteur les fit représenter plus tard. A la même époque il composa une foule de morceaux charmants, pour être intercalés dans des opéras de Paisiello et de Cimarosa qu'on remettait à la scène. En 1788 Cherubini débuta à Paris par un *Démophon* qui renfermait de grandes beautés, mais trouva dans celui de Vogel un concurrent redoutable. Cet ouvrage marqua une révolution soudaine et complète dans le style de l'auteur. — Dans un temps où il n'était pas sans danger de se mettre en opposition avec la volonté du maître, Cherubini ne craignit pas d'afficher des prétentions à l'indépendance; l'empereur ne lui pardonna jamais cet acte de courage; aussi, malgré ses services au théâtre, les dégoûts de toute sorte dont il était abreuvé le déterminèrent à chercher ailleurs une patrie que la France semblait vouloir refuser à son génie : Vienne l'accueillit avec enthousiasme, et le retentissement de *Faniska* domina, pour quelques instants, l'éclat des victoires de Napoléon. Cependant, ramené dans notre capitale par la force des circonstances, Cherubini eut bientôt repris sa place dans l'estime du public, mais jamais il ne put vaincre l'aversion qu'il inspirait au souverain. La restauration changea considérablement la face des choses, et les Bourbons semblèrent prendre à tâche d'indemniser le grand musicien des froideurs du règne précédent; il fut nommé surintendant de la musique du roi en 1816, et directeur du conservatoire de musique en 1822. Sauf quelques erreurs inséparables d'une administration aussi longue et aussi complexe, on doit reconnaître qu'il s'acquitta de cet emploi difficile avec autant de fermeté que de talent. — Cherubini avait déjà 53 ans lorsqu'il s'occupa pour la première fois de musique d'église; son coup d'essai, la messe en *fa*, fut un coup de maître. Dans ce genre, il sut allier à une grande pureté de style des formes et un sentiment dramatiques inconnus jusqu'alors. — Voici la liste des ouvrages que Cherubini donna au théâtre : 1° *Quinto Fabio*, Alexandrie, 1780; 2° *Armida*, Florence, 1782; 3° *Messenzio*, Florence, 1782; 4° *Adriano in Siria*, Livourne, 1782; 5° *Quinto Fabio*, refait à Rome, 1783; 6° *lo Sposo di tre femine*, Rome, 1783; 7° *l'Idalide*, Florence, 1784; 8° *Alessandrio nelle Indie*, Mantoue, 1784; 9° *la Finta Principessa*, Londres, 1785; 10° *Iphigenia in Aulide*, Turin, 1788; 11° *Démophon*, Paris, 1788; 12° *Lodoïska*, en trois actes, à Feydeau, 1791; 13° *Elisa ou le Mont Saint-Bernard*, en trois actes, à Feydeau, 1795; 14° *Médée*, en trois actes, à Feydeau, 1797; 15° *la Mort du général Hoche*, en un acte, 1797; 16° *l'Hôtellerie portugaise*, à Favart, 1798; 17° *la Punition*, en un acte, au théâtre Montausier, 1799; 18° *la Prisonnière*, avec Boïeldieu, 1799; 19° *Epicure*, avec Méhul, 1800; 20° *les Deux Journées*, en trois actes, à Feydeau, 1800; 21° *Anacréon*, en deux actes, à l'Opéra, 1803; 22° *Achille à Scyros*, ballet en trois actes, à l'Opéra, 1804; 23° *Faniska*, en trois actes, à Vienne, 1805; 24° *Pimmaglione*, en un acte, au théâtre des Tuileries, 1809; 25° *le Crescendo*, en un acte, à l'Opéra-Comique, 1810; 26° *les Abencerrages*, en trois actes, à l'Opéra, 1813; 27° *Bayard*, avec Nicolo, Boïeldieu et Catel, 1814; 28° *Blanche de Provence*, en trois actes, avec Boïeldieu, Berton, Kreutzer et Paer, à l'Opéra, 1821; 29° *la Marquise de Brinvilliers*, en collaboration avec plusieurs compositeurs, en trois actes, à l'Opéra-Comique, 1831; 30° enfin *Ali-Baba*, en trois actes, à l'Opéra, 1833, dont plusieurs morceaux furent empruntés à son opéra de *Koukourgi* inédit. — Parmi ses meilleures productions on peut citer : *la Finta Principessa*, *Iphigenia in Aulide*, *Lodoïska*, *Médée*, *les Deux Journées*, *Faniska*, *Pimmaglione*, qui appartient à sa première école et dans lequel chantait le fameux Crescentini, *l'Hôtellerie portugaise* et *les Abencerrages*: *les Deux Journées* eurent un succès populaire, et excitèrent constamment l'enthousiasme et l'admiration du public. — Dans le genre sacré, sa *Messe du sacre* et ses deux *Requiem* passeront toujours pour d'inimitables chefs-d'œuvre. — Il a écrit en outre une symphonie, un grand nombre de pièces détachées, et un traité de haute composition publié en 1833. — Cherubini épousa M^lle^ Cécile Tourette, Française d'origine, dont il eut un fils et deux filles. Il était officier de la Légion d'honneur, décoré de plusieurs ordres étrangers, membre de l'Institut de France et de plusieurs sociétés savantes. — Le style de Cherubini procède plutôt de la tête que du cœur; sa musique est plutôt idéale et spéculative que sentimentale. On remarque dans ses ouvrages deux manières bien distinctes: la première dérive de la belle école d'Italie dont elle reflète la simplicité, la clarté et le charme mélodique; la seconde, qui se formula dans *Démophon*, et acheva de se dessiner dans *Lodoïska*, présente sous un aspect tout nouveau les qualités du maître : ici, la grandeur de l'harmonie et la richesse de l'instrumentation le disputent à la vérité de l'expression et à l'élévation de la pensée. Haydn et Beethoven, ce qui n'est pas un petit éloge, prisaient fort la musique de Cherubini. — On attribue à Cherubini une foule de saillies et de bons mots dont quelques-uns sont au moins apocryphes, mais que sa réputation d'homme d'esprit a aujourd'hui consacrés, et d'ailleurs on ne prête qu'aux riches. Parmi ses meilleurs élèves, il faut nommer Boïeldieu, Halevy et Carafa. — Cherubini mourut à Paris, le 15 mars 1842, à l'âge de quatre-vingt-deux ans. EDMOND VIEL.

**CHÉRUBINS** (ORDRE DES) (*V.* SÉRAPHINS).

**CHÉRUBIQUE**, *hymne chérubique*. C'est un hymne que les Grecs chantent avec beaucoup de solennité dans le temps qu'on porte les saints du petit autel appelé l'*Autel de la Prothèse*, au grand autel sur lequel on va faire le sacrifice. Cet hymne a pris son nom des chérubins dont il y est parlé. Cédrenus rapporte l'institution de cet hymne au temps de l'empereur Justinien. Simon, qui observe qu'elle ne se trouve pas dans les liturgies syriaques, qui ont été traduites de celles des Grecs, remarque en même temps qu'elle se trouve dans un exemplaire manuscrit de la théorie ou explication de la liturgie grecque de saint Germain, patriarche de Constantinople (Simon, *Remarques sur l'Apologie de Gabriel*, archevêque de Philadelphie; Goar, *Eucologe*).

**CHERU-CHUNDA** (*botan.*) (*V.* CHUNDA).

**CHERUE** (*vieux langage*), navette, petit vaisseau dans lequel on met l'encre.

**CHERUNA** (*hist. nat.*), nom du lagopède, *tetrao lagopus*, en Laponie.

**CHÉRUSQUES**, nom d'un peuple célèbre parmi ceux de la Germanie. Ils habitaient des deux côtés du Harz, entre la partie sud-ouest de la forêt de Thuringe, où ils avaient pour voisins les Cattes, et la Saale. Les Chérusques qui, au nord et à l'est, paraissent avoir eu pour limite la rivière Aller, se sont étendus à l'ouest jusqu'au delà du Weser. Ils ne furent connus des Romains que vers l'an 10 avant J.-C., quand, retournant des bords de la Saale vers le Rhin, Drusus traversa leur pays. Lorsque, l'année suivante, ce capitaine revint en Allemagne, il traversa encore le pays des Chérusques pour se diriger sur l'Elbe. Alors ils parurent peu redoutables aux Romains avec lesquels ils firent une alliance l'an 7 avant J.-C. Les Chérusques prirent même du service chez eux, il est vrai, sous la conduite d'un général de leur nation, Hermann ou Arminius (*V.* ce nom). Mais, quand Varus (*V.* ce nom) voulut lever des impôts sur les Germains et leur imposer les lois romaines, les Chérusques furent les premiers à résister et à soutenir leur liberté et leur indépendance. Arminius était à leur tête : Varus accourut avec ses légions pour les soumettre; il fut complètement battu dans la forêt de Teutobourg, l'an 9 de J.-C., et ses troupes furent taillées en pièces. Depuis ce moment, toutes les attaques des Romains se dirigèrent contre les Chérusques, ce qui engagea Hermann à instituer la confédération des peuples chérusques, alliance à laquelle vinrent bientôt se joindre tous les peuples du Wéser, du Rhin et de la Lippe. Quand Hermann et Segeste, chefs des Chérusques, se brouillèrent et se firent la guerre, les Romains profitèrent de cette dissension, et, sous la conduite de Germanicus, ils fondirent sur les Chérusques. Segeste, serré de près par Hermann, invoqua le secours de Germanicus, qui le délivra; néanmoins, après plusieurs combats contre Hermann, Germanicus se vit forcé de se retirer. Ce triomphe augmenta le courage des Chérusques et leur importance parmi les autres peuples de la Germanie, dont plusieurs vinrent se joindre à eux. Ainsi les Lombards et les Senones quittèrent la confédération des Marcomans pour entrer dans celle des Chérusques. Enfin les victoires de Hermann sur les Marcomans et Marbod, leur chef, élevèrent les Chérusques au rang du premier peuple de la Germanie; mais ils déchurent de ce rang quand, après l'assassinat de Hermann, l'an 21 de notre ère, des dissensions intérieures éclatèrent parmi eux. Italicus, le dernier rejeton de la famille de Hermann, devint leur chef; mais il fut bientôt expulsé, et ne parvint à reconquérir sa domination sur eux que par le secours des Lombards. Alors les Chérusques furent peu à peu abandonnés par leurs alliés. Affaiblis de plus en plus par les irruptions des Lombards, ils perdirent leur nationalité dans le III^e^ siècle, et disparurent avec leurs alliés dans la grande confédération des Francs.

**CHERVÉES** (*vieux langage*), charretées.

**CHERVES-DE-COGNAC**, commune de France (Charente), sur le territoire de laquelle on recueille beaucoup de vin. 1,424 habitants. A 1 lieue et demie nord de Cognac.

**CHERVEUX**, commune de France (Deux-Sèvres), où il se tient des marchés considérables. 1,514 habitants. A 3 lieues est de Saint-Maixent.

**CHERVI** (*agric.*) *sium sisarum*, espèce bisannuelle, appartenant à la *pentandrie digynie* de Linné, à la famille des *ombellifères* de Jussieu; cultivée assez généralement, comme plante potagère, pour ses racines blanches, sucrées, charnues et d'une saveur agréable, mais qui déplaît quelquefois par sa trop grande douceur. Les tiges, hautes de deux à trois pieds, portent leurs fleurs en ombelles au sommet des rameaux; les feuilles ont trois ou quatre rangs de folioles ovales et lancéolées, dentées sur les bords. On peut multiplier le chervi au moyen de rejetons, ou de racines éclatées des vieux pieds; dans ce cas, on plante au printemps, en ayant soin de laisser un œil ou bouton, et à distance de quatre à cinq pouces en tous sens; mais les racines qu'on obtient de cette manière n'ont point le degré de perfection et de grosseur de celles qui sont provenues de graines; elles sont plus sujettes à s'amollir, à devenir visqueuses, défaut qu'ont aussi les racines des plantes qui montent en tige dès la première année. On a des produits plus beaux et meilleurs par la voie du semis : On sème au printemps et au commencement de l'automne, en terre fraîche, profonde et bien ameublie, à la volée, et mieux en rayons. On a soin de bassiner, biner, sarcler et arroser fréquemment. En novembre et pendant tout l'hiver, on peut enlever, au fur et à mesure des besoins, les racines, qui se mangent préparées comme les scorsonères. Les racines de chervi contiennent du sucre; on les regarde comme pectorales, et on les conseille même dans les premiers symptômes de la phthisie. Leur usage paraît très-ancien, puisque, dit-on, l'empereur Tibère les exigeait des Germains en forme de tribut; mais il n'est pas hors de doute que le *siser* dont parle Pline le Naturaliste (*Hist.*, liv. XIX, ch. 28) soit bien réellement notre chervi; quelques auteurs modernes en font une variété du panais; quant au siser de Columelle, il est probable que c'est notre carotte. Linné prétend que le chervi est originaire de la Chine.

CHERVI DE MARAIS (*botan.*). La plante ombellifère indiquée sous ce nom par Desmoulins, traducteur de Daléchamps, est le *siser palustre* de ce dernier, l'*œnantha fistulosa* Linn.

CHERVILLUM ou SERVILLUM (*botan.*), nom latin ancien, suivant Dodoëns, du chervi, *sium sisarum*, qui est le *chervilia* des Espagnols, le *sisaro* des Italiens. Il est écrit *chervilla* par Daléchamps.

CHERVIS, CHIROUIS ou GIROLLES (*botan.*), noms vulgaires sous lesquels on connaît la berle chervi.

CHERVIN (NICOLAS), né à Saint-Laurent d'Oingt vers 1785, après avoir fait ses études au collége de Villefranche, se rendit en 1805 à Lyon, où il commença ses études médicales. Dès 1809, Chervin voulut passer dans l'Inde par terre, à cause du blocus continental, dans le but d'observer le choléra-morbus. Désirant aussi étudier par lui-même la fièvre jaune, il s'embarqua le 3 novembre 1814, et arriva à la Guadeloupe le 15 décembre, cinq jours après la prise de possession de cette île par les troupes françaises. La fièvre jaune n'y exerçait plus ses ravages; mais il put y recueillir des renseignements précieux sur les épidémies antérieures. Au printemps de 1816, la maladie reparut; bornée d'abord à quelques individus, elle finit par moissonner la plupart des Européens, y compris la garnison. Le docteur Chervin se multiplia; il vit tout, connut tout, et en moins de quinze mois il ouvrit plus de cinq cents cadavres à la Pointe-à-Pitre. Non content des faits qu'il a ainsi recueillis, il recommence de nouvelles études : il part visiter tous les lieux où la fièvre jaune a régné, se rend dans ceux qu'elle ravage; recueille partout les opinions, de quelque part que ce soit, et, chargé de cet inappréciable travail, il rentre dans sa patrie après huit années de courses et de périls, apportant avec lui les opinions de plus de six cents médecins américains sur la contagion ou la non-contagion de la fièvre jaune. Parti de la Guadeloupe en 1822, il apprend, en arrivant en France, que la fièvre jaune vient de ravager l'Espagne, alors en révolution, et le 9 mai 1823 il arrive à Madrid. Après cette nouvelle excursion, ces nouvelles dépenses ajoutées à tant d'autres, le docteur Chervin revint à Paris. Un corps, placé par son éducation même au-dessus de toutes les coteries, de tous les préjugés, l'Institut, a honoré ses travaux du seul prix qu'il fût libre d'accorder à de semblables sacrifices. L'académie des sciences lui a décerné en 1828 le prix de dix mille francs.

CHERYF-ED-DYN-ALY (LE MOLLA OU DOCTEUR), natif d'Yezd, que Khondémyr nomme le plus noble des gens à talents de l'Iran (la Perse) et le plus aimable des savants du monde, dont il compare le style aux perles, aux diamants et aux pierres les plus précieuses, a tracé, avec une plume propre aux dessins les plus gracieux, des compositions admirables sur les événements de ce globe. Parmi ces ouvrages, le même historien persan en cite un d'une éloquence merveilleuse, c'est le *Zefer nâmêh fy ouacayi emyr Timour* (Livre de la victoire, renfermant les faits et gestes de Tamerlan), composé sous les auspices d'Ibrahim-Sultan, petit-fils de Tamerlan, et terminé en 828 (1424-1425). Khondémyr ne fait nulle mention de l'introduction (*mocaddêmh*) de cette histoire; c'est pourtant, suivant Hadjy-Khalfah, un morceau d'une haute importance pour l'histoire des tribus du royaume de Djaghatay, et pour la géographie des lieux habités par ces tribus. Il est douteux que cette introduction fasse partie de la traduction turque de l'ouvrage principal par Mahammel le Persan. Au reste, ce morceau ne se trouve dans aucun des exemplaires du texte persan que nous possédons à la bibliothèque royale; il n'existe même dans aucune bibliothèque d'Europe, et il est extrêmement rare en Orient. Un nommé *Tadja-ed-Dyn-Alsel-Djac* a écrit un supplément qui contient la vie de Chah-Rokh et celle d'Ologh-Bey. Le *Zefer Namêh* a été traduit par Pétis de la Croix le fils, et publié sous le titre d'*Histoire de Timur-Bec, connu sous le nom du grand Tamerlan, empereur des Mogols et Tartares*, etc., Paris, 1722, in-12, 4 vol. Sir William Jones et plusieurs autres orientalistes ont reproché à Pétis son manque de fidélité, et le savant Anglais présente, dans ses notes géographiques sur la *Vie de Nadir-Chah*, une traduction de la description de Kechemyr, « plus littérale, dit-il, que celle de Pétis de la Croix. » Le texte persan de cette description a été inséré par M. Jenisch dans sa belle dissertation *De fatis linguarum orientalium*, placée à la tête de la nouvelle édition du dictionnaire de Meninski.

CHESAL, vieux mot français qui signifiait anciennement *maison* et *église*; *domus casale, casalagium, templum*. Ce mot se dit encore aujourd'hui dans quelques provinces, d'où vient *Chesal-Benoît*, qui est une union en congrégation de quelques abbayes de bénédictins, qui sont à présent réunis à la congrégation de Saint-Maur. *Chesal* vient du latin *casa, casala, casale*. Le mot *casa Dei* est employé dans les capitulaires de Charlemagne pour exprimer l'*église*; et c'est le nom que portait autrefois l'abbaye de Chaise-Dieu en Auvergne.

CHESAPEAK, grande baie formée par l'Océan Atlantique sur la côte orientale des Etats-Unis, dans les Etats de Virginie et de Maryland. Elle a 72 lieues de long sur 2 à 14 de large, et reçoit la Susquehannah, le Potamac, la Rappahamock et le James-River.

CHESAPEAK (COMBATS DE). Une escadre française commandée par Destouches, capitaine de vaisseau, appareilla de New-Port le 8 mars 1781. Elle était composée de sept vaisseaux de ligne, du *Romulus* de quarante-quatre canons, pris aux Anglais, et d'une frégate. A son bord se trouvaient mille hommes de troupes de terre, commandés par M. de Vioménil. Le 16 mars on découvrit, près de la baie de Chesapeak, une escadre anglaise croisant dans ces parages. Quoique l'infériorité du nombre fût du côté de l'escadre française, Destouches donna ordre de se former aussitôt en ligne de bataille et d'attaquer les Anglais. Le feu commença de part et d'autre avec vivacité. La hardiesse et l'habileté des manœuvres du commandant français eurent un plein succès sur la tête de la ligne ennemie comme à l'arrière-garde. A deux heures trois quarts le feu ayant cessé de part et d'autre, les Français se trouvant en avant et sous le vent des Anglais, Destouches ordonna de rétablir l'ordre de bataille; mais les Anglais ne crurent point devoir courir les risques d'un second engagement, et se retirèrent. — Après la prise de Tabago, le comte de Grasse commandant la flotte des Antilles, dont Rochambeau avait réclamé l'assistance, vint, le 30 août 1782, mouiller avec vingt et un vaisseaux, dans la baie de Chesapeak. Ayant pris position à l'entrée des rivières de James et d'Yorck, il informa de son arrivée les généraux des armées combinées, et débarqua trois mille cinq cents hommes qu'il avait amenés du Cap. Pendant qu'il attendait le retour de ses embarcations, sa frégate de découverte signala vingt-sept voiles ennemies, se dirigeant vers la baie. Le comte de Grasse ordonna alors de se tenir prêt à combattre et appareiller vers midi; la marée lui permit de former une ligne de vitesse, et les capitaines obéirent avec tant de célérité, que malgré l'absence de quinze cents hommes et de quatre-vingt-dix officiers employés au débarquement des troupes, l'armée navale fut en moins de trois quarts d'heure sous voiles et en ligne. Le combat s'engagea par un feu très-vif à l'avant-garde; il dura jusqu'au coucher du soleil. Plusieurs vaisseaux furent très-endommagés; mais la victoire resta indécise. Pendant quatre jours de suite les deux flottes demeurèrent en présence sans pouvoir, à cause des mauvais temps, recommencer la bataille. Enfin M. de Grasse, craignant d'être devancé dans la baie, prit le parti de s'y rendre.

CHESEAU, CHESSEAU, *vieux langage*), botte, fagot; — fieffé, celui qui tient à fief sous certaine condition.

CHESEAUX (JEAN-PHILIPPE DE LOYS DE), né à Lausanne en 1718, mort à Paris en 1751, était petit-fils du célèbre Crouzas. Les académies des sciences de Paris, de Gottingen et de Londres se l'associèrent. L'astronomie, la géométrie, la théologie, le droit, la médecine, l'histoire, la géographie, les antiquités sacrée et profane l'occupèrent tour à tour; mais une étude trop étendue et trop variée l'a rendu quelquefois superficiel. Dès l'âge de 17 ans, il avait fait trois traités de physique sur *la dynamique, sur la force de la poudre à canon, et sur le mouvement de l'air dans la propagation du son*. On a encore de Cheseaux 1 vol. in-8° de *Dissertations critiques sur la partie prophétique de l'Ecriture sainte*, Paris, 1751; un *Traité sur la comète de 1743*; et des *Eléments de cosmographie et d'astronomie*, qu'il composa en faveur d'un jeune seigneur. Il est presque entièrement l'auteur de la *Carte de l'Helvétie ancienne*. Seigneur de

Correvon a publié la vie de Cheseaux avec une dissertation de cet auteur *sur l'année de la naissance de Jésus-Christ* dans le troisième volume de sa traduction du *Traité de la Religion* d'Addison, Genève, 1771, in-8°.

**CHÉSEL** (JEAN VAN), peintre flamand, né en 1644, reçut de son père, qui était peintre, les premiers éléments de son art. Il devint en peu d'années plus habile que son maître. Les tableaux de Van Dyck avaient pour lui un attrait particulier. La manière de ce grand artiste était l'objet constant de ses études, et, arrivé à un assez haut degré de réputation, il alla chercher des travaux hors de sa patrie. Il se rendit à Madrid, où il fit pour la cour des portraits qui lui valurent de nouveaux admirateurs. Il peignit aussi avec un égal succès le paysage, les fruits, les fleurs et l'histoire. Ses figures dans ce dernier genre sont touchées avec beaucoup d'esprit. Chésel n'a peint l'histoire que dans les petites proportions. Pendant qu'il était à Madrid, la reine Louise, femme de Charles II, lui fit faire pour l'ornement de son cabinet beaucoup de peintures, entre autres l'*Histoire de Psyché*, sur des planches de cuivre. Après la mort de cette princesse, il fit le portrait de Marie-Anne de Neubourg, seconde femme de Charles II; elle le nomma son peintre, et il resta à son service après la mort de ce prince. Il la suivit à Tolède, où il fit de nouveaux portraits qui ajoutèrent encore à sa réputation. Enfin il fut envoyé à Paris pour peindre Philippe V avant que ce prince passât en Espagne. C'est dans cette ville qu'il mourut en 1708.

**CHESELDEN** (GUILLAUME), chirurgien anglais, né à Burrow-on-the-Hill, dans le comté de Leicester, en 1688. Après avoir fait quelques études classiques, il s'appliqua, sous plusieurs maîtres habiles, à l'étude de l'anatomie et de la physiologie, et se distingua tellement par ses connaissances qu'à l'âge de vingt-trois ans il fut admis dans le sein de la société royale de Londres. Il publia en 1713 son *Anatomie du corps humain*, Londres, in-8°, réimprimée onze fois jusqu'en 1778. La réputation que lui obtinrent les leçons d'un cours public d'anatomie qu'il avait ouvert à vingt-deux ans et ses succès dans la pratique de son art le firent nommer chirurgien en chef de l'hôpital Saint-Thomas, chirurgien consultant des hôpitaux de Saint-Georges et de Westminster, et premier chirurgien de la reine Caroline. En 1723 parut in-8° son *Traité de la taille au haut appareil*. Cette méthode, quoique perfectionnée par le savant chirurgien, était encore accompagnée de si graves inconvénients, qu'il crut devoir l'abandonner, et adopta l'appareil latéral, qu'il pratiqua longtemps avec beaucoup d'adresse et de succès. Sur quarante-deux sujets taillés par lui en quatre années, deux seulement ne purent être sauvés. L'auteur de son éloge, imprimé dans les *Mémoires de l'académie royale de chirurgie*, assure lui avoir vu faire cette opération en cinquante-quatre minutes. En 1729 l'académie des sciences de Paris choisit Cheselden pour un de ses correspondants; et en 1732 l'académie de chirurgie nouvellement instituée à Paris le nomma le premier de ses associés étrangers. Il publia par souscription en 1733 l'*Ostéologie*, ou *Anatomie des os*, 1 vol. in-folio. On trouve dans les *Transactions philosophiques*, dans les *Mémoires de l'académie de chirurgie*, et dans d'autres recueils quelques mémoires de sa composition, et il a ajouté à la traduction anglaise, faite par Gatakes, des *Opérations chirurgicales* de Ledran, vingt et une planches et nombre d'excellentes observations. Devenu possesseur d'une fortune assez considérable, Cheselden songea à se procurer une espèce de retraite, et obtint, en 1737, la place de chirurgien en chef de l'hôpital de Chelsea, qu'il occupa avec distinction jusqu'à sa mort, arrivée en 1752, dans sa soixante-quatrième année. Savant anatomiste, il fut peut-être le plus habile opérateur de son temps, et il contribua beaucoup à simplifier les procédés et les instruments de chirurgie en usage avant lui. Il se faisait remarquer surtout par la sensibilité et l'intérêt qu'il montrait à ses malades, et l'on dit qu'il manifestait toujours une extrême anxiété avant de commencer une opération, quoiqu'il reprît tout son sang-froid dès qu'il était à l'œuvre. Cheselden aimait la littérature et les arts, et il était lié avec les gens de lettres les plus distingués de son temps, notamment avec Pope, qui, dans ses *Lettres*, parle souvent de lui avec de grands éloges.

ED. GIROD.

**CHESEUR** (*vieux langage*), choisi, élu, nommé.

**CHESHAM**, ville d'Angleterre (Buckingham), dans une vallée. L'église, d'architecture gothique, est remarquable. On y fabrique de la dentelle et des ustensiles de bois. 5,000 habitants. A 8 lieues et demie sud-est de Buckingham.

**CHESHUNT**, ville d'Angleterre (Hertford), où se retira Richard Cromwell. 3,000 habitants. A 5 lieues nord de Londres.

**CHÉSIADE**, s. m. (*hist. nat.*), genre de papillons.

**CHÉSIAS** (*myth. gr.*), surnom de Diane, soit d'après le promontoire de Chesium dans l'île de Samos, soit d'après la ville du même nom en Ionie.

**CHÉSIAS**, nymphe, mère d'Ocyroé, qu'elle eut du fleuve Imbrasus.

**CHESIL** (*astron.*), nom hébreu d'une constellation qui, selon quelques auteurs, est Orion, et, selon d'autres, le Scorpion ou la grande Ourse.

**CHESINUS** (*géogr. anc.*), aujourd'hui *Perna*, rivière de la Sarmatie européenne, qui se jetait dans le Codanus Sinus.

**CHESNAY** (ALEXANDRE-CLAUDE BELLIER DU), mort à Chartres, en novembre 1810, à l'âge de soixante et onze ans, avait été lieutenant des maréchaux de France, censeur royal, député à l'assemblée législative, et maire de Chartres. L'un des éditeurs de la *Bibliothèque universelle des dames*, avec d'Ussieux, son gendre, et traducteur de l'Arioste, il se distingua surtout par un bon travail sur la *Collection universelle des mémoires particuliers relatifs à l'histoire de la France*, recueillis par Roucher, Antoine, Perrin d'Ussieux, etc., et dont il publia les 66 premiers volumes, avec des observations et des notes, Paris, 1785 à 1790, in-8°. Du Chesnay joignait à une érudition aussi judicieuse que profonde beaucoup de modestie et d'amabilité. Il laissa à sa mort plusieurs ouvrages manuscrits, qui sont les fruits de ses savantes recherches sur l'histoire.

**CHESNAYE** (NICOLAS DE LA), auteur absolument inconnu, auquel on attribue une moralité assez rare, qui est intitulée la *Nef de santé, avec le gouvernail du corps humain, la condamnation des banquets et le traité des passions de l'âme*, Paris, Verrard, in-4°, sans date.

**CHESNAYE-DESBOIS** (FRANÇOIS-ALEXANDRE AUBERT DE LA) naquit à Ernée, dans le Maine, le 17 juin 1699, fut quelque temps capucin, et rentra dans le monde sans se faire relever de ses vœux. Il fournit quelque matériaux qu'arrangèrent pour leurs feuilles les abbés Granet et Desfontaines, et mourut à Paris, à l'hôpital, le 29 février 1784. On a de lui un grand nombre d'ouvrages médiocres, parce qu'il travaillait pour vivre et qu'il connaissait peu l'économie. De tous les compilateurs du XVIIIe siècle, la Chesnaye-Desbois est celui qui publia le plus de dictionnaires : 1° *Dictionnaire militaire portatif*, 1745, 3 vol. in-12; 4° édition, 1758, 3 vol. in-8°. 2° *Dictionnaire des aliments, vins et liqueurs*, 1750, 3 vol. in-12. 3° *Dictionnaire universel d'agriculture et de jardinage*, 1751, 2 vol. in-4°. 4° *Dictionnaire généalogique, héraldique, chronologique et historique*, 1757-1765, 7 vol. in-8°; nouvelle édition augmentée sous le titre de *Dictionnaire de la noblesse, contenant les généalogies, l'histoire et la chronologie des familles nobles de la France*, 1770-1784, 12 vol. in-4°; il y a trois volumes de supplément, donnés par Badier; mais ils sont devenus très-rares, parce qu'ils furent mis à la rame pendant la révolution. Le *Dictionnaire de la noblesse* manque de critique, d'ordre et de méthode : il est loin d'ailleurs d'être complet. L'étendue des articles a moins souvent pour mesure le degré d'intérêt dont ils sont susceptibles que l'argent payé ou refusé par les familles à l'auteur. Aussi, un grand nombre de maisons distinguées n'occupent que peu ou point d'espace dans cette volumineuse composition. 5° *Dictionnaire raisonné et universel des animaux*, 1759, 4 vol. in-4°. L'auteur suit les méthodes de Linné, Klein et Brisson. 6° *Dictionnaire domestique portatif*, 1762-1763, 3 vol. in-8°; réimprimé en 1769. 7° *Dictionnaire historique des mœurs, usages et coutumes des Français*, 1767, 3 vol. in-8°. 8° *Dictionnaire historique des antiquités, curiosités et singularités des villes, bourgs et bourgades en France*, 1769, 3 vol. in-8°. La Chesnaye-Desbois ayant publié presque tous ses ouvrages sous le voile de l'anonyme, nous en compléterons ici la série. 9° *Lettres à Mme la comtesse de***, pour servir de supplément à l'amusement philosophique sur le langage des bêtes, par le P. Bougeant*, 1739, in-12. 10° *L'Astrologue dans le puits*, 1740, in-12. 11° *Lettres amusantes et critiques sur les romans en général, anglais, français, tant anciens que modernes*, 1743, in-12. 12° *Lettre à M. le marquis de***, sur la Mérope de M. de Voltaire et celle de M. de Maffei*, 1743, in-8°. 13° *Le Parfait Cocher*, 1744, in-8°. Cet ouvrage est du duc de Nevers; la Chesnaye-Desbois n'en fut que l'éditeur. 14° *Eléments de l'art militaire, par d'Héricourt, nouvelle édition, augmentée des nouvelles ordonnances militaires depuis 1741*, 1752-1758, 6 vol. in-12. 15° *Correspondance philosophique et critique, pour servir de réponse aux Lettres juives*, 1739, 3 vol. in-12. 16° *Lettres critiques avec des songes moraux sur les* *songes philosophiques de l'auteur des Lettres juives*, 1745, in-12. 17° *Lettres hollandaises, ou les Mœurs des Hollandais*, 1747, 2 vol. in-12. 18° *Almanach des corps des marchands et des communautés du royaume*, 1753 et années suivantes. 19° *Système du règne animal, par classes, familles, ordres*, etc., 1754, 2 vol. in-8°. L'auteur suit les méthodes de Klein, d'Artedi et de Linné. 20° *Les Doutes de M. Klein, ou ses Observations sur la revue des animaux faites par le premier homme*, etc., traduits du latin, 1754, in-8°. 21° *Ordre naturel des oursins de mer et fossiles*, traduit du latin de Théodore Klein, avec le texte, 1754, in-8°. 22° *Traduction des Missus de M. Klein, ou ses Observations sur diverses parties du règne animal*, 1754, in-8°. 23° *Etrennes militaires*, 1755-1759, in-24. 24° *Calendrier des princes, ou Etat actuel de la noblesse de France et des maisons souveraines de l'Europe*, 1762 et années suivantes, in-24. L'auteur continua cet ouvrage sous le titre d'*Etrennes de la noblesse*, 1772 et années suivantes.

**CHESNE** (Du) (*V.* Duchesne).

**CHESNEAU** (Nicolas), en latin *Querculus*, né en 1521 à Tourteron, près de Vouziers en Champagne, enseigna d'abord les belles-lettres au collége de la Manche, puis fut chanoine et doyen de Saint-Symphorien de Reims. Il joignit l'étude de l'histoire au goût des recherches littéraires, fit ses délassements de la poésie, et mourut à Reims le 19 août 1581, après avoir légué sa bibliothèque au couvent des Minimes de cette ville. On lui doit la première édition de l'historien Flodoard, dont le texte latin n'avait point encore été publié lorsqu'il en donna une traduction française, sous ce titre : *Histoire de l'Eglise de Reims*, en quatre livres, Reims, 1581, in-4°. Chesneau n'a traduit qu'une partie de cette histoire, qui se termine à l'an 948, et ne s'est point assujetti au texte de son auteur, qu'il nomme *Floard*; il en a transposé et retranché divers endroits. Ses autres ouvrages sont : 1° *Hexastichorum moralium libri duo*, Paris, 1552, in-fol.; 2° *Epigrammatum libri duo, hendecasyllaborum liber, et sibyllinorum oraculorum periocha*, Paris, 1552, in-4°; 3° *Poetica Meditatio de vita et morte D. Franc. Picart*, 1556, in-4°; 4° *Nic. Querculi in fortunam jocantem carmen heroicum universam belli apud Belgas gesti historiam complectens*, Paris, 1558, in-8°; 5° *Avis et remontrances touchant la censure contre les antitrinitaires*, traduit du latin du cardinal Hosius, Reims, 1573, in-8°; 6° *Psalterium decachordum Apollinis et novem Musarum*, 1575, in-8°; pièce faite à l'occasion du couronnement de Henri III. L'auteur la publia la même année en français, et fit d'autres poésies de circonstance; il écrivit encore quelques autres ouvrages de controverse, et traduisit en français, d'après la version latine de Surius, le *Traité de la messe évangélique*, composé en allemand par Fabri d'Heilbronn.

**CHESNEAU** (Jean), secrétaire du chevalier d'Aramont, envoyé à Constantinople sous François Ier, en 1546, écrivit la relation de ce voyage, dont le manuscrit, provenant de la bibliothèque de Baluze, se trouve à la bibliothèque royale.

**CHESNEAU** (Augustin) a donné un ouvrage intitulé : *Orphée eucharistique*, à Paris en 1677 (Dupin, *Table des auteurs ecclésiastiques du* XVIIe *siècle*, p. 2376).

**CHESNEAU** (Nicolas), médecin, né à Marseille en 1601, était oncle du célèbre grammairien Dumarsais. Il mérite d'occuper une place distinguée parmi les observateurs. Chaque jour il notait les cas les plus intéressants que lui offrait une pratique étendue. Il traçait avec soin l'histoire des maladies qu'il avait occasion de traiter, et formait de ces notes un recueil qu'il destinait à l'instruction de son fils unique; mais ce fils préféra la théologie à la médecine. Trompé dans son attente, Chesneau en conçut un tel chagrin, qu'il abandonna pendant plusieurs années son important travail. Il le reprit enfin, et le publia sous ce titre : *Observationum libri quinque, quibus accedunt ordo remediorum alphabeticus, ad omnes fere morbos, conscriptus, sicut et Epitome de natura et viribus luti et aquarum barbotanensium*, Paris, 1672, in-8°. L'Epitome sur la nature et les propriétés des eaux de Barbotan fut imprimé séparément l'année suivante. L'auteur l'avait déjà publié en français, sous le titre de *Discours et Abrégé des vertus et propriétés des eaux de Barbotan, en la comté d'Armagnac*, Bordeaux, 1628, in-8°. On doit encore à Chesneau une *Pharmacie théorique*, Paris, 1660, 1682, in-4°. Conrad Victor Schneider a écrit contre ce médecin plusieurs dissertations : *De spasme cordis; De spasmorum subjecto; De apoplexia*, etc. On ignore la date de la mort de Chesneau; il rapporte qu'il perdit ses dents molaires à vingt-trois ans, et que, jusqu'à l'âge de soixante-huit, il souffrit des douleurs atroces causées par les fluxions réitérées.

**CHESNÉCOPHORUS** (Nicolas), chancelier de Suède, né dans la province de Néricie, vers le milieu du XVIe siècle, fit ses études en Allemagne avec un succès brillant, et devint professeur à Marbourg. En 1602, Charles IX, qui venait de monter sur le trône, l'appela en Suède, et le nomma chancelier. Ce prince eut toujours une grande confiance en lui, et l'employa dans les affaires les plus importantes. Pendant les années 1610 et 1611, le chancelier fut envoyé, en qualité de ministre de Suède, à Copenhague et à plusieurs cours d'Allemagne. On prétend qu'il voulut engager le roi à statuer dans le code du pays que tout gentilhomme qui n'aurait pas fait des progrès satisfaisants dans les sciences perdrait ses titres et ses droits. Chesnécophorus publia quelques ouvrages, dont le plus remarquable est celui qui a pour titre : *Exposé des motifs qui ont engagé les états de Suède à ôter la couronne au roi Sigismond*. Cet ouvrage, écrit en suédois, devait servir d'apologie à Charles IX, qui avait combattu Sigismond, son neveu, et qui l'avait remplacé sur le trône. — **Chesnécophorus** (Jean) fut le premier professeur de médecine établi par le gouvernement de Suède à l'université d'Upsal. Il obtint cette place en 1613, et mourut en 1635. On a de lui un recueil de dissertations académiques sur divers sujets de physique et d'histoire naturelle, publiées successivement sous ce titre : *Dissertationes de plantis*, Upsal, 1620-1626, in-4°, et un ouvrage en suédois, contenant des avis aux voyageurs qui parcourent des pays infectés de maladies contagieuses.

**CHESNÉE** (*anc. métrol.*), mesure de vingt-cinq pieds, qu'on appelait perche dans certains lieux.

**CHESNIN** (*vieux langage*), qui est de chêne.

**CHESNOIS** (Antoine), dominicain, né à Paris en 1620, fit profession dans le couvent de la rue Saint-Honoré de cette ville le 29 juillet 1639, et alla aussi étudier la philosophie et la théologie à Toulouse. De retour dans son couvent, il se consacra tout entier à la direction des âmes qui aspiraient à la perfection. Il fut aussi prieur à Paris, à Blainville, à Toul, et longtemps vicaire de la maison de son ordre à Abbeville en Picardie, dont il avait procuré la fondation. Il mourut à Dieppe en odeur de sainteté, le 5 novembre 1685, et fut enterré dans le terrain des dominicains de Rouen. C'était un grand zélateur de la dévotion du rosaire. On a de lui plusieurs ouvrages ascétiques, qui ont tous paru sans nom d'auteur; savoir : 1° *Idée du christianisme, ou Conduite de la grâce sanctifiante de Jésus-Christ, donnée à une âme chrétienne par un serviteur de Dieu*, à Rouen, en 1672, in-12; 2° *le Chrétien, disciple des maximes de Jésus*, ibid., en 1681, in-12; 3° *le Chrétien imitateur des actions de Jésus*, ibid., en 1684, in-12; 4° *le Petit Missionnaire de campagne*, etc., à Caen, in-24, 1673; 5° *le Petit Père spirituel du chrétien, ou Conférences spirituelles sur la solide dévotion chrétienne, divisée en ces trois parties : le Chrétien spirituel, le Chrétien intérieur, le Chrétien fidèle*, à Rouen, 1675, in-12; 6° *De l'intérieur des actions ordinaires*, à Rouen, 1683, in-16; 7° *les Règlements du tiers ordre de Saint-Dominique*, à Rouen, 1678, in-4°; 9° *Instruction chrétienne pour les confrères du Saint-Rosaire ordinaire et perpétuel de la sainte Vierge, mère de Dieu*, à Caen et à Rouen; 10° *les Devoirs avec les indulgences et les priviléges de la confrérie du Saint-Nom de Jésus, suivant la nouvelle bulle de notre saint-père le pape Innocent XI*, du 18 avril 1678, à Rouen, in-24; 11° *Officium B. M. V. ad usum fratrum et sororum ord. prædic., cum piis officiis et orationibus*, à Rouen, in-16, et à Toul, in-8°; 12° un grand nombre de *Lettres spirituelles* qu'il écrivait aux personnes de piété qui étaient sous sa direction; on en conservait trois cahiers in-8° écrits de sa main dans la bibliothèque du couvent de la rue Saint-Honoré (le P. Echard, *Script. ord. prædic.*, t. II, p. 703 et 704).

**CHESSAL** (*vieux langage*), ordonnateur d'une fête; en basse latinité, *senecalcus*.

**CHESSÉ** (Robert), gardien des cordeliers au temps de la Ligue, n'avait, jusqu'en 1588, montré, dans les prédications qui l'avaient mis en crédit et dans toute sa conduite, que fidélité et zèle pour le service du roi Henri III. Lorsqu'on apprit à Paris l'assassinat du duc de Guise dans le château de Blois, l'effervescence fut à son comble. Les seize recherchaient, poursuivaient avec fureur, tous les personnages qui n'étaient pas *guisards*. Quiconque passait pour royaliste courait risque de la vie ou de la liberté. Le président de Thou (l'historien), signalé comme attaché à la cour et menacé en conséquence, ainsi qu'on peut le lire dans les mémoires de sa vie, se retira chez les cordeliers, et fut caché dans ce couvent par le P. Chessé. Mais ce moine, a dit de Thou, était un homme vain, toujours prêt à courir après une ombre de gloire. Le fanatisme religieux égara sa foi politique aussitôt après la mort de Henri III, et il se fit ligueur forcené dès que Henri IV fut proclamé. Son ordre l'envoya gardien des cordeliers à Vendôme. Henri de Bourbon, n'étant encore que roi de Navarre, avait donné le gouvernement de cette ville, chef-lieu de son patrimoine, à Maillé-Benehard, et, par confiance dans le dévouement de ce gentilhomme, qui était chef de la maison de Maillé, il avait établi son grand conseil à Vendôme. Mais le serviteur trahit son maître, et livra la ville au duc de Mayenne, entre l'assassinat du duc de Guise et celui de Henri III. Chessé devint un auxiliaire utile à Maillé-Benehard; il ne cessait, par ses prédications violentes, d'aigrir les esprits du peuple vendômois. Directeur de consciences fort en vogue, il répétait à ses pénitents qu'ils ne devaient pas souffrir qu'un prince huguenot, relaps, excommunié, fût leur souverain; qu'il fallait lui fermer les portes lorsqu'il paraîtrait à la tête de son armée, enfin braver tous les dangers d'un siége plutôt que de se soumettre à lui. Un dimanche, pendant que Henri, déjà maître des faubourgs de Paris, d'Étampes, de Blois et de Châteaudun, canonnait le château, Chessé prêchait, ou plutôt il fulminait à la paroisse Saint-Martin, représentant le roi comme voué d'avance aux flammes de l'enfer, qui dévoreraient aussi tous ceux qui se déclareraient en sa faveur. L'activité du cordelier s'étendit plus loin; car, en septembre 1589, un mois après que Henri de Bourbon ou de Navarre avait reçu le titre de roi de France, Chessé était à la tête de la conspiration qui devait livrer Tours à Mayenne, conspiration qu'il dirigeait de son couvent, et qui ne manqua point par sa faute. Cependant Henri IV, à qui la trahison de Maillé-Benehard était un vrai sujet de peine, se présenta inopinément devant la ville rebelle, et la somma de se rendre. Il avait, le 15 novembre, fait cerner Vendôme par ses troupes, que commandait le jeune Charles de Biron, et il avait mis bien près de la ville son quartier général au village et au château de Meslay. Ce fut là qu'il reçut une députation des échevins vendômois, qui, pour la plupart, étaient tanneurs de profession. Arrivés dans la cour et y rencontrant le prince, qu'ils prenaient, à son habillement peu recherché, pour un simple officier, ils lui dirent qu'ils voulaient parler au roi de *Navaire*. « Ventre-saint-gris! s'écria Henri, ouvre la bouche, et prononce *Navarre*. Le roi de Navarre vous fera bien voir qu'il est roi de France : Vive Dieu! c'est moi qui vous parle. » La réponse effraya tellement les députés tanneurs, qu'ils prirent la fuite à l'instant. Tandis que Robert Chessé déclamait, exhortait, excitait en chaire et dans les rues, et que Benehard cherchait à amuser le roi par des négociations, les troupes royales commençaient l'attaque. En moins de trois heures les faubourgs furent emportés, le château fut forcé et la ville prise. Vainqueurs et vaincus y entrèrent pêle-mêle. Biron et Châtillon accoururent pour arrêter la fureur des soldats, qui pillaient partout, respectant seulement les églises. Le gardien des cordeliers fut saisi dans la chaire même de Saint-Martin par les hommes qui étaient particulièrement sous les ordres de Biron, et ils se préparèrent à le pendre à un des ormeaux qui étaient plantés devant la porte de la paroisse. Le peuple, voyant qu'il n'y avait plus à résister, demandait à grands cris le supplice du traître. L'intrépide fanatique crut recevoir les palmes du martyre; et, comme on manquait de corde, il détacha lui-même celle qui lui servait de ceinture, pour aider à l'exécution de sa sentence. Les cordeliers le regardaient comme un saint, et se trouvèrent heureux de pouvoir l'ensevelir dans leur cloître. Mais ses reliques n'empêchèrent pas le couvent d'être renversé; plusieurs des religieux d'être égorgés, et les autres d'être faits prisonniers ou réduits à se cacher. Quant à Benehard, lâche dans sa manière de demander grâce à Biron et dans sa frayeur de la mort qui l'attendait, il ne conserva qu'à peine assez de force pour être conduit au pied du gibet de Robert Chessé, où il eut la tête tranchée. Ses soldats dirent avec raison que le capitaine était mort comme un moine, et le moine comme un capitaine. La maison de Benehard existe à Vendôme; le couvent des cordeliers a passé à des religieuses calvairiennes. On voyait encore en 1789 la tête du gouverneur et celle de Chessé attachées à la tribune de l'orgue dans l'église de Saint-Martin, qui, aujourd'hui sert de halle aux blés.

**CHESSEL (JEAN)** (*V.* CASELIUS).

**CHESSHER (ROBERT)**, médecin anglais, natif d'Hinckley dans le comté de Leicester, avait perdu son père dès son enfance. Sa mère s'étant remariée au docteur Whalley, le jeune homme trouva dans son beau-père un maître qui l'initia bientôt aux études médicales. Il avait à peine seize ans, que déjà son génie pour les applications mécaniques à l'art de guérir se révélait par des appareils ingénieux d'autant plus remarquables, qu'il possédait moins de matériaux pour les construire. Ces appareils étaient surtout des supports pour les membres blessés ou fracturés; et dès cette époque les observations, les méditations de Chessher eurent principalement pour but d'éviter aux malades la contraction des parties attaquées par des lésions ou des fractures. Après avoir encore passé deux ans dans Hinckley, pour y terminer ses études latines et grecques sous un ecclésiastique, il fut envoyé dans la capitale de l'Angleterre par son beau-père, pratiqua deux ans de suite sous les auspices du docteur Denman, qui, malgré sa grande jeunesse, le proclamait un autre lui-même, suivit les cours de Hunter et de Fordyce, remplit plusieurs années les fonctions de chirurgien interne à l'hospice Middlesex de Londres, puis revint se fixer dans sa ville natale, à la mort de Whalley. Il s'y montra particulièrement habile dans l'une et l'autre branche de guérir, et son nom ne tarda pas à figurer parmi ceux des plus célèbres médecins de la Grande-Bretagne. Mais c'est surtout par ses appareils qu'il mérita bien de ses malades et de l'humanité. Ces appareils, pour la construction desquels il fut admirablement secondé par le mécanicien Reever, se rangent d'eux-mêmes en deux classes : les uns sont des perfectionnements du système qu'il avait imaginé dans sa première jeunesse, c'est-à-dire des supports destinés à tenir les membres blessés ou fracturés dans un état de repos; les autres avaient pour but soit de rectifier les déviations de la colonne vertébrale, soit de remédier au défaut des conformations des jambes. Peu de praticiens ont obtenu des résultats plus miraculeux; et Chessher est incontestablement un des hommes qui ont contribué le plus à l'état florissant de l'orthopédie. Avec la considération et presque la gloire, car le nom de Chessher était européen, il trouva dans ses utiles travaux la fortune; mais sa fortune ainsi que son temps furent à ceux qui en avaient besoin : sa vie était frugale, réglée, et il ne cessa l'exercice de la médecine que peu de mois avant sa mort, qui arriva le 31 janvier 1831.

**CHESSON** (*vieux langage*), petit chat.

**CHESTER**, capitale du comté de Cheshire, en Angleterre, siége d'un évêché, avec 17,000 habitants; bâtie par les Romains, à ce que l'on croit, et environnée de murailles, le seul vestige qui existe en Angleterre des anciennes fortifications romaines. L'occupation de cette ville par les Romains est prouvée par de fréquentes découvertes que l'on a faites de monuments antiques, appartenant à cette nation, tels que monnaies, statues, autels, etc., avec des inscriptions relatives. Les murs de la ville actuelle déterminent les limites de l'ancienne, et la forme dans laquelle les édifices sont disposés est évidemment la même que celle d'un camp romain. L'architecture de Chester est toute particulière. Le second étage des maisons est rentrant, tandis que le troisième est au niveau du premier, ce qui forme dans toutes les rues une espèce de galerie suspendue et couverte; de distance en distance, et particulièrement au coin des rues, des escaliers sont pratiqués du premier étage en bas; ce chemin couvert, ainsi que les appartements qui sont au même niveau, sert de magasins aux boutiquiers de l'endroit. L'effet pittoresque qui devrait résulter d'un genre d'architecture aussi bizarre est totalement manqué, en ce que la distribution des étages de chaque maison est rarement à la même hauteur, et que les trottoirs couverts sont souvent trop bas. Le port de Chester, fort célèbre jadis, est actuellement hors d'usage à cause des sables qui peu à peu l'ont presque comblé. Dans les derniers temps, on a creusé un nouveau canal (*the New Channel*), par lequel, au temps des hautes marées, des vaisseaux de trois cent cinquante tonneaux peuvent arriver jusqu'aux quais. Le commerce est à peu près restreint au trafic avec l'Irlande et au cabotage. La seule fabrique un peu importante est celle des gants; elle occupe principalement les femmes. — Chester est le marché le plus important des toiles d'Irlande; l'un des articles les plus considérables pour l'exportation est le fromage (*Chester cheese*). On y construit des navires de cent à cinq cents tonneaux, et pour la solidité et la beauté ils ne le cèdent point à ceux que l'on construit dans tout autre port. Le chêne d'Angleterre entre exclusivement dans leur construction. — La population de cette ville était en 1781 de 14,900 habitants; on a trouvé, d'après le recensement des décès, que c'était une des contrées les plus saines de l'Angleterre. En 1801, la population était à peu près la même, la ville contenait 3,194 maisons. Chester est située à 184 milles nord-ouest de Londres. Parmi les personnages distingués qui ont reçu le jour dans cette ville, on remarque William Cowper, médecin célèbre, qui a recueilli des documents pour servir à l'histoire de son pays natal; John Downham, auteur du *Soldat chrétien*; Edouard Berewood et Samuel Molyneux, profonds mathématiciens. Le premier, en 1565, fut professeur d'astronomie; le second, né en 1689, s'adonna à la même science et au perfectionnement des télescopes. Il fut aussi secrétaire de Georges II, alors prince de Galles; il devint ensuite commissaire de l'amirauté.

**CHESTERFIELD**, petite ville d'Angleterre (Derby), sur la Rother et sur le canal du même nom. L'église est un grand et bel édifice très-ancien. Il y a des fabriques de soie et de coton, de tapis, de bonneterie, de poterie et d'objets en fonte. 5,000 habitants. A 6 lieues et demie nord de Derby.

**CHESTERFIELD-INLET**, grand golfe de la mer d'Hudson qui se développe sur une profondeur d'environ 100 lieues dans l'intérieur de la Nouvelle-Galles septentrionale. Il n'a guère que 5 lieues de large, et est parsemé d'îles et d'îlots.

**CHESTERFIELD (PHILIPPE DORMER-STANHOPE, COMTE DE)**, homme d'État, orateur et écrivain anglais, né à Londres en 1694, jouit dans son pays d'une grande réputation. Ses études, commencées dans la maison paternelle, se terminèrent à Cambridge, avec le succès qu'on pouvait attendre d'une intelligence supérieure unie à une application soutenue. Il avait senti lui-même le vice des vieilles méthodes de l'université, qui dans ces temps, mêlant beaucoup de pédantisme à de bonnes instructions, formait plutôt des savants que des gens du monde, et encore moins des hommes d'État; aussi, comme il était né avec un esprit aussi droit que brillant, il eut bientôt secoué cette poussière de l'école. Après avoir poli ses manières et formé son jugement par des voyages de quelques années sur le continent, et notamment pendant un assez long séjour au sein de la bonne société de Paris, il fut, à l'avénement de Georges Ier, rappelé en Angleterre par son grand-oncle, le général Stanhope, l'un des principaux secrétaires d'État, qui le fit placer dans la maison du prince de Galles, en qualité de gentilhomme de la chambre. Une place au parlement est toujours le premier objet d'ambition d'un jeune homme. Il obtint d'y entrer comme représentant d'un bourg du comté de Cornouailles, quoiqu'il n'eût pas tout à fait l'âge prescrit par la loi. Il s'était préparé par de bonnes études au rôle d'homme politique qu'il allait jouer, et, dès les premiers moments, dit-il lui-même, « il ne rêvait le jour et la nuit qu'à ce qu'il se proposait de dire dans la chambre, » et ce fut au bout d'un mois seulement qu'il prononça son premier discours, où il étonna ses auditeurs par la vigueur de ses opinions, autant qu'il les charma par l'élégance de son style, et par la grâce et la facilité de son débit. Passé plus tard à la chambre des pairs par suite de la mort de son père, il s'y acquit une grande considération comme orateur. En 1728, un nouveau théâtre s'offrit à son ambition d'estime et de gloire. Nommé ambassadeur en Hollande, il se distingua particulièrement dans cette mission, où il parvint à préserver l'électorat de Hanovre des calamités d'une guerre dont ce pays était menacé. Il obtint pour récompense l'ordre de la Jarretière, avec la place de grand maître de la maison du roi Georges II. Après une nouvelle ambassade en Hollande, il fut nommé vice-roi d'Irlande, d'où il revint en 1748 pour occuper une place de secrétaire d'État. Ses voyages et ses travaux avaient grièvement altéré sa santé; il prit enfin le parti de renoncer aux affaires et à l'administration, et consacra le reste de sa vie à la retraite, à l'étude et à l'amitié, jouissant, plus qu'aucun autre homme n'a pu le faire, de l'*otium cum dignitate*, que les hommes d'État ont l'air d'ambitionner plus qu'ils ne savent en jouir. Il devint sourd vers la fin de sa carrière, et c'était un grand malheur pour l'homme du monde qui aimait le plus la conversation, et y brillait davantage. D'autres infirmités se joignirent à celles-là, et répandirent un voile de tristesse sur les restes d'une vie jusque-là si heureuse et si animée. Il avait été intimement lié avec Pope, Swift, Bolingbroke et les hommes d'Angleterre les plus distingués par l'esprit et les talents. Chesterfield avait connu Voltaire, dont il aimait passionnément les ouvrages. Il était surtout l'admirateur et l'ami de Montesquieu, qu'il avait engagé à venir en Angleterre, et qu'il avait logé chez lui. Lorsque ce grand homme mourut en 1755, Chesterfield en publia, dans les papiers anglais, un éloge ingénieux et noble, qui fut traduit sur-le-champ, et imprimé dans les journaux français. — Le talent du lord Chesterfield comme écrivain ne s'est montré que dans un petit nombre d'essais de morale, de critique ou de plaisanterie, insérés la plupart dans quelques ouvrages périodiques du genre du *Spectateur*; dans ceux de ses discours parlementaires qui ont été imprimés, et surtout dans le recueil de ses lettres à son fils, publiés en 1774 avec grand succès par toute l'Europe. Elles sont remarquables par la solidité jointe aux agréments de l'esprit; par une connaissance profonde des mœurs, des usages et de l'état politique de l'Europe; par l'instruction variée et intéressante qui s'y présente toujours sous une forme agréable et facile; par l'élégance noble et naturelle, qui convient à un homme du monde, et par un art de style qui honorerait l'écrivain le plus exercé. « Un simple recueil de lettres, dit M. Suard, a suffi pour placer lord Chesterfield au rang des premiers écrivains de sa nation. » Il est peu d'ouvrages anglais où le style se rapproche davantage des formes grammaticales de la langue française; c'est que cette langue était extrêmement familière à Chesterfield, comme elle l'était à Bolingbroke, à Hume, à Gibbon et à quelques autres auteurs à qui les Anglais ont reproché d'avoir introduit dans leur style beaucoup de tournures et de locutions françaises. On a à regretter le langage de mœurs, frivoles à la fois et corrompues, que l'auteur y tient, en considérant surtout que c'est un père qui s'adresse à son fils. — Les œuvres de milord Chesterfield ont eu en Angleterre plusieurs éditions in-4° et in-8°. Les *Mémoires de la vie du lord Chesterfield*, ouvrage intéressant et bien écrit, ont été publiés par le docteur Maty, qui en trace le portrait suivant: « Ce seigneur, dit le biographe, ne fut égalé par aucun de ses contemporains pour la variété des talents, l'éclat de l'esprit, la politesse des manières et l'agrément de la conversation. Homme de plaisir et d'affaires tout à la fois, il ne permit jamais que le plaisir empiétât sur les affaires. Ses discours au parlement ont établi sa réputation comme orateur, et le genre de son éloquence a un caractère séduisant qui lui est propre. Sa conduite fut toujours, dans la vie politique, intègre, ferme et dirigée par la conscience; dans la vie privée, sincère et amicale; dans l'une et dans l'autre, aimable, facile et conciliante. » — Chesterfield mourut le 24 mars 1773, dans la soixante-dix-neuvième année de son âge.

ED. GIROD.

**CHÉTANTHE**, s. m. (*botan.*), plante de la Nouvelle-Hollande.

**CHÉTANTHÈRE**, s. f. (*botan.*), genre de plantes du Pérou.

**CHÉTANTHÉRÉ, ÉE** (*botan.*), qui ressemble à une chétanthère.

**CHÉTANTHÉRÉES**, s. f. pl. (*botan.*), famille de plantes à fleurs composées.

**CHÉTARDIE (JOACHIM TROTTI DE LA)**, savant bachelier de Sorbonne, naquit au château de la Chétardie dans l'Angoumois l'an 1636; fut supérieur des séminaires sulpiciens du Puy en Velay et de Bourges; permuta le prieuré de Saint-Cosme lès Tours pour la cure de Saint-Sulpice, dont il prit possession en 1696; fut nommé en 1702 à l'évêché de Poitiers, qu'il refusa par humilité, et mourut à Paris le 1er juillet 1714, âgé de soixante-dix-neuf ans. Quoiqu'il se fût appliqué constamment avec zèle aux soins du gouvernement spirituel d'une des plus fortes paroisses de la France, il trouva le temps de composer plusieurs ouvrages utiles. Les principaux sont: 1° des *Homélies* en latin, pour tous les dimanches de l'année, Paris, 1706 et 1708, 2 vol. in-4°, et 4 vol. in-12; 2° des *Homélies* en français, au nombre de trente-quatre, Paris, 1707, 1708 et 1710, 3 vol. in-4°, et 4 vol. in-12: le pieux orateur explique, avec onction et solidité, l'évangile du jour, et éclaircit les principes de la morale chrétienne: on remarque dans ses discours beaucoup de méthode et d'érudition; 3° *Catéchisme de Bourges*, in-4°, ou 4 vol. in-12, réimprimé sous le titre de *Catéchisme ou Abrégé de la doctrine chrétienne*, Paris, 1708, 6 vol. in-12: cet ouvrage estimé a eu plusieurs éditions; 4° *Entretiens ecclésiastiques tirés de l'Écriture sainte, du pontifical et des saints Pères, ou Retraite pour les ordinants*, 4 vol. in-12; 5° *Explication de l'Apocalypse par l'histoire ecclésiastique, pour prémunir les catholiques et les nouveaux convertis contre la fausse interprétation des ministres*, Bourges, 1692, in-8°, et Paris, 1701, in-4°; cette Explication est souvent citée avec éloge dans la *Bible* de Vence. On trouve à la fin la Vie de quelques empereurs qui ont persécuté l'Église, celle de Constantin, qui lui rendit la paix, et celle de sainte Hélène, mère de Constantin. — Le chevalier DE LA CHÉTARDIE, frère ou neveu du précédent, mort vers 1700, est connu par deux petits ouvrages écrits avec esprit et politesse: 1° *Instruction pour un jeune seigneur, ou l'Idée d'un galant gentilhomme*, la Haye, 1683, in-12; 2° *Instruction pour une jeune princesse, ou l'Idée d'une honnête femme*, Amsterdam, 1685, in-12: ce dernier ouvrage a été plusieurs fois réimprimé à la suite du *Traité de l'éducation des filles*, par Fénelon, Amsterdam, 1702, in-12; Liége, 1771, in-12, etc.

**CHÉTARDIE (JOACHIM-JACQUES TROTTI, MARQUIS DE LA)**, né le 3 octobre 1705, lieutenant au régiment du roi en 1721, colonel du régiment de Tournaisis en 1734, fut nommé ambassadeur en Russie en 1739. Il y devint l'amant chéri de l'impératrice Elisabeth, qui le fit chevalier des ordres de Saint-André et de Sainte-Anne en 1742. Il revint en France la même année. Nommé de nouveau ambassadeur en Russie en septembre 1743, il passa par Copenhague et Stockholm, où il s'acquitta des commissions particulières dont le roi l'avait chargé, et arriva à Pétersbourg. Soit qu'il se fût rendu coupable de quelques indiscrétions, ou que les ministres de l'impératrice, jaloux de son crédit auprès de cette princesse, eussent trouvé le moyen de l'irriter contre lui, elle lui fit ordonner, à la fin de 1744, de sortir de ses Etats dans vingt-quatre heures, et le dépouilla de ses ordres. La cour de France, par mécontentement de sa conduite, ou pour donner une sorte de satisfaction à l'impératrice, l'envoya prisonnier à la citadelle de Montpellier. Il en sortit quelques mois après, et fut employé, en 1745, à l'armée d'Italie. Il continua d'y servir jusqu'en 1748, et fut nommé ambassadeur auprès du roi de Sardaigne en 1749. Employé ensuite à l'armée d'Allemagne, il combattit à Rosbach, et mourut le 1er janvier 1758, à Hanau, où il commandait. Le marquis de Chétardie était un des plus aimables et des plus beaux hommes de son temps. Naturellement galant et recherché par les plus jolies femmes, il est à présumer qu'il inspira de la jalousie à l'impératrice Elisabeth, et que ses ministres profitèrent de cette circonstance pour le perdre entièrement dans son esprit. Le chevalier d'Eon dit dans ses mémoires, que la *conduite indiscrète* du marquis de la Chétardie avait brouillé les cours de France et de Russie, que cette mésintelligence subsistait depuis quatorze ans, lorsqu'il fut envoyé pour la faire cesser, de concert avec le chevalier Douglas.

**CHETASTRUM** (*botan.*). Vaillant, dans les Mémoires de l'académie des sciences, année 1722, avait subdivisé en quatre le genre *scabiosa*, d'après la structure du calice propre, soit intérieur, soit extérieur, de chaque fleur. L'un d'eux était l'*astero-cephalus*, dont Necker, adoptant ces genres, avait changé le nom en celui de *chætastrum*. Ces divisions génériques n'ont pas été admises par les botanistes modernes.

**CHETCHIA** (*botan.*). C'est, suivant Rochon, un hieracium de Madagascar, à fleurs jaunes.

**CHÈTE** (*hist. nat.*), soie qui termine les antennes de certaines mouches.

**CHETE-ALHAMAR** (*botan.*). Suivant Daléchamps, ce nom arabe est celui du concombre sauvage, espèce de momordique, *momordica elaterium*. Le concombre cultivé est nommé *chætha* ou *chethe*.

**CHETH**, s. m. (*gramm. hébr.*), nom de la huitième lettre de l'alphabet hébreu. Le *cheth* est fortement aspiré. — Signe numérique de 8.

**CHETHMIE** (*botan.*), nom de l'*hibiscus syriacus*, dans le Levant, suivant Rauwolf. Tournefort le nommait, d'après C. Bauhin, *ketmia Syrorum*, et il paraît ainsi évident que le nom français *ketmie*, donné aux *hibiscus*, provient du nom syrien de cette espèce.

**CHETIB** et **KERI**, en littérature de la Bible, sont des dérivés, le premier, d'un mot hébreu qui veut dire *écrire*, l'autre, d'un mot aussi de la même langue signifiant *lire*. Ces termes sont fréquemment employés par les auteurs juifs pour exprimer la différence entre les originaux des manuscrits et ceux des copies imprimées de l'Ancien Testament. Le *chetib* est le mot adopté dans le texte, et est marqué d'un petit cercle qui le surmonte et renvoie à une expression différente inscrite en marge sous le nom de *keri*, ordinairement indiquée par une lettre copte dont la forme approche de celle du P et quelquefois écrite en caractères rabbiniques. Ces diverses insertions semblent avoir été introduites par Esdras et les cent dix-neuf autres anciens de la grande synagogue. Au sujet de l'introduction du *keri* et du *chetib*, le célèbre rabbin David Kimchi remarque que, pendant la captivité, les livres sacrés furent perdus ou détruits, et que les sages qui excellaient dans la connaissance de l'Ecriture moururent tous. Il en résulta que les membres de la grande sygnagogue chargés de rétablir la loi dans son premier état trouvaient des variantes dans les différents livres. Ils durent donc s'appliquer à les faire concorder. En conséquence, dès qu'ils étaient dans l'incertitude, ils n'écrivaient pas un mot au texte sans y faire une remarque, ni ne plaçaient en marge un autre mot sans renvoyer au texte; ainsi chaque mot du texte ou de la marge avait son correspondant dans la marge (keri) ou dans le texte (chetib). ED. GIROD.

**CHÉTIF, IVE**, adj., vil, méprisable. Il signifie aussi mauvais, qui n'est pas de la bonté, de la qualité dont il devrait être dans son genre. — Familièrement, *Avoir chétive mine*, avoir la mine basse, ou avoir l'air d'un homme malade.

**CHÉTIVEMENT**, adv. d'une manière chétive.

**CHÉTIVETÉ**, s. f. (*néolog.*), état, qualité de ce qui est chétif.

**CHETIVOISON**, s. f. Il s'est dit autrefois, selon le dictionnaire de Trévoux, pour captivité, misère.

**CHÉTOCÉPHALE**, adj. des deux genres (*hist. nat.*), qui a la tête chevelue ou velue.

**CHÉTOCÈRES** (*hist. nat.*), nom d'une famille d'insectes de l'ordre des lépidoptères, que M. Duméril a proposé dans la *Zoologie analytique*, pour y comprendre tous les genres de papillons de nuit dont les antennes sont en soie, et qui proviennent, pour la plupart, de chenilles qui n'ont que dix ou même huit pattes, et qui, en raison de cette organisation, traînent partout avec elles un fourreau qu'elles se filent, et auquel elles fixent des corps étrangers, ou qui se creusent des galeries tapissées d'une sorte de soie dans les substances animales ou végétales, privées de la vie, dont elles se nourrissent. La plupart volent la nuit, et fuient la lumière du jour. — Comme tous les lépidoptères, les insectes parfaits de la famille des chétocères ont quatre ailes écailleuses. Sous l'état parfait, leur bouche, sans mâchoire, est munie d'une langue roulée en spirale entre les palpes; ils ne peuvent, par conséquent, dans cet état, prendre d'autre nourriture que des matières liquides qu'ils absorbent par le canal que forment les lames de cet organe que l'on nomme la LANGUE (*V.* ce mot); ils correspondent par conséquent à cet ordre d'insectes que Fabricius a nommés les glossates. — Le nom de chétocères, sous lequel M. Duméril a indiqué cette coupe de l'ordre des lépidoptères, est formé de deux mots grecs, l'un χαίτη, qui signifie *soie*, et l'autre κέρας, *corne, antennes ;* ce qui tend à rendre l'idée d'antennes en soie, c'est-à-dire plus grêles à l'extrémité libre qu'à l'origine ou au point par lequel elles s'insèrent sur la tête, à peu près comme le poil ou la soie du sanglier : aussi M. Duméril a-t-il proposé comme synonyme l'expression de *séticorne*. Ce n'est pas, au surplus, que les antennes des insectes que le naturaliste cité a réunis par ce caractère soient réellement simples et lisses : elles sont quelquefois divisées sur l'un de leurs côtés en lamelles, comme une sorte de peigne ; mais la tige sur laquelle ces dentelures sont reçues est elle-même sétacée. — Trois autres familles d'insectes appartiennent à cet ordre de lépidoptères. Deux d'entre elles sont très-faciles à distinguer par la forme de leurs antennes, qui sont renflées ou en masse, tantôt à l'extrémité, comme dans les globulicornes, famille qui comprend les papillons, les hétéroptères, les hespéries; tantôt le renflement s'opère vers la partie moyenne, comme dans les sphinx, les sésies, les zygènes, que M. Duméril a nommées les fusicornes, parce que leurs antennes sont en fuseau. — La troisième famille avec laquelle les chétocères pourraient être confondus est celle des filicornes ou némocères, qui comprend les bombyces, les cossus, les hépiales ; mais dans ces trois genres les antennes sont de même grosseur dans toute leur étendue, ou en forme de fil. — Nous présentons dans le tableau suivant la division de cette famille en huit genres, d'après la forme des ailes, qui indique des coupes assez naturelles.

| | | | | | |
|---|---|---|---|---|---|
| A ailes | étendues, planes | fendues ou divisées | | | 8. PTÉROPHORE. |
| | | simples, non divisées | | | 4. PHALÈNE. |
| | inclinées en | toit | plan ; ailes en triangle | | 3. CRAMBE. |
| | | | voûté à base aiguë, à antennes | plus longues que le corps | 7. ALLUCITE. |
| | | | | moins longue | 2. NOCTUELLE. |
| | | | voûté à base arrondie | | 5. PYRALLE. |
| | | fourreau | arrondi, court | | 6. TEIGNE. |
| | | | plat en dessus très-longue | | 1. LITHOSIE. |

**CHÉTOCHILE**, s. m. (*botan.*), arbrisseau du Brésil.

**CHÉTODIPTÈRE** (*hist. nat.*). Lacépède a établi sous ce nom un genre de poissons de la famille des leptosomes qui se distingue par les caractères suivants : deux nageoires dorsales ; dents petites, flexibles et mobiles; tous les autres caractères des chétodons. — Le mot chétodiptère est tiré du grec et signifie chétodon à deux nageoires (χαίτη, *seta ;* ὀδούς, *dens ;* δίς, *duo*, et πτερὸν, *pinna*). — LE CHÉTODIPTÈRE DE PLUMIER : *chætodipterus Plumierii* Bloch. Tête sans écailles ; caudale en croissant ; forme d'une losange. Couleur générale d'un vert mêlé de jaune, avec six bandes transversales étroites, d'un vert foncé ; toutes les nageoires vertes. Ce poisson a été observé par Plumier dans les mers de l'Amérique, où il aime à se tenir au-dessus des fonds pierreux.

**CHÉTODON**, *chætodon* (*hist. nat.*), nom d'un genre de poissons de la famille des leptosomes. Ce genre est très-nombreux en espèces dans Linné, qui l'a ainsi nommé à cause des dents des animaux qui le composent, lesquelles sont semblables à des crins pour la finesse et pour la longueur : χαίτη, en grec, signifie en effet la même chose que le *coma* ou *cæsaries* des Latins, et ὀδούς, *dent*. Ces dents sont rassemblées sur plusieurs rangs, comme les poils d'une brosse. — Tous les poissons qui entrent dans le genre *chætodon* de Linné semblent former une petite famille à part. Ils ont tous le corps très-comprimé, élevé verticalement, et les nageoires dorsale et anale couvertes d'écailles. Ils habitent les mers des pays chauds. Ils sont peints des plus belles couleurs, ce qui en a fait rassembler beaucoup dans les collections. Leur chair est bonne à manger. Les intestins sont longs et amples, et leurs cæcums grêles, longs et nombreux; ils ont une grande et forte vessie aérienne. Ils fréquentent généralement les rivages rocailleux. Leur nom vulgaire, en français, est *bandoulière*. — Lacépède a, le premier, reconnu que ce grand genre de poissons en renfermait plusieurs autres très-distincts; il l'a en conséquence coupé en plusieurs groupes, ne réservant le nom de chétodon qu'à ceux qui n'ont ni dentelures ni épines aux opercules. Les autres espèces sont réparties dans les genres ACANTHINION, ACANTHOPODE, ACANTHURE, ASPISURE, CHÉTODIPTÈRE, ENOPLOSE, GLYPHISODON, HOLACANTHE, POMACANTHE, POMACENTRE et POMADASYS (*V.* ces mots). — Cuvier a encore divisé les chétodons proprement dits en plusieurs sections, sous les noms de CHELMON, PLATAX, HENIOCHUS, EPHIPPUS (*V.* ces mots). — Le caractère du genre chétodon, tel qu'il existe aujourd'hui, est le suivant : *corps ovale; épines dorsales se suivant longitudinalement sans trop se dépasser; dents petites, flexibles, mobiles; bouche petite, non prolongée en bec; une seule nageoire dorsale, opercules ni dentelées ni épineuses* (*V.* LEPTOSOMES).

Chétodon.

Le ZÈBRE (*chætodon striatus* Linn.; Bloch, 205, fig. 1; *Rhomboides edentulus* Klein) : corps orbiculaire; nageoire de la queue arrondie; deux orifices à chaque narine; tête et opercules couvertes d'écailles; anus rapproché de la tête; teinte générale jaune; quatre ou cinq bandes transversales, larges et brunes; les pectorales noirâtres; extrémités de toutes les autres nageoires noires aussi. Chair très-agréable. Des mers des Indes orientales. Le CHÉTODON BRIDÉ (*chætodon capistratus; tetragonopterus levis* Klein) : corps ovale, nageoire caudale arrondie, tête et opercules écailleuses; teinte générale d'un jaune doré, ligne latérale courbée vers le bas; une tache noire, ronde, grande, bordée de blanc sur chaque côté de la queue; une bande transversale sur l'œil. Des raies étroites et brunes se portent vers la tête de chaque côté du corps, en partant des nageoires dorsale et anale. Ce poisson ne parvient pas au delà de trois ou quatre pouces de longueur. Il habite la mer de la Jamaïque et celle des Indes; on le pêche à Tranquebar. Le CHÉTODON TACHE NOIRE (*chætodon unimaculatus* Linn.; Bloch, 201, fig. 1) : nageoire caudale en croissant; une bande transversale large et noire au-dessus de la nuque, des yeux et des opercules; une tâche noire, grande et arrondie, sur la ligne latérale; dos argenté taché de jaune; nageoires jaunâtres; extrémités de la dorsale et de l'anale et base de la caudale d'un brun marron. Des mers du Japon et de l'Inde. Le COLLIER (*chætodon collare* Linn.; Bloch, 206, fig. 1) : caudale arrondie, museau un peu avancé, membrane saillante au-dessus d'une partie du globe de l'œil, un seul orifice à chaque narine; deux lignes latérales de chaque côté, la supérieure s'élevant du haut de l'opercule jusqu'à la dorsale, et l'inférieure s'étendant au milieu de la queue jusqu'à la caudale directement; deux bandes transversales blanches sur la tête; dos bleu, tête brune, nageoires jaunâtres. Du Japon. Le CHÉTODON HUIT-BANDES (*chætodon octo-fasciatus* Bl.; *chætodon capistratus; perca nobilis* Linn.) : caudale arrondie, museau un peu avancé, un seul orifice à chaque narine, tête et opercules écailleuses, deux orifices à chaque narine, museau cylindrique, teinte générale jaune; une bande transversale noire au-dessus de chaque œil; une bande noire, fléchie en crochet, vers l'extrémité de la queue, et étendue depuis la dorsale jusqu'à l'anale; ces deux nageoires et la caudale bordées de noir; un croissant noir sur la caudale. Ce poisson, dont la chair est grasse, ferme et d'une saveur agréable, vient des mers de l'Asie, entre les tropiques. Le CHÉTODON KLEIN (*chætodon Kleinii;* Bloch, 218, 2) : caudale arrondie, un seul orifice à chaque narine; couleur générale mêlée d'or et d'argent; une seule bande transversale brune et placée sur la tête, de manière à passer sur l'œil; nageoires d'un jaune doré. Des mers de l'Inde. Le SÉTON (*chætodon setifer; pomacentre filament.* Lacép.) : caudale arrondie; un filament très-long et une tâche noire, ovale, bordée de blanc, à la nageoire du dos; un bandeau noir, bordé de blanc, passant sur chaque œil, raies rouges à directions variées, sur les côtés du corps, dont la teinte générale est jaune; la plupart des nageoires bordées de noir. C'est une dentelure, indiquée à faux au préopercule de ce chétodon dans la planche 426 de Bloch, fig. 1, qui a engagé à le placer parmi les pomacentres. Le COCHER (*chætodon auriga* Forskaël) : le cinquième rayon aiguillonné de la dorsale terminé par un très-long filament; écailles rhomboïdales; couleur générale bleuâtre; quinze ou seize bandes courbes, brunes, obliques de chaque côté du corps; quatre bandes transversales, rousses sur la tête; une bande noire sur les yeux et sur le bord de la dorsale. Des mers de l'Arabie et de l'île de France. CHÉTODON ALÉPIDOTE (*chætodon alepidotus*) (*V.* SESERINUS); CHÉTODON ANNEAU (*V.* HOLACANTHE); CHÉTODON ARGENTÉ : l'abbé Bonnaterre appelle ainsi l'acanthopode argenté (*V.* ACANTHOPODE); CHÉTODON ARMÉ (*V.* ENOPLOSE); CHÉTODON ARQUÉ : c'est un *pomacentre* (*V.* ce mot); CHÉTODON ARGUS (*chætodon argus*) (*V.* EPHIPPUS); CHÉTODON ARUSET (*V.* HOLACANTHE); CHÉTODON ASFUR (*V.* POMACANTHE); CHÉTODON BENGALI (*chætodon bengalensis* Bloch.) (*V.* GLYPHISODON); CHÉTODON DE BODDAERT (*chætodon Boddaerti*) (*V.* ACANTHOPODE); CHÉTODON BORDÉ (*chætodon marginatus*) (*V.* GLYPHISODON); CHÉTODON CHAUVE-SOURIS (*chætodon vespertilio*) (*V.* PLATAX); CHÉTODON CHIRURGIEN (*chætodon chirurgus* Linn.) (*V.* ACANTHURE); CHÉTODON CORNU (*V.* HENIOCHUS); CHÉTODON DES ILES DE NICOBAR (*chætodon nicobarensis* Schn.) : c'est probablement le même poisson que l'holacanthe géométrique de M. de Lacépède (*V.* HOLACANTHE); CHÉTODON A DEUX ÉPINES (*chætodon diacanthus* Boddaert) : ce poisson paraît être le même que l'holacanthe-duc (*V.* HOLACANTHE); CHÉTODON DORADE DE PLUMIER : l'abbé Bonnaterre appelle ainsi le pomacanthe doré (*V.* POMACANTHE); CHÉTODON DOUBLE-AIGUILLON (*chætodon biaculeatus* Bloch) (*V.* PREMNADE); CHÉTODON DUC (*chætodon dux*) (*V.* HOLACANTHE); CHÉTODON EMPEREUR (*V.* HOLACANTHE); CHÉTODON ENCELADE (*chætodon enceladus*) : ce poisson paraît être le même que le chelmon museau allongé (*V.* CHELMON); CHÉTODON FAUCHEUR (*chætodon falcatus* Lacép.) (*V.* EPHIPPUS); CHÉTODON FAUCILLE (*chætodon falcula*) (*V.* POMACENTRE); CHÉTODON FORGERON (*chætodon faber*) (*V.* EPHIPPUS); CHÉTODON GAHER Forsk. : c'est l'acanthure noiraud de Lacépède (*V.* ACANTHURE); CHÉTODON GALLINE (*chætodon gallina* Lacép.) (*V.* PLATAX); CHÉTODON GLAUQUE : c'est l'acanthinion bleu de M. de Lacépède (*V.* ACANTHINION); CHÉTODON GOUTTEUX (*chætodon arthriticus* Schn.) (*V.* PLATAX); CHÉTODON A GRANDES ÉCAILLES (*chætodon macrolepidotus*) (*V.* HENIOCHUS); CHÉTODON GRISON (*chætodon canescens*) (*V.* HENIOCHUS et POMACANTHE); CHÉTODON GUAPERVE Daubenton (*V.* CHEVALIER); CHÉTODON JAGAQUE : quelques auteurs ont donné ce nom au glyphisodon moucharra de M. de Lacépède (*chætodon saxatilis* Linn.) (*V.* GLYPHISODON); CHÉTODON LANCÉOLÉ (*V.* CHEVALIER); CHÉTODON LICORNET (*chætodon unicornis*) (*V.* MASON); CHÉTODON LUTESCENT (*V.* POMACANTHE); CHÉTODON MACULÉ (*chætodon maculatus* Bloch.) (*V.* GLYPHISODON); CHÉTODON MULAT Bloch. C'est un holacanthe (*V.* ce mot); CHÉTODON MUSEAU ALLONGÉ (*chætodon rostratus*) (*V.* CHELMON); CHÉTODON NOIRAUD Daubent. : c'est l'acanthurus nigricans de M. de Lacépède (*V.* ACANTHURE); CHÉTODON ORBE (*chætodon orbis* Bloch.) (*V.* EPHIPPUS); CHÉTODON PAON (*chætodon pavo*) (*V.* POMACENTRE); CHÉTODON PARU (*V.* POMACANTHE); CHÉTODON PEIGNE : c'est l'holacanthus ciliaris (*V.* HOLACANTHE); CHÉTODON PENTACANTHE Lacép. (*V.* PLATAX) : CHÉTODON PERSIEN Bloch : c'est l'acanthure noiraud de M. de Lacépède (*V.* ACANTHURE); CHÉTODON A PETITES ÉCAILLES (*chætodon microlepidotus* Gron.) : c'est l'holacanthus ciliaris (*V.* HOLACANTHE); CHÉTODON PONCTUÉ (*chætodon punctatus* Linn.) (*V.* EPHIPPUS); CHÉTODON RAYÉ (*chætodon lineatus* Linn.) : c'est l'acanthure rayé de M. de Lacépède (*V.* ACANTHURE); CHÉTODON RHOMBOIDE (*V.* ACANTHINION); CHÉTODON SALE (*chætodon sordidus*) (*V.* POMACANTHE); CHÉTODON SARGOIDE (*V.* GLYPHISODON); CHÉTODON SOHAB : c'est un aspisure (*V.* ce mot); CHÉTODON SOUFFLET (*chætodon longirostris*) (*V.* CHELMON); CHÉTODON TACHETÉ (*chætodon guttatus*) (*V.* CENTROGASTÈRE); CHÉTODON TEIRA (*chætodon teira*) (*V.* PLATAX); CHÉTODON TRICOLORE : c'est un holacanthe (*V.* ce mot); CHÉTODON VEUVE-COQUETTE : l'abbé Bonnaterre appelle ainsi l'holacanthe bicolore (*V.* HOLACANTHE); CHÉTODON ZÈBRE Daubent. (*chætodon tristegus* Linn.) : c'est une espèce d'acanthure (*V.* ce mot).

**CHÉTODONOIDE** (*hist. nat.*), nom spécifique du PLECTORINQUE (*V.* ce mot). — C'est aussi le nom d'un LUTJAN de Lacépède (*V.* ce mot).

**CHÉTOLIER** (*jurispr.*) (*V.* CHEPTELIER).

**CHÉTOLOXES** (*hist. nat.*). C'est le nom par lequel M. Duméril a désigné une famille nombreuse d'insectes à deux ailes ou de l'ordre des diptères, dont la bouche charnue, rétractile, peut rentrer dans une cavité de la tête, et dont les antennes portent un poil isolé, latéral, simple ou barbu. Ce dernier caractère se trouve à peu près exprimé par le nom tiré de deux mots grecs χαίτη, soie, et λοξός, latéral, oblique, que l'auteur a cherché aussi à rendre français par le mot tiré du latin *laterisetes*. — Les diptères, que M. Duméril a ainsi rapprochés, diffèrent en effet de tous ceux du même ordre par les particularités que nous allons rappeler : d'abord des taons, des asiles, des stomoxes, des cousins, enfin de tous les insectes à deux ailes dont la bouche est formée d'un suçoir saillant, corné, et que M. Duméril a nommés sclérostomes; ensuite des oestres ou astomes, qui n'ont, à la place d'une trompe ou d'un suçoir, que trois tubercules qui ne paraissent pas tenir à la nutrition. Dans une autre famille, la bouche, charnue et distincte, diffère de celle des chétoloxes, parce qu'elle est munie de palpes ou barbillons articulés, et supportée par un museau plat et saillant, et que d'ailleurs les antennes sont le plus souvent allongées, formées d'un grand nombre d'articulations distinctes, comme dans les tipules, les hirtées, les scatopses, que M. Duméril a nommés becs-mouches ou hydromyes. Les seuls insectes avec lesquels ceux-ci pourraient être confondus sont les aplocères; ils leur ressemblent en effet beaucoup par les formes et les habitudes; mais ceux-ci ou n'ont point de poil isolé sur les antennes, ou, s'ils en portent un, il est placé à l'extrémité (*V.* l'article APLOCÈRES). Nous présentons ici le tableau analytique qui indique les genres compris dans la famille des diptères chétoloxes, d'après la disposition du poil latéral des antennes.

| Poil | | | | | | | |
|---|---|---|---|---|---|---|---|
| simple, à article du milieu | plus court; tête | portée sur un col; corps linéaire, pattes longues | | | | | 2. CALOBATE. |
| | | sessile; ventre | courbé, conique; pattes | très-longues | | | 1. DOLYCHOPE. |
| | | | | ordinaires | | | 5. COSMIE. |
| | | | ovale; antennes en | fuseau | | | 9. MULION. |
| | | | | palette | cachée; cuilleron | simple | 4. CÉROCHÈTE |
| | | | | | | cillé | 6. THÉRÈVE. |
| | | | | | dressée; à tête | sessile | 10. SYRPHE. |
| | | | | | | isolée | 8. SARGE. |
| | plus long; antennes | cachées; corps à poils roides | | | | | 7. ECHINOMYE. |
| | | dressées en avant dans le repos | | | | | 3. TÉTANOCÈRE. |
| plumeux ou barbu; tête | prolongée en bec; ventre vide | | | | | | 11. CÉNOGASTRE. |
| | non prolongée; ventre opaque | | | | | | 12. MOUCHE. |

**CHÉTOPHORE**, s. f. (*botan.*), genre de mousses.

**CHÉTOPODE**, adj. des deux genres (*hist. nat.*), qui a des soies pour pattes.

**CHÉTOPODES**, s. m. pl. (*hist. nat.*), classe d'animaux articulés.

**CHÉTOSPORE**, s. f. (*botan.*), genre de plantes de la Nouvelle-Hollande.

**CHÉTRON** (*terme de coffretier-malletier*). C'est une espèce de petite layette, en forme de tiroir, qu'on ménage dans quelque endroit du dedans d'un coffre, pour y mettre à part les choses ou de plus de conséquence, ou qu'on veut trouver plus aisément sous la main.

**CHETUM** (*botan.*), nom égyptien de la pulicaire, *psyllium*, suivant Mentzel. Son nom arabe, cité par Daléchamps, est *basara chatona*.

**CHÉTURE**, s. f. (*botan.*), genre de plantes graminées.

**CHÉTUS**, un des cinquante fils d'Egyptus, époux de la danaïde Astéria.

**CHETWOOD** (GUILLAUME RUFUS), après avoir été longtemps libraire à Covent-Garden, entra, dans une position fort inférieure, au théâtre de Drury-Lane, où il eut surtout pour fonction de former les jeunes acteurs à la déclamation. Il ne s'enrichit pas dans cet emploi, plus conforme pourtant à son génie dramatique que sa première profession, et mourut dans l'indigence en 1766. Indépendamment de quelques pièces que nous n'exhumerons pas de l'oubli qu'elles ne méritent pas plus que tant d'autres, on doit à Chetwood une *Histoire générale du théâtre*, que les éditeurs de la *Biographie dramatique anglaise* ont fort dépréciée, et qui n'en est pas moins très-intéressante par la foule de renseignements exacts et piquants qu'elle contient. Il est vrai que les compilateurs du même genre ont amplement puisé dans Chetwood, ce qui sans doute semble rendre son ouvrage inutile, mais ce qui, dans cette hypothèse même, ne dispensait pas de le nommer. On pourrait ajouter qu'en examinant bien cette *Histoire générale du théâtre*, on y retrouverait encore des faits précieux.

**CHETWOOD** (KNIGHTLY), ecclésiastique, né en 1652 à Coventry, élève d'Eton et de Cambrigde, puis membre du collége du roi en 1683, chapelain de lord Darmouth, de la princesse de Danemarck, de Jacques II, prébendier de Wells, recteur de Brool Rissington, archidiacre d'Yorck, fut enfin désigné par Jacques II pour le siége épiscopal de Bristol, quelques jours avant l'abdication de ce prince. La révolution, en annulant ce que Jacques venait de faire pour lui, n'eut point en Chetwood un irréconciliable ennemi. Nous le retrouverons en 1709 chapelain général de toutes les forces anglaises dans les Pays-Bas, et, de 1707 à 1720, doyen de Glocester. Il mourut dans cette dernière année à Tempsford (Bedford). Plus homme de lettres qu'homme d'Eglise, et plus homme du monde qu'érudit, Chetwood était un grand auteur de préfaces, de pièces fugitives, de morceaux fragmentaires. On a de lui la *Traduction de la vie de Lycurgue*, dans la *Traduction générale des vies parallèles*, publiée à Cambridge en 1683; la *Vie de Virgile* et la *Préface* placée en tête des *Bucoliques*, dans le *Virgile* de Dryden (à qui d'ordinaire on attribue ces deux morceaux); la *Vie de Wentworth, comte de Roscommon*, son ami (elle existe manuscrite à la bibliothèque publique de Cambridge, et Fenton en a tiré les anecdotes qu'il a placées dans ses notes sur les poésies de Waller); diverses *poésies* disséminées dans les Mélanges de Dryden et la collection de Nicholas; trois *Sermons*, un *Discours* à la chambre des communes, etc.

**CHEUKUS** (*botan.*). Dans l'*Abrégé de l'histoire générale des voyages*, on lit que le fruit du goyavier, *psidium*, est ainsi nommé en Chine.

**CHEUNCE, BHUNTE, BIRUACH** (*botan.*), noms arabes de l'asphodèle ordinaire, *asphodelus ramosus*, suivant Daléchamps. Tabernæmontanus et Mentzel la nomment *chenuce*. Le nom de *burak* est cité par Forskaël pour l'*asphodelus fistulosus*.

**CHEUQUE** (*hist. nat.*). Les habitants du Chili appellent ainsi l'oiseau qui remplace l'autruche en Amérique, et qui, de plus petite taille que l'autruche d'Afrique, en diffère surtout parce qu'il a trois doigts (*V.* NANDOU).

**CHEVAGE**, s. m. (*jurispr.*), signifiait autrefois le chef-cens, *chevagium quod domino tanquam capiti penditur*; Spelman, *Gloss.* C'est la même chose que le droit de quevage dont il est parlé à la fin du procès-verbal des coutumes de Montdidier, Roye et Péronne (*V.* Brodeau, sur Paris, tit. *Des censives*). — CHEVAGE était aussi un droit de douze deniers parisis, ainsi nommé parce qu'il se levait chaque année, au bailliage et au ressort de Vermandois, sur chaque chef, marié ou veuf, bâtard, esclave ou aubain. Ce droit appartenait au roi; pour la connaissance de ceux qui venaient demeurer dans ce bailliage, il en est parlé dans le *procès-verbal de la coutume de Laon de l'an 1556*, sur le titre premier, selon l'ancienne coutume du lieu (*V.* aussi *le Guidon des financiers*, et Becquet, *Traité du droit d'aubaine*, chap. 3 et 4).

**CHEVAGIERS** (*jurispr.*). Ce sont ceux qui devaient le droit de chevage. Il en est parlé dans les *ordonnances concernant les nobles de Champagne*, chap. 8, art. 15 (*V.* ci-dessus CHEVAGE).

CHEVAL, *equus caballus* (*hist. nat.*). Le cheval est le premier chaînon de la classe des solipèdes. Les espèces peu nombreuses de cette classe ont beaucoup de ressemblance entre elles; leurs caractères distinctifs sont six incisives à chaque mâchoire, deux canines appelées crochets, les femelles en sont ordinairement dépourvues; un seul doigt, dont la dernière phalange est enfermée dans un sabot. Les autres animaux de cette classe sont l'âne, *equus asinus*; le zèbre, *equus zebra*, le couagga, *equus quagga*. On voit aussi au jardin des plantes le dawn, l'hermione, autres individus de ce genre. Le cheval produit avec l'âne. Cette classe, dont le métacarpe et le métatarse ainsi que la région phalangienne ne présentent qu'un seul os à chacune de ces régions, et dont l'appui sur le sol n'a lieu que par le dernier phalangien, est celle qui s'éloigne le plus du type humain. — Les poëtes et les naturalistes se sont plu à faire l'éloge de cet animal si beau, si utile. Et après Buffon que dire de mieux du cheval? bornons-nous à constater ses droits à toute la sollicitude de l'homme, comme le compagnon de sa gloire, de ses dangers et de ses travaux. La mythologie lui donnait une origine céleste : c'est Neptune qui le fait sortir de terre, comme la chose la plus nécessaire. — Il a fallu du temps et beaucoup de hardiesse à l'homme pour se rendre maître du cheval et le dresser aux différents usages qu'il remplit de nos jours. L'âne, le bœuf, le chameau, animaux plus paisibles, ont été plus facilement réduits en domesticité par les premiers habitants de la terre pour les aider dans leurs travaux pénibles. Le cheval de ce temps-là, qui existe encore sans altérations, était peu propre aux travaux de l'agriculture, et son premier usage a été sans doute celui de la guerre. — L'Ecriture sainte, le guide le plus fidèle pour les premiers âges du monde, ne parle, au temps d'Abraham, que de l'âne, du bœuf et du chameau, comme bêtes de trait et de somme. Jacob en se séparant de Laban, plaça ses enfants sur des chameaux pour son voyage; et les animaux qui lui furent donnés en partage consistaient en deux cents chèvres et vingt boucs, deux cents brebis et vingt béliers, trente chamelles laitières et leurs petits, quarante vaches et dix taureaux, vingt ânesses et dix ânons; il n'est nullement fait mention du cheval, ce qui peut faire supposer avec raison qu'il était à peine connu au pays de Chanaan. C'est sur la fin de la vie de Jacob, qui vécut 150 ans, que l'on trouve la première mention du cheval dans cette circonstance : les fils de Jacob, pour obtenir du blé pendant la famine qui affligeait le pays de Chanaan, prirent des Egyptiens des chevaux, des ânes et des troupeaux pour les offrir à Joseph pour le pharaon. On voit également que lorsque Joseph accompagna le corps de son père pour l'enterrer dans la terre de Chanaan, il avait avec lui une grande quantité de chariots et d'hommes à cheval. — Les Egyptiens, le premier peuple civilisé, eurent des armées formées de cavalerie et de chariots de guerre, et ce fut 250 ans environ après la mort de Jacob qu'un de leurs pharaons, poursuivant les Hébreux, fut englouti dans les flots de la mer Rouge avec ses chevaux et ses chariots de guerre. Les chronologistes placent cet événement 1556 ans avant la naissance de Jésus-Christ. — Les Grecs et les Romains disent qu'Ericthon fut le premier qui attela des chevaux à un char. Les Thessaliens, issus d'Egyptiens qui fondèrent une colonie en Grèce, apportèrent avec eux l'art de dresser les chevaux, et le mot égyptien ERICTHO, dont les Grecs firent ERICTHEUS ou ERICTHONIUS, est composé de deux parties, ERI, *facere*, ou *rei alicujus auctorem esse* et CHTO ou ICHTO, *equus*, cheval; de là ERICTHO, qui s'occupe des chevaux et auteur de l'art de les dresser, art dont s'occupa constamment Ericthonius. Neptune fut aussi surnommé Ericthonius, ou Erictheus, pour avoir donné le cheval. On attelait des chevaux à son char, et à Athènes on avait élevé une statue équestre en son honneur. — Les Thessaliens, parmi les Grecs, parurent les premiers à cheval, et l'étonnement qu'ils produisirent les fit regarder comme des êtres réunissant à la fois la nature de l'homme et celle du cheval. On les nomma Centaures. L'un deux nommé *Chiron* présida à l'éducation d'Achille et professa la médecine. Les temps ne sont pas encore éloignés où l'éducation des princes était confiée aux hommes qui joignaient à une grande moralité l'adresse dans les exercices de l'équitation, des armes, etc. Lors de la découverte de l'Amérique par les Espagnols, partie du monde dans laquelle le cheval était inconnu, les hommes à cheval étonnèrent les habitants du pays, qui les regardaient comme des êtres surnaturels; à leurs yeux, l'homme et le cheval ne faisaient qu'un. — Le cheval est originaire de l'Orient, et c'est seulement dans ces climats qu'il se conserve pur. Les Arabes, en possession des belles races dont ils font remonter l'origine aux haras du roi Salomon, ont grand soin de choisir les individus les plus beaux et dont la généalogie est authentique pour en tirer produit. Ils ont des registres, tenus avec une grande formalité, pour constater la pureté d'alliance de leurs plus belles races. — Aussitôt que le cheval s'éloigne des lieux de son origine il dégénère, et les deux climats les plus opposés, c'est-à-dire là où est l'extrême chaleur ou le très-grand froid, on n'élève que des chevaux petits, faibles et peu propres à l'usage de l'homme. — Partout où l'homme s'est établi il y a transporté le cheval, et partout le cheval a subi dans sa conformation des modifications qui ont établi les diverses races, dont les unes sont propres à la guerre, à la chasse, au manége, à la promenade, au voyage, les autres aux carrosses, aux cabriolets, aux diligences, à la poste, enfin à traîner les plus lourds fardeaux. — La France, grâce à ses différents climats, trouvait chez elle les races propres à tous ces services, et chacune de ces races présentait de la supériorité. Dire comment les races françaises se sont anéanties, comment celles étrangères se sont généralement améliorées, c'est ce que nous tâcherons de faire au mot ÉLÈVE DES ANIMAUX. — La beauté du cheval n'est pas imaginaire; elle résulte des proportions de chacune des parties de son ensemble, quel que soit le service auquel il est propre, proportions qui établissent la force et la vigueur. Bourgelat, fondateur de l'art vétérinaire en France, où les autres nations sont venues l'étudier, a étudié ces proportions sur les chevaux qui à la plus belle conformation réunissaient le plus de qualités. Il a pris pour type métrique la tête, qui se subdivise en plusieurs parties. — Nous indiquerons seulement les principales proportions. Ainsi un cheval, mesuré du sommet du garrot, à terre, doit avoir deux têtes et demie; la même mesure doit se trouver de la pointe de l'épaule à la pointe de la fesse. Une longueur de tête donne la hauteur comme la largeur de la cavité thorachique, etc. — Ces mesures conviennent également au cheval de trait comme au cheval de selle. Cependant dans le cheval de selle on demande, avec la force, l'épaisseur des articulations, des muscles bien dessinés, une tête sèche, légère, un œil grand et vif, des naseaux bien fendus, une bouche à lèvres minces, une encolure peu épaisse, se joignant à la tête par une attache bien distincte, se terminant au garrot par une légère dépression nommée *coup de hache*, et insensiblement avec le poitrail, garnie à sa partie supérieure de crins longs et fins. — Le garrot doit être bien sorti, un peu maigre; le dos sans être long ne doit pas être trop court; les mouvements du cheval, surtout celui de selle en seraient plus durs; le rein sera court; les éminences osseuses des hanches, des fesses, doivent se faire légèrement sentir dans la croupe, qui ne sera pas *coupée* ou trop courte, ni *avalée* ou trop oblique. — L'épaule et le bras, peu chargés de chair, doivent être fixés sur les côtes; l'épaule dans une direction légèrement inclinée de derrière en avant, le bras dans une direction opposée. L'union de l'épaule avec l'encolure et le poitrail sera marquée par une légère dépression nommée *appui du collier*. Le coude détaché du corps, bien prononcé; l'avant-bras sera large; le genou, effacé, aura une base large. Le tendon se détachera du canon; le sabot, d'un corne brune et lisse, doit surtout avoir les talons bien faits et écartés. — Les membres postérieurs doivent également présenter de la force; les muscles de la cuisse et de la jambe bien prononcés; le tendon d'Achille bien détaché; le jarret épais, plutôt un peu droit que trop courbé; la partie postérieure des tendons, des boulets et des paturons doit être dénuée de poils longs. — Le cheval de trait devant traîner des fardeaux plus ou moins lourds, aux porportions générales du cheval de selle, doit avoir des formes plus massives, des muscles plus prononcés. L'avant-main surtout doit, par son poids et sa force, enlever une partie du fardeau. Pour ces chevaux, c'est la véritable conformation athlétique qu'il faut rechercher. — Dans tous les chevaux, il faut rejeter ceux qui ont des yeux petits, couverts, d'une grandeur inégale : ils sont disposés à des maladies qui amènent souvent la perte de la vue; ceux qui ont la tête par trop *busquée* : ils sont sujets à corner. On évitera également de choisir ceux dont le dos est par trop *ensellé*, dont le poitrail est serré, dont les côtes sont courtes et plates, dont le flanc est retroussé ou dont le ventre trop volumineux est tombant. — *Age du cheval*. Celui qui achète un cheval est intéressé à connaître son âge, pour pouvoir proportionner le travail auquel il le soumet à ses forces. Ceux qui élèvent les chevaux et ceux qui les vendent ont intérêt à tromper l'acheteur et de faire paraître l'animal en vente plus âgé ou moins âgé qu'il ne l'est réellement. Sans entrer dans des détails minutieux sur la connaissance de l'âge du cheval, j'espère en dire assez pour mettre celui qui achète à l'abri des fraudes. — Les incisives du cheval, au nombre de douze, six à chaque mâchoire, ont une forme pyramidale, dont la base ou partie libre est en dehors de la gencive et dont la pointe est enfermée dans l'alvéole. La partie libre de la dent est aplatie de devant en arrière, puis, à mesure qu'elle marche vers sa pointe ou racine implantée dans l'alvéole, elle devient triangulaire, ronde, et se termine en pointe, qui longtemps présente un canal dans lequel pénètrent les vaisseaux qui portent la nourriture à la dent. — La table ou surface de la partie libre de la dent présente une cavité assez profonde; cette cavité est oblongue dans le sens du grand diamètre de la dent. Les bords de cette cavité sont tranchants lorsque la dent sort de la gencive, et l'interne est plus bas que l'externe. A mesure que la dent pousse et qu'elle frotte avec la dent correspondante de l'autre mâchoire, les bords s'usent et viennent au même niveau; puis, l'usure continuant, la cavité diminue, et enfin s'efface. Alors paraît un point noirâtre qui formait le fond de la cavité, et que l'on nomme *germe de fève*. Cependant du moment que la dent frotte, elle change de forme en raison de l'usure qu'elle éprouve, son grand diamètre diminue, le petit augmente, et successivement elle devient plus épaisse, triangulaire, puis ronde. — L'usure des dents de la mâchoire inférieure mobile est plus prompte que celle de la mâchoire supérieure, soit par la loi mécanique que le corps frottant s'use plus que le corps frotté, et peut-être encore parce que les dents de la mâchoire inférieure sont de moindre dimension que celles de la supérieure. — Le poulain, qui vient au monde sans dents incisives, les a toutes deux ou trois mois après sa naissance. Ces dents, dites de lait ou caduques, doivent tomber et être remplacées plus tard. Elles diffèrent de celles qui viennent après elles par leur volume moindre, par une plus grande blancheur et par un rétrécissement marqué à leur collet : c'est ainsi que l'on appelle le point de séparation de la partie libre de la dent avec la racine. — Jusqu'à l'âge de deux ans et demi à trois ans les dents caduques s'usent, leurs cavités s'effacent; mais cette usure n'a pas été assez étudiée pour juger exactement de l'âge du poulain. — A deux ans et demi, trois ans, les pinces, c'est-à-dire les deux incisives du milieu de chaque mâchoire tombent, et sont remplacées par les dents de cheval ou persistantes. On remarquera que ce sont ordinairement les dents de la mâchoire supérieure qui poussent les premières. A trois ans et demi, quatre ans, les mitoyennes, c'est-à-dire celles qui sont à côté des pinces, éprouvent le même sort, et à quatre ans et demi, cinq ans, vient le tour des coins, qui sont les dernières de la demi-couronne dentaire, forme que présente l'ensemble des dents incisives. Le poulain prend alors le nom de cheval. Mais déjà la cupidité a poussé à faire paraître le cheval plus âgé, pour épargner plus ou moins de temps de nourriture. Pour cela on arrache les dents de lait, arrachement qui paraît activer la sortie des dents de cheval, ou du moins qui fait croire que le cheval est parvenu à l'âge qu'il aurait si les dents étaient tombées naturellement. Ce sont ordinairement les chevaux de trois et quatre ans que l'on cherche à avancer d'âge, si leur développement prête à cette supercherie. On déjouera facilement cette supercherie en se rappelant que lorsqu'une dent incisive paraît, son bord externe est plus élevé que l'interne, qui ne sort de la gencive que lorsque le premier a déjà subi un léger frottement, et que l'interne ne commence à frotter qu'au bout de quelques mois, l'externe étant assez usé pour se trouver au niveau de l'interne. Ainsi donc si l'on présente comme ayant cinq ans un cheval dont les mitoyennes (ou dents de quatre ans) auront encore le bord externe tranchant, le bord interne dans la gencive ou beaucoup plus bas que l'interne, on est assuré que le cheval n'a pas l'âge qu'on lui donne; il en est de même pour les chevaux de trois ans, auxquels on veut donner l'apparence de quatre. La fraude est encore plus apparente si le vendeur maladroit a arraché à la fois les quatre dents incisives, la nature prudente n'opérant naturellement cette opération douloureuse que graduellement. — De quatre à cinq ans, dans le mâle de l'espèce, paraissent les quatre dents canines : elles servent peu à la connaissance de l'âge, leur usure irrégulière ayant lieu souvent par leur frottement sur le mors dans les chevaux mal embouchés. A six ans, les cavités des pinces sont effacées, ou, selon l'expression générale, sont rasées; à sept ans les mitoyennes et à huit ans les coins : le cheval était regardé alors comme hors d'âge, c'est-à-dire que l'on n'avait plus de signes pour reconnaître l'âge. Cependant il reste encore les dents de la mâchoire supérieure dont les cavités, quoique diminuées, ne sont pas détruites et auxquelles on peut recourir. Ainsi à neuf ans les pinces de la mâchoire supérieure rasent, à dix ans les mitoyennes, et à onze ans les coins. Dès lors on ne peut étudier qu'approximativement l'âge sur la longueur apparente et le changement de conformation qu'éprouvent les dents. Dès huit ans les dents commencent à paraître plus longues, parce que les gencives sont moins épaisses, le palais aussi, le calibre des vaisseaux sanguins diminuant. A seize, dix-huit ans au contraire, elles diminuent de longueur, parce que le travail osseux alvéolaire qui remplissait et chassait au dehors la dent cesse. Quant à la conformation, les dents deviennent triangulaires, rondes, et cela successivement en commençant par les pinces, puis les mitoyennes, enfin les coins. — Les poils blancs qui viennent sur la tête, particulièrement autour des yeux, les plis de la peau, les lèvres pendantes sont encore des signes qui viennent témoigner de la vieillesse. — Si dès le jeune âge du cheval on a eu intérêt à altérer les signes qui le font connaître, cet intérêt devient encore plus grand lorsqu'il est vieux; aussi de tout temps les marchands, les maquignons, se sont-ils exercés plus ou moins habilement à donner aux dents l'apparence de la jeunesse; et comme c'est la cavité de la dent qui en est le signe apparent, leur industrie est de rétablir cette cavité. C'est ce qu'ils font en creusant les dents avec des burins et, par excès de précaution, en brûlant avec un fer rouge, le fond de la cavité artificielle, pour imiter ce que l'on appelle le *germe de fève*. Les plus adroits liment aussi la dent en talus pour la faire paraître plus tranchante et moins épaisse. On ne sera pas dupe de ces fraudes, en se rappelant la conformation des dents et l'altération de leurs formes en raison de leur usure. Avant que la dent ne devienne triangulaire, il ne doit plus exister de cavité; cette cavité jusqu'à son effacement doit toujours être oblongue et son bord interne moins épais que l'externe. Dans les chevaux *contre-marqués*, expression d'usage, la cavité artificielle est plutôt ronde au milieu de la dent; sur la table on aperçoit les traces du burin ou de la lime, le fer rouge produit une aréole roussâtre, qui n'existe pas autour du *germe de fève* naturel. — Il y a des chevaux chez lesquels la cavité des dents incisives ne s'efface jamais : ces chevaux sont appelés *bégus*. Dans les uns, toutes les dents conservent leurs cavités; dans d'autres, la cavité persiste seulement dans quelques-unes des incisives. Si les pinces sont pourvues des cavités et que les mitoyennes et les coins soient rasés, il n'est pas possible de se méprendre, l'effacement des cavités se trouvant en ordre inverse du naturel; mais on peut facilement se tromper si le cheval est *bégu* des mitoyennes et des coins, ou de ceux-ci seulement. L'usure et la forme de la dent sont les marques qui peuvent vous mettre en défiance sur l'âge que présente alors le cheval. Aussi recommanderons-nous aux personnes qui peuvent acheter souvent des chevaux d'étudier la connaissance de leur âge sur le changement de forme qu'éprouvent les dents à mesure que le cheval vieillit. — La permanence du germe de fève constitue les chevaux que l'on appelle *faux bégus* : elle ne doit pas induire en erreur, la seule marque que l'on doive consulter étant la cavité de la dent. — Il faut considérer en examinant l'âge du cheval, si le bord externe n'est point usé en biseau, ce qui est la marque que le cheval *tique*, vice compris dans les cas rédhibitoires, mais qui cesse de l'être s'il y a usure des dents, usure qui a averti l'acheteur du vice existant, et qui cesse alors d'être rédhibitoire.

Cheval arabe.

DELAGUETTE.

CHEVAL (*économ. rur.*). Je vais parler du cheval dans ses rapports avec l'agriculture, et, pour rendre ce que j'ai à dire moins fatigant à nos lecteurs, je leur donne d'abord le portrait brillant et rapide que Buffon a tracé de cet animal : une belle page de ce grand peintre de la nature est un heureux moyen de les intéresser et de leur plaire. — « La plus noble conquête que l'homme ait jamais faite est celle de ce fier et fougueux animal qui partage avec lui les fatigues de la guerre et la gloire des combats. Aussi intrépide que son maître, le cheval voit le péril et l'affronte; il se fait au bruit des armes, il l'aime, il le cherche, et s'anime de la même ardeur. Il partage aussi ses plaisirs, à la chasse, aux tournois, à la course; il brille, il étincelle; mais, docile autant que courageux, il ne se laisse point emporter à son feu, il sait réprimer ses mouvements; non-seulement il fléchit sous la main de celui qui le guide, mais il semble consulter ses désirs, et, obéissant toujours aux impressions qu'il en reçoit, il se précipite, se modère, ou s'arrête, et n'agit que pour y satisfaire : c'est une créature qui renonce à son être pour n'exister que par la volonté d'un autre, qui sait même la prévenir, qui, par la promptitude et la précision de ses mouvements, l'exprime et l'exécute; qui sent autant qu'on le désire, et ne rend qu'autant qu'on veut; qui, se livrant sans réserve, ne se refuse à rien, sert de toutes ses forces, s'excède, et meurt pour mieux obéir... Voilà le cheval, dont les talents sont développés, et dont l'art a perfectionné les qualités naturelles. » — Sans doute le cheval est moins utile à l'agriculture que le bœuf; il est moins propre aux labours, aux travaux qui demandent un pas lent, une marche toujours égale, une constance imperturbable; d'ailleurs, il faut le dire, il est trop noble, il a trop d'élégance et de fougue, son allure est trop belle, trop délicate, pour enchaîner ainsi son ardeur, ses sensations si vives, son intelligence si grande, pour ternir cette grâce légère qu'il met, lorsqu'il est bien dressé, à exécuter tout ce qu'on lui demande; mais pour la monture, pour le service des routes et du commerce, mais pour la guerre, pour les pompes d'un triomphe, pour les grandes solennités nationales, pour les équipages de luxe, il n'a point son pareil. Considéré sous ces divers points de vue, le cheval est un animal précieux dans la maison rurale, il est la source d'un produit considérable, son éducation un objet très-essentiel. — Dans tous les âges le cheval a été recherché; les peuples pasteurs seuls ne le comptaient point au nombre de leurs richesses. Les Celtes, les Scandinaves, les Germains et les Gaulois prenaient plaisir à l'élever pour les usages domestiques et surtout pour les combats; chaque citoyen en état de servir devait avoir son *destrier* fidèle, et chaque dame son *palefroi*. Pour eux, il était l'emblème de l'indépendance, de la force, de l'honneur, le compagnon obligé des succès guerriers, des entreprises lointaines. Chez les vieux Egyptiens l'éducation du cheval rendait moins abject celui que l'horrible institution des castes rejetait dans les derniers rangs de la société, et que les prêtres couvraient d'une espèce d'opprobre. Il n'en était pas ainsi dans la Grèce, le cheval y tenait la première place parmi les animaux domestiques; on mettait de l'orgueil à se présenter aux jeux d'Olympie, de Némée, de Corinthe, monté sur des chevaux superbes, pleins de feu, de les entendre chanter par Pindare et leur généalogie proclamée par toutes les bouches. On prenait soin de leur vieillesse, et souvent on leur accordait les honneurs de la sépulture. L'amour du cheval est, de nos jours encore, porté fort loin par les Arabes : ils vivent avec lui dans le désert, sans cesse ils s'entretiennent de leur kochlan; il est le sujet de leurs chants magiques, avec lui vous les voyez braver la faim, la privation d'eau, cette mer de flamme qu'on nomme le Simoun, ainsi que

. . . Le combat terrible et hasardeux
Où l'homme et le lion rugissent tous les deux.

— Le cheval est également tout pour les Cosaques, qui sont les Scythes et les Parthes de l'antiquité; il traîne les chariots dépositaires de leurs familles et de leur butin; il est toujours associé à leurs redoutables expéditions; ils boivent le lait des cavales et mangent sa chair dans leurs festins solennels. — Nous possédons en France trois sortes de chevaux : le cheval sauvage des Landes du sud-ouest, celui qui vit en liberté dans la Camargue, et le cheval domestique. Semblable à celui si farouche, si difficile à apprivoiser, qui naît, vit et meurt dans les montagnes de la Calabre, le premier existe dans les vallées des dunes, depuis la pointe du Ferret jusqu'au Verdon, au nord des prairies dites du Bassin, et à l'ouest de la Gironde; on ignore sa véritable origine; le nombre en était plus grand il y a soixante ans qu'il ne l'est aujourd'hui; on lui fait la chasse, et celui que l'on prend on le réduit à l'esclavage. Il court extrêmement vite; sa conformation annonce de la force; sa couleur varie du fauve au gris; sa taille est d'un mètre trois ou cinq centimètres; il a les membres larges et plats, les jarrets et les tendons d'une beauté qui ne laisse rien à désirer; ses pieds sont bien construits, la corne en est de bonne nature. — J'ai parlé suffisamment du cheval de la Camargue en traitant de cette île; on me permettra donc d'y renvoyer le lecteur. Quant au cheval domestique, c'est le cheval sauvage modifié sous divers rapports, et façonné à tous les besoins, à toutes les exigences de la vie sociale. S'il a perdu de sa vigueur, de sa sobriété, de sa fougue, il a gagné des habitudes nouvelles, des qualités brillantes et solides; on lui a imprimé de bonnes allures, en profitant de celles qu'il a reçues de la nature; ainsi son pas marque juste et à des distances convenables quatre temps, dont les deux du milieu plus brefs que le premier et le dernier; son trot, rendu ferme, prompt, également soutenu, est limité à deux temps; son galop, renfermé dans trois temps, est ennobli, et tandis que l'animal montre la grande liberté de ses mouvements, il déploie la force des muscles, la vitesse des jambes, et il donne plus d'énergie, plus de rapidité à la progression de l'élan: en un mot, il est devenu plus doux, plus intrépide, plus léger, plus agréable à manier, plus beau à l'œil, plus régulier et plus solide dans sa marche, plus apte à supporter les fatigues sans s'épuiser. — Outre ces précieuses acquisitions, le cheval a encore reçu une valeur particulière, je dirai même un genre de beauté propre à l'emploi auquel il peut être appelé, la selle, l'attelage, ou bien à porter des fardeaux. Comme CHEVAL DE SELLE, il doit être d'une taille et d'un volume proportionnés à ceux du cavalier, avoir les jarrets larges de la pointe au pli, bien évidés, parfaitement sains; les muscles de la jambe et de la cuisse bien fournis, c'est-à-dire bien gigotés, selon l'expression en usage, et les canons antérieurs et postérieurs placés sur deux lignes verticales et parallèles; la poitrine large, les côtes bien contournées, un garrot sensiblement plus élevé que la croupe, un dos et des reins d'une longueur moyenne, un ventre arrondi, soutenu; les mouvements des flancs libres, produits dans des temps égaux (quinze à dix-huit par minute), unis à une encolure courte, tressée en haut, disposée en arc de la nuque au garrot; une tête courte, sèche, large sur le front, comme dans la race thessalienne, connue sous le nom de *Bucéphale* chez les anciens Grecs; de bons yeux, une queue abondamment fournie de crins. Joignez à cela la vivacité que l'animal exprime par son hennissement, la vigueur, la souplesse, et vous voyez ce qu'on appelle la *race limousine*, répandue dans nos départements de la Haute-Vienne, de la Creuse, de la Corrèze, de la Dordogne, du Cantal et du Puy-de-Dôme; vous avez notre *cheval navarrin*, qui peuple en grande partie nos départements du sud-ouest; vous retrouvez le cheval de l'Orne, de la Sarthe, de la Mayenne, d'Indre-et-Loire, du Morbihan, de la Vendée et de la Charente-Inférieure; celui de l'Isère, de la Drôme, des Hautes-Alpes, de l'Allier, de la Nièvre, de la Haute-Saône, de la Côte-d'Or et de l'Yonne. On mettra près d'eux le cheval de nos départements du nord-est quand on les connaîtra mieux, quand on voudra s'occuper d'eux : ils sont nerveux, sobres, infatigables et du meilleur service possible; seulement ils sont petits, et, comme on les a trop négligés, ils n'ont pas de figure; ils ont résisté aux campagnes désastreuses de 1813, 1814 et 1815; partout ils ont dompté les chevaux si vites des Cosaques; comme ceux de l'ancienne Epire, ils pourraient en peu de temps se montrer constamment dignes des palmes à la course, et rivaliser de vitesse et de sûreté, dans les terrains les plus difficiles, avec les chevaux du Kurdistan, les plus estimés de toute la Perse, qui galopent également dans les montées et les descentes les plus rapides. — Le CHEVAL D'ATTELAGE doit avoir toutes les parties plus amples, mais proportionnément de même que le cheval de selle. N'exigez point de lui l'élégance, les allures brillantes, mais vous pouvez en attendre toutes les qualités solides; vous le trouverez constamment bien étoffé, d'une taille raisonnable et pas trop élevée : c'est ce que demandent l'agriculture, les charrois, l'artillerie. Sous ce triple point de vue, vous puiserez d'excellents sujets dans nos départements du Nord et du Pas-de-Calais, où le cheval est, en général, d'une forte taille; dans ceux de la Somme, de l'Aisne, de l'Oise, de Seine-et-Marne, de Seine-et-Oise, de la Manche, du Calvados, surtout au petit pays d'Auge, où ils ont une bonne tournure, quoique leur tête soit un peu forte et les jambes trop chargées. Les chevaux de la Loire-Inférieure, du Finistère, des Côtes-du-Nord, d'Ille-et-Vilaine, sont surtout recherchés pour la solidité, la constance au travail;

ceux du Cher, de l'Indre, de l'Ain, du Jura, du Doubs, du Haut-Rhin, du Bas-Rhin, des Ardennes plus particulièrement, sont fort estimés, mais ils demandent encore à être améliorés. — Le CHEVAL DE SOMME doit présenter un garrot bien prononcé, le dos court et non ensellé, des membres très-solides. Cette sorte de chevaux se rencontre partout. Les sujets défectueux peuvent aisément être perfectionnés, le point essentiel est de suivre les indications naturelles d'un APPARIMENT bien entendu (V. ce mot), c'est de tenter l'amélioration et par l'étalon, qui donne les qualités, et par la mère, qui procure la taille. Il faut opérer lentement, bien calculer les localités et savoir profiter des ressources qu'elles offrent. Le cheval danois, croisé avec nos chevaux dits *normands*, dont on prétend qu'ils descendent, n'a point réussi dans nos départements du nord-ouest. Il a mieux rencontré dans la Haute-Loire, le Puy-de-Dôme, le Cantal, l'Aveyron, parce que le sol y est montagneux, les vallées riches en bons pâturages et les hauteurs assez fertiles. La bonté des chevaux du Morvan est due à des étalons et cavales venus de l'Espagne et de l'Italie, que les Eduens révoltés enlevèrent aux Romains lorsqu'ils les chassèrent de leur pays, comme nos chevaux du midi et d'une partie de l'ouest durent leur perfectionnement à l'invasion des Sarrasins, aux chevaux qui leur furent enlevés pendant près d'un demi-siècle de combats, et surtout à l'époque de leur défaite, en 759 de l'ère vulgaire. — Il n'y a pas plusieurs espèces de chevaux. Les différences que l'on remarque ne sont que des variétés dues au climat, à la nourriture, à l'éducation; celles de la couleur du poil et même de la taille ne sont qu'accidentelles. Il n'y a que les différences nées d'une proportion plus régulière dans les diverses parties du corps, et des qualités morales de l'individu, qui constituent véritablement les deux seules races tranchées que l'on puisse avouer : le CHEVAL ARABE, la perfection, le beau idéal du plus noble des animaux, et le CHEVAL DE MONTAGNE, dont le type est conservé dans toute sa pureté chez les Kurdes, que l'on retrouve dans toute l'Europe, et principalement en nos départements du nord-est. — Qu'on ne pense pas que le mot *qualité morale* soit ici tombé par hasard de ma plume. La même cause qui fait battre le cœur de l'homme agite les animaux, et, si leurs organes étaient aussi parfaits que ceux qui nous ont placés à la tête de tous les êtres, souvent ils redresseraient nos torts et nous donneraient l'exemple des plus nobles sentiments et même celui de toutes les vertus. Mes études sur nos animaux domestiques m'ont mis à même de recueillir à ce sujet des faits du plus haut intérêt. J'en citerai quelques-uns appartenant au cheval, qui montrent son affection et son intelligence. — On cite plusieurs chevaux qui se laissèrent périr de faim après la mort de leur maître. — Le cheval de l'illustre Kosciusko, s'arrêtait tout à coup en voyant un pauvre tendre la main, et ne se remettait pas en marche, lors même que l'éperon le sollicitait vivement, avant d'avoir vu donner l'aumône. — En 1809, au moment d'une insurrection contre la Bavière, des Tyroliens s'étaient emparés de quinze chevaux et avaient tué les soldats qui les montaient. Ils placent ces animaux dans les rangs, on marche à l'ennemi, l'on se met en bataille; mais à peine les chevaux purent-ils entendre la trompette et reconnaître l'uniforme du régiment auquel ils appartenaient, qu'ils quittent les rangs, prennent le galop, et malgré les efforts de leurs nouveaux cavaliers, ils les amènent prisonniers dans les rangs bavarois, témoignant leur joie par un bruyant hennissement, par un trépignement qui a frappé tous les militaires témoins de cet événement. — En 1821, tout Paris a su l'histoire de ce cheval confié à un jeune homme, pour aller toucher une forte somme due à un marchand de cuirs, chez lequel il était commis. C'était dans les premiers jours de décembre. Quand la somme lui eut été comptée, au lieu de se rendre de suite chez son patron, il voulut faire boire le cheval. A cet effet il descendit à l'abreuvoir du Pont-Neuf, et, par un accident funeste, il tomba dans l'eau et se noya. Le cheval, abandonné à lui-même, retourne à la maison où le jeune homme avait reçu. Par ses hennissements et le bruit de ses pieds, il attire l'attention. On s'étonne, on s'alarme; un domestique monte le cheval et lui lâche la bride. Alors l'animal reprend au grand galop le chemin de la rivière, se jette à la nage, et s'arrête à l'endroit même où son premier cavalier avait disparu. Une barque, qui les suit de près, commence aussitôt à fouiller. Le jeune homme ne fut retrouvé que le lendemain, mais on retira de l'eau le sac et la somme reçue. — CHEVAL DE COURSE. Avant de mettre fin à ce que j'avais à dire sur le cheval, je vais parler un instant du cheval de course et de ce qu'on appelle cheval de race. Le coursier anglais est un cheval de l'Orient, perfectionné par des soins, et acclimaté. Il est devenu plus grand, c'est une conséquence ordinaire de la marche adoptée par la nature et surtout de la manière dont l'élève est nourri. Les Anglais ont donné de préférence à leurs étalons arabes des juments barbes, tirées du nord de l'Afrique occidentale. Ils ont obtenu de ce mélange une belle espèce, dont le sang est pur dans les deux souches. Cette heureuse innovation date de l'an 1603. — Après ce cheval, ceux qui ont le plus conservé du sang arabe, ce sont les chevaux tatares, hongrois, transylvains. Ils sont infatigables, supportent les privations mieux qu'aucune autre espèce, et méritent d'être placés, en Europe, sur la première ligne, pour la cavalerie légère. — Il n'y a pas de pays où l'on fait plus de sacrifices qu'en France pour avoir de superbes espèces, et relever celles encore si bonnes qui peuplent tous les départements; mais aussi nulle part l'administration n'a fait autant de fautes, n'a montré plus d'insouciance, disons plus, d'incapacité. Que l'on se souvienne du fameux étalon arabe *Godolphin*, qui fut vendu par elle, comme cheval de réforme, à un Anglais, pour la misérable somme de quatre cent vingt-quatre francs. Ce fut cependant ce même animal qui, transporté chez nos voisins, a fourni le *Batbrun*, le *Masque*, le *Regulus*, et tant d'autres excellents chevaux de course, dont plusieurs ont été payés des prix fous. Qu'on se rappelle encore cet autre étalon célèbre, le *Morvic*, que la France avait acheté et payé soixante mille francs, et que l'on a remis gratis, en 1815, aux Prussiens, qui pesaient alors sur le sol de notre patrie. Je ne connais de lui qu'un rejeton, accompli dans toutes ses parties : c'est le *Phénix*, élevé à Ranville, près de Caen, département du Calvados. Ce cheval réunissait toutes les qualités les plus éminentes. Il a prouvé que les meilleurs chevaux existeront en France, beaucoup mieux qu'en Angleterre. Il suffit que les propriétaires ruraux le veuillent, qu'ils s'associent pour ce noble genre de spéculation; mais qu'ils ne s'adressent en aucune manière aux haras privilégiés, ni à l'administration. — La vitesse est relative à l'allure. Un cheval est vite lorsqu'il est léger, long de corps, fort en haleine; qu'il parcourt dix mètres par seconde, et qu'il soutient plus longtemps cette course. On trouve ces qualités dans notre cheval de selle dit BIDET. Les chevaux barbes, qui font la course à Rome, et qui sont d'assez petite taille, mettent une seconde pour remplir une carrière de douze mètres. L'*Attila*, vainqueur aux courses du Champ de Mars, à Paris, parcourut, dans le même espace de temps, douze mètres et six cents millimètres, monté par son cavalier; le cheval anglais quatorze mètres et demi; le *Childers*, le plus vite des chevaux de la Grande-Bretagne dont on ait mémoire, quatorze mètres huit cent soixante millimètres. — Mais la course est-elle un bon moyen d'améliorer les chevaux? Ses avantages sont vantés chez les anciens par les Gaulois et par les Grecs, chez les modernes par une foule d'écrivains enthousiastes ou gagés. Le plaisir que j'avais trouvé à voir les courses en Italie m'avait séduit; mais, depuis que j'ai pu en suivre les effets sur nos chevaux français, je suis revenu de mon erreur, et maintenant je dis, avec la plus intime conviction, qu'il n'y a aucun rapport d'amélioration positive entre ces spectacles de luxe et les soins paisibles à donner à la création de beaux et bons individus. Je soutiens même que les courses ne sont qu'un vaste champ où l'on sacrifie avec pompe, et de gaieté de cœur, toutes les forces des jeunes chevaux à l'affreuse manie des jeux de hasard, aux seuls caprices de quelques insensés. Ce sont les courses qui ont perdu les *chevaux de demi-sang*, autrefois si beaux, qui présentaient à l'Angleterre des éléments précieux; elles décident incessamment à dépasser les limites imposées par la nature elle-même aux combinaisons industrielles. — CHEVAL DE RACE. Comme les horticulteurs, dont l'étude habituelle est de créer sans cesse de nouveaux hybrides, qu'ils décorent, avec certains botanistes, du nom de variétés, et même d'espèces, les maquignons et marchands de chevaux parlent toujours de chevaux de race; ils ne recommandent que ceux-là, ils les vantent jusqu'à satiété. Il n'y a point de chevaux de race, si l'on en excepte les deux que j'ai nommés plus haut; tous les autres sont des mélanges plus ou moins heureux, des demi-sang, qu'il est fort rare de trouver pur. On abuse des mots pour faire de l'argent. On ne regarde pas si l'honneur a à rougir du mensonge, il faut de l'argent et des dupes à tout prix.

CHEVAL (*mécan.*). De tous les moteurs animés, le cheval est sans contredit le plus précieux et celui dont les services sont les plus utiles et les plus multipliés; et quoique les progrès de l'industrie tendent à substituer partout les forces si puissantes des moteurs physiques à celles des animaux, la force du cheval n'en demeure pas moins un immense moyen mécanique susceptible d'applications nombreuses et variées. Mais, pour tirer de cette force tout le parti possible, il est essentiel de l'employer de manière à lui faire produire le plus grand effet utile avec le moins de fatigue, et par conséquent de connaître les modes d'application les plus favorables, ce que l'expérience seule peut apprendre, tout en la subordonnant cependant aux lois générales que nous allons rappeler. — Le travail effectué par une machine est toujours relatif à la quantité d'action que peut fournir le moteur. Un moteur étant donné, le but principal qu'on doit se proposer dans son emploi est donc d'en obtenir la plus grande quantité d'action possible ; ainsi, en désignant par P l'effort exercé par le moteur à son point d'application, effort qu'on peut toujours comparer à la pression d'un certain poids, par V l'espace que parcourt ce point d'application dans l'unité de temps et dans le sens de l'effort P, et par $t$ la durée du travail journalier, PV représentera la quantité d'action fournie par le moteur dans l'unité de temps, PV$t$ la quantité d'action journalière, et le problème sera ramené à rendre le produit PV$t$ un maximum. Or la mécanique rationnelle nous apprend (*V.* MÉCANIQUE) qu'on ne peut jamais augmenter un des facteurs du produit PV sans diminuer l'autre, et lorsque le moteur est animé ; il en est de même du produit PV$t$, dont un des facteurs ne peut augmenter qu'aux dépens des autres : car l'effort dont un animal est susceptible est d'autant moins grand qu'on prolonge davantage sa durée. Il est donc essentiel de déterminer par l'expérience les relations qu'ont entre eux les trois facteurs P, V, $t$, afin de régler l'action de l'animal de manière à donner la plus grande valeur possible au produit PV$t$. — L'action des animaux en général est sujette à varier d'après un si grand nombre de circonstances, et les observations connues jusqu'ici sont encore si peu décisives, qu'il est impossible d'établir rigoureusement les relations des facteurs du produit PV$t$ ; mais ces observations établissent toutefois un fait général très-important, c'est que la quantité d'action journalière que peut fournir un animal varie avec la nature du travail qu'il fait. Des travaux différents peuvent ainsi ne pas causer le même degré de fatigue, quoique la quantité d'action soit la même. — Lahire, qui s'est occupé le premier de recherches comparatives sur la force des hommes et celle des chevaux, a observé que trois hommes, chargés chacun de cent livres, monteront plus vite et plus facilement une montagne un peu roide qu'un cheval chargé de trois cents livres, et il en a conclu avec raison que l'homme a un grand avantage sur le cheval quand il s'agit de monter, tandis que le contraire a lieu quand il s'agit de tirer horizontalement : car on sait, par une expérience commune, qu'un cheval tire de cette manière autant que sept hommes. Plus tard Camus, gentilhomme lorrain, auteur du *Traité des forces mouvantes*, rechercha la meilleure disposition à donner aux traits des chevaux pour rendre le tirage plus facile, et il prescrivit de les placer horizontalement à la hauteur du poitrail, disposition vicieuse qui fut généralement adoptée, jusqu'à ce que Deparcieux, par un examen approfondi de la question, ait fait voir que, pendant le mouvement de traction, des traits ainsi placés deviennent inclinés à l'horizon, parce que le cheval baisse son poitrail pour se porter en avant lorsqu'il tire un fardeau. Pour que l'effet du tirage soit le plus considérable, il est nécessaire en effet que les traits soient parallèles au plan parcouru ; mais cette condition ne serait point obtenue, si, dans l'état de repos ou lorsque le cheval ne fait aucun effort, les trait n'étaient un peu inclinés à l'horizon en allant du poitrail au point d'arrêt. M. de Prony, dans sa *Nouvelle Architecture hydraulique*, a mis cette vérité dans tout son jour. — Le tirage ayant été facilement reconnu le mode d'application le plus avantageux de la force du cheval, on a fait un grand nombre d'expériences sur l'effort de traction dont cet animal est susceptible, et on a trouvé qu'un cheval de force moyenne peut produire pendant quelques instants une traction de 360 kilog. Cette traction momentanée, qui varie entre 300 et 500 kilogrammes, est ce qu'on nomme la *force absolue* des chevaux ; on la mesure à l'aide d'instruments appelés *dynamomètres*, (*V.* ce mot). Lorsque l'animal doit exercer une traction continue de la durée de plusieurs heures, son effort moyen varie du quart au cinquième de son effort absolu, suivant la vitesse du mouvement et le temps du travail. — La mesure des forces par le dynamomètre n'est pas celle qui est généralement adoptée ; on prend aujourd'hui pour terme de comparaison un poids donné, élevé ou transporté à une distance donnée, comme un kilogramme, par exemple, transporté à un mètre dans une seconde de temps. D'après les expériences de Watt et Boulton, la force moyenne de traction d'un cheval dans une journée de travail de huit heures est suffisante pour élever un poids de 33,000 livres anglaises à la hauteur d'un pied anglais par minute, ou, ce qui est la même chose, 76 kilogr. à 1 mètre par seconde. Cette expression élémentaire de la force du cheval réduite à 75 kilogrammes, a été proposée par M. le comte de Chabrol, pour servir d'*unité* sous le nom de *dyname*, dans l'appréciation de la force des machines à vapeur, et depuis on a pris l'habitude d'appeler *cheval de vapeur* la force capable d'élever 75 kilogrammes à un mètre par seconde de temps. Ainsi, lorsqu'on dit qu'une machine à vapeur est de la force de dix chevaux, on exprime qu'elle peut élever 750 kilogrammes à un mètre par seconde. — Il est important de distinguer la force réelle d'un cheval de celle qui est employée à produire un *effet utile*, car un cheval consomme tout aussi bien sa force en marchant sans être chargé qu'avec une charge quelconque. Dans le premier cas, tout son effort musculaire est employé pour transporter son propre corps, tandis que dans le second une partie de cet effort agit sur le fardeau, et c'est seulement cette dernière circonstance qui produit un effet utile. Quand un cheval marche sans être chargé, la distance la plus grande qu'il peut parcourir sans éprouver un excès de fatigue capable de l'empêcher de recommencer de la même manière les jours suivants, est évidemment la limite de la vitesse qu'il peut prendre ; ici il n'y a point d'effet utile, et il n'y en a même point lorsque le cheval consomme toute sa force à traîner une voiture vide, quoiqu'il ne puisse pas se mouvoir avec la même vitesse. L'effet utile est encore nul si la charge est assez considérable pour que le cheval ne puisse lui imprimer un mouvement continu. Or entre ces limites de vitesse et de force il doit y avoir un terme moyen qui correspond au maximum d'effet utile, et c'est ce maximum qu'il est nécessaire de connaître pour tirer le meilleur parti de la force du cheval. — Tredgold, qui a fait un grand nombre d'observations sur la force des chevaux, donne les évaluations suivantes de la plus grande vitesse qu'un cheval non chargé peut prendre suivant la durée de sa course. Nous les avons traduites en mètres.

| DURÉE DE LA MARCHE. | PLUS GRANDE VITESSE PAR HEURE. | PLUS GRANDE VITESSE PAR SECONDE. |
|---|---|---|
| Heures. | Mètres. | Mètres. |
| 1 | 23657 | 6,57 |
| 2 | 16737 | 4,65 |
| 3 | 13679 | 3,80 |
| 4 | 11748 | 3,26 |
| 5 | 10621 | 2,95 |
| 6 | 9656 | 2,68 |
| 7 | 8850 | 2,46 |
| 8 | 8388 | 2,32 |
| 10 | 7403 | 2,06 |

Le même ingénieur a trouvé que la vitesse qui répond au maximum d'effet utile est la moitié de la plus grande vitesse du cheval non chargé. Ainsi, pour un cheval qui travaille huit heures par jour, la vitesse ne doit jamais dépasser $1^m,16$ par seconde, et $1^m,63$ s'il ne travaille que quatre heures. Le taux moyen des chevaux plus faibles n'est pas aussi élevé, dit-il, mais la différence doit plutôt porter sur la charge que sur le temps du travail. On ne doit pas perdre de vue que, d'après ce que nous avons exposé au commencement de cet article, l'effort exercé par le cheval pour produire un effet utile P doit diminuer à mesure que la vitesse V ou que le temps $t$ du travail augmentent. Ainsi, en admettant avec Navier que pour un cheval qui travaille huit heures par jour à un manége, le produit PV$t$ ou 8PV ait une valeur moyenne représentée par le nombre 1164000, on a dans l'unité de temps, qui est ici une heure, PV = 145500 ; si l'on veut donc que le cheval marche avec sa vitesse maximum de $1^m,16$ par seconde ou de $4194^m$ par heure, il faut faire V = 4194, et l'on trouve pour la force correspondante $P = \frac{145500}{4194} = 35$ environ, c'est-à-dire que la force de traction du cheval ne doit pas dépasser 35 kilogrammes pour qu'il puisse être en état de produire journellement le même travail. Dans le cas où l'on voudrait que l'effort de traction fût de 45 k., on aurait $P = 45$ et $V = \frac{145500}{45} = 3233^m\frac{1}{3}$. La vitesse ne devrait donc pas dépasser 3233 mètres par heure, ou à peu près $0^m,9$ par seconde. — Dans le résumé qu'il a donné de ses recherches propres et des meilleures de celles qui avaient été faites avant lui sur l'évaluation des divers effets utiles qu'on peut tirer de la force des chevaux, Navier estime à 27720 *unités dynamiques* l'effet utile d'un cheval attelé à une charrette et marchant au pas. Pour comprendre ce résultat, il faut se rappeler que l'*unité dynamique* se compose de 1,000 kilogrammes transportés à un mètre; alors la charge moyenne du cheval, non compris la voiture, étant de 700 kilogrammes et sa vitesse de 1$^{m}$,1 par seconde ou de 3960 mètres par heure, l'espace parcouru en dix heures est de 39600 mètres; or 700 kilogrammes portés à 39600 mètres ou 39600 fois 700 kilog. = 27700000 kilog. portés à un mètre, étant la même chose, ce dernier nombre, ramené à l'unité dynamique, donne 27700 unités dynamiques. — Voici l'ensemble de tous les résultats signalés par Navier : — 1° cheval transportant des fardeaux sur une charrette, et marchant au pas, continuellement chargé :

| | |
|---|---|
| Poids transporté. | 700 kilog. |
| Vitesse par seconde. | 1$^{m}$,1 |
| Durée du travail. | 10 heures. |
| Effet utile exprimé en unités dynamiques | 2770 |

2° Cheval attelé à une voiture, et marchant au trot, continuellement chargé :

| | |
|---|---|
| Poids transporté. | 350 kilog. |
| Vitesse par seconde. | 2$^{m}$,2 |
| Durée du travail. | 4 h. 1/2 |
| Nombre d'unités dynamiques. | 12474 |

3° Cheval transportant des fardeaux sur une charrette au pas, et revenant à vide chercher de nouvelles charges :

| | |
|---|---|
| Poids transporté. | 700 kilog. |
| Vitesse par seconde. | 0$^{m}$,6 |
| Durée du travail. | 10 heures. |
| Nombre d'unités dynamiques. | 15120 |

4° Cheval chargé sur son dos, allant au pas :

| | |
|---|---|
| Poids porté. | 120 kilog. |
| Vitesse par seconde. | 1$^{m}$,1 |
| Durée du travail. | 10 heures. |
| Nombre d'unités dynamiques. | 4752 |

5° Cheval chargé sur son dos, allant au trot :

| | |
|---|---|
| Poids porté. | 80 kilog. |
| Vitesse par seconde. | 2$^{m}$,2 |
| Durée du travail. | 7 heures. |
| Nombre d'unités dynamiques. | 4435 |

6° Cheval attelé à un manége et allant au pas :

| | |
|---|---|
| Effort exercé. | 45 kilog. |
| Vitesse par seconde. | 0$^{m}$,9 |
| Durée du travail. | 8 heures. |
| Nombre d'unités dynamiques. | 466 |

7° Cheval attelé à un manége et allant au trot :

| | |
|---|---|
| Effort exercé. | 30 kilog. |
| Vitesse par seconde. | 2 mètres. |
| Durée du travail. | 4 h. 1/2 |
| Nombre d'uités dynamiques. | 972 |

M. Minard a obtenu par la moyenne, entre neuf expériences faites sur divers manéges, 1148 unités dynamiques pour l'effet utile des chevaux marchant au pas. Ce résultat diffère si peu de ceux de Navier, que quoique plusieurs auteurs en aient adopté d'autres d'une valeur plus grande, il paraît constant que l'effort moyen du cheval appliqué à un manége, lorsque le tirage s'opère horizontalement à la hauteur du poitrail, ne peut être évalué à plus de 1164 unités dynamiques, la journée de travail étant de huit heures, l'effort de traction 45 kilog. et la vitesse 1$^{m}$,1 par seconde. — Le rapport entre la force de traction et la charge, suivant la nature de la route, n'est pas encore suffisamment connu. Sur une mauvaise route couverte de cailloux, le frottement peut s'élever au tiers de la charge, tandis que sur une bonne route pavée il peut n'aller qu'à un vingtième. Sur un chemin de fer bien tenu, le rapport du frottement à la charge ne s'élève pas à un deux centièmes, de sorte que la force motrice n'a, pour ainsi dire, à vaincre que le frottement qui a lieu sur l'essieu des roues, et qu'un seul cheval peut produire sur un chemin de cette espèce autant d'effet que huit chevaux sur une route ordinaire. L'application de la force du cheval au halage des bateaux est celle qui produit le plus grand effet utile. Dans les canaux du Nord, cet effet s'élève jusqu'à 1875000 unités dynamiques. Mais la vitesse ne dépasse pas 0$^{m}$,7 par seconde. Une plus grande vitesse ne produirait pas un effet aussi considérable, parce que la résistance de l'eau croît comme le carré de la vitesse. Cependant des expériences faites en Angleterre en 1833 ont montré qu'on peut obtenir une très-grande vitesse sur les canaux sans consommer une plus grande quantité de force. MM. Houston et Graham, inventeurs de ce nouveau mode de halage, amenèrent d'Ecosse, sur le canal de la *grande jonction*, le bateau en fer *le Swellow*, construit pour servir à leurs expériences. Après l'avoir mesuré avec exactitude et chargé d'un poids équivalent à celui du nombre de passagers que peut contenir ce bâtiment, long de 21$^{m}$ et large de 1$^{m}$,80, on le conduisit dans la partie droite du canal, à environ cinq milles de Paddington, et les chevaux furent lancés avec une vitesse que l'on fit varier entre 6400 et 18000 mètres à l'heure; on remarqua que la vitesse de 6400 à 12800 mètres occasionnait un remous et des ondulations considérables, mais qu'au delà de 12,800 mètres, cet effet diminuait progressivement. La force de traction indiquée par un dynamomètre diminuait également à mesure que la vitesse augmentait, et les observateurs demeurèrent convaincus que si la vitesse avait pu devenir plus grande, l'agitation aurait fini par être insensible. — Un fait si contraire, au premier abord, à la théorie admise sur la théorie des fluides, ne pouvait que provoquer les doutes des savants sur les assertions de M. Graham; mais M. Rennie, qui pensa d'abord qu'on devait attribuer cette diminution de résistance à ce que le bateau, marchant avec une grande vitesse, s'élevait au-dessus de l'eau, répéta les expériences, et mit hors de doute cette importante particularité. Depuis, un service régulier de bateaux en fer est établi sur le canal d'Edimbourg et de Glascow et sur celui de Lancastre, pour le transport des voyageurs et des marchandises, avec une vitesse de 1600 mètres à l'heure (environ quatre lieues de poste à l'heure) et, disent les journaux anglais à qui nous empruntons ces détails, à un prix moitié moindre de celui qu'on payait avant l'établissement de ce service. Un résultat si avantageux prouve évidemment que les canaux offriront des moyens tout aussi rapides de communication que les chemins de fer, lorsqu'on voudra substituer à la force des chevaux celle des bateaux à vapeur. — On évalue communément à 14 ou 15 mètres par seconde la plus grande vitesse que puisse prendre un cheval de course dans une marche de peu de durée.

| | |
|---|---|
| La vitesse au galop est moyennement de | 10 mètres. |
| La vitesse au grand trot, de. | 4 |
| La vitesse au trot ordinaire, de. | 3 |
| La vitesse au petit trot, de. | 2,2 |
| La vitesse au pas, de. | 1,7 |

Nous avons donné plus haut les vitesses moyennes, relatives à la durée de la marche, d'après Tredgold, mais nous devons faire observer que les auteurs sont loin d'être d'accord sur ces nombres, et que, malgré les nombreuses recherches dont les moteurs animés ont été l'objet, les points les plus importants de leur théorie ne sont pas encore complétement éclaircis (*V.* HOMME). DE MONTFERRIER.

CHEVAL (*hist. nat.*). Ce nom, joint à un autre, a été donné, par les anciens surtout, à beaucoup d'animaux différents, auxquels ils croyaient reconnaître des rapports avec le cheval proprement dit. Le CHEVAL CERF des Grecs était vraisemblablement notre cerf des Ardennes, très-vieux, parce qu'à cet âge il a une sorte de crinière. Les Chinois donnent aussi ce nom à un ruminant dont il n'a pas été possible, par le peu qu'on en sait, de reconnaître l'espèce. On nomme le morse *cheval marin*, et l'on donne aussi ce nom et celui de CHEVAL DE RIVIÈRE à l'hippopotame; et il est vraisemblable que Xiphilin, dans son abrégé de Dion, appelle CHEVAL TIGRE le zèbre, qui a en effet, comme le tigre le corps couvert de bandes noires transversales sur un fond jaunâtre.

**CHEVAL.** Le Seigneur défend aux rois de son peuple d'avoir beaucoup de chevaux (*Deutér.*, XVII, 16). Il ordonne à Josué de couper les jarrets aux chevaux des Chananéens qu'il prendra dans les batailles, de brûler luers chariots (Josué, XI, 6). C'est, disent quelques commentateurs, afin que ces princes ne se servissent pas de ce prétexte pour ramener les Hébreux en Egypte à la tête d'une nombreuse cavalerie, en vue de tirer vengeance des Egyptiens, et de s'emparer de leur pays. Le Pentateuque syriaque et nos versions ordinaires paraissent favoriser en quelque sorte cette interprétation; mais le grec, le samaritain, l'arabe de Thomas Erpénius, imprimé à Leyde en 1622, d'après le manuscrit de Scaliger, enfin les paraphrases chaldaïques et le texte hébreu s'opposent également à cette explication. Voici la teneur de la loi de Moïse : *Râglo iarbe-lo sousim, velo-joschiv et-haam mit fraima, lemaân harboth soûs*, c'est-à-dire, *Mais* (le roi) *n'amassera point un grand nombre de chevaux, et ne permettra point à son peuple d'aller en Egypte pour y en faire amas.* A la simple lecture de ce fait et de la traduction que nous en donnons, il est facile de s'apercevoir que Moïse défend aux rois des Hébreux de trop multiplier les chevaux, dans la crainte sans doute qu'ils ne ramenassent leurs sujets, ou, pour mieux dire, qu'*ils ne leur permissent d'aller*, ou *ne les obligeassent d'aller* en Egypte pour y en acheter. Le mot hébreu *heschiv*, qu'on traduit d'ordinaire par celui de *ramener* ou de *faire retourner*, peut très-bien signifier *permettre* ou *obliger d'aller*. Mais quelles pouvaient donc être les vues du législateur des Hébreux dans cette défense qu'il leur fait de multiplier les chevaux? C'est qu'il pressentait les malheurs dont ils seraient accablés si, épris des mœurs égyptiennes, comme ils ne l'étaient que trop, ils retournaient un jour dans cette terre pour y faire amas de chevaux. Pour leur faire sentir combien ce retour était opposé aux desseins du Seigneur, Moïse leur annonce, dans le vingt-huitième chapitre du *Deutéronome* (v. 68), qu'ils deviendraient les esclaves de ce peuple idolâtre s'ils abandonnaient le Dieu de leurs pères, en s'attachant à des divinités factices; et il leur prédit en même temps ce même retour, comme un honteux châtiment qui serait dû à leurs prévarications et à leur apostasie. Voilà le dessein, la véritable fin du législateur dans cet endroit de sa législation. Le Seigneur s'étant déclaré le roi et le gouverneur immédiat du peuple hébreu, et celui-ci l'ayant accepté en cette qualité de la manière la plus solennelle, il était juste qu'on ne reconnût dans Israël d'autre souverain, d'autre monarque, d'autre roi que l'Etre suprême lui-même. Tout ce qui pouvait donc blesser cette théocratie directement ou indirectement, soit dans le gouvernement de l'Eglise, soit dans celui de l'Etat, tout cela devenait un péché énorme aux yeux du Seigneur, un crime de lèse-majesté divine. Entreprendre une guerre, par exemple, sans les ordres les plus formels de la Divinité, multiplier les chevaux et les chars dans les armées, et attendre uniquement ou principalement le succès de pareilles forces, c'était se rendre coupable d'une espèce d'apostasie, renoncer à la protection singulière qu'Israël avait éprouvée en tant d'occasions où ses affaires étaient les plus désespérées, prendre enfin des moyens illicites, condamnés, réprouvés par une loi qu'on avait juré de garder inviolablement : voilà pourquoi les prophètes menacent si souvent le peuple hébreu des plus terribles châtiments, s'il lui arrive jamais de perdre de vue cette providence spéciale du Seigneur, pour se confier en d'autres forces que les siennes. Voilà donc aussi pourquoi Moïse défend aux Hébreux de multiplier leurs chevaux; et cette défense, considérée sous cet aspect, n'a rien que de très-raisonnable; elle est juste, pleine d'équité, parfaitement analogue aux attentions du suprême monarque de ce peuple choisi, qui, fidèle à l'observance de cette loi comme à beaucoup d'autres qu'il avait reçues, devait trouver dans la toute-puissance de son divin protecteur des secours plus que suffisants pour suppléer au défaut de ses chars et de ses chevaux, et pour triompher glorieusement des efforts réunis de ses plus fiers et de ses plus redoutables ennemis conjurés à sa perte. Il doit donc passer pour constant que le législateur des Hébreux a eu deux vues principales en promulguant la loi qui leur défend de multiplier leurs chevaux : la première, de leur inculper la défiance de leurs propres forces, en leur inspirant la plus grande confiance dans le secours de Dieu, tant de fois éprouvée, et par des prodiges si frappants; la seconde, de les détourner de l'idolâtrie dans laquelle ils seraient tombés en commerçant avec les Egyptiens, qui passaient, du temps de Moïse, pour d'excellents cavaliers, et chez qui les chevaux faisaient une des principales branches de commerce. Que l'on réunisse donc ces deux objets, ces deux fins, ces deux motifs, et l'on aura saisi tout le plan du législateur dans la défense qu'il fait aux Hébreux d'aller en Egypte pour y faire amas de chevaux (*V.* l'ouvrage du P. Fabricy, dominicain de la Minerve, qui a pour titre : *Recherches sur l'époque de l'équitation et de l'usage des chars équestres chez les anciens, où l'on montre en même temps l'incertitude des premiers siècles historiques des peuples.* Ce savant ouvrage, imprimé à Rome en 1764, se trouvait chez Durand, libraire français, et à Marseille, chez Mossy).

**CHEVAL** (*hist.*). Cet animal, par la part qu'il prend aux travaux de l'homme, est celui qui mérite le plus de tenir une place dans notre histoire. La mythologie des anciens, celle des modernes, attribuaient aux coursiers des héros une origine divine, et inscrivaient leurs noms à côté de ceux de leurs maîtres. Homère, faisant l'énumération de l'armée des Grecs, demande à sa muse de lui dire qui fut le plus vaillant, soit des hommes, soit des coursiers, et parmi ces derniers, il met au premier rang les cavales d'Eumèle, fils de Phérèto; celles qu'Apollon avait fait paître sur les montagnes de Piérie. Les coursiers d'Achille étaient immortels, et Neptune en avait fait don à Pélée. Doués d'une intelligence merveilleuse, on les voit se livrer à la douleur à la mort de Patrocle, et Jupiter même a pitié de leurs larmes. Le coursier de Laomédon; ceux de Castor, de Pluton, de Mars et de Rhésus; *Arion*, cheval d'Adraste, et qui était né de Neptune et d'une des Furies; les cavales que Diomède nourrissait de chair humaine, qui vomissaient des flammes par les naseaux, et dont l'enlèvement fut un des douze travaux d'Hercule; *Podarge*, coursier de Ménélas; *OEté*, jument d'Agamemnon; les quatre chevaux du Soleil, *Eoüs*, *Pyroïs*, *Acton* et *Phlégon*; *Pégase*, monture classique de quiconque croit sentir l'*influence secrète*, et qui fut celle de Bellérophon et de Persée; le cheval de bois, qui fut cause de la ruine de Troie; *Æthon*, cheval de Pallas, et non moins sensible que ceux d'Achille : voilà certes des noms poétiques auxquels s'associent d'intéressants souvenirs, de nobles et grandes images. Le cheval figure aussi dans les traditions du christianisme : voyez dans l'Apocalypse le pâle coursier de l'ange de la mort. La légende n'a-t-elle pas saint Georges, dont la bonne grâce comme cavalier est devenue proverbiale? N'a-t-elle pas saint Martin, qui est toujours représenté à cheval? Et les romans de *Charlemagne*, des *Douze Pairs*, de la *Table ronde*, etc., quelle piquante association d'intrépides paladins et de nobles destriers, de palefrois célèbres? Qui n'aime à se rappeler le *Passebreul* de Tristan de Léonois; le noir *Rabican*, aussi redoutable par ses morsures que par ses ruades, et qui portait tantôt Roger, tantôt Astolfe; cet *Hippogriffe*, que l'Arioste fait pénétrer dans la lune; *Estonne*, cette jument qui attira de si singulières aventures à Perce-Forêt; le cheval de bois de Cropport, roi de Hongrie, dans le roman de *Cléomadès et de Claremonde*, merveilleuse machine, pareille en tout au *Chevillard*, du haut duquel le bon Sancho apercevait la terre comme un grain de moutarde, et les hommes comme des noisettes; *Pacolet*, qui était aussi de bois, et sur lequel Valentin, neveu du roi Pepin, voyageait par les airs, *Pacolet*, dont le nom paraît à MM. Eloi Johanneau et Esmangart un diminutif de Pégase, ce qui à nos yeux n'est rien moins que démontré; enfin le fameux *Bayard* des quatre fils Aymon, dont l'histoire est la mieux connue et la plus circonstanciée? Dans la plupart des *jubilés* que l'on célèbre processionnellement, à certaines époques, dans un grand nombre de villes de la Belgique, *Bayard* fait partie du cortége; et en effet c'est une célébrité du pays. Il n'est personne qui n'ait lu, au moins dans la Bibliothèque bleue, le roman de Huon de Villeneuve, retouché ou plutôt gâté par Guy Beronay et Jean le Cueur, sieur de Nailly, et qui ne sache par conséquent que Charlemagne, jaloux des frères Aymon, étant à Liége sur le *Pont-de-Meuse*, se fit amener *Bayard*, le bon cheval de Renaud, et lui dit: « Ah! Bayard, tu m'as bien des fois courroucé; mais je suis venu à bout de me venger! » Alors il lui fit lier une pierre au cou, et commanda de le jeter par-dessus le pont dans la Meuse. *Bayard* alla au fond. Quand Charlemagne vit cela, il en eut grande joie, et dit : « J'ai tout ce que j'ai demandé; enfin le voilà mort! » Mais *Bayard* frappa si bien des quatre pieds, qu'il réussit à casser sa corde; il revint au-dessus de l'eau, et passa à la nage de l'autre côté de la rivière. Dès qu'il fut sur le bord, il se mit à hennir avec force; puis il prit sa course avec tant de rapidité, qu'il semblait que la foudre le poussât. Charlemagne fut très-irrité de le savoir échappé, mais tous les barons en furent satisfaits. Le peuple croyait que Bayard était toujours vivant dans la forêt des Ardennes, mais qu'à la vue d'un homme ou d'une femme il fuyait sans se laisser approcher. Gramaye explique le nom de la forêt de *Meerdael* en Brabant par *vallée du cheval*, et assure que ce cheval était le fameux *Bayard*. Il ajoute que le village d'*Eygenhoven* doit sa dénomination à une pareille origine, et que ce mot signifie *habitation du cheval*. Or le village avait pour armoiries *Bayard portant les quatre fils Aymon*; en outre l'on montrait dans la forêt de Meerdael, qui est voisine, la crèche de ce coursier, et l'on y voit peut-être encore une très-grande pierre, qu'il frappa, dit-on, si rudement de ses pieds, qu'elle en a conservé l'empreinte. Les fils Aymon étaient Ardennais et leur mère Tongroise. C'est à ces preux qu'on fait honneur de la fondation de Huy; au comté de Namur, province où l'on trouve, près de Dinant, la *Roche à Bayard*. Leur histoire se rapporte au VI^e^ siècle. Adalard, l'un deux, donna la seigneurie de Berthem en Brabant à l'abbaye de Corbie, où il se fit religieux. Ce monastère ne se défit de cette propriété qu'en 1562. Gramaye a lu dans un registre manuscrit qu'avant les troubles du XVII^e^ siècle on voyait les quatre fils Aymon représentés à genoux devant un crucifix posé sur le maître-autel de cet endroit. Des rues de plusieurs villes de Belgique, Mons, par exemple, portent le nom des *Quatre-Fils-Aymon*. — Si l'on voulait chercher encore, bien d'autres souvenirs pourraient être recueillis. Le personnage allégorique du cheval, par exemple, dans la version latine de la fable du *Renard*, version publiée en 1832, et qui appartient au XII^e^ siècle, s'appelle *Corvigarus*. Certes la *conversation* tombera rarement sur lui, si ce n'est entre savants, entre ceux principalement que séduit l'amour des interprétations; mais que de fois elle pourra revenir sur cette pauvre jument *Alfana*, qui n'avait qu'un défaut, celui d'être morte; sur le noble *Rossinante* de ce don Quichotte, que je tiens, comme le fait M. de Châteaubriand, pour le plus loyal des chevaliers; sur les *chevaux factices* de Gargantua; sur ce pays visité par Gulliver, et où les chevaux commandaient aux hommes; sur le coursier de Mazeppa; sur les vers admirables de Byron et le tableau vivant de Vernet qui le représente, etc., etc.

DE REIFFENBERG.

**CHEVAL** (*hist. de France*). Les Gaulois avaient une haute estime pour les chevaux. Ordinairement beaucoup plus forts en cavalerie qu'en infanterie, ils étaient fort adroits dans les combats à cheval. Les Francs, dont la principale force consistait en infanterie, n'employaient guère de chevaux dans les batailles, mais ils en faisaient un grand usage à la chasse, dans les voyages et dans les cérémonies publiques; ils se piquaient sur ce point d'un luxe qui ne le cédait point à celui des Romains. Ils couvraient leurs montures de riches caparaçons, chargés de broderies d'or et d'argent, et même de pierreries. Ricimer, jeune seigneur franc, étant venu en Gaule visiter le préfet de l'Auvergne, fit le voyage avec un appareil magnifique, dont la description se trouve dans la deuxième épître de *Sidoine Apollinaire*, adressée à son ami Domitius : « Que je regrette, dit-il, que vous n'ayez pas été témoin du célèbre cortége du jeune Ricimer et de son équipage à la manière barbare... Son cheval était couvert d'une housse magnifique; un grand nombre de chevaux de main, sur lesquels brillaient des pierres précieuses, précédaient et couraient. » Ce luxe de pierreries ornant les harnais des chevaux devait faire d'autant plus d'impression sur les Gallo-Romains, qu'il était prohibé chez eux par une loi expresse. La considération dont le cheval jouissait chez les Gaulois et chez les Francs était souvent funeste à ce noble animal. Lorsque son maître était mort, on l'égorgeait sur sa tombe et on l'enterrait dans sa fosse, souvent avec les serviteurs qui avaient été chargés de lui donner leurs soins. Dans le tombeau découvert à Tournay en 1653, et que l'on croit être celui de Childéric, père de Clovis, on trouva, avec les ornements en or et les vêtements du défunt, des harnais, la tête d'un cheval, et les ossements de deux hommes immolés aussi, sans doute pour lui continuer leurs soins dans l'autre monde. Après la conversion de Clovis, on n'immola plus les chevaux sur la tombe des guerriers; mais ils continuèrent à figurer dans les cérémonies des funérailles, et telle est l'origine de l'usage où l'on est encore de nos jours de mener à la suite du char funèbre d'un officier général son cheval de bataille couvert d'un caparaçon noir. Insensiblement, et à mesure que la fusion s'opéra entre les diverses populations qui habitaient la Gaule, on employa les chevaux à la guerre; l'usage en devint même si général, qu'au moyen âge la noblesse ne voulut plus combattre qu'à cheval. Alors les chevaux furent classés, et reçurent diverses destinations et divers noms : les *destriers* ou *dextriers* et les *palefrois* furent réservés pour les tournois et les batailles. La Castille et le Danemarck fournissaient les meilleurs. Les *haquenées* servaient aux promenades, quelquefois aux voyages, et étaient surtout la monture des femmes. L'humble *roussin* ou *ronsin* avait pour destination de porter les bagages; c'était de la Bretagne que l'on tirait les plus vigoureux. Ce modeste et utile serviteur était souvent l'objet d'une redevance féodale que les vassaux étaient tenus de payer à leur seigneur dans certains cas prévus par la loi; on l'appelait alors *ronsin de service*. Pour quelque raison qu'un homme de noble race montât à cheval, il ne pouvait chevaucher que sur un coursier que le fer avait respecté. Condamner un chevalier à monter un cheval hongre ou une jument, c'était le dégrader et l'assimiler à un *vilain*, à qui toute autre monture était interdite. Monter un cheval blanc était une prérogative qui n'appartenait qu'aux rois, et que ceux-ci n'accordaient qu'aux hommes d'un rang au moins égal au leur et qu'ils voulaient honorer. Lorsque Manuel Paléologue, empereur de Constantinople, vint en France pour implorer les secours de la chrétienté contre Bajazet, Charles VI, qui alla à sa rencontre le 3 juin 1400 jusqu'au pont de Charenton, accompagné de trois cardinaux et d'un grand nombre de ducs, comtes et barons, lui fit donner un cheval blanc pour faire son entrée dans Paris, honneur que son père, Charles V, avait refusé à l'empereur d'Allemagne. C'était de la part d'un chevalier une grande preuve de force et d'agilité que de s'élancer, armé de toutes pièces, sur son destrier, dont un écuyer tenait la bride. Mais, comme il n'était pas donné à tout le monde de faire de ces tours de vigueur et d'adresse, on dressait le long des routes des bornes en pierre et de peu de hauteur appelées *montouers*, et qui servaient aux vieillards et aux femmes pour se placer sur leur haquenée. Dans plusieurs rues du Marais, à Paris, on trouve encore à la porte des anciens hôtels, de ces bornes qui aidaient aux magistrats du parlement et des cours souveraines à enfourcher la mule pacifique sur laquelle ils se rendaient au palais (*V.* SAUTOIRS et ETRIERS). L'usage de monter deux sur le même cheval fut très-fréquent au moyen âge : Charles VI était monté sur le même cheval que son favori Savoisy, lorsqu'il lui prit envie, en 1389, de voir, comme simple particulier, l'entrée de sa femme Isabelle à Paris, et l'histoire rapporte qu'il reçut de bons coups de *boulaie* des sergents chargés de maintenir l'ordre parmi le populaire qu'avait attiré ce spectacle. La reine Elisabeth d'Angleterre paraissait en public sur le même cheval qu'un de ses grands officiers, et assise derrière lui. Au XVII^e^ siècle encore, on offrait à la personne que l'on rencontrait à pied, et que l'on respectait, la croupe du cheval ou de la mule que l'on montait, et c'était une politesse exquise. Les chevaux furent quelquefois employés comme moyen de supplice. On dit que la reine Brunehaut fut attachée à la queue d'une cavale indomptée, qu'ensuite on lança à travers les roches et les broussailles où elle mit en pièces le corps de cette princesse. L'écartèlement d'un criminel se faisait au moyen de quatre chevaux; c'était le supplice réservé au régicide : ce fut celui que souffrit Damiens (*V.* CAVALERIE, HARAS).

**CHEVAL** (*acceptions diverses*). *Bon homme de cheval*, homme qui sait bien manier un cheval. — *Bel homme de cheval*, homme qui a bonne grâce à monter à cheval. — *Monter à cheval* signifie quelquefois apprendre à monter à cheval. — *Mettre quelqu'un à cheval*, lui enseigner l'équitation. — Aux enseignes des hôtelleries, on met ordinairement, *Un tel loge à pied et à cheval*, ou *Bon logis à pied et à cheval*, pour indiquer qu'on y reçoit les voyageurs qui vont à pied et ceux qui vont à cheval. — Proverbialement, *Après bon vin, bon cheval*, quand on a un peu bu, on fait aller son cheval meilleur train; et figurément, quand on a un peu bu, on est plus hardi. — Proverbialement, *L'œil du maître engraisse le cheval*, quand le maître va voir souvent ses chevaux, les valets en prennent plus de soin. Il signifie aussi figurément, quand on surveille soi-même ses affaires, elles vont mieux. — Figurément et familièrement, *Médecine de cheval*, comme *Fièvre de cheval*, fièvre violente. *Médecine de cheval*, médecine très-forte. — Proverbialement, *Jamais cheval ni méchant homme n'amenda pour aller à Rome*, on ne se corrige pas de ses vices en voyageant. — Proverbialement et figurément, *Chercher quelqu'un à pied et à cheval*, faire toutes les diligences possibles pour le trouver. — Proverbialement et figurément, *Il n'est si bon cheval qui ne devienne rosse*, il n'y a point d'homme si robuste, si vigoureux, ou d'un esprit si fort, qui ne s'affaiblisse par l'âge. On dit dans un sens contraire, *Jamais bon cheval ne devint rosse*. — Proverbialement et figurément, *Il n'est si bon cheval qui ne bronche*, il n'y a point d'homme si sage, si habile, qui ne fasse quelquefois des fautes, qui ne se trompe quelquefois. — Proverbialement et figurément, *A cheval donné on ne regarde point à la bouche*, ou *à la bride*, quand on reçoit un présent, il ne faut point le déprécier. — Proverbialement et figurément, *Changer*, *Troquer son cheval borgne contre un aveugle*, changer, par méprise, une chose défectueuse contre une autre plus défectueuse encore. — Figurément et familièrement, *C'est son cheval de bataille*, *son grand cheval de bataille*, se dit de la chose dont quelqu'un s'appuie le plus fortement. — Proverbialement et figurément, *Il est bon cheval de trompette, il ne s'étonne pas du bruit*, se dit d'un homme qui ne s'effraye pas des menaces, qui ne s'émeut pas de ce qu'on lui dit, soit pour l'intimider, soit pour l'embarrasser. — Figurément et familièrement, *C'est un cheval pour le travail*, c'est un homme qui travaille beaucoup. — Figurément et familièrement, *C'est un cheval*, *un gros cheval*, *un cheval de carrosse*, *un cheval de bât*, se dit d'un homme stupide, grossier, brutal. — Figurément et familièrement, *C'est le cheval de bât*, se dit d'un homme chargé dans une maison, dans une communauté, de la grosse besogne que les autres refusent. — Figurément et familièrement, *C'est un cheval échappé*, se dit d'un jeune homme qui est emporté, et qui se soustrait à l'obéissance, à la discipline. — Proverbialement et figurément, *Qui aura de beaux chevaux, si ce n'est le roi?* il n'est pas étonnant qu'un homme puissant et riche ait quelque chose de rare, de magnifique, etc. — Proverbialement et figurément, *Je lui ferai voir que son cheval n'est qu'une bête*, je lui ferai voir qu'il se trompe lourdement. — Proverbialement et figurément, *Brider son cheval par la queue*, s'y prendre maladroitement et à contre-sens dans une affaire. — Proverbialement et figurément, *Il fait toujours bon tenir son cheval par la bride*, il fait bon être maître de son bien, d'une affaire où l'on a intérêt. — Proverbialement et figurément, *Il est bien aisé d'aller à pied, quand on tient son cheval par la bride*, on souffre volontairement beaucoup de petites incommodités, quand on a le moyen de s'en délivrer aussitôt qu'on le veut. — Proverbialement et figurément, *Fermer l'écurie quand les chevaux sont dehors*, prendre des précautions quand le mal est arrivé, quand il n'est plus temps de l'éviter. — Proverbialement et figurément, *Écrire à quelqu'un une lettre à cheval*, lui écrire avec hauteur, avec menace. — Proverbialement et figurément, *Monter sur ses grands chevaux*, prendre les choses avec hauteur; mettre de la fierté, de la sévérité dans ses paroles. — Proverbialement et figurément, *Être mal à cheval*, être mal dans ses affaires. — *Être à cheval* se dit, par extension, de celui qui est monté sur quelque autre animal qu'un cheval, et même d'une personne qui se tient jambe deçà, jambe delà, sur une poutre, sur une muraille, etc. — Figurément et familièrement, *Être à cheval sur quelque chose*, s'en prévaloir ou n'en pas démordre, y revenir sans cesse. — *En term. de guerre*, *Être à cheval sur un fleuve*, *sur une rivière*, etc., se dit d'une armée qui a des troupes sur l'une et sur l'autre rive d'un fleuve, etc. — On dit, dans un sens analogue, *Être à cheval sur une route*. — *Tirer un criminel à quatre chevaux*, écarteler un criminel, en attachant chacun de ses membres à un cheval, et faisant tirer les quatre chevaux chacun de son côté en même temps (*V.* ÉCARTELER, SUPPLICE, etc.). — CHEVAL MARIN, animal fabuleux, qu'on représente ayant le devant d'un cheval et le derrière d'un poisson, tel qu'on en voit sur certaines médailles, et dans certains ornements d'architecture et de peinture. — CHEVAL FONDU, sorte de jeu où plusieurs enfants sautent l'un après l'autre sur le dos d'un d'entre eux, qui se tient courbé, dans l'attitude d'un cheval (*V.* ci-dessous). — CHEVAL DE BOIS, figure de bois qui ressemble à peu près à un cheval, et sur laquelle on apprend à voltiger. Il s'est dit aussi d'une pièce de bois placée sur des tréteaux et placée en arête, dont on se servait autrefois pour punir des soldats. — CHEVAL DE FRISE (*V.* CHEVAUX DE FRISE). — PETIT CHEVAL, constellation de l'hémisphère septentrional. — CHEVAUX, au pluriel, se dit quelquefois de gens de guerre à cheval. — Expression proverbiale, *Un coup de pied de jument ne fait pas de mal à un cheval*, un galant homme ne doit point se sentir blessé ou s'irriter des mauvais propos d'une femme. — *A cheval neuf vieux cavalier*, un jeune cheval peu dressé a besoin d'une main exercée pour le conduire. — *A cheval hargneux il faut une étable à part*, il faut éviter la compagnie des gens de mauvaise humeur. — *A méchant cheval bon éperon*, il faut de la fermeté dans les affaires difficiles. — *Cheval de foin*, *cheval de rien*; *Cheval d'avoine*, *cheval de peine*; *Cheval de paille*, *cheval de bataille*; un cheval qui mange du foin est sans vigueur; celui qu'on nourrit d'avoine est propre au travail; celui qui sait se nourrir de paille est bon pour la guerre. — *C'est le cheval de Séjus*, expression proverbiale, se disait autrefois en parlant d'une chose qu'il était dangereux de posséder, par allusion au cheval qui avait appartenu à un Romain appelé Séjus, et dont la possession avait été successivement funeste à tous ses maîtres. — *N'avoir ni cheval ni mule*, être contraint d'aller à pied, être réduit à la misère. — CHEVAL DE TROIE (*antiq.*) (*V.* TROIE). — CHEVAL DE SERVICE (*féod.*), cheval dû par un vassal à son seigneur. — HOMME DE CHEVAL (*manége*), celui qui joint à une solidité inébranlable l'usage libre de tous ses membres, et toute sa présence d'esprit. Il ne faut pas confondre l'homme de cheval avec l'écuyer. — CHEVAL DE TÊTE, D'ÉTUDE, OU DE HAUTE ÉCOLE, celui qui exécute tout travail de deux pistes, au pas, au trot ou au galop, ainsi que les changements de pied, du tact au tact. — CHEVAL DE DEUX COEURS, celui qui ne se manie que par contrainte, qui n'obéit pas volontiers aux aides du cavalier. — CHEVAL DANS LA MAIN, celui dont l'encolure, la tête et le corps, sont dans un tel équilibre, qu'on ne sent nullement le poids de cette forte masse. — CHEVAL ENTIER A UNE MAIN, celui qui refuse de tourner d'un côté. — CHEVAL PORTANT BAS, celui dont l'encolure et la tête s'affaissent. — CHEVAL PORTANT AU VENT, celui qui porte la tête dans une position plus ou moins horizontale. — CHEVAL DE PAS, celui qui va un grand pas et fort à l'aise. — CHEVAL DE FRISE (*hist. nat.*), espèce de coquille. — CHEVAL DU BON DIEU, nom vulgaire du grillon.

CHEVAL (*technol.*), siége sur lequel l'ouvrier s'assoit pour façonner l'ardoise. — Trou rempli de terre qu'on trouve quelquefois dans un bloc.

CHEVAL BARDÉ, monture de tournoi ou de campagne des anciens chevaliers ou des anciens gens d'armes. On s'est servi, dans le même sens, des termes *auferrant*, *cheval d'armes*, *destrier*, *grand cheval*. Les guerriers du moyen âge, en bardant leurs chevaux, ont fait revivre un usage qui existait déjà au temps où les Romains et les Perses combattaient contre des éléphants, contre des chars à faux. Soit à raison de la dépense que cette armure occasionnait, soit que la tradition la regardât comme une prérogative, soit plutôt parce que la chevalerie combattait comme grosse cavalerie, ce sont les nobles seuls qui, jusqu'à l'institution des compagnies d'ordonnance, ont fait emploi de bardes. Les gens d'armes qui accompagnaient, à titre de servants d'un fief, le chevalier ou le seigneur féodal, avaient les bardes moins complètes que leur chef de lance; et au contraire les gens d'armes des compagnies d'ordonnance, qui appartenaient à un temps où il n'existait plus de chevaliers, avaient le cheval entièrement bardé. Les parties qui composaient les bardes s'appelaient *giral*, *housse*, *pissière*, *sambuc*, *selle d'armes* et *testière*, qui était l'ensemble de la cervicale et du chanfrein, et qui recouvrait en partie la bride. — Avant le tournoi ou avant le combat, il était du devoir de l'écuyer de présenter à son maître le cheval bardé. — Des écrivains ont fait entre le cheval *houssé* et le cheval *bardé* la distinction qui suit, mais qui nous apprend peu de chose, parce qu'ils n'indiquent ni de quel temps ni de quel pays ils parlent: « Le cheval de chevalier est, en cérémonie, un cheval caparaçonné de soie armoriée; c'est, en guerre, un cheval bardé de cuir ou de fer.

CHEVAL FONDU. Ce jeu d'écoliers était autrefois une récréation de courtisans, et où l'on ne dédaignait pas de briller, comme dans les carrousels et les tournois. L'amiral de Coligni fut envoyé en 1556, à Bruxelles, devers l'empereur et son fils, pour la ratification de la trêve. Arrivé dans cette ville le 25 mars, il fut logé, suivant la relation de l'ambassade, en une rue nommée des *Arènes*, c'est-à-dire au Sablon. « Le lendemain matin, rapporte la même relation, les seigneurs français, assemblés chez M. l'amiral en une grande cour qui était au logis, pendant qu'il dépêchait quelques affaires (les esprits français, qui sont, comme le cours du ciel, en perpétuel mouvement, ne pouvant s'arrêter), se mirent pour la plupart à jouer au *cheval fondu*, dont le bruit étant répandu, plusieurs gentilhommes flamands et autres de qualité y étant accourus, trouvèrent le jeu si beau qu'ils firent de même, mais les nôtres emportèrent le prix; car il n'appartient qu'aux Français seuls de faire les choses de bonne grâce. » — Le temps auquel appartient l'anecdote que nous venons de raconter, était celui où le roi de France Henri II allait glisser sur la glace, se battait avec ses familiers à coups de boules de neige, et faisait des pleins sauts de vingt-quatre semelles.

CHEVAL (*astronomie*), nom que l'on donne à la constellation de Pégase.

CHEVALEMENT, s. m. (*architect.*), espèce d'étai qui sert à soutenir des parties de bâtiment qu'on reprend sous œuvre.

CHEVALER, v. n. faire plusieurs allées et venues, plusieurs démarches pour une affaire. Il est vieux. — CHEVALER, *en term. de manége*, se dit lorsque le cheval, marchant par des pas de côté, fait passer les jambes du dehors par-dessus celles du dedans. Dans ce sens on dit aussi *chevaucher*. — CHEVALER signifie aussi étayer avec des chevalements, et alors il est actif.

— Il signifie encore, dans certains arts, faire usage d'un chevalet, et alors il est tantôt neutre, tantôt actif.

**CHEVALERESQUE**, adj. des deux genres, qui appartient à la chevalerie, où qui tient de la chevalerie.

**CHEVALERESQUEMENT**, adv. d'une manière chevaleresque.

**CHEVALERESSE**, adj. f. (*vieux langage*), qui convient à un chevalier. — CHEVALERESSE, s. f. femme tenant un fief de chevalier. — Femme qui est revêtue d'un ordre de chevalerie.

**CHEVALERIE.** Ayant traité, dans un article séparé (*V.* CHEVALIER), tout ce qui se rapporte aux détails de cette grande institution, nous la considérerons ici en elle-même, et nous nous bornerons à rechercher son origine, les causes qui favorisèrent ses progrès et celles qui déterminèrent sa décadence. On a prétendu trouver le berceau de la chevalerie au milieu des glaces de la Scandinavie ou sous les chênes séculaires de la vieille Gaule; suivant Montesquieu au contraire, elle dut seulement sa naissance à ces combats judiciaires qui remontent aux premiers âges de la monarchie. Il ne nous paraît pas exact de conclure de cette passion pour la guerre, de ce respect presque superstitieux pour les femmes que César et Tacite nous font remarquer chez les Celtes et les Germains, qu'il ait pu exister des chevaliers parfaits plusieurs siècles avant le temps de saint Louis et de du Guesclin. Nous voyons bien, dès le commencement du moyen âge, les fils des rois et des princes, parvenus à l'âge de leur majorité, recevoir, avec certaines cérémonies, les armes et le baudrier militaire (*cingulum militare*). Ainsi Louis le Débonnaire les reçut de son père, et les donna lui-même à Charles son fils, en 838; mais cette solennité n'avait certainement aucun rapport avec la chevalerie, et ceux qui ont cru l'y reconnaître n'ont pas songé sans doute que, d'après cette seule indication, on pourrait tout aussi bien en rapporter l'origine à une antiquité beaucoup plus reculée. Commençons donc par nous faire une idée précise de ce qu'il faut entendre par la chevalerie. Considérée comme *dignité*, c'était la plus haute des distinctions militaires, obtenue après de longues épreuves et conférée par une sorte d'investiture; comme *institution* (et c'est sous ce rapport que nous la considérerons ici), c'était l'association la plus vaste, la plus brillante qui ait jamais existé, et dont les membres, choisis chez toutes les nations chrétiennes, s'obligeaient par serment à mener une vie dure et aventureuse, à consacrer leur épée à la défense *du prince de la foi et de l'honneur des dames*. C'est ce que montrent assez la ballade si connue d'Eustache Deschamps, les articles du serment de réception qui nous ont été conservés, et tous les romans de cette époque. Il faut remarquer, avec Voltaire, que les souverains ne s'étaient point mêlés de ces règlements; il n'y avait, à cet égard, que des usages, souvent plus forts que la loi elle-même. Dans les ordonnances qui s'y rapportent (par exemple, dans les *gages de bataille* de Philippe le Bel) la chevalerie est toujours regardée comme un fait établi, et il n'est question que de fixer les rapports des chevaliers entre eux ou avec le prince lui-même. Si l'on adopte les définitions que nous avons posées, il faudra bien reconnaître d'abord que la chevalerie est essentiellement l'œuvre des temps modernes, et que l'antiquité, malgré quelques comparaisons ingénieuses qui se présentent d'abord à l'esprit, n'a rien qu'on puisse lui opposer; de plus on s'assurera, en parcourant nos vieux chroniqueurs, que rien de semblable ne se rencontre dans notre histoire avant le commencement du XII^e^ siècle. Le mot *miles*, le plus ancien qui ait désigné un chevalier, ne s'y montre presque jamais avant cette époque. Les formes de réception que nous aurons à décrire, ne paraissent avoir été établies que sous Louis le Jeune, ou même sous Philippe Auguste, son fils; cette dernière remarque peut nous aider à en démêler l'origine. Après la mort de Charlemagne, et sous les faibles héritiers de sa puissance, une effroyable anarchie s'était établie dans toute l'Europe. Les vexations d'une foule de petits souverains (bien plus terribles pour le peuple que le despotisme d'un seul), les biens des monastères livrés au pillage, les femmes sans protecteurs, dépouillées et exposées à d'indignes traitements, l'absence en un mot de toute garantie sociale, durent inspirer à quelques hommes généreux le désir de mettre fin à de pareilles horreurs. La religion, si puissante alors, ne pouvait manquer d'accueillir une institution qui promettait de la défendre. Les femmes, dont l'influence grandissait à mesure que les mœurs tendaient à s'adoucir, reconnaissantes de l'appui qu'elles recevaient, encouragèrent de tous leurs efforts leurs nobles champions. C'est par des causes analogues qu'on vit se former plus tard, au temps des croisades, les ordres des templiers et des hospitaliers, sorte de chevalerie aussi, mais essentiellement différente de l'autre, en ce que ses adeptes prononçaient des vœux et obéissaient au chef de l'Église (*V.* ORDRES RELIGIEUX ET MILITAIRES). Là c'était encore le comble du mal qui avait appelé le remède; la naissance d'une institution utile n'est jamais mieux attestée que par l'excès même du désordre auquel elle doit mettre fin. Nous venons de parler des croisades; on sait combien elles contribuèrent à étendre et à faire briller de tout son éclat la chevalerie naissante; celle-ci s'étendit même alors au delà des contrées occupées par les chrétiens. Saladin voulut être armé par Hugues de Tabarie, et les chevaliers castillans comptaient des frères d'armes parmi les derniers défenseurs de Grenade. C'est donc, comme on voit, et d'après l'opinion la plus probable, à la féodalité et aux désordres qu'elle avait fait surgir de toutes parts que l'on doit rapporter l'origine de la chevalerie. On conçoit aussi que la multitude de petites cours qui s'étaient élevées en Europe, leur indépendance réelle du souverain, les fêtes et tournois où chaque comte ou duc cherchait à surpasser en magnificence tous ses voisins, furent encore bien favorables à la chevalerie. Partout l'amour de Dieu et celui des dames caractérisaient ses adeptes; et une si bizarre association de mots suffit pour préciser l'époque où s'éleva cette institution singulière, qu'auraient également repoussée et la barbarie des premiers âges de la monarchie où les femmes étaient comptées pour si peu de chose, et notre excessive civilisation moderne, qui est arrivée presque au même résultat par un chemin tout opposé. Une observation qui paraît n'avoir pas encore été faite, c'est que ces deux sentiments de galanterie et de dévotion constituaient l'essence même de la chevalerie; qu'elle n'a fait que s'étendre et se fortifier tant qu'ils ont dominé dans les mœurs, et qu'elle s'est éteinte dès qu'ils ont été effacés ou du moins altérés d'une manière sensible. C'est ce qu'on pourra remarquer à chaque instant dans le court précis qui va suivre. On a vu que l'origine de la chevalerie et du cérémonial par lequel le titre de chevalier était solennellement conféré devait être reportée vers le milieu du XII^e^ siècle; à cette époque (au temps de Louis le Jeune) le moine Jean de Marmoutiers nous montre Geoffroy le Bel, tige de la maison de Plantagenet, recevant, en présence du duc de Normandie, son beau-père, les divers insignes de la chevalerie: le bouclier chargé de son blason, l'épée, la cotte de mailles impénétrable, les éperons d'or et un casque enrichi de pierres précieuses. Peu après, dans les premiers poëmes et romans en langue nationale, nous commençons à rencontrer les mots *chevalier* et *chevalerie*, dont l'étymologie est assez évidente. Vers la fin du même siècle, Richard d'Angleterre et le roi de France Philippe Auguste, modèles illustres des anciens preux, jettent sur cette association le plus grand éclat dont elle ait pu s'honorer. Or c'est aussi, comme on sait, le temps d'une foi vive et sincère, mais tout au moins aussi aveugle. Ce fier Richard, qui pleurait en contemplant de loin Jérusalem, qu'il ne lui était pas donné de délivrer; saint Louis qui, dans une seule de ses lois, poussa le zèle de la religion jusqu'à la cruauté; Montfort, le barbare exterminateur des Albigeois, étaient cités en même temps comme les zélés défenseurs de la foi et comme la fleur et le modèle de la chevalerie. Cette première période se continue, mais avec un éclat toujours décroissant, jusqu'au temps de Charles V. On sait combien de guerriers illustres prirent part à ces démêlés sanglants auxquels se rattachent les souvenirs de Crécy, de Poitiers et d'Azincourt. A ces diverses époques, tout homme de noble race, était nécessairement chevalier; c'était sa foi de chevalier qu'il engageait quand il avait été pris à la guerre, et elle suffisait pour garantir son retour, lorsqu'on lui rendait la liberté sous condition. C'est ce qu'attestent assez la noble conduite de du Guesclin, celle des chevaliers bourguignons pris à la défaite de Nicopolis, enfin celle du roi Jean, qu'on a cherché vainement à expliquer par des motifs moins honorables. (Il est remarquable que le même prince, dans les statuts de l'ordre de l'Étoile, se plaint déjà de la décadence où était tombée la chevalerie.) Ces traits héroïques auxquels l'antiquité n'a rien à opposer de plus grand, tant d'autres preuves non moins admirables de désintéressement, d'humanité, de dévouement sans borne à la cause du malheur, nous attachent et nous charment d'autant plus, qu'ils semblent plus extraordinaires dans ces temps déplorables. Cet éclat commence sensiblement à s'obscurcir dès le commencement du règne de Charles VI. Le moine de Saint-Denis rapporte (1389) que ce prince ayant donné l'ordre de chevalerie à ses deux cousins, le roi de Sicile et le comte du Maine, on fut très-surpris des détails de cette cérémonie, « car il y avoit fort peu de gens qui sçussent que c'étoit l'ancien ordre de pareille chevalerie. » Plusieurs causes, au surplus, sans parler de la corruption croissante des mœurs (dont se plaint à chaque instant Eustache Deschamps, poëte contemporain), durent affaiblir beaucoup l'ardeur que la noblesse avait montrée jusque-là. La guerre était nécessaire à sa bouillante activité; elle cessa presque entièrement à partir de l'expulsion des Anglais, complétée en 1450, c'est-à-dire plus de dix ans avant la mort de Charles VII. Ce prince, qui sembla vouloir racheter, vers le déclin de sa vie, par une sage administration, la funeste insouciance et les désordres de sa jeunesse, établit vers cette époque (1445) les *compagnies d'ordonnance*. Elles effacèrent peu à peu (et peut-être l'avait-il espéré) cette milice valeureuse mais indisciplinée, dont la fougue avait été si funeste à la France dans cette guerre continuelle de plus d'un siècle. Ce fut un bienfait immense pour les populations de ce royaume, si longtemps dévasté par les deux partis; mais ce fut en même temps un coup mortel pour la chevalerie, qui, essentiellement libre dans son allure, affranchie de toute autre loi que les serments prêtés après la *veille des armes*, ne pouvait se plier aux règles étroites et uniformes d'une discipline nouvelle. Remarquons maintenant que cette époque est aussi celle des premières divisions sérieuses dans l'Eglise, de la condamnation de Jean Huss et des rigueurs exercées contre ses disciples. On voit que déjà les esprits étaient disposés pour une grande commotion. La foi antique était ébranlée sur ses bases, un relâchement notable se manifestait en même temps dans les mœurs, tous les écrivains nous l'attestent, et cette corruption croissante répond, comme on voit, à un affaiblissement universel dans l'esprit de la chevalerie. Cette dégradation est encore plus sensible sous le règne de Louis XI, où la noblesse et surtout les grands feudataires furent continuellement persécutés par un prince jaloux de tout pouvoir qui se montrait à côté du sien, et qui ne perdit pas une occasion de les appauvrir et de les humilier, quand il ne pouvait mieux faire. En outre, la nouvelle tactique qui venait de s'établir, par suite de l'emploi mieux dirigé des armes à feu, nécessitait une autre manière de combattre, et rendait inutile cette supériorité de force et d'adresse qui avait distingué les émules de Clisson, de du Guesclin et de Chandos. Alors disparurent aussi ces cours nombreuses et magnifiques qui avaient offert à la chevalerie une protection si efficace et de si utiles encouragements. La noblesse perdit, par la force des circonstances, peut-être aussi par l'effet des longues guerres qui l'avaient appauvrie et décimée, cette allure fière et aventureuse de la chevalerie des XIII$^e$ et XIV$^e$ siècles. Ce fut ainsi que cette brillante corporation, dont on ne trouve plus qu'une ombre dans les *tournois du roi René*, s'éteignit réellement, après avoir brillé d'un éclat si vif pendant plus de trois cents ans. Sans doute il y eut toujours des capitaines illustres et de beaux faits d'armes; mais il n'y eut plus ni noviciat, ni serment au pied des autels, ni cérémonial de réception; la devise universelle des anciens preux était oubliée comme l'esprit qui les animait: il n'y eut donc plus de chevalerie. Nous savons bien qu'on ne manquera pas de nous opposer ici les faits héroïques du *chevalier* Bayard et la réception solennelle de François I$^{er}$ sur le champ de bataille de Marignan; mais d'abord, comme l'a très-bien remarqué M. le comte Rœderer (dans son ouvrage intitulé *Louis XII et François I$^{er}$*), ce n'est que dans les mémoires si curieux et si pleins de charmes de son *loyal serviteur* que nous rencontrons ce titre de chevalier si constamment attaché depuis au nom du héros de Brescia. Tous les écrivains de son temps l'appellent seulement *le capitaine Bayard*, de même que Louis d'Ars, d'Imbercourt et ses autres compagnons d'armes. Quant à la réception de François I$^{er}$, elle s'explique facilement par la tournure d'esprit romanesque de ce prince, que sa galanterie trop bien connue tendait à exalter et qu'excitèrent plus tard les lectures qui charmaient ses longues nuits de Madrid. Il voulut ranimer dans la noblesse cette fleur de chevalerie qui le charmait lui-même dans les héros des vieux romanciers, mais qui n'était plus en harmonie avec son époque. Le coup était dès longtemps porté, et ces étincelles, rallumées avec tant d'effort, s'éteignirent bientôt d'elles-mêmes. Il n'y eut plus en effet, pour ainsi dire, de réception après celle de François I$^{er}$; à peine nos historiens en citent-ils deux ou trois. Cela n'empêcha pas que le mot *chevalier* ne fût employé quelquefois par habitude, ainsi qu'il l'est encore de nos jours, pour reconnaître et louer l'antique urbanité, la galanterie recherchée et délicate, qui sont longtemps restées dans nos mœurs; mais, nous le répétons, l'institution avait péri sans retour avec la féodalité qui l'avait vue naître; et c'est au milieu de ces débris et de tant d'autres qui entouraient le berceau du XVI$^e$ siècle que nous voyons s'élever le grand schisme de Luther. On conçoit assez que, quand même l'esprit de la chevalerie se fût conservé intact jusque-là, les désordres des guerres civiles, les fureurs et les excès des partis, la sévérité des mœurs protestantes, n'auraient pu lui permettre une longue existence. Ajoutons que la licence extrême de la cour des derniers Valois ne ressemblait pas plus au culte naïf des dames et de l'honneur, à la dévotion sincère des XIII$^e$ et XIV$^e$ siècles, que les favoris de Henri II et les mignons de Henri III ne ressemblaient aux preux de saint Louis ou même de Charles V. Ce qui prouve, au surplus, que la cérémonie de Marignan n'était qu'un brillant caprice du jeune vainqueur, peut-être même un moyen calculé d'attirer sur lui plus de respect et d'éclat, c'est ce qu'il disait lui-même peu après à l'un de ses capitaines, Fleurange, depuis maréchal de la Marck: « Je vous prie que vous veuillez être armé de ma main, encore bien que je sache que vous ne l'avez jamais voulu être, etc. » Une autre cause qui contribua encore à discréditer la chevalerie, ce fut la création de divers *ordres militaires* (*V.* ce mot); la plupart ont précédé la fin du XV$^e$ siècle. On faisait même dès lors des chevaliers *ès lettres* et *ès lois*. Il est fait mention de ceux-ci dans le *Roman de la Rose*; le Titien reçut ce titre de Charles-Quint. Ces nouveaux élus se trouvaient appelés par la volonté seule et bien souvent par la faveur du souverain à jouir de priviléges qu'on n'acquérait auparavant que sur le champ de bataille. La mort funeste de Henri II fit bientôt abandonner les tournois, cette véritable école de la chevalerie, par une noblesse efféminée, livrée à tous les genres de désordres, et si éloignée de cette vigueur, entretenue par de rudes exercices, qui avait distingué leurs ancêtres. A tant de causes de mort il ne manquait plus que le ridicule, déjà bien puissant au XVI$^e$ siècle. *Don Quichotte* parut, et cette admirable satire produisit plus d'effet peut-être que son auteur même ne l'avait souhaité. Nous avons déjà fait sentir combien la chevalerie devint utile au bien de tous, en remédiant à la faiblesse ou à l'inaction des lois dans un temps où la licence ne connaissait plus de bornes, en assurant sans cesse et en tous lieux des protecteurs puissants au faible et à l'opprimé, en polissant des mœurs encore à demi sauvages et donnant aux femmes, jusque-là si dédaignées, une influence utile aux progrès de la civilisation, en conservant enfin dans les temps désastreux le sentiment de l'honneur et cette vieille loyauté qui a toute l'apparence de la vertu et qui souvent a dû en tenir lieu. L'usage des tournois, qui réunissait à de fréquentes époques la plupart des guerriers célèbres de l'Europe, établissait entre eux des relations d'estime qui tempéraient les horreurs de la guerre, et une fraternité d'armes dont nous lisons dans les vieilles chroniques des preuves si honorables et si touchantes. Les tournois donnèrent lieu aussi à ces traits d'une bravoure presque fabuleuse, à ces vœux si célèbres du *paon* et du *héron*, qu'accomplissait parfois avec bonheur la plus audacieuse témérité. Les dames présidaient encore à ces réunions brillantes qui suivaient d'ordinaire les tournois et qu'embellissaient les arts déjà ranimés. Les exploits, couronnés par une palme si vivement disputée, inspiraient alors ces récits naïfs et piquants qui marquent la naissance de notre poésie française. L'Europe entière les répétait, lorsque déjà nous les avions oubliés. Nous n'ignorons pas que des reproches graves ont été faits à la chevalerie, et que, comme toutes les institutions humaines, elle a eu ses inconvénients, ses abus et ses détracteurs. Si du Guesclin mourant recommandait à ses compagnons d'armes de ménager *les povres et les villains*, si Beaumanoir, avant le combat des Trente, reprochait aux chevaliers d'Angleterre de *travailler les povres et ceulx qui sèment le bled*, beaucoup de chevaliers avides, cruels ou déloyaux, se montrèrent indignes de ce beau titre. Mais, dit avec raison M. Hallam (*Histoire de l'Europe au moyen âge*), il serait injuste de compter au nombre des abus de la chevalerie des actes qui se commettaient en contravention de ses règles, et qui, grâce à elle, furent moins nombreux qu'ils ne l'eussent été en d'autres temps. Nous savons qu'un des plus ardents détracteurs de cette institution, M. le comte Rœderer, dans un livre que nous avons déjà cité, après avoir rassemblé contre elle tous les reproches qui ne peuvent s'appliquer équitablement qu'à des individus, a été jusqu'à y joindre celui de lâcheté, parce que, dit-il, la noblesse, couverte d'armures de fer, n'avait aucun danger à craindre; tandis que l'infanterie, toujours sacrifiée, composée de vilains et de bourgeois, combattait presque à découvert. Il nous semble que les malheureuses défaites de Poitiers et d'Azincourt (cette dernière surtout, où périt l'élite de la noblesse française avec le connétable son chef), les glorieuses campagnes de du Guesclin, de Clisson, de Richemont, de Dunois et de tant d'autres qui délivrèrent la France du joug anglais, répondent assez à cette étrange assertion. Cet article serait incomplet, si nous n'y ajoutions un mot sur la chevalerie errante; mais, à vrai dire, cette corporation de *redresseurs de torts*, courant isolément les campagnes pour acquérir de la gloire ou délivrer quelque belle captive, ne nous semble guère avoir existé que dans les romans. A l'époque la plus florissante de la chevalerie, il y avait pour ses héros assez d'occasions de s'illustrer sur le champ de bataille. C'est là que les chevaliers les plus fameux ont achevé leur gloire; et à peine Brantôme et les chroniqueurs du temps indiquent-ils, comme de bizarres fantaisics, les courses aventureuses de quelques-uns des prédécesseurs de don Quichotte.

**CHEVALERIE** s'est dit également des ordres militaires et religieux où l'on faisait profession de prendre un certain habit, de porter les armes contre les infidèles, etc.(*V.* ORDRES).— *Chevalerie* signifie aussi extraction, noblesse de race. *Cette maison est d'ancienne chevalerie.*

**CHEVALERIE.** Il se disait autrefois pour exploit chevaleresque, haut fait. « Il serait impossible, dit Pasquier, de compter les hautes chevaleries que les premiers Français mirent à fin.»— *Chevalerie* a été employé par Rabelais dans le sens d'équitation, exercice du cheval.

**CHEVALERIE** (*anc. cout.*), métairie chargée du logement de gens de guerre à cheval.

**CHEVALET**, s. m. instrument de bois sur lequel les peintres posent et appuient les tableaux auxquels ils travaillent.

**CHEVALET**(TABLEAU DE) (*peint.*) se dit de tous les tableaux, quelle que soit leur étendue, autres que ceux qui sont exécutés sur des murailles et des plafonds.—CHEVALET DE FUSÉES ou A FUSÉES (*art mil.*), armature ou support au moyen desquels se lancent les fusées de guerre. — CHEVALET DE PONT VOLANT, grand tréteau tenant lieu de pile et servant de point d'appui à des poutrelles. — CHEVALET (*constr.*), grand tréteau en charpente servant à différents usages. — CHEVALET (*marine*), nom des deux montants qui portent le gouvernail. — CHEVALET (*technol.*), pièce servant d'étai dans un bâtiment en réparation. — Pièce de charpente posée en travers sur deux autres. — Tréteau servant à échafauder, scier de long et transporter des tringles dans un corps de machine hydraulique.—Machine servant à soutenir l'échafaud du couvreur.—Natte de paille que le couvreur place sous les échelles étendues sur les combles. — Nom d'une pièce d'imprimerie. — Banc de travail à l'usage du chaudronnier, du cordier, du tonnelier, du cardeur. — Outil de l'arquebusier, du fabricant d'hameçons, du serrurier.—Instrument du chamoiseur, du corroyeur. — Botte à l'usage du cartier. — Pièce de bois armée d'une poulie dont se sert le passementier. —Etau du treillageur.—Etau supportant les cadres à dorer. —Planchette du métier des rubaniers.—CHEVALET(*bot.*),nom vulgaire du pied-de-veau. —CHEVALET, *ponticello*. C'est, en musique, une petite pièce de bois mince, destinée à maintenir les cordes à distance de la table d'harmonie, dans toute la famille des instruments à archet et dans quelques instruments à cordes pincées.—Le chevalet est plus ou moins arrondi, suivant que l'on veut toucher une ou plusieurs cordes à la fois; quelques violonistes se sont servis d'un chevalet presque plan, pour exécuter des triples cordes. L'indication: *sul ponticello*, signifie qu'il faut jouer le plus près possible du chevalet et toucher légèrement la corde, ce qui produit un son d'une espèce particulière. Les chevalets se font d'un bois vieux, sec et dur, afin de mieux résister aux variations de la température; ils sont ordinairement plus ou moins façonnés à jour. E. V.

**CHEVALET** (*arts mécan.*). Le son que rend une corde vibrante dépend de la tension de cette corde, de sa grosseur, de sa nature et de sa longueur. Pour que le son soit pur et franc, ces conditions ne doivent pas varier durant la vibration; si, par exemple la tension changeait, le son passerait par des degrés différents fort désagréables à l'oreille. Pour que la longueur de chaque corde reste constante dans les instruments de musique, on y dispose deux arrêts, et c'est dans leur intervalle que sont effectuées les vibrations sonores. L'un de ces arrêts est placé en haut du manche des violons, violoncelles et guitares, et proche des chevilles de tension; il porte le nom de *sillet.* — L'autre arrêt est une lame de bois à peu près carrée qu'on dispose perpendiculairement à la table sonore de l'instrument, près de l'autre extrémité de la corde, c'est-à-dire vers la *queue*, où se trouve son point d'attache; cette lame de bois, qu'on nomme chevalet, est simplement posée sur la table par sa tranche, et elle conserve sa situation perpendiculaire sous la pression des cordes qui la maintiennent debout; cette pression défoncerait la table si l'on n'avait soin de placer dans le voisinage du chevalet, et sous sa base de pression, un petit bâton qui se tient debout et écarte les deux tables. Ce bâton, nommé *âme*, contribue à donner de la force au son, parce qu'il reçoit des ébranlements vibratoires, et les communique à la table opposée. L'âme se place presque sous la base du chevalet, non pas, au milieu de la table, mais à peu près, sous la chanterelle, qui est la corde la plus tendue et par conséquent celle qui exerce la plus forte pression. Une petite *barre* de bois placée en long sous la table supérieure, à l'endroit où vibre la plus grosse corde, renforce suffisamment cette table pour qu'elle résiste à la pression du chevalet (*V.* VIOLON).

**CHEVALET** (SUPPLICE DU). Il consistait à placer le patient, avec des poids aux pieds, sur un angle très-pointu qui formait le dos d'une espèce de cheval de bois (*V.* CAVALETTO). Ce fut longtemps aussi une punition qui servait à châtier les soldats des fautes qu'ils pouvaient commettre. Il est ainsi décrit dans un traité spécial que Jérôme Magius écrivit sur ce sujet durant sa captivité chez les Turcs. Mais, selon la plupart des auteurs, le chevalet (*equuleus*) était, chez les anciens, un banc ou tréteau qui servait à donner la question, et qui faisait bander des cordes sur lesquelles le corps des criminels était suspendu en l'air. C'est de cet instrument que parlent les agiographes, lorsqu'ils disent que ni les roues ni les *chevalets* n'ont ébranlé la constance des martyrs. Voici la description que Montfaucon donne du supplice du chevalet dans ses *Antiquités expliquées.* « C'était une espèce de table percée sur les côtés de rangées de trous, par lesquels passaient des cordes qui se roulaient sur un tourniquet. Le patient était appliqué à cette table, où on lui attachait les mains et les jambes avec des cordes; puis, au moyen d'une poulie, on enlevait et on descendait le corps autant que la résistance pouvait le permettre; on le laissait ensuite retomber brusquement, de telle sorte que tous ses os étaient disloqués par la tension et la secousse. Dans cet état, on lui appliquait des plaques de fer rouge, et on lui déchirait les côtés avec des peignes de fer qu'on nommait *ungulæ*. Pour rendre ses plaies plus sensibles, on les frottait quelquefois de sel et de vinaigre, et on les rouvrait lorsqu'elles commençaient à se refermer.» Sous le règne du roi d'Angleterre Henri VI, il y avait à la Tour de Londres une machine analogue; on l'avait appelée *la Fille du duc d'Exeter*, du nom du gouverneur de la Tour.

**CHEVALET DU PEINTRE** (*astron.*), une des constellations boréales formées par la Caille : elle renferme vingt-cinq étoiles, dont la plus brillante, marquée α, n'est que de la cinquième grandeur.

**CHEVALET** (ANTOINE), gentilhomme dauphinois, auteur de la *Vie de saint Christophe par personnages*, Grenoble, 1530, in-folio, fort rare.

**CHEVALIER** (*ant. gr.*), membre d'un corps d'élite établi à Sparte pour la garde des rois. Les chevaliers ne combattaient point à cheval; ce nom leur était donné comme titre d'honneur. Les chevaliers étaient divisés en six *oulames* de cinquante hommes chacun. Quelques historiens conjecturent que les trois cents Spartiates qui combattirent aux Thermopyles étaient les trois cents chevaliers. —Titre d'honneur chez les Crétois. Les chevaliers crétois avaient des chevaux. —CHEVALIER se dit des hommes de guerre dont se composait la cavalerie à Athènes. Les chevaliers, tous choisis parmi les plus riches citoyens, formaient un corps privilégié.—Les CHEVALIERS (*philologie*), titre d'une comédie d'Aristophane, où le corps des chevaliers est représenté par un chœur.

**CHEVALIERS ROMAINS** (*V.* EQUESTRE [Ordre]).

**CHEVALIER.** On a exposé dans un autre article les causes qui firent naître la chevalerie (*V.* ce mot), celles qui hâtèrent ses progrès, celles qui amenèrent enfin sa décadence. Il nous reste à faire connaître dans ses détails la chevalerie elle-même, et à présenter le chevalier dans les diverses circonstances de sa vie guerrière. Nous emprunterons beaucoup, dans ce qui va suivre, aux Mémoires si connus de Sainte-Palaye. Tous ceux qui ont étudié cette matière savent parfaitement que nous ne pourrions choisir un guide plus sûr. Le titre de *chevalier* appartenait de droit et exclusivement aux personnes nobles de *nom et d'armes*, bien que les gentilshommes, surtout vers la décadence de l'institution, ne fussent pas tous chevaliers.—Un vilain ou un bourgeois qui en aurait usurpé les insignes se serait exposé à des peines graves et infamantes. Les lois de la chevalerie, plus positives, plus exigeantes, et par cela même peut-être mieux observées que beaucoup de lois écrites, s'emparaient du jeune damoisel à sa naissance, et ne le quittaient, pour ainsi dire, qu'au tombeau ou lorsque, comme le vieux guerrier dont parle Saint-Gelais, après avoir rompu glorieusement sa dernière lance, il envoyait à sa dame l'armure qu'il venait de déposer pour la dernière fois. Les sept premières années s'écoulaient devant le foyer paternel, où l'on ne s'occupait guère que de développer les forces physiques de l'enfant héritier d'un nom illustre ou du moins honorable, destiné à porter toute sa vie la lourde armure et l'écu blasonné de ses pères. A sept ans révolus, on le retirait des mains des femmes qui l'avaient élevé; il commençait à prendre un rang et un nom dans sa noble famille: on le nommait alors *varlet* ou *damoiseau*. Sous ce nom ou sous celui de *page* ou *enfant d'honneur* (que Saintré portait à la cour du roi Jean), il allait remplir, chez quelque baron du voisinage, les devoirs d'une haute domesticité qui n'avait alors rien de dégradant. (On sait que Villehardouin désigne sous ce nom de *varlet*, qui signifiait seulement alors un enfant presque adulte, le fils même de l'empereur de Constantinople.) Il était d'usage, entre gentilshommes de la même province, d'échanger ainsi leurs enfants, qui, loin de la maison paternelle, recevaient une éducation plus complète et surtout plus austère. Il en résultait des rapports d'affection et de reconnaissance qui se perpétuaient dans les familles. Les dames, comme on le voit dans le roman de Saintré, ne dédaignaient pas de compléter cette éducation, d'ailleurs assez imparfaite; et c'était justice, en effet, qu'elles montrassent quelque sollicitude pour un avenir qui devait leur être dévoué. A l'âge de quatorze ans, le damoisel était mis *hors de page*, expression consacrée dans nos vieux écrivains, et que l'un d'eux, comme on sait, a heureusement appliquée à Louis XI. Il était alors *écuyer* (*V.* ce mot), nom qui désigne suffisamment ses nouvelles fonctions, et dont l'équivalent latin (*scutifer, armiger*) se trouve dans nos plus anciens auteurs. L'écuyer avait en effet pour fonction principale le soin des armes du chevalier à qui il était attaché, mais non plus avec des marques de domesticité; il pouvait porter certaines armes, certains ornements (différents à la vérité de ceux des chevaliers), se montrer sur les champs de bataille et s'y distinguer près de son maître de manière à mériter le même titre. Plusieurs des Bretons qui combattirent au *Chêne de mi-voie* n'étaient que de simples écuyers, de même que celui qui tua Chandos au pont de Lussac, et beaucoup d'autres guerriers cités par les chroniques contemporaines. —Enfin, parvenus à leur vingt et unième année, les jeunes nobles, déjà endurcis aux fatigues de tout genre par cette éducation guerrière, recevaient *l'ordre de chevalerie*, qui ne pouvait leur être conféré plus tôt. Ceci souffrait pourtant quelques exceptions : la plupart des fils de rois et de princes l'obtenaient beaucoup plus jeunes et même au berceau, comme le remarque Monstrelet. Nous avons vu de même de nos jours des princes encore enfants décorés des ordres royaux. La réception d'un chevalier était accompagnée de beaucoup de cérémonies, qui avaient, comme on l'a remarqué, des rapports frappants avec celles qui s'observent pour la consécration des prêtres. Cette profession était en effet, d'après l'opinion du temps, une sorte de sacerdoce. On y a vu aussi une espèce d'investiture qui rappelle la féodalité. Après un jeûne rigoureux et trois nuits passées en prières dans une chapelle isolée, le néophyte, au sortir du bain, était revêtu d'habits blancs, symbole de la pureté de la profession qu'il allait embrasser; il se rendait ensuite, avec beaucoup d'appareil, à l'église, où le prêtre bénissait l'épée qu'il allait ceindre plus tard; ensuite, en présence du seigneur qui devait le recevoir, il se mettait à genoux, l'épée autour du cou, et proférait le serment d'usage (*V.* dans la Colombière, *Théâtre d'honneur*, les articles de ce serment). Alors il était successivement revêtu, soit par d'autres chevaliers et personnages notables, soit par de nobles demoiselles, des diverses marques de la chevalerie; savoir: les éperons d'abord, puis le haubert ou la cuirasse, suivant l'époque; les brassards, les gantelets; ensuite on lui ceignait l'épée. Enfin le seigneur lui donnait l'accolade, c'est-à-dire deux ou trois coups d'épée sur le cou, en prononçant les paroles consacrées. Il était ainsi complétement *adoubé*, mot fréquent dans nos vieux auteurs qu'on a fait dériver d'*adoptare :* cette cérémonie constituait en effet une sorte d'*adoption*. On apportait le casque, l'écu et la lance, et le nouveau chevalier sautait sur le destrier qu'on venait de lui amener, et auquel, pour mieux montrer son adresse, il faisait faire quelques voltes en agitant sa lance ou son épée. Ce cérémonial, au surplus, n'était pas toujours tel que nous venons de le décrire; il fallait nécessairement l'abréger beaucoup en temps de guerre, surtout au moment d'une bataille, époque où il était d'usage de faire un grand nombre de chevaliers, de même qu'à l'avénement des princes, à la naissance de leurs fils ou à leur mariage, etc. Ce titre si envié, et longtemps si digne de l'être, donnait à la vérité de nombreux priviléges : les chevaliers seuls avaient le droit de porter au cou une chaîne d'or ou collier, pareille à celle que Louis XI donna à Raoul de Lannoy; les éperons de même métal, et même quelquefois l'armure toute dorée (d'où le nom d'*equites aurati*); le haubert, la lance et la cotte d'armes. Seuls ils pouvaient se vêtir d'écarlate et de fourrures précieuses, et placer des girouettes sur le haut de leur manoir; ils portaient des armoiries sur leur écusson, et avaient un sceau particulier. Leurs femmes étaient appelées *madame*, tandis que celles des écuyers ne recevaient que le nom de mademoiselle; eux-mêmes s'appelaient *messire* ou *monseigneur*. Enfin ils jouissaient seuls du droit de faire d'autres chevaliers, de paraître dans les tournois et d'y disputer les prix; c'est là que les plus illustres d'entre eux se firent connaître d'abord, et ces brillantes solennités offraient les occasions les plus sûres d'acquérir de la gloire, au prix de quelques dangers qui en augmentaient encore le charme. Mais si les éloges des preux, si le suffrage des dames étaient acquis à ceux qui s'honoraient par de nobles faits d'armes, le blâme le plus sévère flétrissait à jamais celui qui avait montré quelque faiblesse dans une occasion périlleuse ou trahi son prince et ses serments. On sait quelles terribles cérémonies accompagnaient la dégradation d'un chevalier traître à son souverain, et ce qui arriva au malheureux capitaine Franget, sous François I$^{er}$, pour avoir rendu la place de Fontarabie. Le coupable, vêtu d'habits de deuil, était conduit sur un échafaud; là il voyait, l'une après l'autre, toutes les pièces de son armure brisées par la main du bourreau, et son écu traîné dans la boue, la pointe en bas, attaché à la queue d'une cavale. On récitait sur lui le psaume CVIII, qui contient des imprécations contre les traîtres; et après avoir versé sur sa tête un bassin d'eau chaude, comme pour effacer le caractère dont il avait été revêtu, on le précipitait du haut de l'échafaud, une corde au cou, et il était ensuite traîné sur la claie (1).—Les chevaliers, malgré ce qu'indique leur nom, combattaient quelquefois à pied, soit pour donner l'exemple aux bandes d'infanterie dans une occasion décisive, soit comme chefs de ces mêmes bandes (surtout vers le milieu du XVI$^{e}$ siècle), soit pour tout autre motif. On voit, dans les cabinets, des armures qui n'ont pu être faites que pour cette seule destination. Jusqu'ici nous n'avons considéré qu'une seule classe de chevaliers : il y avait pourtant, surtout en France, des divisions bien marquées dans cette vaste association. Au dernier rang se trouvaient les *bacheliers* (*V.* ce mot), nom qui a été depuis détourné de son acception primitive, mais qui, dans le principe et d'après les meilleurs auteurs, a dû signifier *bas-chevalier*. C'étaient, dit Favyn, « ceux qui n'avoyent vassaux à suffisance pour mener à la guerre, ains marchoyent sous la bannière d'autruy. » Ensuite venaient ceux qui, ayant seulement le revenu nécessaire pour entretenir quelques hommes d'armes, ne pouvaient porter qu'un *pennon* ou *panoncel* (étendard à longue queue). Lorsque leur fortune s'était accrue à l'aide d'une donation, d'un titre, et d'une manière quelconque, ils requéraient de leur suzerain le *droit de porter bannière ;* celui-ci, après les informations d'usage, coupait la queue du pennon et en faisait ainsi un étendard carré ou *bannière*. « Il falloit, dit Favyn, au moins cinquante hommes d'armes pour être banneret et ce qui y appartient.» Nos histoires sont pleines d'exemples de cette formalité, indiquée d'ailleurs expressément dans l'ordonnance de Philippe le Bel qui fait suite aux *gages de bataille*, etc. On pourrait donc distinguer trois ordres de chevaliers : les ducs, comtes et autres souverains, les simples bannerets, et les bacheliers. Il était assez naturel que les funérailles de ces guerriers illustres, dont la vie avait été si étrangement aventureuse, ne ressemblassent pas à celles des autres citoyens. Indépendamment de l'éclat qu'y ajoutait la reconnaissance publique ou celle du souverain, on avait adopté pour les effigies dont on surmontait leur tombe des dispositions emblématiques propres à faire connaître comment ils avaient succombé sur le champ de bataille, ou au milieu de leur famille en temps de paix, ou prisonniers, ou vainqueurs. Les armes de ces héros étaient, après leur mort, recherchées avec un empressement facile à expliquer. Le duc de Savoie, dit Sainte-Palaye, fit les plus exactes perquisitions pour se procurer l'épée de Bayard qu'il voulait placer dans son palais. Ce fut d'une des épées antiques, ainsi conservées à Sainte-Catherine de Fierbois, que fut armé le bras libérateur de Jeanne d'Arc.—On a donné par extension le nom de *chevalier* aux personnes décorées d'ordres purement honorifiques, tels que sont en France ceux de Saint-Michel et du Saint-Esprit (dits ordres du roi) et beaucoup d'autres plus modernes. Il y a, comme on sait, dans les cérémonies de leur réception, quelques traits de ressemblance avec celles que nous avons décrites. C'est tout ce qui reste aujourd'hui de la vieille chevalerie du moyen âge (*V.* ORDRES DE CHEVALERIE).

**CHEVALIER TERRIEN** (*féodal.*) (*V.* TERRIEN). — **CHEVALIER D'AGE** (*hist.*) se dit, dans l'ordre de Malte, de celui qui se présente pour être reçu selon les statuts. — **CHEVALIER DE MINORITÉ**, celui qui est reçu avant l'âge requis par un bref du pape.— **CHEVALIER DE JUSTICE** se dit également, dans l'ordre de Malte et dans d'autres ordres militaires, de celui qui est tenu de faire preuve de noblesse, à la différence des frères servants qui ne sont pas dans cette obligation.—**CHEVALIER ÈS LOIS**, membre d'un ordre de noblesse créé par François I$^{er}$, qui se composait de magistrats et de gens de loi.—**CHEVALIER PORTE-**

(1) On retrouve aujourd'hui quelque chose de cet antique usage dans la dégradation prononcée contre les condamnés qui se trouvent décorés de l'ordre de la Légion d'honneur.

GLAIVE (*V.* PORTE-GLAIVE). — CHEVALIER DU POIGNARD (*V.* POIGNARD).

**CHEVALIER** (*accept. div.*).—*Armer quelqu'un chevalier*, le recevoir chevalier. — Figurément, *Il est le chevalier de telle dame*, il lui est attaché, il lui rend des soins. — Figurément, *Se faire le chevalier de quelqu'un*, prendre sa défense avec chaleur. — *Chevalier d'honneur*, conseiller d'épée, qui avait séance et voix délibérative dans les cours souveraines. — CHEVALIER D'HONNEUR, chez la reine et les princesses de la famille royale, signifie le principal officier qui leur donne la main quand elles marchent. — CHEVALIER DU GUET (*V.* GUET). — CHEVALIERS DE L'ARQUEBUSE, bourgeois qui forment une compagnie, et dont l'objet est de se perfectionner dans l'art de tirer l'arquebuse, en se disputant un prix. — CHEVALIER se disait autrefois, au jeu des échecs, pour *cavalier*.

**CHEVALIERS D'INDUSTRIE.** Ce n'est guère que dans le XVIII^e siècle que cette expression fut créée pour désigner l'espèce de gens qui mettent en pratique la cynique maxime : Avoir tout juste autant de probité qu'il en faut pour n'être pas pendu. On les nommait auparavant des *aigrefins*, ou même plus durement des *escrocs*. Mais, quoique le but des escrocs et celui des chevaliers d'industrie soit le même, ces derniers s'attachent, autant qu'il leur est possible, à éviter tout ce qui porte trop évidemment le caractère de l'escroquerie, surtout telle qu'elle a été définie par les lois. En général ils cherchent à n'opérer que par l'adresse et la persuasion. Il est vrai que nos tribunaux n'admettent pas toujours ces distinctions subtiles et condamnent souvent diverses espèces de fripons aux mêmes peines, sans s'embarrasser de leurs catégories. Les chevaliers d'industrie affluent dans les grandes capitales, principalement à Paris et à Londres. On est toujours certain aussi de les rencontrer dans les divers endroits de l'Europe où l'on va prendre les eaux, et en majorité dans ceux où la mode et le bon ton attirent plus de voyageurs que n'y en amènent de véritables maladies. Le théâtre a toujours fait son profit des chevaliers d'industrie : ce sont les *parontes* de l'ancienne comédie ; presque tous les valets de notre scène classique, surtout les Crispins, Scapins, Frontins, sont des variétés de l'espèce. Enfin un auteur de nos jours, M. Alexandre Duval, a voulu peindre en grand le *chevalier d'industrie* et lui accorder l'honneur des cinq actes en vers ; si cependant il n'est point parvenu à l'élever tout à fait à la hauteur d'un caractère, il en a du moins retracé avec talent les traits principaux.

**CHEVALIER**, *totanus* (*hist. nat.*). On appelle ainsi un genre d'oiseaux échassiers de la famille des longirostres, lequel se reconnaît à ces caractères : bec un peu grêle, médiocre ou long, presque rond, quelquefois un peu retroussé vers le bout, dont le sillon de la narine ne dépasse pas le milieu, lisse et courbé à la pointe de la partie supérieure ; mandibule inférieure un peu recourbée à l'extrémité chez la plupart ; doigts antérieurs ou seulement les intérieurs unis à leur base par une membrane assez marquée; pouce ne portant à terre que sur le bout ; ailes médiocres, la première rémige la plus longue. — Ces animaux, dont le nom latin vient de *totano*, mot usité en Sicile pour indiquer certains oiseaux aquatiques, fréquentent le bord des fleuves et les prairies inondées. Ils voyagent par petites troupes, et se nourrissent d'insectes, de vers ou de petits mollusques. Leur mue a lieu à deux époques fixes de l'année. Leur plumage d'hiver ne diffère le plus souvent de celui de l'été que par un peu de variation dans la distribution des taches. Les jeunes diffèrent peu des adultes en plumage d'hiver, et les femelles ne se distinguent des mâles que par leur taille, qui est un peu plus forte. —M. Temminck admet dix espèces européennes dans le genre *totanus*, et il les répartit dans les deux sous-genres suivants : — I. *Chevaliers proprement dits.* — Ceux-ci ont les mandibules droites avec la pointe de la supérieure courbée sur l'inférieure, leurs doigts médius et externe sont unis. Ils se nourrissent de vers, d'insectes à élytres et de petits mollusques. On les rencontre le long des fleuves, des lacs, etc., ainsi que sur toutes les eaux douces et les prairies humides. — CHEVALIER SEMI-PALMÉ, *totanus semipalmatus* Temm., est plutôt de l'Amérique septentrionale ; seulement il se montre quelquefois dans le nord de l'Europe. Sa nourriture consiste en coquilles bivalves principalement, et aussi en vers marins et insectes aquatiques. — CHEVALIER ARLEQUIN, *totanus fuscus*, que l'on trouve en Allemagne et en Russie, existe aussi dans l'Amérique septentrionale et en Asie. Il fréquente le bord des fleuves, des lacs et les marais. — CHEVALIER GAMBETTE, *totanus calidris* Bechstein, appelé aussi *chevalier aux pieds rouges*, est en été brun dessus, avec des taches noires et quelque peu blanches au bord des plumes; blanc en dessous, avec des mouchetures brunes, surtout au cou et à la poitrine; les pieds sont rouges. En hiver, ses mouchetures sont presque effacées, et son manteau est d'un gris brun presque uniforme. Cet oiseau, que l'on trouve dans presque toute l'Europe et principalement en France, niche dans les prairies et pond quatre œufs pointus, d'un jaune verdâtre, marqués de taches brunes, qui se réunissent vers le gros bout en une seule masse. — CHEVALIER STAGNILE, *totanus stagnilis*, se trouve dans le nord de l'Europe ainsi qu'en Asie. Il niche dans les régions du cercle arctique. — CHEVALIER A LONGUE QUEUE, *totanus bartramia*, est une espèce de l'Amérique septentrionale que l'on trouve quelquefois, mais accidentellement, dans le nord de l'Europe.—CHEVALIER CUL-BLANC, appelé aussi *bécasseau*, est le *tringa ochropus* de Gmelin. Il est commun chez nous sur le bord des eaux douces, et paraît un bon gibier. Sa ponte, qu'il fait dans le sable, se compose de trois, quatre et jusqu'à cinq œufs d'un vert blanchâtre marqué de taches brunes. Cet oiseau est noirâtre, bronzé supérieurement, avec le bord des plumes piqueté de blanchâtre ; inférieurement il est blanc, moucheté de gris au-devant du cou et aux côtés ; queue marquée inférieurement de trois bandes noires; pieds verdâtres. — BÉCASSEAU DES BOIS, *tringa glareola* de Gm., appelé par M. Temminck *chevalier sylvain*, diffère du précédent parce qu'il a sept ou huit rayures sur la queue au lieu de trois, et que les taches pâles de son dos sont plus larges. Il est commun dans quelques provinces de l'Allemagne et dans les parties orientales et méridionales de l'Europe. On le trouve aussi en Asie. En France et en Hollande, il est peu répandu. Sa nourriture consiste en insectes et en vers. Sa ponte se fait dans le nord. — CHEVALIER PERLÉ, *tringa macularia* Gm., est de l'Amérique septentrionale. On ne le trouve qu'accidentellement en Europe. — CHEVALIER GUIGNETTE, *tringa hypoleucos* Gm., est le plus petit de nos chevaliers. Ses parties inférieures sont blanches et sans taches ; les supérieures d'un brun olivâtre, à reflets, variées de zigzags brun noirâtre. Longueur totale, sept pouces deux ou trois lignes. On trouve la guignette dans toute l'Europe centrale, sur le bord des eaux douces et dans les prairies. Elle niche dans tout le Nord et aussi dans les contrées tempérées. Sa ponte est de quatre à cinq œufs d'un jaune blanchâtre, parsemé de taches brunes et cendrées, qui sont plus nombreuses vers le gros bout. — II. *Chevaliers à bec retroussé.* — Cette seconde section ne comprend encore qu'une espèce qui a les mandibules un peu recourbées en haut, droites et presque égales à la pointe. Son bec est gros et fort, son doigt du milieu réuni à l'extérieur. — C'est le CHEVALIER ABOYEUR, *totanus glottis* de Bechstein, qui a les couvertures supérieures des ailes rayées de brun et les pieds d'un vert jaunâtre. Sa longueur est de douze pouces et six lignes. Il se tient le long des fleuves et des lacs d'eau douce; sa nourriture consiste en petits poissons et en coquilles bivalves. Il habite l'Europe et l'Asie. En France il n'est pas fort commun. — M. Temminck a nommé bécassine-chevalier la troisième section de son genre *scolopax*.

**CHEVALIER**, *eques* (*hist. nat.*). Bloch a décrit, sous le nom de chevaliers, un très-petit nombre de poissons osseux originaires d'Amérique, très-propres à exciter la curiosité des personnes étrangères à l'histoire naturelle, par la forme de leur corps comprimé, allongé, élevé aux épaules, et finissant en pointe vers la queue; par leur première dorsale, qui est élevée, et la deuxième longue et écailleuse. Leurs dents sont en velours. Ces poissons, très-voisins, comme on va le voir, des tambours, *pogonias* Lacép., s'en éloignent essentiellement par la présence des barbillons qui garnissent le dessous de la mâchoire inférieure; ces barbillons sont très-nombreux. Les espèces qui nous sont connues offrent beaucoup de ressemblance entre elles. Les mieux constatées sont premièrement : le CHEVALIER A BAUDRIER, *eques balteatus* Cuv. Val. ou *eques americanus* Bloch, la principale et la plus connue. La hauteur de ce poisson est plus considérable à l'endroit de sa première dorsale ; la seconde, bien moins haute, se conserve sur toute sa longueur ; ses écailles sont assez grandes. La couleur de ce poisson est gris jaunâtre tirant sur l'argenté, elle est plus pâle et plus argentée sous le ventre; il est orné de trois larges bandes ou rubans d'un brun noir, lisérés de blanc. La première est verticale, et va du crâne à l'angle de la bouche ; l'œil est sur son milieu. La seconde part de la nuque, passe sur l'épaule devant la pectorale, et, se courbant un peu, va aboutir à la base de la ventrale, sur laquelle elle s'étend. La troisième, qui est la plus large et de beaucoup plus longue, occupe la première dorsale, et suit la longueur du milieu du corps jusqu'au bout de la caudale. — Le CHEVALIER PONCTUÉ, *eques punctatus* Bloch. Sa nuque est plus haute à proportion que dans la première espèce. Tout son corps est d'un brun noirâtre très-foncé, et a de chaque côté cinq bandes étroites, grises. La dorsale et l'anale sont semées de taches rondes, grises ou bleuâtres. La première dorsale est noire et lisérée de blanc vers le haut ; elle est fort pointue; la seconde est aussi plus haute que dans l'espèce précédente; la caudale est arrondie ; les pectorales et les ventrales sont grises. — Le **CHEVALIER RAYÉ**, *eques lineatus* Cuv. Val. Sa nuque et surtout sa première dorsale sont moins hautes que dans les deux espèces précédentes ; tout son corps et ses nageoires sont d'un brun foncé, et sur chaque règnent six ou sept bandes étroites, grises, entièrement longitudinales. ALPH. G.

**CHEVALIER NOIR** et **CHEVALIER ROUGE** (*hist. nat.*). Geoffroy a donné ces noms à deux insectes de genre et d'ordre différents. Le premier désigne le panagée grande croix (*V.* PANAGÉE), le second appartient au badiste bipustulé (*V.* BADISTE). Linné a donné le nom de **CHEVALIERS**, *equites*, à une division du genre **PAPILLON** (*V.* ce mot). GUÉR.

**CHEVALIER** (ANTOINE-RODOLPHE), *Cavallerius*, orientaliste, né dans la Normandie en 1507 d'une famille protestante, vint étudier l'hébreu à Paris, et se fit bientôt remarquer par son érudition. Les guerres civiles l'ayant obligé de quitter la France, il voyagea en Angleterre et en Allemagne, fut appelé pour professer l'hébreu à Strasbourg et à Genève, où il acquit le droit de cité. L'amour de la patrie l'ayant ramené à Caen, on le sollicita d'y donner des leçons. Forcé de s'expatrier de nouveau à l'époque de la Saint-Barthélemy, il se réfugia à l'île de Guernesey, où il mourut en 1572. On a de lui : *Linguæ hebraicæ rudimenta*, Paris, 1567, in-8°, et plusieurs traductions de l'hébreu insérées dans la Bible polyglotte de Walton (*V.* ce nom). Chevalier fut l'interprète de Calvin pour les livres hébreux. Il travailla avec Bertram et Mercerus (*V.* ces noms) au *Thesaurus linguæ sanctæ* de Pagnini, et fut en relation avec les hommes les plus savants de son temps.

**CHEVALIER** (JEAN), né à Poligny en 1587, entra dans l'ordre des jésuites à l'âge de vingt ans, et fut nommé à la grande préfecture du collége de la Flèche, place importante dont il remplit les fonctions pendant plus de trente ans. On a de lui : 1° *Lyrica in patres soc. Jesu in oram canadensem transmittendos*, la Flèche, 1635, in-4° ; 2° *Prolusio poetica, seu Libri carminum heroicorum, lyricorum variorumque poematum*, la Flèche, 1638, in-8°, réimprimé avec des changements et des augmentations, sous le titre de *Polyhymnia, seu Variorum carminum libri septem*, la Flèche, 1647, in-8°. Le P. Chevalier était mort au collége de la Flèche le 4 décembre 1644, dans sa soixante-troisième année. — Un autre jésuite du même nom, né dans le Perche en 1610, mort à l'île Saint-Christophe en 1649, est auteur des deux ouvrages suivants : 1° *Réponse d'un ecclésiastique à la lettre d'une dame religieuse de Fontevrault, touchant les différends dudit ordre*, 1641, in-4° : il publia cette réponse sous le nom supposé de François Chrétien ; 2° *Vie de Robert d'Arbrisselle, fondateur de l'ordre de Fontevrault*, traduite du latin de Baulderic, évêque de Dol, la Flèche, 1647, in-8°.

**CHEVALIER** (GUILLAUME), poëte français, né dans le Nivernais, exerça la médecine à Niort, où il fit imprimer un ouvrage intitulé : *Œuvres ou Mélanges poétiques, où les plus curieuses raretés et diversités de la nature divine et humaine sont traitées en stances, rondeaux, sonnets et épigrammes*, Niort, 1647, in-8°. On lui doit un second recueil intitulé : *la Poésie sacrée, ou Mélanges poétiques en vers latins et français, élégies, etc., traitant des mystères de Notre-Seigneur Jésus-Christ, etc.*, Paris, 1669, in-12. On suppose aussi qu'il est l'auteur d'un *Nouveau Cours de philosophie en vers, avec des remarques en prose*, ibid., 1655, in-12. On trouve des détails sur Chevalier dans les *Vies des poëtes français*, par Colletet, manuscrit qui du cabinet de Barbier a dû passer à la bibliothèque royale. — Il ne faut pas confondre ce poëte avec un autre Guillaume CHEVALIER ou CHEVALLIER, qui publia en 1584 un recueil de quatrains moraux sous ce titre : *le Décès, ou Fin du monde, divisé en trois versions*, in-4°.

**CHEVALIER**, comédien de la troupe qui jouait au théâtre du Marais au milieu du XVII^e siècle, était mort en 1673. Il a composé plusieurs pièces de théâtre, qui ne sont que des farces ignobles, semblables à celles que jouaient les *Enfants sans souci* ; elles ont néanmoins été imprimées, et en voici les titres : 1° *le Cartel de Guillot, ou le Combat ridicule*, en un acte, 1661 ; 2° *la Désolation des filoux, ou les Malades qui se portent bien*, en un acte, 1662 ; 3° *les Galants ridicules, ou les Amours de Guillot et de Ragotin*, 1662 ; 4° *l'Intrigue des carrosses à cinq sols*, 1663 ; 5° *la Disgrâce des domestiques*, 1662 ; 6° *les Barbons amoureux et rivaux de leurs fils*, en trois actes, 1661 ; 7° *les Amours de Calotin*, en trois actes, 1664 ; 8° *le Pédagogue amoureux*, en cinq actes, 1665 ; 9° *les Aventures de nuit*, en trois actes, 1666 ; 10° *le Soldat poltron*, en un acte, 1668. Toutes ces pièces, qui sont en vers, sont remplies de pointes triviales, de quolibets grossiers, et d'indécentes équivoques ; cependant il faut les lire pour connaître l'état de la comédie avant Molière. On ne les trouve plus que dans le cabinet de quelques curieux.

**CHEVALIER** (NICOLAS), né dans la Flandre française, vivait en Hollande au commencement du XVIII^e siècle, et a publié les ouvrages suivants : 1° *Histoire de Guillaume III, roi d'Angleterre, par médailles, inscriptions et autres monuments*, Amsterdam, 1692, in-fol., fig. 2° *Description d'une antique pièce de bronze, avec une description de la chambre des raretés de l'auteur*, ibid., 1694, in-12. 3° *Dissertation sur des médailles frappées sur la paix de Ryswick*, Amsterdam, 1700, in-8°. 4° *Lettres écrites à un ami d'Amsterdam sur la question si l'an 1700 est le commencement du XVIII^e siècle, avec un almanach perpétuel frappé en médailles*, ibid., 1700, in-12. 5° *Description de la chambre de raretés de la ville d'Utrecht*, 1707, in-fol., avec trente-six planches et seize pages de texte pour l'explication ; vingt-cinq planches contiennent les figures de trois cents médailles et monnaies. Cet ouvrage fut réimprimé avec quelques augmentations sous ce titre : *Recherches curieuses d'antiquités reçues d'Italie, de Grèce et d'Egypte, et trouvées à Nimègue, à Santen, à Wittembourg, à Britton et à Tongres, contenant aussi un grand nombre d'animaux, de minéraux, de plantes des Indes, qu'on voit dans la chambre des raretés d'Utrecht*, Utrecht, 1709, in-fol., fig. 6° *Description de la pièce d'ambre gris que la chambre d'Amsterdam a reçue des Indes orientales, pesant cent quatre-vingt-deux livres, avec un petit traité de son origine et de sa vertu*, Amsterdam, 1700, in-4° ; idem, traduit en hollandais. Cette masse considérable d'ambre gris provenait du cabinet de raretés que le célèbre botaniste Rumphius avait formé à Amboine, pendant qu'il en était gouverneur. 7° *Relation des campagnes de l'an 1708 et 1709*, Utrecht, 1709, in-fol. ; 1711, in-4°. 8° *Relation des fêtes données par le duc d'Ossone, en 1713, pour la naissance du prince Ferdinand de Castille*, Utrecht, 1714, in-8°, fig.

**CHEVALIER** (FRANÇOIS-FÉLIX), membre de l'académie de Besançon et de la société d'agriculture d'Orléans, était né à Poligny en 1705. Son goût pour l'étude des antiquités était encore fortifié par l'exemple et les conseils de Dunod, dont il épousa la fille. Sa place de maître des comptes à la chambre de Dôle lui donna la facilité de voir et de consulter beaucoup de titres originaux, de chartres et de pièces précieuses pour l'histoire, entassées dans les archives de cette compagnie. Son but, celui de tous ses travaux, était l'illustration de sa ville natale ; enfin, au bout de vingt ans, il fit paraître l'ouvrage qui l'avait occupé si longtemps, sous le titre de *Mémoires historiques sur la ville de Poligny*, Lons-le-Saulnier, 1767 et 1769, 2 vol. in-4°. L'auteur a réuni à ces mémoires quelques dissertations présentées à l'académie de Besançon sur différents points intéressant la province de Franche-Comté ; une dissertation sur les voies romaines existant dans le comté de Bourgogne ; la description d'un monument découvert dans la plaine de Poligny, nommé *les Chambrettes* (Caylus a inséré dans le t. IV de son Recueil d'antiquités une mosaïque trouvée dans le même endroit), et enfin un discours sur l'emplacement de la ville d'Olinum ou Olino, que Chevalier fixe à Poligny. On lui a reproché assez justement de s'être laissé entraîner par ses préventions pour cette ville, et d'en avoir exagéré l'antiquité et l'importance ; mais son ouvrage n'en mérite pas moins d'être consulté. Estimé de concitoyens, chéri d'un petit nombre d'amis, Chevalier parvint à un grand âge, sans en connaître les infirmités. Il est mort en 1800, dans sa quatre-vingt-seizième année.

**CHEVALIER** (JEAN-DAMIEN), médecin, né à Saint-Domingue, avait le titre de médecin du roi, et y exerça son art vers le milieu du XVIII^e siècle. Il a publié : 1° *Réflexions critiques sur le Traité de l'usage des différentes saignées, principalement de celle du pied, par Sylva*, Paris, 1730, in-12. 2° *Lettres à M. Desjean sur les maladies de Saint-Domingue*, 1752, in-12. 3° *Lettres sur les plantes de Saint-Domingue*, Paris, 1752, in-8°. C'est un traité sur les plantes médicinales qui croissent spontanément dans cette île. Le catalogue des plantes et la plupart des observations sur leurs propriétés sont extraits d'un ouvrage manuscrit composé en 1713 par André Minguet, qui exerçait alors la médecine dans cette colonie avec beaucoup de succès. Chevalier y ajouta les observations du P. Labat et de Poupe-Desportes. On voit que l'auteur était peu versé dans la botanique proprement dite : les descriptions qu'il donne des plantes sont très-incomplètes et inexactes; mais, les ayant désignées par les noms vulgaires sous lesquels elles sont assez généralement connues aux Antilles, son ouvrage est intéressant et utile pour acquérir la connaissance des propriétés de celles qui y sont en usage, et particulièrement à Saint-Domingue. 4° *Chirurgie complète*, Paris, 1752, 2 vol. in-12 : il y traite anssi de la matière médicinale, et indique les ordres des médicaments. 5° Une dissertation qui est peu connue : *An vini potus salubris*, 1745, in-4°.

**CHEVALIER**, ingénieur mécanicien, à Paris, se fit remarquer dès le commencement de la révolution par l'exaltation de son patriotisme, et fut employé, en 1794, à la fabrication des poudres. Il offrit, dans le même temps, à la convention des armes à feu renfermant huit charges. Dénoncé par Rovère, le 18 avril 1795, comme agent d'un complot faisant suite à la révolte démagogique du 12 germinal (2 avril), et accusé d'avoir eu pour cela des intelligences avec un nommé Crespin, il fut arrêté le 27 du même mois, et relâché par l'amnistie du 4 brumaire an IV (26 octobre 1795). Le 30 novembre 1797, il fit l'expérience d'une fusée incendiaire inextinguible dont il était l'inventeur, et renouvela cet essai le 20 mars suivant. Désigné en novembre 1800, par les rapports de la police consulaire, comme s'occupant, dans des intentions suspectes, de préparations d'artifices et de fusées, il fut surveillé avec soin par les agents du ministre Fouché. On fit plusieurs visites à son domicile, et l'on y trouva une machine avec laquelle il fut accusé d'avoir voulu attenter aux jours du premier consul. Mis en arrestation, il paraissait oublié, et cette affaire n'aurait sans doute pas eu d'autre suite, lorsque eut lieu l'explosion de la terrible machine infernale du 3 nivôse an IX. Chevalier n'avait évidemment eu aucun rapport avec les auteurs de ce complot, et la police ne pouvait l'ignorer; cependant il fut aussitôt après traduit devant un conseil de guerre, condamné à mort, le 24 décembre 1800, pour avoir cherché à attenter à la vie du premier consul, et fusillé le même jour à Vincennes. La découverte de Chevalier était fort ingénieuse, et l'on a prétendu qu'il avait retrouvé le feu grégeois (*V.* MARCUS GRÆCUS).

**CHEVALIÈRE**, adj. et s. f. (*hist.*). Il se dit des femmes qui étaient membres de certains ordres de chevalerie. Il y avait des *religieuses chevalières* de l'ordre de Saint-Jacques de l'Epée, en Espagne et en Portugal; des *chevalières de Saint-Georges*, chanoinesses de Nivelles; et des *chevalières de Malte*, dans trois cantons de France. — **CHEVALIÈRE**, ou *bague à la chevalière*, se dit d'un anneau large et plat que l'on porte au doigt.

**CHEVALINE**, adj. f. Il n'est usité que dans cette locution, *Bête chevaline*, un cheval ou une jument.

**CHEVALINE** (*comm.*). Il se disait du trafic de chevaux.

**CHEVAL MARIN** (*hist. nat.*), nom vulgaire de l'HIPPOCAMPE (*V.* ce mot et SYNGNATHE).

**CHEVAL MARIN ARGENTÉ** (*hist. nat.*). L'abbé Bonnaterre donne ce nom au syngnathe argenté (*V.* SYNGNATHE).

**CHEVALON**, s. m. (*botan.*), un des noms vulgaires du bluet.

**CHEVANCE**, s. f. le bien qu'on a. Il est vieux.

**CHEVANCER**, v. a. et n. (*vieux langage*), financer. — Donner la chevance.

**CHEVANCHE**, s. f. (*anc. jurispr.*), chevance, les biens d'un homme et tout ce qu'il possède.

**CHEVANES** (JACQUES DE), natif de la ville d'Autun, prit l'habit de capucin dans la province de Lyon, où il se fit un nom parmi les prédicateurs et les théologiens de son temps. Il a écrit, 1° *l'Amour triomphant des impossibilités de la nature et de la morale, ou Discours sur le très-auguste sacrement de l'eucharistie*, in-4°, Lyon, 1633. 2° *Les Entretiens curieux d'Hermodore et du voyageur inconnu*, etc., Lyon, 1634, in-4°. C'est une réfutation des ouvrages de J.-P. le Camus, avec une apologie des ordres religieux. 3° *La Conduite des Illustres, ou les Maximes pour aspirer à la gloire d'une vie héroïque et chrétienne*, Paris, 1647. 4° *L'Incrédulité ignorante et la Crédulité savante au sujet des magiciens et sorciers, avec la réponse à un livre intitulé : Apologie pour tous les grands personnages qui ont été accusés de magie*, in-4°, Lyon, 1671. 5° *Justæ Expectationes nostræ salutis, oppositæ desperationi sæculi*, in-4°, Lyon, 1649.

**CHEVANNE** (*hist. nat.*), nom vulgaire d'une espèce d'able, *leuciscus jeses*, qu'on trouve dans nos rivières et nos ruisseaux (*V.* ABLE et CYPRIN).

**CHEVANTON**, s. m. Il se disait autrefois, selon le dictionnaire de Trévoux, pour tison.

**CHEVARD**, historien, fut notaire à Chartres et deux fois maire de cette ville, puis conseiller de préfecture, inspecteur des prisons et membre de la société d'agriculture. Après qu'il eut quitté le notariat, la statistique du département d'Eure-et-Loir, l'industrie agricole de la Beauce, l'archéologie, les monuments celtiques devinrent les seuls objets de ses travaux. Il publia en l'an X (1802) son *Histoire* et celle de *l'ancien pays Chartrain*, 2 vol. in-8°, ouvrage précieux sous le rapport des recherches, mais dans lequel on désirerait plus de méthode et un meilleur style. On pourrait aussi trouver quelque chose à dire sur la chronologie. Les Annuaires de ce département et le n° 4 du *Cours d'agriculture* de M. Forestier contiennent des dissertations dues au savant Chevard. Cet historien mourut à Chartres le 9 mai 1726, à l'âge de soixante-dix-huit ans.

**CHEVASSU** (JOSEPH), curé des Rousses, dans le diocèse de Saint-Claude, mort à Saint-Claude, sa patrie, le 25 octobre 1752, à soixante-dix-huit ans, était l'exemple du troupeau qu'il instruisait. On a de lui, 1° des *Méditations ecclésiastiques*, 6 vol. in-12, très-souvent réimprimées; 2° *Méditations sur la passion*, Lyon, 1746, in-12; 3° *Abrégé du Rituel romain, avec les instructions sur les sacrements*, Lyon, 1746, in-12; 4° *le Missionnaire paroissial*, 4 vol. in-12, renfermant ses *Prônes* et des *Conférences* sur les principales vérités de la religion. L'onction n'était pas la qualité dominante de cet orateur; mais il était instruit, et il possédait bien l'Ecriture et les Pères.

**CHEVAUCHABLE**, adj. des deux genres (*vieux langage*), propre à être chevauché.—Où l'on peut aller à cheval. *Chemin chevauchable*.

**CHEVAUCHANT, ANTE**, adj. (*technol.*). Il se dit des parties qui empiètent l'une sur l'autre et se croisent un peu.

**CHEVAUCHÉ, ÉE**, participe. **DEVOIR CHEVAUCHÉ** (*anc. législ.*), obligation de monter à cheval pour défendre son seigneur féodal dans ses querelles particulières.

**CHEVAUCHÉE**, s. f. Il se disait autrefois, en style de pratique, des voyages que certains officiers étaient obligés de faire pour remplir les devoirs de leur charge.

**CHEVAUCHÉE**, s. f. il s'est dit autrefois pour incursion hostile, course de gens armés. On le trouve sous cette acception dans les ordonnances de saint Louis.

**CHEVAUCHÉE** (*anc. législ.*), service que les vassaux ou sujets étaient tenus de faire à cheval, soit envers le roi, soit envers quelque seigneur.

**CHEVAUCHÉE D'UNE JUSTICE** (*anc. législ.*), procès-verbal que l'on faisait pour reconnaître l'étendue et les limites d'une justice.

**DROIT DE CHEVAUCHÉE** (*anc. législ.*), droit d'arrière-ban; droit qu'avait un seigneur de faire marcher ses sujets ou ses vassaux à la guerre.

**CHEVAUCHEMENT**, s. m. (*vieux langage*) (*V.* CHEVAUCHERIE).

**CHEVAUCHEMENT** (*didact.*), croisement de deux pièces, des bouts d'une fracture, des feuilles d'une plante.

**CHEVAUCHER**, v. n. aller à cheval. Il est vieux et ne s'emploie guère que dans ces deux phrases peu usitées. *Chevaucher court, Chevaucher long*, se servir d'étriers courts ou longs. Il se dit aussi dans le sens de chevaler, en termes de manége (*V.* CHEVALER).—**CHEVAUCHER** se dit, par analogie, dans quelques arts, de certaines choses disposées de manière qu'elles vont les unes sur les antres, qu'elles se croisent. — Il se dit également, en termes d'imprimerie, des mots qui vont de travers, et particulièrement des bouts de lignes qui montent ou descendent.

**CHEVAUCHER**, v. n. Il se prend quelquefois activement. *Chevaucher un bel alezan; Chevaucher un âne*.

**CHEVAUCHER** (*manége*) se dit de l'action du cheval faible et incertain dans ses allures, qui se taille les boulets en marchant.

**CHEVAUCHER** (*faucon.*). Ce terme sert à exprimer l'action de l'oiseau de proie qui s'élève par secousses au-dessus du vent, dont le souffle est opposé à la direction de son vol.

**CHEVAUCHERIE**, s. f. (*vieux langage*), l'action de chevaucher.

**CHÈVAUCHEUR**, s. m. (*vieux langage*), cavalier. — Voyageur ou homme de guerre à cheval.

**CHEVAUCHONS** (A), loc. adv. à califourchon; jambe deçà, jambe delà.

**CHEVAUCHURE**, s. f. (*vieux langage*), monture.

**CHEVAU-LÉGERS.** Ce nom, employé d'abord pour désigner toute espèce de cavalerie légère, ne prit une signification particulière qu'en l'année 1498, époque où Louis XII créa plusieurs compagnies de cavalerie, qui furent désignées sous la dénomination spéciale de chevau-légers. Quelques compagnies franches portèrent aussi, sous le règne de François Ier, le nom de chevau-légers. On lit dans les Mémoires de Brantôme qu'une de ces compagnies était, en 1545, employée au siége de la Rochelle. Dès l'année 1570, Henri IV entretenait une compagnie, désignée sous le titre de *chevau-légers du roi*, qu'il incorpora dans sa garde en 1592. Indépendamment de cette compagnie, ordinairement composée de cent à deux cents hommes, on comptait encore, vers la fin du règne de ce prince et hors des rangs de la garde, neuf compagnies de chevau-légers, formant en tout douze cavaliers. Ces compagnies, enrégimentées sous Louis XIII, formèrent le principal corps de cavalerie légère de cette époque; mais elles perdirent alors le nom de chevau-légers, qui ne fut plus conservé depuis que par la compagnie des chevau-légers de la maison du roi. Cette compagnie, composée en 1630 d'environ cent cinquante hommes, était commandée par un capitaine-lieutenant, deux sous-lieutenants et deux enseignes ou cornettes; le roi en était capitaine. Elle faisait le service auprès du prince, d'abord par trimestre, ensuite par semestre. Ses armes défensives étaient le plastron et la calotte, ses armes offensives l'épée ou le sabre et les pistolets. Louis XIV y ajouta, dans les derniers temps de son règne, vingt carabines, qui devaient être portées par les vingt derniers pensionnaires, et Louis XV leur donna le fusil en 1745. Les chevau-légers de la garde portaient l'habit *écarlate* bordé de *blanc*, avec parements *blancs*, poches en travers; galons en plein et brandebourgs d'or sur le tout; boutonnières d'argent; boutons or et argent; ceinture *blanche* bordée d'or; veste *blanche* galonnée et bordée d'or; plumet et cocarde *blancs*; chapeau et casque à la romaine. Ils avaient quatre étendards carrés de taffetas blanc bordés d'or et d'argent avec un foudre sur les quatre coins, et cette devise : *Sensere girantes.* L'écharpe était pareille à l'étendard, la lance se terminait par une fleur de lis dorée. Sous le règne de Henri IV tous les chevau-légers avaient la qualité d'écuyer; et, lorsqu'ils étaient entrés dans le corps sans être nobles, ils recevaient, après cinq ans de service, des lettres d'anoblissement. Cette condition fut portée à vingt ans sous Louis XIII, en 1610; elle fut abolie sous le règne de Louis XIV, et il fallut alors, pour être admis dans la compagnie, justifier de cent ans de noblesse. Le règlement du 8 novembre 1633 accordait une solde de quarante sous par jour à chaque chevau-léger. Depuis 1665, cette paye fut réduite à quarante livres par mois, et définitivement fixée à quinze sous par jour, en 1731. La compagnie des chevau-légers de la maison du roi se distingua aux batailles de Leuze (1691), de Malplaquet (1709) et d'Ettingen (1743). Supprimée en 1787 et rétablie en 1814, elle fut définitivement supprimée en 1815 (*V.* HOMMES D'ARMES, LANCIERS et MAISON MILITAIRE DU ROI). Les escadrons auxiliaires, attachés, en 1776, à chacun des vingt-trois régiments de cavalerie sous le nom d'*escadrons de chevau-légers*, formèrent, en 1779, six régiments de chevau-légers qui furent organisés à quatre escadrons. Désignés d'abord par leur numéro d'ancienneté, ils prirent, en 1784, les noms d'*Orléans*, des *Trois-Evêchés*, de *Franche-Comté*, de *Septimanie*, de *Quercy* et de *la Marche*. Leur uniforme était habit *bleu*, avec les poches en long; boutons timbrés d'un cheval monté et du numéro du régiment. Ils étaient coiffés du chapeau, et armés comme les chasseurs à cheval (*V.* ces mots): ils furent licenciés en 1788. Sous l'empire, la dénomination de chevau-légers reparut et fut associée à celle de *lanciers*, pour désigner un corps de cavalerie légère, qui prit ainsi le nom de *chevau-légers-lanciers*.

**CHEVAUX** (COURSE DE) (*hist. anc.*). Les courses de chevaux furent autrefois très-célèbres dans les jeux Olympiques. Nous devons à l'abbé Gedoyn des recherches très-intéressantes sur cette matière. Il s'est appliqué à rechercher l'origine et le progrès des courses de chevaux, et en combien de manières elles se diversifiaient. Nous allons en donner ici un extrait.— *Origine et progrès des courses de chevaux.* Les Curètes ou Dactyles, à qui Rhéa avait confié l'éducation de Jupiter, étaient cinq frères. Quand ils eurent rempli leur ministère, ils quittèrent le mont Ida pour venir à Elide. Hercule, qui était l'aîné, leur proposa un jour de s'exercer à la course, et de voir qui d'entre eux remporterait le prix. Ce prix devait être d'une couronne d'olivier; car lui-même avait apporté du plant d'olivier en Grèce, et cet arbre n'y était déjà plus rare. Comme toutes les choses humaines ont de faibles commencements, ce fut là l'origine de ces jeux qui devinrent ensuite si célèbres, et pour qui les Grecs se montrèrent si passionnés. D'autres disent que Jupiter, après avoir triomphé des Titans, institua lui-même ces jeux à Olympie, et qu'Apollon y remporta le prix de la course. L'une et l'autre tradition était également accréditée parmi les Eléens du temps de Pausanias. Il est hors de doute que ces premières courses se firent à pied, et que l'on n'y vit ni chevaux, ni chars; le cheval alors n'était point un animal domestique, on n'avait pas encore trouvé l'art de le dompter et de le faire servir à l'usage de l'homme, ce qui nous fait souvenir de cette fable, qu'Horace a mise en vers, dont voici une traduction : *Le cerf, plus fort dans le combat que le cheval, chassait celui-ci des pâturages. Las de se voir toujours maltraité, le cheval implora le secours de l'homme, et se laissa mettre un frein. Mais, après qu'il eut triomphé de son ennemi par la force, il ne put se délivrer ni du frein ni du cavalier.* Cette fable enseigne plus d'une vérité. Nous nous contenterons de celle qui fait notre sujet, savoir que le cheval a été longtemps un animal sauvage. Il ne faut pas s'en étonner; la nécessité, mère de l'invention, ne s'était pas encore fait sentir à cet égard. Dans les premiers temps, la terre, ni peuplée ni défrichée, n'offrait aux yeux que de vastes solitudes et des forêts immenses, dont les arbres étaient aussi anciens qu'elle. D'un côté les bêtes féroces dont ces forêts étaient remplies, de l'autre ces hommes sanguinaires qui dans tous les temps ont compté pour rien la vie d'autrui, rendaient les chemins très-dangereux. Hercule et Thésée n'avaient point encore purgé leur pays de divers monstres qui l'infestaient. On était donc peu tenté de voyager; chacun se tenait dans le lieu où il était né, uniquement occupé à cultiver l'héritage de ses pères. On labourait la terre avec des bœufs; on ne connaissait que l'âne pour bête de somme; cet animal, dur à la fatigue et facile à nourrir, était alors autant en estime qu'il est en mépris aujourd'hui. On ne s'avisait point de souhaiter une monture ou plus honorable ou meilleure, parce que celle-là suffisait. Le luxe et la délicatesse n'avaient point fait à l'homme une infinité de besoins imaginaires. Les besoins naturels étaient les seuls que l'on se mît en peine de satisfaire, et le sentiment général était celui-là même qu'un de nos poëtes a exprimé si bien dans ces vers :

> Heureux qui se nourrit du lait de ses brebis,
> Et qui de leur toison voit filer ses habits,
> Qui ne sait d'autre mer que la Marne ou la Seine,
> Et croit que tout finit où finit son domaine!

Mais bientôt les mœurs changèrent, et d'autres mœurs amenèrent d'autres usages. Cinquante ans après le déluge qui affligea la Grèce du temps de Moïse, Clyménus, un des descendants d'Hercule Idéen, vint de Crète en Elide, y régna, et donna le spectacle d'une course dans Olympie. Endymion, fils d'Æthlius, chassa Clyménus de l'Elide, s'empara du trône, et proposa à ses propres enfants le royaume pour prix du même exercice. Ces deux courses, comme les premières, furent encore des courses à pied; mais quelque temps après on vit paraître en Grèce un jeune héros plein de courage et de vertu, c'était Bellérophon. Il trouva le secret de dompter ce cheval, qui depuis a été si fameux sous le nom de *Pégase*, et il s'en servit utilement à combattre un monstre terrible, qu'il tua enfin à coups de flèche. La fable dit que Minerve elle-même avait dompté le Pégase en lui mettant un mors; ce qui fit donner à la déesse le nom de *Minerve Chalinitis*, de mot grec χαλινός, qui signifie un *frein*. Il est aisé de voir que cette fable ne signifie autre chose, sinon que Bellérophon, par son adresse et sa dextérité, s'était rendu maître de ce fougueux animal. Bellérophon, fils de Glaucus et petit-fils de Sisyphe, descendait de Deucalion par six degrés de générations, et vivait du temps qu'Aod exerçait la judicature en Judée. On peut inférer de là que l'usage de monter à cheval ne commença en Grèce que l'an du monde 2650, treize à quatorze cents ans avant l'ère chrétienne. Nous disons en Grèce, car il est certain qu'en Egypte on se servait de chevaux longtemps auparavant. Le pharaon qui fut englouti dans la mer Rouge en poursuivant les Israélites traînait après lui une nombreuse cavalerie et beaucoup de chariots. Les Israélites, qui avaient fait un long séjour en Egypte, ne pouvaient non plus ignorer l'art de tirer du service d'un animal aussi utile que le cheval. Nous ne nous arrêterons point à une ancienne tradition, qui avait cours en Grèce, que Neptune, disputant avec Minerve à qui ferait aux hommes le présent le plus utile, frappa la terre de son trident, et en fit sortir un beau cheval, d'où il prit le surnom de *Hippius*, surnom dont on pourrait rendre d'autres raisons. On chercherait en vain un sens allégorique dans cette fable. Quelques-uns prétendent que le cheval est le symbole de la navigation; mais apparemment ils ignorent que Pamphus, poëte plus ancien qu'Homère, dit formellement que les hommes sont redevables à Neptune du cheval et de ces tours flottantes que nous appelons des *vaisseaux*. Il distingue ces deux choses, loin de les confondre et de faire l'une le symbole de l'autre. Selon l'abbé Gedoyn, c'était en effet une espèce de tradition, que les Athéniens prenaient plaisir à débiter, parce qu'elle flattait leur vanité; et le vulgaire, toujours crédule, pouvait y ajouter foi comme à mille autres absurdités. Les poëtes, qui saisissent le merveilleux partout où ils le trouvent, n'ont pas manqué de faire honneur à Neptune de ce cheval créé, pour ainsi dire, par lui pour le service de l'homme.

Tuque o cui prima frementem
Fudit equum magno tellus percussa tridenti,

dit Virgile, en invoquant ce dieu au commencement de ses *Géorgiques;* en quoi il ne fait que rendre Homère, son grand modèle, qui, dans le vingt-troisième livre de l'*Iliade*, nous peint Ménélaüs adressant ces paroles à Antiloque : *Jurez par Neptune, la main sur vos chevaux, jurez que vous n'avez point employé la fraude pour me devancer.* Pourquoi Ménélaüs exige-t-il qu'Antiloque jure par Neptune? C'est que, dans l'idée des Grecs, Neptune était le dieu de la chevalerie comme le dieu des mers. Mais les historiens, plus amateurs du vrai que du merveilleux, ont laissé ce conte aux poëtes et aux mythologues, et n'ont point fait ce dieu auteur de l'art de monter à cheval. Revenons donc à Bellérophon. Son combat contre un monstre se passa en Lycie, où Prœtus l'avait envoyé à dessein de l'y faire périr. Le bruit de ces deux aventures ne tarda pas à se répandre de tous côtés, et aussitôt ce fut parmi les princes et les héros de la Grèce à qui aurait des chevaux : on prit soin d'en nourrir; les haras de l'Épire, ceux d'Argos et de Mycènes l'emportèrent sur tous les autres. Les Thessaliens, peuples voisins de la Grèce et de la Macédoine, acquirent dès lors la réputation d'être fort bons cavaliers; ils combattaient à cheval contre des taureaux sauvages, ce qui leur fit donner le nom de *Centaures*. Les Lapithes, autre peuple de Thessalie, excellèrent en même temps à faire non-seulement des mors, mais des caparaçons, et à bien manier un *cheval*, comme Virgile nous l'apprend. Pline est d'accord avec lui, à cette différence près qu'il attribue à Bellérophon ce que Virgile, en qualité de poëte, a mieux aimé attribuer à Neptune. Ce fut à peu près dans cette conjecture, et environ trente ans après Endymion, que Pélops fit célébrer les jeux Olympiques en l'honneur de Jupiter, et, comme le remarque Pausanias, avec plus de pompe et d'éclat que n'avait fait aucun de ses prédécesseurs. Ce prince venait de remporter une victoire signalée sur OEnomaüs à cette fameuse course de chars dont le prix n'était rien moins que le royaume de Pise et la plus belle princesse qu'il y eût. Ainsi l'on peut croire avec assez de fondement qu'aux jeux de Pélops, outre une course à pied qui était ordinaire, il y eut des courses de chevaux et de chars. Mais il paraît que les chevaux furent encore rares et précieux; et de là ces fables qui sont si répandues dans les anciens mythologues, que Jupiter, ayant enlevé Ganymède, pour consoler Tros, père du jeune échanson, lui donna des chevaux d'une beauté merveilleuse; que Neptune fit aussi présent à Coprée du fameux cheval Arion, qui de Coprée passa à Hercule, et d'Hercule à Adraste, à qui il sauva la vie; qu'au mariage de Thétis et de Pélée, les dieux, qui avaient honoré la noce de leur présence, voulant signaler leur libéralité, Neptume donna pour sa part à Pélée deux magnifiques chevaux, dont on nous a conservé les noms; qu'aux jeux funèbres de Patrocle Ménélaüs attela avec son cheval Podarge une cavale d'Agamemnon, la superbe Æthé, qui tirait son origine des chevaux donnés à Tros par Jupiter même. — Tout cela marque assez qu'un beau cheval était alors quelque chose d'extraordinaire et d'un grand prix. Il est naturel d'observer ici que, comme une découverte mène souvent à une autre, l'usage des chars fut connu en Grèce presque en même temps que celui des chevaux. Cicéron en attribue l'invention à Minerve, Eschyle à Prométhée, Théon le Scoliaste d'Aratus à un certain Throchilus; l'opinion la plus commune en donne l'honneur à Erichthonius, et c'est celle que Virgile a suivie. Les chars de ces temps-là étaient si légers, que quatre chevaux devaient les emporter avec une rapidité prodigieuse. De là l'expression du poëte :

Rapidisque rotis insistere victor,

et celle d'Horace :

Metaque fervidis evitata rotis.

Après Pélops, Amythaon, fils de Créthéus et cousin germain d'Endymion, donna les jeux Olympiques aux Grecs; après lui, Pélias et Nélée les donnèrent à frais communs; Augée les fit aussi célébrer, et ensuite Hercule, fils d'Amphitryon, quand il eut conquis l'Elide. On ne peut pas douter qu'à toutes ces représentations il n'y eût des courses de chevaux et de chars, surtout à la dernière, puisque Iolas, le compagnon volontaire des travaux d'Hercule et son fidèle écuyer, y remporta le prix de la course des chars, et fut couronné de la main d'Hercule même, dont il avait emprunté les cavales; car en ce temps-là, dit Pausanias, on ne faisait pas de façon d'emprunter les chevaux qui étaient en réputation de vitesse. Jasius, Arcadien, eut le prix de la course des chevaux de selle dans ces mêmes jeux. Par ce détail, tiré de Pausanias comme du seul auteur qui nous ait conservé la mémoire de ces faits, nous voyons qu'en Elide, depuis Pélops, contemporain de Bellérophon, chaque roi, à son avénement, donnait les jeux au peuple, et que les courses de chevaux et les courses de chars faisaient toujours partie du spectacle. Cela dura jusqu'au règne d'Oxylus, qui, par un bizarre effet de la superstition grecque, devenu roi des Eléens, de simple particulier qu'il était, négligea pas non plus une coutume que ses prédécesseurs avaient constamment observée; mais après lui les jeux Olympiques furent interrompus pendant l'espace de trois cent cinquante ans, et ces divers combats qui en formaient le spectacle ne se maintinrent tout au plus qu'aux funérailles des princes et des héros de la Grèce. C'est d'après cet usage qu'Homère les a dépeints dans le vingt-troisième livre de l'Iliade, où nous voyons des athlètes de toute espèce les ouvrir par une course de chars, et disputer ensuite le prix de la lutte, du ceste, de l'arc, du disque, et d'un combat singulier avec l'épée et le bouclier. Cinquante ans avant le siége de Troie, Nestor avait disputé le prix d'une course de chars contre le fils d'Actor; et environ cinquante ans encore auparavant, à la pompe funèbre d'Azan, fils d'Arcas, Etolus, poussant ses chevaux à toute bride, renversa par terre Apis, qui fut si dangereusement blessé qu'il en mourut; ainsi les courses et de chevaux et de chars avaient été introduites dans les funérailles dès les premiers temps; car Etolus était fils d'Endymion, et vivait en même temps que Bellérophon, qui est l'époque de l'usage des chevaux pour les Grecs. On ne peut remonter plus haut, et tout ce que les poëtes ont dit de contraire à ce sentiment doit être regardé comme fabuleux; par exemple, que dans la guerre des dieux avec les Titans, Minerve poussa son char contre Encélade, d'où elle prit le surnom de Minerve Hippia : car, pour le Neptune Hippius, et la raison que l'on en donne, nous avons déjà dit ce qu'il en fallait penser. Enfin, quatre cent huit ans après la prise de Troie, selon le P. Petau, et vingt-trois ans avant la fondation de Rome, Iphitus, un des descendants d'Oxylus, sur la foi de l'oracle de Delphes, rétablit les jeux Olympiques. Ce fut pour lors que ces jeux prirent une forme régulière, que l'on eut soin de les policer par de bonnes lois, et que leur célébration étant devenue exactement périodique, les Grecs commencèrent à compter par olympiades. Alors non-seulement on institua des palestres ou gymnases et des maîtres d'exercices, mais on créa des juges ou directeurs sous le nom d'*hellanodices*, dont la fonction était de présider aux jeux, d'y maintenir l'ordre et la discipline, et d'adjuger le prix à celui qui l'avait mérité. Mais, après une si longue discontinuation, dit Pausanias, on avait presque perdu la mémoire des différents exercices qui avaient été autrefois en usage. On se les rappela peu à peu; et, à mesure que l'on se souvenait de quelqu'un, on l'ajoutait à ceux qui étaient déjà retrouvés. On commença par la course à pied comme par celui qui était le plus naturel et le plus ancien. On rétablit ensuite la lutte, le pentathle, le ceste, le pancrace, et enfin les courses de chars et les courses de chevaux : c'est ce que nous apprend cet historien. On serait tenté de croire que ce qui fit différer le rétablissement de plusieurs de ces jeux, ce ne fut pas tant l'oubli où ils étaient tombés, que le défaut d'exercices et le manque de combattants. Car le nom et la forme de la plupart des combats athlétiques s'étaient au moins conservés dans les écrits des poëtes et des historiens; mais il ne s'était point formé d'athlètes.

A l'égard des courses de chars et de chevaux, outre cette raison, on peut en soupçonner une autre, c'est que les chevaux n'étaient pas encore bien communs en Grèce. Toutes sortes de personnes étaient admises à disputer le prix des jeux Olympiques; mais toutes sortes de personnes n'avaient pas de chevaux. Ce qui le persuade, c'est que les Grecs alors n'étaient point accoutumés à entretenir de la cavalerie, du moins suivant le poëme d'Homère, où il n'en est pas fait mention. Quoi qu'il en soit, il est certain que la course des chars ne fut ramenée dans les jeux Olympiques qu'en la XXV^e^ olympiade, plus de cent ans après le rétablissement de ces jeux, et la course des chevaux de selle ne fut renouvelée qu'en la XXVIII^e^. — ***En combien de manières se diversifiaient les courses de chevaux.*** Pindare, dont la muse était consacrée à la gloire de ceux que l'on proclamait vainqueurs aux jeux de la Grèce, et Pausanias, qui nous a laissé un assez ample détail de leurs victoires, distinguent tous deux des courses de chevaux de plusieurs espèces. 1° On courait avec des chevaux de selle; et remporter le prix à cette sorte de combat, c'était ce que les Grecs appelaient νικᾷν ἵππῳ κέλητι, ou simplement νικᾷν κέλητι. La première ode du poëte lyrique est en l'honneur de Hiéron, tyran de Syracuse, vainqueur à la course des chevaux de selle. L'interprète de Pindare et celui de Pausanias ont rendu ces mots par *equo desultorio :* il ne signifie point cela; κέλης est un cheval de selle. Eustache l'exprime ainsi ἵππος ἄζυξ, καὶ καταμόνας ἐλαυνόμενος, un cheval fait non pour l'attelage, mais pour aller seul. 2° On courait avec des poulains montés comme des chevaux de selle; cette espèce de course fut ou instituée ou rétablie en la CXXVIII^e^ olympiade, et Tlépolème de Lycie y remporta le prix. 3° La troisième sorte était ce que l'on appelait le *calpé;* elle consistait, selon Pausanias, à courre avec deux juments, dont on montait l'une et menait l'autre en main. Sur la fin de la course on se jetait à terre, on prenait les deux juments par leurs mors, et l'on achevait ainsi la carrière. Si les trois sortes de courses dont nous avons parlé avaient chacune leurs différences, elles avaient aussi plusieurs choses qui leur étaient communes: premièrement, elles se faisaient toutes trois sans étriers, dont l'invention est fort postérieure à ces temps-là; secondement, dans toutes, les enfants étaient admis à disputer le prix de même que les hommes. Le fait est certain pour les deux premières; à l'égard de la troisième, on ne saurait l'assurer faute de preuves. On sera peut-être curieux de savoir à quel âge les Grecs admettaient les enfants aux combats athlétiques; c'était depuis douze ans jusqu'à seize et dix-sept. En voici la preuve tirée du seul historien qui puisse nous instruire sur cette matière comme sur beaucoup d'autres. « Phérias d'Égine, dit Pausanias, en la LXVIII^e^ olympiade, ayant paru trop faible et trop jeune pour soutenir le combat, n'y fut pas admis; mais l'olympiade suivante il remporta le prix sur la jeunesse; Hyllus de Rhodes fut rejeté par une raison contraire: à l'âge de dix-huit ans, il se présenta pour combattre dans la classe des enfants; on le jugea trop âgé: il combattit dans la classe des hommes, et fut couronné. » Cependant Platon, dans sa *République*, semble distinguer trois sortes de combattants: les enfants, les jeunes gens qui avaient atteint l'âge de puberté, et les hommes faits. Apparemment que cela était ainsi de son temps; mais Pausanias, qui parle du sien, ne fait mention que de deux classes. Enfin à toutes ces courses, avant que d'achever la carrière, il fallait tourner autour d'une borne plantée dans un endroit si serré, si périlleux, que quiconque n'était pas fort adoit courait risque de tomber de cheval, et de perdre la victoire. « J'ai cru un temps, dit l'abbé Gedoyn, que la nécessité de tourner ainsi autour d'une borne, n'était que pour les courses de chars; mais la lecture de Pausanias m'a détrompé, j'en puis citer un passage qui décide la question: « La cavale de Phi» dolas de Corinthe mérite bien, dit-il, que j'en parle; les Co» rinthiens la nomment *Aura*. Son maître étant tombé dès le » commencement de la course, cette cavale courut toujours » comme si elle avait été conduite, tourna à l'entour de la borne » avec la même adresse, redoubla de force et de courage au bruit » de la trompette, passa toutes les autres, et comme si elle avait » senti qu'elle gagnait la victoire, elle vint s'arrêter devant les » juges ou directeurs des jeux. Phidolas, proclamé vainqueur, » obtint des Eléens d'ériger un monument où lui et la cavale » fussent représentés. » On voit par ce passage que sur la fin des courses les trompettes jouaient des fanfares pour animer les combattants; mais ce que l'on en peut conclure encore, c'est que le lieu où l'on courait à cheval était différent du jeu où l'on courait en chars. La même borne en effet ne pouvait pas être également périlleuse pour les courses de chevaux et pour les courses de chars; un cheval passe où un char ne saurait passer. Il y avait donc un lieu affecté à chaque genre de course; le stade servait pour les courses à pied, l'hippodrome servait pour les courses de chevaux, et il y avait une lice particulière pour les courses de chars. On jugera aisément que l'hippodrome devait être beaucoup plus long que le stade; car il n'était pas juste d'assujettir les hommes et les chevaux à fournir la même carrière. Aussi Pausanias dit-il positivement que l'hippodrome d'Olympie avait deux stades de long.

**CHEVAUX CHEZ LES MODERNES** (COURSES DE) (*V.* COURSES).

**CHEVAUX DU CIRQUE** (*hit. anc.*). Il paraît, par les inscriptions qui nous restent, qu'on faisait autant d'honneur aux chevaux qui couraient dans le cirque qu'aux auriges qui les conduisaient. On leur érigeait des monuments; on les gravait sur des pierres précieuses avec la palme, marque de leur victoire à la course. On gravait sur de grandes tables de marbre leurs noms, leur pays, la couleur de leur poil. Dans certaines inscriptions les différentes couleurs de chevaux sont marquées sur chacun, et ces couleurs sont telles: *albus*, blanc; *cinereus*, cendré; *badius*, bai; *rufus*, roux; *maurus*, maure; *fulvus*, fauve; *pullus*, noirâtre; *kœsius* ou *cœsius*. Ces couleurs se trouvent souvent mêlées, *rufus cœsius*, *niger cœsius*. La patrie des chevaux est encore marquée dans certaines inscriptions. L'Afrique en fournissait plus que tous les autres pays; il y en avait d'Espagne, des Gaules, de Mauritanie, de Lacédémone.

**CHEVAUX DU SOLEIL** (*myth.*). Ovide les nomme *Eous*, *Aeton* et *Phlegon*, noms grecs dont l'étymologie marque la qualité. Ils sont nommés ailleurs *Erythous* ou le Rouge, *Acteon* ou le Lumineux, *Lampos* ou le Resplendissant, et *Philogeus*, Qui aime la terre. Le premier désigne le lever du soleil, dont les rayons sont alors rougeâtres; Acteon marque le temps où ces mêmes rayons, sortis de l'atmosphère, sont plus clairs, vers les neuf ou dix heures du matin; Lampos figure le midi où la lumière du soleil est dans toute sa force; et Philogeus représente son coucher, lorsqu'il semble s'approcher de la terre.

**CHEVAUX DE MARS** (*myth.*). Servius les nomme *Emos* et *Phobos*, la Crainte et la Terreur. Mais, dans Homère, ce sont là les noms des cochers de Mars, et non de ses chevaux.

**CHÉVAUX DE LAOMÉDON** (*myth.*). Hercule offrit à Laomédon de délivrer Hésione sa fille, moyennant un attelage de chevaux que ce prince lui promit. Ces chevaux, disent les poëtes, étaient si légers, qu'ils marchaient sur les eaux.

**CHEVAUX D'ÉNÉE** (*myth.*). Ils étaient, dit Homère, de la race de ceux que Jupiter donna à Tros, lorsqu'il lui enleva son fils Ganymède. Anchise, à l'insu de Laomédon, eut de la race de ces chevaux, ayant fait mettre dans le haras du roi ses plus belles juments, dont il vit naître six chevaux dans son palais. Ils étaient parfaitement bien dressés pour les batailles, et savaient répandre la terreur et la fuite dans tous les rangs.

**CHEVAUX D'ACHILLE** (*myth.*). Ils étaient immortels, dit Homère, ayant été engendrés par le Zéphire et par la harpie Podarge, et se nommaient *Balios* et *Xante*.

**CHEVAUX DE FRISE**, moyen de défense employé dans la fortification, surtout dans la fortification de campagne. Un cheval de frise se compose d'une poutrelle prismatique de quatre ou six faces, de quinze à vingt-cinq centimètres de grosseur et de trois à quatre mètres de longueur. Elle est traversée sur toutes ses faces par des lances ou fuseaux qui sortent de chaque côté de un mètre cinquante centimètres; ces lances sont généralement terminées par des pointes en fer. A l'une des extrémités de la poutrelle est fixée une chaîne en fer, terminée par un T, et à l'autre on place un anneau. Cette chaîne et cet anneau servent à attacher les chevaux de frise les uns aux autres. Quand le cheval de frise doit servir de barrière, on adapte une roue à l'une de ses extrémités, tandis que l'autre extrémité est fixée à un pivot. Les poutrelles doivent être en bois léger et les lances en bois dur. Le cheval de frise est une bonne fermeture contre la cavalerie; il peut remplacer les palissades (*V.*) et les abatis (*V*), là où l'on ne peut en faire usage. Les Russes, dans leurs guerres contre les Turcs, ont souvent employé avec succès ce moyen de défense pour paralyser les efforts d'une cavalerie supérieure. On a proposé dernièrement de substituer aux poutrelles des cylindres en tôle creuse et de construire les lances en fer. Ces chevaux de frise seraient susceptibles d'être démontés; les lances seraient rangées dans le cylindre en tôle lorsqu'on n'en aurait pas besoin, et tout le cheval de frise démonté n'occuperait que la place de la poutrelle, ce qui le rendrait fort commode à transporter; on pourrait en mettre un certain nombre dans les voitures de l'artillerie à la suite des armées.

**CHEVAUX FOSSILES** (*hist. nat.*). Les débris fossiles de chevaux se rencontrent très-fréquemment dans les terrains meubles, et ils paraissent appartenir à l'espèce commune; cependant ils se trouvent avec des os d'éléphants, de rhinocéros, de tigres et d'autres animaux tout à fait étrangers à nos climats. On trouve ces débris par milliers près de Canstadt en Wurtemberg, mélangés avec des restes d'éléphants, d'hyènes, de rhinocéros, de tigres. On en a découvert avec des os d'éléphants à Sévran, en creusant le canal de l'Ourcq; près de Fouvent-le-Prieuré, dans la Haute-Saône; à Argenteuil, dans le val d'Arno, où se trouvent aussi des restes de mastodontes, etc.

**CHEVECAGNE**, s. f. Il s'est dit autrefois, selon le dictionnaire de Trévoux, pour cavalerie.

**CHEVECAILLE**, s. f. (*vieux langage*), col, collet.—Gorge.—Selon le dictionnaire de Trévoux, il signifiait encore une tresse de cheveux.

**CHEVÈCE**, s. f. (*vieux langage*), tête; têtière.—Bijoux, parure de tête.—Col, collet.—Dans Rabelais, jeu de cartes où l'on faisait la chouette.

**CHEVECEL**, s. m. (*vieux langage*), traversin.—Chevet.

**CHEVÊCHE** (*hist. nat.*). Plusieurs oiseaux de nuit portent ce nom et celui de *chevêchette*. Voyez en la description sous le mot générique CHOUETTE.

**CHEVÊCHE** (*fauconnerie*), oiseau de nuit que l'on dresse à la chasse comme le hibou et le duc.

**CHEVECIER**, s. m. titre de dignité dans quelques églises (*V.* CHEFECIER).

**CHEVECINE**, s. f. Il se disait autrefois, selon le dictionnaire de Trévoux, pour chevêtre.

**CHEVEDAGE**, s. m. (*anc. cout.*), feu, maison, ménage.

**CHEVEL**, s. m. (*vieux langage*), cheveu.

**CHEVEL**, s. m. (*féod.*), chef, seigneur féodal, à qui l'on doit différentes espèces d'aides ou de services.

**CHEVELÉ, ÉE**, adj. (*blason*). Il se dit d'une tête dont les cheveux sont d'autre émail ou d'autre couleur que la tête.

**CHEVELÉE**, s. f. (*agricult.*), plant en racine de vigne.

**CHEVELEUX, EUSE**, adj. Il se disait autrefois d'une personne qui a de grands et beaux cheveux.

**CHEVELINE** (*botan.*). On donne ce nom à la clavaire coralloïde. Ce champignon, employé comme aliment dans beaucoup d'endroits, a reçu un grand nombre de dénominations (*V.* CLAVAIRE), et particulièrement celles de *menottes*, de *ganteline* et de *cheveline*.

**CHEVEL-MÉNAGE** (*droit féod.*) (*V.* CHEF-LIEU).

**CHEVELU, UE**, adj. qui porte de longs cheveux.—GAULE CHEVELUE (*V.* GAULE).—CUIR CHEVELU (*V.* CUIR).—COMÈTE CHEVELUE (*V.* COMÈTE).

**CHEVELU, UE**, adj. (*antiq. rom.*). Il se disait des prêtres de la mère des dieux et de ceux de Bellone, soit parce qu'ils laissaient croître leurs cheveux, soit parce qu'ils se voilaient la tête d'une toison noire pendant les sacrifices (*V.* BELLONAIRE, SACRIFICE). — LES ROIS CHEVELUS, ou absolument LES CHEVELUS (*hist.*), se dit quelquefois des Mérovingiens.

**CHEVELU** (*botan.*). On dit d'une racine qu'elle est chevelue (*capillamentosa*), ou qu'elle a du chevelu, lorsqu'elle est garnie de ramifications capillaires nombreuses. On dit d'une graine qu'elle est chevelue (*comata*), lorsqu'elle porte une touffe de longs poils très-déliés. Cette touffe de poils, cette chevelure, dans certaines plantes, dans le tamarisc, par exemple, naît du tégument propre de la graine. Dans d'autres, dans l'épilobe, l'apocyn, etc., elle est formée par le funicule ou cordon ombilical de la graine, lequel, en se desséchant, se divise en une multitude de filaments soyeux. Il ne faut pas confondre la chevelure avec l'aigrette : l'aigrette prend toujours naissance du sommet d'un ovaire infère, et non d'une graine.

**CHEVELURE**, *cæsaries*. C'est l'assemblage des cheveux qui couvrent la tête de l'homme et de la femme. C'est un ornement pour la femme, c'est aussi un ornement pour l'homme; et l'on sait combien la chevelure, suivant son abondance ou sa couleur, donne du caractère à la tête et d'expression à la physionomie. Mais le Créateur n'a rien fait en vain. Ce n'est pas pour un vain ornement qu'il a fait croître et se développer sur la tête humaine la masse de cheveux qui la couvrent; c'est aussi pour un but d'utilité. Mais le rôle ou la fonction que les cheveux jouent dans l'économie est-il bien connu? On peut jusqu'à un certain point le croire; car il semble qu'ils soient destinés à opérer une diversion utile de l'intérieur à l'extérieur de la tête, à consommer le trop plein de l'activité qui se porte au cerveau. Cette opinion expliquerait peut-être pourquoi les hommes intelligents perdent si vite leur chevelure. Toujours livrés à la pensée, toujours en proie à l'activité de leur instrument intellectuel, le sang afflue dans la masse cérébrale et les vaisseaux de l'intérieur et de l'extérieur du crâne; les bulbes de cheveux se fatiguent par le travail continuel de diversion qu'ils opèrent, et la chevelure se flétrit et tombe par un surcroît de nutrition. Les hommes que le travail intellectuel ne fatigue pas conservent longtemps leur chevelure. Cette persistance des cheveux est souvent un signe infaillible de l'inertie du cerveau. Les esprits fatigués par une pensée douloureuse, les personnes malheureuses en un mot, se trouvent, comme on sait, dans une position semblable à celle des hommes d'intelligence et de travail, leur cerveau est dans un état permanent d'action, et les cheveux finissent également par dégarnir la tête. Le développement considérable de la chevelure et sa durée se font remarquer surtout chez les personnes lymphatiques, celles qui, selon le dicton vulgaire, ont un tempérament mou: cela provient de cette surabondance de sucs qui forme le caractère général du tempérament de ce genre. Les cheveux en profitent comme les autres parties du corps; et s'ils se développent au lieu de tomber, malgré cette exagération de nutrition, c'est que les humeurs des personnes lymphatiques sont loin d'avoir l'activité et l'énergie des humeurs des tempéraments biliaires ou sanguins. Il arrive souvent que des individus étiolés, épuisés, maigres, présentent une masse abondante de cheveux; cela prouve que la fluxion des fluides nutritifs se porte souvent sur un point au détriment d'un autre, et que cet organe se développe lorsqu'un autre dépérit. C'est ainsi que les phthisiques, par exemple, dont les poumons se détruisent peu à peu, se font remarquer cependant par une exagération de leur chevelure. La chevelure est souvent utile pour l'entretien et la conservation de l'équilibre de l'organisme. Nous avons déjà dit qu'elle produisait une diversion favorable chez les hommes d'intelligence, en consommant pour sa part une partie des fluides qui se portent au cerveau; mais elle est surtout importante pour certains tempéraments; elle joue le rôle d'un exutoire: si on la supprime, le bien-être disparaît, et la maladie et souvent des désordres très-graves s'établissent; nous en connaissons un exemple trop intéressant pour ne pas le faire connaître à nos lecteurs. — Une jeune personne d'un tempérament nervoso-sanguin, vivant dans le midi de la France, et possédant une intelligence très-précoce et très-vive, s'était éprise, à dix-huit ans, d'un jeune homme qu'elle avait eu l'occasion de voir souvent chez ses parents; elle était alors dans un couvent où se faisait son éducation; mais la vie recluse et occupée qu'elle menait ne calmait pas ses pensées et n'éteignait pas ses espérances. A dix-neuf ans elle sortit de son couvent, et elle put voir à chaque instant celui qu'elle ne voyait qu'aux jours de congé. Dès ce moment la passion qu'elle éprouvait pour ce jeune homme ne fit que se développer davantage, et elle se détermina à dire à ses parents qu'elle voulait se marier, et à leur nommer celui sur lequel elle avait fixé son choix. Malheureusement des raisons de position, trop graves pour ne pas être un obstacle insurmontable, s'opposaient à cette union, et, bien qu'ils aimassent bien leur fille et qu'ils fussent prêts à faire pour elle les plus grands sacrifices, les parents furent forcés de lui répondre par un refus. La jeune personne vit bientôt qu'il n'y avait d'autre remède à son malheur que la résignation; mais, trop emportée pour se soumettre sans murmurer et sans essayer d'autres moyens que les caresses ou la prière, elle menaça ses parents de couper sa chevelure et de s'enfermer pour jamais au couvent. Une telle menace était faite pour ébranler la résolution qui s'opposait à ses désirs; car ses cheveux étaient si beaux qu'on les citait dans la ville comme la plus merveilleuse chose en son genre qui se pût voir. Mais la volonté de la famille ne céda pas; la jeune fille demanda alors de rentrer au couvent, où elle pourrait oublier, loin de celui qu'elle aimait et au milieu de ses amies d'enfance, ce qu'elle appelait son malheureux rêve. Les parents y consentirent; mais, à peine entrée, elle coupa sa chevelure, et leur fit savoir qu'elle était déterminée à prendre le voile et à ne jamais passer le seuil de son couvent. Deux jours après toute la famille de cette jeune fille était réunie autour de son lit. A la suite du sacrifice qu'elle s'était imposé pour commencer sa séparation d'avec le monde, de violents maux de tête s'étaient déclarés, un érésipèle s'était développé sur le cuir chevelu et avait bientôt envahi la figure; une violente ophthalmie avait en même temps augmenté le danger de l'affection qui était apparue la première, et la pauvre enfant se trouva bientôt à deux doigts de sa perte. Heureusement que les symptômes s'amendèrent, et qu'il fut permis de ne plus craindre pour ses jours; mais l'érésipèle altéra pour jamais la couleur de sa peau et même les pures lignes de son visage, et l'ophthalmie s'était développée avec tant de force, qu'on put à peine sauver un œil. C'est au commencement de la révolution, c'est-à-dire, qu'il y a plus de cinquante ans que cet événement eût lieu; la personne qui a fourni cet exemple vit encore; mais elle est depuis longtemps aveugle, et ce n'est qu'à force de soins qu'elle a pu prolonger sa vie. — L'histoire de Samson peut être rapprochée jusqu'à un certain point du fait que nous venons de citer. Si cet Hercule de l'histoire de notre religion croyait que la conservation de sa force dépendait de celle de ses cheveux, n'était-ce pas peut-être parce qu'il avait observé que le bon ordre de sa santé se réglait sur la longueur de sa chevelure? ceci n'est qu'une hypothèse; mais elle est de celles qu'on admet. —D'après l'importance que nous venons de donner à la chevelure par son influence sur la santé, il est naturel qu'elle ait été de tout temps l'objet de soins qui ont dégénéré en une espèce de *culte*. Mais c'est moins pour la santé du corps que pour une cause des plus futiles que les hommes et surtout les femmes de tous les temps s'en sont occupés. Cette cause c'est la mode, c'est l'impérieuse exigence d'une volonté inconnue qui impose à tout un peuple une forme particulière de coiffure, comme une forme particulière d'habillement. Le Chinois, cet être immobile qui hérite de tous les errements de ses ancêtres et les continue avec la même ferveur, porte seulement pour toute chevelure une touffe de cheveux qui descend en forme de queue du sommet de la tête. Le mahométan a la tête rasée. Cette coutume de quelques peuples méridionaux est certainement une mode nationale; mais elle a dû probablement son origine à une observation hygiénique : une chevelure abondante contribue à provoquer des raptus de sang vers la tête dans les pays où le soleil agit avec une grande énergie. Quant au mahométan, si la loi de son prophète lui a imposé le turban, elle devait par compensation lui commander de couper sa chevelure : la réunion de tous les deux, aurait nui à la santé de son corps. Mais, pour ne pas descendre trop vite aux temps modernes, remontons un instant à l'époque où l'arrangement de la coiffure était poussé à Rome aux extrêmes limites de l'art. Du temps des empereurs, les femmes disposaient leur chevelure de la manière la plus curieuse, et savaient lui donner les formes les plus étranges et les plus compliquées. Julie, fille de l'empereur Auguste, avait la tête ceinte d'une couronne de cheveux disposés en épis de blé. Marciana, la sœur de Trajan, portait sur le sommet de sa tête un double étage de papillotes qui figuraient les yeux de la queue du paon ; des bustes ou des médailles du temps donnent à ces coiffures, vraiment excentriques, une authenticité irrécusable. Evidemment le bizarre caprice de la mode produisait seul ces singulières exagérations. Mais, par compensation, les hommes avaient adopté cette coiffure dont nous avons hérité et qui est connue sous le nom de coiffure à la Titus. C'est évidemment la plus hygiénique des coiffures connues. Porter les cheveux courts, c'est les conserver; car en les taillant de temps en temps on concentre dans les racines des sucs nutritifs insuffisants, ou on diminue l'abondance de ceux qu'une chevelure trop fournie appelle ordinairement vers la tête. Dans le moyen âge ou plutôt dans les premiers temps de notre nationalité, les puissants portaient les cheveux longs: c'était un signe de supériorité. Voulait-on priver un roi de son trône, un haut baron de son fief, on taillait sa chevelure, et on l'enfermait dans un couvent. Cela se comprend: lorsque la force physique était la seule qui fût reconnue, ou celle qui dominait toutes les autres, on devait tenir à conserver tout ce qui semblait désigner une certaine force corporelle. Par opposition à cette signification toute matérielle, les moines se rasaient la tête, et les prêtres portaient la tonsure: ils prenaient, par humilité sans doute, la coiffure des esclaves, et, par instinct peut-être, ils se donnaient cette calvitie qui dépouille la tête de l'homme intelligent. Quand les rois et les nobles crurent qu'il leur était permis d'avouer sans honte qu'ils savaient écrire, les chevelures tombèrent sous le ciseau, et le siècle arriva peu à peu à la coiffure franche et naturelle de François Ier et de Henri IV. Nous touchons maintenant à un siècle de réaction ou plutôt de décadence. Les femmes du siècle de Louis XIV commencèrent à imiter les Romaines du temps de l'empire: on revint aux coiffures excentriques; mais, il faut le dire, ce fut d'abord avec modération et même avec un certain goût. Qui ne connait ces jolies miniatures du temps où sont représentées avec une si grande finesse de détails les coiffures de la Montespan ou de la Vallière? Ce furent alors les hommes qui prirent sur eux tout le ridicule de l'excentricité: les grandes perruques se mirent à régner sans partage. Le plus mince traitant avait sa perruque des grands jours, et Louis XIV mettait, selon le vent ou la pluie, la chaleur ou le froid, ses grands ou ses petits cheveux. La cour du grand roi eût bien mérité cette apostrophe que Tertullien adressait avec indignation aux femmes de son temps : *Vous portez*, disait-il dans son traité sur la toilette des femmes, *je ne sais quelles énormités de cheveux faux sur vos têtes*. La manie des hommes ne tarda pas à créer un nouveau ridicule : les femmes du temps de Louis XV et de Louis XVI adoptèrent la poudre, que les hommes venaient d'adopter aussi, et construisirent de leurs cheveux l'*élégant édifice*. C'était en effet d'immenses constructions qui s'élevaient sur la tête des grandes dames du jour; elles étaient courbées sous leur poids. Des marquises allèrent jusqu'à représenter avec leur coiffure leurs châteaux ou leurs hôtels, en ajoutant sans doute à leur chevelure naturelle, celle que leur avait vendue leur coiffeur. Mme Dubarry avait l'habitude de dire quand on se mettait à l'œuvre pour faire la toilette de ses cheveux: *Voilà que l'on me charge la tête*. Ce temps-là fut le beau temps de la poudre, qui, détrempée par la sueur, ruisselait aux jours de revue sur les luxueux uniformes des régiments. Il fallut une révolution pour rendre à la Titus son ancien lustre, et pour bannir à tout jamais la poudre de la chevelure des femmes et de la tête des élégants. Le règne de la poudre intronise celui des pommades et des cosmétiques, que les dames romaines avaient parfaitement connus. Loin d'être en désuétude ce règne nous semble au contraire en progrès : les chauves veulent des cheveux; les têtes blanchies par l'âge veulent des cheveux noirs; les imberbes veulent de la barbe; et le charlatanisme a emprunté aux journaux leur voix quotidienne pour faire fortune aux dépens de la sottise et de la vanité. Nous traiterons des *cosmétiques* dans un article spécial ainsi qu'au mot *Cheveux*.

D[r] ED. CARRIÈRE.

**CHEVELURE** (*hist.*). De tout temps et chez tous les peuples la chevelure fut considérée comme une partie importante de l'homme ; aussi à la chevelure se rattachent des usages curieux autant que variés. Une autre plume a exposé les considérations scientifiques que comporte ce sujet ; nous ne l'aborderons ici que sous le rapport historique. On sait que dans les régions méridionales la chevelure est généralement noire, tandis qu'elle est blonde sous les climats septentrionaux. On sait aussi que des migrations ont fondu les races du Midi avec celles du Nord, et que cette fusion a altéré l'originalité des unes et des autres : c'est ainsi que parmi les tribus arabes, qui ont en général la chevelure extrêmement noire, les Kabyles conservent des cheveux blonds et des yeux bleus, signes évidents d'une origine septentrionale ; c'est ainsi que les cheveux noirs, très-fréquents chez les Bretons, attestent incontestablement une migration méridionale établie sur le sol armoricain. Les cheveux noirs sont très-rares en Norwége et en Suède, parce que ces contrées n'ont pas essuyé de ces grandes invasions qui entaient en quelque sorte une population sur une autre, sans détruire cette dernière. Un tel sujet m'entraînerait à de longs développements que le plan de cet ouvrage m'interdit; ils seront d'ailleurs esquissés quand on traitera des races, des migrations, des tempéraments, etc. Je me bornerai donc dans cet article à exposer les modifications que la chevelure a subies chez les différents peuples et aux différentes époques de l'histoire : matière intéressante, dont se préoccupent et l'historien qui retrace les lois, les mœurs et les coutumes des sociétés, et l'artiste qui reproduit les scènes historiques et l'image des personnages des temps passés. Cet article portera sur trois points distincts, qu'il était impossible de traiter séparément, parce qu'en m'occupant de l'un je devais toucher à chaque instant aux deux autres ; ces trois points sont la chevelure vue en elle-même, comme ornement, et relativement aux usages qui la concernent; la *coiffure*, en tant qu'arrangement des cheveux ; les *coiffures*, habillements de tête. — A coup sûr, l'homme primitif, après la création du monde, dut laisser sa barbe et ses cheveux prendre tout l'accroissement dont cette sorte de végétation humaine est susceptible ; plus tard seulement, embarrassée par une barbe démesurée et par des cheveux flottants et en désordre, il dut songer à les raccourcir : c'était d'ailleurs un besoin imposé par la propreté. Enfin la coquetterie suivit de près le besoin : on vit dans la chevelure un ornement que l'art pouvait encore embellir, et la chevelure fut une des premières ressources que la coquetterie exploita comme objet de parure. Je ne suivrai pas l'Écriture sainte dans les détails qu'elle donne des mœurs des premiers hommes; j'aborde sans préambule les divers peuples de l'antiquité, en commençant par les Hébreux. — *Hébreux*. J'emprunte à une savante dissertation de Calmet les passages suivants qui nous retracent l'histoire de la coiffure chez les Hébreux : « Les Hébreux allaient communément tête nue. Nous ne trouvons dans leur langue aucun terme pour signifier un bonnet ou un chapeau. Seulement on remarque le bonnet des lévites et les prêtres, qui était de simple lin et lié par un ruban. Celui du grand prêtre était plus riche et plus orné, et, au lieu d'un simple ruban, il était serré par une lame d'or qui pendait sur le front et était attachée par derrière par deux rubans. On trouve aussi le bandeau des rois qui était une simple bande de toile blanche ou rayée, et nouée par derrière. Au lieu de bonnet ou de chaperon, on croit que les Hébreux portaient une espèce de bandeau dont ils se serraient la tête. Ezéchiel en parle d'une manière assez claire : *Vous ne ferez point de deuil pour un mort; votre couronne sera toujours sur votre tête...* — Ce qui me donne du scrupule en ceci, ajoute Calmet un peu plus loin, est que le passage d'Ezéchiel ne prouve que pour sa personne : et, comme il était prêtre et ne portait pas de cheveux, mais un bonnet serré par un ruban, on n'en peut rien conclure pour les autres Israélites, qui portaient leurs cheveux et qui n'avaient pas le même privilége, ou, si l'on veut, le même besoin de porter bonnet pour se garantir du froid ou de la chaleur. — Je persiste donc à croire que les Hébreux n'avaient aucun habillement de tête. Si quelquefois dans les voyages, ils étaient incommodés de la chaleur, du froid ou de la pluie, ils se couvraient la tête de leur manteau. Ils s'en couvraient aussi dans le deuil et dans leurs prières par respect, comme quand Moïse s'approcha du buisson ardent. David, chassé par Absalon, s'enfuit en se couvrant la tête de son manteau... Jérémie nous représente les laboureurs affligés : *Agricolæ operuerunt capita sua.* — Dans la joie, les mariages et la débauche, on se couronnait de fleurs. Hors ces cas extraordinaires, les Hébreux allaient tête nue, à l'exception des prêtres, qui, comme nous l'avons remarqué, portaient des bonnets, parce qu'ils ne portaient point de cheveux... Les femmes israélites portaient des ornements de tête de plusieurs sortes. Saint Paul dit (*I. Cor.*, XI, 5) que la femme qui paraît dans l'Eglise, qui y prie ou qui y parle la tête découverte, déshonore sa tête : c'est comme si elle se faisait tondre » (dom Calmet, *Dissertation sur les habits des Hébreux*). A ces divers passages, empruntés au savant commentateur de la Bible, j'ajouterai que les Juifs ne portaient pas les cheveux longs, puisque c'était la distinction des Nazaréens consacrés au Seigneur. Les femmes frisaient et bouclaient leurs cheveux ; elles avaient de plus une mitre pour ornement de tête : cette mitre était un ruban entourant la tête et liant les cheveux. Le luxe de la coiffure, poussé trop loin selon Isaïe, mérita aux femmes juives les malédictions du saint prophète : « Parce que les filles de Sion se sont élevées, qu'elles ont marché la tête haute en faisant des signes des yeux et des gestes des mains, qu'elles ont mesuré leurs pas et étudié toutes leurs démarches, le Seigneur rendra chauve la tête des filles de Sion, il arrachera tous leurs cheveux... Leur parfum sera changé en puanteur, leur ceinture d'or en une corde, leurs *cheveux frisés* en une tête nue...» (III, 16, 17, 24). — Au reste le luxe de la coiffure n'était pas chose nouvelle dans la nation juive, qu'on me permette d'en faire l'observation en passant ; les écuyers de Salomon se poudraient avec de la raclure d'or, luxe qui fut imité par Commode, L. Verus et Gallien, trois empereurs romains à qui l'on ne manqua point de le reprocher amèrement. Voici comment Josèphe (*Antiquités juives*, ch. 12, n. 7) parle des écuyers de Salomon : « Equis decus addebant equites, flos juventutis, procera, statura, promissoque capillitio conspicui, et tunicas e sarrana purpura induti ; ad hæc, ramentis auri capillum quotidie spargebant, ut ad solarium radiorum contactum fulgor a capitibus eorum reflecteretur(1).» — Il est encore important d'appuyer sur la coiffure des prêtres; j'y reviens après ce que j'ai cité de dom Calmet. Les prêtres juifs ne portaient pas les cheveux dans toute leur longueur, mais ils ne les rasaient pas ; il suffisait que leurs cheveux couvrissent également la peau dans toutes les parties de la tête. Lorsqu'ils entraient en fonctions, ils portaient la *tiare;* c'est le bonnet dont a parlé Calmet. La lame d'or que l'on remarquait sur la tiare du grand prêtre portait cette inscription : *La sainteté est au Seigneur.* Josèphe nous apprend (*Antiquités juives*, liv. III, ch. 8) que la tiare était entourée d'une triple couronne d'or, ornée de petits calices qui finissaient là où commençait la lame ; ce bonnet couvrait le derrière de la tête et les tempes autour des oreilles (*V.* CIDARIS). — *Egypte.* Quelques médailles nous représentent des coiffures de femmes égyptiennes d'une apparence massive et de nature problématique. Tracez une ligne depuis le sommet de la tête jusqu'au front : de cette ligne, qui divise la tête en deux parties, supposez des mèches larges, compactes, distinctes les unes des autres, s'écartant à droite, à gauche et tombant à la hauteur du menton, de telle sorte qu'elles encadrent parfaitement l'ovale de la figure, en parcourant la limite du front et en couvrant les tempes et une partie des joues; imaginez enfin que ces mèches offrent l'apparence d'une chevelure épaisse, coupée carrément à son extrémité pendante : vous aurez une idée de la coiffure représentée par ces médailles. Cette coiffure est plus compliquée dans quelques autres médailles : du sommet de la tête descendent, jusqu'au front par devant et jusqu'au cou autour de la tête, des mèches distinctes larges, compactes comme les précédentes, et, comme elles, terminées carrément à leur partie pendante; mais cette fois, ces mèches semblent coupées par étages, comme si l'on avait placé les unes sur les autres plusieurs calottes sphériques, dont la plus petite envelopperait la plus grande, celle-ci dépassant par conséquent la première. Cette coiffure est-elle formée par les cheveux? Il est permis d'en douter, lorsqu'on remarque son épaisseur massive : peut-être est-elle formée par quelques corps étrangers entrelacés avec les cheveux; peut-être aussi est-elle formée par un tissu de laine, comme le suppose le comte de Caylus dans ses *Recherches*, t. IV. Ce genre de tissu fait croire, ajoute-t-il, que dans tous les temps, les habitants des pays les plus chauds ont cherché à se garantir du soleil par les coiffures les plus lourdes ou du moins les plus épaisses. » Battori, dans son *Museum capitolinum*, reproduit des figures égyptiennes, dont les coiffures, à peu près semblables à celles dont parle Caylus, ne laissent cependant aucun doute sur leur nature : on distingue parfaitement une calotte ronde appliquée sur la tête; à cette calotte sont adaptées des bande d'étoffe, d'aspects différents, qui descendent jusqu'aux épaules et quelquefois plus bas. L'une de ces statues, représentant Isis, est coiffée de telle façon, que l'ovale seul peut être vu : la tête est ensevelie sous une calotte de la largeur du corps prise aux hanches, calotte qui est encore surmontée d'une tour ; enfin de cette sorte de calotte, terminée au-dessus du front, tombe un ample *capuchon* (Battori désigne cette partie de la coiffure par le mot *cucullus*) qui couvre les épaules et une partie du sein. Ce capuchon est composé de feuilles de palmier. — Toutes ces coiffures, qui semblent dater d'une même époque, remontent aux premiers temps de l'histoire de l'Egypte ; des statues nous ont transmis les modèles de coiffures égyptiennes, moins originales et plus analogues à celles des femmes grecques et romaines : ces statues ont la tête nue; tissés et tressés en bandeaux sur le front et sur les tempes, les cheveux se terminent en boucles qui tombent derrière les épaules. — La barbe, les cheveux et la coiffure des hommes ne présentent aucune difficulté. Les Egyptiens coupaient les cheveux à leurs enfants et les exposaient, tête nue, aux chaleurs du climat. On a prétendu qu'ils devaient à cette coutume d'échapper à la calvitie, ce qui est une conjecture sans aucun fondement; car la calvitie, était-elle en effet très-rare dans leur pays, et une grande chaleur, telle que celle du soleil, affrontée sans que l'on soit protégé par la chevelure, peut-elle véritablement aboutir à ces résultats? Ce sont là des questions que la médecine ne résoudrait pas assurément en faveur des conjectures hasardées par des antiquaires. On prétend de plus que, ainsi exposé à la chaleur, le crâne des enfants durcissait, ce qui expliquerait une assertion d'Hérodote, autre conjecture digne du père de l'histoire, mais qu'on ne saurait pardonner aux écrivains qui l'ont répétée après lui. Parvenus à l'âge viril, les Egyptiens portaient un bonnet ou une coiffe que l'on appelle *mitre*, semblable à la coiffure des femmes. Il y a lieu de croire qu'ils se rasaient la tête, car on apprend dans Diodore de Sicile qu'Osiris fit le serment *de ne se raser la tête* qu'après son retour dans sa patrie. « C'est là, dit-il (liv. Ier), l'origine de cette coutume des Egyptiens de ne point couper ses cheveux ni sa barbe depuis le jour du départ du voyageur jusqu'à celui de son retour dans son pays. » Hérodote l'avait affirmé avant lui en parlant des prêtres de l'Egypte. Dans la crainte de profaner le culte de la Divinité, soit par quelque souillure secrète, soit par la présence de quelque insecte caché dans les poils, les prêtres se rasaient la barbe, les cheveux et toutes les autres parties velues du corps, même les sourcils. Au reste on ne voit de barbe que dans un très-petit nombre de figures égyptiennes ; et encore ne faudrait-il pas confondre quelquefois la barbe avec une plante qui en a l'apparence et qu'elles portent suspendue au menton. Hérodote et avec lui d'autres auteurs affirment que les Egyptiens laissaient croître leur barbe et leurs cheveux lorsqu'ils étaient

(1) Les chevaux recevaient un nouveau relief des cavaliers qui les montaient. C'était l'élite de la jeunesse, des hommes de belle stature, remarquables par leur longue chevelure, et couverts de tuniques faites de pourpre de Syrie. Pour comble de magnificence, chaque jour ils parsemaient leurs cheveux de parcelles d'or, afin que leur tête, exposée aux rayons du soleil, en reflétassent la splendeur.

en deuil : c'est encore une preuve qu'ils se rasaient habituellement.—*Autres peuples orientaux de l'antiquité*. Les Assyriens portaient généralement grande barbe, cheveux longs et bouclés ; ils nouaient leurs cheveux à l'aide d'un cordon, et dans le deuil ou lorsqu'ils assistaient à des funérailles ils les abandonnaient au gré des vents. On sait que Sardanapale, dernier roi d'Assyrie, fut un monarque efféminé ; on peut présumer que les sujets imitaient la mollesse d'un tel souverain. Les poëtes font grand cas des parfums de l'Assyrie : *Cur non*... dit Horace,

> Dum licet, Assyriaque nardo
> Potamus uncti ?
>
> Ode II, l. II.

On lit ailleurs.

> . . . Assyrium vulgo nascetur amomum.
>
> VIRGILE, egl. IV.
>
> Nec non Assyriis pinguescunt robora succis.
>
> STACE, *Theb.*, l. VI.
>
> Fragantem Assyrio venit odore domum.
>
> CATULLE, ep. LXIX.
>
> Si sapis Assyrio semper tibi crinis amomo
> Splendeat.
>
> MARTIAL, l. VIII, ep. LXXVII.

Il est bien permis de conjecturer après ces citations que les Assyriens étaient célèbres soit par la coutume d'user fréquemment de parfums, soit par une grande habileté dans l'art de les préparer. — Les usages des Babyloniens ne diffèrent pas de ceux des Assyriens. — Les Arméniens, les Sarrasins et autres peuples asiatiques liaient leurs cheveux entortillés en forme de mitre, d'où leur est venu le surnom de μιτρόφοροι ; ils portaient le bonnet phrygien, dont on parlera plus loin. — Les Parthes, les Perses et les Mèdes portaient de longues chevelures flottantes et bouclées ; les Parthes les rabattaient sur leur visage afin d'épouvanter l'ennemi par leur aspect hideux. Les Mèdes, les Perses et les Parthes, ainsi que les Arméniens, portaient aussi la tiare, la mitre et le cidaris. — Les Scythes et les Goths, descendants des Parthes et des Perses, portaient aussi de longs cheveux, mais épars, hérissés ; le luxe asiatique des Perses avait disparu dans ces générations nouvelles retrempées par l'esclavage et les invasions étrangères. — Les Phrygiens et les Troyens portaient des cheveux assez longs, comme les Grecs d'Asie ; comme eux ils affectionnaient la frisure des cheveux. Virgile a dit des Phrygiens.

> . . . . . . . . . . . . . . . . . .
> . . . . . . . Comas . . . . .
> Vibratas calido ferro murraque madentes.

Tous ces peuples portaient une coiffure particulière, de forme conique, et dont la partie supérieure se repliait en avant (chez les Arméniens la pointe se repliait en arrière). — Les Africains, et particulièrement les Numides, portaient de longs cheveux terminés en boucles ; ils portaient aussi grande barbe. Les Maxyes, qui habitaient les bords du lac Triton (Afrique septentrionale), coupaient leurs cheveux à gauche et les laissaient croître à droite. — *Grèce*. Il ne sera pas inutile de dire quelques mots sur la barbe chez les Grecs. Les coutumes changèrent avec les époques ; cependant, malgré de nombreuses exceptions, on peut saisir une mode assez générale. Ainsi, selon les monuments antiques, c'est-à-dire les statues, les médailles et les bas-reliefs, les héros grecs portèrent la barbe courte et frisée. Les Grecs postérieurs aux temps héroïques portèrent la barbe longue jusqu'à Alexandre ; alors on se rasa, soit qu'on voulût imiter le héros macédonien, qui est ordinairement représenté sans barbe, soit qu'on imitât ses soldats, à qui il ordonna à la bataille d'Arbelles de couper leur barbe de peur qu'ils ne fussent saisis dans le combat par leur ennemi. Je dois dire relativement à cette précaution d'Alexandre qu'elle était renouvelée de ces belliqueux Abantes, habitant l'Eubée, dont parle Homère (*Iliade*, II), qui n'ont des cheveux que par derrière ; les Abantes coupaient leurs cheveux par-devant afin de ne pas donner prise à l'ennemi, ils les laissaient croître par derrière, parce qu'ils avaient la prétention de ne jamais tourner le dos. Cette coutume a aussi été remarquée par Hérodote chez les Arabes ; et Plutarque rapporte que Thésée ne se fit couper les cheveux que par devant. — Quoi qu'il en soit, cette mode, que Chrysippe et Athénée font remonter à Alexandre, domina chez les Grecs jusqu'à l'époque de Justinien ; alors on laissa croître la barbe, autre mode qui se prolongea jusqu'à la chute du dernier Constantin, après la prise de Constantinople et le triomphe de Mahomet II et de l'islamisme. — L'histoire des cheveux et de la coiffure chez les Grecs ne présente pas autant de variété : la mode fut à peu près la même aux différentes époques, ou plutôt les mêmes exceptions se retrouvent également à toutes les époques : je vais donc me restreindre à exposer les généralités de cette curieuse histoire. — On laissait croître les cheveux des enfants des deux sexes jusqu'à ce qu'ils eussent atteint l'âge de puberté. Alors on coupait leur première chevelure, cérémonie fort importante chez les Grecs. C'était la coutume d'offrir ses cheveux à une divinité. A l'exemple de Thésée, les jeunes Athéniens l'offraient à Apollon, souvent ils l'offraient à Esculape ou à Bacchus ; les Athéniens pauvres l'offraient à Hercule. Comme on le voit, les jeunes gens avaient le choix ; ils pouvaient, à leur gré, consacrer leur chevelure aux dieux des fleuves, ou aux dieux qui avaient, selon leur croyance, protégé leur enfance : ainsi Achille fit vœu de consacrer la sienne au Sperchius, s'il revenait sain et sauf de la guerre de Troie ; mais, ayant appris qu'il y trouverait la mort, il la jeta sur le bûcher de Patrocle. Quant aux jeunes filles, elles offraient leur chevelure aux divinités vierges, à Diane, à Minerve, à Pallas ; elles l'offraient même quelquefois à Vénus et aux parques. Dans Trézène, les jeunes filles, comme les jeunes gens, en faisaient hommage à Hippolyte, dont la réputation de chasteté était connue ; dans Sicyone, à Hygée ; dans Mégare, à Iphinoë, fille d'Alcathoüs, morte vierge ; dans Délos, à Opis et à Hécaerge ; dans Argos, comme dans Athènes, à Minerve. Elles coupaient leur chevelure la veille de leur mariage ; avant cette époque, alors qu'elles étaient vierges ou supposées telles, on les reconnaissait à leur coiffure ; elles relevaient toujours une partie de leurs cheveux sur la tête, soit en mèches dressées et nouées ensemble, soit en mèches dressant naturellement comme la crête d'un volatile, soit encore en nattes tressées et contournées de manière à former une masse apparente qui surmontât la coiffure. — Pendant leur adolescence, les jeunes gens conservaient des cheveux encore assez longs ; cependant il ne fallait pas qu'ils le fussent trop, car dans ce cas l'entrée des gymnases leur était refusée, attendu qu'on n'y recevait pas d'enfants, et que les cheveux longs étaient le signe distinctif de l'enfance. Au reste, dans les gymnases, ils se couvraient la tête du *pétase*, dont je parlerai ailleurs. Enfin parvenus à l'âge où l'on est homme, ils portaient des cheveux courts, bouclés, frisés, légèrement rabattus sur le front, et coupés à égale distance de la peau dans toutes les parties de la tête. J'ai parlé des Abantes, qui les coupaient par devant et les portaient longs par derrière ; il faut encore excepter de la coutume générale de porter des cheveux courts divers peuples de la Grèce, les Mysiens du Péloponèse, les Etoliens, les Curètes, qui imitaient les Abantes ; à ces peuples il faut de plus ajouter les Athéniens qui composaient le corps de cavalerie, les Doriens et les Lacédémoniens : les Doriens se coupaient les cheveux par derrière et les laissaient croître par devant. Quant aux Lacédémoniens, ils prenaient le plus grand soin de leur chevelure. Dans les premiers temps, ils les coupaient en rond, selon Hérodote ; selon Plutarque, ce fut vers la LXIX^e^ olympiade qu'ils commencèrent à les laisser croître. Le jour d'une bataille, ils les parfumaient, ils les peignaient, et c'était la tête ceinte d'une couronne qu'ils marchaient au combat : le récit du combat des Thermopyles confirme ces détails. Un mot de Lycurgue prouve toute l'importance qu'ils attachaient à la chevelure. « Les cheveux longs, disait le législateur de Sparte, redoublent la laideur ou la beauté de l'homme. » Les Grecs d'Asie portaient des cheveux très-longs et frisés avec soin ; cette coutume était surtout adoptée par les Ioniens, qui affectionnaient à l'excès la frisure. La frisure, je dois le dire en passant, n'était pas chez les Grecs une circonstance que l'on puisse attribuer au hasard : ils avaient des fers, qu'ils chauffaient comme nos perruquiers modernes ; ces fers opéraient la frisure. J'ai dit qu'on s'écartait fréquemment de la coutume des Grecs, qui se rasaient au temps d'Alexandre : la coutume des cheveux courts ne manqua pas non plus d'exceptions. On regardait les cheveux longs comme l'apanage des prêtres, des rois, des magistrats, des philosophes et des poëtes. C'était alors comme aujourd'hui : des signes extérieurs fort insignifiants décelaient quelquefois le personnage ; la barbe et les cheveux ajoutaient à la dignité du prêtre, du monarque et du magistrat ; ils attestaient, dans le philosophe et dans le poëte, les graves préoccupations de l'imagination et du génie. Mais il y eut aussi, alors comme aujourd'hui, des rois, des prêtres, des magistrats, qui surent imposer le respect sans le secours des barbes et des cheveux; des poëtes eurent de sublimes inspirations, des philosophes enfantèrent de brillants systèmes, et cependant ils ne portaient ni barbe ni cheveux extraordinaires. Enfin il y eut des sots qui recoururent à ces petits moyens pour poser en grands hommes. A ces ridicules exceptions je joindrai les efféminés, qui singeaient la coiffure des femmes. — Ainsi les philosophes et les poëtes portaient grande barbe et longs cheveux. On représente avec une barbe très-longue Héraclite, Socrate, Platon, Thalès et Pythagore, Aristophane, Homère, Hésiode, Pindare, Anacréon, Sophocle, Eschyle, Euripide, Hérodote et Xénophon. Les philosophes des sectes cynique et stoïcienne portaient une longue barbe et des cheveux courts et mal peignés; Antisthènes fut le premier qui laissa croître sa barbe. Comme les stoïciens et les cyniques affectaient de mépriser les injures, les enfants mettaient leur patience à l'épreuve en leur saisissant la barbe; Socrate lui-même essuya de semblables railleries. C'est à cette coutume que Perse fait allusion dans sa première satire :

> Si cynico barbam petulans nonaria vellat...

Horace dit aussi quelque part :

> . . . . . . . Vellunt tibi barbam
> Lascivi pueri. . .

Les hommes qui portaient de longs cheveux se servaient ordinairement de bandelettes dont la largeur variait, et qui enveloppaient la tête une ou plusieurs fois. On en voit un exemple dans des têtes d'Homère, de Sophocle et de Platon. On peut aussi remarquer des couronnes sur la tête de quelques personnages, de Pindare, d'Aristophane, d'Euripide et de Xénophon. Dans la pensée de l'artiste, cette couronne est l'ornement de l'homme inspiré, du poëte, à qui les Grecs ne donnaient pas d'autre récompense. La couronne de Xénophon rappelle un fait de la vie de ce grand homme : il offrait un sacrifice, lorsqu'il apprit que son fils avait été tué à Mantinée; il ôta sa couronne d'olivier en signe de deuil; mais il la reprit, comme pour exprimer la douce joie du triomphe, dès qu'on lui eut appris que son fils était mort avec gloire. Enfin, dans les sacrifices (je viens d'en citer un exemple), les Grecs portaient des couronnes composées des végétaux qui étaient consacrés aux dieux qu'ils honoraient : de pampres, dans les sacrifices en l'honneur de Bacchus; de peuplier quand on s'adressait à Jupiter, à Pallas et à Apollon, etc. Les prêtres se couronnaient aussi; mais leur couronne offrait un aspect particulier : elle était tortillée, d'où lui venait le nom de στρόφιον. Dans les jeux, comme dans les sacrifices, on faisait usage de couronnes: cela nous explique les couronnes qui ornent certaines statues. — On a vu plus haut que les jeunes filles coupaient leur première chevelure la veille de leur mariage. A partir de ce moment elles quittaient le signe distinctif de la virginité; néanmoins leur coiffure était très-variée. Tantôt elle était formée de bandeaux tressés sur le front et sur les tempes, et noués sur la nuque; tantôt les cheveux étaient seulement lissés jusqu'aux oreilles, où ils se repliaient jusqu'au chignon. Quelquefois, légèrement coupés sur les côtés de la tête, les cheveux ne pendaient que jusqu'au-dessous des oreilles, tandis qu'ils descendaient en boucles sur les épaules; quelquefois encore ils étaient tressées et nattés en petites mèches contournées autour de la tête sous des formes aussi gracieuses que variées. Enfin presque toujours ils étaient assujettis par une bandelette qui circulait un peu au-dessus du front et se nouait sur la nuque. Dans les coiffures compliquées, où les cheveux étaient nattés et tressés, on employait une aiguille pour les maintenir. Cette aiguille était d'or, d'argent, de bronze, d'ivoire ou même de roseau, et, suivant la fortune, le travail en était plus ou moins soigné. Les femmes d'âge avancé mettaient beaucoup plus de luxe dans leur coiffure. Elles assujettissaient leurs cheveux au moyen de bandelettes, et se couvraient la tête d'ornements divers, tels que des pierres précieuses et des fleurs. J'observerai que jamais les cheveux ne flottaient, sans liens, dans aucune de ces coiffures : les bacchantes seules de toutes les femmes grecques se permettaient ce désordre. — A Athènes les femmes de tout âge mêlaient des sauterelles d'or à leurs cheveux : c'était la marque distinctive des femmes libres et d'origine athénienne. Les hommes ne bornaient pas le luxe de la coiffure à des cheveux longs, peignés, frisés et entourés d'une bandelette; ils imitaient les femmes. Les Athéniens, au dire d'Elien, plaçaient sur leur front des ornements d'or *relevés vers le sommet de la tête*. — Enfin chez les hommes, comme chez les femmes, on cultivait déjà l'art pernicieux de teindre les cheveux, la barbe et les sourcils. Sans doute on peut hardiment attribuer cette invention à la coquetterie féminine; cependant des hommes de grand mérite, aussi bien que des petits maîtres efféminés, descendirent à ces misérables supercheries de la toilette: je ne citerai à l'appui de cette assertion qu'une seule preuve, une anecdote dont le héros est Antipater, l'un des amis de Philippe, Antipater, à qui le roi de Macédoine confia son fils Alexandre. On n'ignore pas que la mère de Darius, prisonnière d'Alexandre, se jeta aux pieds du courtisan, qu'elle prit pour le roi, tant le luxe du premier effaçait, aux yeux d'une femme élevée auprès d'un trône de l'Orient, la modeste majesté du héros qui savait encore maîtriser l'orgueil inséparable du triomphe. Du vivant de Philippe déjà, Antipater affichait un luxe efféminé, il se faisait teindre la barbe et les cheveux. Philippe s'en aperçut; il retira à son ami une charge de juge dont il l'avait investi, et, en lui annonçant cette disgrâce, il lui dit, selon Suidas : « In capillis infidum, in rebus agendis fide dignum esse, ne puta. » — Tel était l'aspect de la chevelure chez les Grecs. Avant d'aborder la coiffure considérée comme costume de la tête, je dois énumérer en passant une foule de croyances et de coutumes qui concernent le sujet traité dans cet article. — C'était un usage rigoureusement adopté que celui de couper ses cheveux lorsqu'on était en deuil; les veuves surtout affectaient de s'y conformer. — Dans les grandes calamités les femmes coupaient leurs cheveux en signe de deuil; les hommes laissaient croître les leurs en signe de grande préoccupation, usage que nous retrouverons chez les Romains, mais en sens inverse. — Les matelots en danger jetaient leurs cheveux dans les flots; ceux qui avaient fait naufrage offraient leurs cheveux au dieu de la mer, comme la seule offrande qu'ils pussent encore porter sur l'autel. — Ceux qui avaient échappé à un grand danger, à une maladie par exemple, laissaient croître leurs cheveux et les consacraient à une divinité. On laissait aussi croître ses cheveux en l'honneur d'une divinité, afin d'en obtenir une bonne santé. « Quidam etiam pro cætera bona corporis valetudine crinem deo pascebant » (Censorin.). « Cui deo crinem vovisti, » dit-on dans Pétrone à un homme qui portait de longs cheveux. — Les Grecs croyaient que les divinités infernales coupaient un cheveu aux mortels avant que les parques ne tranchassent le fil fatal : cette croyance populaire a inspiré à Virgile les vers suivants :

> Nondum illi flavum Proserpina vertice crinem
> Abstulerat, Stygioque caput damnaverat Orco.
> . . . . . . . . . . . . . . Hunc ego Diti
> Sacrum jussa fero, teque isto corpore solvo.
> Sic ait, et dextra crinem secat.
>
> *Enéide*, l. IV.

Voyez encore l'*Alceste* d'Euripide, vers 74. — Les Grecs avaient aussi la coutume de toucher la barbe et le menton de ceux dont ils imploraient une grâce. De même qu'on suppliait par la barbe celui que l'on respectait, on arrachait la barbe de celui que l'on voulait insulter. — J'arrive maintenant aux parties du costume dont les Grecs se couvraient la tête. — Les hommes avaient habituellement la tête nue. Lorsqu'ils étaient surpris par la pluie, ou qu'ils se trouvaient inopinément exposés à l'ardeur du soleil, ils ramenaient leur manteau sur leur tête; mais hors des villes, dans la campagne, en voyage, ils portaient des coiffes de formes et de noms différents : πῖλος est le mot générique; bonnet, mitre, pétase thessalien ou arcadien, sont les noms particuliers. Le pétase était le plus fréquemment adopté (*V.* CHAPEAU) : c'était un chapeau à fond très-peu apparent, à bords très-larges, qui s'attachait sous le menton avec des courroies; on le rejetait sur les épaules lorsqu'il n'était plus nécessaire. Le pétase était la coiffure des voyageurs, des messagers, des hérauts et des chasseurs dans leurs excursions; des femmes hors de leur demeure; des enfants dans les gymnases; enfin des Grecs de tout âge, de tout sexe, et de toute condition, dans les jeux et dans les spectacles en plein air. Les femmes remplaçaient souvent le pétase par un voile (καλύπτρα) détaché du reste de l'habillement. — La coiffure des rois était le diadème; celle des prêtres, la couronne de fleurs, les bandelettes très-larges et mêlées de pourpre, et la tunique, dont ils jetaient un pan sur leur tête. Pour la coiffure militaire (*V.* Casque). En terminant ce qui concerne la coiffure des Grecs, il me reste à parler des esclaves : ils allaient tête nue; le pétase leur était sans doute interdit. Leurs cheveux étaient extrêmement courts, hérissés, tandis que ceux de l'homme libre étaient soigneusement peignés. Δοῦλος ὤν, κόμην ἔχεις, dit un personnage d'une comédie d'Aristophane (*Av.*, 912). Il faut observer que κόμη signifie chevelure (*peignée* s'entend) et que θρίξ signifie au contraire chevelure en désordre : cette observation expliquera cette exclamation du personnage, dont l'étonnement se traduit en ces termes : *Quoi ! tu portes une chevelure longue et bien peignée, toi qui es esclave?*—*Romains.* Les Romains portèrent dans l'origine la barbe et les cheveux longs : « Barba horrida, quam in statuis antiquis et imaginibus videmus...» dit Cicéron (*Or. pro Cœl.*, 14). On sait qu'à leur entrée dans Rome les Gaulois n'y rencontrèrent que les sénateurs assis sur leurs chaises curules; on sait aussi que l'un des soldats gaulois saisit la longue barbe blanche d'un sénateur : *Barbam ut tum omnibus promissa erat*, dit Tite Live (v, 51). Juvénal fait aussi allusion aux longs cheveux et à la longue barbe des anciens Romains :

> Et credam dignum barba, dignumque capillis
> Majorum.....

Ovide dit dans ses *Fastes* :

> Hoc apud *intonsos* nomen habebat *avos*.

Vers l'an 300 avant J.-C. (454 de la fondation de Rome), on commença à se raser la barbe. Cette mode vint de Sicile : dans cette île, les barbiers étaient connus depuis longtemps; les Syracusains avaient emprunté aux Grecs l'usage de se raser, et Denys le Tyran, redoutant le fer de son barbier, se brûlait la barbe avec des coquilles de noix. Les premiers barbiers arrivèrent de Sicile ; dès lors, il n'y eut plus que les philosophes, les criminels et les gens en deuil qui portassent encore la barbe longue : les Romains sous les armes ne se rasaient pas, mais ils portaient une barbe très-courte et frisée. Les Romains en général se conformaient aux usages des Grecs ; comme eux, ils avaient les croyances que j'ai citées : ils offraient leur première chevelure à une divinité ; ils offraient leur chevelure à une divinité dans un danger imminent, pendant une maladie, au milieu d'un combat ou d'une tempête, après le naufrage, dans le deuil. C'était à Rome la coutume des femmes, lorsque de grandes calamités assaillaient l'Etat, de laisser flotter leurs cheveux épars sur leurs épaules, tandis que les hommes se rasaient la tête. On retrouve chez les Romains des cheveux, des barbes et des sourcils teints; on retrouve aussi des écrivains pour bafouer cet usage. C'est Martial qui raille Lentinus, coupable d'avoir teint en noir ses cheveux blancs :

> Mentiris juvenem tinctis, Lentine, capillis :
> Tam subito corvus qui modo cycnus eras.

C'est Ausone qui écrase, sous l'esprit de Laïs, ce pauvre vieillard rachitique qu'il nomme Myron : las d'être éconduit, Myron imagine de teindre en noir ses cheveux blancs, et, tout radieux, il revient soupirer aux pieds de la belle courtisane; mais celle-ci de lui répondre malicieusement :

> Inepte, quid me quod recusavi rogas?
> Patri negavi jam tuo.

Comme les Grecs, les Romains affectionnaient surtout les chevelures d'un blond ardent : c'était à cette nuance qu'ils demandaient de préférence un surcroît de beauté; et souvent les plus belles chevelures italiennes, noires comme l'ébène, disparaissaient sous une teinte rougeâtre, d'un blond doré, à l'aide de laquelle on avait la prétention d'imiter les chevelures germaines, dont les dames romaines raffolaient. On emprunta aux Grecs un moyen plus simple de satisfaire ce caprice : on porta de faux toupets ou perruques (*V.* Perruque) ; la chevelure des Germains prisonniers était mise à contribution, elle ornait la tête des dames qui avaient perdu leurs cheveux ou qui trouvaient dans cet usage une nouvelle ressource de coquetterie. Messaline se déguisait au moyen d'une perruque de ce genre, afin de n'être pas reconnue dans ses excursions nocturnes; Juvénal exprime cette idée dans ces deux vers :

> Sed nigrum flavo crinem abscondente galero,
> Intravit calidum veteri centone lupanar.

Les perruques de cheveux blonds étaient d'un grand luxe : Ovide console une amie devenue chauve, en lui promettant cet ornement :

> Nunc tibi captivos mittet Germania crines,
> Culta triumphatæ munere gentis eris.
> O quam sæpe comas aliquo mirante rubebis !
> Et dices, Empta nunc ego merce probor.

Il paraît aussi que l'art de préparer les perruques n'en était pas à son coup d'essai, c'était déjà à s'y méprendre ; écoutez encore Ovide :

> Femina procedit densissima crinibus emptis
> Proque suis alios efficit ære suos.

La perruque des femmes s'appelait *galerus*, *galericulus* et *corymbion;* celle des hommes, *capillamentum*. Suétone dit de Caligula, qui imitait Messaline : « Ganeas atque adulteria *capillamento celatus*, et veste longa, ambiret.» Les perruques servaient de déguisement : Juvénal nous en cite un nouvel exemple. Un homme de qualité nommé Graccus se couvrait d'une perruque pour n'être pas reconnu lorsqu'il paraissait dans l'arène et s'y amuser à combattre les gladiateurs :

> Credamus tunicæ, de faucibus aurea cum se
> Porrigat, et longo jactetur spira galero.
> Juvén., sat. viii.

Othon portait aussi perruque, Suétone l'atteste, mais pour un autre motif : « Fuisse enim traditur et modicæ staturæ, et male pedatus, calvusque, munditiarum vero pene muliebrium ; vulso corpore, galericulo capiti propter raritatem capillorum adaptato et annexo, ut nemo dignosceret » (Suétone). L'histoire des empereurs romains abondent en faits de ce genre; si j'en crois une phrase d'Elius Lampridius, Commode portait peut-être perruque : « *Capillo* semper *fucato* et auri ramentis illuminato. » *Capillo fucato* signifie cheveux teints, dissimulés, *faux*. Elius raconte d'ailleurs, un peu plus loin, que Commode imitait Denys le Tyran : « Adurens *comam* et barbam timore tonsoris.» — Commode n'est pas le seul empereur qui ait poussé le luxe de la chevelure jusqu'à se poudrer la tête de parcelles d'or ; l'histoire de ces temps-là nous fournit plusieurs exemples semblables. Lucius Verus, aimant les cheveux blonds dorés, *arrosait* les siens de paillettes d'or : « Dicetur sane tantam habuisse curam flaventium capillorum, ut capiti auri ramenta respargeret, quo magis coma illuminata flavesceret » (Jul. Capitol.). Gallien avait aussi cette coutume : « Crinibus suis auri scobem aspersit,» dit Trebellius Pollio. — Après ces observations, qui concernent spécialement le peuple romain, je répéterai que, sauf de légères différences, les usages sont les mêmes de part et d'autre relativement à la chevelure; les mœurs des deux peuples ne diffèrent à cet égard qu'en un seul point, le voici : à Rome, les esclaves portaient les cheveux comme tous les citoyens, seulement avant d'être affranchis ils étaient rasés afin qu'il ne leur restât rien de leur chevelure d'esclaves ; alors ils portaient le *pétase* dont nous allons parler. — Il faut parler maintenant de la barbe après la république. — Sous les règnes des premiers empereurs, on continua à se raser : Auguste ne laissa croître sa barbe que pendant quelques jours seulement, après la terrible défaite de Varus; Caligula porta de temps à autre une barbe longue. Les empereurs Adrien, Antonin le Pieux, Marc Aurèle sont quelquefois représentés avec une longue barbe : on prétend qu'Adrien, le premier qui remit cet usage en honneur, y eut recours pour cacher des *blessures* que Spartien appelle : « *Vulnera* quæ in facie *naturalia* erant. » Les blessures étaient sans doute des cicatrices de tumeurs scrofuleuses, telle est du moins la conjecture que l'on peut hasarder sur la foi du propos de Spartien ; peut-être la longue barbe d'Adrien n'est-elle qu'une preuve des prétentions philosophiques de cet empereur. Ce fut toutefois en qualité de philosophes qu'Antonin et Marc Aurèle la portèrent. Après eux, on suivit leur exemple; Caracalla prit le nom d'Antonin, et laissa croître sa barbe; Géta l'imita. Constantin, qui voulait imiter le luxe des rois de l'Orient, leur emprunta la coutume de se raser. Julien II, qui étant simple particulier et philosophe laissait croître sa barbe, la coupa lorsqu'il fut appelé à l'empire; mais il revint bientôt à la coutume des philosophes. Jovien, après lui, se rasait; Phocas et les successeurs de Justinien reprirent la longue barbe ainsi que les longs cheveux, suivant en cela la coutume des Grecs. — Tout est dit sur l'arrangement des cheveux et le soin de la barbe; il me reste à parler de la coiffure dont on les recouvrait. Les Romains des deux sexes avaient ordinairement la tête nue; ils ramenaient leur toge sur leurs têtes pour se garantir du soleil ou de la pluie. Les jeunes gens avaient la tête nue et les cheveux frisés, selon Varron (*De vita populi rom.*). Il n'y avait guère que les malades, les vieillards et les efféminés qui portassent habituellement une coiffure. Dans certaines circonstances cependant les hommes, les femmes et les enfants se couvraient la tête. Ici encore la coiffure varie de formes et de noms. *Pileus* est le terme générique comme πῖλος chez les Grecs; le *pileus* est aussi le nom d'une coiffure spéciale, c'est le nom plus particulièrement donné au bonnet : dans ce sens, c'était le *pileus* que le préteur plaçait sur la tête des esclaves qu'il affranchissait, d'où vient que l'on a fait du bonnet phrygien, à peu près semblable au *pileus*, le symbole de la liberté. Le *pileus* était le bonnet du bas peuple. Le *pileolus* n'était autre chose que le *pileus* formé d'une matière plus fine. Dans les spectacles, en voyage, à la chasse, les Romains portaient aussi le *pétase* (*V.* CHAPEAU). On parle quelquefois du *palliolum*, qui était un bonnet de forme ronde, du *galerus* et du *galericulus*, qui étaient tantôt une perruque tantôt un bonnet. Les femmes avaient aussi des voiles. Le *theristrum* ou *theristrium*, pièce d'étoffe de lin ou de soie, était le καλύπτρη des Grecs; *theristrum* vient de θέριστρον, habillement d'été (ἐν θέρει) que les Grecs employaient comme synonyme de καλύπτρη. Les courtisanes ne se revêtaient que de ce voile presque transparent, lorsqu'elles essayaient d'attirer les passants dans leur réduit ou de séduire ceux qu'elles y avaient attirés. — Le jour de leur mariage, les Romaines se voilaient du *flammeum*, voile consacré aux cérémonies nuptiales. On connaissait encore une foule d'autres coiffures, le *ricinium*, le *rica*, etc., qu'il serait trop long d'expliquer ici. — Pour la coiffure militaire, *V.* CASQUE. — *Musulmans* (Turcs, Courouglis, Maures, Bédouins et Arabes). Les peuples orientaux portèrent généralement les cheveux très-courts, c'est ce que l'on a vu chez les Egyptiens. Les musulmans de tous les pays ont adopté cette coutume; ils se rasent la tête et ne laissent qu'une mèche de cheveux sur le sommet. Les femmes conservent leurs cheveux dans toute leur longueur; elles les teignent avec l'*henna;* cette plante, dont la décoction est de couleur jaunâtre, communique aux cheveux, lorsqu'ils sont vus par réfraction, un reflet bronzé. — Les principales coiffures des hommes sont le *turban*, le *fezzi*, le *takie*, le *haïk*, le *tarbouch*, etc. — Le *turban* (mot corrompu de *tulipan* ou *tulpan*) est un long morceau de mousseline imprimée, brochée ou brodée; dans les temps froids, le turban est de cachemire. Les émirs le portent vert, de la couleur de celui de Mahomet, dont ils se prétendent les héritiers directs; les autres Turcs l'ont blanc ou rouge. Celui du Grand Seigneur est très-volumineux; il est orné de trois aigrettes de pierreries; celui d'un grand vizir n'en a que deux. Dans l'origine le turban était la coiffure commune de tous les musulmans; aujourd'hui les Turcs seuls le portent, ils en ont interdit l'usage à leurs coreligionnaires, aux Arabes par exemple. Il n'est pas jusqu'aux juifs de Constantinople qui n'osent porter le turban (ils ne portent qu'une calotte noire). — Le *takie* est un petit bonnet de coton blanc piqué que l'on place sous le turban. Le *tarbouch* est une calotte de laine rouge foulée que l'on consacre quelquefois au même usage que le takie; le tarbouch est la coiffure des Egyptiens. — Les Arabes portent le *fezzi*, petit bonnet rouge de laine foulée, orné d'un gland de soie bleue; le fezzi est plus ou moins élevé. — L'Arabe des tribus porte le *haïk* par-dessus le fezzi; c'est un grand voile de mousseline qui enveloppe les épaules et est roulé autour de la tête, où il est maintenu par une longue corde de poil de chameau : plus cette corde est longue et noire, plus le tissu en est moelleux, et plus aussi celui qui la porte est de haute condition. — *Tartares* et *Chinois*. Les Tartares et les Chinois, comme les musulmans, se rasent la tête, à la réserve d'un petit toupet qu'ils laissent croître sur le derrière de la tête. — *Gaulois*. Les Gaulois primitifs présentent une physionomie analogue à celle de ces peuplades sauvages découvertes dans les temps modernes, soit au milieu de l'Amérique septentrionale, soit au milieu des îles de la Polynésie. Les uns se tatouaient la poitrine, les bras et les épaules; les autres se teignaient le corps et se couvraient de dessins bizarres colorés en bleu ou en rouge. Les peaux des animaux leur servaient le plus souvent de vêtements, et leurs armes furent longtemps faites de pierres tranchantes, d'os effilés et de bois noueux. Ils laissaient croître leur chevelure sans la couper jamais; elle flottait au gré des vents pendant la paix, à la guerre seulement ils la nouaient sur le sommet de leur tête en une masse compacte qui pouvait la protéger dans le combat. Leurs cheveux étaient blonds châtains; mais le rouge ardent était leur couleur favorite : aussi, espérant en imposer à leur ennemi par l'éclat de cette couleur, ils avaient la coutume de se laver les cheveux dans de l'eau de chaux, et de les couvrir ensuite d'une pommade caustique composée de cendres de hêtre et de matières grasses; les grands y mêlaient de la poudre d'or. Le peuple laissait croître sa barbe comme ses cheveux; les grands seuls la coupaient, en gardant toutefois la partie qui ombrage la lèvre supérieure, ce que nous appelons *moustaches*. Cependant, dans le peuple comme parmi les grands, on ne pouvait couper sa première barbe qu'après avoir accompli une action d'éclat ou tué un ennemi; quelques hommes qui faisaient profession de grand courage, et que pour cette raison on nommait *les braves*, faisaient quelquefois vœu de ne se couper la barbe qu'après avoir défait tel ou tel ennemi, accompli telle ou telle action difficile : cet usage subsistait encore dans ce pays au VII^e siècle, après l'invasion franque. Les Gaulois primitifs ne portaient pas de coiffure; pour se garantir du froid ou de la chaleur, ils se couvraient la tête de leurs manteaux, qui, comme je l'ai dit, étaient ordinairement de peaux; ils adoptèrent plus tard des bonnets de formes diverses. — « Les historiens, dit Marchangy (1), parlent de la beauté des Gauloises...; une blonde chevelure descendait en boucles sur leurs épaules et sur leur sein éblouissant, qui n'avait pas d'autre voile... » La chevelure des femmes ne flottait pas toujours en liberté; souvent on la nouait derrière la tête. — Les druides, prêtres de la Gaule, portaient barbe et cheveux longs; les prêtresses laissaient aussi croître leurs cheveux, qui flottaient toujours épars, au gré des vents. — Telles étaient les coutumes relatives à la chevelure chez les Gaulois primitifs. Les parties méridionales de la Gaule reçurent des colonies étrangères; elles prirent goût au commerce. Sous l'influence de ces relations étrangères, la physionomie caractéristique de ces contrées fut modifiée peu à peu; la conquête du pays par les Romains acheva de le civiliser en lui imposant la puissance, les idées et les mœurs de la maîtresse du monde. Mais les Celtes, qui habitaient le centre des Gaules, conservèrent longtemps leurs mœurs sauvages. Lorsque Jules César entra dans les Gaules, ils étaient les véritables indigènes de ce pays; aussi, purs encore de tout alliage, luttèrent-ils énergiquement contre une civilisation étrangère, que leurs frères de la Gaule narbonnaise et de l'Aquitaine acceptaient cependant sans trop de résistance. Le joug surtout pesait à ces natures indomptables; il fallut tout le génie du grand homme pour les museler. César fit couper les cheveux des vaincus en signe d'esclavage, et l'esclave vaincu baissa la tête; mais plus d'une fois il rougit de son abaissement, et brisa ses fers : témoin les insurrections commandées par Civilis, Florus et Sacrovir. Efforts inutiles! les derniers Gaulois finirent par s'engourdir dans la torpeur de l'esclavage; perdant leur répugnance pour les usages et les mœurs de leurs maîtres, ils oublièrent les traditions de leurs ancêtres, et leur originalité nationale fut bientôt effacée par une civilisation bâtarde, formée principalement par des emprunts aux mœurs des Romains. — Souillés par toutes les débauches de ces siècles où les empereurs étaient dieux, les Gaulois oublièrent à tout jamais la supériorité physique et morale que le courage et la simplicité des mœurs leur avait conservée pendant longtemps. Arrivèrent les invasions barbares; elles passèrent sur les Gaules comme sur un cadavre insensible. Enfin les Francs enlevèrent à la puissance romaine ce lambeau du grand empire; ils régénérèrent dans les Gaules cette société décrépite, usée, désormais sans courage et sans énergie. Dès lors les coutumes des Francs et des Gaulois s'harmonisèrent, ou plutôt les Gaulois subirent encore une fois le joug d'une puissance et de mœurs étrangères. — Avant de terminer avec les Gaulois et de passer aux Francs, je dois expliquer une qualification donnée ordinairement par les anciens historiens à la patrie des Gaulois : *Gallia omnis comata uno nomine appellata*, dit Pline (l. IV, *Hist. nat.*, c. 17). — En effet on disait la Gaule *chevelue*, faisant allusion à une division de la Gaule introduite par les Romains et tirée de la diversité du costume. On distinguait : 1° *Gallia togata* (parties voisines du Rhône), dénomination qui venait de la *toge* romaine, adoptée dans ces contrées; 2° *Gallia braccata* (au midi de la Loire), où les habitants portaient des vêtements serrés, des pantalons (*braccæ*); 3° *Gallia comata*

(1) *Gaule poétique*, t. I.

(nord de la Loire), contrée dont les habitants conservaient encore, en dépit de la conquête romaine, des cheveux longs et plats, comme en ont encore à l'heure qu'il est les bas Bretons. Mais à l'époque des invasions franques, cette coutume disparut; on en verra plus loin la raison. — *Germains*. Je passerai légèrement sur les mœurs de la grande famille des peuples germaniques : Tacite en a tracé un tableau aussi fidèle que complet, je renverrai au chef-d'œuvre de ce grand historien. — La chevelure des Germains était généralement blonde : *truces et cærulei oculi, rutilæ comæ ;* yeux fiers et bleus, chevelures blondes, dit Tacite. — Ces peuples affectionnaient, comme les Gaulois la couleur blonde, qu'ils exagéraient en lavant leur chevelure avec une espèce de savon liquide ou épais, composé de suif de chèvre et de cendres de hêtre (1). Ils faisaient plus encore; ils secouaient sur leur tête une poudre rougeâtre, raclure métallique qui avait l'apparence de l'or. — On prête volontiers à toutes les peuplades germaniques la coutume de relever la chevelure par devant, par derrière, et sur les côtés de la tête, et de l'assujettir sur le sommet, en formant un ou plusieurs nœuds; cependant Tacite n'attribue cette coutume qu'aux *Suèves*, l'une de ces nombreuses peuplades : « C'est ainsi que les Suèves se distinguent des autres Germains; c'est ainsi que chez les Suèves l'homme libre se distingue de l'esclave. Cet usage ne se retrouve chez d'autres peuples que parce que ceux-ci ont formé quelque alliance avec les Suèves, ou qu'ils les ont imités, cas fréquent. Du reste cet usage est fort rare ailleurs, il n'y est guère adopté que par la jeunesse, tandis que les Suèves continuent jusqu'à la vieillesse à porter leurs cheveux ainsi hérissés, et souvent noués ensemble sur le sommet de la tête. Leurs chefs y mettent plus d'art et de soins. Tel est le seul souci qu'ils ont de leur parure; souci innocent, car ils n'ont pas pour but de plaire ou de séduire : ils n'ont recours à cette coiffure que pour se grandir en stature et paraître plus terribles lorsqu'ils marchent au combat; aussi ne se parent-ils que sous les yeux de l'ennemi (2). » Sénèque dit que les Germains (il parle en général) ont des cheveux roux, qu'ils rassemblent en un nœud (3). Martial attribue cet usage aux Sicambres (4) et aux Germains des bords du Rhin (5); d'autres écrivains l'attribuent aux Goths. — Quoi qu'il en soit, je passe aux Francs, l'une des principales peuplades germaniques, qui, mêlée aux Gaulois, servit de souche à notre nation. — *France*. Les Francs portèrent-ils leur chevelure *nouée* à la façon des Suèves, c'est ce que j'ignore; au plus loin que l'on puisse remonter dans l'histoire de ce peuple, on ne retrouve pas de preuve authentique et complète à cet égard. Ce qu'il y a de plus certain, c'est que les Francs, lorsqu'ils entrèrent pour la première fois dans les Gaules, au commencement du V^e siècle, ne nouaient pas leurs cheveux : ils les rasaient entièrement par derrière; les cheveux de devant tombaient sur le front, et ceux de derrière, sur les joues et les épaules. Sidonius Apollinaris atteste que les Francs offraient alors un aspect horrible; ils se teignaient la chevelure, qui devenait d'un rouge ardent :

> Hic quoque monstra domas rutili quibus arce cerebri
> Ad frontem coma tracta jacet, nudataque cervix
> Setarum per damna nitet.
>
> *Paneg.*, SID. AP.

L'un des premiers chefs de colonies franques établies dans les Gaules, Clodion, que l'on a classé après Pharamond, comme le second roi de France, fut surnommé *le Chevelu* par les chroniqueurs; mais le motif de ce surnom a été diversement expliqué. — Selon Havyn, Clodion avait ordonné aux Francs de porter de longs cheveux, pour qu'on les distinguât des Romains, qui les portaient courts; selon la Chronique de Nicolas Gilles, Clodion avait permis aux habitants des contrées qu'il avait conquises dans les Gaules de porter de longs cheveux quoique la coutume contraire existât depuis César; selon l'abbé Trithème, Clodion fit tondre les Gaulois afin de les distinguer des Francs, qui portaient de longs cheveux : ces trois faits, fort hypothétiques et non moins insignifiants, ont satisfait nos trois historiens. — Grégoire de Tours fournit l'occasion d'une quatrième conjecture : « Les Francs établis dans la Tongrie y créèrent, par cantons et par cités, *des rois chevelus*... » On lit aussi dans les *Gestes des rois de France :* « Les Francs élurent un *roi chevelu*, Pharamond, fils de Marcomir. » Agathias nous donnera le mot de cette énigme : « C'est la coutume des rois des Français de ne se faire jamais couper les cheveux. Ils les laissent croître dès leur naissance; leur chevelure flotte avec grâce sur les épaules; elle se partage sur le front, et se rejette des deux côtés de la tête. Leurs cheveux ne sont point hérissés et malpropres comme ceux des Turcs et des barbares, ni liés et cordelés ensemble, sans grâce et sans agrément. Ils ont différentes manières de les conserver en état de propreté; ils en prennent grand soin. Au reste, *c'est chez eux un privilége de la famille royale, car les sujets les coupent en rond ;* il ne leur est permis que difficilement de les porter longs » (Agath., liv. 1^er^). — Ainsi les grands cheveux étaient le privilége du roi; écoutez encore l'abbé Legendre : « Le roi les portait très-longs, et ses parents de même; la noblesse à proportion de son rang et de sa naissance : le peuple était plus ou moins rasé; l'homme serf l'était tout à fait; l'homme de *poëte*, c'est-à-dire l'homme payant tribut, ne l'était pas entièrement (1) » (*Mœurs et Coutumes des Franç.*). — Les cheveux longs étaient donc une marque distinctive de noblesse et de beauté, que se réservaient les rois, les princes, leurs parents et amis, et les principaux de la nation. Clodion fut sans doute appelé *chevelu* à cause de sa longue chevelure, comme ses prédécesseurs; cependant, s'il faut en croire Mézerai, il avait plus de droits qu'eux à ce surnom : « Clodion fit une loi touchant les longues chevelures, par laquelle il n'était permis d'en porter qu'aux personnes libres. » Cette assertion étend le nombre des priviléglés *aux personnes libres*, on l'observera en passant. — Telle fut la mode sous les rois de la première race, dite des Mérovingiens; en résumé, à l'exception des rois et des nobles, on portait les cheveux courts par derrière; on pouvait les laisser croître sur le front; mais, ordinairement, on les coupait également partout, *en rond* (*orbiculatim*, dit Agathias). Quant à la barbe, on la portait longue et forte dans toutes les classes de la société. La longue chevelure étant le privilége de la royauté, il ne faut pas s'étonner si couper les cheveux d'un prince c'était le dégrader; par là on le déclarait déchu de son rang, indigne de la puissance. Clovis observa cet usage après la défaite de *Cararic*, chef des Francs de Thérouane : ce prince et son fils eurent la tête rasée; ayant osé dire au cruel monarque que le tronc n'était pas mort et qu'il produirait de nouveaux rameaux, le jeune homme eut la tête tranchée. — Lorsque Childebert et Clotaire envoyèrent à Clotilde une épée et des ciseaux pour qu'elle prononçât sur le sort de ses petits-fils, elle opta pour l'épée, c'est-à-dire pour la mort : deux furent égorgés, et celui qui échappa subit le sort que Clotilde avait redouté : il fut rasé, et entra dans un couvent. — Les femmes, sous les Mérovingiens, portaient les cheveux très-longs, le plus souvent terminés en boucles qui pendaient sur les épaules; mais ordinairement ils étaient recouverts par une *guimpe* (voile entourant la gorge et la tête, et collé sous le menton et sur les joues); quelquefois les cheveux étaient tressés et nattés en mèches pendant sur le sein. — Le clergé avait la tête rasée en rond sur le sommet; autour de ce rond, on laissait croître les cheveux de manière à former un cordon, au delà duquel tout le reste des cheveux était aussi rasé. Cette tonsure se nommait *tonsure de saint Pierre*. Lorsqu'on ne laissait pas ce léger cordon de cheveux, et qu'on rasait toute la tête, selon la mode des moines grecs et orientaux, on appelait cette tonsure, *de saint Paul*. — Sur la fin du VI^e siècle, on trouva embarrassante la longue chevelure pendant sur les joues et couvrant les oreilles : pour trancher la difficulté, on commença à raccourcir les cheveux qui croissent sur la partie antérieure de la

(1) Prodest et sapo optimus, uterque apud Germanos majore in usu viris quam feminis (PLINE).

(2) Sic Suevi a ceteris Germanis, sic Suevorum ingenui a servis separantur. In aliis gentibus seu cognatione aliqua Suevorum, seu (quod sæpe accidit), imitatione, rarum, et intra juventæ spatium ; apud Suevos, usque ad canitiem, horrentem capillum retro sequuntur, ac sæpe in solo vertice religant ; principes et ornatiorem habent. Ea cura formæ, sed innoxia, neque enim ut ament, amenturve : in altitudinem quamdam et terrorem, adituri bella, compti, ut hostium oculis, ornantur.

(3) Crinis rufus et in nodum coactus apud Germanos. SÉNÈQUE.

(4) Crinibus in nodum tortis venere Sicambri.
MARTIAL.

(5) Quæ crine vincit Bætici gregis vellus
Rhenique nodos, auream que nitellam.
MARTIAL.

(1) On peut consulter sur cette matière Hotman, *Franco-Gallia*, cap. 9, *De jure regalis capillitii.*

tête. Vers la même époque, Colomban, moine étranger, suscita en France les querelles agitées au sein de l'Eglise anglicane; ces querelles roulaient sur le soin de la chevelure, et sur l'aspect que le clergé devait lui donner. Les clercs, en Grande-Bretagne, se rasaient le devant de la tête en forme de demi-cercle depuis une oreille jusqu'à l'autre; le reste de la tête était garni de cheveux. Les Anglais et les Saxons ayant envahi le pays, les ecclésiastiques qui les suivaient réprouvèrent hautement cette tonsure; d'où la grande querelle que Colomban, partisan de la tonsure bretonne, transporta en France vers 590. — Il fut banni, et la querelle fut terminée. — Au VII<sup>e</sup> siècle, les longs cheveux sont encore en grand honneur : Clotaire II, en 626, désespérant de triompher des Saxons, au milieu d'un combat terrible, détacha son casque, et laissa flotter sa longue chevelure grise, action qui anima ses soldats et leur valut la victoire; en 630, un capitulaire prononça une amende contre celui qui oserait couper les cheveux d'un homme libre : « Si quis aliqui, contra legem tonderet caput non volentis, cum duodecim soldis, componat. » Il faut observer que le capitulaire porte *non volentis;* car c'était une vieille coutume franque d'offrir une paire de ciseaux au créancier que l'on ne pouvait satisfaire : on donnait sa liberté en payement, et en signe de servage on se laissait couper les cheveux. — Cependant cette estime acquise aux longs cheveux séduisit quelques clercs malavisés, qui ne conservèrent qu'une petite tonsure, telle qu'ils la portent aujourd'hui, avec de longs cheveux. Le quatrième concile de Tolède réprima cet abus (633); il enjoignit aux clercs et prêtres d'avoir la tête rasée, à l'exception d'un petit cordon de cheveux (canon 41). On trouvera au mot TONSURE les détails historiques sur la chevelure des prêtres dans les premiers siècles. — On ne sait quels étaient alors les habillements de tête en usage; tout ce que j'ai pu recueillir concerne l'arrangement des cheveux et les ornements dont on les entrelaçait. Après les coiffures flottantes, nouées ou nattées, on adopta les coiffures en queues, qui furent communes aux deux sexes. Cette coiffure séparait les cheveux en deux parties, depuis le milieu du front au sommet de la tête, et de là à la nuque du cou; les cheveux étaient ensuite divisés en mèches que l'on entourait de rubans, chacune séparément; enfin on réunissait plusieurs de ces queues, et l'on en formait ainsi plusieurs, liées par des rubans comme les premières mèches. Souvent on embellissait cette coiffure au moyen de perles, de paillettes d'or et de pierreries. Il va sans dire que ce fut la mode des grands seigneurs. — A la fin du VII<sup>e</sup> siècle, une mode nouvelle changea l'aspect de la chevelure, non-seulement en France, mais encore dans toute l'Europe, en Asie et en Afrique; et quand je dis mode nouvelle, je veux parler d'une mode qui fut de tous les temps, que connurent presque tous les peuples de l'antiquité, et qu'ils admirent plus ou moins généralement, témoin les Phrygiens et les Grecs, etc... On frisa, on boucla la chevelure. La grande vogue que cette mode obtint à son apparition en France attira l'attention du haut clergé, qui s'effraya avec d'autant plus de raison, que cette frivolité, inventée par les efféminés et les oisifs, semblait menacer de séduire des prêtres trop sensibles aux choses mondaines; il voulut donc réprimer ce nouvel abus, réprouvé hautement d'ailleurs par les apôtres, par les premiers écrivains chrétiens, et par les Pères de l'Eglise. — En effet le clergé était sollicité à combattre cette mode par des autorités de grand poids dans l'Eglise : pour s'en convaincre, il suffit de lire saint Pierre (*I. Petri*, 3, 4, 5), saint Paul (*I. Timoth.*, 2, 9, 10), saint Paulin (*Epithal. in Jul. et J.*), Tertullien (*De cultu fem.*, c. 7), etc. (1). — La plus notable tentative du clergé contre la mode des cheveux frisés et bouclés est le concile de Constantinople (692) : « Eos qui capillos ad videntium detrimentum scite excogitatis nexibus adornant et componunt, et infirmis animis ea... ea ratione objiciunt, convenienti supplicio paterne curamus, etc. Si quis autem præter hunc canonem versatus fuerit, *excommunicetur* » (can. 69). — Ainsi c'est l'excommunication qui faisait justice des cheveux *frisés et bouclés par artifice, pour séduire...* — Quoi que fît le clergé contre cette mode, on ne cessa point de soigner et d'orner la chevelure; la frisure eut toujours des partisans. Ce qui perdit cette espèce de culte dont les cheveux avaient été l'objet sous les premiers rois francs, ce fut le règne des *fainéants;* tour à tour rois ou moines, portés un jour sur le pavois où ils laissaient croître leur cheveux, traînés le lendemain dans l'abbaye de Saint-Denis, où ils n'entraient que tête rasée, ces princes, dont la mollesse est proverbiale, oublièrent en même temps l'énergie de leurs ancêtres et le signe de la puissance royale dont ils n'avaient que l'ombre. Les longs cheveux ne furent plus en si grand honneur. Un usage emprunté aux Grecs et aux Romains, accueilli par les grands en France, et sanctifié par l'Eglise, acheva de faire tomber sans retour le culte des longs cheveux. Dans l'antiquité, le jeune homme offrait sa première chevelure à une divinité; il coupait sa première barbe en grande cérémonie; ces usages se perpétuèrent : ainsi Constantin envoya au pape les cheveux de ses deux fils Justinien et Héraclius, « pour lui témoigner, selon la coutume de ce temps-là, qu'il désirait qu'il leur tînt lieu de père, et qu'eux lui obéissent et l'honorassent comme ses enfants » (Godeau). En abandonnant le paganisme, on conservait, comme on le voit, des usages qui lui appartenaient; le clergé les toléra, et la piété de ceux qui les employaient leur donna une couleur religieuse qui en fit oublier l'origine; on ne s'étonnera point par conséquent de trouver dans le sacramentaire de saint Grégoire des formules de prières destinées à être récitées par le prêtre *lorsqu'il coupait les cheveux ou la barbe.* Les personnes de qualité faisaient donc couper les premiers cheveux de leurs enfants par d'autres personnes de leur rang ou de condition supérieure; les personnes qui acceptaient cet office, étaient appelées les *pères spirituels* de l'enfant. Charles Martel envoya (730) son fils Pepin à Luitprand, roi des Lombards, en le priant de couper les premiers cheveux de l'enfant. — L'oubli des anciennes coutumes confondit tous les rangs; chacun laissa croître ses cheveux à sa fantaisie; les cheveux longs se virent fréquemment chez les serfs, chez les roturiers, et même chez les prêtres et les moines; la tonsure fut négligée, et l'on ne sacrifia pas toujours ses cheveux à Dieu, selon la règle, au moment de quitter à jamais le monde. — Une loi de l'an 744 enjoignit de nouveau aux prêtres et aux moines de ne porter qu'un cordon de cheveux et de se raser la tête; cette loi dit même : *Sancitum est ut clerici qui comam nutriunt,* ab archi-diacono, *et si noluerint,* INVITO TONDEANTUR. Et, avant ce capitulaire, un concile de Rome (743) défendit aux prêtres et aux moines de se présenter la tête couverte devant les autels, autre abus qui s'était introduit dans l'Eglise; l'excommunication fut la peine attachée aux infractions faites à ce canon (c. 13). — Childeric III, ayant été déclaré incapable de régner (757), eut la tête rasée, et les portes d'un monastère se refermèrent sur le dernier des Mérovingiens. Sous les rois de la seconde race, on perdit entièrement la trace du culte des longs cheveux comme privilége de la royauté et de la noblesse. Pepin le Bref et Charlemagne portaient les cheveux très-courts, coupés en rond, au niveau des épaules; telle fut aussi la mode de toutes les classes de la société. Cependant raser la tête d'un homme, c'était le dégrader; ainsi, en vertu d'un capitulaire de 809, le serf désobéissant avait la tête rasée; il subissait le même châtiment, d'un seul côté de la tête, lorsqu'il recélait un criminel poursuivi pour vol. On n'oubliait pas l'ancienne coutume des Francs, qui se croyaient insultés lorsqu'on leur touchait la barbe. Un capitulaire de 815 condamne quiconque aura saisi un Franc par les cheveux à douze sous d'amende, avec une augmentation de quatre sous, si le fait est arrivé un dimanche. Enfin, sous Louis le Débonnaire, la mode des longs cheveux fut désormais oubliée; celle des cheveux coupés en rond la remplaça. Charles le Chauve essaya d'adopter les habillements et la coiffure des empereurs grecs, et d'amener ses sujets à tenter aussi cette innovation; il adopta une coiffure nouvelle qui consistait à ramener les cheveux des côtés de la tête sur le front, afin de cacher la calvitie dont il était affligé. Les tentatives de Charles le Chauve furent sans résultat; en vain quelques courtisans se vêtirent et se coiffèrent *à la grecque*, on rit de ces innovations. Il resta cependant dans les usages de la nation quelques traces de la manière dont le roi se coiffait : ainsi on se rasait le devant de la tête avant d'assister aux cérémonies et aux conseils, soit qu'on voulût imiter le front chauve du roi, soit qu'on fût déjà enthousiasmé de certaines idées adoptées par la phrénologie, et qu'on attribuât incontestablement la raison, l'intelligence et la sagesse à un front haut, large et découvert. On rasait donc les cheveux sur le devant de la tête; bientôt on les rasa sur les côtés, puis par derrière, de sorte qu'enfin il ne resta qu'une sorte de calotte chevelue sur le sommet. — A cette époque, les coiffures, habillements de tête, devinrent d'un usage continuel. Pendant longtemps le diadème des rois, le casque des hommes de guerre et le

(1) Cette mode fut également proscrite par saint Ambroise (liv. III, *De virginitate*); par saint Jérôme (*in Epist ad Lætam de Justif. filiæ*), par saint Clément d'Alexandrie (l. III, *Podag.*, c. 2 et 11); par saint Basile (c. III d'*Isaie*, et *Homil. ad adolesc.*), par saint Grégoire de Nazianze (*Orat. de laudib. Gorgon.*, et *Carmen in mulier. ornat.*), par saint Jean Chrysostome (*Homilia XXVI*, c. 2; *Epistol. ad Ephes.*), etc. *V.* aussi les anciennes constitutions attribuées aux apôtres, l. I, c. 3, alin. 4.

voile des femmes étaient les seules coiffures qu'on portât habituellement; cependant « les *chaperons* étaient à la mode dès les temps mérovingiens, dit Legendre: *Tegmen capitis quo veteres Franci utebantur, vulgo capero.* » On verra ailleurs les différentes modifications que le chaperon a subies; ce qu'il importe de savoir ici, c'est que sous Charlemagne, pendant les guerres d'Italie, le chaperon devint d'un usage général. Alors aussi on exploita la dépouille des animaux; on en fit des fourrures qu'on employa à décorer les habits et à s'envelopper la tête. Sous Charlemagne, on fourra les chaperons d'hermine, de menu vair et autres fourrures. Le siècle suivant, on fit des chaperons avec des peaux seulement; cette coiffure s'appela *aumusse;* « ceux qui étaient d'étoffe, dit Legendre, retinrent le nom de chaperons. » — « Tout le monde portait le chaperon, dit-il encore; les aumusses étaient moins communes. » De toutes ces citations il résulte que le chaperon fut la première coiffure des femmes; que le chaperon couvert de poils, comme on en fit sous Charlemagne et ses successeurs, prenait le nom d'*aumusse*. A la même époque, on commence à remarquer l'usage de la mitre dans le clergé; les évêques, qui s'attribuèrent sans partage le droit de la porter, oublièrent déjà la parole de l'Apôtre qui défend au prêtre de se couvrir la tête dans l'exercice de ses fonctions. On les vit, tête couverte, annoncer la parole de Dieu dans les églises. — Je reviens aux cheveux. On les portait longs à la fin du Xe siècle et au commencement du XIe. « Ceux qui se piquaient de bonne grâce, dit Thiers, laissaient croître leurs cheveux, qui descendaient jusqu'à la ceinture par grosses boucles. » Le clergé commença contre ce luxe excessif une croisade dont le principal apôtre fut Godefroi, évêque d'Amiens. Officiant le jour de Noël à Saint-Omer, le prélat rejeta avec indignation les offrandes de ceux qui se présentaient dans cet accoutrement; il leur refusa même la communion. Cette action en imposa, et la mode fut un peu délaissée. — On continua à porter des coiffures de peaux et des cheveux courts; mais, vers la fin du XIe siècle, on quitta peu à peu les unes pour reprendre les autres; on tressa, on boucla, on frisa la chevelure; on la forma en queue. Cet usage fut tellement général en France, qu'il se répandit chez les peuples voisins, et passa ainsi chez les Orientaux, qui l'adoptèrent. — On se teignait la chevelure, afin de lui donner une teinte blonde très-prononcée; puis on la frisait avec un fer chaud. On devine que, comme à toutes les époques où la chevelure fut un objet de luxe, les *perruques* ou faux cheveux furent à la mode; c'est ce que je développerai dans un article spécial. On laissait croître les cheveux par derrière, et on ramenait ceux de devant sur le front, quelquefois sur les sourcils. Nouvelle croisade du clergé: Ratbod, évêque de Noyon et de Tournai, tonna contre ce luxe à l'occasion d'une épidémie qui ravagea Tournai en 1092; Guillaume, archevêque de Rouen, engagea (concile de 1096) les évêques de la province à ordonner à leurs ouailles d'abandonner cette mode; Yves de Chartres la condamna dans ses sermons. Enfin Pierre Lombard, évêque de Paris, porta le dernier coup à la mode des longs cheveux, en usant de son autorité spirituelle qui l'emportait alors sur l'autorité temporelle, assez faiblement représentée par Louis le Jeune; le roi coupa ses cheveux, la cour l'imita, et l'usage des cheveux courts prévalut jusqu'à Philippe Auguste: insensiblement on laissa croître les cheveux, non-seulement chez les laïques, mais encore chez les prêtres et les moines. Alors le haut clergé s'indigna de nouveau: le concile de Toulouse (1191) condamna les clercs coupables de cette infraction à être privés de la communion, jusqu'à ce que le scandale fût réparé. — Au XIIIe siècle on porta les cheveux un peu moins longs; au lieu de les porter flottants, on les coupait en rond, et on les rejetait sur les oreilles, en dégageant le front et les tempes. On portait encore l'aumusse et le chaperon, ou la *coiffe*. — Cette dernière coiffure fut généralement adoptée par les laïques et par les clercs; il s'ensuivit des réclamations à la suite desquelles un concile provincial de Rouen (1299) défendit aux ecclésiastiques de se couvrir de coiffes, à peine d'être privés de leurs bénéfices pendant un an: un nouveau concile de Rouen (1313) appuya cette première décision; Guillaume Lemaire, évêque d'Angers, fut plus sévère; il menaça les coupables de l'excommunication. — Les coiffes étant interdites aux ecclésiastiques, on se demandera sans doute quelle coiffure leur était permise. — J'ai dit que les prélats portaient la mitre; les ecclésiastiques portaient la *barrette* et l'*aumusse*. Tandis que les aumusses ou chaperons des clercs étaient d'étoffe, ceux des clercs étaient de peaux de lièvre, de renard, etc. (*V.* BARRETTE, AUMUSSE, CHAPERON). — Les femmes portèrent toujours les cheveux longs; et, quant aux coiffures, elles remplaçaient souvent le voile par le chaperon, qui était de velours ou de drap; elles portaient encore une espèce de béguin de toile, nommé *cornette*, qui serrait le chaperon et l'assujettissait sur le *mortier*. — Avec le XIVe on vit reparaître les longues chevelures flottantes, qui se partageaient sur le front et tombaient sur les épaules; c'était la mode des Mérovingiens adoptée par le peuple. — Les ecclésiastiques suivirent, de loin à la vérité, l'exemple des laïques; ils portèrent des cheveux longs, et négligèrent la tonsure: un concile d'Avignon (1337) les rappela à l'ordre; et comme ils éludaient la règle, en ne conservant qu'une tonsure presque imperceptible, un nouveau concile de 1338 fixa à *quatre doigts* le diamètre que l'on devait donner à la tonsure. — Les cheveux frisés commençaient aussi à alarmer le clergé: un synode de Nicosie (dans l'île de Chypre) défendit en 1313 les cheveux frisés et bouclés, *ornements féminins contraires à la bienséance cléricale selon la pensée de saint Pierre;* les réfractaires furent menacés d'être privés de l'entrée de l'église et du revenu de leurs bénéfices. — En 1350, des statuts synodaux de Pierre Benoist, évêque de Saint-Malo, défendirent également les cheveux *artificiels*, c'est-à-dire *frisés et bouclés par artifice*. — Pendant le XIVe siècle on négligea la *coiffe* pour la *calotte*, petit bonnet de toile, de laine, de soie ou de drap, qui couvrait entièrement le derrière de la tête et qui, comme la coiffe, se nouait sous le menton. La calotte fut promptement adoptée par les séculiers; les ecclésiastiques essayèrent de les imiter, mais des mesures sévères leur interdirent cet usage. Ainsi les statuts synodaux du diocèse de Poitiers (1377) les menacèrent de la perte de leurs bénéfices s'ils se permettaient de porter la calotte. — On négligea aussi l'aumusse, et l'on adopta les *chapels*, coiffure à bords plus ou moins étendus, fourrée de soie, d'hermine ou de toile, et ornée de franges d'or, de pierreries et de plumes. — Au XVe siècle les cheveux courts sont généralement à la mode, même chez les petits-maîtres et chez les nobles. On se faisait raser la tête; on la couvrait d'une calotte très-large, puis du chapel ou d'un bonnet: telle est la mode sous Charles VII et sous Louis XI. Sous le premier de ces deux monarques, le chapel fut en grand honneur; Louis XI porta une coiffure basse, c'est-à-dire commune. Sous Charles VIII les cheveux étaient coupés en rond, égaux partout et plats; souvent on voyait des toupets rabattus sur le front. On abandonna tout à fait le chaperon; le bourrelet seul resta aux gens de loi: d'où, s'il faut en croire Pasquier, on appela *bonnet* la coiffure à laquelle ils attachèrent le bourrelet. Cette opinion est puissamment contredite par Casseneuve, qui fait venir *bonnet* du nom d'une étoffe employée à confectionner des coiffures. — Au milieu du XVe siècle on abandonna la mode des longs cheveux dans plusieurs provinces, par exemple en Bourgogne: Philippe, duc de cette province, ayant été gravement malade, il fallut lui couper les cheveux (1460); selon Goulut, on se coupa les cheveux depuis cette époque, en mémoire du danger que le duc avait couru; mais, selon d'autres écrivains, Philippe aurait fait une loi qui aurait prescrit de porter les cheveux très-courts. De la Bourgogne et de la Flandre cette mode passa en Allemagne. — Au XVIe siècle la mode des cheveux flottants dominait en France chez les princes, les nobles et les sujets: les prêtres eux-mêmes commençaient à suivre le torrent, lorsqu'en 1521 une aventure semblable à celle que je viens de relater fit tomber toutes les chevelures en France. Pendant l'hiver de cette année, le jour des Rois, le roi, suivi de quelques gentilshommes, attaquait à coups de pelotes de neige une maison que défendait le comte de Saint-Pol aidé de quelques amis; cette plaisanterie fut interrompue par un accident peu dangereux, mais qui eut des résultats assez importants, puisqu'il amena une mode adoptée aussitôt dans toutes les provinces. Le nom de Montgommery eut toujours une triste destinée malgré tout l'éclat dont le couvrirent ceux qui le portèrent, sans parler de tant d'autres faits. C'est un Montgommery qui, dans une passe d'armes, jeu très-innocent sauf les accidents imprévus, tua le roi Henri II son adversaire. Le capitaine de Lorges, sieur de Montgommery, fut moins malheureux dans le combat à pelotes de neige; il lança un tison enflammé pour effrayer ses ennemis; mais le tison alla blesser à la tête le roi, qui fut obligé, à la suite de cet accident, de se faire raser les cheveux au-dessus du front, et de laisser croître sa barbe pour cacher une cicatrice faite au menton. Comme il avait un front gracieux et élevé, François Ier adopta cette coiffure, et tous les courtisans, les sujets et les prêtres imitèrent son exemple. — La mode de cheveux courts et rasés entraînant de graves préjudices dont souffrirent les prêtres, obligés de paraître aux offices la tête découverte, l'usage de la calotte fut rétabli. Une grande querelle s'engagea entre les docteurs, les uns accordant, les autres refusant aux prêtres le droit de porter calotte: le pape et les évêques tranchèrent la question en accordant des dispenses aux ecclésiastiques que l'âge et les infirmités inquiétaient. — Les inconvénients de cette nouvelle mode se montrèrent dans un autre monde que celui du clergé : à la cour. Si l'on remontait à l'origine de la monarchie française, certes on ne verrait pas les courtisans faire leur cour au roi la tête découverte. Chacun se découvrait seulement lorsque le roi lui adressait directement la parole. En abordant quelqu'un de rang supérieur, on se découvrait et on s'inclinait; entre gens d'égale condition et entre amis on relevait le chaperon ou le chapel. Il me semble difficile de préciser la date à laquelle remonte l'usage de se découvrir en présence du roi : on croit que ce fut sous Charles VI, et que la mode nous vint des Anglais. Alors en effet le *régent de France* (tel était le titre que prenait le roi d'Angleterre) écrasait les gentilhommes de sa cour par son orgueil et son arrogance; il est possible que la première idée de cette marque flatteuse de respect soit un emprunt fait à la cour d'un despote. Une autre influence, venue beaucoup plus tard, me semble avoir contribué plus puissamment à introduire et affermir cet usage à la cour de France : celle-ci nous vint de la basse flatterie des seigneurs napolitains qui faisaient leur cour à Charles VIII pendant son séjour en Italie. Dès lors, à l'imitation des courtisans ultramontains, on se découvrit toujours en présence du roi. On fût peut-être revenu aux anciens usages; mais l'Italie continua à nous inonder d'intrigants de toute espèce qui cherchaient fortune en France. Les relations de la France avec l'Italie sous François Ier soumirent encore les gentilshommes français aux influences des mœurs italiennes; enfin sous François II et ses successeurs la politesse italienne nous subjugua, et ce fut une coutume générale qui s'étendit à toutes les classes de la société, de se découvrir devant un supérieur quel qu'il fût. — Les laïques, comme les prêtres, comprirent l'inconvénient des cheveux courts; on essaya donc imperceptiblement de ramener la mode des cheveux longs : les petits-maîtres les laissèrent croître sur le devant de la tête pour former un toupet relevé; ils les laissèrent croître sur toute la tête, mais sans les faire descendre plus bas que le cou et les oreilles. — La forme des bonnets de docteur fut aussi modifiée; écoutez Pasquier : « Aux bonnets ronds on commença d'y apporter je ne sais quelle forme de quadrature grossière et lourde qui fut cause que de mes premiers ans on les appelloit bonnets à quatre brayettes... Depuis, le bonnet ayant changé de forme, lui est toutefois resté le nom de bonnet rond. » Ces bonnets étaient peu élevés; ils avaient par conséquent peu de profondeur, et leur forme s'arrondissait au sommet. On les portait à l'église, à la Sorbonne et au palais. « On portoit ces bonnets tant dans le palais que dehors, dit la Rocheflavin; encore qu'il plût, on mettoit audit cas le chapeau par-dessus le bonnet; mais depuis nos guerres civiles, on s'est dispensé de ne les porter que dans le palais, aux églises et assemblées publiques; encore peu à peu on s'en dispensa hors du palais et des églises. » — Les chapeaux furent aussi modifiés de diverses manières. On les porta plus ou moins hauts : quelques-uns étaient d'une hauteur démesurée. Les uns étaient pointus; les autres avaient la forme d'un cône tronqué. Tantôt ils étaient de laine ou de poils foulés de feutre; tantôt de velours ou de quelque autre étoffe précieuse. On les ornait aussi de perles, de diamants, de plumes et de rubans. — Je laisse encore la coiffure et je reviens aux cheveux. Peu à peu on en avait augmenté la longueur. Bientôt on recommença à les friser. Cette nouvelle mode, déjà connue depuis quelque temps, devint générale sous le règne des mignons de Henri III. Le luxe de ces favoris efféminés emprunta aux femmes l'idée d'entremêler les cheveux de perles et de diamants. Les grands événements du règne de Henri IV firent oublier un moment ce luxe qui énervait l'homme en le préoccupant des soins trop frivoles de la toilette; le héros d'ailleurs accoutuma la noblesse à plus de réserve. Louis XIII, qui succéda à Henri IV, remit en grand honneur le luxe des cheveux : ce jeune prince portait des longs cheveux lorsqu'il parvint au trône, il les conserva jusqu'à sa mort; et l'exemple du prince imposa la mode : la chevelure fut d'abord modérément longue; bientôt on la laissa flotter sur les épaules. — Cependant au milieu de ces innovations successives le clergé ne laissait pas de prendre l'alarme. Le luxe effréné des mignons de Henri III, s'étant répandu dans les différentes classes de la société, fut donc combattu par des admonitions, des synodes et des conciles. J'indique ci-après les principaux gestes de cette croisade contre la frisure dont on a rencontré le préliminaire au VIIe siècle. — Premier concile provincial de Milan, 1565. — Concile provincial de Tours, 1583. On y trouve que les *cheveux* frisés, la tête nue et le sein découvert sont d'une femme débauchée. « Indignum est, mulieres christianas quas decet cum verecundia et sobrietate ornatas, pietatem per opera bona profiteri, meretricio more in tortis crinibus, undatis capitibus et pectore se velut mundi natio populo exponere » (rubr. 15). Ce concile répète ensuite l'arrêt du concile de Constantinople cité plus haut; il enjoint en outre aux curés et aux prédicateurs de dénoncer les coupables dans leurs sermons. — Concile provincial de Bourges, 1584. On y défend (rubr. 25, can. 3) les cheveux frisés et bouclés : « Clerici crines calamistratos ac retortos non habeant, » ce qui prouve déjà que l'usage des cheveux frisés et bouclés envahissait le clergé lui-même. — Concile provincial d'Aix, 1585, au titre *De vit. et honest. cleric.* — Synode de Cologne, 1594. On y défend de porter des cheveux frisés, et plus relevés sur le front (c'est-à-dire formant toupet). « Capillos cincinnatos ac supra frontem aliis eminentiores non habeant, sub arbitrarii nostri pœna (rubr. 35, *De vit. et honest. cleric.*, c. 1). — Synode de Ravenne, 1607. Aux défenses du précédent synode celui-ci en ajoute une autre qui interdit les cheveux plus longs dans une partie de la tête que dans les autres. « Capillos ne gerant calamistratos, nec supra frontem eminentiores, neque in aliqua parte reliquis longiores (*De vit. et honest. cleric.*, n° 1). — Synode de Barri et de Canose, 1607. Défenses analogues, tit. *De vit. et honest. cleric.*, n° 1). — Synode d'Augsbourg, 1610. On y défend aux ecclésiastiques de friser leurs cheveux et de les relever comme les laïques, qui portaient toupet selon la mode du temps. « Capilli capitis ne crispentur, nec sursim erigantur more laico (part. III, c. 1, n° 5). — Synode de Venise, 1614. Défense de boucler les cheveux, de les relever sur le front : « Comam et barbam sacerdotes et clerici ne nutriant, nec capillos calamistratos, vel cincinnatos, habeant, nec supra frontem eminentiores (tit. *De vit. et honest. cleric.*, c. 3). — Synode de Faïense, 1615. Défense aux prêtres de boucler ou friser leurs cheveux et leur barbe, de les laver avec des eaux de senteur ou des pommades, sous peine d'un écu d'or d'amende pour chaque fois. « Caveant clerici ne barbam ant comam cincinis aut odoriferis aquis exornent, vel aliter delibutam habeant, aliasve nutriant sub pœna unius aurei pro qualibet vice (rubr. 12). — Synode de Pise, 1616 tit. (*De divin. cult. administ.* — *De eorum vit. et honest. cleric.*, c. 1). — Statuts synodaux de Saint-Malo, 1618, art. 12, rubr. 13. Ces statuts sont renouvelés des statuts synodaux de Pierre Benoist, évêque de Saint-Malo en 1350. — Synode de Florence, 1619, *De vit. et honest. cleric.* — Synode de Montréal en Sicile, 1622, *De vit. et honest. cleric.* — Synode de Narni, 1624. — Synode de Palerme 1625, *De vit. et honest. cleric.* — Synode de Castellane et de Horti, 1626, *De vit. et honest.* — Je reviens à l'introduction des longs cheveux sous le règne de Louis XIII. Cette nouvelle mode nécessita très-souvent l'usage des perruques; écoutez l'historien qui a longuement traité ce sujet : « Les courtisans, les rousseaux et les teigneux en portèrent les premiers, les courtisans par délicatesse, les rousseaux par vanité, les teigneux par nécessité. Les courtisans en prirent de crainte de gagner des rhumes ou des fluxions en faisant leur cour la tête découverte, quoique sous les rois prédécesseurs de Louis XIII on fût assez guéri de cette crainte (1); les rousseaux pour cacher la couleur de leurs cheveux, qui sont en horreur à tout le monde, parce que Judas, à ce que l'on prétend était rousseau, et qu'ordinairement ceux qui le sont sentent le gousset; les teigneux enfin pour cacher le vilain mal qu'ils avaient à la tête, quoiqu'ils le pussent bien cacher avec une grande calotte..... Ceux qui avaient la tête chauve ou naturellement ou accidentellement se hasardèrent aussi presque au même temps de porter des perruques pour cacher la calvitie et paraître plus beaux garçons ou plus gens de bien. » En un mot la mode des longs cheveux nécessita celle des perruques; par celles-ci, on remédia à l'absence ou à la laideur des cheveux; et les cheveux artificiels mirent au courant de la mode ceux qui ne pouvaient ou n'osaient s'y mettre. « L'exemple des courtisans, qui est toujours d'un fort grand poids en matière de modes, donna beaucoup de cours aux perruques dans la suite des temps..... » Vers 1660 les perruques étant très-communes en France, chez les laïques, le clergé commença à suivre la mode. Alors c'était le règne de ces abbés à petits collets, si nombreux au XVIIIe siècle; abbés damerets, qui suivaient la mode en petits-maîtres con-

(1) La mode à laquelle on fait allusion n'était pas aussi négligée que Thiers veut bien le dire. A la vérité elle fut observée plus rigoureusement que jamais lorsque les Concini furent au pouvoir.

sommés, et voltigeaient de galanterie en galanterie, hantant les gens de lettres, la cour et les théâtres. Ces messieurs portèrent donc perruque, d'abord avec timidité (leurs perruques étaient courtes et petites); ensuite ils s'enhardirent et portèrent perruque comme tout le monde. — Je traiterai ailleurs des hostilités du haut clergé contre cette innovation (*V.* PERRUQUE). — La mode des longs cheveux, sans cesser d'exister, reçut quelques modifications : les toupets s'agrandissent; et, tandis que les hommes se lavent et se parfument, les femmes nettoient leurs cheveux avec une poudre blanche que les dames de la cour et les filles de joie consacrent bientôt à l'embellissement de la chevelure : on s'en poudrait la tête lorsqu'on se mettait en grande toilette. Les petits-maîtres, selon leur coutume, imitèrent les dames de la cour et les filles de joie; la roture à son tour les imita peu à peu, et la mode de la poudre, qui remontait à la minorité de Louis XIV, fut décidément inaugurée pendant les dernières années du XVIIe siècle. — Le siècle suivant on porta d'énormes perruques; on se poudra et on reprit l'usage de la frisure. En même temps, dégoûté des longues chevelures, on avisa le moyen d'en faire disparaître les inconvénients, sans pour cela porter les cheveux courts. On réunit par une rosette les cheveux qui flottaient sur les épaules; on les attachait ou on les déliait à volonté. On modifia cette première idée en renfermant les cheveux dans une bourse ou petit sac de taffetas. Cette mode ne fut d'abord suivie qu'en voyage; il eût été de mauvais ton de paraître ainsi en bonne société ou dans les cérémonies; peu à peu on s'y accoutuma. Bientôt on coupa les cheveux de côté; plus tard on tressa ceux de derrière, et la mode des queues reparut. On les portait très-grosses, longues, pointues; les petits-maîtres y ajoutaient des cheveux étrangers. Je passe légèrement sur cette époque, qui n'est pas encore loin de nous. Avec la révolution les modes changent : on porte les cheveux courts, à la *Titus*, c'est-à-dire courts et droits, ou frisés à la *Caracalla*. — Je m'arrête, car ce serait une tâche trop fastidieuse, que de suivre dans tous les détails les mille formes que revêt tour à tour et en même temps cet être bizarre qu'on appelle la mode, protée ou caméléon, dont la véritable patrie est assurément la France : car toutes les nations l'imitent et la copient; encore la mode a-t-elle changé vingt fois en France, avant que l'étranger, inhabile à la suivre autrement que de loin, ait pu saisir et comprendre quelqu'une de ces modifications si rapides.

CHARLES DESCHAMPS.

**CHEVELURE DE BÉRÉNICE** (*astron.*), ancienne constellation boréale, formée par le mathématicien Conon en l'honneur de la reine Bérénice. Les historiens racontent que Bérénice, femme de Ptolémée Evergète, roi d'Egypte, ayant fait vœu de couper ses cheveux si son mari revenait vainqueur de l'Asie, les consacra en effet dans le temple de Vénus, et qu'ils disparurent le lendemain. Ptolémée ayant manifesté un grand regret de cette perte, Conon lui montra sept étoiles qui n'appartenaient à aucune des constellations alors existantes, en lui disant : *C'est la chevelure de Bérénice*. Cette constellation renferme aujourd'hui quarante-trois étoiles dans le catalogue britannique.

**CHEVELURE DES ARBRES** (*botan.*). On désigne ainsi plusieurs espèces de lichens filamenteux, du genre des usnées, qui croissent sur les arbres, et qui pendent après leurs branches. En Dauphiné on les nomme *chevelure de pin*. — L'hydne coralloïde, *hydnum coralloides* Pers., qui croît sur les branches et les troncs du hêtre, du sapin, et quelquefois sur les souches de chênes, reçoit aussi le plus ordinairement le nom de *chevelure des arbres*. On en distingue quatre variétés, qui sont peut-être autant d'espèces. L'une d'elles, figurée par Schæffer, tab. 142, et par Bulliard, tab. 309, ressemble, dans sa jeunesse, au chou-fleur. — Paulet a décrit deux espèces de chevelures d'arbres, l'une blanche, connue sous le nom de *corne-de-cerf*, et l'autre couleur de chair. Ce sont encore autant de variétés de l'*hydnum coralloides* (*V.* HERICIUM et HYDNE). Ce champignon est suspect, quoique, suivant Micheli, il soit bon à manger.

**CHEVELURE DORÉE** (*botan.*), nom vulgaire des *chrysocoma linosyris* et *coma-aurea*.

**CHEVER**, v. a. (*vieux langage*), creuser. — CHEVER (*anc. cout.*), empiéter sur la chaussée d'une ville, sur un chemin, sur un héritage. — CHEVER (*technol.*), orner ou creuser une pierre précieuse en dessous. — Rendre concave une pièce de métal forgé.

**CHEVERNY** (PHILIPPE HURAULT, COMTE DE), chancelier de France, né en 1528, fut d'abord conseiller au parlement de Paris, puis maître des requêtes. Son alliance avec le premier président de Thou, dont il épousa la fille en 1566, facilita son élévation aux premières dignités de la magistrature. Nommé chancelier du duc d'Anjou, depuis Henri III, il suivit ce prince dans ses expéditions militaires. Après la bataille de Jarnac, il reçut le brevet de conseiller d'Etat. Son crédit augmentait à la cour, mais il ne prenait aucune part directe aux affaires, et l'on croit qu'il fut étranger à la Saint-Barthélemy. En partant pour la Pologne, Henri laissa Cheverny en France pour veiller à ses intérêts; il justifia la confiance de ce prince, qui, devenu roi, ne se conduisit que par ses avis. En 1578 il obtint la charge de garde des sceaux, à laquelle il joignit bientôt celle de chancelier. Ses liaisons avec les ligueurs le firent disgracier après la journée des Barricades; mais rappelé par Henri IV, qui lui fit l'accueil le plus flatteur, il se dévoua dès lors entièrement à son service. En 1591, il fit de ses deniers presque tous les frais du siége de Chartres, dont le roi lui rendit le gouvernement, dirigea tous les préparatifs du sacre et du couronnement de ce monarque, et fut chargé de rétablir le parlement de Paris, ainsi que les autres cours souveraines du royaume. Il jouit constamment de la confiance du roi, et mourut en 1599. De Thou, Scévole de Sainte-Marthe et Nicolas Rapin ont loué la prudence et la dextérité de ce magistrat, qui, s'il faut en croire l'Etoile, n'était cependant pas inaccessible à la corruption. On imprima à Paris, en 1636, les *Mémoires d'Estat de missire Philippe Hurault, comte de Cheverny, etc., avec des instructions à ses enfants, et la généalogie de la maison des Hurault*, in-4°; réimprimés en 1644, 2 vol. in-12; la Haye, 1664, et 1720, 2 vol. in-12. Ces mémoires commencent à l'an 1567 et finissent à 1599. Ils font partie de la collection des *Mémoires pour servir à l'histoire de France*. — CHEVERNY (Philippe de), fils du précédent, né en 1579 à Paris, fut pourvu dès l'âge de treize ans de plusieurs bénéfices, notamment de l'abbaye de Pontlevoy, nom sous lequel il est souvent désigné dans les mémoires du temps. Evêque de Chartres à dix-huit ans, il hérita de l'affection que Henri IV portait à son père; mais ce prince, tout en l'honorant de ses bontés, ne l'initia jamais aux affaires de l'Etat. Il mourut en 1620, à quarante ans. Outre une *Relation* de la dernière maladie et de la mort de son père, imprimée à la suite des *Mémoires* du chancelier Cheverny, l'abbé de Pontlevoy a laissé des *Mémoires* qui font suite à ceux de son père; ils ont été publiés pour la première fois sur le manuscrit par Petitot, dans le t. XXXVI de son édition des *Mémoires relatifs à l'histoire de France*.

**CHEVERT** (FRANÇOIS DE), lieutenant général des armées du roi, né à Verdun-sur-Meuse le 21 février 1695, vécut de bonne heure de la vie des camps. Il avait à peine onze ans qu'il suivit une recrue du régiment de Carneau, alors de passage à Verdun. Il fit dans ce régiment, en qualité de soldat, le rude apprentissage des armes jusqu'à ce qu'enfin il fût nommé sous-lieutenant au régiment de Beauce en 1710. Il était arrivé successivement au grade de lieutenant-colonel lorsque la campagne de Bohême en 1741 lui permit de faire ses preuves. En effet il eut l'honneur de commander les grenadiers désignés par le comte de Saxe pour l'escalade de Prague. On posait la première échelle; il assembla les sergents de son détachement. « Mes amis, leur dit-il, vous êtes tous braves; mais il me faut ici un *brave à trois poils*. Le voilà, ajouta-t-il en s'adressant à un sergent des grenadiers d'Alsace, nommé Pascal, dont il connaissait le courage éprouvé. Camarade, montez le premier, je vous suivrai; quand vous serez sur le mur, le factionnaire criera : *Wer da!* ne répondez pas; il lâchera son coup de fusil et vous manquera; vous tirerez et vous le tuerez. » La chose arriva de tout point comme il l'avait dit. Chevert entra le premier dans la ville, où, grâce à sa fermeté, aucune maison ne fut pillée. En récompense le roi le fit brigadier par brevet du 15 décembre 1741. Il commanda dans la ville sous le comte de Bavière, se distingua pendant le siége, et, de concert avec M. de Sechelus, intendant de l'armée, pourvut, malgré la disette, à tous les besoins de ses troupes. La nuit du 16 au 17 décembre 1742, le maréchal de Belle-Isle quitta Prague avec l'armée et quarante otages des trois états. Chevert dut avec dix-huit cents hommes, les malades et les convalescents, résister aux ennemis : ce qu'il fit jusqu'au 26. Il obtint par sa vigueur une honorable capitulation, et sortit de Prague le 2 janvier 1743 avec sa garnison, les honneurs de la guerre, deux pièces de canon, et fut dirigé sur Egra aux dépens de la reine de Hongrie. Il se fit remarquer ensuite en Dauphiné et à l'armée d'Italie, fut fait maréchal de camp en 1744 et lieutenant général en 1748. Ce fut lui qui en 1757 décida le succès de la bataille d'Hastembeck. Il devait attaquer avec les brigades de Picardie, de Navarre et de marine, le bois qui couvrait la gauche de l'ennemi; avant de charger, il dit au marquis de Bréhaut, colonel de Picardie, l'un des plus braves officiers du roi : « Mon ami, jurez-moi, foi de gentilhomme, de périr avec tous les braves que vous commandez plutôt que de reculer. Cette attaque vigoureuse mit les ennemis en désordre et bientôt en fuite. Commandeur de Saint-Louis en 1754, il fut nommé grand-croix en 1758, et fut employé dans les armées jusqu'en 1761. Il était grand et bien fait ; ses yeux étaient vifs et pleins de feu. Beaucoup d'esprit naturel, une grande facilité d'élocution, le rendaient un conteur agréable, et il se plaisait à raconter surtout les faits d'armes auxquels il avait pris part. Il était très-aimé des soldats, sur lesquels il exerçait un grand empire en raison du ton confiant, exalté et un peu familier qui plaît tant aux soldats. Il dut sa réputation à un talent rare alors pour les évolutions militaires, à une étude et une pratique constantes de l'art militaire, à une grande promptitude d'exécution jointe à une valeur remarquable, et, enfin à une foule d'actions d'éclat. Selon les uns, il était fils d'un bedeau de la cathédrale de Verdun ; selon d'autres, d'un maître d'école. Toujours est-il qu'il était né de parents très-pauvres, et qu'il devint orphelin presque aussitôt après sa naissance. Il mourut à Paris, le 24 janvier 1769, à l'âge de soixante-quatorze ans, et fut enterré à Saint-Eustache. On lui fit élever un monument qui est actuellement au musée des Petits-Augustins. Son médaillon en marbre blanc est très-ressemblant. Son épitaphe est attribuée à Diderot : la voici.

Sans aïeux, sans fortune, sans appui,
Orphelin dès l'enfance,
Il entra au service à l'âge de onze ans ;
Il s'éleva, malgré l'envie, à force de mérite,
Et chaque grade fut le prix d'une action d'éclat.
Le seul titre de maréchal de France
A manqué, non pas à sa gloire,
Mais à l'exemple de ceux qui le prendront
pour modèle.

ALF. ISAMBERT.

CHEVÉRUS (JEAN-LOUIS-ANNE-MADELAINE LEFEBVRE DE) naquit à Mayenne, le 28 janvier 1768, d'une famille ancienne dans la magistrature. Son père était juge général civil de la ville et duché-pairie de Mayenne. La mère du cardinal, Anne Lemarchand des Noyers, était une de ces femmes rares qui entendent parfaitement l'éducation de l'enfance. Ses soins, auxquels M. de Cheverus père joignit les siens, ne furent pas perdus. Le jeune Cheverus, dont nous résumons ici la vie, montra dès le plus bas âge cette douceur de mœurs et cette aménité de caractère qui le distinguèrent dans la suite : dès lors on remarqua en lui cet éloignement de toute frivolité, cet amour de l'étude, cette application à ses devoirs, cette pénétration et ces heureuses qualités qui semblaient présager ce qu'il devait être plus tard dans l'Eglise. Dès l'âge de onze ans, il fut jugé digne d'être admis à la première communion. La réception du sacrement fit sur son âme tendre et sensible l'impression la plus profonde ; touché de l'amour de son Dieu, il renonça à toutes les espérances du monde ; tous ses goûts se portèrent vers une vie de charité et de prière, tout son attrait fut pour l'état ecclésiastique. L'année suivante, il fut tonsuré à Mayenne même par M. de Hercé, évêque de Dol. Bientôt il se concilia l'affectueuse bienveillance de M. de Gonssans, évêque du Mans, qui lui donna une des bourses du collége Louis-le-Grand, à Paris, dont le diocèse du Mans avait la libre disposition. Peu après le fameux avocat Gerbier fit nommer le jeune abbé de Cheverus prieur de Torbechel avec le titre d'aumônier extraordinaire de Monsieur, depuis Louis XVIII. Ce prieuré, situé à quelques lieues de Mayenne, était peu considérable, et valait au plus huit cents livres de rente ; encore donna-t-il lieu à un procès dont les débats se prolongèrent pendant plusieurs années : l'abbé de Cheverus, dès lors comme toujours ami de la paix et opposé à tout esprit de contention, souffrit longtemps de ce différend ; il eût voulu tout terminer à l'amiable; mais son avocat, se tenant assuré du succès, s'opposait avec chaleur à tout arrangement, et triomphait d'avance de l'honneur de la victoire : le jeune prieur, fatigué des délais, lui enleva ce plaisir en précipitant tout à coup la conclusion de l'affaire par le sacrifice de ses droits, au moment même où la chose paraissait toucher à son terme. Interrogé ensuite pourquoi il n'avait pas laissé poursuivre un procès qu'il était sûr de gagner, il fit cette belle réponse : « C'est qu'en le gagnant j'aurais ruiné ma partie adverse. » Dès son début au collége de Louis-le-Grand, l'abbé de Cheverus fut soumis à l'épreuve la plus difficile que puisse rencontrer un jeune homme qui sort pour la première fois de la maison paternelle. Ce collége, autrefois l'école de tant de vertus comme le rendez-vous de tant de talents, n'était plus ce qu'il avait été. Les administrateurs de cette maison, imbus de toutes les idées nouvelles qui devaient, peu d'années après, amonceler sur la France tant de crimes, de malheurs et de ruines, voulurent faire participer les jeunes gens à cette liberté large de penser, de dire et de faire, qu'on prônait partout, et le collége cessa d'être cette maison d'ordre qui avait fourni tant de bons citoyens à l'État, tant de bons chrétiens à l'Eglise. Le jeune abbé de Cheverus sut se roidir contre l'exemple et se montrer tel qu'il avait toujours été jusqu'alors, tel qu'il fut toujours depuis, c'est-à-dire pieux, modeste, régulier, appliqué à l'étude et à tous ses devoirs. Cependant il comprit que, dans la position nouvelle où il se trouvait, il avait besoin d'un guide sûr et éclairé, et il fit choix de l'abbé Augé, plus tard premier grand vicaire de Paris. A cette même époque remonte sa vive amitié pour le vertueux abbé Legris-Duval. Les succès des deux amis furent brillants et soutenus jusqu'à la fin de leurs études. Il existait alors un usage, d'après lequel tous les licenciés en théologie qui voulaient obtenir le grade de docteur étaient obligés de présenter un jeune homme qu'ils étaient censés avoir instruit, et de lui faire soutenir une thèse publique sur une matière donnée, pour prouver par les réponses de l'élève les connaissances et le mérite du docteur. Quoique cet usage, qui avait eu certainement son but utile autrefois, ne reposât plus alors que sur une pure fiction, puisqu'il était notoire qu'aucun docteur n'avait formé l'élève qu'il présentait, l'université n'en tenait pas moins à cette pratique et y obligeait tous les aspirants au doctorat. M. Augé, qui avait fini sa licence, et auquel il ne restait plus à prendre que le grade de docteur, proposa à l'abbé de Cheverus de soutenir la thèse d'usage. Tout ce qu'il devait à M. Augé ne lui permit pas de balancer un instant ; il s'y prépara, et au mois de mars 1786 il parut en public, soutint sa thèse, développa ses preuves, répondit aux objections avec une facilité d'élocution merveilleuse, une justesse de raisonnement qui le disputait à la grâce de l'expression ; et ainsi ce service, qui avait fait tant de plaisir à son cœur, fit encore plus d'honneur à son talent. Puis, dans un concours ouvert pour les places vacantes au séminaire de Saint-Magloire, à Paris, il emporta d'emblée la première place. Dans cet asile, il se donna tout entier aux sciences ecclésiastiques. Là encore il se lia intimement avec l'abbé de Maccarthy, devenu depuis le premier prédicateur de notre époque, et mort jésuite il y a quelques années. M. de Cheverus parcourut ses cours de théologie, contentant et édifiant tous ses maîtres. M. Emery, supérieur général de Saint-Sulpice, lui offrit une place gratuite dans son séminaire; mais l'abbé de Cheverus ne voulut point quitter Saint-Magloire. Il commençait sa seconde année de licence et était déjà promu au diaconat, au mois d'octobre 1790, lorsque M. de Gonssans, évêque du Mans, fit venir de Rome à son insu une dispense d'âge, et, en la lui envoyant, lui exprima le vœu qu'il reçût le sacerdoce à la plus prochaine ordination. Il fallait avoir du courage pour accepter cette proposition à une époque si menaçante et si dangereuse. M. de Cheverus n'hésita point, et quoiqu'il n'eût pas encore tout à fait vingt-trois ans, il fut ordonné prêtre, le 18 décembre 1790, à la dernière ordination publique qui se soit faite à Paris durant la révolution. Il partit aussitôt pour Mayenne, où l'évêque du Mans le nomma vicaire de son oncle, le vénérable curé Lefebvre de Cheverus, en le créant en même temps chanoine de sa cathédrale. Cependant la tempête devenait de jour en jour plus menaçante. On demanda au jeune prêtre le serment à la constitution : il le refusa et fut contraint de quitter le presbytère, mais continua néanmoins à exercer le ministère. En 1792, son oncle mourut, et l'évêque du Mans le nomma à sa place curé de Mayenne. Quelques jours après, les menaces des révolutionnaires le forcèrent à quitter cette ville; et bientôt après, au bout de quelque séjour à Paris, où il courut bien des dangers, il passa en Angleterre, heureux de s'associer à ce grand acte de tout le clergé français, portant en exil la haute confession de la foi, l'horreur du schisme et de l'hérésie. — Le gouvernement anglais lui proposa de le faire participer aux secours qu'on accordait alors à tous les Français injustement persécutés et bannis. M. de Cheverus remercia le gouvernement de cette offre, et le pria d'appliquer ces secours à d'autres qui pourraient en avoir plus besoin que lui. « Le peu que je possède, dit-il (il n'avait que trois cents francs), me suffira jusqu'à ce que je sache un peu la langue ; et, une fois que je la saurai, je pourrai gagner ma vie, ne fût-ce qu'en travaillant des mains. » Cette langue, il la sut bientôt, et donna des leçons dans une pension de jeunes gens. Sur ses modiques ressources, il parvenait encore à ménager des secours pour ses compagnons d'exil. M. Douglas, évêque catholique de Londres, lui donna la permission de remplir toutes les fonctions ecclésiastiques dans son diocèse; et ses succès furent tels, que bientôt il put procurer aux fidèles non-seulement une chapelle, mais encore un logement vaste pour les ecclésiastiques qui en feraient le service et pour ceux qu'il leur plairait de s'associer. Malgré des offres brillantes qui lui furent faites pour le retenir en Angleterre, malgré l'affection de M. de Hercé, évêque de Dol, qui l'avait nommé son grand-vicaire, il fut vivement ému d'une lettre de l'abbé Matignon, docteur et ancien professeur de Sorbonne, qu'il avait connu à Paris. Cet estimable ecclésiastique se trouvait seul à Boston, où l'avait placé M. Carroll, évêque de Baltimore, qui avait alors tous les États-Unis sous sa juridiction; et avec cette ville il était chargé de toute la Nouvelle-Angleterre et des tribus sauvages de Penobscot et de Passamaquody. Cette tâche était trop forte pour un seul homme. M. de Cheverus résolut d'aller partager de si pénibles travaux (1795). Une affaire lui restait à régler, celle de ses droits présents et à venir sur son bien patrimonial; pour trancher cette affaire en un instant, il fit en faveur de ses frères et sœurs cession de tous ses droits par un acte irrévocable et en bonne forme qu'il envoya aussitôt à sa famille. Puis il partit, et le 3 octobre 1796 il arriva heureusement à Boston. M. Carroll ne tarda pas à l'investir de tous les pouvoirs nécessaires à son ministère. Ce fut alors que M. Matignon et M. de Cheverus, forts de la confiance qu'ils avaient l'un dans l'autre, et plus encore de celle qu'ils avaient en Dieu, s'occupèrent avec activité de la grande œuvre commise à leur zèle. L'entreprise était immense et hérissée de mille difficultés. D'autres avaient essayé vainement de les surmonter; mais les deux missionnaires français surent, par l'exemple de toutes les vertus, par l'exemple de la plus touchante et de la plus sainte union, par un dévouement sans bornes aux intérêts de la religion, se concilier l'estime et la vénération des hommes les plus opposés à l'Église romaine, et faire respecter le nom catholique jusqu'alors indignement méprisé dans ces pays protestants. Ces heureux changements furent dus surtout à M. de Cheverus. M. Matignon, dont l'âme noble et pure était étrangère à toute pensée de jalousie et de rivalité, jouissait de tous les succès de son confrère et de la considération qui lui en revenait. M. de Cheverus, de son côté, s'efforçait de lui témoigner en toute manière sa reconnaissance et sa tendresse, son respect et son dévouement. Ce fut à force de bienfaits surtout que ces résultats furent obtenus. Les catholiques écoutaient les leçons des deux vénérables missionnaires, et les mettaient en pratique, de sorte que les protestants furent forcés, par l'évidence de la vérité, de leur rendre cette justice, dans les feuilles publiques, qu'ils étaient aussi excellents citoyens qu'hommes probes et honorables. La division cessa donc dès lors; des rapports mutuels de considération et d'estime s'établirent; et M. de Cheverus, interrogé par le saint-siége sur l'état de sa mission, put lui répondre : « Dans ce pays, où, il y a peu d'années, l'Église catholique était un objet d'anathème, le nom de prêtre un objet d'horreur, on nous considère, on nous aime, on pense honorablement de nous, on se conduit de même. » La confiance qu'avait inspirée à tous M. de Cheverus étendit bientôt ses rapports, et les multiplia au delà de ce qu'on peut penser. Protestants et catholiques voulurent faire la connaissance d'un homme si aimable; et lui, toujours accessible et bon, accueillait tout le monde avec la plus touchante cordialité. On lui accorda une confiance générale; de toutes parts on lui demanda des conseils, même pour des affaires d'intérêt. Chose très-remarquable, un grand nombre de dames protestantes des rangs les plus élevés de la société n'hésitaient point à lui ouvrir leur cœur, à lui révéler leurs peines de famille et de conscience, à un tel point, que l'une d'elles lui ayant dit un jour que ce qui lui répugnait le plus dans la religion catholique et l'empêcherait toujours de l'embrasser, c'était le précepte de la confession, M. de Cheverus put lui répondre : « Non madame, vous n'avez point pour la confession autant de répugnance que vous le croyez : vous en sentez au contraire le besoin et le prix; car voilà longtemps que vous vous confessez à moi sans le savoir. La confession n'est pas autre chose que la confidence des peines de conscience que vous voulez bien m'exposer pour recevoir mes avis. » — Et qu'on ne croie pas que toutes ces affaires aient jamais distrait M. de Cheverus de ses autres devoirs; ces occupations charitables faisaient sa récréation après ses repas, et tout le reste du temps était réservé à l'étude ou à son ministère. La littérature et les sciences n'étaient pas non plus négligées par lui. Ses connaissances variées le mirent en rapport avec les savants de Boston; les sociétés littéraires de cette ville voulurent se l'agréger et le faire participer à leurs séances; il s'y prêta de bonne grâce, dans l'espérance que ces rapports pourraient devenir un jour utiles à la religion, et étaient peut-être un moyen dont Dieu voulait se servir pour l'exécution de ses desseins. Quand M. Shaw voulut accroître l'athénée de Boston, il l'aida de ses conseils et de ses efforts, donna même beaucoup de livres de sa bibliothèque, de sorte qu'on le regardait dans cette ville non-seulement comme un savant, mais encore comme un zélateur dévoué de la belle littérature. — M. Carroll, évêque de Baltimore, lui écrivit pour lui proposer de se charger de l'église de Sainte-Marie à Philadelphie; mais M. de Cheverus refusa de quitter son digne ami, M. Matignon, qui l'avait appelé d'Angleterre et était pour lui un père chéri. — Il partit ensuite pour l'État du Maine, qui est à 200 milles (environ 66 lieues de France) de Boston. Déjà plusieurs fois il avait parcouru ce pays et gémi de la situation où se trouvaient les bons catholiques qui l'habitaient; ils n'avaient ni prêtre ni lieu de réunion pour leurs exercices religieux. M. de Cheverus s'entendit avec les principaux habitants du pays, fit bâtir à Newcastle, capitale de cet État, une église propre et décente, et ne manqua pas de les visiter tous les ans, jusqu'en l'année 1812, où il y fixa un prêtre à résidence. De là il continua sa route et se rendit dans le pays de Penobscot et de Passamaquody, où vivaient une multitude de sauvages, errant à travers les bois, sans habitation fixe, et partageant tout leur temps entre la chasse et la pêche. Il apprit leur langue, et cette étude lui fit faire, dans l'intérêt de la linguistique, des observations fort curieuses. Nous n'entrerons pas dans le détail des difficultés qu'il eut à surmonter dans ce voyage ou des privations sans nombre qu'il lui fallut subir et qu'il supporta avec une résignation exemplaire. Convertis autrefois par des missionnaires français, ces sauvages l'entourèrent de respect, il retrempa leur foi, perfectionna leur instruction religieuse, les encouragea à persévérer dans la pureté primitive de leurs mœurs, et, après avoir passé trois mois au milieu d'eux, il repartit pour Boston : c'était en 1798. Là une nouvelle occasion l'attendait de déployer son zèle, et cette ville n'oubliera jamais le dévouement sublime dont il donna l'exemple au milieu des ravages de la fièvre jaune, qui la désolait à cette époque. Et ce ne fut pas la seule fois que ce digne prêtre exposa sa vie pour arracher à ce terrible fléau les hommes de toute croyance qui en étaient atteints. Une si belle conduite porta au plus haut point la vénération et l'attachement des habitants de Boston pour M. de Cheverus. Dès lors ils ne le regardèrent plus que comme l'apôtre de la charité, le héros de la religion. Partout où il paraissait, on s'estimait heureux de lui faire honneur; on l'accueillait avec ces prévenances qu'inspire une affection sincère, avec ces égards que commande le respect. Mille faits, que les limites d'un article nous empêchent de raconter, attestèrent ce respect que lui témoignèrent et le président des États-Unis, et les tribunaux, et les protestants de tous les rangs. Ainsi il contribua à réformer une loi qui gênait la conscience de tous les catholiques. Depuis longtemps ils s'affligeaient de ne pouvoir user de leur droit de citoyen dans les élections, parce que le serment qu'il fallait prêter avant de donner son suffrage renfermait quelque chose de contraire aux principes catholiques; mais l'assemblée législative, entendant enfin comme il faut la liberté de conscience, nomma une commission pour dresser une formule qui pût convenir à tous les citoyens; et les membres de cette commission, comprenant qu'il ne leur appartenait pas d'être juges en pareille matière, s'adressèrent à M. de Cheverus. Celui-ci dressa la formule et la porta lui-même à la commission; elle fut présentée à l'assemblée législative, agréée par elle, et passa en loi. — Cependant M. de Cheverus n'oubliait pas les sauvages qu'il avait visités l'année précédente. Il repartit en 1799 pour aller leur porter les secours et les consolations de la religion. Les succès de cette seconde mission furent les mêmes que ceux de la première, et l'État de Massachussets sut si bien apprécier l'importance de son ministère, que, faisant abstraction de la différence de culte et de croyance pour ne voir que les services immenses rendus par le missionnaire catholique à l'humanité et à la civilisation, il voulut payer lui-même les frais de la mission, et assigna pour cet objet deux cents dollars. M. de Cheverus venait de toucher cette somme, lorsque arriva à Boston un de ses compatriotes, M. Romagné, prêtre des environs de Mayenne. Il la lui remit en entier, et le fixa aussitôt dans les contrées de Penobscot et de Passamaquody. Déchargé ainsi du soin immédiat de ces tribus lointaines, il put donner des soins plus assidus aux catholiques des autres parties de la Nouvelle-Angleterre. — Alors il pensa que le temps était venu d'exécuter un grand projet qu'il méditait depuis longtemps. La religion catholique n'avait pas encore d'église convenable à Boston; M. de Cheverus ouvrit une souscription pour en construire une. Le premier souscripteur fut le président lui-même des Etats-Unis, John Adams. Un exemple si remarquable de la part du chef protestant d'un Etat presque tout protestant eut de nombreux imitateurs; la liste se couvrit de signatures de protestants aussi bien que de catholiques, et M. de Cheverus procéda avec la plus grande intelligence et la plus grande sagesse à la construction du monument qu'il avait entrepris d'élever à la religion catholique. — Cependant, grâce au concordat signé en 1801 entre Pie VII et Bonaparte, les églisessc rouvraient en France; et des lettres pressantes invitèrent M. de Cheverus à rentrer dans sa patrie, et à prendre la direction de son troupeau de Mayenne. Après de longues irrésolutions, et surtout après avoir consulté sur ses devoirs M. Carroll, évêque de Baltimore, il fit à Dieu le sacrifice de son pays et de toutes les affections si vives qui l'y rappelaient; et le dimanche d'après Pâques il annonça à ses ouailles que son parti était pris et qu'il resterait avec elles. Il est impossible de dire la joie des catholiques et de tous les habitants de Boston à cette nouvelle. Quatre mois après, M. de Cheverus eut la vive satisfaction de voir enfin terminée l'église dont il avait entrepris l'édification. Elle fut inaugurée en 1803 par M. Carroll, et cette cérémonie fut une véritable fête publique. M. de Cheverus prêchait le plus souvent qu'il le pouvait dans l'enceinte nouvellement consacrée, et où il voyait les catholiques et les protestants se presser à l'envi autour de sa chaire, et recevoir avec une égale attention, avec un égal respect sa parole éloquente et persuasive. A cette même époque de nouvelles occasions s'offrirent de faire éclater son immense charité et le zèle ardent qui l'animait pour les intérêts sacrés de l'humanité et de la religion. Il n'en laissa échapper aucune, soit à Boston, soit même en des lieux éloignés de cette ville, et partout sa présence et son activité produisirent les plus heureux fruits. Nous voudrions que l'espace nous permît de reproduire les paroles énergiques et pénétrantes par lesquelles il flétrit à Northampton la curiosité coupable avec laquelle les femmes se pressaient au plus hideux des spectacles, à celui du supplice des malheureux condamnés à mort. — Les protestants de ces contrées, frappés du discours de M. de Cheverus, voulurent l'entendre de nouveau, et il se rendit à leurs vœux : il prêcha plusieurs fois en public, il les entretint en particulier, et il profita de toutes les circonstances pour détruire leurs préventions contre la religion catholique. Ils voulurent le retenir au milieu d'eux, et ce ne fut qu'avec peine qu'il les quitta. — A peine était-il de retour à Boston, qu'il fut appelé dans une autre contrée voisine, pour travailler à la conversion d'un âme d'élite sur laquelle le ciel avait de grands desseins. Madame Seton, dame illustre, élevée dans le protestantisme, distinguée par sa naissance et par sa fortune, mais plus encore par la trempe énergique de son caractère, fut déterminée par la correspondance qu'elle entretint avec M. de Cheverus à embrasser la foi catholique. Elle abandonna le monde, et se retira à Emmitsburg, dans le Maryland. Là, sous la conduite des prêtres de la société de Saint-Sulpice, qui y tenaient un collége, elle créa une école pour les pauvres, un pensionnat pour les jeunes personnes de familles aisées, s'adjoignit d'autres femmes pieuses, et devint ainsi la fondatrice de la première communauté de femmes aux Etats-Unis. Elle n'avait pas vu l'abbé de Cheverus. Plusieurs années après la conversion de cette dame, M. de Cheverus se rendit à Emmitsburg, alla au nouvel établissement qui lui devait sa fondation, et demanda la supérieure; madame Seton se présente : « Je suis l'abbé de Cheverus, » lui dit-il. A ce mot, frappée comme à la vue d'un ange, elle tombe à genoux, saisit ses mains, les arrose de ses larmes, et demeure ainsi plus de cinq minutes sans pouvoir proférer une parole, tant était vif le sentiment de respect dont elle était pénétrée. — Sur la demande de M. Carroll et sur le refus de M. Matignon, l'abbé de Cheverus fut nommé, en 1808, évêque de Boston, siége nouvellement créé par le pape Pie VII. Cette élévation s'était faite à son insu. Il fut sacré à Baltimore le jour de la Toussaint 1810. Les cinq évêques des Etats-Unis, rassemblés à cette occasion, statuèrent d'un commun accord sur divers points relatifs à l'administration de leurs Eglises; et leurs règlements sont remarquables par un grand esprit de sagesse. Puis M. de Cheverus partit pour Boston, tout aussi humble qu'auparavant. Il n'avait qu'une petite chambre, et, en la montrant aux étrangers qui venaient le voir, il leur disait avec un aimable sourire : « Vous voyez le palais épiscopal; il est ouvert à tout le monde. » Sa charité, son abnégation, son esprit de pauvreté, restèrent les mêmes; et maintenant encore les habitants de Boston se plaisent à répéter de lui une foule de traits touchants où respire dans toute sa pureté le dévouement évangélique le plus simple et le plus sublime. Aussi ce n'était pas seulement parmi les fidèles que la vie apostolique de M. de Cheverus lui conciliait l'estime et l'affection universelles; c'était même parmi les ministres des diverses sectes; et ce sentiment était si profond, qu'ils allaient quelquefois jusqu'à l'inviter à prêcher dans leurs temples. L'évêque de Boston, se rappelant que saint Paul avait prêché dans les synagogues aussi bien que dans les assemblées des chrétiens, acceptait avec reconnaissance, et choisissait toujours pour sujet de ses discours quelque dogme de l'Eglise catholique; mais il le traitait avec tant de tact, de modération et d'à-propos, que, loin d'offenser personne, il laissait toujours son auditoire content, les uns convaincus, les autres ébranlés, tous au moins désabusés de quelques préjugés. Outre ces discours adressés au peuple, M. de Cheverus eut plusieurs fois des conférences avec les ministres protestants, et toujours il en sortit victorieux. A ces moyens il joignait même quelquefois le secours des feuilles publiques, et faisait entendre sa voix à cette tribune que les temps modernes ont élevée au milieu des nations, pensant que le même canal qui portait aux peuples l'erreur et le mensonge devait leur en porter aussi la réfutation. De tant d'efforts l'évêque de Boston recueillit des fruits consolants : plusieurs protestants ne se bornèrent pas à voir la lumière de la vérité qu'il présentait si claire à leurs yeux; ils eurent la générosité de la suivre, et embrassèrent la religion catholique. Aux sollicitudes que se donnait M. de Cheverus pour l'accroissement et la sanctification de son troupeau se joignaient les sollicitudes de la charité pour venir au secours des Français malheureux, que les désastres de nos colonies faisaient errer de pays en pays, cherchant un asile avec les moyens de vivre, et qui affluaient de toutes parts à Boston et aux environs. Quelque étendues que fussent ses occupations dans son diocèse, il savait encore se prêter à tous les besoins des diocèses étrangers. New-York, quoique érigé en évêché, n'avait pas encore d'évêque, par suite de la mort du titulaire, enlevé à la vie avant d'avoir pu prendre possession de son siége, et c'était l'évêque de Boston qui le remplaçait. Toutes les fois que les jésuites qui dirigeaient cette Eglise croyaient utile au bien de la religion de l'y appeler, il s'y rendait aussitôt, sans que ni la distance des lieux, ni aucune autre considération pût jamais l'arrêter. De plus, le zèle de l'évêque de Boston embrassait toute la terre; il compatissait aux maux de toute l'Eglise : nous en trouvons un témoignage touchant dans une lettre qu'il adressa, peu d'années après son sacre, aux archevêques et évêques d'Irlande. Ces vénérables prélats, affligés et inquiets des persécutions que Bonaparte suscitait alors à l'Eglise, surtout dans la personne de son chef, l'illustre Pie VII, qu'il avait enlevé de Rome et dépouillé de ses Etats, avaient écrit à un grand nombre d'évêques catholiques pour s'entendre avec eux sur la marche à suivre dans des temps si critiques. M. de Cheverus, ayant reçu cette lettre, leur fit, sans doute de concert avec les autres évêques des États-Unis, une réponse où respire le zèle le plus touchant pour l'Eglise et pour son chef auguste. Bientôt le despote tomba sous les coups de l'Europe indignée; et M. de Cheverus fit dans son église une fête solennelle d'actions de grâces, chanta un *Te Deum* avec toute la pompe qui lui fut possible, et prononça un discours où il se surpassa lui-même. Peu après M. Carroll étant mort eut pour successeur sur le siége archiépiscopal de Baltimore M. Neale, qui demanda au saint-siége M. de Cheverus pour coadjuteur. Mais ce dernier fit si bien, que, malgré toutes les instances, il obtint de ne point quitter sa chère Eglise de Boston. Dépourvu de ressources pour créer un séminaire dans son diocèse, il instruisit dans sa propre demeure quelques jeunes gens qui plus tard firent de dignes ecclésiastiques : en même temps il appela et installa à Boston des dames ursulines, pour les charger de l'éducation des jeunes personnes catholiques : il leur acheta en 1819 une maison, et, malgré les oppositions qu'il rencontra d'abord, le bon sens public finit par apprécier ces dignes institutrices de la jeunesse; on leur confia un grand nombre de pensionnaires, et les protestants eux-mêmes, satisfaits de la bonne éducation qu'y recevaient les jeunes personnes, désirèrent y placer leurs enfants. — Sur ces entrefaites, la mort de M. Matignon, qu'il aimait et vénérait comme un père, vint affliger profondément le cœur bon et sensible de M. de Cheverus. Lui-même épuisé de travaux, il s'apercevait que sa santé déclinait de jour en jour. Les médecins lui déclarèrent que le seul moyen de sauver sa vie était de passer sous un ciel plus doux; mais il ne voulut point quitter son poste. Il songeait pourtant à retourner en France lorsqu'il reçut, en 1823, une lettre du prince de Croy, grand aumônier de France, qui lui annonçait sa nomination à l'évêché de Montauban. Ce ne fut toutefois qu'après une lutte intérieure très-vive et sur les instances les plus pressantes et les plus énergiquement réitérées qu'il se décida à quitter Boston. Comme si le jour de son départ eût été pour lui un jour de mort, il voulut auparavant, selon ses expressions, *exécuter son testament.* Il donna au diocèse l'église, la maison épiscopale et le couvent des Ursulines, dont il avait la propriété; il laissa aux évêques ses successeurs sa bibliothèque; enfin il distribua tout le reste de tout ce lui appartenait à ses ecclésiastiques, à ses amis, aux indigents; et, comme il était venu pauvre à Boston, il voulut en repartir pauvre, sans autre bien que la même malle qu'il y avait apportée vingt-sept ans auparavant. Il voulait même y laisser son calice, ses burettes et sa croix, et il ne se décida à les emporter que sur la remarque qu'ils étaient de famille. En le voyant se dépouiller ainsi, tous les habitants de Boston furent émus jusqu'aux larmes, et plusieurs d'entre eux témoignèrent par des actes généreux combien ils étaient touchés de ce détachement. De toutes parts arrivaient à M. de Cheverus des regrets, des adieux, des témoignages d'intérêt qui étaient pour son cœur comme autant de nouvelles blessures. Les journaux, même protestants, exprimaient les mêmes regrets. Les catholiques, comme on le comprend bien, ne furent pas les derniers à lui témoigner leur douleur; ils la consignèrent dans une adresse touchante. Après avoir fait en chaire ses adieux à son troupeau, il partit, et l'on ne saurait dire combien cette séparation fut déchirante. M. de Cheverus s'embarqua à New-York. Jusqu'à l'entrée de la Manche, la navigation fut des plus heureuses; on se flattait d'arriver le lendemain au Havre, quand tout à coup on fut assailli de la plus violente tempête; une circonstance providentielle le sauva; de tous les navires assaillis au même endroit, celui qui portait l'évêque de Boston fut le seul sauvé; M. de Cheverus toucha la terre de France trente et un ans après l'avoir quittée. — Il se dirigea sur Paris, et partout sur sa route on lui rendit des honneurs mérités; partout on voulut l'entendre. Il en fut de même à Paris, où tout d'abord le roi l'accueillit avec une bonté toute spéciale, et lui confirma son invariable volonté de le faire évêque de Montauban. A Mayenne, sa ville natale, des hommages non moins éclatants furent rendus à ses vertus et à ses talents, et il eut le bonheur d'y rendre toutes sortes de services à la religion. Cependant le pape, cédant aux sollicitations des évêques d'Amérique, voulait qu'il retournât à Boston, où il avait fait tant de bien; cette circonstance donna lieu à des négociations dont le détail serait ici superflu. Enfin le saint-père se rendit aux instances de la cour de France, et M. de Cheverus fut définitivement et régulièrement institué évêque de Montauban. Dès qu'il eut ses bulles en main, il ne vécut plus que pour son diocèse. Le premier objet qu'il se proposa fut l'organisation de son séminaire, et les lazaristes lui fournirent les directeurs qu'il désirait. Puis il choisit ses grands vicaires, et se rendit ensuite dans sa résidence. On peut dire que, dès le jour de son entrée à Montauban, il conquit tous les cœurs; protestants et catholiques, tous n'eurent qu'une voix pour dire ses louanges, qu'un même sentiment pour l'aimer. Il s'occupa ensuite de l'organisation de son chapitre; la faveur n'y eut aucune part; le mérite seul fixa son choix. Instructions pastorales, prédication par la parole, visites fréquentes, œuvres d'une admirable charité, soins infinis pour établir et conserver l'union dans son diocèse, rien ne fut négligé par le nouvel évêque pour assurer à la religion un empire que ses ennemis avaient cru lui faire perdre pour toujours. Mais ce qui porta au plus haut point la réputation de M. de Cheverus, ce qui excita dans tous les cœurs un enthousiasme que ceux-là seuls peuvent concevoir qui en ont été les témoins, ce fut la charité, le dévouement généreux qu'il déploya dans l'hiver de 1826, lors du débordement du Tarn. Il recueillit les malheureux dans le palais épiscopal; il fit des sacrifices d'argent considérables, et y joignit les secours du roi Charles X. Peu de temps après l'événement dont nous venons de parler, arriva la grande époque du jubilé; ce fut pour M. de Cheverus l'occasion de déployer un zèle tout nouveau et de se montrer supérieur à lui-même. Après la mort de M. d'Aviau du Bois de Sanzai, en 1826 également, l'évêque de Montauban, malgré sa résistance, malgré les sollicitations de ses diocésains, fut élevé au siége archiépiscopal de Bordeaux. Préconisé à Rome le 2 octobre de la même année, il ne reçut ses bulles qu'environ six semaines après, et il partit aussitôt pour Mayenne, avec l'intention d'y faire un très-court séjour, ne voulant pas refuser à sa famille la jouissance qu'elle réclamait de le posséder pendant quelques instants avant qu'il allât prendre possession de son nouveau siége: ses jours de repos mêmes furent des jours d'apostolat. Il partit ensuite pour le Mans, où il reçut le *pallium* des mains de l'évêque de cette ville. Il arriva le 15 décembre à Bordeaux, où la réception qu'on lui fit fut un éclatant témoignage rendu à ses hautes vertus. Il se traça, en commençant, trois règles de conduite: la première, d'être bon et aimable envers tout le monde, pour se concilier les cœurs; la seconde, de ne rien changer à ce qu'avait fait son saint prédécesseur; et la troisième, de ne rien établir avant de bien connaître les personnes, les choses et les lieux. Qu'on nous pardonne de ne pas raconter ici tout le bien que M. de Cheverus fit dans le diocèse de Bordeaux; le souvenir en est impérissable. Nommé pair de France par Charles X, qui avait pour lui une estime toute particulière, ce prince le désigna pour présider le collége électoral de la Mayenne; mais sa mission fut sans succès. — Alors les plaintes les plus violentes contre les jésuites et ce qu'on appelait le *parti prêtre* retentissaient chaque jour dans les feuilles publiques et jusqu'à la tribune des deux chambres législatives. Dans une circonstance aussi critique, Charles X crut devoir sacrifier les jésuites pour sauver le reste du clergé, restreindre les petits séminaires pour en conserver au moins une partie. A la première nouvelle de cette volonté du roi, tout l'épiscopat fut consterné; l'archevêque de Bordeaux fut affligé lui-même autant que personne: il allait perdre les jésuites, qui rendaient les plus grands services dans son diocèse; il allait perdre un de ses petits séminaires; enfin il voyait les suites fâcheuses de cette mesure pour la France religieuse tout entière. Tous les archevêques et évêques qui se trouvaient à Paris se rendirent à la cour, représentèrent au roi la grandeur du mal qu'il allait faire à la religion, et ne négligèrent aucune considération pour prévenir le coup dont ils étaient menacés. Mais Charles X avait pris son parti, il croyait la mesure nécessaire à la paix de l'Etat, et, le 16 juin 1828, il signa les deux ordonnances, dont une excluait les jésuites de l'éducation de la jeunesse, et l'autre imposait des entraves et des restrictions aux petits séminaires. Ce fut aussitôt une réclamation universelle; tout ce qu'il y avait de catholiques en France jeta un cri d'alarme, et tous les évêques, frappés par ce coup, ne savaient quel parti prendre. Plusieurs réclamèrent, croyant que la résistance de l'épiscopat pourrait peut-être arrêter l'exécution des ordonnances, et prévenir les maux qui allaient s'ensuivre pour la religion et la France. Quelques autres, comme l'archevêque de Bordeaux, jugeant le mal consommé sans remède, pensèrent que les réclamations de l'épiscopat ne pourraient avoir aucun résultat utile, que le gouvernement ne reviendrait pas en arrière après s'être avancé comme il l'avait fait, qu'ainsi la résistance n'aboutirait qu'à la ruine des petits séminaires, et que s'il fallait tôt ou tard se soumettre ou anéantir le sacerdoce dans sa source en fermant les écoles ecclésiastiques, il convenait mieux de se soumettre dès le principe que d'opposer de la résistance pour reculer ensuite. Ce dernier sentiment, dont la sagesse a été depuis justifiée par les faits, fut d'abord mal accueilli et ouvertement blâmé par un grand nombre: au lieu d'en examiner les motifs si bien fondés en raison, dans le regret de ce qu'on allait perdre, on n'écouta qu'un amour irréfléchi du bien et les commentaires trompeurs de certains journaux; et là on conclut que ceux qui ne voulaient pas protester contre les ordonnances étaient par cela même convaincus de ne pas aimer les jésuites, et de sacrifier l'existence de leurs petits séminaires à une lâche pusillanimité. L'archevêque de Bordeaux souffrit de voir sa conduite si mal interprétée et ses vrais sentiments si indignement calomniés. Toutefois, fort du témoignage de sa conscience, il ne se laissa ni abattre, ni ébranler par cette peine, il la supporta avec le calme d'un chrétien, la dignité d'un évêque et la charité d'un apôtre. Voici ce qu'il en écrivait à un de ses grands vicaires, dans une lettre que nous copions textuellement: « J'ai consulté sur toute cette affaire Dieu, ma conscience et des personnes égales en dignité, en savoir, en piété, à qui que ce soit..... Dans le cours de ma vie, on m'a tant loué sans raison, que je ne dois pas me plaindre si on me blâme maintenant. Si je dois être humilié, j'en bénirai le Seigneur, et je rentrerai avec joie dans une pauvreté obscure dont je ne suis sorti que malgré moi, Dieu le sait. J'embrasse tous mes amis; assurez-les que, quand quelques-uns changeraient à mon égard, je les aimerai toujours. » La conduite de M. de Cheverus répondait à des sentiments si beaux: il ne cherchait ni à se justifier, ni à faire prévaloir ses avis; il trouvait bon que les autres ne pensassent point comme lui, et ne les en aimait pas moins; il souffrait même en silence la contradiction; et un jour qu'un homme, emporté par un zèle plus ardent que charitable, se permit de lui adresser à ce sujet des reproches acerbes, des paroles mortifiantes, le bon prélat le laissa dire sans interruption tout ce qu'il voulut, et ajouta seulement, à la fin, ce peu de mots avec une douceur parfaite: « Je remercie Dieu, monsieur, de ce qu'il m'a fait la grâce de ne point vous répondre sur le ton dont vous m'avez parlé. »

Les jésuites furent plus justes envers M. de Cheverus, et rendirent hommage à ses sentiments pour eux. Ils racontèrent eux-mêmes du haut de la chaire de vérité les nombreuses preuves d'affection qu'ils avaient reçues de lui, et leur douleur de se séparer d'un prélat qui les aimait si tendrement. En effet M. de Cheverus avait toute sa vie aimé les jésuites; en Amérique, ils étaient ses amis, et c'était dans leur société qu'il engageait le saint-siége à prendre des évêques pour les États-Unis. Il les présentait au pape comme des religieux dont le mérite éminent, la piété envers Dieu, le zèle pour le salut des âmes et les travaux infatigables sont au-dessus de tout éloge; comme les apôtres qui avaient planté la foi dans ce pays en l'arrosant de leurs sueurs, qui l'y entretenaient et la propageraient encore tous les jours: et il n'est personne, disait-il, qui ne désire qu'on prenne parmi eux des évêques qui marcheront sur les traces de leurs devanciers, et seront animés du même esprit. Ces sentiments que M. de Cheverus avait pour les jésuites en Amérique, il les avait en France; à Bordeaux, il visitait souvent le petit séminaire tenu par eux, leur donnait les témoignages de l'affection la plus tendre et de l'estime la mieux sentie. A leur départ il exprima publiquement la douleur qu'il avait de les perdre, et, pour en conserver au moins quelques-uns, il leur offrit une maison voisine de son palais, et donna à ceux qui y restèrent six mille francs chaque année pour leurs dépenses; il fit plus encore: pour leur conserver le petit séminaire de Bordeaux, en cas qu'un changement de circonstances leur permît de rentrer dans l'instruction, il y transporta à grands frais, et malgré bien des raisons qui s'y opposaient, tous les élèves de la maison ecclésiastique établie à Bazas. « Ce déplacement coûte beaucoup, disait-il, et est très-fâcheux pour nos jeunes gens; il n'y a qu'un seul avantage, c'est de prouver que j'aime les jésuites. » — Le bien que faisait l'archevêque de Bordeaux était immense. — Il encouragea particulièrement les dames de la Mission, association touchante, toute vouée aux bonnes œuvres, et fondée à Bordeaux à l'occasion de la mission qui s'y donna en 1817; des conférences ecclésiastiques d'une haute utilité furent établies par lui dans son diocèse. De nouvelles distinctions vinrent chercher M. de Cheverus. Déjà en 1828 Charles X l'avait nommé conseiller d'État; en 1830 le roi le nomma commandeur de l'ordre du Saint-Esprit; et cette nomination, qui lui fut commune avec M. de Quélen, archevêque de Paris, fut la dernière que fit Charles X. M. de Peyronnet, alors ministre de l'intérieur, fut chargé d'annoncer cette honorable promotion à M. de Cheverus, et il le fit avec d'autant plus de plaisir qu'il l'aimait autant qu'il l'estimait. Plus d'une fois il avait épanché son cœur dans le sien avec tout l'abandon de la confiance et de l'amitié, et il y avait trouvé un tendre intérêt, de sages conseils et des consolations dans les peines cruelles dont sa vie fut traversée. Hélas! il ne prévoyait pas alors toutes celles qu'un avenir prochain devait accumuler sur sa tête. « Le cordon bleu, disait-il dans sa lettre à l'archevêque de Bordeaux, n'ajoutera rien à vos vertus et à votre mérite; mais il prouvera que le roi les connaît, les aime, et prend plaisir à les honorer. » M. de Cheverus reçut cette nouvelle avec reconnaissance pour les bontés du roi, mais avec indifférence pour sa propre personne; il était alors tout préoccupé de l'orage qu'il voyait se former sur la France; il appréhendait le moment où il éclaterait, et cette appréhension jetait sur son âme un voile de tristesse qui l'empêchait de se livrer à aucune jouissance. « Nous sommes, disait-il, dans des jours si malheureux, la société est dans un état de crise si terrible, qu'il faudrait avoir perdu tout sentiment de charité pour être sensible à ses intérêts personnels; les malheurs publics doivent seuls nous toucher. » La grande nouvelle de la prise d'Alger par l'armée française arriva quelque temps après à Bordeaux; il s'en réjouit comme tous les bons Français et les amis de l'humanité; mais sa joie ne fut pas un triomphe; la victoire du dehors ne lui sembla point une garantie pour la paix du dedans, et la suite ne prouva que trop qu'il jugeait bien la société. — Au milieu des troubles qui agitèrent la France après juillet 1830, la première œuvre par laquelle l'archevêque de Bordeaux signala sa sagesse, ce fut la paix dans laquelle il sut conserver tout son diocèse. La valeur de son influence fut appréciée par le nouveau gouvernement. Réservé comme il l'était, peu disposé à se produire et à s'ingérer dans les affaires qui n'étaient pas immédiatement un devoir de sa charge, il fit peu usage de son crédit; mais, lorsqu'il le fit, ce fut presque toujours avec succès, pour le bien de l'Église et l'avantage de la religion. Tout le monde sait que dans les premiers mois de la révolution on songea à demander aux prêtres en charge, comme aux fonctionnaires publics, le serment de fidélité au nouveau gouvernement. Dès le premier avis qu'en eut l'archevêque de Bordeaux, il s'empressa d'écrire à un personnage puissant, lui fit sentir que cette mesure était également impolitique et désastreuse, qu'elle mettrait le gouvernement dans l'embarras, le clergé dans le trouble, les peuples dans l'alarme, et qu'il s'ensuivrait une division semblable à celle des prêtres jureurs et des prêtres insermentés de la première révolution. « Je réponds de mon clergé, disait-il, si on ne demande pas le serment, sinon je ne réponds de rien. » Cette lettre fut mise sous les yeux du roi, et c'en fut assez. Il fut statué dès lors que le serment ne serait pas exigé, et l'archevêque de Bordeaux eut la consolation d'avoir rendu à l'Église de France un service immense en prévenant tous les maux qu'eût entraînés la mesure contraire. La haute considération dont jouissait partout M. de Cheverus, inspira à plusieurs membres du gouvernement la pensée et le désir de le réintégrer dans la dignité de pair de France dont la révolution de juillet l'avait dépouillé, de l'appeler à Paris, et de l'associer au nouvel ordre de choses. Il paraît même que les députés de la Gironde sollicitaient pour lui avec instance les faveurs du pouvoir, et l'archevêque avait tout lieu de craindre qu'on ne voulût l'arracher de sa retraite. Déjà même il avait été sondé à ce sujet; mais, craignant que la manifestation de ses répugnances ne suffît pas pour prévenir tous les desseins qu'on pourrait former sur lui, il voulut arrêter d'un seul coup toutes les tentatives, et fit publier dans les journaux de la capitale une déclaration solennelle, où il énonçait la ferme volonté de n'accepter aucune place dans l'État, de vivre et de mourir au milieu de son troupeau, loin de la carrière politique, tout entier à son ministère de paix, de charité et d'union. — Le nouveau gouvernement lui rendit autant de justice que l'ancien, et obtint du pape, sans peine, et malgré les difficultés occasionnées par l'occupation d'Ancône, le chapeau de cardinal. M. de Cheverus continua ses bonnes œuvres, et mourut en 1836. Ce fut une véritable perte pour la France entière, qui n'oubliera jamais les vertus douces et conciliatrices d'un des prélats qui ont le plus contribué dans les temps présents à faire aimer la religion catholique, au milieu des temps les plus difficiles et les orages. On a publié dernièrement une excellente *Vie de M. Cheverus*, in-8° et in-12, troisième édition. Cette monographie qui se distingue par la simplicité et l'onction du style, et par l'abondance et l'exactitude des faits, est de M. l'abbé J. Huen-Dubourg, ancien professeur de théologie. L'académie française, en couronnant cet ouvrage s'est honorée.

**CHEVESCHE**, s. f. (*anc. term. milit.*), chaperon de mailles.

**CHEVESTRE**, s. m. (*vieux langage*), licou. — Lacet.

**CHEVET**, *caput lecti*, proprement la partie supérieure d'un lit, celle où sont placés l'oreiller et le traversin, et celle par conséquent où l'on pose sa tête, son *chef*, qui s'est anciennement appelé *chevet*, comme le témoignent ces vers d'un vieux poëte, parlant de la décollation de saint Jean :

> Que Hérode fit marturer (*martyriser*)
> Li *chevet* à un glève (*glaive*) trancher.

— CHEVET se prend aussi pour oreiller, que l'on appelait autrefois *chevecel*, et pour tout ce qui élève la tête, en quelque endroit qu'on soit couché. Un moissonneur, un artisan, un voyageur fatigué, qui n'ont, dans l'occasion, qu'une pierre pour chevet, ne laissent pas de dormir aussi bien et mieux quelquefois qu'on ne peut le faire sous les lambris dorés de nos palais, où le riche et le puissant voient trop souvent s'asseoir à leur chevet l'ennui, le remords ou la satiété. — On a dit qu'Alexandre avait toujours un Homère sous son chevet; d'autres, par crainte ou par prudence, y tiennent toujours des armes cachées, d'où a été faite cette expression : *C'est une épée de chevet*, pour indiquer un ami brave et prompt à nous défendre et à nous obliger en toute occasion, ou bien une chose dont on a coutume de se servir dans toutes les circonstances; on dit encore dans ce dernier sens, lorsque quelqu'un emploie toujours le même moyen ou le même raisonnement : *C'est son cheval de bataille.* — Au palais, les avocats appelaient autrefois *droit de chevet*, le festin qu'ils donnaient à leurs confrères lorsque ceux-ci se mariaient (*nuptiarum epulum*). La même chose, dit le dictionnaire de Trévoux, se pratiquait aussi par les officiers des cours souveraines; mais, au lieu d'un repas, c'était le plus souvent une certaine somme d'argent déterminée par la compagnie. On appelait aussi, *en term. de droit*, FIEF-CHEVET, ou simplement CHEVET, le fief qui était tenu en *chef*, c'est-à-dire qui relevait immédiatement du roi (*primariæ clientelæ beneficiarium prædium*). — Le mot CHEVET s'emploie encore aujourd'hui en termes d'architecture et d'art. — On appelle, par exemple, CHEVET D'ÉGLISE (en latin *absis*), la partie, le plus souvent circulaire, qui termine le chœur d'une église, et que les Italiens nomment *tribuna*. — *En term. d'artillerie*, le CHEVET ou COUSSINET est une sorte de petit coin de mire qui sert à élever un mortier, et qui se met entre ce dernier et l'affût.

**CHEVET** (*vieux langage*), tête. — **FIEF-CHEVET** (*féod.*), fief mouvant immédiatement du roi. — CHEVET DE MORTIER (*art. milit.*), coin de bois propre à faire varier l'inclinaison de l'arme, quand on l'introduit entre l'affût et le mortier. — CHEVET DE CANON (*anc. term. milit.*), gros billot de bois soutenant la culasse d'un canon. — CHEVET (*marine*), pièce de bois tendre, clouée sur l'arrière du traversin des bittes, et un peu arrondie. — CHEVET (*technol.*), garniture de plomb qu'on met au bord des chéneaux. — Lit ou mur d'un filon.

**CHEVETAIGNE** ou **CHEVETAIN** (*V.* CHEVETAIN).

**CHEVETAIN**, s. m. (*anc. term. milit.*), désignation des capitaines ou chefs des milices communales, ou de certaines troupes du ban.

**CHEVETAINERIE**, s. f. (*anc. term. mil.*), dignité, place, rang d'un chevetain.

**CHEVETEAU**, s. m. (*technol.*), pièce qui entre dans la construction d'un moulin.

**CHEVÊTRE**, s. m. nom d'une pièce de bois qui sert à soutenir d'un bout les solives d'une partie du plancher qui ne peuvent pas porter dans le mur, à cause du passage d'un tuyau de cheminée, ou à cause de quelque autre obstacle. — Les chevêtres s'assemblent dans de fortes pièces de bois qu'on appelle solives d'enchevêtrure. Ils sont percés de mortaises pour recevoir le bout des solives qu'ils doivent soutenir. Quelquefois, au lieu de *chevêtres* de bois, on fait usage de barres de fer, qui, ordinairement coudées des deux bouts, portent aussi le nom de chevêtres.

**CHEVÊTRIER**, s. m. (*technol.*), pièce qui sert de support à un tourillon.

**CHEVEU**, *capillus*. Les cheveux sont les parties constitutives de la chevelure, et l'homme est le seul de tous les êtres qui possède cet ornement naturel. Ils se distribuent sur la tête qu'ils occupent depuis la partie supérieure de l'os frontal jusqu'à la partie inférieure et postérieure de l'occipital, et latéralement depuis le temporal et le pariétal d'un côté, jusqu'aux mêmes os de l'autre. Il est rare que par la disposition des cheveux, c'est-à-dire que d'après la manière dont ils sont implantés sur le cuir chevelu, ils ne soient plus clair-semés au sommet de la tête que sur tout autre point; aussi c'est là que commence ou plutôt que se fait remarquer d'abord la calvitie. Le nombre ou vulgairement l'épaisseur des cheveux est variable : chez les uns ils sont clair-semés, chez d'autres c'est tout le contraire; il en est ainsi de la longueur qu'ils atteignent. L'extrême limite du développement auquel ils peuvent parvenir ne s'observe en général que chez la femme; par sa nature et par les soins cosmétiques qu'elle emploie, la femme voit en effet ses cheveux acquérir une dimension telle, qu'ils descendent jusqu'aux jarrets et même jusqu'aux jambes. — Certainement il n'y a rien de trop exagéré dans ces tableaux où la Madeleine est représentée couverte tout entière de ses cheveux. Les exemples de ces grandes chevelures ne sont pas rares. Comme les cheveux participent à la vie générale du corps, ils doivent suivre les mêmes lois sous le rapport du développement et de la nutrition. Ainsi, une fois qu'ils ont atteint la dernière limite de leur longueur, ils éprouvent un double mouvement de composition et de décomposition par lequel ils se renouvellent sans prendre un nouvel accroissement. L'habitude qu'ont les Européens de se faire tailler de temps en temps les cheveux, modifie cette dernière règle. Dans ce cas, les cheveux croissent, et le mouvement de composition l'emporte sur celui de décomposition. Il y a de grandes différences dans leur nature, leur forme et leur couleur : les uns sont gras et lisses, les autres secs et durs; les premiers ne frisent pas, les seconds frisent au contraire avec une grande facilité. Quant à la couleur, on sait combien elle varie : ils sont noirs, châtains, blonds, rouges, blancs enfin comme chez les vieillards et chez les albinos. La forme varie aussi : il y en a de plats, de ronds, de forts. La nature des cheveux a un caractère particulier chez les nègres; et ce caractère est si constant et si tranché, qu'il suffirait seul pour faire reconnaître la race : ces cheveux sont courts et laineux; ils ont moins dans leur ensemble le caractère d'une chevelure que celui d'une toison. Mais ce n'est pas seulement chez les nègres que la nature des cheveux sert à faire distinguer la race, c'est encore chez les blancs de l'Asie, de l'Europe et de l'Amérique. — La *première race* ou la *race européenne* a des cheveux longs, ronds, et plus ou moins fins; mais la couleur présente une grande variété : ainsi c'est d'abord la couleur noire, puis la blonde, et la rouge de feu. L'Espagnol, l'habitant de l'Italie et du midi de la France, le Grec, etc., se distinguent par la couleur noire; l'Anglais, l'Allemand et le Russe par la couleur blonde, qui dégénère depuis le blond cendré jusqu'au blond fade ou presque blanc. Mais la couleur rouge de feu ne sert à caractériser aucune variété de la race européenne, on la rencontre chez les individus de toutes les races; on doit la considérer comme un accident. On peut même ajouter qu'il y a quelque chose de morbide dans cette couleur particulière; car il est rare que ceux qui la présentent n'exhalent pas une mauvaise odeur très-prononcée. — La *seconde race*, celle qui habite le nord de l'Europe et de l'Asie, a des cheveux noirs, plats, gros, courts et durs. — La *troisième race*, qui occupe les parties centrales et méridionales du continent asiatique, est caractérisée en général par des cheveux noirs, plats, longs et souvent d'une extrême finesse. — La *quatrième race*, qui est la *race africaine*, se fait remarquer par les caractères que tout le monde connaît et dont nous avons déjà parlé. Enfin, dans la *cinquième race*, qui se compose des naturels de l'Amérique, les cheveux sont longs, gros et forts. — On voit d'après cela que les lieux, les habitudes, les mœurs, la température, sont pour beaucoup dans la nature, la couleur et la forme des cheveux. On peut dire aussi que les cheveux diffèrent entre eux par les qualités qui les distinguent suivant les tempéraments. Les tempéraments lymphatiques, par exemple, présentent pour l'ordinaire une chevelure blonde; on aurait à faire ou à se représenter la physionomie générale d'une personne lymphatique, qu'on ne manquerait pas de lui donner pour attribution la couleur blonde des cheveux. Les tempéraments nerveux ou sanguins se font distinguer au contraire par la chevelure noire. Elle ajoute par l'énergie de sa couleur vive et tranchée au caractère d'énergie qui ressort de ces tempéraments. Mais pourquoi les tempéraments mous, lymphatiques, faibles, scrofuleux, où le sang ne semble jouer et ne joue réellement qu'un rôle secondaire, pourquoi ces tempéraments impliquent-ils en général la couleur blonde des cheveux? et pourquoi les tempéraments d'une trempe énergique et qui sont vivifiés par la double influence de l'active circulation du sang et de la puissance du système nerveux se font-ils remarquer toujours par les tons noirs de la chevelure? Cela résulte de l'action que les tempéraments font subir à la matière colorante des cheveux. Plus il y a d'énergie dans l'organisme, plus la composition de cette matière est riche et foncée; moins, il y a de cette énergie, plus les fonctions se font imparfaitement, et dès lors plus la matière colorante s'altère dans ses principes constitutifs. Mais il y a une autre raison à ajouter à celle-là, ne fût-ce que pour répondre à une objection qui se présente d'elle-même. Les hommes du Nord ne manquent pas d'énergie; c'est même là qu'on trouve les types les plus complets de la force brutale, et pourtant ils se font remarquer par cette chevelure blonde qui couronnait la tête de leurs pères du temps de la défaite de Varus. Mais l'innervation n'est pas développée parmi ces peuples, et le sang n'y remplit pas mieux sa fonction que le système nerveux. Mais il y a dans les circonstances qui entourent les populations quelque chose de moins que dans celles où sont placées les populations méridionales, il n'y a pas l'air chaud et pur, la limpidité de l'atmosphère et l'ardeur du soleil. C'est le soleil, la température qui donnent la vie à l'organisme, qui activent les fonctions; et hors de leur influence il n'y a que cette force d'inertie, cette organisation massive et sans activité qui caractérise les habitants des pays septentrionaux, ou cet état de lymphatisme et de faiblesse qui se développe si vite chez ceux qui vivent dans les lieux malsains. Ce que nous venons de dire explique parfaitement pourquoi les vieillards et les albinos ont les uns et les autres des chevelures blanches : les premiers voient s'évanouir, à mesure des années, la matière colorante des cheveux, par la diminution successive de cette énergie qui est l'apanage de la jeunesse. Les seconds, vivant d'une vie végétative, n'ayant ni le privilége de la pensée, ni celui de développer en eux-mêmes l'activité sans laquelle on devient ou on reste un être inutile, doivent évidemment avoir une chevelure qui ressemble par la couleur à celle du vieillard. Nous voyons ici qu'on arrive à la blancheur des cheveux ou par le progrès des années ou par les conditions morbides d'une organisation qui est usée, pour ainsi dire, avant d'avoir vécu. Mais beaucoup de faits nous apprennent qu'on peut blanchir spontanément, que sous l'influence d'un état moral assez puissant pour produire au sein de l'organisme une révolution violente la matière colorante la plus noire disparaît et que la blancheur lui succède. Nos annales révolutionnaires rapportent beaucoup d'exemples de ces métamorphoses spontanées de la couleur de la chevelure. Parmi les plus authentiques, elles font connaître celui de l'infortunée reine Marie-Antoinette: dans l'espace d'une nuit, lorsqu'elle était renfermée au fond de son obscur cachot de la Conciergerie, sa chevelure blanchit entièrement. Mais dans ces violentes perturbations qui privent une partie ou des parties du corps d'un de ses éléments constitutifs qu'arrive-t-il, quel phénomène se produit-il? Cette matière colorante des cheveux se décompose-t-elle et est-elle exhalée parmi tous les produits qui composent le produit si complexe de la transpiration? ou bien se porte-t-elle, à la manière des humeurs, d'un point sur un autre, pour s'y organiser ou pour contribuer à une organisation d'une nature quelconque? Voici ce que répond la science: il se développe dans les poumons des phthisiques, parmi les dégénérescences tuberculeuses, qui, comme l'on sait, caractérisent la maladie, une substance noire qui se mêle aux débris pulmonaires, que les malades expectorent. Pour donner un nom à cette complication de la phthisie, on lui a donné celui de *mélanose*, et on a cru voir que la matière colorante des cheveux n'était pas étrangère à sa formation. Il aurait été difficile pourtant de conclure de cette manière si des faits d'anatomie pathologique comparée n'avaient jeté quelque lumière sur la formation de cette substance noire chez l'homme. C'est le cheval qui a fourni ces faits. Ainsi on a fait la remarque que cet animal chez lequel on observe si souvent le développement de masses mélaniques considérables, les présente principalement quand la couleur de son poil est blanche. Or, dans ce cas, n'est-ce pas une forme morbide qui se crée dans le corps pour remplacer une sécrétion que des obstacles physiologiques empêchent de se former? C'est très-probable. Mais, pour que ces analogies donnent lieu à autre chose qu'à des résultats théoriques, il faudrait étudier les circonstances dans lesquelles se fait ou peut se faire la décoloration des cheveux, et l'influence qu'elle peut avoir (chez l'homme, bien entendu), pour le développement de certaines maladies. Il faut espérer que la science en viendra là. — Mais, avant de finir cet article, nous avons encore à dire comment se forme et comment se compose ce corps délié et fragile qui s'appelle le cheveu. Les cheveux naissent au-dessous de la peau, dans cette couche sous-cutanée qu'on nomme tissu cellulaire; c'est là que se trouve leur bulbe. Ce bulbe est composé d'une capsule extérieure nacrée qui fait corps avec le derme, et dont la partie inférieure laisse échapper deux ou trois filets qui se perdent dans la couche de tissu cellulaire sous-cutanée; la capsule est couronnée d'un gaîne dans laquelle s'implante la racine du cheveu. Cette racine laisse voir, quand on la regarde au microscope, un corps rougeâtre qui pénètre son intérieur: c'est le corps générateur du cheveu, qui reçoit en même temps par la capsule des ramifications nerveuses. Ainsi ce petit appendice qui couvre le cuir chevelu se nourrit par le sang et par les nerfs comme les autres parties de l'organisme; il n'y a de différence que dans la mesure de son activité et dans l'importance de sa fonction. Voilà pour le développement du cheveu; voyons maintenant comment il est formé. Il paraît composé de deux parties: l'une extérieure et tubuleuse, et paraît être la continuation, l'expansion de l'épiderme. Cette partie est blanche, et comme couleur elle a, comme on le voit, une grande analogie avec la peau. La partie intérieure est celle qui colore les cheveux, qui constitue cette matière particulière dont nous avons déjà parlé et qui forme, dans ses variétés, les nuances différentes des chevelures de tous les pays et de tous les tempéraments. On a décomposé cette matière, dans laquelle on a trouvé du soufre, du fer, du manganèse, etc. (analyse de Vauquelin), d'où l'on a tiré des principes plus ou moins spécieux sur la manière de transmuter les couleurs de la chevelure, de les changer du blond ou du blanc au noir. Mais il est rare que les faiseurs de spécifiques pour la coloration des cheveux se donnent la peine de procéder par principes. D'ailleurs le feraient-ils que les résultats qu'ils obtiennent n'en seraient pas plus brillants. Nous croyons qu'ils seraient tout aussi éphémères que ceux qui naissent du hasard, cette providence des charlatans. — Les cheveux sont susceptibles de maladie il y en a qui développent une telle sensibilité, qu'ils deviennent extrêmement douloureux. Nous citerons une maladie de la chevelure qu'on n'a vue que très-rarement en France, et qui se nomme la *plique polonaise*, à cause du pays où on l'observe le plus. Les bulbes peuvent être malades, et les cheveux souffrir par la maladie des parties dont ils émanent et desquelles ils tirent les éléments de leur développement. Les cheveux tombent alors, et quelquefois la maladie est si violente, que le cuir chevelu est entièrement dépouillé. Ce résultat est souvent la suite de l'affection vénérienne. Cette chute de la chevelure est connue, dans ce cas, sous le nom d'*alopécie*. Les maux de tête violents, en fixant dans les parties extérieures de la tête une masse de sang trop considérable, développent un état particulier des bulbes de cheveux qu'on peut considérer comme une maladie; car les cheveux s'altèrent progressivement et finissent par tomber. Tout ce qui donne à la tête une action trop prépondérante sur les autres fonctions du corps développe un résultat semblable. On peut citer, parmi les causes morales, le travail intellectuel; parmi les causes physiques, l'abus du café. Le peu de soin qu'on donne à la chevelure entraîne aussi la perte des cheveux: si on ne la peigne pas, les cheveux se lient les uns aux autres, s'étranglent mutuellement, et se gênent entre eux dans le libre exercice des exigences de leur développement et de leur nutrition. Nous finirons en disant que si les cheveux ont de l'analogie avec l'épiderme, ils ont surtout une analogie très-grande avec les ongles, les cornes, la laine, les poils : toutes ces parties ont la même origine, une nature semblable, et souvent la même fonction. D[r] Ed. Carrière.

CHEVEUX (*chim.*). — *Nature des cheveux*. M. Vauquelin est le seul chimiste qui ait cherché à déterminer, par une longue suite d'expériences, la composition chimique des cheveux et la cause de leurs diverses couleurs. — Les *cheveux noirs* sont formés, suivant lui, 1° de mucus, qui en est la base; 2° d'une huile blanche concrète, en petite quantité; 3° d'une huile noire verdâtre, plus abondante que la précédente; 4° de fer, dans un état de combinaison qui n'a pas été parfaitement déterminé; 5° de quelques atomes d'oxyde de manganèse; 6° de phosphate de chaux; 7° de carbonate de chaux, en très-petite quantité; 8° de silice en quantité notable; 9° enfin d'une quantité considérable de soufre. — L'huile noire verdâtre et peut-être du protosulfure de fer sont les causes de la couleur de ces cheveux. —Les *cheveux rouges* ont une composition analogue, avec cette différence cependant que l'huile noir verdâtre qu'on trouve dans les cheveux noirs y est remplacée par une huile rouge, et qu'ils paraissent contenir moins de fer et plus de soufre que ces derniers. — Les *cheveux blancs* contiennent une huile qui est presque incolore, et en outre un peu de phosphate de magnésie; ils sont dépourvus de fer. — M. Vauquelin pense que dans les cheveux rouges, blonds et blancs, il y a toujours un excès de soufre, qui est vraisemblablement combiné, au moins en partie, avec de l'hydrogène. S'il en était autrement, on expliquerait difficilement comment ces trois sortes de cheveux noircissent aussi promptement qu'ils le font, quand on les recouvre d'oxydes d'argent, de mercure, de plomb, de bismuth, etc.— Plusieurs observations que j'ai faites m'ont conduit à penser que l'huile noir verdâtre et l'huile rouge sont de la même nature que l'huile incolore des cheveux blancs; que si les premiers diffèrent de celle-ci par la couleur, cela est dû à des principes colorants que l'on n'a pu encore en séparer. — *Propriétés des cheveux*. Les cheveux sont insipides et inodores quand ils sont bien propres; ils sont plus denses que l'eau; lorsqu'on les chauffe, ils se fondent, pétillent, exhalent une odeur de corne brûlée, dégagent de l'eau, de l'huile, du sous-carbonate d'ammoniaque et de l'hydrosulfate d'ammoniaque; ils laissent de 0,23 à 0,30 de charbon, lequel ne donne qu'environ 0,0015 de cendre. A $0^{m},76$ de pression, l'eau bouillante n'enlève aux cheveux qu'une très-petite quantité d'une matière soluble qui donne à ce liquide la propriété de répandre une odeur putride, lorsqu'on l'abandonne à lui-même. Si l'on augmente l'énergie dissolvante de l'eau, en la renfermant dans un digesteur, on pourra dissoudre les cheveux sans altération, si ce n'est cependant qu'il se produira un peu d'acide hydrosulfurique. Quand on aura opéré avec des cheveux noirs, la liqueur déposera peu à peu de l'huile noire, épaisse, mêlée de soufre et de fer, qui sont peut-être à l'état de sulfure. Quand on aura opéré avec des cheveux rouges, le dépôt sera de l'huile rougeâtre, mêlée de soufre et d'un peu de fer. Si l'on outre-passait la température où la dissolution des cheveux a lieu sans altération, ceux-ci se réduiraient en eau, en huile empyreumatique épaisse, en hydrosulfate et en sous-carbonate d'ammoniaque; une partie de l'huile serait à l'état savonneux. La solution des cheveux dans l'eau filtrée est presque incolore; les acides faibles ne produisent aucun effet sensible; les acides concentrés la troublent; un excès rétablit la transparence du liquide; la noix de galle et le chlore la précipitent abondamment; les sels d'argent et de plomb sont précipités en flocons bruns; cette solution évaporée ne se prend point en gelée. L'eau qui tient les quatre centièmes de son poids de potasse ou de soude caustique dissout les cheveux à chaud; il y a un dégagement d'hydrosulfate d'ammoniaque, et formation de dépôts analogues à ceux qui sont produits dans les dissolutions opérées au moyen du digesteur. Ces dissolutions alcalines contiennent de l'acide hydrosulfurique. Les acides sulfurique et hydrochlorique, mis en contact avec les cheveux, se colorent en rose, et finissent par se dissoudre; l'acide nitrique les jaunit et les dissout en partie à une douce chaleur; la partie insoluble paraît être formée aux dépens de la matière huileuse des cheveux; elle est noire ou rouge, suivant que les cheveux soumis à l'expérience avaient l'une ou l'autre de ces couleurs. Par l'action prolongée de l'acide, la matière huileuse se décolore et acquiert plus de solidité. La dissolution nitrique contient l'acide oxalique, beaucoup de fer et d'acide sulfurique provenant de l'oxygénation du soufre. La dissolution nitrique des cheveux rouges contient plus d'acide sulfurique et moins de fer que celle des cheveux noirs; le chlore blanchit les cheveux colorés, les ramollit, et finit par les réduire en une pâte visqueuse et transparente, qui est amère et soluble en partie dans l'eau et en partie dans l'alcool. Lorsqu'on fait réagir dans un digesteur de l'alcool sur les cheveux noirs, et qu'on filtre la liqueur encore chaude, celle-ci dépose, par le refroidissement, de l'huile concrète blanche, qui est sous la forme de petites lames brillantes, et retient en dissolution l'huile d'un noir verdâtre. Lorsqu'on opère sur les cheveux rouges, on obtient également, par le refroidissement, l'huile concrète cristallisée, et l'huile rouge reste en dissolution; et, ce qui est remarquable, c'est que les cheveux, de rouges qu'ils étaient, sont devenus châtains. Telles sont les expériences que M. Vauquelin a faites sur les cheveux. Avant lui M. Hatchett avait considéré la substance animale qui en forme la base comme étant de la nature de l'albumine coagulée, et non de la nature du mucus; mais l'opinion de M. Vauquelin nous paraît beaucoup mieux fondée que celle du chimiste anglais. M. Vauquelin ne serait pas éloigné d'attribuer la décoloration plus ou moins rapide des cheveux que l'on a observée dans plusieurs personnes frappées subitement d'émotions profondes à l'action qu'exerce sur la matière colorante des cheveux un acide développé instantanément dans l'économie animale. Quant à la décoloration produite par la vieillesse, il l'attribue au défaut de sécrétion de la matière colorante.

**CHEVEU** (*accept. div.*). *Etre coiffée en cheveux*, se dit d'une femme qui est coiffée sans avoir de bonnet, de chapeau, etc. — Figurément, *Cheveux d'ébène*, cheveux très-noirs. — Proverbialement et figurément, *Fendre un cheveu en quatre*, faire des distinctions, des divisions subtiles. On dit de même: *C'est vouloir fendre un cheveu en quatre*, *Cet homme fendrait un cheveu en quatre*. — Figurément, *Cela fait dresser les cheveux à la tête*, *fait dresser les cheveux*, cela fait horreur. On dit aussi, *Les cheveux me dressent à la tête*. — Familièrement, *Ils étaient près de se prendre aux cheveux*, ils étaient fort animés l'un contre l'autre, ils étaient près de se battre. — Figurément, *Prendre l'occasion aux cheveux*, saisir l'occasion, en profiter. Figurément et familièrement, *Cette comparaison*, *Cette interprétation*, *Ce raisonnement*, *Cette pensée est tirée par les cheveux*, elle est amenée, elle est présentée d'une manière peu naturelle et forcée.

**CHEVEU.** Proverbialement, *On ne peut prendre un homme rasé aux cheveux*, on ne peut rien prendre à celui qui n'a rien.

**CHEVEUX DE BOIS** (*botan.*). Dans les Antilles, on donne ce nom à une espèce de tillandsie, *tillandsia usneoides*, plante parasite de couleur grisâtre, qui n'a point de feuilles et dont les ramifications entrelacées présentent la forme d'une chevelure négligée.

**CHEVEUX D'ÉVÊQUE** (*botan.*), nom vulgaire de la raponcule orbiculaire.

**CHEVEUX DE VÉNUS** (*botan.*), nom vulgaire d'une adiante, *adiantum capillus Veneris*. On le donne aussi à une espèce de nigelle, *nigella damascena*.

**CHEVIGNARD DE LA PALLUE** (**ANTOINE-THÉODORE**), écrivain de la fin du XVIII<sup>e</sup> siècle, sur lequel on n'a aucun renseignement, sinon qu'il a publié les ouvrages suivants: 1° *Idée du monde, ou Idées générales des choses dont un jeune homme doit être instruit*, Dijon, 1779, et Paris, 1782, 1784, 3 vol. in-12; 2° *la Vie de Jésus rappelée à la simplicité, suivie de maximes tirées de l'Imitation de Jésus*, Paris, 1795, in-12: cette Vie a reparu sous ce titre: *Exemple de vertu, ou Instructions élémentaires pour tous les peuples*, Paris, 1805, in-12; 3° *les Anes de Beaune, historiettes très-plaisantes, avec leur explication*, 1783, brochure in-12, imprimée sans le consentement de l'auteur par l'indiscrétion d'un de ses amis à qui il avait confié son manuscrit. Pour réparer le scandale occasionné par cette publicité, Chevignard fit imprimer *les Frères l'Asne, anciens commerçants de Beaune; origine des plaisanteries faussement imaginées sur le compte des citoyens de cette ville; explication de quelques historiettes*, 1784, in-12.

**CHEVIGNY-LES-SEMUR** (*géogr.*), ancienne seigneurie de Bourgogne, aujourd'hui département de la Côte-d'Or, érigée en comté en 1699.

**CHEVILLAGE**, s. m. (*mar.*), opération qui consiste à enfoncer des chevilles dans la charpente d'un bâtiment. — **CHEVILLAGE** (*technol.*), action de cheviller.

**CHEVILLARD** (**JACQUES**), généalogiste, mort à Paris le 24 octobre 1751, âgé de soixante et onze ans. On a de lui, 1° un *Dictionnaire héraldique*, contenant les armes et blasons des princes et grands officiers de la couronne, avec ceux de plusieurs maisons et familles du royaume, Paris, 1723, in-12; 2° *Carte* contenant les armes, les noms et qualités des gouverneurs, capitaines et lieutenants généraux de la ville de Paris; 3° d'autres *Cartes* concernant l'art héraldique.

**CHEVILLARD** (**JEAN**), père du précédent, est auteur du *Grand Armorial, ou Cartes de blason, de chronologie et d'histoire*, en soixante-dix-neuf tableaux, in-folio, sans date.

**CHEVILLE**, s. f. morceau de bois, de fer, etc., rond ou carré, qu'on fait entrer dans un trou pour le boucher, pour faire des assemblages, ou pour d'autres usages. — **CHEVILLE OUVRIÈRE**, grosse cheville de fer qui joint le train de devant d'un carrosse avec la flèche ou avec les brancards. Cela signifie aussi, figurément et familièrement, le principal mobile, le principal agent d'une affaire. — **CHEVILLE A TOURNIQUET**, bâton qu'on passe dans une corde, et dont on fait une espèce de tourniquet pour serrer la corde qui assure la charge d'une charrette. — Proverbialement, figurément et populairement, *Autant de trous, autant de chevilles; Autant de chevilles que de trous*, se dit en parlant d'une personne qui trouve à tout des excuses, des réponses, des défaites, des expédients. — Aux jeux de l'hombre, du quadrille et du tri, *Etre en cheville*, n'être ni le premier ni le dernier en carte. — **CHEVILLE** se dit aussi des petits morceaux de bois ou de métal qui, dans les instruments à cordes, servent à tendre ou à détendre les cordes. — **CHEVILLE DU PIED**, partie de chacun des deux os de la jambe qui s'élève en bosse aux deux côtés du pied (*V.* **PIED**). — Figurément et familièrement, *Il ne lui va pas à la cheville du pied* se dit d'un homme comparé à un autre qui, dans son genre, lui est extrêmement supérieur.

**CHEVILLE** (*express. prov.*). *Il ne lui faut plus qu'une cheville pour le tenir* se dit d'un homme que la fortune a placé dans une situation avantageuse, mais sans stabilité. — *En cheville* se dit de la manière d'atteler un cheval qui ne peut servir qu'à tirer et à être mis devant un limonier.

**CHEVILLE** (*technol.*), fil de métal qui traverse les charnons d'une charnière. — Pièce d'une presse d'imprimerie. — Sorte de grand clou de fer.

**CHEVILLE D'AMAINE** (*mar.*), celle qui sert à amarrer la drisse de la vergue de tringuet.

**CHEVILLES** (*vénerie*), andouillers qui sortent des perches de la tête du cerf, du daim, du chevreuil.

**CHEVILLES** (*arts mécaniques*). Les cordes des instruments de musique sont élevées au ton qu'elles doivent rendre, en leur donnant une tension convenable; c'est ce qu'on fait à l'aide de chevilles, comme nous allons l'expliquer. — Dans le forte-piano, où les cordes sont métalliques, les chevilles sont des cylindres d'acier à surface rugueuse, et dont un bout est travaillé en carré; elles ont de cinq à six centimètres de longueur sur cinq et six millimètres d'épaisseur, plus ou moins. La partie cylindrique est entrée dans un trou de calibre presque égal, et avec une clef forée en carré de la cheville pour la contraindre à tourner, en même temps qu'on appuie sur la table fixe de l'instrument pour faire entrer la cheville dans le trou qui lui est destiné. Le frottement suffit pour arrêter la cheville dans la situation qu'on lui donne. La corde est simplement enroulée sur la cheville; mais, pour qu'elle y demeure attachée, on fait passer les tours en les serrant fortement sur le bout de la corde; en sorte que plus celle-ci est tendue, et plus ce bout se trouve serré. — Les chevilles des violons, altos, violoncelles, guitares, etc., sont composées d'un arbre légèrement conique, qui fait corps avec une tête plate et ovale, qu'on saisit avec les doigts pour la tourner; la cheville est faite en ébène, en palissandre, ou en toute autre espèce de bois très-dur, et percée d'un petit trou transversal. Cette cheville entre de force dans des trous pratiqués au manche de l'instrument, trous qui sont de calibre convenable, et dans lesquels elles frottent rudement. L'un des bouts de la corde est noué sur l'instrument à une pièce fixe nommée *queue*, qui porte à cet effet un trou près de son bord; l'autre bout est entré dans le bout de la cheville; puis, se repliant, va passer sous le premier tour de la corde qui l'enroule. En tournant la cheville, pour tendre la corde, ce premier tour la serre fortement, et elle ne peut se dégager. Le frottement de la cheville dans le trou suffit pour résister à la tension et maintenir le ton de la corde. — Comme la tension des cordes de contre-basse est très-considérable et que, pour aider la force du poignet à la produire, il faudrait donner aux têtes de chevilles un trop grand diamètre, on supprime cette tête, et l'on garnit l'arbre d'une roue dentée en cuivre, qui est fixée par des vis. Une vis sans fin, qui engrène avec cette roue et la fait tourner, sert à tendre la corde, et suffit même, par son seul frottement, pour résister à la tension. Cet appareil est même employé, quoique plus rarement, pour les violoncelles; il a l'avantage de ne monter le son que peu à peu, et par conséquent de produire l'accord avec beaucoup de facilité. FR.

CHEVILLES (*botan.*). Deux champignons du genre des agarics de Linnæus, trouvés aux environs de Paris par M. Paulet, lui ont servi pour établir deux familles. La première, celle des chevilles en clou, comprend la CHEVILLE ROUSSE, ainsi nommée parce qu'elle est d'un roux foncé en dessus, et même en dessous. Sa tige est blanchâtre, semblable à une cheville, ou plutôt à un clou. Les feuillets se réunissent en forme de cercle autour de la tige sans s'y implanter. Ce champignon n'a rien qui annonce des qualités suspectes; on le trouve en automne dans les bois (*V.* Paulet, tabl. 47, fig. 1, 2). La seconde famille ne comprend aussi qu'une seule espèce, la CHEVILLE EN COIN. On la trouve dans la même saison et dans les mêmes lieux que la précédente. La connaissance de l'une et l'autre nous semble due à M. Paulet. Dans la cheville en coin, les feuillets s'implantent sur la tige. Celle-ci est pleine et blanche, comme tout le champignon. Cette plante n'a pas incommodé les animaux qui en avaient mangé; sa chair est fade; elle a une odeur terreuse.

CHEVILLE (*poésie*). C'est ainsi qu'on appelle ces mots, ces expressions parasites, qui ne font qu'allonger une phrase poétique et compléter la mesure d'un vers sans rien ajouter au sens ni à la pensée. Embarrassée de conjonctions, de particules, d'adverbes, etc.; astreinte de plus à l'inflexible loi de la rime, notre langue est sujette plus que toute autre à cet inconvénient. Le talent du poëte est d'en éviter l'emploi, ou d'en déguiser l'usage le mieux possible s'il a été contraint d'y avoir recours. Le menuisier auteur, maître Adam, avait, par un modeste jeu de mots, appelé son recueil de pièces bachiques ses *Chevilles*; beaucoup de versificateurs auraient pu en faire autant avec plus de justice. C'est cette malheureuse facilité d'encadrer dans nos vers français tant de *chevilles* consacrées, telles que *ce beau jour, ce fortuné séjour, ce désir extrême, ce bonheur suprême*, etc., etc., qui produit chez nous ce débordement annuel de vers de famille, de société, de fêtes et d'amateurs. Je ne parle pas de ceux de l'Opéra et de l'Opéra-Comique : si les *chevilles* n'existaient pas, on les eût inventées pour eux.

CHEVILLÉ, ÉE, part. (*manége*). Il se dit d'un cheval dont les épaules sont trop serrées.

CHEVILLÉ, ÉE, part. — *Navire doublé et chevillé en cuivre.* — Proverbialement et figurément, *Avoir l'âme chevillée dans le corps*, se dit d'une personne qui résiste à de grandes maladies, à des blessures dangereuses.

CHEVILLÉ (*blason*) se dit des ramures d'un bois de cerf. — *En term. de vénerie, Tête de cerf bien chevillée*, qui a beaucoup d'andouillers bien rangés.

CHEVILLER, v. a. joindre, assembler avec des chevilles. — Figurément et familièrement, *Cheviller des vers*, y mettre des mots inutiles.

CHEVILLER A BOUT PERDU (*marine*), enfoncer la cheville de manière qu'elle se perde dans l'épaisseur des pièces de bois qu'elle doit tenir unies. — CHEVILLER EN CUIVRE, mettre des chevilles de cuivre aux bordages des bâtiments que l'on veut doubler avec ce métal.

CHEVILLER (*technol.*), tordre la soie pour qu'elle se décolle.

CHEVILLER, s. m. (*musiq.*). Il se dit, selon quelques lexiques, de la partie d'un instrument à cordes dans laquelle les chevilles sont fixées.

CHEVILLET (JUSTE), graveur, né à Francfort-sur-l'Oder en 1729, vint jeune à Paris, où il se perfectionna sous la direction de Wille, qui plus tard épousa sa sœur. Il vivait en 1795, mais on n'a pu découvrir la date de sa mort. Outre quelques beaux portraits, entre autres de *Chardin* le peintre, et de *Lenoir*, lieutenant général de police, on cite de cet artiste : *la Santé portée et son pendant*, par Terburg; *le Bon Exemple et son pendant*, d'après Heilmann; *la Mort de Montcalm*, d'après Vatteau.

CHEVILLETTE, s. f. petite cheville. — Broche de fer dont se servent les charpentiers. — Morceau de cuivre plat et troué que le relieur met sous le cousoir pour attacher les nerfs des livres. — Clef de bois très-simple des anciennes fermetures.

CHEVILLIER (*vieux langage*), fermer. — Attacher.

CHEVILLIER (ANDRÉ), né à Pontoise en 1636, parut en Sorbonne avec tant de distinction, que l'abbé de Brienne, depuis évêque de Coutances, lui céda le premier lieu de licence, et en fit même les frais. Il mourut en 1700 bibliothécaire de Sorbonne. Sa piété égala son savoir, et son savoir était profond. On l'a vu se dépouiller lui-même pour revêtir les pauvres, et vendre ses livres pour les assister. On a de lui : 1° *Origine de l'imprimerie de Paris*, dissertation historique et critique, pleine d'érudition, et souvent citée dans les *Annales typographiques* de Maittaire, 1694, in-4°; 2° *le Grand Canon de l'Église grecque, traduit en français*, in-12, 1699 : c'est plutôt une paraphrase qu'une traduction; 3° *Dissertation latine sur le concile de Chalcédoine, touchant les formules de foi*, 1664, in-4°.

CHEVILLOIR, s. m. instrument du métier des étoffes de soie. Le chevilloir dont on se sert pour mettre les soies en main, c'est-à-dire d'usage quand il s'agit de séparer les différentes qualités dont un ballot est composé, et les assembler pour en former des pantines (*V.* PANTINES), est un bloc de bois carré, long de deux pieds environ, large d'un pied, et de dix pouces d'épaisseur, au milieu duquel s'élève un autre bois de trois pouces d'épaisseur, de la largeur d'un pied, de trois pieds de hauteur environ, au haut duquel il est percé de quatre trous carrés, dans lesquels on met des chevilles, dont la grosseur est proportionnée aux trous : ces chevilles sont ordinairement rondes, de deux pouces de diamètre, sur deux pieds et demi à trois pieds de long.

CHEVILLON (*anc. term. de marine*) (*V.* CHEVILLOT).

CHEVILLON (*technol.*), bâton à l'usage des tourneurs et des ourdisseurs.

CHEVILLOT, s. m. (*marine*), grosse cheville de bois dur tourné. — On plante les chevillots dans des tablettes pour former un ratelier auquel on amarre les manœuvres qui descendent le long des bas haubans. On les appelle aussi *tolets de tournage*.

CHEVILLURE, s. f. (*vénerie*). Il se dit du troisième andouiller du cerf (*V.* CHEVILLE).

CHEVIR, v. n. (*vieux langage*), agir. — Se servir, user de; profiter, jouir. — CHEVIR (*anc. législ.*), traiter, composer, capituler; sortir d'une affaire, en venir à bout.

CHEVISANCE, s. f. (*jurispr.*), n'est pas un traité ou accord, comme quelques-uns l'ont pensé; il signifie la même chose que *chevance*, et vient de *chevir*, en tant qu'il signifie *se nourrir, s'entretenir* (*V.* Beaumanoir, qui use quelquefois de ce mot pour *chevance*; — Rastal, dans son livre intitulé *les Termes de la loi*; — *Gloss.* de Laurière).

CHEVOL, s. m. (*vieux langage*), cheveu.

CHEVOTET (JEAN-MICHEL), architecte du roi, né à Paris en 1698, fut élève de Leblond, et atteignit bientôt la réputation de son maître. Ses belles constructions le firent admettre en 1732 à l'académie d'architecture. Il acquit surtout une grande réputation dans l'art de distribuer et de décorer les jardins. Il mourut en 1772. Les châteaux de Mareuil et de Champlâtreux ont été construits sur ses dessins.

CHÈVRE, *capra* Linn., Erxleb., Cuv., etc., mammifère de l'ordre des ruminants, ayant le noyau des cornes creusé de cellules communiquant avec les sinus frontaux, comme chez les moutons et les bœufs. Ce nom de chèvre n'a pas été donné seulement à la femelle du bouc, mais encore à tout un groupe de ruminants qui ont paru avoir le plus d'analogie avec cet animal. De même que la plupart des espèces de leur ordre, les chèvres n'ont point d'incisives à la mâchoire supérieure, mais leur inférieure en offre huit; elles manquent de canines; pour leurs molaires, elles sont au nombre de six de chaque côté, tant en haut qu'en bas, et ont la couronne marquée de rubans émaillés très-contournés et saillants. Le genre qui nous occupe est caractérisé par des cornes dirigées en haut et en arrière, comprimées, ridées transversalement; par un menton, au moins chez le mâle, garni d'une longue barbe; un chanfrein droit et même un peu creux le distingue en cela des moutons, qui l'ont arqué. Du reste les chèvres ont la plus grande ressemblance avec les antilopes, par les organes de la mastication, de la digestion, des sens et des mouvements. Leur physionomie a de la finesse, et leur regard beaucoup de vivacité; leurs yeux n'ont point de larmiers comme ceux des autres ruminants. Elles n'ont point de mufle proprement dit, cependant l'intervalle qui sépare leurs narines est nu, et présenterait en quelque sorte un mufle en rudiment; leurs oreilles sont pointues, droites et mobiles, leur langue très-douce; leur pelage, comme tous ceux des mammifères terrestres, offre deux espèces de poils : les uns sont fins, crépus, généralement gris; ils revêtent immédiatement la peau d'une sorte de duvet plus ou moins épais, comme pour la préserver du froid et de l'humidité; chez quelques espèces de ce genre il est assez abondant pour être employé dans l'industrie. Les autres poils, plus gros, lisses, communément colorés, donnent leur couleur à l'animal. Ces deux espèces de poils sont généralement d'autant plus épaisses, que les animaux sont exposés à une température plus froide, et même les poils crépus deviennent de plus en plus fins à mesure que le froid devient de plus en plus sec. Les femelles ont en général des cornes, mais beaucoup plus petites que celles du mâle. Ces animaux ont la verge se dirigeant en avant et les testicules placés en dehors dans un scrotum assez volumineux, deux mamelles inguinales séparées par un interstice de poil, et la valvule séparée de l'anus par un périnée étroit et nu, et seulement cinq vertèbres lombaires. La queue est toujours très-courte, redressée chez les bouquetins seulement; cependant de ce redressement de la queue on a fait un caractère pour les chèvres, quoiqu'il soit commun avec les mouflons. Ces animaux sont fort lascifs; le bouc est surtout très-chaud, et peut suffire à cent cinquante chèvres pendant deux ou trois mois : mais cette ardeur qui les consume ne dure que deux ou trois ans; alors ces animaux sont énervés et même vieux dès l'âge de cinq ou six ans. Les chèvres sont ordinairement en chaleur aux mois de septembre, octobre et novembre; mais, pour peu qu'elles approchent du mâle en tout autre temps, elles sont bientôt disposées à le recevoir. Le bouc peut engendrer à un an et la chèvre à sept mois; mais les fruits de cette génération précoce sont faibles et défectueux : il vaut mieux attendre que l'un et l'autre aient dix-huit mois ou deux ans pour leur permettre de se joindre, au moins lorsqu'ils sont à l'état de domesticité. La chèvre cesse de produire à sept ans; le bouc pourrait produire jusqu'à cet âge et même au delà, si on le ménageait davantage; mais ordinairement il ne sert que jusqu'à l'âge de cinq ans; alors on le réforme pour l'engraisser avec les vieilles chèvres et les jeunes chevreaux mâles, que l'on coupe à l'âge de six mois afin de rendre leur chair plus succulente. La chèvre met au monde un ou deux chevreaux, quelquefois trois et rarement quatre, qui ne sont complétement adultes qu'à la troisième année. La vie des chèvres pourrait aller jusqu'à quinze ans, mais jamais on ne les laisse vieillir, celles au moins qui sont à la disposition de l'homme; on les tue dès qu'elles cessent de produire. Les espèces du genre chèvre ont les sens fort délicats, leur odorat surtout a une finesse remarquable; elles voient de très-loin, et entendent très-bien. Elles sont faciles à nourrir, presque toutes les herbes leur étant bonnes et peu les incommodant; elles mangent même celles qui, par leur amertume, répugnent aux autres animaux, ce qui pourrait faire penser que leur goût serait obtus. Toutes les chèvres sont sujettes à des vertiges, et cela leur est commun avec le chamois, aussi bien que le penchant qu'elles ont à grimper sur les rochers ainsi que de lécher continuellement les pierres, surtout celles qui sont empreintes de salpêtre ou de sel. Elles ont une taille moyenne; leurs proportions annoncent de la force, leurs mouvements de la souplesse et de l'agilité; leur corps est gros et court; leurs jambes sont épaisses et musculeuses; leur encolure est forte, chez les individus mâles surtout; leurs jarrets sont pleins de vigueur, et leur adresse est prodigieuse. Elles ne craignent pas comme les brebis la trop grande chaleur, les orages et les pluies; mais celles au moins que nous élevons pour nos besoins paraissent sensibles à la rigueur du froid. Toutes les espèces de ce genre habitent les sommets des grandes chaînes de montagnes, où elles forment de petites familles, et semblent se plaire particulièrement sur les pics les plus escarpés et aux bords des précipices les plus profonds. Il est merveilleux de voir ces animaux, qui, sans avoir les formes sveltes des gazelles et des cerfs, ont une attitude gracieuse, s'élancer de rocher en rocher avec la rapidité de l'éclair, et se précipiter, lorsqu'ils sont poursuivis, dans des profondeurs que l'œil mesure à peine, ou gravir, avec la rapidité d'un vol d'oiseau du fond des vallées aux sommets des plus hautes cimes. Le chasseur doit avoir une parfaite connaissance des lieux pour pouvoir réussir à s'en emparer; car il n'y a pas de ruses qu'ils ne mettent en usage pour sauver leur vie, et encore leurs sens et leur course rapide mettent souvent la science du chasseur en défaut. La chèvre a de sa nature plus de sentiment et de ressource que la brebis : quand elle a été prise jeune, on l'apprivoise aisément; alors elle vient à l'homme volontiers, paraît sensible aux caresses et capable d'attachement. Les bouquetins ne descendent pas dans les vallées alpines; leur habitation de prédilection est sur la limite des glaciers et des neiges perpétuelles, au-dessus des régions boisées, dans les Pyrénées, les Alpes, les grandes chaînes de Taurus, du Caucase et de l'Altaï jusqu'au Kamtschatka. Comme les sommets ne forment pas des lignes continues le long desquelles les diverses espèces ou les individus d'une même espèce aient pu se disperser, mais au contraire sont groupés en un grand nombre de centres isolés les uns des autres, soit par des mers, soit par d'immenses plaines, barrières également infranchissables pour ces animaux; et comme, d'autre part, il est évident que ces espèces, dont trois ne sont connues que depuis un demi-siècle, n'ont point été transportées par l'homme dans leurs pays actuels, il est clair qu'ils en sont aborigènes. Il en faut dire autant des individus d'une même espèce dispersée par groupes sur des sommets non continus. La nécessité de leur tempérament et leurs préférences alimentaires les enchaînent tous irrésistiblement sur leur site natal. Ils habitent ou ont habité d'une extrémité à l'autre de notre continent. Le bouquetin se trouve encore dans les Pyrénées, les Alpes et leurs chaînes vendéliques et carpathiques, dans les montagnes de Crète, dans toutes les grandes chaînes de l'Asie, depuis la mer Caspienne, à travers la Perse jusqu'à l'Inde au sud, et jusqu'au Kamtschatka au nord; l'ægagre a habité ou habite encore ces sommets, excepté la grande chaîne des Altaï, où il n'y a de chèvres que le bouquetin. Varron, *De re rustica*, lib. 2, dit que l'espèce sauvage de la chèvre, appelée *rota* par les Latins de son temps, habite en Italie et dans la Samothrace. Il est probable qu'il en existe encore dans les Alpes et les Pyrénées, car les ægagres décrits par Cuvier (ménagerie du muséum) semblaient être des métis; on manquait d'ailleurs de renseignements sur leur origine. L'ægagre habite les sommets de l'île de Crète avec l'ibex, et ceux du Caucase avec le bouquetin caucasique. L'historien Polybe a constaté, il y a deux mille ans, un fait important pour la distribution géographique des espèces de ce genre et des ruminants en général. Il dit (lib. 12) que la Corse ne possède ni chèvre sauvage, ni bœuf, ni cerf. Il y mentionne au contraire l'existence de la brebis sauvage (le mouflon) qui s'y trouve aujourd'hui. Ces animaux souvent se mêlent aux troupeaux de chèvres domestiques ou de brebis, et produisent avec elles. On n'a point trouvé d'espèce de ce genre en Amérique. Le genre chèvre pourrait presque remplacer la brebis si elle venait à nous manquer. En effet, comme elle, la chèvre fournit en plus grande abondance un lait dont deux livres contiennent huit gros de crème, trois de beurre et quinze de caséum; elle donne aussi du suif en quantité. Son poil, quoique plus rude que la laine, sert à faire de bonnes étoffes; non filé, il est employé par les teinturiers à la composition de ce qu'ils nomment *rouge de bourre*, et entre dans la fabrication des chapeaux. La laine qui se trouve entre ces poils, très-abondante et très-fine, surtout dans quelques espèces, produit au luxe ces magnifiques châles que l'on tire de l'Inde. Sa peau vaut mieux que celle du mouton; la chair du chevreau approche de celle de l'agneau. Cependant quelques soins que l'on prenne et quelle que soit leur nourriture, jamais la chair des boucs et des chèvres ne vaut celle du mouton, si ce n'est dans les climats très-chauds, où la chair du mouton est fade et de mauvais goût. L'odeur forte du bouc ne vient pas de sa chair, mais de sa peau. C'est dans l'estomac de la chèvre proprement dite, *capra ægagrus* Linné, que se trouvent ces fameuses concrétions connues sous le nom de *bézoards*, et auxquelles on attribuait une foule de propriétés merveilleuses. C'est à tort qu'on a dit qu'elles provenaient d'une espèce d'antilope (*antilope oryx*) de l'Afrique méridionale, mal à propos appelée *pasan* ou *paseng* par Buffon, nom qui appartient exclusivement, en Perse, à l'ægagre ou chèvre sauvage. Les chèvres se laissent teter facilement par les enfants; Buffon rapporte qu'elles se laissent aussi teter, ainsi que les vaches et les brebis, par la couleuvre et par une espèce d'engoulevent appelé *tette-chèvre* ou *crapaud volant*. « Cet oiseau, dit-il, s'attache à leurs mamelles pendant la nuit et leur fait perdre leur lait. Aujourd'hui on a relégué ces aventures de couleuvres et d'oiseaux faisant perdre le lait aux bestiaux avec celles des lutins venant la nuit étriller et soigner les chevaux d'un palefrenier paresseux. Buffon a singulièrement embrouillé l'histoire des espèces de ce genre, en prétendant ramener à un seul type primitif non-seulement les espèces alors connues, mais la plupart des antilopes, entre autres le chamois et toutes les espèces de moutons; supposant faussement que les cornes de la femelle du bouquetin ressemblent aux cornes du chamois, il a imaginé le principe qu'en zoologie l'immutabilité de la forme des femelles constitue l'espèce; qu'au contraire les mâles, sujets à toutes sortes de dégradations, peuvent engendrer une infinité de races et de variétés; qu'ainsi, dans l'espèce de la chèvre, le bouquetin représente la variété mâle, rendue permanente, on ne sait comment, et le chamois, la variété femelle, et de chacune de ces variétés dérivent, selon lui, plusieurs races. Il en donne pour preuve que la brebis domestique engendre avec le bouc ou le bélier indifféremment, une race féconde, ce qui n'arrive pas aux chèvres avec le bélier; argument tout à fait inintelligible, si l'on oubliait qu'il considère nos moutons comme une race très-éloignée du chamois. Buffon avait alors oublié combien est forte, pour les déterminations zoologiques, la valeur résultant de la figure et de la substance des cornes, et cependant ce grand naturaliste avait vanté l'excellence de ce moyen pour la distinction des cerfs. Pourtant, chez les cerfs, les bois se renouvelant tous les ans et leurs rameaux pouvant avorter sous une foule d'influences, rendent ce caractère incertain, ce qui n'arrive en aucune façon dans le genre chèvre, dont les cornes sont persistantes et leur figure par conséquent immuable; et comme elles sont composées de deux parties, le noyau osseux et la gaîne cornée, on trouve dans la fixité de figure et dans la couleur de cette gaîne de nouveaux caractères étrangers aux cerfs; tels sont la direction des cornes, le poli ou les reliefs de leur surface, leur substance et leur couleur. Ainsi, par exemple, les cornes du mouflon, comme celles de nos béliers, sont jaunâtres, circonstance qui, avec leurs larmiers, leurs poches inguinales nues, les distingue de nos chèvres à cornes noires, et surtout du bouquetin, qui de plus a un sinus glanduleux entre l'anus et la queue. C'est à Pallas (*Spic. zool.*, fasc. XI) que nous devons la réfutation à tous ces paradoxes de Buffon qui l'égarèrent. Il faut dire aussi qu'alors on connaissait peu les espèces sauvages; mais son prétendu principe de l'unité des espèces, quand elles produisent ensemble des mulets féconds, fut sa principale source d'erreurs. Le célèbre conseiller d'État russe reconnaît pour condition déterminée la possibilité de ces métis féconds d'espèces réellement différentes. Après avoir tracé la séparation des chèvres d'avec les antilopes d'une part, et les moutons de l'autre, il établit trois espèces en ce genre; il prouve que la souche de nos chèvres domestiques n'est pas le bouquetin, mais l'espèce appelée ægagre; avouant toutefois que s'il n'avait eu la faculté d'en examiner que le crâne et plusieurs cornes, il aurait, comme Buffon, rapporté nos chèvres domestiques au bouquetin, tant celui-ci ressemble à l'ægagre. D'ailleurs il lui paraît vraisemblable que nos chèvres domestiques ne sont pas une variété pure de l'ægagre, qu'elles se sont croisées avec le bouquetin (*ibex*) et le bouquetin du Caucase; que néanmoins l'empreinte de l'ægagre n'a pas été effacée par ces adultères, et est restée dominante; que les émigrations lointaines de la chèvre domestique à la suite de l'homme, ses croisements successifs, suivant les régions, soit avec l'ibex, soit avec le bouquetin du Caucase, soit même avec sa propre souche, enfin l'extrême différence entre le site naturel de l'ægagre ou chèvre sauvage, et les climats où se propagent la plupart de ses variétés, expliquent les dégradations plus profondes et plus nombreuses dans ce type et dans celui du mouflon, dont le climat naturel, comme celui de ses congénères, se trouve dans les étages inférieurs des montagnes, tandis que celui du genre chèvre touche aux glaciers et à la limite des neiges perpétuelles. Enfin Pallas soupçonne même quelques races d'être des métis de chèvres ou de moutons, celle d'Angora entre autres.—1° Le BOUQUETIN, autrefois *boucestain*, *stein-bock* des Germains, de *stein*, qui signifie pierre en langue teutonique, *agrimía* des Grecs modernes (*capra ibex* Linn.; Buff., XII, pl. 13; Pallas, *Spic. zool.*, fasc. XI, pl. 3; Belon, *Observ.*, in-8°, f° 15; *Encycl.*, fig. imaginaire). Il ressemble par la forme du corps au bouc, mais il en diffère par celle des cornes, qui sont plus grandes; elles ont sur le côté antérieur une face entre deux arêtes longitudinales, dont l'interne est saillante et correspond à l'arête unique qui se trouve sur les cornes du bouc; il y a sur la face antérieure des arêtes transversales, saillantes et déterminées par des tubercules placés sur l'arête longitudinale du côté interne de cette face; ces tubercules sont d'autant plus nombreux que les cornes sont plus longues et que l'animal est plus âgé; Pallas a compté jusqu'à seize de ces tubercules sur une corne de deux pieds neuf pouces de longueur et de huit livres de poids, tenant à un crâne de onze pouces de long. Les cornes, d'un gris noir, sont dirigées obliquement en arrière et en dehors, courbées en bas, et quelquefois un peu recourbées en dedans par l'extrémité. Cet animal a une barbe noire, plus courte chez les femelles, de huit pouces et demi chez les vieux, et roide comme la crinière d'un cheval. Le train antérieur est plus solide que celui du bouc, cette solidité est acquise par des courses continuelles sur les pentes roides des montagnes; les épaules sont presque aussi musclées que les fesses, afin de résister aux ressauts de leurs énormes bonds; le pied est fendu jusqu'au haut des phalanges, et les ongles de devant sont plus grands que ceux de derrière, mobiles l'un sur l'autre et bridés en travers pour assouplir le choc dans le saut; la tête est courte, le museau épais, comprimé; les yeux sont petits; la queue, très-courte, est d'un brun noir en dessus et blanche en dessous; le pelage est gris brunâtre, avec une raie noire. Le long du dos est une bande brune sur chaque flanc, qui va du coude au genou; les fesses et le dedans des quatre membres sont blancs. En hiver, ces animaux sont recouverts de poils longs et rudes, entremêlés de petits poils fins et touffus qui conservent la chaleur; mais ils se dépouillent en été, et alors la ligne noire du dos disparaît. Les jeunes bouquetins sont d'un gris cendré. La rate du bouquetin est à peu près ovale, de même que celle du cerf, du daim et du chevreuil. Comme cet animal a les cornes d'une énorme dimension pour sa taille, lorsqu'il court il redresse la tête et étend les cornes sur son dos pour s'équilibrer; mais au contraire quand il se jette dans les précipices, il les tourne en bas pour rompre le choc de ces chutes souvent mortelles. Il lui arrive quelquefois dans ces circonstances, de s'en casser une; Pallas en a vu un exemple: c'est probablement un accident semblable qui aura fait imaginer la fable du monocéros de montagne dont parlent les peuples de Sibérie. Les mâles entrent en rut vers le mois de septembre; les femelles portent cinq mois et demi, et mettent bas vers les mois d'avril ou de mai. Elles produisent ordinairement un ou deux petits cabris au plus; à l'époque du rut, les bouquetins exhalent une odeur forte, comme les boucs; ils marchent en troupes ou hordes, et un mâle suffit à plusieurs femelles. Ces animaux, pris jeunes, peuvent s'apprivoiser facilement; alors on les conduit aux pâturages mêlés aux troupeaux de chèvres domestiques. Même à l'état sauvage, ils s'approchent des troupeaux de chèvres domestiques, et produisent des métis avec elles. On trouve les bouquetins en Europe, dans les Alpes et les Pyrénées; Pallas en a vu en Asie, dans le Caucase, le Taurus et les montagnes de Sibérie. La chasse de cet animal est très-pénible et même très-dangereuse; comme il se tient toujours sur les points les plus inaccessibles des montagnes, les chiens y sont inutiles, et l'homme a besoin de la plus grande adresse pour tromper une proie leste, et qui lui échappe toujours lorsqu'il ne l'a pas jetée à bas au premier coup de fusil; souvent poussé à bout et se voyant pris, il se précipite sur le chasseur et cherche à le jeter dans les précipices.—2. ÆGAGRE OU CHÈVRE SAUVAGE (*capra ægagrus* Gm., Cuv., *Ménag. du mus.*; *Mammif. lith.* de Geoff. et F. Cuv., 30e livrais. le mâle, et 31e la femelle (*crâne et cornes*). Pallas (*loc. cit.*, pl. 5, f. 2 et 3, et *Encyclop.*, p. 49, f. 2), Garcias et Kempfer (*Amœnitates exoticæ*, p. 398, t. IV, n° 1) rapportent que le nom de paseng est donné par les Persans à l'ægagre de l'Asie, et que c'est de cet animal qu'on tirait le bézoard d'Orient. Ses cornes sont d'un brun cendré, recourbées uniformément en arrière, et atteignant des dimensions qu'aucun autre animal de sa taille n'a encore présentées; elles sont d'une forme triangulaire, et couvertes de rides transversales plus ou moins profondes. Le crâne, décrit par Pallas, avait neuf pouces trois lignes de long, les cornes deux pieds deux pouces et demi de contour. Comme on le voit, elles sont encore plus grandes que celles du bouquetin, mais elles sont plus de quatre fois plus légères; car hors de leurs noyaux, toutes deux ne pesaient que trois livres. La femelle n'en porte pas, ou n'en porte que de petites. L'ægagre mâle est plus élevé sur jambes que nos plus grandes variétés de boucs, et son corps est plus raccourci et plus trapu que le leur; ses jambes sont fortes et épaisses; son cou est court et gros en partie, sans doute à cause des vastes cornes qu'il est forcé de porter; sa tête n'est pas très-allongée, comparativement à celle de beaucoup d'autres espèces; sa queue, qu'il porte le plus souvent relevée, est très-courte, et une longue barbe garnit le dessous de sa mâchoire inférieure. Il tient la tête haute; son regard est fixe, ses mouvements prompts et sa démarche fort assurée. Le pelage de ces animaux est d'un fauve plus ou moins brillant dans lequel on voit des poils noirs; sous le ventre et à la face interne et supérieure des cuisses il est blanchâtre; sous les yeux jusqu'à l'angle de la bouche, le long de l'épine et sur l'épaule en descendant vers les jambes, se voient des bandes d'un brun très-foncé. Ordinairement sur le genou (le carpe) de ces animaux le poil est usé par l'habitude qu'ils ont de se faire porter sur cette partie. L'ægagre de Pallas et de Gmelin est une espèce de bouc sauvage du centre de l'Asie, et celui auquel Cuvier donne le nom de paseng, quoique avec doute (*Ménagerie du muséum d'histoire naturelle*, etc.), se trouve dans les Alpes, et, à ce qu'il paraît, plutôt à l'état domestique qu'à l'état sauvage. Suivant le rapport de Van-Berchem, les métis de chèvres domestiques et de bouquetins ont tous les caractères que Pallas attribue à l'ægagre, et les ægagres que l'on a possédés au muséum d'histoire naturelle de Paris ont eux-mêmes montré le trait caractéristique de toute espèce de métis: de leur part, une grande difficulté à se reproduire, et, de la part de leur génération, une grande difficulté à se conserver. Tous les soins des administrateurs de cet établissement ont été infructueux pour leur multiplication. La femelle fut bien fécondée; mais, quoique en apparence bien constituée, elle n'a mis au monde à terme qu'un seul petit; tous les autres n'ont été produits que par avortement, et celui qui était heureusement né a dépéri petit à petit, et est mort après quelques mois de langueur. Cependant on fait de l'ægagre une espèce à part que l'on regarde comme le type du bouc et de la chèvre. Autrefois le bouquetin était généralement regardé comme la souche de notre bouc domestique avant que l'ægagre fût connu. Il se trouve communément à l'état domestique dans les Alpes et dans les Pyrénées; dans les parcs il conserve toutes les habitudes et tout le naturel de nos boucs domestiques. Ils ont la même odeur que ces animaux, surtout à l'automne, qui est aussi pour eux l'époque du rut; les mâles s'accouplent avec toutes les chèvres qui leur sont présentées, à quelques races qu'elles appartiennent. Ils habitent aujourd'hui le Caucase et la grande chaîne qui, à travers la Perse et le Candahar, va joindre les monts Himalaya. C'est d'un jeune ægagre dont Buffon a parlé dans son article du *Bouquetin* (t. XII, p. 145, pl. 15), sous le nom de *capricorne*. Nous allons maintenant parler des différentes variétés domestiques de cette espèce.

Ægagre ou chèvre sauvage.

CHÈVRE COMMUNE. Nous ne donnerons point la description de cet animal, que tout le monde connaît, et d'ailleurs nous renvoyons nos lecteurs, pour ce sujet, à l'*Histoire naturelle des animaux* de Buffon. Elle donne moins de lait que la vache, mais elle ne coûte presque rien à nourrir, aussi est-elle la providence du pauvre. De ce lait on ne fait que du beurre de mauvaise qualité, cependant les fromages en sont délicieux et la ressource de nombreuses populations montagnardes: car c'est surtout dans les montagnes, lieux où la rareté des herbages empêche d'avoir de gros bétail, que l'utilité de cet animal se fait surtout sentir. Ce lait est en outre une excellente nourriture pour les enfants, il est d'une digestion plus facile que celui de la vache. La chèvre, dans les pays bien cultivés et surtout boisés, occasionne des dégâts tels, que plusieurs arrêts dans différents lieux défendaient aux habitants d'en avoir des troupeaux: car non-seulement elle broute toutes les plantes herbacées, mais encore les bourgeons et l'écorce des arbres. Le bouc domestique s'accouple avec la brebis et la féconde; le mulet qui en résulte participe de ses parents et est fécond, mais il se reproduit difficilement. On dit que la chèvre s'unit au chamois; mais le produit de cet accouplement n'est point connu. — CHÈVRE NAINE (Mam. lith. de Geoff. et F. Cuv.; 15e et 18e livrais.). Cette race paraît s'être formée en Afrique. Transportée en Asie et aux Antilles, elle y a conservé son type sans altération: ses cornes sont tournées en vis comme aux chèvres cachemiriennes. Elles sont couvertes d'un poil ras, un peu plus long, chez le bouc, sur le cou et sur le dos qu'aux autres parties. Leur couleur est un mélange de noir et de fauve; pour sa distribution, comme dans la plupart des animaux domestiques, elle n'a rien de fixe ni de régulier. — CHÈVRE DE CACHEMIRE (Mam. lith. de Geoff. et F. Cuv.; 6e livrais.). Ses cornes sont droites, en spire, et vont en divergeant sous un angle de cinq à sept degrés seulement. Son poil crépu, toujours d'un gris blanc, est d'une abondance telle, qu'il rend ces animaux très-précieux; c'est avec lui qu'on fait ces tissus si recherchés, et qui méritent tant en effet de l'être par la réunion des qualités qui les distinguent, et qu'aucun autre tissu ne peut offrir. On a cherché il y a quelques années à introduire cette variété dans notre économie agricole; mais la routine a empêché notre patrie de s'enrichir de ce nouveau produit. Cependant on aurait pu conserver la race cachemirienne, ou la croiser avec notre race commune; ainsi la laine que produit cette dernière espèce, et qui est déjà de très-belle qualité, se serait perfectionnée et aurait pu servir à la fabrication de tissus infiniment plus beaux et plus doux que ceux faits avec la plus belle laine de nos mérinos. — CHÈVRE D'ANGORA (*mam. lith.*). Elle diffère de la précédente en ce que ses poils sont tordus en tire-bourre; ils servent dans le Levant à faire de très-belles étoffes. Elle doit cette finesse de pelage au site qu'elle occupe sur les sommets du Taurus, et, comme la précédente, sur ceux de l'Himalaya; ses cornes sont recourbées en bas. Cette variété, la plus éloignée de la souche commune, exige beaucoup de soin, et est très-difficile à conserver. Les femelles avortent facilement, dans nos contrées au moins, où cette chèvre a souvent été apportée sans avoir pu se naturaliser. — CHÈVRE DE LA HAUTE ÉGYPTE (Mam. lith. de Geoff. et F. Cuv.). Elle appartient plutôt au genre brebis pour la convexité de son chanfrein. — CHÈVRE DU NÉPAUL (Mam. lith. de Geoff. et F. Cuv.; 18e livrais.). Elle a à peu près la forme de la tête de l'espèce précédente, seulement les os du front et ceux du nez ne sont pas séparés dans celle-ci par une dépression; ces os suivent la même ligne et ont une courbure uniforme, et la mâchoire inférieure ne dépasse pas la supérieure, comme elle le fait dans la chèvre de la haute Égypte. La chèvre du Népaul se distingue encore de celle à laquelle nous la comparons par la hauteur de ses membres et la légèreté de ses formes, qui la rapprochent de certains antilopes; par la longueur de sa queue et par celle de la conque externe des oreilles, arrivée sans doute à son dernier degré de développement. Ce qui est étonnant pour le climat qu'elle habite, c'est que ses poils, assez fournis sans être trop longs, sont soyeux. Ses cornes sont petites et en spirales. Ces chèvres se trouvent principalement dans le Népaul, aux pieds de l'Himalaya; elles paraissent avoir été amenées dans l'Inde assez nouvellement. — Ce que M. de Blainville dit de la chèvre imberbe et de la chèvre cossus nous les fait plutôt considérer comme des moutons. Pour la race d'Islande, qui est caractérisée par le doublement des cornes, c'est un accident commun à toutes les races et peut-être à toutes les espèces de ruminants à cornes persistantes. — 3. BOUQUETIN DU CAUCASE (*capra caucasica* Guldænstadt, *Act. petrop.*, t. II; la tête du mâle, pl. 17; la femelle en pied, pl. 17, A; *capra ægagrus* variét. de Shaw et Pennant). Les cornes du mâle sont à trois faces: la face postérieure est la plus large, la face externe des deux antérieures est relevée par dix à quatorze côtes, d'autant plus saillantes qu'elles sont inférieures; les autres faces légèrement striées. Elles sont disproportionnées pour l'animal, très-rapprochées à la base, arquées en arrière, avec la pointe en dedans; leur courbure a vingt-sept à vingt-huit pouces, la corde de leur arc dix-huit, leur base quatre de diamètre, leur couleur est noire; chanfrein droit et large; face comprimée; fentes des narines presque horizontales, très-rapprochées; barbe de quatre pouces de long, distante de trois pouces de la lèvre. La distance du museau à la base des cornes est de neuf pouces dans le mâle, de huit dans la femelle. Celle-ci est autant inférieure pour la taille à notre chèvre, que le mâle surpasse notre bouc. Ses cornes, presque droites, longues d'environ six pouces, ne dépassent les oreilles que d'un travers de doigt. Elles sont aplaties sur trois faces, dont l'interne, plus large, est toute sillonnée de rides transverses. Leur couleur est gris brun. Le dedans des quatre membres, le ventre et les fesses sont blancs; les pieds noirs, ainsi que la queue, qui est jaunâtre en dessous; poils roides mais couchés, les plus longs de six pouces; bourre laineuse au dos et sur les flancs; pas de barbe. L'ibex du Caucase en habite les sommets schisteux. Il s'accouple en novembre, la femelle met bas en avril. Les Tartares et les Géorgiens font des vases à boire avec les cornes, et trouvent sa chair délicieuse. *Zébuder*, *hach*, sont les noms du bouquetin du Caucase dans deux idiomes de ces montagnes. — 4. BOUQUETIN A CRINIÈRE D'AFRIQUE (*tuckhaitre* de Samuel Daniels, *Afric. Scenery*, pl. 24. Cuvier (*Règne animal*, t. I, p. 276) a rattaché au genre chèvre le bel animal figuré par Samuel

Daniels dans ses *Vues d'Afrique*. Ce dernier auteur en a vu un couple à la sortie de Betakoo, chef-lieu des Boshuanas, latitude 26° 30'. Sa taille est de quatre à cinq pieds au garrot; le mâle et la femelle ont des cornes régulièrement arquées, une longue crinière brune pendante à droite, et à gauche une barbe sous le bout du menton également brune, ainsi que la queue qui est longue comme l'oreille; leur couleur générale est bleue; le chanfrein est blanc et un peu concave. — **Chèvre colombienne** (*capra columbiana*, N. *ovis montana*, ord. *rupicapra americana* Blainville, *antilope lanigera* d'Hamilton. Smith, *Sin. Soc.*, t. XIII, pl. 4). — Smith (*loc. cit.*) critique la place et le nom donnés par M. de Blainville à cette espèce. Il propose le nom d'*antilope lanigera*, supposant que cette qualité du poil ne se retrouve pas dans un autre antilope. Cependant de Lalande a rapporté une antilope du Cap dont le poil est uniquement laineux. La solidité du merrain de la corne pourrait motiver la place de cette espèce parmi les antilopes. Comme on manque de renseignements positifs sur ce caractère, nous avons rapporté cette espèce au genre chèvre, à cause de l'ensemble de sa physionomie qui, à défaut d'informations plus précises, est encore un motif de détermination zoologique, et de la qualité de la torsion, qui rappelle celle des chèvres cachemiriennes.

E.-P. de Rivas.

**Chèvre** (*écon. rur.*). Cet animal est de tous ceux associés à la maison rurale celui qui procure à l'homme les secours les plus prompts et les plus certains, les plus précieux et les plus directs. Dans les lieux qui n'offrent à l'œil attristé que le spectacle de la misère, de la stérilité la plus complète, sur les âpres montagnes comme sur les coteaux à peine ombragés par de maigres arbrisseaux, ou tapissés d'une herbe trop courte, trop peu succulente pour servir de nourriture à la vache; dans les landes arides où l'homme obtient à peine, pour prix de longues fatigues et de ses sueurs, ce qui peut aider à sa subsistance, la chèvre est le seul adoucissement qui lui soit donné sur une terre aussi malheureuse. Dans le lait et les petits de la chèvre, il a ce qu'il faut pour oublier sa triste position; dans l'attachement que cet animal lui témoigne, il trouve ce que son semblable lui refuse: car la misère est porte close pour les amis, c'est le cordon militaire que la politique place entre deux peuples que tout appelle à vivre en famille. Le sein maternel est-il flétri par la pénurie, le chagrin ou les maladies qui les suivent de près, la chèvre vient au secours de l'enfant infortuné, et se complaît dans cet acte de charité. Pour le remplir dignement, elle enchaîne sa pétulance, elle impose un frein à la rapidité de ses mouvements. Étonnante bonté! Voyez-la s'approcher avec un joyeux bêlement, elle met son pis à la portée du nourrisson qu'elle adopte; elle éprouve du plaisir à lui porter le premier aliment qu'il réclame, à satisfaire son appétit; elle revient à lui toujours empressée; elle accourt au premier cri qu'elle entend, et s'acquitte sans cesse de cette noble tâche, de ce devoir du sentiment, avec complaisance et affection. Quand une fois on a assisté à cette scène touchante, le souvenir ne s'en efface plus, et chaque fois que l'on rencontre une chèvre on sent battre son cœur, on est prêt à lui rendre hommage. C'est en considération de cette inclination bienfaisante que le docteur Zwierlein, de Stendal, témoignait, en 1819, le désir de voir remplacer par des chèvres les nourrices mercenaires, ces femmes qui vendent leur lait aux enfants abandonnés, à ceux que leurs mères négligent par pure coquetterie et pour obéir à la mode. — La chèvre fournit deux fois plus de lait que la brebis; il n'est point rare, dans les pays chauds plutôt que dans les régions froides, et quand elle est bien nourrie, de la voir en donner jusqu'à trois et quatre litres par jour, quantité que beaucoup de vaches procurent à peine. Son lait est très-blanc, plus maigre que celui de femme, moins épais et plus visqueux que celui de vache, moins séreux et plus dense que celui d'ânesse, et contient plus de parties caséeuses que celui de brebis. Il a une odeur particulière, qui est moins forte chez les chèvres blanches, les chèvres sans cornes, et surtout les chèvres que l'on tient avec soin. Il est légèrement astringent quand l'animal broute les feuilles, les bourgeons du chêne; il est purgatif quand il se repaît de garou (*daphne alpina*), de tithymale (*euphorbia peplis*), de clématite (*clematis vitalba*). Ce lait, converti en fromage, assure la richesse des communes du Mont-Dore, de presque tout le département du Cantal, de Sassenage, etc. Les fromages de chèvre étaient fort estimés chez les vieux Grecs et les anciens Romains; ceux des environs d'Agrigente jouissaient surtout d'une haute réputation. — Plusieurs agronomes distinguent parmi nos chèvres domestiques quatre races: une à poils longs, une autre à poils ras, la troisième à poils longs et mi-partie ras, la quatrième à poils ras de couleur constamment fauve, dite *gris de biche*. Ces prétendues races ne sont que des variétés, qu'il serait peut-être bon de réduire aux deux premières, s'il n'est pas constant que la nature du poil soit uniquement due à l'habitude de tenir l'animal en plein air ou bien dans des écuries trop chaudes. J'ai remarqué, et divers propriétaires ruraux ont confirmé cette observation, que notre chèvre, principalement celle qui habite nos départements du centre et ceux du Midi, se couvre naturellement de fourrures plus longues et plus épaisses aux approches de l'hiver, et même durant cette saison. Le duvet soyeux garnit et protège les poils naissants; il a atteint toute son étendue aux premiers jours de février ou de mars, et commence dès lors à tomber jusqu'en avril et mai. Le cou, le ventre et les parties antérieures sont plus spécialement les endroits où il abonde. Sa grosseur, sa texture et sa force ont beaucoup d'analogie avec le beau duvet de la chèvre du Kachemyr; il est susceptible d'être mis en œuvre comme lui, seulement étant plus court, on peut en faire des gilets, des chapeaux légers, et l'employer pour la trame des châles. L'animal souffre si on le lui enlève durant les mois de novembre et décembre; il n'en est pas de même en mars, avril et mai: c'est donc le véritable moment de cette sorte de tonte. On peut la faire en plein champ. On a voulu faire croire que l'existence de ce duvet était le résultat d'une affection morbifique: je ne partage nullement cette opinion. La chèvre blanche fournit plus de duvet que les noires; les jeunes en donnent peu, et sa quantité diminue sensiblement à mesure que l'individu vieillit. Il est également faux de dire que plus on peigne la chèvre, plus la récolte est abondante. — Je rejette aussi le sentiment de ceux qui veulent que l'introduction de la chèvre en France date seulement du Ier siècle de l'ère vulgaire, et que ce soit aux Romains que les Gaulois, nos ancêtres, durent ce présent, utile selon les uns, et très-fatal selon les autres. Rien ne justifie cette assertion, du moins à mes yeux. Toutes les autorités que j'ai consultées sont muettes à ce sujet. Il serait peut-être plus sensé, si l'on ne veut point croire que les Celtes la possédaient, d'avancer qu'elle a été apportée par les Phocéens; les Grecs faisaient le plus grand cas de la chèvre, tandis que les Romains en avaient peu, et dans leurs baux ils défendaient expressément aux fermiers d'en élever. — Quoique la chèvre mange presque toutes les plantes vénéneuses que rejettent les autres animaux domestiques, elle n'en est aucunement indisposée. Elle se contente d'une nourriture grossière, et est peu sujette aux maladies. Vivante et après sa mort, elle rend de très-grands services. Cependant on ne peut se dissimuler qu'elle ne soit un véritable fléau pour les jeunes arbres, les jardins, les pépinières, les vignes et les haies vives; mais doit-on pour cela demander, appeler sans cesse la destruction de cet animal si vif et si bon? Faut-il enlever au domaine rural, à l'économie domestique, à l'industrie manufacturière, au commerce, les nombreux avantages que cet animal leur présente et leur assure? Et puis le malheur n'est-il donc plus sacré? N'est-ce pas assez d'exiler le pauvre aux confins de la vie sociale? poussera-t-on la barbarie jusqu'à lui arracher le seul compagnon utile de son infortune, jusqu'à le dépouiller de l'unique ressource qui lui reste, tandis qu'on laissera vivre, pour les plaisirs du riche insatiable, des troupeaux de cerfs, de daims, de chevreuils, dont la dent n'est pas moins funeste à l'agriculture, dont la présence dans nos bois détruit en peu de jours le présent et l'avenir? Reverrons-nous les affreux assassinats de 1585, 1725, 1735, 1741, et de 1757? Ira-t-on encore égorger la chèvre sous le chaume qu'elle égaye, dans les bras de la famille éplorée dont elle est toute la richesse? L'exemple des quinze à vingt mille chèvres répandues dans les douze communes du Mont-Dore répond d'une manière victorieuse à toutes les objections. Ayez un bon code rural, et laissez faire. — Bien avant les mémorables événements de 1789, on a tenté d'améliorer la race indigène de nos chèvres avec celles de la Natolie. Un troupeau de chèvres d'Angora fut naturalisé en 1780 dans les montagnes du Léberon, département des Bouches-du-Rhône, par de la Tour d'Aigues. Bourgelat en éleva plusieurs avec succès aux environs de Lyon en 1782. Les individus conduits à la ferme expérimentale de Rambouillet furent les seuls qui périrent (quoique cette espèce ne soit point délicate ni sur le climat, ni sur la qualité des pâturages), parce qu'ils y furent traités plus par ostentation, plus comme objet de curiosité, que comme pouvant être utiles à l'agriculture. — En 1819 nous avons vu débarquer à Marseille, venant des hauteurs de l'Himalaya, du grand plateau de l'Oundès (ou région des laines, appelée vulgairement le Petit-Thibet) et de la Tartarie, une superbe colonie de chèvres, dites du Kachemyr, que les anciens Grecs désignaient sous le nom de *chèvres de la Cilicie*. — Dans l'année 1824, une autre espèce à poils longs, soyeux, de couleur bai rouge, a été introduite aux environs de Nantes par notre ami J.-B. Thomine ; elle est originaire de Mascate, petite ville sur la côte orientale de l'Arabie Heureuse. — Ces nouvelles chèvres se sont fort bien acclimatées dans le Midi et quelques parties de l'Ouest. La première ne se trouve plus que chez quelques propriétaires soigneux. Des peuplades de la seconde vivent, se multiplient et trouvent une nourriture convenable sur les montagnes de nos départements de l'Isère, de l'Ain, de l'Ardèche, du Jura et de la Côte-d'Or. La troisième a moins bien réussi depuis l'hiver de 1830. — Si c'est abuser des forces de la vache que de vouloir l'employer à la culture des terres et de l'atteler à la charrue ou bien aux chariots avec le cheval ; si c'est chercher à faire perdre au chien ses qualités, ses agréments, son intelligence et sa touchante sensibilité que de le condamner à charrier des fardeaux, que dire de l'impudeur de ceux qui soumettent la chèvre au harnais et au joug? Qu'espère-t-on de cette prétendue conquête faite en dépit de la nature? N'est-ce pas le comble de la plus grossière barbarie? Quels avantages peut-on espérer d'animaux qui ne sont point organisés pour des exercices aussi violents? En vain la brutalité les y contraint; on ne gagnera rien autre chose, à confondre ainsi toutes les idées, qu'une prompte dégénération des espèces, que la ruine totale des premiers appuis de la maison rurale. — Finissons par un trait qui prouve l'intelligence de la chèvre ; il nous est fourni par Mutianus, comme témoin oculaire ; nous le copions dans Pline (*Hist. nat.*, t. VIII, p. 50). Deux chèvres se rencontrent sur un pont fort étroit ; l'espace ne leur permettait pas de se retourner, et la planche était trop longue pour qu'elles pussent rétrograder sans voir où poser le pied. Que faire cependant? Le torrent qui roule au fond du précipice menace de les engloutir au moindre mouvement, à la plus légère déviation. Après s'être entendues dans leur langage chévrier, comme dirait Rabelais, l'une des deux se coucha sur le ventre, tandis que l'autre lui passa sur le corps. — Une scène absolument pareille s'est passée sous mes yeux, en 1793, lorsque je visitais la Suisse. C'était aux environs du lac orageux de Vallenstadt, près de Sargans; les deux chèvres retournaient chacune à leurs troupeaux qu'elles avaient quittés dans leurs courses vagabondes. — CHÈVRE DE LAINE, nom de la chèvre d'Angora, c'est la traduction du mot *tislik gueschi*, employé dans plusieurs contrées de l'Orient pour la désigner. — CHÈVRE-MUSE, chèvre sans cornes. Ce n'est point une variété à part, mais un simple accident de nature, qui ne se propage même pas de la chèvre à son chevreau. — CHÈVRE-VAQUE. Au Mont-Dore on donne ce nom à la chèvre stérile; une chèvre-vaque est un animal sans valeur. — Le nom de *chèvre* a été donné par les voyageurs à plusieurs animaux qui, presque tous, appartiennent au groupe des antilopes. Ainsi la chèvre bleue est l'*antilope leucophœa*, et la chèvre de passage des Hollandais, l'*antilope springbock*, etc. — En ornithologie, on appelle *chèvre volante* la bécassine commune, dont le cri ressemble assez à celui de la chèvre, et *tette-chèvre*, les espèces du genre engoulevent, parce qu'un préjugé bien singulier a fait dire qu'elles tetaient les chèvres.

**CHÈVRE** (*myth.*). Cet animal était révéré en Egypte ; c'était, pour ainsi dire, le sanctuaire général des bêtes. Pan passait pour s'être caché sous la peau de la chèvre. Il était défendu de la tuer ; elle était consacrée à Jupiter, en mémoire de la chèvre *Amalthée;* on l'immolait à Apollon, à Junon et à d'autres divinités saugrenues des païens.

**CHÈVRE** (*astron.*), nom d'une brillante étoile de première grandeur, située dans la constellation du *Cocher*. On la nomme aussi *Capra*, *Hircus*, *Cabrilla*, *Amalthea*. Les Arabes l'appelaient *Al-Ayouq*. Cette étoile est la plus belle de celles qui ne se couchent pas à Paris. Sa déclinaison moyenne a été, au premier janvier 1835, de 45° 49′ 46″ 7, et son ascension de 76° 7′ 40″ 05.

**CHÈVRE** (*accept. div.*). — *Barbe de chèvre*, barbe qu'on laisse venir longue, grande, sous le menton. — En botanique, *barbe-de-chèvre*, espèce de spirée (*V.* SPIRÉE). — *Pied-de-chèvre*, levier de fer dont une extrémité est faite en pied de chèvre. — Proverbialement et figurément, *Où la chèvre est attachée, il faut qu'elle broute*, on doit se résoudre à vivre dans l'état où l'on se trouve engagé, dans le lieu où l'on est établi. — Proverbialement et figurément, *Prendre la chèvre*, se fâcher, s'irriter tout à coup, pour un léger sujet, mal à propos. — Proverbialement et figurément, *Ménager*, *Sauver la chèvre et le chou*, user d'adresse pour se conduire entre deux partis, entre deux adversaires, de manière à ne blesser ni l'un ni l'autre. — Proverbialement et figurément, *Il serait amoureux d'une chèvre coiffée*, se dit d'un homme qui s'éprend de toutes les femmes, quelque laides qu'elles soient.

**CHÈVRE** (*accept. div.*), expression proverbiale, *La chèvre a pris le loup* se dit d'une personne qui a obtenu un avantage inespéré aux dépens d'une autre personne plus puissante et mal intentionnée à son égard. — *Vin qui fait danser les chèvres*, vin dur et acide. — *A la chèvre morte*, locution de Montaigne, sur le dos. — CHÈVRE (Marais de la) (*antiq. rom.*), nom par lequel on désigne le lieu où Romulus fut massacré par les sénateurs. — CHÈVRE (*marine*) (*V.* CAPRE). — CHÈVRE (*technol.*), table à trois pieds sur laquelle on fait les fromages. — Support sur lequel le charron pose les pièces de bois qu'il veut scier.

**CHÈVRE** (*mécan.*), machine qui sert à lever des fardeaux.

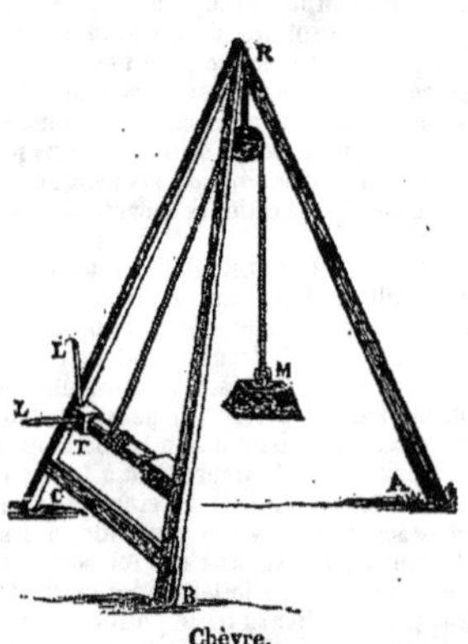

Chèvre.

Elle se compose de trois pièces de bois AR, BR, CR, écartées par en bas, et réunies par le haut, où se trouve une poulie suspendue. Sur la poulie passe une corde dont une extrémité soutient le fardeau à lever M, et dont l'autre s'enveloppe sur un cylindre T, qu'on fait tourner à l'aide des leviers LT.

**CHÈVRE** (*salines*). C'est une espèce d'échafaudage composé de deux pièces de bois de six pieds de longueur, liées par deux traverses d'environ cinq pieds, posées sur les bourbons qui se trouvent au milieu de la poêle. Cet échafaud a une pente très-droite, et forme un talus glissant, sur lequel est posée une claie, soutenue à son extrémité par un pivot haut de huit pouces, qui lui donne moins de pente qu'à l'échafaud. Il y a deux chèvres, une au milieu de chaque côté de la poêle : c'est sur ces claies que le sel se jette à mesure qu'il se tire de la poêle; à mesure qu'elles en sont chargées et que la masse du sel grossit, on environne cette masse avec des sangles qui la tiennent et l'élèvent à la hauteur qu'exige la quantité de sel formé.

**CHÈVRE DE GUIDEAU** (*term. de pêche*). Ce sont les pieux sur lesquels on pose le rets ou le sac de guideau (*V.* GUIDEAU). Voici la description de celles qui se trouvaient dans le ressort de l'amirauté de Touques et Dives, à la bande du ponant. Ces chèvres de guideaux à hauts étaliers étaient placées sur les rochers de Villerville, à l'embouchure de la Seine, à la bande du sud : elles étaient sédentaires. Les pêcheurs qui les faisaient valoir en usaient de même que ceux qui avaient des bas parcs ou venets qu'ils possédaient de père en fils comme un héritage propre, ce qui était directement contraire aux dispositions de l'ordonnance. Ces guideaux se distinguaient en guideaux de *flot* et d'*ebbe*, c'est-à-dire que les premiers ne faisaient la pêche que de marée montante, et les autres que celle de mer baissante.

**CHÈVRE DANSANTE** (*physiq.*), phénomène lumineux qu'on voit quelquefois dans l'atmosphère. Le nom de *chèvre dansante* a été donné par les anciens à une espèce de lumière qu'on aperçoit dans l'air, à laquelle le vent fait prendre diverses figures, et qui paraît tantôt rompue et tantôt dans son entier. Tous les météores ignés répandent dans l'air une lumière plus ou moins faible; cette lumière a pour cause une matière lumineuse et combustible, dont la nature nous est inconnue et qui peut être fort diverse. On observe souvent des nuages qui jettent une lumière tranquille; quelquefois il sort de ces nuages lumineux comme une matière ardente d'une figure très-variée, qui est poussée rapidement par le vent. Les différentes formes que prend cette matière lumineuse ont quelque chose d'amusant; car tantôt on la voit luire à des distances égales, tantôt à des distances inégales; tantôt elles semblent s'éteindre, et tantôt renaître. On dirait, en regardant ces diverses apparences, que cette matière est composée d'ondes, qui, lorsqu'elles roulent avec beaucoup de rapidité, sont opaques en montant, et luisent en descendant, comme si l'air était alors agité de mouvements convulsifs : voilà le météore qu'on a nommé *chèvre dansante*. Ce phénomène paraît seulement lorsque le vent vient à souffler au-dessous de la nuée lumineuse, et qu'il en emporte une partie. Il suit de là que ce météore a besoin du vent pour se manifester; et en effet on ne voit de chèvre dansante que lorsqu'il vente fort. Comme la lumière de tous les météores de l'espèce des *chèvres dansantes* est susceptible de différentes figures, les anciens ont désigné ces figures de lumières par différents noms. Par exemple, quand la lumière qui paraît dans l'air est oblongue et parallèle à l'horizon, ils l'ont nommée *poutre;* lorsque cette lumière, qui se tient suspendue dans l'air, a une de ses extrémités plus large que l'autre, ils l'ont appelée *torche;* si l'une de ses extrémités forme une longue pointe, c'est une *flèche*, etc. Ce précis suffit pour montrer qu'on peut multiplier à volonté ces dénominations, sans entendre mieux la matière et la cause des diverses lumières figurées. On n'est pas plus habile en physique par la connaissance des mots, qu'avancé dans le chemin de la fortune par les paroles d'un ministre (*V.* AURORE BORÉALE).

**CHÈVRE DE LA CHARMOTTE** (FRANÇOIS), né à la Charmotte, près de Sésanne, le 29 novembre 1697, fit son cours d'études à l'université de Paris, où il fut gradué et maître ès arts. Il se consacra ensuite au sacerdoce, et fut supérieur du petit séminaire de Troyes pendant environ six ans, puis curé d'Anglure, et enfin doyen de Villemaur. Il remplit son ministère avec tout le zèle d'un vrai pasteur; mais il aimait l'étude, et il y consacrait tous les moments que les devoirs de son état lui laissaient libres. Un mémoire sur Villemaur, qu'il fournit à Morel, lieutenant général du bailliage de Troyes, vers 1730, décida son goût et lui fit entreprendre un grand ouvrage sur cette même baronnie. Il n'épargna pour y réussir ni peines ni soins : imprimés, manuscrits, tout fut dépouillé et consulté. Il le termina en 1753, et le publia sous ce titre : *Recherches critiques et littéraires sur l'ancien châtellenie, baronnie, duché, et doyenné de Villemaur, pour servir à l'histoire générale de Champagne*. Il le revit en 1768, et y fit des corrections et des additions. C'est cet ouvrage que l'abbé Courtalon-Delaistre abrégea en 1 vol. in-4° (*V.* Courtalon). L'original et l'abrégé n'ont point été imprimés et sont restés manuscrits dans les archives de l'hôtel de ville de Troyes. Chèvre de la Charmotte mourut le 23 juin 1781. On trouve dans le *Mercure* de janvier 1749 une lettre qu'il écrivit à Lévêque de la Ravallière, et la réponse de ce dernier sur le fort de Montaimé, dans le comté de Vertus en Champagne.

**CHEVREAU**, s. m. le petit d'une chèvre. Il s'appelle aussi *cabri*.

**CHEVREAU** (URBAIN) naquit à Loudun en 1615. Il fit paraître beaucoup d'esprit dans ses premières études. La reine Christine de Suède le choisit pour secrétaire, et l'électeur palatin pour son conseiller. Chevreau, fixé dans cette cour, contribua beaucoup à la conversion de la princesse électorale, depuis duchesse d'Orléans. Après la mort de l'électeur, il revint en France, et fut choisi par Louis XIV pour précepteur du duc du Maine. Le désir de vaquer en repos aux exercices de la vie chrétienne l'obligea de quitter la cour pour se retirer dans sa patrie, où il mourut en 1701, âgé de quatre-vingt-huit ans. Il ne rougit jamais de la religion au milieu des grands. Sa piété fut tendre, autant que son érudition fut profonde. On lui doit les ouvrages suivants : 1° l'*Ecole du sage*, traduit de l'anglais de Joseph Hall, 1645 et 1664. 2° *Considérations fortuites*, et *De la tranquillité d'esprit*, traduites de l'anglais du même auteur, 1648 et 1690, in-12. 3° Une traduction du *Traité de la Providence*, de Théodorat, 1652, petit in-12. 4° *Les Tableaux de la fortune*, en 1651, in-8°, depuis réimprimés avec des changements, sous ce titre : *Effets de la fortune*, 1656, in-8°, roman qui fut bien accueilli dans le temps. 5° *L'Histoire du monde*, en 1686, réimprimée plusieurs fois. La meilleure édition est celle de Paris, 1717, en 8 vol. in-12, avec des additions considérables, par Bourgeois de Chastenet. On sent, en lisant cette histoire, que l'auteur avait puisé dans les sources primitives; mais il ne les cite pas toujours avec fidélité. L'histoire grecque, la romaine, la mahométane, y sont traitées avec assez d'exactitude. L'auteur aurait pu se dispenser de mêler aux vérités utiles de son ouvrage les généalogies rabbiniques qui le défigurent, et quelques discussions qui ne devaient entrer que dans une histoire en grand. 6° *OEuvres mêlées*, deux parties in-12, la Haye, 1697. Ce sont des lettres semées de vers latins et français, quelquefois ingénieux, quelquefois faibles; d'explications de passages d'auteurs anciens, grecs et latins; d'anecdotes littéraires, etc. 7° *Chevreana*, Paris, 2 vol., 1697-1700: recueil dans lequel l'auteur a versé de petites notes, des réflexions, des faits littéraires, qu'il n'avait pas pu faire entrer dans ses autres ouvrages. Chevreau avait joint à l'étude des anciens le commerce de quelques-uns des modernes, et il s'était formé chez les uns et chez les autres. Il avait beaucoup lu; mais dans ses livres il n'accable que son lecteur par un trop grand amas de recherches érudites. Il est souvent loué par Tannegui Lefèvre, qui lui a adressé plusieurs de ses lettres; par M. Dacier, et par les plus habiles critiques de son temps. « Mais à peine, dit un critique, son nom est-il aujourd'hui connu du commun des littérateurs; on a oublié du moins qu'il a été un des plus beaux esprits du siècle dernier; cependant ses ouvrages offrent plus de talents, une littérature plus étendue que les productions d'un grand nombre d'écrivains qui brillent dans celui-ci, et sont destinés au même sort. » Sa vie a été écrite par Ancillon, dans les *Mémoires concernant les vies et les ouvrages de plusieurs modernes*, Amsterdam, 1709, in-12.

**CHEVREAUX** (*astron.*). La constellation du *Cocher* renferme aussi les *Chevreaux :* ils sont formés par trois étoiles $\varepsilon$, $\zeta$ et $\eta$ qui font un triangle isocèle, dont l'angle du sommet est très-aigu. Ce triangle est placé à trois degrés au midi de la Chèvre, et sert à distinguer cette étoile des autres de première grandeur.

**CHÈVREFEUILLE**, *lonicera* Linn. (*botanique*), genre de plantes dicotylédones, monopétales, à étamines épigynes, distinctes, de la famille des caprifoliacées Juss., et de la *pentandrie monogynie* Linn., dont les principaux caractères sont d'avoir un calice très-court, à cinq dents; une corolle tubuleuse, infundibuliforme, ayant son limbe partagé en cinq découpures, plus souvent inégales; cinq étamines à filaments saillants hors du tube de la corolle, et terminées par un stigmate simple, un peu en tête; une baie à trois loges polyspermes. Linnæus avait réuni à ce genre plusieurs espèces, que les botanistes modernes en ont séparées, pour établir les genres *xylosteum*, *diervilla* et *symphoricarpos*. Le genre chèvrefeuille, borné aux plantes ayant les caractères qui viennent d'être donnés ci-dessus, comprend dix espèces, dont quatre sont indigènes de l'Europe, et les autres exotiques. Ces plantes sont des arbrisseaux sarmenteux, grimpants, à feuilles simples et opposées, à fleurs disposées en tête ou par verticilles. Les espèces les plus remarquables sont les suivantes : CHÈVREFEUILLE DES JARDINS (*lonicera caprifolium* Linn., *Sp.* 246. La tige de cette espèce se divise en rameaux sarmenteux, flexibles, qui s'élèvent à dix, quinze et vingt pieds de hauteur, en s'entortillant autour des arbres qui sont dans leur voisinage, ou des supports qu'on leur donne. Les feuilles sont ovales, sessiles, opposées, glabres, glauques en dessous, et les deux ou trois paires supérieures de chaque rameau sont cornées à leur base, réunies en une seule feuille arrondie et perfoliée. Les fleurs sont grandes, à cinq divisions inégales, rouges en dehors dans une variété, blanchâtres dans l'autre, ainsi que dans l'intérieur, disposées en un ou deux verticilles feuillés, et en une tête terminale et sessile. Ce chèvrefeuille croît dans les haies et les bois, en Italie et dans les parties méridionales de l'Europe. On le cultive partout pour l'ornement des jardins. Ses rameaux, longs et flexibles, se plient aisément pour prendre toutes les formes qu'on veut leur donner. Le plus souvent on en couvre des treillages, des berceaux; on en tapisse des murs; on en forme des guirlandes qui embrassent la tige des arbres, s'enlacent avec grâce dans leurs branches, et font le plus bel effet dans les mois de mai et de juin, où elles se chargent de charmantes fleurs, qui non-seulement plaisent aux yeux par l'élégance de leurs formes, mais encore font sur l'odorat la sensation la plus agréable par le parfum délicieux qu'elles exhalent. Quoique ce chèvrefeuille soit essentiellement sarmenteux et grimpant de sa nature, l'art du jardinier est cependant parvenu à en faire, quand il le veut, un arbrisseau à tiges, dont on arrondit la tête en la taillant aux ciseaux. Il est d'ailleurs très-rustique, ne craint pas le froid, et peut s'accommoder d'une terre médiocre. Il ne lui faut ni trop de soleil, ni trop d'ombre. On le multiplie si facilement de boutures, de marcottes, ou de drageons, qu'on n'est guère dans l'usage de l'élever de graines. Ses propriétés sont les mêmes que celles de l'espèce suivante. — **CHÈVREFEUILLE DES BOIS** (*lonicera periclymenon* Linn., *Sp.* 247). Cet arbrisseau a absolument le même port que le précédent; mais il en diffère en ce que ses feuilles sont toutes libres, pointues, et ne sont jamais réunies par leur base. Ses fleurs, d'un blanc jaunâtre, souvent un peu rougeâtres en dehors, réunies plusieurs ensemble en têtes terminales, répandent une odeur agréable, et paraissent en juin et en juillet. Cette espèce croît dans les haies et les bois, en France, en Allemagne, en Suisse, etc. On l'emploie, comme la précédente, pour la décoration des jardins, et on la cultive de même. Les feuilles, les fleurs et les baies du chèvrefeuille des bois et de celui des jardins sont diurétiques. Le suc exprimé de leurs feuilles est, dit-on, vulnéraire et détersif; leur décoction s'emploie en gargarisme dans l'inflammation des amygdales, et l'eau distillée des fleurs passe pour être utile dans les maladies inflammatoires des yeux. — **CHÈVREFEUILLE DE VIRGINIE** (*lonicera sempervirens* Linn., *Sp.* 247). Cette espèce est, comme les deux précédentes, un arbrisseau sarmenteux et grimpant, ayant ses rameaux garnis de feuilles ovales oblongues, opposées, sessiles, glabres, persistantes, et dont les supérieures sont réunies par leur base et perfoliées. Les fleurs sont d'un rouge éclatant et orangé, disposées en verticilles nus et terminaux, dépourvues d'odeur; le tube de leur corolle est ventru à son orifice, partagé en son limbe en cinq divisions presque égales. Ce chèvrefeuille croît naturellement au Mexique et dans la Virginie. On le cultive, depuis 1656, en Europe, où il est parfaitement acclimaté aujourd'hui, passant l'hiver en pleine terre sans souffrir du froid; cependant ses fruits mûrissent rarement dans le climat de Paris. — **CHÈVREFEUILLE DU JAPON** (*lonicera japonica* Thumb., *Flor. Jap.*, 89). Ses tiges sont grimpantes, divisées en rameaux velus, garnis de feuilles ovales, un peu aiguës, opposées, pétiolées, d'un vert assez foncé en dessus, plus pâles en dessous. Ses fleurs sont blanches extérieurement, d'un jaune doré intérieurement, portées deux à deux sur de très-courts pédoncules, et disposées plusieurs ensemble en tête terminale; elles répandent une odeur douce de fleur d'orange. Leur corolle est de la grandeur de celle de notre chèvrefeuille des bois, formée d'un long tube fendu à son extrémité en deux lèvres roulées en dehors, dont l'intérieure est étroite, et la supérieure, beaucoup plus large, se termine par quatre dents arrondies. Cet arbrisseau croît naturellement au Japon et à la Chine; il a été apporté de ce dernier pays en Angleterre en 1805 ou 1806. On le cultive en France depuis 1811, et jusqu'à présent on le tient pendant l'hiver dans l'orangerie. Il est probable qu'il pourra s'acclimater dans nos pays méridionaux. Sa culture est facile, et on le multiplie facilement de marcottes.

**CHÈVREFEUILLE DES ANTILLES** (*bot.*) (*V.* CIOCOQUE).

**CHEVREL**, s. m. (*vieux langage*), chevreuil.

**CHEVREMONT** (PRISE DU VILLAGE DE). Au commencement de juillet 1815, un corps autrichien, sous les ordres de Colloredo, avait eu plusieurs engagements, dans le département du Haut-Rhin, avec l'armée d'observation du Jura, commandée par le général Lecourbe. Le 2, les Autrichiens attaquèrent les Français sur toute leur ligne de Roppes à Chevremont. L'occupation de ce dernier village était indispensable à l'ennemi, qui voulait déborder notre droite, pour intercepter nos communications avec Montbéliard et Besançon. Chevremont fut donc vivement attaqué; les Français ne purent s'y maintenir, et en furent chassés après la plus opiniâtre résistance. Ils se retiraient en désordre, lorsqu'un brigadier de gendarmerie, nommé Prost, entreprend de les ramener à l'ennemi; il arrache une caisse des mains d'un tambour et bat la charge. Le courage des soldats se ranime; ils poussent des cris d'enthousiasme, et fondent sur les Autrichiens victorieux. Après une lutte acharnée, le colonel Jacquet, qui commandait le cinquante-deuxième régiment de ligne, repoussa les Autrichiens, et rentra dans Chevremont.

**CHÈVRE-PIED**, adj. m. qui a des pieds de chèvre. — Il se dit aussi d'une sorte de petites écrevisses de mer, qu'on appelle *dieux-pieds-chèvres*.

**CHEVRET** (JEAN), littérateur, né en 1747 à Meulan, fut employé pendant plus de cinquante ans à la bibliothèque royale, et mourut en 1820. Il a publié diverses brochures politiques dans lesquelles il se montre l'ami enthousiaste de la liberté, sans s'écarter jamais des principes religieux dont il demeura constamment pénétré. Ses écrits les plus importants ont été réunis sous ce titre: *OEuvres philosophiques, politiques, morales et d'éducation*, 1789-93, in-8°.

**CHEVRETER**, v. n. mot de Rabelais, trépigner, se débattre comme une chèvre que l'on provoque. — *Chevreter* se dit encore pour chevroter, en parlant d'une chèvre qui met bas.

**CHEVRETTE** (*entom.*), nom donné par Geoffroy à quelques insectes coléoptères qu'il avait réunis dans le même genre que les cerfs-volants. La bleue et la verte sont une même espèce. (*V.* LUCANE CARABOÏDE). La brune est un trogosite, dont la larve, qui fait beaucoup de tort aux blés, est désignée dans plusieurs départements sous le nom de *cadelle*.

**CHEVRETTE OU SAUTERELLE DE MER** (*hist. nat.*). On nomme ainsi, dans plusieurs de nos ports de l'Océan, le cardon, ou la crevette de mer, crustacé du genre crangon.

**CHEVRETTE** (*hist. nat.*), nom de la femelle du chevreuil, *cervus capreolus* Linn.

**CHEVRETTE, CHEVRIE, CHÈVRE.** On appelait ainsi une espèce de musette, dont l'usage était fort répandu dans les XII^e^, XIII^e^ et XIV^e^ siècles, et à laquelle nos aïeux se plaisaient à donner les formes les plus ridicules. On lit dans le poëte Guillaume de Machault (*le Temps pastour*, chapitre: *Comment li amant fut au diner de sa dame*):

> Car je vis tout en un cerne (*cercle*)
> . . . . . . . . . . . . . . . . .
> Cornemuses, flajos et chevrettes.

Cet instrument est encore connu sous le nom de *chèvre*, *chièvre*, *chiovre*, dans le Gâtinais, la Bourgogne, le Limousin, et sous celui de *loure* ou de *bedon* dans quelques autres provinces.

**CHÈVRETTE**, s. f. (*éconon. dom.*), pot de faïence à goulot pour mettre les sirops.

**CHEVRETTE** (*technol.*), outil de cirier et de paumier. — Châssis assemblé sur le sommier, au haut de la scie du scieur de long.

**CHEVRETTE**, s. f. petit chenet bas, qui n'a point de branche devant.

**CHEVRETTES** (*bot.*). Une espèce de champignons est ainsi nommée, et *chevrotines* parce que leur pied ressemble en quelque sorte à celui de la chèvre. Le docteur Paulet en fait une famille: c'est celle de ses *champignons sous-épineux*, dits *chevrettes* et *chevrotines*, qui sont des *urchins* ou *hydnes*, au nombre desquels se trouvent les *hydnum repandum* Linn., *carnosum* Batsch., *rufescens* Schæff., *subsquamosum* Batsch., *imbricatum* Linn., *auriscalpium* Linn., et plusieurs autres, indiqués par Paulet dans son *Traité des champignons*, vol. 1^er^, p. 543, et vol. II, p. 127. Cet auteur nomme chevrotine ordinaire l'*hydnum repandum* Linn., et chevrotine écailleuse ou grande chevrette l'*hydnum rufescens* Schæff. On nomme encore chevrette ou chevrille, la *chanterelle*, autre champignon du genre mérule.

**CHEVREUIL**, s. f. (*hist. nat.*), espèce de bête fauve qui est beaucoup plus petite que le cerf, au genre duquel elle appartient, et qui a quelque chose de la figure de la chèvre. — La femelle du chevreuil s'appelle *chevrette* (*V.* CERF).

**CHEVREULIA** (*corymbifères* Juss., *syngénésie polygamie superflue* Linn. (*bot.*). Ce nouveau genre de plantes que nous établissons (dit H. Cassini) dans la famille des synanthérées, appartient à notre tribu naturelle des inulées. La calathide est discoïde, cylindracée, composée d'un petit disque pauciflore, équaliflore, régulariflore, androgyniflore, et d'une large couronne multisériée, multiflore, équaliflore, ténuiflore, féminiflore. Le péricline, égal aux fleurs, est cylindracé, formé de squammes imbriquées, largement linéaires, arrondies au sommet, uninervées, glabres, luisantes, scarieuses sur les bords et surtout au sommet, les intérieures progressivement plus longues et plus étroites. Le clinanthe est plane, nu, ponctué. L'ovaire est grêle, muni d'un bourrelet basilaire, et prolongé supérieurement, dès l'époque de la fleuraison, en un très-long col filiforme, portant un bourrelet apicilaire, dilaté horizontalement, et une aigrette de squammelles filiformes, presque capillaires, à peine barbellulées. Les fleurs du disque sont au nombre de quatre ou cinq, et parfaitement régulières, nullement labiées; leurs anthères sont munies d'appendices basilaires, longs, subulés, plumeux ou barbus. Les fleurs de la couronne ont leur corolle plus courte que le style, à tube très-long, très-grêle, et à limbe avorté, irrégulièrement denté, comme tronqué. — La **CHEVREULIA STONOLIFÈRE** (*chevreulia stonolifera* H. Cass.; *chaptalia sarmentosa* Pers., *Syn.*, 2,456; *xeranthemum cespitosum* Aubert du Petit-Thouars, *Flore de Tristan d'Acugna*, p. 39, f. VIII) est une petite plante herbacée, dont la racine originaire produit plusieurs tiges sarmenteuses, rameuses, rampantes, qui s'enracinent par quelques-uns de leurs nœuds; elles sont grêles, cylindriques, tomenteuses, et portent des feuilles opposées, connées à la base, obovales, subspatulées, étrécies inférieurement en une sorte de pétiole membraneux, entières, mucronées au sommet, pubescentes et vertes en dessus, tomenteuses et blanches en dessus. Au-dessus de la racine originaire et des nœuds enracinés s'élèvent verticalement de courtes branches simples chargées de feuilles très-rapprochées, et portant quelques calathides auxiliaires qui semblent sessiles en fleuraison : mais leur pédoncule, qui a cette époque n'avait qu'une ou deux lignes de longueur, acquiert cinq pouces à sa maturité; il est grêle, cylindrique, tomenteux. Les corolles sont jaunâtres. Nous avons étudié les caractères de cette plante dans l'herbier de M. Jussieu, sur des échantillons recueillis par Commerson près de Montévideo. Selon M. du Petit-Thouars, elle est assez commune dans l'île de Tristan d'Acugna, sur les montagnes arides. Ses caractères génériques diffèrent beaucoup de ceux du *leria* de M. Decandolle, qui d'ailleurs est de la tribu des mutisiées. Nous avons dédié ce nouveau genre au savant chimiste qui enrichit ce dictionnaire d'excellents articles, et qui a composé, pour les éléments de botanique de M. Mirbel, un petit traité de chimie végétale.

**CHEVREUSE** (*bot.*), variété du pêcher, ou amandier-pêcher (*V.* AMANDIER).

**CHEVREUSE** (*géogr.*), ville de France (département de Seine-et-Oise), sur l'Yvette. Laines. 1,600 habitants.

**CHEVREUSE** (MARIE DE ROHAN, DUCHESSE DE), dame célèbre par son esprit et sa beauté, née en 1600, épousa en 1617 le duc Albert de Luynes, connétable de France, et contracta en 1621 un second mariage avec Claude de Lorraine, duc de Chevreuse. Son caractère, porté à l'intrigue, se développa surtout dans les guerres de la Fronde, et lui attira successivement la haine de Louis XIII et du cardinal Richelieu. Accusée d'avoir cabalé contre ce ministre, et près d'être arrêtée, elle passa en Angleterre, d'où elle ne revint en France qu'après la mort de son ennemi. Ce fut pour y apporter de nouveaux germes de troubles et de confusion. Elle entra dans la ligue contre Mazarin, dont elle avait été précédemment l'appui, et mourut en 1679. « Je n'ai jamais vu qu'elle, dit le cardinal de Retz dans ses *Mémoires*, en qui la vivacité suppléât au jugement. Elle avait des saillies si brillantes et si sages, qu'elles n'auraient pas été désavouées par les esprits les plus judicieux. »

**CHÈVRE VOLANTE** (*ornith.*). Quelques rapports trouvés entre le cri de la chèvre et celui de la bécassine commune, *scolopax gallinago* Linn., ont fait donner à l'oiseau cette dénomination bizarre.

**CHEVRIE**, s. f. (*anc. mus.*), nom d'un instrument que l'on croit être la musette ou la cornemuse.

**CHEVRIER**, s. m. celui qui mène paître les chèvres.

**CHEVRIER** (FRANÇOIS-ANTOINE), écrivain satirique, né à Nancy vers 1705, d'abord volontaire dans un régiment d'infanterie, se dégoûta du métier des armes, et vint à Paris, où il travailla pour le théâtre, et publia des brochures virulentes qui lui firent un grand nombre d'ennemis. Condamné par sentence du bailliage de Nancy du 22 juin 1758, aux galères à perpétuité, pour son *Histoire de Lorraine*, dont il avait déjà paru 4 vol., il s'enfuit à la Haye, puis à Rotterdam, où il mourut en 1762. L'impudence, l'obscénité, l'irréligion, dominent dans la plupart des ouvrages de cet auteur, auquel on ne peut toutefois refuser de l'esprit, quelque imagination et de la facilité. On en trouvera la liste dans la *France littéraire* de M. Querard. Le seul qui mérite d'être consulté, c'est : *Mémoire pour servir à l'histoire des hommes illustres de Lorraine*, 1754, 2 vol. in-12, critique très-vive de la *Bibliothèque* de D. Calmet (*V.* ce nom).

**CHEVRIÈRES**, ancienne seigneurie du Dauphiné, aujourd'hui département de l'Isère, à 2 kilomètres de Saint-Marcellin, érigée en marquisat en 1682.

**CHEVRIÈRES** (J.-G. DE), écrivain médiocre, naquit vers la fin du XVII^e siècle, probablement dans le Dauphiné, où l'on sait qu'il existait une ancienne famille de ce nom. Obligé de chercher un asile en Hollande, il y trouva dans la culture des lettres, un délassement et des ressources. On lui doit : 1° *Abrégé chronologique de l'histoire d'Angleterre*, avec des notes, Amsterdam, 1730, 7 vol. in-12. Quoiqu'il n'en dise rien, Chevrières a beaucoup profité des recherches de Rapin-Thoyras; mais il s'est écarté de son modèle en donnant d'assez grands détails sur l'histoire de la réformation de l'Eglise anglicane. Il avait adopté une orthographe singulière qu'il s'efforce d'étudier par une dissertation dans sa préface. « Ce serait vraiment, ajoute Desfontaines, une chose curieuse de voir chaque auteur discourir ainsi sur son orthographe et sa ponctuation. » Ce critique trouve d'ailleurs le style de Chevrières plein de feu, et ses traditions assez bien ménagées (*Nouvelliste du Parnasse*, I, lettre VIII). 2° *Images des héros et des grands hommes de l'antiquité*, traduction en français sur le texte italien, ibid., 1731, in-4°. Cette édition, ornée de belles estampes de B. Picart, est plus recherchée que l'originale (*V.* J.-A. Canini, t. VII). 3° *Vie de Philippe II, roi d'Espagne*, traduit de l'italien de Gregorio Leti, ibid., 1734; 6 vol. in-12. Quelques bibliographes attribuent encore à Chevrières une *Vie de Stanislas, roi de Pologne*, Londres, 1741, 2 vol. in-12; mais Barbier avoue qu'il n'en a pu découvrir l'auteur, et il hésite entre Chevrières, Cantillon, Castilhon, etc. (*V. le Dictionnaire des anonymes*).

**CHEVRILLARD**, s. m. petit chevreuil, faon de chevrette.

**CHEVRILLE** (*botan.*) (*V.* CHEVRETTE).

**CHEVROLLE** *caprella* (*hit. nat.*). M. de Lamarck a nommé ainsi une division de crustacés, voisine des cloportes allongés, vivant sur les plantes marines, avec dix pattes, mais dans une série interrompue telle qu'il n'y en a pas sur le second et le troisième anneau. Tel est l'*oniscus scolopendroides*, figuré par Pallas dans ses *Glanures zoologiques*, cahier IX, pl. IV, n° 15. Tels sont encore les cancers *atomus* et *filiformus* de Gmelin (*V.* CLOPORTES).

**CHEVRON**, s. m. pièce de bois de charpente de trois à quatre pouces de gros, qui sert à porter les lattes sur lesquelles on pose les tuiles ou ardoises qui doivent couvrir un toit. On soutient les chevrons d'un toit par d'autres pièces de bois posées en travers, qu'on appelle *pannes*, sur lesquelles on les arrête avec des chevillettes. — CHEVRONS CINTRÉS. Ce sont des chevrons qui sont courbés et assemblés dans les liernes d'un dôme. — CHEVRONS DE CROUPE OU EMPANONS, chevrons qui sont inégaux et attachés sur les arêtiers de la croupe d'un comble. — CHEVRONS DE FERME. Ce sont les deux chevrons encastrés par le bas sur l'entrait (*V.* ce mot), et joints en haut par le bout au poinçon. — CHEVRONS DE LONG PAN. On appelle ainsi ceux qui sont sur le courant du faîte et des pannes de long pan du comble. — CHEVRONS DE REMPLAGE. Ce sont les plus petits chevrons d'un dôme qui ne suivent pas dans les liernes, parce que leur nombre diminue à mesure qu'ils approchent de la fermeture de la coupole.

**CHEVRON**, figure de blason, composée de deux bandes plates, assemblées par le sommet, et s'écartant l'une de l'autre, comme les deux branches d'un compas à demi ouvert. — Une ordonnance du 16 avril 1771 décida que quand un soldat aurait fini le temps de son engagement, s'il en contractait un nouveau, il aurait droit de porter sur le bras gauche un chevron de la couleur des revers de l'habit. Si, à l'expiration de ce second engagement, il en contractait un troisième, il aurait droit à un second chevron ; enfin, s'il continuait à servir après son troisième engagement, il porterait sur le même bras deux épées brodées en sautoir. A chacune de ces décorations était attachée une augmentation de paye pour le soldat qui en était revêtu. Abandonnée dans les premières années de la révolution, la décoration du chevron et la haute paye à laquelle elle donnait droit furent rétablies, mais avec quelques modifications, par un arrêté des consuls du 3 thermidor an X. Depuis, les dispositions qui l'avaient rétablie ont été successivement modifiées par un décret du 24 messidor an XII, par une loi du 10 mars 1818, par une décision ministérielle du 12 août 1822, et par une ordonnance royale du 25 juillet 1830. Aujourd'hui les sous-officiers et soldats ont droit à un chevron après huit ans, à deux chevrons après douze ans, et à trois chevrons après seize ans de service; les sous-officiers portent les chevrons en galons d'or ou d'argent, comme les marques distinctives des grades.

**CHEVRON** (*comm.*), sorte de laine noire, rousse ou grise, fabriquée dans le Levant.

**CHEVRON** (*hortic.*), bande de gazon en travers d'une allée.

**CHEVRON** (*pêche*), frai de poisson.

**CHEVRONNAGE**, s. m. (*technol.*), action de chevronner. — Etat, qualité, position ou ensemble des chevrons. — Ouvrage fait en chevrons.

**CHEVRONNÉ, ÉE**, adj. (*blason*). Il se dit des pièces ou de tout l'écu chargé de chevrons.

**CHEVRONNER**, v. a. (*technol.*), faire ou placer des chevrons.

**CHEVROTAGE**, s. m. (*droit féodal*), droit annuel que l'on payait en quelques lieux au seigneur pour les chèvres que l'on nourrissait; ce droit était la cinquième partie d'un chevreau mâle ou femelle.

**CHEVROTAINS**, *moschus* Linn. (*hist. nat.*). Les chevrotains se distinguent extérieurement de tous les ruminants qui nous sont connus par leur tête nue, c'est-à-dire sans bois ni cornes, et par les deux longues incisives pointues et tranchantes qui descendent de la bouche des mâles à la mâchoire supérieure : ils sont en outre les seuls qui aient un péroné. Du reste ils ressemblent aux autres ruminants. Ils n'ont point d'incisives à la mâchoire supérieure; mais ils en ont huit à l'inférieure, et leurs molaires sont au nombre de vingt-quatre, six de chaque côté des deux mâchoires. Leurs yeux n'ont rien de caractéristique; ils n'ont point de larmier; mais leurs narines sont séparées par un mufle semblable à celui des cerfs. Les oreilles sont de grandeur moyenne et pointues; la queue est courte. Les mâles ont la verge dirigée en avant, et les femelles ont deux mamelles entre les jambes de derrière. Le poil est court, assez gros et très-sec. Ce sont des animaux qui sont encore peu connus et qui paraissent être fort sauvages. Ils ont une petite taille et toute la légèreté des gazelles, dont ils ont vraisemblablement aussi les mœurs. On ne rencontre ces animaux qu'en Asie. Le plus célèbre est : le MUSC, *moschus moschifera* Linn. (Buff., *Suppl.*, p. 29). Il a la grandeur d'un chevreuil, et est aussi presque entièrement privé de queue. Les poils, qui sont de la nature de ceux du cerf commun ou de l'élan, sont blancs dans une grande partie de leur longueur, et le bout en est noir, brun ou fauve. Il résulte de là que la couleur de cet animal est indéterminée, parce que, suivant qu'il est vu de face ou de côté, il présente des teintes différentes. Les parties inférieures sont blanchâtres, ainsi que le dessous de la queue. On voit de chaque côté de la mâchoire inférieure, et un peu au-dessous des coins de la bouche, un bouquet de poils durs, roides et semblables à des soies. Les ergots de l'individu de notre cabinet sont d'une longueur démesurée; les oreilles sont jaunes intérieurement, et d'un gris brunâtre à l'extérieur; l'iris est d'un roux brun. Le train de derrière est beaucoup plus élevé que celui de devant, et annonce un animal capable de faire des sauts prodigieux. La bourse qui contient le musc est située en avant du prépuce, chez le mâle seulement: elle a deux ou trois pouces de diamètre. Le musc habite particulièrement le Thibet et les provinces qui l'avoisinent; il est recherché pour sa chair, mais bien plus encore pour la matière odorante qu'il produit. Cette matière est employée chez les Orientaux surtout dans les parfums. Le musc a passé d'usage chez nous dans la parfumerie, et ne nous sert guère qu'en pharmacie. Il est rare qu'on puisse s'en procurer qui soit pur; il est ordinairement falsifié avec du sang desséché, ou d'autres substances analogues. C'est des Chinois que nous le tirons, et l'on sait combien ce peuple manque de bonne foi. — Le CHEVROTAIN, *moschus pygmæus* Linn. (Buff., t. XII, pl. 42). Ce joli animal est de la taille du lièvre, et ses formes ont une délicatesse et une élégance remarquables. Le dessus de son corps est d'un brun roux qui devient fauve sur les côtés; toutes ses parties inférieures sont blanches. Sa légèreté est prodigieuse; mais il se fatigue assez vite, et un homme peut finir par l'atteindre. Il est fort délicat, et n'a pu encore soutenir le voyage d'Europe. — Le MÉMINA, *moschus memina* Linn. (Schreber, pl. 243). Cette espèce est encore peu connue; elle est plus grande que la précédente. Sa couleur est brune, avec des taches blanches assez semblables à celles des jeunes cerfs qui ont encore leur livrée. Elle a la gorge entièrement blanche. Elle se trouve à Ceylan. — Le CHEVROTAIN DE JAVA (Buff., t. 6, pl. 30), semblable au précédent, excepté qu'il n'a point de livrée. Il a trois bandes blanches sur la poitrine, et le brun du pelage est ondé de noir; le nez est noir. C'est un animal qui n'est encore que très-imparfaitement connu. On trouve dans l'*Oriental Miscellany*, sous le nom de musc de l'Inde, la figure d'une espèce de chevrotain dont M. de Blainville a vu la tête, qui est assez remarquable par sa grandeur et par la longueur de ses canines. Il en parle dans le *Bulletin de la société philomathique*, année 1816, p. 76.

**CHEVROTANT, ANTE**, adj. (*musique*), qui chevrote. *Voix chevrotante* (*V.* CHEVROTER).

**CHEVROTEMENT**, s. m. (*musique*), action de chevroter.

**CHEVROTER**, v. n. faire des chevreaux.

**CHEVROTER**, v. n. (*musique*), de *chèvre*. C'est, au lieu de battre nettement et alternativement du gosier les deux sons qui forment la cadence ou le trille, battre un seul à coups précipités, comme plusieurs doubles croches détachées et à l'unisson; ce qui se fait en forçant du poumon l'air contre la glotte fermée, qui sert alors de soupape, en sorte qu'elle l'ouvre par secousses pour livrer passage à cet air, et se referme à chaque instant par une mécanique semblable à celle du tremblant de l'orgue. Le *chevrotement* est la désagréable ressource de ceux qui, n'ayant aucun trille, en cherchent l'imitation grossière; mais l'oreille ne peut supporter cette substitution, et un seul chevrotement, au milieu du plus beau chant du monde, suffit pour le rendre insupportable et ridicule.

**CHEVROTIN**, s. m. peau de chevreau corroyée.

**CHEVROTIN**, expression proverbiale, *Tirer au chevrotin*, boire à l'envi.

**CHEVROTINE**, s. f. gros plomb dont on se sert pour tirer le chevreuil et autres bêtes fauves.

**CHEWAL** ou **CHEWEL** (*calend. or.*) (*V.* SCHEWAL).

**CHEYBEH** (*bot.*). Ce nom égyptien est donné, suivant M. Delile, au *lichen prunastri* de Linnæus, maintenant *evernia prunastri* d'Acharius, qui ne se trouve pas dans l'Egypte, mais qui y est apporté de la Grèce pour un usage économique. On le mêle dans le pain pour le rendre plus savoureux. Forskaël, qui parle aussi de cet emploi, nomme la plante *schœba* ou *sjœba*; ce qui signifie, selon lui, cheveux grisâtres ou blancs. Lorsqu'il demanda à connaître la plante ainsi nommée, on lui présenta une espèce d'absinthe qui portait en effet ce nom, à cause de sa couleur blanchâtre. C'est probablement l'*artemisia arborescens*, que M. Delile cite aussi sous le nom du *cheybeh*.

**CHEYLÈTES** (*entom.*). C'est le nom sous lequel M. Latreille a désigné le ciron des livres, *acarus eruditus* Schranck, espèce de mite à mandibules en pince (*V.* MITE).

**CHEYLÉTIDE**, adj. des deux genres (*hist. nat.*), qui ressemble à un cheylète.

**CHEYLÉTIDES**, s. m. pl. (*hist. nat.*), famille d'arachnides.

**CHEYNE** (GEORGES), médecin distingué, né en Ecosse en 1671, fit ses premières études médicales à Edimbourg, sous le docteur Archibald Pitcairne. Ayant pris le degré de docteur, il vint, à l'âge de trente ans, s'établir à Londres, où il publia successivement : 1° une *Nouvelle Théorie des fièvres aiguës et des fièvres lentes*, qui eut plusieurs éditions, dont la quatrième est de 1724. 2° *Fluxionum methodus inversa, sive Quantitatum fluentium leges generaliores*, ouvrage relatif au calcul différentiel, qui, quoique vivement critiqué par Moivre et par Jean Bernoulli, fit recevoir son auteur, en 1705, à la société royale de Londres. 3° *Principes philosophiques de la religion naturelle*, où Cheyne montre à la fois beaucoup de savoir et de piété; mais il ne prêchait pas d'exemple, car il se livrait, pendant qu'il composait son livre, à des excès de débauche et de dissipation de tout genre qui affaiblissaient rapidement sa santé. 4° *Essai sur la véritable nature de la goutte et la manière de la traiter, suivi d'un petit traité sur la nature et les qualités des eaux de Bath*. Dans cet ouvrage, qui ajouta à sa réputation et qui fut plusieurs fois réimprimé, il attribue la goutte, dont il était atteint lui-même, aux obstructions des petits vaisseaux produites par l'amas des sels tartreux et urinaires, et vante beaucoup comme remède l'usage des délayants et des apéritifs. 5° *Essai sur la santé et la longévité*, qui a eu de grands succès et plusieurs éditions dont une en latin qui a été traduite en francais, Paris, 1755, in-12. 6° *La Maladie anglaise, ou Traité des maladies nerveuses de tout genre, comme le spleen, les vapeurs, la mélancolie, les affections hypocondriaques et hystériques, etc.* C'est le plus célèbre de ses ouvrages, dans son pays du moins. Cheyne était de l'école de ces médecins qu'on appelait *mécaniciens*, et c'est surtout dans ce dernier écrit qu'il se laisse égarer par une théorie absolument hypothétique : il prétend que les deux principes des maladies sont presque toujours l'épaississement et la viscosité, ou l'acrimonie des fluides, et le relâchement des solides. Cette théorie erronée se trouve surtout consignée dans son opuscule *De fibræ naturæ ejusque laxæ morbis*, Londres, 1725, in-8°. On a aussi de lui une *Méthode naturelle pour guérir les maladies du corps et les désordres de l'esprit qui en dépendent*, qui a été traduite en français par M. de Lachapelle, Paris, 1749, 2 vol. in-12. Tous ces ouvrages sont écrits avec clarté, d'un style animé, et avec un ton de sincérité et d'amour de l'humanité qui prévient en faveur de l'auteur. La partie métaphysique en est la plus défectueuse; mais, quelque mérite qu'ils renferment à certains égards, ils sont de peu d'utilité aujourd'hui dans la pratique, par suite des progrès que la science a faits depuis. — Cheyne mourut en 1742, à l'âge de soixante-douze ans, à Bath, où le soin de sa santé délicate lui faisait passer chaque été.

ED. GIROD.

**CHÉNEYLL** (FRANÇOIS), presbytérien et théologien anglais, né en 1608 à Oxford. En 1640 il se rangea du côté des parlementaires dès l'ouverture de la guerre civile; en 1645 il devint membre de l'assemblée des théologiens, et en 1646 fut l'un des commissaires envoyés pour convertir l'université d'Oxford. Après avoir exercé pendant quelque temps, deux ans après, les fonctions de professeur et de président d'un des collèges de cette université, il les résigna pour jouir du riche bénéfice de Petworth dans le comté de Sussex, qu'il conserva jusqu'à la restauration. Il a publié un assez grand nombre de sermons et d'autres ouvrages; cependant il serait assez peu connu aujourd'hui sans les rapports singuliers qu'il eut avec le fameux théologien Chillingworth. En 1643 on vit paraître, imprimé par un ordre supérieur, un livre de Cheynell intitulé : *l'Origine, les Progrès et les Dangers du socinianisme*, où l'archevêque Laud, Chillingworth, Halles d'Eton et d'autres théologiens distingués étaient présentés comme chefs d'une ligue contre la religion protestante. L'année suivante, Chillingworth étant mort, il parut, également par autorisation, un autre ouvrage de Cheynell, sous ce titre: *Chillingworthi novissima, ou la Maladie, la Mort et l'Enterrement de Guillaume Chillingworth*. C'est un exemple tout à la fois risible et déplorable de ce que peut enfanter le fanatisme religieux. Cheynell avait été chargé de soigner et surtout d'exhorter Chillingworth. Dans la relation qu'il fait de la maladie de cet *homme de raison* (car c'est ainsi qu'il l'appelle), il retrace longuement ses efforts et ses pieux travaux pour convertir le malade, et dit comment il priait Dieu de lui donner des lumières nouvelles et d'autres yeux pour qu'il pût voir et quitter ses erreurs, abjurer sa raison, et se soumettre à la foi. En même temps, toujours inspiré par un zèle fanatique, il le maltraitait de paroles, au point qu'on crut généralement dans le parti royaliste, dont Chillingworth faisait partie, que Cheynell avait avancé sa mort. Après avoir refusé d'enterrer lui-même Chillingworth, il imagina d'enterrer son fameux ouvrage intitulé : *la Religion des protestants, moyen sûr de salut*. Il se rendit à cet effet, ce livre à la main, au lieu des funérailles, et, après un court préambule, où il déclarait qu'il serait trop heureux pour le royaume que de pareils ouvrages pussent tous être enterrés de manière à ne jamais ressusciter : « Va-t-en, s'écria-t-il, livre maudit qui as séduit tant d'âmes précieuses; va-t-en, livre corrompu jusqu'à la pourriture; terre, retourne à la terre, et poussière, retourne à la poussière. » Un tel acte d'intolérance était un symptôme de folie, aussi fut-ce dans un état voisin de l'aliénation que Cheynell mourut en 1665. ED. GIROD.

**CHÉ YU** (*ichthyol.*). Suivant la Chenaye des Bois, les Chinois appellent ainsi l'alose (*V.* CLUPANODON).

**CHEZ**, prépos. (*gramm.*), dans la maison de, au logis de. —Il se dit quelquefois, par extension, du pays natal, du lieu qu'on habite ordinairement.—Il signifie aussi parmi : *Chez les Grecs*. — CHEZ signifie quelquefois figurément, en, dans, tant au sens physique qu'au sens moral. *On trouve chez les auteurs grecs des exemples de... C'est chez lui une habitude*. — Quelquefois de cette préposition, jointe à un pronom personnel, il se forme un nom substantif. *Avoir un chez-soi*.

**CHÉZAL** (*vieux langage*) (*V.* CHÉZEAU).

**CHEZAL-BENOIST**, *Casale Benedictum*, abbaye de l'ordre de Saint-Benoît, située dans le Berry, à trois lieues d'Issoudun et à huit de Bourges, sur la rivière d'Arnon. Elle fut fondée l'an 1093 par le B. André de Vallombreuse, homme instruit à fond dans la connaissance des lettres, et d'un talent merveilleux pour gagner les âmes. Ce religieux vint en France, à la demande de Godefroy, comte de Châlons, seigneur de Saint-Aignan, et fonda, en 1087, des biens de ce seigneur, un monastère sur les confins des diocèses d'Orléans et de Chartres, qu'on nomma d'abord *Silviniacum*, à cause d'un bois épais où il était situé, et ensuite *Corneliacum*, Cornilly, à cause des reliques de saint Corneille qu'on y apporta. André de Vallombreuse ayant été attiré peu de temps après dans le diocèse de Bourges par Eudes Erpin, vicomte de Berry, il obtint du prieur et des chanoines de Saint-Cyric d'Issoudun la permission de faire bâtir un monastère au lieu appelé *Chezal-Malan*, en la paroisse de Dampierre, dépendante de ce chapitre. Tous les seigneurs du voisinage, et surtout Godefroy, seigneur d'Issoudun, contribuèrent à ce nouvel établissement. Léger, archevêque de Bourges, dédia l'église à la Vierge et aux apôtres saint Pierre et saint Paul, et y établit le B. André pour premier abbé, vers l'an 1096. Cette abbaye fut appelée dans la suite Chezal-Benoist; elle devint avec le temps très-considérable, et chef d'une congrégation qui portait son nom, et qui fut érigée vers le commencement du XVI<sup>e</sup> siècle et confirmée par le pape Léon X, l'an 1516, à la prière du roi François I<sup>er</sup>. Cette congrégation s'unit à celle de Saint-Maur, vers l'an 1636, à condition que l'une des six provinces dont la congrégation de Saint-Maur était composée porterait le nom de Chezal-Benoist. L'abbé était régulier, électif et triennal (la Martinière, *Dict. géogr.*; *Gallia christ*, t. II, col. 162, nouv. édition).

**CHÉZANANCE**, s. f. (*méd. anc.*), préparation purgative chez les Grecs.

**CHÈZE**, s. f. (*hist. nat.*), espèce de mésange appelée aussi nonnette.

**CHÈZE (LA) ou CHAISE (LA)**, ancienne seigneurie du Beaujolais, aujourd'hui département du Rhône, érigée en comté en 1718.

**CHÈZE (LA) ou CHAISE (LA)**, ancienne baronnie du Poitou, aujourd'hui département de la Charente, érigée en marquisat en 1697.

**CHÉZÉ**, s. f. (*anc. législ.*), mesure de terre que certaines coutumes accordaient, par préciput, au fils aîné, dans les possessions féodales.

**CHÉZEAU**, s. m. (*vieux langage*), habitation. — Manoir avec des terres propres à la culture.

**CHÉZERY**, nom d'une ville et d'une vallée cédées à la France par l'article premier du traité conclu à Turin, le 24 mars 1769, entre la France et la Sardaigne. La ville de Chézery, qui fait maintenant partie du département de l'Ain, possède une population de 1,205 habitants.

**CHÉZY**, directeur de l'école des ponts et chaussées de France, ingénieur en chef et inspecteur général du pavé de Paris, né à Châlons-sur-Marne en 1718, mort sans fortune le 4 octobre 1798, passa ses premières années dans la congrégation de l'Oratoire, qu'il quitta à l'âge de trente ans. Admis à l'école des ponts et chaussées en 1748, il fut nommé sous-ingénieur en 1761, et ingénieur en 1763. C'est sous sa direction que s'élevèrent les ponts de Mantes et de Tréport, remarqués par leur belle construction. Il avait écrit un grand nombre de *mémoires* sur sa partie, mais sa modestie l'empêcha de les publier ; un seul, celui *sur les niveaux*, a paru dans les *Mémoires des savants étrangers*. M. Prony a publié sa méthode pour la construction des équations indéterminées relatives aux sections coniques.

**CHÉZY (ANTOINE-LÉONARD DE)**, orientaliste, fils d'un ingénieur distingué qui fut directeur des ponts et chaussées, naquit à Paris en 1773. Il fut admis à l'école polytechnique dès la formation de cette école ; il en sortit pour suivre les cours de langues orientales au collége de France, et étudia particulièrement la langue persane sous M. Sylvestre de Sacy, dont il fut l'élève le plus distingué. Ses succès dans l'étude du persan lui valurent, en 1807, la place de professeur suppléant à l'école spéciale des langues orientales vivantes. Hamilton, membre de l'académie de Calcutta, étant venu en 1803, faire le catalogue des manuscrits indiens de la bibliothèque nationale, apprit en même temps le sanscrit à Fr. de Schlegel, qui résidait alors à Paris. Ce fut dans la conversation de ces deux savants que Chézy puisa les premières notions de cette langue, et il est le premier Français qui, sans avoir voyagé, ait acquis une connaissance profonde de l'idiome sacré des Indiens. Aussi, lorsque la grammaire de Wilkins parut dans le Bengale, Chézy fut-il en état de la juger et d'en rendre compte en homme qui connaissait son sujet. En 1814, Louis XVIII créa en sa faveur une chaire de sanscrit au collége de France. Cette chaire est la première de ce genre qui ait existé en Europe. En 1815 il devint professeur titulaire de persan à l'école des langues orientales, et fut élu en 1816 membre de l'académie des inscriptions et belles-lettres. On a de lui : *Medjnoun et Leïla*, poëme traduit du persan de Djamy, 1807, 2 vol. in-18 : cette traduction fut jugée digne d'un prix décennal en 1810 ; *Yadjnadatta Badha, ou la Mort de Yadnadatta*, épisode tiré du *Râmâyana*, et traduit du sanscrit, 1814, in-8° ; *la Reconnaissance de Sakountala*, drame sanscrit, texte et traduction ; l'*Anthologie érotique d'Amaron*, texte et traduction. Chézy fut enlevé par le choléra en 1832 : il laissait inédits dix-neuf ouvrages sur le sanscrit, et cinq sur l'arabe et le persan.

**CHI**, s. f. (*gramm.*), vingt-deuxième lettre, seizième consonne de l'alphabet grec, aspirée de l'ordre des gutturales (χ). Le *chi* répond à notre *ch* dur, ou plutôt au *ch* des Allemands. Comme lettre numérale, le *chi* avec l'accent supérieur (χ') vaut 600. Dans un autre système de numération, le *chi* majuscule (X) valait 1,000, et, entouré d'un trait (|X|), 5,000.

**CHI** (*vieux langage*), jeune chien. — Oignon, plante potagère.

**CHIA** (*mythol.*), surnom de Diane. Elle fut ainsi appelée du culte qu'on lui rendait à Chio, où elle avait une statue et un temple. Telle était la superstition des anciens païens, adorateurs de Diane de Chio, qu'ils croyaient que sa statue regardait avec sévérité ceux qui entraient dans son temple, et avec satisfaction ceux qui en sortaient. Ce phénomène passait pour un miracle; mais ou il n'était pas vrai, ou ce n'était qu'un effet de l'exposition de la statue, et surtout de l'imagination des idolâtres.

**CHIABRERA** (GABRIEL), célèbre poëte lyrique italien, né en 1522 à Savone, fut confié dès sa première enfance aux soins d'un oncle qui demeurait à Rome, et qui lui fit faire sous les jésuites son cours d'études, qu'il n'eut terminé qu'à l'âge de vingt ans. Il suivit les leçons publiques de Marc-Antoine Muret, se lia très-intimement avec Paul Manuce, et vécut dans la familiarité des savants. Le cardinal Cornaro, camerlingue du pape, lui donna dans sa maison un emploi lucratif et honorable, et, tranquille sur son avenir, il aurait pu se livrer doucement à la culture des lettres; mais son caractère irascible lui suscita bientôt une querelle, dont les suites fâcheuses l'obligèrent de quitter Rome et de se retirer dans sa patrie. Cette première leçon ne l'avait point corrigé. Peu de temps après son retour à Savone, il eut un nouveau duel, et, quoique blessé, même assez grièvement, fut encore contraint de prendre la fuite, parce qu'il fut démontré que tous les torts étaient de son côté. Chiabrera n'était cependant plus jeune. Son exil ne fut pas long: de retour à Savone, il y vécut en repos, et se maria dans un âge mûr, car il avait près de cinquante ans. A cette époque, il était connu depuis longtemps comme poëte lyrique, et sa réputation lui avait fait des admirateurs et des amis dans toutes les villes d'Italie. Dans les divers voyages qu'il fit à Turin, à Gênes, à Mantoue, à Florence, à Rome, il fut comblé d'honneurs et de présents. Il parvint à un âge très-avancé, et mourut à Savone en 1637. La nature l'avait certainement doué d'un talent prodigieux, mais c'est par l'étude constante des poëtes grecs que Chiabrera s'est formé; c'est en les imitant qu'il est parvenu à mériter lui-même de servir de modèle. Le temps, loin de nuire à sa réputation, n'a fait que l'affermir, et la postérité lui a conservé le glorieux surnom que ses contemporains lui avaient donné de *Pindare italien*. Dans le genre gracieux, il se montra le rival d'Anacréon et d'Horace, et, s'il n'est pas aussi supérieur dans ses autres ouvrages, il n'en est cependant pas un seul qui ne renferme de grandes beautés. Les *Poésies* de Chabrera ont été réimprimées un grand nombre de fois; mais l'Italie ne possède pas encore une édition complète des œuvres de son premier poëte lyrique (*V.* Gamba, *Serie di testi*). Les meilleures éditions des *Poésies* sont les suivantes: Gênes, 1586-1591, 4 vol. in-4°, édition originale, très-précieuse, aussi rare que recherchée; Rome, 1718, 3 vol. in-8°; Venise, 1730, 4 vol. in-8°, réimpression de l'édition de Rome, avec des additions contenues dans le quatrième volume; Milan, 1807-1808, 3 vol. in-8°. Ces éditions sont précédées d'une *Vie* de Chiabrera par Joseph Paolucci. On ne peut donner ici la liste de ses autres productions en vers et en prose; les curieux la trouveront dans la *Serie* de M. Gamba, que les amateurs de la littérature italienne doivent avoir constamment entre les mains; mais on ne peut se dispenser de signaler les *Alcune Prose inedite*, Gênes, 1826, in-8°, petit volume très-précieux, qui contient la *Vie* du fameux marquis J.-J. Marignano, un *Discours* à la louange d'Alexandre Farnèse, et trois *Dialogues*, dans lesquels Chiabrera lui-même donne les leçons aux jeunes poëtes qui voudraient à son exemple cultiver le genre lyrique.

**CHIACA** ou **CIACA** (*géogr. anc.*), ville de l'Arménie. Les Romains y entretenaient une garnison.

**CHIACAS** (*botan.*) (*V.* CHINAOS).

**CHIACCHIALACCA** (*hist. nat.*). Suivant Gemelli Carreri, ce nom a été donné par les anciens Mexicains à de petites poules brunes, dont la grosseur n'excède pas celle d'un pigeon commun, et qui d'ailleurs ont beaucoup de ressemblance avec les nôtres. Ces oiseaux, autrefois réduits en domesticité, sont depuis retournés à l'état sauvage, et vivent dans l'intérieur des terres au Mexique et à la Guyane.

**CHIAI-CATAI** (*botan.*). Il est fait mention d'une plante de ce nom dans le chapitre de Daléchamps qui traite de la rhubarbe. Elle croît dans le Cathay, faisant partie de la province de Chian-Fu. Les gens du pays lui attribuent de grandes vertus pour fortifier l'estomac, aider la digestion, calmer les douleurs et dissiper les fièvres. Ils en portent toujours avec eux dans leurs voyages, et pour en avoir une seule once ils donneraient un plein sac de rhubarbe. On ne peut déterminer quelle est cette plante, dont la description manque entièrement.

**CHIAMADE**, s. f. (*anc. term. milit.*), chamade.

**CHIAMANDOLA** (*hist. nat.*), nom employé en Sardaigne pour désigner diverses espèces de canards.

**CHIAMETLA** (*hist. nat.*). Arnoldus Montanus donne ce nom à un serpent d'Amérique, commun sur le mont Chiametla, près de la Nouvelle-Galice et de la province de Caliacan. Les habitants du Chili et de Guadalajara l'appellent *cobra* ou *vilo de Chiametla*.

**CHIAMPIN** (*botan.*). On lit dans l'*Abrégé des Voyages* qu'à Ceylan et dans d'autres lieux de l'Inde il existe un arbre de ce nom, originaire de la Chine, dont la fleur blanche exhale une bonne odeur. Confite, elle prend une consistance ferme et une saveur fort douce: on ajoute que l'arbre qui la porte est une espèce de petit platane. Cette indication ne peut être vraie, puisque la fleur du platane est très-différente; mais cet arbre est peut-être le champac, *michelia*, nommé aussi *tsjampaca*, dont les fleurs odorantes sont très-recherchées dans l'Inde.

**CHIANA** (*géogr.*), rivière de Toscane et des Etats de l'Eglise. La Chiana se partage en deux bras, dont l'un se rend au nord dans l'Arno, et l'autre au sud dans le Tibre.

**CHIANTOTOTL** (*hist. nat.*). Fernandez, qui parle de cet oiseau, ch. 139, le décrit comme étant de la taille de l'étourneau, ayant le bec cendré et un peu courbé, la poitrine et le ventre blancs, avec des taches brunâtres, le dos d'un brun tirant sur le bleu, les ailes d'un blanc noirâtre. A ces signes l'auteur ajoute que l'oiseau vit dans les plaines et qu'il est bon à manger.

**CHIANTZOLLI**, s. m. (*botan.*), selon le dictionnaire de Trévoux, nom d'une plante du Mexique.

**CHIAOUX**. Ce sont, chez les Turcs, des officiers du corps des janissaires. Il y en a de trois sortes ou catégories; on les distingue par différentes dénominations. Le premier nommé *bas chiaoux*, comme capitaine de la deuxième *oda* ou compagnie, est une espèce d'officier comptable, ou quartier-maître, chargé d'enregistrer ceux qui entrent dans le corps des janissaires. En un mot, il tient les contrôles; il les admet en les pinçant à l'oreille, et en les gratifiant d'un soufflet. Il inflige aussi les punitions aux coupables, et commande l'alignement quand l'aga veut passer une revue. Il a dû apprendre à chaque soldat quelque verset du Coran qui doit être récité lorsque ce chef parcourt les rangs. C'est une espèce de bénédiction, de salut adressé à l'aga. Ce bas chiaous a sous ses ordres deux *orta chiaoux*, sorte de capitaines lieutenants, chargés de mettre à exécution les châtiments qu'il prescrit pour les soldats délinquants, et jouissant du privilége remarquable de saluer les premiers à mains jointes, après le *bas chiaoux*, quand ils défilent devant le général. — Chiaoux est encore le nom des officiers, remplissant à la cour du Grand Seigneur les fonctions d'huissiers. Ce mot, en turc, signifie *envoyé*. Ils portent des armes offensives et défensives, et ont la garde des prisonniers de distinction. Leur marque de dignité est un bâton couvert d'argent; leurs armes sont le cimeterre, l'arc et les flèches. C'est parmi eux que l'empereur choisissait ses ambassadeurs il y a peu d'années encore. Ils sont sous les ordres du *chiaoux baschi*, officier qui assiste au divan, et y introduit ceux que le sultan y admet ou fait appeler.

ED. GIROD.

**CHIAPA** ou **CHIAPTA**, province du Mexique (Amérique septentrionale), bornée au nord par la province de Tabasco, à l'est par celle d'Yucatan, au sud par celle de Guatimala, et à l'ouest par celle de Vera-Cruz et d'Oaxaca. Elle a 102 lieues de long sur 37 de large, et est en partie hérissée de montagnes couvertes de vastes forêts de cyprès, de cèdres, de pins, et d'autres arbres d'où l'on extrait de la gomme, de l'ambre, etc. On récolte dans cette province du maïs, du coton, du miel, du cacao, etc., et l'on y élève des troupeaux de moutons, de chèvres et de porcs. Les chevaux en sont très-estimés. Il y a des lions, des serpents, des ours, des tigres et des oiseaux très-rares. — CHIAPA-DOS-ESPANOS ou CIUDAD-RÉAL, ville capitale de la province ci-dessus, située dans une plaine charmante, à 82 lieues de l'océan Pacifique. Commerce de coton, de cacao, de sucre, etc. Population, 400 familles espagnoles et 100 familles indiennes. A 123 lieues nord-ouest de Guatimala; latitude nord 16° 45', longitude ouest 96° 30'. — CHIAPA-DOS-INDOS, ville de la province ci-dessus, et beaucoup plus considérable que la capitale. Elle est située dans une vallée sur la rivière de Tabasco, et contient 400 familles indiennes. A 140 lieues sud-est de Mexico, et à 14 lieues ouest de Chiapa-dos-Españos.

ED. GIROD.

**CHIAPANAIS, AISE**, adj. et subs. (*géogr.*), habitant de l'Etat, de la province de Chiapa, qui appartient à cet Etat ou à ses habitants. — LANGUE CHIAPANAISE (*linguist.*), une de celles qu'on parle dans le royaume de Guatimala.

**CHIAPPARONE** (*hist. nat.*). C'est le nom qu'on donne au proyer; *emberiza milliaria* Linn., dans le pays de Gênes.

**CHIAPPE** (BAPTISTE), le dernier peintre de l'école génoise, né en 1625 à Novi; fit ses études à Rome, où il s'appliqua particulièrement au dessin; il devint assez bon coloriste dans la suite, et l'on attendait de lui des ouvrages plus précieux que tous ceux qu'il a laissés; mais il mourut en 1647, à peine au milieu de sa carrière. Une de ses meilleures compositions est son tableau du *Saint* à Saint-Ignace d'Alexandrie.

**CHIAPPE** (ANGE et non ANDRÉ), conventionnel, né dans la Corse, fut député par cette île en 1792. Il dirigea toujours sa conduite d'après les sages principes d'une modération éclairée. Il eut le courage de contester à l'assemblée le droit de juger Louis XVI, et vota toujours avec la minorité, d'abord pour la détention pendant la guerre, et la déportation à la paix, ensuite pour l'appel au peuple, puis pour le sursis à l'exécution du jugement. Il s'opposa de tous ses efforts aux excès de la commune; et, le 20 avril 1793, il demanda que l'assemblée déclarât que les vingt-deux membres dénoncés par les sections n'avaient point perdu sa confiance. Il eut le bonheur d'échapper à la proscription du 31 mai. Le 21 décembre 1794, il fut élu secrétaire de l'assemblée. Dans le mois de janvier 1795, il accusa le général Duhem d'avoir dit que depuis la mort de Robespierre l'aristocratie et le royalisme triomphaient, et demanda qu'il fût enfermé à l'Abbaye. Envoyé en mission dans le Midi, il se déclara l'ennemi des *terroristes*, comprima avec beaucoup de fermeté une insurrection que les derniers restes de la montagne avaient excitée à Toulon, annonça à l'assemblée qu'il s'était fait jour à travers les anarchistes, le sabre à la main, qu'il s'était emparé de l'arsenal, et avait empêché de sortir du port une escadre qui devait porter vingt-cinq mille hommes dont le but était de rétablir la terreur. Il fut ensuite attaché à l'armée d'Italie. Député au conseil des cinq cents, il y parla, dans la séance du 7 novembre 1795, contre le décret qui avait mis en arrestation plusieurs nouveaux députés accusés d'avoir pris part à la révolte de quelques sections de Paris, le 13 vendémaire. Il demanda qu'on envoyât en Corse la constitution. En sortant du corps législatif en 1797, il ne fut pas juge d'appel dans son île, mais sous-préfet à la Stura. En 1814 il vint à la tête d'une députation de son pays complimenter Louis XVIII. Rendu à la vie privée, il se fixa à Paris, où il est mort en 1826.

**CHIAR** (*botan.*) (*V.* FAQOUS).

**CHIARAMONTE** (*géogr.*), ville de Sicile (Syracuse), fondée vers le milieu du XV^e siècle par un gentilhomme qui lui donna son nom. Elle est bien bâtie et fait un peu de commerce. 6,600 habitants. A 12 lieues et demie à l'ouest de Syracuse.

**CHIARAMONTE** (JÉROME), médecin empirique, se fit, dans le XVII^e siècle, une assez grande réputation en Italie, pour avoir le premier conseillé l'usage de la poudre de Baida comme un spécifique contre toutes sortes de maladies. Né dans la Sicile, près de Palerme, il pratiquait la médecine à Naples, lorsqu'il annonça la découverte de ce spécifique. Le duc d'Ossone, vice-roi, donna sur-le-champ l'ordre d'en faire l'essai sur quinze malades, pris au hasard à l'hôpital de l'Annunziata, et tous au bout de quelques jours furent rétablis. Encouragé par ce succès, et muni des attestations les plus flatteuses du premier médecin de Naples, Chiaramonte se rendit à Florence, où il obtint un débit considérable de sa drogue, qu'il avait décorée des noms pompeux de *poudre magistrale*, d'*élixir de vie*, de *phénix de la médecine*. Après avoir parcouru toute l'Italie, il vint en 1627 à Gênes; mais il y trouva parmi ses confrères deux antagonistes qui n'eurent pas de peine à démontrer que les guérisons merveilleuses attribuées à sa poudre étaient dues à d'autres causes qu'à ses prétendues propriétés. Chiaramonte ne laissa point leurs attaques sans réponse; toutefois il jugea prudent de retourner à Naples, avec l'argent que lui avait procuré le débit de sa poudre, et y mourut vers 1640. La poudre de Baida cessa bientôt d'être en vogue; mais, en 1735, quelques charlatans essayèrent d'en ramener l'usage. On recommença, dit Cinelli, d'en fabriquer à Ancône, et plusieurs personnes notables de Ravenne se sont empressées de s'en procurer; mais, quoique tout le monde en vantât les merveilleux effets, on ne laissa pas de mourir comme auparavant (*Bibliothèque volante*, II, 139). On a de Chiaramonte plusieurs opuscules sur sa poudre : 1° *la Fenice della medicina, discorso fisico-naturale circa la polvere magistrale*, etc., Florence, 1620, in-4°; 2° *Dichiarazioni contro il sommario metodo di don Gio-Antonio Bianchi e contro il discorso di Piet-Francesco Giraldini sopra la sua ritrovata polvere, che fa stimata belzuar minerale*, Gênes, 1627, in-4° : cet opuscule fut réimprimé avec le suivant; 3° *Compendio del suo elixir vitæ, ridotto in polvere*, Gênes, 1628, Naples, 1633, in-4°; 4° *Osservazioni, brieve discorso del contagioso male di canna*, Naples, 1637, in-4°. Grégoire de Rado a écrit contre ce charlatan une brochure en espagnol intitulée : *De l'admirable faiblesse des poudres et de l'élixir de vie*, Madrid, 1706, in-4°.

**CHIARAMONTI**, nom de famille du pape Pie VII (*V.* ce nom). Comme celui-ci, de même que ses prédécesseurs Clément XIV et Pie VI, dont le musée *Pio-Clementino* porte les noms, augmenta la richesse des trésors des arts que renferme le Vatican, et qu'il fit dignement exposer tout ce qui y fut réuni, on donna son nom aux musées fondés par lui, ou qui furent établis sous son règne. Ce nom est principalement donné à la collection des antiques et des bas-reliefs qui sont exposés dans une grande salle attenante au musée *Pio-Clementino*. Le choix et le classement de ces chefs-d'œuvre furent confiés au goût de Canova. La description et les dessins de ce musée (*il Museo Chiaramonti descritto ed illustrato da Filippo Aurelio Visconti e Gius.-Ant. Guattani*, Rome, 1818, in-folio) sont annexés comme supplément à l'ouvrage publié par Giamb. et Ennio-Quir. Visconti sur le musée *Pio-Clementino*. Le musée *delle inscrizioni*, le musée des manuscrits grecs et romains, qui sont scellés dans les murs le long d'une vaste galerie, collection qui n'a pas d'égale au monde, servent d'introduction au musée Chiaramonti et à la bibliothèque du Vatican. Les manuscrits dont nous venons de parler furent mis en ordre et exposés sur l'ordre du pape par Gaetano Marini. On y arrive par les loges du Vatican. Enfin il y a aussi une bibliothèque *Chiaramonti* : c'était la bibliothèque entière du cardinal Zelada, dont le pape Léon XII a enrichi celle du Vatican.

**CHIARAMONTI** (SCIPION), savant dans la philosophie et les mathématiques, né d'un père médecin à Césène, ville de la Romagne, le 22 juin 1565, mort le 3 octobre 1652, avait fondé dans sa patrie l'académie des *Offuscati*. Outre plusieurs ouvrages contre Tycho-Brahé sur les comètes et sur le système du monde, d'autres de mathématiques, et des commentaires sur Aristote, il a laissé : 1° une *Histoire* (latine) *de Césène*, 1641, in-4°; Helmstadt, 1665, in-4° : on y trouve des renseignements utiles sur l'histoire de l'Italie; 2° un traité *De conjectandis cujusque moribus et latitantibus animi affectibus...*, Venise, 1625, in-4°. Cureau de la Chambre s'en est beaucoup servi pour composer son ouvrage sur l'art de connaître les hommes.

**CHIARAMONTI** (JEAN-BAPTISTE), littérateur et jurisconsulte italien, mort à Brescia le 22 octobre 1796, y était né le 2 mars 1731. Jeune encore il avait mérité, par son goût pour les lettres, d'être admis dans les réunions de savants et de littérateurs que le savant biographe Mazzuchelli formait chez lui. A l'âge de vingt-trois ans, il y lut une dissertation pleine d'érudition *Sul paterno impero degli antichi Romani*, qui fut imprimée dans le cinquième volume de la *Nueva Raccolta d'opuscoli scientifici e filosofici*, Venise, 1759. Encouragé par ce succès, Chiaramonti lut dans la même société, en 1756, une autre dissertation de sa composition : *Sopra il commercio*, qui fut bientôt suivie d'une autre : *Sulle accademie letterarie bresciane*. Il fit en outre plusieurs autres opuscules, non moins agréables qu'instructifs, qui furent imprimés, les uns à part, et les autres dans les deux volumes des *Dissertazioni istoriche, scientifiche ed erudite recitate nell' adunandza del Mazzuchelli*, que Chiaramonti lui-même publia en 1765 à Brescia. C'est à son zèle pour les lettres qu'on doit l'édition faite dans la même ville, en deux volumes in-8°, l'an 1763, de deux cent quarante-trois morceaux précieux de littérature du chanoine Paul Gagliardo. Jean-Baptiste Chiaramonti donna au public, indépendamment de ces productions, des *Notizie intorno a Luigi Marcello, patrizio veneto*; d'autres relatives au P. Jean-Pierre Bergantini, au P. François Lana : celles qui ont rapport à ce dernier sont suivies d'une lettre sur la fameuse barque volante de ce jésuite, projet dans lequel on a cru voir un prélude de l'invention des aérostats. — Son frère, HORACE, mort en 1794, a publié quelques ouvrages ascétiques.

**CHIARANTANO** (PAUL), né à Piazza en Sicile en 1613, entra dans l'ordre des jésuites en 1631, et peut être placé parmi les hommes distingués qu'a produits cette société. Après avoir achevé ses études avec succès, il s'adonna à des matières plus sérieuses, et professa la philosophie, la théologie scolastique et la morale. Les mathématiques fixèrent aussi son attention, et ses connaissances dans les langues orientales étaient très-approfondies. Il fut deux fois élu recteur du collége de Piazza, et nommé censeur du saint-office. Il mourut dans sa patrie le 22 janvier 1701. On a de lui : *Piazza, città de Sicilia nova et antiqua*, Messine, 1654, in-4°, inséré dans le x<sup>e</sup> tome des *Antiquités* de Grævius. Il a laissé manuscrits : *De horologiis rotalibus et solaribus; De segmentis seu partibus circuli; De sphæra; De modo erigendi figuram; De astronomia.*

**CHIARI** (*géogr.*), ville du royaume lombard-vénitien (Brescia). On y fabrique de la soie filée, de l'organsin, des étoffes de bourre de soie, des toiles de lin et de coton. 6,850 habitants. A 5 lieues à l'ouest de Brescia.

**CHIARI** (COMBAT DE). Le maréchal de Villeroi avait, en 1701, remplacé Catinat dans le commandement de l'armée d'Italie ; « car, disait madame de Maintenon dans une de ses lettres, le roi n'aime pas confier ses affaires à des gens sans dévotion. » Catinat se mit sans murmurer sous les ordres du nouveau général, qui, avec son imprudence et son orgueil ordinaires, reprit l'offensive. Aux observations que lui faisait le général plébéien, Villeroi répondait : « Je n'ai pas la qualité d'être circonspect. » Il ordonna d'abord de marcher contre Chiari sur l'Oglio, qu'il croyait abandonné. Catinat se fit répéter l'ordre trois fois ; puis, se retournant vers les officiers qu'il commandait : *Allons*, dit-il, *messieurs, il faut obéir*. On marcha aux retranchements. On y trouva toute l'armée d'Eugène, qui avait été averti par le traître Amédée de Savoie. Malgré les preuves de courage par lesquelles ce prince masqua sa trahison, malgré les efforts désespérés de Catinat, les Français furent repoussés avec une perte de cinq à six mille hommes.

**CHIARI** (FRANÇOIS-RAINIER), auteur italien, né à Pise, écrivait au commencement du XVIII<sup>e</sup> siècle, et mourut à Venise en 1750. Il portait l'habit ecclésiastique et le titre d'abbé. Il publia en latin et en italien des ouvrages de piété, de morale, et même de médecine. On cite entre autres, en latin : *Homiliæ et Orationes aliquot sacræ; Aphorismi philologici in sensu veritatis expressi*; et en italien, *la Luce vera del mondo; il Penitente illuminato*, etc. Ses ouvrages de médecine sont traduits du latin : *la Medicina statica di Santorio volgarizzata con varie aggiunte, tra le quali l'opusculo intitolato il Medico di se stesso; Della medicina di Aurelio Cornelio Celso, lib. 8 tradotti*, Venise, 1747, in-8°. Il a aussi traduit en italien des *Lettres choisies de Cicéron.*

**CHIARI** (FABRIZIO), peintre et graveur, natif de Rome en 1621, se distingua par quelques tableaux et plusieurs estampes à l'eau-forte d'après le Poussin. Il mourut en 1695. — CHIARI (Joseph) peintre, né à Rome en 1654, y mourut en 1727 frappé d'apoplexie. Elève de Carl Maratte, il parvint à prendre place parmi les premiers peintres de son siècle par ses tableaux de chevalet, et par ses fresques du palais Barberin et de la galerie Colonna. On cite de lui encore divers tableaux qui ornent les églises de Rome, une *Sainte Famille* et une *Adoration des mages*, exposées dans la galerie de Dresde. — CHIARI (L'abbé Pierre), poëte et romancier, naquit à Brescia vers 1720, entra chez les jésuites, devint ecclésiastique, et s'adonna avec passion aux lettres et aux sciences. Puis, ayant obtenu le titre de poëte de la cour du duc de Modène, il alla s'établir à Venise, et, dans l'espace de douze ans, il composa plus de soixante comédies dans le genre de celles de Goldoni, qui toutefois sont bien supérieures aux siennes. Il écrivit, mais avec moins de succès, quatre tragédies, et fut plus heureux dans le roman. Ses meilleurs sont : *la Giuocatrice di lotto; — la Bollerina onorata; — la Cantatrice per disgrazia, — la Bella Bellegrina*, imitée de *l'Ecossaise de Voltaire*. On a encore de lui : *Lettere scelte; — Lettere filosofiche; — Lettere scritte da donna di senno e di spirito, per ama estramento del suo amante*, et une *Histoire sainte par demandes et réponses*. Le *Théâtre* de Chiari forme dix volumes de pièces en vers et quatorze de pièces en prose, imprimés à Venise et à Bologne, in-8°, en 1759 et 1762. Chiari mourut à Brescia en 1788.

**CHIARINI** (MARC-ANTOINE), peintre bolonais, né en 1652, élève de François Quaini et de Dominique Santi, excella dans la perspective, l'architecture et les arabesques. Ses principaux ouvrages se voyaient à Modène, à Milan, à Lucques, et surtout à Vienne, où il travailla pour le prince Eugène. Il a publié, avec des remarques, les *dessins* de la fontaine de la place de Cologne, dont il a mesuré tous les aqueducs. Ce grand artiste mourut en 1730.

**CHIARTOLITE** (*minér.*) (V. MACLE).

**CHIARUGI** (VINCENT) exerça l'art de guérir à Florence, où il fut médecin de l'hôpital Saint-Boniface, spécialement consacré aux maladies mentales et cutanées. Il était aussi professeur de médecine et de chirurgie près de cet hôpital, et fut plus tard directeur de l'hôpital Sainte-Marie, de la même ville. Il mourut vers 1822. Ses ouvrages sont : 1° *Della pazzia in genere ed in specie trattato medico analitico con una centuria di osservazioni*, Florence, 1793-1794, 3 vol in-8°, traduit en allemand, Leipzig, 1795, 3 vol. in-8°. Ce traité de la folie est basé sur la pratique de l'auteur dans l'hôpital Saint-Boniface. Le premier volume traite de la folie en général, le deuxième des différentes espèces de folie, enfin le troisième renferme cent histoires particulières de malades atteints d'aliénation mentale, à plus de la moitié desquelles sont joints les détails de l'autopsie cadavérique. Cependant le professeur Pinel prétend que l'auteur n'a fait que suivre les routes battues. 2° *Saggio teoretico-pratico sulle malattie cutanee sordide osservate nel R. spedale al Santo-Bonifacio di Firenze*, Florence, 1799, 2 vol. in-8°; nouvelle édition augmentée, Florence, 1807, 2 vol. in-8°. 3° *Saggio di richerche sulla pellagra*, Florence, 1814, in-8°.

**CHIAS** (*temps hér.*), fille de Niobé et d'Amphion, qui donna son nom à une des portes de Thèbes. Elle périt sous les flèches de Diane.

**CHIASME**, s. m. (*diplom.*), croix marginale en forme de X. Le chiasme marque que l'on désapprouve le passage auquel il s'applique. — CHIASME (*rhét.*), figure de rhétorique composée d'une double antithèse dont les termes se croisent, le premier correspondant au dernier, et le second au troisième.

**CHIASMOS**, s. m. (*anat.*), entre-croisement tel, par exemple, que celui des nerfs optiques dans le crâne.

**CHIASOGNATHE** (*hist. nat.*), genre de coléoptères de la section des pentamères, famille des lamellicornes, tribu des lucanides, établi par M. Stéphens et ayant pour caractères : premier article des antennes très-long ; labre distinct ; mandibules ayant leur lobe terminal presque sétacé ; palpes de quatre articles dont le premier très-court, le second très-long, et les deux derniers presque égaux, moyens; lèvre membraneuse terminée par une languette bifide ; palpes de trois articles augmentant du premier au dernier. Il serait peut-être possible de rapprocher ce genre de celui de Pholidotus de Macleay, dont il ne paraît pas différer essentiellement. — CHIASOGNATHE DE GRANT, long de dix-huit lignes, sans compter les mandibules, qui ont autant de longueur; entièrement brun, avec des reflets d'un vert doré métallique ; les mandibules sont cambrées au-dessus, finement dentées intérieurement ; se recourbent à leur extrémité, vers le côté externe, et se terminent par un petit crochet bien marqué ; de leur base partent en dessous deux autres branches presque droites, dentées aussi intérieurement, aigües, de la moitié en longueur des branches principales. Le premier article des antennes est aussi excessivement long, le corselet est triangulaire, et ses angles postérieurs contournés en avant sont beaucoup plus larges que les élytres. — On ne connaissait encore que le mâle, qui est fort rare ; mais la femelle vient d'être aussi rapportée de Chiloé par M. le docteur Fontaine, chirurgien de la marine. Elle a les mandibules très-courtes, comme les femelles de lucanes, et ressemble beaucoup à ces insectes.

**CHIASORAMPHE** (*hist. nat.*) (V. BEC-CROISÉ).

**CHIASSE**, s. f. écume de métaux. — *Chiasse de mouche, de ver*, excréments de mouche, de ver. — Figurément et bassement, *Ce n'est que de la chiasse*, se dit de toute chose vile, méprisable, et qui ne vaut pas la peine qu'on la ramasse.

**CHIASTOS** s. m. (*anc. chirurg.*), sorte de bandage dont les tours se croisaient.

**CHIATTO** (*hist. nat.*). D'après Gesner, c'est un des noms italiens du CRAPAUD (V. ce mot).

**CHIAVARI** (*géogr.*), ville et port des Etats sardes, sur le golfe de Gênes, à 247 lieues sud-est de Paris, latitude nord 44° 21", longitude est 7°. Population, 8,000 habitants. Cette ville est bien bâtie et fort industrieuse. Elle possède une bibliothèque de 7,000 volumes, des écoles publiques, une société d'encouragement, plusieurs fabriques de dentelles et de toiles et des filatures de soie. Son commerce consiste principalement en draperies, confitures, drogueries, etc. On y pêche beaucoup d'anchois. Le territoire de Chiavari produit du vin, des olives et de la soie. Il s'y tient diverses foires annuelles assez importantes.

**CHIAVENNA** (*géogr.*), en allemand *Claven* (*Clavenna*), ville du royaume lombard-vénitien (Sondrio), dans une vallée des Alpes lépontines, sur la rive droite de la Maira. Elle est bâtie sur le penchant d'une montagne et entourée de murs. Parmi ses églises on remarque celle de Saint-Lorenzo. Elle a des filatures de soie et des fabriques d'étoffes de soie, et commerce en vins, fruits, ustensiles de cuisine dits de Cavezzi, et pierre ollaire de *carotto*, dont il y a des carrières dans les environs. Cette ville, située au point où les grands passages d'Allemagne en Italie, par les monts Septimer, Splügel et Mullogia, viennent se réunir, pour aller dans les anciens Etats de Milan et de Venise, est une des clefs les plus importantes du revers méridional des Alpes, et favorise son commerce d'expédition. 3,000 habitants. A 6 lieues et demie au nord de Sondrio.

**CHIAVISTELLI** (**JACQUES**), peintre florentin, né en 1618, élève de Colonna, fut un artiste d'un goût solide, et plus sage que la plupart des peintres de son temps. Il réussit particulièrement dans la perspective; les égliges, les cabinets et les palais de Florence renferment ses plus beaux ouvrages. Il forma plusieurs élèves, et mourut en 1698; on voit son portrait au palais Pitti.

**CHIBEROTABA** (*géogr. sac.*), treizième campement des Israélites dans le désert. Le peuple, ayant murmuré dans cet endroit contre Moïse, y fut affligé d'une grande plaie.

**CHIBIGOUASOU** (*hist. nat.*), nom qui signifie grand chat, au rapport d'Azara, et que les Guaranis donnent à l'ocelot, *felis ocelot* Linn.

**CHIBOIRE** (*vieux langage*), dais ou baldaquin d'autel soutenu par des colonnes.

**CHIBOUC**, mot arabe qui littéralement doit se traduire par *poutre, solive*. Comme les pipes dont on se sert en Orient sont généralement fixées au bout d'un long tuyau, on leur a aussi, par extension, appliqué le nom de chibouc. C'est cette dernière acception qui est répandue à présent en Europe, surtout depuis la conquête d'Alger. En France, un chibouc est une pipe orientale. — Il serait superflu de la décrire, tout le monde la connaît; ajoutons seulement que sa forme, qui paraît aux profanes toujours invariablement la même, change pourtant selon les diverses provinces, et révèle jusqu'à un certain point les traits principaux du caractère des habitants. A Constantinople, les tuyaux sont fort longs et en cerisier, le pot est doré avec un grand luxe, le bout d'ambre gros et arrondi. Cette pipe, peu transportable, faite pour les hauts divans, s'approprie à merveille avec la vie sédentaire des Turcs. En Egypte, les tuyaux se raccourcissent, deviennent plus mignons, le bois est moins constamment le même, les bouts d'ambre sont gracieusement effilés, les pots n'ont aucun ornement d'or, mais ils sont admirablement fabriqués avec la belle terre de Siouth. Ces chiboucs n'indiquent-ils pas dans le caractère arabe plus de mobilité, plus de goût et plus de finesse. — Le chibouc joue un grand rôle dans le cérémonial d'Orient: aucune visite, aucun conseil, ne peuvent commencer si l'on n'est préalablement armé d'une pipe. Malheur à celui qui n'en aurait pas, il recevrait par là une marque significative d'impolitesse. Aussi la distribution des chiboucs se règle-t-elle d'après la préséance : le plus grand personnage reçoit le premier et le plus beau chibouc, deux égaux les reçoivent semblables et en même temps. Aux beaux jours de l'empire ottoman, le porte-pipe était un haut fonctionnaire de S. H.; à Stamboul, il avait le nom de toutoundji, de *toutoun*, tabac; au Caire, c'était le *chiboutchi-bachi*, chef des pipes; chaque pacha, chaque bey, chaque cachef même, avait son chiboutchi. — Pour donner une idée de l'usage du chibouc, il suffira de faire observer que des hommes ont pour unique métier de nettoyer les pipes à domicile, qu'ils vivent aisément et en grand nombre, bien qu'ils ne prennent qu'un para (un demi-centime) par chibouc. COGNAT.

**CHIBOUÉ** (*botan.*). A Saint-Domingue, suivant Nicolson, on nomme ainsi le gomart, *bursera*, qui laisse suinter de son écorce un baume très-vulnéraire (*V.* **GOMART**).

**CHIBRATH** (*hist. anc.*), mesure des distances chez les Hébreux. Elle était de mille coudées judaïques; ce qui revenait à quatorze cent soixante-dix-huit pieds romains six pouces, ou à deux stades et demi. La loi ne permettait pas aux Juifs de faire plus de deux *chibraths* un jour de sabbat.

**CHIC** (*hist. nat.*). Ce nom s'applique, en Provence, à divers oiseaux du genre bruant, *emberiza*. Le chic proprement dit est, suivant Guys, le mitilène, *emberiza lesbia* Linn., représenté dans les planches enluminées de Buffon sous le n° 656, fig. 2. Le chic farnous paraît être le bruant fou ou zizi, *emberiza cirlus* Linn.; le chic jaune, le bruant commun, *emberiza citrinella* Linn.; le chic gavotte ou moustache, le bruant gavoué, *emberiza provincialis* Linn.; le chic perdrix, le bruant proyer, *emberiza milliaria* Linn.; le chic de roseaux, le bruant de roseaux, *emberiza schœniclus* Linn. Il n'y a que le chic d'Avausse qui n'appartienne point au genre bruant, et qui désigne la fauvette d'hiver ou mouchet, *motacilla modularis* Linn.

**CHIC**, s. m. (*arts du dessin*), terme usité dans les ateliers pour exprimer une certaine facilité, une vigueur rapide dans le maniement du pinceau et du crayon.

**CHICA**, s. f. (*relation*), danse africaine dont l'action principale consiste à mouvoir en cadence la partie inférieure des reins, en maintenant le reste du corps dans une sorte d'immobilité.

**CHICA** (*botan.*). Dans l'ouvrage de MM. Humboldt et Bonpland sur les plantes équinoxiales, il est fait mention d'un arbrisseau de ce nom, à tige grimpante, qu'ils regardent comme une espèce de bignone, et nomment *bignonia chica*. Ils ajoutent qu'on tire de ses feuilles, par la macération dans l'eau et au bain-marie, une matière dont la couleur est à peu près semblable à celle de l'ocre calciné ou d'un rouge de brique : cette matière colorante, que les naturels nomment aussi *chica*, est, dans le pays, un objet de commerce, parce que les habitants des régions voisines s'en servent, les uns pour se rougir le corps entier, d'autres leur tête et certaines parties du visage seulement. Il paraît que des expériences nouvelles prouvent que cette substance pourra être employée par les peintres et les teinturiers.

**CHICA** ou **CHICCA**, liqueur employée par les Indiens de l'Amérique méridionale, principalement dans les provinces de Quito et du Pérou au temps des Incas. Cette boisson est encore très-commune; ils la préparent de la manière suivante: ils font infuser du blé de Turquie dans l'eau jusqu'à ce qu'il commence à germer; ils l'étendent ensuite au soleil pour le sécher parfaitement, après quoi ils le grillent, le broient, et en forment une pâte d'une consistance à leur gré, qu'ils déposent dans des jarres ou des tonneaux avec une quantité d'eau proportionnée. La fermentation s'établit dès le second ou le troisième jour, et dès qu'elle est accomplie la boisson est potable. Elle est très-rafraîchissante, mais elle enivre. Parmi les autres propriétés qu'on lui attribue, elle est considérée comme un diurétique très-salutaire. C'est à l'usage de cette bière que les Indiens prétendent devoir de n'être point sujets aux rétentions d'urine et à la gravelle. ED. GIROD.

**CHICABAUT** ou **BOUTELOF**, s. m. (*marine*). C'est une pièce de bois longue et forte, qu'on met à l'avant d'un petit bâtiment pour lui servir d'éperon (*V.* **BOUTE DE LOF**).

**CHICAGO** (*géogr.*), village et fort des Etats-Unis (Illinois), sur le lac Michigan, dans une position avantageuse, qui peut lui faire prendre nne grande importance. A 75 lieues au nord-nord-est de Vandalia.

**CHICAL** (*hist. nat.*). Hasselquist dit que c'est, en Orient, le nom du chacal, *canis aureus* Linn.

**CHICALLOTL**, **CHICHICALLOTL** (*botan.*), noms mexicains de l'argemone, ou pavot épineux.

**CHICALY** (*hist. nat.*). Waffer rapporte, au chapitre 5 de son Voyage dans l'isthme de l'Amérique, qu'il y a dans les bois de cette contrée un gros oiseau appelé par les Indiens *chicaly-chicaly*, lequel fait un bruit semblable à celui du coucou, mais plus perçant et plus rapide. Sa queue est longue, et il la porte droite comme le coq; son plumage offre un mélange de bleu, de rouge et d'autres couleurs vives. Les Indiens font une espèce de tablier avec les plumes qui couvrent son dos; il se tient presque toujours sur les arbres, et vit de fruits; sa chair est noirâtre et grossière, mais d'assez bon goût. Le même voyageur parle ensuite de trois oiseaux qui appartiennent visiblement à l'ordre des gallinacés, et, passant de là aux perroquets et aux aras, il dit que ceux-ci copient le ton du chicaly-chicaly. S'il n'y a rien dans les mots *bruit* et *ton*, employés par Waffer ou son traducteur pour désigner la voix du chicaly, qui ait pu le faire considérer comme un *oiseau chanteur*, ce n'était pas plus le cas d'être tenté, avec Sonnini, de le regarder comme un ara. Cet oiseau ne présente vraisemblablement pas les couleurs rouges, bleues, etc., en masses, mais en reflets métalliques; et d'après la faculté de relever la queue, attribut que les dindons partagent avec le coq, et l'usage que les Indiens font de leurs plumes dorsales, assez longues dans plusieurs de ces espèces, il n'y a pas lieu de douter que ce ne soit un véritable gallinacé, lequel, par son cri, se rapproche de l'yacou ou jiacupema de Marcgrave.

**CHICAMOCHO** (*géogr.*), rivière de Colombie (Nouvelle-Grenade), qui prend sa source près de Tunja et se jette dans la Magdalena, par 7° 10′ de latitude nord. Cours 85 lieues. Son principal affluent est la Suarez.

**CHICANE**, « terme de palais, sans qu'on puisse en indiquer l'origine, dit Guyot dans son *Répertoire de jurisprudence*, malgré toutes les recherches que nous avons faites afin de satisfaire la curiosité des lecteurs. » On appelle chicane l'abus que l'on fait des procédures judiciaires. Lorsqu'une partie est hors d'état de se défendre au fond, elle se retranche dans des exceptions et autres incidents illusoires ou suggérés par la mauvaise foi pour traîner la décision en longueur, fatiguer son adversaire et surprendre le juge. Le mot chicane est une expression familière très-souvent employée; les avocats s'en servent fréquemment pour qualifier ainsi les prétentions de leurs adversaires. La chicane est ce qu'il y a de plus désastreux dans les procès; elle entraîne la ruine d'un nombre infini de personnes, sans qu'elles puissent même s'en préserver. Un praticien subtil, qui est animé de l'esprit de chicane, est un homme éminemment dangereux; il retient et prolonge la décision des affaires, occasionne des frais ruineux, et souvent parvient, par des détours, à embrouiller les causes de manière à ce que les parties et les juges n'y entendent plus rien.

. . . . . . . . . . . Ce monstre odieux
Jamais pour l'équité n'eut d'oreilles ni d'yeux.

BOILEAU, *Lutrin.*

Les législateurs, dans tous les temps, ont eu pour but de simplifier les formes de la justice, d'abréger la procédure, de contenir la mauvaise foi des plaideurs; ils ont porté des peines sévères contre ceux qui intentaient des procès mal fondés ou dont l'objet était d'une si minime valeur, qu'on n'y trouvait autre chose que l'envie de chicaner. Chicaneau, dans le style des *Plaideurs* de Racine, est le type de cette classe d'hommes. Dans divers pays, les plaideurs de mauvaise foi étaient obligés de paraître devant des magistrats qui les condamnaient à payer une amende et les déclaraient infâmes. Dans d'autres, comme à Rome, ceux qui voulaient plaider étaient obligés de déposer une amende; celui qui perdait son procès encourait la confiscation de son amende au profit du fisc, et souvent il était condamné à payer l'équivalent de la dixième partie de l'objet litigieux. L'empereur Justinien, dans ses *Novelles*, introduisit la formalité du serment, et ordonna que les parties, en se présentant devant le juge, affirmeraient qu'elles étaient de bonne foi dans les demandes qu'elles formaient. De là la coutume de faire prêter serment aux avocats au commencement de chaque année judiciaire. — La perte d'un procès n'est pas toujours la preuve d'une mauvaise chicane: les jugements des hommes sont sujets à erreurs, et il arrive malheureusement que les tribunaux se trompent, malgré tout le soin qu'ils portent aux affaires. De là est venue l'institution de deux degrés de jurisprudence, et nos législateurs, à l'imitation des anciens, ont frappé les plaideurs qui poursuivent toujours la réformation de ce qui a été jugé, non de peines infamantes, mais d'amendes en cas d'appel, de requête civile, de cassation et autres cas prévus par nos lois.

**CHICANE** se dit, comme on vient de le voir, par dénigrement, des procès en général, et, dans un sens particulier, de l'abus que font certaines personnes des ressources et des formalités de la procédure. — Il signifie aussi subtilité captieuse en matière de procès. — Familièrement, *Gens de chicane*, les praticiens subalternes, comme huissiers, avoués, etc. Il ne se dit que par dénigrement. — CHICANE se dit familièrement et par extension de toute objection sophistique ou trop subtile, de toute contestation mal fondée, en quelque matière que ce soit. — CHICANE se dit aussi d'une manière de jouer au mail. On le dit également au billard et à la paume.

**CHICANE** (*art milit.*), escarmouche, petite affaire, action ou combat de peu d'importance. *Guerre de chicanes.*

**CHICANER**, v. n. user de chicane en procès. Il signifie, par extension, se servir de subtilités captieuses, contester sans fondement, en quelque matière que ce soit. — CHICANER est aussi verbe actif, et signifie intenter un procès à quelqu'un mal à propos. — Figurément et familièrement, *Il chicane sa vie*, se dit d'un accusé qui se défend bien. — Figurément et familièrement, *Cela me chicane* se dit d'une chose qui n'est pas importante, grave, mais qui ne laisse pas de tourmenter, de faire de la peine. — En termes de guerre, *Chicaner le terrain*, le disputer pied à pied. — En termes de marine, *Chicaner le vent*, gouverner au plus près du vent, presque à ralinguer, c'est-à-dire de manière à laisser dans les voiles le moins de vent qu'il est possible. — CHICANER, actif, signifie aussi reprendre, critiquer mal à propos et sur des bagatelles.

**CHICANERIE**, s. f. tour de chicane. Il est familier.

**CHICANEUR, EUSE**, s. celui, celle qui chicane, qui aime à chicaner, principalement en affaires. Il s'emploie aussi adjectivement.

**CHICANIER, IÈRE**, s. celui, celle qui conteste, qui vétille sur les moindres choses. Il est familier. Il s'emploie aussi adjectivement. — *Cela est chicanier*, cela est embarrassant, vétilleux et difficile. Cette locution a vieilli.

**CHICAS** (*hist. nat.*). On appelle ainsi, dans quelques départements, le choucas, *corvus monedula* Linn.

**CHICHARD**, s. m. (*vieux lang.*), chiche, avare.

**CHICHAROU** (*hist. nat.*), nom qu'on donne en Saintonge au saurel ou maquereau bâtard.

**CHICHE**, adj. des deux genres, trop ménager, qui a de la peine à dépenser ce qu'il faudrait. Il est familier. — Proverbialement, *Il n'est festin que de gens chiches*, ceux qui vivent avec une grande épargne aiment à paraître magnifiques dans les occasions d'éclat. — Figurément, *Être chiche de ses paroles, de ses pas, de ses peines*, *chiche de louanges*, etc., n'aimer guère à parler, à agir pour les autres, à donner des louanges, etc. — CHICHE signifie aussi chétif, mesquin. — *Pois chiche*, espèce de pois que quelques-uns nomment autrement *pois gris* (V. POIS).

**CHICHE**, *cicer arietinum* (*bot. phan.*). Tournefort s'est servi de cette plante, que l'on trouve spontanée dans les moissons de l'Espagne, de l'Italie, de tout l'Orient, pour en faire un genre particulier que tous les botanistes ont adopté, et qui fait partie de la *diadelphie décandrie* et de la famille des légumineuses. Le pois chiche sert comme aliment pour les hommes dans tous les pays qui bordent la Méditerranée. C'est un usage qui leur a été transmis par les anciens Égyptiens et les Éthiopiens, qui furent leurs pères. Dans le Nord, il n'est généralement employé que comme fourrage partout où on le cultive. La médecine regarde sa farine comme émolliente et résolutive. Anathème contre les misérables cafetiers qui font rôtir sa graine, la mettent à bouillir, et ont l'audace d'en offrir la décoction en place de la liqueur divine qu'on obtient de la fève du caféier! Le pois chiche est annuel; il porte en juillet des fleurs petites, violettes, quelquefois blanches, qui sont remplacées par une gousse enflée, rhomboïdale, à deux semences. La conformité de la gousse avec la tête du bélier a fait donner à l'unique espèce du genre chiche l'épithète d'*arietinum*. C'est du moins ce que nous apprend Pline le Naturaliste.

**CHICHE-FACE**, s. f. Il se dit, selon le dictionnaire de Trévoux, d'une personne que l'avarice rend pâle et maigre.

**CHICHEMENT**, adv. avec avarice, d'une manière chiche.

**CHICHERON**, s. m. Il se disait autrefois du bout de la mamelle.

**CHICHESSE**, s. f. (*vieux lang.*), avarice.

**CHICHESTER** (*géogr.*), petite ville d'Angleterre, chef-lieu du comté de Sussex, ancien royaume des Saxons du Sud, située au fond d'un golfe, possède un port sur la Manche et un chantier de construction pour la marine marchande. Latitude nord 50° 46' 53", et longitude ouest 3° 15' 42". Population, 8,000 habitants. — Son commerce principal consiste dans la vente de ses nombreuses fabriques d'aiguilles, de lainages, de drèches; il est très-actif, grâce aux canaux de Portsmouth et d'Arundel. — Chichester, dans laquelle Georges IV a bâti un château royal où la cour réside encore quelquefois, a vu s'élever dans ses murs, en 1823, une magnifique rotonde en fer dont le dôme dépassait de 8,000 pieds en superficie celui de Saint-Pierre de Rome, et qui, destinée à un musée d'horticulture, renfermait déjà de belles collections de plantes, lorsqu'elle s'écroula tout à coup en 1833, au moment même où les ouvriers achevaient les travaux extérieurs.

**CHICHESTER** (SIR ARTHUR), lord député d'Irlande, et membre de la chambre haute d'Angleterre, se distingua, sous le règne d'Élisabeth, par la valeur et la prudence qu'il déploya contre les révoltés d'Irlande. Il mourut en 1624, après avoir été ambassadeur dans le Palatinat. — *Édouard*, son frère, mort en 1648, se distingua également en Irlande, où il rendit d'importants services à la cause royale, par son zèle et sa fidélité. — Sir *John* CHICHESTER, frère puîné des précédents, gouverneur de Carrickfergus en 1597, périt malheureusement dans une embuscade que lui tendit un des chefs de l'insurrection irlandaise.

**CHICHETÉ**, s. f. (*vieux lang.*), avarice.

**CHICHI** (*hist. nat.*). Ce nom est employé au Kamtschatka pour désigner des oiseaux de proie du genre *falco*.

**CHICHICA-HOATZON** (*botan.*), nom mexicain d'un panicaut, *eryngium*, figuré par Hernandez, p. 145, qui est aussi nommé, selon lui, *cohayalli*, c'est-à-dire serpent puant, et *tlipoton*, ou plante noire et fétide. Il paraît avoir beaucoup de rapport avec le panicaut fétide, *eryngium fœtidum*, ou avec l'*eryngium aquaticum*, qui existent toutes deux dans les Antilles.

**CHICHIC HOANTI** (*botan.*), espèce de *hoanti*, ou anserine du Mexique, *chenopodium*, plus amère que les autres (V. HOANTI).

**CHICHICTLI** (*hist. nat.*). Fernandez, ch. XVIII, décrit sous ce nom une espèce de chouette dont Linné a fait son *strix chichictli* (*V.* CHOUETTE).

**CHICHILTOTOTL** (*hist. nat.*). On donne ce nom, dans le Mexique, au bec-d'argent, qui est le cardinal pourpré de Brisson, *tanagra jagapa* Linn.

**CHICHIMÈGUES** (*géogr.*), nom collectif de plusieurs peuplades indiennes du Mexique.

**CHICHIMICUNA** (*botan.*). Ce nom péruvien, qui signifie nourriture des chauves-souris, est celui du *nycterisition ferrugineum* de la flore du Pérou, qui n'est peut-être qu'une espèce de myrsine, genre de la famille des ardisiacées.

**CHICHLAS** (*hist. nat.*), nom grec de la grive draine, *turdus viscivorus* Linn.

**CHICHLEY** (HENRI), évêque anglais, né de parents obscurs à Higham-Ferrers, dans le comté de Northampton. Il commença ses études à l'école de Winchester, d'où il se rendit à Oxford. Après avoir pris ses degrés de docteur en l'un et l'autre droit, il devint chapelain de Robert Medford, évêque de Salisbury, qui, en 1402, le nomma archidiacre de sa métropole, et deux ans après chancelier de son diocèse. Mis en évidence par ses divers mérites, il fut honoré de plusieurs importantes négociations par les rois Henri IV et Henri V. Il eut la mission d'aller complimenter Grégoire XII à son avénement au trône pontifical, et, l'évêché de Saint-David étant devenu vacant pendant son absence, il fut promu à ce siége par le pape, qui le sacra de ses propres mains. En 1414 il fut transféré sur celui de Cantorbéry. Les communes ayant engagé le roi à s'emparer des revenus de l'Eglise, Chichley, par son talent, sut détourner l'orage. Il fit garantir au roi par le clergé des subsides considérables, et inspira à l'ambitieux monarque l'idée de réclamer les provinces de France qui avaient fait partie du domaine de son prédécesseur. Il suivit son souverain en France, puis, revenu avant lui en Angleterre, il provoqua de nombreuses processions pour attirer la faveur du ciel sur les armes de Henri, et, dans différents synodes qu'il assembla, fit appel à la fortune de ses diocésains pour le soutien d'une guerre qu'il représentait comme juste et nécessaire. On le voyait souvent rejoindre le camp du roi, auprès duquel il fit son entrée dans Paris à la reddition de cette ville. En 1421, il couronna Catherine comme reine à Londres, et baptisa la même année le prince Henri, qui, monté sur le trône, l'accueillit toujours avec un respect filial. Pendant la minorité du jeune prince il avait été nommé membre du premier conseil privé; mais, n'ayant jamais porté son attention aux affaires publiques, il se renfermait dans la circonscription de ses attributions ecclésiastiques. Il fonda un beau collége et un vaste hôpital dans son endroit natal, et dota ces deux établissements de riches revenus, qu'augmentèrent considérablement ses deux frères, successivement devenus aldermans de Londres. En 1426, le pape Martin V ayant exprimé son mécontentement de la vigoureuse opposition faite à certains empiétements de la cour de Rome par l'habile archevêque, celui-ci fut obligé de céder enfin pour conserver sa dignité. Il compte au nombre des plus généreux bienfaiteurs de l'université d'Oxford, et fit construire le collége de Tous-les-Saints, un des plus magnifiques établissements de cette université. Il consacra aussi de grandes sommes à l'embellissement et à l'agrandissement de la cathédrale de Cantorbéry, ainsi qu'à la construction de l'église de Croydon et du pont de Rochester. Ce prélat, d'honorable mémoire, mourut en 1443, et fut inhumé dans un tombeau qu'il s'était fait ériger lui-même au sein de la cathédrale de Cantorbéry. ED. GIROD.

**CHICHM** (*botan.*), nom arabe du *cassia absus*, suivant Delile.

**CHICHOULLOS** (*botan.*), nom donné par les Provençaux, suivant Garidel, au fruit du micocoulier ordinaire.

**CHICIATOTOLIN** (*hist. nat.*) (*V.* CIHUATOTOLIN).

**CHICKASAS** (*géogr.*), tribu indigène des Etats-Unis, qui s'est retirée dans l'Etat de Mississipi, après avoir cédé au gouvernement le territoire qu'elle occupait dans les Etats d'Alabama, Kentucky et Mississipi. Leur état moral s'est beaucoup amélioré. Ils habitent huit villes ou villages, et font un commerce assez considérable de bétail. 6,450 individus.

**CHICLANA** (*géogr.*), joli bourg d'Espagne, dans un site imposant, sur le bord oriental du canal de Santi-Petri, qui fait communiquer la baie de Cadix avec l'Océan. Il réunit un assez grand nombre de maisons de plaisance, qui sont le rendez-vous des personnes riches dans la belle saison. On y jouit d'une vue magnifique sur la baie et la ville de Cadix. Sur une hauteur, on voit encore le reste d'un château maure. Chiclana fut dévastée par l'épidémie de 1800. A 8 lieues est-sud de Cadix, avec 10,000 habitants.

**CHICLANA** (BATAILLE DE). Pendant que les Français, sous les ordres du duc de Bellune, bloquaient Cadix par terre (février 1810), la junte insurrectionnelle, réfugiée dans cette ville, conçut le projet de les forcer à lever le siége, en faisant attaquer leurs lignes de revers. En conséquence, cinq mille Anglais, tirés de la garnison de Cadix et de celle de Gibraltar, furent transportés par mer à Algésiras, et se réunirent à Tarifa avec douze mille Espagnols. Cette armée, commandée par le général Pena, se mit aussitôt en marche. Le 4 mars elle arriva à la hauteur de Santi-Petri, près des positions qu'occupait le général Villate, spécialement chargé de garder les débouchés de l'île de Léon, et essaya de les emporter. Les Anglo-Espagnols, ayant échoué dans cette tentative, se portèrent en avant vers Chiclana, où était le quartier-général de l'armée française. Le duc de Bellune fit retirer ses postes, se concentra, et prit position à Chiclana même, avec sa réserve, composée de deux brigades. N'ayant à sa disposition qu'environ six mille hommes, il avait d'abord résolu d'attendre l'ennemi; mais il se décida bientôt à prendre l'offensive, en voyant la possibilité d'attaquer les Anglo-Espagnols sans laisser paraître son infériorité numérique. Il fit déboucher ses troupes par les bois, sur les derrières de l'ennemi, le culbuta et le rejeta vers la mer. En le poursuivant dans cette direction, il vit que les Anglo-Espagnols s'étaient emparés de la hauteur importante de Barossa, et ordonna au général Ruffin de l'enlever à la baïonnette. A peine maîtres de cette position, les Français furent attaqués par un corps de l'armée coalisée, sous les ordres du général anglais Graham. Le combat s'ouvrit par un feu terrible d'artillerie et de mousqueterie; mais bientôt les troupes ennemies s'élancèrent l'une sur l'autre et se chargèrent à la baïonnette avec une rage incroyable. Les Français étaient à peine un contre deux; cependant, dans deux attaques successives, ils repoussèrent victorieusement les Anglo-Espagnols. A la seconde de ces attaques, le général Ruffin, mortellement blessé, fut obligé de rester sur la hauteur de Barossa avec quelques soldats également blessés, et fut fait prisonnier. Cet événement jeta quelque désordre dans la brigade qu'il commandait, mais elle se reforma promptement, et elle rejoignit le duc de Bellune, après avoir mis les Anglo-Espagnols en complète déroute. Ces derniers firent ensuite plusieurs tentatives sur le centre de l'armée française; mais, toutes les fois qu'ils se présentèrent, ils furent culbutés et rentrèrent dans Cadix. La bataille de Chiclana fut très-meurtrière : les alliés perdirent trois mille cinq cents hommes, tant tués que prisonniers; du côté des Français, on évalua la perte à deux mille cinq cents hommes tués ou hors de combat, parmi lesquels se trouvèrent plusieurs officiers de rang. Nous enlevâmes à l'ennemi six pièces de canon et trois drapeaux; un des nôtres tomba au pouvoir d'un régiment anglais.

**CHICLI** (*hist. nat.*), l'oiseau que d'Azara a décrit sous ce nom, n° 236 de son *Ornithologie du Paraguay*, est une espèce de fauvette.

**CHICOCAPOTES, CAPOTES** (*botan.*). Dans le grand recueil des *Voyages*, publié anciennement par Théodore de Bry, on trouve sous ce nom un arbre que C. Bauhin rapportait au *cydonia*. Cet arbre est le *marmelos* ou *cratæva marmelos* de Linné, dont Correa a fait plus récemment son genre *ægle*, qui est rangé parmi les aurantiacées.

**CHICON**, s. m. laitue romaine.

**CHICORACE** (*conchyl.*). C'est le nom que Denys de Montfort donne à une division des murex de Linné, qui diffèrent un peu des autres, en ce que l'ouverture ovalaire est garnie, au bord externe de la lèvre droite, de longs appendices foliacés qui, se conservant au nombre de trois rangs sur chaque tour de spire, donnent à la coquille une forme triquètre. Le type de ce genre, que de Montfort nomme le chicorace frisé, *chicoreus ramosus*, est le *murex ramosus* de Linné, vulgairement la chicorée frisée, figurée dans Gualtieri, tab. 57, fig. *gh*. C'est une coquille assez allongée, de trois à quatre pouces de long, de couleur roussâtre, striée et pourvue de côtes transversales, qui vont se terminer aux appendices. L'animal qui la forme, et qui est tout à fait semblable à celui des rochers, *murex*, vit sur les côtes d'Afrique et d'Amérique.

**CHICORACÉES** (*botan. phan.*), tribu de plantes de la vaste famille des synanthérées, dont tous les genres qu'elle renferme ont des rapports immédiats avec celui de la chicorée qui en fait partie. Les fleurs qu'elles portent, jaunes pour la plupart, se nomment aussi composées. On appelle ligulée la forme de leurs corolles, et demi-fleurons les petites fleurs qui en sont pourvues. Les tiges contiennent un suc propre qui est laiteux. On divise les nombreux genres des chicoracées en deux sections, suivant que le réceptacle est uni ou chargé de paillettes. La première contient : 1° les genres *arnoseris*, de Gærtner ; *lampsana*, de Linné ; et *rhagadiolus*, de Tournefort, qui n'ont point d'aigrette ; 2° les genres *drepania*, de Jussieu, et *hedypnois*, de Tournefort, lesquels sont munis d'une aigrette formée d'écailles ou d'arêtes ; 3° des genres *apargia*, de Scopoli ; *chondrilla*, *crepis*, *hieracium*, *hyoseris*, *lactuca*, *leontodon*, *pteris*, *podospermum*, *prenanthes*, *sonchus* et *tragopogon*, de Linné ; *helminthia*, de Jussieu ; *krigia*, de Willdenow, *picridium*, de Desfontaines ; *scorzonera* et *troximon*, de Candolle ; *taraxacum*, de Haller ; *thrincia*, de Roth ; *urospermum*, de Scopoli ; *virea*, d'Adanson, et *zacintha*, de Tournefort, ayant une aigrette formée de poils. La seconde section présente six genres à aigrette plumeuse, l'*achyrophorus*, de Gærtner ; l'*andryola*, le *geropogon*, l'*hypochæris*, le *seriola*, de Linné et de Jussieu, ainsi que le *rothia*, de Schercher ; plus trois autres genres à aigrette formée d'arêtes ou nulle, le *catanonche*, le *cichorium* et le *scolymus*, de Linné.

CHICORÉE, *cichorium* (*botan. phan.*), type de la tribu des chicoracées. Ce genre fait partie de la famille des synanthérées et de la syngénésie égale ; il ne renferme que cinq espèces, dont deux sont généralement cultivées pour la nourriture de l'homme, pour celle des animaux domestiques et comme plantes médicinales. La première, la CHICORÉE SAUVAGE, *cichorium intybus*, est une plante vivace qui rend un suc laiteux quand on l'entame. On la trouve communément partout, sur le bord des chemins, dans les champs ; elle monte plus ou moins suivant le sol et la culture ; d'ordinaire elle a trente-deux centimètres de haut, et arrive parfois à un mètre un quart. Sa racine est grosse, pivotante, fusiforme ; on la coupe par petits morceaux que l'on torréfie, et réduits en poudre on les vend comme servant à faire une infusion caféiforme. La tige, dure, flexueuse, rameuse, se couvre de longues et larges feuilles qui fournissent un fourrage précoce, sain, très-abondant, durant huit mois de l'année, bon pour tous les bestiaux, et surtout convenable aux vaches, auxquelles il donne la faculté de sécréter plus de lait. Le cheval est le seul animal qui mange sans avidité ce fourrage en vert et en sec ; il s'en nourrit cependant. Quand on cultive cette plante comme prairie, elle fournit quatre coupes dans l'année ; on la sème à cet effet en mars, en avril, en septembre et en octobre. Veut-on se servir des feuilles de chicorée sauvage pour salade verte, on sème plus souvent ses graines, et, quand les plantes ont acquis de huit à dix centimètres de haut, on les coupe. La plante est alors appelée par les horticoles *petite chicorée* : elle est tendre et légèrement amère. Pour avoir des feuilles étiolées, plus ou moins longues et blanches, autrement pour avoir ce qu'on appelle assez bizarrement à Paris de la *barbe-de-capucin*, et ailleurs des *cheveux-de-paysan*, on établit dans une cave, ou dans un cellier chaud et entièrement privé de lumière, une ou plusieurs couches de terre légère, sablonneuse, ou de fumier bien consommé, que l'on mouille au besoin, et sur lesquelles on place horizontalement, à plat et la tête en dehors, des racines de chicorée semée dans l'année, et que l'on recouvre ensuite d'une couche de pareille épaisseur de la même terre. La température égale et douce du lieu, l'absence totale des rayons solaires et du jour, déterminent les racines à pousser des feuilles traînantes, allongées, sans couleur. Quand elles sont arrivées à une certaine longueur, on enlève les racines, on met en bottes, et l'on porte au marché. On met aussi des couches de sable dans un tonneau, assis sur l'un de ses fonds, les racines s'y placent en face de plusieurs ouvertures transversales pratiquées dans les douves du tonneau, les feuilles partent du collet, croissent dans une direction horizontale, et on les coupe pour l'usage de la table. La seconde espèce est la CHICORÉE DES JARDINS, plus connue sous le nom d'*endive*, *cichorium indivia*, plante annuelle, que l'on dit nous être venue de l'Inde, et qui, au rapport de Forskaël, est originaire de l'Arabie, où on la trouve spontanée et servant de nourriture aux habitants des oasis. On en possède dans nos jardins potagers plusieurs variétés intéressantes : la *frisée*, dont la graine se conserve bonne pendant huit à neuf ans ; on sème toujours la plus ancienne afin d'avoir des sujets plus fusés et de meilleure qualité ; l'*endive de Meaux*, plus forte, moins découpée, réussissant en toute saison, pourvu que les années soient un peu sèches, car les pluies abondantes lui sont très-contraires et la font monter très-vite ; la *célestine*, trop hâtive et trop délicate pour résister aux mauvais temps ; la *régente*, d'un blanc parfait : elle flatte le goût par sa douceur et sa tendreté ; l'*endive d'Italie* ou la *fine*, qui réunit toutes les bonnes qualités, hors celle de se conserver aux plus légers froids ; et la *scarole* ou *chicorée laitue*, aux feuilles larges, cassantes et plus charnues que celles des endives proprement dites. On peut conserver confites l'endive et ses variétés. Toutes se multiplient de graines, que l'on sème depuis les premiers jours de juin jusqu'à la mi-juillet, selon le pays et le climat, en pleine terre, sur couches ou sur des ados. On les transplante sans couper leurs feuilles, comme le pratiquent certains horticoles et quelques maraîchers ; on les arrose de temps à autre, et lorsque la reprise est assurée, et qu'elles ont cinquante centimètres de diamètre, on les lie avec des joncs pour faire blanchir les feuilles intérieures, ce qui a lieu en peu de jours. J'ai vu enterrer la tête et laisser la racine en l'air ; de cette sorte les feuilles blanchissent encore plus vite, mais elles sont très-sujettes à pourrir.

CHICORÉE D'HIVER, nom vulgaire d'une *crépide*, *crepis brennis* (*V.* ces mots).

CHICORÉE, s. f. (*jeux*). Il se dit des cartes de celui qui a en main trois ou quatre atouts, parmi lesquels doivent nécessairement se trouver les deux as de la couleur noire et le neuf de la rouge.

CHICOREUS (*conchyl.*), nom latin du genre chicorace.

CHICOT, s. m. ce qui reste hors de terre d'un arbre cassé par le vent ou coupé. — Il se dit aussi d'un petit morceau de bois rompu. — Il se dit encore, vulgairement, d'un morceau qui reste d'une dent rompue.

CHICOT, *gymnocladus* (*botan.*). *Linnæus* avait réuni à son genre *guilandina*, sous le nom de *guilandina dioica*, la plante dont il est ici question, que M. de Lamarck a considérée comme devant former un genre particulier, distingué du *guilandina* par ses fruits pulpeux, cylindriques, à plusieurs loges divisées par des cloisons transversales : chaque loge renferme une semence très-dure. Le calice est presque tubulé, à cinq découpures ; la corolle composée de cinq pétales courts, presque égaux, contenant dix étamines libres, dont quelques-unes souvent stériles ; un ovaire supérieur ; un style. Ces caractères placent cette plante dans la famille des légumineuses, et dans la *décandrie monogynie* ; mais, comme ses fleurs sont plus ordinairement dioïques, la plupart des auteurs la rangent dans la *dioécie décandrie*. Cette plante (*gymnocladus canadensis*. Lam., *Ill.*, tab. 823 ; Duham., *Arb.*, tab. 42 ; Mich., *Arb. amer.*, 2, tab. 41) est un arbre d'une hauteur médiocre. Son tronc supporte une cime ample, d'un bel aspect, garnie de feuilles deux fois ailées, quelquefois longues de deux pieds, composées de folioles alternes, molles, ovales, aiguës, presque glabres ; ses fleurs sont dioïques, disposées en grappes courtes, terminales ; les pétales blancs, réguliers, un peu cotonneux, à peine plus longs que le calice ; les filaments très-courts, situés à l'orifice du calice ; les gousses lisses, cylindriques, longues d'environ cinq pouces. Cet arbre croît au Canada : on le cultive dans quelques jardins de l'Europe à cause de la beauté de son feuillage ; mais il tombe tous les ans, et, lorsque l'arbre en est dépouillé, il n'offre plus que des branches courtes et en petit nombre, d'où vient que les Canadiens lui ont donné le nom de chicot. M. de Lamarck rapporte à ce même genre l'*hyperanthera* de Forskaël, sous le nom de *gymnocladus arabica* ; quelques autres l'ont réuni au genre *anoma* de Loureiro. Cet arbre s'élève fort haut : ses rameaux sont verdâtres et cotonneux ; les feuilles, situées à l'extrémité des rameaux, sont composées de six à huit paires de folioles glabres, ovales, entières ; une glande pétiolaire entre chaque paire de folioles ; les fleurs irrégulières, d'un blanc violet ; leur calice campanulé, à cinq divisions colorées ; cinq pétales inégaux ; cinq filaments fertiles, glabres, stériles, velus à leur base ; un ovaire velu, subulé ; un stigmate à trois dents ; une gousse cylindrique, à six stries longitudinales ; les articulations épaisses, longues de six ou sept pouces. Cette plante croît dans l'Arabie : elle se rapproche beaucoup plus des casses, dont elle s'éloigne d'ailleurs par son calice et la situation de ses pétales ; d'autres la font congénère du *moringa*, quoiqu'elle en diffère par son fruit. Ces difficultés porteraient à croire qu'il eût mieux valu conserver le genre de Forskaël.

CHICOT, gentilhomme gascon, se distingua par sa bravoure et son zèle pour la cause de Henri IV, autant que par l'originalité de ses plaisanteries, et le sel qu'il joignait à ses avis burlesques aux gens de la cour. Ayant fait prisonnier le comte de Chaligny au siége de Rouen (1591), il reçut de ce seigneur, indigné de ses rodomontades, un coup d'épée sur la tête, dont il mourut quinze jours après. On rapporte que, quelques instants avant d'expirer, Chicot voulut se précipiter de son lit pour assommer un curé qui refusait l'absolution à un soldat mourant, parce qu'il était au service d'un roi huguenot; la défaillance de ses forces l'empêcha seule d'exécuter ce dessein.

**CHICOTER**, v. n. contester sur des bagatelles. Il est populaire.

**CHICOTIN**, s. m. suc amer tiré de la coloquinte, et dont les nourrices se frottent le bout des mamelles, quand elles veulent sevrer les enfants. — *Dragées de chicotin*, ou simplement *chicotins*, certaines dragées fort amères, où l'on a mêlé du chicotin.

**CHICOTIN** (*botan.*). Dans l'Abrégé des voyages, une plante de ce nom, existant au Groënland, et dont la racine a la forme d'une noisette allongée, est rapportée au genre *telephium*. Cette racine a une forte odeur de rose musquée, qu'elle retient même quand elle est entièrement sèche.

**CHICOTIN**, s. m. corruption de *socotrin* (*V.* ALOÈS SOCROTIN, au mot *Socotrin*).

**CHICOTTER**, v. n. mot proposé par l'abbé de Marolles pour marquer le petit cri de la souris.

**CHICOURYEH** (*botan.*), nom arabe sous lequel la chicorée, *cichorium intybus*, est connue en Egypte, suivant Delile. C'est le *sjikouria* de la Flore d'Egypte de Forskaël. Il est évident que le nom français est dérivé de l'arabe. L'un et l'autre des auteurs que nous venons de nommer ajoutent qu'elle est aussi nommée *hendebeh* ou *hendeb;* c'est encore de là que vient son second nom français d'*endive*.

**CHICOVA** (*géogr.*), contrée de l'Afrique méridionale, dans la partie nord-ouest du Monomotapa, le long du Zambèse, par 16° de latit. S. et 27° de long. E. On y voit de vastes champs de riz, d'immenses pâturages, et il y existe de très-riches mines d'argent, de cuivre et de fer, que les naturels travaillent fort bien. Elle a pour capitale CHICOVA, ville sur la rive droite du Zambèse, qui, au-dessous, forme la grande cataracte de Cabrabassa. On y embarque les marchandises arrivées de Tete, pour la foire de Zumbo, dont elle est éloignée de 65 lieues.

**CHICOY** (*botan.*). Les Espagnols nomment ainsi, au rapport de Camelli, cité par Ray, le *xi-cu* ou *zapoll* de Chine, le *figocaque* des Portugais. C'est un arbre élevé, à feuilles simples, alternes et grandes, dont les fruits, de la grosseur d'une pomme, séchés au soleil, sont présentés sur les tables, dans les desserts, sous forme de compotes préparées avec du vin, du sucre et quelque aromate. La figure imparfaite qu'en donne Camelli, dans un recueil de dessins non publié que nous possédons, fait présumer que cet arbre appartient au genre plaqueminier, *diospyros*. On est confirmé dans cette opinion par le nom de *zapoll*, donné à des espèces congénères, et parce que les fruits du plaqueminier d'Amérique, *diospyros virginiana*, sont nommés *figues caques*, ce qui répond au nom portugais. Cette opinion est partagée par M. de Lamarck, qui, dans l'*Encyclopédie méthodique*, mentionne cet arbre sous le nom de *chit-sé:* il croit que c'est le même que le *ono-kahi* du Japon cité et figuré par Kaempler, que M. Thunberg, dans sa *Flora japonica*, a depuis nommé *diospyros kaki*. Le *chi-ku*, ou *chiqueis*, cité dans l'Abrégé des voyages, est encore le même arbre.

**CHICOYNEAU** (FRANÇOIS), médecin, né à Montpellier en 1672, fut envoyé à Marseille en 1720, époque où la peste ravageait cette ville, et montra beaucoup de zèle dans l'exercice de ses fonctions. Médecin des enfants de France en 1731, il succéda l'année suivante à Chirac, son beau-père, dans la place de médecin du roi, fut admis en 1732 à l'académie des sciences, et mourut en 1752. On a de lui: *Observations et Réflexions touchant la nature, les événements et le traitement de la peste de Marseille*, ouvrage dans lequel il soutient que cette maladie n'était pas contagieuse. Cette opinion a été depuis adoptée par plusieurs médecins; ses autres opuscules n'offrent aucun intérêt.— CHICOYNEAU (Aimé-François), fils du précédent, né à Montpellier en 1702, étudia la médecine sous Chirac, l'anatomie sous Winslow, et la botanique sous Vaillant, fut successivement professeur et chancelier de l'université de Montpellier, et mourut dans cette ville en 1740.

**CHICQUERA** (*hist. nat.*), nom indien d'un petit oiseau de proie de Chandernagor, dont la mandibule supérieure a deux crans très-marqués, et que Levaillant a décrit comme un faucon, p. 84, et fig. pl. 30 de son *Ornithologie d'Afrique*.

**CHICUATLI** (*hist. nat.*) (*V.* CHIQUATLI).

**CHIDON** (AIRE DE) (*géogr. sac.*), lieu de Palestine dans lequel Aza fut subitement frappé de mort pour avoir porté la main à l'arche sainte.

**CHIDORE** (*géogr. anc.*), ruisseau de Macédoine, se jette dans l'Axius. Ses eaux ne suffirent pas pour désaltérer l'armée de Xerxès.

**CHIDRIA** (*géogr. anc.*), petite ville de la Chersonèse de Thrace, dans laquelle les Athéniens se retirèrent après la défaite d'Ægos Potamos.

**CHIEF**, s. m. (*vieux langage*), chef.—Tête.—Commencement.

**CHIEF** (HOMME DE) (*féod.*), celui qui doit le cens capital.

**CHIEFAUX** (*vieux langage*), maison de maître, habitation du chef.

**CHIEFETAINE** ou **CHIEVETAIN** (*ancien terme militaire*). *V.* CHÉVETAIN).

**CHIEFTAIN**, s. m. (*relation*). Il se dit du chef d'un clan écossais.

**CHIELLE** (METTRE SUR LA) (*vieux langage*), mettre au pilori, au carcan.

**CHIEM-SEE** (*géogr.*), anciennement BAYERISCHE MEER, lac de Bavière (Isar) qui a 3 lieues et demie de long, sur 1 lieue et demie à 2 lieues de large. Ses rives sont très-pittoresques.

**CHIEN**, *canis* (*hist. nat.*). Le genre des chiens comprend non-seulement les chiens domestiques, mais aussi les loups, les renards et quelques autres espèces moins connues; c'est un groupe fort naturel de carnassiers digitigrades qui a été admis par tous les auteurs; il est surtout caractérisé par des doigts au nombre de cinq aux pieds de devant, et de quatre seulement à ceux de derrière; les ongles ne sont point rétractiles, la langue est douce, et les dents, au nombre de quarante-deux, sont distribuées ainsi qu'il suit : six incisives à chaque mâchoire, quatre canines en tout et quatorze mâchelières, dont trois fausses molaires en haut, quatre en bas et deux tuberculeuses à chaque mâchoire, placées en arrière de la première vraie molaire, qui est la seule carnassière. — Les chiens ont les sens assez développés, leur odorat est très-fin, leur ouïe assez délicate et leur vue susceptible, chez quelques espèces, de s'exercer même pendant la nuit : c'est ce qui a lieu principalement chez les renards, dont la pupille est verticale. Le pelage est composé de poils soyeux et de poils laineux; il varie du roux au noir et au blanc chez quelques espèces; il est très-moelleux et susceptible de fournir d'excellentes fourrures. M. Desmarest a remarqué, dans les variétés du chien domestique, et dans quelques espèces sauvages, que lorsqu'il existe du blanc à la queue, c'est toujours à son extrémité qu'il est placé. — Les femelles sauvages éprouvent le besoin du rut en hiver; elles portent trois mois, et quelquefois davantage; chaque portée produit de trois à six petits, lesquels ont les yeux fermés lorsqu'ils viennent au monde, et n'ont pris leur entier développement qu'à l'âge de dix-huit mois ou deux ans. La verge du sexe mâle est fort remarquable sous le rapport de sa conformation qui fait que l'accouplement se trouve prolongé, même après que l'acte générateur est accompli. Cet organe offre à son centre un os plus ou moins long, cannelé, dont la cavité contient l'urètre. Autour de cet os se trouvent trois parties caverneuses ou érectiles distinctes : l'une appartient au corps de la verge; la seconde forme le gland et l'urètre en avant : elle peut acquérir une dimension considérable durant l'érection; la troisième est ce que l'on nomme le nœud de la verge : elle se gonfle pendant le coït, de manière à ce que son diamètre dépasse de trois fois celui de l'organe, et s'oppose à la sortie de la verge. — Tous les chiens boivent en lapant; ils sont loin d'avoir l'appétit carnivore des chats, il en est même qui peuvent se nourrir également de viandes et de substances végétales. Les petites espèces paraissent plus carnassières que les grandes, elles sont aussi plus rusées et plus courageuses; les autres, trouvant moins à satisfaire leur faim, sont souvent obligées de se rabattre sur les fruits et les racines, et lorsqu'elles mangent de la chair, ce n'est guère que celle de quelque charogne; il est rare qu'elles attaquent une proie vivante, et lorsqu'elles le font, c'est après s'être réunies en troupes. — Le genre *canis* comprend un assez grand nombre d'espèces qui sont répandues aussi bien dans l'ancien monde que dans le nouveau; on en a même trouvé dans quelques parties de l'Australasie, mais on s'accorde aujourd'hui à considérer ces derniers comme de simples variétés du chien domestique, et non comme des espèces distinctes. — Il existe une espèce qui diffère des autres par son système digital, semblable à celui des hyènes, c'est-à-dire à quatre doigts devant et derrière. On peut établir pour elle un petit sous-genre. Un second sous-genre comprend les chiens qui ont cinq doigts aux pieds de devant. — 1er SOUS-GENRE. *Chiens à pieds de hyènes.* Ils n'ont, comme nous l'avons dit, que quatre doigts à tous les pieds. On n'en connaît qu'une seule espèce, c'est le CHIEN

PEINT, *canis pictus* Desm., *hyæna picta* de Temminck, qui habite le midi de l'Afrique. Cet animal, de la taille du loup commun, a le pelage varié de taches de différentes couleurs : celles-ci sont disposées par plaques noires, brunes, rousses et blanches. La queue est touffue et blanche à sa pointe, elle descend jusqu'aux talons. — Les chiens peints vivent par troupes nombreuses, ils se nourrissent de proie qu'ils prennent à la chasse. — II° SOUS-GENRE. *Chiens à pieds antérieurs pentadactyles et pieds postérieurs tétradactyles.* — Nous les partageons, avec M. Frédéric Cuvier, en deux sections, suivant qu'ils ont les pupilles rondes ou verticales : ce sont les chiens proprement dits et les renards. — † *Chiens proprement dits.* Ils ont la pupille arrondie et sont généralement diurnes. Leur queue n'est point touffue comme celle des renards. C'est à cette section qu'appartient le chien domestique. — CHIEN DOMESTIQUE, *canis familiaris* Linn. Cette espèce a pour caractères : *la queue recourbée en arc* et se redressant plus ou moins; tantôt infléchie à droite, tantôt infléchie à gauche (cette dernière direction, que Linné avait cru se trouver chez tous les chiens, et dont il s'était servi pour caractériser l'espèce, *cauda sinistrorsum recurvata*, existe bien dans un grand nombre de ces animaux; mais, comme il est facile de s'en assurer, elle est loin d'être générale); le museau plus ou moins allongé ou raccourci; le *pelage très-varié* pour la nature du poil et pour les teintes, à cela près que toutes les fois que la queue offre une couleur quelconque et du blanc, ce *blanc est terminal.* — Ces animaux entièrement voués à notre espèce, et dont le type sauvage ne paraît plus exister aujourd'hui, ont été trouvés avec l'homme dans tous les lieux où celui-ci a pénétré; mais le climat, la manière de vivre et une foule d'autres circonstances les ont fait varier à l'infini, de telle sorte, qu'on en compte aujourd'hui plus de cinquante races ou sous-races distinctes, différant entre elles sous les divers rapports de la taille, du pelage et aussi de l'intelligence et des mœurs. — *Taille examinée chez les diverses races.* C'est surtout sous ce point de vue qu'il existe entre les chiens de nombreuses différences. La taille ordinaire et de deux pieds et demi environ de longueur, non compris la queue; c'est le milieu entre celle du loup et du chacal; mais elle peut aller beaucoup au-dessus, s'élever, par exemple, comme dans le grand chien de montagne, à quatre pieds un pouce, et descendre au contraire à un pied deux pouces dans le petit danois, et même à onze pouces quatre lignes, comme on le voit chez les plus petits épagneuls. Il est à remarquer qu'il existe souvent entre des chiens de races très-voisines des différences fort considérables, comme entre le grand et le petit lévrier, le grand et le petit danois. « Ce fait, dit M. Isidore Geoffroy (*Mém. sur les variations de la taille*), est la plus forte preuve que l'on puisse donner pour établir, sans entrer dans la question, encore irrésolue et peut-être insoluble, de l'unité spécifique des diverses races de chiens, que leurs variations de taille prises dans leurs limites extrêmes, sont, au moins en partie, de véritables anomalies, non-seulement par rapport à l'ordre normal actuel, mais par rapport au type spécifique primitif. En effet, que tous les chiens domestiques descendent uniquement du loup, du chacal, du renard ou de tout autre *canis*, ou qu'ils soient des races bâtardes nées du croisement de deux ou de plusieurs de ces espèces, on ne pourra guère se refuser à admettre que deux variétés très-différentes par leur taille, mais entièrement semblables par leur organisation, aient une origine commune. » — *Tête.* Après la taille, les différences les plus marquées existent dans les formes de la tête. Lorsqu'on regarde celle du chien de la Nouvelle-Hollande, qui peut être considéré comme un des chiens les plus rapprochés du type de l'espèce; lorsqu'on regarde, dis-je, la tête de ce chien et qu'on la compare à celle du lévrier et à celle du dogue, on voit qu'elle forme le milieu entre les deux, mais que celles-ci ont subi une modification tellement grande, que la série des mammifères domestiques n'en offre aucun autre exemple. D'autres fois la disproportion est dans l'une des deux mâchoires qui peut être beaucoup plus avancée que l'autre; ordinairement c'est la mâchoire inférieure qui est la plus considérable, mais quelquefois aussi c'est la supérieure, comme nous l'avons vu nous-même, qui s'allonge. Une tête de cette sorte nous a été communiquée par M. Isidore Geoffroy, et ce qu'il y a de remarquable, c'est qu'elle appartient à une race de la famille des doguins, qui ont tous les mâchoires fort raccourcies. — *Doigts.* En général les chiens ont tous, comme les espèces sauvages du genre, cinq doigts aux pieds de devant et quatre à ceux de derrière, réunis par une membrane qui s'avance jusqu'à la dernière phalange, et de plus le rudiment d'un cinquième os du métatarse qui ne se montre point à l'extérieur. Mais chez quelques races, et principalement chez les dogues, ce cinquième doigt rudimentaire est susceptible de prendre un développement anormal, et de se montrer à l'extérieur comme un véritable doigt; les quatre membres sont alors pentadactyles. D'autres fois l'anomalie polydactyle est plus grande encore, et, au lieu d'un cinquième doigt seulement, il s'en développe un sixième. Cette disposition peut se transmettre par voie de génération. — *Queue.* Il est difficile d'établir exactement les caractères ostéologiques de cet organe chez le chien domestique, le nombre des vertèbres qui le composent n'étant point constant dans l'espèce, ni même dans chaque race en particulier. Celui qu'on rencontre le plus communément est de dix-huit, mais il peut s'élever beaucoup au-dessus et descendre aussi plus bas. On assure qu'il y a certains chiens qui n'ont jamais plus de trois ou quatre vertèbres coccygiennes. — *Sens.* Tous n'ont point été influencés par la domesticité : ainsi celui de la vue n'a subi aucune modification apparente; l'ouïe a plus souffert, principalement dans sa partie externe, la conque, qui est tantôt courte, tantôt fort allongée, terminée en pointe ou arrondie, droite, mobile ou tombante. Le nez, qui est le siége de l'odorat, nous offre aussi quelques particularités. Certaines races présentent un allongement considérable dans les os qui le composent, et conséquemment dans les cornets que ces os renferment. Cependant cette augmentation n'a pas toujours accru la sensibilité de l'odorat, et le lévrier, qui a le nez plus allongé qu'aucune autre race, paraît avoir ce sens moins fin que les autres : cela tient vraisemblablement aux différences d'étendue des sinus frontaux, car les cornets sont comme dans les autres races. Un des changements les plus remarquables qu'aient éprouvés le nez et la bouche de certains chiens, c'est le raccourcissement extrême de ces parties et l'allongement des lèvres; c'est ce que l'on remarque chez les dogues. Dans quelques races de cette famille, il existe un sillon profond qui est venu séparer la lèvre supérieure et les narines. — Les *organes de la génération* et ceux qui en dépendent ont aussi été accessibles aux causes de modification, mais d'une manière moins évidente. L'activité des organes sexuels a été amoindrie dans quelques races, dans d'autres au contraire elle s'est accrue sous l'influence d'une nourriture abondante, et le plus grand nombre des variétés de nos climats peut s'accoupler aux différentes époques de l'année. Le nombre des mamelles a aussi été altéré. Généralement les chiens en ont cinq de chaque côté, au total dix, dont quatre sont pectorales et six abdominales; mais, comme le fait remarquer Daubenton, il y a de grandes variétés : sur vingt et un chiens que le célèbre collaborateur de Buffon a examinés, il ne s'en est trouvé que huit qui eussent cinq mamelles de chaque côté; huit autres n'en avaient que quatre à droite et autant à gauche; deux autres, cinq mamelles d'un côté et quatre de l'autre; et enfin les trois autres chiens avaient quatre mamelles d'un côté, et seulement trois de l'autre. — Si l'on recherche l'époque à laquelle le chien a été réduit en domesticité, on reconnaît d'abord qu'il n'est pas possible de l'indiquer d'une manière précise; mais on se convainc facilement que cette époque doit remonter aux commencements de la civilisation, et que le chien doit avoir été le premier animal domestique. « Comment l'homme, dit Buffon, aurait-il pu, sans le secours du chien, conquérir, dompter, réduire en esclavage les autres animaux? Comment pourrait-il encore aujourd'hui découvrir, chasser, détruire les bêtes sauvages et nuisibles? Pour se mettre en sûreté, et pour se rendre maître de l'univers vivant, il a fallu commencer par se faire un parti parmi les animaux, se concilier avec douceur et par caresses ceux qui se sont trouvés capables de s'attacher et d'obéir, afin de les opposer aux autres. Le premier art de l'homme a donc été l'éducation du chien, et le fruit de cet art, la conquête et la possession paisible de la terre. » — Après qu'on s'est demandé l'époque à laquelle le chien fut rendu domestique, il est naturel de s'enquérir aussi de l'espèce sauvage à laquelle il appartient; mais cette question est encore plus insoluble que la première, aussi les opinions des différents auteurs varient-elles considérablement. C'est ainsi que, suivant quelques-uns, le chien descendrait d'une espèce aujourd'hui détruite ou bien encore inconnue, tandis que, suivant d'autres, il proviendrait du loup ou bien du chacal. On ne pourra d'ailleurs espérer de faire sur ce sujet quelque hypothèse approchant de la vérité qu'après que l'on aura étudié plus sérieusement les mœurs des chiens qui vivent en liberté. Ceux-ci, en effet, éloignés de toutes les causes modificatrices, pourront, s'ils se trouvent sur quelque terre analogue à leur sol natal, se rapprocher, par leurs formes et leurs habitudes, de l'espèce qui leur a donné naissance. — La domesticité n'a pas fait varier le chien sous le seul point de son organisation, elle a produit aussi des changements fort notables dans son intelligence et ses mœurs. Suivant les diverses contrées, cet animal se nourrit de chair, qu'il prend vivante et qu'il chasse, ou bien de charogne; quelquefois il se contente de fruits et de substances végétales. « Il mange, comme le dit Linné, de la chair des charognes ou des végétaux farineux, mais non des légumes; il digère les os. » Dans quelques localités, au contraire, où les oiseaux et les mammifères sont plus rares, il se rabat sur les reptiles et les poissons, ce qu'il ne ferait point partout ailleurs. — L'intelligence du chien a subi, depuis que cet animal est associé à l'homme, des perfectionnements bien remarquables; ses affections sont devenues plus tendres et ses sentiments plus nombreux. Il a su se prêter aux diverses circonstances qui l'ont environné; ici chasseur, il est dans un autre endroit pêcheur ou guerrier; ailleurs il est devenu berger. « Plus docile que l'homme, a dit Buffon, plus souple qu'aucun des animaux, non-seulement le chien s'instruit en peu de temps, mais même il se conforme à toutes les habitudes de ceux qui lui commandent; il prend le ton de la maison qu'il habite; comme les autres domestiques, il est dédaigneux chez les grands et rustre à la campagne... Lorsqu'on lui a confié pendant la nuit la garde de la maison, il devient plus fier et quelquefois féroce; il veille, il fait la ronde, il sent de loin les étrangers, et pour peu qu'ils s'arrêtent ou tentent de franchir les barrières, il s'élance, s'oppose, et par des aboiements réitérés, des efforts et des cris de colère, il donne l'alarme, avertit, et combat. » Ces animaux sont certainement plus intelligents, plus civilisés, si l'on peut se servir de cette expression, chez les peuples éclairés que chez ceux qui sont encore dans la barbarie; dans le premier cas ils sont susceptibles d'une éducation plus variée, ils sont plus dévoués à leur maître, leurs races sont aussi plus nombreuses; les seconds, féroces et presque sauvages encore, n'ont pour les hommes aucun attachement; ils vivent pêle-mêle avec ces malheureux, partagent leur nourriture ou plutôt la leur dérobent, mais ils les aident rarement à la conquérir. « Le chien, dit Linné dans son langage admirable de concision, est le plus fidèle de tous les animaux domestiques; il fait des caresses à son maître, il est sensible à ses châtiments; il le précède, se retourne quand le chemin se divise; docile, il cherche les choses perdues, veille la nuit, annonce les étrangers, garde les marchandises, les troupeaux, les rennes, les bœufs, les brebis, les défend contre les lions et les bêtes féroces qu'il attaque; il reste près des canards, rampe sous le filet de la tirasse, se met en arrêt, et rapporte au chasseur la proie qu'il a tuée, sans l'entamer. En France il tourne la broche, en Sibérie on l'attelle au traîneau; lorsqu'on est à table, il demande à manger; quand il a volé, il marche la queue entre les jambes, il grogne en mangeant; parmi les autres chiens il est toujours le maître chez lui; il n'aime point les mendiants, il attaque sans provocation ceux qu'il ne connaît pas. » Ces quelques lignes de l'Aristote suédois sont remarquables par le nombre de faits curieux qu'elles rappellent; c'est ce qui nous a engagé à les rapporter ici. — Les chiens sont généralement très-portés à l'acte générateur, et la plupart des variétés domestiques de nos contrées peuvent s'y livrer dans toutes les saisons de l'année; cependant ils ne s'accouplent guère qu'à certaines époques, deux fois par an, en hiver et en été; les mâles sont cruels envers leurs rivaux, ils les battent avec violence; les femelles peuvent s'accoupler avec plusieurs mâles successivement; elles restent avec chacun d'eux beaucoup plus longtemps que les autres animaux, ce qui tient à la conformation de la verge (voyez ce qui a été dit en commençant les généralités sur le genre). La gestation dure soixante-trois jours, et chaque portée produit depuis quatre ou cinq petits jusqu'à dix et douze. Ceux-ci naissent les yeux fermés et ne voient la lumière qu'au bout d'une douzaine de jours. Les chiens, quoique très-ardents en amour, ne laissent pas de durer; il ne paraît pas même que l'âge diminue leur ardeur; ils s'accouplent et produisent pendant toute la vie, qui est ordinairement bornée à quatorze ou quinze ans, quoiqu'on en garde quelques-uns jusqu'à vingt. On peut connaître l'âge de ces animaux en examinant leurs dents, qui dans la jeunesse sont blanches, tranchantes et pointues, et qui, à mesure qu'ils vieillissent, deviennent noires, mousses et inégales : on le connaît aussi par le poil, car il blanchit sur le museau, sur le front et autour des yeux lorsqu'ils commencent à se faire vieux. La mort, qui n'arrive ordinairement qu'après la vieillesse, est souvent précédée de la décrépitude ou de quelques maladies, telles que la gale, les rhumatismes, etc. Quelquefois ces animaux deviennent excessivement gras, c'est ce qui arrive lorsqu'ils ont trop de nourriture et pas assez d'exercice. Dans leur jeune âge ils sont toujours tourmentés par un mal qui en emporte un grand nombre : ce mal est connu sous le nom de maladie des chiens; il paraît tenir à un état particulier des organes cérébraux. Les chiens sont aussi fort sujets au ténia, mais il est rare qu'ils périssent par cette cause. — Les chiens sauvages, que l'on nomme aussi *chiens marrons*, ont été trouvés dans diverses localités. Il y en a en Amérique; on en a vu aussi en Afrique, au Congo; et dans quelques parties de l'Amérique ils descendent tous d'individus anciennement domestiques et qui ont repris la vie sauvage. Ils se tiennent par troupes nombreuses, et ne craignent point d'attaquer des animaux d'une grande taille, même de grands carnassiers et souvent l'homme. Ils sont surtout communs en Amérique. On trouve aussi dans ce continent plusieurs races domestiques. Ces animaux ont été, comme on le sait, les auxiliaires des Espagnols dans leurs expéditions militaires au nouveau monde. Colomb est le premier qui les ait employés. A sa première affaire avec les Indiens, sa troupe se composait, comme nous l'apprennent ses mémoires, de deux cents fantassins, vingt cavaliers et vingt limiers. Les chiens furent ensuite employés dans la conquête des différentes parties de la terre ferme, surtout au Mexique et dans la Nouvelle-Grenade, et dans tous les points où la résistance des Indiens fut prolongée. Le chien existe aujourd'hui dans une grande partie de l'Amérique; on s'est assuré que ses facultés sont plus ou moins nombreuses, selon que le peuple avec lequel il se trouve est plus ou moins avancé en civilisation. — Nous allons maintenant étudier les diverses races qui composent l'espèce du chien domestique; nous suivrons le travail de M. F. Cuvier, qui est le plus complet et le plus avancé que la science possède aujourd'hui. Ce savant naturaliste admet trois familles principales dans lesquelles les nombreuses races viennent prendre place, il les caractérise, comme nous le verrons, par la forme de leur tête : ce sont les mâtins, les épagneuls et les dogues. — I. Les MATINS *ont la tête plus ou moins allongée et les pariétaux tendant à se rapprocher, mais d'une manière insensible, en s'élevant au-dessus des temporaux; condyle de la mâchoire inférieure sur la même ligne que les dents molaires supérieures.* — A. CHIEN DE LA NOUVELLE-HOLLANDE, *canis familiaris Australasiæ*, dont quelques auteurs ont fait une espèce distincte, est certainement une variété appartenant à la famille des mâtins. Il a la taille et les proportions du chien de berger, avec la tête du mâtin; son pelage est très-fourni et sa queue assez touffue. Le dessus du cou, de la tête et du dos, ainsi que la queue, est fauve foncé; le dessous du cou et la poitrine sont plus pâles; le museau et la face interne des membres sont blanchâtres. Longueur du corps depuis le bout du museau jusqu'à l'origine de la queue, deux pieds cinq pouces. — On a vu à Paris un chien de cette race, il avait été rapporté du Port-Jackson par Péron et Lesueur. Ses mouvements étaient très-agiles, et son activité, lorsqu'on le laissait libre, était fort grande. Sa force musculaire surpassait celle des autres chiens de même taille, et il était d'un tel courage, qu'il attaquait sans la moindre hésitation les chiens les plus vigoureux; on l'a vu plusieurs fois, dans la ménagerie de Paris où on le tenait, se jeter en grondant sur les grilles au travers desquelles il apercevait une panthère, un jaguar ou un ours, lorsque ceux-ci avaient l'air de le menacer. Bien différent de nos chiens domestiques, le chien de la Nouvelle-Hollande n'avait aucune idée de la propriété de l'homme; il ne respectait rien de ce qui lui convenait; il se jetait avec fureur sur la volaille, et semblait ne s'être jamais reposé que sur lui-même du soin de se nourrir. (Voyez, pour plus de détails, une notice insérée par M. F. Cuvier dans ses Suites à Buffon). — Ces chiens, qui appartiennent à quelques malheureuses peuplades de la Nouvelle-Hollande, sont une preuve de plus qui nous montre combien la civilisation de l'homme a eu d'influence sur l'intelligence et le moral de ces animaux; habitant avec des nations encore barbares, ils sont aussi rapprochés qu'elles de l'état de nature; leur caractère est indocile, féroce même, et s'ils poursuivent une proie, ce n'est qu'autant qu'elle doit leur appartenir. — B. CHIEN MATIN, *canis familiaris lanarius*. Cet animal tient le premier rang parmi les chiens de force; on l'emploie principalement à la garde de la maison et du gros bétail. Il a beaucoup d'intelligence, est fort et courageux, et se bat volontiers contre les loups. On peut le dresser à la chasse, et on le destine principalement à poursuivre les sangliers. Suivant Buffon, ce chien, naturel aux régions tempérées, a donné naissance à la race du *grand danois*, lorsqu'il a été transporté dans le Nord, et à celle du *lévrier*, après s'être acclimaté dans le Midi; accouplé avec le dogue, il aurait, suivant le même auteur, produit le *dogue de forte race.* On le trouve principalement en France. — B'. On range à la suite du chien mâtin comme autant de races distinctes : le **CHIEN DE L'HIMALAYA**, *canis himalayensis*, qui a la tête allongée, le museau aigu et les oreilles dressées et pointues. Son pelage est composé de deux sortes de poils, les uns soyeux, qui sont bruns, et les autres laineux, dont la couleur est cendrée ; deux taches noirâtres existent sur les oreilles, et une couleur cendrée se trouve sous la gorge ; la queue est touffue. — Le **CHIEN SAUVAGE DE SUMATRA**, *canis sumatrensis*. Il a le nez pointu, les yeux obliques, les oreilles droites et la queue pendante, très-touffue, plus grosse au milieu jusqu'à son origine ; le pelage est d'un roux ferrugineux, plus clair sur le ventre. — Le **CHIEN QUAO**, *canis quao*. Il habite les montagnes de Ramghur dans l'Inde ; c'est une variété peu connue et qui paraît se rapprocher beaucoup de la précédente, seulement sa queue est plus noire et ses oreilles moins arrondies. — Le **CHIEN DE LA NOUVELLE-IRLANDE**, *canis Novæ Hiberniæ*. Cet animal est de moitié plus petit que celui de la Nouvelle-Hollande, son museau est plus aigu ; il a les oreilles droites, pointues et courtes, les jambes grêles et le poil ras de couleur brune ou fauve. Il est hardi et courageux, et mange de tout, mais principalement des poissons qu'il va lui-même pêcher ; les naturels de la Nouvelle-Irlande le nomment *poull*, et se nourrissent de sa chair. On doit la connaissance de cette variété à M. Lesson, qui l'a décrite dans son Complément aux œuvres de Buffon. — C. **CHIEN DANOIS**, *canis familiaris danicus*. Il diffère du mâtin par un corps et des membres plus fournis ; la longueur de son corps est de trois pieds six pouces. Ses habitudes sont analogues à celles du mâtin ; il est également bon pour la garde : on l'emploie à la chasse ; on le fait souvent courir devant les équipages. — D. **CHIEN LÉVRIER**, *canis familiaris grajus*, dont on voit une belle figure dans l'*Histoire des mammifères* de M. F. Cuvier, est de tous les chiens celui qui est le plus remarquable par l'allongement de ses formes. Son museau est fort aigu et son front surabaissé, ce qui est causé par l'oblitération des sinus frontaux ; la couche graisseuse sous-cutanée est presque nulle, et les muscles se dessinent au dehors. — Les lévriers varient pour la couleur ainsi que pour la nature du pelage et la taille ; ils sont remarquables par leur grande agilité, aussi les emploie-t-on souvent à la chasse. Un instinct particulier les porte à courir les lièvres et les lapins, mais c'est pour en faire leur proie ; toute leur éducation doit donc consister à corriger ce défaut. Ils sont tellement ardents pour ce genre de chasse, que, bien que fatigués, ils sont toujours prêts à s'élancer à la poursuite d'un lièvre ou d'un lapin dès qu'ils en aperçoivent un ; cependant il est bon de ne pas les laisser trop courir, et on doit avoir soin de les reprendre en laisse après la seconde course. — Ces animaux sont peu intelligents, et susceptibles d'une éducation peu variée ; ils sont fort sensibles à l'affection qu'on leur porte, et paraissent éprouver une vive émotion toutes les fois qu'on leur fait accueil ; c'est à cette sensibilité excessive pour les bons traitements et au peu d'étendue de leurs facultés que l'on doit attribuer sans doute le défaut qu'ils ont assez généralement de ne point éprouver d'attachement plus marqué pour certaines personnes, et de témoigner, sinon la même affection, du moins la même bienveillance à tout individu qui les traite avec bonté. — Sous-variétés : *a, lévrier d'Irlande ; b, lévrier de la haute Écosse ; c, lévrier de Russie ; d, lévrier lévron* ou *d'Italie ; e, lévrier chien turc*. — Les lévriers ne se trouvent guère qu'en Europe. Buffon les considère comme originaires des contrées chaudes de cette partie du monde. — II. Les **ÉPAGNEULS**. *Les pariétaux dans les têtes de cette famille ne tendent plus à se rapprocher de leur naissance au-dessus des temporaux ; ils s'écartent et se renflent au contraire de manière à beaucoup agrandir la boîte cérébrale, et les sinus frontaux prennent de l'étendue.* — C'est parmi les épagneuls que l'on rencontre les races les plus intelligentes. — E. **CHIEN ÉPAGNEUL**, *canis familiaris extrarius*. Il est couvert de poils longs et soyeux ; ses oreilles sont pendantes comme celles du chien courant, et ses jambes peu élevées ; le blanc, avec des taches noires ou brunes, est sa couleur dominante. — Le grand épagneul a le corps long de deux pieds quatre pouces ; il est haut au train de devant d'un pied cinq ou six pouces. C'est un bon chien d'arrêt, doux, quelquefois même timide ; il chasse mieux dans les marais ou dans les cantons couverts qu'en plaine. — Sous-variétés : *a, petit épagneul ; b, gredin ; c, pyrame ; d, bichon ; e, chien lion ; f, chien de Calabre ; g, épagneul d'eau* ou *anglais*. — L'Europe méridionale et tempérée est principalement la patrie des épagneuls. — F. **CHIEN BARBET**, *canis aquaticus*. Le chien barbet, appelé aussi *caniche* et *chien canard*, est celui de tous dont l'intelligence paraît le plus susceptible de développement. Il est extrêmement attaché à son maître. Il aime beaucoup l'eau, et dans certaines contrées, principalement en Angleterre, on l'emploie pour la chasse à l'étang et au marais ; dans quelques endroits on le tient aussi à bord des bâtiments, où on le dresse à aller chercher ce qui tombe à la mer, ainsi que les oiseaux maritimes que l'on a tués. Il peut être dressé à l'arrêt. — Tout le corps du barbet est couvert de poils longs et frisés, variant du blanc pur au noir foncé en passant par diverses couleurs intermédiaires. On est obligé de le tondre une ou deux fois au moins tous les ans. — Sous-variété *a*, *petit barbet* ; il provient, suivant Buffon et Daubenton, du mélange du barbet et du petit épagneul. Sous-variété *b*, *chien griffon* ; il paraît être le résultat de l'union du barbet et du chien de berger. — G. **CHIEN COURANT** ou **CHIEN DE CHASSE**, *canis familiaris gallicus*. Il existe principalement en France, mais aussi en Angleterre et dans quelques autres contrées ; il est ardent chasseur et s'emploie principalement à la chasse des bêtes fauves. Son odorat est exquis et son intelligence bien développée. Il se fait remarquer par la longueur de ses jambes et par celle de ses oreilles, qui sont pendantes ; il est couvert d'un poil très-court et porte la queue relevée. Sa couleur est généralement le blanc avec des tâches noires ou fauves. — Longueur totale du corps, deux pieds neuf pouces ; hauteur du train de devant, un pied neuf ou dix pouces ; de celui de derrière, un pied dix pouces. — H. **CHIEN BRAQUE**, *canis familiaris avicularis*. Il a la tête forte, l'œil assez petit, les narines bien ouvertes, les lèvres pendantes, le cou peu allongé, la poitrine large, le dos et la croupe arrondis, les jambes fortes et les pieds larges. Sa taille varie entre dix-huit pouces, deux pieds et plus ; son poil est ras et plus fin sur la tête et les oreilles que sur le corps, il est rarement de couleur noire. — Le braque est vif, il quête bien et arrête parfaitement le gibier ; on doit le dresser le plus possible à la chasse en plaine ; il conserve, même pendant la grande chaleur du jour, toute la finesse de son odorat. Le *braque à deux nez* ne diffère de celui-ci que par une gouttière assez profonde laquelle sépare ses deux narines. Le *braque du Bengale* est une sous-variété distincte ; il ressemble au braque proprement dit pour la figure, mais il a les couleurs plus belles. Son poil est moucheté ou tigré de petites taches fauves sur un fond blanc. — I. **CHIEN BASSET**, *canis familiaris vertagus* ou *basset à jambes droites*. Il a la tête semblable à celle du braque ou du chien courant ; ses oreilles sont longues et pendantes, sa queue longue, ses jambes courtes, droites et grosses. Le poil de cet animal est ras et marqué de taches noires ou brunes, plus ou moins étendues et nombreuses sur un fond blanc ; quelquefois il est noir avec des taches de feu. Longueur du corps, vingt-cinq à vingt-huit pouces ; hauteur du train de devant, onze pouces seulement. — Sous-variété *a*, *basset à jambes torses* ; jambes de devant arquées en dehors. — Sous-variété *b*, *chien burgos*. — K. **CHIEN DE BERGER**, *canis familiaris domesticus*. Cette espèce est de taille moyenne, ses oreilles sont courtes et droites ; elle porte sa queue horizontalement en arrière ou pendante, mais quelquefois aussi relevée. Les poils sont longs sur tout le corps, la couleur noire est celle qui domine. Le chien de berger habite toute l'Europe septentrionale et tempérée, il est employé avec beaucoup d'avantage à la garde et à la conduite des troupeaux (*V.* **ÉCONOMIE RURALE**). — L. **CHIEN LOUP**, *canis familiaris pomeranus*. Il se distingue du précédent par sa tête dégarnie de poils, ainsi que ses oreilles et ses pieds. Il porte toujours sa queue très-relevée. Celle-ci est remarquable par les longs poils qui la garnissent. La couleur est

Chien courant.

Chien de berger.

le noir, et aussi le fauve et le blanc. Le chien loup a les mêmes habitudes que le chien de berger; il pourrait fort bien être employé à la garde des troupeaux. — M. CHIEN DE SIBÉRIE, *canis familiaris sibiricus*. Cette race, dont le nom indique la patrie, a tous les poils du corps fort longs ainsi que ceux de la tête et des membres; elle ressemble du reste, pour la forme générale, la taille, et la direction de la queue, au chien loup. — N. CHIEN DES ESQUIMAUX, *canis familiaris borealis*, autre race, décrite pour la première fois par M. F. Cuvier, qui en a fait représenter un bel individu dans son ouvrage sur les mammifères. Ce chien se rapproche beaucoup, par l'habitude de son corps et par sa taille, du chien loup; ses couleurs sont le noir et le blanc disposés par grandes plaques. Les poils sont de deux sortes, comme chez les autres; mais la proportion des laineux l'emporte de beaucoup sur les soyeux, ce qui s'explique par l'influence du froid; ces poils laineux constituent une bourre qui augmente sensiblement les proportions de l'animal. La queue se relève subitement pour se courber à droite en longeant les fesses. — Le chien des Esquimaux habite tout le nord du globe et spécialement les rivages du fond de la baie de Baffin en Amérique, où il est employé par les Esquimaux, comme bête de trait, pour tirer les traîneaux. On peut les considérer comme se rapprochant plus que les autres de la souche des chiens domestiques. — Ces animaux sont attachés à l'homme, et lui sont même soumis; mais, lorsque la faim les presse, aucun châtiment ne pourrait les retenir, alors ils ne connaissent plus leur maître. — O. CHIEN ALCO, *canis familiaris americanus*. On donne ce nom à une variété fort mal connue et qui se trouve, dit-on, au Mexique. — III. Les DOGUES. *Les races de cette famille se caractérisent par le raccourcissement de leur museau, le mouvement ascensionnel de leur crâne, son rapetissement et l'étendue considérable de leurs sinus frontaux.* — Ces animaux sont peu intelligents comparativement aux races de la famille précédente; la pesanteur de leur intelligence semble se marquer par la grossièreté de leurs formes. — P. DOGUE DE FORTE RACE, *canis familiaris anglicus*. Autant le lévrier a le museau allongé et les sinus frontaux rétrécis, autant au contraire le dogue a le museau raccourci et les sinus développés. Il est aussi éloigné que possible des types primitifs, mais dans un sens contraire du lévrier; chez ce dernier les formes se sont allongées à l'excès, elles sont devenues aussi grêles que possible; chez le dogue au contraire elles se sont raccourcies, ramassées. Les oreilles sont entièrement pendantes et ne se relevant jamais; les lèvres sont allongées, tombantes, et recouvrent la mâchoire inférieure. L'extrémité de la queue est relevée, et il existe souvent un cinquième doigt développé aux pieds de derrière. Le poil est généralement ras, quelquefois long; la couleur n'est pas constante, tantôt elle est fauve, tantôt blanchâtre en partie ou bien variée de noir. — Ce sont les plus gros de tous les chiens domestiques. Ils résultent du mélange du mâtin avec le dogue proprement dit. Comme toutes les races éloignées de la souche primitive, le dogue reproduit difficilement, les mâles sont peu portés à s'accoupler et les femelles fort sujettes à avorter. Sa vie est d'ailleurs très-courte, et son développement fort lent : il n'acquiert toute sa taille qu'à dix-huit mois ou deux ans; et lorsqu'il en a cinq ou six il montre déjà de la décrépitude. — Q. CHIEN DOGUE, *canis familiaris molossus*. Ce dogue est semblable au précédent, mais plus petit; les poils sont ras et de couleur fauve pâle (*V.* ÉCONOMIE RURALE au mot *Chien de basse cour*). — R. CHIEN DOGUIN, *canis familiaris fricator*, vulgairement appelé *carlin*, *dogue de Bologne*, *dogue d'Allemagne* ou *mopse*, il ne diffère du vrai dogue que par une moindre taille; ses lèvres sont plus minces et plus courtes; son museau est proportionnellement moins large et moins retroussé, sa queue plus tortillée en spirale. Du reste il lui ressemble beaucoup, tant pour la figure du corps que pour la longueur et la couleur du poil. C'est un animal presque entièrement dépourvu d'intelligence, lascif et à peu près sans utilité. — S. CHIEN D'ISLANDE, *canis familiaris islandicus*. Il a la tête ronde, les yeux gros et le museau mince, les oreilles en partie droites et en partie pendantes, comme dans le petit danois; le poil est lisse et long, surtout derrière les jambes de devant et sur la queue. Ce chien n'est connu que par une description de Daubenton. — T. CHIEN PETIT DANOIS, *canis familiaris variegatus*, dont le front est bombé, le museau assez mince et pointu, les yeux très-grands, et les oreilles à demi pendantes. Le petit danois est de la taille du doguin; son pelage est ras, le plus souvent moucheté de noir sur un fond blanc. On le nomme quelquefois *arlequin*. — U. CHIEN ROQUET, *canis familiaris hybridus*. Il a la tête ronde et les oreilles petites comme le précédent; ses jambes sont sèches aussi et sa queue retroussée : quelques individus ont le pelage *arlequiné*. — V. CHIEN ANGLAIS, *canis familiaris britannicus*. Celui-ci paraît résulter du mélange du petit danois et du pyrame, dont il a la taille; sa tête est bombée, ses yeux saillants et son museau assez pointu. Robe d'un noir foncé avec des marques de feu sur les yeux, sur le museau, sur la gorge et sur les jambes. — X. CHIEN D'ARTOIS, vulgairement *chien lillois*, *islois* ou *quatre-vingts*, a le museau très-court et très-aplati. C'est une race fournie par le mélange du roquet avec le doguin. — Y. CHIEN D'ALICANTE, *canis familiaris Andalusiæ*. Il a le museau court du doguin et le long poil de l'épagneul; c'est vraisemblablement du croisement de ces deux races qu'il provient. On le nomme quelquefois *chien de Cayenne*. — Z. CHIEN TURC, *canis familiaris ægyptius*, appelé aussi *chien de Barbarie*. Tête très-grosse et arrondie; museau assez fin; oreilles droites à la basse, assez larges et mobiles; corps rétréci vers le ventre; membres grêles, queue moyenne; peau presque entièrement nue, comme huileuse, noire ou de couleur de chair obscure et tachée de brun par grandes plaques. Taille du carlin. — Sous-variété *a*, *chien turc à crinière*. Une sorte de crinière formée par des poils longs et roides existe derrière la tête. — Les Chiens turcs sont peu intelligents; on les trouve, dit-on, en Egypte et dans une grande partie de l'Afrique septentrionale, mais non pas en Turquie, comme leur nom pourrait le faire croire. Dans nos contrées ils souffrent constamment de l'abaissement de la température, et sont sans cesse grelottants, aussi les tient-on le plus souvent dans les appartements. — A la suite de cette liste des chiens domestiques, nous joindrons, comme races moins connues, celle du *chien des Alpes*, qui paraît issu du dogue de forte race et du grand épagneul, et celle du *chien de Terre-Neuve*, sorte de mâtin à tête très-large et à oreilles pendantes. — CHIEN CARAIBE, *canis caraibæus*. Suivant M. Moreau de Jonnès, les Américains avaient des chiens avant l'arrivée des Européens, et il paraîtrait même qu'ils en avaient de plusieurs sortes. Le 14 octobre 1482, Colomb trouva, dans les îles Lucayes, des petits chiens qui n'aboyaient point et qui n'avaient aucun poil sur la peau; il les trouva encore en 1494 sur l'île de Cuba, et les habitants en mangeaient. Les Français firent la même observation en arrivant à la Martinique et à la Guadeloupe en 1635. Or cette variété pourrait bien être, comme le fait remarquer M. Lesson, le chien turc, qui se trouve aussi très-communément au Pérou, et que l'on pourrait bien avoir indiqué à tort comme provenant d'Afrique. — LOUP COMMUN, *canis lupus*. Cet animal, qui est d'une autre espèce que le chien domestique, est le carnassier le plus féroce de nos contrées; sa queue est droite, et son pelage gris fauve, avec une raie noire sur les jambes de devant des adultes. Une variété blanche existe dans le Nord; elle est tantôt le résultat du froid et blanchit périodiquement tous les hivers, tantôt au contraire elle est l'effet de la maladie albine. Les vieux individus grisonnent et peuvent aussi devenir presque blancs. Cet animal vit solitaire dans les forêts de toute l'Europe, et aussi dans une partie de l'Asie et peut-être le nord de l'Amérique. En Angleterre sa race est entièrement exterminée. Les loups peuvent s'unir avec les chiens (*V.* LOUP). — LOUP NOIR, *lupus niger*. Il est généralement considéré comme une espèce à part; quelques auteurs pensent qu'il n'est qu'une variété de la précédente; sa queue est droite, et son corps tout à fait noir sans mélange de blanc. Le loup noir habite les contrées froides et montagneuses de l'Europe; la ménagerie du muséum en a possédé un individu qui avait été pris dans les Pyrénées. — LOUP DU MEXIQUE, *canis mexicanus* Desm. Cet animal est pour la taille un peu inférieur au loup ordinaire; il est d'un gris roussâtre mêlé de noirâtre. Le tour du museau, le dessous du corps et les pieds sont blancs. — Il vit dans les endroits chauds de la Nouvelle-Espagne. — LOUP ROUGE, *canis jubatus; loup rouge* de Cuvier et *agoura guazou* de d'Azara. Il est remarquable par sa teinte d'un roux cannelle plus foncé aux parties supérieures; une courte crinière occupe toute la longueur de l'épine dorsale. — Cette espèce vit solitaire dans les lieux bas et humides des pampas de la Plata. Son cri est à peu près *goua-a-a;* il est répété plusieurs fois de suite, et s'entend de fort loin. — LOUP DE PRAIRIE, *canis latrans* Harl. (*Faune américaine*), *prairie's wolf* de Say. Il a été découvert pendant l'expédition aux monts *Arkansas*. Il a le pelage d'un gris cendré, varié de noir et de fauve cannelle terne; les poils de la ligne dorsale sont plus longs que les autres; les parties inférieures sont moins colorées que les supérieures; la queue est droite. Cet animal habite les plaines de *Missouri;* il vit en troupes nombreuses, chasse les cerfs et mange aussi quelques fruits. — LOUP ODORANT, *canis nubilus* Say (*Major Long's expedit.*). Ce loup est plus robuste et d'un aspect plus redoutable que les deux qui précèdent; il exhale une odeur fétide, ce qui lui a fait donner son nom. La teinte de son pelage est obscure et pommelée à sa partie supérieure. Le gris domine sur les flancs. On trouve le loup odorant dans les mêmes lieux que le loup de prairie. — LOUP FOSSILE, *canis spelæus* Golfdfuss. Il n'est connu que par des débris fossiles. Ce n'est pas la seule espèce antédiluvienne que l'on ait découverte parmi les *canis*. G. Cuvier, dans son ouvrage sur les ossements fossiles, en indique quatre. La première, qui est nommée ci-dessus, a été trouvée mêlée à des os d'éléphants; la seconde est fort voisine du renard, si ce n'est le renard lui-même : Cuvier en a tiré des fragments d'un tuf où ils étaient pétris avec des débris d'ours et de hyènes. L'existence de la troisième n'est révélée que par deux dents recueillies près de Beaugency, et qui, par leur volume, annoncent un animal gigantesque. La quatrième enfin est connue par une mâchoire qui vient des plâtrières de Montmartre et qui diffère évidemment de toutes les espèces vivantes. — CHIEN ANTARCTIQUE, *canis antarcticus*. Il a le corps long de deux pieds six pouces, et se rapproche du loup pour ce qui est du port; son pelage est roussâtre; sa queue, rousse à sa base, est noire à son milieu et terminée par du blanc. Cet animal habite les îles Malouines et principalement celle appelée Falkland; on le trouve peut-être aussi au Chili. Il chasse le petit gibier, les oiseaux aquatiques, etc., et se creuse des terriers dans lesquels il demeure. — CHIEN CRABIER, *canis cancrivorus*. Il est en dessus d'un cendré varié de noir et de blanc, légèrement jaunâtre en dessous; ses oreilles sont noires ainsi que ses tarses et l'extrémité de sa queue. C'est le *chien des bois* de Buffon : on le trouve à la Guyane et à Cayenne, où il vit par petites troupes et se nourrit de chair, de fruits, etc. — CHACAL, *canis aureus*. Cette espèce du genre chien a été indiquée par Linnæus, et tous les auteurs anciens et modernes en ont fait mention; mais jusqu'à ces derniers temps, on n'a eu sur son histoire que des notions peu exactes. — On trouve les chacals non-seulement en Afrique, depuis la côte de Barbarie jusqu'au Sénégal et la Guinée, mais aussi en Asie, depuis l'Inde jusqu'en Turquie et même en Europe, ce qu'on n'aurait osé soupçonner il y a quelques années. Les auteurs ne sont pas d'accord sur la nature de ces divers chacals; les uns en ont fait autant d'espèces, d'autres au contraire les considèrent comme de simples variétés. Sans adopter l'une ou l'autre de ces deux opinions, nous donnerons l'histoire de ces animaux; on les considérera comme des variétés ou comme des espèces, cela importe peu ici. — Comme le travail de M. Isidore Geoffroy est le plus complet, c'est d'après lui que nous avons dû nous guider. Les chacals y sont considérés comme se rapportant aux six variétés suivantes. — A. *Chacal de l'Inde*. — B. *Chacal du Caucase*. C'est à lui que devrait rester le nom de *canis aureus*, si l'on regarde les autres comme des espèces distinctes; quelques auteurs pensent qu'il est la source des chiens domestiques. — C. *Chacal de Nubie*. C'est le *canis variegatus* de l'Atlas de Ruppel. — D. *Chacal d'Alger*. Il est peut-être le *canis barbarus* de Shaw (*General Zool.*). Sa taille est plus considérable et son poil plus rude que chez les autres. Il a les parties supérieures d'un gris jaunâtre, varié de noir assez abondant, surtout à la croupe et à l'extrémité de la queue; les parties inférieures sont d'un fauve plus clair. On remarque sur la face antérieure des membres thoraciques une ligne noire, commençant vers l'épaule et qui disparaît vers l'articulation radio-carpienne pour reparaître un peu plus loin, au-devant du métatarse. La queue est plus courte et beaucoup moins touffue que celle du renard. — Nous avons parlé à l'article CHACAL d'un individu de cette variété que nous avions vu vivant à Paris. Cet animal avait été apprivoisé; il était assez docile pour qu'on pût le promener en laisse dans les rues de la ville; il provenait des environs mêmes d'Alger, où la variété est commune; son antipathie pour les chiens de toutes sortes était une chose très-remarquable; il ne pouvait en voir un près de lui sans entrer aussitôt en colère. — E. *Chacal du Sénégal*. C'est le *canis anthus* de F. Cuvier (*V.* ci-dessous). — F. *Chacal de Morée*. L'espèce du chacal n'avait point encore été observée en Europe avant l'expédition de Morée, cependant elle est très-commune dans cette contrée; sa peau est même employée comme fourrure par ses habitants. — Les chacals sont des chiens intermédiaires au loup et au renard; ils se creusent des terriers, dans lesquels ils passent une grande partie du jour, ne sortant le plus souvent que de nuit pour aller chercher leur nourriture, laquelle peut être omnivore, mais consiste principalement en cadavres plus ou moins avancés. On a remarqué que ces animaux accompagnent ordinairement les lions, et que partout où ceux-ci se trouvent il existe également des chacals. Aussi la découverte du chacal de Morée est-elle une nouvelle preuve attestant que les lions ont autrefois vécu en Grèce : c'est d'ailleurs ce que nous disent de la manière la plus positive les écrits d'Hérodote et d'Aristote. Le lion, qui est plus fort et plus redoutable que le chacal, est celui que l'homme a dû attaquer le premier; le chacal, plus faible, a pu s'esquiver ; il ne tombera victime que des derniers progrès de la civilisation. « Tel a été le sort du lion, dit M. Isidore Geoffroy (*Histoire naturelle des mammifères de Morée*), tel sera celui du chacal : partout où les hommes sont devenus ou deviendront puissants par l'association et les arts, le lion doit périr; mais le chacal, lâche et craintif, a pu et peut trouver dans l'obscurité de ses attaques, ou plutôt de ses brigandages, un asile longtemps assuré, et survivre pendant un temps à la destruction du plus terrible ennemi de l'homme. » — *Canis anthus* ou chacal du Sénégal est un autre *canis* reconnu par M. Frédéric Cuvier et décrit par lui, dans son *Histoire des mammifères*, comme formant espèce à part. Le dos et les côtés sont couverts d'un pelage gris foncé, sali de quelques teintures jaunâtres; le cou est d'un fauve grisâtre qui devient plus gris encore sur la tête et surtout sur les joues, au-dessous des oreilles. Le dessous du museau, les membres antérieurs et postérieurs, le derrière des oreilles et la queue, sont d'un fauve assez pur, seulement on voit une tache noire longitudinale au tiers supérieur de la queue, et quelques poils noirs, mais en petit nombre, à son extrémité. Cet animal habite le Sénégal et aussi la Nubie et l'Egypte, mais dans ces dernières contrées il est plus rare. — CORSAC, *canis corsac*. Il forme une seule espèce avec l'*adive* de Buffon. Sa taille n'est point supérieure à celle de la fouine, et sa queue, très-longue à proportion de son corps, descend de trois pouces plus bas que les pieds lorsqu'elle est tout à fait pendante. Toutes les parties supérieures du corps, en y ajoutant la queue, sont d'un gris fauve uniforme, dont la teinte est très-douce et résulte des anneaux fauves et blancs dont la partie visible des poils est généralement couverte. Cependant quelques-uns de ces anneaux sont noirs; les membres sont entièrement fauves; le bout de la queue est noir, et l'on voit à trois pouces de l'origine de cet organe, à sa partie supérieure, une petite tache noire; toutes les parties inférieures du corps sont d'un blanc jaunâtre. C'est ainsi que M. Frédéric Cuvier caractérise le corsac, qui, dit-il, ne diffère point de l'adive, si l'adive est cette petite espèce de chien de l'Inde nommée au Malabar *nougs-hari*. — MÉSOMÉLAS, *canis mesomelas*. C'est le *renard* ou *chacal du Cap*. Sa couleur est grise et fauve; sa taille est à peu près celle du chacal, et sa queue tombante descend presque jusqu'à terre. Sa patrie est le cap de Bonne-Espérance. — CHIEN KARAGAN, *canis karagan*. Cette espèce, dont l'existence est douteuse, est décrite comme supérieure au corsac par la taille; elle a, dit-on, la queue droite et le corps gris avec les oreilles noires. Elle est des bords de l'Oural; sa fourrure est apportée à *Oremburg* par les marchands kirghises. — On cite encore, comme appartenant à la première section du genre chien, le *canis barbarus* de Shaw, qui pourrait bien être le chacal de la côte nord de l'Afrique. — †† *Espèces dont les pupilles se contractent verticalement*. — Les RENARDS. Ces animaux ont la queue plus longue et plus fournie que ceux de la précédente section, leur museau est aussi plus pointu. Ils répandent pour la plupart une odeur fétide, se creusent des terriers, et n'attaquent que de petits animaux. On ne les a point rencontrés à la Nouvelle-Hollande. — RENARD COMMUN, *canis vulpes* Linn. Cet animal, que l'on trouve dans toute l'Europe, ainsi qu'en Asie et dans le nord de l'Amérique, a le pelage fauve en dessus, blanchâtre en dessous, avec la queue touffue terminée de noir, et le derrière des oreilles de cette couleur. Il est célèbre par son caractère fin et rusé, nous le décrirons plus amplement à l'article RENARD (*V.* ce mot). — L'espèce du renard comprend trois variétés : l'une a le bout de la queue noir, c'est le *vulpes alopex*, appelé par Buffon RENARD CHARBONNIER, et que certains auteurs ont regardé comme une espèce distincte. La seconde variété est celle du RENARD BLANC, *vulpes albus*. La troisième est remarquable par la croix noire qui est dessinée sur son dos, elle a reçu de Gesner et de Buffon le nom de *vulpes crucigera* : on la nomme en français RENARD CROISÉ. — Une autre race de renards, qui forme peut-être aussi une variété distincte, est celle des renards musqués que l'on rencontre en Suisse, et qui répandent une odeur musquée assez agréable. Le RENARD NOBLE du même pays n'est autre chose que l'espèce commune dans un âge avancé. — *Canis velox*. Cette espèce, décrite par M. Say, est un des fruits de l'expédition du major Long ; elle a le corps élancé, le pelage fauve, doux et assez épais, brun en dessus, blanchâtre en dessous, et la queue longue, cylindrique et de couleur noire. — Elle doit son nom à la rapidité avec laquelle elle court. Sa patrie est la partie de l'Amérique qui borde le Missouri. — *Canis niloticus*. Il a été décrit par M. Geoffroy dans le Catalogue du muséum ; il est figuré à la planche XV de l'Atlas de Ruppel. On le trouve en Egypte et en Nubie. — Le *canis variegatus* a été envoyé au muséum de Francfort par M. Ruppel. Il est figuré dans l'Atlas de ce voyageur à la pl. X. Son pelage est jaunâtre en dessus, blanc en dessous, et varié sur le dos et la queue de flammures noires qui résultent de l'allongement de quelques faisceaux de poils ainsi colorés. On le trouve dans la Nubie et la haute Egypte. — *Canis famelicus* ou renard d'Afrique. Il a été aussi trouvé en Nubie par M. Ruppel. Il a été figuré dans son Atlas, planche V. Il a la tête jaune et le corps gris ainsi que les deux tiers de la queue; celle-ci blanchit vers sa pointe. — *Canis pallidus*, décrit, ainsi que les deux précédents, par M. Cretzschmar, se trouve aussi en Egypte et en Nubie. Il a été représenté à la pl. II de l'Atlas de Ruppel. Son corps est d'un fauve très-clair en dessus, blanc en dessous. La queue touffue est noire à son extrémité. C'est un animal nocturne et qui se tient pendant le jour dans les trous qu'il s'est creusés. — RENARD FENNEC, *canis fennecus*. C'est l'*animal anonyme* de Buffon ; on le trouve dans l'intérieur de l'Afrique. Son pelage est d'un roux blanchâtre uniforme, un peu plus pâle en dessous. Le fennec se creuse des terriers et vit de dattes et autres substances qu'il trouve dans le désert. Sa peau est employée comme fourrure par les Arabes. — RENARD ISATIS, *canis lagopus*. Il a le pelage long et fourni; aussi le recherche-t-on pour le commerce. Sa couleur est en été d'un gris cendré ou d'un brun clair uniforme; en hiver elle est blanche. Cette espèce habite les contrées les plus voisines du cercle polaire boréal ; elle est hardie, rusée et très-portée à la rapine. Buffon l'a décrite sous le nom de RENARD BLEU. — Ajoutez à cette liste d'autres espèces moins connues, telles que le renard argenté, *canis argentatus* Geoff., qui habite le nord de l'Asie et de l'Amérique ; le renard croisé, qui se trouve dans l'Amérique septentrionale, ainsi que le renard de Virginie ; le renard fauve des Etats-Unis et le renard tricolore. Le renard à grandes oreilles est aussi une espèce de ce groupe, et vit au cap de Bonne-Espérance. — Sous le nom de CHIEN MARIN on désigne le phoque ; sous celui de CHIEN RAT, la mangouste du Cap ; et sous celui de CHIEN DES BOIS, le raton. — Les grandes espèces de roussettes ont quelquefois été appelées CHIENS VOLANTS.

CHIEN (*économ. rur.*). Parmi les nombreuses variétés de chiens connues, deux espèces intéressent particulièrement l'agriculteur, le chien de berger et le chien de garde. Je vais parler d'eux sous le rapport de leur utilité et de leur intelligence. Je dirai aussi quelque chose du chien de Terre-Neuve et du chien des Alpes, qui sert communément aux propriétaires ruraux de l'Amérique du Nord pour la garde de leurs habitations et pour celle de leurs bestiaux. — Le CHIEN DE BERGER est de deux sortes : le *chien de berger proprement dit*, et le *chien de montagne*. L'un et l'autre sont d'une ressource également inappréciable : ils soulagent le pâtre dans les soins les plus fatigants de sa vigilance ; lui épargnent les cris, les allées et les venues continuelles qui rendraient sa présence inutile ; ils règnent à la tête et sur les flancs du troupeau, dont ils se font obéir ; ils le contiennent dans sa marche, le rassemblent s'il s'écarte ; l'éloignent des blés, des vignes, des jeunes taillis, de toutes les cultures qui redoutent son approche ; ils maintiennent l'ordre, la discipline dans les rangs; et, par leur activité, par leur surveillance de tous les instants, ils assurent la tranquillité de tous les individus, de jour comme de nuit. Le chien de berger convient particulièrement dans les pays de plaines et de coteaux découverts ; il n'est pas assez multiplié dans nos départements méridionaux. Le chien de montagne au contraire est préférable dans les pays de bois ou de hautes montagnes coupées, comme les Alpes et les Pyrénées, par des cavités, d'épais buissons, par des anfractuosités qui servent de retraite aux loups. — Le premier a les oreilles courtes et droites, la queue pendante ou légèrement recourbée en haut, le poil long et noir sur tout le corps, excepté sur le museau. Son aspect n'a rien de flatteur pour l'œil ; mais s'il pèche du côté de la beauté, de l'élégance, ses perfections naissent d'une grande intelligence, d'une activité rare, longtemps et exactement soutenue, d'une industrie vraiment surprenante. Il est très-sobre. Le seul reproche qu'on puisse lui faire, c'est d'être quelquefois trop silencieux et de n'être pas toujours assez fort pour éloigner l'approche redoutable du loup, encore moins pour lutter avec succès contre lui. Le second est vif, hardi, entreprenant, ne redoute point le loup le plus vigoureux ; il le signale par la force de ses aboiements, court au-devant de lui, l'attaque avec force, et s'il est armé de son collier garni de pointes de fer aiguës il triomphe constamment de sa voracité. J'ai vu sur les chaumes des Vosges un semblable combat. Il fut long, à cause des ruses employées par les deux ennemis. Le loup, quoique blessé, allait échapper par une fuite précipitée; mais le chien sut le doubler à l'entrée d'un défilé, l'attaqua de nouveau avec fureur, et remporta la victoire. Il revint au pâtre rempli de joie, et fut récompensé par des caresses et un morceau de pain bis qu'il mangea avec délices. Le poil du chien de montagne est brun, épais et fourni ; sa tête est forte, son front large, son cou gros ; il a les yeux et les narines noirs, les lèvres d'un rouge obscur, les jambes grandes, les doigts écartés, armés d'ongles durs et courts. — Le CHIEN DE GARDE, que l'on nomme aussi *chien de basse-cour*, est celui auquel on remet la garde des fermes et des habitations champêtres. Il appartient d'ordinaire à la race des mâtins, quelquefois à celle des dogues; il faut le choisir toujours parmi les plus vigoureux et les plus grands. On ne peut se passer de ce gardien fidèle, dont la vigilance n'est jamais en défaut ni le jour ni la nuit, et s'étend à toutes les parties des bâtiments, des cours, des jardins. Il importe, pour la sûreté de tous, comme pour l'entier accomplissement de sa tâche difficile, qu'il connaisse et sache distinguer de loin les personnes de la maison, les amis qui la fréquentent et les gens que le service y amène. Quant aux étrangers, il doit avertir de leur approche et surtout de leur entrée, s'opposer courageusement à toutes les entreprises hostiles, principalement durant la nuit, et ne rien laisser passer autour de lui sans donner l'éveil aux autres gardiens. Sentinelle incorruptible, il emploie pour défendre son maître et ses propriétés des aboiements réitérés, des efforts, des cris de colère, les accents de la fureur, toute la puissance de la vie. Rien ne lui coûte pour donner des preuves d'un dévouement sans bornes ; il se laissera écharper, il verra son sang couler de toutes parts, plutôt que de quitter le poste qui lui a été confié; pourvu qu'il sache son maître hors de danger, il reçoit la mort sans donner une larme aux douleurs qu'il endure. — L'intelligence admirable du chien de garde, son attachement extrême, sa fidélité à toute épreuve, sont au-dessus des éloges. Du faîte de l'aisance voit-il son maître tomber dans la misère et obligé de quitter son domaine pour chercher un autre asile, loin de se refroidir, comme le font les parents les plus proches, les amis les plus intimes, il s'attache davantage à lui, il va lui rendre l'exil moins amer, diminuer l'horreur de son isolement, partager sa misère et, s'il le faut, périr avec lui.

> Me miserum mater, soror, uxor, amica, parentes
> Deseruere : canis nunc mihi sola manet.

— Le CHIEN DE TERRE-NEUVE provient de cette île de l'Amérique septentrionale, longtemps regardée par les navigateurs comme un pays inhospitalier, qui ferme au nord l'entrée du golfe où va se perdre le large fleuve du Canada. Ce chien est doué d'un instinct particulier pour braver la fureur des flots et retirer de l'eau les personnes ou les objets naufragés ; il est également propre à la garde des troupeaux et à remplacer nos chiens ordinaires de basse-cour. On le dit né de l'union d'un dogue anglais et d'une louve indigène à l'île de Terre-Neuve ; on assure de plus qu'il n'y existait point lors des premiers établissements de l'Europe moderne. Il est d'une forte taille, à peu près celle du chien danois ; sa couleur est noire avec quelques taches blanches sous le cou et au milieu du front. A l'approche de l'hiver, sa peau se recouvre d'un long poil soyeux, d'un noir rougeâtre. Il est surtout remarquable par ses doigts palmés. Doux et caressant, il aime à être flatté; son intelligence le rend capable de tous les exercices qu'on lui demande; il donne fort peu de voix. Dans son pays, on le nourrit ordinairement de poissons frais, salés ou bouillis et mêlés à des pommes de terre, à des choux cuits à l'eau. Quand on ne lui fournit pas assez à manger, il se jette sur la volaille avec laquelle il prend plaisir à jouer. Dans l'état sauvage, il fait une guerre cruelle aux brebis, dont le sang paraît alors être pour lui un breuvage délicieux; il les poursuit avec acharnement, les force à se précipiter à la mer, il les suit, les ramène sur le rivage, et là, il les perce à la gorge d'un coup de dent, suce avec une horrible joie tout le sang et ne touche jamais à la chair de la victime. Un pareil vice disparaît dès qu'il est instruit par l'éducation. Ce chien est surtout extrêmement utile pour sauver les personnes qui tombent à l'eau et sont en danger de se noyer. Depuis cinquante ans l'Angleterre s'en est approprié l'espèce; on l'a introduite en France depuis 1819, et nous n'en voyons encore aucun individu sur les bords de la mer, de nos grandes rivières, de nos lacs et de nos étangs, où cependant, chaque année, il périt tant d'enfants et de bestiaux, les secours ordinaires y étant toujours tardifs et souvent impossibles. A qui la faute? l'administration veut tout faire et ne fait rien; elle a des agents plus occupés d'assurer leur fortune particulière que des affaires publiques, que des choses intéressant les masses. — Le CHIEN

Chien de Terre-Neuve.

DES ALPES mérite une mention à la suite des trois espèces dont je viens de parler. Né de l'union du chien de berger avec une femelle du mâtin, il tient pour la taille de cette dernière; il a les poils longs, le museau effilé, l'intelligence du premier. A l'esprit de vigilance de tous les deux il réunit la bonté, la sollicitude empressée, le dévouement le plus tendre. C'est lui que l'on voit sur le mont Saint-Bernard et les Alpes glacées du haut Valais, au mont Liban, dans les savanes et les vastes solitudes de l'Amérique du Sud, aller à la recherche des voyageurs égarés, les appeler par ses aboiements, leur porter des secours et les arracher aux dangers qui les menacent incessamment. Il a reçu cette pieuse mission de quelques cénobites demeurés amis des hommes, tout en fuyant leur compagnie, qui ne laisse pas toujours intact dans le cœur le sentiment si doux de l'humanité, de l'amitié, de la commisération. Le chien s'en acquitte fidèlement et en a transmis l'habitude à ses descendants. D'aussi merveilleuses qualités ne sont point limitées à ces chiens, la même chaleur de sentiments, le même zèle dans l'obéissance, la même fidélité, le même courage, le même souvenir pour le bienfait, le même abandon, j'allais dire la même pensée, le même jugement, le même oubli de soi se retrouvent dans les autres chiens que l'homme traite avec douceur, avec reconnaissance. Je vais choisir quelques traits dans la foule de ceux que j'ai recueillis; je les demande à des espèces différentes, afin de mieux convaincre et de varier les sujets. — Christophe Colomb, dans son voyage de découvertes, fit l'observation que les chiens, embarqués à bord de ses vaisseaux, reconnaissaient l'approche de la terre, bien avant que les yeux de l'homme ou les lunettes pussent l'indiquer. Le célèbre naturaliste Péron a constaté le même fait dans son expédition aux terres australes. Au voisinage des terres, surtout lorsque le vent en venait, les chiens s'agitaient en témoignant un grand désir d'y descendre; ils se tenaient assidûment vers la partie du vaisseau qui y était tournée. C'est ainsi qu'ils annoncèrent les premiers à Péron les parages des Canaries, de l'île Maurice, les côtes de la Nouvelle-Hollande. — Durant les premières campagnes d'Italie, dirigées par Napoléon Bonaparte, le caniche *Moustache* s'est fait distinguer par son audace militaire; ce fut surtout à la bataille de Marengo qu'il s'attira l'amitié de nos troupes par ses marches et contre-marches, pour découvrir les mouvements de l'ennemi et détourner nos soldats des embûches qu'on leur tendait. Il était sans cesse à l'avant-garde, et allait toujours le premier à la découverte. Nos soldats avaient en lui une telle confiance, qu'ils suivaient aveuglément le chemin qu'il leur indiquait; ils ont plus d'une fois, grâce à sa vigilance, surpris et mis en déroute l'ennemi qui s'avançait de nuit et par des routes détournées. Bourrienne, le grand calomniateur de toutes les gloires nationales, Bourrienne a voulu déshériter Moustache de ses hauts faits et de son noble dévouement; l'armée l'a vengé en ayant soin de lui, quand il fut blessé au champ d'honneur, et lui rendit les hommages militaires à sa mort. — *Parade* aimait la musique; le matin il assistait régulièrement à la parade aux Tuileries; il se plaçait au milieu des musiciens, marchait avec eux, s'arrêtait avec eux, et lorsqu'ils avaient terminé leur exercice, il disparaissait jusqu'au lendemain à la même heure. L'habitude de le voir toujours exact, toujours attentif, lui fit donner le nom sous lequel il est connu; bientôt il fut fêté par chacun de ses nouveaux amis, et tour à tour invité à dîner. Celui qui voulait l'avoir lui disait, en le flattant de la main: « Parade, aujourd'hui tu dîneras avec moi. » Ce mot suffisait, le chien suivait son hôte, mangeait gaiement, payait son écho par des caresses, mais aussitôt le dîner terminé, il partait pour l'Opéra, les Italiens ou Feydeau; il se rendait droit à l'orchestre, se plaçait dans un coin, et ne sortait qu'à la fin du spectacle. J'ai vu Parade en 1798. Son nom, sa réputation étaient encore dans la mémoire de tous les musiciens lors de mon retour de mes voyages en 1808. — Durant mon séjour à Parme, en février 1806, j'ai remarqué une chienne de l'espèce du mâtin, faisant le métier de mendiant et y dressant ses petits. De cette habitude elle avait reçu le nom de *Poverina*. Tous les jours elle se rendait, de deux à trois heures, devant les maisons où l'on était dans l'usage de lui faire l'aumône. Elle annonçait sa présence en poussant un seul aboiement, semblable à celui qu'émet d'ordinaire le chien qui demande qu'on lui ouvre une porte; puis après deux minutes, elle en donnait un autre, et continuait ensuite, mais plus fort, plus fréquemment, durant un quart d'heure, jusqu'à ce qu'elle eût reçu quelque chose à manger. Chaque jour avait sa rue, chaque rue ses maisons attitrées. J'ai suivi ces scènes à diverses reprises, et les habitants de Parme m'ont assuré qu'elles se renouvelaient déjà depuis plusieurs années. — A Rome, le chien lévrier d'un peintre de mes amis était chargé d'aller, tous les matins, chercher le pain que nous devions consommer dans le jour. Nous déposions dans le panier l'argent nécessaire, et notre boulanger livrait à *Vento* notre petite provision. Tout alla fort régulièrement durant deux mois. Bientôt il nous manque une pagnotte; d'abord nous n'y fîmes aucune attention, mais la chose se renouvelant chaque jour, nous nous plaignîmes; assurance de la part du boulanger que nous étions servis fidèlement; il fallut donc observer le chien, et nous vîmes en effet que la soustraction était réellement de son fait. Vento se trouvait époux et père à notre insu; pour aider sa compagne et son petit, il enlevait à chaque voyage un pain frais qu'il leur portait. Sa famille avait pris domicile près de mon habitation, derrière des marbres rangés le long de l'église des Grecs. Il enlevait aussi nécessairement des débris de notre table, car du moment que nous eûmes découvert le motif de son vol et que nous l'eûmes autorisé, il ne se gêna

Chien des Alpes.

plus, et il finit même par nous témoigner sa joie, en nous apportant son petit et en amenant avec lui sa chère compagne. — Encore un trait, ce sera le dernier. *Tropique*, chien braque, né à bord de la corvette *le Géographe*, avait un tel attachement pour son habitation flottante, qu'il ne la quittait pas sans peine, pour suivre dans ses excursions sur terre le naturaliste Lesueur, qui fut l'ami et le compagnon de Péron. Comme le vaisseau terminait son voyage aux terres australes et se disposait à revenir en France, l'équipage consentit à laisser Tropique à l'île Maurice chez l'un des habitants où il avait été bien reçu; mais le chien ayant trouvé moyen de s'échapper, vint à la nage rejoindre une première fois le bâtiment, éloigné de la côte d'une demi-portée de canon. On le rendit à son nouveau maître, et, le départ approchant, on changea de mouillage et on alla se placer dans la grande rade, à environ une lieue du fond du port, dans l'endroit où les bâtiments prêts à partir ont coutume de faire leurs dernières dispositions. Tropique s'étant encore échappé, nagea d'abord du côté où il avait trouvé la corvette une première fois; mais, ne l'y ayant point rencontrée, il vint, par un prodige d'intelligence et de courage, la rejoindre à une aussi grande distance. On l'aperçut de loin, se reposant de temps en temps sur les bouées ou bois flottants destinés à marquer l'entrée du chenal. On le vit redoubler de force et d'ardeur, dès qu'il put entendre la voix des personnes du bâtiment; et cette fois du moins son attachement reçut sa juste récompense; on le garda à bord. Arrivée au Havre, d'où elle était partie trois ans auparavant, la corvette fut désarmée, l'état-major logé à terre, et peu à peu le bâtiment devint désert. Tropique allait et venait pendant tous ces travaux, suivant tour à tour Lesueur ou ses compagnons, mais ne manquant jamais de revenir à bord le soir ou à l'heure des repas. Bientôt il ne resta sur la corvette qu'un seul gardien inconnu à Tropique: il devint alors triste et rêveur. Lesueur mit tout en œuvre pour se l'attacher et l'empêcher de retourner tous les soirs à bord. Il ne put y réussir. Un jour l'on changea de place la corvette, qui fut emmenée dans le bassin intérieur du port; Tropique, à son retour, ne l'ayant pas trouvée, passa la nuit sur un ponton qui avait été placé entre la terre et le bâtiment. Il y demeura encore la journée du lendemain jusqu'au soir, qu'étonné de ne l'avoir point vu Lesueur alla le chercher. Tout son extérieur était changé, il avait perdu sa gaieté; craintif, la tête et la queue basses, n'avançant plus qu'avec lenteur, les regards tristes, abattus, tout indiquait chez lui le plus violent chagrin. Ce fut en vain que le jeune naturaliste le pressa dans ses bras, l'appela de la voix et qu'il cherchait à le distraire par ses caresses, par ses attentions, tout fut inutile. Tropique retournait constamment sur le ponton; enfin il refusa toute espèce de nourriture, et le malheureux, les yeux fixés sur l'endroit où avait été la corvette, expira en pleurant sa patrie.

**CHIEN** (*accept. div.*). *Chien traître*, chien qui mord sans aboyer. — *Chien savant*, chien dressé à certains exercices qui semblent exiger plus que de l'instinct. — *Chien sage*, chien qui ne s'emporte point après le gibier. — *Rompre les chiens*, les arrêter, les empêcher de suivre une voie. Figurément et familièrement, *Rompre les chiens*, empêcher qu'une conversation qui pourrait avoir quelque inconvénient ne continue.—Proverbialement, *Il est fou comme un jeune chien*, se dit d'un jeune garçon étourdi et folâtre.— Familièrement, *Il est fait à cela comme un chien à aller à pied, à aller nu-tête*, se dit d'un homme tellement accoutumé à faire une chose, qu'elle semble lui être naturelle. — Proverbialement et figurément, *Il est là comme un chien à l'attache, comme un chien d'attache*, se dit d'un homme dont l'emploi, le travail est fort assujettissant. — Proverbialement et figurément, *C'est le chien de Jean de Nivelle, il s'enfuit quand on l'appelle*, se dit d'un homme qui s'éloigne, qui s'en va quand on veut le retenir. — Proverbialement, *Battre quelqu'un comme un chien, l'étriller en chien courtaud. On l'a traité comme un chien. On le laisse comme un chien. Etre las comme un chien.* — Proverbialement et figurément, *Il fait un temps à ne pas mettre un chien dehors*, il pleut à verse, il fait un temps affreux.—Proverbialement et figurément, *Mener une vie de chien*, mener une vie misérable. *Vivre comme un chien*, vivre dans la débauche et le libertinage. *Mourir comme un chien*, mourir sans vouloir témoigner le moindre repentir de ses fautes. — Figurément et familièrement, *Cela ne vaut pas les quatre fers d'un chien*, cela ne vaut absolument rien. — Figurément et familièrement, *C'est Saint-Roch et son chien* se dit de deux personnes qui sont toujours ensemble. — Proverbialement et figurément, *Qui m'aime aime mon chien*, lorsqu'on aime quelqu'un, on aime tout ce qui lui appartient. — Proverbialement et figurément, *Il vaut autant être mordu d'un chien que d'une chienne*, entre deux choses également nuisibles il n'y a point de choix à faire. — Proverbialement et figurément, *C'est une charrue à chiens* se dit en parlant d'associés qui ne s'accordent pas, qui n'agissent pas de concert dans leur entreprise. — Proverbialement, *Ils s'accordent, Ils vivent comme chiens et chats*, ils ne peuvent s'accorder, ils ne sauraient vivre ensemble. — Figurément et familièrement, *Leurs chiens ne chassent pas ensemble*, se dit de deux personnes qui ne sont pas en bonne intelligence. — Proverbialement et figurément, *Il n'est chasse que de vieux chiens*, il n'y a point d'hommes plus propres au conseil et aux affaires que les vieillards, à cause de leur expérience. — Proverbialement figurément, *Les bons chiens chassent de race*, ou *Bon chien chasse de race*, ordinairement les enfants tiennent des mœurs et des inclinations de leurs pères.—Proverbialement et figurément, *Chien qui aboie ne mord pas*, les gens qui font le plus de bruit ne sont pas toujours les plus à craindre. — Proverbialement et figurément, *Jamais à un bon chien il ne vient un bon os* se dit lorsqu'une bonne fortune ne vient point à ceux qui en seraient dignes. — Proverbialement et figurément, *Chien hargneux a toujours l'oreille déchirée*, il arrive toujours quelque accident aux gens querelleurs. — Proverbialement et figurément, *Quand on veut noyer son chien, on l'accuse de rage*, ou *Qui veut noyer son chien l'accuse de rage*, on trouve aisément un prétexte, quand on veut quereller ou perdre quelqu'un. — Proverbialement et figurément, *C'est un chien au grand collier* se dit d'un homme qui a le principal crédit dans une compagnie ou dans une maison. — Proverbialement et figurément, *Il mourrait plutôt quelque bon chien de berger* se dit lorsqu'un homme méchant et inutile est réchappé de maladie. — Proverbialement et figurément, *Ce sont deux chiens après un os* se dit de deux personnes qui sont en débat pour emporter une même chose, qui poursuivent la même chose. — Proverbialement et figurément, *Il y a trop de chiens après l'os*, se dit en parlant d'une spéculation pour laquelle les associés sont tellement nombreux, que la part de profit qui doit revenir à chacun d'eux ne peut être que fort petite. — Proverbialement et figurément, *Faire le chien couchant*, flatter quelqu'un, tâcher de le gagner par des soumissions basses et rampantes. On dit de même, *C'est un bon chien couchant*. — Proverbialement et figurément, *Ils veulent faire comme les grands chiens, ils veulent pisser contre la muraille*, se dit des petits garçons qui veulent faire comme les grandes personnes. — Proverbialement et figurément, *Pendant que le chien pisse, le loup s'en va*, le moindre retardement fait perdre l'occasion favorable. — Proverbialement et figurément, *Il n'en donnerait pas, il n'en jetterait pas sa part aux chiens*, se dit d'un homme qui se croit bien fondé dans les prétentions qu'il a sur quelque chose. — Proverbialement et figurément, *Jeter sa langue aux chiens*, renoncer à deviner quelque chose. — Proverbialement et figurément, *S'il disait, s'il faisait telle chose, il ne serait pas bon à jeter aux chiens*, tout le monde le blâmerait et crierait après lui. — Proverbialement et figurément, *Battre le chien devant le lion, devant le loup* (*V.* Battre). — Proverbialement et figurément, *Il vient là comme un chien dans un jeu de quilles* se dit d'un homme qui vient à contre-temps dans une compagnie où il embarrasse. *Recevoir quelqu'un comme un chien dans un jeu de quilles*, lui faire un très-mauvais accueil. — Proverbialement et figurément, *Il ne faut point se moquer des chiens qu'on ne soit hors du village*, il faut se mettre à l'abri du danger avant de s'en moquer.—Proverbialement, *Il est comme le chien du jardinier qui ne mange point de choux, et n'en laisse point manger aux autres*, se dit d'un homme qui ne peut pas se servir d'une chose, et qui ne veut pas que les autres s'en servent. — Proverbialement et figurément, *C'est un beau chien s'il voulait mordre*, se dit d'un homme de bel extérieur et qui paraît brave, mais qui ne l'est pas. — Proverbialement et figurément, *C'est un chien qui aboie à la lune* se dit d'un homme qui crie inutilement contre un plus puissant que lui. — Figurément et familièrement, *Entre chien et loup* désigne le moment du crépuscule où l'on ne fait qu'entrevoir les objets sans pouvoir les distinguer.—Proverbialement, *Chien en vie vaut mieux que lion mort*, la vie est le premier des biens. — *Les coups de bâton sont pour les chiens*, c'est d'ordinaire sur les petites gens que tombent les peines et les châtiments les plus sévères. — *Un bon chien n'aboie point à faux*, un homme habile n'a point recours à des expédients inutiles ou dangereux. — *Il faut flatter les chiens jusqu'à ce qu'on soit aux pierres*, il faut patienter jusqu'à la chute du puissant. — *Au chien qui mord il faut jeter des pierres*, il ne faut pas avoir pitié des gens malfaisants. — *Il ne faut pas tuer son chien pour une mauvaise année*, on ne doit pas se désespérer pour une petite disgrâce. — *Jeter un os à la gueule d'un chien pour le faire taire*, expression proverbiale, faire un présent à un homme avide et redouté pour acheter son inaction et son silence. — *Faire bras de fer, ventre de fourmi, âme de chien*, se dit de ceux qui, poussés par la cupidité, travaillent rudement, se refusent la nourriture, et agissent de mauvaise foi. — *Faire comme les chiens, retourner à ce qu'on a vomi*, se dit trivialement des pécheurs qui retombent dans les voies funestes qu'ils avaient abandonnées pendant quelque temps. —*Ecorcher son chien pour en avoir la peau*, sacrifier une chose importante pour un petit bénéfice. — *On ne lui demande pas, Es-tu chien, es-tu loup*, se dit d'un homme que l'on veut perdre. —*Il a crédit comme un chien à la boucherie* se dit d'un homme peu considéré. — *Si vous n'avez pas d'autre sifflet, votre chien est perdu*, se dit d'un homme dont la cause est mauvaise. — *Droit comme une jambe de chien*, se dit d'une chose tortue, d'une jambe mal faite.

**CHIENS INDIENS** (*hist. anc.*), chiens que les anciens peuples de l'Asie regardaient comme les plus grands et les plus forts. On se servait des chiens indiens pour la chasse aux lions. Les seigneurs persans et babyloniens entretenaient un grand nombre de ces chiens. Xerxès, dans son expédition, avait amené une quantité innombrable de chiens indiens. Les chiens indiens formaient une branche importante du commerce de l'Asie.

**CHIEN** (*myth. parse*), animal favori d'Ormuzd, ou du bon principe, comme le loup est celui d'Ahrimane.

**CHIEN D'AVOINE** (*anc. législ.*), redevance seigneuriale qui se payait en Artois et dans le Boulonnais : elle consistait en une certaine quantité d'avoine, originairement destinée à la nourriture des chiens de chasse.

**CHIENS DE GUERRE** (*art. mil.*), ceux qu'on dressait à donner sur l'ennemi, et qui accompagnaient les armées.

**CHIENS D'AIGUAIL** (*chasse*), celui qui chasse bien le matin, lorsque la rosée est sur la terre, et qui ne vaut rien le soir. — **CHIEN ALLANT**, gros chien qui tourne le gibier. — **CHIEN ALLONGÉ**, celui qui a les doigts des pieds étendus par quelque blessure. — **CHIEN ARMÉ** se dit d'un chien couvert d'une espèce d'armure pour résister à l'attaque du sanglier. — **CHIEN BABILLARD**, chien qui crie hors la voie, et le plus souvent sans motif.—**CHIEN BARREUR**, le meilleur chien pour le chevreuil. —**CHIEN A BELLE GORGE**, celui qui crie bien, qui aboie quand il sent ou voit le gibier ou quelque objet étranger. — **CHIEN BIEN COIFFÉ**, celui dont les oreilles dépassent le nez de quatre doigts. — **CHIEN BUTÉ**, celui qui a la jointure de la jambe fort grosse. — **CHIEN DE CHANGE**, celui qui maintient et garde le change de la bête qui lui a été donnée. — **CHIEN CLABAUD** (*V.* **CLABAUD**). — **CHIEN COURANT OU BIEN ALLANT**, celui qui chasse avec le nez seulement. — **CHIEN COURTAUD**, celui à qui on a coupé la queue. —**CHIEN ÉPOINTÉ**, celui qui a les os de la cuisse rompus. — **CHIEN ERGOTÉ**, celui qui a un ongle de surcroît en dedans et à la partie supérieure du pied. — **CHIEN ESPIÉ**, celui qui a, au milieu du front, des poils plus grands qu'à l'ordinaire et dont les pointes se rencontrent. — **CHIEN ÉTRUFFÉ**, celui qui, ayant une cuisse atrophiée, ne marche qu'en boitant. — **CHIEN DE HAUT JOUR**, celui qui ne vaut rien à la rosée, et qui est bon au milieu du jour. — **CHIEN MENTEUR**, celui qui cèle la voie pour gagner le devant. — **CHIEN QUI A LE NEZ FIN**, celui qui chasse bien pendant les chaleurs et dans la poussière. — **CHIEN DE HAUT NEZ**, celui qui va requérir sur le haut du jour. — **CHIEN QUI A LE NEZ DUR**, celui qui rentre difficilement dans la voie et la reprend avec peine.— **CHIEN SECRET**, limier qui pousse la voie sans appeler.—**CHIEN DE TÊTE OU DE BONNE AFFAIRE**, chien hardi et vigoureux. — **CHIEN TROUVEUR**, celui va requérir le renard, quand même cet animal serait passé depuis vingt-quatre heures. — **CHIEN VICIEUX**, celui qui chasse tout ce qu'il rencontre et qui s'écarte toujours de la meute. — **TITRE DE CHIENS**, le lieu où on les pose, afin que, quand la bête passera, ils la courent bien à propos.

**CHIEN CRABIER**, espèce de sarigue.

**CHIEN VOLANT**, le galéopithèque.

**CHIEN DU MEXIQUE**, un des noms de l'alco.

**CHIEN** (*marine*), sorte de grappin.

**CHIEN** (*technol.*), sorte de sergent à l'usage du tonnelier. — Fer plat qui fait partie du métier à tisser. — Sorte de chariot ou de brouette dont on se sert dans les mines. — Brosse des blanchisseuses.

**CHIEN** (*hist.*). Le chien est peut-être de tous les animaux celui qui a le plus d'instinct, qui s'attache le plus à l'homme, et qui se prête avec la plus grande docilité à tout ce qu'on exige de lui. Son naturel le porte à chasser les animaux sauvages, et il y a lieu de croire que si on l'avait laissé dans les forêts sans l'apprivoiser, ses mœurs ne seraient guère différentes de celles des loups et des renards, qui sont, comme on vient de le voir, du même genre que lui, et auxquels il ressemble beaucoup à l'extérieur, et encore plus à l'intérieur. Mais en l'élevant au milieu des hommes, et en en faisant un animal domestique, on l'a mis à portée de montrer toutes ses bonnes qualités. Celles que nous admirons le plus, parce que notre amour-propre en est le plus flatté, c'est la fidélité avec laquelle un chien reste attaché à son maître : il le suit partout; il le défend de toutes ses forces; il le cherche opiniâtrément s'il l'a perdu de vue, et il n'abandonne pas ses traces qu'il ne l'ait retrouvé. On en voit souvent qui se couchent sur le tombeau de leur maître, où ils se laissent mourir de faim, ne pouvant se résoudre à lui survivre. Il y aurait quantité de faits très-surprenants, et néanmoins très-avérés à rapporter sur la fidélité des chiens. L'organe de l'odorat, que les chiens paraissent avoir plus fin et plus parfait qu'aucun autre animal, les sert aussi merveilleusement dans la recherche de leur maître ou des objets qui lui ont appartenu, et leur en faire connaître les traces dans un chemin plusieurs jours après qu'il y a passé, de même qu'ils distinguent celles d'un cerf malgré la légèreté et la rapidité de sa course, quelque part qu'il aille, à moins qu'il ne passe dans l'eau, ou qu'il ne saute d'un rocher à l'autre, comme il arrive à quelques-uns de le faire pour rompre les chiens. Mais, si l'odorat du chien est un don de la nature, il a d'autres qualités qui semblent provenir de l'éducation, et qui prouvent combien il a d'instinct, même pour des choses qui paraissent hors de sa portée; par exemple, de connaître à la façon dont on le regarde si on est irrité contre lui, et d'obéir au signal d'un simple coup d'œil, etc. L'homme s'associe les chiens dans la poursuite des bêtes les plus féroces, et il les commet à la garde de sa propre personne. Enfin, l'instinct des chiens est si sûr, qu'on leur confie la conduite et la garde de plusieurs autres animaux. Ils les maîtrisent comme si cet empire leur était dû, et ils les défendent avec une ardeur et un courage qui leur font affronter les animaux les plus terribles.—Les Grecs et les Romains dressaient leurs chiens avec soin. Xénophon n'a pas dédaigné d'entrer dans quelques détails sur la connaissance et l'éducation de ces animaux. Les Grecs faisaient cas des chiens indiens, locriens et spartiates. Les Romains regardaient les molosses comme les plus hardis; les pannoniens, les bretons, les gaulois, les acarnaniens, etc., comme les plus vigoureux; les crétois, les étoliens, les toscans, etc., comme les plus intelligents; les belges, les sicambres, comme les plus vites. — Il est fait mention d'un peuple d'Ethiopie, gouverné par un chien, dont on étudiait l'aboiement et les mouvements dans les affaires importantes. Saxon le Grammairien rapporte qu'Ossen, roi de Suède, après avoir subjugué la Norwége, la fit gouverner par son *chien*, auquel il donna le nom de Suening, forçant, par ignominie, les rebelles à rendre hommage à ce gouverneur de nouvelle espèce. Le chien de Xantippe, père de Périclès, fut un héros de sa race; son maître s'étant embarqué sans lui pour Salamine, l'animal se précipita à l'eau, et suivit le vaisseau à la nage. C'est ici le lieu de rappeler aussi le trait d'Alcibiade et de son chien, dans lequel, il est vrai, ce dernier ne joue qu'un rôle passif. Alcibiade avait un chien d'une taille extraordinaire et d'une grande beauté, qu'il avait acheté soixante-dix mines (environ six mille six cent cinquante francs de notre monnaie, la mine valait quatre-vingt-douze francs seize centimes); il lui fit couper la queue, qui était justement ce qu'il avait de plus beau; ses amis s'étant mis à le gronder et à lui dire que tout le monde parlait de cette action, et le blâmait extrêmement d'avoir gâté un si beau chien : « Voilà ce que je demande, reprit Alcibiade en riant; je veux que les Athéniens s'entretiennent de cela, afin qu'ils ne parlent pas d'autre chose, et qu'ils ne disent pas pis de moi.» Que de fois depuis, ce trait a été parodié chez nous, et toujours avec le même succès, tant sont grandes l'inconstance et la légèreté des Athéniens modernes! — Sur les médailles, le chien est le symbole commun de la fidélité. Il est sur la médaille d'Ulysse, parce qu'il le fit reconnaître à son retour à Ithaque. On le donne à Mercure, à cause de sa vigilance et de son industrie à découvrir ce qu'il cherche. Diane a ses lévriers auprès d'elle. Quand le chien est auprès d'une coquille et le museau barbouillé, il marque la ville de Tyr, où le chien d'Hercule, ayant mangé du murex, en revint le nez tout empourpré, et fit connaître cette belle couleur. — On immolait le chien à Hécate, à Mars et à Mercure. Il était en grande vénération en Egypte, et surtout dans la préfecture Cynopolitaine, qui en tirait son nom (de *kuôn, kunos*, chien, et *polis*, ville). Anubis y était adoré sous la forme d'un chien tenant un sistre égyptien, ou une palme d'une main et un caducée de l'autre, comme on le voit dans une médaille de Marc Aurèle et de Faustine. On sait qu'Anubis avait un temple à Rome, et que Mundus corrompit les prêtres pour abuser de Pauline, femme de Saturnin, sous le nom d'Anubis. Les prêtres furent chassés, et le temple fut rasé. Les mythologues s'accordent assez à reconnaître Mercure sous le nom d'*Anubis*. Le respect pour les chiens paraît fondé sur ce qu'Osiris et Isis avaient un chien employé à leur garde. D'autres rapportent qu'après que Typhon eut assassiné Osiris, ce fut un chien qui garda le cadavre, et qui conduisit Isis jusqu'au lieu où le meurtrier l'avait caché; et c'était pour faire passer à la postérité la mémoire de la fidélité de cet animal qu'aux cérémonies célébrées en l'honneur d'Isis les chiens marchaient en tête. Lorsqu'un chien mourait dans quelque maison, tous les domestiques se faisaient raser et en marquaient leur deuil. Les Romains, en revanche, avaient pris cet animal en aversion, depuis que les chiens auxquels était confiée la garde du Capitole avaient failli le laisser surprendre par les Gaulois. Tous les ans, ils avaient coutume d'en faire mettre un en croix, tandis qu'on promenait en triomphe par la ville une oie que l'on avait placée dans une litière, et que l'on entourait d'hommages, en mémoire du service que cet animal avait rendu aux Romains en suppléant à la surveillance fautive des chiens. — Pyrard (*Voyages des François aux Indes orientales, Maldives, Moluques et au Brésil, de* 1601 *à* 1611; Paris, 1615, 2 v. in-8°) dit que les chiens sont en telle abomination aux Maldives, que, si un de ces animaux venait à toucher quelque habitant, ce dernier allait sur-le-champ se baigner pour se purifier; tandis que Tavernier (*Voyages en Turquie, en Perse et aux Indes*, 3 v. in-8°, 1679) parle d'une peuplade indienne chez laquelle les *chiens* sont en si grande vénération, que les prêtres s'en servent pour purifier les pénitents. Le chien, dans l'Ecriture, au contraire est déclaré impur par la loi, et il est fort méprisé parmi les Juifs; ils n'ont rien de plus injurieux à dire que de comparer un homme à un chien mort. David, pour faire sentir à Saül que la persécution injuste qu'il souffrait de sa part ne lui faisait à lui-même aucun honneur, lui dit : « Qui persécutez-vous, roi d'Israël? Qui persécutez-vous? vous persécutez un chien mort. » Lorsque David fit l'honneur à Miphiboseth de lui donner sa table, Miphiboseth, en le remerciant, lui dit : « Qui suis-je, moi, votre serviteur, pour mériter que vous jetiez les yeux sur un chien mort comme moi? » Job dit que dans sa disgrâce il était insulté par de jeunes gens, aux pères desquels il n'aurait pas daigné auparavant confier le soin des chiens qui gardaient ses troupeaux.— Le nom de *chien* se donne quelquefois à un homme qui a perdu toute pudeur, à un homme qui se prostitue par une action abominable; et c'est ainsi que plusieurs entendent la défense que fait Moïse en ces termes: « Vous n'offrirez point dans la maison du Seigneur votre Dieu la récompense de la prostituée, ni le prix du *chien*, quelque vœu que vous ayez fait, parce que l'un et l'autre sont abominables devant le Seigneur votre Dieu. » C'est que, dit l'Ecclésiastique, « Quelle paix y a-t-il entre la hyène et le chien? » c'est-à-dire entre l'homme saint et le méchant, qui a l'impudence du *chien*. On lit dans l'Apocalypse: « Qu'on laisse dehors les *chiens*, les empoisonneurs, les fornicateurs, les homicides et les idolâtres, et quiconque aime et pratique le mensonge! » Saint Paul donne le nom de *chiens* aux faux apôtres, à cause de leur impudence et de leur avidité pour le gain sordide. Enfin Salomon et saint Pierre comparent les pécheurs qui retombent toujours dans leurs crimes aux chiens qui retournent à leur vomissement. David compare aussi ses ennemis à des chiens qui ne cessaient d'aboyer contre lui par leurs médisances et de le mordre par leurs persécutions et leurs mauvais traitements. — On ne voit pas que les Hébreux se servissent de chiens pour la chasse. Le gibier qui aurait été tué par un chien aurait été souillé, et ils n'auraient pu en faire usage. Il n'est fait aucune mention de chiens quand il est parlé de chasse, ni aucune mention de chasse quand il est parlé de chiens. Dans l'Orient, on se servait plutôt de lions, ou de quelques autres animaux semblables, qu'un cavalier portait en croupe ou devant lui à cheval, et lorsqu'il apercevait le gibier, il ôtait une espèce de bourrelet que l'animal avait sur les yeux, et dès que celui-ci apercevait sa proie, il se jetait dessus avec une très-grande agilité. — L'attachement que quelques personnes ont pour leurs chiens va jusqu'à la folie. On en a vu qui la poussaient jusqu'à les faire coucher dans leur lit et les faire manger avec eux. Henri III aima les chiens, dit-on, mieux que son peuple. « Je me souviendrai toujours, dit M. de Sully, de l'attitude et de l'attirail bizarre où je trouvai ce prince un jour dans son cabinet. Il avait l'épée au côté, une cape sur les épaules, une petite toque sur la tête, un panier plein de petits chiens pendu à son cou par un large ruban; et il se tenait si immobile, qu'en nous parlant il ne remua ni tête, ni pied, ni main. » Les mahométans ont dans leurs bonnes villes des hôpitaux pour ces animaux, et Tournefort assure qu'on leur laisse des pensions en mourant, et qu'on paye des gens pour exécuter les intentions des testateurs. Leibnitz a fait mention d'un chien qui parlait; enfin on a fait de nos jours l'*Histoire des chiens célèbres*, dans laquelle les hommes pourraient puiser des modèles de plus d'une vertu. Parmi une foule de traits tous plus intéressants les uns que les autres, nous ne rappellerons ici que celui qui a rapport au *chien de Montargis*, devenu si célèbre, et que Favin dit avoir vu, par jugement de Louis XII et en présence du roi et de toute sa cour, combattre le meurtrier de son maître, et lui faire avouer son crime. — Ajoutons à ce qu'on vient de lire quelques réflexions de Voltaire sur le même sujet. « Il semble, dit cet écrivain célèbre, que la nature ait donné le chien à l'homme pour sa défense et pour son plaisir. C'est de tous les animaux le plus fidèle; c'est le meilleur ami que puisse avoir l'homme. » Il paraît qu'il y en a plusieurs espèces absolument différentes. Comment imaginer qu'un lévrier vienne originairement d'un barbet? Il n'en a ni le poil, ni les jambes, ni le corsage, ni la tête, ni les oreilles, ni la voix, ni l'odorat, ni l'instinct. Un homme qui n'aurait vu, en fait de chiens, que des barbets et des épagneuls, et qui verrait un lévrier pour la première fois, le prendrait plutôt pour un petit cheval nain que pour un animal de la race épagneule. Il est bien vraisemblable que chaque race fut toujours ce qu'elle est, sauf le mélange de quelques-unes en petit nombre.—Il est étonnant que le chien ait été déclaré immonde dans la loi juive, comme l'ixion, le griffon, le lièvre, le porc, l'anguille; il faut qu'il y ait quelque raison physique ou morale que nous n'avons pu encore découvrir. — Ce qu'on raconte de la sagacité, de l'obéissance, de l'amitié, du courage de chiens est prodigieux, et est vrai. Le philosophe militaire Ulloa nous assure que dans le Pérou les chiens espagnols reconnaissent les hommes de race indienne, les poursuivent et les déchirent; que les chiens péruviens en font autant des Espagnols. Ce fait semble prouver que l'une et l'autre espèce de chiens retiennent encore la haine qui leur fut inspirée du temps de la découverte, et que chaque race combat toujours pour ses maîtres avec le même attachement et la même valeur.—Pourquoi donc le mot de *chien* est-il devenu une injure? On dit par tendresse, *mon moineau, ma colombe, ma poule;* on dit même *mon chat*, quoique cet animal soit traître, et, quand on est fâché, on appelle les gens *chiens*. Les Turcs même, sans être en colère, disent par une horreur mêlée au mépris, *les chiens de chrétiens*. La populace anglaise, en voyant passer un homme qui par son maintien, son habit et sa perruque, a l'air d'être né vers les bords de la Seine ou de la Loire, l'appelle communément *French dog* (*chien de Français*). Cette figure de rhétorique n'est pas polie, et paraît une insulte. — Le délicat Homère introduit d'abord le divin Achille disant au divin Agamemnon qu'il est *impudent comme un chien*. Cela pourrait justifier la populace anglaise.—Les plus zélés partisans du chien doivent confesser que cet animal a de l'audace dans les yeux; que plusieurs sont hargneux; qu'ils mordent quelquefois des inconnus en les prenant pour des ennemis de leurs maîtres, comme des sentinelles tirent sur les passants qui approchent trop près de la contrescarpe. Ce sont là probablement les raisons qui ont rendu l'épithète de *chien* une injure; mais nous n'osons décider.—Pourquoi le chien a-t-il été adoré ou révéré (comme on voudra) chez les Egyptiens? C'est, dit-on, que le chien avertit l'homme. Plutarque nous apprend qu'après que Cambyse eut tué leur bœuf Apis, et l'eut fait mettre à la broche, aucun animal n'osa manger les restes des convives, tant était profond le respect pour Apis; mais le chien ne fut pas si scrupuleux, il avala du dieu. Les Egyptiens furent scandalisés, comme on peut le croire, et Anubis perdit beaucoup de son crédit. Le chien conserva pourtant l'honneur d'être toujours dans le ciel sous le nom du *grand* et du *petit Chien*, comme il est dans les enfers sous le nom de *Cerbère* (*V.* ce mot).

**CHIEN.** Les Gaulois, dont la chasse était le divertissement favori, faisaient le plus grand cas de l'intelligent animal qui les secondait dans ce noble exercice. Ils se faisaient suivre de leurs chiens partout, même dans leurs expéditions militaires. Bituitus, chef des Arvernes, attendant avec cent mille hommes le consul Quintus Fabius Maximus, qui marchait à lui à la tête de trente mille soldats, dit, en voyant le petit nombre d'ennemis qui se disposaient à l'attaquer, que l'armée romaine suffirait à peine à un repas des chiens qui étaient dans la sienne. Les Francs, peuple chasseur comme les Gaulois, attachaient également une grande importance à leurs chiens, et les lois saliques des Ripuaires, etc., punissaient très-sévèrement le vol d'un de ces animaux, surtout s'il était dressé pour la chasse.

**CHIEN (LE)**, considéré chez les Chinois comme un des principaux moyens d'échange. — Le chien, dit M. Lanjuinais, de qui nous empruntons cet extrait, fut anciennement chez les Chinois, comme il l'est encore chez les Tartares *yu-pi-ta-tsé*, plus encore chez les habitants de Kamtschatka, et sur les bords de l'Ousouri, un des principaux moyens d'échange. Chez les uns ainsi que chez les autres, la chair de cet animal est une viande estimée, comme elle le fut à Carthage, comme elle l'est ailleurs. Aussi dans l'écriture chinoise, le caractère qui signifie chien, est-il la base essentielle des caractères qui désignent le genre et presque toutes les espèces de quadrupèdes, comme en latin le mot *pecu*, qui se prononçait *pecou*, comprenait toute espèce de bétail. L'auteur observe à cet égard, continue M. Lanjuinais, que dans la langue des Tartares, anciens dominateurs des Russes, le mot *houpec* signifie *chien;* que des monuments de Timour ou Tamerlan étaient appelés *coupeck;* que de là, très-probablement, viennent les coupecks de Russie, pays dont la la langue est si analogue au latin; qu'enfin les deux syllabes de coupeck transposées pourraient bien avoir produit le *pecou* ou *pecu* des Latins, d'où vient leur mot *pecunia*, argent ou monnaie (*Monit.*, an XIII, p. 720).

**CHIEN** se dit, figurément et familièrement, des personnes et des choses, par injure et par mépris. — Proverbialement et bassement, *Cela n'est pas tant chien*, cela n'est pas trop mauvais. — Figurément et familièrement, *C'est un métier de chien*, se dit d'une profession, d'un travail qui donne beaucoup de peine et peu de profit. — Figurément et familièrement, *Querelle de chien, Bruit de chien, Train de chien*, grande querelle, grand bruit.

**CHIEN DE MER CORNU** (*hist. nat.*). L'abbé Bonnaterre appelle ainsi le *squalus edentulus* de Brunnich.

**CHIEN** signifie encore cette pièce qui tient la pierre d'une arme à feu.

**CHIEN (L'ORDRE DU)**. On dit que Bouchard IV de Montmorency ayant été vaincu par Louis, fils de Philippe I$^{er}$, qui fut depuis Louis le Gros, vint à Paris l'an 1102 ou 1104, suivi d'un grand nombre de chevaliers portant tous un collier fait en façon de tête de cerf, avec une médaille où se voyait gravé un chien, apparemment pour symbole de la fidélité qu'ils voulaient garder au roi dans la suite. On croit que c'est de là que la maison de Montmorency porte un chien pour cimier de ses armes. L'abbé Justiniani attribue l'institution de cet ordre au chef de la maison de Montmorency, qui se convertit immédiatement après Clovis (Justin., t. I, ch. 8, p. 91). Mais le P. Hélyot rejette cela comme une chimère, et prétend qu'il n'y a point eu d'ordre militaire avant le XII$^e$ siècle. Quoi qu'il en soit, l'ordre du Chien ne s'est pas perpétué, et n'a pas été proprement un ordre de chevalerie (Hélyot, *Histoire des ordres monastiques*, t. VIII, p. 44).

**CHIENAGE**, s. m. (*féod.*), droit qu'avait un seigneur d'obliger ses vassaux à nourrir un certain nombre de chiens destinés à la chasse.

**CHIENDENT** (*botan.*). Cette plante, nommée aussi *froment rampant*, appartient à la famille des graminées; elle est vivace, et croît en abondance dans les lieux incultes, le long des haies, des vieux murs. Ses racines, longues, rampantes, s'étendent et se propagent avec une rapidité qui la font redouter des cultivateurs, car elle envahit et fait souvent périr des végétaux précieux. On distingue aisément les racines du chiendent à leur blancheur, leur ténuité, leur forme cylindrique et noueuse. Ses tiges, droites, hautes d'environ deux pieds, portent des feuilles molles, vertes, légèrement velues en dessus. L'épi est allongé, comprimé, long d'environ trois pouces; les épillets sont listiques, sans arêtes, et renferment ordinairement de quatre à cinq fleurs; les salves sont aiguës à leur sommet. — *Propriétés et usages*. Les racines que l'on vend sous le nom de chiendent sont souvent employées en médecine pour faire une décoction. Celle-ci, un peu mucilagineuse, contient quelques principes salins qui la rendent diurétique et rafraîchissante; la pellicule extérieure est âcre, et doit être enlevée. L'extrait de chiendent est peu usité. — Une seconde espèce de chiendent, connue sous le nom de *gros chiendent*, beaucoup moins employée, est fournie, par une autre graminée, nommée *pied-de-poule*, plante excessivement commune dans les lieux stériles, le long des vieux murs.

**CHIENDENT FOSSILE** (*minér.*). On a donné quelquefois ce nom à une variété d'asbeste.

**CHIE-EN-LIT**, s. m. nom que les enfants et les gens du peuple donnent par raillerie aux masques qui courent les rues pendant les jours gras.

**CHIENNAILLE**, s. f. (*vieux langage*), canaille.

**CHIENNÉE**, s. f. Il se dit vulgairement de la portée d'une chienne.

**CHIENNÉE** (*botan.*), nom vulgaire du colchique.

**CHIENNER**, v. n. Il se dit des chiennes quand elles mettent bas. Il est peu usité.

**CHIENNET**, s. m. (*vieux langage*), petit chien. — Chenet de cheminée.

**CHIENS** (*astron.*). Il y a trois constellations de ce nom: l'une, tout à fait boréale, fut imaginée par Hévélius, qui eut l'idée de grouper les étoiles peu brillantes semées dans l'espace entre la *grande Ourse* et le *Bouvier*, sous le nom de *Chiens de chasse;* la seconde, méridionale, a reçu le nom de *petit Chien* et contient une étoile de première grandeur, *Procyon;* enfin la troisième, plus méridionale encore, a reçu le nom de *grand Chien*. Ces deux dernières sont ainsi désignées dès la plus haute antiquité. Le *grand Chien* est très-remarquable, à cause de la présence de la plus étincelante des étoiles du firmament, *Sirius*, dont l'éclat surpasse de beaucoup celui des étoiles de première grandeur. Les expériences photométriques de sir John Herschell l'ont conduit à penser que la lumière de Sirius égale environ trois cent vingt-quatre fois celle d'une étoile de sixième grandeur; le docteur Wollaston s'est assuré que Sirius devait être *intrinsèquement* quatorze fois plus lumineux ou plus gros que notre soleil.

**CHIENS** ou **SHARHAS** (*géogr.*), tribu indigène des Etats-Unis qui habite sur les bords de la Chayenne, entre 44° et 45° de latitude nord et 104° et 107° de longitude ouest. Elle compte 12 à 13,000 individus, dont trois cents guerriers.

**CHIENS MARINS (BAIE DES)** ou **DE DAMPIERRE**, grande baie de la Mélanésie, sur la côte occidentale de l'Australie, dans laquelle s'avance la presqu'île Péron. Cette baie offre un bon mouillage; mais ses bords sont stériles; on y trouve beaucoup de tortues, et elle est fréquentée par des baleines et des chiens marins.

**CHIER**, v. n. se décharger le ventre des gros excréments. Ce verbe est aussi quelquefois actif. — Terme bas.

**CHIERCHES** (*vieux langage*), gardes de nuit; guet; patrouilles.

**CHIÈRE, CHÈRE** (*vieux langage*), visage, mine, accueil, réception, contenance.

**CHIERI** ou **CHIERS** (*géogr.*), ville des Etats sardes (Piémont), sur le penchant d'une colline. Elle est entourée de murailles. Il y a des filatures de coton et de fil, et des fabriques de draps. 10,000 habitants. A 2 lieues et demie est-sud-est de Turin.

**CHIERICATO (JEAN-MARIE)**, l'un des plus savants théologiens de l'Italie, naquit en 1633 à Padoue, d'une famille obscure. Après avoir achevé ses cours de philosophie et de jurisprudence, il embrassa l'état ecclésiastique, et fut pourvu d'un bénéfice qui lui permit de se livrer entièrement à son goût pour l'étude. Ses talents ne tardèrent pas à le faire connaître de son évêque, Georges Cornaro, qui le nomma son secrétaire, et l'honora de toute sa confiance. A la mort de ce prélat, en 1663, Chiericato voulut se retirer dans la maison des Philippins à laquelle il s'était fait agréger; mais le nouvel évêque de Padoue, Grégoire Barbarigo (*V.* ce nom), l'obligea de continuer ses fonctions de secrétaire. Elevé depuis à la dignité de vicaire général, Chiericato continua d'administrer le diocèse pendant vingt ans avec un zèle infatigable. Ayant en 1693 obtenu la permission de se démettre de cette place, il passa le reste de sa vie dans la retraite, partageant son temps entre l'étude et les exercices de piété. Il mourut à Padoue, le 29 décembre 1717. Le cardinal Orsini, depuis pape sous le nom de Benoît XIII, mais alors archevêque de Benevento, avait une telle estime pour Chiericato, qu'il célébra un service magnifique dans sa cathédrale, où il lui fit élever un monument. Ses principaux ouvrages sont: 1° *Decisiones sacramentales*, 3 vol. in-folio. La meilleure édition est celle de Venise, 1757. 2° *Discordiæ forenses*. L'édition la plus récente que l'on connaisse est celle de Venise, 1787, 3 vol. in-folio. 3° *Erotomata ecclesiastica*. 4° *Via lactea, sive Institutiones juris canonici*. Cet ouvrage a été souvent réimprimé. Le pape Benoît XIV cite plusieurs fois Chiericato dans ses œuvres; et les décisions de ce grand théologien sont regardées comme une autorité par les congrégations romaines. On peut consulter pour plus de détails : *Memoria della vita di Chiericato e delle sue opere*, par Sberti, Padoue, 1790.

CHIERS (*geogr.*), rivière de France qui prend sa source près du village de Chenière, dans le département de la Moselle, arrose celui de la Meuse, entre dans celui des Ardennes, et se jette dans la Meuse, à 1 lieue et demie sud de Sedan. Cours, 20 lieues.

CHIERSI ou QUIERSY *Carisiacum* (*géogr.*, *hist.*), village de France, en Picardie, à 2 lieues de Noyon, sur la rivière de l'Oise. Il y avait autrefois une maison royale où il s'est tenu plusieurs conciles. — Le premier, l'an 838, touchant les moines d'Anisol, qui refusaient d'obéir à l'évêque du Mans. — Le second, l'an 849, où Gotescalq fut condamné pour la seconde fois. — Le troisième, l'an 856, sous le pape Benoît III et Charles le Chauve, roi de France, qui le fit assembler pour remédier aux séditions et aux brigandages qui désolaient le royaume. Le concile envoya une lettre synodale, sous le nom du roi Charles, aux évêques et aux comtes de France. — Le quatrième, l'an 858. Charles le Chauve s'y fit prêter serment de fidélité par ses sujets, dont il avait lieu de se défier, à l'occasion de la guerre qu'il avait avec Louis, roi d'Allemagne. — Le cinquième, l'an 868, pour l'examen de Wilsebert, évêque de Châlons-sur-Marne, par Hincmar, archevêque de Reims.

CHIERKEMINAGE, CHIERCHAINE (*vieux langage*), enquête juridique pour connaître les bornes d'un héritage (*V.* CERQUEMANAGE).

CHIERTÉ (*vieux langage*), estime, amitié, considération; il s'est dit aussi pour dépens, frais, cherté.

CHIESA (GEOFFROI DELLA), marquis de Saluces, né à Saluces en 1394, mort à Paris en 1453, est auteur d'une *Chronique* de sa patrie, conservée à la bibliothèque du roi. — Augustin DELLA CHIESA, de la famille du précédent, jurisconsulte, né à Saluces en 1520, mort à Lyon en 1572, a laissé : 1° *Consilia feudalia;* 2° *De privilegiis militum;* 3° *Tractatus variarum decisionum senatus Pedemontis.* — Louis, comte DELLA CHIESA, fils du précédent, né à Saluces en 1568, fut sénateur et conseiller d'Etat du duc Charles-Emmanuel I^er^. On a de lui : 1° *Compendio delle storie di Piemonte*, Turin, 1601, in-4°; 2° *De vita et gestis marchionum salucensium, viennensium*, etc., ibid., 1604; 3° *De privilegiis religionis;* 4° un *Discours sur la sagesse civile et mondaine*, et quelques *Poésies* (en italien). — François-Augustin DELLA CHIESA, neveu du précédent, né à Saluces en 1593, mort en 1663, devint évêque de cette ville, et fut historiographe et conseiller de Victor-Amédée I^er^. On a de lui : 1° *Catalogo di tutti gli scrittori piemontesi*, etc., Turin, 1614, in-4°; 2° *Cardinalium chronologica historia*, ibid., 1645; 3° *Teatro delle donne letterate*, etc., etc., Mondovi, 1620, in-8°; 4° *Corona reale di Savoya*, etc., Coni, 1655, 2 vol. in-4°; 5° *Relazione dello Stato di Piemonte*, Turin, 1655-57, in-4°. — Jean-Antoine DELLA CHIESA, frère du précédent, né à Saluces en 1594, fut président du sénat de Turin, premier président du sénat de Nice, et mourut en 1657. Il a laissé des *Observations pratiques du barreau* (en italien).

CHIESA (SILVESTRE), peintre génois, né en 1623, élève de Borzone, réussit principalement dans le portrait, et mourut en 1657 de la peste qui fit de grands ravages à Gênes, et moissonna presque tous ses compagnons d'études.

CHIESI, *Cleusis* (*géogr.*), rivière du royaume lombard-venitien, qui prend sa source dans les Alpes Rhétiques au Tyrol, traverse le lac d'Idro et se jette dans l'Oglio, près de Canetto. Cours, 30 lieues.

CHIESSE-DIEU (*vieux langage*), église, ainsi nommée parce que c'est là que Dieu siége principalement, qu'il est adoré. Du latin *casa Dei*.

CHIETI (*géogr.*), autrefois *Teate Marrucinorum*, ville du royaume de Naples, sur une colline baignée par la Pescara; chef-lieu de la province de l'Abruzze citérieure, siége de l'archevêque, place de guerre de quatrième classe. Elle est bien bâtie, ornée de beaux édifices, et d'un séjour très-agréable. On y remarque la cathédrale. Il y a un lycée royal, une société d'agriculture, arts et commerce, un vaste séminaire, un grand hôpital, un joli théâtre, et quelques fabriques de draps et autres étoffes. Son principal commerce consiste en draps, vin, blé et huile. C'est le lieu natal de Pollion, rival de Cicéron. — L'origine de cette ville n'est pas connue. Les Grecs et les Romains la possédèrent successivement. 12,666 habitants. A 37 lieues nord de Naples.

CHIETOTOTL (*hist. nat.*). Cet oiseau du Mexique, dont Fernandez parle (ch. 80), paraît être une espèce de grive, de couleur cendrée et de la taille de la draine.

CHIETSE-VISCH (*hist. nat.*), un des noms hollandais de l'holacanthe duc (*V.* HOLACANTHE).

CHIEUR, EUSE, s. celui, celle qui se décharge le ventre des gros excréments. Il est bas.

CHIÈVRES (GUILLAUME DE CROY, SEIGNEUR DE), gouverneur et ministre de Charles-Quint, d'une maison ancienne, qui tire son nom du village de Croy en Picardie, entra de bonne heure dans la carrière des armes, et se signala par sa valeur sous Charles VIII et sous Louis XII, rois de France, à la conquête de Naples et de Milan. S'étant retiré ensuite dans le Hainaut autrichien, l'archiduc Philippe le nomma commandant de cette province, lorsqu'il passa en Espagne en 1506. Peu de temps après, Chièvres fut fait gouverneur et tuteur du jeune Charles d'Autriche, depuis empereur sous le nom de *Charles-Quint*, dont il captiva la confiance et la faveur. Ce prince, à son avénement à la couronne d'Espagne, le nomma son premier ministre. Intimement lié avec le chancelier Salvage, Chièvres montra beaucoup d'avidité, et vendit toutes les charges de la monarchie. Cet indigne trafic indisposa les Espagnols contre la cour de Bruxelles. Tous les trésors de l'Amérique et de l'Espagne s'écoulaient en Flandre, entre les mains des ministres de Charles. Chièvres passa en Espagne avec ce monarque en 1517. Ses déprédations et l'élévation de Guillaume de Croy, son neveu, à l'archevêché de Tolède, achevèrent d'indigner contre lui tous les grands, jaloux de son pouvoir. Ils répandirent parmi le peuple qu'il avait fait passer en Flandre un million d'écus, somme énorme alors, et qui avait été acquise par les moyens les plus injustes. L'esprit de sédition se manifesta à Valladolid en 1520. L'intention des mécontents était de massacrer Chièvres, le chancelier Gatinara, et tous les étrangers; mais Charles-Quint s'ouvrit un passage au travers des mutins avec sa garde et sa cour. Chièvres le suivit en Allemagne, lorsque ce prince alla se faire couronner empereur. Il mourut à Worms en 1521, à l'âge de soixante-trois ans, empoisonné, dit-on, par ses ennemis. Le duc d'Aarschot, son neveu, lui succéda peu après dans ses charges et dans la faveur de Charles-Quint. L'historien Varillas a donné la vie de Chièvres en 1684, avec plus d'intérêt que d'exactitude, sous ce titre : *la Pratique de l'éducation des princes, ou l'Histoire de Guillaume de Croy*, etc.

CHIÉZE (JEAN-JÉROME-FRÉDÉRIC DE), né à Grenoble, en 1761, d'une famille de conseillers au parlement de cette ville, se destina de bonne heure à l'état ecclésiastique, fit son séminaire à Saint-Sulpice, fut employé d'abord dans les catéchismes, puis devint maître de conférences, enfin grand vicaire de M. de Vintimille, évêque de Carcassonne. A peine était-il dans ce diocèse, que la révolution éclata. Chiéze ne quitta point la France; il refusa le serment demandé aux prêtres, et resta néanmoins dans les environs de Carcassonne et de Toulouse, et continua à exercer son ministère. Aucun danger ne l'arrêtait quand il fallait aller près d'un mourant; il avait une adresse à peine concevable; il osa pénétrer dans les prisons pour y donner des paroles de consolation à de malheureux prêtres qui y étaient renfermés. Lorsqu'on rouvrit les églises, Chiéze dirigea une maison d'éducation, et consacra tout son temps à cette œuvre. Lorsque le pape Pie VII retourna en Italie, il se présenta à sa sainteté, et lui demanda les pouvoirs de missionnaire. Chargé de ces nouvelles fonctions, il montra une ardeur plus grande encore que celle dont il avait, dans toute sa carrière ecclésiastique, donné tant de preuves. Il fit des retraites, ou des missions, dans les villes et dans les villages, dans les séminaires, les maisons religieuses. Ses discours n'étaient pas préparés d'avance. Souvent ils étaient sans ordre; mais ils étaient d'un feu, d'une onction, d'une force, qui produisit plus d'une conversion. Sa présence dans le Midi fut un véritable bienfait. La fatigue hâta sa mort qui arriva, le 11 avril 1827, à Castelnaudary, à la suite d'une mission donnée à Narbonne.

CHIFFE, s. f. nom que l'on donnait autrefois, dans les papeteries, aux vieux morceaux d'étoffe qui servent à faire le papier, et qu'on nomme plus ordinairement *chiffons*. Il se dit aussi, par mépris, d'une étoffe faible et mauvaise. Figurément et familièrement, *Mou comme chiffe* se dit d'un homme d'un caractère faible, qui ne résiste à rien.

CHIFFLER, v. n. Il s'est dit autrefois pour siffler.

CHIFFLET, s. m. Il s'est dit autrefois pour sifflet.

CHIFFLET (CLAUDE), professeur en droit à l'université de Dôle, né à Besançon en 1541, mort à Dôle le 15 novembre 1580, avec la réputation d'un des plus savants hommes de son siècle. On a de lui : 1° *De substitutionibus, de portionibus legitimis, de jure fideicommissorum, de secundo capite legis Aquiliæ, disquisitio*, Lyon, 1584, in-8°. L'éditeur Jean Morelot (*V.* MORELOT) nous apprend que Claude Chifflet avait laissé un *Commentaire sur les institutions de Justinien*, et qu'il se proposait de le publier; il n'a pas tenu parole, et cet ouvrage est probablement perdu. Les différents traités que nous venons de citer ont été réimprimés plusieurs fois dans les collections des jurisconsultes allemands. 2° *De antiquo numismate liber posthumus*, Louvain, 1628, in-8°; cette dissertation a été réimprimée avec celle de Henri-Thomas Chifflet, Anvers, 1656, in-4°, dans le *Nummophylacium luderianum*, de Rodolphe Capellus, Hambourg, 1678, in-fol., et enfin dans le tome Ier du *Thesaurus novus antiquitatum romanarum*, de Sallengre. 3° *De Ammiani Marcellini vita et libris rerum gestarum; item Status reipublicæ romanæ sub Constantino magno et filiis*, Louvain, 1627, in-8°. Cet ouvrage se trouve ordinairement à la suite du précédent; il a été réimprimé en tête de l'édition d'Ammien Marcellin, donnée par Adrien Valois, Paris, 1681, in-fol. Claude Chifflet avait fait un grand nombre de remarques sur l'Histoire d'Ammien Marcellin; il les envoya à Canter, qui en préparait une édition; mais ces remarques ont été perdues ou employées sous un autre nom que celui de leur auteur. Il en avait laissé d'autres fort importantes sur Tacite, Horace, Végèce et d'autres écrivains de l'antiquité; mais on ignore ce qu'elles sont devenues. — CHIFFLET (Jean), frère de Claude, docteur en médecine, et l'un des cogouverneurs de Besançon, sa patrie, mourut en cette ville vers 1610, âgé d'environ soixante ans. J.-J. Chifflet, son fils aîné, dont il sera question dans l'article suivant, publia le recueil de ses observations sous ce titre : *Singulares ex curationibus et cadaverum sectionibus observationes*, Paris, 1612, in-8°. Cet ouvrage est rare et curieux. Eloy dit qu'on peut le lire avec fruit, et qu'on est seulement fâché que l'auteur montre trop de confiance aux rêves de l'astrologie. Jean Chifflet eut quatre fils, Jean-Jacques, Laurent, Philippe et Pierre-François. Peu de familles ont mieux mérité des lettres, et ont fourni un aussi grand nombre de savants. Voltaire l'a remarqué lui-même, en parlant de J.-J. Chifflet, le plus célèbre d'entre eux.

**CHIFFLET** (JEAN-JACQUES), fils de Jean Chifflet, était né à Besançon le 21 janvier 1588. Après avoir fait ses études à l'université de Dôle, alors célèbre, et où plusieurs de ses ancêtres avaient rempli des places de professeur, il se rendit à Paris, de là à Montpellier, et ensuite à Padoue, dans le dessein d'étudier la médecine et de profiter des leçons des habiles maîtres que comptaient ces différentes villes. De retour à Dôle, il prit ses degrés en médecine, et publia quelques observations médicales. Son goût le portait à l'étude des antiquités; ce fut pour le satisfaire qu'il entreprit un second voyage en Italie. Il visita Milan, Florence, Bologne, et séjourna pendant quelque temps à Rome, où il obtint le titre de citoyen. De l'Italie, il passa en Allemagne, visitant partout les cabinets des curieux, les bibliothèques, les monuments, et revint enfin dans sa patrie, précédé par sa réputation. Ses concitoyens s'empressèrent de le nommer aux premières places du gouvernement. Chargé par eux d'une mission importante auprès de la princesse Isabelle-Claire-Eugénie, gouvernante du comté de Bourgogne et des Pays-Bas, il s'en acquitta avec tant de dextérité et de prudence, que la princesse voulut l'attacher à sa personne, en lui donnant le titre de son premier médecin. Le roi d'Espagne, Philippe IV, l'appela auprès de lui avec le même titre, et le chargea d'écrire l'histoire de l'ordre de la Toison d'or. De retour dans les Pays-Bas, il y reçut successivement plusieurs commissions qui prouvent l'estime qu'on faisait de sa capacité, et mourut en 1660, âgé de soixante-douze ans. Trois de ses fils, Jules, Jean et Henri-Thomas, se sont distingués par leur savoir et leur érudition. On trouvera les titres de ses ouvrages, au nombre de trente-cinq, dans le tome XXV des *Mémoires du P. Nicéron*. Nous nous contenterons d'indiquer ici les principaux, en nous attachant surtout à ceux que les bibliographes ont mal connus : 1° *Vesuntio, civitas imperialis, libera, Sequanorum metropolis*, Lyon, 1618, in-4°, fig. Le P. Nicéron, les continuateurs de Moréri et plusieurs autres critiques en citent une édition revue et augmentée, Lyon, 1650; mais nous pouvons assurer que cet ouvrage n'a eu qu'une seule édition, et que les exemplaires avec la date de 1650 ne diffèrent des premiers que par le frontispice. Cette histoire de Besançon est bien écrite, et elle se fait lire avec intérêt; mais l'auteur, encore jeune lorsqu'il le publia, affecte trop de montrer son érudition; il admet aussi sans examen des contes populaires et toutes les traditions fabuleuses des légendes. Dunod a relevé un assez grand nombre d'erreurs de Chifflet, mais il en a laissé subsister plusieurs. L'ex-bibliothécaire de la ville de Besançon, M. Coste, a annoncé dans le *Magasin encyclopédique*, novembre 1810, qu'il se proposait de traduire en français l'ouvrage de Chifflet, et de le continuer jusqu'à nos jours. 2° *De loco legitimo concilii eponensis observatio*, Lyon, 1621, in-4°. Chifflet place le lieu de ce concile à Nyon, et Chorier à Epona, village du Dauphiné, près de Vienne; d'autres critiques le placent dans le Valais (*V.* BRIGUET). 3° *De linteis sepulchralibus Christi crisis historica*, Anvers, 1624, in-4°. Cette dissertation, dans laquelle l'auteur veut prouver la vérité du saint suaire que l'on conservait à Besançon, a été traduite en français, sous le titre d'*Hiérotonie de Jésus-Christ, ou Discours des saints suaires de Notre-Seigneur*, Paris, 1631, in-8°. Il est remarquable que Chifflet, qui a écrit en faveur du saint suaire, a publié un *Traité contre la sainte ampoule*, en latin, Anvers, 1651. 4° *Portus Iccius Julii Cæsaris demonstratus*, Madrid, 1626, in-4°; *editio aucta et recensita*, Anvers, 1647, in-4°. Chifflet place le lieu où César s'est embarqué pour passer en Angleterre, à Mardick, petite ville ruinée, dans le diocèse de Saint-Omer. 5° *Le Blason des armoiries des chevaliers de l'ordre de la Toison d'or*, ouvrage très-curieux, divisé en quatorze chapitres, en latin et en français, Anvers, 1632, in-4°. Ce n'est que l'essai de l'ouvrage que Chifflet avait promis sur cet ordre fameux, mais qu'il n'a point achevé. 6° *Opera politica et historica*, Anvers, 1652, 2 vol. in-fol. C'est le recueil de tous les ouvrages qu'il avait publiés séparément contre la France en faveur de l'Espagne et de la maison d'Autriche. Marc-Antoine Dominicy, David Blondel, Jacques-Alexandre Letenneur, répondirent à Chifflet. Toutes ces disputes politiques, dans lesquelles se mêlaient souvent la mauvaise foi et l'esprit de parti, n'offrent plus aucun intérêt. 7° *Pulvis febrifugus orbis americani ventilatus*, Anvers, 1653, in-8°; réimprimé la même année, in-4°, à Paris. C'est une déclamation contre le quinquina. Foppens, en indiquant cet ouvrage dans la *Bibliotheca belgica*, a mis le mot *vindicatus* au lieu de *ventilatus*, et en conséquence il ne balance pas à regarder Chifflet comme un des défenseurs de cette écorce fébrifuge, au lieu qu'il en était un des plus ardents adversaires. Cette première erreur l'a jeté dans plusieurs autres encore plus grossières, et ce qu'il y a de plus singulier, c'est qu'il cite comme autorité Nicéron, qui dit précisément le contraire de tout ce qu'il lui fait dire. 8° *Anastasis Childerici primi, Francorum regis, sive Thesaurus sepulchralis Tornaci Nerviorum effossus et commentario illustratus*, Anvers, 1655, in-4°, ouvrage rare, curieux et l'un des plus recherchés de l'auteur. Il le composa à l'occasion de la découverte faite, en 1653, à Tournai du tombeau de Childéric Ier. On trouva dans ce tombeau des anneaux d'un grand prix, des médailles et des abeilles d'or. Chifflet conjecture que les abeilles étaient les armes de nos rois de la première race, et il emploie à développer son sentiment une partie de ce volume, rempli d'ailleurs d'une érudition prodigieuse, mais un peu superflue et étrangère au sujet.

**CHIFFLET** (PIERRE-FRANÇOIS), frère de Jean-Jacques, né à Besançon en 1592, entra dans l'ordre des jésuites, professa la philosophie, la langue hébraïque et l'Ecriture sainte dans différents colléges de son ordre. Quelques ouvrages sur des sujets d'érudition l'ayant fait connaître avantageusement, Colbert l'appela à Paris en 1675, et lui confia la garde du médaillier du roi. Il mourut en cette ville le 5 octobre 1682, dans sa quatre-vingt-dixième année. Les principaux ouvrages du P. Chifflet sont : 1° *Fulgentii Ferrandi, diaconi carthaginiensis, opera, cum notis*, Dijon, 1649, in-4°. 2° *Scriptorum veterum de fide catholica quinque opuscula, cum notis*, Dijon, 1656, in-4°. 3° *Lettre touchant Béatrix, comtesse de Châlons*, Dijon, 1656, in-4°. Cet ouvrage est rempli de recherches. Les pièces originales et les chartes que le P. Chifflet a fait imprimer à la fin, et qui ne se trouvent que là, le rendent précieux pour les personnes qui étudient l'histoire de France du moyen âge. Il a été réimprimé in-4° en 1809 à Lons-le-Saulnier, par M. Delhorme, à vingt-cinq exemplaires seulement, sous la date de 1556. Les exemplaires de l'édition originale sont faciles à distinguer de la réimpression, en ce que dans les premiers on trouve des gravures en cuivre représentant des sceaux et des armoiries qui manquent dans les autres. 4° *De ecclesiæ S. Stephani divionensis antiquitate*, Dijon, 1657, in-8°. 5° *S. Bernardi claravallensis abbatis genus illustre assertum*, Dijon, 1660, in-4°. Le P. Chifflet n'est que l'éditeur de cette dissertation, à laquelle il a joint d'autres pièces et quelques remarques; Paul-Ferdinand Chifflet, bernardin, l'un de ses neveux, en est l'auteur. 6° *Paulinus illustratus, sive Appendix ad opera et res gestas S. Paulini, nolensis episcopi*, Dijon, 1662, in-4°. Lebrun-Desmarettes, à qui l'on doit une excellente édition des œuvres de saint Paulin, Paris, 1685, in-4°, faisait cas des remarques du

P. Chifflet. 7° *Victoris vitensis et Vigilii tapsensis opera*, Dijon, 1664, in-4°. 8° *Histoire de l'abbaye et de la ville de Tournus*, Dijon, 1664, in-4°. Cet ouvrage est peu commun et assez estimé. L'histoire de la même abbaye par l'abbé Juenin (*V.* JUENIN) est cependant plus complète. 9° *Dissertationes tres: De uno Dionysio; De loco et tempore conversionis Constantini magni; De S. Martini turonensis temporum ratione*, Paris, 1676, in-8°. La première de ces dissertations est la plus connue; le P. Chifflet veut y prouver que saint Denis l'Aréopagite est venu en France. Il la traduisit lui-même en français, et la fit imprimer la même année in-12. Son opinion n'a point prévalu. 10° *Bedæ presbyteri et Feterdegarii scholastici concordia ad senioris Dagoberti definiendam monarchiæ periodum*, Paris, 1681, in-4°. Le P. Chifflet se propose, dans cet ouvrage, de combattre le sentiment d'Adrien de Valois, qui fixe la mort de Dagobert I^er^ à l'année 638. Adrien de Valois eut en sa faveur la plupart des savants de son temps. Le P. Chifflet était certainement un homme fort instruit; mais il manquait de discernement et de critique.

**CHIFFLET** (PHILIPPE), frère de Jean-Jacques, né à Besançon le 10 mai 1597, fit ses études à l'université de Louvain. Il s'y lia avec le célèbre Henri Dupuis, plus connu sous le nom d'*Erycius Puteanus*; et, avec le temps, leur amitié s'accrut encore par la conformité de leurs goûts. Philippe Chifflet entra dans l'état ecclésiastique, et fut nommé chanoine de Besançon et grand vicaire de l'archevêque de cette ville. Il jouissait en même temps de plusieurs bénéfices, était prieur de Bellefontaine, abbé de Balerne, et avait le titre d'aumônier de l'infant, gouverneur des Pays-Bas. Il employa une partie de sa fortune à former une bibliothèque des livres les plus précieux. Il mourut en 1657, ou, suivant quelques biographes, en 1663, âgé d'environ soixante ans. On a de lui : 1° *Larmes funèbres sur la mort de Philippe III, roi catholique*, Louvain, 1621, in-4°, latin et français, en vers. Colletet, dans son *Recueil d'épigrammes*, en adresse une à Philippe Chifflet, au sujet de cet ouvrage. 2° *Le Phénix des princes, ou la Vie du pieux Albert mourant*, traduit du latin d'André Trévère et d'Eryce Putéan (Henri Dupuis). Cette traduction est imprimée dans l'ouvrage intitulé : *Pompa funebris Alberti Pii, Belgarum principis, a Jacob. Franquart imaginib. expressa*, Bruxelles, 1623, in-fol. obl. 3° *Histoire du siége de Bréda*, traduite du latin d'Hermann Hugon, en français, Anvers, 1631, in-folio. 4° *Histoire du prieuré de Notre-Dame de Bellefontaine, au comté de Bourgogne*, Anvers, 1631, in-4°. Son ami Henri Dupuis en a donné une traduction latine. 5° *Dévotion aux saintes âmes du purgatoire*, Anvers, 1635, in-12. 6° *Concilii tridentini canones et decreta, cum præfatione et notis*, Anvers, 1640, in-12 : les notes de Philippe Chifflet sur le concile de Trente sont fort estimées; il s'en est fait un grand nombre d'éditions. 7° *L'Imitation de Jésus-Christ*, traduite en français, Anvers, 1644, in-8° avec fig., traduction qui a eu jusqu'à sept éditions. 8° *Thomæ Kempis de imitatione libri IV, ex recensione Ph. Chiffletiia* Anvers, 1647; deuxième édition, 1671, in-12; Chifflet est un des éditeurs les plus estimés de ce livre. 9° Deux *Lettres touchant le véritable auteur de l'Imitation de Jésus-Christ;* elles sont imprimées avec l'avis de Gabriel Naudé, sur le factum des bénédictins, Paris, 1651, in-8°. Le P. Nicéron, et après lui d'autres biographes, ont attribué à Philippe Chifflet l'*Avis de droit sur la nomination à l'archevêché de Besançon*; cet ouvrage est de Jules Chifflet, son neveu, comme nous le disons à son article. Foppens, qui a copié Nicéron dans sa *Bibliotheca belgica*, ajoute à cette faute celle de ne pas dire dans quelle langue est écrit cet ouvrage, dont il donne le titre en latin.

**CHIFFLET** (LAURENT), jésuite, troisième frère de Jean-Jacques, naquit à Besançon en 1598. Il se trouvait à Dôle pendant le siége de cette ville par le prince de Condé en 1636. Son zèle et sa piété ingénieuse ne contribuèrent pas peu à soutenir le courage des habitants. Boyvin, qui a écrit l'histoire de ce siége, lui donne les plus grands éloges. Le P. Chifflet a composé un grand nombre d'ouvrages ascétiques, en français et en latin, souvent réimprimés dans le XVII^e^ siècle, et même, pour la plupart, traduits en espagnol et en italien, mais oubliés aujourd'hui. Il avait fait une étude particulière de la langue française, et il en a composé une grammaire, attribuée par erreur à son frère Pierre-François. Elle fut imprimée pour la première fois par les soins de quelques-uns de ses confrères, sous le titre d'*Essai d'une parfaite grammaire de la langue française*, à Anvers, en 1659, in-8°. Allemand, dans ses *Observations sur la langue française*, dit que cette grammaire est au rang des bonnes. L'abbé Desfontaines dit au contraire qu'elle est excessivement mauvaise, ce qui est trop sévère; car elle a été utile dans un temps où il n'en existait pas de bonnes, et, si elle a été abandonnée depuis, c'est que nous en avons de meilleures. Laurent Chifflet a eu part à la révision du *Dictionnaire de Calepin*, en huit langues, dont il y a eu plusieurs éditions en deux volumes in-folio, mais qui n'est plus d'aucun usage. Il mourut dans le couvent de son ordre à Anvers, le 9 juillet 1658.

**CHIFFLET** (JULES), fils aîné de Jean-Jacques, né à Besançon vers 1610, fut envoyé au collége de Louvain, où il eut pour maître Erycius Puteanus (Dupuis), l'un des hommes les plus savants de son siècle. De retour en Franche-Comté, il se fit recevoir docteur en droit à l'université de Dôle, et quelque temps après il obtint un canonicat à la cathédrale de Besançon. Philippe IV le nomma, en 1648, chancelier de l'ordre de la Toison d'or, et, en récompense du zèle qu'il avait montré dans cette place, il lui donna l'abbaye de Balerne, après la mort de son oncle Philippe. Jules Chifflet fut nommé en 1658 conseiller clerc au parlement de Dôle, et mourut en cette ville le 8 juillet 1676, âgé de soixante-six ans. On lui doit : 1° l'*Histoire du bon chevalier Jacques de Lalain*, Bruxelles, 1634, in-4°. L'auteur de cette histoire est Georges Châtelain. Jules Chifflet la fit imprimer sur un manuscrit qui se trouvait dans la bibliothèque de son père, et l'enrichit d'une préface qui contient des particularités curieuses sur Châtelain. 2° *Voyage de don Ferdinand, cardinal infant, depuis Madrid à Bruxelles*, traduit en français, de l'espagnol de don Diego Haede y Gallart, Anvers, 1635, in-4°. 3° *Audomarum obsessum et liberatum*, Anvers, 1640, in-12. C'est une relation relation du siége de Saint-Omer par les Français en 1638. 4° *Crux andreana victrix, seu De cruce burgundica, cœlitus in ariensi obsidione visa*, Anvers, 1642, in-12. Chifflet assure, dans cet ouvrage, qu'en 1641, pendant le siége d'Aire, on vit dans le ciel une croix de Saint-André (c'était celle que les ducs de Bourgogne et de Flandre portaient dans leurs armes), placée au-dessus d'une croix française, et que ce miracle releva le courage des assiégés, qui repoussèrent l'ennemi. 5° *Traité de la maison de Rye*, 1644, in-folio. 6° *Les Masques d'honneur de la maison de Tassis*, Anvers, 1645, in-folio. 7° *Aula sacra principium Belgii*, Anvers, 1650, in-4°. C'est l'histoire de la Sainte-Chapelle des ducs de Flandre. 8° *Advis de droit sur la nomination de l'archevêché de Besançon, en faveur de sa majesté*, Dôle, 1663, in-4°. 9° *Breviarium ordinis Velleris aurei*, Anvers, 1652, in-4°, réimprimé dans la *Jurisprudentia heroica* de Chrystin, chancelier de Brabant, Bruxelles, 1668, in-folio. Il ne faut pas confondre cette histoire de la Toison d'or avec le *Blason des chevaliers* de cet ordre fameux, donné par J.-J. Chifflet (*V.* CHIFFLET [Jean-Jacques]).

**CHIFFLET** (JEAN), frère de Jules, chanoine de Tournai, aumônier de l'infant, gouverneur des Pays-Bas, était né à Besançon vers 1611. Il a laissé un grand nombre d'ouvrages d'une érudition peu commune. Le P. Nicéron, le P. Lelong et les continuateurs de Moréri, disent que Jean Chifflet était avocat; le bibliothécaire des Pays-Bas, Foppens, assure qu'il professa le droit pendant quelques années à l'université de Dôle, et qu'il donna sa démission pour entrer dans l'état ecclésiastique; mais tous ces biographes se sont également trompés. Il est certain que Jean Chifflet avait pris les ordres fort jeune, puisqu'en 1632 il avait été nommé à un canonicat de Besançon. La cour de Rome ayant nommé à la même place un de ses compétiteurs, il fit des réclamations qui ne furent point écoutées; ce fut alors qu'il se retira en Flandre, où il fut pourvu de plusieurs bénéfices par le gouverneur de cette province. Il mourut à Tournai le 27 novembre 1666, âgé d'environ cinquante-deux ans. On a de lui : 1° *Apologetica parænesis ad linguam sanctam*, Anvers, 1642, in-8°. 2° *Consilium de sacramento eucharistiæ, ultimo supplicio afficiendis, non denegando*, Bruxelles, 1644, in-8°. 3° *Palmæ cleri anglicani, seu Narrationes breves eorum qui in Anglia contigerunt circa mortem*, Bruxelles, 1645, in-8°. 4° *De sacris inscriptionibus, quibus tabella D. Virginis cameracensis illustratur, lucubratiuncula*, Anvers, 1649, in-4°. 5° *Apologetica dissertatio de juris utriusque architectis, Justiniano, Triboniano, Gratiano et S. Raimondo*, Anvers, 1651, in-4°, réimprimée dans le *Thesaurus juris romani* d'Everard Otho, t. 1^er^, p. 161. 6° *Joan. Macarii Abraxas, seu Apistopistus quæ est antiquaria de gemmis basilidianis disquisitio, commentariis illustr.*, Anvers, 1657, in-4°. Cette dissertation de Jean Macarius ou l'Heureux, traite des pierres gravées portant le mot *Abraxas*, par lequel Basilide, hérétique du II^e^ siècle, désignait le Dieu créateur et conservateur. Elle est curieuse, et le commentaire que Chifflet y a joint est estimé. 7° *Annulus* *pontificius Pio papæ II adsertus*, 1658, in-4°. 8° *Vetus imago Deiparæ, in jaspide viridi inscripta, Nicephoro Botoniatæ, Græcorum imperat.*, 1661, in-4°. 9° *Socrates, sive De gemmis, ejus imagine cœlatis judicium*, 1662, in-4°. 10° *Aqua virgo, fons Romæ celeberrimus et prisca religione sacer*, 1662, in-4°, réimprimé dans le quatrième volume du *Thesaurus antiquitatum* de Grævius. 11° *Judicium de fabula Johannæ papissæ*, Anvers, 1666, in-4°. Cette petite dissertation, assez curieuse, a été réimprimée dans la *Nova librorum collectio* de Groschuffius, Halle, 1709, in-8°. — CHIFFLET (Henri-Thomas), troisième fils de Jean-Jacques, embrassa l'état ecclésiastique comme ses frères, et devint aumônier de la célèbre Christine, reine de Suède. Il s'appliqua à l'étude des antiquités, principalement des médailles, et publia une dissertation en latin, *De othonibus æreis*, imprimée à Anvers en 1656, in-4°, avec le traité de Claude Chifflet, son grand-oncle, *De antiquo numismate*, et insérée dans le premier volume du *Thesaurus antiquitat. roman.* de Sallengre. Il veut prouver, dans cet ouvrage, qu'il n'existe point de véritables médailles d'Othon en bronze. C'est le sentiment de son père qu'il défendait (*V.* OTHON); il reconnut dans la suite qu'il s'était trompé, et l'avoua dans une lettre à Ch. Patin que celui-ci a fait imprimer dans son ouvrage intitulé : *Imperatorum romanorum numismata, ex ære med. et minim. formæ descripta*, Strasbourg, 1671, in-folio. — CHIFFLET (Gui-François), petit-fils de Claude, obtint un canonicat à l'église de Dôle, et la chaire de professeur en droit canon à l'université de cette ville. Il soutint les prétentions de son chapitre contre les archevêques de Besançon, et publia à ce sujet un petit ouvrage écrit avec force, *Dissertatio canonica, utrum aliquid juris competat illustr. archiepiscopo bisuntino, circa visitationem Ecclesiæ dolanæ*, Dôle, 1652, in-12.

CHIFFLET (ÉTIENNE-JOSEPH-FRANÇOIS-XAVIER), magistrat distingué, naquit à Besançon le 8 décembre 1717, d'une famille illustre par le grand nombre de savants qu'elle a produits. Il aurait bien voulu, à l'exemple de ses ancêtres, se livrer uniquement à l'étude des lettres et de l'antiquité; mais son père le destinait à la magistrature, et il fit céder l'inclination au devoir. Pourvu, dès 1740, d'un office de conseiller au parlement, quoiqu'il n'eût pas encore voix délibérative, il assistait assidûment aux séances de sa compagnie, et sut se concilier l'estime de tous ses confrères. Les preuves de talent et de capacité qu'il donna dans différentes circonstances le firent promptement connaître, et lors de la création de l'académie de Besançon en 1752, il en fut nommé un des premiers membres. En 1755, il acquit un office de président à mortier; et la même année il rédigea, sur un plan très-propre à faciliter les recherches, le *Catalogue* de sa bibliothèque, qu'il fit précéder de notices sur les écrivains de sa famille, avec l'indication de leurs ouvrages imprimés ou manuscrits. Persuadé que la résistance au gouvernement doit avoir des bornes, et qu'après avoir employé la voie des remontrances, il ne reste qu'à se soumettre aux ordres de l'autorité, le président Chifflet fut du nombre des parlementaires qui crurent devoir, en 1760, consentir à l'enregistrement des nouveaux impôts. Les pamphlets dans lesquels on le représenta lui et ses collègues comme vendus à la cour ne lui firent point abandonner la ligne de modération qu'il s'était tracée; et il eut le courage d'y persister en bravant la haine populaire, moins redoutable alors qu'elle ne l'est devenue depuis. Cette conduite fixa sur lui les yeux du ministère, et, lors de la réorganisation des cours de justice en 1771, il fut nommé premier président du parlement de Besançon. Dans cette place, il adoucit autant qu'il le put le sort de ses anciens confrères exilés, et s'employa même près du chancelier Maupeou pour leur faire obtenir des grâces (*V.* le *Journal historique*, III, 319). Le peu de goût qu'il avait pour l'opposition ne l'empêcha pas de défendre avec fermeté les privilèges de sa province contre les empiétements du ministère, et il refusa l'enregistrement des édits sur les nouveaux droits d'aides et sur le papier timbré. L'ancien parlement ayant été rappelé le 28 mars 1775, il dut abandonner la place à son prédécesseur, M. de Grosbois; mais telle était l'estime dont il jouissait, qu'il fut presque aussitôt nommé premier président du parlement de Metz. Il se montra dans ce nouveau poste ce qu'il avait toujours été, magistrat intègre et laborieux, et continua de mériter l'estime générale. Chaque année il venait se délasser de ses travaux dans sa terre d'Esbarres, près de Saint-Jean de Losne. Il y mourut d'une fièvre épidémique le 20 septembre 1782. On a de lui, dans les recueils de l'académie de Besançon, les ouvrages suivants encore inédits : 1° *Dissertation sur l'origine du nom de Franche-Comté.* L'auteur cherche à prouver que cette province fut nommée Franche, parce que ses souverains, depuis Othon-Guillaume, se sont maintenus indépendants de la France et même de l'empire germanique. Cette opinion, soutenue avant lui par Pélisson et d'autres auteurs, est contestée. 2° *Examen d'une dissertation de M. Droz sur le douaire des femmes nobles en Franche-Comté.* 3° *Note sur un aqueduc romain.* Cet aqueduc, découvert en 1766 dans la maison même du président Chifflet, paraît une dérivation du canal d'Arcier (*V.* Jaquot, XXI, 406). 4° *Observations sur les lois des Bourguignons.* Après avoir établi que Gondebaud est le véritable auteur du *Code bourguignon*, et que Sigismond, dont le nom se trouve dans quelques manuscrits, n'a fait qu'en ordonner une nouvelle publication, l'auteur montre le rapport de ces lois avec celles des Germains, et même avec plusieurs dispositions des lois romaines.

CHIFFLET (MARIE-BÉNIGNE-FERRÉOL-XAVIER), membre de la chambre des députés et pair de France, était fils du précédent, et naquit à Besançon le 21 février 1766. Il n'avait pas encore achevé ses études, lorsqu'il eut le malheur de perdre son père; mais les derniers conseils qu'il en reçut restèrent gravés dans sa mémoire et devinrent la règle de sa conduite. Admis en 1786 conseiller au parlement, sa gravité naturelle et son jugement précoce lui acquirent bientôt l'estime des membres les plus distingués de sa compagnie. La révolution l'ayant forcé de s'expatrier en 1791; il alla d'abord chercher un asile dans les Pays-Bas, où le souvenir de ses ancêtres devait lui procurer, avec un bienveillant accueil, des moyens de continuer ses recherches sur divers points de jurisprudence. Mais, jaloux de donner des preuves de son dévouement, il renonça sans peine à cette vie paisible pour rejoindre l'armée des princes sur les bords du Rhin; et, quoique valétudinaire et même estropié d'un bras, il fit la campagne de 1792 comme cavalier noble. Dispensé du service militaire, il revint à ses goûts studieux et visita successivement les principales universités d'Allemagne, pour se perfectionner dans le droit public par la fréquentation des plus célèbres professeurs. Dès qu'il lui fut permis de rentrer en France, il se hâta de revenir à Besançon, et ayant eu le bonheur de recouvrer quelques débris de sa fortune, il les partagea généreusement avec ses sœurs, qu'il avait soutenues par son travail pendant l'émigration. Les souvenirs honorables qu'il avait laissés comme magistrat le firent, à la réorganisation des tribunaux, en 1811, nommer conseiller à la cour impériale de Besançon, et il en était président de chambre en 1814. A la restauration, son attachement invariable à la famille des Bourbons le plaça naturellement à la tête des royalistes de Franche-Comté. Envoyé par le département du Doubs à la chambre de 1815, il y arriva précédé d'une réputation qu'il devait moins à la supériorité de ses talents, comme jurisconsulte ou comme orateur, qu'à la fermeté connue de son caractère et à son antipathie pour la révolution. Ce n'était pas qu'il ne sentît la nécessité de plusieurs réformes et qu'il n'approuvât une partie de celles que la révolution avait opérées; mais, dans son opinion, c'était au roi seul qu'il appartenait de les provoquer et de les sanctionner; et c'était du roi qu'il attendait toutes les améliorations compatibles avec la dignité du trône et l'affermissement de la dynastie. Sa conduite à la chambre, si souvent attaquée par les journaux, fut la conséquence de ses principes. Il y prit place à l'extrême droite où siégeaient les royalistes les plus dévoués. Encore effrayé de la facilité que Bonaparte, échappé de l'île d'Elbe avec une poignée de soldats, avait eue à ressaisir le pouvoir, il crut que les mesures les plus rigoureuses étaient nécessaires pour garantir le trône de nouveaux périls; et, quoique d'un caractère plein d'indulgence, il provoqua contre les hommes qui tenteraient de troubler l'ordre des peines plus fortes que celles que le gouvernement avait jugées suffisantes. Après avoir fait adopter divers amendements aux projets de loi sur les cris séditieux, il prit part à la discussion sur la loi d'amnistie, et s'attacha, dans un discours imprimé par ordre de la chambre, à justifier la nécessité de bannir les régicides, et non, comme le dirent les journaux du temps, de prononcer la confiscation des biens des condamnés, puisqu'il remercie le roi de l'avoir abolie par l'art. 66 de la charte, mais de prélever sur leur fortune les sommes nécessaires pour indemniser l'Etat des dommages occasionnés par leur révolte. On sent assez que de pareilles mesures n'étaient et ne pouvaient être que comminatoires. Il fit, le 13 janvier 1816, un rapport sur la proposition de M. de Castelbajac, qui demandait que le clergé fût autorisé pendant vingt ans à recevoir des dotations en fonds de terre, et conclut à son adoption. Le 1er mars, il parla dans la discussion sur le nouveau projet de loi électorale, et vota pour les élections par cantons. Le 28 avril, il appuya la proposition de rendre au clergé ses biens non vendus, en exceptant ceux qui auraient été légalement cédés à des établissements publics; et quelques jours après il se joignit à M. de Bonald pour demander l'abolition de la loi du divorce. L'ordonnance du 5 septembre ayant prononcé la dissolution de la chambre, il en fut écarté par l'influence du ministère et n'y rentra qu'en 1820 (1). Sa nomination à l'une des places de vice-président est une preuve que son absence ne lui avait rien fait perdre de l'attachement de ses collègues. Le 7 mai 1821, il vota pour la modification proposée à l'art. 351 du code d'instruction criminelle, comme offrant plus de garanties à l'accusé. Le 12, en appuyant la proposition d'augmenter les pensions ecclésiastiques, il témoigna la peine qu'il éprouvait de voir «le clergé toujours dans un état précaire, et dépendant chaque année d'un budget pour ses premiers besoins. » Dans la même session il appuya le projet présenté par le gouvernement pour accélérer l'achèvement des canaux de navigation, et s'attacha dans son discours à faire ressortir l'importance du canal destiné à joindre le Rhône au Rhin (*V.* BERTRAND). Une ordonnance du 21 novembre le nomma premier président de la cour royale de Besançon en remplacement de Dumontet de la Terrade (*V.* ce nom). En 1822, nommé rapporteur du projet de loi pour la répression des délits de la presse, il conclut en demandant l'adoption de tous les amendements introduits par la commission. Toutefois, dans le résumé de la discussion, il consentit à retrancher celui qui avait pour but de faire punir d'une peine plus forte les outrages à la religion de l'État que ceux qui seraient dirigés contre un autre culte chrétien; et, lorsque le projet reparut, amendé par la chambre des pairs, il proposa d'adopter le rétablissement du mot *constitutionnelle* que la commission avait retranché de l'article relatif aux outrages à l'autorité du roi. Réélu pour la troisième fois en 1824, il fut continué dans la place de vice-président le 7 juillet. Dans la discussion du budget, il émit le vœu que le gouvernement réduisît le nombre des cours royales et des tribunaux, en augmentant celui des juges de première instance. Le 14 février 1825 il demanda le renvoi au bureau des renseignements d'une pétition de M. Rogeri de Beaufort, tendant au rétablissement de la loi sur les fidéicommis. « Les membres de la gauche, dit-il, ne s'y opposeront pas, puisque leurs chefs en recevant des titres ont accepté la faculté d'établir des majorats; ils sont trop partisans de l'égalité pour refuser aux personnes non titrées la possibilité de soutenir leurs familles. » Il parla plusieurs fois dans la discussion de la loi sur l'indemnité, et fit décider que l'héritier serait admis à réclamer l'indemnité sans qu'on pût lui opposer une incapacité résultant des lois révolutionnaires. Le 5 avril il fit son rapport sur la loi du sacrilége, et conclut à son adoption. Il ne parut que rarement à la tribune dans la session suivante (1826); cependant il appuya vivement la proposition de M. de Salaberry de poursuivre le rédacteur du *Journal du commerce* pour deux articles injurieux à la chambre, et prit part à la discussion que rendit nécessaire l'obligation de régler les formes que suivrait la chambre lorsqu'elle serait constituée en cour de justice. A l'ouverture de la session de 1827, il l'emporta sur M. de la Bourdonnaye pour une des places de candidat à la présidence. Membre de la commission chargée de l'examen du projet du code forestier, il prit une grande part à la discussion, et réussit à faire adopter plusieurs amendements dans l'intérêt des communes et des propriétaires des bois de sapin. Le 5 novembre le roi le nomma pair, et peu de temps après vicomte. Admis dans la chambre haute le 5 juillet 1828, il fit un rapport sur les pétitions, et le 9 il fut nommé l'un des commissaires chargés de l'examen du projet sur l'interprétation des lois. En 1829, le 14 mars, il prit part à la discussion du projet sur la répression du duel; le 4 avril, il fit partie de la commission pour l'examen de la loi sur la contrainte par corps, et, dans la discussion, il se prononça pour le maintien de la contrainte envers les tireurs de lettres de change. Le 23 mai il fit renvoyer au ministère des finances la pétition des communes du département du Doubs, qui se plaignaient de la surcharge énorme d'impôts qu'elles étaient forcées de payer pour la conservation de leurs bois, en vertu du nouveau code forestier. Enfin le 6 juin il fut désigné commissaire pour l'examen de la loi sur la police du roulage. Privé de la pairie par la révolution de 1830, il se démit des fonctions de premier président de la cour royale de Besançon, et se retira dans une terre à Montmirey, près de Dôle, où il passa ses dernières années, uniquement occupé des soins qu'il devait à sa famille. L'isolement dans lequel il vivait lui fit éprouver le regret d'avoir, pour les débats de la politique, abandonné l'étude qui lui avait procuré tant de consolations dans l'exil. Le rédacteur de cet article l'a entendu, peu de semaines avant sa mort, se reprocher de ne s'être pas, à sa rentrée en France, occupé de refaire sa bibliothèque et de reformer les collections d'antiques et de médailles que la révolution lui avait enlevées. Il mourut à Montmirey le 13 septembre 1835.

(1) La *Galerie historique des contemporains* le fait membre de la chambre des députés de 1817-1818; mais, ajoute le rédacteur, il n'y jouit pas de la même faveur que dans celle de 1815-1816.

**CHIFFONS** (anglais *rags*, allemand *Lumpen*, *Vodden*, danois *Klude*, italien *stracci*, *strasse*, espagnol *tropos*, portugais *farropos*), vieux morceaux d'étoffes de toile, de coton ou de laine. Quoique l'on fasse généralement peu de cas des chiffons, ils sont d'une grande importance dans les arts, où l'on a trouvé divers moyens de les employer. Ils servent principalement à fabriquer le papier. On importe en Angleterre de grandes quantités de chiffons de laine et de toile du continent de l'Europe et de la Sicile. On emploie principalement les premiers pour fumer les terres, et en particulier celles où l'on cultive le houblon. On met ceux qui ont le tissu lâche, qui ne sont pas trop usés, en charpie, dont les brins, mêlés à de la laine neuve, sont refilés; il est vrai que les tissus dans lesquels on fait entrer cette vieille laine ne présentent d'avantage que le bon marché, et n'ont ni force ni durée. On emploie encore les chiffons de laine pour garnir des matelas, après qu'ils ont été broyés par les mêmes machines qui servent à préparer la pâte du papier. Les chiffons de laine sont principalement expédiés des ports de Hambourg et Brême; il en vient aussi de Rostock, mais en très-petite quantité. Ces importations varient annuellement de trois cents à cinq cents tonneaux. Les prix sont de six à sept livres sterling par tonneau pour les chiffons destinés à servir d'engrais, de treize à quinze livres sterling pour ceux de couleur et d'un tissu lâche, et de dix-huit à vingt livres pour les blancs de l'espèce précédente. Les chiffons de toile importés en Angleterre proviennent de Rostock, de Brême, de Hambourg, de Livourne, d'Ancône, de Messine, de Palerme et de Trieste; en France, en Belgique, en Hollande, en Espagne, en Portugal, l'exportation des chiffons est strictement prohibée. Les importations dont on vient de parler s'élèvent annuellement à environ dix mille tonneaux, et le prix est de vingt et un à vingt-deux livres sterling par tonneau. Jusqu'à une époque très-récente, tous les chiffons de toile importés en Angleterre, joints à ceux que l'on recueillait dans le pays, étaient employés à la fabrication du papier; mais les Américains, qui depuis quelques années avaient tiré beaucoup de chiffons des ports de la Méditerranée et de Hambourg, sont venus dernièrement sur la place de Londres traiter de plusieurs cargaisons de cette marchandise, chose qui indique suffisamment la situation languissante des manufactures de papier de l'Angleterre : tel est le résultat des droits énormes qui pèsent sur cette fabrication et de la taxe sur les annonces. Les chiffons importés de l'étranger en Angleterre ont une apparence plus grossière que ceux recueillis dans le pays; mais étant presque exclusivement de toile, ils sont plus forts. Leur prix a notablement augmenté depuis que le procédé de blanchiment par le chlore a été mis généralement en usage, cette opération ayant rendu les chiffons étrangers propres à faire de beau papier; ils sont en effet préférables pour cela aux chiffons anglais, attendu qu'avec une égale blancheur ils présentent plus de force dans leur tissu. Il y a une très-grande diversité dans l'apparence des chiffons provenant de différents ports. En général ceux du nord de l'Europe sont moins blancs, mais plus forts que ceux qui arrivent des ports de la Méditerranée. Ces derniers sont principalement des débris de vêtements extérieurs qui ont été blanchis par l'exposition au grand air et au soleil; mais, depuis que le blanchiment a été perfectionné, cela n'ajoute guère à leur valeur. Les chiffons expédiés de Trieste en Angleterre sont principalement recueillis en Hongrie. Il n'y a que quelques années que ces expéditions ont commencé et ont pris un accroissement rapide. La plupart des chiffons recueillis en Toscane, et dont la quantité s'élève annuellement à dix ou douze mille balles, s'expédient pour l'Amérique. — *Droits de douane.* Drilles et chiffons, dix centimes pour cent kilogrammes bruts *à l'entrée.* — Prohibés *à la sortie.*

**CHIFFONS.** Figurément et familièrement, *Cette personne n'est vêtue que de chiffons*, elle est très-mal vêtue. — *Un chiffon de papier*, un morceau de papier froissé, sali ou déchiré. Il se dit aussi, figurément et familièrement, d'un écrit dont le contenu n'est d'aucune importance, d'aucune valeur. —

CHIFFONS se dit encore, figurément et familièrement, de tout ajustement de femme qui ne sert qu'à la parure.

**CHIFFONNADE**, s. f. (*art culin.*), d'après plusieurs lexiques, sorte de potage.

**CHIFFONNAGE**, s. m. (*peinture*). Il se dit quelquefois de draperies chiffonnées.

**CHIFFONNE**, adj. f. (*agricult.*). Il se dit d'une branche grêle et mal conformée.

**CHIFFONNÉ**, *corrugatus* (*botan.*). Lorsqu'on ouvre une fleur avant son épanouissement, on trouve ordinairement les pétales disposés avec symétrie; mais quelquefois ils sont chiffonnés, c'est-à-dire repliés en différents sens, sans symétrie, comme une étoffe froissée. Il en est de même des cotylédons dans la graine. On a des exemples de cotylédons *chiffonnés* dans le liseron, la mauve. On a des exemples de pétales *chiffonnés* dans le pavot, le grenadier, les cistes.

**CHIFFONNER**, v. a. bouchonner, froisser. Il signifie aussi, familièrement, déranger l'ajustement d'une femme. Figurément et familièrement, *Cela le chiffonne*, cela le chagrine, le contrarie. — Figurément et familièrement, *Une petite mine chiffonnée* se dit d'un visage peu régulier qui n'est pas sans quelque agrément.

**CHIFFONNIER**, industriel obscur et dédaigné qui recueille pour les diverses fabrications des objets abandonnés comme inutiles; car ce ne sont pas seulement les chiffons qu'il ramasse, comme son nom semblerait l'indiquer : les os, la ferraille, les cadavres d'animaux, les cendres, le papier, le carton, le cuir, tout lui est bon, et se convertit en argent entre ses mains, sans parler de ce qui lui arrive souvent, dans ses recherches tant de jour que de nuit, de trouver des pièces de monnaie, des bijoux, de la menue argenterie et même quelquefois des billets de banque ou des valeurs de commerce. — Pour les personnes du monde il n'y a d'autre chiffonnier que celui qui avec la hotte, le crochet et la lanterne pour la nuit, parcourt les rues des grandes villes, travaillant au coin des bornes; elles ne connaissent pas le chiffonnier en grand, dont celui-là est l'émissaire, et qui lui achète sa récolte quotidienne après qu'elle a été triée pour en faire un commerce qui peut être très-considérable. Tel de ces marchands de chiffons en gros a une maison importante à Paris et envoie chercher jusque dans la province les objets dont il fait ensuite une sorte de répartition. Ainsi les papiers, cartons et chiffons, divisés suivant leur plus ou moins de blancheur et de finesse, sont destinés aux fabriques de carton et de papier; les os, le cuir et les substances animales se vendent pour faire de la colle forte, de l'huile, du noir animal, etc. Les chiffonniers, même du dernier étage, gagnent beaucoup d'argent; ce qui ne les empêche pas d'être des types de misère et de malpropreté, qu'ils pourraient facilement éviter et qui, jointes à l'intempérance qui leur est familière, devient pour eux la source de fâcheuses maladies. En 1832 les chiffonniers de Paris s'insurgèrent et brisèrent des tombereaux d'un nouveau modèle, ayant pour objet d'enlever immédiatement toutes les ordures de la ville, qu'il ne leur aurait été permis d'exploiter qu'au lieu de dépôt. La victoire demeura aux chiffonniers. Il y a quelques années qu'ils furent mis en scène aux Variétés dans un charmant vaudeville, où Potier se montra parfait comédien.

**CHIFFONNIER.** Figurément et familièrement, *C'est un chiffonnier, Ce n'est qu'un chiffonnier*, se dit d'un homme qui débite sans choix tout ce qu'il entend dire par la ville. On le dit aussi d'un homme vétilleux et tracassier.

**CHIFFONNIER**, s. m. (*écon. domest.*), sorte de petit meuble à plusieurs tiroirs, dans lequel les femmes mettent les morceaux d'étoffe et tout ce qui sert à leurs ouvrages d'aiguille.

**CHIFFONNIÈRE**, s. f. (*écon. domest.*), petit meuble à tiroirs (*V.* CHIFFONNIER).

**CHIFFRAIRE** (*vieux langage*), arithméticien, du mot chiffre.

**CHIFFRES** (*arithmétique*). Ce nom, réservé d'abord au *zéro*, qu'on appelait *cyphra* dans le latin barbare du moyen âge, s'applique maintenant aux dix caractères employés habituellement pour exprimer les nombres. On a été plus loin, et on l'a donné, par extension, à tous les caractères employés dans le même but chez différents peuples et à diverses époques. Ainsi nous disons les *chiffres romains*, bien que ces prétendus chiffres ne soient autre chose que les lettres de l'alphabet. Pour nous conformer à cet usage, et pour ne pas séparer d'ailleurs des choses qui ont la plus grande liaison entre elles, nous traiterons ici de tout ce qui a rapport à l'*écriture numérique*. — On peut représenter aux yeux les mots qui expriment les nombres en employant des lettres comme pour tous les autres mots de la langue; mais on a senti de bonne heure la nécessité des signes abréviatifs. Il serait curieux de rechercher quels étaient ces signes chez les divers peuples anciens dont la connaissance est parvenue jusqu'à nous. Nous ne parlerons ici que des Hébreux et des Grecs, des Romains et des Arabes. Les premiers partageaient les vingt-sept caractères de leur alphabet en trois *neuvaines*; la première représentait les neuf unités de *un* à *neuf*, la seconde les neuf dizaines de *dix* à *quatre-vingt-dix*, la troisième les neuf premières centaines de *cent* à *neuf cents*. Les Grecs, suivant les auteurs de l'*Encyclopédie*, avaient trois manières d'exprimer les nombres par les caractères de leur alphabet. La plus simple consistait à employer les vingt-quatre lettres d'après l'ordre de leur succession dans l'alphabet, depuis α 1, jusqu'à ω 24. Ainsi sont numérotés les livres de l'*Iliade* d'Homère. Mais ce procédé, mis en usage par les Hébreux, et dont nous nous servons nous-mêmes tous les jours, ne peut réellement être considéré comme un système d'écriture numérique. La seconde manière, semblable à celle des Juifs indiquée ci-dessus, consistait à diviser les vingt-quatre lettres de l'alphabet en trois séries exprimant : la première les huit premières unités, la seconde les huit premières dizaines, la troisième les huit premières centaines; *neuf*, *nonante* et *neuf cents* étaient représentés par des signes particuliers. Pour les mille, on recommençait les trois séries de lettres en plaçant un point dessous : .α 1000, .β 2000, etc. Enfin on employait les initiales mêmes des noms des nombres : Ι pour un (*is* au lieu de *eis*), Π pour cinq (*pente*), Δ pour dix (*deca*), Η pour cent (*hecaton*), Χ pour mille (*chilia*), Μ pour dix mille (*myria*). Quand entre les jambes du Π on plaçait une autre lettre, la valeur de cette dernière était quintuplée. Cette manière d'écrire les nombres se combinait avec la précédente. Il est fort étonnant que ces peuples, dont la numération parlée était aussi régulière que la nôtre, eussent une numération écrite si imparfaite. Celle des Romains, qui se servaient aussi des lettres de leur alphabet, s'éloigne encore plus que celle des Grecs du système décimal, qui existait pourtant dans le langage (*V.* NUMÉRATION); elle procède par *cinq* au lieu de procéder par *dix*; aussi le signe du nombre 10 n'est-il qu'un double 5. Les signes de 1 à 10 sont les suivants : I, II, III, IIII ou IV, V, VI, VII, VIII, VIIII ou IX, et X, formé de deux V, dont l'un est renversé sous l'autre. En ajoutant au signe de X chacun des signes précédents, on a successivement XI, onze, XII, douze, etc., jusqu'à dix-neuf. Vingt ou deux fois dix, ou quatre fois cinq, s'exprime ainsi XX; trente s'écrit XXX, quarante XXXX ou XL, cinquante moins dix. Cinquante ou cinq fois dix s'exprime par L; en ajoutant à L tous les signes précédents, on a successivement tous les nombres depuis cinquante et un, LI, jusqu'à nonante-neuf, LXXXXVIIII ou bien LXXXXIX (cinquante et quarante et dix moins un). Cent s'écrit C, lettre qui commence le mot latin *centum*; puis on reprend la série des signes précédents, CI, CII..., CX..., CL. Deux cents, trois cents, quatre cents, s'écrivent CC, CCC, CCCC ou CD (cinq cents moins cent). Cinq cents s'écrit D; six cents, sept cents, huit cents, DC, DCC, DCCC; neuf cents, DCCCC ou CM (mille moins cent). Mille s'écrit M; deux mille, cinq mille, dix mille, cent mille, $\overline{II}$, $\overline{V}$, $\overline{X}$, $\overline{C}$, etc. (avec un trait superposé). Indépendamment des variations qu'on a pu remarquer ci-dessus dans la manière d'écrire certains nombres, il en existe plusieurs autres qui sont encore usitées dans les pays du Nord. Les principales sont IↃ (avec un C renversé) pour cinq cents, CIↃ pour mille, CCIↃↃ pour dix mille, CCCIↃↃↃ pour cent mille, etc. Le plus grand désavantage de ces divers genres d'écriture était de ne pouvoir se prêter facilement aux diverses opérations qu'on pratique sur les nombres. Aussi les Romains se servaient-ils, pour ces opérations, de jetons ou même de cailloux, *calculi*, dont nous avons fait notre mot calcul. On adopta enfin un système apporté en Espagne par les Maures et introduit en Italie par le pape Sylvestre II. Ce système, faussement attribué aux Arabes, remonte certainement beaucoup plus haut, et doit avoir été connu des peuples savants de l'antiquité la plus reculée. Il n'est guère facile, en effet, de concevoir comment les Egyptiens, les Chaldéens, les Chinois, etc., auraient pu pousser si loin leurs connaissances astronomiques avec des méthodes de calcul aussi imparfaites que celles des Grecs et des Romains. Au reste, les Arabes eux-mêmes tranchent la difficulté en attribuant aux Hindous le système d'écriture numérique qu'ils nous ont transmis. Nous verrons (article NUMÉRATION) avec combien peu de mots on exprime tous les nombres, grâce à leur transformation successive en unités de différents ordres, décuples les unes des autres; il faut encore moins de signes pour les écrire dans le système hindou. On exprime les neuf premiers nombres par neuf caractères :

1, 2, 3, 4, 5, 6, 7, 8, 9. Tous ces chiffres représentent des unités simples ou du *premier ordre*. Veut-on décupler leur valeur, il suffit d'ajouter après chacun d'eux un dixième caractère, 0 (zéro), qui, n'ayant par lui-même aucune signification, place tout simplement au second rang le chiffre qu'il accompagne, et avertit que les unités exprimées par ce chiffre sont du *second ordre* (décuple du premier ordre). On obtient ainsi la série des dizaines : 10, 20, 30, 40, 50, 60, 70, 80, 90. Si le nombre qu'on veut exprimer contient des unités du second ordre et des unités de premier ordre, on exprime les unes et les autres par le chiffre qui leur appartient, et alors le zéro devient inutile, puisque le chiffre des *unités simples* place au second rang celui des *unités décuples*. Ainsi onze (dix-un) s'écrit 11; trente-quatre (*trois* unités décuples et *quatre* unités simples) s'écrit 34, etc. D'après ce qui précède, les centaines (unités centuples ou du troisième ordre) s'exprimeront par les mêmes chiffres placés au troisième rang. Cent, décuple de 10 et centuple de 1, s'écrira 100; trois cent huit, qui renferme trois unités du troisième ordre, 0 (zéro ou rien) d'unité du second ordre, et huit unités du premier ordre, s'écrira 308, en plaçant un 0 au rang des unités décuples pour conserver au chiffre 3, qui exprime les unités centuples, le troisième rang qui lui appartient. — Les unités du quatrième ordre, ou les *mille*, sont décuples des unités du troisième ordre ou *centaines*; on les exprime toujours par les mêmes chiffres, placés au quatrième rang en allant vers la gauche, et ainsi de suite pour les dizaines de mille (cinquième ordre), pour les centaines de mille (sixième ordre), pour les millions (septième ordre), etc. Présentons cela à l'œil par un tableau :

| | | | | | |
|---|---|---|---|---|---|
| Unité simple. . . | 1, | 2, | 3, | 4, | valeur absolue. |
| — décuple.. . | 10, | 20, | 30, | 40, | valeur relative. |
| — cent. . . . | 100, | 200, | 300, | 400, | |
| — mill. . . . | 1000, | 2000, | 3000, | 4000, | |

De ce qui précède nous concluons : 1° que les chiffres *significatifs* (tous, excepté 0) ont deux espèces de valeur, l'une *absolue*, qu'ils ont par eux-mêmes, l'autre *relative* qui varie suivant le rang qu'ils occupent dans la série de chiffres employés pour exprimer un nombre ; 2° que le zéro n'a aucune valeur et qu'il sert seulement à conserver aux chiffres significatifs le rang qui détermine leur valeur relative; 3° que la valeur relative des chiffres augmente en proportion décuple à mesure qu'on les recule d'un rang vers la gauche; 4° que, dans toute série de chiffres exprimant un nombre, chaque chiffre représente ou remplace des unités d'un ordre particulier, qu'on peut désigner par le rang qu'occupe ce chiffre. A l'article NUMÉRATION, on appliquera ces règles à des nombres élevés, et l'on montrera que les longues suites de chiffres sont divisées en tranches de trois chiffres, en commençant par la droite, et l'on dira de plus que, de même que la valeur relative des chiffres augmente en proportion décuple en allant vers la gauche à partir des unités simples, de même elle diminue en proportion décuple en allant vers la droite, à partir du même point (*V.* FRACTIONS DÉCIMALES). Pour les autres manières actuellement employées d'exprimer les nombres dans les opérations qu'on leur fait subir, *V.* ALGÈBRE, ANALYSE, CALCUL, SIGNES, etc. La connaissance des chiffres romains est indispensable dans une foule de circonstances, puisqu'ils servent encore aujourd'hui dans certains computs. Mais elle est surtout utile pour la lecture et la critique des anciennes chartes et des anciens manuscrits. Dans ceux-ci, par exemple, on écrit *quatre* ainsi IIII, et non IV; *neuf*, VIIII, et non IX, etc. Au VIIIe siècle, au lieu d'employer le V pour *cinq*, on écrivait quelquefois IIIII. Le demi (semi) était exprimé par une S à la fin des chiffres. Ainsi l'on écrivait CIIS pour *cent deux et demi*. Cette S prenait quelquefois la figure de notre 5. On voit dans quelques anciens manuscrits les chiffres LXL, pour exprimer quatre-vingt-dix. Sous les rois mérovingiens, on trouverait à peine, dans les dates des années, des nombres rendus tout au long dans les manuscrits; ils y sont toujours exprimés par des chiffres romains. Sous les carlovingiens, en Allemagne comme en France, on avait coutume de dater avec ces mêmes chiffres. Sous les capétiens, au moins jusqu'au XVe siècle, on persista dans cet usage. C'est alors seulement que l'on commença, dans notre pays, à mêler des chiffres romains avec des chiffres *arabesques*. Les Espagnols se servirent anciennement des mêmes chiffres romains que les Français; mais, chez eux, il faut surtout remarquer un X d'une forme particulière : le haut du jambage droit est en demi-cercle, et vaut 40. Ceci mérite de ne pas être oublié, à cause des erreurs où ce signe a jeté les savants. Du reste, en Espagne, le chiffre romain s'est maintenu jusque dans le XVe siècle. Les Allemands ont longtemps fait usage du chiffre romain à peu près comme on faisait en France; ils eurent néanmoins quelques figures qui leur étaient particulières. Dans les dates des chartes, l'usage des chiffres romains fut également universel dans les différents pays; mais, pour éviter de graves erreurs, il faut remarquer que, dans ces dates, ainsi que dans celles des autres monuments de France et d'Espagne, on omettait quelquefois le nombre *millième*, en commençant la date par les centaines; que dans d'autres on posait le millième et l'on omettait les centaines; enfin, que dans le bas âge on supprimait également le millième et les centaines, en commençant aux dizaines, comme si l'on datait 1843 par 43, et comme on dit encore 93 pour 1793. De plus, il ne faut pas oublier que les anciens exprimaient souvent les nombres par des comptes ronds, ajoutant ce qui manquait ou omettant le surplus. Cette manière de compter, qui n'est pas rare dans les livres sacrés, a passé de là dans les monuments. Les anciens copistes et même les modernes ont fait souvent des fautes en rendant les chiffres romains, surtout dans les V, les L, les M, etc. Pour la ponctuation après les chiffres romains, il n'y a jamais eu rien de fixe. On ignore quand a pu commencer l'usage de l'*o* supérieur mis après les chiffres romains : *anno* M°L°VI°. Quant aux chiffres anciens, nommés arabes, leur origine et l'époque de leur introduction parmi nous sont assez peu connus. Les uns font honneur de cette invention aux Indiens, qui les communiquèrent aux Arabes, d'où, par le moyen des Maures, ils sont venus jusqu'à nous; cette origine indienne est généralement admise comme la mieux fondée. Les autres soutiennent que ces chiffres viennent des Grecs, qui les ont communiqués aux Indiens, d'où ensuite ils ont passé jusqu'à nous par les Arabes et les Maures. Edouard Bernard, Isaac Vossius, Huet et l'Anglais Ward appuient ce dernier système, qui, nous devons le reconnaître, ne paraît fondé que sur des conjectures arbitraires. Dom Calmet mit au jour une autre hypothèse, qui donnait à ces chiffres une origine toute latine : il prétendit qu'ils étaient des restes des notes de Tiron. Mais la ressemblance qu'il croit trouver entre ces deux sortes de figures est forcée, et d'ailleurs l'usage des notes de Tiron cessa dès le Xe siècle, au point qu'il n'en reste presque nul vestige dans les monuments depuis le commencement du XIe, et nos chiffres ne paraissent qu'au XIIIe siècle, en France et dans les autres Etats de l'Europe. Ils ont subi depuis cette époque, parmi les Européens, le sort de l'écriture, c'est-à-dire que leurs figures n'ont pas moins varié que celles de nos lettres. Quelques-uns ont déféré au moine grec Planude l'honneur de s'être servi le premier de ces chiffres; d'autres en donnent la gloire à Gerbert, premier pape français sous le nom de Sylvestre II. Les Espagnols la revendiquent pour leur roi Alphonse X, à cause de ses tables astronomiques, dites *Alphonsines;* mais toutes ces prétentions n'ont pas de fondements bien solides. Ce qu'il y a de certain, c'est que les chiffres dits *arabes* étaient connus en Europe avant le milieu du XIIIe siècle. D'abord on n'en fit guère usage que dans les livres de mathématiques, d'astronomie, d'arithmétique et de géométrie; ensuite on s'en servit pour les calendriers, les chroniques et les dates des manuscrits seulement; car les chiffres n'ont jamais été admis dans les diplômes ou chartes avant le XVIe siècle. Si l'on en trouvait quelques-uns avant le XIVe siècle, ce serait une circonstance des plus rares. Dans les XIVe et XVe siècles, on pourrait, quoique assez difficilement, en rencontrer dans des minutes de notaires. Ces exceptions, si elles se trouvaient, ne serviraient qu'à confirmer la règle qui ne les admet que dans les actes du XVIe siècle. Ces chiffres ne parurent sur les monnaies, pour marquer le temps où elles avaient été frappées, que depuis l'ordonnance du roi de France Henri II rendue en 1549. La figure des chiffres arabes n'était pas encore uniforme parmi nous en 1534, et ce n'était que depuis 1500 que l'usage en était ordinaire en France, encore les entremêlait-on souvent de chiffres romains. Même, si l'on en croit D. Lobineau (*Histoire de Bretagne*), c'est seulement depuis le règne de Henri III que l'on commença en France à employer en écrivant les chiffres arabes. Les Russes ne s'en servent que depuis les voyages du czar Pierre le Grand, au commencement du XVIIIe siècle; ils avaient été introduits en Angleterre vers le milieu du XIIIe siècle (en 1253), et portés en Italie vers le même temps. L'Allemagne ne les reçut qu'au commencement du XIVe siècle (1306); mais en général la figure de ces chiffres n'est devenue uniforme que depuis 1534. A. SAVAGNER.

CHIFFRE signifie quelquefois la somme totale, le total. — Proverbialement et figurément, *C'est un zéro en chiffre*, se dit d'un homme nul, d'un homme qui n'est d'aucune considération.

CHIFFRE (*stéganogr.*). On appelle encore *chiffres*, certains caractères inconnus, déguisés et variés, dont on se sert pour écrire des lettres qui contiennent quelques secrets, et qui ne peuvent être entendus que de ceux qui sont d'intelligence, et qui sont convenus ensemble de se servir de ces caractères (*V.* STÉGANOGRAPHIE).

**CHIFFRE** (*archit., sculpt., grav.*). Un *chiffre* est un entrelacement de lettres fleuronnées en bas-relief, incrustées ou à jour, dont on orne quelques dés de piédestaux, tympans de frontons, panneaux, cachets, etc.

**CHIFFRES** (*musiq.*). On a cherché de tout temps à simplifier, à éclaircir et à abréger notre séméiographie musicale, et l'un des moyens qu'on a cru le plus efficace pour y parvenir, c'est la substitution des chiffres aux notes. Appliquant les sept premiers chiffres aux notes correspondantes de la gamme, on a écrit :

au lieu de

et, cette concordance une fois admise, on en a voulu faire découler toutes les conséquences qui se présentent dans la pratique. On ne sait pas au juste à quelle époque remontent les premières tentatives de notation en chiffres; il en est parlé dans deux auteurs fort anciens, l'un Allemand, nommé Aichinger, l'autre Anglais, nommé Deering; mais, selon toute apparence, le système existait avant eux. Vers la fin du XVI<sup>e</sup> siècle, un musicien de Lodi, *Ludovico Viadana*, donna une importance réelle et une destination fixe à ce qui n'avait été jusqu'alors qu'essais et tâtonnements; mais, au lieu d'accepter tous les faits engendrés par le système, Viadana en restreignit l'application à une branche spéciale de la notation; il employa les chiffres pour écrire les accords, à la basse seulement, conservant pour tout le reste les figures et les caractères usités; ainsi l'accord parfait, par exemple :

il le représenta par

celui de septième dominante

par

et ainsi de suite. Plus tard on simplifia encore cette méthode, et l'on écrivit :

L'usage de la basse chiffrée s'est maintenu jusqu'à nous, et l'on doit convenir que, dans certains cas, il offre d'assez grands avantages : mais, à l'état de complication où est arrivée notre musique, il ne comporte pas toujours des développements assez complets, et quelquefois même il devient tout à fait insuffisant; de plus, il est sujet à des équivoques et à des interprétations douteuses, car on est loin d'être d'accord sur tous les modes de désignation; il vaut donc mieux, en définitive, s'en tenir à l'écriture en notes (*V.* BASSE CHIFFRÉE). Or comment une méthode qui n'a pu satisfaire à des besoins partiels pourrait-elle remplir les exigences de l'universalité? Il ne faut donc pas s'étonner si toutes les théories qui ont pour base la substitution absolue des chiffres aux notes viennent échouer dès qu'il s'agit de les faire passer dans la pratique; J.-J. Rousseau a consumé une partie de sa vie à la solution de ce problème, et sa musique est illisible; d'autres, venus après lui, n'ont été ni plus heureux ni plus habiles; enfin tous les essais, tentés il est vrai dans un but fort louable, n'ont servi jusqu'à présent à démontrer qu'une chose : c'est que, malgré ses imperfections, notre notation actuelle est encore la meilleure qu'on ait imaginée.

EDMOND VIEL.

**CHIFFRÉ EN ANGOURISME** (*vieux langage*), expression souvent répétée dans Gautier de Coinsi, pour signifier qu'un homme a été trompé dans son attente, qu'il a mal fait de ne pas accepter ce qu'on lui offrait.

**CHIFFRER**, v. n. marquer par chiffres, compter avec la plume. Il s'emploie comme verbe actif dans le sens de numéroter, distinguer par des chiffres. CHIFFRER signifie aussi écrire en chiffres. — CHIFFRER, en termes de musique, écrire au-dessus ou au-dessous des notes de la basse des chiffres qui désignent les accords que ces notes doivent porter.

**CHIFFRES FINANCIERS** (*V.* cette locution au mot FINANCIER).

**CHIFFREUR**, s. m. celui qui compte bien avec la plume.

**CHIFONIE** (*vieux langage*), symphonie.

**CHIFONIEUX** (*vieux langage*), musicien.

**CHIGI** ou **GHISI**, riche Siennois, mort à Rome en 1520, se montra l'émule des Médicis, ses contemporains, par ses libéralités envers les savants et les artistes.

**CHIGNAN** (SAINT-), abbaye de l'ordre de Saint-Benoît, dans le bas Languedoc, au diocèse de Saint-Pont (*V.* SAINT-AIGNAN).

**CHIGNIER VOIE** (*vieux langage*), fournir un chemin, accorder passage.

**CHIGNOLLE**, s. f. (*technol.*), dévidoir à l'usage du passementier.

**CHIGNON**, s. m. le derrière du cou. Il s'est dit, par extension, de cette partie de la coiffure des femmes que formaient les cheveux de derrière relevés en double.

**CHIGOMIER** (*botan.*). Ce nom, qui rappelle celui de *chigouma*, employé par les indigènes des régions chaudes de l'Amérique, avait d'abord été adopté par les botanistes français; mais depuis quelques années on lui préfère celui de *combret*, comme plus scientifique (*V.* COMBRET).

**CHIGRÉ** (*géogr.*), petite oasis de Nubie, entièrement stérile, mais qui renferme des sources abondantes. A 65 lieues nord-est de Dongolâh.

**CHIHOS** (*géogr.*), nom que l'on donne à une partie des habitants de la région maritime de l'Abyssinie; leur nom générique est Torâh. Ils sont très-noirs, d'un caractère pacifique, en partie nomades, en partie sédentaires, pasteurs et cultivateurs.

**CHIHUAHUA** (*géogr.*), un des Etats unis mexicains, formé de l'ancienne intendance de Durango. Il est situé entre les 27° et 32° de latitude nord et les 106° et 111° de longitude ouest. Au nord, il a le Nouveau-Mexique; à l'est, des contrées non encore administrées; au sud, l'Etat de Durango; à l'ouest, celui de Sonora et Sinaloa. On évalue sa superficie à 9,551 lieues carrées et sa population à 166,000 habitants. Ses principales villes sont Santa-Rosa de Coriquiragui et Chihuahua, sa capitale. Celle-ci est située sur un petit affluent du Conchos. Elle est de forme oblongue rectangulaire. On y remarque une petite église très-élégante, un grand aqueduc, la place sur laquelle s'élève la cathédrale, bel édifice orné de statues et de sculptures, le trésor public, la maison de ville et les plus riches boutiques. Elle possède une académie militaire, et est entourée de toutes parts de riches mines d'argent. Sa population est évaluée par les uns à 30,000, et par les autres à 70,000 habitants. A 515 lieues nord-nord-ouest de Mexico.

**CHII** (*hist. nat.*). L'espèce d'alouette du Paraguay à laquelle d'Azara donne ce nom, n° 146, d'après le cri qu'elle fait entendre en descendant du haut des airs, paraît appartenir à la section des farlouses ou pipis, *anthus* Bechst. et Cuv.

**CHIITE**, mot arabe qui signifie sectaire. On entend communément par ce mot la portion des musulmans dévoués à la personne d'Ali, gendre et cousin de Mahomet, lesquels, à la mort du prophète, ayant vu Aboubekr, puis Omar, puis Osman, élevés au califat, crièrent à l'injustice et se séparèrent du reste des fidèles. En vain Ali finit-il par être aussi calife : ses partisans exclusifs continuèrent à regarder le règne de ses prédécesseurs comme une usurpation ; d'un autre côté, des partis ne tardèrent pas à se former contre Ali. Ce prince périt assassiné, et ses descendants, dépouillés de l'autorité, furent presque constamment en butte aux persécutions. Cette suite de malheurs ne fit qu'aigrir davantage les partisans d'Ali; la haine attira la haine, et ces funestes divisions se sont maintenues jusqu'à nos jours. Le nom de *chiite* n'est qu'un sobriquet. Les chiites s'appellent eux-mêmes *adélyé* ou les partisans de la justice. Ils ont pour adversaires ceux qui admettent la succession des califes telle qu'elle a eu lieu ; ce sont ceux qu'on a nommés *sonnites* ou les partisans de la tradition. Chaque parti d'ailleurs a eu de nombreuses ramifications. Celui des chiites en compte plusieurs qui ont joué un grand rôle dans l'histoire. On peut voir aux articles ALMOHADES, ISMAÉLIENS, FATIMITES, IMAMS, et ISLAMISME. En ce moment la doctrine des chiites domine en Perse et dans l'Inde, où la plupart des musulmans sont d'origine persane. Au contraire les Turcs ottomans et les musulmans de l'Afrique, ainsi que ceux de la Boukharie, sont en général sonnites. Ce qui distingue surtout la doctrine des chiites actuels, indépendamment de quelques croyances particulières, c'est que, dans leur opinion, toute puissance temporelle et spirituelle, depuis la disparition des imams, est seulement une puissance de fait. L'autorité légitime appartient de droit au douzième des imams qui naquit dans le IX$^e$ siècle de notre ère, et qui, à l'abri des atteintes de la mort, se tient caché dans quelque coin de la terre, attendant le moment de paraître sur la scène du monde. Tout l'univers sera soumis à ses lois ; la doctrine des chiites triomphera de toutes les religions, et aussitôt après viendra la fin du monde. Cette opinion était celle des rois de Perse de la maison des sofis, bien que ces princes descendissent de Mahomet. Comme c'était par voie collatérale, ils se regardaient comme les simples lieutenants de l'imam, et ils entretenaient constamment des chevaux enharnachés dans le palais d'Ispahan, pour l'instant où l'imam attendu viendrait remplir sa haute mission.

**CHIJERS**, s. m. (*anc. term. milit.*), machine de guerre dont on se servait au moyen âge. C'était une sorte de charpente pour attaquer les villes.

**CHIKAN** (*géogr.*), royaume de l'Afrique occidentale, sur la côte de Gabon, dans l'intérieur, au sud de Kayli.

**CHIKANGA** (*géogr.*), contrée de l'Afrique méridionale, au sud-ouest de Manika et au nord-ouest de la rivière de Sofalah, par 20° de latitude sud et 28° de longitude est. Le roi professe l'islamisme. Il y existe des mines d'or, dont les habitants échangent les produits avec les établissements portugais des bords du Zambèse.

**CHIKARPOUR** (*géogr.*), ville de l'Afghanistan, chef-lieu d'une province du même nom. Elle est entourée d'un mur en torchis, et fait un commerce considérable avec l'Adjemyr, le Sindh, le Kandahar et le Turkestan. Latitude nord, 27° 36'; longitude est, 66° 58'.

**CHIKENIE, CESKENIE** (*vieux langage*), chemise, suivant Borel.

**CHI-KU** (*botan.*) (*V.* CHICOY).

**CHILBY** (*hist. nat.*), nom arabe d'un poisson du Nil (*V.* SCHILBÉ).

**CHILCA** (*botan.*). Ce nom est donné, dans le Pérou, à plusieurs espèces du genre molina, de la flore de ce pays, qui se confondra avec le *baccharis*, si l'on sépare de celui-ci toutes les espèces non dioïques, pour les reporter au *conyza*.

**CHILCANAUTHLI** (*hist. nat.*). Cet oiseau du Mexique, dont Fernandez donne la description, ch. 31, a été rapporté à la sarcelle rousse à longue queue de Buffon, *anas dominica* Linn.

**CHILCAO**, s. m. (*botan.*), arbre du Pérou.

**CHILCOQUIPALTOTOTL** (*hist. nat.*). Fernandez, dans son Histoire naturelle des oiseaux de la Nouvelle-Espagne, ch. 183, dit que celui-ci est de la taille du merle; qu'il a le bec d'un noir tirant sur le bleu, la tête noirâtre, les pieds verdâtres, le dessous du corps pâle, et le dessus mélangé de jaune, de vert, de blanc et de noir ; qu'il vit dans les contrées les plus chaudes, et que son chant n'a rien de remarquable. Le même auteur parle, au chapitre suivant, d'un autre oiseau semblable à celui-ci, et qui n'en diffère que parce qu'il a la tête écarlate et les pieds jaunes ; et il désigne ce dernier oiseau par le nom de *chiltototl*, qu'il donne également à une espèce différente et beaucoup plus petite, qui est décrite au ch. 210 (*V.* CHILTOTOTL.

**CHILCOTE**, s. f. (*comm.*), une des quatre sortes connues du poivre de Guinée.

**CHILD** (JONAS), baronnet anglais, né en 1630, mort en 1699, fut, sous Charles II, le tyran de la compagnie des Indes, dont il était le directeur, et se rendit célèbre à cette époque par sa conduite infâme. On lui doit différents *Discours sur le commerce*, écrits en anglais en 1669 et imprimés en 1694, in-12, traduits en français par de Gournay, sous le titre : *Traité sur le commerce et sur les avantages qui résultent de la réduction de l'intérêt de l'argent*, 1754, in-12.

**CHILDARUM** (*botan.*). Mentzel dit qu'Avicenne nommait ainsi la fougère.

**CHILDEBERT I$^{er}$**. Lors du partage irrégulier fait entre les quatre fils de Clovis du territoire gaulois soumis par ce chef des Francs (511 de l'ère vulgaire), le second, né de son mariage avec Clotilde, Childebert, fut reconnu comme chef de cette partie des hordes franciques dont Paris devait être désormais le siége ; Senlis, Meaux et l'Albigeois, par surplus quelques cantons mal limités, voilà quel fut le lot de Childebert. Les quatre fils de Clovis, comme nous aurons occasion de le démontrer ailleurs (articles FRANCE et MÉROVINGIENS), n'étaient point, à vrai dire, des rois territoriaux, dominant sur le pays d'abord, et, par une conséquence rigoureuse, sur les hommes habitant le pays, mais seulement des chefs militaires, dominant sur des troupes de soldats, et, par une suite de cette autorité, régissant, sans aucune administration fixe et déterminée, le territoire occupé par les bandes qui étaient soumises à leur commandement ; les villes dont on a fait des capitales de quatre prétendus tiers généraux de quatre armées franciques, quatre points d'action des barbares conquérants de la Gaule. On ne saurait trop insister sur ce fait ni les reproduire trop souvent, car son résultat immédiat est de détruire l'une des plus grossières, mais aussi l'une des plus fortement enracinées parmi les erreurs relatives à notre histoire durant le V$^e$ et le VI$^e$ siècle de l'ère chrétienne. Childebert I$^{er}$, à partir de 511, fut donc, non point roi d'un territoire dont Paris aurait été régulièrement le centre et la capitale, mais roi, c'est-à-dire chef militaire, de diverses bandes franciques répandues sur des territoires non unis entre eux par des liens naturels, non défendus, comme unité, par des frontières ou des limites naturelles, entrecoupés par des possessions des trois autres chefs francs, ayant enfin Paris pour quartier général. — Les premières années du règne de Childebert (comme celles de ses frères) sont enveloppées de ténèbres épaisses. Pendant que Thierry I$^{er}$ subjuguait la Thuringe, Childebert céda aux sollicitations d'un Arcadius, auquel les chroniqueurs donnent le titre, singulier à cette époque, de sénateur. Celui-ci l'engageait à profiter de l'absence de son frère et du bruit de sa mort qui s'était répandu, pour s'emparer de l'Auvergne. Childebert se mit à la tête d'une armée, et se rendit en Auvergne ; un épais brouillard lui dérobait la vue des pays qu'il traversait : « Je voudrais bien, s'écria-t-il, reconnaître par mes yeux cette Limagne qu'on dit si riante. » Arrivé devant Clermont, il en trouva les portes fermées : Arcadius l'y introduisit ; mais il abandonna bientôt sa conquête en apprenant que Thierry vivait encore et se préparait à quitter la Thuringe. — Childebert marcha ensuite contre Amalaric, roi des Visigoths d'Espagne, qui avait épousé Clotilde, fille de Clovis. Cette princesse, zélée catholique comme sa mère, dont elle portait le nom, eut beaucoup à souffrir au milieu d'un peuple attaché aux idées d'Arius. Plus d'une fois elle fut insultée par les habitants de Narbonne en se rendant à l'église réservée aux chrétiens qui partageaient sa croyance. Amalaric donnait lui-même l'exemple de cette persécution, et lui faisait éprouver des traitements odieux. Un jour Clotilde recueillit sur un voile le sang qui coulait de ses blessures, et envoya ce voile à Childebert. Celui-ci vola au secours de sa sœur. Son armée écrasa, sur les frontières de la Septimanie, les troupes d'Amalaric, qui s'enfuit à Narbonne, puis à Barcelone ; là il fut tué par ses sujets. Childebert délivra Clotilde, pilla Narbonne, et revint à Paris avec d'immenses trésors, dont il enrichit le clergé. — D'accord avec ses frères, Childebert déclara la guerre à Sigismond, avec sa femme et ses enfants, et fit enfermer pour toujours Gondemar, qui réclamait la succession de Sigismond. — Le royaume des Bourguignons était mieux organisé que celui des Francs à cette époque : il fut pourtant détruit par ceux-ci, mais conserva ses lois. On ne conçoit pas qu'en présence des faits, et après la lecture des contemporains, tout informes que soient leurs écrits, des auteurs modernes aient écrit sérieusement des phrases comme celle-ci : *Ainsi se fondit entièrement dans l'empire français le royaume de Bourgogne, qui avait duré plus d'un siècle.* Comme si, au VI^e siècle, il y avait eu dans les Gaules autre chose qu'une déplorable anarchie ; comme si l'on trouvait un *empire français* là où il n'y avait que des bandes franciques plus ou moins disposées à se fixer sur le sol conquis ; comme si même enfin ces bandes avaient été unies entre elles. — Clodomir, roi à Orléans, avait été tué dans cette guerre contre les Bourguignons. Ses fils étaient confiés à Clotilde, leur aïeule, veuve de Clovis. La tendresse que cette princesse leur témoignait excita la haine de Childebert ; il s'entendit avec Clotaire, son frère, et la mort des jeunes orphelins fut résolue. Les deux rois les égorgèrent sans pitié. En 543, Childebert, ligué avec Clotaire I^er, attaqua la Septimanie, la seule province que les Visigoths possédaient encore dans les Gaules. L'Espagne même devint le théâtre des hostilités. Les deux rois francs s'emparèrent de Pampelune, de Calahorra, et investirent Saragosse, dont ils levèrent le siége en considération de saint Vincent. Mais bientôt après les Visigoths triomphèrent à leur tour des Francs, et leur vendirent à prix d'or la faculté de regagner la Gaule. — Childebert, croyant avoir à se plaindre de Clotaire, seconda la révolte de Chramne, fils de ce dernier, et dévasta la Champagne rémoise. Il mourut peu de temps après à Paris, en 558. Il ne laissait que deux filles ; Clotaire les exila ainsi que leur mère, et s'empara des richesses et du royaume de ce frère, qui avait voulu le dépouiller. A. SAVAGNER.

**CHILDEBERT I^er (MONNAIE DE).** On ne connaît de ce prince qu'une seule pièce ; c'est un très-beau triens, publié par Bouteroue et Leblanc, et qui présente d'un côté le nom royal autour d'un buste armé d'un bouclier, CHILDEBERTUS REX, et au revers un chrisme ansé et accosté des lettres AR sur un globe, avec la légende ARELATOCIVIT.

**CHILDEBERT II**, roi des Francs austrasiens, fils de Brunéhaut et de Sigebert, succéda en 575 à celui-ci, lorsqu'il eut été assassiné devant Tournay par les émissaires de Frédégonde. Comme Brunéhaut, le jeune Childebert était prisonnier de l'implacable reine des Austrasiens. Un duc austrasien, Gondebaud, le sauva, l'enleva de Paris, et le conduisit à Metz, où, à l'âge de cinq ans, cet enfant fut proclamé roi. Ce fut alors que triompha l'aristocratie austrasienne, et qu'elle imposa à ses rois le joug des maires du palais. La mort de Sigebert n'avait pas terminé la guerre entre l'Austrasie et la Neustrie. Chilpéric avait chargé son troisième fils, Clovis, de terminer la conquête de l'Aquitaine austrasienne, entreprise déjà commencée avec succès par Théodebert, frère aîné de Clovis. L'Anjou, la Saintonge, le Quercy et l'Albigeois furent successivement envahis au nom de Chilpéric. Mais le roi de Bourgogne, Gontran, vint au secours de Childebert II, son neveu. Toutefois les troupes neustriennes réalisèrent la conquête résolue par leur roi (576 et 577). — La mort des deux fils de Gontran laissant le trône de Bourgogne sans héritiers directs, ce prince invita Childebert II à se rendre auprès de lui, se proposant de l'adopter pour fils. Les grands d'Austrasie accédèrent à cette offre ; leur jeune souverain n'était alors âgé que de sept ans ; il fut leur jouet pendant toute sa minorité. Ils le brouillèrent avec Gontran, et lui firent conclure contre celui-ci une alliance avec Chilpéric. Les hostilités commencèrent sous de vains prétextes ; elles durèrent deux ans. Lorsque Chilpéric eut été assassiné, Childebert s'empara de son trésor, et tenta sans succès de se rendre maître de Paris ; ses leudes réclamèrent inutilement pour lui le droit de partager avec Gontran la tutelle de Clotaire II, le fils que Chilpéric laissait à Frédégonde. — Childebert II était devenu un homme, quand, après des querelles très-vives entre les leudes et Gontran, celui-ci se réconcilia entièrement avec lui au milieu de la révolte de Gundovald, et le reconnut pour héritier de ses États. Fils de Brunéhaut, qui tantôt le soumettait à son influence, tantôt lui déplaisait, Childebert nourrissait la méfiance et les alarmes de la vieillesse. Frappé d'une décrépitude anticipée, résultat des débauches de son adolescence, ce prince ne rappelait que la férocité et non le courage des races barbares. Fatigués du pouvoir de Brunéhaut et des excès de son fils, les leudes austrasiens s'unirent aux grands de Neustrie : on résolut la mort de Childebert. Celui-ci fut informé du complot par le roi de Bourgogne, et se vengea des seigneurs par des supplices et des assassinats ; puis il se rendit auprès de Gontran, et forma avec lui une ligue plus étroite contre les prétentions de l'aristocratie. Les deux rois s'occupèrent du soin de régler leurs intérêts par un traité qui porte le nom de la ville d'Andelot (entre Langres et Naz-sur-l'Ornain), où il fut signé le 28 novembre. Loin d'offrir des garanties de paix, ce traité renfermait au contraire des germes de discorde : il établissait, entre autres choses, la domination des deux monarques sur le même pays, de manière à provoquer de continuels différends. — Childebert porta aussi sans succès la guerre en Italie contre les Lombards. — A la mort de Gontran en 593, il s'empara du royaume de Bourgogne : la mauvaise issue d'une première tentative détourna Childebert de l'idée de conquérir la Neustrie. Son armée combattit avec plus d'avantage contre les Warnes, nation germanique qui voulut secouer la domination franque, et fut anéantie par le fer (595). — En 596, le poison mit fin aux jours de Childebert II et de son épouse Faileube ; il laissait deux fils enfants, Théodebert, roi d'Austrasie, et Théodoric ou Thierry, roi de Bourgogne. Les historiens qui affirment que Brunéhaut, pour régner plus sûrement sur son fils, l'avait elle-même corrompu dès son jeune âge par un affreux calcul, prétendent qu'elle l'empoisonna quand elle se vit sur le point de perdre son influence ; d'autres auteurs accusent Frédégonde de ce crime.

A. SAVAGNER.

**CHILDEBERT II (MONNAIE DE).** On connaît de ce prince un tiers de sou d'or frappé en son nom en Auvergne, ainsi que l'indiquent les deux grandes lettres AR / CI, initiales de ARvernis CIvitas, et une autre pièce au revers de laquelle on voit un dragon avec des caractères que l'on n'a pu encore déchiffrer complétement. On attribue encore à Childebert II une pièce de bronze dont le champ présente d'un côté EDEBETIR, et de l'autre un chrisme dans un feuillage. C'est, avec une autre pièce où on lit le nom de THEODORICUS, et qui pourrait tout aussi bien appartenir à Théodoric le Grand qu'aux princes mérovingiens du même nom, la seule espèce de cuivre qui figure dans la série mérovingienne.

**CHILDEBERT III**, fils de Thierry III, remplaça son frère Clovis III, lorsque celui-ci mourut en 695, comme souverain des trois royaumes d'Austrasie, de Neustrie et de Bourgogne. Pepin d'Héristal fut réellement roi sous le nom de Childebert III, qui n'a pas laissé de souvenir, auquel on a donné le surnom de *Juste*, sans que l'on sache pourquoi, et qui mourut en 711, laissant le trône à son fils Dagobert III. A. S-R.

**CHILDEBERT III (MONNAIE DE).** Nous ne connaissons aucune monnaie que l'on puisse attribuer avec certitude à ce prince. Le nom de Childebert qui se lit sur des triens frappés dans deux localités de Bourgogne, désignées par les légendes du revers, PETRAFICIT et BOMIS, n'est ni celui de ce prince ni celui d'un roi du même nom. Il désigne le monétaire, ainsi que les légendes MEROVEUS, d'une monnaie de Châlons-sur-Saône, et CHULDERICUS MON, d'une pièce frappée à Metz.

**CHILDEBRAND**, fils de Pepin le Gros, dit *d'Héristal*, accompagna son frère Charles Martel lorsque celui-ci marcha contre les Sarrasins, qui avaient surpris Avignon, et qui désolaient la Provence et le Lyonnais. Les deux princes emportèrent Avignon d'assaut, et livrèrent, sous les murs de Narbonne, une bataille où leurs adversaires furent mis en déroute et en partie tués ou noyés avant d'avoir rejoint leurs vaisseaux. Les historiens ont beaucoup parlé de Childebrand sans le faire mieux connaître, et quelques-uns même ont nié son existence ou l'ont confondu avec un autre Childebrand, prince lombard. Les bénédictins, dans la *Nouvelle Collection des historiens de France*, préface du t. x, reproduisent les diverses opinions débattues sur ce prince, que l'on a voulu faire considérer comme la tige des Capétiens, en rattachant leur origine à Clovis, dont Childebrand semblerait être issu. Cette question n'a point encore été résolue.

**CHILDÉRIC I^er**, fils de Mérovée, lui succéda sur le trône des Francs Saliens, vers l'an 457 de l'ère vulgaire : les peuples auxquels il commandait avaient déjà fait de grands progrès dans la Gaule septentrionale. Grégoire de Tours nous apprend que Childéric, s'abandonnant à la débauche, se fit chasser de son pays par les Francs, dont il avait séduit les femmes et les filles. Il chercha un asile en Thuringe, mais il emportait l'espérance du retour : Guinomand, un de ses fidèles partisans, devait ramener les esprits et instruire son chef du moment favorable pour reparaître, en lui envoyant la moitié d'un anneau rompu dont Childéric emportait l'autre moitié. Durant l'absence de leur roi, les Francs obéirent à Egidius, maître de la milice romaine dans les Gaules, que nos vieux historiens désignent sous le nom de *comte Gilles* (457-464). On raconte que Guinomand sut se concilier les bonnes grâces d'Egidius, et, par ses conseils, le pousser à des mesures qui lui attirèrent la haine de la nation. Lorsque le nombre des mécontents fut assez considérable, le ministre, qui jouait un double rôle, leur persuada de rappeler leur ancien roi, et fit parvenir à Childéric la seconde moitié de l'anneau. Les écrivains qui ont adopté sans examen ce récit ajoutent qu'un corps de Francs courut au-devant de Childéric, le proclama de nouveau avec solennité, l'aida à triompher de son rival et à lui enlever une grande partie du pays qu'il administrait encore au nom des Romains. Mais il est beaucoup plus probable que les Francs ne se séparèrent pas d'Egidius, l'accompagnèrent dans la guerre qu'il soutint contre les Visigoths sous l'empereur Majorien, rentrèrent dans leurs foyers en 464, à la mort de ce général, et seulement alors rappelèrent Childéric. A la chute de l'empire d'Occident (476), Syagrius, fils d'Egidius, se maintint dans les pays que son père avait gouvernés, et dont Soissons était alors considéré comme le chef-lieu. Les dernières années de Childéric Ier furent employées à faire la guerre aux Allemands, peuplade germanique qui dès lors était jalouse des Francs, avec lesquels elle avait une origine commune. Childéric mourut au retour de l'une de ces expéditions (481). Pendant son exil en Thuringe, il avait séduit Basina, qui abandonna le roi Basin son époux, et suivit chez les Francs celui qu'elle aimait. Childéric en eut Clovis, qui lui succéda, et trois filles, dont l'une épousa Théodoric, roi des Ostrogoths et conquérant de l'Italie. — En 1653, on découvrit près de Tournay le tombeau de Childéric. On y trouva des espèces d'abeilles d'or, des armes, des tablettes, un globe de cristal, et un anneau d'or portant le nom et l'effigie de ce prince. Ces précieuses antiquités avaient été données par l'empereur Léopold à l'électeur de Mayence, qui, à son tour, les offrit à Louis XIV en 1664; elles furent déposées à Paris au cabinet des médailles.

A. SAVAGNER.

**CHILDÉRIC Ier (TOMBEAU DE).** En 1653, des ouvriers qui travaillaient à la réparation de l'église de Saint-Brice, au delà de l'Escaut, à Tournay, trouvèrent, à sept ou huit pieds en terre, un tombeau dans lequel il y avait un squelette, divers bijoux, une centaine de médailles d'or du Bas-Empire, d'empereurs dont la plupart avaient été contemporains de Childéric, et environ deux cents médailles d'argent des premiers empereurs romains. On supposa que ce tombeau était celui de Childéric, père de Clovis, mort en 481. Cette riche trouvaille fut donnée à l'archiduc Léopold-Guillaume d'Autriche, qui était alors gouverneur des Pays-Bas. Après sa mort, Jean-Philippe de Shoenborn, électeur de Mayence, l'obtint de l'empereur, et en fit présent à Louis XIV en 1665. — Le P. Chifflet donna la description et la gravure de ces objets dans un ouvrage intitulé : *Anastasis Childerici I, Francorum regis, thesaurus sepulchralis*, etc., *Antverpiæ*, 1655, in-4°. Le P. Montfaucon les publia de nouveau dans les *Monuments de la monarchie française*, t. 1er, p. 10, pl. 4 et 5. — Dom Mabillon en a parlé dans un *Mémoire sur la sépulture des rois de France*, inséré dans les *Mémoires de l'académie des belles-lettres*, t. II, p. 637. — Avec les divers objets que renfermait ce trésor, on a publié un cachet en or, portant un buste de face, avec l'inscription CHILDIRICI REGIS. Mais on ne trouva, dit-on, ce cachet que quelques jours après, ce qui a fait penser à plusieurs personnes qu'il était apocryphe. On trouva parmi les bijoux une assez grande quantité d'abeilles en or et incrustées de verre de couleur rouge, ce qui fit penser au P. Chifflet que les premières armes de nos rois étaient des abeilles, et qu'ensuite des peintres ou des sculpteurs peu habiles les avaient si mal représentées, que dans la suite des temps on prit ces abeilles pour des fleurs de lis, qui sont devenues enfin les armes de France : mais il est constant que nos rois n'ont pas eu d'armes avant le XIIe siècle, et que Philippe Auguste est le premier qui s'est servi d'une fleur de lis seule au contre-scel de ses chartes (*V.* FLEUR DE LIS). Le manteau impérial de Napoléon, lors de son sacre, fut semé d'abeilles, et l'on vint alors copier celles du tombeau de Childéric. Une tête de bœuf, également en or incrusté de verre rouge, fut regardée par le P. Chifflet comme une tête d'Apis, et comme une idole de ce prince; il est plus probable que ce n'était qu'un ornement, et qu'on ne doit pas penser avec Chifflet et D. Mabillon que « les abeilles étaient le symbole de ce prince, et que la figure d'Apis pouvait représenter leur roi. — On trouva encore une hache ou francisque, un *graphium* avec son stylet, une fibule, une espèce de bracelet en or massif, et une boule de cristal. — Tous ces objets, qui avaient été conservés à Versailles dans le cabinet du roi, furent déposés, lors de la révolution, au cabinet des médailles, et une grande partie en a disparu à l'époque du vol qui eut lieu le 5 septembre 1831. Nous donnons la figure de quelques objets de cette trouvaille, ce qui est d'autant plus intéressant, qu'ils n'existent plus. — Ceux que l'on voit encore au cabinet des médailles et antiques de la bibliothèque royale sont : la monture de l'épée, la hache d'armes, la boule de cristal, la fibule, une boucle en or, cinq petits ornements, deux abeilles (*V. Histoire du cabinet des médailles* par M. Dumersan, Paris, 1838, p. 29).

1. Cachet de Childéric, gravé en creux, entièrement en or.

2. Deux abeilles en or incrusté de verre rouge.

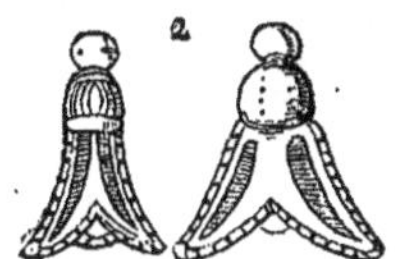


3. Tête de bœuf en or incrusté en verre.

4. Francisque ou haches d'armes en fer.

5. Epée dont la monture est en or incrusté en verre rouge; la poignée est recouverte d'une feuille d'or.

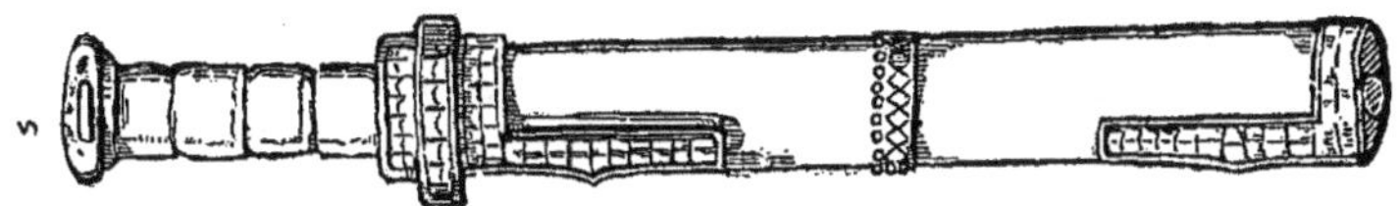

6. Fibule ou agrafe en or incrusté de verre.

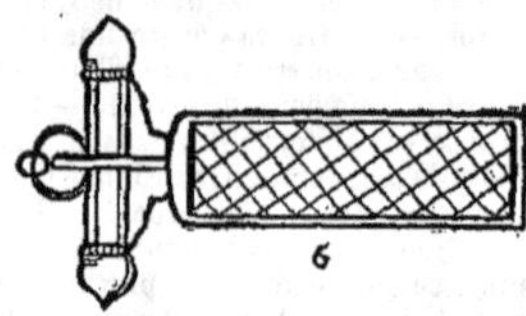


Si ce tombeau n'était pas réellement celui de Childéric, il appartenait à quelque personnage éminent de cette époque, comme le prouvent les objets précieux qu'il renfermait et les médailles des princes contemporains. DUMERSAN.

**CHILDÉRIC II**, l'un des trois fils de Clovis II, était enfant lorsqu'il succéda à son père avec ses deux frères, Clotaire III et Thierri III (656). Tous trois portèrent indifféremment le titre de roi en Austrasie, en Neustrie et en Bourgogne; mais le maire du palais, Erchinoald, qui associa au gouvernement leur mère Bathilde, ne se hâta pas d'accomplir entre eux un partage de leurs Etats. Après la mort de ce grand officier, Ebroïn, qui le remplaça, fut forcé par les Austrasiens de partager de nouveau la France entre deux rois et deux gouvernements particuliers; Bathilde envoya à Metz son second fils Childéric II, et les Austrasiens lui donnèrent pour tuteur le duc Wulfoald, qu'ils nommèrent maire du palais. Ce partage paraît s'être fait en 660, époque à laquelle Childéric n'était âgé que de huit ans. Pendant sa minorité, Wulfoald soutint l'évêque d'Autun, saint Léger, et les grands de Neustrie et de Bourgogne contre Ebroïn, le vainquit, fit enfermer Thierri III dans le couvent de Saint-Denis, et réunit la Neustrie et la Bourgogne sous le même sceptre que l'Austrasie (670). Childéric arrivait à cette époque même à l'âge d'homme. La troisième année de son règne en Neustrie, il pouvait avoir vingt et un ans, et il se livrait à toute l'intempérance, à toutes les débauches, à toutes les passions honteuses qui semblaient être alors la prérogative du trône. A la suite d'une querelle entre l'évêque de Clermont et un patrice de Marseille, il fit enfermer saint Léger dans le couvent de Luxeuil, où déjà Wulfoald avait relégué Ebroïn. La haine et le mépris ne tardèrent pas à environner Childéric II (673). Tous les grands se regardèrent comme outragés par lui dans la personne de Bodilon, l'un d'eux, qu'il avait fait fustiger pour une offense qui ne nous est pas connue. Une conjuration se forma, à laquelle saint Léger ne fut pas étranger, et Childéric II fut assassiné en revenant de la chasse, ainsi que sa femme et l'un de ses fils. Un autre fils échappa aux conjurés et se cacha dans un couvent, où il vécut quarante-trois ans sous le nom de frère Daniel, jusqu'à l'année 715, où on l'en tira pour le couronner. Les amis de saint Léger proclamèrent de nouveau Thierri III, qu'eux-mêmes avaient enfermé. A. SAVAGNER.

**CHILDÉRIC II** (MONNAIE DE). Trois princes du nom de Childéric ont régné sur les Francs; mais le second est le seul dont nous connaissions des monnaies. C'est en effet à lui que l'on attribue généralement les *triens* et les *sols*, sur lesquels on voit au droit la légende HIDAERICVS REX, puis un buste tourné à droite et revêtu d'un paludamentum ou manteau, sous une arcade; au revers, une croix accostée des lettres MA, initiales de MASSILIA (Marseille), dont le nom se trouve inscrit en toutes lettres dans la légende. Cette représentation d'un buste sous une arcade est unique dans la série mérovingienne. On connaît d'ailleurs d'autres *sols* et d'autres *triens* de la même ville qui ne représentent que le type ordinaire, c'est-à-dire le nom du roi autour de son buste, les lettres MA accostant la croix, et la légende MASSILIÆ CIVITATIS. Nous devons encore mentionner ici un beau triens de sou frappé au nom de Childéric II et de son frère Clotaire, et qui porte, d'un côté, les mots CHILDERICVS REX autour d'un buste, et, de l'autre, CLOTARIVS REX autour d'une croix. Les lettres MA qui accompagnent cette croix prouvent que cette pièce a été frappée à Marseille. On y remarque d'ailleurs le mot CONOB, légende énigmatique des dernières monnaies romaines dont on a donné tant d'explications différentes. Enfin, on connaît encore de Childéric des triens frappés à Metz, et présentant, d'un côté, l'effigie du prince avec son nom; et, de l'autre, la légende METTIS CIV autour d'une croix ansée.

**CHILDÉRIC III** fut tiré de quelque couvent en 742, par Pepin le Bref, pour être placé sur le trône. On ne sait ni son âge ni son origine. La plupart des anciens chroniqueurs parlent pour la première fois de lui au moment de sa déposition; elle eut lieu en 752; il fut enfermé dans le couvent de Sithieu, depuis Saint-Bertin, à Saint-Omer, où il reçut la tonsure ecclésiastique. Il mourut en 755. Avec lui finit la dynastie mérovingienne. A. SAVAGNER.

**CHILDRÉNITE**, s. f. (*minér.*), substance minérale peu connue.

**CHILDREY** (JOSSHUA), ecclésiastique et naturaliste anglais, né en 1625, fut élevé au collége d'Oxford, et mourut en 1670. On a de lui : *Indago astrologica*, in-4°. — *Syzygiasticon instauratum*, etc., Londres, 1653, in-8°. — *Britannica baconica*, etc., Londres, 1660 et 1662, in-8°, traduit en français par Briot, sous ce titre : *Histoire naturelle des singularités d'Angleterre et d'Ecosse*, Paris, 1667, in-12.

**CHILA**, s. m. (*antiq.*), la même mesure de capacité que le *cab*.

**CHILER** (*hist. nat.*). Suivant quelques lexicographes, c'est le nom que les Turcs donnent au caméléon.

**CHILI** (*géogr., hist.*), république de l'Amérique méridionale, située entre les 72° et 77° de longitude occidentale, et les 25° et 44° de latitude australe. Elle a pour confins au nord la république de Bolivia; à l'est, les Etats unis de Rio de la Plata, de la Patagonie; au sud, la Patagonie et l'archipel du Chonos, qui en fait partie; à l'ouest, le Grand-Océan. — *Fleuves*. La position des Andes, qui laissent peu d'espace entre elles et la côte, rend extrêmement borné le cours de tous les nombreux fleuves qui parcourent cette république. Tous les courants se rendent dans le Grand-Océan; le tableau suivant offre le cours des principaux, en allant du nord au sud. — Le Salado, que nous ne mentionnons que parce qu'il forme le confin entre cet Etat et la république de Bolivia. Le Copiapo, le Huasco et le Coquimbo, qui baignent les villes de leur nom. Le Limari, le Quillota dit aussi *Aconcagua*, et le Maypo, qui arrosent la partie centrale du Chili. Le Maypo est remarquable, parce qu'il reçoit le Mapocho, qui passe par Santiago, et par sa grande rapidité; le Quillota, parce qu'il traverse son bassin pour aller de Mendoza à Santiago. Le Maule et le Biobio, qu'on peut regarder comme les principaux fleuves de cet Etat, sont navigables pendant environ la moitié de leur cours. Nous rappellerons que le Maule a été pendant quelque temps la limite méridionale du grand empire des Incas, et qu'à son embouchure s'élève un immense rocher, dont la forme extraordinaire le fait nommer l'*Eglise*. Le Biobio sépare le Chili proprement dit de l'Araucanie qui est encore indépendante. — Le Chillano, qui arrose la partie du Chili comprise entre le Maule et le Biobio. Il prend sa source au pied de l'immense volcan de son nom, et passe près de la ville de Chillano. Le Caulen, le Tolten et le Valdivia traversent l'Araucanie; le premier est remarquable par sa grande profondeur; le dernier arrose la fraction de ce pays qui forme la province de Valdivia; le Calla-Calla mêle ses eaux avec le Valdivia. — *Division et topographie*. La république du Chili correspond à l'ancienne capitainerie de ce nom. Après plusieurs changements dans les divisions administratives, produits par l'ambition de quelques chefs et par les chances de la guerre de l'indépendance, cet Etat, depuis 1826, est partagé en huit provinces subdivisées en districts. Le territoire de la république n'est pas continu, mais il est interrompu par la partie de l'Araucanie qui est occupée par les Araucans; tout ce qui reste au sud de cette contrée ne consiste qu'en quelques établissements isolés et dans l'archipel de Chiloé. Nous ferons observer que le gouvernement du Chili réclame le droit sur deux îles désertes de *Juan-Fernandez* et le *Mas-a-Fuera*. Deux Anglo-Américains et six Taïtiens s'étaient établis dernièrement dans la première. — Voici les provinces qui composent cet Etat : Santiago, Aconcagua, Coquimbo, Colchagua, Maule, Concepcion, Valdivia, archipel de Chiloé. — *Villes remarquables*. *Santiago*, située sur la rive gauche du Mapocho ou Topocalma, dans une vaste plaine bornée à l'est par les Cordillères, et à l'ouest par des collines, est dans un climat délicieux, avantage qu'elle doit à l'élévation du sol. Cette ville est divisée en places carrées s'élevant en tout au nombre de 150, y compris les faubourgs. Ces carrés sont marqués par les rues, mais plusieurs ne sont pas encore achevés, n'ayant pas le nombre de maisons nécessaires pour les compléter. Au centre se trouve une vaste place carrée bordée de principaux édifices, et ornée d'une belle fontaine. Santiago possède plusieurs bâtiments remarquables, parmi lesquels nous nommerons : la *monnaie*, citée ailleurs comme un superbe monument, mais qui n'est qu'une grande masse de briques élevée contre toutes les règles de l'architecture, et qui ne produit de l'effet que par son étendue : sa construction a coûté plus d'un million de piastres; le *palais du gouvernement*, où demeurait autrefois le capitaine général; il est très-grand, mais pas encore achevé. Il en est de même de la *cathédrale*, un des plus grands temples de l'Amérique méridionale. On doit faire aussi mention du beau pont qui traverse le Mapocho, et du *tamasar* ou brise-eau; ce dernier est formé de deux murs de briques, dont l'intérieur est rempli de terre; il a deux milles de long; on a formé sur le haut une promenade à laquelle on arrive pas des marches. On doit remarquer que cette ville est sujette aux tremblements de terre; ceux de 1822, et surtout de 1829, lui ont été très-funestes. Santiago est le siége d'un évêché qui possède plusieurs établissements publics, dont les principaux sont: l'*institut*, qu'on peut regarder comme l'université de cet Etat; le *collége de Saint-Jacques*, et le *lycée* fondés sur les mêmes bases que les meilleurs établissements européens de ce genre, mais loin encore de pouvoir leur être comparés; les deux *colléges pour les demoiselles* et la *bibliothèque nationale*. En 1826 on y publiait *dix journaux*. Autrefois résidence du capitaine général, et aujourd'hui capitale de la république, séjour ordinaire du président du tribunal suprême et de toutes les autorités supérieures de l'Etat, cette ville a pris un grand accroissement depuis quelques années: on ne saurait évaluer au juste la population; nous croyons qu'on pourrait, sans craindre l'erreur, la porter au delà de 40,000 âmes. — On remarque encore, dans la province de Santiago, *Valparaiso*, assez jolie ville, dont la population, qui, avant la révolution, ne s'élevait qu'à cinq mille âmes, était montée, vers la fin de 1826, à 12,000. C'est une des plus marchandes de la mer du Sud. Des chantiers se sont élevés aux frais du gouvernement et des particuliers; ces derniers, en 1825, possédaient 12 vaisseaux marchands, qui presque tous y avaient été construits dans le local de l'hôpital de Saint-Jean-de-Dios, établissement qu'on a transféré dans les faubourgs; on a fondé une école *lancastrienne;* on a établi dans d'autres bâtiments d'autres établissements littéraires. C'est dans cette ville, en 1811, qu'on a formé la première imprimerie du Chili; et dès l'année 1812 on y publia le premier journal, l'*Aurora du Chili*. En 1826, il y avait *sept journaux*, dont la plupart n'ont eu du reste qu'une existence éphémère. Son port, d'une entrée facile, est à l'abri de tous les vents, excepté de celui du nord, qui souffle violemment en hiver; il est défendu par trois forts et par une batterie à fleur d'eau. La *citadelle*, qu'on a commencé à construire sur une hauteur et sur un plan très-vaste, n'est pas encore achevée et ne le sera encore de longtemps, à cause des sommes considérables qu'il faudrait consacrer à cet objet. Pendant les derniers troubles qui ont agité cette république, Valparaiso a été le siége du gouvernement central. Une assez belle route joint cette ville à Santiago. — Dans la province d'Aconcagua: *San-Felipe*, petite ville à laquelle on accorde 8,000 habitants; *Lingua* et *Petorca*, très-petites, mais importantes par leurs mines d'or; *Quillota* par les mines de cuivre qu'on exploite dans son district, et qu'on regarde aujourd'hui comme les plus riches du Chili. — Dans la province de Coquimbo: *Coquimbo*, petite ville importante par son port, son commerce, et par sa population, qu'on nous assure monter encore à 12,000 âmes malgré les pertes qu'elle a éprouvées par les tremblements de terre de 1820 et 1822. *Huasco*, petite ville, mais importante par son port et par la mine d'argent qu'on trouve dans son district. *San-Francisco de la Selva* et *Copiapo*, par les riches mines de cuivre exploitées dans leurs districts. — Dans la province de Colchagua: *Curico*, très-petite, mais importante par sa riche mine d'or; *Talca*, la plus peuplée de la province. — Dans la province de la Concepcion, la *Concepcion*, ville régulièrement bâtie près de l'embouchure du Biobio, mais en grande partie ruinée par les Araucans. Les guerriers de cette nation belliqueuse, profitant des troubles dont le Chili était agité, y ont pénétré en 1833, et en ont dévasté plusieurs quartiers. La Concepcion commence à se relever de ce désastre; on évalue sa population à environ 10,000 âmes. Cette ville est le siége d'un évêque, d'un collége et de quelques établissements littéraires. Dans les environs se trouve *Talcahuano*, importante par sa belle baie, et *Penco*, ou l'on exploite le charbon de terre. — Dans la province de Valdivia: *Valdivia*, petite ville importante par ses fortifications et par son port superbe, regardé comme un des plus beaux de l'Amérique. On porte à 5,000 âmes sa population. — Dans la province de Chiloé, composée de l'archipel de ce nom, il n'y a que de très-petites villes et des villages; la presque totalité de la population est dans la grande île de Chiloé. — *Historique*. — Le Chili a longtemps appartenu aux Espagnols, qui ne l'ont pas conquis aussi facilement que le Mexique et le Pérou. Depuis 1541, époque de la première apparition de Valdivia, jusqu'en 1773, ils ne s'y sont maintenus que les armes à la main, disputant le terrain pied à pied aux Incas et aux autres peuples indigènes. Cependant ils en jouirent jusqu'au moment de l'occupation de l'Espagne par l'armée de Napoléon; là, comme au Mexique et ailleurs, cette nouvelle occasionna un mouvement révolutionnaire. Le 10 septembre 1810, le Chili entra en lutte avec la métropole; un congrès fut assemblé; mais deux partis, les *Carreras* et les *Larrains*, se disputaient le pouvoir; le vice-roi de Lima profita de leur discorde pour battre les premiers qui cédèrent l'autorité à leurs adversaires. Ceux-ci mirent à la tête de l'armée nationale un vaillant officier, O'Higgins, qui battit les Espagnols et les força d'entrer en négociation. Le Chili reconnut le gouvernement des cortès, à condition que ses députés figureraient dans la métropole. Le vice-roi de Lima allait signer le traité, quand des renforts lui arrivèrent; il changea de langage, reprit les armes, et conquit presque tout le pays. Les débris de l'armée nationale s'étaient réfugiés par delà les Andes, sous la protection de la république de Buenos-Ayres; ils en reçurent des secours conduits par le général San-Martin, qui battit complétement les Espagnols en 1817, fit prisonnier leur général, et rendit l'indépendance au Chili. Alors reparurent sur la scène les Carreras et les Larrains, les premiers démagogues purs, et les seconds doctrinaires plus adroits. San-Martin se déclara pour ceux-ci; la constitution républicaine des autres fut ajournée à des temps plus calmes, et O'Higgins porté au pouvoir comme directeur suprême. Il organisa l'armée de terre et de mer, et rétablit l'ordre dans les finances. Deux des frères Carrera qui avaient trouvé un asile à Buenos-Ayres furent accusés d'avoir conspiré contre cette république, condamnés et exécutés sur-le-champ; un troisième se retira aux Etats-Unis. Les Espagnols, après la perte des batailles de Maypo et de Santa-Fé, abandonnèrent le Chili en 1819. Ce pays songea alors à délivrer ses voisins et prépara une expédition pour le Pérou. L'Espagne au même instant envoya 1,200 hommes; mais l'équipage du vaisseau qui les portait se révolta et alla s'unir aux indépendants. Lord Cochrane, sur ces entrefaites, prit le commandement de la flotte chilienne, débarqua le général San-Martin à 60 lieues de Lima, et vit bientôt cette capitale et les provinces du Pérou rendues à l'indépendance. Mais une révolution avait éclaté au Chili en 1823; O'Higgins, San-Martin, lord Cochrane étaient renversés et le pouvoir confié au général Freyre. Ce chef réforma la constitution et soumit, en 1825, l'île de Chiloé, position importante d'où les débris des armées espagnoles inquiétaient les côtes de la république. De nouvelles agitations intérieures ont depuis lors troublé son repos, mais en général ces commotions populaires y sont peu sanglantes, et il en résulte plus d'intrigues que de combats. — *Revenus, armées et pouvoirs*. — Dans cette république, une et indivisible, les revenus s'élèvent chaque année à 10,000,000 de francs; l'armée est de 8,000 hommes de troupes réglées, et de 20,000 gardes nationaux ou miliciens; l'escadre se compose de 12 bâtiments. Le pouvoir exécutif est confié à un président nommé pour cinq ans; le pouvoir législatif à un pouvoir de six ans et à une chambre nationale élue pour huit ans et renouvelée par huitième tous les ans. Le sénat se compose de neuf membres, la chambre nationale de cinquante au moins et de deux cents au plus. Tous sont inviolables; ils sont également choisis dans les assemblées électorales. Pour être admis à voter dans ces assemblées, il faut être citoyen ou naturalisé, avoir vingt et un ans, posséder un immeuble de la valeur de 1,000 francs, exercer une industrie représentant un capital de 2,500 francs, être à la tête d'une fabrique ou avoir importé dans le pays une invention ou une industrie dont le gouvernement a approuvé l'utilité. Des conditions à peu près semblables déterminent l'éligibilité aux fonctions de sénateur et de député. Outre le sénat et la chambre nationale, la constitution reconnaît un conseil d'Etat dont les membres sont inamovibles et auxquels le président soumet préalablement tous les projets de loi, la nomination des ministres, tout ce qui concerne les finances et les affaires d'un intérêt majeur. La presse est libre, pourvu qu'elle ne s'insinue ni dans la vie privée ni dans les questions théologiques. — *Religion*. La religion catholique est la religion de l'Etat, l'exercice de toute autre est défendu; cependant les Etats-Unis et l'Angleterre ayant reconnu que la source des désordres de la république était dans le fanatisme du clergé, et que le vicaire apostolique, *Jean Mussy*, en particulier, travaillait ostensiblement au renversement des institutions républicaines, portèrent plainte au directeur du gouvernement, et lui firent sentir que la prospérité de l'Etat et de ses relations commerciales ordonnait de comprimer au plus tôt les menées de cette corporation turbulente. Le gouvernement, convaincu par ces représentations et par de nouvelles intrigues, confisqua les biens ecclésiastiques au profit de la république, qui se chargea de salarier le clergé, réduisit chaque ordre à un seul couvent, et déclara tout moine libre de rentrer dans le monde; promit enfin une pension au nom de l'Etat à ceux qui ne pourraient pas être placés d'une manière convenable. Le vicaire apostolique fut embarqué pour l'Europe, et, depuis l'option de cette mesure, qui était devenue nécessaire, le calme règne dans le clergé de la république. — *Commerce.* Le commerce du Chili avec l'Europe n'a pas acquis l'importance à laquelle il doit aspirer; malgré la longueur de la traversée et les périls du cap Horn, ce pays reçoit de notre continent de l'acier, du mercure, des laines, de la chapellerie, des étoffes et des articles de modes, en échange desquels il donne de l'or, de l'argent, du cuivre, de la laine de vigogne et des peaux. Son commerce intérieur se borne à des tapis, des couvertures, des manteaux, des selles, des draps, du grain, de l'eau-de-vie et des cuirs. Le Chili expédie au Pérou du cuivre, des grains, des fruits, et retire de Buenos-Ayres la fameuse herbe du Paraguay. — *Température.* Le climat du Chili passe avec raison pour être un des plus tempérés et des plus salubres de l'Amérique; à l'exception des îles et de la partie méridionale du continent, on n'y éprouve point ces alternatives de chaud et de froid si fréquentes et si dangereuses dans le nouvel hémisphère; le ciel y est généralement serein, l'air pur, le sol fertile; le printemps commence en septembre, l'été en décembre, l'automne en mars, l'hiver en juin; il pleut abondamment au commencement du printemps, rarement dans les autres saisons, et l'été surtout est exempt d'orages; ce manque de pluie n'est pas nuisible aux campagnes, l'humidité qui reste du printemps et l'abondante rosée qui tombe chaque nuit suffisent pour la fructification. L'été y serait prodigieusement chaud, si l'air n'était rafraîchi par les brises de mer et par le vent qui souffle des Andes, dont les sommets sont couverts de neiges. Ces cimes blanchâtres s'aperçoivent de 60 lieues en mer. Le froid est très-modéré en hiver; il ne tombe jamais de neige dans les provinces maritimes, et les provinces voisines des Cordillères en ont seulement tous les cinq ans. — *Productions naturelles, agriculture.* Le sol est fertile partout où il n'est pas exposé à la sécheresse; tous les grains d'Europe s'y multiplient; on y recueille du maïs, du blé, de l'orge et du seigle; les provinces méridionales, exposées à une chaleur plus douce et plus égale, donnent en profusion tous les fruits de notre hémisphère, les pommes, les poires, les cerises, les coings, les pêches d'une grosseur prodigieuse, des melons, des oranges, des limons et des raisins dont on fait un vin rouge de bonne qualité; les provinces du Nord produisent les plantes et les fruits des contrées équinoxiales, du sucre, du tabac, du manioc, du coton, de l'indigo, du jalap, de la salsepareille, du piment, de la contra-yerva, de la casse, de la cannelle, du poivre, du tamarin, des dattes, des noix de coco d'une petite espèce, l'*herbe de sel*, qui ressemble au basilic, et se couvre en été de grains de sel pareils à des perles; le *maclin*, dont les semences, pilées et bouillies, fournissent une huile aussi bonne que celle d'olive; le *relvum*, qui donne une couleur rouge indélébile; beaucoup d'herbes médicinales: la *trembladerella* et l'herbe des fous, dont la première fait trembler les chevaux, et la seconde les rend furieux; un arbuste produisant de l'encens aussi bon que celui du Levant; la *murtilla*, qui ressemble au buis par les feuilles, et à la grenade par le fruit, dont on extrait un vin délicat et stomachique; un roseau, dont on fait des manches de lances, des cannes, des toits de maisons, et qui est incorruptible; le *boqui*, qui donne des cordes et de l'osier pour des paniers; le *hillai*, qui fournit un excellent savon; l'*alerze* enfin, dont un seul tronc fournit jusqu'à huit cents planches de dix-huit pieds. Les plaines, les vallées, les coteaux, sont couverts de cyprès, de pins, de cèdres, de chênes, ainsi que d'herbages dont la hauteur dérobe les troupeaux aux passants. Sur les montagnes, croissent des forêts immenses peuplées d'arbres dont on ignore les noms, et parmi lesquels il s'en trouve d'une grandeur démesurée. Vidaure, dans son *Histoire du Chili*, prétend qu'un missionnaire construisit avec le tronc d'un seul une église de soixante pieds, en y comprenant les poutres, la charpente, le toit les portes, les fenêtres, les autels et les confessionaux. — *Règne animal.* — Parmi les trente-six espèces de quadrupèdes qui appartiennent exclusivement à cette contrée, on remarque les trois variétés de vigognes, espèces de chameaux américains sans bosses, servant de bêtes de somme, donnant une chair délicieuse, et se reproduisant avec une fécondité qui semble tenir du prodige; la *puda*, espèce de chèvre sauvage qu'on réussit à apprivoiser; le *gremul*, qui tient du cheval et de l'âne, et habite la partie inaccessible des Andes; la *viscacha*, qui ressemble au renard et au lapin, et dont le poil est employé dans la chapellerie; différentes variétés d'*armadille*, le *yaguazaundi*, tigre; le *pagi*, lion du Chili; le *coypu*, espèce de loutre, et quelques autres animaux amphibies. N'oublions le *chinne*, petit chien très-familier, entrant dans les maisons, y mangeant, y buvant, respecté des chiens et des hommes, se retirant, quand il lui plaît, avec la même liberté. La déférence qu'on a pour cet animal vient de ce qu'il porte près de l'anus, à la naissance de la queue, une liqueur puante, qu'il lance dès qu'on le contrarie. Les chevaux, les ânes, le gros bétail, les cochons, les chèvres, les chiens, les chats et autres animaux domestiques de l'Europe se sont rapidement multipliés au Chili, et y ont acquis une taille, une force qu'ils n'ont jamais dans nos pays. Les rivières et les côtes abondent en poissons différents des nôtres; les marins d'Angleterre et des Etats-Unis y poursuivent chaque année la baleine. On y trouve des éléphants, des lions et des loups de mer, qui fournissent au commerce des fourrures, des peaux et de l'huile. Les forêts, les bords des fleuves, sont habités par plus de cent espèces d'oiseaux terrestres ou aquatiques. Les insectes y fourmillent; les plus riches papillons voltigent autour des fleurs; les abeilles sauvages déposent de tous côtés leur cire et leur miel; la nuit, des espèces phosphorescentes éclairent les bois, les monts et les plaines. Dans cet heureux pays, on n'est tourmenté ni par les chiques ni par les moustiques, et si l'on y rencontre de longs serpents ou des scorpions, des araignées de la grosseur d'un œuf, on a peu à redouter de leur présence. — On évalue la population du Chili à 1,300,000 habitants, parmi lesquels sont 40,000 nègres, plus civilisés que ceux du Pérou, et admis dans les armées. Cette population est composée d'Espagnols, de Français, d'Anglais, et de plusieurs peuplades naturelles, parmi lesquelles on remarque les Aucas, qu'un historien moderne a comparés aux anciens Grecs, et qui possèdent quelques connaissances astronomiques, médicinales et industrielles. La langue du Chili est l'espagnol.

**CHILI** (*hist. nat.*), nom spécifique de plusieurs poissons de genres différents, mais se trouvant tous au Chili. Tels sont un spare, un primélode, un mugiloïde, etc.

**CHILI** (*hist. nat.*). Molina, en décrivant cet oiseau, qui se nomme aussi *thili*, *turdus plumbeus* Gmel., *tilly* de Buffon, rapporte que les habitants du Chili attribuent le nom donné à ce pays au cri que ces grives, très-communes, ont fait entendre aux premières hordes d'Indiens qui s'y sont établies.

**CHILIADE** (*arith.*), assemblage de plusieurs choses semblables qu'on compte par mille. C'est ainsi que dans les tables de logarithmes on nomme *première chiliade* les logarithmes des mille premiers nombres naturels. Une *chiliade* ou un mille sont la même chose.

**CHILIADES** (LES) (*philol.*), ouvrage en vers politiques de Jean Tzetzès, où sont racontés une foule de faits de la mythologie et de l'histoire, soit politique, soit littéraire, sans aucune liaison ni transition, et chacun sous un titre particulier. On lui a donné le nom de *chiliades* à cause des divisions de mille en mille vers que les éditeurs ont établies.

**CHILIARCHIE** (χίλιοι, mille, ἀρχή, commandement), corps d'armée chez les Perses. Il était composé de mille hommes et de vingt-quatre officiers.

**CHILIARQUE**, officier de l'ancienne milice grecque, dont le nom répond à celui de commandant de mille *oplites;* mais le nombre réel était de mille vingt-quatre. Cet officier était à la tête d'une *chiliarchie*, troupe qui égalait la moitié d'une *mérarchie*, et qui se divisait en deux *pentacosiarchies*. Il y avait dans une grande phalange seize chiliarques; mais au moyen âge, dans l'empire byzantin, tous ces usages avaient varié. Le *drongaire* y représentait l'ancien chiliarque; la *chiliarchie*, la *mérie*, le *dronze* étaient synonymes, et ce genre de troupe se divisait en bandes ou *tagmes* de deux à quatre cents hommes, commandés par des *turmarques*. Au commencement du rétablissement du gouvernement hellénique, on a vu revivre dans la milice moderne, alors nationale, et non encore bavaroise, les titres de chiliarque; il eût mieux valu que tout autre: il est clair, précis, préférable à celui de chef de bataillon ou d'escadron.

**CHILIAC** (TIMOTHÉE DE), poëte obscur né dans le XVI^e^ siècle, a laissé un recueil de poésies, contenant entre autres pièces *les Amours d'Angélique*, *les Amours de Lauriphile*, et un poëme intitulé: *la Liliade française*, dont Henri IV est le héros, etc. Ce recueil, imprimé à Lyon, 1599, in-12, est orné d'un portrait de l'auteur couronné de laurier. C'est à tort que quelques bibliographes lui ont attribué la *Comédie des chansons*, qui est de Charles Beys (*V.* ce nom).

**CHILIASME**, s. m. (*hist. relig.*). Il se dit du règne des saints et de Jésus-Christ sur la terre pendant mille ans, règne annoncé par les *chiliastes* ou *millénaires*.

**CHILIASTE**, s. m. (*hist. relig.*), nom que l'on a souvent donné aux millénaires (*V.* MILLÉNAIRES).

**CHILIBUÈQUE** (*hist. nat.*). Sonnini dit qu'au Chili on donne ce nom au lama, *camelus lamea* Linn.

**CHILIEN**, moine bénédictin du monastère d'Iniskeltre en Hibernie, écrivit en vers la *Vie de sainte Brigitte*, vers le milieu du VIII^e siècle, et peut-être plus tard.

**CHILIEN, IENNE**, s. et adj. (*géogr.*), qui est né au Chili. — Qui appartient au Chili ou à ses habitants.

**CHILIMAS** (*géogr.*), tribu indienne qui habite dans la province de Magdalena en Colombie, au nord du lac de Zapatosa; elle n'est pas à la vérité très-nombreuse, mais elle est redoutée des colons à cause de ses pillages et de ses dévastations.

**CHILIODYNAMIS, PHILETÆRIUM** (*botan.*), noms latins anciens, suivant Dodoens, de la plante qui est maintenant connue sous le nom de behen blanc, *cucubalus behen*. Cet auteur indique encore le nom de *chiliodynamis*, donné par quelques-uns à une gentiane, *gentiana cruciata*.

**CHILIOGONE** (*géométrie*), polygone régulier de mille côtés. Quoiqu'il ne soit pas possible à nos sens de distinguer un polygone de 1000 côtés d'un autre de 999 ou de 1001, nous n'en avons pas moins une idée claire dans l'esprit, et jamais notre intelligence ne pourra les confondre. Nous savons que la somme de ses angles est égale à 1996 droits (*V.* POLYGONES), et nous pouvons trouver avec facilité le rapport de son périmètre avec celui du cercle inscrit ou circonscrit. Cette certitude qui accompagne toutes les constructions géométriques, même celles qu'on ne peut réaliser dans l'espace, et dont il est par conséquent impossible d'acquérir la sensation ou l'*expérience*, aurait dû faire remarquer plus tôt la grande différence qui existe entre les sciences physiques et les sciences mathématiques; les premières, comme cela n'est pas contesté, ne peuvent s'élever, sans le secours des secondes, qu'à une certitude conditionnelle, ou *à posteriori*, tandis que les dernières sont éminemment douées de la certitude rationnelle ou *à priori*; ce qui doit faire chercher leur origine et leurs lois hors du domaine de l'observation (*V.* PHILOSOPHIE DES MATHÉMATIQUES).

**CHILIOMBE**, s. f. (*antiq.*), sacrifice de mille bœufs ou de mille victimes.

**CHILIOPHYLLON** (*botan.*). Ce nom grec, qui signifie mille feuilles, a été donné à l'*achillon* des anciens, redevenu celui des modernes, qui est notre mille-feuille, *millefolium* de Tournefort. Ruellius, dans son édition de Dioscoride, dit que le même nom grec a été donné dans quelques lieux à la renouée, *polygonum*.

**CHILIOTHRICHUM** (*botan.*), *corymbifères* Juss., *syngénésie polygamie superflue* Linn. Ce nouveau genre de plantes, que nous établissons dans la famille des synanthérées, appartient à notre tribu naturelle des astérées. La calathide est radiée, composée d'un disque multiflore, équaliflore, régulariflore, androgyniflore, et d'une couronne unisériée, liguliflore, féminiflore. Le péricline est à peu près égal aux fleurs du disque, subcylindracé, formé de squammes imbriquées, paucisériées, opprimées, subfolaciées, ovales. Le clinanthe est petit, convexe, garni de squammelles à peu près égales aux fleurs, linéaires, submembraneuses, uninervées, frangées et barbues au sommet. L'ovaire est grêle, cylindracé, strié, muni de quelques longs poils, et parsemé de glandes. Les aigrettes du disque et de la couronne sont parfaitement semblables, longues, chiffonnées, rougeâtres, composées de squammellules très-nombreuses, plurisériées, très-inégales, flexueuses, filiformes, très-faiblement barbellulées, nullement caduques. Les fleurs du disque ont la corolle non glanduleuse, divisée en cinq lobes longs et linéaires, les anthères incluses, le style divisé en deux branches très-longues, exertes. Le CHILIOTRIC AMELLOIDE (*chiliotrichum amelloideum* H. Cass., *amellus diffusus* Wild.) est un arbuste du détroit de Magellan, dont la tige est très-rameuse, les feuilles alternes, obovales lancéolées, tomenteuses en dessous; les calathides solitaires et terminales, à disque jaune et à couronne violette. Les caractères du genre *amellus* ont été fort mal décrits, et de là vient sans doute l'erreur des botanistes qui ont réuni à ce genre notre chiliotric. Nous avons étudié avec soin les *amellus lychnitis* et *annuus* : leur péricline est hémisphérique, formé de squammes linéaires aiguës; le clinanthe est large, conique; l'ovaire est obovale, comprimé bilatéralement; l'aigrette double; l'extérieure très-courte, coroniforme, membraneuse, irrégulière interrompue, découpée; l'intérieure, formée de quelques squammellules, courtes, distancées, caduques, filiformes, épaisses, longuement barbellulées, blanches; les corolles du disque portent de très-grosses glandes; leurs lobes sont très-courts, leurs anthères exertes, leur style inclus.

**CHILIUS** ou **CHILÉUS**, Arcadien qui, dans l'invasion de la Grèce par Xerxès, conseilla aux Lacédémoniens de ne point abandonner la défense de leur commune patrie.

**CHILKA** (*géogr.*), rivière de Sibérie (Irkoutsk), formée par l'Anon et l'Ingoda, qui descendent des monts Stanovoï, arrose Nertschinsk et Stretensk, et, se jetant dans l'Argoun ou Kerlou à Baklanova, forme le fleuve Amour. C'est près de sa jonction avec l'Amour que l'alun et la rhubarbe croissent en quantité. Elle 100 lieues de cours.

**CHILLA** (*hist. nat.*). Molina dit que c'est le nom d'un renard du Chili (*Essais sur l'histoire naturelle du Chili*), qu'il rapporte au *canis alopex*, que par erreur sans doute il ne décrit point.

**CHILLAN** (*géogr.*). 1° District de la province de la Concepcion dans le Chili, situé dans l'intérieur des terres au pied des Cordillères, borné au nord par le Maule, à l'ouest par l'Itata, au sud par le Rare. D'après Miers sa surface serait de 2,200 milles carrés, environ 412 lieues carrés, et sa population de 30,000 habitants. Il forme le versant d'une Cordillère, d'où s'élève, par le 36° 5' de latitude sud et le 307° 55' de longitude, le volcan de Chillan, qui fume perpétuellement, bien que depuis les temps modernes il n'ait pas produit de grande explosion. Les montagnes sont bien boisées; les vallées qu'arrosent le Chillan et une multitude de ruisseaux plus petits produisent en abondance tous les fruits du Chili; on y élève surtout une grande quantité de moutons, qui donnent une laine fine, et les montagnes sont remplies de vicuños et de guanacos. — 2° Rivière du Chili qui donne son nom au district qu'elle arrose; elle prend sa source au sud du volcan de Chillan, se dirige de l'est à l'ouest; elle prend après sa jonction avec le Nubles, qui vient du nord-ouest, le nom d'Itata, et après un cours d'environ 83 lieues elle se jette sous ce nom dans l'Océan par le 36° latitude méridionale. — 3° Chef-lieu du district situé sur les bords du fleuve de même nom, par le 35° 56' latitude méridionale et le 306° 55' longitude, ville mal bâtie, qui compte une église paroissiale, plusieurs couvents et trois cent soixante maisons. Elle a eu surtout à souffrir des attaques des Araucans. En 1751 un tremblement de terre la renversa, et l'on jugea à propos de la reconstruire dans un lieu un peu éloigné de celui où elle était d'abord et de la garantir par là en même temps des inondations du fleuve qui lui avaient été dangereuses différentes fois.

**CHILLAS**, s. m. (*comm.*), toile de coton des Indes.

**CHILLE** (*vieux langage*), pauvre, infortuné.

**CHILLEAU** (JEAN-BAPTISTE DU), archevêque de Tours, né le 7 octobre 1735, au château de la Charrière en Poitou, d'une ancienne famille de cette province, embrassa de bonne heure l'état ecclésiastique, et devint vicaire général de Metz. La reine Marie Leczinska le nomma un de ses aumôniers; et, après la mort de cette princesse, il continua les mêmes fonctions auprès de Marie-Antoinette. Pourvu successivement de l'abbaye de Saint-Clément dans le Maine et de celle de la Valasse en Normandie, il fut sacré évêque de Châlons-sur-Saône en 1781. Appelé aux états de Bourgogne, il y soutint avec zèle les droits et les intérêts de la province; et plus tard il se fit remarquer à l'assemblée des notables par un grand attachement aux principes religieux et monarchiques. Son dévouement lui attira des ennemis. Quelques forcenés, ayant ameuté la populace de Châlons, avaient formé le projet de l'assaillir dans sa voiture et de le précipiter dans la Saône. Le prélat, prévenu de ce complot, sortit à pied de son palais avec quelques ecclésiastiques courageux, traversa la foule et imposa le respect à cette multitude égarée. Lorsque la constitution civile du clergé fut décrétée par l'assemblée nationale, l'évêque de Châlons adressa à ses diocésains, le 15 décembre 1790, une *Lettre pastorale* sur le schisme; le 1^er mars 1791, une *Instruction pastorale* sur le même objet, suivie d'un *Avertissement* sur l'élection des évêques constitutionnels d'Autun et de Dijon. Enfin il publia, dans une seconde *Lettre pastorale*, le bref de Pie VI, du 13 avril 1791, relatif aux affaires de l'Église de France. Ces divers écrits se trouvent dans la *Collection ecclésiastique* publiée par l'abbé Barruel et par M. Guillon (actuellement évêque de Maroc *in partibus*). Les progrès de la révolution l'ayant forcé de sortir du royaume, il résida successivement en Suisse, en Bavière, en Autriche. Chargé par plusieurs de ses compagnons d'exil de solliciter auprès de l'électeur de Bavière le transport d'une quantité de grains pour subvenir aux besoins de six cents prêtres français réfugiés dans le canton de Fribourg, il remplit avec succès cette mission de charité. Il souscrivit avec quarante-huit autres évêques l'*Instruction* du 15 août 1798, sur les atteintes portées à la religion, ainsi que les *Réclamations* du 4 avril 1803, contre le concordat de 1801 (*V.* Asseline, LVI, 498). L'ancien évêque de Châlons ne rentra en France qu'en 1814 avec Louis XVIII; et, sur la demande du roi, il donna la démission de son siége et signa, avec plusieurs de ses collègues, la lettre de soumission adressée au pape le 8 novembre 1816, imprimée à la suite du concordat de 1817. Il fut alors nommé à l'archevêché de Tours, dont il ne prit possession qu'en 1819. Créé pair de France en 1822, il mourut le 26 novembre 1824, dans sa quatre-vingt-dixième année, doyen de l'épiscopat français. — CHILLEAU (Le comte DU), son frère, maréchal de camp, émigra au commencement de la révolution, servit dans l'armée de Condé, et fut tué au combat de Kamlach en 1796. Il n'a laissé que deux filles.

**CHILLER** (*vénerie*) (*V.* CILLER).

**CHILLI** (*botan.*), nom mexicain du piment, *capsicum*, suivant Hernandez, qui en indique plusieurs espèces ou variétés, telles que les *quanchilli chillo cotzli*, *attalchilli*, *zenalchilli*, *tesochilli*, *melchilli*, etc. Il indique ailleurs le gingembre sous le nom de *chilli* des Indes orientales.

**CHILLIAT** (MICHEL), imprimeur-libraire de Lyon, s'établit à Paris en 1695, et publia sous le voile de l'anonyme divers ouvrages ascétiques et historiques, dont les plus connus sont: *le Triomphe de la miséricorde de Dieu sur un cœur endurci*, etc., Paris, 1682, 1686, in-12. — *L'Amour à la mode*, satire, Paris, 1695, in-12. — *La Censure des vices et des manières du monde*, Lyon, 1699, in-12. — *Méthode facile pour apprendre l'histoire de Savoie*, etc., Paris, 1697, 1698, in-12. — *Méthode facile pour apprendre l'histoire de la république de Hollande*, etc., Paris, 1701, 1705, in-12. Barbier (*Examen critique des dictionnaires*, p. 197) pense que Chilliat fut seulement l'éditeur de ces divers ouvrages.

**CHILLICOTHE** (*géogr.*), chef-lieu du comté de Ross dans l'Ohio, située sur la rive occidentale du Scioto, à 28 lieues de son embouchure (latitude 39° 14', longitude 294° 39'). C'est une ville bâtie régulièrement, et dont les rues se coupent à angles droits; elle possède un hôtel de ville, une halle, trois églises, une académie, trois maisons de banque, cinq cents maisons, et déjà en 1819 sa population s'élevait à 2,600 habitants qui s'occupent d'industrie, de commerce et de foires. On y trouve un office et deux imprimeries, d'où sortent des journaux. Les environs sont couverts de travaux de fortification.

**CHILLINGWORTH** (GUILLAUME), théologien anglais célèbre, naquit en 1602 à Oxford, fut élevé à l'université de cette ville, et y devint professeur en 1628. Le roi Charles I^er^, accordant en Angleterre beaucoup de liberté aux prêtres catholiques, le jeune Chillingworth eut souvent occasion de s'entretenir avec le jésuite Fisher, qui le convertit au catholicisme, et l'engagea à se retirer au collége de Douai où il ne demeura que peu de temps. Ramené à sa première croyance, selon les uns, par les arguments de l'évêque Laud, son parrain, avec lequel il était demeuré en correspondance; selon les autres, rebuté des épreuves du noviciat, et blessé surtout des travaux serviles auxquels on le soumettait, il revint en Angleterre protestant déclaré. Cependant quelques scrupules sur ce nouveau changement, consignés dans une lettre adressée au docteur Sheldon, firent penser qu'une seconde excursion vers le catholicisme avait été suivie d'un second retour vers la religion de son pays. Quoi qu'il en soit, il devint un des zélés adversaires de la religion romaine, qu'il attaqua principalement dans son ouvrage intitulé: *la Religion des protestants, moyen sûr de sauver l'Etat*, Oxford, 1637, traduit en français, Amsterdam, 1730, 3 vol. in-12. Cependant l'habitude d'examiner et de douter lui avait apparemment donné une sorte d'incertitude, au moins dans sa manière de s'exprimer, au point que ses opinions parurent à quelques-uns suspectes de socinianisme et de pur déisme. Quelles que fussent ses raisons, on avait, à l'université d'Oxford une telle idée de la puissance de raisonnement de Chillingworth, et de son ami intime Lucius, comte de Falkland, qu'on disait communément que, « si le diable ou le grand Turc pouvaient être convertis, ce serait par eux. » Sa méthode d'argumentation d'ailleurs paraît à Locke si bien suivie, qu'il conseille, dans son *Jeune Gentilhomme*, une lecture assidue des ouvrages de Chillingworth, « les meilleurs, dit-il, que je connaisse pour former à la clarté et à la justesse du raisonnement. » Vers 1637, il refusa un bénéfice qui lui était offert, croyant que sa conscience ne lui permettait pas de signer les trente-neuf articles imposés à l'Eglise d'Angleterre, et rejetés par les puritains, comme contraires à la vraie doctrine de l'Evangile; mais Chillingworth était accoutumé à adopter ensuite ce qu'il avait rejeté d'abord. Peu de mois après il signa le symbole de saint Athanase, et accepta un bénéfice. Accoutumé aussi à combattre vivement pour la cause contre laquelle il avait commencé par se déclarer, il se montra, dans les troubles de cette époque, très-attaché à la cour et le zélé défenseur de l'épiscopat. Il suivit Charles I^er^ au siége de Glocester, et donna même l'idée de quelques machines de guerre, dans le genre de celles des Romains. Etant tombé malade par suite des fatigues de cette campagne, il fut pris par les rebelles dans le château de Sussex où il s'était réfugié, puis relâché après de mauvais traitements qui occasionnèrent la maladie dont il vint mourir à Londres le 30 janvier 1644 (*V.* CHEYNELL). Il a écrit, outre l'ouvrage cité, neuf *Sermons* qui furent imprimés en 1664, et un *Traité* en faveur de l'épiscopat.

ED. GIROD.

**CHILMA** ou **CHILMANENSE OPPIDUM** (*géogr. anc.*), ville de l'Afrique propre, située entre les fleuves Bagradas et Triton. Elle était sous la dépendance de Carthage.

**CHILMARY** (*géogr.*), petite ville du district de Rungpur dans la province anglaise du Bengale en Hindoustan; elle ne possède que quatre cents maisons, mais elle est remarquable, parce que tous les ans, à une époque déterminée, environ cent mille Hindous vont en pèlerinage au banc de sable appelé Varani-Chur.

**CHILMEAD** (EDMOND), né à Stowon-the-Wold, dans le comté de Glocester, fut maître ès arts au collége de la Madeleine d'Oxford, et chapelain de l'église de Christ dans la même ville; mais, sa fidélité à Charles I^er^ lui ayant fait perdre ce bénéfice, il fut réduit à mettre en usage, pour vivre, ses talents en musique, et alla se fixer à Londres, où il mourut le 1^er^ mars 1654, nouveau style. On a de lui plusieurs traductions en anglais: 1° du *Traité* (latin) *des globes*, de Robert Huez, Londres, 1639, 1659, in-4°; 2° de l'ouvrage de Gaffarel *sur les Talismans*, Londres, 1650, in-8°; 3° du livre de Jacques Ferrand, médecin d'Agen, intitulé: *De la maladie d'amour, ou Mélancolie érotique*, Londres, 1640, in-4°: ces deux éditions n'en font qu'une seule; 5° du livre de Léon de Modène *sur les Cérémonies et Coutumes des Juifs*, Londres, 1650, in-8°; 6° il eut part à l'édition d'*Aratus*, donnée par Jean Fell, Oxford, 1672, in-8°, et à la traduction anglaise de Holbroke de l'*Histoire des guerres de Justinien*, par Procope, Londres, 1653, in-folio. On doit encore à Chilmead: 7° un traité *De musica antiqua græca;* 8° *Catalogue des manuscrits grecs de la bibliothèque Bodléienne*, catalogue qui n'a point été imprimé; 9° *Joannis Antiocheni cognomento malalæ historiæ chronicæ libri XVIII, e manuscripto bibliothecæ Bodleianæ nunc primum editi, cum interpretatione et notis.* Cette édition ne fut publiée que longtemps après la mort de Chilmead, Oxford, 1691, in-8°, par Humphred Hodius, qui y ajouta une *Notice* sur la vie et les ouvrages de l'écrivain anglais.

**CHILMINAR, CHELMINAR** ou **TCHELMINAR.** Ce nom, d'origine arabe, est donné à la plus noble et à la plus belle ruine de toute l'antiquité; c'est ce qui reste du fameux palais de Persépolis, auquel Alexandre le Grand, dans un état d'ivresse, mit le feu, à la persuasion de la courtisane Thaïs. Les auteurs et les voyageurs, notamment Gracias de Silva Figueroa, Pietro de la Valle, Chardin et Lebrun ont parlé plus ou moins longuement de ce monument, dont nous essayerons de donner une idée par le court détail qui suit. Le Chilminar se compose à l'extérieur d'environ quatre-vingts colonnes ruinées dont les fragments ont au plus six pieds. Dix-neuf fûts seulement sont debout les uns près des autres. On en remarque un vingtième, isolé à une distance de cent cinquante-trois pas. Un marbre noir et dur forme les fondements de l'édifice, auquel on parvient en montant quatre-vingt-dix-sept degrés taillés dans le roc. L'entrée principale a vingt pieds de large; d'un côté est la figure en marbre luisant d'un éléphant haut de trente pieds, de l'autre celle d'un rhinocéros de la même dimension; près de chacun de ces animaux sont deux colonnes, et non loin la figure de Pégase. Après avoir franchi l'ouverture dégradée, on trouve une foule de colonnes de marbre blanc d'un admirable travail; les plus minces ont quinze coudées de large, les plus grosses dix-huit au moins; toutes ont quarante cannelures de trois pouces de profondeur. Par ces données on peut conjecturer leur hauteur totale. Près de la porte est une inscription sur une table de marbre carrée, polie comme une glace; cette inscription se compose de deux lignes formées par des caractères de forme très-originale, ressemblant à des triangles et à des pyramides. On découvre encore çà et là différents débris d'inscriptions en arabe, en persan et en grec. Le savant Hyde a remarqué que ces dernières sont grossièrement gravées, et que la plupart, sinon toutes, contenant des éloges à la mémoire d'Alexandre le Grand, doivent par conséquent être réputées postérieures à ce conquérant. Aujourd'hui ces ruines imposantes d'un des premiers monuments du monde ancien, debout sur l'emplacement de la grande Persépolis anéantie, sont, au milieu des déserts, le repaire des bêtes féroces et l'abri des oiseaux de proie.

ED. GIROD.

**CHILOB** (*hist. nat.*). Erxlebon dit que les Burates nomment ainsi le polatouche, *sciurus volans* Linn.

**CHILOCHLOÉ** (*botan.*). M. de Beauvois a établi, pour quelques espèces de *phalaris* et de *phleum*, ce genre de graminées (*Agrost.*, p. 37, tab. 7, fig. 2), dont les fleurs disposées en un épi cylindrique, rameux, offrent pour calice deux valves uniflores, inégales, aiguës, souvent pileuses sur leur dos et à leurs bords, plus longues que la corolle : celle-ci est bivalve, un peu cartilagineuse; la valve supérieure échancrée; le rudiment filiforme, pédicellé, d'une fleur avortée; deux écailles glabres, entières, lancéolées à la base de l'ovaire; un style court, bifidé; une semence libre, non sillonnée. M. de Beauvois rapporte à ce genre le *phalaris cuspidata*, *paniculata*; le *phleum arenarium*, *asperum*, *Boehmerii*.

**CHILODIE A FEUILLES LINÉAIRES** (*botan.*), *chilodia scutellarioides* (Brown, *Nouv.-Holl.*, p. 507). Un petit arbuste découvert dans la Nouvelle-Hollande, au port Jackson, par M. Rob. Brown, a donné lieu à la formation de ce genre, de la famille des labiées, appartenant à la *didynamie gymnospermie* de Linnæus, rapproché des *scutellaria* et des *prostanthera*. Son caractère est constitué par un calice à deux lèvres, accompagné de deux bractées; le tube strié; la lèvre supérieure entière et courte; la lèvre inférieure à trois découpures; celle du milieu plus grande, à deux lobes; quatre étamines didynames; les anthères échancrées à leur base; quatre semences (ou coques) au fond du calice. Ses tiges sont ligneuses; les feuilles opposées, linéaires, entières, recourbées à leurs bords; les fleurs solitaires, axillaires, pédonculées.

**CHILOÉ** (**ARCHIPEL DE**), sur la côte occidentale de l'Amérique méridionale, entre 41° et 43° et demi de latitude sud. Situé à peu de distance de la côte du Chili, il forme une province de la république chilienne, et se compose d'environ quatre-vingts îles, la plupart petites, hérissées de montagnes et séparées les unes des autres par des détroits. A ce groupe se joint celui de *Chonos*, qui n'est guère moins nombreux, et dont le nom s'applique quelquefois aux deux archipels. On ressent dans ces îles de violents ouragans; les navires trouvent un asile dans un grand nombre de petits ports. Les insulaires sont de la même race que les indigènes du Chili; ils sont bons marins et montrent de l'adresse dans les arts mécaniques. La principale île du groupe n'est qu'à une lieue de la côte chilienne et a environ 50 lieues de long; elle est peuplée principalement de créoles. Son chef-lieu est *Santiago de Castro*, et elle a un bon port à *San-Carlos de Chacao*. L'île a des montagnes couvertes de bois, et produit du lin, des grains, des pommes de terre; on y élève beaucoup de chevaux et de bestiaux. On en exporte aussi une quantité considérable de poissons. Ce fut au XVI^e siècle que les Espagnols découvrirent et soumirent les îles Chiloé. Lorsque, dans le siècle actuel, les anciennes colonies espagnoles recouvrèrent leur indépendance, ces îles, où s'étaient réfugiés beaucoup d'Espagnols du continent, résistèrent d'abord au nouveau gouvernement du Chili; mais, abandonné par la mère patrie, l'archipel cessa enfin la guerre contre le régime républicain, et se laissa incorporer dans le nouvel Etat chilien.

**CHILOGLOSSE**, adj. des deux genres (*hist. nat.*), dont la langue a la forme d'une lèvre.

**CHILOGLOTTIS A DEUX FEUILLES** (*botan.*), *chiloglottis diphylla* (Brown, *Nouv.-Holl.*, 1, p. 312). Ce genre, borné à une seule espèce originaire de la Nouvelle-Hollande, appartient à la famille des orchidées, à la *gynandrie diandrie* de Linnæus. Il a de grands rapports avec les *cyrtostylis* et les *pterostylis* de Rob. Brown. Il se distingue par une corolle (perianthe simple M) presque à deux lèvres, à six pétales; les extérieurs et latéraux canaliculés, cylindriques à leur sommet, insérés sous le pétale inférieur; celui-ci onguiculé, glanduleux à son disque, muni à sa base d'un appendice en lanière; la colonne bifide à son sommet, une anthère à deux lobes rapprochés; deux masses de poussière dans chaque loge. Ses racines sont pourvues d'une bulbe solitaire; elles émettent deux feuilles ovales, à plusieurs nervures, rétrécies à leur base, renfermées dans une gaine scarieuse; une hampe pourvue, dans son milieu, d'une bractée, et terminée par une seule fleur roussâtre.

**CHILOGNATHES** (*entom.*). Ce nom, qui signifie lèvres-mâchoires, avait été employé par M. Latreille pour désigner une famille d'insectes aptères, correspondant à une division des mille-pieds ou myriapodes, qui comprend les glomérides, les iules, les polyxènes (*V.* MYRIAPODES).

**CHILOGNATHIFORME**, adj. des deux genres (*hist. nat.*), qui ressemble à un crustacé chilognathe.

**CHILOME**, s. m. (*zool.*), mufle d'un mammifère.

**CHILON**, adj. et s. m. (*chirurg.*). Il se dit d'un homme qui a de grosses lèvres.

**CHILON**, Lacédémonien qui tua les éphores, et tenta vainement de chasser Lycurgne de Sparte, pour se faire proclamer roi. Voyant ses menées sans succès, il se bannit volontairement.

**CHILON**, philosophe spartiate qui fut un des sept sages de la Grèce. Il fut éphore et restreignit le pouvoir des rois. Il mourut de joie en voyant son fils couronné aux jeux Olympiques, l'an 597 avant J.-C.

**CHILON**, Eléen qui souleva sa nation contre le tyran Aristotime.

**CHILON**, grammairien, esclave de Caton l'Ancien.

**CHILON MAGIUS**, complice de Catilina, qui voulut porter les Allobroges à la révolte.

**CHILONIS**, fille de Cléadas, femme de Théopompe, roi de Sparte, ayant appris que son mari avait été fait prisonnier par les Arcadiens, alla le rejoindre. Les Arcadiens, touchés de son amour conjugal, lui permirent d'entrer dans la prison où il était, et elle en profita pour le faire évader en changeant de vêtements avec lui. Théopompe étant retourné à Sparte, trouva le moyen de prendre la prêtresse de Diane Hymnis, et les Arcadiens lui rendirent sa femme en échange. Cela dut arriver pendant la première guerre de Mycènes, entre l'an 743 et 723 avant J.-C. — **CHILONIS**, fille de Léonidas II, roi de Sparte, fut célèbre par le dévouement avec lequel elle remplit successivement les devoirs de fille et d'épouse. Elle aima mieux suivre son père en exil, que de partager le trône que Cléombrote, son époux, avait usurpé sur lui. Léonidas, ayant été rappelé quelque temps après par un autre parti, voulut faire mourir son gendre; alors elle prit sa défense, et ayant obtenu, à force de sollicitations, qu'on lui laissât la vie, elle s'en alla en exil avec lui, quelques instances que fît son père pour la retenir.

**CHILOPLASTIQUE**, s. f. (*chirurg.*), art de réparer les lèvres détruites.

**CHILOPODE**, adj. des deux genres (*hist. nat.*), qui a des pieds innombrables.

**CHILOPODES** (*entom.*). C'est le nom d'un groupe d'insectes aptères formé par M. Latreille, dans la famille des myriapodes, pour y ranger les scolopendres, les scutugères et autres genres voisins, dont les première et seconde paires de pattes se trouvent changées en lèvres, comme le mot grec tend à l'exprimer (*V.* MYRIAPODES).

**CHILOPODIFORME**, adj. des deux genres (*hist. nat.*), qui ressemble à un crustacé chilopode.

**CHILOTE**, adj. des deux genres (*hist. nat.*), qui a la bouche munie de lèvres.

**CHILOTES**, s. m. pl. (*hist. nat.*), famille de reptiles chéloniens.

**CHILOUKS** (*géogr.*), peuple de l'Afrique orientale qui habite, à l'extrémité est du Takrour, les bords du Bahr-el-Abyadh, au-dessus des frontières de Nubie. Ils sont gouvernés par un sultan, qui fait sa résidence dans une ville appelée Tembèle ou Tomboul. En 1504, les Chilouks envahirent le Sennaar et le dominèrent pendant longtemps. Quelques individus y habitent encore une oasis qui porte leur nom.

**CHILPELAGUA**, s. m. (*comm.*). Il se dit, selon le dictionnaire de Trévoux, d'une des quatre sortes de poivre de Guinée.

**CHILPÉRIC I^er^**. Les quatre fils de Clotaire I^er^ se partagèrent la monarchie des Francs, comme avaient fait les quatre fils de Clovis. Le troisième fils de Clotaire, Chilpéric, essaya cependant de s'emparer de tout le royaume, ou de la ville de Paris, qui, dans sa pensée, devait entraîner tout le reste. Il quitta ses frères assemblés à Soissons pour rendre les derniers honneurs à leur père, et accourant au palais de Braine, à trois lieues de cette ville, il y trouva le trésor de Clotaire, dont il s'empara. Aussitôt il distribua ces richesses aux plus braves des Francs et à ceux qui avaient le plus d'influence sur les troupes; puis, marchant sur Paris, il s'y établit dans le château qu'avait habité le roi Childebert. Ses frères y accoururent à leur tour avec des forces supérieures, et le contraignirent à consentir au partage de l'empire en quatre lots, qui furent tirés au sort. De cette manière, Chilpéric obtint Soissons, résidence de son père, avec la Neustrie (561). Ce prince surpassait encore en débauche ses frères, qui pourtant ont laissé sous ce rapport une effrayante réputation; ce fut aussi celui qui souilla son règne par les plus atroces cruautés. Il n'était cependant encore entouré que de femmes d'un rang inférieur, parmi lesquelles on remarquait la fameuse Frédégonde, lorsque son frère Sigebert épousa Brunehaut, fille d'Athanagilde, roi des Visigoths d'Espagne. Ce mariage fit quelque impression sur Chilpéric : il eut honte de ne s'être uni qu'à des femmes d'une extraction vulgaire. « Quoiqu'il eût déjà plusieurs femmes, dit Grégoire de Tours, il fit demander Galswinthe, sœur aînée de Brunehaut, promettant par ses députés qu'il laisserait toutes les autres dès qu'il aurait obtenu une compagne fille de roi et digne de lui. Athanagilde, ayant reçu ces promesses, lui envoya en effet sa fille avec de riches trésors, comme il avait envoyé l'autre. A l'arrivée de Galswinthe auprès de Chilpéric, elle fut reçue avec de grands honneurs; elle lui fut associée en mariage, et il l'aima d'autant plus tendrement qu'elle lui avait apporté de grandes richesses. Mais bientôt son amour pour Frédégonde, qu'il avait auparavant pour maîtresse, excita entre elles un grand scandale. Déjà Galswinthe était convertie à la foi catholique (d'arienne qu'elle était), et avait reçu le saint chrême, lorsqu'elle se plaignit au roi des injures journalières qu'elle recevait, déclarant qu'on ne lui montrait aucun respect ; elle demanda donc à retourner dans sa patrie, en abandonnant tous les trésors qu'elle avait apportés. Chilpéric essaya d'abord de dissimuler avec elle et de l'apaiser, en lui parlant avec douceur; mais ensuite il la fit étrangler par un page à lui, en sorte qu'on la trouva morte sur son lit. Après avoir pleuré sa mort, Chilpéric, au bout de peu de jours, épousa Frédégonde.... Il avait déjà trois fils de la première de ses femmes, nommée Audovère. » En 567, tandis que le roi d'Austrasie, Sigebert, repoussait une invasion des Avares, Chilpéric envahit de son côté ses Etats, entra dans Reims, et leva des contributions dans ses autres cités. Sigebert, à son retour, se vengea sur la Neustrie, entra à Soissons avec son armée, et y enleva Théodebert, fils de Chilpéric, qu'il fit garder comme otage pendant une année au château de Pontion, près de Vitry le Brûlé, et qu'il rendit à son père, lorsqu'une paix, ensuite mal observée, eut été confirmée par des serments mutuels. Le meurtre de Galswinthe fit renouveler les hostilités. Sigebert, secondé par ses autres frères, voulut venger sa belle-sœur, et Chilpéric fut sur le point de perdre sa couronne. La paix fut cependant rétablie par la médiation de Gontran, sous condition que Chilpéric abandonnerait à Brunehaut les villes qu'il avait d'abord promises pour douaire à Galswinthe. — Toutefois Chilpéric et Sigebert étaient animés l'un contre l'autre d'une haine acharnée, que la jalousie paraît avoir excitée de bonne heure, et que l'aversion de leurs deux femmes Frédégonde et Brunehaut envenimaient encore. En 573, leur frère Gontran, roi des Bourguignons, leur proposa en vain de soumettre leurs différends à l'arbitrage des évêques assemblés à Paris en concile national, la guerre civile commença. —Théodebert, fils aîné de Chilpéric, se jeta dans la partie de l'Aquitaine qui était échue en partage à Sigebert après la mort de Charibert; il commit d'horribles ravages dans la Touraine, le Poitou, le Limousin et le Quercy. Sigebert appela à lui les nations germaniques d'au delà du Rhin. Leur barbarie inspirait tant de terreur, que Gontran, jusqu'alors ennemi de Chilpéric, s'unit à lui; Sigebert le ramena à son parti en le menaçant d'attaquer la Bourgogne. Les villages des environs de Paris, sur les deux rives de la Seine, furent brûlés par les Germains, et leurs habitants emmenés en captivité au delà du Rhin. Chilpéric s'était retiré à Chartres, où Sigebert le poursuivit; mais les seigneurs de Neustrie et d'Austrasie forcèrent les deux rois à conclure la paix. Elle ne devait pas durer longtemps. — Dès que l'armée germanique eut repassé le Rhin, Chilpéric, qui avait proposé à Gontran une alliance contre Sigebert, s'avança jusqu'à Reims, ravageant tout sur son passage (575). Sigebert revint à la tête de ses barbares, et entra dans Paris, en chassant Chilpéric devant lui, tandis que deux de ses lieutenants attaquaient Théodebert en Touraine, et que l'un d'eux tuait ce jeune prince. — Chilpéric, se croyant sans ressources, s'était renfermé avec sa femme et ses enfants dans les murs de Tournay. Déjà Brunehaut s'était rendue à Paris; déjà Sigebert avait été proclamé roi de Neustrie, lorsqu'il fut assassiné par ordre de Frédégonde. Les Neustriens reconnurent de nouveau Chilpéric, qui alla prendre possession de Paris. Il y fit prisonnières Brunehaut et ses filles. Quelques seigneurs, qui avaient abandonné Chilpéric dans cette guerre, se révoltèrent contre lui sans succès; ils voulaient éviter son courroux et ne firent qu'en hâter la redoutable explosion (576). La même année il poursuivit avec fureur son fils Mérovée, qui avait épousé Brunehaut à Rouen, le contraignit ainsi à la révolte, et le réduisit à se donner lui-même la mort à Térouanes (*V.* MÉROVÉE). Brunehaut, réclamée par les Austrasiens, avait été rendue à la liberté. Clovis, troisième fils de Chilpéric, venait d'obtenir de grands succès dans l'Aquitaine austrasienne; il s'y maintint après le départ de Mummolus, général de Gontran, qui prit la défense de son neveu Childebert II, roi d'Austrasie. Les grands de l'Austrasie envoyèrent à Chilpéric pour lui demander de rendre ce qu'il avait enlevé à leur royaume, ou de se préparer au combat. « Mais Chilpéric (disent les anciens auteurs), méprisant cette sommation, fit bâtir des cirques à Paris et à Soissons, et y donna des spectacles au peuple. » Il ne paraît pas qu'une guerre bien active ait suivi ces menaces, mais les trois royaumes compris dans les Gaules se considéraient comme ennemis. — Waroc, duc de Bretagne, avait offensé Chilpéric; il fut forcé de s'humilier devant lui (578). Mais bientôt il recommença une petite guerre qui, pendant les années suivantes, exposa les provinces voisines au brigandage des Bretons. — Chilpéric et Frédégonde se livraient aux excès les plus infâmes, accablaient le peuple d'impôts, et faisaient périr dans de cruels supplices quiconque leur déplaisait. Ainsi furent assassinés Clovis, fils de Chilpéric et d'Audovère, puis Audovère elle-même, enfin tous ceux qui leur étaient attachés. Chilpéric mérita le surnom de *Néron des Francs*, que lui a donné Grégoire de Tours. Comme Néron, il était raffiné dans sa cruauté, qu'il étendait quelquefois sur des communautés entières; comme lui encore, il avait la prétention d'être homme de lettres, poëte et grammairien. Il essaya de faire des vers latins, et voulut introduire dans l'alphabet et faire recevoir par force de nouveaux caractères. Il se piquait aussi de théologie; il entreprit de réformer la foi catholique, et inventa une explication de la Trinité, que les évêques refusèrent d'adopter, sans qu'il les persécutât pour cela. Enfin il voulut aussi convertir les juifs, et fit administrer par violence le baptême à tous ceux qu'on trouva dans ses Etats. Et cependant il respectait peu les prêtres et les évêques, et se plaignait que le fisc était appauvri par eux, et que leur autorité était devenue rivale à celle du roi. — En 581, les grands d'Austrasie, qui voulaient renverser le pouvoir royal, recherchèrent l'alliance de Chilpéric contre Gontran et contre leur propre roi, et en effet la guerre fut faite au roi de Bourgogne : elle dura jusqu'en 583 à l'avantage de Chilpéric; mais ensuite celui-ci fut battu par Gontran près de Melun, et la paix fut ensuite signée entre les deux frères, sans concessions réciproques. En 584, Frédégonde donna à Chilpéric un fils qui fut depuis Clotaire II. Seul, parmi les huit fils qu'avait eus le roi de Neustrie, il survécut à son père. — « Chilpéric était allé s'établir à sa maison de campagne de Chelles, à quatre lieues de Paris, et il y prenait le plaisir de la chasse. Revenant de la forêt, à l'entrée de la nuit, tandis qu'on l'aidait à descendre de cheval, et qu'il avait la main appuyée sur l'épaule de son page, un homme s'approcha de lui, le frappa de son couteau sous l'aisselle, et redoublant le coup, lui transperça le ventre. Aussitôt Chilpéric répandit en abondance du sang par la bouche et par l'ouverture de sa blessure, et il rendit ainsi son âme inique.» Tel est le récit de Grégoire de Tours, qui n'indique point l'auteur de ce meurtre. Les écrivains postérieurs accusent de cet assassinat l'une ou l'autre des deux reines. Selon les uns, Frédégonde, dont Chilpéric venait de découvrir la liaison avec le courtisan Landéric, fit tuer son mari pour se soustraire elle-même à sa vengeance. Selon les autres, Brunehaut fit commettre ce forfait pour se venger des maux que Chilpéric avait faits à elle-même et à sa maison. Du reste on mit peu d'ardeur à la recherche des meurtriers, qui ne furent point découverts. « Comme personne n'aimait Chilpéric, dit Grégoire, personne ne le regretta, et au moment de sa mort il fut abandonné de tous. » Un évêque, qui depuis trois jours demandait en vain une audience, prit seul soin de son corps, et lui rendit les honneurs funèbres (*V.* FRÉDÉGONDE).

**CHILPÉRIC II.** Après la mort du roi de Neustrie Dagobert III (715), le maire du palais Raginfred tira d'un couvent un prince nommé Daniel, fils prétendu de Childéric II, et que les Francs neustriens reconnurent pour roi sous le nom de Chilpéric II. Il devait avoir au moins quarante-deux ans. Il y avait près d'un siècle que la monarchie n'avait eu un chef aussi avancé en âge; mais la vie monacale avait été pour Chilpéric une seconde enfance, qui le rendait tout aussi incapable d'administrer que s'il ne fût point sorti de la première. En 716 et 717,

Raginfred le traîna à sa suite dans ses guerres contre Charles Martel, et le fit assister à la sanglante bataille de Vincy, qui fut si désastreuse pour sa cause. Lorsque Charles Martel envahit la Neustrie, Eudes, duc d'Aquitaine, emmena Chilpéric II derrière la Loire et, après la soumission de Raginfred, Chilpéric passa entre les mains de Charles Martel, au moyen d'un traité avec Eudes, qui lui assurait la continuation de son règne nominal. Ainsi ce triste roi, grâce à ses revers et non à ses succès, réunit les trois royaumes de Neustrie, de Bourgogne et d'Austrasie. De nouveau la domination franque parut n'obéir qu'à un seul chef; toutefois le moine Daniel, que Charles nommait son roi, régnait moins encore dans le camp des Austrasiens qu'il n'avait fait dans celui de Raginfred. Il ne vécut pas plus d'une année sous la tutelle de Charles. Il mourut en 720.

A. SAVAGNER.

**CHILPÉRIC (LETTRES DE)** (*philol.*). Quatre caractères dont Chilpéric Ier tenta d'introduire l'usage dans l'écriture latine. On croit que ces caractères avaient le valeur de l'*O* long, de l'*A*, du *Th* anglais et du *W* de la même langue.

**CHILPÉRIC** ou **HELPÉRIC**, moine de Saint-Gall, a composé l'an 980 un *Traité du calendrier*, dont le P. Mabillon a donné la préface dans le tome Ier de ses *Analectes*, et qui se trouvait en manuscrit dans la bibliothèque de Saint-Germain des Prés.

**CHILQUES-Y-MASQUES** (*géogr.*), district de la province du Pérou ou du département de Cusco, limité au nord par l'Abancay, à l'est par le Quispicanchi, au sud par le Chumbivilcas, et à l'ouest par le Cotabamba, arrosé par l'Apurimac, et situé en partie sur le versant des Andes, en partie dans le pays plat, ce qui fait que son climat, frais dans certaines contrées, est très-chaud dans d'autres. Il fournit la plupart des produits du Pérou, et offre des indices de métaux précieux, bien qu'aucun ne soit exploité. Le sol est extraordinairement sujet aux tremblements de terre, ce qui en 1707 coûta la vie à des milliers d'habitants. On comptait en 1793 8 doctrinas, 19 communes et 20,236 habitants, parmi lesquels 20 prêtres séculiers et un religieux, 2,331 blancs, 15,034 Indiens, 2,733 métis et 117 mulâtres libres. La fabrique de lin était répandue partout. Le revenu annuel du district s'élevait à 96,471 piastres. La capitale est Paruro, et elle donne ordinairement son nom au district.

**CHILTEPEC** (*géogr.*), rivière du Mexique dans le gouvernement de Tabasco; elle coule du sud au nord, et se jette dans le golfe du Mexique à 18° 18' de latitude nord, et 283° 34' de longitude. On trouve sur ses bords un village du même nom.

**CHILTERN** (*géogr.*), chaîne de montagnes dans le comté de Buckingham en Angleterre, qui s'étend de Tring en Hertford, jusqu'à Heuly en Oxford. Elle est de formation calcaire, mais d'une hauteur peu considérable. Une charge de la couronne, le steward du district de Chiltern, en tire son nom.

**CHILTERPIN**, s. m. (*comm.*). Il se dit, selon le dictionnaire de Trévoux, d'une des quatre sortes de poivre de Guinée.

**CHILTOTOTL** (*ornith.*). Ce nom est appliqué par Fernandez aux oiseaux qu'il a décrits sous les chapitres 38, 184 et 210. On a déjà fait mention au mot CHILCOQUIPOTOTL de celui qui fait l'objet du chapitre 184. L'oiseau du chapitre 38 est annoncé comme étant de la taille et de la couleur du moineau, mais ayant le bec moins fort, plus allongé, recourbé et noir, la tête et le ventre de couleur de feu, la queue noire, et chantant d'une manière assez agréable. Le chiltototl du chapitre 10 est un oiseau qui n'excède pas la taille du chardonneret, et dont tout le plumage est écarlate, à l'exception des ailes qui sont en partie noires, et de taches blanches près des yeux. Cette espèce, dont le bec est noir et petit, fait plutôt entendre une sorte de bruissement qu'un chant véritable; elle vit d'insectes qu'elle cherche sur les arbres, comme les grimpereaux. Les deux oiseaux, malgré des rapports dans leurs couleurs, semblent d'ailleurs assez différents l'un de l'autre pour ne pas devoir les associer. C'est le dernier qui est cité dans la synonymie du tangara scarlate, pl. enl. de Buffon, nos 127 et 156.

**CHIM**, s. m. (*relation*), selon Laveaux, un des noms par lesquels on désigne le nid de la salangane.

**CHIMACHIMA** (*ornith.*). Cet oiseau, dont M. d'Azara donne la description dans son *Ornithologie du Paraguay*, no 6, est par lui placé à la suite du caracara. C'est le *polyborus chimachima* de M. Vieillot (*V.* CARACARA).

**CHIMÆRA**, *malacoz.* Poli, *Testat. des Deux-Siciles*, donne ce nom de genre à l'animal des jambonneaux, *pinna*, et le caractérise ainsi : siphon unique, allongé, mince, sinueux, épais et musculeux à sa base; les branchies un peu réunies à leur partie supérieure; le manteau pourvu d'un muscle ramifié, et un peu réuni vers l'extrémité des branchies; l'abdomen très-saillant; le pied nu; un appendice en forme de langue à la base d'un byssus toujours simple (*V.* JAMBONNEAU).

**CHIMÆRE** (*ichthyol.*), nom allemand de la chimère arctique (*V.* CHIMÈRE).

**CHIMALAPA** (*géogr.*), petite rivière qu'on trouve sur l'isthme de Tehuantepec dans le gouvernement mexicain d'Oaxaca, et qui va se jeter dans l'Océan Austral; elle est remarquable en ce que ses eaux coulent si près de celles du Huascualco, qui se jette dans le golfe du Mexique, qu'on pourrait joindre les deux mers au moyen d'un canal. Cependant les deux rivières sont si peu considérables, qu'elles ne peuvent servir à transporter que des courriers, et déjà on a établi une station dans l'intervalle qui les sépare.

**CHIMALTENANGO** (*géogr.*), gouvernement des Etats-Unis de l'Amérique centrale. Situé sur le plateau supérieur, il s'étend depuis le 283° 8' de longitude jusqu'au 285° 45' et depuis le 14° 38' jusqu'au 15° 10' de latitude nord; il est borné au nord par le Chiquimala, à l'est par le Sacatepeque, au sud par l'Escuintlo, à l'ouest par le Solola; sa longueur est de 24 lieues environ, sur une largeur à peu près égale. Il forme une partie de la grande vallée du Guatemala, et il embrasse les trois vallées de Chimaltenango, de Xilotepeque et d'Alotenango, qui sont toutes fermées par de hautes chaînes de montagnes d'où s'élève le redoutable volcan de Fuego avec ses trois pointes; il est arrosé par les fleuves du Giacalat, de la Sumasinta, de Rio-Grande et du Pancacoya, dont le dernier est remarquable par deux cataractes; il possède plusieurs sources chaudes et un terrain entièrement volcanique, qui, à cause de sa situation élevée, ne produit pas seulement les céréales d'Europe, mais encore le maïs, les pommes de terre, le coton, le tabac, le sucre et les fruits les plus exquis; le bétail est considérable, le pays est bien boisé, les rivières charrient de l'or. La population peut s'élever maintenant à 60,000 individus; car en 1778 on comptait 40,082 habitants répartis dans une ville, 21 villages et 10 paroisses appartenant au diocèse de l'archevêché de Guatemala. Les Indiens qui forment le gros de la population, et qui maintenant sont tous Ladinos ou convertis au christianisme, appartiennent à la race des Cachiqueliens, et parlent encore la langue cachiquelienne; ils vivent de l'agriculture, de l'entretien des bestiaux, du tissage du coton et du pita, et ils commercent surtout avec Guatemala. Le chef-lieu, Chimaltenango ou Sainte-Anne de Chimaltenango, qui est une ville, est situé sur les bords du Rio-Grande dans la belle et spacieuse vallée du même nom; il possède une grande place publique, une église paroissiale, environ 4,000 habitants, et il tient des marchés fréquentés.

**CHIMANGO** (*ornith.*), oiseau rapporté par M. d'Azara, n. 5, au caracara, *polyborus chimango* (*V.* CARACARA).

**CHIMAPHILA** (*botan.*). Pursh, dans sa Flore d'Amérique, a présenté sous ce nom générique quelques espèces de pyroles, telles que les *pyrola maculata*, *umbellata*, etc., qui diffèrent des autres par leur stigmate sessile, orbiculaire et par leurs anthères en bec, percées et s'ouvrant en deux valves. Les pyroles forment un genre très-naturel; leur principal caractère consiste dans une capsule à cinq loges, à cinq valves; quelques légères différences dans les autres parties de la fructification ne peuvent autoriser à rompre les rapports qui existent entre des espèces rapprochées d'ailleurs par tant d'autres caractères.

**CHIMARRHIS A FLEURS EN CIME** *chimarrhis cymosa* Jacq., *Amer.*, 61) (*botan.*), grand et bel arbre de la Martinique, qui seul constitue un genre particulier de la famille des *rubiacées*, de la *pentandrie monogynie* de Linnæus. Il se distingue par un calice inférieur à bords entiers, une corolle en forme d'entonnoir; le tube court; le tube a cinq divisions étalées, velues en dehors jusqu'à leur milieu; cinq étamines attachées au sommet du tube; les filaments hérissés à leur base; un style, un stigmate bifide, une capsule bivalve à deux loges, à deux semences, les valves bifides au sommet. Cet arbre, vulgairement appelé bois de rivière, supporte une cime élégante et touffue. Les rameaux sont glabres, nombreux; les feuilles pétiolées, opposées, glabres, ovales, aiguës; les fleurs petites, blanchâtres, disposées en grappes axillaires, touffues, terminales. Les stipules n'ont point été observées.

**CHIMARRHUS** (*géogr. anc.*), fleuve de l'Argolide situé entre l'Erasinus et la ville de Lerne.

**CHIMAY** (*géogr. et hist.*), ville, seigneurie et pairie du Hainaut, fut portée dans la maison de Nesle-Soissons, vers le milieu du XIIIe siècle; elle passa ensuite, par mariage, à Jean de Hainaut, sire de Beaumont, puis aux Châtillon, comtes de

Blois. La terre de Chimay étant échue, à défaut d'héritiers directs, à Thibaud de Soissons, seigneur de Moreuil, celui-ci la vendit à Jean de Croy, seigneur de Tours-sur-Marne (*V.* CROY), en faveur duquel elle fut érigée en comté par Charles le Hardi, duc de Bourgogne, en 1470. Charles de Croy, son petit-fils, fut créé prince de Chimay et du saint-empire, en avril 1486. Cette principauté devint en 1612 et resta jusqu'en 1686 la propriété de la maison de Ligne-Aremberg; elle fut alors l'héritage de Philippe-Louis de Hennin, comte de Boussu. En 1750 Victor-Maurice-Riquet de Caraman, ayant épousé Anne-Gabrielle de Hennin d'Alsace, la principauté de Chimay est devenue le patrimoine de la maison de Caraman. Le prince de Chimay actuel, retiré dans sa famille, y donne l'exemple de toutes les vertus privées et du caractère politique le plus honorable.

**CHIMAY** (THÉRÈSE, COMTESSE DE CARAMAN ET PRINCESSE DE), née à Saragosse vers l'an 1775, était fille du comte de Cabarrus (*V.* ce nom), ministre des finances en Espagne. Mariée fort jeune à M. Davin de Fontenay, ancien conseiller au parlement de Bordeaux, elle ne trouva pas le bonheur dans ce mariage, et fit prononcer son divorce. Devenue libre et livrée bien jeune encore à elle-même, elle vécut quelque temps à Bordeaux, où, après avoir suivi avec trop de légèreté peut-être le torrent et les fêtes révolutionnaires, elle fut jetée, en un moment de réaction, dans les prisons de la ville. Tallien, député, alors en mission dans le département de la Gironde avec Isabeau, entendit faire de grands éloges de la beauté de cette jeune Espagnole; il voulut la voir, et en devint éperdument amoureux. Il la protégea, la fit mettre en liberté, et, après lui avoir rendu ce service, il lui offrit sa main à Paris. M^me^ Tallien exerça une telle influence sur ce conventionnel, de plus en plus épris des charmes de sa compagne, que c'est à elle que l'on doit l'énergie qu'il montra au 9 thermidor an II, et qui amena la chute de Robespierre et du règne de la terreur, au moment même où Thérèse devait accompagner Tallien à l'échafaud. Son salon devint bientôt célèbre, et elle fut l'ornement des cercles les plus brillants du temps de la révolution. Bientôt après Tallien, devenu malheureux par des chagrins domestiques et voyant que sa femme avait oublié ce qu'il avait fait pour elle, partit pour Londres, l'oubliant à son tour, et puis il accompagna Napoléon en Egypte. Revenu à Paris, il trouva Thérèse décidée à demander son divorce, qui fut prononcé peu de temps après. Elle épousa en 1805 M. de Caraman (*V.* ce nom), aujourd'hui prince de Chimay, dont elle eut quatre enfants, et vécut depuis alternativement à Paris, à Nice et dans son château de Chimay, ancienne pairie du Hainaut, qui devint en 1750 la propriété des comtes de Caraman; elle y mourut le 15 janvier 1835. La princesse de Chimay était l'une des plus belles femmes de son temps, et l'on peut dire qu'elle réunissait à cette beauté éblouissante beaucoup d'esprit, une amabilité et une générosité peu communes. Elle fut l'amie de M^me^ Récamier, de l'impératrice Joséphine, et des généraux Barras, Hoche et Bonaparte. Les services qu'elle a rendus à l'humanité la mettent au rang des femmes célèbres; ses ennemis mêmes lui ont dû l'adoucissement de leur sort, et plusieurs d'avoir échappé à la proscription. Elle a sauvé de la mort la femme du général Valence, qui depuis a dit si ingénieusement : « Si l'on a donné à M^me^ Bonaparte le surnom de *Notre-Dame des Victoires*, on doit donner à M^me^ Tallien, celui de *Notre-Dame de Bon-Secours.* » Ce fut par un jeu de mots cruel que de mauvais plaisants osèrent changer cette qualification en celle de *Notre-Dame de Septembre*, comme pour faire allusion aux massacres de septembre, auxquels on accusait Tallien d'avoir pris part, et qui avaient eu lieu à une époque où M^me^ de Fontenay n'avait peut-être jamais encore entendu parler de son futur époux.

**CHIMBO** (*géogr.*), rivière du département de Quito dans la Colombie. Elle sort du Chimborazo, se dirige du nord-nord-est au sud-sud-ouest, baigne les murs de la ville de même nom, et se jette dans l'Alusi 20 lieues au-dessus de Guayaquil; les deux fleuves réunis prennent le nom de Yaguachi, et vont se jeter dans le golfe de Guayaquil. —Ville du département située sur les bords du Chimbo au sud du Chimborazo, dont les habitants sont pour la plupart muletiers et transportent les marchandises des contrées orientales de la Colombie à la douane de Babahayo. Sa population, en y comprenant le district montagneux où elle est située, s'élève à 2,000 habitants.

**CHIMBORACITE**, s. f. (*minér.*), substance minérale peu connue.

**CHIMBORAZO** (*géogr.*), une des montagnes les plus élevées de la Cordillère des Andes (*V.* ce nom) dans l'Amérique méridionale. Elle a une forme conique, et elle est située dans la branche qui traverse le Pérou et la Nouvelle-Grenade; elle fait maintenant partie du territoire colombien. La Condamine y monta en 1748 avec Bouguer; M. de Humboldt en fit de nouveau l'ascension au mois de juin 1802, et s'assura de sa hauteur, qui est de 3,350 toises. On crut d'après lui que le Chimborazo est la plus haute sommité des Andes; mais des observations faites depuis ont assigné le premier rang parmi les Cordillères au mont Nevado de Sorata et au Nevado d'Illimani qui ont 5 et 400 toises de plus. Le 16 décembre 1831, M. Boussingault accompagné du colonel Halli, est parvenu sur cette montagne à une élévation de 6,006 mètres, la plus grande, ou l'une des plus grandes que les hommes aient jamais gravies. Selon ce naturaliste, le cône trachitique qui surmonte le Chimborazo, comme d'autres montagnes des Andes, a été produit par un soulèvement à l'état fragmentaire. Le trachite y est parsemé de pyrites, de grenats et d'un peu de quartz. Sur le flanc oriental on voit des colonnes de phoxolite; enfin dans la région inférieure la roche renferme beaucoup de pyroxène. Au nord de la base jaillit une source d'eau thermale. Une masse de neige perpétuelle couvre la cime aplatie de ce mont, qui pourtant n'est guère qu'à un degré et demi du sud de l'équateur. Le mot Chimborazo veut dire dans la langue des indigènes, neige de Chimbo, ce dernier mot est donc son véritable nom. Au-dessous des neiges on trouve de très-bons pâturages. Selon M. de Humboldt, on ne voit au bas que des buissons rabougris à moitié détruits par le gaz, où viennent des plantes alpines couvertes d'un duvet tendre; ces plantes couvrent les montagnes jusqu'à une élévation de 12,600 pieds. De là jusqu'à 14,150 pieds, ce ne sont plus que des herbes alpines, servant à la pâture des cigognes et des lamas. Au-dessus de cette ligne il n'y a que des cryptogames; la limite des neiges perpétuelles commence à 15,765 pieds. Le même voyageur y trouva encore le *leucidea geographica.*

**CHIM-CHIM-NHA**, s. m. (*botan.*), arbre de la Cochinchine.

**CHIM-CHIM-RUNG**, s. m. (*botan.*), arbre de la Cochinchine.

**CHIMÈNE**, prétendue épouse de Rodrigue Dias de Bivar, surnommé *le Cid* (*V.* ce nom), est un personnage imaginaire que Mariana et d'autres historiens espagnols ont introduit dans leurs écrits, plus fabuleux que véridiques. Les amours du Cid et de Chimène ont fourni à Corneille le sujet d'une des plus belles tragédies du théâtre français.

**CHIMÈNE DE L'INFANTADO.** Les romanciers ont donné à François I^er^, pour l'amuser pendant sa captivité à Madrid, une maîtresse nommé Chimène de l'Infantado, à laquelle ils prêtent un caractère bien rare, une vertu non moins rare, et un amour tout à fait héroïque. Elle est naïve, tendre, amoureuse et sage, hasardeuse dans ses démarches, et d'une retenue pleine de charmes; elle soutient le roi, le console, l'encourage, ne lui permet pas de douter de sa tendresse, et pourtant lui refuse obstinément ce qu'il n'est pas accoutumé de se voir refuser; elle l'afflige par une rigueur qu'il n'avait jamais éprouvée. Pour elle, sa réputation n'est rien; elle méprise les discours du monde; mais elle craint de trouver dans sa conscience un juge inexorable, et reste fidèle à son devoir, malgré la violente passion qui la domine. « Le roi, dit le romancier, tombe dangereusement malade; près de Chimène, que lui faisait sa captivité! N'y eût-il pas trouvé le bonheur si Chimène eût été moins sévère? mais Chimène lui résistait; rien ne pouvait la vaincre; et d'ailleurs pouvait-elle l'aimer d'amour, d'un amour bien profond, elle qui le pressait d'épouser Eléonore, reine douairière de Portugal; à ce prix, il devait obtenir la paix et la liberté. Cette incertitude cruelle tourmentait François; il faillit en mourir. Pendant que la vie du prince était en danger, Chimène ne put l'approcher; mais lorsqu'il n'y eut plus rien à craindre, lorsqu'elle le vit, elle fondit en larmes, lui reprochant d'avoir voulu mourir, d'avoir compromis les jours de celle qui l'adorait, car, après lui, elle n'eût pu supporter la vie; elle serait avec lui descendue au tombeau. Puis elle lui rappela ses devoirs de roi, le soin de sa gloire; elle releva son âme encore abattue; au nom de l'amour même, elle le supplia enfin d'épouser la reine de Portugal, de mettre un terme à une guerre terrible, de donner à ses sujets une paix qui leur est si nécessaire. François est vaincu par un si rare dévouement. Il accepte la main d'Eléonore; au milieu de la cérémonie, il cherche en vain Chimène; ses yeux ne la rencontrent point. En sortant, il reçoit d'elle un billet; celle qui l'aime par-dessus tout le félicite d'avoir accompli son devoir, et lui annonce qu'elle ne le reverra jamais. Elle s'était retirée dans un couvent, et François fit d'inutiles efforts pour lui dire au moins un éternel adieu. » — Ces amours si purs et si ingénieusement imaginés ont été reproduits plus ou moins sérieusement par des écrivains qui visaient à l'effet plus qu'à la vérité. Ils ne sont qu'une fiction; le premier qui en ait parlé est l'auteur d'un roman qui a pour titre : *Histoire de Marguerite de Valois, reine de Navarre, sœur de François Ier*. A.-S-R.

**CHIMENÉE** (*vieux langage*), cheminée.

**CHIMENÉE, CHIMENEI** (*vieux langage*), buisson, touffe d'arbres.

**CHIMENTELLI** (VALÈRE), savant helléniste et antiquaire italien du XVIIe siècle, succéda, en 1646, à Jean-Baptiste Doni dans la chaire d'éloquence et de langue grecque de l'université de Florence. Il obtint ensuite la même chaire dans celle de Pise, et ce fut là qu'il publia une savante dissertation latine sur un marbre antique trouvé à Pise, le seul ouvrage qui soit resté de lui; elle est intitulée : *Marmor pisanum de honore bisellii*, comme l'a écrit Tiraboschi, t. VIII, p. 294, édition de Modène, in-4°. Quelqu'un, trompé par cette mauvaise orthographe, disait qu'il ne connaissait point ce *Biselius*, en l'honneur de qui était écrite cette dissertation de Chimentelli, tandis qu'elle a pour objet la chaise à deux bras, qui était chez les Romains un siége et une marque de dignité. L'auteur y prend occasion de parler de toutes les sortes de chaises des anciens. Grævius a recueilli ce morceau curieux dans son *Thesaurus antiquitatum romanarum*, vol. VII.

**CHIMENTIÈRE** (*vieux langage*), cimetière.

**CHIMÈRE** (*archéol., numism.*). Ce monstre fabuleux avait, selon les poëtes, la tête et le cou d'un lion, le corps d'une chèvre et la queue d'un dragon; il vomissait des tourbillons de flammes. Ovide la dépeint ainsi :

Mediis in partibus hircum,
Pectus et ora leæ, caudam serpentis habebat.

Bellérophon, monté sur le cheval Pégase, combattit ce monstre et le vainquit. On a donné plusieurs explications de cette fable. Selon plusieurs scoliastes, il y avait en Lycie une montagne dont le sommet était habité par des lions, le milieu par des chèvres sauvages, et dont le pied marécageux était rempli de serpents : Bellérophon fit la chasse à ces animaux, et en débarrassa le pays, ce qui fit que les poëtes le chantèrent comme vainqueur de la Chimère.—Freret prétend que, par la Chimère, il faut entendre des vaisseaux qui infestaient les côtes de la Lycie, et qui portaient à leurs proues des figures de boucs, de lions et de serpents, et que Bellérophon, monté sur une galère qui portait à sa proue la figure d'un cheval, défit ces brigands. M. Dupuis (*Origine des cultes*) en fait un monstre astronomique, tel que le tricéphale Cerbère, composé sur le même principe. Les griffons sont aussi des espèces de chimères; leur corps est celui d'un lion, leur tête et leurs ailes sont celles d'un aigle. Le sphinx, les sirènes, les tritons, les hippocampes ou chevaux marins, les centaures, les satyres, qui ont des corps humains avec des jambes de bouc, sont des chimères que les Grecs ont formées de l'association de plusieurs êtres existants, et qui, monstrueuses suivant les lois de la nature, ont reçu de l'art les formes les plus nobles et les plus élégantes. On pense que la première idée de ces bizarres assemblages leur est venue de l'Inde et de la Perse, dont les peintures et les sculptures en offrent beaucoup d'exemples : mais, en les perfectionnant, les Grecs en sont devenus les véritables créateurs.—Les médailles antiques qui représentent la Chimère ne la montrent pas tout à fait telle que la décrit Ovide. Sur les belles pièces d'argent attribuées jadis à Sériphe et à Siphnos, îles des Cyclades, et maintenant restituées à Sicyone de l'Achaïe, la Chimère a le corps d'une lionne, associé à la partie antérieure d'une chèvre, et une queue terminée par une tête de serpent (V. *Numismatique d'Anacharsis*, t. III, p. 65, pl. 74 et 75). On voit encore la Chimère sur les médailles de Corinthe en Achaïe et de Leucas d'Acarnanie. Elle est représentée de même sur un beau vase grec de la collection de Tischbein, où l'on voit Bellérophon la perçant de sa lance (Millin, *Gal. mythol.*, t. II, p. 8, pl. 112).

**CHIMÈRES** (*psychologie*). C'est de la forme fantastique donnée par les artistes à la Chimère, que ce mot est devenu la signification des pensées extravagantes et des imaginations folles qui se forment dans les cerveaux humains.

Chimères est fort bon!
Et je ne savais pas que j'eusse des chimères!

s'écrie la folle Bélise, dans *les Femmes savantes* de Molière.

**CHIMÈRE** (MONTS DE LA). Ce nom, dont la racine grecque rappelle les idées d'*hiver* et de *torrent*, a été donné à plusieurs montagnes. L'une, située en Lycie, et nommée aussi *Gragus*, fut, dit-on, le séjour de la chèvre sauvage connue dans la fable sous le nom de *Chimère* (*V.* l'article précédent). Solin et Servius disent que ce mont jetait des flammes durant la nuit. On trouve aussi en Epire deux montagnes de ce nom qui ont été quelquefois confondues. L'une forme le promontoire *Chimærium*, près duquel est bâti Parga; l'autre fait partie des monts *Acrocérauniens* (*V.* ce nom). La petite ville de la *Chimère* ou *Chimæra*, à laquelle on ne parvient qu'après avoir gravi pendant une demi-lieue une rampe taillée à main d'homme, a figuré dans les nombreuses guerres qui ont agité l'Epire depuis les temps anciens jusqu'à nos jours. C'est près de cette ville que succomba Dorothée, fils de Thersandre, qui avait voulu rendre à l'Epire son indépendance. Pline (*Hist. nat.*, IV, ch. 1) la cite comme une citadelle. Elle fut réédifiée par Justinien (Procop., *De ædif.*, IX, ch. 6), et dans les guerres d'Alexis Comnène contre les croisés, au Xe siècle, comme dans celles des Vénitiens contre les Turcs au XVIe, sa possession fut souvent disputée. Les *Chimariotes*, Albanais chrétiens, pouvaient mettre sur pied quatre mille combattants. Ils ont maintenu leur indépendance jusqu'en 1811, et ils s'étaient toujours montrés prêts à soutenir les tentatives des puissances européennes contre la Turquie. Beaucoup d'entre eux prenaient du service en Italie, sans que ces relations avec l'Europe aient beaucoup adouci leurs mœurs, aussi sauvages que l'aspect de leur pays. *Chimæra* est le chef-lieu d'un des quatre cantons de l'Epire, et forme avec Delvino l'un des quatre évêchés suffragants du métropolitain de Janina. Le capitaine Gauthier a fixé la position du port Palerme, au pied de la Chimère, par les 40° 2' 45" de latitude, et 17° 28' 4" de longitude à l'est de Paris.

**CHIMÈRE,** *chimæra* (*poiss.*). C'est un objet très-digne d'être remarqué que ce grand poisson cartilagineux, dont la conformation est si curieuse, qu'elle lui a fait donner le nom de chimère, et même celui de chimère monstrueuse par Linné et par d'autres naturalistes. L'agilité, et en même temps l'espèce de bizarrerie de ses mouvements, la mobilité de sa queue très-longue et très-déliée, la manière dont ses dents se meuvent, et celle dont ce poisson remue également les différentes parties de son museau, souples et flexibles, ont en effet retracé aux yeux de ceux qui l'ont observé l'allure, les gestes et les contorsions des singes les plus connus. D'un autre côté, tout le monde sait que l'imagination poétique des anciens avait donné, à l'animal redoutable qu'ils appelaient Chimère, une tête de lion et une queue de serpent. La longue queue du cartilagineux que nous examinons rappelle celle d'un reptile, et la place ainsi que la longueur des premiers rayons de la nageoire du dos représentent, quoique très-imparfaitement, une sorte de crinière située derrière la tête, qui est très-grosse, ainsi que celle du lion. D'ailleurs les différentes parties du corps de cet animal ont des proportions que l'on ne rencontre pas dans la classe, cependant très-nombreuse, des poissons, et qui lui donnent au premier coup d'œil l'apparence d'un être monstrueux. Enfin la conformation particulière des parties sexuelles, tant dans le mâle que dans la femelle, et surtout l'appareil extérieur de ces parties, ajoutent à l'espèce de tendance que l'on a, dans les premiers moments où l'on voit la chimère arctique, à ne la considérer que comme un monstre, et doivent la faire observer encore avec un plus grand intérêt. On a assimilé en quelque sorte sa tête à celle du lion; on a voulu, en conséquence, la couronner comme celle de ce dernier et terrible quadrupède. Le lion a été nommé le roi des animaux; on a donné aussi un empire à la chimère, et plusieurs auteurs l'ont appelée le roi des harengs, dont elle agite et poursuit les immenses colonnes. On ne connaît encore dans le genre chimère qu'une seule espèce, la CHIMÈRE ARCTIQUE (*chimæra monstruosa* Linné, Bloch, 124). Sa dénomination indique les contrées du globe qu'elle habite. Elle ne s'approche que rarement des contrées tempérées, et ne se plaît, pour ainsi dire, qu'au milieu des montagnes de glace et des tempêtes qui bouleversent si souvent les plages polaires. Ce poisson est long de trois pieds quand il est adulte; sa couleur est jaunâtre avec des taches noires. La chimère s'accouple à la manière des raies et des squales. Les œufs sont fécondés dans la vulve de la mère, comme ceux des squales et des raies. Mais ce qui est plus digne de remarque, et qui rend la chimère un être plus extraordinaire et plus singulier, c'est que, seule parmi tous les poissons connus jusqu'à présent, elle paraît féconder ses œufs non-seulement pendant un accouplement réel, mais encore pendant une réunion intime et par une véritable intromission. Plusieurs auteurs ont écrit en effet que la chimère mâle avait une sorte de verge double; on a également remarqué sur la femelle, un peu au-dessus de l'anus, des parties très-rapprochées, saillantes, arrondies, assez grandes, membraneuses, plissées, extensibles, et qui présentaient chacune l'origine d'une cavité qui correspond jusque dans l'ovaire. Ces deux appendices doivent être considérés comme une double vulve destinée à recevoir l'organe mâle, et nous avons d'autant plus cru devoir les faire connaître, que cette conformation, très-rare dans plusieurs classes d'animaux, est très-éloignée de celle que présentent les parties sexuelles des femelles des poissons. La chimère arctique, cet animal extraordinaire par sa forme, vit, ainsi que nous l'avons dit plus haut, au milieu de l'Océan septentrional; ce n'est que rarement qu'elle s'approche des rives. Le temps de son accouplement est presque le seul pendant lequel elle quitte la haute mer; elle se tient presque toujours dans les profondeurs de l'Océan, où elle se nourrit, pour l'ordinaire, de crabes, de mollusques, et si parfois elle se présente à la surface de l'eau, ce n'est que pendant la nuit, ses yeux grands et sensibles ne pouvant supporter qu'avec peine l'éclat de la lumière du jour. On l'a vue cependant attaquer ces légions innombrables de harengs dont la mer du Nord est couverte à certaine époque de l'année, les poursuivre, et faire sa proie de plusieurs de ces faibles animaux. Au reste, les Norwégiens et d'autres habitants des côtes septentrionales, vers lesquelles elle s'avance quelquefois, se nourrissent de ses œufs et de son foie, qu'ils préparent avec plus ou moins de soin. ALPH. G.

Chimère arctique.

**CHIMÉRÉUS**, fils de Prométhée et de la pléiade Céléno.

**CHIMERINUM** (*géogr. anc.*), montagne de la Phthiotide en Thessalie.

**CHIMÉRIQUE**, adj. des deux genres, visionnaire, plein de chimères, d'imaginations ridicules et vaines. — Il se dit aussi des imaginations, des prétentions, des espérances ou des craintes qui n'ont aucun fondement solide ou réel.

**CHIMÉRIQUEMENT**, adv. d'une manière chimérique.

**CHIMÉRISER**, v. n. se repaître de chimères. Mot hasardé par Fontenelle.

**CHIMERIUM PROMONTORIUM** (*géogr. anc.*), cap de l'Asie-Mineure, situé sur la côte de la Syrie. — Lieu de la Thesprotie, à l'ouest sur la mer.

**CHIMIATRE**, s. m. (*didact.*), médecin qui explique et traite les maladies d'après les lois de la chimie.

**CHIMIATRIE** ou **CHIMISTE**, doctrine médicale qui, mise à la mode à l'époque où la chimie commença à prendre rang parmi les sciences, s'est soutenue jusqu'à nos jours, et se maintient surtout parmi les gens du monde. D'abord on ne voulut voir dans le cœur humain sain ou malade qu'un laboratoire de chimie, et toutes ses opérations furent assimilées à la distillation, à la fermentation, à l'effervescence. La maladie naissait de la prédominance des acides ou des alcalis, et le traitement en conséquence consistait dans les moyens propres à neutraliser les uns ou les autres. Tout le reste était établi sur des idées analogues : le soufre, le sel, le mercure, furent tour à tour regardés et comme cause et comme remède des maladies; la digestion était une fermentation, le chyle était l'esprit volatil des aliments, et le cerveau était supposé préparer les esprits vitaux à l'instar d'un alambic fonctionnant pour produire de l'alcool. Ces erreurs furent pourtant professées par des hommes du plus haut mérite, à la tête desquels il faut placer Boerhaave, et elles trouvèrent principalement crédit en Allemagne, tandis que d'autres erreurs ont occupé le reste du monde savant. Elles naissaient d'ailleurs de ce penchant naturel à l'homme de vouloir tout expliquer par l'idée qui le domine pour le moment. A mesure que la chimie a fait des progrès réels, elle a restreint des prétentions exagérées. On sait que si, au sein de l'économie animale, il se passe des phénomènes chimiques parfaitement semblables à ceux qu'on observe dans des vases inertes, ces phénomènes ne sont pas les seuls, et que l'influence de la vie doit être comptée pour quelque chose, bien qu'elle ne doive pas être exclusivement considérée. L'application régulière de la chimie à la médecine rend chaque jour à cette dernière science des services qu'il serait trop long d'exposer ici.

**CHIMICHICUNA** (*botan.*), nom péruvien du *nycterisitium*, genre nouveau de la flore du Pérou, qui a beaucoup d'affinité avec le *myrsine*, et n'en est probablement qu'une espèce.

**CHIMIDIDA** (*botan.*), nom du courbaril, *hymenæa*, dans la Guyane.

**CHIMIE**. La chimie (χέω, je fonds) est, selon Fourcroy, *la science qui apprend à connaître l'action intime et réciproque de tous les corps de la nature les uns sur les autres*. Il ne s'agit pas ici des grandes lois qui régissent la matière en général, lois qui appartiennent à la physique, mais des propriétés moléculaires des corps, de leur tendance à s'unir, à se combiner, en vertu d'un certain nombre de forces; des nouvelles qualités qu'ils acquièrent par ces combinaisons, enfin des moyens de les obtenir. — Tout corps, toute substance pondérable est *élémentaire* ou *composée*. L'antiquité avait déjà admis des *éléments* capables par leur réunion de suffire à la formation de toutes les substances : c'était l'eau, l'air, la terre et le feu. De nos jours on appelle *corps simple* ou *élémentaire* celui qui ne saurait être décomposé. L'or est un *élément*, parce qu'on n'a jamais pu en tirer autre chose que de l'or. — Le nombre des corps simples est, dans l'état actuel de la science, de cinquante-quatre. Lorsque deux d'entre eux viennent à s'unir intimement, on dit qu'ils se *combinent;* cette combinaison produit des *corps composés*. La force qui pousse ainsi des molécules de composition différente à s'unir se nomme *affinité*. Elle ne peut s'exercer à la fois que sur deux, trois ou quatre corps différents, et on ne connaît guère de composé plus compliqué que le *quaternaire*. — La combinaison de plusieurs substances produit souvent un composé très-différent des éléments qui ont servi à le former. Aussi un gaz, l'oxygène, en s'unissant à un solide, le soufre, formera un liquide, l'acide sulfurique. De même deux corps peuvent s'unir dans des proportions différentes, et produire des composés d'autant plus nombreux qu'ils ont moins d'affinité l'un pour l'autre. Le plomb, par exemple, donne avec l'oxygène trois composés, dont le premier est jaune, le deuxième rouge et le troisième couleur puce. — Si deux corps doivent s'unir, leur *cohésion* (force qui fait adhérer leurs molécules) et la combinaison de l'un d'eux avec une autre substance seront des conditions peu favorables à cette union. Celle-ci au contraire sera favorisée par l'état liquide ou gazeux dans lesquels la cohésion est nulle. On conçoit fort bien qu'en mélangeant deux gaz ou deux liquides de nature différente, leurs molécules sans adhérence entre elles puissent se mettre en contact immédiat, et par suite subir, sans obstacle, l'influence de la force qui doit les combiner. La chaleur a une action chimique puissante, par sa faculté de transformer les solides en liquides et les liquides en gaz. Mais là ne se borne pas son action. Supposons en effet un mélange de gaz oxygène et de gaz hydrogène : leurs molécules sont en contact, elles se mêlent, elles se heurtent, et cependant nulle combinaison n'a lieu; un corps en ignition la déterminera brusquement. Comment dans ce cas agit la chaleur? ce n'est certainement pas en diminuant la cohésion de l'hydrogène et de l'oxygène, puisque dans ces gaz elle est nulle. Il se passe ici un autre phénomène dont il faut tenir compte, c'est un dégagement d'électricité. Toutes les fois que les deux électricités (positive et négative) produisent une étincelle en se réunissant, il y a émission de chaleur et de lumière. De même, lorsque deux corps se combinent, il se dégage de la chaleur, souvent même de la lumière; or tout semble démontrer que ces phénomènes tiennent dans les deux cas à une seule et même cause, l'électricité. Supposons chaque molécule matérielle douée d'une électricité qui lui soit propre; si on met en présence deux molécules chargées l'une de fluide positif, l'autre de fluide négatif, elles s'attirent, tendent à s'unir, ont de l'*affinité* l'une pour l'autre. Mises en contact immédiat, et soumises à des causes très-variables du reste, leurs fluides se neutralisent en produisant une très-légère étincelle, et toutes deux se trouvent combinées. La preuve que chaque élément ou corps simple possède un genre d'électricité qui lui est propre se trouve dans l'influence de la pile électrique sur les corps composés : ceux-ci sont promptement détruits, et tandis que l'un des éléments se rassemble autour du pôle négatif, l'autre se réunit au pôle positif, attirés qu'ils sont vers ces deux sources électriques, par une force supérieure à celle qui les unissait. — Les particules matérielles pour se combiner doivent être amenées à un état de ténuité extrême. Ainsi deux corps solides réduits en poudre impalpable se mélangeront, mais ne se combineront pas, bien qu'ils aient de l'affinité l'un pour l'autre. Il faudra pour obtenir leur union transformer au moins l'un des deux en liquide ou en gaz, afin que leurs *atomes* soient mis en contact immédiat. On nomme *atomes* des particules matérielles assez ténues pour ne plus pouvoir être divisées (α privatif et τέμνω, je coupe). Ils sont *intégrants* s'ils appartiennent à un corps simple, et *constituants* s'ils proviennent d'un corps composé. Un atome constituant peut être formé de plusieurs atomes intégrants. Le composé dont il fait partie jouit de propriétés différentes des substances simples qui ont servi à le former, non parce que les atomes de ces substances ont cessé d'exister par suite de leur combinaison, mais parce qu'ils sont groupés différemment. La ténuité de ces corpuscules fait qu'ils échappent à une investigation directe : c'est par spéculation qu'on les a admis, et voici sur quoi on s'est fondé pour cela. Sous l'influence de la chaleur et d'une pression quelconque, tous les gaz se comportent de la même manière. Cette identité d'action serait difficile à concevoir si leurs molécules ou leurs atomes n'étaient pas à la même distance les uns des autres. S'ils sont à la même distance, ils occupent le même espace; donc dans des circonstances semblables les gaz, sous un même volume, renferment un même nombre d'atomes. Ce principe admis, on a cherché à obtenir le poids des atomes des différents corps. Il est évident que si un volume de gaz pèse 1, et que si le même volume d'un autre gaz pèse 2, le nombre des atomes étant le même dans les deux cas, le poids de l'atome du premier gaz sera 1 et celui du second sera 2 ; ou, pour nous exprimer d'une manière plus générale, *le poids des atomes est proportionnel à la densité des gaz*. D'après cette loi, et en admettant que le poids atomique de l'oxygène soit représenté par 100, nous obtiendrons facilement celui des autres corps gazeux, en prenant leur densité. Ainsi pour l'hydrogène nous aurons 1,1026, densité de l'oxygène, est à 0,0687, densité de l'hydrogène, comme 100 est à $x$;

$$\text{soit } 1,1026 : 0,0687 :: 100 : x, \text{ d'où } x = \frac{100 \times 0,0687}{1,1026} = 6,23;$$

le poids de l'atome d'hydrogène sera donc de 6,23. Nous trouverons de la même manière le poids de l'atome de chlore d'azote, etc., qui sont des corps gazeux. — Il est plus difficile d'appliquer cette méthode aux corps qui, sans être gazeux naturellement, sont cependant capables de donner des combinaisons gazeuses. On y parvient en mettant à profit une découverte de M. Gay-Lussac, découverte qui porte le nom de *loi des proportions multiples*. Elle repose sur ce que dans un corps composé le volume des gaz composants est dans des rapports fort simples, comme 1, 2, 3. Ainsi

100 soufre et 50 oxygène forment l'acide hyposulfureux,
100 id. et 100 id. forment l'acide sulfureux,
100 id. et 150 id. forment l'acide sulfurique.

On n'a donc à hésiter qu'entre un petit nombre de combinaisons. Cette hésitation cessera par l'application d'une autre loi qui porte le nom de *loi des équivalents*. On sait par elle que certains corps ont la propriété de se remplacer dans des proportions définies, et que pour se combiner avec un autre corps ils sont *équivalents*. Le soufre, par exemple, a beaucoup d'analogie dans ses combinaisons avec l'oxygène. Celui-ci s'unit à deux parties d'hydrogène pour former de l'eau ; de même aussi une partie de soufre s'unit à deux d'hydrogène pour former de l'acide hydrosulfurique. Or étant donnée une certaine quantité de gaz hydrosulfurique, en retranchant de son poids spécifique celui de deux volumes d'hydrogène, on obtiendra la densité de la vapeur de soufre, et par suite le poids des atomes du soufre. On procédera de même pour le phosphore, l'arsenic, le carbone, au moyen des gaz phosphydrique, arsenhydrique et carbonhydrique. — Un autre moyen de trouver le poids des atomes des corps est dû à MM. Dulong et Petit. Ils ont vu qu'en multipliant le poids des atomes d'un corps, par sa capacité pour le calorique, celle de l'eau étant prise pour unité, on obtenait toujours le chiffre 37,50. D'après cette loi, en divisant 37,50 par la capacité d'un métal pour le calorique, on aura le poids des atomes de ce métal. Enfin l'isomorphisme sert encore à obtenir le poids des atomes des corps solides. — *Nomenclature*. Depuis longtemps déjà, lorsqu'un chimiste faisait la découverte de corps élémentaires ou composés il cherchait à leur donner des noms capables de rappeler leurs propriétés les plus apparentes ou même leur composition. Ainsi le phosphore (φῶς, lumière, φερός, qui porte) dut son nom à sa faculté de luire dans l'obscurité ; de même on nomma vitriol de cuivre un composé d'acide sulfurique (vitriol) et de cuivre. — De nos jours les corps simples seuls ont des noms qui peuvent être sans signification précise, encore voulut-on les rendre significatifs lorsqu'on forma la nouvelle nomenclature. Ils sont au nombre de cinquante-quatre, et sont divisés en deux classes. La première comprend les éléments gazeux et ceux qui, bien que solides, sont mauvais conducteurs de l'électricité et privés en général de l'éclat des métaux. On les nomme corps simples, *métalloïdes* ou *non métalliques* : savoir azote, bore, brome, carbone, chlore, fluor, hydrogène, iode, oxygène, phosphore, sélénium, silicium, soufre. La seconde classe renferme les *métaux*, c'est aluminium, antimoine, argent, arsenic, barium, bismuth, cadmium, calcium, cérium, chrome, cobalt, columbium, cuivre, étain, fer, glucinium, iridium, lithium, magnésium, manganèse, mercure, molybdène, nickel, or, osmium, palladium, platine, plomb, potassium, rhodium, sodium, strontium, tellure, titane, thorinium, tungstène, urane, vanadium, yttrium, zinc, zirconium. — On voit que la plupart de ces noms sont purement arbitraires ; mais il n'en est pas ainsi dans la désignation des composés que les corps simples peuvent former par leur réunion. On est convenu d'appeler *oxydes* les composés d'oxygène et d'une autre substance simple, s'ils sont insipides ou sans saveur aigre, et s'ils ne rougissent pas l'*infusum* de tournesol. On nomme acides les composés dans lesquels entre l'oxygène, s'ils ont une saveur aigre et caustique, et rougissent la teinture de tournesol. — Lorsque l'oxygène ne peut s'unir que dans une proportion avec un autre corps simple, le composé qui en résulte porte le nom d'oxyde. Mais s'il peut se combiner en plusieurs proportions, le premier composé s'appelle *protoxyde*, le second *sesquioxyde* s'il renferme une fois et demie autant d'oxygène que le premier, et *bioxyde* s'il en contient deux fois autant. — Il peut arriver que l'oxygène se combine avec un autre corps dans des proportions mal définies : le composé le moins oxygéné se nomme alors protoxyde, celui qui vient ensuite deutoxyde, etc. ; le plus oxygéné porte le nom de peroxyde. Plusieurs oxydes sont alcalins, c'est-à-dire jouissent de propriétés opposées à celles des acides ; ils ont une saveur urineuse, rougissent la couleur jaune de curcuma, et ramènent au bleu la couleur bleue végétale rougie par les acides. Lorsqu'un oxyde se combine avec de l'eau, il prend le nom d'hydrate. — L'oxygène en se combinant avec un corps simple peut ne former qu'un seul acide. On désigne alors celui-ci par le nom du corps simple, auquel on ajoute la terminaison *ique*. L'acide *carbonique* est dans ce cas. Mais si de l'union de l'oxygène avec un autre élément peuvent résulter plusieurs acides, le moins oxygéné prendra la terminaison *eux*, et l'autre la terminaison *ique*, acide *azoteux*, acide *azotique*. Enfin s'il peut se former un plus grand nombre d'acides, le moins oxygéné prend devant son nom la préposition *hypo* (ὑπό) ; acide hypophosphoreux, phosphoreux, phosphorique : tous les acides dans la composition desquels entre l'oxygène sont désignés par le nom général d'oxacides. — L'oxygène seul, ainsi que semblerait l'indiquer son nom (1), ne jouit pas de la propriété d'engendrer des acides ; l'hydrogène peut aussi en produire en se combinant avec un autre élément, et former des *hydracides*. Ceux-ci se désignent par le nom du corps simple qui entre dans leur composition, précédé du mot *hydro* et suivi de la terminaison *ique*. L'acide hydrochlorique provient de la combinaison de l'hydrogène et du chlore. — Les acides qui ne contiennent pas d'eau sont dits anhydres, ceux au contraire qui en contiennent se nomment aqueux ou hydratés. — Les oxydes et les acides en se combinant forment des *sels* : ceux-ci se désignent par le nom de l'acide qui finit en *ate* ou en *ite*, si avant de se combiner il se terminait en *ique* ou en *eux*. Ainsi un *sulfate* de soude indique un composé d'acide sulfurique et de soude, tandis qu'un *sulfite* désigne un sel dans lequel entre l'acide sulfureux : le nom de l'acide indique le genre, et celui de la base désigne l'espèce. On aura de même des hyposulfites, des hypophosphites, des hyposulfates, ou des hypophosphates, selon que les sels ainsi désignés seront formés par une base et les acides hyposulfureux, hyposulfurique, hypophosphoreux et hypophosphorique. Si l'on veut faire mention de l'espèce d'oxyde qui entre dans la composition d'un sel, on pourra dire, par exemple, un sulfate de protoxyde de fer, un hyposulfate de

(1) Ὀξύς, acide ; γείνομαι, je produis.

deutoxyde de cuivre, au lieu de dire un sulfate de fer, un hyposulfate de cuivre. — Les hydracides en se combinant avec des bases formeront des sels qui se désigneront comme ceux dans lesquels entrent les oxacides, et l'on aura des hydrochlorates, des hydrosulfates, des hydriodates, etc. — Lorsque les oxydes et les acides se combinent, ce n'est pas dans des proportions fixes et invariables. Les sels qui en résultent pourront être *neutres*, c'est-à-dire ni acides ni alcalins, ou bien l'acide prédominera, ce qui les fera nommer sels acides ou sur-sels ; enfin la base peut être en excès et donner au composé le nom de sel basique ou sous-sel. Parfois le même acide peut s'unir à deux bases et produire un *sel double :* tel sera le sulfate d'alumine et de potasse. Des découvertes récentes ont fait subir à cette nomenclature quelques modifications dont nous parlerons un peu plus loin. La combinaison des corps simples non métalliques entre eux ou avec des métaux produit des composés désignés par les noms des corps simples qui leur ont donné naissance, en affectant la terminaison *ure* au premier. Le chlorure de soufre, le carbure de fer, désigneront un composé de chlore et de soufre, de carbone et de fer. Si la combinaison se fait entre deux métaux, elle prend le nom d'alliage, et d'amalgame si le mercure en fait partie. — Il existe dans les êtres organisés des substances composées d'oxygène, d'hydrogène, de carbone et souvent d'azote, qu'on nomme *principes immédiats*. Les variations dans la quantité proportionnelle des éléments qui leur donnent naissance sont très-peu sensibles et ne sauraient servir à leur dénomination. Celle-ci d'ailleurs est très-difficile lorsqu'il s'agit d'un composé ternaire ou quaternaire. Pour obvier à cet inconvénient, on donne au *principe immédiat* le nom de l'animal ou de la plante qui le recélait, en adoptant la terminaison *ique* pour les acides et *ine* pour les alcalis. On nomme acide *citrique* celui qui provient du citron, et *quinine* une substance alcaline contenue dans le quinquina. Quant aux principes immédiats neutres, c'est-à-dire ni acides ni alcalins, la manière de les désigner est purement arbitraire. Tels sont le sucre, l'alcool, le caséum, etc. Les dénominations d'albumine, de gélatine, de fibrine, qui s'appliquent à des corps neutres, sont vicieuses, la terminaison *ine* étant réservée aux bases salifiables ; cela pourrait introduire de la confusion dans la science, et doit être évité à l'avenir. — On a pu voir, d'après ces notions générales, qu'il existe une ligne de démarcation bien tranchée entre les corps composés ternaires ou quaternaires extraits des corps organisés et ceux qui proviennent de la combinaison des corps simples non métalliques avec les métaux. Dans ce dernier cas les combinaisons ne peuvent avoir lieu que dans des proportions fort simples entre deux ou trois substances tout au plus, et le chimiste les obtient ou les anéantit à son gré. Les principes immédiats au contraire, formés presque uniquement par l'oxygène, l'hydrogène, le carbone et l'azote, sont très-nombreux, et doivent leurs propriétés, fort différentes, à des variations, souvent très-minimes, dans les quantités proportionnelles des principes qui les composent. La chimie, impuissante à les former, se borne à les extraire des corps organisés qui les recèlent ; de là une distinction dans la science chimique, dont une partie est dite *minérale* ou *inorganique*, et l'autre *organique*. — Les dimensions de cet article nous interdisent l'examen successif des corps simples et des combinaisons qu'ils peuvent former; cependant nous allons jeter un coup d'œil sur des composés dont l'emploi est si fréquent dans les sciences et dans les arts, qu'il peut être d'une grande importance de posséder les notions générales qui les concernent : les acides sont dans ce cas. Ils sont solides, liquides ou gazeux, ont en général une saveur aigre, souvent caustique, possèdent la faculté de rougir l'infusum de tournesol et la teinture de violettes. La grande majorité est soluble dans l'eau, circonstance qui favorise singulièrement leur combinaison avec les oxydes métalliques. — Longtemps les chimistes ont cru que l'oxygène entrait dans la composition de tous les acides; mais la découverte de plusieurs *hydracides* est venue renverser cette théorie, et non-seulement l'hydrogène, en se combinant avec des corps simples, peut aussi produire des acides, mais le phtore jouit de propriétés semblables. — Les usages des acides sont excessivement nombreux : ceux dont l'emploi est le plus général sont l'acide sulfurique et l'acide nitrique ou azotique. Tous deux sont liquides et incolores, remarquables surtout par leur excessive causticité, qui les rend d'un emploi difficile, souvent même dangereux, et qui a donné lieu à de nombreux accidents, tels que des brûlures affreuses, des empoisonnements, etc. Ces deux acides servent à la préparation d'une foule de produits chimiques, à l'affinage des matières d'or et d'argent, au blanchiment des toiles, à la préparation du sucre de betteraves. La teinture des différentes étoffes en consomme des quantités considérables; enfin la médecine les emploie continuellement comme caustiques ou astringents. Après eux nous citerons comme les plus importants, l'acide borique, carbonique, phosphorique, utiles réactifs chimiques; l'acide hydrochlorique, souvent employé dans les arts et en médecine; l'acide hydrosulfurique, l'un des agents les plus actifs des eaux minérales sulfureuses; enfin l'acide hydrocyanique, un des plus violents poisons connus. — La chimie organique fournit l'acide tartrique, citrique, oxalique, tannique, lactique et cent autres; mais leurs propriétés, très-précieuses pour la médecine, sont assez rarement utilisées par l'industrie. — Passons maintenant à l'examen des alcalis. Ces composés sont le plus ordinairement solides, blancs, pulvérulents; leur saveur est âcre, chaude, urineuse; il en est même qui sont caustiques, et qui jouissent de la propriété de désorganiser les tissus animaux en quelques instants : tels sont la potasse, la soude, la chaux et l'ammoniaque. Très-solubles dans l'eau, les alcalis ont pour caractère distinctif de verdir le sirop de violettes, de rougir la couleur jaune de curcuma, et de ramener à leur teinte ordinaire les couleurs bleues végétales rougies par les acides. Leurs usages sont tellement fréquents, tellement vulgaires, qu'il est pour ainsi dire inutile de les indiquer. Personne n'ignore le rôle immense que joue la chaux dans la construction de nos demeures et dans l'édification des villes, les usages de la potasse dans la confection des cristaux et le nettoiement des étoffes, ceux de la soude dans la confection des savons. Continuellement la chirurgie met à profit leurs propriétés caustiques; elle s'en sert pour détruire des portions de tissus qu'il eût été dangereux d'attaquer avec le fer. — La chimie organique est en possession d'extraire des substances végétales ou animales un grand nombre de composés, sur l'alcalinité desquels on a vivement disputé et qu'on connaît sous le nom général d'*alcaloïdes*. Ils sont pour la plupart blancs, pulvérulents, cristallisables, solubles dans l'alcool, peu solubles dans l'eau, d'une saveur très-variable, et composés d'hydrogène, d'oxygène, de carbone et d'azote. Ils forment des agents précieux pour la médecine, dont ils ont augmenté les moyens d'action, en rassemblant sous un petit volume des substances très-énergiques, disséminées jusque-là dans des tissus qui rendaient leur emploi fort difficile: telles sont la morphine, la cinchonine, la quinine, la strichnine, la vératrine, l'émétine, la salicine, etc. Les substances, de même que les alcalis minéraux, perdent leurs propriétés alcalines en se combinant aux acides, pour lesquels leur affinité est très-marquée; le résultat de cette combinaison sera de former des *sels*. — Nous savons, d'après la nomenclature chimique, qu'un *sel* est le résultat de la combinaison d'un acide avec un oxyde ou base. Mais lorsqu'un hydracide se combine avec un oxyde métallique, l'acide hydrochlorique, par exemple, avec l'oxyde de potassium, l'hydrogène de l'acide se combine avec l'oxygène de la base pour former de l'eau, et le chlore s'unit au potassium. On aura donc non un hydrochlorate de potasse, ainsi qu'on le croyait il y a un demi-siècle, mais un chlorure de potassium. Ce produit est un sel, et cependant il n'entre pas d'acide dans sa formation. Aussi admettrons-nous, d'après Berzélius, que tout composé est un sel *lorsque ses éléments se combinent de manière que leur action électrique s'anéantisse complétement*. Le chimiste suédois admet deux grandes classes de sels : ceux qu'il nomme *haloïdes* (ἅλς, ἁλός, sel, εἶδος, forme) et les sels amphides (ἀμφί, de part et d'autre, εἶδος, forme). Les premiers proviennent de la combinaison de corps dits alogènes, tels que le chlore, le brome, l'iode, le fluor et le cyanogène, qui, en se combinant avec des métaux doués de l'électricité positive, forment des composés neutres, et non des bases. On les désigne alors en donnant au corps haloïde la terminaison *ure* suivie du nom du métal terminé en *ique* ou en *eux*, suivant que le sel correspond au proto ou deutoxyde; on dit chlorure ferreux ou ferrique, au lieu de dire proto, deutochlorure de fer. Les sels amphides sont de plusieurs sortes : 1° les oxysels, composés d'un acide et d'un oxyde; 2° les sulfosels, dans lesquels deux sulfures sont combinés de telle manière, que l'un des deux fait fonction d'acide par rapport à l'autre; 3° les tellurisels et les sélénisels, dans la composition desquels un tellure et un séléniure servent de base et sont électro-positifs vis-à-vis d'un telluride et d'un sélénide doués de propriétés électro-négatives. Nous connaissons déjà les règles qui président à la dénomination des oxydes, passons maintenant aux *sulfosels*. Dans ces composés la quantité de soufre du corps servant d'acide et celle du sulfobase sont proportionnelles aux quantités d'oxygène des oxysels correspondants. On donne alors au sulfide une terminaison en *ate* ou en *ite*, selon le degré de sulfuration ; ainsi un sulfo-arséniate et un sulfo-arsénite potassique indiquent un deuto, un protosulfure d'arsenic combiné en sulfure de potassium. Pour désigner des tellurisels et des sélénisels, on suit une marche toute semblable. — La composition des sels est réglée par des lois semblables à celles qui président à la combinaison des autres corps : ainsi les sels formés de deux composés ayant la faculté de s'unir en plusieurs proportions seront toujours le produit des multiples de l'un des composants, la quantité de l'autre restant toujours la même. — On trouve des sels solides ou liquides, blancs ou colorés, inodores ou odorants, sapides ou insipides, solubles ou insolubles; ils n'ont rien de fixe à cet égard. Mais toutes les fois que l'un deux sera sapide il sera soluble dans l'eau, plus dans l'eau chaude que dans l'eau froide. — La glace mêlée à certains sels peut produire un froid intense lorsqu'ils sont très-solubles, tels par exemple que le chlorure de calcium ou de sodium. Impuissants à s'unir à l'eau lorsqu'elle est congelée ou solide, ils accélèrent la fusion de la glace, ce qui ne peut avoir lieu qu'au moyen d'une grande quantité de calorique empruntée aux corps voisins; de là leur grand refroidissement. — L'air agit de plusieurs manières sur les sels; quelquefois il leur cède de l'oxygène, dans d'autres circonstances il leur enlève ou leur transmet de la vapeur d'eau. On nomme *déliquescents* les sels qui absorbent de l'humidité; *efflorescents* ceux qui en perdent. La lumière a également la propriété d'altérer certains sels, soit sous le rapport de la composition, soit sous le rapport de la coloration; ceux qui ont l'argent pour base sont surtout dans ce dernier cas. L'électricité décompose tous les sels; j'en dirai autant de l'acide sulfurique pour les oxysels, il tend toujours à s'unir à la base et à chasser l'acide qui se trouvait combiné avec elle. — Le nombre des sels connus en chimie est trop considérable pour que nous puissions en faire l'énumération, et leurs propriétés si diverses, qu'il est impossible de les indiquer toutes dans des généralités. Plusieurs d'entre eux, tels que le carbonate de chaux (marbre), le sulfate de chaux (plâtre), le chlorure de sodium (sel marin), etc., sont accumulés en masses énormes à la surface du globe; l'industrie les utilise de mille manières, et, tandis que les deux premiers forment la base de toute construction, de tout édifice considérable, le dernier sert à la conservation des aliments, à leur donner une saveur plus agréable. C'est de lui que la chimie retire le chlore dont elle a besoin. Chaque science, chaque branche d'un art met à profit les propriétés des différents sels : le teinturier se sert du sulfate d'alumine et de potasse (alun) comme de *mordant*, du sulfate de cuivre pour teindre en noir sur soie et sur laine; l'azotate de potasse (nitre salpêtre) est employé à la confection de la poudre à canon; le carbonate de plomb (céruse), l'arsénite de cuivre, entrent dans la composition de certaines couleurs à l'huile; l'hydrochlorate d'ammoniaque et le borate de soude (borax) servent à décaper et à souder les métaux, etc. Mais nulle science n'utilise un plus grand nombre de sels que la médecine. Elle a étudié l'action de chacun d'eux sur le corps de l'homme, les a classés d'après leurs propriétés diverses, elle en a fait ses principaux agents de curation. Non-seulement la médecine emploie les sels fournis par le règne inorganique, mais encore elle s'est approprié ceux que produit la chimie végétale et animale, et a trouvé en eux des médicaments dont l'action est aussi rapide qu'énergique. Tels sont l'acétate, l'hydrochlorate de morphine, le sulfate de quinine, de cinchonine, de vératrine, de strychnine, etc. — D'après cet aperçu, bien incomplet, on peut juger de l'immense importance de la chimie, soit dans les sciences, soit dans les arts. Continuellement elle prête son appui à la physique proprement dite, la guide dans ses études et ses perfectionnements. Combien n'a-t-elle pas fait avancer les notions qu'on possédait sur la lumière et l'électricité! Si nous analysons les progrès qu'ont faits la minéralogie et la géologie, nous verrons que ces deux sciences suivaient pour ainsi dire pas à pas les perfectionnements de la chimie; elles en sont la conséquence, elles ne sauraient exister sans son secours. C'est elle qui aide au classement des *minéraux*, qui vient lever les doutes que pourrait faire naître tel ou tel mode de cristallisation. Elle est toujours prête à démêler, à retrouver, au milieu des substances étrangères, les parties les plus subtiles des minéraux. Aidant au développement de la science métallurgique, la chimie lui donne les moyens de reconnaître la moindre fraude qui pourrait altérer la qualité des métaux précieux; elle lui fournit une foule d'alliages qui ne tardent pas à être utilement employés par l'industrie; enfin elle lui donne les moyens d'utiliser une foule de minerais, de résidus, qui longtemps étaient restés sans utilité. N'a-t-on pas vu, au commencement de ce siècle, par suite des progrès des sciences chimiques, l'Europe chercher à s'affranchir du tribut qu'elle payait à des colonies lointaines, et extraire d'une racine, que son sol produit en abondance, le sucre nécessaire à sa consommation? La dextrine, le sucre de fécule, dont les usages prennent chaque jour plus d'importance, l'éclairage par le gaz hydrogène carboné, sont des découvertes entièrement dues à la chimie. Il serait trop long d'énumérer tout ce que doivent à cette science l'agriculture, l'art du teinturier, du tanneur, du verrier, du potier, etc. Mais nous ne pouvons passer sous silence les progrès immenses qu'elle a fait faire à la médecine. Ils sont de plusieurs espèces; tantôt on voit la chimie, révisant le code pharmaceutique, en éliminer une foule de substances repoussantes, inutiles, parfois même nuisibles; d'autres fois elle montre les vices de certains modes de préparation, indique des procédés meilleurs pour remplir le même objet; ou bien elle donne les moyens de neutraliser d'une manière aussi sûre que rapide les poisons qui menacent l'organisme d'une destruction prochaine. L'hygiène publique lui doit les préceptes au moyen desquels on évite l'action de ces foyers d'infection qui partout désolent les grands centres de population; elle a démontré la nécessité d'élargir la voie publique, de l'assainir au moyen d'égouts, d'aérer nos demeures et de les exposer le plus possible à l'action bienfaisante du soleil. Sans la chimie une foule de maladies nous seraient inconnues dans leur nature et dans leur essence. On lui doit d'avoir signalé, au milieu de nos humeurs, la présence de substances nuisibles, ou l'absence de principes essentiels à la santé. Souvent elle a donné les moyens de remédier à ses altérations, et si parfois son action est restée impuissante, ce qu'elle a fait dans le passé doit nous faire tout espérer de l'avenir. Il n'est pas jusqu'au magistrat dont elle ne vienne souvent éclairer la conscience, et mille fois on l'a vue, par des prodiges d'analyse, signaler le vrai coupable à la vengeance des lois, tandis qu'elle sauvait l'innocence des suites d'une injuste accusation. Dr Clavel.

**CHIMIE** (Histoire de la). Autant les progrès de la chimie ont été lents dans l'antiquité et au moyen âge, autant ils ont été rapides dans les temps modernes et particulièrement à notre époque. Jusqu'au commencement du XVIIIe siècle, la chimie ne consistait que dans la connaissance de quelques faits isolés qui ne se rattachaient à aucune véritable doctrine scientifique. Les découvertes d'un grand intérêt pour la métallurgie, pour les arts et la médecine, étaient le fruit du hasard plutôt que de la réflexion. — Cependant on aurait tort de croire que les théories spéculatives des alchimistes sur la pierre philosophale, sur la transmutation des métaux, sur la recherche d'un remède universel, aient été des théories stériles, sans résultat et sans utilité pratique; car les alchimistes obtenaient quelquefois par une autre voie ce qu'ils ne cherchaient point théoriquement. Brand, pour trouver le secret de faire de l'or, distilla un jour un mélange de chaux, de grains de sable et d'urine pourrie, et à la place de la pierre philosophale il découvrit le phosphore, qui possède sans doute une singulière propriété, celle de luire dans l'obscurité, mais qui n'a aucune des propriétés merveilleuses attribuées à la pierre philosophale. Une théorie est, si je puis m'exprimer ainsi, une commission rogatoire; la raison est le juge et la nature le témoin qu'elle interroge. C'est sur cet accord de la raison avec l'expérience que repose la science. Voilà ce que les anciens ne savaient pas ou ce qu'ils feignaient d'ignorer. Lorsque leurs théories n'étaient pas en harmonie avec les faits, c'est qu'il fallait chercher pour trouver mieux; ils avaient foi dans leurs théories comme dans les mystères de leurs religions. Prompts à tout expliquer, ils ne tenaient aucun compte des avertissements de l'expérience qu'ils appelaient quelquefois en témoignage. Juges souverains de leurs théories, ce n'est pas eux qui se trompaient, c'est la nature, c'est l'expérience qui était dans l'erreur. Voilà l'esprit dont étaient animés les hommes qui se livraient à l'investigation des vérités scientifiques dans l'antiquité, dans le moyen âge et dans le commencement des temps modernes. — Il est incontestable que les Egyptiens et les Chinois, depuis la plus haute antiquité, ont cultivé avec succès la métallurgie, la teinture, et en général les arts qui se rattachent directement à la science qui porte aujourd'hui le nom de *chimie* (1). Les Egyptiens connaissaient depuis longtemps la préparation du sel ammoniac (*narchadar*), de la soude (*natroun*), du sel marin, de l'alun, du verre, des briques, des alliages de cuivre, du savon, du vinaigre, des mordants pour la

(1) On a beaucoup discuté sur l'étymologie du nom de *chimie* ou d'*alchimie*. D'après Nicolas Goth (*Introduction à la chymie ou à la vraye physique*, Lyon, 1655, 8), *alchimie* vient du grec ἀλχιμία, force. Schrœderer fait dériver ce nom de *Cadmus*, considéré comme le fondateur de l'alchimie. Suivant d'autres, le nom d'*alchimie* est composé de l'article arabe *al* et du verbe *kham*, noircir par le feu. Il est plus rationnel de faire dériver ce nom de l'article arabe *al* et du grec Χέω, je liquéfie, d'où Χυμός, liqueur, suc.

teinture. Les momies, les vases antiques, et d'autres monuments attestent combien les anciens Égyptiens étaient avancés dans la préparation des composés antiputrides (huiles essentielles et sels acides), des vernis de poterie et des couleurs tirées du règne minéral. La couleur bleue des vases qui nous ont été transmis de l'antiquité tient (d'après les analyses qu'on en a faites) à la présence d'une certaine quantité d'oxyde de cobalt. Ils connaissaient donc le bleu de cobalt. — Les Chinois n'étaient pas moins avancés dans ces connaissances que les Égyptiens. Ils connaissaient depuis longtemps le soufre, le salpêtre, la poudre, le borax, la porcelaine, le vert-de-gris, le papier et la trempe des alliages de cuivre pour la fabrication des tam-tam, etc. L'histoire de ces peuples est trop obscure pour que nous ayons sur ces découvertes des renseignements exacts et précis.—Les *Juifs* et les *Grecs*, que des événements politiques avaient mis en contact suivi avec les Égyptiens, ont emprunté à ces derniers la plupart des secrets de leurs arts. Les écrits de Salomon renferment des passages sur la métallurgie, que les alchimistes consultaient souvent comme des oracles. Cadmus, que la mythologie fait venir de l'Orient pour civiliser les peuplades sauvages de la Grèce, est un être allégorique, comme son nom l'indique suffisamment; car le nom de *Cadmus* vient évidemment de l'hébreu קדם (*kédem*), qui signifie *du côté de l'Orient*. — Les Chaldéens, les Mèdes, les Perses, ne sont pas certainement restés en arrière des autres peuples de l'antiquité; mais le défaut de documents historiques exacts ne permet de faire, à ce sujet, que des conjectures : car nous ne connaissons l'histoire, d'ailleurs fort incomplète, de ces peuples que par leurs ennemis vainqueurs, les Grecs et les Romains. — Les Grecs, et surtout ceux de l'Asie-Mineure et de la Grande-Grèce (Thalès et Pythagore), doués d'une conception facile et d'une imagination hardie, ne se contentaient pas d'une simple observation de la matière, d'une énumération stérile des faits de l'expérience, mais ils cherchaient à comprendre l'harmonie du ἓν καὶ πᾶν (univers), à saisir le principe même des choses, le substratum de la matière (τὸ ἄριστον, τὸ ὑποκείμενον). La tendance naturelle de l'esprit humain à l'harmonie et à l'unité, tendance qui était surtout bien marquée chez les Grecs, a dû donner naissance aux nombreuses théories spéculatives consignées dans les annales de l'histoire de la philosophie. Suivant les uns, l'eau était l'élément de toutes choses (1); suivant d'autres, c'était le feu ou l'air ; enfin, d'après Anaximandre et quelques autres philosophes, les éléments primitifs de la matière étaient au nombre de quatre : le feu, l'air, l'eau et la terre (2). — La philosophie chez les Grecs n'avait pas seulement pour objet l'étude de l'homme intellectuel et moral : le plan de leur philosophie (amour de la sagesse) était vaste comme le plan de l'univers ; la cosmogonie, l'astronomie, la médecine, les mathématiques, les sciences physiques et naturelles, en un mot toutes les connaissances humaines y entraient. Platon et Aristote n'étaient pas seulement des philosophes dans le sens qu'on attache aujourd'hui à ce mot ; c'étaient ce que nous appellerions de véritables têtes encyclopédiques. — Le *Timée* est en quelque sorte un résumé des connaissances de la nature, que dominent des idées profondes, mais souvent obscures. Platon semble réduire les minéraux à l'élément liquide (eau). « De toutes les eaux appelées fusibles, celle qui se compose des parties les plus ténues et les plus égales forme ce genre qui ne se voit point en espèces, et qu'embellit une couleur fauve et brillante, le plus précieux de tous les biens, l'or, dont les parties se réunissent en s'infiltrant à travers la pierre. Une espèce voisine de l'or, très-dure et dont la couleur est noire, c'est le diamant. Une autre encore, qui se rapproche de l'or pour les parties qui le composent, est une de ces eaux brillantes et condensées qu'on nomme airain (3). » — Aristote, peut-être moins habile dialecticien, mais plus naturaliste que Platon, exposa sur la matière des idées originales qui ont fait longtemps autorité dans les écoles, mais qui n'ont aujourd'hui aucune valeur scientifique. — Les Romains empruntèrent aux Grecs les connaissances qui se rapportent à la chimie, sans y ajouter aucune nouvelle découverte. Les Romains étaient trop préoccupés de leurs conquêtes pour se livrer sérieusement à la culture des arts et des sciences. Il faut cependant excepter Pline le Naturaliste, qui a légué à la postérité un ouvrage immortel, véritable encyclopédie des sciences physiques et naturelles dans l'état où elles se trouvaient dans l'antiquité. Les cinq derniers livres de l'*Historia naturalis*, qui traitent des minéraux, des métaux, des alliages, des couleurs, des pierres précieuses, etc., contiennent des documents précieux pour l'histoire de la chimie. Malheureusement il n'est pas toujours facile de démêler le vrai du faux; l'interprétation même des termes est souvent fort embarrassante. Ainsi, qu'était le *plumbum album*, le plomb blanc? Était-ce l'étain, le zinc ou le platine? Pline se hâte d'ajouter que le plomb blanc était le même métal que le κασσίτερος des Grecs. « On le rencontre, dit-il, dans les sables d'or, d'où le lavage le détache sous forme de calculs noirs et blancs, *aussi pesants que l'or* (1). » Mais ceci n'est nullement applicable à l'étain ; on y reconnaît plutôt le platine. Le κασσίτερος des Grecs est loin de signifier toujours le même métal. Chez Strabon, qui décrit les îles Cassitérides (2) comme riches en mines de plomb et d'étain, le κασσίτερος celtique est réellement l'étain ; car « il est plus fusible que le plomb (τήκεσθαι πολὺ τάχιον μολύβδου), et il paraît même se fondre dans l'eau. » Ceci, quoique l'étain ne se fonde pas dans l'eau, ne peut s'appliquer qu'à l'étain, le plus fusible de tous les métaux. Mais le κασσίτερος d'Homère n'était certainement pas de l'étain, car l'épithète de φαεινός (brillant) ne convient nullement à ce métal, qui se ternit si rapidement à l'air (3). — Les Romains paraissent avoir désigné, par le mot *æs*, *airain* (en grec χαλκός), tantôt un alliage de cuivre et de zinc, tantôt un alliage de cuivre et d'étain, tantôt enfin un alliage de cuivre, de zinc et de plomb. *Æs* est donc un nom générique appliqué à tous les alliages de cuivre avec l'étain, le zinc et le plomb. L'airain de Corinthe, qu'on estimait plus que l'argent et même plus que l'or (*imo vero ante argentum, ac pæne etiam ante aurum*), était probablement ce que nous appelons aujourd'hui *chrysocale* ou *chrysocalque*, c'est-à-dire un alliage de cuivre, de zinc et de plomb. Après Corinthe, les îles de Cypre, de Délos et d'Égine étaient riches en mines de cuivre, et célèbres dans l'antiquité par leurs fabriques d'airain. L'île de Cypre (Κύπρος) a même donné son nom au *cuivre* (*cuprum*). L'airain remplaçait, dans beaucoup de cas, le fer et l'acier, trop difficiles à fondre et à travailler. Les armes de guerre, les instruments aratoires, étaient principalement faits avec des alliages de cuivre. « L'airain est employé depuis longtemps à perpétuer la mémoire des monuments. C'est sur des tables d'airain que sont gravées les constitutions des États (4). » — L'invasion des barbares et les troubles politiques qui suivirent la chute de l'empire romain paralysèrent pour longtemps le mouvement intellectuel en Europe. Les sciences semblaient s'être réfugiées chez les Arabes, qui avaient traduit dans leur langue les chefs-d'œuvre des Grecs, entre autres Hippocrate et Galien. — Les Arabes, depuis le VIIe jusqu'au XIe siècle, se répandaient en conquérants dans le nord de l'Afrique et en Espagne, et communiquaient aux nations vaincues les trésors de la science. Les Arabes comptaient parmi eux de grands médecins, tels qu'Avicenne, Albucasis, Rhasès. Ils s'occupaient particulièrement de la préparation des remèdes et de la recherche d'une substance (pierre philosophale) qui aurait la vertu d'enlever aux métaux vils leurs imperfections pour les transformer en métaux nobles, de guérir les malades et même de les rendre immortels. Des mots tels que *alcali, alcohol, aludel*, etc., sont d'origine arabe. Les Arabes ont puissamment contribué à la propagation de l'alchimie. — Le mysticisme, la théologie surnaturelle, la thaumaturgie, la magie, étouffaient dans l'esprit des alchimistes les germes de la vraie science. L'évocation des démons et des morts, la communication avec les anges, la pierre philosophale, la panacée, le secret de l'immortalité, sont d'étranges aberrations qu'on a peine à concevoir aujourd'hui. Il faut une grande habitude de la lecture des ouvrages d'alchimie pour découvrir une perle au milieu d'un immense fatras. Le mysticisme et l'orgueil y étouffent souvent la

(1) *V.* Pindar., Olymp. I. Τὸ ἄριστον μὲν ὕδωρ (*doctrine de Thalès*).

(2) L'air, l'eau et la terre représentent, du reste, l'état gazeux, l'état liquide et l'état solide des corps.

(3) *V.* Timée (vol. XII des œuvres complètes de Platon, traduites par M. Cousin, p. 174).

(1) *Hist. natur.*, lib. XXXIV.

(2) *Strabonis Geographia. Ed. Casaubon.* Amstelod., 1707, t. I, p. 265. « Les îles Cassitérides sont au nombre de dix. Les unes sont désertes, les autres sont habitées par des hommes qui portent des vêtements noirs tombant jusqu'aux talons et attachés autour de la ceinture par des branches d'arbres. Ces hommes portent des barbes longues comme celles des boucs (ὁμοίοι τοῖς τράγοις). Les Phéniciens, franchissant le détroit de Cadix, faisaient seuls du commerce avec ces îles, riches en mines de plomb et d'étain. »

(3) Hom., *Iliad.*, XXIII, v. 561.

(4) Plin., *Hist. natur.*, XXXIV. *Usus æris ad perpetuitatem monumentorum jam pridem translatus est tabulis æreis, in quibus publicæ constitutiones inciduntur.*

saine raison. Les allégories et les métaphores y abondent. Pour donner une idée exacte de l'alchimie, nous allons mettre au jour quelques documents historiques qui ne sont pas entièrement dépourvus de quelque intérêt.—Nous avons trouvé dans un livre extrêmement rare de l'Arabe *Geber* (1) la révélation de la fameuse pierre philosophale sous une forme mystique; la voici : « Allégorie de Merlin contenant le très-profond secret de la pierre philosophale. Un certain roi se prépara à la guerre pour terrasser ses ennemis. Au moment où il voulut monter à cheval, il demanda à un de ses soldats à boire de l'eau qu'il aimait beaucoup. Le soldat en répondant lui dit (2) : Seigneur, quelle est cette eau que vous demandez? Et le roi lui dit : L'eau que je demande est celle que j'aime beaucoup et dont je suis moi-même aimé. Après quelques réflexions le roi but, et il but de nouveau jusqu'à ce que tout son corps fut rempli et que toutes ses veines furent enflées. Le roi devint pâle. Alors ses soldats lui dirent : Seigneur, voici le cheval que vous désirez monter. Et le roi répondit (*respondens dixit*) : Sachez qu'il m'est impossible de monter à cheval. Les soldats lui demandèrent : Pourquoi cela est-il impossible? Parce que, répondit le roi, je me sens appesanti et que j'ai des douleurs de tête si violentes, qu'il me semble que tous les membres se détachent. Je vous ordonne donc de me déposer dans une chambre claire, bien sèche et continuellement chauffée nuit et jour; de cette manière je suerai, et l'eau que j'ai bue séchera, et je serai délivré. Et ils firent comme le roi leur avait ordonné Après un certain temps ils ouvrirent la chambre, et ils trouvèrent le roi expirant. Aussitôt ses parents accourent et vont chercher des médecins égyptiens et alexandrins. Ceux-ci, ayant appris ce qui était arrivé, dirent qu'il n'y avait pas de danger et que le roi reviendrait à la vie. Alors les médecins égyptiens, comme étant les plus anciens, prirent le roi pour le déchirer en petits morceaux, qu'ils pilèrent dans un mortier et qu'ils mélangèrent avec un peu de médecine liquide. Ils le déposèrent dans une chambre aussi chaude que la première et chauffée nuit et jour. Au bout de quelque temps ils l'en retirèrent demi-mort et ayant à peine un souffle de vie. Les parents voyant cela s'écrièrent : Le roi est mort! Mais les médecins leur répondirent : Ne criez pas, car le roi dort. Ensuite ils le relevèrent de nouveau, le lavèrent avec de l'eau douce pour enlever l'odeur du remède et le déposèrent une dernière fois dans la même chambre. Quand ils l'en eurent retiré, ils le trouvèrent tout à fait mort. Alors les parents se mirent à crier fortement : Le roi est mort! A quoi les médecins répondirent : Nous avons tué le roi afin que, après la résurrection, il soit, le jour du jugement, beaucoup plus beau qu'auparavant. Les parents, entendant cela, chassèrent aussitôt les médecins du royaume comme des assassins. Ensuite ils délibérèrent entre eux pour savoir ce qu'il fallait faire de ce corps empoisonné. Et ils convinrent de l'ensevelir, afin que l'odeur de la putréfaction ne les incommodât pas. Mais les médecins alexandrins entendant cela accoururent. Ne l'enterrez pas, leur disaient-ils, car nous le rendrons plus beau et plus puissant qu'auparavant. Les parents se moquèrent d'eux. Vous voulez, leur disaient-ils, nous tromper comme les médecins égyptiens? Sachez que si vous ne faites pas ce que vous promettez vous n'échapperez pas à notre colère. Alors les médecins d'Alexandrie relevèrent le roi, le pilèrent et le desséchèrent. Ils prirent ensuite une partie de salmiac, deux parties de nitre alexandrin, et les mêlèrent avec la poudre du mort. Ils en firent une pâte avec un peu d'huile de lin et la placèrent dans une chambre en forme de croix. Ils le couvrirent de feu et soufflèrent dessus, jusqu'à ce que tout fût fondu et qu'il descendit par une ouverture de la chambre dans une autre chambre plus basse. Enfin le roi revint peu à peu à la vie, et tout à coup il se mit à dire à haute voix : Où sont nos ennemis? Je les tuerai tous s'ils ne viennent pas sur-le-champ implorer pardon. Tout le monde s'approche du roi, et dès ce moment tous les princes et seigneurs l'honoraient et le craignaient. » — Qui ne voit dans cette allégorie les deux principaux procédés de l'analyse chimique, *la voie sèche* et *la voie humide*, le feu et l'eau? Le style lui-même en est fort remarquable; il rappelle le style gréco-syriaque du Nouveau Testament. On y a voulu trouver quelque allusion à la passion du Christ. Ce n'est point Geber qui est l'auteur de cette singulière allégorie. Le véritable auteur paraît avoir vécu

(1) *Allegoria Merlini profundissimum philosophici lapidis archanum perfecte continens, Geberi Summa perfectionis* (voy. la note 4 de la colonne suivante).

(2) *En répondant lui dit* (respondens ei dixit); c'est un de ces hébraïsmes si fréquents dans le Nouveau et dans l'Ancien Testament.

au IX^e^ ou au X^e^ siècle de l'ère chrétienne.—Roger Bacon, qui devança son siècle par ses lumières, nous dira ce que c'est que l'alchimie et de quoi elle s'occupe. — « L'alchimie, dit-il dans son *Thesaurus chimicus*, est spéculative lorsqu'elle cherche à approfondir la génération, la nature et les propriétés des êtres inférieurs (1). Elle est au contraire pratique lorsqu'elle s'occupe artificiellement (*per artificium*) des œuvres utiles aux individus et aux États, comme de la transmutation des métaux vils en or et en argent, de la composition de l'*azufur* et d'autres couleurs, de la dissolution des cristaux, des perles et d'autres pierres, mais surtout de la préparation des remèdes propres à la conservation de la santé, à la guérison des maladies et à une prolongation merveilleuse de la vie (*ad prolongationem vitæ mirabilem et potentem*). — Roger Bacon était un esprit clair, net, mathématique, enfin un homme rare de son temps. On ne trouve point dans ses ouvrages les divagations des alchimistes ordinaires. Il s'exprime sans ambiguïté. — « Le sel alcali, dit-il, est extrait d'une herbe appelée sosa. On brûle cette herbe, et les cendres, comme *du reste toutes les cendres des corps qu'on brûle*, contiennent l'alcali, qu'on enlève par la dissolution faite avec de l'eau aiguë (*per resolutionem in aqua acuta extrahitur*) (2). » Il est impossible d'être plus clair et plus exact. Roger Bacon eut le sort des grands hommes : il fut persécuté par ses contemporains. Il languit pendant dix ans dans les prisons d'Angleterre, par ordre du pape Nicolas III, son ennemi acharné. La mort le surprit en 1292, au milieu de ses travaux, à un âge assez avancé.—C'est à Roger Bacon qu'on attribue la découverte de la poudre à canon, et voici le passage sur lequel on se fonde : *Sed tamen salis petræ luru mope can ubre et sulphuris; et sic facies tonitru et corruscationem et scis artificium* (3). Les mots *lure mope can ubre* sont l'anagramme de *carbonum pulvere*.—L'Arabe Geber doit, pour la précision de ses observations et la clarté de son langage, être placé à côté de Roger Bacon, auquel il est antérieur de plusieurs siècles (4). — « Pour arriver, dit-il, à la connaissance de notre art, il faut auparavant scruter les secrets de la nature. L'art ne peut pas imiter la nature en toutes choses ; mais il peut l'imiter autant qu'il lui est permis (*imitatur eam sicut debite potest*). » Lorsqu'il parle de cet art, il bannit de son langage cette emphase mystique qui rend inintelligibles la plupart des ouvrages d'alchimie. Voici, par exemple, comment il s'exprime en parlant de l'or. — « Nous disons donc que l'or est un corps métallique, d'un jaune citrin, très-pesant, brillant, extensible sous le marteau, inaltérable et à l'épreuve du grillage et de la calcination avec le charbon (*examinationem cineritii et cementi tolerans*). Le mercure l'altère Lorsqu'on fait fondre du plomb avec de l'or, le plomb est brûlé, et il disparaît. L'or reste intact, etc. (5).» — Ne croiriez-vous pas entendre un professeur de chimie de nos jours, parlant du haut de sa chaire? Si les alchimistes avaient toujours pris pour modèle Geber et Roger Bacon, Lavoisier et Priestley n'auraient point découvert l'oxygène au XVIII^e^ siècle ; la chimie depuis longtemps aurait pris rang parmi les sciences. — D'après une opinion généralement accréditée parmi les alchimistes, tous les métaux se composaient de soufre et de mercure. *Omnia metalla procedunt ex eodem principio, scilicet ex sulphure et argento vivo.* — La tendance à chercher partout l'unité dans la multiplicité est naturelle à l'homme; c'est le pivot de la philosophie et de la théologie. Les alchimistes étaient presque tous théologiens, philosophes et médecins. Les théologiens les plus célèbres ne dédaignaient pas l'étude de l'alchimie.

(1) *Sanioris medicinæ magistri D. Rogeri Baconis Angli Thesaurus chemicus*. Francofurti, 1620, 12.

« Est alchymia speculativa quæ rerum inferiorum generationem et naturas ac proprietates investigat. Illa vero quæ practica dicitur, negotiatur per artificium circa opera utilia personis et reipublicis, etc., etc.»

(2) *Thesaurus chemicus* : « Est autem sal alkali, quod de herba quæ dicitur *sosa*, extrahitur, etc., etc. »

(3) *De secretis operibus*, cap. 11.

(4) *Geberis philosophi perspicacissimi Summa perfectionis magisterii in sua natura, ex bibliothecæ Vaticanæ exemplari emendatissimo nuper edita*. A la dernière page on lit : *Impressum Romæ per Marcellum Silber*. Il est sans date. Cet incunable, extrêmement rare, est probablement de la fin du XV^e^ siècle. Je l'ai trouvé à la bibliothèque de Sainte-Geneviève, sous la lettre *T*.

Geber vivait au VIII^e^ siècle. Il était, suivant Aboulfeda, de Hauran en Mésopotamie. Son véritable nom est *Abou Moussah Djafar*. Cardan admettait Geber au nombre des douze plus subtils génies du monde.

(5) *Opus cit. Dicimus igitur quod aurum est corpus metallicum citrinum, ponderosum multum, fulgidum*, etc.

— « Il y a dans tous les corps, dit saint Augustin (1), des germes auxquels il ne manque qu'une occasion propice pour se transformer en espèces particulières et définies. » Et ailleurs (2) : « Tous les corps matériels ont pour germes certains éléments de ce monde. » — Le prince des médecins arabes, Avicenne, s'occupait d'alchimie. Il s'imaginait être parvenu non-seulement à transmuter les métaux, mais à créer des êtres organisés. « Un homme, dit-il, peut faire avec de l'orge un être vivant ; car si l'on prend du fumier de cheval, qui n'est autre chose que de l'orge (*quod non est aliud quam hordeum*), et qu'on le mette dans un endroit chaud et convenable (*in loco calido apto*), il en naîtra des animalcules, de la même manière que les poux naissent de l'humeur putréfiée de l'homme (*ex humorum hominis putredine oriuntur*). » Personne ne croit plus aujourd'hui à la génération spontanée. — *Albert le Grand* (3) attache beaucoup d'importance à la couleur des métaux. La couleur indique, suivant lui, la composition du métal. « La couleur blanche, dit-il, provient du principe humide (mercure). Le soufre est le principe de la coloration jaune des métaux. C'est encore le soufre qui leur donne de l'odeur (*habent odorem propter sulphuream substantiam*) (4). » — Faut-il s'étonner que des chimistes célèbres de nos jours aient compris parmi les métaux des corps tels que le silicium, le titane, le tellure, le zirconium, etc., uniquement parce qu'ils sont susceptibles de prendre, par le frottement, un certain éclat métallique ! — Albert le Grand est de tous les auteurs celui qui a le plus écrit. On conçoit à peine que la vie d'un homme ait pu suffire pour composer vingt et un gros volumes in-folio, qui formeraient au moins mille volumes dans le format d'un in-8° ordinaire. Albert le Grand était évêque de Ratisbonne et un des plus grands théologiens de l'Eglise ; et ce vaste génie peut, avec raison, être considéré comme l'expression la plus puissante des efforts et des travaux de son époque (5). — Ce qui caractérise au plus haut degré les alchimistes, c'est la patience. Ils ne se laissaient jamais rebuter par des insuccès. L'opérateur qu'une mort prématurée enlevait à ses travaux laissait souvent une expérience commencée en héritage à son fils, et il n'était pas rare de voir celui-ci léguer, dans son testament, le secret de l'expérience inachevée dont le testateur avait hérité de son père. Les expériences d'alchimie étaient transmises de père en fils comme des biens inaliénables. Qu'on se garde bien de rire ; il y a dans cette patience qui approche de l'obstination quelque chose de profondément vrai. Le temps, c'est là un des grands secrets de la nature, et c'est ce que les alchimistes n'ignoraient pas. Le temps est tout pour nous, ce n'est rien pour la nature. Bien des produits que le chimiste est incapable de faire dans son laboratoire sont engendrés avec profusion par la nature, à la faveur de ses agents ordinaires, dont l'action se prolonge pendant des siècles qui ne se comptent pas. Si les alchimistes étaient, dans leurs expérimentations, partis de meilleurs principes, ils seraient incontestablement arrivés à des résultats prodigieux, auxquels n'arriveront probablement jamais les chimistes d'aujourd'hui, trop pressés de jouir du présent. — « Les fruits, dit *Raymond Lulle* (6), sont astringents et acerbes au commencement de l'été, il faut du temps et toute la chaleur de l'été pour qu'ils deviennent doux et aromatiques. La même chose arrive à notre médecine extraite de la terre des métaux (*ex terra metallorum extracta*) : car elle est fétide et horrible avant qu'une digestion ou une décoction suffisamment prolongée l'ait rendue plus agréable (1) ». — Raymond Lulle jouissait d'une réputation immense aux XIII^e et XIV^e siècles. Sa méthode générale d'enseignement, par laquelle il prétendait faire entrer toutes les connaissances humaines et divines dans les lettres de l'alphabet, arrangées d'une certaine manière (2), avait été adoptée par plusieurs gouvernements avec privilèges. — L'auteur du *Char triomphal de l'antimoine* (3) s'est acquis une célébrité qu'il n'a peut-être pas méritée. Basile Valentin est un alchimiste sans esprit d'originalité. Avant de commencer les expériences du grand œuvre, il recommande d'invoquer le nom de Dieu, de la Trinité et des saints. « Les entrailles de la terre, dit-il, ne sont jamais ouvertes à un impie ; elles ne s'ouvrent que pour des hommes pieux et saints (*Intima viscera naturæ nunquam impio patefiunt ; quæ nisi piis et sanctis viris manifestantur*). » Je n'ai trouvé dans les ouvrages de Basile Valentin aucune trace de la découverte de l'acide sulfurique qu'on lui attribue généralement. — L'abbé Tritheim (4) paraît avoir été le contemporain de Basile Valentin. Son ouvrage, qu'il intitula *Curiosité royale*, est obscur et indéchiffrable. En parcourant le *Theatrum chemicum* (5), on pourra se convaincre que les alchimistes les plus présomptueux cherchaient à cacher leur ignorance sous le voile d'un mysticisme obscur. Jean de Tritheim, comme tous les alchimistes de la même époque, se plaisait beaucoup à se faire passer pour un magicien capable d'évoquer les morts et les démons. On raconte « que l'empereur Maximilien ne se consolant pas de la mort de sa première épouse, Marie de Bourgogne, Tritheim, qui se trouvait à la cour de ce prince, offrit de lui faire apparaître la défunte ; qu'en effet Maximilien et l'un de ses courtisans, s'étant enfermés avec l'abbé dans une chambre écartée, Marie s'était montrée à leurs yeux, parée avec sa magnificence accoutumée ; que, pour être plus sûr que c'était bien elle-même, son auguste époux avait cherché et trouvé une verrue qu'il savait être située à la nuque de la princesse (6) ». — La plupart des alchimistes avaient trouvé le moyen d'amasser des richesses considérables ; probablement ce n'était point en fabriquant de l'or avec le soufre et le mercure. On verra tout à l'heure par quels moyens ils s'enrichissaient. Nicolas Flamel était un de ces riches alchimistes (7). On prétend qu'il a beaucoup écrit ; je n'ai trouvé de lui que des notes sur l'ouvrage de Denis Zaccharias. « Si l'on attaque tout par le feu, dit-il dans une de ses notes, et qu'on en recueille la suie, on pourra en faire différents corps solides. Que Dieu soit loué ! » — Les alchimistes n'étaient pas toujours d'accord entre eux. Le démon de la discorde les tourmentait quelquefois. C'est du reste le seul démon avec lequel ils paraissent avoir eu un commerce bien actif. — Un ouvrage rare (8), publié en italien en 1537, et dédié à Sixte-Quint, par un moine de l'ordre des Ermites de Saint-Augustin, nous apprend « que le monde est rempli de faux alchimistes, tant religieux que laïques, qui vont tenter et tromper les princes, les seigneurs, les gentilshommes, les marchands, et des gens de basse classe, en leur promettant de les enrichir en peu de temps et en leur enseignant les moyens de congeler le mercure, de changer le plomb, l'étain, le fer, le mercure, en argent ou en

(1) *De civitate Dei* : *Insunt rebus corporeis*, etc.

(2) Lib. 3, *De Trinitate* : *Omnium quippe rerum, quæ corporaliter nascuntur*, etc.

(3) *Beati Alberti Magni, episcopi ratisbonnensis, opera omnia*. 21 vol. in-fol. Lugd., 1651.

(4) *Alberti Magni, philosophorum maximi, de mineralibus liber primus*, in-fol. Per me Petrum Maufer, normanum rothomagensem, die 20 septembris, 1476 (Biblioth. de Sainte-Geneviève, *OE*, fol. 172). Ce même incunable renferme un singulier opuscule intitulé : *Sur l'art de mourir* (*De arte moriendi*).

(5) On raconte qu'Albert construisit un jour un automate, doué de mouvement et de parole, et que saint Thomas d'Aquin, son disciple, le brisa à coups de bâton, dans l'idée que c'était un agent du démon. Albert le Grand est né à Lauingen (Souabe) en 1193. Il commenta la Physique d'Aristote à Paris, vers 1220. Il mourut en 1280.

(6) Raymond Lulle naquit à Palma (Majorque) en 1235. Il parcourut différents pays de l'Europe et de l'Asie ; on prétend qu'il arriva jusqu'en Chine. Ce qu'il y a de certain, c'est qu'il menait une vie très-aventureuse et qu'il jouissait, à son époque, d'une immense réputation qui le faisait rechercher par des évêques et des princes.

(1) *Arbor scientiæ venerabilis* Raymundi Lullii. Lugd., 1536. In-8. Fructus in principio æstatis acerbi et austeri sunt, etc., etc.

(2) *Raymundi Lullii opera quæ ad artem ab ipso inventam universalem pertinent*. Argentorati, 1651. In-8.

(3) *Currus triumphalis antimonii, fratris Basilii Valentini, monachi benedictini*. Tolosæ. 1646. In-8.

Basile Valentin vivait, probablement vers le XIV^e siècle, à Erfurt (Prusse). Il a le premier préconisé l'usage de l'antimoine à l'intérieur. On raconte qu'une des colonnes de l'église d'Erfurt s'étant ouverte tout à coup, comme par miracle, on y avait trouvé les écrits de ce bénédictin.

(4) *Curiositas regia. Octo quæstiones jucundissimæ simul et utilissimæ a I. Trithemio, abbati ordinis sancti Benedicti, propositæ et ab eodem solutæ*. Duaci. In-8. Sans indication de date.

(5) *Theatrum chemicum continens præcipuos selectorum auctorum tractatus de chemiæ et lapidis philosophici antiquitate*. Vol. 11. In-8. Argentorati, 1613.

(6) Jean de Tritheim naquit en 1462. Il séjourna longtemps à la cour de l'empereur Maximilien, dont il fut chassé plus tard.

(7) *Nicol. Flamelli annotationes ad Dyonisii Zaccharicæ opuscula philosophiæ naturalis* (*Theatrum chemicum*).

(8) *La vera dichiarazione de tutte le metafore di gli antichi filosophi alchimisti, ove con un breve discorso della generazione dei metalli secundo i principii della filosofia, si mostra l'errore e ignoranza (per non dir l'inganno) di tutti gl' alchimisti moderni*. Roma, 1587. In-8.

or (*Impito il mondo tutto di falsi alchimisti, tanto di persone religiose, come anco de laici, chi vanno tentando, chi un principe, chi un signore, chi un gentil'uomo, chi un mercante, e chi altre genti bassi e vili, con volerli arrichire in poco tempo, con insegnarli la congelazione del mercurio, chi mutar il piombo, stagno, ferro, mercurio in argento o in oro*).» Et un peu plus loin il ajoute : « Ceux qui prétendent savoir de semblables choses sont des gens très-astucieux, qui veulent toujours vivre aux dépens d'autrui (*Che dicono saper simil cose, sono persone astutissime, che vogliono vivere sempre alle spese d'altri*). » — Enfin l'auteur, rempli d'indignation, sollicite le pape de chasser de la chrétienté tous les faux alchimistes. — On rencontre quelquefois chez un même auteur des contrastes frappants ; le dévergondage du charlatanisme à côté de la simplicité de la bonne foi. On ne sait s'il faut l'appeler fourbe ou enthousiaste crédule. Il est le sujet des critiques les plus diverses, des opinions les plus opposées. Tel est Paracelse, dont le nom entier est *Aurelius Philippus Theophrastus Paracelsus Bombastus ab Hohenheim*. — Paracelse a une singulière idée de la puissance de l'intelligence humaine. Voici comment il raisonne (1) : « La mesure de notre sagesse dans ce monde est de vivre comme les anges dans le ciel ; car nous sommes des anges. Or, il s'agit de savoir ce que peuvent les anges (*quidnam possint angeli*). Ils peuvent tout ; car c'est en eux qu'habite toute la sagesse de Dieu, toute la science de Dieu. Les anges possèdent donc toutes les connaissances de Dieu. Ils sont purs et innocents dans le ciel comme sur la terre ; ils ne dorment jamais, ils n'ont pas besoin d'être réveillés. L'homme dort parce qu'il est corporel. Aussi faut-il l'exciter et le réveiller pour la science des anges, c'est-à-dire pour la science et la sagesse de Dieu. Les sciences de Dieu sont : la médecine, la géomancie, l'astronomie, la pyromancie, la chiromancie, la magie, la malédiction, la bénédiction, la nécromancie, l'alchimie, la transmutation, la réduction, la fixation et la teinture. Toutes ces sciences se trouvent dans la nature. Les anges sont des médecins (*angeli sunt medici*). Ils peuvent voler, marcher sur les eaux, traverser des mers, se rendre invisibles, guérir toutes les maladies, ensorceler, etc. Si les anges ont toutes ces facultés, il est nécessaire que ces facultés se trouvent également dans les plantes, dans les semences, dans les racines, dans les pierres, etc. Car Dieu a versé ses forces (*transfudit vires suas*) dans les plantes, dans les pierres, dans les graines. C'est là qu'il faut les chercher (*ex his illæ petendæ*). Les anges les possèdent renfermées en eux-mêmes. L'homme les a au dehors de lui, dans la nature ; c'est là qu'il doit se les approprier (*in illa eas assumat*). » Paracelse donna une forte impulsion à l'étude de l'art *spagirique* (2), comme on appelait alors l'alchimie. Il eut une foule de disciples et d'imitateurs. Hommes de robe, hommes d'épée, prélats, généraux, princes, cultivaient l'alchimie avec ardeur au XVe, au XVIe et même au XVIIe siècle. Plusieurs empereurs d'Allemagne, Rodolphe, Mathias, Ferdinand, aimaient souvent mieux souffler le feu du grand œuvre, que s'occuper des affaires de l'Etat. Le héros de la guerre de trente ans, Wallenstein, consultait les secrets de l'alchimie et de l'astrologie pour y trouver la clef de sa destinée. L'Europe était alors, pour ainsi dire, inondée de traités et d'opuscules alchimiques, dont plusieurs se font remarquer surtout par l'originalité du titre. Voici le titre d'un de ces ouvrages, moitié allemand, moitié latin : *Noces chimiques* (Chymische Hochzeit), de Cristian Rosecroix (Rosen Creutz). « Les secrets publiés perdent leur valeur ; la profanation détruit la grâce ; donc, ne jette pas les perles aux porcs, et ne fais pas à un âne un lit de roses (*ergo, ne margaritas objice porcis, seu asino substerne rosas*). Strasbourg, 1616. » — Dans ces ouvrages on discutait, sous des formes allégoriques, sur le principe universel, discussions qui rappellent quelquefois les opinions des écoles ionienne et de Pythagore. — « L'air nourrit le feu, comme l'eau nourrit la terre. Car le feu vit de l'élément de l'eau et de l'élément de la terre. C'est pourquoi, en tuant l'eau, on tue tous les éléments (*omnia elementa occidisti*) (3). » Ces paroles ne rappellent-elles pas le commencement de la première Olympique de Pindare, τὸ ἄριστον μὲν ὕδωρ, le principe de Thalès, d'après lequel l'eau est l'élément de toute chose? — Suivant quelques auteurs de cette époque, la mythologie des Grecs cache, sous une forme allégorique, tous les secrets de l'alchimie. — Le mythe qui représente Jupiter se changeant en une pluie d'or, fait allusion à la distillation de l'or des philosophes. Par les yeux d'Argus se changeant en la queue du paon il faut entendre le soufre, à cause des différentes couleurs qu'il est susceptible de prendre par l'action du feu. La fable d'Orphée cache la douceur de la quintessence et de l'or potable. Le Chaos des anciens, c'est notre plomb (saturne). Enfin, le mythe de Deucalion et de Pyrrha révèle tout le mystère de l'alchimie (1). » — Tous les alchimistes sont d'accord pour faire remonter l'origine de leur art à l'antiquité la plus reculée ; et en cela ils ont raison. L'inventeur de l'alchimie, ce n'est ni Geber, ni Rhasès, ni Avicenne, mais ce n'est pas non plus Cham, fils de Noé, ni Hermès Trismégiste (Taat), ni Moïse, ni Salomon (2), ni Esras (3), ni le roi David (4). Thalès, Pythagore et même Platon (Timée) étaient alchimistes dans une acception plus large de ce mot. Alchimiste ne veut pas dire seulement chercheur de pierre philosophale, de panacée, d'élixir universel. Tout philosophe, tout théologien, tout médecin qui prétendait être parvenu à la connaissance d'un principe universel, résumant en quelque sorte les œuvres de la création, était alchimiste. Il se croyait en possession de la pierre philosophale, ce qui veut dire qu'il se croyait assez instruit pour être à même de convertir les corps les uns dans les autres, ou du moins pour opérer la transformation des métaux vils en métaux nobles, à l'aide d'un petit nombre d'éléments. — J'ai déjà dit que les alchimistes, avant de commencer les opérations du grand œuvre, n'oubliaient jamais de réciter certaines formules de prières. Ils attribuaient surtout une vertu surnaturelle au fameux hymne mystique (ὑμνὴ κρυπτή) d'Hermès Trismégiste (5). Voici le commencement de cet hymne, qui est une invocation sublime de la puissance de l'Être suprême : « Univers, sois attentif à ma prière (προσδεχέσθω τοῦ ὕμνου τὴν ἀκοήν). Terre, ouvre-toi ; que toute la masse des eaux (πᾶς μοχλὸς ὄμβρου) s'ouvre à moi. Arbres, ne tremblez pas : je veux louer le Seigneur de la création, *le Tout et l'Un* (τὸ πᾶν καὶ τὸ ἕν). Que les cieux s'ouvrent et que les vents se taisent. Cycle immortel de Dieu (κύκλος ὁ ἀθάνατος τοῦ Θεοῦ) exauce ma prière. Que toutes les facultés (αἱ δυνάμεις) qui sont en moi célèbrent le Tout et l'Un. » — Les croisades n'avaient pas peu contribué à répandre et à populariser en Europe l'étude de l'alchimie. Si les nombreux adeptes de la science occulte n'avaient vu s'accomplir aucune de leurs chimériques espérances, ils avaient du moins préparé de loin les découvertes importantes qui devaient plus tard, au XVIIIe siècle, élever la chimie au rang d'une science. — Les découvertes de Newton sur la lumière, les recherches de Torricelli, de Guérike et de Boyle sur la pression atmosphérique et sur le vide, ouvrirent, vers la fin du XVIIe siècle, un champ nouveau à l'étude de la chimie. Brandt et Kunkel découvrirent vers la même époque le phosphore et quelques flux vitreux ; Glauber découvrit différents sels alcalins ; Nic. Lemery, les volcans artificiels, et Homberg (professeur de chimie du duc d'Orléans, régent de France), l'alun pyrophorique. — Georges-Ernest Stahl, médecin du roi de Prusse, père de Frédéric le Grand, est le fondateur du premier système de chimie, connu sous le nom de *système phlogistique*. Stahl établit que tous

(1) *Aurel. Philippi Theophr. Paracels. Bombart ab Hohenheim, medici et philosophi celeberrimi, chemicorumque principis, opera omnia.* Genevæ, 1658. 2 vol., p. 512. *De fundamento scientiarum et sapientiæ.*

(2) *Spagirique* vient de σπᾶν et de ἀγείρειν, extraire et rassembler (analyse et synthèse), deux mots grecs contractés en un seul.

(3) *Artis auriferæ, quam chemiam vocant, opus.* Vol. 4, *Basileæ.* In-12, 1583.

(1) *De alchemia dialogi II, quorum prior Geberi librorum sententiam, alter Raymundi Lullii Maioricani mysteria in lucem prodit, quibus præmittuntur propositiones centum viginti novem.* Norimbergæ, anno 1548. In-4.

(2) On trouve dans un ouvrage intitulé : *Harmoniæ imperscrutabiles chemico-philosophicæ collectæ ab H. C. D. Francofurti*, 1625, un petit traité sous le titre : *Salomonis regis sapientissimi liber de lapide minerali quem philosophorum appellant.* Ce roi Salomon qui a écrit sur la pierre philosophale est évidemment un pseudonyme.

(3) Esr. lib. IV, cap. 8, v. 2 : *Si rogares minimum pulveris unde fit aurum.*

(4) *Psaume* XII, v. 7. Argentum purgatum in catino lectissimo terræ, defæcatum septies. Les alchimistes ont invoqué ce passage comme une sorte de témoignage que le roi David connaissait leur art et qu'il en était même l'inventeur.

(5) Mercure, le *trois fois grand* (τρὶς μέγιστος). *V. Divinus Pymander Hermetis Mercurii Trismegisti cum commentariis Hannibalis Rosseli.* In-fol. Coloniæ, 1630. On ignore quel est le personnage qu'on a désigné sous le nom de Hermès trois fois grand ; car les uns le croient identique avec le *Taat* des Egyptiens, d'autres pensent que c'est Cadmus ou Moïse.

les corps renferment un principe inflammable *phlogistique* (φλογιστόν, de φλόξ, flamme), et que la combustion est la séparation de ce principe par la chaleur. Les métaux sont plus ou moins riches en *phlogistique*. Le charbon est le corps le plus riche en phlogistique; aussi peut-il facilement rendre le phlogistique aux corps qui l'ont perdu. — D'après cette théorie, les oxydes (*chaux, rouilles*) métalliques sont des métaux qui ont, pendant leur combustion, perdu leur *phlogistique* (métaux déphlogistiqués), qu'on peut leur rendre en les chauffant avec du charbon. Le système du docteur allemand, quelque séduisant qu'il soit en apparence (1), fut complétement renversé par l'illustre Lavoisier, qui démontra, *la balance en main*, que les métaux, loin de perdre par la combustion, augmentent au contraire en poids, et qu'ils prennent *quelque chose* à l'air. Ce « *quelque chose* » était l'oxygène. — Néanmoins Stahl donna une impulsion nouvelle à l'étude de la chimie, et depuis lors les découvertes se sont succédé rapidement (2). — Geoffroy publia en 1718 ses tables d'affinité. En 1733, Herm. Boerhaave fit paraître ses *Eléments de chimie* (*Elementa chemiæ*, 4 vol. in-4°), qui renferment des expériences curieuses sur la chaleur, sur la lumière, etc. Hales fit, vers 1724, des expériences sur l'air et les corps aériformes. Les expériences de Hales furent, avec plus de succès, reprises par Black, qui démontra le premier que l'*air*, qui se dégage pendant la fermentation du vin ou en versant du vinaigre sur la craie, est différent de l'air atmosphérique (*Découverte du gaz acide carbonique*). — Marggraf (3) (1754-1759) décrivit l'alumine et la magnésie comme des terres particulières; il prépara le premier du sucre avec des plantes indigènes et découvrit les phosphates de l'urine. — Bergmann (4) perfectionna la doctrine des affinités chimiques, et entreprit de nouvelles recherches sur l'acide carbonique et sur beaucoup d'autres corps. — Scheele (5), compatriote de Berzélius et un des fondateurs de la chimie moderne, découvrit (1773-1786) le chlore (acide muriatique oxygéné), l'acide fluorique (acide fluorhydrique), l'acide prussique, l'acide molybdique, l'acide arsénique, l'acide citrique, l'acide malique, l'acide lactique, l'acide gallique, la baryte, la plupart des composés de manganèse; enfin il établit des expériences remarquables sur la constitution de l'air : de plus il démontra la présence de l'acide phosphorique dans les os, et il fit des recherches exactes sur l'analyse de l'air, sur la lumière, sur la chaleur, ce qui le conduisit à une nouvelle théorie de la combustion. Scheele était un des savants les plus sagaces qui aient jamais existé. — Cavendish, qui le premier recueillit les gaz sur l'eau, fit connaître l'hydrogène, la composition de l'eau et celle de l'acide nitrique (1765-1785). — C'est de l'année 1774 que date la naissance de la chimie considérée comme science. C'est dans cette année que fut découvert l'*oxygène* presque simultanément en France, en Angleterre et en Suède. Il est à remarquer qu'aucune découverte n'avait été aussi convenablement préparée que celle de l'oxygène; sans les recherches de Paracelse, de Van-Helmont et de Black sur l'esprit sylvestre (acide carbonique), et sans les travaux de Stahl, de Hales, de Venel, de Rouelle, les découvertes de Lavoisier, de Priestley, et de Scheele seraient probablement encore à faire. — On conçoit sans peine qu'une pareille découverte, qui a produit une si grande révolution dans la science, soit en quelque sorte une affaire de gloire nationale. — Aujourd'hui on ne s'accorde pas encore sur la question de savoir auquel des trois illustres savants, tous également chers à la science, revient réellement l'honneur de la priorité de la découverte de l'oxygène. — Cette question ne peut être jugée que d'après les documents historiques que nous allons mettre sous les yeux du lecteur, avant de nous prononcer. Lavoisier présenta, en 1774, à l'académie royale des sciences un *Mémoire sur la calcination de l'étain dans des vaisseaux fermés, et sur la cause de l'augmentation de poids qu'acquiert ce métal pendant cette opération ; lu à la rentrée publique de la Saint-Martin* 1774 (1). — L'espace nous manque pour rapporter ici tous les détails de cet admirable travail; nous nous contenterons de citer textuellement les passages suivants (page 365) : « Dans toute calcination d'étain, l'augmentation de poids du métal est assez exactement égale au poids de la quantité d'air absorbé. » — « Je serais, ajoute Lavoisier, porté à croire que la portion d'air qui se combine avec les métaux est un peu plus lourde que l'air de l'atmosphère, et que celle qui reste au contraire après la calcination est un peu plus légère. L'air de l'atmosphère, dans cette supposition, formerait un résultat moyen entre ces deux airs, relativement à la pesanteur spécifique; mais il faut des preuves plus directes que je n'en ai pour pouvoir prononcer sur cet objet, d'autant plus que ces différences sont très-peu notables. » — Page 366 : « On vient de voir qu'une portion de l'air est susceptible de se combiner avec les substances métalliques pour former des chaux, tandis qu'une autre portion de ce même air se refuse constamment à cette combinaison. Cette circonstance m'a fait soupçonner que l'air de l'atmosphère n'est point un être simple, qu'il est composé de substances très-différentes, et le travail que j'ai entrepris sur la calcination et la révivification des chaux de mercure m'a singulièrement confirmé dans cette opinion. Sans anticiper sur les conséquences qui résultent de ce travail, je crois pouvoir annoncer ici que la totalité de l'air de l'atmosphère n'est pas dans un état respirable, que c'est la portion salubre qui se combine avec les métaux pendant leur calcination, et que ce qui reste après la calcination est une espèce de mofette, incapable d'entretenir la respiration des animaux ni l'inflammation des corps. » Quelle différence de langage d'avec celui des alchimistes ! Ce langage modeste, dépourvu de tout préjugé spéculatif, en appelant à chaque instant à l'expérience comme juge suprême, fait époque tout autant que les immenses faits qu'il exprime. — Priestley publia en 1775 un ouvrage sous le titre de : *Experiments and Observations on different kinds of air*, 3 vol. in-8°, Londres (2). Nous en extrayons textuellement les passages suivants : « Pour ma part, je reconnaîtrai avec franchise qu'en commençant les expériences rapportées dans ce livre, j'étais si éloigné d'avoir formé aucune hypothèse préalable, que si quelqu'un eût pu me prédire ces découvertes, je ne les aurais pas crues probables. — Depuis que j'ai découvert que l'air atmosphérique est sujet à des altérations, et que par conséquent il n'est pas une substance élémentaire, mais un composé, je me suis posé le problème suivant : quel est ce composé? ou qu'est-ce que la chose que nous respirons, et comment faut-il s'y prendre pour la composer de ses principes constituants? » — Priestley s'était procuré une lentille ardente, et il avait construit un appareil dont il est inutile de rapporter les détails. « Avec cet appareil, continue l'auteur, je tâchai (le 1er août 1774) de tirer de l'air du mercure précipité *per se*; je trouvai sur-le-champ que par le moyen de ma lentille j'en chassais l'air très-promptement. Ayant ramassé de cet air environ trois ou quatre fois le volume de mes matériaux, j'y fis passer de l'eau, et je trouvai qu'elle ne l'absorbait point; mais ce qui me surprenait plus que je ne puis l'exprimer, c'est qu'une chandelle brûla dans cet air avec une flamme d'une intensité remarquable. » Priestley, doutant de la pureté du précipité *per se* (oxyde rouge de mercure), en acheta chez les droguistes les plus renommés de Londres; mais il remarqua, à son grand étonnement,

(1) *Kant*, le Copernic de la philosophie, se laissa lui-même séduire par le système de Stahl au point de le placer à côté des immortelles découvertes de Galilée et de Torricelli (V. *Préface de la critique de la raison-pure*).

(2) Si les alchimistes se sont signalés par la bizarrerie de leurs idées mystiques, Stahl semble avoir pris à tâche de se distinguer par la bizarrerie de son langage moitié latin, moitié allemand. En voici un échantillon :

« *Sonsten ist aus den angeführten* alterationibus metallorum *zu notiren dass in den* metallis imperfectis *dreyerley* substantia *vorhanden seyn* 1° *eine* quasi superficialis cohæsionis, quæ et ea propter omnium prima abit, scil. substantia inflammabilis seu φλογιστόν ; 2° substantia colorans, quæ apparet in coloratis horum metallorum vitris ; *und endlich*, 3° substantia crudior, *und diese sonderlich in den* crassioribus metallis, *Eisen und Kupfer zu finden* » ( *Fundamenta chymiæ dogmatico-rationalis*). Norimb., in-4°, 1747.

*Traduction du passage cité*. D'ailleurs, d'après les susdites altérations des métaux, il est à noter que les métaux imparfaits renferment trois principes ou substances, 1° une substance de cohésion superficielle, qui s'en va la première, à savoir la substance inflammable ou le *phlogistique* ; une substance colorante qui apparaît dans les verres colorés de ces métaux; et enfin, 3° une substance moins subtile et qui se rencontre particulièrement dans les métaux plus épais, dans le fer et dans le cuivre.

(3) *Opuscules chimiques*. 2 vol. in-8. Paris, 1762.

(4) *Traité des affinités chimiques ou attracti-électives*. In-8°; 1788. *Opuscula chemica et physica*. 6 vol. in-8. Lips., 1788-90.

(5) *Opuscula chemica et physica*. 2 vol in-8. Leips., 1788, 1789. — *Traité chimique de l'air et du feu*, traduit par Dietrich. Paris, 1781. 2 vol. in-12. Mémoires de chimie, tirés de l'académie royale des sciences de Stockholm.

(1) V. *Mémoires de l'académie royale des sciences*. 1774, in-4°. 2e partie.

(2) Cet ouvrage a été traduit en français par Gibelin. Paris, 3 vol.

que le résultat de son expérience fut toujours le même. « Me prouvant, continue Priestley, à Paris au mois d'octobre suivant, et sachant qu'il y a de très-habiles chimistes dans cette ville, je ne manquai pas l'occasion de me procurer une once de précipité *per se* préparé par M. Cadet, et dont il n'était pas possible de suspecter la pureté. Dans le même temps, je fis part plusieurs fois de la surprise que me causait l'air que j'avais tiré de cette préparation à MM. Lavoisier, Leroy et autres physiciens, qui m'honorèrent de leur attention dans cette ville, et qui, j'ose dire, ne peuvent manquer de se rappeler cette circonstance » (p. 45, vol. II). — Les mémoires de l'académie des sciences de Stockholm (*Abhandlungen der koenig. swed. Akademie*, Leipzig, in-8°) renferment (année 1779) un travail de Scheele sur la quantité d'air pur qui se trouve dans l'atmosphère. Ces expériences ont été faites le 1^er^ janvier 1778. « On voit, dit Scheele en terminant, que notre atmosphère doit toujours contenir (à quelques différences près) une certaine quantité d'air pur déphlogistiqué ou d'air pur, c'est-à-dire neuf trente-troisièmes ; ce qui est très-surprenant et dont j'avoue qu'il est très-difficile de rendre raison, vu qu'une grande quantité d'air pur entre dans une combinaison nouvelle, soit pour l'entretien du feu, soit avec les végétaux, soit par la respiration, etc. » — D'après les documents que nous venons de donner, il est incontestable que c'est Priestley qui le premier découvrit, le 1^er^ août 1774, l'oxygène (air pur, air déphlogistiqué, etc.) à l'état de fluide élastique ; mais que c'est à Lavoisier que revient la gloire d'avoir fondé sur l'emploi de la balance la base de la chimie moderne, en renversant le système phlogistique de Stahl, dont le prestige avait fasciné les savants même les plus sagaces et jusqu'aux philosophes les plus clairvoyants du XVIII^e^ siècle. Ce fut quelque temps après la découverte de l'oxygène que Scheele donna la première analyse quantitive de l'air. — Lavoisier démontra le premier, par des expériences exactes, que le diamant est du carbone pur, que l'acide carbonique est une combinaison d'oxygène et de carbone, que l'eau est décomposée par le fer rouge, etc. On lui doit en outre des travaux remarquables sur la chaleur, sur la respiration, sur la transpiration, etc. A partir de cette époque, la chimie a fait des progrès de plus en plus rapides. — Berthollet (1) nous a laissé des travaux importants sur le chlore et sur les affinités chimiques. — Fourcroy (2) avait entrepris, en commun avec Vauquelin, des recherches sur l'analyse des substances organiques. On doit à ce dernier la découverte du chrome et de la glucyne. Klaproth fit faire d'immenses progrès à la chimie minérale ; il découvrit la terre zirconienne, le titane, l'urane et le tellure. Smithson Tennant et Wollaston découvrirent, dans le minerai de platine, le premier, l'osmium et l'iridium, et le dernier, le palladium et le rhodium. — Les expériences de Galvani et de Volta fournirent aux chimistes un moyen puissant de décomposition, dont se servit ingénieusement Davy (3), pour démontrer (1807) la composition des alcalis et des terres, substances jusqu'alors réputées élémentaires. — A partir des immortels travaux de Davy, de Dalton, de Gay-Lussac, de Thénard et de Berzélius, date une ère nouvelle pour la science, auxiliaire puissante des progrès de l'industrie, des arts et de la médecine. — Enfin, en voyant aujourd'hui l'avenir de la chimie entre les mains de savants aussi éminents que le sont MM. Dumas, Pelouze, Biot, Orfila, Liebig, Mitscherlich, Rose, etc., n'est-il pas permis de croire que les grandes espérances qu'on a fondées sur cette science seront un jour réalisées?

D^r^ FR. HOEFER.

**CHIMNELLO** (VINCENT), astronome, né en 1741 à Marostica dans le Vicentin, fut élevé au séminaire de Padoue, embrassa l'état ecclésiastique, et reçut le laurier doctoral dans la double faculté de droit ; mais son penchant pour les mathématiques lui fit abandonner toute autre étude, et, s'étant mis sous la direction de Rizzi-Zannoni, ses progrès furent très-rapides. Adjoint en 1779 à son oncle le célèbre Toaldo, directeur de l'observatoire de Padoue, il lui succéda dans cette place en 1798. Il avait précédemment remporté des prix aux académies de Sienne et de Manheim. Les nombreux mémoires qu'il a publiés dans les recueils de l'académie de Padoue et de la société Italienne, ainsi que dans les journaux scientifiques, prouvent son zèle pour les progrès de l'astronomie. Privé de sa place par l'effet des révolutions, il passa ses dernières années dans l'indigence, et mourut en 1815. Le tome XVIII des *Mémoires de la société Italienne* contient son *éloge*.

(1) *Essai sur la statique chimique*. 2 vol. in-18. Paris, 1803. *Éléments sur l'art de teinture*. In-8°, Paris, 1791.

(2) *Philosophie chimique*. In-8°. Paris. — *Système des connaissances chimiques*. Paris, 1801. — *Table synoptique de chimie*. 1 vol. in-fol. 1800.

(3) *Electro-chimical researches on the decomposition of the earthes; observations on the metals obtained from the alkaline earth*, etc. In-4°. London, 1808.

**CHIMIQUE**, adj. des deux genres, qui appartient à la chimie.

**CHIMIQUEMENT**, adv. (*didact.*), d'après les lois de la chimie, d'une manière chimique.

**CHIMISME**, s. m. (*didact.*), ensemble des phénomènes physiques explicables par la chimie.

**CHIMISTE**, s. m. celui qui sait bien la chimie, qui s'occupe de chimie.

**CHIMITIER**, s. m. (*vieux langage*), cimetière.

**CHIM-MI-VU**, s. m. (*botan.*), plante de la Chine.

**CHIMOINE**, s. m. (*construct.*), sorte de ciment ou de stuc qui imite le marbre.

**CHIMOMÉTRIE**, s. f. (*didact.*), calcul des éléments chimiques des corps.

**CHIMON**, fameux athlète d'Argos.

**CHIMONANTHE**, s. m. (*botan.*), arbuste du Japon.

**CHIMONICHA** (*botan.*) (*V.* COPOUS).

**CHIMPANZÉ**, *troglodytes* (*hist. nat.*). Ce genre appartient à la famille des singes catarrhinins ou de l'ancien continent ; il ne comprend qu'une espèce exclusivement propre à l'Afrique ; voici quels sont ses caractères : trente-deux dents, $\frac{4}{4}$ incisives, $\frac{1-1}{1-1}$ canines, et $\frac{5-5}{5-5}$ molaires ; les canines peu saillantes et contiguës aux incisives, lesquelles sont droites aux deux mâchoires et disposées comme celles de l'homme ; les molaires sont aussi dans ce cas ; face nue, à museau court ; front arrondi, mais fuyant en arrière ; arcades sourcilières très-proéminentes, ce qui ne donne à l'angle facial que cinquante degrés ; conques auriculaires très-grandes, mais de forme humaine ; mains munies d'ongles plats, à doigts de même longueur que chez l'homme, excepté le pouce ; membres proportionnés ; callosités des fesses peu prononcées, mais existant cependant d'une manière visible, ainsi que l'a reconnu M. Isid. Geoffroy ; poils rares sur certaines parties et tout à fait nuls à la face et à la paume des mains ; à l'avant-bras ils sont dirigés du côté du coude ; point de queue, non plus que d'abajoues. — Le CHIMPANZÉ NOIR, *troglodytes niger*, est la seule espèce authentique ; c'est de tous les singes celui qui se rapproche le plus de l'homme tant par ses facultés physiques que par celles de son moral. Son front est arrondi, mais caché par les arcades sourcilières, dont le développement est extrême ; sa face est brune et nue, à l'exception des joues qui ont quelques poils disposés en manière de favoris ; ses yeux sont petits, mais pleins d'expression ; le nez est camus et la bouche large. — Cet animal peut atteindre jusqu'à cinq et six pieds de haut. Il lui est facile de se tenir sur ses membres inférieurs, et lorsqu'il s'appuie sur un bâton il peut marcher debout pendant un temps assez long. Son corps est couvert de poils plus nombreux sur le dos, les épaules et les jambes que partout ailleurs ; les mains en sont tout à fait dépourvues à leur face palmaire, ainsi que les oreilles et le visage. Ces poils sont généralement noirs, cependant à l'entour de l'anus on en voit quelques-uns qui sont blancs. Les membres ne sont point disproportionnés comme chez les orangs et les gibbons, les supérieurs ne descendent guère que jusqu'au jarret, et les inférieurs ont une espèce de mollet, formé comme chez l'homme par les muscles jumeaux et soléaire ; leur force est très-grande ; ils permettent à l'animal de marcher et aussi de grimper avec beaucoup d'agilité. Les doigts des pieds et des mains sont de même longueur que chez l'homme, les ongles sont aplatis. Ce caractère, joint à celui que fournissent les membres, différencie parfaitement le chimpanzé de l'orang, et fait reconnaître qu'il doit être placé avant lui dans la série mammalogique. — Le chimpanzé habite l'Afrique ; on ne l'a encore observé que sur quelques points intertropicaux de la côte occidentale, dans les forêts du Congo, du Loango, d'Angole et de la Guinée. Il n'existe point en Asie. Pendant les premières années de son âge, il est remarquable par sa douceur et la facilité avec laquelle il s'apprivoise ; mais, à mesure qu'il vieillit, il perd la plupart de ces bonnes dispositions, qui sont remplacées par les instincts les plus farouches. Il ne craint point alors d'attaquer l'homme lui-même ; il s'arme d'un bâton et le frappe avec violence, ou bien il lui lance des pierres. On assure que les chimpanzés sont d'un tempérament fort lascif, et que plus d'une fois il leur est arrivé d'enlever des négresses pour en jouir ; on cite même une de ces femmes qui resta cinq années dans leur société, et qui étant ensuite revenue auprès des gens de sa nation, leur conta tous les bons traitements et les attentions que ces singes lui avaient prodigués.—Les navigateurs ont eu plusieurs fois l'occasion d'étudier les mœurs des chimpanzés domestiques, et ils nous ont appris que ces animaux, lorsqu'on les prend encore jeunes, sont susceptibles d'une éducation très-variée. Ils apprennent à se tenir à table, aussi bien que pourraient le faire les hommes de nos contrées civilisées. Ils mangent assez de tout, mais affectionnent principalement les sucreries. On peut aussi les accoutumer aux liqueurs fortes. Ils se servent du couteau, de la fourchette et de la cuiller, pour couper ou prendre ce qu'on leur sert. Ils reçoivent avec politesse les personnes qui viennent les visiter, restent pour leur tenir compagnie et les reconduisent. Buffon, qui a possédé un de ces singes vivants, a pu vérifier presque toutes ces allégations. — Les naturalistes méthodistes ont tous considéré l'espèce qui nous occupe comme devant tenir le premier rang parmi celles de la famille des singes; quelques-uns même n'ont pas hésité à les placer dans le même genre que l'homme, l'appelant *homo silvestris* et *homo troglodytes* : c'est ce qu'ont fait Tyson et Linnæus dans les premières éditions de son *Systema naturæ*. Mais si les chimpanzés doivent être rangés après l'homme et se classer les premiers parmi les singes, ils n'appartiennent pas certainement au même genre que nous ; c'est d'ailleurs ce que Linnæus a reconnu dès qu'il a pu voir des détails plus exacts sur leurs membres, qui ont tout à fait la conformation quadrumane. — Voici quelques-uns des noms que l'on a donnés aux chimpanzés : *simia troglodytes* Linnæus, *simia pygmæus* et *simia satyrus* Schreber, *troglodytes niger* Geoffroy, et dans les récits des voyageurs : *pygmée, puimpanzé, quojas-morrou, quino-morrou*, etc. Buffon n'a pas peu contribué à embrouiller cette synonymie. Il a confondu le chimpanzé avec l'orang-outang; dans son Histoire naturelle, il désigne d'abord le premier par le nom de *jocko*, puis dans son supplément il l'appelle de celui de *pongo* qu'il avait d'abord appliqué à l'orang, nommé ensuite par lui jocko; c'est-à-dire, pour parler plus clairement, qu'il a successivement appelé l'un et l'autre et pongo et jocko. — Suivant M. Geoffroy, il pourrait bien se faire qu'il y eût dans le genre troglodyte plusieurs espèces, deux au moins; car on a constaté que tous ces animaux n'ont pas les mêmes habitudes et la même démarche. De plus, M. de Blainville a procuré au cabinet de la faculté des sciences un crâne qui diffère par quelques caractères de tous ceux que l'on connaît. Cette seconde espèce, en admettant qu'elle soit reconnue, n'est point certainement celle du chimpanzé à fesses blanches, *troglodytes leucoprymus*, décrite par M. Lesson dans ses Illustrations de zoologie ; celle-ci n'est autre chose, comme il est facile de s'en assurer, que le jeune âge de l'espèce ordinaire, lequel a un peu plus marqué que l'adulte un de ses caractères, les poils blancs qui environnent l'anus. (M. Isid. Geoffroy, *Monographie des singes de l'anc. cont.*, publiée dans le *Voyage* de M. Bélanger, décrit ainsi les couleurs du *troglodytes niger* : pelage noir, quelques poils blancs autour de l'anus.)—Nous donnons ici la représentation du chimpanzé; c'est une copie de

celle qu'a donnée le traducteur anglais du *Règne animal* : cette figure, la plus exacte que l'on ait encore publiée, a été faite d'après un moule pris sur nature morte.

**CHIN** (*ornith.*), nom grec de l'oie sauvage, *anser* des Latins, que les Grecs modernes nomment *china*.

**CHIN** (*philol. chin.*), nom par lequel les Chinois désignent les esprits appelés aussi *kuei-chin*.

**CHIN** (*philol.*), la seizième lettre de l'alphabet arabe, turc et persan.

**CHINA** (*botan.*). Ce nom est donné à des plantes très-différentes. Le china écorce, *china cortex*, est le quinquina ordinaire, *cinchona*; le *china* racine, *china radix*, est la squine, *smilax china*; le *china cacha* est le nom péruvien d'une espèce de byttnère, *byttneria ovata*.

**CHINA** (*géogr.*), village du comté de Montréal situé sur l'île de Montréal, dans le gouvernement anglais du bas Canada. Il est situé à la pointe sud-ouest de l'île, au bord du bassin de Saint-Louis, et ne possède qu'une église avec vingt maisons. Mais tout le rivage est couvert de magasins et de greniers, et dans son port se concentre tout le commerce du haut Canada et des contrées occidentales, car la plupart des vaisseaux qui descendent le fleuve y abordent, et ceux qui remontent le fleuve se chargent à Montréal. Près du port se trouve un grand bassin desséché, et sur les chantiers voisins se construisent tous les vaisseaux et les canots employés par la compagnie de pelleterie de Montréal. Il y règne continuellement une vie animée. Un canal joint Montréal avec le village en question.

**CHINA** (*mythol.*), dieu des peuples de l'île et de la rivière de Casamanza (en Sénégambie), est figuré par une tête de bouvillon ou de bélier. Il est probable que c'est un dieu de l'agriculture. On l'invoque chaque année vers le temps des semailles du riz, c'est-à-dire vers la fin de novembre. L'idole, tantôt de bois, tantôt de pâte de farine de millet pétrie avec du sang, et mêlée de cheveux et de plumes, est transportée processionnellement de l'autel en un lieu choisi où doit avoir lieu un grand sacrifice. Le grand prêtre, qui ouvre la marche, porte une longue perche à laquelle est attachée une bannière de soie avec quelques os de jambes et plusieurs épis de riz. On brûle ensuite beaucoup de miel comme sacrifice; puis chaque nègre fait une offrande et se met à fumer. Suivent des prières générales pour une heureuse récolte. On revient en silence replacer la statue du dieu sur l'autel.

**CHINAGE**, s. m. (*anc. cout.*), droit payé pour les charrettes qui passaient dans les bois.

**CHINAGE**, s. m. (*technol.*), action de chiner une étoffe.

**CHINACHIN** (*géogr.*), ville du district des vingt-deux Rajahs dans la province de Népal en Hindoustan (latitude 29° 18', longitude 98° 47'), située auprès d'un affluent de la Goggra. Elle possède deux temples consacrés à Shiva, le Chandranath et le Bhairavanath, où l'on va en pèlerinage, des maisons construites en briques et une population considérable qui tient des marchés très-fréquentés. On voit dans les environs des troupeaux entiers d'yacks, dont les queues forment un objet de commerce important.

**CHINALAPH** (*géogr. anc.*), aujourd'hui *Shellif*, grande rivière de la Numidie, prend sa source au mont Atlas.

**CHINAOS** (*botan.*), nom arabe du hêtre, selon Mentzel et Daléchamps, qui le nomme également *chiachas*.

**CHINAPATAM** (*géogr.*), ville du Subah-Patana dans le rajah de Mysore dans le Décan, ouverte, mais défendue par un fort; elle compte mille maisons. Les industrieux habitants ont des raffineries de sucre, une verrerie, une tréfilerie, qui fournit du fil pour les instruments de musique.

**CHINA-PAYA** (*botan.*), nom donné dans le *Chili* au *vermifuga* de la flore du Pérou, qui est la même plante que le *flaveria*, publié antérieurement dans la famille des *corymbifères*. Ce dernier nom provenait de son emploi, dans le *Chili*, pour les teintures jaunes. Elle a été désignée depuis sous celui de *vermifuga*, parce que, pilée et mêlée avec du sel, elle est appliquée, dans le même pays, sur les ulcères putrides des animaux, pour tuer les vers qui s'y engendrent.

**CHINANTÈQUE**, adj. f. (*linguist.*), une des langues qu'on parlait dans l'empire du Mexique.

**CHINARD** (JOSEPH), statuaire, né à Lyon en 1756, élève de Blaise, son compatriote, alla perfectionner ses talents à Rome, où il remporta le premier prix de sculpture en 1786. De retour à Lyon en 1789, il y fit l'année suivante une statue colossale de la *Liberté* pour la fête de la fédération, et peu de temps après repartit pour Rome. Il y devint l'objet d'une surveillance spéciale, et fut enfermé quelques mois au château Saint-Ange, dont il ne sortit qu'avec l'ordre de quitter les États romains. Après le siége de Lyon, il fut incarcéré comme suspect; mais un de ses amis abrégea sa détention. A la création de l'Institut de France, en 1796, il fut nommé correspondant de la classe des beaux-arts. Plus tard il obtint la place de professeur à l'école de Lyon, où il mourut en 1813. Plusieurs ouvrages de Chinard ont été détruits; parmi ceux qui subsistent, on distingue la statue en marbre du *Carabinier*, à l'arc de triomphe du Carrousel, et les groupes de *Persée et Andromède*, de l'*Enlève-*

*ment de Déjanire*, au musée de Lyon. Ses *bustes* sont nombreux et estimés.

**CHINCAPIN** (*botan.*), nom que porte, dans son pays natal, le châtaignier de Virginie, qui donne des fruits beaucoup plus petits que ceux de l'espèce ordinaire. On nomme encore *chinquapin, chêne chincapin*, l'espèce de chêne d'Amérique qui est le *quercus prinos pumila* de Michaux.

**CHINCELIER** (*vieux langage*), dais, tente, baldaquin, rideau, tour de lit.

**CHINCHAY** (*géogr.*), chez les Espagnols Chinchaycocha, chez les Indiens Angoyacu, lac de la province de Tarma dans le Pérou. Sa longueur est d'environ 14 lieues sur une largeur de 4. C'est de ce lac que sort le Rio-Xauxa.

**CHINCHE** (*hist. nat.*), nom donné par Buffon à une espèce du genre moufette, et rapporté par Feuille comme appartenant à un quadrupède du Brésil qui répand une très-mauvaise odeur, qui a cinq doigts à tous les pieds, deux bandes blanches de chaque côté du dos, et qui vit dans les terriers (*V.* MOUFETTE).

**CHINCHE** (*vieux langage*), guenille, chiffon.

**CHINCHE-FACE** (*vieux langage*), visage hideux, désagréable.

**CHINCHELCOMA** (*botan.*), nom péruvien du *salvia oppositifolia* de la flore du Pérou.

**CHINCHERIE**, s. f. (*vieux langage*), friperie.

**CHINCHI** (*hist. nat.*), nom du chinche, *viverra mephitis* Linn., dans quelques auteurs allemands.

**CHINCHI** (*botan.*). Suivant Dombey, on nomme ainsi au Pérou une espèce d'œillet d'Inde, ou tagète, *tagetes minuta*, qui a, comme ses congénères, une odeur forte, et dont on se sert pour assaisonner les ragoûts. Dans les *Icones* de Cavanilles, t. CLXIX, on trouve, sous le nom de *chinchimali*, une autre espèce, qui est le *tagetes tenuifolia* de cet auteur, et qui a beaucoup de rapport avec la précédente.

**CHINCHILLA** (*géogr.*) (longitude 15° 20', latitude 38° 48'), capitale d'un canton de la province de Murcie en Espagne, située auprès d'une colline sur laquelle s'élève un château, possède des murs, quatre portes, quatre places publiques, huit rues principales, une église paroissiale, six couvents, un hôpital, sept hospices de pauvres, 4,624 habitants, une école de latin et deux écoles civiles, une fabrique de creusets, une filature de soie et une mine de sel.

**CHINCHILLA** (*hist. nat.*). Malgré le grand commerce qui se faisait dans la pelleterie, depuis un temps infini, de la fourrure de ce petit mammifère, on ne connaissait rien ni sur ses mœurs ni sur ses caractères. C'est seulement en 1832 qu'il parvint deux de ces animaux vivants au jardin zoologique de Londres, par l'entremise des naturalistes voyageurs, et que le musée britannique fut enrichi d'une peau entière, y compris la tête et les pattes. Cette ignorance provenait de l'habitude qu'ont les indigènes de débarrasser la peau de la tête et des pattes. Le peu qu'on connaissait, d'après le P. J. Acosta et l'abbé Molina, n'avait servi qu'à former des conjectures qu'il était impossible de réaliser. Comme on le soupçonnait auparavant, ce petit mammifère appartient à l'ordre des rongeurs; mais ce qu'on ignorait, c'est qu'il forme la liaison des familles des lièvres et des gerboises, autrefois si largement séparées. Cet animal est un peu plus petit que notre lapin de garenne, et à la première vue sa tête, garnie de longues moustaches, ressemble assez à celle d'un écureuil. Il a, du bout du nez à l'extrémité de sa queue, environ quatorze pouces de longueur. Ses yeux sont grands, noirs et vifs, ses oreilles larges; les poils de sa queue perdent par l'usure le velouté de ceux du corps. Les pattes de derrière, qui sont plus longues que celles de devant de près de moitié, sont en partie garnies de poils courts, roides et d'un blanc d'argent; ses doigts sont au nombre de quatre en arrière et cinq en avant. Son pelage, d'un beau gris ondulé de blanc en dessus et d'un gris très-clair en dessous, se compose de poils d'une finesse et d'une douceur extrêmes, mais hérissés sur le dos, et non couchés comme dans les écureuils. Ainsi que ceux-ci, il se sert de ses deux pattes de devant pour manger, et, bien que le plus ordinairement il s'appuie sur ses cuisses, il peut se lever et se tenir debout sur les pieds de derrière. Son humeur est généralement douce et traitable, mais il ne souffre pas toujours sans résistance qu'on le touche, et quelquefois il mord la main qui veut le caresser, s'il n'est pas en humeur de le trouver bon. Natif des vallées alpines du Chili, et conséquemment exposé aux effets de la température humide de l'atmosphère, il trouve dans sa fourrure une admirable protection. Il n'est pas certain, comme Molina l'a dit, qu'il aime la compagnie de son espèce: car à Londres, où on en avait mis deux dans une même cage, ils se livrèrent une lutte terrible, dans laquelle l'un des deux eût certainement succombé si l'on ne fût venu à son secours. De nouvelles observations pourront être faites à Paris, où la ménagerie du jardin des plantes possède deux chinchillas vivants. Le chinchilla vit dans des espèces de terriers qu'il creuse au milieu des champs, dans les provinces septentrionales du Chili et du Pérou, et se nourrit de racines de plantes bulbeuses qui croissent abondamment dans ces lieux. Il produit cinq ou six petits deux fois par an. Il est très-pusillanime; ce que semblaient annoncer ses larges oreilles. Il est excessivement propre, et ne communique aucune odeur. Les anciens Péruviens étaient parvenus à tisser son poil et à en faire de belles couvertures. La chasse des chinchillas se fait avec des chiens dressés à les prendre sans déchirer leur robe et en les relançant dans leur terrier. Leur chair est bonne à manger. On envoie leurs fourrures à Santiago et à Valparaiso, d'où on les exporte pour l'Europe; mais dans ce moment-ci la chasse en est défendue, car la race est presque totalement détruite et disparaîtrait infailliblement sans cette mesure.

**CHINCHINCULMA** (*botan.*) (*V.* CHLUCAMPA).

**CHINCHOAM** (*mythol. orient.*), nom d'une des principales idoles qu'adorent les Chinois.

**CHINCHON** (*géogr.*), capitale d'un canton isolé, situé sur les bords du Tage, entre les provinces de Tolède et de Madrid, dans la province de Ségovie en Espagne; elle est située sur les bords du Xarama et possède 3,680 habitants, un château, deux églises, deux couvents, une société d'épargne, huit fabriques de savon, une source chaude.

**CHINCHON** (BERNARD PEREZ DE), chanoine de l'église collégiale de Valence, né à Gandia ou à Jaën, dans le XVIe siècle, publia les ouvrages suivants: 1° *le Miroir de la vie humaine*, en espagnol, Grenade, 1587, in-8°; et Alcala de Hénarès, 1589, in-8°; 2° *Historia, y guerras de Milan*, 1536 et 1552, in-fol., réimprimée sous ce titre: *Historia de lo succedido desde el anno 1521 hosta 1530, sobre la restitucion de Francisco Sforza en Milan*, Valence, 1630: c'est une traduction du latin de Galeaz Copella. Le même auteur a composé contre les sectateurs de Mahomet un volume intitulé: *Anti-Alcoran, sive contra errores sectæ mahometanæ*.

**CHINCHOURES**, s. m. pl. (*pêche*), filets dont on se sert en Espagne pour la pêche des sardines.

**CHINCHUR** (*géogr.*), petite ville du district de Sunar, dans la province anglaise d'Aurungabad (latitude 18° 37', longitude 91° 30'), située sur les bords de la Muta, avec environ 5,000 habitants, parmi lesquels 300 familles de bramines; c'est un lieu bien bâti et pourvu abondamment de bazars. C'est là qu'habite dans un édifice sans apparence, situé sur les bords de la Muta, le Chintamum Déo, grand prêtre que les Mahrattes regardent comme une incarnation de leur divinité de prédilection Gunpatty, et qu'ils ont en grande vénération; il porte alternativement les noms de Chintamum et de Narrain Déo. Celui qui occupait le siége en 1815 était le huitième de la série des Déos, à la promotion desquels les croyants procèdent d'une manière aussi singulière que pour celle du Dalaï-Lama. Mais ce qui caractérise ce représentant de la Divinité, c'est qu'il n'est regardé que comme un enfant brut de la nature ou comme un homme privé d'intelligence; il doit en tout se comporter comme un enfant, il ne doit être capable d'aucun entretien avec les hommes, il faut qu'il soit ignorant sur toutes les choses qui distinguent l'homme de la bête; il ne peut accomplir que les actes de la vie animale. En 1809 le Déo était un enfant de douze ans. Près de l'édifice informe qu'on appelle son palais s'élèvent les tombeaux de ses ancêtres. C'est au pied de ces tombeaux, qui s'étendent le long du fleuve, que des pèlerins sans nombre accourent chaque année pour y faire leurs prières et leurs ablutions. C'est là qu'ils obtiennent leurs absolutions et qu'ils déposent leurs offrandes.

**CHINCO** (*hist. nat.*), nom du chinch *viverra mephitis* Linn., dans quelques auteurs italiens.

**CHINCOU** (*ornith.*). L'oiseau que M. Levaillant a décrit sous ce nom, t. I, p. 34, de son *Ornithologie d'Afrique*, et qu'il y a figuré, pl. 12, paraît être le vautour noir, dans sa première année.

**CHINE** (*géographie, histoire et statistique*).

ÉTENDUE ET LIMITES DE L'EMPIRE ENTIER.

Cette immense région, y compris tous les Etats tributaires, tels que le Tibet propre et le Boutan, le petit Tibet et la petite Boukharie ou Turkestan oriental, l'Oïgourie, la Kalmoukie ou Mongolie occidentale, la Dzoungarie (grande tribu kalmouke), la Mongolie, avec son grand Chamo ou désert de Kobi et ses oasis, le Tangout ou le pays des Eleuths de Khoukhou-noor (les Kalmouks orientaux), la presqu'île de Corée, la grande île Ségallien ou Tchoka et celle de Formose (*Taï-Ouan*) et le *Hay-nan*, qu'on devrait appeler *Hai-lam* (contrée occidentale), a pour limites, au nord la Sibérie, à l'ouest la grande horde des Kirghis, la grande Boukharie indépendante; au sud les Etats de *Randjit-singh* et l'Hindoustan, l'empire Birman, le royaume de *Layn-sayn-khan* (que nous appelons *Laos*), et l'empire An-nam, la mer de Chine, la mer du Japon. — Tout l'empire chinois uni a 1,400 lieues françaises de longueur, en comptant depuis Kachgar à l'ouest, jusqu'au cap Lesseps à l'est, et 760 lieues en largeur, depuis la pointe la plus septentrionale des monts Daba au nord, jusqu'à *Djinghiz-khan*, ville maritime de la province de Kougang-toung au sud. Ses côtes maritimes ont une étendue de plus de 1,000 lieues. — La surface géométrique de tout l'empire peut être estimée, par approximation, à 674,000 lieues carrées, à peu près le dixième de la terre habitable. Il est par conséquent plus grand que l'empire d'Alexandre, plus grand que l'Europe entière. Il n'a été surpassé en étendue que par les empires du Mongol *Djhinghiz-Khan* et du Tatar *Timour-Lenk* (Tamerlan) et par le gigantesque empire russe, qui lui est bien inférieur en richesse, en industrie et en population, mais qui semble déjà le menacer, ainsi que le reste du monde. — Quant à la Chine propre, que les Chinois appellent *Tchon-kou* (centre de la terre), elle s'étend du 21° au 41° latitude nord, et du 95° au 120° longitude est. — Elle n'est circonscrite que par des limites irrégulières. Au nord, elle est séparée des Mongols par la célèbre grande muraille de 456 lieues de longueur; à l'ouest, elle a le *Tibet* et quelques frontières politiques qui retiennent difficilement les Eleuths de Khoukhou-noors (on les nomme ainsi parce qu'ils habitent près du lac Khoukhou-noor [lac bleu]), les Sifans et les Kalmouks; au midi, l'Océan; à l'est, l'Océan et la Barrière des Pieux qui la sépare de la Corée. Sa figure géographique est presque semblable à un cercle. — La Chine propre offre une étendue de 195,209 lieues carrées et près de 1,400,960,800 arpents.

CHINE PROPRE. — ORIGINE DE CE NOM.

Le nom de Chine vient de *Thsin*: il fut donné à l'empire de Kitaï (le Kataï) ou des *Kitans*, tribu *mongole-toungouse*, qui gouvernait alors ce pays; plus tard elle reçut des Mandchous celui de Nikan-koron. Nous remarquerons que Cosmas-Indicopleustes nomme la Chine *Tzinitza*. Cosmas voyageait dans l'Inde au VI$^e$ siècle de l'ère chrétienne, sous la dynastie des Thsin, qui commença de régner 256 ans avant J.-C. Ce nom a prévalu depuis que les Portugais l'ont transmis à l'Europe, après l'avoir reçu de leurs pilotes malais, qui connaissaient la Chine trois siècles avant l'ère chrétienne. En effet, à cette époque, *Thsin-che-houang-ti*, leur premier monarque suprême, soumit le midi de l'empire, le Toun-king (ce mot signifie en chinois la cour du midi; les naturels l'appellent *An-nam*) et la Cochinchine (les Portugais ont donné le nom de Cochinchine à cette partie de l'empire *An-nam*, d'après les Japonais, qui l'appellent *Colchin-djina*, le pays à l'ouest de la Chine. Les naturels le nomment *Ki-nam*). Les Malais, n'ayant pas le *ths* aspiré, le remplacent par le *ch*, en ajoutant la terminaison *a*; au lieu de *Thsin* ils prononcent *China*, nous avons changé l'*a* en *e* muet, suivant notre coutume. Les anciens Hindous convertirent *Thsin* également en *China*, parce que l'alphabet *devanagari* et ses dérivés n'ont pas la consonne aspirée *ths*. Plus tard, on voit ce pays nommé *Maha-china* dans les livres en langue sanscrite, *Maha-chin* par les Persans et *Sin* par les Arabes, qui n'ont pas la lettre *ch*. Les Mandchous nomment les Chinois *Tsing-sin*, hommes de *Tsing*, ou sujets de la dynastie *Tsing*. Ils désignent quelquefois la Chine sous le nom d'*Abkaï-sejezghi*, *qui est sous le ciel*, ou, par amplification, *le monde*, ainsi que le faisaient les Romains pour leur empire. Les Chinois donnent encore à leur pays le nom de *Choung-yang*, que le docte M. Klaproth nomme *le vaste plateau du milieu*. Il me semble que ces mots signifient le véritable centre d'un lieu, et que dans ce sens on doit traduire par le *centre de la terre*, de même qu'on doit entendre par les mots Chung-kouo, qu'ils appliquent aussi à leur empire, *la nation du milieu* (dans le sens physique, et non moral).

DIVISION TOPOGRAPHIQUE.

La Chine proprement dite peut se diviser en trois régions physiques, bien différentes : 1° le pays alpin, 2° le pays bas, et 3° la région méridionale, qui participe de ces deux natures de climats.

1° PAYS ALPIN.

A l'est du haut plateau de la Mongolie, et de la région élevée que les Chinois nomment *Si-fan* (région indienne de l'ouest), s'étend un vaste pays de montagnes, comprenant les provinces du *Chen-si* (frontière occidentale), du *Chan-si* (occident montagneux), du *Sse-tchouan* (des quatre fleuves), et du *Yun-nan* (du midi nuageux), que le Hoang-ho et le Kiang traversent avec rapidité dans leur cours moyen, et dont le niveau s'abaisse d'autant plus, qu'il part d'un point plus élevé. Les monts de la province Yun-nan se prolongent jusqu'à l'Océan, sous la forme d'une haute terrasse, qui sépare le Tun-kin de la Chine, et qui n'a qu'un seul passage, fermé par une muraille épaisse à deux portes, dont l'une est gardée du côté de la Chine par des Chinois, et l'autre du côté du Tunkin par des Tunkinois. C'est cette région alpine que l'on verra la première occupée par les Chinois civilisateurs à l'origine de leur histoire.

2° PAYS BAS.

Cette région comprend le cours inférieur des deux grands fleuves Hoang-ho et Kiang. C'est la Mésopotamie chinoise; bassin très-fertile, mais sujet aux inondations des grands courants qui descendent de la haute région alpine. Elle comprend une partie de la province de *Pé-tchi-li* au nord, une partie du *Chan-si*, le *Chan-toung*, le *Ho-nan* et le *Kiang-nan*; une partie du *Tche-kiang* et du *Hou-kouang*. La partie septentrionale, plus froide, est beaucoup moins fertile; elle confine par un niveau d'une pente presque insensible à la mer Jaune et au golfe de *Pé-tchi-li*, grands bassins très-peu profonds, que le limon charrié par le grand fleuve Jaune a exhaussé insensiblement, et exhausse encore dans la partie plus méridionale; cette région a des côtes dangereuses par ses bas-fonds, qui croissent rapidement et qui lui donnent l'aspect d'une nature tout à la fois océanique et continentale.

3° RÉGION MÉRIDIONALE.

Cette région participe en quelque sorte de la nature des deux précédentes. Elle comprend la partie méridionale des provinces *Hou-kouang* et *Tche-kiang*, le *Kiang-si*, le *Fou-kien*, le *Kouang-Toung*, le *Kouang-si*, le *Koueï-Tcheou*. Dans l'origine elle ne faisait pas partie de l'empire chinois. Renfermant de hautes montagnes et de profondes vallées, elle était habitée par une population indépendante, moins blanche que celle du nord, et que *Thsin-chi-hoang-ti*, 200 ans avant notre ère, ne soumit qu'avec des armées immenses, dont la moitié périrent. C'est sur certaines côtes de cette région, dans le *Kouang-toung* et le *Fou-kien*, que se fait le seul commerce de l'Europe avec la Chine; c'est là que l'on recueille le thé, dont on fait maintenant une si grande consommation en Europe. La nature, dit un ancien auteur en parlant de cette région, n'a pas voulu qu'il y eût de pays plat et de campagnes. Cependant les montagnes descendent au midi, du côté de la mer, où elles forment un versant assez uni, et qui renferme quelques plaines. Il sera nécessaire de ne pas perdre de vue cette division physique de la Chine, pour avoir une intelligence un peu précise de son histoire, car les dimensions verticales d'un Etat, comme l'a si bien démontré un célèbre géographe allemand, ne sont pas moins importantes à connaître que ses dimensions horizontales. Les géographes chinois portent au nombre de cinq mille deux cent soixante-dix les montagnes célèbres de leur empire : il en a quatre cent soixante-sept qui produisent du cuivre, et trois mille six cent neuf qui produisent du fer. Ainsi les deux tiers du grand empire chinois proprement dit sont hérissés de hautes montagnes, dont un grand nombre de pics et de sommets sont couverts de neiges perpétuelles. Nous donnons en note une liste de ces montagnes, extraite de la *Grande Géographie impériale chinoise*, et empruntée au *Magasin asiatique* de M. Klaproth (1). On peut voir la forme de la plupart d'entre elles dans le *Santhsaï-thouhoeï*, *Tableaux des trois règnes : le ciel, la terre et l'homme*, encyclopédie chinoise qui se trouve à la bibliothèque royale de Paris (vol. 2, *Kiouan*, 7-20). Pour donner une idée plus détaillée de la constitution physique de la Chine, nous rapporterons ici ce qu'en a dit feu M. Rémusat dans ses *Nouveaux Mélanges asiatiques* (t. 1er, p. 8) :

« La Chine forme une portion considérable de cet immense versant situé à l'orient des montagnes du Tibet, et qui est contigu au sud et à l'est, avec les plages du grand Océan oriental. Les Chinois en placent le commencement du côté du nord-ouest, aux monts Tsoung-ling, au sud-ouest de Yerkiyang; mais il doit y avoir, à l'est de ce point, des hauteurs qui interceptent le passage des eaux, puisque les rivières qui en partent sont sans communications avec la mer, et vont former des lacs sans écoulement. La Chine proprement dite offre trois grands bassins, l'un au sud des monts Nân-ling, où toutes les rivières vont, au midi, se jeter dans la mer qui baigne le *Kouang-toung* et le Fou-kian ; le second, au nord de cette chaîne, renferme le bassin du Kiang et du vaste système des rivières qui s'y rattachent; il est terminé au nord par les monts Pé-ling, qui le séparent de celui du Hoang-ho. Ce dernier enfin s'étend au nord jusqu'aux montagnes Yan, branche peu élevée des monts Yin, dans la Tartarie. Le prolongement de ces dernières, du côté du nord-est, sous le nom de Hing'-an, forme un quatrième bassin dont les eaux s'écoulent à la fois au sud et à l'est, dans la mer Jaune et dans la mer d'Okhotsk; il est séparé de la Corée par une chaîne qui vient se rattacher à celle des monts Yan, au nord de Pe-king.

» Les deux chaînes désignées par les Chinois sous les noms de Pé-ling et Nan-ling (chaîne septentrionale et chaîne méridionale) sont deux branches détachées de l'immense nœud des

(1) *Liste des principales montagnes couvertes de neiges perpétuelles en Chine.*

I. Province de Yun-nan.

1. *Siuĕ-chan* (montagne de neige) dans le département de *Young-tchang-fou*, a deux cimes, 25° 20' latit. — 96° 2' longit. orientale.
2. *Than-hi-chan*, 23° 50' — 98° 2'.
3. *O-lun-chan*, 23° 20' — 97° 44'.
   C'est la plus méridionale de toutes les montagnes de neige de la Chine.
4. *Thian-thsang-chan*, 25° 45' — 97° 55'.
   Cette montagne a plusieurs hautes cimes.
5. *Siuĕ-chan* (montagne de neige), ou *Yu-loung-chan*, 26° 33' — 97°.
   Cette montagne colossale est visible à une distance très-considérable; elle est couronnée par plusieurs glaciers élevés.
6. *Ma-theou-chan*, 25° 40' — 99° 44'.
   La cime de cette montagne est toujours couverte de neige, et ses branches s'étendent très-loin.
7. *Siuĕ-chan* (montagne de neige), 25° 58' — 100° 32'.
   C'est un amas de glaciers qui s'étend fort loin.

II. Province de Kouei-tcheou.

1. *Siuĕ-chan* (montagne de neige), 27° 14' — 102° 44'.
   La neige et la glace qui en couvrent la cime ne fondent que dans les étés excessivement chauds.
2. *Le Yang-ling*, 26° 34' — 103° 17'.
   Chaîne de monts qui restent presque toujours couverts de neige.
3. *Tao-hing-teng-chan*, 28° 4' — 106° 7'.
   La neige ne l'abandonne que dans les étés les plus chauds.

III. Province de Ho-nan.

1. *Yuĕ-foung-chan*, 26° 56' — 107° 12'.

IV. Province de Kouang-si.

1. *Phing-y-chan*, 24° 53' — 106° 4'.

V. Province de Sse-tchouan.

La partie occidentale de cette province est remplie de montagnes, dont les cimes les plus élevées sont couvertes de neiges perpétuelles. Elles forment une chaîne d'une largeur considérable. Ses plus hauts glaciers sont les suivants :

1. *A-lou-chan*, ou *Siuĕ-chan* (montagne de neige), 28° 40' — 99° 48'.
2. *Ta-siuĕ-chan* (la grande montagne de neige), 30° 13' — 100° 4'.
3. *Pé-yan*, ou le précipice blanc. Région à climat très-froid, pays hérissé de glaciers et couvert de monceaux de neige, 30° 5' — 100° 12'.
4. *Sieou-kio-chan*, 30° 23' — 101° 24'.
   Sa cime est très-élevée et toujours couverte de neige.
5. *Min-chan*, ou *Kieou-ting-chan* (montagne à neuf cimes très-hautes, 31° 34' — 101° 34'.
6. *Siuĕ-chan* (montagne de neige), à 80 lieues du fort *Soung-phang-thing*, immense glacier qui paraît être transparent comme du cristal, 32° 31' — 101° 34'.
7. *Siuĕ-chan* (*id.*), à 100 lieues du même fort, 32° 27' — 100° 44'.
8. *Siuĕ-chan* (*id.*), 32° 20' — 103° 32'.

*Partie méridionale.*

9. *Lou-na-chan*, 26° 33' — 100° 37'.
10. *Siuĕ-chan*, 27° 40' — 102° 49'.
11. *Pé-soui-chan*, 28° 26' — 106° 14.

VI. Province de Houpe.

1. *Kian-kou-chan*, 31° 40' — 108° 7'.
2. *Yuan-thi-chan*, 30° 15' — 106° 44'.

VII. Province de Kan-sou.

1. *Thian-men-chan*, 33° 32' — 102° 12'.
2. *Ling-to-chan*, 35° 5' — 100° 45'.
3. *Ou-thou-chan*, 35° 7' — 101° 45'.
4. *Cheou-yang-chan*, 34° 42' — 101° 57'.
5. *Tou-ping-ling*, 35° 23' — 101° 35'.
6. *Ma-hian-chan*, 35° 43' — 101° 30'.
7. *Siuĕ-chan*, 36° 43' — 102° 21'.
8. *Siuĕ-chan*, 36° 47' — 102° 29'.
9. *Thaï-pe-chan*, 32° 46' — 102° 43'.
10. *So-ling-chan*, 32° 59' — 102° 39'.

VIII. Province de Chen-si.

1. *Thaï-pe-chan*, 33° 55' — 105° 22'.
2. *Han-chan*, 32° 51' — 103° 42.
3. *Ta-pa-ling*, 32° 42' — 103° 48'.
4. *Thsieou-chan*, 32° 12' — 107° 12'.

IX. Province de Chan-si.

1. *Ta-thsing-chan* (la grande montagne verte), 41° 50' — 107° 17'.
2. *Kho-tsin-chan*, 40° 7' — 111° 0'.
3. *Si-chan* (montagne occidentale), 39° 24' — 109° 55'.
4. *Hou-cheou-chan*, 39° 20' — 109° 34'.
5. *Siuĕ-chan*, 39° 0' — 109° 10'.
6. *Chin-lin-ling*, 37° 36' — 110° 24'.
7. *Thaï-pe-chan*, 39° 20' — 109° 39'.

X. Province de Tchi-li.

1. *Tao-thseu-chan*, 39° 52' — 112° 25'.
2. *Si-kao-chan*, haute montagne hérissée de glaciers, 41° 2' — 113° 35'.
3. *Loui-chan*, 41° 6' — 113° 22'.
4. *Wou-ling-chan*, 40° 43' — 115° 05'.

XI. Province de Fou-kien.

1. *Siuĕ-foung-chan*, 26° 35' — 116° 45'.
   Ce pic garde de la neige pendant une grande partie de l'année, et il y fait toujours froid.

montagnes du Tibet. La première part de la partie septentrionale de cette grande chaîne de montagnes que les Chinois regardent comme étant la plus haute du monde, et qu'ils appellent *Kan-ti-sse*. La chaîne des Yun-ling, qui fait partie de ces dernières, court du nord au sud, et constitue une véritable barrière naturelle entre la Chine et le Tibet. Au nord elle forme une bifurcation, en envoyant au nord-ouest une forte chaîne qui s'étend à l'ouest de la mer Bleue (*Koke-noor*), et dont les diverses ramifications déterminent toute la première partie du cours du Hoang-ho. Au nord-est elle donne naissance à la chaîne des montagnes du Chen-si, dont les hauteurs vont en s'abaissant successivement du sud au nord, dans cette contrée qu'habitent les Ordos, et qui est comme dessinée par la grande courbure du Hoang-ho. Les Pé-ling, qui s'en séparent à l'est, courent dans cette direction sans presque s'en écarter, marquant la distinction entre le bassin septentrional et le bassin moyen, côtoyés au nord par le Hoang-ho, et s'abaissant insensiblement jusqu'au rivage de la mer, où leurs dernières hauteurs viennent se terminer entre les embouchures du Hoang-ho et du Kiang. La chaîne des Nan-ling, naissant de l'extrémité méridionale des Yun-ling, et fort éloignée en cet endroit de l'origine des Pé-ling, s'en rapproche en courant à l'est, et en envoyant vers le nord-est plusieurs rameaux qui semblent accompagner les circonvolutions du Kiang, et le suivre jusqu'à son embouchure.

» Les monts Yan au nord-ouest de Pé-king, séparés des Pé-ling par le bassin du Hoang-ho, paraissent tenir plutôt à la grande chaîne des monts Yin qui forme la limite entre la Chine, le pays des Mongols et le désert. Une chaîne de communication, qui les réunit au nord, produit en s'avançant à l'est du golfe du Liao-toung, la chaîne connue autrefois sous le nom de Sianpi; et son prolongement, qui se continue avec les montagnes de la Corée, donne naissance à cette *longue montagne blanche* (Golmin-chan-yan-alin) si célèbre dans l'histoire des Mandchous.

» On voit par cet aperçu que les principales chaînes de la Chine vont en s'abaissant d'après le mouvement général des bassins, vers l'est, le nord-est et le sud-est, et que trois lignes qui en marqueraient l'inclinaison, à partir de la mer Jaune, des embouchures du Hoang-ho et du Kiang, et de la baie de Canton, viendraient se réunir au faîte commun des montagnes du Tibet oriental, connu des Chinois sous le nom de Kouen-lun, et dont ils ont fait, dans leur géographie mythologique, le roi des montagnes, le point culminant de toute la terre, la montagne qui touche au pôle et qui soutient le ciel, et l'Olympe des divinités bouddhiques et Tao-sse. C'est aussi le point qui marqua la direction des grandes vallées. On va donc en s'élevant, à mesure que l'on se dirige vers ce point, et la rapidité de cette élévation augmente considérablement quand on s'en rapproche, dans les parties montagneuses des provinces de Yun-nan, de Ssé-tchouan et du Chen-si; le cours des eaux y est plus impétueux, et dans beaucoup d'endroits les passages sont interceptés par des escarpements à pic et par des vallées presque inaccessibles. »

### LA GRANDE MURAILLE OU LE GRAND REMPART.

Avant la conquête de la Chine par les Tartares Mandchous, la frontière septentrionale de cet empire était limitée par la *grande muraille* qui s'étend depuis le golfe de Liao-toung ou mer Jaune jusqu'à l'extrémité occidentale de la province du Chen-si (ou de l'occident frontière), dans un espace de cinq à six cents lieues. Ce monument, le plus colossal comme le plus insensé peut-être qu'ait jamais conçu la pensée humaine, fut construit par THSIN-CHI-HOANG-TI.

La grande muraille de la Chine.

Le premier empereur auguste de la dynastie Thsin, célèbre empereur chinois, le même qui commanda l'incendie des livres et qui régnait deux cent quatorze ans avant notre ère), pour défendre son empire contre les invasions multipliées des barbares Hioung-nou ou Tartares. Plusieurs millions d'hommes, dit-on, furent employés pendant dix ans à cette construction, et quatre cent mille y périrent. L'épaisseur de cette immense et prodigieuse muraille est telle, que six cavaliers peuvent la parcourir de front à son sommet. Elle est flanquée de tours dans toute sa longueur, placées chacune à la distance de deux traits de flèche, pour que l'ennemi pût être partout atteint. Sa construction est très-solide, surtout du côté oriental où elle commence par un massif élevé dans la mer; c'est là qu'il était défendu aux constructeurs, sous peine de la vie, de laisser la possibilité de faire pénétrer un clou entre les assises de chaque pierre. Elle est terrassée et garnie de briques dans toute la province de Tchi-li (fidèlement attachée), qu'elle suit au nord. Mais plus à l'ouest, dans les provinces de Chan-si et de Kiang-sou (pays riche et fertile sur le fleuve Kiang), elle est de terre seulement dans quelque partie de son étendue. Cependant cette muraille paraît avoir été bâtie presque partout avec tant de soin et d'habileté, que sans qu'on ait eu besoin de la réparer, elle se conserve entière depuis plus de deux mille ans. Dans les endroits où les passages sont plus faciles à forcer, on a eu soin de multiplier les ouvrages de fortifications, et d'élever deux ou trois remparts qui se défendent les uns les autres. Cette muraille, ou plutôt ce rempart de six cents lieues de longueur, a presque partout vingt ou vingt-cinq pieds d'élévation, même au-dessus de montagnes assez hautes par lesquelles on l'a fait passer, et qui sont fréquentes le long de cette frontière de la Mongolie. L'une de ces montagnes que franchit la grande muraille a cinq mille deux cent vingt-cinq pieds d'élévation. Les matériaux qui ont servi à la construction de cette fortification démesurée seraient plus que suffisants, dit M. Barrow, pour bâtir un mur qui ferait deux fois le tour du globe, et qui aurait six pieds de hauteur et deux pieds d'épaisseur. Elle est percée d'espace en espace de portes qui sont gardées par des soldats ou défendues par des tours et des bastions. On dit que du temps des empereurs des dynasties chinoises, avant que les Mongols, appelés dans l'intérieur de la Chine, se fussent emparés de l'empire, cette muraille était gardée par un million de soldats; mais à présent que la plus grande partie de la Tartarie et la Chine ne font plus qu'un vaste empire, et qu'il n'a plus à craindre des invasions barbares, le gouvernement chinois se contente d'entretenir de bonnes garnisons dans les passages les plus ouverts et les mieux fortifiés.

Une pensée politique, autre que celle de préserver les provinces septentrionales de l'empire chinois contre les irruptions des Tartares, présida à la construction de cet ouvrage aussi gigantesque qu'inutile maintenant, mais qui du moins est un témoignage formidable de ce que peuvent la volonté et le génie de l'homme. Celui qui eut cette conception ne fut pas un homme ordinaire, malgré les accusations des historiens chinois. Avant son règne, sous la dynastie des *Tcheou*, l'empire était divisé en un grand nombre de petits royaumes et de petites principautés féodales, qui ne dépendaient guère que nominativement du souverain de tout l'empire. THSIN-CHI-HOANG-TI, ou le *premier* empereur *auguste* de la dynastie *Thsin*, après avoir soumis tous les rois et les princes vassaux de l'empire qui s'étaient rendus indépendants, et restitué à la nation chinoise sa grande et puissante unité; après avoir vaincu les tribus nomades du Nord et du Midi, avec des armées de plusieurs millions d'hommes, ne voulut pas les laisser se dégrader dans l'oisiveté, ou troubler l'empire; il en fit renfermer cinq cent mille dans des forteresses, où ils étaient occupés à des travaux utiles, et il employa le reste, avec le tiers de la forte population mâle (quatre ou cinq millions d'hommes), à construire cette grande muraille que les Chinois nomment : *Ven-li-tchang-tching*, « la grande muraille de dix mille *li*, ou mille lieues », mais qui n'a guère que la moitié de cette étendue.

Nous reviendrons sur le règne de cet empereur en traçant l'esquisse des principaux événements.

### FLEUVES ET LACS.

On doit placer au premier rang, parmi les fleuves de la Chine, le *Kiang* (ou le fleuve par excellence) et le *Hoang-ho* (ou le fleuve Jaune), que l'on peut comparer aux plus grands courants de l'Asie et de l'Amérique. Ils prennent tous deux leur source hors des frontières de l'empire, dans les montagnes du Tibet, qui rentrent dans le système des hautes et longues chaînes de l'*Himalaya* (ou séjour des neiges). Partis de deux points assez rapprochés, le *Kiang*, qui porte différents noms selon les pays qu'il parcourt et la forme qu'il possède, prend sa direction au midi pour contourner une grande chaîne de montagnes et se diriger ensuite vers l'est, tandis que le *Hoang-ho*, se dirigeant au nord, va faire une longue incursion dans la Mongolie, en passant par le désert de *Cha-mo* (désert de sables, nommé aussi *Cobi*) et le pays des Ortous, et revient traverser la grande muraille pour aller prendre son embouchure dans la mer orientale, non loin de celle du Kiang; de sorte que ces deux puissants fleuves jumeaux embrassent dans leurs cours une aire de pays immense. Deux fortes rivières qui prennent naissance dans la Tartarie, l'une nommée *Ya-loung*, l'autre *Kin-cha* (rivière à sable d'or), traversent le Tibet, du nord au sud, pour aller se réunir au *Kiang*, ou fleuve des fleuves. Celui-ci est ainsi nommé à juste titre, car, près d'une ville de la province de *Sse-tchouan*, à plus de trois cents lieues de distance de la mer, il a déjà une demi-lieue de largeur; il en a sept à son embouchure dans la mer Jaune, où il termine un cours de six cents lieues de longueur. Il est navigable pour des vaisseaux à voiles pendant plus de cent lieues à partir de la mer Orientale, dont le flux et reflux se font sentir à cette distance. Ce fleuve, dit le P. Martini, a bien deux lieues de large près de la ville de *Kieou-kiang*, à cent lieues de son embouchure. Les Chinois ont un proverbe qui dit : «La mer n'a point de bornes; le Kiang n'a point de fond (*hai wou ping ; kiang wou ti*). » En effet, il paraît qu'en quelques endroits ce fleuve est si profond, qu'ils n'ont pu mesurer sa profondeur, et que dans d'autres il aurait, selon eux, deux ou trois cents brasses d'eau. Le Hoang-ho, ou fleuve Jaune, ainsi nommé à cause de la couleur jaune de ses eaux dans les inondations, a un cours presque égal au précédent, quoique le volume de ses eaux soit moins considérable. Les Chinois placent sa source dans un lac situé sur le célèbre mont Kouen-lun, l'Olympe de la mythologie chinoise. Ce fleuve, dès la plus haute antiquité, a causé les plus grands ravages par ses débordements, et de tout temps on s'est efforcé de le contenir par des digues. C'est ainsi que dans le chapitre *Yao-tien* (instructions de l'empereur Yao) du Chou-king (livre canonique chinois), chapitre qui passe pour avoir été écrit du temps de l'empereur Yao, c'est-à-dire plus de deux mille trois cents ans avant notre ère, on lit: « O préposés des quatre montagnes, dit l'empereur, on souffre beaucoup de l'inondation des eaux qui débordent et se précipitent de toutes parts. Leurs flots immenses enveloppent les montagnes et couvrent les collines. S'élevant de plus en plus en lames formidables, ils menacent de submerger le ciel. Le peuple d'en bas s'adresse à nous en gémissant; y a-t-il quelqu'un qui puisse maîtriser et gouverner les eaux? » Tous répondirent : « Assurément il y a *Kouan*. L'empereur reprit : « Oh ! non, non! Il s'oppose aux ordres » qu'on lui donne, il maltraite ses collègues.» — Les préposés des quatre montagnes répondirent : « Cela n'empêche » pas qu'on ne l'emploie afin de voir ce qu'il sait faire. — Eh » bien ! qu'il aille, dit l'empereur, mais qu'il soit sur ses gar» des. » — Pendant neuf ans, Kouan travailla sans succès » (*Chou-king; Kiouan*, 1; f° 7).

Voilà ce que l'on a pris pour une description du déluge universel de Noé, et que M. Pauthier a traduit sur le texte chinois. Cependant il est bien évident qu'il n'y est question que d'une grande inondation, d'un grand débordement des fleuves qui viennent d'être décrits ci-dessus, et que les expressions chinoises, empreintes de quelques exagérations poétiques, ne peuvent désigner ce que l'on nomme le déluge, puisque le peuple, alarmé, appelle la puissance impériale à son secours pour imposer des digues aux courants et faire écouler les eaux. Ce furent les empereurs Chun et Yao qui parvinrent à ce grand résultat. Voici comment s'exprime encore la vieille chronique chinoise : « Chun divisa l'empire en douze provinces insulaires, plaça des signaux sur douze montagnes, et *creusa des canaux pour l'écoulement des eaux* » (*ibid.*, f° 16). Ce fut là l'origine de ces beaux et nombreux canaux qui sillonnent la Chine dans tous les sens, transportent d'une extrémité à l'autre de l'empire les produits variés de toutes les provinces, et fertilisent un sol dont la fécondité doit autant à l'industrie de ses habitants qu'aux bienfaits de la nature. Cette nécessité de contenir les immenses nappes d'eau que les grands fleuves de la Chine charrient depuis les vallées du Tibet, et que grossissent sans cesse une quantité prodigieuse d'affluents, dont quelques-uns seraient de grands fleuves en Europe, a fait créer, depuis l'origine de l'empire chinois, un ministère des travaux publics qui a soin de la navigation intérieure, et dont il sera parlé plus amplement à l'article GOUVERNEMENT CHINOIS.

On se bornera à remarquer ici que la Chine est la première nation du monde pour les grands travaux de canalisation, et que ces travaux datent de plus de deux mille trois cents ans avant notre ère.

On doit penser naturellement qu'un versant de quatre à cinq cents lieues de longueur, et qui s'appuie, comme le versant de la Chine, à des chaînes comme celles du Tibet, doit nécessairement recevoir une plus grande masse d'eaux que ces deux fleuves ne peuvent en faire écouler, surtout lorsque ce versant est lui-même entrecoupé par de nombreux groupes de hautes montagnes. Aussi il n'est guère de province chinoise qui ne renferme de ces grands réservoirs d'eaux sans écoulement nommés lacs. Les géographes en comptent cinq principaux. Ceux qui se forment en hiver par les torrents des montagnes ravagent les campagnes, et rendent, pour l'été, le terrain sablonneux et stérile. Ceux qui sont entretenus par des courants sont très-poissonneux; et comme leur eau est généralement salée, ils donnent un revenu considérable au gouvernement chinois par le sel qu'il en retire.

« Il y en a un entre autres, dit le P. le Comte (je crois que c'est dans le Chen-si), au milieu duquel il paraît une petite île, où l'on se contente, durant la grande chaleur, de jeter l'eau de tous côtés. Il s'y fait en peu de temps une croûte de sel fort blanc et de bonne odeur; ce que l'on continue dans l'été avec un tel succès, que ce sel suffirait pour toute la province, s'il était aussi salant que celui de la mer.

» Mais le plus célèbre de tous, ajoute-t-il, est celui de la province de Yun-nan (ou du midi nuageux). Les Chinois assurent que ce lac se forma tout d'un coup par un tremblement de terre, qui engloutit tout le pays avec ses habitants. De tous ceux qui s'y trouvèrent alors, il n'y eut qu'un seul enfant de sauvé, qu'on trouva au milieu du lac porté sur une pièce de bois. »

### CLIMAT ET NATURE DU SOL.

Le climat de la Chine, ainsi que nous l'avons déjà observé, présente toutes les variations de la zone tempérée, et il participe aussi de celles de la zone torride et de la zone glaciale. Les provinces du nord ont des hivers semblables à ceux de la Sibérie, et celles du midi des étés semblables à ceux de la péninsule de l'Inde, quoique à Canton même le baromètre descende quelquefois jusqu'à plusieurs degrés au-dessous de zéro. Mais, dans cette dernière contrée, au rapport des Européens, les grands froids, comme les grandes chaleurs, ne durent guère, et la température y est délicieuse le reste de l'année. Il y a des rennes dans le nord et des éléphants dans le midi de l'empire. L'air est généralement très-sain, et on n'y voit pas régner ces maladies pestilentielles qui dévorent les populations dans beaucoup de contrées de l'Orient ; ce qui est dû sans doute à la puissance de tout genre que l'industrie et l'activité humaines ont exercée sur cette immense surface de terrains les plus variés, et peut-être aussi à la conformation des montagnes et des bassins qui donne un libre cours aux vents généraux, surtout aux vents d'est et nord-est. Aussi les exemples de longévité ne sont pas rares en Chine. Des voyageurs arabes, qui visitèrent l'Inde et la Chine dans le IX^e^ siècle de notre ère, et dont la relation a été traduite en français par l'abbé Renaudot, parlent ainsi du climat de ces deux pays : « Le climat de la Chine est plus sain que celui de l'Inde, et on y trouve moins de marécages ; l'air y est aussi beaucoup meilleur, et à peine y peut-on trouver un borgne, ou un aveugle, ou quelques personnes affligées de semblables incommodités. Il y a plusieurs provinces de l'Inde qui jouissent de ce même avantage. Les rivières de ces deux pays sont fort grandes et surpassent nos plus grandes rivières.

» Il tombe beaucoup de pluie dans ces deux pays. Dans les Indes il y a quantité de pays déserts ; mais la Chine est peuplée dans toute son étendue. »

Cependant M. le capitaine Laplace a vu récemment beaucoup de mendiants aveugles dans les rues de Canton ; mais cette circonstance est peut-être due aux influences de cette localité ; elle ne s'étend point à tout l'empire.

On connaît encore fort peu la constitution géologique de l'empire chinois. La science qui s'occupe de déterminer la nature et le caractère des éléments qui constituent notre globe terrestre est assez récente, et le petit nombre de voyageurs qui ont pu parcourir les provinces de la Chine, n'ont guère dirigé de ce côté leurs observations. Cependant on doit croire qu'un empire qui forme à lui seul près d'un dixième du sol habitable de la terre renferme de nombreuses richesses géologiques et une grande variété de terrains. « La province de Péking et la côte du sud-est du côté de Formose, a écrit M. Rémusat, paraissent de formation secondaire. Le terrain primitif, qui vraisemblablement forme la base des montagnes situées à l'occident, s'étend dans le Chan-si, le Kiang-sou et le An-hoeï. Les provinces du nord contiennent d'immenses amas de houille et de sel gemme, et l'on trouve en différents endroits des ossements fossiles. On ne connaît aucun volcan actuellement en ignition dans la Chine ; mais on est assuré que les terrains volcaniques y occupent un espace considérable. Il y a un grand nombre de solfatares dans la province de Chan-si, où les habitants mêmes les emploient à des usages économiques, et il est question, dans les annales, d'une montagne qui jetait des flammes dans le Yun-nan. La Chine est sujette aux tremblements de terre, surtout dans les provinces septentrionales, et l'on a tenu très-exactement note des phénomènes de ce genre, ainsi que de tout ce qui concerne la météorologie et l'astronomie. »

Il paraît qu'à l'époque du voyage en Chine des deux Arabes que nous avons déjà cités, un volcan était encore en ignition dans ce pays. Voici ce qu'ils rapportent : « On dit aussi que près de *Zabage* (?) il y a une montagne appelée la *Montagne du feu*, de laquelle personne ne peut approcher, que le jour il en sort une épaisse fumée, et pendant la nuit elle jette des flammes. Il sort du pied de cette même montagne deux fontaines d'eau douce, l'une chaude et l'autre froide » (*Anciennes relations*, p. 16).

« La plupart des montagnes de la Chine, dit le P. Lecomte, ne sont pas pierreuses comme les nôtres ; la terre en est même légère, poreuse, facile à couper, et, ce qui est surprenant, si profonde en la plupart des provinces, qu'on y peut creuser trois et quatre cents pieds sans trouver le roc. Cette profondeur ne contribue pas peu à l'abondance, parce que les sels qui transpirent continuellement renouvellent le terroir et rendent le pays toujours fertile.

» Mais les montagnes de toutes les provinces ne sont pas de la même nature, surtout celles de Chen-si, de Ho-nan, de Quang-tong et de Fo-kien. Ces dernières, qu'on ne cultive guère, portent des arbres de toute espèce, grands, droits, propres pour les édifices, et surtout pour la construction des vaisseaux. L'empereur s'en sert pour ses bâtiments particuliers, et fait quelquefois venir de trois cents lieues, par eau et par terre, des colonnes d'une prodigieuse grosseur, qu'on emploie en son palais et dans les ouvrages publics.

» Il y a d'autres montagnes qui sont encore plus utiles au public par leurs mines de fer, d'étain, de cuivre, de mercure, d'or et d'argent. Pour ce qui est de l'or, les torrents en entraînent beaucoup dans la plaine. On le trouve dans la boue et parmi le sable... »

### PUITS DE FEU (HO-TSING) ET PUITS SALANTS.

Il existe en Chine des *puits de feu* (*ho-tsing*) qui descendent à des profondeurs considérables. Ce phénomène, qu'Aristote dit avoir existé en Perse, dans des souterrains où les anciens souverains de ce pays faisaient cuire leurs aliments, est très-commun dans certaines provinces de la Chine, où on l'emploie à des usages économiques bien plus productifs. On est même étonné de tout le parti que les Chinois ont su tirer de ces immenses mines de feu souterrain, ou feu fossile, comme on pourrait l'appeler, et dont une étincelle révèle l'existence. On en trouve la mention dans les poésies du célèbre Tou-fou, poëte chinois, qui vivait sous les Thang, dans le milieu du VIII^e^ siècle de notre ère. Ce poëte, que M. Abel Rémusat appelait le Byron de la Chine, cite, dans une comparaison, la flamme bleue qui sort des *puits de feu*, et les commentateurs confirment l'existence de ces phénomènes, en les décrivant plus au long que le poëte, et en indiquant les provinces de l'empire où ils se trouvent. Le P. Semedo en a fait mention, il y a près de deux cents ans, dans son ***Histoire universelle de la Chine***, p. 50, où il dit : « Comme nous avons des *puits d'eau* en Europe, ils en ont de feu à la Chine pour les services de la maison : pour ce qu'y ayant au-dessous des mines de soufre, qui déjà sont allumées, ils n'ont qu'à faire une petite ouverture, d'où il sort assez de chaleur pour faire cuire tout ce qu'ils veulent. Au lieu de bois, ils se servent communément d'une espèce de pierres, qui ne sont pas petites, comme en quelques-unes de nos provinces, mais d'une grandeur considérable. Les mines d'où l'on tire cette matière qui brûle si aisément (c'est notre charbon de terre ou houille) sont presque inépuisables. En quelques endroits, comme à Péking, ils savent si bien la préparer, que le feu ne s'éteint point ni le jour ni la nuit. » Le P. Trigault dit aussi : « Pour le feu, ce royaume fournit non-seulement du bois, des charbons, des roseaux et du chaume, mais il y a une sorte de bitume, tel que celui qui se tire aux Pays-Bas, principalement en l'évêché de Liége. Il est plus abondant et meilleur aux provinces du septentrion. On le tire des entrailles de la terre, lesquelles, estendues en grande longueur, en rendent l'usage perpétuel, et par la modération du prix le tesmoignent être si copieux, qu'il fournit de matière aux plus pauvres. » Ce phénomène géologique, qui s'observe aussi, mais avec de bien moins grandes proportions, dans plusieurs mines de houille en Europe, et dans des lieux où il se produit naturellement, comme en Italie, sur la pente septentrionale des Apennins, est confirmé par la lettre d'un récent témoin oculaire, insérée dans les *Annales de l'association de la propagation de la foi* (janvier 1829). M. Imbert parle ainsi des puits salants et des *puits de feu* que l'on voit à Ou-tong-kiao, près de Kia-ting, département du même nom, dans la province de Sse-tchouan (des quatre fleuves), au pied des hautes montagnes appartenant aux chaînes du Tibet, à 112° 11' de longitude méridionale. Nous croyons ces détails trop intéressants pour ne pas les rapporter ici.

« Il y a, dit-il, quelque dizaine de mille de ces puits salants, dans un espace d'environ dix lieues de long sur quatre ou cinq lieues de large. Chaque particulier un peu riche se cherche quelque associé et creuse un ou plusieurs puits. C'est avec une dépense de sept à huit mille francs. Leur manière de creuser ces puits n'est pas la nôtre. Ce peuple vient à bout de ses desseins avec le temps et la patience, et avec bien moins de dépenses que nous. Il n'a pas l'art d'ouvrir les rochers par la mine, et tous les puits sont dans le rocher. Ces puits ont ordinairement de quinze à dix-huit cents pieds français de profondeur, et n'ont que cinq ou au plus six pouces de largeur; voici leur procédé : si la surface est de terre de trois ou quatre pieds de profondeur, on y plante un tube de bois creux, surmonté d'une pierre de taille qui a l'orifice désiré de cinq ou six pouces; ensuite on fait jouer dans ce tube un mouton ou tête d'acier, de trois cents ou quatre cents livres pesant. Cette tête d'acier est crénelée en couronne, un peu concave par-dessus et ronde par-dessous. Un homme fort, habillé à la légère, monte sur un échafaudage, et danse toute la matinée sur une bascule qui soulève cet éperon à deux pieds de haut, et le laisse tomber de son poids; on jette de temps en temps quelques seaux d'eau dans le trou pour pétrir les matières du rocher et les réduire en bouillie. L'éperon, ou tête d'acier, est suspendu par une bonne corde de rotin, petite comme le doigt, mais forte, comme nos cordes de boyau ; cette corde est fixée à la bascule ; on y attache un bois en triangle, et un autre homme est assis à côté de la corde. A mesure que la bascule s'élève, il prend le triangle, et lui fait faire un demi-tour, afin que l'éperon tombe dans un sens contraire. A midi il monte sur l'échafaudage pour relever son camarade jusqu'au soir. La nuit deux autres hommes les remplacent. Quand ils ont creusé trois pouces, on tire cet éperon avec toutes les matières dont il est surchargé (car je vous ai dit qu'il était concave par-dessus), par le moyen d'un grand cylindre qui sert à rouler la corde. De cette façon, ces petits puits ou tubes sont perpendiculaires, et polis comme une glace. Quelquefois tout n'est pas roche jusqu'à la fin; mais il se rencontre des lits de terre, de charbon, etc. ; alors l'opération devient des plus difficiles, et quelquefois infructueuse; car les matières n'offrant pas une résistance égale, il arrive que le puits perd sa perpendiculaire, mais ces cas sont rares. Quelquefois le gros anneau de fer qui suspend le mouton vient à casser; alors il faut cinq ou six mois pour pouvoir, avec d'autres moutons, broyer le premier et le réduire en bouillie. Quand la roche est assez bonne, on avance jusqu'à deux pieds dans les vingt-quatre heures. On reste au moins trois ans pour creuser un puits. Pour tirer l'eau, on descend dans le puits un tube de bambou, long de vingt-quatre pieds, au fond duquel il y a une soupape; lorsqu'il est arrivé au fond du puits, un homme fort s'assied sur la corde et donne des secousses; chaque secousse fait ouvrir la soupape et monte l'eau. Le tube étant plein, un grand cylindre en forme de dévidoir, de cinquante pieds de circonférence, sur lequel roule la corde, est tourné par deux, trois ou quatre buffles ou bœufs, et le tube monte : cette corde est aussi de rotin. L'eau est très-saumâtre; elle donne à l'évaporation un cinquième et plus, quelquefois un quart de sel. Ce sel est très-âcre; il contient beaucoup de nitre.

» L'air qui sort de ces puits est très-inflammable. Si l'on présentait une torche à la bouche d'un puits quand le tube plein d'eau est près d'arriver, il s'enflammerait en une grande gerbe de feu de vingt à trente pieds de haut, et brûlerait la halle avec la rapidité et l'explosion de la foudre. Cela arrive quelquefois par l'imprudence ou la malice d'un ouvrier qui veut se suicider en compagnie. Il est de ces puits d'où l'on ne retire point de sel, mais seulement du feu; on les appelle puits de feu. Je vais vous en faire la description. Un petit tube en bambou (ce feu ne le brûle pas) ferme l'embouchure des puits et conduit l'air inflammable où l'on veut; on l'allume avec une bougie, et il brûle continuellement. La flamme est bleuâtre, ayant trois ou quatre pouces de haut et un pouce de diamètre. Ici ce feu est trop petit pour cuire le sel. Les grands puits de feu sont à Tsé-lieou-tsing, à quarante lieues d'ici.

» Pour évaporer l'eau et cuire le sel, on se sert d'une espèce de grande cuvette en fonte, qui a cinq pieds de diamètre, sur quatre pouces seulement de profondeur (les Chinois ont éprouvé qu'en présentant une plus grande surface au feu, l'évaporation est plus prompte et épargne le charbon);..... elle a au moins un pouce d'épaisseur. Quelques autres marmites plus profondes l'environnent, contenant de l'eau qui bout au même feu et sert à alimenter la grande cuvette; de sorte que le sel, quand il est évaporé, remplit absolument la cuvette et en prend la forme. Le bloc de sel, de deux cents livres pesant et plus, est dur comme la pierre. On le casse en trois ou quatre morceaux pour être transporté pour le commerce. Le feu est si ardent, que la grande cuvette devient absolument rouge, et que l'eau jaillit à gros bouillons, au centre de la cuvette, à la hauteur de huit à dix pouces. Quand c'est du feu fossile des puits à feu, elle jaillit encore davantage, et les cuvettes sont calcinées en fort peu de temps, quoique celles qu'on expose à ces sortes de feu aient jusqu'à trois pouces d'épaisseur en fonte.

» Pour tant de puits, il faut du charbon en quantité; il y en a de différentes sortes dans le pays. Les lits de charbon sont d'une épaisseur qui varie depuis un pouce jusqu'à cinq. Le chemin souterrain qui conduit à l'intérieur de la mine est quelquefois si rapide, qu'on y met des échelles de bambou. Le charbon est en gros morceaux. La plupart de ces mines contiennent beaucoup de l'air inflammable dont je vous ai parlé, et on ne peut pas y allumer de lampes. Les mineurs vont à tâtons, s'éclairant avec un mélange de sciure de bois et de résine qui brûle sans flamme et ne s'éteint pas. En ouvrant les petits puits de sel, ils trouvent quelquefois, à plusieurs centaines de pieds de profondeur, des couches de charbon fort épaisses; mais ils n'osent pas ouvrir ces grandes mines, parce qu'ils ne savent pas se servir de la poudre pour cet usage, et qu'ils craignent d'y trouver de l'eau en quantité, ce qui rendrait leur travail inutile.

» Quand ils creusent les puits de sel, ayant atteint mille pieds de profondeur, ils trouvent ordinairement une huile bitumineuse qui brûle dans l'eau. On en recueille par jour jusqu'à quatre ou cinq jarres de cent livres chacune. Cette huile est très-puante : on s'en sert pour éclairer la halle où sont les puits et les chaudières de sel.

» Si je connaissais mieux la physique, je vous dirais ce que c'est que cet air inflammable et souterrain dont je vous ai parlé. Je ne puis croire que ce soit l'effet d'un volcan souterrain, parce qu'il a besoin d'être allumé; et une fois allumé, il ne s'éteint plus que par le moyen d'une boule d'argile qu'on met à l'orifice du tube, ou à l'aide d'un vent violent et subit. Je crois plutôt que c'est un gaz ou esprit de bitume; car ce feu est fort puant et donne une fumée noire et épaisse. Les Chinois, païens et chrétiens, croient que c'est le feu de l'enfer, et ils en ont grand'peur. De fait, il est beaucoup plus violent que le feu ordinaire.

» Ces mines de charbon et ces puits de sel occupent ici un peuple immense. Il y a des particuliers riches qui ont jusqu'à cent puits en propriété.

» Tsé-lieou-tsing, situé dans les montagnes au bord d'un petit fleuve, contient aussi des puits de sel creusés de la même manière qu'à Ou-tong-kiao... Dans une vallée se trouvent quatre puits qui donnent du feu en une quantité vraiment effroyable, et point d'eau. Ces puits, dans le principe, ont donné de l'eau salée; l'eau ayant tari, on creusa, il y a une douzaine d'années, jusqu'à trois mille pieds et plus de profondeur pour trouver de l'eau en abondance; ce fut en vain; mais il sortit soudainement une énorme colonne d'air qui s'exhala en grosses particules noirâtres. Cela ne ressemble pas à la fumée, mais à la vapeur d'une fournaise ardente. Cet air s'échappe avec un bruissement et un ronflement affreux qu'on entend de fort loin....

» L'orifice du puits est surmonté d'une caisse de pierres de taille qui a six ou sept pieds de hauteur, de crainte que, par inadvertance ou par malice, quelqu'un ne mette le feu à l'embouchure du puits. Ce malheur est arrivé en août dernier. Dès que le feu fut à la surface du puits, il se fit une explosion affreuse et un assez fort tremblement de terre. La flamme, qui avait environ deux pieds de hauteur, voltigeait sur la superficie du terrain sans rien brûler. Quatre hommes se dévouèrent et portèrent une énorme pierre sur l'orifice du puits; aussitôt elle vola en l'air; trois hommes furent brûlés, le quatrième échappa au danger; ni l'eau, ni la boue ne purent éteindre le feu. Enfin après quinze jours de travaux opiniâtres, on porta de l'eau en quantité sur la montagne voisine; on y forma un lac, et on lâcha l'eau tout à coup; elle vint en quantité avec beaucoup d'air, et elle éteignit le feu. Ce fut une dépense d'environ trente mille francs, somme considérable en Chine.

» A un pied sous terre, sur les quatre faces du puits, sont entés quatre énormes tubes de bambou qui conduisent l'air sous les chaudières. Un seul puits fait cuire plus de trois cents chaudières. Chaque chaudière a un tube de bambou ou conducteur du feu, à la tête duquel est un tube de terre glaise, haut de six pouces, ayant au centre un trou d'un pouce de diamètre. Cette terre empêche le feu de brûler le bambou. D'autres bambous mis en dehors éclairent les rues et les grandes halles ou cuisines. On ne peut employer tout le feu. L'excédant est conduit hors de l'enceinte de la saline, et y forme trois cheminées ou énormes gerbes de feu, flottant et voltigeant à deux pieds de hauteur au-dessus de la cheminée. La surface du terrain de la cour est extrêmement chaude, et brûle sous les pieds. En janvier même, tous les ouvriers sont à demi nus, n'ayant qu'un petit caleçon pour se couvrir. Ce feu est extrêmement vif. Les chaudières de fonte ont jusqu'à quatre ou cinq pouces d'épaisseur ; elles sont calcinées et coulent en peu de mois. Des porteurs d'eau salée, des aqueducs en tubes de bambou fournissent l'eau. Elle est reçue dans une énorme citerne, et un chapelet hydraulique, agité jour et nuit par quatre hommes, fait monter l'eau dans un réservoir supérieur, d'où elle est conduite dans les chaudières. L'eau, évaporée en vingt-quatre heures, forme un pâté de sel de six pouces d'épaisseur, pesant environ trois cents livres : il est dur comme de la pierre....

» J'oubliais de vous dire que ce feu ne produit presque pas de fumée, mais une vapeur très-forte de bitume que je sentis à deux lieues loin du pays. La flamme est rougeâtre comme celle du charbon ; elle n'est pas attachée et enracinée à l'orifice du tube, comme le serait celle d'une lampe ; mais elle voltige environ à deux pouces au-dessus de cet orifice, et elle s'élève à près de deux pieds. Dans l'hiver, les pauvres, pour se chauffer, creusent en rond le sable à un pied de profondeur ; une dizaine de malheureux s'assoient autour ; avec une poignée de paille ils enflamment ce creux, et ils se chauffent de cette manière aussi longtemps que bon leur semble ; ensuite ils comblent le trou avec du sable, et le feu est éteint. »

## DIVISION GÉOGRAPHIQUE.

La division territoriale nouvelle de la Chine, telle qu'elle est indiquée dans la Géographie des Mandchous (cette immense géographie, intitulée *Tai-thsing-yi-thoung-tchi*, géographie historique et statistique de l'empire des *Tai-thsing* ou de la Chine, comprend plus de trois cents volumes chinois, qui sont à la bibliothèque royale de Paris), se compose de dix-neuf provinces (y compris une province tatare), dont plusieurs offrent une étendue et une population égales à celles des royaumes les plus puissants de l'Europe. Elles ont subi récemment quelques modifications. Nous empruntons, en les abrégeant, à l'*Encyclopédie nouvelle* et à des documents publiés par des Anglais résidant à Canton, les deux paragraphes suivants, ainsi que l'article qui traite de l'étendue et des productions des provinces de la Chine propre.

Chaque province, administrée par un *gouverneur général* ou par un lieutenant-gouverneur, est partagée en gouvernements (*fou*), ceux-ci en arrondissements (*tcheou*), et ces derniers en districts ou cantons (*hian*). En outre, il y a un certain nombre d'arrondissements et de cantons qui ne dépendent d'aucun département, mais qui relèvent immédiatement du gouvernement de la province.

La province tatare qu'on nomme Ching-king est le pays des Tatars ou Mandchous. *Ching-king*, en mandchou *Moukden*, est la capitale de la vaste contrée située au nord du golfe de Péking et du royaume de Corée, qui en est séparé par une chaîne de hautes montagnes. Cette ville est située à une distance de 147 lieues nord-est de Péking. L'étendue de la province de l'est à l'ouest est de 510 lieues, et du nord au sud de 300 et plus. Elle comprend le *Liao-toung* et l'ancien pays des Mandchous ; elle est traversée par le grand fleuve *Sakhalian-oula* ou *Amour* et ses affluents. A l'est, elle s'étend jusqu'à la mer ; au nord, jusqu'aux montagnes de Sibérie ; à l'ouest, jusqu'aux steppes des *Khalkha* et des Mongols. Elle est divisée en cinq départements. Dans la grande géographie chinoise, précédemment citée, cette province tatare en forme trois, *Ching-king*, *Hing-king* et *Héloung-kiang*, réunies maintenant en une seule, qui a son gouvernement particulier, indépendamment de celui de Péking.

### CHINE PROPRE.

1° PROVINCE DE TCHILI. — *Péking* (capitale du nord) est la résidence de la cour et la capitale de tout l'empire ; *Pao-ting-fou* est la capitale de la province. Le Tchili a 122 lieues (1,228 *li* ; on compte ordinairement 10 *li* pour une lieue ou 250 *li* pour un degré de longitude ou de latitude) d'étendue de l'est à l'ouest, et 162 du sud au nord. Il est borné à l'est par le golfe de Péking et le *Chan-toung* ; au nord par la grande muraille, qui le sépare de la Mongolie ; à l'ouest par le *Chan-si* et le *Ho-nan*, et au sud par la même province et celle de *Chan-toung*.

PRODUCTIONS. Elles consistent en sel, coton, musc, noix, dattes, poires, pommes, pêches et plantes médicinales.

2° PROVINCE DE KIANG-SOU. Capitale, *Kiang-ning-fou* ou *Nean-king*, à 240 lieues sud-est de Péking. Cette province, avec la suivante, formait l'ancienne province de *Kiang-nan*, ayant une étendue de 163 lieues de l'est à l'ouest, et de 170 du sud au nord. Elle comprend onze départements.

3° PROVINCE DE NGAN-HOEI. Capitale, *Ngan-king-fou*, à 270 lieues de Péking. 15 départements.

PRODUCTIONS. La province de *Kiang-sou* produit de la soie de différentes espèces, du satin, du sel, du riz, du vin nommé pé-hoa. *A-hoeï* produit du chanvre, du thé, des plantes médicinales, du cuivre, du fer, de l'huile, du vernis, etc.

4° PROVINCE DE KIANG-SI. Capitale, *Nan-tchang-fou*, à 285 lieues au sud de Péking. Cette province a, de l'est à l'ouest, 97 lieues dans sa plus grande largeur, et du sud au nord 180 lieues. 14 départements.

PRODUCTIONS. Du papier, du thé, du chanvre, de la porcelaine, des lis blancs ou lotus, la fleur nommée *lian*, qui croît en quantité dans les marais ; des plantes médicinales, du vin nommé *ma-kou*, du riz rouge, une grande variété de bambous, du coton, du charbon de terre.

PROVINCE DE TCHE-KIANG. Capitale, *Hang-tcheou-fou*, à 330 lieues sud-est de Péking. Cette province a une étendue de 88 lieues de l'est à l'ouest, et de 128 du nord au sud. Elle est bornée à l'orient par la mer Orientale et a 12 départements.

PRODUCTIONS. Soie de toute espèce, coton, thé, plomb, fleurs de *lian*, prunes, sel, houille, or, fer, plantes médicinales, papier, chapeaux de feutre, etc.

6° PROVINCE DE FOU-KIAN. Capitale, *Fou-tcheou-fou*, à 613 lieues sud-est de Péking. Cette province a 95 lieues de l'est à l'ouest dans sa plus grande étendue, et 98 lieues du nord au sud. Elle est bornée à l'est par la mer Orientale et le canal de Formose. 12 départements.

PRODUCTIONS. Thé, sel, fer, bambous, oranges, olives, cire blanche, soie, nids d'oiseaux pour le commerce, etc.

7° PROVINCE DE HOU-PE. Capitale, *Wou-tchang-fou*, à 315 lieues sud-ouest de Péking. Elle a 244 lieues de l'est à l'ouest dans sa plus grande étendue, et 68 du sud au nord. 11 départements.

PRODUCTIONS. Thé, coton, poissons, bambous, cyprès, fer, étain, marbre, etc.

8° PROVINCE DE HOU-NAN. Capitale, *Tchang-cha-fou*, à 455 lieues sud-ouest de Péking. La plus grande étendue de cette province, de l'est à l'ouest, est de 142 lieues, et 115 du nord au sud. 13 départements.

PRODUCTIONS. Fer, plomb, cinabre, mercure, bambous de différentes espèces, thé, poudre d'or, huile de la plante à thé, nankin de différentes espèces, etc.

9° PROVINCE DE HO-NAN. Capitale, *Khaï-foung-fou*, à 154 lieues sud-ouest de Péking. Elle a 112 lieues d'étendue, de l'est à l'ouest, et 129 du nord au sud. 13 départements.

PRODUCTIONS. Soies, pierres précieuses, plantes médicinales, fer, étain, coton, porcelaine, papier, etc.

10° PROVINCE DE CHAN-TOUNG. Capitale, *Tsi-nan-fou*, à 80 lieues sud de Péking. Elle a 164 lieues d'étendue de l'est à l'ouest, et 81 du nord au sud. A l'est, elle confine à la mer Jaune. 12 départements.

11° PROVINCE DE CHAN-SI. Capitale, *Thaï-wan-fou*, à 120 lieues sud-est de Péking. Sa plus grande étendue, de l'est à l'ouest, est de 88 lieues, et du sud au nord de 162. 19 départements.

12° PROVINCE DE CHEN-SI. Capitale, *Singan-fou*, à 265 lieues sud-ouest de Péking. Sa plus grande étendue est de 93 lieues de l'est à l'ouest, et de 242 du sud au nord. 12 départements.

13° PROVINCE DE KAN-SOU. Capitale, *Lan-tcheou-fou*, à 404 lieues de Péking. Sa plus grande étendue, de l'est à l'ouest, est de 212 lieues, et du sud au nord de 240. Elle comprend à présent les anciens pays de *Cha-tcheou*, de *Bourkoul* et l'*Ouroumtsi*, au nord de la petite Boukarie. 15 départements.

14° PROVINCE DE SSE-TCHOUAN. Capitale, *Tching-tou-fou*, à 570 lieues de Péking. Sa plus grande étendue, de l'est à l'ouest, est de 300 lieues, et du sud au nord de 320. Elle confine à l'est et au nord avec le Tibet. 20 départements.

15° PROVINCE DE KOUANG-TOUNG. Capitale, *Kouang-toung-fou* ou *Canton*, à 757 lieues sud-ouest de Péking. Sa plus grande étendue, de l'est à l'ouest, est de 350 lieues, et du nord au sud de 180 lieues. Elle est bornée à l'est par le *Fo-kian* et la mer Méridionale, au sud elle a cette même mer et le royaume d'*An-nam* ou *Tonquin*. 13 départements.

16° PROVINCE DE KOUANG-SI. Capitale, *Koueï-lin-fou*, à 746 lieues sud-ouest de Péking. Sa plus grande étendue, de l'est à l'ouest, est de 280 lieues, et du nord au sud de 115. Au sud, elle confine avec la province précédente et le royaume d'An-nam. 13 départements.

17° PROVINCE D'YAN-NAN. Capitale, *Yan-nan-fou*, à 820 lieues sud-ouest de Péking. Sa plus grande étendue, de l'est à l'ouest, est de 251 lieues, et du nord au sud de 115. Au sud, elle confine avec les royaumes d'An-nam, de Laos et d'Ava. 21 départements.

18° PROVINCE DE KOUEI-TCHEOU. Capitale, *Kouei-yang-fou*, à 764 lieues sud-ouest de Péking. Sa plus grande étendue, de l'est à l'ouest, est de 190 lieues, et du sud au nord de 77. 14 départements.

COLONIES.

Les tribus mongoles qui demeurent au nord ou au nord-est de la Chine, et les tribus de Khalkas mongoles situées au delà du désert de Kobi, sont gouvernées par leurs propres princes héréditaires. Le petit nombre d'officiers civils qui sont employés chez elles sont sous la juridiction du gouverneur de la province de Tchi-li.

Les provinces de *Dzoungarie* et du *Turkestan*, comprises sous le nom de *Sin-kiang* (nouveaux territoires), sont sous la direction du district d'*I-li*.

Les villes habitées par les Chinois sont la plupart comprises sous le gouvernement de la province de Kan-sou ; celles habitées par les natifs du pays, et celles qui ont des garnisons de troupes de huit bannières, sont sous la juridiction du commandant en chef de l'I-li et des conseillers de l'empereur. Les naturels sont aussi sous le gouvernement des princes héréditaires du pays et des beys.

DISTRICT D'I-LI. Principale ville, *I-li*, ou en chinois *Houeï-youan-tching*. Latit. 43° 50'; longit. O. 34° 20' du méridien de Péking. Un commandant en chef et un résident.

VILLE ET DISTRICT DE TARPAHATAI. Latit. 47° ; longit. O. 30°. Un résident ou ministre assistant.

VILLE ET DISTRICT DE KACHGAR. Latit. 39° 25'; longit. O. 42° 25'. Un assistant résident.

VILLE ET DISTRICT DE HADRACHAR. Latit. 41° 37' ; longit. O. 29° 17'. Un résident ou assistant ministre.

VILLE ET DISTRICT DE KOUTCHAI. Latit. 41° 37'; longit. O. 33° 52'. Un résident.

VILLE ET DISTRICT D'AKSOU. Latit. 41° 9'; longit. O. 37° 15'. Un résident.

VILLE ET DISTRICT D'OUCHI. Latit. 41° 9'; longit. O. 38° 27'. Un résident.

VILLE ET DISTRICT D'YERKYANG. Latit. 38° 19'; longit. O. 40° 10'. Un gouverneur de la frontière mahométane, un résident et un assistant résident.

VILLE ET DISTRICT DE HO-TEN (*Khotan*). Latit. 37°; longit. O. 35° 52'. Un résident.

VILLE ET DISTRICT D'OUROUMISI. Latit. 43° 27'; longit. O. 27° 56'. Un lieutenant général.

VILLE ET DISTRICT DE HA-MI. Latit. 42° 53'; longit. O. 22° 23'. Un ministre résident, un commandant en chef de la frontière russe, un ministre résident de la frontière.

VILLE ET DISTRICT DE KOPTO. Latit. 48° 2'; longit. O. 27° 20'. Un ministre résident.

VILLE ET DISTRICT DE SI-NING, dans le pays voisin de *Khou-khou-noor*. Latit. 36° 39'; longit. O. 19° 42'. Un ministre résident.

CONTRÉES DU SI-THSANG ou TIBET. Deux ministres résidents.

NOUVELLE DIVISION DE LA CHINE

*avec sa population, d'après la statistique de la Chine par G. L. D. de Rienzi, publiée dans la* Revue des Deux-Mondes, *novembre* 1831.

PROVINCES DU NORD.

| | Habitants ou bouches, suivant l'expression chinoise. |
|---|---|
| Tchi-li ou Pé-tchi-li | 3,402,000 |
| Chan-si | 1,920,142 |
| Chen-si | 582,000 |
| Chan-toung | 24,841,504 |
| Han-sou | 840,000 |

PROVINCES DU CENTRE.

| | |
|---|---|
| Kiang-sou | 28,853,198 |
| (La province qui précède et celle qui suit formaient jadis la province du centre de Kiang-nan.) | |
| *A reporter* | 60,438,844 |
| *Report* | 60,438,844 |
| Ngan-hoeï | 1,148,023 |
| Ho-nan | 2,614,000 |
| Kiang-si | 6,127,425 |
| Sse-tchouan | 7,813,000 |
| Tche-kiang | 18,975,000 |
| Hou-han | 10,000,000 |
| (La province qui précède et celle qui suit formaient l'ancien Hou-kouang.) | |
| Hou-pe | 24,132,408 |
| Fou-kian | 2,812,000 |

PROVINCES DU MIDI.

| | |
|---|---|
| Koueï-tcheou | 2,018,100 |
| Youn-nan | 3,209,000 |
| Kouang-si | 3,081,000 |
| Kouang-toung | 3,604,000 |
| Total | 145,972,800 |
| Il faut ajouter à ce nombre les habitants qui vivent sur l'eau (hommes, femmes et enfants) | 2,418,237 |
| Infanterie régulière | 300,108 |
| Infanterie irrégulière | 400,000 |
| Cavalerie régulière | 227,000 |
| Cavalerie irrégulière | 273,000 |
| Artillerie (elle est détestable) | 17,000 |
| A la suite de l'armée régulière | 30,000 |
| Officiers réguliers de toutes armes | 6,892 |
| Officiers de troupes irrégulières | 5,201 |
| Marine | 32,430 |
| Les neuf classes de mandarins et employés subalternes | 102,479 |
| Total | 3,812,237 |
| Total ci-dessus | 145,972,800 |
| Grand total | 149,785,037 |

Outre cela, il faut compter encore près de 10,000,000 de Chinois expatriés à *Jeou-kieou*, à Formose, dans la Corée, au Japon, dans la province tatare, au Tibet, au Turkestan et en Arménie, à Saint-Maurice, à Sainte-Hélène et au cap de Bonne-Espérance, au Brésil et à la Guyane française, dans l'Hindoustan et dans le Bengale, dans les royaumes de Siam, d'An-nam et dans l'empire Birman ; à Malacca et dans la péninsule de ce nom, à Poulo-pinang, à Singapora, Sumatra, Bintang, Banka, Lingin et Lingan ; dans les îles de la Sonde et surtout de Java, à Célèbes et aux îles Moluques, dans l'archipel de Soulong, à Bornéo et aux Philippines, dans la Nouvelle-Guinée, à Vouaiguiou et jusque dans les îles de la mer du Sud. On en voit même quelques-uns dans quelques capitales d'Europe, telles que Pétersbourg, Londres, Lisbonne, Naples, Rome et Paris. On recherche les Chinois dans tout l'Orient, parce qu'ils sont les courtiers, les changeurs, et les meilleurs cultivateurs et ouvriers de ces vastes et nombreuses régions. — Quoique dispersés dans les cinq parties du monde, un bon nombre de ces émigrants retournent en Chine, après avoir fait fortune ailleurs, malgré les lois qui doivent punir les expatriés à leur rentrée sur le sol natal. Mais la plupart d'entre eux se sont formés en populations stables dans les divers pays déjà cités, et surtout dans l'Orient et dans la Malaisie, après s'y être mariés avec les filles des naturels.

Pour ne rien livrer au hasard, nous n'avons pas voulu donner la statistique des pays soumis à la Chine; mais nous pouvons tracer un tableau passablement exact de leur population, d'après l'Almanach impérial, différents édits impériaux sur la Mandchourie, les Etats tributaires, etc., savoir :

| | |
|---|---|
| Pour la Corée (anciennement Kao-li, aujourd'hui *Tchao-sien* | 8,463,000 |
| Pour le Tibet et Boutan | 6,800,000 |
| Pour la Manchourie, la Mondgolie, la petite Boukharie, le petit Tibet, la Dzoungarie ou Kalmoukie, la grande île Tchoka et les autres pays tributaires | 9,000,000 |
| Total | 24,263,000 |
| Ce qui, joint au total de la Chine propre, de | 149,785,037 |
| Donne à tout l'empire chinois un total général de | 174,048,037 |

En joignant les 10,000,000 de Chinois établis dans l'étranger, ou y trafiquant pendant une partie de leur vie, et dont aucun document chinois ou étranger n'a parlé, aux 149,785,037 qui forment la population de la Chine propre, plus la population entière des États qui lui sont soumis, on trouve un total général de 184,000,000 de Chinois, nombre inférieur seulement de 43,951,963 à la population entière de l'Europe, qui s'élève à 228,000,000, surpassant de 124,048,073 la population entière de tout l'empire russe, qui est de près de 60,000,000, et égalant presque le tiers de celle du globe entier, que nous estimons à 650,000,000 et quelques mille individus.

Nous n'avons pas adopté le recensement chinois de 1812, traduit avec exactitude par le P. Hyacinthe Bitchourine, Russe, et par les Anglais, parce qu'il nous a paru exagéré.

Voici le relevé de la population des villes que nous avons le plus d'intérêt à connaître.

| | Habitants ou bouches. |
|---|---|
| Péking, capitale de l'empire. (C'est l'ancien Kambalouk, que Marco-Polo nous paraît avoir italianisé dans le nom de Gamulecco.) | 1,700,000 |
| Nan-king. | 514,000 |
| Hang-tcheou. | 700,200 |
| Ou-tchang. | 580,000 |
| King-tchin. | 500,000 |
| Fok-han. | 320,000 |
| Nang-tchang. | 300,000 |
| Sou-tcheou-fou. | 214,017 |

Cette dernière ville, qui n'a pas encore été décrite avec exactitude, est située sur le grand canal Impérial, qui a un cours de 600 lieues, porte des ponts de la plus belle construction, et est souvent bordé de quais en pierre et de villages charmants. *Sou-tcheou* est le Paris de la Chine; cette ville est l'arbitre du bon goût, du beau langage, des modes et des théâtres. Là sont les femmes les plus jolies et les plus aimables; là se réunissent les meilleurs comédiens et les jongleurs les plus adroits; là les hommes les plus riches viennent se fixer pour y vivre en Sybarites. Aussi le proverbe chinois dit : « Le paradis est dans les cieux, Sou-tcheou-fou est sur la terre. »

*Ngao-men* (Macao) compte 32,268 habitants, dont 20,000 Chinois (un certain nombre de ceux-ci vivent dans les *sanpans* ou bateaux sur la rade), 10,000 Portugais, Européens ou fils d'Européens et de Chinoises, et le reste Malais, Manillois, Cafres, Timoriens, Hindous, Parsis, etc.

*Kouang-tcheou-fou* (Canton), aujourd'hui la ville la plus riche et la plus commerçante de la Chine, est la seconde de l'empire, et possède près de 500,000 habitants. Ils sont contenus dans les villes chinoises et mandchoues, et dans la jolie ville d'*Ho-nan*, située sur le fleuve, où les négociants tiennent leurs femmes dans d'élégants harems. Canton a en outre 128 individus à qui il n'est pas permis d'habiter la terre, et qu'on oblige de vivre sur la rivière, répartis dans 43,021 sanpans.

Il est utile de savoir que le plus ancien dénombrement de l'empire, que feu M. de Rienzi a trouvé dans un manuscrit complet du *Moadjem-al-boldan* ou alphabet des contrées, espèce de dictionnaire géographique arabe en 12 gros volumes in-folio, de *Chéhâb-Eddyn-Abou-Abdallah-Yakout* (cet estimable écrivain vivait, croyons-nous, au XIIe siècle de l'ère chrétienne. Il est probable qu'il a eu connaissance de ce dénombrement par le voyages des Arabes qui visitèrent le *Kitaï* (la Chine) au IXe siècle, comme nous l'apprenons par le voyage qu'*Oua-Hâb* et *Abousaïd* firent par mer à Canton (vraisemblablement le *Canfou* du grand Marco Polo), et dans le *Sang-houng-pen-ki*, recueil manuscrit des traditions chinoises), que ce dénombrement, disons-nous, qui eut lieu au commencement de l'ère chrétienne, ne donne à la Chine que 60,000,000 d'habitants. Fait remarquable! Quand l'Europe possède aujourd'hui une population moindre que celle de l'Europe romaine, celle de la Chine (on compte généralement en Chine de 8 à 10 personnes par famille; 9 en est le nombre moyen) s'est accrue de près de deux tiers dans le même laps de temps.

On voit donc que les calculs du P. Lecomte, qui portait la population de Kouang-tcheou-fou (Canton) à 1,500,000 habitants, de Sonnerat, qui la réduisait à 75,000, et de Malte-Brun, qui la fixait à 250,000, et que ceux de l'estimable Almanach de Gotha, qui élèvent celle de Nan-king à 2,000,000, et celle de la Chine à 257,000,000, sont aussi erronés que les calculs de lord Macartney et du mandarin *Chou-ta-zing*, qui donnent 3,000,000 d'âmes à Péking, et 333,000,000 au céleste empire (*Thian-chou*), et le recensement de 1831, qui en donne 361,691,430.

Nous aurions pu présenter un aperçu des différents revenus, ainsi que de la population des 1,659 villes de la Chine, d'après la deuxième édition de l'ouvrage *Ouang-kouoï-ching;* mais on a de puissantes raisons de croire que cette partie de cet ouvrage est beaucoup moins exacte que celle qui traite des finances. Ainsi nous pensons que la somme entière des revenus de tout l'empire s'élève à près de 1,000,000,000 de francs, somme qui approche du budget ordinaire de la France; que ces revenus surpassent de beaucoup la dépense, et que les hommes en place, avides et d'ailleurs mal payés, en accaparent une bonne partie. Il y a encore loin de là aux 79,600,000 liang ou taëls de revenu annuel que M. Martucci donne à la Chine. Cette somme énorme équivaudrait à environ 5,000,000,000 de francs.

Le dernier dénombrement des chrétiens en Chine n'est pas sans intérêt pour nous. On y compte 64,527 chrétiens. Nous parlerons plus loin, et avec tous les détails nécessaires, de l'état de la religion chrétienne dans ce pays. Nous donnerons également, dans le cours de notre travail, d'autres indications géographiques qui ne sauraient trouver place dans un aperçu général.

## MANDCHOURIE

### ET ÉTATS ÉTRANGERS A LA CHINE PROPRE.

Outre l'administration des gouverneurs, dit le P. Hyacinthe Bitchourine, de qui nous allons extraire l'article suivant, il y a des chefs militaires qui administrent séparément les villes ou les forteresses qui leur sont confiées, ainsi que les habitants et les terres qui en dépendent.

La Mandchourie est une partie distincte de l'empire chinois; elle comprend trois gouvernements militaires, savoir : *Ching-thsing*, *Kirin* et *He-loug-tsiang*.

*Ching-thsing* est divisé en deux provinces, et chacune d'elles en trois départements, quatre arrondissements et huit districts. Le commandant en chef réside à *Feng-thian-fou*, l'un de ses adjoints à *Thsin-tcheou-fou*, et l'autre à *Sin-yu-tching*. Il faut encore ajouter onze places fortifiées, occupées par les garnisons.

*Kirin* comprend trois départements, dans lesquels on compte huit villes ou places fortifiées. Le commandant en chef réside à *Kirin-Khoton*, et ses quatre adjoints à *Ningoutou*, *Bedoune*, *Artchouk* et *San-sing*.

L'autorité locale présente chaque année à la chambre des finances un rapport sur le mouvement de la population des lieux qui sont subordonnés : ce rapport est exagéré et faux, comme les nouvelles de la Gazette de Péking.

Les peuples qui composent la population de la Chine sont, 1° les *Chinois;* 2° les *Mandchous;* 3° les *Mongols;* 4° les *Turcs;* 5° les *Fan;* 6° les *Thsiang;* 7° les *Miao;* 8° les *Yao;* 9° les *Li;* 10° les *Y*.

Les Chinois, comme aborigènes, forment la famille la plus nombreuse, et sont répandus dans tous les gouvernements. Les Mandchous sont très-peu nombreux; comme race conquérante, ils ne fournissent que les garnisons des villes importantes.

Les Mongols, qui entrèrent en Chine avec les Mandchous, tiennent garnison à Péking et dans les gouvernements.

Les Tatars habitent les divers gouvernements et font partie de la population contribuable. Les *Tatars-Salarski* seuls se trouvent sous la surveillance de leurs anciens.

*Fan* est une dénomination générale qu'emploient les Chinois à l'égard des Tangoutes qui habitent les gouvernements de *Kan-sou*, de *Sse-tchouan* et de *Youn-nan*. Les habitants de l'île de *Thai-wan*, dépendante de la Chine, portent le même nom.

On comprend sous le nom de *Thsiang* quelques tribus tangoutes qui habitent Sse-tcheou, dans le gouvernement de Kan-sou, et Meou-tcheou, dans le gouvernement de Sse-tchouan.

Les *Miao* sont les ancêtres des Tangoutes; ils vivent dispersés à *Thsiang-tcheou*, à *Ping-hoang*, à *Yun-soui-tching*, à *Pou-soui-ning*, et dans les gouvernements de *Hou-nan*, *Sse-tchouan*, *Kouang-si* et *Koueï-tcheou*.

*Yao* est le nom des étrangers dans les gouvernements de Hou-nan et de Kouang-toung.

Les *Li* sont les étrangers qui habitent l'île de Hai-nan.

Les *Y* sont également des étrangers qui habitent le gouvernement de Hou-nan.

Quant au calcul de la population contribuable, la majorité, pour les hommes, commence à seize ans, et la vieillesse à soixante.

Dans la population de l'empire ne sont pas comprises les huit bannières militaires, composées de trois nations, savoir : les Mandchous, les Mongols et les Chinois. Les étrangers, sujets de la Chine, sont dénombrés séparément par familles, et une partie par individus. En voici le tableau :

| | Familles. |
|---|---|
| Tangoutes, dans le gouvernement de Kan-sou. . | 26,644 |
| Tangoutes, dans le gouvernement de Sse-tchouan. | 72,574 |
| Tangoutes, dans le gouvern. de Khoukhou-noor. . | 7,842 |
| Tangoutes, dans le gouvernement de Tibet. . . . | 4,889 |
| Turcs du Turkestan et d'I-li. . . . . . . . . . . | 69,644 |
| Turcs du Khoukhou-noor. . . . . . . . . . . . . | 2,560 |
| Les Ouriankhai du Tannou. . . . . . . . . . . | 1,007 |
| Les Ouriankhai de l'Altaï. . . . . . . . . . . | 685 |
| Les Ouriankhai de l'Altainor. . . . . . . . . . | 208 |
| Tongouses des bouches de l'Amour. . . . . . . . | 2,398 |
| Total. . . . . . . . . . . . . | 188,051 |

| | Ames.) |
|---|---|
| Les Solones industrieux. . . . . . . . | 4,497 |
| Les Khaloutes, militaires. . . . . . . | 2,581 |
| Les Barkhousses. . . . . . . . . . . . | 1,252 |
| Total. . . . . . . . . . . . . | 8,330 |

L'autorité locale délivre à chaque famille ou maison un tableau qui se place à la porte, et sur lequel sont inscrites les personnes qui habitent cette maison. Ce tableau est changé chaque année. — Lorsqu'on distribue de nouveaux tableaux, on en exclut les personnes qui ont quitté la maison, et l'on y inscrit les nouveaux locataires. Celui qui change de logement est tenu d'en informer l'autorité, afin d'en obtenir un tableau (ces tableaux sont des écrits, revêtus du sceau de l'autorité locale, que l'on colle à l'extérieur des maisons et des établissements de commerce.

Dix maisons forment ce que les Chinois appellent *paï;* chaque *paï* a un *paï-theou* (dizenier); dix *paï* sont nommés, en chinois, *tsia*, dont le chef est un *tsia-tchang* (centenier); dix *tsia* composent un *pao*, qui a pour chef un *pao-tching* (intendant). Cette organisation existe même parmi les Chinois qui habitent hors des frontières. Nous reviendrons sur ce sujet lorsque nous aurons à examiner spécialement l'administration de l'empire.

D'après les rapports fournis par les autorités locales, les terres arables de tous les gouvernements, y compris la Mandchourie, formaient, en 1812, 7,915,251 *thsing*. Il faut observer que toutes les terres hors de la Chine propre ont été mesurées, comptées et cultivées par les émigrés chinois, tandis que celles qui appartiennent aux Tangoutes, dans les gouvernements de Kan-sou et de Sse-tchouan, et aux tribus étrangères, dans le gouvernement de Youn-nan, sont toutes restées sans être mesurées, parce que ces tribus ont des prérogatives particulières, payent tribut, et mènent une vie nomade. Les lieux consacrés et ceux qui sont destinés à la chasse sont également restés sans être mesurés ; ainsi toutes les terres non mesurées ne sont pas comprises dans les 7,915,251 thsing que forment les terres arables.

Les Mandchous aborigènes, ainsi que les Mongols et les Chinois, qui sont venus, avec les premiers, de la Mandchourie en Chine, forment un corps militaire séparé en bannières composées de trois divisions, lesquelles se partagent en compagnies formées de 150 hommes.

| | Compagnies. |
|---|---|
| Les Mandchous, à Péking, forment. . . . . . . . . | 681 |
| Les Mongols, à Péking, forment. . . . . . . . . . | 204 |
| Les Chinois, à Péking, forment. . . . . . . . . . | 266 |
| Les Mandchous et les Mongols, en garnison dans les gouvernements, forment. . . . . . . . . . | 840 |
| Il faut ajouter à ces derniers les chasseurs, dont les daours forment. . . . . . . . . . . . . . | 39 |
| Les Solones forment. . . . . . . . . . . . . . | 47 |
| Les Tongouses, dans l'Olountchoun, forment. . . . | 11 |
| Total. . . . . . . . . . . . . . . | 2,088 |

Ce qui fait 313,200 hommes de quinze à soixante ans. A Péking, chaque division a un chef de division, deux adjoints, des colonels et des chefs de compagnie. Dans les gouvernements, les Mandchous militaires composent les garnisons qui se trouvent sous les ordres des chefs de corps.

La Mongolie se divise en Mongolie méridionale, en Mongolie septentrionale, en Mongolie occidentale et Khoukhou-noor. La Mongolie est encore divisée en aïmaks, et les aïmaks en bannières, commandées par des tchassaks. Les bannières sont subdivisées en régiments, et ceux-ci en escadrons. L'aïmak est une caste qui forme une partie distincte du peuple. Une bannière porte le nom de division ou de principauté. Quelques aïmaks ont plusieurs divisions. Les Mongols méridionaux occupent toute l'étendue de terrain qui longe la grande muraille, depuis les frontières de la Mandchourie jusqu'à Ordos inclusivement, et forment 24 aïmaks et 48 bannières, savoir :

| | | Bannières. |
|---|---|---|
| 1. | L'aïmak de Kartsin. . . . . . . . . . . . | 6 |
| 2. | — Tchalaït. . . . . . . . . . . . | 1 |
| 3. | — Dourbot. . . . . . . . . . . . | 1 |
| 4. | — Korlos. . . . . . . . . . . . | 2 |
| 5. | — Aokhan. . . . . . . . . . . . | 1 |
| 6. | — Naïman. . . . . . . . . . . . | 1 |
| 7. | — Barin. . . . . . . . . . . . | 2 |
| 8. | — Tcharot. . . . . . . . . . . . | 2 |
| 9. | — Aro-Karthsin. . . . . . . . . . | 1 |
| 10. | — Ouniut. . . . . . . . . . . . | 2 |
| 11. | — Kechiktin. . . . . . . . . . . | 1 |
| 12. | — Kalka de l'aile gauche. . . . . . . | 1 |
| 13. | — Karthsin. . . . . . . . . . . . | 3 |
| 14. | — Toumot. . . . . . . . . . . . | 2 |
| 15. | — Outchoumzin. . . . . . . . . . | 2 |
| 16. | — Khaothsit. . . . . . . . . . . | 2 |
| 17. | — Sounit. . . . . . . . . . . . | 2 |
| 18. | — Abaga (Abga). . . . . . . . . . | 2 |
| 19. | — Abkhanar. . . . . . . . . . . | 1 |
| 20. | — Dourben-khoubout. . . . . . . . | 1 |
| 21. | — Mao-minhan. . . . . . . . . . | 1 |
| 22. | — Ourat (Orat). . . . . . . . . . | 3 |
| 23. | — Kalka de l'aile droite. . . . . . . | 1 |
| 24. | — Ordos. . . . . . . . . . . . | 7 |

Les Mongols septentrionaux se nomment Khalkas. Ils occupent l'espace de terrain au nord de la grande muraille, depuis l'Argoun à l'ouest jusqu'aux confins de la Dzoungarie, et forment 4 aïmaks et 86 bannières, savoir :

| | Bannières. |
|---|---|
| L'aïmak de Thousetou-khan. . . . . . . . . . . . | 20 |
| — Saïn-noïn. . . . . . . . . . . . | 22 |
| — Thsithsin-khan. . . . . . . . . . . | 23 |
| — Tchassaktou-khan. . . . . . . . . . | 21 |

Les Mongols nomades et dispersés à l'occident d'Ordos, dans l'Etsinéi-gol et la Dzoungarie, appartiennent à divers aïmaks formant 34 bannières.

| | Bannières. |
|---|---|
| Les Eloutes au delà d'Ordos. . . . . . . . . . . . | 2 |
| Les Torgotes sur l'Etzine. . . . . . . . . . . . | 14 |
| Les Dourbotes en Dzoungarie. . . . . . . . . . | 14 |
| Les Khoïtes en Dzoungarie. . . . . . . . . . | 2 |
| Les Torgotes de la même contrée. . . . . . . . . | 12 |
| Les Khochotes. . . . . . . . . . . . . . . . | 4 |

Les Mongols de Khoukhou-noor errent aux alentours du lac du même nom, et forment 5 aïmaks et 29 bannières.

| | Bannières. |
|---|---|
| Dans l'aïmak de Khochot. . . . . . . . . . . . | 21 |
| — Tchoros. . . . . . . . . . . . | 2 |
| — Khoït. . . . . . . . . . . . | 1 |
| — Torgot. . . . . . . . . . . . | 4 |
| — Kalka. . . . . . . . . . . . | 1 |

Les Mongols sujets immédiats de la Chine n'ont point de tchassaks, mais sont sous les ordres des chefs militaires chinois.

Nous avons dû exposer ces détails pour faire comprendre de quels éléments se compose la population du céleste empire. Dans la suite de notre travail, nous ferons connaître spécialement l'organisation administrative, judiciaire, militaire, etc., de la Chine.

## PRINCIPES DE LA CHRONOLOGIE CHINOISE.

La tradition ancienne et constante des Chinois, dit Fréret, que nous abrégeons (*Mémoires de l'académie des inscriptions et belles-lettres*, t. XVIII, p. 178 et suiv.), nous apprend que dès le temps d'Yao, c'est-à-dire plus de deux mille ans avant Jésus-Christ, il y a eu à la Chine deux années différentes; une année civile qui était lunaire, et une année astronomique qui était solaire, et qui servait à régler l'année civile. Cette année civile était composée de douze lunes, auxquelles on en ajoutait de temps en temps une treizième. Dès le temps même d'Yao, l'année solaire était supposée de trois cent soixante-cinq jours et six heures, égale à notre année julienne, et chaque quatrième année était de trois cent soixante-six jours, comme l'année bissextile; c'est un fait prouvé par le *Chou-king;* l'intercalation d'une treizième lune dans l'usage civil est encore un fait prouvé par le même livre.

Les jours chez les Chinois, au rapport du P. Gaubil, étaient divisés en cent *ké;* chaque *ké* avait cent minutes, et chaque minute cent secondes. Cet usage a subsisté jusqu'au dernier siècle, où les Chinois, de l'avis du P. Schall, président du tribunal des mathématiques, ont commencé à diviser chaque jour en vingt-quatre heures, chaque heure en soixante minutes, et chaque minute en soixante secondes, etc., de manière que le jour n'est composé que de quatre-vingt-seize *ké*, et chaque *ké* équivaut à quinze minutes ou un quart d'heure, suivant notre manière de compter. Au surplus, le jour civil commence à minuit et finit à minuit suivant.

On partage la durée d'une révolution solaire, depuis un solstice jusqu'à l'autre, en douze portions égales, chacune de trente jours dix heures trente minutes; on donne à chacune de ces portions le nom de *tzé*, et on la subdivise en deux parties distinguées par les noms de *tchong-ki* et *tsié-ki* (1). Le *tchong-ki* ou le *ki*, placé au milieu des deux *tsié* qu'il sépare, répond, dans notre méthode astronomique, au premier degré de chaque signe. C'est ce *tchong-ki* qui détermine le nom de la lune dans laquelle il se trouve; ainsi la lune du solstice est celle pendant le cours de laquelle le soleil se trouve au *tchong-ki* ou au premier degré de Caper.

Depuis les *Han* (205 ans avant J.-C.) jusqu'à présent, les Chinois ont commencé leur année civile par le premier jour de la lune, dans le cours de laquelle le soleil entre dans le signe qui exprime notre signe des Poissons. Les douze lunes de l'année civile sont distribuées en quatre classes, qui portent le nom des *quatre saisons*. La première lune a le nom de *tching*, exprimé par un caractère qui signifie ce qui est juste, ce qui est conforme à la règle établie; et on ajoute ordinairement à ce caractère celui du printemps; *au printemps* lune *tching* et *au printemps seconde* ou troisième lune. Pour les trois autres portions, au nom de la saison on ajoute quelquefois, du moins dans les anciens livres, le lieu de cette lune dans la saison, *première, seconde* ou *dernière de l'été*. Par exemple, quelquefois on désigne cette lune par le lieu qu'elle occupe dans l'année civile : *en été quatrième lune; en automne septième lune; neuvième en hiver, dixième lune*, etc. Fréret observe que le détail des anciens calendriers est très-peu connu, et qu'on ignore, 1° quel était l'ordre des intercalations par rapport aux années; 2° comment on distribuait les mois de trente et de vingt-neuf jours, ou les lunes *grandes* et *petites*, comme les nomment les Chinois. Il ajoute ensuite que, sous les *Han*, on se servait d'un cycle de dix-neuf ans, dans lequel on intercalait la troisième, la sixième, la neuvième, la onzième, la quatorzième, la dix-septième et la dix-neuvième année; mais on n'a point de preuve que cet usage ait été suivi dans les temps plus anciens : on n'en a pas non plus du contraire.

Les astronomes du temps des *Han* disent que la lune intercalaire était toujours la neuvième de l'année civile : ils ajoutent que les lunes étaient alternativement grandes et petites, c'est-à-dire de trente et de vingt-neuf jours; mais, sur ce pied-là, le cycle de dix-neuf ans aurait été plus court de sept jours dix-huit heures que les deux cent trente-cinq lunaisons dont il est composé. En effet la révolution périodique de la lune se fait dans vingt-neuf jours trente-deux *ké*. Or la lune fait deux cent cinquante-quatre de ces révolutions, tandis que le soleil n'en fait que dix-neuf; mais il ne se trouve que deux cent trente-cinq conjonctions de la lune et du soleil, qui font six mille neuf cent trente-neuf jours et soixante-quinze *ké*. Cette révolution exprime par le caractère *tchang* une année commune à douze mois lunaires : ainsi dix-neuf années communes ont deux cent vingt-huit mois lunaires. Dans dix-neuf ans solaires il y a cependant deux cent trente-cinq mois lunaires (1); la différence de deux cent vingt-huit à deux cent trente-cinq est sept; donc il doit y avoir dans un *tchang* de dix-neuf ans, sept mois intercalaires de trente jours. La lune intercalaire ne pouvait pas non plus être toujours la neuvième; la raison en est simple. La différence du mois lunaire au mois solaire est de quatre-vingt-dix *ké* soixante-six minutes trente-six secondes. Prenez le moment où commence le *tchang* ou cycle de dix-neuf ans; ensuite, à chaque conjonction, ajoutez quatre-vingt-dix *ké* soixante-six minutes trente-six secondes; quand vous trouverez un nombre égal ou supérieur à celui du mois lunaire, il faut intercaler cette lune qui ne porte le nom d'aucun *tchong-ki*, mais s'appelle *jun*. En suivant cette méthode, les lunes intercalaires sont, à la troisième année, neuvième lune; à la sixième année, sixième lune; à la neuvième année, troisième ou deuxième lune; à la onzième année, onzième lune; à la quatorzième année, septième lune; à la dix-septième année, quatrième lune; et à la dix-neuvième année, douzième lune. Ainsi il y a plus d'apparence que l'intercalation dépendait des astronomes chargés de la confection du calendrier, comme le conjecture Fréret.

Les Chinois ont eu de très-bonne heure, outre la distinction des *tchong-ki* ou signes, dans l'année astronomique, et des lunes dans l'année civile, une méthode singulière pour déterminer les jours et pour en marquer le quantième. Dans leur calendrier, les jours sont distribués par soixantaines, c'est-à-dire par des cycles de soixante, de même que les nôtres le sont par semaines (2) ou cycles de sept jours : quels que soient les changements et les réformations qui aient été faits à ce calendrier, soit pour les intercalations, soit pour la quantité des lunes, soit pour le lieu de la lune *tching* dans l'année astronomique, on n'a jamais touché à l'ordre des jours. Ces jours ont eu, dans le cycle soixante, l'ordre qu'ils auraient eu s'il n'y avait point eu de changements, à peu près comme il est arrivé dans notre calendrier lors de la réformation grégorienne; le quantième du jour dans le mois fut changé sans que l'on touchât à son quantième dans le cycle hebdomadaire, c'est-à-dire que le jour, qui, sans la réformation, eût été le 5 octobre 1582, fut compté pour le quinzième de ce mois; mais ce jour demeura le sixième du cycle, ou le vendredi, comme il l'aurait été sans la réformation.

Nos chronologistes ont éprouvé en bien des occasions de quel secours était pour eux, dans la vérification des dates, le quantième du mois joint au quantième du cycle hebdomadaire; par là ils ont démontré qu'un événement marqué, par exemple, à un lundi 6 janvier ne pouvait être arrivé dans telle année, et qu'il fallait le rapporter à une autre année. La méthode chinoise a le même usage dans la chronologie; on désigne la date d'un événement en joignant au quantième du cycle le nom de la lune dans laquelle s'est trouvé ce jour, et quelquefois même le quantième de la lune; on y joint le nom du prince qui régnait alors, et ordinairement on marque l'année de son règne.

En voici un exemple pris du *Chi-king*, ou livre des cantiques, sous le règne de *Yeou-vang*, empereur de *Tcheou :* le premier de la dixième lune, au jour *sin-mao*, vingt-huitième cycle, il y eut une éclipse de soleil; la chronique de *Tsou-chou* marque la sixième année de *Yeou-vang*, laquelle est, par son calcul, de même que par celui de *Ise-ma-tsien* (776 avant J.-C.). Il faut examiner, par le calcul, si le premier jour de cette dixième lune, ou de celle du signe de *Libra* du *tchong-ki* de l'équinoxe d'automne, fut, 1° le vingt-huitième d'un cycle, 2° le jour d'une syzygie écliptique. On trouve par le calcul, 1° que le 6 septembre de cette année fut le vingt-huitième d'un cycle; 2° que le soleil étant au cinquième degré de *Virgo* ou du neuvième *tchong-ki*, il y eut ce même jour une syzygie écliptique. Cette dixième lune dure trente jours; ainsi, ayant commencé

(1) Il y a eu dans la suite quelques changements dans l'usage de ces noms de *tchong-ki* et de *tsié-ki*, ce dernier ayant été employé pour marquer la première partie du *tsié*.

(1) Les 19 révolutions solaires font 14 heures 32 minutes au delà du nombre des jours; les 235 lunaisons, 16 heures 32 minutes. C'est une erreur de 2 heures ou 2 heures 1 minute, dont les 235 lunaisons surpassent les 19 révolutions : différence qui n'allait qu'à 1 jour en 228 ans dans le lieu de la vraie syzygie.

(2) Les Chinois ont aussi un cycle de sept jours, suivant l'ordre des sept planètes, le même absolument que notre semaine, mais qui ne paraît pas aussi ancien que le cycle de soixante jours (*Nouveaux Mémoires de la Chine*).

au cinquième degré de *Virgo*, elle finit au cinquième degré de *Libra*, et elle contient l'entrée du soleil dans le dixième *tchong-ki*, ou dans celui de l'équinoxe d'automne.

On voit par là que ce cycle de soixante est d'un grand usage pour vérifier les époques dans la chronologie chinoise. Il est vrai que dans les dates où le quantième de la lune n'est pas déterminé il peut y avoir une incertitude de quelques années. Supposons, par exemple, que l'on marque un événement dans la première lune, au premier jour du cycle, sous le règne d'un empereur, mais sans spécifier ni le quantième de son règne, ni celui de la lune; supposons encore que le calcul nous donne pour une des années de ce règne le quantième marqué du cycle au vingt-neuvième de la lune; alors il arrivera que, pendant quelques-unes des années suivantes, le même jour du cycle pourra se trouver encore dans la même lune; mais, 1° cela n'ira qu'à quelques années; 2° il n'y a guère d'époques dans lesquelles l'année du règne ne soit pas marquée; 3° la durée du total des règnes étant connue, il arrive rarement que toutes les années auxquelles le calcul peut convenir se trouvent renfermées dans le même règne; 4° enfin, si on n'avait qu'une seule de ces dates, on pourrait peut-être attribuer au hasard le rapport donné par le calcul; mais comme on en a plusieurs, et qu'il s'en trouve parmi elles qui sont éloignées les unes des autres, si l'on aperçoit dans toutes le même rapport, alors il n'est plus possible de l'attribuer au hasard.

Le cycle chinois de soixante a un autre avantage qu'il est bon de remarquer. Chaque année solaire ayant seulement cinq des soixante-cinq autres ne revenant que six fois, cette méthode l'emporte de beaucoup sur la nôtre, dans laquelle le même jour de la semaine revient jusqu'à cinquante-deux ou même cinquante-trois fois dans une seule année; ainsi le même jour de l'année julienne revient en général au même jour de notre semaine toutes les septièmes années, au lieu que ce n'est qu'à la quatre-vingt-unième année que ce jour revient au même quantième du cycle chinois de soixante, parce que le plus petit nombre des divisibles par soixante que peuvent donner ces années, c'est celui de vingt-neuf mille deux cent vingt jours, ou de quatre-vingts ans juliens. C'est déjà beaucoup, comme l'on voit; car le temps de l'événement dont on examine la date étant rarement sujet à une incertitude de quatre-vingts ans, on sait certainement à laquelle de ces quatre-vingts années on doit le rapporter.

Mais il y a plus: les années civiles, employées dans l'histoire pour la chronologie, sont des années lunaires réductibles à des périodes de vingt-sept mille sept cent cinquante-neuf jours, ou soixante-seize ans, supposés ramener les syzygies au même jour de l'année solaire. Cette période, qu'on nomme *pou*, contient trente-neuf jours au delà des cycles, et il faut vingt de ces périodes, ou mille cinq cent vingt ans, pour ramener les mêmes jours des lunaisons au même jour du cycle et de l'année astronomique. « Je parle ici, dit Fréret, en conséquence des fausses hypothèses des astronomes chinois; car ces mille cinq cent vingt ans contiennent onze jours dix-huit heures au delà des révolutions solaires vraies, et quatre jours vingt et une heures au delà des mois synodiques vrais; et pour trouver une période astronomique qui donnât le retour de tous ces mêmes caractères chronologiques, il faudrait lui donner une quantité de plusieurs milliers d'années.

Le cycle de soixante a encore deux usages dans le calendrier chinois. Le premier est de dater les années; par exemple, l'année 1783 est la quarantième d'un cycle, l'année 1784 est la quarante et unième, et l'année 1804 la première du cycle suivant. On marque à la tête du calendrier de chaque année son quantième dans le cycle, et cet ordre n'est jamais ni interrompu ni dérangé.

Le second usage du cycle de soixante est celui que l'on en fait pour désigner les lunes de l'année civile. Cet usage du temps des *Han* au plus tôt, et les lunes intercalaires n'étant jamais comptées, mais seulement les lunes ordinaires, ce cycle se renouvelle tous les cinq ans, qui contiennent cinq fois douze ou soixante lunes régulières. Ainsi la première lune de l'année 1785 ayant été la cinquante et unième d'un cycle, les premières lunes de toutes les sixièmes années, soit en remontant comme 1778, 1773, etc., soit en descendant comme 1788, 1794, etc., seront aussi les cinquante et unièmes d'un cycle.

Fréret soutient, d'après l'opinion commune et ancienne des Chinois, suivie du temps même de Confucius, ou du moins avant la destruction des anciens livres, 1° que l'empereur *Hoang-ti* avait, le premier, réglé la forme de l'année; 2° qu'il avait établi l'usage du kia-tzé ou cycle de soixante jours, qui servait, dans l'usage civil et populaire, à distinguer les jours de la même manière que les semaines y servent parmi nous; 3° que le jour duquel on avait commencé à compter le premier des cycles avait été celui d'un solstice d'hiver; 4° qu'au commencement de ce premier jour des cycles, c'est-à-dire à l'heure de minuit, le soleil et la lune avaient été réunis au signe du Caper au point du solstice, et que ce moment avait été celui d'une syzygie; 5° que vers l'an 400 avant Jésus-Christ on comptait plusieurs mille ans depuis ce solstice, c'est-à-dire qu'il y avait au moins deux mille ans. Ces trois derniers points sont rapportés dans l'ouvrage de Meng-tzé, qui vivait plus de 300 ans avant Jésus-Christ. Finalement Fréret place le commencement du premier cycle et de l'empereur Hoang-ti à l'an 2455 avant Jésus-Christ; il ajoute ensuite qu'ayant calculé pour toutes les années voisines du temps auquel a pu régner Hoang-ti, afin de découvrir si, dans quelqu'une de ces années, le solstice et la syzygie ont pu se trouver réunis vers l'heure de minuit d'un jour kia-tzé commençant, il n'a trouvé que la seule année 2450 avant Jésus-Christ qui donnât cette réunion. Cette année 2450 était la sixième du règne de Hoang-ti, suivant la chronologie de Tsou-chou; et c'est par cette raison que Fréret place le commencement du cycle chinois à l'an 2455. Cependant il est évident, par le calcul, que cette année 2455 n'est que la troisième année d'un cycle et non la première, puisqu'il est certain que l'année 1744 de Jésus-Christ est aussi la première d'un cycle. Ainsi le premier cycle aura dû commencer à l'an 2457 avant Jésus-Christ, et on peut supposer que ce premier cycle, suivant Fréret, précède de deux ans le règne d'Hoang-ti.

Le cycle de soixante est composé de deux autres cycles, l'un de dix et l'autre de douze caractères, lesquels, combinés ensemble, reviennent toujours de soixante en soixante ans (*Histoire générale des Huns*, t. 1er, p. 46 et 47).

| CYCLE DE X. | | CYCLE DE XII. | |
|---|---|---|---|
| 1. Kia. | 6. Ki. | 1. Tse. | 7. Ou. |
| 2. Y. | 7. Keng. | 2. Tcheou. | 8. Ouy. |
| 3. Ping. | 8. Sin. | 3. Yn. | 9. Chin. |
| 4. Ting. | 9. Gin. | 4. Mao. | 10. Yeou. |
| 5. Vou. | 10. Quey. | 5. Chin. | 11. Su. |
| | | 6. Se. | 12. Hai. |

Le cycle de soixante ans est, dit-on, de la première antiquité. L'histoire chinoise que l'empereur Kang-hi, mort à la fin de 1722, a fait traduire en tartare, commence à mettre les caractères du cycle à l'an 2357 avant Jésus-Christ; d'où l'on conclu que l'empire chinois remonte avant cette époque. Mais cette raison ne paraît point démonstrative : on a pu après coup, et depuis que ce cycle est inventé, l'appliquer aux années qui ont précédé son invention, comme nous avons appliqué l'ère de Jésus-Christ à tous les siècles qui ont précédé Denis le Petit, qui en est l'inventeur. Ces caractères sont *kia-chin*, qui appartiennent à la quarante et unième année d'un cycle. Ainsi il faut supposer que ce cycle a commencé l'an 2397, quarante ans avant le règne d'Yao. Dans le tribunal des mathématiques, c'est un usage immémorial de fixer la première année du premier cycle à la quatre-vingt-unième année de l'empereur Yao. Cet usage est une raison un peu meilleure; mais après tout elle ne prouve pas qu'il soit de la première antiquité. Cette invention pourrait n'être que du premier siècle de Jésus-Christ, ou plus tard même, et l'usage en peut être aujourd'hui immémorial. Pour décider cette question, il faudrait savoir qui est le premier qui s'en est servi, et en quel temps il a vécu. L'an 1684, vingt-troisième de Kang-hi, était le premier du LXVIIe cycle de soixante ans dans le tribunal. Ainsi, dans cette hypothèse, le commencement du premier cycle est de l'an 2277 avant Jésus-Christ. Mais suivant l'histoire chinoise déjà citée, traduite par ordre de Kang-hi, cette même année 1684 est la première de LXIXe cycle.

La table suivante des cycles fait voir la manière de réduire à nos jours et à nos années les jours et les années des Chinois.

## CYCLE DE 60 JOURS QUI COMMENCE LE 27 FÉVRIER 1784.

| 1 | 2 | 3 | 4 | 5 | 6 | 7 | 8 | 9 | 10 |
|---|---|---|---|---|---|---|---|---|---|
| Kia-tse. | Y-tcheou. | Ping-yn. | Ting-mao. | Vou-chin. | Ki-se. | Keng-oû. | Sin-ouy. | Gin-chin. | Quey-yeou. |
| 27 février. | 28 | 29 | 1er mars. | 2 | 3 | 4 | 5 | 6 | 7 |
| 11 | 12 | 13 | 14 | 15 | 16 | 17 | 18 | 19 | 20 |
| Kia-su. | Y-hay. | Ping-tse. | Ting-tcheou. | Vou-yn. | Ki-mao. | Keng-chin. | Sin-se. | Gin-ou. | Quey-ouy. |
| 8 mars. | 9 | 10 | 11 | 12 | 13 | 14 | 15 | 16 | 17 |
| 21 | 22 | 23 | 24 | 25 | 26 | 27 | 28 | 29 | 30 |
| Kia-chin. | Y-yeou. | Ping-su. | Ting-hay. | Vou-tse. | Ki-tcheou. | Keng-yn. | Sin-mao. | Gin-chin. | Quey-se. |
| 18 mars. | 19 | 20 | 21 | 22 | 23 | 24 | 25 | 26 | 27 |
| 31 | 32 | 33 | 34 | 35 | 36 | 37 | 38 | 39 | 40 |
| Kia-ou. | Y-ouey. | Ping-chin. | Ting-yeou. | Vou-su. | Ki-hay. | Keng-se. | Sin-tcheou. | Gin-yn. | Quey-mao. |
| 28 mars. | 29 | 30 | 31 | 1er avril. | 2 | 3 | 4 | 5 | 6 |
| 41 | 42 | 43 | 44 | 45 | 46 | 47 | 48 | 49 | 50 |
| Kia-chin. | Y-se. | Ping-ou. | Ting-ouy. | Vou-chin. | Ki-yeou. | Keng-su. | Sin-hay. | Gin-tse. | Quey-tcheou. |
| 7 avril. | 8 | 9 | 10 | 11 | 12 | 13 | 14 | 15 | 16 |
| 51 | 52 | 53 | 54 | 55 | 56 | 57 | 58 | 59 | 60 |
| Kia-yn. | Y-mao. | Ping-chin. | Ting-se. | Vou-ou. | Ki-ouey. | Keng-chin. | Sin-yeou. | Gin-su. | Quey-hay. |
| 17 avril. | 18 | 19 | 20 | 21 | 22 | 23 | 24 | 25 | 26 |

La table ci-dessous de la correspondance des années chinoises avec celles de Jésus-Christ est dressée pour trente cycles, c'est-à-dire depuis l'an 4 de notre ère jusqu'à l'an 1803 inclusivement, et cela en faisant remonter le commencement du premier cycle à l'an 2397 (1) avant Jésus-Christ; cependant il y a des historiens qui placent ce commencement à l'an 2697.

La première colonne à gauche contient les soixante années du cycle chinois, et à côté de chaque année se trouve le caractère qui la désigne.

Les chiffres romains qui sont en tête de la table indiquent l'ordre numérique de chaque cycle, et dans la colonne au-dessous de ces chiffres se trouvent les années de Jésus-Christ qui concourent avec chaque année du cycle chinois qui se trouve dans la première colonne à gauche.

On observera que le même caractère chinois revenant de soixante ans en soixante ans, les années correspondantes de notre ère, qui se trouvent dans les colonnes perpendiculaires, croissent de soixante ans sur chaque ligne horizontale de la colonne précédente. Ainsi, par exemple, l'an 4 de Jésus-Christ est la première année du XLI^e^ cycle, et l'an 64 est la première du cycle suivant : il en est de même de toutes les autres colonnes qui suivent de haut en bas l'ordre numérique.

Il y a une autre manière de compter les années, fort usitée à la Chine, mais peu familière aux Européens. Cette manière, qui a commencé sous le règne d'Ouen-ti, l'an 163 avant l'ère chrétienne, s'appelle *nien-hao*. Un empereur, à son avénement au trône, donne le nom aux années de son règne. Il ordonne, par exemple, qu'elle s'appellera *ta-té :* en conséquence de cet édit, l'année suivante sera nommée *ta-té;* on continuera de nommer les autres années, *seconde, troisième année ta-té*, etc., jusqu'à ce qu'il plaise au même empereur ou à son successeur de rendre un autre édit en conséquence duquel l'année ne s'appellera plus *ta-té*, mais prendra le nom, par exemple de *hoang-kin*, ou tel autre qu'il plaira au souverain de lui imposer.

Comme les écrivains chinois depuis l'an 163 avant Jésus-Christ ne connaissent guère d'autre méthode d'indiquer les époques, il est indispensable pour ceux qui veulent étudier l'histoire de la Chine dans ses sources, d'avoir continuellement sous les yeux, non-seulement une idée exacte du cycle chinois, mais encore un catalogue des *nien-hao*, avec leur rapport aux années de notre ère avant et depuis Jésus-Christ. Cette tâche a été pleinement exécutée par des Hauterayes à la tête du douzième volume de l'histoire de la Chine du P. de Mailla. C'est là que nous renvoyons nos lecteurs pour la table des *nien-hao*.

(1) Quelques-uns ne comptent que 2396, attendu que l'année qui précède la première de l'ère vulgaire est comptée parmi les astronomes pour 0.

## TABLE DE LA CORRESPONDANCE DES ANNÉES CHINOISES A CELLES DE JÉSUS-CHRIST.

| ANNÉES DU CYCLE ET CARACTÈRES CHINOIS correspondants. | CYCLES. | | | | | | | | | | | | | | |
|---|---|---|---|---|---|---|---|---|---|---|---|---|---|---|---|
| | XLI. | XLII. | XLIII. | XLIV. | XLV. | XLVI. | XLVII. | XLVIII. | XLIX. | L. | LI. | LII. | LIII. | LIV. | LV. |
| 1 Kia-tse. | 4 | 64 | 124 | 184 | 244 | 304 | 364 | 424 | 484 | 544 | 604 | 664 | 724 | 784 | 844 |
| 2 Y-tcheou. | 5 | 65 | 125 | 185 | 245 | 305 | 365 | 425 | 485 | 545 | 605 | 665 | 725 | 785 | 845 |
| 3 Ping-yn. | 6 | 66 | 126 | 186 | 246 | 306 | 366 | 426 | 486 | 546 | 606 | 666 | 726 | 786 | 846 |
| 4 Ting-mao. | 7 | 67 | 127 | 187 | 247 | 307 | 367 | 427 | 487 | 547 | 607 | 667 | 727 | 787 | 847 |
| 5 Vou-chin. | 8 | 68 | 128 | 188 | 248 | 308 | 368 | 428 | 488 | 548 | 608 | 668 | 728 | 788 | 848 |
| 6 Ki-se. | 9 | 69 | 129 | 189 | 249 | 309 | 369 | 429 | 489 | 549 | 609 | 669 | 729 | 789 | 849 |
| 7 Keng-ou. | 10 | 70 | 130 | 190 | 250 | 310 | 370 | 430 | 490 | 550 | 610 | 670 | 730 | 790 | 850 |
| 8 Sin-ouy. | 11 | 71 | 131 | 191 | 251 | 311 | 371 | 431 | 491 | 551 | 611 | 671 | 731 | 791 | 851 |
| 9 Gin-chin. | 12 | 72 | 132 | 192 | 252 | 312 | 372 | 432 | 492 | 552 | 612 | 672 | 732 | 792 | 852 |
| 10 Quey-yeou. | 13 | 73 | 133 | 193 | 253 | 313 | 373 | 433 | 493 | 553 | 613 | 673 | 733 | 793 | 853 |
| 11 Kia-su. | 14 | 74 | 134 | 194 | 254 | 314 | 374 | 434 | 494 | 554 | 614 | 674 | 734 | 794 | 854 |
| 12 Y-hay. | 15 | 75 | 135 | 195 | 255 | 315 | 375 | 435 | 495 | 555 | 615 | 675 | 735 | 795 | 855 |
| 13 Ping-tse. | 16 | 76 | 136 | 196 | 256 | 316 | 376 | 436 | 496 | 556 | 616 | 676 | 736 | 796 | 856 |
| 14 Ting-tcheou. | 17 | 77 | 137 | 197 | 257 | 317 | 377 | 437 | 497 | 557 | 617 | 677 | 737 | 797 | 857 |
| 15 Vou-yn. | 18 | 78 | 138 | 198 | 258 | 318 | 378 | 438 | 498 | 558 | 618 | 678 | 738 | 798 | 858 |
| 16 Ki-mao. | 19 | 79 | 139 | 199 | 259 | 319 | 379 | 439 | 499 | 559 | 619 | 679 | 739 | 799 | 859 |
| 17 Keng-chin. | 20 | 80 | 140 | 200 | 260 | 320 | 380 | 440 | 500 | 560 | 620 | 680 | 740 | 800 | 860 |
| 18 Sin-se. | 21 | 81 | 141 | 201 | 261 | 321 | 381 | 441 | 501 | 561 | 621 | 681 | 741 | 801 | 861 |
| 19 Gin-ou. | 22 | 82 | 142 | 202 | 262 | 322 | 382 | 442 | 502 | 562 | 622 | 682 | 742 | 802 | 862 |
| 20 Quey-ouy. | 23 | 83 | 143 | 203 | 263 | 323 | 383 | 443 | 503 | 563 | 623 | 683 | 743 | 803 | 863 |
| 21 Kia-chin. | 24 | 84 | 144 | 204 | 264 | 324 | 384 | 444 | 504 | 564 | 624 | 684 | 744 | 804 | 864 |
| 22 Y-yeou. | 25 | 85 | 145 | 205 | 265 | 325 | 385 | 445 | 505 | 565 | 625 | 685 | 745 | 805 | 865 |
| 23 Ping-su. | 26 | 86 | 146 | 206 | 266 | 326 | 386 | 446 | 506 | 566 | 626 | 686 | 746 | 806 | 866 |
| 24 Ting-hay. | 27 | 87 | 147 | 207 | 267 | 327 | 387 | 447 | 507 | 567 | 627 | 687 | 747 | 807 | 867 |
| 25 Vou-tse. | 28 | 88 | 148 | 208 | 268 | 328 | 388 | 448 | 508 | 568 | 628 | 688 | 748 | 808 | 868 |
| 26 Ki-tcheou. | 29 | 89 | 149 | 209 | 269 | 329 | 389 | 449 | 509 | 569 | 629 | 689 | 749 | 809 | 869 |
| 27 Keng-yn. | 30 | 90 | 150 | 210 | 270 | 330 | 390 | 450 | 510 | 570 | 630 | 690 | 750 | 810 | 870 |
| 28 Sin-mao. | 31 | 91 | 151 | 211 | 271 | 331 | 391 | 451 | 511 | 571 | 631 | 691 | 751 | 811 | 871 |
| 29 Gin-chin. | 32 | 92 | 152 | 212 | 272 | 332 | 392 | 452 | 512 | 572 | 632 | 692 | 752 | 812 | 872 |
| 30 Quey-se. | 33 | 93 | 153 | 213 | 273 | 333 | 393 | 453 | 513 | 573 | 633 | 693 | 753 | 813 | 873 |
| 31 Kia-ou. | 34 | 94 | 154 | 214 | 274 | 334 | 394 | 454 | 514 | 574 | 634 | 694 | 754 | 814 | 874 |
| 32 Y-ouey. | 35 | 95 | 155 | 215 | 275 | 335 | 395 | 455 | 515 | 575 | 635 | 695 | 755 | 815 | 875 |
| 33 Ping-chin. | 36 | 96 | 156 | 216 | 276 | 336 | 396 | 456 | 516 | 576 | 636 | 696 | 756 | 816 | 876 |
| 34 Ting-yeou. | 37 | 97 | 157 | 217 | 277 | 337 | 397 | 457 | 517 | 577 | 637 | 697 | 757 | 817 | 877 |
| 35 Vou-su. | 38 | 98 | 158 | 218 | 278 | 338 | 398 | 458 | 518 | 578 | 638 | 698 | 758 | 818 | 878 |
| 36 Ki-hay. | 39 | 99 | 159 | 219 | 279 | 339 | 399 | 459 | 519 | 579 | 639 | 699 | 759 | 819 | 879 |
| 37 Keng-se. | 40 | 100 | 160 | 220 | 280 | 340 | 400 | 460 | 520 | 580 | 640 | 700 | 760 | 820 | 880 |
| 38 Sin-tcheou. | 41 | 101 | 161 | 221 | 281 | 341 | 401 | 461 | 521 | 581 | 641 | 701 | 761 | 821 | 881 |
| 39 Gin-yn. | 42 | 102 | 162 | 222 | 282 | 342 | 402 | 462 | 522 | 582 | 642 | 702 | 762 | 822 | 882 |
| 40 Quey-mao. | 43 | 103 | 163 | 223 | 283 | 343 | 403 | 463 | 523 | 583 | 643 | 703 | 763 | 823 | 883 |
| 41 Kia-chin. | 44 | 104 | 164 | 224 | 284 | 344 | 404 | 464 | 524 | 584 | 644 | 704 | 764 | 824 | 884 |
| 42 Y-se. | 45 | 105 | 165 | 225 | 285 | 345 | 405 | 465 | 525 | 585 | 645 | 705 | 765 | 825 | 885 |
| 43 Ping-ou. | 46 | 106 | 166 | 226 | 286 | 346 | 406 | 466 | 526 | 586 | 646 | 706 | 766 | 826 | 886 |
| 44 Ting-ouy. | 47 | 107 | 167 | 227 | 287 | 347 | 407 | 467 | 527 | 587 | 647 | 707 | 767 | 827 | 887 |
| 45 Vou-chin. | 48 | 108 | 168 | 228 | 288 | 348 | 408 | 468 | 528 | 588 | 648 | 708 | 768 | 828 | 888 |
| 46 Ki-yeou. | 49 | 109 | 169 | 229 | 289 | 349 | 409 | 469 | 529 | 589 | 649 | 709 | 769 | 829 | 889 |
| 47 Keng-su. | 50 | 110 | 170 | 230 | 290 | 350 | 410 | 470 | 530 | 590 | 650 | 710 | 770 | 830 | 890 |
| 48 Sin-hay. | 51 | 111 | 171 | 231 | 291 | 351 | 411 | 471 | 531 | 591 | 651 | 711 | 771 | 831 | 891 |
| 49 Gin-tse. | 52 | 112 | 172 | 232 | 292 | 352 | 412 | 472 | 532 | 592 | 652 | 712 | 772 | 832 | 892 |
| 50 Quey-tcheou. | 53 | 113 | 173 | 233 | 293 | 353 | 413 | 473 | 533 | 593 | 653 | 713 | 773 | 833 | 893 |
| 51 Kia-yn. | 54 | 114 | 174 | 234 | 294 | 354 | 414 | 474 | 534 | 594 | 654 | 714 | 774 | 834 | 894 |
| 52 Y-mao. | 55 | 115 | 175 | 235 | 295 | 355 | 415 | 475 | 535 | 595 | 655 | 715 | 775 | 835 | 895 |
| 53 Ping-chin. | 56 | 116 | 176 | 236 | 296 | 356 | 416 | 476 | 536 | 596 | 656 | 716 | 776 | 836 | 896 |
| 54 Ting-se. | 57 | 117 | 177 | 237 | 297 | 357 | 417 | 477 | 537 | 597 | 657 | 717 | 777 | 837 | 897 |
| 55 Vou-ou. | 58 | 118 | 178 | 238 | 298 | 358 | 418 | 478 | 538 | 598 | 658 | 718 | 778 | 838 | 898 |
| 56 Ki-ouey. | 59 | 119 | 179 | 239 | 299 | 359 | 419 | 479 | 539 | 599 | 659 | 719 | 779 | 839 | 899 |
| 57 Keng-chin. | 60 | 120 | 180 | 240 | 300 | 360 | 420 | 480 | 540 | 600 | 660 | 720 | 780 | 840 | 900 |
| 58 Sin-yeou. | 61 | 121 | 181 | 241 | 301 | 361 | 421 | 481 | 541 | 601 | 661 | 721 | 781 | 841 | 901 |
| 59 Gin-su. | 62 | 122 | 182 | 242 | 302 | 362 | 422 | 482 | 542 | 602 | 662 | 722 | 782 | 842 | 902 |
| 60 Quey-hay. | 63 | 123 | 183 | 243 | 303 | 363 | 423 | 483 | 543 | 603 | 663 | 723 | 783 | 843 | 903 |

## SUITE DE LA TABLE DE LA CORRESPONDANCE DES ANNÉES CHINOISES A CELLES DE J.-C.

| ANNÉES DU CYCLE ET CARACTÈRES CHINOIS correspondants. | CYCLES. | | | | | | | | | | | | | | |
|---|---|---|---|---|---|---|---|---|---|---|---|---|---|---|---|
| | LVI. | LVII. | LVIII. | LIX. | LX. | LXI. | LXII. | LXIII. | LXIV. | LXV. | LXVI. | LXVII. | LXVIII. | LXIX. | LXX. |
| 1 Kia-tse. . . | 904 | 964 | 1024 | 1084 | 1144 | 1204 | 1264 | 1324 | 1384 | 1444 | 1504 | 1564 | 1624 | 1684 | 1744 |
| 2 Y-tcheou.. . | 905 | 965 | 1025 | 1085 | 1145 | 1205 | 1265 | 1325 | 1385 | 1445 | 1505 | 1565 | 1625 | 1685 | 1745 |
| 3 Ping-yn. . . | 906 | 966 | 1026 | 1086 | 1146 | 1206 | 1266 | 1326 | 1386 | 1446 | 1506 | 1566 | 1626 | 1686 | 1746 |
| 4 Ting-mao. . | 907 | 967 | 1027 | 1087 | 1147 | 1207 | 1267 | 1327 | 1387 | 1447 | 1507 | 1567 | 1627 | 1687 | 1747 |
| 5 Vou-chin.. . | 908 | 968 | 1028 | 1088 | 1148 | 1208 | 1268 | 1328 | 1388 | 1448 | 1508 | 1568 | 1628 | 1688 | 1748 |
| 6 Ki-se. . . . | 909 | 969 | 1029 | 1089 | 1149 | 1209 | 1269 | 1329 | 1389 | 1449 | 1509 | 1569 | 1629 | 1689 | 1749 |
| 7 Keng-ou.. . | 910 | 970 | 1030 | 1090 | 1150 | 1210 | 1270 | 1330 | 1390 | 1450 | 1510 | 1570 | 1630 | 1690 | 1750 |
| 8 Sin-ouy. . . | 911 | 971 | 1031 | 1091 | 1151 | 1211 | 1271 | 1331 | 1391 | 1451 | 1511 | 1571 | 1631 | 1691 | 1751 |
| 9 Gin-chin.. . | 912 | 972 | 1032 | 1092 | 1152 | 1212 | 1272 | 1332 | 1392 | 1452 | 1512 | 1572 | 1632 | 1692 | 1752 |
| 10 Quey-yeou. . | 913 | 973 | 1033 | 1093 | 1153 | 1213 | 1273 | 1333 | 1393 | 1453 | 1513 | 1573 | 1633 | 1693 | 1753 |
| 11 Kia-su. . . . | 914 | 974 | 1034 | 1094 | 1154 | 1214 | 1274 | 1334 | 1394 | 1454 | 1514 | 1574 | 1634 | 1694 | 1754 |
| 12 Y-hay. . . . | 915 | 975 | 1035 | 1095 | 1155 | 1215 | 1275 | 1335 | 1395 | 1455 | 1515 | 1575 | 1635 | 1695 | 1755 |
| 13 Ping-tse. . . | 916 | 976 | 1036 | 1096 | 1156 | 1216 | 1276 | 1336 | 1396 | 1456 | 1516 | 1576 | 1636 | 1696 | 1756 |
| 14 Ting-tcheou. | 917 | 977 | 1037 | 1097 | 1157 | 1217 | 1277 | 1337 | 1397 | 1457 | 1517 | 1577 | 1637 | 1697 | 1757 |
| 15 Vou-yn. . . | 918 | 978 | 1038 | 1098 | 1158 | 1218 | 1278 | 1338 | 1398 | 1458 | 1518 | 1578 | 1638 | 1698 | 1758 |
| 16 Ki-mao. . . | 919 | 979 | 1039 | 1099 | 1159 | 1219 | 1279 | 1339 | 1399 | 1459 | 1519 | 1579 | 1639 | 1699 | 1759 |
| 17 Keng-chin. . | 920 | 980 | 1040 | 1100 | 1160 | 1220 | 1280 | 1340 | 1400 | 1460 | 1520 | 1580 | 1640 | 1700 | 1760 |
| 18 Sin-se. . . . | 921 | 981 | 1041 | 1101 | 1161 | 1221 | 1281 | 1341 | 1401 | 1461 | 1521 | 1581 | 1641 | 1701 | 1761 |
| 19 Gin-ou. . . | 922 | 982 | 1042 | 1102 | 1162 | 1222 | 1282 | 1342 | 1402 | 1462 | 1522 | 1582 | 1642 | 1702 | 1762 |
| 20 Quey-you. . | 923 | 983 | 1043 | 1103 | 1163 | 1223 | 1283 | 1343 | 1403 | 1463 | 1523 | 1583 | 1643 | 1703 | 1763 |
| 21 Kia-chin.. . | 924 | 984 | 1044 | 1104 | 1164 | 1224 | 1284 | 1344 | 1404 | 1464 | 1524 | 1584 | 1644 | 1704 | 1764 |
| 22 Y-yeou.. . . | 925 | 985 | 1045 | 1105 | 1165 | 1225 | 1285 | 1345 | 1405 | 1465 | 1525 | 1585 | 1645 | 1705 | 1765 |
| 23 Ping-su. . . | 926 | 986 | 1046 | 1106 | 1166 | 1226 | 1286 | 1346 | 1406 | 1466 | 1526 | 1586 | 1646 | 1706 | 1766 |
| 24 Ting-hay.. . | 927 | 987 | 1047 | 1107 | 1167 | 1227 | 1287 | 1347 | 1407 | 1467 | 1527 | 1587 | 1647 | 1707 | 1767 |
| 25 Vou-tse. . . | 928 | 988 | 1048 | 1108 | 1168 | 1228 | 1288 | 1348 | 1408 | 1468 | 1528 | 1588 | 1648 | 1708 | 1768 |
| 26 Ki-tcheou. . | 929 | 989 | 1049 | 1109 | 1169 | 1229 | 1289 | 1349 | 1409 | 1469 | 1529 | 1589 | 1649 | 1709 | 1769 |
| 27 Keng-yn.. . | 930 | 990 | 1050 | 1110 | 1170 | 1230 | 1290 | 1350 | 1410 | 1470 | 1530 | 1590 | 1650 | 1710 | 1770 |
| 28 Sin-mao.. . | 931 | 991 | 1051 | 1111 | 1171 | 1231 | 1291 | 1351 | 1411 | 1471 | 1531 | 1591 | 1651 | 1711 | 1771 |
| 29 Gin-chin. . . | 932 | 992 | 1052 | 1112 | 1172 | 1232 | 1292 | 1352 | 1412 | 1472 | 1532 | 1592 | 1652 | 1712 | 1772 |
| 30 Quey-se. . . | 933 | 993 | 1053 | 1113 | 1173 | 1233 | 1293 | 1353 | 1413 | 1473 | 1533 | 1593 | 1653 | 1713 | 1773 |
| 31 Kia-ou. . . . | 934 | 994 | 1054 | 1114 | 1174 | 1234 | 1294 | 1354 | 1414 | 1474 | 1534 | 1594 | 1654 | 1714 | 1774 |
| 32 Y-ouey. . . | 935 | 995 | 1055 | 1115 | 1175 | 1235 | 1295 | 1355 | 1415 | 1475 | 1535 | 1595 | 1655 | 1715 | 1775 |
| 33 Ping-chin. . | 936 | 996 | 1056 | 1116 | 1176 | 1236 | 1296 | 1356 | 1416 | 1476 | 1536 | 1596 | 1656 | 1716 | 1776 |
| 34 Ting-yeou. . | 937 | 997 | 1057 | 1117 | 1177 | 1237 | 1297 | 1357 | 1417 | 1477 | 1537 | 1597 | 1657 | 1717 | 1777 |
| 35 Vou-su. . . . | 938 | 998 | 1058 | 1118 | 1178 | 1238 | 1298 | 1358 | 1418 | 1478 | 1538 | 1598 | 1658 | 1718 | 1778 |
| 36 Ki-hay.. . . | 939 | 999 | 1059 | 1119 | 1179 | 1239 | 1299 | 1359 | 1419 | 1479 | 1539 | 1599 | 1659 | 1719 | 1779 |
| 37 Keng-tse.. . | 940 | 1000 | 1060 | 1120 | 1180 | 1240 | 1300 | 1360 | 1420 | 1480 | 1540 | 1600 | 1660 | 1720 | 1780 |
| 38 Sin-tcheou. . | 941 | 1001 | 1061 | 1121 | 1181 | 1241 | 1301 | 1361 | 1421 | 1481 | 1541 | 1601 | 1661 | 1721 | 1781 |
| 39 Gin-yn. . . | 942 | 1002 | 1062 | 1122 | 1182 | 1242 | 1302 | 1362 | 1422 | 1482 | 1542 | 1602 | 1662 | 1722 | 1782 |
| 40 Quey-mao. . | 943 | 1003 | 1063 | 1123 | 1183 | 1243 | 1303 | 1363 | 1423 | 1483 | 1543 | 1603 | 1663 | 1723 | 1783 |
| 41 Kia-chin.. . | 944 | 1004 | 1064 | 1124 | 1184 | 1244 | 1304 | 1364 | 1424 | 1484 | 1544 | 1604 | 1664 | 1724 | 1784 |
| 42 Y-se.. . . . | 945 | 1005 | 1065 | 1125 | 1185 | 1245 | 1305 | 1365 | 1425 | 1485 | 1545 | 1605 | 1665 | 1725 | 1785 |
| 43 Ping-ou. . . | 946 | 1006 | 1066 | 1126 | 1186 | 1246 | 1306 | 1366 | 1426 | 1486 | 1546 | 1606 | 1666 | 1726 | 1786 |
| 44 Ting-ouy.. . | 947 | 1007 | 1067 | 1127 | 1187 | 1247 | 1307 | 1367 | 1427 | 1487 | 1547 | 1607 | 1667 | 1727 | 1787 |
| 45 Vou-chin. . | 948 | 1008 | 1068 | 1128 | 1188 | 1248 | 1308 | 1368 | 1428 | 1488 | 1548 | 1608 | 1668 | 1728 | 1788 |
| 46 Ki-yeou. . . | 949 | 1009 | 1069 | 1129 | 1189 | 1249 | 1309 | 1369 | 1429 | 1489 | 1549 | 1609 | 1669 | 1729 | 1789 |
| 47 Keng-su. . . | 950 | 1010 | 1070 | 1130 | 1190 | 1250 | 1310 | 1370 | 1430 | 1490 | 1550 | 1610 | 1670 | 1730 | 1790 |
| 48 Sin-hay. . . | 951 | 1011 | 1071 | 1131 | 1191 | 1251 | 1311 | 1371 | 1431 | 1491 | 1551 | 1611 | 1671 | 1731 | 1791 |
| 49 Gin-tse. . . | 952 | 1012 | 1072 | 1132 | 1192 | 1252 | 1312 | 1372 | 1432 | 1492 | 1552 | 1612 | 1672 | 1732 | 1792 |
| 50 Quey-tcheou. | 953 | 1013 | 1073 | 1133 | 1193 | 1253 | 1313 | 1373 | 1433 | 1493 | 1553 | 1613 | 1673 | 1733 | 1793 |
| 51 Kia-yn.. . . | 954 | 1014 | 1074 | 1134 | 1194 | 1254 | 1314 | 1374 | 1434 | 1494 | 1554 | 1614 | 1674 | 1734 | 1794 |
| 52 Y-mao.. . . | 955 | 1015 | 1075 | 1135 | 1195 | 1255 | 1315 | 1375 | 1435 | 1495 | 1555 | 1615 | 1675 | 1735 | 1795 |
| 53 Ping-chin. . | 956 | 1016 | 1076 | 1136 | 1196 | 1256 | 1316 | 1376 | 1436 | 1496 | 1556 | 1616 | 1676 | 1736 | 1796 |
| 54 Ting-se. . . | 957 | 1017 | 1077 | 1137 | 1197 | 1257 | 1317 | 1377 | 1437 | 1497 | 1557 | 1617 | 1677 | 1737 | 1797 |
| 55 Vou-ou. . . | 958 | 1018 | 1078 | 1138 | 1198 | 1258 | 1318 | 1378 | 1438 | 1498 | 1558 | 1618 | 1678 | 1738 | 1798 |
| 56 Ki-ouey. . . | 959 | 1019 | 1079 | 1139 | 1199 | 1259 | 1319 | 1379 | 1439 | 1499 | 1559 | 1619 | 1679 | 1739 | 1799 |
| 57 Keng-chin. . | 960 | 1020 | 1080 | 1140 | 1200 | 1260 | 1320 | 1380 | 1440 | 1500 | 1560 | 1620 | 1680 | 1740 | 1800 |
| 58 Sin-yeou.. . | 961 | 1021 | 1081 | 1141 | 1201 | 1261 | 1321 | 1381 | 1441 | 1501 | 1561 | 1621 | 1681 | 1741 | 1801 |
| 59 Gin-su.. . . | 962 | 1022 | 1082 | 1142 | 1202 | 1262 | 1322 | 1382 | 1442 | 1502 | 1562 | 1622 | 1682 | 1742 | 1802 |
| 60 Quey-hay. . | 963 | 1023 | 1083 | 1143 | 1203 | 1263 | 1323 | 1383 | 1443 | 1503 | 1563 | 1623 | 1683 | 1743 | 1803 |

Pour compléter les notions essentielles que nous avons à donner sur la chronologie chinoise, nous dressons ici la table de la correspondance des années chinoises à celles des années avant Jésus-Christ. Elle est faite pour quarante cycles, c'est-à-dire depuis l'an 2397 avant notre ère jusqu'à l'an 3 de Jésus-Christ inclusivement.

La première colonne gauche contient les soixante années du cycle chinois, et à côté de chaque année se trouve le caractère qui le désigne.

Les chiffres romains qui sont en tête de la table indiquent l'ordre numérique de chaque cycle, etc. Dans la colonne au-dessous de ce chiffre se trouvent les années avant Jésus-Christ qui concourent avec chaque année du cycle chinois qu'on voit dans la première colonne à gauche.

On observera que le même caractère chinois revenant de soixante ans en soixante ans, les années avant notre ère vulgaire correspondantes, qui se trouvent dans les colonnes perpendiculaires, augmentent de soixante ans sur chaque ligne horizontale de la colonne précédente. Ainsi, par exemple, l'année 2397 avant Jésus-Christ est la première année du premier cycle, et l'an 2337 est la première du cycle suivant : il en est de même de toutes les autres colonnes qui suivent du haut en bas l'ordre numérique.

Nous avons tiré ces tables de l'*Art de vérifier les dates.* Il nous eût été impossible de choisir un meilleur guide.

## TABLE DE LA CORRESPONDANCE DES ANNÉES CHINOISES A CELLES AVANT JÉSUS-CHRIST.

| ANNÉES DU CYCLE ET CARACT. CHINOIS correspondants. | CYCLES. I. | II. | III. | IV. | V. | VI. | VII. | VIII. | IX. | X. | XI. | XII. | XIII. | XIV. | XV | XVI. | XVII. | XVIII. | XIX. | XX. |
|---|---|---|---|---|---|---|---|---|---|---|---|---|---|---|---|---|---|---|---|---|
| | ANNÉES AVANT JÉSUS-CHRIST. | | | | | | | | | | | | | | | | | | | |
| 1 Kia-tse. . . | 2397 | 2337 | 2277 | 2217 | 2157 | 2097 | 2037 | 1977 | 1917 | 1857 | 1797 | 1737 | 1677 | 1617 | 1557 | 1497 | 1437 | 1377 | 1317 | 1257 |
| 2 Y-tcheou. . | 2396 | 2336 | 2276 | 2216 | 2156 | 2096 | 2036 | 1976 | 1916 | 1856 | 1796 | 1736 | 1676 | 1616 | 1556 | 1496 | 1436 | 1376 | 1316 | 1256 |
| 3 Ping-yn. . . | 2395 | 2335 | 2275 | 2215 | 2155 | 2095 | 2035 | 1975 | 1915 | 1855 | 1795 | 1735 | 1675 | 1615 | 1555 | 1495 | 1435 | 1375 | 1315 | 1255 |
| 4 Ting-mao. . | 2394 | 2334 | 2274 | 2214 | 2154 | 2094 | 2034 | 1974 | 1914 | 1854 | 1794 | 1734 | 1674 | 1614 | 1554 | 1494 | 1434 | 1374 | 1314 | 1254 |
| 5 Vou-chin. . | 2393 | 2333 | 2273 | 2213 | 2153 | 2093 | 2033 | 1973 | 1913 | 1853 | 1793 | 1733 | 1673 | 1613 | 1553 | 1493 | 1433 | 1373 | 1313 | 1253 |
| 6 Ki-se. . . . | 2392 | 2332 | 2272 | 2212 | 2152 | 2092 | 2032 | 1972 | 1912 | 1852 | 1792 | 1732 | 1672 | 1612 | 1552 | 1492 | 1432 | 1372 | 1312 | 1252 |
| 7 Keng-ou. . . | 2391 | 2331 | 2271 | 2211 | 2151 | 2091 | 2631 | 1971 | 1911 | 1851 | 1791 | 1731 | 1671 | 1611 | 1551 | 1491 | 1431 | 1371 | 1311 | 1251 |
| 8 Sin-ouy. . . | 2390 | 2330 | 2270 | 2210 | 2150 | 2090 | 2030 | 1970 | 1910 | 1850 | 1790 | 1730 | 1670 | 1610 | 1550 | 1490 | 1430 | 1370 | 1310 | 1250 |
| 9 Gin-chin. . . | 2389 | 2329 | 2269 | 2209 | 2149 | 2089 | 2029 | 1969 | 1909 | 1849 | 1789 | 1729 | 1669 | 1609 | 1549 | 1489 | 1429 | 1369 | 1309 | 1249 |
| 10 Quey-yeou. . | 2388 | 2328 | 2268 | 2208 | 2148 | 2088 | 2028 | 1968 | 1908 | 1848 | 1788 | 1728 | 1668 | 1608 | 1548 | 1488 | 1428 | 1308 | 1308 | 1248 |
| 11 Kia-su. . . . | 2387 | 2327 | 2267 | 2207 | 2147 | 2087 | 2027 | 1967 | 1907 | 1847 | 1787 | 1727 | 1667 | 1607 | 1547 | 1487 | 1427 | 1367 | 1307 | 1247 |
| 12 Y-hay. . . . | 2386 | 2326 | 2266 | 2206 | 2146 | 2086 | 2026 | 1966 | 1906 | 1846 | 1786 | 1726 | 1666 | 1606 | 1546 | 1486 | 1426 | 1366 | 1306 | 1246 |
| 13 Ping-tse. . . | 2385 | 2325 | 2265 | 2205 | 2145 | 2085 | 2025 | 1965 | 1905 | 1845 | 1785 | 1725 | 1665 | 1605 | 1545 | 1485 | 1425 | 1365 | 1305 | 1245 |
| 14 Ting-tcheou. | 2384 | 2324 | 2264 | 2204 | 2144 | 2084 | 2024 | 1964 | 1904 | 1844 | 1784 | 1724 | 1664 | 1604 | 1544 | 1484 | 1424 | 1364 | 1304 | 1244 |
| 15 Vou-yn. . . | 2383 | 2323 | 2263 | 2203 | 2143 | 2083 | 2023 | 1963 | 1903 | 1843 | 1783 | 1723 | 1663 | 1603 | 1543 | 1483 | 1423 | 1363 | 1303 | 1243 |
| 16 Ki-mao. . . | 2382 | 2322 | 2262 | 2202 | 2142 | 2082 | 2022 | 1962 | 1902 | 1842 | 1782 | 1722 | 1662 | 1602 | 1542 | 1482 | 1422 | 1362 | 1302 | 1242 |
| 17 Keng-chin. . | 2381 | 2321 | 2261 | 2201 | 2141 | 2081 | 2021 | 1961 | 1901 | 1841 | 1781 | 1721 | 1661 | 1601 | 1541 | 1481 | 1421 | 1361 | 1301 | 1241 |
| 18 Sin-se. . . | 2380 | 2320 | 2260 | 2200 | 2140 | 2080 | 2020 | 1960 | 1900 | 1840 | 1780 | 1720 | 1660 | 1600 | 1540 | 1480 | 1420 | 1360 | 1300 | 1240 |
| 19 Gin-ou. . . | 2379 | 2319 | 2259 | 2199 | 2139 | 2079 | 2019 | 1959 | 1899 | 1839 | 1779 | 1719 | 1659 | 1599 | 1539 | 1479 | 1419 | 1359 | 1299 | 1239 |
| 20 Quey-ouy. . | 2378 | 2318 | 2258 | 2198 | 2138 | 2078 | 2018 | 1958 | 1898 | 1838 | 1778 | 1718 | 1658 | 1598 | 1538 | 1478 | 1418 | 1358 | 1298 | 1238 |
| 21 Kia-chin. . . | 2377 | 2317 | 2257 | 2197 | 2137 | 2077 | 2017 | 1957 | 1897 | 1837 | 1777 | 1717 | 1657 | 1597 | 1537 | 1477 | 1417 | 1357 | 1297 | 1237 |
| 22 Y-yeou. . . | 2376 | 2316 | 2256 | 2196 | 2136 | 2076 | 2016 | 1956 | 1896 | 1836 | 1776 | 1716 | 1656 | 1596 | 1536 | 1476 | 1416 | 1356 | 1296 | 1236 |
| 23 Ping-su. . . | 2375 | 2315 | 2255 | 2195 | 2135 | 2075 | 2015 | 1955 | 1895 | 1835 | 1775 | 1715 | 1655 | 1595 | 1535 | 1475 | 1415 | 1355 | 1295 | 1235 |
| 24 Ting-hay. . . | 2374 | 2314 | 2254 | 2194 | 2134 | 2074 | 2014 | 1954 | 1894 | 1834 | 1774 | 1714 | 1654 | 1594 | 1534 | 1474 | 1414 | 1354 | 1294 | 1234 |
| 25 Vou-tse. . . | 2373 | 2313 | 2253 | 2193 | 2133 | 2073 | 2013 | 1953 | 1893 | 1833 | 1773 | 1713 | 1653 | 1593 | 1533 | 1473 | 1413 | 1353 | 1293 | 1233 |
| 26 Ki-tcheou. . | 2372 | 2312 | 2252 | 2192 | 2132 | 2072 | 2012 | 1952 | 1892 | 1832 | 1772 | 1712 | 1652 | 1592 | 1532 | 1472 | 1412 | 1352 | 1292 | 1232 |
| 27 Keng-yn. . . | 2371 | 2311 | 2251 | 2191 | 2131 | 2071 | 2011 | 1951 | 1891 | 1831 | 1771 | 1711 | 1651 | 1591 | 1531 | 1471 | 1411 | 1351 | 1291 | 1231 |
| 28 Sin-mao. . . | 2370 | 2310 | 2250 | 2190 | 2130 | 2070 | 2010 | 1950 | 1890 | 1830 | 1770 | 1710 | 1650 | 1590 | 1530 | 1470 | 1410 | 1350 | 1290 | 1230 |
| 29 Gin-chin. . . | 2369 | 2309 | 2249 | 2189 | 2129 | 2069 | 2009 | 1949 | 1889 | 1829 | 1769 | 1709 | 1649 | 1589 | 1529 | 1469 | 1409 | 1349 | 1289 | 1229 |
| 30 Quey-se. . . | 2368 | 2308 | 2248 | 2188 | 2128 | 2068 | 2008 | 1948 | 1888 | 1828 | 1768 | 1708 | 1648 | 1588 | 1528 | 1468 | 1408 | 1348 | 1288 | 1228 |
| 31 Kia-ou. . . | 2367 | 2307 | 2247 | 2187 | 2127 | 2067 | 2007 | 1947 | 1887 | 1827 | 1767 | 1707 | 1647 | 1587 | 1527 | 1467 | 1407 | 1347 | 1287 | 1227 |
| 32 Y-ouey. . . | 2366 | 2306 | 2246 | 2186 | 2126 | 2066 | 2006 | 1946 | 1886 | 1826 | 1766 | 1706 | 1646 | 1586 | 1526 | 1466 | 1406 | 1346 | 1286 | 1226 |
| 33 Ping-chin. . | 2365 | 2305 | 2245 | 2185 | 2125 | 2065 | 2005 | 1945 | 1885 | 1825 | 1765 | 1705 | 1645 | 1585 | 1525 | 1465 | 1405 | 1345 | 1285 | 1225 |
| 34 Ting-yeou. . | 2364 | 2304 | 2244 | 2184 | 2124 | 2064 | 2004 | 1944 | 1884 | 1824 | 1764 | 1704 | 1644 | 1584 | 1524 | 1464 | 1404 | 1344 | 1284 | 1224 |
| 35 Vou-su. . . | 2363 | 2303 | 2243 | 2183 | 2123 | 2063 | 2003 | 1943 | 1883 | 1823 | 1763 | 1703 | 1643 | 1583 | 1523 | 1463 | 1403 | 1343 | 1283 | 1223 |
| 36 Ki-hay. . . | 2362 | 2302 | 2242 | 2182 | 2122 | 2062 | 2002 | 1942 | 1882 | 1822 | 1762 | 1702 | 1642 | 1582 | 1522 | 1462 | 1402 | 1342 | 1282 | 1222 |
| 37 Keng-tse. . | 2361 | 2301 | 2241 | 2181 | 2121 | 2061 | 2001 | 1941 | 1881 | 1821 | 1761 | 1701 | 1641 | 1581 | 1521 | 1461 | 1401 | 1341 | 1281 | 1221 |
| 38 Sin-tcheou. . | 2360 | 2300 | 2240 | 2180 | 2120 | 2060 | 2000 | 1940 | 1880 | 1820 | 1760 | 1700 | 1640 | 1580 | 1520 | 1460 | 1400 | 1340 | 1280 | 1220 |
| 39 Gin-yn. . . | 2359 | 2299 | 2239 | 2179 | 2119 | 2059 | 1999 | 1939 | 1879 | 1819 | 1759 | 1699 | 1639 | 1579 | 1519 | 1459 | 1399 | 1339 | 1279 | 1219 |
| 40 Quey-mao. . | 2358 | 2298 | 2238 | 2178 | 2118 | 2058 | 1998 | 1938 | 1878 | 1818 | 1758 | 1698 | 1638 | 1578 | 1518 | 1458 | 1398 | 1338 | 1278 | 1218 |
| 41 Kia-chin. . . | 2357 | 2297 | 2237 | 2177 | 2117 | 2057 | 1997 | 1937 | 1877 | 1817 | 1757 | 1697 | 1637 | 1577 | 1517 | 1457 | 1397 | 1537 | 1277 | 1217 |
| 42 Y-se. . . . . | 2356 | 2296 | 2236 | 2176 | 2116 | 2056 | 1996 | 1936 | 1876 | 1816 | 1756 | 1696 | 1636 | 1576 | 1516 | 1456 | 1396 | 1336 | 1276 | 1216 |
| 43 Ping-ou. . . | 2355 | 2295 | 2235 | 2175 | 2115 | 2055 | 1995 | 1935 | 1875 | 1815 | 1755 | 1695 | 1635 | 1575 | 1515 | 1455 | 1395 | 1335 | 1275 | 1215 |
| 44 Ting-ouy. . | 2354 | 2294 | 2234 | 2174 | 2114 | 2054 | 1994 | 1934 | 1874 | 1814 | 1754 | 1694 | 1634 | 1574 | 1514 | 1454 | 1394 | 1334 | 1274 | 1214 |
| 45 Vou-chin. . | 2353 | 2293 | 2233 | 2173 | 2113 | 2053 | 1993 | 1933 | 1873 | 1813 | 1753 | 1693 | 1633 | 1573 | 1513 | 1453 | 1393 | 1333 | 1273 | 1213 |
| 46 Ki-yeou. . . | 2352 | 2292 | 2232 | 2172 | 2112 | 2052 | 1992 | 1932 | 1872 | 1812 | 1752 | 1692 | 1632 | 1572 | 1512 | 1452 | 1392 | 1332 | 1272 | 1212 |
| 47 Keng-su. . . | 2351 | 2291 | 2231 | 2171 | 2111 | 2051 | 1991 | 1931 | 1871 | 1811 | 1751 | 1691 | 1631 | 1571 | 1511 | 1451 | 1391 | 1331 | 1271 | 1211 |
| 48 Sin-hay. . . | 2350 | 2290 | 2230 | 2170 | 2110 | 2050 | 1990 | 1930 | 1870 | 1810 | 1750 | 1690 | 1630 | 1570 | 1510 | 1450 | 1390 | 1330 | 1270 | 1210 |
| 49 Gin-tse. . . | 2349 | 2289 | 2229 | 2169 | 2109 | 2049 | 1989 | 1929 | 1869 | 1809 | 1749 | 1689 | 1629 | 1569 | 1509 | 1449 | 1389 | 1329 | 1269 | 1209 |
| 50 Quey-tcheou. | 2348 | 2288 | 2228 | 2168 | 2108 | 2048 | 1988 | 1928 | 1868 | 1808 | 1748 | 1688 | 1628 | 1568 | 1508 | 1448 | 1388 | 1328 | 1268 | 1208 |
| 51 Kia-yn. . . | 2347 | 2287 | 2227 | 2167 | 2107 | 2047 | 1987 | 1927 | 1867 | 1807 | 1747 | 1687 | 1627 | 1567 | 1507 | 1447 | 1387 | 1327 | 1267 | 1207 |
| 52 Y-mao. . . | 2346 | 2286 | 2226 | 2166 | 2106 | 2046 | 1986 | 1926 | 1866 | 1806 | 1746 | 1686 | 1626 | 1566 | 1506 | 1446 | 1386 | 1326 | 1266 | 1206 |
| 53 Ping-chin. . | 2345 | 2285 | 2225 | 2165 | 2105 | 2045 | 1985 | 1925 | 1865 | 1805 | 1745 | 1685 | 1625 | 1565 | 1505 | 1445 | 1385 | 1325 | 1265 | 1205 |
| 54 Ting-se. . . | 2344 | 2284 | 2224 | 2164 | 2104 | 2044 | 1984 | 1924 | 1864 | 1804 | 1744 | 1684 | 1624 | 1564 | 1504 | 1444 | 1384 | 1324 | 1264 | 1204 |
| 55 Vou-ou. . . | 2343 | 2283 | 2223 | 2163 | 2103 | 2043 | 1983 | 1923 | 1863 | 1803 | 1743 | 1683 | 1623 | 1563 | 1503 | 1443 | 1383 | 1323 | 1263 | 1203 |
| 56 Ki-ouey. . . | 2342 | 2282 | 2222 | 2162 | 2102 | 2042 | 1982 | 1922 | 1862 | 1802 | 1742 | 1682 | 1622 | 1562 | 1502 | 1442 | 1382 | 1322 | 1262 | 1202 |
| 57 Keng-chin. . | 2341 | 2281 | 2221 | 2161 | 2101 | 2041 | 1981 | 1921 | 1861 | 1801 | 1741 | 1681 | 1621 | 1561 | 1501 | 1441 | 1381 | 1321 | 1261 | 1201 |
| 58 Sin-yeou. . . | 2340 | 2280 | 2220 | 2160 | 2100 | 2040 | 1980 | 1920 | 1860 | 1800 | 1740 | 1680 | 1620 | 1560 | 1500 | 1440 | 1380 | 1320 | 1260 | 1200 |
| 59 Gin-su. . . | 2339 | 2279 | 2219 | 2159 | 2099 | 2039 | 1979 | 1919 | 1859 | 1799 | 1739 | 1679 | 1619 | 1559 | 1499 | 1439 | 1379 | 1319 | 1259 | 1199 |
| 60 Quey-hay. . | 2338 | 2278 | 2218 | 2158 | 2098 | 2038 | 1978 | 1018 | 1858 | 1798 | 1738 | 1678 | 1618 | 1558 | 1498 | 1438 | 1378 | 1318 | 1258 | 1198 |

## SUITE DE LA TABLE DE LA CORRESPONDANCE DES ANNÉES CHINOISES A CELLES AVANT J.-C.

| ANNÉES DU CYCLE ET CARACT. CHINOIS correspondants. | CYCLES. XXI. | XXII. | XXIII. | XXIV. | XXV. | XXVI. | XXVII. | XXVIII. | XXIX. | XXX. | XXXI. | XXXII. | XXXIII. | XXXIV. | XXXV. | XXXVI. | XXXVII. | XXXVIII. | XXXIX. | XL. |
|---|---|---|---|---|---|---|---|---|---|---|---|---|---|---|---|---|---|---|---|---|
| | ANNÉES AVANT JÉSUS-CHRIST. | | | | | | | | | | | | | | | | | | | |
| 1 Kia-tse.. | 1197 | 1137 | 1077 | 1017 | 957 | 897 | 837 | 777 | 717 | 657 | 597 | 537 | 477 | 417 | 357 | 297 | 237 | 177 | 117 | 57 |
| 2 Y-tcheou. | 1196 | 1136 | 1076 | 1016 | 956 | 896 | 836 | 776 | 716 | 656 | 596 | 536 | 476 | 416 | 356 | 296 | 236 | 176 | 116 | 56 |
| 3 Ping-yn. | 1195 | 1135 | 1075 | 1015 | 955 | 895 | 835 | 775 | 715 | 655 | 595 | 535 | 475 | 415 | 355 | 295 | 235 | 175 | 115 | 55 |
| 4 Ting-mao. | 1194 | 1134 | 1074 | 1014 | 954 | 894 | 834 | 774 | 714 | 654 | 594 | 534 | 474 | 414 | 354 | 294 | 234 | 174 | 114 | 54 |
| 5 Vou-chin. | 1193 | 1133 | 1073 | 1013 | 953 | 893 | 833 | 773 | 713 | 653 | 593 | 533 | 473 | 413 | 353 | 293 | 233 | 173 | 113 | 53 |
| 6 Ki-se. | 1192 | 1132 | 1072 | 1012 | 952 | 892 | 832 | 772 | 712 | 652 | 592 | 532 | 472 | 412 | 352 | 292 | 232 | 172 | 112 | 52 |
| 7 Keng-ou. | 1191 | 1131 | 1071 | 1011 | 951 | 891 | 831 | 771 | 711 | 651 | 591 | 531 | 471 | 411 | 351 | 291 | 231 | 171 | 111 | 51 |
| 8 Sin-ouy. | 1190 | 1130 | 1070 | 1010 | 950 | 890 | 830 | 770 | 710 | 650 | 590 | 530 | 470 | 410 | 350 | 290 | 230 | 170 | 110 | 50 |
| 9 Gin-chin. | 1189 | 1129 | 1069 | 1009 | 949 | 889 | 829 | 769 | 709 | 649 | 589 | 529 | 469 | 409 | 349 | 289 | 229 | 169 | 109 | 49 |
| 10 Quey-yeou. | 1188 | 1128 | 1068 | 1008 | 948 | 888 | 828 | 768 | 708 | 648 | 588 | 528 | 468 | 408 | 348 | 288 | 228 | 168 | 108 | 48 |
| 11 Kia-su. | 1187 | 1127 | 1067 | 1007 | 947 | 887 | 827 | 767 | 707 | 647 | 587 | 527 | 467 | 407 | 347 | 287 | 227 | 167 | 107 | 47 |
| 12 Y-hay. | 1186 | 1126 | 1066 | 1006 | 946 | 886 | 826 | 766 | 706 | 646 | 586 | 526 | 466 | 406 | 346 | 286 | 226 | 166 | 106 | 46 |
| 13 Ping-tse. | 1185 | 1125 | 1065 | 1005 | 945 | 885 | 825 | 765 | 705 | 645 | 585 | 525 | 465 | 405 | 345 | 285 | 225 | 165 | 105 | 45 |
| 14 Ting-tcheou. | 1184 | 1124 | 1064 | 1004 | 944 | 884 | 824 | 764 | 704 | 644 | 584 | 524 | 464 | 404 | 344 | 284 | 224 | 164 | 104 | 44 |
| 15 Vou-yn. | 1183 | 1123 | 1063 | 1003 | 943 | 883 | 823 | 763 | 703 | 643 | 583 | 523 | 463 | 403 | 343 | 283 | 223 | 163 | 103 | 43 |
| 16 Ki-mao. | 1182 | 1122 | 1062 | 1002 | 942 | 882 | 822 | 762 | 702 | 642 | 582 | 522 | 462 | 402 | 342 | 282 | 222 | 162 | 102 | 42 |
| 17 Keng-chin. | 1181 | 1121 | 1061 | 1001 | 941 | 881 | 821 | 761 | 701 | 641 | 581 | 521 | 461 | 401 | 341 | 281 | 221 | 161 | 101 | 41 |
| 18 Sin-se. | 1180 | 1120 | 1060 | 1000 | 940 | 880 | 820 | 760 | 700 | 640 | 580 | 520 | 460 | 400 | 340 | 280 | 220 | 160 | 100 | 40 |
| 19 Gin-ou. | 1179 | 1119 | 1059 | 999 | 939 | 879 | 819 | 759 | 699 | 639 | 579 | 519 | 459 | 399 | 339 | 279 | 219 | 159 | 99 | 39 |
| 20 Quey-ouy. | 1178 | 1118 | 1058 | 998 | 938 | 878 | 818 | 758 | 698 | 638 | 578 | 518 | 458 | 398 | 338 | 278 | 218 | 158 | 98 | 38 |
| 21 Kia-chin. | 1177 | 1117 | 1057 | 997 | 937 | 877 | 817 | 757 | 697 | 637 | 577 | 517 | 457 | 397 | 337 | 277 | 217 | 157 | 97 | 37 |
| 22 Y-yeou. | 1176 | 1116 | 1056 | 996 | 936 | 876 | 816 | 756 | 696 | 636 | 576 | 516 | 456 | 396 | 336 | 276 | 216 | 156 | 96 | 36 |
| 23 Ping-su. | 1175 | 1115 | 1055 | 995 | 935 | 875 | 815 | 755 | 695 | 635 | 575 | 515 | 455 | 395 | 335 | 275 | 215 | 155 | 95 | 35 |
| 24 Ting-hay. | 1174 | 1114 | 1054 | 994 | 934 | 874 | 814 | 754 | 694 | 634 | 574 | 514 | 454 | 394 | 334 | 274 | 214 | 154 | 94 | 34 |
| 25 Vou-tse. | 1173 | 1113 | 1053 | 993 | 933 | 873 | 813 | 753 | 693 | 633 | 573 | 513 | 453 | 393 | 333 | 273 | 213 | 153 | 93 | 33 |
| 26 Ki-tcheou. | 1172 | 1112 | 1052 | 992 | 932 | 872 | 812 | 752 | 692 | 632 | 572 | 512 | 452 | 392 | 332 | 272 | 212 | 152 | 92 | 32 |
| 27 Keng-yn. | 1171 | 1111 | 1051 | 991 | 931 | 871 | 811 | 751 | 691 | 631 | 571 | 511 | 451 | 391 | 331 | 271 | 211 | 151 | 91 | 31 |
| 28 Sin-mao. | 1170 | 1110 | 1050 | 990 | 930 | 870 | 810 | 750 | 690 | 630 | 570 | 510 | 450 | 390 | 330 | 270 | 210 | 150 | 90 | 30 |
| 29 Gin-chin. | 1169 | 1109 | 1049 | 989 | 929 | 869 | 809 | 749 | 689 | 629 | 569 | 509 | 449 | 389 | 329 | 269 | 209 | 149 | 89 | 29 |
| 30 Quey-se. | 1168 | 1108 | 1048 | 988 | 928 | 868 | 808 | 748 | 688 | 628 | 568 | 508 | 448 | 388 | 328 | 268 | 208 | 148 | 88 | 28 |
| 31 Kia-ou. | 1167 | 1107 | 1047 | 987 | 927 | 867 | 807 | 747 | 687 | 627 | 567 | 507 | 447 | 387 | 327 | 267 | 207 | 147 | 87 | 27 |
| 32 Y-oucy. | 1166 | 1106 | 1046 | 986 | 926 | 866 | 806 | 746 | 686 | 626 | 566 | 506 | 446 | 386 | 326 | 266 | 206 | 146 | 86 | 26 |
| 33 Ping-chin. | 1165 | 1105 | 1045 | 985 | 925 | 865 | 805 | 745 | 685 | 625 | 565 | 505 | 445 | 385 | 325 | 265 | 205 | 145 | 85 | 25 |
| 34 Ting-yeou. | 1164 | 1104 | 1044 | 984 | 924 | 864 | 804 | 744 | 684 | 624 | 564 | 504 | 444 | 384 | 324 | 264 | 204 | 144 | 84 | 24 |
| 35 Vou-su. | 1163 | 1103 | 1043 | 983 | 923 | 863 | 803 | 743 | 683 | 623 | 563 | 503 | 443 | 383 | 323 | 263 | 203 | 143 | 83 | 23 |
| 36 Ki-hay. | 1162 | 1102 | 1042 | 982 | 922 | 862 | 802 | 742 | 682 | 622 | 562 | 502 | 442 | 382 | 322 | 262 | 202 | 142 | 82 | 22 |
| 37 Keng-se. | 1161 | 1101 | 1041 | 981 | 921 | 861 | 801 | 741 | 681 | 621 | 561 | 501 | 441 | 381 | 321 | 261 | 201 | 141 | 81 | 21 |
| 38 Sin-tcheou. | 1160 | 1100 | 1040 | 980 | 920 | 860 | 800 | 740 | 680 | 620 | 560 | 500 | 440 | 380 | 320 | 260 | 200 | 140 | 80 | 20 |
| 39 Gin-yn. | 1159 | 1099 | 1039 | 979 | 919 | 859 | 799 | 739 | 679 | 619 | 559 | 499 | 439 | 379 | 319 | 259 | 199 | 139 | 79 | 19 |
| 40 Quey-mao. | 1158 | 1098 | 1038 | 978 | 918 | 858 | 798 | 738 | 678 | 618 | 558 | 498 | 438 | 378 | 318 | 258 | 198 | 138 | 78 | 18 |
| 41 Kia-chin. | 1157 | 1097 | 1037 | 977 | 917 | 857 | 797 | 737 | 677 | 617 | 557 | 497 | 437 | 377 | 317 | 257 | 197 | 137 | 77 | 17 |
| 42 Y-se. | 1156 | 1096 | 1036 | 976 | 916 | 856 | 796 | 736 | 676 | 616 | 556 | 496 | 436 | 376 | 316 | 256 | 196 | 136 | 76 | 16 |
| 43 Ping-ou. | 1155 | 1095 | 1035 | 975 | 915 | 855 | 795 | 735 | 675 | 615 | 555 | 495 | 435 | 375 | 315 | 255 | 195 | 135 | 75 | 15 |
| 44 Ting-ouy. | 1154 | 1094 | 1034 | 974 | 914 | 854 | 794 | 734 | 674 | 614 | 554 | 494 | 434 | 374 | 314 | 254 | 194 | 134 | 74 | 14 |
| 45 Vou-chin. | 1153 | 1093 | 1033 | 973 | 913 | 853 | 793 | 733 | 673 | 613 | 553 | 493 | 433 | 373 | 313 | 253 | 193 | 133 | 73 | 13 |
| 46 Ki-yeou. | 1152 | 1092 | 1032 | 972 | 912 | 852 | 792 | 732 | 672 | 612 | 552 | 492 | 432 | 372 | 312 | 252 | 192 | 132 | 72 | 12 |
| 47 Keng-su. | 1151 | 1091 | 1031 | 971 | 911 | 851 | 791 | 731 | 671 | 611 | 551 | 491 | 431 | 371 | 311 | 251 | 191 | 131 | 71 | 11 |
| 48 Ping-chin. | 1150 | 1090 | 1030 | 970 | 910 | 850 | 790 | 730 | 670 | 610 | 550 | 490 | 430 | 370 | 310 | 250 | 190 | 130 | 70 | 10 |
| 49 Gin-tse. | 1149 | 1089 | 1029 | 969 | 909 | 849 | 789 | 729 | 669 | 609 | 549 | 489 | 429 | 369 | 309 | 249 | 189 | 129 | 69 | 9 |
| 50 Quey-tcheou. | 1148 | 1088 | 1028 | 968 | 908 | 848 | 788 | 728 | 668 | 608 | 548 | 488 | 428 | 368 | 308 | 248 | 188 | 128 | 68 | 8 |
| 51 Kia-yn. | 1147 | 1087 | 1027 | 967 | 907 | 847 | 787 | 727 | 667 | 607 | 547 | 487 | 427 | 367 | 307 | 247 | 187 | 127 | 67 | 7 |
| 52 Y-mao. | 1146 | 1086 | 1026 | 966 | 906 | 846 | 786 | 726 | 666 | 606 | 546 | 486 | 426 | 366 | 306 | 246 | 186 | 126 | 66 | 6 |
| 53 Ping-chin. | 1145 | 1085 | 1025 | 965 | 905 | 845 | 785 | 725 | 665 | 605 | 545 | 485 | 425 | 365 | 305 | 245 | 185 | 125 | 65 | 5 |
| 54 Ting-se. | 1144 | 1084 | 1024 | 964 | 904 | 844 | 784 | 724 | 664 | 604 | 544 | 484 | 424 | 364 | 304 | 244 | 184 | 124 | 64 | 4 |
| 55 Vou-ou. | 1143 | 1083 | 1023 | 963 | 903 | 843 | 783 | 723 | 663 | 603 | 543 | 483 | 423 | 363 | 303 | 243 | 183 | 123 | 63 | 3 |
| 56 Ki-ouey. | 1142 | 1082 | 1022 | 962 | 902 | 842 | 782 | 722 | 662 | 602 | 542 | 482 | 422 | 362 | 302 | 242 | 182 | 122 | 62 | 2 |
| 57 Keng-chin. | 1141 | 1081 | 1021 | 961 | 901 | 841 | 781 | 721 | 661 | 601 | 541 | 481 | 421 | 361 | 301 | 241 | 181 | 121 | 61 | 1 |
| 58 Sin-yeou. | 1140 | 1080 | 1020 | 960 | 900 | 840 | 780 | 720 | 660 | 600 | 540 | 480 | 420 | 360 | 300 | 240 | 180 | 120 | 60 | *1 |
| 59 Gin-su. | 1139 | 1079 | 1019 | 959 | 899 | 839 | 779 | 719 | 659 | 599 | 539 | 479 | 419 | 359 | 299 | 239 | 179 | 119 | 59 | 2 |
| 60 Quey-hay. | 1138 | 1078 | 1018 | 958 | 898 | 838 | 778 | 718 | 658 | 598 | 538 | 478 | 418 | 358 | 298 | 238 | 178 | 118 | 58 | 3 |

* Première année de l'ère vulgaire.

### TEMPS ANTÉ-HISTORIQUES.

C'est des plaines de Sennaar que partirent, après la confusion des langues, les enfants de Sem, qui allèrent chercher un établissement aux extrémités de l'Orient. C'est à eux qu'il faut rapporter l'origine des Chinois. Ceux-ci font remonter leur antiquité historique, c'est-à-dire la première année de leur premier cycle, 2397 ans avant notre ère. Beaucoup de leurs historiens placent avant cette époque plusieurs règnes ou plusieurs périodes de temps, commençant à un premier homme qu'ils nomment Pan-kou, surnommé aussi *Hoen-tun* (chaos primordial). L'époque de ce premier homme et de ce premier empereur chinois est si reculée, selon eux, qu'ils placent entre lui et la mort de Confucius, arrivée 475 ans avant notre ère, de deux jusqu'à quatre-vingt-seize millions d'années. Ils disent de ce premier homme ce que les Indiens disent de Manou, qu'il possédait une puissance tellement grande sur la nature, qu'elle allait jusqu'à une action créatrice. C'est pour cela qu'il fut appelé Yuchi, « l'ordonnateur du monde. » Une tradition rapporte qu'il sépara le ciel de la terre. Cependant une autre dit seulement qu'aussitôt que le ciel et la terre furent séparés Pan-kou apparut au milieu d'eux. Après lui, commencèrent trois grands règnes dans l'ordre suivant : le règne du ciel, le règne de la terre et ensuite, le règne de l'homme, ou, comme s'exprime le Chinois, la souveraineté du ciel, la souveraineté de la terre, et la souveraineté de l'homme (*thien hoang*, *thi hoang*, *jin hoang*). Un écrivain chinois explique tout par une grande période de cent vingt-neuf mille six cents ans, composée de douze parties appelées *conjonctions*, chacune de dix mille huit cents années, lesquelles comprennent aussi la destruction des choses. Dans la première eut lieu la formation actuelle du ciel, qui se fit successivement par le mouvement que le grand faîte ou l'être primordial imprima à la matière, auparavant dans un parfait repos. Dans la seconde conjonction, la terre est produite comme le ciel dans la première. Dans la troisième, l'homme naît avec les autres êtres de la nature, y compris les plantes, et de la même manière. Ce système sort de l'histoire et de l'antiquité chinoises que nous cherchons à connaître; mais il y rentre cependant sous le point de vue de la conception populaire de l'origine et de la durée des choses, qui est si intimement liée aux origines chinoises traditionnelles.

Les traditions qui placent les trois grandes souverainetés, les trois grands règnes ci-dessus nommés, les trois hoang, les trois *auguste*, en tête de l'histoire chinoise, donnent aux êtres revêtus de ces pouvoirs, des formes différentes de l'humanité actuelle. Les premiers avaient le corps de *serpent;* les seconds, le *visage de fille*, la *tête de dragon*, le *corps de serpent* et les *pieds de cheval;* les troisièmes avaient le *visage d'homme* et le *corps de dragon* ou *serpent*. Viennent ensuite dix grandes périodes de temps nommées *ki*, pendant lesquelles règnent un grand nombre de personnages à la *face d'homme* et au *corps de dragon* ou *grand serpent*. Ces hommes « demeuraient dans des antres, ou se perchaient sur des arbres comme dans des nids; ils montaient des cerfs ailés et des dragons, » pendant les six premières périodes, qui durèrent, selon les uns, un million mille cent sept cent cinquante années, et selon d'autres, quatre-vingt-dix mille seulement. A la fin de la septième période, pendant laquelle régnèrent un grand nombre de rois qui commencèrent la civilisation et l'empire de l'homme sur la nature, les êtres *cessèrent d'habiter les cavernes*. Au commencement de la huitième période, qui renferme *treize dynasties*, les rois avaient des chars attelés de six licornes ailées; les hommes se couvraient de vêtements d'herbe; les serpents et les bêtes étaient en grand nombre; les eaux débordées n'étaient point encore écoulées; les hommes étaient très-malheureux; ils se couvrirent ensuite de peaux de bêtes pour se préserver du froid et des vents, et ils furent nommés : *hommes habillés de peaux*. Un philosophe chinois dit que « dans les premiers âges du monde, les animaux se multipliaient extrêmement, et que les hommes étant assez rares, ils ne pouvaient vaincre les bêtes et les serpents. » Un autre disait aussi que « les anciens, perchés sur des arbres, ou enfoncés dans des cavernes, possédaient l'univers. » « Ils vivaient en société avec toutes les créatures; et, ne pensant point à faire de mal aux bêtes, celles-ci ne songeaient point à les offenser. Dans les siècles suivants on devint trop éclairé, ce qui fut cause que les animaux se révoltèrent; armés d'ongles, de dents, de cornes et de venin, ils attaquaient les hommes, qui ne pouvaient leur résister ; » c'est ce qui porta les hommes à se retirer dans des maisons de bois, pour se préserver des bêtes féroces, et dès lors la lutte entre eux ne cessa plus. On attribue au premier empereur de la neuvième période l'invention des premiers caractères chinois. Cet empereur, nommé Tsang-kie (1), avait le front de dragon, la bouche grande et quatre yeux brillants (les dessins chinois le représentent ainsi); il était doué d'une très-grande sagesse. Ce fut alors que commença la différence entre le roi et le peuple. Les premières lois parurent, la musique fut cultivée, et les châtiments furent appliqués aux coupables. Le premier gouvernement régulier fut établi sous le quatrième empereur de cette période. « Il y eut plusieurs présages très-heureux: il parut cinq dragons de couleur extraordinaire; le ciel donna la douce rosée; la terre fit sortir de son sein des sources de nectar; le soleil, la lune et les étoiles augmentaient leur clarté, et les planètes ne s'écartèrent point de leur route.» C'est à propos du sixième empereur, que l'on cite ces paroles d'un ancien philosophe chinois: «Ce que l'homme sait n'est rien en comparaison de ce qu'il ne sait pas. » Cet axiome est encore aussi vrai maintenant qu'il y a cinq mille ans. Au septième empereur sont attribués « l'invention des chars, les monnaies de cuivre, l'usage de la balance pour juger du poids des choses. » Sous le règne du douzième, on dit que «l'on coupait les branches d'arbres pour tuer les bêtes. Il y avait alors peu d'hommes; mais on ne voyait que de vastes forêts, et les bois étaient pleins de bêtes sauvages. » A propos du quatorzième, il est dit : « En ce temps-là les vents furent grands et les saisons tout à fait dérangées; c'est pourquoi le quatorzième empereur donna ordre à Sse-koueï de faire une guitare à cinq cordes, pour remédier au dérangement de l'univers, et pour conserver tout ce qui a vie.» Du temps du quinzième empereur, les eaux ne s'écoulaient point, les fleuves ne suivaient point leur cours ordinaire, ce qui fit naître quantité de maladies. Cet empereur institua les danses nommées *ta-vou*. « Ce dernier exercice était un précepte hygiénique, selon l'écrivain chinois qui rapporte ces traditions. La matière subtile, dit-il, circule dans le corps; si donc le corps n'est point en mouvement, les humeurs ne coulent plus, la matière s'amasse, et de là les maladies, qui ne viennent toutes que de quelque obstruction. » Sous le seizième empereur, « le monde était si peuplé, que partout, d'un lieu à l'autre, on entendait le chant des coqs et la voix des chiens; les hommes vivaient jusqu'à une extrême vieillesse, sans avoir grand commerce les uns avec les autres. »

### TEMPS SEMI-HISTORIQUES.

#### FOU-HI, PREMIER EMPEREUR DE LA CHINE.

Si l'on ne peut déterminer la date précise de la fondation de l'empire chinois, du moins toute la nation et ses gens de lettres s'accordent à regarder Fou-hi comme son fondateur. Avant lui, tout n'est que fables, rêveries mythologiques, calculs d'années absurdes et extravagants. Avec lui commencent les temps incertains de l'histoire chinoise, temps qui embrassent son règne, celui de Chin-nong, son successeur, et les soixante premières années du règne de Hoang-ti, troisième empereur (*V.* HOANG-TI). Suivant les *Tables chronologiques* publiées par l'ordre de l'empereur Kien-long en 1769, la soixante et unième année du règne de Hoang-ti, époque capitale, à laquelle s'attache le premier anneau du cycle chinois, correspond à l'an 2637 avant l'ère chrétienne ; d'où il résulte que les temps historiques de la Chine comprennent, jusqu'à l'année 1816, un espace de quatre mille quatre cent cinquante-trois ans. Les temps incertains, d'après le calcul le plus vraisemblable adopté par les plus habiles écrivains de la Chine, embrassent trois cent seize années, qui, ajoutées à la somme des temps historiques, nous conduisent à l'an 2953 avant notre ère, première année du règne de Fou-hi, fondateur de la monarchie chinoise. Ainsi Fou-hi fut le contemporain du patriarche Héber, de Phaleg et de Rebu, trisaïeul d'Abraham. On ne doit pas s'attendre à de grands détails, quand il s'agit d'un personnage de cette haute antiquité : aussi l'histoire de son règne se réduit-elle à un petit nombre de faits. On ne parle point de son père ; on dit seulement que sa mère s'appelait Hoa-siu. Il vit le jour dans la province de Chen-si, à Tching-hi, aujourd'hui Tching-tcheou, ville du second ordre dans le ressort de Congtchang-fou. Les Chinois sont partagés

(1) Quelques écrivains le font vassal ou ministre de Hoang-ti; mais les attributs mythologiques qu'on lui donne nous font accorder la préférence à l'opinion qui le place dans les temps anté-historiques.

d'opinion sur l'âge qu'avait Fou-hi lorsqu'il prit en main les rênes du gouvernement. Les uns pensent qu'il ne comptait alors que sa vingt-quatrième année; les autres prétendent qu'il était parvenu à sa quatre-vingt-seizième, âge de l'homme mûr à l'époque où il vivait. Avant lui les deux sexes étaient confondus sous les mêmes vêtements; il leur en assigna de particuliers, qui devaient les distinguer. Les hommes et les femmes ne connaissaient que de vagues amours. Leur union n'était que fortuite et passagère; le besoin les rapprochait, et ils se quittaient sans regret; Fou-hi les assujettit à la loi du mariage, base fondamentale de la vie sociale. Il régla la manière de le contracter, et le revêtit de formes qui devaient en constater la validité. Il commença par diviser son peuple en cent portions ou familles, à chacune desquelles il imposa un nom particulier. Il ordonna ensuite à chaque individu mâle de choisir l'épouse avec laquelle il voulait vivre, établissant, comme loi essentielle, qu'ils ne pourraient contracter d'alliance qu'avec celles d'un nom différent du leur, et par conséquent d'une famille différente. Cet usage s'est perpétué à la Chine, où l'on désigne encore aujourd'hui sous la dénomination des *cent noms* toutes les familles de ce vaste empire, quoique leur nombre s'élève à quatre ou cinq cents. Fou-hi, voulant reconnaître et découvrir le pays qu'il habitait, et en écarter les animaux malfaisants, fit mettre le feu aux broussailles et aux bois. Il s'aperçut que quelques-unes des terres se résolvaient en fer. Il recueillit une certaine quantité de ce métal, et en arma des javelots, dont il apprit à faire usage pour la chasse. Fou-hi inventa encore les filets pour la pêche, et fit connaître à son peuple la manière de plier à la domesticité des animaux utiles, et d'élever des troupeaux. Cependant le nouveau peuple prenait des accroissements rapides; de nouvelles terres, des habitations plus vastes, lui devenaient nécessaires. Son chef s'avança vers les contrées de l'est, et découvrit tout le pays qui forme aujourd'hui les provinces de Chan-tong, jusqu'à la mer orientale. Il y appela une partie de ses sujets, et lui-même fixa sa résidence dans un lieu où il bâtit une ville, qu'il nomma Tchin-tou. Cette ville subsiste encore aujourd'hui sous le nom de Tchint-cheou, dans le Ho-nan. Frappé de la magnificence des cieux, de la fécondité de la terre et de toutes les merveilles qu'étale la nature, Fou-hi reconnut sa dépendance de l'être tout-puissant qui en est l'auteur. Il fut le premier qui institua les sacrifices, et il ordonna qu'à l'avenir on nourrirait avec soin un certain nombre d'animaux choisis pour servir de victimes. Le sage législateur n'ignorait pas que les délassements sont nécessaires à l'homme : il inventa la musique, et construisit deux espèces de lyres ou instruments à cordes, le KIN et le CHÉ, le premier monté de vingt-cinq cordes, et le second de trente-six. L'usage de ces instruments s'est conservé, et ils font encore aujourd'hui les délices des oreilles chinoises. L'écriture n'existait pas encore; on n'avait, pour y suppléer, que le secours de quelques nœuds formés sur des cordelettes, moyens bien imparfaits pour fixer la pensée, la transmettre et la répandre. Fou-hi, qui avait à instruire son peuple sur la religion, la morale, l'ordre physique de la nature, jugea ces signes insuffisants; il inventa les huit KOUA. Pour donner plus d'autorité à ses institutions, comme l'ont fait plusieurs législateurs venus longtemps après lui, il les accompagna de quelques circonstances merveilleuses : il supposa que, par une faveur du ciel, il avait vu sortir du milieu des eaux d'un fleuve un cheval-dragon et une tortue extraordinaire, sur le dos desquels étaient tracées des lignes mystérieuses, espèce de caractères qui fixèrent toute son attention; qu'il les étudia, et découvrit enfin, dans leur combinaison, l'art de communiquer les pensées par des signes qui peuvent les représenter. Les éléments des KOUA de Fou-hi se réduisent à deux lignes horizontales, l'une entière, l'autre brisée. Il en forma huit trigrammes, lesquels, combinés dans la suite par six au lieu de trois, donnèrent soixante-quatre combinaisons différentes. La tradition chinoise représente Fou-hi comme un observateur assidu des phénomènes du ciel. Il comprit que la connaissance des mouvements célestes pouvait seule donner la juste mesure du temps; mais il sentit que ces théories étaient encore trop au-dessus de l'intelligence bornée de ses nombreux sujets. Il se contenta de leur donner un calendrier, pour apprendre à distinguer les temps, et régler leurs travaux. Quelques historiens le font encore l'auteur du cycle chinois; mais d'autres, en plus grand nombre, en attribuent l'invention à Hoang-ti, le second de ses successeurs. Fou-hi, après un règne de cent quinze ans, mourut à Tchin-tou. Il fut enterré au midi de cette ville, à trois *li* de distance de ses murailles; on y montre encore aujourd'hui son tombeau, orné de cyprès de haute futaie, et environné de murs, qu'on entretient avec le plus grand soin.

Fou-hi et les instruments de musique inventés par ce prince.

CHIN-NONG est le second des neuf empereurs de la Chine qui précédèrent l'établissement des dynasties. Ce prince fut l'ami et le conseil de Fou-hi, qu'on regarde comme le fondateur de cet empire, et il lui succéda. Ses sujets eurent bientôt lieu de s'applaudir de l'avoir pour maître. C'est à lui qu'on attribue la découverte du blé. Le peuple s'était prodigieusement multiplié sous le long règne de Fou-hi. Les produits incertains de la chasse et de la pêche, la chair des troupeaux, les herbes et les fruits spontanés de la terre, avaient été jusqu'à ce moment sa seule nourriture. Ces moyens de subsistance devinrent insuffisants. Chin-nong s'était appliqué depuis longtemps à observer un grand nombre de plantes, et à examiner la nature des graines qu'elles produisent. Il en avait remarqué plusieurs qu'il crut propres à fournir aux hommes un aliment salubre, telles que celles du blé, du riz, du mil, du gros blé et les pois. Après avoir fait quelques essais qui justifièrent ses conjectures, il fit recueillir une quantité suffisante de ces différents grains. De vastes terrains furent ensuite défrichés par son ordre; les premiers champs furent tracés, et ils offrirent, pour la première fois, le coup d'œil agréable de la culture. Le prince, ravi de ce succès, inventa plusieurs instruments aratoires, parmi lesquels est la charrue qui porte son nom, et dont on fait encore usage à la Chine. Ayant senti la nécessité du commerce et de l'établissement de marchés publics, il régla la forme de ces marchés, détermina les lieux et les jours où ils se tiendraient. On dut encore à Chin-nong les premiers médicaments empruntés des végétaux. Il ne pouvait se persuader que le souverain maître du ciel, qui prodiguait si libéralement la nourriture à l'homme, ne lui eût pas aussi préparé, dans cette foule innombrable de plantes qui couvrent la terre, quelques secours contre les maladies. Plein de cette idée, il étudia la nature des simples; il en exprima les sucs, en compara les saveurs, employa l'eau et le feu pour démêler leurs principes, et, à l'aide de ces nombreuses expériences, il parvint à déterminer plusieurs de leurs propriétés médicinales. Dans le cours de cette étude des plantes, il eut soin d'en recueillir une de chaque espèce et de la décrire, et il en forma une sorte d'histoire naturelle, qu'on connaît sous le nom d'*Herbier de Chin-nong*, monument précieux qu'on lui attribue et qui subsiste encore. La Chine n'avait pas encore connu la guerre; elle éclata pour la première fois sous le règne de Chin-nong, dont les dernières années furent moins tranquilles et moins heureuses que ne l'avaient été les premières. L'amour des peuples pour ce prince s'était insensiblement affaibli. Soit qu'il se reposât avec trop de confiance sur l'ancien attachement de ses sujets, soit que son grand âge l'eût rendu moins actif et moins ferme, il parut ne plus donner les mêmes soins aux affaires publiques. Ce relâchement dans l'administration éveilla l'ambition de quelques-uns des gouverneurs, qui aspiraient secrètement au trône. Le plus puissant et le plus habile d'entre eux était Souan-yuen, qui fut depuis le célèbre Hoang-ti. Convoqués par lui, les principaux gouverneurs s'assemblèrent, et le résultat de leur délibération fut d'engager Chin-nong à se démettre de l'empire. Ils lui en firent faire la proposition; mais ce prince avait vieilli dans l'exercice de la puissance suprême; il ne put y renoncer. Il traita les gouverneurs de factieux et de rebelles, et il leva des troupes qu'il fit marcher contre Souan-yuen. Celui-ci ne perdit pas de temps pour rassembler les siennes et celles des autres gouverneurs qui suivaient son parti. Les deux armées se rencontrèrent dans une vaste plaine de la province de Ho-nan. L'action dura trois jours, et l'on combattit de part et d'autre avec un acharnement qui n'a d'exemple que dans les guerres civiles. Le succès fut à peu près égal pendant les deux premiers jours; mais, le troisième, la victoire se déclara contre l'armée impériale, qui fut obligée de prendre la fuite. La nouvelle de cette défaite accabla le malheureux Chin-nong. Il succomba sous le poids de sa douleur, et mourut peu de jours après, l'an 2699 avant l'ère chrétienne. Ce prince était contemporain de Menès, premier roi d'Egypte. Le peuple, après sa mort, déféra la puissance souveraine à Souan-yuen, et le proclama empereur sous le nom de *Hoang-ti* (1).

HOANG-TI, dont le nom propre était *Hiouan-youan*, et le surnom *Yeou-hioung*, est du nombre de ces princes dont l'existence est attestée par la tradition, mais dont l'histoire appartient aux temps incertains qui se sont écoulés entre Fou-hi, et le déluge de Yao. Il monta sur le trône l'an 2698 avant l'ère chrétienne. Parmi tous les événements qu'on rapporte à son règne, il en est beaucoup qui doivent être relégués parmi les fables; d'autres qui semblent offrir un souvenir confus de faits réels, enveloppés de circonstances fabuleuses. Comme les autres princes de la même époque, Hoang-ti passe pour avoir été l'inventeur de tous les arts et de toutes les sciences; et c'est déjà une circonstance capable d'éveiller le scepticisme que de lui voir attribuer une foule de découvertes qui n'ont certainement pas pu avoir lieu dans le même temps, ni être le résultat des méditations d'un seul homme. Quoi qu'il en soit, sans entrer ici dans ces questions obscures, nous suivrons, en l'abrégeant, le récit que nous ont transmis les PP. Prémare, Gaubil, Amiot et Mailla. Si l'on s'en rapporte à ces savants missionnaires, Hoang-ti était fils de Fou-pas, princesse d'une des familles qui se partageaient alors le gouvernement de la Chine : il n'avait que onze ans lorsque les grands de l'Etat le choisirent pour leur chef. Il fixa sa résidence à Tcho-tcheou, dans la province de Péking. Il y fit construire un temple, dédié au Chang-ti, c'est-à-dire au seigneur suprême; mais il continua cependant à sacrifier dans les campagnes suivant l'usage établi. Il eut bientôt à se défendre contre *Tchi-yeou*, prince de la race de *Chin-nong*; il marcha contre ce rebelle, et, après l'avoir vaincu dans trois combats, l'obligea à se soumettre, suivant une tradition qui mérite d'être examinée. Ce fut dans cette circonstance que Hoang-ti inventa la boussole. Il s'occupa ensuite de policer les peuples de son vaste empire; il en divisa les habitants en différentes classes ou tribus qu'il distingua par les couleurs, réservant le jaune pour la famille royale, parce que c'est la couleur de l'élément terrestre, sous l'influence duquel il régnait. De là vint le nom de Hoang-ti, qui signifie *empereur jaune*. Il partagea ses Etats en dix provinces, dont chacune se composait de dix *tou* ou cantons. Chaque canton renfermait dix villes, et chaque ville était formée de cinq *li* ou rues. Ces divisions et subdivisions sont restées le modèle de tous les systèmes postérieurs; mais on peut bien croire qu'une si grande régularité n'a jamais été suivie à la rigueur. Ce fut sous le règne de Hoang-ti que l'astronome Ta-nao imagina le cycle ou période de soixante ans, par lequel on compte encore à la Chine. Ce qui est plus important à remarquer, c'est que la série de ces périodes, dont la LXXV^e^ est actuellement courante, est fixée par les meilleurs chronologistes à la LXI^e^ année du règne de Hoang-ti, c'est-à-dire, suivant le calcul le plus accrédité, à l'an 2637 avant J.-C. Si l'on s'en rapportait aux Chinois, Hoang-ti lui-même aurait été très-habile astronome; il chargea ceux de ses officiers qui avaient le plus de connaissances en ce genre, d'observer, les uns le cours du soleil, d'autres celui de la lune; et leurs observations comparées servirent à démontrer que douze révolutions de la lune n'égalent pas une révolution du soleil, découverte faite 2,300 ans après par Méton, et qui a suffi pour l'immortaliser (*V.* MÉTON). Mais les titres qu'on attribue à tous ces officiers, leur nombre et leurs fonctions sont dans des rapports trop marqués avec les différentes parties du système astronomique des Chinois pour qu'on ne soit pas tenté de révoquer en doute leur existence humaine : d'autres savants, sur le compte desquels il est permis d'avoir les mêmes soupçons, créèrent, si l'on en croit les Chinois, le système des poids et des mesures qui est encore en usage. On inventa aussi des armes plus commodes que celles dont on s'était servi jusqu'alors. C'est encore au règne d'Hoang-Ti que les Chinois font remonter l'invention de l'arc, des filets, des chars, de la navigation, de la monnaie, et des caractères de l'écriture; mais il ne faut pas oublier que la plupart de ces inventions sont attribuées par les mêmes écrivains à d'autres princes antérieurs ou postérieurs à Hoang-ti; ce qui peut faire conclure, avec quelque apparence de raison, que ces inventions sont très-anciennes à la Chine, mais que l'origine en est inconnue. Les historiens disent encore qu'il fit fondre douze cloches de cuivre, correspondant aux douze lunes, et qui servirent à indiquer les saisons, les mois et les heures : on le regarde aussi comme l'inventeur de la musique et de plusieurs instruments, dont ailleurs on attribue l'honneur à Fou-hi (*V.* FOU-HI, t. XV, p. 338). Hoang-ti imagina un instrument composé de douze chalumeaux de différentes grandeurs, et cette idée le conduisit à la découverte de l'octave (*V.* MONTUCLA, *Histoire des mathématiques*, t. 1^er^, p. 476). Dans sa vieillesse, il créa un conseil de six ministres, pour l'aider à supporter les fatigues du gouvernement. Il apaisa avec leur secours plusieurs révoltes, et continua à faire jouir ses sujets des bienfaits de son administration. Ce prince, toujours occupé du bonheur des hommes, ayant observé que la plupart mouraient jeunes, s'appliqua à rechercher les causes des maladies dominantes; il composa un traité sur leurs signes, et ordonna à ses médecins de déterminer les remèdes les plus propres à chacune. Hoang-ti parvint à un âge très-avancé puisqu'il mourut, dit-on, à cent onze ans (l'an 2577 avant J.-C.), au midi de la montagne King-chan, dans le Ho-nan, où il fut inhumé. Il laissa de quatre femmes vingt-cinq fils, dont les fondateurs des trois premières dynasties se disaient descendus. On a depuis attribué la même origine à la famille de Confucius, et à plusieurs familles de princes qui ont voulu justifier leurs usurpations par ces généalogies imaginaires. Chao-hao ou Hiouan-hiao, son successeur, était fils de sa principale épouse, Louï-tseu, princesse dont le nom est encore encore en vénération à la Chine. Ce fut elle qui enseigna l'art d'élever les vers à soie, et d'employer la matière des cocons à fabriquer des étoffes. Cette invention, qu'on doit peut-être mettre à côté de celles qu'on attribue au prince son époux, a valu à Louï-tseu d'être placée au rang des divinités, sous le nom d'*Esprit des mûriers et des vers à soie*.

CHAO-HAO, quatrième empereur, était fils de Hoang-ti, et lui succéda l'an 2598 avant notre ère. Ce prince ne justifia pas

(1) Selon d'autres auteurs, plusieurs descendants Chin-nong auraient régné après ce prince; et ce serait sous le dernier de ces descendants et non pas sous Chin-nong lui-même qu'auraient eu lieu les événements qui amenèrent l'élévation de Hoang-ti. Nous avons suivi l'*Art de vérifier les dates* préférablement à toute autre autorité.

les hautes espérances qu'on avait d'abord conçues de lui. Ce n'est pas qu'il manquât de vertus ; il était doux, affable, humain ; mais il n'avait ni la fermeté, ni le génie actif, ni les vues étendues de son père. Son extrême faiblesse lui fit tolérer des désordres qui devinrent funestes ; ce fut sous son règne que se répandirent des doctrines nouvelles qui commencèrent à altérer la pureté du culte primitif. La religion des Chinois, à cette époque, était encore celle des premiers hommes ; ils ne reconnaissaient qu'un Dieu unique et suprême, seul dispensateur des maux et des biens. Des hommes inquiets et légers se livrèrent à la magie, effrayèrent les peuples par leurs prestiges, lui persuadèrent l'existence des esprits et la nécessité de leur offrir des sacrifices. Bientôt les mœurs changèrent et se corrompirent. On ne craignit plus d'offenser le ciel ; on redouta seulement la colère des esprits, et chaque famille, pour se les rendre propices, adopta des pratiques particulières. L'empereur connut le mal, et il le toléra sous le vain prétexte de ne pas troubler la paix de l'Etat. On dut à ce prince une institution relative aux habits de cérémonie. Il ordonna que les genres et les degrés de mandarinats auraient pour signes distinctifs différentes figures d'animaux peints ou brodés sur la poitrine et sur le dos ; que les mandarins de lettres et de justice auraient en partage les représentations d'oiseaux, tels que le faisan, le paon, le cygne ; et les mandarins de guerre les animaux quadrupèdes, tels que le lion, le tigre, etc. Ce règlement s'observe encore aujourd'hui. Chao-hao mourut à Kio-féou, après avoir occupé le trône pendant quatre-vingt-quatre ans. La naissance de l'idolâtrie sous son règne a flétri la mémoire de ce prince parmi les lettrés chinois.

TCHUEN-HIO, fils de Tchang-y et petit-fils de l'empereur Hoang-ti, fut élu d'une voix unanime par les mandarins et le peuple pour succéder à l'empereur Chao-hao (2514 avant J.-C.), à la cour duquel il avait exercé les premiers emplois. Dès qu'il fut assis sur le trône, la première chose à laquelle il s'appliqua fut d'arrêter le cours de la pernicieuse doctrine qui s'était répandue dans l'empire. On n'y voyait que magiciens qui effrayaient les peuples par des spectres qu'ils leur faisaient apparaître même au milieu des sacrifices. Pour couper le mal par la racine, il ordonna que l'empereur aurait seul le droit de sacrifier au Chang-ti (l'Etre suprême), et ne pourrait le faire que conformément au cérémonial qu'il établit. Passionné pour l'astronomie, il institua une espèce d'académie, composée de gens de lettres les plus versés dans cette science. Après plusieurs années de travail, Tchuen-hio détermina qu'à l'avenir l'année commencerait à la lune la plus proche du premier jour du printemps. Son règne, qui dura soixante-dix-huit ans, fut paisible et glorieux par le soin qu'il eut d'entretenir la paix, la subordination et l'abondance dans l'empire. Il mourut à l'âge de quatre-vingt-dix-huit ans, et fut inhumé à Po-hiang.

TI-KO (2436 avant J.-C.), petit-fils de Chao-hao, associé par celui-ci dès l'âge de quinze ans au gouvernement, soutint sur le trône la haute réputation de sagesse et de probité qu'il s'était acquise avant que d'y parvenir. Il s'occupa de former les mœurs. Il établit des docteurs pour l'enseignement de la morale, et des règles pour la musique vocale. Cependant il épousa, dit-on, quatre femmes, et introduisit la polygamie dans l'empire, laquelle y règne encore actuellement. La mort ravit ce prince à la Chine après soixante-dix ans de règne.

TI-TCHI (2366 avant J.-C.), fils aîné de Ti-ko, fut élu pour lui succéder par la considération que son père s'était acquise par la sagesse de son gouvernement. Ce choix ne fut point heureux. Ti-tchi démentit la haute idée que la conduite de son père avait fait concevoir de lui. Ce fut un prince livré aux plaisirs, ennemi du travail, emporté, ne pouvant souffrir aucune remontrance. Dans l'espérance que l'âge et la réflexion le corrigeraient, on attendit plusieurs années qu'il revînt à résipiscence ; mais son obstination persévérante dans le désordre ayant enfin épuisé la patience de ses sujets, les grands, accompagnés des principaux d'entre le peuple, amenèrent au palais le prince Yao, frère puîné de Ti-tchi, et le proclamèrent empereur malgré lui, à la vue de Ti-tchi et malgré la réclamation de ce dernier.

C'est au règne de YAO que commence le *Chou-king ;* mais il ne faut pas en conclure, comme l'ont fait quelques savants, qu'avant lui l'histoire de la Chine ne présente qu'un ramas confus de fables et de traditions obscures. Yao était fils de *Ti-ko* et de Kian-ti, sa deuxième épouse ; dans sa jeunesse il porta le nom de Y-ki. Après la mort de *Ti-ko* (l'an 2366 avant l'ère chrétienne), Tché ou *Ti-tchi*, son fils aîné, fut choisi pour lui succéder. Le prince Y-ki, alors âgé de treize ans, reçut en apanage le pays de Tao, ensuite celui de Tang. Les vices grossiers de *Ti-tchi* l'ayant fait déclarer indigne du trône, *Y-ki* fut élu à sa place (2357 avant l'ère chrétienne). A son avénement, il changea son nom contre celui de Yao, établit sa résidence à Ping-yang dans le Ki-tcheou, et prit le *feu* pour symbole de son règne. Un de ses premiers soins fut d'encourager l'étude de l'astronomie et l'observation des phénomènes célestes. Il avait à sa cour quatre astronomes, deux du nom de HI, qui étaient frères, et deux du nom de HO, également frères. Il les envoya aux quatre extrémités de son empire, pour en déterminer l'étendue et les limites. A leur retour, il les chargea de dresser un nouveau calendrier, ou du moins de rectifier les erreurs que la négligence avait laissées s'introduire dans celui de Hoang-ti (*V.* ce nom). Yao, persuadé que le devoir d'un prince est de veiller sans cesse au bonheur de ses sujets, visita toutes les provinces, pour recueillir les plaintes des malheureux, et pour remédier aux abus. Les pauvres étaient l'objet constant de sa sollicitude. « Si le peuple, disait-il souvent, a froid, c'est moi qui en suis cause. A-t-il faim, c'est ma faute. » Les vertus de Yao étendirent au loin sa réputation, et l'on vit des princes étrangers venir à sa cour lui demander des conseils sur l'art si difficile de régner. C'est à la soixante et unième année du règne de ce grand prince (2298 avant l'ère chrétienne) que se rapporte la fameuse inondation de la Chine qu'on ne doit pas confondre, comme l'ont fait plusieurs savants, avec le déluge universel. Elle est décrite dans le *Chou-king* en ces termes : « Les eaux baignent le pied des montagnes, couvrent entièrement les collines, et semblent vouloir s'élever jusqu'au ciel. » Yao prescrivit sur-le-champ les mesures nécessaires pour procurer l'écoulement des eaux, et pour réparer les dégâts qu'elles auraient occasionnés. D'après l'avis de son conseil, il désigna Pe-kouen pour dresser les plans d'assainissement, et diriger les ouvriers chargés de leur exécution. Pe-kouen, quoique habile et actif, se vit forcé d'avouer, au bout de neuf ans, qu'un si grand travail était au-dessus de ses talents. L'empereur avait un fils nommé *Tan-tchou ;* mais ne lui trouvant pas les qualités convenables pour assurer le bonheur des peuples, il avait invité ses ministres à lui désigner quelqu'un qui pût gouverner l'empire après lui. L'affaiblissement de ses forces lui faisant éprouver de plus en plus le besoin du repos, il pria de nouveau ses ministres de lui désigner celui qu'ils croiraient le plus capable de l'aider à supporter le poids du gouvernement. Alors on lui proposa Chun (*V.* ce nom). Le respect que Chun avait toujours eu pour ses parents, malgré l'injustice de leur conduite à son égard, décida le choix de l'empereur. Il lui donna ses deux filles en mariage, l'établit inspecteur général des travaux publics, et le chargea de faire observer parmi le peuple les cinq devoirs de la vie civile. La manière dont Chun s'acquitta de ses emplois lui valut toute la confiance de l'empereur, qui le nomma son premier ministre, et finit par l'associer au trône (2285 avant l'ère chrétienne). Yao vécut encore vingt-huit ans entouré des hommages de ses sujets. Il mourut l'an 2258 avant l'ère chrétienne, âgé de cent quinze ans ; il en avait régné quatre-vingt-dix-neuf. Les peuples le pleurèrent comme un père, et portèrent son deuil pendant trois ans. Son nom est resté en vénération à la Chine, et son exemple est un de ceux qui sont offerts à ses successeurs. On attribue à ce grand prince l'invention de la musique *ta-tchoung* réservée pour les fêtes religieuses et pour célébrer le mérite des grands hommes (*V.* les *Mémoires des missionnaires sur les Chinois*, III, 16-18 ; et l'*Histoire de la Chine*, par le P. de Mailla, I, 44-85).

## TEMPS HISTORIQUES.

CHUN, neuvième empereur, est l'un de ses plus sages souverains, celui dont les maximes de gouvernement ont obtenu parmi les lettrés une autorité irréfragable, et dont le nom, béni de siècle en siècle, est encore aujourd'hui prononcé avec vénération par tous les Chinois. Quoique né dans un état médiocre, sa réputation de sagesse parvint jusqu'au célèbre empereur Yao, qui voulut le connaître et le juger par lui-même. Sa modestie, son désintéressement, ses réponses judicieuses, le prévinrent d'abord en sa faveur ; mais il voulut s'assurer par d'autres épreuves de sa vertu et de ses talents. Il l'établit dans sa cour, et lui donna en mariage ses deux propres filles, qui, comme deux témoins fidèles, devaient l'observer de près et démêler jusqu'aux plus secrets mouvements de son âme. Peu de temps après, il le chargea de l'inspection générale des ouvrages publics et du soin de faire observer au peuple ce que les Chinois appellent les *cinq devoirs de la vie civile*, emplois dont il s'acquitta pendant plusieurs années avec une supériorité si marquée, que l'envie même n'osa la lui contester. Ces succès déterminèrent

Yao, dont les forces s'affaiblissaient, à nommer Chun son premier ministre, et enfin à l'associer à l'empire. Chun opposa une inutile résistance; mais il refusa constamment de prendre, du vivant de l'empereur, les titres et les ornements de sa nouvelle dignité. Il reçut les hommages des grands assemblés, et ce fut alors qu'il les partagea en cinq classes différentes, auxquelles il attribua des signes distinctifs qui devaient faire reconnaître ceux qui les composaient. Il leur distribua des *choué* ou tablettes d'ivoire sur lesquelles étaient empreintes des marques qui devaient se rapporter juste avec celles que l'empereur gardait de son côté. Lorsque les grands se rendaient à la cour, ils y apportaient cette tablette, qui était la preuve du rang qu'ils tenaient dans l'empire. Chun entreprit ensuite la visite générale des provinces, et, pour arrêter l'excès dans les dons et les cadeaux qu'il était d'usage que les gouverneurs et les grands mandarins présentassent aux empereurs, il ordonna qu'ils n'offriraient à l'avenir que cinq pierres précieuses, trois pièces de satin, deux animaux vifs et un mort. Dans le cours de cette longue et pénible tournée, il publia divers règlements, tant pour fixer les cérémonies religieuses et civiles que pour ramener à leur uniformité primitive les poids et mesures qui variaient selon les lieux. De retour à la cour, il fit usage des connaissances qu'il avait acquises pour réformer les abus et perfectionner toutes les parties de l'administration. Il s'engagea à recommencer tous les cinq ans sa visite des provinces, et obligea en même temps les princes titulaires, les gouverneurs et autres grands officiers à venir se présenter une fois à la cour pendant cet intervalle, et dans un ordre déterminé. Il porta à douze le nombre des neuf provinces qui composaient l'empire. Il s'occupa ensuite du sort des criminels, et adoucit les supplices; mais il voulut que si un coupable, après avoir déjà subi les peines de la justice, se trouvait convaincu d'un délit grave, il fût puni de mort. Chun aimait les sciences et favorisa leurs progrès. On lui attribue la célèbre sphère chinoise qui porte encore son nom. Cette machine, qu'il fit exécuter par les mathématiciens de la cour, représentait toute la circonférence du ciel en degrés, et la terre en occupait le centre. Le soleil, la lune, les planètes et les étoiles, y étaient placés dans l'ordre et aux distances proportionnelles que ces différents corps semblent garder entre eux, et un moyen mécanique communiquait à tous ces globes célestes des mouvements analogues à ceux qu'ils décrivent dans leurs révolutions.

La sphère de l'empereur Chun.

Chun redoubla encore de zèle et d'activité lorsque la mort d'Yao l'eut laissé seul maître de l'empire. Pour contenir dans le devoir tous les officiers employés dans le gouvernement, il les soumit à un examen général qui devait avoir lieu tous les trois ans. Au bout des trois premières années, il se contenta de prendre des renseignements exacts sur chacun d'eux, et, à la fin des trois années suivantes, il les louait ou les réprimandait; mais à la neuvième année, époque du dernier examen, il destituait et punissait par des châtiments sévères ceux que ses précédentes réprimandes n'avaient point corrigés, et il accordait de justes récompenses à ceux dont l'administration, toujours sage, ne s'était point démentie. Chun s'occupa beaucoup de l'éducation, et fonda des colléges dont il régla la police et les exercices. Il voulut surtout que, dans les examens que devaient subir les élèves, on fût plus attentif à leur avancement dans la vertu qu'aux progrès mêmes qu'ils pourraient faire dans les sciences. Il établit aussi deux espèces particulières d'hôpitaux destinés aux vieillards indigents. L'une était pour le peuple, l'autre pour ceux qui avaient occupé des charges et servi l'Etat. On voyait souvent ce bon empereur se mêler aux vieillards, qu'il interrogeait sur les choses passées, et, lorsqu'il assistait à leur repas, il ne dédaignait pas de les servir de ses propres mains. On trouve dans le *Chou-king* le discours qu'il adressa à ses officiers à l'occasion d'une promotion; on y voit avec étonnement qu'un empereur de la Chine, qui vivait plus de deux mille ans avant saint Paul, s'exprime comme lui sur la puissance souveraine. Le dernier bienfait de Chun envers les peuples fut de leur laisser le sage et vertueux Yu pour maître, en écartant du trône son propre fils, qu'il en jugea peu digne. Cet empereur, dont Confucius a recueilli les maximes, mourut l'an 2208 avant l'ère chrétienne, dans la cent dixième année de son âge et la soixante-dix-septième de son règne.

Yu, premier empereur de la dynastie chinoise des *Hia*, naquit la cinquante-sixième année du règne de Yao (2298 avant notre ère). Il était fils de Pé-kouen, l'un des principaux officiers de la cour de ce prince, et descendait de l'empereur Hoang-ti. L'étendue de ses connaissances, que relevaient encore sa douceur et sa modestie, lui mérita de bonne heure l'estime publique. Chun, ayant été chargé par l'empereur Yao de remédier aux dégâts causés par la grande inondation, emmena Yu dans la visite qu'il fit des pays submergés. A son retour, il l'établit intendant des travaux publics à la place de Pe-kouen, son père, et lui laissa le soin d'ordonner les mesures nécessaires pour remplir les intentions de l'empereur. Yu s'acquitta de cette tâche difficile avec beaucoup d'habileté. Il élargit le lit des rivières, leur ouvrit des passages en coupant des montagnes, et les rendit navigables en conduisant leurs eaux à la mer. Après avoir rétabli les communications entre les neuf provinces qui formaient alors l'empire de la Chine, il fut chargé de les visiter pour en examiner le sol, et déterminer, d'après leur degré de fertilité, les tributs et les redevances de la manière la plus équitable. En récompense de ses services, Yu fut élevé, ainsi que ses deux frères, à la dignité de prince, et l'empereur lui assigna le pays de Hiadant, dont sa famille prit le nom dans la suite. Chun, à son avénement au trône, nomma Yu son premier ministre, et le força d'accepter un poste que celui-ci croyait au-dessus de ses talents. Quelque temps après, Chun, sentant ses forces diminuer, jeta les yeux sur Yu pour le déclarer son successeur; mais Yu lui dit: « Je n'ai point les qualités nécessaires pour un rang si élevé. *Kao-yao* est le seul parmi les grands capable de marcher sur vos traces. Personne n'a mieux servi l'Etat et n'a su mieux gagner le cœur et l'estime du peuple. Votre choix doit tomber sur lui. » Malgré toutes ses instances, Yu fut obligé de céder à la volonté de l'empereur, et Chun se l'associa solennellement l'an 2223 avant notre ère. Ce choix eut l'approbation générale. Les *Yeou-miao*, peuple turbulent, refusèrent seuls de le reconnaître, et se révoltèrent comme ils l'avaient fait à l'élévation de Chun. Yu marcha contre les rebelles, et parvint à les soumettre sans répandre une seule goutte de sang. Après la mort de Chun (l'an 2205 avant notre ère), Yu offrait de céder le trône au fils de son bienfaiteur; mais les grands s'opposèrent à son dessein, et le forcèrent de prendre les rênes du gouvernement. Il était alors âgé de quatre-vingt-treize ans; et, quoique d'une constitution robuste, les fatigues avaient tellement épuisé ses forces, qu'il pensa bientôt à se donner un collègue pour l'aider à supporter le poids des affaires. Il s'associa Pe-y, ministre vertueux dont il avait apprécié depuis longtemps la capacité. Les peuples des frontières, à l'imitation de leurs voisins, rendaient un culte superstitieux aux esprits malfaisants dont ils se croyaient environnés. Yu, pour les désabuser, fit fondre neuf grands vases de métal, sur lesquels il fit graver la carte de chaque province, entourée de figures hideuses. Les Chinois s'habituèrent à regarder ces figures commes celles des montagnes que les barbares avaient en vénération, et cessèrent de les adorer. Sans cesse occupé d'améliorer le sort de ses sujets, ce prince voulut encore une fois visiter les différentes provinces pour recueillir les observations des sages et remédier aux abus. Ce voyage, dont il ne devait pas voir le terme, dura trois ans. A son entrée dans le pays de Tsang-ou, il aperçut, sur le chemin, le corps d'un homme récemment assassiné. Il descendit aussitôt de son cheval, et, s'approchant du corps, il se mit à pleurer, disant : « Que je suis peu digne de la place que j'occupe! je devrais avoir un cœur de père pour mon peuple, et ma vigilance l'empêcherait de commettre des crimes qui retombent sur moi. » Quelque temps après, ayant rencontré une bande de criminels qu'on menait en prison : « Hélas! s'écria-t-il, sous les règnes de Yao et de Chun, les peuples se modelaient sur les vertus de ces grands princes; sous mon règne, chacun se laisse aller à ses propres inclinations, et ne fait que ce qu'il veut. » Lorsqu'il eut traversé le fleuve Kiang, on lui présenta une boisson de riz qu'il trouva bonne; mais, remarquant qu'elle pouvait troubler la raison, il ordonna que celui qui l'avait inventée fût banni de la Chine à perpétuité. Ce prince mourut à Hoei-ki, l'an 2198 avant notre ère, à l'âge de cent ans. Il fut inhumé sur une montagne à deux lieues de Chao-hing. Des soldats sont encore aujourd'hui préposés à la garde de son tombeau. — D'après les dispositions de Yu, Pe-y devait lui succéder; mais ce prince s'empressa de céder ses droits au trône à Ti-ki, fils de Yu. C'est le premier exemple qu'on trouve dans l'histoire chinoise d'un fils succédant à son père. Jusqu'alors l'empire avait été en quelque sorte électif; depuis il fut héréditaire. Les divers ouvrages que l'on attribue à Yu sur l'*agriculture* et sur les *mathématiques* sont supposés. Le chapitre du *Chou-king* intitulé : *Yu-koung*, c'est-à-dire les travaux de Yu, est, suivant le P. Cibot (*Mémoires des missionnaires*, VIII, 148), le plus beau monument de l'antiquité dans ce genre. L'inscription qui porte le nom de Yu, soit que ce prince l'ait fait graver lui-même, soit qu'elle ait été placée en son honneur par quelques-uns de ses successeurs, est la plus ancienne de la Chine. Elle existait encore sur un rocher du Hou-kouang, dans le IXe siècle de notre ère. Mais le rocher s'étant brisé, on en a fait une seconde copie qui diffère peu de la première, et qui se voit à présent sur ce second rocher. La bibliothèque du roi, à Paris, possède des copies figurées de l'ancienne et de la nouvelle inscription. La forme des caractères de l'inscription de Yu est singulière et même unique. Ils n'ont que peu de rapport avec les plus anciens caractères chinois que l'on connaisse, et moins encore avec les modernes. Ce précieux monument a été publié par M. Jos. Hager (*V.* ce nom dans la *Biographie des hommes vivants*, III, 356), sur une copie envoyée par le P. Amiot à la bibliothèque royale, Paris, 1802, grand in-folio. Le savant éditeur l'a fait précéder d'une dissertation sur les changements que les caractères chinois ont éprouvés, et y a joint, outre les anciens caractères attribués à Yu et gravés sur des pierres antiques que l'on conserve au collége impérial de Péking, trente-deux formes des mêmes caractères tirées d'un ouvrage extrêmement rare dans la Chine même, et dont le seul exemplaire que l'on connaisse en Europe appartient à la bibliothèque du roi; mais on trouve sur ce sujet des recherches bien plus approfondies dans la dissertation allemande de M. Klaproth, intitulée : *Inschrift des Yü*, Berlin, 1811, in-4°.

### PREMIÈRE DYNASTIE : LES HIA.

TI-KI (2197 avant J.-C.), fils du grand Yu, et prince de Hia, qu'il avait hérité de son père, fut placé sur le trône par préférence à Pé-y, que Yu s'était associé. Ce fut à cette époque que l'empire devint héréditaire au lieu d'électif qu'il avait été jusqu'alors. Tous les grands étant venus la deuxième année du règne de Ti-ki, suivant l'usage, lui rendre leurs hommages, il les reçut avec bonté, et leur parla avec sagesse de la conduite qu'ils devaient tenir à l'égard des peuples confiés à leurs soins. Yeou-hou-chi, gouverneur d'une des provinces de l'empire, ne s'étant point trouvé à cette cérémonie, on apprit, quelque temps après, qu'il avait pris les armes, et qu'il ravageait les provinces voisines de la sienne. Irrité de cette témérité, l'empereur assembla ses troupes, et, ayant rencontré le rebelle prêt à le recevoir, il lui livra une sanglante bataille, où toute l'armée de Yeou-hou-chi fut entièrement défaite, après quoi le chef des révoltés disparut, sans qu'on en apprît depuis des nouvelles.

TAI-KANG (2188 avant J.-C.), fils aîné de Ti-ki, succéda à sa couronne, mais non pas à ses vertus. Sa conduite fut le contraste de celle de son prédécesseur et de son aïeul. Livré au vin et aux plaisirs, il laissa flotter les rênes du gouvernement entre les mains de ses ministres. Passionné pour la chasse; il en faisait son unique occupation, et passait jusqu'à cent jours de suite sans revenir à la cour. Le peuple, après avoir gémi longtemps sous l'oppression, s'exhala en plaintes, qui furent portées à l'empereur par Yé, gouverneur de Kiong. Après plusieurs remontrances inutiles, Yé, le voyant incorrigible, jugea que, pour conserver la couronne à la famille du grand Yu, le meilleur parti était d'élever sur le trône Tchong-kang, fils de l'empereur Ti-ki, et de fermer le chemin de la cour à Tai-kang, occupé alors dans une de ses longues parties de chasse. S'étant concerté avec d'autres grands, il leva un nombreux corps de troupes, à la tête duquel il passa le Hoang-ho pour aller attendre Tai-kang sur l'autre rive de ce fleuve. Les frères de ce prince, au nombre de cinq, lui ayant fait donner avis de cette démarche, il se hâta de revenir à la cour; mais il fut arrêté sur les bords du Hoang-ho par Yé, qui le fit resserrer étroitement, et mit sur le trône Tchong-kang, son frère.

Un des plus anciens livres chinois, le *Eulh-ya*, donne des indications curieuses sur ces grandes chasses royales qui entraînèrent la chute de Tai-kang. Elles étaient un abus d'un exercice commandé par la loi jusque vers la fin de la troisième dynastie, pour empêcher les bêtes sauvages de ravager les campagnes et de reconquérir le domaine que l'homme avait usurpé sur elles. Ces grandes chasses se faisaient quatre fois l'année, par recrues et par corvées. Au printemps et en été on se bornait à donner l'épouvante aux bêtes sauvages; en hiver et en automne on les traquait et on les tuait.

Le même ancien livre chinois donne la représentation du costume et de l'attitude particulière des peuples qui habitaient anciennement aux quatre extrémités ordinales de l'empire chinois.

Peuples anciennement connus des Chinois.

Ils sont nommés *Sse-ki* (les quatre extrémités). « A l'orient, dit le *Eulh-ya*, jusqu'aux bords les plus éloignés; à l'occident, jusqu'au royaume nommé *Pin;* au midi, jusqu'à *Pou-kong;* au nord, jusqu'à *Tchu-li :* c'est ce que l'on nomme les *quatre extrémités.* (*Glose*) *Toutes ces quatre régions extrêmes sont des royaumes de pays éloignés.* Au midi, là où le soleil fait tomber perpendiculairement ses rayons, sont les *Tan-joung;* au nord, là où se tient la grande Ourse, sont les *Koung-thoung;* à l'orient, là où le soleil se lève, sont les *Taï-ping;* à l'occident, là où le soleil se couche, sont les *Taï-moung.* » On lit ce qui suit dans les textes chinois que portent les dessins : « 1. Les hommes de *Taï-ping* (à l'orient de la Chine) sont humains, bienveillants; 2. les hommes de *Tan-joung* (au midi) sont sages, prudents; 3. les hommes de *Taï-moung* (à l'occident) sont fidèles, sincères; 4. les hommes de *Koung-thoung* (au nord) sont guerriers, vaillants. » Il est impossible de dire quels sont au juste les peuples dont il est ici question, car on ne trouve nulle part d'explication à ce sujet.

TCHONG-KANG (2159 avant J.-C.), élevé sur le trône, justifia les espérances de ceux qui l'y avaient placé. Sa conduite sage et prudente assura la tranquillité de l'empire. Yé, son ministre, retenait toujours en prison l'empereur Tai-kang, qu'il avait fait déposer. Ce prince étant mort après dix ans de captivité, Yé, oubliant son ancienne vertu, commença à porter ses vues sur le trône. Tchong-kang, les ayant démêlées, crut devoir user de dissimulation. Yé avait pour amis deux mathématiciens, Hi et Ho, chargés de la rédaction du calendrier et du soin d'annoncer les éclipses, emploi très-important à la Chine. Ces deux hommes, négligeant leurs fonctions pour se livrer à la débauche, manquèrent d'avertir le public d'une éclipse de soleil qui arriva dans l'automne de l'an 2149 (2159 suivant le P. de Mailla), ce qui jeta la consternation parmi le peuple. L'empereur les fit punir de mort. Ce prince ne survécut pas longtemps à cette exécution, étant mort l'an 2146 avant J.-C.

TI-SIANG (2146 avant J.-C.), fils de Tchong-kang, lui succéda au trône. Comme il avait l'esprit borné, il fut aisé à Yé de s'emparer de sa confiance. Ce favori, aveuglé par la prospérité, travailla sourdement à supplanter son maître. Ti-siang, s'étant aperçu de ses menées, ne crut pas avoir de meilleur parti à prendre que la retraite. Yé, ne se trouvant pas encore en état d'exécuter ses desseins perfides, vint à bout de l'engager à revenir. Ce ministre avait pour confident Han-tsou, non moins scélérat que lui. Mais ces deux hommes n'ayant pas tardé à se brouiller, Han-tsou se défit de Yé en le faisant assassiner dans une partie de chasse. Délivré de ce rival, Han-tsou se ligua avec Kiao, en lui faisant accroire que c'était par ordre de l'empereur que son père avait été mis à mort. Ces deux traîtres, ayant rassemblé leurs troupes, marchèrent contre Ti-siang, auquel ils livrèrent une bataille où il perdit la vie. Toute la dynastie des Hia était entièrement éteinte, si l'impératrice Min, qui était enceinte, ne se fût échappée du combat, auquel elle assista. Elle accoucha, dans sa retraite, d'un fils nommé Chao-kang, et dont nous allons raconter l'histoire avec quelque détail.

CHAO-KANG naquit sur le trône, et les années de sa vie ne sont pas distinguées de celles de son règne, que l'histoire fait commencer à l'an 2118 avant notre ère. L'empereur Ti-siang, son père, avait péri, comme nous l'avons dit, dans une bataille que lui avaient livré des rebelles, dont le chef victorieux, *Han-tsou*, s'était fait proclamer empereur après avoir ordonné qu'on égorgeât dans le palais tout ce qui restait de princes de la famille des Hia. L'impératrice Min, qui était enceinte, eut le bonheur d'échapper aux assassins; elle se sauva, déguisée, à Yu-yang, où elle resta inconnue, et où elle accoucha d'un fils qu'elle nomma *Chao-kang*. L'usurpateur s'enivrait paisiblement des délices du trône, et il était loin de penser que l'impératrice fugitive, eût pu lui donner un maître qui devait le punir un jour de ses forfaits. Ce ne fut qu'au bout de huit ans qu'un bruit sourd se répandit qu'il existait un fils de *Ti-siang*. Han-tsou, d'après les indices qu'il recueillit, fit partir des émissaires, qu'il chargea de découvrir le prince prétendu et de le lui amener. L'impératrice, qui avait conservé quelques amis fidèles dans la capitale, fut instruite de ces mesures. Effrayée des dangers que courait son fils, elle le déguisa, le couvrit des misérables haillons d'un pâtre, et l'envoya dans les montagnes, où ce faible enfant passa plusieurs années dans la misère, inconnu, sans appui, occupé de functions serviles pour subsister. Les recherches ordonnées par l'usurpateur ayant été infructueuses, il méprisa ces vains bruits, et ne s'en occupa plus; mais quelques années après ils se renouvelèrent, et parurent prendre plus de consistance. Des avis multipliés lui annoncèrent que ce fils du dernier empereur existait réellement, et qu'il errait dans des montagnes peu éloignées, où il prenait le plus grand soin de se cacher. Han-tsou expédia de nouveaux émissaires, qu'il menaça de punir de mort s'ils exécutaient leur commission avec négligence. L'impératrice, avertie de ces nouveaux ordres, se hâta de leur opposer de nouvelles mesures. Elle rappela son fils, le déguisa une seconde fois, et parvint à le faire entrer en qualité d'aide de cuisine, chez le gouverneur de Yn, qu'elle savait être un ancien et fidèle serviteur de la famille impériale. Ce gouverneur, qui s'appelait Mi, était un homme soigneux et d'une extrême vigilance sur son domestique. Il n'eut pas aperçu deux ou trois fois le nouveau commensal qu'on avait introduit chez lui, qu'il fut frappé de l'air de noblesse répandu sur sa personne et dans toutes ses manières. Ce jeune homme l'intéressa, et il soupçonna que sa naissance devait être fort au-dessus du vil emploi qu'il exerçait dans son palais. L'ayant pris en particulier, il l'interrogea sur son pays, sur son père, sa mère, leur profession, sur ce qu'il avait fait jusqu'alors. Toutes ces questions jetèrent le jeune homme dans un étrange embarras, dont il se tira cependant avec assez d'adresse, en se renfermant dans des réponses générales, mais qu'il accompagna d'un ton de voix si doux et de manières si naturellement aisées et polies, que, loin d'avoir satisfait la curiosité de son maître, il ne fit que confirmer ses premiers soupçons. Le gouverneur le laissa dans l'emploi qu'il avait accepté chez lui; mais il ne cessa point d'avoir l'œil ouvert sur toutes ses démarches. Plus il l'observa, plus ce jeune homme lui parut extraordinaire. Enfin au bout d'un an, fatigué de l'état d'incertitude où il se trouvait, il résolut de pénétrer ce que pouvait être cet aimable inconnu. Il le fit venir dans le lieu le plus retiré de son palais, et là, prenant cet air de bonté qui concilie la confiance, il lui dit : « Depuis longtemps je vous observe avec attention; votre ton et vos manières m'annoncent que vous n'êtes pas ce que vous affectez de paraître; vainement vous m'assurez que votre père, en mourant, a laissé votre mère enceinte et dans la misère; que, dénuée de toutes ressources, elle ne subsiste que de faibles aumônes qu'on lui accorde; qu'après vous avoir donné le jour elle vous livra aux pâtres des montagnes, parmi lesquels vous avez passé vos premières années : ce récit ressemble trop à la fiction. La misère n'imprime pas à l'âme des sentiments nobles; vous ne tenez rien des mœurs des pâtres, ni de l'éducation qu'on puise dans leurs cabanes. Je veux savoir la vérité; vous ne courez aucun risque à me la dévoiler, tous les secrets que vous m'aurez confiés resteront inviolables. Parlez, apprenez-moi qui vous êtes. — Je vous ai déjà dit qui je suis, répondit le jeune homme. Hélas! ajouta-t-il en poussant un profond soupir, que puis-je vous apprendre de plus? » Le gouverneur fixait tous ses mouvements, il s'aperçut de son trouble, et ce soupir qui venait de lui échapper ne fit qu'irriter sa curiosité. Il redoubla donc ses instances, le conjura d'épancher librement son cœur. Chao-kang avait appris de l'impératrice combien le gouverneur de Yn conservait d'attachement pour la maison des Hia; il craignit qu'en s'obstinant plus longtemps à ne pas le satisfaire, il n'agît lui-même contre ses propres intérêts; cette crainte le décida enfin à se découvrir. « Je ne vous en ai point imposé, dit-il au gouverneur, lorsque je vous ai dit que je n'ai jamais vu mon père et qu'en mourant il laissa ma mère plongée dans une extrême misère; il est vrai encore que j'ai été élevé dans les montagnes et parmi les pâtres qui les habitent. Mais puisque vous exigez que je vous découvre avec vérité le secret de ma naissance, je le ferai avec d'autant plus de confiance, que je n'ignore pas le vif intérêt que vous-même avez toujours montré pour ma famille. Apprenez donc que je suis le fils de votre dernier empereur, l'infortuné Ti-siang, et que ma mère, l'impératrice Min, vit inconnue à Yu-yang, toujours dans l'attente de circonstances plus favorables. » A peine le prince lui avait-il fait cet aveu, que le fidèle Mi, ravi de posséder son maître, transporté presque hors de lui-même, s'était déjà précipité à ses pieds, qu'il embrassait et qu'il arrosait de ses larmes. Ce gouverneur n'avait pas ignoré les bruits qui s'étaient répandus sur le fils laissé par Ti-siang; une sorte de pressentiment lui avait fait penser que le jeune inconnu qu'il avait chez lui pouvait être ce prince; et ce soupçon avait été le motif secret de son empressement à éclaircir. Chao-kang, effrayé de voir le gouverneur à ses pieds, se hâta de le relever : « Il n'est pas temps encore, lui dit-il, réservons ces hommages pour des jours plus heureux; contentez-vous de me garder un inviolable secret. Je ne pourrai désormais rester dans votre maison sous le déguisement qui m'y a conduit; votre tendre attachement pour moi vous exposerait sans cesse à me trahir. Pourvoyez à ma sûreté, et indiquez-moi un asile où je puisse me retirer. » Le gouverneur l'envoya dans le pays de Lo-fen, canton écarté et presque désert, où il avait acheté depuis peu une vaste étendue de terres. Pour lui faciliter les moyens d'y fonder une colonie, il le fit accompagner de cinq cents hommes, la plupart suivis de leurs familles, et, pour gage de son éternelle fidélité, il lui remit ses deux filles, qu'il lui donna pour épouses. Après son départ, le gouverneur eut des entrevues secrètes avec l'impératrice; ils concertèrent entre eux le plan de conduite qu'ils devaient tenir, et décidèrent que, loin de s'exposer à des demi-succès, il valait mieux attendre pour se déclarer que les circonstances fussent entièrement favorables et leur parti assez puissant. Un grand nombre d'années s'étaient déjà écoulées dans cette attente, mais elles avaient mûri les projets du sage Mi, et préparé leur exécution. Il avait sondé ses amis et tous ceux qu'il savait être restés fidèles à la maison impériale, sans toutefois leur en faire connaître l'héritier. Il crut qu'il était temps enfin de leur dévoiler le secret important qu'il leur avait tenu caché jusqu'alors. Il se rendit chez le gouverneur de Yu-yang, dont l'attachement pour la famille des empereurs lui était connu. Lorsqu'ils furent seuls, il lui révéla le mystère de la naissance de Chao-kang, à qui l'impératrice avait donné le jour dans les murs mêmes de Yu-yang, où cette princesse était venue chercher un asile, et où elle vivait encore dans la plus profonde obscurité. « Ce que vous m'annoncez est-il croyable, répondit le gouverneur de Yu-yang? Quoi, il existerait encore un rejeton de la race chérie des Hia! mais puisque vous le connaissiez, deviez-vous si longtemps le dérober à nos hommages? fallait-il nous taire un secret de cette nature? — Il l'a fallu jusqu'à ce moment, répondit Mi; mais les temps sont changés: toutes les circonstances, devenues favorables, nous rendent aujourd'hui la liberté d'agir, et nous permettent enfin d'unir nos efforts pour replacer sur le trône le sang du grand Yu. Au moment de l'exécution, je viens ici pour conférer avec vous sur la marche que nous devons suivre.» Ils arrêtèrent entre eux qu'il leur fallait une armée capable de résister à celle qui leur serait opposée par leur ennemi; qu'ils devaient, sans perdre de temps, lever des troupes, rassembler leurs parents, leurs amis; mais, pour ne pas effaroucher la cour par ces préparatifs, ils convinrent de supposer entre eux un sujet de querelle, de feindre l'un contre l'autre une violente animosité, et d'annoncer qu'ils voulaient vider ce différend par la voie des armes. A la faveur de ce prétexte, ils se flattaient de pouvoir réunir en peu de temps sous leurs enseignes tous ceux qui conservaient encore quelque attachement pour la maison des Hia. Les deux gouverneurs ne se séparèrent qu'après avoir pris toutes leurs mesures. Cette entrevue fut aussitôt suivie de démarches actives. Les deux gouverneurs prévinrent tous leurs amis qu'ils avaient besoin de leur secours, et les prièrent de leur amener le plus de braves gens qu'ils pourraient rassembler, leur indiquant le lieu du rendez-vous général. Il était pour les uns dans les environs de Yu-yang, pour les autres dans le voisinage de Yn. Le bruit s'étant en même temps répandu qu'un démêlé fort vif s'était élevé entre les deux gouverneurs, tous ces amis n'en témoignèrent que plus de zèle et d'empressement pour voler à leur défense. Han-tsou fut la dupe de cette feinte inimitié; cependant, comme la défiance l'abandonnait rarement, il donna ordre à ses généraux de se tenir prêts et en état d'agir, dans le cas où cette dispute serait poussée trop loin. Après une année de soins et de préparatifs, les gouverneurs se trouvèrent chacun à la tête d'une armée, toutes deux à portée de se réunir, n'étant éloignées l'une de l'autre que d'une journée de chemin. Alors, sûrs de leurs forces, ils cessèrent de dissimuler, et firent publier qu'ils n'avaient pris les armes que pour rétablir sur le trône de ses pères Chao-kang dernier rejeton de la famille d'Yu; la joie et l'enthousiasme saisirent toutes les troupes, au moment où elles apprirent cette étonnante nouvelle. Le nom du fils de Ti-siang vola de bouche en bouche et fut applaudi avec transports, tous les cœurs s'attendrirent au récit des longues infortunes que ce prince avait essuyées; officiers et soldats jurèrent de lui obéir et de braver mille morts pour le défendre. Il était temps que Chao-kang quittât sa retraite de Lo-fen. Toute sa colonie avait pris les armes, aussitôt qu'on y avait appris le secret de sa naissance. Il remercia ses vassaux de leur zèle, et se contenta de choisir parmi eux trois cents des plus braves, dont il forma sa garde, et avec lesquels il partit pour se rendre auprès de son beau-père. Dès qu'il y fut arrivé, les deux armées se réunirent. Han-tsou, que des avis fidèles avaient instruit de la déclaration des gouverneurs, avait mis la plus grande célérité à rassembler toutes ses troupes; il se mit bientôt à leur tête, et s'avança lui-même contre ses ennemis. La bataille fut livrée, et elle devint terrible. On savait de part et d'autre qu'elle devait décider de l'empire. Après quelques alternatives d'avantages et une sorte de fluctuation dans le succès, les troupes de Han-tsou commencèrent à plier, et lui-même, dans ce mouvement, fut enveloppé, saisi et enlevé par les trois cents braves de la garde de Chao-kang. La prise de Han-tsou, dès qu'elle fut connue, jeta une telle épouvante dans son armée, que la plus grande partie mit bas les armes, et reconnut pour empereur le fils de Ti-siang; le reste prit la fuite, et acheva d'être taillé en pièces dans sa déroute. Han-tsou fut puni du dernier supplice, et sa mort fit disparaître tous ses partisans. Chao-kang, universellement reconnu, remonta sur le trône de ses pères, et y porta toutes les vertus qu'il avait pratiquées dans sa colonie de Lo-fen. L'impératrice Min vivait encore; elle fut accueillie avec des transports extraordinaires, et tout l'empire parut se mettre en mouvement pour honorer son retour. Le nouvel empereur retint auprès de lui les deux gouverneurs, et les mit à la tête de ses conseils. Après un règne heureux et paisible de vingt-deux ans, il mourut dans la soixante et unième année de son âge, et laissa l'empire à son fils Ti-chou, qui continua la race des Hia.

TI-CHOU (2057 avant J.-C.), fils de Chao-kang et son successeur, avait été témoin, du vivant de son père, du dernier supplice que ce prince avait fait subir, à la vue de toute son armée, aux rebelles. Imitateur du grand Yu, il rétablit dans l'empire le bon ordre que l'interrègne de l'usurpateur y avait presque anéanti. Il mourut regretté de tous ses sujets, après avoir occupé le trône l'espace de dix-sept ans.

TI-HOAI (2040 avant J.-C.), fils et successeur de Ti-chou, n'a laissé à la postérité aucune trace de la manière dont il gouverna l'empire pendant vingt-six ans qu'il l'occupa.

TI-MANG (2014 avant J.-C.), fils de Ti-hoai, laissa l'empire, en mourant, à Ti-sié, son fils, après l'avoir tenu l'espace de dix-huit ans.

TI-SIÉ (1996 avant J.-C.) eut la satisfaction de voir les peuples qui s'étaient révoltés sous Tai-kang rentrer sous la dépendance de l'empire. Leurs chefs se comportèrent avec tant de fidélité, que plusieurs méritèrent les honneurs du mandarinat. Il mourut la seizième année de son règne.

POU-KIANG (1980 avant J.-C.), fils de Ti-sié, hérita de lui du trône, qu'il remplit l'espace de cinquante-neuf ans.

TI-KIUNG (1921 avant J.-C.), après la mort de Pou-kiang, son frère, fut mis en possession du trône, qu'il transmit par sa mort, au bout de vingt et un ans, à Ti-kin, son fils.

TI-KIN (1900 avant J.-C.), reconnu pour empereur après la mort de son père Ti-kiung, ne laissa point de postérité après un règne de vingt ans.

KONG-KIA (1880 avant J.-C.), fils de Pou-kiang, et successeur de Ti-kin, s'attira le mépris de ses sujets par ses désordres, au point que les gouverneurs des provinces ne daignèrent pas venir lui rendre hommage. On le laissa néanmoins sur le trône l'espace de trente et un ans, au bout desquels il mourut.

TI-KAO (1848 avant J.-C.), fils de Kong-kia, posséda onze ans le trône impérial.

TI-FA (1837 avant J.-C.), successeur de Ti-kao, son père, mourut après un règne de dix-neuf ans.

LI-KOUÉ (1818 avant J.-C.), à qui les cruautés qu'il exerça durant son règne méritèrent le surnom de *Kié*, naquit avec des inclinations très-vicieuses, que Tchao-leang, son protecteur, fortifia par de pernicieuses leçons. Ce qui acheva de le pervertir, ce fut le mariage que Yeou, gouverneur de Mong-chan, lui fit contracter avec Mey-hi, sa fille, qui rassemblait en elle tous les vices de son sexe. Excité par cette femme, Li-koué se livra aux plus infâmes débauches. Koan-long-pong, ministre de Li-koué, s'étant hasardé de lui faire, par écrit, des remontrances sur ses désordres, paya de sa tête cette générosité. D'autres seigneurs, ayant imité ce ministre, furent également punis. La Chine resta dans cet état d'oppression l'espace d'environ cinquante-deux ans. A la fin Tching-tang, prince de Chang, l'un des seigneurs les plus accrédités de l'empire, voyant les maux portés à l'excès sans espérance de remède tant que Li-koué resterait sur le trône, se ligua avec d'autres seigneurs pour l'en chasser, et y réussit. Li-koué, après son expulsion, se retira sur la montagne de Ting-chan, où il vécut méprisé de tout le monde. En mourant, il laissa un fils appelé Chan-ouei, qui s'étant sauvé dans les déserts y vécut parmi les bêtes sauvages, sans oser communiquer avec les hommes. Ainsi finit la dynastie des Hia.

## IIe DYNASTIE : LES CHANG.

TCHING-TANG (1766 avant J.-C.), prince de Chang, était dans la quatre-vingt-dix-septième année de son âge, lorsqu'il fut élevé sur le trône impérial par les suffrages unanimes des grands et du peuple. Après un sacrifice solennel qu'il fit au principal des Chang-ti, ou des cinq génies qui président aux cinq éléments, la première chose qu'il déclara sur le trône fut qu'il voulait tenir sa cour à To-tching, aujourd'hui Kouei-té-fou, dans le Ho-nan. Il annonça dans le même temps que la couleur impériale, sur les étendards et ailleurs, serait la blanche. Son attention se tourna ensuite sur les officiers qui étaient en place. Après un examen sérieux de leur conduite, il destitua les uns et continua les autres dans leurs emplois. Le succès ne favorisa pas toujours les soins qu'il se donna pour le bien public. La Chine, pendant sept ans, fut frappée d'une affreuse stérilité, à laquelle il s'efforça de remédier par tous les moyens que l'industrie peut suggérer. Tching-tang, de l'avis du président du tribunal pour l'histoire et l'astronomie, pria le ciel de faire cesser les calamités qui affligeaient l'empire : *Je prierai, j'offrirai des sacrifices pour apaiser le ciel en faveur de mon peuple. Je serai en même temps sacrificateur et victime. Je suis le seul coupable, je dois être le seul immolé.* Il coupa ses cheveux et ses ongles; il couvrit son corps de plumes blanches et de poils de quadrupèdes; montant ensuite sur son char, qui était simple et sans peintures, et auquel il avait fait atteler des chevaux blancs, il se fit conduire en un lieu nommé *Sang-lin*. Arrivé au pied de la montagne, il descendit de son char, se prosterna la face contre terre, et se relevant ensuite, il s'accusa devant le ciel et en présence des hommes, 1° d'avoir eu de la négligence à instruire ses sujets; 2° de ne les avoir pas fait rentrer dans le devoir, lorsqu'ils s'en étaient écartés; 3° d'avoir fait des palais trop superbes, et d'autres dépenses superflues en bâtiments; 4° de s'être trop adonné aux plaisirs; 5° d'avoir poussé trop loin la délicatesse pour les mets de sa table; 6° enfin d'avoir trop écouté les flatteries de ses favoris et de quelques grands de sa cour. A peine eut-il fini l'humble confession de ses fautes, que le ciel, de serein qu'il était auparavant, se couvrit tout à coup et fit tomber sur la terre une pluie des plus abondantes, dont elle fut suffisamment abreuvée pour reprendre sa première fertilité. Tching-tang mourut dans la treizième année de son règne, extrêmement regretté de ses sujets.

Taï-kia (1753 avant J.-C.), petit-fils de Tching-tang par Taï-ting, son père, fut proclamé empereur par les grands, à la persuasion de Y-yn, premier ministre de Tching-tang, avant que les cérémonies des funérailles de ce dernier fussent faites. Y-yn, à son installation, lui avait donné d'excellents avis sur la manière dont il devait gouverner; mais de jeunes débauchés, s'étant emparés de son esprit, détruisirent en peu de temps l'effet de ses sages instructions. Y-yn pendant deux ans ne cessa de l'exhorter à rentrer en lui-même, et à la fin il y réussit. Y-yn, pour l'affermir dans ses nouvelles dispositions en l'éloignant des occasions du mal, l'engagea à se transporter avec lui dans un palais qu'il avait fait bâtir près du tombeau de Tching-tang. Ce fut là qu'il retira Taï-kia pendant trois ans, pour acquitter le temps du deuil prescrit par le cérémonial après la mort de chaque empereur. L'ayant ramené ensuite à To-tching, il voulut se démettre, et demanda avec instance sa retraite; mais Taï-kia la lui refusa constamment. Contraint de rester ministre, il redoubla de zèle pour remplir ses fonctions, et rendit le règne de Taï-kia, qui fut de trente-trois ans, l'un des plus beaux et des plus glorieux de la dynastie des Chang.

Vo-ting (1720 avant J.-C.), fils et successeur de Taï-kia, se montra son digne héritier par l'usage qu'il fit de ses bons exemples et des leçons qu'il avait reçues sous lui du ministre Y-yn. Ce dernier, se voyant cassé de vieillesse et ayant de nouveau demandé sa retraite, ne l'obtint qu'en donnant un homme de sa main pour le remplacer. Son choix tomba sur Kieou-tan, après quoi il finit ses jours à l'âge de cent ans. Il restait un fils de Y-yn, nommé Y-tché, digne de le remplacer. Vo-ting le donna pour collègue à Kieou-tan. Ces deux ministres se piquèrent d'émulation pour illustrer le règne de Vo-ting. Ce prince mourut après avoir régné vingt-neuf ans.

Taï-keng (1691 avant J.-C.) fut le successeur de Vo-ting, son frère. Il régna vingt-cinq ans : c'est tout ce qu'on sait de lui.

Siao-kia (1666 avant J.-C.), fils de Taï-keng, finit ses jours après un règne de dix-sept ans.

Yong-ki (1649 avant J.-C.), frère de Siao-kia, étant monté sur le trône après lui, passa dans l'oisiveté les douze années de son règne. Les princes vassaux de l'empire profitèrent de son indolence pour se rendre indépendants.

Taï-vou (1637 avant J.-C.), frère et successeur de Yong-ki, après avoir passé dans l'oisiveté les premières années de son règne, touché des sages représentations de ses ministres, réforma sa conduite et travailla soigneusement à imiter ses illustres aïeux. Ce changement de conduite lui mérita l'estime des peuples voisins. Les grands vassaux de l'empire vinrent, la troisième année de son règne, au nombre de soixante-seize, lui rendre leurs hommages, et les ambassadeurs des seize royaumes vinrent le saluer de la part de leurs maîtres. Il mourut dans la soixante-quinzième année de son règne.

Tchong-ting (1562 avant J.-C.), fils aîné de Taï-vou et son successeur, occupa le trône avec peu de gloire, parce qu'il n'eut pas de bons ministres. Il régna treize ans, et mourut sans laisser d'enfants.

Waï-gin (1549 avant J.-C.), frère de Tchong-ting, lui succéda à l'âge de quinze ans. Il mourut dans la quinzième année de son règne, lorsqu'il commençait à se montrer capable de gouverner par lui-même.

Ho-tan-kia (1534 avant J.-C.), frère de Waï-gin, ne vécut que neuf ans après lui avoir succédé.

Tsou-y (1525 avant J.-C.), fils de Ho-tan-kia, répondit parfaitement aux soins que son père avait pris de son éducation. Il maintint la paix qu'il trouva établie dans l'empire. La neuvième année de son règne, forcé par les inondations du Hoang-ho, il transporta sa cour à Keng, aujourd'hui Long-me-hien, dans le Chen-si, et la recula ensuite à Hing, où tous les gouverneurs de l'empire vinrent lui rendre hommage. Il mourut regretté de ses sujets, dans la dix-neuvième année de son règne.

Tsou-sin (1506 avant J.-C.), fils de Tsou-y, en voulant lui succéder, fut traversé par son oncle, frère de Tsou-y, qui prétendit au trône et fut appuyé par un parti puissant. Mais le ministre Ou-hien s'étant mis entre les contendants, réussit à faire reconnaître Tsou-sin pour le légitime empereur. L'histoire n'a laissé aucun détail sur le règne de ce prince, qui fut de seize ans.

Vo-kia (1490 avant J.-C.), frère de Tsou-sin, obtint pour lui succéder la préférence sur son neveu, et régna vingt-cinq ans.

Tsou-ting (1465 avant J.-C.), fils de Tsou-sin, après la mort de Vo-kia, son oncle, s'empara du trône et resta dans ses droits. Son règne fut de trente-deux ans.

Nan-keng (1433 avant J.-C.), fils de Vo-kia, se prévalut de l'innovation introduite par l'empereur Tsou-sin pour se faire adjuger le trône, dont il jouit l'espace de vingt-cinq ans.

Yang-kia (1408 avant J.-C.), fils de Tsou-ting, devint le successeur de Nan-kong, au préjudice du fils de ce dernier, ce qui occasionna des troubles et causa une espèce d'anarchie, pendant sept ans que dura le règne de Yang-kia.

Poang-keng (1401 avant J.-C.), frère de Yang-kia, après lui avoir succédé, se vit obligé, par une grande inondation du fleuve Hoang-ho, de transporter sa cour au pays de Yn. Avant son départ, ayant assemblé les grands, il les avertit, par un discours pathétique, de changer de conduite et de s'occuper soigneusement du bien public, qu'ils avaient négligé jusqu'alors pour ne penser qu'à leurs intérêts particuliers. Ce discours fit l'impression que le prince désirait. Les gouverneurs des provinces rentrèrent dans le devoir. Tout était dans l'ordre, et il y avait lieu d'espérer que Poang-keng aurait rendu à l'empire tout son lustre, si la mort ne l'eût prévenu en l'enlevant la vingt-huitième année de son règne.

Siao-sin (1373 avant J.-C.), frère de Poang-keng, en lui succédant, porta sur le trône un caractère entièrement opposé à celui de ce prince. Ennemi du travail et livré à ses plaisirs, il abandonna le timon de l'État à ses ministres, sans se montrer sensible aux murmures du public. Il mourut après un règne de vingt et un ans, sans être regretté de personne.

Siao-y (1352 avant J.-C.), fils de l'empereur Tsou-ting, frère puîné de Siao-sin et son successeur, mena comme lui une vie oisive et voluptueuse sur le trône. Pendant son règne, qui fut de vingt-huit ans, Cou-kong, dont le petit-fils Wen-wang devint le chef de la dynastie des Tcheou, quitta son pays de Pin pour aller s'établir dans le Chen-si. Il y fonda, au pied de la montagne de Ki-chan, une ville qui, dans l'espace de trois ans, devint la capitale d'un petit territoire et l'une des plus considérables de l'empire, par l'affluence des peuples qui s'empressèrent de venir l'habiter. C'était l'effet des sages règlements que Cou-kong avait établis, et de son attention à les faire observer.

Wou-ting ou Cao-tsong (1324 avant J.-C.), fils de Siao-y, en lui succédant, remit les affaires entre les mains de Can-pan, son précepteur, après quoi il prit le deuil, qu'il observa dans toute la rigueur pendant le cours de trois ans, sans vouloir parler à personne. Durant ce temps, Can-pan gouverna l'empire et le gouverna bien. Le temps du deuil étant expiré, Cao-tsong voulut continuer sa même façon de vivre. Mais il en fut détourné par les remontrances qu'on lui fit. Cherchant un ministre pour remplacer Can-pan, qui n'existait plus, il dit aux grands qu'il avait eu un songe dans lequel le souverain (du ciel?) lui avait fait voir la figure d'un homme qui devait être son ministre. Il fit faire plusieurs portraits de l'homme vu en songe, et ordonna de le chercher dans le royaume. On trouva l'homme ressemblant au portrait, travaillant par corvée à la réparation d'une digue, dans la province de Chan-si. Il fut amené à la cour et fait premier ministre. Le roi lui dit : « C'est toi, cher Fou-yué, que le ciel a choisi pour m'aider de tes sages leçons. Je te regarde comme mon maître : regarde-moi comme une glace de miroir peu polie que tu dois façonner, ou comme un homme faible et chancelant sur les bords d'un précipice que tu dois guider, ou comme une terre sèche et aride que tu dois cultiver. Ne me flatte point; ne m'épargne point sur mes défauts, afin que par tes instructions et par celles de mes autres ministres je puisse acquérir les vertus de mon aïeul Tching-hang, et rappeler, dans ces jours infortunés, la modération, la douceur et l'équité de son gouvernement. » Si les maximes de gouvernement qu'il débita au roi, d'après le *livre historique*, sont réellement de lui, il faut avouer qu'elles ne sont pas mauvaises. « La paix et le trouble, dit-il, dépendent des ministres. Les emplois ne doivent pas être donnés à ceux qui ne suivent que leurs passions, mais à ceux qui ont de la capacité. Les honneurs ne doivent pas être conférés aux méchants, mais aux sages. — Si l'on ne fait pas de bien aux hommes, on est méprisé; si l'on ne rougit pas d'une faute involontaire, on commet une nouvelle faute.» — Fou-yué (c'est le nom du manœuvre), fut un grand ministre, et, sous sa direction, le roi Wou-ting eut un beau règne. Un sage lui tient ce discours dans le *Chou-king* : « Le ciel voit les hommes et veut que leurs actions soient conformes à la justice. Aux uns il accorde une longue vie, aux autres une vie de peu de durée; ce n'est pas le ciel qui perd les hommes, les hommes se perdent eux-mêmes, en s'écartant de ses ordres. — Si les hommes ne se conforment pas à la vertu, s'ils ne font pas l'aveu de leurs fautes, le ciel leur manifeste sa volonté afin qu'ils se corrigent. Voilà ce que je propose. »

Six royaumes étrangers dont la langue était inconnue à la Chine, frappés de l'ordre admirable qui régnait dans l'empire, envoyèrent des ambassadeurs avec leurs interprètes pour faire hommage à Cao-tsong (1319 avant J.-C.) et se soumettre à ses lois. — Cependant (1293 avant J.-C.) Kouei-fang, prince d'un pays situé à l'orient de la Chine, se fiant sur les montagnes et les défilés dont il était environné, se révolta contre l'empereur. Mais une armée que Cao-tsong envoya contre lui vint à bout, après avoir essuyé quelques échecs, de le réduire. On vit alors renaître dans l'empire une paix constante, durant tout le règne de Cao-tsong, qui fut de cinquante-neuf ans.

TSOU-KENG (1265 avant J.-C.) monta sur le trône après Cao-tsong. Sous son règne, qui fut de sept ans, l'empire commença à déchoir de l'état florissant où son prédécesseur l'avait mis.

TSOU-KIA (1258 avant J.-C.), second fils de Cao-tsong, fut reconnu pour son successeur. A la vingt-huitième année de son règne, un prince vassal de la principauté de Tcheou mourut fort regretté, dit-on, des Chinois. Il laissa trois fils, et, avant de mourir, il avait fait connaître qu'il désirait avoir le plus jeune pour successeur. Ce fait indique à lui seul que le pouvoir de ces grandes principautés chinoises était héréditaire. Les deux frères aînés se retirèrent et allèrent aux extrémités orientales du Kiang-nan (midi du fleuve Kiang), dont les populations barbares les reçurent avec joie et les reconnurent pour leurs souverains. Ces deux princes, pour se conformer à la coutume du pays, se firent des marques sur le corps et couper les cheveux. Plusieurs historiens chinois prétendent que les *daïras* ou empereurs du Japon tirent leur origine de l'aîné de ces princes, qui se nommait Taï-pe. Sans admettre ou rejeter cette origine, ce trait historique fait voir que la Chine, à cette époque, sur la fin de la seconde dynastie, ne s'étendait pas au delà du grand fleuve Kiang. Le règne de Tsou-kia fut de vingt-trois ans. Il s'était rendu si odieux à ses sujets par son orgueil et par ses détestables débauches, qu'il y eut divers mouvements dans l'empire qui semblaient annoncer la ruine prochaine de sa dynastie.

LIN-SIN (1225 avant J.-C.), fils de Tsou-kia, fut, comme lui, esclave des plaisirs, et si éloigné de toute application, qu'il défendit à ses ministres de lui rendre compte d'aucune affaire, ne voulant pas être interrompu dans ses infâmes débauches; elles abrégèrent ses jours, et, après un règne de six ans, il laissa la couronne à son frère.

KENG-TING (1219 avant J.-C.), non moins négligent que Lin-sin dans le gouvernement, mourut après un règne de vingt et un ans.

WOU-Y (1198 avant J.-C.), fils de Keng-ting, fut plus méchant et plus impie qu'aucun de ses prédécesseurs. Les Chinois disent que c'était un insensé (*wou-tao*). Il fit faire des statues de bois ou des idoles auxquelles il donna le titre d'*esprits célestes*. Il attacha au service de ces idoles des gens qui les faisaient mouvoir ou les portaient devant lui partout où il l'ordonnait. Quand la fantaisie lui en prenait, il faisait des paris avec ces dieux de sa façon, représentés par l'individu qui les servait. Quand l'idole-dieu perdait, Wou-y, ivre de sa supériorité sur lui, accablait son représentant d'insultes, et quelquefois le faisait mourir. Un jour, dit-on, après avoir ainsi fait exécuter le représentant de l'un de ses dieux de fantaisie, il fit recueillir son sang dans un sac de cuir, et, l'ayant fait suspendre à un mât élevé, il lui décocha des flèches comme pour défier et insulter l'esprit céleste. Il mourut à la chasse, frappé de la foudre. C'est vers ce temps-là que des colonies chinoises allèrent peupler quelques îles du côté de l'orient, parmi lesquelles on compte celles du Japon.

TAI-TING (1194 avant J.-C.), fils de Wou-y, lui succéda, et commença son règne par déclarer la guerre à un prince tributaire, dont le petit État s'appelait Yen. Il est dans la province de Pe-che-li; et Péking, qui est maintenant la capitale de l'empire, était une des villes de cette petite souveraineté. Taï-ting ne régna que trois ans, et laissa à son fils le soin de continuer et de finir la guerre qu'il avait entreprise.

TI-Y (1191 avant J.-C.), fils de Taï-ting, lui ayant succédé, confirma dans la charge de général de ses armées Ki-lié, que son père y avait élevé, et eut presque aussitôt la satisfaction de le voir revenir triomphant de la révolte qui s'était élevée dans l'empire. Mais dans la septième année de son règne, il eut la douleur de perdre ce général. Ki-lié laissa un fils nommé Wen-wang, qui lui succéda dans le gouvernement de Tcheou, et le surpassa par ses grandes qualités. Le mandarin Kuen-y s'étant révolté la vingt-quatrième année de Ti-y, ce prince envoya contre lui Wen-wang, qui imposa tellement aux rebelles par sa bonne contenance, qu'ils rendirent les armes sans les avoir tirées. Ti-y avait le cœur bon, mais peu d'élévation dans l'esprit. Son règne fut de trente-sept ans.

CHEOU-SIN ou TCHEOU, dernier empereur de la dynastie *Chang*, parvint à l'empire l'an 1154 avant l'ère chrétienne. Ce prince fut un monstre sur le trône; le luxe, la débauche, la tyrannie et la cruauté y montèrent avec lui. Né avec un caractère violent, ennemi de la contradiction, faux, dissimulé, lâche, mais vain et présomptueux jusqu'à l'excès, il ne fut retenu ni par l'autorité des lois, ni par la crainte des peuples. Son nom est aussi abhorré à la Chine que celui de Néron l'est dans l'Occident. Ses crimes, qui se succédaient chaque jour avec plus de fureur, le précipitèrent enfin du trône, et il entraîna dans sa ruine sa dynastie même, qui avait subsisté avec gloire pendant le cours de six cent quarante-quatre ans. Son épouse, Tan-ki, fut la principale cause de toutes les atrocités qui souillèrent son règne. Jamais femme n'unit à tant de beauté un caractère plus féroce et plus sanguinaire. L'empereur ne se conduisait que par ses conseils; et ceux qu'elle lui donna ne tendirent qu'à le rendre barbare. Elle lui répétait sans cesse que la terreur est la plus sûre garde des souverains, et qu'il n'aurait de sujets soumis qu'autant qu'il les épouvanterait par l'appareil des supplices. Elle eut l'affreuse gloire d'en inventer plusieurs, un entre autres, qui consistait en une colonne d'airain, creuse en dedans, et munie d'une ouverture à sa base, par où l'on introduisait le feu; on enduisait extérieurement cette colonne de poix et de résine, et on la faisait rougir à un feu violent. Le patient, dépouillé de tout vêtement, y était attaché avec des chaînes de fer, et ce malheureux était obligé d'embrasser des bras, des cuisses et des jambes, cette colonne enflammée, qui consumait ses chairs jusqu'aux os. Tan-ki se faisait un amusement d'assister avec l'empereur à cet horrible supplice, et souvent elle manifestait par des éclats de rire l'affreux plaisir qu'elle goûtait à entendre les hurlements et les cris que la douleur arrachait à ces misérables victimes. Le luxe et les profusions de cette femme ne connurent point de bornes. Entre autres édifices, elle fit construire en marbre une tour, qu'on appela la *Tour des cerfs*. Le sol de cette vaste enceinte fut orné d'un superbe parquet, et l'art prodigua les matières les plus précieuses pour sa décoration intérieure. Lorsque cet édifice fut achevé, Tan-ki y fit allumer et entretenir une si prodigieuse quantité de flambeaux et de lanternes, que leur éclat égalait celui du soleil. C'est là que cette impératrice s'enfermait avec son époux pendant six mois de suite, oubliant la succession des jours et des nuits, et ne s'occupant, au milieu d'une troupe de jeunes gens des deux sexes, que du soin de varier ses plaisirs, qu'elle poussait jusqu'à la dissolution la plus effrénée. C'est à ces longues orgies nocturnes que quelques auteurs rapportent l'institution de la fête annuelle des lanternes, si célèbre à la Chine. Les ministres et les grands de la cour gémissaient sur tant d'excès, et cherchaient les moyens de détourner les malheurs qui menaçaient l'Etat. Un d'entre eux, nommé Kieou-heou, crut qu'une passion nouvelle pourrait détacher l'empereur de celle qui l'asservissait à l'odieuse Tan-ki; et que, si l'on parvenait à lui inspirer le désir de prendre une autre femme d'un caractère opposé, celle-ci réussirait peut-être à changer le cœur de ce prince, et à le ramener sans violence à la raison et à l'humanité. Plein de cette idée, il ne réfléchit pas assez sur le danger auquel il allait exposer l'innocence. Lui-même avait une fille qui aux charmes de la figure joignait tous les agréments de l'esprit, et qui était aussi vertueuse que belle. Il lui fit part de ses projets. Cette jeune personne en fut d'abord épouvantée; mais son inexpérience, sa soumission, et l'espoir dont on la flattait de sauver l'Etat, la firent enfin consentir à paraître dans cette cour. Elle fut présentée à Cheou-sin, qui parut frappé de tant de beauté, de grâces et de modestie; elle fut même bien accueillie de Tan-ki, qui se proposait sans doute de la rendre dans peu la compagne de ses dissolutions. Tout ce que la séduction peut mettre en œuvre d'artifices, tout ce que la passion a de plus tendre, fut inutilement employé par l'empereur pour corrompre la fille de Kieou-heou : sa vertu fut inébranlable. Las enfin d'une résistance qui l'humiliait, et qu'il n'était point de son caractère de supporter longtemps, ce prince, furieux et désespéré, au moment où il venait d'essuyer de nouveaux refus, saisit cette aimable fille par les cheveux, et la poignarda de sa main sous les yeux de Tan-ki. Aidé de cette mégère, il coupe ensuite ses membres en morceaux, les fait apprêter au feu; et envoie cet horrible mets à son malheureux père, qu'il ordonne qu'on égorge aussitôt qu'il aura reconnu ces déplorables restes de sa fille. D'autres atrocités, commises froidement et sans passion, peignent peut-être mieux encore l'âme féroce de ce monstre couronné. Il lui prit un jour fantaisie, ainsi qu'à sa cruelle épouse, de savoir comment les enfants se forment et prennent leur accroissement dans le sein de leur mère. On rassembla par leur ordre un certain nombre de jeunes femmes enceintes à différents termes, et ils les firent successivement éventrer pour satisfaire leur barbare curiosité. Peu de temps après succéda une autre expérience. Dans les jours les plus rudes d'un hiver rigoureux, quelques hommes traversèrent à la nage un large fleuve couvert de glaçons, et montrèrent une vigueur et une agilité qui étonnèrent tous les spectateurs. Cheou-sin donna ordre qu'on les lui amenât, et leur fit briser les jambes pour découvrir, disait-il, dans la conformation de leurs muscles, le principe de la force extraordinaire qu'ils avaient déployée. On n'osait plus hasarder de remontrances; toutes avaient été funestes à leurs auteurs. Pi-kan, oncle de l'empereur et l'un de ses ministres, homme d'une inflexible probité, eut cependant encore le courage de tenter un dernier effort pour le rappeler à ses devoirs; comme il le pressait vivement de changer de conduite, le tyran furieux l'interrompit, et lui dit : « J'ai ouï raconter, mon oncle, que le cœur des sages avait sept ouvertures différentes; je ne m'en suis pas encore éclairci, mais je veux m'assurer aujourd'hui si ce fait est certain. » Se tournant en même temps vers quelques-uns des scélérats qui l'accompagnaient toujours, il fait massacrer Pi-kan, et ordonne qu'on lui arrache le cœur. Des attentats aussi multipliés avaient répandu la terreur dans tout l'empire. Les grands et tout ce qui restait de princes de la famille impériale avaient abandonné la cour pour se mettre à l'abri des caprices du tyran. La plupart de ces illustres exilés s'étaient retirés à la cour de Tcheou, près de Ou-ouang, le plus vertueux comme le plus puissant des princes feudataires; tous unirent leurs prières pour le conjurer de sauver l'Etat, en chassant du trône un monstre qui le déshonorait depuis trente-deux ans. La réputation de sagesse dont jouissait Ou-ouang, la paix et le bonheur que goûtaient les peuples soumis à ses lois, et sa puissance presque égale à celle des empereurs, le faisaient regarder comme le seul qui pût mettre un terme aux fureurs insensées d'un couple abhorré; tous les vœux, tous les suffrages publics, l'appelaient à l'empire. Ce prince hésita longtemps; sa probité délicate lui faisait redouter le nom d'usurpateur. Cependant les maux de l'Etat croissaient, et les instances devinrent si pressantes, si universelles, qu'il se détermina enfin à prendre les armes et à marcher contre Cheou-sin. Dès qu'on le sut à la tête de ses troupes, tout l'empire parut s'ébranler; on accourut en foule se ranger sous ses drapeaux. Un grand nombre de gouverneurs de villes et de provinces, et la plupart des princes tributaires se rendirent dans son camp suivis des renforts qu'ils lui amenaient. Cheou-sin, de son côté, s'était mis aussi à la tête de forces considérables qu'il avait rassemblées. Les deux armées se rencontrèrent dans la plaine de Mou-ye, l'une des plus vastes de la province de Ho-nan. La bataille qu'elles s'y livrèrent fut terrible, et les troupes impériales y furent entièrement défaites. Le Chou-king rapporte qu'il y eut tant de sang répandu, « qu'il s'en forma des ruisseaux sur lesquels flottaient les mortiers destinés à piler le mil et le riz. » Cette victoire sauva l'empire, et en assura la conquête au prince de Tcheou. Le lâche Cheou-sin fut un des premiers à se sauver du champ de bataille; courut à toute bride se renfermer dans le palais de sa capitale, où, dès qu'il fut arrivé, il se para de ses plus riches bijoux et de ses vêtements les plus somptueux, et fit mettre le feu à tout l'édifice pour ne pas tomber vivant entre les mains du vainqueur. Aussitôt que la nouvelle en fut parvenue à Ou-ouang, il fit partir un détachement de son armée pour aller éteindre l'incendie, ou empêcher au moins qu'il ne se communiquât au reste de la ville. L'impératrice Tan-ki n'avait pas eu le courage de mourir avec son époux; cette femme détestée eut l'inexplicable effronterie de vouloir paraître aux yeux de Ou-ouang. Ornée de ses plus riches atours et parée avec tout l'art d'une coquetterie recherchée, elle s'était mise en marche pour aller le trouver; mais, ayant été rencontrée par les troupes qui se portaient au secours du palais en feu, les officiers qui commandaient ce détachement la firent enchaîner. Ils en donnèrent aussitôt avis au prince de Tcheou, qui envoya l'ordre de la mettre à mort. Cette révolution, qui mit fin à la longue dynastie des Chang et donna naissance à celle des Tcheou, est de l'an 1122 avant Jésus-Christ.

## IIIe DYNASTIE : LES TCHEOU.

WOU-WANG (1122 avant J.-C.). Le fondateur de cette nouvelle dynastie, comme ceux des dynasties précédentes, fut un grand souverain, selon les historiens chinois et les philosophes de cette nation, au premier rang desquels est placé Confucius, toujours cité pour modèle aux autres princes. Après avoir renversé le dernier roi de la dynastie Chang, le prince de Tcheou, qui se nommait FA, reçut ou prit le nom de Wou-wang (roi guerrier), sous lequel il est connu dans l'histoire (1).

Après la défaite de Cheou-sin, les peuples qui craignaient le ressentiment du vainqueur s'étaient dispersés et jetés dans les montagnes. Wou-wang envoya plusieurs de ses officiers de tous côtés pour les rassurer et les faire revenir, avec promesse qu'on ne leur ferait aucun mal. Il ne voulut entrer dans la capitale, dont presque tous les habitants avaient fui, que lorsqu'ils y seraient revenus. Ce fût un ancien ministre de Cheou-sin, qui n'avait pu arrêter les folies de ce roi, et qui s'était retiré lui-même dans les montagnes avant la catastrophe, qui les ramena. Ce fut alors que Wou-wang fit son entrée dans la capitale de l'empire, accompagné de trois mille cavaliers. L'histoire chinoise rapporte un curieux dialogue que l'on suppose avoir été tenu dans cette circonstance. Pi-koung, frère de Wou-wang, marchait à la tête. « N'est-ce pas là notre nouveau roi? demanda le peuple à l'ancien ministre, qui connaissait Wou-wang. — Non, répondit-il, celui-ci a l'air trop fier, ce ne peut être lui : le sage a un air modeste, et paraît craindre dans tout ce qu'il entreprend. » Après parut Taï-koung (grand comte, premier ministre de Wou-wang), monté sur un beau cheval, avec un air qui inspirait la frayeur. Le peuple, épouvanté de sa seule vue, demanda à l'ancien ministre : « Serait-ce là notre nouveau maître? — Non, répondit-il; celui-ci est un homme qu'on prendrait, même quand il s'assied, pour un tigre, et pour un aigle ou pour un épervier quand il se dresse sur ses pieds : quand il se bat dans une action, ajouta-t-il, il se laisse emporter à l'ardeur impétueuse de son naturel bouillant et colère : le sage n'est pas tel; il sait avancer et se retirer à propos. » Tcheou-koung (frère cadet de Wou-wang) parut à la tête d'une troisième troupe, avec un air majestueux qui fit croire aussitôt au peuple que c'était Wou-wang. « Ce n'est pas encore lui, répondit l'ancien ministre. Celui-ci a toujours un air sévère et grave, et ne pense qu'à détruire le vice : quoiqu'il ne soit pas le fils du ciel, maître de l'empire, il en est le premier ministre et le gouverneur. C'est ainsi que le sage sait se

(1) A partir du fondateur de la troisième dynastie, nommée *Tcheou*, jusqu'à la cinquième, celle des *Han*, les rois ne sont pas désignés dans l'histoire par leur vrai nom, mais par le surnom qui leur a été donné après leur mort dans la *salle des ancêtres*, et qui résume déjà, par une seule épithète, le jugement de l'histoire et de la postérité. A partir de la dynastie *Han*, les empereurs se donnent un nom de règne qui est quelquefois plus usité que le nom posthume.

faire craindre, même des gens de bien. » Dans ce moment parut un homme majestueux, mais modeste, ayant également un air sérieux et affable, environné d'une foule d'officiers, qui montraient assez par leurs manières respectueuses que celui qu'ils accompagnaient était leur souverain. Le peuple alors s'écria : « Ah! voici sans doute notre nouveau prince! — C'est lui, répondit l'ancien ministre; quand le sage veut faire la guerre aux vices et rétablir la vertu, il est tellement maître de ses passions, que jamais il ne fait paraître aucun mouvement de colère contre le vice, ni de joie à la vue de la vertu. »

Lorsque Wou-wang eut fait son entrée dans la ville, il fit publier qu'il ne prétendait point changer le gouvernement des Chang, qu'il voulait au contraire qu'on observât les règlements faits par les anciens sages de cette dynastie. Cependant un de ses premiers actes de souveraineté fut le changement du calendrier : il ordonna que la lune ou le mois dans lequel se trouve le solstice d'hiver fût la première lune de l'année, et on détermina que l'heure de minuit commencerait le jour civil. L'astronomie était cultivée à cette époque; le père de Wou-wang avait fait construire un observatoire dans sa principauté de Tcheou (1). Tout renversement de dynastie étant supposé un châtiment public des lois enfreintes, et tout gouvernement nouveau le rétablissement du règne de la justice, le nouveau roi paraît avoir répondu largement à cette mission. Il fit sortir de prison tous ceux qui y étaient retenus injustement; il fit élever un tombeau au courage civil du ministre mis à mort par le dernier tyran, et il honora sa mémoire par de pompeuses cérémonies. Il distribua à l'armée qui l'avait servi l'argent trouvé dans les trésors de Cheou, et fit de nombreux présents aux princes, aux grands et aux officiers. Il fit faire des cérémonies pour honorer ceux qui étaient morts dans le combat dont il sortit vainqueur. La couleur blanche était, comme nous l'avons vu, la couleur de la précédente dynastie; il y substitua la couleur rouge. Après avoir fait quelques règlements pour le soulagement des peuples et pour la sûreté de ses conquêtes, il s'en retourna à *Foung-hao* (aujourd'hui *Tchang-an-kian*) dans sa principauté du Chen-si, où il fixa le siége du gouvernement, qui était avant dans le Ho-nan. Wou-wang commença son règne par offrir des actions de grâces au souverain empereur du ciel (Chang-ti); il rétablit les anciennes lois et les anciennes coutumes auxquelles son prédécesseur avait substitué sa volonté royale et les odieux caprices de sa maîtresse. Il attacha sept historiographes à sa cour. Le premier, sous le nom de *premier* ou *grand historien* (Taï-sse), était chargé de recueillir tous les faits concernant le gouvernement général de la Chine. Le second, nommé *petit historien* (Chao-sse), tenait registre de tout ce qui regardait les États feudataires. Le troisième, nommé *observateur des météores* (Foung-siang), mettait par écrit les observations astronomiques et tous les événements de l'histoire céleste. Le quatrième, nommé *Pao-tchang*, rédigeait les détails des phénomènes physiques et des calamités. Le cinquième, nommé *historien de l'intérieur* (Neï-sse), conservait les édits, déclarations, ordonnances de l'empereur et les sentences qui faisaient loi. Le sixième, nommé *historien de l'extérieur* (Aï-sse), avait dans son département les livres étrangers, les traductions, les dépêches de la cour, etc. Le septième enfin, nommé *historien impérial* (Yu-sse), écrivait les *mémoires* particuliers de l'empereur et de sa famille. Il fit venir à sa cour l'oncle du tyran efféminé, qui avait été obligé de contrefaire l'insensé pour échapper à la mort. Wou-wang eut avec lui de fréquents entretiens sur la philosophie, l'astronomie, la politique, la physique et autres objets concernant la science du gouvernement. Ces entretiens ont été conservés dans le *Livre sacré des annales :* comme c'est sans aucun doute le monument le plus ancien qui nous reste dans l'histoire, de l'état de ces sciences à cette époque reculée (1122 ans avant notre ère), on croit devoir le rapporter ici; en prévenant que l'on n'a pas prétendu éclairer toutes les difficultés du texte chinois. Mais comme il est impossible aux hommes de nos jours d'avoir l'intelligence complète de l'antiquité (ils ne peuvent pas même l'avoir de leur époque), ce qui restera intelligible suffira pour apprécier jusqu'à un certain point l'état de la civilisation chinoise à l'époque dont il est question; car la civilisation se manifeste dans les idées comme dans les faits.

« A la treizième année, le roi interrogea Ki-tseu.

» Le roi dit : Oh! Ki-tseu, le ciel a des voies secrètes par lesquelles il rend le peuple tranquille et fixe. Il s'unit à lui pour l'aider à garder son repos, son état fixe. Je ne connais point cette règle; quelle est-elle?

» Ki-tseu répondit : J'ai entendu dire qu'autrefois Kouen (père de Yu), ayant empêché l'écoulement des eaux de la grande inondation, les cinq éléments (*ou hing, les cinq agissants*) furent entièrement dérangés; que le Ti (le souverain suprême, selon le commentateur) en fut courroucé, et ne lui donna pas les neuf règles de la *sublime doctrine* (titre du chapitre actuel); que ce Kouen, abandonnant la doctrine fondamentale, fut mis en prison, et mourut misérablement; mais que Yu (son fils), qui lui succéda dans ses travaux, reçut du ciel ces neuf règles, et qu'alors la doctrine fondamentale fut en vigueur.

» La première règle à observer réside dans les cinq (éléments) agissants (1); la seconde est l'attention à donner dans les cinq occupations; la troisième est l'application aux huit principes de gouvernement; la quatrième est l'accord dans les cinq (choses) périodiques; la cinquième est le pivot fixe du souverain; la sixième est la pratique des trois vertus; la septième est l'intelligence dans l'examen de ce qui est douteux; la huitième est l'attention à toutes les apparences qui indiquent quelque chose; la neuvième est la recherche des cinq félicités et la crainte des six extrêmes.

» I. La catégorie des *cinq (éléments) agissants* est ainsi composée : 1° l'eau; 2° le feu; 3° le bois; 4° les métaux; 5° la terre. L'eau est humide et descend; le feu brûle et monte; le bois se courbe et se redresse; les métaux se fondent et sont susceptibles de mutations; la terre est propre à recevoir les semences et à produire des moissons. Ce qui descend est humide et a le goût salin; ce qui brûle et s'élève a le goût amer; ce qui se courbe et se redresse a le goût acide; ce qui se fond et se transforme est d'un goût piquant et âpre; ce qui se sème et se recueille est doux.

» II. La catégorie des *cinq occupations* est composée de : 1° la forme ou figure extérieure du corps; 2° la parole; 3° la vue; 4° l'ouïe; 5° la pensée. La forme extérieure doit être grave, respectueuse; la parole doit être claire, distincte; l'ouïe doit être fixe, la pensée pénétrante. L'extérieur du corps grave et respectueux se fait respecter, la parole honnête et fidèle se fait estimer; la vue claire, distincte, prouve de l'expérience; avec l'ouïe fine on est en état de concevoir et d'exécuter de grands projets; avec une pensée pénétrante on est un saint ou un homme parfait.

» III. La catégorie des *huit principes de gouvernement* se compose de : 1° les vivres; 2° les biens ou richesses; 3° les sacrifices et les cérémonies; 4° le ministère des travaux publics; 5° le ministère de l'instruction publique; 6° le ministère de la justice; 7° la manière de traiter les étrangers; 8° les armées.

» IV. La catégorie des cinq (*choses*) *périodiques* se compose de : 1° l'année; 2° la lune (2); 3° le soleil; 4° les astres; 5° les nombres astronomiques.

» V. La cinquième catégorie, *le pivot fixe du souverain* (comme l'extrémité du pôle nord, dit le commentaire), est observée quand le souverain a dans ses actions un centre ou pivot fixe (qui lui sert de règle de conduite); alors il se procure les cinq félicités, et il en fait jouir les peuples. Tant que les po-

(1) Cet observatoire est célèbre, dans le *Livre des vers*, sous le nom de *Tour de l'intelligence* (*Ling-taï*). L'empressement du peuple pour l'élever fut si grand, qu'il fut construit en un jour, dit *Meng-tseu*. Le P. Gaubil, dans son histoire de l'astronomie chinoise, a calculé, avec les éléments conservés dans le *Chou-king*, les dates précises des événements principaux qui concoururent au troisième changement de dynastie. « L'examen et le calcul des jours marqués dans le *Chou-king*, dit-il, font voir que le 30 novembre 1112 *Wou-wang* partit de sa cour du Chen-si pour sa grande expédition; que le 26 décembre 1112 il passa le fleuve Hoang-ho à *Meng-tsin*; que le 31 décembre l'armée fut rangée en bataille dans la campagne de Mou-ye; que le 1er janvier 1111 il y eut bataille; Wou-wang fut vainqueur. On voit aussi qu'après le 3e jour de la 4e lune, dans l'année 1111, Wou-wang repartit pour sa cour, et que le 14 avril 1111 il fut salué et reconnu empereur avec grande pompe! » Ce calcul diffère de 10 ans de celui des grands *Tableaux chronologiques* chinois, et de sa propre chronologie, d'une composition plus récente.

(1) « Les cinq (*éléments*) *agissants*, dit le commentateur Tchou-hi dépendent du ciel, les *cinq occupations* dépendent de l'homme. Les *cinq occupations* (*ou-sse*), correspondent aux cinq (éléments) agissants (*ou-hing*) : c'est l'union de l'homme et du ciel; les *huit principes de gouvernement* sont ce que les hommes ont obtenu du ciel; les *cinq* (*choses*) *périodiques* (*ou-ki*) sont ce que le ciel manifeste aux hommes; le *pivot fixe* du souverain (*hoang-ki*) est ce que le prince détermine comme but, etc. »

(2) La lune désigne aussi le *mois*, et le soleil le *jour*.

pulations vous verront conserver cette règle de droiture fixe, ils la conserveront également.

» Toutes les fois que parmi les populations il n'existe point de liaisons criminelles, de mœurs corrompues, que les hommes en place n'ont pas de vices, c'est que le souverain a gardé cette règle fixe de conduite.

» Toutes les fois que parmi les peuples il y en a qui ont de la prudence, qui travaillent beaucoup et qui sont vigilants, vous devez les favoriser. S'il s'en trouve qui ne puissent parvenir à cette règle fixe de la vertu, mais qui ne commettent pas de fautes, le souverain doit les recevoir et les traiter avec bonté : voyant que vous êtes compatissant, ils feront des efforts pour être vertueux : alors ne laissez pas ces efforts sans récompense. C'est ainsi que les hommes se conduisent sur la règle et l'exemple du souverain.

» Ne soyez pas dur comme un tigre à l'égard de ceux qui sont sans appui, et ne faites paraître aucune crainte à l'égard de ceux qui sont riches et puissants.

» Si vous faites en sorte que les hommes qui ont du mérite et des talents se perfectionnent dans leur conduite, le royaume sera florissant. Si vos magistrats ont de quoi vivre, ils feront le bien ; mais si vous n'encouragez pas les familles à aimer la vertu, on tombera dans de grandes fautes; si vous récompensez des gens sans mérite, vous passerez pour un prince qui se fait servir par ceux qui sont vicieux. »

Suit un chant en petits vers rimés, de quatre syllabes, que le philosophe Ki-tseu voulait que tout le monde apprît, et dont l'ancienneté n'est pas indiquée.

« VI. La sixième catégorie des trois vertus comprend : 1° la droiture ; 2° l'exactitude et la sévérité dans le gouvernement ; 3° l'indulgence et la douceur. Quand tout est en paix, la seule droiture suffit ; s'il y a des méchants qui abusent de leur puissance, il faut employer la sévérité; si les peuples sont dociles, soyez doux et indulgent; mais il faut encore de la sévérité à l'égard de ceux qui sont dissimulés et peu éclairés, et de la douceur à l'égard de ceux qui sont puissants et éclairés.

» Il n'y a que le souverain seul qui ait droit de récompenser ; il n'y a que le souverain seul qui ait droit de punir ; il n'y a que le souverain seul qui ait le droit d'être servi à table dans des vases de jade.

» Si les vassaux récompensent, punissent, se font servir des aliments dans des vases de jade, eux et leurs familles et leurs États périront. Si les magistrats ne sont ni droits ni équitables, le peuple donnera dans des excès.

» VII. Dans la septième catégorie, *l'examen des cas douteux*, on choisit un homme pour interroger les sorts (1), et on l'investit de ses fonctions.

» Cet examen comprend : 1° la vapeur qui se forme ; 2° celle qui se dissipe ; 3° l'obscurité ; 4° les fissures isolées, et celles qui se croisent et se tiennent.

» S'il se trouve trois hommes pour interroger les sorts, on s'en tient à ce que deux diront.

» Si vous avez un doute important, examinez vous-même ; consultez les grands, les ministres et le peuple ; consultez les sorts.

» Lorsque tout se réunit pour indiquer la même chose, c'est ce que l'on nomme le grand accord ; vous aurez la tranquillité, la force, et vos descendants seront dans la joie.

» Si les grands, les ministres et le peuple disent d'une manière, et que vous soyez d'un avis contraire, mais conforme aux indices de la tortue et des sorts, votre avis réussira.

» Si vous voyez les grands et les ministres d'accord avec la tortue et les sorts, quoique vous et le peuple soyez d'un avis contraire, tout réussira également.

» Si le peuple, la tortue et les sorts sont d'accord, quoique vous, les grands et les ministres vous vous réunissiez pour le contraire, vous réussirez dans le dedans, mais non au dehors.

» Si la tortue et les sorts sont contraires au sentiment des hommes, ce sera un bien que de ne rien entreprendre : il n'en résulterait que du mal.

» VIII. La huitième catégorie des *apparences* ou des *phénomènes* comprend : 1° la pluie ; 2° le temps serein ; 3° le chaud ; 4° le froid ; 5° le vent ; 6° les saisons. Si ces six choses arrivent exactement, chacune selon la règle, les herbes et les plantes croissent en abondance.

» Le trop est sujet à beaucoup de calamités ; le trop peu est également sujet à beaucoup de calamités.

(1) Selon les interprètes c'était l'inspection d'une tortue que l'on brûlait et de certaine herbe.

» Voici les bonnes *apparences :* Quand la vertu règne, la pluie vient à propos ; quand on gouverne bien, le temps serein paraît ; une chaleur qui vient dans son temps désigne la prudence ; quand on rend des jugements équitables, le froid vient à propos ; la perfection est indiquée par des vents qui soufflent dans leur saison.

» Voici les mauvaises *apparences :* Quand les vices règnent, il pleut sans cesse ; si l'on se comporte légèrement et en étourdi, le temps est trop sec ; la chaleur est continuelle, si l'on est négligent et paresseux ; de même, le froid ne cesse point, si l'on est trop prompt ; et les vents soufflent toujours, si l'on est aveugle sur soi-même.

» Le roi doit examiner attentivement ce qui se passe dans une année les grands ce qui se passe dans un mois, et les petits fonctionnaires ce qui se passe dans un jour.

» Si la constitution de l'atmosphère dans l'année, le mois, le jour, est conforme à la saison, les grains viennent à leur maturité, et il n'y a aucune difficulté dans le gouvernement ; on fait valoir ceux qui se distinguent par leur vertu, et chaque famille est en repos et dans la joie.

» Mais s'il y a du dérangement dans la constitution de l'atmosphère, dans les jours, dans les mois et dans l'année, les grains ne mûrissent pas, le gouvernement, les gens vertueux demeurent inconnus, et la paix n'est pas dans les familles.

» Les étoiles représentent les peuples. Il y a des étoiles qui aiment le vent, d'autres qui aiment la pluie. Les points solsticiaux pour l'hiver et pour l'été sont indiqués par le cours du soleil et de la lune ; le vent souffle et la pluie tombe, selon le cours de la lune dans les étoiles.

» IX. La neuvième catégorie des *cinq bonheurs* ou *félicités* comprend : 1° une longue vie ; 2° des richesses ; 3° la tranquillité ; 4° l'amour de la vertu ; 5° une fin heureuse, après avoir accompli sa destinée.

» Elle comprend en outre les *six malheurs*, qui sont : 1° une vie courte et vicieuse ; 2° les maladies ; 3° les afflictions ; 4° la pauvreté ; 5° la haine ; 6° la faiblesse et l'oppression » (*Chou-king*, liv. IV, chap. 4).

Voilà ce qui se disait à la cour de la Chine il y a trois mille ans. Aussi il paraît que Wou-wang fut si satisfait des avis philosophiques de Ki-tseu sur le bon gouvernement, qu'il le nomma prince de la Corée, et l'envoya gouverner cette presqu'île orientale de la Chine dépendant encore aujourd'hui du grand empire.

On trouve, à cette époque de l'histoire de la Chine, deux exemples extraordinaires de fidélité dynastique, qui n'ont pas été souvent imités depuis. Deux sages, nommés Pé-y et Chou-tchi, sujets de la dynastie des Chang, se laissèrent mourir de faim pour ne rien devoir à la nouvelle dynastie. Ils avaient servi fidèlement et avec zèle Cheou-sin, à qui ils n'avaient pas manqué de faire souvent de vives remontrances sur sa conduite ; et ils étaient du nombre des mécontents qui se retirèrent de la cour. Après la mort fatale du dernier roi de la dynastie *Chang*, et lorsque Wou-wang allait tenir sa cour dans son pays de Tcheou, Pé-y et Chou-tchi sortirent de leur solitude, allèrent à sa rencontre, et, prenant son cheval par la bride, ils lui dirent : « Vous qui vous piquez de vertu, comment avez-vous osé vous révolter contre votre prince et contre votre père, jusqu'à l'obliger de se donner la mort? Où est votre fidélité? Où est votre obéissance? » Les gardes qui accompagnaient le nouveau roi mirent le sabre à la main, et voulaient tuer ces deux hommes ; mais Wou-wang s'y opposa. Les deux anciens serviteurs, voyant que tous leurs efforts en faveur de la dynastie Chang seraient absolument inutiles, renoncèrent à tout commerce avec les hommes. Ils allèrent se cacher dans une montagne, résolus d'y vivre de racines et d'herbes qui y croissaient, pour qu'il ne fût pas dit qu'ils fissent usage de grains appartenant à la nouvelle dynastie. Ils vécurent ainsi quelque temps, jusqu'à ce qu'une vieille femme passant par cette montagne, et ayant su d'eux la vie qu'ils menaient et les motifs qui les y portaient, leur dit : « Je trouve votre raisonnement singulier : vous ne voulez pas vivre des grains dont les hommes vivent, parce que la dynastie Tcheou est maîtresse de l'empire, et que vous ne voulez pas vous nourrir de ce qui lui appartient ; est-ce que ces racines, ces herbes que vous mangez ne sont pas les productions d'une montagne qui appartient aux Tcheou? » Le raisonnement de la vieille femme leur parut sans réplique ; les deux sages, se regardant l'un l'autre, trouvèrent qu'elle avait raison ; dès lors ils prirent la résolution de se priver de tout, de peur de manquer de fidélité à la dynastie des Chang, dont ils étaient nés sujets, et ils se laissèrent mourir de faim. Wou-wang, en apprenant leur mort, en fut affligé ; il loua publiquement leur fidélité et leur attachement à leur prince, et il se reprochait d'en avoir été la cause.

Le nouveau roi, pour satisfaire les grands du royaume auxquels il avait des obligations, leur donna de petites souverainetés vassales qui relevaient de la sienne, mais qui, par la suite, étant devenues de petits royaumes indépendants, furent la source de nombreuses guerres civiles qui déchirèrent l'empire. Tous les mécontents, tous les descendants des premiers empereurs des dynasties précédentes, furent aussi pourvus de petits royaumes, et quinze des parents du nouveau souverain reçurent quinze principautés en apanage. Il y eut alors *vingt-deux* Etats feudataires dans l'empire, lesquels furent portés à plus de *quarante-trois*, cent ans après, et à *cent vingt-cinq*, cent ans plus tard vers l'époque de Khoung-tseu (Confucius). Les grands *Tableaux chronologiques chinois*, comptent *cent cinquante-six royaumes feudataires* (heou-kouë) sous les Tcheou, et *établis* par eux. Il y en avait eu *dix-sept* sous les Chang, *vingt* sous les Hia, *trente* sous l'empereur Chun, et *treize* sous Yao; mais dans ces premiers temps, c'étaient des Etats en partie indépendants, et non créés dans le sein de l'empire, comme sous les Tcheou.

Le système féodal européen s'établit dans toute sa plénitude, et dura près de huit cents ans, autant que la dynastie des Tcheou. L'empire, sous cette forme irrégulière de gouvernement, prit un grand développement intellectuel, et la corruption, que la civilisation occasionne souvent, prit aussi un si grand développement, que plusieurs philosophes, entre autres Lao-tseu et Khoung-tseu (Confucius) se constituèrent réformateurs, en s'élevant contre les abus et en formant de nombreux disciples pour continuer leur mission.

La renommée de Wou-wang fut bientôt répandue dans les contrées voisines de l'empire chinois. Plusieurs chefs de peuplades étrangères accoururent à sa cour pour lui faire hommage et soumission, en lui payant les anciens tributs. Les envoyés du pays de Lou, à l'occident de la Chine, apportèrent un grand chien en présent au roi. Ce fait, insignifiant par lui-même, ne doit pas l'être pour les naturalistes. Il prouve que le chien n'était pas alors indigène à la Chine, et qu'il devait y être fort rare à cette époque. Les paroles que le premier ministre dit au roi à cette occasion méritent d'être rapportées : « Préférer ce qui est utile à ce qui ne l'est pas est une action digne d'éloge. Le peuple trouve ce qui lui est nécessaire, quand on ne recherche pas les choses rares et quand on ne méprise pas les choses utiles. Un chien, un cheval, sont des animaux étrangers à votre pays, il n'en faut pas nourrir : de même, n'élevez pas chez vous de beaux oiseaux, ni des animaux extraordinaires; en ne faisant point de cas des raretés étrangères, les hommes étrangers viendront eux-mêmes chez vous. Qu'y a-t-il de plus précieux qu'un sage? Il met la paix parmi tous ceux qui sont autour de vous » (*Chou-king*, liv. IV, ch. 5).

Wou-wang étant tombé malade, on consulta les sorts : il guérit, mais il mourut ensuite à la septième année de son règne (1146 avant J.-C.).

Son fils, TCHING-WANG, qu'il avait choisi, lui succéda. Son oncle Tcheou-koung, qui fut régent de l'empire pendant sa minorité, se distingua par de belles actions. Il réprima plusieurs révoltes, et fit construire une ville nommée Lo-ye, dans l'endroit où est aujourd'hui Ho-nan-fou, du Ho-nan. Elle fut nommée *Cour orientale*. Un grand nombre de familles de l'ancienne dynastie eurent l'ordre d'aller l'habiter. Cette ville fut bâtie sur un plan qui a été généralement suivi pour toutes les autres villes chinoises. Elle était quadrangulaire, à alignements droits, et elle avait de grands faubourgs. Un des côtés de la ville avait 17,200 pieds (le pied d'alors était de plus d'un tiers plus petit que celui d'aujourd'hui). C'est dans cette ville, dit le P. Gaubil, que Tcheou-Koung observa l'ombre solsticiale d'été, d'un pied cinq pouces : le pied avait dix pouces; le gnomon était de huit pieds (1). C'est de cette époque que l'on conserve encore la plus ancienne monnaie de cuivre ronde, avec un trou carré au milieu. Tcheou-koung fut un des plus grands hommes que la Chine ait possédés. Il était astronome; il fit bâtir un observatoire dans la ville qu'il fit construire. Cet observatoire se voit encore aujourd'hui dans la ville de Teng-foung, de la province de Ho-nan, ville qui a remplacé l'ancienne Lo-ye. On y voit aussi le gnomon dont il se servait pour mesurer l'ombre solsticiale et l'élévation du pôle. Il connaissait la propriété du triangle rectangle et celle de la boussole. Il en apprit l'usage à des étrangers des contrées où sont aujourd'hui les royaumes de Siam, de Laos, de Cochinchine, qui étaient venus à la cour de l'empereur de la Chine féliciter la nouvelle dynastie. On dit même qu'il leur fit présent d'un char nommé *thi-nan-kiu*, char qui indique le sud; *tchi-nan*, indiquant le sud, est un nom que porte encore aujourd'hui la boussole chinoise.

(1) Le pied chinois de cette époque, dit le P. Gaubil, contenait 7 pouces et un peu plus de 5 lignes du pied de roi.

Les grands *Tableaux chronologiques chinois* rapportent beaucoup de faits à la louange de Tcheou-koung : « A la deuxième année du règne de Tching-wang, des hommes de l'Orient viennent avec empressement voir Tcheou-koung; ils composent des vers à sa louange. A la troisième année Tcheou-koung va habiter l'Orient; il fait des vers pour les présenter au roi. En automne il y eut de grands tonnerres et de grands vents. Le roi alla à l'Orient au-devant de Tcheou-koung. La pluie remplaça les vents. Tcheou-koung demeura deux ans à l'Orient. Le ciel déchaîna les vents et les tempêtes. Le soleil ne cessa point d'être obscurci. Tcheou-koung eut ordre d'aller soumettre les peuples de l'Orient; il fit une grande proclamation pour tout l'empire... Des hommes du royaume Ni-li vinrent à la cour. » Il est dit dans les mémoires nommés *Chi-i* (collection de ce qui est négligé) : « A la troisième année du règne de Tching-wang (1113), il y eut des hommes du royaume de Ni-li qui vinrent à la cour. Ces hommes se flattèrent d'avoir abandonné leur royaume, en marchant au milieu d'une nuée ambulante. Ils entendirent les voix des tonnerres descendre en bas. Quelques-uns entrèrent dans des jonques ou demeures aquatiques nautiques, sur lesquelles l'eau passait : ils entendirent le bruit retentissant de grandes vagues qui se brisaient sur leurs têtes. En regardant le soleil et la lune, ils se servirent de leur position pour reconnaître les régions et les royaumes; ils calculèrent le degré de froid et de chaleur (l'état de la température) pour reconnaître la lune (le mois) de l'année. Ils s'informèrent des premiers temps, ainsi que des usages du royaume du milieu. Le roi les instruisit des cérémonies que doivent observer les hôtes venus de l'étranger » (*Li-taï-ki-sse*, 6, folio 9).

Le *Livre sacré des annales* renferme plusieurs chapitres consacrés aux instructions du sage ministre régent (Tcheou-koung). Celles qu'il donna au jeune roi son pupille méritent d'être rapportées.

« Tcheou-koung dit : Oh! un roi sage ne songe pas à se livrer au plaisir.

» Il s'instruit d'abord des soins que se donnent les laboureurs et des peines qu'ils souffrent pour semer et recueillir; il ne se réjouit que quand il connaît ce qui fait l'espérance et la ressource des gens de la campagne.

» Jetez les yeux sur ces pauvres gens : les pères et mères ont eu beaucoup de peine pour semer et pour recueillir; mais leurs enfants, qui ne pensent point à ces travaux, se divertissent, passent le temps à tenir des discours frivoles et remplis de mensonges; ils méprisent leur père et leur mère en disant : Les hommes d'autrefois (ces vieillards) n'entendent et ne savent rien.

»... Tsou-kia, de la précédente dynastie, ne croyant pas pouvoir monter sur le trône sans injustice, alla se cacher parmi les gens de la campagne, et vécut comme eux; ensuite, devenu roi et connaissant parfaitement les ressources et les moyens qui font subsister les paysans, il fut plein d'amour et de complaisance pour le peuple.

» Wen-wang fut attentif à s'habiller modestement, à établir la paix et à faire valoir l'agriculture.

» Sa douceur le fit aimer; il se distingua par sa politesse; il eut pour les peuples un cœur de père; il veilla à leur conservation, et il fut libéral et généreux pour les personnes dans le besoin.

» Si vous ne suivez pas les conseils que je vous donne, vos vices seront imités; on changera et on dérangera les sages lois portées par les anciens législateurs contre les crimes; il n'y aura aucune distinction; le peuple mécontent murmurera, il en viendra même à faire des imprécations et à prier les esprits contre vous.

» Si vous n'écoutez pas ces avis, vous croirez des fourbes et des menteurs, qui vous diront que des gens sans honneur se plaignent de vous et en parlent en termes injurieux; alors vous voudrez punir, et vous ne penserez pas à la conduite que doit tenir un roi. Vous manquerez de cette grandeur d'âme qu'on reconnaît dans le pardon. Vous ferez inconsidérément le procès aux innocents, et vous punirez ceux qui ne le méritent point. Les plaintes seront les mêmes; tout l'odieux et tout le mauvais retomberont sur vous.

» Tcheou-koung ajouta : Hélas! jeune prince héritier, faites attention à ces conseils » (*Chou-king*, liv. IV, ch. 15).

Outre Tcheou-koung, son oncle, le jeune roi avait plusieurs autres ministres instituteurs. Un second de ses oncles devait l'avertir de conserver sur le trône la gravité et la majesté convenables, et de recevoir avec respect les instructions qu'on lui donnait; il devait encore lui recommander l'attention et l'assiduité à ses lectures, et voir s'il ne parlait pas inconsidérément.

Sse-y, son second maître, était chargé d'examiner si, dans les temps de récréation, il imitait trop légèrement les jeunes gens qu'on mettait près de sa personne; s'il marquait trop de fierté à l'égard des grands, etc.

Le sous-gouverneur de l'Etat devait veiller, lorsque le jeune roi entrait dans le palais, ou en sortait, s'il observait les rites convenables; si ses habits, son bonnet, sa ceinture étaient arrangés avec bienséance; enfin si dans ses moindres actions il faisait paraître de l'amour pour la droiture, l'équité, la justice et la vertu.

Le pacificateur de l'empire, Tcheou-koung, était chargé de voir si le jeune roi ne se livrait pas trop au plaisir; si, pendant la nuit, après avoir fait retirer ses courtisans, il ne s'adonnait pas au vin ou à la débauche; s'il avait de la propreté, soit sur sa personne, soit sur les choses qui étaient à son usage.

Chao-koung devait veiller à ce qu'il s'appliquât à manier le sabre, la lance, la flèche, et autres armes offensives et défensives; à ce qu'il ne négligeât point les instruments de musique, ni le chant, et prît goût à jouer et à chanter selon les règles établies par les anciens.

Enfin le grand maître de l'astronomie devait l'instruire des mouvements du soleil, de la lune, des planètes et des étoiles, ainsi que des phénomènes célestes.

On lit dans les *Tableaux chronologiques:* « A la sixième année (*sin-mao*, 1110 avant J.-C.) le roi corrigea l'administration des cent fonctionnaires supérieurs (*pe-kouan*), il régla les rites et la musique. On lit dans le *Kang-kien-pou:* Tcheou-koung, étant ministre du roi Tching-wang, appela à la cour tous les vassaux, et les réunit dans le temple de la Lumière (*Ming-tang*).

» Il régla les rites, composa de la musique nouvelle; il promulgua des ordonnances sur les poids et les mesures, et l'empire jouit d'une grande tranquillité. La musique nouvelle fut nommée *tcho* (le caractère est un signe de capacité), voulant dire par là qu'elle pouvait *contenir* la doctrine des premiers ancêtres. Il composa aussi une musique nommée *guerrière* (*wou*), pour imiter les qualités guerrières de l'éléphant.

» Grande chasse au midi de la montagne Ki (*V.* le *Tsou-chou*, *Ki-nian*).

» Des personnes de Youë-tchang viennent à la cour. — A cette époque les *San-maio* (peuplades barbares indigènes, dont une partie fut transportée par l'empereur Chun à l'occident de la Chine, et devint la souche des Tibétains actuels, et dont l'autre partie se dispersa dans les hautes montagnes du midi de la Chine, où ses descendants, qui portent encore le même nom, se sont maintenus indépendants) avaient planté des mûriers; ils en réunirent les graines et en remplirent presque tout un char; le peuple monta dessus (et partit?). Tching-wang, interrogeant Tcheou-koung, lui demanda pourquoi cela. Le ministre répondit : Les San-miao ont réuni ensemble toutes leurs graines (de mûrier). Puisse l'empire avoir le même accord et ne faire qu'un!

» Après trois années, des personnes de Youë-tchang vinrent à la cour avec des interprètes, apportant en tributs un faisan blanc, deux faisans noirs et une dent d'éléphant. Les envoyés (qui étaient venus trois ans auparavant) s'étaient trompés de route en voulant retourner dans leur pays. Tcheou-koung leur fit présent de cinq chars d'une espèce légère, construits pour indiquer le sud. Ils montèrent sur ces chars et se dirigèrent au sud. L'année suivante ils arrivèrent dans leur royaume. Les envoyés s'étant livrés à des divertissements joyeux, au lieu d'arriver dans leur pays, s'étaient éloignés de sa direction; et bien que le char indiquât toujours le sud, ils avaient tourné le dos au point qu'il montrait; mais, l'année suivante, ils arrivèrent. »

Salle extérieure du Ming-tang.

Tcheou-koung mourut à la onzième année du règne de Tching-wang. C'est un des plus grands hommes de la Chine. Les grandes connaissances et la sagesse éclairée qu'il déploya dans l'exercice de ses fonctions, connaissances supérieures pour son époque, furent tellement honorées par les Chinois, que sa statue fut placée à côté de celle du roi Tching-wang, dont il fut le régent, sur le même trône, dans la même salle du *Ming-tang* ou *temple de la Lumière* de la troisième dynastie. Les historiens de la vie de Confucius (Khoung-tseu) rapportent que ce philosophe, qui vivait cinq siècles après, étant allé visiter ce temple avec plusieurs de ses disciples, l'un d'entre eux, frappé de voir les statues du roi et du ministre régent placées sur le même trône, en témoigna sa surprise au philosophe : « Maître, lui dit-il, les statues que nous voyons désignent sans doute quelques traits de la vie des deux princes qu'elles représentent : si cela est, je ne conçois pas comment Tcheou-koung, qui passe pour avoir été l'un des princes les plus sages de l'antiquité, aurait pu s'oublier jusqu'à se mettre au niveau de son souverain. Un sujet qui s'assied en présence de son roi commet une inconvenance; mais il manque essentiellement au respect qu'il lui doit quand il ose, sous quelque prétexte que ce puisse être, s'asseoir sur son trône à côté de lui...

» — Je pense, répondit Confucius, que vous n'êtes point instruit des circonstances qui ont fait placer les deux statues comme vous les voyez, et que, ignorant la vérité de l'histoire, vous vous égarez dans le labyrinthe des raisonnements. Voici le fait tel qu'il est raconté dans les annales des Tcheou :

» Wou-wang se voyant sur le point de mourir, désigna son fils Tching-wang pour être son successeur à l'empire; mais comme ce jeune prince, à cause de son bas âge, devait être pendant bien des années hors d'état de régner par lui-même, Wou-wang y pourvut sagement, en nommant Tcheou-koung pour gouverner à la place du jeune prince, jusqu'à ce qu'il eût atteint l'âge voulu.

» Comme Tcheou-koung, ajouta Confucius, dans ses fonctions de régent, gouvernait seul tout l'empire, il craignit que les grands et le peuple ne le prissent pour le successeur du grand Wou-wang; alors il crut devoir proclamer solennellement le légitime héritier de la couronne. Il indiqua à cet effet une assemblée générale dans la salle extérieure du temple de la Lumière (*Ming-tang*); et là, après s'être assis sur le trône pour tenir le jeune roi à côté de lui; dans la posture qu'il convenait, il le fit reconnaître par tous les ordres de l'État. Voilà l'action que l'on a voulu représenter. »

Un grand nombre d'odes comprises dans le *Livre des vers* (*Chi-king*), recueilli par Confucius, sont de Tcheou-koung. Il contribua à la composition du *Livre des rites* (*Li-ki*), et il fit des commentaires sur le *Livre des changements* (*Y-king*) composé par l'empereur Fou-hi. On lui attribue aussi la composition d'un livre intitulé *Tcheou-li*, Rites de la dynastie Tcheou, dont une grande partie a été recueillie dans le *Li-ki*.

A la dixième année du règne de Tching-wang, des personnes de Youë-tchang vinrent encore à la cour. A la vingt-cinquième année, il y eut une grande assemblée de tous les premiers vassaux à la cour orientale. Quatre peuples barbares nommés *Y* (grands archers) vinrent apporter des tributs. A la trente-quatrième année, une pluie d'or tomba à Hien-yang, et à la trente-septième année, en été, quatrième lune, le roi ordonna à son premier ministre (*taï-pao*, conservateur et protecteur) et à son ministre nommé Chi, de rassembler ses serviteurs pour recevoir ses dernières volontés. Ensuite il mourut.

La mort et les funérailles du roi Tching-wang, décrites dans le Livre des annales, offrent un tableau curieux de l'étiquette royale à cette époque et dans ces circonstances.

« Au jour de la pleine lune du quatrième mois, le roi se trouva très-mal.

» Au premier jour du cycle, le roi se lava les mains et le visage; ceux qui étaient auprès de lui pour le servir lui mirent le bonnet (1) et l'habillement; alors le roi s'appuya sur une petite table de pierres précieuses.

» Il appela le premier ministre et les grands vassaux des royaumes de Jouï, de Toung, de Pi, de Weï et de Mao; il fit venir encore le gouverneur de la porte du palais, le vassal Hou, le chef des officiers, et tous ceux qui étaient chargés des affaires.

» Le roi dit : « Hélas! ma maladie est mortelle; je sens que

(1) Nommé *mien*. Aux douze cordons de soie pendant devant et derrière le bonnet, incliné en avant en signe de déférence, étaient enfilées douze pierres précieuses : c'est le bonnet de cérémonie.

» mon mal augmente continuellement; dans la crainte de ne » pouvoir plus vous déclarer ma volonté, je vais vous instruire » de mes ordres.

» Les rois mes prédécesseurs Wen-wang et Wou-wang ont fait » briller partout l'éclat de leurs vertus; ils ont été très-atten- » tifs à procurer au peuple tout ce qui peut conserver la vie; » ils ont eu soin d'instruire chacun des devoirs de son état; et » ils ont si bien réussi, que tous ont été dociles à leurs instruc- » tions; cela a été connu des peuples de Yn, et tout l'empire a » été soumis à notre famille.

» Ensuite, malgré mon peu d'expérience, je leur succédai; » mais ce ne fut pas sans crainte ni sans respect que je me vis » chargé par le ciel d'une commission si périlleuse : j'ai donc » continué à faire observer les instructions de Wen-wang et » de Wou-wang, et je n'ai jamais osé les changer ni les trans- » gresser.

» Aujourd'hui le ciel m'afflige d'une grande maladie; je ne » puis me lever, et à peine me reste-t-il un souffle de vie. Je » vous ordonne de veiller avec soin à la conservation de » Tchao, mon fils héritier; qu'il sache résister à toutes les diffi- » cultés.

» Qu'il traite bien ceux qui viennent de loin (les voyageurs » fatigués), qu'il instruise ceux qui sont auprès de sa personne, » qu'il entretienne la paix dans tous les royaumes, grands et » petits.

» C'est par l'autorité et le bon exemple qu'il faut gouverner » les inférieurs; vous ne sauriez être assez attentifs à faire en » sorte que, dès le commencement de son règne, mon fils Tchao » ne donne dans aucun vice. »

» Après que les grands eurent reçu les ordres du roi, ils se retirèrent; on détendit les rideaux et on les emporta. Le lendemain, second jour du cycle (17 mars 1078 avant notre ère), le roi mourut.

» Alors le régent du royaume ordonna à deux grands vassaux de faire savoir au prince de Tsi (dans le Chan-toung, orient montagneux) de prendre deux hallebardiers et cent gardes pour venir en dehors de la porte australe au-devant du prince héritier Tchao, et le conduire dans le corps de logis qui est à l'orient. C'est là que ce prince devait uniquement penser à pleurer la mort de son père.

» Au quatrième jour du cycle, le régent du royaume Tchao-koung fit écrire les paroles testamentaires du feu roi, et la manière dont se feraient les cérémonies.

» Sept jours après, le dixième du cycle, il ordonna aux officiers de faire préparer le bois dont on aurait besoin.

» L'officier appelé Tie eut soin de mettre en état l'écran sur lequel étaient représentées des haches, et il tendit des rideaux (autour du trône).

» Vis-à-vis la porte, tournée vers le sud, on étendit trois rangs de nattes, appelées *mie* (faites de bois de bambou fendu); la couleur des bords était mêlée de blanc et de noir; on mit la petite table faite de pierres précieuses.

» Devant l'appartement occidental, tourné vers l'orient, on étendit également trois rangs de nattes, nommées *ti* (faites de jonc), dont les bords étaient composés de pièces de soie de diverses couleurs, et on mit une petite table faite de coquillages.

» Devant l'appartement oriental, tourné vers l'occident, on étendit encore trois rangs de nattes, appelées *foung*, dont les bords étaient de soie de plusieurs couleurs; on y mit une petite table faite de pierres précieuses très-bien taillées.

» Devant un appartement séparé, à l'occident, on étendit vers le sud trois rangs de nattes, appelées *sun* (faites des bourgeons de bambous, ainsi que les précédentes), dont les bords étaient de soie noire; on mit une petite table vernissée.

» On rangea les cinq sortes de pierres précieuses, et la chose la plus rare, l'épée, dont le fourreau était de couleur de chair; le livre des grands documents; les pierres précieuses appelées *houng-pi* et *youen-yen* furent rangées dans l'appartement occidental qui était à côté; on mit dans l'appartement du côté opposé les pierres précieuses appelées *ta-yu* et *y-yu* (jade rare et jade commun), le globe céleste fait de pierres précieuses (*thien-kieou*), la figure sortie du fleuve (*ho-thou*, comprenant les premières figures symboliques du y-king). Dans un autre appartement, à l'occident, on mit les habits appelés *yn*, destinés aux danses, les grands coquillages et le tambour appelé *fen-kou*; dans un autre appartement oriental on mit la lance appelée *touï*, l'arc appelé *ho*, et les flèches de bambou, nommées *tchouï*.

» Le grand char (*ta-lou*) fut mis près de l'escalier des hôtes (1);

(1) Les princes vassaux qui venaient à la cour, dit le P. Gaubil, étaient

ce char était tourné vers le sud. Un autre char, destiné à conduire le premier, fut placé auprès de l'escalier de celui qui attend les hôtes, et il était aussi tourné vers le sud; le char de devant fut placé auprès de l'appartement latéral de la gauche, et les chars de derrière auprès de l'appartement latéral de la droite (1).

» Deux officiers, couverts d'un bonnet rouge foncé et tenant une hallebarde à trois têtes, étaient debout en dedans de la porte de la grande salle; quatre officiers, couverts d'un bonnet de peau de faon et présentant la pointe de leurs hallebardes, étaient debout à côté des salles de l'escalier de l'ouest et de l'est, et se répondaient les uns aux autres. A la salle de l'est et de l'ouest était un grand officier, couvert de son bonnet de cérémonie et tenant en main une hache; sur l'escalier oriental était un autre grand officier, couvert de son bonnet et armé d'une pique à quatre pointes; un autre, couvert et armé d'une pique très-pointue, paraissait debout sur le petit escalier à côté de celui de l'orient.

» Le nouveau roi, couvert de son bonnet de toile de chanvre, vêtu d'habits de différentes couleurs, monta l'escalier des hôtes; les grands et les princes vassaux, avec des bonnets de toile de chanvre et des habits noirs, vinrent au-devant de lui; chacun alla à son poste et s'y tint debout.

» Le régent du royaume, le grand historien de l'empire, l'intendant des rites et cérémonies étaient tous couverts d'un bonnet de chanvre, mais habillés de rouge. Le régent du royaume et l'intendant des cérémonies montèrent l'escalier de celui qui traite les hôtes; le régent du royaume portait entre ses mains la grande pierre précieuse nommée *koueï*, à l'usage du roi, et la tenait élevée en haut; l'intendant des cérémonies portait élevées en haut la coupe et la pierre précieuse nommée *mao*. Le grand historien monta sur l'escalier des hôtes, et remit au roi le testament qui était écrit.

» Il dit: « L'auguste prince (le roi décédé), appuyé sur la petite » table de pierres précieuses, a déclaré ses dernières volontés; il » vous ordonne de suivre les instructions de vos ancêtres, de » veiller avec soin sur le royaume de Tcheou, d'observer les » grandes règles (les lois constitutives), de maintenir la paix et » les bonnes mœurs dans le royaume; et enfin d'imiter et de » publier les belles actions et les instructions écrites de Wen- » wang et de Wou-wang. »

» Le roi se prosterna plusieurs fois, se leva, et répondit : « Tout incapable que je suis, me voilà chargé du gouvernement » du royaume; je crains et je respecte l'autorité du ciel. »

» Ensuite le roi prit la coupe et la pierre précieuse, fit trois fois la révérence (à la représentation de son père mort), versa trois fois du vin à terre, et en offrit trois fois. Alors le maître des cérémonies répondit : *C'est bien*.

» Le régent du royaume prit la coupe, descendit, se lava les mains, prit une autre coupe, la plaça dans le vase appelé *tchang*, et fit la cérémonie en *avertissant* (en publiant l'acte par lequel il prenait possession du royaume au nom du jeune roi); il donna ensuite la coupe à un des officiers des cérémonies, et salua; le roi lui rendit le salut.

» Alors le régent du royaume, reprenant la coupe, versa du vin à terre, s'en frotta les lèvres, revint à sa place, et, après avoir donné la coupe à un des officiers des cérémonies, salua; le roi lui rendit le salut.

» Le régent du royaume descendit de sa place, et fit retirer tout ce qui avait servi à la cérémonie; les princes vassaux sortirent par la porte de la salle des cérémonies (*miao*), et attendirent.

» Le roi étant sorti, s'arrêta en dedans de la porte de l'appartement du nord. Le régent du royaume (prince vassal, chef des grands vassaux), à la tête des princes vassaux d'occident, entra par la porte qui est à gauche, et Pi-koung, à la tête des princes vassaux d'orient, entra par celle qui est à droite; on rangea les chevaux (présents des princes vassaux) de quatre en quatre; ils étaient de couleur tirant sur le jaune, et leur crinière était teinte en rouge. Les princes vassaux, prenant leur

appelés *hôtes*; et il y avait un grand officier chargé de les traiter et d'avoir soin de ce qui les regardait. C'est encore la coutume de faire voir, dans ces cérémonies des funérailles, le même train et le même équipage que le mort avait de son vivant.

(1) Ce sont cinq chars différents : le 1er, *tà-lou*, le grand char, était de pierreries, selon le commentateur Tchou-hi; le 2e *tchouï-lou*, était un char d'or; le 3e, *siun-lou*, char de devant, était de bois; les deux de derrière, le 4e et le 5e, *siang-lou* et *ke-lou*, étaient l'un peint et l'autre sculpté.

*koueï* (1) et les pièces de soie (qui désignaient la redevance), les tinrent élevés entre les mains, et dirent : « Nous qui sommes » vos sujets vassaux, chargés de la défense du royaume, nous » prenons la liberté de vous offrir ce qui est dans notre pays. » Après ces paroles, ils firent plusieurs redevances à genoux, et le roi, héritier de l'autorité et des prérogatives des rois ses prédécesseurs, rendit le salut.

» Le régent du royaume et le prince de Jouï se saluèrent mutuellement en joignant les mains et en s'inclinant légèrement; ensuite ils firent la révérence à genoux, et dirent : « Nous pre- » nons la liberté de parler ainsi au fils du ciel. En considéra- » tion de ce que Wen-wang et Wou-wang ont gouverné avec » beaucoup de prudence et avec un cœur de père les pays oc- » cidentaux (les provinces occidentales de la Chine, dont le » chef-lieu était dans le Chen-si), l'auguste ciel leur a donné » avec éclat le royaume, après en avoir privé la dynastie de Yn; » et ces deux princes ont été soumis aux ordres du ciel.

» Vous venez de prendre possession du royaume; imitez » leurs actions, récompensez et punissez à propos, procurez » le bonheur et le repos à vos descendants; voilà ce que vous » devez avoir soigneusement en vue; tenez toujours en bon état » vos six corps de troupes, et conservez ce royaume que vos an- » cêtres ont obtenu avec tant de peine. »

» Alors le roi dit : « O vous qui êtes des divers ordres de » princes vassaux de tous les royaumes (formant l'empire chi- » nois), voici ce que Tchao vous répond :

» — Les rois mes prédécesseurs, Wen-wang et Wou-wang, » pensaient plus à récompenser qu'à punir : leur libéralité s'é- » tendit partout; leur gouvernement était sans défaut et fondé » sur la droiture : voilà ce qui les rendit si illustres dans tout » l'empire. Leurs officiers, intrépides comme des ours, étaient » en même temps sincères et fidèles; ils ne pensaient qu'à ser- » vir et à défendre la famille royale; c'est pour cela que ces » princes reçurent les ordres du souverain maître, et que l'au- » guste ciel, approuvant leur conduite, leur donna autorité » sur tout l'empire.

» Ils ont créé des princes vassaux, afin que ceux-ci défen- » dissent le royaume de leurs successeurs. Vous qui êtes mes » oncles paternels, pensez que vous, vos pères et vos aïeux ont » été sujets des rois mes prédécesseurs, et qu'ils ont maintenu » la paix. Votre corps est éloigné de la cour, mais votre cœur » doit y être; partagez avec moi le travail et les inquiétudes; » remplissez tous les devoirs de sujets vassaux : quoique jeune, » ne me couvrez pas de honte. »

» Les grands et les princes vassaux, après avoir reçu les ordres du roi, se saluèrent mutuellement, les mains jointes, et se retirèrent promptement; le roi quitta le bonnet de cérémonie pour prendre le vêtement de deuil » (*Chou-king*, liv. IV, ch. 22, 23).

Tchao-kong, que Kang-wang nomma son premier ministre, fit la visite de toutes les terres de l'empire pour les mesurer, et assura à chacun ce qu'il en pouvait labourer. Il examina encore les pays propres à nourrir les vers à soie, augmenta le nombre des mûriers, des manufactures, et indiqua la manière de faire circuler le commerce des soies.

La seizième année de son règne, Kang-wang perdit son ministre Pé-kin, prince de Lou, qui lui avait rendu d'importants services. Dix ans après, la mort lui enleva encore le prince Tchao-kong, qui ne lui avait pas été moins utile que Pé-kin. Il mourut lui-même la vingt-sixième année de son règne, digne d'une plus longue vie, par l'amour qu'il avait pour son peuple.

TCHAO-WANG (1052 avant J.-C.) trouva l'empire, en succédant à Kang-wang, dans une profonde paix. Mais il ne profita pas de cet avantage pour gouverner sagement. Entièrement livré à sa passion pour la chasse, il abandonna le timon de l'État à ses ministres. Les peuples se plaignirent en vain des dégâts qu'il faisait sur leurs terres en chassant. Irrités du mépris qu'il faisait de leurs plaintes en continuant de détruire leurs récoltes, ils prirent la résolution de le perdre et de le faire mourir. La cinquante et unième année de son règne, ceux de la province de Hou-kouang, ayant éclaté les premiers, Tchao-wang résolut d'aller à la tête de ses troupes pour les contenir, et fit cette expédition en chassant, ce qui causa un dommage irréparable aux pays par où il passa. Les peuples au désespoir ayant eu ordre de construire un pont sur une rivière pour son passage, le firent de manière que lorsqu'il fut au milieu, le pont se rompit. Le prince tomba dans l'eau avec sa suite. On

(1) Petite tablette que les princes et les grands plaçaient par respect devant leur visage en parlant au roi.

eût de la peine à les en retirer. Mais l'empereur mourut quelque temps après cet accident, au grand contentement du peuple.

MOU-WANG (1001 avant J.-C.), fils du roi précédent, continue avec éclat les règnes dynastiques des Tcheou. Le goût de la magnificence était son caractère dominant. A peine était-il sur le trône, qu'il fit construire un magnifique palais pour y tenir sa cour. A la neuvième année de son règne, il fit construire un autre palais, qu'il nomma le palais du Printemps. Plusieurs peuples vinrent lui rendre hommage et lui apporter des présents. Il fit, selon l'habitude de ses prédécesseurs, la visite du royaume. Passionné pour les chevaux, qui étaient rares à cette époque, il en avait toujours à sa suite un grand nombre, quand il visitait les provinces, à cheval ou sur un char traîné par les chevaux les plus beaux et les plus vigoureux, et il porta la guerre chez les peuples du Nord, nommée *Kouan-joung* (chiens barbares). Une foule de peuples barbares se soumirent à lui. Il continua à donner des principautés à ceux qui s'attirèrent ses faveurs.

L'histoire chinoise rapporte que ce roi fit un voyage à l'occident de la Chine, à la montagne *Kouen-lun* (le mont Mérou des Indiens, situé entre le Chen-si et le Tibet). Il s'y rendit sur un char attelé de plusieurs chevaux vigoureux et que conduisait un de ses mandarins appelé Thsao-fou, très-estimé pour son adresse à conduire le char du roi avec une grande vitesse et une grande habileté.

Abdallah Beïdavi, auteur persan, dans son Histoire générale, à la chronologie des empereurs chinois, parle de Thsao-fou. Il dit qu'il alla jusqu'en Perse. C'est dans ce voyage occidental que le roi Mou-wang, selon les historiens chinois, vit une princesse nommée Si-wang-mou, qui alla ensuite à la Chine porter des présents au roi Mou-wang. Celui-ci avait ramené, dit-on, des artistes habiles de l'Occident, et il fit construire, avec leur secours, de nouveaux palais et de magnifiques jardins, dont il aurait pu prendre le goût dans la Bactriane, à Babylone et ailleurs.

Le *Livre sacré des annales* ne fait aucune mention de ces faits. Il représente Mou-wang dans les premières années de son règne comme extrêmement attentif à veiller sur sa conduite. Ce même livre renferme un chapitre contenant les paroles de Mou-wang sur les différents genres de peines à infliger aux criminels et sur la conduite que doivent tenir les magistrats dans le jugement des affaires.

Il est dit encore que Mou-wang, à la trente-neuvième année de son règne, rassembla les grands de son empire dans le petit Etat nommé Tou-chan, pour les consulter et leur donner des avis sur le gouvernement. On voit souvent cet usage se renouveler dans l'antiquité chinoise.

KONG-WANG (946 avant J.-C.), fils de Mou-wang, commença son règne par une action si cruelle, qu'elle l'eût déshonoré à jamais, s'il ne l'eût réparée par une conduite pleine de douceur et d'équité. Il allait souvent se promener sur les bords d'un lac situé dans le pays de *Mie*, et l'on avait soin que les plus belles filles de la contrée s'y trouvassent au temps de sa promenade. Parmi ces filles, il y en eut trois qui touchèrent son cœur et dont il devint amoureux. Ces filles s'étant aperçues du danger qu'elles couraient, ne parurent plus à la promenade avec les autres : l'empereur en fut si irrité, qu'il fit massacrer tous les habitants de Mie, s'imaginant qu'ils les avaient enlevées. Mais les remords qu'il eut de cette action et l'équité et la douceur du reste de son règne en effacèrent le souvenir, et lui méritèrent l'honneur d'être mis au rang des bons empereurs. Il régna douze ans, et laissa le trône à son fils.

Y-WANG (934 avant J.-C.) ne fit rien qui fût digne de mémoire pendant un règne de vingt-cinq ans, et son nom serait resté enseveli dans un parfait oubli, si sa nonchalance n'avait servi de matière aux railleries des poëtes de son temps : leurs traits satiriques l'ont rendu méprisable aux yeux de la postérité. Son peu de mérite fournit à son frère l'occasion de ravir la couronne à ses enfants.

HIAO-WANG (909 avant (J.-C.), quoique usurpateur, sut par son adresse se maintenir sur le trône et gagner l'affection des peuples. L'unique défaut qu'on lui reproche est d'avoir eu trop de passion pour les chevaux, en sorte qu'il éleva à la dignité de grand écuyer un homme de la lie du peuple, nommé Fi-shu, parce qu'il s'entendait parfaitement à les élever et à les dresser. Un jour il fut si charmé de l'adresse extraordinaire de cet écuyer, qu'il lui donna une principauté dans la province de Chen-si. Ce qu'il y a de singulier en cela, c'est qu'un des descendants de cet écuyer devint le fondateur de la dynastie suivante, et le destructeur d'une famille à laquelle il devait son élévation. Hiao-wang régna quinze ans. Il tomba sous son règne une grêle d'une si prodigieuse grosseur, qu'elle écrasa dans la campagne les hommes et les animaux ; et le froid fut en même temps si violent, que les rivières les plus rapides furent glacées.

YE-WANG (894 avant J.-C.), fils de Y-wang, fut, après la mort de Hiao-wang, reconnu par les grands comme légitime héritier de l'empire. L'état de contrainte dans lequel ce prince avait été retenu par son oncle l'avait rendu si timide, qu'il parut à ses officiers moins leur maître qu'un de leurs serviteurs. Le jour de la cérémonie du couronnement, les grands étant venus lui présenter leurs hommages, il descendit de son trône pour leur rendre le salut. Cette infraction à l'étiquette parut aux plus sages un signe certain qu'il ne saurait pas faire respecter son pouvoir. En effet la faiblesse de Ye-wang dut encourager l'ambition des grands, et devint ainsi la première cause des troubles et des divisions qui ne tardèrent pas à éclater. Ce fut le prince de Tchin, Hioung-kiu, qui donna le signal de la révolte en s'emparant des pays de Young et de Yang-youan. A son exemple, d'autres princes étendirent les Etats que leur avaient assignés les anciens empereurs en récompense de grands services. Pendant ce temps, Ye-wang, tranquille dans son palais, ne songea pas même à prendre quelques mesures pour arrêter ces désordres. Il mourut l'an 879 avant l'ère chrétienne, à l'âge de soixante ans, dont il avait passé seize sur le trône, sans gloire et sans honneur. Son fils Li-wang lui succéda (*V.* l'*Histoire de la Chine*, par le P. Mailla, t. II, 15-18).

LI-WANG (878 avant J.-C.), fils de Ye-wang, étant monté sur le trône après lui, signala le commencement de son règne par un trait de cruauté, en faisant mourir sur d'assez légers soupçons Pou-tcheo, prince de Tsi. Il comptait par là intimider ceux que la mollesse excessive de son père avait presque rendus indépendants. Mais il éprouva le contraire. Hiong-kiu, prince de Tchou, indigné de cette action injuste, en prit occasion d'ériger son Etat en royaume absolu sans aucune mouvance envers l'empereur. D'autres princes tributaires lui refusèrent pareillement la soumission qu'ils lui devaient. Avide d'argent, il nomma surintendant de sa maison Yong-y-kong, homme très-capable de seconder cette passion. On lui fit à ce sujet des remontrances dont il ne tint aucun compte. Les extorsions que ce ministre fit sur le peuple poussèrent à bout sa patience. Ayant fait irruption dans le palais, il obligea Li-wang de prendre la fuite, et persista dans sa révolte jusqu'à la fin du règne de ce prince, qui fut de cinquante et un ans. Pendant l'exil de Li-wang, deux de ses ministres, Chao-kong et Tcheou-kong, après avoir inutilement tenté de le réconcilier avec ses sujets, prirent en main le gouvernement de l'Etat, et cette régence fut tranquille.

SIUEN-WANG (827 avant J.-C.), fils de Li-wang, qui mourut quatorze ans après son expulsion, fut mis en possession du trône, sans opposition du peuple, dont la fureur s'était calmée par la longueur du temps. La deuxième année de son règne, les peuples du Midi ayant fait irruption dans l'empire, il triompha d'eux et les obligea non-seulement de regagner leur pays, mais conquit même une partie de leurs Etats, qu'il réunit aux siens. La douzième année de son règne, il établit la cérémonie qui subsiste encore de nos jours à l'avénement de chaque empereur, et qui consiste en ce que le monarque laboure avec une charrue et des instruments d'or quelques pièces de terre, pour apprendre au peuple que c'est de la culture des champs qu'il tire originairement sa subsistance.

La trente-neuvième année du règne de Siuen-wang, les Tartares occidentaux s'étant jetés sur la Chine, l'empereur marcha contre eux à la tête d'une armée qu'ils battirent. Ce revers fut suivi des discordes sanglantes des princes tributaires entre eux. L'empereur, après avoir travaillé en vain à les réconcilier, en conçut un si grand chagrin, qu'il ne put y survivre. Etant tombé malade, il mourut après avoir régné quarante-six ans.

YEOU-WANG, son fils, monta sur le trône l'an 781 avant l'ère chrétienne. D'un caractère faible et indolent, livré dès son enfance aux plaisirs grossiers, il n'avait aucune des qualités qui distinguent les souverains. A l'exemple des grands, le peuple supportait avec impatience leur joug avilissant. Les habitants du pays de Pao, dévoués dans tous les temps à la dynastie, se révoltèrent eux-mêmes; mais, ayant reconnu leur faute, pour apaiser l'empereur, ils lui présentèrent une jeune fille d'une rare beauté. Yeou-wang, touché de ses charmes, lui donna le nom de *Pao-sse ;* et à sa considération il fit grâce aux rebelles. L'année suivante, Pao-sse mit au monde un fils dont la naissance combla de joie l'empereur. En vain les lettrés essayèrent de faire rougir ce prince d'une conduite si peu propre à lui ramener l'estime de ses sujets. Aveuglé par sa passion, Yeou-wang chassa du palais l'impératrice; son fils légitime fut forcé d'aller demander un asile au prince de Chin; et il déclara son successeur celui qu'il avait eu de Pao-sse. Cette femme était si sérieuse, que l'empereur ne parvenait à la dérider qu'avec beaucoup de peine. Lorsque des troubles éclataient, c'était la coutume d'allumer des feux de proche en proche sur toutes les montagnes. A ce signal, les princes tributaires se hâtaient de rassembler leurs troupes et de les amener à la cour. Un jour l'empereur imagina d'allumer les feux. Les princes mirent leurs troupes sur pied, et vinrent à la cour. En les voyant arriver l'un après l'autre, Pao-sse se mit à rire de toutes ses forces. Enchanté d'avoir trouvé ce moyen d'égayer sa concubine, Yeou-wang l'employait de temps en temps; mais les princes se lassèrent d'être les jouets d'une femme détestée de tout l'empire, et ils finirent par ne plus répondre aux signaux accoutumés. La famine vint se joindre à tous les sujets de mécontentement. Yeou-wang, craignant que son fils légitime ne profitât de cette circonstance pour réclamer ses droits, somma le prince de Chin de le lui renvoyer; il eut la honte d'en éprouver un refus. Irrité de cette résistance inattendue à ses volontés, il se mit aussitôt en campagne; mais le prince de Chin, ayant appelé les Tartares à son secours, se trouva bientôt à la tête d'une armée nombreuse et aguerrie. Dans ce pressant danger, Yeou-wang donna l'ordre d'allumer les feux; mais les princes tributaires, dont il s'était si souvent moqué, ne bougèrent pas de leur pays. Cependant les deux armées se rencontrèrent : celle de Yeou-wang fut défaite complétement. L'empereur et Pao-sse tombèrent au pouvoir du vainqueur, qui les fit mourir tous deux l'an 771 avant l'ère chrétienne. Yeou-wang eut pour successeur son fils légitime, qui prit, en montant sur le trône, le nom de *Ping-wang* (*V.* l'*Histoire de la Chine* par Mailla, II, 45 et 50).

PING-WANG (c'est le nom que prit Y-kieou en succédant à Yeou-wang, son père, l'an 770 avant J.-C.) signala le commencement de son règne par une grande victoire qu'il remporta sur les Tartares, qui, fiers de celles que la faiblesse de son père leur avait fait obtenir, prétendaient que la moitié de l'empire devait leur appartenir. Mais il ne put également ramener à la soumission les princes tributaires, qui s'étaient rendus presque tous indépendants. L'empire se trouva alors partagé en vingt et une principautés ou royaumes. Ce prince mourut dans la cinquante et unième année de son règne.

HUAN-WANG (719 avant J.-C.), petit-fils de Ping-wang, fut reconnu pour le successeur de son aïeul. Plusieurs princes de l'empire lui ayant ensuite refusé l'obéissance qu'ils lui avaient promise, il chargea le prince de Tching du soin de les soumettre. Celui de Song étant l'un des plus à craindre pour lui, il fit marcher l'armée impériale pour le réduire, et ne put y réussir. Le prince de Song, presque toujours victorieux dans onze batailles qu'il livra aux troupes impériales, fut mis à mort par ordre de son ministre, irrité de son insensibilité envers ses sujets. Les autres princes de l'empire étaient cependant en guerre pour la plupart entre eux. Huan-wang, après avoir tenté sans succès de pacifier leurs différends, résolut de ne plus s'en mêler, et de se renfermer dans le gouvernement de ses provinces immédiates. Il mourut dans la vingt-troisième année de son règne.

TCHUANG-WANG (696 avant J.-C.) prétendit succéder à Huan-wang, comme son fils aîné et légitime héritier. Mais il eut pour antagoniste Wang-tse-ké, son frère puîné, qu'une faction puissante appuyait. Celle-ci n'ayant point prévalu, l'aîné fut mis en possession du trône. Cependant Hé-kien, seigneur puissant et adroit, qui s'était déclaré pour Wang-tse-ké, conservait un dépit secret de n'avoir pu faire triompher son parti. Ne désespérant pas néanmoins de le relever, il concerta sourdement avec Wang-tse-ké le dessein de se défaire de l'empereur. Sin-pé, ministre de Tchuang-wang, soupçonnant les menées de Hé-kien, prit des mesures pour les traverser. Il obtint des ordres de l'empereur pour le faire arrêter. Mais Wang-tse-ké ayant eu le bonheur d'échapper aux satellites envoyés pour le prendre, Hé-kien seul paya de sa tête la trahison qu'il avait ourdie. L'état déplorable des affaires de l'empire ne permit pas à l'empereur de sévir contre les complices de Hé-kien qui étaient en son pouvoir; c'est ce qui lui fit prendre le parti de leur pardonner. Tout était en feu dans l'empire par les guerres que les princes se faisaient entre eux. Ce monarque, au milieu de ces discordes, mourut après quinze ans de règne.

HI-WANG (681 avant J.-C.), fils de Tchuang-wang et son héritier, vit au commencement de son règne tous les princes de l'empire prendre le titre de *pa*, et par là s'arroger un droit qui n'appartenait qu'à l'empereur seul. Pendant son règne, qui fut d'environ cinq ans, il fit peu de choses par lui-même, et laissa les princes occupés à faire des usurpations les uns sur les autres sans prendre beaucoup de part à leurs querelles, parce qu'elles étaient comme étrangères à l'empire, depuis qu'ils s'étaient rendus presque indépendants.

HOEI-WANG (676 avant J.-C.), fils de Hi-wang, étant monté sur le trône après lui, reçut les hommages du prince de Tçin et du seigneur de Koué. Mais ce furent les seuls, parmi les grands, qui lui rendirent ce devoir. Il avait un frère naturel que l'empereur Hi-wang, son père, avait beaucoup affectionné, jusqu'à le désigner pour son successeur à l'empire. Son nom était Tse-toui. Des seigneurs mécontents prirent son parti, et prétendirent que Hoei-wang avait envahi le trône sur lui. Hoei-wang, contre lequel ils marchèrent à la tête de leurs troupes, n'étant pas alors en forces pour leur faire tête, se retira dans la principauté de Tching, où il établit sa cour. Le prince de Tching étant allé mettre le siége devant Loyang, y surprit Tse-toui avec cinq de ses complices qui firent mine de vouloir se défendre; mais le prince de Tching et l'empereur les attaquèrent si vivement, qu'ayant forcé les portes du palais ils y firent main basse sur tout ce qu'ils rencontrèrent. Tse-toui et les cinq rebelles furent trouvés parmi les morts.

Hoei-wang, voyant ses forces affaiblies par l'âge, pensait à se donner un successeur. Mais, au lieu de préférer son fils aîné, il jeta les yeux sur le second. Huan-kong, prince de Tsi, informé de ses dispositions, assembla le plus grand nombre des princes qu'il put à Cheou-tchi et les engagea à nommer Siang-wang, fils aîné de l'empereur, son successeur au trône. Hoei-wang n'osa pas désapprouver ce choix. Il était alors dans la vingt-cinquième année de son règne. Ce fut la dernière année de sa vie.

SIANG-WANG (651 avant J.-C.), fils aîné de Hoei-wang, s'étant mis en possession du trône après la mort de son père, eut pour ennemi secret Wang-tse-taï, son frère puîné, qui prétendait devoir lui être préféré. Celui-ci s'étant allié avec les Tartares de Yang-kiu, les introduisit dans la ville impériale, où ils mirent le feu, après quoi ils se retirèrent.

Mais les princes de Tçin et de Tsin, étant accourus au secours de l'empereur, poursuivirent les Tartares et les obligèrent de venir faire satisfaction à Siang-wang de cette insulte. Wang-tse-taï prit alors le parti de se retirer dans les terres du prince de Tsi, dont il fut bien accueilli. Mais il ne put recouvrer les bonnes grâces de l'empereur, malgré les efforts que fit le prince de Tsi pour apaiser ce monarque. Les deux frères ne se réconcilièrent que deux ans après. Mais la seizième année du règne de Siang-wang, leur inimitié se renouvela. Wang-tsé-taï, s'étant retiré chez les Tartares, employa leurs troupes pour faire la guerre à l'empereur. Mais, au lieu de se tenir sur la défensive, les généraux de Siang-wang, par son ordre, engagèrent une bataille et la perdirent si complétement, que leur armée fut entièrement détruite. Animé par cette victoire, Wang-tse-taï se fit proclamer empereur de la Chine à la tête de son armée, et établit sa cour à Wen. Mais sa prospérité ne fut pas de longue durée. Siang-wang, avec le secours des Tçin et des Tsin, étant venu subitement investir la ville de Wen, la fit escalader si vivement, qu'il l'emporta après un combat opiniâtre et fit Wang-tse-taï prisonnier.

Siang-wang fut témoin des querelles des autres princes sans y prendre beaucoup de part. Il mourut paisiblement dans la trente-troisième année de son règne.

KING-WANG (618 avant J.-C.), fils et héritier de Siang-wang, « avant d'être sur le trône (dit le P. de Mailla) était respecté et aimé des grands à cause de son caractère doux, affable, et immanquablement il aurait rétabli la paix dans toutes les parties de l'empire; mais l'ambition démesurée des princes de Tcheou et l'inimitié et la jalousie des Tçin du Chan-si contre les Tsin du Chen-si furent un obstacle à ce que la Chine pût retrouver son ancien éclat. » Il ne tint le sceptre qu'environ cinq années, et mourut au printemps de la sixième année de son règne. Ses peuples regrettèrent en lui un prince humain et bienfaisant.

KOUANG-WANG (612 avant J.-C.), fils de King-wang, hérita de ses vertus comme de son trône; mais il n'eut pas le même bonheur que lui de maintenir la tranquillité dans l'empire. On vit les princes, acharnés les uns contre les autres, se faire impitoyablement la guerre et travailler à s'entre-détruire par les voies les plus odieuses. On vit Y-kong, prince de Tsi, furieux d'avoir perdu un procès pour quelques terres contre le père de Ping-tchou, faire exhumer son cadavre après sa mort, et le faire conduire à la voirie après lui avoir fait couper les pieds. Kouang-wang fut témoin d'autres scènes à peu près semblables, sans pouvoir y remédier. En mourant, il laissa le trône à son frère qui suit.

TING-WANG (606 avant J-C.), en succédant à Kouang-wang, son frère, porta sur le trône un caractère pacifique qui ne put néanmoins le garantir des incursions des Tartares. Mais ces peuples, inquiets et naturellement avides de butin, ravagèrent l'empire. Kang-kong, général de Ting-wang, au lieu de composer avec eux, comme le conseillait King-kong, prince de Tçin, crut qu'il était de son honneur de leur livrer bataille; son armée fut entièrement défaite, et si le prince de Tçin ne fût accouru à son secours, la ruine des terres impériales était inévitable. Le reste du règne de Ting-wang fut assez paisible. Ce prince mourut dans la vingt et unième année de son règne. Sous lui naquit un philosophe sur lequel nous devons donner ici quelques détails. Lao-tsee, ou plus exactement Lao-tseu (1), connu aussi sous le nom de Lao-kiun, l'un des plus célèbres philosophes de l'Asie orientale, naquit environ 600 ans avant J.-C., dans la province de Hou-kouang. Contemporain de Pythagore, il offre avec le philosophe grec de grands traits de ressemblance; il enseignait comme lui la métempsycose, et prétendait aussi se ressouvenir des différents corps que son esprit avait autrefois animés. Mais l'école pythagoricienne a cessé depuis longtemps d'avoir des partisans; celle des Tao-sse, fondée ou plutôt réformée par Lao-tseu, en compte encore des milliers : car elle partage avec les bouddhistes ou sectateurs de Fo tout ce qui dans le vaste empire de la Chine n'est pas lettré; et ce sont les ministres de ces deux religions que les Européens ont coutume de désigner sous le nom de bonzes. Les circonstances de la vie de Lao-tseu sont peu connues; et les légendes des Tao-sse, très-variées et pleines d'anachronismes sur son compte, méritent peu de confiance : mais on regarde comme un point historique incontestable la visite que lui rendit Confucius l'an 517 avant notre ère (2). Ce dernier n'eut pas lieu d'être satisfait de cette démarche : Lao-tseu, qui avoua le connaître de réputation, sembla lui reprocher son attachement aux maximes des anciens, et se montra peu disposé à lui communiquer sa doctrine. Aussi Confucius, en rendant compte à ses disciples de cette entrevue, avoua qu'il n'avait pu pénétrer ce philosophe : « J'ai vu Lao-tseu, dit-il, et je le connais aussi peu que je connais le dragon. » Cette doctrine ne nous était guère mieux connue au commencement du XIXe siècle. Les missionnaires n'ont traduit aucun des ouvrages composés par Lao-tseu ou qui portent son nom : les fragments qu'ils citent offrent de grandes contradictions, et font croire que ces livres ont subi d'étranges altérations. Quelques Tao-sse supposent une âme périssable; d'autres promettent le secret de prolonger la vie humaine indéfiniment et la composition d'un breuvage d'immortalité. On peut aujourd'hui juger plus exactement de la doctrine de ces sectaires, depuis que M. Abel Rémusat a traduit en français un de leurs livres authentiques, le livre des *Récompenses et des peines*, Paris, 1816, in-8°; et la traduction du *Tao-te-king*, que le même auteur nous fait espérer, laissera peu de chose à désirer sur cette matière.

Lao-tseu monté sur un bœuf.

(1) Ce nom, qui signifie *le vieil enfant*, lui fut donné, disent les Tao-sse, parce qu'il naquit avec les cheveux et les sourcils blancs comme la neige; la grossesse de sa mère avait duré quatre-vingts ans. Kouang, père de Lao-tseu, n'était qu'un pauvre laboureur.

(2) *Mémoires concernant les Chinois*, t. XII, p. 68.

KIEN-WANG (585 avant J.-C.), prince de Tçin, fils de Ting-wang, régna quatorze ans après lui. Il s'éleva de son temps deux dangereuses opinions de philosophes qui firent beaucoup de bruit, et qui furent vivement réfutées. Les auteurs de ces deux opinions se nommaient Yang et Me. Celui-ci prétendit qu'il fallait aimer également tous les hommes, sans faire de distinction entre les étrangers et ceux qui nous sont le plus étroitement unis par les liens du sang et de la nature. Celui-là voulait qu'on se renfermât uniquement dans le soin de soi-même, sans prendre aucun intérêt à tout le reste des hommes, pas même à la personne de l'empereur.

LING-WANG (571 avant J.-C.), fils de Kien-wang, trouva, en lui succédant, l'empire agité par les dissensions des princes qui le composaient. Son autorité étant trop faible pour les réunir, il fut obligé de fermer les yeux sur leurs guerres respectives, et de se renfermer dans le gouvernement de ses Etats immédiats. Pendant une grande partie de son règne, l'empire jouit d'une tranquillité un peu plus grande qu'il n'avait fait sous ses prédécesseurs. Il s'était fait aimer par sa prudence de la plupart des princes ses vassaux; mais, la vingt-sixième année de son règne, l'harmonie qui régnait entre eux fut troublée par l'ambition des princes de Tsin, de Tçin et de Tchou, qui cherchèrent à dominer sur les autres. L'empereur n'ayant pu les ramener à des sentiments de paix, se renferma dans le gouvernement de ses Etats immédiats, à l'exemple de ses prédécesseurs. Ses bonnes qualités méritaient des temps plus heureux. Sa mort arriva sur la fin de la vingt-septième année de son règne.

Sous lui naquit le plus célèbre des philosophes chinois, dont il importe de présenter ici la biographie et la doctrine.

CONFUCIUS. Nous nous conformerons à l'usage établi depuis longtemps en Europe, de désigner, par ce nom latinisé, le philosophe illustre que sa patrie ne connaît que sous le nom de Koung-tsee. La Chine, qui l'appelle *le saint maître, le sage par excellence*, le place avec orgueil au premier rang des grands hommes qu'elle a produits, et aucun d'eux, pas même de ses empereurs les plus chéris, n'a recueilli plus d'honneurs et ne jouit d'une vénération plus universelle, devenue presque

Portrait de Confucius.

religieuse. Nous ne nous étendrons pas sur la famille de Confucius, aujourd'hui la plus illustre de la Chine; elle remonte, selon tous les historiens, jusqu'à Hoang-ti, regardé comme le législateur de l'empire chinois : elle avait donné des ministres, des princes, des empereurs, dont l'un fut le célèbre fondateur de la dynastie des Chang, l'an 1766 avant J.-C. Cette maison de Koung, reconnue par l'Etat, subsiste encore avec gloire à la Chine, et comptait en 1784, soixante et onze générations depuis Confucius : généalogie unique dans le monde, puisqu'elle embrasse plus de quarante siècles. Confucius vit le jour dans le royaume ou principauté de Lou, qui forme aujourd'hui la province de Chan-tong, et naquit l'an 551 avant notre ère, à Tseou-y, aujourd'hui Kin-fou-hien ou Tseou-hien, ville du troisième ordre, dont son père était gouverneur. Il perdit son père à l'âge de trois ans; ses progrès rapides dans ses premières études, son éloignement pour tous les jeux de son âge et la gravité précoce qu'on remarqua dans ses mœurs et ses manières annoncèrent un enfant extraordinaire. Bientôt il passa pour un jeune homme d'une rare sagesse, égalant déjà les plus habiles lettrés dans la connaissance des rites et des usages de la haute antiquité. A dix-sept ans, Confucius débuta dans le monde par l'exercice d'un petit mandarinat qui lui donnait inspection sur la vente des grains et des autres denrées nécessaires à la consommation d'une grande ville. Dès qu'il eut atteint sa dix-neuvième année, sa mère l'unit à la jeune Ki-koan-ché, sortie d'une des plus anciennes familles de l'empire. L'année suivante, il en eut un fils, qu'il nomma Pé-yu. Sa conduite et ses succès dans sa première magistrature le firent élever, peu de temps après, à un mandarinat plus important, qui lui attribuait la surveillance générale sur les campagnes et sur l'agriculture. Confucius exerça cette charge pendant quatre ans, et fit le bonheur de ses administrés. La mort de sa mère, qu'il perdit lorsqu'il n'était âgé que de vingt-quatre ans, interrompit ses fonctions administratives. Selon les anciennes lois de la Chine, alors presque oubliées, à la mort du père ou de la mère, tout emploi public était interdit aux enfants. Confucius, rigide observateur des rites et des usages, et qui eût voulu faire revivre dans sa patrie tous ceux de la vénérable antiquité, se fit un devoir de se conformer à celui-ci dans une circonstance aussi importante. Il voulut que les obsèques de sa mère retraçassent toutes les cérémonies funèbres qui s'observaient dans les beaux siècles de Yao, de Chun et de Yu; ce spectacle, dans lequel la pompe s'alliait à la décence, frappa d'étonnement tous ses concitoyens, auxquels il rappelait de touchants souvenirs. Bientôt ils s'empressèrent d'imiter sa conduite dans les mêmes circonstances; et, à l'exemple de ceux-ci, les peuples de divers Etats tributaires qui partageaient alors l'empire eurent la louable émulation de faire revivre aussi parmi eux tout le cérémonial anciennement établi pour honorer les morts. Depuis cette restauration des anciens rites funéraires, la nation entière les a constamment suivis pendant plus de deux mille ans, et elle les observe encore aujourd'hui avec une religieuse exactitude. Après s'être acquitté de ces premiers devoirs, Confucius se renferma dans l'intérieur de sa maison, pour y passer dans la solitude les trois années du deuil de sa mère. Lorsqu'elles furent écoulées, il alla rendre à ses restes un dernier et solennel hommage, et déposa sur son tombeau ses vêtements funèbres, pour reprendre ensuite ceux qui étaient d'usage dans la vie commune. Ces trois années de retraite ne furent pas perdues pour la philosophie; Confucius consacra tout ce temps à une étude continuelle. Il réfléchit profondément sur les lois éternelles de la morale, remonta jusqu'à la source d'où elles découlent, se pénétra des devoirs qu'elles imposent indistinctement à tous les hommes, et se proposa d'en faire la règle immuable de toutes ses actions; mais, pour parvenir plus sûrement à ce terme élevé de vertu, il mit toute son application à découvrir, dans les *king* et dans l'histoire, les différentes routes que les anciens sages s'étaient déjà frayées, pour y arriver eux-mêmes sans s'égarer. Ce fut aussi à la suite de toutes ces réflexions que Confucius se décida sur le genre de vie qu'il devait embrasser. La dynastie des Tcheou, qui occupait alors le trône impérial, penchait vers sa décadence; les princes tributaires, qui se trouvaient les maîtres d'une grande partie du sol chinois, affectaient l'indépendance et le droit d'introduire dans leurs Etats respectifs des formes particulières de gouvernement. Le faste et la licence régnaient dans leurs cours; leurs guerres étaient continuelles. Ces désordres ayant influé sur les peuples, ils s'étaient insensiblement relâchés des antiques maximes. Confucius, renonçant au repos, à la fortune et aux honneurs, auxquels sa naissance et ses talents lui donnaient le droit de prétendre, consacra modestement sa vie à l'instruction de ses concitoyens. Il entreprit de faire revivre parmi eux l'attachement et le respect pour les rites et les usages anciens, à la pratique desquels se rattachaient, selon lui, toutes les vertus sociales et politiques. Non content d'expliquer à ses compatriotes de tous les ordres les préceptes invariables de la morale, il se proposa de fonder une école, de former des disciples qui pussent l'aider à répandre sa doctrine dans toutes les parties de l'empire, et qui en continuassent l'enseignement après sa mort. Il entra même dans son plan de composer une suite d'ouvrages où il déposerait ses maximes, c'est-à-dire, celles de la vertueuse antiquité qu'il ne faisait que reproduire. Toutes les parties de ce plan ont été exécutées par le philosophe chinois. La mission noble et sublime à laquelle il s'était dévoué sema sa vie de dégoûts et d'amertume; il fut en butte à la contradiction; accueilli dans quelques cours, il se vit dédaigné et presque un objet de risée dans plusieurs autres. A la fin de sa carrière, épuisé par les travaux d'un long et pénible enseignement, il regrettait encore que sa doctrine n'eût recueilli que de stériles applaudissements; il était loin de prévoir l'immense succès qu'elle devait obtenir après lui et l'influence durable qu'elle aurait un jour sur sa nation. Aucun philosophe, aucun sage de l'antiquité n'a eu en effet la brillante destinée de Confucius, et n'a recueilli autant d'honneurs posthumes; jamais la doctrine d'aucun d'eux n'a eu, comme la sienne, la gloire de s'associer à la législation d'un grand peuple. La morale de Socrate n'a pas changé les mœurs d'une seule bourgade de l'Attique; celle du philosophe chinois continue, depuis plus de deux mille ans, de régir l'empire le plus vaste et le plus peuplé de l'univers. Nous ne suivrons pas Confucius dans le détail des travaux que lui fit entreprendre la mission philosophique qu'il s'était imposée: une grande partie de sa vie fut employée en excursions dans les différentes souverainetés qui partageaient l'empire, courses presque toujours infructueuses pour la réformation de ces Etats, mais qui contribuèrent néanmoins à répandre sa doctrine, et lui attirèrent un grand nombre de disciples. Le roi de Tsi, frappé de ce que la renommée publiait de la sagesse de Confucius, fut le premier qui le fit inviter à se rendre à sa cour; le philosophe y fut accueilli avec distinction. Le prince l'écoutait avec plaisir, applaudissait même à toutes ses maximes; mais il n'en continua pas moins de vivre dans le luxe et la mollesse, et de laisser à ses ministres la liberté d'abuser, pour le malheur des peuples, de la puissance qu'il leur confiait. Il voulut donner à Confucius un témoignage de son estime, en lui offrant pour son entretien le revenu d'une ville considérable; mais le philosophe refusa ce cadeau, sous prétexte qu'il n'avait encore aucun service qui méritât une semblable récompense. Après plus d'une année de séjour dans le royaume de Tsi, Confucius s'aperçut avec douleur que ses leçons et ses discours n'avaient produit aucun changement ni dans la conduite du prince ni dans celle de ses ministres; le même goût des plaisirs régnait à la cour, et les mêmes désordres dans l'administration. Il prit le parti de se retirer, et se rendit, accompagné de quelques-uns de ses disciples, à la ville capitale, résidence des empereurs des Tcheou. Le but qu'il se proposait, en visitant la ville impériale, où il passa près d'une année, était d'y observer les formes du gouvernement, l'état des mœurs publiques, et la manière dont on s'acquittait des rites et des cérémonies (*V.* Lao-tsee). Il eut des entretiens avec quelques ministres, et obtint toutes les permissions nécessaires pour voir les lieux augustes destinés par l'empereur à honorer le ciel, et ceux où il rend hommage aux ancêtres de sa famille. Il eut même la liberté de fouiller dans les annales de l'empire, et d'extraire des planchettes sur lesquelles elles étaient écrites un grand nombre de faits et d'observations dont il crut avoir besoin pour les ouvrages qu'il méditait.

Satisfait des nouvelles connaissances qu'il avait acquises, il reprit la route de Tsi, où il s'arrêta encore quelque temps, et revint ensuite dans le royaume de Lou, sa patrie, où il se fixa pendant l'espace de dix ans. Sa maison devint un lycée, toujours ouvert à tous ceux de ses concitoyens qui cherchaient à s'instruire. La manière d'enseigner de ce philosophe n'était nullement celle qu'employaient alors les autres maîtres dans les écoles et les gymnases, où le temps de chaque exercice et les matières des leçons étaient toujours fixes et déterminés. Les disciples se rendaient chez lui lorsqu'ils le jugeaient à propos, et ils se retiraient de même. Il dépendait d'eux de déterminer le sujet des leçons, en demandant des éclaircissements sur tel ou tel point de morale, de politique, d'histoire ou de littérature. Confucius a compté plus de trois mille disciples; mais il ne faut pas croire que ce nombre formât une masse d'auditeurs, toute composée de jeunes gens, réunis habituellement autour du maître pour se former sous sa discipline. Ces disciples, qui avaient reçu en différents temps les leçons du philosophe de Lou, étaient la plupart des hommes d'un âge mûr, déjà engagés dans la carrière des emplois et vivant au sein de leurs familles, des lettrés, des mandarins, des gouverneurs de villes, des officiers militaires, les uns et les autres répandus dans tous les Etats tributaires qui partageaient la Chine. Tendrement attachés à leur maître, ils s'en rapprochaient avec empressement toutes les fois que leurs voyages, ou ceux mêmes de Confucius, leur en fournissaient l'occasion. Ils s'honoraient de professer sa doctrine, et en étaient les zélés propagateurs dans les lieux où ils résidaient. Observons néanmoins que, parmi ses disciples, un petit nombre, plus passionnés pour l'étude de la philosophie, s'étaient plus particulièrement attachés à la personne de leur maître; ils vivaient avec lui, l'entouraient sans cesse, et le suivaient presque partout. Confucius jouissait, depuis plusieurs années, du repos et des douceurs de la vie privée, lorsque le souverain de Lou vint à mourir. Le nouveau roi ne partagea point l'indifférence de son prédécesseur pour un philosophe que sa naissance avait rendu son sujet, et dont la doctrine obtenait déjà une si grande célébrité dans tout l'empire; il crut pouvoir tirer un utile parti des vertus et des talents d'un sage aussi généralement estimé. Il le fit venir à sa cour, l'accueillit, eut avec lui de longs entretiens, à la suite desquels il lui accorda toute sa confiance, et lui conféra successivement la police générale sur le peuple, dont il le nomma gouverneur, la magistrature suprême de la justice, et enfin le titre et l'autorité de ministre. L'activité, le courage et le désintéressement que montra Confucius dans l'exercice de ces divers emplois, eurent un succès éclatant, et ne tardèrent pas à opérer une heureuse révolution dans le royaume de Lou. Par ses sages réglements, par l'autorité de ses maximes et de ses exemples, il réforma en peu de temps les habitudes vicieuses, et fit changer de face à la capitale, que les villes secondaires s'empressèrent d'imiter. Le sage ministre s'occupa ensuite de l'agriculture, régla les subsides et la manière de les percevoir. Il résulta de ses mesures, habilement combinées, que le produit des terres fut plus considérable, que l'aisance du peuple augmenta, et que les revenus du souverain s'accrurent aussi en proportion. Confucius porta les mêmes réformes dans la justice, dont il fut déclaré le chef suprême. Il commença ce ministère par un exemple de sévérité dont ses propres disciples ne le croyaient pas même capable. Un des hommes les plus puissants de la cour s'était couvert de crimes, restés impunis par la crainte qu'inspiraient son crédit, ses richesses et le nombre de ses clients; Confucius le fit arrêter, ordonna l'instruction de son procès, et, lorsque des preuves accablantes eurent convaincu le coupable de ses forfaits, il le condamna à perdre la tête, et présida lui-même à l'exécution. Cet acte de justice sévère frappa de terreur tous les grands qui se sentaient coupables de quelques abus de pouvoir. Du reste, tous les gens de bien y applaudirent, et le peuple vit dès lors dans Confucius un protecteur courageux, prêt à le défendre contre la tyrannie des hommes en place. Le royaume de Lou était florissant; les princes voisins s'en alarmèrent, et craignirent qu'un Etat où régnaient les mœurs et les lois ne devînt trop puissant et capable de tout entreprendre. Le roi de Tsi, dont les terres confinaient avec celles de Lou, et qui d'ailleurs avait récemment usurpé le trône qu'il occupait, en assassinant son souverain, était celui qui partageait le plus vivement ces craintes. Il résolut d'arrêter le cours de ce nouveau gouvernement, et de ruiner l'ouvrage de Confucius. Fondé sur la connaissance du caractère léger du roi de Lou et de son goût pour les plaisirs, et sous prétexte de renouveler les anciens traités, qui existaient entre les deux Etats, il nomma un ambassadeur qu'il chargea de porter des présents à ce jeune prince. Ils étaient magnifiques, mais d'une espèce nouvelle, et singulièrement perfides. A trente chevaux de main, dressés à tous les exercices du manége, et à une grande quantité de bijoux et de raretés, il avait joint une troupe de filles charmantes, qu'il avait fait rassembler de toutes les parties de ses Etats. Toutes étaient des filles à talents : les unes excellaient dans la musique, les autres dans l'art de la danse, ou celui de bien jouer la comédie. Elles étaient au nombre de quatre-vingts. Quel système de philosophie aurait pu tenir contre un essaim aussi redoutable de jeunes beautés folâtres, empressées de plaire et armées de tous les moyens de séduction? La triste et austère étiquette de la cour de Lou céda bientôt à l'aimable folie de ces belles étrangères; on ne s'y occupa plus que de fêtes, de comédies, de danses, de concerts. En vain Confucius voulut s'opposer à ces désordres, rappeler ses préceptes et faire parler les lois; on ne l'écouta plus. Le souverain, qui partageait l'ivresse de sa cour, fut fatigué des importunes remontrances du philosophe; il lui fit défendre de paraître en sa présence. Le philosophe disgracié s'éloigna de sa patrie, se retira, suivi de ses disciples, dans le royaume de Ouei, et s'y fixa pendant plus de dix ans, sans chercher à exercer d'emploi, mais uniquement occupé du soin de continuer ses ouvrages, d'instruire ses disciples et de répandre sa doctrine. Cette résidence ne le possédait pas toujours: elle était le point central d'où il entreprenait de fréquentes excursions dans les autres Etats feudataires qui dépendaient de l'empire. Quelquefois recherché et applaudi, il fut plus souvent en butte à la persécution; plus d'une fois il faillit perdre la vie. Il éprouva les dernières extrémités de la misère, endura la faim, manqua d'asile; il se comparait à un chien qu'on a chassé du logis. « J'ai, disait-il, la fidélité de cet animal, et je suis traité comme lui. Mais que m'importe l'ingratitude des hommes? elle ne m'empêchera pas de leur faire tout le bien qui dépendra de moi. Si mes leçons restent infructueuses, j'aurai du moins la consolation intérieure d'avoir fidèlement rempli ma tâche. » Confucius, âgé de soixante-huit ans, rentra enfin dans sa patrie, après onze années d'absence. Il y vécut en homme privé, et mit la dernière main à ses ouvrages. Il est à propos que nous fassions remarquer ici que, d'après l'itinéraire exactement connu des voyages de ce philosophe, il est aisé de se convaincre qu'il n'a jamais franchi les anciennes limites de la Chine.

Il résulte de cette observation qu'il n'a point voyagé chez les nations étrangères, qu'il n'a rien emprunté de leurs opinions religieuses, morales et politiques, et que la doctrine qu'il a enseignée est la simple et pure doctrine des anciens sages chinois, dont il s'efforçait de rappeler le souvenir à ses contemporains, qui l'avaient presque entièrement mise en oubli. C'est sans fondement qu'on a dit qu'il a pu profiter de la philosophie des Grecs, s'approprier les idées de Pythagore sur la science mystérieuse des nombres, et piller même une des visions du prophète Ezéchiel. Il est plus raisonnable de croire que Confucius n'a jamais connu ni Pythagore, ni Ezéchiel, nés à peu près vers le même temps que lui, et qu'il s'est occupé de toute autre chose que de l'étude du grec et de l'hébreu. Les cinq dernières années de la vie de ce philosophe ne présentent aucun événement remarquable. Il les partagea entre l'enseignement et les soins qu'il donnait à la révision de ses ouvrages. Dans ce même espace de temps, il acheva de mettre en ordre les six *King*, livres sacrés, où se trouvent rassemblés les plus anciens monuments écrits de la Chine. Cette restauration, qu'il avait jugée nécessaire, l'avait occupé pendant toute sa vie. Lorsqu'il eut fini ce grand ouvrage, il assembla ses disciples et les conduisit hors de la ville, sur un de ces tertres antiques sur lesquels on avait coutume anciennement d'offrir des sacrifices. Il y fit élever un autel, et y plaça de ses mains les six *King* qu'il venait de corriger et de rendre à leur pureté primitive; puis, se mettant à genoux, le visage tourné vers le nord, il adora le ciel, lui rendit d'humbles actions de grâces de lui avoir donné assez de vie et de forces pour terminer cette laborieuse entreprise, et le conjura de lui accorder encore que le fruit d'un aussi long travail ne fût pas du moins inutile à ses concitoyens. Il s'était préparé à cette pieuse cérémonie par la retraite, le jeûne et la prière. Confucius avait essuyé des chagrins dans sa vieillesse. Il avait perdu son épouse, et peu d'années après son fils unique Koung-ly, qui ne laissa que le jeune Tsee-sse, seul rejeton par lequel fut continuée la postérité du philosophe. La mort de quelques-uns de ses disciples les plus chers avait encore ajouté à l'amertume de ces pertes. Confucius commençait à ressentir la pesanteur et les infirmités de l'âge. Il fut atteint d'une maladie grave et douloureuse dont il guérit; mais sa convalescence fut longue et pénible, et depuis cette époque, il ne fit plus que languir. Parvenu enfin à sa soixante-treizième année, il tomba dans un profond assoupissement, dont aucun secours de l'art ne put le faire sortir. Il passa sept jours dans cet état léthargique, et mourut l'an 479 avant notre ère, neuf ans avant la naissance de Socrate. Il avait rendu le dernier soupir au milieu de ses disciples en pleurs, qui voulurent se charger du soin de ses funérailles. On en peut voir les curieux détails dans l'excellente *Vie de Confucius*, qui forme le tome XII des *Mémoires sur les Chinois* (*V.* AMIOT). Un de ses plus chers disciples posa sur son tombeau l'arbre *kiai*. Cet arbre, qui n'est plus aujourd'hui qu'un tronc sec et aride, subsiste encore dans le même lieu où il a été planté, malgré tous les bouleversements qu'a dû entraîner la révolution de vingt-deux siècles; il est devenu un monument sacré pour les Chinois, qui l'ont fait dessiner avec le plus grand soin, et graver ensuite sur un marbre, d'où l'on a tiré une multitude d'empreintes qui font l'ornement du cabinet de la plupart des lettrés. Tous les disciples de Confucius qui étaient sur les lieux assistèrent à ses obsèques, et s'engagèrent à porter son deuil comme celui d'un père, c'est-à-dire pendant trois ans. Les autres disciples qui se trouvaient disséminés dans tous les Etats voisins arrivèrent successivement pour rendre les devoirs funèbres à leur ancien maître, et apportèrent chacun une espèce d'arbre particulière à leur pays, pour contribuer à embellir le lieu qui contenait ses respectables restes. Plusieurs de ces disciples vinrent avec leurs familles s'établir dans le même lieu. Leur réunion donna naissance à un village qu'ils nommèrent *Koung-ly* ou *Village de Confucius*, et leurs descendants, après quelques siècles, se trouvèrent assez nombreux pour peupler eux seuls une ville du troisième ordre qui porte aujourd'hui le nom de *Kiu-fou-hien*, dans la province de Chan-tong. Confucius n'a pas été le législateur de la Chine, comme paraissent l'avoir cru quelques-uns de nos écrivains; jamais il n'a été revêtu de l'autorité nécessaire pour publier des lois, et jamais il n'a eu la pensée de rien innover dans la religion de son pays. Confucius, comme Socrate, qui vint après lui, cultiva et professa la morale; né vertueux, conduit par sa raison à l'étude de la sagesse, philosophe sans ostentation, il aima ses concitoyens, et se crut appelé à les éclairer sur les routes qui mènent à la vertu et au bonheur. Loin de se donner pour l'inventeur de sa doctrine, il rappelait sans cesse que les maximes qu'il enseignait étaient celles des anciens sages qui l'avaient précédé. « Ma doctrine, disait-il, est celle de Yao et de Chun; quant à ma manière de l'enseigner, elle est fort simple. Je cite pour exemple la conduite des anciens; je conseille la lecture des *King*, dépositaires de leurs sages pensées, et je demande qu'on s'accoutume à réfléchir sur les maximes qu'on y trouve. » Mais si Confucius a emprunté de ses prédécesseurs les principes fondamentaux de sa philosophie, quels heureux développements il a su leur donner, quelles sages et nombreuses applications il a su en faire! Jamais la raison humaine, privée des lumières de la révélation, ne s'est montrée avec autant de force et d'éclat. Quelque sublime que soit sa morale, elle paraît toujours simple, naturelle, conforme à la nature de l'homme. Il traite de tous les devoirs, mais il n'en outre aucun; un tact exquis lui fait toujours sentir jusqu'où le précepte doit s'étendre. Tout le code moral du philosophe chinois peut se réduire à un petit nombre de principes: l'exacte observation des devoirs qu'imposent les relations du souverain et des sujets, du père et des enfants, de l'époux et de l'épouse. Il y joint cinq vertus capitales, dont il ne cesse de recommander la pratique: 1° l'humanité; 2° la justice; 3° la fidélité à se conformer aux cérémonies et aux usages établis; 4° la droiture ou cette rectitude d'esprit et de cœur qui fait qu'on recherche toujours le vrai; 5° enfin, la sincérité ou la bonne foi. Nous joindrons ici quelques-unes des pensées et des maximes qui étaient les plus familières à Confucius. « Qui a offensé le *Tien* (le seigneur du ciel) n'a plus aucun protecteur. — Le sage est toujours sur le rivage, et l'insensé au milieu des flots; l'insensé se plaint de n'être pas connu des hommes, le sage de ne pas les connaître. — Un bon cœur penche vers la bonté et l'indulgence; un cœur étroit ne passe pas la patience et la modération. — La bienfaisance d'un prince n'éclate pas moins dans les rigueurs qu'il exerce que dans les plus touchants témoignages de sa bonté. — Conduisez-vous toujours avec la même retenue que si vous étiez observé par dix yeux et montré par dix mains. — Pécher et ne pas se repentir, c'est proprement pécher. — Un homme faux est un char sans timon; par où l'atteler? — La vertu qui n'est pas soutenue par la gravité n'obtient pas de poids et d'autorité parmi les hommes. Ne vous affligez pas de ce que vous ne parvenez point aux dignités publiques, gémissez plutôt de ce que peut-être vous n'êtes pas orné des vertus qui pourraient vous rendre digne d'y être élevé. — Il est du devoir d'un monarque d'instruire ses sujets; mais ira-t-il dans la maison de chacun d'eux leur donner des leçons? non sans doute, il leur parle à tous par l'exemple qu'il leur donne. » Confucius n'est pas moins distingué comme écrivain que comme philosophe. On lui est redevable d'avoir épuré et mis en ordre les livres canoniques des Chinois; il expliqua les *Koua* de Fou-hi, fit des commentaires sur le *Li-ki* et corrigea le *Ché-king*. Il composa le *Chou-king* et le *Tchun-tsieou*. Le style de ces ouvrages, dont aucune traduction ne peut rendre l'énergique laconisme, fait encore l'admiration des Chinois. Leurs plus habiles lettrés ont vainement essayé de l'imiter et ont reconnu leur impuissance à cet égard; leurs plus beaux morceaux ne peuvent soutenir la comparaison avec les endroits les plus ordinaires du *Ché-king*, du *Chou-king* ou du *Tchun-tsieou* (1). Quelques critiques prétendent que Confucius n'a formé le *Chou-king* que des extraits qu'il avait faits des anciennes annales chinoises, dont l'étude l'avait occupé pendant vingt ans; d'autres croient que le *Chou-king* existait anciennement en cent chapitres, et que Confucius n'a fait que le réduire en cinquante-huit, tel que nous l'avons aujourd'hui. Quoi qu'il en soit, ce livre le plus beau sans doute et le plus révéré de tous ceux que la Chine a produits, n'est pas, comme l'ont cru quelques écrivains, un livre d'histoire, mais simplement un livre de morale. Le but que se proposa Confucius en le rédigeant fut de conserver les vrais principes de l'ancien gouvernement chinois et les maximes fondamentales de la morale politique, en réunissant dans un même ouvrage les discours et les règles de conduite qu'avaient tenus les empereurs, les ministres et les sages de la haute antiquité.

(1) *V.* le *Moniteur*, an. 1812, n° 314.

Tombeau de Confucius.

La nature même d'un semblable recueil suppose nécessairement des lacunes historiques, et si beaucoup de princes y sont omis, c'est que Confucius n'a pas jugé qu'ils méritassent d'être proposés comme modèles à la postérité. Le *Chou-king* commence à l'empereur Yao, qui monta sur le trône l'an 2357 avant notre ère et finit à l'an 624 avant Jésus-Christ. Nous avons une traduction française de cet ouvrage, due au P. Gaubil, jésuite, Paris, 1770, in-4°. Le *Tchun-tsieou* contient une partie des annales du royaume de Lou, depuis l'an 722 avant notre ère, et retrace les événements qui y ont eu lieu, durant deux cent quarante-deux ans. L'auteur y fait mention de trente-cinq éclipses de soleil arrivées et observées dans sa patrie pendant ce même espace de deux cent quarante-deux années. La plupart de ces éclipses ont été vérifiées par d'habiles calculateurs européens, et reconnues pour avoir été indiquées avec précision. Bayer a publié le texte chinois du commencement du *Tchun-tsieou* dans les *Mémoires de l'académie de Pétersbourg*. Le *Hiao-king* est un dialogue sur la piété filiale, suivant la doctrine de Confucius, l'apôtre le plus zélé et le plus éloquent de cette vertu. On croit qu'il a été composé l'an 480 avant notre ère. Quoiqu'il n'ait pas été recouvré en entier, il n'en a pas moins eu l'honneur de donner lieu à une foule de commentaires. Le *Ta-hio* (la grande science) et le *Tchong-yong* (le juste milieu), deux ouvrages attribués par les uns à Confucius, et par d'autres à deux de ses disciples, qu'on suppose les avoir rédigés d'après les instructions de leur maître, présentent l'ensemble le plus complet de la morale et de la politique du philosophe chinois. On y joint encore le *Lun-yu* ou *Livre des sentences*, compilation en vingt chapitres des maximes de Confucius, mais dont plusieurs semblent s'écarter de sa doctrine et de ses principes. Le *Ta-hio*, traduit en latin, ou plutôt paraphrasé par le P. Ignace de Costa, le *Tahong-yong* par le P. Intorcetta, et la première partie du *Lun-yu*, ont été publiés avec le texte chinois imprimé horizontalement entre les lignes. Cette édition, commencée à Nanking et terminée à Goa, est extrêmement rare en Europe. La paraphrase latine, augmentée par les PP. Couplet, Herdtreich et Rougemont, a paru sous ce titre : *Confucius Sinarum philosophus*, Paris, 1687, in-fol. Celle du *Tchong-yong* avait déjà paru en 1672, sous le titre de *Sinarum scientia politico-moralis*, dans le tome II de la collection de Melch. Thevenot. La *Morale de Confucius, philosophe de la Chine*, Amsterdam 1688, in-8°, est un extrait de ces divers ouvrages; on les retrouve, avec des commentaires beaucoup plus diffus, dans l'ouvrage du P. Noël, intitulé : *Sinensis imperii libri classici VI*, Prague, 1711, in-4°. C'est d'après ce dernier ouvrage, que M. l'abbé Pluquet a publié les *livres classiques de l'empire de la Chine*, en sept petits volumes in-18, Paris, Didot, 1784 et 1786.

KING-WANG (544 av. J.-C.), fils aîné de Ling-wang, eut à combattre, en lui succédant, un parti secret formé par Kou pour l'exclure du trône, et mettre à sa place Ning-fou son frère. Celui-ci, ayant assemblé quelques troupes, vint mettre le siége devant la ville de Onei, où Kien-ki, qu'il regardait comme le plus grand obstacle à ses vues, était renfermé ; mais Kien-ki trouva moyen de se retirer à Ping-tsi. Cette levée de boucliers de la part de Kou fut cause de la perte de Ning-fou, que l'empereur, pour sa sûreté, fit mettre à mort la deuxième année de son règne. Tandis que les grands vassaux de l'empire travaillaient à s'entre-détruire par des perfidies et des assassinats, King-wang, les laissant agir par impuissance de les réprimer, s'appliquait à établir la paix dans les Etats qui lui étaient soumis; mais la vingt et unième année de son règne, s'étant avisé de vouloir réformer la monnaie, il pensa mettre l'empire en combustion. Cependant la fermeté qu'il opposa aux murmures que cette réforme avait occasionnés les fit cesser, et la nouvelle monnaie eut un cours libre.

L'an 526 avant Jésus-Christ, King-wang avait perdu son fils aîné. De deux autres fils qui lui restaient, Mong et Tchao, le dernier avait sa prédilection; mais Chen-tse et Lieou-tse favorisaient le parti de Mong, et travaillaient à le faire prévaloir pour la succession au trône. King-wang, résolu de se défaire de ces deux hommes qui traversaient ses vues, s'était mis en route pour une partie de chasse, où il comptait les faire assassiner. Mais à peine fut-il arrivé à la montagne de Péchan, qu'il tomba malade ; de là ses gens le portèrent à Yong-ki-chi, où il mourut. Chen-tse et Lieou-tse, sans différer, proclamèrent empereur le prince Mong; mais à peine celui-ci fut-il entré dans la ville impériale, qu'il tomba malade et mourut.

KING-WANG II (519 avant J.-C.), frère utérin de Mong, fut reconnu par le plus grand nombre des princes pour légitime empereur. Tchao, son frère consanguin, avait pourtant un parti avec lequel il disputa durant plusieurs années l'empire à son concurrent.

Deux hommes cependant s'occupaient à troubler l'Etat par des fourberies et des calomnies qu'ils inventaient contre ceux qui n'entraient point dans leurs desseins perfides : c'étaient Fey-ou-chi et Yen-tsiang-chi. La cinquième année du règne de King-wang, ayant eu l'adresse de s'insinuer dans l'amitié de Tchao-kong, prince de Lou, ils vinrent à bout de traduire devant lui Kioou-an, personnage recommandable par sa droiture et l'estime de tout le monde, comme un traître envers l'Etat. La calomnie fit un tel effet sur l'esprit de Tchao-kong, qu'il condamna Kioou-an, avec toute sa famille, à perdre la vie. Tchao-kong, ayant enfin ouvert les yeux sur les crimes de ces deux scélérats, fit instruire leur procès, et par sentence juridique les fit mourir au grand contentement du public. L'empereur King-wang mourut la quarantième année de son règne.

YUEN-WANG (475 avant J.-C.), fils de King-wang, monta sur le trône après lui. Son règne fut assez paisible par rapport à ses Etats particuliers, mais ne produisit rien d'avantageux pour l'empire. Du reste il fut court, n'ayant duré que sept ans.

TCHING-TING-WANG (468 avant J.-C.), successeur de Yuen-wang, son père, régna vingt-huit ans avec peu de gloire pour lui, et peu d'avantage pour l'empire.

KAO-WANG (440 avant J.-C.) était le troisième des quatre fils que Tching-ting-wang avait laissés. Trois mois après la mort de son père, il vit Ngai-wang, l'aîné d'entre eux, proclamé empereur; mais Chou, son second frère, trouva moyen de le faire mourir et de prendre sa place. Kao-wang, le troisième, indigné de cette action, refusa de le reconnaître, et, ayant levé une armée, lui livra une bataille où il le tua de sa propre main. Cette mort ayant décidé la victoire, il fut proclamé empereur à la tête de l'armée; mais il ne devint maître absolu que dans le patrimoine de sa famille, sans recevoir des princes de l'empire aucune marque de soumission. Ils continuèrent de même pendant le cours de son règne, qui fut de quinze ans.

WEI-LIE-WANG (425 avant J.-C.), en succédant à Kao-wang, son père, trouva les vassaux de l'empire très-peu disposés à lui rendre les honneurs que leur devoir exigeait. Trois d'entre eux surtout le bravaient ouvertement. Afin de se les attacher, ou du moins de ne pas s'en faire des ennemis, il les créa princes des Etats qu'ils avaient usurpés, et leur en envoya les diplômes. Ce prince mourut la vingt-quatrième année de son règne, dépouillé d'une partie de ses domaines, et réduit presque à un vain titre, que sa faiblesse l'empêchait de faire valoir contre des vassaux devenus plus puissants que lui.

NGAN-WANG (401 avant J.-C.), fils et héritier de Wei-lie-wang, vit, à la suite des guerres que les princes se firent entre eux, l'empire réduit à sept principautés considérables. On ne voit pas qu'il se soit donné de mouvement pour rétablir son autorité presque anéantie. Il mourut la vingt-sixième année de son règne.

LIE-WANG (375 avant J.-C.), successeur de Ngan-wang, son père, fut témoin, la première année de son règne, de l'extinction de la puissante et ancienne famille des princes de Tching. Mais cela n'avança point les affaires de l'empire, qui subsista toujours dans un état de langueur qui semblait annoncer sa ruine. Lie-wang mourut dans la septième année de son règne.

HIEN-WANG (368 avant J.-C.), étant monté sur le trône après Lie-wang son père, laissa les princes ses vassaux empiéter les uns sur les autres, sans prendre part à leurs querelles. Mais l'indifférence qu'il affectait commença dès lors à ouvrir aux princes de Tsin un chemin à l'empire. Leurs troupes, accoutumées à se battre contre les Tartares, qui leur faisaient continuellement la guerre, étaient fort aguerries, et aucun prince n'en avait d'aussi bonnes. Le règne de Hien-wang fut de quarante-huit ans. C'est sous lui qu'il est fait mention pour la première fois de chariots de guerre dans les armées chinoises.

CHIN-TSING-WANG (320 avant J.-C.), fils de Hien-wang, aurait eu une belle occasion de rétablir la majesté de l'empire, si sa lâcheté et sa nonchalance ne l'avaient empêché de profiter de la division qui régnait entre les princes tributaires et des guerres continuelles qu'ils se faisaient. Le roi de Tsin au contraire se rendit si puissant, qu'il tenait les autres princes en respect, et que sans avoir encore le titre de roi il en avait toute l'autorité. Les rois de Tsu, de Chao, de Han, de Guei et de Yen s'étant ligués contre lui, il défit leurs forces réunies, et il aurait pu les dépouiller de leurs Etats, si un objet plus intéressant ne l'eût appelé ailleurs. Deux princes de la partie occidentale de la province de Se-chuen, qui ne dépendait point de l'empire, étaient en guerre, et chacun d'eux implora le secours du roi de

Tsin. L'espérance d'annexer ces deux principautés à ses Etats l'engagea à entrer dans la querelle : il tailla en pièces l'armée de l'un des princes, qui périt dans le combat, et se saisit de ses Etats; en même temps il obligea l'autre, qu'il avait secouru, à lui rendre hommage, et à lui payer un tribut annuel. Peu après, le roi de Guei, un des cinq princes confédérés, se mit sous sa protection et se rendit son tributaire; cette démarche lui ouvrit un passage pour entrer sur les terres des quatre autres, et pour les soumettre à son obéissance. L'empereur fut toujours spectateur oisif des victoires du roi de Tsin, et mourut après un règne de six ans, laissant la couronne à son fils.

NAN-WANG (314 avant J.-C.), fils de Chin-tsin-wang, eut, en montant sur le trône après lui, un rival secret et puissant dans la personne de Tchao-siang-wang, prince de Tsin. Celui-ci, ne pouvant lui enlever le titre d'empereur, le contraignit par les usurpations fréquentes qu'il fit sur lui, à vivre solitaire dans son étroit patrimoine. Nan-wang resta longtemps dans cette situation sans oser remuer. Mais à la fin, excité par des conseils imprudents, il travailla à réunir contre cet usurpateur les autres provinces. Cette entreprise fut cause de sa perte; car, dès que Tchao-siang-wang en fut averti, il envoya ordre au général Kieou d'entrer avec les troupes qu'il commandait sur les terres de l'empire. Nan-wang n'était pas en état de lui résister. Voulant parer le coup qui le menaçait et prévenir le dernier des malheurs, il alla lui-même, dans la posture de suppliant, faire des excuses à ce prince, lui offrit trente-six villes qui lui restaient, et le reconnut pour son souverain. Tchao-siang-wang accepta cet hommage et envoya Nan-wang, en qualité de son tributaire, dans ses Etats, où il mourut couvert d'ignominie, après avoir régné cinquante-neuf ans sans laisser de postérité.

TCHEOU-KIUN (255 avant J.-C.) fut reconnu pour souverain par les peuples de Tcheou, qui, fuyant la domination des princes de Tsin, qu'ils avaient en horreur, s'étaient venus soumettre à la sienne; mais il refusa de prendre le titre d'empereur, quoiqu'on l'en pressât. Tchao-siang-wang, s'étant mis en possession du patrimoine de Tcheou, prétendit que les princes de l'empire devaient le reconnaître pour empereur et lui rendre hommage comme à leur maître. Cependant aucun n'y paraissait disposé; mais les succès qu'il remporta sur le prince de Weï déterminèrent celui de Han à se rendre à sa cour, persuadé que les autres princes imiteraient ceux de Han et de Weï. Il se comporta d'abord en empereur, sans oser cependant en prendre le titre, et fit le sacrifice solennel réservé aux seuls empereurs. Tchao-siang-wang mourut l'an 251 avant Jésus-Christ, sans avoir pu consommer entièrement le grand dessein pour lequel il avait travaillé l'espace de cinquante-six ans avec tant d'ardeur; mais il eut du moins la satisfaction de réduire au rang du peuple Tcheou-kiun, dernier rejeton des Tcheou, et de le reléguer, après l'avoir entièrement dépouillé, dans un village, où il mourut dans l'obscurité et la misère. Ainsi finit la fameuse dynastie des Tcheou, après avoir joui de l'empire l'espace de huit cent soixante-quatorze ans.

Les anciens rois et empereurs des trois premières dynasties dont nous venons de parcourir l'histoire avaient construit ou réparé le *Ming-tang* ou *temple de la Lumière*, composé de trois bâtiments distincts, destinés chacun à l'une des dynasties; le premier, celui des *Hia*, comptait cinq salles séparées, qui avaient chacune leur usage particulier. Le dedans était sans aucune peinture ni ornements. On n'y voyait que les quatre murailles avec les fenêtres pour donner du jour. Les escaliers de la principale entrée étaient composés de neuf degrés. Celui des *Chang* servait aux mêmes usages, mais il était plus brillant. Les cinq salles particulières étaient soutenues par des colonnes et surmontées par d'autres colonnes qui soutenaient un second toit. Celui des *Tcheou* rappelle la simplicité antique. Cette dynastie crut rétablir le culte dans toute sa pureté en suivant l'exemple des anciens. Le temple qu'elle construisit n'eut ni colonnes ni toits élégamment construits. Les cinq appartements n'y furent séparés que par de simples murailles. Il y avait quatre portes, et elles étaient couvertes d'une mousse fine qui représentait les branchages dont on formait l'enceinte de l'ancien lieu des sacrifices. On avait creusé autour de l'enceinte du temple un canal que l'on remplissait d'eau pour le temps où l'on devait offrir les sacrifices. — Ce temple de la Lumière, dit le P. Amiot, était le lieu des sacrifices. On le nommait *Chi-chi* ou *temple des Générations*, sous les Hia, et *Tchoung* ou *temple renouvelé*, sous les Chang.

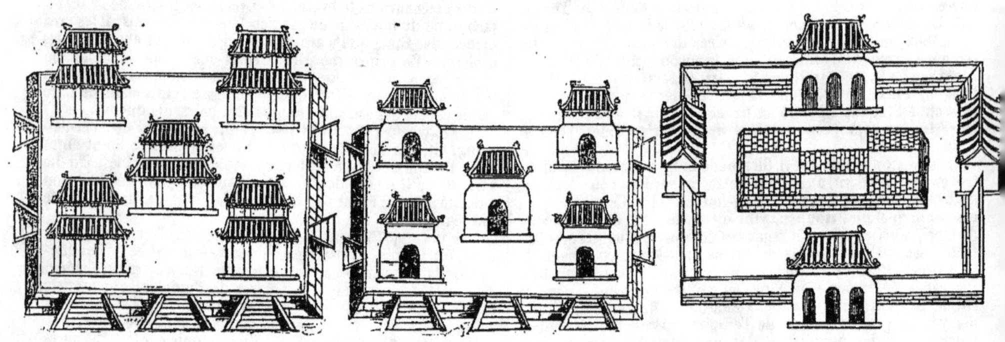

Les trois temples de la Lumière.

Dans les derniers temps de la troisième dynastie vécut un philosophe dont il importe de connaître la vie; nous la résumons ici.

MENG-TSEU, nommé pendant sa vie *Meng-kho*, et par nos anciens missionnaires *Mencius*, est regardé comme le premier des philosophes chinois après Confucius.

Il naquit, à la fin du IVe siècle avant J.-C., dans la ville de Tseou, actuellement dépendante de Yan-tcheou-fou, dans la province de Chaom-toung. Son père, Ki-koung-i, descendu d'un certain Meng-sou, dont Confucius blâmait la fastueuse administration, était originaire du pays de Tchou, mais établi dans celui de Tchin. Il mourut peu de temps après la naissance de son fils, et laissa la tutelle de celui-ci à sa veuve Tchang-chi. Les soins que se donna cette mère prudente et attentive pour l'éducation de son fils sont cités comme un modèle de la conduite que doivent tenir les parents vertueux. La maison où elle demeurait était située près de celle d'un boucher. Elle s'aperçut qu'au moindre cri des animaux qu'on égorgeait le petit Meng-kho courait assister à ce spectacle, et qu'à son retour il tâchait d'imiter ce qu'il avait vu. Tremblant que son fils ne s'endurcît le cœur et ne s'accoutumât au sang, elle alla s'établir dans une maison voisine de quelques sépultures. Les parents de ceux qui y reposaient venaient souvent pleurer sur leur tombe, et y faire les libations accoutumées. Meng-kho prit bientôt plaisir à ces cérémonies, et s'amusait à les imiter. Ce fut un nouveau sujet d'inquiétude pour Tchang-chi, qui craignit que son fils ne se fît un jeu de ce qu'il y a de plus sérieux dans le monde, et ne s'habituât à ne faire les cérémonies qui demandent le plus d'attention et de respect qu'en badinant ou par manière d'acquit. Elle s'empressa donc de changer encore de domicile, et vint se loger dans la ville, vis-à-vis d'une école où Meng-kho trouva les exemples les plus convenables, et commença à en profiter. On n'eût point parlé de cette petite anecdote si elle n'était à chaque instant citée par les Chinois dans cette phrase devenue proverbiale : *La mère Meng-tseu choisit un voisinage.* Meng-tseu ne tarda pas à se former dans l'exercice de ces vertus, que le système chinois a pour but de rendre inséparables de l'étude des belles-lettres, c'est-à-dire qu'il se

Meng-tseu, philosophe chinois.

livra de bonne heure à la lecture des King, et, par les progrès qu'il fit dans l'intelligence de ces livres si respectés, il mérita d'être inscrit au nombre des disciples de Tseu-sse, petit-fils et digne imitateur de Confucius. Quand il fut suffisamment instruit dans cette philosophie morale que les Chinois appellent par excellence *la doctrine*, il alla offrir ses services au roi de Thsi, Siouan-wang (1); mais, n'ayant pu en obtenir de l'emploi, il se rendit près de Hoeï-wang, roi de Liang ou de Weï, car à cette époque le pays de Khaï-foung-fou, dans le Ho-nan, formait un petit Etat qui portait ces deux noms. Ce prince fit un bon accueil à Meng-tseu, mais ne s'attacha pas, comme l'aurait souhaité le philosophe, à réduire ses leçons en pratique. Ce qu'il enseignait de l'antiquité paraissait, peut-être avec quelque raison, de nature à ne pouvoir s'appliquer au temps actuel et aux affaires du moment. Les hommes auxquels était confiée l'administration des divers Etats dans lesquels la Chine se trouvait alors partagée n'étaient pas capables de rétablir le calme dans l'empire, continuellement troublé par des ligues, des divisions et des guerres intestines. La sagesse et la vraie science, pour eux, c'était l'art militaire. Meng-tseu avait beau leur vanter le gouvernement et les vertus de Yao, de Chun et des fondateurs des trois premières dynasties, des guerres perpétuelles éclataient de toutes parts, et, se renouvelant en quelque lieu qu'il allât, empêchaient le bon effet de ses leçons et contrariaient tous ses plans. Quand il fut convaincu de l'impossibilité de rendre aucun service à tous ces princes, il revint dans son pays, et, de concert avec Wan-tchang et quelques autres de ses disciples, il s'occupa de mettre en ordre le livre des vers et le Chou-king, suivant en cela l'exemple de Confucius, et s'appliquant à faire ce travail dans le même esprit qui avait dirigé ce célèbre philosophe. Il composa aussi, à cette époque, l'ouvrage en sept chapitres qui porte son nom. Il mourut vers l'an 314 avant J.-C., à l'âge de quatre-vingt-quatre ans. Le livre dont on vient de parler est le plus beau titre de Meng-tseu à la gloire : il est toujours joint aux trois ouvrages moraux qui contiennent l'exposé de la doctrine de Confucius (2), et forme avec ces ouvrages ce qu'on appelle les *Ssechou* ou les *quatre Livres par excellence*. Il est à lui seul plus étendu que les trois autres réunis, et il n'est ni moins estimé, ni moins digne d'être lu. Suivant un auteur chinois, Meng-tseu a recueilli l'héritage de Confucius en développant ses principes, comme Confucius avait recueilli l'héritage de Wen-wang, de Wou-wang et de Tcheou-koung; mais à sa mort personne ne fut digne de recueillir le sien. Aucun de ceux qui vinrent après lui ne saurait lui être comparé, pas même Siung-tseu et Yang-tseu. Nous ne pourrions transcrire, même en les abrégeant, les pompeux éloges que cet auteur et mille autres, à l'envi, ont décerné à ce philosophe. Il suffira de dire qu'il a été, d'un consentement unanime, honoré du titre de *Ya-ching*, qui signifie le deuxième saint, Confucius étant regardé comme le premier. On lui a même décerné, par un acte de la puissance publique, le titre de *saint prince du pays de Tseou*, et on lui rend dans le grand temple des lettres les mêmes honneurs qu'à Confucius. Une partie de cette illustration a, selon l'usage chinois, rejailli sur les descendants de Meng-tseu, qui ont obtenu la qualification de maîtres des traditions sur les livres classiques dans l'académie impériale des Nan-lin. Le genre de mérite qui a valu à Meng-tseu une si grande célébrité ne serait pas d'un grand prix aux yeux des Européens ; mais il en a d'autres qui pourraient, si son livre était convenablement traduit, lui faire trouver grâce à leurs yeux. Son style, moins élevé et moins concis que celui du prince des lettrés, est aussi noble, plus fleuri et plus élégant. La forme du dialogue qu'il a conservée à ses entretiens philosophiques avec les grands personnages de son temps comporte plus de variété qu'on ne peut s'attendre à en trouver dans les apophthegmes et les maximes de Confucius. Le caractère de leur philosophie diffère aussi sensiblement. Confucius est toujours grave et même austère ; il exalte les gens de bien, dont il fait un portrait idéal, et ne parle des hommes vicieux qu'avec indignation. Meng-tseu, avec le même amour pour la vertu, semble avoir pour le vice plus de mépris que d'horreur ; il l'attaque par la force de la raison, et ne dédaigne pas même l'arme du ridicule. Sa manière d'argumenter se rapproche de cette *ironie* qu'on attribue à Socrate. Il ne conteste rien à ses adversaires; mais, en leur accordant leurs principes, il s'attache à en tirer des conséquences absurdes qui les couvrent de confusion. Il ne ménage même pas les grands et les princes de son temps, qui souvent ne feignaient de le consulter que pour avoir occasion de vanter leur conduite ou pour obtenir de lui les éloges qu'ils croyaient mériter. Rien de plus piquant que les réponses qu'il leur fait en ces occasions, rien surtout de plus opposé à ce caractère servile et bas qu'un préjugé trop répandu prête aux Orientaux et aux Chinois en particulier. Meng-tseu ne ressemble en rien à Aristippe : c'est plutôt Diogène, mais avec plus de dignité et de décence. On est quelquefois tenté de blâmer sa vivacité, qui tient de l'aigreur ; mais on l'excuse en le voyant toujours inspiré par le zèle du bien public. Le roi de Weï, un de ces petits princes dont les dissensions et les guerres perpétuelles désolaient la Chine à cette époque, exposait avec complaisance à Meng-tseu les soins qu'il prenait pour rendre son peuple heureux, et lui marquait son étonnement de ne voir son petit Etat ni plus florissant ni plus peuplé que ceux de ses voisins. « Prince, lui répondit le philosophe, vous aimez la guerre; permettez-moi d'y puiser une comparaison : deux armées sont en présence; on sonne la charge, la mêlée commence, un des partis est vaincu; la moitié des soldats s'enfuit à cent pas, l'autre moitié s'arrête à cinquante. Ces derniers auraient-ils bonne grâce à se moquer des autres, qui ont fui plus loin qu'eux? — Non, répondit le roi; pour s'être arrêtés à cinquante pas, ils n'en ont pas moins pris la fuite : la même ignominie les attend. — Prince, reprit vivement Meng-tseu, cessez donc de vanter les soins que vous prenez de plus que vos voisins; vous avez tous encouru les mêmes reproches, et nul de vous n'est en droit de se moquer des autres. » Poursuivant ensuite ses mordantes interpellations : « Trouvez-vous, dit-il au roi, qu'il y ait quelque différence à tuer un homme avec un bâton ou avec une épée? — Non, répondit le prince. — Y en a-t-il, continue Meng-tseu, entre celui qui tue avec une épée ou par une administration inhumaine? — Non, répondit encore le prince. — Eh bien ! reprit Meng-tseu, vos cuisines regorgent de viandes, vos haras sont remplis de chevaux, et vos sujets, le visage hâve et décharné, sont accablés de misère, et sont trouvés morts de faim au milieu des champs ou des déserts. N'est-ce pas là élever des animaux pour dévorer les hommes? Et qu'importe que vous les fassiez périr par le glaive ou par la dureté de votre cœur ! Si nous haïssons ces animaux féroces qui se déchirent et se dévorent les uns les autres, combien plus devons-nous détester un prince qui, devant par sa douceur et sa bonté se montrer le père de son peuple, ne craint pas d'élever des animaux pour le leur donner à dévorer? Quel père du peuple que celui qui traite si impitoyablement ses enfants, et qui a moins de soins d'eux que des bêtes qu'il nourrit! » Le philosophe ne se laisse pas toujours emporter à ce ton de véhémence et d'amertume; mais ses réponses sont ordinairement pleines de vivacité et d'énergie, et ce ton piquant a trouvé des désapprobateurs. On raconte que Houng-wou, le fondateur de la dynastie des Ming, lisant un jour Meng-tseu, tomba sur ce passage : « Le prince regarde ses sujets comme la terre qu'il foule aux pieds, ou comme les graines de sénevé dont il ne fait aucun cas. Ses su-

(1) Mort l'an 324, après un règne de dix-neuf ans.
(2) Voyez la notice de ces quatre livres dans les *Not. et Extr. des manuscrits*, t. x, 1re part., p. 269.

jets à leur tour le regardent comme un brigand ou comme un ennemi. » Ces paroles choquèrent le nouvel empereur. « Ce n'est point ainsi, dit-il, qu'on doit parler des souverains. Celui qui a tenu un pareil langage n'est pas digne de partager les honneurs qu'on rend au sage Confucius. Qu'on dégrade Meng-tseu, et qu'on ôte sa tablette du temple du prince des lettrés! Que nul ne soit assez hardi pour me faire à ce sujet des représentations, ni pour m'en transmettre, avant qu'on n'eût percé d'une flèche celui qui les aura rédigées. » Ce décret jeta la consternation parmi les lettrés. Un d'entre eux, nommé Thsian-tang, président de l'une des cours souveraines, résolut de se sacrifier pour l'honneur de Meng-tseu; il composa une requête dans laquelle, après avoir exposé le passage en entier et expliqué le vrai sens dans lequel il fallait l'entendre, il faisait le tableau de l'empire au temps de Meng-tseu, et de l'état déplorable où l'avaient réduit tous ces petits tyrans, sans cesse en guerre les uns avec les autres, et tous également révoltés contre l'autorité légitime des princes de la dynastie des Tcheou. « C'est de ces sortes de souverains, disait-il en finissant, et nullement du fils du ciel que Meng-tseu a voulu parler. Comment, après tant de siècles, peut-on lui en faire un crime? Je mourrai, puisque tel est l'ordre; mais ma mort sera glorieuse aux yeux de la postérité. » Après avoir dressé cette requête et préparé son cercueil, Thsian-tang se rendit au palais, et étant arrivé à la première enceinte: « Je viens, dit-il aux gardes, pour faire des représentations en faveur de Meng-tseu; voici ma requête. Et découvrant sa poitrine: Je sais quels sont vos ordres, dit-il; frappez. » A l'instant un des gardes lui décoche un trait, prend la requête et la fait parvenir jusqu'à l'empereur, à qui on raconta ce qui venait d'arriver. L'empereur lut attentivement l'écrit, l'approuva ou feignit de l'approuver, et donna ses ordres pour traiter Thsian-tang de la blessure qu'il avait reçue. En même temps il décréta que le nom de Meng-tseu resterait en possession de tous les honneurs dont il jouissait. On a cru devoir rapporter ce trait, qui peint en même temps le fanatisme des lettrés et la haute vénération où est restée la mémoire du philosophe. Son livre étant, comme on l'a dit, partie intégrante des Sse-chou, doit être appris en entier par tous ceux qui se soumettent aux examens et aspirent aux degrés littéraires. C'est par conséquent un de ceux qui ont été le plus souvent réimprimés. Il en existe des milliers d'éditions avec ou sans commentaires. Une infinité de lettrés se sont appliqués à l'éclaircir et à l'interpréter; il a été traduit deux fois en mandchou, et la dernière version, revue par l'empereur Khian-loung, forme avec le texte trois des six volumes dont est composé l'exemplaire des quatre livres de la bibliothèque royale de Paris. Le P. Noëba comprit le *Meng-tseu* dans la traduction latine qu'il a faite des *six livres classiques de l'empire chinois* (Prague, 1711, in-4°); mais on ne retrouve dans cette traduction aucune trace des qualités que nous avons remarquées dans le style de Meng-tseu, et le sens même est comme perdu au milieu d'une paraphrase verbeuse et fatigante. Aussi cet auteur chinois, qui peut-être était le plus capable de plaire à des lecteurs européens, est un de ceux qui ont été le moins lus et le moins goûtés (1). — On trouve une notice biographique sur Meng-tseu dans le *Sse-ki* de Sse-ma-thsian, et des renseignements littéraires et bibliographiques sur ses ouvrages dans le CLXXXIV^e^ livre de la *Bibliothèque* de Ma-touan-lin. Le P. Duhalde a donné une analyse étendue du *Meng-tseu* (t. II, p. 334 et suiv.), et l'on a quelques détails sur sa vie dans les *Mémoires* de nos missionnaires (t. III, p. 45, et t. XIII, p. 24). J.-B. Carpzov a composé sur Meng-tseu une petite dissertation (*Mencius sive Mentius*, etc., Leipzig, 1743, in-8°) qui n'offre que des passages extraits du P. Noël, et n'a rien de recommandable.

## QUELQUES CONSIDÉRATIONS SUR L'ÉTAT DE LA CIVILISATION, DES SCIENCES ET DES ARTS EN CHINE, SOUS LES TROIS PREMIÈRES DYNASTIES.

L'exposé des faits, tel que nous l'avons présenté, peut déjà, jusqu'à un certain point, faire comprendre, dans son ensemble, l'état de la civilisation en Chine sous les trois premières dynasties. Pour compléter cette vue générale, nous donnerons ici quelques détails qui n'ont pu trouver place dans le récit.

Nous commencerons par la législation pénale, et nous rapporterons des extraits du *Livre sacré des Annales*, où sont tracés les devoirs du chef de la justice sous le roi Mou-wang, environ mille ans avant notre ère.

« Le roi, âgé de cent ans, était encore sur le trône. Dans un âge aussi avancé, où la mémoire et les forces manquent, après avoir examiné, il fit écrire la manière de punir les crimes, et ordonna à Liu-heou (1) de les publier dans le royaume.

» Selon les anciens documents, dit le roi, Tchi-yeou (2) ayant commencé à exciter des troubles, on ne vit partout que des malheurs. Le peuple, qui auparavant vivait dans l'innocence, se pervertit. Des voleurs, des fourbes et des tyrans parurent de tous côtés.

» Le chef des Miao, ne se conformant pas à la vertu, ne gouverna que par les supplices; il en employa cinq très-cruels, qui étaient appelés *fà*; il punit les innocents, et le mal s'étendit. Lorsqu'il condamnait à avoir le nez ou les oreilles coupés, à être fait eunuque, ou à porter des marques sur le visage, il ne faisait aucune distinction de ceux qui pouvaient se justifier.

» De tous côtés se formaient des troupes de gens qui se corrompaient réciproquement; tout était dans le trouble et la confusion; la bonne foi était bannie; on ne gardait aucune subordination; on n'entendait partout que jurements et imprécations. Le bruit de tant de cruautés exercées, même contre les innocents, alla jusqu'en haut. Le souverain seigneur (*Chan-ti*) jeta les yeux sur les peuples, et ne sentit aucune odeur de vertu; il n'existait que l'odeur de ceux qui étaient nouvellement morts dans les tourments.

» L'auguste maître (l'empereur Yao) eut pitié de tant d'innocents condamnés injustement; il punit les auteurs de la tyrannie par des supplices proportionnés; il détruisit les Miao, et ne voulut plus qu'ils subsistassent.

» Il ordonna aux deux chefs de l'astronomie et du culte de couper la communication du ciel avec la terre (c'est-à-dire de supprimer les faux cultes); il n'y eut plus ce qui s'appelait *arriver* et *descendre*; les princes et les sujets suivirent clairement les règles qu'ils devaient garder, et l'on n'opprima plus les veufs ni les veuves.

» ..... Le ministre se servit des châtiments pour maintenir le peuple et lui apprendre à respecter toujours la vertu.

» La majesté et l'affabilité étaient dans le souverain, l'intégrité et la pénétration dans les ministres. Partout on n'estimait et on n'aimait que la vertu; on gardait exactement la ligne droite dans les punitions. En gouvernant ainsi le peuple, on l'aidait à bien vivre.

» Le magistrat chargé de punir ne faisait acception ni de l'homme puissant ni de l'homme riche; attentif et réservé, il ne donnait aucune prise à la censure ni à la critique; un juge des crimes imite la vertu du ciel, en exerçant le droit de vie et de mort; c'est le ciel qui s'associe à lui.

» Vous qui, dans les quatre parties, continua le roi, présidez au gouvernement, vous qui êtes préposés pour faire exécuter les lois pénales, n'êtes-vous pas à la place du ciel pour être les pasteurs des peuples? Quel est celui que vous devez imiter? n'est-ce pas Pé-y, dans la manière de publier les lois qui concernent les châtiments? Quel est celui que vous devez avoir en horreur? n'est-ce pas le chef des Miao?... Les juges de Miao, orgueilleux de leur crédit, ne cherchaient qu'à s'enrichir; ils avaient le pouvoir d'employer les cinq supplices et de juger les contestations; mais ils abusaient de leur autorité pour opprimer les innocents. Le souverain seigneur trouva ces hommes coupables, il les accabla de toutes sortes de maux, et il éteignit leur race.

» ..... Vous qui êtes chefs de divers ordres, écoutez-moi; je vais vous parler des supplices et des peines. Si vous voulez que le peuple vive en paix, ne devez-vous pas faire un bon choix des personnes? ne devez-vous pas être attentifs aux punitions? ne devez-vous pas penser à ce que vous statuez?

» Après que les deux parties ont produit leurs pièces, les juges écoutent de part et d'autre ce qui se dit; et si après l'examen il n'y a aucun doute, on fait l'application de l'un des cinq supplices; mais, s'il y a quelques doutes sur l'application de ces supplices, il faut avoir recours aux cinq genres de rachat; si l'on doute que l'accusé soit dans le cas du rachat, alors on juge selon les cas des cinq genres de fautes, ou involontaires ou presque inévitables. ..

(1) M. Pauthier a entrepris de faire sur le texte chinois une nouvelle traduction du *Meng-tseu* en français, en s'attachant à conserver autant que possible les formes vives et piquantes de l'original. Cette traduction ne tardera pas à être publiée.

(1) Prince vassal de la principauté de Liu, occupant à la cour de Mou-wang l'emploi de *sse-keou* ou président du tribunal des crimes; charge qui équivalait à celle de ministre de la justice.

(2) Prince vaincu par Hoang-ti.

» Ces cinq sortes de fautes sont occasionnées, 1° parce qu'on craint un homme en place; 2° parce qu'on veut se venger ou reconnaître un bienfait; 3° parce qu'on est pressé par des discours de femmes; 4° parce qu'on aime l'argent; 5° parce qu'on a écouté de fortes recommandations. Dans les juges et dans les parties, ces défauts peuvent se trouver; pensez-y bien.

» Quand on doute des cas où il faut employer les cinq supplices et de ceux où l'on peut permettre le rachat, il faut pardonner. Eclaircissez les procédures, et remplissez exactement votre devoir. Quoique l'on trouve beaucoup d'accusations fondées, il faut encore examiner les apparences et les motifs; ce qui ne peut être ni examiné ni vérifié ne doit pas faire la matière d'un procès; alors n'entrez dans aucune discussion; craignez toujours la colère et l'autorité du ciel.

» On exempte un accusé des marques noires sur le visage, de l'amputation du nez, de celle des pieds, de la castration (1) et de la mort, quand on doute du cas où l'on doit employer ces peines. La première se rachète par cent *hoan* de métal, la seconde par deux cents, la troisième par cinq cents, la quatrième par six cents et la cinquième par mille; mais il faut bien s'assurer de la peine qu'on inflige, et du rachat qui doit être fixé. Le premier rachat s'applique à mille espèces, ainsi que le second; le troisième à cinq cents, le quatrième à trois cents et le cinquième à deux: en tout trois mille. Quand on examine les procès pour les fautes graves ou légères, il faut éviter les discours et les paroles embarrassantes et confuses, qui ne sont propres qu'à égarer le jugement; il ne faut pas suivre ce qui n'est pas d'usage; observez les lois établies, prenez-en le sens, et faites tout ce qu'il sera de votre devoir de faire.

» Il y a des cas susceptibles de grands châtiments; mais si la cause ou le motif rendent ces cas moins graves, il faut punir légèrement; au contraire, il y a des cas susceptibles de punitions légères; mais si la cause ou le motif les rendent graves, alors il faut employer des châtiments rigoureux. Pour les cas de rachats légers ou considérables, il y a une balance à tenir; les circonstances exigent tantôt que l'on soit doux, tantôt que l'on soit sévère. Dans tout ce qui regarde les peines et les rachats, il y a un certain ordre fondamental, un certain principe auquel il faut tout rapporter: les lois sont pour mettre l'ordre.

» Etre condamné à se racheter n'est pas une peine semblable à celle de la mort; mais elle ne laisse pas de faire souffrir. Ceux qui savent faire des discours étudiés ne sont pas propres à terminer les procès criminels; il ne faut que des gens doux, sincères et droits, qui gardent toujours beaucoup de modération. Faites attention aux paroles qui se disent contre ce qu'on pense, et n'en faites aucune à celles auxquelles on ne peut ajouter foi; mais tâchez de voir s'il n'y a pas une véritable raison qui puisse diriger dans le jugement; l'équité et la compassion doivent en être le principe. Expliquez et publiez le code des lois. Quand tous en auront été instruits, on pourra garder une juste mesure. Mettez-vous en état de faire votre devoir dans les cas où il faut punir par les supplices, comme dans ceux où l'on peut accorder le rachat. En observant cette conduite, après votre sentence, on pourra compter sur vous; vous m'en ferez le rapport, et je vous croirai; mais, en faisant ce rapport, ne négligez et n'oubliez rien; vous devez punir le même homme de deux supplices, s'il est doublement coupable.

» Le roi dit: « Faites attention, vous qui êtes magistrats, » vous princes de ma famille, et vous grands qui n'en êtes pas, » à ce que je viens de vous dire. Je crains et je suis réservé quand » il s'agit des cinq supplices: il résulte de leur institution un » grand avantage; le ciel a prétendu par là venir au secours » des peuples, et c'est dans cette vue qu'il s'est associé des juges » qui sont ses inférieurs. On tient quelquefois des discours sans » preuves apparentes: il faut s'attacher à en découvrir le vrai » ou le faux. Dans la décision sur ce qui concerne les deux par- » ties, une mesure juste et équitable, également éloignée des » extrêmes, est ce qu'il y a de plus propre à terminer les dif- » férends du peuple. Dans les procès, n'ayez pas en vue votre » intérêt particulier; les richesses ainsi acquises ne sont point » un trésor, mais un amas de crimes qui attirent des malheurs » que l'on doit toujours craindre. Il ne faut pas dire que le ciel » n'est pas équitable: ce sont les hommes qui se sont attiré ces » maux. Si le ciel ne châtiait pas par des peines sévères, le » monde manquerait d'un bon gouvernement. »

» Le roi dit encore: « Vous qui devez succéder à ceux qui » conduisent aujourd'hui les affaires du royaume, quel modèle » vous proposerez-vous désormais? Ce doit être ceux qui ont » su faire suivre au peuple la ligne droite, éloignée de tous les » extrêmes. Ecoutez attentivement, et vérifiez ce qu'on dira » dans les procès criminels. Ces sages qui ont eu autrefois le » soin de pareilles affaires sont dignes d'être éternellement » loués. Dans l'exercice de leurs charges, ils suivaient toujours » la droite raison, aussi ont-ils été heureux. Vous gouvernerez » des peuples portés d'eux-mêmes à la vertu, si, lorsqu'il s'a- » gira des cinq supplices, vous vous proposez ces grands et » heureux modèles » (*Chou-king*, liv. IV, ch. 27, *Liu-hing*).

Il serait superflu d'insister sur l'humanité et la naïve sagesse que respirent ces instructions du roi centenaire.

On a vu, dans la description des funérailles du roi Tching-wang (1078 avant J.-C), à quel degré le luxe royal était alors parvenu en Chine. Nous donnons ici la figure du char dont les rois se servaient dans les grandes cérémonies, et que l'on faisait figurer avec quatre autres d'espèce différente dans leurs funérailles. On le nommait le *grand char* (*ta-lou*). Il a quelque chose de ces belles formes antiques que l'on admire dans les bas-reliefs de chars grecs et romains.

Le grand char des empereurs chinois.

Il était tiré par quatre chevaux attelés de front. Un officier du second ordre, un fouet à la main, le conduisait, ce qui n'empêchait pas que dans le char même il n'y eût un cocher, tenant les rênes à la main. Il avait le roi à sa gauche, qui était le côté honorable. Les fonctions de cocher royal étaient alors fort considérées, et l'on a vu précédemment que l'habile cocher de Mou-wang reçut une principauté en apanage pour récompense de son adresse à diriger les coursiers royaux. Lorsque Confucius se rendait sur un char attelé d'un bœuf à la cour des différents princes de la Chine, le cocher qui le conduisait était toujours un de ses disciples. Quelques-uns des chars du roi avaient deux roues, les autres quatre; on y entrait par devant.

(1) Ceux qui étaient soumis à ce châtiment étaient destinés à garder le palais du roi. Il est vraisemblable que ce fut là l'origine des eunuques préposés à la garde du palais des femmes.

Cette partie du char était le plus souvent couverte d'une peau de tigre ou de quelque autre animal sauvage.

L'étendard que l'on aperçoit pendant derrière le char est l'étendard royal. On y voit représentées sur une bande latérale les figures du soleil et de la lune, pour marquer que les vertus du prince éclatent comme ces deux astres. On y voit aussi le symbole des étoiles, et un arc avec une flèche pour indiquer la puissance. Le reste de l'étendard est divisé en douze bandes horizontales, sur lesquelles sont représentés douze dragons, symbole de la souveraineté.

« Les anciens souverains de la Chine, dit Deguignes, avaient encore un char nommé *tching*. Il était tiré par seize chevaux, ce qui servait à faire connaître leur supériorité. On s'est ensuite servi de ce mot pour désigner la maison d'un prince, par l'expression de *cent chars de seize chevaux chacun* (*pé-tching*), un prince ne pouvant posséder que seize cents chevaux, selon la loi. Par la même raison, *mille chars de seize chevaux* (*tsien-tching*) désigne la maison royale. Dans ces temps anciens, huit cents familles du peuple étaient obligées de fournir un char de seize chevaux, avec trois capitaines armés de leurs casques et de leurs cuirasses, et vingt-deux fantassins. »

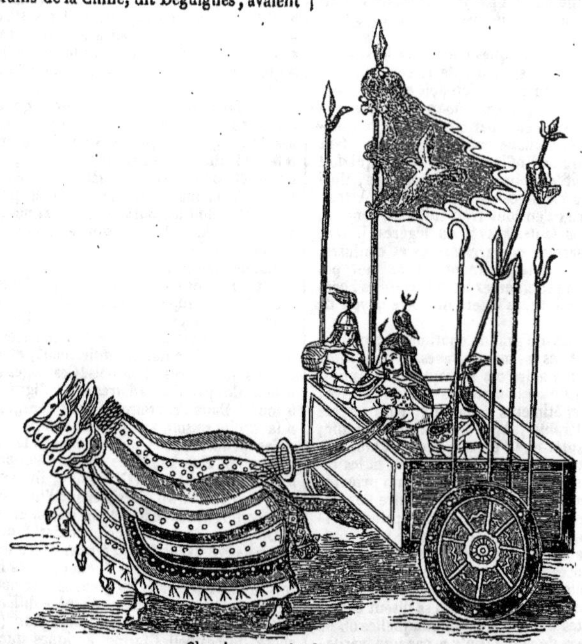

Char de guerre de plusieurs soldats.

Un grand parasol, qui accompagne partout la personne du souverain, domine le char royal. C'est un des signes distinctifs de la royauté dans les temps anciens. Aujourd'hui ce n'est plus son attribut exclusif en Chine. Il est de différentes couleurs, selon la dignité des personnes. Celui de l'empereur est jaune aurore et terminé par un dragon d'or; celui du prince héritier, son fils, est semblable. Celui de l'impératrice est de même couleur, mais terminé par deux oiseaux d'or fabuleux; celui des autres femmes de l'empereur est violet et surmonté d'un paon d'or; celui des ministres et des officiers de premier ordre est bleu et surmonté d'une petite tour d'argent. Ceux des officiers du second ordre et du troisième ordre sont rouges et également surmontés d'une tour d'argent; ceux des officiers du quatrième et du cinquième ordre sont de même, mais la couleur en est noire. Tous ces parasols sont faits d'étoffes de soie et servent dans les cérémonies publiques.

Nous représentons ici des costumes de reines, de rois, de princes et de grands dignitaires (*wang*, *koung*, *sse*) pendant les premières dynasties.

Costumes; anciens personnages.

Costumes ; anciens personnages.

Les deux personnages ci-dessus (p. 316) représentent des reines ou princesses, revêtues de la robe nommée *hoeï*, qu'elles portaient pendant la célébration des sacrifices, et sur laquelle on voit représentés les deux oiseaux fabuleux (*foung-hoang*), mâle et femelle, qui annoncent le bonheur lorsqu'ils apparaissent.

Le quatrième personnage (p. 315) porte le bonnet simple et la grande robe de peau nommée *kieou*.

Le troisième personnage (p. 315) porte le bonnet appelé *mien*, à forme carrée, et dont le dessus était plat et uni. Douze cordons de soie, à chacun desquels étaient enfilées douze pierres précieuses, pendaient devant et derrière. On prétend que ce bonnet, chez les souverains, était symbolique; les cordons de perles servaient à leur dérober la vue des choses déshonnêtes; et par la même raison, deux pièces d'étoffe jaune, placées aux deux côtés du bonnet, devaient lui couvrir les oreilles, pour qu'il ne pût entendre ni la flatterie, ni la calomnie, ni tout ce qui pouvait être contre la vérité. Ce bonnet était placé de façon à incliner un peu sur le devant, pour indiquer la manière honnête et polie dont le roi devait recevoir ceux qui venaient à son audience. Ce bonnet n'était porté que dans les cérémonies.

Le même personnage est revêtu d'une robe sur laquelle sont représentés les symboles de la puissance et du commandement : le soleil, le *foung-hang*, les étoiles, des montagnes, la figure sortie du fleuve sur le dos d'un dragon-cheval, que les Chinois prétendent avoir inspiré à Fou-hi les premiers symboles de leur écriture, le caractère qui signifie succès militaire, et enfin une hache d'armes.

Les deuxième et premier personnages (p. 315), qui sont de grands dignitaires (*sse*), portent, le premier, le bonnet de poil appelé *kouan*, et le second, le bonnet de peau d'animal appelé *wei*.

Ces quatre derniers tiennent chacun entre les mains une espèce de tablette nommée en chinois *kouei*. Le roi et tous les grands de sa cour les portaient dans les cérémonies et dans les audiences publiques. On les voit aussi entre les mains de Confucius, dans la plupart de ses portraits (1).

Les anciens Chinois avaient des connaissances avancées dans l'astronomie ; le *Livre sacré des annales* rapporte des faits qui supposent que la musique, la poésie, la peinture, étaient connues dès les premiers temps historiques de la Chine. Ce même livre parle souvent de livres ou écrits plus anciens qu'il cite. Les arts industriels, comme la fabrication des étoffes de soie, du vernis, remontent à la plus haute antiquité, ainsi que la connaissance des propriétés de l'aimant, qui a été connu si tard en Europe. Une autre connaissance des anciens Chinois, qu'il est difficile de révoquer en doute, c'est celle de l'aplatissement des pôles de la terre. D'après les écrivains chinois cités par le P. Amiot dans son *Supplément à l'art militaire des Chinois* (Mém., t. VIII, p. 336), les propriétés de la poudre à canon et l'emploi des bouches à feu étaient connus déjà quatre cents ans avant notre ère. Ce peuple fabriqua également très-anciennement des armes et des vases précieux qui annoncent une certaine perfection de travail.

### IVe DYNASTIE : LES THSIN.

En reprenant le récit des faits, il nous est nécessaire de rappeler quelques événements que nous avons cependant précédemment indiqués.

THSIN-CHI-HOUANG-TI ou WANG-TCHING, le premier empereur de la dynastie de Thsin, trouve à son avénement au trône le système féodal qui avait été introduit par Wen-wang, fondateur de la dynastie de Tcheou, fort augmenté sous ses successeurs. Plusieurs d'entre eux avaient créé de nouveaux fiefs et des principautés pour leurs favoris, et les descendants de ceux-ci avaient successivement agrandi leur territoire et secoué le joug de l'autorité impériale. Fy-tsu, de la famille de Yng, qui prétendait descendre de l'ancien empereur Tchuanhiu, fut le fondateur de la maison de Thsin. Ce prince aimait beaucoup les chevaux, et il en nourrissait un grand nombre. L'empereur Hiao-wang, l'ayant chargé de la direction de ses haras, fut si content de lui, qu'il lui fit don de la principauté de Thsin (897 ans avant J.-C.), ancien domaine de la maison de Tcheou. Les vingt-neuf premiers successeurs de Fy-tsu portèrent le titre de koung, qui correspond à celui de comte; le trentième, qui fut contemporain de l'empereur Hoei-wang, des Tcheou, succéda en 338 à son père Hiao-koung, et prit le titre de wang ou de roi. Il s'appelait Hoeï-wen-wang. Son fils, Wou-wang, ne régna que quatre ans, et il eut en 307 pour successeur Tchao-siang-wang, frère de son père. Sur la fin des Tcheou, les princes de cette race s'étaient laissé amollir par le luxe, et la Chine féodale ne présentait plus qu'un corps informe, dont chaque membre voulait être le chef. Sept royaumes indépendants s'étaient formés dans son sein, qu'ils déchiraient par des guerres continuelles. Ce fut au milieu de ces troubles que les princes de Thsin devinrent insensiblement si puissants, qu'après avoir détruit plusieurs royaumes ils parvinrent à subjuguer les Tcheou mêmes et à s'emparer de l'empire. Tchao-siang-wang fit, en 258 ans avant J.-C., une guerre sanglante au roi de Tchao, et combattit, deux ans après, celui de Han. Il finit par les vaincre tous les deux. L'empereur Nan-wang, qui était demeuré resserré, mais tranquille, dans son petit patrimoine, craignant enfin que le prince de Thsin ne s'emparât de tout l'empire, travailla à réunir les autres princes ; mais ce projet causa sa perte : car, dès que Tchao-siang-wang en fut averti, il fit entrer ses troupes sur les terres de l'empire. Nan-wang, frappé de terreur, alla se jeter aux pieds de son rival, lui livra toutes ses places, et se mit à sa discrétion. Tchao-siang-wang, désarmé par tant d'humilité, le renvoya dans sa capitale; mais le malheureux prince ne put y rentrer; il mourut en chemin. Nan-wang ne laissa point de postérité qui pût hériter de ses droits et disputer un jour l'empire; car pour Tcheou-kiun, qu'on veut bien mettre au nombre des empereurs, parce qu'il était du sang des Tcheou, il n'avait pas même un village en propre. C'est donc en 256 que la dynastie des Tcheou fut détruite. Tchao-siang-wang ne prit cependant que le titre d'empereur, qui n'eût rien ajouté à sa puissance, et lui eût suscité une foule d'ennemis. Il mourut deux ans après, en 251. Son fils, Hiao-wen-wang, malade et hors d'état de gouverner, n'occupa le trône que peu de jours. Il fit reconnaître pour successeur son fils Tchouang-siang-wang, qui poussa avec beaucoup de vigueur la guerre contre les Han et contre les Tchao, gagna plusieurs batailles, enleva des places d'une haute importance, prit trente-sept villes, et força le roi de Tchou, un des alliés de ses ennemis, à sortir de sa capitale. Mais ses succès eurent un terme, en présence de cinq rois qui s'étaient ligués pour lui résister. Son armée fut mise en déroute et poursuivie jusqu'au défilé de Han-ku. Il conçut un si violent chagrin de ce revers imprévu, qu'il en tomba malade, et mourut en 247, après un règne de trois ans. Son fils, Wang-tching, est le prince célèbre qui nous occupe en ce moment, et qui, après avoir soumis toute la Chine, prit le nom de Thsin-chi-houang-ti, sous lequel il est connu dans l'histoire. Ce fut lui qui tira les Chinois de l'état de servitude sous lequel ils gémissaient depuis si longtemps, ou, pour mieux dire, qui leur donna une liberté qu'ils ne connaissaient pas; mais ce changement fut loin de faire naître en eux des sentiments de reconnaissance. Quelques actes de violence, inévitables dans les révolutions, donnèrent lieu d'accuser de tyrannie un des plus grands empereurs qui aient

(1) Les cinq ordres des grands dignitaires étaient les seuls autorisés à porter ces tablettes. Le premier (*hoang*) portait la tablette de la bravoure; le second (*heou*), celle de la fidélité, sur laquelle était représenté un homme à tête droite; le troisième (*pé*) portait une tablette sur laquelle était représenté un homme à tête baissée, pour marquer la soumission ; le quatrième ordre (*tse*) portait une tablette chargée de plantes de riz, pour marquer qu'il devait procurer la nourriture du peuple; et le cinquième (*nan*) portait la tablette chargée d'herbes, symbole de l'abondance.

Thsin-chi-houang-ti, empereur de la Chine.

régné en Chine. Le génie de ce prince, embrassant tout ce qui est élevé, rompit souvent les entraves que les lois de sa patrie opposaient à ses volontés. Il méprisa les anciens préjugés, et, en détruisant les petits tyrans, il gouverna en maître absolu, seule condition sous laquelle un talent supérieur puisse vouloir régner. Les Chinois, mécontents de ce qu'il avait troublé le repos dont ils jouissaient depuis tant de siècles, se sont efforcés de jeter des doutes sur la légitimité de sa naissance, et plusieurs de leurs historiens ont prétendu qu'il n'était pas le fils de Tchouang-siang. Selon eux, sa mère était une esclave du marchand Liu-pou-weï, qui fut menée à ce prince, déjà enceinte; mais les auteurs de cette fable sont forcés, pour l'établir, de dire que cette femme ne le mit au monde qu'après une grossesse d'un an, et lorsque le roi Tchouang-siang-wang lui avait fait partager sa couche depuis dix mois. Wang-tching, étant parvenu au trône à l'âge de treize ans, ne songea d'abord qu'à se mettre au fait des affaires, et à s'instruire à fond des forces de ses voisins et des siennes. Les rois de Tchao et de Weï, au lieu de se préparer à repousser l'orage qui les menaçait, semblaient ne travailler qu'à se détruire. Wang-tching mit tout en œuvre pour les brouiller entre eux : il y parvint à force de ruse et d'argent, et il gagna ainsi le temps qui était nécessaire à ses préparatifs. Avant d'exécuter le grand projet conçu depuis longtemps par ses prédécesseurs, il voulut se garantir des incursions fréquentes des Turcs Hioung-nou, qui occupaient les pays situés au nord de la Chine ou la Mongolie actuelle. Ces Turcs étaient un peuple nomade vivant de brigandage et du produit de ses troupeaux. Le roi de Thsin, ne voulant plus être obligé d'entretenir une armée pour les observer, fit fermer les principaux passages par où ils pouvaient pénétrer dans ses États. Les princes de Tchao et de Yan avaient fait construire des murailles dans le même but. La réunion de ces différentes fortifications fut le commencement de la fameuse grande muraille. Ayant attaqué de nouveau ses compétiteurs en 244, Wang-tching enleva aux Han une douzaine de villes, et aux Weï une province entière. Une sorte de peste, répandue dans ses États, arrêta pour quelque temps sa marche victorieuse. Le prince de Tchou, s'étant joint en 241 à ceux de Tchao, de Han et de Weï, ces alliés étaient sur le point d'entrer sur les terres des Thsin quand ceux-ci vinrent à leur rencontre et les battirent complétement. Après cette victoire, Wang-tching, toujours occupé de son grand dessein, allait s'emparer d'une partie des provinces de ses ennemis, lorsqu'une révolte l'obligea de revenir dans ses États. Sa mère, qui n'était pas encore avancée en âge, entretenait un commerce criminel avec un jeune homme introduit dans le palais sous le titre d'eunuque. Deux enfants étaient nés de cette intrigue. Dès que l'empereur en fut informé, Lao-ngai (c'était le nom du prétendu eunuque) effrayé s'enfuit du palais, emportant le sceau de l'empire, et il s'en servit pour rassembler des troupes, afin d'aller, disait-il, délivrer l'empereur de l'état de servitude dans lequel les ministres le tenaient plongé. Cependant cette révolte fut bientôt apaisée. Un des généraux du prince, dissipa les troupes de Lao-ngai et le fit prisonnier. Ce malheureux fut condamné à une mort ignominieuse, ainsi que toute sa famille et les deux enfants que l'impératrice mère avait de lui. Wang-tching relégua cette princesse dans le pays de Young, où elle fut gardée à vue et réduite au plus strict nécessaire. Cependant, quelques années plus tard, l'empereur se laissa fléchir, et lui permit de revenir à la cour. Ce fut à cette époque que commença auprès de ce prince le crédit de Li-szu, qui devint bientôt son conseiller, son premier ministre, et qui par son habileté et son courage contribua si efficacement à étendre sa puissance. Après avoir augmenté le trésor, déjà très-considérable, dont Wang-tching avait hérité de ses prédécesseurs, ce ministre leva des troupes nombreuses, et il les distribua de manière qu'elles fussent toujours prêtes à l'attaque ou à la défense. Dans le même temps il employa des sommes considérables pour exciter des divisions parmi les six rois qui partageaient encore l'empire. Celui de Tchao et celui de Yan, qui occupaient le nord, tandis que les Thsin régnaient dans le nord-ouest, furent les premières victimes des trames ourdies secrètement par ce ministre; il avait su les animer l'un contre l'autre, et son maître attendit l'issue de leurs hostilités pour prendre le parti de celui qui succomberait. En effet, après que les Tchao eurent totalement battu les Yan, le roi de Thsin, se déclarant pour ces derniers, attaqua les Tchao, et leur prit neuf villes qu'il réunit à ses États. Cette expédition heureusement terminée, il marcha au secours de Tchou contre les Weï, qui furent battus et contraints de recevoir la loi du vainqueur. Bientôt il revint sur les Tchao, et gagna une bataille. Cependant leur général, Li-mou, réussit d'abord à mettre en fuite les troupes des Thsin; mais ces dernières reparurent bientôt avec de nouvelles forces, et s'emparèrent des deux principales provinces du royaume de Tchao. Ce revers perdit le malheureux Li-mou, que son maître fit périr, l'accusant de l'avoir causé par son imprévoyance. Pendant ce temps, Wang-tching recevait les serments de Ngan-wang, roi de Han, qui, frappé de terreur à son approche, offrit de se reconnaître pour son vassal, son tributaire, et de lui céder un vaste territoire. Peu satisfait de cette humiliation, le roi de Thsin renvoya ses ambassadeurs, et fit entrer dans ses États un corps d'armée qui parvint jusqu'à sa capitale, et le fit prisonnier. Alors le royaume de Han devint une province des Thsin (231 avant J.-C.). Deux ans après, celui de Tchao eut le même sort; et le besoin de se venger d'une tentative d'assassinat, faite par le fils du roi de Yan, fut le prétexte d'une autre invasion. Ce jeune prince, qui était venu à la cour de Wang-tching, y avait été traité avec beaucoup de hauteur. Résolu de s'en venger, il chargea un des ennemis de Wang-tching de le poignarder; mais l'assassin ayant été découvert au moment où il allait consommer son crime, le roi de Thsin fit marcher une armée contre les Yan. Ces derniers furent battus, et leur roi, assiégé dans sa capitale, se vit obligé de faire couper la tête de son propre fils, le prince de Tan, et de l'envoyer à Wang-tching. Ce monarque, qui avait alors d'autres ennemis à combattre, retira ses troupes du pays des Yan, et tourna ses armes contre les Weï. Le succès le plus heureux couronna les efforts de son général, qui en 225 soumit tout ce royaume, et envoya le roi prisonnier à la cour de Thsin. Wang-tching, voyant alors que tout lui réussissait au delà de ses vœux, entreprit de réduire le prince de Tchou; mais, n'ayant pas suivi les conseils du vainqueur des Weï, il fit marcher une armée trop faible, qui fut repoussée et perdit beaucoup de monde. Désespéré de cette défaite, il fit venir le général Wang-tsian, et lui donna six cent mille hommes, avec lesquels celui-ci pénétra jusqu'à la capitale de Tchou, obtint une grande victoire, et fit le roi prisonnier. A la même époque, un autre général des Thsin acheva la ruine du royaume des Yan. Ainsi, dans la vingt-cinquième année de son règne (222 avant J.-C.), le prince de Thsin se vit maître de tout l'empire, à l'exception des États des Thsi, dans la province de Chan-toung, situés de manière qu'ils avaient pour défense d'un côté la mer, et des autres les royaumes de Yan, de Tchao et de Tchou. Cette position les avait jusque-là garantis des entreprises des Thsin. Cependant le dernier roi de Thsi, n'ayant jamais voulu rien entreprendre pour empêcher leur agrandissement, et s'étant refusé à toutes les alliances qu'on lui avait proposées contre eux, reconnut trop tard que sa politique était fausse. L'armée des Thsin, qui revenait de la conquête du pays de Yan, entra dans ses États, et s'empara de plusieurs villes. Alors ce roi pusillanime se déclara vassal des Thsin, croyant qu'on lui laisserait au moins le gouvernement d'une partie de ses États; mais on le traita en prisonnier de guerre, et il fut gardé à vue. Cependant il parvint à s'évader sous un déguisement; mais, n'ayant pris aucune précaution, et marchant au hasard par des chemins détournés, il ne vécut pendant plusieurs jours que de ce qu'il put trouver dans les champs, jusqu'à ce qu'enfin, accablé de lassitude, épuisé par le chagrin, il s'assit au pied d'un cyprès et expira de douleur. Ainsi périt le dernier des sept souverains qui avaient partagé la Chine. Wang-tching, après avoir réuni tout l'empire, prit, en 221 avant J.-C., le titre de *Thsin-chi-houang-ti*, qui signifie *premier empereur auguste des Thsin*, ou *le principe des seigneurs souverains des Thsin*. Jusqu'alors les monarques chinois s'étaient contentés de celui de *heou* (prince), de *wang* (roi), ou de *ti* (empereur). Depuis cette époque, ils ont conservé le titre de *houang-ti*. La dynastie de Thsin est celle qui a donné à la Chine le nom qu'elle porte dans l'Occident, et qui nous est venu de l'Inde par les Arabes et les Persans. Thsin-chi-houang-ti régnait sur un territoire presque aussi étendu que celui qui forme aujourd'hui la Chine. Il le divisa en trente-six provinces, auxquelles il en ajouta dans la suite quatre autres, situées au sud, et qui n'étaient auparavant que tributaires de l'empire. Le siége impérial fut fixé à *Hian-yang*, ville de la province de Chensi, et qui porte encore le même nom. L'empereur l'embellit avec magnificence, et y fit construire des palais exactement semblables à ceux de tous les rois qu'il avait soumis. Il ordonna que les meubles qui avaient décoré les anciens palais y fussent transportés, et il voulut que les mêmes serviteurs continuassent à les habiter. Ces bâtiments, d'un goût si varié, occupaient un espace immense le long de la rivière Weï. On communiquait de l'un à l'autre par une superbe colonnade qui formait une vaste galerie où l'on était à couvert en tout temps. Le nouveau monarque faisait ses tournées dans l'empire avec un faste inconnu jusqu'alors. Partout il fit construire des édifices destinés à attester son pouvoir et sa magnificence; et dans le même temps des chemins utiles et des canaux bien entretenus facilitèrent les communications et le commerce, favorisé d'ailleurs par une profonde paix après des guerres funestes. Depuis une longue suite de siècles, la Chine septentrionale n'avait pas cessé d'être exposée aux incursions des peuples de la race turque établis au nord de l'empire. Ces peuplades, qui pendant le règne de la troisième dynastie chinoise étaient connues sous le nom de *Hian-yun*, commencèrent à porter, sous les Thsin, celui de *Hioung-nou*, qui leur resta encore plusieurs siècles après. Thsin-chi-houang-ti, résolu de les châtier et de leur ôter tout désir de reparaître sur ses frontières, leva une armée de trois cent mille hommes, et la fit partir, sous le commandement de Mung-thian, par différents chemins, afin de surprendre l'ennemi. Cette entreprise eut un succès complet, et la plus grande partie des Hioung-nou, qui vivaient dans le voisinage de la Chine, furent exterminés. Le reste se retira au delà des montagnes les plus reculées. L'empereur tourna ensuite ses armes contre les peuples situés au sud de la chaîne Nan-ling, qui traverse la Chine méridionale de l'ouest à l'est. C'étaient des tribus indociles, à demi-sauvages, défendues par des fleuves, des rivières et un grand nombre de montagnes. Résolu de les soumettre, Wang-tching enrôla dans son vaste empire tous ceux qui n'avaient pas de profession, et, après les avoir exercés à la hâte, il se mit en marche. Malgré le peu d'expérience de ses troupes, il soumit tout le pays jusqu'à la mer qui borne au sud la Chine actuelle. Après tant de travaux glorieux, il ne lui restait plus qu'à se délivrer d'une multitude d'oisifs et de vagabonds incapables de vivre par des travaux utiles, et toujours prêts à troubler le repos de l'empire. Il les fit enfermer, au nombre de cinq cent mille, dans les forteresses où ils furent obligés de travailler. Lorsque Mung-thian eut dompté les Hioung-nou en purgeant toutes les frontières septentrionales, depuis le golfe de Liao-toung jusqu'au Ho-nan ou le pays appelé maintenant Ordos (d'après la tribu mongole qui l'occupe), l'empereur lui ordonna de réparer et de réunir en une seule les différentes murailles que les princes de Thsin, de Tchao et de Yan avaient fait construire pour protéger leurs Etats. Il fit rassembler, pour ce travail, une immense quantité d'ouvriers, et les plaça sous la surveillance de plusieurs corps de troupes. Ce prince était alors dans la trente-troisième année de son règne (214 avant notre ère); il n'eut pas la satisfaction de voir terminer ce travail gigantesque qui dura dix ans, et ne fut achevé qu'après l'extinction de sa dynastie. Tant d'entreprises heureusement terminées semblaient mériter à Thsin-chi-houang-ti la reconnaissance de ses sujets et la paisible possession de la dignité impériale. Cependant il eut sans cesse à lutter contre des grands qui auraient voulu de nouveau morceler l'empire, et qui n'oubliaient rien pour rétablir le système féodal des Tcheou, en s'appuyant sur l'histoire et sur les anciens livres. Excédé des représentations importunes et réitérées qui contenaient des passages et des principes extraits de ces livres, il commanda en 213, à la requête de son premier ministre Li-szu, de brûler tous les anciens ouvrages historiques, et principalement ceux de Confucius, n'exceptant que les annales de la famille royale des Thsin. C'est à l'inexorable rigueur avec laquelle cet ordre barbare fut exécuté que l'on doit attribuer l'ignorance où l'on est resté sur l'histoire des premiers siècles de la Chine. Mais si l'empereur des Thsin a fait essuyer une telle perte aux sciences, son grand Mung-thian les en a dédommagées par la découverte du papier et du pinceau à écrire, dont le premier surtout fut de la plus haute importance pour la Chine. Un autre bienfait littéraire du même règne fut l'introduction d'une manière plus facile de tracer les caractères, jusqu'alors composés de traits durs et difficiles à former. Ces nouveaux caractères, appelés *lichou*, sont ceux qui ont produit l'écriture actuellement en usage, qui, bien que d'une forme plus élégante, en diffère très-peu pour la composition des groupes. Thsin-chi-houang-ti mourut pendant une tournée qu'il faisait en 210 dans les provinces orientales de son empire. Quelques auteurs prétendent qu'il n'expira qu'après avoir bu le breuvage de l'immortalité, inventé par les Tao-tsu, dont il suivait la doctrine. Son successeur le fit accompagner chez les immortels par un grand nombre de ses femmes et de ses domestiques; on remplit son tombeau de richesses, et il fut couvert d'une montagne de terre prodigieusement élevée. Malgré les brillantes qualités de Thsin-chi-houang-ti, ses sujets ne se montrèrent pas très-attachés à sa personne et à son gouvernement; ses innovations, quoique utiles, ne purent trouver grâce auprès d'un peuple qui chérit par-dessus tout ses anciens usages, et qui, croyant peu à la perfectibilité du genre humain, ne se laisse pas éblouir par l'éclat d'une fausse gloire. L'illustre fondateur de la dynastie des Thsin pouvait bien surmonter, tant qu'il vécut, les obstacles que les pacifiques Chinois opposaient à ses vues; mais après lui sa famille ne put supporter un tel poids.

EULH-CHI-HOANG-TI (210 avant J.-C.), fils de Thsin-chi-hoang-ti, monta sur le trône après lui, par les intrigues de l'eunuque-Tchao-kao, qu'il nomma son premier ministre. Par son conseil, il commença par faire mourir les grands, destitua les anciens officiers pour les remplacer par des sujets qui lui étaient dévoués, enrichit les pauvres des dépouilles des riches, et, pour se délivrer de toute crainte, extermina presque tous les mâles de la famille impériale.

L'atrocité de son gouvernement ayant excité des révoltes, Tchao-kao envoya Tching-ching pour faire rentrer les rebelles dans le devoir. Les succès que ce général eut contre eux et la modération dont il usa déterminèrent les chefs de son armée à lui offrir le titre de roi de Tchou, sa patrie. Il déclara la guerre à l'empereur. Tout l'empire fut alors en combustion. Eulh-chi-hoang-ti, devenu plus furieux à mesure qu'il voyait le trouble s'accroître, multipliait les supplices pour les faire cesser, et ne faisait par là qu'irriter la haine des peuples. L'empereur chargea Tchang-han, son général, de marcher contre Tching-ching. Ce général, aussi bon politique que hardi, engagea Tchang-kia à se défaire de Tching-ching; ce qu'il exécuta par une trahison.

L'eunuque Tchao-kao conservait toujours son crédit auprès de l'empereur, et continuait d'en abuser de la manière la plus révoltante. Sa prospérité l'aveugla au point qu'elle le fit aspirer au trône impérial. Le monarque, en apprenant que Lieou-pang, chef d'une révolte, faisait des progrès rapides, fit à son ministre de vifs reproches de ne l'en avoir pas averti. Lieou-pang, dans le même temps, força la ville de Ou-koan, dont il passa la garnison au fil de l'épée. Ce revers mit l'empereur en colère contre son ministre, qu'il accusa de négligence à cet égard. Tchao-kao, se voyant déchu de la faveur de son maître, se concerta avec Yen-yu, l'une de ses créatures, pour se défaire de lui. Ayant fait subitement répandre le bruit que l'ennemi était dans la place, ces deux traîtres lui déclarent qu'il n'a point d'autre parti à prendre que de se donner la mort. Le cœur plein de rage, l'empereur aussitôt s'enfonce un poignard dans le sein et tombe baigné dans son sang.

Le crime consommé, Tchao-kao assembla les grands, avec lesquels il conclut qu'il fallait remettre les choses sur l'ancien pied et ne donner à Tse-yng, qui devait succéder à Eulh-chi-hoang-ti que le titre de prince. L'eunuque étant allé le trouver pour lui faire part de cette délibération, le prince, loin de l'agréer, le fit mettre à mort, en punition de ses crimes. Tse-Yng ne jouit pas néanmoins de la succession que les grands lui avaient assignés. Guidés par leur ambition, ils travaillèrent chacun à démembrer l'empire et à le partager entre eux. Mais Lieou-pang, déjà maître du royaume de Han, l'emporta sur tous par le mérite de ses services et l'étendue de sa puissance. Après s'être fait la guerre entre eux pendant le cours de quatre ans, ils furent enfin obligés de plier sous la valeur de Lieou-pang.

Le plus redoutable adversaire de Lieou-pang avait été un général du roi de Tchou, nommé Hiang-yu ou Hiang-hi, homme fier mais cruel et de mauvaise foi; qualités vicieuses qui le perdirent.

2

Hiang-yu ou Hiang-hi, général chinois.

## V^e DYNASTIE : LES HAN.

**KAO-HOANG-TI** (202 avant J.-C.) fut le nom que prit Lieou-pang, après que les grands se furent accordés à l'élever sur le trône impérial. Généreux et reconnaissant envers ceux qui

Kao-hoang-ti, empereur chinois.

l'avaient bien servi, il les récompensa selon leurs mérites. Les Tartares Hiong-nou, ayant osé faire des incursions sur les terres de l'empire, sous la conduite de Mété, leur roi, donnèrent beaucoup d'exercice aux généraux de l'empire, envoyés pour les repousser. Accoutumés à fuir lorsqu'ils se trouvaient les plus faibles, ils revenaient souvent à la charge quand ils voyaient jour à pouvoir réparer leurs pertes.

King-pou, prince de Hoai-nan, craignant que l'empereur n'en voulût à ses jours, faisait des levées secrètes de troupes, afin de vendre chèrement sa vie, si l'on voulait y attenter. Kao-hoang-ti, instruit de son dessein, se mit lui-même à la tête de son armée et marcha contre lui. Avant d'en venir à une bataille, il lui fit demander ce qu'il voulait. « L'empire, » répondit King-pou. L'empereur, indigné de cette réponse arrogante, fit sonner aussitôt la charge, et battit complétement l'armée du rebelle. Celui-ci pensait à réparer ce revers, lorsque Wang-tchin, prince de Tchang-cha, feignant de le secourir, lui envoya un corps de troupes qui le surprit dans Yuei et le mit à mort.

Les fatigues que Kao-hoang-ti avait essuyées dans son expédition, jointes à une blessure qu'il y avait reçue, avaient altéré considérablement sa santé ; elles lui causèrent une maladie qui fit en peu de temps de rapides progrès, et l'emporta après avoir régné douze ans comme roi de Han et huit comme empereur. Son caractère bouillant et impétueux lui fit faire bien des fautes, qu'il sut réparer en consultant des amis éclairés.

C'est à Chang-liang, général en chef du fondateur de la dynastie des Han, que les historiens et les géographes chinois attribuent ces grands travaux publics exécutés dans la province occidentale et montagneuse du Chen-si, pour arriver à la capitale de l'empire (qui est aujourd'hui Si-ngan-fou) sans faire les longs détours que nécessitaient de hautes montagnes et des gorges profondes. Plus de cent mille hommes furent employés à niveler ces montagnes; et là où leurs débris ne suffisaient pas pour combler les abîmes, on fit passer les routes sur des piliers, ou l'on jetait des ponts suspendus d'une montagne à l'autre, lorsqu'elles n'étaient pas trop éloignées. « Ces ponts, disent les écrivains chinois, sont en quelques endroits si élevés, qu'on ne voit qu'avec terreur le fond des précipices. Quatre cavaliers y peuvent aller de front. Il y a des balustrades de chaque côté pour la sûreté des voyageurs, et l'on a bâti à de certaines distances des villages ou des hôtelleries pour leur commodité. On les voit encore aujourd'hui près de Han-tchoung-fou, quatrième ville de la province du Chen-si.

Grande route sur des piliers.

**HIAO-HOEI-TI** (194 avant J.-C.), fils aîné de Kao-hoang-ti, lui succéda, malgré les intrigues de la princesse Tsi, une des femmes du feu empereur, pour l'exclure et lui substituer son propre fils. L'impératrice, mère de Hiao-hoei-ti, devenue toute-puissante, fit jeter la princesse Tsi dans un cloaque, après lui avoir fait couper les pieds, les mains et les oreilles. L'empereur, saisi d'horreur à la vue de ce cadavre, que sa mère lui fit présenter, s'abstint pendant un an du soin de l'Etat. Mais, au lieu d'employer ce temps à s'instruire des affaires, il le passa dans la débauche. Ayant pris ensuite, à la sollicitation des grands, le timon du gouvernement, il nomma son ministre Tsao-tsan, qui lui donna tous ses soins pour s'acquitter parfaitement de cet emploi. Le règne de cet empereur fut court. Il n'était sur le trône que depuis six ans, lorsque la mort l'en fit descendre.

Ce fut seulement sous le règne de Hoeï-ti que les décrets contre les anciens livres furent révoqués. Toutes les révolutions qui avaient passé depuis un siècle sur les anciennes institutions féodales de la Chine en avaient assez effacé les empreintes pour qu'elles ne parussent plus à craindre. Aussi la recherche des livres où elles étaient proclamées ne parut plus dangereuse; et la nouvelle dynastie ne vit dans cette mesure réparatrice, dans cette réaction littéraire, qu'une mission glorieuse pour elle. Le zèle des lettrés qui avaient survécu à la terrible proscription se manifesta avec d'autant plus d'ardeur qu'il avait longtemps comprimé, et de toutes parts on se mit à la recherche des anciens livres qui avaient pu être dérobés à l'incendie. On fouilla les chaumières, les tombeaux, les murs en ruine, et on fut assez heureux pour retrouver des fragments considérables des anciens ouvrages, et même des livres entiers. C'est avec des matériaux ainsi recouvrés et avec le secours d'un vieillard nommé Fou-seng, que l'on parvint, à la cinquième année du règne de Wen-ti, à rétablir le *Livre des annales* (le *Chou-king*) tel à peu près qu'il existe encore aujourd'hui.

Portrait de Fou-seng, lettré chinois.

(188 avant J.-C.) L'impératrice mère de Hiao-hoeï-ti, lui donna pour successeur Liu-heou, enfant supposé, et se fit déclarer régente. Cette princesse, voyant que son fils ne faisait point espérer de postérité, avait donné à l'impératrice, sa bru, le fils d'une étrangère pour l'élever comme le sien; et, pour mieux couvrir cette supercherie, elle s'était défaite de la mère de l'enfant. Devenue régente, elle ne songea qu'à écarter des emplois tous les princes de la famille de Kao-hoang-ti, pour leur substituer ses parents. S'étant ensuite dégoûtée de ce simulacre d'empereur, elle le fit déposer, et mettre en sa place Y-ti, autre enfant supposé. La mort de cette princesse, arrivée peu de temps après, renversa toutes les espérances de ses parents et de ceux qu'elle protégeait. Lorsqu'elle eut fermé les yeux, les grands s'étant assemblés pour l'élection d'un chef de l'empire (car Liu-heou était déjà mort), jetèrent unanimement les yeux sur le prince de Taï, né d'une concubine du dernier empereur.

Hiao-wen-ti (179 avant J.-C.) fut le nom que prit le prince de Taï en montant sur le trône impérial. Ce monarque, d'un caractère rempli de bonté, naturellement compatissant et porté à la vertu, donnait à tous ses sujets, sans distinction, un libre accès auprès de sa personne; affable envers tout le monde, il faisait arrêter son char pour recevoir tous les placets qu'on voulait lui présenter. Il était ennemi des louanges et des discours inutiles. Sa grande passion était la chasse, et il eut beaucoup de peine à s'en corriger. Pendant les guerres continuelles qui avaient désolé l'empire, la cérémonie du labourage, pratiquée par les empereurs, avait été interrompue et presque oubliée; Hiao-wen-ti, jouissant des douceurs de la paix, voulut rétablir cette coutume afin d'exciter le peuple à défricher les terres et d'encourager les laboureurs par cette marque d'estime pour leur profession. L'ordre qu'il fit publier à cette occasion était conçu en ces termes : « La terre est la nourrice des hommes, et ses productions sont la principale richesse d'un empire. L'état le plus honorable est celui qui concourt à la conservation des autres; et afin de témoigner l'estime que j'en fais, je veux moi-même, suivant la coutume de nos premiers sages, pratiquer l'auguste cérémonie de labourer la terre, et employer à sacrifier au Chang-ti le produit de la portion que j'aurai cultivée. J'exempte le peuple de la moitié des tributs, pour les mettre en état de se procurer les instruments nécessaires au labourage. »

Les Tartares Hioung-nou, sans respecter l'alliance renouvelée avec l'empereur, faisaient des irruptions réitérées, et causaient beaucoup de mal. Telle était leur manière de faire la guerre : gravir et descendre les montagnes les plus escarpées avec une rapidité étonnante, traverser à la nage les torrents et les fleuves les plus profonds; souffrir le vent, la pluie, la faim et la soif; faire des marches forcées; ne point être arrêtés par les précipices; accoutumer les chevaux à passer dans les sentiers les plus étroits; se rendre habiles à se servir de l'arc et de la flèche; être sûrs du coup de main; tels étaient les Tartares. Ils attaquaient, prenaient la fuite avec une promptitude et une facilité admirables. Dans les gorges, dans les défilés, ils avaient toujours l'avantage sur les Chinois; mais en plaine, où les chariots de ceux-ci pouvaient faire des évolutions, la cavalerie chinoise battait presque toujours la leur. L'empereur, ayant plusieurs milliers de Hioung-nou soumis à sa domination, leur fit donner des armes fabriquées en Chine, avec des chariots de guerre. Les Chinois mêlés avec ces Tartares devinrent des soldats façonnés à la manière de combattre des deux nations, et se rendirent par là plus redoutables à leurs ennemis.

Accoutumés au brigandage, les Hioung-nou revinrent sur les terres de la Chine vers la fin du règne de Hiao-wen-ti. Les ravages qu'ils commirent furent horribles; ils firent périr beaucoup de monde, brûlèrent plusieurs villages, forcèrent même des villes d'où ils emportèrent un butin considérable, sans qu'on pût les joindre pour les obliger d'en venir aux mains. Ils revinrent encore l'année suivante et commirent de nouveaux dégâts. Ces courses causèrent tant de chagrin à l'empereur, qu'il en tomba malade, et mourut la vingt-troisième année de son règne et la quarante-sixième de son âge. Ce prince ne voulut jamais qu'on fît rien pour sa personne, ni qu'on embellît son palais et ses jardins. Ses chars, ses équipages, ses habits, et généralement tout ce qui était à son usage étaient les mêmes qu'il avait eus en montant sur le trône. Il préférait à ce luxe le soulagement du peuple.

Hiao-king-ti (156 avant J.-C.), nommé Lieou-ki du vivant de Hiao-wen-ti, son père, lui succéda comme son fils aîné. Il y eut sous son règne, entre les princes ses vassaux, de vives querelles, auxquelles il prit peu de part. Après avoir tenu le sceptre avec des mains languissantes, il mourut à l'âge de quarante-huit ans.

Il eut pour successeur (140 avant J.-C.) son fils cadet Han-wou-ti, qui fut un des plus grands souverains. A son avénement au pouvoir, l'empire était florissant; les lettrés avaient reconquis leur influence puissante; le peuple était gouverné par des lois justes et douces, qui étaient leur ouvrage. L'empereur Wou-ti voulut encore améliorer ces lois, en consultant les sages et les philosophes sur les doctrines de l'antiquité. Ce furent les conseils de ces philosophes qui le détournèrent d'abord de suivre son penchant dominant pour la guerre. Comme dédommagement, il se livrait avec fureur aux plaisirs de la chasse, et il avait fait entourer de murs, à cet effet, une grande étendue de terres, où il avait renfermé toute sorte de gibier; mais ayant réfléchi que toutes ces terres, n'étant point cultivées, restaient inutiles pour son peuple, il les rendit bientôt à l'agriculture. Le droit d'aînesse existait alors en Chine pour les successions des principautés : Wou-ti l'abolit, regardant comme injuste qu'un seul enfant fût comblé d'honneurs et de richesses, tandis que les autres seraient réduits à un état voisin de l'indigence. Sous son règne, comme sous celui de ses prédécesseurs, et comme nous le verrons constamment par la suite, les *Hioung-nou*, ou Tartares de race turque, continuent de faire des excursions en Chine. Ils sont souvent battus; mais leur sauvage bravoure, leurs hordes toujours menaçantes, leur font obtenir des alliances avec les empereurs chinois. La plupart des princesses qui leur sont données en mariage aiment mieux périr d'une mort violente que de devenir les compagnes de ces barbares. En l'année 135 avant notre ère, le *tchen-yu*, ou roi de ces Tartares, de race turque, envoya un ambassadeur à Wou-ti, pour lui demander une de ses filles en mariage. L'empereur la promit; mais, des différends étant survenus avec ces sauvages voisins, il changea d'avis, et il résolut de leur déclarer la guerre. Après des alternatives de succès et de revers, le général chinois parvint à leur faire quinze mille prisonniers, et à leur enlever tous leurs bagages. Cette victoire et d'autres encore finirent par rétablir la sécurité sur les frontières.

Ce fut à cette époque que des événements d'une grande importance historique se passèrent en Asie. La nation des *Yuë-tchi* ou *Yuë-ti* habitait alors, entre l'extrémité occidentale de la province de *Chen-si*, les montagnes célestes (*Thian-chan*) et le *Kuen-lun*, où elle avait formé un royaume puissant. Cette nation, probablement de race blonde, est la même qui, sous le nom de *Yut* ou *Iut*, a fondé, à l'époque indiquée par les auteurs chinois (dans le milieu du IIe siècle avant notre ère), de puissants empires dans l'Hindoustan (1). C'est sans doute aussi la même nation, connue en Occident sous le nom de *Gètes* (ensuite de *Goths*), qui fut vaincue par Gengis-kan et Timour. En remontant le cours de l'histoire on trouve entre elle et la nation scythe, contre laquelle Darius, le puissant roi des Perses, avait déjà eu à lutter plus de 500 avant notre ère, tant de traits de ressemblance, que l'on est amené à en conclure leur identité, déjà supposée par plusieurs historiens, entre les Goths, les Gètes et les Scythes.

Les *Hioung-nou*, peuple de race turque, dont nous avons déjà souvent parlé, attaquèrent cette nation en 165 avant notre ère, la poussèrent à l'occident, vers ces contrées riches et fertiles de la Transoxiane, où elle vint se fixer, et d'où elle devait se ruer plus tard avec ses vainqueurs barbares sur le colosse ébranlé de l'empire romain. Telles sont les destinées des nations! Des essaims de barbares, en lutte depuis des milliers de siècles avec l'empire chinois, et n'ayant pu trouver place à son soleil civilisateur, font volte-face et se précipitent sur les nations de l'Occident, qu'ils font trembler au bruit des pas rapides de leurs coursiers sauvages. Il leur était donné, comme à une puissance aveugle et brutale, de venger l'humanité outragée de la corruption romaine, et de retremper la race abâtardie des conquérants du monde dans un sang barbare, mais plein de force et d'énergie.

L'année 126 avant notre ère, un général chinois, nommé Tchang-khian, s'était offert à l'empereur Wou-ti, pour entreprendre le voyage de la Transoxiane, accompagné de cent hommes seulement, dans le dessein de former une alliance avec les *Yuë-tchi* contre les *Hioung-nou;* mais, en passant dans le pays de ces derniers, il fut arrêté avec sa suite, et retenu prisonnier pendant deux ans, au bout desquels il s'évada, et parvint à rencontrer les *Yuë-tchi* dans leur nouveau pays. Il rentra ensuite en Chine après trois ans d'absence.

C'est cette expédition aventureuse qui fit connaître les Chinois en Occident, et amena les communications non interrompues qui ont eu lieu pendant longtemps avec la Chine et l'Inde. C'est aussi à cette époque que la soie fut apportée de ces pays en Europe; et les *Sères* des anciens sont évidemment les Chinois de la Chine septentrionale, comme la *Sérique*, pays des vers à soie, désigne indubitablement la Chine des mêmes régions avant ses conquêtes dans l'Asie centrale (2).

L'histoire occidentale nous apprend que pendant les années 127, 128 et 129 avant notre ère, il y eut une guerre acharnée entre les Parthes et les Scythes, et que ces derniers restèrent vainqueurs. C'est la même guerre que celle dont parle l'histoire chinoise. Les Scythes qui défirent les Parthes ne sont que les *Yuë-tchi* ou *Yuë-ti* des Chinois.

Strabon nous fait connaître qu'à la même époque d'autres Scythes nomades s'emparèrent de Bactres, de la Sogdiane, et détruisirent le royaume grec de la Bactriane. On place cet événement à l'année 126 avant notre ère, date qui s'accorde parfaitement avec celle des historiens chinois. Selon la description, dit Deguignes père, que l'historien chinois Pan-kou (1), l'historien des Han occidentaux, fait du pays de Ki-pin (la Sogdiane, où est aujourd'hui situé Samarcande, suivant les géographes chinois), soumis par les Scythes nomades, il ne s'agit point d'un peuple barbare; mais d'un peuple industrieux, qui possédait l'art de graver sur les métaux, de broder les étoffes, de fabriquer des vases d'or et des monnaies d'or, d'argent et de cuivre, sur lesquelles on voyait d'un côté des cavaliers, et de l'autre la figure d'un homme. Il existe des médailles d'Eucratidès, et le général Allard en a récemment rapporté en France un grand nombre, qui confirment la véracité des historiens chinois; c'est-à-dire qu'on y voit d'un côté la figure d'un homme, qui est celle d'Eucratidès, et de l'autre des cavaliers. Le roi des Yuë-tchi, fils de celui qui avait ainsi agrandi ses Etats par la conquête du royaume de la Bactriane, soumit aussi le pays de l'Inde (*Thien-tchou*), et y mit un gouverneur : ce furent les habitants de ces contrées que les Grecs et les Romains nommèrent Indo-Scythes, et qui s'étendirent jusque près du Gange, selon les historiens chinois.

Telle était la situation des choses, lorsque l'*empereur guerrier* (Wou-ti), instruit de ces grands mouvements des peuples qui se refoulaient vers l'Occident, voulut encore le précipiter, en s'efforçant de débarrasser ses frontières septentrionales des hordes barbares qui les harcelaient sans cesse, et de les rejeter pour jamais sur d'autres civilisations qui deviendraient leur proie. L'an 121 avant notre ère, il envoya son général Ho-khiu-ping, à la tête d'une armée nombreuse, pour attaquer les Hioung-nou, campés au nord-ouest de la Chine. Ce général les vainquit dans plusieurs batailles rangées. Les principaux chefs se soumirent avec toutes les peuplades qui se trouvaient sous leur commandement. Les Chinois entrèrent alors en relations amicales avec les rois et les petits princes de l'Asie occidentale, qui étaient dépendants des Hioung-nou, et qui voulurent s'affranchir. Les possessions de l'empire chinois, au nord-ouest de la Chine, s'étendirent de jour en jour. L'empereur y établit des colonies, y fit bâtir des villes, et y plaça des gouverneurs mili-

(1) Ils en furent chassés par le célèbre Vikramâ-ditya, vers l'an 56 avant J.-C., événement si glorieux pour les Indiens, qu'ils ont fait dater de cette époque le commencement de leur *ère samvat.* Mais ces mêmes *Yuë-tchi* ou Scythes, barbares attirés par les richesses de la civilisation autant que par celles de la nature, firent de nouvelles irruptions dans l'Inde, au commencement de notre ère, la conquirent, mirent à mort les rois indigènes, et restèrent maîtres de ces belles et riches contrées pendant près de deux cents ans. Voir la *Notice critique et historique de l'Inde*, que M. Pauthier a traduite du chinois.

(2) Voici comment Deguignes père décrit la même irruption des barbares, d'abord dans l'occident de l'Asie, et plus tard dans le midi de l'Europe.

« Tous ces vastes pays, l'Inde, le Khorassan, le royaume des Grecs (dans la Bactriane), ne formaient, pour ainsi dire, qu'un très-vaste empire; toutes les provinces les plus éloignées étaient unies par un commerce réciproque. Les peuples du Khorassan, les Parthes et leurs voisins portaient dans l'Inde les productions de leurs pays, pendant que les Indiens venaient trafiquer dans le Khorassan et les environs. C'est ce que nous apprend l'officier chinois dont il sera question dans la suite, et qui était dans ces provinces vers le temps dont il s'agit.

» Telle était la situation de la Bactriane, lorsque quelques nations, qui demeuraient dans l'Orient, sur les frontières occidentales de la Chine, obligées par un prince puissant d'aller chercher d'autres habitations, arrivèrent dans ces provinces, y détruisirent le royaume des Grecs, et donnèrent beaucoup d'occupation aux Parthes.

» C'est un événement singulier qui n'a point été développé jusqu'ici, et qui mérite d'être approfondi; les annales chinoises nous en fournissent des détails. Ces annales nous représentent ces peuples tartares, qui partent du fond de l'Orient, se refoulant, pour ainsi dire, les uns sur les autres, et s'avançant successivement dans des pays fort éloignés de leur patrie, comme un torrent rapide qui se répand de tous côtés.

» Il y avait anciennement une nation tartare et nomade, appelée *Yuë-chi*, qui habitait dans le pays de *Kan-tcheou* et de *Koua-tcheou*, à l'occident de la province de *Chen-si.* Vers l'an 200 avant J.-C., un empereur des *Hiong-nou* ou des *Huns*, nommé Me-te, soumit ces peuples. Mais, soit que dans la suite les *Yuë-chi* ne voulussent point obéir, soit que les Huns eussent résolu de les détruire entièrement, Lao-chang, empereur de ces derniers, qui avait succédé à Me-te, porta la guerre dans leur pays, les défit, tua leur roi, fit de sa tête un vase à boire, et obligea le reste de la nation à aller chercher une autre patrie. Les *Yuë-chi* se partagèrent en deux bandes. Les plus faibles passèrent vers le *Tou-fan* ou Tibet, c'est-à-dire qu'ils ne firent que descendre au midi. On les appela les petits *Yuë-chi.* Les autres, et cette bande était la plus considérable, remontèrent vers le nord-ouest, et allèrent s'emparer des vastes plaines qui sont situées à l'occident de la rivière d'Ili. Ces derniers portèrent le nom de grands *Yuë-chi.* La conquête de ce pays ne se fit pas sans peine; une nation puissante, appelée *Sou*, y était établie; mais les *Yuë-chi* furent assez forts pour l'obliger à se retirer.

» Les *Sou* prirent alors le parti de passer du côté de l'occident, et vinrent demeurer dans les plaines qui sont situées au nord-est de *Fergana* et du *Iaxarte.* Les historiens chinois nomment plusieurs hordes de cette nation qui formaient dans ces campagnes plusieurs petits États. Ces hordes étaient les *Hieou-siun*, qui montaient à environ trois cent cinquante-huit familles, et les *Kuen-to*, qui en avaient trois cents. Elles étaient gouvernées par différents chefs; et ces peuples, comme tous les autres Tartares, n'étaient occupés qu'à conduire leurs grands et nombreux troupeaux » (Deg., *Mém. de littér.*, t. XXV, p. 24).

(1) Frère du général chinois Pan-tchao, qui l'an 72 de J.-C. vint avec une armée considérable dans l'Asie occidentale, et dont nous parlerons plus loin.

taires, qui les administraient en son nom, et qui portaient le titre de roi (wang).

Ce fut vers cette époque (100 ans avant notre ère) que le chef des Hioung-nou envoya des ambassadeurs près de l'empereur de la Chine, pour lui faire sa soumission. Wou-ti reconnut ce procédé en envoyant de son côté des ambassadeurs près du chef des barbares, à la tête desquels il plaça Sou-ou ou Sou-tseu-king, homme du plus grand mérite, qu'il regardait comme la

Sou-tseu-king.

personne de son empire la plus capable de soutenir ses intérêts. Arrivés en Tartarie, le Tchen-yu (ou chef des Hioung-nou), sentant plus que jamais le besoin d'avoir près de lui des hommes éclairés et représentants d'une civilisation avancée, voulut les séduire pour les détacher du service de l'empereur chinois, comme il avait déjà fait pour plusieurs autres de ses sujets. Sou-ou, qui connaissait ses devoirs, et qui préférait leur accomplissement à toutes les séductions possibles, après des résistances courageuses, fut condamné à mourir de faim dans une fosse profonde, où il fut jeté par ordre d'un Chinois transfuge, en conservant avec intrépidité un simple bâton (*V.* le portrait), comme marque de sa dignité d'ambassadeur violée. Il fut ensuite retiré de la fosse et envoyé dans un désert de la Tartarie, où il supporta toutes sortes de privations avec un courage stoïque. L'empereur Wou-ti, ayant appris la persécution et la fidélité de son ambassadeur, envoya une armée contre les Hioung-nou pour le délivrer.

A son retour en Chine, Sou-ou fut reçu avec les plus grands honneurs, et sa renommée de courage, de fidélité, de patriotisme, se répandit dans tout l'empire. Il vécut jusqu'à l'âge de quatre-vingts ans. Après sa mort, qui arriva la soixantième année avant notre ère, l'empereur fit placer son portrait dans la salle des grands hommes. Les poëtes chinois l'ont célébré à l'envi. L'un d'entre eux lui a consacré les vers suivants, traduits par le P. Amiot (*Mémoires sur les Chinois*, t. III, p. 360) :

Traître à son prince, à sa patrie,
Oueï-liu (1) combla son infamie
En renonçant à ses aïeux ;
Li-ling (2), pour conserver sa vie,
Consentit à l'ignominie
De porter un joug odieux.
Mais, plutôt que d'être infidèle,
Sou-ou, notre digne modèle,
S'expose à tous les coups du sort.
Quand c'est le devoir qui l'appelle,
Il ne craint ni la soif cruelle,
Ni l'affreuse faim, ni la mort.

Les lettres et les arts furent très-florissants sous cet empereur. Son règne fut illustré par l'éclat que jetèrent un grand nombre de personnages distingués dans la littérature, l'histoire et la science du gouvernement. A son avénement au trône, Wou-ti publia un édit par lequel il invitait tous les savants à se rendre dans sa capitale. Au nombre de ceux qui se présentèrent, et qui furent reçus par l'empereur, se trouva Toung-fang-sou,

Toung-fang-sou, ministre.

dont l'esprit, les bons mots et les saillies le rendirent bientôt le favori de Wou-ti, qui en fit un grand de sa cour et un ministre. Un autre personnage célèbre, nommé Toung-tchoung-chou,

Toung-tchoung-chou, sage et philosophe.

fut aussi ministre du même empereur. Dans sa jeunesse, son application à l'étude fut si grande, qu'il resta trois années de suite sans sortir de sa chambre, sans même jeter les yeux, dit-on, sur la cour de sa maison. Il eût voulu se passer de nourriture et de sommeil, afin d'employer plus de temps à s'instruire. Elevé par son mérite à la première charge de l'Etat, il ne profita de son élévation que pour éclairer l'empereur sur les meilleurs moyens de gouverner dans l'intérêt du peuple. Wou-ti, plein de confiance dans sa sagesse et sa science, l'engagea à écrire sur l'art de gouverner, et le ministre, dit le P. Amiot, profita de cette occasion pour mettre dans tout son jour la doctrine des premiers empereurs et des anciens sages. Il avait à sa disposition la plupart de ces monuments antiques qui avaient été soustraits à la proscription de Hoang-ti. Il en avait copié, pour son propre usage, tout ce qui lui avait paru mériter d'être conservé; il avait fouillé dans tous les cabinets où l'on déposait les anciens livres, à mesure qu'on en faisait la découverte, et il en avait fait des extraits détaillés qui pouvaient suppléer aux ouvrages mêmes. Le résultat de ses études et de ses recherches est consigné dans trois discours adressés à l'empereur Wou-ti, sur l'art de gouverner. Ils ont été recueillis dans la grande collection précédemment citée, et dont nous rapporterons ici quelques fragments.

I.

« Votre majesté, dans sa déclaration, a la bonté de demander qu'on lui donne des lumières sur ce qui s'appelle le *mandat du ciel* (Thien-ming), c'est-à-dire la *mission* de gouverner les hommes, confiée par le ciel), ainsi que sur la nature et les passions

(1) Chinois transfuge près du chef des Tartares qui voulut retenir Sou-ou.

(2) Général chinois qui se soumit aux Tartares, contre lesquels il avait été envoyé pour ramener Sou-ou.

de l'homme. C'est de quoi je me reconnais peu capable... Quand une dynastie commence à s'écarter des voies droites de la sagesse et de la vertu, le ciel commence ordinairement par lui envoyer quelques disgrâces pour la corriger. Si le prince qui règne ne rentre point en lui-même, le ciel emploie des prodiges et des phénomènes effrayants pour lui inspirer une crainte salutaire. Si le prince ne profite pas de ces avertissements, sa perte n'est pas éloignée.....»

II.

Dans le second discours il propose à Wou-ti de rétablir le collége de la *grande science*, pour donner à l'empire de bons maîtres, capables d'instruire et de former à la vertu. Il gémit sur le petit nombre qui s'en trouvait alors dans l'empire. Il va plus loin encore; il exige que l'on donne les emplois publics à des hommes de mérite, et non pas comme, on le faisait alors et comme on le fait encore aujourd'hui dans presque toutes les contrées de l'Europe, à des fils de grands personnages qui n'étaient recommandables que par les richesses ou tout au plus par les talents de leur père. Il trouve fort injuste que le mérite des pères soit un titre suffisant pour parvenir aux grands emplois, et il veut qu'on n'y soit élevé que par degrés.

« Ce n'est point ainsi, dit-il, qu'on agissait dans l'antiquité. La différence des talents réglait la différence des emplois. Un talent médiocre demeurait toujours dans un emploi médiocre. Trouvait-on un homme d'un mérite rare, on ne faisait pas difficulté de l'élever aux plus grands emplois. Par là il avait le moyen de faire valoir son talent, et le peuple en retirait de grands avantages. Au lieu qu'aujourd'hui un homme de premier mérite demeure confondu avec le vulgaire, et un autre d'une capacité médiocre parvient à des emplois qui sont beaucoup au-dessus de son mérite. »

III.

Dans son troisième discours, le même savant ministre établit que le soin que les gouvernants avaient dans l'antiquité d'*instruire* le peuple de ses devoirs faisait que quelquefois on ne trouvait pas un *criminel* dans tout l'empire. Il y pose quelques principes de la philosophie de Confucius en ces termes : « Tout ce que le ciel prescrit et ordonne aux hommes est compris dans ce mot (mandat), mission, destinée (*ming*). Remplir parfaitement ce *mandat*, cette *mission*, sa *destinée*, c'est être parvenu à la perfection. Les facultés, les dispositions naturelles que chacun apporte en naissant, sont toutes comprises sous le terme *nature* (*sing*); mais cette nature, pour acquérir la perfection dont elle est susceptible, a besoin du secours de l'instruction. Tous les penchants naturels à l'homme sont compris sous le mot *inclinations* (*thsing*). Ces penchants, ces inclinations, ont besoin de règles pour ne donner dans aucun excès. Les devoirs essentiels d'un prince et ses premiers soins sont donc d'entrer avec respect dans les vues du ciel, son supérieur, pour se conformer lui-même à ses ordres; de procurer aux peuples qui lui sont soumis l'instruction dont ils ont besoin pour acquérir la perfection dont leur nature est capable; enfin d'établir des lois, de distinguer les rangs, et de faire d'autres règlements les plus convenables pour prévenir et arrêter le dérèglement des passions.

» L'homme a reçu du ciel son *mandat*, bien différent de celui des autres êtres vivants. De ce mandat naissent dans une famille les devoirs de relations entre ses membres; dans un État, ceux de prince et de sujets, de déférence et de respect pour la vieillesse. De là l'union, l'amitié, la politesse, et tous les autres liens de la société. C'est pour cela que le ciel a donné à l'homme ce rang supérieur qu'il occupe sur la terre. Le ciel produit les cinq espèces de grains et les six espèces d'animaux domestiques pour le nourrir; la soie, le chanvre, etc., pour le vêtir. Il lui a donné le talent de dompter les bœufs et les chevaux pour les faire servir à son usage. Il n'y a pas jusqu'aux léopards et aux tigres sur lesquels il n'exerce son empire, et qu'il ne vienne à bout de soumettre à sa puissance. C'est que véritablement il a une intelligence céleste supérieure qui l'élève au-dessus de tous les autres êtres. Celui qui sait connaître comme il le doit cette nature céleste qu'il a reçue ne la dégrade pas jusqu'à s'abaisser au niveau de la brute. Il conserve son rang, et se distingue des êtres dépourvus de raison par les connaissances qu'il possède, et par l'estime qu'il sait faire de la charité, de la justice, de la tempérance, de l'attachement aux formes établies, et de toutes les vertus. L'amour et le respect qu'il a pour elles le portent à les pratiquer, et il s'en fait une si douce habitude, qu'il ne trouve plus que du plaisir à faire le bien et à suivre en tout la raison. C'est à celui qui y est parvenu que l'on donne avec raison le nom de sage ; et c'est le sens de ce que dit Khoung-tseu, que l'on ne doit point appeler sage celui qui oublie son *mandat*, sa *mission* d'homme, sa *destinée* enfin, ou qui méconnaît sa nature (1). »

Mais l'homme qui a jeté le plus grand éclat sous le règne de l'empereur Wou-ti est Sse-ma-thsian, que M. Abel Rémusat a nommé l'*Hérodote de la Chine*. Il naquit à Loung-men dans le Chen-si, vers l'an 145 avant notre ère, et, après avoir fait de fortes et brillantes études, il voulut, comme le père de l'histoire grecque, visiter les contrées et les peuples dont il se proposait d'écrire les annales. Il voulut savoir ce qui pouvait encore subsister de son temps des travaux du grand Yu, et il alla visiter, dans ce but, les neuf principales montagnes, sur lesquelles les anciens empereurs offraient des sacrifices en l'honneur du souverain suprême. Il parcourut ainsi les provinces du sud et du nord de la Chine, en recuillant avec soin les traditions, et en examinant le cours des fleuves et des principales rivières. Ce fut vers l'an 104 avant J.-C. qu'il commença à rédiger ses *Mémoires historiques* (en chinois *Sse-ki*), au milieu de ses fonctions de grand historiographe de l'empire, auxquelles il avait été appelé après la mort de son père, qui les remplissait lui-même. L'importance de l'ouvrage de Sse-ma-thsian, que l'on possède en Europe, et qui est pour la Chine le premier traité historique complet, nous engage à entrer dans quelques détails, qu'on ne lira pas sans intérêt, et qui serviront à corroborer la confiance que l'on doit avoir dans l'histoire chinoise.

« C'était alors un temps de faveur et une époque de restauration pour les études historiques (dit M. Abel Rémusat dans la *Vie de Sse-ma-thsian*), comme pour les autres branches de la littérature. Les vieilles chroniques avaient péri dans l'incendie général de l'an 213, ressource étrange d'un novateur, qui avait bien senti qu'il ne pouvait disposer à son gré du présent sans abolir le souvenir du passé, mais qui s'était trompé sur l'étendue de sa puissance, en la croyant capable de triompher des souvenirs et des habitudes d'une grande nation. Tous ses efforts pour anéantir les anciennes annales n'avaient abouti qu'à changer en enthousiasme le zèle des gens de lettres, qui, presque tous, s'étaient montrés dignes des honneurs de la persécution. Il avait échoué en voulant effacer les exemples des anciens et les traditions publiques qui l'importunaient ; mais il avait porté un coup mortel à la chronologie, dont, vraisemblablement, il ne s'embarrassait guère.

» Lorsque l'orage fut calmé, on vit reparaître de tous côtés les débris des anciens monuments, mais tronqués, mutilés, privés de ces appuis qui en font la solidité. Le souvenir des principaux événements s'était conservé ; mais on avait perdu la trace de ces particularités intermédiaires qui concourent à établir la certitude, en rappelant la liaison des faits, et en expliquant les contradictions apparentes des témoignages. On conçoit quelle dut être la tâche des fondateurs de la nouvelle histoire. Il fallait rechercher tous les vestiges des anciennes annales ; recueillir tous les fragments, rapprocher tous les lambeaux épars des chroniques impériales, provinciales, urbaines ; interroger tous ces témoignages matériels qui ne sont pas de l'histoire, mais qui prêtent à l'histoire ses plus solides fondements, les vases, les meubles, les instruments, les ruines ; expliquer les monuments figurés, déchiffrer les inscriptions. Il fallait surtout (et c'était la partie de la tâche la plus laborieuse comme la plus importante), il fallait rassembler de bonne heure ces traits fugitifs qui pouvaient servir à faire apprécier la valeur relative des témoignages écrits, d'après leur nature, leur origine, leur âge et les circonstances qui les avaient conservés. La chose était déjà difficile à la Chine, un siècle après l'incendie des livres, elle eût été impraticable deux ans plus tard ; et l'on doit admirer la confiance des critiques de l'Occident, qui entreprennent de réformer le travail des critiques chinois deux mille ans après eux, en Europe, ne sachant qu'imparfaitement la langue, et quelquefois même ne l'ayant pas étudiée.

» Sse-ma-thsian mit à profit tout ce qui restait des *Livres classiques*, de ceux du *Temple des ancêtres de la dynastie des Tcheou* ; les *Mémoires secrets de la maison de pierre et du coffre d'or*, et les registres appelés *Planches de jaspe* (*Iu-pan*). On ajoute qu'il dépouilla le *Liu-ling* pour ce qui concerne les lois, la *Tactique* de Han-sin pour ce qui regarde les affaires

(1) *V.* du Halde, *Description de la Chine*, t. II, p. 524.

militaires, le *Tchang-tching* pour ce qui a rapport à la littérature en général, et le *Li-gi* pour tout ce qui est relatif aux usages et aux cérémonies.

» C'est de cette manière qu'il composa le grand ouvrage auquel il donna le simple titre de *Mémoires historiques* (*Sse-ki*). Cet ouvrage, divisé en cent trente livres, est distribué en cinq parties. La première, intitulée *Chronique impériale*, comprend douze livres : elle est consacrée au récit des actions des souverains de la Chine, et des événements qui ont eu l'empire entier pour théâtre; les faits y sont disposés chronologiquement, et rapportés aux dates qui leur appartiennent. L'auteur a commencé son récit au règne de Hoang-ti (2697 avant J.-C), et il le termine au règne de Hiao-wou, de la dynastie des Han. Les deux derniers livres de cette partie ont été perdus.

» La seconde partie, qui porte le titre de *Tableaux chronologiques*, est composée de dix livres, et ne contient que des tables, dont la forme ressemble beaucoup à celle de nos atlas historiques. Le dernier livre est perdu.

» La troisième partie, en huit livres, traite des huit branches de sciences : ce sont les rites, la musique, les tons considérés comme types des mesures de longueur, la division du temps, l'astronomie (y compris l'uranographie et l'astrologie), les cérémonies religieuses, les rivières et canaux, les poids et mesures.

» La quatrième partie, formée de trente livres, renferme l'histoire généalogique de toutes les familles qui ont possédé quelque territoire, depuis les grands vassaux de la dynastie des *Tcheou*, jusqu'aux simples ministres ou généraux de la dynastie des Han.

» Enfin la cinquième et dernière partie, composée de soixante-dix livres, est consacrée à des mémoires sur la géographie étrangère et à des articles de biographie, plus ou moins étendus, sur tous les hommes qui se sont fait un nom dans diverses parties des sciences ou de l'administration. Tel est, en peu de mots, ajoute M. Rémusat, le plan de ce vaste monument historique érigé par Sse-ma-thsian. L'ordre qu'on y admire est un de ses moindres mérites. La multitude des faits qui y ont trouvé place, la manière toujours nette et vive dont ils y sont présentés, la simplicité constante et la noblesse soutenue du style suffisent pour justifier la haute estime dont jouit cet ouvrage. »

L'historien célèbre dont il vient d'être question dit, dans le treizième volume de ses *Mémoires historiques*, qu'un amiral de Wou-ti ayant une armée à bord de *vaisseaux à appartements sur le pont* (lou-tchouan), alla soumettre les côtes orientales de la Chine, qui étaient gouvernées par un chef indépendant. Cet amiral prit sur ces mêmes *vaisseaux* la population entière de *Canton*, qu'il transporta dans la province située entre le grand fleuve *Yang-tsè-kiang* et la rivière *Hoaï*. Par cette mesure Canton fut privé longtemps d'habitants.

L'empereur Wou-ti favorisa tellement la recherche et l'explication des livres, qu'il institua un tribunal académique pour les recueillir et les conserver à la postérité dans des salles construites à cet effet. L'époque encore plus éloignée de l'incendie des livres peut faire comprendre l'importance de cet établissement.

La doctrine du *tao*, ou de la raison, dont Lao-tseu avait été le fondateur ou au moins le restaurateur, prit un grand développement sous Wou-ti. Ses sectateurs, qui avaient déjà eu beaucoup de crédit sous Tchin-chi-hoang-ti, en dénaturant sa doctrine jusqu'au point d'en faire la doctrine du *breuvage de l'immortalité*, virent s'accroître le nombre de leurs prêtres, en même temps que celui des temples que l'on érigeait en l'honneur des divinités qu'ils s'étaient faites; mais quelques-unes des fourberies de ces prêtres ayant été découvertes par l'empereur, il les persécuta dès lors avec la même vigueur qu'il les avait protégés, à la grande satisfaction des sectateurs de la doctrine morale de Khoung-tseu.

Nous rapporterons ici deux remontrances faites à Wou-ti, l'une *contre le luxe*, par Toung-fang-sou (dont nous avons donné le portrait ci-dessus; l'autre pour soutenir l'usage de l'arc, par Ou-kieou, et qui nous paraissent très-précieuses pour faire connaître la civilisation, à cette époque, de la cour des empereurs chinois.

« Je pourrais vous proposer pour modèles les empereurs Yao, Chun, Yu, etc.; mais ces heureux règnes sont passés il y a longtemps. A quoi bon remonter si haut? je m'arrête à des temps plus près de nous et à des exemples domestiques; ce sont ceux de Wen-ti que je vous propose. Son règne est si voisin de nous, que quelques-uns de nos vieillards ont eu le bonheur de le voir. Or, Wen-ti, élevé à la dignité de *fils du ciel*, comme vous l'êtes, possédant ce vaste empire que vous possédez aujourd'hui, portait des habits simples et sans ornements, et même d'un tissu assez grossier; sa chaussure était d'un cuir brut; une courroie ordinaire lui servait à suspendre son épée; ses armes n'avaient rien de recherché; son siége était une natte des plus communes; ses appartements n'avaient point de meubles précieux et brillants, des sacs pleins d'écrits utiles qu'on lui présentait en faisaient l'ornement et la richesse; et ce qui ornait sa personne, c'était la sagesse et la vertu. Les règles de sa conduite étaient la charité et la justice. Tout l'empire, charmé de ces beaux exemples, s'étudiait à s'y conformer.

» Aujourd'hui nous voyons tout autre chose : votre majesté se trouve à l'étroit dans la vaste enceinte d'un palais qui est une grande ville; elle entreprend de nouveaux bâtiments sans nombre; elle donne à chacun de beaux noms... c'est le *palais à mille* ou *dix mille portes*. Dans les appartements intérieurs, vos femmes sont chargées de diamants, de perles et d'autres ornements précieux; vos chevaux sont superbement harnachés; vos chiens mêmes ont des colliers de prix; enfin il n'y a pas jusqu'au bois et à l'argile que vous ne fassiez couvrir de broderies, témoin ces chars de comédie dont vous aimez les évolutions; tout y brille, tout y est riche et recherché. Ici vous faites fondre et placer des cloches de cent mille livres pesant, là vous faites des tambours qui le disputent au tonnerre. Enfin ce ne sont que comédies, concerts, ballets de filles de Tching.

» Si votre majesté voulait suivre mon conseil, elle rassemblerait tous ces vains ornements de luxe dans un carrefour public, et elle y ferait mettre le feu pour montrer à tout l'empire qu'elle en est désabusée. »

Un écrivain chinois dit à propos de cette pièce : « Sou était un plaisant; il tournait les choses à sa manière; du reste, il était droit, sincère et homme de tête. Wou-ti l'employa longtemps (1). »

« 1° Chi-hoang-ti le défendit de son temps. Le vrai motif qu'il eut d'agir ainsi fut de prévenir les révoltes qu'il avait sujet de craindre. Il en prétexta un autre, il survenait des querelles où l'on se tuait de part et d'autre : il dit que c'était pour empêcher ces désordres qu'il publiait sa défense. Elle fut observée avec rigueur; mais elle ne fit pas cesser les querelles. Toute la différence fut que depuis on se battit de plus près, avec des marteaux par exemple, et de semblables instruments de métiers ou de labourage. Quant au vrai motif qu'avait Chi-hoang de faire la défense, elle n'eut pas plus de succès. Malgré cette défense, il se vit battu par les troupes d'un homme de rien, armées plutôt de bâtons que d'armes, et peu après il perdit l'empire.

» 2° Il y a, dit-on, maintenant, bien des voleurs, c'est pour en diminuer le nombre, ou pour faire qu'ils nuisent moins. Bien loin que cette défense soit utile au dessein qu'on se propose, elle y est nuisible. Les méchants la violeront comme ils violent tant d'autres lois; il n'y aura que les bons qui la garderont; ils seront par là hors d'état de donner d'utiles conseils aux méchants, qui en deviendront plus hardis.

» 3° La défense qu'on projette est contre la pratique de nos ancêtres; bien loin d'ôter l'arc et les flèches à leurs sujets, ils en recommandaient l'exercice; il y avait pour cela des temps réglés. Nous lisons dans le *Livre des vérités* : *Quand dans une famille il naît un fils, on pend devant la porte un arc et des flèches.* »

**Han-tchao-ti** (86 avant J.-C.), fils de l'empereur Han-wou-ti, fut reconnu pour son successeur à l'âge de neuf ans, malgré l'opposition de Lieou-tan, fils de Han-wou-ti, qui prétendait que la couronne lui appartenait et que Han-tchao-ti, nommé par l'empereur son héritier, n'était pas son fils. Ho-kouang, nommé son gouverneur par Han-wou-ti, fit échouer la cabale, et affermit Han-tchao-ti sur le trône. Ce jeune prince, dès son enfance, montra un bon sens au-dessus de son âge. La sagesse avec laquelle Ho-kouang administrait les affaires de l'empire, ne satisfit pas Lieou-tan. Han-tchao-ti, quoique en sa dix-huitième année, n'avait pas encore pris le bonnet d'usage pour se faire déclarer majeur. Content des services et du zèle de Ho-kouang, il avait toujours différé cette cérémonie. Cependant, pressé par ce ministre, il la fit avec beaucoup de pompe et de magnificence. Ce prince mourut la douzième année de son règne et la vingt et unième de son âge, sans laisser de postérité.

**Lieou-ho** (74 avant J.-C.), prince de Tchang-y et fils de Lieou-pou, prince de Ngaï, fut préféré pour la couronne impériale à

(1) Du Halde, t. II, p. 531.

Lieou-siu, son proche parent, fils de Han-ou-ti, prince de Kouang-ling, que son père avait jugé incapable d'être mis à la tête de l'empire. Mais le jugement que portèrent de Lieou-ho ceux qui l'élurent ne fut pas plus judicieux que celui de Han-ou-ti à l'égard de Lieou-siu. Lieou-ho, peu accoutumé à la gêne, continua, dès qu'il eut la couronne sur la tête, de se livrer à ses goûts et à ses penchants peu délicats. Les grands, le jugeant incorrigible, le déposèrent l'année suivante, sans qu'il fît aucun mouvement pour se venger de cet affront.

HAN-SIUEN-TI (73 avant J.-C.), petit-fils du prince Lieou-ouei, fut élevé sur le trône impérial après la déposition de Lieou-ho, comme plus proche héritier. Son nom, avant son inauguration, était Hoang-tseng-sun. Il était dès lors marié avec la princesse Hiu-chi, qu'il fit déclarer impératrice. Cette princesse, étant devenue enceinte, tomba malade dans sa grossesse, et accoucha avant terme par l'effet d'une potion que lui donna son médecin, séduit par Ho-hien, femme de Ho-kouang. Délivré de cette princesse par sa mort, Ho-hien, vint à bout de lui faire substituer sa fille dans la quatrième année du règne de Han-siuen-ti. Ho-kouang, instruit du crime de sa femme, ne put y survivre. Une maladie causée par le chagrin l'emporta en peu de jours.

L'empereur jusqu'alors n'avait pu s'occuper du dessein qu'il avait formé à son avénement au trône de rédiger en meilleur ordre les lois de l'empire. C'est ce qu'il exécuta lorsqu'il vit la paix affermie dans l'Etat.

La dix-neuvième année de son règne, Han-siuen-ti reçut une ambassade du Tchen-yu, ou roi des Tartares Youg-nou, qui venait lui offrir les hommages de ce prince et se mettre sous sa protection. Ravi d'acquérir un vassal de cette importance, l'empereur alla au-devant de lui hors des portes de Tchan-ngan, sa capitale, accompagné d'un nombreux cortége. Le lendemain, à l'heure fixée pour la cérémonie, deux princes de la famille impériale et plusieurs grands, précédés par les gardes de l'empereur, allèrent le prendre et le conduisirent dans une salle spacieuse où l'empereur était assis sur un trône. Le Tchen-yu se mit à genoux et rendit hommage; après quoi l'empereur l'invita à un festin où il fut traité magnifiquement. Cette démarche du Tchen-yu changea les dispositions des autres Tartares envers les Chinois, auxquels la plupart de ces peuples se réunirent successivement.

Han-siuen-ti n'était encore qu'à la quarante-deuxième année de son âge et la vingt-cinquième année de son règne, lorsque la mort le ravit à ses sujets, dont il emporta les regrets très-bien mérités au tombeau. Comme il était naturellement bon et pacifique, on avait vu peu de règnes aussi exempts de troubles que le sien. Ce prince encouragea les arts utiles, qu'il cultivait lui-même, et cette émulation forma d'habiles ouvriers. Respecté et chéri de ses peuples, ses ordres étaient exécutés avec la plus grande exactitude. Les événements de son règne et le bien qu'il fit le mettent au rang des plus grands princes qui ont occupé le trône de la Chine.

HAN-YUEN-TI (48 avant J.-C.), fils de Han-siuen-ti, ne porta pas sur le trône, en lui succédant, ses grandes qualités, mais il prouva qu'il avait hérité de sa droiture et de la bonté de son cœur. On lui reproche néanmoins la trop grande confiance dont il honora l'eunuque Che-hien, qu'il avait fait son premier ministre. Ce favori abusa de sa faveur pour élever aux premières charges ses créatures et faire destituer de leurs emplois ceux qui lui faisaient ombrage. Han-yuen-ti mourut dans la seizième année de son règne, laissant l'empire aussi paisible qu'il l'avait reçu de son prédécesseur.

HAN-TCHING-TI (32 avant J.-C.), fils et successeur de Hanyuen-ti, avait montré, dans sa première jeunesse, une grande application à l'étude des kings, ou livres canoniques des Chinois; mais des flatteurs, par leurs discours séduisants, lui firent abandonner ce genre d'occupation pour se livrer au plaisir. Son père, s'apercevant de ce changement de mœurs, hésita longtemps s'il le déclarerait son héritier. Cette incertitude, que le fils ne put se dissimuler, porta ce prince à s'aller jeter aux pieds de son père pour lui demander pardon de ses égarements et lui promettre de changer de conduite. Mais ce changement ne fut pas durable, et, dès que Han-tching-ti se vit sur le trône, il se replongea dans la dissipation, et abandonna le soin de l'Etat à ses oncles maternels, qui abusèrent de leur autorité. En vain on multiplia les placets pour l'engager à se réformer; il n'en tint compte, et continua le même genre de vie auquel il s'était livré, sans respecter les dehors même les plus ordinaires de la bienséance. Cependant l'Etat fut tranquille sous son règne qui fut de vingt-cinq ans. La figure de ce prince semblait néanmoins annoncer les qualités d'un grand monarque: il avait le visage noble et agréable, quoiqu'un peu grêlé, la taille haute et bien prise, le port majestueux: il mourut sans laisser de postérité.

HAN-NGAI-TI (7 avant J.-C.), prince de Ting-tao, neveu de Han-tching-ti, lui succéda en bas âge, par les soins et sous la régence de l'impératrice sa mère. Cette princesse, jalouse du crédit dont avait joui le ministre Ouang-mang sous le règne précédent, prit des mesures pour le faire destituer. Ouang-mang, instruit de ses intrigues, n'attendit pas l'affront qu'elle lui préparait et le prévint en donnant sa démission. L'attachement extraordinaire que l'empereur témoigna pour un jeune homme nommé Tong-hien, et les faveurs dont il l'accabla, causèrent du trouble parmi les courtisans, qui ne pouvaient voir sans murmurer les profusions que ce monarque faisait pour son favori. Tching-song, qui occupait un des premiers rangs à la cour, ayant osé, par un placet, faire des remontrances au monarque à ce sujet, le mit dans une extrême colère. Ce prince, l'ayant fait arrêter, le traduisit devant le tribunal des crimes avec ordre d'instruire son procès en toute rigueur. Le peuple, qui respectait Tching-song, fit éclater ses plaintes, lorsqu'il apprit qu'on avait porté la cruauté contre lui jusqu'à l'appliquer à la question extraordinaire. Tching-song survécut peu de jours aux tourments qu'on lui avait fait souffrir. Han-ngaï-ti le suivit d'assez près au tombeau, étant mort dans la sixième année de son règne et la trente-cinquième de son âge sans laisser de postérité.

Le trône impérial de la Chine, la première année de l'ère chrétienne, était possédé depuis deux siècles par la dynastie des Han, lorsque Lieou-yen, fils du prince de Tchong-chan et petit-fils de l'empereur Han-wen-ti, y fut placé à l'âge de neuf ans, après la mort de l'empereur Han-ngaï-ti, décédé sans enfants. Ce fut l'impératrice Wang-chi, veuve de Han-ngaï-ti, qui fit ce choix avec le premier ministre Wang-mang. Le jeune prince, à son inauguration, prit le nom de HAN-PING-TI, c'est-à-dire *empereur pacifique des Han*. Wang-mang, pendant sa minorité, fut chargé de la régence; et comme il n'avait pas moins d'ambition que de talents, il se servit de son autorité pour se frayer la route du trône. Kong-kouang, qu'on avait donné pour gouverneur à l'empereur, faisait obstacle par sa vigilance et sa probité aux vues ambitieuses du ministre. Mais la mort l'enleva la cinquième année de notre ère. Ma-kong, qui le remplaça, garda cet emploi peu de temps, et se retira. Le jeune empereur, étant à la merci du perfide Wang-mang, ne tarda pas à devenir la victime de sa scélératesse. Il mourut, l'an 6 de notre ère, du poison qu'il lui avait fait donner.

YU-TSE-YNG, fils de Lieou-hien, n'avait que deux ans lorsque l'impératrice douairière, toujours vivante, le choisit, de concert avec Wang-mang, pour l'élever à l'empire. On ne le proclama néanmoins pas empereur, et on se contenta de lui donner le titre de prince héritier, jusqu'à ce qu'il fût en état de régner. Ce fut Wang-mang qui eut, pendant l'interrègne, tous les honneurs de la représentation, et toute l'autorité attachée à la dignité impériale. Son dessein, et celui de l'impératrice, était de disposer par là les peuples à le reconnaître un jour pour véritable souverain. Lieou-tchong, prince de Nantchong, indigné de voir un étranger usurper la couronne destinée à un rejeton de sa famille, invita, par un manifeste qu'il répandit, tous les descendants de Han-kao-ti à venger l'injure qu'on faisait à sa dynastie, et à punir Wang-mang de sa témérité. Ayant assemblé quelques milliers de soldats, il prit les armes; mais, comme il ne fut pas soutenu, Wang-mang l'eut bientôt écrasé avec toutes les forces de l'empire. Tche-y, gouverneur de Tong-kiun, ayant ensuite opposé une armée de cent mille hommes au régent, n'eut pas un meilleur succès. Wang-mang la dissipa par un simple manifeste, où il donna le démenti à ceux qui l'accusaient de vouloir supplanter son pupille. Rien n'était néanmoins plus réel. L'an 8 de notre ère, à la douzième lune, Wang-mang, dans un conseil des grands qui lui étaient dévoués, fait arrêter que le sceau de l'empire sera retiré de l'appartement du jeune prince héritier pour lui être remis, que l'empire ne s'appellera plus Han-tchao, ou l'empire des Han, mais Sin-tchao ou l'empire des Sin, et que l'impératrice régente sera pareillement qualifiée impératrice de la dynastie des Sin. Tout cela fut exécuté le premier jour de l'année suivante.

L'an 9 de notre ère, WANG-MANG, s'étant mis en possession du trône de la Chine sans opposition, commence par faire descendre d'un degré tous les princes de l'empire capables de lui nuire, au nombre de deux cent douze. Il fit plus à l'égard de ceux des Han; il les réduisit, l'année suivante, au rang du peuple. Ces changements, quelque violents qu'ils fussent, ne produisirent néanmoins aucun trouble. Wang-mang voulut ensuite s'assurer des Tartares. Mais le Tchen-yu, ou kan des Tartares, Hiong-nou, s'étant aperçu des embûches qu'il lui tendait, se jette sur les frontières de la Chine, qu'il dévaste impunément. Les peuples des royaumes de l'Ouest font les mêmes dégâts de leur côté. Wang-mang, après être resté quelque temps dans l'inaction, envoie contre eux des armées qui remportent d'abord quelques avantages, mais qui, foulant en même temps les provinces qu'elles étaient venues défendre, les portent à se soulever. Le mécontentement se communique insensiblement à toutes les parties de l'empire. Mais le silence que gardaient les princes de la dynastie des Han empêche la nation d'éclater. A la fin, trois fils de Lieou-Kiu, descendants de l'empereur Han-king-ti, s'étant concertés avec leurs amis pour venger leur famille, levèrent des troupes (l'an 22 après J.-C.), et déclarèrent la guerre à l'usurpateur. Après divers échecs qu'ils lui firent essuyer, les principaux du parti, n'ayant pas encore de chef proprement dit, s'assemblent le premier jour de la deuxième lune de l'an 23, et mettent à leur tête Lieou-hiuen, sous le titre de prince. Wang-mang, poursuivi par les confédérés, dont les forces augmentaient de jour en jour, se retire dans Tchang-ngan, capitale alors de la Chine, où bientôt il se vit assiégé (1). Malgré sa vigoureuse défense, la place fut emportée d'assaut le premier jour de la neuvième lune. Wang-mang fut pris dans une tour par les soldats, qui lui coupèrent la tête, et la portèrent à Lieou-hiuen, qui tenait alors sa cour à Wao-hien.

LIEOU-HIUEN (23 après J.-C.), se voyant à la tête de l'empire de la Chine avec le titre de prince, transporta sa cour à Lo-yang. Mais il ne put réussir à se faire reconnaître empereur. Plusieurs chefs du parti qui s'était élevé contre Wang-mang, dont le plus redoutable était Fan-tchong, ayant à ses ordres une faction appelée les *Sourcils rouges*, se maintinrent dans l'indépendance. On vit, outre cela, un imposteur nommé Wang-lang, qui se donnait pour le prince Tse-yu, fils de l'empereur Han-tching-ti. Il séduisit un grand nombre de personnes, qui lui formèrent une armée pour soutenir ce nom et les droits qu'il se donnait à l'empire. Lieou-sieou, le plus distingué de la famille des Han par sa valeur, marcha contre cet aventurier; et l'ayant forcé dans Han-tan, où il s'était retranché, lui fit voler la tête d'un coup de sabre. Mais sa mort ne rétablit pas le calme dans l'empire. Des troupes de brigands s'y répandirent, et commirent de grands ravages. Lieou-sieou en détruisit une grande partie, et le prince Lieou-hiuen, de son côté, remporta une victoire sur les *Sourcils rouges*. Ce revers n'abattit pas ces derniers. Ils s'en relevèrent bientôt, et devinrent plus formidables qu'auparavant. Les seigneurs chinois, jugeant Lieou-hiuen incapable de leur résister, et regardant d'ailleurs le trône impérial comme vacant, contraignirent Lieou-sieou, après des refus, d'y monter.

KOUANG-WOU-TI (25 après J.-C.) fut le nom que prit Lieou-sieou lorsqu'il eut accepté l'empire (2). Il débuta par assurer de son amitié Lieou-hiuen, et lui en donna des preuves en le créant prince de Hoai-yang. Mais celui-ci rejeta fièrement cette faveur, et aima mieux se jeter dans le parti des *Sourcils rouges*. Il n'y trouva pas ce qu'il avait espéré. Fan-tchong, leur chef, ne lui témoigna aucune considération, et sur ce qu'on apprit qu'une faction se disposait à le rétablir, un des officiers de Fan-tchong l'assomma. Kouang-wou-ti continua la guerre contre les brigands, et, dans le cours de deux ans, il vint à bout de les dissiper entièrement. Des révoltes qui s'élevèrent ensuite furent étouffées de même, et, l'an 37 de notre ère, la paix fut rétablie dans l'empire; mais elle ne dura que trois ans. Une femme de Tong-kiu, nommée Tching-tse, entreprit d'affranchir son pays de la domination des Chinois, devenue odieuse par la tyrannie des gouverneurs qu'ils y envoyaient. Cette héroïne, s'étant mise à la tête des mécontents, gagna sur les impériaux une grande bataille, leur enleva soixante-cinq villes, et se fit proclamer reine. Mais ayant été battue complétement, l'an 42, dans une nouvelle action, son parti fut totalement détruit. La Chine depuis ce temps, demeura tranquille jusqu'à la mort de Kouang-wou-ti, arrivée dans la troisième lune de l'an 57 de notre ère, la trente-troisième de son règne et la soixante-troisième de son âge. Il fut regretté de ses peuples, qu'il avait défendus avec valeur et gouvernés avec une sagesse égale.

HAN-MING-TI (57 après J.-C.), fils de Kouang-wou-ti et son successeur, commença son règne par faire revivre les cérémonies prescrites dans les king ou livres de la religion. Les académies destinées aux exercices militaires et à l'étude de la morale lui durent aussi leur établissement. Il en avait une dans son palais pour y élever les enfants de la première qualité, et il ne dédaignait pas d'assister lui-même à leurs exercices. Ce prince, par les soins qu'il eut d'éclairer la conduite des mandarins et des officiers publics, maintint la tranquillité dans l'intérieur de l'empire; mais il refusa d'entrer dans les querelles des princes tributaires de la Chine, sans souffrir néanmoins qu'ils attaquassent impunément ses frontières. Il eut cependant la faiblesse de protéger la secte de Fo, qui, des Indes, où elle était déjà fort ancienne, s'introduisit en Chine, et y établit la doctrine de la métempsycose avec celle des deux principes, le néant et le vide. Han-ming-ti finit ses jours dans la huitième lune, en automne de l'an 75, dans la quarante-huitième année de son âge et la dix-huitième de son règne, emportant dans le tombeau la réputation d'un prince vigilant, équitable et modéré. Entre ses femmes, il avait donné la préférence à Ma-chi, en la nommant impératrice; mais, comme elle était stérile, il lui avait fait adopter un fils qu'il avait d'une autre femme, et qu'il destinait pour être son successeur.

HAN-TCHANG-TI (75 après J.-C.), fils et successeur de Han-ming-ti, témoigna sa reconnaissance à l'impératrice Ma-chi, sa mère par adoption, en élevant au rang de princes ses frères, malgré les remontrances qu'elle lui fit pour l'en détourner. L'événement justifia les craintes de l'impératrice. L'élévation fit tourner la tête à quatre de ses frères, au point que leur mauvaise conduite obligea l'empereur de les reléguer dans leurs terres. Han-tchang-ti mourut à la première lune de l'an 89, laissant de sa femme Teo-chi, qu'il avait déclarée impératrice en l'an 78, un fils, qui monta sur le trône.

HAN-HO-TI (89 après J.-C.), fils de Han-tchang-ti, lui succéda à l'âge de dix ans, sous la régence de Teo-chi, sa mère, qui s'associa dans cet emploi Teou-hien, son frère. Celui-ci, pour se rendre maître entièrement des affaires, fit donner à trois de ses frères les principales charges de l'État. Mais bientôt il abusa de son pouvoir, et commit des injustices, dont la conviction, acquise dans un comité tenu par l'impératrice, le fit condamner à perdre la vie. La princesse commua la peine en celle d'aller faire la guerre aux Tartares Hiong-nou, d'où il n'y avait pas d'apparence qu'il dût revenir. Mais il trompa l'attente du public par des victoires signalées qu'il remporta sur les Tartares; ce qui rétablit son crédit à la cour. Il ne tarda pas d'en abuser de nouveau. L'empereur, qui était majeur pour lors, irrité de son insolence, lui ordonna de se donner la mort. Mais il le suivit de près au tombeau, dans la vingt-septième année de son âge, et la douzième lune de l'an 105. Les heureuses dispositions qu'il faisait paraître lui méritèrent des regrets. Ce fut lui, dit-on, qui le premier éleva les eunuques aux emplois publics et leur donna même les premières charges de l'Etat. Cette grande immoralité a été extrêmement funeste à la tranquillité de l'empire, et elle devait l'être.

Ce fut sous Ho-ti (de 89 à 106) que Pan-tchao étendit de nouveau la domination de l'empire jusqu'aux extrémités septentrionales de l'Asie. Cet officier général avait été envoyé en 72 par l'empereur Ming-ti dans les contrées occidentales de l'Asie, pour y établir le système fédératif politique des premiers empereurs des Han.

On lit dans les Tableaux historiques de l'Asie, résumé quelquefois heureux de l'histoire chinoise : « L'an 80 de Jésus-Christ, Pan-tchao partit de la cour, se porta vers l'Occident, et reprit le royaume de *Kaschgar*, qui, par une révolution intérieure, avait été détaché de l'alliance chinoise. Après ce premier succès, il se renforça de vingt mille hommes, tirés du pays des *Ou-sun*, pour aller attaquer à force ouverte le royaume de *Khoueï-thseu* (*Koutchi* de nos jours). Cette guerre ne fut pas aussi facile à terminer que les précédentes. Depuis que Pan-tchao avait pénétré dans les pays occidentaux, il n'était encore parvenu à rendre tributaires de la Chine que huit de ces royaumes. C'est pourquoi il résolut, l'an 94, de déployer une plus grande force militaire. Il assembla les troupes de ces huit royaumes, et avec leurs secours, il passa les montagnes neigeuses du *Thsoung-ling* pour attaquer le roi des Yuë-tchi, qu'il fit mourir. Celui de Khoueï-thseu, s'il n'éprouva pas le même sort, fut du moins réduit comme les autres. La défaite totale

(1) Dans le siége de Tchang-ngan, le feu prit au palais, et consuma tous les livres d'histoire, actes officiels, mémoires, recueils de cartes, compilations de lois, mémoires sur l'agriculture, et manuscrits que les empereurs de la dynastie des Han avaient pu rassembler pendant 180 ans (*Mémoires concernant les Chinois*, t. I, p. 39).

(2) Il est nommé, dans les *Portraits des célèbres Chinois*, HAN-KOANG-WOU-TI.

des Hioung-nou du Nord, effectuée par le général chinois Teou-hian et la soumission entière de ce que nous appelons la petite Boukharie, permirent à Pan-tchao, de pousser ses conquêtes jusqu'à la mer Caspienne. Il soumit plus de cinquante royaumes, dont il envoya les héritiers présomptifs à la cour de l'empereur pour y rester en otage et y demeurer garants de la fidélité de leurs compatriotes. Il nourrissait même le projet (102 de J.-C.) d'entamer l'empire romain; mais le général à qui il avait confié cette expédition se laissa décourager par les Persans, qui lui représentèrent son entreprise comme très-longue et périlleuse, et il revint sur ses pas. Après avoir soumis l'Occident et consolidé la puissance chinoise, Pan-tchao désira finir ses jours dans sa patrie, au sein de sa famille, et il demanda son rappel.

M. Abel Rémusat rapporte ainsi le même fait dans son *Mémoire sur l'extension de l'empire chinois du côté de l'Occident*, que nous avons déjà cité :

« A la mort de Ming-ti, qui arriva en 75 de Jésus-Christ, les habitants de *Yer-kiyang* et de *Koucki-tseu* (*Bisch-balickh*) attaquèrent le commandant du midi, et les *Hioung-nou*, joints aux *conducteurs de chars*, assiégèrent le commandant du nord; Tchang-ti ne voulant pas sacrifier le repos de la Chine au bien des barbares (c'est le langage des écrivains chinois), retira les commandants de Tartarie, et les *Hioung-nou* s'emparèrent aussitôt du pays des *Ouigours*.

» Le général Pan-tchao se trouvait alors à *Khotan*, et cherchait à contenir les habitants de ces contrées. Ho-ti, ayant succédé à Tchang-ti, suivit d'autres projets. Il envoya contre les *Hioung-nou* le général Teou-hian, qui remporta une grande victoire. On reprit le pays d'Ouigour, et en moins de trois ans Pan-tchao se rendit maître de toute la Tartarie occidentale. On lui donna en récompense le titre de gouverneur général, et il se fixa dans le pays de *Kouei-tseu* (*Bisch-balickh*). On rétablit aussi les commandants du pays des Ouigours. Alors cinquante Etats de ces régions furent soumis et réunis à l'empire. On reçut même la soumission des *Tadjiks* (Perses), des *A-si* (Ases), et de tous les peuples qui habitaient jusqu'au bord de la mer Caspienne, à quarante mille *li* de distance. La neuvième année, Pan-tchao envoya le général Kan-ying visiter la mer d'Occident, et son voyage procura une foule de connaissances qu'on n'avait pas eues sous les précédentes dynasties. On recueillit alors des détails exacts sur les mœurs, les productions, les traditions, les richesses d'un grand nombre de contrées. Parmi les royaumes les plus éloignés on cite ceux de *Ming-ki* et de *Teoule*, dont les princes demandèrent à être admis comme vassaux, et reçurent en cette qualité le sceau et la ceinture.

» L'intention de Pan-tchao était que Kan-ying pénétrât dans le grand *Thsin*; mais, quand ce général fut arrivé sur les bords de la mer occidentale, les *Tadjiks* (ou Perses), chez lesquels il se trouvait, lui représentèrent que la navigation qu'il allait entreprendre était fort périlleuse. Suivant les récits qu'ils lui firent, il fallait, par un bon vent, deux mois pour traverser la mer; mais pour le retour, si l'on n'était pas favorisé des vents, il fallait mettre deux ans; de sorte que les navigateurs qui voulaient aller dans le grand Thsin avaient coutume de prendre des provisions pour trois ans. Voilà les objections qu'on fit à Kan-ying afin de le détourner de son projet, ou peut-être les excuses qu'il inventa pour justifier sa désobéissance. Ainsi l'empire romain ne fut pas mis cette fois au nombre des tributaires de celui des Chinois (1); mais ceux-ci ne manquèrent pas d'y comprendre, outre toute la Tartarie, où ils exerçaient une puissance effective, la Transoxiane, Samarcande, le pays des A-si, ou de Boukhara, celui des Tadjiks ou la Perse, et plusieurs autres contrées. On eût pu y comprendre aussi l'Inde, dont on reçut alors des ambassades, et qui depuis a continué d'être rangée parmi les pays occidentaux, parce que l'on en venait dans les commencements par la route du nord et du nord-ouest, par Kaboul, Kandahar, Samarcande et Schach. L'Inde était dès lors remplie de curiosités et de marchandises venues du grand Thsin, avec lequel les Indiens avaient beaucoup de communications du côté de l'occident. On met ces raretés et les productions du sol même de l'Hindoustân, au nombre des principaux objets du commerce qui se faisait alors dans ces contrées. Une circonstance à remarquer, c'est que le commerce entre les deux pays de Thsin, c'est-à-dire entre l'empire romain et la Chine proprement dite, paraît avoir été le vrai motif des expéditions des Chinois sur la mer Caspienne. « De » tout temps, dit un auteur chinois, les rois du grand Thsin (les » empereurs romains) avaient eu le désir d'entrer en relation avec » les Chinois; mais les A-si, qui vendaient leurs étoffes à ceux du » grand Thsin, avaient toujours eu soin de cacher les routes et » d'empêcher les communications directes entre les deux empires. » Cette communication ne put avoir lieu immédiatement que » sous Houan-ti (l'année 166 de J.-C.), que le roi du grand » Thsin, nommé An-thun, envoya des ambassadeurs; encore ces » derniers vinrent-ils non par la route du nord, mais par celle du » midi (ou par le Tonking (1), etc. On ne peut pas dire précisément (*Tableaux historiques de l'Asie*) combien de temps ces relations entre les deux plus puissants empires de l'antiquité ont duré; mais il est probable qu'elles continuèrent pendant tout le règne de la dynastie des *Han*, et jusqu'au commencement du IIIe siècle. Les expéditions maritimes pour la Chine partaient des ports de l'Egypte et du golfe Persique, pour se rendre, à travers les mers de l'Inde, à Canton, ou tout autre port de la Chine méridionale. C'est à ces expéditions que Ptolémée devait les renseignements précieux qu'il nous a laissés sur ces contrées de l'Asie. Les troubles et le partage de l'empire chinois, qui succédèrent à la dynastie des *Han*, n'ont probablement pas empêché ce commerce des Romains, qui alors se devait faire dans les Etats du roi d'*Ou*, situés dans le sud de la Chine. Quoique les données positives sur cet objet nous manquent, il n'y a aucune raison de douter de la continuation de ces relations; car partout le commerce suit la route une fois frayée, si de grands événements politiques ne l'ont pas interceptée pour une longue suite d'années.

» Il faut observer que les Parthes ne vendaient pas la soie écrue aux Romains, mais des tissus de cette matière fabriqués par eux-mêmes. Les historiens chinois nous apprennent la cause principale pour laquelle les A-si s'opposèrent à toute communication directe entre Rome et la Chine : c'était parce qu'ils ne savaient pas aussi bien travailler les étoffes que les Romains, et qu'ils craignaient de perdre le profit de la fabrication sur la soie chinoise. Les *Ta-thsin* (ou Romains), ajoutent-ils, désiraient beaucoup pouvoir acheter chez nous la matière première, car ils sont très-habiles à la travailler : leur teinture est meilleure et leurs couleurs sont plus vives et plus brillantes. Ils préfèrent donc tirer la soie écrue de la Chine même, pour en faire des étoffes à leur manière, plutôt que d'acheter des soieries faites chez les Parthes et d'autres peuples voisins de la mer Caspienne. »

C'est sous l'empereur Ho-ti que vécut la célèbre Pan-hoeï-pan, sœur du général Pan-tchao et de l'historien Pan-kou.

La lettrée Pan-hoeï-pan.

(1) Sans cette circonstance, qui nous est révélée par les historiens chinois, peut-être que les armées chinoises seraient venues en aide aux peuples de la Gaule, qui luttaient encore, vers la même époque, avec Julius Vindex, contre les armées romaines. Et qui sait l'influence que cette puissante diversion d'armées chinoises et tartares aurait exercée sur les destinées futures des nations occidentales!

(1) Le même auteur chinois ajoute que plus tard les Romains ou habitants du Ta-thsin envoyèrent encore des ambassadeurs en Chine. Il dit que les habitants de l'empire romain fabriquent des étoffes qui sont mieux teintes et d'une plus belle couleur que tout ce qui se fait à l'orient de la mer. Aussi trouvaient-ils beaucoup d'avantages à acheter les soies de la Chine pour en fabriquer des étoffes à leur manière.

Comme la condition des femmes en Chine, dans l'antiquité et même de nos jours, est très-peu connue, et que l'on en porte généralement un jugement erroné, nous entrerons ici dans quelques détails sur la vie et les ouvrages de Pan-hoeï-pan, tirés de la longue notice que lui a consacrée le P. Amiot (1). Elevée avec ses deux frères dans la maison paternelle, elle profita à la dérobée des leçons qu'on leur donnait; elle lisait leurs livres, écoutait leurs leçons, et devint avec le temps aussi instruite qu'eux. Mariée dès l'âge de quatorze ans à un jeune mandarin, elle voulut remplir assidûment ses devoirs de femme, et se livrer tout entière aux soins du ménage, excepté dans quelques instants que son mari voulait qu'elle consacrât aux lettres. Devenue veuve dans la fleur de l'âge, elle se retira chez son frère Pan-kou, pour y passer ses jours dans une austère viduité, et se consoler dans le sein des lettres d'une perte qu'elle était bien résolue de ne jamais réparer.

Pan-kou était historiographe de l'empire, et s'occupait à revoir les annales de Sse-ma-thsian, et à y ajouter une suite sous le titre de *Han-chou* (Livre des Han). Il travaillait encore à deux autres ouvrages, dont l'un était intitulé les *Huit Modèles*, et l'autre *Instructions sur l'astronomie*. Des ouvrages de cette nature demandaient de la part de celui qui les entreprenait une lecture immense, du goût, de la critique et une application presque sans relâche. Il trouva que sa sœur réunissait dans sa personne toutes ces qualités, et qu'elle était très-disposée à en faire usage. Il n'hésita pas à partager avec elle un travail dont il était à présumer qu'il recueillerait seul les fruits. Il ne prétendit pas cependant la priver de sa part de gloire; il ne laissait échapper aucune occasion de faire l'éloge de sa sœur, et lorsqu'il lisait devant l'empereur ou en présence de quelques amis des morceaux des ouvrages auxquels il avait eu ordre de travailler, il ne manquait jamais de dire : *Cet article est de Pan-kou; cet autre est de Pan-hoeï-pan.*

Pan-kou ayant été enveloppé dans la disgrâce du général Teou-hian, son ami, et étant mort de chagrin en prison, sa sœur fut chargée par l'empereur de revoir ses ouvrages et d'y mettre la dernière main. L'empereur lui assigna des revenus, et lui donna même un appartement dans le palais, près de celui de ces bibliothèques où l'on conservait les manuscrits et les livres rares, et dans l'intérieur duquel était une espèce de galerie qui tenait lieu de cabinet. Ce fut là que Pan-hoeï-pan fit porter les manuscrits de son frère, et qu'elle les mit en état d'être donnés au public; elle les présenta à l'empereur, qui les fit imprimer.

Ces ouvrages, quoique donnés sous le nom de Pan-kou, son frère, la rendirent célèbre dans tout l'empire, parce qu'on n'ignorait pas la part qu'elle y avait eue; le *Livre des Han* (*Han-chou*) lui fit surtout un honneur infini. Ce livre, un des meilleurs et des plus curieux qui soient sortis des presses chinoises, contenait l'histoire de douze empereurs, depuis Kao-tsou, fondateur de la dynastie, jusqu'à la mort de l'usurpateur Wang-mang, c'est-à-dire l'histoire de tout ce qui était arrivé de plus intéressant dans l'empire pendant l'espace de deux cent trente ans.

La renommée que s'acquit Pan-hoeï-pan par la publication des ouvrages historiques de son frère, auxquels elle avait pris une si grande part, la fit choisir par l'empereur pour être *maîtresse de poésie, d'éloquence et d'histoire* de la jeune impératrice qui avait succédé à celle que les eunuques, devenus tout-puissants sous Ho-ti, avaient fait répudier. Pan-hoeï-pan ne laissa pas perdre son talent dans les honneurs et les frivolités de la cour. Ayant eu toujours en vue le bonheur de son sexe, elle composa, pour l'éclairer sur ses véritables devoirs, un ouvrage en sept chapitres (en chinois, *Niu-kie-tsi-pien*), qui a été traduit du chinois par le P. Amiot (2), et que nous regrettons de ne pas pouvoir insérer ici en entier, pour que l'on voie comment les devoirs et la destinée de la femme ont été compris en Chine par une femme il y a presque deux mille ans. Nous nous contenterons d'en donner les extraits suivants :

*Les sept articles sous lesquels sont compris les principaux devoirs des personnes du sexe.*

ART. 1er. — L'état d'une personne du sexe est un état d'abjection et de faiblesse.

« Nous tenons le dernier rang dans l'espèce humaine; nous sommes la partie faible du genre humain : les fonctions les moins relevées doivent être et sont en effet notre partage. C'est une vérité dont il nous importe d'être pénétrées, parce qu'elle doit influer sur toute notre conduite et devenir la source de notre bonheur, si nous agissons en conséquence.

» Anciennement, lorsqu'une fille venait au monde, on était trois jours entiers sans daigner presque penser à elle; on la couchait à terre sur quelques vieux lambeaux, près du lit de la mère, sans s'occuper d'elle; le troisième jour on visitait l'accouchée, on commençait à prendre soin de la petite fille, on se transportait à la salle des ancêtres. Le père tenant sa fille entre ses bras, ceux de sa suite ayant en main quelques briques et quelques tuiles, restaient debout pendant quelque temps devant la représentation des aïeux, auxquels ils offraient en silence, celui-là la nouvelle née, ceux-ci les tuiles et les briques dont ils étaient chargés... Si les jeunes filles viennent à bout de se croire telles qu'elles sont en effet, elles n'auront garde de s'enorgueillir; elles se tiendront humblement à la place qui leur a été assignée par la nature. Elles sauront que, leur état étant un état de faiblesse, elles ne peuvent rien sans le secours d'autrui. Dans cette persuasion, elles rempliront exactement leurs devoirs, et ne trouveront rien de pénible dans ce qu'on exigera d'elles. »

ART. 2. — Devoirs généraux des personnes du sexe quand elles sont sous la puissance d'un mari.

« Quand la jeune fille a atteint l'âge convenable, on la livre à une famille étrangère. Dans ce nouvel état elle a de nouveaux devoirs à remplir, et ces devoirs ne consistent pas tant à faire tout ce qu'on exige d'elle, qu'à prévenir tout ce qu'on serait en droit d'en exiger. »

ART. 3. — Du respect sans bornes que la femme doit à son mari, et de l'attention continuelle qu'elle doit avoir sur elle-même.

« Il vous naît un garçon, dit le proverbe, vous croyez avoir en lui un loup que rien ne sera capable d'effrayer, il ne sera peut-être qu'un vil insecte qui se laissera écraser par le premier venu; il vous naît une fille, vous ne voyez en elle qu'une timide souris; peut-être sera-t-elle une horrible tigresse, répandant partout la terreur.

» Vous qu'on est en droit de regarder comme une souris, voulez-vous ne point devenir tigresse, conservez constamment la timidité qui vous est naturelle. Si de la maison paternelle vous avez passé dans celle d'un époux, quoi que ce soit qui puisse vous arriver, dans quelque situation que vous puissiez être, ne vous relâchez jamais sur la pratique des deux vertus que je regarde comme le fondement de toutes les autres, et qui doivent être votre plus brillante parure. Ces deux vertus principales sont un *respect sans bornes pour celui dont vous portez le nom, et une attention continuelle sur vous-même.*

» Le respect attire le respect, un respect sans bornes fait naître l'estime, et de l'estime il se forme une affection durable à l'épreuve de tous les événements. L'attention sur soi-même fait éviter les fautes; une attention continuelle est comme le correctif des défauts auxquels nous ne sommes que trop sujettes.

» Voulez-vous que votre mari vous respecte, ayez pour lui un respect sans bornes. Voulez-vous qu'il vous honore de son estime et qu'il ait pour vous une affection constante? veillez constamment sur vous-même, pour ne pas lui laisser apercevoir vos défauts, et pour tâcher de vous en corriger. Une femme qui ne fait pas cas de ces deux vertus, ou qui n'en fait pas la base sur laquelle doit s'appuyer toute la tranquillité de ses jours, tombera bientôt dans les vices opposés, et sera la plus malheureuse des femmes. »

ART. 4. — Des qualités qui rendent une femme aimable.

« Ces qualités se réduisent à quatre, à savoir : la *vertu*, la *parole*, la *figure* et les *actions*.

» La vertu d'une femme doit être solide, entière, constante, à l'abri de tout soupçon. Elle ne doit avoir rien de farouche, rien de rude ni de rebutant, rien de puéril ni de trop minutieux. Ses paroles doivent être toujours honnêtes, douces, mesurées; elle ne doit pas être taciturne, mais elle ne doit pas être babillarde; elle ne doit rien dire de trivial ni de bas, mais elle ne doit pas pour cela rechercher ses expressions, ni n'en employer que de peu communes, et vouloir paraître bel esprit. Si elle est assez instruite dans les lettres pour en parler pertinemment, elle ne doit point faire parade de son érudition. En

(1) *Mém. sur les Chin.*, t. III, p. 361 et suiv.
(2) *Mém. sur les Chin.*, t. III, p. 368 et suiv.

général, on n'aime pas qu'une femme cite à tout moment l'histoire, les livres sacrés, les poëtes, les ouvrages de littérature; mais on sera pénétré d'estime pour elle si, sachant qu'elle est savante, on ne lui entend tenir que des propos ordinaires, si on ne l'entend jamais parler de sciences ou de littérature qu'en très-peu de mots et par pure condescendance pour ceux qui l'en prieraient.

» Aux agréments de la parole elle doit joindre ceux de la figure. La régularité des traits, la finesse du teint, la beauté de la taille, la proportion des membres, et tout ce qui, dans l'opinion commune, constitue ce qu'on appelle la beauté, contribuent sans doute à rendre une femme aimable; mais ce n'est pas ce que j'entends par les agréments de la figure dont elle doit tirer parti pour se faire aimer. Il ne dépend pas de nous d'être belles, et je demande d'une femme une qualité qu'elle puisse acquérir et des agréments qu'elle puisse se donner, si elle ne les a pas. Une femme est toujours assez belle aux yeux de son mari, quand elle a constamment de la douceur dans le regard et dans le son de la voix, de la propreté sur sa personne et dans ses habits, du choix et de l'arrangement dans sa parure, de la modestie dans ses discours et dans tout son maintien.

» Pour ce qui est des actions, elle n'en doit jamais faire aucune qui ne soit dans l'ordre et la décence, pour l'honnête satisfaction d'un mari sage et le bon exemple des enfants et des domestiques; elle n'en doit faire aucune qui n'ait directement le soin de sa maison pour objet; elle doit les faire toutes dans les temps réglés, de telle sorte néanmoins qu'elle ne soit point esclave du moment précis; elle doit les faire sans empressement comme sans lenteur; avec application, mais sans inquiétude; avec grâce, mais sans affectation. »

Art. 5. — De l'attachement inviolable que la femme doit avoir pour son mari.

« Quand une fille passe de la maison paternelle dans celle de son mari, elle perd tout, jusqu'à son nom; elle n'a plus rien en propre : ce qu'elle porte, ce qu'elle est, sa personne, tout appartient à celui qu'on lui donne pour époux. C'est vers son époux que désormais doivent tendre toutes ses vues; c'est uniquement à son époux qu'elle doit chercher à plaire; vif ou mort, c'est à son époux qu'elle doit son cœur.

» Par les statuts consacrés dans notre cérémonial (le *Livre des rites*), un homme, après la mort de sa femme, a le pouvoir de se remarier; il a le même pouvoir du vivant même de sa femme, pour des raisons qui sont bien détaillées ailleurs; mais une femme, pour quelques raisons que ce puisse être, ni du vivant ni après la mort de son mari, ne peut passer à de secondes noces, sans enfreindre les règles du cérémonial et sans se déshonorer. *L'époux est le ciel de l'épouse*, dit une sentence contre laquelle on n'a jamais réclamé. Y a-t-il quelque endroit sur la terre où l'on puisse ne pas être sous le ciel? c'est donc pour tout le temps qu'elle sera sur la terre, c'est-à-dire pendant toute sa vie, qu'une femme est sous le ciel de son mari. C'est pour cette raison que le *Livre des lois pour le sexe* (*Niu-hien-chou*) s'exprime en ces termes : *Si une femme a un mari selon son cœur, c'est pour toute sa vie; si elle a un mari contre son cœur, c'est pour toute sa vie.* Dans le premier cas une femme est heureuse et l'est pour toujours; dans le second cas elle est malheureuse, et son malheur ne finira que lorsqu'elle cessera de vivre.

» Tant que, par une répudiation dans les formes, un mari n'aura pas rejeté loin de lui une femme dont les défauts n'auront pu être corrigés, il conserve tous ses droits sur elle; il peut et il doit en exiger l'attachement le plus inviolable; tant qu'une femme sera sous l'autorité du mari, son cœur n'est pas un bien dont elle puisse disposer, puisqu'il appartient tout entier à l'homme dont elle porte le nom. »

Art. 6. — De l'obéissance que doit une femme à son mari, au père et à la mère de son mari.

« Une obéissance qui, sans exception de temps ni de circonstances, sans égard aux difficultés ni aux aversions que l'on pourrait avoir, s'étend à tout et s'exerce sur tout, dans l'enceinte d'une famille, pour les affaires purement domestiques, est l'obéissance dont je veux parler ici. Une femme qui n'aurait pas cette vertu dans sa totalité serait indigne du beau nom d'épouse; une femme qui ne l'aurait qu'en partie n'aurait point à se plaindre si l'on agissait envers elle dans toute la rigueur de la loi.

» Il n'est aucune chose sur la terre qui ne puisse être unie à une autre; il n'en est point de si fortement unie qu'on ne puisse diviser. Une femme qui aime son mari et qui en est aimée lui obéit sans peine, tant parce qu'elle suit en cela son inclination, que parce qu'elle est comme sûre qu'elle ne fera après tout que ce qu'elle voudra, et que, quoi qu'elle fasse, elle saura bien obtenir l'approbation de celui à qui elle plaît. Une femme ainsi obéissante n'a pas fait la moitié de sa tâche. Une obéissance absolue, tant envers son mari qu'envers son beau-père et sa belle-mère, peut seule mettre à couvert de tout reproche une femme qui remplira d'ailleurs toutes ses autres obligations. « Une femme, dit le *Niu-hien-chou*, doit » être dans la maison comme une pure ombre et un simple » écho. » L'ombre n'a de forme apparente que celle que lui donne le corps; l'écho ne dit précisément que ce qu'on veut qu'il dise. »

Art. 7. — De la bonne intelligence qu'une femme doit toujours entretenir avec ses beaux-frères et belles-sœurs.

« Une femme qui a du bon sens et qui veut vivre tranquille doit commencer par se mettre au-dessus de toutes les petites peines inséparables de sa condition; elle doit tâcher de se convaincre que, quoi qu'elle puisse faire, elle aura toujours quelque chose à souffrir de la part de ceux avec qui elle a à vivre; elle doit se convaincre que sa tranquillité au dedans et sa réputation au dehors dépendent uniquement de l'estime qu'elle aura su se concilier de la part de son beau-père et de sa belle-mère, de ses beaux-frères et de ses belles-sœurs; or le moyen de se concilier cette estime est tout à fait simple : qu'elle ne contrarie jamais les autres; qu'elle souffre en paix d'être contrariée; qu'elle ne réponde jamais aux paroles dures ou piquantes qu'on pourrait lui dire; qu'elle ne s'en plaigne jamais à son mari; qu'elle ne désapprouve jamais ce qu'elle voit ni ce qu'elle entend, à moins que ce ne soient des choses évidemment mauvaises; qu'elle soit pleine de déférence pour les volontés d'autrui, dans tout ce qui ne sera pas contraire à l'honnêteté ou à son devoir. Son beau-père et sa belle-mère, ses beaux-frères et ses belles-sœurs, fussent-ils des tigres et des tigresses, ne pourront qu'être pénétrés d'estime pour une femme qui se conduira si bien à l'égard d'eux tous. Ils feront en tout temps et en tous lieux l'éloge de sa vertu et de son bon caractère. Un tel éloge, souvent répété, ne saurait manquer de lui gagner le cœur de son mari, de la faire respecter de toute la parenté, et d'établir si bien sa réputation dans toute la ville, qu'elle deviendra l'objet de l'estime universelle; on la citera pour exemple aux autres femmes, et on la leur proposera sans cesse comme le modèle sur lequel elles doivent se former. »

L'ouvrage de Pan-hoeï-pan, que l'on pourrait nommer le *Code des femmes*, fut reçu avec beaucoup de faveur par la cour et les mandarins; le savant Ma-young, président des lettrés qui allaient travailler chaque jour dans la bibliothèque du palais de l'empereur, en fit une copie de sa propre main, et *ordonna à sa femme d'apprendre par cœur cet ouvrage, fait*, disait-il, *pour la perfection des personnes du sexe.*

Cette femme illustre, l'honneur de son sexe, mourut à l'âge de soixante-dix ans, et fut pleurée de tous ceux qui avaient eu l'avantage de la connaître. L'empereur lui fit rendre des honneurs funèbres avec une magnificence extraordinaire. De tous les éloges que les poëtes et les lettrés du temps composèrent en son honneur, on n'a conservé que l'inscription lapidaire qu'une autre femme célèbre, épouse d'un des fils de Pan-hoeï-pan, fit graver sur sa tombe; en voici le contenu :

« Pan-hoeï-pan, surnommée *Tsao*, la grande dame, femme de Tsao, fille de Pan-che, sœur de Pan-kou, a mis la dernière main aux ouvrages de son père et de son frère, qu'elle a expliqués et embellis.

» Elle a été maîtresse de l'impératrice et des dames du palais. En donnant à ses illustres élèves des leçons sur la poésie, l'éloquence et l'histoire, elle leur apprit à parer l'érudition des ornements de la littérature et à enrichir la littérature des trésors de l'érudition.

» Par un bienfait dont aucune femme n'avait encore joui, l'empereur lui donna la surintendance de celle de ses bibliothèques qui renfermait le dépôt précieux des manuscrits anciens et modernes non encore débrouillés.

» A la tête d'un nombre de savants choisis, elle travailla dans cette bibliothèque avec un succès qui fit l'admiration de tous les lettrés, et qui surpassa ses propres espérances. Elle tira du profond oubli dans lequel elles étaient ensevelies quelques productions utiles des savants des siècles passés; elle expliqua, avec une clarté qui ne laissa rien à désirer, quelques bons ouvrages des savants modernes, qu'une trop grande obscurité et un goût tout à fait bizarre rendaient presque inintelligibles.

» Elle s'éleva, sans y prétendre, au rang des plus sublimes auteurs, parmi lesquels la finesse de son goût, la beauté de son style, la profondeur de son érudition et la justesse de sa critique lui firent décerner une place distinguée. Elle s'abaissa, le voulant bien, jusqu'au niveau des femmes les plus ordinaires, auxquelles, par la simplicité de ses mœurs, par son assiduité à vaquer aux affaires domestiques, et par son attention scrupuleuse à ne négliger aucun des petits détails du ménage, elle ne dédaigna pas de se rendre semblable, pour leur apprendre que, dans quelque poste qu'elles puissent se trouver, quel que soit le rang qu'elles occupent, les devoirs particuliers du sexe doivent toujours être remplis avec préférence, et être regardés comme les plus essentiels et les premiers de leurs devoirs.

» Jouissant de tous les honneurs qu'on accorde aux talents et au vrai mérite, quand ils sont reconnus; estimée des gens de lettres, dont elle était l'oracle; respectée des personnes de son sexe, auxquelles pourtant elle n'avait pas craint de dire les plus humiliantes vérités, elle vécut jusqu'à une extrême vieillesse, dans le sein du travail et de la vertu, toujours en paix avec elle-même et avec les autres.

» Puisse le précieux souvenir de ses vertus et de son mérite la faire vivre dans les siècles à venir, jusque chez les plus reculés de nos descendants! »

**Han-chang-ti** (105 après J.-C.), âgé seulement de cent jours à la mort de Han-ho-ti, son père, lui succéda sous la régence de l'impératrice, sa mère, et mourut à la huitième lune de l'année suivante.

**Han-ngan-ti** (106 après J.-C.), neveu de l'empereur Han-ho-ti, devint le successeur de Han-chang-ti, à l'âge de quatorze ans, par le choix de l'impératrice, mère de ce dernier. Cette princesse ambitieuse conserva la régence, malgré les murmures des Chinois, jusqu'à sa mort, arrivée l'an 121. Han-ngan-ti, ne lui survécut que quatre ans, étant décédé dans la troisième lune de l'an 125. Comme il ne laissait point d'enfants de l'impératrice Yen-chi, sa femme, il avait désigné pour son successeur le fils qu'il avait eu d'une reine que Yen-chi fit mourir pour se délivrer d'une concurrente qui aurait pu lui enlever l'autorité. Ce crime ne suffit pas à Yen-chi; elle substitua un de ses petits-fils au légitime héritier, et le fit couronner. Mais la mort, ayant fait justice de cet intrus dans la dixième lune de la même année, rendit le trône à celui auquel il appartenait de droit.

**Han-chun-ti** (126 après J.-C.), fils de Han-ngan-ti, ayant été reconnu pour empereur malgré l'impératrice, sa belle-mère, commença par la condamner à une prison perpétuelle, pour venger la mort de sa mère et l'injustice qu'elle lui avait faite à lui-même en s'efforçant de l'exclure du trône. Mais il se repentit bientôt de ce traitement; et, l'ayant rappelée, il la rétablit dans les honneurs dont elle avait joui. Mais la mort lui permit à peine de reparaître à la cour. Han-chun-ti, avec de belles qualités, manqua de discernement dans le choix de ses ministres. Gouverné par les eunuques du palais, il mit, par leurs conseils, à la tête de plusieurs provinces des mandarins corrompus qui, par leurs concussions, provoquèrent de fréquentes révoltes. L'an 143, le pays de Leang-tcheou éprouva, pendant trois mois, de fréquents tremblements de terre, où périt une infinité de monde. Effrayé du récit qu'on lui fit de ces désastres, l'empereur en tomba malade, et mourut à la huitième lune, dans la trente et unième année de son âge, laissant un fils âgé de deux ans, qui suit.

**Han-tchong-ti** (144 après J.-C.), fils de Han-chun-ti, fut porté dans son berceau sur le trône, et mourut dans la première lune de l'année suivante.

**Han-tche-ti** (145 après J.-C.), nommé à sa naissance Lieou-tsouon, fils du prince de Pou-kaï, et descendant de l'empereur Han-tchang-ti, fut choisi par les grands pour empereur à l'âge de neuf ans. Il montrait dès lors un grand sens, et donnait les plus belles espérances; mais le prince Leang-ki, frère de l'impératrice mère, les fit évanouir en lui donnant du poison, dans la deuxième année de son règne.

**Han-houon-ti** (147 après J.-C.) fut le nom que prit Leou-tchi, prince de Ping-yuen, après le choix que les grands, de concert avec l'impératrice, firent de lui pour remplir le trône. Sa proclamation se fit le premier jour de la première lune 147, jour remarquable par une éclipse de soleil. Comme il n'avait que quinze ans, l'impératrice garda la régence jusqu'à la première lune de l'an 150, qu'elle lui remit le gouvernement. Ce prince rendit les magistratures vénales; il donna la plus grande protection aux eunuques, et favorisa les sectateurs du *Tao*. Cette conduite éloigna de sa cour les gens de lettres, qu'il tâchait d'y attirer par toutes sortes de faveurs, comme pour sanctionner ses bassesses aux yeux du peuple; ils ne donnèrent pas dans ce piége grossier. Un d'entre eux remarqua que l'empereur entretenait mille femmes et plus de dix mille chevaux; qu'il avait auprès de lui une troupe de bonzes, dont la doctrine, opposée à celle du philosophe Confucius, déshonorait l'empire; que les eunuques s'étaient emparés du pouvoir, et que certainement l'empereur n'avait pas le dessein de mettre un terme à tous ces désordres. Mais, loin de diminuer, le crédit des eunuques augmenta; quelques grands qui n'avaient pas dissimulé leur indignation furent disgraciés; et toutes les réformes auxquelles se soumit l'empereur furent de congédier la moitié de ses femmes et de n'en conserver que cinq cents. Lors d'une amnistie générale qu'il publia dans l'empire, un mandarin, qui avait été injustement emprisonné, ne voulut pas recevoir sa liberté. « Si je l'acceptais, dit-il, je porterais partout l'infamie du crime; vivant, je passerais pour un mauvais magistrat; et mort, pour un mauvais génie. »

Dans les années 151 et 175, il y eut une disette si affreuse, que les hommes se nourrissaient de chair humaine.

Les Tartares orientaux, nommés *Sian-pi*, qui s'étaient emparés précédemment du pays des Hioung-nou du nord, se joignirent à ceux du midi, et ravagèrent trois provinces dans l'espace de peu d'années. Ces Sian-pi, ayant à leur tête un chef audacieux qui avait réuni sous sa puissance les diverses tribus du même peuple, se formèrent un empire de quatorze cents lieues d'étendue. Au nord, ils vainquirent les peuples de la Sibérie méridionale; à l'est le pays de Fou-yu; et à l'ouest celui des Ou-sun. L'an 156 de notre ère, ils commencèrent à faire des courses en Chine; mais leur puissance s'affaiblit avec la mort de leur chef; ce qui rendit la tranquillité aux frontières septentrionales de l'empire.

Sous le règne de ce monarque, l'Inde (*Thian-tchou*) et l'empire romain (*Ta-thsin*), ainsi que d'autres nations, envoyèrent, selon les historiens chinois, des tributs à l'empereur par la mer Orientale. C'est de cette époque que date le commerce des étrangers avec la Chine par le port de Canton.

Han-houon-ti mourut sur la fin de l'an 167, dans la trentième année de son âge, sans laisser de postérité de l'impératrice Teou-chi, sa femme.

**Han-ling-ti** (Lieou-hong) (168 après J.-C.), petit-fils, à la quatrième génération, de l'empereur Han-tchang-ti, fut proclamé empereur à l'âge de douze ans, par les grands, sur la présentation de l'impératrice Teou-chi, qui prit les rênes du gouvernement, comme régente, pendant sa minorité. Cette princesse voulut d'abord maintenir les eunuques du palais dans le crédit dont ils jouissaient sous le règne précédent. Mais, forcée par les mécontents d'en livrer quelques-uns au tribunal des crimes, elle devint la victime d'une cabale qui se forma contre elle et contre ceux qui l'avaient fait agir. Les eunuques qu'elle avait épargnés, s'étant ligués ensemble, vinrent à bout de persuader au jeune empereur qu'elle avait comploté avec ceux qui s'étaient déclarés leurs ennemis pour le détrôner. En conséquence ils firent expédier des ordres pour la renfermer, et livrer au bras de la justice ceux qui s'étaient montrés jaloux de leur crédit. Ces violences ne manquèrent pas de causer des soulèvements; mais, loin de détacher le prince de ses favoris, ils ne servirent qu'à le rendre plus docile à leurs conseils et plus ardent à les suivre. De là les proscriptions, les emprisonnements décernés, non-seulement contre les rebelles, mais contre ceux qui étaient soupçonnés de les favoriser. Les hommes de mérite, et surtout les gens de lettres, furent les principaux objets de la haine des eunuques. On fait état de plus de dix mille personnes que ces tyrans sacrifièrent à leur vengeance. Le ciel, si l'on en croit le P. de Mailla, fidèle disciple du P. le Comte, se déclara par des prodiges effrayants contre un gouvernement si atroce. « Le 15 de la quatrième lune, dit-il, de la deuxième année du règne de Han-ling-ti, tous les grands étant assemblés dans la salle d'audience, à peine l'empereur fut-il monté sur son trône, qu'un coup de vent furieux, sorti d'un des coins de la salle, vint le frapper. On vit en même temps sortir de dessus la grande poutre, un serpent noir monstrueux, long de plus de quarante pieds, qui vint s'entortiller autour du siége du trône. L'empereur en fut si fort effrayé, qu'il tomba évanoui. Les mandarins d'armes coururent à son secours, et le transportèrent hors de la salle. Le serpent disparut, et, quelques perquisitions que l'on fit, il fut impossible d'en découvrir les traces » (t. III, p. 489). Neuf ans après, les choses continuaient encore sur le même pied. Nouvel avertissement, selon le même auteur. « L'an 178 (après deux tremblements de terre arrivés à la quatrième lune), on entendit, pendant plusieurs jours de suite, dans les cours du palais, les coqs chanter comme les poules, et les poules imiter le chant des coqs. A la sixième lune, une exhalaison noire, qui répandit une odeur infecte, ayant la forme d'un dragon, et longue de plus de cent pieds, apparut dans la salle d'audience, et environna le trône. A la septième lune, et en automne, un arc-en-ciel embrassa de son cintre tout l'appartement de l'empereur. » Le prince, épouvanté, commande aux grands de lui expliquer la cause de ce phénomène. « La cause de ces présages sinistres, lui répond Yang-tse, n'est autre que l'abus de l'autorité entre les mains des femmes et des eunuques. Les gens les plus vils et les plus méprisables sont consultés sur les affaires du gouvernement : n'est-ce pas obscurcir la lumière du soleil et de la lune?... On ne voit dans les emplois que ceux qui prodiguent la flatterie ou l'argent aux eunuques... Nous lisons dans le *Chou-king* que lorsque le tien (le ciel) manifeste sa colère par de pareils avertissements, le prince doit renouveler la vertu dans sa personne et dans l'empire, etc. » (ibid., p. 501). Ainsi Dieu faisait des miracles parmi les Chinois, comme autrefois parmi les Juifs, pour les faire rentrer dans le chemin de la vertu, lorsqu'ils s'en étaient écartés ; et il se trouvait chez les uns comme chez les autres des sages qui donnaient la véritable explication de ces prodiges. Han-ling-ti, ajoute-t-on, fut frappé du discours de Yang-tse ; mais cette impression fut bientôt effacée par l'idée sinistre et fausse que les eunuques lui donnèrent de celui qui l'avait causée. Le crédit de ces favoris alla même toujours depuis en croissant, et les troubles augmentèrent dans la même proportion. L'an 184, un certain Tchang-kio, qui s'était fait un nom en traitant, par des opérations magiques, une maladie contagieuse, s'avisa de prétendre à l'empire, et eut même assez de bonheur pour rassembler sous ses drapeaux jusqu'à cinq cent mille hommes, auxquels il fit prendre pour livrée des bonnets jaunes. La mort de ce chef, arrivée peu de temps après, ne détruisit point son parti. Deux de ses frères, qu'il s'était associés, le relevèrent et donnèrent de l'exercice aux armes de Han-ling-ti pendant tout le reste de sa vie, qu'il termina dans la quatrième lune de l'an 189. En mourant, il laissa de l'impératrice Ho-chi, sa femme, un fils âgé de quatre ans, nommé Lieou-pien, et de la reine Wang-mei un autre fils appelé Lieou-hiei. L'impératrice, après sa mort, fit déclarer empereur son fils; mais une révolution, dans laquelle périrent tous les eunuques du palais, changea la face des affaires. Le général Tong-tcho, s'étant rendu maître du gouvernement, fit empoisonner l'impératrice avec son fils, et placer sur le trône le fils de la reine Wang-mei.

LIEOU-HIEI (190 après J.-C.) commença son règne à l'âge de dix ans, sous la régence de Tong-tcho, qui avait procuré son élévation. Ce ministre exerça dans son emploi le plus odieux despotisme. Il commença par transférer la cour à Tchang-ngang, et contraignit, par des violences inouïes, les habitants de Lo-yang à s'y transporter eux-mêmes, après avoir mis le feu au palais et à une partie des maisons de cette ville. Sa tyrannie ne manqua pas de soulever la plupart des grands contre lui. Ayant levé des troupes, ils lui livrèrent des combats dont il sortit avec avantage. Mais au commencement de l'an 192 il reçut le prix de ses forfaits de la main de Liu-pou, son fils adoptif, qu'il avait voulu percer de sa lance dans un accès de colère. Ce jeune homme, ayant esquivé le coup, l'attendit quelque temps après, avec d'autres conjurés, aux portes du palais, et l'assassina comme il y entrait en grand cortége. Sa famille fut enveloppée dans son désastre, et ses biens, qui étaient immenses, furent livrés au pillage. Tout scélérat qu'il était, il trouva des vengeurs, dont la principale victime fut le général Wang-yun, l'instigateur de sa mort, qui fut massacré dans le palais sous les yeux de l'empereur. De nouveaux troubles succédèrent par l'ambition des grands, dont chacun se mit à la tête d'un parti, dans la vue de se rendre maître de l'empereur et de l'État. Ce prince fut obligé de mener une vie errante pendant près de deux ans, jusqu'à ce que, le général Thsao-thsao ayant pris le dessus, l'empereur, pour lequel il s'était toujours déclaré, lui remit les rênes du gouvernement. La vie de ce personnage mérite une attention particulière.

Thsao-thsao peut être regardé comme le véritable fondateur de la dynastie des Weï ou Goeï, quoique ce ne soit que son fils qui ait pris le titre d'empereur. Il descendait de Thsao-tsan, ministre de Kao-ti des Han, et naquit à Koue-thsiao, au milieu du second siècle de notre ère. Son premier nom était O-man-pheï. Un eunuque, nommé Thsao-theng, l'avait adopté. C'est pour cela qu'il prit pour nom de famille celui de Thsao et abandonna celui de Hia-hieou, qui était son véritable. L'attachement que l'empereur Ling-ti eut pour les eunuques, l'autorité qu'il leur laissa prendre et leur insolence excitèrent, comme nous l'avons vu, des révoltes, surtout celles des *Bonnets jaunes*. Thsao-thsao, qui avait suivi la carrière militaire, eut pour la première fois occasion de déployer ses talents dans cette guerre. Lorsque Toung-tcho eut été assassiné, l'an 192 après J.-C., les Bonnets jaunes, qu'on croyait dissipés, parce qu'ils avaient perdu leur chef, recommencèrent à se montrer dans la province actuelle de Chan-toung. Thsao-thsao se mit en campagne contre eux, et les força de mettre bas les armes. La plus grande partie se donna à lui, et il se trouva, par ce moyen, à la tête de plus de cent cinquante mille hommes. Avec cette armée il se rendit maître d'un vaste territoire, et parvint à battre plusieurs autres chefs de parti ; mais la défection d'un de ses généraux le mit dans un danger qui s'accrut encore par plusieurs défaites et par une famine qui dévasta le pays. Son génie et ses grandes qualités militaires le sauvèrent de ce péril. Ne pouvant plus vaincre les ennemis qu'il avait en face, il se mit à faire des conquêtes sur un point moins difficile, et, malgré le peu de troupes qui lui restaient, il parvint à se rendre si puissant, qu'il se vit bientôt en état de tirer l'empereur de la servitude dans laquelle le retenaient quelques grands de la cour. Ayant réussi à le délivrer, il se fit nommer son premier ministre et commandant général de toutes les forces de l'empire. Au milieu des occupations que lui donnait, dans ce poste élevé, le besoin de guérir tous les maux résultant de guerres longues et cruelles, il ne négligea pas ses propres intérêts, et se fit un grand nombre de créatures en plaçant tous ceux qui lui étaient dévoués et en destituant ceux dont il suspectait les dispositions. S'il ne fut pas assez hardi pour se faire proclamer empereur, il se donna tous les honneurs et toute la puissance de la dignité suprême, et maintint son crédit jusqu'en 220, époque de sa mort. Doué d'une sagacité extraordinaire, il sut toujours admirablement connaître les hommes et les employer selon leur mérite. Ce genre d'habileté fut la première cause des succès qu'il obtint dans toutes ses entreprises. Il usait de tant de précaution dans ses expéditions, qu'il était très-difficile de le surprendre. En présence de l'ennemi et dans le plus fort du combat il conservait un rare sang-froid, et ne laissait jamais apercevoir la moindre inquiétude. Libéral à l'excès quand il s'agissait de récompenser une belle action, il était inflexible à l'égard des gens sans mérite, et ne leur accordait jamais rien. Ne condamnant personne sans de puissants motifs, il était de la plus grande sévérité pour l'exécution de ses ordres ; ne cédant ni aux larmes ni aux sollicitations, jamais on ne l'en vit révoquer un seul. Ces rares avantages l'avaient rendu en quelque façon le maître de l'empire. Son fils, Thsao-phi, plus ambitieux que lui, se garda bien de refuser la couronne que l'empereur Hian-ti lui offrit. Il la reçut publiquement, et donna à sa nouvelle dynastie le nom de *Weï*. Elle ne possédait pourtant que le nord de la Chine, tandis que la partie méridionale de ce vaste pays était partagée entre les Chou-han et les Ou.

## VI^e DYNASTIE : LES HEOU-HAN OU HAN POSTÉRIEURS (1).

TCHAO-LIE-TI (221 après J.-C.), connu jusqu'alors sous le nom de *Lieou-pei*, prince de Chou, descendant en ligne droite de Tchong-chan, fils de l'empereur Han-king-ti, est regardé

(1) C'est à l'an 220 de notre ère que commence l'époque de l'histoire chinoise où l'empire fut divisé en *trois royaumes* : celui de Weï, celui de Han de Chou, et celui de Ou. Le premier était situé dans la Chine septentrionale ; le second, dans la province actuelle du Sse-tchouan (il commença en 222 et finit en 262 de notre ère) ; le troisième occupait le reste de la Chine méridionale, et dura jusqu'en 280. Les Weï furent détruits par les Tçin, qui soumirent aussi les deux autres royaumes.

Ce partage de l'empire a été déguisé par les écrivains chinois officiels, qui ont fait régner jusqu'aux Tçin différents princes qui appartenaient à des branches plus ou moins éloignées de la race des Han, tels que HAN-TCHAO-LIE-TI (221-223), HAN-HEOU-TCHOU (223-263), ensuite YOUAN-TI (264) des Weï, reconnu par eux comme appartenant également à la race des Han. Ces différents souverains ont été désignés sous le nom de *Han postérieurs* (*Héou-han*). Le royaume de Weï avait sa capitale à Lo-yang ; les États de l'Asie centrale, qui avaient été les alliés de Han, conservèrent les mêmes relations avec ses souverains. Les rois de Han de Chou tenaient leur cour à Tching-tou, capitale de la province actuelle de Sse-tchouan ; et les rois de Ou firent leur résidence à Kian-khang (connu plus tard sous le nom de Nanking), d'où l'on tire les étoffes légères de ce nom.

par les Chinois comme le successeur légitime de l'empereur Lieou-hiei préférablement à Tsao-pi, dont l'élévation a toujours passé dans la nation pour une violence et une usurpation. « Un de ses premiers soins, après être monté sur le trône, fut de donner une nouvelle vigueur au gouvernement civil de l'Etat, et de faire revivre toutes les lois que la faiblesse des derniers empereurs et la licence des armes avaient pour ainsi dire abrogées. Aidé de Tchou-ko-leang, qu'il choisit pour son premier ministre, il vint bientôt à bout, sinon de rendre ses sujets heureux, du moins d'adoucir leurs maux et de leur faire concevoir l'espérance d'un avenir plus doux. Le long usage lui avait fait connaître les hommes; il savait les employer à propos, chacun selon ses talents. Il donnait des récompenses particulières à ceux qu'un mérite particulier distinguait des autres, et personne n'en était jaloux, parce qu'il traitait tout le monde avec bonté. Lorsqu'il n'était encore que simple citoyen, il s'était lié d'amitié avec Tcho-ko-leang; lorsqu'il fut sur le trône, il vécut encore avec lui comme avec son ami. Sans hauteur, sans caprice, sans défiance, sans soupçons, ils traitaient ensemble les plus grandes affaires, comme ils avaient coutume de traiter auparavant celles de l'armée, lorsqu'ils commandaient ensemble comme égaux » (*Portraits des célèbres Chinois*). Un si aimable souverain n'occupa le trône impérial qu'environ deux ans, et mourut dans la quatrième lune de l'an 223.

**Han-heou-tchu** (223 après J.-C.), fils de Tchao-lie-ti, lui succéda à l'âge de dix-sept ans, sous la régence de Tchou-ko-leang, que son père avait désigné pour cet emploi. Le régent ne perdit pas de vue le dessein qu'il avait formé, sous le règne précédent, de réunir toute la Chine sous l'obéissance des Han, en détruisant les deux royaumes qui concouraient avec celui de son pupille. Il n'oublia rien pour le faire réussir. Le plus redoutable était le royaume de Weï, gouverné par Tsao-pi. Mais ce prince avait pour général Sse-ma-y, l'un des plus grands capitaines de son temps. Tchou-ko-leang ne crut pas les forces de son pupille suffisantes pour attaquer un ennemi si redoutable. Il fit alliance avec Sin-kiuen, prince de Ou. Mais Tsao-pi mourut sans enfants à la cinquième lune de l'an 226, laissant pour héritier de ses Etats Thsao-youi, son frère, qui prit, à son imitation, le titre d'empereur, et continua à Sse-ma-y le commandement de ses troupes. Tchou-ko-leang, ayant fait ses préparatifs pour l'expédition qu'il méditait, conduisit dans le pays de Weï, l'an 227, une armée considérable, qu'il ramena l'année suivante sans avoir remporté aucun avantage. Jusqu'alors Sun-kiuen n'avait pas encore pris le titre d'empereur, quoiqu'il en exerçât toute l'autorité dans ses Etats. Il le prit enfin, l'an 229, de la manière la plus solennelle, et renouvela, peu de temps après, la ligue qu'il avait conclue avec Tchou-ko-leang contre les princes de Weï. L'an 234 ils entrent chacun de son côté dans les Etats de Thsao-youi, que l'habileté de Sse-ma-y ne leur permit pas d'entamer. La mort de Tchou-ko-leang, arrivée l'année suivante, plongea dans le deuil la cour de Chou (*Mém. des hommes célèbres de la Chine*). Celle de Ou n'y fut pas moins sensible, dans la crainte que cet événement n'enhardit Thsao-youi à recommencer les hostilités contre les deux empereurs, ses rivaux. Il envoya effectivement, l'an 238, Ss-ma-y dans le Leao-tong, où il fit des progrès. Mais la mort de Thsao-youi les arrêta l'année suivante. N'ayant point d'enfant mâle, Thsao-youi avait transmis ses Etats à son neveu Thsao-fang, âgé seulement de huit ans, dont la minorité fut orageuse par les querelles de ses deux gouverneurs, Sse-ma-y et Thsao-chuang. Mais le premier, ayant prévalu l'an 249, fit condamner son collègue avec toute sa famille à perdre la vie. Il ne jouit pas longtemps de son triomphe, étant mort à la huitième lune de l'an 251. Huit mois après, Sun-kiuen, prince de Ou, le suivit au tombeau, laissant ses Etats exposés à de grands troubles par le choix qu'il fit de Sun-leang, son bâtard, pour le trône, préférablement à Sun-ho, son fils légitime. Ce dernier, par la valeur de Sun-tchin, ministre de Sun-leang, fut obligé de céder. Mais le sort de Sun-leang n'en devint pas meilleur. Tyrannisé par son ministre, il voulut s'affranchir du joug, et fut prévenu par celui-ci, qui le fit déposer l'an 258, et fit mettre à sa place Sun-hieou. Il préparait par ce choix, sans le prévoir, le châtiment que méritait sa perfidie. Sun-hieou, lorsqu'il se vit affermi sur le trône, vengea la déposition de son prédécesseur, en faisant couper la tête à Sun-tchin au milieu de son palais, où il l'avait mandé. Il arriva dans les Etats de Weï, vers le même temps, une révolution à peu près semblable. Sse-ma-tchao, prince de Tçin, et ministre de Thsao-fang, irrité contre son maître qui voulait le faire périr, le fit descendre du trône, et lui substitua, de l'avis des grands, Thsao-mao, neveu de Thsao-youi. Après avoir étouffé les mouvements qu'excita ce changement, Sse-ma-tchao entreprit d'agrandir la puissance de son nouveau maître. Sachant que l'empereur Han-heou-tchu négligeait les affaires du gouvernement pour se livrer aux plaisirs, il envoya, l'an 263, le général Teng-ngaï avec une armée de cent soixante mille hommes pour faire irruption dans les Etats de Chou. Une victoire, remportée par ce général, mit tellement hors des mesures l'empereur, qu'il vint lâchement se remettre entre les mains du vainqueur, contre l'avis de son fils, qui se donna la mort de désespoir. Teng-ngaï le reçut avec honneur. Telle fut la fin de la grande et illustre dynastie des Han. L'empereur déposé mourut sans postérité dans la onzième lune, avec le titre de prince de Ngan-lo qu'on lui avait accordé.

Mais Sse-ma-tchao, loin de récompenser les services du brave Teng-ngaï, le fit assassiner, dans la crainte qu'il ne se prévalût de ses succès, comme il en était soupçonné, pour se révolter. Sun-hieou mourut dans l'année 264, ne laissant qu'un fils en bas âge, nommé Sun-wan. Les grands préférèrent à cet enfant Sun-hao, qui était aussi de la famille royale, prince que la nature semblait avoir formé pour régner; mais il ne soutint pas sur le trône les belles espérances qu'il avait données. A peine y fut-il assis sous le nom de Yeun-ti, qu'oubliant ses devoirs il se livra à la débauche, et passa de là à la cruauté. Pour réprimer les soulèvements que sa conduite occasionnait, Sse-ma-yeu, successeur de Sse-ma-tchao, mort l'an 265, contraignit, sur la fin de la même année, Yuen-ti de lui céder l'empire.

## VIIe DYNASTIE : LES TÇIN.

**Tçin-wou-ti** (265 après J.-C.) (c'est le nom que prit Sse-ma-yeu en montant sur le trône) employa les premières années de son règne à renouveler le gouvernement. Sun-hao, prince de Ou, craignant qu'il n'eût des vues sur ses Etats, lui députa Ting-tchou, l'un de ses premiers officiers, et lui demanda son amitié. L'ambassadeur fut bien reçu; mais, à son retour, loin de rendre un compte fidèle du succès de sa négociation, il n'oublia rien pour engager son maître à déclarer la guerre à Tçin-wou-ti. Sun-hao fut détourné par son conseil de suivre cet avis. Il laissa cependant transpirer des dispositions qui, rapportées à Tçin-wou-ti, lui firent juger que tôt ou tard ils en viendraient à une rupture ouverte. Il résolut donc de le prévenir. Mais, avant que de provoquer ce prince par des actes d'hostilité, il voulut commencer par régler tout sur les frontières, afin d'écarter les troubles que les peuples pourraient y élever. La réduction des Tartares Sien-pi, ses voisins, l'occupa l'espace de quinze ans. Ayant triomphé d'eux en l'an 280, il envoya dans le pays de Ou une armée de deux cent mille hommes, divisée en cinq corps. Sun-hao avait prévu cette irruption, et, sachant que l'empereur de Chou devait l'attaquer par terre et par eau, il avait fait barricader le fleuve de Kiang, qui traversait son pays, par de grosses chaînes et par des barres de fer terminées en pointes, qu'il y avait enfoncées en différents endroits. Mais l'habileté de Wang-siun, l'un des généraux de l'empire, surmonta ces obstacles, et rendit libre la navigation du Kiang. Deux victoires, qu'il remporta sur cette rivière et sur terre, jetèrent une telle consternation dans la province de Ou, que la plupart des commandants et des gouverneurs de places vinrent se soumettre à l'empereur. Sun-hao tenait sa cour à Kien-yé. Une nouvelle bataille, gagnée sur ses généraux à Pan-piao, détermina Wang-siun à faire le siége de cette capitale, assise sur le Kiang. En conséquence il fit partir sur ce fleuve une flotte montée par quatre-vingt mille hommes, qui, secondée par un vent favorable, parut en peu de jours devant Kien-yé. Sse-ma-tchao, de l'autre côté, n'en était pas éloigné avec un corps de troupes destiné à soutenir Wang-siun en cas de besoin. Sun-hao, se croyant alors perdu, vint à ce dernier la corde au cou et son cercueil à ses côtés. Wang-siun lui ôta ses liens, brûla son cercueil, et lui rendit tous les honneurs dus à son rang. Sun-hao lui donna le dénombrement de ses Etats, qui consistaient en quatre grandes provinces divisées en 43 départements, 523 tant villes que bourgs et villages, et 230,000 soldats. Ayant été amené la cinquième lune à la cour de Chou, l'empereur le déclara prince de Kouei-mang et ses enfants mandarins. Sun-hao s'était rendu odieux à ses peuples par divers actes de violence et par les impôts dont il les avait surchargés. Tçin-wou-ti, réunissant sous sa puissance tout l'ancien empire de la Chine, ne fut pas à l'épreuve des dangers d'une trop grande prospérité. N'ayant plus d'ennemis sur les bras, il abandonna le gouvernement à ses ministres pour se livrer aux plaisirs. Il mourut peu regretté l'an 290, laissant l'empire, suivant le désir de l'impératrice

Yang-chi, à Sse-ma-tcheou, le treizième des quinze fils que les historiens lui donnent.

TÇIN-HOEI-TI (290 après J.-C.) est le nom que Sse-ma-tcheou prit en montant sur le trône. Borné dans les facultés de son âme et incapable d'application, il se déchargea du soin de l'Etat sur Wang-siun, son premier ministre. Il éleva Kia-chi, l'une de ses femmes, à la dignité impériale, quoiqu'il n'en eût point d'enfants. Mais Sieoi-kieou lui avait donné longtemps auparavant un fils, nommé Sse-ma-yeou, que Wang-siun fit déclarer héritier de l'empire. Ce choix eut des suites funestes. L'impératrice Kia-chi, princesse jalouse, ambitieuse, violente et cruelle, vint à bout de faire périr, par ses artifices, et le ministre et la mère du jeune prince. Celui-ci, plusieurs années après, succomba encore aux embûches que sa marâtre lui dressa. Sse-ma-lun, grand général des troupes, fit enfin ouvrir les yeux à l'empereur sur la méchanceté de cette mégère; et, l'ayant d'abord fait dégrader, il la fit ensuite empoisonner dans le lieu qu'on lui avait assigné pour sa retraite. Mais les intentions de Sse-ma-lun n'étaient nullement droites. En se défaisant de l'impératrice, il cherchait à supplanter l'empereur lui-même. Pour mieux voiler son ambition, il fit déclarer, à la cinquième lune de l'an 300, prince héréditaire Sse-ma-tsang, fils de Sse-mayeou. Mais l'année suivante il leva entièrement le masque; et, le premier jour de cette année, s'étant rendu en pompe au palais, il alla droit à la salle du trône, sur lequel s'étant assis, il déclara qu'il en prenait possession, et reçut les hommages des mandarins. Il conserva néanmoins à Tçin-hoei-ti le titre d'empereur; mais il le fit sortir du palais, et l'envoya à Kin-yongtching, où il le fit garder. Les princes de la maison impériale ne manquèrent pas de s'armer pour venger cet attentat. Vainqueurs en différentes batailles, dans l'espace de soixante jours, de la grande armée que l'usurpateur envoya contre eux, ils se rendirent à la cour, où ils trouvèrent l'empereur rétabli sur la nouvelle de leurs premiers succès. Sse-ma-lun avait été luimême arrêté par les siens et mis dans une prison où les princes le firent mourir. Sse-ma-kiung, qui les avait le mieux secondés, resta auprès de l'empereur en qualité de ministre, emploi dont il s'acquitta d'abord avec sagesse; mais il devint par la suite hautain, ambitieux et insupportable même à ses proches. Comme l'empereur n'avait point de fils, il l'engagea à désigner Sse-ma-tan, son petit-fils, âgé de huit ans, prince héréditaire, et se fit en même temps nommer son gouverneur. Croyant alors n'avoir plus rien à ménager, il irrita tous les grands par ses procédés. Deux princes de ses parents, gouverneurs de provinces, s'étant rendus avec des troupes à Lo-yang, l'assiégèrent dans sa maison; et, l'ayant forcé au bout de trois jours, ils le mirent à mort, l'an 302, avec sa famille et tous ses gens. Sse-ma-y, qui le remplaça, quoique plus modéré, n'eut pas un meilleur sort. L'empereur, ayant substitué à celui-ci Sse-mayng, prince de Taï, son frère, se laissa ensuite prévenir contre lui, au point qu'il le confina dans une prison, où il mourut tragiquement l'an 306. Tçin-hoei-ti le suivit au tombeau sur la fin de la même année.

TÇIN-HOAI-TI (307 après J.-C.) (Sse-ma-tchi), frère de l'empereur Tçin-hoei-ti, lui succéda par le choix des grands. Ce fut son mérite qui détermina ce choix. Mais il ne lui suffit pas pour rétablir le calme dans l'Etat. Ki-sang, ancien officier de Sse-ma-yng, sous prétexte de venger la mort de son général, leva le premier l'étendard de la révolte. S'étant joint à Ché-lé, Tartare Hioung-nou, il remporta d'abord quelques avantages, qui furent suivis d'une défaite, à la suite de laquelle il fut tué par ses gens. Ché-lé ramassa les débris de l'armée, et les amena à Lieou-yuen, Tartare comme lui, qui prenait le titre de roi de Han, s'arrogea même en 308 celui d'empereur de la Chine, et se fit reconnaître en cette qualité dans tous les lieux de sa dépendance. Ses troupes, commandées par Ché-lé, firent de rapides conquêtes, et s'avancèrent même jusqu'à Lo-yang; mais, divisées par le fleuve Hoang-ho, elles ne purent se réunir pour attaquer cette ville. Lieou-yuen étant mort en 310, son fils Lieou-tsong suivit ses desseins, et continua Ché-lé dans son emploi. Ce général, après deux batailles gagnées près de Lo-yang, força la porte principale de cette ville, d'où l'empereur n'eut que le temps de se sauver. Mais, ayant été pris dans sa fuite, il fut conduit à Ping-yang au roi de Han, qui lui assigna une maison, où il le fit servir par des officiers sur lesquels il pouvait compter. Les sujets les plus fidèles de ce malheureux prince ne manquèrent pas de faire des efforts pour le rétablir. Mais les avantages qu'ils remportèrent sur les Han ne servirent qu'à précipiter sa perte. Lieou-tsong, furieux d'une grande bataille qu'ils avaient gagnée sur ses troupes, condamna ce prince à mort dans la première lune de l'an 313, deux jours après un repas où il l'avait obligé de le servir en habits de deuil. Dès qu'on apprit à Tchang-ngan, autrefois capitale de l'empire, cet événement, les grands allèrent saluer Sse-ma-yé, qui peu de mois auparavant avait été reconnu prince héritier, et le proclamèrent empereur sous le nom de Tçin-ming-ti.

TÇIN-MING-TI (313 après J.-C.) fut à peine assis sur le trône, qu'il vit arriver aux portes de Tchang-ngan un corps de cavalerie des Han, qui ne lui laissa que le temps de fuir avec précipitation. La ville, quoique réduite à cent familles, ne fut pas cependant prise. Les ennemis se contentèrent d'en brûler les faubourgs. Plusieurs des officiers qui avaient défendu la dynastie des Tçin, persuadés qu'elle allait finir, pensèrent alors à s'en détacher et à s'élever sur ses ruines. Wang-tsiun, le plus puissant d'entre eux, songeait à se former un Etat indépendant. Ché-lé, qui devina son dessein, lui fit offre de services par lettres, dans la vue de le tromper. L'ayant ainsi leurré, il se mit en marche avec ses troupes, comme pour les lui amener, et arriva sans obstacle jusqu'aux portes de Ki-cheou, dont il se saisit et où il posa des gardes. De là étant allé droit au palais, il fait prisonnier Wang-tsiun, et le fait conduire à Siang-koui, où il le fit mourir avec tous ceux de son conseil, puis envoya sa tête au roi de Han. Celui-ci, l'an 316, envoie une armée devant Tchang-ngan. La place n'étant pas en état de soutenir un siége, Tçin-ming-ti écrivit à Joui-king, petit-fils de Sse-ma-y et général des troupes de Ngan-toung, de venir promptement à son secours. Mais, avant que d'obéir, Joui-king voulut s'assurer de la fidélité des peuples de la province qu'il commandait, afin de ménager une retraite à son maître en cas de malheur. Ce délai perdit tout: la ville fut prise, et l'empereur fut emmené prisonnier à Ping-yang, où Lieou-tsong tenait sa cour. Celui-ci lui fit essuyer l'accueil le plus humiliant, et continua, dans la suite, de l'accabler d'outrages qui se terminèrent, vers la fin de l'an 317, par le faire assassiner. A la nouvelle de sa mort, les grands, assemblés à Kien-kang ou Nan-king, pressèrent et contraignirent Joui-king d'accepter l'empire qu'il avait gouverné pendant la captivité de Ming-ti (*Mémoires des hommes célèbres de la Chine*).

TÇIN-YUEN-HOANG-TI (1) (318 après J.-C.) fut le nom que prit Joui-king à son installation. Tous ceux qui étaient affectionnés à la dynastie régnante crurent son rétablissement prochain, quand ils apprirent que celui vers lequel tous les cœurs étaient tournés était enfin revêtu de la sublime dignité de *fils du ciel*. Ils eussent voulu que le nouvel empereur se mît incessamment à la tête de ses troupes et allât attaquer le roi de Han, lui enlever tout ce qu'il avait usurpé sur les Tçin, et le traiter comme il avait traité les empereurs Hoai-ti et Ming-ti; mais Joui-king ne voulut rien précipiter. La mort de Lieoutsong, arrivée dans la sixième lune de l'an 318, lui offrait une belle occasion pour entrer dans ses Etats, avant que Lieou-tsan, fils aîné du défunt et son héritier, eût le temps de s'affermir sur le trône. Mais il crut devoir encore temporiser, et laissa ralentir l'ardeur des siens, dont plusieurs se tournèrent contre lui. Lieou-tsan hérita de la valeur de son père, de sa passion pour les femmes et de sa cruauté. Ce nouveau roi débuta par le massacre de ses deux frères, que Ki-tchun, l'un de ses officiers, lui avait rendus suspects dans la vue de le perdre luimême. Etant devenu son premier ministre, Ki-tchun, à la tête d'une troupe de soldats déterminés, l'assassina dans le palais; puis, après une recherche exacte de ceux qui étaient de la famille des Han, il les fit tous périr sans distinction d'âge ni de sexe. Lieou-yao, qui prit la place de Lieou-tsan, fit exterminer à son tour Ki-tchun avec sa famille. Ayant rejeté ensuite avec outrage les offres de services que Ché-lé lui avait faites, il s'en fit un ennemi qui lui enleva une partie de ses Etats. Ché-lé entreprit aussi sur ceux de l'empereur Tçin-yuen-hoang-ti, qui, d'ailleurs affecté de la révolte de son général Wang-tun, tomba dans un chagrin qui le conduisit au tombeau dans la onzième lune (intercalaire) de l'an 322. Sse-ma-tchao, son fils aîné, lui succéda sous le nom de Tçin-ming-ti.

TÇIN-MING-TI (323 après J.-C.), en montant sur le trône, s'appliqua à gagner Wang-tun en lui permettant de disposer de tous ses gouvernements à son gré, pour lui ôter tout sujet de mécontentement. Mais cette faveur ne put faire perdre à cet ambitieux l'envie de s'élever à l'empire. Tçin-ming-ti, instruit de ses mouvements, se contenta de l'observer, craignant de se mesurer avec lui. Mais l'an 325, apprenant qu'il était malade, il marcha contre son général Wang-han, qu'il battit si complé-

(1) Il est appelé TOUNG-TSIN-YUEN-TI dans les *Portraits des célèbres Chinois*.

tement, que la nouvelle de cette victoire, étant parvenue à Wang-tun, lui donna le coup de la mort. Ché-lé, dans le même temps, poussait vivement la guerre contre Lieou-yao, qu'il contraignit de regagner Tchang-ngan, où il tomba malade. L'empereur Tçin-ming-ti aurait pu tirer avantage de cette discorde; mais la mort l'enleva dans la septième lune de la même année, à l'âge de vingt-sept ans; prince dont les belles qualités semblaient promettre qu'il relèverait l'empire de l'état de faiblesse où il était tombé. Il laissa un fils, âgé de cinq ans, sous la régence de l'impératrice, sa mère. En élevant cet enfant sur le trône, on lui donna le nom de Tçin-tching-ti.

TÇIN-TCHING-TI (326 après J.-C.) commença son règne au milieu des troubles qui s'élevèrent entre les trois ministres que son père avait nommés pour seconder l'impératrice régente. Yu-leang à la fin l'emporta, parce qu'il était soutenu par cette impératrice, qui était sa sœur. Mais l'abus qu'il fit de son autorité ne tarda pas à le rendre odieux. Le général Sou-tsiun, qu'il avait voulu faire périr, étant venu l'attaquer avec ses troupes, l'obligea de prendre la fuite, et alla prendre sa place dans le ministère. Mais l'an 328 Yu-leang, étant revenu accompagné du brave Wan-kiao, prince de Sun-yang, chez lequel il s'était réfugié, livra une bataille à Sou-tsiun, qui périt dans l'action. Ché-lé remporta, la même année, une grande victoire sur Lieou-yao. L'ayant en son pouvoir, il voulut l'obliger d'écrire à Lieou-hi, son fils et son successeur, de se soumettre à lui. Lieou-yao fit le contraire en présence de Ché-lé, qui, ne pouvant contenir sa fureur, lui fit abattre la tête sur-le-champ. Ché-hou, général de Ché-lé, poursuit Lieou-hi et Lieou-yn, qu'il prend l'an 329 dans une grande bataille, et les fait ensuite mourir. Par la mort de ces deux princes, le royaume de Han passa entre les mains de Ché-lé, qui devint alors très-puissant. Ché-lé, ayant encore fait depuis d'autres conquêtes, prit le titre d'empereur en 330, à la sollicitation des grands de sa cour. Il mourut l'an 333, laissant pour héritier Ché-hong, son fils, dont Ché-hou se déclara lui-même le premier ministre. Ce dernier, décidé à régner, obligea l'an 334 Ché-hong à lui céder l'empire, et peu de temps après il le fit mourir avec sa femme. S'étant fait bâtir ensuite un palais magnifique dans la ville de Yé, il y transporta sa cour en 336. Depuis ce temps, pour se livrer aux plaisirs, il abandonna presque entièrement le soin des affaires à Ché-soui, son fils aîné, qu'il avait institué son héritier. Mais, ayant appris quelque temps après que ce fils ingrat et dénaturé conspirait contre ses jours, il le fit mourir avec vingt-six de ses complices, et lui substitua Ché-siuen, son autre fils. Tçin-tching-ti maintenait cependant la paix dans la portion de l'empire de la Chine que son père lui avait transmise. La mort l'enleva dans la sixième lune de l'an 342, à l'âge de vingt-deux ans. Sse-ma-yo, son frère, lui succéda sous le nom de Tçin-kang-ti.

TÇIN-KANG-TI (342 après J.-C.) n'occupa le trône qu'environ deux ans, étant mort à la neuvième lune de l'an 344, au même âge que son frère.

TÇIN-MO-TI (344 ans après J.-C.) fut le nom que l'on donna à Sse-ma-tan, fils de l'empereur Tçin-kang-ti, lorsqu'on le porta sur le trône à l'âge de deux ans, après la mort de son père. L'impératrice, sa mère, reconnue régente, nomma Sse-ma-yu grand général de l'empire. Cette princesse eut la satisfaction de voir rentrer sous la domination des Tçin la principauté de Tching, que Houan-nun, gouverneur de King-tcheou, lui remit l'an 347, après en avoir fait la conquête. Les troubles, cependant, agitaient la cour de Ché-lé, empereur de Tchao. Ché-siuen, qu'il avait déclaré son héritier, fit tuer par jalousie Ché-tou, son frère; et, craignant ensuite la vengeance de son père, il complota sa mort avec sa femme et ses gens. Ché-lé, ayant découvert cette abominable intrigue, extermina Ché-siuen avec toute sa famille. Ce fut un de ses derniers actes. Il mourut l'an 349, laissant encore deux fils, dont le second, nommé Ché-ci, lui succéda par son choix. Mais Ché-tsun, l'aîné, qu'il avait fait gouverneur de Koan-yu, étant survenu quelques jours après, le renversa du trône pour s'y placer lui-même, et le priva ensuite de la vie avec l'impératrice, sa mère. Lorsqu'il crut sa puissance affermie, il voulut se défaire du général Ché-min, auquel il devait son élévation, par la seule crainte que lui inspiraient sa valeur et son habileté. Mais Ché-min le prévint en le faisant poignarder dans son palais. Ché-kien, qu'il lui substitua, le paya de la même ingratitude. A peine fut-il inauguré, qu'il pensa à se défaire de son bienfaiteur. Ché-min, ayant mis en fuite les assassins envoyés contre lui, va droit au palais, enlève Ché-kien, et l'enferme dans une prison, où l'année suivante il le fait mourir; ensuite de quoi il exerce, l'an 350, la même vengeance sur la race de Ché-hou. Ainsi, délivré de tout ce qui lui faisait ombrage, il monta sur le trône par les suffrages des grands, et débuta par une perfidie, en faisant assassiner Li-nong, au refus duquel il devait son élévation. Ce forfait le fit généralement détester. Plusieurs districts de sa domination l'abandonnent pour se donner aux Tçin. D'autres princes voisins lui déclarèrent la guerre; il se défendit en capitaine aussi brave qu'expérimenté. Mais enfin, l'an 352, ayant perdu une grande bataille contre les Tartares, il fut pris en fuyant et conduit à Long-tchin, où il fut mis à mort. L'empereur Tçin-mo-ti lui survécut environ neuf ans, étant mort à la cinquième lune de l'an 361, dans la dix-neuvième année de son âge. On lui donna pour successeur Sse-ma-pi, prince de Lang-yé, fils aîné de l'empereur Tçin-ching-ti, qui prit le nom de Tçin-ngaï-ti.

TÇIN-NGAI-TI (361 après J.-C.) porta sur le trône de grandes vertus et une réputation sans tache. Mais les Tao-sse, espèce de magiciens, s'étant emparés de son esprit, vinrent à bout de lui persuader qu'ils le rendraient immortel au moyen d'une boisson qui était de leur composition. L'effet de ce breuvage, dont il faisait un usage habituel, fut de le conduire au tombeau, l'an 365, à l'âge de vingt-cinq ans. Sse-may, son frère, lui succéda sous le nom de Tçin-y-ti.

TÇIN-Y-TI (365 après J.-C.) fut à peine sur le trône, qu'il se vit attaqué par Sse-ma-yun, qui voulut se rendre maître du pays de Chou; mais le brave Hoan-ouan, qui vivait encore et continuait d'exercer les fonctions de premier ministre, envoya contre lui une armée qui lui livra une bataille où il périt. L'an 369, ce ministre échoue dans la tentative qu'il fait pour se rendre maître de la principauté de Yen. Ayant voulu revenir à la charge l'année suivante, il est arrêté par le conseil impérial, qui n'approuve pas ce dessein. Pour se venger, il fait déposer, l'an 371, Tçin-y-ti, et place sur le trône Sse-ma-yu, qui est reconnu par tous les grands sous le nom de Tçin-kien-ou-ti.

TÇIN-KIEN-OU-TI (371 après J.-C.) ne monta qu'avec répugnance et en tremblant sur le trône. La mort l'en fit descendre à la septième lune de l'année suivante, dans la cinquante-troisième année de son âge. En mourant, il laissa un fils, nommé Sse-ma-tchang, qui lui succéda sous le nom de Tçin-hiao-ou-ti.

TÇIN-HIAO-OU-TI (372 après J.-C.) n'avait que dix ans lorsqu'il parvint à l'empire. Fou-kien, prince de Tsin, profita de sa minorité pour continuer les conquêtes que ceux de sa dynastie avaient faites sur les empereurs précédents. Il en fit effectivement de considérables; mais, l'an 384, les deux fils de Siu-ngan, premier ministre de l'empereur, remportèrent sur lui une victoire complète, qui ruina entièrement ses affaires. Les vainqueurs l'ayant assiégé, l'année suivante, dans Tchang-ngan, il fut obligé de s'évader par la fuite, après une longue et vigoureuse résistance. Pour comble de malheur, il tomba entre les mains de Yao-tchang, qui le fit étrangler. L'empereur Tçin-hiao-ou-ti se livrait cependant à la débauche, abandonnant le soin du gouvernement à son ministre. La princesse Tchang-chi, l'une de ses femmes, piquée d'une raillerie qu'il lui avait dite, l'étouffa l'an 396, comme il dormait plein de vin, dans la trente-cinquième année de son âge. Son fils, Sse-ma-té-tsong, lui succéda sous le nom de Tçin-ngan-ti.

TÇIN-NGAN-TI (396 après J.-C.), étant placé sur le trône, prit pour ministre Sse-ma-tao-tse, qu'il fit prince de Kouei-ki. Se croyant, par ce choix, déchargé du poids du gouvernement, il s'abandonna tellement à l'oisiveté, qu'il ne savait pas même ce qui se passait dans ses Etats. Il résulta de cette négligence une confusion extrême. Plusieurs gouverneurs de provinces s'érigèrent en souverains. Un pirate, nommé Sun-ngan, ravagea impunément les côtes de la Chine, et eut même la hardiesse d'envoyer des partis jusqu'aux portes de Kien-kang, où résidait la cour depuis que l'empire était réduit aux seules provinces méridionales de la Chine. Mais le général Lieou-lao-tchi, envoyé, l'an 400, contre lui, arrêta ses progrès. Cet officier ne fut pas apparemment récompensé comme il l'espérait; car peu de temps après il entra dans la révolte de Hoan-hieu, le plus puissant des gouverneurs de l'empire. Ils marchèrent ensemble à Kien-kang, où, étant entrés sans résistance, ils se saisirent du ministre que Hoan-hiuen fit mourir après s'être mis en sa place. Mais Lieou-lao-tchi, n'étant pas satisfait des marques de la reconnaissance de Hoan-hiuen, se retira chez lui, et se pendit de désespoir. Il eut pour successeur dans le commandement des troupes Lieou-yu, qui avait été son lieutenant, et l'effaça par sa valeur et son habileté. Voyant Hoan-hiuen disposé à s'emparer du trône, Lieou-yu s'opposa ouvertement à son ambition. Après divers avantages remportés sur lui, il l'obligea, l'an 404, d'abandonner Kien-kang, et, s'étant mis à sa poursuite, il arracha de ses mains l'empereur, qu'il emmenait avec lui, et pensa le faire lui-même prisonnier dans un combat qu'il lui livra sur le fleuve qui traverse la province de Kin-tcheou; mais le rebelle, dans sa fuite, tomba entre les mains de Fong-tsin, qui lui abattit la tête d'un coup de sabre. Lieou-yu, après avoir terrassé un autre rebelle nommé Tsiao-tsong, somma le prince de Tsin de rendre à l'empereur les villes de la province de Nan-kiang dont il s'était rendu maître, et les obtint sans tirer l'épée, par la seule terreur de son nom. L'an 413, il prit Chou, dont s'était emparé Tsiao-tsong, que le désespoir porta à s'étrangler. Il entreprit ensuite, l'an 416, de dépouiller entièrement Yao-king, nouveau prince de Tsin, et l'obligea, l'année suivante, à venir se remettre à sa discrétion. On le retint à Kien-hang, et quelque temps après, ayant été mis à mort comme rebelle, sa principauté fut confisquée et réunie à l'empire. La dignité de prince du troisième ordre fut le prix que l'empereur décerna au service de Lieou-yu. Elle ne remplit point son ambition. Pour se venger, il complota la mort de Tçin-ngan-ti avec les eunuques du palais, qui, s'étant jetés sur lui comme il était seul, l'étranglèrent avec sa propre ceinture, l'an 418. Il laissa un fils, nommé Sse-ma-téouen, que Lieou-yu fit reconnaître sous le nom de Tçin-kong-ti.

Tçin-kong-ti (418 après J.-C.) n'occupa le trône qu'environ deux ans. Craignant les embûches que Lieou-yu lui dressait, il prit le parti, l'an 420, pour mettre sa vie en sûreté, de lui résigner l'empire en grande cérémonie.

## VIII<sup>e</sup> DYNASTIE : LES SONG.

Kao-tsou-ou-ti ou Song-ou-ti, premier empereur de la dynastie des Song, s'appelait auparavant Lieou-yu, et avait été lieutenant de l'un des chefs de la révolte contre la dynastie des Tçin, auquel il succéda, et qu'il effaça par sa valeur et son habileté. Il triompha, depuis l'an de Jésus-Christ 404, de plusieurs autres rebelles, arracha des mains de l'un d'eux l'empereur Tçin-ngan-ti, prisonnier, dépouilla les princes de Tçin des villes et des districts qu'ils avaient enlevés à l'empire, et fit périr en 416 le dernier d'entre eux; mais, peu satisfait de la dignité de prince du troisième ordre que l'empereur lui avait décernée, il le fit étrangler en 418, et mit à sa place son fils Tçin-kong-ti, qu'il força d'abdiquer en 420. Ce fut alors qu'il s'empara du trône et prit le nom de Kao-tsou-ou-ti. Il distribua les principautés les plus considérables à sa famille, et les charges les plus importantes à ses plus dévoués partisans. Après avoir vainement tenté plusieurs fois d'empoisonner le dernier empereur, il le fit étouffer sous ses couvertures, et mourut lui-même en 422, dans sa soixante-septième année. Ce prince, doué de toutes les qualités politiques et guerrières, n'avait que les dehors des vertus morales.

Chao-ti (422 après J.-C.), successeur de Kao-tsou-ou-ti, son père, ne marcha point sur ses traces. To-pa-sse, prince des Weï-Tartares, le voyant livré aux plaisirs et à la chasse, envoya une puissante armée pour recouvrer Tchang-ngan, que Kao-tsou-ou-ti lui avait enlevé, et faire sur les Song d'autres conquêtes. Son général Ki-kin eut des succès d'abord assez rapides; mais le brave Mao-te-tso, ayant pris le commandement de l'armée impériale, les ralentit, et lui fit acheter bien cher quelques places qu'il emporta. Celle que Mao-te-tso défendit avec le plus de valeur fut Hou-lao, que To-pa-sse vint assiéger en personne. Elle fut prise après deux cents jours d'assauts continuels, et Mao-te-tso, étant resté presque seul sur la brèche, tomba vif entre les mains des vainqueurs. Mais To-pa-sse mourut peu de jours après des fatigues du siége, et eut pour successeur To-pa-tao, son fils aîné. Chao-ti cependant prenait aussi peu d'intérêt à cette guerre que si elle ne l'eût point regardé. Les grands, indignés de cette indifférence, le déposèrent à la cinquième lune de l'an 424, le firent mourir ensuite, et mirent à sa place Lieou-y-tong, son frère puîné.

Wen-ti (424 après J.-C.) (Lieou-y-tong), proclamé malgré lui successeur de Chao-ti, son frère, à l'âge de dix-huit ans, après l'avoir pleuré, se mit en devoir de venger sa mort par celle de ses assassins, et y réussit. L'an 430, il déclara la guerre à To-pa-tao, prince de Weï, dans la vue de recouvrer le pays de Ho-nan, dont il se rendit maître en effet dès la première attaque, et que To-pa-tao reprit l'année suivante, après avoir conquis presque en entier la principauté de Hia. La paix se fit à la fin de l'an 432, à la demande du prince de Weï, qui garda néanmoins toutes ses conquêtes. L'an 436, Wen-ti, étant tombé dangereusement malade, fit mourir Tan-tsao-ti, le meilleur de ses généraux, sur des soupçons injustes qu'on lui inspira de sa fidélité. Ce prince et To-pa-tao employèrent le repos que leur procura la paix à faire fleurir les lettres chacun dans ses Etats. Mais le dernier agrandit les siens sans tirer l'épée, par la seule réputation de son mérite. En 438, seize principautés vinrent lui rendre hommage et se soumettre à sa domination. En 444, il donna un édit pour proscrire les samanes, espèce de religieux d'une superstition très-austère, et leur doctrine. Les brahmes soupçonnent que leur culte a succédé à celui de ces sectaires dans le Malabar. L'an 450, To-pa-tao, jugeant qu'une longue paix avait énervé les troupes de l'empire, y fait une irruption subite, et vient mettre le siége devant Hiuen-hou; mais il échoua dans cette entreprise par la valeur et l'habileté du commandant Tchin-hien. La guerre continua avec peu de succès pour le prince de Weï jusqu'à sa mort, arrivée à la deuxième lune de l'an 452, par la perfidie de Tson-ngaï, l'un de ses généraux, qui l'étrangla dans son palais, et se sauva. To-pa-yu, son petit-fils, que Tson-ngaï lui fit substituer, eut peu de temps après un semblable sort par la perfidie du même ministre. Il fut remplacé par To-pa-siun, son cousin, qui fit mourir Tson-ngaï avec tous ceux qui avaient trempé dans les meurtres de de To-pa-tao et de To-pa-yu. La cour de l'empereur Wen-ti était cependant livrée aux plus grandes agitations. Lieou-chao, son fils, qu'il avait déclaré prince héritier, craignant d'être dégradé pour de justes sujets de mécontentement qu'il lui avait donnés, porta la barbarie jusqu'à le faire assassiner en 453. Il ne jouit pas impunément de son crime. L'année suivante, To-lieou-tsiun, son frère consanguin, fut élevé sur le trône après une victoire remportée sur lui et sa faction, et prit le nom de Wou-ti.

Wou-ti (454 après J.-C.) était dans son camp à la mort de Wou-ti. Les grands et le peuple s'empressant de le reconnaître pour empereur, Tsang-tchi, son ministre, se rendit à Kien-kang pour prendre possession du trône en son nom. Il y rencontra Lieou-chao qu'il amena au nouvel empereur, qui le fit mourir avec ses quatre fils et tous ceux qui avaient eu part à la mort de Wen-ti. Tsang-tchi, quelque temps après, mécontent de Wou-ti, forma le dessein de détruire son propre ouvrage en le détrônant. Il se ligue avec Lieou-y-siuen, prince de Nan-kiun, dont l'empereur venait de déshonorer la fille, et le fait proclamer empereur dans Kiang-ling. Les rebelles sont défaits dans un combat sur les bords du Kiang. Tsang-tchi est atteint en fuyant par le brave Siei-ngan-to, qui lui coupa la tête, et l'envoya par un courrier à Kien-kang. Lieou-y-siuen n'eut pas un meilleur sort. Tchu-siou-tchi l'ayant surpris sur la route de Kiang-ling, le conduisit en cette ville, où il le fit mourir avec seize de ses fils et tous ceux de son parti qui tombèrent entre ses mains. Devenu paisible possesseur du trône, Wou-ti engage les princes de sa famille à lui remettre l'autorité souveraine qu'ils exerçaient dans les vastes pays de leurs départements. Il fit en conséquence une loi qui subordonnait également à sa pleine puissance toutes les principautés de l'empire. Cette précaution n'empêcha pas la révolte de Lieou-tan, prince du sang des Song, que l'empereur provoqua par les ombrages qu'il prit de l'estime universelle dont il jouissait. L'ayant envoyé à Kouang-ling en qualité de gouverneur pour l'éloigner de sa cour, il avait mis autour de lui des espions, qui se trahirent par leur indiscrétion. Lieou-tan les fit mourir, et l'empereur, par représailles, fit massacrer les parents et amis de ce prince jusqu'au nombre de mille. La guerre fut alors déclarée entre eux. Lieou-tan, s'étant vu abandonné de ses troupes, se renferme dans Kouang-ling, où il fut forcé, l'an 459, après deux mois d'une vigoureuse défense. Ayant pris alors la fuite, il fut atteint par un officier de l'armée impériale qui lui coupa la tête. Wou-ti, depuis ce temps, négligea le soin de l'Etat pour se livrer à des excès de débauches qui le conduisirent au tombeau dans la cinquième lune intercalaire de l'an 464, à l'âge de trente-cinq ans. Lieou-tse-nie, son fils, âgé de seize ans, lui succéda préférablement à dix-sept autres de ses frères, sous le nom de Fi-ti.

Fi-ti (464 après J.-C.) fut un monstre en débauche et en cruauté. Il mettait ses délices dans les plus sales voluptés, et se faisait un jeu d'immoler à sa haine les têtes les plus précieuses de l'Etat. Son précepteur fut du nombre des victimes de sa fureur. On ne manqua pas de conspirer contre lui. Mais le secret fut trahi par l'indiscrétion des complices, dont on fit un massacre horrible. Le châtiment dû à un tyran si affreux ne fut néanmoins différé que de quelques mois. L'an 466, comme il était occupé à consulter des magiciens sur des songes funestes qu'il avait eus, un de ses eunuques lui abattit la tête d'un coup de sabre. Ce prince n'était âgé que de dix-neuf ans. Il tenait alors trois de ses oncles, frères de l'empereur Wou-ti, en prison. Lieou-yu, l'un d'entre eux, fut aussitôt proclamé empereur sous le nom de Ming-ti.

MING-TI (466 après J.-C.), reconnu pour empereur à Kien-kang, ne le fut pas également dans tout l'empire. Teng-wan, qui avait travaillé pour Lieou-tse-hiun, prétendit que, ce prince étant fils de l'empereur Wou-ti, l'empire lui appartenait de droit. Dix grands départements se déclarèrent pour ce dernier, qui n'avait alors que douze ans. Mais, après divers échecs, s'étant renfermé dans Kiang-tcheou avec Teng-wan, il eut le malheur de perdre son général, tandis que les troupes impériales faisaient le siége de cette place. Celui qui avait mis à mort Teng-wan ayant ensuite livré ce prince au général de l'empereur, la guerre fut terminée par là. La tête de Lieou-tse-hiun fut envoyée à Kien-kang avec celle de Teng-wan. Mais, dans la crainte de nouveaux soulèvements, Meng-ti fit périr, par une politique barbare, les treize autres fils de Wou-ti, ses neveux.

La sévérité de Ming-ti, qu'il portait jusqu'à la cruauté, lui aliénèrent plusieurs de ses officiers qui passèrent au service de To-pa-hong, prince de Weï, et l'engagèrent, l'an 467, à lui déclarer la guerre. Elle dura deux ans, et finit par un traité de paix, qui laissa To-pa-hong en possession des provinces de Tsing-tcheou et de Ki-tcheou, qu'il avait conquises l'année précédente. Ming-ti fit périr par le poison deux de ses frères pour assurer le trône à Lieou-yu, né, l'an 462, d'un de ses favoris et d'une princesse, et qu'il avait adopté pour son fils. Ce prince, dans le même dessein, versa le sang de plusieurs grands de l'empire, et se préparait à faire d'autres actes de cruauté, lorsque la mort l'enleva dans la quatrième lune de l'an 472, après qu'il eut désigné Lieou-yu, l'un de ses fils adoptifs, âgé de dix ans, pour son successeur, et fait promettre aux grands, à qui il croyait devoir plus de confiance, d'élever ce prince à la dignité impériale; ce qu'ils exécutèrent.

FI-TI II (473 après J.-C.) fut le nom que donnèrent à Lieou-yu les grands, à qui son père l'avait recommandé en mourant. Lieou-hiu-fan, frère de Ming-ti, qui l'avait épargné à cause de son peu d'ambition et de capacité, ne vit point sans envie l'élévation de cet étranger sur le trône de sa maison. Guidé par les avis de Hiu-kong-yu, chef du conseil, il leva des troupes, et, s'étant approché de Kien-kang, il y jeta la terreur. Mais deux grands de la cour, étant venus se présenter à lui comme pour embrasser son parti, l'assassinèrent lâchement. L'an 475, un nouveau rival s'éleva contre l'empereur. C'était Lieou-king-sou, le seul prince qui restât de la famille des Song. Il fut pris dans King-keou quelques jours après s'être déclaré, et paya de sa tête, ainsi que ses officiers, cette levée de boucliers. L'empereur ne méritait nullement, par sa conduite, d'avoir des défenseurs. C'était un furieux qui comptait pour rien la vie des hommes, courait les rues, massacrant tous ceux qu'il rencontrait, et faisait mille autres actions qui déshonoraient l'humanité. L'an 477, à la septième lune, il périt par les ordres de Siao-tao-tching, son ministre, qui, le lendemain, fit reconnaître empereur le troisième fils adoptif de Ming-ti, sous le nom de Chun-ti.

CHUN-TI (477 après J.-C.), dont le nom propre était Lieou-tchun, monta sur le trône à l'âge de onze ans. Mais, deux ans après, Siao-tao-tching, qui l'y avait élevé, l'obligea d'en descendre par une abdication forcée; et, s'y étant placé lui-même, il donna l'origine à une nouvelle dynastie, qui fut celle des Tsi.

## IX^e^ DYNASTIE : LES TSI.

KAO-TI (479 après J.-C.) fut le nom que prit, à son inauguration, Siao-tao-tching. Il eut un compétiteur nommé Lieou-tchang, issu de la famille des Song, qui donna de l'exercice à sa valeur à l'aide du prince de Weï, qu'il avait mis dans ses intérêts. Kao-ti, après avoir triomphé de ses efforts, s'appliquait à rétablir l'ordre dans l'empire, lorsque la mort l'enleva l'an 482, à la troisième lune, dans la cinquante-sixième année de son âge. Siao-tse, l'un des quatre fils qu'il avait eus, lui succéda sous le nom de Wou-ti.

WOU-TI (482 après J.-C.) porta sur le trône des vertus et surtout un grand amour du bien public. Pour empêcher les malversations des mandarins, il régla qu'ils n'exerceraient pas plus de trois ans la même charge, et qu'au bout de ce temps ils rendraient compte de leur conduite pour être élevés à de plus hauts grades si elle était louable, ou punis s'ils avaient malversé. Regardant la guerre comme un fléau, il l'éloigna autant qu'il lui fut possible de ses Etats. To-pa-hong, prince de Weï, était dans les mêmes dispositions. Un brouillon cependant trouva moyen de mettre aux prises ces deux monarques. Mais, après quelques hostilités, ils s'envoyèrent réciproquement des ambassadeurs, qui rétablirent la paix entre eux. Wou-ti, n'ayant plus rien à craindre au dehors, abandonna le soin des affaires à son fils Siao-tchong-mao, pour se livrer entièrement à sa passion pour la chasse. Ce jeune prince avait des vices qui le rendaient indigne de cet emploi. Heureusement il ne l'exerça pas longtemps, la mort l'ayant enlevé au commencement de l'an 493. Son père le regretta plus qu'il ne méritait. Le chagrin que lui causa cet événement le conduisit lui-même au tombeau, dans la septième lune d'automne de la même année, à l'âge de cinquante-quatre ans, après qu'il eut déclaré prince héritier Siao-tchao-ye, son petit-fils, qui lui succéda.

SIAO-TCHAO-YE (493 après J.-C.), fils de Siao-tchang-mao, en montant sur le trône, fut menacé d'une invasion par To-pa-hong, prince de Weï, qui avait fait ses préparatifs du vivant de Wou-ti, et s'était déjà avancé, à la tête de trois cent mille hommes, jusqu'à Lo-yang. Mais le mauvais état des chemins, que la pluie avait rendus impraticables, l'obligea de s'en retourner à Ping-tching, d'où il était parti, et d'abandonner son entreprise. Siao-tchao-ye ne tarda pas à indisposer ses sujets par sa mauvaise conduite. Siao-loun, son parent, à qui son aïeul l'avait recommandé en mourant, ne voyant en lui que des inclinations basses, conçut le dessein, après lui avoir fait d'inutiles remontrances, de le détrôner. L'empereur, instruit de son dessein, voulut le prévenir. Mais Siao-loun, étant entré dans le palais à la tête d'une troupe de soldats, le poursuivit comme il fuyait monté sur son char; et, l'ayant atteint dans le marché de l'Occident, il le fit mettre à mort. Alors il fit couronner empereur le jeune Siao-tchao-wen, et prit pour lui-même le titre et la qualité de grand général de l'empire. Mais peu de jours après, de peur d'une nouvelle révolution, il fit mourir ce nouvel empereur, et se mit à sa place sous le nom de Ming-ti.

MING-TI (494 après J.-C.) ne fut pas reconnu empereur sans contradiction; mais il eut le bonheur de dissiper les factions que les princes de la maison impériale avaient formées contre lui. To-pa-hong, prince de Weï, crut l'occasion favorable de recommencer la guerre contre l'empire. Mais des échecs continuels qu'il reçut l'obligèrent, l'an 495, à mettre bas les armes, et à donner ses soins au rétablissement de la police et des lettres dans ses Etats. Ming-ti, délivré de cette guerre, se livra à sa cruauté naturelle, et l'exerça contre tous ceux qui lui faisaient ombrage. Il n'excepta pas même le brave Siao-yu, qui l'avait le mieux servi contre les Weï. To-pa-hong, apprenant qu'il avait fait mourir ce général, lui déclara de nouveau la guerre. Elle dédommagea cette fois le prince de Weï des mauvais succès de la précédente. Le chagrin qu'en conçut Ming-ti lui causa une maladie qui, loin de le corriger, ne servit qu'à le rendre plus farouche. Les descendants des empereurs Kao-ti et Wou-ti subsistaient encore en assez grand nombre. Voyant que les princes de sa branche étaient faibles et peu en état de lui résister, il résolut de faire périr les premiers, et exécuta ce dessein sur dix d'entre eux, qui étaient princes du premier ordre. La maladie cependant augmentait et devint bientôt supérieure à tous les remèdes. Il mourut enfin l'an 498, dans la quarantième année de son âge, après avoir désigné pour son successeur Hoen-heou, son troisième fils, qui prit le nom de Pao-kuen.

PAO-KUEN (498 après J.-C.) monta sur le trône avec la résolution de continuer la guerre contre le prince de Weï et l'espérance de réparer les pertes que son père et lui avaient faites. Tchin-hien-ta, son général, débuta par d'heureux succès; il battit les ennemis en diverses rencontres, et se rendit maître de la ville de Ma-kiuen, après quarante jours de siége. Mais une bataille ensuite gagnée sur lui par Yuen-hia, général des Weï, qui lui tua ou fit prisonniers trente mille hommes, avec perte de son bagage, et l'obligea de fuir déguisé dans les montagnes, lui fit perdre toute la réputation qu'il avait acquise. To-pa-hong, prince de Weï, était cependant réduit à l'inaction par une maladie qui augmentait chaque jour. Voyant qu'il n'en pouvait revenir, il nomma pour son successeur Yuen-kio, son fils, et mourut à la quatrième lune de l'an 499, emportant dans le tombeau l'estime et les regrets de ses peuples. L'empereur Pao-kuen était bien différent de ce prince. Corrompu dès son adolescence, il ne mit plus de frein à ses passions dès qu'il fut monté sur le trône. Pour s'y livrer plus librement, il abandonna le timon de l'Etat à ses ministres, qui jouissaient tous d'une autorité presque égale. La division ne tarda pas à se mettre entre eux. Ils s'accusèrent réciproquement de mauvais desseins contre l'empereur, qui les fit tous mourir l'un après l'autre.

Plusieurs autres grands officiers, lui ayant été dénoncés, subirent le même sort. De ce nombre fut Siao-y, frère de Siao-yen, qui commandait dans la province de Yong-tcheou; l'empereur, ne doutant point que celui-ci ne se disposât à venger la mort de son frère, voulut le prévenir, et chargea Tching-tchi de le faire périr de quelque manière que ce fût. Siao-yen fut averti de cet ordre, et sut peu de temps après, par ses espions, que l'empereur ayant conçu des soupçons contre Siao-pao-yong, son propre frère, prince de Nan-king, voulait lui retirer les troupes qu'il commandait. Alors, s'étant joint à ce dernier, il rassembla tous ses amis; et, ayant formé une nombreuse armée, il fit éclater sa révolte. L'empereur, à cette nouvelle, fit marcher contre lui Tchang-tchong, gouverneur de Yng-ching. Wang-mao, lieutenant de Siao-yen, l'ayant battu près du Kiang, l'obligea de se retirer avec les débris de son armée dans Yng-ching, où il alla aussitôt l'investir. Cependant Siao-yen arriva à Kiang-lin avec Siao-pao-yong, et d'autres officiers s'y étant rendus en même temps, s'accordèrent à déposer Pao-kuen comme incapable de régner, et à proclamer empereur, en sa place, Siao-pao-yong, qui prit le nom de Ho-ti.

**Ho-ti** (501 après J.-C.) ne fut point paisible possesseur du trône aussitôt qu'il y fut monté. Tchang-hin-taï, envoyé contre lui de Kian-kang par l'empereur déposé, ne servit ni celui qui l'employait ni celui auquel on l'opposait. Mais après avoir massacré ou mis en fuite les officiers que Pao-kuen lui avait adjoints, soit pour lui faire honneur, soit pour l'engager à bien faire son devoir, il s'avisa de déclarer empereur Siao-pao-yn, autre frère de l'empereur. Cette action le perdit. Abandonné de ses soldats, il fut pris et conduit à Kan-kang, où il subit le supplice dû à sa démarche téméraire et mal combinée. Pao-kuen fut servi plus fidèlement par d'autres généraux. Mais, trop faibles contre Siao-yen, ils n'essuyèrent que des revers, et lui laissèrent, en faisant retraite, la liberté de pénétrer jusqu'aux portes de Kian-kang. Tandis qu'il en formait le blocus, deux des principaux officiers de Pao-kuen, avertis que ce prince songeait à se défaire d'eux, entrèrent dans le palais, le poignardèrent, et portèrent sa tête à Siao-yen. Ce général eut encore à combattre d'autres serviteurs fidèles de Pao-kuen, ou plutôt de la famille impériale, qui s'apercevaient qu'il cherchait à la détruire. Siao-yen, en effet, encouragé par Chin-yo, l'un de ses principaux officiers, pour se frayer la route du trône, commença par se défaire, sous divers prétextes, de ceux qui pouvaient y prétendre; après quoi il prit le titre de prince de Leang, nom de la province où il commandait. L'empereur Ho-ti, s'apercevant du terme où il voulait arriver, prit le parti, pour mettre ses jours en sûreté, de lui céder le trône, et se contenta du titre de prince du premier ordre, que Siao-yen lui accorda. Mais, peu de jours après, ce compétiteur le fit étrangler. Ainsi fut éteinte la famille des Tsi, l'an de notre ère 502.

## Xe DYNASTIE : LES LEANG.

**Leang-wou-ti** (502 après J.-C.) fut le nom que prit Siao-yen à son inauguration. Le pas hardi qu'il venait de faire en montant sur le trône, et le meurtre de l'empereur Ho-ti ne manquèrent pas de lui faire de puissants ennemis. Le premier d'entre eux et le plus distingué fut Lieou-ki-lien, de la race des Han, gouverneur de Yu-tcheou, province éloignée de la cour, dont il avait dessein de former un royaume. L'empereur envoya contre lui Teng-yuen-ki, l'un de ses généraux, qui l'assiégea dans Tching-tou, et réduisit la place à un tel excès de famine, que les hommes se mangeaient les uns les autres. Lieou-ki-lien, dans cette extrémité, consentit à se rendre, sous la promesse qu'on lui fit de la vie privée. Yuen-kio, prince de Oueï, prit occasion de ces troubles pour faire des excursions sur les terres de l'empire; mais il ne les fit pas impunément. Après des succès variés, son général Yuen-yng ayant assiégé, l'an 507, la ville de Tchong-li, sur le bord du Hoang-ho, fut attaqué par Weï-joui, général de Wou-ti, qui lui fit essuyer l'une des plus terribles défaites dont on ait jamais ouï parler. Yuen-kio mourut l'an 515, et eut pour successeur son fils Yuen-hiu, qu'il avait de son vivant déclaré prince au préjudice de son fils aîné, dont il était mécontent. La reine Hou-chi, femme d'esprit et de tête, que Yen-hiu, son fils, éleva au rang d'impératrice, prit au commencement de son règne les rênes du gouvernement, et les mania d'abord avec assez d'habileté. Mais, au bout de cinq ans, la licence de ses mœurs donnant prise sur elle, deux favoris du prince, Lieou-ting et Yuen-y, se prévalurent de son inconduite pour la supplanter. Le dernier même, quelque temps après, se rendit maître de toute l'autorité. Les choses n'en allèrent pas mieux; elles empirèrent au contraire, et les concussions journalières que les officiers du prince exerçaient dans les provinces occasionnèrent des révoltes. La princesse Hou-chi profita de ces circonstances pour se venger du ministre, et vint à bout de lui faire perdre la tête en 525. Elle avait entamé la guerre avant sa disgrâce contre l'empereur Ou-ti; elle la reprit après son rétablissement, et la fit avec succès. Mais des révoltes qui s'élevèrent ensuite donnèrent la facilité à l'empereur de reprendre le dessus. Le prince de Weï cependant, déjà en âge de gouverner, commençait à se lasser de la tutelle où sa mère le tenait. Des courtisans, à qui le joug de la régente ne pesait pas moins, encouragèrent leur maître à les en délivrer eux-mêmes en le secouant, et, dépouillant sa mère d'une autorité précaire dont elle abusait. Dans cette disposition, Yen-hiu fit approcher son armée de Lo-yang. La princesse Hou-chi, s'étant aperçue de son dessein, le prévint; et, l'ayant fait enfermer, elle mit en sa place Yuen-chao, jeune enfant de trois ans, fils de Lin-tao, frère du prince déposé, dont elle ne tarda pas à se défaire par le poison. Cette révolution est de l'an 528. Mais le général Ertchu-yong, indigné des procédés violents et dénaturés de la princesse, fit proclamer et reconnaître par son armée Yuen-tse-yu, empereur de Oueï; et, l'ayant amené à Lo-yang, il l'intronisa sans opposition; après quoi, s'étant mis à la poursuite de Hou-chi, qui avait pris la fuite avec l'enfant qu'elle avait substitué à son fils, il les atteignit près du fleuve Hoang-ho, où il les fit précipiter l'un et l'autre. Le massacre qu'il fit faire ensuite de deux mille hommes des plus qualifiés de l'empire, occasionna bientôt un soulèvement contre lui et le souverain qu'il avait donné à l'Etat. A ce dernier une faction puissante opposa Yuen-hao, prince de la maison impériale, qu'elle proclama empereur; mais la mauvaise conduite de ce rival, après quelques succès assez heureux, détacha de lui ceux qui avaient embrassé le plus hautement son parti. Se voyant abandonné, il se sauva à Lin-yng, dont les habitants le mirent à mort l'an 525. Ertchu-yong, après avoir affermi l'autorité de l'empereur qu'il avait créé, vit son crédit décroître par les ombrages qu'on avait donnés à ce prince contre lui. Ayant osé les braver, il devint la victime de sa hardiesse, et fut mis à mort l'an 530, avec Yuen-tien-mon, son ennemi le plus redoutable. Mais il laissait des amis en grand nombre qui se chargèrent de venger sa mort. Ertchu-chi-long, son frère, s'étant mis à leur tête, fit reconnaître pour empereur, dans une de leurs assemblées, Yuen-ye, prince de Tchang-kouang. Le général Ertchu-chao s'avance en même temps avec son armée vers Lo-yang, dont la garnison ne fait qu'une très-faible résistance. On charge de chaînes le prince déposé, qui est conduit dans un château voisin, sur la route duquel Ertchu-chao le fait étrangler. Bientôt un parti se forme contre le nouvel empereur. Le général Kao-hoan, qui en était l'âme, fait proclamer, l'an 531, empereur des Oueï, dans son camp, Yuen-lang, gouverneur de Pou-haï, et peu de jours après lui procure une victoire sur son rival, par la défaite de l'armée d'Ertchu-chao. Vainqueur encore l'année suivante dans une autre bataille, Kao-hoan, dégoûté de Yuen-lang, le force d'abdiquer, et lui substitue Yuen-siou. Deux ans après, s'étant brouillé avec ce dernier, il fait décerner par sa faction le trône de Oueï à un enfant de onze ans, nommé Yuen-chan, dont il transporte la cour dans la ville de Ye. Les Etats de Oueï se trouvèrent alors partagés en deux royaumes; celui de Weï oriental, où régnait Yuen-chan, et celui de Weï occidental, dont le prince Yuen-siou resta le maître. Les deux partis ne cessèrent de se faire la guerre jusqu'à ce qu'épuisés, l'an 539, par une grande bataille qui leur fut également funeste, ils se déterminèrent à rester en paix quelques années pour se refaire de leurs pertes.

L'empereur Wou-ti, livré aux superstitions des bonzes (1), ne profita point des troubles qui régnaient dans les Etats de Weï pour reculer à leurs dépens les limites des siens. Son unique soin était d'écarter ce qui pouvait altérer sa tranquillité. L'an 541, la faiblesse de son gouvernement enhardit les peuples de Kiao-tchi à secouer le joug de la Chine, et à se mettre en liberté. L'empereur envoya contre eux ses généraux, qui furent occupés six ans à les réduire.

Kao-hoan avait repris les armes dans le même temps que les Kiao-tchi s'étaient révoltés, et continua la guerre l'espace d'environ six ans. Sa dernière expédition fut le siége de Ya-pi. Cette place, défendue par le gouverneur Weï-hiao-koan, fit la plus vigoureuse défense, et obligea Kao-hoan, après cinquante jours

(1) Bonze à la Chine, lama en Tartarie, et talapoin dans le royaume de Siam; ces trois noms signifient un religieux ou un prêtre.

d'attaques, à se retirer épuisé de fatigues, et malade du chagrin que ce revers lui avait causé. Il mourut peu de jours après, laissant Kao-tching, son fils, héritier de ses emplois et de son ambition.

Heou-king, gouverneur de la province de Ho-nan, passa, dans le même temps, du service des Weï occidentaux à celui de l'empereur Wou-ti, qui le déclara prince de Ho-nan. Ce déserteur ne tarda pas à se brouiller avec son nouveau maître par ses infidélités. Ayant mis bas entièrement le masque, il lui déclara la guerre et vint l'assiéger dans sa capitale. L'empereur étant peu en état d'agir, remit au Tay-tsee, ou prince héritier (1), la défense de la ville, et se dépouilla de toute son autorité entre ses mains. Le jeune prince soutint le siége avec beaucoup de valeur. Mais au bout de quatre mois les vivres commencèrent à manquer dans la place. Les assiégeants éprouvèrent la même disette dans leur camp. Heou-king, pour tromper l'empereur, lui fit proposer une suspension d'armes. Wou-ti l'accepta; mais Heou-king n'en continua pas moins ses attaques; et, étant parvenu à introduire ses troupes dans la ville, il alla saluer l'empereur dans la posture la plus humiliante, se battant la tête contre le pavé, et témoignant le plus vif regret de sa révolte. Mais après cette vaine cérémonie il changea la garde du prince et de son fils, et se rendit maître du gouvernement. L'empereur ne survécut pas à cet événement. Agé de quatre-vingt-six ans, il tomba malade, et mourut accablé de chagrin, à la cinquième lune de l'an 549. L'attachement de ce prince à la doctrine extravagante de Fo et aux mystiques rêveries des bonzes lui fit négliger le soin de l'Etat pour se livrer aux pratiques superstitieuses de ces visionnaires, dont il imita l'abstinence au point de se priver de vin et non-seulement de viande, mais de tout aliment qui venait d'animal vivant. Son vêtement était assorti à ce genre de vie : ce n'était que la toile la plus simple, et il n'en changeait que lorsqu'elle ne pouvait plus servir. Le P. de Mailla regrette qu'il ait abandonné la *saine doctrine* pour donner dans ces travers, faisant entendre par là que la religion ancienne des patriarches s'était conservée pure et saine dans la Chine. Leang-wou-ti, environ neuf ans avant sa mort, avait perdu un fils nommé Tchao-ming, qui, dès l'âge de cinq ans, savait tous les king par cœur : c'est à peu près comme si l'on disait chez nous qu'un enfant de cinq ans a retenu toute la Bible, et est en état de la réciter. Jusque-là sa science ne différait guère de celle d'un perroquet; mais cinq ans après il sut rendre raison de tout, et expliquer même les endroits difficiles de l'Y-king, du Chou-king et du Che-king. Il s'appliqua ensuite à l'histoire, et y devint habile. Mais une maladie, causée par l'assiduité du travail, l'emporta à l'âge de vingt-cinq ans.

**Wen-ti** (549 après J.-C.) fut le nom que prit Siao-y, en succédant à l'empereur Leang-wou-ti, son père. Il était alors en fuite depuis le massacre que Heou-king avait fait de tous les princes de la maison impériale qui étaient tombés entre ses mains. Le général Tchin-pa-sien, s'étant déclaré pour lui, se mit en route, avec ce qu'il avait de vieux soldats, pour aller le joindre; et, ayant forcé tous les passages, il poursuivit l'ennemi jusqu'à Nan-kang, dont il se rendit maître. Ce général continua à gagner des batailles et à prendre des villes. Il se couvrit d'une gloire immortelle par une grande victoire qu'il remporta sur Heou-king, et par la prise de la ville de Che-teou, qui en fut le fruit. De toute l'armée formidable que Heou-king lui avait opposée, il ne resta que quelques amis de cet usurpateur, qui cherchèrent leur salut dans la fuite; le reste fut tué ou fait prisonnier, ou se rangea du côté de Tchin-pa-sien. Peu de jours après, Heou-king lui-même fut atteint dans une barque où il s'était jeté, et coupé en pièces. Ce fut alors que Siao-y prit les marques de la dignité impériale, et se fit reconnaître solennellement sous le nom de Siao-yuen-ti.

(552 après J.-C.) Ce nouvel empereur n'avait pas les qualités requises pour conserver l'empire dans des temps si orageux. Un de ses frères, nommé Siao-ki, s'était réfugié chez les Tartares, au pays de Chou. Ayant appris la mort de Heou-king, il entreprit de ravir le trône à son frère; mais il fut vaincu par Fan-meng, général des troupes impériales, qui, l'ayant pris, le fit massacrer. L'empereur, après ce succès, crut n'avoir plus rien à craindre. Il envoya ses généraux, avec les meilleures troupes, à des expéditions éloignées. Mais pendant leur absence les Tartares, qui avaient donné du secours à Siao-ki, vinrent assiéger l'empereur dans Kiang-ling, où ils l'avaient obligé de se réfugier, après l'avoir battu en rase campagne. La place, après s'être défendue pendant un mois, fut emportée par l'infidélité d'un traître qui en ouvrit une des portes aux ennemis. Yu-kin, leur général, fit mourir l'empereur avec les princes de sa famille, après quoi la ville fut pillée. Ceci est de l'an 555 (de Mailla, et *Mémoires des hommes célèbres de la Chine*).

**King-ti** (555 après J.-C.), dont le nom propre était Siao-fang-tche, fut celui que les grands, assemblés à Kiang-ling après la retraite des Tartares, élevèrent sur le trône impérial. Il était le seul des fils de Siao-yuen-ti qui eût échappé au massacre où périt ce prince. Le général Wang-seng-pien, trouvant qu'il était trop jeune pour être mis à la tête de l'empire, entreprit de le détrôner pour mettre à sa place Siao-yuen-ming, fils de Wen-ti et oncle du jeune empereur. Tchin-pa-sien s'opposa à ce dessein comme injuste, et vengea le bon droit de King-ti dans un combat où, vainqueur de Wang-seng-pien, il le fit mettre à mort. Mais, s'étant rendu ensuite maître du gouvernement, il obligea King-ti à se démettre de l'empire.

### XIe DYNASTIE : LES TCHIN.

**Wou-ti** (557 après J.-C.) fut le nom que prit Tchin-pa-sien en montant sur le trône, dont il ne jouit pas tranquillement. Le général Wang-ling lui opposa Siao-tchuang, de la famille des Leang, qu'il fit reconnaître empereur à la tête de son armée. Les offres avantageuses que Tchin-pa-sien fit faire à Wang-ling pour l'attirer à son parti suspendirent quelque temps les hostilités. Mais l'an 559 Wang-ling, ayant appris que Tchin-pa-sien avait fait mourir l'empereur King-ti, reprit aussitôt les armes. Celui qu'il attaquait ne survécut guère à ce renouvellement d'hostilités, étant mort dans la sixième lune de la même année, à l'âge de cinquante-neuf ans. Dans ses derniers moments, il avait désigné pour son successeur Tchin-tsien, son neveu.

Kao-yang, prince de Tsi, mourut dans la même année que Wou-ti, après avoir souillé le trône par ses débauches et ses cruautés. Il eut pour successeur Kao-yen, son frère, par les artifices de Lieou-chi, sa mère, qui le fit élire au préjudice de son neveu, fils du prince défunt.

**Wen-ti** (559 après J.-C.) fut le nom que prit Tchin-tsien lorsque les grands de la Chine l'eurent contraint d'accepter le trône impérial, qu'il avait d'abord résolu de refuser. Il était pour lors âgé de trente-huit ans. Le général Wang-ling fit de nouveaux efforts en faveur de Siao-tchuang, qu'il fut obligé d'abandonner.

L'an 561, à la onzième lune, une chute de cheval que Kao-yen, prince de Tsi, fit à la chasse, le précipita dans le tombeau. Son fils, Kao-pa-nien, qu'il avait désigné pour son successeur, fut supplanté par Kao-tchin, son frère, comme lui-même avait supplanté son neveu. L'empereur Wen-ti, après avoir triomphé de Wang-ling et de sa faction, en vit d'autres successivement éclore, qui ne lui permirent pas de jouir de la tranquillité, qui était le grand objet de ses vœux. Elles n'eurent pas un meilleur succès que les premières. Mais à peine en fut-il délivré, que la mort trancha le fil de ses jours, à la quatrième lune de l'an 566, dans la septième année de son règne, et dans la quarante-cinquième de son âge.

**Pé-tsong** (566 après J.-C.) succéda en bas âge à l'empereur Wen-ti, son père. Mais le prince Tchin-yu, son oncle, s'étant rendu maître du gouvernement par violence, le fit descendre du trône sur la fin de l'année suivante, et se mit à sa place. On donna au prince déposé le titre de Lin-haï-wang, c'est-à-dire prince de Lin-haï.

La mort de Kao-tchin, prince de Tsi, concourut avec cet événement, et délivra ses peuples d'un monstre en débauche et en cruauté. Son fils, dont on ne marque pas le nom, lui succéda.

**Kao-tsong-suen-ti** (569 après J.-C.) fut reconnu solennellement empereur de la Chine. Quelques révoltes qui s'élevèrent au commencement de son règne furent aisément réprimées par ses généraux. L'an 573, se voyant tranquille possesseur de l'empire, il fit demander au prince de Tsi deux places qui étaient à sa bienséance; et, sur son refus, il lui déclara la guerre. Wou-ming-tche, son général, battit l'armée du prince de Tsi, beaucoup plus forte que la sienne; après quoi il entreprit le siége de Cheou-yang, ville importante où commandait le fameux Wang-ling, qui s'était retiré dans les Etats de Tsi. La place fut emportée malgré la brave défense de ce commandant, qui fut fait prisonnier et envoyé à Ken-kiang. Wou-ming-tche, voyant tous les esprits agités à l'occasion de son malheur, craignit qu'ils ne fissent les derniers efforts pour obtenir sa délivrance. Il envoya, pour les prévenir, un courrier après lui, avec

(1) Tay-tsee est le titre que portent en Chine les princes héritiers présomptifs de la couronne. C'est comme autrefois en France le titre de dauphin.

ordre de le mettre à mort, ce qui fut exécuté. D'autres conquêtes qu'il fit dans la même campagne surpassèrent les désirs de l'empereur, et l'engagèrent à terminer la guerre. Peu sensible à ses pertes, le prince de Tsi ne profita de la paix dont l'empereur le laissa jouir que pour se livrer à ses amusements, dont le principal était celui de faire travailler à des jardins de plaisance qu'il faisait recommencer sans cesse. Ses ministres, auxquels il abandonna le timon du gouvernement, abusèrent bientôt de sa confiance, et excitèrent un mécontentement universel par les différentes sortes de vexations qu'ils exercèrent. Yu-wen-yong, prince de Tcheou, profita de ces conjonctures pour faire une invasion dans les États de Tsi, dont il se rendit maître dans le cours d'un an. Il survécut peu à sa conquête, étant mort l'an 578, à l'âge de trente-six ans. Yu-wen-pin, son fils, qui lui succéda, fut un monstre en débauche et en cruauté. La mort l'ayant enlevé l'an 580, il laissa un fils en bas âge, que son premier ministre, Yang-kien, extermina l'année suivante avec tous les princes de la famille des Tcheou, qui n'avait occupé le trône que vingt-six ans. La dynastie des Soui, qui la remplaça dans sa personne, éteignit quelques années après celle des Tchin, et se mit par là en possession de l'empire entier de la Chine. L'empereur Suen-ti mourut à la première lune de l'an 582, dans la cinquante-deuxième année de son âge.

**Heou-tchu** (582 après J.-C.) succéda à l'empereur Suen-ti, son père, qui l'avait déclaré prince héritier. Son goût pour le faste et les plaisirs ne tarda point à se manifester sur le trône. Il débuta par faire construire un nouveau palais, composé de trois tours qui communiquaient ensemble par des galeries, et étaient assez vastes pour le loger, lui, ses femmes et toute sa cour. Ce fut dans ce domicile, où il avait rassemblé tout ce qui peut flatter les sens, qu'il se renferma pour se livrer à la mollesse et à la débauche, laissant à ses eunuques le soin du gouvernement. Les murmures qu'excita cette conduite réveillèrent l'ambition de Yang-kien, prince des Soui, et lui persuadèrent que le temps était venu de réunir dans sa main toutes les parties de l'empire de la Chine. Il commença, l'an 587, par enlever au prince de la dynastie des Leang la ville de Kiang-ling, où il tenait sa cour, ce qui fut suivi de la perte de tous ses États. Alors, tournant toutes ses forces contre l'empereur, il envoya une armée de cinq cent dix-huit mille hommes, divisée en cinq grands corps, sous la conduite d'autant de généraux, pour entrer par cinq endroits différents sur les terres impériales. Tout plia sous des forces aussi redoutables. L'empereur, se voyant investi dans Kien-kang, alla se cacher avec l'impératrice, sa femme et son fils, âgé de quinze ans, dans un puits, d'où quatre soldats ennemis les ayant retirés, les gardèrent jusqu'à l'arrivée de Yang-kouang, généralissime des Soui. Yang-kouang traita l'empereur avec distinction, et, après avoir fait ce que l'humanité lui suggéra pour le consoler dans son malheur, il rassembla tous les grands de Kien-kang, et les fit conduire, ainsi que l'empereur, à Tchang-ngan. Ainsi finit en 589 la dynastie des Tchin.

## XIIe DYNASTIE : LES SOUI.

« Le nouvel empereur des Soui (*Tableaux historiques de l'Asie*) avait pris le titre de Wen-ti (*empereur lettré*). La sagesse de son gouvernement le place à côté des plus grands princes qui ont régné en Chine (1). Il promulgua un nouveau code de lois, qui fut basé sur celui de l'antiquité. Cependant il ne se montra pas imitateur aveugle de toutes les institutions établies par les trois premières dynasties qui avaient régné en Chine. Il fit même des innovations qui auraient pu avoir des suites funestes pour lui et pour ses successeurs, si la douceur de son gouvernement et sa perspicacité n'avaient pas fait échouer toutes les tentatives des mécontents.

(1) On trouve dans le magnifique recueil impérial contenant les édits, déclarations, ordonnances, etc., déjà cité, l'ordre suivant, par lequel Wen-ti, après avoir soumis un petit royaume qui s'était révolté, refuse d'en rendre des actions de grâces à l'*Être suprême* (Chang-ti, *Empereur suprême*), sur une montagne qui serait choisie pour cette cérémonie.

« J'ai envoyé un de mes généraux pour mettre à la raison un petit royaume rebelle. L'expédition a réussi. Qu'est-ce que cela ? Cependant chacun me flatte et m'applaudit. On me presse même, tout peu vertueux que je suis, de faire la cérémonie *fong-tchen* sur quelque montagne fameuse.

» Pour moi je n'ai jamais entendu dire que l'*Empereur suprême* (Chang-ti) puisse être touché par des discours vains et frivoles. Je défends que désormais on m'en parle » (du Halde, t. II, p. 578).

» Il voulait, par exemple, introduire en Chine la division du peuple en quatre castes; elles paraissent avoir été calquées sur le modèle de celles de l'Inde : car il statua que le fils d'un marchand ferait le négoce, que celui d'un artisan apprendrait un métier, et que celui d'un officier militaire ou civil suivrait l'une ou l'autre de ces carrières. Il paraît que ces distinctions n'ont jamais été suivies bien rigoureusement, et qu'on est bientôt revenu aux anciennes formes, qui laissaient à chacun la liberté de se choisir un état. Wen-ti, surpris du grand nombre de colléges entretenus aux dépens de l'État, et de la prodigieuse quantité de lettrés subalternes dont l'empire fourmillait, ne conserva que le collége de la capitale. Il destina les bâtiments de ceux qu'il avait supprimés dans les autres villes à servir de greniers publics, et ordonna que leurs revenus seraient employés à acheter des grains pour être distribués au peuple dans les temps de disette. Malgré la sévérité qu'il déploya dans cette circonstance, il ne fut nullement ennemi des lettres; il voulait seulement supprimer la foule des demi-savants, qui se croyaient en droit de prétendre aux plus hautes places dans le gouvernement.

» Wen-ti n'était pas lettré, mais il estimait les livres et la littérature ancienne. Les princes de la famille des Heou-tcheou avaient recueilli jusqu'à dix mille volumes d'ouvrages qui remontaient au temps des Tcheou et des Han. Le fondateur de la dynastie des Soui y en ajouta plus de cinq mille, fruit de ses conquêtes, ou qu'il avait fait acheter à grands frais dans tout l'empire.

» Wen-ti régna avec gloire pendant seize ans. Il eut des démêlés avec les Thou-kiu ou Turcs, et avec le roi de la Corée. Il les termina glorieusement. Il était sur le point de profiter des divisions qui régnaient parmi les premiers, lorsqu'il mourut victime de l'ambition de son second fils, qui lui succéda en 605 sous le nom de Yang-ti. Celui-ci employa les trésors amassés par son père à bâtir une nouvelle ville à Lo-yang, dans le Hônan. Il y transporta sa cour, et quitta Tchang-ngan (Si-nganfou), l'ancienne capitale de l'empire.

» Ses armées remportèrent d'abord des victoires décisives sur les rebelles du Kiao-tchi ou Tonquin, et effectuèrent ensuite une invasion heureuse dans les Lin-y ou Siam, dont ils prirent la capitale. Ils y trouvèrent des richesses immenses, et entre autres dix-huit idoles en or massif.

» L'empereur ne se contenta pas de bâtir partout des palais superbes (1), il construisit aussi des canaux pour faciliter les communications entre les provinces de l'empire. Il fit également élever de vastes magasins, destinés à mettre des grains en réserve, et défendit d'y toucher hors le temps de disette.

» Sous son règne, le commerce intérieur de la Chine fut très-florissant, et les peuples de l'Occident vinrent aussi en foule trafiquer à Tchang-ye, ville qui s'appelle à présent Kan-tcheou, et qui est située dans la partie la plus orientale de la province de Kan-sou. On fut obligé, pour empêcher le désordre, d'y établir des magistrats particuliers chargés de la surveillance de ces étrangers. On profita de cette occasion pour recueillir toutes

(1) Les historiens chinois rapportent des choses gigantesques de cet empereur : il fit construire deux greniers publics d'une grandeur prodigieuse, dont l'un avait deux lieues de tour, et un parc qui en avait quinze, au milieu duquel se trouvaient des palais, et dans lequel il se promenait à cheval, accompagné de plusieurs milliers de concubines, également à cheval, qui le suivaient avec des chants et des instruments de musique. Lorsqu'il voulut traverser le Hoang-ho, il prépara une flotte de plusieurs milliers de vaisseaux, qui occupaient une étendue de quatre lieues. Il avait fait construire une si grande quantité de barques magnifiques pour son usage, qu'elles occupaient *vingt lieues* à la file. Quand elles étaient en mouvement, les deux côtés du fleuve devaient être bordés par des cavaliers auxquels les villes voisines étaient obligées de fournir des vivres de ce que l'on pouvait trouver de meilleur. Quarante-quatre chefs et rois barbares du nord et de l'occident de la Chine se soumirent à lui. Il fit revoir et réimprimer par plus de cent littérateurs les ouvrages sur l'art militaire, la politique, la médecine et l'agriculture : sept mille volumes des différentes sectes religieuses virent le jour. Il institua le grade de docteur, qui s'est perpétué jusqu'à nos jours, tant dans l'état civil que dans l'état militaire. Il employa douze cent mille hommes, tant par mer que par terre, pour soumettre les Coréens, sans pouvoir en venir à bout. Il fit aussi réparer la grande muraille avec un million d'hommes; il en employa deux à l'embellissement de la ville de Ho-yang et à la construction d'un palais où il n'entra que des pierres et des bois tirés des provinces éloignées. Ce fut pour en faciliter le transport bien plus que dans l'intérêt général qu'il voulut faire communiquer ensemble les deux principaux fleuves et deux grandes rivières.

les notions que l'on pouvait tirer de ces marchands sur les pays occidentaux, et on dressa une carte représentant les quarante-quatre principautés qui y existaient, réparties dans trois grandes divisions naturelles. Cette carte commençait à la montagne de Si-khing, située vers le lieu où le Hoang-ho ou fleuve Jaune entre en Chine, et s'étendait jusqu'à la mer Caspienne. Au milieu de cette carte on voyait les hautes montagnes du Tibet septentrional, appelées par les Chinois du nom collectif de *Koen-lun*. Trois routes principales conduisaient de la Chine à l'Occident : la première se dirigeait par You (*Khamil*) ou par le pays des Ouigours orientaux ; la seconde par celui des Kao-tchang, qui sont les Ouigours occidentaux ; et la troisième par Chen-chen, petite principauté qui se trouvait autrefois au sud du lac Lop, et qui paraît, depuis plusieurs siècles, être ensevelie sous les sables-mouvants.

» L'inspection de ces mémoires et de la carte qui les accompagnait inspira à l'empereur le désir de se voir, à l'instar de ses prédécesseurs de la famille des Han, arbitre et chef suprême des royaumes occidentaux. Il chargea un des grands officiers de sa cour de négocier leur soumission ; celui-ci réussit, mais au prix de sacrifices considérables en argent et en marchandises, qu'il fut obligé de distribuer parmi les princes de l'Asie centrale, pour les disposer à entrer dans les vues de son maître. En 609 Yang-ti entreprit en personne une expédition contre les Thou-kiu-hoen, qui avaient négligé de lui envoyer le tribut accoutumé. Il s'avança jusqu'aux frontières des Ouigours, et reçut les deux rois de cette nation et vingt-sept autres des pays occidentaux qui étaient venus lui rendre hommage. La Chine reprit sous son règne cette prépondérance dans l'Asie orientale, qu'elle avait perdue par sa division en plusieurs Etats.

» L'année suivante (610) il envoya une expédition contre les îles Lieou-khieou, dont le roi avait refusé de se soumettre. Les Chinois le battirent, et il resta sur le champ de bataille. Plus de cinq mille insulaires des deux sexes furent transportés en Chine. Yang-ti ne fut pas également heureux dans ses guerres et ses expéditions contre la Corée, quoiqu'il commandât plusieurs fois son armée en personne. Cependant les Coréens, fatigués de la lutte, conclurent un traité avec l'empereur de la Chine, par lequel ils assurèrent leur existence indépendante comme nation. Malgré ces entreprises guerrières, Yang-ti ne perdit pas de vue la littérature et les sciences ; il encouragea les lettrés de toutes les sectes. A l'exemple de son père, il augmenta considérablement la bibliothèque de la capitale ; il porta le nombre des volumes à cinquante-quatre mille.

» Cependant les guerres extérieures, pour lesquelles l'empereur fut forcé de surcharger le peuple d'impôts, occasionnèrent un mécontentement général ; il se manifesta par plusieurs révoltes partielles, et finit par un soulèvement universel. Les différents chefs des rebelles cherchèrent à s'emparer du pouvoir suprême, et érigèrent les provinces qu'ils occupaient en autant de principautés indépendantes.

» Dans cet état de choses, Li-youan, un des grands de l'empire, secondé par son fils, se forma une armée considérable, battit plusieurs chefs des rebelles, et s'empara de Tchang-ngan (*Si-ngan-fou* dans le *Chen-si*). Yang-ti s'était depuis longtemps retiré à Kiang-tou dans la province actuelle de Kiang-nan, où il s'abandonnait au vin et aux femmes. Li-youan le déposa, et mit à sa place un de ses petits-fils, qui éprouva bientôt le même sort. Il fut remplacé par son frère, avec lequel finit, en 617, la dynastie des Soui. Ce jeune prince tomba victime de l'ambition de son ministre, qui le fit empoisonner pour s'arroger la dignité impériale. »

On raconte que, réduit à boire une coupe empoisonnée, il se mit à genoux, et pria Bouddha, dont il professait la doctrine, de ne jamais le faire renaître empereur.

Nous voici arrivés à l'époque où finissent les *six petites dynasties* (*lou-tchao*, comme les nomment les historiens chinois) pour faire place à la grande dynastie des Tang. Pendant la durée de ces six petites dynasties, l'empire chinois fut presque toujours agité par des guerres intestines, qui lui firent perdre une grande partie de son éclat et de sa prépondérance sur les destinées de l'Asie. Le démembrement de l'empire en deux parties, l'une méridionale et l'autre septentrionale, depuis l'année 386 de notre ère jusqu'à l'avénement de la dynastie de Soui (581), détruisit cette unité imposante d'une grande nation, sans laquelle il lui est difficile d'exécuter de grandes choses. La partie méridionale fut le théâtre où se passèrent le plus grand nombre de révolutions, et où se succédèrent les six dynasties dont nous avons esquissé l'histoire. La partie septentrionale fut moins agitée ; l'histoire, moins connue, n'y place pas tant de révolutions, quoique située dans le voisinage de ces Hioung-nou ou Tartares, dont la destinée semble avoir été de menacer incessamment le grand empire jusqu'au jour de la conquête, qui fut pour eux leur dernier jour comme nation barbare. Cette partie septentrionale fut gouvernée par les Weï, depuis l'an 398 jusqu'en 534 ; ensuite par les Pé-thsi ou les Thsi du Nord. Les Weï régnèrent en même temps sur la plus grande partie de la Tartarie. « Les princes de cette nation, dit M. Abel Rémusat (1), originaires de la Sibérie, avaient conservé des relations avec toutes les tribus qui habitaient au delà du lac Baïkal, jusqu'à l'Obi et jusqu'aux contrées voisines de la mer Glaciale. Jamais le nord de l'Asie ne fut mieux connu des Chinois. Un grand nombre de tribus sibériennes furent alors décrites avec beaucoup de soin. Celles du nord-ouest, en tirant vers l'occident, le furent aussi, quoique avec moins de détails. On eut des rapports multipliés avec les pays de Schash ou de Koue-chan, avec les Sou-te ou Alans, avec les Persans, les A-si de Boukhara, les Ou-siun, les habitants de Balkh et de Kandahar, et plusieurs autres peuples de l'Ouest. Des officiers, envoyés par Thaï-wou-ti dans les contrées occidentales, rapportèrent qu'elles étaient partagées en trois régions, dont la première était comprise entre la partie du Gobi que l'on nomme les *Sables mouvants* (*Cha-mo*), et les monts Bleus ou la chaîne de Kaschgar ; la seconde comprenait le pays de Bischbalikh, et s'étendait au midi jusque chez les Youe-chi ; et la troisième, comprise entre les deux mers (la mer Noire et la mer Caspienne), n'était bornée au nord que par les vastes marais que les géographes chinois placent dans la partie septentrionale du Kaptchak.

» Sous le règne de Thaï-wou-ti, de la dynastie des Weï (de 422 à 451 de notre ère), un marchand du pays des grands Youe-tchi, ou Scythes, vint à la cour de cet empereur, et promit de fabriquer en Chine le verre de différentes couleurs, que l'on recevait auparavant des pays occidentaux, et que l'on payait extrêmement cher. D'après ses indications, on fit des recherches dans les montagnes, et on découvrit en effet les minéraux propres à cette fabrication. Le marchand parvint à faire du verre colorié de la plus grande beauté. L'empereur l'employa pour faire construire une salle spacieuse qui pouvait contenir cent personnes. Elle était si magnifique et si resplendissante, qu'on aurait pu la croire l'ouvrage d'êtres surnaturels. Depuis ce temps, le prix de la verrerie diminua considérablement en Chine » (*Tableaux historiques de l'Asie*).

### XIII^e DYNASTIE : LES TANG.

Kao-tsou I^er, fondateur de la dynastie des Tang, était prince de Tang et portait le nom de Li-yuen, lorsqu'en 616 il fut au nombre des principaux rebelles qui renversèrent la courte dynastie des Soui. Le fantôme d'empereur qu'il avait mis sur le trône en 617, le lui ayant cédé en 619, il y monta ; et, dès la première année de son règne, il anéantit les principautés de Leang, de Tein et de Weï ; enfin, au bout de six ans, il resta maître de tout l'empire par la destruction des autres princes qui pouvaient le lui disputer. Il dut la plus grande partie de ses succès à son fils Li-chi-min, en faveur duquel il abdiqua en 626, et qui devint célèbre sous le nom de Thaï-tsoung. L'empereur démissionnaire avait alors 62 ans, et ne mourut qu'en

Kao-tsou I^er, empereur chinois.

(1) *Mémoire sur l'extension de l'empire chinois du côté de l'occident.*

635. Ce fut Kao-tsou qui agrégea au conseil suprême la fameuse académie fondée par son fils, devenue la pépinière d'une foule d'hommes célèbres en tous genres, gouverneurs, magistrats, mandarins, savants, etc., et qui subsiste encore sous le nom de Han-lin-yuen. — Nous réunissons, ci-dessous, tous les détails qui concernent le fils de Kao-tsou I^er^.

THAI-TSOUNG fut le véritable fondateur de la dynastie des Tang; il était le second fils de Li-yuen gouverneur de la province de Tay-yen-fou, et se nommait Li-chi-min. Dès son enfance, il se distingua de ses frères par son esprit, sa prudence et sa valeur. Prévoyant que la dynastie des Soui touchait à sa fin, il osa concevoir l'espérance de faire passer la couronne à son père; mais, connaissant la faiblesse de ce prince, il lui cacha soigneusement ses projets. Li-chi-min s'attacha d'abord à gagner l'estime des grands et des lettrés par la sagesse de sa conduite. Sa bravoure et sa libéralité lui concilièrent facilement l'affection du peuple et des soldats. Dès qu'il crut le moment favorable, il leva des troupes, sous le prétexte de rétablir la tranquillité dans les provinces voisines. Tous les mécontents vinrent bientôt en foule se ranger sous ses drapeaux; et, se voyant à la tête d'une armée puissante, il força son père à se déclarer indépendant. La nouvelle de l'approche de Li-chi-min jeta l'épouvante dans la cour du dernier empereur des Soui. Ce malheureux prince fut égorgé par ses gardes; et, son héritier ayant refusé de s'asseoir sur un trône sanglant et environné de dangers, Li-yuen fut proclamé empereur sous le nom de Kao-tsou. La valeur brillante de Li-chi-min acheva bientôt de dissiper ou de soumettre les ennemis de son père; et il s'attacha par ses bienfaits tous ceux qu'il avait vaincus sur le champ de bataille. Kao-tsou, reconnaissant qu'il devait le trône à Li-chi-min, voulut le déclarer prince héritier; mais il refusa ce titre, qu'il fit donner à son frère aîné, et se contenta de celui de généralissime. Li-chi-min profita des loisirs de la paix pour se perfectionner dans les sciences. Il obtint de son père la permission de faire venir à la cour les savants les plus distingués, et il y fonda une sorte d'académie, qui subsiste encore dans le tribunal des ministres. Les frères de Li-chi-min ne purent voir sans jalousie la préférence marquée qu'il obtenait sur eux dans toutes les circonstances. Après avoir tenté vainement d'inspirer à l'empereur, leur père, des soupçons sur sa conduite, ils conçurent l'odieux projet de l'assassiner. Averti des intentions de ses frères, Li-chi-min ne sortait plus sans armes, et se faisait accompagner de quelques-uns de ses serviteurs les plus dévoués. Un jour qu'il se rendait au palais, il voit venir à lui ses deux frères portant leurs arcs; et aussitôt il entend le sifflement d'une flèche. Irrité de tant de perfidie, il fait tomber à ses pieds l'assassin; l'autre en fuyant est percé d'une flèche. Li-chi-min court embrasser les genoux de son père. L'empereur le relève, et, s'étant fait rendre compte de ce qui s'était passé, lui dit: « La méchanceté de vos frères les rendait indignes de vivre; en leur ôtant la vie, on n'a fait que ce que j'aurais dû faire il y a longtemps. » Li-chi-min fut reconnu dès le lendemain prince héritier; et, un mois après Kao-tsou s'étant démis de l'empire, il fut proclamé son successeur (4 août 626) sous le nom de Thaï-tsoung. Quoique passionné pour les femmes, son premier acte d'autorité fut de congédier du palais trois mille concubines, qu'il renvoya dans leurs familles; il fit déclarer impératrice son épouse Tsang-chun-si, princesse aussi modeste qu'éclairée, dont les conseils lui furent souvent utiles, et qui, dit-on, a laissé des ouvrages estimés. Pendant les fêtes du couronnement, les Turcs pénétrèrent dans la Chine, et s'avancèrent près de Si-ngan-fou, avec une armée de plus cent mille hommes. L'empereur, sans se troubler, fit armer ses troupes, et marcha sur-le-champ contre les Turcs. Sa contenance assurée les intimida tellement, qu'ils s'estimèrent heureux d'obtenir la paix aux conditions qu'il voulut leur imposer. Thaï-tsoung connaissait trop bien les ennemis auxquels il avait affaire pour se fier à leurs serments. Aussi profita-t-il de la paix pour exercer ses soldats, et bientôt il eut une armée aguerrie et disciplinée. Aucun prince ne comprit mieux les avantages qu'une nation peut retirer du progrès des sciences. Il bâtit à Si-ngan-fou un collége qui pouvait contenir plus de dix mille élèves, l'enrichit d'une bibliothèque de deux cent mille volumes, et y fixa, par ses largesses, les maîtres les plus habiles. Ses bienfaits allèrent chercher au loin les savants et les lettrés. Il encouragea leurs travaux, récompensa leurs découvertes, et en attira plusieurs à sa cour. C'était dans leur société qu'il passait les moments qu'il pouvait dérober aux soins du gouvernement, et il les consultait souvent dans les circonstances difficiles. Thaï-tsoung divisa l'empire en dix *tao* ou grandes provinces, et en régla les bornes d'après leurs limites naturelles. Il ne voulut pas, malgré l'avis de ses conseillers, profiter de la

Thaï-tsoung, empereur chinois.

guerre que les Turcs se faisaient entre eux pour achever de les détruire. Il se contenta de leur donner un chef ou ko-han; mais, les Turcs l'ayant prié de garder ce titre pour lui-même, il y consentit. D'après l'avis de l'impératrice, Thaï-tsoung ordonna la révision du code des lois, en prescrivant d'adoucir le châtiment et de diminuer les charges et les impôts supportés par le peuple. Attentif à tous les détails du gouvernement, il voulut un jour visiter lui-même les prisons publiques; il y trouva trois cent quatre-vingt-dix criminels condamnés à mort. Leur ayant permis de se rendre chez eux pour travailler à la récolte, ils revinrent tous au temps prescrit, et obtinrent leur grâce. Le prince héritier ayant donné, par sa conduite, des sujets de mécontentement à son père, il craignit que l'empereur ne lui substituât un autre de ses enfants, et résolut de prévenir cette mesure. La conspiration du prince héritier ayant été découverte, Thaï-tsoung se contenta de le dégrader; mais il fit punir de mort ses complices. Depuis qu'il était monté sur le trône, Thaï-tsoung n'avait fait la guerre que par ses lieutenants; mais il résolut d'aller en personne châtier les grands de la Corée, révoltés contre leur roi, et qui d'ailleurs gênaient les communications de la Chine avec ses voisins. Il s'empara, presque sans obstacles, de plusieurs villes de la Corée, et vint mettre le siége devant Gan-chi-tching, capitale de ce royaume. Une victoire éclatante qu'il remporta sur les Coréens lui persuada que cette ville ne tarderait pas de tomber en son pouvoir; mais le général qui la défendait montra de la vigueur; et l'empereur, après avoir perdu beaucoup de monde, fut obligé de se retirer, faute de vivres pour faire subsister son armée. En le voyant s'éloigner, le commandant de la ville lui cria du haut des murailles qu'il lui souhaitait un bon voyage. Ce revers inattendu affligea vivement l'empereur; succombant à son chagrin, et persuadé que sa fin approchait, il se hâta de recueillir, pour l'instruction de son héritier, les avis les plus propres à former un bon prince. Outre le livre intitulé *Ti-fou*, il en avait déjà composé un autre sous le titre de *Précieux miroir;* dans ces deux ouvrages, dont le P. du Halde a donné l'analyse (1), Thaï-tsoung fait voir beaucoup de discernement et de goût, et montre une connaissance approfondie de l'histoire. Ce prince mourut le 10 juillet 649, à l'âge de cinquante-trois ans; il en avait passé vingt-trois sur le trône. Peu d'empereurs ont eu plus d'heureuses qualités que Thaï-tsoung: l'histoire ne lui reproche qu'un amour excessif pour les femmes et le désir immodéré de la gloire. Curieux de connaître ce que la postérité penserait de lui, le prince, un jour, interrogea le président du tribunal de l'histoire. « Les historiens, lui répondit le président, écrivent les bonnes et les mauvaises actions de votre majesté, ses paroles louables et répréhensibles, et tout ce qui se passe de bien et de mal dans le gouvernement; mais je ne sache pas qu'aucun empereur ait jamais vu ce qu'on écrivait de lui. — Eh quoi! dit l'empereur, si je n'avais rien fait de bon, est-ce que vous l'écririez aussi? — Je ne pourrais m'en dispenser, reprit le président, et ce que vient de dire votre majesté sera consigné dans mes mémoires. » Ce fut sous le règne de Thaï-tsoung, qu'O-lo-pen apporta l'Evangile à la Chine en 635. On dit que l'empereur, après s'être fait rendre compte de la nouvelle doctrine, désignée sous le nom de Ta-tsing, en favorisa la

(1) *Description de la Chine*, t. II.

prédication. Il est vrai que les grandes annales de la Chine se taisent à cet égard; mais de Guignes (*Mémoires de l'académie des inscriptions*, t. XXX) et depuis M. Abel Rémusat (*Journal des savants*, octobre 1821) ont démontré qu'on ne devait rien conclure du silence des grandes annales contre le fait, puisqu'il est prouvé de la manière la plus authentique par la fameuse inscription de Si-ngan-fou. On peut consulter, pour plus de détails sur le règne de Thaï-tsoung, l'*Histoire générale de la Chine*, par le P. de Mailla, t. V et VI, et les *Mémoires concernant les Chinois*, par les missionnaires, t. XV, 399-462.

KAO-TSOUNG I^er^, troisième empereur de la dynastie des Tang, avait porté le nom de Li-tchi, avant de succéder, l'an 648 de J.-C., à son père le grand Thaï-tsoung. Aussitôt après son avénement au trône, il convoqua une assemblée des grands et des gouverneurs des provinces pour s'informer exactement des besoins du peuple, et il s'occupa sans relâche des moyens de les soulager. Il vainquit le kan des Turcs orientaux, qui avaient refusé de lui rendre hommage et tué un de ses ambassadeurs, et, l'ayant fait prisonnier, il se contenta de le présenter en offrande au temple de ses dieux, et le renvoya dans le Turkestan avec des titres pompeux, mais sans autorité. Kao-tsoung régnait depuis six ans, chéri de ses sujets et respecté de ses voisins, lorsque, étant devenu épris, dans un concert, d'une des femmes de son père, il l'épousa malgré les plus sages observations sur l'indécence d'un pareil mariage, et devint l'esclave des volontés de cette femme adroite et ambitieuse, qui parvint à supplanter l'impératrice et à la faire périr. Elle se défit aussi des grands qui s'étaient opposés à son élévation, et contraignit même le prince héréditaire à se donner la mort. Odieuse par sa tyrannie, cette princesse sut contenir le mécontentement général et employer utilement l'armée, qui conquit la Corée et quelques Etats des Tartares méridionaux. Tel était son ascendant sur Kao-tsoung, devenu aveugle, que ce prince, mourant en 684, exhorta son fils Li-tche ou Tchong-tsong, qui allait lui succéder, à consulter l'impératrice dans toutes les affaires. C'est Kao-tsoung qui, ayant reconnu roi de Perse Tirouz, fils du dernier monarque sassanide, lui donna asile en 674; mais, au lieu de lui fournir des secours contre les Arabes pour l'aider à remonter sur le trône de ses pères, il le nomma capitaine de ses gardes.

TCHONG-TSONG (684 après J.-C.) fut le nom que prit le prince Li-tché, fils de Kao-tsoung, en montant sur le trône après la mort de son père. Dès qu'il eut été reconnu, il déclara impératrice Woue-chi, son épouse, et voulut élever le père de cette princesse à une des premières dignités de l'Etat. On lui fit sur ce dernier article des remontrances qu'il n'écouta point. L'impératrice Wou-heou, sa mère, prit le parti des remontrants, et, protectrice de l'empire, en vertu de sa qualité de mère et d'impératrice, elle déclara son fils déchu du trône et réduit à la qualité de prince de Liu-ling. Mais, comme il fallait au moins un fantôme d'empereur, elle lui substitua le prince Li-tan, sans permettre que l'on communiquât aucune affaire à ce dernier. A l'égard de l'empereur déposé, elle le craignait si peu, qu'au lieu de le faire mourir, comme l'intérêt de son ambition semblait le demander, elle se contenta de l'enfermer avec sa femme, et de les faire changer de temps en temps de prison. Résolue de faire passer le sceptre dans sa famille, elle écarta les princes de la maison impériale, avec les grands qui pouvaient nuire à ce dessein, et les envoya tous comme en exil, vers Yang-tcheou. Se voyant ainsi réunis, ils ne manquèrent pas de se concerter pour tirer vengeance de leur disgrâce; et bientôt ils mirent sur pied une armée de cent mille hommes. L'impératrice leur en opposa le double, et fut si bien servie et par la mésintelligence qui régnait entre eux et par la valeur de ses généraux, que dans le cours de quatre années elle dissipa leur parti. Depuis ce temps elle régna sans contradiction. Les Chinois cependant regrettaient en secret leur souverain légitime, et l'usurpatrice fit des tentatives inutiles pour les engager à recevoir un empereur de sa famille. Enfin, l'an 701, avertie par l'âge de songer à la retraite, et sollicitée par la nation de rétablir Tchong-tsong sur le trône, elle fit revenir ce prince avec sa femme, et se contenta d'abord de lui rendre son premier titre de prince héritier, sans l'associer au gouvernement. Elle le tint près de cinq ans dans cet état d'inaction, qu'il supportait sans faire aucun mouvement pour en sortir. Un homme respectable par son âge, ses vertus et son rang, Tchang-kien-tchi, président du tribunal des crimes, las des délais qu'elle apportait à se démettre, fit un parti pour l'y contraindre, en lui ôtant ses deux ministres qui faisaient son principal appui. C'est ce qu'il exécuta l'an 705, par l'assassinat de ces deux hommes. Alors Wou-heou, voyant, par la manière dont lui parlèrent ensuite les conjurés, qu'elle ferait de vains efforts pour se maintenir, remit Tchong-tsong sur le trône d'où elle l'avait fait descendre. Le peuple, en l'y voyant remonter, témoigna une joie extraordinaire. Mais les belles espérances qu'il avait conçues de son gouvernement ne tardèrent pas à s'évanouir. L'impératrice Weï-chi prit sur l'esprit de Tchong-tsong le même ascendant que Wou-heou avait eu sur celui de son époux. Elle en fit encore un plus mauvais usage; plus débauchée, aussi méchante et moins habile que Wou-heou, elle ne garda aucune modération dans sa conduite. L'empereur, averti des excès de sa femme et du mécontentement de la nation par différents placets, n'y répondit qu'en livrant les accusateurs à la vengeance de cette princesse. Il n'ouvrit les yeux que lorsqu'il apprit qu'elle travaillait à lui enlever le sceptre pour le faire passer à un prince de sa famille. Mais, informée par ses espions de la disgrâce qu'elle lui préparait, elle le prévint, l'an 710, en l'empoisonnant dans une sorte de pain qui lui était propre. Elle voulut ensuite, à l'exemple de Wou-heou, remplir, par un vain simulacre, le trône vacant. Mais Li-tan, frère de l'empereur défunt, ayant rassemblé une troupe de soldats déterminés, les envoya, sous la conduite de Li-long-ki, son fils, au palais, où ils mirent à mort l'impératrice; après quoi Li-tan prit possession du trône, que personne ne lui contesta.

Sous le règne de Kao-tsoung et de son successeur, plusieurs ambassadeurs furent envoyés par les rois de l'Inde vers l'empereur de la Chine. Il est dit dans la *Notice sur l'Inde* que l'année 667 de notre ère les *cinq Indes* (ou les cinq divisions de l'Inde alors adoptées) envoyèrent des ambassadeurs à la cour de Kao-tsoung. Les mêmes ambassades se renouvellent en 672 et 692 de notre ère.

L'année 657, le général chinois Sou-ting-fang se rendit avec l'armée impériale dans le pays des Turcs occidentaux, qui voulaient se soustraire à l'autorité de la Chine. Le kan de ces derniers, à la tête de cent mille hommes, vint attaquer le général chinois. Celui-ci le repoussa, et remporta une victoire complète. Il y eut un grand nombre d'ennemis de tués. Mais la paix ne fut pas rétablie; et les différentes hordes turques continuaient de se faire la guerre entre elles. Ce fut là une des causes fréquentes qui amenèrent à cette époque les armées chinoises dans l'Asie occidentale, parce que le grand empire s'était constitué l'arbitre souverain de l'Asie sous le règne de ses précédents empereurs.

L'année 661 de notre ère, le gouvernement chinois divisa de nouveau les pays occidentaux de l'Asie en huit départements (*fou*) et en soixante-seize arrondissements (*tcheou*). Ces pays étaient situés entre Kaschgar et la mer Caspienne et d'autres pays voisins. La Perse y était comprise, parce que les rois de Perse avaient souvent réclamé les secours des armées chinoises, et qu'ils étaient considérés comme feudataires de l'empire chinois.

L'apparition d'une comète (18 mai 668) causa une grande frayeur à l'empereur Kao-tsoung. Comme dans toutes les circonstances semblables d'un phénomène extraordinaire, le chef de la nation se crut coupable de grandes fautes, et il s'imposa des pénitences et des privations.

Ce fut cette même année 668 que le roi de Kao-li ou Corée se rendit aux généraux chinois qui avaient assiégé et pris sa capitale. Après cette reddition, tout le royaume se soumit. Un des généraux chinois fut nommé commandant général et gouverneur. On établit un tribunal chinois dans la capitale de la Corée; les natifs ne furent pas exclus des charges civiles et militaires. On divisa le royaume en cinq gouvernements, dans lesquels se trouvaient 176 villes et 69,000 familles; 9 départements, 42 arrondissements, et 100 districts ou cantons.

Les armes chinoises ne furent pas aussi heureuses contre les Tibétains que contre les Coréens. Commandées par deux généraux chinois qui n'étaient pas d'accord sur la manière d'attaquer l'ennemi, elles furent battues et détruites séparément par les troupes tibétaines (669) dans le pays de Kokonoor. Et, à cette occasion, les historiens chinois louent la prudence et l'habileté des ministres de la cour du Tibet. Cette puissance s'agrandit beaucoup par ses conquêtes des possessions chinoises de l'Asie centrale. On rapporte cependant que, malgré ces conquêtes, l'empereur envoya du Tibet en 672 un ambassadeur à l'empereur de la Chine, pour lui payer un tribut. L'empereur l'interrogea sur les mœurs et coutumes de son pays. Cet envoyé répondit avec beaucoup de sens: « Nous nous conservons en bon état, parce que la sincérité, l'union et le zèle pour le bien public règnent à la cour; on sacrifie le bien particulier au bien général. » Toutefois le bon accord ne subsista pas longtemps entre la Chine et le Tibet; car en 678 l'armée chinoise, forte de 180,000 hommes, fut défaite par les Tibétains, près du lac de Kokonoor.

En 674 la doctrine de Lao-tseu fut en grand honneur à la cour; on ordonna que les enfants des grands et des princes, de même que ceux du peuple, étudieraient le *Livre de la raison et de la vertu*, de Lao-tseu, et qu'il y aurait des examens sur l'habileté des étudiants dans la doctrine qui y est enseignée. Quelques années auparavant (666), l'empereur Kao-tsoung était allé au temple érigé en l'honneur de Lao-tseu, nommé aussi Lao-kiun, le *prince respectable*, qu'il regardait comme un de ses ancêtres, et il lui avait donné le titre de *sublime et profond empereur*. Cette prédilection de presque tous les empereurs de la dynastie des Tang pour l'ancien philosophe venait de ce que ses sectateurs avaient habilement profité de l'identité de son nom de famille avec celui de la race des Tang (ce nom commun à l'un et à l'autre était *li*, *poirier*) pour persuader à cette dernière qu'elle avait pour ancêtre Lao-tseu, ce qui n'avait rien d'invraisemblable.

Le général chinois Peï-hing-kien ayant fait prisonniers deux ko-kan ou kans des Turcs orientaux, dans le pays des Ortous, une des conditions de leur capitulation fut qu'on ne les ferait pas mourir. Cependant le général chinois les ayant fait conduire à la cour, on leur fit trancher la tête. Ce général eut beau représenter que cette exécution était injuste, qu'elle le déshonorait, qu'elle pouvait avoir des suites fâcheuses, on n'eut point égard à ce qu'il disait. Ce brave militaire en conçut tant de peine, qu'il ne voulut plus servir. Il se retira et en mourut de chagrin, regretté de tous les hommes de guerre et de tous les honnêtes gens.

Pendant que l'impératrice Wou-heou tenait l'empereur qu'elle avait fait nommer en exil, loin de la capitale, pour régner en son nom, plusieurs révoltes, fomentées dans le but de délivrer l'empereur captif, furent réprimées; un grand nombre de mandarins, de personnages distingués, de princes de la famille royale périrent. Cet état d'anarchie, où les meurtres, les exécutions sans jugement, se succédaient sans interruption, ne pouvait durer. L'impératrice régnante fit venir de toutes les provinces (692) ceux qu'on lui avait proposés pour être employés. Les mandarins qu'elle avait envoyés partout avaient ordre d'envoyer à la cour ceux qu'ils jugeraient capables de donner de bons conseils au gouvernement. L'impératrice les employa tous; mais elle fit secrètement examiner leurs talents. Elle voulut reconnaître par elle-même le vrai et le faux des accusations secrètes que les mandarins avaient faites, et qui avaient fait périr tant de princes du sang, d'illustres personnages et de mandarins innocents. Cette impératrice, que le sentiment de la justice inspira un peu tard, fit mourir plus de 850 de ces faux accusateurs, dont elle avait elle-même provoqué les infâmes délations (1).

Cette mesure politique apaisa un peu les esprits, et plusieurs bons mandarins entreprirent de faire revivre la justice et l'équité, et de faire cesser la tyrannie.

Cette même année 692, le gouverneur chinois de Tourfan (Si-tcheou), secondé par le prince turc Assena-tchoung, à la tête d'un corps de Turcs occidentaux, et conduisant une armée considérable de troupes chinoises, reconquit sur les Tibétains les quatre gouvernements militaires que ces derniers avaient enlevés aux Chinois quelques années auparavant. Le gouvernement chinois des pays orientaux fut alors établi à Koueï-tseu ou Kou-tche, et les princes feudataires qui avaient quitté le parti chinois furent forcés de rentrer dans l'obéissance.

L'année 694, le bonze Hoaï-y, favori de l'impératrice, eut ordre de faire construire un temple appelé *temple de la grande lumière* (taming-tang), et un *temple du ciel* (thian-tang), au nord du premier. Dix mille hommes y travaillaient chaque jour, et la dépense fut si grande, qu'elle épuisa le trésor. Le temple du ciel était partagé en cinq étages. « Quand on était arrivé au troisième étage, dit un historien chinois, et qu'on regardait le temple de la lumière, qui n'était qu'à quelques pas, il fallait plonger ses regards comme dans un précipice; ce qui peut faire juger de l'élévation du temple du ciel. » Ce bonze avait jusqu'à mille disciples jeunes et robustes. Un censeur crut qu'il y avait du désordre; il accusa le bonze. Les disciples de ce dernier furent exilés, et on ne décida rien à son égard. Seulement il eut ordre de faire teindre de sang de bœuf une statue de deux cents pieds d'élévation, qui fut placée dans le temple de la lumière. Dans ce temps-là un médecin s'insinua dans les bonnes grâces de l'impératrice; le bonze en fut jaloux, et il mit secrètement le feu au temple qu'il avait fait bâtir. Tout ce qui était déjà construit fut brûlé. Le feu se communiqua au palais et à la grande salle du trône, et tout fut consumé. L'impératrice dissimula, et se contenta de rejeter la faute sur le peu de prudence ou l'inattention des ouvriers. « Ces sortes d'incendies sont de très-mauvais présages à la cour de Chine, dit le P. Gaubil, et passent pour des signes de la colère du ciel. » Un grand mandarin voulait que l'on cherchât à apaiser la colère céleste; mais un autre, qui appréhendait apparemment les suites des recherches, porta l'impératrice à ne pas exécuter ce qu'elle avait d'abord résolu de faire. Le bonze eut ordre de travailler à refaire le temple du ciel et la grande salle du trône. Il fit fondre du cuivre, et en fit faire de grandes tables et de grandes urnes, où l'on voyait la description de tout ce qui existait dans l'empire. Il fit faire aussi douze statues ou idoles, hautes de dix pieds chacune. Le bonze eut quelque soupçon qu'on l'examinait; il fut inquiet, et il tint des discours dont l'impératrice se trouva offensée. Sur ce rapport, cette princesse fit battre secrètement le bonze, qui mourut des coups qu'on lui donna. A l'occasion de l'incendie, l'impératrice ordonna qu'on lui offrît des placets, mais sincères et sans flatteries. Alors un grand mandarin dit qu'il fallait cesser les travaux pour le temple de Fo; un autre exposa en quatre articles les défauts du gouvernement.

L'impératrice Wou-theou aimait tendrement un de ses neveux, nommé Wou-san-sse. Ce jeune homme avait le titre, l'apanage et le cortége de prince. L'année 695, il fit faire deux colonnes, l'une de fer, l'autre de cuivre. Leur hauteur était de cent cinq pieds, leur diamètre de douze. Le piédestal était en forme de petite montagne de fer et de cuivre, haute de vingt pieds; le contour était de cent soixante-dix pieds. Il composa l'éloge de l'impératrice, sa tante, et le fit graver en beaux caractères sur ces colonnes, qui furent placées de chaque côté de l'une des portes du palais impérial. L'impératrice y fit placer une inscription qui disait : *Colonnes célestes élevées en l'honneur de la puissance et des vertus de la grande dynastie des Tcheou* (1), *souveraine de tous les royaumes.*

L'année 696, on plaça aussi, à une des portes du palais, neuf grands vases ou *ting* de cuivre, à deux anses et en forme de trépieds, faits à l'imitation de ceux du grand Yu. On y voyait la description de l'empire, partagé en neuf parties, conformément à l'ancienne division. On y avait ajouté les noms des capitales et des principales villes, le détail de ce qu'elles produisaient, et la nature des subsides particuliers qu'elles fournissaient au trésor impérial et aux magasins publics. Ces neuf parties s'appelaient aussi *tcheou*. Le vase qui représentait Yu-tcheou avait dix-huit pieds de hauteur et pesait dix-huit cents *tan* ou quintaux de cuivre. Les autres vases avaient quatorze pieds de hauteur, et pesaient chacun douze cents quintaux. On employa, pour fondre ces neuf *ting* ou vases, cinq cent soixante mille sept cents livres de cuivre.

Outre le nombre considérable de statues qu'elle avait fait ériger dans les différents temples, qui s'étaient multipliés d'une manière prodigieuse sous son règne, l'impératrice Wou-heou en fit encore ériger un très-grand nombre pour représenter, disait-elle, ceux qui avaient bien mérité de l'empire sous son règne.

L'année 697, l'impératrice conclut un traité avec Mé-tcho, roi des Turcs, pour tâcher de l'engager à attaquer les Khitans ou Tartares. Par ce traité l'impératrice donnait au chef turc des lettres patentes de kan; elle lui rendait tous les Turcs faits prisonniers dans les guerres. On lui promettait le mariage d'un prince chinois avec sa fille; on lui accordait une certaine étendue de pays; on lui donnait une quantité de pièces de soie, de mesures de grains, beaucoup de fer, et toutes sortes d'instruments aratoires. Le traité fut conclu, malgré les représentations de quelques grands mandarins à cet égard.

Ce chef turc devint bientôt si puissant, que l'année après (698) il se trouvait à la tête de quatre cent mille soldats. Il entra en Chine, prit et saccagea la ville de Ki-tcheou, et fit de grands ravages dans le Pé-tchi-li. Mais, craignant de ne

(1) Elle avait fait faire de petits coffrets de cuivre, où, par un trou pratiqué dans le couvercle, on pouvait déposer des billets. L'impératrice voulut que chacun fût libre d'y faire entrer des accusations contre ceux qui paraîtraient mécontents du gouvernement. Elle envoya partout des gens de confiance pour récompenser en secret tous ceux qui feraient de pareilles dénonciations.

(1) C'est-à-dire des *Tang*. L'impératrice Wou-heou avait voulu changer le nom de cette dynastie en celui de l'ancienne des Tcheou; mais ce changement n'a pas prévalu chez les historiens chinois.

pouvoir résister à l'armée impériale, il résolut de s'en retourner en Tartarie sans l'attendre. En partant, il fit passer au fil de l'épée dix mille Chinois qu'il avait faits esclaves.

On trouve dans le magnifique *Recueil impérial*, dont il a déjà été question plus d'une fois dans cet ouvrage, une *remontrance* du sage ministre Ti-jin-kie, pour détourner l'impératrice Wou-heou de ses entreprises guerrières. En voici les principaux passages, que nous citons comme des documents curieux sur la manière dont, à cette époque, on considérait les nations étrangères à la cour de Chine.

« J'ai toujours entendu dire que le ciel avait fait naître les barbares dans des terres absolument distinguées des nôtres. L'empire de nos anciens princes, à l'est, avait pour bornes la mer; à l'ouest, *Leou-ma* ou sables mouvants; au nord, le désert de *Lio-no;* et, au sud, ce qu'on nomme les *Ou-ling* (les cinq chaînes de montagnes): voilà les bornes que le ciel avait mises entre les barbares et notre empire. A en juger par nos histoires, divers pays, où nos trois premières célèbres dynasties n'ont jamais fait passer ni leur sagesse ni leurs armes, font aujourd'hui partie de votre domaine. Votre empire est non-seulement plus vaste et plus étendu que celui des Yu et des Hia, il va même encore plus loin que celui des Han. Cela ne vous suffit-il donc pas? Pourquoi porter encore au delà vos armes, dans les pays incultes et barbares? Pourquoi épuiser vos finances et accabler vos peuples par des conquêtes inutiles? Pourquoi préférer à la gloire de gouverner en paix un empire florissant le vain honneur de faire prendre à quelques sauvages le bonnet et la ceinture?

» Chi-hoang-ti, sous les Thsin, Wou-ti, sous les Han, se conduisirent ainsi. Nos plus anciens empereurs n'ont jamais rien fait de semblable. Préférer les autres à ces derniers, c'est compter pour rien la vie des hommes et vous rendre odieuse à tous vos sujets. Chi-hoang-ti fit de grandes conquêtes, son fils perdit l'empire. Wou-ti entreprit successivement quatre guerres, mais ses finances s'épuisèrent. Il fut obligé de charger le peuple d'impôts; bientôt la misère devint générale. Les pères vendaient leurs enfants, les maris leurs femmes; il mourait un monde infini; des troupes de brigands se formaient de toutes parts. Un proverbe dit: « Un cocher craint de verser où il a » vu verser un autre. » La comparaison, quoique vulgaire, peut s'appliquer à des sujets plus élevés. »

Ensuite le ministre expose en détail les dépenses que nécessitent les longues guerres, et il conclut par exhorter l'impératrice à ne pas aller chercher ces fourmis dans leurs trous, mais à faire seulement garder les frontières.

Le règne de l'impératrice Wou-heou fait connaître les mœurs chinoises à son époque, et l'état de dégradation où l'esprit public était tombé. « Cette femme, dit le P. Amyot, entreprit et exécuta impunément les choses les plus extraordinaires et les plus opposées à l'esprit général et aux mœurs de sa nation. Elle usurpa le droit exclusif qu'ont les empereurs de sacrifier solennellement au Chang-ti ou Empereur suprême; elle eut des salles particulières pour honorer publiquement ses ancêtres; elle fit donner des grades de littérature à ceux que l'on examinait sur la doctrine du livre de Lao-tseu, comme à ceux que l'on examinait sur celle des King; elle s'arrogea des titres que personne n'avait osé prendre avant elle; elle fit tout cela, et les zélateurs des anciens rites se turent; et ce redoutable corps de lettrés, qui avaient bravé autrefois toutes les fureurs des Thsin-chi-hoang-ti par les représentations les plus fortes et souvent réitérées, plia humblement devant elle, et osa à peine se venger, par quelques plaisanteries, de toutes les insultes qu'elle lui faisait subir. Elle fit périr plus de monde à elle seule que n'en firent périr les empereurs les plus cruels; elle dévasta la maison impériale par l'exil, la prison et la mort; elle fit des plaies horribles à tous les corps de l'Etat; et les tristes restes de la famille impériale, ainsi que tous les corps mutilés de l'Etat, la servirent à l'envi avec un zèle que l'on a peine à concevoir. Les princes prirent à cœur ses intérêts; les tribunaux respectèrent ses ordres et les firent exécuter à la rigueur. Les militaires gagnèrent des batailles, et reculèrent dans quelques points les limites de l'empire; les lettrés l'encensèrent pour la plupart, et firent sortir des seules presses impériales plus de mille volumes d'ouvrages utiles, sans compter ceux qui furent composés par les sectaires qu'elle protégeait; et le peuple vécut assez tranquille pour ne pas se plaindre de son sort. »

JOUI-TSONG (710 après J.-C.) fut le nom que Li-tan prit à son inauguration. Peu de temps après, il déclara prince héritier Li-long-ki, quoiqu'il ne fût que son deuxième fils, et il le fit à la demande de l'aîné, qui céda généreusement son droit de primogéniture, par estime pour son mérite. L'empereur, l'ayant associé au gouvernement, ne tarda pas à s'apercevoir qu'il était plus capable que lui d'en manier les rênes. Loin d'en être jaloux, il les lui remit en 713, et l'obligea, malgré ses refus réitérés, de les accepter. Li-long-ki prit alors le nom de Hiuen-tsong.

HIUEN-TSONG (713 après J.-C.) commença son règne par faire déclarer impératrice la princesse Wang-chi, son épouse. Cette promotion enflamma la jalousie de la princesse Taï-pong, tante de l'empereur, à qui elle ne pouvait déjà par donner son élévation au trône, après avoir fait tous ses efforts pour l'empêcher. Hiuen-tsong, convaincu, quelque temps après, qu'elle intriguait pour le faire périr, lui fit signifier un ordre de se faire mourir elle-même: ce qu'elle exécuta. Ce prince eut lieu, dans la suite, de se repentir de l'honneur qu'il avait fait à sa femme, dont il n'eut point d'enfants. Ayant appris, l'an 724, qu'elle pratiquait certaines superstitions pour s'en procurer, il en fut si outré, qu'il la dégrada, et la réduisit au rang de simple servante. Wang-chi ne put survivre à cet affront, qui lui causa un chagrin dont elle mourut. Hiuen-tsong avait jusqu'alors maintenu l'empire dans une profonde paix, et l'avait entretenue avec ses voisins. Mais l'an 727, piqué de la hauteur avec laquelle le ko-han des Tartares Kou-fan lui écrivait, il lui déclara la guerre dans le dessein de l'humilier. Elle finit, l'an 730, par des excuses que le ko-han fit à l'empereur. Mais elle recommença, l'an 738, avec moins de succès pour ce dernier. Son général, Ko-chu-han, eut cependant la gloire de reprendre, l'an 749, l'importante ville de Ché-pou-tching, que les Kou-fan avaient enlevée à la Chine. L'empereur avait alors pour ministre d'Etat Li-lin-fou, et pour grand général Ngan-lo-chan, qu'il éleva à la dignité de prince. Ces deux hommes, abusant de sa confiance, s'entendaient pour le tromper. L'an 755, Ngan-lo-chan, qui méditait depuis longtemps une révolte, leva le masque, et se mit en campagne avec une armée de 120,000 hommes. Après avoir battu deux fois le général Fong-tchang-tsing, qu'on lui opposa, il marcha droit à Lo-yang, dont il se rendit maître: ce qui fut suivi de la conquête de toutes les autres villes du Ho-nan, et de presque toutes les provinces orientales. Ses progrès furent tels, que l'année suivante l'empereur, ne se croyant plus en sûreté dans Tchang-ngan, sa capitale, prit le parti d'en sortir avec toute sa cour, pour se retirer dans le pays de Chou. La ville de Tchang-ngan ne tarda pas à se rendre aux rebelles après son départ. Le prince héritier, son fils, l'accompagnait dans sa fuite; mais sur les représentations qu'on lui fit dans la route, que tout abandonner c'était se mettre dans l'impossibilité de recouvrer la couronne, il quitta son père à Ma-weï, et prit lui-même à Ling-ou, dans la huitième lune, le titre d'empereur, donnant à son père le titre de Chang-hoang-tien-ti, qui veut dire *au-dessus d'empereur*, et changeant son propre nom en celui de Sou-tsong.

SOU-TSONG (756 après J.-C.), en prenant la place de l'empereur Hiuen-tsong, son père, rendit le courage aux fidèles Chinois, qui accoururent de toutes parts pour se ranger sous ses drapeaux. Cette révolution ne déconcerta toutefois pas Ngan-lo-chan. S'étant rendu à Tchang-ngan dès qu'il eut appris que ses troupes s'en étaient emparées, il en fit transporter à Lo-yang ce qu'il y avait de plus rare, et surtout des chevaux, des éléphants, des rhinocéros, qu'on avait dressés à faire divers tours. Il avait d'une concubine deux fils, Ngan-king-siou et Ngan-king-nghen, dont il voulait nommer le cadet son successeur, au préjudice de l'aîné. Celui-ci, outré de dépit, se concerte, pour se venger, avec des mécontents, lesquels, étant entrés dans la tente de Ngan-lo-chan, le poignardèrent pendant la nuit au commencement de l'an 757. Ngan-king-siou prit la place de son père; mais il ne la remplit pas, étant d'un esprit fort médiocre, et d'ailleurs adonné aux femmes et au vin. Ses affaires, malgré l'habileté de ses généraux, allèrent toujours en décadence. Cette même année, les impériaux, vainqueurs en deux batailles, reprirent les villes de Tchang-ngan et de Lo-yang. L'an 759, Sse-sse-ming, grand capitaine, que Ngan-king-siou avait appelé à son secours, s'étant brouillé avec lui, le fit mettre à mort en sa présence, après lui avoir reproché son parricide. Sse-sse-ming, devenu par là chef des rebelles, éprouva le même sort deux ans après, ayant été tué, l'an 761, par Tsao, son capitaine des gardes. Sse-tchao, son fils aîné, qui avait eu part à sa mort, par la crainte qu'il ne le fit mourir lui-même, fut aussitôt déclaré empereur par Tsao, sans que personne osât s'y opposer. Sur ces entrefaites, l'empereur Hiuen-tsong, mourut dans son palais à Tching-tou, à l'âge de soixante-dix-huit ans. Le chagrin que causa cette perte à Sou-tsong, son fils, lui fit prendre le parti d'abdiquer, et de remettre l'empire entre les mains du prince héritier, qui suit. Il mourut au commencement de l'année suivante.

TAI-TSONG (762 après J.-C.), fils aîné de Sou-tsong, après avoir pris possession du trône, se mit en devoir de réduire Sse-tchao, qui poursuivait les conquêtes de son père. Il envoya contre lui d'habiles généraux, qui lui enlevèrent la plupart des villes dont son père s'était emparé, et remportèrent sur lui, en deux campagnes, trois grandes victoires, dont la dernière, l'ayant mis hors de mesures, le réduisit à se pendre l'an 763. Sa mort causa la ruine de son parti, qui se dissipa. Mais la paix, qui par là fut rendue à l'empire, ne fut pas de longue durée. Comme la dernière guerre avait obligé de dégarnir les frontières de la Chine, les Tartares Tou-fan et les Tou-ko-eï rassemblèrent leurs forces, et pénétrèrent sans obstacle jusqu'à Tchang-ngan, que l'empereur, sur le bruit de leur marche, avait abandonné. Après avoir pillé cette capitale, qu'ils trouvèrent presque déserte, ils y mirent le feu et la réduisirent à l'état le plus malheureux. Le général Kono-tse-y, qui avait triomphé de la révolte de Sse-tchao, sauva encore la Chine de cette invasion. Il chassa les Tartares, et rétablit l'empereur à Tchang-ngan. Mais, l'an 764, il fut obligé de marcher contre un nouveau rebelle. C'était Pou-kou-hoain-ngen, qui, ayant mis les Tartares dans ses intérêts, eût causé peut-être une révolution funeste dans l'empire, si la mort ne l'eût enlevé l'année suivante. Ses alliés ne laissèrent pas de continuer la guerre pendant le cours de huit à neuf années, mais avec peu de succès, par l'effet de la mésintelligence qui se mit entre eux. L'an 779, l'empereur Taï-tsong mourut dans la dix-septième année de son règne, à l'âge de cinquante-trois ans.

« Les Chinois ont eu, dès le commencement de leur monarchie, des tribunaux pour l'histoire, dont le devoir est de recueillir les principales actions et les discours les plus instructifs des empereurs, des princes et des grands, pour les transmettre à la postérité... Ces historiographes, animés du seul désir de dire la vérité, remarquent avec soin et écrivent sur une feuille volante, chacun en leur particulier, et sans le communiquer à personne, toutes les choses à mesure qu'elles se passent; ils jettent ces feuilles dans un bureau par une ouverture faite exprès, et, afin que la crainte et l'espérance n'y influent en rien, ce bureau ne doit s'ouvrir que quand la famille régnante perd le trône ou s'éteint, et qu'une autre famille lui succède. Alors on prend tous ces mémoires particuliers pour en composer l'histoire authentique de l'empire » (de Mailla). Celle de l'empereur Taï-tsong, qui nous occupe, rapporte que ce prince demanda un jour à Tchou-soui-leang, président du tribunal des historiens de l'empire, s'il lui était permis de voir ce qu'il avait écrit de lui dans ses mémoires. — « Prince, lui répondit le président, les historiens écrivent les bonnes et les mauvaises actions des princes, leurs paroles louables ou répréhensibles, et tout ce qui se fait de bien et de mal dans leur administration. Nous sommes exacts et irréprochables sur ce point, et aucun de nous n'oserait y manquer. Cette sévérité impartiale doit être l'attribut essentiel de l'histoire, si l'on veut qu'elle serve de frein aux princes et aux grands, et qu'elle les empêche de commettre des fautes. Mais je ne sache point qu'aucun empereur jusqu'ici ait jamais vu ce qu'on écrivait de lui. — Eh quoi! dit l'empereur, si je ne faisais rien de bon, ou si je venais à commettre quelque mauvaise action, est-ce que vous, Tchou-soui-leang, l'écririez aussi? — Prince, j'en serais pénétré de douleur; mais, étant chargé d'un emploi aussi important qu'est celui de présider le tribunal de l'empire, est-ce que j'oserais y manquer » (de Mailla, *Préf.*)?

La première partie du VIIIe siècle de l'ère chrétienne, dont nous venons de résumer les faits généraux pour l'histoire de la Chine, présente un certain nombre de détails que nous n'avons pu faire entrer dans le récit même des événements, mais dont il importe de donner ici connaissance.

Diverses causes rendirent très-fréquentes les ambassades des autres Etats de l'Asie avec la Chine. On voit, dans la *Notice sur l'Inde*, déjà citée, que, pendant les années 714 et 715 de notre ère, le royaume de l'Inde occidentale envoya des ambassadeurs offrir des productions du pays. L'année 717, le royaume de l'Inde centrale envoya également une ambassade à la cour, pour offrir des productions du pays. L'année 720, le même royaume de l'Inde centrale envoya un ambassadeur à la cour; la même année, le royaume de l'Inde méridionale envoya un ambassadeur offrir des zibelines avec des perroquets de cinq couleurs. L'année 725, le roi de l'Inde centrale envoya un ambassadeur présenter ses hommages à l'empereur. L'année 729, un prêtre samanéen, instruit dans les trois mystères bouddhiques, du royaume de l'Inde septentrionale, nommé Mi-to, se rendit à la cour de l'empereur de la Chine, pour lui offrir du *tchi-han* (nom d'une certaine médecine) et d'autres médicaments de cette espèce. L'année 730, le royaume de l'Inde centrale envoya un ambassadeur à la cour offrir un tribut. L'année 731, les royaumes de l'Inde envoyèrent à la cour offrir des présents.

Voici un autre fait plus curieux, consigné dans la même *Notice :* « Selon la *Relation des Indes*, dans la période des années *Kaï-youan* (de 713 à 742), un ambassadeur, envoyé par l'Inde centrale, vint à la cour, après avoir essayé de traverser trois fois l'Inde méridionale, offrir des oiseaux de cinq couleurs, qui pouvaient parler; il demandait des secours contre les *Ta-chi* (ou *Tadjiks*, Arabes) et les *Thou-fan* (ou Tibétains), et il se proposait pour être le général de ces troupes auxiliaires. » L'empereur chinois lui accorda sa demande. Mais les troupes chinoises furent battues par les Arabes, s'il faut en croire la version turque de l'*Histoire des califes*, par Tabari. « Cette même année, 87 de l'hégire (709 de notre ère), fut glorieusement terminée par la défaite de deux cent mille Chinois, qui étaient entrés dans le pays des musulmans, commandés par Teghaboun, neveu de l'empereur de la Chine. Les musulmans reconnurent qu'ils devaient cette importante victoire à la protection de Dieu. » La légère différence des dates rapportées par les historiens des deux nations n'autorise pas à admettre que les troupes chinoises, battues par les Arabes, et que commandait un neveu de l'empereur de la Chine, étaient précisément celles qu'avait obtenues l'ambassadeur indien; mais il résulte de ce rapprochement historique que les troupes chinoises, appelées par les Etats de l'Asie occidentale, eurent à combattre plusieurs fois la puissance déjà formidable de la nation arabe sous les califes, qui faisaient aussi trembler l'Europe. C'est à la même époque (732) que Charles Martel défit les Sarrasins près de Poitiers. Il est dit aussi, dans une *Notice chinoise* sur le royaume de Fargana (Ta-wan): « La vingt-neuvième des années *Kaï-youan* (741 de notre ère), le roi du royaume de Che (Schasch) demanda des secours contre les Ta-chi (Arabes), secours qui ne lui furent point accordés. » Le roi de Schasch ajoutait que le calife des Arabes était le fléau de tous les Etats. Ce même roi perdit son royaume huit ans après, sous le prétexte qu'il était attaché au roi du Tibet, alors en guerre avec la Chine; et ce fut un général chinois qui, s'étant approché de la ville de Schasch avec un grand corps de troupes, surprit cette ville où était le roi, et le fit prisonnier. Il pilla le palais et la ville: il y avait, dit-on, dans ce palais, de beaux instruments de musique et beaucoup d'or; le général chinois eut de quoi en charger cinq ou six chameaux; il fit beaucoup d'esclaves, et enleva un grand nombre de chevaux. Arrivé à Si-ngan-fou, le roi de Schasch y fut mis à mort. Son fils courut les pays voisins pour avoir des secours, afin de combattre le général chinois, dont la mauvaise foi et l'avarice irritèrent tous les princes de la contrée. Ces princes implorèrent le secours du calife, et, pour se venger, ils résolurent d'attaquer les places qu'occupaient les Chinois. Le calife leur donna des troupes, et les joignit à celles du roi de Schasch et des princes alliés. Le général chinois avait une armée de 60,000 hommes, presque tous Tartares, qui fut entièrement défaite. La bataille se donna près de la ville de Tharas. Le fils du roi de Schasch se fit tributaire du calife.

L'histoire chinoise fournit un grand nombre de renseignements curieux semblables à ceux que nous venons de citer. On y trouve qu'en 715 de notre ère, le roi du Tibet ayant fait une grande irruption dans le pays de Pa-han-na, qui faisait autrefois partie du royaume des Ou-sun, le prince du pays, allié des Chinois, vint dans le Gan-si (comprenant les gouvernements militaires chinois dans l'Asie occidentale) chercher du secours. Le général chinois qui y commandait assembla ses troupes, prit en outre 10,000 hommes du pays de Kiu-tse, fit plusieurs milliers de *li* à l'ouest, soumit plus de cent villes, et envoya des lettres aux pays voisins, pour qu'ils eussent à reconnaître la souveraineté de l'empereur de la Chine. Le royaume de Ta-chi (ou des Arabes) et huit autres Etats reconnurent l'empereur de la Chine pour leur suzerain. Le général chinois revint glorieux, après avoir fait ériger, dans le pays occidental, une colonne où il fit graver le détail de son expédition.

L'année 717, les Turcs occidentaux, mécontents des Chinois, portèrent le calife et le roi du Tibet à les aider de leurs troupes pour s'emparer des gouvernements chinois de l'Asie occidentale. Les Tibétains, les troupes du calife et les Turcs, assiégèrent deux villes dans le pays de Kaschgar. Les Chinois, aidés de plusieurs hordes turques du voisinage de Tourfan, firent lever le siége de ces villes, et il y eut une trêve de faite avec les Turcs occidentaux et avec le Tibet.

En 718, les Turcs du Nord demandèrent la paix aux Chinois.

En 719, les rois de Sogdiane et d'autres Etats voisins envoyèrent des ambassadeurs à l'empereur de la Chine pour le prier de les protéger contre les vexations des califes.

Les mémoires de l'histoire des Tang sur le royaume de Tathsin ou Fou-lin (empire romain d'Orient) disent que l'année 719 de notre ère le roi ou empereur de cette contrée offrit un tribut à l'empereur chinois par l'entremise d'un religieux ou prêtre d'une grande vertu, et qu'il lui fit hommage d'un lion.

« L'an 713, dit le P. Gaubil, le prince ou roi de Kia-che-milo (Cachemyr) avait envoyé une ambassade à l'empereur Hiouan-tsong. Le roi de Cachemyr, de même que celui du milieu des Indes, était grand ennemi du roi du Tibet. L'an 720, l'empereur donna au prince de Cachemyr les patentes de roi.» Ce pays, dit l'histoire chinoise, est difficile à attaquer; il est environné de très-hautes montagnes, et la ville royale est près d'un grand fleuve; le pays est abondant en tout, et il y a d'excellents fruits, des raisins, de l'or, de l'argent, des éléphants. Dès le temps de l'empereur Taï-tsoung, le roi de Ou-tchang (voisin de Ki-pin, Kopène ou Samarkande) envoya à l'empereur des ambassadeurs. Depuis ce temps-là, le roi de Ou-tchang et les princes voisins furent fortement attaqués par les califes; mais ils ne voulurent jamais reconnaître leur autorité; ils rendirent toujours hommage à l'empereur. On dit aussi que les princes de Tabaristan (To-po-sse-tan), sujets du roi de Perse (Po-sse), avaient le titre de généraux des pays orientaux de Posse; ils résistèrent longtemps aux califes, et ils reconnaissaient pour leur souverain l'empire de la Chine.

L'année 732, le roi du Tsao occidental (pays vers le nord-ouest de Samarkande) et celui de Gan (à l'est de Samarkande) envoyèrent des ambassadeurs à l'empereur pour le prier d'envoyer une armée contre le calife à *habit noir*.

En 742, des marchands étrangers, venus en Chine par la mer du Sud, avaient apporté une quantité de choses précieuses du royaume des Lions (1) pour les offrir à l'empereur de la part de leur roi, nommé Chi-lo-chou-kia. Ces présents consistaient en perles de feu ou grosses perles, en fleurs d'or, en pierres précieuses, en dents d'éléphants et en pièces d'étoffes.

L'année 721 de notre ère, une éclipse, calculée selon la méthode en usage, s'étant trouvée fausse, l'empereur Hiouang-tsoung fit appeler à la cour un fameux bonze chinois de la secte de Fo ou Bouddha; son nom était Y-hang. « L'astronomie que professa ce bonze, dit le P. Gaubil (*Histoire abrégée de l'astronomie chinoise*), fit tant de bruit à la Chine, que l'on ne peut se dispenser de l'étudier et de la connaître un peu en détail.

Y-hang prit en habile homme toutes les mesures dont il était capable pour s'assurer d'une bonne méthode. Il voulut connaître la situation des principaux lieux de l'empire. Pour cela il fit faire des gnomons, des sphères, des astrolabes, des quarts de cercle et autres instruments d'observation. Il envoya deux compagnies de mathématiciens, l'une au nord et l'autre au sud. Ils eurent ordre d'observer tous les jours, lorsqu'il serait possible, la hauteur méridienne du soleil par le gnomon de huit pieds, et la hauteur de l'étoile polaire. Ils eurent ordre de prendre exactement la distance de quelques lieux qui fussent situés en opposition nord et sud. On choisit pour cela la province de Ho-nan, où se trouvent de grandes et belles plaines. Le but de Y-hang fut de savoir exactement le nombre de *li* qui, sur la terre, répondent à un degré de latitude. Sachant ensuite la différence des lieux en latitude, il savait leur distance en *li*. On n'indique point quelles mesures il prit pour savoir la distance des lieux en longitude. Les observations mathématiques que cet astronome chinois fit faire étaient une triangulation aussi sûre que l'état des connaissances mathématiques et astronomiques de son époque, privée des instruments modernes, pouvait l'admettre.

Y-hang ordonna à ses savants voyageurs d'aller les uns à la capitale de la Cochinchine et du Tonquin, et les autres jusqu'au pays de Tie-le (2) vers le nord, avec l'injonction d'observer et de marquer par eux-mêmes la durée des jours et des nuits, et les différentes étoiles qui ne pouvaient être vues sur l'horizon de Si-ngan-fou. Les traités d'astronomie chinoise n'avaient parlé jusqu'à Y-hang que de celles qui sont visibles sur l'horizon de 34 à 40° de latitude nord. On commença alors à parler de l'étoile Canope et de celles qui sont à son sud. L'histoire chinoise de l'astronomie des Tang rapporte les observations qui eurent lieu ainsi par l'ordre de Y-hang; elle donne la longueur de l'ombre d'un gnomon de huit pieds, à midi du solstice d'été, dans les villes capitales de la Cochinchine et du Tonquin, dans quelques villes du Hou-kouang, du Ho-nan et du Chan-si. L'histoire rapporte encore un voyage que Y-hang fit exécuter sur mer pour observer les étoiles qu'on ne voyait pas à la Chine. Elle parle aussi de l'instrument que ce bonze fit faire pour bien représenter les mouvements célestes.

Y-hang fit encore observer l'ombre du gnomon dans un pays des Indes fort éloigné de la Chine, et qui n'était pas bien désignée par l'ombre déjà observée. Ce pays devait être vers le sixième degré de latitude septentrionale. Il fit aussi observer l'ombre du gnomon au nord du désert de sable, jusqu'à une hauteur du pôle qui passait 50°. On ne peut guère douter que toutes ces observations n'aient eu pour but de connaître la mesure de la circonférence de la terre, dont les anciens Chinois avaient une notion vague, mais qui n'a pas moins de quoi surprendre. L'empereur Khang-hi, dans son petit traité de géométrie et de trigonométrie, dit que Y-hang puisa sa méthode dans les écrits des mahométans. Quelle que soit l'autorité du célèbre empereur chinois, nous devons faire observer cependant que Y-hang ne put se servir des travaux sur l'astronomie des écrivains arabes et mahométans qui vécurent et écrivirent après lui, tels que le fameux calife Almamoun (né en 786 de notre ère), qui fit traduire en arabe l'*Almageste* de Ptolémée et les autres livres alexandrins, mesurer le degré terrestre, et composer de nouvelles tables du soleil et de la lune; Albaténius, qui florissait vers l'an 880, et Ibn-Jounis, qui observait au Caire vers l'an 1000. Nous serions plutôt fondé à croire que si Y-hang emprunta sa méthode astronomique à des étrangers, ce fut aux astronomes de l'Inde qu'il put faire cet emprunt; sa qualité de prêtre de Bouddha devait lui donner un accès facile aux livres indiens, dont il est probable qu'il connaissait la langue, comme la plupart des prêtres de Fo l'ont constamment connue.

L'instrument astronomique dont nous avons parlé ci-dessus, que fit construire Y-hang, fut achevé l'année 725. « Au moyen de l'eau (dit le P. Gaubil, qui a puisé ces détails dans les écrivains chinois), les roues, par leurs divers mouvements, représentaient le mouvement commun et le mouvement particulier des astres, les lieux du soleil et de la lune, des étoiles et des planètes, et les éclipses. Outre cela, une statue, en frappant un tambour, annonçait les quarts d'heure; une autre, en frappant sur une cloche, annonçait les heures; ces statues disparaissaient ensuite. »

Ce même astronome, comparant les observations faites dans les différentes provinces avec les siennes propres, assura que l'étoile polaire était éloignée du pôle de trois degrés. Mais on ne dit pas quelle étoile de la petite Ourse il supposait être la plus voisine du pôle.

Il conclut aussi des observations qu'il avait recueillies, que 351 *li* et 80 pas correspondaient sur la terre à un degré de latitude. Quand cet astronome n'aurait pas fait autre chose, il mériterait encore une belle place dans l'histoire: « Car, dit le P. Gaubil, la situation de la horde de Tie-le étant déterminée pour le temps de Y-hang, et la position de ce pays étant marquée par rapport aux pays qu'occupaient les hordes des Tartares et des Turcs de ce temps-là, on connaît les pays de ces différentes hordes de Tartares et de Turcs qui firent tant de bruit à l'époque des dynasties des Soui et des Tang, par les grandes guerres et les alliances qu'ils firent, soit entre eux, soit entre les Chinois, les Persans, les Arabes et les peuples du Tibet, etc. » On sait à quels royaumes d'aujourd'hui répondent les noms anciens que les Chinois donnaient à l'Arabie, aux pays à l'ouest de la mer Caspienne, à la Perse, aux différentes contrées de la Transoxiane, des Indes, du Turkestan et de la Tartarie. La géographie des Tang a marqué les distances de quelques grands points de chacun de ces pays, et on sait à quoi s'en tenir sur ces distances, parce qu'elles sont exprimées en *li*, et rapportées à Si-ngan-fou, dont la situation est parfaitement connue; et, sur ces seules distances, on pourrait donner une carte passable des contrées situées entre le Chen-si, le lac Baïkal, les Indes et la mer Caspienne, où beaucoup de rivières et de montagnes sont marquées; il y a quelques rumbs de vents désignés.

« On n'a pas marqué les autres observations que firent les mathématiciens envoyés par Y-hang, dit le P. Gaubil; mais on sait qu'elles lui servirent beaucoup pour les catalogues étendus

(1) *Sse-tseu-koue*, traduction du terme sanscrit *Sinhala* ou *Sinhala-dwipa*, altéré en celui de *Serendib*, par les Arabes.

(2) Nom d'une horde de Tartares qui campait aux environs du lac Baïkal.

qu'il fit de la grandeur des jours, de la différence des méridiens; pour le calcul des éclipses, des déclinaisons du soleil, de la grandeur des ombres méridiennes du gnomon, des latitudes de la lune. On a traduit tous ceux qu'on a trouvés et qui peuvent être de quelque utilité; mais on n'a pu trouver ni son catalogue des longitudes terrestres, ni celui de la latitude et de la longitude d'un très-grand nombre d'étoiles dont il avait marqué la position dans des cartes célestes qu'on ne trouve plus. »

Y-hang, après avoir examiné les méthodes pour les éclipses, s'en tint pour le fond à celle de Tchang-tse-tsin. Il fit observer dans toutes les provinces de l'empire les éclipses, et il ne manqua pas de se servir de ces observations pour voir le changement que causaient au temps et aux phases la différence des lieux du nord au sud et de l'est à l'ouest, et la différence des lieux du soleil et de la lune dans l'écliptique.

Dans son livre astronomique, intitulé *Ta-yen*, il rappelle fidèlement le sentiment des astronomes antérieurs sur le mouvement des étoiles fixes. Parmi les cinq planètes, Jupiter fut celle dont il examina le plus le mouvement, et dans cet examen il fit voir beaucoup d'érudition. Il pose pour principe indubitable que Jupiter n'emploie pas douze ans entiers à faire, par son mouvement propre, une révolution entière dans le zodiaque. Il assure que depuis le commencement de la dynastie des Chang, jusqu'à la fin de celle des Tcheou, Jupiter faisait un peu plus de douze révolutions dans cent vingt années solaires, et il ajoute que depuis le commencement de la dynastie des Han jusqu'à l'an de J.-C. 724 (année dans laquelle il écrivait) Jupiter, dans quatre-vingt-quatre ans solaires, a fait sept révolutions, et outre cela la douzième partie du zodiaque.

Y-hang travaillait avec beaucoup d'ardeur à un cours complet d'astronomie; il en avait déjà rédigé une grande partie, lorsqu'il mourut à l'âge de quarante-cinq ans, l'année 727 de notre ère. Il fut très-regretté. Après sa mort, l'empereur nomma des mathématiciens pour mettre en ordre les écrits qu'il avait laissés. La mise en ordre ayant été achevée, l'ouvrage fut imprimé en 729. Un mathématicien astronome, nommé Koutan, qui était du Tian-tchou ou de l'Inde, ayant examiné l'ouvrage, soutint que l'auteur en avait emprunté les principes et la méthode à une astronomie d'Occident (c'est-à-dire de l'Inde), appelée *Kieou-tchi*. Cette astronomie avait été traduite par lui du sanscrit en chinois l'année 718 de notre ère. Le P. Gaubil dit avoir fait inutilement chercher cette traduction pendant son séjour en Chine. Cependant il assure qu'on en rapporte les principaux faits suivants :

« Il y a quatre points dans le ciel propres à calculer le mouvement des astres. Le premier point est *lo-heou* (nœud ascendant); le second, *ki-tou* (nœud descendant) : ils sont propres à calculer les éclipses; le troisième, *ki*, est un cycle de vingt-huit ans solaires, qui servait pour les intercalations; le quatrième est *po* : il sert pour les équations de la lune. » Un écrivain chinois dit à ce sujet que ces connaissances vinrent en Chine du royaume de *Yu-sse*, dont les livres sacrés sont la règle que suit la cour de Kang-kin (ou Sogdiane), et que cette règle est la loi des *po-lo-men* ou brahmanes.

« On divise le cercle en 360°, et chaque degré en 60'.

» Le mois synodique est de 29 jours 53 *ki* 5' 6".

» Le zodiaque a douze demeures, et chaque demeure a 30°.

» Le temps, avant la pleine lune, s'appelle *blanc* (*po-tcha*). Le temps, après la pleine lune, s'appelle *noir* (*po-tcha*).

» Deux lunes font une saison, et six saisons font une année. »

Tout cela est absolument identique avec l'astronomie ancienne.

La mesure du *li*, qui nous est connue pour le temps des Tang, nous fait connaître aussi l'étendue de l'empire de cette dynastie. Cet empire avait 9,310 *li* de l'est à l'ouest (26 degrés et demi à 351 *li* par degré, ou 663 lieues de 25 au degré), et 10,918 *li* du nord au sud (31 degrés ou 775 lieues).

La plupart des empereurs des Tang possédaient en propre toute la Chine d'aujourd'hui, en y comprenant le Liao-thoung, le Tonquin et une partie de la Cochinchine; les pays à l'ouest du Chen-si jusqu'aux frontières du royaume de Kaschgar, l'une et l'autre Tartarie, la Corée, le Tourphan, etc., étaient tributaires.

Après avoir divisé l'empire en quinze provinces (administrées par 17,686 principaux mandarins et par 57,416 mandarins secondaires), l'empereur fit faire, l'année correspondante à 722 de notre ère, un dénombrement général de toutes les personnes soumises au cens. Il se trouva 7,861,236 familles, faisant entre elles 45,431,265 bouches ou individus. Trente-deux ans après (en 754), la population censitaire avait augmenté de 1,758,018 familles, et de 7,449,223 individus. Le nombre des familles était alors de 9,619,254, et celui des bouches ou des personnes de 52,884,818. Dans ce nombre ne sont point compris les princes, les grands, les mandarins, ni les personnes attachées à leur service, ni les gens de guerre, ni les lettrés, ni les bonzes, ni les esclaves.

Ce fut sous les règnes de Hiouan-tsoung et de Sou-tsoung que fleurirent les deux célèbres poëtes chinois Thou-fou et Li-taï-pe.

Thou-fou, poëte chinois. Li-taï-pe, poëte chinois.

Le premier était natif de la province de Hou-kouang; le second naquit dans la province du Sse-tchouan. Nous n'entrerons pas ici dans des détails sur ces poëtes et leurs ouvrages. Nous dirons seulement, après M. Rémusat (*Nouveaux Mélanges asiatiques*, t. II, p. 177), que Thou-fou et Li-taï-pe, son rival et son contemporain, peuvent passer pour les véritables réformateurs de la poésie chinoise, puisqu'ils ont contribué, plus que tout autre, à lui donner les règles qu'elle observe encore aujourd'hui. Leurs œuvres sont réunies dans une collection dont la bibliothèque royale de Paris possède un exemplaire.

Pendant que le général tartare Ngan-lou-chan s'efforçait de s'emparer de l'empire chinois (l'an 757 de l'ère chrétienne), un de ses généraux, d'origine turque, nommé Chi-sse-ming, qui lui avait déjà fait de grandes conquêtes, avait entrepris, avec une armée de 80,000 hommes, le siége de Taï-youan-fou, capitale de la province de Chan-si. Li-kouang-pi, général de l'armée des Tang, avec 10,000 hommes de bonnes troupes, était entré dans la ville, « bien résolu, dit le P. Gaubil, à périr ou à conserver cette place à l'empereur. » Il réunit beaucoup de vivres et de provisions, pratiqua des souterrains, et fit une seconde enceinte en dedans des murailles : la ville avait quatre lieues de tour. Les habitants étaient bien intentionnés et résolus à se défendre. Le général fit faire des canons ou pierriers pour lancer des pierres de douze livres : la projection était de trois cents pas.

Chi-sse-ming, de son côté, fit de grands efforts; mais Li-kouang-pi ne s'en inquiéta guère, et il laissa pendant plus de trente jours les rebelles se morfondre devant la place. Quand il sut qu'ils étaient las et fatigués d'un siége inutile, il commença à faire jouer ses canons et à se servir de ses souterrains (mines). Cela dura plusieurs jours et plusieurs nuits; les assiégeants ne savaient où se loger; ils se voyaient partout surpris, et les pierres leur tuaient un grand nombre d'hommes. Le général qui commandait le siége s'acharnait cependant à de nouvelles attaques; mais partout il était battu. Il avait perdu 60,000 hommes quand il reçut l'ordre de lever le siége.

« On ne dit pas, ajoute le P. Gaubil, quel était l'artifice des machines ou canons à lancer des pierres, ni celui des souterrains : on suppose cela bien connu. »

« Dans la première lune, dit l'histoire chinoise, de l'année 757 de notre ère, l'empereur Sou-tsoung apprit que les troupes du Ngan-si, de Pe-ting, de Pa-han-na (départements militaires chinois dans l'Asie occidentale), et celles du calife, étaient arrivées pour le secourir. »

Le P. Gaubil pense que les troupes du calife ne venaient pas de Koufah ou des environs de cette cour du calife, mais que selon toutes les apparences elles étaient, ou des garnisons arabes des frontières orientales du Khorassan et du Tokarestan, ou des troupes de pays-là à la solde du calife. L'histoire chinoise dit que le prince de Tou-ho-lo (Tokarestan) et du Khorassan, ainsi que neuf autres princes, envoyèrent des troupes à l'empereur Sou-tsoung pour le secourir contre les rebelles.

Les historiens chinois ajoutent que le premier calife à robe noire fut A-pou-lo-pa (Aboul-Abbas), et que son frère, A-pou-kong-fo (Abou-Giaffar), lui succéda. Ils ajoutent qu'au commencement du règne de Sou-tsoung ce calife lui envoya un ambassadeur et des troupes pour le secourir.

L'histoire attribue à l'empereur Taï-tsoung quelques actes honorables d'administration; il rétablit le collége impérial, qui avait été presque détruit dans les guerres civiles : on eut soin d'y mettre d'habiles professeurs, et d'y faire aller les enfants des grands mandarins et même ceux des princes. L'empereur s'y rendit avec sa cour, et y fit les cérémonies en l'honneur de Confucius; mais il humilia les lettrés, en mettant à la tête de ce collége un eunuque ignorant, qui n'avait d'autre titre à occuper cet emploi que d'être en grande faveur à la cour.

Te-tsong (779 après J.-C.), fils de Taï-tsong, nommé Li-kou du vivant de son père, lui succéda comme il l'avait ordonné. Les deux premières années de son règne furent paisibles; mais, l'an 781, le refus d'une grâce qu'un officier général avait demandée à l'empereur occasionna une révolte qui obligea, l'an 783, ce monarque et sa cour à abandonner Tchang-ngan, dont les rebelles se rendirent maîtres. Tchu-tse, qui les commandait, fier de ce succès, prit le titre d'empereur, et, résolu d'exterminer la famille impériale des Tang, il en fit mourir soixante-dix, qui étaient restés dans la capitale. Après cette sanglante exécution, Tchu-tse partit avec une puissante armée pour aller assiéger la ville de Fong-tien, où l'empereur s'était retiré; mais il échoua dans cette entreprise, et, après avoir essuyé d'autres échecs à la suite de celui-ci, il ne lui resta d'autre place que Tchang-ngan, dont le général Li-chin vint faire le siége en 784. La ville fut emportée après une vigoureuse défense, et Tchu-tse, dans sa fuite, ayant été tué par un de ses officiers, l'empereur fut ramené dans sa capitale par le brave Hou-kien, qui avait fait la belle défense de Fong-tien contre ce rebelle. Avant d'être étouffée, cette révolte en enfanta une autre, qui donna encore de l'exercice aux armes impériales pendant l'espace de deux ans. Les Tou-fan, à la suite de ces guerres intestines, recommencèrent leurs courses sur les frontières de l'empire. Des mécontents se joignirent à eux, et la paix ne fut rendue à l'empire, par leur entière défaite, qu'en 802. L'empereur finit ses jours à la première lune de l'an 805, dans la vingt-sixième année de son règne et la soixante-quatrième de son âge. C'était un prince naturellement doux et ami de la paix.

Comme les irruptions des Tibétains sur les provinces occidentales de la Chine étaient sans cesse renouvelées ou menaçantes, un des ministres de Te-tsoung, à l'occasion de la demande en mariage d'une princesse chinoise par un kan ou chef des Oïgours, lui représenta la nécessité de se rallier avec ces derniers contre les Tibétains; il proposa aussi à l'empereur d'engager le roi du Yun-nan, les princes ou souverains des royaumes de l'Inde, et le calife des Arabes, dans les intérêts de la Chine. Il insista surtout pour obtenir la coopération du calife, comme étant l'ennemi du Tibet et le plus puissant prince d'Occident, et disposé d'ailleurs à resserrer les liens d'amitié avec les Chinois. L'empereur suivit les conseils de son ministre; il promit une princesse au kan des Oïgours, et il envoya des ambassadeurs au roi du Yun-nan, aux princes des Indes et au calife des Arabes.

Les Oïgours furent les premiers qui attaquèrent les Tibétains. Ces derniers furent aussi battus et repoussés, en 790, dans le Sse-tchouan; mais ils défirent les Oïgours dans le district de Pé-ting ou Bich-bhalik, ce qui fit perdre aux Chinois presque toutes leurs possessions dans la petite Bouckharie. Ils devenaient de plus en plus redoutables par leurs fréquentes incursions sur le territoire des villes du Chen-si. Mais, en 791, les Oïgours les battirent, et leur général en chef fut fait prisonnier l'année suivante par le général chinois qui commandait la province du Sse-tchouan.

Dans l'année 798, le calife Ga-lun (Haroun) envoya trois ambassadeurs à l'empereur. Le P. Gaubil, qui rapporte le fait, dit qu'ils firent la cérémonie de se mettre à genoux et de frapper du front contre terre pour saluer l'empereur. C'est cette cérémonie du *ko-teou* ou prosternement, à laquelle les ambassadeurs étrangers, surtout les Anglais, ont eu une si grande peine de se soumettre. Un envoyé de cette nation préféra s'en retourner à Londres, de Pé-king, sans avoir accompli sa mission, plutôt que de faire ce prosternement. Les premiers ambassadeurs des califes qui se rendirent à la cour eurent d'abord de la peine à faire cette cérémonie. Selon les historiens chinois, ces mahométans disaient que chez eux ils ne se mettaient à genoux que pour adorer le ciel. Dans la suite, étant instruits de cette cérémonie respectueuse et de pure étiquette, ils n'eurent plus aucun scrupule de s'y conformer. C'est pour cela que l'histoire de la Chine, en rapportant l'ambassade du calife Galun, remarque que la cérémonie chinoise, pour saluer l'empereur de la Chine, fut faite par les mahométans.

L'Asie était à cette époque divisée en six grands empires : à l'orient était celui de la Chine; au sud se trouvait le royaume de Yun-nan ou Nan-tchao, qui, indépendamment de la province chinoise, comprenait aussi une grande partie de l'Inde au delà du Gange; ensuite le royaume de Magadha, le plus puissant parmi ceux du Thian-tchou ou de l'Hindoustan intérieur; à l'occident, l'empire des califes; au milieu de l'Asie, celui des Tibétains, qui s'agrandissait de jour en jour; et, au nord, celui des Hoei-he, qui s'étendait jusqu'à la mer Caspienne, et reconnaissait la suprématie chinoise. Les Tibétains étaient continuellement en guerre avec les Arabes; les Chinois avaient donc intérêt de rester unis avec ces derniers, afin d'être en état de repousser les Tibétains, qui faisaient souvent des courses sur le territoire de l'empire.

L'année 803, la sécheresse fut très-grande et la misère du peuple extrême. Un mandarin flatteur dit que la récolte était bonne, et qu'il n'était pas nécessaire de soulager le peuple en le dispensant de payer le tribut de l'année. Un mandarin, zélé pour l'intérêt public, se récria contre cette dureté, et représenta la misère où le peuple était réduit. Ses remontrances déplurent à la cour; il fut soumis à une forte bastonnade, et il mourut des coups qu'il avait reçus. L'illustre Han-yin était censeur public; il représenta avec véhémence la nécessité de soulager le peuple; il fut exilé. On exigea les tributs plus rigoureusement que jamais, et, pour les payer, bien des contribuables furent forcés de vendre leurs maisons et leurs meubles les plus nécessaires. Un gouvernement si inique aux yeux des Chinois souleva des murmures contre les courtisans et les eunuques, que l'on savait dominer l'esprit de l'empereur.

Tchun-tsong (805 après J.-C.), fils et successeur de Te-tsong, ne fit que paraître sur le trône, y étant monté avec une très-faible santé, qui alla toujours en dépérissant. Se trouvant hors d'état de donner aux affaires l'application qu'elles demandaient, il remit le sceptre, à la huitième lune de l'an 805, entre les mains de Li-chun, son fils, qu'il avait déclaré prince héritier. Celui-ci prit alors le nom de Hien-tsong, sous lequel il régna. Son père mourut au commencement de l'année suivante.

Hien-tsong (805 après J.-C.) monta sur le trône après l'abdication de Tchun-tsong, son père, et s'annonça d'abord par un grand mépris du faste et des vains amusements. Le refus qu'il fit à Lieou-pi du gouvernement de Si-tchuen engagea cet officier à une révolte, qui fut étouffée l'année suivante par la prise et la mort de son auteur. A cette révolte en succédèrent d'autres, presque sans interruption, pendant le cours du règne de ce prince, qui ne manquait pas de sens et de bonne volonté. Mais il manqua de force, et donna trop de confiance aux eunuques du palais, qui desservirent souvent auprès de lui de bons officiers, et les engagèrent par là à se révolter. Une autre faiblesse de Hien-tsong fut de protéger la secte des tao-sse, qui se vantaient d'avoir un breuvage qui donnait l'immortalité. L'expérience qu'il fit de ce merveilleux secret le conduisit au tombeau à l'âge de quarante-trois ans, dans les premiers mois de l'an 820.

Mou-tsong (820 après J.-C.), fils de Hien-tsong et son successeur, commença son règne par faire mourir le tao-sse qui avait donné le breuvage funeste à son père, et fit ensuite chasser de sa cour tous ceux de la même secte. Au bout d'une lune ou d'un mois, on fut très-scandalisé de lui voir quitter le deuil qui est de trois ans, à la Chine, pour la mort des père et mère. Sa passion pour les richesses et les autres divertissements lui fit oublier la bienséance et mépriser les avis qu'on lui donna pour l'y ramener. Hien-tsong n'avait pas laissé un grand trésor. Mou-tsong employa ce qu'il trouva dans ses coffres en dépenses folles et en libéralités indiscrètes. Sa négligence laissant aux ministres la liberté de régler les affaires à leur gré, les séditions et les révoltes ne tardèrent pas à s'élever. Il fallut composer avec les rebelles pour avoir la paix. Les tao-sse qu'il avait bannis trouvèrent moyen de regagner sa faveur et de se faire rappeler à la cour. L'exemple de son père, que ces imposteurs avaient fait mourir avec leur breuvage d'immortalité, ne l'empêcha point d'user de la même recette. Elle abrégea également ses jours, qu'il termina dans la quatrième année de son règne, à l'âge de trente ans.

L'an 822, le premier jour de la quatrième lune (25 avril), arriva une éclipse de soleil.

KIN-TSONG (824 après J.-C.), fils aîné de Mou-tsong et son successeur, désigné par lui-même, marcha sur ses traces, préférant au devoir le plaisir, et gardant encore moins de décence que son père dans ses divertissements. Les eunuques du palais, qu'il maltraitait et faisait battre souvent pour des sujets légers, l'ayant saisi dans un moment d'ivresse (d'autres disent comme il changeait d'habit au retour de la chasse), l'étranglèrent secrètement un jour de la onzième lune de l'an 826. Il n'était encore âgé que de dix-huit ans. Ses assassins ne restèrent pas impunis. Trois officiers, s'étant mis à la tête d'une troupe de soldats, se jetèrent sur ces scélérats, et les massacrèrent avec leurs complices.

OUEN-TSONG (826 après J.-C.), nommé auparavant Li-han, deuxième fils de Mou-tsong, monta sur le trône après la mort de son frère, à l'âge de dix-sept ans. Bien différent de l'un et de l'autre, dès qu'il eut le pouvoir en main, il s'occupa du soin de maintenir la paix dans l'empire, d'en éloigner le luxe et la débauche, et commença par en donner lui-même l'exemple. Il renvoya plus de trois mille femmes du palais, fit mettre en liberté tous les oiseaux de proie, et supprima ses meutes et tous les gens inutiles qui étaient à son service. Il chargea de la dépense du palais les censeurs de l'empire, et se fit un devoir d'assister tous les jours impairs du mois au conseil, suivant l'ancien usage négligé par Kin-tsong. Le plus grand obstacle à ses bonnes intentions était l'autorité que les eunuques s'étaient attribuée et dans laquelle ils se maintenaient par leurs créatures, qu'ils avaient élevées aux premiers postes. L'amour de la paix et la crainte d'exciter une révolution dangereuse ne lui permirent pas d'attaquer des hommes si puissants. Il crut devoir les ménager en veillant sur leur conduite. Mais par cette politique il ne put contenir ceux qui désiraient leur perte, ni empêcher les intrigues et les cabales de renaître continuellement à la cour. Les eunuques, s'étant aperçus qu'il voulait enfin abaisser leur trop grande puissance, ne lui donnèrent pas le temps d'exécuter ses projets ; ils prirent eux-mêmes leurs mesures pour se rendre de jour en jour plus indépendants. Ils massacrèrent les ministres, toute la garde du prince et ceux des grands dont ils croyaient avoir sujet de se défier. Ouen-tsong, se voyant sans autorité et comme prisonnier dans son palais, mourut de chagrin l'an 840, après un règne de quinze ans commencés (*Portr. des célèb. Chin.*, t. v, p. 418). Peu de jours avant sa mort, il avait nommé prince héritier son fils. Mais à peine fut-il expiré, que les eunuques, jaloux de ce qu'il avait donné d'autres conseillers qu'eux-mêmes à ce prince, supposèrent un nouvel ordre de lui pour déclarer son successeur Li-tchin, son frère. La fourberie ayant pris faveur, ils engagèrent Li-tchin à faire mourir le prince héritier et son frère (de Mailla).

WOU-TSONG (840 après J.-C.) (c'est le nom que prit Li-tchin à son inauguration) monta sur le trône par la fourberie des eunuques, qui fabriquèrent, comme on l'a dit, un ordre de Ouen-tsong, portant que son fils étant trop jeune pour régner, il nommait ce prince son héritier. On ne douta guère de la supposition de cet ordre ; mais le nouvel empereur le prit sur un si haut ton en commençant, que personne n'osa contester la légitimité de son droit. Il donna ses premiers soins à se procurer de bons ministres ; il travaillait avec eux, et se faisait rendre compte des finances et des autres parties du gouvernement. Il établit une loi par laquelle tous les grands officiers et les magistrats des premiers tribunaux de la capitale seraient appelés de cinq ans en cinq ans, ou de sept ans en sept ans, pour rendre compte de leur administration. Il établit encore une espèce de confession que les mandarins des différents tribunaux doivent faire au souverain lui-même. Ceux qui sont en charge doivent s'accuser dans cette confession, qui est encore en usage aujourd'hui, de toutes les fautes qu'ils ont commises relativement à l'emploi dont ils sont chargés. L'empereur donne une pénitence proportionnée à la grièveté des délits ; les uns sont cassés, les autres sont abaissés seulement de quelques degrés. Comme il ne s'agit dans cette confession que des fautes extérieures, ceux qui sont coupables n'oseraient les pallier ni les excuser, parce qu'ils ont tout lieu de croire que ce prince est déjà instruit de ce qui les concerne (*Portr. des célèb. Chin.*, t. v, p. 418). Ce sage empereur fit aussi des réformes importantes dans la religion, abolit près de quatre mille temples d'idoles, n'en laissant qu'un seul pour chaque ville, et fit un retranchement proportionné parmi les bonzes et bonzesses employés à les desservir. Il était d'ailleurs bon soldat et grand capitaine. Il vainquit, à la tête de ses troupes, les Tartares, et les chassa dans la province de Chan-si, dont ils occupaient les plus importantes places. Mais il eut le malheur de donner dans les rêveries des tao-sse, et de se laisser leurrer par la promesse qu'ils lui firent de l'immortalité, malgré l'expérience funeste que ses prédécesseurs avaient faite de la prétendue recette qu'ils donnaient pour procurer ce bonheur. Il fit donc l'essai de leur breuvage, et fut comme eux la victime de sa crédulité, cette potion lui ayant causé la mort à la troisième lune de l'an 846 dans la trente-troisième année de son âge, après six ans de règne. (de Mailla).

SIUEN-TSONG (846 après J.-C.), nommé auparavant Li-y, ou Li-tchin, troisième fils de Ouen-tsong, monta sur le trône après Wou-tsong. Par son intégrité, sa vigilance, son attention à punir le crime et à récompenser les services, il maintint le bon ordre dans l'empire, et empêcha que nul de ceux qui avaient le pouvoir en main n'en abusât. Il fit des tentatives pour ôter aux eunuques l'influence qu'ils avaient dans les affaires publiques, et conçut même le dessein de les exterminer ; mais les conjonctures ne lui permirent pas d'en venir à l'exécution. Il fallut qu'il se bornât à les tenir en bride et à mettre en défaut leurs intrigues. Il profita des dissensions qui s'élevèrent entre les différentes hordes des Tartares voisins de la Chine, pour étendre les limites de son empire. On est étonné qu'avec le bon sens et le discernement qu'il fit paraître dans sa manière de gouverner, il n'ait pas été en garde contre les impostures si grossières et si décriées des tao-sse. Le désir de l'immortalité lui fit prendre le breuvage mortel qui, suivant ces charlatans, devait la lui procurer ; l'usage fréquent qu'il en fit lui causa des douleurs aiguës, au milieu desquelles il expira vers la fin de l'an 859, dans la cinquantième année de son âge et la quatorzième de son règne (de Mailla).

Y-TSONG (860 après J.-C.), parent, on ne dit pas à quel degré, de Siuen-tsong, commença son règne sous des auspices malheureux. Un certain Kieou-fou, qui avait une grande réputation de valeur, prit les armes dans la province de Tche-kiang, désola la campagne, et emporta la ville de Siang-chou de force, après avoir battu en plusieurs rencontres les troupes impériales. Mais, ayant été renforcées, elles se mirent à sa poursuite. Il soutint leurs efforts dans cent combats qu'elles lui livrèrent presque coup sur coup. A la fin, s'étant retranché dans Yen-tcheou, il y fut pris et envoyé à l'empereur, qui le condamna au dernier supplice. Cette révolte fut suivie, l'an 861, de la prise d'armes que fit le prince de Nan-tchao, vassal de l'empereur, mécontent du refus qu'on lui avait fait du diplôme impérial, pour le confirmer dans la souveraineté qu'il tenait de ses ancêtres. Cette guerre, dont le Ngan-nan ou le Ton-quin fut le théâtre, dura six ans, avec des succès variés, et finit en 866, à l'avantage de l'empire, par la conquête du pays où elle se fit. On a dû remarquer jusqu'ici que rien n'était plus facile à un officier malintentionné que d'exciter des révoltes à la Chine et de rassembler des forces pour la soutenir. Quelques milliers de soldats, tirés des garnisons de Siu-tcheou et de Se-tcheou pour être transportés dans le Ngan-nan, n'ayant pu à la fin de la guerre obtenir la permission de retourner en leur pays, se soulevèrent, l'an 868 à l'instigation de Kiu-ki l'un de leurs officiers, et se donnèrent pour général Pong-hiun, son ami, qui, en peu de temps, eut une armée capable de faire tête à celle de l'empire. Il eût exercé longtemps l'habileté des généraux qui furent envoyés contre lui, sans une bataille sanglante où il périt l'an 869, après y avoir combattu en héros. A cette guerre en succéda une autre qui fut déclarée par le roi et Ngan-tchao. Un mandarin l'avait provoquée en faisant assassiner l'envoyé de ce prince à la cour impériale. On aurait pu la prévenir en punissant le coupable ; mais l'empereur donnait si peu d'attention aux affaires de l'État, qu'il ne s'informa pas même de quel côté était le tort dans celle-ci. Livré entièrement à de vains amusements, il entretenait à sa cour jusqu'à cinq cents comédiens et musiciens, qu'il préférait à ses ministres. Y-tsong, quoique d'une complexion robuste, ne passa pas l'âge de trente et un ans, étant mort à la septième lune de l'an 874.

HI-TSONG (874 après J.-C.), fils aîné de Y-tsong, n'avait que douze ans lorsqu'il lui succéda. « Jamais, dit le P. de Mailla, l'empire n'avait eu plus besoin d'un prince éclairé pour le tirer du triste état dans lequel Y-tsong l'avait plongé par sa mauvaise administration ; et malheureusement son fils, trop jeune pour prendre les rênes du gouvernement, les remit entre les mains des grands, des eunuques et d'autres, qui, divisés de sentiments, excitèrent des troubles qui perdirent enfin la dynastie des Tang. » Presque tout le cours de son règne fut un enchaînement de révoltes, qui naissaient les unes des autres et souvent s'entre-détruisaient par la mésintelligence des chefs; ce qui sauva l'empereur, souvent prêt à voir le sceptre échapper de ses mains. Nous épargnerons à nos lecteurs le détail de ces tristes événements, où d'ailleurs les bornes fixées à notre travail ne nous permettent pas d'entrer. Hi-tsong finit ses jours dans la vingt-septième année de son âge, le premier jour de la troisième lune (15 avril) de l'an 888 de J.-C., époque mémorable par une éclipse totale de soleil. Comme il ne laissait point d'enfants mâles, il désigna pour son successeur, avant sa mort, son septième frère, à la sollicitation de l'eunuque Yang-fou-kong, contre l'avis des grands, qui avaient désiré qu'il choisît Li-pao, son frère aîné, plus capable de régner.

TCHAO-TSONG (888 après J.-C.), frère puîné de Hi-tsong et son successeur, prince bien fait et d'une physionomie heureuse, porta sur le trône un esprit mûr, solide et éclairé par l'étude, avec la résolution de rétablir le gouvernement, beaucoup déchu sous le dernier règne; mais l'esprit d'indépendance qui animait les gouverneurs des provinces et les inimitiés qui les divisaient ne lui permirent pas d'effectuer ses bonnes intentions. Le mal alla même en croissant, et l'empire n'avait jamais été dans un plus grand désordre sous la dynastie des Tang qu'il le fut tandis que ce prince en occupa le trône. Les gouvernements devenaient la proie du plus fort; et après qu'on s'en était emparé on en demandait pour la forme l'agrément à l'empereur, qui n'osait le refuser de peur de perdre encore cette ombre de dépendance. Il n'y eut que le pays de la cour où l'on reçut ses ordres absolus; encore en les donnant fallait-il user de beaucoup de ménagements. Les eunuques avaient eu sous le dernier règne un grand pouvoir; et, pour se maintenir, ils se donnaient des fils adoptifs auxquels ils faisaient prendre leur nom. Le plus puissant d'entre eux était Yang-fou-kong. L'empereur, pour diminuer son pouvoir, lui opposa Tchang-siun, son ennemi, qu'il nomma ministre. Mais ce choix ne fut pas heureux; et le mauvais succès d'une guerre que Tchang-siun entreprit contre le mandarin Li-ke-yong, obligea Tchao-tsong, l'an 891, à le destituer. Li-ki, fait ensuite premier ministre, ne manqua pas d'avoir des jaloux. Li-meou-tchin s'étant ligué contre lui avec deux autres gouverneurs, ils s'avancent à la tête de leurs troupes, jusqu'à la vue de Tchang-ngan. L'empereur sort de la ville pour leur demander quel est leur dessein. Li-meou-tchin lui répond d'un ton menaçant, et l'oblige de souscrire à des conditions fort dures. Li-ke-yong, prince tartare, indigné de cette insolence, offre à l'empereur ses services contre ces rebelles. Cependant les partisans de Li-meou-tchin semaient l'effroi dans la cour impériale, et assiégèrent même le palais. Tchao-tsong, ne se croyant pas en sûreté à Tchang-ngan, l'abandonne et se fait conduire à Che-men-tchin. Li-ke-yong, averti du danger que court l'empereur, lui envoie du secours. Li-meou-tchin, voyant que les affaires tournaient mal pour lui, fait sa paix avec l'empereur. Ce monarque ayant récompensé les services de Li-ke-yong par le titre de prince qu'il lui donna, Tong-chang, gouverneur de Ven-tcheou, croit l'avoir aussi mérité; mais, l'ayant demandé, il essuya un refus; ce qui l'ayant porté à se révolter, il prit, à l'instigation de ses amis, le titre d'empereur. Mais, l'an 896, il eut la tête tranchée. Les quatre années suivantes se passèrent en guerres que se faisaient les gouverneurs de provinces, en changements de ministres et en intrigues de cour. L'empereur, au milieu de ces désordres, ne montrant que de la faiblesse, on en vint au point, l'an 900, de l'arrêter et de reconnaître à sa place le prince héritier. Mais ce parti ne fut point unanime. Plusieurs mandarins se concertèrent pour rétablir l'empereur, et y réussirent. Ce succès les enhardit à demander à l'empereur l'expulsion des eunuques du palais, comme les auteurs de tous les troubles. Tchao-tsong, après en avoir délibéré avec son conseil, se contenta de restreindre leur autorité. Mais ceux-ci, voyant que leurs ennemis s'acharnaient à leur perte, ameutèrent leurs partisans, et excitèrent par là de nouveaux troubles, qui obligèrent l'empereur à transporter sa cour à Fong-siang. Il y resta sous la puissance de Li-meou-tchin jusqu'en 903, qu'il fut ramené à Tchang-ngan. Tchu-ouen, rival de Li-meou-tchin, s'étant rendu maître alors de la personne du prince, le fit passer, l'an 904, avec sa cour, à Lo-yang. Ce fut là que ce perfide ministre, voyant un parti puissant déterminé à l'arracher de ses mains, prit le parti de le faire assassiner la même année, et de mettre un de ses fils à sa place. Ainsi périt Tchao-tsong dans la trente-huitième année de son âge.

TCHAO-SIUEN-TI (904 après J.-C.), neuvième fils de Tchao-tsong, fut placé par Tchu-ouen sur le trône impérial, à l'âge de treize ans, après que tous ses frères eurent été mis à mort par ordre de ce ministre. Pour faire accroire au public qu'il était innocent de celle de Tchao-tsong, il alla pleurer devant son cercueil, et condamna au dernier supplice son fils aîné, comme s'il eût été le seul de sa famille coupable de ce parricide. Maître de la personne du nouvel empereur, il se fit donner le titre de prince de Leang, et se défit de trente des premiers d'entre les grands qu'il savait être les plus opposés à son ambition. L'empereur, tout jeune qu'il était, voyant les progrès qu'il faisait, s'aperçut bien qu'en lui résistant il en serait tôt ou tard la victime. Il prit donc le parti, l'an 907, de céder le trône de bon gré à Tchu-ouen, dans l'espérance d'en obtenir du moins par là un bon traitement. En conséquence il lui envoya l'acte de sa démission, signé de sa main, avec le sceau de l'empire et les autres marques de la puissance suprême. Tchu-ouen les reçut à Tai-cang; et ayant déclaré Tchao-siuen-ti, prince titulaire de Tsi-yn, il l'envoya demeurer à Tsa-tcheou, dans une misérable maison, où il le fit mourir au bout d'un an. Ainsi finit la dynastie des Tang.

## XIVe DYNASTIE : LES HEOU-LEANG OU LEANG POSTÉRIEURS.

TAI-TSOU (907 après J.-C.) fut le nom que Tchu-ouen prit en montant sur le trône. Mais il s'en fallut bien qu'il fût universellement reconnu. L'empire était alors divisé en dix parties, dont cinq avaient des princes qui les gouvernaient d'une manière absolue et indépendante. Le nouvel empereur, désespérant de se les attacher, créa d'autres nouveaux princes, qui acceptèrent cet honneur sans embrasser ses intérêts. Li-ke-yong, prince de Tçin, fut celui qui lui fut le plus opposé. Ce prince, en mourant, l'an 908, désigna pour son successeur Li-tsun-hiu, son fils, qui hérita aussi de sa valeur. Il le prouva bientôt en forçant l'empereur, après lui avoir fait dans une surprise plus de dix mille prisonniers, d'abandonner le siége de Lou-tcheou, capitale du Ho-tong, devant laquelle il était depuis un an. Ce ne fut pas le seul avantage que Li-tsun-hiu remporta sur Taï-tsou. Les autres princes ne lui donnèrent pas moins d'exercice par leurs soulèvements. Enfin, l'an 912, Taï-tsou, épuisé de fatigues, et voyant approcher sa fin, ordonna de faire venir Tchu-yeou-ouen, son fils aîné, pour lui remettre l'empire. Tchu-yeou-koue, frère de celui-ci, l'ayant appris, entra furieux, accompagné des plus déterminés de ses officiers, dans l'appartement de son père, et le fit percer d'une lance, à ses yeux, par un esclave. Après cet assassinat, le parricide envoya un de ses confidents à son frère Tchu-yeou-chin, avec un ordre supposé de l'empereur de faire mourir Tchu-yeou-ouen, qui devait succéder à l'empire, afin, portait cet ordre, de prévenir une révolte qu'il méditait depuis longtemps. Tchu-yeou-chin, par un excès de crédulité, ne doutant pas de la vérité de l'accusation, fit exécuter comme rebelle son frère aîné Tchu-yeou-ouen. Mais, ayant depuis reconnu son erreur, il assemble une troupe de soldats, qu'il envoie, sous la conduite de braves officiers à Lo-yang, où son abominable frère, par une nouvelle fourberie, s'était déjà fait reconnaître empereur. Fidèles aux ordres qu'ils avaient reçus à leur arrivée dans cette ville, ils marchent droit au palais impérial, dont ils enfoncent les portes. Tchu-yeou-koue, voyant qu'il est perdu, se sauve dans une tour, où il est poignardé avec sa femme par le misérable esclave dont il s'était servi pour assassiner son père.

MO-TI (912 après J.-C.) fut le nom que prit Tchu-yeou-chin en montant sur le trône impérial, qui lui fut déféré par les grands affectionnés à sa dynastie. Son inauguration se fit à Pien-tcheou, parce que sa famille y avait pris naissance. Mais son élection ne fut point ratifiée par toute la nation. Le prince de Tçin, inviolablement attaché à la famille des Tang, se déclara hautement contre lui, et forma un parti très-puissant pour le supplanter. Il y réussit après une guerre de onze ans, où il donna toujours, à la tête de son armée, de grandes preuves de valeur et d'habileté. Mo-ti au contraire, enfermé dans son palais, décourageait les siens par sa faiblesse et sa pusillanimité. Ils l'abandonnèrent successivement, persuadés que la ruine de la dynastie des Leang était inévitable. Le prince de Tçin, sollicité par les grands de prendre le titre d'empereur, y consentit à une condition qu'on accepta. Comme il n'avait pris les armes que pour venger la dynastie des Tang, il déclara qu'il ne prétendait pas en établir une nouvelle. Il voulut donc que sa famille, quoique d'une nation étrangère, conservât le nom de Tang, qu'il donnait à la dynastie qu'il fondait. En conséquence, l'an 923, à la quatrième lune, ayant assemblé les grands à Oueï-tcheou, il y fut salué avec acclamation comme légitime empereur.

### XVᵉ DYNASTIE : LES HEOU-TANG OU TANG POSTÉRIEURS.

TCHUANG-TSONG (923 après J.-C.) fut le nom que le prince de Tçin prit à son inauguration. Avant de partir de Oueï-tcheou pour aller à Tçin-yang faire les cérémonies superstitieuses à ses ancêtres, suivant la coutume, il changea le nom de la ville où il venait de monter sur le trône en celui de Hing-tang-fou, et il y établit sa cour orientale. Il redonna à la ville de Tçin-yang, dont il fit sa cour occidentale, son ancien nom de Taï-yuen-fou, et à la ville de Tchin-tcheou celui de Tchin-ting-fou, qu'il déclara sa cour septentrionale. Il songea ensuite, pour sa sûreté, à détruire entièrement la famille de Leang. L'empereur déposé avait un parti considérable bien déterminé à le défendre, et pour général Ouang-yen-tchang, le plus grand homme de guerre qu'il y eût alors en Chine. Mais, après avoir remporté de grands avantages sur les Tang, ce général fut supplanté par des envieux qui étaient incapables de le remplacer. Réduit au commandement d'un petit corps de troupes, il fit encore tête à l'ennemi, jusqu'à ce que, abandonné des siens dans une attaque, il fut pris, après avoir reçu une blessure et fait une chute de cheval en fuyant. Tchuang-tsong fit marcher alors son armée droit à Ta-leang, où résidait Mo-ti, qui, voyant sa perte inévitable, se fit donner la mort par un de ses officiers, qui se la donna ensuite à lui-même. « Mo-ti, dit le P. de Mailla, était un excellent prince, d'un naturel doux et affable, réglé dans sa conduite; il fuyait les plaisirs, et était ennemi de la débauche, timide, soupçonneux, trop crédule, d'un esprit borné et facile à tromper. Ces défauts causèrent sa perte et celle de sa famille. » Tchuang-tsong, pour se délivrer de toute inquiétude, fit exterminer tout ce qui restait de la famille des Leang, et tous ceux qui lui étaient attachés. Mais la sécurité le plongea dans l'oisiveté. Passionné pour la musique et la comédie, il remplit sa cour de musiciens et d'histrions, et donna même à l'un de ceux-ci, malgré les représentations de Ko-tsong-tao, son premier ministre, un des meilleurs gouvernements. Cependant les princes de Chou et de Ou refusaient de reconnaître l'autorité de Tchuang-tsong. Le premier avait même pris le titre d'empereur, et s'en faisait rendre les honneurs sans avoir les talents pour soutenir cette dignité. L'an 925, son fils, Li-ki-ki, prince d'Oueï, accompagné de Ko-tsong-tao, fit la conquête de cette principauté, consistant en dix grands gouvernements, ce qui fut l'ouvrage de soixante-dix jours. Le prince de Chou fut amené avec ses mandarins, la corde au cou, les mains liées derrière le dos, au vainqueur, qui les fit délier et leur accorda une amnistie. Mais le long séjour que Ko-tsong-tao fit en ce pays avec le prince de Weï donna lieu aux eunuques du palais, ennemis du premier, de le rendre suspect à l'empereur, comme s'il eût eu l'ambition de s'approprier cette conquête. L'impératrice, en conséquence, manda, comme de la part de l'empereur, au prince Li-ki-ki, son fils, de faire abattre la tête à ce général; ce qu'il exécuta sur-le-champ. Il fit plus : craignant le ressentiment des fils de ce ministre, il les fit encore assassiner. Ces exécutions révoltèrent les troupes, et ce ne fut pas sans peine qu'on parvint à les apaiser. Un écrit, que l'empereur publia pour se justifier, aigrit de nouveau les esprits. Les soulèvements recommencèrent dans plusieurs villes. Celle de Ye-tou donna le plus d'inquiétude à l'empereur, parce qu'elle avait une garnison nombreuse, composée des meilleurs soldats, et commandée par des chefs habiles. Li-sse-yuen, que l'empereur envoya contre ces rebelles, se vit abandonné de ses soldats, et obligé d'entrer en conférence avec le commandant de la place. Instruit qu'elle ne voulait reconnaître que lui pour maître, dans la crainte d'être exterminée en se rendant à l'empereur, il écrivit à la cour pour lui marquer l'état des choses, et n'en reçut point de réponse. Alors, craignant pour lui-même, il rassembla les troupes de son gouvernement et celles que ses amis lui fournirent, dans la vue de se justifier en sûreté. L'empereur, apprenant qu'il est en marche pour venir à lui, quitte le séjour de Ta-leang pour se retirer à Lo-yang. Peu de jours après son arrivée, Ko-tsong-kien, l'un de ses comédiens, qu'il avait fait commandant d'un corps de troupes qui l'accompagnait, veut se rendre maître de sa famille. L'empereur, en se défendant, reçoit un coup de flèche qui le blesse dangereusement. On le porte au palais, où l'un de ses officiers tire la flèche de sa plaie. Mais, peu après l'opération, il mourut d'un breuvage que l'impératrice lui avait envoyé.

MING-TSONG (926 après J.-C.) fut le nom que prit Li-sse-yuen en acceptant le trône, qui lui fut déféré après la mort de Tchuang-tsong. Il était Tartare de nation, et, s'étant mis au service de Li-ke-yong, père de Tchuang-tsong, il avait mérité par sa conduite d'être déclaré son fils adoptif. Au commencement de son règne, il fit de grandes réformes à la cour. Les Tartares Khi-tan lui ayant déclaré la guerre pour des terres au delà du fleuve Hoang-ho, il la soutint avec avantage et la termina heureusement. Ming-tsong était un bon prince, mais il avait pour ministre Ngan-tchong-hoeï, qui, par son extrême sévérité, causa plusieurs révoltes. Comme elles renaissaient à mesure qu'on les détruisait, l'empereur se vit obligé de sacrifier son ministre aux rebelles, et lui fit abattre la tête en 931. Cette exécution ne rendit pas néanmoins la paix à l'empire. Les Khi-tan recommencèrent leurs courses sur les terres de la Chine, et les gouverneurs, qu'on voulait déplacer, se servirent d'eux pour se maintenir dans leurs départements. L'empereur était cependant réduit à l'inaction par le mauvais état de sa santé, qui dépérissait de jour en jour. Li-tson-jong, prince de Tçin, l'un de ses fils, le voyant à l'extrémité, craignit qu'il ne lui préférât un de ses frères pour l'empire ; et, dans cette pensée, il rassembla un corps de troupes pour s'emparer du palais. L'empereur envoya contre lui ses gardes, qui dissipèrent ce parti. Li-tson-jong fut tué dans sa fuite avec son fils. L'empereur leur survécut à peine, étant mort vers la fin de l'an 933.

MIN-TI (933 après J.-C.), appelé auparavant Li-tsong-heou, l'un des fils de Ming-tsong, fut reconnu pour son successeur. Ce prince était, comme son père, d'un caractère doux et facile; il s'était toujours bien accordé avec ses frères, et surtout avec Li-tsong-kou, prince de Lou, l'un d'entre eux. Mais, lorsqu'il fut monté sur le trône, des hommes pervers mirent la division entre eux par de faux rapports, dont l'empereur, à raison de sa jeunesse, ne put discerner la méchanceté. L'inimitié de Min-ti et de Li-tsong-kou fut portée au point que celui-ci vint à bout de détrôner son frère et de se faire proclamer empereur à sa place en moins d'un an après la mort de leur père. Min-ti n'en fut pas quitte pour cette disgrâce. S'étant retiré chez le gouverneur de Weï-tcheou, il y fut mis à mort par l'ordre de celui qui l'avait supplanté.

LOU-WANG (934 après J.-C.) fut le nom que prit Li-tsong-kou à son inauguration impériale. Che-king-tang, gouverneur du Ho-tong, et gendre de l'empereur Ming-tsong, était depuis longtemps son rival. Ne pouvant s'accoutumer à fléchir le genou devant un homme dont il s'estimait l'égal en services et en belles actions, il pensa à se révolter. Les incursions fréquentes des Tartares Khi-tan dans le Ho-tong obligeaient l'empereur d'entretenir de nombreuses troupes dans cette province. Le gouverneur, sous prétexte de pourvoir à leur subsistance, contraignit, l'an 935, avec une dureté extrême et sans égard pour la mauvaise récolte, ce département à fournir son contingent de blé. Il en fit venir même d'autres côtés, et en forma des magasins extraordinaires. Cette conduite donna de l'inquiétude à l'empereur. Ce prince, afin d'ôter au gouverneur les moyens de remuer, envoie Tchang-king-ta dans le Ho-tong, avec qualité de lieutenant général de la province et de commandant d'une bonne partie des troupes. Le reste de cette année se passe en effet assez paisiblement. L'année suivante, 936, Che-king-tang a plus d'une occasion de se persuader qu'on n'a pas eu intention de le soulager seulement dans l'administration pénible d'une grande province. Il demande son changement. Le prince le lui accorde. Le gouverneur, décidé à lever le masque, déclare par écrit à l'empereur qu'il ne veut plus se déplacer, ni obéir désormais au fils adoptif de Ming-tsong, qui ne règne qu'au préjudice de Li-tsong-y, prince de Hiu, fils légitime et véritable héritier du trône. Lou-wang casse aussitôt Che-king-tang de tous ses emplois, envoie ordre au lieutenant général de marcher contre lui, et fait mettre à mort, au commencement de la septième lune, les fils et les frères du gouverneur de Ho-tong, au nombre de quatre. De son côté, le rebelle rassemble en diligence tout ce qu'il peut trouver de troupes. Satisfait de la promesse que lui fait le gouverneur de se reconnaître son sujet et de lui céder la province de Lou-long avec toutes les villes qui sont au nord de Jen-men-koan, le roi des Khi-tan vient au secours, à la tête de 50,000 hommes, dans la neuvième lune, et se range en bataille près de Hou-pé-keou (la grande muraille au nord-nord-est de Pé-king). Les Tartares avaient déjà engagé l'action contre la cavalerie impériale, lorsque Che-king-tang détacha un corps de troupes pour la soutenir. Les impériaux sont battus, et perdent 10,000 hommes. Les débris de l'armée impériale se retirent à Tçin-gan. Ils y sont investis par les Tartares. L'empereur, informé de cette nouvelle, marche en personne, quoique affligé d'une maladie sur les yeux, contre les rebelles. Les nouvelles troupes, qu'il conduit au blocus, ne peuvent établir aucune communication avec les anciennes. Une partie de ces troupes déserte; une autre partie est prête à abandonner son prince au moindre mécontentement. Le peu de fidélité de la plupart des officiers rend inutiles ceux qui restent attachés à l'empereur. Te-kouang, roi des Tartares, ne doute point du succès de ses services, et offre déjà l'empire de la Chine à son protégé. Le gouverneur se fait un peu prier, et accepte enfin à la sollicitation de ses officiers. Le roi des Tartares Khi-tan fait expédier une longue patente, où il donne à Che-king-tang le trône de la Chine et le titre d'empereur, sous le nom de Tçin, en mémoire sans doute du lieu où la victoire lui avait inspiré tant de confiance en sa puissance. On procède aussitôt à l'inauguration du nouveau souverain de la Chine. Le roi se dépouille de ses propres habits et de son bonnet, et en revêt Che-king-tang. Des mottes de terre, entassées les unes sur les autres, forment une espèce de trône où l'on fait asseoir le nouvel empereur. Tous les officiers de l'armée saluent et reconnaissent comme tel Che-king-tang. Le protecteur ne tarda pas à demander le prix de ses bienfaits. Il n'y avait point de sûreté à refuser ou à différer. Che-king-tang, comme empereur, comme maître de la Chine, cède à Te-kouang seize villes, qui pour la plupart servaient aux Chinois de barrières contre les Tartares, et s'engage à donner, lorsqu'il sera paisible possesseur du trône, trois cent mille pièces de soie à celui qui l'y a placé. Cependant l'armée impériale, toujours investie, manquait de provisions, de fourrages, et il ne lui arrivait aucun secours. La plupart des officiers sollicitaient Tchang-king-ta, ce gouverneur et lieutenant général que l'empereur avait substitué à Che-king-tang dans le gouvernement de Ho-tong, de se soumettre aux Tartares. « Je n'ajouterai point, répond cet homme vertueux, au crime de m'être laissé battre par ma faute celui de me donner aux ennemis de mon maître. J'attends du secours. Si l'espérance d'en recevoir se perd, alors vous pourrez me tuer et vous soumettre aux Tartares. » Quelques jours après, Yang-kouang-yuen, autre lieutenant général, voyant qu'il n'y avait plus de ressource pour l'armée bloquée, coupe la tête à Tchang-king-ta, et va se donner au roi des Khi-tan. Te-kouang le reçoit; puis, se tournant vers les officiers du nouvel empereur : « Vous avez devant les yeux, leur dit-il, et dans la personne de Tchang-king-ta, un bel exemple de ce que vous devez être; il faut que vous tâchiez d'imiter son zèle et sa fidélité. » Le monarque donna ensuite des ordres pour qu'on lui fît une sépulture honorable. Les autres corps de troupes impériales n'opposent plus qu'une résistance impuissante. Lou-wang voit tout perdu pour lui et nulle sûreté pour sa personne. Pour ne pas tomber entre les mains de ses ennemis, il retourne à sa capitale, monte dans une des tours de son palais, s'y enferme avec les deux impératrices, les princes ses fils, avec tous les attributs de la dignité impériale, et s'y brûle avec toute sa famille.

## XVI^e DYNASTIE : LES HEOU-TÇIN.

KAO-TSOU (937 après J.-C.) est le nom que se donna Che-king-tang en montant sur le trône. Il était originaire de Cha-to, et s'était concilié l'estime et l'affection de Ming-tsong par sa bravoure et ses talents militaires. Le deuxième empereur de la dynastie des Tang postérieurs ne dédaigna même pas de lui donner en mariage la princesse Tçin-koue-tchang, sa fille. Kao-tsou, parvenu lui-même à l'empire par les moyens qu'on a vus plus haut, ne jouit pas tranquillement des honneurs et des avantages du trône. Plusieurs gouverneurs et commandants de place ne voulurent pas reconnaître le nouvel empereur, ou ne lui rendirent qu'une obéissance simulée. Fan-yen-kouang, gouverneur de Tien-hiong, fut du nombre de ces derniers. Les villes que l'empereur avait cédées au roi Te-kouang ne portaient le joug qu'avec peine. Un ambitieux pouvait trouver en elles de quoi seconder ses desseins. Ces considérations déterminèrent Kao-tsou à transporter sa cour à Tan-leang, comme la place d'où il serait le plus à portée de contenir les villes dont on soupçonnait la fidélité. Fan-yen-kouang ne tarda pas à se déclarer. A la sixième lune, aidé de Fan-yen, gouverneur de Tchen-tcheou, Fan-yen-kouang fait passer le Hoang-ho à un corps de ses troupes, livre au pillage le bourg de Tsao-chi, et le réduit en cendres. A la septième lune, l'empereur, sachant que l'armée du rebelle était à Li-yang-keou, ordonne à Tchang-tsong-pin de l'y aller chercher et de l'amener à une action générale. Cet officier principal entre lui-même dans le parti des révoltés, tue Che-tchong-sin, un des fils de l'empereur et gouverneur de Ho-yang, y entre sans coup férir, et se saisit de Che-tchong-y, son frère. Partant de là, il arrive à Tan-choui. Te-kouang l'attaque vivement, et fait courir le bruit qu'il se propose d'éteindre entièrement la famille régnante. Cependant Tou-tchong-koeï, autre général de l'empereur, marche au secours de Tan-choui. Il y trouve dix à douze mille hommes, qu'il taille en pièces. Tchang-tsong-pin se noie en passant le Hoang-ho. Ses deux principaux officiers sont envoyés à Taleang, où ils sont décapités. Leurs familles sont condamnées à être éteintes; mais celle de Tchang-tsiuen-y, qui avait très-bien servi l'empire par son patriotisme et ses écrits, est exceptée de cette condamnation. Fan-yen-kouang commence à désespérer du succès de ses entreprises. Il tente une réconciliation. L'empereur, qui croit n'avoir plus rien à craindre, rejette ses supplications. Néanmoins il accordait tout, or, présents les plus précieux, soumissions les plus basses, au roi des Tartares, à sa famille et à ses ministres. Cette année, Te-kouang, qui tendait à se rendre maître de toute la Chine, introduit parmi ses grands et ses officiers les coutumes chinoises, et préfère les Chinois aux Tartares dans la distribution des emplois. Comme il avait conquis tout le Leao-tong, ses Tartares abandonnent le nom de Khi-tan, prennent celui de Leao, et le donnent à leur dynastie. Les princes de Ou se donnent le titre d'empereurs, et se font appeler les Tang méridionaux. Fan-yen-kouang, n'espérant plus de grâce, se résout à vendre chèrement sa tête, qui est mise à prix. Assiégé dans Kouang-tçin, il se défend pendant plus d'un an avec tant d'opiniâtreté, et tue aux assiégeants tant de monde, que l'empereur lui envoie un de ses premiers eunuques lui offrir son pardon avec un des grands gouvernements de l'empire. Fan-yen-kouang perd la foi à l'horoscope qui lui avait promis le trône, se soumet à son prince, et reçoit ses faveurs. L'année suivante, 940, à la deuxième lune, Fan-yen-kouang demande et obtient de l'empereur la permission de se retirer dans sa patrie avec ce qu'il possédait. Yan-kouang-yuen, qui avait résolu sa perte, donne ordre à son fils de courir après lui à la tête d'une troupe de cuirassiers. Le fils n'obéit que trop bien à l'ordre de son père, et fait jeter Fan-yen-kouang dans le Hoang-ho. On publie que le malheureux officier s'est noyé lui-même. L'empereur, qui redoute Yan-kouang-yuen, fait semblant de croire le bruit public, mais diminue l'autorité de son ministre, lui enlève tous les officiers qui lui étaient attachés, comme pour les récompenser de leurs bons services attestés par le ministre, et l'envoie lui-même gouverner la province du Ping-lou. L'an 941, les Tartares Leao réclament auprès de l'empereur contre les émigrations des Toukou-hoen, qui habitaient au nord du Yemen, l'une des contrées que Kao-tsou avait cédées au roi Te-kouang. L'empereur envoie des troupes pour engager et pour forcer ces peuples à se soumettre au roi tartare. Ngan-tchong-jong, gouverneur de Tching-te, se met à la tête des mécontents. Mais la rencontre des troupes impériales le force de reculer et d'aller se renfermer dans Siang-tcheou. Quelque temps après, sachant que l'empereur était à Ye-tou, il en prend la route dans le dessein de l'y surprendre. Le général Tou-tchong-weï le rencontre au sud-ouest de Tsong-tching, et, après trois batailles, l'oblige, l'an 942, à se sauver avec une partie de son monde dans la ville de Tchin-tcheou. Cette place est aussitôt investie. Un officier de la garnison fait entrer secrètement les troupes impériales par une fausse porte. L'intrépide Ngan-tchong-jong s'y défend avec la plus grande valeur. A la fin il est tué, après avoir perdu 20,000 hommes. Le commandant impérial ternit la gloire de cette journée, en faisant *mourir*, par une cruelle et basse jalousie, l'officier qui l'avait introduit dans la place. La tête du rebelle, présentée à Te-kouang, ne le satisfait point. Il se trouve offensé de ce que Lieou-tchi-yuen avait reçu les soumissions des Toukou-hoen, qui ne voulaient point d'autres maîtres que les Chinois. Il en témoigne son ressentiment à l'empereur en termes si outrageants, que ce prince en tombe malade de chagrin, et meurt à la sixième lune de cette année, à l'âge de cinquante et un ans, et la septième année de son règne. Il avait désigné Che-tchong-joui, son fils encore en bas âge, pour son successeur. Le ministre Tong-tao et King-yen-kouan, commandant général des gardes de l'empereur, ne trouvent point convenable au bien de l'Etat de mettre un enfant sur le trône. Ils y appellent Che-tchong-koue, neveu et fils adoptif de Kao-tsou. Il est proclamé le même jour sans la moindre contradiction.

TSI-WANG (942 après J.-C.), reconnu sous ce nom par les grands pour légitime successeur au trône de la Chine, semblait pouvoir se promettre un règne heureux. Le rebelle Ngan-tsong-tçin, assiégé depuis près d'un an dans Siang-tcheou, voyant sa ville prise d'assaut, venait de périr avec toute sa famille au milieu des flammes allumées par sa propre main. Mais le repos de l'empire ne pouvait être solide que par une paix constante avec les Tartares. Le nouvel empereur ne voulut pas dégrader sa dignité jusqu'à se dire, comme son prédécesseur, sujet d'un roi barbare. Dans sa lettre, de l'an 943, à Te-kouang, pour lui notifier la mort de Kao-tsou et son avénement à la couronne, Tsi-wang le qualifiait seulement petit-fils du roi tartare. Le monarque, qui se croit offensé, se dispose à se mettre en campagne. L'empereur, sur le bruit qui s'en répand, retourne à la cour orientale. La famine cependant affligeait l'empire, et le défaut d'espèces augmentait la calamité. Les Tartares, profitant des malheurs des temps, investissent Peï-tcheou, l'an 944, sous les ordres de leur roi Te-kouang. Chao-ko, officier de la garnison, mécontent de ce qu'on l'avait cassé, fait mettre le feu au magasin d'armes, et introduit les ennemis dans la place par le poste même qu'il gardait. Malgré cette trahison, les Tartares ne sont maîtres de Peï-tcheou qu'après avoir tué 10,000 hommes de la garnison. Wou-loan, qui la commandait en l'absence du gouverneur, s'abandonne au désespoir et se précipite dans un puits. L'empereur, consterné de cette perte, fait des tentatives pour obtenir la paix. N'étant point écouté, il ne songe plus qu'à se défendre des nouveaux malheurs qui le menacent. A l'aide de ses généraux, il réussit à mettre en fuite les Tartares, après en avoir tué, noyé, ou fait prisonniers plusieurs milliers. Le roi des Leao devient furieux à la nouvelle de cette déroute, et fait massacrer tous les prisonniers chinois qu'il avait en son pouvoir. Le courage des impériaux n'en devient que plus ardent. Ils sont vainqueurs sous la conduite de l'empereur, après de grands efforts dans une bataille donnée le premier jour de la troisième lune au nord de la ville de Tchen-cheou. L'empereur, de retour à Ta-leang après la retraite des Tartares, chargea Li-cheou-tchin d'aller réduire le rebelle Yang-kouang-yuen, enfermé dans Tsing-cheou. La place se défendit pendant huit mois, au bout desquels elle fut rendue par le fils du rebelle à l'insu de son père. Les Tartares, étant revenus l'année suivante sur les terres de la Chine, expièrent, par une déroute que l'empereur leur fit essuyer, les dégâts qu'ils y avaient faits. Mais, rappelé par ses plaisirs dans sa capitale, ce monarque y apprit bientôt les plus funestes nouvelles de son armée, qu'il avait laissée sous le commandement de Tou-oueï. Le roi tartare, par les avantages qu'il remporta sur elle coup sur coup, réduisit le général et les principaux officiers à se soumettre à sa discrétion. L'empereur, averti de cette défection, vit presque aussitôt arriver un corps de Tartares, qui s'empara sans coup férir de sa capitale. Alors, dans son désespoir, il met le feu à son palais, et, le sabre à la main, il oblige ses femmes et ses concubines à se jeter dans les flammes. Il voulait s'y précipiter lui-même; mais l'un de ses officiers déserteurs le retint, le fit prisonnier, et mit ensuite le feu à la ville. Te-kouang n'usa pas de sa victoire avec insolence. Après avoir reçu de l'empereur son abdication, écrite dans les termes les plus humbles, il lui écrivit pour le consoler, et donna ordre qu'il fût traité avec toute sorte d'humanité. Il arriva lui-même le premier jour de l'an 947 à Ta-leang, dont il rassura les habitants, effrayés par l'incendie et le pillage de leur ville, et livra à leur vengeance l'auteur de ces désordres. L'empereur lui ayant été présenté, il le fit conduire avec toute sa suite dans un *miao* ou temple d'idoles, avec ordre de ne le laisser manquer de rien. Ayant ensuite assemblé tous les grands, il dissipa leurs craintes, et les tranquillisa par un discours affectueux, qu'il réalisa en diminuant les tributs et les corvées. Il prit même et fit prendre à ses Tartares l'habit des vaincus, déclarant qu'il voulait en tout se conformer au gouvernement chinois. Tous les gouverneurs des villes et des provinces, ayant reçu ses ordres, s'y soumirent, à l'exception d'un seul; mais tous ne le firent pas sincèrement. Lieou-tchi-yuen, prince de Pé-ping et gouverneur du Ho-tong, malgré ses démonstrations d'attachement pour le roi des Leao, travaillait sourdement à venger la Chine du joug qu'il venait de lui imposer. Toutes ses dispositions étant faites, il se fit proclamer empereur par ses troupes dans le temps que Te-kouang se préparait à retourner dans le Nord, pour éviter, disait-il, les chaleurs du Midi. Celui-ci, s'étant mis en route, fut attaqué d'une maladie qui l'emporta en peu de jours. A la nouvelle de cet événement, Lieou-tchi-yuen se met en marche pour Ta-leang. Il y fut reçu sans opposition, et, à la prière des grands de la maison des Tçin, qui étaient venus au-devant de lui, il prit possession du palais et du trône impérial, déclarant qu'étant de la grande famille des Han il voulait que sa dynastie portât le même nom. Il établit sa cour à Ta-leang.

### XVIIe DYNASTIE : LES HEOU-HAN OU HAN POSTÉRIEURS.

KAO-TSOU (947 après J.-C.) fut le nom que prit à son inauguration Lieou-tchi-yuen. Les princes et les grands, dont plusieurs n'avaient d'abord vu dans lui qu'un usurpateur, se réunirent bientôt en sa faveur, et lui rendirent leurs hommages à l'envi. Mais il ne jouit pas longtemps de l'autorité impériale et de la satisfaction d'avoir délivré sa patrie de l'oppression des Tartares. Etant tombé malade, il sentit que sa fin approchait. Dans cet état, il recommanda son jeune fils à quatre de ses principaux mandarins, et mourut le premier jour de la deuxième lune de l'année 948.

YN-TI (948 après J.-C.), fils de Kao-tsou, placé sur le trône par les quatre mandarins à qui son père avait confié ses dernières volontés, ne sera plus connu dans l'histoire sous son premier nom de Lieou-tching-yeou. Trois frères, Sun-fang-kien, gouverneur de You, Sun-hing-yeou, gouverneur de Y-tcheou, et Sun-fang-yu, gouverneur de Tsin-tcheou, tous trois pleins de valeur, reprirent sur les Tartares toutes les places que le chef de la famille des Tçin leur avait cédées, et les chassèrent, après plusieurs combats heureux, de toute la Chine. Li-cheou-tchin, gouverneur de Hou-koue, faisait au contraire tous ses efforts pour dépouiller son souverain. Tchao-sse-ouen, s'étant déclaré ouvertement pour lui, s'empara de Tchang-ngan, et lui envoya un habit pareil à celui de l'empereur. Le gouverneur de Hou-koue prit alors le titre de prince de Tçin, et donna le commandement de ses troupes à Wang-ki-hiun, l'un des plus grands capitaines de son siècle. Les rebelles forcèrent Tong-koan, Yong-hing et Fong-siang. L'empereur ayant fait marcher des troupes dans le Ho-tchong, elles furent toujours battues. Kouo-weï, l'un de ces quatre mandarins que Kao-tsou avait jugés dignes de sa confiance, se transporta dans les provinces occidentales, avec tous les pouvoirs de l'empereur, pour pacifier ces troubles. Sa sagesse, sa prudence et ses libéralités lui gagnèrent l'estime et l'affection des troupes impériales. Elles investirent la place où le chef des rebelles s'était enfermé. Ho-tchong fut bloquée, et tellement resserrée, qu'il ne fut possible aux assiégés d'avoir aucune communication au dehors. Li-cheou-tching, après s'être vaillamment défendu pendant plusieurs mois, après avoir été vainement secouru par le prince de Chou, voyant le général Kouo-weï, qui l'assiégeait, maître des faubourgs, s'enferma dans son palais avec sa femme et ses enfants, et y périt avec eux dans les flammes qu'il avait allumées. Le vainqueur, étant entré dans la ville, fit conduire Li-tsong-yu, fils du commandant, avec quelques-uns de ses officiers, à Ta-leang, où ils furent mis en pièces au milieu des rues. Tchao-sse, le second rebelle, également poussé à bout dans Tchang-ngan, se livra à sa fureur, qu'il exerça sur les enfants des bourgeois, et, sur le refus qu'il fit du pardon qui lui fut offert par l'empereur, il fut pris et massacré publiquement avec trois cents de ses complices. Wang-king-tsong, le troisième rebelle, non moins obstiné que les deux autres, s'enterra, plutôt que de se rendre, sous les ruines de son palais, qu'il réduisit en cendres. Enflé de ces succès, Yn-ti se livra à la débauche, nomma Kouo-weï, l'an 950, généralissime de ses troupes avec les plus amples pouvoirs, et se déchargea du soin des affaires civiles sur d'autres mandarins. Mais l'intégrité de ces ministres indisposa contre eux les jeunes courtisans qui, sans cesse appliqués à flatter les passions du monarque, réussirent à lui rendre suspects ces graves censeurs de sa conduite. Yang-ping, ce mandarin qui avait joui de la confiance de Kao-tsou, fut le premier qu'ils immolèrent à leur haine. Il fut mis à mort avec Wang-tchang par une troupe de soldats, comme ils entraient l'un et l'autre dans le palais pour y faire les fonctions de leurs charges. L'empereur donna ordre ensuite à Lieou-tchu d'exterminer les familles de ces deux mandarins. Le brave généralissime, menacé d'un semblable sort, cède aux instances de l'armée, qui veut l'entraîner à la cour pour dissiper les mauvaises impressions que l'empereur avait prises de lui. Le bruit de sa marche parvient à Ta-leang. L'empereur sort de la ville avec un corps de troupes considérable pour aller le combattre. Mais, au premier choc, il est abandonné de presque tous ses soldats, qui désertent ou se donnent à l'ennemi. Ayant voulu rentrer dans la ville, il en trouve les portes fermées et se retire vers l'Ouest. On le poursuit jusque dans un village éloigné, dont les habitants, s'étant mis en devoir de le défendre, sont passés au fil de l'épée. L'empereur est tué lui-même sans être connu. Ses trois ministres, qui l'avaient accompagné, se donnent la mort pour ne pas tomber vivants entre les mains du vainqueur. Celui-ci arrive le lendemain à Ta-leang, et, s'étant rendu au palais de l'impératrice, il l'invite à nommer, de concert avec les mandarins, un successeur à l'empire. Les suffrages se réunirent en faveur de Lieou-pin, neveu du défunt empereur, qui l'avait adopté. Mais bientôt le mécontentement qu'excite cette élection oblige l'impératrice à la révoquer. Elle nomme Kouo-weï régent de l'empire, en attendant qu'on en fasse une nouvelle. Mais tous les grands et les mandarins engagent celui-ci à s'asseoir dès ce moment sur le trône.

### XVIIIe DYNASTIE : LES HEOU-TCHEOU.

TAI-TSOU (1), chef et fondateur de la dynastie des Tcheou postérieurs, monta sur le trône l'an 951 de l'ère chrétienne. Avant son élévation, il portait, comme nous l'avons vu, le nom de Kouo-weï, qu'il avait illustré dans la guerre contre les Tartares. Le premier soin de Taï-tsou, en montant sur le trône, fut de publier une amnistie générale. Descendant d'une des branches de la grande famille de Tcheou, il ordonna que sa dynastie prendrait ce nom. Dès qu'il eut pacifié ses Etats, il alla visiter le tombeau de Confucius, auquel il décerna, par un édit, le titre de roi. Les courtisans qui l'accompagnaient lui ayant représenté l'inconvenance d'accorder ce titre à un homme qui pendant sa vie avait été le sujet d'un petit prince : « On ne peut, répondit-il, trop honorer celui qui a été le maître des rois et des empereurs. » Cependant le frère d'Yn-ti n'avait point renoncé à ses prétentions au trône. Allié avec quelques gouverneurs mécontents, il ne tarda pas à lever l'étendard de la révolte. Taï-tsou chargea quelques-uns de ses généraux de marcher contre les rebelles. L'affaiblissement de sa santé l'obligeait de rester dans son palais. Tous les soins ne purent le rétablir, et il mourut en 954, à l'âge de cinquante-trois ans, laissant pour successeur son neveu, qui prit le nom de Chi-tsong. D'après ses intentions, il fut inhumé en habits de bonze. C'est dans la deuxième année du règne de ce prince que fut publiée l'édition des *Neuf King*, imprimée avec des planches de bois ; « véritable édition *princeps*, dit M. Abel Rémusat, qui fixe l'époque de l'établissement de l'art typographique à la Chine » (*Journal des sav.*, 1820, p. 557).

CHI-TSONG (954 après J.-C.), auparavant nommé Kouo-pug, fut à peine sur le trône qu'il eut à se défendre contre Lieou-tsong, prince des Han et frère de l'empereur Yn-ti, qui voulait remettre l'empire dans sa famille. Aidé d'un corps de troupes que le roi des Leao lui fournit, le prince des Han livra près de Kao-ping une bataille sanglante à l'empereur sans aucun succès décidé. Les impériaux, ayant ensuite pénétré dans les terres des Han, y firent des conquêtes rapides ; mais ils échouèrent devant Tçin-yang dont Lieou-tsong les obligea de lever le siége. Accablé des fatigues qu'il y avait essuyées, ce prince en tomba malade et mourut à la onzième lune de l'an 954, après avoir remis ses Etats de Han à Lieou-tching-kiun, son fils. Celui-ci, naturellement pacifique, se borna au gouvernement de son patrimoine, et laissa Chi-tsong en paisible possession du trône impérial.

Les temples des idoles s'étaient prodigieusement multipliés à la Chine sous les derniers règnes. Chi-tsong, à la cinquième lune de l'an 955, en détruisit jusqu'à 30,000 qui n'avaient point de fondations authentiques, en chassa les bonzes et les bonzesses, et défendit d'en recevoir à l'avenir sans le consentement par écrit des plus proches parents. La Chine malgré cette réforme ne laissa pas de compter encore deux mille six cent quatre-vingt-quatorze temples, habités par plus de soixante mille bonzes ou bonzesses.

L'empereur, voyant avec chagrin l'empire partagé en une multitude de petits Etats, entreprit de les réduire en provinces par la voie des armes. Dès qu'on s'aperçut de son dessein, les princes de Chou, de Tang, et les Han septentrionaux, formèrent une ligue entre eux pour leur commune défense. Chi-tsong les attaqua successivement, et commença par les Etats de Chou, dont il conquit par ses généraux les principales villes, non sans avoir éprouvé une vigoureuse résistance. Fong-tcheou, la plus importante de leurs places, ayant été emportée au bout d'un mois de siége par un des plus terribles assauts, le commandant Tchao-tsong-po, fait prisonnier avec sa garnison, ne put survivre à son malheur, et se laissa mourir de faim. Chi-tsong tourne ensuite ses armes contre le prince de Tang, et va continuer en personne, l'an 956, le siége de Cheou-tcheou dans le Hoai-nan, déjà entamé par son général Li-kou. Informé que les habitants étaient disposés à prendre la fuite, il les prévient en les assurant qu'ils peuvent rester tranquilles dans leurs foyers sans crainte d'aucune violence. Lieou-gui-chen défend la place avec la plus grande valeur et la constance la plus inébranlable. Quoique malade du chagrin de ne point recevoir de secours, il ne cessa point de veiller à tout et de tenir sévèrement la main au maintien de la discipline militaire. Son fils, pour l'avoir violée par un excès de bravoure, fut puni de sa désobéissance par un châtiment qui inspira la terreur à toute la garnison. Ayant osé traverser le fleuve Hoai-ho contre les ordres de son père, pour aller surprendre l'ennemi, il fut arrêté et ramené dans la ville. Tout le monde s'intéressa pour ce jeune homme, qui donnait les plus belles espérances ; mais le père et la mère furent inflexibles, et l'infortuné coupable eut la tête tranchée. Le commandant suivit de près son fils au tombeau. La défection d'un officier général des Tang, qui se donna avec des troupes à l'empereur, et une victoire signalée que ce monarque remporta sur celles qui accouraient à la délivrance de la place, mirent le comble à ses chagrins, et le réduisirent à l'extrémité. Son lieutenant, voyant qu'il n'y avait plus d'espérance d'être secouru, prend le parti de se rendre, l'an 957, après quinze mois de siége, et fait porter à King-ling le commandant moribond. L'empereur voulut voir ce brave, et lui témoigna son estime en le nommant prince du second ordre, comme il rendait le dernier soupir. La longueur du siége de Cheou-tcheou, ayant réduit les habitants à une extrême disette, le généreux vainqueur leur fit distribuer des grains ; après quoi il reprit la route de Ta-leang. Sur la fin de la dixième lune 957, il se remet en marche pour reprendre la guerre contre le prince de Tang. Ses armes eurent dans cette expédition les mêmes succès que dans les précédentes. Il avait sur le Hoai-ho une grande quantité de barques qu'il désirait transporter sur le Kiang pour faire le siége de Tsing-haï par terre et par eau. Mais une grande levée, construite entre les deux fleuves, n'en permettait point la jonction. Chi-tsong surmonta cet obstacle qui paraissait invincible ; et, par un canal qu'il pratiqua, fit entrer ses barques dans le Kiang, au moyen de quoi la place fut emportée en peu de jours. Ses progrès dans le Hoai-nan furent si rapides, que le prince de Tang lui fit offrir ce qui restait à conquérir dans ce département, en demandant que le Kiang servît de limite aux deux Etats. L'offre acceptée, il quitta le titre de grand gouverneur, et se réduisit à celui de simple gouverneur sous la dépendance de la dynastie impériale des Tcheou, dont il se reconnut tributaire. Chi-tsong, ayant augmenté par là ses domaines de soixante villes du second ordre, fit ses préparatifs pour attaquer les Tartares de Leao. Han-tong, qu'il envoya devant lui, à la quatrième lune de l'an 959, avec une partie de ses troupes de terre pour lui frayer le chemin, répandit la terreur dans plusieurs villes, qui se rendirent dès que l'empereur parut sous leurs murs. Les Tartares, craignant pour Yeou-tcheou, la plus forte de leurs places, vers laquelle il s'avançait, avaient fait approcher une nombreuse cavalerie pour la défendre. Mais Chi-tsong, dans sa marche, fut atteint d'une maladie qui l'obligea de retourner à Ta-leang. Il y mourut, l'an 959, à l'âge de trente-neuf ans, après avoir désigné pour son successeur Kouo-tsong-hiun, son fils, prince de Leang, âgé de sept ans, qu'il mit sous la conduite du brave Tchao-kouang-yn. La Chine compte Chi-tsong au nombre de ses meilleurs souverains.

KONG-TI (959 après J.-C.), auparavant Kouo-tsong-hiun, fut mis en possession du trône sans opposition après la mort du défunt empereur, son père. Mais les ministres, qui devaient maintenir les rênes du gouvernement, prirent ombrage du mérite, de la réputation et des exploits de Tchao-kouang-yn.

(1) On a déjà eu occasion de faire observer que les noms par lesquels les empereurs chinois sont désignés dans les écrits des Européens, ne sont pas de véritables noms, mais des appellations honorifiques décernées à des princes après leur mort, ou des titres assignés aux années de leur règne. Les noms de Taï-tsou et de Taï-tsoung appartiennent à la première classe, ainsi que ceux de Chi-tsou et de Chi-tsoung, de Wen-ti, de Wou-ti, et plusieurs autres. Chacun de ces noms revient dans l'histoire chinoise autant de fois qu'il y a de changement de dynastie, et l'ordre dans lequel ils reparaissent est à peu près fixé par l'usage, de sorte que, pour savoir de quel prince on entend parler, il est nécessaire d'être informé du nom de la famille impériale à laquelle ce prince appartenait. Taï-tsou (*le grand aïeul*) est le nom qu'on donne d'ordinaire au fondateur d'une dynastie, Taï-tsoung (*le grand illustre prince*) à celui qui l'a consolidée ou qui en a augmenté l'éclat ou la puissance. Du reste, il y a dans les annales chinoises une douzaine de Taï-tsou et autant de Taï-tsoung. Pour s'entendre, il faut ajouter le nom de la dynastie : Soung-taï-stoung ou Thang-taï-tsoung, le Taï-tsoung de la dynastie des Soung ou de celle des Tang ; Tcheou-taï-tsou ou Youan-taï-tsou, le Taï-tsou des Tcheou ou des Youan, etc.

Pour l'éloigner de la cour et des affaires, ils l'envoyèrent gouverner Song-tcheou, autrement Koue-te. Le jour de son départ, l'an 960, le peuple l'accompagna hors des murs de la ville. L'armée, qui l'y attendait, se mit tout à coup à crier que Tchao-kouang-yn était digne du commandement et du trône. Une parélie, qui parut le lendemain matin, fut interprétée par un astrologue en faveur de cette émeute. Les officiers en conséquence décidèrent que le prince assis sur le trône étant trop jeune pour savoir estimer et récompenser le mérite, il était de l'intérêt de l'Etat de proclamer empereur Tchao-kouang-yn. Forcé de céder aux vœux de la multitude, il se laisse conduire à Kai-fong-fou, où devait se faire son couronnement. Les ministres eux-mêmes, par la crainte d'être mis en pièces, donnent les mains à cette élection, et déterminent Kong-ti à descendre volontairement du trône, pour se réduire à l'état de prince de Tching, qui lui fut accordé. On conserva aussi le titre d'impératrice à sa mère. Tchao-kouang-yn prit le nom de Taï-tsou.

## XIXe DYNASTIE : LES SOUNG.

Les empereurs de cette dynastie tinrent leur cour les uns à Tchang-ngan, ou Si-ngan-fou, les autres à Pian-liang (aujourd'hui Kaï-foung-fou), dans le Ho-nan. Neuf de ces empereurs, durant cent soixante-sept ans, choisirent la cour occidentale, et les neuf autres fixèrent leur séjour, pendant cent cinquante-deux ans, dans la province orientale du Ho-nan. Ce ne fut que sous cette dynastie, que l'empire chinois commença à respirer, après tant de troubles, de guerres civiles et de calamités dont il avait été agité depuis les derniers empereurs de la dynastie des Tang : période de désolation pour la Chine, pendant laquelle le règne des lois fut suspendu, pour faire place à celui de la force et de l'oppression, au milieu de l'anarchie la plus désastreuse qui eût désolé ce grand empire.

Le premier empereur de la dynastie des Soung, Taï-tsou

Taï-tsou, empereur chinois, fondateur de la dynastie des Soung.

(960 après J.-C.), possédait toutes les qualités que les écrivains chinois demandent d'un bon souverain. Il était plein de fermeté et de clémence, sage, frugal, et très-appliqué aux affaires du gouvernement. Pour se rendre accessible à tous ses sujets, il ordonna, dit-on, que les quatre portes de son palais, qui faisaient face aux quatre points cardinaux, fussent toujours ouvertes, « voulant, disait-il, que sa maison fût semblable à son cœur, qui était ouvert à tous ses sujets. » Aussi était-il accessible à toute heure, et toujours prêt à recevoir les suppliques de ceux qui voulaient lui en présenter. Il bannit le luxe de sa cour. Sa douceur termina de longues guerres entre plusieurs souverains qui se soumirent à lui. Sorti des rangs du peuple, il conserva toujours une grande commisération pour ses souffrances. Pendant un hiver très-rigoureux, il avait une armée qui se battait contre les Tartares de Liao-soung ; il apprit que les soldats souffraient beaucoup du froid, et il en fut désolé. Dans un mouvement de sensibilité, il se dépouilla de ses vêtements fourrés ; et les envoya au général qui commandait cette armée, en lui faisant dire qu'il regrettait de ne pas en avoir cent mille pareils, pour en envoyer à chaque soldat.

Dans une autre occasion, il montra encore plus de sensibilité et de compassion pour le peuple. Un de ses premiers généraux assiégeait la ville de Nan-king, qui était réduite à la dernière extrémité. Voyant que les habitants, qui résistaient toujours, allaient être passés au fil de l'épée, il rassembla les généraux et les principaux officiers qui assistaient au siége de cette place, et il leur fit promettre, par serment, qu'ils ne laisseraient mettre à mort aucun habitant de la ville. Cependant, au milieu du tumulte, il y eut quelques personnes de tuées. L'empereur, l'apprenant, s'écria en versant des larmes : « Quelle triste nécessité que celle de la guerre, qui ne peut se faire sans qu'il en coûte la vie à des innocents ! » Et pour réparer autant qu'il était en son pouvoir les maux causés par un long siége, il fit distribuer cent mille mesures de riz aux assiégés.

C'est ce même empereur qui établit, pour les militaires, des examens semblables à ceux qui existaient déjà pour les lettrés dans la carrière civile. Les uns et les autres subsistent encore. Ceux qui aspirent aux grades militaires doivent passer par ces examens, et ne sont élevés à des grades supérieurs qu'après avoir donné des preuves de leur capacité, par des compositions qu'ils font sur l'art militaire, et par leur habileté à manier un cheval et à tirer de l'arc.

Taï-tsou, quoique militaire, n'avait pas négligé de s'instruire dans les sciences et les lettres ; ces études graves lui avaient fait apprécier la haute valeur politique et morale des écrits de l'ancien philosophe Confucius. Aussi, dès qu'il fut au pouvoir, s'empressa-t-il de remettre celui-ci en honneur. Il alla visiter le lieu de sa naissance et composa son panégyrique ; il revêtit aussi l'un de ses descendants d'un titre d'honneur qui lui donnait un rang très-élevé dans l'empire.

Taï-tsou faisait un si grand cas des lettres, qu'il portait le respect pour elles jusqu'à la vénération. Jamais il ne refusa d'accorder sa protection à ceux qui les cultivaient, et de les admettre en sa présence, quand ils avaient quelques grâces à lui demander. Il s'entretenait familièrement avec eux ; il leur faisait des questions sur les *King*, ou livres canoniques, sur les *livres classiques*, sur l'histoire, sur l'antiquité et sur les sages qui s'étaient le plus distingués dans les commencements de l'empire, et sous le règne des trois premières dynasties. Un jour qu'il avait fait venir près de lui un des plus célèbres lettrés de son temps, pour lui expliquer les *livres classiques* sur le gouvernement, il lui demanda d'abord d'où dépendait le bon gouvernement. Le lettré répondit que, pour bien gouverner, il fallait aimer le peuple et réprimer ses passions. L'empereur Taï-tsou trouva ces deux maximes si belles, qu'il les fit écrire sur une tablette qu'il avait toujours sous les yeux.

Ce même empereur ne se borna pas à donner aux lettrés des marques stériles de bonté ou des distinctions purement honorifiques ; il créa en leur faveur des charges et des dignités auxquelles il attacha des revenus. Il rétablit tous les anciens colléges et en fonda de nouveaux. Il voulut que, dans chacun de ces colléges, il y eût une salle particulière pour y placer les portraits des savants et des littérateurs d'un certain ordre. Il les partagea par classes, à la tête desquelles il mit Confucius, comme le premier de tous ; et aux deux côtés de ce grand philosophe, dans le fond de la salle, il fit placer tous les anciens dont il voulut que l'on composât les éloges particuliers ; il ordonna même qu'on les mît sous son propre nom, afin, dit-il, d'apprendre à la postérité la haute vénération qu'il avait pour tous ces grands hommes.

Après que ces colléges eurent été ouverts, il s'y transporta en personne, pour voir si tout avait été exécuté comme il l'avait ordonné ; et il assista plusieurs fois aux leçons qui s'y donnèrent. En sortant de ces leçons, il recommandait toujours aux personnes de sa suite de faire faire de bonnes études à leurs enfants : « Car, disait-il, les lettres sont le fondement de tout ; elles apprennent à chacun à bien vivre selon son état ; aux souverains à bien gouverner ; aux magistrats à observer les lois ; aux citoyens à être dociles envers ceux qui sont préposés pour les commander et les instruire ; aux militaires à bien combattre. Aussi je veux que ceux qui désormais embrasseront la profession des armes aient au moins étudié quelque temps ; et je vous déclare que, même dans les emplois purement militaires, je donnerai toujours la préférence à celui qui aura de l'instruction sur un concurrent qui n'en aura pas » (Amyot, *Portraits des Chinois célèbres*).

C'est aux encouragements multipliés que cet empereur éclairé donna aux lettres que les historiens chinois attribuent leur prospérité et le grand éclat dont elles ont brillé sous la dynastie des Soung, comme des progrès qu'elles ont faits depuis. En effet, ajoutent-ils, si jamais la littérature a joui du double avantage des honneurs et des richesses, c'est surtout sous le règne de ce fondateur d'une des plus célèbres dynasties qui aient occupé le trône de la Chine. Il plaça les habiles lettrés dans le ministère, dans les tribunaux, dans tous les postes qui ont un rapport immédiat avec le gouvernement; il écouta toujours avec bonté leurs avis et leurs remontrances.

Le P. Amyot, dans le portrait qu'il a fait de Taï-tsou, dit que, pour résumer à la manière chinoise les qualités de cet empereur, il posséda dans un degré éminent les cinq vertus capitales : *jin*, *y*, *li*, *tchi*, *sin*; c'est-à-dire l'*humanité*, la *justice*, l'*amour de l'ordre*, *des cérémonies et des usages de la nation*, la *droiture* et la *bonne foi*. Nous avons déjà donné des exemples de son humanité; il fit constamment usage de cette grande vertu dans les guerres qu'il eut à soutenir pour vaincre les gouverneurs de provinces qui n'avaient pas voulu reconnaître volontairement son autorité. « La vie de l'homme, disait-il souvent, est ce qu'il y a de plus précieux sous le ciel; on ne peut apporter trop de soin pour empêcher qu'on ne l'ôte à qui que ce soit, sans y être contraint par les lois et par la nécessité. »

Ce fut parce qu'il était pénétré de ce grand principe qu'il porta (ou plutôt qu'il renouvela) le fameux édit par lequel il était défendu aux gouvernemeur de provinces et aux magistrats particuliers, dans toute l'étendue de l'empire, de faire exécuter de leur chef des sentences de mort. Il voulut que ces sentences fussent envoyées au tribunal des crimes dans la capitale, lequel, après avoir revu et discuté toutes les pièces du procès, annulait le jugement ou le confirmait; et, si ce tribunal suprême jugeait que le criminel méritait la condamnation portée contre lui, il devait en faire son rapport à l'empereur, qui seul, en cette occasion, jugeait en dernier ressort, en signant ou ne signant pas la condamnation.

TAÏ-TSOU (960 après J.-C.) fut, comme nous l'avons dit, le nom que prit Tchao-kouang-yn à son inauguration. Ayant été auparavant gouverneur de Koue-te-cheou, qu'on appelait aussi Song-tcheou, il donna par cette raison le nom de Song à sa dynastie. Quoique peu habile dans les lettres, ce prince aima les sciences, protégea ceux qui s'y appliquaient, rétablit les colléges, et les pourvut de tout ce qui pouvait y entretenir le bon ordre et exciter l'émulation. A la deuxième lune, Tou-chi, sa mère, fut déclarée impératrice. Elle était vraiment digne de l'être par la haute idée qu'elle avait des devoirs des souverains. Ce fut Taï-tsou qui, le premier, adopta le rouge pour la couleur impériale. Malgré tous les suffrages que recevait journellement son élection, Li-yun, gouverneur de Lou-tcheou, ne put être déterminé ni par caresses, ni par honneurs, à reconnaître le nouveau maître de l'empire. Il leva des troupes, publia un manifeste, dans lequel il accusait l'empereur de plusieurs crimes, envoya des gens affidés à Tce-tcheou, qui s'emparèrent de la place et en tuèrent le gouverneur. Lieou-kiun, prince des Han du Nord, se déclara son protecteur, et marcha à son secours. Sur la fin de la cinquième lune, l'empereur se mit lui-même à la tête d'une nombreuse armée, dont une division commandée par Che-cheou-sin, rencontra le rebelle au sud de Tce-tcheou, le battit complétement, et le poursuivit vivement jusqu'à Tce-tcheou. Li-yun, investi et vigoureusement attaqué, met de désespoir le feu à son hôtel, et périt dans les flammes. Li-tchong-sin, gouverneur du Hoaï-nan, qui, ayant été le collègue de Tchao-kouang-yn, ne pouvait le reconnaître pour son souverain, se précipita de même dans les flammes avec toute sa famille, au milieu de Kouang-ling, où l'empereur était venu l'assiéger. Tout fléchit sous la puissance de Taï-tsou, et les Tartares Nu-tchin, sauvages jusqu'alors indomptables, vinrent eux-mêmes lui apporter leur tribut, qui consistait en chevaux. L'empereur, pour prévenir les révoltes, diminua considérablement l'autorité des gouverneurs de provinces, et réunit plusieurs principautés à son domaine. L'an 963, à la quatrième lune, Ouang-tchu-no, assesseur du président des mathématiques, composa un calendrier réformé, qui fut admis sous le nom de Yng-tien-bay, et substitué à celui nommé Kin-tien-ly. Mong-tchang, prince de Chou, ligué avec les Han du Nord, ayant osé provoquer Taï-tsou l'an 965, attira sur lui les armes de ce monarque, qui, dans l'espace de soixante-six jours lui enleva quarante-cinq tcheou ou départements, composés de cent quatre-vingt-dix-huit hien ou villes du troisième ordre, et de cinq millions trois mille quatre cent quatre-vingt-dix-neuf familles payant tribut. Mong-tchang, abattu par cette conquête, vient se présenter lui-même à Pien-tcheou, avec sa famille et ses principaux officiers, dans l'état le plus humble, devant l'empereur, qui l'accueille avec bonté et le congédie avec honneur, en le déclarant prince du troisième ordre. Mais Mong-tchang ne survécut guère à sa dégradation; et sa mère, désespérée de ce qu'il était mort sans gloire, se laissa elle-même mourir de faim. Taï-tsou subjugua avec le même succès d'autres princes tartares. La réunion qu'il fit, en 971, du royaume de Nan-han, au domaine impérial, l'augmenta de soixante tcheou et de deux cent quarante hien, où l'on comptait dix-sept mille deux cent soixante-trois familles sujettes au tribut. L'une de ses dernières expéditions fut la conquête de Kiang-nan, qu'il acheva l'an 975. Elle augmenta encore son domaine de dix-neuf tcheou et de cent quatre-vingts hien. Mais le souvenir du sang répandu et des maux causés par la guerre troublaient la satisfaction qu'il avait de voir tout l'empire ne composer plus qu'une seule famille. Les Tartares de Leao, voyant la puissance de Taï-tsou prendre de tels accroissements, se hâtèrent de faire la paix avec l'empire. Taï-tsou, apprenant que les Han commençaient à remuer, se disposait à marcher contre eux, lorsqu'une maladie l'arrêta et suspendit les hostilités. Elle l'emporta dans la dixième lune de l'an 977, à l'âge de cinquante ans. Ce prince, bon, affable envers tout le monde, actif, ennemi du faste, de la tromperie et de la fraude, n'était content de lui-même que lorsqu'il s'était bien acquitté des devoirs de sa place. Il regardait ses sujets comme ses enfants, ne punissait de mort que dans les cas les plus graves, et ne fut sévère qu'à l'égard des mandarins qui foulaient son peuple.

TAÏ-TSONG (977 après J.-C.), frère de l'empereur défunt, en montant sur le trône de la Chine, comptait deux cent quatre-vingt-dix-sept tcheou ou grands départements, et mille quatre-vingt-six hien ou villes du troisième ordre, habités par trois millions quatre-vingt-dix mille cinq cent quatre familles payant tribut, au lieu de cent onze tcheou, six cent trente-huit hien, et neuf cent soixante-sept mille trois cent cinquante-trois tributaires que son prédécesseur avait trouvés sous sa domination au commencement de son règne. Jusqu'à celui de Chi-tsong, tous ceux qui appartenaient à la famille de Confucius étaient exempts des impôts et des corvées. Taï-tsong renouvela ce privilége à la septième lune de l'an 979, et s'acquit par là l'estime des Chinois. Le prince de Han, comme on l'a dit, faisait ses apprêts pour une révolte sur la fin du dernier règne. L'empereur envoie contre lui, et contre ses alliés les Tartares de Leao, ses généraux, qui parviennent jusque sous les murs de Taï-yen, après avoir passé sur le ventre de tous les ennemis qu'ils rencontrèrent. L'empereur arrive, à la quatrième lune de l'an 980, et dans l'espace de quinze jours il réduit la place aux abois. Le prince de Han prend alors le parti de la soumission. La guerre fut plus longue contre les Tartares de Leao. Elle eut des succès alternatifs, et la victoire pencha tantôt du côté des Chinois, tantôt du côté des Leao, qui changèrent de nom durant le cours de cette guerre, et reprirent celui de Khi-tan. Taï-tsong, pour les repousser au delà de la grande muraille, joignit ses armes, l'an 985, à celles des Coréens, et fit entrer, l'année suivante, quatre corps d'armées dans leur pays. Après avoir essuyé différentes pertes, les Tartares deviennent tout à coup maîtres de la campagne, et reprennent ce qui leur avait été pris en deçà de la muraille. Ils font même de nouvelles conquêtes sur l'empire. Mais, l'an 990, ils essuyèrent un échec terrible, qui les obligea de reculer au loin, et leur fit perdre l'envie de revenir si avant dans l'intérieur de la Chine. Les Nu-tchin, qu'ils attaquèrent l'année suivante, se donnèrent à eux sur le refus que leur fit l'empereur des secours qu'ils demandaient. Taï-tsong perdit encore, l'an 992, un de ses alliés dans la personne du prince de Corée, qui se donna aux Khi-tan. Des révoltes qui s'élevèrent ensuite en différentes parties de l'empire donnèrent de l'exercice aux armes de Taï-tsong pendant le reste de son règne, qu'il termina avec le cours de sa vie, dans la troisième lune de l'an 997, à l'âge de cinquante-neuf ans. Les Chinois font l'éloge de son discernement, de son équité, et de la sagesse avec laquelle il distribuait les récompenses et les châtiments. Peu de temps avant sa mort, il avait fait une nouvelle division de l'empire en quinze provinces.

TCHIN-TSONG (997 après J.-C.), troisième fils de Taï-tsong, qui l'avait désigné pour son successeur, fut inauguré sans contradiction après la mort de son père. Les Khi-tan, ayant recommencé leurs courses en 999, assiégèrent et pillèrent toutes les villes qui se rencontraient sur leur route. Pour les recouvrer, les Chinois furent obligés de faire des efforts extraordinaires de valeur et de courage. La présence de l'empereur animait ses troupes; mais à peine fut-il de retour de cette expédition, que le général Ouang-kiun, dont il avait châtié la mauvaise conduite, se mit à la tête d'une révolte qui s'était élevée dans la province de Sse-tchuen, et prit le titre de prince de Chou. Poussé à bout, ce rebelle se pendit de désespoir pour ne pas tomber vif entre les mains du vainqueur. La paix se fit enfin, l'an 1005, sous les murs de Tchan-tcheou, entre l'empereur et le roi des Khi-tan, au moyen de deux cent mille pièces de soie et cent mille taëls d'argent qui furent promis au second. Tchin-tsong, bientôt après, se repent de ce traité, qu'on lui avait représenté comme honteux à l'empire. Le chagrin qu'il en conçoit le jette dans une mélancolie qui le rend méconnaissable. Livré à des imposteurs, il ne s'occupe plus que de sacrifices aux esprits, de visions, de songes, de divination, de livres descendus du ciel, de prodiges, etc. L'an 1014, dans la douzième lune, il ordonna un dénombrement des familles de son empire sujettes au tribut. Il se trouva monter à neuf millions neuf cent cinquante-cinq mille sept cent vingt-neuf familles, faisant vingt et un millions quatre-vingt-seize mille neuf cent soixante-cinq personnes. Tchin-tsong, l'an 1020, tomba dans un état de langueur qui ne lui permit plus de s'occuper du gouvernement. Il s'en déchargea sur l'impératrice, et mourut à la deuxième lune de l'an 1022, dans la cinquante-cinquième année de son âge et la vingt-cinquième de son règne.

JIN-TSONG (1022 après J.-C.) fut le nom que Tchao-tcheou, fils de Tchin-tsong, prit à son inauguration, étant âgé pour lors de treize ans. L'excellent naturel du jeune prince donna lieu d'espérer que son règne serait heureux. L'impératrice, sa mère, pensa d'abord à soulager les peuples surchargés d'impôts. La superstition et le fanatisme ne leur causaient pas de moindres maux. La régente donna ordre à tous les gouverneurs de l'empire de raser les temples où se faisaient les sortiléges et toutes les opérations magiques dont le peuple s'était infatué sous le règne précédent. L'an 1024, l'empereur, naturellement studieux, alla visiter le collége impérial, et y salua publiquement Confucius comme son maître. Jin-tsong étant parvenu, l'an 1030, à l'âge de commander, ses ministres le pressent de prendre les rênes du gouvernement. Mais le respect qu'il a pour sa mère ne lui permet pas de se rendre à leurs sollicitations. Cette princesse, l'an 1033, à l'occasion d'une grande comète qui parut à la deuxième lune, prit le bonnet et les habits impériaux; et, s'étant rendue avec un pompeux cortége dans la salle des ancêtres de la famille impériale, elle y fit les cérémonies que les seuls empereurs avaient droit de pratiquer. Un mois après elle termina par sa mort un gouvernement de vingt ans, sévère, mais toujours réglé par les lois, et presque toujours heureux. L'empereur et les grands, pour se conformer aux dernières volontés de cette princesse, décernent le titre d'impératrice à Yang-chi, concubine de Tching-tsong, parce que l'empire devait avoir une mère.

Jin-stong se met dans le même temps en possession du gouvernement à la grande satisfaction de ses sujets. Il avait une épouse légitime nommée Kouo-chi, princesse altière, qui, jalouse des faveurs que l'empereur accordait à deux de ses concubines, donne à Chang-chi, l'une d'entre elles, un soufflet en présence de ce monarque. Il veut l'empêcher de redoubler, et reçoit lui-même un coup. L'affaire est mise en délibération dans le tribunal des censeurs de l'empire. Kong-tao-fou, descendant de Confucius, leur chef, décide avec dix de ses collègues, qu'il faut réconcilier les deux augustes époux, suivant les beaux exemples laissés par les grands empereurs Yao et Chun, et non les séparer d'après d'autres empereurs, désapprouvés en ce point par les plus sages de tous les temps. L'avis des opinants est mal reçu ; ils sont cassés et éloignés de la cour. La reine est dégradée et confinée dans un palais qui lui sert de prison. Elle est remplacée à la neuvième lune de l'an 1034 par la princesse Tsao-chi, fille du brave Tsao-pin, que l'empereur déclara son épouse légitime, et quelque temps après impératrice.

L'an 1042, l'empereur, après avoir réprimé les entreprises des Tartares Hia, se voit inquiété par le roi des Khi-tan, qui lui redemande dix villes que l'empereur Chi-tsong avait reprises sur eux. On négocie, et, à la neuvième lune, l'empereur consent que le roi des Khi-tan, en envoyant les présents accoutumés en argent et en soieries, se serve de la lettre *na* qui n'exprime que du respect, au lieu de celle de *hien* qui désigne la soumission.

Un fanatique de la lie du peuple, nommé Ouang-tce, s'avisa, l'an 1046, de prédire l'avenir et de s'annoncer comme un homme inspiré par le dieu Fo. Il eut bientôt une foule prodigieuse de sectateurs, à la tête desquels il prétendit fonder un nouveau royaume qu'il nomma Ngan-yang, se donnant à lui-même le titre de *Pacificateur de l'Orient*. La cour résidait alors à Taï-fong-fou. L'an 1048, elle envoya une armée pour étouffer cette révolte. L'imposteur est assiégé dans Peï-tcheou. Il est pris après un long siége, et mené à la ville impériale, où il est mis en pièces. Jin-tsong mourut au printemps de l'an 1063, à l'âge de cinquante-quatre ans, dans la quarante et unième année de son règne, peu de temps après avoir adopté, au défaut d'enfant mâle, le prince Tchao-tsong-che, fils de son frère.

Ce fut sous le règne de l'empereur Jin-tsong que le célèbre

Sse-ma-kouang, historien chinois.

historien Sse-ma-kouang commença à briller dans les fonctions publiques. Après avoir été gouverneur d'une ville fortifiée sur les frontières occidentales de l'empire, et de la capitale du Ho-nan, il devint ensuite censeur public et secrétaire historiographe du palais. Il donna, dans toutes ces fonctions, des preuves d'une haute sagesse, de lumières étendues, et d'un désintéressement à toute épreuve. Des peuples du Midi avaient envoyé à l'empereur Jin-tsong un animal d'une espèce inconnue, et les courtisans prétendaient que cet animal n'était autre que le *khi-lin*, sorte de licorne merveilleuse qui n'apparaît, selon les Chinois, qu'aux époques de prospérité où l'empire est florissant, sous le gouvernement d'un prince accompli. Sse-ma-kouang, consulté par ordre de l'empereur, répondit : « Je n'ai jamais vu de *khi-lin* ; ainsi je ne puis dire si l'animal dont on parle en est un. Ce que je sais, c'est que le véritable *khi-lin* n'est point apporté par des étrangers ; il paraît de lui-même quand l'Etat est bien gouverné. » Il y avait de la hardiesse et de la fermeté dans cette réponse, qui choquait les préjugés mis en jeu par l'adulation. Il en fut de même à l'occasion d'une éclipse de soleil qui eut lieu en 1061. Cette éclipse, selon l'annonce des astronomes, devait être de six dixièmes du disque du soleil : elle ne fut réellement que de quatre dixièmes. Les courtisans vinrent en cérémonie en féliciter l'empereur, comme d'une dérogation formelle que le ciel avait permise aux lois de ses mouvements, et qui faisait le plus grand honneur à la sagesse de son gouvernement. Mais Sse-ma-kouang, qui était présent, les interrompit : « Le premier devoir d'un censeur est de dire la vérité, s'écria-t-il ; ce que vous venez d'entendre n'est qu'une basse flatterie ou l'effet d'une ignorance profonde. L'éclipse a été moindre qu'on ne l'avait annoncé : il n'y a là ni bon ni mauvais pronostic à faire, ni de quoi féliciter votre majesté. Les astronomes se sont trompés ; si c'est par négligence, il faut les en punir. Un très-mauvais présage, c'est qu'il y ait près de votre personne des gens qui osent parler comme je viens de l'entendre, et que votre majesté daigne les écouter. »

Les successeurs de Jin-tsong ne furent pas aussi dociles que lui aux remontrances du hardi censeur, et il fut éloigné de la cour. Sse-ma-kouang, rendu à la vie privée, s'occupa avec ardeur de son grand ouvrage historique, dans lequel il avait le projet de comprendre les actions des princes et des sujets, et tout ce qui pouvait intéresser la science du gouvernement. Pour accomplir cette grande tâche, il compulsa tout ce qu'il put trouver de livres dans les bibliothèques, rassembla les monuments les plus anciens, et consulta les mémoires les plus récents. Il soumit à la discussion les opinions contradictoires admises par les auteurs, rectifia les erreurs, dissipa l'obscurité qui couvrait certains événements, et ramena toutes les traditions à une seule série, où les faits, disposés chronologiquement, forment, suivant l'expression chinoise, comme un vaste tissu dont la chaîne suit l'ordre des temps, et dont la trame embrasse tout l'empire. Prenant pour point de départ ce que les Chinois appellent les temps des guerres civiles, il commença ses récits au règne de Weï-lici-wang, de la dynastie des premiers Tcheou, et les conduisit jusqu'aux dynasties qui avaient précédé l'établissement de celle sous laquelle il vivait, de sorte qu'il embrassait un espace de 1362 ans. Le titre de ce bel ouvrage fut : *Tseu-tchi-thoung-kian*, qu'on peut traduire par *Miroir universel à l'usage de ceux qui gouvernent*, ou moins littéralement, comme le P. Amyot, par *Magasin de la science du gouvernement*. Cet ouvrage a été continué par divers auteurs, et complété, pour ce qui concerne les temps anciens, par Lieou-yu, ami et collaborateur de Sse-ma-kouang. Dans sa forme originale, le *Tseu-tchi-thoung-kian* contient deux cent quatre-vingt-quatorze livres de texte, trente livres de tables, et trente autres livres de dissertations et de discussions. L'auteur, quoique assisté des plus habiles lettrés de son temps, ne put l'achever qu'en 1084, sous le règne de Chin-tsong. Ce fut sous ce dernier empereur que Sse-ma-kouang, placé à la tête des censeurs publics, composa un grand nombre de célèbres remontrances, dont plusieurs ont été réunies dans le magnifique recueil intitulé : *Kou-wen-youan-kian*.

Plusieurs des principaux lettrés qui vivaient sous Jin-tsong, tels que Fou-pie, Han-ki, Fan-tchoung-yen, Ngeou-yang-sieou, censeur, Tchi-kiaï, etc., vivaient fort unis ensemble ; ce dernier était un homme désintéressé, droit et réglé, mais libre, hardi à exercer sa critique et à censurer les actions des autres dans des vers qu'il faisait très-bien. Cette société de lettrés et d'hommes d'esprit fut dénoncée à l'empereur par des gens puissants qui avaient été blessés de leur critique. L'empereur, s'adressant à ses ministres, leur dit : « J'ai souvent entendu parler de partis formés par des gens de rien qui n'ont ni mérite ni vertus. Mais les honnêtes gens qui remplissent les emplois publics, qui ont du mérite et de la vertu, ne forment pas de partis. » Un des lettrés attaqués dans le discours de l'empereur, nommé Ngeou-yang-sieou, se défendit devant l'empereur par le discours suivant, qui a été conservé et recueilli, avec un grand nombre d'autres du même élégant écrivain, dans le grand recueil ci-dessus cité, et dans le *Kou-wen-ping-tchou* :

« Prince, de tout temps on a vu confondre mal à propos les liaisons également honnêtes et utiles avec d'indignes et de dangereuses cabales. De tout temps cette confusion a été le fondement de bien des accusations injustes... La vertu et le bien public constituent le principe qui unit les premiers ; l'union des méchants n'est fondée que sur l'intérêt..., chacun d'eux a quelques vues d'ambition ou de cupidité.... Ces intérêts cessent-ils, on voit aussitôt ces mêmes gens se nuire, s'abandonner, se trahir mutuellement... Il n'en est pas de même des hommes supérieurs ; ce qu'ils se proposent de garder invariablement, ce sont les règles de la raison la plus droite et de la plus exacte équité. Ce qui fait leur occupation, c'est de donner chaque jour au prince qu'ils servent de nouvelles preuves de zèle. Tout ce qu'ils craignent de perdre, c'est leur vertu et leur réputation. Voilà leurs maximes, voilà leurs exercices, voilà leurs intérêts. S'agit-il de travailler à devenir plus vertueux et de tendre à la perfection, ils tiennent la même route, ils vont de compagnie, pour ainsi dire, et s'entr'aident les uns les autres. S'agit-il de servir le prince et l'Etat, ils s'y portent avec la même ardeur. Ils unissent pour cela tout ce que peut chacun d'eux, sans jamais se relâcher ou se démentir. Telle est l'union des gens d'honneur ; telles sont leurs liaisons ; tels sont les partis qu'ils forment... Du temps du grand empereur Yao, les officiers de la cour se trouvèrent comme divisés en deux partis : l'un était de quatre méchants hommes, l'autre était des huit *youan* et des huit *ki*, c'est-à-dire de seize personnes également sages et vertueuses, parfaitement unies entre elles. Yao éloigna ces quatre méchants hommes, entretint avec joie l'union des seize. Tout fut dans l'ordre, et jamais gouvernement ne fut plus parfait...

» Le *Chou-king* dit : Le tyran Cheou avait sous lui des millions d'hommes ; mais autant d'hommes, autant de cœurs. Wou-wang, en allant le combattre, n'était suivi que de trois mille hommes ; mais ces trois mille hommes n'avaient qu'un cœur. Sous le tyran Cheou, autant de cœurs qu'il y avait d'hommes ; par conséquent, point d'union, point de partis ; cependant Cheou périt et perdit l'empire. Ce fut à ce prétendu parti que Wou-wang dut ses succès. — Du temps des derniers Han, sous le règne de Hian-ti, sous ce beau prétexte de parti et de cabale, on vit rechercher, saisir et jeter dans les prisons tous les lettrés de réputation. Survint la révolte des Bonnets jaunes. Tous ceux dont le zèle et la sagesse auraient pu la prévenir ou y remédier étant en prison, le trouble fut extrême dans tout l'empire. La cour ouvrit les yeux, se repentit, mit en liberté ces prétendus conspirateurs. Mais ce repentir vint trop tard. Le mal était trop avancé, et il se trouva sans remède. — Sur la fin de la dynastie des Tang, on vit recommencer de semblables accusations. Cet abus ne fit que croître, et sous l'empereur Tchao-tsoung il fut extrême. Ce prince, pour ce prétendu crime, fit mourir dans les supplices tout ce qu'il y avait de meilleur à la cour. On vit ceux qui animaient ce prince crédule faire précipiter dans le fleuve Jaune un grand nombre d'hommes de mérite, et, joignant à cette cruauté une froide raillerie, dire qu'il fallait faire boire cette eau trouble et bourbeuse à ces hommes qui se piquaient si fort d'être purs et nets. Les conséquences d'une telle action furent la ruine de la dynastie des Tang... »

YNG-TSONG (1063 après J.-C.) fut le nom que prit à son inauguration Tchao-tsong-che, fils adoptif de l'empereur Jin-tsong et son successeur désigné. Etant tombé malade peu de temps après, il laissa la régence à l'impératrice mère, qui s'acquitta de cet emploi avec la plus grande capacité. Revenu en santé, l'an 1064, il reprit le gouvernement, et se conduisit comme l'impératrice, suivant les maximes des anciens et par l'avis des grands. Son règne ne fut que de quatre ans commencés. Il mourut à la première lune de l'an 1067, à l'âge de trente-six ans, après avoir déclaré son héritier Tchao-yn, prince de Yn, son fils aîné.

CHIN-TSONG (1067 après J.-C.) (Tchao-yn), s'étant mis en possession du trône impérial, donna toute sa confiance à Wang-ngan-che. A la dixième lune, Weï-ming-chan, qui dépendait du roi de Hia, se soumet à l'empire avec quinze mille familles et dix mille hommes de troupes réglées. Tchong-ou, pour conserver à l'empire cette acquisition, veut bâtir une ville dans ce pays. Le roi de Hia envoie des troupes pour s'opposer aux travaux. Elles sont battues et obligées de se retirer.

Ce fut sous le règne de Chin-tsong et de son successeur que parut en Chine une nouvelle doctrine philosophique, que plusieurs missionnaires ont considérée comme professant l'athéisme. L'empereur Chin-tsong honora ces nouveaux philosophes de titres distingués pendant leur vie et après leur mort. Au nombre de ces novateurs, et leur chef politique, figure un ministre d'Etat, nommé Wang-'an-chi, contre les idées réformatrices duquel Sse-ma-kouang, grand partisan de l'ancienne doctrine, eut longtemps à lutter. « Placé en opposition avec un de ces esprits audacieux, qui ne reculent, dans leurs plans d'amélioration, devant aucun obstacle, qui ne sont retenus par aucun respect pour les institutions anciennes, Sse-ma-kouang se montra ce qu'il avait toujours été, religieux observateur des coutumes de l'antiquité, et prêt à tout braver pour les maintenir. — Wang-'an-chi était ce réformateur que le hasard avait opposé à Sse-ma-kouang, comme pour appeler à un combat à armes égales le génie conservateur qui éternise la durée des empires, et cet esprit d'innovation qui les ébranle. Mus par des principes contraires, les deux adversaires avaient des talents égaux : l'un employait les ressources de son imagination, l'activité de son esprit et la fermeté de son caractère, à tout changer, à tout régénérer ; l'autre, pour résister au torrent, appelait à son secours les souvenirs du passé, les exemples des anciens, et ces leçons de l'histoire dont il avait fait toute sa vie une étude particulière. — Les préjugés mêmes de la nation, auxquels Wang-'an-chi affectait de se montrer supérieur, trouvèrent un partisan dans le défenseur des idées anciennes. L'année 1069 avait été marquée par une réunion de fléaux qui désolèrent plusieurs provinces : des maladies épidémiques, plusieurs tremblements de terre, une sécheresse, qui détruisit presque partout les moissons. Suivant l'usage, les censeurs saisirent cette occasion pour inviter l'empereur à examiner s'il n'y avait pas dans sa conduite quelque chose de répréhensible, et dans le gouvernement quelques abus à réformer ; et l'empereur se fit un devoir de témoigner sa douleur en s'interdisant certains plaisirs, la promenade, la musique, les fêtes de l'intérieur de son palais. Le ministre novateur n'approuva pas cet hommage rendu aux opinions reçues. « Ces calamités qui nous poursuivent, » dit-il à l'empereur, ont des causes fixes et invariables ; les » tremblements de terre, les sécheresses, les inondations, n'ont » aucune liaison avec les actions des hommes. Espérez-vous » changer le cours ordinaire des choses, ou voulez-vous que » la nature s'impose pour lui d'autres lois ? »

Sse-ma-kouang, qui était présent, ne laissa pas tomber ce discours : « Les souverains sont bien à plaindre, s'écria-t-il, quand ils ont près de leurs personnes des hommes qui osent leur proposer de pareilles maximes; elles leur ôtent la crainte du ciel; et quel autre frein sera capable de les arrêter dans leurs désordres? Maîtres de tout, et pouvant tout faire impunément, ils se livreront sans remords à tous leurs excès; et ceux de leurs sujets qui leur sont véritablement dévoués n'auront plus aucun moyen de les faire rentrer en eux-mêmes. »

L'opposition de Sse-ma-kouang et de quelques autres savants personnages aux idées réformatrices de Wang-'an-chi n'ébranla pas le crédit du dernier près de l'empereur Chin-tsong, dont il était ministre. Alors il entreprit non-seulement d'établir quelques nouveaux usages, mais de faire publier de nouvelles lois, et de changer sur beaucoup de points le système du gouvernement chinois. Voici à peu près le précis de son système, tel que le donne le P. Amyot:

Le premier et le plus essentiel des devoirs d'un souverain est d'aimer ses peuples de manière à leur procurer les avantages réels de la vie, qui sont l'abondance et la satisfaction. Pour arriver à ce but, il suffirait d'inspirer à tout le monde les règles invariables de la rectitude; mais, comme il ne serait pas possible d'obtenir de tous l'observation exacte de ces règles, le souverain doit, par de sages règlements, fixer la manière de les observer.

Sous la dynastie des Tcheou, il y avait des tribunaux de police qui avaient une inspection immédiate sur les ventes et les achats de toutes les choses qui servent à l'usage de la vie. Ces tribunaux déterminaient chaque jour le prix des denrées et des marchandises. Ils imposaient des droits qui n'étaient payés que par les riches, et dont par conséquent les pauvres étaient exempts. L'argent que l'on retirait de ces droits était mis en réserve dans les épargnes du souverain, qui en faisait faire la distribution aux vieillards sans soutien, aux pauvres, aux ouvriers qui manquaient de travail, et à tous ceux que l'on jugeait être dans le besoin. Wang-'an-chi établit dans tout l'empire des tribunaux semblables.

Il établit d'autres tribunaux qui étaient chargés de distribuer des grains pour ensemencer les terres incultes, et de partager ces terres entre les cultivateurs, à condition seulement de rendre en grains ou en autres denrées le prix de ce que l'on avait avancé pour eux; et, afin que toutes les terres de l'empire produisissent selon leur nature, les commissaires de ces tribunaux décidaient eux-mêmes de l'espèce de denrée dont on devait les ensemencer respectivement, et ils faisaient les avances de ces denrées, dont ils ne devaient être remboursés qu'au temps de la récolte.

Il établit dans chaque ville des bureaux particuliers pour percevoir les droits de l'empire, et ces droits étaient en proportion de la bonne ou mauvaise récolte, de la rareté ou de l'abondance des marchandises. La seule espèce de monnaie qui eût cours alors pour l'usage ordinaire était fabriquée par quiconque voulait s'en donner la peine; il suffisait qu'elle fût de poids. Il arrivait de là que la valeur de cette monnaie variait selon le poids et la dimension qu'on lui donnait. Wang-'an-chi sentit le vice et tous les inconvénients de cet usage; il entreprit de donner à la monnaie ayant cours une valeur fixe, et d'en déterminer à peu près le nombre. Pour atteindre ce but, il érigea dans les principales villes de chaque district des tribunaux auxquels il fit attribuer le droit exclusif de fabriquer la monnaie, et de décider en dernier ressort de la quantité qu'il fallait en fabriquer selon le besoin et les circonstances.

« On comprend assez, dit le P. Amyot, que ces sortes d'innovations durent soulever contre lui tous les ordres de l'État. Il est à croire cependant que s'il n'en eût fait que de cette espèce on n'eût pas imprimé à son nom la tache ineffaçable qui le souillera tant qu'il y aura en Chine des hommes qui liront. Mais il voulut en faire jusque dans la classe de ceux qui sont par état les ennemis de toute nouveauté. Il changea la forme ordinaire des examens pour les grades de littérature; il fit adopter pour l'explication des *King* les commentaires qu'il en avait faits; il fit ordonner que l'on s'en tiendrait, pour l'intelligence des caractères, au sens qu'il avait fixé dans le dictionnaire universel dont il était auteur. Ce fut là, pensons-nous, ce qui lui attira le plus grand nombre d'ennemis et les plus irréconciliables. »

Nous ne rapporterons pas ici toutes les objections que les partisans des anciens usages, et entre autres Sse-ma-kouang, présentèrent à l'empereur Chin-tsong pour repousser les innovations de Wang-'an-chi; on peut lire à ce sujet tous les détails que donne le P. Amyot dans la *Vie* du célèbre historien. L'empereur Chin-tsong resta inébranlable dans ses résolutions de faire exécuter les réformes de son premier ministre, qu'il croyait avantageuses à son peuple, mais il mourut avant d'avoir pu les mettre entièrement à exécution.

Les Tartares Kiang et les Tou-fan (Tibet), instruits de la fermentation que les nouveaux règlements produisaient dans l'empire, croient l'occasion favorable pour faire quelques courses sur les frontières de la Chine. Par la bonne conduite des généraux que le ministre leur opposa, ces hostilités firent plus de bien que de mal à l'empire. Les Kiang, battus, mettent bas les armes et se soumettent. L'année suivante, 1074, Mou-tching, chef des Tou-fan, après avoir perdu sept mille hommes, voyant son pays sur le point d'être entièrement dévasté par les armes impériales, vient, avec quatre-vingts chefs de peuplades, se mettre à la discrétion de Wang-chao, qui le fait conduire à la cour impériale. En 1078, l'empereur, contre l'avis de son conseil, accorda aux Kiao-tche la restitution des villes que les impériaux leur avaient enlevées. Il perdit, l'année suivante, à la dixième lune, l'impératrice Tsao-chi, sa mère, princesse estimable par les qualités du cœur et de l'esprit. Malgré son amour pour la paix, il se vit obligé, trois ans après, de prendre les armes contre les Tartares Hia. Cinq corps d'armée, sans compter les Tou-fan auxiliaires, entrèrent par cinq endroits différents dans les États de Ping-tchang, l'an 1082, pour prévenir les entreprises de ce dangereux voisin, ou sa réunion aux Khi-tan, qui avaient repris le nom de Leao. Presque tout l'avantage de cette campagne fut pour ceux-ci. Depuis un temps immémorial, l'empire n'avait point reçu d'échec aussi terrible que celui que les Chinois essuyèrent au delà du Hoang-ho, par l'imprudence de leurs cinq généraux, ou le défaut de concert entre eux. Cette funeste expédition coûta à l'empereur plusieurs centaines d'officiers et plus de deux cent mille soldats ou travailleurs, six places d'armes, tous ses magasins de vivres, et sa caisse militaire, qui était considérable. C'en était bien assez pour rappeler Chin-tsong à son inclination pacifique. Les Tartares Hia demeurèrent, après cela, tranquilles. A la douzième lune de l'an 1083 fut achevé le dénombrement de l'empire, qui faisait monter le nombre des familles payant tribut à 17,211,713; ce qui fait presque le double de celui de 1014. L'an 1084, l'empereur, étant tombé malade le premier jour de la troisième lune, nomme son fils Tchao-yong son successeur, et déclare régente l'impératrice. Le mal augmentant de plus en plus, ce prince meurt peu de jours après, dans la trente-huitième année de son âge et la dix-huitième de son règne. Son fils monte sur le trône, et prend le nom de Tche-tsong.

TCHE-TSONG (1085 après J.-C.) était le sixième fils de Chin-tsong et de la princesse Te-feï, et non de l'impératrice régente, qui n'avait point eu d'enfants. Te-feï, déclarée impératrice mère par la régente même, fut reconnue en cette qualité par tous les grands. Mais la régente tint les rênes du gouvernement pendant la minorité de Tche-tsong, et justifia, par toute sa conduite, la confiance que le feu empereur lui avait marquée. Son conseil privé était composé de ce qu'elle connaissait de plus sage et de plus habile. Cette princesse, dont la régence a été comparée aux règnes de Yao et de Chun, termina ses jours l'an 1094. Tche-tsong veut alors gouverner lui-même; mais, au lieu de suivre la route que la régente lui a tracée, il en prend une tout opposée. Tous ceux qu'elle avait appelés auprès d'elle pour rétablir l'ancien gouvernement sont écartés de la cour et remplacés par ceux qu'elle en avait éloignés à cause de leur attachement au système de Ouang-ngan-tche. Le principal d'entre eux fut Tchang-tun, qui, ayant été fait ministre d'État, prit un tel ascendant sur l'esprit du prince, qu'il s'empara de toute l'autorité. Il fait condamner les anciens ministres à l'exil, supprime tout ce qu'ils avaient écrit, et entreprend même de flétrir la mémoire de la feue régente. Mais la colère et l'indignation de l'impératrice mère font échouer ce noir dessein. Le ministre réussit néanmoins à faire répudier l'impératrice Mong-chi, que la régente avait donnée à Tche-tsong, et à faire mettre Lieou-tsiei-yu à sa place. Hia-tching, roi des Tou-fan, prince sanguinaire et turbulent, donnait par ses mouvements de l'inquiétude aux Chinois occidentaux. L'empereur fait marcher contre lui, l'an 1097, Ouang-chan, gouverneur de Ho-tcheou. Le roi de Tou-fan, aux approches de l'armée chinoise, se voit abandonné de ses sujets, dont il était détesté. Dans cette détresse, il vient se donner au général ennemi, et lui offre, pour avoir la paix, tout le pays de Tsing-tang. L'empereur donne cette contrée à Ouang-chan, et par là tout l'occident de la Chine est en sûreté. La joie que ce succès inspire à l'empereur est comblée par la naissance d'un fils que Lieou-tsiei-yu lui donne à la huitième lune. Mais la mort ravit cet enfant au bout de deux mois, et l'empereur est si vivement affecté de cette perte, qu'il en tombe malade, et meurt à la première lune de l'an 1100, à l'âge de vingt-cinq ans, sans laisser de postérité. Tchang-tun, voulant encore, après la mort de son maître, donner la loi, fit ses efforts pour élever sur le trône Msao-tche, prince de Kien, ou Tchao-pi, son aîné, prince de Chin, l'un et l'autre frères utérins de l'empereur défunt. Mais l'impératrice fixa son choix sur Tchao-ki, prince de Touan, onzième fils de l'empereur Chin-tsong, que son épouse avait eu intention de nommer son héritier. Les grands élevèrent aussitôt une estrade devant le cercueil de Tche-tsong, sur laquelle ils placèrent un siége, où ils firent asseoir Tchao-ki, et le saluèrent empereur. L'impératrice, à la prière du jeune prince et des grands, consentit à se charger pour quelque temps du gouvernement. Tchao-ki déclara qu'il voulait régner sous le nom de Hoeï-tsong.

Le sage Liou-koung-tchu, qui avait été élevé à la dignité de premier ministre, présenta à l'empereur Tche-tsong un petit livre contenant les dix préceptes suivants, compris dans vingt caractères chinois, chaque précepte étant renfermé dans deux caractères :

1. Craignez le ciel.
2. Aimez le peuple.
3. Travaillez à votre perfection.
4. Appliquez-vous aux sciences.
5. Elevez les sages aux emplois.
6. Ecoutez les avis qu'on vous donne.
7. Diminuez les impôts.
8. Modérez la rigueur des supplices.
9. Evitez la prodigalité.
10. Fuyez la débauche.

Tche-tsong avait répudié sa femme légitime. Un de ses ministres lui ayant fait des remontrances à ce sujet dans un placet qu'il lui présenta, il lui répondit qu'il avait suivi l'exemple de quelques-uns de ses ancêtres : « Vous eussiez mieux fait, répliqua le ministre, d'imiter leurs vertus et non pas leurs fautes.» L'empereur, irrité de cette réplique, jeta le placet, le foula aux pieds, et dépouilla de sa dignité celui qui lui donnait ce conseil.

HOEI-TSONG quitta le nom de Tchao-ki en succédant, l'an 1100, par le crédit de l'impératrice, à son frère Tche-tsong, époux de cette princesse, et mort sans postérité. Hoeï-tsong commença son règne par des actes de vigueur; malgré la reconnaissance qu'il devait à l'impératrice, il rendit ce titre avec toutes ses prérogatives à la première épouse que son prédécesseur avait répudiée, rétablit dans ses fonctions le ministre qui avait pris la défense de cette princesse, et disgracia tous les instigateurs de cette injustice. Mais bientôt la faiblesse et une inconstance presque sans exemple signalèrent tous les actes de son règne. Passionné pour les choses rares et curieuses, il fut dupe d'un adroit et rusé courtisan, Tsaï-king, qui le séduisit en lui envoyant ce qu'il avait rassemblé de plus précieux en peinture, joyaux, ouvrages mécaniques, etc. Tsaï-king devient premier ministre et favori de l'empereur; plusieurs lois sont changées, l'impératrice est de nouveau dégradée, six cents des premières familles perdent leur noblesse, et sont déclarées incapables d'occuper aucun emploi. Mais l'apparition d'une comète en 1106 effraye Hoeï-tsong; les exilés sont réhabilités, et Tsaï-king renvoyé comme un fripon. Rappelé l'année suivante, il se venge cruellement de tous les auteurs de sa disgrâce, et fait même empoisonner un de ses protégés qui désapprouvait sa conduite. L'imposture et la magie déterminent encore le faible empereur à l'exiler en 1110, et à lui donner un successeur, qui abolit les impôts établis pour les superfluités de la cour. Hoeï-tsong avait réuni à l'empire chinois le Li-tong ou royaume des barbares du Midi. Contrarié dans ses projets de guerre et de destruction contre les Tartares Leao, d'alliance et de communication avec les Tartares Niu-tchin, il avait besoin d'un ministre qui secondât ses vues; il rappela pour la dernière fois Tsaï-king en 1112. Pendant la terrible guerre qui, après plusieurs années, se termina par la destruction de la dynastie des Leao, et par la conquête de leurs Etats, l'empereur protégeait ouvertement la secte des tao-sse, se livrait à toutes sortes de superstitions avec ces imposteurs, faisait recueillir et répandre leurs livres, et fondait un temple dans le lieu où il avait cru voir descendre l'esprit du ciel (qui n'était autre chose que des vapeurs). Il fit ensuite bâtir un palais magnifique, dont les travaux durèrent plusieurs années, et qu'il nomma *palais de la félicité continue*. Mais ce prince, dépourvu de sens et plein de présomption, était parvenu au terme de sa prospérité. Il se brouilla avec ses alliés, les Kin, qui exigeaient la cession de deux provinces et le cours du fleuve Hoang-ho pour limites des deux empires. Découragé par les premiers échecs des armées chinoises, Hoeï-tsong abdiqua la couronne impériale en 1125, et se retira dans un autre palais pour y mener jusqu'à la fin de ses jours une vie privée et paisible. Mais, comme nous le verrons tout à l'heure, il n'eut pas cette consolation.

Cependant les Kin (1) ou Niu-tchin faisaient une terrible guerre aux Leao sous la conduite d'Akouta, leur général. Volant de conquête en conquête, ils enlevèrent aux Leao, avec l'aide des Chinois leurs alliés, la plus grande partie de leurs places, et réduisirent leur roi Ye-liu-yen-hi à mener une vie errante. La mort termina l'an 1123, dans la huitième lune, les exploits d'Akouta, toujours victorieux. Il fut remplacé par Ou-ki-maï, son frère, qui parvint, l'an 1125, à se rendre maître de la personne d'Ye-liu-yen-hi. Ce prince infortuné mourut peu de temps après, épuisé de fatigues et accablé de chagrins, à l'âge de cinquante-six ans, dans la vingt-quatrième année de son règne. En lui finit la dynastie des Leao orientaux, fondée en 907. (Celle des occidentaux, dans le Kirman, subsistait toujours, et ne fut éteinte qu'en 1201 dans la personne de Tchi-lou-kou.)

KIN-TSONG (1125 après J.-C.), dès qu'il fut sur le trône, envoya une ambassade au roi des Kin pour lui demander son amitié. Mais celui-ci, insistant sur la cession des deux départements qu'il avait demandés à Hoeï-tsong, la guerre continua. L'armée des Kin étant arrivée, l'an 1126, jusqu'aux portes de Caï-fong-fou, la capitale, l'empereur, effrayé, députe au général Ounlipou pour traiter avec lui de la paix. Le Tartare, pour l'accorder, exigea cinq cent mille taëls d'or, cinquante millions de taëls d'argent, dix mille bœufs ou chevaux, un million de pièces de soie; et, de plus, que l'empereur chinois rendît à celui des Kin le même respect qu'un frère cadet doit à son aîné. Quelque dures que fussent ces conditions, Kin-tsong se mit en devoir de les remplir; mais les fonds de son épargne ne se trouvèrent pas suffisants pour acquitter les sommes demandées. Le brave Li-kang cependant défendait toujours Caï-fong-fou contre les attaques des Kin. Ces barbares s'étant enfin rendus maîtres, par escalade, des murailles et des portes de la ville, Kin-tsong prit le parti d'aller conférer avec leur général à Tsing-tchin. Celui-ci, non content des sommes qu'il avait déjà reçues, imposa encore à l'empereur, pour nouvelle taxe, les sommes de dix millions de petits pains d'or, de vingt millions de pains d'argent et de dix millions de pièces de soie; de plus il tira de lui un écrit par lequel lui et l'empereur son père, encore vivant, se soumettaient à Ou-ki-maï, roi des Kin. Ce prince, ayant reçu cet acte, fit signifier à la cour de Caï-fong-

(1) Ces Kin viennent originairement d'un certain Ouxi, chef d'une horde habitant dans le royaume de Souchin. Ces Tartares, sous les empereurs chinois Oueï, se divisèrent en sept hordes; sous la dynastie des Tang, Ouxi changea son nom, et prit celui de Moho, qu'il ajouta aux noms des autres hordes pour les tenir dans la soumission. Néanmoins, sous la dynastie des Soui, les hordes Hee-houi-moho et Soumo-moho se retirèrent dans la Corée. Lorsque Li-tsi fut battu, la horde de Soux-mo se saisit sur la Corée du Tong-meou, dont elle forma le royaume de Pou-haï, et celle de Hechoui s'établit dans le Souchin. Au commencement du règne de l'empereur Hiuen-tsong, les Hechoui se mirent sous la protection de la Chine. Dans la suite, le royaume de Pou-haï, devenu beaucoup plus puissant, soumit les Hechoui, et rompit avec l'empire. Alors les Leao détruisirent le royaume de Pou-haï. Les Hechoui du Sud se soumirent à eux, et en reçurent le nom de Niu-tchin civilisés. Ceux du Nord, qu'on appela Niu-tchin sauvages, se retirèrent auprès de la rivière de Hong-tong-kiang. Sous le règne de Jin-tsong, un certain Hanpou civilisé s'établit chez les sauvages, dans une dépendance de la Oulou ou Oulaou. C'est ce Hanpou que les Kin regardent comme le chef de leur famille Oulou. Son héritier eut pour fils Pahi, qui succéda à son père, et Pahi eut pour fils et successeur Souhiko. Celui-ci se fixa à Haï-cou-choui, et fut le premier qui construisit des maisons et l'espèce de ville de Macouli. Son fils Chilou força les Niu-tchin à recevoir des lois, et, en les poliçant, il commença à les rendre formidables. Chilou laissa le gouvernement à Oucounaï, son fils. Oucounaï eut neuf enfants. Helipou, le second fils, choisit néanmoins Poulassou, l'un de ses frères, pour son successeur. Poulassou fut remplacé par son frère Ynkou. Celui-ci eut à combattre contre Asou, chef de la horde Hechilieï, qui s'était révoltée. Asou, battu, se retira auprès du roi des Leao, qui le prit sous sa protection. Ynkou eut pour successeur son neveu Ouyassou, après lequel Akouta, son frère, généralement estimé de sa nation, s'empara du gouvernement. Il prit le titre de toupoukilieï (c'est-à-dire commandant général avec une autorité absolue). Ce nouveau chef des Kin désirait la guerre avec les Leao, dont les Kin d'ailleurs n'avaient pas lieu d'être contents. Akouta fait redemander au roi des Leao Asou, ce rebelle qui s'était réfugié auprès de lui. Tel fut le sujet ou le prétexte d'une guerre qui ruina le royaume de Leao, et fonda la monarchie des Kin.

fou qu'il privait de leurs dignités les deux empereurs, père et fils, avec ordre de les amener en Tartarie avec toute la famille impériale. Des officiers chinois, traîtres à leurs princes et à leur patrie, exécutèrent cet ordre avec la dernière rigueur. Plus de trois mille personnes de la famille impériale furent conduites avec leurs bagages, leurs bijoux et leurs trésors, au camp des Tartares, et de là emmenées en Tartarie. Il ne resta que le prince Kang-wang, neuvième fils de Hoeï-tsong, parce qu'il était éloigné de la cour lorsque les Kin faisaient le siége de Caï-fong-fou. Ou-ki-maï, en dégradant les deux empereurs, avait donné ordre de placer sur le trône de la Chine Tchang-pang-tchang, qui feignit d'accepter cet honneur jusqu'au départ des Tartares. Dès qu'ils se furent retirés, Tchang-pang-tchang dépêcha un courrier au prince Kang-wang pour le presser de revenir. Il rappela aussi l'impératrice Mong-chi, que les Tartares avaient négligée, parce que, ayant été répudiée, elle n'était plus censée appartenir à la famille impériale.

KAO-TSONG II quitta le nom de Kang-wang, lorsqu'il succéda, en 1127, à son frère Kin-tsong. Kao-tsong fut le chef de la branche des Song, qui ne régna que sur la partie méridionale de la Chine, les Kin étant maîtres de celle du nord, dont ils furent chassés depuis par les Mongols de la race de Genghis-kan. Il s'établit d'abord à Nan-king; mais il fixa bientôt sa résidence à Yang-tchou. Ce monarque était doux, affable; il aimait sincèrement ses sujets; mais il avait l'esprit faible, indolent, et ne surveillait pas assez ses ministres. Dès la seconde année de son règne, les révoltes que provoqua leur mauvaise conduite firent mourir de chagrin le plus fidèle et le meilleur général de l'empire, qui venait d'empêcher les Tartares de prendre Kai-fong-fou. Sa mort leur facilita la conquête de plusieurs autres places, qui leur furent livrées par trahison ou par lâcheté. L'empereur lui-même aurait été enlevé dans sa capitale en 1129, s'il n'eût traversé le Kiang dans une barque pour se retirer à Tchin-kiang. Dans l'espoir de mettre un terme à la tyrannie des eunuques, qui s'étaient emparés des affaires, et aux soulèvements qu'elle avait excités, Kao-tsong en abandonna deux des principaux aux mécontents, qui les mirent en pièces. Il n'en fut pas moins forcé de céder le trône à son fils, encore enfant, et la régence à l'impératrice; mais il fut réintégré par le chef des rebelles vaincus et soumis. Les Tartares, qui s'étaient retirés avant ces troubles, y revinrent bientôt après, et leurs conquêtes furent si rapides dans la partie méridionale de la Chine, que l'empereur, chassé de place en place, et contraint de se réfugier avec sa cour dans le port de Ming-tcheou en 1130, n'échappa aux ennemis qu'en gagnant la pleine mer, où ils ne purent l'atteindre. Leur retraite et les revers qu'ils éprouvèrent les années suivantes permirent à Kao-tsong de prendre terre et de rentrer dans ses États. Mais les Tartares lui opposèrent un compétiteur, Lieou-yu, qui prenait le titre d'empereur, et régnait sur une partie de la Chine. L'armée impériale triompha, en 1136, de ce mannequin, qui fut déposé l'année suivante par ses propres courtisans. Le roi des Kin, devenu plus traitable, accorda la paix à Kao-tsong, lui renvoya le corps de son père et celui de son aïeul, et lui rendit les provinces de Ho-nan et de Chen-si; mais, en ratifiant le traité, il stipula qu'il était souverain de tous les pays au nord du Kiang, et que l'empereur de la Chine ne possèderait les provinces au sud de ce fleuve que comme son vassal. Kao-tsong n'eut pas honte d'accepter ces conditions, et de publier une amnistie générale pour signaler cette paix humiliante. Ce monarque indolent aurait pu relever sa puissance, tandis que celle des Kin s'affaiblissait par leurs longues guerres avec les Mongols; mais Kao-tsong, si facile lorsqu'il s'agissait d'abandonner ses droits et ses provinces, était très-susceptible sur l'étiquette, chose très-importante chez les Chinois. Piqué de quelques difficultés qui s'élevèrent pour le cérémonial entre le nouveau roi des Kin et lui, plutôt que de céder, il rompit la paix, et abdiqua l'empire, l'an 1161, en faveur de son fils Tchao-oueï, qui prit le nom de Hiao-tsong.

HIAO-TSONG (1161 après J.-C.) se sentait, par son caractère modéré, porté à désirer la paix. Tang-sse-toui, son premier ministre, la désirait encore plus ardemment que lui, et comptait pour rien les conditions humiliantes que les Kin avaient exigées jusqu'alors. Mais les autres conseillers de l'empereur voulaient qu'elle se fît sans dégrader la majesté impériale. Pour mettre l'empereur dans la nécessité de la conclure à quelque prix que ce fût, le ministre fit avertir les Tartares que le meilleur expédient était pour eux de faire entrer sur ses terres une armée formidable. Ils suivirent cet avis, et, l'an 1164, ils livrèrent aux impériaux, à Hoaï-yang, non loin du fleuve Hoaï-ho, une sanglante bataille dont ils sortirent vainqueurs. Oulo, roi des Kin, ne s'enorgueillit point de ce succès, et se rendit aux propositions raisonnables qu'on lui fit pour obtenir la paix. Mais Tang-sse-toui, convaincu de trahison, fut tellement effrayé du supplice dont il était menacé, qu'il en tomba malade et mourut peu après. L'empire, dans la suite du règne de Hiao-tsong, jouit d'une paix profonde, et les Tartares vécurent en bonne intelligence avec les Song, par la prudence et la sagesse de Oulo, le plus grand prince qu'aient eu les Kin. Sentant la vieillesse approcher, il s'occupa sérieusement à prolonger au delà de sa vie, par de sages règlements, le bonheur de ses sujets. L'an 1175, il donna une preuve éclatante de son équité. Le gouverneur de la partie occidentale du royaume de Corée, révolté contre son prince, se déclara sujet des Kin, avec quarante villes de sa dépendance. Oulo, non-seulement rejeta l'offre du gouverneur, mais, ayant fait saisir l'officier qu'il lui avait envoyé, il le fit conduire au roi de Corée. Ce prince, outré de la perfidie du gouverneur, lui fit trancher la tête. Oulo mourut à la première lune de l'an 1189, extrêmement regretté de ses peuples, qu'il regardait et traitait comme ses enfants.

Hiao-tsong résolut la même année d'abdiquer l'empire, et de le céder à Tchao-chun, son fils, prince de Kong. Après l'avoir placé lui-même sur le trône à la deuxième lune, il lui abandonna le palais impérial, et alla résider dans un autre qu'il avait préparé.

Ce fut sous le règne de Hiao-tsong que brilla Tchou-hi, le plus célèbre commentateur des anciens livres classiques de la Chine, dont les explications, pleines de clarté et d'une admirable concision, sont devenues inséparables de ces mêmes livres. Aux connaissances spéculatives et positives les plus étendues

Tchou-hi, lettré chinois.

il joignit l'expérience pratique des affaires, et il remplit plusieurs hautes magistratures sous quatre différents empereurs; il fut honoré après sa mort du titre de *Wen-koung* ou de prince de la littérature, et il reçut les mêmes titres posthumes que les disciples de Confucius, avec lesquels il fut placé dans la salle destinée à honorer ce grand philosophe. C'est un usage établi à la Chine et encore en vigueur, que lorsqu'un homme rare s'est extraordinairement distingué par sa vertu, par sa probité ou par sa science, dans l'exercice de ses fonctions publiques, les empereurs le mettent au rang des disciples de Confucius, afin qu'il partage avec ce grand maître les honneurs que les mandarins et les lettrés lui rendent à certains jours de l'année. Ce même auteur écrivit aussi une histoire universelle de la Chine, composée de résumés substantiels et de développements, que l'on nomme en chinois *Thoung-kian-kang-mou;* les *Kang-mou* ou résumés sont de Tchou-hi, et le fond de l'ouvrage ou le *Thoung-kian* appartient à Sse-ma-kouang. C'est la traduction tartare de cette grande histoire des deux célèbres auteurs que le P. de Mailla a traduite en français, et qui a été publiée en douze volumes in-4°.

Tching-te-sieou, philosophe chinois.

KOUANG-TSONG (1189 après J.-C.) fut le nom que Tchao-chun prit à son inauguration. Il était alors âgé de quarante ans. Timide de son naturel, et borné dans ses connaissances, ennemi du travail et d'ailleurs valétudinaire, il fut toujours sous la tutelle de Li-chi, son épouse, qu'il déclara trop tôt impératrice. Les eunuques, qu'il haïssait et dont il avait projeté la perte, trouvèrent moyen de le brouiller avec l'empereur, son père, et d'inspirer à l'impératrice les mêmes dispositions. Kouang-tsong, gouverné par sa femme, fut sourd à toutes les remontrances que les mandarins lui firent pour l'engager à se réconcilier avec l'auteur de ses jours. Il porta l'indifférence ou plutôt l'aversion jusqu'à refuser, l'an 1194, de lui rendre visite dans sa dernière maladie, feignant lui-même une maladie qui ne lui permettait pas de sortir du palais. Hiao-tsong, mourut à la sixième lune de l'an 1194, et son fils refusa non-seulement d'assister à ses obsèques, mais encore de prendre le deuil pour lui, alléguant toujours sa prétendue maladie. L'impératrice, que les mandarins supplièrent de pourvoir elle-même à la pompe funèbre de l'empereur, usa de défaites, qui les obligèrent à se charger de ce soin. Hiao-tsong méritait néanmoins plus de reconnaissance de sa famille : « Car de tous les empereurs des Song qui ont régné dans les provinces méridionales, c'est lui qui a rendu les plus grands services aux siens. Vigilant, attentif, éclairé sur ses vrais intérêts, jamais aucun ministre ne put lui en imposer comme à Kao-tsong. Plein de fermeté et de zèle pour l'honneur de l'empire, il ne voulut jamais faire la paix avec les Kin qu'il n'eût effacé la honte dont les ministres perfides l'avaient couvert » (de Mailla).

Les grands, voyant Kouang-tsong obstiné à ne vouloir point rendre les derniers devoirs à son père, prièrent l'impératrice de l'engager à nommer prince héritier son fils, Tchao-kou, déjà prince de Kia. Il y consentit, et le jeune prince alla en habits de deuil à la place de son père honorer de sa présence les funérailles de son aïeul. Kouang-tsong renonça dès lors aux fonctions de la dignité impériale, dont il ne conserva que les honneurs.

NING-TSONG (1194 après J.-C.) fut le nom sous lequel Tchao-kou voulut régner. Les lettrés étaient alors partagés entre eux au sujet du docteur Tchou-hi, que les uns, et c'étaient les plus savants, regardaient comme le plus habile interprète des Kin, et que les autres traitaient de visionnaire. La chaleur des deux partis fut telle, qu'ils en vinrent à une espèce de schisme qui menaçait la tranquillité de l'État. Ning-tsong se déclara d'abord pour Tchou-hi, à l'exemple de son père, qui l'avait nommé mandarin, et lui avait accordé un logement dans le palais pour lui expliquer les livres classiques. Mais le ministre Han-to-tcheou, ennemi de Tchou-hi et de sa doctrine, réussit par ses intrigues à le faire congédier et à éloigner tous ses disciples de la cour, ce qui ne contribua pas à calmer les disputes. Mais, tandis qu'on s'échauffait sur des subtilités métaphysiques qui roulaient plus sur les mots que sur les choses, on négligeait les sciences exactes, surtout l'astronomie ; et l'on peut dire qu'il n'y a point eu de dynastie si peu fertile en habiles astronomes que celle des Song (de Mailla). Tchou-hi mourut à la troisième lune de l'an 1200, laissant un grand nombre d'écrits qu'il avait composés dans sa retraite, et que ses disciples recueillirent avec grand soin. Sa mort, à la sixième lune de la même année, fut suivie de celle de l'impératrice Li-chi, princesse impérieuse, qui perdit Kouang-tsong, en lui faisant tenir à l'égard de son père une conduite dénaturée, que l'empereur son fils lui fit expier en s'abstenant pendant cinq ans de lui rendre visite. Kouang-tsong ne survécut que très-peu de temps à son épouse, étant mort à la huitième lune de la même année.

La discorde cependant régnait dans le royaume des Kin. La cour impériale, voyant l'occasion favorable pour recouvrer les provinces qu'ils lui avaient enlevées, fit des préparatifs pour recommencer la guerre. Les Kin, s'en étant aperçus, malgré les prétextes allégués par les ministres de l'empereur pour couvrir l'objet de leur armement, se mirent en état de défense. Les impériaux levèrent enfin le masque, et commencèrent en 1206 les hostilités; mais la campagne tourna si mal pour les agresseurs, qu'ils furent obligés l'année suivante de demander la paix. Les Kin ne consentirent à l'accorder qu'en exigeant : 1° la confirmation des anciens traités ; 2° une augmentation du tribut en argent et en soierie; 3° le remboursement des frais de la guerre ; 4° la tête du premier ministre Han-to-tcheou, l'auteur de la rupture de la paix. Ce fut une nécessité pour les impériaux d'en passer par là, et tout ce qu'ils purent obtenir fut une modération du surcroît de tribut exigé. Madacou, roi des Kin, reçut au milieu de sa cour, l'an 1208, la tête de Han-to-cheou, qu'il fit exposer sur le grand chemin; après quoi il ratifia la paix. Ce fut sa dernière opération. Il mourut peu de temps après, laissant le royaume à Tchong-heï, qu'il avait nommé son successeur.

Le fameux Temoutchin ou Temougdin, surnommé depuis Genghis-kan ou Tchinkis-kan, chef de la horde des Mongols, ou Mongous, se distinguait alors par ses exploits contre les Tartares. Après avoir subjugué par la force ou par la terreur de ses armes plusieurs de leurs hordes, il gagna, l'an 1204, une sanglante bataille contre Tayang-han, roi des Tartares Naymans, qui périt dans la mêlée. Cette victoire le rendit maître des hordes de Toloupan, de Tatar, de Hadakin et de Sakiou. Il acheva la destruction des Naymans en 1208, et entra l'année suivante pour la première fois dans la Chine. Tchong-heï, roi des Kin, l'ayant fait sommer, l'an 1211, de venir lui rendre hommage et lui payer tribut, Temoutchin, qui avait pris alors le nom de Tchinkis-kan, pour réponse se jeta sur ses terres à main armée, et lui fit essuyer en peu de temps des pertes multipliées. Houcha-hou, que Tchong-heï avait mis à la tête de ses troupes, après avoir soutenu quelque temps les efforts des Mongous, se tourna contre son maître, et, l'ayant pris dans sa capitale, il le fit assassiner l'an 1213; mais il reçut peu de temps après la peine du talion. Un officier, qu'il voulait faire mourir pour s'être laissé battre par les Mongous, l'ayant assailli dans son palais, lui fit couper la tête par ses soldats, et l'ayant portée à Outoubou, nouveau roi des Kin, et frère de Tchong-heï, il obtint facilement son pardon. Outoubou, l'année suivante, accepta la paix que Tchinkis-kan, déjà maître du Ho-pé et du Chan-tong, lui offrit; après quoi ce conquérant reprit la route de Tartarie; mais c'était dans le dessein de revenir à la première occasion pour achever de subjuguer les Kin. Le roi des Kin la lui fournit en quittant le séjour d'Yen-kin, sa capitale, pour transporter sa cour dans les provinces méridionales. Regardant, ou feignant de regarder cette retraite comme une marque de défiance, et un dessein de recommencer la guerre, Tchinkis-kan envoya, la même année, un corps de troupes à Canta, chef d'une nouvelle révolte, pour l'aider à investir Yen-king. Monholi, général mongou, se rendit maître bientôt après de la cour orientale, par une tromperie, sans coup férir. Cette conquête valut aux Mongous plus de mille li de pays, cent mille soldats et une quantité prodigieuse de richesses. La prise d'Yen-king fut, l'an 1215, un nouveau sujet de triomphe pour les Mongous.

Jusqu'en 1216 l'empereur Ning-tsong n'avait pris aucune part à la guerre des Mongous contre les Kin, et s'était contenté de refuser à ceux-ci le tribut auquel ils l'avaient assujetti; mais le roi des Kin, appréhendant qu'il ne se joignît tôt ou tard aux Mongous pour recouvrer les provinces qu'il lui avait enlevées, s'avisa de lui déclarer la guerre, et le fit d'abord avec désavantage. Il répara ensuite ses pertes, et fit plusieurs nouvelles conquêtes sur les Song. Elles ne compensèrent pas néanmoins celles que le général Monholi faisait sur lui.

Tandis que Monholi se couvrait de gloire par les avantages continuels qu'il remportait sur les Kin, Tchinkis-kan, de son côté, faisait de grands progrès dans les pays occidentaux, le Karisme, l'Irac-agemi (1), le Ghilan (2), le Tabristan (3), etc.

(1) Province dont Ispahan est la capitale.

(2) Province de Perse au bord de la mer Caspienne.

(3) L'ancienne Hircanie.

Le prince Toleï, son fils, se rendit maître en 1222 de la grande ville de Thous dans le Korasan, et de Rischabour dans la même province, entra ensuite dans le royaume des Moulaï, qu'il pilla; après quoi il alla rejoindre son père, avec lequel il emporta la ville d'Hieri, ou Herat.

Les Mongous et les Kin firent, chacun de leur côté, l'an 1223, une perte considérable : les premiers dans la personne du général Monholi, que la mort enleva dans la troisième lune; les seconds dans la personne d'Outoubou, leur roi, qui termina ses jours dans la douzième lune à l'âge de soixante et un ans. L'empereur Ning-tsong les suivit au tombeau dans la huitième lune de l'an 1224.

LI-TSONG (1224 après J.-C.), fils adoptif de Ning-tsong, qui l'avait désigné prince héritier préférablement à son propre fils Tchao-hong, dans lequel il reconnaissait peu de talents pour régner, monta sur le trône avec assez d'indifférence, après avoir rendu les honneurs funèbres au cercueil de celui qui l'avait nommé. Il était auparavant prince de Y et se nommait Tching-tching-tchi. Son élévation fit des mécontents, à la tête desquels se mit Pan-giu, riche particulier de la ville de Hou-tcheou. Ces rebelles, étant entrés dans le palais du prince Tchao-hong, le forcèrent de prendre la couleur jaune et d'accepter le titre d'empereur. Mais ce parti fut bientôt dissipé par les soins mêmes de Tchao-hong, qui donna promptement avis à la cour de la violence qu'on lui avait faite. Cependant le ministre Sse-mi-yuen, homme timide, craignant que l'exemple de cette révolte ne l'enhardît à exciter des troubles dans l'empire, eut la cruauté de le faire étrangler secrètement.

L'an 1227, Tchinkis-kan termina ses exploits militaires par la conquête du royaume de Hia, qui subsistait dans la même famille depuis Likitsien son fondateur. Celui-ci, s'étant révolté, l'an 889, contre l'empereur Taï-tsong, avait érigé ce pays, dont il était prince, en monarchie, et ses successeurs l'agrandirent considérablement. Ils durent l'indépendance dans laquelle ils se maintinrent si longtemps à l'attention qu'ils eurent d'agir toujours suivant les circonstances, et de se déclarer à propos pour ou contre les Song, les Leao et les Kin; ils ne faisaient point difficulté de se dire tributaires des uns ou des autres, pourvu qu'il y allât de leurs intérêts. Cette politique leur réussit, et ils ne se perdirent que lorsqu'ils s'en écartèrent en refusant de se joindre aux Kin contre les Mongous, qui détruisirent enfin leur puissance et celle des Leao. Tchinkis-kan, après cette expédition, étant repassé au nord de la Chine, y mourut le 12 de la septième lune (24 août) de l'an 1227, à l'âge de soixante-six ans, laissant trois fils de neuf qu'il avait eus. L'aîné de ces enfants, nommé Touschi, ou Tchoueï, mort avant son père, avec la réputation d'un grand capitaine, transmit à ses trois fils les vastes États que Tchinkis-kan lui avait cédés.

Ogotaï ou Octaï, son fils, qu'il avait nommé son successeur, était alors à Ho-pou. Touli ou Toleï, dit aussi Tulican, son cadet, fut déclaré régent pendant son absence, et gouverna les pays orientaux avec beaucoup de prudence et d'équité. Ogotaï, étant de retour l'an 1229, Tchahataï ou Zagataï, son frère aîné, déterminé par Toleï, fut des premiers à lui rendre hommage. Résolu d'exterminer les Kin, dont le roi Ninkiassou avait succédé à Outoubou, son père, il envoya contre eux, l'an 1230, Toleï, qui leur enleva plus de soixante places fortes dans le Chen-si. Antsar, son général, lui soumit, l'année suivante, non sans de longs et pénibles efforts, la ville importante de Fong-siang, dont la perte entraîna celle de plusieurs autres places; ce qui engagea Ninkiassou à transporter sa cour à Caï-fong-fou, parce que le Hoang-ho et la forteresse de Tong-koan étaient comme des remparts sur lequels les Kin fondaient leur tranquillité. Ogotaï avait alors pour ministre le sage Yeliu-tchoutsaï, que son père lui avait laissé. Par ses conseils, il mit de l'ordre et de l'équité dans la perception des tributs, et adopta la sage doctrine de Tcheou-kong et de Confucius, pour l'administration d'un empire. On voulut perdre ce ministre dans l'esprit de son maître, parce qu'il n'était pas favorable à l'ambition et à l'avidité des grands; mais son innocence triompha de la calomnie.

Ninkiassou ne trouva pas à Caï-fong-fou la sûreté qu'il s'était promise en y transportant sa cour. Les Mongous l'y poursuivirent, et firent sur la route plusieurs conquêtes pour y parvenir. L'an 1232, Soupataï, l'un de leurs généraux, fit attaquer cette place, durant seize jours, avec une telle ardeur, qu'il périt de part et d'autre environ un million d'hommes. Voyant qu'il ne pourrait venir à bout de la réduire, il fit dire aux assiégés qu'il était inutile de se battre, puisqu'on tenait des conférences pour la paix. Il promit de se retirer, et tint parole à la quatrième lune, étant allé camper entre le Hoang-ho et le Lo-ho. La peste, après la retraite des Mongous, se mit dans la ville, et y fit tant de ravages, qu'en cinquante jours qu'elle dura il sortit de cette ville plus de neuf cent mille cercueils, sans compter un grand nombre de pauvres qui ne laissaient pas, après leur mort, de quoi s'en procurer.

Les conférences pour la paix furent rompues par le massacre que quelques soldats des Kin firent des soldats d'Ogataï à Caï-foug-fou, et par le refus que Ninkiassou fit de punir cette violation du droit des gens. Dans le temps qu'on recommençait les hostilités mourut le prince Toleï, laissant huit fils, dont les quatre premiers, nommés Meng-ko ou Mongou, Houlagou, Coublaï et Ariboga ou Articbougha, héritèrent de la valeur de leur père, et dont nous verrons les deux premiers se succéder l'un à l'autre dans l'empire des Mongous.

Les Mongous étant revenus devant Caï-fong-fou, le roi des Kin en partit avec sa cour le dernier jour de l'an 1232, et se retira à Koue-té-fou, où il arriva le 16 janvier suivant. Pour comble de malheur, ce prince eut le chagrin de se voir trahi par deux hommes qu'il avait jugés les plus dignes de sa confiance. Le général Tsouili, qu'il avait laissé pour la défense de Caï-fong-fou, loin de répondre à son attente, voulut profiter de l'extrémité où la ville était réduite pour s'en rendre maître. Sur un ordre supposé de l'impératrice mère, il nomma régent de l'empire le prince Tsong-kio, et prit pour lui les emplois de premier ministre et de généralissime de l'empire. Pour étayer son autorité chancelante, il envoya sa soumission à Soupoutaï, général des Mongous; et, l'étant venu trouver, il lui rendit tous les honneurs et toutes les déférences qu'un fils respectueux observe à l'égard de son père. Rentré dans Caï-fong-fou, il s'y comporta en tyran, s'empara de tous les bijoux de la couronne, qu'il envoya au général mongou, et enjoignit aux habitants de lui apporter tout ce qu'ils possédaient en or et en argent. Les violences qu'il employa pour faire exécuter cet ordre coûtèrent la vie à un si grand nombre de citoyens, qu'en moins de huit jours on compta un million de cercueils qui sortirent de la ville par différentes portes (1). Tsouili étant ensuite sorti de la ville, les Mongous y entrèrent, et firent main basse sur toutes les richesses qu'il avait amassées. La coutume de ces barbares était de mettre à feu et à sang les villes qui leur avaient résisté. Soupoutaï, sur les remontrances du Chinois Yeliu-tcheou-tsaï, qu'il honorait de sa confiance, écrivit à Ogotaï pour être dispensé de faire ce traitement aux habitants de Caï-fong-fou. Le prince fut si frappé des raisons que le Chinois avait suggérées à son général, qu'il abolit la loi inhumaine de sa nation, et défendit non-seulement de verser le sang des habitants de Caï-fong-fou, mais de ceux de toute autre ville qui tomberait en son pouvoir. On fait état de quatorze cent mille familles à qui cette défense sauva la vie à Caï-fong-fou. Combien grande dut être donc la population de cette ville lorsque la cour y résidait!

Ninkiassou n'était pas mieux servi à Koue-té-fou qu'à Caï-fong-fou. Mayong et Poutcha-koannou, ses deux principaux officiers, vivaient dans une mésintelligence dont le premier fut la victime, ayant été assassiné par ordre du second. Celui-ci, pour s'assurer l'impunité, fit mettre des gardes aux portes du palais, enleva les mandarins, qu'il enferma dans une espèce de prison, fit massacrer le gouverneur de la ville, et excita une sédition où périrent plus de trois mille personnes. L'infortuné souverain, dans l'impuissance de punir ces forfaits, se vit réduit à laisser son autorité entre les mains du scélérat qui les avait commis. L'abus énorme qu'il continua d'en faire épuisa enfin la patience de Ninkiassou, qui trouva moyen de s'en défaire, l'an 1233, en le faisant poignarder comme il entrait dans le palais où il était venu pour le braver.

Cependant l'empereur Li-tsong, devenu l'allié des Mongous, avait envoyé le général Mong-kong pour se joindre à eux contre le roi des Kin. Les avantages que ce général remporta, ne laissant plus de sûreté à Ninkiassou dans Koue-té-fou, l'obligèrent à se réfugier à Tsaï-tcheou. Après y avoir joui pendant quelques jours d'une assez grande tranquillité, il vit arriver les Mongous sous la conduite de Tatchar, fils de Porhou, l'un des quatre généraux de Tchinkis-kan; qu'on nommait les intrépides. Les Song, commandés par Mong-kong, s'étant réunis aux Mongous, se rendirent maîtres des remparts de Tsaï-tcheou, après un rude assaut, dans la onzième lune de l'an 1233. Le roi des Kin, voyant alors tout désespéré, résigna sa

(1) Nous avons cru inutile de prévenir nos lecteurs que nous ne reproduisons nullement de ces chiffres, donnés par les Chinois, reproduits, d'après ceux-ci, par les missionnaires, et qui sont évidemment exagérés.

couronne, dans la première lune de l'année suivante, à Thing-lin, son parent, en présence des grands, qu'il avait assemblés; après quoi il leur distribua ce qu'il avait de plus précieux en meubles et en bijoux. Un nouvel assaut, donné à la place pendant l'inauguration du nouveau prince, y ayant introduit les assiégeants, Ninkiassou se pendit dans une maison qu'il avait fait entourer de matières combustibles, avec ordre d'y mettre le feu dès qu'il aurait cessé de vivre. Dans le temps qu'on exécutait ses dernières volontés, Tchin-lin fut tué dans un tumulte; et en lui finit la dynastie des Kin, après avoir duré cent dix-huit ans sous dix princes.

Le but des Song, en s'unissant aux Mongous contre les Kin, était de rentrer en possession du Ho-nan, qu'on avait promis de leur remettre après la destruction de ces derniers. Cependant, lorsqu'on vint à fixer les limites respectives des deux empires, il fut déterminé que les villes de Tchin-tcheou et de Tsaï-tcheou formeraient la ligne de partage; que ce qui était au sud-est de ces deux villes dans le Ho-nan appartiendrait aux Song, et que la partie du nord-ouest serait aux Mongous. Li-tsong, mécontent de ce partage, se laissa engager par de mauvais conseils à le casser et à déclarer la guerre aux Mongous. Cette entreprise lui réussit mal. Au commencement de l'an 1235, la cour impériale fut obligée d'envoyer traiter d'accommodement avec les Mongous; mais, depuis cette époque, il n'y eut plus de paix dans les pays situés entre le Hoang-ho et le Hohaï-ho. Ogotaï, ayant divisé en cinq corps d'armée ses troupes, formant en tout quinze cent mille hommes, les confia à divers généraux pour faire la guerre en même temps en différents pays. Kotouan, son deuxième fils, fut envoyé avec six cent mille hommes contre les Song dans le pays de Chou. Temontaï et Tchang-jeou marchèrent à la tête d'une autre armée dans le pays de Han; deux autres généraux en conduisirent une troisième dans le pays de Kiang-hoaï. Ainsi on attaqua les Song par trois endroits. Ils se défendirent avec valeur et des succès alternatifs. Les hostilités duraient encore lorsque la mort enleva Ogotaï sur la fin de l'an 1241, à l'âge de cinquante-six ans. Un excès de vin, défaut auquel il était sujet, abrégea ses jours. On prétendit néanmoins qu'il avait été empoisonné par une de ses favorites; et le frère Plan-Carpin, cordelier, raconte qu'après le couronnement de Koueyeou ou Gaiouk, son successeur, on fit mourir cette femme après lui avoir fait son procès pour ce crime. Ogotaï avait, suivant le P. de Mailla, d'excellentes qualités, de la droiture, de la grandeur d'âme, beaucoup de courage. Yeliu-tchoutsaï, son ministre, lui avait inspiré le goût des lettres, l'amour du bon ordre et la science du gouvernement. Il laissa de ses diverses femmes cinq fils: Haïtou, Koueyeou, Kotouan, Kutchou et Holarchu. Cheli-men ou Schiramoun, son petit-fils, fut celui qu'il nomma son successeur; cependant, au mépris de ses dernières volontés, la princesse Tourakina, l'une de ses femmes, dite aussi Naimatchin-sse, s'empara des rênes du gouvernement. Elle les mania l'espace de six ans sous le titre de régente, mais avec une faiblesse qui suspendit pendant quelque temps les projets ambitieux des Mongous contre les Song. A la septième lune de l'an 1246, les seigneurs mongous, las de son administration, s'assemblèrent pour donner un successeur à Ogotaï, et nommèrent Koueyeou ou Gaiouk, dont le règne ne fut que d'un an et quelques mois. Ce prince, selon l'estime de Plan-Carpin, pouvait avoir quarante à quarante-cinq ans. Il était d'une taille médiocre, si grave et si sérieux dans son maintien, qu'on ne le voyait presque jamais rire. Plan-Carpin dit qu'à son inauguration il assista au moins quatre mille tant princes qu'ambassadeurs qui apportaient des présents et des tributs. Il fit la guerre avec peu de succès aux Coréens, qui s'étaient relevés des pertes que son père leur avait fait essuyer. Il avait formé d'autres projets, dont sa mort empêcha l'exécution.

Les princes et les seigneurs mongous, s'étant assemblés l'an 1251 à Carocorom pour élire un nouveau kan, donnèrent leurs suffrages à Meng-ko ou Man-gou, fils de Toleï, dont la bravoure était connue de tous les peuples que les Mongous avaient soumis à leur empire. Chelimen ou Schiramoun prétendit faire valoir ses droits les armes à la main; mais Meng-ko, s'étant assuré de sa personne, fit punir de mort ses complices. Houpilaï, nommé par Meng-ko, son frère, généralissime des Mongous et des troupes chinoises qui étaient au sud du Chamo, profita des lumières de Yao-tchou, seigneur chinois, qui avait été son précepteur, par rapport aux pays dont on lui avait confié le gouvernement. Plusieurs bourgs et villes du Ho-nan, du Hou-kouang et du Kiang-nan, étaient sans habitants depuis que les Mongous en avaient fait la conquête. Houpilaï, par les conseils de Yao-tchou, y attira des cultivateurs par les avances qu'il leur fit pour mettre les terres en valeur. Ce prince, aimé et respecté des Chinois par la douceur de son caractère et la sagesse de sa conduite, eut des envieux qui le rendirent suspect au grand kan, comme ayant des vues sur sa couronne. Meng-ko, naturellement ombrageux, crut à ces malignes insinuations. En conséquence il dépouilla Houpilaï de son gouvernement l'an 1257, et lui substitua son ministre Alautar, homme brusque et cruel, dont les peuples eurent beaucoup à souffrir. Heureusement pour eux, Houpilaï vint à bout la même année de désabuser son frère, qui le rétablit, et révoqua le successeur qu'il lui avait donné.

Meng-ko, dès l'an 1253, avait envoyé son frère Houlagou dans le pays de Kichemi, ou l'Irak, c'est-à-dire la Perse, où il avait conquis plus de dix royaumes, dont il eut pour sa récompense le gouvernement. Meng-ko, l'an 1258, après que ses généraux lui eurent soumis le Tong-kin, déclara la guerre aux Song pour venger un de ses ambassadeurs qu'ils avaient tué et d'autres qu'ils avaient maltraités. Ayant pénétré par des conquêtes jusqu'aux portes de Ho-tcheou dans le Se-tchuin, il trouva cette place défendue par Ouang-kien, officier expérimenté, qui brava tous ses efforts pendant plus de six mois. Il périt le 9 août 1259, dans un assaut qu'il donna, ou de maladie, selon les autres, à quelque distance de la ville; il était alors dans la cinquante-deuxième année de son âge et la neuvième de son règne. Ce prince n'aimait ni la débauche ni les folles dissipations. Zélé pour le bon ordre, il fit revivre les sages règlements établis par Ogotaï, et fut très-rigide à les faire observer. Il était passionné pour la chasse comme ses ancêtres, et préférait cet exercice à la mollesse et au faste des princes étrangers. L'un de ses défauts les plus remarquables était son attachement pour les devins et les diseurs de bonne aventure, dont sa cour était toujours pleine. Il n'entreprenait jamais rien sans les avoir consultés.

Le brave Houpilaï, quatrième fils de Toleï, fut celui sur lequel les Mongous jetèrent les yeux pour remplacer le grand kan Meng-ko. Il était alors occupé à faire la guerre contre les Song, qu'il poussa jusque sur les bords du Kiang. Ayant contraint, après l'avoir passé, le général Kia-sse-tao de faire un traité de paix qui rendait les Song tributaires des Mongous, et fixait au Kiang la limite des deux empires, il arriva dans la troisième lune de l'an 1260 à Carping-fou, dans la Tartarie, où tous les princes mongous devaient se rendre pour l'élection du grand kan. Il y réunit en sa faveur tous les suffrages de ceux qui étaient présents, et même celui d'un député de Houlagou, qui faisait alors la guerre en Perse. Mais Artichougha ou Ariboga, frère aîné de Houpilaï, ayant appris à Holiu ou Caracorom cette élection, souffrit impatiemment la préférence qu'on avait donnée à son cadet sur lui. Ayant mis dans ses intérêts Alautar et d'autres officiers généraux, il les envoya avec un corps de troupes dans le pays de Sse-tchaen ou de Chou. Mais Alautar ayant été tué dans une bataille que le prince Hatan lui livra, toute son armée se dissipa, et le pays n'eut plus rien à craindre. Artichougha, persistant néanmoins dans sa révolte, fut encore battu l'an 1261, dans le pays de Simouton, par le prince Hatan; après quoi il se retira fort avant dans le Nord, où le kan ne jugea pas à propos de le poursuivre. A la fin, jugeant par l'inutilité de ses tentatives qu'il ne pouvait disputer l'empire des Mongous à son frère, il prit le parti d'implorer sa clémence, et vint le trouver avec les princes qui avaient suivi son parti. Il obtint grâce; mais ceux qui lui avaient conseillé sa révolte furent punis de mort.

Les Chinois, instruits de la paix honteuse que Kia-sse-tao avait faite avec les Mongous, refusèrent d'en tenir les conditions, et résolurent, malgré leur faiblesse, de continuer la guerre. L'empereur Li-tsong n'en vit pas la fin. Il mourut l'an 1264, à la dixième lune de la quarantième année de son règne, à l'âge de soixante-deux ans. « Ce prince fut à peu près du caractère de Jin-tsong, avec cette différence que dans le nombre des ministres qui rendirent le règne de ce dernier malheureux, on en compte cependant quelques-uns qui ne furent pas sans mérite, au lieu que Li-tsong n'en eut aucun, et que Kia-sse-tao, qu'il fut à la fin obligé d'exiler, fit lui seul plus de mal aux Song que les Mongous » (de Mailla).

TOU-TSONG (1264 après J.-C.) fut le nom sous lequel monta sur le trône Tchao-ki, neveu de Li-tsong, qui l'avait déclaré son héritier. Ayant rappelé de son exil Kia-sse-tao, il le rétablit dans le ministère, et ce fut une première faute qu'il fit dans le gouvernement; il perdit peu de temps après un habile officier dans la personne de Licou-tching, qui, pour quelque mécontentement, passa au service des Mongous. Celui-ci, voulant faire sa cour à Houpilaï en excitant son ambition, lui fit entendre que la ville de Siang-yang avait autrefois fait partie de ses États; qu'usurpée injustement par les Chinois elle était devenue l'une de leurs plus fortes places, au point même de donner de l'inquiétude; il ajouta que s'il pouvait se rendre maître de cette ville, il le serait bientôt de la rivière de Han, qui se jette dans le Kiang, dont l'entrée, rendue par là très-facile, lui assurerait infailliblement la conquête de toute la Chine. Houpilaï approuva ce dessein, et chargea Lieou-tching, auquel il joignit Assou, d'aller faire le siége de Siang-yang, avec une armée dont il leur confia le commandement. Mais la place avait pour gouverneur Liu-ouen-hoan. Défendue par cet officier renommé par sa valeur et sa capacité, elle soutint un siége opiniâtre de cinq ans. Les Mongous assiégèrent en même temps la ville de Fan-tching, qui n'était séparée de Siang-yang que par la rivière. Ces deux places tombèrent enfin, l'an 1273, sous la puissance des Mongous; mais la conquête de la dernière fut l'effet de la désertion du gouverneur, séduit par Houpilaï.

Le kan Meng-ko avait achevé de rendre tributaire la presqu'île de Corée (1); entreprise commencée par Tchinkiskan. Wang-tchi, roi de ce pays, ayant été détrôné par les grands, qui avaient mis à sa place Wang-tchang, son oncle, Wang-tseu, son fils, vint porter ses plaintes de cet attentat, l'an 1269, à la cour de Houpilaï. Celui-ci, après avoir ajourné les deux rivaux devant lui, envoya sur les lieux une armée qui rétablit Wang-tchi, et punit de mort les conseillers de Wang-tchang.

L'empereur Tou-tsong, prince fort adonné aux femmes et au vin, mourut à la septième lune de l'an 1274, à l'âge de trente-cinq ans, dans la dixième année de son règne. « Indifférent pour le bonheur de ses sujets, il déposa toute son autorité entre les mains de Kia-sse-tao et de ses autres ministres, qui, à l'exemple de leur maître, peu jaloux de soutenir l'honneur de l'empire, facilitèrent la conquête des villes de Fan-tching et de Siang-yang, en négligeant de les secourir » (de Mailla).

KONG-TSONG (1274 après J.-C.) est le nom sous lequel fut placé sur le trône, à l'âge de quatre ans, Tchao-hien, second fils de Tou-tsong, par le ministre Kia-sse-tao, préférablement à Tchao-che, son frère aîné, en faveur duquel tous les grands penchaient unanimement. Le but du ministre était de perpétuer l'autorité qu'il avait usurpée sous le règne précédent, en mettant le sceptre entre les mains d'un enfant. Il fit en même temps déclarer l'impératrice Sieï-tchi, mère du nouvel empereur, gouvernante et régente durant sa minorité. Houpilaï, choqué de ce que les Song ne lui avaient pas annoncé la mort du feu empereur, selon l'usage pratiqué entre les têtes couronnées, leur déclara la guerre par un manifeste, où il faisait revivre tous ses anciens griefs contre cette puissance. Ayant incontinent levé une armée de deux cent mille hommes, il la partagea en deux corps, qu'il envoya, l'un dans le pays de King-hou, sous les ordres de Peyen, l'autre dans le Hohaï-si, sous le commandement de cinq autres généraux. Ngan-lo-fou, ville située au nord de Hou-kouang, sur le bord du Han-kiang, fut la première place que Peyen attaqua. Il fit en même temps divers détachements pour aller faire le siége d'autres villes des environs, dont ils se rendirent maîtres avec assez de facilité. Plusieurs des gouverneurs de ces places, après une légère défense, se donnèrent volontairement aux Mongous, sur les offres avantageuses qu'on leur fit. Kia-sse-tao, voyant que Peyen avait passé le Kiang, se transporta sur les bords de ce fleuve, à la tête de cent trente mille hommes, non pour le combattre, mais pour lui faire des propositions de paix. Peyen lui manda qu'elles étaient trop tardives, et continua ses conquêtes le long du Kiang. Kia-sse-tao, ayant pris la route de Yang-tcheou, envoya de tous côtés pour rassembler les soldats dispersés; mais, dégoûtés de son service, ils ne lui répondirent que par des injures. La régente, voyant ce ministre poursuivi par la haine publique, prit enfin le parti de le casser de ses emplois, et peu de temps après un mandarin délivra l'empire de ce lâche et perfide sujet; mais ceux qui le remplacèrent ne rétablirent pas les affaires. La valeur des généraux qu'ils employèrent ne put arrêter les progrès des Mongous. La cour des Song s'étant transportée à Hang-tcheou, Peyen s'avança vers cette ville à grands pas. La régente alors lui envoya le sceau de l'empire, comme un signe qu'elle se soumettait. Le général le fit porter à son maître, qui résidait à Chang-tou. Atahaï, son lieutenant, étant entré dans Hang-tcheou, annonça à l'empereur et à l'impératrice régente qu'il fallait se disposer à partir incessamment pour la cour de Houpilaï. Ce jeune prince et sa mère se prosternèrent à genoux, la face tournée vers le ciel, et firent, suivant l'étiquette, les neuf battements de tête, comme si le han eût été présent; après quoi on les fit monter sur un char, suivis de tous les princes, des grands, des ministres, des mandarins et du collége des lettrés, pour les conduire à la cour du Nord. Des seigneurs chinois, zélés pour leur souverain, formèrent un parti de quarante mille hommes pour enlever l'empereur sur la route. Ayant atteint le convoi, ils se battirent contre les troupes qui l'environnaient. Mais les efforts de leur courage furent inutiles, et l'empereur, avec sa suite, fut amené devant Houpilaï. Ce prince le reçut avec bonté, et l'ayant créé prince du troisième ordre, il l'envoya dans un monastère de Lama. L'impératrice régente, avant ce désastre, avait eu la précaution d'éloigner de la cour, pour les mettre en sûreté, les deux princes du sang, Y-ouang, frère de l'empereur Kong-tsong et Sin-ouang, en faisant partir le premier pour la capitale du Fou-kien, et le second pour Siuen-tcheou, deux villes maritimes de la même province, à la hauteur de l'île de Formose, où il leur était aisé de se réfugier en cas de nécessité. Lorsque les deux princes furent parvenus à Fou-tcheou, capitale du Fou-kien, les officiers, qui les avaient suivis en grand nombre, proclamèrent Y-ouang empereur des Song, sous le nom de TOAN-TSONG, à la cinquième lune de l'an 1276. Ce fut comme un tocsin qui réveilla tous les Chinois fidèles à leur patrie, et les rassembla autour de ce prince. Les villes du Fou-kien chassèrent les Mongous qui s'en étaient emparés, et celles qui ne les avaient pas encore admis leur fermèrent leurs portes. On vit les campagnes couvertes de partis chinois qui en venaient souvent aux mains avec ces barbares, et presque toujours avec succès. Dans le cours de ces hostilités, Toan-tsong étant tombé malade dans l'île de Kang-tcheou, y mourut dans la quatrième lune de l'an 1278, à l'âge de onze ans.

TI-PING (1278 après J.-C.), dernier fils de l'empereur Tou-tsong, nommé d'abord Oueï-ouang, fut élevé sur un tertre après la mort de Toan-tsong, et salué comme empereur. S'étant réfugié avec sa flotte dans un port excellent, situé entre deux montagnes, à quatre-vingts li au sud de Sien-hoeï-hien, Tchang-chi-kie, son ministre, y fit construire en bois un palais et des maisons pour les gens de la suite du prince qui avait encore avec lui plus de deux cent mille personnes. Ouen-tien-siang, son général, après avoir été battu par les Mongous, avait rassemblé les débris de son armée à Tchao-yang, où deux officiers l'étaient venus joindre avec des troupes nombreuses. Averti que les Mongous venaient à lui avec une armée fort supérieure à la sienne, il se retira à Haï-fong. Cette précaution n'empêcha pas qu'il ne fût surpris par le général Tchang-hong-tching, qui le fit prisonnier avec presque tous ses officiers. Ayant été amené devant le vainqueur avec Lieou-tse-siun, son ami, celui-ci voulut lui sauver la vie en prenant son nom, ne doutant point qu'on ne le fit mourir sur cette simple déclaration. Mais Ouen-tien-siang lui donna le démenti. Voyant ensuite qu'on brûlait à petit feu Lieou-tse-siun, il demanda la mort, et ne put l'obtenir, quoiqu'il eût refusé de battre de la tête en signe de soumission. On lui rendit même la liberté avec les effets qu'on lui avait enlevés, tant on faisait d'estime de sa générosité.

La flotte des Song étant rangée, l'an 1279, à l'ouest de l'île de Yaï, fut attaquée par celle des Mongous, commandée par Tchang-hong-fan. Un incident ayant rendu celle-ci pleinement victorieuse, Lou-siou-fou, l'un des officiers généraux de l'autre, dans son désespoir, commence par faire jeter à la mer sa femme et ses enfants; puis, ayant pris le jeune empereur sur ses épaules, il s'y précipite avec lui; pour le soustraire à la honte de l'esclavage. Telle fut la fin de la dynastie des Song, qui avait occupé le trône trois cent vingt ans.

### XX^e DYNASTIE : LES YOUAN OU MONGOLS.

CHI-TSOU, autrement HOUPILAI, ou KOUBLAI-KAN, fondateur de la vingtième dynastie chinoise, appelée la dynastie des Mongous ou des Yuen, et petit-fils de Tchinkis-kan,

(1) La Corée, large d'environ cent lieues, située entre la Chine et le Japon, tient par le nord au pays des Tartares Niu-tche, et à celui des Orançais par le nord-ouest. La rivière d'Yalo, à laquelle on donne trois lieues de largeur, la sépare du continent. On divise la Corée en huit provinces. Sior en est la capitale. Les Coréens sont originaires de la Chine, dont ils ont conservé la langue, les mœurs et le gouvernement. Ils s'adonnent aux sciences, et entendent fort bien la marine.

se montra digne de son aïeul par ses qualités guerrières, et fut en même temps juste, sage et bienfaisant. Maître de la Chine entière, Houpilaï-kan prit le nom de *Chi-tsou*. Avant d'aborder l'histoire de son véritable règne, nous devons reporter un instant nos regards en arrière.

Lorsque Meng-ko, le petit-fils de Tchinkis-kan et le frère de Houpilaï, avait distribué les conquêtes de la Chine et celles de son père aux princes de sa maison, et les érigea en fiefs; Houpilaï, avait eu pour lui le Ho-nan et une partie du Chen-si. C'est de là qu'il dirigea ses opérations pour se rendre maître de l'empire des Song. Alors il pensa, en politique habile et en homme supérieur, à se mettre au niveau de la civilisation de ceux qu'il voulait soumettre à sa puissance. Lorsqu'il ne possédait encore que les provinces septentrionales de l'empire, et qu'il n'avait pas encore le titre d'empereur, il voyait avec regret que les villes de sa domination se dépeuplaient et que les campagnes devenaient désertes, parce que la population se retirait en foule dans les provinces méridionales pour se soustraire au joug d'étrangers barbares qui ne connaissaient d'autres lois que la force brutale. Il attira auprès de lui trois philosophes chinois, dans le but de l'instruire des usages de leur nation et de l'aider de leurs conseils pour l'administration des provinces qui étaient déjà en son pouvoir. Les trois sages, Hiu-heng, Yao-tchou et Teou-mo, qui jouissaient de l'estime universelle des Chinois, crurent ne pouvoir mieux servir leurs compatriotes qu'en répondant à l'appel de Houpilaï. Ce dernier leur dit en les voyant : « Il faut que vous m'aidiez à faire entendre raison à vos compatriotes; ils nous regardent à peu près comme des ours et des tigres; ils nous craignent lors même que nous ne pensons qu'à leur faire du bien. Cependant je ne veux chercher qu'à les rendre heureux sous mon gouvernement; ils vous croiront quand vous le leur direz. Vous, Yao-tchou, je vous fais inspecteur général des campagnes; parcourez-les, faites en sorte qu'elles soient cultivées et rendues à leurs anciens possesseurs; je vous donne pleine autorité pour cela.

» Vous, Hiu-heng et Teou-mo, je mets le peuple sous votre sauvegarde; veillez à la tranquillité des artisans et des ouvriers; qu'ils travaillent comme ils le faisaient ci-devant, et qu'ils s'attendent à jouir en paix du fruit de leur industrie et de leurs labeurs. En outre, je vous donne plein pouvoir de rétablir les écoles partout où il y en avait ci-devant, et d'en établir de nouvelles dans tous les lieux où vous le jugerez à propos; en un mot, faites tout ce que vous croirez utile au bien public; j'approuve d'avance tout ce que vous ferez. »

L'un de ces trois sages lettrés, Yao-tchou avait fait l'éducation de Houpilaï, lorsque Tchinkis-kan se fut rendu maître des provinces septentrionales de la Chine, et n'avait pas peu contribué à son élévation, en l'instruisant dans les grands principes de l'humanité et de la sagesse chinoise. Yao-tchou, dit le P. Gaubil, était un des plus savants hommes de son temps, d'une intégrité généralement reconnue, d'un esprit et d'une sagesse supérieurs. Lorsqu'il fut appelé près de Houpilaï, pour l'aider de ses lumières et de ses conseils dans l'exercice de son gouvernement, il commença par offrir à ce prince un livre sur la manière de bien gouverner les peuples, dans lequel il lui indiquait comment il devait agir envers les Chinois, les Tartares, les troupes, les grands de l'empire et les princes de sa famille. Il lui donna un autre livre chinois qui contenait un résumé de la doctrine des anciens sages, dont l'essentiel se réduisait aux principes suivants : « Honorez et craignez le ciel; aimez les peuples; respectez les gens de bien; étudiez les sciences qui conviennent à un prince et à un général d'armée; aimez les personnes de votre famille; entretenez des relations avec les hommes vertueux; pensez à régler votre intérieur; chassez d'auprès de vous les flatteurs et les hypocrites (1). »

Cette politique eut l'effet qu'Houpilaï en attendait; les villes et les campagnes se repeuplèrent; la sagesse et les bonnes intentions du prince mongol se répandirent partout, avec les nouveaux règlements que, aidé par ces trois sages, il publia pour être exécutés dans son nouvel empire. Ces règlements concernaient les divers tribunaux de ministres d'Etat, des censeurs de l'empire, des cérémonies, des mandarins ou fonctionnaires publics, des peines, des ouvrages publics, de la guerre et autres. On régla de même les fonctions des officiers d'armée et du palais de l'empereur. On réorganisa aussi le tribunal des mathématiques ou d'astronomie, où furent appelés des astronomes étrangers qui firent faire des progrès à la science des Chinois. Houpilaï pensa également aux manufactures, au commerce, et à réparer les monuments et édifices publics; il fit faire des enquêtes sur les souffrances et les misères du peuple, et voulut savoir ce que chaque département avait de bon et de mauvais (comme s'exprime le chinois), le nombre et la qualité de ses produits, et ce que l'on pouvait faire pour le rendre prospère.

Houpilaï aimait les savants et les gens de lettres, et il en vint à sa cour de toutes les nations. Il y en avait de l'Inde, de la Perse, de la Transoxane et de diverses contrées de l'Europe (1). A l'imitation des empereurs chinois, il fit choix des plus habiles lettrés pour en faire une académie, à la tête de laquelle il plaça Teou-mo. Hiu-heng fut nommé intendant général du collége impérial, et Yao-tchou fut nommé président du ministère des finances. Il chargea les membres du collége ou académie des Han-lin d'écrire l'histoire de l'empire.

La religion dominante des conquérants de la Chine était le bouddhisme du Tibet ou lamaïsme, qui diffère sur plusieurs points du bouddhisme introduit en Chine l'année 65 de notre ère. Houpilaï appela près de lui un jeune Tibétain, nommé Pa-sse-pa, d'une ancienne famille en grande réputation de vertu et d'habileté dans tous les pays situés entre la Chine et la mer Caspienne (2). Depuis six siècles, les ancêtres de Pa-sse-pa étaient les principaux ministres des rois du Tibet et des princes occidentaux. Le jeune Tibétain se fit lama. L'an 1260, Houpilaï le nomma chef de tous les lamas, et lui donna le titre de docteur et maître de l'empire et de l'empereur. La Chine et le Liao-toung furent divisés en dix départements, dont chacun avait ses officiers et ses mandarins. Dix grands de l'empire furent placés à la tête des affaires qui concernaient ces départements, et l'empereur fit publier un décret par lequel tous les tribunaux devaient avoir un président mongol.

Houpilaï fit bâtir en l'honneur de ses ancêtres un palais magnifique, et à la troisième lune de l'année 1263 il y alla en personne leur rendre ses devoirs. Il décora du titre d'empereur, sous le titre Taï-tsou (premier ancêtre), Ye-sou-haï, qui avait été le chef d'une petite horde de Tartares *Monko* (d'où est venu le mot *Mongol*), et qui fut le père du fameux Tchinkis-kan, le conquérant de l'Asie, et Tchinkis-kan lui-même, selon le P. Gaubil. Houpilaï fit placer sa tablette dans la salle du temple destiné à honorer ses ancêtres, et le reconnut pour chef de sa famille.

Ye-sou-haï ou Taï-tsou, fondateur de la xx<sup></sup>e dynastie des empereurs chinois.

(1) Yao-tchou, ayant été nommé coprésident du tribunal des finances, avait pour collègue un Tartare Mongol, qui ne pensait qu'à s'enrichir aux dépens de la fortune publique. Yao-tchou lui représenta qu'il ne devait point prendre l'argent du peuple, et que ses fonctions se bornaient à l'administrer. Le Tartare se moquait de cette doctrine, en engageant Yao-tchou à en faire autant. Le sage Chinois aima mieux vivre pauvre que s'enrichir par une voie illicite; il se retira dans le Ho-nan, et ne s'y appliqua qu'à étudier et à enseigner les livres chinois. Il en fit imprimer beaucoup pour les distribuer gratis à de pauvres lettrés; sa maison devint une académie célèbre, où l'on voyait le portrait de l'ancien philosophe Confucius et de plusieurs habiles lettrés; il ne cessait de porter les autres à imiter leur amour pour l'étude et pour la vertu (Gaubil, p. 110).

(1) Entre autres le célèbre Marco Polo de Venise, qui y séjourna pendant plusieurs années, et fut pendant trois ans gouverneur d'une province méridionale de la Chine. Voyez la relation de ses Voyages.

(2) Gaubil, *Histoire des Mongous*, p. 137.

Ce fut l'année 1267 que Houpilaï fit achever au nord-est de Yen-king la ville qu'il appela *Ta-tou* (grande résidence impériale) ou *Taï-tou*, aujourd'hui *Pé-king* (cour septentrionale). Voici comment Marco Polo décrit cette grande ville, dans laquelle il séjourna longtemps avec le ***Grand-Khan*** :

« Or voz ai contés et devisez des palais, or vos conterai de la grant ville dou Catai, là où ceste palais (qu'il vient de décrire) sunt, por coi fut faite, et comant il est voir que iluec avoit une ansiene cité grant et noble que avoit nom Canbalu, que ce vaut à dire en nostre lengaje la cité dou Seingnor, et le grand Khan treuvoit por ses astronique (astrologues) que ceste cité se devoit revélere (révolter), et faire gran contraire contre l'empier. Et pour ceste chaison (motif), le grant Khan fit faire ceste cité près de l'autre que ne y a un fleuve entre, et fit traïre (transférer) les jeus de ceste cité et mettre en la ville qu'il avoit estoiè (fait construire), qui est appelée Taï-du (*Taï-tou*, grande résidence, grande cour). Elle est si grant con je voz conterai. Elle est environ vingt-quatre miles et est quarés, que ne a plus de l'un quaré que l'autre; est murés des murs de teres que sunt grosses (épais), desout (dessous), dix pas et haut vingt; mez voz di qu'elle ne sunt pas si grosse desoure (dessus) comme desout, por ce que toute foies dou fundemant en sus venoient mermant (s'amincissant), si que desoure sunt grosses entor trois pas. Elles sunt toutes merlés (crénelées) et blances. Elle a douze portes, et sor chascune porte a un grandisme palaìs et biaus, si que en chascun quarés des murs a trois portes et cinq palais, por qu'il hi a par chascun cant (coin, angle) encore un palais, et cesti palais ont mout (beaucoup de) grant sale là o les armes de celz que gardent la cité demorent. Et si voz di que les rues de la ville sunt si droit et si large, que l'en voit de l'une part à l'autre, et sunt ordrée (ordonnées) si que chascune porte se voit con les autres. Hi a mant biaus palais et mant biaus herberges et maintes belles maisons. Elle en milieu de la cité un grandisme palais eu que la un grant cloque (cloche), ce est canpane que sonc la noit, que nul ne aille por la ville depuis qu'ele aura soné trois fois, char puis que celle canpane a soné tantes fois con il ont ordréé, ne ose aler nulz por la cité for que por beinzogne de feme qu'enfantent et por beinzogne des homes mallaides, et celz que por ce vont, convient qe il portent lumere; et vos di qu'il est ordréé qe chascune porte soit gardée por miles homes, et ne entendez que il gardent por doutance qu'il aient de jeus, mès le font por ennorance dou grant sire que laiens demore; et encore qe il ne veulent que les laïrons feissent domajes en la ville » (*Voyages de Marco Polo*, publiés par la société de géographie de Paris, 1824, p. 92).

La description que le même voyageur fait du palais de Houpilaï est aussi fort curieuse, et semble appartenir aux *Mille et une Nuits*. Il y dit que ce palais « est le plus grant qui jamais fust veu... La couvreure est mout autes, mais les murs de les sales et de les canbres sunt toutes couvertes d'or et d'argent, et hi a portraites dragons, et bestes, et oisiaus, et chevals et autres deverses jenerasions des bêtes; et la coverture est aussi faite se que ne hi se port (paraît) que or et pointures. La sale est si grant et si larges que bien hi menuient (mangent) plus de six mille homes. Il ha toutes canbres que c'en est marvoilles à voir..., etc. »

L'année 1269, Houpilaï ordonna à Hiu-heng de s'entendre avec le grand maître des rites pour fixer de concert avec lui tout ce qui concerne les cérémonies pour les sacrifices, pour les honneurs que les Chinois avaient coutume de rendre aux ancêtres, pour la réception des princes vassaux et des ambassadeurs des princes étrangers, pour déterminer une musique et des danses propres à ces cérémonies, pour fixer les dimensions des instruments propres à cette musique et la forme des habillements des danseurs; en un mot pour donner à la dynastie des Youan un cérémonial propre, afin qu'elle ne le cédât en rien aux autres dynasties qui l'avaient précédée.

On dit que, dans une répétition générale de la grande comédie que Houpilaï se proposait de jouer noblement devant le peuple chinois, cet empereur fut si charmé de la majesté de l'appareil impérial, de la gravité des cérémonies, qu'il s'écria lorsque tout fut fini : « C'est d'aujourd'hui seulement que je sais ce que c'est que d'être fils du ciel (empereur chinois). »

La volonté du prince, déterminée par les avis des ministres et la protection des grands et des favoris, fixait, dans la cour des empereurs mongols, la distribution des faveurs, l'élévation aux dignités et aux emplois publics, et la promotion aux différents degrés de mandarinats. Cet abus fut senti par Houpilaï, et il voulut le corriger. Il chargea encore Hiu-heng de faire des règlements au moyen desquels on fût sûr, en quelque sorte, de ne donner des emplois qu'à ceux qui étaient en état de les remplir, et les récompenses qu'à ceux qui, par leurs services éprouvés, s'en étaient rendus dignes. Lorsque le sage Chinois lui eut présenté ces règlements, Houpilaï les approuva sans aucune réserve, et il dit : « J'espère qu'avec votre secours mon règne deviendra l'un des plus florissants qu'ait eus votre monarchie. Je vous donne le titre de grand maître de la doctrine de l'empire, et une inspection générale sur les mœurs publiques. » Ensuite il le mit à la tête du collége impérial, pour diriger l'éducation d'un grand nombre de jeunes Mongols, choisis dans les familles les plus distinguées.

Hiu-heng, philosophe et homme d'Etat chinois.

Dès le grand matin il assemblait ses jeunes élèves mongols, et ne les quittait pas de toute la journée, afin de les instruire parfaitement dans les usages chinois, et de les dépouiller complétement de leur barbarie. Il leur apprenait à parler le chinois, à le lire, à l'écrire, à expliquer les livres; il leur enseignait les différentes manières chinoises de se tenir debout et assis, de s'asseoir et de se lever, de marcher, de s'arrêter, de saluer, de manger même, et de prendre tous leurs divertissements en Chinois bien élevés, faits pour donner le ton à la société mongole de la cour d'Houpilaï. On peut juger par ce seul fait combien le conquérant mongol avait à cœur de s'identifier, ainsi que sa cour, avec les mœurs et la civilisation chinoises (1).

« En très-peu de temps, dit un écrivain chinois, Hiu-heng eut formé tous ces jeunes Mongols à la civilité, aux mœurs et aux manières chinoises, de telle sorte qu'il n'y avait plus de différence entre eux et les véritables Chinois; et dans l'es-

(1) Il n'était aucune science, dit le P. Amyot, à laquelle Hiu-heng ne se fût appliqué, et il avait réussi dans toutes, parce qu'il avait un esprit supérieur, et qu'il était d'une application que rien n'était capable d'interrompre. Il fit des commentaires sur les *King*; il travailla sur les caractères, sur les rites, sur la musique, sur la chronologie et l'histoire. Il était géomètre et astronome, et fut l'un des savants qui travaillèrent à la réforme du calendrier chinois, sous le premier des empereurs mongous. Il entendait très-bien tout ce qui concerne la direction des eaux. Il était versé dans les antiquités de sa nation; il savait les lois et les coutumes, et les expliquait avec tant de clarté, que Houpilaï crut devoir lui confier le soin de faire le code qui devait être celui de sa dynastie. Il joignait à toutes ces connaissances celle de la langue des Mongous, dans laquelle il composa plusieurs excellents ouvrages, sans compter les traductions des meilleurs livres chinois. Ses mémoires de littérature, qu'il intitula *Lou-tchaï-wen-ki*, sont encore aujourd'hui très-estimés. On ajoute, pour terminer son éloge, qu'il possédait le talent d'instruire dans un degré éminent; que sa contenance, quoique toujours grave, n'avait rien qui approchât de la sévérité ou de l'affectation; que, en quelque temps et quelques circonstances que ce fût, il avait un visage épanoui, et parlait avec une bonté qui lui gagnait tous les cœurs. Ngan-toung, que la supériorité de ses talents et de son mérite avait élevé à la dignité de ministre d'Etat, disait, en parlant aux mandarins et aux savants qui étaient alors à la cour : « Nous ne sommes par rapport à Hiu-heng que ce que le nombre dix est à celui de cent. »

Hiu-heng reçut de grands honneurs après sa mort, qui arriva l'an 1281 de notre ère. En 1309, l'empereur Wou-tsong lui donna le titre de prince de Weï; en 1313, l'empereur Jin-tsong le plaça dans le temple de Confucius.

pace de trois années il leur inculqua si bien les trois *kang*, les cinq *tchang* et toutes les obligations qu'ils imposent, qu'ils furent en état de les enseigner à leur tour à tous ceux de leur nation; » c'est-à-dire qu'il leur apprit tous les devoirs de la vie civile, et qu'il les rendit capables de civiliser les autres. Car par les trois *kang* l'on entend ici les sujets d'attribution auxquels se réduisent les obligations des souverains envers leurs sujets, et des sujets envers leurs souverains; des pères envers leurs enfants et des enfants envers leurs pères; des maris envers leurs épouses et des épouses envers leurs maris; et l'on entend, par les cinq *tchang*, les cinq vertus capitales d'où découlent toutes les autres, et qui sont le véritable lien de la société : ce sont l'humanité ou la bienfaisance, la justice, les cérémonies ou le savoir-vivre, la droiture, la sincérité ou la bonne foi.

Parmi les officiers généraux qui commandaient au siége de Siang-yang était un Oïgour appelé Ali-yaya, qui avait une grande connaissance des pays occidentaux; il savait la manière dont on y faisait la guerre. En 1271, il proposa à l'empereur Houpilaï de faire venir de l'Occident plusieurs de ces ingénieurs qui savent, par le moyen d'une machine que le chinois nomme *ki* (machine à ressort imprimant un mouvement), lancer des pierres de cent cinquante livres pesant. Ces pierres faisaient, dit-on, des trous de sept à huit pieds dans les plus épaisses murailles. Deux de ces ingénieurs européens furent appelés en Chine sur l'ordre de l'empereur. Les machines qu'ils construisirent furent employées dans plusieurs siéges, et contribuèrent beaucoup aux succès des assiégeants. Ces catapultes, ou d'autres machines à peu près semblables, avaient déjà été employées auparavant par des Chinois au siége de Caï-fong-fou et d'autres villes. Le P. Gaubil, dans son ***Histoire de la dynastie des Mongous***, en rapporte plusieurs exemples qu'il a tirés des historiens chinois. Lorsque les troupes de Tchinkiskan assiégeaient Caï-fong-fou, la capitale de l'empire des Kin, « Kian-chin, dit-il, qui en était gouverneur, rendit son nom immortel par la défense de cette place (1132). Il demanda aux marchands une grande quantité de pièces de soie, et en fit faire des bannières, qu'il arbora sur les murailles. Il inventa des machines à jeter des pierres, et elles pouvaient être servies par un petit nombre de personnes. Par ce moyen, il jetait des quartiers de pierre jusqu'à cent pas, et si juste, qu'il atteignait où il voulait. Les flèches vinrent à lui manquer; il se servit de celles que les ennemis lui lançaient; il les faisait couper en quatre, et, les ayant armées avec des deniers de cuivre, il les mettait dans un cylindre, ou tube de bois, d'où il les lançait sur les ennemis comme des balles partant d'un mousquet. Ce général fatigua si fort les Mongous durant trois mois, quoiqu'ils fussent au nombre de trente mille hommes, qu'ils furent obligés de lever le siége. »

Cependant les Mongols revinrent à la charge, commandés par un autre général, qui attaqua vivement Caï-fong-fou (nommé alors Pian-king). « Les assiégés continuèrent à se défendre vigoureusement. Ils jetaient sur les assiégeants des boulets faits de toutes sortes de pierres. Les Mongous n'en avaient pas de cette forme; mais ils faisaient briser des meules en plusieurs quartiers, et par le moyen de plusieurs *pao* ou catapultes, ils lançaient aussi jour et nuit des pierres contre les murs de la ville. Ils renversèrent les tours des angles et les créneaux; ils rompirent même les plus grosses pièces de bois des maisons voisines. Les assiégés, pour les préserver, les enduisaient de fumier de cheval et de paille de blé, recouvraient le tout de feutre et autres matières molles, pour amortir les coups de pierre.

» Les Mongous se servirent alors de *pao* (ou canon) *à feu*. Le feu se communiquait avec tant de vitesse, que l'on avait beaucoup de peine à l'éteindre... Dans ce temps-là on avait dans la ville des *pao à feu* qui jetaient des pièces de fer en forme de ventouse. Cette ventouse était remplie de poudre. Quand on y mettait le feu, cela faisait un bruit semblable à celui du tonnerre, et s'entendait de cent li (environ cinq lieues). L'endroit où elle tombait se trouvait brûlé, et le feu s'étendait à plus de deux mille pieds (c'est-à-dire qu'il brûlait une circonférence de deux mille pieds). Si ce feu atteignait les cuirasses de fer, il les brûlait de part en part. Quand les Mongous se furent logés au pied de la muraille pour la saper, ils se tenaient à couvert dans des mines logées sous terre. Les assiégés, pour les déloger, attachaient de ces ventouses dont j'ai parlé à des chaînes de fer, et les faisaient descendre du haut des murailles. Quand elles parvenaient ou dans les fossés ou dans les chambres souterraines, elles prenaient feu par une mèche, et désolaient les assiégeants. Ces ventouses de fer, les hallebardes à poudre et volantes qu'on jetait étaient ce que les Mongous craignaient le plus. En seize jours et seize nuits d'attaques continuelles, il mourut, dit l'histoire, un million de personnes tant assiégeants qu'assiégés. Ensuite la peste se mit dans la ville, et dans cinquante jours on fit sortir plus de neuf cent mille cercueils, sans compter une infinité de pauvres qui n'en pouvaient avoir (1).

On peut être surpris de l'apparente contradiction que présente ce rapprochement; mais on peut facilement l'expliquer par cette considération que les ingénieurs qui savaient construire ces machines de guerre étaient rares, et que le général étranger au service de Houpilaï préférait employer des ingénieurs européens, au lieu d'ingénieurs pris parmi les Chinois, qui étaient ses ennemis, et dans lesquels il aurait eu moins de confiance. Si les deux étrangers européens dont parle l'histoire chinoise, qui furent appelés par Ali-yaya pour construire des machines de guerre propres à lancer des pierres, portaient d'autres noms que *Alaouating* et *Yesemain*, on pourrait supposer que ces deux étrangers occidentaux n'étaient que le père et l'oncle de Marco Polo, Vénitiens; car ce dernier raconte ainsi, dans la Relation de ses voyages, un fait semblable : « Or sachiés que quant les host (armées) dou grant Khan fu demorés à l'ascie (siége) de ceste cité de Saian-fu (Siang-yang-fou) trois anz et il ne la povoient avoir; il en avoient grant ire. Et adonc meser Nicolau et meser Mafeu, et meser Marc (le père, l'oncle de Marco Polo, et lui-même) dirent : Nos vos troveront voie por coi la ville se rendra maintenant; et celz de l'host (armée) dirent que ce volent-il volontier. Et toutes cestes paroles furent devant le grant kan, car les mesajes de celz de l'host estoient venus por dire au grant sire comant il ne povoient avoir la cité por ascie (siége). Le grant sire dist : Il convient que il se face en tel mainère que cel cité soit prise. Adonc dirent les deux frères et lors fils meser Marc : Grant sire, nos avon aveke nos en nostre mesnée (ménage, famille) homes que firont tielz mangan (machine de guerre propre à lancer des pierres) que giteront si grant pieres que celes de la cité ne poront soffrir, mès se rendront maintenant... Le grant sire (Houpilaï) dit à meser Nicolau, et à son frère et à son fils, que ce voloit-il mout voluntier, et dit que il feissent faire cel mangan au plus tost qu'il poront. Adonc meser Nicolau, et sez frère et son filz que avoient en lor masnée (ménage) un Alamamz (Allemand) et un christien Nestorin que bon mestre estoient de ce faire, lor dirent que il feissent deux mangan ou troiz qui gitassent pierres de trois cents livres. Et cesti deux firent biaus mangan. Et quant il furent fait, le grant sire les fit aporter dusque à sez host (armée) que à l'ascie (au siége) de la cité de Saian-fu estoient et que ne la poient avoir. Et quant les trabuc (machines) furent venus à l'host, il les font drizer, et aux Tartares sembloie la plus grant mervoille dou monde... » Cet Allemand et ce chrétien nestorien de la suite des Polo étaient sans doute les deux ingénieurs Alouating (Alla-eddin) et Yl-semaïn (Ismaël) dont parle l'histoire chinoise. Cette concordance de l'histoire chinoise et de la Relation de Marco Polo est une nouvelle preuve de la véracité de ce dernier, qui avait été si longtemps mise en doute.

C'est au commencement de l'année 1277, ou à la fin de 1276, que les lettrés chinois soumis à Houpilaï députèrent un d'entre eux pour prier ce prince de faire reconstruire, dans tout l'empire, des colléges publics afin d'instruire dans les sciences et les bonnes mœurs des jeunes gens dirigés par les hommes les plus savants et les plus sages que l'on pourrait trouver. Ces lettrés composèrent un mémoire pour être présenté à l'empereur à ce sujet. Voici l'analyse qu'en a donnée le P. Gaubil :

« Ils commencèrent par rapporter ce que les traditions chinoises disent du soin que Yao, Chun, Yu, et les plus illustres

(1) Gaubil (lieu cité, p. 68 et suiv.). — Ce savant missionnaire ajoute en note : « Je n'ai pas osé traduire par *canon* les caractères *pao* et *ho-pao*; un de ces caractères a à côté le caractère *che, pierre*, et c'était une machine à lancer des pierres. L'autre caractère est joint au caractère *ho, feu*, et je ne sais pas bien si c'était un canon comme les nôtres. De même, je n'oserais assurer que les boulets, dont il est parlé, se jetaient comme on fait aujourd'hui. — Pour ce qui regarde les pièces de fer en forme de ventouses, je n'ai pas osé également mettre le mot *bombe*; il est cependant certain que les Chinois ont l'usage de la poudre depuis plus de seize cents ans, et, jusqu'à ce temps-ci, on ne voit pas trop l'usage qu'ils en faisaient dans les siéges. Il pourrait se faire que les Chinois aient quelquefois perdu l'art de servir l'artillerie; ou peut-être les boulets et les ventouses dont il est parlé n'étaient que de l'invention de quelques particuliers, et n'étaient pas transmis à d'autres. »

empereurs des dynasties Hia, Chang et Tcheou, ont eu de faire fleurir les sciences, et exposent ensuite le détail de ce que firent les empereurs de la dynastie des Han, pour la recherche des livres et le rétablissement des sciences dans tout l'empire. Ils louent extrêmement l'empereur Tao-wou-ti des Oueï, et ils parlent du collége où le prince entretenait trois mille lettrés qui travaillaient sur toutes sortes de matières. Ils ne font qu'indiquer ce qui se passa ensuite sous les Tsin, et ils parlent du grand collége que fit bâtir l'empereur Wou-ti; ils font aussi mention des grandes choses que fit l'empereur Wen-ti des Song, pour les sciences. Ils s'étendent beaucoup sur ce que fit l'empereur Taï-tsoung de la grande dynastie des Tang. Ce prince, disent-ils, fit bâtir un collége magnifique, où il y avait douze cents chambres pour la demeure des lettrés. On y enseignait toutes sortes de sciences, et on y voyait des jeunes gens de toutes les nations et des familles les plus distinguées; les rois et les princes étrangers envoyaient leurs enfants pour être élevés dans cette académie, qui était à Sin-ngan-fou, et l'empereur allait lui-même quelquefois entendre les leçons publiques des docteurs, interroger les écoliers, et récompenser les maîtres et les disciples. Kao-tsoung imita son père Taï-tsoung, et il établit des écoles publiques jusque dans les villages ».

L'empereur Houpilaï fit exécuter successivement presque tout ce que lui proposaient les lettrés chinois.

L'année 1280, le général Ali-yaya avait fait beaucoup d'esclaves dans les provinces méridionales de l'empire : l'empereur leur donna à tous la liberté. Dans la même année, il nomma des mathématiciens pour aller chercher la source du Hoang-ho. Ces mathématiciens arrivèrent dans quatre mois au pays où est la source de ce fleuve; ils en firent la carte, et l'offrirent à l'empereur.

Malgré l'extinction de la dynastie impériale des Song, il s'élevait encore des mécontents, qui, sous prétexte de soutenir des princes qui n'étaient plus, travaillaient à satisfaire leur propre ambition, en soulevant les peuples. Celui qui se montra le plus redoutable fut Tching-koue-long, qui, ayant débauché quelques dizaines de mille hommes dans le Fou-kien, s'empara de la forteresse de Kao-ngan-tchaï. Il fut battu par Wen-tche-tou, avec perte de son armée; mais il eut le bonheur de s'échapper, et ne reparut plus.

Houpilaï perdit, l'an 1281, à la deuxième lune, l'impératrice Honkilachi, son épouse, princesse douée des plus belles qualités du cœur et de l'esprit. Les trésors des Song ayant été transportés à la cour des Mongous, Houpilaï l'avait invitée à les venir voir; mais elle ne fit que jeter un coup d'œil dessus et se retira. L'empereur la suivit, et lui demanda ce qu'elle désirait de ces trésors. « Les Song, lui dit-elle, les ont amassés pour leurs descendants, et ils ne sont à nous que parce que ces descendants n'ont pas su les défendre. Comment oserais-je en prendre la moindre chose ? » Lorsque l'impératrice régente des Song arriva dans le nord, elle se sentit incommodée par le changement de climat. Honkilachi pressa son époux de la renvoyer dans les provinces du sud. Mais, ne pouvant obtenir cette grâce, elle employa tous ses soins pour rétablir sa santé et lui rendre sa captivité moins dure.

Depuis longtemps Houpilaï méditait la conquête du Japon. L'an 1281, suivant le P. de Mailla, ou 1283, selon Kæmpfer, il envoya une flotte de 4,000 voiles et 240,000 hommes dans ce royaume. Mais cette expédition ne réussit pas. La flotte, à la hauteur de Ping-hou, fut battue par une violente tempête qui en submergea la plus grande partie. Les soldats qui purent échapper au naufrage se sauvèrent dans l'île, où les Japonais les massacrèrent, à la réserve de trois, qu'ils renvoyèrent en Chine.

Le royaume de Tchong-tching, formant la partie maritime du Tonquin, s'était reconnu tributaire de Houpilaï dès qu'il eut achevé la conquête de la Chine. Mais les Mongous y ayant érigé un tribunal pour la perception des tributs, le prince héritier de ce pays prit les armes pour s'y opposer; et, s'étant retranché dans une ville située sur un rocher, il obligea le général So-tou, qui était venu l'y assiéger, de se retirer, après avoir vainement livré plusieurs assauts. Houpilaï, informé à Chang-tou en Tartarie que ses troupes n'avaient pu réduire l'héritier de Tchong-tching, fit partir Tohoan, son fils, accompagné du général Liheng, avec une armée, pour faire rentrer les peuples de ce pays sous le joug qu'ils avaient secoué. Mais Tohoan ayant fait demander au roi de Ngan-nan, contrée qui comprend le Tonquin et la Cochinchine, le passage sur ses terres, ce prince le refusa et se mit en devoir de l'empêcher. Tohoan battit les troupes qu'on lui opposa. Mais les maladies s'étant mises dans l'armée des Mongous, ils furent contraints de revenir sur leurs pas, continuellement harcelés par les Ngan-nan dans leur retraite. Le général Liheng, blessé d'une flèche empoisonnée, mourut sur la route.

Ce revers ne fit pas oublier à Houpilaï l'affront qu'il avait reçu des Japonais à l'île Ping-hou, et sans cesse il pensait à en tirer une vengeance éclatante. Les préparatifs qu'il fit pour cette nouvelle expédition, interrompant le commerce, occasionnèrent plusieurs révoltes qu'il vint à bout de réprimer. La mort de Tchinkin, son fils aîné, qu'il avait nommé prince héritier, étant arrivée dans ces entrefaites, le plongea dans un deuil que tous les ordres de l'État partagèrent avec lui. Les grands saisirent cette occasion pour lui remontrer le danger de l'entreprise qu'il méditait, et ils le firent efficacement. Dès lors il n'y pensa plus. Mais, l'an 1287, il reprit la guerre contre le Ngan-nan. Tohoan, son fils, la fit d'abord heureusement. Vainqueur en plusieurs rencontres, il obligea à la fin le roi de Ngan-nan à se sauver par la mer. Il aurait dû s'en tenir là, et prévenir, par son retour, l'incommodité des chaleurs du climat, auxquelles les Mongous n'étaient point habitués. En s'obstinant à y rester, il eut le chagrin de voir dépérir son armée par les maladies qu'elles y causèrent. Le roi de Ngan-nan, instruit de ce désastre, reparut, et remporta sur les Mongous une grande victoire, qui le remit en possession de ses États. Il continua néanmoins de se regarder comme vassal de l'empereur, et, comme signe de sa dépendance, il lui envoya une statue massive d'or.

Le prince Haï-tou, chef de la horde Palhou, avait cependant élevé une grande révolte en Tartarie. Battu par le général Peyen, il répara cet échec par une victoire qu'il remporta sur l'armée impériale. Mais Peyen le contraignit ensuite de se retirer dans les montagnes. Le général Peyen continua de faire la guerre aux alliés de Haï-tou. Depuis quatre ans, Houpilaï avait pour principal ministre Sang-ko, qui désolait les peuples par ses injustices et ses concussions. L'empereur, après avoir plusieurs fois rejeté comme des calomnies les plaintes qu'on lui faisait contre cet homme dangereux, ouvrit enfin les yeux sur sa conduite, et, l'ayant condamné à mort l'an 1291, il cassa tous les mandarins qui avaient eu part à ses déprédations.

Peyen, ayant été desservi auprès de l'empereur par des envieux, fut rappelé de Tartarie par ce monarque, qui fit partir Timour, son petit-fils, avec Yu-si-temour, pour le remplacer. Mais, à leur arrivée, Peyen rechassa dans les montagnes Haï-tou, qui avait reparu; après quoi il remit le commandement au jeune prince, qui le caressa beaucoup, et lui fit de riches présents.

L'empereur Houpilaï, dans une tour portée par quatre éléphants, un jour de bataille.

Houpilaï mourut, l'an 1294 de notre ère, dans son palais de Fa-tou-ou ou Pé-king, à l'âge de quatre-vingts ans, après avoir accompli d'aussi grandes choses que les premiers conquérants de l'antiquité et des temps modernes. Jamais peut-être il n'exista un empire aussi vaste que celui qu'il sut réunir sous sa domination. Son autorité finit par s'étendre depuis la mer Glaciale jusqu'au détroit de Malacca, où il envoya une flotte de mille navires, en y comprenant les bâtiments de transport, pour se venger d'une injure que lui avait faite le roi d'un royaume nommé Koua-oua, qui avait insulté son ambassadeur (1). Il recevait des tributs de l'Inde, des Etats de l'Asie occidentale, et même de l'Europe, où les armées mongoles, sous la conduite de Tchinkis-kan ou de ses successeurs, avaient porté la désolation et la terreur. Il se vit maître paisible de la Chine, du Pégou (Mian), du Tibet, de l'une et de l'autre Tartarie, du Turkestan et du pays des Oïgours; Siam, la Cochinchine, le Tonquin et la Corée, lui payaient le tribut. Les princes de sa famille qui régnaient en Moscovie, en Assyrie, en Perse, dans le Khorassan et dans la Transoxane, ne faisaient rien sans son consentement. Sous son règne, la Perse et les ports qui sont sur les côtes de Malabar, de Coromandel, et sur celles de l'Arabie, faisaient un grand commerce par mer avec le Fou-kian (2), et cet homme, né barbare, mais fait pour comprendre et grandir la civilisation, la convia partout à ses succès, et la protégea de sa puissance et de sa gloire.

Les historiens chinois lui reprochent une superstition excessive, l'amour des femmes et de l'argent, un attachement ridicule pour les *lamas* ou bonzes du Tibet. Ils l'accusent d'avoir fait périr trop de monde dans les guerres du Japon et du Gannan (le Tonquin et la Cochinchine), et d'avoir trop élevé aux emplois les étrangers occidentaux. Mais ces étrangers, qui, de tous les pays du vieux monde, étaient accourus pour prendre part à la conquête du plus ancien, du plus vaste et du plus riche empire de l'univers, ces étrangers et les Tartares ont toujours regardé le règne de Houpilaï comme un des plus glorieux qui aient jamais existé. Il est certain, dit le P. Gaubil, que ce prince avait de grandes qualités. Il était savant, courageux, magnifique, ami des gens de lettres, et, s'il aimait l'argent, c'était pour l'exécution de grands desseins qu'il méditait, et dont l'objet était ordinairement la gloire de l'empire et le bien public. Voici le portrait qu'en a tracé Marco Polo, qui vécut dix-huit ans à sa cour ou dans des emplois dont il l'avait chargé : « Le grand seingnor des seingnors que Cublaï-kaan est appelé, est de tel fasionz. Il est de bel grandesse, ne petit, ne grant, mès est de mezaine grandesse. Il est carnu de bielle mainere ; il est trop bien taliés de toutes membres ; il a son vis (visage) blanc et vermoille comme rose ; les iaus (yeux) noirs et blans, le nès bien faict et bien séant. Il a quatre femes, lesquels il tient toutes fois por ses moilier droite, et le graingnor (le plus âgé) fils qu'il aie de ses quatre femes, doit estre por raisuoz seingnor de l'eupere quant il se moumst le grant kaan. Elle sunt appelés époraïces (3) et chascune por son nom. Et chascune de ceste dame tient cort por soi. Il n'i a nule que ne aie trois cens damoiselles mout belles et avenant. Elle ont maint vallez, escaliez, et maint autres homes et femes, si bien que a chascune de ceste dame en sa cort, dix mille persones, et toutes foies qu'il vult jezir (*jacere*) avec aucune de ces quantité femes, il la faict venir en sa canbre, et tel foies il vait à la canbre sa feme. Il a encore maintes amies, et voz dirai en quel mainere. Il est voir qu'il est une generasion de Tartarz que sunt apelés Migrac, que moult sunt belles jenz et onnesanz, sunt ellevé cent pucelles les plus belles que soient en toutes celles generasion, et sunt amenés au grant kaan, et il les faict gezir con elles en un lit por savoir sollo ha bone aleyne, et por savoir s'elle est pucelle et bien saine de toutes choses. Sunt mises à servir le seingnor en tel mainere que je voz dirai. Il est voir que ogne (chacune) trois jors et trois nuits six de cestes damoiselles servent le seingnor et en canbre et au lit et à tout ce que bezogne eu, le grant kaan en fait de celz ce qu'il veult. Et à chief de trois jors et de trois nuits vienent les autres six damoiselles. Et ainsi vait tous les anz que ogne (chacune) trois jors et trois nuits, se muent de six en six damoiselles (4). »

L'astronomie fut, de toutes les sciences, celle qui attira plus particulièrement l'attention et les faveurs de Houpilaï, comme de Tchinkis-kan. Lorsque le dernier de ces conquérants mongols se fut rendu maître des provinces septentrionales de la Chine, il chargea un savant chinois, nommé Ye-lou-thsou-tsaï, de la direction du tribunal astronomique, qui a toujours joué un grand rôle en Chine, comme l'astronomie, ou plutôt l'astrologie, a toujours été en très-grande faveur en Orient. Cet astronome suivit Tchinkis-kan dans ses grandes expéditions occidentales. Il y connut les astronomes et les traités astronomiques de ces contrées de l'Asie occidentale, où les sciences indiennes et grecques brillaient depuis longtemps d'un grand éclat. A son retour en Chine, Ye-lou-thsou-tsaï (1) publia un traité d'astronomie, qui renfermait quelques notions astronomiques nouvelles en Chine. Au commencement du règne de Houpilaï, les astronomes des pays occidentaux qui étaient à sa cour publièrent deux traités d'astronomie, l'un selon une méthode occidentale, l'autre selon la méthode chinoise, mais corrigée. Quatre savants lettrés chinois travaillèrent de concert à un nouveau traité d'astronomie, qui devait comprendre ce qui des méthodes occidentales leur paraîtrait devoir être admis. C'étaient Hiu-heng, dont nous avons déjà parlé, Wang-siun, Yang-koung-y, et Kocheou-king ; mais ce fut ce dernier qui y eut la plus grande part. Le P. Gaubil dit (2) qu'il y travailla soixante et dix ans, qu'il suivit dans le fond la méthode d'Occident, et conserva tant qu'il put les termes de l'astronomie chinoise. Mais il la réforma entièrement sur les époques astronomiques et sur la méthode de réduire les tables à un méridien, et d'appliquer ensuite les calculs et les observations aux autres méridiens. Outre cela, il fit de grands instruments de cuivre, tels que sphères, astrolabes, boussoles, niveaux, gnomons, dont un était de quarante pieds. La plupart de ces instruments subsistent encore ; mais on ne permet pas de les voir. Ils sont réunis dans une salle fermée de l'Observatoire. Kocheou-king composa son astronomie sur ses propres observations, comparées quelquefois avec celles des anciens, dont il fit un choix. Une partie de son ouvrage a péri. On n'a plus ni son catalogue des longitudes des villes, ni celui des latitudes, longitudes et déclinaisons des étoiles.

***Notice sur les établissements que le khan** (Khou-bi-laï-khan) **a ordonnés dans le Khataï** (la Chine), **par l'historien persan Rachid-Eddin** (3).*

Cette notice du grand vizir d'Oldjaïtou-kan, roi mongol de la Perse, contemporain de Koupilaï, est d'autant plus importante qu'elle vient confirmer l'authenticité, dans les points qu'elle traite, des récits de Marco Polo et des historiens chinois. Nous n'en citerons que quelques fragments, qui serviront à faire connaître l'état de la Chine sous le règne de Houpilaï.

« Le Khataï, dit l'historien persan, est un pays très-étendu, vaste et extrêmement cultivé. Les auteurs les plus dignes de foi rapportent qu'il n'existe, dans le monde habité, aucun pays aussi bien cultivé ni aussi peuplé que celui-ci. Un golfe de l'Océan, lequel n'est pas extrêmement étendu, l'entoure du côté du sud-est. Il s'étend le long de ses côtes, situées entre le Man-si (la Chine méridionale, qui était restée sous la domination des Soung) et le Ko-li (la Corée). Il pénètre dans le Khataï même, jusqu'à quatre parasanges de Khan-baligh (la résidence de la cour impériale du khan, Péking); les vaisseaux viennent jusque-là. Le voisinage de la mer cause des pluies fréquentes. Dans une partie de cette contrée, le climat est chaud, et froid dans d'autres. De son temps, Tchin-ghiz-khan avait conquis la plupart de ces provinces; sous le règne d'Oktaï-khan, elles ont fini par être entièrement subjuguées. Tchin-ghiz-khan et ses fils n'ont point résidé dans le Khataï; mais Manggou-khan ayant remis cet empire à Khou-bi-laï-khan, celui-ci, considérant qu'il en était très-éloigné, et que cette contrée était très-peuplée, et la plus estimée de tous les pays et royaumes, y fixa sa résidence, et établit son séjour d'hiver dans la ville de Khan-baligh (4), nommée, en langue de Khataï, Djoung-dou (Tchoung-tou).

(1) *V.* Gaubil, lieu cité, p. 217.

(2) La *Géographie de la dynastie mongole en Chine* dit : « L'empire des Youan dépassa au nord le mont In-chan; à l'ouest, il s'étendit au delà des Sables mouvants (Chamo); à l'est, il se termina aux pays situés à gauche du fleuve Liao, et, au sud, il atteignit les bords de la mer de Yuë. Au sud-est, il comprit des lieux qui n'avaient été soumis ni aux Han, ni aux Thang, et au nord-est il dépassa également les limites des empires de ces deux dynasties. » Les pays tributaires ne sont pas compris dans cette description.

(3) Impératrices.

(4) Marco Polo, édition citée, p. 88.

(1) On peut voir des détails curieux sur cet homme célèbre dans l'*Histoire des Mongous*, par le P. Gaubil, p. 36, 56, 58, 59, 60, 61, 91, 98, 102, et dans les *Nouveaux Mélanges* de M. Rémusat, t. II, p. 64 et suiv.

(2) *Histoire des Mongous*, p. 192, et *Observations mathématiques*, etc., t. II, p. 106.

(3) *V. Nouveau Journal asiatique*, avril 1833, p. 335.

(4) Selon Marco Polo, il y passait les mois de décembre, de janvier

» Cette ville avait été la résidence des rois précédents (de la dynastie septentrionale des Kin); elle fut bâtie anciennement d'après les indications des plus savants astrologues, et sous les constellations les plus heureuses, qui lui ont toujours été propices. Comme elle avait été détruite par Tchin-ghiz-khan, Khou-bi-laï-khan voulait la rétablir, afin de rendre son nom célèbre; il bâtit donc tout près une autre ville nommée Taï-tou.

» L'enceinte de cette ville est flanquée de dix-sept tours; de chacune de ces tours à l'autre il y a une parasange de distance. La ville est si peuplée, qu'en dehors même de ces tours il y a de grandes rues et des habitations. On y a planté, dans des jardins, plusieurs espèces d'arbres fruitiers qu'on a apportés de tous côtés. Au milieu de cette ville, Khou-bi-laï-khan a établi un de ses *ordo* (palais impérial), qui est très-étendu.

» Les colonnes et les dalles de ce palais sont toutes en pierres de taille ou en marbre, et d'une grande beauté; il est environné et fortifié par quatre murs. De l'un de ces murs à l'autre, il y a la distance d'un jet de flèche lancée avec force.

» La cour extérieure est destinée aux gardes du palais; la suivante, aux princes (*émirs*), qui s'y assemblent chaque matin; la troisième cour est occupée par les grands dignitaires de l'armée, et la quatrième, par les personnes qui sont dans l'intimité de l'empereur.

» A Khan-baligh et à Taï-tou, il y a deux grandes et importantes rivières. Elles viennent du Nord, où est le chemin qui conduit au campement d'été du khan, et se réunissent à une autre rivière. En dedans de la ville est un lac considérable, qui ressemble à une mer; il y a une digue pour faire descendre les bateaux. L'eau de la rivière forme plus loin un canal, et se jette dans le golfe, qui, de l'Océan, s'étend jusque dans le voisinage de Khan-baligh.

» On dit que ce canal étant trop étroit, les bâtiments ne pouvaient arriver jusqu'ici, et qu'on était obligé de transporter les marchandises sur des bêtes de somme à Khan-baligh. Cependant les géomètres et les philosophes du Khataï assurèrent qu'il serait possible de faire arriver jusqu'à la ville les vaisseaux des provinces du Khataï et de la capitale du royaume de Matchin (ou des Soung orientaux), de même que des villes de Khing-saï (résidence impériale de *Hang-tcheou-fou*), de Zeitoun (Thsiouan-tcheou-fou, dans le Fou-kian), et d'autres lieux.

» Le khan ordonna par conséquent de faire une grande tranchée, et de réunir dans un seul lit les eaux du canal et celles d'une rivière qui communique avec le *fleuve Noir* (le Hoang-ho, *fleuve Jaune*), de même que d'autres rivières qui viennent d'autres provinces (1).

» Le canal va donc depuis Khan-baligh jusqu'à Hing-saï et Zeitoun, qui sont les ports où arrivent les navires de l'Hindoustan et des capitales de la Chine méridionale. Il est navigable pour les navires, et a quarante journées de longueur. Il y a des écluses faites pour distribuer de l'eau dans le pays; quand les bâtiments arrivent à ces écluses, on les hausse, quelle que soit leur grandeur, à l'aide de machines qui les font redescendre de l'autre côté dans l'eau, pour qu'ils puissent continuer leur voyage (2). La largeur du canal est de plus de trente aunes.

Passage d'une écluse sur le grand canal de la Chine.

» Khou-bi-laï-khan fit revêtir de pierres le parapet du canal, afin d'empêcher les éboulements de terre. Le long du canal court la grande route qui conduit dans la Chine méridionale; elle est de quarante journées. On l'a pavée, afin que les hommes et les bêtes ne s'y embourbent pas pendant la saison pluvieuse. Des deux côtés de cette route on a planté des saules et d'autres arbres qui l'ombragent. Il est défendu aux soldats et à tous autres individus d'arracher une seule branche de ces arbres, ou d'en donner les feuilles à manger à leurs animaux. La route est des deux côtés embellie par des villages, des boutiques et des auberges, de sorte que la contrée entière se trouve partout habitée et cultivée sur une étendue de quarante journées.

» Les remparts de la ville de Taï-tou sont en terre, l'usage du pays, pour les construire, est qu'on élève d'abord des planches, entre lesquelles on jette de la terre humide, qu'on bat avec de gros blocs de bois, jusqu'à ce qu'elle devienne solide; on ôte ensuite les planches, et la terre, ainsi raffermie, forme un mur. Le khan, dans les derniers temps de sa vie, ordonna de transporter des pierres ici, pour en revêtir ces murs; mais la mort le surprit, de sorte que le soin d'exécuter ce projet reste à Timour-khan, si Dieu le permet...

» Dans cet empire, il y a beaucoup de villes considérables; chacune porte un titre qui a une signification particulière. Le rang des gouverneurs se reconnaît par celui des villes aux-

et de février : « Sachiés tout voiremant que le grant Chan demore en la maistre vile dou Catay, Canbalut est appellée, *trois mois de l'an*; c'est decebre, jenver, et fevrer » (édition citée, p. 80); la description de Marco Polo s'accorde parfaitement avec celle de Rachid-Eddin).

(1) On voit que Houpilaï ne fit pas creuser le grand canal dans toute sa longueur, comme plusieurs écrivains européens l'ont pensé; sa partie méridionale depuis Hang-tcheou-fou dans le Tche-kiang (la capitale des Soung méridionaux), jusqu'au Hoaï-ho dans le nord du Kiang-nan, avait déjà été creusée sous le règne de Yang-ti, au commencement du VII<sup>e</sup> siècle de notre ère.

(2) La planche que nous donnons ci-dessus, tirée de la *Relation de l'ambassade de lord Macartney*, représente le passage d'une écluse du grand canal, par le navire qui portait l'ambassadeur. On voit que l'architecture hydraulique des Chinois n'a pas changé depuis plus de six cents ans, et que la description de Rachid-Eddin est encore très-exacte.

quelles ils sont préposés; de sorte qu'on n'a pas besoin de les désigner particulièrement dans leur diplôme, ou de chercher lequel de ces gouverneurs doit avoir la préséance. On sait d'avance lequel doit céder le pas, en venant à la rencontre de l'autre, plier le genou devant lui. Ces titres ou grades sont les suivants :

1° King (capitale impériale);
2° Tou (résidence);
3° Fou (ville de premier ordre);
4° Tcheou (ville de second ordre);
5° Gour (?);
6° Kiun (district, principauté);
7° Hien (ville de troisième ordre);
8° Tchin (bourg);
9° Tsun (village).

» Le premier degré désigne une vaste étendue de pays, comme le Roum, le Fars, ou Bagdad. Le second indique une province dans laquelle se trouve une des résidences impériales. Les autres degrés diminuent dans cette proportion; le septième marque les petites villes, le huitième les bourgs, le neuvième les villages et les hameaux. »

TIMOUR-HAN (1294 après J.-C.), fils de Tchin-kin et petit-fils de Houpilaï, et appelé aussi Tching-tsong, était, à la mort de son aïeul, en Tartarie, occupé à réduire des hordes rebelles. Peyen, que le feu empereur avait fait son premier ministre, lui ayant mandé que ce prince l'avait déclaré son héritier, convoqua une grande assemblée des princes du sang et des autres seigneurs mongous, pour y faire confirmer ce choix en présence de Timour lui-même. Ceux qui formaient des prétentions au trône n'étaient pas disposés à seconder les vues du ministre, et trois mois se passèrent en contestations sans qu'on pût rien conclure. Peyen, appuyé de Yesun-temour, mit fin à ces querelles en déclarant, d'un ton menaçant et le sabre à la main, que les dernières volontés du feu empereur sur son successeur étant connues, elles devaient s'exécuter. L'action de Peyen fit trembler les princes, et aussitôt Caumala se mit à genoux devant Timour, son frère cadet; et, les autres princes ayant suivi cet exemple, Timour fut proclamé empereur d'une voix unanime : c'est ce prince qui est connu sous le nom de Tching-tsong. Ceci arriva dans la quatrième lune de l'an 1294. Le nouvel empereur, au lieu de se transporter à Yen-king, siége de son empire, alla faire la visite de Sampoula. Mais, sur les représentations de ses conseillers, il revint bientôt dans cette capitale. A la douzième lune de la même année, mourut Peyen, général et ministre, après avoir parfaitement rempli ces deux emplois. On le compte parmi les grands hommes de la Chine. Le prince Haï-tou persévérait toujours dans sa révolte. L'empereur, apprenant qu'il s'était emparé de la ville de Palia (Parin), fit marcher contre lui, l'an 1297, le général Tchoan-gour, qui remporta deux victoires complètes sur deux de ses généraux, et l'obligea d'abandonner sa conquête. Mais Haï-tou s'étant joint ensuite à d'autres princes rebelles de Tartarie, il entra l'an 1301 sur les terres de la Chine avec une armée formidable. Il y eut encore en tête le général Tchoan-gour, qui, après une bataille sanglante, le contraignit d'aller chercher une retraite dans les montagnes, où, peu de temps après, il mourut de chagrin. Les armes de l'empereur ne prospéraient pas également dans le royaume de Papesifou, pays situé au sud-est de la Chine, où de mauvais conseils et le désir de rendre son nom célèbre l'avaient engagé à porter la guerre. Il eut lieu de se repentir de cette expédition dont il avait chargé son général Licou-chin. Song-lougt-si, qui se mit à la tête des barbares, remporta plusieurs avantages considérables sur les impériaux : et Licou-chin était près de tomber avec toute son armée entre les mains de l'ennemi, sans le secours que Yesou-taï lui amena. Celui-ci, ayant pénétré par divers chemins dans le pays des rebelles, parvint à les faire rentrer dans le devoir.

L'empereur, étant tombé malade à la douzième lune de l'an 1306, mourut le 8 de la première lune de l'année suivante, âgé seulement de quarante-deux ans, dans la treizième année de son règne. Ce prince était digne du trône qu'il occupait. « Il eut la gloire, dit le P. de Mailla, de voir toute la Tartarie réunie à son empire. Sa clémence, sa droiture et sa libéralité, le rendirent cher à ses peuples, convaincus qu'il ne travaillait qu'à leur bonheur. » N'ayant point laissé de postérité légitime ni nommé de prince héritier, le droit de lui succéder appartenait à ses deux neveux, Haïchan et Aï-yuli-palipata, fils de son frère Talamapala, mort avant lui. Le premier était en Tartarie, à la tête d'une grande armée, chéri et estimé des princes de sa famille. Mais l'impératrice veuve, qui ne l'aimait pas, voulait faire tomber la couronne à Houanta, prince de Ngan-si, fils naturel de son époux. Ses mesures étaient si bien concertées, qu'elles eussent réussi sans l'opposition du ministre Halahasun. Celui-ci ayant mandé au prince Haïchan et à son frère, de venir incessamment à Talou (Pé-king), où l'élection devait se faire, détermina le second, qui arriva le premier, à céder le trône qui lui fut offert à son aîné, qui était encore en route. Cette voix entraîna celles de toute l'assemblée.

HAICHAN (1307 après J.-C.), à la nouvelle de son élection, se rendit à Talou pour la cérémonie de son couronnement. Il prit alors le nom de OUTSONG, et donna le titre d'impératrice à sa mère. Ses premiers soins furent ensuite d'honorer ses ancêtres dans le palais construit exprès pour y placer leurs tablettes. Il reconnut la générosité de son frère envers lui, en le déclarant son successeur le premier jour de la sixième lune, préférablement à son propre fils. A la septième lune, il décerna de nouveaux honneurs à Confucius, alléguant pour motif que sans les soins que ce philosophe a pris de faire connaître les anciens sages, ils seraient demeurés dans l'oubli, et que les grands hommes qui ont paru depuis auraient été privés de si beaux modèles à imiter.

Haïchan n'était point exempt de défauts. Ses amis se plaignaient qu'il était trop adonné au vin et aux femmes. Un mandarin lui ayant représenté qu'il ruinait par là son tempérament, il reçut docilement ses remontrances, et le traita honorablement. On lui reprochait aussi son trop grand attachement aux lamas; et, à l'occasion de cette faiblesse, un des historiens a remarqué que la dynastie des Han occidentaux ayant été renversée par les parents des reines, celle des Han orientaux par les eunuques, celle des Tang par les grands mandarins, celle des Song par de perfides ministres, celle des Mongous le fut par les lamas. Haïchan pensa lui-même devenir la victime de son dévouement aveugle pour ces hypocrites. L'an 1310, Kokotchu, fils du prince Toula, que l'empereur avait condamné à mort l'année précédente pour cause de révolte, voulant venger la mort de son père par un semblable crime, se fit un parti considérable dans lequel entrèrent les lamas d'Occident au nombre de vingt-quatre. Le complot étant découvert, les lamas furent condamnés à mort, et Kokotchu envoyé en exil. Mais l'empereur enveloppa dans la condamnation des premiers Tching-arslau, capitaine de ses gardes, sur de pareilles accusations, dont la vérité fut démontrée. Haïchan ne survécut guère à ces exécutions, étant mort sur la fin de la première lune de l'an 1311. Il ne régna donc qu'environ quatre ans. « Mais, suivant l'usage assez constamment suivi d'attribuer à un empereur défunt l'année entière dans laquelle il meurt, l'année 1311 est censée appartenir en entier à son règne » (M. Deshautesrayes). Il laissa deux fils, Hochila et Tou-temor, ou Daoutmour, qu'il avait eus des deux reines; car l'impératrice Tchenko, son épouse, ne lui donna point d'enfants. Ces deux princes parvinrent successivement au trône sous les noms de Ming-tsong et d'Ouen-tsong, après la mort de Yesun-temour. Le penchant excessif de Haïchan pour les plaisirs l'avait distrait sur la conduite de ses ministres, dont plusieurs abusèrent de leur pouvoir et commirent des injustices pour s'enrichir.

AI-YULI-PALIPATA (1311 après J.-C.) ayant succédé par le choix des grands à l'empereur Haïchan, son frère, commença par faire justice des ministres qui avaient malversé sous le dernier règne, en les cassant de leurs emplois, pour leur en substituer d'autres plus capables et mieux intentionnés. A son inauguration, qui se fit le 18 de la troisième lune, il prit le nom de GIN-TSONG. Ce prince, d'un naturel doux et bienfaisant, avait l'esprit droit et solide; ennemi du faste et du luxe, il était modeste dans ses habits, affable, particulièrement à l'égard des personnes de mérite, et ne souffrait pas que ses courtisans se prévalussent de l'honneur qu'ils avaient d'approcher de sa personne pour enfreindre les lois. Il accorda sa protection aux sciences, et rétablit l'examen des gens de lettres sur le même pied où il était sous la dynastie des Song. Il s'appliqua beaucoup à la lecture, et acquit une grande connaissance de l'histoire, surtout de celle des Mongous. Livré uniquement aux affaires, il marqua beaucoup d'éloignement pour la chasse, la promenade et les plaisirs. La paix dont jouit son empire ne fut point capable de l'amollir, ni de le distraire de ses occupations utiles. Des marchands mahométans ayant apporté l'an 1313 des bijoux à la cour, il dit aux grands ce que quelques-uns de ses prédécesseurs avaient répondu en pareille conjoncture, que les seuls bijoux dignes de son estime étaient les hommes de mérite qui pouvaient l'aider dans le gouvernement. Depuis que les Mongous étaient maîtres de l'empire, on n'admettait que rarement des Chinois dans les tribunaux. Gin-tsong, pour tenir la balance égale entre les deux nations, voulut qu'il y eût un pareil nombre dans chaque tribunal, et doubla pour cela les offices. Il n'y avait point jusqu'à lui de distinction extérieure entre les différents états. Les mandarins et le peuple, les gens de lettres et ceux qui ne l'étaient pas, les maîtres et les esclaves étaient confondus. L'empereur remédia à cet abus, et fixa l'habit que chacun porterait à l'avenir : mandarins, lettrés, soldats, peuple et esclaves, tout fut obligé de se conformer à ce nouveau règlement. Le prince Hochila, fils de l'empereur Haïchan, parvenu à un âge mûr, paraissait fort mécontent de ce que son oncle avait nommé prince héritier Choutepala, son fils, contre la condition qu'on lui avait imposée à son avénement à la couronne de la faire passer après lui sur la tête d'un de ses neveux. L'empereur, commençant à se défier de ce prince, le nomma gouverneur de l'Yun-nan, et l'envoya résider en cette province, la plus éloignée de la cour, pour lui ôter ensuite toute espérance de lui succéder. Malgré son zèle pour le bien public et son attention à le procurer, Gin-tsong avait pour premier ministre un tyran, nommé Tiemoutier, qui ne s'étudiait qu'à exercer mille concussions sur le peuple. Les créatures de cette âme noire se permettaient, à l'abri de son autorité, les plus grands désordres et les injustices les plus criantes. Les censeurs de l'empire et les mandarins les plus respectables ayant présenté des mémoires à l'empereur contre la conduite atroce de ce ministre, il consentit à lui donner des juges. Mais l'impératrice mère, auprès de laquelle il avait trouvé asile, refusait de le livrer, et s'opposait à sa condamnation. Le chagrin que causa cette contradiction au monarque lui occasionna une maladie qui le conduisit au tombeau le 11 de la deuxième lune de l'an 1320, à l'âge de trente-trois ans. De l'impératrice Anocheli, sa femme, princesse de Honghila, il laissa, outre le prince héritier, un autre fils nommé Outou-sse-pouhoa. L'impératrice, après la mort de son époux, s'empara du gouvernement jusqu'au couronnement du prince héritier, qui n'était occupé qu'à verser des larmes sur le cercueil de son père. Tiemoutier, conservé dans son poste par cette princesse, profita de l'interrègne pour se venger de ses accusateurs, dont il fit mourir un grand nombre sous divers prétextes.

CHOUTEPALA (1320 après J.-C.), fils aîné de Aï-yuli-palipata, s'étant fait couronner à la troisième lune de l'an 1320, prit à cette cérémonie le nom de YUG-TSONG. Le respect qu'il avait pour sa mère ne lui permit pas de destituer le ministre Tiemoutier, à qui elle continuait toujours sa protection. Mais il lui refusa sa confiance, dont il honora Peït-chou, qu'il lui avait donné pour collègue. Celui-ci descendant du fameux Mouholi, qui avait si puissamment secondé Tchinkis-kan lors de la fondation de l'empire des Mongous, était rempli de fermeté, zélé pour les intérêts de son maître, instruit, modeste, et irréprochable dans ses mœurs. Tiemoutier, pendant une absence de Peï-tchou, s'étant présenté aux portes du palais, dans le dessein de le supplanter, l'empereur lui en fit interdire l'entrée. Confus de cet affront, il rentre chez lui presque sans vie. S'étant mis au lit, il n'en releva pas, et mourut dans la huitième lune de l'an 1322. L'impératrice mère le suivit de très-près au tombeau. L'empereur, libre, après la mort de sa mère, de rechercher les complices des violences de Tiemoutier, chargea Peï-tchou de cette commission. Les plus coupables, désespérant de pouvoir échapper au châtiment qu'ils méritaient, complotèrent de s'affranchir de cette crainte en assassinant l'empereur et son ministre, et en élevant sur le trône Yesun-temour, petit-fils de l'empereur Houpilaï. Yesun-temour, loin d'approuver ce dessein, en avertit l'empereur. Mais la vigilance de ce monarque ne put le soustraire au sort qui lui était préparé. S'étant mis en route pour retourner de Chang-tou à la cour, il fut poignardé à Nanpa, dans son lit, par Tieche, fils adoptif de Tiemoutier, escorté d'une troupe de soldats, l'an 1323. Il n'avait encore que vingt et un ans, et ne laissa point d'enfants de Soutopola, son épouse, fille de l'empereur Tcheng-tsong ou Timour. Il fut sincèrement regretté de ses peuples, parce qu'il s'occupait de leur bonheur. Le fidèle Peï-tchou fut massacré en même temps que son maître.

YESUN-TEMOUR ou TAI-TING (1323 après J.-C.) reçut en Tartarie les marques de la dignité impériale, que lui apportèrent deux princes mongous après l'assassinat de Choutepala. Personne ne s'étant présenté pour lui disputer le trône, il en prit tranquillement possession sur les bords de la rivière de Lang-ku, où il avait son camp. La lenteur et la mollesse avec laquelle il poursuivit d'abord les assassins de son prédécesseur et leurs complices, jeta quelques nuages sur son innocence à l'égard de ce crime. Mais on lui rendit justice ensuite, lorsqu'on le vit sévir contre ces scélérats. Son règne ne fut remarquable que par des famines que l'intempérie de l'air occasionna. On lui doit néanmoins la justice de dire qu'il ne fut pas insensible aux maux de ses peuples. Il y aurait plus efficacement pourvu, s'il avait eu l'esprit plus fécond en ressources. Mais on convient qu'il eût été mieux placé à la tête d'une armée que sur le trône.

La première année du règne de Taï-ting, un de ses ministres, nommé Tchang-koueï, lui proposa de nommer des docteurs dont l'emploi serait d'expliquer tous les jours dans le palais les livres qui sont les plus propres à former les princes et les grands au gouvernement. L'empereur approuva ce dessein, et ordonna à son fils et à ceux des autres princes d'aller tous les jours écouter les leçons publiques qui se feraient. Le premier livre qui fût choisi pour l'explication fut l'histoire de la Chine par Sse-ma-kouang. Cette coutume s'observe encore. Elle fut alors le premier essai d'une politique contraire à celle qui avait été suivie sous les règnes précédents. Les lettrés et quelques grands de l'empire qui avaient les mêmes principes profitèrent de quelques circonstances favorables pour faire des remontrances à l'empereur.

Celui-ci, saisi de crainte, demanda qu'on lui présentât un placet, dans lequel on lui exposerait sincèrement ce qu'il fallait faire pour le bien public. Les ministres, les grands chinois, les docteurs et généralement tout ce qu'il y avait de gens éclairés à la cour, nommèrent le ministre Tchang-koueï pour rédiger ce placet. Après avoir demandé que tous ceux qui avaient participé à l'assassinat du dernier empereur et de son ministre, fussent punis sévèrement, que tels gouverneurs de provinces fussent aussi punis pour leurs exactions, il dit « que deux mandarins ont contrefait des ordres de l'empereur et enlevé la femme d'un officier. On les a convaincus de ces crimes, et on leur a pardonné. Sous prétexte que la cour souhaite des pierreries, on en fait un commerce sordide ; on n'a pas honte de les faire payer à l'empereur dix fois plus qu'elles n'ont été achetées et on ne compte pour rien la ruine des familles et des provinces, pourvu qu'on puisse faire sa cour en offrant des pierreries qui ne sont d'aucune utilité.

» Un prince ne doit penser qu'à gouverner l'empire en père de ses sujets; et ce n'est pas par des bonzes qu'il doit chercher à être heureux. Depuis que les bonzes, les lamas et les tao-sse font tant de prières et de sacrifices à leur dieu, le ciel a donné des marques continuelles de sa colère; et jusqu'à ce qu'on voie le culte de Fo aboli et tous les bonzes chassés on doit s'attendre à être malheureux.

» Le palais du prince est rempli de gens oisifs, eunuques, astrologues, médecins, femmes, et autres, dont l'entretien s'élève à des sommes exorbitantes. L'empire souffre; la misère est extrême. L'empire est une famille dont l'empereur est le père; il ne convient pas que parmi ces enfants il y en ait qui meurent faute de secours et d'attention; et il convient encore moins qu'un prince croie indigne de sa grandeur d'écouter les cris des misérables.

» Pendant le ministère de Tiemoutier, et depuis l'attentat de Tieche (son fils, assassin de l'empereur), on a fait mourir des gens innocents; il faut en faire la recherche, et dédommager les familles désolées; il faut aussi visiter les prisons, examiner l'état des villes et des campagnes; de si mauvais ministres qui ont gouverné, tant de scélérats qu'ils ont employés, et tant d'injustices qu'on a commises, font craindre qu'il n'y ait encore bien des innocents opprimés, et bien des familles abandonnées que l'on ne pense pas à secourir.

» On doit envoyer des commissaires sur les frontières, et faire attention à ce que les troupes ont souffert; on ne doit pas oublier les corps morts dans les pays où sont leurs parents, et leur donner de quoi les enterrer ; on doit de même fournir des secours et des remèdes aux pauvres malades, et défendre dans la province de Canton la pêche des perles, comme faisant mourir trop de monde. »

L'empereur Taï-ting lut avec plaisir ce placet, dit-on; mais il n'osa pas abolir le culte de Fo, et accéder à quelques autres demandes qui lui étaient faites. Cependant on réforma plusieurs abus.

On fit une nouvelle division de l'empire en dix-huit grands gouvernements; il était auparavant divisé en douze. Ces douze gouvernements dépendaient d'un conseil appelé des seigneurs des provinces; et c'est de ce conseil que parle Marco Polo.

Les lamas, contre l'influence et la fourberie desquels les représentations les plus pressantes avaient été inutiles, voyaient leur autorité croître de jour en jour à la cour, surtout auprès des princesses. Ils avaient des patentes pour prendre des chevaux de poste, et on les voyait courir sur toutes les routes, dit

Gaubil, avec le train et l'équipage des princes. Ils étaient à charge au peuple, obligé de leur fournir des chevaux et des provisions de bouche; leur vie et leurs mœurs étaient souvent fort déréglées, et de tous côtés arrivaient contre eux les plaintes les plus amères. L'empereur en fut instruit, et y remédia.

L'an 1327, les grands de la Chine invitèrent l'empereur à aller en personne faire le sacrifice au ciel; il le refusa, en citant une loi de Houpilaï qui portait que l'empereur devait faire faire ce sacrifice par un délégué. A cette occasion, les historiens chinois représentent Taï-ting comme un prince peu exact à remplir les devoirs qui lui étaient imposés; et ils ajoutent que, en punition de toutes les fautes qu'il commit, son règne fut de peu de durée, et affligé de toutes sortes de calamités, telles que la sécheresse, la famine, les inondations, des chutes ou éboulements de montagnes, des tremblements de terre et une éclipse de soleil; phénomènes qui ont toujours été regardés en Chine comme des signes manifestes de la colère du ciel envers ceux qui gouvernent mal les peuples. Il mourut à la septième lune de l'an 1328, dans la trente-sixième année de son âge, à Chang-tou en Tartarie, où il avait été passer les chaleurs de l'été, suivant la coutume de ses prédécesseurs. De Tapouhan, princesse de Hongkila, sa femme, qui jouissait du titre et des honneurs d'impératrice, il laissa quatre fils, dont l'aîné, Asoukepa, avait été nommé quelques années auparavant prince héritier. Mais Yen-temour réclama le trône en faveur des deux fils de l'empereur Haïchan, Hochila et Tou-temour, qui tous deux étaient éloignés. Ayant mandé à Tou-temour, qui était le plus voisin, de venir incessamment se mettre à la tête d'un parti considérable qu'il lui avait fait, il indiqua, en l'attendant, une assemblée de tous les mandarins de Pé-king ou Tatou, dans laquelle il fit conclure à rétablir les fils d'Haïchan dans les droits dont on les avait injustement dépouillés. Cependant l'impératrice avait fait déclarer empereur Asoukepa à Chang-tou. Mais cette démarche fut inutile. Tou-temour étant arrivé du Hou-kouang à Pé-king ou Tatou, y fut reçu avec applaudissement, et donna ses soins aux affaires du gouvernement. Mais il déclara en même temps que le trône appartenait à Hochila, son aîné, et qu'à son retour il comptait l'en mettre en possession. Yen-temour lui remontra que, dans les conjonctures présentes, cette modération était hors de saison, et que le bien public exigeait qu'il se fit proclamer. Il se rendit alors, mais en protestant qu'il n'acceptait le trône que pour l'assurer à son frère. Ce fut dans cette disposition qu'il se fit couronner. Il y eut dès ce moment une guerre ouverte entre les deux partis. Celui de Tou-temour prévalut, et le prince Asoukepa fut tué, on ne sait en quelle occasion ni dans quel lieu. Sa mère, à la prise de Chang-sou, dont Yuelou se rendit maître, étant tombée entre les mains de ce général, fut conduite prisonnière à la cour avec plusieurs de ses plus illustres partisans. Tou-temour cependant souffrait avec impatience les retardements de son frère. Ayant enfin appris qu'il était arrivé à Honing, il chargea Yen-temour de lui porter le sceau de l'empire avec les habits et les ornements impériaux.

**Hochila** (1329 après J.-C.) ayant dirigé sa route vers Chang-tou, son frère s'avance à sa rencontre jusqu'à Tcheou-hou-chatou, où ils se virent le 6 de la huitième lune de l'an 1329. Le soir même, dans un grand repas que Hochila donna aux princes et aux grands de la cour, il fut saisi d'une attaque violente d'apoplexie, qui l'emporta subitement dans la trentième année de son âge. Le bruit se répandit qu'il avait été empoisonné, et le soupçon tomba sur Yen-temour, qui s'était plaint hautement du peu de considération que les grands lui avaient marqué lorsqu'il était venu apporter le sceau de l'empire. Mais ces conjectures ne purent être vérifiées. Hochila avait eu pour première femme Maïlaïti, après la mort de laquelle il épousa Papoucha, qu'il déclara impératrice. Celle-ci lui donna deux fils, Tohoan et Hintchepan.

**Tou-temour** (1329 après J.-C.), après l'inhumation de son frère, qui se fit à Chang-tou le 15 de la huitième lune, prit de nouveau possession de l'empire sous le nom de *Ouen-tsong*. Il était à peine sur le trône, qu'il ordonna de faire une collection des coutumes de la dynastie des Mongous. Peu de temps après, il supprima tous les ministres d'Etat, et ne conserva que Yuen-temour. Une distinction si honorable pour celui-ci excita la jalousie des grands, et les piqua d'autant plus vivement contre lui, qu'il traitait tout le monde avec une hauteur révoltante. Plusieurs seigneurs s'étant réunis pour le perdre, il fut informé du complot, et, les ayant fait arrêter, il les livra à la justice, qui, par complaisance, non-seulement confisqua leurs biens, mais les condamna à mort par une sentence que l'empereur eut la faiblesse de confirmer. Zélé pour la secte de Fo ou des Hochang, ce prince employa, pour rebâtir leurs temples, des sommes considérables qui épuisèrent ses sujets. A la Chine, le soin de transmettre à la postérité les événements de chaque règne n'était pas abandonné à toute sorte d'écrivains; mais de temps immémorial il y avait un tribunal des historiens, dont tous les membres étaient chargés de consigner le jugement qu'ils portaient de la vie et des actions de l'empereur régnant dans des mémoires qui ne doivent s'ouvrir qu'après l'extinction de sa dynastie. Tou-temour s'étant rendu, l'an 1331, dans la neuvième lune, à ce tribunal, témoigna le désir qu'il avait de savoir ce qu'on avait écrit sur sa personne. La crainte ferma la bouche aux principaux officiers; mais un subalterne osa représenter à l'empereur qu'aucun de ses prédécesseurs n'avait violé le dépôt des mémoires de sa dynastie, et qu'il espérait que sa majesté ne serait pas la première à enfreindre la loi qui défendait d'y toucher. L'empereur n'insista pas, et loua la fermeté de cet officier et son exactitude à remplir son devoir. Il se mettait néanmoins lui-même peu en peine de mériter les suffrages du public, livré comme il était au plaisir, et donnant toute sa confiance à Yen-temour, qui n'était occupé qu'à flatter ses goûts. Il fut en conséquence peu regretté, lorsqu'à la huitième lune de l'an 1332 une courte maladie l'enleva de ce monde à l'âge de vingt-neuf ans, dans la quatrième année de son règne. Il avait épousé, avant de parvenir au trône, Poutacheli, qu'il nomma impératrice. Cette princesse, dès la première année du règne de son époux, fit périr par jalousie l'impératrice, veuve de Hochila, et reléguer Tohoan, son fils aîné, dans une île de la Corée. Ce fut Ouen-song qui le premier des empereurs mongols se rendit en personne au temple du ciel, pour y célébrer le sacrifice solennel en l'honneur du souverain Etre; il y honora en même temps Tchinkis-kan comme fondateur de sa dynastie. Après l'accomplissement de la cérémonie, il y eut une amnistie générale. C'est alors qu'il fut réglé que, parmi les femmes de l'empereur, une seule aurait le titre d'impératrice, au lieu de cinq, sept et même vingt et une, comme du temps de Tchinkis-kan.

Les historiens chinois blâment cet empereur d'avoir reçu dans son palais, avec les plus grands honneurs, le grand lama ou chef des bonzes du Tibet, et d'avoir ordonné à ses courtisans de le traiter avec le plus grand respect. On vit les plus grands seigneurs de la cour saluer ce bonze à genoux, et lui offrir du vin dans cette humiliante posture, tandis que le lama ne daignait pas seulement s'incliner, ni donner la moindre marque de civilité. Un des principaux courtisans, extrêmement piqué de cet orgueil, lui dit : « Bonhomme, je sais que vous êtes le disciple de Fo et le chef des bonzes; mais peut-être ignorez-vous que moi je suis le disciple de Confucius, et que je tiens un des premiers rangs parmi les lettrés de l'empire; il est bon de vous l'apprendre, si vous ne le savez pas : ainsi agissons sans cérémonie. » Et en même temps, se tenant debout, il lui présenta la coupe. Le grand lama se leva de son siége, prit la coupe en souriant, et la but.

**Hintchepan** (1332 après J.-C.), deuxième fils de l'empereur Hochila ou Ning-tsong, jeune prince que Tou-temour, son oncle, avait toujours considéré comme devant être son héritier, lui succéda effectivement à l'âge de sept ans par le crédit de l'impératrice Poutacheli, et contre le gré du premier ministre, Yen-temour. Mais, peu de jours après son inauguration, il tomba malade, et, étant décédé à la onzième lune de l'an 1332, il dérangea par là toutes les mesures de l'impératrice. Sa mort fut de près suivie de celle de Yen-temour, que l'excès de ses débauches avait avancée.

**Tohoan-temour** (1332 après J.-C.), fils aîné de Hochila, ayant été rappelé, par l'impératrice Poutacheli, de l'une des îles de la Corée, où elle l'avait fait reléguer, fut proclamé empereur, sous le nom de Chun-ti, à l'âge de treize ans, dans la sixième lune de l'an 1332, après avoir promis à cette princesse que le trône, après lui, passerait au prince Yen-tie-kousse, son neveu, fils de l'empereur Tou-temour. La hauteur avec laquelle Peyen, son premier ministre, fils du fameux général de ce nom, traitait ses égaux, et plus encore ses inférieurs, irrita Tankiche, son collègue, et fut la cause d'une guerre civile où ce dernier périt, l'an 1335, avec l'impératrice Peyadou qui le protégeait. L'audace de Peyen le rendant de jour en jour plus insupportable, ses propres parents se crurent obligés de faire ouvrir les yeux à l'empereur sur sa conduite. Tohoan-temour, apprenant qu'il empiétait sur son autorité jusqu'à faire mourir à son insu les personnes qui avaient le malheur de lui déplaire, le relégua à Ngan-nan-tcheou, sans vouloir l'admettre en sa présence avant qu'il partît. Peyen en conçut tant de chagrin, qu'il tomba malade en route, et mourut à Hong-hing-y, dans la province de Kiang-si. La disgrâce de ce ministre, Mongou de naissance, n'éteignit pas dans le cœur des Chinois la haine que ses violences leur avaient inspirée contre sa nation, ni le désir d'en secouer le joug. L'entreprise très-dispendieuse que l'empereur fit en 1351 de creuser un nouveau lit au fleuve Hoang-ho, pour réparer les dommages qu'il avait causés aux peuples voisins, en rompant ses digues par une inondation, fit un nombre prodigieux de mécontents, et devint la source d'un soulèvement presque général, qui ne finit que par l'expulsion des Mongous. On vit des partis courir dans les provinces, ravager les campagnes, conquérir les villes; des pirates écumer les grands fleuves et les mers, enlever les vaisseaux marchands, se rendre maîtres des ports et ruiner le commerce; des ambitieux prendre le titre d'empereur dans les pays dont ils s'étaient emparés. Ce qu'il y eut de plus fâcheux, c'est que la discorde se mit parmi les ministres et les généraux de Chun-ti, et facilita par là les progrès des rebelles. Le ministre To-to fut celui qui servit Chun-ti avec le plus de sagesse et de désintéressement; mais, s'étant fait donner Hama pour collègue, il n'éprouva de sa part que de l'ingratitude. Hama, voyant l'empereur décidé pour les vains amusements et la volupté, ne s'occupa qu'à flatter ses goûts; et, s'étant rendu maître de son esprit, il parvint, l'an 1354, à faire exiler To-to, comme un censeur incommode, avec Ye-sien-temour, son frère. Non moins habile à la tête des armées que dans le cabinet, To-to venait de remporter, sur le rebelle Tchang-tse-tching, une victoire qui avait fait rentrer trois villes considérables dans l'obéissance avec les Mongous. Hama, craignant le retour de To-to, vint à bout de le faire périr l'année suivante. N'ayant plus alors de concurrents à redouter, il rougit de l'état où il avait réduit l'empire en plongeant Chun-ti dans des débauches qui l'avaient rendu stupide au point de ne donner aucune attention aux affaires du gouvernement. Chargé par là de la haine publique qu'il ne pouvait se dissimuler, il se mit en tête, pour la détourner, de détrôner l'empereur, et de mettre à sa place le prince héritier, son fils, qui joignait, avec beaucoup d'esprit, de la prudence et un grand discernement. Dans un entretien secret qu'il eut à ce sujet avec Toulou, son père, il fut entendu de sa sœur, femme de Toulou-temour, compagnon des débauches de l'empereur. Ce monarque, instruit du mystère par son favori, voulut d'abord faire mourir Hama et Susé, son frère, comme les mandarins l'en sollicitaient. Mais, étant revenu à des sentiments plus doux, il se contenta de les envoyer en exil. Cette espèce de grâce fut sans effet. Avant leur départ, on les fit étrangler l'un et l'autre.

Tchu-yuen-tchang, qui de simple lama était parvenu aux premiers grades militaires, s'opposait alors avec succès aux progrès des rebelles, et préparait en même temps l'établissement d'une nouvelle dynastie sur la ruine de celle des Mongous. La modération avec laquelle il usait de ses victoires, et sa clémence envers les vaincus, lui soumirent sans violence un grand nombre de provinces. Toutes celles du nord se rangèrent d'elles-mêmes sous ses lois. Chun-ti voyait cependant d'un œil indifférent la chute de sa dynastie s'accélérer. Lieou-fou-tong, chef du parti des Bonnets rouges dans le Ho-nan, lui donna pour rival, en 1355, Han-lin-eul, qu'il fit reconnaître empereur des Song sous le nom de Ming-ouang. Celui-ci, qui se prétendait issu de l'empereur Hoeï-tsong, établit sa cour à Potcheou du Ho-nan, et se maintint, malgré la mésintelligence qui régnait parmi les Song, l'espace de cinq ans. Mais le général mongou Tchahan-temour, étant venu l'assiéger dans Caï-fong-fou, dont il s'était emparé, ruina son parti en forçant la place, et laissa à peine le temps à ce faux empereur de s'évader pour ne plus reparaître. La cour de Pé-king ne profita point de cet avantage pour rétablir son autorité. Elle était pleine d'intrigues et d'intérêts particuliers qui ne lui permettaient pas de s'occuper du bien général de l'Etat. Le prince héritier, conformément aux vues de l'impératrice Ki, sa mère, se donnait de grands mouvements pour engager le ministre Taï-ping à faire renoncer Chun-ti au trône en sa faveur. Ne pouvant le gagner, il fit des tentatives pour le perdre. Mais les grands prirent le parti du ministre, et le justifièrent. Taï-ping, néanmoins, las de se voir exposé journellement aux ressorts que l'intrigue faisait jouer, prit le parti de la retraite à la deuxième lune de l'an 1360. L'autorité, après lui, passa entre les mains de trois scélérats qui, ne pensant qu'à s'enrichir, achevèrent de perdre l'Etat, en laissant ignorer à Chun-ti, leur maître, tout ce qui se passait. Les différents partis des Chinois n'étaient pas les seuls qui travaillaient à enlever l'empire aux Mongous. Ceux-ci, au lieu d'éteindre leurs haines particulières et de se réunir contre leurs ennemis communs, s'armèrent les uns contre les autres, et se firent une guerre ouverte. Toute la ressource de l'empereur était dans la valeur et l'habileté du général Tchahan-temour, déjà célèbre par plusieurs victoires qu'il avait remportées sur les rebelles. Ayant fait rentrer, l'an 1361, le Ho-nan sous l'obéissance des Mongous, et soumis plusieurs villes du nord qui avaient secoué leur joug, il commençait à faire renaître dans sa nation l'espérance de conserver l'empire. De toute la province de Chan-tong, il ne lui restait plus à réduire, au commencement de l'an 1363, que la ville de Y-tou, dont il alla lui-même presser le siége, entamé par un de ses détachements. Tien-fong, qui avait excité la révolte du Chan-tang, dont il était gouverneur, vint en personne se joindre aux assaillants avec un corps de troupes, feignant d'avoir repris les intérêts de la cause commune. Mais le perfide, dont le camp était séparé de celui de Tchahan-temour, l'ayant attiré dans sa tente, le fit lâchement assassiner, après quoi il se jeta dans la ville avec les siens. Toukou-temour continua le siége, et, ayant forcé la place, il immola aux mânes de son père l'auteur et les complices de sa mort. Mais il ne rétablit point, par cet acte de justice, la concorde parmi les Mongous. Leurs dissensions s'accrurent, au contraire, depuis qu'ils ne voyaient plus à la tête de l'armée impériale un général capable de leur en imposer. Ce qu'il y eut de plus déplorable pour eux, c'est que le prince héritier, au lieu d'employer son autorité pour éteindre le feu des dissensions, ne la fit servir qu'à l'attiser.

Le fondateur des Ming se conduisait d'une manière bien différente. Mesuré dans toutes ses démarches, il faisait des conquêtes rapides et d'autant plus solides, que les peuples, qu'il s'attachait par sa clémence et ses bienfaits, s'empressaient de se mettre sous sa protection et lui demeuraient fidèles. Ses généraux, Su-ta et Tchang-yu-tchun, secondaient parfaitement ses vues. Ayant fait prisonnier dans Ping-kiang, en 1365, Tchang-sse-tching, qui, depuis l'an 1354, se portait pour empereur des Mongous, et soutenait ce titre avec habileté, ils ne trouvèrent presque plus d'obstacle aux progrès de leurs armes. Il arriva l'année suivante, pour combler le malheur des Mongous, que le prince héritier Ngaï-yuli-pata, s'étant brouillé avec le général Koukou-temour, le fit dépouiller de tous ses emplois. Les villes qui étaient restées fidèles à l'empereur, ne voyant plus alors de chef capable de les défendre, ouvrirent leurs portes aux Ming dès qu'ils se présentèrent. La seule présence de leurs généraux ayant soumis l'an 1368 les provinces de Kouang-tong, de Ho-nan et de Kouang-si, ils ne trouvèrent de résistance que dans la ville de Tong-cheou, dans le Kiang-nan, dont le gouverneur Pouyen-temour se fit tuer en la défendant. Cette place n'étant qu'à quarante li ou environ quatre lieues de Pé-king, toute la cour fut dans les plus vives alarmes. Chun-ti, malgré les remontrances des ministres et des grands, s'obstina à vouloir se retirer du côté du nord avec le prince héritier et la famille impériale. Il partit de Pé-king, et le 20 de la huitième lune de l'an 1368 les ennemis, ayant attaqué une des portes de cette ville, s'en rendirent maîtres le lendemain. L'empereur avait pris sa route vers Chang-tou. Mais bientôt après son arrivée, il en sortit à l'approche des ennemis qui le poursuivaient, et se réfugia à Yng-tchang-fou. Ce fut sa dernière retraite. Il y mourut dans la quatrième lune de l'an 1370, à l'âge de cinquante-deux ans. Ainsi finit la dynastie des Mongous ou Yuen, qui comptent depuis Tchinkis-kan, leur fondateur, jusqu'à la fin du règne de Chun-ti, cent soixante-deux ans de durée, et quatre-vingt-neuf seulement depuis l'extinction entière de la grande dynastie des Song.

Ce fut sous le règne du dernier empereur mongol, en l'année 1351, que deux de ses ministres, Kia-lo et To-tou, proposèrent de changer le cours du grand fleuve Jaune (Hoang-ho); ce qui augmenta beaucoup le mécontentement public. Ils persuadèrent à l'empereur de faire passer le fleuve par le pays de Taming-fou, où il passait autrefois, et de le faire décharger dans la mer de Tien-tsin-hoeï. Tchen-tsun, président du tribunal ou ministère des ouvrages publics, était allé avec des mathématiciens de Caï-foung-fou, capitale du Ho-nan, à Taming-fou, dans le Pe-tchi-li, et autres lieux; ils examinèrent le terrain, prirent les niveaux, et assurèrent que l'ancien lit que l'on voulait recreuser était impraticable, qu'on ferait trop de dépenses, et que le Chan-toung serait ruiné. On employa toutes sortes de moyens pour faire changer de sentiment au ministre; il répondit qu'il mourrait plutôt que de parler contre sa conviction dans une matière de cette importance, et qui intéressait si fort le bien public. On suivit l'avis contraire. Le ministre ou président des travaux publics fut remplacé. Les travaux que l'on exécuta pour changer le cours du Hoang-ho ruinèrent une infinité de monde, firent imposer de nouvelles taxes; les paysans, qui voyaient prendre leurs terres, étaient exaspérés, et ne voulaient pas se transporter ailleurs pour en recevoir d'autres en échange; le mécontentement était général, et dans toutes les provinces différents chefs de parti excitèrent les populations chinoises, que les mandarins retenaient difficilement dans la soumission (1).

« Il semblerait d'abord, dit M. Abel Rémusat (*Mémoire sur l'extension de l'empire chinois du côté de l'Occident*), que l'époque où les princes de la famille de Tchinggis-khan se partagèrent l'Asie presque entière, et où les branches de cette famille qui s'établirent en Perse et dans le Kaptschak, reconnaissaient sans difficulté la souveraineté de celle qui régnait à la Chine, devrait avoir été la plus favorable à la formation d'un système géographique. Dans le XIIIe siècle, l'empire mongol qui était devenu l'empire chinois, ne connut, pour ainsi dire, pas de limites du côté de l'Occident. Les premiers successeurs de Khoubilaï, héritiers du titre de Khakan, considéraient les rois de Perse comme leurs vassaux, ou, pour parler plus exactement, comme leurs officiers chargés de commander pour eux aux barbares d'Occident. Les titres accordés à ces princes par la cour de Khanbalikh rappelaient toujours cette qualité. Houlagou, partant pour son expédition, avait ordre d'aller conquérir le Si-iu, c'est-à-dire ce qui est à l'ouest de la Tartarie, de soumettre le Ha-li-fa de Pa-ha-tha (le khalife de Bagdad) et les pays voisins; et quand, au bout de huit ans, dit l'histoire chinoise, il eut pris le roi de Pa-ha-tha, passé la mer à l'Occident, et conquis jusqu'au pays des Francs (*Fou-lang*), on lui donna le titre de garde héréditaire de ces contrées. Argoun, petit-fils d'Houlagou, avait reçu du Khakan, avec l'investiture du royaume de Perse, le titre de ministre d'Etat, protecteur des peuples, et ce titre était inscrit en caractères chinois sur les sceaux dont il marquait les pièces émanées de la cour. L'empreinte de celui dont se servait OEldjaïtou se voit six fois dans la longueur de la lettre qu'il écrivit à Philippe le Bel. La phrase chinoise qu'on y lit signifie que l'empereur suprême a, par un ordre exprès, confié le gouvernement des dix mille barbares (c'est-à-dire de tous les étrangers) au prince fidèle et obéissant. Cette lettre est de 1307. Plusieurs princes descendus d'Houlagou eurent, postérieurement à cette époque, des titres honorifiques et des commandements dans la Tartarie occidentale. Mais les pays dont le gouvernement leur fut confié par l'empereur étaient beaucoup plus rapprochés de la Chine que la Perse, dont les souverains devinrent peu à peu tout à fait indépendants du Khakan, et finirent même par en être tout à fait ignorés. La huitième année *ta-te* (1304), le roi des pays occidentaux envoya une ambassade avec un tribut consistant en raretés de ces contrées. Celui qui la conduisait descendait, à la quatrième génération, d'Houlagou, et se nommait Tchou-pe. On lui accorda le titre de roi belliqueux et majestueux de l'Occident pacifié. On lui donna aussi un sceau d'or; et deux ans après (1306), on lui confia le commandement des armées et l'administration de Kan-sou et des autres pays voisins. L'année suivante, on éleva son grade, et l'on changea son titre en celui de roi de Pin. La première année *tchi-ta* (1308) le même prince envoya en tribut six cent quinze livres pesant de jade: offrande ordinaire des princes qui dominent à Yerkiyang, parce que, dans le territoire de cette ville, on trouve en abondance cette substance minérale. Nan-hou-li, fils de Tchou-pe, succéda à la dignité de son père, la septième année *yan-yeou* (1321). Depuis ce temps, il n'est plus parlé des princes de la branche d'Houlagou, à titre de tributaires ou de feudataires du grand empire mongol. L'histoire chinoise abandonne plus tôt encore les descendants de Chou-tche, c'est-à-dire les branches des Kaptschak. Elle se borne à dire, en parlant de Batou, qu'il alla régner dans les pays occidentaux, et que, à cause de la grande distance, on a cessé d'avoir à ce sujet des renseignements authentiques. Dans les détails qu'on lit sur le gouvernement des pays occidentaux et sur le nombre d'officiers qui y étaient entretenus par l'empereur, on ne voit rien qui fasse connaître précisément l'état des limites à cette époque. On apprend seulement les titres des différents gouverneurs militaires de ces contrées, des juges, des préfets et des autres agents du gouvernement.

» Sous les derniers empereurs de la dynastie mongole, les limites occidentales de l'empire se rapprochèrent successivement des points où nous les verrons sous les *Ming*. Toutes les tribus de la nation Ouïrat se détachèrent les unes après les autres, et leurs chefs s'emparèrent, en leur propre nom, des pays où ils se trouvaient campés; mais, en cessant de reconnaître la suzeraineté effective du Khakan de la Chine, aucun d'eux n'eut la témérité d'en usurper le titre, quelles que fussent d'ailleurs sa puissance et son autorité. C'est une chose reconnue parmi tous ces Tartares, et comme la maxime fondamentale de leur droit public, qu'il ne doit y avoir qu'un Khakan, Tartare ou non; c'est le fils du ciel, ou l'empereur de la Chine. On peut aspirer à le devenir; mais la première condition est la conquête de la Chine, qui forme, pour ainsi dire, le centre de tous les Etats de l'Asie orientale. Ce n'est point, comme on l'a cru, le respect pour la famille de Tchinggis qui a empêché qu'on ne s'arrogeât les titres qu'il avait portés, puisque la même déférence a été de tout temps, et bien des siècles avant les Mongols, rendue au Khan céleste par les souverains des Hiong-nou, des Thoukioueï, des Jouan-jouan, etc.: c'est bien plutôt le respect qu'inspira toujours à tous ces barbares cette grande nation civilisée, au nom de laquelle ils sont accoutumés à rattacher les idées de richesse, de puissance, de splendeur, et, pour ainsi dire, d'une supériorité naturelle et incontestable. »

## XXIe DYNASTIE : DES MING.

TCHU-YUEN-TCHANG (1368 après J.-C.), fils d'un pauvre laboureur, et devenu soldat, comme on l'a dit, après avoir demeuré parmi les bonzes et les lamas, s'était avancé par son mérite aux premiers grades militaires. La mauvaise conduite des généraux sous lesquels il servit contribua le plus à son avancement. S'étant soustrait à leur commandement, il se fit chef de parti, dans la vue de détruire tous ceux qu'il voyait se former pour la ruine de l'empire. Devenu maître, avec une rapidité surprenante, des provinces de Kiang-nan, de Kiang-si, de Hou-kouang et de Tche-kiang, ses officiers le pressèrent de prendre le titre d'empereur, lui représentant que c'était le seul moyen de réunir les esprits et d'épargner beaucoup de sang. Mais, ayant horreur du nom de rebelle, il se refusa à leurs instances, et se contenta du titre de prince de Ou. Il s'entoura dès lors du cortége de prince, et se donna des officiers conformément à cette dignité. Dans un conseil de guerre qu'il tint peu de temps après, il nomma des généraux pour aller conquérir les provinces de Fou-kien, de Kouang-tong et de Kouang-si. Il partit lui-même pour aller joindre son armée du Nord au commencement de la septième lune intercalaire, prit sur sa route, presque sans efforts, plusieurs villes, et sur la fin de la même lune se présenta devant la ville de Tong-tcheou, qu'il emporta d'assaut après quelques jours d'attaque. L'empereur des Yuen ou Mongous, le voyant approcher de Yen-king, se sauva à Chang-tou, hors de la grande muraille, et ne s'y croyant pas en sûreté, il s'enfuit à Yng-chang-tou. Les deux villes, abandonnées par Chun-ti, étant sans défense, le prince de Ou alla prendre possession de la première, où il se fit reconnaître empereur de la Chine par les siens et par ceux des Yuen qui s'étaient soumis à lui, donna le nom de MING à sa dynastie et celui de *hong-vou* aux années de son règne, et voulut que cette année fût comptée pour la première. Su-ta,

(1) Le P. Gaubil donne sur la déviation du cours du Hoang-ho les éclaircissements suivants (*Histoire de la dynastie des Mongous*, p. 285) :

« Par l'histoire de l'empereur Wou-ti, empereur des Han occidentaux, on voit que du temps de ce prince le Hoang-ho passait près de Kaï-tcheou, du district de Ta-ming-fou, dans le Pe-tchi-li, et recevait la rivière Oueï, dans le territoire de Toung-tchang-fou du Chan-toung, et se rendait à la mer du Pe-tchi-li, entre la latitude 38° 50' et 39°; long. 1° et quelques minutes occid.

» Après l'empereur Wou-ti, on changea le cours du Hoang-ho, tantôt à l'est vers le Pe-tchi-li, tantôt vers le Chan-toung. Du temps de l'empereur Chin-tsoung, il y avait deux branches du Hoang-ho qui venaient du Ho-nân. L'une allait au nord-est au Chan-toung; l'autre au sud-est, passait à Sou-tcheou du Kiang-nân, et allait à la mer vers Hoaï-ngan. C'est l'empereur Chin-tsoung (de la dernière dynastie de Song), qui ferma le canal du nord, et depuis ce temps-là jusqu'à l'année 1351 le Hoang-ho avait à peu près le cours du temps de l'empereur Wou-ti des Han que Hia-lou rétablit.

» Le Hoang-ho a toujours eu, depuis Yu, fondateur de la dynastie des Hia, le cours qu'il a aujourd'hui, jusque vers le nord de Caï-foung-fou, capitale du Ho-nân. Du temps de Yu, il entrait par là dans le pays de Ta-ming-fou, dans celui de Ho-kien-fou, et allait à la mer dans le golfe de Tien-tsin-hoeï du Pe-tchi-li; du temps des Han et des Tsin, le Hoang-ho tenait dans le Chan-toung et le Pe-tchi-li une route un peu différente. Ensuite, pendant plus de 560 ans, jusqu'à l'empereur Thin-tsoung des Song, le Hoang-ho eut les deux branches dont j'ai parlé. Du temps de la dynastie passée, on fit encore quelques changements dont il est inutile de parler.

son grand général, qu'il fit marcher à la conquête de Taï-yuen, s'en rendit maître, après avoir fait prisonniers quarante mille hommes de cavalerie qui couvraient la place. Cette victoire fut de près suivie de la soumission de tout le Chan-si. Hong-vou, cependant, ne demeurait pas oisif à sa cour. La première chose dont il s'occupa fut d'empêcher le luxe de s'y introduire en supprimant ce qui pouvait y donner lieu, et il commença par sa famille. Les Yuen avaient fait construire à Yen-king un palais au milieu duquel s'élevait une grande tour d'une architecture très-riche et fort recherchée; on voyait au-dessus deux statues qui sonnaient à chaque heure une cloche et battaient du tambour. Hong-vou eut la curiosité d'y monter avec une suite nombreuse; et, après avoir examiné en silence ce travail merveilleux, il dit d'un air pénétré : « Comment peut-on négliger les affaires les plus importantes pour ne s'occuper qu'à élever des édifices si magnifiques. Si les Yuen, au lieu de s'amuser à ces superfluités, s'étaient appliqués à contenter les peuples, n'auraient-ils pas conservé le sceptre dans leur famille? » S'adressant ensuite à quelques-uns de ses grands : « Je vous ordonne, leur dit-il, de faire abattre cette tour, et qu'il n'en reste aucun vestige ». La plupart des chars et des meubles de l'empereur étaient ornés d'or et d'argent, il ordonna d'y substituer le cuivre.

Le général Su-ta partit à la première lune de l'an 1369 pour la conquête du Chen-si. Li-sse-tsi qui en était gouverneur, après avoir vainement défendu plusieurs places, prit le parti de la soumission. Su-ta, voyant les provinces de Chan-si et de Chen-si subjuguées, remet le commandement de l'armée à Fougtsong-y, et retourne dans la neuvième lune à la cour, où il est reçu comme en triomphe. Ouang-pao-pao, général des Yuen, voulut profiter de son absence pour faire quelque entreprise; mais, après de légers succès, il échoua devant Lan-tcheou, défendu par Tchang-ouen. Su-ta part de la cour à la deuxième lune de l'an 1370, pour achever la conquête de ce qui restait soumis aux Yuen. Les villes devant lesquelles ses lieutenants se présentent leur ouvrent leurs portes sans résistance. Chunti, dans le cours de cette expédition, étant mort à la quatrième lune, la guerre semblait devoir être terminée. Mais le prince héritier, Ngaï-yu-lipata, s'étant renfermé dans Yng-tchang, menaçait d'y faire une longue et vigoureuse défense. La place néanmoins se rendit aussitôt que Li-ouen-tchong, envoyé contre elle avec un détachement, parut sous ses murs. Les reines et les princesses qui s'y trouvèrent, plusieurs princes de la famille royale, et les grands attachés à son service, furent tous conduits à la cour des Ming. Le seul prince héritier des Yuen eut le bonheur de s'échapper. Hong-vou marqua sa générosité envers Maïtilipala, l'un des prisonniers, petit-fils de Chun-ti. Les grands demandaient qu'il fût immolé dans la salle des ancêtres de la famille impériale. Hong-vou, loin d'acquiescer à cette demande barbare, déclara Maïtilipala prince du troisième ordre, dont il lui assigna le cortége et les appointements, et lui fit donner un palais pour lui et les princesses.

Dans la même lune où Chun-ti mourut, le général Su-ta força le camp de Ouang-pao-pao, qu'il mit dans un désordre effroyable sans faire quartier à personne. On compta jusqu'à quatre-vingt-quatre mille hommes restés sur le carreau. Ouang-pao-pao, s'étant sauvé, alla joindre le prince héritier des Yuen, qu'il fit déclarer empereur de sa nation. Il eut une espèce de revanche l'an 1372 contre Su-ta, qui, l'ayant attaqué, près de la rivière de Toula, avec une armée inférieure à la sienne, fut battu avec perte de dix mille hommes. Ouang-pao-pao, mécontent du prince héritier des Yuen, se retira depuis au nord de la montagne de Hin-chan dans le département de Holanalahaï, où il mourut au commencement de l'an 1375. Ngaï-yu-lipata ne lui survécut que trois ans, étant mort l'an 1378. On lui donna pour successeur Toukouf-temour, son fils, qui fut préféré à Maïtilipala, sans que cette préférence causât de trouble. L'empereur Hong-vou, le reconnaissant lui-même prince des Yuen, lui fit faire des compliments de condoléance sur la mort de son père, et de félicitation sur son élévation à la dignité de prince des Mongous.

Cependant Hong-vou méditait le dessein de réduire le Yunnan par la voie des armes. Cette province était alors divisée en cinquante-deux fou ou grands départements, cinquante-trois tcheou ou départements du second ordre, et cinquante-deux hien ou départements du troisième ordre. Des excursions que firent les Tartares sur les terres de l'empire l'obligèrent de suspendre pendant trois ans l'effet de cette résolution. Mais ayant rechassé ceux qui étaient venus insulter ses Etats, il assembla une armée de trois cent mille hommes qu'il fit partir sous la conduite de Fou-yeou-te, pour cette expédition, dont il traça lui-même le plan. Elle fut pénible, mais heureuse; et en deux campagnes le Yun-nan tomba entièrement sous la puissance des Ming.

La mort du grand général Su-ta, arrivée à la deuxième lune de l'an 1382, plongea l'empereur dans un deuil qui lui fit suspendre toutes les affaires. Il avait coutume de dire que ce général était pour lui ce que les pieds, les mains et le cœur sont au corps. Pour honorer sa mémoire, il composa lui-même son épitaphe contenant l'éloge et le détail de ses exploits.

Le prince des Yuen ne fut pas soigneux d'entretenir la paix avec l'empire. Son général Nahutchu, capitaine expérimenté, ayant sous ses ordres plusieurs centaines de mille hommes, paraissait décidé à venger l'honneur de sa nation. Trois cent mille hommes que l'empereur envoya contre lui l'an 1386 le réduisirent à mettre bas les armes l'année suivante et à prendre le parti de la soumission avec toute sa horde. L'empereur, devant lequel il vint se présenter, le reçut avec distinction et le créa heou, avec les appointements de cette dignité. Toukouf-temour, malgré cette défection, n'était point encore disposé à se rendre, mais les nouvelles pertes qu'il fit ensuite l'ayant obligé de se réfugier chez Yessoutier, son parent, celui-ci le fit massacrer dans le dessein de se faire reconnaître prince des Yuen. Il ne jouit pas tranquillement du fruit de sa lâche trahison; les généraux de l'empereur le harcelèrent continuellement, et le mirent souvent à deux doigts de sa perte. Hong-vou termina son long et glorieux règne le dixième jour de la cinquième lune intercalaire de l'an 1398. « Ce prince, dit le P. de Mailla, avait de grandes qualités et peu de défauts essentiels. Ennemi du faste, ses habits et son train étaient des plus modestes; doué d'un sens droit et de beaucoup de pénétration, il connaissait bientôt le génie et les talents de ceux qui l'approchaient : ce discernement faisait qu'il employait chacun suivant sa capacité, et qu'il était toujours bien servi. Il saisissait avec une justesse admirable les avantages et les inconvénients d'une entreprise, et rarement il se trompait. Persuadé que l'intérêt personnel conduit toujours le peuple, il veillait à ce qu'on ne lui causât aucun dommage, et il donnait tous ses soins à lui procurer le nécessaire pour vivre en paix : cette conduite, pleine de bonté, engagea les peuples à se soumettre facilement à sa domination, et le fit réussir dans tout ce qu'il entreprit. »

L'illustre fondateur de la dynastie des Ming se nommait *Tchou-youan-tchang* lorsqu'il n'était encore que simple particulier; *Tchou-koung-tseu* lorsqu'il commandait les troupes qui le reconnurent pour chef; *Ou-koue-king*, c'est-à-dire prince de Ou, après qu'il se fut rendu maître du Kiang-nan; *Hong-vou* lorsque, après être monté sur le trône, il donna un titre aux années de son règne, comme empereur reconnu légitime par toute la nation; et *Ming-taï-tsou* (grand aïeul de la dynastie *Ming*) dans la salle des ancêtres.

Ming-taï-tsou, fondateur de la dynastie chinoise des Ming.

TCHU-OUEN (1398 après J.-C.), petit-fils de Hong-vou, qui l'avait déclaré prince héritier, lui succéda sous le nom de KIEN-OUEN-TI. Ses oncles, les princes de Yen, de Tcheou, de Tsi, de Siang, de Taï et de Min, que la politique du feu empereur, leur père, avait éloignés dans la vue d'éviter le trouble, reçurent la nouvelle de son élévation avec beaucoup d'humeur. Les ministres Hitaï et Hoang-tseting, informés que les deux premiers de ces princes avaient conjuré leur perte afin de dépouiller leur neveu, lui conseillèrent de s'assurer de leurs personnes et de commencer par le second. L'avis fut suivi, et Li-king-long, envoyé avec un corps de troupes dans le Ho-nan, se saisit du prince de Tcheou et de sa famille, qui furent amenés à la cour. Le prince, réduit au rang du peuple, fut ensuite exilé dans le Yun-nan. De semblables traitements qu'on fit à d'autres princes dont on se défiait persuadèrent à celui de Yen que son tour ne tarderait pas à venir. Pour se mettre en défense, il prit les armes l'an 1400, feignant de n'en vouloir qu'aux deux ministres, et protestant de les mettre bas dès que ces traîtres, comme il les appelait, seraient mis à mort. Les victoires éclatantes qu'il remporta dans la même année sur les armées nombreuses qu'on lui opposa, et les conquêtes rapides qu'il fit, déterminèrent les deux ministres à demander eux-mêmes d'être renvoyés du ministère et éloignés de la cour. Mais, quoique disgraciés en apparence, ils n'en eurent pas moins d'influence dans le gouvernement, et tout continua de se faire par leur ordre ou par leur conseil. Le prince, à qui ce jeu n'en imposa pas, et qui d'ailleurs portait ses vues sur le trône, continua la guerre de son côté, et la fit d'autant plus heureusement, que les généraux qu'on lui opposa ne l'égalaient point en habileté. Une grande bataille qu'ils gagnèrent sur lui, vers la fin de 1401, semblait néanmoins devoir le porter au parti de la soumission. Mais apprenant que l'empereur, dans le transport de sa joie, avait fait revenir à sa cour ses deux ministres, ce rappel le décida plus que jamais dans sa révolte. L'an 1402, ayant battu le général Chan-kie, le succès de cette bataille le rendit maître de la plupart des villes du Houpé, et jeta l'empereur dans la consternation. Pour regagner le prince, il exila de nouveau ses ministres, confisqua leurs biens, et lui manda lui-même cette disgrâce. La réponse du prince à l'empereur fut un doute affecté sur la sincérité de sa conduite, et des excuses sur le refus qu'il croyait devoir faire de licencier ses troupes. C'était annoncer qu'il était disposé à poursuivre les hostilités. Ce fut ce qu'il fit en effet, et avec tant de prospérité, qu'ayant passé le Kiang sans opposition l'an 1403 il arriva aux portes de Nan-king, où résidait la cour. L'empereur, perdant alors toute espérance, livra son palais aux flammes, où l'impératrice Ma-chi, sa femme, se précipita; pour lui, s'étant déguisé en bonze avec quelques personnes de sa suite, il alla se cacher dans le Yun-nan, où il mena une vie errante, pendant trente-huit ans, à la faveur de ce travestissement.

Tchu-tai (1403 après J.-C.), prince de Yen, étant entré dans Nan-king après la fuite de Kien-ouen-ti, qu'il croyait consumé dans les flammes avec sa femme, prit tranquillement possession du palais impérial, où il se fit inaugurer sous le nom de Tching-tsou. Il est néanmoins plus connu sous celui de Yong-lo. Il choisit la ville de Pé-king pour y tenir sa cour du nord, et substitua au nom qu'elle portait celui de Chun-tien-fou, qu'elle a toujours conservé depuis. Au commencement de l'an 1405, il pourvut à l'établissement de ses fils, en nommant le prince héritier Tchu-kao-tchi, l'aîné, qu'il fit en même temps prince de Yen, et en donnant la principauté de Han à Tchu-koo-hiu, le second, et à Tchu-kao-soui, le troisième, celle de Tchao.

Le Ngan-nan, ou Ton-kin, faisait anciennement partie du royaume de Hiao-tchi ou de la Cochinchine. L'empereur en ayant créé roi Li-tsang à la onzième lune intercalaire de l'an 1404, Tchin-tien-ping vint lui faire, l'année suivante, des représentations à ce sujet, disant que Li-ki-mao, père de Li-tsang, avait usurpé à son préjudice le Ngan-nan, après avoir exterminé la famille royale, dont lui seul était le dernier rejeton. L'empereur, décidé à faire justice sur ce placet, fit partir pour le Ngan-nan, une armée sous les ordres de Tchang-fou. Ce général, après une grande victoire, amena, l'an 1407, Li-ki-mao et Li-tsang à l'empereur, qui se contenta de reléguer le père dans la province de Kouang-si, et retint le fils auprès de lui.

Yong-lo fit deux expéditions contre les Tartares, et mourut, en revenant de la seconde, le dix-huitième jour de la septième lune de l'an 1425, à l'âge de soixante-cinq ans. Son corps fut rapporté à Pé-king, où il avait transporté sa cour. A la nouvelle de sa mort, on voulut engager l'empereur Kien-ouen-ti à remonter sur le trône; mais, content de la liberté que lui procurait l'état de Ho-chang, il rejeta constamment les offres qu'on lui faisait pour son rétablissement.

Tchu-kao-tchi (1425 après J.-C.), prit en succédant à l'empereur Yong-lo, son père, le nom de Gin-tsong. Nommé prince héritier dès l'an 1405, il avait administré les affaires avec beaucoup d'application et de capacité. Il débuta sur le trône par nommer prince héritier son fils Tchu-kao-tchi, et l'envoya résider à Nan-king pour gouverner les peuples du Midi, se réservant ceux du Nord. L'empereur Yong-lo, son père, avait proscrit un grand nombre de mandarins à cause de leur attachement à l'empereur Kien-ouen-ti. Convaincu de leur innocence, Gin-tsong, donna un édit pour réhabiliter leur mémoire : cette démarche lui fit le plus grand honneur. Toute sa conduite porta l'empreinte de son caractère équitable et bienfaisant. Mais il n'occupa le trône que dix mois, et mourut à Pé-king, le 12 de la cinquième lune de l'an 1426, à l'âge de quarante-huit ans.

Le nom que prit (1426 après J.-C.) Tchu-kao-tchi, en succédant à Gin-tsong, son père, fut Suen-tsong. Le prince Tchu-kao-chin, son oncle, exilé sous le dernier règne, à Lo-ngan, pour cause de révolte, nourrissait toujours dans son cœur les dispositions qui avaient causé sa disgrâce. Une fausse démarche qu'il fit en voyant son neveu placé sur le trône décela ses pernicieux desseins. L'empereur, en étant informé par le général Tchang-fou qu'il avait voulu mettre dans ses intérêts, vint l'investir avec un corps de troupes dans Lo-ngan, au moment qu'il s'y attendait le moins. Ne trouvant pas moyen d'échapper, il prit le parti de venir trouver en habits de deuil son neveu, et de lui déclarer les complices de la conspiration qu'il avait formée pour le supplanter; l'empereur, l'ayant reçu avec bonté, le fit conduire à Pé-king, où il fut enfermé avec sa famille dans une maison commode et pourvue de tout ce qui était nécessaire à la vie. Cette révolte, étouffée dès sa naissance, ne laissa pas de coûter beaucoup de sang; les officiers que ce prince avait mis à la tête de ses troupes et ceux qui formaient son conseil furent punis comme rebelles. L'empereur Suen-tsong, étant tombé malade le premier jour de l'an 1436, mourut le lendemain.

Yng-tsong (1436 après J.-C.), fils de Suen-tsong, fut reconnu par son successeur, à l'âge de huit ans, par les soins de l'impératrice Thang-chi, son aïeule, qui se fit en même temps décerner la régence.

L'empereur déposé, Kien-ouen-ti, fut découvert l'an 1441, sous l'habit de ho-chan, qu'on lui fit quitter; après quoi il fut enfermé dans un appartement du palais, où il passa le reste de ses jours, qui ne fut pas de longue durée. L'impératrice régente étant morte à la dixième lune de l'an 1443, l'empereur prit en main les rênes du gouvernement, et revêtit de la plus grande autorité l'eunuque Ouang-tchin, que cette princesse avait mis à la tête de son conseil, après avoir été sur le point de le faire périr pour ses infidélités. Ce ministre continua d'exercer son despotisme en avançant, malgré leur indignité, ses créatures, et persécutant les gens de bien qui s'opposaient à ses volontés. Sur la fin de 1444, on apprit que Tohoan, prince tartare de Chunning, était mort, et que son fils Yesien lui avait succédé. Celui-ci, plus entreprenant que son père, se faisait bien plus craindre dans le nord de la Chine. Une armée de deux cent mille hommes, envoyée contre lui, n'osa pénétrer fort avant dans son pays, de peur de le rencontrer, et s'en revint après avoir battu quelques partis. Un autre rebelle Lu-tchuen, nommé Sse-gin, fier d'une victoire qu'il avait remportée sur les Chinois en 1438, avait pris le nom de Fo-fa que portaient les rois de Yun-nan. Il demeurait tranquille dans cet État reculé, et ne paraissait pas disposé à pousser plus loin ses conquêtes. On apprit au contraire à la cour, que Yesien exerçait continuellement ses troupes, et mettait tout en usage pour soulever les Tartares voisins de la Chine. Ouang-tching néanmoins, contre l'avis de l'empereur et de son conseil, s'obstina à vouloir, avant tout, exterminer Sse-gin et sa famille. Il y réussit; une armée qu'il envoya contre le roi de Mien, qui le protégeait, obligea ce prince à le livrer à un officier de la cour, qui le chargea de chaînes pour l'amener à l'empereur. Mais Sse-gin, n'espérant point de grâce, se donna la mort sur la route. Yesien, frappé du sort de ce rebelle, voulut faire la paix avec l'empire, et, pour la cimenter, il fit demander en mariage une princesse à l'empereur. Mais elle lui fut ignominieusement refusée par le ministre, ce qui alluma le désir de la vengeance dans le cœur d'Yesien. Ayant levé une armée considérable, il fit de nouvelles excursions sur les frontières de la Chine. Le ministre Ouang-tching lui opposa une armée de cinq cent mille hommes, dont il se fit donner le commandement par l'empereur, qui l'accompagna. Cette expédition fut très-malheureuse par l'incapacité du général. L'armée impériale étant venue camper à Tou-mou, à vingt li de Hoai-laï, dans un lieu où elle manqua d'eau, le prince tartare, dans la huitième lune de l'an 1450, fondit sur elle, et engagea un combat furieux où plus de cent mille Chinois périrent, et le reste fut mis en déroute. L'empereur lui-même tomba entre les mains des vainqueurs, qu'il étonna par la tranquillité avec laquelle il soutint ce revers. Fantchong, capitaine de ses gardes, vengea sa captivité sur Ouang-tching, qu'il défigura à coups de sabre. Yesien, à qui ce prince fut amené, le reçut avec respect, et lui donna la première place. Mais l'impératrice, mère de Yng-tsong, et son épouse, offrirent en vain leurs bijoux, qui montaient à des sommes très-considérables, pour obtenir sa rançon. Yesien l'emmena avec lui en Tartarie. L'impératrice mère avait eu soin, dès qu'elle apprit la captivité de son fils, de signifier aux mandarins que Tching-ouang, frère puiné de Yng-tsong, aurait soin du gouvernement jusqu'à son retour; et deux jours après elle fait connaître Tchu-kien-tchin, fils de l'empereur, âgé de deux ans, prince héritier. Cette princesse, désespérant de revoir l'empereur, son fils, crut important de ne pas laisser le trône plus longtemps vacant. Le 29 de la huitième lune de l'an 1450, elle adressa aux grands un ordre portant que le prince héritier n'étant encore qu'un enfant et incapable de manier de longtemps les rênes du gouvernement, il fallait que le prince Tching-ouang montât sur le trône. Les grands, ravis de cet ordre, contraignirent le prince régent de céder aux désirs de l'impératrice, sa mère.

TCHING-OUANG ou KING-TI (1450 après J.-C.), frère puiné de l'empereur Yng-tsong, fut salué empereur le 6 de la neuvième lune 1450, par tous les mandarins d'armes et de lettres, avec les cérémonies accoutumées. Le Tartare Yesien, ne pouvant retirer de la captivité de Yng-tsong les avantages qu'il espérait, recommença les hostilités; et ses troupes s'étant répandues comme un torrent dans le Pé-tchi-li, remplirent de consternation la cour de Pé-king. Le seul Yu-kien ne perdit pas la tête. Ayant pourvu à la sûreté de Pé-king, il attendit Yesien, qui fut obligé de se retirer après plusieurs assauts donnés à cette ville. Yesien fit ensuite des propositions de paix, qui, ayant été jugées illusoires, furent suivies de combats dont les Chinois sortirent victorieux par la valeur et l'habileté du général Che-heng et de Che-pien, son fils. Le prince tartare avait emmené avec lui l'empereur Yng-tsong. Désirant s'accommoder avec la Chine, il invita lui-même ce prince à retourner à Pé-king. La cour impériale, apprenant ces dispositions d'Yesien, et doutant encore de leur sincérité, lui envoya des ambassadeurs, qui, en dix-sept jours, arrivèrent à un endroit appelé Chepator, où ce prince était campé. L'empereur, sur le rapport qu'ils firent du succès de leur voyage, fit partir pour la Tartarie Yang-chen, homme habile et éloquent, avec un cortége magnifique et plein pouvoir d'agir suivant les circonstances. Peyen-tiemour, à la garde duquel Yng-tsong était confié depuis la bataille de Tou-mou, voyant le retour de ce prince décidé, l'accompagna par honneur et par attachement une demi-journée. Ils versent des larmes en se séparant, et l'empereur continua sa route vers Pé-king, avec une escorte de cinq cents chevaux que le prince lui avait donnée. Le 16 de la neuvième lune de l'an 1451, il arrive à Pé-king, et refuse les hommages que les grands sont disposés à lui rendre, disant qu'il ne peut les recevoir, après le déshonneur qu'il a fait à l'empire et à ses ancêtres. S'étant retiré dans un hôtel particulier, il ne se voulut mêler aucunement des affaires de l'État, et persista plusieurs années dans cette disposition. L'empereur King-ti, son frère, jouissait tranquillement des fruits de la paix qu'il avait conclue avec les Tartares. L'an 1454, Yesien avait tué Toto-pouha, son ko-han, voulut s'assurer la jouissance du trône par une ambassade qu'il envoya, de concert avec les hordes qui lui étaient soumises, à la cour impériale, pour lui prêter hommage et payer le tribut. King-ti perdit, peu de temps après, Tchu-kien-tsi, son fils, qu'il se proposait de déclarer prince héritier au détriment de Tchu-kien-chin, qui était en possession de cette dignité. Sa jalousie contre ses neveux et sa défiance envers son frère s'étaient déjà manifestées en diverses occasions. Les remontrances que plusieurs mandarins osèrent lui faire à ce sujet furent punies du dernier supplice. Il occasionna par là une conspiration pour rétablir Yng-tsong sur le trône. L'an 1458, les partisans de ce dernier l'ayant fait entrer dans leur dessein profitèrent d'une maladie de King-ti pour le remettre en possession de l'empire.

YNG-TSONG (1458 après J.-C.) ayant repris les rênes du gouvernement, tous les mandarins vinrent le reconnaître dans la salle du trône et le féliciter sur son rétablissement. Che-heng, qui avait le plus contribué à cette révolution, fait exécuter à mort Yu-kien, ministre de King-ti, sans égard pour les services importants qu'il avait rendus à l'État. Son mérite faisait tout son crime aux yeux jaloux de Che-heng, qui n'eut pas de peine, aidé par Tchu-yeou-tchin, son collègue, à lui en supposer de plus réels. D'autres grands, d'une conduite irréprochable, subirent un semblable sort, par les artifices du même ministre. King-ti, malade, apprenant sa déposition, en mourut de chagrin le 19 de la deuxième lune de l'an 1459.

L'ambition de Che-heng n'était pas satisfaite du haut rang où il était élevé. Sur les prédictions d'un magicien, il s'imagina que le trône lui était destiné, ou à Che-pien, son fils. Des officiers qu'il avait sous lui, ayant découvert le dessein où le père et le fils étaient de se révolter, en avertirent la cour. L'un et l'autre furent arrêtés et s'empoisonnèrent, l'an 1460, pour éviter une mort infâme.

Au commencement de l'an 1465, Yng-tsong, étant tombé malade, jugea lui-même que son mal le conduirait au tombeau. S'étant fait apporter des pinceaux, il écrivit ses dernières volontés, et mourut le 17 de la première lune, à l'âge de 38 ans.

TCHU-KIEN-CHIN (1465 après J.-C.), déclaré depuis longtemps prince héritier, prit possession du trône après la mort de son père, sous le nom de HIEN-TSONG. Le règne de ce prince, qui fut de vingt-trois ans, n'offre presque aucun événement remarquable. Adonné au culte des idoles, il en fit réparer les temples aux frais de l'État. Sans un mérite éminent, il sut entretenir le calme en dedans et la paix avec ses voisins. On le blâme néanmoins d'avoir accordé trop de pouvoir aux eunuques. La quinzième année de son règne, il établit un tribunal composé de cette espèce d'hommes, et auquel il donna le nom de si-tchang, avec le droit absolu de vie et de mort sur tous ceux qu'on soupçonnerait de révolte. Ouang-che, qui en était le chef, et ses collègues, ne manquèrent pas, comme on l'avait prévu, d'abuser d'un pouvoir si exorbitant. L'an 1483, Su-yong, censeur de l'empire, ayant mis en évidence les crimes dont ils s'étaient rendus coupables, l'empereur en fut si frappé, que, les ayant fait charger de chaînes, il les condamna tous au dernier supplice. Les mandarins qu'ils avaient injustement destitués furent dans le même temps rétablis, et le tribunal si-tchang aboli. Lin-sun, mandarin du tribunal des crimes, ne réussit pas également à désabuser Hien-tsong de ses préventions en faveur des tao-ssé et des ho-chang, deux sortes d'imposteurs adonnés à la magie. L'empereur, irrité de la hardiesse des accusations qu'il formait contre eux, le fit mettre en prison, et nomma une commission pour instruire son procès. Les juges ne trouvant dans son placet aucun motif de le condamner, Hien-tsong chargea l'eunuque Hoai-ngan de le faire périr. Mais l'eunuque, sans être ébranlé par les menaces dont l'ordre était accompagné, refusa de l'exécuter. Etonné de sa fermeté, l'empereur fit sortir de prison Lin-sun, auquel il rendit son mandarinat. Ce prince, ayant perdu la première des reines ses femmes, en conçut un chagrin dont il mourut à la huitième lune de l'an 1487, dans la vingt-troisième année de son règne, et la quarantième de son âge.

TCHU-YEOU-TANG (1487 après J.-C.), fils de l'empereur Hien-tsong et de la princesse Ki-chi, succéda, sous le nom de HIAO-TSONG, à son père. S'étant fait représenter le placet de Lin-sun contre Litsé-song et les autres ho-chang, il les trouva encore plus coupables, après d'exactes informations, que l'accusateur ne les avait dépeints; et, voyant qu'ils persévéraient dans leurs désordres, il les fit tous périr. Il n'en fut pas moins attaché toutefois à la doctrine des tao-ssé, qu'il avait sucée dès sa jeunesse. Ces charlatans continuaient toujours de vanter leur prétendu breuvage de l'immortalité, malgré les démentis que l'événement leur avait si souvent donnés, et s'attribuaient, avec aussi peu de fondement, le secret de faire de l'or et de l'argent. Les ministres voyaient avec chagrin l'empereur attaché opiniâtrement à ces erreurs. Ils tâchèrent de l'en déprendre dans un placet qu'ils lui présentèrent. Mais l'empereur se contenta de louer leur zèle, sans renoncer à ses opinions. Le règne de ce prince fut de dix-huit ans. Une maladie l'emporta, l'an 1505, dans la cinquième lune, à l'âge de trente-huit ans.

TCHU-HEOU-TCHAO (1505 après J.-C.), fils de l'empereur Hiao-tsong, qui l'avait déclaré prince héritier, lui succéda, dans sa quinzième année, sous le nom de OU-TSONG. Huit eunuques du palais, dont le principal était Licou-kin, qui avait élevé le jeune empereur, formèrent le complot de le plonger dans la débauche, afin de le distraire par là des soins du gouvernement et de se rendre maîtres de l'autorité. Ils n'y réussirent malheureusement que trop. Les ministres d'État et les grands, alarmés de la conduite du prince, lui firent des remontrances fort vives par un placet dont la lecture le fit frémir. Mais les eunuques, qu'il avait congédiés, trouvèrent bientôt moyen de le regagner, et déployèrent leur ressentiment contre ceux qui les avaient desservis. Acharnés à les découvrir, ils eurent l'audace de faire publier, l'an 1507, un ordre supposé de l'empereur, dans lequel ils inculpèrent de soupçons de révolte soixante des premiers et des plus considérables de l'empire, du nombre desquels étaient deux ministres d'Etat, trois présidents de tribunaux, douze censeurs, qu'ils déclaraient tous incapables de posséder aucune charge. Ces hommes respectables furent remplacés par des gens, la plupart obscurs et entièrement dévoués aux eunuques. La conduite atroce de ces derniers causa un soulèvement général dans l'empire. Du côté de Ning-hia dans le Chen-si, Tchu-chi-fan, de la famille impériale des Ming et prince de Ngan-hoa, pensa à profiter des conjonctures pour s'élever au-dessus de son rang. Les troubles qu'il commençait d'élever ayant donné l'alarme à la cour, Yang-y-ting, ministre d Etat, imagina de se servir de l'eunuque Tchang-yong pour perdre Lieou-kin, qui en était l'auteur. Le premier de ces eunuques était ennemi de l'autre depuis une querelle fort vive qu'ils avaient eue ensemble, et malgré les soins qu'on avait pris de les réconcilier.

Comme le bruit de la révolte du prince de Ngan-hoa demandait d'être approfondi, le ministre persuada à l'empereur d'envoyer sur les lieux un homme de confiance, et fit donner cette commission à Tchang-yong. Celui-ci, à son retour, remet à l'empereur un manifeste répandu par le prince rebelle, contenant dix-sept chefs d'accusation contre Lieou-kin. Le monarque, en ayant pris lecture, se détermina, après avoir hésité quelque temps, à faire arrêter ce favori, et ordonne de faire des perquisitions chez lui. Un prodigieux amas d'armes offensives et défensives qu'on y trouva fournit la preuve du dessein qu'on lui imputait d'exciter une révolution pour placer sa famille sur le trône impérial. On ne fut pas moins convaincu de ses déprédations, à la vue de 240,000 pains d'or, pesant dix taels chacun, de 57,800 taels monnayés, en tout 24,057, 800 taels en or; de 251,583,600 taels en argent, de deux mesures ou *teou* de pierres précieuses, et d'autres effets d'un prix inestimable, énoncés dans l'inventaire qu'on fit de ses meubles. Condamné d'une voix unanime par ses juges, on le fit mourir dans la prison même où il était détenu, par la crainte qu'on eut que ses partisans n'entreprissent de le sauver.

Le parti du prince de Ngan-hoa, quoique redoutable, fut promptement réduit par la sage conduite de Kieou-yueï, officier subalterne, qui, l'ayant surpris avec une partie de ses gens, les fit conduire à la cour, où ils subirent le supplice dû aux rebelles. D'autres révoltes, qui s'élevèrent dans le même temps en différentes provinces, donnèrent plus d'exercice aux armes de l'empire. Pendant qu'on était occupé à les réprimer, Tchuchin-hao, prince de Ning, de la famille impériale des Ming, se faisait un parti dans le Kiang-si, sous prétexte de secourir le trône, occupé par les eunuques. Ou-tsong, en étant averti par ses mandarins, veut le faire arrêter. Il éclate, l'an 1519, et prend le titre d'empereur. Après s'être emparé de Nan-tchang, il s'attache à faire le siége de Nan-king. On le laisse se morfondre devant cette place, et on lui enlève Nan-tchang, dont les habitants eux-mêmes favorisèrent la conquête. S'étant embarqué avec son armée sur le Kiang, sa flotte est battue par celle des impériaux, qui, l'ayant fait prisonnier, le conduisent à Nan-tchang. L'empereur ayant appris cette victoire à Nanking, dans la huitième lune de l'an 1519, y fait amener le prince captif et les autres prisonniers. Son indolence naturelle et son éloignement pour les affaires le retiennent dans Kiangnan jusqu'à la dixième lune de l'an 1520. Pressé par ses ministres, il part à la même lune pour Pé-king, emmenant avec lui ses prisonniers. Condamnés tous à mort, ils sont exécutés, le prince à leur tête, dans la douzième lune, au milieu des rues (1). Le 14 de la troisième lune de l'an 1521, Ou-tsong meurt sans laisser de postérité, et sans s'être choisi un successeur. Dès qu'il eut fermé les yeux, l'impératrice Tchang-chi, de concert avec les ministres, appela au trône Tchu-yuentsong, l'aîné des enfants du prince de Hien, second des fils de l'empereur Hien-tsong, quoiqu'il ne fût point à la cour. Il prit le nom de Chi-tsong.

CHI-TSONG, onzième empereur de la dynastie chinoise des Ming, naquit en 1507, et monta sur le trône en 1521. Ce prince augmenta le nombre de ces souverains passifs et nuls que le titre seul de la naissance appelle, pour le malheur des peuples, au gouvernement des empires. Il ne fut ni méchant, ni cruel, il eut même les vertus et les qualités aimables de l'homme privé; mais l'histoire lui reproche justement de n'avoir pas eu celles d'un empereur. Faible, crédule et superstitieux, ami de l'oisiveté et de la mollesse, il parut ne s'occuper qu'à regret des soins du gouvernement. Dès les premiers jours de son règne, l'impératrice douairière s'empressa de faire arrêter et conduire à Pé-king le mandarin Kiang-ping, favori du dernier empereur, homme universellement détesté, et qui avait désolé l'empire par son avarice et ses concussions. Il fut mis en jugement, condamné à mort, et ses biens confisqués. On trouva chez lui soixante-dix caisses pleines d'or, deux mille deux cent cinq caisses d'argent, cent dix autres remplies de lingots d'or et d'argent mêlés, quatre cents grands plats tant en or qu'en argent, un amas prodigieux de pièces de soie les plus riches, une énorme quantité de perles, de diamants et de pierreries, et une infinité de bijoux du plus grand prix (1).

Ces faits, qui appartiennent aux temps modernes de la Chine, nous ont paru mériter d'être remarqués. Quelle doit donc être la prodigieuse opulence de cet empire, puisqu'un seul homme en place et en faveur peut s'y rendre coupable d'aussi énormes déprédations? Mais revenons à l'empereur Chi-tsong. Son dégoût pour le travail et les affaires, son apathique insouciance sur les événements excitèrent la cupidité des Tartares, qui, pendant tout le cours de son règne, ne cessèrent d'infester ses frontières du nord. Ils brûlaient les villes, ravageaient les campagnes, enlevaient les bestiaux et les habitants, et ne se retiraient que chargés de riches dépouilles. A leur exemple, les pirates du Japon et des îles voisines exerçaient le pillage sur les côtes méridionales dont ils saccageaient les habitations. Ce n'est pas que les uns et les autres ne fussent quelquefois vivement repoussés et obligés de se retirer avec perte; mais ces échecs passagers ne les empêchaient pas de renouveler leurs courses. Si Chi-tsong se refusait à tous les soins du gouvernement, il n'en était cependant pas moins occupé dans l'intérieur de son palais. Pendant les premières années de son règne, il s'était épris d'un beau feu pour la poésie, et passait toutes ses journées à composer des vers. Il les lisait à ses ministres, et ne voulait point qu'on parlât d'autre chose à la cour. Ce ridicule lui attira de la part des tribunaux de respectueuses mais vives remontrances, auxquelles, en métromane passionné, il répondit que la céleste poésie n'était nullement incompatible avec la dignité et les fonctions d'un empereur. Le goût de ce prince pour les vers fit place à un autre plus sérieux, qui le domina pendant le reste de sa vie. Il s'infatua de la chimère qui avait déjà égaré tant d'autres empereurs de la Chine. Des bonzes imposteurs promirent de lui faire découvrir le breuvage qui procure l'immortalité. La recherche de ce secret merveilleux l'occupa dès lors tout entier. Il s'entoura de bonzes ho-hang et tao-sse, s'initia dans leurs pratiques superstitieuses, qu'il répétait au milieu de son palais, fit appeler des provinces ceux des chefs de ces bonzes qui passaient pour être les plus habiles dans cette science, et donna des ordres pour qu'on lui adressât tous les livres qui traitaient de cette composition mystérieuse. On lui en fit passer jusqu'à sept cent soixante-neuf volumes. Ni les représentations de ses ministres, ni l'exemple de ses prédécesseurs, si cruellement dupes d'une semblable illusion, ni la mort même des docteurs qu'il regardait comme ses maîtres et qui avaient dirigé ses recherches, ne purent le faire renoncer à sa chimère tant qu'il fut en santé; mais il ouvrit les yeux dès qu'il se sentit atteint de la maladie qui le conduisit au tombeau. Il voulut même reconnaître solennellement son erreur par une déclaration qu'il dicta et qu'il recommanda de publier après sa mort. Cette espèce de confession publique, où ce prince mit un courage et une grandeur d'âme qu'on ne semblait pas devoir attendre de son caractère frivole et insouciant, était conçue en ces termes : « Il y a quarante-cinq ans que je suis sur le trône; mon devoir était d'honorer le *Tien* (le Seigneur du ciel), et d'avoir soin de mes peuples; cependant, animé du désir de chercher du soulagement aux maux dont j'ai presque toujours été affligé, je me suis laissé séduire par des imposteurs qui me promettaient le secret de me rendre immortel. Ce désir

(1) L'usage en Chine est d'exécuter les criminels à terre, et non sur un échafaud.

(1) Remarquons ici que le tael, ou once chinoise, est à l'once de Paris comme neuf est à huit; l'once parisienne contient huit gros, celle de la Chine contient neuf de ces mêmes gros. L'or et l'argent ne sont pas monnayés à la Chine; ces métaux y circulent en morceaux irréguliers et amincis, qu'on coupe et qu'on pèse, selon que l'exigent les transactions du commerce.

Le tael d'argent vaut 7 francs 50 centimes, monnaie de France. Le rapport de l'or à l'argent varie à la Chine selon les circonstances; mais le plus habituellement ce rapport de l'or à l'argent est comme 17 et demi à 1.

Le teou est une mesure de capacité dont on se sert pour mesurer le riz et le blé. La quantité qu'elle en contient pèse 13 livres, chacune de 16 onces; dix *teou* forment le *tan* ou *che*, autre mesure qui donne le poids de 130 livres.

m'a fait donner un mauvais exemple à mes grands et à mes peuples; je prétends le réparer par cet écrit, que je veux qu'on publie dans tout l'empire après ma mort. » L'empereur Chi-tsong mourut en 1566, dans la soixantième année de son âge.

TCHU-TAI-HEOU (1567 après J.-C.), fils de Chi-tsong, lui succéda sous le nom de MOU-TSONG, à l'âge de trente ans. Le Tartare Yenta, qui était resté tranquille pendant plusieurs années, s'imagina que, dans un commencement de règne on serait moins surveillant. Dans cette idée, il s'avança, l'an 1567, à la cinquième lune, vers Taï-tong. Mais il y trouva Lieou-koue, qui le contraignit de s'en retourner sans avoir osé rien entreprendre. Son petit-fils Pahan-naki, s'étant retiré avec dix autres à la cour de l'empereur, le désir de le ravoir l'engagea, l'année suivante, à faire la paix avec Mou-tsong, en se reconnaissant tributaire de la Chine. Dix-sept hordes de Tartares se joignirent, par leurs envoyés, à l'ambassade qu'il envoya à la Chine, pour faire les mêmes soumissions. Mou-tsong finit ses jours le 26 de la cinquième lune de l'an 1572, justement regretté de ses peuples.

CHIN-TSONG (1572 après J.-C), fils de Mou-tsong, lui succéda en bas âge, sous la régence de l'impératrice, sa mère. Des trois ministres d'Etat, Tchang-ku-tching eut le plus de part à la faveur. Il n'en abusa pas, et se servit du pouvoir qu'il avait sur l'esprit du jeune prince pour lui insinuer les vrais principes du gouvernement.

Le Tartare Yen-ta vivait en paix avec l'empire, dont il s'était reconnu tributaire sous le dernier règne. Comme le principal et presque l'unique commerce de sa nation consistait en chevaux, Pintou, son fils, sollicita à la cour impériale l'établissement d'une foire de ces animaux à l'ouest du Hoang-ho. Sur le refus qui lui en fut fait, il se mit à ravager les frontières occidentales du Chen-si. On fut obligé de lui accorder sa demande, et il cessa ses hostilités. Le commerce des Tartares avec la Chine ne se bornait pas aux chevaux; ils apportaient aussi dans les foires des pelleteries et du ginseng, plante admirable, qui se trouve principalement en Tartarie et au Canada. Le P. Martini se trompe, en disant qu'elle se rencontre aussi à la Chine.

L'an 1583, arrivée du P. Matthieu Ricci, jésuite italien, à la Chine, pour y prêcher l'Evangile. C'est le premier de sa compagnie qui ait pénétré dans cet empire (1). Après avoir essuyé bien des traverses, il fut reçu favorablement à la cour impériale, grâce à une montre à répétition et à une horloge dont il fit présent à l'empereur. L'horloge fut placée sur une tour bâtie exprès par ordre de ce prince (M. Deshautesrayes). Chin-tsong lui ayant demandé une carte géographique, il la disposa de façon que la Chine se trouvait située au milieu de la terre. Il chercha par ses prévenances et ses démonstrations scientifiques à ne pas choquer trop ouvertement les Chinois, et à substituer les préceptes de l'Evangile aux maximes et aux pratiques du paganisme. Ce fut par ce moyen, ajoute-t-on, qu'il obtint de faire bâtir une église (N. D. H). Ricci mourut en 1610, à l'âge, non de cinquante-huit ans, mais de quatre-vingt-huit; son nom en chinois était Li-ma-teou.

Popaï, Tartare d'origine et d'une naissance commune, s'étant attiré des affaires avec le chef de sa horde, avait échappé au châtiment en passant au service des Chinois. Intrépide dans les combats, il y était parvenu, par une suite de belles actions, au grade de lieutenant général des troupes de l'empire. Mais, le vice-roi du Chan-si l'ayant irrité par ses mauvais procédés, il se révolta, et entraîna dans son parti les troupes de Ninghia, avec lesquelles il se rendit maître de presque toutes les places d'armes du Hoang-ho. Pinglou, qu'il fit assiéger, l'an 1592, jusqu'à deux fois par ses lieutenants, fut la seule place qui lui résista. La fortune partout ailleurs favorisa ses armes. Les impériaux, après avoir été battus par ses troupes, se rassemblèrent au nombre de trois cent cinquante mille hommes autour de Ninghia, où ils l'investirent. Repoussés dans un violent assaut, où ils étaient parvenus à se loger sur les remparts, ils imaginèrent de construire une digue pour faire refluer les eaux du Hoang-ho dans la place. L'inondation ayant abattu une partie des murs, les impériaux, par un nouvel assaut, se rendirent les maîtres de la place, où ils mirent le feu. Popaï, se voyant alors sans ressource, se précipita dans les flammes, où il fut bientôt étouffé. Cet événement est du 5 de la neuvième lune de l'an 1592.

(1) Saint François-Xavier ne parvint point jusqu'à la Chine, et mourut en y allant, dans l'île de Sancian.

A cette guerre en succéda une autre bien plus terrible dans la Corée contre les Japonais. Ceux-ci, sous la conduite de Ping-sieou-ki, soldat de fortune, avaient envahi, l'an 1592, ce royaume. Li-fong ou Li-pan, roi de Corée, prince voluptueux, s'étant retiré dans le Leao-tong, supplia l'empereur de la Chine, non-seulement de le recevoir comme son sujet, mais de réduire son royaume en province. Les généraux japonais, apprenant que les Chinois faisaient défiler une armée considérable en Corée, cherchèrent à gagner du temps, en déclarant que leur dessein n'était pas de subjuguer cette péninsule, mais qu'après avoir poussé leurs conquêtes jusqu'à la rivière de Ta-tong-kiang ils retourneraient au Japon. Cependant ils ne laissèrent pas de se rendre dans Sior, capitale de Corée, et de mettre des garnisons suffisantes dans les places les plus importantes. Dans le même temps, Ping-sieou-ki se rendit maître du royaume de Chao-ching, et reçut le titre de Taï-ko. Les Chinois opposèrent ruse à ruse, et firent entendre aux généraux du Taï-ko qu'ils venaient au nom de l'empereur pour créer leur maître roi de Corée. Les Japonais, étant venus près de la ville de Ping-iang pour les recevoir comme amis, reconnurent bientôt leur erreur. Li-yu-song, qui commandait les Chinois, après quelques attaques, ayant fait donner un assaut général, ses troupes y entrèrent victorieuses le 8 de la première lune de l'an 1593. Ce ne fut que le prélude d'autres succès, qui furent tels, qu'en peu de temps les Japonais perdirent quatre provinces de la Corée. Nous n'entrerons pas plus avant dans le détail de cette guerre. La suite ne fut pas également heureuse pour les Chinois. Les hostilités durèrent sept ans, et ne finirent qu'à la mort de Ping-sieou-ki, arrivée le 9 de la septième lune de l'an 1598 (1). Les Japonais évacuèrent alors la Corée, dont toutes les places entrèrent ensuite sous l'obéissance de leurs anciens maîtres.

Les princes tartares mantchous, de la famille actuellement régnante en Chine, rapportent le commencement de leur dynastie, comme empereurs, aux dernières années de Chin-tsong. Il paraît certain qu'ils étaient de la race des Nu-tchin ou Nu-tche de Nan-koan Le chef de cette famille s'appelait Hétourgala, auquel succéda Sing-ou-tchi-hoang-ti, ensuite King-tsou-y-hoang-ti, qui fut remplacé après sa mort par Sien-tsou et Huen-hoang-ti, prédécesseur de Taï-tsou. Ces quatre premiers princes étaient chefs d'une petite horde de Tartares établie à Sing-king. Partagés entre la culture de leurs terres et le soin de leurs troupeaux, ces Tartares vivaient en paix avec la Chine. Les mandarins ayant entrepris de les transférer par force dans le Leao-tong, ils prirent les armes l'an 1616, sous la conduite de Taï-tsong, qu'ils proclamèrent empereur.

Taï-tsou, fondateur de la dynastie des Mantchous.

Vainqueur des armées qu'on leur opposa, ils forcèrent toutes les villes qu'ils attaquèrent, et portèrent la terreur jusque dans Pé king. Ces désastres, joints à la perte de l'impératrice Ouang-chi, causèrent à Chin-tsong une maladie qui le conduisit au tombeau dans la quarante-huitième année de son règne, le 14 de la septième lune de l'an 1620.

(1) Cette guerre est diversement racontée par le P. du Halde et par le P. de Mailla. L'éditeur de ce dernier laisse en doute auquel des deux est due la préférence.

TAI-CHANG-LOU (1620 après J.-C.), fils aîné de Chin-tsong, lui succéda, à l'âge de trente-neuf ans, sous le nom de KOUANG-TSONG. Il avait d'excellentes qualités; mais la faiblesse de son tempérament succomba en moins d'un mois à l'application qu'il donna aux affaires. Un de ses médecins, le voyant dangereusement malade, lui fit prendre le prétendu breuvage de l'immortalité, qui l'enleva le premier jour de la neuvième lune de l'an 1620.

HI-TSONG (1620), fils aîné de Kouang-tsong, qui l'avait recommandé, en mourant, à ses ministres, pour l'élever sur le trône après lui, refusa pendant quelques jours d'y monter. Cédant enfin aux représentations des grands, il en prit possession le sixième jour de la deuxième lune, à l'âge de seize ans.

Les Tartares, étant retournés chez eux, paraissaient assez tranquilles. Mais, avertis que le roi de Leao-tong faisait fortifier les endroits par où ils pouvaient y entrer, ils montent aussitôt à cheval, se jettent dans le Leao-tong; et, le 11 de la deuxième lune de l'an 1621, ils attaquent la ville de Fan-yang, défendue par le lieutenant général Hochi-hien, avec une forte garnison. Les assiégés, dans une sortie, sont complétement battus par les Tartares, auxquels s'étaient joints des Chinois déserteurs; après quoi les vainqueurs, poursuivant les fuyards, entrent pêle-mêle avec eux dans la ville, où ils massacrent tous ceux qui ne veulent pas se mettre à leur service. Leao-yang, capitale de la province, qu'ils assiégèrent ensuite, subit le même sort, malgré la brave défense du vice-roi et les secours que lui apportèrent différents partis de Chinois répandus dans la campagne. Après la prise de cette place, les Tartares publièrent un édit, par lequel ils promettaient la vie à tous ceux qui voudraient se raser et s'habiller à la manière des Tartares (1). « Ainsi, un grand nombre de Chinois, peu jaloux d'être victimes de leur fidélité, s'empressèrent de se conformer à l'édit; et, pour convaincre leurs vainqueurs de la sincérité de leur soumission, ils s'habillèrent entièrement à la tartare. Cependant, malgré la solennité de leur promesse, les Tartares ayant permis aux marchands des autres provinces qui se trouvaient alors à Leao-yang, de se retirer et d'emporter leurs effets, à peine furent-ils sortis, qu'ils tombèrent sur eux, et les pillèrent après qu'ils les eurent inhumainement massacrés » (Deshautesrayes).

A la nouvelle de la prise de Leao-yang, la cour impériale fit faire de nouvelles levées de troupes pour marcher au secours de Leao-tong. Mais le vice-roi du Sse-tchuen ayant ordonné la réforme d'une partie de celles de ce département, sans leur faire donner la paix nécessaire pour retourner en leur pays, causa, par cette injustice, une sédition. Les mécontents, après avoir tué le vice-roi dans Yong-ning du Sse-tchuen, s'emparèrent de la plus grande partie de cette province, excités et encouragés par Che-tsong-ming, gouverneur héréditaire du département de Yon-ning. La plupart des mandarins se donnèrent la mort pour ne pas survivre à la perte des villes dont la garde leur était confiée.

Dans ces entrefaites, on vit une héroïne, Tsin-leang, gouvernante de Che-tchu pendant la minorité de son fils, marcher à la tête de ses troupes, au secours des impériaux, et, après avoir couvert la ville de Tching-tcheou, s'emparer de celle de Ku-tang, pour avoir une communication avec un détachement qu'elle avait laissé sur le bord du Kiang. De là elle vola au secours de Tching-tou, que les rebelles, fiers d'une victoire qu'ils venaient de remporter sur les impériaux, assiégeaient avec toute l'ardeur que ce succès leur inspirait. Ce serait un détail curieux, mais trop long, que le récit des ruses de guerre et des nouvelles machines que les rebelles mirent en usage pour emporter la place, ainsi que de celles qu'employa le gouverneur, Tchu-ye-yuen, pour triompher de leurs efforts. A la fin, il y réussit, et délivra la ville d'un siége qui avait duré cent deux jours. Pour récompense il obtint la vice-royauté de la province. De nouvelles défaites qu'il fit essuyer aux rebelles, avec le secours de l'héroïne de Che-tchu, obligèrent Che-tsong-ming, leur chef, à se retirer à Tsun-y-fou, avec ce qu'il put recueillir des débris de son armée.

Cette révolte était presque éteinte lorsqu'il s'en éleva une nouvelle dans le Kouei-tcheou, excitée par Ngan-pang-yen, d'une famille qui avait le gouvernement d'un pays assez étendu, nommé Chouï-si, sur les confins de cette province et de celle de Yun-nan. Des troubles, dans le même temps, excités par Su-hong-iu, agitèrent le Chan-tong. Ngan-pang-yen brava, pendant deux ans, les armées de l'empire envoyées contre lui, leur donna plusieurs échecs, et fit des siéges où il montra sa valeur et son habileté. C'est ainsi que les Chinois semblaient avoir conjuré, avec les Tartares, la ruine de leur empire. Une trahison, sur la fin de 1622, arrêta les progrès de Su-hong-iu. Livré par les siens au vice-roi Tchao-yen, il fut exécuté au milieu des rues de Teng-hien. Le général Ouang-sen-chen, de son côté, poursuivait avec vigueur le rebelle Ngan-pang-yen. Mais, trahi par un des émissaires de celui-ci, qui avait passé à son service, il tomba dans une embuscade où il périt, l'an 1624, avec tout son monde, à l'exception de son frère et d'un autre officier. Les rebelles cependant avaient été si maltraités et leur pays était si dévasté, qu'ils ne furent plus en état de rien entreprendre.

Les Mantchous, contents des conquêtes qu'ils avaient faites dans le Leao-tong, demeuraient tranquilles au milieu de ces troubles. L'an 1625, le 11 de la huitième lune, ils perdirent leur empereur Taï-tsou, qui, ayant quitté la ville d'Olotobi à l'est de la montagne de Tchang-pi-chan, avait transporté le siége de son empire à Mougden, auparavant nommé Chin-yang. Son fils, Taï-tsong, lui ayant succédé, le vice-roi du Leao-tong l'envoya féliciter sur son avénement au trône. Le Tartare, dans une lettre qu'il remit aux députés du vice-roi pour leur maître, détailla les griefs que sa nation avait contre les Chinois; témoignant d'ailleurs un désir sincère d'établir une paix solide entre les deux empires. Une réponse du vice-roi, peu satisfaisante, fut suivie d'une réplique qui précéda de peu de jours la mort de l'empereur Hi-tsong. Ce prince, d'une complexion faible, finit sa carrière l'an 1627, dans la huitième lune, à l'âge de vingt-trois ans, sans laisser de fils.

Ce fut sous ce règne que les Chinois commencèrent à faire usage de l'artillerie. « Dès l'an 1620, la ville de Macao avait envoyé à l'empereur Chin-tsong trois grandes pièces avec des canonniers : elles furent conduites à Pé-king, où on les éprouva en présence des mandarins de la cour et d'un concours prodigieux de spectateurs. Un accident changea en effroi l'admiration qu'elles causèrent : un Portugais et quatre Chinois furent tués. L'effet de ces machines terribles fit juger qu'elles seraient d'une grande utilité contre les Tartares, et on les transporta sur les frontières. Les Tartares, attirés par la curiosité, s'étant approchés pour les examiner, on leur lâcha une bordée qui en renversa plusieurs; les autres prirent la fuite : et depuis ils furent plus circonspects à éviter la portée de ces machines, dont l'effet leur avait été si funeste la première fois » (Deshautesrayes).

TCHOU-YEOU-KIEN (1627 après J.-C.), frère puîné de l'empereur Hi-tsong, lui succéda sous le nom de HOAI-TSONG. L'empereur des Mantchous, piqué du silence que le vice-roi du Leao-tong opposait à sa dernière lettre, recommença la guerre contre la Chine. Mais, après avoir conquis trois villes et treize bourgades, il suspendit les hostilités pour donner le temps à la cour de Pé-king d'entrer dans les vues pacifiques qu'il avait proposées. Voyant qu'on continuait à les dédaigner, il résolut de pousser la guerre avec toute la vigueur possible. On ne peut refuser des éloges aux précautions que son humanité lui suggéra pour prévenir les désordres que la guerre entraîne ordinairement après elle. Attentif à faire observer une discipline exacte parmi ses troupes, il ne leur permit d'exercer ni le massacre ni le pillage dans les villes dont il se rendit maître. Il invitait même par des promesses, qu'il fut toujours fidèle à remplir, les garnisons des places, soit avant d'en faire le siége, soit après les avoir conquises, à s'enrôler sous ses drapeaux : ce qui lui réussit beaucoup mieux que la force de ses armes. On vit les villes s'empresser de lui envoyer leurs clefs, des armées entières passer à son service. La désertion ne fut pas néanmoins universelle en Chine; et il se trouva des vice-rois, des généraux et des mandarins, qui aimèrent mieux se donner la mort que de manquer à la fidélité qu'ils devaient à

(1) « Les Tartares se rasent dès que leurs cheveux commencent à pousser, et s'arrachent les poils de la barbe jusqu'à la racine, ne gardant que des moustaches; ils laissent croître derrière la tête une touffe de cheveux, qui pend négligemment sur l'épaule en forme de queue, et portent un bonnet de pluche rouge, ou d'un tissu de crin, teint en noir ou en écarlate. Sa forme est ronde avec une bordure de martre ou de castor. Leurs habits, qui descendent jusqu'aux talons, ont des manches semblables à celles des Hongrois et des Polonais, mais pas tout à fait si larges que celles des Chinois. A leur ceinture pend, de chaque côté, un mouchoir pour s'essuyer les mains et le visage, de même qu'un couteau avec deux bourses où ils mettent du tabac. Ils portent comme nous leur cimeterre à gauche, mais la poignée est retournée, et ils le retirent du fourreau en passant la main droite derrière le dos. Leur chaussure est une espèce de patins, dont la semelle unie et sans talons est épaisse de trois doigts. Leurs bottines sont faites de cuir de cheval, apprêté, ou bien d'étoffe de soie; mais ils n'ont point l'usage des éperons » (DESHAUTESRAYES).

leur souverain. Mais ces exemples furent rares, et n'arrêtèrent pas la rapidité des conquêtes du prince tartare. L'an 1629, le 17 de la onzième lune, son armée s'avança jusqu'à vingt li de Pé-king; et, le 16 de la lune suivante, un de ses détachements, s'étant approché jusqu'à deux li de cette capitale, lui rapporta qu'il avait aperçu près des murs un camp retranché de quarante mille hommes. Taï-tsong, dès le soir même, alla surprendre ce camp; et, l'ayant forcé dès la première attaque, il le joncha des cadavres des Chinois, et mit en fuite ceux qui purent échapper au glaive, ou les fit prisonniers. Il n'osa néanmoins tenter le siége de Pé-king, et se retira pour aller prendre d'autres villes.

Taï-tsong, en subjuguant les Chinois, prenait leur gouvernement pour modèle. Au commencement de l'an 1631, il établit six tribunaux semblables aux six tribunaux de Pé-king; savoir: le tribunal des mandarins de l'État, celui des tributs, celui des rites et cérémonies, celui de la guerre, celui des corvées, et le tribunal des ouvrages publics.

Quoique la guerre que les Mantchous faisaient à la Chine leur frayât le chemin pour s'en rendre un jour les maîtres, l'empire avait encore plus à craindre des Chinois mêmes. Dans la plupart des provinces on ne voyait qu'émeutes, que séditions, que révoltes. Il est aisé de préjuger combien ces troubles favorisèrent les progrès des Tartares. Ces progrès furent tels, que l'an 1635, le 5 de la troisième lune, tous les princes et les grands, Mantchous, Mongous et Chinois, s'étant assemblés au palais, chaque nation présenta à Taï-tsong un placet écrit en sa langue, par lequel elle le priait de ne plus différer à se faire proclamer empereur de la Chine. Ce prince y consentit enfin; mais il voulut que son inauguration fût précédée par un sacrifice solennel, dans lequel on immolerait une grande victime, ce qui s'exécuta dans la campagne le 11 de la même lune; après quoi Taï-tsong prit le titre d'empereur, et donna le nom de TA-SING à sa dynastie. Le reste de cette année et les suivantes, les Mantchous ne cessèrent de faire des courses dans la Chine; mais ils n'en devinrent maîtres que parce qu'ils y furent appelés comme auxiliaires contre les rebelles qui la désolaient. Entre les différents chefs de ceux-ci, les deux plus redoutables étaient Tchang-hien-tchong et Li-tse-tching. Le premier, après avoir causé beaucoup de mal dans le Chen-si, sa patrie, le Honan et le Hou-kouang, poursuivi par les impériaux, s'enfuit dans le Kiang-nan, d'où il revint bientôt après avec de nouvelles forces, qui le rendirent maître de plusieurs places dans le Ho-nan. Mais le général Tso-leang-yu, l'ayant battu jusqu'à trois fois en 1640, le contraignit de se réfugier dans les montagnes avec peu de monde. Les débris de son armée furent recueillis par Li-tse-tching, qui se vit avec ce renfort à la tête de cinq cent mille hommes. Il avait nouvellement échoué devant Caï-fong-fou. Mais, ayant repris ce siége au commencement de 1642, il réduisit la place, en neuf mois d'attaques, aux horreurs d'une famine plus grande que celle du siége de Jérusalem. Le général des impériaux, pour dernière ressource, ayant fait couper les digues du Hoang-ho pour inonder le camp des ennemis, fit éprouver ce même désastre à la ville, où plus de deux cent mille hommes furent noyés. Le camp des rebelles souffrit beaucoup moins, parce qu'il était plus exhaussé que le fleuve. Devenus maîtres de Caï-fong-fou, ils firent réparer les dégâts du fleuve et écouler les eaux. Tandis que Li-tse-tching pénétrait dans le Hou-kouang, Tchang-hien-tchong remplissait de sang et de carnage divers départements du Kouang-si. Ayant forcé Vou-tchang, il en fit jeter les habitants dans le Kiang, et porta même la barbarie jusqu'à les aller voir lutter contre les flots et les horreurs de la mort. Li-tse-tchin, plus fort et plus habile que lui, étendait plus loin ses conquêtes avec moins de férocité. L'an 1643, se voyant maître de plus du tiers de l'empire, il se crut en état de succéder à la dynastie des Ming, et prit le titre d'empereur. Pour le réaliser complétement, il proposa dans un conseil de guerre les moyens d'achever la réduction du reste de l'empire. Le résultat de la délibération fut, qu'ayant sous ses drapeaux un million d'hommes, il devait choisir les plus braves, et les mener par le Chan-si à la conquête de Pé-king. Il suivit cet avis; et, ayant passé le Hoang-ho, il soumit, avec plus ou moins de difficulté, toutes les villes qui se trouvèrent sur son passage. Il ne douta plus alors qu'il ne vînt à bout de se rendre maître de la capitale de l'empire. Un détachement qu'il envoya, s'étant approché de la place, mit le feu dans un des faubourgs. Les rebelles, cependant, ne l'auraient jamais prise, si elle avait eu un homme de tête capable de la défendre. Cent cinquante mille hommes de troupes réglées, des provisions de guerre et de bouche suffisantes pour soutenir un long siége, et la présence du souverain auraient fait échouer l'entreprise. Mais l'empereur lui-même ruina ses affaires par une confiance aveugle en ses ministres. La moitié de ses troupes effectives ayant été placée hors des murs pour arrêter l'ennemi, jeta bas les armes dès qu'elle aperçut Li-tse-tching à la tête de trois cent mille hommes, et passa du côté des rebelles. Hoaï-tsong, apprenant quelques moments après que l'ennemi était déjà maître des portes, se pendit de désespoir le 19 de la troisième lune de l'an 1644. Li-tse-tching entra le même jour dans Pé-king; mais il rencontra le général Li-koue-tching, qui lui disputa le terrain de rue en rue. L'ayant accablé par le nombre et fait prisonnier, il lui proposa de passer à son service. Le général y consentit, à condition qu'il ferait enterrer avec les honneurs dus à leur rang l'empereur et l'impératrice, qui avait précédé, par une mort également volontaire, la triste fin de son époux. Li-tse-tching accorda la demande : mais, après avoir assisté aux funérailles de ses maîtres, le général se poignarda pour ne pas servir un rebelle. N'étant plus obligé de tenir la parole qu'il avait donnée, Li-tse-tching abattit le palais des ancêtres des Ming, et fit mourir tous ceux de cette famille qui se trouvaient à Pé-king. Maître de cette capitale, il ne mit plus de bornes à son ambition. Mais elle fut traversée par un brave Chinois, rempli de l'esprit patriotique. C'était Ou-san-koueï, général des troupes impériales contre les Mantchous, qu'il contenait par sa valeur dans les bornes de la Tartarie. Apprenant la mort de son souverain, il appela, pour la venger, ces mêmes oppresseurs de sa nation. Les Mantchous n'avaient plus de monarque depuis la mort de Taï-tsong, arrivée l'an 1636, et se gouvernaient par un conseil national. Avec leur secours, Ou-san-koueï va se présenter devant Pé-king, et fait une horrible boucherie des rebelles commandés par un lieutenant de Li-tse-tching. Celui-ci l'ayant joint près de Yong-ping-fou, le 2 de la quatrième lune, avec une armée de soixante mille hommes, traînant avec lui le prince héritier, deux autres princes du sang, et Ou-siang, père de Ou-san-koueï, leur livra bataille sans hésiter. La mêlée fut terrible; mais, quoique supérieur en nombre, Li-tse-tching fut obligé de prendre la fuite, après avoir laissé trente mille hommes sur le champ de bataille. S'étant retiré à Pé-king, les troupes qu'il y avait rassemblées essuyèrent devant cette ville une nouvelle défaite, qui coûta la vie au père du vainqueur. Li-tse-tching, par une basse vengeance, fit couper la tête à Ou-siang, et la fit exposer sur les remparts, le 4 de la quatrième lune 1644, à la vue du camp des impériaux. Pour raffermir son autorité chancelante, il se fit saluer empereur par tous les mandarins qui se trouvaient dans la capitale. Il en sortit ensuite, emportant les trésors immenses dont la possession lui coûta tant de crimes.

Les Tartares, après le départ de Li-tse-tchin, se crurent autorisés, par les secours qu'ils avaient donnés aux Chinois, à remplir le trône vacant de leur empire, et y élevèrent CHUN-TCHI, neveu de Taï-tsong, enfant de sept ans, qui, dès lors, par ses qualités naissantes, donnait les plus grandes espérances. Mais les mandarins de la cour de Nan-king, ne pouvant se résoudre à passer sous une domination étrangère, opposèrent à cette élection celle de Tchu-yeou-song, arrière-petit-fils de l'empereur Chin-tsong.

TCHU-YEOU-SONG (1644 après J.-C.), prince de Fou, étant arrivé à Nan-king, sur une députation que les mandarins lui avaient faite, fut salué empereur, le 5 de la cinquième lune, sous le nom de CHI-TSOU-TCHANG-TI, après avoir hésité trois jours s'il accepterait cette périlleuse dignité. La Chine se trouva ainsi divisée entre trois prétendants à l'empire. Ou-san-koueï, contraint de dissimuler l'entreprise des Tartares, tourna toutes ses forces contre Li-tse-tching, qu'il réduisit, après deux nouvelles victoires remportées sur lui, à s'aller cacher avec une poignée de ses gens dans la montagne de Lo-kong. La faim l'ayant obligé d'en sortir, il fut tué avec sa troupe par des paysans qui les reconnurent pour des rebelles. La mort de Li-tse-tching éteignit la rébellion, et laissa aux Tartares la liberté d'étendre leur domination dans la Chine. La conduite pleine de sagesse qu'ils tinrent constamment envers les régnicoles y contribua plus que la force de leurs armes; et la peine de voir un prince étranger assis sur le trône de leur nation fut bientôt adoucie par la manière dont ils furent traités. « La Chine, en changeant de maître, ne changea ni de forme, ni de gouvernement. Les tribunaux de Pé-king subsistèrent sur le pied qu'ils avaient été établis; et l'on se contenta de doubler les emplois, afin d'avoir des places à donner aux Tartares... Les soldats chinois étaient incorporés dans les armées, et les officiers élevés à des grades proportionnés à leur capacité et à leurs services » (de Mailla).

La cour de Nan-king se conduisait d'une manière bien différente. Guidés uniquement par leurs intérêts particuliers, et comptant pour rien l'utilité publique, les grands qui la composaient n'étaient occupés qu'à se supplanter. Le monarque, plongé dans la mollesse, vivait dans la même sécurité que s'il n'eût eu aucun ennemi à redouter. Pour tout remède aux dissensions et aux querelles qui s'élevaient parmi les courtisans, il se contentait de faire de continuels changements dans les places, sans faire aucun discernement des bons et des méchants, des hommes capables et de ceux qui ne l'étaient pas.

Les Tartares profitèrent des troubles qui régnaient à la cour de Nan-king pour avancer leurs conquêtes. Maîtres de toute la partie septentrionale de la Chine, ils passèrent le Hoang-ho dans la deuxième lune de l'an 1645, et, après avoir soumis rapidement diverses places, ils arrivèrent le 24 de la même lune, devant Yang-tcheou. Le général Sse-ko-fou, qui avec des forces inférieures leur avait inutilement disputé le passage du fleuve, s'était jeté dans la place, où il fit la plus belle défense qu'on pouvait attendre d'un capitaine expérimenté. Mais, épuisé de fatigues, couvert de sang, environné de tous côtés par les ennemis qui avaient escaladé les murs, près de tomber entre leurs mains, il se tua lui-même : exemple qui fut suivi par plusieurs mandarins qui s'étaient renfermés dans Yang-tcheou. Maîtres de cette ville, les Tartares envoyèrent des détachements se saisir de tous les postes qui étaient le long du Kiang. Le 10 de la cinquième lune, un officier, dépêché de Tching-kiang à Nan-king, apporta la nouvelle qu'ils s'étaient emparés du port. Le prince, épouvanté, prend la fuite au milieu de la nuit avec un petit nombre de ses courtisans. Les Tartares paraissent le 14 sous les murs de la ville, dont les clefs sont apportées au général, avant qu'on la somme de se rendre. On fait courir après le prince fugitif, qui est atteint au moment qu'il allait s'embarquer sur le Kiang. Comme on est près de le saisir, un de ses courtisans, le prenant à bras le corps, se précipite avec lui dans le fleuve. Toute la famille des Ming ne fut point éteinte par sa mort. Il en restait plusieurs princes; mais, presque également jaloux d'occuper un trône environné de tant de précipices, ils paraissaient disposés à ne point permettre qu'aucun d'eux y montât. Celui que les vœux des grands et de la nation y appelaient, et qu'on regardait comme le plus propre à réparer les malheurs de sa dynastie, était le prince de Loun-ngan. Possesseur des villes les plus riches et les plus puissantes de l'empire, ayant ses Etats placés près du théâtre de la guerre, tout ce qu'il y avait de bons officiers et de braves soldats dans les armées du prince de Fou s'était retiré chez lui à Hang-tcheou, capitale du Tche-kiang, où il faisait sa résidence ordinaire. Ses qualités personnelles donnaient à la politique un nouveau motif qui devait le faire préférer à ses compétiteurs. Mais ni les prières des grands, ni les instances de toutes les personnes attachées à son service, ne purent lui faire accepter un trône qu'il prévoyait devoir lui être disputé par les princes de son sang. Il fit plus, il se sacrifia lui-même pour le salut de ses sujets. Les Tartares, dans le cours de leurs conquêtes, étant venus investir Hang-tcheou, il consentit à se remettre entre leurs mains, sous la promesse qu'ils firent d'épargner la garnison, les mandarins et le peuple. Cette conduite était fondée sur l'impuissance où il se trouvait avec ses propres forces de résister à une armée très-supérieure, n'ayant aucun secours à espérer des princes de sa famille, quoiqu'il les en eût très-fortement sollicités. Cette générosité aurait dû lui concilier l'estime et l'admiration des vainqueurs; mais la politique ne leur permit pas de laisser vivre un rejeton de la famille des Ming, à laquelle ils enlevaient l'empire. Les mandarins, honteux de survivre à leur maître, se donnèrent eux-mêmes la mort, pour le suivre au tombeau. Tandis que ces scènes d'horreur se passaient dans le Tche-kiang occidental, deux nouveaux prétendants à l'empire, tous deux de la famille des Ming, le prince de Lou et Tchu-tsing-kien, prince des Tang, travaillaient dans la partie orientale de cette province à faire réussir les projets de leur ambition. Opposés l'un à l'autre, le premier se contenta du titre de protecteur de l'empire, et le second prit hardiment celui d'empereur. Ce dernier ayant attiré dans son parti le fameux Tching-tchi-long, lui fit quitter le métier de pirate, qu'il exerçait sur les côtes de la Chine, pour le mettre à la tête de ses troupes. Les entreprises du prince des Tang prospérèrent tant qu'elles furent conduites par ce général; mais un événement les brouilla sans retour. Le prince de Lou ayant envoyé, l'an 1646, Tchen-kien, un de ses officiers, pour traiter avec le prince des Tang, celui-ci fit mourir l'ambassadeur, sur ce que dans l'audience publique qu'il lui accorda il ne lui donna que le titre en usage parmi les princes de l'empire. Tchin-tchi-long, ami de Tchen-kien, jura qu'il vengerait sa mort. S'étant retiré à bord de sa flotte, il offrit ses services au prince de Lou. On vit depuis ce temps déchoir la puissance du prince des Tang par l'incapacité des généraux qu'il avait substitués à Tchen-tchi-long. Obligé de fuir, après avoir été abandonné des siens, devant les Tartares qui le poursuivaient, il fut atteint à Ting-tcheou; et, se voyant dans l'impossibilité d'échapper, il se précipita dans un puits, où il périt misérablement l'an 1646. La mort de ce prince fut suivie de la perte du Fou-kien et du Kiang-si, qui tombèrent au pouvoir des Tartares.

Le prince des Tang laissait un frère qui s'était sauvé du Fou-kien, et prenait le titre de prince de Tchu-yue-ngao. A la nouvelle de la mort du premier, le second étant arrivé à Kouang-tcheou, capitale du Kouang-tong, y trouva les princes et les grands de la cour chinoise occupés à délibérer sur le choix d'un successeur à l'empire, sans pouvoir rien conclure, tant ils étaient divisés de sentiments : sa présence termina les différends, et réunit tous les partis en sa faveur. Il fut proclamé solennellement empereur, et s'empressa de prendre possession du trône. Mais dans le même temps Kiu-che-sse, vice-roi du Kouang-si, appelé Thomas par les chrétiens, dont il avait embrassé la religion, ayant assemblé les grands mandarins de son département, leur persuada que Tchu-yeou-tcie prince de Yong-ming, étant petit-fils de l'empereur Chin-tsong, avait le droit le plus légitime à l'empire. Aussitôt il emporta l'unanimité des suffrages. Une députation qu'on lui fit pour lui annoncer son élection l'ayant salué empereur, il refusa ce titre, et se contenta de celui de prince de Koueï. Tchu-yue-ngao lui ayant déclaré la guerre, les armées des deux compétiteurs se livrèrent à Chang-fou, une sanglante bataille dont celle du prince de Koueï sortit victorieuse. Il n'eut pas le même bonheur contre les Tartares, qui, l'ayant battu près de Kouang-tcheou, l'obligèrent de fuir de ville en ville. Mais Kiu-che-sse, qui avait procuré son élévation, lui rendit le courage par une grande victoire qu'il remporta, l'an 1647, sur les Tartares devant Koueï-lin, qu'ils assiégeaient sous les ordres du général chinois Li-tching-tong. Kiu-che-sse lui procura, l'année suivante, un nouvel avantage encore plus éclatant sous les murs de la même place. Cet événement fit un tel effet dans l'empire, que les plus belles provinces vinrent faire leurs soumissions au prince de Koueï. Ce fut Li-tching-tong lui-même qui fut le principal auteur de cette révolution. Mais la fortune se lassa bientôt de favoriser les armes du prince de Koueï. Ses généraux, Kin-tchin-hoan et Li-tching-tong ayant échoué, l'an 1649, au siége de Kan-tcheou, dans le Kiang-si, eurent le malheur de se noyer tous les deux, mais non pas dans la même rivière, en fuyant devant les Tartares. Les affaires de ce prince ne furent plus désormais qu'un enchaînement de peines et de disgrâces.

La Chine fut délivrée, vers le même temps, du rebelle Tchang-hien-tching, non moins redoutable aux Chinois qu'aux Tartares. Les ravages qu'il commit dans le Chen-si, le Ho-nan, le Ho-kouang, le Kiang-nan, le Sse-tchuen, surpassent toutes les horreurs qu'on peut imaginer; sa fureur éclata surtout dans le Sse-tchuen. S'étant rendu maître de Tching-ton, capitale de cette province, il y attira les lettrés, classe de gens qu'il haïssait mortellement, sous prétexte de les élever à de nouveaux honneurs; et trente-deux mille s'y étant rendus, il les fit tous égorger. Il fit subir le même sort à trois mille eunuques, et à tous les ho-chan qui se trouvaient dans Tching-ton. Ce ne fut point encore là où se termina la barbarie de ce monstre dans le Sse-tchuen. Ayant appris qu'un de ses généraux, qu'il avait envoyé contre les Tartares avait passé à leur service, il s'en prit à cette province, dont il fit massacrer jusqu'à six cent mille habitants, comme s'ils eussent été complices du général directeur. Ses propres concubines furent les victimes de sa cruauté. Pour n'avoir aucun obstacle dans ses armées, et se préparer à repousser les Tartares qui venaient à lui, il fit égorger jusqu'à deux cent quatre-vingts de ces malheureuses, et persuada à ses soldats de faire le même traitement à leurs femmes, dont il périt dans cette boucherie jusqu'à quatre cent mille. Enfin, étant près de Han-tchong, il fut tué d'un coup de flèche par les soldats d'une armée de Tartares, qu'il était allé reconnaître.

***Statistique de l'empire chinois sur la fin de la dynastie des Ming et au commencement de la dynastie tartare-mantchoue.***

Plusieurs missionnaires européens, tels que Martini et Magalhau, qui étaient en Chine sur la fin de la dynastie des *Ming* et au commencement de la dynastie *tartare-mantchoue*, ont publié des renseignements curieux sur l'état de l'empire chinois à cette époque, puisés dans leurs propres observations ou dans les livres chinois de la dynastie des Ming. Nous allons en reproduire les faits les plus importants, afin de faire voir quelle riche conquête firent les Tartares Mantchous en s'emparant de la Chine, et à quelle époque doivent se rapporter les *descriptions* de la Chine que la plupart des géographes et des historiens en ont tracées, en suivant sans discernement le travail des anciens missionnaires jésuites.

La Chine, sous les *Ming*, était divisée en quinze provinces, qui, par leur grandeur, leur richesse, leur fertilité, pouvaient être appelées des royaumes.

« Les lieux murés, dit le P. Gabriel de Magalhan (1), (qui mourut à Pé-king en 1677, après vingt-neuf ans de séjour à la cour des empereurs, et huit qu'il avait passés auparavant, de 1640 à 1648, à parcourir presque toutes les parties de la Chine), les lieux murés sont au nombre de 4,402, et ils sont divisés en deux ordres, le civil et le militaire. L'ordre civil contient 2,045 lieux murés, savoir : 175 villes du premier ordre, que les Chinois appellent *fou;* 274 du second ordre, qu'on appelle *tcheou;* 1,288 villes du troisième ordre, qu'on appelle *hien;* 250 hôtelleries royales, appelées *ye;* et 103 sentinelles ou hôtelleries royales du second ordre, qu'on nomme *tchang-chin.*

» Entre les cités et les villes de cet empire j'en compte plusieurs situées dans les provinces de Yun-nan, de Queï-cheu, de Quam-si et de Su-chuen, et qui toutefois ne payent aucun tribut à l'empereur, et ne lui obéissent point, mais à des princes ou seigneurs particuliers ou absolus; les villes, pour l'ordinaire, sont de telle sorte entourées de hautes montagnes et de rochers escarpés, qu'il semble que la nature ait pris plaisir à les fortifier. Au dedans de ces montagnes il y a des campagnes et des plaines de plus d'une journée de chemin, où l'on voit des cités du premier et du second ordre, et beaucoup de villes et villages. Les peuples soumis à ces seigneurs se servent de la langue chinoise avec les Chinois; mais, outre celle-là, ils ont encore leur langage particulier.

» Les Chinois ont fait imprimer un itinéraire public, qui contient tous les chemins, tant par terre que par eau, depuis Pé-king jusqu'aux dernières extrémités de l'empire. Les mandarins qui partent de la cour pour aller exercer leurs emplois et tous les voyageurs se servent de ce livre pour savoir la route qu'ils doivent tenir, la distance d'un lieu à l'autre, et les stades de chaque journée. Dans ce livre tous les chemins royaux de l'empire sont divisés en 1,145 journées, dont chacune a un lieu où les mandarins sont logés et défrayés aux dépens de l'empereur, quand ils vont exercer leurs emplois; mais, quand on les prive de leurs charges, ils perdent aussi le droit d'être logés. Ces 1,145 lieux se nomment *ye* et *tchin*, ou en joignant ces deux mots *ye-tchin*, c'est-à-dire *lieux de logement et de sentinelle;* et c'est avec beaucoup de raison qu'on leur a imposé ce nom; car on y attend les mandarins avec autant de soin et de circonspection que si l'on y était en garde contre une armée ennemie. De ces lieux, il y en a 735 dans les villes du premier et du second ordre, dans les villes frontières et dans les châteaux situés au dedans de l'empire; 205 sont dans les lieux appelés *ye*, et 103 dans ceux qu'on appelle *tchin*. Les uns et les autres ont été bâtis autrefois dans les endroits où il n'y avait point de villes, et peuvent être appelés villes du second ordre, parce qu'ils sont tous entourés de murailles, qu'ils ont chacun un mandarin qui les gouverne, et qu'il y en a quelques-uns plus grands et plus peuplés que beaucoup de villes et de cités. Il y en a 102 qui n'ont point de murailles, mais qui sont des lieux fort grands et fort peuplés. Un jour avant le départ du mandarin, on fait partir un courrier avec une petite planche ou tablette que les Chinois nomment *paï*, sur laquelle sont écrits les noms et la charge de cet officier, et au bas son nom et son sceau. Aussitôt qu'on l'a vue, on nettoie et prépare le palais où il doit loger, et ces préparatifs sont plus ou moins grands et plus ou moins somptueux, à proportion de la dignité du mandarin : comme les viandes, les portefaix, les chevaux, les chaises, les litières ou les barques, si le voyage se fait par eau, et enfin tout ce qui lui peut être nécessaire. Dans ces hôtelleries on reçoit de la même manière, à proportion, toutes sortes d'autres personnes tant Chinois qu'étrangers, à qui l'empereur accorde cette grâce. Dans ces mêmes endroits, les courriers du gouvernement prennent ce dont ils ont besoin, pour aller en toute diligence. Ils y trouvent toujours des chevaux en état de partir.

(1) *Nouvelle Relation de la Chine*, etc.; traduction française. Paris, 1688, in-4°.

» L'empire de la Chine a 11,502,872 familles ou feux, sans y comprendre les femmes, les enfants, les pauvres, les mandarins qui sont en charge, les soldats, les bacheliers, les licenciés, les docteurs, les mandarins dispensés de servir, ceux qui vivent sur les rivières, les bonzes, les eunuques, ni tous ceux qui sont de sang royal, parce qu'on ne compte que ceux qui cultivent les terres, ou qui payent des tributs ou des rentes à l'empereur. Il y a dans tout l'empire 59,788,364 hommes ou mâles. Voilà ce qui regarde l'ordre civil de la Chine.

» L'ordre militaire contient 929 grandes forteresses du premier ordre, et fort importantes, soit sur les frontières pour servir de clefs ou de défenses à l'empire contre les Tartares, soit sur les confins des provinces contre les voleurs et les rebelles. Les Chinois les appellent *kouan*.

» Il y a 567 forteresses du second ordre, qu'on appelle *gouei* en langue chinoise; 311 forteresses du troisième ordre, appelées *so;* 300 du quatrième ordre, appelées *tchin* (qui ont le même nom et la même signification que celles du cinquième ordre civil); et 150 du cinquième ordre, appelées *pao*. Il y a 100 forteresses du sixième ordre appelées *pou*, et enfin 300 du septième ordre, qu'on nomme *tchaï*. Ces dernières sont de diverses sortes; les unes sont dans les champs et servent de refuge aux laboureurs, qui s'y retirent avec leurs bestiaux, leurs instruments aratoires et leurs meubles, quand les Tartares, les voleurs ou les rebelles courent la campagne, ou même quand les armées de l'empereur sont en marche; d'autres sont situées sur des montagnes escarpées en précipice, où l'on monte ou par des degrés taillés dans le roc, ou par des échelles de corde ou de bois qu'on ôte quand on veut; et celles-ci n'ont pour l'ordinaire aucune muraille, parce qu'elles n'en ont pas besoin; les autres enfin sont aussi sur des montagnes; mais elles ont quelque avenue, et celles-ci sont revêtues d'une double et triple muraille du côté de l'entrée.

» Par ce dénombrement, on voit que les lieux militaires sont au nombre de 2,357, qui, étant joints avec ceux de l'ordre civil, montent à 4,402.

» Outre cela, il y a au dedans et au dehors de ces grandes murailles qui environnent la Chine plus de 3,000 tours ou châteaux appelés *taï*, chacun desquels a son nom propre. On y tient toute l'année des gardes et des sentinelles, qui donnent l'alarme dès que l'ennemi paraît, et font signal de jour avec une bannière qu'ils élèvent au plus haut de la tour, et la nuit avec un grand flambeau allumé. Si nous comptions ces tours ou châteaux parmi les lieux militaires dont ces derniers feraient le huitième ordre, il y en aurait en tout 5,357.

» Le nombre des soldats qui gardent la grande muraille est de 902,054. Les troupes auxiliaires, qui y accourent quand les Tartares se mettent en devoir d'entrer dans la Chine, sont innombrables, et il y a 389,167 chevaux destinés pour les troupes. La dépense que l'empereur fait pour la paye des officiers et des soldats monte tous les ans à la somme de 5,034,714 livres.

» Par ce que nous avons dit des soldats destinés à la garde des murailles et des frontières contre les Tartares, on peut aisément juger de la quantité de ceux qui sont employés sur les confins des provinces, dans les cités, dans les villes et dans tous les autres lieux murés du royaume, où il n'y en a aucun qui n'ait sa garnison. Ils sont au nombre de 767,970, qui, en temps de paix, gardent et accompagnent pendant le jour les mandarins, les ambassadeurs et autres personnes défrayées aux dépens de l'empereur, et, pendant la nuit, sont en sentinelle auprès de leur barque ou de leur logement. Quand ils ont fait une journée, ils s'en retournent à leurs garnisons, et d'autres leur succèdent et prennent leur place. Les chevaux que l'empereur entretient, tant pour les troupes que dans les postes, se montent à 564,900. Ces soldats et ces chevaux sont toujours entretenus; mais, quand il y a quelque révolte ou quelque guerre, les armées qui s'assemblent et qui accourent de toutes les provinces sont presque innombrables.

» Il y a dans les quinze provinces de l'empire :

» 331 ponts célèbres;

» 1,472 fleuves et rivières navigables, lacs poissonneux, fontaines chaudes, médicinales et merveilleuses;

» 2,099 montagnes fameuses, soit parce qu'elles ont été taillées en forme d'idoles monstrueuses, soit à cause de leurs sources, de leurs herbes et de leurs minéraux doués de grandes vertus, ou par leur hauteur extraordinaire, ou par des beautés qui les distinguent des autres;

» 1,159 tours, arcs de triomphe et autres semblables ouvrages magnifiques, élevés en l'honneur des empereurs illustres, des hommes célèbres par leur valeur ou leur science, des veuves ou des filles renommées par leur chasteté et leurs vertus;

» 272 bibliothèques embellies de beaucoup d'ornements, abondantes en livres, et bâties avec de grandes dépenses ;

» 2,099 pièces antiques fameuses, comme statues, peintures célèbres, vases de grand prix et d'une grande célébrité ;

» 709 temples construits par les Chinois en divers temps en mémoire de leurs ancêtres, et considérables par leur grandeur et par la beauté de leur architecture ;

» 480 temples d'idoles, célèbres et très-fréquentés à cause de leurs richesses ou des fables que l'on raconte de leurs idoles. Dans ces temples et dans les autres de tout l'empire, dont le nombre est incroyable, habitent 350,000 bonzes patentés ;

» 685 mausolées, fameux par leur architecture et par leur richesse.

» On comptait en Chine, à la même époque :

» 3,636 hommes illustres et renommés par leurs vertus, par leur science, par leur courage et par leur valeur, etc. ;

» 208 filles, femmes ou veuves qui, par leur chasteté, leur courage et leurs actions héroïques, se sont rendues dignes d'une éternelle mémoire ;

» 90,000 bacheliers, qui ont étudié dans autant de colléges qu'il y a de villes de tous les ordres.

» D'après les catalogues chinois, imprimés quatre fois par an avec des types mobiles, il y avait en Chine :

» 13,647 mandarins de lettres dans tout l'empire, et 18,520 mandarins d'armes.

» Voici l'état des revenus de l'empereur qui entraient tous les ans dans ses trésors et dans ses magasins. Nous l'avons tiré, dit le P. Magalhan, d'un auteur fort exact et d'une grande autorité parmi les Chinois, et dont les livres s'appellent *Ou-hio-pien*.

» Il entre tous les ans dans le trésor royal 18,600,000 écus d'argent (1), en quoi toutefois ne sont pas compris les droits qu'on lève sur tout ce qui s'achète et qui se vend dans tout l'empire, ni le profit de quelques millions que l'empereur prête à des usures excessives, ni les revenus des terres, des bois et des jardins royaux qui sont en grand nombre, ni l'argent des confiscations, qui se monte quelquefois à plusieurs millions ; ni enfin les rentes des biens immeubles confisqués sur les criminels de lèse-majesté, sur les rebelles, sur ceux qui volent les deniers royaux, ou qui volent sur le peuple jusqu'à la somme de mille écus et au-dessus, ou qui commettent des crimes énormes, ou qui font de grandes fautes dans l'exercice de leurs charges, et, en d'autres cas, que l'avarice des ministres détermine pour avoir prétexte de dépouiller les particuliers. — Ci... 18,600,000 écus.

» Il entre aussi dans le trésor, sous le titre de revenus de l'impératrice, 1,823,962 écus.

» On porte tous les ans dans les magasins de la cour :

1° 43,328,834 sacs de riz et de blé ;
2° 1,315,937 pains de sel, du poids de cinquante livres chacun ;
3° 258 livres de vermillon très-fin ;
4° 94,737 livres de vernis ;
5° 38,550 livres de fruits secs, comme des raisins, des figues, des noix, des châtaignes, etc.

(1) Ce sont plutôt des *liang* ou *onces* d'argent, qui valent 7 francs 50 centimes.

» On porte dans les garde-robes de l'empereur :

1° 1,655,432 livres de soie de diverses couleurs et en étoffes, comme étoffe simple, velours, satin, damas et autres ; en quoi ne sont pas compris les habits impériaux qu'apportent les barques dont il a été question ;
2° 476,270 pièces de soie légère, dont les Chinois s'habillent en été ;
3° 272,903 livres de soie écrue ;
4° 396,480 pièces de toile de coton ;
5° 464,217 livres de coton ;
6° 56,280 pièces de toile de chanvre ;
7° 21,470 sacs de fèves, qu'on donne aux chevaux de l'empereur au lieu d'avoine ;

Et 8° 2,598,583 bottes de paille, chacune du poids de quinze livres. Ces deux derniers articles étaient ainsi sous les empereurs chinois ; mais ils sont à présent au triple et même au quadruple, à cause de la grande quantité de chevaux que les empereurs tartares entretiennent.

» Outre toutes ces choses, tirées du livre chinois que j'ai cité, on en amène plusieurs autres à la cour, par forme de redevance, comme des bœufs, des moutons, des cochons, des oies, des canards, des poules et autres animaux domestiques ; quantité de venaison et du gibier, comme des sangliers, des ours, des cerfs, des daims, des lièvres, des lapins, des poules de bois, et d'autres oiseaux terrestres et aquatiques ; des poissons, comme des barbeaux, des truites fort grandes, et beaucoup d'autres, tous excellents, et dont je ne sais pas les noms en portugais ; toutes sortes d'herbes de jardin, aussi vertes et aussi fraîches au milieu de l'hiver, qui est très-grand en cette cour, qu'au printemps, etc. Je n'ai pu savoir au juste la quantité précise qu'on apporte tous les jours de toutes ces choses ; je puis toutefois assurer qu'il en entre au palais une si grande abondance, qu'elle paraîtrait incroyable si je pouvais l'exprimer exactement. »

Le P. Martin Martini, dans son *Atlas sinensis*, publié à Anvers en 1654, c'est-à-dire trente-quatre ans avant la publication de l'ouvrage du P. Magalhan, donne des chiffres différents pour les revenus de l'empereur ; il porte à 60,000,000 d'écus ce qui entrait annuellement dans les coffres de l'empereur sous la dynastie des Ming, sans y comprendre ce que les gouverneurs tiraient des deniers publics, ni l'argent pour l'entretien des officiers et soldats ; de sorte qu'il portait à 150 millions d'écus (1) le revenu total. Au reste, ajoute-t-il, l'empereur ne peut disposer de la moindre partie de cette grande somme, car on met tout cet argent dans le trésor public ; néanmoins il a tout ce qu'il veut, mais il faut qu'il le demande au surintendant des finances et aux trésoriers. Nous réunissons dans le tableau suivant (2) les chiffres de la population et des impôts de chaque province, tels que les donne disséminés Martini, d'après des livres et documents chinois :

(1) Si le P. Martini, comme il est probable, entendait par ce terme d'*écus*, le *liang* ou *once* d'argent des Chinois, qui vaut 7 francs 50 centimes de notre monnaie, le revenu en question s'élèverait à un milliard cent vingt-cinq millions de notre monnaie.

(2) Ce tableau est emprunté à l'ouvrage de M. Pauthier sur la Chine.

| N<sup>os</sup> D'ORDRE. | NOMS DES PROVINCES de l'empire. | NOMBRE DES | | POPULATION PAR | | PRINCIPAUX TRIBUTS PAYÉS EN NATURE. | | | | | | | |
|---|---|---|---|---|---|---|---|---|---|---|---|---|---|
| | | métropoles. | villes second. | familles. | individus mâles. | Sacs de riz, millet, froment. | Livres de fin lin. | Etoffe de soie en pièces. | Livres de soie écrue. | Livres de soie filée. | Livres de coton. | Bottes de paille et de foin. | Mesures de sel. |
| 1 | Pé-tchi-li..... | 8 | 135 | 418,989 | 3,452,254 | 601,153 | 224 | » | » | 45,185 | 13,748 | 8,757,284 | 130,870 |
| 2 | Chan-si....... | 5 | 92 | 589,959 | 5,084,015 | 2,274,022 | 50 | » | » | 4,770 | » | 9,544,850 | 420,000 |
| 3 | Chen-si....... | 8 | 107 | 831,051 | 3,934,176 | 1,929,057 | 360 | 9,218 | » | » | 17,172 | 1,514,749 | » |
| 4 | Chan-toung.. | 6 | 92 | 770,555 | 6,759,675 | 2,812,119 | » | 53,990 | » | » | 52,449 | 3,824,290 | » |
| 5 | Ho-nan....... | 8 | 100 | 589,296 | 5,106,270 | 2,314,477 | » | 9,959 | 24,509 | » | 341 | 2,288,744 | » |
| 6 | Sse-tchouan.. | 8 | 124 | 464,129 | 2,204,170 | 6,106,660 | » | » | » | 6,339 | 74,851 | » | 149,177 |
| 7 | Hou-kouang.. | 45 | 108 | 531,686 | 4,835,590 | 2,167,559 | » | 17,977 | » | » | » | » | » |
| 8 | Kiang-si....... | 13 | 67 | 1,963,629 | 6,549,800 | 1,616,600 | » | 11,516 | » | 3,250 | » | » | » |
| 9 | Kiang-nou.... | 14 | 110 | 1,969,816 | 9,967,429 | 5,095,034 | 2,077 | 28,452 | » | 6,863 | » | 5,804,217 | 705,100 |
| 10 | Tche-kiang... | 11 | 63 | 1,242,135 | 4,525,470 | 2,510,299 | » | 2,574 | 370,466 | » | » | 7,704,491 | 444,769 |
| 11 | Fou-kien...... | 8 | 48 | 509,200 | 1,802,677 | 883,115 | » | 600 | 194 | » | » | » | » |
| 12 | Kouang-toung | 10 | 73 | 483,360 | 1,978,922 | 1,017,772 | » | » | » | » | » | » | 37,380 |
| 13 | Kouang-si.... | 11 | 99 | 186,719 | 1,054,760 | 431,959 | » | » | » | » | » | » | » |
| 14 | Koueï-tcheou. | 8 | 10 | 45,305 | 231,365 | 47,658 | 5,900 | » | » | » | » | » | » |
| 15 | Yun-nan...... | 22 | 84 | 132,958 | 1,433,110 | 1,400,568 | » | » | » | » | » | » | 56,965 |
| | Totaux. | 185 | 1312 | 10,728,787 | 58,917,683 | 32,108,052 | 8,611 | 135,286 | 394,169 | 66,387 | 158,561 | 39,418,625 | 1,944,261 |

Ainsi, selon le P. Martini et les livres chinois qu'il a consultés, il y avait sous les derniers empereurs des Ming :

185 métropoles ou capitales des provinces ;

1,312 villes secondaires ;

10,728,787 familles ;

58,917,683 hommes mâles, sans les exceptions précitées.

Le revenu de l'empereur (c'est-à-dire du pouvoir exécutif) était, en nature, de :

32,108,052 sacs de riz, de millet et de froment, chaque sac pesant cent vingt livres ;

8,611 livres de lin fin, la livre étant de vingt onces ;

135,286 pièces ou rouleaux d'étoffes de soie ;

394,169 livres de soie écrue ;

66,387 livres de soie filée ;

158,561 livres de coton ;

39,418,625 bottes de paille et de foin, tirées de sept provinces, pour les chevaux de l'empereur ;

1,944,261 mesures de sel, chaque mesure pesant cent vingt livres, tirées de sept provinces.

La quantité de sacs de riz envoyés annuellement à la cour, des provinces méridionales, par la voie du grand canal, et transportés sur plus de 9,000 navires (chargés chacun de 500 sacs), excédait 4,500,000.

Parmi ces tributs ne sont pas compris les produits des douanes, des péages, des droits imposés sur les navires, etc., etc., qui se montaient encore à des sommes très-élevées. On peut donc facilement établir avec Martini que les revenus de l'empire s'élevaient à 150,000,000 d'écus, ou (en supposant que l'écu qu'il prenait pour unité de son calcul était le *liang* ou *once* d'argent de la Chine) à un milliard cent vingt-cinq millions de francs.

### XXII<sup>e</sup> DYNASTIE : LES TSING.

1649. Cette année est celle que les Chinois comptent pour la première de Chun-tchi. Il entrait alors dans sa quatorzième année. Ses oncles, qui exerçaient la régence, jugeant à propos de le marier, lui cherchèrent une épouse parmi les princes mongous. L'ambassade qu'ils envoyèrent pour en faire la demande était magnifique. Mais, en passant à Taï-tong, les jeunes gens qui la composaient ayant enlevé la fille de l'un des plus distingués de la ville, qu'on menait en pompe à son époux, excitèrent parmi les citoyens un soulèvement universel. Le gouverneur Kiang-tsaï, s'étant vainement plaint de cet attentat au chef de l'ambassade, fit main basse sur tous les gens de sa suite. Il n'en demeura pas là. Il publia un manifeste pour exhorter la nation chinoise à la vengeance. Cet écrit produisit tout l'effet que le gouverneur pouvait espérer. Tout ce qu'il y avait de plus brave et de plus courageux dans le Chan-si et le Chen-si accourut pour se joindre à lui. Il engagea même dans son parti le prince mongou, dont la fille avait été l'objet de l'ambassade. La cour de Pé-king vint à bout de détacher de la ligue ce prince, et de renouer le mariage de sa fille avec le jeune empereur. Mais Kiang-tsaï n'en fut pas moins ardent à poursuivre les Chinois. Deux grandes batailles qu'il gagna sur eux répandirent l'alarme dans Pé-king. S'étant ensuite retiré dans Taï-tong pour y faire reposer ses troupes, il y fut investi par le général Tse-tching-ouang. Un fossé large et profond que celui-ci fit creuser autour de la place semblait fermer toute issue aux assiégés. King-tsaï, à la tête de ses soldats, le force, après un combat de quatre heures ; mais, en poursuivant l'ennemi, une flèche dont il est atteint lui enlève la victoire avec la vie.

Le prince de Koueï, malgré les derniers revers qu'il avait essuyés, s'était fait reconnaître empereur des provinces méridionales de la Chine. Mais ce titre ne le réconcilia point avec la fortune. Deux batailles qu'il perdit, en 1650, contre les Tartares furent suivies de la prise de Koueï-lin, sa capitale, qui, se trouvant alors dégarnie de troupes, et n'espérant aucun secours d'ailleurs, ne put être défendue par le ministre Kiu-sse-che et le grand général Tchang-long-tchang, qui s'y étaient renfermés. Ce fut en vain que le général ennemi proposa à l'un et à l'autre de passer au service des Tartares. Les trouvant inébranlables, il ne put refuser des éloges à leur fidélité ; mais la politique ne lui permit pas de la laisser impunie. Tous deux, par ses ordres, subirent le dernier supplice. Les Tartares éprouvèrent plus de difficultés au siége de Kouang-tcheou, qu'ils firent ensuite. Secourue par une flotte que Tching-tching-kong, fils de Tching-chi-long, lui avait amenée, elle se défendit pendant huit mois, et n'eût vraisemblablement pas été prise, si des traîtres n'en eussent ouvert une des portes aux ennemis.

L'an 1651 mourut le prince Tse-tching-ouang, chef de régence à la cour de Pé-king. Le jeune empereur avait tant de respect pour lui, qu'il ne le nomma jamais que *Père prince*. Il lui était en effet redevable du trône et de la réunion de l'empire sous ses lois. Chun-tchi, après sa mort, prit les rênes du gouvernement, et les mania avec une sagesse qui lui attira l'admiration générale. Toutes les provinces de la Chine lui obéissaient ; mais il lui restait à soumettre la mer, que Tching-tching-kong infestait avec d'autant plus de liberté, que les Tartares n'avaient point de marine. Ce pirate leur avait voué une haine mortelle depuis qu'ils retenaient prisonnier à Pé-king Tching-tchu-long, son père, qu'ils y avaient attiré sous les promesses les plus flatteuses. Le fils avait appris son métier du père, qu'il surpassa en habileté comme en férocité.

On vit arriver, en 1656, à Pé-king une ambassade des Russes, nommés Oros par les Chinois. Elle avait pour chef une espèce de Cosaque nommé Baïkof, et pour objet l'établissement d'un commerce libre entre les deux nations. Le czar Alexis avait fait remettre à son ambassadeur la valeur de 40,000 roubles, tant en argent qu'en marchandises. A son arrivée, celui-ci fut reçu avec honneur. On vint à sa rencontre, et on lui assigna un logement convenable et une table somptueuse. Mais son opiniâtreté à ne vouloir pas se soumettre aux usages et aux formalités du pays rendit sa légation inutile. Il ne fut point admis à l'audience de l'empereur; on lui renvoya ses présents, et il fut reconduit aux frontières sans aucun honneur (M. Lévesque, *Histoire de Russie*, tome III, p. 456).

Le pirate Tching-tching-kong, fidèle à sa haine contre les Tartares, continuait à désoler les côtes de la Chine. La province de Fou-kien fut celle qu'il incommoda le plus par ses descentes. Il battit les Tartares en diverses rencontres, emporta plusieurs villes, et se rembarquait toujours chargé de butin. Ce qui lui attachait le plus les Chinois, c'était le zèle qu'il montrait pour les intérêts du prince de Koueï. Depuis ses derniers revers, ce prince s'était retiré dans le royaume de *Mien*, où il attendait le retour de la fortune. Ayant appris, l'an 1658, qu'il s'élevait un nouveau parti en sa faveur dans le Koueï-tcheou, il se mit en marche avec une petite armée pour s'y rendre. Mais, en traversant le Yun-nan, il fut pris avec son fils par le fameux Ousan-koueï, qui les fit étrangler. Ils étaient les seuls qu'on reconnût alors pour être de la famille des Ming. En immolant ces deux victimes, on ôtait aux Chinois tout prétexte de révolte, et l'espérance de rétablir cette dynastie. Tching-tching-kong cependant venait de donner un rude échec sur mer aux Mantchous. Honteux de le voir maître de la mer, sans avoir un seul vaisseau à lui opposer, ils s'étaient déterminés enfin à équiper une flotte qui fit voile vers les îles du Fou-kien, où l'on s'attendait à le rencontrer. Le pirate épargna aux Tartares la peine de venir le chercher. Etant allé au-devant d'eux, il leur coula à fond plusieurs vaisseaux, en prit un plus grand nombre, et regagna triomphant une des îles qui lui servaient de retraite. Là, s'étant fait amener quatre mille prisonniers, il leur fit couper le nez et les oreilles, voulant marquer par cette barbarie aux Tartares qu'ils n'avaient aucune paix à attendre de lui. Mais, apprenant le triste sort du dernier des Ming, sous le nom duquel il avait jusque-là fait la guerre aux Tartares, il cessa pour un temps d'infester les côtes de la Chine, et tourna ses vues du côté de l'île Formose, dans le dessein de s'y former un établissement solide. Cette île était possédée alors par les Hollandais, nommés par les Chinois *Hong-mao*, à qui les Japonais l'avaient cédée. Tchong-tching-kong y ayant fait une descente en 1662, enleva aux Hollandais le fort nommé *Castel Zelandia*, qu'ils y avaient bâti en 1634, et parvint à les chasser de l'île, ainsi que de celle de Taï-ouan, dont il se forma un gouvernement sur le modèle de celui des Chinois. Mais un an et quelques mois après, il mourut, laissant pour successeur Tching-king-maï, son fils.

La petite vérole, dans ces entrefaites, emporta, l'an 1661, l'empereur Chun-tchi. Le cours de sa vie ne répondit pas à la brillante aurore de ses premières années. Sur la fin de son règne, étant devenu éperdument épris de la femme d'un de ses officiers, il chercha querelle à celui-ci, et le maltraita de manière qu'il en mourut de chagrin au bout de trois jours. L'empereur ayant ensuite épousé sa veuve, en eut un fils dont la naissance fut célébrée par des réjouissances extraordinaires. Mais la mort de cet enfant, qui ne vécut que trois mois, fut suivie de près de celle de sa mère. Chun-tchi, s'abandonnant alors au désespoir, voulait attenter à sa propre vie. Il ordonna d'apaiser les mânes de cette princesse par le sacrifice de trente hommes qui s'offriraient volontairement : coutume barbare que son successeur abolit. Il fit brûler son corps, à la manière des Tartares, dans un cercueil de bois précieux, richement orné. Les superstitions des bonzes, qu'il avait jusqu'alors méprisées, devinrent ses pratiques familières; il prit leur habit, embrassa leur règle, exhorta ses courtisans de l'un et de l'autre sexe à l'imiter. Livré entièrement au culte des idoles, il fit élever en leur honneur trois pagodes dans son palais. Ce fut en vain que le P. Adam Schall, jésuite, qu'il avait mis à la tête du tribunal des mathématiques, sous le nom de Tang-jo-ouang, et qu'il n'appelait jamais que *Ma-fa, respectable père*, tenta de rappeler ce prince à lui-même. Il n'avait que vingt-quatre ans lorsqu'il mourut. Il se fit néanmoins de grandes choses au commencement de son règne; mais on en fut redevable aux qualités sublimes du prince Ama-ouang, son oncle et son tuteur. « Ce régent, dit M. Deshautesrayes, prépara le règne brillant de Khang-hi, comme on a vu chez nous, dans le même temps, le ministre de Louis XIII jeter, pour ainsi dire, les fondements de la gloire et de la puissance de Louis XIV. »

Ce fut la première année du règne de Chun-tchi que les jésuites missionnaires apprirent aux Chinois la fabrique des armes et la fonte des canons qu'ils ignoraient (de Mailla).

Khang-hi, en chinois, ou Elkhe-taifin, en mantchou (l'inaltérable paix), est le nom sous lequel les Européens connaissent l'un des empereurs les plus célèbres de la dynastie tartare qui occupe en ce moment le trône de la Chine; mais ce n'est réellement, sous ces deux formes, que le titre donné par ce prince aux années de son règne, suivant la coutume des empereurs chinois. Khang-hi, que nous nommerons ainsi pour nous conformer à l'usage adopté par les missionnaires, se nommait Hiouan-ye (éclair bleu) : mais c'est là un *petit nom*, dont il n'est pas permis de se servir en parlant des empereurs; et celui de Ching-tsou (le saint aïeul), qu'on lui a donné après sa mort, ne peut non plus s'employer dans le récit des événements de sa vie. Khang-hi était le second fils de Chun-tchi, véritable fondateur de la dynastie des Tsing ou des Mantchous : car les autres princes de la même famille, auxquels on a donné après coup le titre d'empereur, n'ont réellement exercé aucune autorité en Chine.

Le jeune prince, qui n'était point fils de l'impératrice, mais d'une des femmes du second rang de l'empereur Chun-tchi, n'avait encore que huit ans quand il perdit son père en 1661; et, malgré sa jeunesse et l'établissement encore récent d'une puissance étrangère au milieu d'une nation jalouse de ses droits, il fut unanimement reconnu par tous les grands d'entre les Mantchous, les Mongols et les Chinois. Peu de jours après son inauguration, il y eut un conseil général ou une assemblée, dans laquelle on nomma quatre régents pour gouverner pendant la minorité : l'un des premiers actes de leur autorité fut l'expulsion des eunuques, qui, sous divers titres, s'étaient introduits dans le palais impérial, comme au temps de la décadence des dynasties précédentes, et qui menaçaient d'anéantir à sa naissance le pouvoir de celle-ci par leurs usurpations tyranniques. Une loi expresse, qu'on fit graver sur une plaque de fer du poids de mille livres, interdit pour l'avenir aux princes mantchous, la faculté d'élever les eunuques à aucune charge ou dignité. Les principales provinces de l'empire et les peuples de Tartarie se trouvaient, dès cette époque, paisiblement soumis aux Mantchous; et l'*inaltérable paix*, dont on leur donnait l'espérance par le nom assigné au règne du nouvel empereur, contribua sans doute à rendre leur soumission plus absolue.

Un seul ennemi troublait encore la tranquillité publique : c'était un pirate, prêt à devenir un roi, qui s'était emparé de l'île Formose, et de là tenait en échec, avec quelques barques, toutes les flottes de l'empire, et menaçait les provinces maritimes. On n'imagina rien de mieux, pour lui couper les ressources qu'il tirait de ses ravages mêmes et de ses descentes sur les côtes du Fou-kian, que de détruire tous les villages, bourgs et forts voisins de la mer, et de transporter les habitants dans l'intérieur de l'empire. C'est là sans doute un étrange système de défense; mais les gouvernants à la Chine sont capables de l'entreprendre : les peuples s'y soumettraient aveuglément, et ce serait peut-être, malgré sa bizarrerie, le moyen qui leur réussirait le mieux, dans le cas d'une invasion des Européens sur quelque point de leurs côtes. De cette manière, on sauverait l'empire, en ajoutant du côté de la mer une ceinture de déserts, semblables à ceux que la nature a placés, comme pour en défendre l'accès, du côté du nord et du nord-ouest. Le pirate fut en effet victime de cet usage extraordinaire qu'on fit de la force d'inertie. Ses compagnons l'abandonnèrent quand il ne sut plus où les mener au pillage.

Khang-hi n'était âgé que de treize ans, lorsque Souï, le plus âgé des quatre régents, vint à mourir. Le prince profita de cette occasion pour saisir les rênes de l'Etat, et s'affranchir du joug des trois autres régents. L'un d'eux même, qui, plus que ses collègues, avait abusé de son autorité, fut peu après arrêté, jugé, et convaincu sur douze chefs d'accusation plus ou moins graves. On le condamna, lui et un de ses fils, à être mis en pièces; sept autres fils furent décapités; et toute la grâce que le jeune empereur fit au père fut de se borner à le faire étrangler. Un caractère inflexible, joint à une sagesse remplie de modération, double présage de la tranquillité du peuple, se faisait déjà remarquer dans le prince; dès l'âge de quinze ans, il se montrait appliqué à l'étude et ennemi de la mollesse, et il faisait tout à la fois dans les lettres et dans la tactique, dans la philosophie et dans les exercices militaires, les progrès convenables à un souverain qui avait à gouverner des Chinois et des Tartares.

Une affaire, dont nous aurions peine en Europe à concevoir l'importance politique, fournit à Khang-hi une occasion de montrer sa sagacité, et de faire preuve d'un esprit supérieur aux préjugés de sa nation. Il s'agissait de l'astronomie européenne, que, depuis la mort du P. Adam Schall, les mathématiciens chinois attaquaient avec une nouvelle ardeur. Malgré les cabales de tous les grands et les représentations de tous les tribunaux, qui faisaient de cette dispute une affaire nationale, une expérience de gnomonique suffit à l'empereur pour reconnaître la supériorité des procédés européens et de ceux du P. Verbiest en particulier. Cet astronome fut nommé chef du bureau des astronomes, ou, comme disent les missionnaires, président du tribunal des mathématiques; et l'on vit, au grand regret des Chinois, et ainsi qu'ils le dénommaient, un bonze d'Occident faire succéder ses méthodes à celle des musulmans, qui, du moins, avaient dans les prédictions astrologiques dont ils s'occupaient spécialement, un point de contact avec les astronomes du pays. Les éclaircissements que Khang-hi avait demandés au P. Verbiest, piquèrent vivement la curiosité du prince : la gnomonique l'avait conduit à la géométrie, à l'arpentage, à la musique même. Son esprit, vaste et pénétrant, embrassait toutes nos sciences; il en sentait l'enchaînement et la liaison; il admirait la précision et l'exactitude de leurs méthodes et de leurs procédés. En un mot, il devenait insensiblement le disciple des jésuites, quand des embarras d'un autre genre vinrent le détourner de ses études et absorber toute son attention.

Le fameux Ou-san-koueï, qui avait en quelque sorte livré l'empire aux Mantchous, était devenu prince du Yun-nan et du Koueï-tcheou. Les précautions qu'il semblait prendre dans sa principauté contre les Mantchous le leur rendirent suspect, et la défiance devint réciproque. Il craignit qu'on ne voulût joindre ses Etats à ceux qui formaient l'empire des Tsing. On crut, ou l'on feignit de croire qu'il avait le projet de faire révolter les provinces du Midi. Pour le forcer à se déclarer, et avoir en même temps un motif légitime de lui faire la guerre, on le somma de venir en personne à la cour prêter l'hommage qu'il devait, et qu'il n'avait pas rendu depuis longtemps. Averti par son fils, qui était retenu en otage à Pé-king, des soupçons qu'on avait conçus contre lui, il voulut éluder cette démarche, qui le livrait sans défense entre les mains de l'empereur. Celui-ci envoya deux officiers pour l'engager à s'acquitter de son devoir. Mais, tout en traitant les deux envoyés avec le plus grand respect, le prince ne laissa pas de reprocher avec beaucoup de vivacité aux Tartares leur ingratitude envers un homme qui les avait introduits dans la Chine; « Je me rendrai à Pé-king, ajouta-t-il, si l'on continue à me presser; mais ce sera à la tête de quatre-vingt mille hommes. Vous pouvez y retourner; j'espère vous y suivre dans peu, accompagné de manière à rappeler ce qu'on me doit, et ce qu'on a trop oublié. » Ses menaces ne furent pas vaines; ses mesures avaient été bien prises; et, aussitôt que les envoyés de l'empereur furent partis, il quitta l'habit tartare, et reprit celui des Chinois. Il proscrivit le calendrier des Tsing, et en fit distribuer un nouveau dans l'empire, et parmi les princes tributaires. Ce qu'il y avait de national dans cette révolte pouvait la rendre universelle. Le Yun-nan, qui lui obéissait, le Koueï-tcheou, le Sse-tchouan et le Hou-kouang se déclarèrent pour lui. Si Khang-hi n'eût été qu'un prince ordinaire, la dynastie des Tsing expirait, pour ainsi dire, en naissant; et le même homme qui avait frayé la route du trône aux Tartares aurait pu les en précipiter.

Le fils d'Ou-san-koueï, qui était à la cour, agissait de son côté moins noblement que son père, mais d'une manière tout aussi efficace. Profitant des dispositions des esclaves chinois qui étaient à Pé-king, et qu'il jugea plus propres à entrer dans ses desseins, parce qu'ils étaient ceux qui avaient le moins à perdre et le plus à gagner dans une révolte, il sut les engager dans une conspiration, et employa les serments pour que le secret lui fût gardé. On devait, le premier jour de l'an, s'emparer de la personne de l'empereur, et faire main basse sur tous les officiers chinois et tartares que la solennité rassemblerait au palais. Rien ne transpira de ce projet jusqu'au soir de la veille du jour fixé pour l'exécution. Un certain Mat-si, garde du corps de l'empereur, sut arracher d'un de ses esclaves le secret de la conjuration, et s'empressa d'aller la révéler à Khang-hi. Un service de cette importance fut la source de la fortune de Ma-tsi, qui devint, par la suite, premier ministre et beau-père de son maître. Lui-même fut chargé d'arrêter le fils d'Ou-san-koueï, et les principaux complices dont on avait les noms. Khang-hi, sachant concilier la clémence avec la justice, accorda un pardon général à la multitude qui n'était qu'égarée; mais il fit périr par le dernier supplice le fils d'Ou-san-koueï et quelques-uns des plus coupables.

Au moment où l'éclat, qu'on n'avait pu éviter, ébranlait la confiance que le Nord avait dans la fortune des Mantchous, on apprit à Pé-king la révolte des provinces du Midi. Trois nouveaux ennemis, les princes de Kouang-toung, de Fou-kian et de Formose, se joignirent à Ou-san-koueï, déjà maître des quatre grandes provinces du sud-ouest; et un prince de la famille de Gengis, jugeant cette occasion favorable pour ressaisir le sceptre de ses ancêtres, se forma dans la Tartarie un parti, qui, seul, eût pu suffire pour renverser un pouvoir bien affermi. Khang-hi, à l'âge de vingt-deux ans, n'ayant qu'un petit nombre de troupes à sa disposition, sut les multiplier en quelque sorte par sa diligence et son activité. Il fit marcher sa garde sous la conduite de généraux dont il avait deviné les talents; et, en leur recommandant de se tenir sur la défensive, il se prépara les moyens de revenir plus tard à l'offensive. S'il eût eu moins d'ennemis en ce moment, ou des ennemis moins redoutables, peut-être Khang-hi eût succombé; mais la confiance qu'ils avaient au succès les rendit défiants entre eux; et ils se divisèrent, parce qu'ils étaient sur le point de réussir. Les généraux de Khang-hi, allant d'abord au plus pressé, attaquèrent et battirent le prince mongol, qui fut fait prisonnier. Le prince de Formose prit lui-même le soin de ruiner les forces de ses confédérés, en déclarant à celui de Fou-kian une guerre qui devait aboutir à la perte de tous deux. Celui de Kouang-toung, voyant la tournure des affaires, fit, des premiers, sa soumission aux Mantchous, et Ou-san-koueï lui-même se vit contraint de rentrer dans ses Etats.

Mais cette guerre était à peine terminée, qu'il se forma, du côté du Nord, un nouvel orage, capable, non-seulement de renverser la puissance des Mantchous, mais même de changer la face de l'Asie. L'un des chefs de cette branche de la nation mongole, connue sous le nom d'Olet ou Eleuthes, après s'être élevé par des moyens mêlés de crimes et d'artifices, à un rang auquel sa nation ne lui donnait pas droit de prétendre, s'était ménagé la faveur du dalaï-lama, dont l'appui est une puissance dans ces contrées. Non content d'avoir assujetti la plupart des tribus de sa nation, il songea encore à étendre son pouvoir sur la partie de la nation mongole, qui, sous le nom de Kalka, était venue, après avoir été chassée de la Chine, s'établir de nouveau dans les contrées où prit naissance le pouvoir de Tchingis-khan. C'était prendre la même marche qui avait si bien réussi à ce conquérant : car si toutes les branches de la nation mongole se fussent encore une fois trouvées réunies sous l'autorité d'un prince audacieux, entreprenant et ambitieux à l'extrême, tel qu'était Galdan, plus connu par son titre de contaïsch, il y avait lieu de croire que bientôt tous les Tartares auraient obéi à ce nouveau maître, et que peut-être la Chine et le reste de l'Asie orientale seraient rentrés sous le joug des anciens conquérants. Khang-hi vit le premier le danger qu'il y avait à laisser s'affermir cette nouvelle puissance, qui, sous le nom de Djoungar (aile gauche), menaçait de former de nouveau cette immense armée, qui plus d'une fois, s'est avancée vers le Midi, composée de toutes les tribus de la Tartarie, et partagée en aile droite ou orientale, en centre, et en aile gauche ou occidentale; et, comme les premiers principes de la politique sont de tous les pays, il jugea qu'il fallait soutenir les Kalkas, qui étaient les plus faibles; et, pour les secourir avec plus de facilité, il organisa dans leur pays huit bannières ou régiments, répondant à leurs huit principales tribus. Du côté du nord-ouest, on voyait sans cesse arriver des troupes de marchands, des princes fugitifs avec leurs tentes et leurs équipages, et des tribus entières qui demandaient avec instance d'être reçues sur les terres de l'empire, afin de se mettre à l'abri des persécutions de Galdan, qui, disait-on, s'avançait avec une armée formidable pour faire la conquête des pays qui sont voisins de la mer Bleue (Kokonoor). Ce prince ne dissimula pas même son dessein; et il en fit part à Khang-hi par un ambassadeur, en lui représentant qu'il ne voulait que rentrer en possession des pays qu'avaient habités ses ancêtres. L'empereur dissimula avec lui, et s'en tint à des précautions pendant quelques années, qu'il employa à étouffer dans l'empire la dernière semence de révolte, à réduire un des fils d'Ou-san-koueï, qui venait de succéder à son père, à faire la conquête de Formose, et enfin à s'emparer de la province de Kouang-toung, dont le prince, devenu trop puissant, avait, disait-on, manqué aux lois de l'empire, en entretenant un commerce réglé avec les *Têtes-rouges* (les Hollandais), et les habitants de Liu-soung, ou les Espagnols des Philippines.

Ces affaires terminées, l'empereur tourna toute son attention vers la Tartarie, où la mésintelligence toujours croissante entre les Olet et les Kalkas semblait préparer de grands événements. Il avait réussi, non sans beaucoup de peine, à concilier, par un traité solennel, les intérêts des différents chefs kalkas, que leurs divisions livraient, pour ainsi dire, à la merci de Galdan. Mais celui-ci ne cessait d'employer tous ses efforts pour dissoudre une confédération qui contrariait ses vues. En 1688, un envoyé du kan blanc, roi des Oros, c'est-à-dire du czar de Russie, arriva à Pé-king pour entamer une négociation relative à la fixation des limites des deux empires. Khang-hi envoya pour cet objet, à Selinginskoï, des commissaires, au nombre desquels se trouvaient les deux jésuites Pereyra et Gerbillon : le dernier nous a laissé la relation détaillée de cette importante affaire, qui ne fut achevée que l'année suivante, parce qu'elle fut interrompue cette année par la sanglante guerre qui éclata enfin entre les Olet et les Kalkas. Galdan et ses adhérents avaient juré la ruine de tous ceux des Mongols qui obéissaient à la Chine : ils parcouraient la Tartarie en brûlant les temples et les images de Bouddha, ainsi que les livres de religion. Khang-hi, apprenant ces nouvelles, fit aussitôt marcher les bannières des Mongols, savoir : les tribus d'Ongniyot, de Barin, de Kesikten, de Kartsin, de Kara-kortsin, et celle des Quatre-fils. Galdan était sur l'Orgon avec une armée formidable. Le théâtre de la guerre, et le succès qui couronnait ses entreprises rappelaient également les premières guerres de Tchingis. Mais les Kalkas, fugitifs sur les frontières de la Chine, trouvèrent dans Khang-hi un appui qui avait manqué aux Naïmans et aux Keraïts. L'empereur, ayant encore essayé, mais inutilement, quelques voies de conciliation, se vit enfin forcé de faire marcher les troupes de l'empire, et d'envoyer deux divisions, commandées par son frère aîné, et par Tchang-ning, autre prince de la famille impériale. Lui-même alla en Tartarie, sous prétexte d'y passer le temps des grandes chaleurs, mais en effet, pour être plus à portée de faire exécuter ses ordres, et d'observer les événements. Des succès, qu'on eut soin d'exagérer, mais qui n'amenèrent aucun résultat définitif, furent tout le fruit de cette première guerre, qui dura jusqu'en 1690, et se termina par une soumission apparente de Galdan.

L'année suivante, Khang-hi, qui comptait peu sur les serments de ce prince remuant et ambitieux, résolut d'aller tenir en personne les états des Kalkas, et faire la revue de leurs tribus. Ce voyage, dans lequel il fut encore accompagné par le P. Gerbillon, nous a valu, de ce missionnaire, une assez bonne description de la route suivie par l'empereur. Galdan n'était pas un ennemi qu'il suffit de combattre en bataille rangée. Une politique astucieuse dirigeait toutes ses démarches. Il s'efforçait, par toutes sortes de moyens, de semer la mésintelligence entre les chefs mongols soumis à l'empire, et d'attirer les principaux à son parti. Pour mieux diviser les Mongols, il eut recours au schisme, et se déclara protecteur du dalaï-lama, contre les prétentions des lamas de Tartarie ; conduite qui n'était assurément pas dictée par un attachement sincère à l'orthodoxie de ses ancêtres, puisque, dans le même temps, il embrassa l'islamisme, pour s'attacher les Khasaks et les autres Turcs musulmans. Mais Khang-hi, qui n'était pas moins habile, avait de plus l'art de se montrer sincère dans ses procédés et religieux observateur de sa parole. Enfin, en 1696, il fit marcher contre les Olet deux nouvelles divisions, l'une du côté de l'ouest sous le général Feyan-ko, et l'autre qu'il se réserva de commander lui-même. Sa résolution ne fut pas plutôt annoncée, que tous les grands voulurent tenter de l'en détourner. Les maximes chinoises sont fort opposées à ces expéditions lointaines, qui ne se font pas, il est vrai, sans de grands risques et sans des sacrifices considérables, mais qui sont peut-être le seul moyen d'assurer la tranquillité de l'empire, en détruisant dans leur source les causes qui pourraient la troubler. Khang-hi ne se laissa ébranler par aucune sollicitation ; et il fit, avec une rare prudence, les préparatifs de cette périlleuse expédition : Gerbillon, qui l'y accompagna encore, nous en a laissé une relation assez détaillée. Le char impérial s'avança jusqu'au Keroulen, et plusieurs des chefs, vassaux de Galdan, se soumirent aux troupes impériales, qui remportèrent, en plusieurs rencontres, des avantages signalés. Galdan se retira dans la partie occidentale de ses États, où Khang-hi ne jugea pas à propos de le poursuivre. Des nouvelles officielles, répandues dans tout l'empire, représentèrent le prince olet comme entièrement défait, et son empire comme détruit. On lui avait effectivement tué ou pris beaucoup de monde ; mais on ne lui avait rien ôté, puisqu'on n'avait pu l'atteindre. Effectivement, l'année suivante (1696), Khang-hi sortit de nouveau de ses limites ; et cette fois il prit sa route par le pays d'Ordos, pour pénétrer plus directement jusqu'au lieu où étaient rassemblées les principales forces du contaïsch ; mais il s'arrêta, dans le pays des Ordos, sur les bords du Hoang-ho, où les ambassadeurs de Galdan lui furent présentés. Khang-hi les reçut avec bonté ; mais il ne voulut accorder aucune condition au contaïsch, que celui-ci ne fût venu lui-même se remettre entre ses mains. Il lui fixa, pour cette soumission, un délai de soixante-dix jours, pendant lesquels il fit lui-même un voyage à Pé-king, pour y assister aux fêtes du nouvel an ; puis il rentra dans le pays des Ordos, et s'arrêta quelque temps à Ning-hia, pour attendre l'arrivée de Galdan, tout en faisant ses dispositions pour l'aller chercher au fond de la Tartarie, si ce prince persistait dans son obstination. Les troupes du contaïsch s'étant toutes dispersées ou soumises aux généraux de l'empereur, on ne pensait pas qu'il dût lui rester plus de six ou sept cents hommes ; et quatre corps d'armée, commandés par des chefs habiles, se préparaient à l'aller chercher du côté de Khamoul, au centre la grande Tartarie. Mais les détachements s'étaient à peine mis en route, quand l'empereur reçut la nouvelle de la mort de Galdan. Khang-hi, débarrassé de son plus grand ennemi, laissa à ses généraux le soin d'achever la guerre, et s'en revint à Pé-king à petites journées, en chassant, comme il avait coutume de le faire dans tous ses voyages de Tartarie.

Quand il fut de retour dans sa capitale, les grands de sa cour le supplièrent de changer le nom de Khang-hi, que portaient les années de son règne, en quelque autre nom qui rappelât les glorieux événements qui venaient de se passer, comme l'avaient fait, en pareille occasion, les empereurs des dynasties précédentes. Khang-hi s'y refusa par modestie, et donna, en comptant pendant tout son règne le même nom d'années, un exemple qui a été suivi par les princes de sa dynastie Young-tching, Khian-loung et Kia-khing. Le discours que Khang-hi prononça en cette circonstance, contient un exposé très-lumineux des motifs et des résultats de la guerre : « Galdan, dit-il, était un ennemi formidable. Samarkand, Boukhara, Oourout, Yerkiyang, Khasigar, Tourfan, Khamoul, enlevés aux musulmans, et la prise de 1,200 villes, n'attestent que trop jusqu'à quel point il avait su porter la terreur de ses armes. Les Kalkas avaient en vain rassemblé toutes leurs forces, en lui opposant leurs sept bannières, qui formaient une armée de plus de 100,000 hommes : une seule année suffit à Galdan pour dissiper et anéantir des forces si considérables. Le kan des Kalkas est venu implorer mon secours et se soumettre à ma puissance, attiré par la réputation de la grandeur d'âme et de la générosité avec lesquelles j'ai toujours traité les étrangers. J'aurais commis contre les règles d'une sage politique la faute la plus capitale, si j'avais refusé de le recevoir : il n'aurait pas manqué d'aller se joindre aux Olet ; et il serait superflu de vous faire sentir à quel degré de puissance et de force se serait élevé Galdan, avec un allié si formidable. » En effet, si Khang-hi eût négligé de prendre part aux affaires de ces contrées, il y a lieu de croire qu'au lieu de voir la Tartarie Indépendante soumise à l'empereur de la Chine, on eût vu la Chine subjuguée par le contaïsch des Tartares.

Les suites de cette guerre occupèrent encore longtemps les Mantchous du côté de l'Occident. Khang-hi se vit obligé, après avoir soumis presque toutes les branches de la nation olète, d'attaquer aussi les Kirgis Khasaks. Une fois maître de ce pays, tous les démêlés des princes tartares entre eux ou avec les lamas du Tibet, ressortirent de la cour de Khang-hi comme d'un tribunal suprême, également reconnu de toutes les parties. Mais ces événements ne sont pas assez considérables, et ils n'occupèrent pas assez le prince dont nous esquissons la vie, pour mériter de trouver place ici. Il en doit être de même de la querelle des cérémonies, dont les agitations se firent sentir à la Chine vers la fin du XVIIe siècle ; et quoique Khang-hi, qui avait pris les missionnaires en affection, eût rendu un édit favorable à la religion chrétienne, et eût daigné même prendre connaissance d'un exposé de la doctrine des lettrés, tracé par les jésuites et soumis à son approbation, on peut bien croire que les tracasseries qui agitaient la religion en Chine, et dont le récit remplit toutes les relations de cette époque, étaient pour la cour de Pé-king, et pour Khang-hi en particulier, d'un intérêt secondaire. Ce fameux édit, par lequel l'exercice de la religion fut autorisé dans l'empire, est du 22 mars 1692. Le P. Legobien en a donné une histoire détaillée, et quoique les lumières du christianisme en Chine n'aient pas eu le temps nécessaire pour être comprises par le plus grand nombre, on ne peut se dissimuler que cet acte authentique, le plus favorable de tous ceux qui ont été accordés au sujet de la religion, a rendu les missionnaires juges impartiaux des talents et des grandes qualités de Khang-hi qu'ils ont pu apprécier.

Une entreprise de ce prince où le secours des missionnaires lui fut infiniment précieux fut la levée de la carte de l'empire, opération qui devait d'abord se borner aux pays que borde la grande muraille, mais qui s'étendit ensuite à toute la Chine, et à la Tartarie orientale et occidentale. Khang-hi sentait toute l'importance du grand travail dont il avait conçu l'idée : il en suivait avec intérêt les progrès, il en appréciait le mérite, et, quoiqu'il en connût bien toutes les difficultés, il en pressait l'achèvement avec beaucoup d'ardeur. Huit ans suffirent pour mettre fin à cette immense entreprise, qui ne fait pas moins d'honneur au génie du prince qui l'ordonna qu'au zèle de ceux qui l'exécutèrent. C'est encore aujourd'hui le travail géographique le plus vaste et le plus complet qui ait été fait hors de l'Europe.

La glorieuse tranquillité dont jouissait Khang-hi, fut troublée en 1709 par des intrigues de cour, dont son fils aîné, plusieurs grands et des lamas étaient les auteurs, et qui tendaient à faire dégrader le prince héritier, auquel on reprochait d'avoir cherché, par des horoscopes, par des opérations magiques et des menées criminelles, à prévoir, et peut-être même à hâter l'époque de la mort de l'empereur. C'est à la Chine une source continuelle de troubles, de désordres et de révolutions, que cette faculté que se sont réservée les empereurs de choisir à volonté, parmi leurs fils, celui qu'il leur plaît de désigner pour leur successeur. Khang-hi, prévenu par les intrigues de ses courtisans, mais aimant toujours tendrement le prince héritier, fut quelque temps dans une agitation d'esprit qui influa beaucoup sur sa santé. Le prince fut arrêté et chargé de chaînes; mais l'empereur, ayant peu après reconnu son innocence, lui rendit ses titres, ses honneurs, et condamna même à une prison perpétuelle son fils aîné, premier instigateur de toute cette intrigue.

En 1722, Khang-hi, qui conservait à soixante-neuf ans l'habitude des exercices laborieux qu'il avait contractée dans sa jeunesse, de ces exercices qu'affectionnent tous les Tartares, avait été comme à l'ordinaire passer l'été au delà de la grande muraille : s'étant, à son retour, fatigué de nouveau dans un de ses parcs en prenant le divertissement de la chasse au léopard, il fut saisi par le froid, et tous les soins des médecins ne purent l'empêcher d'expirer le 20 décembre 1772, après avoir régné soixante ans, sans avoir atteint un âge très-avancé. Il institua pour son successeur son quatrième fils, qui régna sous le nom de Young-tching, et il lui laissa l'empire dans un état plus tranquille, plus puissant et plus florissant qu'il ne l'avait reçu lui-même de son père Chun-tchi. Quand on songe aux circonstances au milieu desquelles il monta sur le trône, on ne peut s'empêcher de penser que les prospérités de ce long règne n'aient été l'effet du génie encore plus que de la fortune du prince. Il est à croire que ce règne de soixante ans sera compté par les Chinois au nombre des plus glorieux de leur histoire. Déjà, dans cet examen préparatoire, où, comme chez les anciens Egyptiens, qui jugeaient, dit-on, leurs rois après leur mort, on s'occupe à caractériser l'empereur défunt en lui donnant un titre posthume qui rappelle ses vertus ou consacre sa gloire; le nom qu'on a donné à Khang-hi, *Ching-tsou-jin-hoang-ti* (le saint aïeul, empereur plein de piété), atteste la vénération qu'a inspirée sa mémoire. Le jugement que porteront sur Khang-hi les auteurs des mémoires secrets destinés à paraître après la destruction de la dynastie actuelle, ces historiens qui peuvent être impartiaux quoique contemporains, s'accordera sans doute avec celui de la postérité; et s'il est permis d'emprunter leur langage, en s'efforçant de deviner leur sentiment, voici à peu près comment ils devront s'exprimer : « Le *saint aïeul* mérita véritablement le nom de *Jin* (pieux) par sa piété envers ses parents, par son amour pour ses peuples, et par son dévouement aux ordres du ciel; il ne mérita pas moins celui de *Ching* (saint et sage) par les lumières de son esprit, par son attachement inviolable aux maximes des anciens qu'il avait toutes gravées dans son cœur, par les connaissances variées qu'il possédait sur toutes sortes de sujets. Sa haute renommée attira des pays les plus éloignés les ambassadeurs des rois étrangers qui vinrent faire leur soumission et participer aux bienfaits de son gouvernement, et ses armes réduisirent à leur devoir ceux des barbares que leur ignorance entraîna dans la révolte. L'éclat de son nom se répandit dans toutes les parties de l'univers, et jamais l'empire ne fut plus heureux que sous ce prince, qui savait se faire aimer, parce qu'au besoin il savait être craint. Au milieu de tant de louanges que les peuples lui donnèrent, un seul reproche s'éleva peut-être : on trouva le saint aïeul trop indulgent et trop facile pour les bonzes d'Occident, qu'il admettait dans sa familiarité, dont il était presque toujours accompagné, et dans lesquels il toléra trop un zèle outré qui les portait à vouloir substituer leurs croyances aux usages que les saints ont établis dans le règne céleste. Mais l'extrême bonté qu'il marquait à ces étrangers peut s'excuser, en songeant au désir qu'avait ce prince d'acquérir des connaissances nouvelles, et à l'humanité qui lui faisait accueillir ces malheureux étrangers, venus des extrémités du monde. » En prêtant aux historiens ce langage au sujet de la protection que Khang-hi accorda aux missionnaires et au christianisme, nous ne faisons que répéter les paroles de Young-tching, son fils, quand il voulut se justifier d'une conduite tout à fait contraire. La sévérité du fils était sans doute beaucoup plus du goût des Chinois que l'indulgence du père. Aussi l'on ne doit pas s'étonner de l'empressement que les missionnaires ont mis à célébrer Khang-hi : ils l'élevèrent au-dessus de tous les autres princes de la Chine; et en parlant de la splendeur de son règne, et de l'éclat de ses victoires, ils ont coutume de le comparer à Louis XIV, son contemporain; ce qui, à cette époque et de la part des jésuites, était le dernier éloge qu'on pût donner à un prince étranger. Le *Portrait historique de l'empereur de la Chine*, publié par le P. Bouvet, en 1697 (*V.* BOUVET), repose presque en entier sur ce parallèle. Louis XIV, qui ne pouvait qu'en être flatté, fit à plusieurs fois témoigner son estime à Khang-hi, sans toutefois déroger à la coutume des rois de France, de ne point envoyer d'ambassade à la Chine, pour ne pas compromettre leur dignité. C'est à cette liaison de deux princes dignes d'être amis qu'on doit ces gravures qui furent faites en France sur des dessins venus de la Chine, et renvoyés ensuite à l'empereur : elles représentent les batailles de Khang-hi contre Galdan. On y voit les Olet mis en fuite et poursuivis par les troupes impériales, et l'on remarque qu'au nombre des morts et des blessés il n'y a pas un seul Chinois; exemple d'une vanité puérile, qui n'est pas particulière aux Orientaux.

Les lettres fleurirent sous Khang-hi : car ce prince était assez grand pour les cultiver lui-même, sans rien relâcher des soins qu'il donnait à son empire. Outre différents morceaux de poésie et de littérature qui sont tombés de son pinceau, qu'on a recueillis avec soin et qui forment une collection de plus de cent volumes, on a de lui des maximes pour le gouvernement des Etats : elles ont été commentées par Young-tching; et un missionnaire protestant (M. Milne) vient de les traduire en anglais, et de les publier sous le titre d'*Edit sacré*. On a aussi imprimé, dans le tome IX des *Mémoires concernant les Chinois*, une traduction italienne faite par M. Poirot, et mise en français par la comtesse de M***, des *Instructions morales* laissées par Khang-hi et publiées par son fils. Cet ouvrage mériterait d'être publié textuellement en mantchou, avec une version nouvelle. On trouve encore au tome IV de la même collection, des *observations de physique* et d'*histoire naturelle*, qui prouvent du moins, dans l'illustre auteur, de l'attention, de la sagacité, et quelque fruit retiré des leçons des jésuites, qui n'étaient pas toujours eux-mêmes de très-bons physiciens ni d'habiles naturalistes. Enfin on a mis dans le *Magasin encyclopédique* (octobre 1799, 5e année, 6, 7-29), sous le titre de *Testament de Khang-hi*, un morceau traduit du chinois par le P. de Grammont, et envoyé à M. Agote; mais ce morceau, qui n'est pas très-authentique, n'est point inédit, comme l'a cru l'éditeur : il avait été inséré, avec moins de fautes, dans une note de l'*Histoire générale de la Chine* (tome IX, page 350), et l'on avait averti (page 481) du peu de confiance que méritait cette pièce. Nous ne grossirons pas cet article, déjà fort étendu, de la liste des ouvrages que Khang-hi a fait composer par les lettrés de sa cour, ouvrages auxquels, suivant l'usage, on a mis son nom : il suffira de citer, comme des entreprises qui ont honoré son règne, la rédaction d'un *Dictionnaire chinois-mantchou* par ordre de matières; la traduction en langue tartare des *King*, et de quelques autres ouvrages moraux ou historiques, et du *Thoung-kian-kang-mou* en particulier; la composition des *Ji-kiang* ou *Lectures journalières*, vaste commentaire sur les *King*, en style vulgaire; une édition plus ample et plus magnifique du beau recueil des pièces d'éloquence et de littérature, intitulé, *Kou-wen-youan-kian*, du nom de la belle bibliothèque que *Khang-hi* avait rassemblée dans son palais, et qu'il avait nommée *Youan-kian* (miroir des sources); et enfin un *Tseu-tin*, ou dictionnaire chinois, rédigé sous sa direction par trente lettrés du premier ordre, et contenant environ

40,000 caractères. La préface est de la main de l'empereur lui-même, et elle est remarquable par la beauté de l'écriture, dont elle offre une représentation exacte. Quant au corps même de l'ouvrage, il est fort estimable sans doute ; mais le nom qu'on a mis sur le frontispice donnerait peut-être droit de s'attendre à quelque chose de plus profond et de plus parfait ; car ce n'est, pour beaucoup de mots, qu'une réimpression des articles du dictionnaire intitulé : *Tching-tsen-thoung*.

YOUNG-TCHING, troisième empereur de la dynastie des Mantchous, était le quatrième fils de Khang-hi, et monta sur le trône après la mort de ce prince en 1723. D'une taille avantageuse, il y joignait un air de grandeur et de dignité qui inspirait le respect. Un frère aîné de Young-tching, qui commandait en ce moment une armée en Tartarie, avait mérité l'affection des Chinois, par ses qualités personnelles, ainsi que par ses services. On était persuadé que Khang-hi songeait à le déclarer son successeur, et qu'il n'en avait été empêché que par la crainte qu'il n'éclatât des troubles avant son arrivée à Pé-king. Young-tching se servit pour rappeler son frère du nom de l'empereur défunt, dont il lui cacha la mort, et l'enferma dans une prison, d'où celui-ci ne sortit que sous le règne suivant. Un autre frère de Young-tching, Yesaké, prince sans mérite, mais ambitieux malgré sa nullité, lui donna bientôt de nouvelles inquiétudes. Le P. Moram ou Morao, missionnaire portugais, était le chef du partie de Yesaké. Découvert, il fut envoyé en exil avec le prince dont il avait tenté de servir les projets, et tous deux achevèrent plus tard leur vie dans les supplices. Sou-nan, oncle maternel de Young-tching, n'était point étranger, non plus que ses fils, dont plusieurs avaient embrassé le christianisme, à la conspiration ourdie pour mettre Yesaké sur le trône ; mais l'empereur ne le soupçonna point, et l'on crut devoir ajourner leur punition.

Young-tching avait toujours eu beaucoup d'éloignement pour le christianisme, et la certitude que ses ennemis les plus dangereux se trouvaient parmi les sectateurs de la loi nouvelle l'affermit dans le dessein de bannir les missionnaires de la Chine. Le 23 septembre 1723, le tsoung-tou (surintendant général) du Fou-kian, interdit l'exercice du culte chrétien dans cette province, sous prétexte qu'il y causait des désordres. En rendant compte de cette mesure à l'empereur, il l'engageait à réunir à Pé-king les missionnaires dont les connaissances pourraient être utiles pour le calendrier et à reléguer les autres à Macao, avec défense d'en sortir. Cette sentence, approuvée par le tribunal des rites, fut confirmée par l'empereur. Ce prince écrivit donc avec le pinceau rouge. « Les Européens sont des étrangers ; il y a bien des années qu'ils demeurent dans les provinces de l'empire ; maintenant il faut s'en tenir à ce que propose le tsoung-tou de Fou-kian. Mais, comme il est à craindre que le peuple ne leur fasse quelque insulte, j'ordonne aux tsoung-tou et vice-rois des provinces de leur accorder une demi-année ou quelques mois ; et, pour les conduire ou à la cour ou à Macao, de les faire accompagner dans leur voyage par un mandarin qui prenne soin d'eux, et qui les garantisse de toute insulte. » Les missionnaires de Pé-king ne purent parvenir à faire révoquer cet ordre ; mais ils obtinrent que leurs confrères de la province de Canton continueraient d'y résider, si le gouverneur n'y voyait aucun inconvénient. Le P. Parennin, à cette occasion, dit des choses si flatteuses pour l'empereur, qu'un mandarin alla sur-le-champ les répéter à ce prince. Young-tching fut en effet tellement satisfait de ce compliment, qu'il donna l'ordre de faire paraître en sa présence les missionnaires, honneur qu'ils n'avaient pas encore reçu depuis son avénement au trône. Dans un discours très-long, et qu'il débita rapidement, il voulut justifier la conduite qu'il tenait à leur égard : « Si j'envoyais, leur dit-il, une troupe de bonzes et de lamas dans votre pays pour y prêcher leur loi, comment les recevriez-vous.... ? Vous voulez que tous les Chinois se fassent chrétiens ; et votre loi le demande, je le sais bien ; mais en ce cas-là que deviendrons-nous ? les sujets de vos rois. Les chrétiens que vous faites ne reconnaissant que vous, dans un temps de troubles ils n'écouteraient pas d'autres voix que la vôtre..... Je vous permets de demeurer ici et à Canton autant de temps que vous ne donnerez aucun sujet de plainte ; car, s'il y a en a par la suite, je ne vous laisserai ni ici ni à Canton. Je ne veux point de vous dans les provinces. L'empereur mon père a perdu beaucoup de sa réputation dans l'esprit des lettrés par la condescendance avec laquelle il vous y a établis. Il ne peut se faire aucun changement aux lois de nos sages, et je ne souffrirai point que pendant mon règne on ait rien à me reprocher sur cet article. Ne vous imaginez pas au reste que j'aie de l'éloignement pour vous ; vous savez comment j'en usais quand je n'étais que régulo... ; ce que je fais maintenant c'est en qualité d'empereur. Mon unique soin est de bien régler l'empire : je m'y applique du matin au soir. » Le même jour le monarque fut informé que deux des fils de Sou-nan avaient embrassé le christianisme, et qu'ils voyaient fréquemment en secret le P. Morao. Le lendemain Sou-nan, dépouillé de ses titres et de ses biens, reçut l'ordre de s'éloigner. Toute sa famille fut enveloppée dans sa disgrâce. La mort de ce prince, dont les restes furent brûlés et les cendres jetées au vent, n'éteignit point la haine que lui portait Young-tching ; ses fils et ses petits-fils, dégradés de leur rang, furent les uns incorporés comme simples cavaliers dans des régiments, et les autres condamnés à la prison ou à l'exil. Le P. Parennin attribue ces rigueurs de Young-tching à sa haine contre le christianisme ; mais Deshautesrayes en trouva les motifs dans les fautes graves dont Sou-nan s'était rendu coupable dans ses fonctions de général du Liao-toung. En admettant même la conjecture de Deshautesrayes, elle ne peut excuser l'excessive sévérité de Young-tching.

C'est d'ailleurs la seule fois que ce prince se soit écarté de la modération qu'il s'était prescrite. Doué d'une infatigable activité, laborieux, ennemi des plaisirs, il tenait les rênes du gouvernement d'une main ferme, ne laissant à ses ministres que le soin d'exécuter ses ordres ; craignant encore de ne pas remplir tous ses devoirs, il écrivit à ses grands officiers de l'avertir des fautes qu'ils apercevraient dans sa conduite, promettant de les réparer. Deux villes de la province de Nan-king ayant obtenu sur leurs impôts une diminution notable, les habitants décidèrent d'élever un monument à la gloire de Young-tching, en reconnaissance de ce bienfait ; mais il ne voulut pas y consentir : « Que le peuple, écrivit-il au gouverneur de Nan-king, observe les coutumes, qu'il vive dans l'union ; alors je m'estimerai heureux. » Les fléaux qui désolèrent plusieurs provinces de son vaste empire lui fournirent l'occasion de montrer la bonté de son cœur : en 1725, des pluies abondantes ayant détruit presque entièrement les récoltes, il s'empressa de venir au secours des indigents, et donna l'ordre aux grands de seconder ses intentions de tout leur pouvoir. Dans la seule ville de Pé-king, il fit distribuer du riz à plus de quarante mille personnes pendant quatre mois. Pour prévenir le retour de la disette, il ordonna d'établir dans chaque province des magasins où serait déposé le surperflu des récoltes dans les années abondantes. Informé qu'il restait encore en quelques endroits des terres incultes, il les fit distribuer aux cultivateurs les plus laborieux, et les exempta de toute redevance pendant un certain nombre d'années. Aucun prince n'honora plus l'agriculture. Il accorda le grade de mandarin du huitième degré au laboureur le plus estimé de chaque canton. Dès que le temps de son deuil fut expiré, il annonça que son intention était d'observer tous les ans l'ancien usage de labourer la terre ; et il s'y conforma religieusement. Il rétablit les festins que les gouverneurs de chaque province devaient offrir, chaque année, aux personnes les plus recommandables par leurs vertus. Enfin il récompensa toutes les bonnes actions, et ne négligea rien pour encourager le peuple à la pratique des devoirs qui peuvent assurer son bonheur. Un tremblement de terre ayant détruit en 1730 une partie des maisons de Pé-king, l'empereur vint au secours de tous ceux qui avaient souffert de ce désastre. Ses bienfaits s'étendirent jusqu'aux missionnaires : il leur donna une somme pour reconstruire leur église. Cependant il reprit peu de temps après son projet de les expulser entièrement de la Chine. Ceux de la province de Canton reçurent en 1732 l'ordre de se rendre à Macao dans le délai de trois jours, les négociants d'Europe demandèrent à en conserver quelques-uns qui leur rendaient des services importants pour leur commerce. Les raisons dont ils avaient appuyé leur requête frappèrent l'empereur, qui suspendit l'exécution de son ordre ; mais aucune décision n'avait encore été prise à cet égard, lorsqu'il mourut dans une maison de plaisance près de Pé-king, le 7 octobre 1735, à l'âge de cinquante-huit ans, dont il en avait régné treize. Malgré les grandes qualités de Young-tching, auxquelles les missionnaires eux-mêmes ont rendu justice, il fut peu regretté de ses sujets. Khian-loung, son fils, lui succéda. Young-tching a publié sous son nom une instruction aux gens de guerre, intitulée les *Dix Préceptes*. Elle a été traduite en français par le P. Amyot dans l'*Art militaire des Chinois*. Le même prince a commenté les seize maximes qui composent l'édit sacré de Khang-hi. Cet édit, avec le commentaire de Young-tching et la paraphrase de Wang-yeou-po, a été traduit en anglais par le R. Will. Milne (*V.* le *Journal des savants*, 1818, 593). On trouvera des détails intéressants sur Youngtching dans les *Mémoires concernant les Chinois*. Deshautesrayes s'en est servi pour composer la vie de ce prince, qu'il a publiée dans l'*Histoire de la Chine*, par le P. Mailla, XI, 369-509.

KHIAN-LOUNG (en chinois, *Abkaï-wekhiyekhe*; en mantchou, *protection céleste*) est le nom que, suivant notre habitude, nous avons appliqué à un empereur de la Chine, parce que c'était le titre des années de son règne. Khian-loung, que nous nommerons ainsi pour nous conformer à l'usage, était l'aîné des trois fils de Chi-soung, plus connu sous le nom de Youngtching. Il monta sur le trône après la mort de son père, arrivée en 1735 : âgé alors de vingt-six ans, il nomma d'abord quatre régents pour gouverner l'empire pendant le temps de son deuil. Son père l'avait tenu éloigné des affaires, et uniquement occupé de littérature. Le jeune empereur mit à profit le temps qui s'écoula jusqu'à ce qu'il prît les rênes de l'État, afin de se préparer à les tenir plus dignement. Mais il ne tarda point à donner des marques de sa bonté, en faisant mettre en liberté et rétablir dans leurs dignités les princes de sa famille, fils ou petits-fils de Khang-hi, qui avaient été emprisonnés, ou exilés ou dégradés, par suite d'intrigues de cour, ou par l'effet d'une politique soupçonneuse et peu éclairée.

Le prince Po-ki, fils du quatorzième des enfants de Khanghi, avait été, depuis le commencement du règne de Youngtching, enfermé dans les prisons du Jardin de l'éternel printemps (*Tchang-tchun-youan*). A peine Khian-loung fut-il sur le trône, qu'un officier de la cour alla trouver Po-ki dans sa prison, et ne lui dit que ces mots : « L'empereur demande qui est celui qui vous retient ici : sortez ; » et en se retirant il laissa la porte de la prison ouverte. Dans le même temps, une juste sévérité fut déployée contre un autre prince, frère de Po-ki, mais aussi mauvais frère qu'il avait été mauvais fils. Par ordre de l'empereur, on lui fit un long détail des fautes qu'il avait commises contre la piété filiale ; et on le dépouilla de son titre, en lui donnant ordre de se renfermer dans un jardin qu'il avait fait planter. Des événements de cette espèce, qui n'ont qu'une importance momentanée, et des persécutions dirigées contre les chrétiens par les cours suprêmes de la Chine, et au moins autorisées par l'empereur, remplissent les premières années du règne de ce prince, et ne nous semblent pas mériter d'occuper de même un grand espace dans la vie de Khian-loung.

Mais en 1753, les princes descendus de ce Galdan qui, tant de fois du temps de Khang-hi, avait troublé la tranquillité de l'empire, après s'être fait les uns aux autres une guerre continuelle, commencèrent à se rendre redoutables à leurs voisins. Beaucoup d'Olet vinrent implorer les secours de l'empereur. Ce prince prit parti dans la querelle qu'un des chefs d'Olet, nommé Amoursanan, avait avec Dawadji, autre chef de la même famille. Les troupes impériales mirent Amoursanan sur le trône ; mais l'empereur fit grâce de la vie à Dawadji, son prisonnier, peut-être moins par clémence que par politique, et afin de pouvoir, au besoin, l'opposer à son rival. Ce dernier, devinant les motifs de la conduite de Khian-loung, et mécontent du peu d'autorité que les lieutenants de l'empereur lui laissaient en Tartarie, anima les peuples contre l'autorité chinoise, et leva en 1755 l'étendard de la révolte. Tous les grands étaient d'avis d'abandonner les Tartares à leurs dissensions, et de ne point entreprendre une guerre lointaine et hasardeuse ; mais Khian-loung pensa différemment. Ses généraux eurent ordre de pénétrer jusqu'au fond des pays habités par les Olet, chez les Kirgis-khaïsak ; mais se laissant tromper par les chefs de ces peuples, qui inclinaient au fond pour les princes olet, ils ne firent pas assez de diligence pour s'assurer de la personne d'Amoursanan, et furent même trahis par les Tartares qui formaient une partie de leurs troupes. Khian-loung voyant ses armées presque détruites par l'effet d'une perfidie qui dérangeait tous ses desseins, hésita pour continuer la guerre ; mais Tchao-hoeï et Fou-té, deux excellents officiers généraux, l'un Chinois et l'autre Mantchou, firent changer la face des affaires. Les Olet plièrent devant eux ; tout leur pays fut occupé. Amoursanan, fugitif, se retira d'abord chez les Khaïsak, ensuite dans la Sibérie, ou, comme disent les Chinois, dans les vastes solitudes de Lo-cha. Il y mourut bientôt après de la petite vérole. Khian-loung, n'ayant pu avoir son ennemi vivant, voulut du moins qu'on lui en envoyât les ossements, pour en faire un exemple, suivant l'usage. Ce fut l'objet d'une négociation qui n'eut aucun succès, parce que la cour de Russie ne voulut pas consentir à l'extradition du cadavre d'Amoursanan. On se contenta de le faire voir aux officiers de Khian-loung, afin qu'ils pussent assurer leur maître de la mort du rebelle. Les armées chinoises parcoururent alors la Tartarie, en rassemblant tout ce qui restait des tribus olet : les hommes du commun furent transportés dans des contrées lointaines, et les chefs envoyés pour la plupart à Pé-king, où l'empereur, qui les jugea lui-même, les condamna au supplice des rebelles, parce qu'ils avaient accepté des charges et des titres avant de se révolter contre lui. Le pays fut administré sous sa protection par des chefs qu'il institua, et qu'il rendit héréditaires, à la condition qu'ils tiendraient de lui leur autorité.

Les vastes contrées habitées par les Olet ne furent pas les seules qui, par l'issue de cette guerre, se trouvèrent soumises à Khian-loung. Toutes les villes des Hoeï-tseu ou mahométans, c'est-à-dire des Turcs de Khasigar, d'Akson, de Yerkiyang, et jusqu'aux Khaïsah, précédemment soumis aux Olet, passèrent sous la domination chinoise. Le sultan de Badakhschan, chez qui s'étaient réfugiés les princes de Khasigar et de Yerkiyang, fut contraint de les livrer. Ainsi la puissance chinoise s'exerça encore une fois à l'extrémité de la Tartarie, sur les confins de la Perse, comme au temps de la dynastie des Han et de celle des Tang.

Khian-loung, se voyant seul maître des régions centrales de l'Asie, voulut se conformer aux rites que les anciens empereurs pratiquaient à la fin d'une guerre glorieusement terminée. Il se rendit à dix lieues de Pé-king, sur la route par où devait revenir le général Tchao-hoeï, dans un lieu où l'on avait élevé un autel et plusieurs tentes, dont l'une était destinée à l'entrevue de l'empereur avec son général. Lorsqu'on fut près de l'autel, Khian-loung mit pied à terre, et dit à Tchao-hoeï, qui sortit de sa tente : « Vous voilà heureusement de retour, après tant de fatigues et de glorieux exploits. Il est temps que vous jouissiez dans votre famille d'un repos dont vous avez si grand besoin. Je veux être moi-même votre conducteur ; mais il faut auparavant que nous rendions ensemble de solennelles actions de grâces à l'esprit de la victoire ». Il s'approcha de l'autel, fit les cérémonies, et rentra ensuite dans la tente avec Tchao-hoeï, Fou-té, et d'autres officiers. Il s'assit, et, ayant fait aussi asseoir Tchao-hoeï, il lui présenta lui-même une tasse de thé. Le général voulut la recevoir à genoux ; comme c'est l'usage pour tout ce qui vient, même indirectement, de l'empereur ; mais ce prince s'y opposa. On se mit ensuite en marche au milieu d'une foule immense, avec un cortége magnifique. L'empereur était sous un dais, précédé d'un pas par Tchao-hoeï à cheval, le casque en tête et orné de sa cuirasse. Trente prisonniers turcs marchaient à pied et enchaînés. Ce triomphe eut lieu au mois d'avril 1760.

Nous serons forcés de laisser de grandes lacunes dans la vie de Khian-loung, parce que son histoire authentique ne devant être écrite que depuis sa mort, ou même lorsque le sceptre aura passé à une autre dynastie ; nous ne pouvons avoir jusqu'à présent que des mémoires imparfaits, écrits par quelques missionnaires ou voyageurs. En 1761, la cinquantième année de sa vie fut célébrée par de grandes réjouissances. En 1767, il fit avec éclat la cérémonie du labourage de la terre. En 1768, il eut une guerre à soutenir contre les peuples d'Awa. En 1770, un événement singulier, le plus honorable qui, dans les idées chinoises, puisse illustrer le règne d'un empereur, combla de joie Khian-loung, et servit de texte aux éloges qu'on fit de l'excellence de son gouvernement. La nation des Tourgot, tribu mongole qui s'était établie sur l'Ertchil ou Wolga, mécontente de la domination russe, traversa les déserts des Kirgis, côtoya le lac de Balgasch, et vint sur les bords de l'Ili demander à rentrer sous la puissance chinoise, et à habiter dans le pays de ses aïeux. Ils arrivèrent fatigués de mille combats qu'ils avaient eu à soutenir, dénués de tout, au nombre de cinquante mille familles, évaluées à trois cent mille âmes. L'empereur les reçut avec joie, fit venir leur chef à la cour, et le combla d'honneurs. L'année suivante, plusieurs tribus d'Olet, des Pouroût, et les restes de la nation tourgot, en tout trente mille familles, vinrent encore d'eux-mêmes demander à se soumettre : les premiers Tourgot étaient arrivés précisément au moment où l'on célébrait le quatre-vingtième anniversaire de la naissance de l'impératrice mère.

L'empereur, ravi de ce concours d'événements, le célébra dans une pièce d'éloquence qu'il composa en mantchou, et qui fut traduite en chinois, en mongol et en tibétain : on la grava sur une pierre, que l'on déposa dans un temple qui venait d'être dédié à Fo, et sur un autre monument qui fut élevé à Ili, dans le pays même des Tourgot. Le P. Amyot a traduit cette pièce, et l'a enrichie de notes curieuses (*V.* le t. 1er des *Mémoires concernant la Chine.*

En 1775 eut lieu un autre événement que les Chinois regardent aussi comme très-glorieux, mais que les étrangers pourront juger différemment. Nous voulons parler de la réduction des Miao-tseu, petit peuple de race tibétaine, qui était resté enfermé dans les montagnes du Sse-tchouan, et avait conservé son indépendance, grâce à la nature inaccessible du pays qu'il occupait. On accusa ce peuple de brigandages, à cause des querelles que, de temps à autre, il ne pouvait manquer d'avoir avec les officiers chinois des villes voisines. Khian-loung voulut à tout prix le soumettre; mais sa réduction fut plutôt une véritable extermination. Le général Akouï, après avoir, à force de travaux et de peines, fait monter de l'artillerie dans les gorges où vivaient ces montagnards, sut les poursuivre de retraite en retraite, sur les rochers les plus escarpés, et au travers des précipices les plus dangereux. Les Miao-tseu firent la plus belle défense: les impériaux marchaient avec lenteur et précaution; et, en moins d'un an et demi, le général avança de dix à douze lieues, et parvint à la capitale du *petit Ruisseau d'Or* (Kin-tchouan), nommée Maïno. On prit cette ville, on rasa toutes les bourgades, et on marcha sur le *grand Ruisseau d'Or*. Là, les Chinois trouvèrent les Miao-tseu prêts à les recevoir; les femmes mêmes s'armèrent. Marchant au travers d'un pays inconnu, ils étaient à chaque instant surpris dans des embuscades, écrasés par la chute des roches, ou précipités du haut des montagnes. Enfin on s'empara du *grand Ruisseau d'Or*, et l'on vint devant Karaï, place réputée imprenable, située au milieu de rochers inaccessibles, défendue par une armée, où s'était réfugié tout ce qui restait des princes de ces montagnards. Le fort fut pris, et les princes furent conduits à Pé-king, où l'empereur souilla l'éclat de cette petite mais pénible victoire, en faisant mourir, non-seulement les chefs, mais beaucoup de Miao-tseu d'un moindre rang, dont les têtes furent exposées dans des cages. Non content de cet acte d'une sévérité inutile, et par conséquent barbare, l'empereur voulut le célébrer lui-même; et c'est ce qu'il fit dans des strophes qu'il composa d'après des règles qu'il s'était données. Ce sont là les premiers et probablement les derniers vers mantchous qui aient été composés; ils ne sont point assujettis à la mesure, mais ils riment par le commencement et par la fin, à l'exception du troisième de chaque strophe. Voici la première :

*Dcha*langa Gin-tchouan-ni khòl*kha*
*Dcha*lan khalame ekhe yabou*kha*
*Dcha*lchan-de, Mantchou tchookha ofi,
*Dcha*bdoungala khòdoun gisabou*kha* (1).

En 1777, Khian-loung perdit successivement sa mère, envers laquelle il avait toujours rempli les devoirs de la piété filiale de la manière la plus tendre et la plus rigoureuse, son fils aîné, âgé de quarante ans, qui annonçait des qualités dignes de son père, et son premier ministre, Thoubede, sans l'avis duquel il ne faisait rien. Khian-loung donna à sa mère le titre d'impératrice, qu'elle n'avait point eu du vivant de son mari, et qu'elle n'aurait pu recevoir dans les cérémonies du culte de ses ancêtres. En 1780, l'empereur fit venir à Ji-ho en Tartarie le second des lamas du Tibet; et ce voyage, dont les motifs ne furent jamais bien connus, donna d'autant plus à penser, que le lama, s'étant rendu à Pé-king, y mourut subitement des suites de la petite vérole, à ce qu'on prétendit. Quelques personnes ont soupçonné la politique de Khian-loung d'avoir été la cause de cette mort d'un des principaux personnages d'entre les bouddhistes. Quoi qu'il en soit, Khian-loung, qui se servait adroitement des lamas pour tenir en respect ses peuples de Tartarie, et qui, dans cette vue, avait rendu de grands honneurs au lama pendant sa vie, lui en rendit de plus grands encore après sa mort, ce qui toutefois ne diminua rien des soupçons qu'on avait conçus.

La même année, on entreprit de grands travaux pour contenir dans son lit le fleuve Jaune, dont les ravages menaçaient sans cesse les provinces que son cours fertilise. Akouï, ce même général qui s'était illustré par la réduction des Miao-tseu, fut encore choisi pour dompter le fleuve, et y réussit de même.

(1) Les rebelles brigands de Kin-tchouan avaient marché dans le mal de génération en génération. Par un heureux succès, les armées mantchoues les ont rapidement exterminés.

A mesure que l'empereur avançait en âge, il devenait plus exact à s'acquitter des cérémonies qui font partie des devoirs du souverain; et quand les infirmités, qui commençaient à l'assiéger, l'obligeaient à relâcher quelque chose de son exactitude, il s'en justifiait par des déclarations publiques, dont le P. Amyot nous a fait connaître quelques pièces. Il était aussi de plus en plus appliqué aux affaires de l'Etat; et, à l'âge de quatre-vingts ans, il se levait au milieu de la nuit, dans la saison la plus rigoureuse, pour donner ses audiences, ou travailler avec ses ministres. Les missionnaires et les ambassadeurs européens qui ont eu quelquefois de ces audiences matinales ne concevaient pas comment un prince âgé et infirme pouvait en soutenir la fatigue; mais les exercices tartares et la chasse l'y avaient endurci. Son plus grand désir avait toujours été d'égaler, par la durée de son règne, son illustre aïeul Khang-hi, qui avait occupé le trône pendant soixante années. Ses vœux furent satisfaits; et il se montra fidèle à un serment qu'il avait fait, d'abdiquer la couronne, s'il parvenait à ce terme. C'est ce qu'il exécuta, le premier jour de l'année pihing-chin (le 8 février 1796), en remettant, par une déclaration qui fut rendue publique, les sceaux de l'empire à son fils, lequel a donné à son règne, qui dure encore, le nom de Kia-khing, en mantchou *Saïchounga* fengchen (excellente ou suprême félicité). Khian-loung, quoiqu'il eût abandonné les rênes de l'Etat à l'empereur son fils, ne laissa pas de recevoir les ambassadeurs des Mongols et des autres Etats étrangers. On se préparait à célébrer les fêtes de la nouvelle année, qui était, suivant le calcul chinois, la quatre-vingt-neuvième année de son âge, quand, le troisième jour de la première lune (7 février 1799), il mourut âgé, suivant notre manière de compter, de quatre-vingt-sept ans quatre mois et treize jours. Le titre posthume ou nom d'apothéose qui lui fut donné, et sous lequel il sera connu dans l'histoire, est KAO-TSOUNG-CHUN-HVANG-TI. Khian-loung est certainement un des empereurs les plus illustres de l'histoire chinoise. Son long règne, qui égala la révolution d'un cycle, ajouta beaucoup de splendeur à celle dont le règne de son aïeul avait déjà entouré la dynastie des Mantchous. Il était doué d'un caractère ferme, d'un esprit pénétrant, d'une rare activité, d'une grande droiture, mais peut-être d'un génie moins élevé et de moins de grandeur d'âme que son aïeul. Il aimait ses peuples comme un souverain doit les aimer, c'est-à-dire qu'il était attentif à les gouverner avec sévérité, et qu'à tout prix il maintenait la paix et l'abondance parmi ses sujets. Six fois dans le cours de son règne, il visita les provinces du Midi; et chaque fois, ce fut pour donner des ordres utiles, pour faire construire des digues sur le bord de la mer, ou pour punir les malversations des grands, envers lesquels il se montrait inflexible. Il régla le cours du Hoang-hò et du Kiang; cinq fois, à l'occasion de l'anniversaire de la naissance de sa mère ou de la sienne propre, il accorda la remise générale de tous les impôts qu'on paye en argent, et trois fois celle de tous les droits qu'on acquitte en nature. On ne compte pas les remises partielles qu'il fit à différentes provinces dans des temps de sécheresse ou dans des inondations, ni la distribution de plusieurs milliers d'onces d'argent parmi les pauvres. La paix, qu'il sut entretenir dans l'empire, ne fut interrompue que par des conquêtes au dehors. Les pays des Olet, des Hoeï-tseu, le grand et le petit Kin-tchouan, le Mian-tian, furent réunis à ses vastes Etats. Enfin, les ambassades des Anglais et des Hollandais comptent parmi les événements qui ont honoré son règne, quoique les Chinois, qui regardent cet honneur comme leur étant dû, y soient moins sensibles qu'ils ne le furent à la soumission volontaire des Tourgot. Khian-loung joignit à tant de soins la culture des lettres, qui avait été son unique occupation avant qu'il montât sur le trône. Il s'occupa beaucoup de perfectionner sa langue maternelle, en faisant faire des traductions des meilleurs livres chinois, dont souvent il composait lui-même les préfaces. Il fit revoir et publier de nouveau les King et les autres livres classiques en chinois et en mantchou. Il célébra les principaux événements de son règne dans des morceaux d'éloquence qu'il faisait ensuite graver sur la pierre. De ce nombre sont l'histoire de la conquête du royaume des Olet, gravée sur un monument érigé en 1757 dans le pays de ces Tartares, le monument de la transmigration des Tourgot, et la pièce de vers sur la réduction du Miao-tseu. Ces trois morceaux ont été traduits par le P. Amyot, et publiés, les deux premiers, dans le tome premier des *Mémoires concernant les Chinois*, et le troisième séparément. Le même missionnaire nous a fait connaître aussi un grand nombre de rescrits, d'instructions, d'ordonnances motivées, écrites par Khian-loung, et qui sont de bons mémoires pour l'histoire de son règne. M. Staunton a inséré à la fin de sa traduction anglaise du code des Mantchous une ordonnance testamentaire qui fut publiée par Khian-loung peu après son abdication. On a vanté une pièce de vers sur le thé, que ce prince composa en 1746, dans une de ses parties de chasse en Tartarie, et qu'il fit écrire sur des tasses de porcelaine d'une fabrique nouvelle. Le recueil de ses poésies, imprimé à Pé-king, contient vingt-quatre petits volumes.

On lui doit encore un abrégé de l'histoire des Ming, publié sous le titre de *Ju-tchi-kang-kian*, et une collection, en plus de cent volumes, de monuments chinois anciens et modernes, accompagnés d'explications auxquelles travaillèrent sous ses yeux un grand nombre de savants et d'artistes. Il avait aussi entrepris de faire imprimer un choix de ce qu'il y avait de mieux dans la littérature chinoise; et ce choix devait contenir 180,000 volumes. L'empereur se faisait rendre un compte exact du progrès de ce travail immense, qui, en 1787, était déjà très-avancé. Il ne faut pas oublier une magnifique édition du *Tsoung-kiang-kanh-mou* en chinois, et une autre non moins belle en mantchou, ni la nouvelle rédaction du Miroir ou Dictionnaire universel des mots mantchous et chinois, avec des *index* et des suppléments, où sont rassemblés tous les mots nouveaux inventés par l'empereur lui-même, pour exprimer les idées qui manquaient aux Tartares, et qu'ils ont acquises en s'instruisant dans les livres des Chinois, des Mongols ou des Tibétains. La plupart de ces mots sont formés, par paragoge, des vocables chinois correspondants. Enfin, le plus connu des ouvrages de Khian-loung est celui qui lui valut, de la part du plus grand poëte, une épître qui commence ainsi :

Reçois mes compliments, charmant roi de la Chine,
Ton trône est donc placé sur la double colline.

C'est l'*Eloge de la ville de Moukden*, composé en chinois et en mantchou, et fort différent dans l'une de ces langues de ce qu'il est dans l'autre. En chinois, c'est un centon perpétuel, un amas des expressions les plus difficiles, les plus recherchées, les plus sublimes qui se trouvent dans les anciens poëtes : sous cette forme, le poëme est inintelligible sans le secours d'un commentaire. En mantchou au contraire, le style en est simple, et quoique ces deux versions soient toutes deux originales, la tartare est extrêmement facile à entendre (1), fait qui ne pourrait s'expliquer qu'en entrant dans de grands détails sur le génie des deux langues. Khian-loung, ayant fait recueillir des exemples de différentes écritures anciennes qui s'étaient conservées sur des monuments de pierre ou de bronze, voulut que son poëme fût écrit sur ces modèles ; et, comme il s'en trouva trente-deux, on fit trente-deux éditions du texte chinois, en autant de caractères différents, toujours accompagnés du texte en caractères modernes. Jusque-là on n'a rien à reprendre, car c'est une espèce de diplomatique ou de paléographie qui, si elle n'a pas l'authenticité des monuments anciens, en offre au moins l'imitation, et peut servir à s'initier à l'intelligence des écritures antiques. Mais, par un esprit d'imitation puérile, l'empereur voulut que l'édition mantchoue fût multipliée de même, pour qu'elle ne restât pas inférieure à l'édition chinoise; et l'on fabriqua, par son ordre exprès, trente-deux sortes de lettres mantchoues, analogues aux caractères chinois, mais composées dans un goût qui ne convient nullement à une écriture alphabétique. L'*Eloge de Moukden* a été traduit en français sur le mantchou, par le P. Amyot, et enrichi de notes où l'on trouve, entre autres choses, la description des trente-deux sortes de caractères chinois. Cette traduction, qui est bien loin d'être fidèle, a été publiée en 1770 par les soins de Deguignes. Par l'énumération des travaux littéraires de Khian-loung, on voit qu'il méritait bien cette inscription mise par les missionnaires au bas de son portrait, qui se voit à la tête du premier volume des *Mémoires concernant les Chinois*.

Occupé sans relâche à tous les soins divers
D'un gouvernement qu'on admire,
Le plus grand potentat qui soit dans l'univers
Est le meilleur lettré qui soit dans son empire.

KIA-KING (1796-1820). Les documents nous manquent pour donner une idée à peu près complète du règne de cet empereur et de celui de son successeur; tout ce que nous en savons nous vient des sources européennes. L'histoire d'une dynastie chinoise n'est rendue publique qu'après sa chute et sous le gouvernement de celle qui l'a remplacée. Cette loi n'empêche pas néanmoins des écrivains officieux de composer l'histoire des empereurs de la dynastie régnante; ces histoires circulent manuscrites dans le public; mais les rapports actuels de l'Europe avec l'Asie et la Chine ne nous laissent pas ignorer tout à fait ce qui se passe dans le grand empire.

C'est ainsi que l'on sait que Kia-king a eu plusieurs révoltes à comprimer pendant son règne. Une de ces conspirations, à la tête de laquelle se trouvaient, dit-on, des personnes de haut rang et des parents même de l'empereur, fut découverte en 1803; l'empereur devait être assassiné. Dans une proclamation qu'il fit après avoir échappé à la mort, par l'arrestation de l'assassin, au moment où il était prêt à consommer son crime, il se plaint de l'indifférence de la population chinoise pour le danger qu'il avait couru; il dit que parmi tous les spectateurs qui étaient présents il s'en trouva seulement six qui s'empressèrent de lui témoigner l'intérêt qu'ils prenaient à la conservation de ses jours; il conclut enfin par cette observation que, malgré toute son attention et les soins qu'il met à bien gouverner, il se peut qu'il commette des fautes; il promet de mieux gouverner à l'avenir, et de s'efforcer de ne plus donner de motifs d'une pareille désaffection. C'est cette indifférence, dit-il, et non le poignard de l'assassin qui m'afflige.

Kia-king continua cependant de mener une vie efféminée et licencieuse; les révoltes furent plutôt apaisées par l'argent que par la force des armes. Une certaine somme fut offerte à tous ceux qui voudraient se soumettre ; si c'étaient des chefs, ils pouvaient espérer des emplois équivalents dans l'armée impériale.

Mais ce qui inquiétait le plus le gouvernement de Kia-king, c'étaient ces nombreux et hardis pirates qui ravagèrent, pendant presque tout son règne, les côtes méridionales de la Chine. Chaque jour ils devenaient plus audacieux, et ils défiaient le pouvoir; ils percevaient des droits réguliers sur les vaisseaux marchands, et ils respectaient ceux qui étaient porteurs d'une licence de leur commandant; mais toute jonque qui n'en était pas munie était déclarée de bonne prise. Dans leurs excursions, ils ravageaient souvent des villages entiers, dont ils emmenaient la population, et on ne la rachetait qu'au prix de fortes sommes d'argent. Pendant ce temps, des révoltes que l'on croit avoir été combinées avec les excursions des pirates, menaçaient l'empereur même dans sa capitale; on devait attaquer le palais impérial, le piller, et s'emparer de la personne du prince. Ce projet ne réussit pas. Deux parents de l'empereur, compris dans cette révolte (1813), furent mis à mort.

De nombreuses associations secrètes se formèrent en Chine sous le règne de Kia-king; leur but était de détruire le gouvernement et la domination des Tartares. Cependant il en existait déjà sous le gouvernement de Khian-loung, puisque les missionnaires européens furent souvent accusés de faire partie de la société secrète des Pé-lian-kiao, ou secte du Nénuphar. Cette secte fut la plus formidable sous le règne de Kia-king; elle excita une insurrection dans le Chan-toung, qui s'étendit sur trois des provinces voisines. Leur chef s'arrogea le titre de *San-hoang*, triple empereur, c'est-à-dire, empereur du ciel, de la terre et des hommes. Ce furent soixante-dix membres de la secte de la Raison céleste (*Thian-li*) qui attaquèrent l'empereur à main armée dans son palais, et en prirent possession pendant plusieurs jours; ils n'en furent chassés qu'après de grands efforts. De ces différentes sociétés secrètes s'est formée une autre société, nommée la *société de la Triade*, dont les membres, comme les francs-maçons, se reconnaissent entre eux à de certains signes ou symboles de convention; son but probable est aussi le renversement de la domination tartare. On lui attribue toutes les révoltes partielles qui éclatent de temps en temps dans l'empire. D'après les lois en vigueur, toute réunion de cinq personnes est illégale. Cette sévérité, apportée contre les associations de toute nature, a aussi aggravé le sort de tous ceux qui se trouvent détenus. Un censeur de l'empire écrivait à l'empereur que les tortures les plus cruelles et les plus illégales étaient pratiquées dans la province de Sse-tchouan et faisaient mourir beaucoup de personnes. Ces cruautés commencèrent pendant la persécution active exercée contre les associations, et maintenant elles se trouvent appliquées à tous les cas.

A la fin de l'année 1816, il y avait dans les différentes provinces de l'empire chinois 10,270 criminels convaincus de crimes capitaux, et attendant l'ordre de l'empereur pour subir leur peine. Dans les prisons, les criminels sont attachés pendant la nuit aux planches sur lesquelles ils sommeillent. Ce

(1) M. Klaproth l'a insérée en entier dans l'utile recueil qu'il a fait imprimer sous le titre de *Chrestomathie mantchoue*.

nombre de criminels condamnés à mort paraîtrait exorbitant, si l'on ne faisait pas attention que la peine de mort est appliquée en Chine à beaucoup plus de crimes qu'en France, et que dans ce nombre devaient se trouver beaucoup de condamnés politiques.

Il y eut une grande sécheresse sous le règne de Kia-king, pendant laquelle on adressa à l'empereur un grand nombre de remontrances. La cour des châtiments ou des peines se rassembla pour se consulter à ce sujet, et examiner si elle avait bien rempli son devoir, si elle avait eu assez d'humanité. Dans un document qu'elle publia, elle exprima l'espérance que la nature accorderait de la pluie et rétablirait l'ordre des saisons. Une personne du Chan-toung envoya une remontrance à l'empereur, par laquelle elle lui proposait de briser toutes les idoles, toutes les images des divinités. Le conseil supérieur décida que le malencontreux conseiller serait exilé sur la frontière russe.

Dans le mois de juin de 1818, il y eut un ouragan terrible à Pé-king; il occasionna une violente irruption de la mer sur la côte du Chan-toung. Cent quarante villages furent couverts par les eaux; la plupart des maisons furent détruites. Comme c'est la coutume dans de semblables circonstances, l'empereur ordonna que des provisions pour un mois fussent distribuées aux malheureux qui avaient souffert.

En 1818 encore, le district de San-yang, dans la province de Kiang-nan, fut inondé; alors l'empereur ordonna que le trésor public vînt au secours du peuple qui avait souffert. Wang-chin-han, le magistrat du district de San-yang, s'empara de l'argent alloué par le trésor, et l'appliqua à son propre usage, sans le distribuer au peuple. Le vice-roi de Kiang-nan expédia un *tsin-sse* nouvellement créé, nommé Li-yo-tchang, lui-même magistrat du district, pour aller examiner l'affaire. Wang-chin-han, s'étant effrayé de son arrivée, et pensant pouvoir le corrompre, lui proposa dix mille taels d'or pour assoupir l'affaire. Li-yo-tchang cependant était un homme probe et droit; il refusa le prix de la commission, et résolut de rapporter le véritable état de la chose au vice-roi. Dans cette occurrence, le magistrat coupable corrompit trois serviteurs de Li-yo-tchang, en leur offrant deux mille taels d'argent, s'ils voulaient empoisonner leur maître, et faire passer sa mort pour un suicide.

Ceux-ci consentirent. Après avoir commis ce crime, ils placèrent le corps de leur maître dans un cercueil précieux, et l'envoyèrent à sa demeure pour y être enterré. La veuve du fidèle magistrat défunt soupçonna le crime, et son oncle étant du même avis, ils se rendirent à Pé-king, pour le dénoncer au tribunal des peines. Celui-ci se hâta de faire arrêter les trois domestiques qui avaient empoisonné leur maître, et qui avouèrent toute la vérité dans leur interrogatoire. L'empereur, furieux de ce crime, ordonna que le vice-roi fût envoyé en exil dans une contrée éloignée, et que tous les mandarins du district de San-yang subissent la peine capitale. La famille entière du magistrat concussionnaire et homicide, sans aucune exception, subit le même châtiment, et l'un de ses fils, qui n'avait alors qu'environ trois ans, fut mis en prison sur l'ordre de l'empereur, pour attendre l'âge de seize ans, afin de pouvoir être décapité. Quant au malheureux Li-yo-tchang, l'empereur composa une élégie de trente vers pour célébrer ses vertus, et il ordonna que ces vers fussent gravés sur une table de pierre, et placés devant son tombeau, pour instruire tous les hommes qu'il est dix mille fois plus glorieux de mourir en conservant son intégrité que de vivre en avide fripon. Les trois domestiques qui avaient empoisonné leur maître furent, par ordre de l'empereur, coupés en morceaux devant le tombeau du défunt, auquel on offrit leurs cœurs en sacrifice expiatoire. La veuve fut élevée au rang de grande dame, et son oncle, qui avait plaidé sa cause, fut aussi récompensé par une promotion. Et, comme il n'avait pas d'enfant, le mandarin du district reçut l'ordre de choisir dans son commandement un jeune homme distingué pour devenir son fils d'adoption, afin de transmettre son nom à la postérité, et d'hériter de ses honneurs (1).

Le règne de Kia-king semble avoir été une suite continuelle de calamités; une révolte était à peine comprimée, qu'une autre se montrait plus redoutable. Le *Yun-nan* et le *Sse-tchouan* occupèrent longtemps les armées impériales. Les rebelles se retirèrent enfin dans les forêts qui avoisinent la frontière chinoise, parmi les tribus étrangères de ces régions.

(1) *Indo-Chinese Gleaner*, n° 6.

La gazette de Pé-king contenait, sur la fin de 1819, un avis des commissaires impériaux envoyés pour réparer les digues du fleuve Jaune, qui avait débordé et fait périr plus de cent mille personnes. Cet avis avait pour objet d'obtenir des fonds pour faire face à la dépense extraordinaire que les débordements avaient rendue nécessaire.

L'empereur proposait des honneurs et des distinctions proportionnés à ceux qui *souscriraient* volontairement à cette mesure d'intérêt public en donnant leur nom; il n'exigeait point d'impôt extraordinaire forcé. Cent mille hommes étaient employés à réparer les digues du fleuve indomptable.

Un édit impérial, daté de la vingt-quatrième année *kia-king* (1820), fut proclamé dans l'empire, établissant que, comme les populations chinoises avaient été très en arrière pendant les dernières années, pour le payement des impôts, une enquête scrupuleuse serait faite dans les différents districts des provinces, pour connaître de combien les habitants étaient réellement en arrière; et le rapport en devait être adressé à l'empereur, afin qu'il pût leur remettre les taxes dues pour les premières années qui n'avaient pas été payées.

Kia-king mourut le 2 septembre 1820.

TAO-KOUANG (1821). Le règne de cet empereur n'est connu en Europe que par quelques extraits de la gazette impériale de Pé-king, publiés par des journaux anglais. On sait qu'il succéda à Kia-king en 1821, et qu'il s'est montré aussi hostile à la prédication du christianisme que son père. Les troubles ont continué dans plusieurs provinces; les mahométans du Turkestan se sont aussi révoltés, mais ils ont été comprimés; une autre révolution a éclaté dans l'île de Formose; les Miao-tseu, réduits par Khian-loung, se sont réveillés de leur assoupissement. Tout dénote que la dynastie tartare-mantchoue a plus que jamais besoin de la force pour se maintenir sur le vieux trône impérial de la Chine.

Une autre conspiration fut découverte à Pé-king en 1832. Dans la même année, une famine s'est fait sentir dans les provinces de Ngan-hoeï, de Kiang-si, de Hou-pé et de Tche-kiang: elle était causée par les grandes inondations de l'automne de 1831. Dans les trois premières de ces provinces, l'empereur a fait la remise d'une partie des impôts. Il a aussi ordonné que le pauvre peuple reçût, des magasins impériaux, des secours en riz pour ses besoins pressants, et des grains pour ensemencer ses champs.

Le même empereur Tao-kouang a porté un édit sévère, adressé aux généraux des provinces, qui leur enjoint de faire plus d'attention aux revenus de l'Etat. Il dit que le surintendant des finances lui a rapporté que, pendant les dix-huit derniers mois, les dépenses ont excédé les recettes de vingt-huit millions de taels (210,000,000 de francs). C'est assez pour le présent, dit l'empereur; mais ce système ne peut durer.

Un million de taels (7,500,000 francs) a été déposé dans le trésor de la province de Kan-sou, pour s'en servir dans le cas de troubles ou révoltes sur la frontière orientale.

Dans le mois de mars 1834, le *hio-taï*, ou surintendant littéraire de la province de Canton, a été suspendu de ses fonctions, sur un rapport venu de Pé-king.

Les journaux d'Europe ont publié, dans le commencement de l'année 1837, une proclamation de l'empereur de la Chine qui défend, sous les peines les plus sévères, la prédication du christianisme dans ses Etats.

Dans les dernières années, de graves difficultés se sont élevées, entre l'Angleterre et la Chine, au sujet de l'importation de l'opium. Une guerre de peu d'importance sous le rapport militaire s'en est suivie, et le résultat en a été favorable à l'Angleterre. La Chine, désormais ouverte aux investigations des Européens, nous sera bientôt mieux connue, et déjà la France a envoyé, dans cette antique contrée, une ambassade à la fois politique et scientifique. On ne saurait douter qu'à son retour elle ne nous rapporte des notions plus complètes et plus exactes que celles que nous possédons jusqu'ici sur ce vaste et antique empire.

Une partie importante de l'histoire de la Chine est celle des vicissitudes du christianisme dans ce pays; nous la ferons connaître dans un travail spécialement consacré à l'*Histoire générale des missions*.

## LEXIQUE TOPOGRAPHIQUE

**Avec les latitudes et longitudes des principales places de l'empire chinois, déterminées dans les années 1710 jusque et compris 1716, par les mathématiciens que l'empereur Khang-hi chargea de dresser la carte de son empire. — Les longitudes sont prises de Pé-king.**

---

### *Avertissement.*

Il est à propos de prévenir nos lecteurs que les noms de *koué*, de *fou*, de *lou*, de *kiun*, de *tcheou* et de *hien*, donnés aux villes, en sont le signe distinctif.

*Koué* est le titre particulier qui désigne une principauté.

*Fou* indique la juridiction générale d'un grand département, de laquelle relèvent plusieurs tcheou. On remarque cependant que, sur les limites de l'empire, certaines villes n'ont été élevées à ce titre de *fou* qu'afin d'augmenter le nombre des mandarins qui veillent à leur sûreté.

*Lou*, qui signifie proprement un chemin, est particulier à la dynastie des Yuen, qui désignait par ce titre une juridiction à peu près semblable à celle des fou, un peu moindre cependant.

*Kiun* indique une ville d'armes du premier ordre, où des officiers généraux faisaient leur résidence ordinaire.

*Tcheou* est un titre qui se donne à des villes considérables, mais qui cependant dépendent presque toujours des fou; on dit presque toujours, par la raison qu'il y a des tcheou qui n'en dépendent pas, et relèvent immédiatement des officiers généraux de la province et des tribunaux généraux de la cour, ainsi que les fou. La différence entre les tcheou et les fou ne se règle ni sur l'opulence et la population des unes ou des autres ni sur l'étendue du terrain qu'elles occupent, puisqu'il se trouve des tcheou plus considérables que des fou, mais sur les titres et l'autorité des mandarins qui les gouvernent.

Les *hien*, ou villes du troisième ordre, ont aussi leur juridiction qui dépend le plus souvent des fou, et quelques-unes des tcheou.

Les *tchin* sont de gros bourgs dans lesquels on trouve des auberges où l'on peut loger.

Les *tching* sont comparables aux tchin, avec cette différence néanmoins que ces bourgades sont moins marchandes que les tchin, et que l'on y trouve rarement des auberges.

Les *oueï* et les *pao* ne sont pour l'ordinaire occupés que par des soldats et gouvernés par des mandarins d'armes. Les pao ne sont proprement que des corps de garde renforcés. Les oueï sont beaucoup plus considérables.

Les *pou* sont des villes étrangères soumises aux Chinois, soit volontairement, soit par la conquête qu'ils en ont faite. Aussi la plupart ont-elles bientôt changé de titre en passant sous leur gouvernement.

Les *koan* sont des espèces de forteresses élevées pour la garde des passages difficiles et des gorges de montagnes.

Les *tchaï* sont aussi des forteresses sur le sommet des montagnes, défendues par des murailles ou par des palissades.

Les *tchang* et les *chi* sont de petites villes ou gros bourgs dans lesquels on fait commerce; savoir, de temps en temps dans les chi, et toujours dans les tchang.

Enfin les *y* et les *tsien* sont de simples villages; mais les *y* sont les plus nombreux et les plus considérables.

Avec ces connaissances préliminaires, on peut juger, à la vue seule de la terminaison des noms des villes et des bourgades, etc., de quelle importance elles peuvent être, et quels sont les titres dont elles jouissent.

La plupart des villes du Leao-tong ne subsistent plus; cependant on en fait mention relativement à l'histoire des Khitan ou Leao et des Kin ou Nu-tche, puissances tartares qui possédèrent quelques provinces septentrionales de la Chine pendant le règne des Song. En compensation, on a négligé d'en faire connaître d'autres qui subsistent encore sur les limites de la Chine, mais qui ne sont d'aucune utilité pour la lecture de cette histoire.

Les terminaisons de ces noms tartares, soit mantchous, soit mongous, signifient, savoir : *oula*, fleuve; *pira*, rivière; *omo*, lac ou étang; *sékim*, source de rivière; *mouren*, rivière; *nor*, lac ou étang; *poulac*, fontaine, source; *alin*, montagne; *hata*, roche; *hotun* et *hoton*, ville; *cajan*, village; *païtchan*, lieu fermé d'une enceinte, *tabahan*, montagne ou passage de montagne.

Les empereurs s'étant souvent donné la liberté, surtout dans les changements de dynasties, de changer les noms de plusieurs villes, nous avons cru devoir rapporter dans les notes ces divers changements, qui jettent une grande confusion dans la topographie de la Chine.

| Villes. | | Latitudes. | | | Longitudes. | | | |
|---|---|---|---|---|---|---|---|---|
| Achto-kia-mou. . . . | Tartarie occidentale. | 45° | 46' | 48" | 6° | 13' | 20" | or. |
| Agalkou-alin. . . . . | Tartarie occidentale. | 41 | 42 | 56 | 1 | 34 | 0 | oc. |
| Algaïtou-alin. . . . . | Tartarie occidentale. | 41 | 11 | 24 | 6 | 21 | 40 | oc. |
| Altan-alin. . . . . . | Tartarie occidentale. | 41 | 10 | 20 | 9 | 15 | 55 | oc. |
| Aomili-cajan. . . . . | Tartarie orientale. . | 47 | 23 | 0 | 15 | 27 | 30 | or. |
| Apkan-alin. . . . . . | Tartarie occidentale. | 48 | 7 | 12 | 12 | 45 | 36 | oc. |
| Apka-hara-alin. . . . | Tartarie occidentale. | 40 | 38 | 10 | 4 | 12 | 53 | oc. |
| Artchato-kiaman. . . | Tartarie occidentale. | 43 | 49 | 12 | 0 | 21 | 15 | or. |
| Arou-soumme-hata. . | Tartarie occidentale. | 41 | 36 | 51 | 4 | 29 | 41 | oc. |
| Astaï. . . . . . . . . | Tartarie occidentale. | 43 | 2 | 35 | 22 | 48 | 20 | oc. |
| Caï-fong-fou (1). . . . | Province de Ho-nan. | 34 | 52 | 5 | 1 | 55 | 30 | oc. |
| Canton (*V.* Kouang-tcheou). . . . . . . | | | | | | | | |
| Catchar-hocho. . . . . | Tartarie occidentale. | 41 | 21 | 22 | 8 | 6 | 10 | oc. |
| Cha-hou-keou. . . . . | Prov. de Chan-si. . | 40 | 17 | 0 | 4 | 12 | 0 | oc. |
| Cha-ma-ki-teou. . . . | Ile de Formose. . . | 22 | 6 | 0 | 4 | 9 | 20 | or. |
| Chan-haï-koan. . . . | Prov. de Pé-tchi-li. | 40 | 2 | 30 | 3 | 22 | 6 | or. |
| Chang-tou-pouritou. . | Tartarie occidentale. | 45 | 45 | 0 | 2 | 24 | 20 | or. |
| Chang-tsaï-hien. . . . | Prov. de Ho-nan. . | 33 | 19 | 20 | 2 | 6 | 0 | oc. |
| Chang-sse-tcheou. . . | Prov. de Kouang-si. | 22 | 19 | 12 | 8 | 52 | 10 | oc. |
| Chang-tcheou. . . . . | Prov. de Chen-si. . | 33 | 51 | 25 | 6 | 35 | 0 | oc. |
| Chang-yu-hien. . . . | Prov. de Tche-kiang. | 29 | 59 | 14 | 4 | 25 | 7 | oc. |
| Chao-ou-fou (2). . . . | Prov. de Fou-kien. . | 27 | 21 | 30 | 1 | 8 | 0 | or. |
| Chao-hing-fou (3). . . | Prov. de Tche-kiang. | 30 | 6 | 0 | 4 | 4 | 11 | or. |
| Chara-omo. . . . . . | Tartarie occidentale. | 39 | 32 | 24 | 13 | 15 | 0 | oc. |
| Chao-tcheou-fou (4). | Prov. de Kouang-tong. | 24 | 55 | 0 | 3 | 20 | 0 | oc. |
| Cha-tching, ou Chabo. . | Prov. de Pé-tchi-li. . | 40 | 25 | 25 | 0 | 6 | 36 | oc. |
| Chan-tching-hien. . . | Prov. de Ho-nan. . . | 31 | 55 | 30 | 1 | 10 | 30 | oc. |
| Cha-tching (bouche de la rivière de). . . . | Prov. de Pé-tchi-li. . | 39 | 1 | 40 | 1 | 18 | 5 | or. |
| Che-men-hien. . . . | Prov. de Hou-kouang. | 29 | 30 | 30 | 5 | 5 | 27 | oc. |
| Che-ping-hien. . . . | Pr. de Koueï-tcheou. | 27 | 0 | 20 | 8 | 26 | 40 | oc. |
| Che-tcheou-oueï. . . | Pr. de Hou-kouang. | 30 | 15 | 56 | 7 | 2 | 35 | oc. |
| Che-tching-hien. . . | Pr. de Kouang-tong. | 21 | 32 | 24 | 6 | 38 | 40 | oc. |
| Che-tsien-fou (5). . . | Pr. de Koueï-tcheou. | 27 | 30 | 0 | 8 | 18 | 40 | oc. |
| Chin-mou-hien. . . . | Prov. de Chen-si. . . | 38 | 55 | 20 | 6 | 22 | 30 | oc. |
| Ching-hien. . . . . . | Prov. de Tche-kiang. | 29 | 26 | 0 | 4 | 14 | 17 | or. |
| Choui-king-hien. . . | Prov. de Kiang-si. . | 25 | 49 | 12 | 0 | 27 | 16 | oc. |
| Choui-tchang-hien. . | Prov. de Kiang-si. . | 29 | 49 | 12 | 0 | 44 | 40 | oc. |
| Choui-tcheou-fou. (6). | Prov. de Kiang-si. . | 28 | 24 | 40 | 1 | 10 | 54 | oc. |
| Congora-agirhan-alin. | Tartarie occidentale. | 45 | 26 | 0 | 18 | 19 | 20 | oc. |
| Couroumé-omo. . . . | Tartarie occidentale. | 47 | 51 | 36 | 4 | 1 | 50 | oc. |
| Chun-king-fou (7). . | Prov. de Sse-tchuen. | 30 | 49 | 12 | 10 | 21 | 0 | oc. |
| Chun-ning-fou (8). . | Prov. de Yun-nan. . | 24 | 37 | 12 | 16 | 18 | 38 | oc. |
| Chun-té-fou (9). . . . | Prov. de Pé-tchi-li. . | 37 | 7 | 15 | 1 | 49 | 30 | oc. |
| Chun-té-hien. . . . . | Pr. de Kouang-tong. | 22 | 49 | 25 | 3 | 39 | 35 | oc. |
| Ecouré-halha. . . . . | Tartarie occidentale. | 47 | 37 | 0 | 5 | 15 | 52 | oc. |
| Edou-cajan. . . . . . | Tartarie orientale. . | 48 | 9 | 36 | 15 | 37 | 0 | or. |
| Egué au Selingué (jonction de l'). . . . . | Tartarie occidentale. | 49 | 27 | 10 | 12 | 22 | 15 | oc. |
| Elgoui Poulac. . . . . | Tartarie occidentale. | 45 | 14 | 12 | 19 | 40 | 25 | oc. |
| Erdeni-tchao. . . . . | Tartarie occidentale. | 46 | 57 | 36 | 13 | 5 | 25 | oc. |
| Ergousteï. . . . . . . | Tartarie occidentale. | 44 | 12 | 0 | 21 | 43 | 20 | oc. |
| Fen-tcheou-fou (10). . | Prov. de Chan-si. . . | 37 | 19 | 12 | 4 | 46 | 30 | |
| Fey-hiang-hien. . . . | Prov. de Pé-tchi-li. . | 36 | 39 | 55 | 1 | 22 | 30 | |

(1) Ses noms anciens sont : Ta-leang, Leang-tcheou, Caï-fong, Pien-tcheou, Tong-King, Nan-king-lou et Pien-leang-lou.

(2) Ses noms anciens sont : Tchaou-ou et Ping-tching.

(3) Ses noms anciens sont : Hoeï-ki, Yu-yueï, ou Kiun, Tong-yang, Yueï-tcheou, Y-tching et Tchin-tong.

(4) Ses noms anciens sont : Chi-hing, Chi-king-tou-oueï, Tang-hing, Kouang-hing, Ping-tchin, Pan-tcheou et Tong-heng-tcheou.

(5) Ses noms anciens sont : Y-tcheou, Y-siuen et Che-tsien.

(6) Ses noms anciens sont : Mi-tcheou, Tsing-tcheou, Kao-ngan, et Choui-tcheou.

(7) Ses noms anciens sont : Ngan-han, Tang-kin, Yen-kiu, Pa-si, Nan-tchong, Tchong-tcheou, Ko-tcheou, Yong-ning, Tong-tchuen et Chun-king-fou.

(8) Son nom ancien est : Chun-ning.

(9) Noms anciens : Sin-tou-hien, Siang-koué, Hing-tcheou, Kiu-lou, Pao-y, Ngan-koué et Sin-té.

(10) Ses noms anciens sont : Si-ho-koué, Nan-sou-tcheou, Hiaï-tcheou, Hao-tcheou, et Fen-yaug-kiun.

| Villes. | | Latitudes. | Longitudes. |
|---|---|---|---|
| Fong-chan-hien. | Ile de Formose. | 22° 40' 48" | 3° 37' 50" |
| Fong-hoan-tching. | Prov. de Leao-tong. | 40 30 30 | 7 45 30 |
| Fong-ting-y. | Prov. de Fou-kien. | 25 14 27 | 2 37 50 |
| Fong-tsiang-fou (1). | Prov. de Chen-si. | 34 25 12 | 8 58 55 |
| Fong-yang-fou (2). | Prov. de Kiang-nan. | 32 55 30 | 1 1 26 or. |
| Fou-ngan-hien. | Prov. de Fou-kien. | 27 4 48 | 3 18 40 or. |
| Fou-ning-tcheou. | Prov. de Fou-kien. | 26 54 0 | 3 40 0 or. |
| Fou-tcheou-lou (3). | Prov. de Fou-kien. | 26 2 24 | 3 0 0 or. |
| Fou-tcheou-fou (4). | Prov. de Kiang-si. | 27 56 24 | 0 10 30 oc. |
| Fou-tsing-hien. | Prov. de Fou-kien. | 25 40 48 | 3 8 0 or. |
| Fou-yang-hien. | Prov. de Tche-kiang. | 30 4 57 | 3 27 7 or. |
| Ge-ho-hotun. | Tartarie occidentale. | 41 3 36 | 1 30 0 oc. |
| Haï-fong-hien. | Pr. de Kouang-tong. | 22 54 0 | 1 9 36 oc. |
| Haï-fong-hien. | Prov. de Chan-tong. | 37 50 51 | 1 16 36 or. |
| Haï-tan-tching. | Prov. de Fou-kien. | 25 33 24 | 3 33 50 or. |
| Haï-tcheou. | Prov. de Kiang-nan. | 34 32 24 | 2 55 47 or. |
| Haï-tcheou-cajan. | Tartarie orientale. | 47 59 0 | 18 45 0 or. |
| Hami. | Tartarie occidentale. | 42 53 20 | 22 23 20 oc. |
| Han-alin. | Tartarie occidentale. | 47 49 30 | 9 5 17 oc. |
| Han-tchong-fou (5). | Prov. de Chen-si. | 32 56 10 | 9 16 5 oc. |
| Hang-yang-fou (6). | Pr. de Hou-kouang. | 30 34 38 | 2 18 23 oc. |
| Hang-tcheou-fou (7). | Prov. de Tche-kiang. | 30 20 20 | 3 39 4 or. |
| Hang-tching-hien. | Prov. de Chen-si. | 35 30 30 | 6 4 57 oc. |
| Hara-omo. | Tartarie occidentale. | 39 19 12 | 12 14 24 oc. |
| Harapay-chang. | Tartarie orientale. | 42 18 0 | 4 3 0 oc. |
| Hara-tou-houton-kiamon. | Tartarie occidentale. | 41 41 11 | 2 56 50 or. |
| Hatamal-alin. | Tartarie occidentale. | 40 44 9 | 6 40 20 oc. |
| Hen-tcheou-fou (8). | Pr. de Hou-kouang. | 26 45 12 | 4 5 30 oc. |
| Heng-chan-hien. | Pr. de Hou-kouang. | 27 55 24 | 3 50 40 oc. |
| Heng-tcheou. | Prov. de Kouang-si. | 22 14 24 | 7 31 30 oc. |
| Hi-fong-keou. | Prov. de Pe-tchi-li. | 40 38 10 | 1 37 13 or. |
| Hia-men-so, ou Emoui. | Prov. de Fou-kien. | 24 26 36 | 1 50 30 or. |
| Hiang-chan-hien. | Pr. de Kouang-tong. | 22 32 24 | 3 30 0 oc. |
| Hing-hoa-fou (9). | Prov. de Fou-kien. | 25 25 22 | 2 48 50 or. |
| Hing-koué-tcheou. | Prov. de Hou-kouang. | 29 51 36 | 1 22 48 oc. |
| Hing-ngan-tcheou. | Prov. de Chen-si. | 32 31 20 | 7 6 49 oc. |
| Hing-ning-hien. | Pr. de Kouang-tong. | 24 3 36 | 0 36 40 oc. |
| Hing-ning-hien. | Pr. de Hou-kouang. | 23 54 40 | 3 29 16 oc. |
| Ho-hien. | Prov. de Kouang-si. | 24 8 24 | 5 12 0 oc. |
| Ho-kien-fou (10). | Prov. de Pe-tchi-li. | 8 30 0 | 0 18 0 oc. |
| Ho-ku-hien. | Prov. de Chan-si. | 39 14 14 | 5 27 0 oc. |
| Ho-nan-fou (11). | Prov. de Ho-nan. | 34 43 15 | 4 0 50 oc. |
| Ho-ping-hien. | Pr. de Kouang-tong. | 24 30 0 | 1 33 35 oc. |
| Ho-si-hien. | Prov. de Yun-nan. | 24 16 10 | 13 38 40 oc. |
| Ho-tcheou. | Prov. de Sse-tchuen. | 30 8 24 | 10 4 30 oc. |
| Ho-tchi-tcheou. | Prov. de Kouang-si. | 24 42 0 | 8 45 20 oc. |
| Ho-yuen-hien. | Pr. de Kouang-tong. | 23 42 0 | 1 54 40 oc. |
| Hoa-ma-chi. | Prov. de Chen-si. | 37 52 45 | 9 25 30 oc. |
| Hoa-tcheou. | Pr. de Kouang-tong. | 21 37 12 | 6 17 20 oc. |
| Hoan-ku-hien. | Prov. de Chan-si. | 34 57 36 | 4 45 30 oc. |
| Hoang-tcheou-fou (12). | Prov. de Hou-kouang. | 30 26 24 | 1 39 35 oc. |
| Hoaï-king-fou (13). | Prov. de Ho-nan. | 35 6 34 | 3 28 30 oc. |

(1) On lui a donné les noms de Tchong-ti, Fou-fong, Tsin-koué, Tsin-ping, Yang-tching, Ki-tcheou, Ki-yang, Si-king, Kouan-si, Tsin-fong et Tien-hing.

(2) Ses noms anciens sont : Tchong-li, Nan-yen, Si-tcheou-tcheou, Hao-tcheou, Ting-yuen, Lin-hao et Tchong-ton.

(3) Noms anciens : Min-tchong, Tsi-ming, Min-yueï, Tçin-Ngan, Tçin-ping, Fong-tcheou, Siuen-tcheou, Kien-tcheou, Min-tcheou, Tchang-lo, Hoeï-ou et Tchang-ou-Kiun.

(4) Noms anciens : Lin-tchuen-kiun et Chao-ou.

(5) Ses noms anciens sont : Leang-tcheou, Han-nan-tching, Y-tcheou-pou, Han-ning, Han-tchuen, Pao-tcheou et Hing-yuen.

(6) Ses noms anciens sont : To-yang et Mien-tcheou.

(7) Noms anciens : Tong-ngan, Ou-kiun, Tsien-tang-kiun, Yu-han-kiun, Ou-ching-kiun, Ta-tou-fou, Nan-tou-tou, Hiu-hang, Ou-yueï-koué, et Ling-ngan-fou.

(8) Ses noms anciens sont : Siang-tong, Heng-yang, Siang, Tcheou, Heng-tcheou, Tong-heng-tcheou, Heng-chang-kiun et Keng-hou-nan.

(9) Ses noms anciens sont : Pou-tchong, Pou-tien, Taï-ping et hing-ngan.

(10) Noms anciens : Po-haï, Ho-hien, Yng-tcheou et Li-haï.

(11) Ses noms anciens sont : Lo-yang, San-tchuen, Ho-nan-kiun, Ho-tcheou, Tong-king, Yu-tcheou, Tong-tou, Si-tou, Si-king, Té-tchang-kiun, Tchong-king, Kin-tchang-fou et Ho-nan-lou.

(12) Ses noms anciens sont : Si-ling-hien-tchong-tching, Si-yang-koué, Si-yang-kiun, Tsi-ngan, Heng-tcheou, Hoang-tcheou, Yang-ngan et Tsien-tcheou.

(13) Noms anciens : Ho-noui, Hoaï-tcheou, Nan-hoaï, Tsing-nan, Hoaï-mong et Hoaï-king.

| Villes. | | Latitudes. | Longitudes. |
|---|---|---|---|
| Hoaï-ngan-fou (1). | Prov de Kiang-nan. | 33° 32' 24" | 2° 45' 42" or. |
| Hoaï-yu-keou. | Tartarie occidentale. | 40 54 15 | 1 22 10 oc. |
| Hoaï-yuen-hien. | Prov. de Kouang-si. | 25 15 56 | 7 10 40 oc. |
| Hoeï-li-tcheou. | Prov. de Sse-tchuen. | 26 33 36 | 13 32 25 oc. |
| Hoeï-ning-fou. | Pr. de Koueï-tcheou. | 26 43 15 | 12 12 0 oc. |
| Hoeï-tchang-hien. | Prov. de Kiang-si. | 25 32 24 | 0 46 1 oc. |
| Hoeï-tcheou. | Prov. de Sse-tchuen. | 31 25 12 | 12 48 0 oc. |
| Hoeï-tcheou-fou (2). | Pr. de Kouang-tong. | 23 2 24 | 2 16 0 oc. |
| Hon-tcheou-fou (3). | Prov. de tche-kiang. | 30 52 48 | 3 27 54 or. |
| Hong-hien. | Prov. de Pe-tchi-li. | 39 1 5 | 0 18 27 oc. |
| Hong-hoa-pou. | Prov. de Chan-tong. | 34 35 26 | 2 18 0 or. |
| Hongta-hotun. | Tartarie orientale. | 42 54 1 | 13 36 0 or. |
| Horaï-couré. | Tartarie occidentale. | 43 0 40 | 0 25 22 or. |
| Houle-cajan. | Tartarie orientale. | 48 50 0 | 19 3 20 or. |
| Houptar-païtchan. | Tartarie occidentale. | 42 21 30 | 19 30 0 oc. |
| Hourimto-keber. | Tartarie occidentale. | 45 38 55 | 16 41 0 oc. |
| Hou-tchi-pira (source de la). | Tartarie orientale. | 43 31 0 | 13 15 0 oc. |
| Iao-tcheou-fou (4). | Prov. de Kiang-si. | 28 59 20 | 0 13 38 or. |
| Iudamou-cajan. | Tartarie orientale. | 46 53 20 | 14 12 50 or. |
| Jong-tse-hien. | Prov. de Ho-nan. | 34 56 40 | 2 44 30 oc. |
| Jong-yang-hien. | Prov. de Ho-nan. | 34 52 40 | 2 34 0 oc. |
| Ju-kao-hien. | Prov. de Kiang-nan. | 32 26 53 | 3 57 45 or. |
| Ju-ning-fou (5). | Prov. de Ho-nan. | 33 1 0 | 2 7 30 oc. |
| Kaï-hoa-hien. | Prov. de Tche-kiang. | 29 9 15 | 2 7 18 or. |
| Kaï-tcheou. | Pr. de Koueï-tcheou. | 26 58 40 | 9 45 20 oc. |
| Kamnica-kiamon. | Tartarie orientale. | 48 41 30 | 8 27 20 or. |
| Kan-tcheou. | Prov. de Chan-si. | 39 0 40 | 15 32 30 oc. |
| Kan-tcheou-fou (6). | Prov. de Kiang-si. | 25 52 48 | 1 40 54 oc. |
| Kao-ko-tchuang. | Prov. de Pe-tchi-li. | 39 28 48 | 2 18 58 oc. |
| Kao-tcheou-fou (7). | Pr. de Kouang-tong. | 21 48 0 | 6 2 15 or. |
| Kao-tching-hien. | Prov. de Ho-nan. | 34 37 0 | 1 1 30 oc. |
| Kara-hotun. | Tartarie occidentale. | 41 15 36 | 2 0 0 oc. |
| Kara-hotun. | Tartarie occidentale. | 40 58 48 | 1 20 0 oc. |
| Kara-mannay-omo. | Tartarie occidentale. | 40 18 12 | 8 4 30 oc. |
| Karak-sin-alin. | Tartarie occidentale. | 40 59 32 | 4 45 53 oc. |
| Keion-omo. | Tartarie occidentale. | 46 24 0 | 15 36 48 oc. |
| Kerlon (bouche du). | Tartarie occidentale. | 48 50 24 | 0 45 0 or. |
| Ki-lin-keou. | Prov. de Pe-tchi-li. | 40 12 0 | 2 58 31 or. |
| Ki-longtchaï. | Ile de Formose. | 25 16 48 | 5 9 30 or. |
| Ki-ngan-fou (8). | Prov. de Kiang-si. | 27 7 54 | 1 34 5 oc. |
| Ki-tcheou. | Prov. de Chan-si. | 36 6 0 | 5 54 0 oc. |
| Ki-tcheou. | Prov. de Hou-kouang. | 30 4 48 | 1 10 20 oc. |
| Ki-tcheou. | Prov. de Pe-tchi-li. | 37 38 15 | 0 46 30 oc. |
| Kia-hing-fou. | Prov. de Tche-kiang. | 30 52 48 | 4 4 11 or. |
| Kia-ting-tcheou. | Prov. de Sse-tchuen. | 29 27 36 | 12 33 30 oc. |
| Kia-yu-koan. | Prov. de Chen-si. | 39 48 20 | 17 37 45 oc. |
| Kiaï-tcheou. | Prov. de Chen-si. | 33 19 12 | 11 23 33 oc. |
| Kiang-chan-hien. | Prov. de Tche-kiang. | 28 47 20 | 2 22 3 or. |
| Kiang-tcheou. | Prov. de Chan-si. | 35 30 32 | 5 15 0 oc. |
| Kiao-tcheou. | Prov. de Chan-tong. | 36 14 20 | 3 55 30 or. |
| Kien-ning-fou (10). | Prov. de Fou-kien. | 27 3 36 | 1 59 25 or. |
| Kien-ning-hien. | Prov. de Fou-kien. | 26 8 30 | 0 30 40 or. |
| Kien-tchang-fou (11). | Prov. de Kiang-si. | 27 33 36 | 0 12 18 or. |
| Kien-tcheou. | Prov. de Sse-tchuen. | 30 25 0 | 11 51 0 oc. |
| Kien-yang-hien. | Prov. de Fou-kien. | 27 22 44 | 1 44 0 or. |
| Kieou-kiang-fou (12). | Prov. de Kiang-si. | 29 54 0 | 0 24 0 oc. |
| Kieou-lan-tcheou. | Prov. de Yun-nan. | 26 32 0 | 16 38 40 oc. |

(1) Ses noms anciens sont : Chan-yang, Pé-yen, Tcheou-tcheou, Toug-chou-tcheou, Hoaï-yn, et Chun-hoa.

(2) Noms anciens : Leang-hoa, Siun-tcheou, Long-tchuen, Haï-fong, Tching-tcheou et Polo.

(3) Ses noms anciens sont : Kou-tching, Ou-tching, Ou-hing et Tchao-king.

(4) Ses noms anciens sont : Po-yang, Ou-tcheou et Yong-Ping.

(5) Ses noms anciens sont : Juuan, Hiven-hou, Yu-tcheou, Hing-taï, Tsong-koan-fou, Chou-tcheou, Tchin-tcheou, Tsaï-tcheou, Hoaï-kong et Tching-nan.

(6) Sous les Han, on l'appelait Kan-yu-tou, ensuite Nan-pou-tou, Nan-kang, Tchang-kang, Kien-tcheou et Chao-siu.

(7) Ses noms anciens sont : Chi-king-tou-oueï, Tong-hing-kouang-hing, Ping-tchin, Pan-tcheou, et Tong-heng-tcheou.

(8) Noms anciens : Liu-ling, Ngan-tching et Ki-tcheou.

(9) Noms anciens : Ou-kiun, Hoeï-ki, Kia-ho, et Picou-tcheou.

(10) Ses noms anciens sont : Hoeï-ki-nan-pou-tou-oueï, Kien-ngan, Kien-tcheou, Kien-ning, Tchin-ngan, Tchin-ou, Yong-ngan et Tchong-y.

(11) Noms anciens : Lin-tchuen, Kan-kiang, Fou-tcheou, Kien-ou et Tchao-tchang.

(12) Anciennement : Sin-yang, Kiang-tcheou, Fong-hou et Fing-kiang.

| Villes. | | Latitudes. | Longitudes. |
|---|---|---|---|
| Kieou-pi-tcheou. . . . | Prov. de Kiang-nan. | 34° 8' 55" | 1° 38' 34" or. |
| Kin-hoa-fou (1). . . . | Prov. de Tche-kiang. | 29 10 48 | 3 22 27 or. |
| Kin-men-so. . . . . . . | Prov. de Fou-kien. . | 24 26 24 | 2 10 40 or. |
| Kin-té-chin. . . . . . . | Prov. de Kiang-si. . | 29 15 56 | 0 47 43 or. |
| Kin-tcheou. . . . . . . | Pr. de Kouang-tong. | 21 54 0 | 8 0 45 oc. |
| King-tong-fou (2). . . | Prov. de Yun-nan. . | 24 30 40 | 15 24 30 or. |
| King-tcheou. . . . . . | Prov. de Leao-tong. | 39 0 0 | 5 27 50 |
| King-tcheou. . . . . . | Prov. de Pe-tchi-li. . | 37 46 15 | 0 6 30 |
| King-tcheou-fou (3). . | Prov. de Hou-kouang. | 30 26 40 | 4 23 40 |
| King-yang-fou. . . . | Prov. de Chen-si. . . | 36 3 0 | 8 46 0 |
| King-yuen-fou (4). . . | Prov. de Youang-si. . | 24 26 24 | 8 4 0 |
| Kiong-tcheou-fou. . . | Ile de Haï-nan. . . . | 20 2 26 | 6 40 20 |
| Kirin-ou-la-hotun. . . | Tartarie orientale. . | 43 46 48 | 10 24 30 |
| Kirra-alin. . . . . . . | Tartarie occidentale. | 48 8 0 | 8 14 5 |
| Kisan-amo. . . . . . | Tartarie occidentale. | 41 15 36 | 8 42 0 |
| Koan-yang-hien. . . . | Prov. de Youang-si. . | 25 21 36 | 5 29 20 |
| Kogin-po-kiamon. . . | Tartarie orientale. . | 41 4 15 | 2 46 40 |
| Kong-ngan-hien. . . . | Pr. de Hou-Kouang. | 30 1 0 | 4 31 10 oc. |
| Kong-tchang-fou (5). . | Prov. de Chen-si. . . | 34 56 24 | 11 45 0 oc. |
| Kolouran-taï-alin. . . | Tartarie occidentale. | 41 58 20 | 1 8 57 oc. |
| Kouang-nan-fou . . . | Prov. de Yun-nan. . | 24 9 36 | 11 22 35 oc. |
| Kouang-ngan-tcheou. | Prov. de Sse-tchuen. | 30 31 26 | 9 49 40 oc. |
| Kouang-ning-hien . . | Prov. de Kouang-tou. | 23 39 26 | 4 29 35 oc. |
| Kouang-ping-fou (6). | Prov. de Pé-tchi-li. | 36 45 30 | 1 34 0 oc. |
| Kouang-si-fou (7). . . | Prov. de Yun-nan. . | 24 39 36 | 12 38 40 oc. |
| Kouang-sin-fou (8). . | Prov. de Kiang-si . . | 28 27 36 | 1 37 30 or. |
| Kouang-tcheou. . . . | Prov. de Ho-nan . . | 32 12 36 | 1 28 30 oc. |
| Kouang-tcheou-fou(9), appelé Canton par les Européens . . . | Pr. de Kouang-tong. | 23 10 58 | 3 31 29 |
| Koué-hoa-fou . . . . | Prov. de Yun-nan. . | 23 24 30 | 12 6 45 |
| Koué-ki-hien. . . . . | Prov. de Kiang-si . . | 28 16 48 | 0 48 50 |
| Koué-tcheou. . . . . | Pr. de Hou-kouang. | 30 57 36 | 5 50 27 |
| Koué-tcheou-fou (10). | Pr. de Sse-tchuen. . | 31 9 36 | 6 53 30 |
| Koué-té-fou . . . . . | Prov. de Ho-nan. . | 34 28 40 | 0 37 30 |
| Koué-ting-hien. . . . | Pr. de Koueï-tcheou. | 26 30 0 | 9 22 20 |
| Koué-tong-hien . . . | Pr. de Hou-kouang. | 26 3 36 | 2 54 30 |
| Koué-yang-fou (12). . | Pr. de Koueï-tcheou. | 26 30 0 | 9 52 20 |
| Koué-yang-tcheou . . | Pr. de Hou-kouang. | 25 48 0 | 4 5 27 |
| Koueï-lin-fou (13) . . | Pr. de Kouang-si. . | 25 13 12 | 6 14 40 |
| Kouï-non . . . . . . | Tartarie occidentale. | 43 32 6 | 4 16 40 |
| Kou-kia-tun. . . . . | Tartarie occidentale. | 42 42 0 | 0 28 0 |
| Koulonchannien-cajan | Prov. de Leao-tong. | 40 5 30 | 7 27 50 |
| Kou-pé-keou . . . . | Prov. de Pé-tchi-li. | 40 42 15 | 0 39 4 |
| Kou-tcheou . . . . . | Pr. de Hou-kouang. | 26 29 48 | 4 42 10 |
| Kou-tching-hien. . . | Pr. de Hou-kouang. | 32 18 0 | 4 48 30 |
| Kou-yuen-tcheou . . | Prov. de Chen-si . . | 36 3 30 | 10 7 30 |
| Koukou-hotun . . . . | Tartarie occidentale. | 40 49 20 | 4 45 15 |
| Kouren-pouka. . . . | Tartarie occidentale. | 42 16 53 | 3 33 0 |
| Koutoucton-hotun . . | Tartarie occidentale. | 40 31 20 | 4 40 30 |
| Koutoukontey-alin . . | Tartarie occidentale. | 42 7 14 | 1 24 45 |
| Ku-tcheou-fou (14). . | Prov. de Tche-kiang. | 29 2 33 | 2 35 12 |
| Kun-tse-pou. . . . . | Prov. de Pé-tchi-li. | 41 15 30 | 0 47 22 oc. |
| Ku-tsing-fou (15). . . | Prov. de Yun-nan. . | 25 32 24 | 12 38 30 oc. |

(1) Anciennement : Tçin-tcheou, Vou-tcheou, Tong-yang, Ou-tching, Pao-vou-tcheou et Pao-ning.

(2) Anciennement : Che-nan, Iu-seng, Kaï-nan-tcheou et Oueï-tchou-lou.

(3) Anciennement : Yng-tou, Pa-yng, Nan-kiun, Lin-kiang, Sin-kiun, Tchong-tchin, Kiang-ling, Yuen-ti-tou, Nan-tou, King-nan et King-hou-pé-lou.

(4) Anciennement : Ngao-tcheou, Yue-tcheou, Y-tcheou et Long-choui.

(5) Anciennement : Tien-choui, Siang-ou, Han-yang, Oueï-tcheou, Nan-ngan, Long-si, Tong-yuen et Kong-tcheou.

(6) Anciennement : Ou-ngan et Ming-tcheou.

(7) Anciennement : Touan-men-tcheou, Kouang-si-lou et Kouang-si-fou.

(8) Anciennement : Hiu-ou et Sin-tcheou.

(9) Anciennement : Yang-tching, Nan-haï-kiun, Kouang-tcheou, Pan-tcheou et Tsing-haï-kiun.

(10) Anciennement : Yong-ning, Pa-tong, Kou-ling, Pa-tcheou, Sin-tcheou, Yu-ngan, Tchin-kiang et Ning-kiang.

(11) Anciennement : Tang-kiung, Chang-kieou, Leang-koué, Leang-kiun, Leang-tcheou, Song-tcheou, Soui-yang-kiun, Suen-ou-kiun, Koué-té-kiun, Nan-king, Song-tching et Koué-té-tcheou.

(12) Anciennement Chun-yuen et Tching-fan-fou.

(13) Anciennement : Koueï-lin kiun, Chi-ngan, Chi-kien-koué, Koueï-tcheou, Kien-ling et Tsing-kiang.

(14) Anciennement : Pi-kou-mié, Taï-mou, Sin-ngan, San-kiu et Long-yéou.

(15) Ses noms anciens sont : Hing-kou, Si-tsuan, Nan-ning, Kin-tcheou, Tsing-tcheou, Che-tching, Mo-mi-pou et Kiu-tsing-lou.

| Villes. | | Latitudes. | Longitudes. |
|---|---|---|---|
| Laï-ngan-hien . . . . . | Prov. de Kiang-nan. | 32° 25' 10" | 1° 57' 9" or. |
| Laï-ping-hien . . . . . | Prov. de Kouang-si . | 23 38 24 | 7 22 40 oc. |
| Laï-tcheou-fou (1). . | Prov. de Chan-tong. | 37 9 36 | 3 45 10 oc. |
| Laï-yang-hien . . . . | Pr. de Hou-kouang. | 26 29 48 | 3 47 42 oc. |
| Laï-choui-hien. . . . | Prov. de Pé-tchi-li . | 39 25 10 | 0 39 18 oc. |
| Lan-tcheou . . . . . | Prov. de Chen-si . . | 36 8 24 | 12 33 30 oc. |
| Lao-ting-tcheou . . . | Pr. de Kouang-tong. | 22 55 12 | 5 33 30 oc. |
| Leang-tcheou . . . . | Prov. de Chen-si . . | 37 59 0 | 13 40 30 oc. |
| Leao-tcheou . . . . . | Prov. de Chan-si . . | 37 2 50 | 3 1 0 oc. |
| Leou-tse-yn . . . . . | Prov. de Chan-si . . | 39 30 40 | 5 24 30 or. |
| Ley-tcheou-fou. . . . | Pr. de Kouang-tong. | 20 51 36 | 6 48 20 or. |
| Li-choui-hien . . . . | Prov. de Kiang-nan. | 31 42 50 | 2 38 0 oc. |
| Li-kiang-fou. . . . . | Prov. de Yun-nan. . | 26 51 36 | 16 1 10 oc. |
| Lien-ping-tcheou. . . | Pr. de Kouang-tong. | 24 19 12 | 2 10 59 or. |
| Lieou-tcheou-fou (2). | Pr. de Kouang-tong. | 21 38 54 | 7 29 40 oc. |
| Lien-tching-hien. . . | Prov. de Fou-kien. . | 25 37 12 | 0 21 20 oc. |
| Lieou-tcheou-fou (3). | Prov. de Kouang-si. | 24 14 24 | 7 20 0 oc. |
| Lin-hien. . . . . . . . | Prov. de Chan-si . . | 38 4 50 | 5 30 40 oc. |
| Lin-kao-hien. . . . . | Ile de Kaï-nan . . . | 19 46 48 | 7 13 40 oc. |
| Lin-kiang-fou . . . . | Prov. de Kiang-si. . | 27 57 36 | 1 1 30 oc. |
| Lin-nguan-fou (4) . . | Prov. de Yun-nan. . | 23 37 12 | 3 24 0 or. |
| Lin-chan-hien. . . . . | Pr. de Kouang-tong. | 22 24 0 | 7 28 20 or. |
| Ling-pi-hien. . . . . | Prov. de Kiang-nan. | 23 33 26 | 1 4 17 or. |
| Ling-tsing-tcheou . . | Prov. de Chan-tong. | 36 57 15 | 1 28 30 or. |
| Lo-ouen-yn . . . . . | Prov. de Pé-tchi-li . | 40 19 30 | 1 28 30 or. |
| Lo-ping-hien . . . . | Prov. de Chan-si . . | 37 37 50 | 2 43 30 oc. |
| Lo-ping-tcheou . . . | Prov. de Yun-nan. . | 24 58 48 | 2 9 20 oc. |
| Lo-tching-hien. . . . | Prov. de Kouang-si. | 24 44 24 | 7 50 40 oc. |
| Lo-yuen-hien . . . . | Prov. de Fou-kien. . | 26 26 24 | 3 16 30 cr. |
| Long-han-koan . . . | Prov. de Yun-nan. . | 23 41 40 | 8 32 0 oc. |
| Long-li-hien . . . . . | Pr. de Koueï-tcheou. | 26 33 50 | 9 36 0 oc. |
| Long-men-hien. . . . | Pr. de Kouang-tong. | 23 43 42 | 2 24 40 oc. |
| Long-men-hien. . . . | Prov. de Pé-tchi-li . | 40 47 40 | 0 49 40 oc. |
| Long-nan-hien. . . . | Prov. de Kiang-si. . | 24 51 46 | 1 51 40 oc. |
| Long-nguan-fou (5) . | Prov. de Sse-tchuen. | 32 22 0 | 11 49 40 oc. |
| Long-suen-hien . . . | Prov. de Tche-Kiang. | 28 8 0 | 2 40 37 or. |
| Loug-tcheou . . . . . | Prov. de Chen-si . . | 34 48 0 | 9 30 36 oc. |
| Lou-ngan-fou (6). . . | Prov. de Chan-si . . | 36 7 12 | 3 28 30 oc. |
| Lou-y-hien. . . . . . | Prov. de Ho-nan. . | 33 56 50 | 0 54 0 oc. |
| Lu-tcheou-fou (7) . . | Prov. de Kiang-nan. | 31 56 57 | 0 46 50 or. |
| Ma-ha-tcheou . . . . | Pr. de Koueï-tcheou. | 26 26 24 | 9 1 30 oc. |
| Ma-ou-fou (8). . . . | Prov. de Sse-tchuen. | 28 31 0 | 12 10 0 oc. |
| Ma-tching-hien . . . | Pr. de Hou-kouang. | 31 14 24 | 1 36 49 oc. |
| Merghem-hotun . . . | Tartarie orientale. . | 49 12 0 | 8 33 50 or. |
| Mi-yun-hien. . . . . | Prov. de Pé-tchi-li . | 40 23 30 | 0 24 16 or. |
| Mien-tcheou. . . . . | Prov. de Sse-tchuen. | 31 27 36 | 11 36 0 oc. |
| Mien-yang-tcheou . . | Pr. de Hou-kouang. | 30 12 22 | 3 16 50 oc. |
| Ming-tsing-hien . . . | Prov. de Fou-kien . | 26 13 12 | 2 33 20 or. |
| Mohora-cajan . . . . | Tartarie orientale. . | 47 18 45 | 14 40 40 or. |
| Mok-hocho . . . . . | Tartarie occidentale. | 40 45 54 | 7 35 20 oc. |
| Moltchok-hocho . . . | Tartarie occidentale. | 40 48 48 | 7 31 50 oc. |
| Mong-hoa-fou (9) . . | Prov. de Yun-nan. . | 25 18 0 | 15 58 25 oc. |
| Mong-lien . . . . . . | Prov. de Yun-nan. . | 22 19 20 | 16 42 0 oc. |
| Mong-ting-fou. . . . | Prov. de Yun-nan. . | 23 37 12 | 17 14 40 oc. |
| Moug-tching-hien . . | Prov. de Kiang-nan. | 33 22 50 | 0 9 0 or. |
| Mong-tse-hien. . . . | Prov. de Yun-nan. . | 23 24 0 | 12 52 20 oc. |
| Moucden ou Chin-yang | Prov. de Leao-tong. | 41 50 30 | 7 11 50 oc. |
| Mou-ma-pou . . . . | Prov. de Pé-tchi-li . | 27 3 36 | 0 21 6 oc. |
| Nan-fong-hien . . . . | Prov. de Kiang-si. . | 27 3 36 | 0 0 40 oc. |
| Nan-hiong-fou (10). . | Pr. de Kouang-tong. | 25 11 58 | 2 33 20 oc. |
| Nan-kang-fou . . . . | Prov. de Kiang-si. . | 29 31 42 | 0 26 37 oc. |
| Nan-king. . . . . . . | Prov. de Kiang-nan. | 32 4 30 | 2 18 34 or. |
| Nan-ngan-fou (11). . | Prov. de Kiang-si. . | 25 30 0 | 2 28 38 oc. |

(1) Anciennement : Tong-lay, Laï-tcheou et Ting-haï.

(2) Anciennement : Ho-pou, Tchu-koan, Yueï-tcheou, Hò-tcheou et Taï-ping.

(3) Anciennement : Ma-ping, Long-tcheou, Siang-tcheou, Niang-kiun, Koen-tcheou, Nan-koen-tcheou et Long-tching.

(4) Anciennement : Lin-ngan, Nan-tchao, Tong-haï, Lieou-chan et Ho-pé.

(5) Anciennement : Iu-ping, Kiang-yeou, Long-tcheou, Ping-ou, Long-men, Tching-tcheou, Yng-ling et Long-nan.

(6) Anciennement : Chang-tang-kiun, Lou-tcheou, Tchao-y-kiun, Kouang-y, Ngan-y, Tchao-té et Long-te-fou.

(7) Anciennement : Liu-kiang, Ho-sey, Tong-tchin, Nan-yu-tcheou, Ho-tcheou, Pao-sin et Liu-tcheou.

(8) Anciennement : Tsang-ko.

(9) Anciennement : Mong-chè-tching, Yang-koa-tcheou, Kaï-nan et Mong-koa-tcheou.

(10) Anciennement : Yang-tcheou, Nan-hiong-tcheou, Pao-tchang-kiun et Nan-hiong-tou.

(11) Anciennement : Heng-pou, Nan-ngan-kiun et Nan-ngan-lou.

| Villes. | | Latitudes. | Longitudes. |
|---|---|---|---|
| Nan-ngao-tching . . . | Prov. de Fou-kien . | 23° 28' 48" | 0° 49' 20" or. |
| Nan-nin-fou (1). . . . | Prov. de Kouang-si. | 22 43 12 | 8 25 30 oc. |
| Nan-tchang-fou (2). . | Prov. de Kiang-si. . | 28 37 12 | 0 36 43 oc. |
| Naring-chorang-alin (3) | Prov. de Ho-nan. . . | 41 55 15 | 3 53 55 oc. |
| Ngao-chan-Oueï. . . | Tartarie occidentale. | 36 20 19 | 9 30 0 oc. |
| Ngan-chan-fou. . . . | Prov. de Chan-tong . | 26 12 24 | 4 33 30 or. |
| Ngan-hoa-hien. . . . | Pr. de Koueï-tchéou. | 28 13 0 | 10 36 0 oc. |
| Ngan-king-fou (4). . . | Prov. de Kiang-nan. | 30 37 12 | 5 2 40 oc. |
| Ngan-laug-tchiu . . . | Pr. de Koueï-tcheou. | 25 3 10 | 0 35 43 or. |
| Ngan-lo-fou (5). . . . | Pr. de Hou-kouang. | 31 12 0 | 4 56 32 oc. |
| Ngan-ping-tcheou. . . | Prov. de Kouang-si. | 22 43 12 | 9 40 0 oc. |
| Ngan-su-hien. . . . . | Prov. de Pé-tchi-li. | 39 2 10 | 0 42 0 oc. |
| Ngan-tong-oueï. . . . | Prov. de Chan-tong. | 35 8 20 | 3 21 30 or. |
| Ngen-hien. . . . . . | Prov. de Chan-tong. | 37 15 10 | 0 1 40 oc. |
| Nhin-hia-koan. . . . | Prov. de Tche-kiang. | 27 11 45 | 4 10 9 or. |
| Nieou-tchuang. . . . | Prov. de Leao-tong. | 41 0 25 | 6 13 20 or. |
| Niman-cajan. . . . . | Tartarie orientale. . | 46 55 20 | 17 44 15 or. |
| Ningouta-hotun. . . . | Tartarie orientale. . | 44 24 15 | 13 16 0 or. |
| Ning-hia-oueï . . . . | Prov. de Chen-si. . | 38 32 40 | 10 21 0 oc. |
| Ning-koué-fou (6). . . | Prov. de Kiang-nan. | 31 2 56 | 2 15 33 or. |
| Ning-po-fou (7). . . . | Prov. de Tche-kiang. | 29 55 12 | 4 57 10 or. |
| Ning-tcheou. . . . . | Prov. de Kiang-si. . | 29 0 45 | 1 58 20 oc. |
| Ning-tou-hien. . . . | Prov. de Kiang-si. . | 26 27 36 | 0 37 45 oc. |
| Ning-yuen-hien. . . . | Pr. de Hou-kouang. | 25 32 54 | 4 40 59 oc. |
| Nouchan-cajan. . . . | Tartarie orientale. . | 45 47 45 | 9 52 0 or. |
| Obtou-alin. . . . . . | Tartarie occidentale. | 40 23 5 | 4 26 50 oc. |
| Ochi-alin. . . . . . . | Tartarie occidentale. | 40 56 57 | 5 13 33 oc. |
| Ongou-alin. . . . . . | Tartarie occidentale. | 40 59 6 | 4 38 20 oc. |
| Onuhin-chorang-alin. | Tartarie occidentale. | 41 21 17 | 8 44 43 oc. |
| Ou-kang-tcheou. . . | Pr. de Hou-kouang. | 26 34 24 | 5 58 39 oc. |
| Ou-mang-fou. . . . . | Prov. de Sse-tchuen. | 27 20 24 | 12 42 0 oc. |
| Ou-ning-hien. . . . . | Prov. de Kiang-si. . | 29 15 56 | 1 26 37 or. |
| Ou-ping-hin. . . . . | Prov. de Fou-kien. . | 25 4 48 | 0 16 0 oc. |
| Ou-taï-hien. . . . . . | Prov. de Chan-si. . . | 38 45 36 | 3 4 36 oc. |
| Ou-tchang-fou (8). . | Pr. de Hou-kouang. | 30 34 50 | 2 15 0 oc. |
| Ou-tcheou-fou (9). . | Prov. de Kouang-si. | 23 28 48 | 5 37 15 oc. |
| Ou-tchuen-hien. . . . | Pr. de Koueï-tcheou. | 28 24 0 | 8 16 11 oc. |
| Ou-ting-fou (10). . . | Prov. de Yun-nan. . | 25 32 24 | 13 56 0 oc. |
| Ouan-ngan-hien. . . | Prov. de Kiang-si. . | 26 26 24 | 1 47 20 oc. |
| Ouan-tcheou. . . . . | Ile de Haï-nan . . . | 18 49 0 | 6 36 0 oc. |
| Ouen-tchang-hien. . . | Ile de Haï-nan. . . . | 19 36 0 | 6 14 50 oc. |
| Ouen-tcheou-fou (11). | Prov. de Tche-kiang. | 28 2 15 | 4 21 7 oc. |
| Oueï-haï-oueï. . . . . | Prov. de Chan-tong. | 37 33 30 | 6 2 0 or. |
| Oueï-koué-fou (12). . | Prov. de Ho-nan. . . | 35 27 40 | 1 12 30 oc. |
| Oueï-lin-tcheou. . . . | Prov. de Kouang-si. | 20 40 48 | 6 45 24 oc. |
| Oueï-lo. . . . . . . . | Tartarie occidentale. | 40 26 24 | 17 9 0 oc. |
| Oueï-tcheou . . . . . | Prov. de Chan-si. . | 39 50 54 | 1 52 30 oc. |
| Oueï-tcheou-fou (13). | Prov. de Kiang-nan. | 29 58 30 | 2 3 20 or. |
| Ouker-tchourghe. . . | Tartarie occidentale. | 42 26 56 | 3 37 20 oc. |
| Oulan-hata. . . . . . | Tartarie occidentale. | 41 36 27 | 4 13 20 oc. |
| Oulan-houtoc. . . . . | Tartarie occidentale. | 41 55 22 | 1 1 0 oc. |
| Oulan-poulac. . . . . | Tartarie occidentale. | 48 22 48 | 1 8 20 or. |
| Ouloussou-moudan. . | Tartarie orientale. . | 51 21 36 | 10 23 0 or. |
| Ourtou. . . . . . . . | Tartarie occidentale. | 44 50 35 | 21 38 20 oc. |
| Ourtou-poulac. . . . | Tartarie occidentale. | 43 48 0 | 23 0 0 oc. |
| Osoro-couré. . . . . | Tartarie occidentale. | 42 49 12 | 0 24 12 or. |

(1) Anciennement : Ping-nan-ngao, Tçin-king, Siuen-hoa, Nan-tçin-tcheou, Y-tcheou, Lan-ning, Yong-tcheou, Yong-ning et Kien-ou-kiun.

(2) Anciennement : Yu-tchang, Kiang-tcheou, Hang-tcheou, Long-hing et Hong-tou.

(3) Anciennement : Nan-yang-kiun, Nan-yang-koué, King-tcheou-kiun, Yuen-tcheou, Teng-tcheou et Chin-tcheou.

(4) Anciennement : Hi-kiun, Yu-tcheou, Tçin-tcheou, Kiang-tcheou, Hi-tcheou, Tong-ngan, Tching-tang-kiun, Té-kin-kiun et Ning-kiang.

(5) Anciennement : Yng-tchong, Yuen-tchong, Yun-tou, Kin-ling, Ngan-tcheou, Ouen-tcheou, Kin-chan, Ché-tching, Yng-tcheou et Fou-choui.

(6) Anciennement : Tan-yang-kiun, Siuen-tching-kiun, Hoaï-nan-kiun, Nan-yu-tcheou, Siuen-tcheou, et Ning-koué.

(7) Anciennement : Yong-tong, Yuei-tcheou, Ming-tcheou, Hiu-hao, Ouang-haï, Fong-koué et King-yuen.

(8) Anciennement : Ngo-koué, Hia-joui, Kiang-hia, Ou-tchang-tou, Yng-tcheou, Pé-jin-tcheou, Ngo-tcheou et Vou-tsing-kiun.

(9) Anciennement : Ping-pé-ngao, Tsang-ou et Kiao-tcheou.

(10) Anciennement : Koen-tcheou et Ta-tcheou.

(11) Anciennement : Tong-ngheou, Yong-kia, Tong-kia, Tsing-ngan, Tsing-haï, Yng-tao et Choui-ngan.

(12) Anciennement : Kou-oueï, Tchao-ko-kiun, Ki-kiun, Y-tcheou, Oueï-tcheou et Ho-pin-kiun.

(13) Anciennement : Tan-yang-kiun, Siuen-tching-kiun, Hoaï-nan-kiun, Nan-yu-tcheou, Siuen-tcheou et Ning-koué.

| Villes. | | Latitudes. | Longitudes. |
|---|---|---|---|
| Pa-tchéou. . . . . . . | Prov. de Kiang-nan. | 33° 37' 50" | 0° 34' 43" oc. |
| Pa-tcheou. . . . . . | Prov. de Sse-tchuen . | 31 50 32 | 9 43 28 oc. |
| Paihougour-alin. . . . | Tartarie occidentale. | 41 7 30 | 5 54 20 oc. |
| Paisiri-pouritou. . . . | Tartarie occidentale. | 48 23 50 | 13 31 42 oc. |
| Pansé-hotun. . . . . | Tartarie orientale. . | 41 29 0 | 9 6 40 or. |
| Pao-kang-hien. . . . | Pr. de Hou-kouang. | 31 54 0 | 5 12 18 oc. |
| Pao-king-fou (1). . . | Pr. de Hou-kouang. | 27 3 36 | 5 7 10 oc. |
| Pao-king-fou (2). . . | Prov. de Sse-tchuen. | 31 32 24 | 10 30 0 oc. |
| Pao-té-tcheou. . . . . | Prov. de Chan-si. . | 39 4 44 | 5 40 0 oc. |
| Pao-ting-fou (3). . . | Prov. de Pé-tchi-li. . | 38 53 10 | 0 52 31 oc. |
| Para-hotun. . . . . . | Tartarie occidentale. | 48 4 40 | 2 49 50 oc. |
| Parin . . . . . . . . | Tartarie orientale. . | 43 35 0 | 2 15 0 or. |
| Payen-obo. . . . . . | Tartarie occidentale. | 41 57 19 | 4 6 12 oc. |
| Pé-su-tcheou. . . . . | Prov. de Kiang-nan. | 34 15 8 | 0 57 0 or. |
| Pei-tcheou. . . . . . | Prov. de Sse-tchu n. | 29 50 24 | 8 58 31 oc. |
| Pé-king (4). . . . . . | Prov. de Pé-tchi-li. | 39 55 0 | 0 0 0 |
| Petounez-hotun. . . . | Tartarie orientale. . | 45 15 40 | 8 32 20 or. |
| Pi-yang-hien . . . . | Prov. de Ho-nan. . | 32 48 40 | 3 6 0 oc. |
| Pilou-laï-hotun. . . . | Tartarie occidentale. | 40 37 12 | 7 0 0 oc. |
| Ping-hoa-hien. . . . | Prov. de Tche-kiang. | 30 43 0 | 4 17 24 or. |
| Ping-kiang-hien. . . . | Pr. de Hou-kouang. | 28 42 20 | 3 4 5 oc. |
| Ping-leang-fou (5). . | Prov. de Chen-si. . | 35 34 48 | 9 48 0 oc. |
| Ping-ho-fou (6). . . . | Prov. de Kouang-si. | 24 21 54 | 5 59 15 oc. |
| Ping-tcheou. . . . . . | Prov. de Kouang-si. | 23 13 12 | 7 52 20 oc. |
| Ping-yang-fou (7). . . | Prov. de Chan-si. . | 36 6 0 | 4 55 30 oc. |
| Ping-yu-hien. . . . . | Prov. de Chan-tong. | 36 23 2 | 0 6 0 or. |
| Ping-yué-fou. . . . . | Pr. de Koueï-tcheou. | 26 37 25 | 9 4 52 oc. |
| Ping-yuen-tcheou. . . | Pr. de Koueï tcheou. | 26 37 12 | 10 45 20 oc. |
| Podantou-alin. . . . . | Tartarie occidentale. | 40 57 0 | 6 6 0 oc. |
| Pong-choui-hien. . . | Prov. de Sse-tchuen. | 29 14 24 | 8 14 38 oc. |
| Pong-hou. . . . . . . | (Ile de) . . . . . . . | 23 34 48 | 3 1 0 or. |
| Pong-tse-hien. . . . | Prov. de Kiang-si. . | 30 1 40 | 0 6 40 or. |
| Porota-kiamon. . . . | Tartarie orientale. . | 44 16 48 | 0 30 0 or. |
| Porota-cajan. . . . . | Tartarie orientale. . | 43 48 0 | 5 50 0 or. |
| Poro-erghi-kiamon. . | Tartarie occidentale. | 44 56 26 | 5 18 20 or. |
| Poro-hotun. . . . . . | Tartarie orientale. . | 44 1 30 | 2 57 30 or. |
| Poro-pira. . . . . . . | Tartarie occidentale. | 48 22 48 | 10 0 0 oc. |
| Poudan-poulac. . . . | Tartarie occidentale. | 46 18 30 | 2 45 0 or. |
| Pou-keou. . . . . . . | Prov. de Kiang-nan. | 32 8 0 | 2 12 50 or. |
| Pou-men-so. . . . . . | Prov. de Tche-kiang. | 27 15 36 | 4 6 58 or. |
| Pou-ngan-tcheou. . . | Pr. de Koueï-tcheou. | 25 44 24 | 11 49 20 oc. |
| Pourang-han-alin. . . | Tartarie occidentale. | 49 36 24 | 11 22 45 oc. |
| Pou-tcheou. . . . . . | Prov. de Chan-si. . | 34 54 0 | 6 13 30 oc. |
| Pou-tching-hien. . . | Prov. de Fou-kien. . | 28 0 30 | 2 9 10 or. |
| Sahalien-oula-hotun. | Tartarie orientale. . | 50 0 55 | 10 59 0 oc. |
| Se-ina-tay. . . . . . | Prov. de Pé-tchi-li. | 40 41 30 | 0 48 22 or. |
| Se-nan-fou (8). . . . | Pr. de Koueï-tcheou. | 27 56 24 | 8 2 50 oc. |
| Se-ngen-fou (9). . . | Prov. de Kouang-si. | 23 25 12 | 8 34 40 oc. |
| Serbey-alin. . . . . . | Tartarie occidentale. | 41 57 25 | 3 52 47 oc. |
| Se-tchinng-fou (10). . | Prov. de Kouang-si. | 24 20 48 | 10 10 40 oc. |
| Si-long-tcheou. . . . | Prov. de Kouang-si. | 24 32 24 | 10 49 20 oc. |
| Si-ngan-fou. . . . . . | Prov. de Chan-si. . | 34 15 36 | 7 34 30 oc. |
| Si-ning-tcheou. . . . | Prov. de Chen-si. . | 36 39 20 | 14 40 30 oc. |
| Si-tchuen-hien. . . . | Prov. de Ho-nan. . | 33 5 0 | 5 1 20 oc. |
| Siang-tan-hien. . . . | Pr. de Hou-kouang. | 27 52 30 | 3 46 38 oc. |
| Siang-chan-hien. . . | Prov. de Tche-kiang. | 29 34 48 | 5 13 57 or. |
| Siang-tcheou. . . . . | Prov. de Kouang-si. | 23 59 0 | 7 2 40 oc. |
| Siang-yang-fou (11). . | Pr. de Hou-kouang. | 32 6 0 | 4 22 44 oc. |
| Siao-hien. . . . . . . | Prov. de Kiang-nan. | 34 12 0 | 0 44 51 or. |
| Sin-hien. . . . . . . | Prov. de Chan-tong. | 36 16 48 | 0 34 30 oc. |
| Sin-hoa-hien. . . . . | Pr. de Hou-kouang. | 27 32 24 | 5 18 48 oc. |

(1) Anciennement : Tchau-ling, Tchao-yang, Tchao-tcheou et Mey-tcheou ou Min-tcheou.

(2) Anciennement : Pa-kiun, Pa-si-kiun, Pepa-kiun, Nan-leang-tcheou, Long-tcheou, Pou-long-kiun, Lang-tchong, Lang-tcheou et Ngan-té.

(3) Anciennement : Sin-tan, Tsing-yuen et Pao-tcheou.

(4) Chun-tien-fou, ou Pé-king : anciennement : Yeou-tou, Yeou-tcheou, Chang-kou, Yu-yang, Kouang-yang, Yen-koué, Fou-yang, Yen-kiun, Tchao-kiun, Sie-tçin-fou, Yen-chan-fou, Ta-hing-fou, Ta-tou, Péping-fou et finalement Chun-tien-fou.

(5) Anciennement : Ngan-ting, Ou-tchéou, Keng-yuen et Hing-oueï.

(6) Anciennement : Chi-ngan, Le-tcheou et Tchao-tcheou.

(7) Anciennement : Ping-yang, Tong-yang, Tang-tcheou, Tçin-tcheou, Ping-ho, Lin-feu, Ting-tchang et Tçin-ning.

(8) Anciennement : Ou-tchuen, Ou-tchéou, Ssé-tchéou, Ning-y, Ning-koua et Loan-men-tcheou.

(9) Anciennement : Sse-ngen-tcheou et Li-yong.

(10) Anciennement : Sse-tching-tcheou.

(11) Anciennement : King-tcheou, Yong-tcheou, Siang-tcheou, Tchong-y-kiun et Siang-yang.

| Villes. | | Latitudes. | Longitudes. |
|---|---|---|---|
| Sin-hoeï-hien. . . . . | Pr. de Kouang-tong. | 22° 30' 0" | 3° 55' 40" oc. |
| Sin-ning-hien. . . . . | Pr. de Kouang-tong. | 22 14 24 | 4 16 20 oc. |
| Sin-toa-fou (1). . . . | Prov. de Chen-si. . | 35 21 36 | 12 30 0 or. |
| Sin-tchang-hien. . . | Prov. de Kiang-si. . | 28 18 0 | 1 50 27 oc. |
| Sin-tien-tse. . . . . . | Prov. de Leao-tong. | 41 16 30 | 5 13 20 or. |
| Sin-tcheou-fou (2). . | Prov. de Kouang-si. | 23 26 28 | 6 37 20 oc. |
| Sin-yang-tcheou. . . | Prov. de Ho-nan. . | 32 12 25 | 2 28 30 oc. |
| Sin-yè-hien. . . . . . | Prov. de Ho-nan. . . | 32 4 25 | 4 3 30 oc. |
| Sing-y-hien. . . . . . | Pr. de Kouang-tong. | 22 6 0 | 6 1 20 oc. |
| Siran-y-jousaï-po. . . | Tartarie orientale. . | 42 15 36 | 1 58 20 oc. |
| Sirolin-pira. . . . . . | Tartarie occidentale. | 41 52 12 | 3 5 0 or. |
| Siuen-hoa-fou (3). . . | Prov. de Pé-tchi-li. | 40 37 10 | 1 20 2 oc. |
| Song-kiang-fou (4). . | Prov. de Kiang-nan. | 31 0 0 | 4 28 34 or. |
| Song-pan-oueï. . . . | Prov. de Sse-tchuen. | 32 33 40 | 12 52 30 oc. |
| Song-tse-koan.. . . . | Prov. de Ho-nan.. . | 31 27 50 | 1 0 0 oc. |
| Soro-to-anga. . . . . | Tartarie occidentale. | 44 54 0 | 22 25 0 oc. |
| Soro-to-poulac. . . . | Tartarie occidentale. | 47 2 20 | 2 11 50 or. |
| Sou-tcheou. . . . . . | Prov. de Chan-si.. . | 39 25 12 | 4 1 30 oc. |
| Sou-tcheou. . . . . . | Prov. de Chen-si.. . | 39 45 40 | 17 21 30 oc. |
| Sou-tcheou-fou (5). . | Prov. de Kiang-nan. | 31 23 25 | 4 0 25 or. |
| Sou-tsien-hien. . . . | Prov. de Kiang-nan. | 34 0 50 | 2 2 51 or. |
| Soui-ki-hien. . . . . | Pr. de Kouang-tong. | 21 19 12 | 6 43 30 oc. |
| Soui-tcheou.. . . . . | Pr. de Hou-kouang. . | 31 46 48 | 3 12 18 oc. |
| Soui-tchēou-fou (6). . | Prov. de Sse-tchuen. | 28 38 24 | 11 42 52 oc. |
| Sousaï-po. . . . . . . | Tartarie orientale. . . | 41 50 30 | 1 25 0 or. |
| Sse-tcheou. . . . . . | Prov. de Ho-nan.. . | 36 25 15 | 1 55 0 oc. |
| Sse-tcheou-fou. . . . | Pr. de Koueï-tcheou. | 27 10 48 | 7 54 0 oc. |
| Su-ouen-hien.. . . . | Pr. de Kouang-tong. | 20 19 24 | 6 50 0 oc. |
| Suen-oueï-sse . . . . | Prov. de Yun-nan. . | 22 12 0 | 15 26 40 oc. |
| Suen-tcheou-fou. . . | Prov. de Fou-kien. . | 24 56 12 | 2 22 40 or. |
| Ta-li-fou (7). . . . . | Prov. de Yun-nan. . | 25 44 24 | 16 6 40 oc. |
| Ta-tcheou.. . . . . . | Prov. de Sse-tchuen. | 31 18 0 | 8 51 0 oc. |
| Ta-tching-koan . . . | Prov. de Yun-nan. . | 27 32 0 | 16 40 0 oc. |
| Ta-ting-tcheou. . . . | Pr. de Koueï-tcheou. | 27 3 36 | 10 56 0 oc. |
| Ta-tsien-lou . . . . . | Pr. de Sse-tchuen. . | 30 8 24 | 14 37 40 oc. |
| Tahan-ten-alin. . . . | Tartarie occidentale. | 41 15 58 | 7 33 12 oc. |
| Taï chun-hien.. . . . | Prov. de Tche-kiang. | 17 34 48 | 3 21 50 or. |
| Taï-ming-fou (8). . . | Prov. de Pé-tchi-li. | 36 21 4 | 1 6 30 oc. |
| Taï-ngan-tcheou. . . | Prov. de Chan-tong. | 36 14 30 | 0 48 0 oc. |
| Taï-ouan-fou. . . . . | Ile de Formose. . . . | 23 0 0 | 3 32 50 or. |
| Taï-ping-fou. . . . . | Pr. de Kiang-nang. . | 31 38 38 | 2 4 15 or. |
| Taï-ping-fou . . . . . | Prov. de Kouang-si. | 22 25 12 | 9 21 20 oc. |
| Taï-ping-hien . . . . | Prov. de Sse-tchuen. | 32 8 28 | 8 20 0 oc. |
| Taï-tcheou (9). . . . | Prov. de Kiang-nang. | 32 30 22 | 3 21 25 or. |
| Taï-tcheou-fou (10). . | Prov. de Tche-kiang. | 28 54 0 | 4 40 54 or. |
| Taï-tcheou. . . . . . | Prov. de Chan-si . . | 39 5 50 | 3 30 30 oc. |
| Taï-tching-hien. . . . | Prov. de Pé-tchi-li. . | 38 44 0 | 0 13 50 or. |
| Taï-tchuang-tsi. . . . | Prov. de Chan-tong. | 34 42 1 | 1 34 30 or. |
| Taï-tong-fou (11). . . | Prov. de Chan-si. . | 40 5 42 | 3 12 0 or. |
| Taï-yuen-fou (12).. . | Prov. de Chan-si. . | 37 53 30 | 3 55 30 oc. |
| Tao-tcheou. . . . . . | Pr. de Hou-kouang.. | 25 32 27 | 5 0 0 oc. |
| Tao-yuen-hien. . . . . | Pr. de Hou-kouang . | 28 52 10 | 5 17 21 oc. |
| Talalho-kara-palgason. | Tartarie occidentale | 47 32 24 | 13 21 30 oc. |
| Talaï-haï. . . . . . . | Tartarie occidentale. | 44 19 12 | 4 48 10 or. |
| Tan-choui-tching. . . | Ile de Formose.. . . | 25 7 10 | 4 43 30 or. |
| Tan-chan-hien. . . . | Prov. de Kiang-nan. | 34 28 30 | 0 12 25 or. |
| Tang-tsuen. . . . . . . | Prov. de Pé-tchi-li.. | 40 13 20 | 1 16 22 or. |
| Tapcou-hinca (bord méridional). . . . . | Tartarie orientale. . | 44 33 0 | 16 34 0 or. |
| Tapson-nor. . . . . . | Tartarie occidentale. | 40° 38' 28" | 18° 25' 30" oc. |
| Tcha-lin-tcheou . . . | Pr. de Hou-kouang. . | 26 53 40 | 3 5 27 oc. |
| Tchacca-hotun. . . . | Tartarie orientale. . | 43 59 0 | 1 26 40 oc. |
| Tchang-cha-fou (1). . | Pr. de Hou-kouang . | 28 12 0 | 3 41 43 oc. |
| Tchang-hing-hien . . | Prov. de Tche-kiang. | 31 1 10 | 3 14 27 or. |
| Tchang-hoa-hien. . . | Ile de Haï-nan . . . | 19 12 0 | 8 8 0 oc. |
| Tchang-kia-keou. . . | Prov. de Pé-tchi-li . | 40 51 35 | 1 32 48 oc. |
| Tchang-ning-hien . . | Prov. de Kiang-si. . | 24 52 48 | 0 51 50 oc. |
| Tchang-ning-hien. . . | Pr. de Kouang-tong. | 24 6 45 | 2 37 20 oc. |
| Tchang-outon.. . . . | Tartarie occidentale. | 43 0 25 | 1 25 30 oc. |
| Tchang-pou-hien . . | Prov. de Fou-kien. . | 24 7 12 | 1 20 0 or. |
| Tchang-tcheou-fou (2). | Prov. de Fou-kien. . | 34 31 12 | 1 24 0 or. |
| Tchang-tcheou-fou (3). | Prov. de Kiang-nan. | 31 50 56 | 3 24 17 or. |
| Tchang-té-fou (4). . . | Prov. de Ho-nan.. . | 36 7 20 | 1 58 30 oc. |
| Tchang-té-fou (5). . . | Pr. de Hou-kouang . | 29 1 0 | 5 1 43 oc. |
| Tchang-yang-hien.. . | Pr. de Hou-kouang. . | 39 32 24 | 5 21 58 oc. |
| Tchao-king-fou (6). . | Pr. de Kouang-tong.. | 23 4 48 | 4 24 30 oc. |
| Tchao-naï-man-soume. | Tartarie occidentale. | 42 25 0 | 0 11 50 oc. |
| Tchao-ngan-hien. . . | Prov. de Fou-kien. . | 23 43 12 | 0 49 50 or. |
| Tchao-tcheou. . . . . | Prov. de Pé-tchi-li. . | 37 48 0 | 1 33 0 oc. |
| Tchao-tcheou-fou (7). | Pr. de Kouang-tong. | 23 36 0 | 0 46 40 oc. |
| Tcheli-cajan. . . . . | Tartarie orientale. . | 47 49 12 | 16 11 20 or. |
| Tche-tching-hien. . . | Prov. de Ho-nan. . . | 34 8 20 | 0 57 0 oc. |
| Tche-yang-pao. . . . | Prov. de Fou-kien. . | 25 34 48 | 3 41 30 or. |
| Tchen-tcheou. . . . . | Ile de Haï-nan. . . . | 19 32 24 | 7 29 20 oc. |
| Tcherde-modo-alin. . | Tartarie occidentale. | 40 52 3 | 4 12 40 oc. |
| Tchi-ngan-tcheou. . . | Prov. de Sse-tchuen. | 28 30 0 | 8 57 30 oc. |
| Tchickar. . . . . . . | Tartarie orientale. . | 47 24 0 | 7 27 40 or. |
| Tchi-tcheou-fou (8). . | Prov. de Kiang-nan. | 30 45 41 | 0 58 34 or. |
| Tching-chan-oueï. . . | Prov. de Chan-tong. | 37 23 50 | 6 30 0 or. |
| Tching-hiang-fou (9). | Prov. de Sse-tchuen. | 27 18 0 | 11 46 15 oc. |
| Tching-kang-tcheou . | Prov. de Yun-nan. . | 24 11 35 | 16 52 0 oc. |
| Tching-kiang-fou (10) | Prov. de Kiang-nan. | 32 14 26 | 2 55 43 or. |
| Tching-kiang-fou (11) | Prov. de Yun-nan. . | 24 43 12 | 13 24 0 oc. |
| Tching-ngan-fou. . . | Prov. de Kouang-si. | 23 20 25 | 10 9 20 oc. |
| Tching-ngan-hien. . . | Prov. de Chen-si. . | 33 15 30 | 7 14 38 oc. |
| Tching-ngan-hien. . . | Prov. de Pé-tchi-li. | 36 30 0 | 1 36 39 oc. |
| Tching-ning-pou. . . | Prov. de Pé-tchi-li. | 40 59 45 | 0 44 12 oc. |
| Tching-tcheou.. . . . | Prov. de Ho-nan. . | 34 42 0 | 1 26 0 oc. |
| Tching-tcheou.. . . . | Pr. de Hou-kouang. | 28 22 25 | 6 20 0 oc. |
| Tching-ting-fou (12).. | Prov. de Pé-tchi-li. | 36 10 55 | 1 43 30 oc. |
| Tching-tou-fou (13). . | Prov. de Sse-tchuen. | 30 40 41 | 12 18 0 oc. |
| Tching-yuen-fou. . . | Pr. de Koueï-tcheou. | 27 1 12 | 8 10 40 oc. |
| Tchol-hotun . . . . . | Tartarie orientale. . | 46 39 36 | 6 36 20 or. |
| Tchong-kiang-hien. . | Prov. de Sse-tchuen. | 31 2 24 | 11 44 54 oc. |
| Tchong-king-fou (14). | Prov. de Sse-tchuen. | 29 42 0 | 9 46 30 oc. |
| Tchong-oueï.. . . . . | Prov. de Chen-si. . . | 37 39 35 | 11 18 0 oc. |
| Tchou-chan-hien. . . | Pr. de Hou-kouang. . | 32 8 35 | 6 8 10 oc. |
| Tchou-hiang-fou (15). | Prov. de Yun-nan. . | 25 6 0 | 14 45 20 oc. |
| Tchou-tching-hien. . . | Prov. de Chan-tong.. | 36 0 0 | 3 29 30 or. |
| Tchoulgheï-hotun de Ou-souri-pira.. . . | Tartarie orientale.. . | 44 47 10 | 18 0 0 or. |

(1) Anciennement : Long-si, Ti-tao, Ou-chi, Kui-in, Kin-tching, Lin-tcheou, Ou-tching, Tchin-tao, Yen-tcheou et Hi-tcheou.

(2) Anciennement : Koueï-ping, Tsin-tcheou et Tsin-kiang.

(3) Anciennement : Ou-tcheou, Y-tcheou, Koué-hoa, Té-tcheou, Siuen-ning, Chun-ning, Siuen-tré et Ouan-siuen-fou.

(4) Anciennement : Hoa-ting-hien, Sieou-tcheou et Kia-king-fou.

(5) Anciennement : Ou-kiun, Ou-tcheou et Ping-kiang.

(6) Anciennement : Kien-oueï, Ou-tcheou, Yueï-tcheou, Leou-tong, Nan-ki, Soui-nan et Soui-tcheou-lou.

(7) Anciennement : Y-tcheou, Yé-yu, Yao-tcheou, Nan-tchao, Si-nan-y et Yong-tchang.

(8) Anciennement : Oueï-kiun, Yang-ping, Koué-kiang, Ou-yang, Tien-yong, Oueï-tcheou, Ki-tcheou, Tong-king, Yng-tang-fou, Koan-tçin-fou, Ta-ming, Pé-king ou la Cour du Nord, Ngan-ou-kiun et Taï-ming-fou.

(9) Anciennement : Hoaï-nan, Yu-tcheou, Nan-yu, Tang-tou, Sin-hé-tcheou, Yong-yuen et Ping-nan.

(10) Anciennement : Tchang-nan, Lin-haï, Tchi-tching, Haï-tcheou, Lin-haï et Té-hoa.

(11) Anciennement : Yun-tchang, Taï-kiun, Sin-hing-kiun, Ping-tchung, Heng-tcheou, Pé-heng-tcheou et Yun-tchong-kiun.

(12) Anciennement : Tang-koué, Tçin-koué, Tchao-koué, Pé-king ou our du Nord, Si-king et Ho-tong.

(1) Anciennement : Hiong-siang, Tchang-cha, Siang-tcheou, Tan-tcheou, Kin-hoa, Ou-ngan-kiun et Tien-lin-lou.

(2) Anciennement : Tchang-tcheou, Tchang-pou-kiun, Nan-tcheou et Tchang-tcheou-lou.

(3) Anciennement : Pi-ling, Tçin-ling et Tchang-tcheou.

(4) Anciennement : Han-tan, Oueï-kiun, Yé-tou, Siang-tcheou, Sse-tcheou, Tsing-lou, Yé-kiun et Tchao-té-kiun.

(5) Anciennement : Y-ling, Ou-tcheou, Kien-ping, Yuen-tcheou, Ou-ling, Lang-tcheou, Ou-tching, Ou-chun, Ou-ping, Ting-tcheou et Yong-ngan.

(6) Anciennement : Soui-kien, Kao-yao, Sin-ngan, Toan-tcheou, Nan-soui-tcheou, Tching-tcheou, Hing-king et Tchao-king-lou.

(7) Anciennement : Ping-nan-yueï, Y-ngan, Yng-tcheou, Tong-yang-tcheou et Tchao-yang-kiun.

(8) Anciennement : Che-tching-heou-y, Tsiou-pou et Kang-hoa.

(9) Anciennement : Man-pou-pou, Si-nan-fan-pou-tou, Man-pou-lou, Man-pou-fou et Man-pou-kiun.

(10) Anciennement : Pé-fou, Nan-tong-haï-kiun, Yen-ling-tchin, Yun-tcheou, Tan-yang-kiun, Tchin-haï-kiun, Tchin-kiang-kiun, Tchin-kiang-lou et Kiang-hoaï-fou.

(11) Anciennement : Yu-yuen, Koen-tcheou et Ho-yang.

(12) Anciennement : Ping-tcheou, Sien-yu, Hang-chan, Tchang-chan, Tching-té, Heng-tcheou et Tchin-tcheou.

(13) Anciennement : Tou-kiun, Kouang-han, Kin-tching, Kien-nan, Si-tchuen, Tchou-kiun, Y-tcheou, Chou-nan-tou, Mou-chou-kiun, Ta-tou-fou et Nan-king.

(14) Anciennement : Yang-ning-kiun, Pa-tou, Pa-kiun, Tchou-tcheou, Pa-tcheou, Yu-tcheou, Nan-ping et Kong-tcheou.

(15) Anciennement : Ngan-tcheou, Pang-ouang, Oueï-tchéou ou Houeï-tchou.

| Villes. | | Latitudes. | Longitudes. |
|---|---|---|---|
| Tchoulgheï-hotun. . . | Tartarie orientale. . . | 43° 20' 10 | 15° 8' 20" or. |
| Tchu-lo-hien. . . . . | Ile de Formose. . . . | 23 27 36 | 3 44 0 or. |
| Tchu-ki-hien. . . . . | Prov. de Tché-kiang. | 29 44 24 | 3 47 55 or. |
| Tchu-tcheou-fou (1). . | Prov. de Tche-kiang. | 28 25 36 | 3 27 54 or. |
| Tégoii-cajan. . . . . . | Prov. de Leao-tong. . | 41 56 20 | 7 49 40 or. |
| Té-hing-hien. . . . . | Prov. de Kiang-si. . | 28 54 50 | 1 13 38 or. |
| Tékélik. . . . . . . . | Tartarie occidentale. | 41 8 10 | 19 49 12 oc. |
| Té-king-tcheou. . . . | Pr. de Kouang-tong. . | 23 13 42 | 5 14 40 oc. |
| Téné au Kerlon (jonction du). . . . . . . | Tartarie occidentale. | 48 11 48 | 7 22 50 oc. |
| Teng-fong-hien. . . . | Prov. de Ho-nan. . . | 34 30 10 | 3 27 10 oc. |
| Teng-tcheou-fou (2). . | Prov de Chan-tong. | 37 48 26 | 4 36 0 or. |
| Té-ngan-fou (3). . . . | Pr. de Hou-kouang. . | 31 18 0 | 2 50 50 oc. |
| Té-tcheou. . . . . . . | Prov. de Chan-tong. . | 37 32 20 | 0 0 36 oc. |
| Thang-chan-hien. . . | Prov. de Tche-kiang. | 28 56 6 | 2 12 33 or. |
| Tien-koué-hien. . . . | Pr. de Hou-kouang. . | 26 48 0 | 7 28 16 oc. |
| Tien-ouang-sse. . . . | Prov. de Kiang-nan. | 31 44 43 | 2 43 40 or. |
| Tien-tcheou. . . . . . | Pr. de Kouang-tong. | 24 50 32 | 4 16 0 oc. |
| Tien-ching-keou. . . . | Prov. de Chan-si. . . | 40 28 30 | 2 24 30 oc. |
| Tien-tsin-oueï. . . . . | Prov. de Pé-tchi-li. . | 39 10 0 | 0 45 22 or. |
| Ting-haï-hien. . . . . | Prov. de Tche-kiang. | 30 0 40 | 5 32 5 or. |
| Ting-tao-hien. . . . . | Prov. de Chan-tong. . | 35 11 18 | 0 44 30 or. |
| Ting-tcheou fou (4). . | Prov. de Fou-kien. . | 25 44 54 | 0 1 5 or. |
| Ting-tcheou. . . . . . | Prov. de Pé-tchï-li. . | 38 32 30 | 1 19 30 oc. |
| Ting-yuen-hien. . . . | Prov. de Kiang-nan. | 32 32 46 | 1 4 17 or. |
| Toan-yao-tchin. . . . | Prov. de Kiang-nan. | 29 57 40 | 0 16 0 oc. |
| Tol-alin. . . . . . . . | Tartarie occidentale. | 41 15 36 | 5 53 45 oc. |
| Tondon-cajan. . . . . | Tartarie orientale. . . | 49 24 20 | 19 58 40 or. |
| Tong-aliu. . . . . . . | Tartarie occidentale. | 47 7 12 | 6 35 16 oc. |
| Tong-gin-fou (5). . . . | Pr. de Koueï-tcheou. | 27 38 24 | 7 29 3 oc. |
| Tong-koan-oueï. . . . | Prov. de Ho-nan. . . | 34 39 10 | 6 18 0 oc. |
| Tong-ming-hien. . . . | Prov. de Pé-tchi-li. | 35 23 5 | 1 10 15 oc. |
| Tong-ngan-hien. . . . | Pr. de Hou-kouang. . | 26 13 12 | 5 15 0 oc. |
| Tong-ngan-hien. . . . | Prov. de Fou-kien. . | 24 44 24 | 1 50 50 or. |
| Tong-tao-hien. . . . . | Pr. de Hou-kouang. . | 26 16 48 | 7 0 0 oc. |
| Tong-tchang-fou (6). . | Prov. de Chan-tong. . | 36 32 24 | 0 18 30 oc. |
| Tong-tcheou. . . . . . | Prov. de Chen-si. . . | 34 50 24 | 6 37 25 oc. |
| Tong-tcheou. . . . . . | Prov. de Pé-tchi-li. . | 39 55 30 | 0 13 30 or. |
| Tong-tcheou. . . . . | Prov. de Kiang-nan. | 32 3 40 | 4 12 40 or. |
| Tong-tchin-hien. . . . | Pr. de Hou-kouang. . | 29 15 36 | 2 41 35 oc. |
| Tong-ching. . . . . . | Prov. de Pé-tchi-li. . | 40 12 30 | 1 55 16 oc. |
| Tong-tchuen-fou. . . . | Prov. de Sse-tchuen. | 26 20 56 | 13 2 51 oc. |
| Tou-che-keou. . . . . | Prov. de Pé-tchi-li. . | 41 19 20 | 0 39 41 oc. |
| Tou-gito-hotoc. . . . | Tartarie occidentale. | 44 46 48 | 1 2 20 or. |
| Tou-tchang-hien. . . | Prov. de Kiang-si. . | 29 20 24 | 0 12 18 or. |
| Tou-yang-fou. . . . . | Prov. de Kouang-si. . | 23 20 25 | 9 1 20 oc. |
| Tou-yuen-fou. . . . . | Pr. de Koueï-tcheou. | 26 12 10 | 9 4 0 oc. |
| Tsao-hien. . . . . . . | Prov. de Chan-tong. . | 34 58 46 | 0 48 0 oc. |
| Tsang-tcheou. . . . . | Prov. de Pé-tchi-li. . | 38 22 20 | 0 27 0 or. |
| Tse-ki-hien. . . . . . | Prov. de Tche-kiang. | 30 1 24 | 4 48 50 or. |
| Tse-king-koam. . . . | Prov. de Pé-tchi-li. . | 39 26 0 | 1 12 27 oc. |
| Tse-tcheou. . . . . . | Prov. de Chan-si. . . | 35 20 0 | 3 39 0 oc. |
| Tsi-nan-fou (7). . . . | Prov. de Chan-tong. . | 36 44 24 | 0 39 0 or. |
| Tsi-ning-tcheou. . . . | Prov. de Chan-tong. . | 35 33 0 | 0 16 30 or. |
| Tsiao-tcheou. . . . . | Ile de Haï-nan. . . . | 18 21 36 | 7 44 0 oc. |
| Tsing-chan-yn. . . . | Prov. de Pé-tchi-li. . | 40 22 50 | 2 6 19 or. |
| Tsing-haï-oueï. . . . | Prov. de Chan-tong. . | 36 53 0 | 6 7 20 or. |
| Tsing-hoeï-teou. . . . | Prov. de Pé-tchi-li. . | 38 1 0 | 0 53 50 oc. |
| Tsing-lan-oueï. . . . | Prov. de Hou-kouang. | 27 4 48 | 7 54 40 oc. |
| Tsing-lo-hien. . . . . | Prov. de Chan-si. . . | 38 31 12 | 4 31 30 oc. |
| Tsing-ning-hien. . . . | Pr. de Kouang-tong. . | 23 26 24 | 0 18 40 oc. |
| Tsing-ping-hien. . . . | Pr. de Koueï-tcheou. | 26 37 12 | 8 48 32 oc. |
| Tsing-ping-hien. . . . | Prov. de Chan-tong. . | 36 52 0 | 0 12 30 oc. |
| Tsing-ping-pao. . . . | Prov. de Chan-si. . . | 37 40 38 | 7 48 0 oc. |
| Tsing-tcheou-fou (8). . | Prov. de Chan-tong. . | 36 44 22 | 2 15 0 or. |
| Tsing-té-hien. . . . . | Prov. de Kiang-nan. | 30 24 37 | 2 5 43 or. |
| Tsing-yuen-hien. . . . | Pr. de Kouang-tong. . | 23 44 24 | 3 46 40 oc. |
| Tsong-hoa-hien. . . . | Pr. de Kouang-tong. . | 23 33 36 | 3 10 40 oc. |

(1) Anciennement : Yong-kia-kiun, Kouo-tsang, Kouo-tcheou et Tçin-yun.

(2) Anciennement : Tong-meou-kiun, Tchang-kouang-kiun, Meou-tcheou et Ting-tcheou-fou.

(3) Anciennement : Ngan-lou, Nan-sse, Ngan-tcheou, Yuen-tcheou, Siuen-oueï, Ngan-yuen et Fang-yu.

(4) Anciennement : Sin-lo, Ting-tcheou et Hing-ting.

(5) Anciennement : Tong-gin.

(6) Ses noms anciens sont : Ping-yuen-kiun, Oueï-kiun, Nanki-tcheou, Po-tcheou, Po-pin-kiun, Tong-ping-lou et Tong-tchang-lou.

(7) Anciennement : Tsi-tcheou, Tsi-kiun, Lin-tse, Té-kiun et Tsi-nan-lou.

(8) Anciennement : Tsi-kiun, Pé-haï, Y-tou, Ping-lou et Tching-haï.

| Villes. | | Latitudes. | Longitudes. |
|---|---|---|---|
| Tsong-ning-hien. . . . | Prov. de Kiang-nan. . | 31° 36' 0" | 4° 50' 0" or. |
| Tsong-ngan-hien. . . . | Prov. de Fou-kien. . | 27 45 36 | 1 9 20 or. |
| Tsong-yang-hien. . . | Pr. de Hou-kouang. . | 29 33 38 | 2 28 48 oc. |
| Tsou-ma-pao. . . . . | Prov. de Chen-si. . . | 40 24 0 | 3 33 0 oc. |
| Tsuen-tcheou. . . . . | Prov. de Kouang-si. . | 25 49 12 | 5 22 40 oc. |
| Tsun-hien. . . . . . . | Prov. de Pé-tchi-li. . | 35 43 50 | 1 40 30 oc. |
| Y-fong-hien. . . . . . | Prov. de Ho-nan. . . | 35 55 0 | 1 21 0 oc. |
| Y-lin-tcheou. . . . . | Pr. de Hou-kouang. . | 30 49 0 | 5 18 10 oc. |
| Y-ou-hien. . . . . . . | Prov. de Tche-kiang. | 29 20 15 | 3 43 15 or. |
| Y-yang-hien. . . . . | Prov. de Ho-nan. . . | 34 31 20 | 4 16 30 oc. |
| Ya-tcheou. . . . . . . | Prov. de Sse-tchuen. . | 30 3 30 | 13 24 52 oc. |
| Yang-chan-hien. . . . | Pr. de Kouang-tong. . | 24 30 0 | 4 4 0 oc. |
| Yang-eulh-tckouang. . | Prov. de Pé-tchi-li. . | 38 20 0 | 1 5 25 or. |
| Yang-kiang-hien. . . | Pr. de Kouang-tong. . | 21 50 20 | 5 3 40 oc. |
| Yang-tcheou-fou (1). . | Prov. de Kiang-nan. . | 32 26 32 | 2 55 43 or. |
| Yao-ngan-fou (2). . . | Prov. de Yun-nan. . | 25 32 20 | 15 2 40 oc. |
| Yen-king-tcheou. . . | Prov. de Pé-tchi-li. . | 40 29 5 | 0 26 0 oc. |
| Yen-ngan-fou (3). . . | Prov. de Chen-si. . . | 36 42 20 | 7 4 30 oc. |
| Yen-ping-fou (4). . . | Prov. de Fou-kien. . | 26 38 24 | 1 49 20 or. |
| Yen-tcheou-fou (5). . | Prov. de Chan-tong. . | 35 41 51 | 0 33 0 or. |
| Yen-tcheou-fou (6). . | Pr. de Tchi-kiang. . | 29 37 12 | 3 4 17 or. |
| Yen-tching-hien. . . | Prov. de Ho-nan. . . | 33 38 20 | 2 23 50 oc. |
| Yen-tching-hien. . . . | Prov. de Kiang-nan. . | 33 21 55 | 3 32 51 or. |
| Ynden-hotun. . . . . | Prov. de Leao-tong. . | 41 44 15 | 8 35 20 or. |
| Yng-tcheou. . . . . . | Prov. de Chan-si. . . | 39 39 0 | 3 15 0 oc. |
| Yn-té-hien. . . . . . | Pr. de Kouang-tong. . | 24 11 32 | 3 33 30 oc. |
| Yn-yueï-tcheou. . . . | Prov. de Yun-nan. . | 24 58 20 | 17 42 40 oc. |
| Yo-chan-hien. . . . . | Prov. de Kiang-nan. . | 31 30 6 | 0 7 8 oc. |
| Yo-tcheou-fou (7). . . | Pr. de Hou-kouang. . | 29 24 0 | 3 34 5 oc. |
| Yong-fou-kien. . . . . | Prov. de Fou-kien. . | 25 46 48 | 2 33 20 or. |
| Yong-ho-hien. . . . . | Prov. de Chan-si. . . | 36 48 0 | 5 51 0 oc. |
| Yong-kang-hien. . . . | Prov. de Tche-kiang. | 28 58 0 | 3 43 15 or. |
| Yong-ngan-tcheou. . . | Prov. de Kouang-si. | 24 1 12 | 6 9 20 oc. |
| Yong-ning-fou (8). . . | Prov. de Yun-nan. . | 27 48 28 | 15 41 20 oc. |
| Yong-ning-hien. . . . | Pr. de You-kouang. . | 26 4 48 | 3 43 39 oc. |
| Yong-ning-tcheou. . . | Prov. de Chan-si. . | 37 53 36 | 5 22 30 oc. |
| Yong-ning-tcheou. . . | Prov. de Kouang-si. . | 24 7 12 | 6 52 20 oc. |
| Yong-ning-tcheou. . . | Pr. de Koueï-tcheou. | 25 54 0 | 11 0 30 oc. |
| Yong-ning-tcheou. . . | Pr. de Koueï-tcheou. | 27 52 48 | 11 5 20 oc. |
| Yong-pé-fou. . . . . | Prov. de Yun-nan. . | 26 42 0 | 15 29 20 oc. |
| Yong-ping-fou (9). . . | Prov. de Pé-tchi-li. . | 39 56 10 | 2 25 28 or. |
| Yong-tchang-fou (10). | Prov. de Yun-nan. . | 25 4 48 | 17 2 35 oc. |
| Yong-tcheou-fou (11). | Pr. de Hou-kouang. . | 26 8 24 | 4 53 40 oc. |
| Yong-ting-hien. . . . | Prov. de Fou-kien. . | 24 54 44 | 0 24 0 or. |
| Yong-ting-oueï. . . . | Pr. de Hou-kouang. . | 29 7 12 | 6 4 5 oc. |
| Yong-tsong-hien. . . . | Pr. de Koueï-tcheou. | 25 57 36 | 7 24 30 oc. |
| Yu-kang-hien. . . . . | Prov. de Kiang-si. . | 28 40 48 | 0 10 0 or. |
| Yu-king-hien. . . . . | Pr. de Koueï-tcheou. | 27 9 36 | 8 43 52 oc. |
| Yu-lin-oueï. . . . . . | Prov. de Chen-si. . . | 38 18 8 | 7 6 0 oc. |
| Yu-taï-hien. . . . . . | Prov. de Chan-tong. . | 35 7 21 | 0 18 0 or. |
| Yu-tching-hien. . . . | Prov. de Chan-tong. . | 37 2 30 | 0 22 0 or. |
| Yu-tching-hien. . . . | Prov. de Ho-nan. . . | 34 38 35 | 0 19 30 oc. |
| Yu-tien-hien. . . . . | Prov. de Pé-tchi-li. . | 39 56 10 | 1 18 10 or. |
| Yu-tse-hien. . . . . . | Prov. de Chan-si. . . | 37 42 0 | 3 43 30 oc. |
| Yu-tsien-hien. . . . . | Prov. de Tche-kiang. | 30 14 27 | 2 54 27 or. |
| Yuen-kiang-fou. . . . | Prov. de Yun-nan. . | 23 36 0 | 14 18 40 oc. |
| Yuen-kiang-hien. . . | Pr. de Hou-kouang. . | 28 45 30 | 4 15 0 oc. |
| Yuen-tcheou. . . . . . | Pr. de Hou-kouang. . | 27 24 30 | 7 8 20 oc. |

(1) Anciennement : Kiang-tou-hoaï-nan, Kouang-lin, Kouang-tcheou, Nan-yen-tcheou, Ou-tcheou, Pang-tcheou, Kouang-ling, Chin-sse, Hoaï-haï et Oueï-yang.

(2) Ses noms anciens sont : Long-tong-hien, Yao-tcheou et Yao-ngan.

(3) Anciennement : Tsie-koué, Tong-ouan, King-ming, Tong-hin, Yen-tcheou, Tchong-y et Tchang-ou.

(4) Anciennement : Tan-tchéou, Kien-tcheou, Li-tcheou et Nan-kien.

(5) Ses noms anciens sont : Tong-lou, Siue-kiun, Lou-koué, Gin-tching, Lou-kiun, Taï-ning-kiun, Tcié-king-fou, Taï-ting-kiun et Yen-tcheou.

(6) Anciennement : Yen-ling, Sin-tou, Sin-ngan, Mou-tcheou, Soui-ngan, Yen-tcheou, Sin-ting, Kien-té et Kien-ngan.

(7) Anciennemet : Tchong-tching, Kien-tchang, Pa-ling, Pa-tcheou, Ping-tchin-kiun, Lo-tcheou, King-hou-pé-lou et Yo-yang.

(8) Ses noms anciens sont : Ta-lang et Yong-ning-tcheou.

(9) Anciennement : Hou-long, Lo-lang, Ping-tcheou, Pé-ping, Leao-hing; Nan-king et Hing-ping.

(10) Ses noms anciens sont : Pou-oueï, Lan-tsang, Kaï-yuen et Kin-tchi.

(11) Anciennement : Lin-ling, Yng-yang et Yong-yang.

| Villes. | | Latitudes. | Longitudes. |
|---|---|---|---|
| Yuen-tcheou-fou (1). | Prov. de Kiang-si. | 27° 51' 32" | 2° 5' 34" oc. |
| Yuen-yang-fou (2). | Pr. de Hou-kouang. | 32 49 20 | 5 36 49 oc. |
| Yun-nan-fou (3). | Prov. de Yun-nan. | 25 6 0 | 13 36 50 oc. |

Tour de porcelaine de Nan-king.

## GOUVERNEMENT CHINOIS; CLASSES; COMMERCE; ARTS ET MÉTIERS, ETC.

Le peuple chinois est officiellement divisé en quatre classes, qui sont : 1° les lettrés ou la noblesse; 2° les agriculteurs; 3° les industriels; et 4° les commerçants.

La classe des lettrés ou *mandarins* comprend tous les employés civils supérieurs et inférieurs, qui sont au nombre d'environ cent mille; les gens de lettres qui ont pris leurs degrés et aspirent aux fonctions publiques s'élèvent au chiffre énorme de cinq cent mille; les officiers militaires à celui de soixante-quinze mille, ce qui forme un total d'environ six cent soixante-quinze mille nobles. De la masse qui forme les trois autres classes, les deux tiers se livrent à l'agriculture et à la pêche, et le reste se compose de manufacturiers, de négociants, de boutiquiers et de mariniers. L'agriculture est celui des travaux industriels qui a toujours été le plus encouragé par le gouvernement, et l'on sait qu'une fois par an l'empereur lui-même conduit solennellement la charrue et ouvre un sillon, pour prêcher d'exemple à son peuple. Les charges qui pèsent sur le laboureur sont plus légères que partout ailleurs, et consistent seulement en un dixième du produit net de la terre. Le souverain étant considéré comme le propriétaire unique de tout le territoire de l'empire, il n'y a pas parmi ses sujets de propriétaires fonciers; cependant quiconque est en possession d'une terre peut être sûr de la conserver aussi longtemps qu'il remplira les conditions auxquelles elle lui a été concédée. Comme il n'existe pas en Chine des effets publics, et que le commerce n'offre pas de bien grandes garanties aux capitalistes, l'achat de terres est regardé comme le meilleur placement; cependant il n'y a que très-peu de grands propriétaires. Les héritiers d'une terre sont tenus de la partager suivant de certaines proportions. Si un propriétaire néglige, aux époques prescrites, de faire enregistrer sa terre, et de se déclarer responsable de l'impôt foncier, elle est confisquée sur-le-champ au profit de l'État. Si un terrain cultivable reste inculte par suite de l'incapacité du propriétaire, le gouvernement en accorde la jouissance à un autre, qui, dans ce cas, est tenu de payer l'impôt de ce terrain, jusqu'à ce que le propriétaire l'ait racheté.

La Chine, par sa situation, son climat et ses productions, est plus propre qu'aucun autre pays à faire un commerce étendu; mais la population ne sait pas tirer parti de cet avantage. L'excellente distribution de ses nombreuses rivières, qui sont multipliées par des canaux artificiels, offre des communications par eau presque non interrompues entre toutes les parties du *céleste empire*. Cependant on n'y fait encore qu'un commerce d'échange; car il n'existe d'autre numéraire qu'une petite monnaie de billon de la valeur d'environ cinq sixièmes d'un centime de France. Aucun système de crédit n'est établi entre les négociants des différentes villes, et la lettre de change est chose inconnue.

Le commerce avec l'extérieur est systématiquement entravé. Le sol étendu et fertile de la Chine fournit à ses habitants les productions de toutes les autres contrées du monde, et ainsi tout ce qu'il faut pour satisfaire leurs besoins et leur luxe, de sorte qu'ils peuvent à la rigueur se passer du commerce d'importation. Satisfaits de cette grande abondance des dons de la nature, imbus des préjugés du despotisme et se méfiant des étrangers, ils croient faire une grande faveur à ceux-ci en ouvrant un port à leur commerce. Cependant il existe maintenant des relations entre la Chine et le Japon, les îles Philippines, Java, Sumatra, Timor et Bornéo, où un grand nombre de Chinois se sont établis et se livrent au commerce, à l'agriculture et aux arts mécaniques. Mais bien que des Chinois se soient répandus dans presque toutes les contrées de l'Asie orientale et même dans plusieurs îles de la Polynésie, il n'arrive pas en Chine de navire de ces pays, si l'on excepte une douzaine de petits bâtiments du Japon et autant de la Cochinchine. « Depuis Canton, dit lord Macartney, jusqu'à Ten-chou-fo, situé à l'entrée du golfe de Pë-tchi-li (pour ne rien dire du pays situé à l'intérieur de ce golfe), il y a une étendue de côtes de près de 2,000 milles anglais, découpée en innombrables ports tous sûrs, et la plupart assez profonds pour pouvoir recevoir les plus grands navires de l'Europe. A chaque crique ou havre il y a une ville, et les nombreux habitants de toute la côte sont en partie des marchands, en partie des pêcheurs, que leurs occupations ont accoutumés à la mer et familiarisés avec la navigation. » Et, malgré ces avantages, tout commerce par navires étrangers leur est interdit, de sorte qu'ils sont obligés d'aller chercher eux-mêmes les marchandises qu'ils désirent importer. Dans tout le vaste empire de la Chine, il n'y a eu, jusqu'à ces derniers temps, que deux points où les indigènes communiquent avec les étrangers, savoir, à Kiakhta avec les Russes, et à Canton avec les autres peuples. Dans la première de ces villes, les communications sont limitées à un certain nombre de personnes désignées par le gouvernement; à Canton elles n'ont lieu qu'avec les commerçants spécialement autorisés par l'empereur et sous la direction des autorités locales.

Le gouvernement de la Chine est monarchique et absolu. L'empereur passe pour être fils du ciel et seul souverain du monde, car les souverains des autres régions de la terre sont regardés comme ses vassaux. Il ne peut avoir qu'une femme légitime partageant son rang suprême; ses autres femmes sont ordinairement au nombre de trois; on les qualifie de reines (*fuschines*). L'empereur choisit son successeur indistinctement parmi ses fils légitimes; sa résidence est à Pé-king, capitale de l'empire, mais en été il séjourne à Dene-hol, situé dans le haut pays, en dehors de la grande muraille. Le pouvoir impérial se compose essentiellement de deux branches : en vertu de sa qualité de pontife, l'empereur est l'unique médiateur entre son peuple et le ciel, et lui seul peut officier dans les grandes fêtes, lorsqu'on veut apaiser la Divinité par des sacrifices. A lui seul aussi revient l'honneur de la prospérité dont le pays jouit; mais en revanche les Chinois voient dans les calamités publi-

(1) Anciennement : Y-tchun.

(2) Anciennement : Si-hivé, Fang-ling, Han-tchong, Si-hien, Thang-li, Yuen-hiang, Nan-fong, Tché-tcheou, Kiun-tcheou et Yuen-hien.

(3) Ses noms anciens sont : Y-tchéou, Kien-ning, Ning-tcheou, Koen-tcheou, Nan-ning, Nan-tchao, Chin-tchen et Tchong-king.

ques la conséquence de quelque mauvaise action qu'il aura faite, de quelque tort ou de quelque manquement de sa part. Dominé lui-même par cette idée, il prend dans les troubles, les famines, les tremblements de terre ou les inondations, les dehors de la plus grande humilité; il échange ses riches vêtements contre des habits plus simples, dégarnit son palais de ses principaux ornements, et suspend tous les amusements de la cour. L'autorité paternelle, celle qui appartient au père et à la mère, forme la seconde branche du pouvoir impérial, et à cet égard il est relativement à ses sujets ce que le ciel est par rapport à lui. Ses ministres exécutent sa volonté, et sont regardés comme placés entre lui et la nation; de la même manière que des êtres intermédiaires exécutent sur la terre les décrets de la Divinité. Tout pouvoir, tous honneurs, toutes dignités émanent de l'empereur, et peuvent être révoqués par lui selon son bon plaisir; en un mot il est au-dessus de la loi.

Quant aux principes du gouvernement, ils sont encore aujourd'hui ce qu'ils étaient il y a quatre mille ans, lorsqu'ils présidaient à la vie pastorale des tribus de la plaine de Chen-si; car, de tous les gouvernements dont l'histoire du monde nous a conservé le souvenir, aucun n'a eu la même stabilité que celui de la Chine. On a pu ajouter à la machine gouvernementale quelques rouages nouveaux; elle a pu être arrêtée, ou endommagée seulement, dans l'une ou l'autre de ses parties; mais elle a toujours été ramenée dans la même ornière, sans subir aucune modification essentielle. Des insurrections, des révolutions et des invasions ont sans doute quelquefois précipité du trône des familles anciennes et les ont remplacées par d'autres; mais ce n'étaient là que des événements accidentels, peu durables, et qui ont bientôt cédé la place aux usages antiques. Ce sont en effet ceux-ci qui constituent la seule règle de conduite pour le souverain et les seules bornes au pouvoir dont il est investi. Si l'empereur n'écoute jamais la voix du peuple, il respecte néanmoins au plus haut degré l'opinion publique, et cherche à l'influencer au moyen de la *Gazette de Pé-king*, feuille qui paraît tous les jours, et qui, envoyée dans toutes les provinces, est lue dans tous les lieux publics. C'est par elle qu'on apprend en Chine tous les actes du souverain, même les plus insignifiants: ainsi ce journal raconte avec une exactitude scrupuleuse si le souverain a bien ou mal passé la nuit, s'il a jeûné, ou quels aliments il a pris, s'il a décerné des récompenses, infligé des punitions, etc. On y trouve aussi tous les arrêts de mort rendus par les tribunaux, et un extrait de la procédure qui les a précédés.

L'un des premiers principes gouvernementaux en Chine tend à élever l'empereur au-dessus du commun des hommes, à le placer dans une sphère où il se trouve à une si grande distance du peuple, qu'il n'est pas possible d'y atteindre; et les Chinois ne l'appellent pas seulement fils du ciel, mais ils croient qu'il l'est réellement. Ils adorent sa personne, plient les genoux devant lui, font des offrandes à son image et à son trône, etc. Si l'empereur se montre en public, deux mille gardes du corps, portant des haches, des chaînes et autres emblèmes du despotisme oriental, l'enveloppent de toutes parts.

L'autorité paternelle, absolue dans la personne du souverain à l'égard de tous ses sujets, ne l'est pas moins au sein des familles, et forme la base de la législation chinoise. Dans les familles, le père exerce son pouvoir jusqu'au dernier moment de sa vie, sans égard pour l'âge des enfants. Toute bonne action faite par ces derniers est attribuée à l'éducation qu'ils ont reçue du père, tandis qu'ils restent seuls responsables de toutes les fautes qu'ils auront commises. On n'est pourtant pas d'accord sur ce dernier point, comme on le verra lorsque nous parlerons plus amplement des mœurs des Chinois. Les mauvais traitements que les enfants essuieraient de leur père ne les dispenseraient jamais de la plus parfaite obéissance envers lui. L'effet immédiat de cette morale est d'introduire l'esclavage à tous les étages de la société et de créer un système de tyrannie qui l'enveloppe comme un réseau, depuis le chef de l'Etat jusqu'au dernier paysan.

L'administration centrale est composée de six départements, dirigés chacun par un président. Ces six présidents et les princes du sang forment un conseil qu'on pourrait appeler le conseil d'Etat. Chaque département fait continuellement voyager dans toutes les parties de la Chine des personnes chargées de s'enquérir de tout et de lui transmettre les renseignements dont il a besoin. Les résultats de ces travaux sont soumis à l'empereur par celui des présidents qu'il a choisi pour son ministre et conseiller intime.

Sous le rapport des lois pénales, on a, non sans raison, comparé la Chine à une vaste école d'enfants, dirigée par des maîtres toujours armés de leur férule; cette férule est le bambou dont les magistrats font le plus fréquent usage. Les coups de bâton sont, chez les Chinois, le grand moyen de correction et l'accessoire obligé des peines plus graves. Le grand nombre et la sévérité des punitions corporelles que les lois ordonnent auraient lieu de nous surprendre si on ne savait pas que les tribunaux admettent une foule de circonstances atténuantes et d'exceptions qui ôtent à ces lois le caractère de barbarie qu'elles portent. Il en est de même de la peine de mort, qui est prescrite pour des délits fort peu graves, mais dont l'exécution est si rare, que le nombre des personnes qui la subissent ne s'élève qu'à environ mille trois cents par an, c'est-à-dire seulement un individu sur cent huit mille de la population totale. La bastonnade elle-même n'est pas infligée rigoureusement: on réduit généralement dix coups à quatre, et dans beaucoup de circonstances, le condamné peut même se libérer de cette peine en payant une amende. On se sert pour la bas-

La bastonnade en Chine.

tonnade de bambous de deux espèces qui diffèrent par leurs dimensions et par leur poids. Les autres instruments de supplice et de contrainte sont le *cangue* (collier en bois pesant ordinairement trente-trois livres), les menottes et des chaînes en fer. On emploie différentes espèces de tortures pour arracher des aveux aux accusés ; mais il est défendu de mettre à la question les personnes appartenant aux huit classes privilégiées, celles qui sont âgées de plus de soixante-dix ans ou de moins de quinze, et celles qui ont des maladies ou infirmités permanentes.

Les conditions qu'il faut remplir pour être admis dans l'une des classes privilégiées sont les suivantes : être issu du sang impérial, ou allié à la famille du souverain, ou être en général d'une naissance distinguée ; avoir de longs services ou des actions d'éclat à invoquer ; posséder des connaissances extraordinaires ou de grands talents, ou un zèle parfait et une assiduité particulière. Le principal privilége de ces classes consiste en ce que ceux qui les composent ne peuvent être poursuivis par la justice qu'en vertu d'un ordre exprès de l'empereur.

Outre la peine de la bastonnade avec le grand et le petit bambou, on prononce celle du bannissement temporaire ou à perpétuité, accompagné de cent coups de bambou, et la peine de mort, soit par la strangulation, soit par le glaive.

Dans le code chinois, on qualifie de trahison la *rébellion* ou l'attentat contre l'économie divine établie sur la terre ; la *déloyauté* ou la tentative de détruire les palais impériaux, les temples et les tombeaux ; la désertion à l'*étranger ;* le *parricide ;* le *massacre*, c'est-à-dire l'assassinat de trois ou d'un plus grand nombre de membres d'une même famille ; le *sacrilége* ou vol des choses sacrées, ou d'objets dont l'empereur fait un usage immédiat ; l'*impiété*, qui est le manque de respect envers son père ou sa mère ; la *discorde domestique*, c'est-à-dire l'adultère et le concubinage entre proches parents au degré où la loi défend le mariage. Une loi inflige la peine capitale à l'esclave qui frappe son maître, au fils qui frappe son père, sa mère, son grand-père ou sa grand'mère ; à la femme qui frappe les parents ascendants de son mari. Mais si un père, une mère, un grand-père ou une grand'mère châtie son enfant ou petit-enfant pour désobéissance, de manière qu'il en meure, ils ne sont punis que de cent coups de bambou qui, comme il a été dit, sont commués en quarante ; s'ils sont convaincus d'avoir tué à dessein l'enfant désobéissant, leur peine est de soixante coups de bambou ou d'un an de bannissement. Les père et mère peuvent vendre leurs enfants à qui que ce soit, excepté à des comédiens ambulants et à des magiciens. La loi punit encore de mort toute personne qui offense de paroles son père, sa mère, son grand-père ou sa grand'mère du côté paternel, et tout esclave qui offense de cette manière son maître ; mais seulement dans le cas où la partie offensée a entendu elle-même les propos injurieux et en porte plainte elle-même.

L'adultère, la séduction et le rapt sont punis plus ou moins sévèrement selon le rang des personnes offensées ; en général les lois infligent, pour les liaisons criminelles, des peines plus fortes à la femme qu'à l'homme, à l'esclave qu'à une personne libre. Dans tous les cas d'homicide, le principal auteur du crime est condamné à la décapitation, ses complices de fait à la strangulation, et ses complices d'intention à cent coups de bambou et au bannissement perpétuel. Ceux qui assassinent avec l'intention de voler sont condamnés, ainsi que leurs complices, à la décapitation. Le mari qui surprend sa femme en flagrant délit d'adultère peut la tuer, elle et son complice ; il est aussi permis de tuer toute personne volant dans une maison ; mais dans les deux cas on commettrait un meurtre si l'on ôtait la vie aux coupables après leur arrestation. Les arrêts de la justice criminelle sont exécutés en automne, et tous le même jour, dans toutes les parties de l'empire.

Quant aux revenus de l'empire, les éléments nous manquent pour en pouvoir fixer au juste le montant. D'après un article de l'Encyclopédie chinoise (*Taï-tsing-tche*), il paraît que ces revenus s'élèvent à environ trois cents millions de francs par an ; mais il n'y est pas dit si les impôts perçus en nature sont ou non compris dans cette somme. Quoi qu'il en soit, nous ferons observer que trois cents millions de francs doivent suffire à tous les besoins d'un pays où l'argent a au moins une valeur triple de celle qu'il a en France, et où les employés de l'État sont payés si mesquinement, qu'ils sont obligés de recourir à des exactions pour vivre. La plus forte partie des revenus provient d'un impôt de dix pour cent sur les productions du sol ; un droit sur le sel rapporte à peu près une somme égale au quart de cet impôt ; les douanes et quelques autres taxes ne sont pas moins productives. Les impositions sur les grains, la soie, le coton et les fabriques, sont acquittées en nature, et les marchandises ainsi fournies aux magasins du fisc sont ensuite, selon leur nature, employées pour les besoins de l'armée, et données en payement aux fonctionnaires publics. Au reste, dans les circonstances urgentes, le gouvernement de la Chine n'a jamais hésité à recourir à des emprunts forcés non-remboursables et à la capitation, impôt odieux, parce qu'il n'est pas réparti en proportion de la fortune des contribuables. Les trésors immenses qu'on dit avoir été amassés dans la Tartarie par la dynastie régnante n'existent que dans l'imagination des crédules.

Trois cultes différents règnent dans la Chine et jouissent de droits égaux. Le premier est le culte national ou l'ancienne religion de la Chine qui a été rétablie par Confucius. Cette religion reconnaît un être suprême ; elle a des temples, mais point de prêtres ; l'empereur seul, en sa qualité de pontife, remplit les devoirs religieux pour tout le peuple, et il se prépare aux actes du culte par des jeûnes, des abstinences et des œuvres de charité envers ses sujets. C'est aux équinoxes qu'ont lieu les grands sacrifices, et pendant cette cérémonie toutes les affaires et tous les amusements sont suspendus dans la capitale. Les premiers devoirs de cette religion sont la piété filiale, le respect pour la vieillesse et le culte des morts. Chaque famille d'un rang élevé et qui n'est pas sans fortune fait construire un petit temple en mémoire de ses ancêtres, et toute personne, pour peu qu'elle soit dévote, visite les tombeaux de ses parents au moins une fois par an. Les Chinois ont l'habitude de retirer les cercueils de leurs parents et de leurs amis du lieu où ils sont enterrés, si ce lieu est devenu humide ou malpropre : aussi voit-on partout en Chine des bières placées sur la surface de la terre, parce que ceux dont elles renferment les parents n'ont pu trouver une place convenable pour y construire un tombeau. Beaucoup de Chinois ont chez eux leur propre cercueil ; ils l'essayent souvent et contemplent philosophiquement cette *étroite maison* destinée à recevoir leur dépouille mortelle.

Le deuxième culte est celui de Tao-tse ou de la *raison primitive*, dont le premier auteur est le philosophe Lao-tseu, qui vivait environ 600 ans avant notre ère. Dans son origine, cette religion reconnaissait la raison comme être suprême et prescrivait l'amour du prochain et la modération dans les passions ; mais dans les temps modernes elle a dégénéré en une espèce de polythéisme. Les prêtres et les prêtresses de Tao-tse vivent dans le célibat, s'occupant de magie et d'astrologie.

Le troisième culte est celui de Bouddha (appelé en chinois *Fo-tho* ou par abréviation *Fo*), qui a été importé de l'Inde vers l'an 70 après J.-C. Les doctrines des boudhistes ressemblent beaucoup à celles des pythagoriciens ; ils croient en la métempsycose, et pour cette raison ils s'abstiennent de tuer les êtres vivants et ne prennent aucune nourriture animale. Ils ont un grand nombre de temples et de couvents remplis d'images sacrées, dont chacune passe pour exercer sur eux des influences particulières. Leurs prêtres gardent le célibat.

Indépendamment de ces cultes, les Chinois de toutes les classes se livrent à des superstitions absurdes : ils croient qu'il existe de bons et de mauvais génies, dont les uns protégent les hommes, tandis que les autres les persécutent. Ils adorent des divinités tutélaires, des fleuves, des montagnes, des portes, des maisons, des foyers, etc. ; les offrandes qu'ils leur font consistent ordinairement en vin et en thé.

Les sciences sont encore dans leur enfance chez les Chinois : ils connaissent à peine les premiers éléments des mathématiques ; leur arithmétique et leur géométrie se bornent à quelques règles pratiques ; ils indiquent les nombres par les caractères de leur langue écrite, de même que les Grecs et les Romains les représentaient par ceux de leur alphabet. Les calculs les plus simples se font au moyen d'un certain nombre de boules enfilées sur un fil d'archal, et quelquefois on compte tout bonnement sur les doigts. Quant aux mesures de quantité, les Chinois les déterminent en réduisant les surfaces et les côtés en cubes et en carrés. Ces opérations toutes matérielles leur suffisent pour le commerce ordinaire de la vie. Les Chinois ont passé longtemps pour être de profonds astronomes ; mais on sait maintenant à quoi s'en tenir sur ce point. Si leur almanach impérial est bien fait, cela n'a rien d'étonnant, puisque la partie astronomique de cet ouvrage a toujours été confiée à des savants étrangers. Quant à la géographie, il paraît qu'ils ont une connaissance assez exacte de leur propre pays, mais leurs cartes sont loin d'offrir le degré de perfection qu'ont celles des Européens. Ils ne savent de physique que le peu qui leur a été enseigné par les jésuites. L'horlogerie, la gnomonique, l'optique, et l'électricité leur sont inconnues ; ils ne connaissent pas beaucoup plus l'hydrostatique et l'hydraulique. Les seules machines dont ils se servent pour élever l'eau sont la roue garnie à sa circonférence de tubes de bambou; ils ignorent jusqu'au principe de notre pompe ordinaire. En général, ils emploient la force des bras dans presque tous les cas où nous nous servons de moyens mécaniques.

Leur peu de progrès dans les sciences s'explique par la nature de leur langue, par leur ignorance de tout autre idiome, et surtout par leur obstination à ne vouloir pas communiquer avec les étrangers. Ce sont les maximes des souverains et des sages de l'antiquité, les devoirs civils et religieux, les lois et les coutumes de l'empire, que les Chinois aiment à étudier, parce que la connaissance de ces matières conduit à la richesse, au pouvoir et à la gloire. Comme il n'y a chez eux de plaidoiries ni dans les affaires civiles ni dans les affaires criminelles, il n'y a pas non plus d'avocats. Les médecins sont trop peu estimés pour que des hommes de condition ou de talent veuillent se livrer à l'étude de l'art de guérir; la pratique de cet art est entièrement entre les mains des prêtres de Fo et de Tao-tse, ou des charlatans. Ces hommes, qui n'ont pas la moindre connaissance de l'anatomie, sont très-ignorants sur l'économie du corps humain; mais ils prétendent découvrir le siége de la maladie par l'inspection du nez, des yeux ou des oreilles du malade, en tâtant le pouls, en faisant attention au son de la voix, etc. D'après cela, ils ordonnent sans hésitation des vomitifs, des purgatifs, des fébrifuges et des médicaments dont le mercure, l'antimoine, la rhubarbe et le ginseng sont les principaux ingrédients. Du ginseng seul ils font, à ce qu'ils disent eux-mêmes, soixante-dix-sept préparations diverses. Leur chirurgie consiste dans un petit nombre d'opérations dont nous ne citerons que l'acupuncture, et qu'ils abandonnent ordinairement aux barbiers. Il y a des hommes chargés de constater si les personnes trouvées sans vie sont mortes naturellement ou d'une mort violente, et c'est souvent sur la déclaration de ces experts que les tribunaux criminels fondent leurs arrêts.

Les Chinois sont sujets à une espèce de lèpre contagieuse que leurs médecins regardent comme incurable et que la loi déclare être un empêchement de mariage, afin d'en arrêter la propagation. En général, les maladies cutanées, et notamment la gale, sont très-communes en Chine, mais jusqu'à présent ce pays n'a pas été affligé de la peste.

Il est cependant plusieurs arts dans lesquels les Chinois surpassent même les nations les plus civilisées : ainsi, par exemple, aucun peuple n'a porté à un plus haut degré de perfection celui de teindre et celui d'extraire des matières colorantes des substances animales, végétales et minérales. Ce sont les Chinois qui ont appris aux Européens la méthode de trouver la proportion exacte pour les alliages métalliques. Nous tirons de la Chine le cinabre natif; mais le vermillon que nous en extrayons n'a ni l'intensité ni l'éclat de celui que fabriquent les Chinois. La couleur bleue sur leur porcelaine est bien plus vive et plus transparente que celle qu'on voit sur nos poteries, et pourtant c'est du cobalt-fritte qui leur vient de nous qu'ils font cette couleur. On prétend que le plus ou le moins d'éclat des couleurs employées à la peinture de la porcelaine dépend plutôt de la matière sur laquelle elles sont appliquées que de leur qualité intrinsèque. Le biscuit de leur porcelaine surpasse en blancheur, en dureté et en transparence tous ceux qui se fabriquent en Europe; mais pour ce qui regarde la beauté de la forme et le goût des ornements, la supériorité est incontestablement du côté des Européens.

Les Chinois sont encore nos maîtres dans l'art de tailler et de sculpter l'ivoire, la nacre et l'écaille, dont ils font des milliers d'ouvrages d'une délicatesse admirable, comme éventails, paniers, pagodes, etc.; ils excellent aussi dans la gravure sur pierres fines, et aucun Européen n'a encore su imiter leurs grandes lanternes rondes, en corne de toute pièce, de plusieurs pieds de diamètre, parfaitement diaphanes et sans taches ni endroits opaques. Leurs ouvrages en filigrane d'argent égalent au moins ceux des Hindous, et leurs laques ne le cèdent qu'à celles du Japon. Ils ornent leur ébénisterie de lamelles d'une certaine espèce de coquillage, qu'ils y appliquent en même temps que le vernis noir et de manière à ce qu'elles figurent des plantes, des oiseaux, des insectes, etc., de couleurs différentes. Ils fabriquent aussi une sorte de cuivre blanc appelé *toutenague*, qui consiste en un alliage de cuivre, étain et bismuth, et dont ils font un grand nombre d'ouvrages, entre autres des gongs. Leurs tissus de toute espèce et surtout leurs soieries, ainsi que les broderies et les parfumeries, sont très-renommées. Nos dessinateurs peuvent attester la bonté de leur encre, et leurs impressions rivalisent avec les nôtres.

Ce n'est pas qu'il y ait en Chine de très-grandes manufactures; mais on peut dire, en général, qu'à la campagne il n'est guère d'individu qui ne file ou ne tisse. La porcelaine et les poteries ordinaires se fabriquent pour la plupart au Kiang-si; on assure que la ville de Kin-te-chin a près d'un million d'habitants, qui tous travaillent à la poterie.

La musique des Chinois ne mérite guère le nom d'art, et ne repose sur aucun principe scientifique. Leur gamme est seulement composée de cinq tons et de deux semi-toniques, qu'ils figurent par autant de caractères de leur langue. Notre manière de noter leur est inconnue; ils écrivent la musique de haut en bas par colonnes, et sans indiquer ni la valeur des notes ni le mouvement, choses qu'ils apprennent par imitation. Leurs airs sont presque tous d'un caractère plaintif; ils les chantent d'un mouvement lent, en s'accompagnant d'une espèce de guitare. Ils n'ont aucune notion d'harmonie; toutes les parties de leur musique sont à l'unisson. Les instruments chinois, tant à cordes qu'à vent et à percussion, ont un son maigre, criard et dur.

Les Chinois ne sont guère plus avancés dans la peinture, et cela provient de ce que leurs peintres sont réduits à une imitation servile et sèche de la nature. Dans leurs tableaux on ne voit ni ombres, ni perspective, ni rien de ce qui donne de l'âme, de l'expression et du mouvement à un tableau. Ceux qui ont dit que les Chinois sont dépourvus de dispositions naturelles pour la peinture les ont cependant mal jugés, car ils copient avec une exactitude étonnante tout tableau qu'on leur donne; il serait même difficile pour le plus habile artiste européen de représenter plus fidèlement qu'eux, sur papier, sur verre et sur toile, des objets d'histoire naturelle, tels que poissons, oiseaux, insectes, fleurs, etc., dont ils savent rendre jusqu'aux moindres détails.

Les monuments de sculpture sont peu nombreux en Chine; quelques-unes des statues colossales en terre cuite qu'on voit dans les temples ne sont pas dépourvues d'expression, et celles en pierre qui par-ci par-là ornent les façades des palais, les portes des villes et les parapets des ponts, prouvent, malgré ce qu'elles ont de monstrueux, que les Chinois, mieux guidés, ne seraient pas incapables de produire quelque chose de beau dans l'art statuaire. En général, ils ont mieux réussi dans leurs petites figures en bois, en racines d'arbres, en métal et en porcelaine; dans celles-là souvent la nature est rendue avec une grande vérité. On a remarqué que toutes leurs figures, tant grandes que petites, sont vêtues.

L'architecture chinoise a évidemment pour type fondamental la tente, ce qui ne doit pas étonner chez un peuple originairement nomade. Les édifices les plus grands de la Chine sont les pagodes et les temples de Tao-tse et de Fo. Les maisons des riches consistent ordinairement en trois corps de bâtiment, dont l'un est occupé par le maître et les deux autres par les femmes et les domestiques. Les femmes vivent isolées dans une espèce de harem. Ces maisons n'ont pour la plupart qu'un étage, et à l'extérieur règne une galerie qui donne issue aux appartements; la toiture, en tuiles de différentes couleurs, est supportée par des colonnes; les maisons, qui sont ordinairement accompagnées d'un jardin, ne prennent pas jour sur la rue; les croisées à carreaux en verre de Moscovie ou en papier donnent toutes sur la cour, ou sur le jardin, qui est clos d'un mur très-élevé. Les appartements sont composés de petites pièces ornées de draperies en soie et de curiosités en or et en bois précieux. Parmi les meubles, on remarque une espèce de divan en marbre, avec des coussins rembourrés de coton, et garni de rideaux; en hiver on chauffe ces divans par des réchauds placés au-dessous. Les maisons des classes moyennes sont de la même forme, mais plus petites et moins ornées. Les pauvres vivent sous des cabanes couvertes de chaume. Les ponts en Chine sont légers et offrent une grande variété de formes. On trouve partout de nombreux monuments en l'honneur des personnes décédées; la plupart sont placés le long des grandes routes, et ont été élevés aux frais du gouvernement. La Chine possède plus de 550 canaux artificiels, dont celui dit Yun-ho (fleuve de l'empereur) est le plus grand. Ce canal, d'un parcours de 600 lieues, joint Pé-king à la ville de Hang-tcheou, dans le Tche-kiang. L'architecture navale est restée stationnaire en Chine; on y trouve aujourd'hui le même genre de vaisseaux que Marco Polo décrivit dans le XIIIe siècle; ces navires ont les ancres en bois, et les voiles et les cordages en bambou. Les barques employées au commerce intérieur, et surtout celles du canal d'Yun-ho, ont des emménagements très-commodes. D'innombrables bâtiments couvrent en tout temps ce canal; l'empereur en possède à lui seul 10,000 qui sont montés de 200,000 rameurs et employés à amener à la capitale des grains, du riz et d'autres denrées. La marine militaire des Chinois mérite à peine d'être citée : elle consiste en une flottille peu nombreuse, qui est principalement destinée à transporter des troupes, à poursuivre les pirates et à

Navire chinois.

empêcher la contrebande. Il n'y a en Chine aucune forteresse proprement dite, mais presque toutes les villes sont entourées de remparts en terre, revêtus de briques et flanqués de tours ; c'est d'après le même système qu'est construite la grande muraille en granit, qui s'étend depuis la grande muraille de Chen-si jusqu'à la mer Jaune, et dont la longueur est d'environ 1,200 lieues. Les meilleures fortifications pour la Chine sont, d'un côté, les vastes déserts et les hautes montagnes qui la séparent du reste de l'Asie, et de l'autre une mer orageuse et très-peu connue.

L'armée chinoise est une espèce de milice forte d'environ neuf cent mille hommes, dont la plus grande partie est échelonnée sur l'extrême frontière, le long des grandes routes et des rivières; le reste fournit les garnisons des villes. Leur uniforme n'est rien moins que militaire, et conviendrait mieux sur un théâtre que sur les champs de bataille ; ils portent des casques en papier, des habits ouatés, une espèce de jupon également ouaté, et des bottines en satin. Indépendamment de cette milice permanente, tous les habitants mâles sont, jusqu'à un certain âge, tenus de faire le service militaire dès qu'ils en sont requis ; il n'y a d'exception que pour les pères de famille, pour les fils uniques, et pour les fils qui entretiennent leurs parents.

## DU CARACTÈRE, DU GÉNIE, DES MOEURS, DES COUTUMES, DES MARIAGES, DES FUNÉRAILLES, DES FÊTES DES CHINOIS.

Les Chinois s'estiment supérieurs aux autres nations, non-seulement pour leur antiquité, mais pour leur sagesse, leur savoir, leur politesse, et pour les autres qualités, de sorte qu'ils regardent le reste des hommes comme des barbares, sans intelligence, ou n'en n'ayant du moins que très-peu; et ils avaient pour maxime d'Etat de n'avoir commerce avec les étrangers qu'autant qu'il serait nécessaire pour recevoir leurs hommages. C'était là la haute opinion qu'ils avaient d'eux-mêmes, et qu'on leur inspirait dès l'enfance, et dans laquelle ils se confirmaient par le grand respect qu'avaient pour eux les Tartares, les Persans, les Indiens, et toutes les nations voisines, qui les regardaient comme les oracles du monde ; et les Japonais en avaient conçu une si haute idée, quoiqu'ils ne leur fussent inférieurs en rien, que lorsque saint François Xavier vint leur prêcher la foi, une des plus grandes raisons qu'ils lui opposaient était que les Chinois, cette nation si sage et si éclairée, ne l'avaient pas encore embrassée. Mais, en mettant à part cet orgueil, dont ils ont été bien guéris par le commerce qu'ils ont eu avec les Européens, il faut avouer qu'ils avaient autrefois de grandes qualités, quoiqu'ils eussent fort dégénéré depuis, de la sagesse, de la prudence, de la politesse, et de justes idées de gouvernement ; que leurs lois fondamentales étaient excellentes pour le bien public ; que les peuples les respectaient véritablement, et avaient une disposition naturelle à les observer. Aussi, quelques révolutions qui soient arrivées parmi eux pendant cette longue suite de siècles que leur empire a subsisté, l'ordre n'a jamais été interrompu que pendant de courts intervalles ; pour peu qu'on les laissât à eux-mêmes, ils reprenaient leur première forme de gouvernement, et l'on voit encore à présent, au milieu de la corruption que les troubles domestiques et le commerce des Tartares y ont introduite, des vestiges de leur antique vertu et de la vénération qu'ils ont pour leurs anciennes lois et pour la forme primitive de leur gouvernement. Bien que la plus grande partie se contente aujourd'hui des simples dehors de probité, de zèle pour le bien public, de justice, de générosité, etc., on ne peut s'empêcher de reconnaître qu'il y eut un temps où ces belles qualités formaient le caractère distinctif de la nation chinoise, et que les princes et les grands hommes qui ont établi de si belles lois, qui ont laissé tant de sages maximes pour le gouvernement, et qui ont encouragé un si beau système de morale, méritaient de régner sur des sujets aussi fidèles. Les Chinois sont d'un esprit doux, actif et industrieux, et le peuple est extrêmement laborieux. Ils n'ont pas beaucoup de génie pour les sciences spéculatives, comme nous l'avons remarqué ; mais ils en ont extraordinairement pour les autres et pour les arts mécaniques, tant utiles qu'agréables. Ils ne manquent pas de feu et de vivacité, et cependant ils affectent un grand flegme ; ils sont affables et civils, mais jaloux et défiants avec les étrangers, surtout avec ceux qu'ils soupçonnent de vouloir épier les secrets de leurs manufactures, jusque-là qu'ils ont empoisonné certaines choses sur le simple soupçon qu'ils en avaient. Mais, quand il ne s'agit que de négoce et de gain, ils sont extrêmement adroits à démêler le caractère et les inclinations de ceux avec qui ils traitent, et à s'entretenir en bonne intelligence avec eux pour en faire leur profit et les tromper ; de sorte que, soit qu'un étranger s'en fie à lui-même, soit qu'il compte sur la probité du marchand, soit qu'il emploie un facteur chinois, il court toujours risque la plupart du temps d'être trompé et d'être exposé à se voir moqué, s'il n'est sur ses gardes, et qu'il ne soit attentif à choisir ceux avec lesquels il négocie ; car il ne laisse pas de se trouver parmi les Chinois des gens de bonne foi, qui ont de la probité, de la franchise, de la générosité, et qui sont d'une fidélité à toute épreuve. Ils sont extrêmement vindicatifs quand on les a offensés, mais ils ne se vengent pas par des duels, ou par des voies de fait : ils dissimulent leur ressentiment, et l'on dirait qu'ils sont insensibles ; mais, s'ils trouvent l'occasion de se venger, ils en profitent dans toute son étendue. Les grands et les petits aiment le jeu à la fureur ; ils y passeront des jours entiers et même des semaines, et souvent ils perdront tous leurs biens, leurs maisons, leurs enfants et leurs femmes même, quand la chance ne leur sera pas favorable. A d'autres égards, ils sont fort bons ménagers et fort économes chez eux dans leur façon de vivre, dont ils ne s'écartent guère, si ce n'est en des occasions extraordinaires, comme sont les fêtes publiques, leur jour de naissance, les noces, les funérailles, etc. Alors ils se disputent l'honneur de se surpasser les uns les autres pour la magnificence de la table, des ameublements, et la manière de régaler leurs convives ; souvent ils tombent dans l'excès et font plus qu'ils ne peuvent. Parmi les mets qui se servent dans ces occasions, on n'oublie pas la chair de chien, apprêtée de différentes manières, quelque quantité d'autres viandes, de gibier, de volaille et de poisson, qu'il puisse y avoir. Dans ces festins ils affectent toujours beaucoup de gravité et observent le silence ; ils usent fort sobrement du vin et des liqueurs fortes, lors même que le maître de la fête en fait servir fréquemment ; ils se contentent d'en goûter, comme s'ils craignaient d'être surpris et de se porter à quelque chose d'indécent ; mais les divertissements dont nous avons parlé, qui commencent à la troisième ou quatrième ronde, dissipent leurs craintes et dérangent leur gravité. Ils n'ont ni cuillers, ni couteaux, ni fourchettes sur leurs tables ; chaque convive a deux petites baguettes d'ivoire ou d'ébène, dont ils se servent avec beaucoup de propreté et d'adresse, pour prendre tout ce qu'on leur présente, sans y toucher avec les mains ; c'est aussi ce qui leur rend les serviettes inutiles, tous les mets étant ordinairement coupés en petits morceaux avant qu'on les serve. Ils ont plusieurs fêtes publiques et nationales qui se célèbrent par tout l'empire ; entre autres, les deux premiers jours de l'année se solennisent par les jeux, les festins et les comédies; on fait des présents à ses amis et à ceux dont on veut s'assurer la protection. Cette fête dure depuis la fin de la douzième lune jusqu'au vingtième environ de la première lune. C'est proprement un temps de vacation; alors toutes les affaires cessent, les postes sont arrêtées, les tribunaux sont fermés dans tout l'empire, et l'on ne respire que la joie et le plaisir. Mais ce qu'il y a de plus solennel et de plus pompeux dans cette fête commence le quinzième jour de la première lune; les Chinois l'appellent la fête des Lanternes. Elle est annoncée à Pé-king par le son de la grosse cloche du palais de l'empereur, la nuit qui précède, par le canon du palais et de la ville, par le son des tambours, des trompettes et d'autres instruments. On l'annonce à peu près de la même manière, et environ le même temps dans tout l'empire, et surtout dans les grandes villes; seulement on n'y fait pas des décharges de canon. Aussitôt après on tire des feux d'artifice, et l'on suspend partout des lanternes, où l'on voit des figures de tout ordre, des chevaux qui galopent, des oiseaux en l'air, des vaisseaux qui voguent, des armées en marche, des princes avec leur cortége, et diverses autres choses de cette nature. Pendant ce temps-là, on régale les spectateurs de la plus belle musique du pays; tout retentit des cris de joie du peuple et du bruit des trompettes et des cloches de tous les temples et monastères. Isbrand Ides, dans le dernier siècle, qui fut témoin de cette fête, dit que ce carillon, qui dura jusqu'au lendemain à dix heures, était si bruyant, que l'on aurait dit qu'une armée de cent mille hommes était aux prises. Le P. le Comte assure qu'on allume alors peut-être plus de deux cents millions de lanternes à la Chine. Pendant la fête toutes les boutiques sont fermées, toutes les affaires cessent, les rues sont remplies de processions d'une infinité d'idoles, que l'on porte en grande pompe, accompagnées des prêtres et des moines avec leurs encensoirs et toutes sortes d'instruments; il n'y a pas jusqu'aux femmes de toutes conditions, qui en tout autre temps sont renfermées, qui ne marchent par les rues, les unes montées sur des ânes et parées de rubans et d'autres ornements, les autres dans des chaises roulantes à deux roues, où il y a une ouverture par devant; les unes chantent, d'autres jouent de quelque instrument, ou ont la pipe à la bouche, et derrière leur chaise il y a des domestiques qui jouent de divers instruments.

Parmi les lanternes qu'on étale dans cette occasion, il y en a de si magnifiques, qu'elles coûtent six mille francs de notre monnaie et plus; et il n'y a pas de maison où l'on n'en ait d'aussi belles qu'il est possible. En un mot, les Chinois ont une telle ambition de briller pendant cette fête, qu'ils retrancheront dans le cours de l'année de leur dépense, pour faire quelque chose d'extraordinaire dans cette occasion; et, si l'on en excepte les mascarades, ils se livrent à toutes les folies du carnaval de Venise.

Quant à l'origine de cette fête, les Chinois ou ne s'embarrassent point de nous en instruire, ou probablement l'ignorent eux-mêmes. Nous aurons cependant occasion, dans la suite de ce chapitre, de proposer nos conjectures sur l'origine et sur les grandes réjouissances de cette célèbre fête, et nous nous flattons que, bien que nouvelles, on y trouvera quelque chose de plus satisfaisant que dans tout ce que les Chinois et les étrangers en ont dit jusque-ici.

On célèbre aussi deux fêtes solennelles en l'honneur du fameux Confucius, l'une au printemps et l'autre en automne. Les honneurs publics qu'on rendait à ce grand philosophe se pratiquaient autrefois devant sa statue, élevée dans la grande salle dédiée à sa mémoire; mais l'empereur Kang-hi, regardant cela comme une espèce d'idolâtrie, et craignant ou feignant d'appréhender que ses sujets ne lui rendissent le même culte et ne lui adressassent des prières dans la suite des temps, défendit de faire la cérémonie devant la statue de Confucius, et fit mettre une grande tablette au-dessus d'une table, avec le nom et les titres de ce philosophe, et des ornements de sculpture ou de peinture. Aujourd'hui on se met à genoux devant la tablette, et on se prosterne neuf fois en frappant la terre du front; ensuite on fait les offrandes accoutumées de vin, de mets, de fruits, etc., de la même manière que les familles en présentent à leurs parents décédés, à la fête de funérailles dont nous parlerons dans la suite. L'empereur commanda qu'on fit le même changement dans les écoles, les colléges, et dans les autres lieux où l'on avait le portrait de Confucius, et où l'on ne voit plus aujourd'hui que son nom. Nous avons parlé de quelques fêtes où les empereurs avaient grande part, tant par rapport aux sacrifices qu'on offrait, qu'à l'égard des autres cérémonies qui se pratiquaient; et nous ne nous étendrons pas sur les autres fêtes publiques, étant peu considérables en comparaison de celles dont nous venons de parler.

Ils ont aussi leurs fêtes particulières, aux jours de naissance, aux mariages et aux funérailles, où chacun tâche de briller autant que ses facultés le permettent. Ils célèbrent toujours leur jour de naissance par des festins, des danses, et par les autres divertissements dont nous avons fait la description; et les convives y joignent des vœux de longue vie et de prospérité, quelques-uns y ajoutent ou un éloge ou des vers à la louange de la personne. La journée se passe en visites, en félicitations, et en réjouissances, même parmi le commun peuple. Les mêmes choses s'observent quand il naît un fils, surtout à la naissance du premier, et, dans l'une et l'autre occasion, chacun accompagne ses compliments de félicitation de quelques présents suivant sa condition, les plus grands princes ne croyant pas qu'il soit au-dessous de leur dignité de recevoir ces marques effectives du respect que l'on a pour eux.

Les mariages ne se solennisent pas avec moins de pompe. Les parties sont ordinairement unies sans s'être vues; ce sont les parents qui font les conventions, ou quelque entremetteur, et on les ratifie par des présents réciproques. La fille n'a point de dot, c'est plutôt le mari qui achète sa femme; outre la somme qu'il donne, il dépense quelquefois le double et le triple de la valeur des présents qu'il a reçus, surtout parmi les gens de condition. Le jeune couple ne se voit point avant que le contrat ne soit passé entre les parents ou amis, et que l'on n'ait fait de part et d'autre les présents. Lorsque le jour des noces est venu, on conduit la fiancée chez son mari, avec une pompeuse cavalcade, et accompagnée d'un nombreux cortége de parents et de domestiques; les uns portent les armes de la famille, les autres jouent sur des instruments, d'autres ont des torches et des flambeaux, même en plein midi, et brûlent des parfums; enfin il y en a qui sont chargés des présents qu'elle porte avec elle. Si la fiancée est une personne de qualité, on la porte dans une chaise magnifiquement ornée; une douzaine d'hommes vigoureux, habillés des livrées de la famille, sont les porteurs, et quelques-uns des parents à cheval servent de gardes. Tout le cortége est magnifique, et on la conduit ainsi de la maison de son père à celle de son mari; celui-ci, accompagné d'un grand nombre de ses parents et magnifiquement vêtu, attend son épouse à sa porte. Un domestique affidé garde la clef de la porte de la chaise, qui est bien fermée de tous côtés, et ne la donne qu'au mari; aussitôt que l'épouse est arrivée, il reçoit la clef, que le domestique lui remet, et il ouvre avec empressement la chaise; c'est alors qu'il la voit pour la première fois, et qu'il juge de sa bonne ou de sa mauvaise fortune. Si elle lui plaît, il la fait sortir de la chaise, et la conduit dans une salle, et là ils font quatre révérences au *tien*, et, après qu'elle en a fait quelques autres aux parents de l'époux, on la remet entre les mains des dames que l'on a invitées à la cérémonie; elles passent ce jour-là toutes ensemble en divertissements et en festins, tandis que le nouveau marié régale ses amis dans un autre appartement. La fête dure plus ou moins selon la fortune des personnes; mais, quand une fois elle est finie, la femme est exclue non-seulement de la compagnie, mais de la vue de tous les hommes, à l'exception de son mari; il n'y a d'exception tout au plus qu'en faveur du père ou de quelque proche parent pour des occasions extraordinaires, à moins que l'on n'ait stipulé d'avance pour elle la liberté de recevoir de temps en temps un galant, ce que font quelquefois des parents indulgents, et à quoi des maris non moins complaisants consentent; cependant cela arrive rarement, et il faut pour cet accord de grandes raisons.

Quoique, selon les lois de la Chine, on ne puisse avoir qu'une femme légitime, il est permis d'avoir plusieurs concubines; on les reçoit dans la maison sans presque aucune formalité; on se contente de passer un écrit avec leurs parents, par lequel, en donnant la somme dont on est convenu, on promet de bien traiter leur fille. Ces concubines dépendent entièrement de la femme légitime, de même que les domestiques, et les enfants d'une concubine sont censés appartenir à la femme, et ont également part à la succession. Ce n'est qu'à celle-ci qu'ils donnent le nom de mère, et après sa mort ils portent le deuil durant trois ans. Les hommes et les femmes peuvent contracter un second mariage après la mort de l'un ou de l'autre. En ce cas-là le mari n'est plus obligé d'avoir égard au rang, il peut épouser telle femme qu'il lui plaît, et en choisir même une parmi ses concubines. Mais pour ces seconds mariages il y a peu de formalités à observer. Pour ce qui est des veuves, quand elles ont des enfants, elles sont absolument maîtresses d'elles-mêmes; mais, parmi celles de condition, les secondes noces ne font pas honneur, quand elles n'auraient été mariées qu'un jour, ou même que quelques heures. Il n'en est pas de même des personnes d'une condition médiocre, qu'on remarie, moins pour leur faire plaisir que pour contenter l'avarice des parents de leur défunt mari.

Tout bien considéré, il faut avouer que l'état de mariage est fort triste pour les Chinoises, de quelque condition qu'elles soient : esclaves et renfermées par des maris jaloux; exposées en de certains cas à être vendues avec leurs enfants, en d'autres à être répudiées, condamnées, quand elles deviennent veuves, à un long et austère deuil, et ensuite à mener une vie solitaire, ou à être vendues au plus haut enchérisseur, sans qu'il y ait une seule bonne loi qui leur soit favorable, à la réserve de celle qui leur permet de se remarier, au cas que le mari s'absente pendant trois ans. Les Chinoises sont généralement bien faites, vives et passionnées; elles s'occupent dans leurs maisons ou à prendre soin de leurs enfants, ou à quelques ouvrages curieux, comme la peinture, le vernis, la broderie, etc. Celles de qualité sortent rarement, et quand elles le font, c'est ordinairement dans une chaise à porteurs bien fermée et basse, ou dans une chaise à deux roues; et par conséquent on ne les voit jamais. Nous parlerons de leur habillement en son lieu.

La dernière cérémonie solennelle dans les familles particulières dont nous parlerons est celle des funérailles, qui parmi les gens de tout ordre surpassent tout ce qu'ils pratiquent en d'autres occasions. Les Chinois ont un si grand respect pour la mémoire de leurs parents morts, surtout pour celle de leurs pères et mères, et de leurs proches parents, qu'ils croient ne pouvoir jamais assez le témoigner, soit par les dépenses qu'ils font à leurs funérailles et aux anniversaires, soit par les marques de la plus profonde douleur. Les anciennes lois fixaient la durée du deuil à trois ans, et, quoiqu'on l'ait réduit en certains cas à vingt-sept mois, ils n'ont rien diminué de leur ancienne austérité à d'autres égards; pendant tout ce temps-là ils ne s'occupent que de leur douleur et de la perte qu'ils ont faite.

Un fils qui a perdu son père ne peut ni ne voudrait, même dans la plus pressante nécessité, coucher sur un lit pendant cent jours; il couche tout ce temps-là sur la terre, déplorant de la manière la plus amère la perte inexprimable qu'il a faite. La première année, ils n'ont commerce avec personne, et, ce qui est bien plus dur, il leur est défendu, sous de sévères peines, d'en avoir aucun ni avec leurs femmes ni avec leurs concubines; car si, pendant ce temps-là, il s'en trouvait quelqu'une enceinte, elle et son mari seraient rigoureusement châtiés. Une femme est obligée aussi d'être pour son mari trois ans, ou au moins deux ans et trois mois, dans le deuil; le deuil d'un mari pour sa femme est d'un an complet; le deuil des autres parents est plus ou moins long, selon le degré de parenté.

Les témoignages du respect filial ne se bornent pas au temps du deuil, mais on les renouvelle tous les ans auprès du tombeau de ses parents, avec des cérémonies lugubres. A cela nous pouvons ajouter que si un père meurt avant d'avoir marié tous ses enfants, son fils aîné est obligé d'en avoir soin; il a alors sur ceux qui ne sont pas établis l'autorité paternelle, et est le représentant du défunt. Ils ne bornent pas les honneurs qu'ils rendent aux morts à leurs parents immédiats; ils remontent jusqu'au chef de leur famille, et honorent annuellement tous leurs ancêtres, vont à leurs tombeaux en habits de deuil, et y présentent des viandes, du vin, etc., comme s'ils étaient encore en vie.

On ne doit pas être surpris de ces honneurs extraordinaires qu'ils rendent à leurs ancêtres, si l'on se rappelle ce que nous avons dit, dans un autre endroit, qu'ils sont élevés dans la croyance que les âmes de leurs ancêtres sont toujours présentes, bien qu'elles soient invisibles; qu'elles sont témoins de toutes leurs actions, les approuvent ou les condamnent, et qu'elles les récompensent ou les punissent : cette idée est d'un grand poids pour les éloigner du vice et les porter à la vertu.

Leurs plus puissants monarques ne se croient pas plus dispensés des devoirs de la piété filiale que les moindres de leurs sujets, ils se font au contraire une gloire de les surpasser à cet égard; en sorte que l'histoire rapporte des exemples de princes qui n'ont voulu s'occuper que de ces devoirs, même dans un temps où leurs États étaient envahis par une puissance étrangère.

Parmi les gens riches les cérémonies des funérailles se font avec autant et plus de pompe et de magnificence que celles des mariages; outre qu'un grand nombre de bonzes et de prêtres grossissent le cortége, les uns chantent d'un ton mélancolique les louanges du défunt, les autres jouent des airs lugubres sur divers instruments; quelques-uns portent des tables sur lesquelles sont les viandes, le vin, etc., qu'on doit mettre sur le tombeau, d'autres portent des cassolettes remplies de parfums : il y en a un qui marche devant le corps avec la tablette sur laquelle on voit écrit le nom du défunt et ceux de ses ancêtres. Le corps, revêtu de ses plus beaux habits, est porté dans un beau cercueil, couvert d'un damas blanc, ou de quelque autre étoffe de soie de la même couleur, qui parmi les Chinois est celle du deuil. Les parents du mort, hommes et femmes, suivent selon leur rang, habillés d'un sac de toile de chanvre attaché avec une corde, les pieds enveloppés de paille, et des haillons sur la tête; la femme, les concubines, les filles et les parentes du défunt sont dans des chaises couvertes d'étoffes blanches.

Dans cet ordre ils se rendent de la maison du défunt au lieu de la sépulture, qui doit être hors de la ville, et éloigné des lieux qu'on habite; mais il leur est permis de conserver les corps dans leurs maisons, enfermés dans des cercueils tels que nous les avons dépeints. Les lieux de la sépulture sont ordinairement sur des hauteurs, à deux ou trois milles des villes; on y plante des pins et des cyprès, et on les entoure aussi de murailles. La forme des tombeaux varie selon les différentes provinces. Ceux des grands et des mandarins sont d'une structure magnifique, ils ont ordinairement douze pieds de haut, et huit ou dix pieds de diamètre; vis-à-vis est une grande table de marbre blanc et poli, sur laquelle est une cassolette, deux vases et deux candélabres, aussi de marbre et très-bien travaillés. Des deux côtés on range en plusieurs files quantité de figures d'officiers, d'eunuques, de soldats, de lions, de chevaux sellés, de chameaux, de tortues, et d'autres animaux en différentes attitudes, qui marquent du respect ou de la douleur. Les pauvres se contentent de couvrir le cercueil de chaume ou de terre, élevée de cinq à six pieds, en forme de pyramide.

On n'enterre point plusieurs personnes dans une même fosse, et ils sont extrêmement soigneux de ne point toucher aux corps des morts. Ce serait, selon leur manière de penser, une cruauté inouïe d'ouvrir un cadavre, et d'en tirer le cœur et les entrailles pour les enterrer séparément, de même que ce serait une chose monstrueuse de voir, comme en Europe, des ossements de morts entassés les uns sur les autres. C'est ce qui fait qu'ils ont tant de prévoyance à se pourvoir de cercueils, jusque-là qu'ils les payeront cinquante et cent écus, et y emploieront leur dernier sou; quelquefois ils le gardent plus de vingt ans avant d'en avoir besoin, et ils le conservent comme le meuble le plus précieux de leur maison.

Quand on est arrivé au lieu de la sépulture, on voit, à quelques pas de la tombe, des tables rangées dans des salles, qu'on a fait élever exprès; et, tandis que les cérémonies accoutumées se font, les domestiques préparent un repas, qui sert ensuite à régaler toute la compagnie. Quelques-uns des parents se joignent aux fils et aux filles du mort, pour faire retentir l'air de leurs cris lamentables : rien n'en approche et n'est aussi lugubre; mais tout cela paraît à un Européen, qui n'y est point fait, si réglé et si fort par mesure, que cette affectation n'est pas capable de lui inspirer les mêmes sentiments de douleur. S'il s'agit de la sépulture d'un grand seigneur, il y a plusieurs appartements, et, après qu'on y a apporté le cercueil, un grand nombre de ses parents y demeurent un ou même deux mois, pour y renouveler tous les jours, avec les enfants du défunt, les marques de la douleur.

Ils ne se contentent pas de rendre tous les ans des honneurs à leurs ancêtres à leurs tombeaux. Il n'y a point de famille qui n'ait une salle, qu'on appelle la salle des ancêtres. C'est là que toutes les branches d'une même famille doivent se rendre en certains temps de l'année. Ces branches sont quelquefois composées de sept à huit mille personnes, y ayant souvent de quatre-vingts à quatre-vingt-dix branches. Alors il n'y a point de distinction de rang, le mandarin et l'artisan sont confondus ensemble, c'est l'âge qui règle tout, et le plus âgé, quoique le plus pauvre, aura le premier rang. Les plus riches font préparer un festin, auquel toute la famille est invitée après la cérémonie.

Avant de finir ce qui regarde les honneurs que les Chinois rendent à leurs parents morts, nous ajouterons seulement, que c'est l'usage parmi eux de faire de nouvelles ouvertures à leurs maisons, quand on doit transporter le corps de leurs parents décédés au lieu de leur sépulture, et de les refermer aussitôt, afin de s'épargner la douleur qu'ils sentiraient renouveler chaque fois en passant par la même porte par où est passé le cercueil.

Le deuil devient général dans tout l'empire quand l'empereur meurt, et la même chose s'observe à la mort de sa mère ou de son aïeule. Lorsque l'impératrice mère de l'empereur Kang-hi mourut, le grand deuil dura cinquante jours; pendant tout ce temps-là les tribunaux furent fermés, et l'on ne parla d'aucune affaire à l'empereur. Les mandarins passaient tout le jour au palais, uniquement occupés à pleurer ou à en faire semblant; plusieurs y passaient la nuit assis à l'air pendant le plus grand froid; les fils mêmes de l'empereur couchaient au palais sans quitter leurs habits. Tous les mandarins à cheval, vêtus de blanc et sans grande suite, allèrent pendant trois jours faire les cérémonies ordinaires devant le tableau de l'impératrice défunte; la couleur rouge était prescrite, ainsi ils ne portaient aucun ornement; ensuite le corps fut porté avec une pompe convenable au lieu où il devait être en dépôt: c'était un grand et vaste palais hors de la ville, tout bâti de nattes neuves, avec les cours, les salles et les corps de logis; on y plaça le corps jusqu'à ce qu'on le portât au lieu de la sépulture impériale.

Cette vénération extraordinaire que les enfants ont pour leurs pères après leur mort est due non-seulement aux lois qui donnent aux pères une si grande autorité sur leurs enfants pendant leur vie, mais aussi à l'excellente éducation qu'on leur donne: car les lois de l'empire obligent si expressément les pères à les bien élever, que si, par hasard, quelqu'un d'eux commettait un crime, et que la justice ne pût pas s'en emparer, on ferait souffrir le châtiment au père, pour n'avoir pas mieux instruit son fils. Plusieurs de leurs habiles docteurs ont écrit des traités sur l'éducation des enfants, où ils donnent des conseils aux parents et aux maîtres sur la manière la plus efficace d'élever les enfants dans l'amour de la vertu et dans la haine du vice, ce qui, disent-ils, doit être le grand objet de leurs soins; ensuite ils doivent les former aux sciences, s'ils en sont capables, ou à quelque autre profession. Ces docteurs recommandent la douceur préférablement à la sévérité, parce que la jeunesse est ennemie de la contrainte, et se décourage aisément quand on la traite avec dureté. Les instructions et les réprimandes, disent-ils, doivent être comme les vents et les pluies du printemps qui font croître doucement les plantes, et ne pas ressembler à ces pluies et à ces bourrasques imprévues, qui les déracinent ou les entraînent. Ils ont aussi d'anciens livres d'histoire en vers et en prose, d'un style particulier, propres pour les enfants, dans lesquels on recommande la vertu, la soumission pour les parents, la civilité, l'industrie, etc. Les femmes ont soin de l'éducation des garçons comme de celle des filles, jusqu'à ce que les premiers soient en état d'aller à l'école, et que les autres se marient: toujours cependant sous les yeux et la direction du père, qui se réserve ordinairement le pouvoir d'user de sévérité, quand la douceur, les exhortations et les encouragements sont inutiles; après la mort du père, l'autorité sur ceux de la famille qui ne sont pas encore mariés est dévolue au fils aîné. Et comme, parmi les gens du moyen ordre et parmi le peuple, il peut s'élever quelquefois des querelles par l'indulgence ou l'indolence des chefs de famille, les magistrats sont obligés de veiller soigneusement à y faire régner le bon ordre; et, s'ils le négligent, ils sont punis de même que les coupables.

Les Chinois sont généralement graves et cérémonieux entre eux et avec les étrangers. Le salut ordinaire est de croiser les mains sur la poitrine et de courber tant soit peu la tête. Quand on veut marquer plus de déférence, on joint les mains, on les élève et les abaisse jusqu'à terre, en inclinant profondément tout le corps. On se met à genoux devant un mandarin, et on frappe la terre du front; si l'on rencontre un supérieur, ou qu'on le reçoive chez soi, il faut fléchir le genou, et demeurer dans cette posture jusqu'à ce que celui que l'on salue vous relève, ce qu'il ne manque pas de faire d'abord. Mais, quand un mandarin paraît en public, il y aurait de l'incivilité à le saluer de quelque manière que ce soit, à moins qu'on ne lui veuille parler. On se retire un moment, et, tenant les yeux baissés et les bras étendus sur les côtés, on attend qu'il soit passé pour continuer son chemin : ce serait lui faire injure que de le regarder.

Dans leurs visites ils font beaucoup de cérémonies et de révérences, mais parlent peu, et les compliments sont réglés. Ils ne sont pas moins attentifs à placer ceux qui les visitent selon leur rang, et à s'exprimer d'une façon convenable; ils ne parlent jamais à la première personne, et ne disent point *je*, mais votre serviteur; en parlant à une personne de qualité, ils diront, votre humble, pauvre et indigne esclave, et au lieu de *vous* à la personne à qui ils parlent, ils disent le seigneur : *Que le seigneur permette à son humble serviteur* etc., *Qu'il plaise au seigneur de recevoir ceci* ou *cela de la main de son serviteur* ou *de son pauvre esclave*. S'ils font un présent de quelque chose de la ville ou de la province où ils sont nés, quelque célèbre qu'elle soit à cet égard, comme il y en a dont les manufactures ou les productions sont fort renommées, le même style humble a lieu, par exemple, *Que le seigneur permette au serviteur de lui offrir ce qui vient de son petit* ou *de son vil pays;* ou si le présent vient de la province de celui à qui on l'offre, on dit : *ce qui vient de la noble province du seigneur*. La même humilité s'observe de la part des disciples avec leurs maîtres. Ces compliments paraîtront peut-être bizarres à quelques-uns de nos lecteurs et de pures grimaces; mais ceux qui ont quelque connaissance des langues orientales n'y trouveront rien que de naturel, qui ne soit conforme au génie de ces langues, et qui ne se pratique encore aujourd'hui parmi la plupart des peuples de l'Orient; de sorte qu'il serait non-seulement ridicule et absurde, mais qu'il y aurait de l'incivilité et quelque chose d'offensant à s'exprimer d'une autre manière. Ces façons de parler sont même, jusqu'à un certain point, en usage parmi les gens polis de plusieurs nations de l'Europe, particulièrement parmi les Espagnols et les Allemands. D'ailleurs c'était le style des anciens patriarches, et des Hébreux avant la captivité de Babylone, et même depuis jusqu'au temps où ils le corrompirent en adoptant l'idiome des Grecs et des Romains; et nous avons fait voir ailleurs combien les savants admirent la simplicité et l'humilité de ce langage.

Les Chinois ne sont pas moins cérémonieux dans leurs visites, soit entre supérieurs et inférieurs, disciples et maîtres, dont quelques-unes sont indispensables en de certaines occasions, soit entre parents et amis. Comme on régale ordinairement de thé ceux qui rendent visite, il faut encore des cérémonies dans la manière de le présenter, de prendre la tasse, de la porter à la bouche, et de la rendre au domestique; à chaque tasse il faut renouveler les inclinations, les compliments et les remerciments : mêmes cérémonies encore quand on présente à fumer. Celles qui sont en usage quand on reçoit une visite, ou que celui qui la rend se retire, paraîtront encore plus fatigantes et plus ennuyeuses aux Européens : il faut autant de formalités de part et d'autre à chaque porte, quand on s'assied et qu'on se lève, qu'il y en a parmi nous dans le cérémonial entre l'ambassadeur de quelque grand prince et un premier ministre. Cependant les Chinois n'en veulent rien retrancher, sinon dans des visites ordinaires entre des amis familiers ou de proches parents; encore trouverions-nous qu'ils sont trop cérémonieux. Mais dans les visites de cérémonie, surtout parmi les grands, on regarde la moindre omission de part ou d'autre comme un affront dont on se ressent, et par cette raison le cérémonial entre dans leur éducation et dans leurs études. Ils ont aussi des livres qui contiennent les règles de civilité avec tant d'ordre et de clarté par rapport à toutes les conditions, que personne ne peut les ignorer; et, quoique l'on n'exige pas à toute rigueur la même exactitude des étrangers, cependant plus ils se conforment à ces usages et mieux ils sont accueillis. On donne même quarante jours aux ambassadeurs pour se préparer à l'audience de l'empereur; on leur envoie durant tout ce temps-là des maîtres de cérémonies pour les exercer aux cérémonies qui sont de leur rang, et s'ils venaient à manquer à quelqu'une, faute d'avoir été bien instruits, les maîtres seraient châtiés de leur négligence par le tribunal des rites, devant lequel ils doivent être examinés sur cet ennuyeux cérémonial, jusqu'à ce qu'il les y trouve parfaitement versés.

Les personnes même de moyenne condition, ou du peuple, observent tant de cérémonies, qu'elles nous paraîtraient non-seulement inutiles, mais ridicules et fatigantes. Par exemple, quand on fait une visite, ou qu'on a été régalé quelque part, et qu'il s'agit de monter à cheval pour se retirer, les cérémonies du départ durent près d'une demi-heure. Le maître du logis sort pour vous voir monter à cheval, pendant que vous protestez que vous aimeriez mieux voir le monde bouleversé que d'y monter en sa présence; enfin, après bien des protestations et des compliments de part et d'autre, le maître du logis se met un peu à l'écart, et, puis reparaît quand vous êtes monté, et vous souhaite un heureux retour chez vous; nouvelle volée de compliments de part et d'autre : l'un ne veut pas entrer qu'il n'ait perdu l'autre de vue, celui-ci jure qu'il ne fera pas un pas qu'on ne soit rentré. Le maître se rend enfin et rentre, et aussitôt que vous avez fait quelques pas il ressort, et vous crie un nouvel adieu, auquel vous répondez par des courbettes; si celui qui a rendu visite demeure loin, on envoie après lui un domestique pour lui souhaiter un heureux voyage, avec de nouveaux compliments, et en témoignant le désir de le revoir. Ces civilités sont principalement en usage parmi les marchands, qui sont toujours fort honnêtes et très-polis avec ceux qu'ils espèrent de pouvoir tromper.

La figure, la physionomie et le teint des Chinois varient beaucoup, et il n'est guère possible que cela soit autrement dans un empire d'une aussi vaste étendue, et où le climat n'est pas partout le même; de sorte qu'il n'est pas facile de distinguer un Chinois du Midi d'un autre du Nord, qui sont à trente degrés de distance l'un de l'autre; ceux du Nord sont aussi blancs que les Européens, et ceux du Midi aussi basanés que les Maures de Tanger et de Maroc. Outre cela, il faut remarquer que ceux qui sont au midi, ne sont pas tous également basanés; leur teint est plus ou moins brun, non-seulement à proportion qu'ils sont plus ou moins vers le midi, mais aussi selon que leur rang et leur profession les obligent à s'exposer plus ou moins à l'ardeur brûlante du soleil, qu'ils ont au zénith : d'ailleurs, dans ces endroits-là même, on trouve parmi les gens de condition, et surtout parmi les personnes du sexe, qui sortent rarement, des personnes qui ont le teint blanc, et presque aussi clair que les habitants des provinces les plus septentrionales; il est vrai que le plus grand nombre sont fort basanés, surtout ceux qui sont obligés d'être presque toujours au soleil, d'autant plus que pendant les grandes chaleurs ils sont presque nus, n'ayant guère que des caleçons fort légers.

Les hommes n'estiment point une taille fine et dégagée; ils préfèrent une taille bien fournie, et une bonne corpulence. La plupart ont la face large, les yeux et les cheveux noirs, la barbe claire, le nez court et plat. On trouve un homme bien fait et propre, pour l'extérieur, au mandarinat, quand il est de moyenne taille ou un peu au-dessus, qu'il a le front large, les yeux petits, la bouche médiocre, le nez court, les oreilles longues, la barbe claire, les bras et les jambes bien fournies, qu'il est gros, et qu'il a la voix forte.

Les femmes sont d'ordinaire d'une taille médiocre, bien faites, déliées et droites; mais elles ne se soucient point d'avoir la taille fine, ni de belles formes et des hanches; au contraire elles cherchent plutôt à être également grosses depuis la tête jusqu'aux pieds. Elles ont en général le visage plat, le nez court, les yeux noirs, petits et bien fendus, et il y a toute apparence qu'elles auraient le teint vif et le coloris beau, si elles ne l'évitaient comme une marque d'immodestie, en se frottant d'une espèce de fard blanc, qui les rend pâles, et leur donne un air languissant, ou, dans leur opinion, un air de pudeur et de modestie, mais c'est aux dépens de leur peau, que ce fard sillonne bientôt et couvre de rides.

Mais l'agrément qu'elles estiment le plus, c'est la petitesse de leurs pieds, quoique ce soit aux dépens de leurs jambes, qui deviennent grosses et égales du haut en bas. Ce n'est pas le seul mal que leur fait ce prétendu agrément, qu'on leur procure en leur liant, aussitôt qu'elles sont nées, les pieds si étroitement, qu'ils ne peuvent croître; elles se ressentent toute leur vie de cette gêne, car leur démarche est lente et mal assurée, et l'on peut dire qu'elles se traînent plutôt qu'elles ne marchent, et elles n'appuient que sur le talon, car leurs souliers sont faits de façon que la semelle ne porte jamais à terre; on dirait qu'elles marchent sur des échasses, ce qui est aussi incommode pour elles que désagréable aux yeux des Européens. Cependant telle est la force de l'usage, que non-seulement elles souffrent volontiers cette incommodité, mais encore qu'elles l'augmentent et se rendent les pieds le plus petits qu'il leur est possible, pour avoir le plaisir de les montrer, quand elles marchent, au petit nombre de domestiques et de personnes qui entrent dans leur appartement; car nous avons déjà remarqué qu'elles sortent rarement, et qu'il n'y a guère que les femmes qui les servent, qui les voient; et leurs appartements sont d'ordinaire dans l'endroit le plus retiré de la maison; avec cela la vanité naturelle à leur sexe les porte à passer plusieurs heures le matin à se parer et à s'ajuster.

On ne peut dire certainement quelle est la raison d'une mode si bizarre, les Chinois eux-mêmes n'en sont pas sûrs, à moins que ce ne soit pour tenir les femmes dans une continuelle dépendance. Cependant il y a plus d'apparence que ce fut une invention pour obliger les femmes à garder la maison, et pour que la difficulté et la peine qu'elles ont à marcher leur fassent trouver la retraite où elles vivent moins désagréable, si la pudeur ne suffit pas pour leur ôter l'envie de sortir.

Leur habillement est décent, propre, et bien assorti à la modestie extraordinaire de leur air. Leur coiffure consiste ordinairement en plusieurs boucles de cheveux, entremêlées de tous côtés de petits bouquets de fleurs d'or et d'argent, ou de belles plumes de chaque côté, qui tombent agréablement sur les épaules; elles relèvent le reste en forme de bourrelet attaché par derrière avec un pinçon. Dans les provinces septentrionales, elles couvrent leurs cheveux d'une étoffe de soie, et quand il fait froid elles s'enveloppent d'une espèce de cornette ou de mouchoir. Les jeunes demoiselles portent une espèce de couronne faite de carton, et couverte d'une belle soie; le devant de cette couronne s'élève en pointe au-dessus, et est couvert de perles, de diamants et d'autres ornements. Le dessus de la tête est couvert de fleurs naturelles ou artificielles, entremêlées d'aiguilles, au bout desquelles on voit briller des pierreries. Les femmes un peu âgées se contentent de se servir d'un morceau de soie fort fine, dont elles font plusieurs tours à la tête.

Elles portent de belles vestes, qui leur prennent depuis le cou jusqu'aux talons, attachées avec une ceinture; les dames âgées s'habillent de noir ou de violet, et les autres de rouge, de bleu ou de vert, selon leur goût. Leurs mains sont toujours cachées sous des manches fort larges et si longues, qu'elles traîneraient presque jusqu'à terre, si elles n'avaient pas soin de les relever, et elles prennent tout ce qu'on leur présente la main enveloppée. Elles ne montrent jamais ni leur cou ni leur poitrine, mais les cachent, soit avec leur veste, qui est serrée, ou avec quelque mantelet, qu'elles ont sur les épaules. Par-dessus leur veste elles ont une espèce de surtout, dont les manches, extrêmement larges, traîneraient jusqu'à terre, si on n'avait soin de les relever, comme on l'a dit. Ainsi, à tout prendre, leur habillement est non-seulement très-décent, mais très-propre à les couvrir de la manière la plus modeste.

L'habillement des hommes se ressent de la gravité qu'ils affectent. Ils se couvrent la tête d'une espèce de petit chapeau ou bonnet, qui à peine leur vient jusqu'aux oreilles, et ils ont un éventail à la main pour se défendre du soleil. Ils ont la tête rasée, excepté par derrière, où, au milieu, ils laissent croître autant de cheveux qu'il en faut pour faire une longue queue cordonnée en forme de tresse. Le chapeau ou le bonnet qu'ils portent en été est fait en forme d'entonnoir; le dedans est doublé de satin, et le dessus est couvert d'un rotin travaillé très-finement; à la pointe du bonnet est un gros flocon de belle soie ou de crin rouge, qui le couvre, et qui flotte irrégulièrement, parce qu'il est très-léger, ce qui de loin fait un assez bel effet. Il y a aussi au-haut un grand bouton d'ambre, de cristal ou de quelque autre matière brillante, bien travaillé et poli. L'empereur, les princes du sang, les mandarins, les lettrés, les prêtres, les bonzes, etc., ont des bonnets différemment faits et ornés, suivant leur condition, sur quoi, non plus que sur leurs différents habits, nous ne croyons pas devoir nous étendre. Les gens du commun ont assez ordinairement la tête nue, ou tout au plus ils ont un mauvais petit bonnet, qui ressemble assez au rond de nos chapeaux, mais il n'est pas la moitié aussi profond.

Les hommes ont une longue veste, qui descend jusqu'à terre, dont un pan se replie sur l'autre, en telle sorte que celui de dessus s'étend jusqu'au côté droit, où on l'attache avec quatre ou cinq boutons d'or ou d'argent, ou de quelque autre métal, selon la qualité des personnes. Les manches, qui sont larges, sont assez longues pour venir jusqu'au bout des doigts; ils se ceignent d'une ceinture de soie, dont les bouts pendent jusqu'aux genoux. En été ils ont le cou tout nu; mais en hiver ils le couvrent d'un collet qui est ou de satin, ou de zibeline, ou de quelque autre fourrure, qui tient à la veste, et a quatre ou cinq doigts de large. Au-dessus de la veste ils portent un surtout bleu, ou vert ou de quelque autre couleur, à manches larges et courtes. Quand ils reçoivent des visites, ils mettent une troisième robe par-dessus les deux autres, et elles sont toutes de couleurs différentes. Hommes et femmes portent sous leurs autres habits une espèce de chemise ou de chemisette de taffetas blanc, qui croise sur l'estomac, attachée ou lacée sur le côté droit, avec des manches fort courtes. Ils ont aussi des caleçons de taffetas, et en hiver des hauts-de-chausses de satin fourré de coton ou de soie écrue, qui leur viennent plus bas que le gras de jambe. Ils ont des espèces de bottes aussi de satin fourré, qui ont un demi-pouce d'épaisseur, dont le pied est fait en forme de pantoufle. Elles sont ordinairement d'un gros satin bleu ou violet, avec des fleurs blanches, avec une semelle épaisse, couverte d'une grosse toile ou de soie, sans talon, et le pied tourné vers le haut. Ils ont à leur ceinture un étui, dans lequel sont une pipe de cuivre, leur tabac, leur mouchoir et les petits bâtons qui leur servent de fourchette. Quand ils voyagent par un mauvais temps, leurs bonnets, leurs robes de dessus et leurs vestes sont enduits d'une sorte d'huile, qui devient verte quand elle est sèche, et qui les défend de la pluie. En hiver les gens de qualité doublent leurs vestes de riches fourrures, et les autres de peau de mouton, ou piquées de soie ou de coton. Les mandarins ont sur leurs habits, par devant et par derrière, quelque figure brodée qui marque leur dignité. Les mandarins civils ont ordinairement un oiseau, et ceux de guerre un dragon, un lion, un tigre ou quelque autre bête féroce; ils portent aussi un large sabre au côté gauche, la pointe en devant.

Les souliers des femmes, dont les plus grands parmi les dames de qualité n'ont pas au delà d'un empan de long, sont de soie et brodés, ordinairement de leur propre ouvrage, avec un talon rond d'un pouce de haut, et d'une égale grosseur partout. Autant qu'on en peut juger par les figures, et il n'y a guère moyen d'en être instruit d'une autre manière, leurs bas paraissent tenir à leurs caleçons, s'ils n'en font partie, et pendent autour des jambes jusqu'au-dessous de la cheville, où ils sont rassemblés avec un ruban, au-dessous duquel pend sur le pied de la même soie, quatre ou cinq doigts de large, en forme de falbala, pour cacher peut-être la grosseur difforme de la jambe.

Nous finirons cet article en remarquant que l'habillement dont nous avons fait la description n'est pas l'ancien habillement des Chinois, qu'ils avaient, disent-ils, conservé toujours sans changer depuis la fondation de l'empire jusqu'à la conquête des Tartares; c'est plutôt celui que les conquérants les ont forcés de prendre, avec bien de la peine, pour les tenir mieux dans la sujétion, en abolissant toute différence d'habits entre eux et les Tartares, comme nous le verrons dans la suite.

La marchande de riz. — Costumes actuels; hommes, femmes, enfants, soldats.

Nous avons déjà parlé de leur luxe dans leurs festins, où ils ont toutes sortes de mets. Dans leur ordinaire ils sont plus économes et moins délicats; ils mangent non-seulement, comme nous, toutes sortes de viandes, de poissons et de volailles, mais des chats, des chiens, des rats, des serpents, des sauterelles et d'autre vermine. La chair de cheval est cependant un des mets les plus estimés, et après celle-là la chair de chien; mais ils usent de toutes fort sobrement, et elles sont ordinairement bouillies avec une bonne quantité de riz, ou avec des herbes potagères, et ils en font des bouillons ou des soupes à la manière des Français et des Espagnols; mais, comme eux, ils vivent principalement de riz, de légumes, de millet, d'herbages, de racines et de fruits. On sert ordinairement la volaille, le poisson et la viande, rôtis ou bouillis, assaisonnés et coupés en petits morceaux, de sorte qu'ils n'ont ni sel, ni poivre, ni autres assaisonnements sur leurs tables, non plus que de couteaux, de fourchettes, de cuillers, ni de serviettes; ils ne se servent que de deux petites baguettes pour manger, comme on l'a dit, sans toucher aux mets avec les mains. Ils ont des chaises et des tables, contre l'usage de tous les autres peuples de l'Orient, qui mangent assis par terre les jambes croisées, et n'ont d'autre table que le plancher, ou, s'ils en ont, elles n'ont qu'un pied de haut. Dans leurs festins chaque convive a sa table proprement vernissée, sur laquelle on sert les plats qui sont pour lui dans de grands bassins vernis de porcelaine ou d'autre terre, selon la qualité de celui qui régale.

Leurs mets les plus délicieux et le plus en usage dans les festins des grands sont les nerfs de cerf, les nids d'oiseaux et les pattes d'ours, sur lesquels le lecteur peut consulter les remarques. En général les cuisiniers chinois sont fort habiles à apprêter de différentes manières la viande, le poisson, la volaille, les légumes, les herbes, etc.; ils savent les diversifier pour la couleur, le goût et l'odeur. Les mandarins mangent ordinairement des mets très-échauffants, non pas tant pour le luxe que pour acquérir les forces dont ils ont besoin pour leurs fonctions.

Quoiqu'il croisse du blé abondamment en de certaines provinces de la Chine, on se nourrit communément de riz. On fait seulement une espèce de galettes de blé, qui ne sont pas mauvaises, surtout quand on les mêle avec de certaines herbes appétissantes. Pour moudre le blé et le réduire en farine, ils se servent d'une espèce de moulin fort simple. Il consiste en une table de pierre ronde, posée horizontalement comme une meule, sur laquelle ils font rouler un cylindre de pierre, qui de son poids écrase le blé. Ils se servent de ces mêmes moulins pour le riz qui doit y passer plusieurs fois pour être parfaitement blanc ; les gens du commun se contentent de le dépouiller de sa première peau, et tout au plus de la seconde. On fait aussi de petits pains, qui se cuisent au bain-marie, ou dans un vaisseau, où le feu est au centre, en moins d'un quart d'heure.

Le thé est leur boisson ordinaire, et ils le boivent chaud. Ils font tout le contraire de ce que nous faisons, car ils mangent froid et boivent chaud ; quelque chaleur qu'il fasse, et quelque altérés qu'ils soient, ils attendent patiemment qu'ils puissent boire le thé bouillant. Nous avons remarqué ailleurs qu'ils ne font point de vin, quoiqu'ils aient d'excellents raisins, surtout dans les provinces méridionales. On fait ordinairement valoir cette circonstance pour prouver que Noé, le premier qui planta la vigne, ne peut être le fondateur de la nation chinoise, tandis que l'on ne peut alléguer rien de plus plausible pour prouver le contraire, ayant vraisemblablement défendu l'usage du jus de la vigne, à cause du malheur qui lui était arrivé pour en avoir trop bu. Si les Chinois se sont abstenus constamment de vin jusqu'à la conquête des Tartares, ils y ont substitué de temps immémorial d'autres liqueurs, non moins fortes et pernicieuses, et aussi propres à enivrer, qu'ils brassent ou distillent de riz, de blé et d'autres grains, qu'ils tirent de différents fruits, ou qu'ils font de la liqueur qui distille du palmier et d'autres arbres, quand on la prend dans le temps qu'il faut. Ils boivent beaucoup de ces liqueurs, et surtout de celles qui sont faites de riz et de blé ; c'est ce qui occasionne une consommation si extraordinaire de grains, qu'on la regarde avec raison comme une des principales causes des grandes disettes et des famines que l'on voit si fréquemment dans l'empire. Il y a à la vérité quelques lois qui défendent d'employer à cet usage au delà d'une certaine quantité de grains dans chaque canton, et, si ces lois étaient bien exécutées, elles préviendraient cette consommation excessive et pernicieuse ; mais les mandarins et leurs officiers subalternes, gagnés par les distillateurs, et séduits par la passion qu'ils ont eux-mêmes pour ces liqueurs, souffrent les funestes suites de cet abus.

Les vins de riz sont le plus en vogue ; on dit qu'en vieillissant ils deviennent plus forts, et qu'on peut les garder plus de vingt ans. Les grands les aiment beaucoup, surtout ceux qui viennent de certains endroits, où ils passent pour être plus délicats. Celui de Vu-si-hien, dans la province de Hiang-nan, est fort estimé, et c'est la bonté de l'eau qu'on y trouve, qui le rend excellent : on fait encore plus de cas de celui de Chao-hing, parce qu'il est plus sain : c'est celui que l'on boit principalement à la cour.

Les deux seules espèces de liqueurs dont nos marins parlent comme étant de leur goût, car ils laissent le thé aux Chinois, sont ce qu'ils appellent *hock-shue* et *sam-shue*. La première est d'une couleur fort brune, mais claire et forte ; on dit qu'elle se fait de blé, et a le goût de *mum*, plutôt que celui de bière. L'autre est, dit-on, faite de riz ; elle est d'une couleur pâle ou rougeâtre, et quelques voyageurs lui donnent le nom de vin. Mais l'une et l'autre ne paraissent guère être en usage que sur les côtes et dans les ports de mer, et nous ne trouvons point qu'on en use dans l'intérieur du pays.

La Chine est un des plus beaux pays dans lesquels on puisse voyager, comme nous l'avons fait voir dans la description géographique de cet empire : les chemins sont larges, ayant quatre-vingts pieds ou environ de largeur, et ils s'étendent depuis une extrémité de l'empire jusqu'à l'autre ; on a pratiqué des passages sur les plus hautes montagnes, en coupant les rochers, en aplanissant le sommet, et en faisant en l'air des chemins le long des montagnes, en forme de galerie suspendue, ce qui ne laisse pas de donner de l'inquiétude à ceux qui n'y sont pas acoutumés ; mais les gens du pays y passent sans crainte, tant ils se sont familiarisés avec ces routes ; en d'autres endroits ils ont bâti de beaux et grands ponts d'une montagne à l'autre ; on a vu la description de quelques-uns de ces ponts. Si l'on ajoute à cela la proximité surprenante des villes et des villages, surtout le long des grandes routes, de sorte que l'on est à peine sorti de l'une qu'on se trouve à la vue ou dans le faubourg d'une autre ; le grand nombre de rivières navigables, la multitude infinie de canaux pour les bateaux ; les ponts que l'on trouve à chaque pas pour la commodité de ceux qui sont à pied ou en voiture ; les tours de bois d'environ trente pieds de haut, que l'on rencontre de demi-lieue en demi-lieue, sur lesquelles on voit en gros caractères le nom des villes où le chemin conduit, et leur distance les unes des autres, très-exactement mesurée par ordre du gouvernement ; les forts ou tours de terre bâties à distances convenables, et gardées par des soldats ou des milices, qui servent à nettoyer les chemins des voleurs, pour faire passer promptement les lettres de la cour, et pour examiner tous les voyageurs ; et enfin, si l'on fait attention à la multitude prodigieuse de peuple qui passe par ces chemins, ou, pour mieux dire, qui les remplit, il faut avouer qu'il n'y a pas de pays au monde où l'on puisse voyager et commercer plus aisément et plus sûrement qu'à la Chine.

Ils se servent de voitures différentes, selon les provinces et suivant les affaires qu'ils ont. Ils se servent en général de chevaux, de mulets et de chameaux, et, en quelques endroits, de buffles ; les moins aisés se servent d'ânes pour monture ou pour transporter ce qu'ils ont ; dans l'intérieur du pays ils emploient des porteurs, qui portent les ballots d'une ville à l'autre ; ils les suspendent à des perches, que deux hommes ont sur l'épaule ; si le fardeau est trop pesant, on y met quatre hommes avec deux perches : ces porteurs font une si grande diligence, que la plupart feront cinq milles par heure avec leur fardeau. Il y a dans chaque ville un grand nombre de ces portefaix, qui ont leur chef qui doit répondre d'eux ; on s'adresse à lui, il donne à chaque portefaix sa charge, avec un billet, qu'ils doivent remettre avec leur charge au lieu convenu, et là ils reçoivent chacun une marque de celui qu'ils ont servi, et ils la portent à leur chef. On emploie ces portefaix pour les marchandises qui pourraient être endommagées en les transportant par charroi et par eau, ou dans les endroits où l'on ne peut avoir de chariots ni de barques, quelquefois aussi pour gagner du temps, ces portefaix faisant le double plus de diligence qu'aucun chariot.

Les gens de qualité voyagent en chaise et en chariot, on ne dit pas de quelle sorte de chariots il s'agit ; peut-être ne parle-t-on que de calèches ou de chaises à deux roues, comme celles dont se servent les Tartares ; on a des litières pour les malades, portées par des hommes, ou par des mulets et des chameaux, ce qui est le plus ordinaire. Les Tartares vont ordinairement à cheval, tant en ville qu'en voyage, et ils sont en général bons cavaliers ; leurs selles sont comme celles des Turcs, et, comme eux, ils ont les étriers fort courts, leurs genoux étant presque de niveau avec le pommeau de la selle ; de sorte que, s'ils rencontrent un ennemi ou un voleur, ils se dressent tout droits sur les étriers, pour porter leurs coups avec plus de force. Les gens de distinction, tant Chinois que Tartares, voyagent la nuit dans l'été, pour éviter la chaleur, parce qu'ils ont un grand cortége à leur suite, et qu'ainsi ils n'ont rien à craindre ni des tigres ni des voleurs. Les autres qui veulent profiter de la fraîcheur de la nuit prennent des guides sur les lieux, qui portent des torches allumées ; cette lumière empêche les tigres et les autres bêtes féroces d'approcher ; ces torches sont préparées de telle manière, que le vent et la pluie, au lieu de les éteindre, ne font que les allumer davantage.

Les mandarins ont de distance en distance des hôtelleries destinées à les recevoir, où ils sont logés et défrayés aux dépens de l'empereur, comme nous l'avons dit plus haut. Les autres voyageurs n'ont pas la même commodité : car, quoique l'on ne manque point d'hôtelleries dans les chemins, on y est fort mal, à moins qu'on ne porte avec soi ce dont on a besoin, et c'est une des grandes incommodités qu'on trouve en voyageant dans la Chine ; l'autre, c'est la prodigieuse quantité de poussière qu'il y a dans les chemins : car, quoiqu'ils soient très-bien entretenus, il s'élève cependant dans le temps sec, surtout quand le vent souffle avec violence, des tourbillons de poussière si épais, que le ciel en est obscurci, et qu'à peine peut-on respirer. Cela n'est pas surprenant, vu le nombre infini de gens, de chevaux et de voitures qui vont et viennent continuellement ; on est souvent obligé de se couvrir le visage d'un voile, ou de lunettes qui s'appliquent immédiatement sur les yeux, pour ne pas être étouffé ou aveuglé par la poussière. A tous les autres égards il n'est pas de pays où l'on voyage avec plus de diligence, de sûreté, de commodité et d'agrément.

## LANGUE CHINOISE (1).

La langue chinoise, qui est parlée au moins par deux cents millions d'Asiatiques, réunis depuis plus de mille ans en un immense corps de nation, appartient sous plus d'un rapport aux langues les plus originales et les plus remarquables du monde. Elle forme une branche principale de la famille des

(1) Ce chapitre et le suivant sont extraits de l'Encyclopédie allemande d'Erch et Gruber.

langues appelées monosyllabiques, qui s'étend en dehors de la Chine jusque dans le Tibet et une grande partie de l'Inde au delà du Gange; elle a un rapport très-intime avec les dialectes de Siam, du Tonquin et de la Cochinchine, et elle n'a pas été sans influence sur des langues d'une autre famille, celle des Coréens et celle du Japon. Par rapport intime, nous n'entendons pas une simple identité ou une prononciation modifiée de chaque mot, nous voulons parler de l'analogie qui règne dans le génie et le caractère de ces langues, savoir, leur simplicité extraordinaire, leur pauvreté en mots et l'inaltérabilité de leurs racines. Ces signes caractéristiques ne se trouvent dans aucune de ces langues empreints d'une manière aussi nette que dans le chinois; ils y sont suivis avec une fidélité et une rigueur étonnantes, et n'y souffrent aucune exception. C'est sans doute avec vraisemblance qu'on admet pour cette famille de langues comme pour toutes les autres une origine commune antédiluvienne; mais le manque absolu de monuments écrits de cette époque reculée ne permet pas de le démontrer historiquement. C'est avec aussi peu de succès qu'on a tenté les recherches les plus laborieuses pour constater le rapport que les langues polysyllabiques auraient avec les langues monosyllabiques, et prouver que les premières dérivent des secondes. Les langues monosyllabiques de la presqu'île au delà du Gange offrent le contraste le plus frappant, non-seulement avec celles de l'Hindoustan, mais même avec les idiomes malais parlés dans la partie méridionale de la presqu'île et dans l'archipel indien; et le contraste n'est pas moins grand encore, si l'on compare le tibétain ou le chinois avec les langues des races voisines, tongouses, mongoles ou tartares et turques. On ne peut pas nier, il est vrai, que les dialectes polysyllabiques des Mongols ne présentent dans leur syntaxe et l'ordre des idées une ressemblance souvent frappante avec le chinois; mais cette ressemblance n'a pas lieu pour le matériel de la langue, et ne peut tout au plus qu'indiquer une certaine conformité dans la manière de penser et dans la marche des idées, conformité qui est néanmoins très-remarquable, et qui peut très-bien s'expliquer par l'existence de liaisons primitives établies entre deux nations, si semblables, du reste, par la physionomie et la conformation du crâne.

Il est certain (et cela a lieu pour la langue chinoise) qu'on peut, dans les langues monosyllabiques, former des listes entières de mots qui présentent une certaine ressemblance de son avec des mots pris dans les autres langues, même les plus éloignées, des deux hémisphères; mais, comme il est impossible d'établir aucune loi fixe de dérivation, et de distinguer ce qui n'est qu'une analogie due au hasard d'avec ce qui pourrait être une affinité réelle, un champ indéfini reste ouvert à l'imagination ou au sentiment du linguiste, où chacun peut trouver ce qu'il veut, et aucun n'a de raisons pour gagner les autres à son opinion. Ce ne serait peut-être pas médiocrement intéressant et instructif, que de comparer d'une manière philologique et critique les idiomes monosyllabiques entre eux, en notant les particularités de chacun d'eux, et en essayant d'expliquer ces particularités au point de vue de la nature physique et de l'histoire. Mais il faudrait pour cela une connaissance plus étendue et plus profonde de la plupart des langues monosyllabiques, qui ne nous sont connues jusqu'à présent que par des glossaires défectueux. C'est surtout le cas de la plupart des langues de l'Inde transgangétique, qui, autant que nous les connaissons, ont le plus grand rapport avec le chinois, surtout avec les dialectes populaires de la Chine méridionale. Les tables comparées les plus complètes de ces langues se trouvent dans l'*Asia polyglotta* de Klaproth, et dans l'atlas qui l'accompagne, où l'auteur a mis en regard les mots chinois et tibétains correspondants. Nous ne donnons ici que quelques mots pris dans ces tables, et nous y joignons le chinois du dialecte cultivé des mandarins. Ce simple aperçu montre que l'accumulation dure des consonnes, chose inconnue aux Chinois, est très-fréquente dans le langage montagnard et rude du Tibet et d'Awa. On ne peut méconnaître aussi dans la plupart de ces langues la tendance à former des composés; et presque toutes ont en effet des mots de plusieurs syllabes, comme on le voit surtout dans la langue d'Awa. Enfin les langues d'Annam et de Siam présentent, en ce qui concerne la couleur de la diction, la plus grande ressemblance avec le dialecte chinois de Canton (Kouang-toung), sur lequel nous allons entrer tout à l'heure dans quelques détails.

| | CHINOIS. | LANG. D'ANNAM. | SIAMOIS. | LANGUE D'AWA. | TIBÉTAIN. |
|---|---|---|---|---|---|
| Père. | Fou. | Pou, tcha. | Fo, po, ppo. | A-pa. | Pa. |
| Mère. | Mou. | Maou, me. | Mi. | A-me. | Ma. |
| Soleil. | Ji. | Nhit, nhet. | Ssoun, rokn. | Ne, be, mou. | Gnima, niima. |
| Lune. | Youei. | Blang. | Sseun, loun. | La, klaou, ta. | Dlawa. |
| Terre. | Thou, ti. | Drat, dia. | Din, nin. | De, kolangkou. | Ssa. |
| Eau. | Choui. | Nak, nouenk. | Nam, naoum. | Je, ri, toui. | Tchi. |
| Feu. | Ho. | Hoa, loua. | Feï, peui. | Mi, me, mieu. | Me. |
| Tête. | Teou, cheou. | Tou, daou. | Ho, lou. | Kang, kaoung. | Bou, go. |
| Bras. | Koueng, koung. | Wa, oua. | Ken, mou. | Lemmaoung. | Lag-ba. |
| Animal. | Cheou. | Ko, kang. | Ssat, nouk. | Tou, taraïtram. | Dan. |
| Poisson. | Yu. | Ka. | Pa, pla. | Na. | Gna. |
| Bien. | Hao. | Tot. | Ssou-pe. | Kaoung, nitchama. | Yag-bou. |
| Mal. | No. | Hou, dou. | Laï-naï. | Gueue, makaoung. | |
| Manger. | Chi. | An. | Kyin-kaou. | Sa, kayawe. | Chié. |
| Dormir. | Wo, ouo. | Nou. | Non, nouan. | It, mi, prammi. | Nug. |
| Etre debout. | Li, tchan. | Droung. | Pigneung. | To, ta, matine. | Langss. |
| Tuer. | Cha, chão. | Djiet, ssât. | Fan, ka. | Thât, sot. | Sse. |
| Oui. | Chi. | At, that. | Seï, meunnâ. | Haoukke, moyeyou. | In, re, ka. |
| Non. | Pou. | Ouo, tchen. | Mao-mi. | Ma, mahaouppou. | Mi, ma. |
| Dessus. | Chang. | Thoueung, tien. | Keng-neng. | Apoma, aklougoung. | Steng. |
| Dessous. | Hia. | Ha, doueui. | Taï, titeï. | Gnao, haoukma. | Og. |
| Un. | I. | Mot, nhit. | Nou, neng. | Tit, nadu. | Djig. |
| Deux. | Cul, ni. | Nhi, hai. | Sang, soung. | Niht, heuït. | Gnis. |
| Trois. | San. | Tam, ba. | Sam. | Thaoum, song-dii. | Soum. |

Le chinois vulgaire compte une infinité de dialectes. Non-seulement chaque province, mais presque chaque ville, chaque petit district a son dialecte propre. De tous ces idiomes s'est formé, depuis un temps immémorial, une langue plus pure et plus noble qui se rapproche davantage des idiomes des provinces septentrionales, et qui, dans tout l'empire, est parlée par les gens cultivés; elle se distingue de tous les dialectes, non-seulement par la douceur et l'harmonie, mais encore par le choix des tours et des expressions, par des métaphores ingénieuses et d'autres qualités de cette nature. On peut en quelque sorte la comparer avec ces dialectes d'Europe qui sont devenus la langue des livres et de la conversation cultivée, comme le toscan en Italie, le castillan en Espagne, ou, mieux encore, avec le haut allemand, qui, comme la langue des mandarins en Chine, se rapproche surtout d'un dialecte, le dialecte saxon, mais n'est parlé comme dialecte dans aucune province de l'Allemagne, et qui forme cependant dans le pays tout entier la langue des classes cultivées. Il n'est ici question que des sons articulés, et non de la langue écrite : car les Chinois, n'ayant pas d'alphabet, et se servant pour chaque mot d'un signe particulier, chaque signe, étant indépendant de la prononciation, et ne devant rappeler que l'idée de l'objet désigné, peut être lu et compris non-seulement par tout Chinois, quel que soit son dialecte, mais encore par tous les peuples du globe dans leur propre langue, sans la moindre connaissance de la langue parlée en Chine. La prononciation cultivée des mandarins ne peut donc se transmettre que par tradition, comme un simple dialecte de province (1).

On a peine à croire combien est restreint le nombre des mots monosyllabes, réellement distincts l'un de l'autre, que le Chi-

(1) Les Européens se servent avec raison presque exclusivement de la langue mandarine pour écrire les noms et mots chinois; mais chaque nation a son orthographe particulière.

nois emploie dans la prononciation, tantôt isolément, tantôt en combinaison, pour exprimer de vive voix ses idées et ses sentiments. On n'en compte que cinq cent quarante. Ce petit nombre de mots suffisait aux relations peu étendues des quelques centaines de familles qui, selon la tradition et à une époque qui se perd dans la nuit des temps, descendirent des montagnes du nord-ouest, et fondèrent cette gigantesque monarchie; et leurs descendants, la nation la plus puissante et la plus civilisée du continent asiatique, y sont restés fidèles sans y ajouter un seul mot. La douceur et la simplicité de ces sons rappellent les premiers accents de l'enfant qui bégaye. La plupart commencent par une consonne, et finissent par une voyelle, une diphthongue ou une triphthongue. De toutes les consonnes, la langue mandarine ne souffre à la fin des mots que la liquide *n* ou la nasale *gn*, et cette dernière ne s'emploie même que devant les mots qui commencent par une voyelle. Les voyelles isolées qui forment une diphthongue ou une triphthongue se prononcent toutes d'une manière distincte comme en espagnol et en italien; mais l'organe glisse sur elles si rapidement que des mots même comme *liouan*, *khioueï* ressemblent dans la bouche du Chinois à un monosyllabe. La langue chinoise évite tout à fait les aspirations dures, à l'exception de la gutturale *h*, prononcée comme le *ch* allemand, laquelle néanmoins s'adoucit dans plusieurs provinces, principalement celles du sud, et dégénère en une *h* aspirée. La multiplicité des sifflantes n'en est que plus grande, ce sont: le *j*, semblable au *j* des Français, le *ch*, prononcé comme le *ch* français ou le *sch* allemand, le *tch* ou *dj*, semblable au *g* des Italiens dans *gia*, *giro*, le *tchh*, l'*s*, le *z*, le *ts*, le *ds*, et enfin une *h*, prononcée en repliant la langue, et semblable au *sch* des Westphaliens et des Hollandais, qui ne s'emploie que devant la voyelle *i*, et qui s'écrit comme l'aspirée *h*, avec laquelle on ne doit pas la confondre. La juxtaposition de plusieurs consonnes n'a jamais lieu excepté dans le *tch*, et l'*x* ne se rencontre que dans quelques dialectes, mis à la fin des mots, et prononcé faiblement; rien n'étant plus difficile au Chinois que des sons fortement vibrés, à cause du peu de souplesse de sa langue, habituée à ne choquer que le palais ou les dents incisives. Une articulation remarquable des Chinois du Nord, c'est leur *eul* ou *leu*, sorte d'*l* palatale accompagnée d'un *eu* ou d'un *ou* sourd, qui tantôt est mis avant et tantôt après l'*l*. Cet *eul* forme, au reste, à lui seul une syllabe ou un mot. Dans le sud de la Chine, on le remplace par *gni* (le *ñ* doblado des Espagnols) (1).

Les dialectes populaires de la province de Canton (Kouang-toung) ont pour règle d'adoucir au commencement des mots les consonnes dures de la langue mandarine; mais ils prennent à la fin, non-seulement *n* et *gn*, mais même *m*, *p*, *k*, *t* et *r* quelquefois; l'*m* se met très-souvent là où les mots mandarins correspondants se terminent en *n*, et jamais ailleurs; le *p*, le *k*, le *t*, l'*r*, sont mis là où le mot mandarin finit par une voyelle, surtout quand cette voyelle est affectée de l'accent bref dont nous allons parler tout à l'heure. Au reste, ces quatre dernières consonnes n'ont pas, dans ce cas, un son distinct, et ne sont en quelque sorte qu'indiquées par l'organe; elles restent muettes dès que le mot suivant commence par une consonne d'une nature différente. Sauf ces particularités, ce dialecte aime les voyelles sourdes, n'admet presque pas de triphthongues, et contracte souvent en voyelles simples les diphthongues et les triphthongues de la langue mandarine. Ces faits et quelques autres encore plus particuliers sont faciles à apercevoir dans le tableau que nous mettons sous les yeux du lecteur.

| | LANGUE MANDARINE. | DIALECTE DE CANTON. |
|---|---|---|
| Sable. | Cha. | Ssa. |
| Montagne. | Chan. | Ssan. |
| Haut, élevé. | Chang. | Iéong. |
| Père. | Fou. | Fou, hou. |
| Vent. | Foung. | Foung, houg. |
| Mer. | Haï. | Hoï. |
| Bien. | Hao. | Hou. |

(1) Ce que nous venons de dire explique pourquoi les mots étrangers avec leurs accumulations dures de consonnes semblent si insupportables au Chinois. Deux Chinois originaires de Canton, qui s'étaient établis il y a plusieurs années en Allemagne, décomposaient dans les premiers temps de leur séjour les mots allemands qu'ils trouvaient trop longs en d'autres plus petits qu'ils prononçaient à la manière chinoise. Ils disaient Ham-bou, Ma-de-bou, Lei-pe-si au lieu de Hamburg, Magdeburg, Leipzig.

| | LANGUE MANDARINE. | DIALECTE DE CANTON. |
|---|---|---|
| Sang. | Hioueï. | Hut. |
| Piété. | Hiao. | Haou. |
| Fleur. | Hoa. | Fa. |
| Jaune. | Hoang. | Ouong. |
| Un. | I. | Uk. |
| Dent. | Ya. | Gna. |
| Océan. | Yang. | Yeong. |
| Jardin. | Youan. | Un. |
| Jour. | Yi. | Yet, yit. |
| Homme. | Yin. | Yen. |
| Or. | Kin. | Gom. |
| Chien. | Kiouan. | Kun. |
| Etre debout. | Li. | Lap. |
| Année. | Nian. | Nin. |
| Bœuf. | Nieou. | Gnaou. |
| Neige. | Sioueï. | Sut. |
| Thé. | Tcha. | Tsa. |
| Accomplir. | Tching. | Sseng. |
| Ville. | Tcheou. | Tsaou. |
| Aller. | Wang. | Ouong. |
| Style. | Wen. | Men. |
| Ne pas. | Wou. | Moú. |
| Je. | Gno. | Guo. |
| Aimer. | Gnai. | Oï. |
| Deux. | Eul. | Gni, ni. |

Nous avons suivi l'ordre des syllabes chinoises pour montrer comment chaque consonne initiale de la langue mandarine peut se modifier dans le dialecte de Canton. Les mots qui commencent par *ths* ou par *ts* ne souffrent à l'égard de ces consonnes aucune modification: au moins nous n'en connaissons pas. Dans le choix des accents, le dialecte de Canton ne s'accorde pas non plus avec la langue mandarine. Ainsi *pă*, *huit*, prend, dans la langue mandarine, le quatrième accent, tandis que, dans le dialecte de Canton, il est affecté du premier accent *pât*.

Les quatre cent cinquante mots fondamentaux des Chinois se trouvent portés jusqu'à un nombre de plus de douze cents, au moyen de quatre accents, qui ne se trouvent probablement que dans leur langue. Nous leur donnons, d'après la manière usitée en Europe de les désigner, le nom impropre d'accents; mais cette dénomination peut être maintenue à cause de sa brièveté, et elle n'est pas susceptible de produire une confusion dans l'esprit de celui qui connaît la nature de ces intonations. Le premier accent (ˆ) se nomme *phîng* (égal); le second accent (ˋ) est appelé *chàng* (haut); le troisième (ˊ) est appelé *khiú* (s'en aller), et le quatrième (˘) se nomme *jĭ*. Les syllabes qui sont affectées du premier accent se prononcent d'une manière prolongée, sans élever ni abaisser la voix. Exemple: *châ* (sable). On élève la voix sur les syllabes affectées du second accent: *chà* (mouiller, arroser). Le troisième accent indique que la voix, d'abord uniforme, ne doit s'élever que vers la fin: *chá* (tout à coup). Cette troisième intonation est en quelque sorte la réunion des deux premières, quoique cependant elle ne comporte pas une durée plus longue que celle de la première. Enfin le quatrième accent rend brève la syllabe qu'il affecte; la prononciation s'interrompt comme si l'on voulait reprendre haleine. Exemple: *chă* (tuer).

Ces accents sont une invention très-utile pour modifier le sens de chaque syllabe, comme nous venons de le voir dans le mot *cha*, qui reçoit, au moyen des accents, plusieurs significations différentes. C'est de cette manière que les Chinois se sont créé plus de sept cent cinquante nouveaux mots. L'organe de l'Européen éprouve une peine extraordinaire pour observer la distinction des trois premiers accents dans la prononciation. Il semble que cette distinction est facile à saisir d'après la description que nous avons donnée; mais, dans la bouche du Chinois, cette distinction est si fine et si subtile, que ce n'est qu'après des rapports prolongés avec les indigènes qu'on peut l'apercevoir, et qu'on ne peut apprendre à prononcer qu'après avoir mis pendant quelque temps de l'affectation.

Cependant, quoique le nombre de ces syllabes se trouve par le moyen des accents élevé à douze cents, le chinois, en comparaison avec les autres langues cultivées, n'a pas une quantité de mots suffisante, et il était inévitable que, fidèle comme il était au principe de ne pas donner plus d'étendue à l'ancienne langue, il fût obligé de donner à chaque syllabe, modifiée par l'accent, un nombre plus ou moins considérable de significations nouvelles. Mais l'inconvénient sensible qui devait en résulter, et qui devait produire un véritable labyrinthe de confusions et de malentendus, fut précisément ce que cette nation ingénieuse et inventive mit à profit pour rendre impossible toute espèce de malentendu, et donner en même temps à sa langue une sorte de richesse, telle que, malgré le nombre restreint de ses mots, elle n'en est pas moins placée à côté des langues les plus riches du monde.

Il ne restait au Chinois d'autre moyen que celui de combiner plusieurs mots pour représenter une idée, et là il a procédé avec une économie sage et vraiment admirable. Son écriture symbolique avait plusieurs synonymes pour chaque signe, et ces signes synonymes devaient être exprimés par des mots différents de la langue parlée. Il était donc naturel que cette synonymie passât dans les mots, et que presque chaque syllabe, quelque nombre de significations qu'elle eût, coïncidât pour plusieurs d'entre elles avec d'autres syllabes. Un exemple éclaircira ce que nous disons :

| | | | |
|---|---|---|---|
| Tao | Conduire. | Lou | Chemin. |
| Tao | Dérober. | Lou | Pierre précieuse. |
| Tao | Atteindre. | Lou | Rosée. |
| Tao | Précipiter. | Lou | Cormoran. |
| Tao | Couvrir. | Lou | Suborner. |
| Tao | Drapeau. | Lou | Char. |
| Tao | Fouler aux pieds. | Lou | Nom d'une rivière. |
| Tao | Blé. | | |
| Tao | Chemin. | | |

Les syllabes *tao* et *lou*, toutes deux affectées du troisième accent, et dont les significations respectives sont du reste si différentes l'une de l'autre, sont cependant synonymes en un point où elles servent à prononcer deux signes écrits, savoir dans le sens de *chemin*. Or, si l'on veut marquer ce dernier sens avec précision, on unit les syllabes *tao* et *lou* en une sorte de composé que nous indiquons ordinairement par un trait d'union, *tao-lou*, et alors l'ambiguïté n'est plus possible; car les syllabes *tao* et *lou* ne peuvent être liées qu'en tant que synonymes, et cette synonymie n'a lieu que pour la signification de *chemin*. De même pour chacune des autres significations de *tao* et de *lou*, il sera pris parmi les autres syllabes un synonyme qui sera ajouté non pour étendre et modifier le sens, mais pour le préciser. Du reste le Chinois ne se sert de cette liaison des synonymes que là où il le juge nécessaire et rarement dans la conversation familière, lorsqu'il ne s'agit que de sujets de la vie ordinaire, et alors c'est l'ensemble du discours qui montre si, par exemple, par *tao* il faut entendre un *chemin* ou un *drapeau*, etc. ; car la grande diversité qui règne dans les significations d'un même mot chinois, loin de nuire, est une chose très-utile : si les différents sens étaient moins hétérogènes, il est clair qu'il pourrait y avoir bien plus de confusion.

Un moyen non moins original pour produire une clarté et une précision plus grande et même pour servir de changements agréables, moyen qui est recherché dans la langue écrite, c'est l'arrangement des mots qui ont une signification seulement voisine ou directement opposée, et de l'union desquels résulte une seule idée renfermée dans tous deux. Ainsi les deux mots *hioung* et *ti*, qui signifient, le premier frère aîné, le second frère cadet, impliquent, lorsqu'ils sont accouplés, l'idée générale de frère. Nous ferons suivre cet exemple de plusieurs autres. *Koueï* signifie mauvais génie, *chin* bon génie; tous les deux unis ensemble *koueï-chin* signifient génie ou esprit en général. *Tsin* signifie attaquer sourdement, *fa*, attaquer en pleine campagne, *tsin-fa*, faire la guerre. *Hing*, aller, marcher; *tchi*, être en repos ; *hing-tchi*, actions, conduite en général. *Yâ*, dents molaires; *tchi*, dents antérieures; *ya-tchi*, dents en général. *Youan*, loin; *kin*, près; *youan-kin*, distance, éloignement relatif. *Maï*, acheter; *maï*, vendre; *maï-maï*, commerce, trafic en général ; *tsou*, matière exquise ; *lo*, matière grossière ; *tsou-lo*, être dans l'état intermédiaire où la matière grossière se sépare de la matière exquise, être au dernier soupir, mourir.

Il y a en outre une grande quantité de composés pour désigner les sexes, les degrés de parenté, les conditions, les arts, les métiers, où le caractère qui y est ajouté rend impossible l'erreur et le doute. Ces mots restent toujours séparés dans l'écriture ; dans la prononciation ils ne se fondent jamais entièrement ensemble, et ne sont soumis à une métamorphose que dans l'accentuation sans l'être dans l'articulation. Si nous considérons d'un côté l'équivoque qui résulte du petit nombre de mots chinois, et de l'autre la quantité prodigieuse de composés dont chacun ne peut exprimer qu'une idée, quelle richesse immense dans cette pauvreté apparente ! quelle haute perfection dans cette simplicité patriarcale ! et devons-nous ajouter encore foi à ces fables, d'après lesquelles un Chinois ne pourrait se faire comprendre d'un autre Chinois, à cause de la pauvreté de sa langue, autrement que par le moyen de fortes gesticulations ou avec le secours d'hiéroglyphes? Une expérience de plusieurs années a convaincu l'auteur de cet article du manque absolu de fondement d'une assertion, qu'un coup d'œil approfondi sur la langue chinoise doit faire rejeter à priori.

A cause de l'inaltérabilité des mots chinois sans exception, il ne pouvait être question chez cette nation d'aucune science d'étymologie dans le sens donné à ce mot dans nos langues européennes, et là toute la grammaire chinoise a par conséquent une forme purement syntactique. Les Chinois donnent à tous les mots qui ont par eux-mêmes une signification propre, comme les substantifs et les verbes, le nom de *chi-tsiou*, *mots pleins;* mais les particules qui modifient la signification des premiers ou indiquent leurs rapports entre eux sont appelées *khiou-tsu*, *mots vides*, ou *tsou-ssu*, *mots auxiliaires*. Plusieurs mots sont, selon leur position dans la phrase, tantôt substantifs, tantôt verbes, quelquefois même particules. Dans les temps les plus anciens, lorsque l'usage de l'écriture était encore plus rare, on omettait volontiers le verbe ou le sujet de la phrase, les mots conservaient leur acception la plus étendue : on désignait rarement leurs rapports, on exprimait les idées avec le moins de mots possible, et on isolait chaque proposition sans la lier avec la précédente ou avec la suivante. De là naquit ce style serré, obscur et elliptique, qui est connu sous le nom de *kou-wen* (ancien style), dans lequel sont écrits les anciens livres sacrés ou canoniques, les ouvrages de Confucius et de ses disciples et en général tous les anciens livres historiques et philosophiques. Lorsque le *kou-wen* ne fut plus en état de répondre aux besoins toujours croissants de la société, on le modifia de plusieurs manières, et l'on chercha à donner à la langue toujours plus de clarté, de précision, et une forme plus périodique. Le résultat de ces modifications fut la *kouan-hoa*, ou la langue mandarine. C'est le style épistolaire et le style des affaires des Chinois; on écrit encore dans ce style des commentaires, des pièces dramatiques, des romans et d'autres sujets semblables. Entre les deux styles se tient le *wen-tchang* ou style littéraire. Les règles du *kou-wen* et du *kouan-hua* sont exposées séparément dans les livres élémentaires, et par là la grammaire chinoise se divise en deux parties distinctes.

Nous croyons convenable de faire suivre ces connaissances générales d'un court aperçu sur la phraséologie chinoise. Dans chaque phrase chinoise complète, le sujet est placé le premier, ensuite vient le verbe, et enfin le régime direct ou indirect, par exemple le roi aime la vertu : *wangh ao chen;* il lui donna l'empire, *yu tchi tian-hia* (1). Un grand nombre de verbes sont aussi liés avec leur régime par des prépositions. Le verbe substantif est supprimé comme dans les langues sémitiques, lorsqu'on ne l'emploie pas pour donner plus d'expression.

Les mots et les phrases qui servent à modifier précèdent les mots ou phrases auxquels ils se rapportent. Ainsi l'adjectif se met devant son substantif, le nom régi devant le nom qui régit, l'adverbe devant le verbe, et les propositions déterminantes devant les propositions déterminées. Exemple : *ching-jin* (2) un saint homme; *tian-tsu*, fils du ciel (3); *kou-tchi*,

(1) Tian-hia est un composé de *tian*, ciel, et de *hia*, dessous ; ce mot signifie donc proprement ce qui est au-dessous du ciel. De semblables expressions figurées, qui sont en partie empruntées à l'ancienne langue poétique et dont plusieurs ont perdu tout à fait la signification ordinaire, se trouvent très-souvent en chinois, comme *fou-youan*, jardin de la capitale, c'est-à-dire gouverneur ; *tian-nia*, la fille du ciel, c'est-à-dire l'alouette. L'article défini manque en chinois. Les temps des verbes ne reçoivent pas de désignation dans le style ancien ; dans les autres ils sont désignés par certaines particules additives.

(2) Les adjectifs sont tantôt primitifs, tantôt ils ne sont que de purs substantifs qui se placent comme génitifs devant le mot qu'ils modifient : c'est ainsi que nous disons un vase d'or, un homme d'esprit. Le comparatif est désigné le plus souvent, comme dans les langues sémitiques, par des mots tels que *avant, plus que ;* par exemple, *hao yu ni*, *bonus præ te*, meilleur que toi. Le superlatif abonde surtout en modifications.

(3) Ici on met souvent entre deux le signe du génitif, savoir *tchi* dans l'ancien style, et *ti* dans le style moderne ; par exemple, *wang tchi chen*, *regis virtus ;* *fou ti youan*, *patris hortus*. Ceci a lieu aussi par conséquent pour les pronoms, lorsqu'ils sont employés possessivement : *gno, ti, kia*, *ego domus*, en quelque sorte *mei domus*, au lieu de *domus mea*.

savoir d'une manière certaine; *soui-yeou-lai-tchi-niao-cheou-khi-neng-tou-lo :* licet habeat turrem, lacus, aves, bestias, qui possit solus lætari (1). Ici la conjonction *soui* détermine suffisamment le mode, et on pourrait même la supprimer sans nuire au sens, comme nous disons *aurait-il* pour *quand il aurait*. Alors on met au commencement de la proposition principale un signe qui indique la condition qui précède : *pou-sin-tse-min-fe-tsoung* : non fidem (assequitur), populus non obsequitur, s'il ne se gagne pas la confiance, alors (*tse*) le peuple ne lui obéira pas.

Lorsque plusieurs substantifs se suivent immédiatement, ou ils sont synonymes, et alors ils forment un composé, ou il y a entre eux le rapport du génitif, ou enfin il faut rétablir entre eux la particule conjonctive *et*, qui manque.

Lorsque plusieurs verbes se suivent et qu'ils ne sont pas synonymes, comme *khan-kian*, voir, *choué-tao*, parler, on peut alors regarder les premiers comme des infinitifs employés substantivement : par exemple, *ssu-seng-yeou-ming;* mori et vivere habent fatum, la vie et la mort sont dans les mains du destin (1). On peut prendre un ou plusieurs d'entre eux dans un sens adverbial ou dans le sens d'une préposition : *chi-tso*, mot à mot : assistebat sedebat, assistendo sedebat ; il était assis auprès, à son côté. Considérez encore *na-lai*, capere venire, afferre, apporter, *na-kiu*, capere abire, auferre, emporter, où les verbes *lai* et *kiu* ont gardé le sens de prépositions ou plutôt de postpositions, quoique certains verbes unis avec d'autres donnent un sens total qui s'éloigne plus ou moins du sens de chacun d'eux; par exemple, *siang-lai-siang-kiu :* cogitando venit, cogitando it, ses pensées errent de côté et d'autre. Le verbe *ta* est surtout de ce nombre; par exemple, *ta-toung*, percussit movit, il fit impression. Enfin le verbe qui suit est quelquefois le régime employé substantivement du verbe qui précède; par exemple, *ki-ta*, manducare, verberare, manger, goûter des coups, recevoir la bastonnade.

La langue chinoise a encore un grand nombre d'idiotismes, surtout dans l'emploi varié et rédondant de ses nombreuses particules, qui appartiennent cependant plus à la langue écrite qu'à la langue parlée. Il est intéressant et instructif de rechercher le passage successif de plusieurs d'entre elles, de l'état primitif de verbes ou de substantifs à celui d'adverbes et de prépositions ; l'écriture symbolique prête à cette recherche un appui satisfaisant.

La métrique des Chinois n'est arrivée que par degrés au point de perfection où nous la voyons aujourd'hui. Les vers les plus anciens étaient irréguliers : ils consistaient en lignes d'un nombre de mots égal ou presque égal; ils avaient cependant d'ordinaire des rimes et une allitération, c'est-à-dire un retour périodique et monotone de certaines terminaisons et allitérations. Cette sorte de prose rhythmique nous est présentée dans les odes et hymnes dont se composent le *Chi-king* et d'autres anciens livres de cette espèce. Les grands poëmes des temps modernes ont reçu une forme analogue, comme par exemple le savant panégyrique poétique de la ville de Moukden. La plupart des vers sont appelés ou *yan-chi*, vers de cinq mots, ou *tsi-yan-chi*, vers de sept mots. Ces dénominations nous font connaître leur longueur ordinaire : car bien que l'on trouve aussi des vers de trois, quatre, six ou neuf mots ou syllabes (ce qui est nécessairement la même chose), ces deux espèces de vers sont les plus usités.

Sous le rapport métrique on ne distingue que deux accents : le *phing* et le *tse :* ce dernier comprend les trois intonations *chang*, *khiu* et *ji*.

Dans les stances composées de vers de cinq syllabes, le choix des accents au premier et au troisième vers est laissé au caprice du poëte. Le second et le quatrième vers doivent alterner, c'est-à-dire que, si le second a l'accent égal, le quatrième doit avoir l'accent inégal, et réciproquement le second et le troisième vers doivent, quant au choix des accents, être opposés au premier, et le quatrième doit être semblable au premier.

Dans les stances composées de vers de sept syllabes, le premier, le troisième et le cinquième vers reçoivent arbitrairement les accents; le second et le quatrième doivent alterner, et le sixième être semblable au second. Des quatre dernières syllabes trois doivent, dans les deux espèces de vers, avoir la même terminaison et le même accent. La dernière syllabe du troisième vers ne rime pas ordinairement, et souvent on néglige aussi la rime pour les autres. Pour marquer si c'est le *ping* ou le *tsé* qui appartient à une syllabe, ou si le choix de ces deux accents est arbitraire, les Chinois se servent des signes prosodiques suivants :

| ○ | ● | ◐ |
|---|---|---|
| Phing. | Tse. | Phing ou tse. |

Ils font au moyen de ces figures deux exemples de quatre lignes, chacun en vers de sept syllabes, dans lesquels ceux de cinq syllabes se trouvent également compris.

Dans certaines espèces de vers on donne le nom d'*œil* au troisième mot du vers de cinq syllabes et au cinquième du vers de sept syllabes. Cet œil doit être un mot plein ; il ne peut pas être une particule, et il doit rimer ou alterner avec l'œil du vers suivant. La combinaison de ces différentes espèces de vers est très-multiple. On compte environ quarante espèces de poëmes, mais la plupart n'ont pas une étendue considérable. Les pièces de poésie sont imprimées en autant de lignes qu'il y a de vers, ou en forme de distiques, de telle sorte qu'un vers est placé au-dessous de l'autre et qu'un espace est laissé entre deux, ou enfin en lignes continues, et la ponctuation seule sépare alors un vers d'un autre. La dernière méthode domine surtout dans les drames et les romans.

## ÉCRITURE CHINOISE.

L'écriture des Chinois, bien qu'elle ne soit pas la représentation des sons articulés, n'en est pas moins tout à fait appropriée à la langue parlée, et se trouve avec elle en harmonie parfaite. Une langue comme la langue chinoise, aussi pauvre en mots, aussi simple et inflexible, ne pouvait être représentée que d'une manière très-imparfaite par des signes alphabétiques. Aussi le Chinois imagina-t-il un système de signes ou figures dont la vue rappelle en lui l'idée de l'objet désigné, et rend en même temps présent à son souvenir le son et l'accent du mot correspondant. Les caractères chinois ne sont proprement qu'une langue pour les yeux et, comme nous l'avons déjà dit, abordable à tout homme, sans la moindre connaissance de la langue parlée. Ils plaisent à la vue par leur riche variété et leur grande perfection calligraphique ; ils déroulent devant l'esprit une richesse d'idées inépuisable, et nous ouvrent les trésors d'une immense littérature.

L'origine de cette écriture symbolique se perd dans l'âge mythique de l'empire chinois. Fo-hi, le premier empereur et le premier sculpteur de sa nation, qui vécut vers l'an 2950 avant Jésus-Christ, et jusqu'à l'époque duquel on avait fait usage de cordelettes nouées semblables aux quippos des Péruviens, est nommé l'inventeur des caractères. Leur nombre fut d'abord très-borné; mais il s'accrut d'une manière prodigieuse par suite des progrès de la civilisation. On peut aujourd'hui diviser les caractères chinois en deux classes principales. La première comprend les caractères simples, la seconde les caractères composés ou combinés. Les caractères simples sont des signes ou figures; les caractères combinés se forment par le groupement de plusieurs caractères simples, et se partagent eux-mêmes en deux grandes sections : la première comprend tous les caractères dans la structure entière desquels doit résider la définition de l'idée qu'ils représentent; la seconde renferme les caractères dans lesquels une partie seulement de la composition représente l'idée, et encore d'une manière tout à fait générale, tandis que les autres parties indiquent la prononciation et l'accentuation. Nous pourrions entrer dans une analyse plus détaillée, qui justifierait en quelque sorte notre division, à laquelle nous ne voulons pas du reste attribuer un mérite bien remarquable (1).

(1) Le pluriel n'est dans cet exemple, comme dans beaucoup d'autres, distingué du singulier par aucun signe particulier, bien que le Chinois ait à sa disposition un grand nombre de particules propres à désigner la pluralité. L'usage même de certains nombres est permis, sitôt qu'ils peuvent prendre la place d'une pluralité indéterminée. Ainsi, par exemple, le Chinois dit très-bien les quatre mers au lieu de dire les mers en général, parce que selon lui il n'y a précisément que quatre mers qui entourent le globe.

(1) Les lettrés chinois admettent six classes de caractères, et cette division a été suivie aussi par Abel Rémusat. Mais nous ne pouvons l'approuver, parce que la seconde classe, à bien prendre, n'est qu'une subdivision de la première, que la quatrième est déjà contenue dans les trois premières, et que la cinquième ne se rapporte qu'aux différentes

Les caractères simples représentent les idées que le Chinois peut envisager comme simples, ou qui ont du moins pour lui des indices suffisants pour qu'il puisse les distinguer des autres. Parmi ces caractères la première place appartient aux figures simples, pour lesquelles la réflexion est le moins active. Ces figures, dont le nombre fut toujours très-borné, sont dans leur forme primitive de grossières imitations d'objets de toute espèce pris dans le monde des sens, comme le montrent encore clairement les caractères les plus anciens connus des Chinois, l'écriture *ko-teou* et l'écriture *tchouan*, dont il sera parlé plus bas; car, de même que dans les langues cultivées l'imitation de la nature sonore n'est plus reconnaissable que dans quelques mots, ces caractères devaient dans le cours des siècles subir plusieurs métamorphoses, et la recherche de l'élégance graphique a dû altérer beaucoup leur forme. Pour les choses qui n'étaient pas de nature à être exprimées par des images, on inventa au moins des signes analogues aux images. Par exemple on rendit sensible l'idée de dessus par un point placé sur une ligne horizontale, l'idée de dessous par un point semblable, mais placé sous le trait. Pour d'autres idées abstraites on évita un signe particulier, en donnant aux figures un sens métaphorique. Ainsi le cœur pouvait signifier esprit, entendement, pénétration; la main pouvait signifier artiste, etc. Deux idées entièrement ou en partie opposées se désignaient par le renversement d'une seule et même figure. Ainsi le signe homme droit signifiait un vivant, couché signifiait un mort; ainsi le signe choisi pour représenter l'idée de droite, tourné de l'autre côté, signifiait à gauche.

Des idées plus compliquées donnèrent naissance aux caractères composés. Ces caractères, en tant qu'ils sont les définitions des objets, remontent pour la plupart à une très-haute antiquité; car les caractères phonétiques, qui forment aujourd'hui plus de la moitié du vocabulaire écrit des Chinois, sont manifestement le produit des temps anciens. Pour la formation des signes composés, on pouvait grouper ou des images simples, ou des signes et des images, ou même des signes avec des signes. Les caractères dans lesquels chaque partie concourt à la formation de l'idée qu'ils représentent sont ceux qui donnent naturellement le plus d'attrait aux recherches. Le degré plus ou moins grand de sagacité qui se fait remarquer dans leur composition fait supposer une certaine culture intellectuelle dans leurs inventeurs. Les idées religieuses et morales elles-mêmes, les mœurs et les coutumes de la nation chinoise, se sont conservées dans ces respectables documents. Voici quelques exemples : l'idée de lumière, considérée physiquement, est représentée par la réunion des images du soleil et de la lune; les deux corps célestes les plus grands et les plus brillants ont un caractère composé ainsi : la lumière est un produit du soleil et de la lune. Les larmes sont pour le Chinois l'eau des yeux, et il les représente par la réunion des deux images eau et œil. Le chant est désigné par les deux figures simples de bouche et d'oiseau, c'est-à-dire ce qui sort de la bouche d'un oiseau, car il trouva pour la première fois le don du chant chez ces petits habitants ailés des airs, dont les chants humains ne sont que l'écho. L'assemblage des trois images, femme, main et balai, représente une femme mariée; une montagne et un homme par-dessus signifient un ermite, un saint, parce que les saints de la Chine habitent sur les montagnes. Le signe de grandeur avec le trait horizontal de l'unité par-dessus, indiquant en quelque sorte la chose seule grande, l'infini, est employé pour représenter l'idée de ciel, de suprême intelligence. Cœur et esclave désignent la passion.

Les caractères phonétiques ou imitatifs du son, c'est-à-dire ceux dont une partie seulement indique l'objet qu'on veut désigner, mais dans le sens le plus étendu, tandis que les autres parties indiquent la prononciation d'une manière plus ou moins complète, ces caractères, dis-je, doivent leur existence tant aux efforts des inventeurs de l'écriture pour fixer en quelque sorte la prononciation exacte d'un grand nombre de caractères nouveaux, qu'à leur désir de la commodité. Lorsqu'on avait une idée à représenter par l'écriture, et que cette idée venait à coïncider avec une autre idée bien connue et d'une prononciation familière à tous ou qui au moins lui était semblable, on choisissait pour désigner la première un caractère seulement qui indiquât la classe à laquelle cette idée appartenait, et on rangeait l'autre à côté d'elle, en ayant égard non à la signification, mais à la prononciation. Avait-on par exemple à exprimer par un signe *cyprès*, dont le nom est *pe*, on prenait d'abord l'idée générique *arbre*, on lui adjoignait pour la déterminer le signe *blanc*, qu'on prononce de même *pe*, mais dont la prononciation devait être supposée connue; ainsi l'arbre *pe*. Or comme il n'y pas d'arbre, excepté le cyprès, qui porte ce nom, le lecteur devait nécessairement, à la vue du signe, se reporter au cyprès. Par là les inventeurs de l'écriture se trouvaient exemptés de la peine d'imaginer un assemblage ingénieux d'indices principaux. Cependant cette méthode aurait déjà fait honneur à son esprit de réflexion, si le Chinois s'était fait une règle sévère d'ajouter partout, en caractères phonétiques, à l'idée de classe un signe qui indiquât l'identité complète de la prononciation et de l'accentuation, avec la signification spéciale du tout. Mais on se contenta trop souvent, sans se soucier de l'accent, d'homophones pris au hasard dans la langue écrite, et qui ne conduisaient que d'une manière défectueuse à la prononciation exacte; quelquefois même l'articulation ne convient pas. Nous nous dispensons, pour ne pas être trop long, de donner des exemples de ces anomalies.

A l'égard d'un grand nombre de caractères, il n'est pas facile de découvrir s'ils sont destinés à la définition ou s'ils sont phonétiques. La seule ressemblance de prononciation du signe ou de l'image subordonnée n'est pas une raison suffisante pour la regarder comme phonétique, quoique réciproquement le défaut complet d'harmonie fasse supposer chaque fois un groupe fait pour une définition. Ce groupement n'a rapport qu'à la signification primitive déjà éteinte des caractères ou au moins à leur signification principale, attendu qu'un seul et même signe peut réunir des sens très-différents. Si nous décomposons par exemple le caractère *kia*, maison, nous trouvons un toit et par-dessous un pourceau; cela convient très-bien à la signification primitive qui est celle d'étable à pourceaux. De l'étable à pourceaux on passa à l'habitation de l'homme, et alors le sens put devenir aussi celui de famille, de race. On peut remarquer du reste que dans la composition de plusieurs caractères, on a eu également égard à la signification et à la prononciation, et qu'on a par conséquent allié la méthode phonétique avec celle des définitions.

Tous les caractères chinois, sans distinction, sont, sous le rapport de leur structure intime et de la forme des traits, soumis à des modifications de toute espèce, dont les unes portent le nom de variantes, les autres celui de genres d'écriture. Les variantes, qui contribuent beaucoup à la richesse de l'écriture chinoise, sont de plusieurs sortes. On échangea dans les caractères composés des signes radicaux de signification identique, voisine, ou même opposée. L'image des plantes fut substituée à celle des roseaux ou des arbres, l'image de bouche fut substituée au caractère composé de parole, ou inversement; ou bien la clef fut transportée, et reçut par exemple sa place au-dessous du groupe, quand auparavant elle était mise à côté. Tantôt une clef disparut, tantôt on en ajouta une autre; tantôt on amoindrit le caractère par la suppression de quelques traits, et tantôt on l'agrandit par l'addition de quelques traits nouveaux. Tous ces changements se firent à des époques différentes et pour différents motifs : par nécessité, parce que le groupement de plusieurs caractères déjà combinés par eux-mêmes aurait produit un caractère trop compliqué; par un sentiment délicat du bon goût, parce qu'un mode de groupement représentait mieux l'idée qu'un autre; enfin aussi par caprice et ignorance, parce qu'un groupe pouvait avoir par hasard une prononciation semblable à l'autre. Ceux des caractères qui sont écrits régulièrement avec tous les traits réellement nécessaires portent le nom de *tching*, ou caractères exacts. Sous la dynastie

significations d'un seul et même caractère, ce qui ne convient pas ici. Suivant cette classification les caractères chinois seraient : 1° les *siang-hing*, ou images, c'est-à-dire représentations d'objets sensibles qui ne rappellent qu'une idée simple, comme soleil, lune, etc. 2° Les *hoeï*, ou idées combinées, qui consistent dans l'assemblage de deux ou plusieurs figures simples pour exprimer une idée unique, mais compliquée, par exemple *eau* et *œil* pour indiquer les larmes. 3° Les *tchi-sse*, signes propres qui représentent tout ce qui n'a pas de forme (mais *chant* et *ouïe*, qui sont de la seconde classe, n'ont pas non plus de forme). 4° Les *tchouan-tchu*, ou caractères inverses, pour représenter des idées comme gauche et droite, couché et debout, homme vivant et cadavre. Mais les quatre premiers signes appartiennent à la première classe, les deux derniers à la première, et une manière de procéder qui se retrouve dans plusieurs classes ne peut pas constituer une classe nouvelle. 5° Les *kia-tsieï*, ou signes métaphoriques. Ainsi le signe employé pour l'idée de cœur peut aussi, au figuré, signifier *esprit; maison* peut aussi être mis pour *homme*, etc. Mais c'est là l'affaire du dictionnaire, et il n'en résulte aucune influence sur la formation des signes. 6° Les *hing-ching*, ou signes imitatifs du son. Au nombre des *kia-tsieï* on compte à tort le signe composé qui signifie suivre, et qui trois fois répété signifie homme. Ce signe doit évidemment être rangé parmi les idées combinées.

actuelle des empereurs, tous les bons livres, à l'exception des préfaces, sont écrits avec ces caractères.

Parmi les variantes nous ne remarquerons que les plus importantes :

1° *Caractères identiques*. On appelle ainsi tout caractère qui, dans tous ses modes de prononciation et ses acceptions, peut être mis pour un autre. Un caractère a souvent trois ou plusieurs variantes de cette sorte, dont le choix est laissé à la discrétion de l'écrivain. Dans les livres les plus corrects on les trouve employés alternativement.

2° On donne le nom de *synonymes* aux caractères qui peuvent être pris l'un pour l'autre dans une certaine acception.

3° *Caractères primitifs ou anciens*. On donne ce nom aux caractères dont la composition primitive ou au moins vieillie s'est conservée dans un grand nombre de livres à côté de la forme moderne.

4° *Caractères vulgaires*, dont nous pouvons considérer les caractères abrégés comme une subdivision. On les trouve surtout dans les manuscrits. Ce sont des modifications de forme et de liaison avec addition ou suppression de quelques traits autorisée par l'usage.

Les instruments dont on s'est servi à différentes époques pour écrire les caractères ont eu beaucoup d'influence sur leur forme, et de là durent résulter plusieurs genres d'écriture analogues à nos lettres onciales, romaines, gothiques, italiques, etc. Les genres d'écriture les plus remarquables sont : *kho-teou*, le plus ancien suivant les Chinois. On lui donna ce nom, qui signifie *têtards*, parce que leurs traits irréguliers ont quelque ressemblance avec la forme de ces animaux. L'inscription de Yu (que Klaproth a publiée) se compose de caractères qui présentent une grande analogie avec le kho-teou. L'écriture tchhouan, qui se compose de traits rudes et grêles, fut en usage, sauf quelques changements, depuis le siècle de Confucius jusqu'à la dynastie des Han (au II^e^ siècle avant notre ère). Une espèce particulière de cette écriture, nommée *chang-fang-da-tchhouan*, doit avoir été inventée sous la dynastie des Tsin (210 environ avant J.-C.). Elle consiste en traits droits et brisés. On a encore des monnaies et des inscriptions en caractères tchhouan, et on s'en sert pour les sceaux. L'écriture *li*, ou écriture de chancellerie, se compose de traits grossièrement dessinés, et s'emploie quelquefois pour les préfaces. Elle était échangée sous la dynastie des Han avec les caractères tchhouan. L'écriture *tsao*, écriture cursive et difficile à lire, fut également inventée sous les empereurs de la famille des Han. On s'en sert très-souvent pour les préfaces, les inscriptions, pour les paravents, les éventails, les bâtons d'encre de Chine. Les caractères *kiai soung-pan* et *kiai hing-chou* : ces caractères forment les deux espèces d'écriture employées de nos jours. Ils se distinguent de l'écriture *li* par certaines règles calligraphiques. La première est l'écriture d'imprimerie, la seconde se forme avec le pinceau en traits dégagés ; c'est dans cette dernière écriture qu'ont lieu surtout les variantes vulgaires.

Quoique le nombre des caractères chinois soit très-grand, ils se composent en grande partie de variantes, et les deux tiers au moins sont hors d'usage et ne se trouvent que dans les dictionnaires. Dans les meilleurs dictionnaires indigènes on a, pour faciliter la recherche des mots, classé les caractères de manière à mettre ensemble ceux auxquels la même figure appartient en commun. Pour ceux qui contenaient plusieurs figures, on prenait ce qu'ils avaient de plus important ou ce qui frappait le plus les yeux ; mais l'arrangement n'a pas été exempt de caprice et d'arbitraire. Les caractères des dictionnaires les plus modernes et les meilleurs sont classés suivant deux cent quatorze signes fondamentaux, qu'on nomme aussi *clefs*.

L'utilité de la langue et de l'écriture chinoises s'étend principalement sur la littérature de cette nation, littérature qui embrasse presque toutes les parties de la science humaine, littérature originale, dont l'étude promet une ample moisson à l'historien, au géographe, au naturaliste et même au philosophe proprement dit. L'histoire authentique des Chinois commence au plus tard au IX^e^ siècle avant notre ère, et elle est menée jusqu'à nos jours sans interruption avec une exactitude et une continuité admirables. On ne peut comparer aucun ouvrage historique de l'antiquité ou des temps modernes avec les grandes annales de l'empire chinois pour l'étendue gigantesque, et la richesse presque inépuisable des matériaux et des faits. Elles nous font connaître jusqu'aux moindres détails non-seulement la constitution et les destinées de la monarchie chinoise pendant une durée de plus de trois mille ans, mais elles répandent la plus grande lumière sur les rapports anciens et modernes des Chinois avec les races voisines de l'Asie septentrionale et moyenne, et sur les révolutions politiques qui eurent pour résultat cette grande migration de peuples qui donna à l'Europe entière une nouvelle face. La géographie et la statistique sont en partie mêlées à l'histoire, et en partie elles sont conservées, comme l'histoire naturelle, dans de nombreux ouvrages spéciaux. La philosophie a tantôt fleuri sans influence étrangère sur le sol chinois et a produit plusieurs systèmes, tantôt elle s'est associée avec les opinions métaphysiques et religieuses des Hindous. La morale de l'école de Confucius mérite ici surtout d'être mentionnée honorablement ; par son esprit et sa tendance elle s'éleva beaucoup au-dessus de tout ce que les autres Orientaux ont produit dans ce genre. La poésie des Chinois, malgré son originalité, ne peut pas le disputer, pour l'essor hardi de l'imagination, pour la tendresse et la vivacité du sentiment, avec la poésie des Hindous, éclose au sein d'une magnifique nature ; mais le sens profond, la précision épigrammatique des poésies chinoises, précision pleine de fécondité, et que favorise merveilleusement leur écriture figurée, donnent à ces poésies, dont le langage est aussi celui des anciens philosophes, un caractère de gravité solennelle et d'élévation inimitable. La langue des Chinois, même en considérant le mot et le symbole, fournit des documents intéressants pour la grammaire philosophique et comparée ; l'écriture en particulier fournit des parallèles pleins d'instruction avec les hiéroglyphes égyptiens, quoique l'idée d'une liaison primitive entre les deux systèmes doive être rejetée avec raison comme une idée sans fondement (1).

Notre génération actuelle paraît revenir de plus en plus de l'erreur qui faisait regarder une vie d'homme tout entière comme nécessaire à l'étude d'une langue si mystérieuse et si difficile. Des trente ou quarante mille caractères chinois que la langue possède en général il n'y en a au plus que six ou dix mille en usage, et il ne faut que des efforts et du temps pour se les graver peu à peu dans la mémoire ; encore ce travail est-il singulièrement facilité par la construction toute pleine de sens et d'instruction de la plupart des signes ; de plus on est dispensé d'une multitude bien plus grande de mots, d'un amas prodigieux d'inflexions, de règles et d'exceptions qui se trouvent dans les autres langues, et qui nous arrêtent pendant des années.

Nous jetterons ici un coup d'œil sur ce que les Européens ont fait pour l'étude de la langue et de l'écriture chinoises. La première connaissance précise qu'on ait eue de la langue et de l'écriture, comme aussi de la littérature chinoise, est due au zèle et à l'activité infatigable de plusieurs missionnaires du sud de l'Europe, appartenant à divers ordres religieux, que leur zèle pour la foi poussa en Chine dès la fin du XVI^e^ siècle, et dont une partie s'y établirent et y restèrent jusqu'à leur mort. Outre les traductions qu'ils firent d'ouvrages chinois, surtout d'ouvrages philosophiques, et l'achat de manuscrits précieux et de livres imprimés, ils se rendirent très-utiles en composant les premiers livres élémentaires et les premiers dictionnaires. La première grammaire chinoise digne de ce nom fut publiée par un moine dominicain espagnol, le P. Varo. Elle fut imprimée à Canton en 1703, avec des planches de bois, et à la manière chinoise. L'auteur l'avait surtout destinée à l'usage pratique, et dans cette vue, après avoir donné plusieurs règles sur la prononciation, l'accentuation et le style de conversation, il n'avait traité la grammaire proprement dite que superficiellement, et encore d'après la méthode suivie dans les grammaires latines, faute dans laquelle sont tombés presque tous ses successeurs. Mais une grammaire distinguée entre toutes les anciennes grammaires, aussi bien sous le rapport de la méthode que sous celui de l'abondance des exemples, c'est la *Notitia linguæ sinicæ* du P. Prémare ; l'auteur y a distingué l'ancien style du moderne ; mais, à cause des détails, cet ouvrage ne doit pas être recommandé aux commençants. Il n'a jamais été imprimé, le manuscrit s'en trouve à la bibliothèque royale de Paris.

Dans la première moitié du XVIII^e^ siècle, on doit citer surtout Bayer (2) et Fourmont (3), comme grammairiens, parmi

(1) La langue et l'écriture chinoises ont pris, depuis les modernes relations de commerce avec la Russie, une importance commerciale et diplomatique. Pour les navigateurs marchands les dialectes de la langue parlée les plus importants sont ceux des provinces de Canton ou *Kouang-toung* et de *Fo-kien*.

(2) *Bayeri museum sinicum, in quo sinicæ linguæ et litteraturæ ratio explicatur*. Petropolit., 1730. 2 vol. in-8 (avec une grammaire chinoise fort défectueuse).

(3) *Meditationes sinicæ*, 1717-37, in-fol. — *Linguæ Sinorum mandarinicæ hieroglyphicæ grammatica duplex*. 1742, in-fol.

les amateurs de littérature chinoise en Europe. Fourmont, qui se jeta avec un véritable enthousiasme sur cette langue qu'il appelle *lingua philosophica, lingua divina*, fit plutôt usage de son imagination que de sa tête, et accumula dans ses *Méditations* tant de rêveries et de chimères, qu'il est peut-être la cause de tant d'opinions fausses répandues sur le chinois. Sa *Grammatica sinica* est au reste entièrement semblable à celle du P. Varo, bien qu'il assure n'avoir connu cette dernière qu'après avoir terminé la sienne. Le meilleur et le plus complet des anciens dictionnaires a été composé en Chine au commencement du XVIII$^{e}$ siècle par un moine portugais, Basile de Glemona avec le secours de huit dictionnaires originaux et d'un grand nombre de glossaires manuscrits. Ce dictionnaire contient environ dix mille caractères avec l'explication en latin; il porte le titre de *Han tsu si i*, c'est-à-dire *Caractères des Han expliqués aux Occidentaux* (1). Il a été copié un très-grand nombre de fois sans changements essentiels, et on l'a traduit dans plusieurs langues.

Vers la fin du XVIII$^{e}$ siècle et au commencement du XIX$^{e}$, les études chinoises reçurent une nouvelle impulsion du docteur Antonio Montucci de Sienne et de Jules Klaproth de Berlin, fils du célèbre chimiste, qui, encore enfant, avait fait de cette langue son étude favorite. Vers 1800, le gouvernement français décréta la publication d'un nouveau dictionnaire qui était projeté depuis le siècle de Louis XIV. Mais le docteur Hager (connu par ses *Elementary characters*), à qui l'on confia l'exécution de cette entreprise, et qui se trouvait engagé là dans une spécialité qui n'était pas la sienne, inspira de la méfiance, et après quatre années perdues sans fruit ce fardeau lui fut retiré. Cependant Deguignes, fils du célèbre orientaliste de ce nom, avait fait beaucoup de bruit par ses *Voyages à Pékin, Manille et l'île de France* (Paris, 1808). On oublia Montucci, qui avait attaqué Hager par de vigoureuses critiques, et avait du reste donné des preuves de sa connaissance approfondie des caractères, pour confier à Deguignes l'entière direction du dictionnaire. Ce fut en vain que Klaproth, dans sa brochure intitulée *Remarques philologiques sur les Voyages en Chine de M. Deguignes* (Berlin, 1809), éleva de grands soupçons sur l'érudition chinoise de Deguignes. Le dictionnaire parut en 1813 sous son nom en un magnifique volume in-folio; mais il n'était rien au fond qu'une nouvelle édition de Basile; seulement beaucoup de choses nécessaires y étaient omises d'une manière impardonnable, et beaucoup de choses superflues ou même si fautives et si dépourvues de critique y étaient ajoutées, que l'ignorance et l'impudence de l'auteur parurent uniques dans leur genre (2). Comme les innombrables erreurs et les grossières bévues de Deguignes pouvaient se classer avec le secours d'un examen très-étendu, et que ce qui appartenait au P. Basile pouvait encore être augmenté et corrigé, Klaproth, qui avait fixé son séjour à Paris comme simple particulier, entreprit de faire un supplément à ce dictionnaire, dont la première livraison parut en 1819. Les Anglais Marshman (3) et Morrison (4) ont publié deux grammaires estimables, quoique susceptibles de quelques améliorations. La mort est venue trop tôt surprendre notre Abel Rémusat au milieu de ses travaux. Son édition du *Tchoung-young* (dans le dixième volume des *Notices et Extraits*) et ses excellents *Eléments de la grammaire chinoise* (Paris, 1822) en ont fait le plus profond et le plus savant sinologue de notre siècle.

Le dictionnaire chinois-anglais de Morrison, qui a paru à Canton en 1819 en deux volumes, mérite d'être mentionné. On en trouve l'analyse dans le *Journal des savants* (juillet 1821).

### LITTÉRATURE CHINOISE.

La littérature des Chinois, à cause des préjugés qui se sont opposés pendant des siècles à l'étude de leur langue, n'a pu jusqu'à présent être accessible qu'à un petit nombre de connaisseurs isolés; aussi n'est-il pas étonnant que nous ne soyons en état d'en apprécier qu'une petite partie, et que nous ne puissions même jeter un coup d'œil sur l'ensemble.

(1) Caractères des *Han* signifie caractères de la famille des empereurs *Han*, parce que l'écriture chinoise actuelle *kiai*, dérive immédiatement de l'écriture *li*, inventée sous les *Han*.

(2) *V.* l'*Examen critique* d'Abel Rémusat, qui a paru sous l'anonyme dans le supplément de Klaproth.

(3) *Clavis sinica* (c'est une introduction à son *Confucius*, et l'ouvrage est trop spécial), 1814, in-4°.

(4) *A Grammar of the chinese language*, Seramp., 1815, in-4°.

Les livres *sacrés et canoniques*, qui renferment la poésie, l'histoire, la philosophie et la législation des anciens Chinois, se divisent en livres canoniques du premier et du second ordre. Les auteurs de la plupart de ces livres sont tout à fait inconnus. Parmi les livres du premier ordre, le texte du *Y-king*, le *Chou-king*, et une partie du *Chi-king* appartiennent à une haute antiquité, qui n'est pas du domaine de l'histoire authentique. Cependant Confucius doit avoir recueilli une partie de ces vieux documents perdus dans le torrent des siècles, et leur avoir donné au moins la forme qu'ils ont aujourd'hui. Il accompagna même de notes le livre *Y-king*, et le *Tchhoun-thsieou* est entièrement son ouvrage.

Le texte du *Y-king* ou du Livre des métamorphoses remonte jusqu'au premier empereur Fo-hi. Il renferme les huit *koua*, c'est-à-dire les signes symboliques des huit éléments du monde. Ces signes se composent chacun de trois lignes pleines ou interrompues, selon qu'elles représentent la perfection ou l'imperfection. Ce sont :

| 4 | 3 | 2 | 1 |
|---|---|---|---|
| *Dchin.* | *Li.* | *Doui.* | *Khian.* |
| Tonnerre. | Feu. | Eau des montagnes. | Ciel. |
| 8 | 7 | 6 | 5 |
| *Khiouan.* | *Keou.* | *Khan.* | *Sun.* |
| Terre. | Montagnes. | Eau. | Vent. |

Ces huit *koua* se multiplient par la combinaison, et forment ainsi soixante-quatre signes composés de lignes qui sont restées une énigme pour les générations suivantes. C'est à ces signes que se rattachent les commentaires du Wen-wang, le premier de la dynastie de Tcheou, de son fils Tcheou-koung, et enfin celui de Confucius (1).

Le *Chou-king* renferme un recueil de documents sur les empereurs des quatre premières dynasties, et se compose de quatre parties dont la première embrasse l'histoire de deux empereurs Yao et Chun. La seconde partie traite de la dynastie des Hia, dont le fondateur fut Yu le Grand : la troisième traite de la dynastie des Chang. Là se termine le premier volume. Le second volume, qui comprend toute la quatrième partie, renferme l'histoire de la dynastie des Tcheou fondée par le célèbre Wou-wang (2).

Le *Chi-king* est un recueil d'odes et d'hymnes antiques, la plupart pour célébrer les vertus de certains hommes fameux ou pour flétrir leurs vices. Ces respectables restes poétiques des anciens âges furent choisis par Confucius dans une multitude d'autres auxquels il attribuait une tendance pernicieuse. Il fut même l'auteur de plusieurs de ces poésies (3).

Le *Tchhoun-thsieou* (été et automne) est le quatrième des livres canoniques : Confucius l'écrivit dans sa vieillesse. Ce livre présente sous forme de chronique les destinées heureuses ou malheureuses des diverses petites satrapies dont la Chine se composait alors, dans une durée de 243 ans; l'auteur insiste surtout sur le royaume de Lou, qui était sa patrie (4).

Le *Li* ou *Li-king* est le cinquième et le plus volumineux de ces anciens livres. On l'a divisé en cinq volumes, dont chacun comprend deux livres. Cet ouvrage est une instruction complète sur la manière de bien vivre et de bien se conduire dans les affaires publiques et privées. On y trouve par ordre des prescriptions sur les devoirs réciproques des parents et des enfants, des frères, des parents à divers degrés, et des amis, sur

(1) Le *Y-king* a été traduit en français par le P. Régis, mais n'a pas été imprimé. On trouve un extrait du *Y-king*, sous forme d'appendice, dans la traduction du *Chou-king* de Gaubil.

(2) Le *Chou-king* a été traduit en français par le P. Gaubil, et Deguignes père a publié cette traduction avec des notes très-savantes (Paris, 1770, in-4°).

(3) Un exemplaire manuscrit de la traduction du *Chi-king*, du P. de la Charme, se trouve à Paris à la bibliothèque royale. Le grand orientaliste anglais, sir Will. Jones, a publié, dans ses *Poes. asiat. comment.*, une ode du *Chi-king* en caractères gravés sur cuivre, et l'a traduite en vers latins à la manière d'Horace.

(4) Un court extrait du *Tchhoun-thsieou* se trouve dans les *Comment. acad. Petropol.*, t. VII, p. 335.

les devoirs des magistrats supérieurs ou inférieurs, des lettrés, etc. Ces prescriptions s'étendent sur la manière de se conduire en dehors et au dedans de la maison, dans les temples, dans les heures d'étude et celles du loisir, dans les festins et les réjouissances, dans les jours de malheur et de tristesse. Tout y est appuyé d'exemples tirés de la vie de Wen-wang et d'autres sages.

Les livres canoniques du second ordre n'appartiennent qu'à Confucius et à ses disciples médiats ou immédiats. On n'en compte ordinairement que quatre, et ils sont appelés *Ssu-chou* ou les quatre livres. Il forment la source la plus pure et la plus authentique de la philosophie de cette école; mais jusqu'à présent on n'a pas établi une distinction assez précise entre les doctrines et les principes du philosophe et ceux de ses disciples, et cette tâche est restée difficile, attendu que nous possédons si peu de chose de la main de Confucius. Cependant on peut avec certitude enseigner sa véritable doctrine. Les Ssu-chou sont les suivants :

Le *Taï-hio*, la grande ou l'importante doctrine, leçon écrite par Confucius et adressée aux rois et aux fonctionnaires suprêmes de l'Etat, par laquelle il leur apprend à se rendre dignes de gouverner leurs semblables, en réprimant leurs propres passions, et à ne laisser que la raison dominer dans leur âme. Elle ne comprend que vingt-huit pages in-folio.

Le *Tchoung-young*, le milieu inaltérable. Ce petit ouvrage est dû à Tsu-sse, petit-fils de Confucius, qui fit probablement usage des manuscrits laissés par son grand-père, et ne fit que les arranger d'une manière systématique. Il commence par une courte métaphysique des mœurs, à laquelle viennent se joindre plusieurs considérations mêlées de sentences de Confucius sur cette vérité éternelle et universelle qu'il vaut mieux régler ses passions suivant le devoir que de les extirper entièrement. Il ajoute que ce n'est qu'en tenant ce milieu que l'homme peut arriver à la perfection morale et au suprême degré de la félicité.

Le *Lun-yu*, dialogues ou discours et réponses. Ce livre renferme des sentences de morale et d'autres maximes de Confucius, quelques détails sur sa vie, et de courts entretiens entre lui et ses disciples. Il est trois fois plus considérable que les deux livres précédents, et il doit avoir été recueilli par deux disciples du philosophe après sa mort.

Le quatrième et dernier livre porte le nom de son auteur *Meng-tsu*, disciple de Tsu-sse. Il renferme des dialogues entre Meng-tsu, auquel les Chinois donnent le second rang parmi les philosophes après Confucius, et un prince nommé Liang-wang sur la manière la plus sage de gouverner (1).

Plusieurs mettent encore au nombre des livres canoniques le *Hiao-king*, le livre de l'obéissance enfantine, et le *Siao-hio*, la petite doctrine. Le premier consiste en un dialogue continu entre Confucius et son disciple Thseng sur le sujet cité. Le second, écrit par Tchou-hi et renfermant différents sujets, se compose principalement de dissertations sur l'éducation et l'enseignement des écoles.

La religion primitive des Chinois, dont les dogmes eurent pour source principale les livres canoniques du premier ordre, fut simple et patriarcale. Ils adoraient un être suprême, Thian (ciel) ou *Chang-ti*, dominateur souverain, et en outre un grand nombre de génies inférieurs, esprits protecteurs des villes, les montagnes, les fleuves, etc. On ne trouve pas chez eux de trace d'astrologie et d'autres semblables rêveries; mais ils croyaient possible d'inciter par des prières ferventes la Divinité à intervenir dans les choses terrestres, et de la concilier par des offrandes. La plupart des antiques souverains de la Chine s'efforcèrent de devenir semblables au Chang-ti, et menèrent une vie pieuse et irréprochable. Ils furent en quelque sorte les piliers de la piété et de la moralité de leurs sujets.

Mais cet heureux état, sauf quelques interruptions, ne dura que jusqu'à l'époque de la dynastie des Tcheou, dont le premier empereur, l'héroïque Wou-wang, distribua les provinces de l'empire à ses proches parents et à d'autres personnages du vieux sang royal. Ces vassaux devinrent sous les successeurs de Wou-wang de plus en plus puissants et indépendants, et à l'époque de Confucius l'empire, partagé en plusieurs petites souverainetés éternellement en guerre entre elles, tomba dans une anarchie et un désordre auxquels les empereurs Tcheou, dont la puissance n'était plus qu'une ombre, étaient loin de pouvoir remédier. Avec la décadence de l'empire s'avançait en même temps celle de la religion et des mœurs; les divinités du second ordre croissaient en nombre et en considération, et obscurcissaient tellement la croyance au dieu suprême, que l'empire du ciel n'était plus qu'une image de celui de la terre. Alors Confucius ou Koung-fou-tseu, fils d'un mandarin du royaume de Lou, homme doué de rares qualités et d'une conduite pure et irréprochable, tenta de ramener ses concitoyens dégénérés aux pures croyances de leurs ancêtres, à une moralité sévère, débarrassée de l'influence des génies, et peu à peu à l'unité politique de sa chère patrie. C'est à ce noble et sublime but qu'il consacra sa vie entière; mais il ne devait pas recueillir lui-même le fruit de ses efforts. Ses nombreux disciples marchèrent avec plus ou moins de constance et de bonheur sur les traces du grand maître. La doctrine de Confucius, surtout après le rétablissement de l'unité de l'empire, devint le lien commun de tout ce qu'il y avait de noble et de sage et l'âme de la constitution politique tout entière. On rendit presque à ses mânes les honneurs divins, et les écrits qu'il avait laissés furent mis au rang des livres canoniques. — Les livres sacrés du premier et du second ordre ont été très-souvent, en Chine, en tout ou en partie, édités et commentés.

A peu près à l'époque de Confucius vécut Lao-kiun, qui fonda la secte des tao-sse ou partisans de la raison primitive. L'histoire de sa naissance est mêlée de prodiges. Il enseigna que le tao ou la raison, le fondement suprême de toutes choses, avait engendré un autre être, qui à son tour avait donné naissance à deux autres êtres, et ces deux êtres à trois autres encore. Ses ouvrages se sont conservés jusqu'à présent, mais ils doivent avoir été beaucoup altérés et défigurés par ses disciples. Le système de Lao-kiun est probablement une sorte de philosophie de l'identité, qui n'engendra pas un dégoût de la vie à la manière des Hindous ni le désir du retour dans l'âme universelle du monde, mais un épicuréisme agréable. Il recommande la répression des passions et des désirs, qui peuvent être dangereux à la paix de notre âme : les efforts du sage doivent tendre surtout à ce que les tourments de l'âme, le doute affligeant, le chagrin et l'ennui n'empoisonnent les joies de son existence. Chassez de vos cœurs le souvenir d'un passé sombre, se crient les disciples de Lao-kiun, et ne vous faites aucun souci de l'avenir, pratiquez la vertu, évitez le vice selon la mesure de votre plus grand bien-être possible. La doctrine des tao-sse trouva surtout parmi les riches et dans le palais des grands un accueil favorable. Mais l'effrayante croyance à un éternel anéantissement, ou au moins à la perte de la conscience après la mort, pouvait faire un grand tort à leur béatitude : aussi mirent-ils tout en œuvre pour découvrir une boisson qui rendît immortel; et, parce que l'on ne pouvait pas arriver à ce but par les moyens naturels, ils se livrèrent à l'alchimie et à d'autres arts magiques qui furent la cause de la publication d'un grand nombre d'ouvrages. C'est surtout sous la dynastie des Soung dans le V$^{e}$ siècle après Jésus-Christ, que cette secte étendit son influence, perdant les esprits, et répandant des superstitions de toute espèce, et encore aujourd'hui un grand nombre de ses partisans et de ses apôtres sont répandus dans la Chine entière; mais ces derniers sont pour la plupart descendus au rang de vulgaires bateleurs.

Une troisième religion qui pénétra en Chine peu de temps avant Jésus-Christ et devint générale parmi le peuple est celle de Fo ou Foe, rameau bâtard de la religion de Bouddha, dont les prêtres, au nombre de plus d'un million, sont communément appelés bonzes. Ces bonzes savent tirer des plus crasses superstitions dont ils enveloppent l'intelligence du pauvre peuple, des tromperies les plus inouïes, un riche parti pour leur domination sur les esprits et leurs besoins temporels. Ce fléau est toléré, parce qu'il ne menace pas de devenir nuisible aux intérêts de l'Etat, peut-être aussi parce qu'il a poussé de trop profondes racines. Il se trouve, parmi le peuple, mêlé aux doctrines de l'école de Confucius, qu'ils s'approprient dans les écoles publiques, pour ainsi dire, d'une manière mécanique et sans en pénétrer l'esprit, de façon à former le mélange le plus bizarre : aussi est-ce à l'influence pernicieuse de cette secte qu'on doit attribuer l'abâtardissement profond, et le relâchement moral de l'homme du peuple en Chine. Les partisans de la religion de Fo, qui n'est autre que le Bouddha des Indiens, ont défiguré la douce et bienfaisante doctrine du sage philosophe, pour en faire le plus horrible monstre qu'ait enfanté l'es-

(1) Les traductions et les travaux auxquels ces livres ont donné lieu sont : *Confucius Sinarum philosophus*, Lutet., 1687, in-fol.; les *Ssechou* de Noël, Prague, 1711, in-4°; le *Tchoung-young* d'Abel Rémusat (*Not. et Ext.*, t. x); *Taï-hio*, de Marshman, dans la *Clavis sinica; The works of Confucius, by Marshman*, vol. 1$^{er}$, Lun-ngee, Seramp., 1810, in-4°; *Werke des Tschinesischen Weisen Kung-fu-dsü, von Schott*, Halle, 1826, in-8°.

prit humain; nous croyons pouvoir nous dispenser ici d'en donner l'analyse.

Les productions modernes de la philosophie chinoise se bornent soit à des commentaires des ouvrages de Koung-fou-tseu, parmi lesquels ceux de Tchou-hi et de Tching-tseu sont les plus estimés (1), soit à des traités métaphysiques dépendants plus ou moins du livre de Y-king (2).

L'histoire doit, à cause de la haute antiquité à laquelle remonte en Chine l'art d'écrire, avoir été fondée de bonne heure dans cette nation. Outre le monument beaucoup plus ancien du Yu (3), les Chinois possèdent des inscriptions qui datent au moins du VIIIe siècle avant Jésus-Christ. Dès les temps les plus reculés, les souverains de la Chine firent écrire tous les événements remarquables de leur règne, ainsi que les discours qu'ils tinrent aux grands et ceux qui étaient prononcés par leurs conseillers. On recueillit de même des lois et des règlements sur les cérémonies religieuses et sur les usages de cour. Ces recueils s'étaient tellement accrus à l'époque de Confucius, qu'il regarda comme nécessaire d'en faire un extrait et de leur donner en même temps plus d'harmonie. De là naquit le *Chou-king*. Parmi les livres canoniques il n'y a encore que le *Tchhoun-thsieou*, qu'on puisse attribuer avec certitude au même auteur. L'empereur Chi-houan-ti, de la dynastie des Tsin, qui avait enfin renversé les Tcheou, affaiblis par leur malheureux système de féodalité et de division, et s'était élevé sur les ruines de leur puissance, eut beaucoup à combattre contre l'opiniâtreté des grands, qui auraient aimé à ramener l'ancienne constitution et en appelaient sans cesse aux antiques documents historiques. Il alla jusqu'à concevoir la pensée de livrer aux flammes tous les livres historiques. Un grand nombre de livres cependant purent être sauvés des flammes, d'autres furent conservés au moins dans la mémoire de quelques lettrés, et sous la dynastie des Han qui suivit on fut assez heureux pour retrouver des fragments notables et même des ouvrages tout entiers. C'est ainsi que l'histoire de la Chine ancienne fut rétablie d'abord par Ssu-ma-tan, que la mort surprit au milieu de ses travaux, et ensuite par son fils, le célèbre Ssu-ma-thsian sous le règne de l'empereur Wou-ti (100 ans environ avant J.-C.). Ssu-ma-thsian commence son histoire, qui porte le titre de *Ssu-ki*, à l'année 2637 avant Jésus-Christ, et il la continue jusqu'au commencement de la dynastie des Han. Quoique l'historien eût à sa disposition tous les secours que le temps avait pu conserver, l'histoire de la Chine resta jusqu'au IXe siècle avant Jésus-Christ, remplie de lacunes et sans suite, parce que les sources dont il se servit étaient souvent en contradiction, et que ce n'est que cent ans plus tard que la chronologie cesse d'être en désaccord avec elle-même. Chacune des dynasties qui ont régné sur la Chine a fait continuer l'histoire depuis Ssu-ma-thsian, et il est d'usage que les annales de la dynastie précédente ne paraissent que sous celle qui la suit. Cette collection, immense et précieuse, mais qui ne se trouve complétement dans aucune bibliothèque d'Europe, porte le titre de *Nian-eul-ssu*, c'est-à-dire les vingt-deux histoires, et se compose de quatre cent seize cahiers distribués en soixante et une enveloppes de carton, chacune de la force d'une main, et qui ne renferment pas seulement l'histoire, mais encore la géographie, la statistique et la biographie des Chinois, depuis l'an 2637 avant Jésus-Christ jusqu'à 1644 après Jésus-Christ (4). Elle se termine donc à l'extinction de l'avant-dernière dynastie, celle des Ming. Une partie de cette collection, qui comprend l'histoire de cette dynastie, se trouve sous le titre de *Ming-ssu* à la bibliothèque royale de Berlin, et comprend trente volumes in-folio. On peut voir une table des matières qui s'y trouvent dans la liste qu'a publiée Klaproth des livres et manuscrits chinois et mantchous que possède la bibliothèque de Berlin; Paris, 1822.

Outre ces annales officielles de l'empire, il y a encore un grand nombre d'histoires particulières de diverses dynasties et des traités géographiques, tant de la Chine entière que de certaines provinces isolées de l'empire chinois, la plupart accompagnés de cartes; ces traités de géographie forment, à la bibliothèque de Paris, une collection gigantesque de cent soixante gros volumes (1). La bibliothèque royale de Berlin ne possède, en ouvrages de géographie pure, que le *Kouang-yu-thou-ki*, description générale de la Chine avec des cartes (six cahiers en un volume), composée par Lou-ing-yang, en vingt-quatre livres, sous le règne de l'empereur Tching-tsu, de la dynastie des Ming.

C'est dans les livres canoniques que la poésie des Chinois compte ses productions les plus anciennes et les plus sublimes. Depuis la Chine a eu un grand nombre de poëtes lyriques et didactiques (2), des romanciers et des dramaturges, et la mythologie y a été cultivée d'une manière très-étendue. L'histoire des dieux et des génies, qui se trouve à la bibliothèque royale de Paris, ne comprend pas moins de 60 volumes, pour ne pas parler d'autres ouvrages mythologiques. Deux des romans les plus estimés des Chinois se trouvent à la bibliothèque royale de Berlin, savoir: 1° le *San-koue-tchi*, ou l'***Histoire des trois empires Chou, Koueï et Ou***, dans lesquels la Chine fut partagée lorsque, vers l'an 220, la dynastie des Han orientaux finit avec l'empereur Hian-ti. Ces trois empires étaient en guerre continuelle, jusqu'à ce qu'enfin le fondateur de la dynastie des Tsin (280 après Jésus-Christ) réunit l'empire entier sous son sceptre. Le premier auteur fut un certain Tchen-cheou. Mais le livre fut refait, sous la dynastie mongole des Youan, par Lo-kouan-tchoung, qui l'orna d'un style fleuri et y ajouta un grand nombre d'épisodes romanesques. 2° Le *Choui-hou-tchouan*, ou ***Histoire des rivages***, roman également semi-historique et dû à Lo-kouan-tchoung. Il renferme l'histoire des brigands et des rebelles qui désolèrent la Chine sous la dynastie des Soung, depuis l'an 1058. Le héros du roman est Soung-kiang, général de l'empereur, qui contribua le plus à leur répression. Il termine sa glorieuse carrière en avalant du vin empoisonné. Deux autres romans chinois, le *Hao-kieou-tchouan* et le *Yu-kiao-li*, ont été traduits en français (3).

Les Chinois ont écrit immensément en ce qui concerne la lexicographie et l'explication de leurs caractères. Leurs dictionnaires sont ou toniques, c'est-à-dire que les caractères s'y suivent d'après la prononciation et l'accent, ou ils sont disposés d'après les radicaux. Au nombre des plus fameux et des meilleurs on compte: 1° le *Tsu-koueï*, collection de caractères rangés d'après l'ordre des clefs. C'est un des dictionnaires les plus usités en Chine; il est d'une étendue médiocre, et les explications en sont courtes et bonnes. Il fut composé, vers la fin de la dynastie des Ming, par Mei-ing-thsou, et parut pour la première fois en 1615; il renferme 33,179 caractères. 2° Le *Tching-tsu-thoung*, ouvrage d'une érudition distinguée. L'auteur est un certain Tchang-eul-koung, après la mort duquel l'ouvrage parut en 1670 sous le nom de *Liao-wen-ing*, qui le lui avait acheté et qui se donna pour l'auteur. Mais la fraude fut bientôt découverte. 3° Le *Kang-hi-tsu-tian*, ou le Dictionnaire impérial de Kang-hi (40 cahiers). Ce grand monarque en confia l'exécution à une assemblée qui se composait en grande partie de membres de l'académie de Han-lin-youan. Il est regardé en Chine comme le plus complet, et il jouit d'une si grande considération, que tous les écrits publics qui sont présentés à l'empereur doivent être rédigés d'après le style dans lequel il est écrit.

Portons nos regards sur la médecine et sur une science qui s'en rapproche, l'histoire naturelle. Les médecins chinois sont de beaucoup inférieurs à ceux d'Europe, à cause de leur ignorance en anatomie et en chirurgie, ignorance qui les conduit aux idées les plus bizarres sur la constitution du corps humain et sur les véritables causes des maladies. Ils reconnaissent deux principes de la vie, la chaleur naturelle et l'*humidum radicale*,

(1) On a du premier plusieurs traités de philosophie morale.

(2) Il existe encore, chez les Chinois, une grande multitude de contes moraux. Un recueil très-connu de cette espèce, ce sont les *Ji-gui-gou-dsu*, c'est-à-dire *Souvenirs pour chaque jour des anciennes actions*. Ce livre est orné d'images; et principalement destiné à la jeunesse. Le *San-tsu-king*, ou Livre des trois caractères, renferme les éléments des sciences pour les enfants. Ces deux livres ont été traduits en anglais par Morrison, le premier en partie, le second en entier.

(3) *V.* l'*Inscription de Yu*, traduite et expliquée par Klaproth, Halle, 1811.

(4) Un utile extrait des *Nian-eul-ssu*, ce sont les *Tsu-tchi-thoung-kian*, ou Annales de l'empire chinois, en 120 cahiers, par Ssu-ma-kouang, 1066 ap. J.-C. (*V.* Klaproth).

(1) La bibliothèque royale de Paris possède, en livres et manuscrits chinois, près de cinq mille volumes, c'est-à-dire la substance de la littérature chinoise dans tous les genres. Abel Rémusat s'est occupé d'un catalogue de ces livres.

(2) Au nombre des grands poëmes, on compte surtout le savant panégyrique de l'empereur Kian-loung sur la ville de Moukden ou de Cheng-keng, qui a été imprimé en trente-deux styles de caractères. Il a été traduit par le P. Amyot, Paris, 1770, in-8°. Les pièces de théâtre qui se trouvent à la bibliothèque royale, au nombre de cent, sont de différents auteurs, et ont paru sous la dynastie mongole des Youan (1279-1368).

(3) Le premier sans nom de traducteur, Lyon, 1766, 4 vol. in-12; le second par Abel Rémusat, Paris, 1824.

qui a pour véhicules le sang et les esprits animaux. La séparation de ces deux éléments cause la mort des corps vivants. Ils reconnaissent une sorte de domination du feu, de l'eau, de l'air et des métaux, sur certains membres du corps. Le pouls joue le principal rôle dans leur diagnostic des maladies. D'après le mouvement du pouls ils jugent presque entièrement de l'état du malade et de la cause de la maladie, sans soulever guère d'autres questions. Ils prescrivent, comme chez nous, des formules, et les pharmacies doivent contenir en abondance des épiceries excellentes. Si l'on désire des détails sur le secret du battement du pouls, sur les recettes, sur les règles générales et particulières pour la conservation de la santé, on peut consulter la partie de la description de l'empire chinois de du Halde, consacrée à la médecine de ce peuple et qui contient d'amples renseignements sur cette matière.

La bibliothèque royale de Berlin possède un grand nombre d'ouvrages de médecine et d'histoire naturelle, dont nous allons énumérer une partie d'après le catalogue de Klaproth.

*Pen-thsao-kang-mou*, ou Aperçu général de l'histoire naturelle, par Li-chi-tchin. Cet ouvrage parut en 1596. Le but de l'auteur est surtout de faire connaître l'usage médical des corps naturels. On peut voir une exposition détaillée des matières qui y sont contenues dans le catalogue cité. *Pen-thsao-pao-tchi*, ou De la préparation des médicaments, traité d'histoire naturelle court, mais défectueux, sans nom d'auteur ni date d'impression : on y trouve avec la description les dessins de différents objets. *Ta-kouan-pen-thsao-kang-mou-thsiouan-chû*, Histoire naturelle des années *ta-kouan*, par Thang-chin-wi, terminée l'an 1114 après Jésus-Christ, et composée avec 247 autres ouvrages.

En ouvrages médicaux proprement dits, on compte l'*Aiguille magnétique des quatre-vingt-un points difficiles*, ouvrage qui renferme la solution de quatre-vingt-une difficultés de la science du pouls et du système anatomique des Chinois. Le *Miroir*, corrigé et augmenté de l'*Art de guérir*, traitant du pouls, des esprits vitaux, de la chaleur et du froid naturels; les différentes maladies sont ensuite énumérées, et on y trouve les recettes propres à la guérison de chacune d'elles; ensuite vient un aperçu sur la matière médicale chinoise. *Les Grandes Veines de l'empire de la médecine*, recueil étendu d'ouvrages de médecine anciens et nouveaux, etc.

Les Chinois ont en outre des mélanges, des encyclopédies parmi lesquelles se distingue surtout le magnifique ouvrage de Ma-duan-lin, intitulé : *Wen-hian-thoung-khao*. Il se trouve à la bibliothèque royale de Paris; Abel Rémusat l'appelait le monument le plus précieux de la littérature chinoise, collection immense et presque inépuisable d'articles importants sur des sujets de toute sorte, trésor d'érudition et de critique, où tout ce que l'antiquité chinoise nous a laissé sur les religions, la législation, l'économie rurale et politique, l'agriculture, le commerce, l'administration, l'histoire naturelle, la géographie, la physique et l'ethnographie, se trouve réuni, classé et discuté avec un ordre, une méthode et une clarté admirables, ouvrage qui à lui seul vaut toute une bibliothèque, et qui, quand la littérature chinoise n'en offrirait pas d'autres, mériterait qu'on apprît le chinois pour le lire. Nous passons ici sous silence les ouvrages écrits par les Européens en langue chinoise, qui ne contiennent pour la plupart que des sujets de religion, de mathématiques et d'astronomie, et qui presque tous sont dus aux missionnaires. Les traductions chinoises de la Bible sont un excellent exercice pour les commençants, parce que dans cette étude ils ont affaire avec un sujet qui leur est déjà connu. Parmi les ouvrages chinois (1) les plus modernes écrits par des Européens, le traité de l'Anglais sir Georges Staunton sur la petite vérole mérite surtout d'être cité : il a paru à Canton en 1805.

## THÉATRE CHINOIS (2).

L'histoire de l'art dramatique chez les Chinois peut se diviser, d'après le témoignage des écrivains les plus recommandables, en trois époques distinctes.

(1) On peut consulter une table de ces ouvrages dans les *Archives asiatiques* de Klaproth.

(2) Nous avons tiré ce chapitre du *Théâtre chinois*, ou *Choix de pièces de théâtre* composées sous les empereurs mongols, traduites pour la première fois sur le texte original, précédées d'une introduction et accompagnées de notes; par M. Bazin aîné. Paris (imprimerie royale), 1838; 1 vol. in-8°. Nos lecteurs pourront consulter aussi avec fruit le travail de M. Magnin, sur le théâtre chinois, dans le *Journal des savants*.

Dans la première on range ordinairement les pièces de théâtre composées sous la dynastie des Tang, depuis l'an 720 de notre ère jusqu'à l'avénement des cinq petites dynasties, dites postérieures, vers l'an 905. On sait que, depuis la chute de la dynastie des Tang jusqu'à l'époque des Song, l'histoire de la Chine, empreinte d'une sauvage monotonie, ne présente plus que des tableaux hideux et le spectacle d'un pays affligé par tous les fléaux du ciel à la fois. Les désordres et les guerres civiles interrompirent les jeux de la scène, et le peuple, pour nous servir d'une expression chinoise, ne goûta plus « les joies de la paix et de la prospérité (1). »

On appelle les pièces des Tang TCHHOUEN-KHI (Bas., 408-1813) (2).

La seconde époque comprend les pièces de théâtre composées sous la dynastie des Song (960 à 1119 de notre ère), et appelées par les historiens HI-KHIO (Bas., 3,201-4,015).

La troisième embrasse toutes les pièces de théâtre qui furent composées sous la dynastie des Kin et celle des Youen (1123 à 1341 de notre ère), et qui sont actuellement connues sous les dénominations de YOUEN-PEN (Bas., 11,786-4,063) et TSA-KI (Bas., 11,927-844).

C'est à l'empereur HIOUEN-TSONG, de la dynastie des Tang, que les Chinois attribuent la gloire d'avoir élevé, l'an 720 de notre ère, le premier monument dramatique vraiment digne de ce nom. Toutefois, nous devons le dire, cette opinion est vivement controversée. Il y a des écrivains qui revendiquent pour Wen-ti, fondateur de la dynastie des Soui (l'an 581 de notre ère), l'honneur d'avoir inventé le drame. Au nombre de ces derniers figure MA-TOUAN-LIN, qui, dans son *Examen général des monuments écrits* (3), dit que « pendant les années *tchin-kouan* (de 627 à 649 de notre ère) et *kaï-youen* (de 713 à 741) la musique en vogue fut celle du théâtre; » d'où il semble résulter que du temps de l'empereur Thaï-tsong, de la dynastie des Tang (l'an 627 de notre ère), il y avait déjà des représentations dramatiques dans le céleste empire; mais nous préférons à l'autorité de Ma-touan-lin celle des éditeurs des chefs-d'œuvre du théâtre des Youen, qui nous paraissent plus éclairés sur cette matière, et qui ont dû profiter des travaux publiés depuis la mort du célèbre écrivain encyclopédique.

La naissance du drame fut marquée par une révolution dans le système musical des Chinois, révolution due à l'heureux génie de Hiouen-tsong, qui fonda une *académie impériale de musique*, dont il devint lui-même le directeur.

Voici la traduction d'un passage des Annales de la dynastie des Tang, où cet événement est raconté (4) :

« Hiouen-tsong, qui connaissait à fond les principes élémentaires de la musique, aimait passionnément les chants appelés *fa-khio*. Il établit une académie de musique dont les élèves furent au nombre de trois cents. Hiouen-tsong leur donnait des leçons dans le jardin des Poiriers (5); si quelques élèves chantaient sans goût et sans mélodie, l'empereur, qui s'en apercevait sur-le-champ, rectifiait leurs fautes... Les jeunes filles du harem, au nombre de plusieurs centaines, furent attachées comme élèves à l'académie. Elles habitaient la partie nord du palais. On établit dans la suite une seconde division composée d'environ trente élèves. Dans ce temps, l'empereur visita le mont Li-chan. L'impératrice Yang-koueï-ki, le jour anniversaire de la naissance de l'empereur, ordonna à la petite division d'exécuter des morceaux de musique *dans le palais de l'Immortalité*. Alors les élèves se mirent à jouer des airs nouveaux. Comme ces airs n'avaient pas encore de noms particuliers, et qu'à cette époque les députés des provinces du Midi vinrent offrir du li-tchi (6) à l'empereur, on les appela *Parfums du li-tchi*.

» L'empereur aimait encore les tambours appelés *kie-kou*, et jouait avec talent de la flûte traversière. Il avait, à cause de cela, gagné l'affection des jeunes magistrats et des grands officiers, qui tous prenaient plaisir à disserter avec lui sur la mé-

(1) Expression par laquelle les historiens désignent les représentations dramatiques.

(2) Les chiffres placés entre parenthèses se rapportent à ceux des dictionnaires de Basile et de Morrison, dans lesquels on pourra retrouver facilement les caractères cités.

(3) *V.* le *Wen-hien-thoug-khao*, section 15, p. 1, *v.*

(4) *Tang-chou*, liv. XXII, fol. 4 et 5.

(5) Dans les compositions élégantes, on désigne encore aujourd'hui les comédiens par cette expression : *Élèves du jardin des Poiriers* (*V.* Gonçalvès, *Dictionnaire portugais-chinois*, au mot *Comediante*).

(6) Fruit savoureux et particulier à la Chine.

thode et les principes de la composition. Hiouen-tsong leur démontra qu'une symphonie dans laquelle on faisait concerter le son lugubre du tambour *kie-kou* avec les sons des huit instruments était supérieure aux plus belles symphonies de l'antiquité, et que celles-ci ne pouvaient pas soutenir le parallèle. C'était, il faut le dire, un véritable progrès que l'adjonction de cet instrument, dont les sons se rapprochaient, pour la qualité, de ceux du *kiun*. Les peuples de *Koueï-ki*, de *Kao-tchang*, de Lieou-li et de l'Inde en faisaient usage. C'est pourquoi leur musique paraissait si animée et différait entièrement de la musique chinoise.

» La vingt-quatrième année *kaï-youen* (736 de notre ère), on présenta à l'empereur une troupe de musiciens des pays barbares, et la première année *thien-pao* (742 de notre ère), ces musiciens représentèrent devant la cour les pièces qui portaient des noms particuliers de pays. On disait : les airs de Leang-tcheou, de Y-tcheou, de Kan-tcheou ; et après ces représentations l'empereur ordonna aux musiciens chinois de composer des pièces régulières, dans la partition desquelles on introduisit la nouvelle musique des peuples barbares. L'année suivante, Ngan-ho-chan leva l'étendard de la révolte. Les provinces de Leang-tcheou, Y-tcheou et Kan-tcheou se soumirent aux armes tibétaines; mais dans le temps où la dynastie des Tang était florissante, les musiciens et les élèves se trouvaient sous la direction du *thaï-tchang* (1). On les appelait généralement *hommes de sons et de musique*. Ils arrivèrent un jour dans le palais impérial, au nombre de plus de dix mille; Hiouen-tsong leur fit distribuer des chevaux, des habillements, etc. »

Assurément c'est beaucoup que, dans un temps où les Chinois n'avaient aucune idée des jeux de la scène, un homme qui avait fondé l'institut des Han-lin, et qui pouvait se dire à juste titre le *précepteur de sa nation*, conçût et exécutât seul une œuvre d'art dans laquelle on trouvait pour la première fois, avec tout le charme du merveilleux, l'alliance de la poésie lyrique et du drame. Cette œuvre, susceptible d'éveiller dans l'âme des spectateurs l'idée ou le sentiment des grandes choses, ne pouvait être que le produit du génie.

Avant Hiouen-tsong, il existait chez les Chinois, comme dans tous les pays du monde, des jeux et des fêtes, des ballets et des pantomimes; mais ces divertissements n'avaient rien de commun avec l'institution des jeux scéniques, institution qui ne remonte pas au delà du VIII^e^ siècle de notre ère. D'après la chronologie du *Chou-king*, les premiers jeux des Chinois furent ceux de l'arc et de la flèche. Il est dit dans le Li-ki (2) : « Lorsque l'homme vient au monde, on lui donne un arc et six flèches pour qu'il les lance contre le ciel, la terre, et les quatre parties du monde. Comme tous ses devoirs et toutes ses occupations se rapportent au ciel, à la terre et aux quatre parties du monde, l'homme commence par élever sa pensée vers les six objets sur lesquels il doit continuellement exercer sa force et son intelligence. » — « On s'assemblait pour tirer de l'arc (dit le P. Gaubil dans ses notes sur le *Chou-king*), et ces assemblées étaient des fêtes. Le but auquel on visait était orné de têtes d'animaux. Les archers se divisaient en plusieurs bandes, et l'on distribuait des récompenses aux plus adroits. » A ces jeux succédèrent les exercices qui tiennent à l'art militaire proprement dit; mais vers le même temps, c'est-à-dire au début de la société chinoise, apparurent la poésie, la musique et l'art des gestes ou la danse. Les plus vieux monuments de la littérature sont en vers, et le symbole qui désigne les compositions de cette espèce, suivant l'opinion de Morrison, indique leur antique origine. C'est le mot *chi* (vers), caractère formé de *yen* (parole) et de *sse* (temple), paroles du temple. La musique est si ancienne, que du temps de l'empereur Chun, plus de 2200 ans avant notre ère, il existait déjà une surintendance de la musique (3).

La tradition dit : « La connaissance des tons et des sons a des rapports intimes avec la science du gouvernement, et celui-là seul qui comprend la musique est capable de gouverner (4). » C'est pourquoi les fondateurs des dynasties chinoises, pour faire preuve d'intelligence, ont presque tous inauguré leur avénement au trône par l'introduction d'une musique nouvelle dans l'empire. Quant à la danse, personne n'ignore qu'elle faisait partie du culte religieux. Il est dit dans le *Li-ki* qu'on jugeait des mœurs d'une nation par ses danses (1).

La plupart étaient figurées et représentaient les *travaux du labourage*, les *joies de la moisson*, les *fatigues de la guerre*, les *plaisirs de la paix*. Les danseurs portaient des boucliers, des haches et des étendards, suivant les différentes cérémonies religieuses, comme les sacrifices faits aux montagnes, aux rivières et à la terre (2). Dans ses notes sur le *Chou-king*, le P. Gaubil parle d'un traité chinois sur la danse; l'auteur y fait la description suivante d'une ancienne pantomime :

« Les danseurs sortaient par le côté du nord. A peine avaient-ils fait quelques pas, que, changeant tout à coup l'ordre dans lequel ils étaient venus, ils figuraient par leurs attitudes, leurs gestes, leurs évolutions, un ordre de bataille. Dans la troisième partie, les danseurs s'avançaient encore plus vers le midi ; dans la quatrième, ils formaient une espèce de ligne; dans la cinquième, ils représentaient les deux ministres Tcheou-kong et Tchao-kong, qui aidaient de leurs conseils Wou-wang; dans la sixième, ils restaient immobiles comme des montagnes. Cette danse était une histoire de la conquête de la Chine par Wou-wang, qui, entrant dans l'empire, défait le roi Cheou, pénètre ensuite plus avant, assigne des bornes à ses États, et les gouverne par les sages conseils de ses deux ministres. »

L'usage et le goût des ballets et des pantomimes se sont toujours conservés chez les Chinois (3). Mais comme tout s'altère et se détériore avec le temps, ces ballets, qui étaient religieux dans l'origine, devinrent si obscènes, et la licence y fut portée à un tel point, qu'elle excita souvent l'attention des empereurs, des ministres et des mandarins, et qu'elle provoqua la sévérité des lois.

Nous avons dit que les représentations dramatiques chez les Chinois ne remontaient pas au delà du VIII^e^ siècle de notre ère ; nous devons ajouter ici que le P. Cibot, malgré sa science, est tombé dans une singulière méprise, en compilant les mémoires de ses confrères. « La première fois qu'il est fait mention de pièces de théâtre dans l'histoire, écrit le P. Cibot, c'est pour louer Tching-tang, fondateur de la dynastie des Chang (1766 avant notre ère), d'avoir proscrit les jeux de la scène comme des divertissements frivoles et dangereux. Siouen-wang, de la dynastie des Tcheou (827 avant J.-C.), reçut des représentations par lesquelles on l'engageait à éloigner de sa cour les comédiens, dont la présence devait être funeste pour les mœurs. Un autre empereur, dont on ne rapporte pas le nom, fut privé des honneurs funéraires pour avoir trop aimé le théâtre et fréquenté les comédiens (4). »

Ces faits, inexactement rapportés, paraissent incompatibles avec l'assertion des écrivains chinois, que le poëme dramatique prit naissance sous la dynastie des Tang; mais il faut savoir que la méprise dont nous voulons parler, vient de ce que le P. Cibot assimile mal à propos les anciens spectacles des Chinois, qui consistaient en ballets et en pantomimes, aux pièces régulières appelées *tchhouen-khi*, *hi-khio*, *tsa-ki*, etc.; ou plutôt la méprise vient de ce que les missionnaires (s'il est permis de critiquer des hommes qui ont rendu tant de services à la religion, aux sciences et à l'humanité) ont traduit indifféremment par le même mot : comédiens, l'expression *yeou-jin* (en latin *histriones*), qui désigne à la vérité les *comédiens*, mais qui, dans le style des écrivains antérieurs à la dynastie des Tang, se rapporte aux bateleurs ou aux acteurs de bas étage qui jouaient dans les ballets et les pantomimes.

Hiouen-tsong fut donc le premier qui introduisit dans une pièce régulière tous les éléments du poëme dramatique. Cet exemple fit négliger les pantomimes, et l'histoire démontre que les écrivains de la dynastie des Tang s'attachèrent à imiter et à perfectionner ce nouveau genre de spectacle.

Les pièces du théâtre chinois portent l'empreinte du siècle où elles furent composées. Il y a d'ailleurs entre les drames intitulés *tchhouen-khi*, limités à la représentation d'événements extraordinaires, les *hi-khio*, *tsa-ki*, dans lesquels figure un personnage principal qui chante, et les autres œuvres de théâtre, des différences essentielles et caractéristiques. Nous nous bornerons, dans cette introduction, à l'examen du théâtre des Youen.

(1) Grand maître de la musique.
(2) Liv. x, p. 59, *recto*.
(3) *V.* le *Chou-king*, chap. intitulé : *Chun-tien*, fol. 19, *verso*.
(4) *V.* le Commentaire de Tchin-hao sur le *Li-ki*, chap. intitulé : *Yo-ki*, p. 1 et suiv.

(1) *Chou-king* de Gaubil, p. 329.
(2) *V.* les notes sur le *Chou-king*, trad. par le P. Gaubil, p. 329.
(3) *V.* la description d'une grande pantomime à laquelle assista lord Macartney, dans la préface du *Lao-seng-eul*, comédie chinoise, trad. par J.-F. Davis, p. 21.
(4) *V.* les Mémoires concernant les Chinois, t. VIII, p. 228.

Tous les personnages du drame chinois sont désignés, dans le texte de la pièce, par des dénominations qui indiquent leur rôle, à peu près comme on distingue chez nous les *jeunes premiers*, les *pères nobles*, les *premiers comiques*, les *seconds comiques*, etc., etc.

Ces dénominations sont générales ou spéciales.

Les dénominations générales sont au nombre de six, savoir :

1° Mo (Morr., part. II, 7,739);
2° Tseng (id., 10,524);
3° Seng (id., 8,812);
4° Tan (id., 9,765);
5° Tcheou (id., 1,432);
6° Ouaï (id., 11,544).

Les dénominations spéciales sont beaucoup plus nombreuses ; elles varient suivant le rôle et le sexe des personnages.

Voici le sens et l'explication de la plupart des mots techniques qui se rencontrent dans les drames de la dynastie des Youen. Nous avons rangé séparément ceux qui s'appliquent aux hommes et ceux qui désignent particulièrement les femmes.

Personnages mâles (Nan-kio. Morr., part. II ; 7,885-5,959).

TCHING-MO (Morr., part. II; 1,015-7,739), principal personnage mâle, premier rôle. Exemple : l'empereur Youen-ti, dans *les Chagrins de Han;* Tchang-i, dans *la Tunique confrontée.*

FOU-MO (Morr., part. II; 2,471-7,739), second personnage. Ex. : M. Ma, dans l'*Histoire du cercle de craie.*

TCHONG-MO (Morr., part. II; 1,667-7,739), troisième personnage. Ex. : Li-yen-ho, dans *la Chanteuse;* Tchang-lin, dans l'*Histoire du cercle de craie;* Teou-tien-tchang, dans *le Ressentiment de Teou-ngo.*

SIAO-MO (Morr., part. II; 8,876-7,739), un jeune garçon. Ex. : Tchin-pao, dans *la Tunique confrontée;* Tching-peï, dans *le Jeune Orphelin de la famille de Tchao.*

OUAI (Morr., part. II; 11,544), personnage grave, revêtu d'une dignité. Ex. : Li, président de la cour des magistrats, dans *les Intrigues d'une soubrette.*

PEI-LAO (Morr., part. II; 8,460-6,923), un père âgé. Ex. : Pi, dans *Pi-jin-koueï*, ou *les Aventures d'un soldat.*

PANG-LAO (Morr., part. II; 8,175-6,923), un brigand. Ex. : Tchin-hou, dans *la Tunique confrontée.*

Personnages féminins (Niu-kio. Morr., part. II; 8,014-5,959).

TCHING-TAN (Morr., part. II; 1,015-9,765), principal personnage féminin, premier rôle. Ex. : Fan-sou, dans *les Intrigues d'une soubrette;* Teou-ngo, dans *le Ressentiment de Teou-ngo.*

LAO-TAN (Morr., part. II; 6,923-9,765), une femme âgée. Ex. : M^me^ Han, veuve du prince de Tsin, dans *les Intrigues d'une soubrette.*

SIAO-TAN (Morr., part. II; 8,876-9,765);
TAN-EUL (Morr., part. II; 9,765-11,519); } une jeune fille d'une naissance distinguée. Ex. : Siaoman, dans *les Intrigues d'une soubrette.*

TCHA-TAN (Morr., part. II; 55-9,765), une femme d'une vertu équivoque. Ex. : madame Ma, dans l'*Histoire du cercle de craie.*

OUAI-TAN (Morr., part. II; 544-9,765), une courtisane, *meretrix.* Ex. : Tchang-in-ngo, dans *la Chanteuse.*

PO-EUL (Morr., part. II; 8,699-11,519), une veuve, une femme d'une naissance commune. Ex. : madame Tsaï, dans *le Ressentiment de Teou-ngo.*

Il existe en outre des dénominations techniques qui s'appliquent tantôt aux hommes et tantôt aux femmes. Voici celles que nous avons rencontrées :

TSENG (Morr., part. II; 10,524), personnage enjoué ou immoral. Ex. : Weï-pang-yen, dans *la Chanteuse;* l'entremetteuse des magistrats, dans *les Intrigues d'une soubrette;* Tchao, le greffier, dans l'*Histoire du cercle de craie.*

TCHEOU (Morr., part. II; 1432), personnage vulgaire, laid ou difforme. Ex. : le paysan, dans *les Intrigues d'une soubrette;* le garçon cabaretier, dans *la Tunique confrontée;* madame Lieou-ssechin et madame Tchang, sages-femmes, dans l'*Histoire du cercle de craie.*

HOEN (Morr., part. II; 4,558), une ombre, un spectre. On dit Hoen-mo (Morr., part. II; 4,358-7,739) en parlant d'un homme, et Hoen-tan (Morr., part. II; 4,358-9,765) en parlant d'une femme. Ex. : l'ombre de Teou-ngo dans *le Ressentiment de Teou-ngo.*

Les personnages des deux sexes sont tirés de toutes les classes de la société chinoise : on voit figurer sur la scène des empereurs, des mandarins civils et militaires, des médecins, des laboureurs, des bateliers, des artisans et des courtisanes. On y rencontre même des dieux et des déesses ; par exemple, dans la pièce intitulée : *Kan-thsien-nou* ou *l'Esclave qui garde les richesses*, véritable comédie de caractère entremêlée de scènes mythologiques; la première scène du premier acte se passe *dans le ciel*, et la seconde *sur la terre.* Ling-kou-heou, dieu du temple de la Montagne sacrée, nommé Tchaï-chan, apparaît suivi d'un démon qui exécute ses ordres; il est remplacé par Tseng-fo-chin, c'est-à-dire *le dieu qui dispense les richesses et le bonheur.* Dans la pièce intitulée : *Tou-lieou-tsoui* ou *la Délivrance de Lieou-tsoui*, drame bouddhique, le premier personnage qui entre sur la scène est la déesse Kouan-in, descendue du mont Lo-kia-chan. On peut donc affirmer que les personnages du drame chinois peuvent être tirés indifféremment de la mythologie, de la fable ou de l'histoire. Dans les pièces de pure fiction, les personnages sont créés par les auteurs.

Relativement aux caractères, il existe entre le drame sanscrit et le drame chinois une différence notable.

La civilisation indienne était fondée sur le principe de l'*hérédité ;* elle avait pour point de départ l'instruction des castes, phénomène social que nous retrouvons en Egypte, et qui se liait aux dogmes sur lesquels reposait la croyance des Indiens ; à savoir : la chute, l'expiation, la diversité d'origine parmi les hommes et la transmigration des âmes. Il suit de là que les attributs de chaque personnage du drame indien se diversifiaient, en premier lieu, d'après l'origine mortelle, demi-céleste ou divine du personnage (1) ; en second lieu, que ces attributs étaient encore minutieusement et rigoureusement définis par rapport à la constitution organique de chaque caste, à ses prérogatives, à ses obligations, à ses droits héréditaires, à sa physionomie, etc. Dans son Système dramatique des Indiens, Wilson, après avoir énuméré les principaux caractères classiques du *nayaka* ou héros, établit qu'on peut multiplier les divisions jusqu'à *cent quarante.* « Il doit être bien difficile pour un écrivain, ajoute Wilson, d'observer, au milieu de cette variété de règles, celle qui a été tracée pour les héros qu'il veut peindre ; quelque caractère qu'il adopte, il doit avoir soin de le rendre conséquent à lui-même et de ne pas lui donner des qualités incompatibles avec son organisation. »

La civilisation chinoise est fondée sur le principe de l'*élection*, principe diamétralement opposé au principe indien. Dans le temps où les drames naquirent, elle avait déjà pour point de départ la sage et utile institution des concours. Les dogmes chinois ne révèlent nulle part une diversité d'origine parmi les habitants du royaume du milieu ; et, au point de vue où nous sommes placés (nous n'envisageons ici que la littérature dramatique), il faut convenir que le désavantage est du côté des Indiens. On dit proverbialement à la Chine : « Le monde ne forme qu'une seule famille (dans l'empire) ; tous les hommes sont frères. » De ce caractère particulier de la civilisation chinoise, il est résulté que les attributs des personnages dramatiques n'ont jamais été limités et fixés d'avance ; qu'aucune règle émanée d'une constitution (par castes) que le fondateur de la dynastie de Souï tenta vainement d'introduire parmi ses compatriotes n'est venue entraver le développement des caractères, et que par ce développement les poëtes chinois ont toujours joui d'une assez grande latitude.

« On a déployé la même attention, dit le traducteur de Wilson, pour spécifier les caractères des héroïnes ou *nayikas ;* et en voyant jusqu'à quel point les femmes sont admises dans les incidents représentés sur la scène, on peut juger des rapports de ce sexe dans la société indienne. Ce sont là des considérations qui deviennent intéressantes... Il paraît probable que les princes indiens prirent des mahométans la coutume rigide d'enfermer les femmes dans leurs harems. Autrefois, quoiqu'elles fussent soumises à bien des restrictions, elles étaient libres de se montrer en public ; elles étaient présentes aux spectacles dramatiques; elles formaient la partie principale des processions de fiancées ; on leur permettait de visiter les temples des dieux et de faire leurs ablutions, sans trop de secret, dans les torrents sacrés ; elles conservent toujours ces derniers priviléges, auxquels les femmes mahométanes n'ont aucun droit. Même dans les temps modernes, la présence d'hommes, autres qu'un mari ou un fils, était loin d'être pro-

(1) *V.* les *Chefs-d'œuvre du théâtre italien*, trad. par Wilson, et publiés en français par M. Langlois, t. 1^er^, p. 14.

hibée dans les appartements intérieurs, et le ministre de Vatsa, son chambellan et l'envoyé de Ceylan sont admis à l'audience du roi, en présence de la reine et des demoiselles qui l'accompagnent. »

La condition des femmes indiennes, avant la conquête mahométane, et la condition des femmes chinoises, dans le XIIIe siècle, offrent tant de points de comparaison et nous présentent des traits de ressemblance si frappants, que nous devons nous y arrêter un peu.

Les missionnaires catholiques dans leurs *mémoires*, et les voyageurs dans leurs *relations*, nous représentent les femmes de la Chine comme soumises à une solitude pénible et à une contrainte excessivement rigoureuse. « Ces femmes, disent-ils, reléguées dans les appartements intérieurs, dont les portes sont gardées soigneusement, se trouvent condamnées à ne voir jamais le jour hors de chez elles (1). »

Les mœurs chinoises, écrit le P. Amyot, ne se rapprochent de celles d'*aucun peuple connu*, et ces mœurs *n'ont point varié*. Les Chinois sont encore ce qu'ils étaient il y a quatre mille ans, font encore ce qu'ils faisaient à cette époque reculée, et toujours de la même manière (2).

Cependant s'il est un argument dont on ne saurait contester l'exactitude, c'est que les drames composés pendant la dynastie des Youen, et surtout les drames domestiques, doivent nous offrir un tableau vivant des mœurs chinoises sous cette dynastie. Or, que nous apprennent sur ce sujet les quatre drames contenus dans ce volume. Dans *Tchao-meï-hiang*, p. 9, nous lisons qu'une fois on envoya Fan-sou, la soubrette, dans la maison d'un ministre d'Etat pour y annoncer une nouvelle; p. 13, l'entrevue de Pé-min-tchong et de madame Han a lieu en présence de deux jeunes filles; p. 52, Fan-sou va dans le cabinet d'étude voir Pé-min-tchong, qui est malade. Dans *Ho-han-chan*, p. 230, Li-yn-ngo quitte sa maison, et va seule dans le temple offrir un sacrifice expiatoire pour son époux. Dans *Ho-lang-tan*, p. 279, la courtisane se rend sur les bords du fleuve Jaune; p. 301, la nourrice porte à Ho-nan-fou les ossements de son bienfaiteur. Dans *Teou-ngo-youen*, p. 332, une femme veuve, madame Tsaï, va faire ses recouvrements de fonds dans les faubourgs de la ville et à la campagne; p. 371, les femmes arrivent en foule sur la place publique pour voir une exécution, etc.

Les pièces de théâtre nous apprennent donc que les relations morales entre la femme et l'homme ont varié depuis le XIIIe siècle. Nous pourrions multiplier les exemples et accumuler les preuves que le sexe le plus faible, à la Chine, ne partageait pas, sous la domination des petits-fils de Tchinkis-kan, la triste condition à laquelle il se trouve réduit sous le gouvernement des Tartares.

Au nombre des personnages du drame figure une classe de femmes voluptueuses qui aux charmes de la figure et à une élégance recherchée joignent encore tous les agréments de l'esprit et une connaissance assez approfondie des belles-lettres et des philosophes : nous voulons parler des *courtisanes savantes* de la Chine, qu'il ne faut pas confondre avec celles qui *étalent publiquement le sourire*, comme disent les poëtes, et *courent après la volupté* : on appelle les premières (et il est rarement question des autres dans les drames) chang-ting-hang-cheou (Morr., part. II; 9,100-10,242,221-9,358). Pour qu'une jeune fille soit admise dans la société des courtisanes, dans le district *vert* et *rouge*, où elles se traitent mutuellement de sœurs (tse-meï), il faut qu'elle se distingue des autres femmes par sa beauté, par la finesse et l'étendue de son esprit; il faut qu'elle connaisse la musique vocale, la danse, la flûte et la guitare, l'histoire et la philosophie. Ce n'est pas tout, il faut encore qu'elle sache écrire tous les caractères du *Tao-té-king* (3). Quand elle a fait un séjour de quelques mois dans le pavillon des Cent-fleurs; quand elle sait danser aux sons du seng-hoang et chanter à demi-voix avec ses castagnettes de santal, elle devient alors la femme *libre*; elle est affranchie des devoirs particuliers à son sexe, et peut se croire au-dessus de la jeune fille, qui est dans la dépendance de son père; au-dessus de la concubine légale, qui est dans la dépendance de son maître; au-dessus de l'épouse légitime, qui est dans la dépendance de son mari; au-dessus de la veuve, qui est dans la dépendance de son fils.

Les mœurs privées de ces femmes attrayantes sont minutieusement décrites dans les nouvelles (1). Comme les courtisanes de Rome, de la Grèce et de l'Inde, elles aiment les danses lascives, la musique, les parfums, les mets délicats et, avant toutes choses, l'argent; mais du moins nous ne voyons pas qu'elles figurent ni qu'elles aient jamais figuré dans les cérémonies civiles ou religieuses. La profession de courtisane est vouée à l'ignominie et réputée infâme par tous les écrivains qui jouissent à la Chine de quelque célébrité. Il y a plus, c'est qu'il existe dans le code pénal un statut formel (2) contre les officiers civils et militaires du gouvernement et contre les fils de ceux qui possèdent un rang héréditaire et qui fréquentent la compagnie des courtisanes.

La poétique chinoise veut que toute œuvre de théâtre ait un but ou un sens moral. Par exemple, la moralité de la pièce intitulée *Tchao-meï-hiang* ou *les Intrigues d'une soubrette*, se trouve dans ces paroles que madame Han adresse à sa fille (3) : « Ignorez-vous qu'aujourd'hui, comme dans les temps anciens, le mariage de l'homme et de la femme doit être consacré par les rites et les cérémonies? » Le dénoûment est le triomphe de la vertu. Toute pièce de théâtre sans moralité n'est aux yeux des Chinois qu'une œuvre ridicule dans laquelle on n'aperçoit aucun sens. Suivant les auteurs chinois, l'objet qu'on propose dans un drame sérieux est de *présenter les plus nobles enseignements* de l'histoire aux ignorants qui ne savent pas lire (4), et, d'après le code pénal de la Chine, le but des représentations théâtrales est « d'offrir sur la scène des peintures vraies ou supposées des hommes justes et bons, des femmes chastes et des enfants affectueux et obéissants, qui peuvent porter les spectateurs à la pratique de la vertu (5). » L'obscénité est un crime. « Ceux qui composent des pièces obscènes, dit un écrivain chinois cité par Morrison, seront sévèrement punis dans le séjour des expiations, et leur supplice durera aussi longtemps que leurs pièces resteront sur la terre » (Ming-fou; Morr., part. II; 7,723-2,378).

Cette théorie morale élève, jusqu'à un certain degré, le théâtre chinois au-dessus de tous les théâtres des temps anciens, à l'exception du théâtre grec dans les deux premières périodes de son existence; au-dessus du théâtre européen moderne toutes les fois que les auteurs des compositions dramatiques se sont bornés « à imiter les actions des hommes et à peindre les mœurs du siècle où ils ont vécu. » Le théâtre italien diffère sous ce rapport du théâtre chinois. Lisez le prologue de la pièce intitulée *Malati et Madhava*, vous y trouverez ce passage remarquable: « Et que sert, d'un autre côté, de se vanter de connaître l'Yoga, le Sankhia, les Oupanichats ou les Védes? cette science n'est d'aucune utilité pour une composition dramatique : *fertilité d'imagination, harmonie de style, richesse d'invention*, voilà les qualités qui, en ce genre, indiquent l'instruction et le génie. Tel est le drame écrit par notre vénérable ami Bhavabhouti (6). »

(1) *Description de la Chine*, par l'abbé Grossier, p. 620.
(2) *Description de la Chine*, p. 619.
(3) *V.* le *Tou-hieou-tsoui*, p. 2, *rect.* Le *Tao-té-king* contient la doctrine du philosophe Lao-tseu. C'est peut-être, après l'*Y-king*, le livre le plus obscur et le plus difficile à interpréter.

(1) *V.*, dans la *Collection de nouvelles anciennes et modernes* (Kin-kou-khi-kouan), la nouvelle VII, intitulée : *le Petit Négociant qui possède la plus belle femme de l'empire*. *V.* aussi les drames *Pé-hoa-ting* (le Pavillon des Cent-fleurs) et *Lieou-hang-cheou* (la Courtisane Lieou).

(2) Quand les officiers du gouvernement, civils ou militaires, et les fils de ceux qui possèdent des rangs héréditaires, fréquenteront la compagnie des prostituées et des actrices, ils seront punis de cinquante coups de bambou.

Toutes personnes qui auront négocié ces liaisons criminelles subiront la même peine, à un degré de moins.

Lorsque des officiers civils ou militaires du gouvernement, leurs secrétaires officiels ou leurs commis, auront eu un commerce criminel avec des femmes ou des filles d'habitants du pays soumis à leur juridiction, la peine à infliger sera plus forte de deux degrés que dans les cas égaux; ils perdront en outre leurs places, et seront déclarés incapables d'être employés à l'avenir au service public.

La femme qui aura consenti audit commerce ne sera punie que dans les cas ordinaires.

Toute intrigue formée avec une femme mariée ou non mariée sera punie de cent coups de bambou.

(3) *V.* le *Ta-tsing-leu-lee*, ou les lois fondamentales du code pénal de la Chine, traduites du chinois par Georges-Thomas Staunton, et mises en français avec des notes par M. Renouard de Sainte-Croix, t. II, sections CCCLXXIV, CCCLXXI et CCCLXVI.

(4) *V.* Morrison, *Dict. anglais-chinois*, au mot DRAMA.

(5) Code pénal de la Chine, t. II, p. 264.

(6) *V.* les *Chefs-d'œuvre du théâtre italien* (Wilson et Langlois), t. I, p. 274.

Si la poétique chinoise désavoue les œuvres du vice, la loi punit sévèrement les écrivains coupables qui font l'apologie des mauvaises passions. Du reste, il n'existe aucune disposition restrictive des jeux de la scène, à l'exception d'un statut du code pénal qui interdit à « tous musiciens et acteurs de représenter, dans leurs pièces, les empereurs, les impératrices et les princes, les ministres et les généraux fameux des premiers âges. » Mais le traducteur anglais, sir G.-T. Staunton, observe avec raison que les représentations qui sont prohibées par ce statut formant, dans le fait, à la Chine, les scènes théâtrales favorites et les plus ordinaires, on doit considérer cette loi comme tombée en désuétude.

Ce n'était pas assez pour les Chinois d'avoir établi l'utilité morale comme but des représentations dramatiques, il fallait encore qu'ils imaginassent un moyen d'atteindre ce but : de là le rôle du personnage qui chante, admirable conception de l'esprit, caractère essentiel qui distingue le théâtre chinois de tous les théâtres connus. Le personnage qui chante dans un langage lyrique, figuré, pompeux, et dont la voix est soutenue par une symphonie musicale, est, comme le chœur du théâtre grec, un intermédiaire entre le poëte et l'auditoire, avec cette différence qu'il ne demeure pas étranger à l'action. Le personnage qui chante est au contraire le héros de la pièce, qui, toutes les fois que les événements surviennent, que les catastrophes éclatent, reste sur la scène pour émouvoir douloureusement les spectateurs et leur arracher des larmes. On remarquera que ce personnage peut être tiré, comme les autres, de toutes les classes de la société. Dans *les Chagrins de Han*, c'est un empereur; dans l'*Histoire du cercle de craie*, une femme publique devenue l'épouse d'un homme riche; dans *les Intrigues d'une soubrette*, une jeune esclave. Quand il arrive que le principal personnage meurt dans le cours de la pièce, il est remplacé par un autre personnage du drame qui chante à son tour. C'est enfin le personnage principal qui enseigne, qui invoque la majesté des souvenirs, cite les maximes des sages, les préceptes des philosophes, ou rapporte les exemples fameux de l'histoire ou de la mythologie.

Par cette création qui a servi de type aux écrivains de la dynastie des Youen, les Chinois ont réalisé, dans le XIIIe siècle, le précepte, émis plus tard en Europe par Lope de Vega, dans son Nouvel Art dramatique : « Dans votre langage toujours chaste, dit le poëte espagnol, n'employez ni pensées relevées, ni traits d'esprit recherchés, lorsque vous traitez des choses domestiques; il faut alors imiter la conversation de deux ou trois personnes; mais, lorsque vous introduirez un personnage qui exhorte, conseille ou dissuade, vous pouvez vous servir de sentences ou de phrases brillantes. En cela, vous vous rapprocherez de la vérité; car, lorsqu'un homme veut donner des conseils, il parle avec un autre ton, dans un langage plus étudié, plus véhément que celui de la causerie familière. »

Le système dramatique des Chinois se trouve circonscrit dans les limites indiquées par l'éditeur des Youen-jin-pé-tchong. Les douze catégories de sujets qu'il énumère servent de base à toutes les compositions. Mais, comme on pourrait voir dans la première (celle qui a pour objet l'influence transformatrice des dieux et des esprits) le fondement ou le germe du drame religieux, nous devons prévenir le lecteur qu'il n'en est rien. Les drames bouddhiques sont presque toujours des comédies bouffonnes. On y rencontre des personnages facétieux qui représentent les prêtres du dieu Fo, et provoquent le rire des spectateurs par des plaisanteries basses et ignobles. Nous ajouterons que, dans toutes les pièces de théâtre que nous avons lues ou parcourues, on ne trouve pas la moindre réminiscence d'un culte sacerdotal quelconque. Il n'y a rien qui doive nous étonner; car l'histoire nous apprend que ce même Hiouen-tsong, à qui la Chine est redevable d'une littérature dramatique, honora publiquement Confucius, Lao-tseu et Bouddha; que, non content de ces démonstrations éclatantes, il entreprit de confondre dans un burlesque syncrétisme, non-seulement les doctrines des deux philosophes (Confucius et Lao-tseu) et la religion importée de l'Inde (le bouddhisme), mais encore toutes les doctrines et toutes les religions étrangères, qui étaient accueillies sous son règne avec une espèce d'enthousiasme. Ce syncrétisme, comme nous avons eu occasion de le dire lorsque nous publiâmes, en 1835, la comédie chinoise intitulée *les Intrigues d'une soubrette*, a nui quelquefois aux productions de la littérature. Les écrivains dramatiques, comme les autres, ont ridiculement amalgamé des préceptes ou des apophthegmes qui se contredisent. C'est ainsi que la notion de la métempsycose, que les Chinois ont reçue des Indiens, s'allie, dans l'esprit des poëtes, aux vieilles traditions qui ont survécu à deux grands désastres, la réforme panthéistique de Confucius, et l'incendie des livres ordonné par l'empereur Thsin-chi-hoang-ti.

Il nous reste à parler maintenant de la diction des pièces de théâtre.

On voit dans la préface de l'éditeur chinois, aux pièces traduites par M. Bazin, que la littérature dramatique embrasse les douze catégories d'objets qui tombent dans le domaine de l'intelligence, du sentiment, de l'imagination, etc., et l'on pressent déjà que les œuvres du théâtre doivent offrir toutes les formes du langage. Cela est vrai, et, pour ne citer que Tchao-meï-hiang, première pièce de ce volume, les pages 25, 26, 27, 28 et 29 nous présentent quatre genres particuliers de style. Le passage que Siao-man récite de mémoire : « Du fleuve Ho est sortie la table; du fleuve Lo l'écriture, etc., » est écrit en *kou-wen* (style antique); le dialogue qui suit entre Siao-man et Fan-sou est dans ce style appelé *pan-wen-pansou* (moitié littéraire et moitié vulgaire). Les vers que chante la soubrette : « Entendez-vous les modulations pures et harmonieuses, etc., » sont irréguliers, mais soumis à la rime; et la réponse de la jeune fille est en *siao-choué* (style familier). Il faut dire cependant que la partie la plus commune du drame, le dialogue, est ordinairement en siao-choué. Le *hiang-tan* ou le patois de provinces n'est usité que dans les pièces modernes, et particulièrement dans les pièces d'un bas comique. Qu'on se garde bien d'assimiler, à cause de cela, le théâtre chinois au théâtre indien. Dans les pièces indiennes, les dialectes du sanscrit sont employés et varient *suivant les personnages;* dans les pièces chinoises, les *styles* ne se diversifient qu'en raison du *sujet;* dans les pièces indiennes, le héros et les personnages principaux parlent sanscrit; mais les femmes et les personnages inférieurs emploient les différentes modifications du *prâcrit* (1). Dans les pièces chinoises, les personnages principaux et les personnages inférieurs, les hommes et les femmes, parlent tous le *kouan-hoa*, ou la langue commune, avec la variété de ton qui résulte nécessairement du mélange des classes de la société. Toutes les fois que des personnages vulgaires ou rustiques se trouvent avec des mandarins, il y a contraste dans les expressions du *kouan-hoa*. Généralement, les personnages du drame chinois parlent suivant leur âge et leur condition. Le vieux Tchang-i, dans *la Tunique confrontée*, s'exprime presque toujours avec une gravité sentencieuse, et les discours des deux amants, dans *les Intrigues d'une soubrette*, peignent leurs sentiments avec une vivacité tout à fait orientale.

De même que les parties en prose offrent tous les genres de style, de même les morceaux poétiques présentent tous les genres de versification. Il y a des vers de trois, de quatre, de cinq et de sept mots; des vers assujettis aux règles de la césure et de la rime, et des vers irréguliers. Le choix du mètre devient quelquefois une source de beautés; par exemple, dans *Ho-han-chan*, p. 140, le poëte nous représente Tchang-i retiré dans une chambre de l'étage supérieur, avec sa femme et son fils, et jouissant d'un spectacle délicieux pour les Chinois, du spectacle de la neige qui tombe en abondance. Après avoir pris quelques tasses de vin, son imagination s'exalte; il croit être dans le printemps. Les flocons de neige deviennent pour lui des fleurs de poirier qui tombent; les nuages rougeâtres, des fleurs de saule qui tourbillonnent dans l'air. Il s'imagine que l'on suspend devant lui des draperies de soie brodées, que l'on étale à ses pieds un riche tapis de fleurs, etc.

Or, pour approprier avec goût la versification au sujet qu'il avait à traiter, pour exprimer convenablement ce délire de l'imagination de Tchang-i, que devait faire le poëte? abandonner la stance régulière qui semble réservée aux monologues graves et aux descriptions pompeuses (2) pour la stance irrégulière ou la mesure libre; s'affranchir de cette règle qui soumet les vers chinois au double joug de la césure et de l'allitération; rechercher les termes poétiques les plus pittoresques; employer la réduplication, la métaphore, l'allégorie, etc.; et c'est précisément ce que nous trouvons dans ce morceau. Du reste, il faut être en état de lire ces vers dans l'original pour avoir une idée de l'harmonie qui existe entre le style et la situation du personnage. Tout ce que nous pouvons dire, c'est que la poésie dramatique est infiniment supérieure à celle du Chi-king, sous le rapport de la versification.

« La poésie, dit un écrivain chinois (3), peut être comparée à

(1) *Système dramatique des Indiens*, par Wilson, p. 76.

(2) Par exemple, la magnifique description du fleuve Jaune dans le premier acte du *Si-siang-ki*, trad. par M. Stanislas Julien.

(3) *Thang-chi-ho-kiaï*, Introduction, p. 1.

un arbre. Les trois cents odes (du Chi-king) furent la racine. Avec les poëtes Sou-weï-tao et Li-kiao (1), les bourgeons parurent. Durant les années *kian-ngan* (196 de notre ère), elle devint un petit arbre (litt., un arbre nain); sous les dynasties suivantes, l'arbre se garnit de branches et de feuilles. A l'époque des Tang, ses rameaux et ses feuilles, étendant au loin leur ombrage, la poésie commença à porter des fleurs et des fruits. »

La division des actes et des scènes ressemble à celle d'un drame européen. Chaque pièce régulière se compose ordinairement de quatre *coupures*, TCHE (Bas., 3,278), et quelquefois d'une *ouverture*, SIE-TSEU (Bas., 4,374-2,059), et de quatre *coupures*. Le sie-tseu est, à proprement parler, une introduction, ou plutôt un prologue dans lequel les principaux personnages viennent décliner leurs noms, exposer l'argument de la fable, ou raconter les événements antérieurs qui intéressent l'auditoire. On jouait, sous la dynastie des Tang, des pièces de théâtre, dont le prologue, récité par un acteur que les historiens appellent l'*introducteur de la comédie*, avait de l'analogie avec les prologues de Plaute. Dans les pièces de la dynastie des Youen, le prologue est dialogué et souvent entremêlé de vers. Les *coupures* correspondent aux divisions européennes que nous nommons *actes*. Quand une pièce chinoise se compose d'un prologue et de quatre actes, l'exposition a lieu dans le prologue, et l'intrigue se noue dans le premier acte; quand une pièce se compose uniquement de quatre actes, l'exposition est renfermée dans le premier, et l'intrigue est ourdie dans le second; l'intrigue se poursuit jusqu'à la fin du troisième acte; et, dans le quatrième enfin, arrive la péripétie qui change le cours des événements, et frappe le crime de châtiments inattendus. Les scènes ne sont point distinguées les unes des autres, comme dans nos pièces de théâtre; mais on indique l'entrée et la sortie de chaque personnage par ces mots : CHANG (Bas., 7), *il monte*, et HIA (Bas., 8), *il descend*. L'expression PEI-YUN (Bas., 8,450-67), littéralement, *parler en tournant le dos*, désigne les aparté.

Il ne faut pas oublier que, envisagé par rapport au but moral, le drame chinois se divise toujours en deux parties. Le prologue, le premier, le deuxième et le troisième acte sont unis, depuis le commencement jusqu'à la fin, par une étroite liaison; le dénoûment ou la péripétie forme un acte à part, et est dominé, en quelque sorte, par des règles spéciales. Cette séparation est regardée comme nécessaire au développement de l'idée morale sur laquelle repose une pièce de théâtre, à savoir : l'expiation d'une faute ou d'un crime.

Il existe dans le nord de la Chine des édifices publics consacrés aux exercices de la musique, du chant et de la danse, et qui, durant les jours de spectacle, *fang-kia-ji-tseu*, sont appropriés aux besoins des représentations dramatiques. On y établit, avec les décorations de la scène, ce que les Chinois appellent *houeï-men*, littéralement, *la porte des ombres*, c'est-à-dire la porte par laquelle entrent et sortent les ombres des anciens personnages de l'antiquité.

Dans les provinces du Sud il n'y a point de théâtres permanents ouverts au public; mais le gouvernement, qui ne manque jamais d'encourager les divertissements dramatiques, permet qu'on élève un théâtre dans les rues, au moyen de souscriptions recueillies parmi les habitants. Les mandarins fournissent eux-mêmes les fonds nécessaires. « On construit alors, dit l'éditeur anglais du *Vieillard qui obtient un fils* (1), un théâtre public dans une couple d'heures. Quelques bambous pour supporter un toit de nattes, quelques planches posées sur des tréteaux et élevées de six à sept pieds au-dessus du sol, quelques pièces de toile de coton peinte, pour former trois des côtés de la place destinée à la scène, en laissant entièrement ouverte la partie qui fait face au spectateur, suffisent pour dresser et construire un théâtre chinois. » C'est dans une salle de spectacle provisoire, élevée de cette façon, que les chanteurs italiens, dont parle M. J.-F. Davis, dans sa description de la Chine, exécutèrent à Macao, en 1833, avec le plus grand succès, la plupart des opéras de Rossini. « Les Chinois, dit l'auteur de cet ouvrage, furent agréablement surpris de voir ce qu'on appelle dans le jargon de Canton un *sing-song* (théâtre) érigé par des étrangers sur le sol de leur empire, et encore plus d'entendre un mélange de chant et de récitatif si semblable au leur.

Indépendamment de ces théâtres temporaires, appelés par les Chinois *hi-thaï* (Morr., part. II, 3,321-9,750), il existe encore dans les maisons des riches, dans les hôtels et dans les tavernes, des salles de spectacle où les comédiens ambulants jouent des pièces de théâtre.

(1) Sou-weï-tao et Li-kiao, hommes du même village, devinrent des poëtes célèbres. A cette époque (les Tang), on les désignait tous deux sous le nom de *Sou-li* (*Annales des Tang*, biographie de Sou-weï-tao).

(1) *Lao-seng-eul*, comédie chinoise, traduite par M. J.-F. Davis, p. 11 et 12.

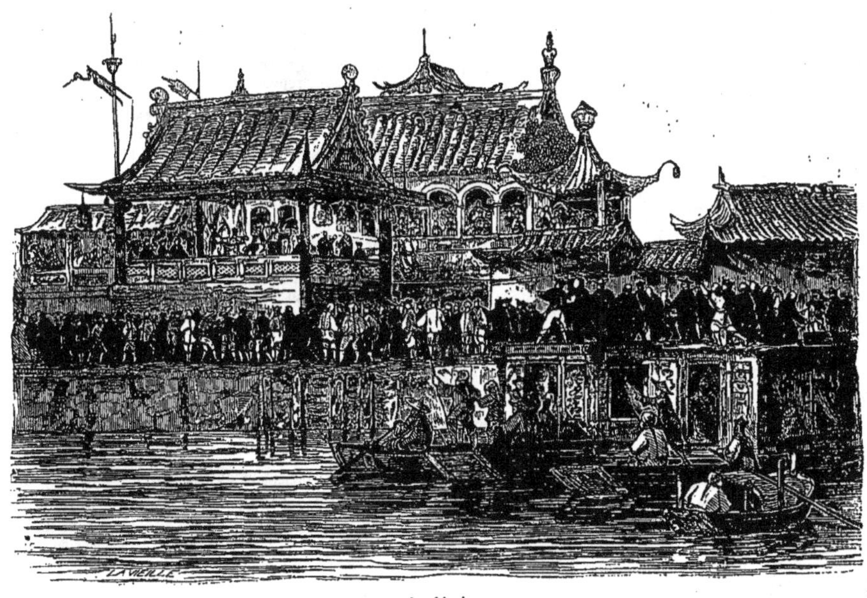

Spectacle chinois.

De même que les acteurs n'étaient réputés infâmes à Rome que par le vice de leur naissance, et non pas à cause de leur profession, de même chez les Chinois les comédiens ne jouissent ni du respect ni de l'estime de leurs compatriotes, parce que les directeurs, au mépris d'un statut formel du code pénal, achètent ordinairement des enfants d'esclaves, qu'ils élèvent pour en faire des acteurs, et qui sont, pour cette raison, classés hors des rangs de la société. Une compagnie de comédiens ambulants, *i-pan-hi-tseu* (Morr., part. II, 12,175-8,162-3,321-11,233), est, pour l'ordinaire, composée de huit à dix personnes qui sont, à la lettre, les *esclaves du maître* ou *directeur* (1). «Ces troupes, dit l'éditeur anglais déjà cité, à qui nous empruntons ces détails, car les livres chinois ne nous apprennent rien de tout cela, vont de lieu en lieu dans une barque couverte qui leur sert d'habitation, et dans laquelle le directeur leur enseigne leurs rôles. Lorsqu'elles sont appelées pour jouer devant une société, la liste des pièces qu'elles sont prêtes à jouer est remise à la personne qui donne la fête, afin qu'elle consulte le choix de ses hôtes. On lit ensuite les noms des personnages du drame; et s'il s'en trouve qui correspondent à celui d'un des convives, on choisit aussitôt une autre pièce pour éviter toute allusion offensante. Les tables sont rangées sur deux rangs et laissent dans le milieu un large espace; la scène est de plain-pied et couvre seulement le pavé de la salle d'un tapis. Les acteurs sortent de quelques chambres voisines pour jouer leur rôle. Ils ont plus de spectateurs qu'il n'y a de convives. L'usage est de laisser entrer un certain nombre de personnes, qui, placées dans la cour, jouissent aussi du spectacle qu'on n'a point préparé pour elles. Les femmes mêmes peuvent y prendre part sans être aperçues; elles voient les acteurs à travers une jalousie faite de bambous entrelacés et de fils de soie à réseaux, qui les dérobent elles-mêmes à tous les regards (2). »

On sait que les femmes ne peuvent plus paraître sur le théâtre, depuis que l'empereur Khien-long admit une actrice au nombre de ses femmes inférieures ou concubines. Leurs rôles sont actuellement remplis par de jeunes garçons, et quelquefois par des eunuques, ainsi que cela se pratiquait chez les Grecs et les Romains.

Les costumes des personnages du drame, s'il est permis d'en juger par le récit des voyageurs, sont assez bien appropriés aux rôles dramatiques, et quelquefois d'une rare magnificence. On verra que les acteurs ne négligent jamais d'indiquer les changements de costume *dans le texte de la pièce*, quand il arrive qu'un personnage est promu à une charge ou à une nouvelle dignité. Comme la plupart des pièces chinoises, dit M. Davis, ont une couleur historique, et, pour de bonnes raisons, ne se rapportent point aux événements qui se sont succédé depuis la conquête tartare, les costumes des Chinois sont ceux qu'ils portaient antérieurement à la dynastie des Tsing.

Les quatre drames traduits par M. Bazin sont tirés du répertoire du théâtre chinois, intitulé : *Youen-jin-pe-tchong*, c'est-à-dire : les cent pièces composées sous les Youen, ou princes de la famille de Tchinkis-kan. On ne connaissait en Europe, avant notre publication, que cinq pièces du même recueil, savoir :

*Le Jeune Orphelin de la famille de Tchao;*
*Le Vieillard qui obtient un fils;*
*Les Chagrins dans le palais de Han;*
*L'Histoire du cercle de craie;*
Et *les Intrigues d'une soubrette.*

C'est le savant missionnaire Prémare, de l'ordre des jésuites, qui par sa traduction abrégée de l'*Orphelin de la famille de Tchao*, faite en 1731 et publiée en 1735 (3), releva le premier l'existence d'un théâtre chinois. Voltaire, qui en adapta le sujet aux règles de la scène française, dit dans son épître dédicatoire au duc de Richelieu : «*L'Orphelin de Tchao* est un monument précieux, qui sert plus à faire connaître l'esprit de la Chine que toutes les relations qu'on a faites et qu'on fera jamais de ce vaste empire. Il est vrai que cette pièce est toute barbare, en comparaison des bons ouvrages de nos jours, mais aussi c'est un chef-d'œuvre si on le compare à nos pièces du XIVe siècle... On croit lire les *Mille et une Nuits* en action et en scène; mais, malgré l'incroyable, il y règne de l'intérêt; et, malgré la foule des événements, tout est de la clarté la plus lumineuse. Ce sont deux grands mérites en tout temps et chez toutes les nations; et ces mérites manquent à beaucoup de nos pièces modernes. Il est vrai que la pièce chinoise n'a pas d'autres beautés: unité de temps et d'action, développement de sentiments, peinture des mœurs, *éloquence, raison, passion*, tout lui manque; et cependant, comme je l'ai déjà dit, l'ouvrage est supérieur à tout ce que nous faisions alors.» On pourrait croire aujourd'hui que cette appréciation du premier drame chinois importé en Europe manque d'exactitude et d'impartialité; mais il ne faut pas oublier que Voltaire n'a pu juger de l'*Orphelin de Tchao* que par la version du P. Prémare, qui a omis tous les vers du texte original et négligé de traduire les parties les plus touchantes et les plus pathétiques de la pièce.

L'*Orphelin de la famille de Tchao* fut suivi, mais *un siècle après*, de la traduction d'une comédie tirée du même recueil et intitulée: *le Vieillard qui obtient un fils*. Dans celle-ci, le traducteur, M. J.-F. Davis, qui était alors attaché à la factorerie anglaise de Canton, et qui pouvait s'aider des conseils des indigènes, imita jusqu'à un certain point l'exemple de Prémare, et s'attacha plutôt à la facile reproduction du dialogue *parlé* qu'à l'interprétation des morceaux lyriques, interprétation qui exige du travail, de la sagacité et une connaissance assez approfondie des mœurs et des anciennes coutumes de la Chine. M. Abel Rémusat lui-même, qui n'avait cependant pas le droit d'être sévère en fait de traduction de morceaux poétiques (1), blâma l'auteur d'avoir usé un peu trop largement du privilége qu'il s'était donné. Ces omissions, dit M. Abel Rémusat, sont réellement assez considérables et formeraient presque un tiers de l'ouvrage (2). Le petit travail que M. Davis publia plus tard sous ce titre : *the Sorrows of Han* (les Chagrins de Han), doit être considéré plutôt comme un extrait que comme une traduction.

Le sinologue anglais, dont nous aimons à reconnaître le mérite, a peut-être trop douté de lui-même, lorsqu'il s'est autorisé de l'exemple de Prémare, pour retrancher des morceaux en vers qu'assurément il aurait pu traduire avec toute la fidélité désirable.

C'est donc à M. Stanislas Julien qu'était réservé le mérite de publier la première traduction d'une pièce de théâtre contenant toute la partie lyrique, sans aucune omission. En 1832, le professeur offrit au public l'*Histoire du cercle de craie*, avec une préface indiquant les obstacles multipliés qui environnent la poésie chinoise et qui en font une langue tout à fait distincte de la prose. Nous répéterons ici ce que nous avons dit ailleurs, c'est qu'il faut lire cette curieuse préface pour juger tout à la fois des travaux philologiques exécutés par l'auteur et du mouvement que ces travaux ont dû imprimer aux études chinoises. La traduction complète de la prose et des vers de l'*Orphelin de la Chine*, qui eut lieu en 1834, a restitué à l'ouvrage original tout le mérite du *sentiment*, de la *passion* et de l'*éloquence*. Le travail de M. Stanislas Julien nous paraît si recommandable, qu'il peut servir de *criterium* pour fixer le point auquel la philologie chinoise est parvenue depuis l'époque où vivait Prémare, le plus habile de tous les missionnaires comme sinologue.

Après le P. Prémare, après MM. Davis et Stanislas Julien, M. Bazin a offert au public les chefs-d'œuvre de cette intéressante collection qui fait, à la Chine, les délices de tous les hommes instruits. Pouvons-nous lui donner des éloges, nous qui lui avons emprunté une partie si importante de son travail? Postérieurement à sa première publication, M. Bazin a encore publié le *Pi-pa-ki*, ou l'*Histoire de Luth*, drame chinois de Kao-tong-kia, représenté à Pé-king en 1404, avec les changements de Mao-tseu. La préface de cette traduction renferme

(1) *Lao-seng-eul*, p. 16.
(2) *Description générale de la Chine*, rédigée par M. l'abbé Grosier, p. 646.
(3) En 1731, le P. Prémare confia son manuscrit à deux de ses amis, MM. de Velaer et du Brossai, qui partaient pour l'Europe; mais ceux-ci, au lieu de le remettre à M. Fourmont l'aîné, comme ils en étaient chargés, l'envoyèrent au P. du Halde, qui l'imprima dans le troisième volume de la *Description de la Chine*. Cet ouvrage ayant paru en 1735, M. Fourmont fut très-surpris d'y voir l'*Orphelin de Tchao*. Il se plaignit amèrement du procédé du P. du Halde, et inséra dans sa *Grammaire chinoise*, imprimée en 1745, un extrait de la lettre d'envoi du P. Prémare, d'où il résulte clairement que le manuscrit de cet ouvrage lui était destiné (*V.* l'avant-propos de l'*Orphelin de la Chine*, trad. par Stanislas Julien).

(1) « La poésie chinoise est véritablement intraduisible; on pourrait peut-être ajouter qu'elle est souvent inintelligible » (Ab. Rémusat, préface du *Iu-kiao-li*, t. I, p. 63). — « Nous avons dit plusieurs fois dans ce journal, *et ailleurs*, pourquoi il serait téméraire d'entreprendre en Europe une tâche aussi difficile (la traduction complète de la prose et des vers des meilleures pièces de théâtre) » (*Journal des savants*, 1830, p. 89).
(2) *Mélanges asiatiques*, t. II, p. 327.

encore de curieux renseignements ; nous regrettons que l'espace nous manque pour les reproduire.

### MUSIQUE CHINOISE (1).

Le principal ouvrage qu'on possède sur ce sujet est, comme tout le monde sait, celui du P. Amyot, missionnaire de Péking (2). Il s'étend aussi bien sur la musique ancienne que sur la musique moderne des Chinois. Plein de répétitions et d'une diffusion ennuyeuse, cet ouvrage, qu'un harmoniste connu, l'abbé Roussier, a enrichi de notes savantes et de calculs servant de rectifications, pourrait bien n'être connu que d'un petit nombre de personnes, attendu que ce livre ne se trouve pas entre les mains de tout le monde, et qu'il ne faut pas une petite patience, quel que soit le zèle qu'on y apporte, pour le lire jusqu'au bout. Mais, comme la connaissance des principales choses renfermées dans ce livre sert non-seulement à l'histoire de la musique, mais conduit encore à plus d'une remarque importante, il nous semble convenable d'en donner d'abord un extrait succinct.

On voit, par la réponse que firent les lettrés de la cour de Pé-king au P. Amyot, qui leur avait joué les plus beaux morceaux de Rameau et de Blavet, combien déjà à cette époque la musique chinoise différait de la nôtre. « Ces airs, lui dirent-ils, ne sont pas faits pour nos oreilles, et nos oreilles ne sont pas faites pour ces airs. » Ils regardent leur musique comme beaucoup plus belle. Ce qu'ils racontent de leur ancienne musique ne doit pas étonner : « On écoutait, disent-ils, et l'on était ravi. D'après le témoignage universel de nos bardes, nous avons beaucoup perdu ; car la méthode de nos ancêtres n'existe malheureusement plus. » La musique est chez eux une partie importante du cérémonial, et depuis les temps les plus reculés elle a été un des plus grands objets de l'attention des magistrats et même de l'empereur. Ils la regardent comme la science des sciences ; toutes peuvent s'expliquer par elle, toutes se rapportent à elle ou en naissent. Elle pénètre dans les profondeurs à la fois du cœur et de l'esprit. Leur musique serait plus ancienne que Mercure et que la musique des Egyptiens ; c'est d'eux que viendrait même le tétracorde de Pythagore. On parle chez eux des merveilles de la musique comme dans les mythes grecs. L'inimitable Koueï disait à Chun, plus de mille ans avant le célèbre chantre de Thrace : « Lorsque je fais résonner les pierres harmonieuses de mon king, les animaux se rassemblent autour de moi et tressaillent de plaisir. » Les anciens, par leurs accords, faisaient descendre les esprits du ciel sur la terre, évoquaient du sein de la nuit les ombres des ancêtres, et faisaient pénétrer dans les âmes l'amour de la vertu. Confucius lui-même observa l'état de l'art musical dans les différentes contrées du grand empire, et jugea par là de l'état moral et de l'administration de chacune. Et cette musique antique, si féconde en prodiges, avait pour fondement une échelle musicale tout à fait différente de la nôtre ; leur gamme se composait de cinq tons, dont le premier n'était pas, comme chez nous, l'*ut*, mais le *fa*. Ces cinq tons répondaient aux cinq notes de notre gamme, *fa*, *sol*, *la*, *ut*, *ré*, et ils étaient nommés ***koung, chang, kio, tche*** et ***yu***. Ainsi, dans l'ancienne gamme, la quarte et la septième manquaient, non qu'ils ne les connussent pas, car ils avaient notre ***si***, qu'ils appelaient ***pien-tche***, et notre ***mi***, ***pien-koung***; mais ils considéraient leur gamme comme propre à produire de plus grands effets. Depuis les temps les plus reculés, ils s'épuisèrent en subtilités sur la nature de leur musique, ils établirent un rapport entre l'harmonie des sons et celle de l'univers entier, trouvèrent dans la première beaucoup de choses mystérieuses, et en firent de différentes manières un système bien ordonné. On trouve dans le P. Amyot une liste de leurs principaux ouvrages, au nombre de soixante-neuf, parmi lesquels on peut citer l'ouvrage composé par Lin-tcheou-kieou, contemporain et ami de Confucius, environ cinq cents ans avant notre ère.

La **PREMIÈRE PARTIE** traite des différents sons et se divise en neuf articles, dont le premier traite du son en général. De tout temps les Chinois ont distingué le bruit, son isolé plus ou moins aigu et d'une durée plus ou moins longue, selon la nature du corps qui le rend, d'avec le son proprement dit, qui se produit d'après des lois invariables et dans les limites d'une certaine mesure qu'ils nomment *lu*, c'est-à-dire loi, règle. Ils distinguèrent aussi, depuis les siècles les plus reculés, huit sortes différentes de sons, pour la production desquels la nature présentait huit corps différents, savoir : la peau tannée, les pierres, les métaux, la terre cuite, la soie, le bois, le bambou et la calebasse. De ces huit sortes de corps sonores, ils firent des instruments différents, cherchant à produire les plus beaux sons qui pussent affecter l'oreille et le cœur. C'est ce que confirment non-seulement les excellents ouvrages du prince Tsaï-yu et du célèbre Ly-koang-ty, mais aussi ceux de Yao et de Chun. Quoique tous les tons puissent être produits sur chacun de ces instruments, la plupart des Chinois assurent que pour chaque corps sonore il y a un son particulier, que dans l'harmonie universelle la nature lui a spécialement destiné.

IIe **ARTICLE.** — ***Du son produit par les peaux.*** On trouve là la description des différentes sortes de tambours fabriqués depuis les premiers siècles de la monarchie. Le plus ancien tambour connu, le ***tou-kou*** de Chen-noung, était fait de terre et garni de peaux de chaque côté ; mais trop pesant et trop fragile, il fut bientôt remplacé par un tambour fait de bois de cèdre, ou de santal, ou de tout autre bois odoriférant, tantôt simple, tantôt orné de peintures. Chaque tambour portait sur les côtés deux tambours plus petits. Quelques-uns servaient à donner le signal lorsque la mélodie devait commencer ; d'autres l'accompagnaient. Il n'y eut jamais des tambours de quatre, de six ou de huit surfaces ; ils n'en avaient jamais que deux. Mais, à certaines cérémonies, on en mettait en file un pareil nombre, ce qui a pu conduire à cette erreur.

IIIe **ARTICLE.** — ***Du son rendu par les pierres.*** L'art d'employer les pierres au service de la musique est tout à fait particulier aux Chinois, et il fallait pour cela, dit Amyot, qui les place au-dessus de tous les peuples de l'antiquité, un peuple philosophe de sa nature, méditant sur tout et tirant parti de tout, comme l'étaient les Chinois. Dès le temps de Yao et de Chun, plus de 2200 avant J.-C., ils avaient remarqué que le son de certaines pierres tenait le milieu entre celui du bois et celui du métal. Certaines provinces fournissaient des pierres pour des instruments de diverses formes qu'on appela d'abord ***kieou*** et ensuite ***king***. On choisit pour cet usage celles qui étaient exposées au soleil et à l'air, parce que le son en était plus clair et plus pur que celui des pierres qui étaient restées dans la terre et dans l'eau. La province de Leang-tcheou fournit une pierre du plus grand prix, nommée ***yu***, avec laquelle était fabriqué le nio-king, dont on ne jouait que devant l'empereur. Le tse-king était une pierre sonore unique, qui, comme le grand tambour ou la cloche, servait à donner le signal pour commencer ou pour terminer un morceau de musique. Le pien-king consistait en seize pierres choisies pour former le système des tons dont les Chinois se servaient pour leur musique. Il y avait d'autres kings d'une forme différente.

IVe **ARTICLE.** — ***Du son des métaux.*** Les métaux, qui formaient le cinquième élément, et les cloches harmoniques, qu'ils servirent d'abord à fabriquer, occupaient chez les anciens Chinois un rang très-élevé. On coulait de grosses, de petites et de moyennes cloches, avec un alliage de cuivre et d'étain, dans lequel il entrait, suivant Tcheou-ly, une partie d'étain pour six de cuivre. On en faisait douze de la petite espèce pour obtenir un demi-ton différent d'un autre, et seize pour obtenir tous les

(1) Ce chapitre est traduit de l'*Encyclopédie allemande* d'Ersch et Grüber.

(2) *Mémoires concernant l'histoire, les sciences, les arts, les mœurs et les usages des Chinois*, par les missionnaires de Pé-king, t. VI. Paris, chez Nyon, 1780.

tons de l'ancienne échelle, et former un instrument comme le king. *Tchoung* est en chinois le nom d'une cloche. Depuis le règne de Chun jusqu'à Tcheou, c'est-à-dire depuis 2555 jusqu'à 250 avant J.-C., on suivit la méthode de les fabriquer d'après les règles des douze demi-tons. A cette époque, tout prit dans l'empire une nouvelle forme : car le barbare Tsin-che-hoang-ti voulut anéantir les sciences et les arts de l'antiquité. Un grand nombre de ces instruments à cloches furent enfouis. Environ 640 ans après J.-C., le grand Taï-tsong, de la dynastie des Tang, fit faire des recherches sur l'ancienne musique et déterrer tous les instruments à pierres ou à cloches; mais, dans une sédition qui eut lieu plus tard, une partie en fut transportée en Tartarie. Sous les cinq petites dynasties suivantes, il ne fut rien fait pour l'art ni pour la science; ce n'est que sous le règne des Soung que l'empire recouvra sous ce rapport son ancienne splendeur.

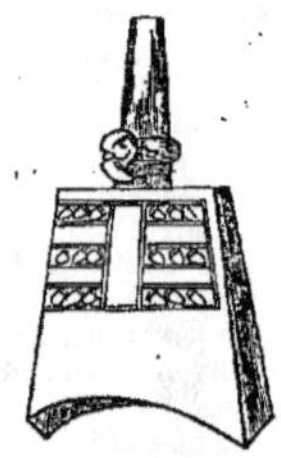

V^e^ ARTICLE. — *Son rendu par la terre cuite.* Les Chinois, qui se servirent de leur antique musique pour honorer l'Etre suprême (*Chang-ti*) et célébrer leurs ancêtres, croyaient devoir faire contribuer toute la nature au perfectionnement de cet art. Aussi firent-ils pendant longtemps d'inutiles essais avec la terre, jusqu'à ce qu'ils parvinrent enfin à découvrir un instrument à vent qui ne fût pas trouvé trop indigne de la mère universelle des choses. Cet instrument avait la forme d'un œuf d'oie, au bout duquel était pratiquée une ouverture qui, lorsqu'on y soufflait, rendait un son assez bas nommé *koung* ou *hoang-tchoung*, c'est-à-dire ton fondamental. Sur le devant étaient percés trois trous en forme de triangle renversé, et sur le derrière deux trous horizontaux à la hauteur de la base du triangle; tous ces trous étaient d'une dimension différente, et rendaient les cinq tons de l'ancienne gamme, *fa, sol, la, ut, ré*. Le trou supérieur du ton fondamental doit avoir pu rendre une ou plusieurs octaves plus basses. Cet instrument porte le nom de *hiuen;* son sens symbolique et son ancienneté le font très-vénérer des Chinois, qui font remonter son invention à 2800 ans avant notre ère. Il fut modifié plus tard sous les Tcheou, et on lui donna six ouvertures sans compter l'embouchure. On en fit aussi de grands et de petits : les premiers avaient la grosseur d'un œuf d'oie, les seconds celle d'un œuf de poule.

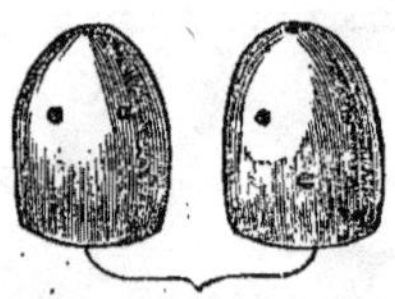

VI^e^ ARTICLE. — *Son rendu par la soie.* Les instruments montés en fils de soie sont très-anciens. On s'en servait déjà au temps de Fou-hi, qui en est regardé comme l'inventeur. Au moyen de son *kin* (c'est le nom de cet instrument à cordes), il rétablit d'abord le calme dans son cœur, et il s'en servit ensuite pour réformer les autres, et les rendre paisibles et laborieux. Le kin eut tantôt cinq cordes et tantôt sept, disposées ou d'après notre manière ou dans l'ordre suivant : *ut, ré, fa, sol, la, ut, ré.* D'après la description donnée par quelques auteurs, l'instrument aurait pu rendre sept octaves. Tous se sont accordés à lui donner les plus grands éloges, et sont descendus jusqu'aux moindres minuties de cet instrument. Les empereurs eux-mêmes se faisaient peindre jouant du kin. Le *che* est une sorte de kin, également de l'invention de Fou-hi; c'est l'instrument le plus parfait en ce genre, et son nom signifie *merveilleux*. Il avait cinquante cordes, mais Chen-noung les réduisit à vingt-cinq, en supprimant les plus basses. Il y avait quatre sortes de che qui différaient par les dimensions; le kin, au contraire, ne comptait que trois espèces différentes, toutes de vingt-cinq cordes. Chaque corde avait son chevalet, lequel était mobile et permettait de hausser ou de baisser le son de la corde. Les chevalets présentaient les cinq couleurs principales des Chinois; les cinq premiers étaient bleus, les cinq suivants rouges, puis venait le jaune, puis le blanc, et enfin le noir. Il paraît que les cordes, toutes ensemble, se composaient dans le principe de quatre-vingt-un fils de soie, et que par conséquent elles étaient de même grosseur. Elles se rompaient facilement entre les mains du musicien. Les anciens disaient que ceux qui voulaient jouer du che devaient avoir mortifié leurs passions, et gravé dans leur cœur l'amour pour la vertu; que sans cela c'était en vain qu'ils feraient entendre des sons. La longueur de l'instrument est donnée de différentes manières, parce que de temps en temps on en changeait la mesure. Le plus généralement elle est évaluée à neuf pieds.

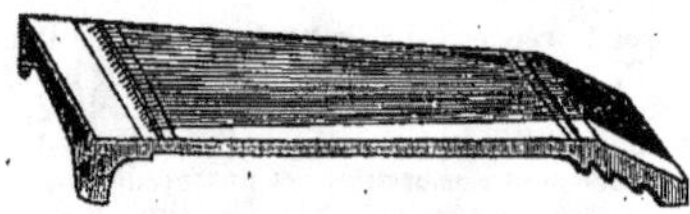

VII^e^ ARTICLE. — *Son rendu par le bois.* Par reconnaissance pour le précieux bienfait du bois, Fou-hi inventa trois sortes d'instruments de cette matière destinés à honorer le ciel, savoir : le *tcheou*, le *ou*, et le *tchoung-tou*. Le premier avait la forme d'une caisse ou d'un boisseau carré ; il était joué au commencement d'un morceau. Le *ou*, qui avait la forme d'un tigre couché, symbole de la domination de l'homme sur tous les êtres vivants, était joué à la fin du morceau. Dans l'antiquité, il rendait six tons pleins, *fa, sol, la, ut, ré, fa*, par des roulements qu'on produisait sur le dos de l'instrument au moyen d'une verge appelée *tchen*. Ce n'est que plus tard, sous les Tang et les Soung, qu'on frappait trois coups sur la tête pour terminer le morceau. Le *tchoung-tou*, c'est-à-dire planchette, occupait un rang distingué parmi les instruments, moins à cause des sons qu'on en tirait qu'à cause des pensées qu'il devait éveiller. Avant qu'on eût inventé le papier, on écrivait sur des planchettes qu'on mettait à la suite les unes des autres, et dont on faisait ainsi des livres. Cet antique usage ne cessa que sous la dynastie des Han. Les dimensions de ces planchettes étaient déterminées d'après la valeur des choses qu'on devait écrire dessus. Pour des ouvrages importants, on se servait de planchettes longues de deux pieds et quatre pouces, et liées l'une à l'autre avec des courroies; on les nommait *tse.* D'autres, appelées *tou*, d'une longueur une fois plus petite, étaient destinées aux écrits fugitifs. Les planchettes les plus étroites, avec une longueur variable, étaient appelées *kien.* Les empereurs de la dynastie des Han firent écrire leurs lois sur des planches de deux pieds de long, par respect pour les livres sacrés de la nation, appelés *King*, qui étaient écrits sur les *tse.* Dans la suite, on fit au

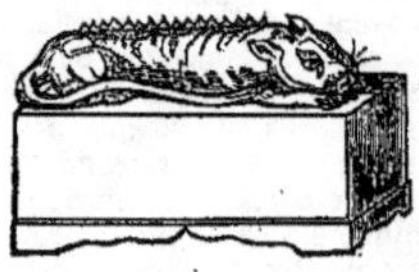

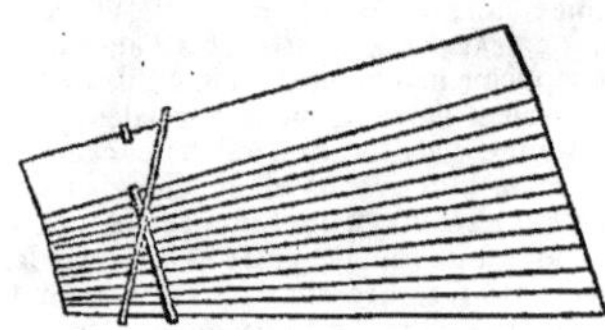

*Tchun-tsieou* de Confucius l'honneur de l'écrire comme les *King*. Les planchettes employées en musique, ou les *tchoung-tou*, avaient une longueur d'un pied deux pouces sur une épaisseur d'un pouce. Douze de ces planchettes étaient liées ensemble et servaient à battre la mesure, ce qui se faisait avec la paume de la main gauche.

VIIIe ARTICLE. — *Son rendu par le bambou.* — § 1er. — *Des koan-tsee.* Les Chinois font une grande différence entre le bois et le bambou, sorte d'intermédiaire entre l'arbre et la plante, qui est propre à la musique à cause de la cavité et des nœuds qu'il offre dans son intérieur. Après bien des essais, on trouva des octaves, et enfin les douze demi-tons de chaque octave. Cette invention est due aux temps modernes. Ces tuyaux, nommés *koan-tsee*, étaient divisés en trois classes, chacune consistant en douze autres classes plus petites et plus rapprochées entre elles. Naturellement ils ne pouvaient convenir aux anciens airs qui étaient chantés en l'honneur du ciel et des ancêtres. Aussi on les sépara, et l'on fit des tuyaux des nombres pairs et impairs, de sorte que dans chaque série on avait des tons entiers. L'ordre des nombres impairs fut nommé *yang*, c'est-à-dire parfaits; celui des nombres pairs fut nommé *yn*, c'est-à-dire imparfaits. On trouvait cette division dans la nature entière, et l'on comparait aux nombres parfaits ou impairs le ciel, le soleil, l'homme, et aux nombres imparfaits ou pairs la lune, la femme, etc. Comme cette manière de procéder entraînait de grands inconvénients, on réunit les deux ordres, et l'on y joignit encore quatre tuyaux, ce qui fit des instruments de seize tuyaux, appelés *siao*, qu'on divisa en grands et petits. Dans les grands, le tuyau le plus bas avait deux pieds de long, et rendait le ton fondamental *hoang-tchoung*, le plus bas de tous; dans les petits, le plus long avait un pied, et donnait par conséquent l'octave. Les deux instruments étaient joués en même temps par deux musiciens.

§ 2. — *Du yo.* On essaya enfin de produire sur un même tuyau plusieurs sons au moyen de trous. Trois ouvertures suffirent pour ce but. En bouchant tous les trous, l'instrument rendait le *fa;* en soufflant plus fort, on obtenait la quinte *ut* (et probablement pas la *douzième*, comme le prétend Amyot). Le prince Tsaï-yu ajoute que d'après ses propres essais, en ouvrant le premier trou et en soufflant modérément, on obtenait le *sol*, et en soufflant plus fort le *ré*. Le premier et le second trous ouverts, l'instrument donnait le *la;* en renforçant le souffle, *mi;* le trou du milieu bouché et les deux autres ouverts, *si*. L'abbé Roussier compare le *yo* avec un vieil instrument de la Provence, nommé *flûtet*, qui n'avait que trois trous, en usage surtout dans les environs d'Aix et de Marseille (cette dernière ville fut, comme on sait, fondée par les Grecs, et possédait, 300 avant J.-C., des écoles grecques célèbres). Cet instrument donnait *ré, mi, fa dièse, sol dièse;* en soufflant plus fort, *la, si, ut dièse;* et, en soufflant encore plus fort, l'octave. Les Chinois ne sont pas d'accord sur le nombre des trous; mais ils s'accordent tous à dire que l'instrument était ouvert aux deux extrémités. Les instruments à six trous sont certainement plus modernes : les trois trous ajoutés donnaient, d'après Tsaï-yu, les demi-tons intermédiaires. Il n'était pas facile de produire tous les tons purs; aussi on inventa un autre instrument nommé *ty*.

§ 3. — *Du ty.* Cet instrument est semblable au *yo*, seulement à l'extrémité supérieure était adapté un tampon dans lequel on pratiquait une petite ouverture d'une demi-ligne pour rendre l'embouchure plus facile. L'ancien avait trois trous, le moderne sept, et ce dernier différait encore de l'ancien en ce qu'on le tenait en travers; l'ancien se tenait comme le *yo* et n'en différait que par l'embouchure.

§ 4. — *Du tche.* C'est le plus singulier des anciens instruments de bambou, sorte de flûte traversière dont l'embouchure était au milieu, avec trois trous de chaque côté. Il était en usage sous les trois premières dynasties et difficile à jouer. Le prince Tsaï-yu, qui vit cette précieuse antiquité, trouva quatorze pouces pour sa longueur, une ligne et demie pour l'épaisseur, et trois lignes pour le diamètre de l'embouchure. Du reste ces instruments donnèrent lieu à la règle des douze *lu*, dont nous allons parler bientôt en détail, et que Ling-lun, un des grands de la cour de Hoang-ti, inventa environ 2700 ans avant J.-C., preuve de l'antiquité de la musique chinoise.

IXe ARTICLE. — *Du son de la calebasse.* Les Chinois donnent à cette sorte de courge dont l'écorce est mince, dure et polie, et dont la forme est celle d'une gourde, le nom de *pao*, et ils en font, pour rendre grâce au ciel des plantes qu'il nous donne, un instrument de musique dont la calebasse forme le corps et reçoit le vent, et dans lequel sont implantés des tuyaux de bambou de différentes longueurs. L'embouchure, qui est en bois, a la forme d'un cou d'oie. La moitié supérieure du corps, dans laquelle sont pratiqués les trous destinés aux tuyaux, était pareillement en bois. Chaque tuyau est bouché exactement à l'ouverture inférieure par un tampon; une incision, de six lignes de long sur trois à quatre de large, est pratiquée à quelque distance du tampon, et par-dessus est placée une feuille d'or mince, au milieu de laquelle est découpée une languette, dont la longueur est les deux tiers de celle de la feuille, et qui entre en mouvement au moindre souffle. Cet instrument, très-honoré des Chinois, auquel ils ont donné des explications mystiques de toute espèce, qu'ils ont modifié souvent dans son essence et dans sa forme, et auquel ils ont donné par suite divers noms, leur a servi à déterminer leurs douze *lu* de la manière la plus précise. Le premier nom que reçut cet instrument est *yu;* dans la suite on lui donna celui de *tchao*. La plupart admettaient trois ordres pour les instruments de cette espèce : 1° les *yu* ou *tchao* avaient vingt-quatre sifflets, 2° les *ho* dix-neuf, et 3° les *cheng* treize. Cependant ils sont eux-mêmes tellement incertains sur le nombre des tuyaux, que le dictionnaire universel du *Eulh-ya* admet pour la grande espèce trente-six sifflets et pour la petite dix-sept. C'est d'après le cheng qu'on accordait les autres instruments, et, selon le cérémonial, on en jouait toujours deux à la fois. Le P. Amyot a envoyé à Paris deux de ces instruments.

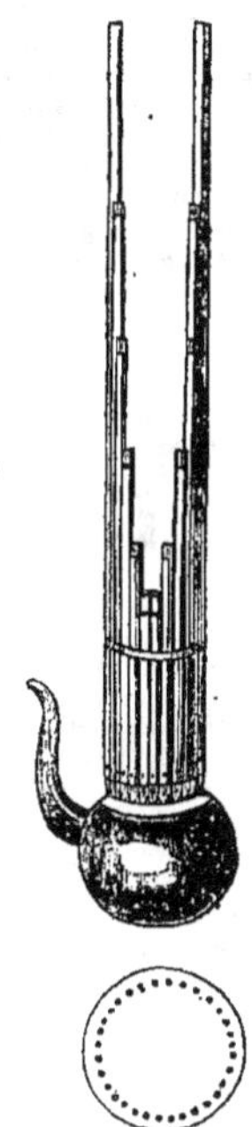

Ce que nous venons de rapporter montre clairement que les Chinois ont traité la musique d'après une méthode qui leur est entièrement propre, et ces singularités, tout à fait d'accord avec le caractère de ce peuple, sont une preuve peu équivoque qu'ils sont les inventeurs d'un système de musique qui s'est répandu beaucoup plus qu'on ne pourrait le croire. Au reste, Amyot nous introduit dans la seconde partie théorique de son ouvrage non-seulement en sollicitant notre patience, mais encore en nous priant d'y apporter un esprit attentif et exempt de préjugés, et de ne rien conclure avant d'avoir tout lu, exigences qui auraient dû être appuyées, autant que possible, par le mérite d'une clarté concise.

SECONDE PARTIE. — *Des douze lu ou des lois du son.* — Ier ARTICLE. — *Des lu en général.* Lorsque Hoang-ti (environ 2700 ans avant J.-C.) eut mis sous ses lois les provinces de l'empereur Tche-you, il déploya une grande sagesse pour rendre son peuple heureux par de bonnes lois et par une active protection des arts et des sciences. Il chargea le sage Lyng-lun de réduire la musique en règles. Le savant se rendit dans le pays de Si-joung au nord-ouest de la Chine. Là s'élève une haute montagne, sur le côté de laquelle croissent d'excellents bambous. Il en coupa un morceau dans l'intervalle d'un nœud à l'autre, souffla dedans, et obtint un son qui, d'après lui, était semblable au murmure de la source qui jaillit dans ce lieu et qui forme le Hoang-ho ou fleuve Jaune (on voit par là que le Si-joung n'est autre que la Mongolie Coschote). Il entendit ensuite le mâle du *foung-hoang* (oiseau qu'on peut comparer à notre phénix) rendre six sons et la femelle six autres sons (c'est probablement de là que vient la différence entre *yang* et *yn*), dont l'un était semblable au bruit produit par la source. Il fut ainsi conduit à trouver l'octave, et sa division en douze tons sans compter l'octave du premier, ce qui en fait treize. Ayant fait une provision de tuyaux plus ou moins longs, il retourne auprès de l'empereur, lui fait, en présence de ses sages, l'exposition des découvertes qu'il a faites, et reçoit de grands éloges. Mais il manquait une mesure pour fixer avec précision les longueurs des tuyaux et leurs rapports. Il se servit pour cet usage des graines du *chou*, sorte de gros millet, et choisit surtout les noires comme les plus dures, les plus régulières, et comme celles qui avaient le moins à souffrir des insectes et de l'air. Cent de ces graines, placées l'une à côté de l'autre dans le sens du petit diamètre, donnèrent la longueur du tuyau qui rendait le son fondamental; lorsqu'elles se touchaient par les extrémités du grand diamètre, il n'en fallait que quatre-vingt-un pour donner cette longueur. Le son fondamental reçut le nom de *koung*, qui veut dire palais de l'empereur, et, d'une manière figurée, le point central de toutes les forces, c'est-à-dire, en musique, le son sur lequel est fondé le système entier des sons. Le tuyau reçut le nom de *hoang-tchoung*, c'est-à-dire cloche jaune. Par là on faisait allusion à la terre primitive, qui, selon la physique des Chinois, est jaune et qui est le principe de toutes les forces, de même que le jaune est la première de leurs cinq couleurs. Les graines durent aussi déterminer la capacité des tuyaux. Trois graines, placées à la suite l'une de l'autre, donnèrent le diamètre, et il en fallut douze cents pour remplir la cavité entière du tuyau. La longueur de chaque graine fut nommée un *fen*, le vase qui en contenait douze cents fut nommé *yo*. Partant de là, on voulut compter de neuf en neuf, mais cela entraînait des difficultés dans la vie ordinaire, parce qu'on était habitué à la numération décimale depuis le dragon de Fou-hi, dans lequel ce dernier avait trouvé l'empreinte des doigts des deux mains. On revint donc à ce système de numération et l'on dit: dix *fen* ou lignes font un pouce ou *tsun*, dix pouces font un pied ou *tché*, dix *tché* donnent un *tchang*, et dix *tchang* un *yn*. On procéda de la même manière pour les subdivisions de mesure ou les fractions; la dixième partie d'un *fen* est un *ly*, le dixième d'un *ly* est un *hao*, et le dixième d'un *hao* un *sée;* la dixième partie d'un *sée* s'appela *hou*, le *hou* fut divisé en dix *ouei*, et le *ouei* valut dix *kié*, le *kié* fut donc la dix-millionième partie d'une ligne. Les poids furent déterminés d'après le *yo*. On admit que les douze *lu* ou demi-tons, renfermés dans les limites d'une octave, sont tous contenus dans le *hoang-tchoung*, principe invariable de tous les instruments de musique. Si l'on divise ce dernier en douze parties d'après le nombre des demi-tons, chaque partie renfermera cent graines de *chou*, et le poids sera appelé *tchou;* le plus petit poids est celui d'une seule de ces graines: il en faut dix pour faire un *lei*, dix *lei* font un *tchou*, six *tchou* un *tsée* et quatre *tsée* un *leang*, c'est-à-dire une once. Ainsi le *yo* pèse une demi-once. Une livre se compose de seize *leang* comme chez nous, et s'appelle *kin*; trente *kin* font un *kiun*, et quatre *kiun* un *tan*. On peut donc considérer le *lu* comme un corps susceptible d'être mesuré, pesé et compté dans toutes ses parties. Si l'on donne, comme sous Hoang-ti, neuf pouces de longueur au *lu* fondamental, et si l'on multiplie par neuf, le *hoang-tchoung* aura quatre-vingt-une parties. Si, pour une raison de facilité, on met dix au lieu de neuf et si l'on multiplie par dix, on aura cent. Ces cent parties sont donc égales aux quatre-vingt-une de l'autre système. Les Chinois font un tel cas de ces systèmes de numération, qu'ils les regardent non comme l'œuvre de l'homme, mais comme un don du ciel. Quoiqu'ils ne soient pas de grands calculateurs, il résulte de ce qui précède, qu'ils ne doivent en aucune manière aux Egyptiens le système des *lu*.

IIe ARTICLE.— *Des lu en particulier*. De ces douze *lu* il y en a six parfaits ou impairs, ce sont les *yang*, et six imparfaits ou pairs, ce sont les *yn*. Les premiers conservent le nom de *lu*, les autres sont appelés aussi *yn-lu*, *sée* et *toung*, et on les désigne par des caractères différents des premiers. Les tons parfaits ou *yang-lu* sont: le *hoang-tchoung* ou la prime, le *tay-tsou* ou la tierce, le *kou-si* ou la quinte, le *joui-pin* ou la septième le *y-tsée* ou la neuvième, le *ou-y* ou la onzième. Les tons pairs ou imparfaits sont: *ta-lu* (la seconde), *kia-tchoung* (la quatrième), *tchoung-lu* (la sixième), *lin-tchoung* (la huitième), *nan-lu* (la dixième), *ing-tchoung* (la douzième). Tous ces noms sont symboliques et font allusion aux différents phénomènes de la nature répondant aux douze cours de la lune dont se compose l'année. Chaque *lu*, selon leur doctrine, répond à un mois. Le *hoang-tchoung* est le générateur des *lu*, et répond au onzième mois, dans lequel tombe le solstice d'hiver, commencement de l'année astronomique. Le premier des *lu* pairs, dont le nom est *ta-lu*, est appelé le grand coopérateur, parce que le principe mâle et le principe femelle contribuent également à la production des choses en faisant concourir leurs propriétés.

IIIe ARTICLE.— *Dimensions des lu*. Les distances des *lu* restèrent invariables; mais la mesure subit des changements à différentes époques; de là maintes manières de compter et maintes confusions, jusqu'à ce que le prince Tsaï-yu rendit à la musique son ancien éclat, divisa les *lu* en trois classes savoir: les doubles *lu*, qui donnent les sons bas, les *lu* moyens et les *lu* hauts, dont les trente-six tuyaux firent résonner trois octaves, et la musique des anciens fut rétablie.

IVe ARTICLE. — *Formation du système musical des Chinois*. Dans l'origine, les Chinois désignèrent leurs intervalles par les noms des douze *lu* ou demi-tons, mais bientôt ils reconnurent l'insuffisance de cette méthode. Pendant quelque temps les *lu* pairs furent séparés des *lu* impairs; les deux rangs furent réunis, et les deux ordres de sons réunis furent appelés tons. Après différents essais on parvint à une gamme à peu près semblable à notre gamme diatonique, qui se compose de cinq tons entiers et de deux demi-tons. Ils donnèrent aux cinq tons les noms de *koung*, *chang*, *kio*, *tché*, *yu*, et aux deux demi-tons les noms de *pien-koung* (qui devient *koung* ou qui mène au *koung*), et de *pien-tché*, c'est-à-dire qui devient *tché* ou qui mène au *tché*. D'après nos notes l'échelle entière fut celle-ci: *si, ut, ré, mi: fa, sol, la, si, ut, ré, mi: fa, sol, la.* On appliqua cette échelle à chacun des sept *lu* qui la composent, et l'on fit quatre-vingt-quatre modulations. Par modulation on entend que chaque *lu* peut être considéré comme le ton fondamental d'une échelle de cette espèce, et devenir *koung*. Mais comme chacun des sept *lu* principaux de l'échelle, selon que l'un ou l'autre devient ton fondamental, peut être dérangé sept fois de sa place, sept fois douze transpositions de cette nature donnent quatre-vingt-quatre modulations. De plus, il faut toujours considérer *fa* comme le premier ton fondamental des Chinois.

Ve ARTICLE. — *Génération des lu ou rapports des lu entre eux*. Pour l'intelligence de l'ancienne musique, le prince Tsaï-yu, qui fit sur ce sujet les recherches les plus soignées, recommande Tcheou-koung, qui écrivit son *Tcheou-ly* 1100 ans avant Jésus-Christ; de plus le commentaire de Tso-kieou-ming, historien du temps de Confucius, dont il était l'ami; l'ouvrage intitulé *Koue-yu*, et surtout le *Lu-lan* de Koang-tsée, qui est d'environ 600 ans avant Jésus-Christ. On trouve dans le *Hoaï-nan-tsée* le passage suivant: l'unité est le principe de toutes choses; ce principe engendre la dualité, celle-ci la trinité, et de cette dernière naissent toutes choses. Le ciel et la terre forment le temps, trois mois forment une saison. Il en est de même des *lu*: un engendre trois, trois engendre neuf, et neuf engendre quatre-vingt-un. L'unité c'est le *hoang-tchoung*, quatre-vingt-un sont ses parties. Le *koung* du *hoang-tchoung* est le générateur de tous les sons. Nous donnons ici un petit tableau comparé des mois et des *lu* avec les calculs de ces derniers et nos notes correspondantes, afin de rendre plus facile l'intelligence de ce qui va suivre.

| *Ordre des mois.* | *Noms des Lu.* | *Notes européennes.* | *Calculs chinois.* |
|---|---|---|---|
| XI. | Hoang-tchoung. | Fa. | 81 |
| XII. | Ta-lu. | Fa dièse. | |
| I. | Tay-tsou. | Sol. | 72 |
| II. | Kia-tchoung. | Sol dièse. | |
| III. | Kou-si. | La. | 64 |
| IV. | Tchoung-lu. | La dièse. | |
| V. | Joui-pin. | Si. | |
| VI. | Lin-tchoung. | Ut. | 54 |
| VII. | Y-tse. | Ut dièse. | |
| VIII. | Nan-lu. | Ré. | 48 |
| IX. | Ou-y. | Ré dièse. | |
| X. | Yng-tchoung. | Mi. | 43 |

Le dernier nombre devrait être proprement 43 deux tiers;

mais les fractions sont ordinairement négligées, et la précision a beaucoup à souffrir. La dérivation des *lu* est expliquée de la manière suivante : la première lune engendre par son coucher le huitième *lu*, dont le nombre est 48. La huitième lune engendre par son lever le troisième *lu*, auquel appartient le nombre 64. La troisième lune engendre par son lever le dixième; la dixième lune par son lever le cinquième avec le nombre 57; la cinquième lune engendre par son lever le douzième avec le nombre 76; la douzième lune engendre par son lever le septième, dont le nombre est 51; la septième lune engendre par son lever le second, dont le nombre est 68; la seconde engendre par son coucher le neuvième avec le nombre 45; la neuvième engendre par son lever le quatrième avec le nombre 60. Cette dérivation des douze *lu* fut donnée par Hoaï-nan-tsée plusieurs siècles avant l'ère chrétienne, en voulant donner par là une esquisse de la doctrine des anciens écrivains de sa nation. Or si nous comparons cela avec nos notes, nous retrouverons nos progressions ordinaires par quintes, savoir la relation de *sol* et *ré*, celle de *ré* et *la*, celle de *la* et *mi*, et ainsi de suite dans les douze tons de l'octave.

## MAIN HARMONIQUE

### SUR LAQUELLE ON TROUVE LA CIRCULATION DU TON FONDAMENTAL POUR CHACUN DES DOUZE LU.

Le *Pien-koung* porte aussi le nom de *Ho*, qui signifie *modérateur*; c'est notre *mi*.

Le *Pien-tché* porte aussi le nom de *Tchoung*, qui signifie *médiateur*; c'est notre *si*.

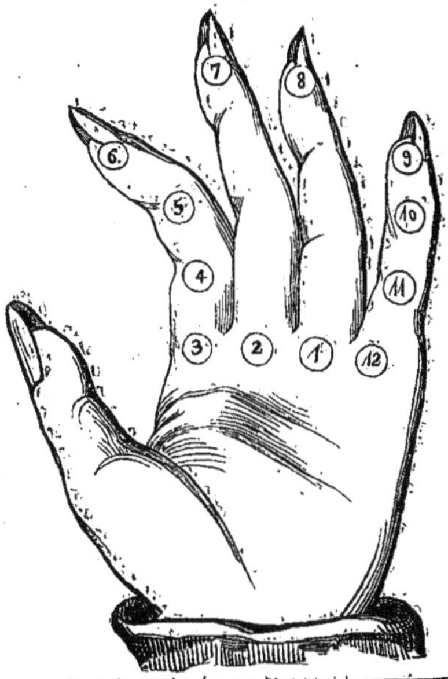

1er MODE. *Koung* ou *fa*.

2e MODE. *Tché* ou *ut*.

3e MODE. *Chang* ou *sol*.

4e MODE. *Yu* ou *ré*.

5e MODE. *Hio* ou *la*.

6e MODE. *Ho* ou *mi*.

7e MODE. *Tchoung* ou *si*.

| 12 | 11 | 10 | 9 | 8 | 7 | 6 | 5 | 4 | 3 | 2 | 1 | |
|---|---|---|---|---|---|---|---|---|---|---|---|---|
| Yng-tchoung. | Ou-y. | Nan-lu. | Y-tsê. | Lin-tchoung. | Joui-pin. | Tchoung-lu. | Kou-si. | Kia-tchoung. | Tay-tsou. | Ta-lu. | Hoang-tchoung. | I. |
| Joui-pin. | Tchoung-lu. | Kou-si. | Kai-tchoung. | Tay-tsou. | Ta-lu. | Hoang-tchoung. | Yng-tchoung. | Ou-y. | Nan-lu. | Y-tsê. | Lin-tchoung. | II. |
| Ta-lu. | Hoang-tchoung. | Yn-tchoung. | Ou-y. | Nan-lu. | Y-tsê. | Lin-tchoung. | Joui-pin. | Tchoung-lu. | Kou-si. | Kou-tchoung. | Tay-tsou. | III. |
| Y-tsê. | Lin-tchoung. | Joui-pin. | Tchoung-lu. | Kou-si. | Kai-tchoung. | Tay-tsou. | Ta-lu. | Hoang-tchoung. | Yng-tchoung. | Ou-y. | Nan-lu. | IV. |
| Kai-tchoung. | Tay-tsou. | Ta-lu. | Hoang-tchoung. | Yn-tchoung. | Ou-y. | Nan-lu. | Y-tsê. | Lin-tchoung. | Joui-pin. | Tchoung-lu. | Kou-si. | V. |
| Ou-y. | Nan-lu. | Y-tsê. | Lin-tchoung. | Joui-pin. | Tchoung-lu. | Kou-si. | Kai-tchoung. | Tay-tsou. | Ta-lu. | Hoang-tchoung. | Yng-tchoung. | VI. |
| Tchoung lu. | Kou-si. | Kia-tchoung. | Tay-tsou. | Ta-lu. | Hoang-tchoung. | Yn-tchoung. | Ou y. | Nan-lu. | Y-tsê. | Lin-tchoung. | Joui-pin. | VII. |

La figure ci-jointe représente une main harmonique portant sur quatre de ses doigts les noms des douze *lu* qu'on s'est contenté de désigner par les chiffres 1, 2, 3, etc. Cette manière de compter est très-aisée pour un Chinois, parce qu'il est accoutumé dès l'enfance à s'apprêter ainsi sur ses doigts les années du cycle, pour pouvoir assigner que sur-le-champ l'intervalle d'une époque à une aure.

VIe ARTICLE. — *De la circulation du son fondamental*. Les Chinois donnent à leur premier son fondamental le nom de *koung* du *koang-tchoung*; c'est notre *fa*. Ce *koung*, disent-ils, privé de tout secours, ne pourrait pas se reproduire lui-même, bien loin de pouvoir parcourir les *lu* l'un après l'autre. Ce secours qui lui est nécessaire lui est donné par la nature dans les deux *lu* extrêmes qui renferment les deux côtés du *hoang-tchoung*. Ces deux *lu* sont le second, savoir le *ta-lu* ou notre *fa dièse*, et le douzième, savoir le *ing-tchoung* ou notre *mi*. Au moyen du *mi* ou *pien-koung*, qu'ils nomment aussi *ho*, et du *si* ou *pien-tché*, qui s'appelle aussi *tchoung*, tous les tons de l'octave sont liés les uns aux autres. Les cinq tons de leur ancienne échelle (*fa, sol, la, ut, ré*, ou *koung, chang, kio, tché* et *yu*) font toujours le fondement de l'échelle; mais ils ajoutent : entre le *koung* et le *chang* il manque un *lu*, c'est-à-dire entre *fa* et *sol* il manque *fa dièse*; entre *chang* et *kio* il manque un *lu* (entre *sol* et *la* manque *sol dièse*); entre *kio* et *tché* (*la* et *ut*) il manque deux *lu* (*la dièse* et *si*). Celui de ces deux *lu* qui est le plus voisin du *tché* donne le passage au *tché*; il est le commencement du *tché*, ou le ton qui fait vivre le *tché* ou l'*ut*, le nourrit et le fortifie. Entre le *tché* et le *yu* (*ut* et *ré*) il manque un *lu*, savoir *ut dièse*. Mais, si l'on veut passer du *yu* à la répétition du *koung* (de *ré* à *fa*), il manquera deux *lu* (*ré dièse* et *mi*). Le plus voisin du ton fondamental ou *koung* porte le nom de *pien-koung*, c'est-à-dire qu'il est le commencement du *koung*, auquel il donne une nouvelle vie en le faisant changer de place, en l'élevant à l'octave. Nous avons donné plus haut les noms des douze demi-tons d'une gamme. L'ancien cercle de leurs tons était divisé en trois ordres : en tons bas : *si, ut, ut dièse, ré, ré dièse, mi* (*joui-pin, lin-tchoung, y-tsé, nan-lu, ou-y* et *yng-tchoung*); en tons moyens : *fa, fa dièse, sol, sol dièse, la, la dièse, si, ut, ut dièse, ré, ré dièse, mi*, dont les noms ont été déjà donnés; et en tons hauts : *fa, fa dièse, sol, sol dièse, la, la dièse*, avec les mêmes noms que les tons moyens. La formation du système des anciens par la modulation des cinq tons avec les noms modernes et les noms des *lu* se trouve sur la planche ci-contre.

De plus le *koung* du *hoang-tchoung* ou le ton fondamental *fa* est entretenu et appuyé par *tchoung-lu* et *lin-tchoung* (par *la dièse* et *ut*). Au moyen de ces deux *lu*, il peut engendrer sans difficulté tous les autres tons. C'est ainsi que s'engendrent les tons en comptant de droite à gauche dans l'ordre suivant : *koung, tché, chang, yu, kio, ho* et *tchoung*, c'est-à-dire en allant par quintes *fa, ut, sol, ré, la, mi, si*. Mais, si l'on compte dans le sens opposé de gauche à droite, on trouve sous les mêmes dénominations, la progression par quartes. Dans cette double dérivation des *lu*, on n'a besoin que de sept *lu*, qui sont appelés les sept principes. *Koung* et *tchoung* y sont en opposition, c'est-à-dire qu'ils sont le commencement et la fin (*fa* et *si*), et ils agissent l'un sur l'autre. Les autres *lu*, au nombre de cinq (*fa dièse, ut dièse, sol dièse, ré dièse, la dièse*), s'appellent les cinq fins, parce que dans ces *lu* l'une ou l'autre génération par *fa* et par *si*, qui ne peut embrasser que sept tons, se termine. Par ce qui précède et par un grand nombre de passages d'anciens ouvrages estimés, il devient clair que les Chinois considèrent *si* et *mi*, comme tons introducteurs en *ut* et *fa*, et liés d'une manière si intime avec ces deux derniers, qu'ils n'existent que pour eux. C'est pour cela que le *pien-koung* (notre *mi*) fut encore appelé *ho*, c'est-à-dire union, accord.

VIIe, VIIIe et IXe ARTICLES. — *Génération des lu par les koa ou par les trigrammes et hexagrammes*. On entend par *koa* les trigrammes de Fou-hi et les hexagrammes de Chen-noung, qui furent expliqués d'abord par Ouen-ouang, et par Tcheou-koung plus de 1,000 ans avant J.-C., et plus tard encore par Confucius. Ces anciennes explications subsistent encore. Depuis un temps immémorial les Chinois sont convaincus que toute chose morale ou physique sort de ces koa et en est formée d'une manière mystique. Il n'est donc pas étonnant qu'ils aient trouvé aussi dans les *koa* la génération des *lu* et tout ce qui a rapport à leur système musical. Les *koa* sont au nombre de huit; chacun se compose de trois lignes entières ou interrompues. C'est de l'arrangement et de la combinaison de ces lignes que dépend la formation mystique de tout ce qui est. Il y a soixante-quatre hexagrammes, chacun de six lignes. Ces trigrammes et hexagrammes sont pour les Chinois les symboles des modifications que les êtres éprouvent dans leurs différents états de génération, d'accroissement, de destruction, etc. Ces deux sortes de symboles sont les mêmes, seulement l'hexagramme ouvre un champ plus vaste aux combinaisons. L'hexagramme *kien* représente le ciel ou le principe parfait (*yang*); ses six lignes portent chacune le nom du nombre 9, et la ligne inférieure est la première. L'hexagramme *kouen* représente la terre, le principe imparfait (*yn*). Il se compose de six lignes brisées, dont chacune porte le nom du nombre 6, nombre imparfait. Les six *lu* parfaits sont placés sur les lignes entières, et les six *lu* imparfaits sur les lignes brisées, dans l'ordre suivant :

## FORMATION DU SYSTÈME DES ANCIENS

### PAR LA MODULATION DES CINQ TONS ET DES DEUX DEMI-TONS.

| DÉNOMINATIONS MODERNES DES TONS. | | | NOMS DES LU. | ANCIENNES DÉNOMINAT. DES TONS. | |
|---|---|---|---|---|---|
| | | | Tchoung-lu. | | |
| La. | 亿 | Kieng-y. | Kou-si. | Kio. | La. |
| | | | Kia-tchoung. | | |
| Sol. | 五 | Ou. | Tay-tsou. | Chang. | Sol. |
| | | | Ta-lu. | | |
| Fa. | 六 | Lieou. | Hoang-tchoung. | Koung. | Fa. |
| Mi. | 凡 | Fan. | Yng-tchoung. | Pien-koung. | |
| | [illegible] | | Ou-y. | | |
| Ré. | 工 | Kong. | Nan-lu. | Yu. | Ré. |
| | [illegible] | | Y-tsê. | | |
| Ut. | 尺 | Tché. | Lin-tchoung. | Tché. | Ut. |
| Si. | 上 | Chang. | Joui-pin. | Pien-tché. | Si. |
| | | | Tchoung-lu. | | |
| La. | 乙 | Y. | Kou-si | Kio. | La. |
| | [illegible] | | Kia-tchoung. | | |
| Sol. | 四 | See. | Tay-tsou. | Chang. | Sol. |
| | [illegible] | | Ta-lu. | | |
| Fa. | 合 | Ho. | Hoang-tchoung. | Koung. | Fa. |
| Mi. | 凡 | Fan. | Yn-tchoung. | Pien-koung. | Mi. |
| | [illegible] | | Ou-y. | | |
| Ré. | 工 | Kong. | Nan-lu. | Yu. | Ré. |
| | [illegible] | | Y-tsê. | | |
| Ut. | 尺 | Tché. | Lin-tchoung. | Tché. | Ut. |
| Si. | 上 | Chang. | Joui-pin. | Pien-tché. | Si. |

| HEXAGRAMME KOUEN. | | HEXAGRAMME KIEN. | |
|---|---|---|---|
| Le 6 supérieur. —— —— Tchoung-lu. | La dièse. | Le 9 supérieur. ———— Ou-y. | Ré dièse. |
| Cinquième 6. —— —— Kia-tchoung. | Sol dièse. | Cinquième 9. ———— Y-tsê. | Ut dièse. |
| Quatrième 6. —— —— Ta-lu. | Fa dièse. | Quatrième 9. ———— Joui-pin. | Si. |
| Troisième 6. —— —— Yng-tchoung. | Mi. | Troisième 9. ———— Kou-si. | La. |
| Second 6. —— —— Nan-lu. | Ré. | Second 9. ———— Tay-tsou. | Sol. |
| Premier 6. —— —— Lin-tchoung. | Ut. | Premier 9. ———— Hoang-tchoung. | Fa. |

| HEXAGRAMME OUEI-KI. | | HEXAGRAMME KI-KI. | |
|---|---|---|---|
| Yang ou parfait. | | Yn ou imparfait. | |
| ———— Hou-si. | La. | —— —— Tchoung-lu. | La dièse. |
| —— —— Kia-tchoung. | Sol dièse. | ———— Joui-pin. | Si. |
| ———— Tay-tsou. | Sol. | —— —— Lin-tchoung. | Ut. |
| —— —— Ta-lu. | Fa dièse. | —— —— Y-tsê. | Ut dièse. |
| ———— Hoang-tchoung. | Fa. | —— —— Nan-lu. | Re. |
| —— —— Yng-tchoung. | Mi. | ———— Ou-y. | Ré dièse. |

En outre ils comptent les douze *lu* par les douze *koa*, en arrangeant les lignes brisées et entières de la manière suivante :

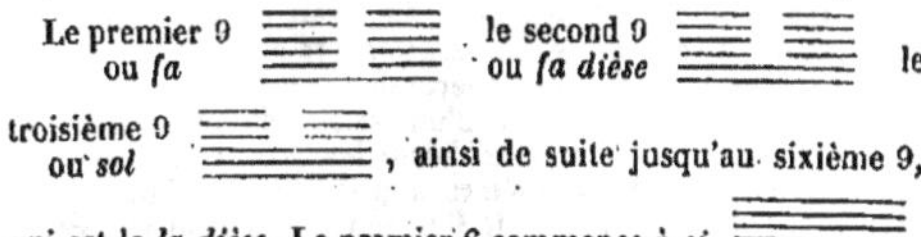


, ainsi de suite jusqu'au sixième 9, qui est le *la dièse*. Le premier 6 commence à *si* le second 6 à *ut*, et ainsi de suite jusqu'à *mi*.

Selon les Chinois c'est la dernière et la plus parfaite génération des tons par les *koa*, dont chacun a son nom particulier. Après avoir donné l'explication de ce système, ils ajoutent que, lorsque l'imparfait a conçu, il devient actif, tandis que le parfait se repose et reprend des forces pour une nouvelle activité.

X^e^ ARTICLE. — *Formation des lu par les nombres.* Ce qu'il y a de plus remarquable serait peut-être que de l'union des nombres parfaits ou impairs avec les nombres imparfaits ou pairs résulte la perfection. 1, 2, 3 et 4, dit Tso-kiou-ming dans son *Tchou-en*, contiennent la doctrine la plus profonde. Si l'on se rappelle le nombre 4, regardé comme sacré par Pythagore, et la tradition que ce serait de l'Inde qu'il aurait tiré une partie de sa doctrine, il ne sera pas invraisemblable, puisque l'auteur chinois contemporain est plus ancien que Pythagore, que ce dernier devrait cette doctrine aux Chinois. De même que l'unité est le commencement des nombres, 10 en est le terme et le complément. Les cinq premiers sont les générateurs et les cinq derniers sont les nombres engendrés. 1 et 6, symboles de l'eau, désignent le *ré ;* 2 et 7, symboles du feu, désignent l'*ut;* 3 et 8, symboles du bois, le *la ;* 4 et 9, symboles du métal, le *sol ;* 5 et 10 renferment en eux le germe de tout, ils sont le symbole de la terre et désignent le ton fondamental *fa*. Tous ces tons doivent être produits par des tuyaux de six, sept, huit, neuf et dix pouces de longueur ; ces mesures devaient donner des progressions exactes, quelquefois elles en donnaient d'entièrement fausses.

XI^e^ ARTICLE. — *Formation des lu par les nombres d'après la méthode des anciens Chinois, depuis Hoang-ti jusqu'à la dynastie des Han.* Personne ne met en doute que la longueur du *hoang-tchoung*, ou le tuyau du ton fondamental *fa*, a été partagé depuis les temps les plus reculés en quatre-vingt-une parties, et c'est ce que confirment tous les documents. On distingua une méthode ascendante et une méthode descendante. La première leur donne la progression par quartes, la seconde la progression par quintes. Les dénominations ascendantes et descendantes sont directement opposées aux nôtres. Monter aux tons les plus élevés, c'est pour eux descendre, et s'abaisser aux tons bas, c'est pour eux monter, et cela ne peut pas être regardé comme tout à fait dépourvu de sens. L'ancien calcul des douze *lu* est le suivant :

| | | | | | |
|---|---|---|---|---|---|
| Fa | 81<br>40,500 | La | 64<br>32,000 | Ut dièse | 51<br>51,000 |
| Fa dièse | 76<br>38,000 | La dièse | 60<br>60,000 | Ré | 48<br>48,000 |
| Sol | 72<br>36,000 | Si | 57<br>57,000 | Ré dièse | 45<br>45,000 |
| Sol dièse | 68<br>34,000 | Ut | 54<br>54,000 | Mi | 43<br>43,000 |

« Pour obtenir la progression par quintes, dit Hoaï-nan-tsee, il faut multiplier la longueur du corps sonore 81 par 500, ce qui donne le produit 40,500. » Ce produit divisé par 749 donne 54, ce qui donne la quinte *ut*. La fraction 54/749 est négligée selon l'habitude chinoise. Ce nombre 54 multiplié par 1,000 et divisé encore par 749 donne 72, en négligeant la fraction, c'est-à-dire qu'on obtient *sol*, la quarte d'*ut* en montant, et ainsi de suite. Une méthode encore plus facile de monter par les douze *lu*, de quinte en quinte, consiste à multiplier par 3 : *fa* est 1, *ut* est 3, *sol* est 9, *ré* 27, *la* 81, *mi* 243, *si* 927, *fa dièse*, 6,51, *sol dièse* 2,187, *ut dièse* 19,683, *ré dièse* 59,049, *la dièse* 177,147. Il y a encore d'autres manières de déterminer la même chose par des nombres ; mais on nous dispensera de les donner ainsi que les dimensions que les modernes, et surtout le prince Tsaï-yu, ont trouvées pour les *lu* au moyen de ces méthodes ; ces calculs font le sujet du douzième article.

XII^e^ ARTICLE. — *Manière dont on essaye les lu.* Les Chinois ont inventé pour cela un instrument particulier nommé *lu-tchun*, plus grand que le kin et plus petit que le che. La construction en est, selon eux, mystérieuse. Les anciens avaient deux manières de le construire en lui donnant la forme du kin ou celle du che ; dans le premier cas la longueur était de dix pieds, dans le second de six ou sept. Le nombre des cordes variait de 12 à 13. Cet instrument était beaucoup en usage sous la dynastie des Han. L'écrivain qui en parle le premier vivait environ 500 ans avant J.-C. Cet instrument n'était pas assez précis ; le prince Tsaï-yu le perfectionna. Nous passons sous silence la mesure qu'on lui donna ; nous dirons seulement qu'on allait de *fa* alternativement par quintes et par quartes, de sorte que *la dièse* devait s'accorder avec *fa* au lieu de *mi dièse*. On tempérait donc, ainsi que chez nous.

TROISIÈME PARTIE. — I^er^ ARTICLE. — *Ce que les Chinois entendent par ton.* Le ton est, selon l'opinion des Chinois, un son modifié qui a quelque durée, et qui ne peut remplir qu'une certaine étendue que la nature a fixée par des lois immuables. Le vrai ton, distinct non-seulement du son, mais aussi des *lu*, est donc un son animé, fécond, qui donne l'existence à d'autres sons, et qui a la force de se reproduire lui-même. Les sons peuvent être envisagés de deux points de vue : 1° comme isolés et indépendants l'un de l'autre ; 2° comme liés nécessairement l'un à l'autre, et même d'une manière si intime, que l'un ne peut exister sans l'autre. Les tons, considérés en eux-mêmes et non dans leur union nécessaire, sont appelés *cheng*, et sont représentés par des signes particuliers. Les tons, dans leurs relations, se nomment *yn*, et sont désignés d'une manière tout à fait différente des premiers. Les deux espèces forment la mélodie, appelée *yo*. La mélodie et les *yn* font la musique appelée *yn-yo*. L'auteur prétend que la plupart des écrivains chinois qui depuis la dynastie des Han ont écrit sur la musique n'ont pas connu ces différences, et qu'ils ont supposé par conséquent un grand nombre de bizarreries. Si, par exemple, ils avaient lu dans les anciens livres les signes *ou*, *yn*, qui représentent les cinq tons, *fa*, *sol*, *la*, *ut*, *ré*, ils y auraient vu une gamme, qui cependant n'aurait jamais constitué une gamme complète. Ce n'aurait été que les cinq termes des sons, ou les sons principaux du système diatonique. Mais en cela l'auteur se contredit lui-même, comme nous le verrons bientôt, en se confiant trop au prince Tsaï-yu, qui pour lui a plus de valeur que tous les autres. L'exactitude de l'assertion de plusieurs auteurs chinois, savoir que l'ancienne gamme de ce peuple ne se serait composée que de ces cinq tons, est démontrée par l'existence de plusieurs anciens airs chinois qui ne sont formés que de ces cinq notes. La mélodie que rapporte Amyot lui-même, et que nous avons mise à la fin de cet article, n'est composée que de ces cinq tons.

IIᵉ ARTICLE. — *Des sept principes.* Les Chinois entendent par là la réunion des sept tons principaux, avec les deux pien ou demi-tons; ainsi c'est notre échelle diatonique jusqu'à l'octave. Le nom qu'ils lui donnent est tsi-che. L'auteur, afin de donner en quelque sorte un appui à son opinion que les Chinois ont eu cette gamme dès le commencement, admet que les sages ont connu de tout temps ces sept tons, qui sont restés inconnus aux lettrés ordinaires. Ils ont, continue-t-il, établi seulement cinq tons, puis ils ont donné les deux demi-tons comme une invention moderne. On n'a besoin que de connaître les rapports que les jésuites faisaient sur la Chine pour voir la source d'où découlent ces amplifications. Ils voulaient donner à leurs conquêtes une plus grande importance, et parce que le P. Amyot regarde l'ancienne gamme des Chinois comme défectueuse, il ne veut pas qu'on leur fasse ce reproche, et il est heureux de trouver dans le prince Tsaï-yu, homme du reste très-savant et à qui la musique populaire doit beaucoup, un homme qui prétend, comme lui, que sans les demi-tons il n'existe pas de véritable musique. Il renvoie aussi, sur la foi de plusieurs autorités, aux ouvrages de Confucius, mais sans pouvoir citer un passage. Les adversaires les plus opiniâtres des deux demi-tons sont Ho-soui, Tchen-yang et Sou-kouei. Les deux premiers regardent le pien-koueng et le pien-tché comme aussi inutiles dans la musique qu'un doigt de plus dans chaque main, et le dernier dit qu'ils détruisent la correspondance entre les *lu* et les mois de l'année, ainsi que l'ordre entier du cérémonial. L'accord de l'ancien kin démontre que leur ancienne gamme n'avait que cinq notes. Il paraît qu'on n'est arrivé que peu à peu aux autres tons par une progression prolongée de quinte en quinte. Après qu'on eut disposé les cinq tons principaux de l'ancienne échelle d'après leurs rapports, *fa-ut*, *ut-sol*, *sol-ré*, *ré-la*; on poussa la recherche plus loin et l'on trouva, d'après le même calcul, *la-mi*, *mi-si*, pour les deux demi-tons d'une nouvelle échelle plus complète. Le rapport de ces demi-tons aux anciens tons principaux apprit aux Chinois à chercher et à trouver d'autres demi-tons semblables. De cette manière l'échelle entière fut partagée en douze demi-tons jusqu'à l'octave. Notre opinion est d'accord avec les paroles du célèbre Tchou-hi : pour que le système soit réellement complet, il faut ajouter aux sept principes encore cinq compléments. Les voici :

| | | | |
|---|---|---|---|
| 1ᵉʳ principe : | Hoang-tchoung et Lin-tchoung, | Fa | — Ut. |
| 2 — | Lin-tchoung et Tay-tsou, | Ut | — Sol. |
| 3 — | Tay-tsou et Nan-lu, | Sol | — Ré. |
| 4 — | Nan-lu et Kou-si, | Ré | — La. |
| 5 — | Kou-si et Yng-tchoung, | La | — Mi. |
| 6 — | Yng-tchoung et Joui-pin, | Mi | — Si. |
| 7 — | Joui-pin. | Si | |

Au *si*, commencent les cinq compléments :

| | | | |
|---|---|---|---|
| 1ᵉʳ complément : | Joui-pin et Talu, | Si | — Fa dièse. |
| 2 — | Ta-lu et Y-tse, | Fa dièse | — Ut dièse. |
| 3 — | Y-tse et Kia-tchoung, | Ut dièse | — Sol dièse. |
| 4 — | Kia-tchoung et Ou-y, | Sol dièse | — Ré dièse. |
| 5 — | Ou-y et tchoung-lu, | Ré dièse | — La dièse. |

En continuant la série des quintes de *la dièse* à *mi dièse*, qui, en négligeant, comme à l'ordinaire, la fraction et en tempérant, n'est autre chose que le ton fondamental des Chinois *fa*, on avait parcouru la série entière des tons, et le système était fermé complétement sans se servir des désignations du bémol, qui sont tout à fait superflues pour les Chinois, attendu qu'ils sont entièrement étrangers à nos accords harmoniques, comme on le verra dans l'article suivant.

IIIᵉ ARTICLE. — *Si les Chinois connaissent et ont connu notre contre-point.* Il n'est pas question pour eux de ce que nous appelons harmonie. Pour eux l'harmonie n'est pas autre chose que l'accord des choses physiques et morales. « Et, sous ce point de vue, dit le P. Amyot, ils ont certainement connu l'harmonie, et ce sont eux peut-être qui l'ont le mieux connue. La musique est, dit-il, la langue du sentiment, qui doit s'allier à toutes nos passions ; c'est là la principale harmonie. » En outre la musique doit moduler, car chaque ton a son mode qui lui est propre. Ainsi par exemple le ton de *fa* ou *kouang* a une modulation solennelle et sévère, aussi elle représente l'empereur. Le ton de *sol* ou *chang* a une modulation forte et un peu aigre, et elle doit représenter le ministre et son intrépidité, qui lui fait exercer la justice même avec rigueur. Le ton de *la* ou *kio* a une modulation simple et douce qui annonce la soumission modeste à l'empire des lois. Le ton d'*ut* ou *tché* a une modulation rapide qui indique les affaires d'Etat et leur exécution rapide. Le ton de *ré* ou *yu* a une modulation claire et brillante qui représente l'ensemble et l'enchaînement de toutes choses. Ces modulations, employées convenablement, donnent le second accord ou la seconde harmonie. Les deux demi-tons de notre échelle diatonique ne sont pas caractérisés, nouvelle preuve que l'ancienne musique ne se composait que de ces cinq tons.

IVᵉ ARTICLE. — *De la manière dont les anciens accordaient le kin à cinq ou à sept cordes.* Le *kin* à cinq cordes ne donnait naturellement que les cinq tons principaux ; mais le kin à sept cordes était accordé de la même manière, de sorte que deux tons se répétaient à la distance d'une octave ; c'était *ut, ré, fa, sol, la, ut, ré.* Ce kin était immobile, on ne s'en servait que pour accompagner les morceaux de musique dans lesquels le compositeur n'avait employé que les cinq tons anciens. La manière ordinaire d'accorder le kin à sept cordes était la suivante : *fa, sol, la, si, ut, ré, mi.* La septième corde fut appelée *ho*, c'est-à-dire la corde de l'union, et la quatrième fut appelée la moyenne ou *tchoung*.

Le seul accompagnement que possédassent les Chinois consiste en ce que, en même temps que *ut*, ils faisaient résonner la quinte *g* ; c'est ce qu'ils appellent le grand intervalle, *ta-kiuen-keou*, par lequel ils accompagnent les tons bas, qui chez nous sont les tons hauts ; c'est par la quarte qu'ils accompagnent les tons hauts, c'est-à-dire nos tons bas, c'est ce qu'ils appellent le petit intervalle ou *chao-kiuen-keou*. Ce serait donc l'accompagnement de la cornemuse, en usage encore chez les montagnards de l'Ecosse. Le P. Amyot termine son mémoire par des éloges sur les Chinois, inventeurs d'un système de musique qui contient presque tout ce que possédaient les Grecs et les Egyptiens. Ceux-ci avaient eux-mêmes appris leur système des Chinois ; le tétracorde même de Pythagore, qui avait voyagé dans l'Inde, venait des Chinois ; ce tétracorde se trouve dans la dernière série du tableau de la page 435.

Nous joignons, comme appendice, un hymne chinois en l'honneur des ancêtres, dans lequel chaque strophe se compose de huit vers et chaque vers de quatre pieds, c'est-à-dire de quatre mots monosyllabiques. Une traduction littérale est regardée comme impossible à cause de la concision de l'expression. Tous les usages qui y sont observés sont décrits avec soin dans l'ouvrage du P. Amyot. Dans une grande salle sont suspendus les portraits des ancêtres ; devant eux, au sud, s'élève une table avec des libations ; au milieu est un vase rempli d'aromates, de chaque côté un chandelier avec un flambeau allumé, et aux deux bouts des vases de fleurs. Au milieu de la salle se tiennent les danseuses, formant quatre rangs de quatre, et, un peu de côté vers le nord, deux femmes portant des drapeaux, toutes habillées de même. A gauche et à droite se voient les musiciens, surtout ceux qui jouent le cheng et le king, et vers le fond sont placés les joueurs de kin et de ché avec les chanteurs. L'empereur entre avec une démarche grave et majestueuse ; partout le silence le plus profond pendant qu'il se dirige vers la table des aromates. En ce moment, selon la croyance des Chinois, les âmes des ancêtres descendent du ciel, et l'on entonne l'hymne, qui est chanté au nom de l'empereur. La première strophe renferme à peu près ce qui suit : « Lorsque je pense à vous, sublimes ancêtres, je me sens élevé au plus haut des cieux. Là, dans l'infinité des sources éternelles de la vraie gloire et de l'immuable félicité, je vois avec ravissement vos âmes immortelles, pour prix de leurs vertus, pour récompense de leurs mérites, goûter l'ineffable douceur de joies toujours nouvelles. Si, malgré mes imperfections, la Providence, dans ses décrets, m'a donné le rang suprême sur la terre, c'est parce que je suis issu de votre illustre sang. Il me serait impossible de marcher sur vos glorieuses traces; mais mes efforts constants montreront aux générations futures qu'au moins j'ai mérité de vivre sans remords.»

Là-dessus l'empereur s'agenouille trois fois en touchant la terre de son front, et il présente les offrandes. Pendant cette cérémonie, les musiciens chantent la seconde partie de l'hymne.

« C'est à vous que je dois tout, c'est votre haleine que je respire, et je ne fais rien que par vous; et, lorsque le devoir et la reconnaissance m'appellent en ce lieu, je jouis de votre présence. Vous descendez pour moi des hauteurs de votre gloire. Oui, vous êtes présents; votre illustre forme attiré à elle par son éclat mes regards timides. Le son de votre voix éveille dans mon cœur la plus tendre attention. Humblement prosterné, je vous apporte mes hommages, ô vous dont j'ai reçu la vie. Acceptez-les avec faveur comme témoignage de mon profond respect et de mon amour parfait. »

A la fin de ces cérémonies, lorsque l'empereur a offert la viande et les libations, brûlé les aromates et de nouveau touché neuf fois la terre de son front, il se lève, et reprend l'attitude qu'il avait pendant la première strophe. Alors les musiciens recommencent leurs chants, et alors les âmes des ancêtres quittent de nouveau la terre et remontent au ciel. Troisième strophe : « J'ai rappelé dans ma faible mémoire les vertus, les actions et les mérites inestimables de ces sages mortels qui ont été placés parmi les esprits du ciel au faîte de la gloire. Ils sont attachés à mon cœur par les liens les plus forts : ils m'ont donné la vie, je possède leurs biens, et, ce qui est encore plus, tout faible que je suis, je rougis de le dire, je gouverne l'empire après eux. Le poids d'un si lourd fardeau me ferait chanceler sans cesse, si le ciel n'avait daigné me soutenir dans ma faiblesse par un secours toujours renouvelé. Ce que je peux faire, je le fais quand le devoir l'ordonne; mais, hélas! comment reconnaîtrais-je tant de bienfaits. J'ai présenté trois fois avec respect ma triple offrande. Je ne puis rien faire de plus, et mes vœux sont comblés.»

Les mots « tout faible que je suis » sont chantés à demi-voix et d'un ton tremblant. Là-dessus l'empereur se retire, et la musique continue jusqu'à ce qu'il soit rendu dans sa chambre.

Si l'air de cet hymne nous paraît singulier, la manière de l'accompagner avec les instruments nous paraîtra encore plus singulière. Ainsi, lorsque les chanteurs entonnent le premier mot *see*, on frappe un coup sur la cloche hoang-tchoung, c'est-à-dire qu'on fait entendre un *fa*, parce que le morceau commence dans ce ton, et que c'est la note sur laquelle le mot *see* est chanté. Après que la cloche a donné le ton fondamental, le po-fou, sorte de tambour, donne trois fois le même ton. Après le troisième coup du tambour, le kin et le ché donnent leur note; puis le po-fou recommence trois fois, et il est suivi de nouveau par le kin et le ché. Lorsque l'un de ces instruments commence, les chanteurs reprennent haleine. Le procédé suivi pour la première note se répète pour les suivantes, et l'on peut juger alors de la longueur avec laquelle le chant s'accomplit. Tous les instruments ne donnent que la note qui est chantée par la voix, excepté que quelquefois entre les instruments et la voix il y a la différence d'une octave, et que le kin et le ché donnent toujours deux notes à la fois, savoir : celle de la voix et la quinte. En outre tous les instruments décrits dans la première partie sont employés dans cette musique. Quelques-uns se trouvent hors de la salle. Lorsque la musique doit commencer, on frappe trois coups à certains intervalles sur le taô-kou (sorte de tambour), puis on fait entendre un coup sur la cloche, et enfin les voix entonnent avec tous les instruments qui doivent les accompagner. La fin de chaque strophe est marquée par un coup sur le lien-kou. Après une petite pause, on frappe trois fois sur le yng-kou (autre sorte de tambour); immédiatement après on frappe une seconde et une troisième fois sur les deux tambours qui accompagnent. Enfin un coup sur la cloche marque le commencement de la seconde strophe. Le même ordre est observé dans toutes les strophes. A la fin de l'hymne, on frappe un coup sur la tête du tigre couché, et l'on continue trois fois sur le dos avec une verge (tchen). Alors l'hymne est fini. Dans les doubles notes la note inférieure est pour les voix, la note supérieure pour les instruments.

HYMNE CHINOIS EN L'HONNEUR DES ANCETRES.

## CONCLUSION.

Nous avons essayé de faire connaître la Chine d'une manière plus complète qu'on ne l'a fait encore dans aucun ouvrage du genre de celui-ci. Nous avons puisé aux meilleures sources, et souvent nous n'avons pas reculé devant des emprunts textuels; nos lecteurs nous tiendront sans doute compte de nos efforts, et nous pardonneront les imperfections de notre travail, s'ils tiennent compte des difficultés qui résultaient pour nous des limites où nous devions nous renfermer. Aug. SAVAGNER.

**CHINE** (**MER DE**) (*géogr.*). On nomme ainsi la partie de l'Océan comprise entre les côtes orientales de la Chine, de l'empire annamite et de la presqu'île de Malacca, d'un côté; et les îles Kalémantân ou Bornéo, Palouan, et les Philippines de l'autre. La mer de Chine forme trois grands golfes: ceux de Hoan-ho ou mer Jaune; de Tong-king et de Siam.

**CHINE** (**LA**) (*géogr.*), village du bas Canada, sur le golfe Saint-Laurent. C'est l'entrepôt d'un commerce considérable dans l'île de Montréal. A 2 lieues au sud-ouest de la ville de ce nom.

**CHINE-CHINE** ou **SIN-SIN** (*mamm.*). On donne ce nom, à la Chine et en Tartarie, à un singe sans queue, que quelques naturalistes ont regardé, mais à tort sans doute, comme l'orang-outang.

**CHINÉE** (**LA PHALÈNE**) (*entom.*). C'est le nom que Geoffroy a donné à une espèce de bombyce à ailes supérieures en toit, de couleur noire rayée de jaune; les inférieures rouges, à taches noires. C'est le *bombyx hera* de Linn.

**CHINEESCHE-BILANG** (*ichthyol.*). Dans sa Collection des poissons d'Amboine, Ruysch dit que les Hollandais donnent ce nom à une sorte de *congre couronné* des Indes orientales, dont la tête est couverte d'un certain nombre de piquants. Sa chair est grasse, mais pleine d'arêtes : les Européens en mangent rarement; mais les Chinois en font grand cas, et l'assaisonnent avec de l'ail et du poivre.

**CHINER**, v. a. Il ne s'emploie guère que dans cette phrase, *Chiner une étoffe*; donner des couleurs différentes aux fils de la chaîne, avant de tisser une étoffe, de manière qu'il en résulte un dessin quand l'étoffe est fabriquée.

**CHINESISCHER AAL** (*ichthyol.*), nom allemand du paille-en-cul, *trichiurus lepturus* (*V.* CEINTURE).

**CHINFRENEAU**, s. m. Il se dit, dans le langage populaire, d'un coup à la tête.

**CHING** (*géogr.*), district de la Chine, province de Tche-kiang, département de Chao-hing. La ville de ce district est située à 13 lieues sud du chef-lieu du département, sur une petite rivière qui se rend dans la mer Jaune. — C'est encore le nom d'une haute montagne de la capitainerie générale de Mosambique, au nord de Zambèze; habitée, fertile, et arrosée par une belle rivière.

**CHING-HAI** (*géogr.*), district de Chine, province de Kouang-toung, département de Tchao-tcheou. La ville de ce district est située sur une île à l'embouchure du Hang-kiang. A 6 li eues sud-est du chef-lieu du département.

**CHING-HAI** (*géogr.*), ville de Corée, province de Tsuen-lo, sur le détroit de Corée, à l'embouchure du Han, à 27 lieues sud-sud-ouest de Sing-tcheou.

**CHING-KING** (*géogr.*), appelée **MOUCKDEN** par les Mantchous, anciennement **LIAO-TOUNG**, province de Chine, entre 38° 58' et 42° 50' de latitude nord, et entre 116° 47' et 122° 30' de longitude est, bornée au nord par le pays de Kairtchin, au nord-est par le canton particulier de Kirin, à l'est par la Corée, au sud par la mer Jaune et le golfe de Liao-toung, et au sud-ouest par la province de Tchi-li. La nature et de bizarres fortifications ont également contribué à fixer les limites du Ching-king. La grande muraille forme ses frontières vers le sud-ouest, la mer le baigne au sud, et partout ailleurs il est entouré d'une barrière de pieux d'une prodigieuse étendue. Sa longueur du nord-est au sud-ouest est de 115 lieues; sa plus grande largeur du nord-ouest au sud-ouest de 70 lieues, et sa superficie de 4,000 lieues. Cette province est très-montagneuse. Vers le nord-est s'élève le Tchang-pé-kang ou Chan-yen-alin, mont sacré parmi les Mantchous, et dont le sommet est couvert de neiges éternelles. Parmi les branches des montagnes qui viennent border les côtes, on remarque celle qui forme une longue presqu'île, nommée par les Anglais Regent's-Sword (l'Épée du Régent), et qui se termine par le cap Charlotte. Le Liao-ho, navigable, est le principal fleuve de cette province, dont il arrose le centre; il y reçoit le Hiang-chi-mou et le Hou-nou-hou. Le climat est tempéré, l'air est salubre, et le sol est fertile en céréales, fruits et coton. On récolte aussi beaucoup de ginseng, qui est exclusivement réservé à l'empereur, dont il forme une partie du revenu. Les montagnes sont généralement couvertes de beaux bois de charpente, et renferment des métaux. L'éducation des moutons et des bestiaux est considérable. On estimait la population de cette province, il y a un demi-siècle, à 668,852 habitants, tant Chinois que Mantchous, Mongols et Coréens. Il n'y a que les Chinois qui s'occupent de l'agriculture, des arts industriels et du commerce. La plupart des autres habitants sont pasteurs. — Les villes de cette province, entourées presque toutes de palissades au lieu de murailles, sont peu peuplées et en décadence. Depuis la conquête de la Chine par les Mantchous, on y a introduit les mêmes tribunaux qu'à Pé-king, mais l'on y parle mantchou.

**CHINGOLO** (*ornith*). A Buénos-Ayres et à Montevideo, on donne ce nom et celui de *chingolito* à un oiseau que M. d'Azara place sous le n° 135, parmi ses *chipius*, famille composée en grande partie d'espèces qui se rapportent aux fringilles. Cet auteur regarde le chingolo comme étant le moineau du Brésil; de Buffon, avis que ne partage pas son traducteur, Sonnini. Les Guaranis l'appellent *chesihasi*, parce qu'il chante toute l'année d'un son de voix très-clair et assez semblable à celui de l'alouette. Sa longueur totale est de cinq pouces deux tiers. Il a plusieurs traits noirâtres sur le devant et les côtés de la tête; la nuque rougeâtre, avec une tache noire au-dessous; les plumes dorsales noirâtres au centre, et rougeâtres sur les bords; les pennes des ailes et de la queue de couleur brune, et les parties inférieures blanchâtres. Le mâle et la femelle ont, en hiver seulement, une huppe sur la tête; les jeunes offrent des différences dans leur couleur avant la première mue. Le nid de ces oiseaux, qu'on trouve tantôt sur des branches d'arbres peu élevées, tantôt à terre, ou dans des trous de murailles, renferme environ quatre œufs blanchâtres, avec de nombreux points rougeâtres sur le gros bout.

**CHINIAC DE LA BASTIDE** (**MATTHIEU**), littérateur, né dans le Limousin en 1739, suivit la carrière du barreau, et, pourvu d'une magistrature subalterne, employa ses loisirs à l'étude : il entreprit avec Dussieux un *Abrégé de l'histoire littéraire de la France* par les bénédictins (*V.* RIVET), dont les deux premiers volumes parurent sous ce titre : *Histoire de la littérature française, depuis les temps les plus reculés jusqu'à nos jours*, Paris, 1772, in-12. Cet ouvrage, enrichi de notes presque aussi étendues que le texte, ne va que jusqu'à l'an 425, et n'a pas été continué. Chiniac s'était occupé d'une traduction des *Commentaires de César*, mais il n'en a publié que le premier volume de la deuxième partie, avec ce faux-titre : *Dissertation sur les Basques*, Paris, 1784, in-8°, ouvrage rare et curieux par les recherches qu'il renferme. Ce savant magistrat mourut à Paris en 1802.

**CHINIAC DE LA BASTIDE** (**JEAN-BAPTISTE**), mort en 1768, a publié : *le Miroir fidèle, ou Entretiens d'Ariste et de Philindre*, Paris, 1766, in-12.

**CHINIAC DE LA BASTIDE DUCLAUX** (**PIERRE**), né dans le Limousin en 1741, de la même famille que les précédents, fut d'abord destiné à l'état ecclésiastique, mais préféra le barreau, et se fit recevoir avocat au parlement de Paris. Plus tard il obtint la charge de lieutenant général de la sénéchaussée d'Uzerches, qu'il perdit en 1790; il occupa depuis diverses charges de judicature, entre autres celle de président du tribunal civil de la Seine, et mourut vers 1804. On a de lui : 1° *Discours de l'abbé Fleury sur les libertés de l'Eglise gallicane, avec un Commentaire*, au delà des monts (Paris), 1765, in-12 : l'auteur étudiait en droit quand il publia cet écrit, où l'on trouve la doctrine des jansénistes exposée avec trop de partialité; 2° *Dissertation sur la prééminence de l'épiscopat sur la prêtrise*, Paris, 1766, in-4°; 3° *Discours sur la nature et les dogmes de la religion gauloise, servant de préliminaire à l'histoire de l'Eglise gallicane*, Paris, 1769, in-12; 4° une nouvelle édition de l'*Histoire des Celtes*, par Pelloutier, revue, corrigée et augmentée, Paris, 1770-71, 8 vol. in-12 et 2 vol. in-4°; 5° une traduction, sous le titre d'*Histoire des capitulaires des rois de la première et de la deuxième race*, 1779, in-8°, de la préface mise par Baluze à la tête de ce précieux recueil, dont il donna l'année suivante une édition avec des notes de Baluze et des additions importantes (*V.* ROYE); 6° une nouvelle édition du *Traité de l'autorité du pape de Burigny*, Vienne (Paris), 5 vol. in-8°; 7° *Essai de philosophie morale*, Paris, 1802, 5 vol. in-8°. C'est à tort qu'on lui a attribué la traduction du *Traité du pouvoir des évêques*, d'Ant. Pereyra, Paris, 1772, in-8°; cette traduction est de Pinault.

**CHINIAN** (**SAINT-**) (*géogr.*), ville de France (Hérault). Draps pour le Levant. 3,300 habitants.

**CHINIL-ADDAN**, roi d'Assyrie, successeur de Saosduchin, vers l'an 667 avant Jésus-Christ, défit et tua Phraortes, roi des Mèdes; mais Cyaxare, fils et successeur de ce prince, assiégea Ninive, et força Chinil-Addan de se brûler dans son palais. Quelques auteurs ont confondu ce prince avec Sardanapale;

plusieurs commentateurs de la Bible veulent qu'il soit le même que Nabuchodonosor, dont il est fait mention au livre de Judith.

**CHINIOIDINE**, s. f. (*chimie*). Sertuener a annoncé, dans les eaux mères incristallisables de sulfate de quinine, l'existence d'un alcaloïde différent de ceux indiqués dans les quinquinas; il lui a donné le nom de *chinioïdine*, qu'on devrait écrire *quinioïdine*. Ses qualités sont d'être incristallisable, très-amère, jaunâtre, soluble dans l'alcool, non dans l'eau; de saturer beaucoup les acides et de former des sels jaunâtres incristallisables très-fébrifuges. Il ne l'a obtenue encore qu'unie à une substance brune peu connue. MM. Henry fils et Delondre, en examinant avec soin les eaux mères du sulfate de quinine pour en extraire cette substance, n'ont pu y rencontrer que la quinine et la cinchonine unies à une matière jaune particulière qui modifie leurs propriétés, et leur donne celles assignées à la *quinioïdine*. Ils ont pensé alors que ce nouvel alcaloïde n'existe pas réellement, et n'est qu'un mélange variable des alcalis des kinas avec plusieurs substances mal caractérisées. Ils croient en conséquence que son emploi n'offre pas autant de certitude dans ses applications que la quinine ou ses combinaisons salines pures.

**CHINKA** (*ornith.*). Ce nom paraît être donné en Chine à la poule sultane, *fulica porphyrio* Linn.

**CHINKAPALONES** (*botan.*). On lit dans Garcias que les Portugais du Malabar nommaient la petite espèce de banane *cenjories*, et la grande *chinkapalones*. Clusius, qui en parle aussi dans ses *Exotica*, nomme les premières *cenories*, et les secondes *chincapalones*. C'est probablement de ce dernier nom que dérive celui de *cincampalon*, donné par Scaliger au même fruit. Rumph, qui émet cette opinion, croit encore que le *cadelafon* de Scaliger et le *cadalini* des Portugais sont la même banane.

**CHIN-NONG**, le second des neuf empereurs de la Chine qui précédèrent l'établissement des dynasties (*V.* CHINE).

**CHINOIS, OISE**, adj. et s. (*géogr.*), qui est né à la Chine. — Qui appartient à la Chine ou à ses habitants.

**CHINOIS** (*relation*), à Mexico, à Lima et à la Havane, nom que l'on donne au descendant d'un nègre et d'une Indienne.

**CHINOIS** (*art cul.*), petite orange verte conservée dans l'eau-de-vie.

**CHINOIS** (*ichthyol.*). On donne ce nom spécifique à plusieurs poissons, en particulier à un baliste de la division des MONACANTHES (*V.* ce mot).

**CHINOISE** (*ichthyol.*). M. de Lacépède a désigné sous ce nom une raie qu'il a décrite d'après un dessin chinois, et qui paraît se rapprocher des TORPILLES ou du RHINA (*V.* ces mots).

**CHINOISERIE**, s. f. (*comm.*). Il se dit des objets d'art, des ornements divers, de meubles, de cheminées, etc., imités des Chinois.

**CHINOISES** (CÉRÉMONIES), controverse difficile et fort grave qui intéresse l'*Histoire ecclésiastique*, qui préoccupa longtemps l'Eglise, et qui a pour origine la prétendue tolérance que les RR. PP. jésuites, missionnaires en Chine, accordaient à de certains hommes dont nous parlerons plus loin, et que les Chinois sont dans l'habitude de rendre à leurs ancêtres et à la mémoire de Confucius, leur plus grand philosophe. — Nous allons retracer l'histoire de cette controverse d'après les auteurs les plus dignes de confiance et les plus impartiaux. — L'Evangile, par le zèle ardent des disciples de saint Ignace de Loyola, faisait de rapides progrès dans l'empire de la Chine, et répandait ses bénédictions en abondance jusque dans la capitale. Au moyen des sciences enseignées en Europe, les pieux missionnaires étaient si bien parvenus à gagner l'estime et la confiance de l'empereur et des lettrés, qu'ils croyaient toucher à l'heureux moment où ils pourraient faire autoriser le christianisme dans tout l'empire. C'eût été un beau triomphe, et l'Eglise tout entière ne pouvait manquer de s'en réjouir beaucoup. Mais malheureusement il n'en fut pas ainsi : une circonstance toute particulière qui eût pu s'éclaircir, mais qui au contraire se compliqua toujours davantage, y mit un obstacle insurmontable : cette circonstance fut celle des *cérémonies chinoises*. — Les missionnaires jésuites, qui avaient fait une étude profonde de la langue, de l'histoire et des mœurs des Chinois, crurent qu'ils pouvaient, à l'exemple du P. Ricci, leur précurseur, souffrir, chez une nation prodigieusement attachée à ses usages, les honneurs qu'elle voulait rendre à Confucius et à ses ancêtres défunts. Ils considéraient ces usages comme des cérémonies purement civiles, et qui dès lors ne tiraient à aucune conséquence pour la religion. C'est ainsi d'ailleurs qu'avait pensé et agi le pape saint Grégoire le Grand, lorsque, au rapport de Bède et de Fleury (1), il permit aux Anglais, nouvellement convertis, de faire des fêtes en dressant des loges de feuillage autour des églises, et d'y égorger des animaux, non pas en sacrifice comme auparavant, mais pour en faire des festins de joie. — Cette manière d'agir pouvait être fort prudente de la part des jésuites, et on doit penser qu'ils étaient mus par les intentions les plus droites et les plus pures, vu, au reste, leur connaissance certaine des mœurs chinoises. Cependant le P. Moralès, missionnaire dominicain, n'en jugea pas ainsi. Sans vouloir pénétrer les intentions des membres de la compagnie de Jésus, il réputa les coutumes chinoises idolâtriques, et les dénonça comme telles à Rome. Ce fut là le commencement de bien des disputes, qui tournèrent au détriment de la foi catholique, et qui offrirent une nouvelle preuve que souvent les hommes, avec les meilleures intentions et le zèle le plus sincère, gâtent le bien qu'ils auraient pu faire, faute de s'entendre et de mettre de côté certaines considérations qui ne sont pas toujours dictées par un vrai détachement et une parfaite abnégation. Ainsi, selon l'exposé du P. Moralès, les Chinois avaient des temples érigés en l'honneur de Confucius et de leurs ancêtres, et deux fois l'année ils leur offraient des sacrifices solennels, où les gouverneurs faisaient l'office de prêtres. Il était assez évident, si l'état des choses était tel que le représentait le missionnaire dominicain, qu'il n'est pas permis aux chrétiens de sacrifier à des morts; et alors il n'était pas nécessaire que Rome prononçât. Mais on voulait donner de l'importance à l'affaire. Toujours était-il que le véritable point de la question consistait à savoir si ces pratiques ou cérémonies étaient en effet des sacrifices religieux, ou simplement des usages civils, et s'il y avait pour cela des temples et des prêtres. Mais, au lieu d'examiner ce point, on prit pour incontestable ce qui n'était qu'une question; et la congrégation de la Foi, prenant le parti le plus sûr dans une matière si délicate, défendit, en 1645, ces observances jusqu'à ce que le saint-siége en ordonnât autrement. — Les choses en restèrent là pendant quelques années. Mais plusieurs autres missionnaires de différents ordres ne jugeant pas comme le P. Moralès, le P. Martini, jésuite, crut devoir repasser en Europe, pour instruire le saint-siége de l'état exact et véritable de cette affaire. « Il exposa, dit Bérault-Bercastel dans son *Histoire de l'Eglise*, liv. LXXVIIe, que dans ce qu'on avait qualifié de sacrifices il n'y avait aucun sacrificateur, ni aucun ministre de secte idolâtre, mais uniquement des philosophes qui s'assemblaient avec leurs écoliers, pour reconnaître le plus célèbre et le plus ancien docteur de la nation comme leur premier maître, avec des cérémonies qui, par leur institution même, n'étaient que de police, et qui se terminaient à un honneur purement civil. Quant aux honneurs rendus généralement aux morts dans la Chine, le P. Martini ajouta que l'endroit où on les honorait était partout une salle ordinaire, et jamais un temple; que les Chinois n'attribuaient aucune divinité, aucune puissance aux âmes des morts; qu'ils ne leur demandaient et n'en espéraient rien; qu'en un mot il n'y avait rien en tout cela qui tînt du sacrifice ni d'un culte religieux. » D'après ces observations, le

(1) *Hist. d'Angl.*, l. I, ch. XXX. — L'abbé Fleury, qui donne dans le XXXVe livre de son *Histoire ecclésiastique* de longs détails sur le zèle et les travaux du saint pape pour la conversion des Anglais, cite aussi les *Lettres* qu'il écrivit aux missionnaires chargés de cette œuvre. Nous lisons, dans la IXe épître, ces lignes qui ont trait au point qui nous occupe : « Après avoir longtemps examiné en moi-même l'affaire des Anglais, dit saint Grégoire le Grand, j'ai pensé qu'il ne faut pas abattre leurs temples, mais seulement les idoles qui y sont. Il faut faire de l'eau bénite, les en arroser, dresser des autels, et y mettre des reliques. Car si ces temples sont bien bâtis, il faut les faire passer du culte des démons au service du vrai Dieu, afin que cette nation, voyant que l'on conserve les lieux auxquels elle est accoutumée, y vienne plus volontiers. Et parce qu'ils ont accoutumé de tuer beaucoup de bœufs, en sacrifiant aux démons, il faut leur établir quelque solennité, comme de la Dédicace ou des Martyrs, dont on y met les reliques; qu'ils fassent des feuillées autour des temples, changés en églises, et qu'ils célèbrent la fête par des repas modestes. Au lieu d'immoler des animaux au démon, qu'ils les tuent pour les manger et rendre grâce à Dieu, qui les rassasie de ces viandes; afin que, leur laissant quelques réjouissances sensibles, on puisse leur insinuer plus aisément les joies intérieures. Car il est impossible d'ôter à des esprits durs toutes leurs coutumes à la fois : on ne s'élève pas en un lieu haut en sautant; on y monte pas à pas » (*Hist. ecclés.*, l. XXXVI, § 40, ann. 601).

pape Alexandre VII crut qu'il était de la sagesse de tolérer en Chine des cérémonies publiques, dont le retranchement pouvait mettre un obstacle invincible à la propagation de la foi, dans un empire aussi jaloux que celui-là de ses anciens usages; et le 23 mars 1656 il rendit un *décret* qui permettait l'observation des pratiques en question, pourvu qu'on spécifiât qu'elles étaient *purement civiles et politiques.* Comme ce pape fit insérer dans son *décret* les raisons qu'avait alléguées Moralès pour obtenir la décision du pontife précédent (Innocent X), le dernier *décret* obtenu fut regardé par la plupart des missionnaires, même dominicains, comme un jugement contradictoire définitif. Quelques-uns néanmoins se plaignirent à Rome de ce qu'on débitait en Chine que le premier *décret* était révoqué; sur quoi la congrégation générale de l'inquisition en donna un nouveau, portant que ceux d'Innocent et d'Alexandre subsistaient l'un et l'autre selon leur forme et teneur, c'est-à-dire selon la diversité des circonstances et des allégations présentées pour les obtenir. « C'était là, ajoute Bérault-Bercastel (*idem, ibidem*), tout ce que Rome alors pouvait sagement ordonner, sur des témoignages tirés de si loin, absolument contraires l'un à l'autre, et tous deux suspects de partialité : d'ailleurs la matière était d'une délicatesse extrême sous son double rapport, soit au progrès de la foi qu'on pouvait arrêter, soit à la superstition que l'on risquait d'autoriser. » Cependant, comme chaque missionnaire avait la liberté d'agir, suivant ses lumières et sa conscience, tout fut assez tranquille dans la mission pendant quelques années, après lesquelles la controverse fut de nouveau agitée à Rome. — Les missionnaires des différents ordres eux-mêmes s'occupèrent sur les lieux de cette affaire si importante, et dans laquelle on doit croire que chacun voulait le bien et l'honneur de la foi catholique. Ils tinrent plusieurs conférences, où la matière fut discutée avec tout le soin qu'elle exigeait. Le P. Sarpetri, dominicain, qui s'y trouvait avec le P. Navarète, son supérieur, et avec le P. Léonardi, autre dominicain, proposa la question qui regarde les honneurs que l'on est dans l'habitude de rendre en Chine à Confucius et aux ancêtres morts. On discourut beaucoup dans ces conférences. Le P. Sarpetri, prévenu d'abord que le P. Martini avait pu se tromper dans l'exposé qu'il avait fait à Rome, mais doué d'une droiture incorruptible, revint de ses préventions quand il eut approfondi les raisons des pères de la compagnie de Jésus, et il en donna l'attestation par écrit le 4 août de l'année 1668. Cependant le P. Navarète résista plus longtemps; mais enfin, convaincu et vivement touché par un écrit du P. Brancati, jésuite, il alla trouver, le 29 septembre 1669, le vice-provincial de la compagnie, déclara qu'il était entièrement persuadé, et lui mit en main une déclaration qu'il avait aussi écrite : sur quoi les supérieurs de l'ordre de Saint-Dominique défendirent à leurs religieux de ne plus rien mettre dans leurs écrits qui fût contraire à ce qui se trouvait dans ceux des pères jésuites (*V.* Bérault-Bercastel, *Hist. de l'Eglise,* liv. LXXXIII). Ces faits sont incontestables, et leur omission dans la plupart des livres et des mémoires qui ont été publiés sur ce fameux différend montre au moins une partialité suspecte ou un oubli impardonnable. — Mais ce bon accord ne dura pas longtemps. Par une de ces inexplicables bizarreries de l'esprit humain, le P. Navarète rétracta tout ce qu'il avait écrit en faveur des jésuites; et, s'étant échappé de Canton, il s'enfuit jusqu'à Madrid, où il fit imprimer un ouvrage dans lequel il ne craint pas d'établir tout le contraire de ce qu'il avait signé à la Chine. Le second volume de cet ouvrage fut supprimé par le saint-office avant la fin de l'impression; mais le premier était déjà répandu, et c'est là la source principale et presque l'unique où les auteurs de tant d'autres libelles sont allés ensuite puiser leurs fausses imputations et leurs objections. Dès lors il se fit un grand changement dans l'esprit des supérieurs et des missionnaires de l'ordre de Saint-Dominique. Heureusement que tous ne se laissèrent pas surprendre par la polémique du P. Navarète. On reconnut ses contradictions et son peu de solidité. La plus saine et même la plus nombreuse partie des missionnaires dominicains fut longtemps du même avis que les jésuites touchant les cérémonies chinoises. Et, pour ne citer qu'un exemple, nous invoquerons le témoignage du P. de Paz, célèbre dominicain, l'oracle de l'université de Manille, dont l'autorité est d'autant plus grande en ceci, qu'il parle, ainsi qu'il le déclare, selon le commun rapport des missionnaires de son ordre qui étaient à la Chine. Or le P. de Paz, ayant été consulté par ses confrères du Tong-kin, leur répondit qu'il tenait pour constant que dans ce royaume Confucius n'était pas plus regardé comme un dieu que dans l'empire de la Chine, d'où sa doctrine s'y était répandue, et qu'il avait su avec certitude, par plusieurs relations des missionnaires de son ordre, qu'à la Chine on n'attribue à Confucius ni divinité ni aucune puissance plus qu'humaine, suivant la créance commune de ceux du pays. Il raconte à ce propos, toujours sur la foi de ces relations, qu'un néophyte rendant à Confucius les honneurs d'usage, et protestant qu'il ne prétendait lui rendre que ce qu'un disciple doit à son maître, et non pas l'honorer comme si c'était un dieu, ou qu'il en attendît quelque chose, les assistants infidèles lui répliquèrent en éclatant de rire : « Pensez-vous donc qu'aucun de nous attribue rien de pareil à Confucius? Nous savons très-bien que c'était un homme comme nous; si nous lui rendons nos respects, c'est uniquement comme des disciples à leur maître, en vue de la doctrine excellente qu'il nous a laissée. » Les lettrés chinois, ajoute en confirmation le P. de Paz, font communément profession d'athéisme, et ne reconnaissent ni substance ni vertu qui ne tombe sous les sens, comme autrefois les sadducéens n'admettaient ni anges ni esprits, car les erreurs s'enchaînent et se reproduisent. Il n'est donc pas possible qu'ils croient Confucius, ou son âme, en état de leur faire du bien, ni qu'ils en espèrent aucun avantage. Le savant dominicain raisonne de même en ce qui concerne le culte des ancêtres. « Je suis convaincu, dit-il, que les Chinois païens ne croient pas plus que les chrétiens que les âmes de leurs parents morts se trouvent dans les petits tableaux employés à cette cérémonie; au moins n'est-ce pas là leur commune opinion, puisque la plupart d'entre eux prétendent que les âmes ne sont ni des esprits ni des êtres immortels? » Nous pourrions encore invoquer le témoignage du P. Grégoire Lopez, aussi dominicain, évêque de Basilée, vicaire apostolique, puis évêque titulaire de la capitale de la Chine. Ministre évangélique, le plus ancien de son temps à la Chine, il avait étudié toute sa vie la matière dont nous parlons, et, en joignant à tous ces avantages sa réputation de sainteté, on doit ajouter foi à ce qu'il rapporte. Mais à quoi bon allonger cet article par l'abondance des preuves? nous aimons mieux renvoyer aux *lettres* que le vénérable P. Lopez a écrites en grand nombre au pape, à la congrégation de la Propagande et au général de son ordre, et principalement aux deux *lettres* qu'il écrivit, le 11 juin de l'année 1684, à Innocent XI et à la propagande, et dont Bérault-Bercastel donne la substance au LXXXIIIe livre déjà cité de son *Histoire de l'Eglise.* — Mais, avant de passer outre, examinons en eux-mêmes ces usages, et voyons si réellement on peut les taxer de superstition et d'idolâtrie. Et d'abord en quoi consiste le culte rendu à Confucius? C'est une simple cérémonie, nous semble-t-il, qui consiste (selon la manière de saluer à la Chine les personnes de premier ordre) à se prosterner et à battre la terre du front devant le nom de ce philosophe, écrit en gros caractères dans un cartouche qui est exposé sur une table, avec des cassolettes et des bougies allumées. On rendait anciennement ces honneurs à la statue de Confucius; mais les empereurs, s'apercevant que le peuple commençait à le prendre pour une idole, y substituèrent le cartouche dans toutes les écoles de la Chine. Les mandarins pratiquent cette cérémonie quand ils prennent possession de leurs gouvernements, et les bacheliers quand ils reçoivent les degrés, qui ne se confèrent que tous les trois ans : mais les gouverneurs des villes sont obligés, avec les gens de lettres du lieu, d'aller tous les quinze jours rendre cet honneur au grand philosophe, au nom de toute la nation. Le but de ces fêtes nationales, si souvent renouvelées, est, comme on peut bien le penser, plutôt politique que religieux. N'est-ce pas en effet le meilleur moyen à employer pour que les mandarins de l'instruction publique fassent parler, dans les exhortations qu'ils doivent adresser alors au peuple, la doctrine du philosophe chinois, et pour empêcher qu'on n'introduise dans les écoles aucune innovation qui y soit contraire? D'ailleurs on ne manque jamais, dans ces hommages rendus à Confucius, de le reconnaître et de le proclamer le maître de la grande science, le législateur, le philosophe et le théologien de la nation. — Quant aux cérémonies qui regardent les ancêtres, il y a trois temps et trois manières de les pratiquer. La première cérémonie se fait avant la sépulture. On dresse une table devant le cercueil où est le corps. On y place ou le portrait du mort ou son nom écrit dans un cartouche, et on y place des fleurs de chaque côté, avec des parfums et des bougies allumées. Ceux qui sont invités à prendre part au deuil, saluent le défunt à la manière du pays, c'est-à-dire en se prosternant et en frappant la terre du front devant la table, sur laquelle ils mettent encore eux-mêmes quelques bougies et quelques parfums qu'ils ont apportés. La seconde cérémonie se fait tous les six mois. Alors on place l'image du plus considérable des ancêtres sur une table adossée contre la muraille, et chargée de gradins; et de part et d'autre sont écrits, sur de petites tablettes, les noms de tous les autres morts de la famille, avec la qualité, l'emploi, l'âge et le jour du décès de chacun d'eux. Les chrétiens ont coutume de mettre au-dessus de ces figures une croix ou quelque image de dévotion. Tous les parents s'assemblent dans cette salle deux fois l'année, au printemps et en automne. Chez les grands, il y a un appartement particulier, dit des ancêtres, réservé pour cet usage. On fait aussi plus de cérémonies : on met sur la table du vin, des viandes, des parfums et des bougies, avec les mêmes saluts et les mêmes cérémonies que lorsqu'on offre des présents à un nouveau gouverneur, aux premiers mandarins le jour de leur naissance, et aux personnes de distinction auxquelles on doit donner à manger. Pour le peuple, il se borne à conserver le nom de ses ancêtres dans le lieu le plus propre de la maison sans autres observances. La troisième cérémonie ne se fait qu'une fois chaque année, vers le commencement du mois de mai. Le père et la mère, avec leurs enfants, se transportent alors dans les lieux écartés où les Chinois sont dans l'usage de placer leurs tombeaux. Après avoir arraché les broussailles ou les herbages qui environnent la tombe de leurs pères, ils réitèrent les marques de douleur et de respect qu'ils leur avaient données au moment de leur mort, et mettent sur leur tombeau du vin et des viandes, dont ils font ensuite un repas. (*Hist. de l'Eglise* de Bérault-Bercastel, liv. LXXXIII). Tels sont les usages qui s'observent à la Chine depuis les premiers temps de la monarchie, et que l'on ne pourrait se dispenser de pratiquer sous peine de passer pour infâme. « Les Chinois regardent dans leurs parents vertueux, dit l'auteur du *Choix des lettres édifiantes*, des protecteurs auprès du Dieu du ciel et de la terre, qui les fait jouir du bonheur d'une glorieuse immortalité. Ces honneurs rendus aux ancêtres, cette espèce de culte séparé des idées superstitieuses qui s'y sont mêlées dans la succession des temps et en ont souillé la pureté (ne se glisse-t-il pas des abus dans toutes les institutions des hommes?), n'a donc rien en lui-même qui ne soit louable, et ne puisse élever jusqu'ici Dieu même, et s'accorder avec les principes et les dogmes religieux » (t. I, p. 159 et 160 du *Tableau politique de la Chine*). Il est bien vrai que les Chinois ont d'autres cérémonies, auxquelles les idolâtres ajoutent quelquefois certaines superstitions; mais, comme ces cérémonies ne sont pas communes à toute la nation, les chrétiens peuvent s'en abstenir, et les missionnaires ne leur ont jamais permis d'y prendre part. Bien plus, quand les chrétiens se rencontrent par hasard avec des païens qui pratiquent ces superstitions, et qu'ils ne peuvent les arrêter, ils les désavouent hautement, et protestent qu'ils n'y participent en rien. Si quelques-uns n'ont pas toujours été fidèles à cette règle, c'est à ceux qui la violent, et non pas à ceux qui la prescrivent, qu'on doit s'en prendre. En a-t-on agi ainsi? Non. — Les allégations contenues dans l'ouvrage du P. Navarète excitaient les esprits en Chine; et elles acquirent enfin, en l'année 1684, par l'arrivée des prêtres du séminaire des Missions étrangères nouvellement fondé à Paris, le degré de consistance nécessaire pour donner occasion à de plus fâcheuses discussions. Ces missionnaires s'appliquèrent d'abord à l'étude de la langue chinoise, afin d'être plus à même de juger en connaissance de cause dans le différend. Les jésuites, de l'aveu de tout le monde, excellaient dans la connaissance de cette langue extrêmement difficile; et le P. Navarète lui-même, dans le livre que nous avons cité plus haut, et où il les attaque si violemment, ne peut s'empêcher de le reconnaître : « Les livres écrits en chinois par les pères de la compagnie de Jésus, dit-il, me paraissent non-seulement bien, mais très-bien faits. J'en loue le travail, j'en admire l'érudition, et j'ai pour eux une reconnaissance très-sincère de ce que, sans aucune peine de notre part, nous autres franciscains et dominicains nous y trouvons de quoi profiter dans les occasions où nous en avons besoin » (t. II, p. 6, col. 1, n° 1). Il était donc nécessaire que leurs adversaires travaillassent à acquérir cette science. Quand ils s'y furent appliqués, la guerre recommença. L'abbé Maigrot, l'un des prêtres du séminaire des Missions étrangères, depuis vicaire apostolique du Fo-kien et évêque de Conon, fut l'un des plus ardents et des plus vifs antagonistes de la pratique des jésuites. Son premier acte parut hardi et peu réfléchi. Il donna, le 26 mars 1693, un mandement, dans lequel, 1° il ordonnait de se servir, pour signifier *Dieu*, du mot *Tien-chu*, *Seigneur du ciel*, et défendait les mots *tien* et *chamti*, ciel et empereur; 2° il défendait d'exposer dans les églises le tableau avec ces mots *Kieng-tien, adorez le ciel;* 3° il déclarait que l'exposé fait à Alexandre VII s'écartait de la vérité en plusieurs points; 4° il interdisait l'assistance aux sacrifices ou oblations usitées deux fois l'an envers Confucius et les morts; 5° il louait les missionnaires qui avaient prescrit les tablettes; 6° il condamnait quelques propositions avancées par des écrivains jésuites; 7° il recommandait de se défier des superstitions des auteurs chinois; 8° enfin il déclarait que, pour le passé, il était obligé de condamner ceux qui avaient toléré quelques cérémonies, et il reconnaissait qu'il n'était pas étonnant que, sur des matières aussi délicates, tous n'eussent pas été d'abord du même avis. Malgré la modération et la sagesse de cette conclusion, dit M. Picot dans ses *Mémoires*, ce mandement fit grand bruit et occasionna beaucoup de plaintes. Les jésuites se plaignirent, ils n'eurent peut-être pas tout à fait tort (1), que M. Maigrot eût prétendu décider seul une si importante question. Les missionnaires qui se trouvaient en Chine furent partagés. D'un côté étaient les dominicains, les franciscains, les prêtres français des Missions étrangères, et les évêques de Sura, de Sabula, de Rosalie, de Tilopolis, pris parmi eux; de l'autre côté étaient les jésuites, auxquels se joignaient deux évêques, celui d'Ascalon et celui de Basilée. La controverse devint plus animée que jamais, et les deux partis défendirent leur opinion (comme il arrive souvent) avec une chaleur dont la charité ne s'accommodait pas toujours (*Mémoires pour servir à l'hist. ecclés. pendant le* XVIII° *siècle*, t. I, p. 234 et suiv.). Ainsi cette affaire passait dans d'autres mains, ou plutôt les membres du séminaire des Missions étrangères intervinrent et se joignirent aux dominicains contre les jésuites. On dut de nouveau en référer à Rome. — C'est bien à quoi s'attendait la congrégation des Missions étrangères, qui, au reste, avait déjà fait des démarches pour arriver à ce tribunal suprême. Mais une pensée préoccupait MM. Tiberge et Brisacier, supérieurs de cette congrégation; ils étaient instruits par leurs relations à Rome de l'estime singulière que le pape Innocent XII et la plupart des cardinaux avaient pour Fénelon, et, connaissant aussi son amitié pour les jésuites, ils parurent craindre, dit l'historien de l'archevêque de Cambrai, que ce prélat ne fût consulté par le saint-siége sur cette controverse, et que son opinion ne leur fût contraire; ils lui adressèrent donc leurs *mémoires*, leurs griefs et leurs demandes, en réclamant son appui et son suffrage. « Fénelon, ajoute le cardinal de Beausset, avait vu sans doute avec peine s'élever une discussion qu'il était difficile de saisir avec une exacte précision, parce qu'elle exigeait une connaissance profonde des usages, des maximes et de la langue d'une nation lointaine, séparée du reste du monde par des barrières presque insurmontables. La question était d'ailleurs obscurcie par une multitude de faits et d'assertions contradictoires; il jugeait avec raison que l'effet naturel de cette dispute était d'offrir à un peuple méfiant et ombrageux le spectacle d'une division scandaleuse sur les points les plus essentiels de la religion à laquelle on prétendait le convertir; il ne fallait qu'un degré de pénétration très-ordinaire pour prévoir que son résultat inévitable serait la ruine totale de la religion chrétienne dans la Chine; elle était principalement redevable des

(1) Dupin, dans son *Histoire ecclésiastique du XVII° siècle*, t. IV, p. 130, prétend que le *mandement* ne déplut qu'aux jésuites. Mais Bérault-Bercastel soutient au contraire « qu'il fut désapprouvé du plus grand nombre des évêques et des ouvriers évangéliques répandus dans les provinces diverses de la Chine, sans compter les néophytes, beaucoup plus en état que leurs pasteurs de prononcer sur un point de cette nature » (*Histoire de l'Eglise*, l. LXXXVI). Ce *mandement* n'exposait-il pas d'ailleurs à de graves révolutions l'Eglise de la Chine et la nation dont il renversait toutes les coutumes et les mœurs? « Mais, ajoute l'historien que nous venons de citer, un événement particulier ne contribua pas moins que cette diversité de disposition à rendre le *mandement* sans effet. Le pape (Innocent XII) venait de créer en Chine deux nouveaux évêchés, dont le Fo-kien faisait une partie du district, et il en attribuait la nomination au roi de Portugal, comme au souverain de Goa, métropole de toutes ces extrémités de l'Asie. Les bulles d'érections y avaient été publiées, et l'archevêque de Goa, usant de son droit de métropolitain pendant la vacance de ces nouvelles Eglises, y avait envoyé des grands vicaires. M. Maigrot soutint cependant que la congrégation de la Propagande lui ayant donné ses pouvoirs, c'était à elle de les révoquer, et que, jusqu'à cette révocation, ils subsistaient tout entiers. Ce fut pendant ce conflit de juridiction, de la légitimité duquel chacun peut juger sur ce simple aperçu, que le vicaire apostolique, presque seul de son opinion, donna son *mandement*. Il se plaignait néanmoins fort haut du peu d'égard qu'on y avait; et ses confrères, le secondant avec chaleur en Europe, publièrent de toute part que les jésuites avaient administré les sacrements sans pouvoirs dans la province de Fo-kien » (*idem, ibid.*). Quelque fâcheuse que puisse être cette circonstance pour la cause de la vénérable congrégation des Missions étrangères, nous avons cru devoir néanmoins la rapporter, puisque nous exposons les raisons et les motifs allégués de part et d'autre.

progrès qu'elle y avait faits au zèle éclairé des premiers jésuites qui y avaient pénétré, et dont l'ingénieuse industrie était parvenue à en faire connaître et goûter les maximes les plus sublimes à l'empereur et aux lettrés de la Chine, en mêlant à leur instruction religieuse l'appât des sciences humaines. L'événement avait justifié cet heureux et innocent artifice; et un empereur sage, humain et éclairé, avide de ces sciences curieuses qui manquaient à son empire, avait approché la religion chrétienne de son trône, en avait admis ses ministres dans son palais, et avait favorisé le succès de leurs desseins religieux par la bienveillance et la protection la plus éclatante. Fénelon gémissait de voir près de s'écouler ce grand ouvrage, élevé avec tant de soins et de peines, cimenté par le sang de tant de martyrs et les travaux de tant d'hommes apostoliques, qui allaient à six mille lieues de leur patrie conquérir des chrétiens par la mort, les souffrances et la privation de toutes ces douces affections qui attachent les hommes à leurs familles et au pays qui les a vus naître. Mais Fénelon était en même temps trop pénétré de l'esprit de soumission dû à l'autorité de l'Eglise, pour se permettre de préjuger une question portée au tribunal du saint-siége» (*Histoire de Fénelon*, liv. IV, § 28). Sa réponse aux supérieurs des Missions étrangères de Paris exprime donc en même temps son regret de ce que l'on a agité avec trop de chaleur cette controverse et sa ferme résolution d'adhérer d'avance au jugement que l'on attendait de Rome. Nous devons citer presque en entier cette lettre : «..... Il me semble, dit l'archevêque de Cambrai, que le moins qu'on puisse attendre d'un pape pieux, ferme et éclairé, c'est qu'il ne voudra, par aucune considération humaine, ni prolonger le scandale, ni tolérer un seul moment l'idolâtrie, si elle est bien prouvée; ainsi j'attends sans impatience sa décision, le croyant également éloigné de toute précipitation et de toute lenteur. Il est naturel qu'il veuille s'assurer de la vérité des faits que les parties rapportent si diversement. Il s'agit des mœurs des Chinois, très-éloignées des nôtres, et de l'intention que ces peuples ont en faisant les cérémonies sur lesquelles on dispute : il n'appartient qu'au juge de décider si les informations sont suffisantes ou non pour pouvoir prononcer. *Pour moi, messieurs, qui ne connais ni les mœurs ni les intentions des Chinois, je ne sais ce qu'il faut désirer.* Quand le pape aura jugé, je conclurai qu'il a trouvé les faits suffisamment éclaircis; quand au contraire il retardera le jugement, je supposerai qu'il n'aura point trouvé les preuves concluantes. A l'égard des hérétiques de France, je dois les connaître, ayant été chargé de leur instruction pendant toute ma jeunesse, tant à Paris qu'à la Rochelle et ailleurs. Je ne doute pas que le grand éclat de cette affaire n'ait attiré leur attention; mais leur disposition n'est pas de chercher ce qui pourrait lever ce scandale et faciliter leur réunion avec l'Eglise catholique : au contraire, ils seraient ravis de pouvoir dire à ceux qui veulent les convertir que l'Eglise romaine est enfin convaincue, par son propre aveu, d'avoir autorisé, depuis environ cinquante ans, par le décret d'un pape, l'idolâtrie manifeste des Chinois; mais leur critique ne doit, ce me semble, ni avancer ni retarder le jugement. *Il ne s'agit que du fond de ce culte, qui ne doit pas être toléré un seul moment s'il est idolâtre, et auquel il faut bien se garder de donner aucune atteinte pour complaire aux hérétiques si les preuves de l'idolâtrie n'ont rien de concluant.* Voilà, Messieurs, ce que je pense sans prévention ni partialité.....» (*Lettre* en date du 5 octobre 1702). On ne peut rien voir de plus prudent et de plus clair. Au reste Fénelon s'était déjà expliqué avec la même impartialité et d'une manière plus explicite encore, dans la réponse qu'il fit au P. de la Chaise, qui l'avait consulté sur l'affaire des *cérémonies chinoises* (*V.* l'art. LA CHAISE). Cette lettre du P. de la Chaise parvint sans doute à la connaissance de Bossuet, comme nous le fait penser une lettre de ce grand évêque au cardinal de Noailles (*V.* les *Œuvres de Bossuet*, t. XI, p. 873, édit. de Chalandre, in-4°, 1836(1). Quoi qu'il en soit, la réponse de Fénelon développe avec beaucoup de sagacité les rapports délicats et intéressants que pouvait offrir l'examen de cette question, et exprime combien il eût été à désirer que, dans l'origine, au lieu de la chaleur et même de l'amertume que les deux partis apportèrent dans cette discussion, ils eussent cherché dans le secret et avec calme les moyens d'arriver à une solution satisfaisante et utile à la religion : c'est pourquoi nous citerons encore quelques-unes des paroles si sages de l'illustre archevêque : «..... Il ne s'agit point, dit Fénelon, de condamner les opinions des missionnaires de la Chine : on ne dispute sur aucun point dogmatique. D'un côté, les jésuites ne croient pas moins que leurs adversaires que ce culte doit être retranché, s'il est religieux. D'un autre côté, leurs adversaires ne reconnaissent pas moins qu'eux que ce culte ne devrait point être retranché, de peur de troubler tant d'Eglises naissantes, et de casser le décret d'un pape, comme favorable à l'idolâtrie, supposé que ce culte soit purement civil. Tout se réduit donc à une pure question de fait. Les uns disent : un tel mot chinois signifie le ciel *matériel;* les autres répondent: il signifie aussi le *Dieu du ciel.* Les uns disent : voilà un temple, un autel et un sacrifice; les autres répondent : non, ce n'est, suivant les mœurs et les intentions des Chinois, qu'une salle, qu'une table, et qu'un honneur rendu à de simples hommes sans en attendre aucun secours. Qui croirai-je? Personne. Chacun, quoique plein de lumière, peut se prévenir et se tromper. Les zélateurs non suspects assurent qu'il faut une très-longue étude pour bien apprendre la langue chinoise. Les mœurs et les idées de ces peuples sur les démonstrations de respect sont infiniment éloignées des nôtres. D'ailleurs nous savons par notre propre expérience, que les signes qui expriment le culte religieux peuvent varier selon les temps et les usages de chaque nation. Le même encens qui exprime le culte suprême, quand on le donne à l'eucharistie, ne signifie plus le même culte dans le même temple et la même cérémonie, quand on le donne à tout le peuple et aux corps mêmes des défunts. On rend dans nos églises, le vendredi saint, à un crucifix d'argent ou de cuivre des honneurs extérieurs qui sont plus grands que ceux qu'on rend à Jésus-Christ même dans l'eucharistie, quand on l'expose sur l'autel. L'officiant ôte ses souliers le vendredi saint, et tout le peuple se prosterne dans la cérémonie de l'adoration de la croix. Ainsi on donne les plus grands signes du culte en présence du moindre objet, et l'on donne des signes du culte qui sont moindres en présence de l'objet qui mérite le culte suprême. Quel Chinois ne s'y méprendrait pas s'il venait à examiner nos cérémonies? Les protestants mêmes, qui sont si ombrageux sur le culte divin, et qui auraient horreur de saluer en passant une image du Sauveur crucifié, ont réglé néanmoins que chaque proposant se mettra à genoux devant le ministre qui doit lui imposer les mains. Autrefois c'était adorer une image que de se baiser la main devant elle : *adorare* n'est autre chose que *manum ori admovere.* Aujourd'hui un homme ne serait point, suivant nos mœurs, censé idolâtre, s'il avait porté la main à sa bouche devant un autre homme en dignité, ou devant son portrait. Fléchir le genou est, chez nous, un signe de culte bien plus fort que de baiser simplement la main pour saluer, et cependant la génuflexion est un honneur qu'on rend souvent aux rois sans aucune crainte d'idolâtrie. Il est donc évident, par tant d'exemples, que les signes du culte sont par eux-mêmes arbitraires, équivoques et sujets à variation en chaque pays : à combien plus forte raison peuvent-ils être équivoques entre des nations dont les mœurs et les préjugés sont si éloignés? Toutes ces réflexions ne prouvent point que le culte chinois soit exempt d'idolâtrie; mais elles suffisent pour faire suspendre le jugement des personnes neutres. Elles ne donnent pas gain de cause aux jésuites; mais elles justifient la sage lenteur, ou, pour mieux dire, la conduite précautionnée du pape. Que ceux qui savent à fond la langue et les mœurs chinoises aient impatience de voir ce culte condamné, s'ils le croient idolâtre; pour moi je ne sais aucune de ces choses, je suis édifié de voir que le pape veut s'assurer sur les lieux, par son légat, des faits qui sont décisifs sur une pure question de fait.» Comme les adversaires des jésuites avaient hâte que cette affaire fût terminée, et que l'on désirait une décision du saint-siége, on semblait se plaindre de la lenteur du pape à se prononcer, et on ne craignait pas de donner des marques assez fâcheuses d'impatience. Fénelon justifie le saint-siége de cette prétendue lenteur, et on aime à admirer le profond respect de ce grand homme pour l'Eglise romaine, mère et maîtresse de toutes les Eglises : « Quelle lenteur peut-on reprocher au pape? continue l'archevêque de Cambrai. Il s'agit de casser un décret d'Alexandre VII qui fut dressé après avoir ouï les parties, de flétrir tant de zélés missionnaires comme fauteurs de l'idolâtrie, et de faire un changement qui peut ébranler la foi naissante dans un si grand empire. Le pape ne doit-il pas craindre la précipitation aussi bien que la lenteur dans une affaire aussi importante? Que serait-ce si on venait dans la suite à reconnaître avec évidence, par un témoignage décisif de toute la nation chinoise, qui expliquerait sa propre langue, ses pro-

(1) Nous croyons même que la *Lettre du P. de la Chaise à un évêque sur la condamnation des cérémonies chinoises, sollicitée à Rome,* que l'on a insérée à cet endroit de la *Correspondance* de Bossuet, est précisément celle que ce père jésuite avait écrite à Fénelon.

pres coutumes, sa propre intention, que le culte contesté est purement civil et que la religion n'y a aucune part? Que serait-ce si le pape paraissait avoir cassé avec précipitation le décret de son prédécesseur, avoir troublé tant d'Eglises naissantes, et avoir flétri sans raison tant de saints missionnaires? Que diraient alors les impies et les hérétiques?.... De plus, je ne vois aucune lenteur dans tout ce que le pape a fait. D'abord il a voulu revoir ce qui avait précédé son pontificat, pour en pouvoir répondre devant Dieu et devant les hommes. Cette précaution n'est-elle pas digne de lui? Ensuite il a choisi un prélat pieux et éclairé pour examiner à fond, sur les lieux, une question de fait qui dépend des coutumes et des intentions des Chinois, infiniment éloignés de nos préjugés. N'est-ce pas aller au but par le chemin le plus droit, le plus court et le plus assuré? N'est-ce pas montrer un cœur exempt de partialité et de prévention? Puisque personne ne cherche que l'éclaircissement de la vérité, personne ne doit craindre le voyage du légat qui va le découvrir sur les lieux. De quoi est-on en peine? L'Eglise romaine n'attend cet examen que pour donner plus de poids et de certitude à sa décision. Après avoir éclairci les faits décisifs, elle ne tolérera point un culte idolâtre. Qui est-ce qui veut être plus zélé ou plus éclairé qu'elle?...» Enfin le saint archevêque proteste qu'il s'en réfère au jugement du pape, qu'il attend avec patience sa décision, et il dit en terminant : « Si vous me demandiez ce que je pense du fond de la question, je vous répondrais que j'attends d'apprendre par la décision du pape ce qu'il en faut penser. Il apprendra lui-même, par son légat, quelle est la véritable intention des Chinois pour rendre ce culte ou religieux ou purement civil, et c'est ce que j'ignore...» (V: *Histoire de Fénelon*, par le cardinal de Beausset, t. III, p. 199 et suiv., édit. de le Bel). On ne peut rien voir de plus sage et de plus prudent que cette conduite de Fénelon, et combien de scandales et de troubles on eût évités si on l'avait fidèlement imité! — Comme on le voit, les consultations des membres de la congrégation des Missions étrangères auprès de Fénelon n'obtinrent guère d'autre résultat que la neutralité de cet illustre prélat entre eux et leurs adversaires. L'archevêque de Cambrai voulait attendre la décision du pape, bel exemple donné à ceux qui, aujourd'hui surtout, ne s'en rapportent qu'à leur propre jugement! Mais cette décision n'arrivait pas aussi vite qu'on l'aurait désiré, parce que le saint-siége faisait mûrement étudier l'affaire par une congrégation de cardinaux nommés par Innocent XII. Enfin la congrégation de la Propagande rendit, le 20 novembre 1704, le jugement que l'on poursuivait à Rome avec tant de chaleur; mais ceux qui l'avaient sollicité, dit Bérault-Bercastel, n'en furent pas à beaucoup près aussi contents qu'ils affectèrent de le paraître. Il déclarait les *cérémonies chinoises* superstitieuses selon l'exposé des accusateurs, et il prononçait qu'on ne pouvait user des mots *tien* et *chamti* pour signifier Dieu, supposé que, dans la secte des *lettrés* chinois, ils ne fissent entendre que le ciel matériel, ou une certaine vertu qui s'y trouvait infuse. Ce *décret* de la congrégation de la Propagande n'était, suivant les jésuites, que conditionnel, puisque les conditions, au moyen desquelles il devait obliger, y sont expressément énoncées. Quoi qu'il en soit, le successeur d'Innocent XII, Clément XI, donna, le 19 mars 1715, la bulle *Ex illa die*, par laquelle il prescrivait l'entière exécution de ce *décret* de 1704, rejetait tous les prétextes et les subterfuges dont on avait voulu se servir pour l'infirmer, et ordonnait pour tous les missionnaires une formule de serment par laquelle ils promettaient d'observer exactement tout ce qui était réglé par cette constitution. Mais cette bulle ne ramena pas tous les opposants, tant les hommes se laissent prévenir, même avec les meilleures intentions! — Le cardinal de Tournon avait été envoyé en Chine, comme légat du saint-siége, pour arranger ces bien tristes difficultés, et il était mort sans avoir réussi. Clément XI, se souvenant de cette circonstance, et craignant que sa bulle ne produisît pas tout l'effet désirable, se détermina à envoyer de nouveau un légat en Chine, espérant que cette négociation serait plus heureuse que celle du cardinal de Tournon. Il choisit donc pour cette mission M. de Mezza-Barba. Ce prélat, parti de Lisbonne le 5 mars 1720, aborda à Macao le 26 septembre suivant. Il y releva des censures plusieurs jésuites, dont le cardinal de Tournon avait eu à se plaindre, et l'évêque de Macao, qui avait assez mal agi, à ce qu'il paraît, envers cet infortuné légat. M. de Mezza-Barba se contenta de leur faire prêter le serment prescrit par la bulle *Ex illa die*, qu'il était chargé de faire observer par les missionnaires. Seulement il crut pouvoir prendre sur lui, dans un mandement qu'il publia, de permettre, avec certaines restrictions, quelques-unes des pratiques qui faisaient le sujet de la dispute : ces permissions étaient au nombre de huit, et regardaient le culte des ancêtres et de Kong-fou-tse. Après avoir rempli cette mission, il retourna à Rome, emmenant avec lui le corps du cardinal de Tournon, à qui le souverain pontife voulait faire rendre les honneurs funèbres. — Les tempéraments de M. de Mezza-Barba ne ramenèrent point néanmoins la paix. Loin de là, plusieurs se servirent de son mandement pour répandre que la bulle de 1715 était révoquée, malgré que le saint-siége n'avait point ratifié ce qu'avait fait son légat. D'un autre côté, le P. François Saraceni, évêque de Lorima, et vicaire apostolique du Chen-si et de Chan-si, défendit expressément, par une lettre pastorale, d'user des permissions accordées par le légat; tandis que le P. François de la Purification, nouvellement fait évêque de Pékin, ordonna de suivre ces mêmes permissions, par ses lettres pastorales des 6 juillet et 23 décembre 1733. — Ces décisions contradictoires augmentèrent nécessairement les troubles, et le saint-siége dut intervenir encore. Ce fut Clément XII qui eut à s'occuper de cette affaire; mais la mort l'empêcha de donner un jugement définitif : il ne fit qu'annuler les lettres pastorales de l'évêque de Pékin, par un bref en date du 26 septembre 1735, et déférer les permissions du légat au saint-office qui les examina de la manière la plus exacte et la plus solennelle. — Enfin le bonheur de terminer cette longue controverse, à jamais mémorable par les maux qu'elle a occasionnés non-seulement dans les missions dont elle retarda les progrès, comme nous le verrons à l'article MISSIONS CATHOLIQUES, mais encore dans l'Eglise tout entière, le bonheur de mettre fin à une si déplorable affaire, disons-nous, était réservé au savant pape Benoît XIV. Il donna la célèbre bulle *Ex quo singulari*, dans laquelle, après avoir fait l'historique de toute la controverse depuis son origine, à dater des premières décisions de la congrégation de la Propagande, en 1645; rapporté en entier un décret de 1710 qui confirmait le mandement du cardinal de Tournon, la constitution de Clément XI du 19 mars 1715 (1), le mandement du patriarche d'Antioche, Mezza-Barba, avec les huit permissions qui y étaient accordées, et le bref de Clément XII contre les deux lettres pastorales de l'évêque de Pékin; après avoir fait mention des informations ordonnées par Clément XII, qui avait chargé le saint-office d'interroger un grand nombre de missionnaires et plusieurs Chinois venus à Rome, et rendu compte des mesures qu'il avait prises lui-même sur cet objet depuis son avénement au pontificat, il annule les permissions données par le légat Mezza-Barba, confirme la bulle *Ex illa die*, prescrit une formule de serment à prêter par tous les missionnaires, leur ordonne à tous, sous les peines les plus graves, de se conformer aux décisions du saint-siége, et les exhorte en même temps par des paroles bien propres à ramener la paix dans les cœurs : « Nous avons, dit Benoît XIV, pleine confiance que le prince des pasteurs, Jésus-Christ, dont nous tenons la place sur la terre, bénira les travaux auxquels nous nous sommes longtemps livré par rapport à cette affaire si grave; qu'il fécondera le grand désir que nous avons de voir la lumière de l'Evangile briller clairement et purement dans ces vastes contrées et les pasteurs de ces mêmes régions se persuader bien sincèrement de l'obligation où ils se trouvent d'écouter notre voix et de la suivre. Nous avons également confiance de voir, avec l'aide de Dieu, sortir de leur âme la crainte qu'ils témoignent d'arrêter les progrès de la foi par l'exécution des décrets pontificaux. On doit en effet fonder ses espérances avant tout sur la grâce divine : et cette grâce ne leur manquera jamais s'ils annoncent les vérités de la religion chrétienne avec courage et dans toute la pureté avec laquelle le siége apostolique les leur a transmises. Cette grâce ne leur manquera pas s'ils sont disposés à défendre la religion par l'effusion de leur sang, à l'exemple des saints apôtres et des autres grands défenseurs de la foi chrétienne, dont la mort, loin d'arrêter ou de retarder les progrès de l'Evangile, ne fit au contraire que rendre la vigne du Seigneur plus florissante et la moisson des âmes plus abondante. De notre côté, autant qu'il dépend de nous, nous supplions Dieu de leur donner cette force d'âme que rien n'abat et la puissance du zèle apostolique. Enfin nous leur rappellerons à la mémoire que, en se destinant à l'œuvre sainte des missions, ils doivent se regarder comme de vrais disciples de Jésus-Christ envoyés par lui, non à la recherche des joies temporelles, mais à de grands combats; non aux honneurs, mais à l'ignominie; non à l'oisiveté, mais au travail; non au repos, mais à la pénible tâche de produire beaucoup de fruit par la patience » (S. D. N. Ben. XIV, Bull., t. I, p. 203). Cette bulle

(1) On trouvera cette constitution, avec de nombreux et intéressants détails, dans le *Choix des lettres édifiantes*, t. III, p. 311 et suiv.

célèbre *Ex quo singulari* est datée du 11 juillet 1742; elle fut publiée le 9 août de la même année, et envoyée immédiatement après dans les missions, où elle éprouva encore quelques obstacles, avant que certains missionnaires, toujours trop partisans des cérémonies, y eussent complétement adhéré. Mais à la fin, par la bulle *Omnium sollicitudinum*, en date du 19 décembre 1744, Benoît XIV acheva d'écarter tous les prétextes qu'on pouvait chercher à opposer à l'exécution des constitutions apostoliques, dont ce grand pontife démontre dans cette nouvelle pièce la convenance et la nécessité. — C'est ainsi que se termina cette importante affaire, dont l'Eglise eut tant à gémir, et dont malheureusement, et pour augmenter la douleur de cette tendre mère, les prétendus philosophes du XVIII^e siècle, et même ceux de nos jours, ont cru pouvoir tirer un grand parti pour décrier des religieux respectables, qui peuvent se tromper, mettre trop d'ardeur dans leur défense, parce qu'ils sont hommes comme les autres et sujets aux mille misères de notre nature, mais qui avaient assurément de bonnes intentions, et qui au reste pouvaient errer sur les motifs qui les guidaient dans leur résistance, sans que pour cela on eût la lâcheté d'attaquer le corps entier, avec la violence et la passion que les partis y ont mises. Oui, si ces hommes qui n'ont pas craint de se servir de cette affaire pour injurier une société célèbre qui a rendu et qui continue à rendre tant de services à la sainte cause de la religion avaient eu la moindre bonne foi, ils ne se seraient pas livrés à de coupables récriminations; avec un peu de jugement ils n'auraient vu ici qu'un nouvel exemple de ce que peut la faiblesse humaine, lors même qu'elle agit dans les vues les plus droites et guidée par les intentions les plus pures. Après tout (et c'est là une considération qui peut suffire pour ceux qui voudraient juger trop sévèrement les membres de la compagnie de Jésus), si ces missionnaires fussent restés seuls à la Chine, ou que les autres ouvriers évangéliques eussent pu adopter leur pratique à l'égard des *cérémonies*, il eût été possible, dans un temps plus ou moins rapproché, de faire perdre à ces *cérémonies*, si fort contestées, le caractère superstitieux qu'on leur reprochait. Ainsi, en tolérant pour un temps un mal purement matériel, et alors seulement probable, on aurait ménagé les esprits, et fait faire, par ce moyen, des progrès plus rapides à notre sainte religion dans ces contrées. Telles étaient certainement les vues des missionnaires de la compagnie de Jésus. S'ils se trompaient en cela, du moins, nous le répétons, ne peut-on leur reprocher aucune mauvaise intention, et c'est là un fait qu'il est important de noter, parce qu'on l'a trop souvent méconnu. — On peut voir dans les *Lettres à monseigneur l'évêque de Langres sur la congrégation des Missions étrangères*, par M. l'abbé J.-F.-O. Luquet, in-8°, Paris 1843, et dans lesquelles nous avons pris cette juste remarque, un intéressant exposé de toute cette affaire des *cérémonies chinoises* depuis la page 104 jusqu'à la page 180. Peut-être le respectable auteur n'est-il pas de notre opinion sur tous les points; mais en définitive nous nous rencontrons sur le principal, sur celui qui intéresse tout catholique sincère, c'est que l'on voulait de part et d'autre le bien de la religion, et que si on a mis trop d'animosité dans ces discussions, c'est que toujours et dans les meilleures choses la pauvre humanité laisse des traces de sa déchéance (1). — Ce savant ouvrage nous apprend (p. 211 et 212) que l'exécution des décrets de Benoît XIV excita encore quelques troubles parmi les chrétiens de Pékin en 1786; mais ces troubles ne furent que passagers, et les serviteurs de Dieu purent facilement continuer à travailler à étendre sa connaissance dans ces contrées, comme nous aurons la consolation de le montrer à l'article MISSIONS CATHOLIQUES. L.-F. GUÉRIN.

(1) Voici, au reste, et nous sommes bien aise de citer son jugement, comment un pieux et illustre membre de la société de Jésus, M. l'abbé de Ravignan, s'exprime sur cette importante affaire des *cérémonies chinoises* : « De nombreuses chrétientés se formèrent en Chine comme aux Indes, édifiées par les mains de la compagnie; et si d'autres ouvriers, dit le docte orateur, entrant plus tard dans la moisson, vinrent s'associer à ses travaux; si le même zèle consacré à la même œuvre donna lieu à de fâcheuses dissidences; si enfin l'autorité souveraine du saint-siége décida que les jésuites s'étaient trompés en laissant se mêler aux pratiques du culte chrétien des cérémonies locales qu'ils n'avaient pas crues contraires à l'esprit de la religion, au moins ceux dont la prudence avait failli donnèrent-ils alors un touchant exemple d'humble et filiale obéissance. Après avoir soutenu, sur un point obscur et contesté, leur sentiment, parce qu'ils le jugeaient utile et vrai, on les vit, dès que Rome eut parlé, s'incliner silencieusement et se conformer à sa décision. Il importait ici de le rappeler. Telle fut exactement la part des jésuites dans la question des cérémonies chinoises et des rites malabares » (*De l'existence et de l'institut des jésuites*, in-8° (1844), p. 141 et 142).

**CHINOISES** (OMBRES), petit spectacle d'enfants, qui consiste à faire passer derrière un transparent des figures découpées (*V.* OMBRES CHINOISES).

**CHINON**, *Caino, Kino, Chinum, Castrum, Chino*, ancienne ville de la Touraine, aujourd'hui chef-lieu d'arrondissement du département d'Indre-et-Loire, sur la Vienne, à 44 kilomètres de Tours. L'époque de la fondation de cette ville est fort incertaine. On sait seulement, d'après Grégoire de Tours (*De glor. confess.*), que c'était déjà au V^e siècle une ville assez considérable. Sur la montagne qui la domine s'élèvent les ruines imposantes d'une ancienne forteresse qui, quoiqu'elle semble aujourd'hui n'avoir jamais formé qu'un seul tout, se composait autrefois de trois châteaux différents, mais réunis dans une même enceinte. L'un avait été bâti par Thibaut le Tricheur, les deux autres par Philippe Auguste et par Henri II d'Angleterre, qui mourut à Chinon en 1190. Charles VII résida quelque temps dans ce château, et y ajouta des fortifications, des remparts; puis il y fit construire une maison pour Agnès Sorel. Cette maison communiquait avec les appartements du roi par un mystérieux souterrain que l'on a découvert au commencement de ce siècle. La tradition montre encore, dans une des tours, la chambre où Jeanne d'Arc fut présentée pour la première fois à Charles VII. Ajoutons que le roi de Bourges ne vivait pas en Touraine avec un bien grand luxe; car il existe une note d'un receveur des deniers royaux à Chinon, lequel réclamait à la chambre des comptes de France « *vingt sous pour manches neuves mises à un vieil pourpoint de monseigneur Charles septième* (1). » — Louis XI donna ensuite Chinon à la reine sa mère; plus tard, cette ville fut engagée à Henri de Lorraine, duc de Guise, pour 13,333 livres et demie. Richelieu l'acheta moyennant 119,320 livres, et cette portion du domaine de la couronne fut immédiatement érigée en duché. — Chinon possède aujourd'hui un tribunal de première instance et un collége communal; sa population est de 7,000 habitants. C'est la patrie de *Rabelais*, né à la *Devinière*, métairie à une lieue de la ville, et de *Mathurin de Neuré*, savant mathématicien du XVII^e siècle, ami de Gassendi.

**CHINON** (ÉTATS DE). Durant le cours de son règne, Charles VII convoqua assez fréquemment les états généraux, mais il ne nous est resté aucun monument de ces assemblées. Les états, qui avaient été assemblés à Chinon au mois de septembre 1427, furent de nouveau convoqués à Poitiers pour le 15 novembre de la même année, puis remis au 8 janvier 1428, et, avant que cette époque fût venue, ajournés de nouveau à Tours pour le 18 juillet. Aucun des députés ne se rendit à cette convocation, et les états, appelés à Tours pour le 8 septembre suivant, furent définitivement convoqués à Chinon pour les premiers jours d'octobre. On annonça en même temps que « chacun des assistants aurait franche liberté d'acquitter sa loyauté et de dire pour le bien des besognes tout ce que bon lui semblerait. » Les états se prolongèrent jusque vers le milieu du mois de novembre. Ils demandèrent, entre autres choses, la réforme de la chambre des comptes, celle des tribunaux inférieurs du royaume, et la réunion en un seul des deux parlements de Poitiers et de Béziers, réunion qui fut prononcée par une ordonnance du 7 octobre 1428, et subsista jusqu'en 1443. Les états accordèrent d'ailleurs au roi 400,000 livres, à payer moitié par la Langue d'oïl, moitié par la Langue d'oc et le Dauphiné, et il fut ordonné que la noblesse et le clergé concourraient avec le tiers état à l'acquittement de cette taille. On fit de plus un appel à tous les grands vassaux de la couronne, et on les somma de se rendre avec toutes leurs forces sous l'étendard royal: mais le bâtard d'Orléans, Dunois, fut le seul qui répondit à cet appel.

**CHINON** (MONNAIE DE). On ne connaît aucune pièce gauloise ou mérovingienne frappée à Chinon. Les seules monnaies de cette ville qui soient parvenues jusqu'à nous sont des deniers portant d'un côté la légende CAINÓ-NIGASTRO autour d'une croix, et de l'autre un buste royal autour duquel on lit tantôt LUDOVICUS REX, et tantôt TURON, pour *Turones* ou *Turonum*. On a beaucoup discuté pour savoir à quel prince il faut attribuer ces deniers; nous nous contenterons de rapporter ici l'opinion la plus probable : la barbarie de leur style empêche de leur assigner une époque plus reculée que la fin du X^e siècle, et ils sont une imitation évidente des deniers frappés à l'effigie de Louis le Débonnaire. Il faut donc en conclure qu'à l'époque de la dissolution de l'empire carlovingien, lorsque l'on adopta pour les monnaies un type uniforme, on copia à Chinon

(1) *Essais sur l'histoire de Chinon*, par Dumoustier. In-12. Chinon, 1809.

celles de ce prince, et que dans la suite, las d'inscrire sur ces deniers un nom qui n'offrait plus aucun sens, on le remplaça par celui de la province. Ces monnaies seraient donc des espèces locales et non des espèces royales. — Pour retrouver un atelier monétaire à Chinon, il faut redescendre dans l'histoire jusqu'au commencement du XV<sup>e</sup> siècle. Charles VII y établit alors un hôtel provisoire, qui fonctionna pendant tout le temps que les Anglais furent maîtres des principales villes du royaume. Les espèces frappées à cette époque à Chinon portent pour marque distinctive un C à la fin de chaque légende; ainsi on lit sur les grands blancs KAROLUS FRANCORUM REX C. OU SIT NOMENDI BENEDICTUM C., etc.

CHINONES (*bot.*). Suivant M. Gouan, on nomme ainsi, aux environs de Montpellier, l'oranger ou quelques-unes de ses variétés.

CHINORRHODON (*bot.*) (*V.* GYNORRHODOS).

CHINQUIES (*bot.*) (*V.* CHITSE).

CHINQUIS (*ornith.*). Ce nom, formé par Buffon du mot composé *chin-tchien-khi*, désigne l'oiseau que quelques naturalistes ont appelé faisan-paon, paon de la Chine et petit paon de Malacca, *pavo thibetanus* Briss. et Linn., et dont M. Temminck a formé le genre éperonnier, *polylectron* (*V.* EPERONNIER).

CHINTACH (*bot.*), nom hébreu du blé, *triticum*, suivant Mentzel.

CHINTA-NAGOU (*erpétol.*), nom indien, suivant Russel, d'une variété de la vipère naja des auteurs (*V.* NAJA).

CHIN-TCHIEN-KHI (*ornith.*) (*V.* CHINQUIS).

CHINTE, s. f. ou CHINT, s. m. (*comm.*), nom collectif de plusieurs sortes de toiles de coton des Indes.

CHIN-TSONG, treizième empereur chinois de la dynastie des Ming (*V.* CHINE).

CHINURE, s. f. (*comm.*), état ou aspect d'une étoffe chinée.

CHIO (*myth.*), nymphe de l'Océan, qui donna son nom à l'île de Chio.

CHIO (*V.* CHIOS).

CHIO, s. m. (*technol.*), pièce qu'on fixe avec du ciment à l'ouverture du four de la glacière.

CHIOC-BOYA (*bot.*), un des noms donnés, dans les environs de Smyrne à une espèce de garance que l'on emploie en teinture pour donner un beau rouge. L'auteur du Dictionnaire économique, qui donne cette indication, ajoute qu'elle est encore nommée, dans ce canton, *azula*, *ekme*; que les Grecs modernes l'appellent *lizari* et *ézari*, et que c'est le *fonoy* des Arabes.

CHIOCCARELLI (BARTHÉLEMY), jurisconsulte napolitain, né en 1580, mort en 1646, rassembla un grand nombre d'ouvrages, tant imprimés que manuscrits, sur l'histoire de sa patrie, dont il avait fait une étude particulière, et en composa lui-même quelques-uns, entre autres: 1° *Antistitum Ecclesiæ napolitanæ catalogus ab apostolorum tempore ad annum* 1643, in-fol., sans date; 2° *De illustribus scriptoribus qui in civitate et regno Neapolis ab orbe condito ad annum* 1646 *floruerunt*, publié d'après le manuscrit de l'auteur, par Jean-Vincent Meola, Naples, 1780-81, 2 vol. in-4°: on y trouve une courte notice sur la vie de l'auteur. Suivant le Toppi, on ne doit point ranger cet écrivain dans la classe des compilateurs ordinaires. Plusieurs critiques ont également porté de lui un jugement avantageux.

CHIOCCO (ANDRÉ), médecin et littérateur, né en 1563 à Vérone, où son père était chancelier du collége de médecine, montra plus de goût pour les lettres que pour les études médicales; il fut admis jeune à l'académie des philarmonici et pourvu d'une chaire de philosophie à Vérone, où il expliqua la Morale et la Physique d'Aristote. La culture de la poésie occupa ses loisirs; il a composé des vers grecs et latins encore inédits. Il était en correspondance avec Juste Lipse et d'autres savants; il prit contre Scaliger la défense du poëme de Fracastor *De syphilide*. Chiocco mourut en 1620. On a de lui, entre autres ouvrages: *De balsami natura et viribus, juxta Dioscoridis placita, carmen*; Vérone, 1596, in-4°; *De cœli veronensis clementia*; ibid., 1597, in-4°; *Psoricon, seu De scabie libri II, carmine conscripti*, ibid., 1593, in-4°; *Commentarius quæstion. quarumd. de febre mali moris et de morbis epidemicis*, etc., ibid., 1604, in-4°; *Museum Francisci Calceolarii junioris*, ibid., 1622, in-fol.; *De collegii veronensis illustribus medicis et philosophis*, etc., ibid., 1623, in-4°.

CHIOCOCA (*bot.*) (*V.* CIOCOQUE).

CHIODECTE, s. m. (*bot.*), genre de lichens.

CHIOGGIA ou CHIOZZA (*géogr.*), ville du royaume lombard-vénitien, sur les lagunes, près de l'Adriatique. Evêché; 24,000 âmes.

CHIOGGIA (BATAILLE DE), sanglante défaite de la flotte des Génois par celle des Vénitiens, en 1380. La victoire de Chioggia établit la supériorité de Venise sur Gênes.

CHIO-HAU, s. m. (*bot.*), arbre de la Chine.

CHIOMARA, épouse du tétrarque galate Ortiagon, dont Polybe, Plutarque et Tite Live ont célébré le courage et la vertu. La défaite que ses compatriotes avaient éprouvée au mont Olympe, l'an 189 avant Jésus-Christ, l'avait rendue prisonnière des Romains. « Les captives gauloises avaient été placées sous la garde d'un centurion avide et débauché, comme le sont souvent les gens de guerre. La beauté de Chiomara était justement célèbre; cet homme s'en éprit. D'abord il essaya la séduction. Désespérant bientôt d'y réussir, il employa la violence; puis, pour calmer l'indignation de sa victime, il lui promit la liberté; mais, plus avare encore qu'amoureux, il exigea d'elle, à titre de rançon, une forte somme d'argent, lui permettant de choisir entre ses compagnons d'esclavage celui qu'elle voudrait renvoyer à ses parents, pour les prévenir d'apporter l'or demandé. Il fixa le lieu de l'échange près d'une petite rivière qui baignait le pied de certain coteau d'Ancyre. Au nombre des prisonniers détenus avec l'épouse d'Ortiagon était un de ses anciens esclaves; elle le désigna, et le centurion, à la faveur de la nuit, le conduisit hors des postes avancés. La nuit suivante des parents de Chiomara arrivèrent près du fleuve avec la somme convenue en lingots d'or; le Romain les attendait déjà, mais seul avec la captive: car il n'avait mis dans la confidence aucun de ses compagnons. Pendant qu'il pèse l'or qu'on vient de lui apporter, Chiomara, s'adressant aux deux Gaulois dans sa langue maternelle, leur ordonne de tirer leur sabre et d'égorger le centurion: l'ordre est aussitôt exécuté. Alors elle prend la tête, l'enveloppe dans les pans de sa robe, et va rejoindre son époux. Heureux de la revoir, Ortiagon accourait pour l'embrasser; Chiomara l'arrête, déploie sa robe, et laisse tomber la tête du Romain. Surpris d'un tel spectacle, Ortiagon l'interroge; il apprend tout à fois l'outrage et la vengeance. « O femme, s'écria-t-il, que la fidélité est une belle chose! — Quelque chose de plus beau, reprit celle-ci, c'est de pouvoir dire, deux hommes vivants ne se vanteront pas de m'avoir possédée. » L'historien Polybe raconte qu'il eut à Sardes un entretien avec cette femme étonnante, et qu'il n'admira pas moins la finesse de son esprit que l'élévation et l'énergie de son âme (1).

CHION, philosophe grec, natif d'Héraclée, suivit longtemps les leçons de Platon. Il fit périr le tyran Cléarque, qui opprimait sa patrie; mais il périt victime de son dévouement. On lui attribue un recueil de lettres sur la philosophie, qui sont évidemment l'ouvrage d'un néoplatonicien du IV<sup>e</sup> siècle. La meilleure édition de cet ouvrage est celle de Goberg (Dresde et Leipzig, 1765).

CHION, archonte, l'an 365 avant Jésus-Christ.

CHIONANTHE (*bot.*), genre des jasminées de Jussieu et de la diandrie monogynée de Linné. Il ne comprend qu'un petit nombre d'espèces, appartenant aux deux Amériques, à l'île de Ceylan et à la Nouvelle-Hollande. Caractères: fleurs généralement blanches, en grappes terminales ou en épis placés à l'aisselle des feuilles supérieures; calice régulier, à quatre divisions plus ou moins profondes; corolle à quatre pétales linéaires, très-longs; deux étamines presque sessiles, rarement trois ou quatre; pistil à ovaire globuleux, à deux loges, contenant chacune deux ovules; style simple, surmonté d'un pistil bilobé; drupe peu charnu, ovoïde, allongé, souvent terminé en pointe, contenant un noyau osseux à une ou deux loges monospermes. Les espèces de ce genre sont des arbres élégants qui, la plupart, se couvrent de grandes et belles feuilles opposées, simples, caduques ou persistantes. On pense qu'il faudrait réunir à ce genre le thouinia de Thumberg et de Linné fils, ainsi que le linaceria de Swartz. Peut-être faudrait-il aussi faire rentrer dans le même genre la magepea guyanensis d'Aublet (*Guy.*, pl. 81, t. III), malgré ses feuilles tétrandres. Nos jardiniers cultivent le chionanthe de Virginie, *chionanthus virginica* L., connu encore sous le nom d'*arbre de neige*, qu'il doit à ses fleurs nombreuses, d'un beau blanc. Il se plaît au bord des ruisseaux, et ne s'élève guère qu'à huit ou douze pieds. On le multiplie de

(1) Am. Thierry, *Histoire des Gaulois*, l. I, p. 370, d'après Tite Live, Plutarque et Valère Maxime.

graines, et le plus souvent de greffes sur le frêne. — Une autre espèce remarquable de ce genre, c'est le chionanthe des Antilles, *chionanthus caribœa* (Jacq., coll. 2, p. 110, t. VI, fig. 1); bel arbrisseau dont les feuilles sont coriaces et persistantes, ovales, acuminées, et les fleurs en grappes terminales. Il est connu aux Antilles et surtout à la Martinique sous le nom de *bois de fer*, à cause de son extrême dureté.

**CHIONÉ**, fille de Deucalion, fut aimée de Mercure et d'Apollon, qui obtinrent ses faveurs, l'un en l'endormant avec son caducée, et l'autre en prenant les traits d'une vieille femme. Elle mit au monde Philamon et Autolycus. Le premier, comme fils d'Apollon, excella dans la musique; le second, comme fils de Mercure, fut un voleur insigne. Chioné, fière de l'amour qu'elle avait inspiré à ces deux divinités, osa se vanter d'être plus belle que Diane; cette déesse, pour se venger de son orgueil, la changea en faucon.

**CHIONÉ**, fille de Borée et d'Orithye, fut mère d'Eumolpus, qu'elle eut de Neptune. Voulant cacher sa faiblesse à sa mère, elle jeta son fils dans la mer; mais Neptune le sauva.

**CHIONÉ**, célèbre courtisane critiquée par Martial (60e ép., L. II).

**CHIONE** (*conch.*). Mégerle (*Nouveau Système de conchyliologie*) établit sous ce nom un petit genre de coquilles démembré de celui des vénus de Linnæus, et qu'il caractérise ainsi : coquille presque équivalve, un peu cordiforme, dentelée sur ses bords; la vulve et l'anus manifestes; les lèvres inclinées en avant; la charnière presque médiane, à quatre dents, sans aucune autre latérale. — L'animal est un calliste de Poli. — Ce genre contient, suivant M. Mégerle, vingt et une espèces, qu'il divise en deux sections. — Section I. Espèces dont la coquille est épineuse ou aiguillonnée en avant. Exemple : *chiona dysera; venus dysera* Linn., Gm., Chemn., *Conch.*, VI, tab. 98, fig. 287-290. C'est une coquille presque cordiforme, un peu bombée, et traversée par des feuillets distants, peu nombreux, en ceinture, dont le bord est réfléchi et crénelé; sa couleur est variable : elle vient d'Amérique. — Dans la seconde section, qui comprend les espèces qui ne sont point épineuses, nous citerons la *chione gallina; venus gallina* Linn., Gm., Chemn., *Conch.*, VI, tab. 30, fig. 308-310. C'est encore une coquille presque cordiforme, un peu comprimée, inégalement bombée, et froidement cannelée; elle est blanche, les côtés ponctués d'un rouge jaunâtre; la vulve et l'anus sont cordiformes. Elle se trouve dans les mers d'Europe et d'Amérique.

**CHIONIDE**, poëte athénien, auquel plusieurs écrivains attribuent l'invention de la comédie. Il vivait vers l'an 500 avant Jésus-Christ.

**CHIONIE**, sœur de sainte Agape et de sainte Irène, martyres (*V.* AGAPE).

**CHIONILE** (*min.*). Pinkerton, dans sa classification minéralogique, a donné ce nom à la variété de calcaire concrétionné qu'on nomme vulgairement *flos ferri* (*V.* CHAUX CARBONATÉE CONCRÉTIONNÉE).

**CHIONIS**, athlète de Lacédémone, fut plusieurs fois vainqueurs aux jeux Olympiques.

**CHIONIS** (*ornith.*) (*V.* COLÉORAMPHE).

**CHIONITES** (*géogr. anc.*), peuples d'Asie, vers la mer Caspienne, alliés des Perses.

**CHIONOMEL**, s. m. (*antiq.*), nom par lequel les anciens désignaient un mélange de neige et de miel.

**CHIOS** (prononcez *Kios*, et non pas comme l'italien *Scio*), île de l'Archipel grec, au sud de Lesbos et à 20 lieues de Smyrne. Placée sous la même latitude, elle n'est séparée que par un canal ou *bogaz* de la côte asiatique. Cette île, une des plus remarquables par sa fertilité et l'active industrie de ses nombreux habitants, a toujours joué dans l'histoire de la Grèce un rôle important, quoique secondaire, intéressant par les vicissitudes de sa prospérité et de ses revers. Dans la plus haute antiquité, elle fut habitée par les Cariens et les Pélasges, reçut des colonies de Crète et d'Eubée, et changea plusieurs fois de nom. Celui d'*Ophius* indique qu'elle était infestée de reptiles. On la nomma aussi *Pityuse*, *OEthale* et *Macris*; enfin elle reçut le nom de *Chios*, soit des neiges qui couvrent ses montagnes, soit de Chioné, fille d'OEnopion, l'un de ses premiers rois. Selon quelques auteurs, *Chios* aurait désigné le mastic, production particulière à cette île, d'où les Turcs la nomment *Saquez-Adassi* (île au mastic). *OEnopion* est peut-être aussi un surnom donné au chef de ces insulaires, qui leur enseigna la culture de la vigne ou plutôt la fabrication du vin. Celui de Chios jouissait de la plus grande réputation dans l'antiquité : aussi une grappe de raisin et une amphore figurent parmi les emblèmes de ses médailles. — Vers l'an 1100 avant Jésus-Christ, les colonies des Ioniens vinrent se fixer sur la côte asiatique; une d'elles s'établit à Chios sous la conduite d'Egertius, qui devait être de la famille de Codrus ou de Lycus, rois d'Athènes; cette parenté, à l'appui de laquelle on cite le culte de Minerve Poliade, commun aux deux villes, servit dans la suite de prétexte aux prétentions d'Athènes sur cette île. Chios était une des douze cités de la confédération Ionienne ou Panionium qui, en moins d'un siècle, acquirent de l'importance et jetèrent surtout un grand éclat dans les quatre siècles suivants. Elles ont donné naissance à la plupart des poëtes et des philosophes de ces temps reculés. Homère, qui florissait dès le IXe siècle avant Jésus-Christ, est réclamé par plusieurs d'entre elles; mais Chios semble être mieux fondée à réclamer le droit de lui avoir donné naissance, ou celui non moins grand d'avoir été sa patrie d'adoption. Les témoignages anciens ont été réunis par Léon Allatius, savant du XVIIe siècle; natif de Chios, dans son livre *De patria Homeri*. Nulle part on ne lui rendait de plus grands honneurs, et c'est à Chios aussi que florissaient les Homérides (*V.* ce mot), famille ou collége de rapsodes qui nous ont transmis ses chants. Si, à côté d'Homère, on osait citer d'autres noms, nous parlerions d'Ion, tragique, émule de Sophocle, de l'historien Théopompe, du sophiste Théocrite, du philosophe Métrodore, et d'autres auteurs dont cette île s'honore, ainsi que de plusieurs artistes célèbres, Bupale, Antherme, etc. — Chios, enrichie par le commerce, eut de bonne heure une marine importante. Lorsque Cyrus, après avoir détruit le royaume de Crésus, conquit aussi l'Ionie, Chios, grâce à cette marine, se trouva hors d'atteinte. Mais les Perses eurent la politique de remettre l'autorité aux familles des anciens fondateurs, en sorte que toute l'Ionie se soumit sans trop de peine à la suprématie du grand roi. Quand Darius fit son expédition en Scythie, Chios, aussi bien que les autres villes maritimes, lui fournit ses vaisseaux, et, même après sa défaite, Strattis, tyran de Chios, et les autres chefs repoussèrent le projet de Miltiade de se délivrer de Darius en coupant le pont qui assurait sa retraite. Cependant, peu d'années après (503 ans avant J.-C.), Aristagoras, tyran ou gouverneur de Milet, souleva toute l'Ionie et appela les Athéniens à son aide. Chios fournit cent trirèmes, qui formaient plus du tiers de la flotte ionienne; mais elle se vit abandonnée d'une partie des confédérés : sa marine fut détruite et l'Ionie soumise. Chios elle-même fut entièrement ravagée par le perfide Istiæus. La défaite de Xerxès devait amener la délivrance de Chios; les insulaires se hâtèrent de renverser Strattis, tyran imposé par les Perses, et prirent part au combat de Mycale. Dans la suite, Chios fournit la majeure partie des vaisseaux ioniens qui se joignirent à la flotte de Cimon (470 ans avant J.-C.); elle concourut à la guère de Chypre, qui mit une barrière à la navigation des Perses, et soutint Athènes lors de la révolte de Samos et dans les premières années de la guerre du Péloponèse; mais ce fut contre son gré qu'elle prit part à l'expédition de Sicile. Aussi, après l'issue désastreuse de cette entreprise, l'aristocratie de Chios, excitée par Lacédémone et par Alcibiade, rompit avec Athènes. La perte de cette alliance fut un coup tellement sensible pour cette république, qu'elle déploya la plus grande énergie dans cette circonstance critique. Elle battit plusieurs fois les forces de Chios, où régnait la désunion, s'empara de Delphinium, un de ses meilleurs ports, voisin de la capitale, où Lacédémone avait mis garnison. Un soulèvement général des esclaves, plus nombreux dans cette île que dans les autres parties de la Grèce (Lacédémone exceptée), acheva de désoler cette belle contrée. La bataille d'Ægos-Potamos avait renversé la puissance d'Athènes, et plusieurs navarques de Chios partagèrent avec Lysandre les honneurs d'une statue à Delphes. Cependant, dix ans du gouvernement de Lacédémone avaient fait oublier tous les griefs contre Athènes, et, quand celle-ci releva la tête, Chios et les autres îles renversèrent les harmostes pour se joindre à Conon, vainqueur à Cnide (394 ans avant J.-C.). Une alliance avec Epaminondas déplut aux Athéniens, qui ne laissaient à leurs alliés qu'une apparence d'indépendance. De là une guerre assez longue avec des succès variés, jusqu'à ce qu'Athènes, menacée par Philippe, roi de Macédoine, rechercha de nouveau l'alliance de Chios. Elle en reçut un utile secours lors du siége de Byzance par Philippe. Ce fut peut-être le souvenir de cette guerre contre les Macédoniens qui engagea quelques-uns des oligarques de Chios, lors du passage d'Alexandre en Asie, à se jeter dans les bras des Perses, en leur fournissant une flotte de cent vaisseaux. Cela n'empêcha pas que, après la bataille d'Issus, le parti populaire, malgré la présence d'un satrape persan, ne reprit le dessus, et, pour le soutenir, les Macédoniens tinrent garnison dans la ville. Après la mort d'Alexandre, Chios échut aux rois de Pergame. Philippe voulut l'enlever à Attale; mais il fut défait par les Romains. Chios fut traitée favorablement, et devint leur alliée fidèle. Les secours qu'elle leur fournit contre Mithridate attirèrent sur elle une terrible vengeance: un général de ce prince l'envahit à l'improviste, et exigea des habitants la remise de leurs armes, des otages et deux mille talents. La ville, épuisée par des guerres, n'ayant pu compléter cette somme, même en dépouillant les temples, le vainqueur impitoyable réduisit en esclavage toute la population, qui fut dispersée dans les Etats de Mithridate. Sylla, vainqueur, fit rendre la liberté à ceux qui avaient survécu, et augmenta leurs priviléges. Ils furent maintenus jusqu'au temps de Vespasien, qui abolit l'apparence de liberté, dont jouissaient encore quelques villes de la Grèce. — Dès lors le sort de Chios se confond dans celui du reste de l'empire, jusqu'au temps des croisades, où cette île fut enlevée à Manuel Comnène. Ici recommence une série de révolutions non moins fréquentes que celles de l'antiquité. Peut-être le tableau de l'établissement en Grèce de la féodalité, de la lutte des idées de l'Occident et de celles de l'Orient, ne serait pas sans intérêt, mais il exigerait de trop longs développements; nous nous bornerons à dire que des seigneurs génois se maintinrent dans l'île de Chios à peu près indépendants du sénat de Gênes et des empereurs de Constantinople, qui regrettaient fort ses riches produits. Michel Paléologue en chassa à grand'peine et pour peu de temps un seigneur nommé Martin. Andronic le Jeune la reconquit aussi, mais pour la céder de nouveau aux Génois. L'île était gouvernée par un conseil de nobles, parmi lesquels les Giustiniani tenaient le premier rang; ils se maintinrent encore après la chute de Constantinople, en payant un tribut. Enlevés et conduits dans cette ville en 1566, comme ayant eu des intelligences avec l'île de Malte, ils obtinrent cependant de rentrer dans l'exercice de leur autorité, qu'ils ne conservèrent que jusqu'en 1595, époque où ils la perdirent tout à fait. Les Vénitiens firent la conquête de Chios en 1694; mais leur intolérance religieuse envers les Grecs fut telle, que ceux-ci favorisèrent le retour des Turcs, qui eut lieu l'année suivante. Presque tous les Latins furent contraints d'abandonner l'île. — Grâce à la fertilité du sol, aux manufactures de coton et de soie, restes de l'industrie des Génois, à l'intelligence des Grecs pour le commerce, l'île acquit une grande prospérité. Même sous l'administration turque qui se faisait très-peu sentir, l'influence de l'or avait à peu près paralysé le despotisme, et le gouverneur turc, qui habitait la citadelle avec une faible garnison, n'inquiétait pas les magistrats grecs, qui auraient aisément obtenu sa révocation. Les voyageurs, surpris, admiraient ces maisons ou plutôt ces palais, soit élevés dans la ville, soit répandus dans une campagne délicieuse où se retrouvaient toutes les richesses de l'Occident. Les Chiotes faisaient de leurs richesses un usage plus noble encore: des institutions de charité et d'instruction publique, les lettres encouragées même au dehors, faisaient présager la régénération de la Grèce. Tel était l'état de Chios quand éclata la révolution grecque en 1820. Tout en approuvant son principe et favorisant son succès, les Chiotes, par leur position et leurs relations avec les Turcs, n'étaient point en mesure d'y prendre une part active; ils repoussèrent donc une tentative de soulèvement que leurs voisins d'Hydria avaient voulu exciter chez eux, et livrèrent aux Turcs leurs armes et les otages qu'ils demandèrent. Cependant les Samiens, conduits par Lycurgue Logothète, débarquèrent à Chios au mois de mars 1821, et forcèrent les Turcs à se renfermer dans la citadelle. L'indépendance fut proclamée à Chios, mais pour bien peu de jours. Déjà se rassemblaient sur la côte d'Asie des hordes ottomanes attirées par l'espoir d'un riche butin. Le capitan-pacha les transporta sans résistance sur les rivages de Chios; les Samiens se retirèrent, et alors commencèrent les scènes de dévastation et de massacre, qui ne se terminèrent que par l'anéantissement de Chios. Vingt-cinq mille insulaires périrent sous les coups des barbares, un plus grand nombre fut réduit en esclavage et dispersé dans l'Asie et l'Afrique, les maisons furent incendiées et renversées de fond en comble, dans l'espoir de trouver des trésors cachés. Quelques protégés des consulats et les villages consacrés à la culture du mastic des sultanes furent seuls épargnés. Un petit nombre d'habitants fut assez heureux pour se sauver dans les îles voisines. Réunis depuis à ceux de leurs frères qui furent rachetés d'esclavage, ils habitent à Syra la ville d'Hermoupolis, fondée par des réfugiés et maintenant considérable; ils ont aussi le projet de former un établissement au Pirée. D'un autre côté, le gouvernement turc cherche à tirer Chios de ses ruines, attire les étrangers et rend leurs biens à ceux des Chiotes qui consentent à vivre encore sous ses lois. On dit qu'il s'y est déjà réuni environ 14,000 habitants. — Autrefois la population de Chios paraît avoir été de 120,000 âmes. On y comptait, outre la ville qui porte le même nom que l'île, plus de 60 villages; sa superficie est d'environ 37 lieues. Les montagnes élevées qui la séparent en deux parties, appelées *Apanomeria* et *Catomeria*, sont actuellement déboisées; mais les vallons, couverts de vignes, de mûriers, de lentisques et d'orangers, arrosés de ruisseaux répartis en rigoles pour les besoins de l'agriculture, offrent l'aspect d'un jardin délicieux. La pureté de l'air, enfin le caractère vif et gai des habitants, semblaient devoir faire de cette île le séjour du bonheur, si sa prospérité même n'avait pas attiré trop souvent sur elle les calamités de la guerre en excitant l'avidité des conquérants.

**CHIOSSICH** (JEAN) fut soldat pendant cent dix ans. Dalmate d'origine, né à Vienne le 26 décembre 1702, il entra, à l'âge de huit ans, comme fifre dans le régiment d'infanterie Stahremberg. En 1725, il s'engagea comme simple soldat dans le même régiment, où il servit toujours dans le dernier rang jusqu'en 1756. De Trieste, il avait accompagné, avec un détachement de son régiment, un convoi qui se rendait en Amérique. Il combattit contre les Turcs en Hongrie, sous l'empereur Charles VI; sous Marie-Thérèse, en 1741, contre les Prussiens; en 1742, contre les Français en Bohême, et, en 1744, dans les Pays-Bas. En 1756, il passa au service de la république de Venise, et s'engagea, toujours comme simple soldat, dans les régiments de Magnobissi et de Papadopolo. Il servit presque constamment sur la flotte, sous les ordres du général Emo, contre le dey de Tunis et dans d'autres expéditions maritimes. Le 1er mai 1797, âgé de quatre-vingt-quinze ans, il fut reçu à l'hôtel des Invalides de Murano, près de Venise, où il est mort le 22 mai 1820. Ainsi, après avoir, dans ses voyages, essuyé beaucoup de fatigues, fait par terre et par mer plusieurs campagnes, exposé à l'influence de différents climats, n'ayant eu que la nourriture peu copieuse de simple soldat, il comptait quatre-vingt-sept années complètes de service; et, si l'on ajoute les vingt-sept années qu'il demeura à l'hôtel des Invalides, on trouvera cent dix ans passés dans la vie de soldat. Il vivait très-sobrement; il était toujours gai, bien portant. Son père avait vécu cent cinq ans, et un de ses oncles cent sept.

**CHIOTE**, adj. et s. des deux genres (*géogr.*), habitant de l'île de Chio; qui appartient à cette île ou à ses habitants.

**CHIOURME.** Ramer sur les galères fut de tout temps un labeur pénible et dangereux; aussi les Romains le firent-ils exécuter par les malfaiteurs et surtout par les esclaves insoumis. Cette habitude s'est transmise chez les nations modernes. Les Maures employaient à ramer les captifs chrétiens; les souverains d'Europe, les voleurs et les bandits. Quelquefois, mais très-rarement, on avait des rameurs soudoyés. Ces rameurs, libres ou forçats, étaient collectivement désignés par le nom de chiourme. — Quand l'invention des armes à feu eut encore augmenté les dangers des galériens, on cessa tout à fait d'y employer des hommes libres; on eut recours aux condamnés seuls. Ils vivaient enchaînés à leurs bancs, continuellement surveillés par des gardes armés qui, à la moindre désobéissance, les frappaient, ou leur brisaient même le crâne d'un coup de pistolet. — Les chiourmes des galères de Malte différaient de celles des autres Etats; elles se composaient en grande partie de prisonniers barbaresques, capturés par les bâtiments de la religion, faisant la course pour réprimer les pirateries des forbans. Si le nombre de ces prisonniers était insuffisant, on faisait appel aux gens de bonne volonté. L'amour de Dieu, le désir de gagner les indulgences attachées à cette tâche périlleuse, engageaient des hommes à s'y dévouer. Ils étaient bien aussi compris dans la désignation générale de chiourme, mais on les distinguait par le nom de bonnavoglie ou bonnevoglie, et ils étaient traités avec tous les égards dus à leur héroïsme. — Lorsque plus tard on renonça aux bâtiments à rames, les condamnés ne furent plus soumis qu'aux travaux des ports et des arsenaux. Le nom de chiourne cessa d'avoir une application; néanmoins il a été conservé aux bagnes. On nomme encore les surveillants gardes-chiourmes, comme on appelle les forçats galériens, quoiqu'il n'y ait plus ni chiourmes ni galères. Longtemps ces gardes-chiourmes ont conservé les traditions brutales de leurs devanciers; ils frappaient selon leurs caprices les malheureux confiés à leur surveillance. Heureusement ce régime s'est adouci peu à peu; aujourd'hui ils ne peuvent se servir de leurs armes que pour se défendre; les autres punitions ne sont infligées qu'après un jugement.

**CHIOZZA** (*V.* CHIOGGIA).

**CHIOZZO** (*ichthyol.*). Les Italiens appellent ainsi le goujon (*V.* ce mot).

**CHIPA** (*botan.*), nom galibi d'un iciquier de la Guyane (*icica decandra*), décrit par Aublet.

**CHIPAGE**, s. m. (*technol.*), opération qui consiste à faire tremper les peaux dans une dissolution de tan.

**CHIPEAU** (*ornith.*). Le canard auquel on donne ce nom et celui de ridenne ou ridelle, est l'*anas strepera* Linn. (*V.* CANARD).

**CHIPEONAY** (*géogr.*), rivière des Etats-Unis, affluent du Mississipi. 60 lieues de cours. C'est par cette rivière que se fait en grande partie le commerce des fourrures.

**CHIPEOUAYS, CHIPPEWAIS** ou **CHIPPEWANS**, nation indienne de l'Amérique septentrionale, qui habite dans les Etats-Unis et dans la Nouvelle-Bretagne, entre le lac Michigan et le Mississipi, et sur les bords du lac Supérieur, du lac des Bois, de la rivière Rouge, du lac Ouinipeg, de l'Ottawa, du lac et de la rivière de l'Esclave, et du lac et de la rivière Athabasca. Elle est composée de plusieurs tribus de noms différents, telles que les Grees, les Ottaouas, les Ouchipaouaks, les Folles-avoines, les Sauteurs, etc. Tous ces Indiens vivent de la chasse et de la pêche; quelques-uns ont des villages sur les bords des lacs Huron et Michigan, d'autres habitent sous des tentes faites de peaux d'animaux. Les Chipeouays sont en général féroces et voleurs, et la civilisation a fait peu de progrès chez eux; toute leur industrie consiste à échanger leurs peaux et leurs fourrures avec les comptoirs de la compagnie anglaise du nord-ouest contre divers articles d'Europe dont ils se sont fait des besoins, tels que haches, couteaux, hameçons, fusils, marmites, verroteries, quelques grosses étoffes de laine, et surtout des boissons spiritueuses, dont ils s'enivrent volontiers, et qui sont la source des excès qu'ils commettent. La polygamie paraît être en usage parmi eux; mais il en est peu qui aient plus d'une femme; on ignore s'ils ont une religion. Ils divisent l'année en lunes, auxquelles ils donnent des noms de fruits, de plantes ou d'animaux; ils ne font aucune division de la semaine, ne comptent les jours que par sommeils, et ne divisent le jour que par moitié ou par quart, selon la hauteur du soleil. — Les voyageurs ne sont pas d'accord sur le nombre des individus de cette nation; le major Pike le porte à 11,200, d'autres à 16,000, quelques-uns même à 30,000; mais ce dernier chiffre est évidemment exagéré.

**CHIPER**, v. a. (*technol.*), exécuter le chipage.

**CHIPER** ou **CHIPPER**, en termes d'écolier et dans le langage populaire, signifie dérober une chose de peu de valeur, faire, par espièglerie, un larcin excusable. Il se trouve dans Rabelais.

**CHIPITIBA** (*botan.*), nom caraïbe d'une espèce de savonnier, que Surian a trouvée dans les Antilles, et que M. Richard nomme *sapindus venosus*.

**CHIPOTER**, v. n. faire peu à peu, à diverses reprises, ce qu'on a à faire; vétiller, barguigner, lanterner. Il est familier.

**CHIPOTIER, IÈRE**, s. celui, celle qui vétille, qui ne fait que barguigner. Il est familier.

**CHIPPOLIN**, s. m. (*technol.*), peinture en détrempe vernie.

**CHIPPUR**, fête de l'expiation solennelle chez les Perses.

**CHIQUATLI** (*ornith.*). Suivant Fernandez (ch. 29), ce nom et celui de *chiquatotl* sont donnés à un oiseau du Mexique, qui ressemble à notre bécasse, et que l'on appelle aussi *noctua*.

**CHIQUATOTOTL** (*ornith.*). Fernandez (ch. 168) parle sous ce nom d'un oiseau que, par erreur, on a écrit dans certains ouvrages *chiquahohohl*: c'est une espèce de barge qui a des raies jaunes aux côtés de la tête, des taches noires sur le cou et la poitrine, et le corps varié de blanc, de jaune et de brun.

**CHIQUE**, s. f. (*écon. rur.*), cocon peu fourni en soie et sans consistance. — Soie qui en provient.

**CHIQUE** s'est dit autrefois d'une tasse de très-petite dimension. — Petite boule de marbre ou de terre cuite avec laquelle les enfants jouent.

**CHIQUE**, s. f. se dit du tabac en feuilles qu'on met dans sa bouche pour chiquer.

**CHIQUE**, *pulex penetrans* Linn. C'est dans les pays chauds que cet insecte existe. Il s'introduit dans la peau de l'homme, se place au-dessous d'elle, s'y développe en se nourrissant de sang, et finit par acquérir un volume qui égale souvent le bout du gros doigt. C'est ordinairement aux peaux dures que la chique s'attaque; les peaux fines et délicates n'ont pas à craindre les atteintes de cet animal. Il s'introduit à travers les habits, malgré toutes les précautions qu'on peut prendre. Les parties qu'elle choisit de préférence pour s'y creuser un canal qui la conduise au sein du tissu cellulaire placé au-dessous de la peau sont les coudes, les genoux, enfin tous les points où se trouvent des callosités. Les nègres des colonies sont par conséquent les victimes ordinaires de cet animal; c'est à eux qu'il s'adresse de préférence. Quand la chique est parvenue sous la peau, elle n'éveille aucune sensation de douleur; aussi, elle commence paisiblement son œuvre, et ce n'est que lorsqu'elle se livre à la succion du sang qu'elle fait ressentir quelques souffrances. Ces souffrances augmentent à mesure que cet insecte se développe, et c'est lorsqu'il a atteint la grosseur auquel il parvient après un assez long séjour sous la peau que les douleurs finissent par devenir intolérables. L'huile de carapa ou de coucou, dont se frottent les Indiens, est un bon préservant. Il est probable que les frictions mercurielles feraient périr l'animal dès les premiers jours de son établissement dans le tissu cellulaire; mais les frictions les plus actives seraient impuissantes contre lui quand il est parvenu à une certaine grosseur; il faut alors cerner la peau avec un bistouri, détacher l'espèce de globe qui est l'insecte lui-même, et ne pas oublier dans cette opération le petit point rouge qui forme sa tête, et qui, laissé sous la peau, peut reproduire un autre animal.

**CHIQUENAUDE**, s. f. coup que l'on donne du doigt du milieu, lorsque, après l'avoir plié et roidi contre le pouce, on le lâche sur le visage, sur le nez, etc.

**CHIQUER**, v. n. mâcher du tabac en feuilles.

**CHIQUERA** (*ornith.*) (*V.* CHICQUERA).

**CHIQUET**, s. m. (*comm.*), soie commune d'Alais.

**CHIQUET**, s. m. Il est usité dans cette locution adverbiale et familière, *Chiquet à chiquet*, peu à peu, par petites parcelles: *Payer chiquet à chiquet*.

**CHIQUETER**, v. a. (*technol*), déchirer la laine avec les cardes, pour la démêler et l'allonger. — Tracer des raies sur une pièce de pâtisserie, sur une poterie, pour l'orner. — Faire un semis de taches sur un fond de marbre peint.

**CHIQUI**, s. m. (*botan.*), palmier d'Amérique.

**CHIQUICHIKITI** (*botan.*), nom caraïbe du *cacalia porophyllum*, cité dans l'Herbier de Surian.

**CHIQUIES** (*botan.*) (*V.* CHICOY).

**CHIQUITOS** (*géogr.*), peuple indien de l'Amérique méridionale, haut Pérou, nouvelle république de Bolivia. Cette nation guerrière, qui vit de chasse et de pêche, occupe le pays situé entre le 16° et le 20° de latitude sud; elle s'avance, à l'est, à 140 lieues jusqu'au lac Xarayes, et, à l'ouest, jusqu'à la province de Santa-Cruz de la Sierra. La chaleur du climat, jointe à l'humidité, occasionne de terribles épidémies. Ces peuplades indomptables furent civilisées par les jésuites.

**CHIR** (*botan.*), nom grec du chardon à foulon, *dipsacus*, selon Mentzel.

**CHIRAC** (PIERRE), médecin, né dans le Rouergue en 1652, fit ses études à Montpellier, et, reçu docteur, y fut pourvu d'une chaire qu'il remplit avec le plus grand succès. Sa réputation le fit appeler par le maréchal de Noailles au poste de premier médecin de l'armée de Catalogne. Il y rendit un service signalé en arrêtant les progrès d'une épidémie qui faisait de grands ravages. De retour à Montpellier, il reprit les fonctions de professeur; mais il les quitta bientôt une seconde fois pour la place de médecin du duc d'Orléans, qu'il suivit dans ses campagnes d'Italie et d'Espagne, en 1706 et 1707. Devenu premier médecin de ce prince à l'époque de la régence, Chirac obtint le même titre du roi Louis XV, après avoir reçu des lettres de noblesse, et mourut en 1732. Admis à l'académie des sciences en 1716, il avait succédé au médecin Fagon dans la surintendance du jardin des plantes. On a de lui quelques ouvrages peu remarquables, entre autres: *Lettres sur la structure des cheveux et des poils*, Montpellier, 1688, in-12. — *Observations sur les incommodités auxquelles sont sujets les équipages des vaisseaux, et la manière de les traiter*, Paris, 1724, in-8°. — *Traité des fièvres malignes et des fièvres pestilentielles*, avec des consultations sur diverses maladies, Paris, 1742, 2 vol. in-12. — *Observations de chirurgie sur la nature et le traitement des plaies*, 1742, in-12. — *Dissertations latines sur l'incube ou cauchemar, sur la passion iliaque*, etc., traduites par Bruhier, et réunies aux Dissertations ou Consultations de Silva, Paris, 1744, 2 vol. in-12. Ce médecin refusait de reconnaître comme maladies contagieuses la peste, la variole, la gale même, et n'estimait ni Hippocrate ni Galien.

**CHIRADOLETRON** (*botan.*), ancien nom du *xanthium*, cité par Dioscoride.

**CHIRAGATZI** (Anania), savant arménien, né vers le commencement du VII^e siècle, perfectionna ses études à Constantinople, voyagea en Grèce, en Syrie, en Egypte, et vint se fixer en Arménie; il mourut en 682. On a de lui les ouvrages suivants, qui font partie des manuscrits de la bibliothèque royale: *Calendrier arménien*, comparé aux calendriers de douze nations différentes; un *Traité de mathématiques*; un *Livre de rhétorique*; une *Grammaire arménienne*; un *Livre sur l'astronomie*, et plusieurs *Homélies ou Panégyriques des saints.*

**CHIRAGRE**, s. f. (*médec.*), *chiragra*; de χείρ, main, et ἄγρα, prise; nom donné à la goutte, lorsqu'elle attaque les mains (*V.* Goutte).

**CHIRAGRE** est aussi adjectif et substantif des deux genres, et signifie, qui est attaqué de la chiragre. Cette acception est peu usitée.

**CHIRAGRE**, s. f. (*fauconn.*). Il se dit d'une espèce de goutte que les oiseaux ont quelquefois aux pattes.

**CHIRAGRIQUE**, adj. des deux genres (*médec.*), qui a rapport à la chiragre.

**CHIRAM**, sculpteur, vivait environ 1032 ans avant Jésus-Christ. Son père, nommé Ur, était Tyrien, et sa mère née dans la tribu de Nephtalie. Comme il excellait dans la composition de toutes sortes d'ouvrages d'or, d'argent et de cuivre, il fut choisi par Salomon pour exécuter les chérubins et divers autres ornements de son fameux temple. Chiram éleva aussi deux colonnes en cuivre, hautes de dix-huit coudées et en comptant douze de tour; à l'entour d'elles serpentaient des feuillages d'or qui ombrageaient des lis de cinq coudées d'élévation dont étaient ornées les corniches de ces colonnes. On ignore l'époque de sa mort, et les détails de sa vie ne sont pas parvenus jusqu'à nous.

**CHIRAMAXIUM** (*hist. anc.*), petite voiture dont la construction nous est inconnue; à en juger sur l'étymologie du mot, ce pouvait être une de celles qu'on poussait avec la main, et qui ressemblent à nos brouettes.

**CHIRANTHODENDRON** (*botan.*). C'est sous ce nom que M. Lescalier, dans une dissertation spéciale, a désigné une plante malvacée, connue dans le Mexique sous celui de *macpalxochi quahuitl*, et figurée par Hernandez, p. 383. Elle est remarquable par la dispersion de ses étamines, dont la réunion présente la forme d'un pied d'oiseau de proie. Elle est bien figurée dans l'ouvrage de MM. de Humboldt et Bonpland sous le nom de *chairosteuron*, qui paraît mieux convenir à son caractère principal.

**CHIRARTHROCACE**, s. f. (*chirurg.*), carie de l'articulation du poignet.

**CHIRAYITA**, s. f. (*botan.*), nom que l'on donne en Amérique à une espèce de gentiane indéterminée.

**CHIRAZ** (*géogr.*), ville de Perse, chef-lieu du Farsistan, à 75 lieues sud d'Ispahan, et à 160 lieues sud de Téhéran, dans une des plaines les plus vastes et les plus fertiles de la Perse. Elle est de forme irrégulière, et entourée de murs en briques séchées, flanqués de tours; un fossé assez mal creusé précède ces remparts, et une citadelle carrée en défend l'approche. On pénètre dans cette ville par six portes, dont l'une est nommée Saadi, à cause du tombeau du célèbre poëte de ce nom, placé vis-à-vis. L'intérieur de Chiraz est divisé en dix quartiers, dont une grande partie n'offre que des ruines et des jardins; les rues y sont étroites et immenses, mais pavées et arrosées par des eaux courantes. Le plus bel édifice de la ville est le palais du gouverneur, dont les jardins sont magnifiques. Chiraz est la troisième ville de Perse, et l'une des principales métropoles de la religion musulmane: elle renferme trente mosquées, parmi lesquelles on remarque celle bâtie par Kerim-kan; plusieurs beaux mausolées érigés en l'honneur de saints musulmans; onze médresséhs, quatorze bazars, qui passent pour les plus beaux du royaume, treize caravansérais, et vingt-six bains. Il y a des fabriques de soieries, de tissus de coton, d'armes à feu, de lames de sabres, et d'épées très-estimées; de verreries, d'ouvrages de marqueterie et de faïence. — Les lapidaires, les graveurs et les émailleurs de cette ville sont renommés par toute la Perse. Sa population est de 52,000 habitants, dont 50 familles arméniennes, et 400 juives. Ces dernières habitent un quartier séparé. — La plaine de Chiraz produit non-seulement du riz et une grande quantité d'autres grains, mais aussi des fruits délicieux et plus de vingt sortes de raisins d'un goût exquis, dont une grande partie est employée à faire le vin qui porte le nom de cette ville, et qui est si renommé dans la Perse et dans l'Inde. La tradition attribue la construction de Chiraz à Mahomet, fils de Khassem, qui la nomma Khia-khotron; on ignore d'où lui vient son nom actuel. Cette ville a beaucoup souffert des révolutions qui ont agité la Perse dans les derniers siècles; les ruines dont elle est couverte en sont un triste témoignage. Le 25 juillet 1824 un terrible tremblement de terre a fait périr 2,000 habitants sous les ruines de la partie orientale des murs d'enceinte, de la mosquée de Chah-meez-ali, de beaucoup de minarets, et du bâtiment principal du palais du prince, dont Chiraz est la résidence. Ed. Girod.

**CHIRBAZ** (*botan.*) (*V.* Copous).

**CHIRI** (*mamm.*). Le P. Vincent-Marie parle, sous ce nom, d'un animal de l'Inde, grand ennemi des serpents, qu'on croit reconnaître pour une mangouste à la description qu'il en donne; mais il paraîtrait, d'après Sonnini, que ce nom n'est point celui de cet animal dans l'Inde, et qu'il ne l'aurait reçu du P. Vincent-Marie que par l'effet d'une erreur causée par l'ignorance où ce voyageur était de la langue des Hindous.

**CHIRIATRE**, s. m. (*didact.*), chirurgien.

**CHIRIATRIE**, s. f. (*didact.*), chirurgie.

**CHIRIATRIQUE**, adj. des deux genres (*didact.*), chirurgical.

**CHIRICOTE** (*ornith.*). L'oiseau que, suivant M. d'Azara, les Guaranis nomment ainsi, d'après son cri, paraît être une espèce de râle.

**CHIRIDOTE**, s. f. (*antiq.*), sorte de tunique à manches. C'est à tort que l'*Encyclopédie* écrit Chirodote.

**CHIRIK**, s. m. (*gramm. hébr.*), nom d'un point voyelle.

**CHIRIMOYA** (*botan.*) (*V.* Cherimolia).

**CHIRINOS** (Pierre), jésuite espagnol, né à Ossuna, passa une grande partie de sa vie dans les îles Philippines, et mourut à Manille en 1634, âgé de soixante-dix-huit ans. Dans un de ses voyages à Rome, il fit imprimer une relation des travaux des missionnaires de son ordre dans les Philippines: *Relacion de Filipinas, y lo que en ellas a hecho la compania de J. H. S.*, Rome, 1604, in-4°. — Chirinos (Jean), religieux trinitaire de Grenade, conseiller juge de la foi dans cette ville et dans celle de Cordoue, fit imprimer en espagnol un *Abrégé historique des persécutions que l'Eglise a souffertes depuis son origine*, Grenade, 1593, in-4°. — Chirinos de Salazar (Ferdinand), jésuite, né à Cuença, professa l'Ecriture sainte à Alcala de Hénarès, obtint la confiance du duc d'Olivarès, fut prédicateur de Philippe IV, et mourut en 1640. Son *Commentaire* latin sur les Proverbes de Salomon, fut imprimé à Paris en 1619, in-folio. Sa défense *Pro immaculata Deiparæ Virginis conceptione*, a eu quatre éditions, Alcala, 1618; Paris, 1625; Cologne, 1621 et 1622.

**CHIRIPA**, s. m. (*botan.*), palmier de l'Orénoque.

**CHIRIPÈDE** (*ornith.*). Ce nom paraît être donné à une perruche au Paraguay.

**CHIRIPHE** (*géogr. anc.*), ville forte d'Asie, située sur l'Euphrate, près de l'Arabie Déserte.

**CHIRIPIBA** (*botan.*), nom caraïbe d'un *croton* de l'Herbier de Surian, dont l'espèce n'est pas déterminée.

**CHIRIRI** (*ornith.*). M. d'Azara a donné ce nom, d'après le cri qu'elle prononce sans cesse, à une espèce de coucou qui appartient à la section des *couas* de M. Levaillant, et au genre *coulicou* de M. Vieillot.

**CHIRIS** (*géogr. anc.*), ville d'Egypte, dans la Thébaïde.

**CHIRITE**, s. f. (*hist. nat.*), stalactite ayant la forme d'une main.

**CHIRIVIA** (*ornith.*). Ce nom espagnol, synonyme de *motacilla*, s'applique aux bergeronnettes.

**CHIROBALISTE** (*art milit. anc.*), baliste à main, ainsi nommée par opposition aux balistes sur roues.

**CHIROCENTRE**, *chirocentrus* (*poiss.*). Ce genre appartient à la famille des clupes; il a été établi par Cuvier. Les chirocentres, ou plutôt le chirocentre denté, *chirocentrus dentex*, car c'est la seule espèce qu'on connaisse encore aujourd'hui, a, comme les harengs, le bord de la mâchoire supérieure formé par les intermaxillaires, sur les côtés par les maxillaires, qui leur sont unis; les uns et les autres sont garnis, ainsi que la mâchoire inférieure, d'une rangée de fortes dents coniques, dont les deux du milieu d'en haut et toutes celles d'en bas sont extraordinairement longues. Son corps est allongé, comprimé, tranchant, mais non dentelé; les ventrales excessivement petites, et la dorsale plus courte que l'anale; mais ce qui le distingue principalement, c'est la forme singulière des écailles, longues, membraneuses, pointues, situées au-dessus et au-dessous de chaque pectorale, d'où le nom générique de chirocentre lui a été imposé. La couleur générale de son corps est argentée. C'est un poisson long de six à huit pouces, et originaire de la mer des Indes.

**CHIROCÉPHALE** (*zoologie*), insecte aquatique. Cet insecte ovipare est très-petit en naissant; il a alors quatre nageoires attachées à la tête, dont deux, les antérieures, sont proportionnellement très-grandes, et ressemblent à des ailes d'oiseau; elles sont articulées à peu près de même, et portent des pennes barbelées. Dans l'adulte, ces quatre nageoires disparaissent et les deux de devant font place, dans le mâle, à de grandes mains très-apparentes, très-compliquées, dont il se sert pour saisir sa femelle dans l'accouplement. C'est à cause de ces mains, qu'il porte à la tête, qu'il a été nommé *chirocéphale*. Il parvient à trente-six ou trente-sept millimètres de longueur; il a vingt-deux nageoires emplumées, ainsi que les deux palettes qui forment sa queue. Il subit, avant de parvenir à l'état d'adulte, un grand nombre de métamorphoses ou de développements successifs, dont les différences se manifestent à chaque dépouille ou changement de peau. Il est monocle en naissant, puis il devient triocle; ensuite, étant adulte, il n'a que deux grands yeux à réseau et pédiculés. Quoiqu'il paraisse nu, mou et délicat, il se rapproche de la famille des crustacés monocles, binocles, etc. Mais il diffère par des caractères bien tranchés de tous ceux qui ont été décrits jusqu'ici. Il est transparent comme du verre lorsqu'il est encore jeune, quoique adulte; il avale indistinctement tout ce qui peut passer par sa bouche, et, pour lui donner la couleur que l'on veut, il suffit de teindre l'eau qu'il habite. L'argent a pour cet insecte un effet délétère, tandis que le plomb ne lui fait rien.

**CHIROCÈRE** (*entom.*). M. Latreille a désigné sous ce nom une espèce d'insecte hyménoptère, voisine des chalcides, dont elle diffère par les antennes, qui sont pectinées.

**CHIROCOLE**, s. m. (*hist. nat.*), genre de reptiles sauriens.

**CHIRODAMAS**, nom d'un des fils de Priam. On l'appelle aussi Chersidamas.

**CHIRODYSMOLGES**, s. m. pl. (*hist. nat.*), genre de reptiles.

**CHIROGASTÈRE**, s. m. (*ant. grecq.*), littéralement, *qui se nourrit du travail de ses mains*. Il se disait des Cyclopes, qui passaient pour avoir bâti les murailles gigantesques connues dans l'antiquité sous le nom de *murailles cyclopéennes*. — CHIROGASTÈRE se disait aussi des Dactyles, parce que, selon Pollux, ils étaient en quelque sorte les bras de Rhéa, puisqu'ils travaillaient pour elle.

**CHIROGRAPHAIRES** (CRÉANCIERS). On appelle *créanciers chirographaires* ceux qui n'ont exigé de leur débiteur aucune hypothèque ou aucun gage de sûreté pour leurs créances, et qui ne sont pas privilégiés par la loi. Les créanciers chirographaires n'ont aucuns droits de préférence les uns sur les autres, quelque ancien que soit le titre de leurs créances. Ils viennent par contribution et au marc le franc sur les biens de leurs débiteurs. Ils sont primés par les créanciers privilégiés et les créanciers hypothécaires, et ne peuvent être payés que lorsque ceux-ci l'ont été intégralement. Cette infériorité, ils la méritent par leur défaut de prudence : *Fidem debitoris secuti sunt*. Ils sont tous d'une égale condition. Quand on stipule une obligation pure et simple, on ne cherche à engager que la loyauté de la personne. Or la personne ne supporte ni privilége, ni préférence. Elle répond pour tous de la même manière, c'est-à-dire par la bonne foi. — Le commerce étant fondé sur le crédit et la bonne foi, les créances commerciales sont en grande partie chirographaires. Aussi, aux termes des art. 556, 565 et suivants du code de commerce, la masse des créanciers chirographaires ne peut exercer ses droits qu'après la distribution faite aux créanciers privilégiés et hypothécaires. De leur côté, ceux-ci n'ont pas voix dans les opérations relatives au concordat, à moins qu'ils ne renoncent à leurs hypothèques, gages ou priviléges, et leur vote au concordat emporterait de plein droit cette renonciation (art. 508 du C. de comm.). La sévérité de cette déchéance est critiquée par plusieurs auteurs (Bravard-Veyrières, *Droit commercial*, Du concordat, p. 705). On trouverait plus équitable de supposer que le créancier privilégié ou hypothécaire qui prend part au concordat consent par cela seul à la réduction sur sa créance privilégiée, d'après la quotité fixée au concordat, et conserve sa garantie hypothécaire ou privilégiée pour sa créance ainsi réduite; qu'ainsi, si le concordat accordait remise de cinquante pour cent, le créancier hypothécaire de vingt mille francs conserverait sa garantie pour dix mille. Cette interprétation paraîtrait en effet plus rationnelle. — A partir du jugement déclaratif de faillite, les créanciers chirographaires ne peuvent, quoique porteurs de titres exécutoires, poursuivre l'expropriation des immeubles. Le principal motif de cette interdiction, c'est que les frais de poursuite diminueraient considérablement l'actif de la faillite. A. H.

**CHIROGRAPHE**, *cyrographum*, mot corrompu de χείρ et γράφω (écrit à la main), qui, d'après cette étymologie, devait désigner les manuscrits en général; mais on lui a donné une signification particulière, indépendamment de celle qui a été expliquée dans l'article précédent. On entend, en diplomatie (*V.* ce mot), sous le nom de *chirographes*, des actes ou des chartes qu'on faisait doubles. L'acte était écrit deux fois, et à contre-sens sur le même parchemin; dans l'intervalle qui séparait les deux écritures, on traçait des mots en grands caractères; puis on coupait le parchemin au milieu, soit en ligne droite, soit en dentelure, et on en donnait la moitié à chacune des deux parties contractantes, qui, ayant chacune une partie de cette écriture intermédiaire, pouvaient facilement vérifier si l'acte qu'on leur présentait était celui qui avait été légalement délivré (*V.* CHARTE).

**CHIROGYLIUM** (*géogr. anc.*), île de la Méditerranée située près de la côte de Lycie.

**CHIROLOGIE**, s. f. art d'exprimer les pensées par des figures qu'on fait avec les doigts.

**CHIROLOGIQUE**, adj. des deux genres (*didact.*), qui a rapport à la chirologie, à l'art d'exprimer des pensées avec les doigts. — *Arts chirologiques* se dit des arts manuels, tels que celui du luthier, du tailleur, etc.

**CHIROMANCE** ou **CHIROMANCIE**, prononcez *ki*, *chiromantia*. Ce mot vient du grec χείρ, main, et de μαντεία, divination. C'est l'art de juger des inclinations d'une personne et de prédire ce qui doit arriver par l'inspection des linéaments de la main. Cet art est vain et n'a aucun fondement dans la nature. Les préceptes qu'on en donne sont faux, et ses expériences aussi. Quel rapport peut-il y avoir entre les linéaments de la main et les actions futures et libres de l'homme? Quel rapport même entre ces linéaments et les penchants naturels de l'homme? Et quand il y en aurait, quelle règle certaine peut-on établir pour les connaître? On ne peut donc exercer cet art prétendu ni consulter ceux qui l'exercent sans péché mortel; péché qui est réservé dans un grand nombre de diocèses (*V.* DEVIN, DIVINATION). Artémidore, Taisnerus, Robert Flud, Anglais, et M. de la Chambre ont écrit de la chiromance.

**CHIROMANCIEN**, celui qui prédit ou devine les aventures ou le tempérament d'une personne par l'inspection de la main de cette personne.

**CHIRON** (*archéol., numism.*). Ce Centaure, moitié homme moitié cheval, naquit, selon les mythologues, des amours de Saturne, métamorphosé en cheval, avec la nymphe Phyllirie. Il fut regardé comme un sage qui possédait la médecine, la musique; on prétend même qu'il avait fait un calendrier. On lui a donné pour élèves et pour disciples les plus fameux héros de son temps, Hercule, Jason, Achille et Esculape, qui fut divinisé. Dans la guerre qu'Hercule fit aux Centaures, ceux-ci, espérant arrêter la fureur du héros par la présence de son ancien maître, se retirèrent à Malée, ville de Thessalie, où Chiron vivait dans la retraite. Hercule les y poursuivit, et blessa d'une flèche Chiron au genou. Le mal étant incurable, Chiron pria Jupiter de faire cesser son immortalité et ses souffrances; il fut placé parmi les astres, où il forma la constellation du Sagittaire. Parmi les monuments qui représentent Chiron, on le voit sur un bas-relief de marbre sculpté sur la margelle d'un puits, et qui représente l'histoire d'Achille. Thétis lui remet son fils. Plus loin, le jeune prince est sur le dos du Centaure, et poursuit un lion qu'il vient de blesser d'une flèche. — Sur une peinture antique, le Centaure Chiron vêtu d'une chlamyde, et appuyé sur un bâton, donne à Achille, en présence de Pélée, une leçon de botanique. Achille a des plantes médicinales dans sa main gauche, et s'appuie sur sa lyre (Millin, *Gal. myth.*, t. II, p. 71, pl. 103; et *Rec. de la soc. d'émulation de médecine*, 5e année, p. 542). — On voyait à Rome, dans les *Septa*, un groupe de Chiron et d'Achille si précieux, qu'il y avait des gens qui répondaient sur leur tête de sa conservation. Dans le Recueil des inscriptions de Gruter, on trouve une inscription gravée en son honneur (72, 1) : CHIRONI. SATVRNI. FILIO. HIPPOCENTAVR. — Un très-beau tableau de Regnaut, dont il y a une excellente gravure par Bervic, représente l'*Education d'Achille par le Centaure Chiron*, qui lui enseigne à tirer de l'arc.

**CHIRON** (*agricult.*), nom que l'on donne, dans les environs de Nice, à une larve de mouche qui mange les olives. — **CHIRON** se dit, dans quelques cantons de France, d'un tas de pierres élevé dans un champ et formé des cailloux que l'on a extraits du sol.

**CHIRONE**, *chironia* (*botan. phan.*), genre de la famille des gentianées, pentandrie monogynie, caractérisé ainsi qu'il suit : calice de cinq sépales, soudés jusqu'à la moitié de leur hauteur, ovales, arrondis au sommet, qui se termine par une pointe; corolle de cinq pétales, soudés à leur base en un tube court, évasés au sommet, arrondis et obtus; cinq étamines alternant avec les pétales; anthères fort longues, se roulant en spirale après la floraison; un style et un stigmate; capsule ovoïde, à deux valves simulant deux ou quatre loges. — Ainsi déterminé et circonscrit, le genre *chirone* ne renferme point le grand nombre de plantes qu'on y avait insérées sur la seule considération que leurs anthères se contournent après la floraison. Linné, qui ne l'observa que dans quelques plantes du cap de Bonne-Espérance, crut pouvoir en faire le caractère particulier d'un genre. Mais on connaît aujourd'hui beaucoup de gentianées qui offrent ce même caractère, avec des différences essentielles dans leurs autres parties : toutes ne peuvent être des *chirones*. Ainsi les *chironia centaurium*, *chironia spicata* et *chironia maritima*, de Candolle, sont des *frythræa;* les *chirones* décrites dans la Flore de l'Amérique septentrionale, par Michaux, sont des *sabbatia;* la *chironia trinervis* Linn. appartient au genre *sebæa;* enfin la *chironia baccifera* fait partie du nouveau genre *ræslinia*. — Le genre chirone se retrouve donc à peu près tel que l'avait composé Linné, et comprend un petit nombre de plantes qui habitent les montagnes et les collines de l'Afrique australe. Leur port élégant, leurs vives couleurs, leur ont mérité d'être très-recherchées dans nos jardins; mais leur culture est difficile et demande beaucoup de soins : accoutumées à un climat chaud, en même temps qu'à un air vif et à un ciel plein de lumière, elles souffrent de nos brumes, et s'accommodent mal des limites atmosphériques d'une serre. Cependant elles se trouvent aujourd'hui assez répandues : voici les principales espèces : la **CHIRONE FRUTESCENTE**, *chironia frutescens*, sous-arbrisseau à feuilles et tiges pubescentes, à fleurs roses ou blanches. — La **CHIRONE A FEUILLES DE LIN**, *chironia linoides*, à feuilles glauques et linéaires, à fleurs d'un rose pourpre. — La **CHIRONE A FEUILLES EN CROIX**, *chironia decussata*, très-belle espèce ou variété de la *chironia frutescente*.

**CHIRONECTE**, *chironectes* (*mamm.*). Illiger a établi sous ce nom, qui est aussi employé en ichthyologie (*V.* ci-dessous), un genre de mammifères didelphes caractérisé principalement par la présence de membranes interdigitales aux pieds de derrière, qui ont leur pouce privé d'ongle; la queue est cylindrique, écailleuse, longue et préhensile; le museau est pointu, et les oreilles nues et arrondies; il existe dix incisives à la mâchoire supérieure et huit seulement à l'inférieure. Les femelles ont une poche abdominale qui manque aux mâles. — L'espèce unique de ce genre est le **CHIRONECTE YAPOK**, *didelphis palmata*, que Buffon a pris pour une loutre, et décrit dans le troisième volume de son Supplément, sous le nom de *petite loutre de la Guyane*. Cet animal est à peu près long de dix-huit pouces, sur lesquels la queue en mesure six; sa couleur est brune dessus, blanche dessous, avec de grandes taches noires; il se tient toujours sur le bord des eaux, où il nage avec facilité. Nous donnons ici sa représentation.

Chironecte.

**CHIRONECTE**, *antennarius* (*poiss.*), genre de la famille des pectorales pédiculées de Cuvier, chismopnes de Duméril, ayant des rapports intimes avec les baudroies ou *lophius* et les maltées. Les baudroies ont la tête très-large, déprimée, épineuse en beaucoup de points; la gueule très-fendue, armée de dents très-pointues, la mâchoire inférieure garnie de nombreux barbillons. Les maltées diffèrent de ceux-ci par leur museau saillant comme une petite corne; dans les chironectes, la bouche, dont le museau médiocre est protractile, offre un caractère très-tranché; leur corps est le plus souvent couvert d'appendices cutanés, il est déprimé, ainsi que la tête; mais ces poissons ont, comme les baudroies, des rayons libres sur la tête; le premier est grêle, terminé souvent par une houppe, et les suivants, augmentés d'une membrane, sont quelquefois très-renflés, et d'autres fois réunis en une nageoire; leur dorsale occupe presque toute la longueur du dos; leurs ouïes, munies de quatre rayons, ne s'ouvrent que par un canal ou petit trou derrière la pectorale; leur vessie natatoire est grande, leur intestin médiocre et sans cæcum. — Ils peuvent, en remplissant leur énorme estomac à la manière des tétrodons, se gonfler comme un ballon; à terre, leurs nageoires paires les aident à ramper presque comme de petits quadrupèdes, les pectorales, à cause de leur position, faisant fonction de pieds de derrière. Ils peuvent vivre hors de l'eau pendant deux ou trois jours. On les trouve dans les mers des pays chauds.

**CHIRONIA** (*botan.*). Chez les anciens, on a donné le nom de *vitis nigra*, *chironia vitis*, au taminier, *tamnus communis*, qui grimpe sur les arbres comme la vigne ou comme la bryone; ce qui l'avait encore fait nommer *bryonia racemosa*, par C. Bauhin.

**CHIRONIA** (*botan.*), ancien nom de la grande centaurée, *centaurea centaureum* Linn.

**CHIRONIEN**, adj. m. (*chirurg.*). Il se dit d'un ulcère invétéré et malin, tel que celui dont mourut le Centaure Chiron.

**CHIRONIS VILLA** (*géogr. anc.*), ville de Messénie, vers le centre, près de Messène.

**CHIRONIS SPECUS** (*géogr. anc.*), grotte du mont Pélion en Thessalie. On suppose que c'était l'habitation du Centaure Chiron.

**CHIRONIUM** (*bot.*). Ce nom a été donné à plusieurs plantes. Celle que Théophraste nomme *panax chironium* est, suivant Daléchamps et C. Bauhin, le *senecio doria* des modernes. On a aussi appelé tantôt *centaurea*, tantôt *chironium*, la petite centaurée que le Centaure Chiron employa pour guérir la blessure que lui avaient faite les flèches d'Hercule. Le *panax chironium* d'Anguillara et de Cordus était l'aunée, *inula helenium;* celui de Matthiole, nommé aussi par lui *flos solis*, et par Césalpin *chironia*, est l'hélianthème ordinaire, *helianthemum vulgare*. On retrouve sous le même nom, d'après Camérarius, l'*helianthemum glutinosum*. Parmi les *panax* de C. Bauhin, qui sont des ombellifères, on en compte deux avec la synonymie de *panax chironium :* l'une d'elles, nommée aussi *panax costinum*, est le *pastinaca opopanax* des modernes; l'autre, que Morrison nommait *panax heracleum*, est le *laserpitium chironium* de Linné. Au milieu de toutes ces diverses citations, il est assez difficile de déterminer quel est le vrai *chironium* des anciens.

**CHIRONOME** ou **CHIROMONTE** (*antiq.*), danseur, mime (*V.* CHIRONOMIE).

**CHIRONOME** (*entom.*). C'est le nom d'un genre de diptères établi par Meigen dans la famille des tipules ou hydromyes, pour y ranger quelques petites espèces de celles dites *culiciformes*. Ce nom de genre a été adopté par Fabricius; mais il y a réuni les cératopogons, les tanypes et les corèthres du même M. Meigen. Il paraît que les larves de ces diptères se développent dans l'eau. Réaumur, qui en a observé plusieurs, les nomme *vers-polypes*. Elles se forment des espèces de fourreaux ou étuis terreux (*V.* TIPULE).

**CHIRONOMIE**, s. f. mot grec composé de χείρ, main, et de νόμος, loi : la règle des gestes (danse). La chironomie est l'art de faire avec grâce les gestes et les autres mouvements du corps. On fait remonter cet art aux temps héroïques. Socrate l'approuva, Platon le mit au rang des vertus civiles, et Erisippe en fit un précepte dans l'éducation des enfants. Il semble que la chironomie consistait originairement à faire seul, sans mesure et sans cadence, les mêmes gestes et les mêmes mouvements des bras et des mains que l'on faisait dans les véritables combats et dans les danses militaires, telles que la *pyrrhique;* mais il paraît que dans la suite la chironomie s'introduisit non-seulement dans les danses militaires, mais encore dans celles de théâtre et dans presque toutes, puisqu'elle faisait la meilleure partie de l'art des pantomimes. Juvénal, dans sa cinquième satire, fait mention de cette danse au sujet d'un maître d'hôtel, ou plutôt d'un écuyer tranchant, qui dansait en servant sur table, et qui exerçait une espèce de chironomie en coupant les viandes avec tant de légèreté et d'adresse, qu'il semblait faire voler le couteau dont il se servait.

**CHIRONOMIE.** Ce mot a été renouvelé par quelques musiciens modernes pour signifier l'art de battre la mesure.

**CHIRONOMIQUE**, adj. des deux genres (*antiq.*), qui appartient à la chironomie.

**CHIRONS-NATTER** (*couleuvre-chiron*) (*erpétol.*). Merrem nomme ainsi le *coluber fuscus* de Linné, ou la couleuvre sombre à deux raies de Daudin (*V.* COULEUVRE).

**CHIROPLASTE**, s. m. (*musiq.*), instrument que l'on emploie pour aplanir les difficultés de l'étude du piano.

**CHIROPONIES**, s. f. (*myth.*), fêtes des Rhodiens, pendant lesquelles les enfants mendiaient en chantant χελιδονίζοντες, comme s'ils eussent imité le chant des hirondelles.

**CHIROPOTE**, adj. des deux genres (*didact.*), qui boit dans le creux de sa main.

**CHIROPTÈRES** (*V.* CHÉIROPTÈRES).

**CHIRORNITHES**, s. m. pl. (*hist. nat.*), famille d'oiseaux grimpeurs.

**CHIROSCÈLE** (*entom.*). M. de Lamarck a publié sous ce nom, dans les *Annales du muséum*, t. III, p. 261, une espèce d'insecte coléoptère de la famille des ténébrions, envoyé de la Nouvelle-Hollande par Peron. Les taches que M. de Lamarck regarde comme phosphoriques sont peut-être analogues à celles qu'on observe dans quelques femelles de blaps, et servent peut-être aussi aux mêmes usages, c'est-à-dire à attirer le mâle.

**CHIROTE**, *chirotes* (*rept.*), nom dérivé du mot grec χείρ, main, donné à un reptile saurophidien, pourvu seulement de deux petits pieds antérieurs. Ce nom de chirote remplace celui de bimane, qu'on lui avait d'abord appliqué, parce que ce dernier a été donné plus exactement à une famille de mammifères. Les chirotes sont des reptiles de petite taille, à corps cylindrique, de même volume que la tête, qui est ovoïde, terminée par un museau arrondi, mousse, avec une queue courte, conique, obtuse; à plaques polygones sur la tête; à écailles quadrilatères juxtaposées en anneaux, égales sur tout le corps, brisées en biais seulement sur les flancs; la bouche est petite, non dilatable; la langue incisée à sa pointe, peu extensible, revêtue, comme celle des amphisbènes, de petites écailles juxtaposées; sa partie postérieure divisée en deux languettes, séparées l'une de l'autre par un angle rentrant assez ouvert; les dents petites, égales, uniformes, coniques, droites, insérées seulement sur le maxillaire, l'intermaxillaire et la mâchoire inférieure; l'œil très-petit, le tympan caché sous la peau; l'anus transversal, bordé en avant de pores disposés sur deux rangs; les pieds sont courts, placés à peu de distance de la tête, terminés par quatre doigts, avec un vestige de cinquième. — Le chirote se rapproche beaucoup des amphisbènes par sa structure intérieure; sa charpente osseuse est presque entièrement analogue à la leur; mais elle s'en distingue par l'appareil qui supporte les pieds antérieurs, et qui est composé quelque peu comme celui des lézards, savoir : un sternum en losange, suivi d'une sorte d'appendice xiphoïde, précédé de deux petites clavicules perdues dans les chairs; une petite cavité cotyloïde est pratiquée aux extrémités latérales du sternum : succèdent un humérus, un radius, un cubitus, quatre petits os du carpe, autant de pièces pour le métacarpe, et cinq phalanges, dont quatre seulement paraissent libres au dehors. Cette ressemblance avec les amphisbènes fait que les naturalistes modernes rapportent les chirotes à cette famille, tandis que les auteurs systématiques précédents, considérant la présence des pieds, les rapportaient aux sauriens et les rapprochaient des chalcides. — On ne connaît qu'une espèce de chirote, le CHIROTE CANNELÉ (*lumbricoïdes, chamæsaura propus* Lacép.), décrit aussi sous les noms de bipède ou bimane cannelé, de chirote des Mexicains, long de huit à dix pouces, gros comme le petit doigt, d'un brun clair uniforme. Il vient du Mexique. Il vit en terre, dans de petits terriers, à la manière des anguis et des amphisbènes; comme eux, il se nourrit d'insectes d'un petit volume. Il est tout à fait innocent.

**CHIROTONIE**, s. f. (*antiq.*), action de lever ou de tendre la main; suffrage, vote, élection.

**CHIROTONIE**, s. f. (χειροτονία) (*théol.*), imposition des mains qui se pratique en conférant les ordres sacrés. L'origine de ce terme vient de ce que les anciens donnaient leur suffrage en étendant les mains; ce qu'exprime le mot χειροτονία, composé de χείρ, *main*, et de τείνω, *j'étends*. C'est pourquoi chez les Grecs et les Romains l'élection des magistrats s'appelait χειροτονία, comme il paraît par la première Philippique de Démosthène, par les harangues d'Eschine contre Ctésiphon, et de Cicéron pour Flaccus. *Porrexerunt manus*, dit ce dernier, *et psephisma natum est*. Il est certain que dans les écrits des apôtres ce terme ne signifie quelquefois qu'une *simple élection*, qui n'emporte aucun caractère, comme dans la seconde Epître aux Corinthiens, ch. VIII, 18. Mais quelquefois aussi il signifie une *consécration* proprement dite, et différente d'une simple élection, lorsqu'il est parlé de l'ordination des prêtres, des évêques, etc., comme dans les Actes, ch. XIV, 22 : *Cum constituissent illis per singulas Ecclesias presbyteros* (le grec porte χειροτονήσαντες), *et orassent cum jejunationibus*. Théodore de Bèze a abusé de cette équivoque pour justifier la pratique des Eglises reformées, en traduisant ce passage par ces mots : *Cum per suffragia creassent presbyteros;* comme si les apôtres s'étaient contentés de choisir des prêtres en étendant la main au milieu de la multitude, à peu près comme les Athéniens et les Romains choisissaient leurs magistrats. Mais les théologiens catholiques, et entre autres Fronton du Duc, de Marca et les PP. Petau et Goar, ont observé que, dans les auteurs ecclésiastiques, χειροτονία signifie proprement une *consécration particulière* qui imprime un caractère, et non pas une simple députation à un ministre extérieur, faite par le simple suffrage du peuple, et révocable à sa volonté.

**CHIROUTE**, s. f. nom par lequel les marins désignent un cigare.

**CHIRQUINCHUM**, ou **CIRQUINCHUM**, ou **CIRQUINÇON** (*mamm.*), nom des tatous à la Nouvelle-Espagne. Ruisch les nomme *chirquineus*.

**CHIRRI** (*ornith.*) (*V.* CHIBIRI).

**CHIRTSUR**, dieu tchouwache (dans la Sibérie), n'occupe qu'un rang subalterne dans la hiérarchie divine de ces peuples.

**CHIRURGICAL, ALE**, adj. qui appartient à la chirurgie.

**CHIRURGIE.** Les différents auteurs qui ont écrit sur la chirurgie s'accordent peu sur la signification précise de ce mot. Les uns, s'en rapportant à l'étymologie (χειρὸς ἔργον, ouvrage de la main), ont défini la chirurgie *la partie de la médecine qui emploie la main seule ou armée d'instruments à la conservation de la santé, ou à la guérison des maladies;* ou bien, *ce qu'il y a de mécanique dans la médecine* (1). Cette définition s'appliquerait parfaitement à la médecine opératoire; mais elle devient incomplète lorsqu'il s'agit d'une science qui non-seulement comprend les opérations, mais encore l'étude des maladies qui les nécessitent. — M. Bégin s'est approché davantage du but lorsqu'il a dit (2) : *On paraît s'accorder à comprendre sous le nom de chirurgie l'étude de toutes les lésions mécaniques dont le corps humain est susceptible et la pratique de toutes les opérations à l'aide desquelles on peut y remédier.* D'après M. Bégin l'étude des affections cancéreuses, des tumeurs, des dégénérescences de tissus, n'appartiendraient pas à la chirurgie, elles ne constituent pas une lésion *mécanique*. — Enfin Nisten a défini la chirurgie *la partie de l'art de guérir qui s'occupe des maladies externes, de leur traitement, et particulièrement des procédés manuels qui servent à leur guérison.* Nous adopterions volontiers cette manière de voir, sans l'obscurité de ces mots *maladies externes*. Les affections de la peau sont des maladies externes, et cependant elles sont plutôt du ressort de la médecine que de la chirurgie. Cette dernière science sera pour nous *l'ensemble des préceptes ayant pour objet la curation de toutes les maladies qui peuvent nécessiter l'intervention de la main seule ou armée d'instruments.* Si ces termes sont un peu vagues, ce qu'ils doivent exprimer ne l'est pas moins. Les bornes de cette branche de l'art de guérir ne sont pas fixes, elles se déplacent continuellement, et telle maladie qui aujourd'hui encore appartient à la médecine proprement dite, demain par ses progrès entrera dans le domaine de la chirurgie. Ces deux sciences, sœurs d'origine, sont, d'après les gens du monde, bien différentes quant

(1) Richerand, *Nosographie et Thérapeutique chirurgicales*, t. I.

(2) Bégin, *Dict. des sciences médicales; Biographie médic.*, art. CHIRURGIEN.

à leurs résultats. A les entendre, l'une, basée uniquement sur des hypothèses, essentiellement mobile quant à ses théories, marche en aveugle et ne procède que par tâtonnements; tandis que la seconde, plus active, reposant sur des lois d'une exactitude mathématique, obtient continuellement des résultats certains. De pareilles opinions se conçoivent aisément. La guérison d'une cataracte, la réduction d'une luxation, l'extirpation d'une tumeur, sont des faits physiques, positifs, palpables, qui frappent vivement les sens; tandis qu'on ne voit pas aussi bien par quelle série d'actes intermédiaires la vaccine préserve de la variole, l'éther fait cesser de violents accidents nerveux, le sulfate de quinine prévient le retour d'un accès fébrile. Dans les deux cas la réussite est à peu près la même, mais elle est loin d'avoir le même éclat. — Ainsi que nous l'avons déjà fait pressentir, les limites qui séparent la chirurgie de la médecine ne sont pas fixes et immuables, et dans une foule de cas ces sciences doivent s'unir et se donner la main. Lorsqu'il s'agit de décider de l'opportunité d'une opération, des chances de réussite ou d'insuccès qu'elle présente, le chirurgien ne doit-il pas tenir compte de l'état général du malade? Comment pourra-t-il s'assurer qu'une affection du poumon, du cœur, ne compliquent pas la maladie chirurgicale et ne contre-indiquent pas l'opération, s'il est étranger aux principes de la médecine? Mettons, d'une autre part, un praticien exclusivement médecin en présence d'une maladie interne accompagnée, comme cela se voit si souvent, d'une affection chirurgicale : peu soucieux de cette dernière, il ne s'occupera que de ce qui le concerne. Ses prescriptions, parfaitement adaptées à la maladie interne, amèneront cependant la mort de son client, en exaspérant l'affection qui la complique. Ce sont des malheurs de ce genre qui ont provoqué justement, il faut le dire, les railleries de Molière; ce sont eux également qui de notre temps ont fait sentir les inconvénients attachés au fractionnement de l'art de guérir. Depuis le commencement de ce siècle, les principes de la médecine et de la chirurgie sont professés en France dans la même enceinte, sans cependant être confondus. Eclairés les uns par les autres, s'étayant mutuellement, ils deviennent à la fois le sujet des études des nombreux élèves qui se pressent sur les bancs de nos facultés. Les examens, les différentes épreuves, qu'ils ont à subir portent sur toutes les branches de l'art de guérir, et lorsque le titre de docteur leur permet l'exercice de cet art, ils peuvent juger avec connaissance de cause de tous les cas qui se présentent, qu'ils soient chirurgicaux ou qu'ils fassent partie du domaine de la médecine. — On conçoit facilement les avantages d'une pareille organisation dans les armées, dans tous les lieux où manquent les ressources des grands centres de population. Obligé de se suffire à lui-même, on voit tour à tour le médecin de campagne quitter le bonnet du docteur pour prendre le pilon du pharmacien, ou l'aiguille du bandagiste. Dans ses courses lointaines, si les médicaments lui manquent, il récolte le long des chemins les plantes qui dans ses mains deviendront de précieux agents de santé, ou bien il arrache au tronc d'un jeune arbre l'écorce qui lui servira à maintenir une fracture. — Dans les grandes villes, dans les grands centres de population, il n'en est pas ainsi. Certaines opérations, peu importantes et qui n'entraînent aucun danger avec elles, sont abandonnées à des hommes qui d'ordinaire ne font pas d'études médicales bien suivies et se renferment dans leur spécialité. Tels sont les dentistes; tels sont, mais à un degré bien moins élevé, les pédicures. Le massage, qui à la rigueur doit être considéré comme appartenant à la chirurgie χειρὸς ἔργον, et certaine opération, considérée bien à tort comme ridicule et dévolue jadis à la pharmacie, font partie des fonctions des baigneurs et des infirmiers. — Malgré l'unité de l'enseignement médical, les découvertes en s'ajoutant aux découvertes, les documents en se joignant aux documents, ont nécessité une espèce de fractionnement de la médecine. Elle est devenue une science trop vaste pour être contenue tout entière dans une seule intelligence; aussi voit-on dans les grandes villes des hommes qui font profession de concentrer toutes leurs facultés sur l'ensemble ou seulement sur une branche de la chirurgie. C'est ainsi que nous voyons des accoucheurs, des oculistes, des lithotomistes, etc. : ils joignent aux notions générales de médecine des connaissances approfondies sur les altérations chirurgicales que peuvent subir tel organe ou telle série d'organes : leurs travaux, rassemblés sur un seul point, leur donnent bientôt un degré d'habileté qu'ils n'obtiendraient jamais, s'ils répandaient leurs études sur le vaste champ de la pathologie : ils découvrent mille faits, mille nuances, qui échapperaient à une observation moins éclairée ou moins attentive. Aussi, tout en maintenant cette tendance aux spécialités dans de certaines limites, il faut la favoriser; c'est le moyen d'activer les progrès de l'art de guérir. — Il y a dans la chirurgie deux classes d'études bien distinctes : celles qui se bornent uniquement à la partie opératoire, et celles qui ont pour objet les maladies qui nécessitent les opérations. Ces maladies, toutes les organisations peuvent se plier à leur observation, acquérir les notions qui les concernent, savoir leur histoire et connaître les nuances qu'elles peuvent présenter. Mais, lorsqu'il s'agit d'opérer, une organisation toute spéciale devient nécessaire. Celse a dit : « Le chirurgien doit être jeune, sa main sûre, ferme et jamais tremblante : il doit être ambidextre, avoir la vue claire et perçante, l'âme impassible, et que, impitoyable lorsqu'il s'est chargé de guérir, il ne se hâte pas, ni ne coupe moins qu'il ne faut, mais achève son opération comme si les cris du malade n'arrivaient pas jusqu'à son oreille (1). » Ce tableau, tracé de main de maître, nous montre que tous les hommes ne sont pas aptes à exercer la chirurgie : celle-ci nécessite une force de caractère et un sang-froid imperturbables que bien peu d'organisations possèdent. Combien de fois l'opérateur, malgré les connaissances anatomiques les plus exactes, n'est-il pas exposé à mille contre-temps qui ne peuvent se prévoir ni s'apprendre d'avance? Si, continuellement obsédé de cette idée que la vie de son malade dépend d'un faux mouvement, de l'erreur la plus légère, il perd son assurance et sa présence d'esprit, ses études, longues et difficiles, lui deviennent inutiles; un terrible revers vient trop souvent remplacer le succès éclatant auquel il avait droit de s'attendre. — Que dirons-nous du chirurgien militaire, lorsque, mêlé aux combattants, il prodigue sur le champ de bataille ses soins aux malheureuses victimes de la guerre? Les terribles blessures faites par les armes à feu rendent toute hésitation impossible; lorsque la vie d'un homme dépend d'une minute de retard, souvent d'une seconde, l'opérateur doit prendre sur-le-champ son parti. Au milieu de l'ivresse du combat, ce n'est pas la fièvre du courage qu'on demande au chirurgien militaire; jamais au contraire il n'a tant besoin de calme, jamais sa main ne doit être aussi sûre que lorsque les projectiles pleuvent autour de lui, et multiplient les blessures. Il lui est interdit de songer à sa conservation, de rendre coup pour coup : tout entier à son devoir, les plus grands dangers doivent le trouver insensible. — L'adresse manuelle, si variable chez les différents individus, est bien précieuse au chirurgien. Il est appelé à opérer sur une multitude d'organes dont quelques-uns sont très-compliqués : il doit ouvrir des abcès, extirper des tumeurs, faire des incisions, pratiquer des ligatures aux veines ou aux artères. C'est lui qui doit extraire les corps étrangers développés spontanément dans l'organisme, ou introduits par une violence extérieure. Armé de l'aiguille ou du bistouri, il les plonge avec assurance dans les organes les plus délicats, rend la vue aux aveugles, arrête les hémorragies, réunit les parties divisées, ou divise celles qui se trouvent vicieusement rapprochées. Sa main panse les blessures, favorise dans l'accouchement les douloureux efforts de la nature, ou bien, aidée de machines empruntées à la mécanique, redresse les vicieuses dispositions de l'organisme, et affermit la santé générale tout en soulageant l'existence du poids de hideuses difformités. — On n'assigne aucune époque précise aux premiers essais qui ont été faits dans l'art de guérir. Ont-ils été médicaux, ainsi que le prétend Haller, ou bien chirurgicaux, comme le veulent la plupart des auteurs qui ont traité ce sujet (2)? c'est, je crois, ce qu'il est difficile de décider. Cependant, si l'on considère l'homme primitif, vivant de chasse au milieu de forêts impénétrables, mal pourvu d'armes défensives, exposé à l'attaque des animaux féroces, il deviendra évident qu'il a dû se voir atteint bien plus souvent de blessures que de maladies internes. Il savait probablement extraire une épine enfoncée dans les chairs, guérir la morsure d'un serpent, avant de connaître les remèdes à opposer aux fièvres intermittentes, à la dyssenterie, etc. Il est du reste peu important de décider cette question de priorité, soit en faveur de la médecine, soit en fa-

(1) *Cels. med. præf. ad lib.* VII : « Esse autem debet chirurgus adolescens, aut certe adolescentiæ propior, manu strenua, stabili, nec unquam intremiscenti, eaque non minus sinistra quam dextra promptus; acie oculorum acri claraque, animo intrepidus, immisericors, sic ut sanare velit eum quem accepit, non ut clamore ejus motus, vel minus quam necesse est secet : perinde faciat omnia, ac si nullus ex vagitibus alterius adfectus orietur. »

(2) Sprengel, *Histoire de la médecine*, t. I.

veur de la chirurgie : ces deux sciences n'en furent longtemps qu'une, et il faut arriver à des temps assez rapprochés de nous pour voir établir la division qui les sépara. Cette distinction était inconnue aux Egyptiens, dont les prêtres essayèrent les premiers d'ériger en corps de doctrine les notions confuses qu'on possédait alors sur l'art de guérir. Ces prêtres possédaient déjà, à ce qu'il paraît, 1500 ans avant J.-C., de nombreux écrits sur la médecine, bien qu'il ne nous soit rien resté d'authentique de cette époque, Jamblique (1) et Galien (2) déclarant apocryphes les six livres attribués à Hermès. — Inventeurs de la science médicale, les Egyptiens ne l'ont pas poussée fort loin, et il ne pouvait en être autrement chez des hommes qui ne transmettaient leurs connaissances qu'à un petit nombre d'initiés après leur avoir fait subir une foule d'épreuves repoussantes ou dangereuses (3). Leur respect pour les cadavres a dû rendre les notions anatomiques fort difficiles chez eux, pour ne pas dire impossibles, et leur habileté dans l'art des embaumements ne prouve rien contre ce que nous venons d'avancer. Ils pratiquaient cette opération en extrayant le cerveau par les fosses nasales et les viscères abdominaux par une ouverture pratiquée sur le côté du ventre. Celui qui faisait cette ouverture, sitôt son ministère accompli s'enfuyait précipitamment, pour éviter les pierres dont le peuple ne manquait pas de l'accabler (4). — Les Juifs, pendant leur séjour en Egypte, avaient acquis des connaissances médicales étonnantes pour cette époque. Les prescriptions hygiéniques de Moïse en font foi, et Salomon, qui vivait cent soixante-dix ans après la prise de Troie, était lui-même très-habile dans l'art de guérir (5). Jamais cependant les Israélites ne purent égaler les Grecs dans cet art. Ceux-ci, dont les premiers maîtres furent aussi les Egyptiens, et chez lesquels il fut un temps où nul n'était réputé savant ou *sage* avant d'avoir visité les bords du Nil, apportèrent dans l'étude de la science médicale l'ardeur fiévreuse qui les caractérisait. Télamon, Thésée, Hercule, Chiron, furent leurs premiers chirurgiens célèbres. Le dernier enseigna son art à Achille (6) et à plusieurs des héros qui assistèrent au siége de Troie. Il eut aussi la gloire d'être le maître d'Esculape, qui, par son savoir, mérita d'être placé au rang des dieux. — L'école de Pythagore établie à Crotone et la célèbre famille des Asclépiades produisirent une foule de chirurgiens distingués. Mais leurs doctrines étaient tenues secrètes; ils ne les transmettaient qu'à un petit nombre d'initiés. Renfermés dans les temples d'Esculape, qu'ils avaient soin d'élever dans une position aussi salubre qu'agréable, ils donnaient leurs consultations à ceux qui venaient réclamer leurs soins, et entremêlaient aux pratiques dictées par la plus saine doctrine une foule de cérémonies superstitieuses destinées à frapper vivement l'imagination des malades. — La première révolution importante dans l'enseignement de l'art de guérir, en Grèce, fut amenée par la dispersion de l'école de Crotone, fondée par Pythagore. Les membres de cette école, obligés de fuir leur patrie, se répandirent dans le monde, et commencèrent à professer publiquement, à peu près 580 ans avant J.-C. Ecoutés avec avidité par une foule d'élèves, ils se virent bientôt imités par la famille des Asclépiades, qui ne voulait pas rester en arrière, ni perdre son antique réputation. Une pareille rivalité fit faire de rapides progrès à la science; l'anatomie et la thérapeutique se perfectionnèrent, une foule de faits, de documents, d'observations s'amassèrent jusqu'au moment où l'immortel Hippocrate vint avec son génie coordonner les travaux de ses devanciers, et les réunir en un corps de doctrine, qui maintenant encore nous sert de modèle (436 ans avant J.-C.). — Les écrits du père de la médecine contiennent la description d'un grand nombre d'instruments et de procédés opératoires, dont l'invention lui a été faussement attribuée. Ils appartiennent pour la plupart aux prêtres d'Esculape. Tels sont le trépan en forme de tarière, le xystre destiné à ruginer les os du crâne pour en apercevoir les fêlures, le levier ἀναβολεύς qui servait à enlever les pièces osseuses fracturées (7), etc. : de pareils instruments montrent jusqu'où l'art chirurgical fut porté chez les Grecs. — Galien considère Hippocrate comme l'inventeur de l'anatomie scientifique (8); selon toute probabilité cependant, le professeur de Cos, arrêté par les préjugés de l'époque, ne disséqua que des animaux (1). C'est lui qui enseigna l'art d'appliquer les bandages (2), qui indiqua les circonstances dans lesquelles on doit employer le trépan (3), pratiquer l'amputation des membres (4). Sa méthode de traitement de l'hydrothorax est excellente. Elle consiste à faire une très-légère ouverture entre deux côtes, et à laisser écouler par petites portions, et dans l'espace de douze jours, tout le liquide contenu dans la poitrine. Il a traité très au long des fractures, des luxations et de leur traitement. Les moyens qu'il employait nécessitaient des machines fort compliquées (5). — Après la mort d'Hippocrate (377 avant J.-C.) ses travaux furent continués par ses fils Thessalus et Dracon, et par d'autres professeurs de Cos, qui portèrent aussi le nom d'Hippocrate. Voilà pourquoi plusieurs écrits, un entre autres qui traite des polypes des fosses nasales, furent attribués à tort au père de la médecine. Parmi ses continuateurs nous citerons Dioclès de Cos, inventeur d'un instrument destiné à extraire les flèches (6); Proxagoras, qui fit de nombreuses découvertes anatomiques; enfin Aristote, l'illustre précepteur d'Alexandre. Aidé par son élève, qui lui envoyait des animaux du fond de l'Asie, ce grand naturaliste peut disséquer plusieurs singes, et, par les progrès qu'il fit faire à l'anatomie, servit puissamment l'art chirurgical. — Nous allons voir maintenant les saines doctrines scientifiques abandonner peu à peu le sol de la Grèce pour retourner aux rivages d'Egypte, d'où elles étaient sorties. L'établissement de la bibliothèque d'Alexandrie, l'enthousiasme des successeurs d'Alexandre pour les arts, firent affluer, de toutes les parties du monde alors connu, les savants dans leurs Etats. Moins gênés par les préjugés, les chirurgiens purent disséquer des cadavres humains, étudier de plus près cette machine si compliquée qu'on nomme l'organisme, et, guidés par des notions plus certaines, s'attaquer à des maladies qui jusque-là avaient dépassé les forces de leurs devanciers. Malheureusement leurs travaux ont péri dans l'incendie de la bibliothèque d'Alexandrie, et si Celse, Galien, Cœlius Aurelianus, ne s'étaient chargés de nous transmettre leurs découvertes, elles ne seraient pas arrivées jusqu'à nous. — Hérophile, Erasistrate, Philoxène et Sostrate furent les plus grands chirurgiens de cette époque : ils perfectionnèrent les bandages et les appareils, donnèrent de meilleurs procédés pour panser les plaies et maintenir les fractures; ils inventèrent même plusieurs machines pour réduire les luxations (7). Nous leur devons les premières méthodes pour l'opération de la cataracte et l'extraction des calculs de la vessie (8). — Il faut rapporter à cette époque les premières distinctions qu'on chercha à introduire dans les différentes parties de l'art de guérir. On le divisa en chirurgie, diététique et pharmacie ou rizotomie (9). Cette division, loin de servir la cause de la chirurgie, lui fut très-nuisible. Cette science fut abandonnée à des hommes indignes de la pratiquer, à des manœuvres qui, sous le nom de lithotomistes, faisaient profession d'extraire les calculs de la vessie, et cela sans connaître les parties sur lesquelles ils opéraient. Bientôt la chirurgie cessa d'être une science, et pendant ce temps les médecins, perdant les bonnes traditions, se livraient à des disputes sans portée et à des controverses stériles. — Parmi les causes qui amenèrent la décadence de l'art de guérir à Alexandrie, nous ne devons pas oublier le développement immense que prit la puissance des Romains. Ces conquérants, devenus les maîtres du monde, rassasiés de gloire et de richesses, songèrent enfin à naturaliser les sciences dans leur capitale, et dépouillèrent les villes de la Grèce, de l'Asie-Mineure et de l'Egypte, des savants qu'elles possédaient. Ils attirèrent chez eux Mégès de Sidon, inventeur d'un instrument destiné à faciliter l'opération de la taille (10), et Celse, contemporain et médecin de Tibère, dont les travaux méritent une analyse spéciale. Ses huit livres de médecine sont un exposé complet de cette science et du degré d'élévation où elle était parvenue de son temps. Quant à ce qui concerne spécialement la chirurgie, il parle de la taille, de l'application du trépan, de

(1) *De myster. ægypt. lib.* VIII.
(2) *De facult. simpl. med. lib.* VI.
(3) Jamblique, *De myster. ægypt.*
(4) Diodore, c. 91.
(5) Flavius Josèphe, *Histoire des Juifs.*
(6) Xénoph., *Cyneget.*
(7) *Hippocratis Chirurgia.*
(8) Galen., *De dogm. Hipp. et Plat. lib.* VIII.

(1) Sprengel, *Hist. de la méd.*, t. I, trad. de Jourdan.
(2) Galen., *De composit. med. sec. gener. lib.* IV.
(3) Hipp., *De vulner. capit.*
(4) Hipp., *De fractur.*
(5) Hipp., *De fractur.*
(6) Cels., lib. VII, c. 5.
(7) Cels., lib. VII.
(8) Cels., lib. VII.
(9) Cels., lib. VII.
(10) Cels., lib. V, c. 23.

l'art des accouchements encore dans son enfance, de la cataracte qu'il opérait par dépression, et de l'amputation des membres. Le premier il conseilla l'incision pour la guérison de la fistule à l'anus, et la cautérisation de l'os *unguis* avec le fer rouge, pour le traitement de la fistule lacrymale. Il s'occupa des moyens de guérir l'hydrocèle, le bec-de-lièvre, etc. (1). — Depuis Celse jusqu'à Galien, pendant une période de près de deux cents ans, nous trouvons peu de travaux importants concernant la chirurgie. Les seuls noms qui méritent une mention sont ceux de Soranus d'Ephèse et d'Héliodore, contemporain de Trajan. Ce dernier fit sur les plaies de tête d'excellentes observations (2): ses règles sur les amputations sont encore bonnes à suivre, de même que plusieurs de ses préceptes sur les maladies des os. Mais tous les savants de cette époque disparaissent devant la grande figure de Galien, dont les écrits embrassent l'universalité des sciences médicales. Né à Pergame (131 ans après J.-C.), il étudia la médecine à Alexandrie, et vint à Rome sous Marc Aurèle. Grand admirateur d'Hippocrate et d'Hérophile, il cultiva l'anatomie avec passion, et, bien qu'il n'ait pu disséquer que des animaux, il fit cependant la découverte de quelques organes importants (3). Nous n'avons pas à nous occuper de ses doctrines *médicales*, qui ont dominé tout le moyen âge, mais seulement de ses travaux chirurgicaux. Ils portent principalement sur les maladies des yeux, des os, sur l'opération de l'empyème (4), etc. Galien observa aussi la luxation du fémur en avant qui avait échappé à Hippocrate (5), et, contrairement aux doctrines du professeur de Cos, il conseille l'ablation des seins cancéreux. Après lui, la corruption des Romains portée à ses dernières limites, le fractionnement de l'empire, la translation de son siége à Byzance, les invasions des barbares, furent autant de causes de la décadence de la chirurgie. Pendant les III^e^, IV^e^, V^e^ et VI^e^ siècles, cette science, repoussée par la pusillanimité générale à cette époque, se borna à la composition et à l'application de quelques onguents. Oribase, Némésius, Aëtius, Alexandre de Tralles, ne purent la relever de sa chute. D'ailleurs, plutôt médecins que chirurgiens, ils se bornèrent au rôle de compilateurs. Paul d'Egine seul, contemporain du calife Omar (VII^e^ siècle), est l'auteur d'importants travaux de chirurgie. Il fut le maître des Arabes pour le traitement des maladies des yeux, des os et des organes génito-urinaires (6). Il liait les artères en cas d'anévrisme, pratiquait la bronchotomie, ainsi que l'opération de la hernie inguinale étranglée. —Vainement pendant les VII^e^, VIII^e^ et IX^e^ siècles nous chercherions à Rome, ou à Constantinople, quelques noms qui pussent se rattacher honorablement à l'histoire de la chirurgie! Ces deux immenses cités nous paraîtront désormais mortes pour la science. Alexandrie, qui, jusqu'à la fin du VI^e^ siècle, avait conservé quelques restes du feu sacré que lui avaient légué les Hérophile, les Erasistrate, vit au commencement du VII^e^ sa bibliothèque brûlée, ses musées détruits, ses savants dispersés par les compagnons d'Abu-Beker et d'Omar. Mais, rassasiés bientôt de pillage et de butin, les farouches sectateurs de Mahomet prirent le goût des sciences; le contact des savants égyptiens changea leurs mœurs, et on les vit mettre tous leurs soins à sauver les restes des précieux manuscrits que l'incendie avait épargnés. Bagdad, Damas, Cordoue, Almerie, Murcie, nouvelles capitales des conquérants arabes, se disputèrent l'honneur d'accueillir tous ceux qui cultivaient la médecine et la chirurgie et de favoriser leurs recherches. Mais plusieurs causes s'opposèrent alors aux progrès de ces deux sciences : d'abord le respect des mahométans pour les morts; chez eux nulle dissection sur les cadavres humains n'était possible; en second lieu leurs idées de pudeur mal entendue, qui interdisaient au chirurgien le traitement des maladies de certains organes. Les accouchements furent totalement négligés et abandonnés à des femmes ignorantes. — Le principal mérite des Arabes est d'avoir commenté et propagé la chirurgie. Ainsi Rhazes (7), Ali-ben-Abbas (8), Avicenne (1) à Bagdad, Abulkases (2), Abenzoar (3), Averrhoës (4) en Espagne, firent de nombreux commentaires sur les travaux des chirurgiens de l'antiquité, relatèrent quelques observations intéressantes, inventèrent quelques procédés opératoires, et contribuèrent puissamment à relever l'Europe de l'état de barbarie où l'avaient jetée les invasions des peuplades du Nord. Vers le VII^e^, le VIII^e^, le IX^e^ et le X^e^ siècle toutes la science chirurgicale, dans ce pays, consistait dans l'application d'un appareil grossier sur les plaies, dans la préparation de quelques onguents et la connaissance des vertus de quelques plantes. On sentait cependant son utilité au milieu des guerres cruelles qui se succédaient sans interruption. Les grands guerriers de cette époque, de même que ceux d'Homère, apprenaient à guérir les blessures aussi bien qu'à les faire, et toute dame châtelaine enseignait à sa fille le secret de certains *baumes* et de formules cabalistiques réputés infaillibles contre les plus cruelles douleurs. — Les relations que les chevaliers chrétiens de France et d'Italie entretenaient avec ceux d'Espagne ou des côtes d'Afrique, le commerce qui se faisait entre Constantinople et le reste de l'Europe, les croisades enfin, furent les principales causes qui peu à peu nous initièrent aux connaissances dont les mahométans étaient dépositaires. — Vers le milieu du XII^e^ siècle, l'université de Paris avait réuni à ses attributions l'enseignement de l'art de guérir; les écoles de Salerne et de Montpellier étaient instituées et florissantes; leurs chaires était occupées par des professeurs ecclésiastiques. Seuls, dans ces temps d'ignorance, les prêtres et les moines étaient lettrés, seuls ils cultivaient les sciences. Sous le nom de physiciens, plusieurs d'entre eux professaient la chirurgie dans les églises cathédrales (5); mais l'exercice de cet art, surtout pour ce qui a trait aux maladies des femmes, était peu compatible avec les fonctions ecclésiastiques; de plus, se fondant sur cette maxime que l'Eglise a horreur du sang, le synode de Reims, en 1131, et le concile de Montpellier, en 1162, défendirent l'exercice de la chirurgie aux prêtres. — Ils en gardèrent l'enseignement, et les opérations de la main seulement revinrent aux laïques; voilà l'origine de la séparation de la médecine et de la chirurgie! Cette dernière, avec des lois qui lui étaient si favorables, puisque toute la pratique de l'art de guérir était abandonnée aux chirurgiens, ne tarda pas à se développer rapidement. — Jean Pitard, premier chirurgien de saint Louis, qu'il accompagna dans ses croisades, fonda en 1271, à Paris, sous le patronage de saint Côme, un collége de chirurgiens qui se séparèrent de la faculté de médecine, bien qu'ils lui fussent toujours soumis. Lanfranc (6), réfugié italien, se fit agréger à ce collége, et vint lui prêter le secours de son talent et l'initier aux doctrines des anciens qu'il tenait lui-même de ses prédécesseurs Roger de Parme (7) et Guillaume Salicet (8).—Le XIV^e^ siècle est surtout remarquable, dans l'histoire de la chirurgie, par la cessation des préjugés qui jusque-là avaient empêché la dissection des cadavres humains. En 1315, Mondini, professeur à Bologne, disséqua publiquement deux cadavres de femmes. Gui de Chauliac, son contemporain et médecin du pape Urbain V, fut un des restaurateurs de la chirurgie. Il rejeta les pratiques superstitieuses usitées jusqu'à lui, remit en honneur la méthode de Celse pour l'opération de la taille, et prescrivit la compression pour la guérison des fistules. Son traité sur la cataracte s'est perdu. — Nous passerons rapidement sur le XV^e^ siècle; il vit peu de travaux notables dans l'art de guérir. Le collége de Saint-Côme conserva cependant sa célébrité; il eut une supériorité manifeste sur toutes les écoles de chirurgie de l'Allemagne, et l'Italie seule aurait pu lui disputer la prééminence. La ville de Tropœa en Calabre vit les premiers essais d'autoplastie faite sur le nez par Vincent Vianco et Bojani (9). — Pendant les deux siècles que nous venons de passer en revue, l'anatomie avait fait peu à peu des progrès: les dissections sur l'homme, tout en rectifiant quelques erreurs des anciens, avaient donné de l'habileté et de la hardiesse à la main des opérateurs. L'invention de la poudre à canon et les

(1) Cels., lib. VII.
(2) *Nicet. Coll.*, p. 86.
(3) Sprengel, *Hist. de la médec.*, t. II.
(4) Galen., *Admin. anat. lib.* VII.
(5) Galen., Comm. I, *in lib. de artic.*
(6) Paull., lib. VI.
(7) Rhazes, *Hawi continens.*
(8) Ali-Abbas, *Practic.*, Venet., 1492.

(1) *Avicennæ opera omn.*, Venet., 1523.
(2) Abulkases, *Chirurg. arabe et lat.*, in-4°. — Idem, *Method. medend.*, Venet., 1520.
(3) Abenzoar, *Chrisis*, Venet., 1496.
(4) *Averrhoes Collig.*
(5) Sprengel, *Histoire de la médec.*, t. II, p. 348.
(6) *Lanfranci Practica*, Venet., 1546.
(7) *Rogerii Chirurgia*, in-fol., Venet., 1546.
(8) Guillem., *De salicet chirurg.*, Venet., 1546.
(9) Bojani, *Traité de chirurgie*, traduit par Grasso. In-fol., Palerme, 1639.

plaies d'armes à feu qui en furent le résultat avaient ouvert un vaste champ à la chirurgie; aussi la verrons-nous, dans le courant du XVIe siècle, faire des pas de géant. Les principaux interprètes furent Bérenger de Carpi (1), Jean de Vigo (2) et l'immortel Ambroise Paré, l'Hippocrate français. Les travaux de ce grand homme s'étendirent sur toute la chirurgie; sur les plaies d'armes à feu, dont il réforma le traitement, jusqu'à lui aussi barbare que maladroit; sur la ligature des artères qu'il pratiquait dans les amputations aussi bien que dans les cas d'anévrismes; sur les maladies des organes génito-urinaires; sur les fractures et les luxations des os; enfin sur le bec-de-lièvre, qu'il réunissait par la suture entortillée, etc. (3). Après lui on remarque toute une série d'hommes dont chaque nom rappelle une découverte dans l'art de guérir: Barletta, célèbre lithotomiste; Gabriel Fallope, qui traita des blessures de la tête (4); Guillemeau, célèbre accoucheur, connu aussi par ses travaux sur les anévrismes (5); Ingranias, qui, outre ses travaux anatomiques, fit encore un travail sur les tumeurs (6); enfin Massa, Jacques Dubois, Fabrice d'Aquapendente, Vésale, Eustache, Varole, etc., par la découverte d'une foule d'organes, ignorés ou mal décrits avant eux, servirent puissamment la cause chirurgicale. — Pendant cette période, le collége des chirurgiens de Paris fut élevé par Levavasseur, premier chirurgien de François Ier, à un degré de splendeur qu'il n'avait pas encore atteint. Il fut érigé en école savante, fit partie de l'université, et put créer des maîtres, des bacheliers, des licenciés et même des docteurs en chirurgie (7). Depuis lors, en France, les chirurgiens furent pour toujours élevés bien au-dessus de la classe des barbiers et des étuvistes, avec lesquels ils avaient été confondus trop longtemps. Leur art effectivement ne se bornant plus à la pratique de quelques opérations souvent aussi barbares qu'irrationnelles, guidés par une saine doctrine, rendus hardis par les notions anatomiques les plus étendues, ils commencèrent cette série de prodiges qui étonnent dans la chirurgie moderne. — Les travaux anatomiques de toute espèce qui signalèrent le cours du XVIe siècle, mais principalement ceux qui eurent pour objet le cœur et les vaisseaux, préparèrent la découverte de Harvey. Cet homme célèbre, que nous envions à l'Angleterre, démontra, en 1619, la grande circulation déjà entrevue par quelques-uns de ses devanciers. Ce fut l'occasion de nouvelles doctrines, de nouvelles théories, qui diminuèrent de beaucoup l'autorité des anciens, et contribuèrent à bannir de la science ces pratiques superstitieuses venues d'Italie et d'Espagne et maintenues par l'influence de Paracelse. On se livra avec passion à l'anatomie, une fièvre de découvertes s'empara de toutes les têtes, on n'aspira à rien moins qu'à prolonger éternellement la vie de l'homme. Le moyen employé pour cela fut l'*infusion* ou *transfusion* du sang. On s'était imaginé qu'en infusant dans les veines des vieillards, le sang d'un homme ou d'un animal jeune et actif, on obtiendrait les résultats merveilleux attribués à la fontaine de Jouvence. On essaya également de la transfusion dans le traitement de plusieurs maladies : par malheur, l'expérience ne vint pas confirmer un espoir chimérique; elle coûta la vie à quelques personnes, et un arrêt du parlement, en défendant l'*infusion*, mit un frein à la fièvre d'expérimentation qui régnait alors. — L'anatomie, portée à un si haut point dans le XVIIe siècle, semblait d'un heureux augure pour la chirurgie, sa fille et son émule : cette dernière cependant fut loin de garder l'impulsion que lui avaient donnée les siècles précédents. Sans admettre, comme le savant Louis, que cette époque eût été pour la chirurgie un vrai siècle de fer, il nous faut avouer que peu d'hommes illustres ont soutenu l'honneur de cet art, surtout en France. Si nous pouvons citer Mauriceau (8), le premier des accoucheurs de ce temps, Dionis (9), dont le Traité d'opérations a été si longtemps classique, Saviard (10), dont les observations chirurgicales sont encore bonnes à consulter, l'Italie nous oppose les noms de César Magatus, célèbre par les améliorations qu'il introduisit dans le traitement des plaies, de Marc-Aurèle Séverin, le restaurateur de la chirurgie des Grecs; l'Angleterre met en avant Wisemann (1), qu'elle considère comme son Paré, et l'Allemagne s'enorgueillit d'avoir produit Fabrice de Hilden et Scultet, si connu par son Arsenal de chirurgie. N'oublions pas le Hollandais Ruysch (2), dont le talent admirable pour les injections et pour la conservation des cadavres semblait prolonger indéfiniment la vie. De pareils noms sont loin d'annoncer la décadence de l'art, et si la chirurgie ne fit pas de plus grands progrès dans le courant du XVIIe siècle, il faut l'attribuer en partie à ce que toutes les idées étaient alors tournées vers l'anatomie et la physiologie. Ces deux mines fécondes d'illustration devaient enfin s'épuiser; les richesses qu'elles fournissaient n'étaient plus en rapport avec les travaux nécessaires pour les découvrir, et la chirurgie pensa enfin à mettre à profit les matériaux qui étaient à sa disposition. Sortant de l'espèce de sommeil où elle était restée plongée, on la vit déployer une activité sans égale, surtout en France, et faire dans le courant du XVIIIe siècle les progrès les plus rapides. Toutes ses parties furent révisées et perfectionnées! La nature de la cataracte fut examinée et approfondie par J.-L. Petit, et les procédés opératoires qui s'y rattachent perfectionnés par David Lafaye et Wenzel. L'Anglais Cheselden (3) pratiquait l'ouverture d'une pupille artificielle, tandis que Garengeot (4) signalait plusieurs espèces de hernies inconnues jusqu'à lui et le traitement à leur opposer. Lapeyronie (5) s'illustra par ses travaux sur les maladies chirurgicales de l'abdomen; Anel (6), J.-L. Petit, Laforest, guérirent la fistule lacrymale, et rétablirent le cours naturel des larmes. Lamartinière posa les principes sur lesquels repose la méthode curative des plaies d'armes à feu ; enfin l'art des accouchements fut, pour ainsi dire, porté jusqu'à la perfection par l'illustre Levret (7). — Dirons-nous les modifications que subit l'opération de la taille entre les mains du frère Jacques de Beaulieu, de Ledran (8), de Foubert, de Thomas, du frère Côme surtout, dont le lithotome caché a été universellement adopté par les chirurgiens? Parlerons-nous enfin des procédés pour le traitement des maladies des os que Petit, Fabre, Perceval Pott, substituèrent à ceux des anciens? Tant d'opérations nouvelles nécessitèrent de nouveaux instruments : l'arsenal de la chirurgie s'est enrichi par l'invention des sondes de gomme élastique, par celle du tourniquet, par celle des instruments propres à la ligature ou à l'arrachement des polypes, au maintien des hernies, et à l'opération de la cataracte.—Le collége de Saint-Côme dut à l'intervention de Lapeyronie d'être érigé, en 1731, en académie de chirurgie, et d'être indépendant de la faculté de médecine. Une pareille mesure avait certainement des inconvénients, puisqu'elle séparait deux parties de l'art de guérir qui doivent s'appuyer et s'entr'aider continuellement; mais elle eut aussi l'avantage de faire cesser l'espèce de défaveur qui jusque-là s'était attachée au nom de chirurgie, et de la faire marcher l'égale de la médecine. D'ailleurs les immenses travaux des J.-L. Petit, des Ledran, des Garengeot, des Lafaye, des Verdier, des Fabre, des Lecat, des Bordenam, des Louis, des Sabatier, etc., sont là pour attester l'essor qu'une pareille institution donna à la chirurgie française, malgré son peu de durée. L'académie de chirurgie fut supprimée en 1795 et, par un décret de la convention, réunie à la faculté de médecine. — Au commencement du XIXe siècle, lorsque des temps plus calmes succédèrent aux orages de la révolution, la chirurgie française, bien qu'unie intimement à la médecine, ne laissa pas que de produire une foule de travaux importants. Profitant du grand développement que prirent alors toutes les sciences naturelles, mettant à contribution la chimie et la mécanique, on la vit s'attaquer à des maladies, qui jusque-là avaient bravé tous ses efforts. Ainsi, de nos jours, les difformités les plus pro-

(1) Bérenger, *De fracturis cranii*, in-8°, Lugd., 1651.
(2) Vigo, *De practica in chirurgia*, Romæ, 1514.
(3) Paré, *Œuvres de chirurgie*, Paris, 1614.
(4) Fallopio, *De parte medicinæ quæ chirurgia nuncupatur*, Venet., 1571.
(5) Guillemeau, *De la grossesse et de l'accouchement des femmes*, 1598.
(6) Ingranias, *De tumoribus præter naturæ*.
(7) Pasquier, *Recherches sur la France*, Paris, 1620.
(8) *Traité des maladies des femmes grosses et de celles qui sont accouchées*, Paris, 1668.
(9) Dionis, *Cours d'opérations démontré au jardin du roi*.
(10) Saviard, *Nouveau Recueil d'observations chirurgicales*.

(1) Wisemann, *Several chirurgical Treatises*, London, 1676.
(2) *Opera omnia anatomico-chirurgica*, 1736.
(3) Cheselden, *Observations sur un homme auquel on avait fait l'opération de la cataracte*.
(4) *Mémoire sur plusieurs hernies singulières*.
(5) *Observations avec réflexions sur la cure des hernies avec gangrène*. — Idem, *Observations sur un étranglement de l'intestin*.
(6) *Nouvelle Méthode pour guérir les fistules lacrymales*, Turin, 1713.
(7) *L'Art des accouchements démontré par des principes de physique*, 1753.
(8) *Parallèle des différentes manières de tirer la pierre hors de la vessie*, 1730.

noncées ne dépassent plus les forces de l'art : les déviations de la colonne vertébrale, la torsion des membres, le pied bot, le strabisme, sont guéris journellement par les procédés de la science orthopédique unie aux efforts de la ténotomie (section des tendons). Cette dernière branche de la chirurgie, si elle n'est pas une découverte entièrement moderne, a du moins reçu toute son importance des applications qu'en ont faites Delpech, Stromeyer, Dieffenbach, Little, Duval, etc. — La lithotritie, invention toute française, appartient aussi à notre époque. Due au génie de MM. Civiale, Leroy d'Etiolles, Amussat, elle tend à substituer une opération peu douloureuse et n'entraînant que peu de dangers à celle que nécessitait jadis l'extraction des calculs de la vessie. Là ne se bornent pas les travaux de la chirurgie moderne. Elle a fait subir d'utiles modifications au traitement des hernies, des maladies des yeux, des fractures et des différentes altérations du système osseux, des plaies et des maladies chirurgicales de l'abdomen, des cancers, enfin des maladies des femmes si communes de nos jours. Ces grands résultats, qui ont illustré les noms de Scarpa, de Boyer, d'Astley-Cooper, de Dupuytren, sont poursuivis avec activité par un grand nombre de contemporains dont les noms ne peuvent trouver place ici. Ils semblent avoir pris à tâche de modifier, de perfectionner tout ce que nous ont légué les anciens : rien n'échappe à leur investigation, rien ne leur paraît au-dessus de leurs forces. Profitant des ressources que leur fournit la médecine, aidés par mille moyens de publicité et par cette confraternité qui unit les savants de tous les pays, on les voit tenter chaque jour de nouvelles expériences, et, loin de se ralentir dans les succès ou les revers, y trouver de nouvelles forces pour aller plus loin encore. — Désormais toute prétention à la prééminence a cessé entre la chirurgie et la médecine. Unies et presque confondues en France, s'il existe entre elles quelque rivalité, c'est le résultat d'une noble émulation et du désir de servir à l'envi la cause de l'humanité. — *Chirurgie militaire.* Ce mot désigne l'organisation destinée à porter au milieu des camps et des armées les bienfaits de la chirurgie, et non une partie spéciale de l'art de guérir. Il est vrai que dans les hôpitaux militaires, dans les camps et sur le champ de bataille, on ne rencontre pas toutes les altérations organiques qui sont du domaine de la chirurgie, mais seulement celles qui appartiennent à l'homme adulte, et qui proviennent des dangers que fait courir la carrière des armes. L'étude des maladies des femmes et des enfants, ainsi que celle des opérations qu'elles nécessitent, deviendraient totalement inutiles au chirurgien d'armée, si, dans mille circonstances, il n'était appelé à donner ses soins à toutes les victimes que peut faire le fléau de la guerre, sans distinction d'âge ni de sexe. — L'organisation de la chirurgie militaire est peu compatible avec l'existence des troupes irrégulières. Ainsi les Grecs, chez lesquels chaque citoyen était soldat, mais presque toujours d'une manière momentanée, n'eurent pas de chirurgiens militaires. Les blessés mettaient à contribution, pour leur guérison, les talents de leurs camarades, et nous voyons dans Homère Patrocle appliquer des racines vulnéraires sur la blessure d'Euripyle (1). Du temps de Xénophon, des hommes habiles suivaient les armées pour donner des soins aux blessés ; mais ils ne se mêlaient pas aux combattants, et étaient appelés seulement après les batailles sanglantes (2); leur position n'avait rien de fixe, ils n'étaient pas militaires enfin. — Lorsque les Romains organisèrent leurs armées d'une manière permanente, lorsque chez eux la carrière des armes fut suivie par les principaux de la nation, ils sentirent bien vite le besoin d'avoir des chirurgiens qui fissent partie des troupes, et ils en enrôlèrent un par chaque légion (*medici vulnerarii*). Nous ne voyons rien de semblable chez les barbares qui renversèrent l'empire romain, ni même chez les Arabes. Dans toute l'Europe, pendant le moyen âge, il n'y eut pas de chirurgiens militaires. Lorsque saint Louis emmenait dans ses expéditions en Egypte Jean Pitard et quelques *maîtres myres*, son unique but était de s'assurer les secours de la chirurgie pour lui et les principaux de l'armée, mais les simples soldats ne devaient y avoir aucune part. Les Valois avaient depuis longtemps à leur solde des troupes régulières et permanentes avant de songer à leur incorporer des chirurgiens. Ambroise Paré accompagna, il est vrai, M. de Rohan dans ses expéditions guerrières, mais seulement comme attaché à la personne de ce capitaine ; il n'avait aucun rang dans l'armée. — C'est à Henri IV qu'est due la naissance de la chirurgie et des premiers hôpitaux militaires, et comme tels destinés spécialement à l'armée. Louis XIII continua l'œuvre de son père ; il attacha un chirurgien-major à chaque régiment : enfin sous Louis XIV, parmi les nombreux perfectionnements que le génie de Louvois introduisit dans l'organisation de l'armée française, il ne faut pas omettre ceux qu'éprouva la chirurgie militaire. Des chirurgiens-majors et aides-majors furent attachés à chaque régiment. On forma des ambulances et des hôpitaux militaires, dont la direction fut confiée à un *chirurgien-major des camps et armées* ayant sous ses ordres des chirurgiens de tout grade. « En ce temps, dit Percy (*Eloge de Sabatier*), il n'y avait guère de chirurgiens habiles et en réputation qui n'eussent servi aux armées ou dans les régiments. J.-L. Petit avait fait huit campagnes de guerre comme chirurgien aide-major, et ensuite comme chirurgien-major ; son fils en avait fait quatre, tout jeune qu'il était quand il mourut. Henri, Ledran, Arnaud, Beissier, etc., s'étaient toujours honorés du titre de chirurgiens militaires. » — Sous Louis XV et sous Louis XVI, l'organisation des chirurgiens d'armée se perfectionna encore : des écoles spéciales furent instituées pour eux à Besançon, à Lille, à Nancy, à Metz et à Strasbourg ; ils y reçurent les principes d'un art que plusieurs d'entre eux devaient illustrer par leurs talents pendant les longues guerres que la France eut à soutenir à la fin du XVIII$^e$ et au commencement du XIX$^e$ siècle. Dans ces temps de calamité, on aime à retrouver les noms de Percy, de Noël, de Saucerotte, de Thomassin, de Larrey, dont la vie et les talents furent consacrés à soulager les maux de la triste humanité. Chaque jour leur sollicitude cherchait un nouveau moyen d'y parvenir, et c'est elle qui inspira à Percy son organisation de la *chirurgie de bataille*, qui rendit de si grands services pendant les campagnes du Rhin, de Prusse et de Pologne. Sur une voiture légère en forme de caisson, et traînée par quatre chevaux, étaient placés deux infirmiers ; à côté se tenaient un chirurgien-major et un aide-major à cheval, qui indiquaient le point où devait se porter l'attelage. Arrivés sur le champ de bataille, souvent au milieu du feu le plus vif, ils relevaient les blessés, appliquaient un appareil sur leurs blessures, s'ils le jugeaient convenable, puis ils les faisaient placer sur la voiture par les infirmiers, et les ramenaient précipitamment à l'ambulance. M. Larrey a imaginé un fourgon destiné à atteindre le même but. — De nos jours, à chaque régiment est attaché un chirurgien-major et deux ou trois aides-majors, selon le nombre de bataillons ou d'escadrons que possède le régiment. Tous doivent être docteurs en médecine de l'une des trois facultés de France. Leurs fonctions sont, en temps de guerre, de suivre le régiment au feu, d'appliquer un premier appareil sur les blessures, et d'expédier les blessés à l'ambulance. En temps de paix, ils passent chaque jour une visite dans les casernes, s'assurent du nombre et de la gravité des maladies qui se sont déclarées parmi les militaires, traitent ceux qui ne sont que légèrement atteints dans les infirmeries régimentaires, et envoient à l'hôpital militaire ceux qui ont des maladies ou des blessures sérieuses. — Ils doivent également assister aux manœuvres et aux revues, pour donner leurs soins aux militaires qui se blesseraient par accident. — Dans les hôpitaux militaires, le personnel des chirurgiens est autrement organisé. Il se compose, dans les établissements importants, d'un chirurgien en chef, de deux aides-majors et d'un nombre de sous-aides variable, mais qui doit être de deux pour cent malades, de quatre pour deux cents, etc. — Ils font à tour de rôle le service dans les salles de médecine, dans celles de chirurgie et dans la pharmacie, obéissant ainsi au médecin, au chirurgien et au pharmacien en chef de l'hôpital. Les chirurgiens sous-aides peuvent obtenir leur grade sans être docteurs. Ils sont nommés à la suite d'un concours et après des études faites, sous le titre de *chirurgiens élèves* ou *surnuméraires*, dans les hôpitaux d'instruction établis à Paris, à Metz, à Lille et à Strasbourg. — Lorsqu'une armée entre en campagne, on tire des hôpitaux militaires le nombre de chirurgiens nécessaires pour former les ambulances. Celles-ci se composent d'un chirurgien-major, d'un aide-major, et d'un certain nombre de sous-aides. Il doit y avoir une ambulance attachée à chaque division, et toutes les ambulances qui se trouvent dans un corps d'armée obéissent à un chirurgien principal. Les chirurgiens principaux des différents corps d'armée, sont à leur tour sous les ordres d'un inspecteur qui prend le titre de chirurgien en chef de l'armée. Au moment d'une bataille, il garde autour de lui un certain nombre de chirurgiens de tout grade, qui doivent se porter partout où leur présence est nécessaire, et qui servent à former, après le combat, les hôpitaux provisoires dans lesquels sont soignés les blessés. Le chirurgien en chef de l'armée doit résider au quar-

(1) *Iliade*, l. XI.
(2) Xénoph., *De exped. Cyr.*, lib. III.

tier général; il s'entend avec le major général et l'intendant général, pour assurer le service de santé. — La marine militaire a des écoles spéciales pour ses chirurgiens. Ceux-ci sont divisés en plusieurs classes et répartis sur les différents bâtiments de l'État, ou dans les hôpitaux de la marine. Ils font partie du personnel maritime, n'ont pas la même organisation que les chirurgiens de l'armée de terre, et dépendent d'une administration toute différente.

TABLEAU CHRONOLOGIQUE

POUR SERVIR A L'HISTOIRE DE LA CHIRURGIE.

| DATES AVANT J.-C. | NOMS DES CHIRURGIENS CÉLÈBRES. | TRAVAUX CHIRURGICAUX OU ANATOMIQUES. |
|---|---|---|
| 1500 | Hermès | Les procédés chirurgicaux se bornent au pansement des plaies. |
| 1270 | Chiron | Il enseigne aux Grecs à guérir les blessures. |
| 1263 | Esculape | Ils guérissent les blessures envenimées. |
| 1180 | Machaon | |
| Idem. | Podalyre | |
| 540 | Pythagore | S'occupe des propriétés des plantes. |
| 504 | Démocède | Guérit d'une entorse Darius, fils d'Hystaspe. |
| 436 | Hippocrate | Il réunit en corps de doctrine les travaux de ses devanciers. |
| 374. | Thessalus. Dracon. Polybe. | Ils continuent les travaux d'Hippocrate. |
| 354 | Dioclès | Invente un instrument pour extraire les flèches. |
| 341 | Proxagoras | S'occupe d'anatomie. |
| 322 | Aristote | Anatomie, histoire naturelle. |
| 305 | Hérophile | Grand anatomiste; il étudie le cerveau et les nerfs. |
| 304 | Erasistrate | Ses travaux portent sur le système circulatoire. |
| 275 | Philoxène | Ecrivit sur la chirurgie. |
| 242 | Sostrate | S'occupa de bandages et de lithotomie. |
| 100 | Asclépiade | Il invente une foule d'emplâtres. |
| 20 | Mégès de Sidon | Traite des calculs de la vessie. |
| Après J.-C. | | |
| 3-5 | Cornélius Celse | Ecrivit sur toute la chirurgie. |
| 97-110 | Soranus | Travaux sur l'anatomie et les accouchements. |
| Idem. | Héliodore | Travaux sur les plaies de tête. |
| 165-200 | Galien | Ophthalmies, cancers, empyèmes, luxations. |
| 360 | Oribase | A surtout compilé ses devanciers. |
| 379-395 | Némésius | Circulation du sang. |
| 543-561 | Aëtius | Maladies des yeux. |
| Idem. | Alexand. de Tralles. | Compilations. |
| 634 | Paul d'Egine | Accouchements, ophthalmies, ligature des artères, hernies. |
| 772-846 | Famille de Bakhtischwah | Habiles praticiens arabes. |
| 850-923 | Rhâzes | Fistules, fractures, luxations, maladies des yeux. |
| 930-994 | Ali-ben-Abbas | Ecrivit sur l'anatomie, la lèpre, etc. |
| 996-1036 | Avicenne | Traita de toutes les parties de l'art de guérir. |
| 1100-1122 | Abulcasis | Cataracte; usage du feu, des caustiques; accouchements. |
| 1130-1164 | Avenzoar | Application du feu aux maladies chirurgicales. |
| 1170-1217 | Averrhoës | Traité général de médecine. |
| 1271 | Pitard | Il fonde le collége de Saint-Côme à Paris. |
| 1277-1280 | Guillaume Salicet | Traite des plaies, de l'hydrocéphale. |
| 1295 | Laufranc | Ulcères, plaies de tête, charbon. |
| 1315 | Mondini | Travaux anatomiques sur le corps humain. |
| 1363 | Guy de Chauliac | Cataractes, opération des fistules, lithotomie. |
| 1478 | Vincent Vianes | Rhinoplastie. |

| DATES APRÈS J.-C. | NOMS DES CHIRURGIENS CÉLÈBRES. | TRAVAUX CHIRURGICAUX OU ANATOMIQUES. |
|---|---|---|
| 1502-1527 | Berenger de Carpi | Découvertes anatomiques. |
| 1513 | Jean de Vigo | Plaies d'armes à feu, maladies des organes génito-urinaires. |
| 1534 | Vésale | Nombreuses découvertes anatomiques. |
| 1545-1590 | Ambroise Paré | S'occupa de toute la chirurgie. Plaies d'armes à feu, anévrismes. |
| 1545 | Levavasseur | Sépare le corps des chirurgiens de celui des baigneurs. |
| 1598-1651 | Harvey | Découvre la grande circulation du sang. |
| 1600-1645 | Scultet | Arsenal de chirurgie. |
| 1647 | Pecquet | Découvre le canal thoracique. |
| 1665 | Ruysch | Anatomie, chirurgie. |
| 1676 | Wisemann | Plaies d'armes à feu, ulcères, fractures, luxations. |
| 1683 | Dionis | Cours d'opérations, accouchements. |
| 1690 | Saviard | Recueil d'observations chirurgicales. |
| 1703-1750 | Petit | Il écrivit sur toute la chirurgie. |
| 1707 | Anel | Traité sur les maladies des yeux. |
| 1707-1747 | Lapeyronie | Ecrivit sur les maladies du cerveau, les hernies, la gangrène. |
| 1711-1752 | Cheselden | Pupille artificielle. |
| 1720-1759 | Garengeot | Traité de chirurgie. |
| 1720 | Ledran | Taille, plaies d'armes à feu, opérations. |
| 1739-1768 | Lecat | Taille, plaies d'armes à feu. |
| 1747-1780 | Levret | Accouchements. |
| 1748 | Daviel | Cours sur les maladies des yeux. |
| 1749-1770 | Senac | Traité sur le cœur. |
| 1750-1771 | Frère Côme | Taille, lithotome caché. |
| 1757-1792 | Louis | Travaux sur plusieurs parties de la chirurgie. |
| 1760 | Polt | Traité de chirurgie. Maladies des os. |
| 1770 | Mouro | Ligature des artères. |
| 1780 | Desault | Médecine opératoire. |
| 1786 | Wenzel | Cataracte. Méthode opératoire par extraction. |
| 1790-1820 | Percy | Pyrotechnie chirurgicale. Organisation de la chirurgie militaire. |
| 1794-1823 | Scarpa | Hernies, maladies des yeux, taille. |
| 1800-1840 | Larrey | Clinique chirurgicale. Hôpitaux militaires ambulants. |
| 1800 | Bichat | Anatomie générale, recherches sur la vie et la mort. |
| 1800-1842 | Astley-Cooper | Hernies, luxations, calculs vésicaux, etc. |
| 1800-1820 | Boyer | Anatomie. Maladies chirurgicales. |
| 1805-1830 | Delpech | Traité de chirurgie orthopédique. |
| 1810-1834 | Dupuytren | Mémoires sur plusieurs parties de la chirurgie. |

Dr CLAVEL.

**CHIRURGIEN**, s. m. celui qui exerce la chirurgie.

**CHIRURGIEN.** Proverbialement, *Il faut avoir jeune chirurgien, vieux médecin, et riche apothicaire;* on demande au premier une main ferme et rapide dans les opérations, au second une longue expérience, au troisième une grande quantité de médicaments rares et coûteux.

**CHIRURGIEN** (*ornith.*). Brisson a décrit sous ce nom plusieurs espèces de jacanas, armés à la partie antérieure de l'aile d'un éperon très-pointu, faisant l'office d'une lancette quand l'oiseau s'en sert pour sa défense.

**CHIRURGIENNE**, s. f. Il a été dit par Et. Pasquier d'une femme qui exerce la chirurgie.

**CHIRURGIQUE**, adj. des deux genres, synonyme de chirurgical, qui est plus usité.

**CHIRVAN** (*géogr.*), province de Russie en Asie, entre 38° 40' et 41° 38' de latitude nord, et entre 42° 40' et 47° 30' de longitude est, bornée au nord par le Daghestan, à l'est par la mer Caspienne, au sud par la Perse, et à l'ouest par la province de Géorgie. Sa longueur, de l'est à l'ouest, est de 80 lieues, sa moyenne largeur, du nord au sud, de 50 lieues, et sa superficie de 1,220 lieues. Elle forme une large vallée dont le Kour occupe le fond, et qui est bordée, au nord, par la chaîne du Caucase, nommé plus particulièrement sur ce point Salavat-Dagh et Baba-Dagh; au sud, par les monts Pampaki et Talidj; l'une et l'autre de ces chaînes envoient vers l'intérieur du pays de nombreux rameaux, qui séparent les bassins des divers affluents du Kour, mais qui font place néanmoins aux vastes steppes qui avoisinent les bords de ce fleuve. L'Aras, le Terter ou Tartare, le Goktchaï et l'Aksou, sont les plus considérables des cours d'eau qui, dans cette province, vont grossir le Kour. Parmi les rivières qui se rendent directement dans la mer Caspienne, on remarque le Soumgaït et le Persagat. Dans ce pays, la chaîne du Caucase offre des sommets qui atteignent la limite des neiges perpétuelles; mais elle s'abaisse à mesure qu'elle approche de la mer Caspienne, et se termine dans la presqu'île d'Apcheron au cap de ce nom. Les collines qui bordent la côte sont calcaires et schisteuses. Dans la presqu'île d'Apcheron, on voit s'élever un volcan dont les éruptions sont bourbeuses. Il y a aussi dans cette presqu'île une plaine aride et basse, remplie de crevasses, d'où s'échappent continuellement du feu, de la fumée, et des matières bitumineuses. On distingue aux environs un petit lac dont l'eau est continuellement bouillante et jette aussi du bitume. Cette presqu'île est environnée de plusieurs petites îles. Les principales sont Sviatoï, Liloï et Nargen. Il y en a aussi plusieurs à l'embouchure du Kour, parmi lesquelles on distingue celle de Salian. La côte de cette province est découpée; on y remarque la baie de Kizildagadgi. Il y a dans l'intérieur un grand nombre de marais, principalement près des rives du Kour, et de petits lacs, dont plusieurs sont salés. Il y a aussi quelques sources minérales. Le climat de Chirvan est très-doux. La chaleur, excessive en été, est tempérée sur la côte par des brises de mer. L'hiver n'est qu'un printemps; en décembre et en janvier seulement, les vents du nord refroidissent un peu l'air, mais en février tout est déjà couvert de fleurs. Le sol des steppes, dont la plus considérable est celle de Moghan, est sec et salin; celui qui avoisine les montagnes est plus propre à la culture; et, par un système d'irrigation bien entendu, il est devenu fertile en toutes les productions des climats chauds, telles que riz, maïs, froment, orge, fruits. On y recueille aussi, et en quantité, le meilleur vin du Caucase, de la soie, du coton, du safran, du tabac, du chanvre, de la garance et de la soude. Les montagnes sont en partie couvertes de forêts qui servent de retraite à des bêtes fauves, et particulièrement au chacal, à des gazelles, à plusieurs espèces d'antilopes, etc., de même qu'à de gros serpents noirs. Dans les pâturages, le long des rivières et sur le versant des montagnes, on élève beaucoup de bestiaux, d'excellents chevaux de race persane, des chameaux, des buffles, des moutons à queues grasses, et un grand nombre de chèvres. La pêche sur la côte et à l'embouchure du Kour est très-abondante. Le règne minéral est peu connu; on sait seulement que les montagnards fondent et travaillent le fer. Il y a du beau talc, de la chaux, du salpêtre, beaucoup de sel, de soufre, et surtout de naphte blanc et noir, qu'on emploie généralement en guise d'huile à brûler. Quoique l'industrie manufacturière de ce pays ait beaucoup perdu de son activité, on y trouve encore plusieurs filatures de soie et des fabriques de soieries et de drap commun. Il y a aussi une manufacture d'armes, dont les produits sont assez renommés. Le Chirvan faisait autrefois un commerce très-florissant avec la Perse, la Géorgie et la Russie. Ce commerce est aujourd'hui très-languissant, et ne consiste qu'en quelques productions du pays. Cet état de décadence et de dépopulation, qui en a été la suite, est attribué aux longues guerres dont ce pays a été le théâtre. On compte à peine aujourd'hui dans cette province 120,000 habitants, Arméniens, Tadjyks, Turcomans, Lesghi, Arabes et Juifs. Les Turcomans, presque tous nomades, sont les plus nombreux et ont des kans particuliers. Les Lesghi habitent les montagnes; les Arabes, restes des conquérants qui soumirent ce pays à la domination des califes, sont en petit nombre, et conservent leur ancienne vie pastorale. Les Tadjyks habitent, ainsi que les Arméniens et les Juifs, les villes et les villages. — Cette contrée est formée du Chirvan et d'une partie de l'Aderbaïdjan, ancienne province de la Perse, et a été pendant longtemps un sujet de guerre entre cet empire et la Russie; elle fut en partie cédée à cette dernière puissance en 1805, et entièrement en 1812. Elle comprend six kanats, ceux du Chirvan propre, de Cheki, de Bakou, de Talichin, ou Talidj, de Karabagh, et de Djar ou des Lesghi. Chacun de ces kanats est gouverné par un kan particulier, qui reconnaît l'autorité de la Russie, et lui paye un léger tribut; le kanat de Bakou en est seul excepté et gouverné immédiatement par la Russie; c'est dans ce kanat que cette puissance a quelques forteresses, où elle entretient des garnisons. La capitale du Chirvan est la Nouvelle-Chamakie. ED. GIROD.

**CHISE**, s. f. (*comm.*), sorte de poivre du Mexique.

**CHISECCO**, s. m. (*botan.*), arbre du Congo.

**CHISHULL** (EDMOND), savant théologien et antiquaire anglais, né à Lyworth, dans le comté de Bedford, fut élevé à l'université d'Oxford, où il prit ses degrés de maître ès arts en 1693, après avoir publié un poëme *sur la bataille de la Hogue*. En 1694 il publia une autre ode *sur la mort de la reine*, insérée dans le troisième volume des *Muses anglicanes*, et, par ses connaissances dans les langues anciennes, fut créé professeur au collége de *Corpus Christi* d'Oxford, d'où il partit en 1698, avec la place de voyageur, instituée par cette université. Il se rendit dans le Levant, où il parcourut les différentes contrées de la Grèce, et fut nommé chapelain de la factorerie anglaise de Smyrne, emploi qu'il exerça jusqu'au commencement de 1702. Revenu en Angleterre, il fut nommé, en 1708, recteur de Walthamston en Essex; en 1711, il devint chapelain de la reine Anne. Il s'occupa alors de réunir les nombreux matériaux qu'il avait recueillis dans son voyage, et, après dix ans, interrompus par de longues et douloureuses maladies, il publia son ouvrage intitulé *Antiquitates asiaticæ christianam æram antecedentes*, etc., Londres, 1728, in-folio, fig. C'est un recueil précieux d'inscriptions et de monuments, découverts particulièrement dans la Grèce asiatique par Chishull lui-même ou par ses amis. On y trouve la fameuse inscription de Sigée, en caractères grecs *boustrophédon*, l'un des plus anciens monuments connus en cette langue; il en avait déjà publié une description séparément, Londres, 1721, in-folio, à laquelle il joignit un supplément. Le seul monument latin qui s'y trouve est la copie du testament d'Auguste, gravée sur le marbre et déposée dans le temple de cet empereur, à Ancyre. Il se proposait d'ajouter à cet ouvrage de nouveaux suppléments, quand la mort le surprit à Walthamston le 18 mai 1733, regretté de tous les savants de son temps, qui lui portaient une grande estime. Outre ses écrits sur les antiquités, on a de Chishull plusieurs sermons et d'autres travaux relatifs aux matières de controverse. Lorsque le docteur Mead publia son *Oratio harveiana*, en 1724, Chishull y ajouta comme appendice une *Dissertation sur les médailles frappées à Smyrne en l'honneur des médecins*. M. Tochon en veut laisser le mérite au docteur Mead, tout en convenant que celui-ci l'a rédigée sur les notes et observations qui lui auraient été communiquées effectivement par Chishull; mais nous avons sous les yeux plusieurs biographies anglaises, postérieures au jugement porté par M. Tochon, qui nous autorisent à regarder Chishull comme l'auteur avéré de cette dissertation, parue à la suite de l'*Oratio harveiana*, réimprimée à Gœttingue en 1748, in-8°. ED. GIROD.

**CHISMOBRANCHES** (*malacoz.*). M. de Blainville désigne sous ce nom un ordre de ses mollusques céphalophores, dont la cavité respiratoire, contenant des organes de la respiration non symétriques, communique avec le fluide ambiant par une simple fente placée entre le bord antérieur du manteau et la partie supérieure du dos de l'animal; ce qui se trouve concorder avec la forme de la coquille dont l'ouverture est grande et entière. Les genres qu'il y range composent les familles des *mégastomes*, *hémicyclostomes*, *cyclostomes* et *gonioclomes* (V. ces mots et CONCHYLIOLOGIE).

**CHISMOPNÉ, ÉE**, adj. (*hist. nat.*), qui respire par des fentes.

**CHISMOPNÉS**, s. m. pl. (*hist. nat.*), famille de poissons.

**CHISSIPHUINAC** (*botan.*). Ce nom péruvien, qui signifie croissant pendant la nuit, a été donné au *monnina salicifolia*, espèce d'un genre de la flore du Pérou, qui est voisin du *polygala*. On lui attribue la propriété détersive, et celle de faire croître les cheveux. Les femmes du Pérou emploient fréquemment à cet usage son infusion à froid. La même plante porte aussi le nom de *hacchiquis* dans ce pays.

**CHISTE**, s. m. (on prononce *ki*) (*médec.*) (V. KYSTE).

**CHISUME** (*géogr. ecclés.*), ville épiscopale des jacobites, au diocèse d'Antioche, dans la Syrie, entre Alep et Édesse. Il y a un monastère célèbre où Jacques d'Edesse se retira après avoir quitté son siége.

**CHISWICK** (*géogr.*), beau village d'Angleterre (Middlesex), sur la rive gauche de la Tamise. Il est célèbre par son château, où sont morts Fox et Canning, et par les tombeaux d'Hogarth, avec une épitaphe de Garrick, du comte Macartney et de Marie, fille de Cromwell. A 2 lieues à l'ouest de Londres. 4,000 habitants.

**CHITARRONE** (*luth.*), espèce de théorbe fort usité à Rome pendant les XVI$^{e}$ et XVII$^{e}$ siècles. C'était un instrument très-long, ayant environ six pieds; mais comme c'était le manche qui en faisait la longueur, et que le corps même de l'instrument était beaucoup plus petit que celui du théorbe, on s'en servait plus aisément. Le chitarrone n'avait ordinairement que six cordes sur le manche, et tout autant au delà pour les basses.

**CHITERNA** (*luth.*), espèce de guitare à quatre ou cinq rangs de cordes; cet instrument est plat comme la pandore.

**CHITES**, s. f. pl. (*comm.*), **MOULTANS, CAFFA, LAMPASSES, BETILLES, GURAÈS, LAGIAS DU PEGU, MASULIPATAN, TOILES ET MOUCHOIRS, ROMAL TAPISSENDIS**, etc., sont des mousselines ou toiles de coton des Indes orientales, imprimées et peintes avec des planches de bois, et dont les couleurs, sans rien perdre de leur éclat, durent autant que la toile même. Il y en a d'imprimées des deux côtés, telles que les mouchoirs et les tapissendis, dont on peut faire des tapis et des courtes-pointes; les unes viennent de Masulipatan, sur la côte de Coromandel, les autres du royaume de Golconde, du Visapour, de Brampour, de Bengale, de Seronge, etc., et s'achètent à Surate. C'est du chay, plante qui ne croît qu'en Golconde, que l'on tire ce beau rouge des toiles de Masulipatan, qui ne se déteint jamais. Les Hollandais particulièrement, les Flamands et la plupart de ceux qui vendent les toiles peintes des Indes les contrefont sur des toiles de coton blanches, qui viennent véritablement des Indes, et qu'on appelle *chintes-serouges;* mais leurs couleurs n'ont ni la même durée ni le même éclat qu'on remarque aux véritables, de sorte que plusieurs de ceux qui les achètent sont trompés. Il n'en est pas de même des damaras, foulalis, landrins, daridas, et autres étoffes et taffetas légers de soie qui nous viennent pareillement des Indes, qui sont imprimés aussi avec des planches de bois; ils ne peuvent se contrefaire en Europe, parce qu'on n'en tire point de ces pays qui ne soient imprimés. Le trait de dessin des broderies, des mousselines ou toiles des Indes, est aussi frappé avec des planches de bois, à moins qu'elles ne soient blanches; les blanches se travaillent avec la pièce. Mais comme on a commodément des mousselines sans être brodées, quantité sont brodées en Hollande, en France et ailleurs, où on les fait passer pour originaires des Indes ou de la Perse (*V.* PÈRES, SEROUGE, TOILES, INDIENNES, FURIES, etc.).

**CHITINE**, s. f. (*chimie*), substance dont se compose la croûte dure qui forme le tégument externe des insectes.

**CHITINI** (*botan.*) (*V.* CHATINI).

**CHITISA** (*botan.*) (*V.* CHATHATH).

**CHITNIK** (*mamm.*) (*V.* SHITNIK).

**CHITOME** ou **CHITOMBE**, s. m. (*relat.*). Il se dit, selon le P. Lebat, du chef de la religion de certaines peuplades nègres idolâtres.

**CHITON** (*géogr. anc.*), petit bourg de l'Attique.

**CHITON** (*hist. nat.*) (*V.* OSCABRION).

**CHITONE** (*mythol.*), surnom de Diane. Elle fut ainsi appelée du culte qu'on lui rendait dans un petit bourg de l'Attique, ou peut-être du mot grec χιτών, habit, parce qu'on lui consacrait les premiers habits des enfants.

**CHITONÉADE**, danse en l'honneur de Diane Chitone ou Chitonia.

**CHITONÉE** (*musiq. des anc.*), nom d'un air de flûte et d'une danse particulière à Diane chez les Syracusains.

**CHITONIDE**, adj. des deux genres (*hist. nat.*), qui ressemble à un oscabrion.

**CHITONIDES**, s. m. pl. (*hist. nat.*), famille de mollusques.

**CHITONIER**, s. m. (*hist. nat.*), animal de l'oscabrion (*V.* OSCABRION).

**CHITONIES**, s. f. pl. (*mythol.*), fêtes célébrées en l'honneur de Diane de Chitone, village de l'Attique, d'où cette Diane fut appelée *Chitonia*.

**CHITONISQUE**, s. m. tunique de laine que les Grecs portaient sur la peau, et qui leur servait de chemise. Les Romains, qui avaient le même vêtement, l'appelaient *subucula*.

**CHITOTE** (*mamm.*). John Barbot, dans sa Description de la côte d'Angole, parle, sous ce nom, d'un quadrumane dont il donne une mauvaise figure, et qu'on a rapporté au genre makis.

**CHITRACULIA**, *chitralia* (*botan.*). Brown, dans son *Histoire de la Jamaïque*, et après lui Adanson, ont désigné sous ce nom des arbres de la famille des myrtées, rapportés maintenant au genre *calyptranthes*.

**CHITRUS** (*géogr. anc.*), aujourd'hui Citria ou Paléo-Chitro, ville de l'île de Cypre, sur la côte orientale.

**CHIT-SE** (*botan.*) (*V.* CHICORYS).

**CHI-TSONG**, deuxième empereur de la dynastie chinoise des Ming (*V.* CHINE).

**CHI-TSOU**, fondateur de la vingtième dynastie chinoise (*V.* CHINE).

**CHITTÉE** (*erpétol.*). Russel décrit sous ce nom la couleuvre ardoisée de Daudin. C'est un mot de la langue des Indiens (*V.* COULEUVRE).

**CHITTIM** (*ant. hébr.*), nom d'un peuple mentionné dans la Bible, et qui descendait de Chittim, fils de Javan. Il paraît que l'auteur sacré désigne ainsi les Italiens et les Macédoniens.

**CHITTUL** (*hist. nat.*). Les Indiens du Bengale appellent ainsi, suivant Russel, l'hydrophys à bandes bleues, de Daudin (*V.* HYDROPHYS).

**CHITUÆ** (*géogr. anc*), peuple de la partie orientale de la Mauritanie césarienne.

**CHIU** (*hist. nat.*) (*V.* CHUY).

**CHIUCUMPA, HUINCUS** (*botan.*), noms péruviens du *mutisia acuminata* de la flore du Pérou, qui cite encore pour la même plante ceux de *chinchinculma* et de *chinchilculma*.

**CHIUN** (*mythol. orient.*), divinité moabite, la même que Remphan. D'après un passage de l'Ecriture, où cette divinité est placée parmi les étoiles, on l'a confondue avec l'étoile de Vénus.

**CHIURE**, s. f. Il ne se dit que des excréments que font les mouches.

**CHIUS**, fils d'Apollon et de la nymphe Anathéippe. Selon quelques auteurs, il donna son nom à l'île de Chios.

**CHIUS**, un des fils de Neptune.

**CHIUSA** (AFFAIRE DE LA). Le général Guyeux, commandant une division de l'armée qui, sous les ordres de Bonaparte, envahissait, au mois de mars 1797, les provinces impériales de la haute Italie, rencontra la colonne du général Bayalitsch, retranchée à Pu-Fero, lui prit deux pièces de canon, et la refoula dans les gorges de Caporetto, à la Chiusa autrichienne. Arrivée au fort de la Chiusa di Pletz, la division victorieuse trouva de nouveaux ennemis à combattre. Ces obstacles furent bientôt surmontés. La Chiusa, emportée d'assaut, et les cinq cents hommes qui la défendaient faits prisonniers, rien ne s'opposait plus à la poursuite de la colonne autrichienne, qui marchait en toute hâte sur Tarvis, et allait être atteinte par Guyeux, lorsqu'elle tomba au milieu de la division du général Masséna. Prise alors en tête et en queue, elle mit bas les armes et se rendit prisonnière. Trente pièces de canons, quatre cents chariots, des bagages, quatre mille hommes, et quatre généraux tombèrent aussi au pouvoir des Français. — Le 1$^{er}$ janvier 1801, lors des dernières opérations qui précédèrent en Italie la conclusion de la paix conquise à Marengo et à Hohenlinden, le général Moncey se présenta de nouveau devant la Chiusa autrichienne, et la fit tourner par sa réserve, qui parvint avec beaucoup de peine à gravir les rochers les plus escarpés. En même temps le général Boudet fit avancer une pièce de huit devant la principale porte du fort, qui bientôt fut enfoncée. Les Autrichiens, ébranlés par la vigueur des assaillants, étonnés de se voir foudroyés par le feu des Français, en position sur des cimes qu'ils avaient crues inaccessibles, se retirèrent à la hâte, laissant une centaine de prisonniers et un grand nombre de blessés.

**CHIUSELLA** (COMBAT DE LA). Après l'admirable passage du Saint-Bernard, l'avant-garde de l'armée française, commandée par Lannes, avait emporté Ivrée, la clef des plaines de l'Italie, puis elle s'était élancée sur la route du Turin. Le 26 mai 1800, elle se heurta contre un corps de dix mille Autrichiens, rassemblés à la hâte pour couvrir la capitale du Piémont, et retranchés à Romano derrière la Chiusella, dont le pont était défendu par une batterie. La victoire fut décidée par un mouvement d'audace. Deux bataillons d'infanterie, au milieu d'une grêle de balles et de mitraille, tournèrent le pont, et déblayèrent le défilé où la colonne d'attaque se présenta en masse et culbuta les Autrichiens. Alors la cavalerie ennemie essaya de rétablir le combat par une charge vigoureuse; mais trois fois elle vint se briser contre les baïonnettes de l'infanterie française. Les Impériaux, rompus, s'enfuirent alors à Chivasso, d'où ils se replièrent sur Turin.

**CHIUSI** (*géogr.*), nom d'un lac du grand-duché de Toscane, traversé par la Chiana Toscana.

**CHIUSOLE** (**ANTOINE**), géographe, né près de Roveredo en 1679, fut, à l'âge de treize ans, envoyé par son père à Saltzbourg pour y faire ses études, et, en les terminant, obtint la chaire de mathématiques. Il ne la garda qu'un an. Entraîné par son goût pour les voyages, il visita l'Allemagne, l'Angleterre, la France et l'Italie, dans la compagnie de différents seigneurs, charmés d'avoir avec eux un homme aussi instruit, et, de retour à Roveredo, y reprit l'enseignement des mathématiques et des langues. Il mourut en 1755. On a de lui : *la Geometria comune, legale, ed aritmetica*, etc.; *la Genealogia moderna delle case più illustri di tutto il mondo*, etc.; *il Mondo antico, moderno e novissimo*, etc.; *Compendio di tutte tre i tomi della geografia antica*, etc. Tous ces ouvrages, accueillis lors de leur publication, sont aujourd'hui si complétement oubliés, qu'on ne les trouve pas indiqués dans les catalogues des bibliothèques d'Italie. Il a laissé en manuscrit *la Storia politica, universale, ridotta in compendio*, en 9 gros vol. in-4°.

**CHIUSOLE** (**MARC-AZZON**), jurisconsulte et poëte d'Arco, dans le Trentin, où il naquit en 1728, fut conseiller du prince évêque de Trente, et mourut en 1765, laissant deux volumes de poésies médiocres : *Saggio poetico di sacre traduzioni e morali sonetti*, etc.; *la Passione di N.-S. Gesù-Cristo*, etc., *in ottava rima, con alcuni sonetti morali.*

**CHIUSOLE** (**LE COMTE ADAM**), parent des précédents, né, comme Antoine, près de Roveredo, en 1728, fit ses premières études à Sienne sous les jésuites, et montra de bonne heure plus d'inclination que de talent pour la poésie. Au goût des vers il joignit celui de la peinture, et vint à Rome, où il fréquenta les écoles de Mengs et de Battoni. Comme il n'était pas plus peintre que poëte, il ne fit pas un seul tableau; mais il acquit des connaissances très-étendues dans les arts, et devint un excellent juge des productions des artistes. Doué du caractère le plus aimable, obligeant et spirituel, il se vit recherché par les plus grands seigneurs, et fut en correspondance avec tous les savants et les amateurs. Il refusa la place d'inspecteur de la galerie de Berlin que lui fit offrir Frédéric II, et, sur la fin de sa vie, se retira dans sa patrie, où il mourut en 1787. On a de lui un assez grand nombre d'opuscules en vers et en prose, mais dont aucun ne s'élève au-dessus du médiocre : *Componimenti poetici sopra la pittura trionfante*, Sienne, 1751, in-8°; c'est un ouvrage de sa jeunesse. — *Dell' arte pittorica libri VIII*, etc., Venise, 1768, in-8°. — *De' precetti della pittura libri IV in versi, aggiuntori altri opuscoli sulli arti, in prosa ed in verso*, ibid., 1781, in-8°. Il a, dans ce nouvel ouvrage, refondu son premier poëme, en le resserrant, mais sans l'améliorer beaucoup. Ce jugement sévère est de Cicognara. — *Itinerario delle pitture, sculture ed architecture, più rare si molte città d'Italia.* Clément Vannetti a publié l'*Eloge* de Chiusole.

**CHIVAFOU**, s. m. (*botan.*), vieux nom de l'épine-vinette.

**CHIVALET** (**ANTOINE**), gentilhomme dauphinois, est auteur d'un mystère intitulé : *Sen suyt la vie de saint Christofle, élégamment composée en rimes françoises, et par personnaiges*, représenté à Grenoble en 1527, et imprimé dans la même ville en 1530. On conjecture que l'auteur était mort longtemps avant l'impression, puisqu'il y est qualifié « jadis souverain maître en telle composition, » ce qui indique aussi qu'il a dû composer plusieurs autres pièces du même genre qui se sont probablement perdues.

**CHIVAS** ou **CHIVASSO** (*géogr.*), petite ville des Etats sardes (Piémont). La ville, entourée de murs et de fossés, située au confluent du Pô et de l'Orco, est à 5 lieues au nord-ouest de Turin. Elle fut prise par les Français en 1705, par les alliés en 1706. Le général Lannes, devenu depuis duc de Montebello, s'en empara en 1800. Commerce de grains et laines. 5,400 habitants.

**CHIVEF** (*botan.*). Jean et Gaspard Bauhin citent sous ce nom, qui signifie, en langue syriaque, un arbre qu'ils disent semblable au figuier, et dont le fruit, gros comme un melon, a une pulpe très-suave, qui fond dans la bouche, et des graines approchant de celles du concombre. On sait que ce figuier des nègres n'est autre chose que le papayer, *carica papaya*, qui, dans plusieurs lieux, porte le nom de figuier, et auquel, pour cette raison, Linnæus a donné celui de *carica*. Il est plus que probable que le chivef est le même arbre.

**CHIVERNY** (**PHILIPPE HURAULT, COMTE DE**), chancelier, garde des sceaux de France, né à Chiverny en Bretagne. Son père, Raoul de Chiverny, était mort en 1527 au siége de Naples. Deux de ses ancêtres avaient péri à la bataille d'Auray, à côté de Charles de Blois. Dès l'année 1562, la protection du cardinal de Lorraine et la faveur de Catherine de Médicis l'avaient admis à prendre part aux affaires publiques. Il parvint aux premières dignités de la magistrature, après avoir épousé la fille du président de Thou. Nommé chancelier du duc d'Anjou, depuis Henri III, il suivit ce prince dans ses expéditions militaires; mais il ne l'accompagna point à Varsovie, la reine mère et le roi jugeant sa présence à Paris plus utile à leurs intérêts. Les sceaux lui furent confiés en 1578. Toutefois ses liaisons avec les ligueurs le firent disgracier après la journée des Barricades; il fut rappelé par Henri IV, qui lui rendit les sceaux en disant à ceux qui l'entouraient : « Messieurs, ces deux pistolets que j'ai baillés à M. le chancelier ne font pas tant de bruit que ceux de quoi nous tirons tous les jours; mais ils frappent bien plus fort et plus loin, et le sais par expérience par les coups que j'ai reçus. » Ce fut Chiverny qui fit tous les préparatifs pour le sacre et le couronnement du monarque. Il fut ensuite chargé de rétablir le parlement de Paris, ainsi que les autres cours souveraines du royaume. Après avoir joui constamment de la confiance du roi, Chiverny mourut en 1599. De Thou, Scévole de Sainte-Marthe et Nicolas Rapin ont loué la prudence et la dextérité de ce magistrat, qui n'était pas inaccessible à la corruption, s'il faut en croire le *Journal de l'Etoile*. *Les Amours du grand Aléandre*, attribués à Louise de Lorraine, princesse de Conti, nous ont laissé de curieux détails sur les longues amours du vieux chancelier avec la marquise de Sourdis, tante de la belle Gabrielle. On a imprimé à Paris, en 1636, les *Mémoires d'Estat de messire Phil. Hurault, comte de Chiverny*, etc., avec deux *Instructions à ses enfants*, et la *Généalogie de la maison des Hurault.* Ces mémoires commencent à l'an 1567 et finissent en 1599.

**CHIVIN** (*hist. nat.*). On appelle ainsi, dans le Boulonnais, la fauvette passerinette, *motacilla passerina* Linn.

**CHIVINO** (*hist. nat.*), nom italien du scops ou petit duc, *strix scops* Linn.

**CHIVOT** (**MARC-ANTOINE-FRANÇOIS**), littérateur, né en Picardie en 1752, fit ses études à Paris, devint professeur d'humanités dans l'un des colléges de l'université, et se fit une réputation par ses talents pour l'enseignement, ainsi que par plusieurs compositions grecques, latines et françaises, à l'occasion de divers événements. Une partie de sa vie fut consacrée à la rédaction d'un grand ouvrage intitulé : *De l'esprit ou de la filiation des langues.* On n'a, de tous les matériaux qu'il avait préparés à ce sujet, qu'un exemplaire des *Racines grecques*, chargé de notes intercalaires. Les autres pièces, envoyées par les héritiers de Chivot à Villoison, ne se sont pas retrouvées dans les papiers de ce savant. On doit aussi à ce professeur la traduction de quelques fragments de Ménandre, insérés dans l'*Histoire des théâtres.* Crouzet a publié en 1787 l'*Eloge* de Chivot, son collègue et son ami.

**CHIZEY** (**BATAILLE DE**). Au commencement de 1373, il ne restait aux Anglais qu'une très-petite partie du Poitou. Charles V, pour les chasser complétement de cette province, donna à du Guesclin l'ordre d'entrer en campagne dès le commencement du printemps, longtemps avant l'époque où les Anglais avaient coutume de passer la mer. Au mois de mars 1373, le connétable, à la tête d'une troupe de 1,400 combattants, vint assiéger la ville de Chizey. Les Anglais qui étaient encore dans le Poitou se réunirent alors à Niort, au nombre de 700 hommes d'armes, et se dirigèrent sur l'armée française. Les assiégés ayant appris l'approche de ce secours, firent une sortie contre les assiégeants; mais, dit Froissart, « ils ne purent porter le grand faix des François, et furent tout de premier cils là déconfits, morts et pris; oncques nul des leurs ne rentra au châtel. » Peu de temps après arriva l'avant-garde ennemie, composée de 300 pillards bretons et poitevins, qui passèrent à l'instant du côté des Français. Aussi les Anglais furent-ils complétement défaits, malgré le courage avec lequel ils se battirent.

Cette victoire, qui fit capituler Chizey, Niort et Lusignan, compléta la conquête du Poitou.

CHLADNI (ERNEST-FLORENT-FRÉDÉRIC) naquit à Wittemberg le 30 septembre 1756. Il reçut l'éducation la plus soignée, et se distingua tout d'abord par son amour pour la science. Les mathématiques, la physique, la mécanique et la musique lui étaient également familières. Ayant remarqué qu'on s'était fort peu occupé jusqu'alors des phénomènes produits par le son, et trouvant dans cette matière un sujet d'étude aussi fécond qu'intéressant, Chladni dirigea toutes ses recherches de ce côté. Il fabriqua divers instruments de l'espèce de l'harmonica, pour servir à ses expériences et à ses démonstrations. Il écrivit en outre plusieurs opuscules, qui se résument dans son grand *Traité d'acoustique*, publié à Leipzig en 1802. Ce livre, le plus étendu et le plus complet du genre, renferme des aperçus ingénieux, des considérations neuves, et même quelquefois des découvertes utiles. L'auteur s'est trompé, il est vrai, dans plusieurs circonstances, en partant d'une base vicieuse; mais son traité n'en est pas moins l'œuvre d'un esprit distingué, perspicace et judicieux. L'empereur avait ordonné de traduire en français le *Traité d'acoustique :* il n'a pas été donné suite à ce projet.—Chladni mourut de mort subite, le 4 avril 1827. E. V.

CHLADNY (MARTIN), théologien protestant, né en 1669 à Cremnitz en Hongrie. Son père, Georges Chladny, connu par un livre intitulé : *Inventarium templorum*, ayant été obligé de quitter l'église dont il était pasteur, et qui fut rendue aux catholiques en 1673, ils se retirèrent tous deux en Saxe, où, après avoir fréquenté diverses écoles, Martin fut nommé, en 1710, professeur de théologie à Wittemberg, où il mourut le 12 septembre 1725. Il a laissé un grand nombre d'écrits, tant en latin qu'en allemand ; nous citerons seulement : 1° *De fide et ritibus Ecclesiæ græcæ hodiernæ;* 2° *De diptychis veterum;* 3° *Epistola de abusu chemiæ in rebus sacris;* 4° *Dissertatio de Ecclesiis colchicis, earumque statu, doctrina et ritibus*, Wittemberg, 1702, in-4°; 5° *Dissertatio theol., qua revelationes Brigittæ excutit*, Wittemberg, 1715, in-4°. — CHLADNY (Jean-Martin), son fils, né en 1710, fut professeur de théologie à Erlangen, où il mourut le 10 septembre 1759. Outre un journal hebdomadaire de questions sur la Bible qu'il rédigeait en 1754, 1755 et 1756, in-4°, il a publié un grand nombre d'ouvrages, tant en latin qu'en allemand ; nous ne citerons que : 1° *Logica practica, seu Problemata logica*, Leipzig, 1741, in-8°; 2° *Programma, de fatis bibliothecæ Augustini in excidio hipponensi*, ibid., 1742, in-8° ; 3° *Opuscula academica*, ibid., 1741, 1750, 2 vol. in-8°; 4° *Vindiciæ amoris Dei puri adversus subtilissimas Fenelonii corruptelas*, Erlangne, 1757, in-4°.—CHLADNY (Ernest-Martin), frère du précédent, né en 1715, fait, en 1746, professeur de droit féodal à Wittemberg, où il mourut en 1782; il n'a publié que quelques dissertations académiques.

CHLAEN (*ornith.*). On donne ce nom, en Suisse, à la sittelle ou torche-pot, *sitta europæa* Linn.

CHLÆNA et LÆNA (*archéol.*), espèce de vêtement, en usage chez les Romains, qui se mettait par-dessus la tunique, et qui différait de la chlamyde par son ampleur, qui la rendait propre à servir de couverture pour dormir. Les Romains l'appelaient le manteau grec. Les Grecs ne la portaient que l'hiver. C'était chez les Romains un habit de campagne avec lequel un magistrat n'aurait pas osé paraître dans la ville. Cicéron (*De orat.*) raconte que Popilius fut surnommé *Lænas*, parce que, étant consul, il se présenta ainsi vêtu devant le peuple, pour apaiser une sédition.

CHLAMISPORUM (*botan.*) (*V.* THYSANOTE).

CHLAMYDE (*archéol.*), en latin *chlamys*, du grec χλαμύς. C'était un manteau qui s'attachait sur l'épaule, quelquefois sur l'estomac, avec un bouton, et dont plusieurs divinités et héros sont vêtus. Ce vêtement des Grecs fut introduit par Numa Pompilius chez les Romains, qui l'appelèrent *paludamentum* pour l'ordre équestre et *sagum* pour les soldats. — C'était en général le vêtement des gens de guerre, qui le portaient par-dessus la cuirasse. La chlamyde était ovale, et couvrait l'épaule gauche. Ce manteau, dans les statues héroïques, est particulièrement affecté à Mercure, à Castor et à Pollux. Sur plusieurs bas-reliefs et sur des vases antiques, on voit des héros nus avec le bras gauche entortillé dans leur chlamyde, comme la statue de l'Apollon du Belvédère. — Les écrivains grecs ont toujours employé le mot *chlamyde*, et les écrivains latins se sont servis plus souvent du mot *paludamentum*. Ils ont cependant nommé la chlamyde, et Plaute, qui a traduit ou imité les comiques grecs, désigne souvent les gens de guerre par le mot *chlamydatus*. Il dit aussi, dans l'énumération des parties de l'habillement d'un soldat (*Pseudol.*, I, 4, 45) :

Etiam opus est chlamyde et machera et petaso,

Cicéron (*Pro Rabir.*, c. 10) reproche à Sylla de paraître avec la chlamyde et la chaussure militaire dans les villes où les autres généraux n'avaient jamais paru que revêtus de la toge. — La chlamyde était ordinairement de laine. Caligula porta la première chlamyde de soie que l'on eût vue à Rome; elle était rouge, et ornée d'or et de pierres précieuses. (Dio., LIX, p. 653). Commode parut au théâtre, aux yeux des Romains indignés, avec une chlamyde tissue d'or et de soie, telles que les portaient les rois barbares. Les rois captifs du Capitole portaient des chlamydes d'un travail fort recherché. On donnait quelquefois le nom de chlamyde aux manteaux des femmes. Virgile appelle de ce nom le manteau de Didon, et Tacite s'exprime de même en parlant d'Agrippine, mère de Néron. — On attribuait l'invention de ce manteau aux Macédoniens ; il fut adopté par les Arcadiens et les Thessaliens, et par les habitants des pays de montagnes. Ceux des pays froids la portaient très-longue : la chlamyde des statues héroïques descend à peine jusqu'au genou.

DUMERSAN.

CHLAMYDE (*entom.*). Knoch a désigné sous ce nom de genre des espèces de coléoptères phytophages, voisines des clythres et des gribouris, dont les antennes sont reçues dans des rainures le long de la poitrine. La plupart des espèces sont étrangères : telles sont les clythres, nommées par Fabricius *gibber, plicata, monstrosa*, qui ont été rapportées de l'Amérique.

CHLAMYDIA (*bot.*). Gærtner décrit sous ce nom le *phormium* de Forster, genre de plante de la famille des asphodélées, qui est le lin de la Nouvelle-Hollande.

CHLAMYDOBLASTE, adj. des deux genres (*hist. nat.*), dont l'embryon est renfermé dans un sac propre.

CHLAMYDOSAURE, s. m. (*hist. nat.*), genre de reptiles sauriens (*V.* LÉZARD et SAURIENS).

CHLAMYDULA (*archéol.*). Cette petite chlamyde était l'unique vêtement des enfants d'une naissance distinguée en Grèce et à Rome : ils étaient ordinairement nus, et couverts seulement d'une *chlamydula*, ou petite chlamyde flottante. DUMERSAN.

CHLAMYPHORE (*V.* EDENTÉS).

CHLAZ, s. m. (*vieux langage*), ouragan, tempête.

CHLANIDION, s. m. (*hist. anc.*), espèce de manteau, à l'usage des femmes grecques, qui s'appelait aussi *hymation*. Il paraît par celui qu'on voit à la femme de Prusias, préfet de l'île de Co (*antique expliq.*), qu'il ne descendait pas jusqu'aux talons. Le *chlanidion* faisait aussi partie de l'habillement des Babyloniens ; il se mettait sur la dernière tunique, enveloppait les épaules, mais ne descendait pas si bas aux Babyloniens qu'aux femmes grecques.

CHLANIS ou CHLANIDION (*hist. anc.*), espèce de chlène (*V.* CHLÈNE), mais d'une étoffe plus légère et plus douce, et qui servait également aux femmes et aux hommes.

CHLEBOWSKI (LAURENT), poëte polonais, vivait sous le règne de Sigismond III, roi de Pologne. Parmi plusieurs de ses productions on remarque comme les principales : 1° *Elégie sur la mort de la princesse de Radziwil*, Cracovie, 1618 ; 2° la *Vie de saint Stanislas, évêque de Cracovie*, imprimée en 1626 ; 3° *la Véritable Liberté du royaume de Pologne*, Cracovie, 1608.

CHLÉDIPOLE, *chledipola* (*bot.*); corps gélatineux de formes diverses, offrant à sa surface des rides ou sillons fructifères épars. Tel est le caractère que Rafinesque Schmaltz donne à un genre dans lequel il rapporte diverses plantes marines de la Sicile, qui se rapprochent de celles qu'on avait nommées tremelles marines. Voici les deux espèces qu'il indique : CHLÉDIPOLE TUBULEUX, *chledipola tubulosa* Rafin. Schm., *Car. pl. Sicil.*, p. 95, tab. 20, fig. 10 : diaphane, allongé, tubuleux, transparent, évasé et lobé à l'extrémité ; découpures planes, inégales et obtuses. On le trouve sur les écueils et sur les corps marins en Sicile. — CHLÉDIPOLE LOBÉ, *chledipola lobata* Rafin., l. c. : corps fauve, plane, allongé, lobé et comme ondulé vers l'extrémité ; sillons fructifères épars sur les deux côtés. — Ce genre, par sa consistance gélatineuse, paraît voisin de l'*alcionidium*, et appartiendrait à la quatorzième section de la famille des *algues* (*V.* ce mot).

CHLÉDISTROME, s. m. (*hist. nat.*), genre de mollusques. Mot créé par l'Américain Rafinesque (*V.* ce nom).

CHLÉNACÉES (*botan.* (*V.* CLÉNACÉES).

CHLÉNÉAS, Etolien, député aux Lacédémoniens par ses

compatriotes, pour les engager à faire ainsi qu'eux-mêmes alliance avec les Romains, qui les protégeraient contre la Macédoine.

**CHLÉNIE**, s. f. (*hist. nat.*), genre d'insectes coléoptères.

**CHLÉPIDOLE**, s. f. (*botan.*), genre de plantes cryptogames. Mot créé par M. Lamouroux. Rafinesque dit CHLÉDIPOLE (*V.* ce mot).

**CHLEUASME**, s. m. (*littér.*), figure de rhétorique par laquelle on semble attirer sur soi le blâme qui doit retomber sur un autre.

**CHLIARUS** (*géogr. anc.*), ancien nom du Gange.

**CHLIDONIE**, s. f. (*hist. nat.*), genre de polypes.

**CHLOANTHE**, *chloanthes* (*botan.*), genre de la famille des verbénacées, de la *didynamie angiospermie* de Linnæus, qui offre pour caractère un calice campanulé, à cinq découpures égales ; une corolle labiée, tubulée ; l'orifice élargi ; la lèvre supérieure bifide, l'inférieure à trois découpures, celle du milieu plus allongée ; quatre étamines didynames et saillantes ; un stigmate bifide, aigu ; un drupe sec, à deux noyaux ; chaque noyau a trois loges monospermes ; celle du milieu est stérile. — Ce genre ne renferme que deux espèces ; ce sont des arbustes pubescents, à feuilles simples, linéaires, décurrentes, en bulles. Les fleurs sont jaunes, pédonculées, solitaires, axillaires, accompagnées de deux bractées. Elles ont été découvertes dans la Nouvelle-Hollande, au Port-Jackson, par M. Rob. Brown. La première, *chloanthes stœchadis* Brown, *Nouv.-Holl.*, p. 514, a ses feuilles et ses calices couverts en-dessous d'un duvet tomenteux d'un blanc de neige ; les bractées situées vers le milieu des pédoncules. La seconde, *chloanthes glandulosa* Brown, l. c., se distingue par ses feuilles glanduleuses, bien moins tomenteuses, ainsi que les calices ; les bractées placées à la base des pédoncules.

**CHLOASME**, s. m. (*méd.*), état de la peau quand elle se couvre de taches verdâtres.

**CHLOÉ**, adj. f. (*myth.*), surnom de Vénus, protectrice des blés en herbe.

**CHLOÉ**, s. f. (*hist. nat.*), genre de vers à sang rouge.

**CHLOÉ**, femme corinthienne, fidèle, qui fit avertir saint Paul des divisions qui régnaient à Corinthe, à l'occasion de Céphas, d'Apollon et de lui (Paul, *I. Cor.*, I, 11.)

**CHLOÉ**, Χλοή, Cérès (χλοάζω, germer, verdir, entrer en floraison, etc.). Cérès Chloé avait dans Athènes un temple près de la citadelle, et l'on célébrait en son honneur, le 6 thargélion (au mois d'avril), une fête dite Chloées. On lui sacrifiait un bélier. Pausanias soupçonne que le nom de Chloé cachait des mystères dont les prêtres mêmes ne possédaient plus la clef de son temps.

**CHLOIES**, s. f. pl. (*myth.*), fêtes qu'on célébrait à Athènes, dans lesquelles on immolait un bélier à Cérès. Pausanias dit que cette dénomination de *chloies* avait quelque chose de mystérieux ; et Porter n'y voit qu'un adjectif fait de *chloe*, plante verte, nom convenable à la déesse des moissons.

**CHLOÉNIE** (*entom.*). M. Bonelli a décrit, dans les Mémoires de l'académie des sciences de Turin, un genre d'insectes tiré de celui des crabes, tels que le *festivus*, le *zonatus*, etc., d'après la disposition des palpes maxillaires et labiales (*V.* CHÉOPHAGES).

**CHLOPICKI** (JOSEPH), né en Pologne d'une famille noble, servit avec distinction, sous Kosciusko, dans les campagnes de 1790 et 1792. Vers cette époque, la Pologne expirait sous les coups réunis de la Russie, de l'Autriche et de la Prusse. Dès que fut accompli l'inique partage de ce malheureux pays, Chlopicki accompagna en Italie les restes de cette brave armée polonaise qui vint associer sa gloire à celle des armées françaises, espérant, hélas ! que les triomphes de la France amèneraient un jour la régénération de la Pologne. — Chlopicki entra dans la première légion polonaise avec le simple grade de chef de bataillon. Il prit part à toutes les campagnes de la république, du directoire et du consulat. Le 16 janvier 1800, il parvint, à la tête d'une poignée d'hommes, à débusquer les Autrichiens de la forte position de Casa-Bianca. Ce fait d'armes lui valut une honorable mention dans le rapport du général Oudinot. Il combattit à Marengo, et la bravoure dont il fit preuve dans cette mémorable journée lui mérita le grade de colonel. Le traité de Lunéville en 1801 le mit en disponibilité. Il reprit du service en 1807, et il commandait à cette époque, comme le plus ancien colonel de l'armée, les quatre régiments d'infanterie de la Vistule, à la tête desquels il passa en Espagne. Ce pays allait devenir un des principaux théâtres de sa gloire. Il marche sur Saragosse à la tête d'une poignée d'hommes, et attaque l'ennemi avec une telle impétuosité, que celui-ci, dès le premier choc, abandonna ses retranchements, et courut se réfugier derrière les murs des maisons. Chlopicki l'y suivit, et il marchait à la tête des Polonais dans les rues de cette ville, lorsqu'il fut dangereusement blessé. Il ne dut son salut qu'au dévouement de ses généreux frères d'armes, qui, malgré une grêle de projectiles de toute nature, l'enlevèrent presque mourant de ce lieu de désolation. A quelque temps de là et à peine remis de ses nombreuses blessures, il commandait un corps isolé, s'élevant à peine à un millier d'hommes, lorsqu'il se trouva en face du général Palafox, qui avait sous ses ordres huit mille hommes de ligne. Avec ses mille hommes, Chlopicki enlève à la baïonnette les positions espagnoles, disperse l'armée de Palafox, lui fait six cents prisonniers et lui met trois mille hommes hors de combat. Ce brillant fait d'armes lui valut la croix de la Légion d'honneur et le grade de général de brigade. Il servit en cette qualité sous les ordres du maréchal Suchet, qui l'avait surnommé *le plus brave d'entre les braves*. Il fit avec gloire les campagnes d'Aragon, de Valence et de Catalogne. Détaché sur l'aile gauche de l'armée, il contribua beaucoup au gain de l'importante bataille de Sagonte. Le 18 juin 1809, il se distingua par une rare intrépidité à Marrya : il parvint, en suivant un chemin presque inaccessible, à emporter les positions ennemies, l'arme au bras et sans coup férir. Le 12 octobre de la même année, il bat les guérillas réunis dans Molina. Le mois suivant, il contribue par son audace à la prise de Lérida. Peu de jours s'étaient écoulés depuis la prise de cette ville, lorsqu'il rencontra les généraux Villa-Campa et Carrabajol à la tête de troupes nombreuses. Il les défait entièrement, et parvient, après une marche forcée, à occuper la ville de Ferréol, que Carrabajol n'avait pas eu le temps d'évacuer. Il se jette sur l'ennemi avec tant d'impétuosité, qu'une compagnie d'artillerie tout entière, six pièces de canon, les chevaux, les bagages et toutes les munitions de guerre et de bouche tombèrent entre les mains victorieuses de Chlopicki. L'ennemi ayant reparu deux jours après sur les hauteurs de Fuenta-Sancta, où il se croyait en sûreté derrière le cours d'une rivière profonde et rapide, Chlopicki, à la tête de son régiment, passe la rivière à la nage, gravit la montagne, escalade les retranchements, et les Espagnols, terrifiés d'une audace que rien ne peut vaincre, prennent la fuite en jetant leurs armes. Peu de temps après, Chlopicki se mesure en Catalogne avec le célèbre Mina, qui poursuivait quelques détachements français. A la tête de mille grenadiers et de deux cents hussards, le général polonais l'attaque avec vigueur, le met en déroute, et le poursuit jusqu'à Cosida avec une rapidité telle, que Mina se voit forcé de quitter l'Aragon. — Dès les premiers préparatifs de la guerre contre la Russie, les légions polonaises furent rappelées sur les bords de la Vistule. L'armée vit avec peine le départ de ces braves ; Chlopicki surtout fut universellement regretté. « Le départ du général Chlopicki, dit en cette occasion le maréchal Suchet, prive l'armée d'un brave officier, destiné, par son mérite, à s'élever rapidement au premier rang. » Mais Chlopicki voyait arriver avec joie l'occasion de se mesurer contre l'ennemi de son pays. L'ordre du départ fut reçu par lui et par ses compagnons d'armes avec un enthousiasme difficile à décrire. Il quitta l'Espagne au mois de janvier 1812. A son arrivée vers les frontières de Russie, il fut désigné pour commander quatre régiments de la Vistule de la division du général Claparède de la garde impériale. Il fut blessé à la sanglante bataille de Valentina, près de Smolensk, et continua cependant son service pendant tout le cours de cette campagne, si fatale à nos armes. L'année suivante, Chlopicki assista aux batailles de Lutzen, de Dresde et de Leipzig. Il repassa le Rhin avec les débris de ses légions, et resta jusqu'au dernier moment fidèle à l'empereur et à la France. Pendant que l'Europe entière abandonnait celui devant les aigles duquel les nations s'étaient prosternées, les bataillons polonais, pleins de constance dans le malheur, restèrent jusqu'au dernier moment réunis autour du conquérant renversé. — Tels étaient les antécédents du général Chlopicki, lorsqu'en 1815, après le traité de Vienne, il revint dans sa patrie avec ce qui restait de ses légions. Il fut admis, avec le grade de général de division, dans l'armée polonaise, commandée par le grand-duc Constantin. Mais Chlopicki ne put se plier à la dure tyrannie de ce fou sauvage. Il rentra dans la vie privée, et vivait à l'écart, livré à de profondes études stratégiques, lorsque éclata dans les rues de Varsovie (28 novembre 1830) le mouvement qui donna naissance à l'une des plus justes et cependant des plus malheureuses révolutions dont l'impartiale histoire nous ait conservé le souvenir. — Longtemps avant 1830, le sol de la Pologne se trouvait miné de toutes parts par des associations secrètes dont l'origine remonte aux traités de Vienne, époque du dernier partage de ce pays; tous les cœurs animés du sentiment de l'indépendance nationale faisaient partie de ces sociétés : c'était une nation tout entière qui conspirait. Le mot d'ordre était donné, les rôles distribués à l'avance, et le pays, impatient, n'attendait qu'un signal pour agir. L'exemple de la France, de la Belgique et de l'Italie servit de signal, et la révolution éclata. — Le souvenir de la gloire et des talents militaires de Chlopicki germait encore dans tous les cœurs. Lorsqu'il s'agit de régulariser le mouvement insurrectionnel du 29 novembre, la nation tout entière jeta les yeux sur ce vieux soldat de Napoléon, illustré dans vingt batailles. Forcé de se rendre au vœu populaire, le gouvernement provisoire l'appela au commandement général des armées polonaises. Le 5 décembre 1830, après avoir passé la revue de la garnison de Varsovie, il résolut de profiter de l'ascendant que son immense popularité lui donnait sur les membres du gouvernement provisoire : il se proclama dictateur, et s'investit d'une autorité sans limites. « Compatriotes, dit-il dans une proclamation adressée au peuple, sachant commander, parce que j'ai su obéir, je n'ai pas hésité à mettre en usage, pour le bien général, le pouvoir que le gouvernement m'a confié en qualité de commandant en chef des armées. En concentrant tous les pouvoirs sur ma personne, je n'ai d'autre but que de donner au gouvernement du pays plus d'ensemble et plus d'unité. En attendant la résolution de la diète, convoquée par le gouvernement provisoire, j'ai *accepté* la dictature que m'offrait le vœu de tous les bons citoyens (1). » Le peuple, qui voyait en Chlopicki le seul homme capable de sauver la patrie, sanctionna par des acclamations unanimes son avénement au souverain pouvoir. « Ce fut dans toute la Pologne un vrai délire de joie, dit un biographe. Le nom seul de Chlopicki électrisait les masses. Les vieux soldats rentraient dans les rangs, les paysans s'armaient de leur redoutable faux, et les frères de Lithuanie, de Volhynie et d'Ukraine envoyaient des émissaires pour annoncer qu'ils étaient prêts à verser leur sang pour l'affranchissement du pays. » Cependant Chlopicki n'était pas l'homme que la circonstance semblait réclamer. Militaire habile, tacticien profond, il savait commander à des troupes régulières, mais il ignorait l'art de conduire une révolution. Façonné de bonne heure à l'étroite et sévère discipline des camps, il aurait voulu discipliner une révolution comme une armée. Dénué de convictions ardentes, esclave involontaire des lois de l'habitude et du devoir, il comprenait peu cette exaltation généreuse qu'inspire l'amour de la patrie et de la liberté. La Pologne, à ses yeux, ne pouvait lutter, seule, contre les forces de la Russie. Selon lui, la participation au mouvement de l'élément démocratique et révolutionnaire devait plonger le pays dans des maux incalculables. Fidèle à ce principe, il chercha à comprimer la révolution. Il défendit les assemblées, ferma les clubs patriotiques, et s'efforça d'arrêter le déploiement général des forces populaires. Pendant que la nation tout entière s'écriait, avec cet accent que donne le souvenir des humiliations passées: *Plutôt mourir que se soumettre!* Chlopicki, ne voyant de succès que dans les gros bataillons, se défiant de la puissance des moyens nationaux, voulait négocier, tandis que le peuple voulait combattre. Guidée par un aveugle enthousiasme pour le vieux guerrier de l'empire, subjuguée par l'éclat de ses services militaires, la nation polonaise entoura longtemps de sa confiance un homme peu en état de la comprendre, un homme qui, sous prétexte de rétablir l'ordre, cherchait à comprimer le mouvement général des esprits, et niait jusqu'à la révolution elle-même. Pour Chlopicki, en effet, la révolution polonaise n'existait pas. Il affectait de ne jamais prononcer ce mot de RÉVOLUTION. Dans les discours et proclamations qui nous sont restés de lui, on le voit se jeter en de continuelles généralités pour caractériser l'événement qui venait d'affranchir la Pologne. Le soulèvement de la nation tout entière n'était à ses yeux qu'une RÉVOLTE, révolte légitime, il est vrai, et occasionné par de justes griefs, mais devant être jugée en dernier ressort par le czar, et non pas soumise au tribunal des peuples (2). L'erreur de Chlopicki fut grande, sans doute; elle a coûté bien des larmes à sa patrie; mais il était de bonne foi, ses convictions étaient sincères et profondes; et, s'il a contribué à la perte de la cause polonaise, ç'a été en croyant la sauver. — Dès que Chlopicki se vit investi sans conteste du souverain pouvoir, l'un de ses premiers actes fut d'envoyer à Saint-Pétersbourg une députation chargée d'entrer en arrangement avec le czar. Cette députation était composée du prince Lubecki et du nonce Jekierski. Sa mission comprenait trois objets importants qu'elle devait soumettre à l'approbation de Nicolas. C'étaient, 1° la réunion des anciennes provinces au royaume de Pologne, réunion promise par l'empereur Alexandre; 2° des garanties pour l'entière et fidèle observation de la charte octroyée par ce prince; 3° que la Pologne restât délivrée de la présence des armées moscovites. C'est ainsi que le dictateur employait en vaines négociations un temps précieux qu'il aurait dû employer à se préparer au combat. Sous son gouvernement et par son influence, les préparatifs de la guerre furent conduits mollement, sans vigueur, sans aucun esprit d'ensemble. On n'armait pas les nouvelles milices, on n'avisait à rien pour utiliser les capitaux de la banque, pour former des magasins de vivres et de munitions. — Cependant la diète, convoquée par le gouvernement provisoire, venait de s'assembler (20 décembre). Elle se composait de deux chambres électives, la chambre des nonces et celle du sénat. A cette époque, trois partis bien marqués, le parti *conservateur*, le parti *constitutionnel* et le parti du *mouvement*, divisaient et les deux assemblées et le pays. Le parti *conservateur* voulait, comme son nom l'indique, plutôt conserver que changer. Modéré dans ses projets, il considérait une révolution comme inutile, la redoutait comme dangereuse, et croyait au rétablissement du royaume de Pologne, soit par la volonté du czar, soit par le concours des grandes puissances européennes. Le prince Adam Czartoriski était considéré comme le chef de ce parti, qui se composait en outre des classes élevées de la société, du haut clergé, de la majorité du sénat et des principaux dignitaires du gouvernement déchu. Ami de la légalité, le parti *constitutionnel* voulait s'en tenir purement et simplement à l'exécution de la constitution octroyée en 1815 par l'empereur Alexandre; il cherchait à régulariser le mouvement, afin de parvenir sans secousse ni confusion à l'affranchissement du pays. Ce parti comptait parmi ses adeptes plusieurs membres influents de la diète, un assez grand nombre de savants, ainsi que les principaux professeurs de l'université, hommes à théorie plutôt qu'hommes d'action. Chlopicki paraissait flotter indécis entre l'un et l'autre de ces deux partis. Quant au parti du *mouvement*, lequel revendiquait la révolution comme son propre ouvrage, car il l'avait préparée et soutenue, il se confiait sur le courage des citoyens, et prétendait que la Pologne, sans aucun secours étranger, pouvait triompher des Russes; mais il fallait pour cela hâter le déploiement des forces populaires et seconder l'élan national au lieu de le réprimer. Dans ce parti figuraient en première ligne les membres des anciennes sociétés secrètes qui avaient préparé la révolution, quelques hommes de lettres, la jeunesse des écoles, tous les officiers de l'armée et la majorité de la diète. Ce parti avait pour principal chef Joachim Lelewell, ministre de l'instruction publique. Tels étaient les principaux partis qui divisaient les chambres et le pays. Tous tendaient à un même but, le salut de la patrie et l'indépendance du pays; mais tous aussi différaient sur les moyens à employer pour arriver à ce but commun. Ces partis se balancèrent pendant quelque temps sans se heurter; mais, dès que les circonstances devinrent difficiles, chacun alors prétendit posséder seul le secret de sauver la patrie (1). — Chlopicki s'aperçut bientôt que son pouvoir ne pourrait subsister longtemps à côté de celui de la diète. Dès la première séance, la majorité s'était montrée hostile, non à la personne du dictateur, mais au système de pacification qu'il voulait faire prévaloir, et dont cette assemblée entrevoyait clairement le danger. Dans une occasion solennelle, elle lui donna la mesure du peu de confiance qu'elle mettait en lui: elle décida que la nomination du *maréchal* ou président de la diète aurait lieu par la diète elle-même, tandis que la charte polonaise stipule formellement que cette nomination doit être réservée au représentant du pouvoir royal. Cet acte d'autorité blessa profondément Chlopicki. Il fit

(1) *V.* le *Moniteur universel* du 26 décembre 1830.

(2) Tel est le sens général de sa proclamation du 8 décembre, insérée dans le *Moniteur universel* du 25. La multitude n'accorda que peu d'attention à cette pièce ; mais les partis s'en émurent, et elle devint plus tard une des principales causes de la chute de Chlopicki.

(1) Ces partis se fractionnèrent davantage à mesure que les événements se développèrent. C'est ainsi que, par suite de la déchéance prononcée contre le czar par les deux chambres, le parti conservateur se trouva réduit à une fraction presque imperceptible, laquelle se bornait à demander une Pologne indépendante, tout en repoussant les réformes politiques et sociales que le parti du mouvement cherchait à faire prévaloir.

prévenir le président de la chambre des nonces et celui du sénat qu'il remettait entre leurs mains les divers pouvoirs dont la confiance du peuple l'avait investi. Il ôta son uniforme, et voulait quitter à l'instant même son quartier général, lorsqu'on le pria d'attendre du moins la décision de la diète. — La situation des représentants du peuple était grave et difficile. L'avis de la majorité était d'accepter purement et simplement la démission du dictateur; mais on reconnut bientôt que cette mesure pouvait amener les plus grands désastres. Déjà la multitude se prononçait ouvertement en faveur de Chlopicki, et des gens armés, envahissant les tribunes de l'assemblée, menaçaient de mort ses adversaires. Au milieu de cette conflagration, le nouveau président de la diète, Nicolas Ostrowski, conçut un projet dont l'exécution devait calmer toutes les susceptibilités et concilier toutes les exigences. Il s'agissait de clore à l'instant même la session des deux chambres, de réinvestir Chlopicki de l'autorité dictatoriale, mais de laisser à la diète le pouvoir de sa révocation, pouvoir dont l'exercice serait confié à une commission choisie dans les deux chambres. On comptait avec raison qu'à ce prix Chlopicki reviendrait de sa résolution. Cette proposition fut solennellement débattue à l'assemblée dans les journées des 23 et 24 décembre. Le parti du mouvement et le parti conservateur, guidés par des vues contraires, se réunirent pour la dictature. Les constitutionnels, en petit nombre dans l'assemblée et dans la nation, protestèrent sans discuter. Chlopicki fut élu à une immense majorité. Le décret rendu par la diète était ainsi conçu : « Vu la situation extraordinaire dans laquelle se trouve le pays par suite de la glorieuse *révolution* du 29 novembre; vu la nécessité pressante de donner à l'autorité suprême toute la force nécessaire dans un état de guerre imminente; considérant enfin que le caractère et les talents éminents du général Chlopicki présentent une garantie suffisante à la cause nationale, les chambres ont arrêté ce qui suit: 1° Le général Joseph Chlopicki est investi de l'autorité la plus étendue, dans l'exercice de laquelle il ne saurait être astreint à aucune responsabilité. Il est nommé dictateur. 2° L'autorité du dictateur cessera dès qu'il en fera lui-même la remise, ou dès que la *commission de surveillance* jugera convenable de le déposer. » — Le soir même du jour où fut rendu ce décret (26 décembre), Chlopicki demanda à être introduit dans la salle du sénat, où s'étaient réunies les deux chambres. Il parut devant les représentants de la nation, s'avança d'un pas ferme, et fut se placer au bas des degrés du trône sans y monter. « Respectable dictateur, lui dit le président du sénat, les deux chambres te donnent aujourd'hui la preuve la plus honorable, la plus éclatante de la haute confiance qu'un citoyen peut attendre de ses concitoyens, d'une nation tout entière. Travaille donc dans l'intérêt de notre chère patrie. Loin de nos cœurs est l'apparence même d'un soupçon injurieux à ton noble caractère: nous sommes tous convaincus que tes efforts et tes vœux ne tendent qu'à l'amélioration du bien public; nous nous reposons sur ton zèle, sur ta grande âme, sur ta parole de vrai Polonais ; tu es investi de toute la confiance de tes concitoyens. La plus noble récompense t'attend dans ce monde sur une gloire sans tache et l'espoir du bonheur de nos races futures. Nous déposons en tes mains tous les pouvoirs des deux chambres de la diète. » Le président de la chambre des nonces ajouta aussitôt : « Je remets en tes mains, dictateur, le décret des deux chambres réunies : reçois-le comme une preuve de la confiance illimitée qu'inspirent à la nation tes vertus, tes services et ta gloire militaire. Ton nom est le présage de la victoire, toi seul affermiras l'existence de la nation. En ce jour solennel, nous confions à ta sagesse, à ton courrage, un pouvoir sans bornes, le sort de ta patrie. » Chlopicki était visiblement ému, des larmes coulaient de ses yeux. « Représentants du royaume de Pologne, dit-il, je reçois avec émotion, avec bonheur, la preuve éclatante de votre confiance; c'est trop peu d'une vie pour la justifier. J'accepte la dictature, parce que je vois dans la réunion de tous les pouvoirs et dans la direction à donner aux forces nationales le salut de la patrie. Je suis prêt à tout sacrifier pour répondre dignement à l'attente de mes concitoyens; toutes mes actions seront dirigées vers un but unique, le bien du pays.... Je conserverai la puissance que vous me confiez jusqu'à ce que vous jugiez devoir la reprendre; alors, courbant mon front devant la volonté nationale, je regagnerai paisiblement mes foyers, riche d'une conscience tranquille, fier d'avoir consacré mes derniers efforts au service de ma malheureuse patrie (1). » Le dictateur finit en annonçant que, aux termes de la loi que venaient de voter les représentants de la nation, la diète était prorogée. — Cette loi laissait au dictateur la faculté de choisir à son gré les membres du gouvernement. Il composa son ministère d'hommes capables et dévoués pris dans chacune des trois grandes opinions qui se partageaient le pays. Il adressa au peuple une proclamation qui suffit pour dissiper l'inquiétude des esprits. Par son décret du 26 décembre, il institua une commission qui devait s'occuper de l'administration du trésor, de l'entretien des forces publiques, des subsistances, etc. Il se réserva la réorganisation de l'armée, et y introduisit un grand nombre d'innovations utiles. — D'un autre côté, la diète, avant de se séparer, avait nommé les deux commissions dont son dernier décret lui réservait le choix. La première haute juridiction, composée du président du sénat, de cinq sénateurs, du président de la chambre des nonces et de huit membres de cette chambre, avait le droit de retirer au dictateur les pouvoirs que la diète lui avait confiés. La seconde devait donner la direction à la politique générale, et était chargée d'en tracer l'esprit. — Par suite de ces mesures, la confiance sembla renaître de toutes parts, l'ordre se rétablit, et l'on put croire un instant la Pologne préservée à jamais des désastres qui naissent du choc des partis. Malheureusement les clubs continuèrent à rester fermés. Ce fut une grande faute politique. C'est toujours en vain que l'on cherche à arrêter l'essor d'un mouvement vraiment national. Semblable à un fleuve furieux, il déborde de toutes parts, et renverse bientôt les digues qu'on veut lui imposer. C'est ce qui arriva en Pologne. Dès que Chlopicki eut ordonné la fermeture des clubs patriotiques, des sociétés secrètes se constituèrent partout. Le feu qu'on s'efforçait d'éteindre s'animait davantage, prêt à dégénérer bientôt en conspiration ouverte. — Quelques semaines s'étaient à peine écoulées depuis la prorogation de la diète, lorsque le public apprit que la plus grande mésintelligence régnait entre le dictateur et la commission de surveillance. Ce défaut d'accord provenait principalement du retard qu'éprouvait le retour des envoyés à Saint-Pétersbourg. Ceux-ci n'avaient encore transmis aucune nouvelle positive sur les dispositions dans lesquelles ils avaient trouvé l'empereur Nicolas. On ne connaissait ses intentions que par une proclamation menaçante adressée aux Polonais en date du 18 décembre. Dans cette alternative, Chlopicki, de son propre mouvement, résolut d'écrire au czar. Nous reproduisons quelques fragments de cette lettre, qui résume clairement et en peu de mots tout le système politique que Chlopicki voulait faire prévaloir. Cette lettre, à laquelle les événements qui suivirent donnèrent une grande importance, est du 4 janvier 1831. Elle commence ainsi : « Sire, c'est un vieux guerrier, c'est un bon Polonais qui ose vous adresser le langage de la vérité, convaincu que votre majesté voudra bien l'écouter. Les sentiments qui, dans le cours de quelques heures, armèrent Varsovie, qui réunirent l'armée tout entière sous un même drapeau, qui pénétrèrent comme une étincelle électrique dans tous les palatinats et produisirent partout les mêmes effets, ces sentiments, sire, sont encore dans tous les cœurs, et y resteront jusqu'à leur dernier moment.... Il faut le reconnaître, sire, la nation tout entière demande une liberté raisonnable, elle désire une constitution analogue aux besoins de la vie sociale; *mais elle est loin de penser à briser les liens qui l'attachent à votre auguste personne.* » Puis il ajoutait les lignes suivantes, une des plus sanglantes injures qui puissent être adressées aux représentants d'une nation libre : « La diète, sire, malgré le talent et la popularité de ses membres, est trop emportée dans ses résolutions et trop faible dans ses dérèglements. Convaincu de cette vérité, j'ai résolu de me charger du pouvoir exécutif dans toute son étendue, pour qu'il ne tombât point entre les mains des instigateurs, qui, sans courage au moment du danger, possèdent néanmoins l'art d'égarer le grand nombre par des mensonges et de diriger dans leur intérêt les bons sentiments du peuple (1). » L'allusion était directe, personne ne s'y méprit. — Une autre circonstance vint augmenter encore l'impopularité qui déjà atteignait Chlopicki. La deuxième commission, nommée pour donner la direction à la politique générale et en tracer l'esprit, rédigea un *manifeste* par lequel la diète voulait justifier aux yeux de l'Europe la révolution polonaise. La commission soumit ce document à l'approbation du dictateur, qui, après avoir rejeté toutes les phrases qui exprimaient une politique trop large et trop indépendante, finit par en défendre l'impression (2). Le peuple

(1) *Moniteur universel* du 4 janvier 1831.

(1) *Moniteur universel* du 16 février 1831.

(2) Ce n'est qu'après la chute de Chlopicki que ce document reçut un caractère officiel, et qu'il fut envoyé à toutes les cours d'Europe. Ce

fut alors saisi de la plus vive indignation; il vit qu'on lui préparait de nouveau les chaînes qu'il venait de briser. Les sociétés secrètes, de leur côté, redoublaient d'énergie, et se préparaient à opposer aux projets du dictateur la plus vive résistance. Elles avaient, depuis quelque temps, recruté des adeptes influents dans le *parti du mouvement*, et se préparaient à agir lorsque Chlopicki fit arrêter les principaux chefs, parmi lesquels se trouvait J. Lelewell, ministre de l'instruction publique. Le désordre s'en accrut, la méfiance fut générale, et la grande popularité dont avait joui le dictateur s'éteignait de jour en jour. — Dans ces circonstances, on apprit l'arrivée à Varsovie du lieutenant-colonel Wielezinski, envoyé du czar. Il était chargé d'annoncer la marche vers les frontières des armées moscovites, la réunion de leurs forces, et par conséquent l'imminence de la guerre. Indépendamment de cette communication verbale, Wielezinski était aussi chargé de deux lettres du ministre Grabowski, écrites par ordre de Nicolas, et destinées l'une à Chlopicki et l'autre au comte Sobolewski, ancien président du gouvernement provisoire. Celle adressée à Chlopicki était ainsi conçue : « J'ai reçu l'ordre de vous informer, monsieur, que sa majesté a reçu avec plaisir les sentiments dont vous êtes animé envers son auguste personne. Sa majesté y ajoutera une foi pleine et entière si vous lui en donnez des preuves irrécusables en vous conformant sans délai à la proclamation qu'elle a adressée, en date du 18 décembre, à la nation polonaise. » Par la seconde lettre, l'empereur ordonnait à tous les membres du gouvernement provisoire de se rendre à Saint-Pétersbourg, *morts ou vifs*, pour y rendre compte de leur conduite dans les événements qui venaient de s'accomplir. — Ces deux lettres furent portées au conseil des ministres. Chlopicki voulait tenter encore la voie des négociations; mais la majorité du conseil en démontra l'inutilité manifeste, vu la marche sur Varsovie de l'armée russe. Cette majorité exigea qu'à l'instant même la guerre fût déclarée au czar. Chlopicki démontrait la nécessité de temporiser encore, afin de compléter les préparatifs de défense. Mais les membres du conseil lui reprochèrent avec amertume ce temps si précieux perdu en de vaines négociations. La majorité était d'avis d'attaquer immédiatement. « Vous cherchez à gagner du temps, s'écriaient les membres, mais ce temps ne profitera qu'aux Russes, qui pourront réunir alors toutes leurs troupes sur nos frontières, tandis que l'augmentation des nôtres sera peu considérable. » Le mot de trahison fut même prononcé. Le dictateur voulut faire cesser ce conflit, et convoqua la diète; mais le conseil crut devoir communiquer sans délai l'état des choses à la *commission de surveillance*. Les membres de cette commission, ayant à leur tête le président du sénat et celui de la chambre des nonces, se rendirent à l'instant même chez Chlopicki. Après une assez longue discussion, dans laquelle les deux parties montrèrent généralement assez peu de calme et de dignité, la commission, usant du droit qui lui avait été réservé par la diète, déclara au général que sa dictature avait cessé. — Ainsi finit la carrière politique d'un homme qu'une immense popularité éleva à un rang auquel ses talents ne l'appelaient pas. Général en chef des armées, il eût sauvé la Pologne peut-être; dictateur, il contribua à la perdre par sa faiblesse et ses irrésolutions. — Dès lors l'opinion, longtemps incertaine, se prononça énergiquement contre lui. Ce même homme, naguère l'idole du peuple, devint aussitôt l'objet de la colère générale. S'il ne perdit pas la vie par suite de cette disposition des esprits, il le dut à son sang-froid et au respect inspiré par le souvenir de son ancienne gloire. Le peuple, indigné, l'accusait hautement de trahison. Quant à lui, il était calme, aucune crainte n'entrait dans son âme, car sa conscience était tranquille, ses convictions sur la bonté de ses opinions étaient vives et profondes. Ainsi, tandis que ses gardes d'honneur, regardant sa vie comme sérieusement menacée, occupaient nuit et jour sa maison, afin de la préserver d'une attaque que l'on croyait imminente, lui, parvenant à se soustraire à un dévouement importun, se promenait, accompagné d'un seul domestique, dans les rues de Varsovie. Le peuple respectait cette tête blanchie dans cent combats. Son instinct lui faisait deviner que cet homme, coupable d'une erreur grave et funeste, ne pouvait l'être d'une trahison criminelle. L'armée, cette armée si brave et si dévouée, est saisie d'une douleur profonde au premier bruit de la chute de l'homme qu'elle chérissait. Elle se voit trompée dans ses affections et dans ses espérances, et attribue d'abord à une faction ennemie la disgrâce qui vient de frapper son chef. Déjà de violents murmures éclataient dans les rangs de ces braves. Mais bientôt la vérité se fit entendre parmi eux; et alors ils le plaignirent, mais ils ne l'accusèrent pas. Ils comprirent qu'il était plutôt victime des traîtres que traître lui-même. Aussi le reçurent-ils avec acclamation lorsqu'il vint se mêler dans leurs rangs, non plus comme général en chef, mais comme simple soldat. C'est en cette qualité qu'il parut sur les différents champs de bataille où la malheureuse armée polonaise luttait avec plus de valeur que d'espoir. Le vieux soldat de Napoléon reprit ses forces en touchant le champ de bataille. Dans le cercle étroit où il s'était volontairement placé, il put rendre encore d'importants services à la patrie. Général habile et expérimenté avant le combat, il devenait à l'heure du danger soldat intrépide. A la bataille de Grochow, bataille à jamais mémorable qui effaça les lauriers de Diebitch et qui humilia le czar, il déploya un courage et une audace presque surnaturels. Il combattait en désespéré, et répondait aux aides de camp qui venaient lui demander des ordres : *Adressez-vous à Radziwill* (c'était le nom du général en chef), *pour moi je ne cherche que la mort*. Criblé de coups et de blessures, il fut emporté presque mourant du champ de bataille. Il se retira à Cracovie; mais, lorsqu'il fut guéri de ses blessures, lorsqu'il fut en état de tenir la campagne, la Pologne n'était plus!.... Il se décida à fixer son séjour sur le territoire de la petite république de Cracovie. Il passait sa vie dans la plus profonde retraite, lorsque les trois puissances du Nord lui ordonnèrent de quitter le territoire de la république. Il résista courageusement à cet ordre, et répondit qu'il ne céderait qu'aux baïonnettes. Cependant ces puissances n'osèrent consommer ce lâche attentat, et sa paisible retraite ne fut plus troublée. Il y est mort dans les derniers jours du mois de novembre 1843, âgé de soixante-quinze ans. — Chlopicki a été jusqu'ici diversement jugé par les partis. Les uns, faisant la part de l'état politique de l'Europe en 1830, ont prétendu que la Pologne devait succomber sous les coups de sa puissante ennemie, quel que pût être le degré d'énergie imprimé à l'action du gouvernement. Les autres ont voulu démontrer qu'une nation, brave et généreuse, qui lève l'étendard de la justice et de la liberté, ne peut périr à moins d'un vice radical dans les institutions ou dans la marche du gouvernement. Quant à nous, en esquissant rapidement les principaux traits de la vie de Chlopicki, nous avons cherché à nous mettre en dehors des partis. Nous avons voulu nous borner uniquement à la simple énonciation des faits, laissant au lecteur le soin de formuler son jugement à cet égard. Seulement qu'il nous soit permis de laver cet homme, doublement malheureux, d'une flétrissure morale qu'on a cherché à lui infliger. Chlopicki a été souvent accusé de trahison. Tous les faits se réunissent pour démontrer l'injustice de cette accusation, pour prouver que, s'il a contribué à la chute de sa patrie, ç'a été par de graves erreurs, et non par des crimes.

Le général polonais Chlopicki.

document présente un grand caractère de noblesse et de dignité. Il commence ainsi : « Lorsqu'une nation, jadis libre et puissante, se voit forcée, par l'excès de ses maux, d'avoir recours au dernier de ses droits, celui de repousser l'oppression par la force, elle se doit à elle-même, elle doit au monde de divulguer les motifs qui l'ont amenée à soutenir, les armes à la main, la plus sainte des causes. Les chambres de la diète ont senti cette nécessité, et, en adoptant l'empire de la révolution du 29 novembre, en la reconnaissant nationale, elles ont résolu de justifier cette mesure aux yeux de l'Europe » (*V.* le *Moniteur universel* du 23 janvier 1831).

L'impartiale histoire, condamnant peut-être la faiblesse et l'obstination d'un homme que les événements portèrent à diriger les généreux efforts de plus de vingt millions d'hommes, devra reconnaître cependant qu'il ne fut jamais guidé que par l'amour du bien public, et qu'il n'entra ni dans ses actions ni dans sa conduite aucun sentiment d'intérêt personnel. Si les facultés intellectuelles dont il était doué furent au-dessous de la grande position où le sort l'avait jeté, son patriotisme fut pur, et resta au-dessus des atteintes de l'égoïsme et de l'ambition. J. LOBET.

**CHLORACÉTIQUE** (ACIDE) (*chimie*). Le chlore bien sec, mis en contact avec l'acide acétique dans des flacons bouchés à l'émeri, et exposés à l'action directe des rayons solaires, donne, comme l'a remarqué le premier M. Dumas, un composé acide que l'on peut regarder, en adoptant ses idées théoriques si ingénieuses, comme de l'acide acétique, avec substitution de chlore à la place d'hydrogène :

$C^4 H^3 O^3$ acide acétique.
$C^4 Cl^6 O^3$ acide chloracétique.

Chaque équivalent d'hydrogène H est remplacé par l'équivalent de chlore, représenté par une double molécule $Cl^2$. Ce composé, liquide à 46° c., incolore, est franchement et fortement acide ; il rougit le tournesol sans le décolorer, et se combine avec les bases comme tous les acides connus, et, comme la plupart d'entre eux, forme des éthers composés par son action sur les divers genres d'alcool. — Au-dessous de 46°, et par conséquent à la température ordinaire, il se présente sous la forme solide. Il est d'ailleurs très-soluble et même déliquescent : il entre en ébullition à 195° c. Ses usages sont complétement nuls.

**CHLORACIDE**, s. m. acide produit par le chlore.

**CHLORAL** (*chimie*). On donne ce nom à l'un des produits de la réaction du chlore sur l'alcool. Généralement le chlore, en s'emparant de l'hydrogène de l'eau que peut renfermer une substance organique, agit comme principe d'oxydation, en ce qu'il met l'oxygène en liberté et lui permet de s'unir au composé organique anhydre. Si donc on fait agir le chlore sur l'alcool, qui est, comme on sait, un hydrate d'éther (ce que J. Liebig appelle hydrate d'oxyde d'éthyle), ce chlore prend l'hydrogène de l'eau, et alors l'oxygène devenu libre va réagir sur l'éther et se substituer à de l'hydrogène, équivalent pour équivalent; il se forme ce produit de l'oxydation de l'éther, si connu sous le nom d'*aldéhyde* ou alcool déhydrogéné. Mais, si l'on augmente la quantité de chlore, il n'agira plus seulement comme agent d'oxydation, car il n'y a plus d'eau dont il puisse séparer les éléments, il enlèvera à l'aldéhyde de l'hydrogène qu'il remplacera par une quantité équivalente de chlore, et le résultat de l'opération sera le chloral ou chloraldéhyde, mot qui indique que ce composé chimique n'est autre chose que de l'aldéhyde, dans lequel trois proportions d'hydrogène sont remplacées par trois proportions de chlore :

Ether $C^4 H^5 O$.
Aldéhyde $C^4 H^4 O^2$.
Chloral $C^4 H O^2$.
$Cl^6$.

Ce chloral est un liquide oléagineux, sans couleur, gras au toucher, doué d'une odeur très-forte, dont la densité est une fois et demie environ celle de l'eau, et qui entre en ébullition à la température de 94° c. L'aldéhyde se transforme sous l'influence du temps en d'autres produits isomères, mais d'un aspect différent, l'élaldéhyde et le métaldéhyde. Le chloral éprouve des transformations analogues : il perd sa solubilité dans ses menstrues ordinaires, l'eau, l'alcool et l'éther, et se transforme en ce produit, peu étudié encore, que l'on appelle le chloral insoluble. On peut d'ailleurs former avec le congénère du chlore, le brôme, un composé tout à fait analogue, le bromal ; mais on ne connaît point encore les composés correspondants avec l'iode et le fluor.

**CHLORANTHE A PETITES FEUILLES** (*botan.*), *chloranthus inconspic.* Lhérit., *Sert. angl.*, 35, tabl. 2; *nigrina spicata* Thunb., *Fl. jap.* Ce genre, dont la famille naturelle n'est pas encore connue, paraît se rapprocher des rubiacées ; il appartient à la *tétrandrie monogynie* de Linnæus. Son caractère essentiel consiste dans un calice à demi supérieur, entier à son bord, à une seule dent, une bractée à sa base; un pétale très-petit, concave, à trois lobes, celui du milieu plus allongé, portant deux étamines; les deux latéraux chargés chacun d'une étamine ; ce pétale est attaché d'une part, vers le milieu de l'ovaire, et porté de l'autre, par la dent du calice ; quatre anthères sessiles, à deux valves; un ovaire à demi inférieur; point de style; un stigmate en tête, presque à deux lobes. Le fruit est une petite baie sèche, ovale, à une seule semence, conservant vers son sommet les restes de la corolle et de la bractée tombés. Cette plante, la seule de ce genre, est un petit arbuste rampant, glabre, un peu cylindrique, divisé en rameaux nombreux, stolonifères, noueux, opposés ; les feuilles pétiolées, opposées, glabres, ovales, obtuses, dentées; les pétioles courts, embrassant la tige, réunis en graine à leur base; deux stipules en écaille de chaque côté. Les fleurs sont terminales, disposées en une panicule composée d'épis opposés ; ces fleurs sont sessiles, fort petites, rangées deux à deux, munies à leur base d'une petite bractée, aiguë, persistante. Il paraît très-probable que le genre *creodus* de Loureiro est le même que celui-ci. Cette plante croît au Japon et à la Chine.

**CHLORANTHÉ, ÉE**, adj. (*botan.*), qui ressemble aux chloranthes.

**CHLORANTHÉES**, s. f. pl. (*botan.*), famille de plantes.

**CHLORANTHIE**, s. f. (*botan.*), transformation des organes floraux en véritables fleurs.

**CHLORATES** (*chimie*), sels résultant de la combinaison de l'acide chlorique avec les bases minérales ou organiques. L'acide chlorique est, comme nous le verrons plus bas, très-facilement décomposable : on doit donc prévoir que les chlorates se détruiront aisément; c'est ce qui a lieu en effet. Ils sont tous décomposés par une élévation de température même assez faible, et donnent lieu à des produits différents suivant la nature du métal, radical de la base. Si c'est un métal terreux, comme l'aluminium, le magnésium, le glucinium, etc., on obtient un dégagement de chlore et d'oxygène, et l'oxyde basique reste inaltéré. Tous les autres chlorates donnent comme dernier produit un chlorure; l'oxygène renfermé dans l'acide chlorique et dans l'oxyde reprend son état gazeux et se dégage. Toutefois, avant d'arriver à l'état de chlorure, les chlorates alcalins deviennent en partie perchlorates ou chlorates oxygénés, et ce n'est qu'en forçant la chaleur qu'on décompose à son tour le perchlorate, qui en dernier résultat se trouve transformé en chlorure. La présence de corps combustibles hâte puissamment la décomposition des chlorates. Aussi en projetant sur des charbons ardents du chlorate de potasse froid, ou sur des charbons froids du chlorate de potasse à l'état de fusion, le voit-on immédiatement produire, en excitant ou déterminant la combustion du charbon, une déflagration très-vive. Il serait donc assez imprudent de chauffer, sans une surveillance de tous les moments, de grandes quantités de chlorate de potasse, pour en extraire l'oxygène ; car la rupture de l'appareil, que l'on peut rarement empêcher au moment de la transformation du chlorate en perchlorate, pourrait projeter le sel en pleine fusion sur des matières combustibles et provoquer un incendie. La seule percussion suffit pour faire détoner violemment des mélanges de soufre ou de sulfure d'arsenic en poudre avec du chlorate de potasse. Il faut donc, pour préparer sans danger ces poudres fulminantes, broyer séparément les deux corps, puis les mêler en les remuant et retournant le plus doucement possible avec une barbe de plume. En réduisant en poudre du phosphore, l'humectant avec de l'essence de térébenthine, puis le mêlant à du chlorate de potasse, on obtient une poudre qui fulmine presque spontanément, et qu'il ne faut manier qu'avec des précautions très-grandes. Le choc détermine dans tous les cas le rapprochement des éléments; il produit en même temps une élévation de température qui favorise la combinaison ; quant à la détonation, elle s'explique sans peine par la dilatation des gaz qui se forment dans l'action chimique. — Tous les chlorates, un seul excepté, le chlorate de protoxyde de mercure, sont solubles dans l'eau, et, ce qui est très-important à remarquer, puisque c'est un signe caractéristique propre à faire distinguer les dissolutions de chlorates de celles des chlorures, l'affusion du nitrate d'argent n'y détermine aucun précipité. — L'action des acides sur les chlorates, et entre autres le chlorate de potasse, est assez curieuse à étudier; car suivant que l'acide dont on se sert sera plus ou moins concentré, et suivant l'élévation de température à laquelle on portera le mélange, on obtiendra des produits de nature différente. En employant l'acide azotique, l'acide sulfurique ou l'acide phosphorique, et en portant rapidement à l'ébullition, on obtiendra un azotate, un sulfate ou un phosphate, puis en même temps un perchlorate, du chlore et de l'oxygène libres; ce qui indique

que l'acide chlorique se sépare en deux parties, dont l'une se décompose complétement, et cède une partie de son oxygène à l'acide chlorique non décomposé, pour former du perchlorate. Si l'on chauffe très-doucement, on obtiendra bien les mêmes sels que ci-dessus, seulement la portion d'acide chlorique qui se trouve libre n'éprouvera pas une décomposition complète; il y aura perte d'oxygène, et il se dégagera beaucoup de deutoxyde de chlore, et presque point au contraire de chlore et d'oxygène séparés. — L'acide chlorhydrique ne donne point de deutoxyde de chlore, mais du protoxyde et du chlore. Si, en troisième lieu, on fait agir l'acide sulfurique très-concentré sur le chlorate en excès, même à froid, il y aura détonation et production de vapeurs jaunâtres, qui ne sont autre chose que du chlore et de l'oxyde de chlore, résultat de la décomposition de l'acide chlorique, et cette action se produit toujours avec un grand dégagement de chaleur, et souvent même de lumière. — Les chlorates dont nous venons de retracer rapidement les propriétés les plus importantes ont été découverts et étudiés par Berthollet, puis par Chénevix, Gay-Lussac, Vauquelin. On ne les trouve point dans la nature; ils sont toujours les produits de l'art. — Les chlorates alcalins, qui servent à préparer tous les autres, s'obtiennent en faisant passer un courant de chlore à travers une dissolution très-concentrée de l'alcali. Le chlorate étant peu soluble à froid, se dépose cristallisé au fond du vase. La liqueur garde en dissolution du chlorure et de l'hypochlorite. — Pour terminer leur histoire chimique, il ne reste plus qu'à donner la formule de leur composition. Disons donc que dans les chlorates neutres la quantité d'oxygène de l'acide est cinq fois plus grande que la quantité de ce gaz contenue dans la base. Ainsi la composition du chlorate de potasse est celle-ci :

| | | | |
|---|---|---|---|
| $Cl^2O^5,K^2O$ | Acide chlorique... 61,228 | Chlore... | 28,924 |
| 100,000 | | Oxygène. | 32,304 |
| | Oxyde de potassium 38,772 | Potassium | 32,196 |
| | | Oxygène. | 6,576 |
| | | | 100,000 |

Entre tous les chlorates alcalins, nous avons toujours nommé de préférence le chlorate de potasse; c'est qu'effectivement c'est de tous les chlorates celui que l'on trouve en plus grande abondance dans le commerce : c'est le seul qui ait reçu des usages dans l'industrie. Sa facile décomposition et le pouvoir qu'il a de déterminer rapidement l'inflammation des corps combustibles l'ont fait employer dans la fabrication des briquets oxygénés, dans celle des allumettes chimiques, etc. — Jadis même on a essayé de l'employer dans la fabrication de la poudre, à la place de l'azotate de potasse ou salpêtre; mais le moindre choc suffisait pour déterminer l'explosion des caissons, et la fabrication était beaucoup trop dangereuse pour que l'on osât continuer à l'employer. — D'ailleurs son emploi n'eût pas présenté de grands avantages; il eût fallu changer la longueur et les proportions des armes à feu, précisément à cause de la vitesse plus grande de combustion qui nécessitait l'usage d'armes plus courtes et plus résistantes; aussi depuis bien des années a-t-on renoncé à faire entrer le chlorate de potasse dans la composition de la poudre : on ne l'emploie guère que dans l'artifice.

**CHLORATES OXYGÉNÉS OU PERCHLORATES.** Dans ces sels, formés par la combinaison de l'acide perchlorique avec une base, le rapport entre la quantité d'oxygène de l'acide et la quantité d'oxygène de la base, au lieu d'être de 5 à 1, comme dans les chlorates, est de 7 à 1. — Les perchlorates sont plus difficilement décomposés par la chaleur ou les corps combustibles que les chlorates, et détonent faiblement par percussion. Le perchlorate de potasse, qui est presque le seul sel de ce genre qui ait été étudié, se décompose vers 200° c. Il se forme toujours lorsqu'on cherche à décomposer le chlorate par le feu, et, comme il est plus difficilement décomposé que lui, il y a dans le dégagement d'oxygène un ralentissement très-marqué, qui détermine souvent une absorption et la rupture de l'appareil, quand au col de la cornue se trouve adapté un tube plongeant dans l'eau. Le perchlorate de potasse est infiniment moins soluble dans l'eau que celui de soude; aussi l'acide perchlorique peut-il être employé avec succès pour distinguer l'une de l'autre ces deux bases alcalines. — Traité par l'acide sulfurique étendu du tiers de son poids d'eau, il laisse dégager son acide à la température de 140° c., sans que cet acide éprouve d'altération. C'est un procédé par lequel on peut se procurer l'acide perchlorique sur lequel nous reviendrons dans un des articles qui suivent. — Les perchlorates n'ont aucun usage en industrie.

**CHLORE** (*chimie*). En 1774, l'année même où Priestley découvrait l'oxygène, le protoxyde d'azote et tant d'autres gaz, Schéele, en Suède, étudiant une terre que l'on appelait alors *magnésie noire*, et que nous connaissons aujourd'hui sous le nom de *bioxyde de manganèse*, s'avisa de la traiter par l'acide marin ou l'acide chlorhydrique; ces belles expériences, qui l'amenèrent à la découverte du manganèse et d'un alcali nouveau, la baryte ou terre pesante, lui firent aussi connaître un nouveau fluide gazeux. Effectivement de cette réaction résulta le dégagement rapide d'un gaz de couleur verte, d'une odeur suffocante, et qu'aucun chimiste n'avait encore étudié, dont aucun ne soupçonnait encore l'existence : ce gaz, c'était le chlore. Mais que l'on n'aille pas croire que ce fût là le nom qui lui fut donné par Schéele. A une époque où les idées théoriques en chimie étaient encore si vagues, si incertaines et, par suite, si compliquées, la pensée que ce gaz nouveau était un corps simple, un élément, devait être la dernière qui se serait présentée à l'esprit des chimistes. La célèbre théorie du phlogistique, la première un peu générale, un peu complète, que la science eût encore produite, était alors dans toute sa vogue, et chaque chimiste, fidèle aux idées ingénieuses de Stahl, s'empressait de faire concorder avec la nouvelle théorie et les faits connus depuis longtemps et les phénomènes qu'il venait lui-même de découvrir. — Schéele, docile comme les autres aux enseignements du maître, à la vue du gaz nouveau qui tombait en sa possession, le prit pour l'acide marin, privé par la magnésie noire de son phlogistique; il était dans le vrai, comme nous le verrons plus tard, quand nous rendrons un compte plus exact de la réaction; il avait raison, toutefois, pourvu que nous ayons le soin de donner aux idées de Stahl leur sens actuel, et de nous rappeler que toutes les fois qu'il parle de phlogistique perdu, c'est de l'oxygène absorbé qu'il faut dire. — Le premier nom que reçut ce gaz, le seul que l'on connût jusqu'alors qui ne fût pas, comme l'air, incolore, fut donc celui de gaz acide marin déphlogistiqué. — Mais bientôt Lavoisier, chef d'une secte nouvelle, renversa les vieilles idées du principe du feu, de l'*acidum pingue*, du phlogistique, et tant d'autres plus ou moins bizarres, et proclama des idées d'autant plus neuves, qu'elles n'étaient point le fruit de la rêverie, de l'imagination toutes seules, mais la conséquence immédiate de l'expérience, des idées qui gouvernent encore, à quelques modifications près, la chimie moderne. Stahl s'était trompé faute d'avoir pensé à se servir de la balance, et bientôt l'oxygène devint le pivot autour duquel roula toute la chimie nouvelle. Berthollet, Gay-Lussac, enthousiasmés pour la théorie de Lavoisier, se livrèrent à de nombreuses études, à de consciencieuses recherches, qui eurent pour résultat d'éclaircir une foule de faits mal connus encore, et qui tous s'expliquèrent avec une admirable lucidité au moyen de la théorie de l'oxygénation. — Le travail de Schéele fut repris par Berthollet. L'acide muriatique, tel était le nom qu'on avait récemment donné à l'acide marin, quand Guyton-Morveau, Berthollet et Lavoisier s'étaient associés pour réformer ou plutôt pour créer la nomenclature, l'acide muriatique mis en contact avec le broxyde de manganèse absorbait la moitié de l'oxygène de ce bioxyde, qui, devenu protoxyde, s'unissait à la portion d'acide muriatique non oxygénée pour former du muriate de manganèse. — Ce gaz vert que Schéele avait appelé acide marin déphlogistiqué était donc, et on s'en fait facilement idée, quand on sait comme de la théorie de Stahl on passe à celle de Lavoisier, du gaz muriatique oxygéné ou gaz oxymuriatique. — Du moins c'est ainsi que le pensait Berthollet, qui crut avoir trouvé le dernier mot, la dernière explication. A MM. Thénard et Gay-Lussac appartenait d'employer le moyen le plus simple et le plus sûr pour vérifier toutes les idées précédemment émises. — Ils analysèrent le gaz parfaitement sec, ce que n'avait point fait Berthollet, et cette analyse les convainquit que le gaz vert obtenu par Schéele était un gaz simple, et non point de l'acide muriatique oxygéné; Ampère donna à ce gaz le nom de *chlore;* et dès lors il ne resta plus aucun doute sur sa nature et sur la réaction qui lui donne naissance. L'acide hydrochlorique, ou plutôt chlorhydrique, car il nous faut adopter sans réserve la nomenclature actuelle, et rejeter les vieux noms insignifiants d'acide marin, d'acide muriatique, en présence du bioxyde de manganèse, cède son hydrogène à l'excès d'oxygène de ce suroxyde; il se forme de l'eau; il s'en forme encore aux dépens de l'oxygène du protoxyde et de l'hydrogène de l'acide chlorhydrique, et les produits définitifs sont du protochlorure de manganèse solide, de l'eau, et du chlore à l'état de gaz. — Voici la formule de la réaction :

$$2\,Cl^2H + MnO^2 = Cl^2Mn + 2HO + 2Cl.$$

Berthollet l'aurait écrite ainsi :

$$2\,Cl^2H + MnO^2 = Cl^2H,MnO + Cl^2H,O,$$

et dire que l'acide muriatique absorbe de l'oxygène, c'est dire avec Stahl qu'il perd son phlogistique. Ainsi en réalité Stahl, en redressant le sens des mots, ne commet guère que l'erreur de Berthollet, qui écrit $Cl^2H,O$, au lieu de $Cl^2+HO$, où $2Cl+HO$. — Que nos lecteurs nous pardonnent cette longue notice historique sur le chlore en faveur de l'intention qui nous l'a fait écrire. Chacun des noms qu'on lui donna se rattache à une période si remarquable de l'histoire de la chimie, à de si importantes révolutions dans la science, que nous n'avons point hésité à attirer l'attention sur ces changements de dénominations.—Arrivons maintenant à l'étude des propriétés chimiques du chlore, et surtout de ses applications industrielles. — Le chlore se présente, à la température ordinaire, sous forme d'un fluide gazeux de couleur verdâtre. Il a une odeur horriblement suffocante; respiré même en petite quantité, il cause d'insupportables douleurs à la gorge, aux poumons, de violents crachements de sang, et, si la dose est un peu forte, il détermine une inflammation presque toujours mortelle. Il est beaucoup plus lourd que l'air (densité, 2,47). Comme tous les gaz, il est compressible, et peut, sous une pression de quatre à cinq atmosphères et un froid de quelques degrés au-dessous de zéro, prendre la forme concrète. — Quand le gaz est bien sec, à la pression barométrique $0^m,760$, un froid de 50° au-dessous de zéro ne peut le congeler; mais, quand il est humide même à une température moins basse, il devient solide. — On le voit même se solidifier à une température supérieure à zéro. Alors en prenant cet hydrate solide et l'enfermant dans un tube de Faraday à fortes parois, et scellé aux deux extrémités, puis élevant très-légèrement la température de manière à décomposer l'hydrate, on voit le chlore, devenu libre et soumis à une forte pression, se prendre de lui-même en masse solide. — Son affinité pour l'oxygène est très-faible; aussi existe-t-il beaucoup de composés de chlore et d'oxygène, car c'est une loi à peu près générale que le nombre de combinaisons que peuvent former ensemble deux corps est d'autant plus grand que leur affinité est plus faible. — Ces composés, tous quatre très-instables, sont le protoxyde de chlore ou acide hypochloreux, le deutoxyde de chlore ou acide hypochlorique, l'acide chlorique et l'acide hyperchlorique. — Si le chlore a peu d'affinité pour l'oxygène, en revanche celle qu'il a pour l'hydrogène est très-puissante. — Il l'enlève à presque toutes les combinaisons où il le trouve engagé, soit à la température ordinaire, soit par l'intermédiaire de la chaleur. Il ne forme avec lui qu'un seul composé, l'acide chlorhydrique, que la chaleur ne peut détruire, et dont l'énergie comme acide est des plus grandes. Cette combinaison de l'hydrogène avec le chlore s'effectue à la température ordinaire et lentement quand le mélange est exposé à l'action de la lumière diffuse, instantanément au contraire quand on le présente aux rayons du soleil. A l'obscurité complète, point de combinaison. — Elle est déterminée aussi par une élévation de température; l'approche d'un corps enflammé est immédiatement suivie de la détonation : tout se passe comme sous l'influence de la lumière solaire. Ce qui pourrait faire penser qu'elle n'agit qu'en élevant la température du mélange, si l'on ne savait que dans mainte occasion la lumière solaire détermine des combinaisons que la chaleur est inapte à produire, et il nous suffira de rappeler au lecteur la combinaison du chlore avec l'oxyde de carbone (*V.* à l'article Carbone, le gaz chloroxycarbonique).— L'hydrogène et le chlore se combinent ainsi : un litre de l'un avec un litre de l'autre, formant deux litres de gaz chlorhydrique, sans qu'il y ait de condensation sensible de volume. — Le chlore s'unit directement à presque tous les corps simples, métalloïdes ou métaux, au soufre, au phosphore, à l'iode, au carbone, au potassium, au cuivre, etc., ;et la plupart du temps il suffit de faire passer un courant de chlore sur le corps auquel on veut le combiner en le maintenant dans un tube à la température du rouge naissant. — En général tout corps qui se combine avec énergie à l'hydrogène s'unit très-facilement au carbone : ainsi le soufre, ainsi l'azote. Il n'en est point de même du chlore, car on ne peut les combiner directement. Aussi voit-on un charbon incandescent que l'on plonge dans ce gaz y répandre d'abord quelques fumées blanches dues à l'action du chlore sur le peu d'hydrogène que renferme le charbon, puis s'éteindre en peu de temps. — Une bougie introduite allumée dans le chlore y brûle au premier instant avec une flamme rouge et une fumée noire très-épaisse, qui est du carbone divisé, et ne tarde point à s'y éteindre. Mais si le chlore ne peut s'unir directement au carbone, il peut l'enlever néanmoins à certaines combinaisons, et s'y unir lorsque l'un des deux se trouve à l'état naissant. Ceci nous conduit nécessairement à parler de l'action très-remarquable qu'exerce le chlore sur l'hydrogène carboné que l'on appelle gaz oléfiant. En mettant dans une éprouvette un volume d'hydrogène carboné et deux volumes de chlore, puis approchant du mélange un corps enflammé, on voit une flamme très-brillante descendre lentement jusqu'au fond de l'éprouvette, en même temps qu'un épais nuage de noir de fumée s'élève dans l'air. — L'hydrogène est complétement enlevé par le chlore, qui n'attaque point le charbon :

$$C^4H^4 + 8Cl = 4Cl^2H + 4C$$

($C^4H^4$ représente 4 volumes de gaz oléfiant). Si l'on mêle les deux gaz à volumes égaux, l'expérience a lieu tout différemment, et les résultats n'en sont plus les mêmes. — On fait le mélange dans une éprouvette sur la cuve à eau, puis on transporte l'éprouvette sur une soucoupe hors de la cuve. On voit alors l'eau s'élever peu à peu dans l'éprouvette, en même temps qu'il se dépose à sa surface un liquide oléagineux plus dense que l'eau, et qui, par une légère agitation, tombe en gouttelettes au fond de la soucoupe. Ce liquide, les chimistes d'autrefois l'appelaient huile éthérée des Hollandais. M. Dumas le regarde comme un chlorhydrate d'hydrogène carboné, où l'hydrogène carboné renferme, par substitution, un équivalent de chlore à la place d'un équivalent d'hydrogène.

$$\text{Formule}\quad \left.\begin{matrix}C^4H^3\\Cl^2\end{matrix}\right| + Cl^2H$$

Si maintenant sur cette huile éthérée on faisait agir un excès de chlore, on la décomposerait complétement; le chlore se substituerait peu à peu à l'hydrogène, et l'on obtiendrait, comme l'a fait M. Regnault, une suite de composés, dont le dernier ne contiendrait plus d'hydrogène, mais un excès de chlore: ce serait le sesquichlorure de Faraday.

$$C^4H^4 \qquad \left.\begin{matrix}C^4H^3\\Cl^2\end{matrix}\right| \qquad \left.\begin{matrix}C^4H^2\\Cl^4\end{matrix}\right| \qquad \left.\begin{matrix}C^4H\\Cl^6\end{matrix}\right| \qquad C^4Cl^{12}$$

Nous reviendrons à ces composés quand nous ferons l'histoire des éthers. — Nous laisserions l'histoire du chlore par trop incomplète, si nous ne parlions un peu des réactions, si curieuses, si intéressantes, auxquelles il donne lieu quand on le fait agir sur certaines substances organiques. Nous avons déjà dit qu'il peut agir de deux manières, soit comme agent d'oxydation, soit en se substituant équivalent pour équivalent, quelquefois à de l'oxygène, mais bien plus souvent encore à de l'hydrogène. C'est ainsi que M. Laurent, en traitant la naphtaline par le chlore, lui a enlevé successivement un, deux, trois, quatre équivalents d'hydrogène, qui ont été remplacés par le même nombre d'équivalents de chlore, formant ainsi de nouveaux composés, auxquels il a donné les noms, assez bizarrement inventés d'ailleurs, de chloronaphtalase, chloronaphtalèse, chloronaphtalise, chloronaphtalose (*V.* Naphtaline).

| | |
|---|---|
| Naphtaline | $C^{20}H^8$ |
| Chloronaphtalase | $\left.\begin{matrix}C^{20}H^7\\Cl^2\end{matrix}\right\vert$ |
| Chloronaphtalèse | $\left.\begin{matrix}C^{20}H^6\\Cl^4\end{matrix}\right\vert$ |
| Chloronaphtalise | $\left.\begin{matrix}C^{20}H^5\\Cl^6\end{matrix}\right\vert$ |
| Chloronaphtalose | $\left.\begin{matrix}C^{20}H^4\\Cl^8\end{matrix}\right\vert$ |

C'est ainsi que M. Regnault, en traitant par le chlore l'éther chlorhydrique, a obtenu une série de composés éthérés dans lesquels le nombre d'équivalents d'hydrogène va en diminuant de plus en plus, et le nombre d'équivalents de chlore en augmentant en proportion. Nous pouvons même dire avec une sorte de certitude, une expérience de tous les jours rendant cette assertion très-légitime, qu'il n'est point de composé organique renfermant de l'hydrogène qui ne puisse ainsi servir de type à une série de composés tous formés suivant cette même loi. Les exemples connus sont assez nombreux pour qu'on ose déjà se permettre un jugement aussi général. — Rien de plus facile que d'obtenir du chlore, soit sec, soit en dissolution dans l'eau. Dans une fiole ou dans une cornue, on place du bioxyde de manganèse et de l'acide chlorhydrique, ou, ce qui revient au même, du bioxyde de manganèse, du chlorure de sodium (sel marin) et de l'acide sulfurique; à cet appareil, fiole ou cornue, on adapte un tube à recueillir les gaz, et l'on chauffe légèrement. Veut-on avoir le gaz sec, il ne faut point songer à le recueillir sur le mercure, parce qu'il l'attaquerait; il faut faire plonger le tube au fond d'un flacon à l'émeri bien sec, retirer celui-ci à mesure qu'il se remplit, et le boucher. Veut-on avoir le gaz en dissolution dans l'eau ou dans une solution alcaline, on fait arriver le gaz dans un premier flacon renfermant quelques centimètres d'eau, tout au plus pour laver le gaz et retenir l'acide chlorhydrique qu'il entraîne, puis dans une série de flacons de Woolf tous remplis d'eau, ou de la dissolution d'alcali jusqu'à moitié. La dissolution de chlore dans l'eau jouit de toutes les propriétés du chlore, et peut servir dans la plupart des cas aux mêmes usages. — Le chlore est employé pour détruire les substances colorantes, et aussi les matières odorantes et putrides qui infectent l'air et peuvent devenir les principes de maladies contagieuses. Le premier gaz désinfectant que l'on ait su employer est le gaz acide chlorhydrique, et c'est à Guyton-Morveau que l'on a dû ce service. Si je me rappelle bien les faits, c'est à Lyon que l'expérience en fut faite. C'était dans les premières années de la révolution; on enlevait des églises les monuments funèbres qui les encombraient, et l'on transportait hors des villes les restes des morts. Il en résulta qu'au moment où l'on ouvrit les caveaux de la cathédrale, le vaisseau de cette vaste église fut bientôt infecté à un tel point, que pendant plusieurs mois on fut obligé de la fermer sans oser y continuer les cérémonies du culte. On y brûla mille aromates de toutes sortes, sans faire autre chose que dissimuler et non point détruire ces miasmes infects. Enfin Guyton-Morveau eut l'idée d'employer l'acide marin pour la destruction de ces principes pestilentiels, et son expérience réussit à merveille: en quelques heures l'église fut rendue aux Lyonnais. Plus tard, Guyton-Morveau reconnut dans le chlore lui-même des propriétés désinfectantes bien plus énergiques encore; et bientôt le chlore à l'état gazeux fut employé pour purifier l'atmosphère des salles d'amphithéâtre, des salles d'hospice, de tous les lieux enfin où l'on pouvait avoir à craindre l'accumulation de gaz délétères, particulièrement de l'hydrogène sulfuré, dont le chlore détruit immédiatement l'influence en le décomposant. Mais le chlore agit trop vivement sur l'organisation, pour qu'on ose actuellement l'employer à l'état gazeux; on fait usage d'hypochlorites alcalins, très-facilement décomposables, et qui laissent continuellement dégager du chlore en quantité trop faible pour blesser les organes de l'homme et altérer sa santé, suffisante toutefois pour détruire complétement l'hydrogène sulfuré et les autres gaz qui se produisent dans la décomposition des matières animales et sont, la plupart du temps, les principes de tous ces miasmes. C'est l'hypochlorite de chaux ou chlorure de chaux, comme on l'appelle dans le commerce, qu'il faut employer de préférence à cet usage. — L'emploi du chlore comme décolorant est dû à Berthollet. On mettait autrefois les toiles encore grises sur le pré, et l'action de l'oxygène de l'air, sous l'influence de la lumière et de l'humidité, changeait la nature des matières colorantes du chanvre et du lin, les rendait solubles, et finissait, au bout de quelques mois, par faire devenir le tissu parfaitement blanc. C'est donc par l'oxydation des matières colorantes que la coloration disparaît. Berthollet pensa avec raison que l'acide muriatique oxygéné, comme il appelait alors le chlore, étant un puissant agent d'oxydation, devait hâter la destruction des matières colorantes: ses premiers essais furent faits avec le chlore gazeux, ou en dissolution dans l'eau; et, par l'une ou l'autre méthode, le résultat fut aussi prompt que complet. Mais le chlore, en détruisant la matière colorante, attaquait en outre le tissu, dont la solidité et la durée se trouvaient considérablement diminuées; et bientôt on n'employa plus que la dissolution de chlore dans la chaux, le chlorure ou plutôt hypochlorite de chaux, et l'hypochlorite de potasse (eau de javelle). Les toiles sont trempées dans un bain de cet hypochlorite, puis exposées au contact de l'air; l'acide carbonique agit sur la dissolution saline, en chasse l'acide, qui, devenu libre, se décompose, et fournit du chlore; celui-ci sépare les éléments de l'eau, lui prend son hydrogène, et cède l'oxygène aux matières colorantes. On trempe ensuite les toiles dans l'eau, puis on les replonge dans le chlorure, et ainsi de suite; par ce moyen on blanchit en quelques jours ce que l'on ne blanchissait autrefois qu'en deux à trois mois par l'exposition à l'air. — Le chlore arrête la putréfaction, en ce qu'il détruit les matières déjà putréfiées, qui sont le levain de la fermentation putride et en accélèrent les effets. On a cru, il y a quelques années, pouvoir faire usage de cette puissante propriété du chlore pour suspendre et même détruire les affections de poitrine. On en faisait respirer aux personnes dont les organes respiratoires étaient ulcérés; mais on n'obtint aucun résultat satisfaisant, et même la maladie ne faisait qu'empirer: car le chlore détruisait, il est vrai, les parties attaquées, mais s'en prenait encore aux parties saines. Les médecins ne tardèrent point à reconnaître l'insuffisance et le danger d'un pareil système, et renoncèrent à cet étrange moyen de combattre les affections phthisiques. — Tout ce que nous venons de dire sur l'histoire chimique du chlore, sur ses propriétés, ses usages, doit le faire regarder comme l'un des corps les plus importants que possède la chimie moderne. Nous n'hésitons point à le placer sur le même rang que l'oxygène, et peut-être même, en tenant compte des réactions nombreuses et intéressantes auxquelles il donne lieu en chimie organique, devrait-on lui donner la première place, si le respect et l'admiration qui s'attachent au nom de Lavoisier et aux théories qu'il a créées ne conservaient à l'oxygène le rang que l'illustre régénérateur de la chimie lui a assigné.

**CHLORE (OXYDES DU).** Ces deux oxydes, que l'on appelle actuellement acide hypochloreux (protoxyde) et acide hypochlorique (deutoxyde), s'obtiennent l'un, c'est le deutoxyde, en traitant le chlorate de potasse par l'acide sulfurique et chauffant doucement, l'autre en agitant de l'oxyde de mercure dans un flacon bouché à l'émeri et rempli de chlore bien sec. — Le protoxyde de chlore ou acide hypochloreux est, selon M. Balard, le composé d'oxygène et de chlore qui se trouve uni aux alcalis dans ces composés de nature anormale que l'on appelait autrefois chlorures d'oxydes, que M. Dumas a pris pour des suroxydes avec substitution de chlore à la place d'oxygène, et parmi lesquels on place l'eau de javelle et la liqueur de Labaraque. C'est à cause de l'analogie que cet acide présente avec l'acide hyposulfureux que M. Balard lui donne le nom d'acide hypochloreux; mais M. Gay-Lussac, qui ne reconnaît point ces analogies, lui laisse le nom d'acide chloreux. Il est d'ailleurs très-peu connu, car MM. Gay-Lussac et Balard en sont encore à décider s'il est ou non coloré. — Le deutoxyde, isolé bien avant le protoxyde par Chénevix, et étudié par le comte Stadion, par Davy, Soubeiran, Gay-Lussac, est un peu plus connu; il est vert comme le chlore, exhale une odeur particulière et aussi désagréable que celle du chlore. La lumière, la chaleur, l'électricité, un simple ébranlement quelquefois, séparent ses éléments, et le convertissent avec détonation en chlore et oxygène. — Ces deux oxydes sont d'ailleurs, l'un comme l'autre, d'une parfaite inutilité.

**CHLORE** (*botan.*), *chlora* Linn., genre de plantes dicotylédones, monopétales, hypogynes, de la famille des gentianées et de l'*octandrie* monogynie Linn., dont les principaux caractères sont d'avoir un calice à huit divisions persistantes; une corolle en forme de soucoupe, à tube court, à limbe partagé en huit découpures; huit étamines non saillantes, insérées sur le tube de la corolle; un ovaire supérieur, surmonté d'un style court, terminé par un stigmate à quatre lobes; une capsule à une loge contenant plusieurs graines. Les chlores sont des plantes herbacées, à feuilles simples, opposées ou perfoliées; à fleurs disposées en cime terminale. Le nombre des espèces connues aujourd'hui est de sept, dont quatre croissent naturellement en Europe; les deux suivantes se trouvent en France. — **CHLORE PERFOLIÉE** (*chlora perfoliata* Linn., *Mant.* 10; *centaurium parvum flavo flore*, Clus., *Hist.* CLXXX). Sa tige est cylindrique, droite, souvent rameuse et dichotome en sa partie supérieure, haute d'un pied; ses feuilles sont ovales, pointues, opposées, connées, glabres et glauques; ses fleurs sont jaunes et terminales. Cette plante est annuelle et croît dans les pâturages secs et sur les collines; elle est très-amère, tonique et fébrifuge. — **CHLORE A FEUILLES SESSILES** (*chlora sessiliflora* Desv.) (*Mém. s. scien. phys.*, 1807, p. 74, t. III, fig. 2). Cette espèce diffère de la précédente par sa tige grêle, ne portant qu'un petit nombre de fleurs; par ses feuilles ovales lancéolées, sessiles, non connées, et par son calice à six ou sept divisions plus longues que la corolle. Elle croît dans les lieux sablonneux du midi de la France.

**CHLORE** (CONSTANCE), empereur romain (*V.* CONSTANCE CHLORE).

**CHLORE** (*géogr. anc.*), petite rivière de Cilicie.

**CHLORÉ, ÉE**, adj. (*chimie*), qui contient du chlore.

**CHLORÉUS** (*temps héroïques*), un des compagnons d'Enée. Il fut tué par Turnus. — Devin fameux, prêtre de Cybèle.

**CHLOREUX, EUSE**, adj. (*chimie*), qui a rapport au chlore.

**CHLORHYDRIQUE** (ACIDE). Nous avons dit, en faisant l'exposé des propriétés chimiques du chlore, que ce gaz se combinait avec de l'hydrogène, volume à volume, soit à froid sous l'influence de la lumière, soit par l'approche d'un corps enflammé, soit en faisant passer au travers du mélange l'étincelle électrique. Nous avons dit que ces deux gaz s'unissaient sans une contraction sensible de volume, et que le produit de cette combinaison était un gaz acide : c'est l'acide chlorhydrique. — Il est incolore, fumant à l'air, par conséquent très-soluble : un volume d'eau dissout en effet 464 volumes de ce gaz; et, quand on place une éprouvette qui en est remplie sur la cuve à eau, le liquide se précipite dans cette éprouvette comme dans le vide, sans que l'œil puisse la suivre, et avec une force telle, qu'elle en est presque toujours brisée. Mais il faut pour cela que le gaz soit très-pur; la présence de quelques bulles d'air ralentirait prodigieusement la dissolution. La densité du gaz chlorhydrique est de 1,247. Lorsqu'il est sec, on ne le congèle pas à un froid de 50° c., à moins qu'on ne le comprime en même temps, ce qui détermine alors sa solidification. Il possède une odeur piquante qui se rapproche de celle de l'acide sulfureux, assez pour qu'on les ait quelquefois confondues, et particulièrement en étudiant les gaz qui se dégagent des volcans. La chaleur est impuissante à le décomposer; mais la pile voltaïque en sépare les éléments. Le brôme et l'iode n'ont sur lui aucune action. Certains métaux le décomposent et forment des chlorures en donnant un dégagement d'hydrogène. En agissant sur les oxydes métalliques, l'acide chlorhydrique produit des chlorures et de l'eau :

$$Cl^2H + CuO = Cl^2Cu + HO.$$

— Versé dans certains sels, il y donne des précipités caractéristiques, quand le chlorure qui peut se former doit être insoluble (par exemple les sels de plomb, d'argent, de protoxyde de mercure). — Mis en contact avec l'alcool, l'acide chlorhydrique, en le faisant passer à l'état d'éther et lui enlevant par son hydrogène un équivalent d'oxygène, produit un éther composé par substitution, auquel on a donné le nom d'éther chlorhydrique $C^4H^5Cl^2$. On sait aussi qu'en le faisant agir sur l'essence de térébenthine on obtient deux composés, l'un liquide, l'autre solide, et que ce dernier a reçu le nom de camphre artificiel, à cause de l'analogie qu'il présente dans quelques-unes de ses propriétés physiques seulement, car les natures chimiques sont toutes différentes, avec le camphre naturel. Nous en donnerons l'histoire dans l'article TÉRÉBENTHINE. L'acide chlorhydrique dissout l'albumine, la fibrine, la matière élémentaire du ferment, en se colorant en bleu ou en pourpre, suivant la pureté de ces substances. — Cet acide pourrait se préparer par l'union directe de l'hydrogène et du chlore; mais, comme le chlore se produit au moyen de l'acide, ce serait en réalité tirer l'acide chlorhydrique de l'acide chlorhydrique lui-même. On le prépare au moyen du chlorure de sodium ou sel marin, que l'on traite par l'acide sulfurique hydraté, et l'on recueille le gaz, soit sec sur le mercure, soit en dissolution dans l'eau, au moyen d'une série de flacons de Woolf. Il faut avoir soin de ne mettre que très-peu d'eau dans le premier flacon, pour laver le gaz et en perdre le moins possible. Il faut aussi ne remplir qu'à moitié les autres flacons, parce que le gaz en se dissolvant augmente de beaucoup le volume du liquide en même temps qu'il élève sa température. — L'acide chlorhydrique, non plus que l'acide azotique, ne peut attaquer les métaux tels que l'or, le platine; mais lorsqu'on les mêle ensemble, deux parties d'acide chlorhydrique pour une d'acide azotique, on obtient une liqueur douée d'une puissance dissolvante qui surpasse celle de tous les acides simples, et que l'on appelle eau régale, précisément parce qu'elle dissout l'or, que les anciens chimistes appelaient le roi des métaux. L'oxygène de l'acide azotique enlève au chlore son hydrogène, de sorte que la liqueur contient toujours en dissolution de l'acide hypoazotique et du chlore à l'état naissant, et c'est ce chlore à l'état naissant et sous l'influence de l'acide hypoazotique, ce puissant agent d'oxygénation, qui attaque le métal et le fait passer à l'état de chlorure. — L'acide chlorhydrique sert à préparer le chlore: autrefois on l'employait comme désinfectant; on l'a remplacé actuellement par l'hypochlorite de chaux. On en fait d'ailleurs un fréquent usage dans les laboratoires, comme dissolvant ou bien pour décomposer des sels et en séparer l'acide, quand cet acide est gazeux et peu énergique. Il est resté très-longtemps sans usage, et dans les usines où l'on prépare la soude artificielle on le laissait se dégager et se perdre. En se répandant dans l'atmosphère, le gaz allait détruire la végétation à de très-grandes distances autour de l'usine, et le gouvernement ordonna aux chimistes de trouver le moyen de condenser ces vapeurs dangereuses. M. Payen essaya d'abord de les dissoudre dans l'eau; mais, comme le gaz entraînait de l'air avec lui, sa solubilité n'était plus assez grande, et il s'en perdait toujours énormément. Actuellement on les fait arriver dans des fragments de chaux, et l'on obtient par ce moyen du chlorure de calcium, dont les arts commencent à faire un assez grand usage. — L'acide chlorhydrique que fournit le commerce est loin d'être pur; il est presque toujours coloré par des sels de fer, et renferme de l'acide sulfureux : on le purifie par la distillation; l'acide sulfureux se transforme peu à peu de lui-même en acide sulfurique, que l'on peut alors préparer au moyen du chlorure de barium. — On attribue à Glauber la découverte de l'acide chlorhydrique, qui reçut le nom d'esprit de sel marin, ou d'acide marin; plus tard, à l'époque de la réformation de la nomenclature, son nom d'acide marin se changea en celui d'acide muriatique. On le regardait alors comme résultant de la combinaison d'un radical inconnu avec l'oxygène; mais MM. Gay-Lussac et Thénard ont démontré que si on mettait en contact un demi-volume d'hydrogène et un demi-volume de chlore, les deux gaz se combinaient sans condensation et donnaient l'acide muriatique. On l'appela alors acide hydrochlorique, et ce n'est que depuis la convention établie de nommer toujours le premier le corps le plus électro-négatif, dans une combinaison binaire, que l'on a adopté le nom d'acide chlorhydrique ou de chlorure d'hydrogène.

**CHLORICTÈRE**, adj. des deux genres (*didact.*), qui est d'un jaune foncé.

**CHLORIDE**, s. f. (*chimie*), combinaison de chlore avec un corps simple.

**CHLORIDE**, s. f. (*botan.*), genre de plantes graminées.

**CHLORIDÉ, ÉE**, adj. (*botan.*), qui ressemble à une chloride.

**CHLORIDÉES**, s. f. pl. (*botan.*), famille de plantes graminées.

**CHLORIDES**, s. m. pl. famille de corps simples qui renferme le chlore.

**CHLORIDION**, *chloridium* (*botan.*), genre de plante de la série des byssoïdées, famille des champignons, dans la Méthode de Link. Une seule espèce le compose, c'est le *chloridion vert;* elle se présente en touffes ou gazons, extrêmement petits, délicats, d'un beau vert, et qui, vus au microscope, sont composés de filaments simples ou peu rameux, droits, non cloisonnés, sur lesquels sont de nombreux conceptacles (*sporidia*) de même couleur, agglomérés, et qui se détachent et se dispersent aussitôt qu'on jette de l'eau sur la plante. Ce champignon ressemble à du moisi; il a beaucoup de rapport avec le *botrytis lignifraga* ou *mucor lignifragus* de Bulliard. On le trouve sur le bois pourri, les poutres, les solives, etc. Link en donne une figure, tab. V, fig. 16, et la description, v. III, p. 13 du *Magasin de Berlin* (*V.* BYSSOIDÉES).

**CHLORIME** (*hist. nat.*), genre de coléoptères qui a été démembré du genre charançon, et qui contient une partie des plus belles espèces de cette famille.

**CHLORINE**, s. f. (*chimie*), ancien nom du chlore.

**CHLORIODATE** (*chimie*), s. m. sel produit par la combinaison de l'acide chloriodique avec une base.

**CHLORIODIQUE** (ACIDE) (*chimie*). Lorsqu'on met de l'iode sec dans du chlore, celui-ci est absorbé avec rapidité; il se dégage beaucoup de chaleur, et il se produit deux composés: l'un est jaune orangé clair, et l'autre rouge orangé. M. Gay-Lussac regarde le premier comme un chlorure, et le second comme un sous-chlorure. Ces deux composés jouissant de l'acidité, et le second ne paraissant point être assujetti à une proportion définie, nous donnerons le nom d'*acide chloriodique* au premier, et nous considérerons le sous-chlorure de M. Gay-Lussac comme de l'acide chloriodique uni à de l'iode, c'est-à-dire comme de l'*acide chloriodique* au premier, et nous considérerons le sous-chlorure de M. Gay-Lussac comme de l'*acide chloriodique* uni à de l'iode, c'est-à-dire comme de l'*acide chloriodique ioduré*. L'acide chloriodique est formé de 5 volumes de chlore et de 1 volume d'iode. L'acide *chloriodique*, exposé à l'air, se liquéfie en en attirant l'humidité. La dissolution de cet acide est incolore quand elle ne contient point de chlore en excès. Elle rougit fortement le tournesol, et décolore le sulfate d'indigo. Exposée à la chaleur ou à la lumière pendant un temps suffisant, elle perd du chlore et se colore en orangé, parce que l'iode devient dominant; lorsqu'on y verse de la potasse ou de la soude, il se forme de l'iodate et de l'hydrochlorate ou du chlorure; en effet les 5 volumes de chlore, qui sont combinés à 1 volume d'iode dans l'acide chloriodique, doivent dégager 2, 5 volumes d'oxygène, soit que le chlore décompose l'eau, soit qu'il décompose l'alcali, et cette quantité d'oxygène est précisément celle qui convient pour convertir en acide iodique 1 volume d'iode. L'acide chloriodique qui est coloré par l'iode se réduit aussi en liqueur par son exposition à l'air. Cette solution est orangée, elle est acide, elle décolore l'indigo, elle se volatilise sans décomposition, elle est inaltérable à la lumière; quand on y verse peu à peu de l'alcali, on en précipite l'iode en excès, et on produit un iodate et un hydrochlorate ou un chlorure. Lorsqu'on fait passer du chlore dans l'acide chloriodique ioduré un peu étendu d'eau, et qu'on l'expose ensuite au soleil jusqu'à ce que le chlore, qui était en excès, soit dégagé, on obtient de l'acide chloriodique incolore. — Nous avons considéré l'acide chloriodique qui s'est liquéfié à l'air comme simplement dissous par l'eau; mais nous devons faire observer qu'il ne serait pas impossible qu'il y eût une décomposition de cette substance, laquelle donnerait naissance alors à de l'acide iodique et à de l'acide hydrochlorique; mais ce qui rend cette hypothèse moins probable que celle que nous avons adoptée, c'est que le sulfate d'indigo n'est décoloré ni par l'acide iodique ni par l'acide hydrochlorique, et qu'il l'est par la dissolution de l'acide chloriodique dans l'eau.

**CHLORION** (*entom.*). C'est sous ce nom que Latreille a désigné quelques espèces de sphéges, ou hyménoptères fouisseurs, dont il a tiré le nom de la couleur, qui est généralement verdâtre. Réaumur a consigné, dans le sixième volume de ses mémoires sur les insectes, des observations curieuses de Cossigni, sur une espèce de ce genre qui nourrit ses larves avec des blattes nommées kakkerlacs en Amérique. Sonnerat a fait connaître les mœurs d'une autre espèce (*V.* ORYCTÈRES).

**CHLORION** (*ornithol.*). Aristote a parlé, en divers endroits, d'un oiseau nommé tantôt *chloreus*, et tantôt *chlorion*. On trouve à ce sujet dans Pline, Gesner, etc., des commentaires où l'on discute si ces deux noms appartiennent au même oiseau ou à des oiseaux différents. On se serait peut-être mieux accordé sur ce point si l'on avait considéré que la couleur dominante du loriot mâle est le jaune, et celle de la femelle le vert, circonstances qui font penser que l'oiseau unique dont il est ici question est l'*oriolus galbula* Linn.

**CHLORIQUE** (ACIDE), (*chimie*). Berthollet, qui a fait une étude à peu près complète des chlorates, n'avait pu cependant isoler l'acide chlorique; en effet, toutes les fois qu'il essayait de le déplacer par un autre acide, il le voyait se décomposer en chlore et oxygène, ou en chlore oxygéné et oxyde de chlore, comme on le peut voir dans l'article qui traite des chlorates. Gay-Lussac le premier parvint à l'obtenir libre en faisant agir à froid sur le chlorate de potasse en dissolution l'acide fluosilicique qui forme avec la potasse un fluorure double de silicium et de potassium insoluble, et met l'acide chlorique à nu sans lui faire éprouver de décomposition. — Cet acide chlorique est liquide, légèrement jaunâtre. Il peut se concentrer à une douce chaleur; mais on ne l'obtient point cristallisé. Une chaleur un peu forte le décompose rapidement en chlore, oxygène, et acide perchlorique. — Le chlore et l'oxygène séparés sont tous les deux des agents puissants de décoloration; on doit bien penser que, réunis, leur énergie décolorante doit être bien plus grande encore; aussi, lorsqu'on fait agir l'acide chlorique sur la teinture de tournesol pour constater son acidité, on a à peine le temps de voir la liqueur passer au rouge que déjà toute coloration a disparu. Mis en présence de corps facilement combustibles comme le papier, les matières ligneuses, l'alcool, l'éther, etc., l'acide chlorique en détermine presque immédiatement l'inflammation, surtout si ces substances sont légèrement chauffées. Il fait passer l'alcool à l'état d'acide acétique. Il transforme l'acide sulfhydrique et l'acide sulfureux en acide sulfurique, et le fait de sa combinaison avec les bases ne diminue pas beaucoup son pouvoir oxygénant, puisque nous avons vu les chlorates enflammer le soufre, le phosphore, même le charbon par simple percussion. Pour des usages industriels, l'acide chlorique n'en a aucun : il est d'une trop facile décomposition et surtout d'un maniement trop dangereux pour qu'on puisse l'employer autre part que dans les laboratoires comme agent d'oxygénation.

**CHLORIQHE** (ACIDE HYPER-). L'acide hypochloreux (protoxyde de chlore) est composé, sur 44 parties, de 36 de chlore et 8 d'oxygène. L'acide hypochlorique (deutoxyde de chlore) renferme, sur 68 parties, 36 de chlore et 32 d'oxygène; l'acide chlorique, sur 76 parties, 36 de chlore et 40 d'oxygène; enfin l'acide hyperchlorique ou simplement perchlorique, pour la même quantité de chlore, renferme 56 d'oxygène.

Formules : $Cl^2O$ protoxyde de chlore ou acide hypochloreux.
$Cl^2O^4$ deutoxyde de chlore ou acide hypochlorique.
$Cl^2O^5$ acide chlorique.
$Cl^2O^7$ acide perchlorique.

L'acide perchlorique qui se produit dans la décomposition par la chaleur de l'acide chlorique, quoique beaucoup plus oxygéné que lui, est cependant plus stable, et ne produit point les phénomènes de rapide combustion auxquels donne lieu l'acide chlorique, à moins que l'on n'élève la température. Il ne décolore point le tournesol et ne fait que le rougir; enfin les mélanges explosifs qui en renferment produisent une détonation bien moins violente que ceux que l'on fait avec les chlorates. Il est d'ailleurs sans usages (*V.* l'article PERCHLORATES).

**CHLORIS** (*mythol.*), la même que Flore, déesse des fleurs et femme de Zéphire (*V.* FLORE).

**CHLORIS** (*temps héroïques*), fille d'Arcturus, qui fut enlevée par Borée.

**CHLORIS**, fille de Niobé et d'Amphion, fils d'Iasus. Elle épousa Nélée, roi de Pylos, dont elle eut une fille et onze fils. Parmi ceux-ci on nomme Turnus, Astérius, Pylaon, Deimachus, Eurybius, Evidaüs, Phadius, Eurymenis, Évagoras, Mastor, Nestor, Périclymène et Péro; tous furent tués par Hercule. Suivant les poëtes postérieurs à Homère, cette fille de Niobé fut la seule qui survécut à ses sœurs. Selon Pausanias, son nom était d'abord Mélibée; elle reçut le nom de Chloris à cause de la pâleur que son visage conserva depuis la mort de ses sœurs. Elle périt elle-même sous les traits d'Apollon et de Diane. On dit qu'elle remporta la première le prix de la course aux jeux Olympiques; mais cet honneur lui est disputé par Hippodamie.

**CHLORIS**, femme d'Ampycus et mère de Mopsus.

**CHLORIS**, une des neuf filles de Pierus.

**CHLORIS** (*botan.*), *chloris*, genre de plantes à fleurs glumacées, de la famille des graminées, de la *triandrie digynie* de Linnæus, auquel plusieurs espèces de *cynosurus*, d'*agrostis* et d'*andropogon* ont servi de type, dont le caractère essentiel consiste dans des fleurs souvent polygames, disposées en épis unilatéraux; les épillets renferment, dans un calice à deux valves, deux à six fleurs : l'une sessile, hermaphrodite; une autre pédicellée, stérile; souvent plusieurs autres imparfaites, mâles ou neutres; la corolle a deux valves, l'extérieure ordinairement aristée dans les fleurs hermaphrodites, à une ou deux valves dans les fleurs stériles, avec ou sans arête. — En donnant moins d'extension au caractère essentiel de ce genre, quelques auteurs modernes en ont exclu plusieurs espèces pour lesquelles ont été établis les genres RABDOCHLOA, DACTYLOCTENIUM, ELEUSINE, LEPTOCHLOA, EUSTACHYS, CAMPULOA, CHONDROSIUM, DINEBRA BOTELUA (*V.* ces mots). On aurait pu porter bien plus loin les réformes, et, pour trancher toute difficulté, établir autant de genres que d'espèces, et autant d'espèces que de variétés, ce qui sans doute serait très-avantageux pour la science; cependant, comme je tiens encore aux principes admis par Linnæus, Jussieu, Desfontaines et autres botanistes, qui ne sont pas tout à fait sans mérite, on me pardonnera de ne pas admettre indifféremment tous ces nouveaux genres. Les principales espèces de chloris sont : CHLORIS EN CROIX, *chloris cruciata* Swart.; *agrostis cruciata* Linn., *rabdochloa* Beauv., *Agrost.*, 84. Ses tiges sont ramifiées, ses feuilles planes, très-étroites, barbues à l'orifice de leur gaîne; trois ou quatre épis sessiles en croix; les valves du calice acuminées, contenant deux fleurs, dont une pédicellée, stérile; les valves de la corolle bidentées, l'inférieure munie d'une arête. Elle croît dans l'Amérique méridionale. CHLORIS MUCRONÉE, *chloris mucronata* Mich., *Amer.*; *eleusine cruciata* Lam., III, tab. 48, fig. 2; *dactyloctenium* Will. Enum.; *an cynosurus ægyptius?* Var., Linn. Cette plante, originaire de l'Amérique septentrionale, a été également recueillie à Porto-Rico par M. Ledru. Ses feuilles sont linéaires, planes, acuminées; quatre épis ouverts en croix; leur rachis triangulaire, prolongé en une pointe mucronée; quatre fleurs dans chaque calice; sa valve extérieure munie d'une arête; celles de la corolle acuminées. CHLORIS RADIÉE, *chloris radiata* Sw.; *agrostis radiata* Linn. Ses tiges sont comprimées et rameuses, ses feuilles planes, rudes à leurs bords, ciliées à la base et sur leur gaine; les épis nombreux, presque en ombelle, sessiles, linéaires; les calices biflores; leurs valves subulées; celles de la corolle bidentées; l'inférieure aristée; la fleur supérieure pédicellée, stérile. Elle croît dans l'Amérique méridionale. La *chloris virgata* Swart. diffère peu de celle-ci; les valves de la corolle sont plus allongées, les calices aristés. CHLORIS ÉLANCÉE, *chloris virgata* Swart.; *rabdochloa* Beauv., *Agrost.*, 84. Cette plante, découverte au Mexique et à la Jamaïque, s'élève à la hauteur de trois pieds sur une tige droite, rameuse; ses feuilles sont planes, striées, rudes à leurs bords; les gaînes glabres, pileuses à leur orifice; les épis, au nombre de huit, en ombelle ouverte, sessile; les valves du calice lancéolées, aristées et biflores; les valves de la corolle bifides; l'inférieure aristée, ciliée à ses bords; la fleur stérile munie d'une arête. CHLORIS PANIC, *chloris panicea* Willd., *Spec.*, IV, p. 925. Elle a le port du *panicum filiforme;* ses tiges sont ascendantes, ses feuilles rudes, un peu pileuses sur leur gaine; quatre ou cinq épis filiformes; le calice biflore, à deux valves mucronées, celles de la corolle pourvues d'une arête. Elle croît dans les Indes orientales. CHLORIS A ÉPIS NOMBREUX, *chloris polydactyla* Swart.; *andropogon polydactylon* Linn.; Sloan., *Jam. Hist.*, I, p. 111, tab. 65, fig. 2. Ses tiges sont simples, hautes de quatre pieds; les feuilles rudes; leur gaine glabre; les épis grêles, velus, au nombre de dix-huit ou vingt, réunis en un fascicule ombelliforme; les valves du calice biflores, rudes, hispides; la valve inférieure de la corolle longuement ciliée, aristée. Elle croît à la Jamaïque. CHLORIS ÉLÉGANTE, *chloris elegans* Kunth, in Humb. et Bonpl., *Nov. Gen.*, I, p. 166, tab. 49. Cette plante est très-rapprochée du *chloris polydactyla*; elle est de moitié moins longue; les épis, au nombre de huit à dix, une fois plus courts, la valve inférieure de la corolle chargée de longues touffes de poils blancs vers son sommet. Elle croît au Mexique. CHLORIS DES ROCHERS, *chloris petræa* Sw.; *cynosurus paspaloïdes* Vahl., *Symb.*, 2, tab. 27; *agrostis complanata* Ait.; *andropogon capense* Houtt., tab. 93, fig. 3. Ses épis sont glabres, au nombre de quatre ou six, linéaires, longs d'un pouce et demi; la valve extérieure du calice bifide, un peu aristée; la fleur hermaphrodite presque glabre, mutique; la stérile ovale, mutique, univalve. Elle croît aux lieux maritimes sablonneux et pierreux de la Floride, de la Nouvelle-Géorgie, à Porto-Rico, etc. CHLORIS CILIÉE, *chloris ciliata* Swart.; *andropogon pubescens* Ait. Ses tiges sont grêles, un peu comprimées; les feuilles glabres; cinq épis sessiles en ombelle, longs d'un pouce, d'un blanc verdâtre; les valves du calice biflores, glabres, aiguës; celles de la corolle ciliées, munies d'une arête courte et fine; la seconde fleur stérile. M. Swartz l'a découverte aux lieux arides, à la Jamaïque et aux Antilles. CHLORIS MUTIQUE, *chloris submutica* Kunth, in Humb. et Bonpl., *Nov. Gen.*, t. I, p. 167, tab. 50. Cette espèce, du Mexique, diffère peu du *chloris petræa;* ses feuilles sont rudes, ciliées à l'orifice de leur gaine, les épis nombreux, sessiles, en ombelle; les valves du calice acuminées; celles de la corolle entières; l'inférieure tronquée, mucronée, un peu ciliée. CHLORIS A ÉPIS ALLONGÉS, *chloris elongata* Poir., *Encyclop.*, *Supp.* Espèce de l'île de Timor; ses tiges sont rameuses, géniculées; ses feuilles glabres, les gaînes pileuses à leur orifice; six à huit épis glabres, ombellés, grêles, longs de cinq pouces, la corolle aristée; les valves du calice mutiques, une seconde fleur stérile, pédicellée. CHLORIS A PINCEAU; *chloris penicellata* Vahl., *Symbol.*, t. II, *sub Cynosuro.* Cette plante, née dans les Indes orientales, a huit ou dix épis longs de deux pouces; les calices renferment quatre fleurs, les deux extérieures hermaphrodites, terminées à leur sommet par une touffe de poils en pinceau, surmontées d'une longue arête. CHLORIS GRÊLE, *chloris gracilis* Kunth, in Humb. et Bonpl., *Nov. Gen.*, t. I, p. 168. Ses feuilles sont glauques, pileuses en dessus; les épis nombreux, alternes ou opposés, les épillets à quatre ou six fleurs; les valves de la corolle ciliées; l'inférieure bidentée, la supérieure acuminée; une arête courte; elle croît dans l'Amérique méridionale La *chloris digitaria*, du même pays, diffère de la précédente par ses épis plus nombreux, filiformes, presque verticillés, une fois plus longs; les épillets beaucoup plus petits; l'arête plus courte. CHLORIS DOUTEUSE, *chloris dubia* Kunth, l. c. Cette espèce se rapproche beaucoup des paturins, *poa*. Ses feuilles sont rudes; ses épis nombreux, opposés ou alternes; les épillets presque à huit fleurs distantes; les valves de la corolle un peu ciliées; l'inférieure bifide, à trois nervures; la supérieure un peu obtuse; l'arête très-courte; elle croît au Mexique. Plusieurs autres espèces de *cynosurus* doivent trouver place dans ce genre, tels que le *cynosurus virgatus* Linn., *monostachyus* Vahl., *floccifolius* Vahl. et Pursh.; *scoparius*, etc. M. Rob. Brown a découvert, dans la Nouvelle-Hollande, plusieurs autres espèces de chloris, telles que la *chloris ventricosa*, dont les valves calicinales sont ventrues, rudes, arrondies; la *chloris truncata*, les valves du calice glabres tronquées, comprimées; la *chloris divaricata*, à six ou neuf épis digités, très-étalés; enfin la *chloris pumilio*, les valves du calice ciliées, lancéolées, à trois arêtes.

CHLORIS (*ornith.*). Ce nom, qui dans Aristote se rapporte à notre verdier, *loxia chloris* Linn., a été donné par Brisson aux divers oiseaux qui, dans son ornithologie, forment une section particulière des fringilles. Chez le P. Feuillée, le *chloris erithacoïdes* paraît se rapporter au figuier à tête rousse, *motacilla ruficapilla* Linn.

**CHLORISTIQUE**, adj. des deux genres (*chimie*), qui a rapport au chlore.

**CHLORITE** (*chimie*), sel produit par la combinaison de l'acide chloreux avec une base.

**CHLORITES** (HYPO-) (*chimie*). Ce sont les combinaisons de l'acide hypochloreux avec les bases. Ces sels sont en très-petit nombre et peu connus, quoique beaucoup de chimistes, et entre autres MM. Soubeiran, Balard et Gay-Lussac, s'en soient occupés.— On les a longtemps pris pour des chlorures d'oxydes, anomalie assez difficile à expliquer : car une base ne peut pas plus se combiner à un corps simple qu'un acide à un métal. M. Dumas, avec M. Millon, regardait ces composés comme des suroxydes avec substitution de chlore au lieu d'oxygène.

$$\left.\begin{matrix}CaO\\Cl^2\end{matrix}\right| \quad \text{pour} \quad \left.\begin{matrix}CaO\\O\end{matrix}\right| \quad \text{ou} \quad CaO^2$$

Mais les travaux éminemment consciencieux de M. Balard et de M. Gay-Lussac paraissent décider à peu près la question. M. Balard est parvenu à isoler l'acide hypochloreux, et a donné la formule exacte de sa composition ainsi que la description de ses principales propriétés; il l'a combiné avec les bases, et a obtenu des composés qui présentent les mêmes caractères chimiques que ce que l'on appelait des chlorures d'oxydes. Ces hypochlorites sont remarquables par leur extrême instabilité. Une faible élévation de température ou la présence d'un acide quelconque, même l'acide carbonique, en dégage immédiatement de l'acide hypochloreux du chlore et de l'oxygène. On peut donc regarder ces composés comme des sources de chlore qui en fournissent en petite quantité, mais d'une manière continue, et c'est précisément là la raison pour laquelle on les emploie dans le blanchiment. On les obtient en faisant passer un courant de chlore dans une dissolution alcaline, et maintenant les vases qui la renferment à une température un peu basse pour qu'il n'y ait pas de déperdition d'oxygène. C'est ainsi que se préparent et le chlorure de chaux, que le vulgaire appelle du chlore, et le chlorure de soude (liqueur de Labaraque), et le chlorure de potasse (eau de javelle). Ces trois chlorures peuvent indifféremment être employés comme désinfectants : le chlorure ou hypochlorite de soude est employé en thérapeutique pour laver les ulcères; c'est d'ailleurs, comme les deux autres hypochlorites, un poison violent.

**CHLORITE** (*minér.*). Ainsi que l'indique son étymologie grecque, ce nom désigne une substance verte; mais on a réuni sous cette dénomination un grand nombre de minéraux qui, à part la couleur, présentent de telles différences de composition et de texture, qu'il est probable qu'ils forment plusieurs espèces particulières. Toutes appartiennent cependant au genre *silicate;* toutes renferment, en proportions plus ou moins grandes, de la silice, de l'alumine, du fer et de la magnésie; toutes enfin ont une texture écailleuse ou terreuse, et donnent de l'eau par la chaleur. — Quant à la substance appelée communément *chlorite*, et qui a fait donner le nom de *calcaire chlorite* aux couches inférieures du calcaire grossier des environs de Paris, parce qu'elle y est très-abondante, comme elle n'est qu'un silicate de fer mêlé d'eau et de magnésie et dépourvu d'alumine, elle ne doit pas être confondue avec la véritable chlorite, et comme elle n'a été désignée que sous le nom de *terre verte* par M. Berthier, qui l'a analysée, elle devrait peut-être être appelée *glauconie* par les minéralogistes.

**CHLORITÉ, ÉE**, adj. (*minér.*), qui contient de la chlorite.

**CHLORITEUX, EUSE**, adj. (*minér.*), qui est formé de chlorite.

**CHLORITIQUE** (*minér.*), qui est mêlé de chlorite.

**CHLORO-ANTIMONIATE**, s. m. (*chimie*), combinaison du chlorure d'antimoine avec un chlorure métallique électro-positif.

**CHLORO-ARGENTATE**, s. m. (*chimie*), combinaison de chlorure d'argent avec un chlorure métallique électro-positif.

**CHLORO-AURATE**, s. m. (*chimie*), combinaison du chlorure d'or avec un chlorure métallique électro-positif.

**CHLOROBORURE**, s. m. (*chimie*), composé dans lequel il entre du chlore et du bore.

**CHLOROCARBONIQUE** (*chimie*) (*V.* CHLOROXYCARBONIQUE).

**CHLOROCARPE**, adj. des deux genres (*botan.*), qui a des fruits jaunes ou verdâtres.

**CHLOROCÉPHALE**, adj. des deux genres (*hist. nat.*), qui a la tête verte.

**CHLORO-CUPATRE**, s. m. (*chimie*), combinaison du chlorure de cuivre avec un chlorure métallique électro-positif.

**CHLOROCYANIQUE**, adj. m. (*chimie*). Il se dit d'un acide composé de chlore et de cyanogène.

**CHLORO-FERRO-CYANIQUE**, adj. m. (*chimie*). Il se dit d'un acide composé de chlore, de fer et de cyanogène.

**CHLORO-FERRO-CYANURE**, s. m. (*chimie*), composé d'un chlorure de fer et de cyanure.

**CHLOROFORME**. Le chloroforme est, aussi bien que le chloral, un des produits de la réaction du chlore sur l'alcool. Il appartient à la fois à la série de l'alcool vinique et à celle de l'alcool méthylique. Il appartient à la première (série acétique) : car on l'obtient en faisant agir le chloral sur l'hydrate de chaux, ou bien l'hypochlorite de chaux sur l'alcool vinique, ou même encore l'acide chloracétique sur un alcali.

1re action.

$$C^4Cl^6HO^2 + K^2O,HO = C^2HO^3,K^2O + C^2Cl^6HC^2Cl^6H,$$

c'est le chloroforme ; le sel $C^2HO^3,K^2O$, c'est le formiate de potasse.

2e action.

$$3[2Cl^2O,CaO] + C^4H^6O^2 = C^2Cl^6H + 3Cl^2H + 2CO^2,CaO + 2HO,CaO$$

3e action.

$$C^4Cl^6O^3 + 2K^2O,HO = 2CO^2,K^2O + HO + C^2Cl^6H.$$

Il appartient à la série méthylique ou série formique : car on l'obtient en faisant agir le chlore sur l'éther chlorométhylique, et y remplaçant deux équivalents d'hydrogène par 2 équivalents chimiques de chlore.

Ether méthylique.......... $C^2H^2O$
Ether chlorométhylique... $C^2H^3Cl^2$
Ether chlorométhylique.
Trichloruré ou chloroforme......... $C^2HCl^6$.

Qu'il vienne de l'une ou de l'autre de ces séries, il renferme toujours sur 121 parties : 12, carbone ; 1, hydrogène ; 108, chlore. C'est un liquide dense, oléagineux, dans la vapeur duquel le potassium s'enflamme comme il le ferait dans le chlore sec ; il se produit du chlorure de potassium. Ce chloroforme est d'ailleurs sans aucun usage. Il a été découvert par Soubeiran et étudié par J. Liebig. Le brôme et l'iode forment des composés analogues $C^2Br^6H$, $C^2I^6H$, et qui sont tout aussi inutiles.

**CHLOROGASTRE**, adj. des deux genres (*hist. nat.*), qui a le ventre jaune.

**CHLORO-HYDRARGYRATE**, s. m. (*chimie*), combinaison du chlorure de mercure avec un chlorure métallique électro-positif.

**CHLORO-HYDRIQUE** (*V.* ci-dessus CHLORHYDRIQUE).

**CHLOROLÉPIDOTE**, adj. des deux genres (*hist. nat.*), qui a les écailles vertes.

**CHLOROLEUQUE**, adj. des deux genres (*didact.*), qui est blanc et vert.

**CHLOROLOPHE**, adj. des des deux genres (*hist. nat.*), qui a une huppe verdâtre.

**CHLOROMÈTRE**, s. m. (*chimie*), instrument propre à évaluer la quantité de chlore contenue dans de l'eau.

**CHLOROMÉTRIE** (*chimie*). La chlorométrie n'est autre chose qu'une méthode de déterminer le plus exactement possible la quantité de chlore que renferme une dissolution ou de chlore pur, ou de chlorure de chaux ou d'un chlorure alcalin quelconque. C'est à M. Gay-Lussac que l'on doit les moyens les plus ingénieux pour arriver à cette détermination. Au surplus le principe sur lequel elle repose est celui dont s'était servi auparavant M. Descroizilles. Bien des moyens ont été proposés et employés pour mesurer la quantité de chlore renfermée dans un poids donné de chlorure de chaux. Le plus ancien, que M. Gay-Lussac a exposé dans le tome XXVI des *Annales de chimie et de physique*, consistait à déterminer la quantité d'indigo que la liqueur chlorurée pouvait décolorer. Voici quel était le principe de cette méthode et la marche des opérations. On prépare une dissolution d'indigo (1 partie d'indigo dans 9 d'acide sulfurique) ; puis on l'étend d'une quantité d'eau telle que 10 litres de cette dissolution soient décolorés par un seul litre d'une solution normale de chlore qui renferme un volume de chlore égal au sien. On adopte pour unité de force décolorante celle d'un volume de chlore sec dissous dans un égal volume d'eau à la température zéro, et à la pression barométrique 0m,760. On prend un certain poids de chlorure que l'on dissout dans l'eau, un kilogramme dans la masse d'eau nécessaire pour que la dissolution occupe un volume de 100 litres, et l'on verse de cette dissolution dans une éprouvette à pied graduée en centimètres cubes, et dixièmes de centimètre cube, de manière à lui faire occuper un volume d'un centimètre cube. Cela fait, on verse, avec une burette, de la dissolution d'indigo sur le chlorure, et l'on compte exactement le nombre de divisions qu'occupe la liqueur lorsque la teinte bleue a complétement disparu. Supposons 7c,6, c'est-à-dire 7cc six dixièmes. D'après la manière dont la teinture d'épreuve a été faite, on conclut que ces 7c,6 représentent un volume de chlore de 0cc,76. — Donc la dissolution est au titre de 76° ; c'est-à-dire que sur 100 litres elle renferme 76 litres de chlore sec. Chaque degré de l'éprouvette vaut 10 litres de chlore par kilogramme de chlorure étendu en dissolution à 100 litres, et chaque dixième de degré vaut un litre. Rien de plus simple que ces idées théoriques, rien de plus commode que les opérations qui conduisent au résultat : toutes les difficultés résident dans la préparation des deux liqueurs normales de chlore et d'indigo. — Ces difficultés ne sont pas d'ailleurs très-grandes. En prenant un poids de 3 grammes 980 de peroxyde de manganèse cristallisé en belles aiguilles, et le traitant par l'acide chlorhydrique pur, on obtient un litre de chlore, que l'on reçoit dans un flacon à l'émeri ayant exactement cette capacité ; puis on bouche ce flacon bien hermétiquement, et on le porte, le col en bas, dans de l'eau tenant en dissolution de la chaux ; puis on dégage légèrement le bouchon de manière à laisser pénétrer le liquide en petite quantité, sans qu'il s'échappe de chlore ; on ferme et on agite, puis on ouvre, et ainsi de suite jusqu'à ce que le flacon soit complétement rempli et ramené à la température où était primitivement le gaz. La liqueur d'indigo n'est pas plus difficile à préparer ; mais l'indigo a le grave inconvénient de s'altérer à la longue, et M. Gay-Lussac s'est occupé en conséquence de chercher un moyen à l'abri des inexactitudes que cette altération peut entraîner, et il a effectivement publié dans les *Annales* (t. LX) un nouveau procédé de chlorométrie dans lequel l'indigo ne joue plus qu'un rôle tout à fait secondaire. — Il fait usage de l'action que produit le chlore sur une dissolution d'acide arsénieux renfermant quelques gouttes de sulfate d'indigo ; le chlore passe à l'état d'acide chlorhydrique, et amène l'acide arsénieux à l'état d'acide arsénique. Or ni l'acide chlorhydrique, ni l'acide arsénique ne décolorent ni n'altèrent l'indigo. — Par conséquent, tant qu'il restera de l'acide arsénieux à attaquer, la teinte bleue persistera ; mais à l'instant où cet acide arsénieux sera complétement transformé en acide arsénique, le chlore agira librement sur l'indigo, et le fera passer au jaune de rouille. L'unité de force décolorante reste la même. — On prépare une dissolution d'acide arsénieux dans l'acide chlorhydrique, étendue d'eau de manière qu'elle décolore un volume égal au sien d'une dissolution de chlore renfermant pour un litre de liquide un litre de gaz. Cette dissolution de chlore s'obtient par le moyen indiqué plus haut. — L'acide arsénieux se dissout dans l'acide chlorhydrique bouillant et exempt d'acide sulfureux, dans la crainte que cet acide sulfureux, se transformant peu à peu en acide sulfurique, n'altère le titre de la dissolution. On laisse refroidir, et on titre de la manière suivante : on prend, au moyen d'une pipette graduée, 2 centimètres cubes de cette dissolution. On les verse dans un bocal à fond plat, et on y ajoute un goutte de sulfate d'indigo ; on prend ensuite une burette divisée en 200 parties, représentant en tout 20 centimètres cubes. Le zéro est placé au haut de l'échelle. On remplit cette burette jusqu'au zéro de la dissolution normale, et l'on verse petit à petit en agitant dans le bocal jusqu'à l'instant où la teinte bleue disparaît. Supposons qu'il ait fallu 92 divisions de la burette au chlore, le titre serait exprimé par 100, et comme on n'opère que sur un quinzième de la dissolution arsénieuse, le titre est cinq fois plus grand, c'est-à-dire 500 ou 543°,5. — Il faut donc étendre la dissolution arsénieuse de $\frac{543,5-100}{100}$ fois son volume, ce qui fait 4 fois 435/1000, pour l'amener au titre voulu. — Voyons maintenant l'essai du chlorure. On en prend un kilogramme que l'on dissout dans une quantité d'eau suffisante pour que le volume entier de la dissolution soit de 100 litres. On se sert d'une éprouvette graduée, d'une capacité quelconque, mais divisée à partir du fond en 100 parties égales jusqu'à un certain point de la hauteur, à la moitié par exemple. — On la remplit jusqu'au dernier trait de division avec la solution de chlorure, et l'on y verse la dissolution d'acide arsénieux renfermant deux à trois gouttes de sulfate d'indigo, jusqu'au moment où la teinte bleue de l'indigo disparaît. — Cette dissolution arsénieuse était renfermée dans une éprouvette de même dimension que la première, et graduée identiquement de la même manière, de telle sorte que, s'il a fallu verser une quantité d'acide arsénieux représentée par 75 divisions, le titre du chlorure est de 75/100, c'est-à-dire que le kilogramme de chlorure, étendu à 100 litres, renferme 75 litres de chlore. Chaque division de l'éprouvette renfermant l'acide arsénieux compte pour un litre de chlore. — Quand on verse le chlorure dans l'acide arsénieux, ce qui est plus exact, en ce que la décomposition est plus complète, et il n'y a point perte de chlore, il faut évidemment compter le titre en sens contraire, c'est-à-dire que si l'on verse 75 divisions de la burette de chlorure, le titre est $100° + \frac{100}{75} = 133°,33$. — Telle est en résumé la méthode que M. Gay-Lussac présente comme la plus exacte pour faire les essais des dissolutions de chlore. Il a bien encore proposé deux autres procédés. On emploirait, à la place d'acide arsénieux, le cyano-ferrure de potassium, ou le nitrate de protoxyde de mercure. L'idée de l'emploi du dernier procédé est due à M. Balland, et a été reproduite plus tard et modifiée dans ses détails par M. Marazeau. Quand il s'agit de faire un essai en petit dans un laboratoire, et de déterminer le poids de chlore que renferme un composé chloré en dissolution, on peut précipiter le chlore par un sel d'argent, peser avec soin le chlorure d'argent; on en déduit le poids du chlore d'après la formule qui donne la composition de ce chlorure $Cl^2Ag^2$ (sur 144 de chlorure: 36 de chlore et 108 d'argent).

**CHLOROMÉTRIQUE**, adj. des deux genres (*chimie*), qui a rapport à la chlorométrie.

**CHLOROMYRON VERTICILLÉ** (*botan.*), *chloromyron verticellatum* Ruiz. et Pav., *Prodr. fl. per.*, tab. 15; et *Syst. veg. fl. per.*, p. 140. Grand arbre du Pérou, découvert dans les grandes forêts, aux environs de Pozuzo, par MM. Ruiz et Pavon: il constitue seul un genre très-voisin de la famille des guttifères, de la *polyandrie monogynie* de Linnæus. Il offre pour caractère un calice coloré, à six folioles, point de corolle; un grand nombre d'étamines placées sur le réceptacle; point de style; un stigmate sessile, concave, à trois lobes; une capsule à trois loges, à trois semences. Son tronc, haut de soixante pieds et plus, est revêtu d'une écorce d'où découle une résine verdâtre très-abondante, principalement dans le temps des pluies, que les habitants recueillent avec soin, et qui est connue sous le nom d'huile, ou de baume de Sainte-Marie. Les rameaux sont disposés, quatre par quatre, en verticilles, garnis de feuilles oblongues, acuminées, très-entières.

**CHLOROMYS** (*hist. nat.*), nom que Frédéric Cuvier a cru devoir donner au genre composé des agoutis, à cause de leur belle couleur vert doré.

**CLORONAPHTHALINE**, s. f. (*chimie*), combinaison de chlore et de naphthaline.

**CHLORONITE**, s. f. (*chimie*), matière colorante verte des végétaux.

**CHLORONOTE**, adj. des deux genres (*hist. nat.*), qui a le dos verdâtre.

**CHLORO-PALLADATE**, s. m. (*chimie*); combinaison du chlorure de palladium avec un chlorure métallique électro-positif.

**CHLOROPE**, adj. des deux genres (*hist. nat.*), qui a les pieds jaunes ou verdâtres.

**CHLOROPHANE** (*minéral.*), variété de chaux fluatée qui, chauffée, ne décrépite pas, mais donne une belle lumière verte.

**CHLOROPHANE** (*hist. nat.*), genre d'insectes coléoptères.

**CHLOROPHOSPHOREUX**, adj. m. (*chimie*). Il se dit d'un acide composé de chlore et de phosphore.

**CHLOROPHOSPHORIQUE** (*chimie*). Il se dit d'un acide composé de chlore et de phosphore.

**CHLOROPHOSPHURE**, s. m. (*chimie*), composé dans lequel il entre du chlore et du phosphore.

**CHLOROPHYLLE**, s. f. (*chimie*), matière colorante verte des végétaux.

**CHLOROPHYTE**, *chlorophytum* (*botan.*). Ce genre appartient à la famille des asphodélées et à l'*hexandrie monogynie* de Linné. Il diffère du *phalangium* par ses capsules à trois lobes et par sa corolle persistante. Son caractère essentiel consiste dans une corolle à six divisions égales, étalées, persistantes; six étamines, les filaments glabres, filiformes; un style; un stigmate; une capsule à trois lobes profonds, veinés, comprimés, à trois loges, à trois valves; quelques semences comprimées; l'ombilic nu. Il comprend deux espèces : CHLOROPHYTE A GRAPPES, *clorophytum laxum* Brow., *Nov.-Holl.*, 277. Cette plante est herbacée, glabre sur toutes ses parties; ses racines composées de fibres charnues, fasciculées; les feuilles toutes radicales, linéaires, nerveuses; les hampes soutiennent une longue grappe simple ou bifide, garnie de fleurs blanches, lâches; les pédoncules solitaires ou géminés, articulées dans leur milieu. Elle croît à la Nouvelle-Hollande. — CHLOROPHYTE NÉGLIGÉ, *clorophytum inornatum*, *Bot. mag.*. tab. 1071. Ses tiges sont simples, ou à peine rameuses, rudes, velues; les feuilles lancéolées, acuminées, touffues, ondulées, nerveuses et striées en dessous; les fleurs disposées en une panicule terminale, très-étroite, composée de petits fascicules d'une à quatre fleurs à peine pédicellées; la corolle d'un jaune verdâtre; ses découpures linéaires; la capsule en ovale renversé; les semences noires. On la soupçonne originaire de la Jamaïque. Il faut, d'après M. Rob. Brown, rapporter à ce genre l'*anthericum elatum* Ait., *Hort. Kew.*, t. 1er, p. 448, qui est l'*asphodelus foliis planis, caule ramosa, floribus sparsis* Mill., *Icon.*, 38, tab. 56. Ses tiges sont cylindriques, divisées vers leur sommet en rameaux alternes, très-étalés, soutenant des fleurs éparses, pédonculées; les pédoncules presque fasciculés; la corolle blanche; les pétales planes, ouverts; les filaments glabres, blanchâtres, cylindriques; les feuilles glabres, planes, allongées. Cette plante croît au cap de Bonne-Espérance.

**CHLORO-PLATINATE**, s. m. (*chimie*), combinaison de chlorure de platine avec un chlorure métallique électro-positif.

**CHLOROPODE**, adj. des deux genres (*hist. nat.*), qui a les pieds verdâtres.

**CHLOROPTÈRE** (*ichthyol.*). Lacépède a donné ce nom a un poisson de son genre SPARE (*V.* ce mot).

**CHLOROPTÈRE**, adj. des deux genres (*hist. nat.*), qui a les ailes vertes.

**CHLOROPUS** (*ornithol.*). Aldrovande, liv. XX, ch. 33, 34 et 35, a décrit trois poules d'eau sous ce nom, tiré de la couleur verdâtre de leurs pieds, et dont Linnæus a particulièrement fait l'application à la plus grande, qui est la poule d'eau proprement dite de Buffon, *fulica chloropus* Linn.

**CHLOROPYGE**, adj. des deux genres (*hist. nat.*), qui a le croupion verdâtre.

**CHLORORRHYNQUE**, adj. des deux genres (*hist. nat.*), qui a le bec jaune.

**CHLOROSAURA** (*ichthyol.*), χλωροσαύρα est, suivant Gesner, le nom que les Grecs modernes donnent au lézard vert.

**CHLOROSE** (*médec.*). C'est une maladie assez répandue parmi les femmes, et qui est vulgairement connue sous le nom de *pâles couleurs*. Les caractères de cette maladie consistent dans la décoloration, dans la pâleur presque verdâtre de la peau, dans une bouffissure qui quelquefois prend un développement assez considérable, dans un état d'engourdissement intellectuel et de faiblesse physique qui ne fait qu'augmenter par la durée de l'affection, enfin dans une dépravation du goût qui fait choisir de préférence comme aliments les substances les plus sales et les plus malsaines. La réunion de ces symptômes ne se rencontre pas toujours chez les chlorotiques. Quelquefois, et même le plus souvent, la chlorose ne se fait remarquer que par l'affaiblissement général et par la pâleur de la peau du visage et du reste du corps. Mais, lorsqu'elle est très-développée, elle présente tout l'appareil des symptômes que nous venons d'énumérer en quelques lignes. — On peut dire que c'est seulement chez les femmes que l'on trouve la chlorose. Cependant cette règle, quelque absolue qu'elle soit, admet des exceptions. Il y a chez les hommes des maladies qui donnent lieu, pendant la période de la convalescence, à un état général qui ressemble, trait pour trait, à la chlorose. On peut dire aussi que la chlorose se développe primitivement chez les hommes comme chez les femmes. Seulement les exemples sont rares chez les premiers : voilà toute la différence. — Il est rare que les femmes soient sujettes à l'affection chlorotique quand elles habitent un air pur, quand elles vivent à la campagne. La vie salubre des champs éloigne du corps toute maladie de caractère atonique. Celles de cet ordre ont leurs causes dans l'atmosphère physique et moral qui pèse sur les grandes villes, et qui trouble ou entrave la succession régulière des fonctions. Aussi plus on s'éloigne des petits centres de populations pour se rapprocher des grands, plus on rencontre de chlorotiques. La chlorose augmente en raison directe des populations. Il est bien entendu qu'il faut faire abstraction d'une foule de conditions particulières qui peuvent rendre un petit pays beaucoup plus malsain qu'un grand. On doit juger d'après cela du nombre des chlorotiques qu'on peut observer à Paris. On les rencontre dans les hôpitaux, dans les salons et jusque dans les rues. Il n'est pas même rare de voir des jeunes filles sous le voile de la mariée, avec tous les signes de la chlorose la plus manifeste. — Cette facilité de rencontrer des chlorotiques, loin du lit de l'hôpital ou de la chambre du malade, donne jusqu'à un certain point une idée de l'espèce d'immobilité qui caractérise l'affection dont nous parlons. Loin d'avoir une marche déterminée, une succession de symptômes, elle paraît ne pas en avoir du tout. La pâleur se dessine, la faiblesse se développe, mais avec une gradation parfois si imprévue, et parfois si lente, qu'il serait difficile de marquer les transitions. Cependant, quand la maladie existe depuis longtemps, quand elle a profondément miné la puissance vitale dans ses racines, la marche des symptômes devient de plus en plus visible; et alors on s'aperçoit qu'on touche au dénoûment. Mais ce dénoûment malheureux, qui est si souvent inévitable pour tant de maladies, ne le paraît pas autant pour la chlorose. Avant de voir arriver cette dernière période où l'affaiblissement et l'atonie semblent être à leur comble, il y a le temps et les moyens d'obtenir un résultat heureux. Ceci pourrait laisser à entendre qu'on connaît la cause du mal, ou que la médecine a tout au moins là-dessus des notions suffisantes pour arriver à des applications thérapeutiques, qui elles-mêmes peuvent amener la guérison. Il n'en est rien ; on est arrivé seulement à des apparences de vérité sous le rapport de la cause, et, quant à la thérapeutique, l'empirisme a donné des moyens dont la médecine a éprouvé depuis longtemps l'efficacité. Ce que la science a fait pour trouver la cause de la clorose, nous paraît assez intéressant pour en entretenir sommairement nos lecteurs. — On crut, à une certaine époque, et on avait généralement admis cette opinion, que l'absence du fer dans le sang des chlorotiques était la cause de la décoloration du fluide circulatoire et de tous les symptômes qui caractérisent la maladie dont il est question. Cette opinion résultait de l'efficacité du fer et des préparations pharmaceutiques de ce métal. On voyait que le fer réussissait parfaitement, que sous son influence la circulation devenait plus active, que la couleur pâle s'évanouissait, enfin que des nuances de chair se répandaient sur la peau du malade. C'était assez pour croire que le fer, administré comme médicament, devait jouer un rôle exclusivement chimique dans le sang, et que c'était en complétant les éléments de ce fluide qu'il lui restituait l'intégrité et la plénitude de sa fonction dans le corps humain. Sans doute on ne se donna pas la peine de faire des analyses minutieuses du sang, de comparer le sang d'un chlorotique à celui d'un homme parfaitement sain. Mais, à cette époque, les moyens d'investigation n'étaient pas poussés aussi loin qu'aujourd'hui ; et puis les hypothèses ont un double charme, celui d'encourager la paresse et celui de flatter l'amour-propre. Voilà pourquoi dans tous les siècles, dans celui-ci comme dans les autres, on les admet si légèrement. Donc il y avait déjà longtemps que cette hypothèse avait force de loi, lorsque MM. Andral et Gavarret ont fait connaître le résultat de leurs intéressantes recherches sur le sang. Ils avaient étudié avec beaucoup de soin, et en colligeant beaucoup de faits, les variations de proportions que les diverses maladies font supporter aux éléments de ce fluide. Pour que nos lecteurs nous comprennent nous devons leur dire d'avance que le sang se compose de *fibrine*. C'est une masse filamenteuse et blanche qu'on sépare du sang en le battant, et que les anciens avaient nommée, à cause de son rôle dans la composition des tissus, du nom significatif et même poétique de *chair coulante*. Il se compose aussi de globules rouges, qui donnent au fluide, dont ils font partie, sa couleur naturelle, et enfin d'une masse aqueuse et incolore qui s'appelle dans la science, le *sérum*. Eh bien ! MM. Andral et Gavarret ont trouvé que, dans la chlorose, les globules du sang sont loin de présenter les mêmes proportions qu'à l'état normal ; ils ont même constaté que leur chiffre proportionnel baissait d'une manière si considérable, que de cent vingt-sept, il descendait jusqu'à trente-huit, et même vingt et un. Ces observateurs ont aussi étudié l'influence des préparations ferrugineuses sur l'augmentation ou la diminution des globules ; et ils ont reconnu qu'il y avait croissance dans la quantité de cet élément du sang, à mesure du traitement par le fer. C'est une manière de confirmer l'hypothèse de la coloration en rouge du fluide circulatoire, par l'addition, par l'influence chimique du métal dont il s'agit. Les recherches sur le sang ne se sont pas arrêtées là. On ne s'en est pas tenu aux résultats présentés par MM. Andral et Gavarret. M. Huefer, un médecin qui s'est livré avec beaucoup de succès à la chimie, est venu à son tour faire connaître les résultats de son expérimentation. Il croit avoir constaté, par l'observation la plus minutieuse, que dans les cas de chlorose, la diminution ne se faisait pas seulement sur les globules, mais sur la fibrine du sang, et que c'était à cette double déperdition dans les éléments essentiels du fluide circulatoire qu'était due la partie séreuse qui forme le principal caractère de l'intéressante maladie dont nous parlons. Mais quelle est la cause de cette hydropisie du sang, si l'on peut s'exprimer ainsi ; à quel organe, ou plutôt à quel dérangement organique, faut-il rapporter cet appauvrissement qui se produit dans le fluide vital du corps? Le fer manque dans le sang, a-t-on dit ; et voilà pourquoi la chlorose se développe. Les globules rouges diminuent proportionnellement aux autres éléments, a-t-on dit encore ; et voilà pourquoi il y a chlorose. Mais ceci n'est pas répondre ; ce n'est que reculer la difficulté. On ne l'a pas sans doute résolue encore d'une manière définitive ; mais tout fait présumer qu'on aura pris le bon chemin. Voici donc à quelle opinion la médecine semble s'arrêter sur la cause probable de la chlorose. On croit qu'elle est de nature nerveuse ; c'est aussi l'opinion de M. Huefer. On croit, dis-je, que les nerfs de la vie organique, ceux qui président aux fonctions de conservation et aux conditions d'existence matérielle du corps, on croit que ceux-là doivent être les agents de l'état morbide qui se fait remarquer dans le sang. Il est clair en effet que c'est sous l'influence de l'innervation que s'opère le travail physiologique de la composition du fluide circulatoire ; qu'il est impossible de croire, comme les matérialistes, à une chimie de laboratoire, qui se ferait, sans l'intervention de la force vitale, dans les vaisseaux de la circulation ou dans les vésicules pulmonaires. C'est la réflexion, c'est l'induction philosophique qui conduisent à cette pensée. Pour un tel ordre de faits, comme on le comprend d'ailleurs, on ne peut espérer le secours matériel des observations directes. Cette induction dont nous parlions tout à l'heure s'éclaire aussi d'une condition particulière, qui, pour être en dehors de la symptomatologie de la maladie, n'en est pas moins une de ses données les plus directes. Nous voulons parler de la manière d'être et physique et morale des individus chez lesquels elle s'exerce presque exclusivement. Ce sont les jeunes filles du monde qui présentent le plus souvent les symptômes de la chlorose. Il est rare que les symptômes de cette maladie ne soient pas précédées par d'autres d'une nature absolument nerveuse. Ou des habitudes trop molles, trop efféminées, ou des plaisirs trop vifs, trop imprudemment aimés, ont dérangé plus ou moins l'organisme ; et chez les jeunes filles ou les jeunes femmes qu'une éducation vicieuse a rendues trop impressionnables, il n'y a qu'un pas de ce premier état au développement de tous les phénomènes chlorotiques. Les peines morales, les peines de cœur qui jouent un rôle si important dans la vie de la femme, et puis encore les émotions que font naître ou qu'entretiennent certaines habitudes ou certaines lectures ; voilà encore des causes qui agissent avec une grande énergie, et qui forment le plus souvent le prélude ordinaire de l'affection si répandue dans les classes où l'existence se passe au milieu du luxe et des plaisirs. Sans doute au dehors de cette classe de personnes, la chlorose se rencontre bien des fois. Mais ce n'est pas dans les rangs inférieurs qu'elle a, si l'on peut s'exprimer ainsi, ses habitudes ordinaires. C'est plus haut qu'elle règne et qu'elle sévit. Nos lecteurs comprendront l'importance que nous mettons à faire connaître la chlorose, à décrire ses symptômes, à énumérer tout ce qu'on a écrit et fait d'important sur ce sujet, enfin à marquer le point où la science s'est arrêtée, touchant une question sur laquelle certainement on n'a pas tout dit. Les familles sont si souvent témoins des signes précurseurs et même des symptômes avancés de cette maladie, sans paraître s'effrayer de ses suites, et sans se douter des causes qui peuvent l'avoir amenée, que nous avons cru devoir exciter leur attention, ou plutôt la tenir éveillée. — Nous pouvons maintenant passer au traitement. Comme la maladie peut être considérée comme ayant deux phases, celle où elle se développe sourdement sous l'influence des causes morales, ou, en d'autres termes, celle où les phénomènes morbides se passent dans le système nerveux, et enfin celle où l'altération est visible, palpable, où la chlorose est prononcée, il faut d'abord agir par les moyens moraux, et ensuite par les agents physiques. Il est bien entendu que nous ne traçons pas une ligne rigoureuse de démarcation entre ces deux modes d'action; il est des circonstances où il faut s'appuyer en même temps sur l'un et sur l'autre. Les moyens moraux sont très-variés, comme on le pense bien; ils émanent de la position particulière de la malade, de ses habitudes, de son caractère, de ses sympathies; c'est là que la famille ou le médecin doivent chercher leurs inspirations. Dans bien des circonstances, il faut faire en quelque sorte l'anatomie du cœur; il faut lire dans la pensée. Il est nécessaire de ne pas oublier que ce ne sont pas les désirs qu'on communique, les sensations qu'on dévoile, les sympathies qu'on ne craint pas de laisser voir, qui déterminent du désordre dans le système nerveux. Ce n'est donc qu'en employant les ressources de l'esprit et du tact, qu'en mettant en œuvre l'influence si douce de la bienveillance, qu'on peut lire dans cette obscure pensée et qu'on peut y découvrir la cause de ce mal sans nom qui trouble et agite l'organisme. Le secret connu, le remède n'est pas toujours facile à appliquer. Mais, sur les jeunes esprits, et surtout sur les jeunes cœurs rien ne produit un meilleur effet que le changement de lieu et le changement d'habitudes. Quand le mal vient de plus loin, quand c'est un vice dans l'éducation qui a amené les désordres nerveux, il est plus difficile d'arriver vite et sûrement à un résultat. Mais avec de la clairvoyance et de l'impartialité on voit ce qu'il y a à faire, et avec une volonté inébranlable on vient à bout de tout. C'est surtout dans ces circonstances que la gymnastique est utile; bien dirigée, c'est presque un moyen sûr. Qu'on nous permette d'ouvrir ici une parenthèse, à l'occasion de ce moyen si puissant, si important. La gymnastique est l'exercice des forces matérielles, c'est vrai. Mais là ne se borne pas le service qu'elle peut rendre. Par la fatigue du corps, elle interdit l'exercice de l'esprit, et lorsque le travail intellectuel est mal dirigé, que la pensée a pris une ligne vicieuse, elle vient en quelque sorte faire obstacle au développement du désordre moral. C'est en un mot une excellente diversion. Les habitudes du monde qui consistent à développer un sentiment, un goût, à l'exclusion d'un autre, jusqu'à en faire une passion, pour ainsi dire, exclusive, doivent produire un dérangement dans l'état nerveux. Pour n'en citer qu'un exemple, nous parlerons de la musique que tant de jeunes personnes cultivent dans les grandes villes, de manière à acquérir une supériorité de virtuose. Eh bien! ce goût exagéré nuit quelquefois au libre exercice des fonctions. Il rend de plus en plus délicate, de plus en plus vive la sensibilité nerveuse; et, si on ne cherche pas à neutraliser cet état presque morbide par une action contraire, des désordres plus graves peuvent se produire et conduire à la fin à cette énervation chlorotique dont tant de jeunes personnes du monde portent le cachet. Nous n'en finirions pas si nous voulions entrer dans tous les détails, si nous voulions ne rien oublier dans notre énumération déjà si longue. Qu'on ne perde pas de vue du reste ce principe : pour qu'un équilibre exact, autant que possible, puisse exister et durer dans le corps, il faut opposer une force à une autre, mettre en présence d'une tendance vicieuse une tendance qui puisse la modifier ou la détruire. Cette règle s'applique tout autant à toutes les questions médicales qu'à la question toute particulière qui nous occupe. Nous voici à la thérapeutique matérielle. Nous ne parlons qu'en passant du bon air, de l'exercice, de la nourriture fortifiante : cela appartient, pour ainsi dire, aux développements dans lesquels nous venons d'entrer. Le fer et les préparations occupent toujours le premier rang dans la thérapeutique de la chlorose. Autrefois on le donnait à l'état d'oxyde. C'était de l'eau ferrée purement et simplement, qu'on préparait sans le secours du pharmacien. Maintenant l'art a pris le fer sous sa protection d'une manière toute particulière, et il est arrivé à le préparer de telle sorte, qu'il s'assimile, qu'il produit les effets toniques plus vite et plus sûrement. On donne le fer à l'état pilulaire; on le donne à l'état de pastilles : la pharmacie en a fait un bonbon. Les pilules de Blaud et celles de Valet sont très-recommandées; et le fer s'y trouve à l'état de sulfate, c'est-à-dire combiné avec l'acide sulfurique. Dans les pastilles ou les dragées, le fer s'y trouve combiné avec l'acide lactique ou l'acide citrique. Nous ne disons là que les principales combinaisons; il y en a bien d'autres. On a mêlé aussi le fer avec le chocolat. Qui ne connaît le chocolat ferrugineux? On l'a mêlé avec le pain; on a fait il y a quelques années, et la pratique médicale emploie des pains ferrugineux dont on se sert particulièrement pour les enfants. La multiplicité des préparations qui ont le fer pour objet prouve que la chlorose est une maladie grave, et qu'elle est une des plus communes. Nos lecteurs ne s'étonneront donc pas de l'importance que nous avons donnée à cet article. D[r] Éd. Carrière.

**CHLOROSEL**, s. m. (*chimie*), sel produit par la combinaison de deux chlorures.

**CHLOROSOME**, s. m. (*hist. nat.*), genre de serpents.

**CHLOROSTACHYÉ, ÉE**, adj. (*botan.*), qui a des épis verts.

**CHLOROSTOME**, adj. des deux genres (*hist. nat.*), qui a la bouche ou l'ouverture jaune ou verte.

**CHLOROSTYLE**, adj. des deux genres (*botan.*), qui est monté sur un support jaune.

**CHLORO-SULFURIQUE** (Acide) (*chimie*). En augmentant d'un équivalent d'oxygène le nombre d'équivalents de ce gaz que renferme la molécule chimique de l'acide sulfureux $SO^2$, on obtient l'acide sulfurique anhydre $SO^2+O=SO^3$. Or on sait que dans bien des cas l'équivalent d'oxygène O peut être remplacé par l'équivalent de chlore $Cl^2$, et l'on a cherché s'il ne serait pas possible de former un produit appartenant au type de l'acide sulfurique et qui ne serait autre chose qu'une combinaison d'acide sulfureux et de chlore. Ces recherches ont été assez longtemps infructueuses; dans ces dernières années, M. Regnault a pu obtenir ce composé $SO^2,Cl^2$, en maintenant exposé à l'action directe des rayons solaires, un mélange à volumes égaux de chlore sec et d'acide sulfureux. Le produit de cette combinaison est un liquide acide auquel M. Regnault a donné le nom d'acide chloro-sulfurique. La densité de ce liquide est 1, 6. Il bout sans altération à 17° c., quoique sa vapeur soit très-lourde, puisqu'elle a pour densité 4, 6. Il décompose l'eau, et forme avec elle de l'acide chlorhydrique et de l'acide sulfurique.

$$SO^2,Cl^2+HO=Cl^2H+SO^3.$$

M. Regnault a obtenu également avec l'iode l'acide iodosulfurique qui est solide. Ces deux corps ne sont d'ailleurs intéressants que parce qu'ils se présentent comme des exemples remarquables de la théorie ingénieuse des substitutions et comme une vérification exacte des prévisions auxquelles elle avait donné lieu.

**CHLOROTIQUE**, adj. (*méd.*), qui a rapport à la chlorose, qui est affecté de chlorose.

**CHLOROURE**, adj. des deux genres (*hist. nat.*), qui a la queue verte.

**CHLOROXALATE**, s. m. (*chimie*), sel produit par la combinaison de l'acide chloroxalique avec une base.

**CHLOROXALIQUE**, adj. m. (*chimie*). Il se dit d'un acide composé d'acide oxalique et d'acide hydro-chlorique.

**CHLOROXANTHE**, adj. des deux genres (*bot.*), qui est de couleur verdâtre et jaune.

**CHLOROXYCARBONIQUE**, adj. m. (*chimie*). Il se dit d'un acide composé de chlore et de gaz oxyde carbonique.

**CHLOROXYCARBURE**, s. m. (*chimie*), composé dans lequel il entre de l'acide chloroxycarbonique.

**CHLOROXYLE**, adj. des deux genres (*bot.*), qui a le bois verdâtre.

**CHLOROXYLE**, s. m. (*botan.*), laurier de la Jamaïque.

**CHLOROXYLINIQUE**, adj. m. (*chimie*). Il se dit d'un acide particulier constituant une espèce de substance résineuse verte.

**CHLOROXYSULFURE**, s. m. (*chimie*), composé dans lequel il entre du chlore et du soufre oxydé.

**CHLORURES** (*chimie*). On sait que l'on appelle sels le résultat de la combinaison d'un acide quelconque avec une base; et ce qu'il y a très-curieux, c'est que, à le bien prendre, ce que l'on a posé jadis comme type des sels, le sel marin, n'en est point un. Un sel est un composé ternaire

Sulfate de soude { Acide sulfurique { Soufre. Oxygène. / Soude...... { Sodium. Oxygène.

Trois éléments : soufre, sodium, oxygène;

tandis que le sel marin en renferme deux seulement : chlore et sodium; c'est un de ces composés binaires où entre le chlore, et que l'on désigne par le nom générique de chlorures. D'où pouvait donc provenir cette erreur de regarder un composé binaire comme type de composés ternaires? C'est qu'alors on croyait que le sel marin était réellement le produit de la combinaison d'un acide oxygéné avec une base, par la simple raison qu'on l'obtenait en combinant la soude avec l'acide muriatique, dont on ne connaissait pas encore la composition, mais que l'on supposait être composé d'oxygène uni à un radical inconnu; pour les anciens chimistes, le sel marin était du muriate de soude; pour nous, le résultat de l'action de l'acide muriatique sur la soude est un chlorure et de l'eau.

$$Cl^2H + Na^2O = Cl^2Na^2 + HO,$$
$$\text{et non point} = Cl^2H, Na^2O.$$

Car si l'on concentre la dissolution et si on l'évapore jusqu'à complète siccité, le produit solide que l'on obtient ne renferme absolument que du chlore et du sodium. Nous nous réservons d'ailleurs de traiter un peu plus tard une question fort importante qui se rattache à celle-ci, et sur laquelle bien des savants ont disserté longtemps avant d'arriver à une solution satisfaisante. On a donc enlevé au sel marin son nom chimique de sel, en le laissant à des corps qui ne l'auraient point dû avoir, puisqu'ils ne le devaient qu'à une fausse analogie. — On appelle donc du nom de chlorure tout composé de chlore avec un corps simple, lorsque le produit de la combinaison jouit de réactions acides et de propriétés électro-négatives. Berzélius veut qu'on l'appelle un chloride; toutefois, cette distinction étant d'une assez médiocre importance, nous n'en tiendrons aucun compte. —Nous avons déjà signalé le chlore comme tenant, en chimie et en industrie, un rang aussi élevé au moins que l'oxygène; rien n'est plus propre à légitimer cette assertion que l'histoire des chlorures. Chaque oxyde correspond en général à un chlorure du même degré de saturation et jouissant de propriétés analogues; à un oxyde-acide correspond un chlorure acide, à un oxyde basique correspond un chlorure basique, à un oxyde indifférent un chlorure indifférent, il n'y a que les oxydes singuliers qui ne trouvent point de chlorures pour leur correspondre.

| | | |
|---|---|---|
| Acide... | Bichlorure d'étain..... | $SnCl^4$ |
| | Acide stannique...... | $SnO^2$ |
| Base.... | Chlorure de potassium.. | $K^2Cl^2$ |
| | Oxyde de potassium... | $K^2O$ |
| Chlorures indifférents | Chlorure de fer (sesqui-) | $Fe^2Cl^6$ |
| | Sesquioxyde de fer. .. | $Fe^2O^3$ |

Partout l'équivalent d'oxygène O est remplacé par la molécule double $Cl^2$, et partout se soutient l'analogie d'aptitudes acides, basiques, ou indifférentes. Et même on peut trouver un rapprochement plus remarquable encore. On sait que certains oxydes comme l'oxyde de manganèse $Mn^3O^4$, qui se produit dans la calcination en vases clos de bioxyde, l'oxyde de plomb $Pb^3O^4$, appelé minium, peuvent être regardés comme des sels formés par un acide et un oxyde, qui ne sont autre chose que deux degrés différents d'oxygénation d'un même radical, le composé le plus oxygéné jouant le rôle d'acide,

$$\left.\begin{array}{l} Pb^3O^4 = PbO^2, 2PbO \\ Mn^3O^4 = MnO^2, 2MnO \end{array}\right\} \text{oxydes salin}$$

De même on trouve des chlorures dont la loi de composition est la même, et que l'on pourrait appeler, par analogie, chlorures salins; nous en trouverions un exemple précisément dans le chlorure de manganèse (deutochlorure) :

$$Mn^3Cl^8 = MnCl^4, 2MnCl^2.$$

Mais s'il existe entre les chlorures et les oxydes de grandes analogies, de nombreux points de rapprochement, les dissemblances et même les oppositions ne manquent pas non plus. *Le chlore donne des ailes aux métaux*, disaient les anciens chimistes, ce qui peut s'interpréter ainsi : un chlorure métallique est d'autant plus volatil qu'il renferme plus de chlore; tous les chlorures sont volatils, et par-dessus tout les perchlorures. Tout au contraire l'oxygène en s'accumulant dans une substance augmente sa fixité, et cela est vrai en chimie minérale, mais plus encore en chimie organique. Une substance organique volatile ne renferme jamais plus de 6 à 7 atomes d'oxygène; les substances organisées, qui en renferment bien davantage, sont toutes fixes; elles ne peuvent se volatiliser, car elles se décomposent auparavant pour donner naissance à des substances organiques, ou des composés inorganiques, qui, moins riches en oxygène, sont assez généralement volatils (acide cyanhydrique, ammoniaque, acide carbonique, etc...). — Ainsi tous les chlorures sont volatils : les oxydes ne le sont point (il faut en excepter toutefois l'oxyde de cadmium). A part le chlorure d'or et le chlorure de platine, les chlorures ne sont point décomposés par la chaleur tandis qu'elle réduit un bon nombre d'oxydes. Il est vrai que certains perchlorures peuvent être ramenés à l'état de protochlorures; mais il n'y a que les deux cités plus haut qui puissent être entièrement réduits. — L'hydrogène est sans contredit l'un des corps pour lesquels le chlore a le plus d'affinité; aussi l'hydrogène réduit-il tous les chlorures, à part ceux des métaux alcalins et des métaux terreux, et encore parmi ceux-ci est-il bien des perchlorures qu'il ramène à l'état de protochlorures. Pour opérer ces réductions, on met le chlorure dans un tube de verre que l'on recouvre de charbons incandescents, pendant qu'il est traversé par un courant d'hydrogène bien pur. C'est ainsi que l'on révivifie l'argent de son chlorure. — Le soufre, le phosphore, le brôme et l'iode ne décomposent guère les chlorures, à moins qu'ils n'aient une forte affinité pour le métal; alors ils se combinent à la fois et au métal et au chlore. Quant aux métaux, ils peuvent se déplacer les uns les autres dans leur combinaison avec le chlore : ceux de la première section, potassium, sodium, barium, etc., déplacent tous les autres. Ceux de la deuxième : magnésium, aluminium, etc., tous les autres, excepté ceux de la première, et de même pour ceux qui suivent, chassant tous ceux qui viennent après eux dans la série, impuissants contre ceux qui les précèdent. La propriété que possèdent les métaux de la première section d'enlever le chlore aux métaux de la deuxième, a été heureusement mise à profit pour obtenir à l'état de liberté ces métaux, magnésium, aluminium, glucinium, etc., dont la pile voltaïque n'avait pu décomposer les oxydes, et dont on n'admettait l'existence que par induction. Il est à remarquer aussi que l'intervention de l'air hâte puissamment ces décompositions des chlorures métalliques par d'autres métaux, parce que l'affinité de l'oxygène pour le métal combiné au chlore concourt avec l'affinité prédominante du métal libre pour le chlore, afin de détruire l'ancienne combinaison, et de déterminer la nouvelle. C'est au point que, sous l'influence de l'air, un métal peut chasser de sa combinaison avec le chlore un autre métal d'un rang plus élevé : ainsi le cuivre, le mercure, peuvent décomposer en pareilles circonstances le chlorure de sodium. — Un chlorure, comme le chlorure de potassium, étant un composé binaire, il ne semble pas qu'un acide puisse avoir d'action sur lui. Effectivement, si le chlorure est parfaitement anhydre, ainsi que l'acide, ce dernier laisse le chlorure intact. Mais que l'on fasse passer sur le chlorure mêlé à l'acide un courant de vapeur d'eau, ou bien que l'un des deux corps soit hydraté, à l'instant même le chlorure décompose l'eau; il se forme de la soude dont s'empare l'acide étranger, le chlore s'unit à l'hydrogène et se dégage à l'état d'acide chlorhydrique. Avec la silice ou l'acide borique, point d'action, si l'on ne fait passer sur le chlorure un courant de vapeur d'eau avec l'acide sulfurique hydraté, ou l'acide azotique, ou l'acide phosphorique, décomposition immédiate

$$Cl^2, Na^2 + SO^3, HO = Cl^2H + SO^3, Na^2O.$$

N'oublions point que tous les chlorures n'éprouveraient pas indistinctement cette transformation; l'acide sulfurique, en contact avec le bichlorure de mercure, ne le décomposerait point, il ne détruit que le protochlorure. Presque tous les métaux sont attaquables directement par le chlore pourvu qu'on les maintienne à une température convenable, et quelquefois même l'action est accompagnée d'un grand dégagement de chaleur et de lumière, c'est ce qui a lieu quand on fait agir le chlore sur le potassium, le fer, l'antimoine ou l'arsenic. Aussi presque tous les chlorures peuvent-ils se préparer par l'action immédiate du chlore sur le métal maintenu dans un tube de porcelaine à une température plus ou moins élevée. Et, comme tous les chlorures sont volatils, à la suite du tube de porcelaine, il faut établir un appareil de condensation pour recevoir le produit de cette réaction. D'autres chlorures peuvent s'obtenir en décomposant, par le métal que l'on veut combiner au chlore, le chlorure d'un autre métal moins élevé dans la série

$$Cl^4Hg+2Sn=Cl^4Sn+HgSn.$$

$Cl^4Sn$ est la liqueur fumante de Libavius, le bichlorure d'étain. — On peut encore soit en traitant un oxyde ou un sulfure par l'acide chlorhydrique, soit en attaquant le métal par l'eau régale, ou même simplement par l'acide chlorhydrique faible, obtenir un très-grand nombre de chlorures. — Etudions actuellement, aussi complétement que nous le permettront les bornes dans lesquelles se trouve restreint cet article, l'action qu'exerce l'eau sur les chlorures. Quelques-uns y sont insolubles et se précipitent sans éprouver la moindre altération. En première ligne se place le chlorure d'argent, dont l'insolubilité est tellement grande, qu'une goutte d'un chlorure liquide dans une dissolution d'argent, quelque étendue qu'elle soit, trouble immédiatement la liqueur; puis viennent les protochlorures de mercure, de cuivre, d'or, d'iridium et de platine. D'autres chlorures se décomposent dans l'eau et donnent un précipité d'oxyde, tantôt pur, tantôt mélangé de sous-chlorure indécomposé; il se dégage en même temps de l'acide chlorhydrique; l'acide et l'oxyde prennent évidemment leur hydrogène et leur oxygène à l'eau. Comme exemples de ces chlorures, nous citerons ceux de tungstène (précipité violet d'oxyde), d'antimoine, de bismuth, de tellure (précipités blancs d'oxydes mêlés à des chlorures), les protochlorures de manganèse, de chrome décomposent bien l'eau ; mais le précipité ne ne forme point, les oxydes qui se produisent ayant la réaction acide, et étant solubles. Le protochlorure de fer desséché et calciné donne, lorsqu'on le traite par l'eau, des produits analogues : l'acide chlorhydrique se dégage, et le protoxyde de fer qui se précipite prend en peu d'instants au contact de l'air une teinte de rouille, et passe à l'état de sesquioxyde. Il est au contraire soluble dans l'eau quand il n'a point été calciné, et établit de cette manière la liaison entre ces chlorures décomposables par l'eau, et ceux qui s'y dissolvent sans éprouver d'altération. Tous les chlorures alcalins et terreux, et bien d'autres encore, sont dans ce cas. Ils disparaissent complétement dans l'eau ; et si, la dissolution une fois opérée, on l'évapore jusqu'à siccité on trouve pour résidu le chlorure et rien autre chose. — Certains chimistes, par induction de la manière dont se comportent à l'égard de l'eau les chlorures qui la décomposent, admettent que, alors même qu'il n'y a aucun précipité, il se forme de l'acide chlorhydrique et un oxyde métallique, que le chlorure devient un chlorhydrate. Selon eux la double affinité du chlore pour l'hydrogène, et du métal pour l'oxygène, agit pour opérer la séparation des éléments de l'eau. Les phénomènes de double décomposition des sels par les chlorures s'expliquent comme la décomposition des sels par d'autres sels, et pour ne point laisser à cette théorie le motif seul de la probabilité, ils montrent que la plupart des chlorures en dissolution présentent les mêmes couleurs que les sels ordinaires des mêmes métaux. Ainsi le chlorure de cobalt sec est bleu, en dissolution il est rose comme l'azotate de cobalt; le chlorure de nickel anhydre est jaune d'ocre, une fois dissous il est vert pomme comme l'azotate de nickel ; le chlorure de chrome est couleur de fleur de pêcher quand il ne renferme point d'eau, il est vert émeraude quand il est dissous, aussi bien que tous les sels qui ont pour base l'oxyde de chrome. Toutes ces réactions sur lesquelles est basée la fabrication des encres sympathiques sont bien de nature à ébranler les convictions et à faire admettre avec ces chimistes qu'un chlorure en dissolution dans l'eau devient un chlorhydrate. Et cependant pourquoi veut-on que le chlorure décompose l'eau ? N'y a-t-il pas l'affinité du chlore pour le métal, celle de l'oxygène de l'eau pour son hydrogène, qui contrebalancent suffisamment celles de l'hydrogène pour le chlore, et de l'oxygène pour le métal ? Et d'ailleurs quand on évapore jusqu'à siccité la dissolution, ne retrouve-t-on point le chlorure intact ? Serait-ce donc à dire que cette puissante affinité du chlore, du métal, pour l'hydrogène et l'oxygène, n'a pu résister à la dessiccation, et se trouve détruite par le simple fait d'une évaporation ? En outre, voici une expérience qui tend à prouver que le chlorure ne se décompose point. Lorsqu'on met du chlorure d'or en dissolution dans l'eau, si l'on vient à verser quelques gouttes d'éther dans cette dissolution, on voit le chlorure se rassembler dans l'éther où il est bien plus soluble que dans l'eau, et gagner avec lui la partie supérieure. Dira-t-on que la seule différence de solubilité dans l'eau ou dans l'éther soit capable de détruire des affinités comme celles que ces chimistes mettent en jeu, et de ramener le chlorhydrate à l'état de chlorure. Il paraît donc plus simple d'admettre que le chlorure se dissout sans décomposer l'eau. Il n'est pas au surplus plus difficile de comprendre la substitution simple d'un métal à un autre métal dans la double décomposition des chlorures et des sels,

$$Cl^2Ba+SO^3,Na^2O=Cl^2Na^2+SO^3,BaO$$

$Na^2$ remplaçant Ba et réciproquement, que de comprendre l'échange des bases dans la double décomposition des sels les uns par les autres.

$$Az^2O^5,BaO+SO^3,Na^2O=Az^2O^5,Na^2O+SO^3,BaO,$$

BaO se mettant à la place de $Na^2O$, et *vice versâ*.

D'autant mieux que même dans ce dernier cas on pourrait supposer une simple substitution de métaux.

Quant à rendre compte du phénomène du changement de couleur, nous avouons qu'il y a là une difficulté réelle, mais que plus tard l'expérience expliquera sans doute. Peut-être, et c'est là l'opinion de M. Dumas, c'était celle de M. Dulong, les efforts que l'on fait pour ramener la composition des chlorures à celle des sels, ne sont-ils infructueux que parce que les sels n'existent pas tels que nous les définissons, le composé d'un acide avec une base, l'acide et la base étant bien nettement distincts. Peut-être le groupement des molécules est-il différent : au lieu d'être $SO^3,RO$, ne serait-il pas $\underset{O}{SO^3},R=SO^3O$ ou $SO^4$, agissant comme un corps simple? Et pourquoi ne pourrait-il pas le faire aussi bien que l'acide sulfureux $SO^2$, que l'acide hypoazotique $Az^2O^4$, le cyanogène $C^2Az^2$ ? Alors il n'y aura plus rien d'étonnant à ce que le chlorure de cobalt $Cl^2,Co$ soit de même couleur que le nitrate de cobalt $\underset{O}{Az^2O^5}|,Co$ : que le chlorure de fer $Cl^2Fe$ soit vert comme le sulfate $\underset{O}{SO^3}|,Fe$, puisque le groupement, le mode d'agrégation, seront identiquement les mêmes. En envisageant d'ailleurs les sels sous ce point de vue, les doubles décompositions se font par une substitution de métaux bien apparente. Nous ne pensons donc pas qu'il puisse rester dans l'esprit de nos lecteurs de doute sur la persistance du chlorure en dissolution, et sur l'inutilité et l'inexactitude du système opposé. — Nous renvoyons pour l'étude des différents chlorures métalliques à l'histoire de chaque métal en particulier. BOUTET DE MONVEL (de l'école normale).

**CHLORURÉ, ÉE**, adj. (*chimie*), qui est converti à l'état de chlorure.

**CHLUMCZANSKY (WENZEL-LÉOPOLD)**, savant et vertueux prélat de Bohême, né d'une illustre famille du cercle de Prachin, le 15 novembre 1759, fit ses études à Prague, reçut les ordres en 1772, resta de quatre à cinq ans en qualité de chapelain à Klœsterlé, fut ensuite pasteur à Gartilz, puis à Prague, où il devint chancelier du chapitre métropolitain, et enfin évêque suffragant. On ne lui donna d'abord pour ville épiscopale que la Canée (*in partibus*); mais il gouvernait presque exclusivement les affaires du diocèse à la place du prince de Salm, archevêque, qui était fort vieux et malade. Sept ans après (1802), il fut nommé par l'empereur d'Autriche au siége de Leitméritz, où il donna l'exemple de toutes les vertus chrétiennes, répandit de prodigieuses aumônes, surtout dans la désastreuse année 1813, et renouvela la face de l'enseignement ecclésiastique. Déjà l'empereur, qui l'honorait de la belle qualification de *père des pauvres*, avait récompensé ses vertus, d'abord par le titre de conseiller intime en activité, puis par sa nomination à l'archevêché de Lemberg (1812). Chlumczansky accepta la première faveur, mais refusa l'autre, qui, dit-il, ne donnerait aux Polonais qu'un pasteur inutile, puisqu'il serait étranger à la langue de son troupeau. Deux ans après, l'archevêché de Prague vint à vaquer; le monarque en investit l'évêque de Leitméritz, qui fut installé l'année suivante. La ville de Prague le vit avec attendrissement consacrer presque la totalité de ses revenus à l'amélioration du sort des classes pauvres, prendre sous sa protection toutes les entreprises utiles, verser des dons sur les frères de la Pitié, sur les ursulines, sur les élisabéthines, soutenir les étudiants pauvres, rapprocher l'organisation du séminaire de Prague de celle de tous les grands établissements, y créer une infirmerie et des cours nouveaux. Non content de ces bienfaits, plus spécialement réversibles à des ecclésiastiques, il voulut que deux écoles positives (real Schulen) s'ouvrissent, l'une à Rakonitz, pour les arts et métiers, l'autre à Reichenberg, pour les opérations commerciales; et il fixa des fonds pour ces deux fondations. Il eut le bonheur de voir le premier de ces deux établissements s'ouvrir le 1er novembre 1829. Il ne survécut que de quelques mois à cette inauguration, et mourut le 14 juin 1830, âgé de plus de quatre-vingts ans. En lui s'éteignit l'antique famille de Chlumczansky. Il laissa un fonds de seize mille florins pour les pauvres et dix mille pour le séminaire de Prague, avec sa bibliothèque, qui était nombreuse.

**CHMIELNICKI** (BOGDAN), fameux Cosaque qui reçut plus d'éducation que ses compatriotes, avait fait la guerre avec distinction dans les armées polonaises, lorsque sa bravoure et son habileté lui méritèrent l'honneur de devenir un des confidents politiques du roi de Pologne, Vladislas VII, depuis longtemps impatient du joug que la diète faisait peser sur la royauté. Dès 1632, en sa qualité de notaire, c'est-à-dire de chancelier des Cosaques, il avait guidé les démarches de ses compatriotes, qui sollicitaient le droit de siéger à la diète d'élection. Le dédain avec lequel les magnats polonais refusèrent la demande des Cosaques, amena l'insurrection de 1637; mais celle-ci fut brusquement terminée par la défaite de Boworwica (16 décembre), et la diète de 1638 traita les Cosaques en vaincus, les déclara tous paysans, leur donna pour commandant son commissaire polonais, leur interdit les pirateries sur la mer Noire, voulut les astreindre à se faire catholiques, etc. Cet état violent dura dix ans. Pendant ce temps, Bogdan avait proposé d'aller, avec six cents navires montés par les Cosaques, attaquer Constantinople, tandis qu'au nord Vladislas ferait par terre une diversion sur la Turquie. La diète ne voulut point de ce projet, qu'elle regardait comme provenant de la chancellerie polonaise même, et dont l'effet aurait été de donner au roi plus d'ascendant: elle ne se trompait point. Le chancelier Ossolinski et Vladislas formèrent alors un autre plan, ce fut de rendre aux Cosaques leur constitution et leurs priviléges. Bogdan devait employer secrètement son influence auprès des Tartares pour les engager à se jeter sur la Pologne; puis, quand la diète, contrainte par cette invasion, aurait accordé au roi de l'argent et des troupes, les Cosaques se joindraient à celles-ci pour expulser l'ennemi commun, et ensuite établiraient sur des bases plus solides l'autorité du roi. Il ne manquait qu'un prétexte à Bogdan pour lever l'étendard de la révolte. L'intendant des Koniecpolski, une des plus riches familles qui commandaient en Ukraine, en fournit un en s'emparant d'un moulin appartenant à Chmielnicki. Bientôt ce chef eut organisé une insurrection générale (1647). Le vainqueur de Boworwica, Nic. Potocki, envoya contre les rebelles son fils Etienne, qui fut tué le 15 avril 1648, sur les bords du Dniéper, puis alla lui-même se faire battre et prendre près de Korsoum, le 26 mai. Bogdan alors, ainsi qu'il en était convenu, écrivit au roi une lettre dans laquelle il requérait au nom des Cosaques l'annulation de tout ce qui s'était fait depuis 1638, et le redressement des griefs de sa nation. Cette lettre trouva le monarque mort. Bogdan se hâta d'utiliser l'interrègne en soumettant la Podolie, la Pokecie, la Volhynie, la Russie rouge. La diète, malgré l'influence d'Ossolinski, avait résolu de repousser les Cosaques par la force; elle envoya contre lui trente-six mille hommes sous les ordres de Dominique Ostrowski et de vingt-six commissaires. Ces chefs n'étant point unis, l'influence d'Ossolinski fit décider qu'on se retirerait pour ménager la seule armée qui pût défendre le pays; mais cette retraite, mal exécutée, fut ce que l'on appelle *la fuite de Pilawiecz* (23 septembre 1648). Bogdan s'empara du camp polonais, près de Léopol, où plus de trente mille personnes périrent, et qui lui paya une contribution de sept cent mille florins; il ne s'arrêta ensuite que devant le château de Zamosc, défendu par l'intrépide Louis de Weyer, et de là fit dire à la diète qu'il souhaitait l'élection de Jean Casimir. Ce prince fut effectivement élu (20 novembre). Alors Bogdan, levant le siége de Zamosc, qui lui paya quarante mille florins, se retira dans l'Ukraine, sur un message du nouveau roi. Suivant les anciens historiens, ce message aurait été un ordre; suivant les modernes, l'ordre n'était qu'une instruction secrète. Bientôt en effet des négociations furent ouvertes à Péredaslaw (19 février 1649), le monarque investit Bogdan du titre d'hetman des Cosaques; mais les propositions jointes à sa nomination ne purent plaire aux Cosaques, et la guerre continua, tandis que Jean Casimir célébrait son mariage à Varsovie. Depuis deux mois Bogdan, avec trois cent mille Cosaques, et l'hetman Guéraï, avec cent soixante mille Tartares, assiégeaient dans son camp, à Zborow, Jér. Wisuiowski; lorsque le 14 août le monarque, à la tête de son armée, vient pour le délivrer, il est lui-même inopinément attaqué à Zborow, au passage de deux ponts, perd deux mille hommes, et, cerné par une masse d'ennemis, voit tous ses nobles reconnaître qu'il faut demander la paix. Bogdan en dicte les conditions (10 août): 1° pour tous les Cosaques, jouissance de leurs libertés et priviléges; 2° pour quarante mille, droit d'armes et inscription sur le registre de la milice; 3° à chacun de ces quarante mille hommes, dix florins par an, plus un uniforme en drap; 4° la rivière Horn pour limite; 5° exclusion des juifs; 6° concession de la starostie de Czigrin à Bogdan et ses successeurs; 7° renonciation à l'union, séance au sénat pour l'archevêque de Kiew, choix des palatins de Kiew, de Czernichow et de Braelaw, parmi les Grecs non unis, etc., etc. L'accord signé, Bogdan s'avança, un roseau à la main, dans le camp polonais, fléchit le genou devant le monarque vaincu, auquel il demanda grâce de sa révolte, et reçut le bâton d'hetman. La paix de Zborow n'en fut pas moins ratifiée par la diète; mais la mort d'Ossolinski, que remplaça Radzeiovski, complétement étranger aux intrigues de son prédécesseur, ranima les espérances des ennemis des Cosaques (août 1650). Bogdan avait envahi la Moldavie à la tête de cent soixante mille Cosaques et Tartares réunis, et, maître de Jassi, avait tracé à la pointe de son épée les conditions de la paix en quatre lignes: 1° l'hospodar (Lupulé) indépendant de la Pologne; 2° mariage du fils de Chmielnicki (Timothée) avec Dumna, fille de Lupulé; 3° payement de six cent mille écus aux Cosaques et Tartares; 4° nulle relation désormais entre Polonais et Moldaves. Il s'était ensuite, d'après le conseil du patriarche de Constantinople, mis sous la protection de la Porte. Les nouvelles des armements de la Pologne et du roi, qui cette fois était bien sérieusement son ennemi, le rappela de la Moldavie. Il vint camper à Zbaras. Casimir, à la tête de trente-six mille Polonais et dix-huit mille Lithuaniens, eut l'art d'isoler les Cosaques des Tartares, et remporta sur Chmielnicki la victoire de Berestecz. Celui-ci recueillit les débris de son armée, tandis que celle de Casimir se fondait, et qu'à peine trente mille hommes restaient sous les ordres de Stanislas Potocki et de Jean Radziwil; et le 28 septembre le traité de Bialocerkiew, moins avantageux, mais très-favorable encore, prouva combien les Polonais craignaient les Cosaques. L'hetman profita de cette paix, qui ne devait être qu'une courte trêve, pour former des colonies; reprit avec Timothée la route de la Moldavie, pour aller chercher Dumna; battit et prit chemin faisant le général polonais Kalinowski; puis, tandis que le jeune prince épousait sa fiancée dans Jassi, menaça Kamieniecz et cerna de nouveau Casimir, qui ne se tira de ce danger qu'en semant l'or. Telle était désormais l'inimitié des Cosaques et des Polonais, que Bogdan, s'unissant aux Russes, signa, le 6 (16 janvier 1654), avec Alexis Mikhaélowitz, le traité de Péréïaslawl, par lequel il reconnut la suzeraineté du czar. Ainsi se changèrent tout à coup les destinées de la couronne polonaise. Pour gage de sa parole, Bogdan réunit aux Russes Stazodoul, Péréïaslawl, Nieszin, et Kiew, la métropole des Grecs septentrionaux. Les Polonais, que commandait Potocki, ne purent ouvrir la campagne qu'à la fin de 1654. Forcés d'abord de se retirer devant Chmielnicki, ils vinrent ensuite à bout de le bloquer dans son camp retranché à Ochmatof; l'intrépide Cosaque échappa pourtant, traversa le sabre à la main l'armée polonaise, et après avoir perdu neuf mille hommes, rejoignit les Russes. Bientôt après (28 septembre 1655) ses Cosaques écrasèrent Potocki à Slonigrodeck, et avec le Russe Boutlourlin il alla mettre le siége devant Lublin et Léopol. L'approche des Tartares, alors alliés des Polonais, leur fit lever le siége, et la prise d'un fils de Boutlourlin par ses nomades décida Bogdan à conclure avec leur kan un armistice en vertu duquel ce dernier reprit le chemin de la Crimée, en 1656. La même année eut lieu la trêve de Niemetz, entre la Russie et la Pologne. Plusieurs historiens assurent que vers ce temps Bogdan, vengé, s'effraya de la rapidité avec laquelle les Russes élevaient leur empire, et sentant que les reconnaître pour maître c'était se placer sous un joug de fer, se ressouvint qu'avant sa révolte il avait été Polonais, se rendit aux prières de quelques nobles qui le sollicitaient pour son ancienne patrie, et promit de rester neutre. Le fait est que, tandis qu'on signait la trêve de Niemetz, il traitait avec le roi de Suède, Charles X, et Ragoczi, et que ses plénipotentiaires juraient à Szamos-Ujvar, en 1657, le traité du 20 novembre 1656, qui partageait la Pologne entre le Brandebourg, la Suède, Radzivil, Ragoczi et les Cosaques; on adjugeait à ceux-ci l'Ukraine en toute indépendance. Peu de temps après (27 août 1657), Bogdan Chmielnicki fut enlevé par un coup d'apoplexie, à Tchigerin, laissant les insignes d'hetman à Georges, seul fils qu'il eût encore, et confiant la tutelle de ce successeur à son conseiller intime Jean Wichoffski. Cet homme extraordinaire, grand politique, habile capitaine, formait un assemblage singulier de rudesse sauvage et de génie, de barbarie et de générosité. Né dans la condition la plus obscure, il parut tard avec quelque éclat, et conserva ses habitudes de *paysan-soldat*. Sa carrière ne compta guère que dix années. Georges, reconnu par les Cosaques, voulait, conformément aux dernières paroles de son père, rester fidèle aux Russes : le czar pourtant reconnut Wichoffski hetman à la place de son pupille, et pendant ce temps l'adroit Wichoffski s'alliait à la Pologne par le traité de Hadziacz (16 septembre 1658), lequel érigeait l'Ukraine, jointe à la Russie rouge, en duché de Russie, à peu près avec les priviléges dont jouissait la Lithuanie; déclarait les Cosaques libres et citoyens de la Pologne; conférait à la noblesse instituée parmi eux le droit de siéger dans les diètes, et à leurs évêques grecs non unis celui de prendre place au sénat, etc., etc. Les obstacles que rencontra la réalisation du traité, le peu d'avantages stipulés pour le gros de la nation cosaque, l'ancienne haine de celle-ci et des Polonais, excitèrent une insurrection contre Wichoffski, et tandis que cet ambitieux battait les Russes à Konotoz, on proclama le jeune Chmielnicki; les Cosaques Zaporogues s'unirent à lui intimement; le czar, détrompé, le reconnut hetman. Wichoffski se réfugia chez les Polonais (1659). Mais dès l'année 1661 les Russes, réunis au jeune Chmielnicki, furent si complétement battus à Slobodiesc, qu'après avoir perdu trente-sept mille hommes ils durent signer la honteuse convention de Czadnow. Chmielnicki s'y reconnaissait vassal de la Pologne, et renouvelait à peu près les conventions du traité de Hadziacz. Les Cosaques, mécontents de l'influence polonaise, se déclarèrent en grand nombre contre lui, et nommèrent un hetman disposé en faveur de la Russie. L'année 1662 fut remarquable par une bataille entre les deux hetmans, à Kanicf. Georges fut vaincu. Reconnaissant son insuffisance pour le poste difficile qui lui était assigné, il abdiqua et alla s'enfermer dans un couvent. Il n'avait que vingt-deux ans. Les Cosaques polonais élurent à sa place Paul Tétera, son cousin.

**CHMIELECIUS** (MARTIN), médecin, né à Lublin en 1559, vint achever ses études à Bâle, fut reçu docteur en 1587, obtint en 1589 une chaire de logique, qu'il occupa vingt et un ans, et ensuite celle de physique, qu'il occupa jusqu'à sa mort, en 1632. Membre du collége de philosophie et de médecine de Bâle, il avait été promu plusieurs fois au décanat de l'une et de l'autre de ces facultés. On a de lui : *Dissertatio de humoribus*, Bâle, 1619, in-4°; *De clementis*, ibid., 1623, in-4°; et des *Lettres sur la médecine*, dans la *Cista medica* de Jean Hormeng, Nuremberg, 1625, in-4°.

**CHMOUN**, dieu égyptien que l'on peut ranger parmi les khaméphioïdes, en ce sens qu'il fait partie de la triade des personnes-propriétés. Essentiellement conservateur, il est censé, 1° restaurer l'organisme délabré, guérir les infirmités humaines, chasser les maladies; 2° renouveler et rajeunir; 3° ressusciter; 5° sauver; 5° donner la vie. De là divers caractères. Fréquemment il est pour le fécondateur Mandou ou amalgamé avec lui en Mandou-Chmoun; plusieurs cités consacrées à Mandou ont même porté son nom. Les quatre autres qualités font de lui le type parfait du dieu-médecin. Il est hors de doute que l'Esmoun phénicien, l'Asclèpe-Esculape des Gréco-Romains, n'en sont que des copies développées. A ce premier rapprochement général il faut joindre beaucoup de détails dont il est question à l'article ESCULAPE; les plus saillants sont ceux de Jason, Jasion, personnages mythiques, évidemment dénommés d'après le rôle qu'on leur assigne (ἰᾶσθαι, *iasthai*, guérir). En Grèce, Apollon est le dieu de la médecine, Esculape est son fils et l'efface. Chmoun semble aussi avoir été regardé comme l'émanation directe, le fils de Fta : allusion probable aux sources médicinales, qui étaient censées devoir leur chaleur au feu central de la terre. Enfin Chmoun eut la plus étroite analogie avec Imouth, le dieu-ciel, un des treize-douze. Chmoun s'absorbe aussi en Agathodémon, et, par là même qu'il donne la vie, assume le titre de bienfaiteur. Ainsi les trois personnes-propriétés sont chacune individuellement le tout dont on les croit les parties : le bienfaiteur a été créateur et sauveur; le créateur a été sauveur et bienfaiteur; le sauveur cumule de même le pouvoir générateur et la bienfaisance. Les iconographes donnent comme Chmoun-Mandou la grande figure ithyphallique décrite à l'article MANDOU, fin.

**CHNAS** (Χνᾶς, gén. Χνᾶ) est le nom phénicien du célèbre Agénor (*V.* Chérobosque, manuscrit inédit de la bibliothèque Coislin, 176, fol. 36; Bekker, *Anecd.*, p. 1181), ou, selon Sanchoniathon (dans Eusèbe, *Prép. év.*, liv. I, ch. 10), le deuxième nom d'un Phénix que l'on donne vulgairement pour fils d'Agénor. D'autre part on sait que la Phénicie (*V.* Et. de Byz., art. Χνᾶ) porta le nom de Chna, et ses habitants celui de Χνᾶοι. Suivant le manuscrit cité plus haut, le nom de Khna ou Okhna vient de Chnas (les deux noms sont bien les mêmes), représente la partie de la nation phénicienne qui resta en Asie et habita le pays de Chanaan, tandis que Cadmus représente une des émigrations phéniciennes en Europe.

**CHNOUBIS** ou **CHNOUMIS**, comme **CNUPHIS**, **CHUMIS**, sont autant de déformations diverses de Knef.

**CHNOUM** ou **CHNOUMIS**, troisième décan du Cancer, selon les légendes hiéroglyphiques, est nommé Chumis dans Saumaise, et Thiumis dans Firmicus. On présume que c'est le personnage placé debout à la proue de la dernière grande barque décanophore de la bande supérieure dans le zodiaque rectangulaire de Tentyra. Il est coiffé du pchent. Derrière lui sont deux déesses assises, dont une porte la coiffure d'Athor avec le sceptre à lotos : la deuxième nous est inconnue. Après la barque qui porte Chnoum et les deux déesses, on voit une petite barque dans laquelle se tient debout un urée, et qui termine toute la procession zodiacale. Pris comme roi humain, Chnoum est Chnoubis, Pentathore, ou Raouosi du latercule d'Eratosthène.

**CHNOUS** (*botan.*), nom égyptien du *scolymus*, suivant Adanson.

**CHOA**, s. m. (*géogr.*), nom d'une province qui, étant confédérée avec celle d'Efat, compose une des cinq grandes divisions de l'Abyssinie. Capitale, Ankober. Habitants catholiques.

**CHOA** (*mamm.*). Kolb dit que ce nom est un de ceux que les Hottentots donnent à l'éléphant.

**CHOˆAA** (*mamm.*). Ce nom hottentot, dont le circonflexe représente le glapissement particulier à la langue de ce peuple, est celui du chat domestique, suivant Kolb.

**CHOˆAKAˆMMA** (*mamm.*). Kolb écrit ainsi le nom que les Hottentots donnent à un babouin, vraisemblablement au babouin noir, *simia porcaria*. Les circonflexes représentent le coup de langue particulier au langage de cette nation.

**CHOAGH** (*ornith.*) (*V.* CHOUGH).

**CHOANOIDE**, adj. des deux genres (*didact.*), qui a la forme d'un entonnoir.

**CHOANORRAGIE**, s. f. (*méd.*), saignement par les narines.

**CHOANORRAGIQUE**, adj. des deux genres (*méd.*), qui a rapport au saignement de nez.

**CHOARA** (*géogr. anc.*), aujourd'hui Kauar, contrée de l'Asie, vers l'ouverture des portes Caspiennes, dans le pays des Parthes.

**CHOASPES** (*myth.*), fils du Phase.

**CHOASPÈS** ou **EULÉE** (*géogr. anc.*), rivière de la Médie. Elle arrosait la Susiane et se jetait dans l'Euphrate près du golfe Persique. Les eaux de cette rivière étaient si pures, que les rois de Perse n'en buvaient pas d'autres, et en faisaient porter partout avec eux.

**CHOASPES** (*géogr. anc.*), fleuve de l'Inde (*V.* CHOES).

**CHOASPITE** (*minér.*). Valmont de Bosnare pense que cette pierre précieuse des anciens doit se rapporter au CHRYSOBÉRYE de Werner (*V.* ce mot).

**CHOB** (*ichthyol.*), nom spécifique d'un poisson qu'on pêche dans le fleuve Saint-Laurent, et qui a été observé par Castiglioni. Sa chair est très-savoureuse; son corps est noir en dessus et blanc en dessous; sa ligne latérale est noirâtre. Il paraît appartenir à la famille des CYPRINS (*V.* ce mot).

**CHOBA** (*ornith.*) (*V.* CHOVA).

**CHOBAES** (*botan.*) (*V.* CHOBAR).

**CHOBAR**, fleuve d'Assyrie qui se décharge dans l'Euphrate au haut de la Mésopotamie. Ézéchiel était sur le fleuve Chobar lorsque Dieu lui fit sentir les impressions de son esprit (*Ezéch.*, I, 1).

**CHOBAR**, **CHOBAZA** (*botan.*), noms arabes d'une espèce d'abutilon, *sida hirta*, ainsi nommée, suivant Rumph, vol. IV, pag. 29, parce que ses fruits ont un peu la forme d'un petit pain appelé *chobs* en langue arabe. L'*hibiscus purpureus*, espèce de ketmie qui fait, comme l'abutilon, partie de la famille des malvacées, est nommée *chobæs* par les Arabes, au rapport de Forskaël.

CHOBAT (*géogr. anc.*), aujourd'hui Bougie, ville d'Afrique, dans la Mauritanie césarienne, au sud-ouest, vers l'embouchure de l'Audus.

CHOBBEIZE (*botan.*). La mauve ordinaire, *malva rotundifolia*, est ainsi nommée en Arabie, au rapport de Forskaël. Daléchamps la nomme *chubèze* ou *chubas*.

CHOBS-EL-OKER (*botan.*), nom arabe du *campanula edulis* de Forskaël, dont on mange la racine, qui est grosse; ses fleurs sont violettes; les divisions du calice se renversent sur la capsule.

CHOBUS (*géogr. anc.*), aujourd'hui Kemkhal, rivière de la Colchide. Elle prenait sa source dans le Caucase, et se rendait dans le Pont-Euxin, au nord de l'embouchure du Phasis.

CHOC, s. m. heurt d'un corps contre un autre corps. Il se dit aussi de la rencontre et du combat de deux troupes qui se chargent. Il signifie figurément conflit, opposition. Il se dit encore figurément d'un malheur, de toute chose qui porte une atteinte grave à la fortune, à la santé, à la raison de quelqu'un.

CHOC (*mécan.*), rencontre de deux corps qui se heurtent. — Le choc peut être *direct* ou *oblique*. — Le choc *direct* est celui où le point de contact des corps se trouve sur la droite supposée menée par leurs centres de gravité. — Le choc *oblique* est celui qui se fait de toute autre manière. — Les corps qui se rencontrent peuvent être tous deux en mouvement, ou l'un de ces corps peut être en repos. Dans le premier cas, on a deux considérations différentes, savoir : lorsque les mouvements s'effectuent dans le même sens, ou lorsqu'ils ont lieu dans un sens opposé. — Quoiqu'il n'y ait pas dans la nature de corps parfaitement élastiques, ni de corps parfaitement durs ou sans ressort, nous sommes obligés, pour établir les lois du choc, de considérer les phénomènes qui peuvent résulter de la rencontre de tels corps; nous supposerons de plus que les mouvements n'éprouvent aucune altération du milieu dans lequel ils s'opèrent. — 1. *Choc des corps sans ressort.* Lorsque deux tels corps, dont les mouvements ont lieu dans le même sens, viennent à se rencontrer, la quantité de mouvement qui se trouve dans les deux corps se distribue de manière qu'il en résulte la même vitesse pour tous deux après le choc; car celui qui va le plus vite agit sur l'autre, seulement jusqu'à ce que celui-ci, ayant acquis autant de vitesse qu'il en reste au premier, ne fait plus obstacle au mouvement. — Soient A et $a$ deux corps sans ressort qui vont du même côté, $a$ étant le premier, et soient V et $v$ leurs vitesses respectives. Si A va plus vite que $a$, ou que V soit plus grand que $v$, il l'atteindra nécessairement, et alors les mobiles se comprimeront réciproquement jusqu'à ce qu'ils soient animés d'une vitesse commune. — Désignons par F et $f$ les forces qui ont communiqué aux mobiles A, $a$ les vitesses V, $v$; comme ces forces peuvent être représentées par la *quantité de mouvement* qu'elles produisent, et que la quantité de mouvement (*V.* ce mot) d'un mobile est égale au produit de sa masse par sa vitesse, nous aurons

$$F=AV, f=av.$$

Mais, d'après le principe de la *composition des forces* (*V.* ce mot), celles qui s'exercent dans la même direction doivent s'ajouter, ainsi (1)

$$F+f=AV+av.$$

Pour obtenir une autre expression de la somme des forces $F+f$, désignons par $x$ la vitesse commune après le choc, alors nous pouvons considérer $A+a$ comme un seul corps, et cette vitesse $x$ comme le résultat de l'application de la force $F+f$. Nous aurons donc encore (2)

$$F+f=x(A+a);$$

des équations (1) et (2) nous tirerons

$$x(A+a)=AV+av,$$

et par conséquent (3)

$$x=\frac{AV+av}{A+a},$$

expression générale de la vitesse finale. — 2. Si les corps se meuvent dans un sens opposé, ou vont à la rencontre l'un de l'autre, on doit considérer $v$ comme négatif, et l'expression (3) devient (4)

$$x=\frac{AV-av}{A+a}.$$

— 3. Si le corps $a$ était en repos lorsque A vient le choquer, on aurait $v=o$ et la formule deviendrait (5)

$$x=\frac{AV}{A+a}.$$

Les trois expressions (3) (4) (5) renferment toute la théorie du choc des corps sans ressort. — 4. Maupertuis parvient à ces formules par une application élégante de son fameux principe de la moindre action (*lex parcimoniæ*); nous croyons devoir l'exposer ici, en rappelant qu'on désigne, d'après ce géomètre, par le nom de *quantité d'action* le produit de la masse d'un corps par sa vitesse et l'espace parcouru. — Conservant les désignations données ci-dessus aux lettres A, V, $a$, $v$, $x$, nous aurons pour la vitesse perdue par A au moment du choc

$$V-x,$$

et pour celle gagnée par $a$

$$x-v.$$

Les espaces parcourus en temps égaux par ces vitesses, étant entre eux comme ces vitesses, la quantité d'action employée par le corps A sera comme

$$A(V-x)^2;$$

et la quantité d'action gagnée par le corps $a$ sera comme

$$a(x-v)^2;$$

la quantité totale d'action est donc comme

$$A(V-x)^2+a(x-v)^2,$$

et cette quantité doit être un minimum d'après la loi de Maupertuis. — Différentions donc cette expression, nous aurons

$$A[-2\,Vdx+2xdx]=o;$$

divisant par $dx$, et dégageant $x$, nous obtiendrons

$$x=\frac{AV+av}{A+a},$$

ce qui nous apprend, comme ci-dessus (1) que la vitesse commune, après le choc, est égale à la somme des quantités de mouvement divisée par la somme des masses. — 5. *Choc des corps élastiques.* Lorsque des corps parfaitement élastiques se rencontrent pendant qu'ils se choquent, le choc est employé à plier leurs parties, à tendre leur ressort, et ces corps ne demeurent appliqués l'un contre l'autre que jusqu'à ce que leur ressort les sépare en se débandant, et les fasse s'éloigner avec autant de vitesse qu'ils s'approchaient : car la vitesse respective étant la seule cause qui ait bandé leur ressort, la réaction de ce ressort doit reproduire la même vitesse respective qui avait lieu auparavant. — Soient A et $a$ deux corps élastiques que nous supposerons d'abord se mouvoir dans le même sens avec les vitesses V et $v$. Ces corps devant se choquer, si $a$ est d'abord le plus avancé, il faut que l'on ait $V > v$. Cela posé, désignons par $x$ la vitesse du corps A, et par $x'$ celle du corps $a$, après le choc. — La vitesse perdue par A sera donc $V-x$, et la vitesse gagnée par $a$ sera $x'-v$, et la *quantité d'action* employée dans le changement qui résulte du choc sera

$$A(V-x)^2+a(x'-v)^2;$$

cette quantité devant être un *minimum*, nous aurons en différentiant ($a$)

$$A[-2Vdx+2xdx]=0.$$

Mais, dans les corps parfaitement élastiques, la vitesse respective étant la même avant et après le choc, nous avons

$$V-v=x'-x,$$

ou

$$x'=V-v+x,$$

ce qui donne $dx'=dx$.

En substituant ces valeurs de $x'$ et de $dx'$ dans ($a$) nous obtiendrons ($m$)

$$x=\frac{AV-aV+2av}{A+a},$$

et ensuite par la substitution de $x=x'-V+v$ et de $dx=dx$ dans la même expression, nous trouverons ($n$),

$$x'=\frac{av-Av+2AV}{A+a},$$

à l'aide des deux expressions ($m$) et ($n$), nous pouvons examiner toutes les particularités du choc de deux corps élastiques. — 6. Supposons d'abord les masses égales, ou faisons $A=a$ ($m$) et ($n$) se réduisant à

$$x=\frac{2Av}{2A}=v,$$

$$x'=\frac{2AV}{2A}=V,$$

ce qui nous apprend que dans ce cas les mobiles changent de vitesse après le choc. — 7. Si les deux corps se meuvent en sens opposé, ou vont à la rencontre l'un de l'autre, il faut faire $v$ négatif, et les expressions ($m$) et ($n$) deviennent ($p$)

$$x=\frac{AV-aV-2av}{A+a}$$

$$x'=\frac{Av-av+2AV}{A+a}$$

dans ce cas, lorsque $A=a$, on a

$$x=-v, \text{ et } x'=V,$$

c'est-à-dire que les mobiles changeront de vitesse et s'écarteront ensuite. — 8. Si les corps qui vont à la rencontre l'un de l'autre ont des vitesses égales en faisant $V=v$, les équations ($p$) donnent

$$x=\frac{(A-3a)V}{A+a}$$

$$x'=\frac{(3-a)V}{A+a},$$

d'où il résulte que si la masse du corps A est triple de celle de $a$, sa vitesse après le choc est $o$, c'est-à-dire que ce corps s'arrêtera tandis que le corps $a$ aura obtenu une vitesse double de la vitesse primitive de A; car en faisant $A=3a$, on obtient

$$x=0,\ x'=2V.$$

9. Si l'un des mobiles était en repos, $a$ par exemple, on aurait $v=o$. Substituant cette valeur dans ($m$) et ($n$), ces équations deviennent

$$x=\frac{AV-aV}{A+a}=\frac{(A-a)V}{A+a}$$

$$x'=\frac{2AV}{A+a}.$$

Lorsque les deux mobiles sont égaux, on a $A=a$, et ces valeurs se réduisent à

$$x=o,\ x'=V,$$

c'est-à-dire que dans ce cas la mobile A perd sa vitesse, et la donne à $a$. — 10. Par suite d'autres suppressions sur la grandeur des quantités qui entrent dans les équations générales ($m$) et ($n$), on trouverait de la même manière les résultats du choc dans les cas particuliers de ces hypothèses : c'est ainsi, par exemple, que nous apprenons que : — 1° si deux corps élastiques égaux se choquent directement en sens contraire avec des vitesses égales, ils se réfléchiront après le choc, chacun avec la vitesse qu'il avait, et dans la même ligne ;—2° si les vitesses des deux mêmes corps sont en raison inverse de leurs masses, ils rejailliront chacun de son côté avec la même vitesse qu'ils avaient avant le choc. — 11. Le principe de la conservation des *forces vives* (*V.* ce mot) dans le choc des corps élastiques dont la découverte est due à Huygens, fait l'objet de la loi suivante : — *Lorsque deux corps élastiques se rencontrent, la somme des forces vives est égale avant ou après le choc.* — En conservant les mêmes significations pour A, V, $x$, $a$, $v$, $x'$, la somme des forces vives avant le choc est

$$AV^2+av^2,$$

et celle des forces vives après le choc est

$$Ax^2+ax'^2;$$

on doit donc avoir en vertu de la loi énoncée

$$AV^2+av^2=Ax^2+ax'^2.$$

En effet, reprenons les deux équations ($m$) et ($n$)

$$x=\frac{AV-aV+2av}{A+a}$$

$$x'=\frac{av-Av+2AV}{A+a}$$

et donnons-leur la forme

$$x=\frac{2[AV+av]}{A+a}-V$$

$$x=\frac{[2AV+av]}{A+a}-v$$

en faisant, pour plus de simplicité, la quantité commune

$$\frac{AV+av}{A+a}=\varphi\ldots (r),$$

ces expressions deviendront

$$x=2\varphi-V$$
$$x'=2\varphi-v.$$

Nous aurons donc

$$Ax^2+ax'2=A(2\varphi-V)^2+a(2\varphi-v)^2;$$

développant le second nombre de cette égalité, nous aurons

$$4A\varphi^2-4A\varphi V+AV^2+4a\varphi 2-4a\varphi v.+av2$$

ou, ce qui est la même chose,

$$AV^2+av^2+4\varphi[A\varphi+a\varphi-AV-av];$$

mais le troisième terme de cette expression se réduit à 0, car l'égalité ($r$) donne $A\varphi+a\varphi=AV=av$; donc nous avons définitivement

$$Ax^2+ax'^2=AVav^2,$$

ce qui est le principe de Huygens. — 12. Lorsque les corps ne sont pas parfaitement élastiques, la loi de la conservation des forces vives n'a plus lieu, et la perte de ces forces est d'autant plus grande que l'élasticité est plus imparfaite. Pour les corps parfaitement durs, *la déperdition des forces vives, ou la différence entre ces forces avant et après le choc, se trouve égale à la somme des forces vives qu'auraient les masses animées de vitesses perdues ou gagnées.* Ce théorème, découvert par Carnot, se démontre aisément à l'aide de formules données pour le choc des corps sans ressort. — 13. Les corps parfaitement durs, d'une part, et les corps parfaitement élastiques, de l'autre, forment les limites entre lesquelles tous les autres sont compris. On voit que les formules précédentes ne peuvent être considérées que comme des approximations, lorsqu'il s'agit de les appliquer aux phénomènes physiques, et que les résultats du calcul se rapprocheront d'autant plus de la réalité des faits, que les corps seront eux-mêmes plus près de l'état dur ou élastique expressément sous-entendu dans ces formules. Pour embrasser les divers degrés d'élasticité qui peuvent se manifester dans les corps, on donne aux formules ($m$) et ($n$) l'expression plus générale

$$x=V-n\left[\frac{V-v}{A+a}\right]$$
$$x'=V+n\left[\frac{V-v}{A+a}\right]A;$$

$n$ est alors un coefficient constant qui dépend du plus ou du moins d'élasticité des corps. Lorsque $n=1$, on a $x=x'$, et ces formules se réduisent à l'égalité (3) : c'est le cas des corps durs ; lorsque $n=2$, on obtient les expressions ($m$) et ($n$) : c'est le cas des corps élastiques. Entre ces deux valeurs 1 et 2 sont compris tous les cas intermédiaires, et il faut alors donner à $n$ les valeurs trouvées par des expériences sur la nature des corps qu'on veut considérer. — 14. Le *choc oblique* présente un grand nombre de variations, dont l'examen ne peut trouver place ici. Nous considérons seulement un cas particulier très-important, en ce qu'il sert à démontrer la loi fondamentale de la catoptrique (*V.* CATOPTRIQUE) : soit une boule élastique P qui vient frapper une surface résistante MN, sous une direction oblique MN. En prenant la ligne AC pour représenter la force du choc, on pourra composer cette force en deux autres, dont l'une NC est parallèle à la surface, et dont l'autre DC lui est perpendiculaire. Or si la force DC agissait seule, son effet serait de faire rebondir le corps A avec une force égale et opposée en direction CD ; tandis que si la force NC agissait seule, le corps A serait poussé dans la direction CM. Après le choc, le corps est donc sollicité par deux forces, dont l'une le pousse dans la direction CD, et l'autre dans la direction CM. Après le choc, le corps est donc sollicité par deux forces, dont l'une le pousse dans la direction CD, et l'autre dans la direction CM. Il suivra conséquemment la diagonale CB, c'est-à-dire que l'angle d'incidence ACD sera égal à l'angle de réflexion BCD. Les molécules lumineuses agissent comme les corps parfaitement élastiques : cette démonstration s'applique aux phénomènes de la réflexion opérée par les miroirs. On peut, en décomposant de la même manière tous les cas du *choc oblique*, les ramener aux lois du *choc direct* (*V.* PERCUSSION). DE MONTFERRIER.

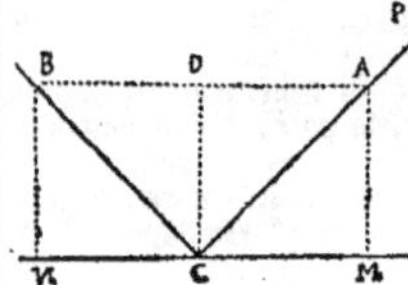


**CHOC** (*marine*) se dit du second demi-tour que l'on fait faire à un câble sur la bitte (*V. Tour de bitte*, au mot TOUR).

**CHOC** (*minéral.*). C'est le synonyme de puits (*V.* PUITS).

**CHOCAILLER**, v. n. (*vieux langage*), trinquer.

**CHOCARD** (*hist. nat.*) (*V.* CHOQUARD).

**CHOCAS** (*ornith.*). Le choucas, ou petite corneille des clochers, *corvus monedula* Linn., est connu sous ce nom et sous celui de *chocotte* dans plusieurs départements.

**CHOCH** (*botan.*), nom égyptien du pêcher, suivant Forskaël ; dans l'Arabie on le nomme aussi *fersik*. C'est le *chauch* des Arabes selon Daléchamps, le *khoukh* selon M. Delile.

**CHOCHA** (*ornith.*). Les Espagnols nomment ainsi la bécasse, *scolopax rusticola* Linn., et *chochina*, la bécassine, *scolopax gallinago* Linn.

**CHOCHA-PERDIZ-MARINA** (*ichthyol.*), nom espagnol de la bécasse de mer (*V.* CENTRISQUE).

**CHOCHÊ** (*géogr. anc.*), un des noms de la ville de Séleucie.

**CHOCHÉEN**, adj. m. (*mythol.*), surnom donné à Apollon, à cause du culte que lui rendaient les habitants de Chôché ou Séleucie.

**CHOCHE-PIERRE** (*ornithol.*), un des noms vulgaires du gros-bec, *loxia coccothraustes* Linn.

**CHOCHE-POULE** (*ornithol.*). En Champagne on donne ce nom au Milan, *falco milvus* Linn., parce qu'en s'abattant sur les poules il semble vouloir les chocher ou cocher, comme fait le coq.

**CHOCHI** (*ornithol.*). L'oiseau du Paraguay auquel on a donné ce nom à cause de son cri est rapporté par Sonnini au coucou brun varié de roux de Buffon, pl. enl., n. 812, *cuculus nævius* Linn. C'est le coulicou-chochi, *coccyzus chochi*, de M. Vieillot.

**CHOCHO** (*botan.*), nom donné, suivant M. Swartz, au fruit du *sechium*, genre de plantes cucurbitacées, et sous lequel ce genre est désigné par Adanson.

**CHOCHOPITKI** (*ornithol.*). Cet oiseau du Mexique, dont Fernandez parle au chap. 23, p. 19, paraît se rapporter au grand courlis blanc et brun de Cayenne, qui est figuré dans les planches enluminées de Buffon sous le n° 976. C'est l'ibis blanc et brun de M. Vieillot.

**CHOCOLAT**. Ce mot vient à ce qu'on croit de *choco*, qui veut dire bruit en langage mexicain, et de *latte*, eau, parce que les Mexicains préparaient le chocolat en le faisant mousser dans l'eau chaude. La connaissance de cet aliment, maintenant si répandu en Europe, nous vient de la conquête espagnole. Les Espagnols le trouvèrent en usage au Mexique en 1520. Tout le monde sait quels sont les ingrédients qui entrent dans la préparation de la pâte solide connue sous le nom de chocolat ; ils sont au nombre de deux, quand le chocolat est préparé sans sophistication : c'est le cacao et le sucre ; on y fait encore entrer des aromates pour en varier le goût. Il y a quelques années, un demi-siècle à peu près, que le chocolat était très-peu usité en France ; l'industrie n'avait pas compris encore la nécessité de faire une branche de commerce de sa fabrication. A cette époque, le chocolat qui se mangeait en France était connu sous le nom de chocolat d'Espagne ou de Bayonne ; la contrebande était la voie ordinaire par laquelle nous arrivait ce produit alimentaire d'au delà des Pyrénées. La préparation du chocolat n'a jamais été un secret pour personne. Seulement l'Espagne avait, sous ce rapport, une réputation qu'on n'avait pas encore songé à lui disputer. Quand la France eut pris goût au chocolat, les fabriques se multiplièrent de Bayonne à Paris, avec d'autant plus de facilité que rien n'est plus simple que la fabrication. Pour ceux qui pourraient ne pas la connaître en détail, voici d'ailleurs en quoi elle consiste. — Après avoir choisi le cacao, de manière à ce qu'aucune amande vermoulue ou altérée ne puisse nuire à la saveur particulière du chocolat, on le torréfie dans un brûloir à la manière du café. La torréfaction doit être surveillée avec un grand soin. La gastronomie dit, dans un de ses axiomes, qu'on naît rôtisseur; et l'art du chocolatier exige qu'on ait une habitude pleine de tact et de précaution, pour que le calorique n'agisse pas avec trop de force sur la partie huileuse du cacao. Après la torréfaction, on enlève l'enveloppe de l'amande; puis on vanne, on crible et on monde. Le pilage suit immédiatement cette dernière opération; on le pratique dans un mortier de fer chauffé à la braise; le cacao est réduit, par ce moyen, en une pâte trop grossière pour que la confection parfaite du chocolat n'exige pas d'autres manipulations. La dernière consiste à placer la pâte sur une pierre de liais polie et chauffée, qui est taillée de manière à former une surface concave, et à achever de la réduire au degré voulu de finesse à l'aide d'un cylindre de fer. On n'attend pas que la pâte ait subi complétement cette opération pour la mélanger avec le sucre; ce mélange s'opère dans une bassine chaude, et, pour qu'il soit aussi homogène que possible, on remet la pâte sur la pierre à broyer. La méthode du broiement sur la pierre par le rouleau est à peu près abandonnée. La consommation considérable de chocolat qu'on fait aujourd'hui a exigé en effet qu'on remplaçât par des machines la pierre et le rouleau. Ces machines, qu'on peut voir d'ailleurs dans toutes les boutiques de chocolat de Paris, sont construites avec tant d'élégance et entretenues avec tant de soin, que, loin d'être un embarras, elles sont un meuble brillant: elles consistent en une table ronde en pierre de liais, percée à son centre par un arbre ciselé en colonne; des cylindres en pierre, garnis d'une armature de cuivre ou de fer poli, rayonnent autour de l'arbre, et roulent sur la table sous l'influence du mouvement de rotation de la colonne. Des lames sont même fixées aux cylindres sous un certain angle, pour ramasser la pâte et la replacer à chaque nouvelle révolution de la colonne centrale sous les corps qui doivent la broyer. Le moteur peut être ou un cheval ou la vapeur. La vapeur est employée, comme on le pense, le plus communément; on peut s'en servir du reste de manière à lui faire remplir un double but, celui d'imprimer le mouvement, et celui de chauffer l'appareil au degré voulu pour la facilité et les exigences diverses de la préparation du chocolat. Il ne reste plus, lorsque le plus grand degré de finesse possible est obtenu, qu'à placer la pâte dans des moules, où, par le refroidissement et les mouvements de succussion qu'on imprime à de petits appareils de fer-blanc, le chocolat prend les formes qu'il présente lorsqu'il est livré à la consommation. — Les proportions de cacao et de sucre qu'on emploie pour la préparation de ce chocolat qui est le plus simple de tous et qu'on appelle communément *chocolat de santé*, sont les suivantes: *huit livres de cacao caraque, deux livres de cacao des îles, et dix livres de sucre pulvérisé.*—Les Espagnols ajoutent au chocolat, pour lui donner un goût plus marqué que celui qu'il a, du gingembre, du piment, du girofle. Les Italiens, et surtout ceux de Naples, imitent en général les Espagnols; il est rare en effet de trouver en Italie un chocolat moelleux à la langue et agréable au goût comme celui qu'on mange en France; il est âcre et laisse à la bouche une sensation de chaleur. Les aromates qu'on emploie le plus souvent en France dans la préparation du chocolat sont la cannelle et la vanille. La vanille n'a rien pour elle que ce parfum particulier qu'on connaît partout, et qu'on recherche en général partout où on le connaît. Mais la cannelle, en agissant sur l'estomac à la manière des toniques, rend plus digestible le chocolat, auquel tant de tempéraments se refusent. Les mélanges auxquels on a soumis le chocolat dans ces derniers temps sont excessivement considérables. On peut dire que la mode le favorise; et la consommation, comme nous le disions au commencement de cet article, en est devenue si grande, que les boutiques spéciales de cette substance, qui est à la fois un bonbon, un aliment et un médicament, se multiplient chaque jour. Il serait difficile d'énumérer la quantité de chocolats différents par leur composition qu'ont créés la confiserie et, après la confiserie, la médecine. Nous ne parlerons que des plus usuels. On connaît le *chocolat au lait d'amandes, le chocolat au salep, le chocolat au lichen d'Islande.* On recommande le premier aux femmes irritables, le second aux estomacs délicats, le troisième aux poitrines faibles. Ces recommandations méritent la sanction de la médecine; car elles ne trompent pas cette fois le consommateur. Il n'y a pas longtemps qu'on a fait entrer le fer dans le chocolat. La médecine ordonnait cette substance métallique en fortes proportions contre les pâles couleurs et les maladies d'une nature analogue. Mais il était difficile, à cause du goût de rouille de la plupart des préparations ferrugineuses, de le faire accepter par les enfants. Le chocolat ferrugineux a aplani cette dernière difficulté; il a métamorphosé en quelque sorte le médicament en aliment; et c'est à la faveur de ce déguisement salutaire que le fer est devenu d'un usage presque vulgaire. La science et l'industrie sont redevables de cette précieuse innovation à M. Colmet, pharmacien. Depuis l'apparition du chocolat ferrugineux, on a fait beaucoup de tentatives qui n'ont pas été aussi heureuses que la précédente. Ainsi on vient de faire entrer des solutions concentrées de houblon et de noyer dans le chocolat. Les chocolats préparés de cette manière ont été baptisés par ceux qui ont créé cette préparation particulière du nom de *chocolats toniques.* Jusqu'ici la science n'en a pas fait officiellement l'essai. L'expérience d'ailleurs n'a pas eu encore le temps de les mettre à l'épreuve. M. Colmet et l'auteur de cet article ont eu la pensée de mêler l'extrait de fleur d'oranger au chocolat; celui-ci est fondé à croire, d'après l'action thérapeutique de ce produit dans les cas d'atonie de l'estomac et surtout quand cet organe est affecté névralgiquement, ce qui est beaucoup plus commun qu'on ne le pense, il est fondé à croire, disons-nous, que cette substance, incorporée au chocolat, serait d'une grande utilité dans tous les cas où le fer pourrait être nuisible. Il est presque assuré que l'expérience ne fera que confirmer de plus en plus son opinion. Nous demandons pardon au lecteur de lui avoir parlé des composés de chocolat encore inconnus, lorsque nous ne voulions traiter que des chocolats les plus usuels. Mais, dans beaucoup de circonstances, il est mal de s'en tenir par prudence aux faits connus ou aux idées adoptées. On doit craindre de s'exposer à ne rien dire de neuf et d'intéressant. — Bien que rien ne soit plus simple en apparence que la fabrication du chocolat, il exige pour sa préparation beaucoup de soin et certaines précautions sans lesquelles il devient presque impossible d'obtenir un bon produit. Ainsi le cacao a une partie huileuse, qui est connue sous le nom de *beurre de cacao.* Si les amandes ont vieilli, le beurre est rance, et le chocolat préparé avec ces amandes doit évidemment être mauvais. D'autre part, le cacao caraque donne lieu à une pâte sèche, le cacao des îles a une pâte grasse. Ces deux pâtes doivent être amalgamées dans de certaines proportions, pour que le chocolat ne soit ni trop gras ni trop sec. Le degré de torréfaction qu'il faut donner aux amandes pour qu'elles ne soient altérées ni dans leur parfum, ni dans leur couleur, est encore une chose très-essentielle. Il est probable qu'avec l'habitude de la fabrication ces petites difficultés disparaissent. Cependant tous les fabricants ne sont pas ou aussi heureux, ou aussi habiles. On sait la réputation qu'a acquise le chocolatier Marquis, réputation qui est devenue presque européenne; et certes ses rivaux n'ont pas donné, malgré leur zèle, de produits aussi parfaits que les siens. Mais il ne faut pas exagérer les difficultés de sa préparation : c'est souvent moins le soin que la spéculation qui livre à la consommation des chocolats imparfaits ou de mauvaise qualité. On en fait pour tous les prix, pour toutes les fortunes; de là les nombreuses sophistications dont cet aliment si répandu est déjà depuis longtemps l'objet; nous parlerons des plus ordinaires. — D'abord, au lieu de se servir de cacaos de bon choix, on prend des cacaos d'une qualité inférieure ou même détériorés. Ce qu'on fait encore, c'est de séparer, en aussi grande partie que possible, le beurre de la pâte, pour le remplacer par de l'huile ou par une substance grasse quelconque. Le sucre, qui doit être fin et épuré, est sophistiqué avec de l'amidon ou de la fécule de pommes de terre; quelquefois l'une ou l'autre de ces deux substances sont en si grande proportion dans la quantité de sucre voulue, que la fécule ou l'amidon le remplacent presque entièrement. La pâte de cacao même n'est pas seulement altérée par la soustraction du beurre et le remplacement de cette dernière substance par une huile ou une graisse; on lui fait subir encore un autre genre d'altération : on la mêle avec des lentilles ou des fèves réduites en poudre, et on remplace par ce moyen une substance chère par une autre qui ne l'est pas. La spéculation y trouve largement son compte; mais de semblables altérations sont trop grossières pour que, avec un peu d'attention, il ne soit pas facile de les reconnaître. Le bon chocolat a une cassure unie et d'aspect légèrement cristallin; il se fond dans la bouche, et laisse au goût une sensation de fraîcheur. Le mauvais chocolat a une cassure inégale, graveleuse, poreuse; sa pâte ne présente pas cette homogénéité qui se fait remarquer dans le chocolat bien préparé; le mauvais chocolat laisse déposer de petits sédiments terreux au fond de la tasse. Quand il est préparé à l'eau, il se prend en gelée à la surface, ce qui prouve qu'il entre dans sa composition de l'amidon ou de la fécule. C'est encore l'addition de l'une ou de l'autre de ces deux substances qui donne au chocolat à l'eau une odeur de colle très-caractéristique. Quand le chocolat a un peu vieilli, son odeur dénonce s'il a été sophistiqué avec de l'huile ou des substances grasses; il sent alors le rance ou le fromage.—Certainement les sophistications par les fécules, les fèves, les lentilles, etc., ne peuvent être à redouter pour la santé publique, il n'en résulte pas d'inconvénient; seulement, au lieu de manger du chocolat, on mange de tout autre chose. Nous devons faire observer pourtant que les huiles défectueuses, ou rendues telles par la vétusté, ne sauraient être saines; nous n'avions pas même besoin d'adresser cette réflexion au lecteur. Quant au chocolat médical, il est très-important, pour qu'il ne trompe pas le médecin et ne soit pas inutile ou même nuisible au malade, qu'il soit préparé avec les substances de la meilleure qualité et avec toute la loyauté nécessaire. Le cacao étant considéré comme tonique, le remplacer par un autre corps c'est priver le chocolat d'une de ses qualités thérapeutiques; c'est peut être détruire en partie les effets du médicament actif mélangé au chocolat; il est donc d'une importance extrême pour le médecin comme pour le malade de s'assurer de la bonne composition du chocolat médicamenteux dont ce dernier doit user.— On a beaucoup écrit sur le chocolat depuis l'époque de son apparition jusqu'à nos jours. Il a été imprimé à Mexico, en 1609, un livre de *Jean de Cardenas* sur ses avantages, son utilité : c'est un livre qui, ne fût-ce qu'à cause de son antiquité et du lieu où il a été écrit, doit être très-curieux à parcourir. On doit à un prince de l'Eglise un livre non moins intéressant que celui de *Jean de Cardenas*, il est du cardinal François-Marie Brancaccio, a eu deux éditions à Rome en 1664 et en 1666, et est intitulé : *De usu et potu chocolatæ.* Dr Ed. Carrière.

**CHOCOLAT** (*discipl. ecclés.*). Le cardinal François-Marie Brancaccio, qui a fait un *Traité du chocolat*, prétend qu'il ne rompt point le jeûne lorsqu'on le prend en liqueur. Ce sentiment est faux, puisque le chocolat est très-nourrissant, et que tout ce qui est nourrissant rompt le jeûne, quand il est pris en une quantité suffisante pour cela. Stabe, médecin anglais, a fait un traité dans lequel il soutient qu'on tire plus de suc nourricier d'une once de cacao que d'une livre de bœuf ou de mouton. Pontas dit qu'il passa sans aucune peine un jour entier sans manger jusqu'à sept heures du soir, après avoir pris une tasse de chocolat à midi. Il en conclut que le chocolat est beaucoup plus nourrissant que le thé ou le café, et qu'il rompt le jeûne par conséquent (Pontas, au mot *Jeûne*, cas 13. — *V.* Jeune).

**CHOCOLAT** (Couleur), couleur semblable à celle du chocolat, qui est le brun rouge foncé.

**CHOCOLATIER**, s. m. (*technol.*), industriel qui fabrique le chocolat (*V.* ci-dessus). Les Espagnols, dès l'année 1520, trouvèrent l'usage du chocolat établi au Mexique, et en firent longtemps un mystère; mais, dès que les préparations furent connues, l'usage se généralisa, et en France il devint assez commun dès l'époque d'Anne d'Autriche. Chaque pays le fait d'une manière différente. En Espagne, on sucre peu, mais on aromatise fortement la pâte; en Italie, on torréfie beaucoup le cacao. Il en est de même pour la manipulation; elle varie selon les lieux. Quant à la qualité, on donne le nom de chocolat *surfin* à celui qui est fait avec le cacao *caraque* ou *terré*, qu'on tire de Caracas et de Soconusco; l'autre qualité se fabrique avec le *cacao des îles*. Le plus souvent on mélange ces deux espèces : l'une donne une saveur agréable et l'autre de l'onctueux à la pâte. Les enveloppes ou écorces du cacao se rejettent; mais les Allemands et les Suisses en font une infusion qu'ils mélangent avec le lait. L'art de faire du bon chocolat consiste dans le bon choix des matières premières et dans un mélange bien intime de la pâte de cacao avec un poids égal de sucre, auquel on ajoute presque toujours un aromate pour le rendre plus facile à digérer. Il est même des pays, tels que le Mexique, où on l'unit au girofle, au gingembre, au piment, dans le but d'exciter davantage les forces de la digestion. On a inventé plusieurs machines ingénieuses pour le broyer; on en voit à Paris qui fonctionnent au moyen d'une petite machine à vapeur, desservies par un ouvrier, qui remet sous le cylindre la pâte qu'il enlève en tournant. L'expérience a prouvé que le chocolat acquiert de la qualité en vieillissant. On y ajoute souvent du salep, ou du tapioka, ou du lichen, pour accroître sa qualité nutritive et stomachique, et alors il prend le nom d'*analeptique*, de *philhygiène*, etc.— On ne saurait trop se mettre en garde contre les divers chocolats qu'on vend dans les rues; il n'y entre que des drogues qui sont souvent dangereuses. Presque tous les fabricants débitent deux sortes de chocolats, celui qui est fait avec peu de soin, et celui qui est bien confectionné. Pour le premier, ils ont le choix des moyens : ils enlèvent au cacao la matière grasse qu'ils vendent à part, et qu'ils remplacent par l'huile d'amandes douces ou l'huile d'olives; ils ajoutent de la farine de maïs ou de la fécule. Pour le second, ils prennent du cacao inférieur, du sucre brut, et substituent à la vanille des matières balsamiques. Ces chocolats, moins agréables au goût, ne sont pas malsains, et leurs prix permettent à la classe peu fortunée de s'en procurer.

**CHOCOLATIÈRE**, s. f. vase d'argent, de cuivre, de terre, etc., pour faire fondre et bouillir le chocolat, lorsqu'on le veut prendre en boisson.

**CHOCOTTE** (*ornith.*), un des noms vulgaires du choucas, *corvus monedula* Linn.

**CHOCOTUN** (*ornith.*). On connaît sous ce nom, en Russie, la mouette rieuse, *larus ridibundus* Linn.

**CHOCQUET** (Louis), poëte français du XVIe siècle, est auteur du *Mystère* à personnages *de l'Apocalypse de saint Jean*, qui fut représenté en 1541 à Paris. Ce poëme, d'environ neuf mille vers et très-rare, fut imprimé la même année à Paris, in-folio, à la suite des *Actes des apôtres*, des deux Grebaus.

**CHOCZIM** (*géogr.*) (*V.* Khotin).

**CHODA** (*botan.*), nom arabe cité par Forskaël, d'un mouron, *anagallis latifolia*.

**CHODARA** (*botan.*) (*V.* Charad).

**CHODARDAR** (*botan.*), nom arabe du cotylédon *orbiculata* de Forskaël.

**CHODCHOD**, marchandise dont parle Ezéchiel, et qu'on apportait à Tyr. On ignore ce que c'était (*Ezéchiel*, XXVII, 16).

**CHODDA** (*géogr. anc.*), aujourd'hui Kidjé, ville d'Asie, dans l'intérieur de la Gédrosie.

**CHODEIRA** (*botan.*). Selon Forskaël, le *bunias orientalis* est ainsi nommé chez les Arabes, qui lui donnent aussi le nom de *dorama*.

**CHODIE** (*botan.*), nom arabe d'une espèce de carmentine, *justitia triflora*, selon Forskaël. Son *justitia viridis*, que Wahl regarde comme le même que le *justitia ecbolium*, est nommé dans l'Arabie *chasser* ou *kossaif*.

**CHODION**, favori d'Arsinoé, sœur de Ptolémée, roi de Macédoine, fut député par cette princesse à son frère, lorsqu'elle voulut l'épouser.

**CHODKIEWICZ** (Jean-Charles), fils de Jean, palatin de Wilna, naquit en 1560 en Lithuanie, parcourut dans sa jeunesse plusieurs pays de l'Europe, et, de retour dans sa patrie, contribua à réprimer les révoltes fréquentes des Cosaques. En 1600 il fut nommé grand hetman de Lithuanie. A cette époque, le zèle religieux, peut-être exagéré, du roi Sigismond III, après lui avoir fait perdre la couronne de Suède, entraîna la Pologne dans une guerre malheureuse avec cette puissance. Chodkiewicz, chargé de la conservation de la Livonie, remporta en 1605 une victoire près de Kirckholm, où trois mille sept cents Polonais mirent en déroute quatorze mille Suédois commandés par le roi Charles IX en personne. Lorsque, avant cette bataille, on cherchait à l'intimider en lui parlant du grand nombre des ennemis : *Notre sabre les comptera!* répondit-il, et il ordonna de sonner la charge. Dans les guerres de Moscou, occasionnées par les faux Démétrius, Chodkiewicz soutint dignement sa réputation de grand capitaine. Enfin, après le désastre de Cecora, où périt le grand Zolkiewski, Chodkiewicz, qui était alors grand général de la couronne et de Lithuanie (unique exemple de la réunion de ces deux dignités dans une seule personne), remporta une victoire signalée sur les Turcs, près de Chocim, le 7 septembre 1621, força le sultan Osman à demander la paix, et mourut en 1621, n'ayant jamais été blessé ni vaincu dans sa longue et glorieuse carrière. Sa vie a été écrite par Adam Naruszewicz, célèbre historien polonais, en 2 vol. in-8°.

**CHODORLAHOMOR**, roi des Elamites, peuples qui habitaient une contrée de la Perse vers l'an 1925 avant J.-C.; les rois de Babylone et de la Mésopotamie relevaient de lui; il étendit ses conquêtes jusqu'à la mer Morte. Les rois de la Pentapole s'étant révoltés, il marcha contre eux, les défit, et emmena un grand nombre de prisonniers, parmi lesquels était Loth, neveu d'Abraham. Le patriarche surprit pendant la nuit et défit l'armée de Chodorlahomor, et ramena Loth avec tout ce que ce prince lui avait enlevé.

**CHODOWIECKI** (DANIEL-NICOLAS), peintre graveur, directeur de l'académie des arts et des sciences mécaniques de Berlin, né à Dantzick le 16 octobre 1726, mort à Berlin en 1801, avait été destiné au commerce par son père, et n'eut, dans la nouvelle carrière où son goût l'entraina et où il ne tarda pas à acquérir la plus grande réputation, d'autres secours que son talent et son travail. On distingue parmi ses ouvrages de peinture une *Passion de Jésus-Christ* en douze parties, qu'il avait peinte en miniature, mais d'un fini si précieux, que tout le monde avait voulu la voir et en connaître l'auteur. Il grava pendant la guerre de *sept ans* différents sujets qui y avaient rapport, et entre autres *les Prisonniers russes à Berlin, secourus par les habitants;* c'est une de ses gravures les plus rares. On estime aussi sa gravure des *Adieux de Calas*, qu'il termina en 1767. Les épreuves qui portent cette date sont très-recherchées, parce qu'il n'en fut tiré que cent exemplaires. Il a beaucoup travaillé pour l'*Arioste*, *Gessner*, le *Roman de don Quichotte*, etc., etc. Sa réputation était telle, que tous les libraires voulaient orner les ouvrages qu'ils publiaient de ses gravures; et il ne paraissait pas un livre à Berlin qu'il n'y eût au moins un frontispice gravé par Chodowiecki. Son œuvre comprend plus de trois mille pièces; on en trouve le *catalogue* dans le *Dictionnaire des artistes* du baron de Heneeken, dans les *Miscellaneen artistichen Inhalts* de Meusel, t. I, n. 131, dans le *Manuel des amateurs de l'art*, par M. Hubert, etc.

**CHODRAB** (*botan.*), un des noms arabes donnés à un seneçon, *senecio hadiensis*, trouvé dans l'Arabie et décrit par Forskaël.

**CHOEAC**, s. m. (*calend.*), nom du quatrième mois de l'année solaire des anciens Egyptiens.

**CHOELOPUS** (*mamm.*). Illiger ayant fait un genre particulier de l'unau, *bradipus didactylus* Linn., lui a donné ce nom (*V.* PARESSEUX).

**CHŒNISQUE** (*antiq.*) (*V.* CHÉNISQUE).

**CHŒNIX** (*antiq.*) (*V.* CHÉNICE).

**CHŒNORAMPHE** (*hist. nat.*). On donne quelquefois ce nom à l'oiseau habituellement appelé *bec-ouvert.*

**CHOÉPHORE**, s. des deux genres (*philolog.*), littéralement, *qui porte les offrandes destinées aux morts.* — Les CHOÉPHORES, titre d'une tragédie d'Eschyle, où le chœur, composé d'esclaves troyennes, dépose des offrandes sur le tombeau d'Agamemnon.

**CHŒRADES** (*géogr. anc.*), nom de plusieurs îles ou écueils situés : 1° dans la mer Ionienne, sur la côte d'Italie, près du promontoire Iapygien; 2° dans le Pont-Euxin, près de l'Hellespont; 3° dans le golfe Persique; 4° près du détroit de Gadès.

**CHŒRADES** (*géogr. anc.*), ville de l'Asie-Mineure, dans le pays des Mosynéciens, peuple du Pont oriental.

**CHŒRÉAS**, Χοιρεάς : Vénus à Troie. On lui sacrifiait un porc, χοιρός. — Mais χοῖρος a encore un autre sens.

**CHŒRÉATES** (*géogr. anc.*), tribu des Sicyoniens, dans le Péloponèse.

**CHŒRILUS** (*V.* CHÉRILE).

**CHŒROPOTAME** (*hist. nat.*). En 1821, Georges Cuvier, sur l'examen d'une mâchoire fossile trouvée dans les carrières à plâtre des environs de Paris, augmenta la liste des animaux perdus qu'il avait restitués à la création antédiluvienne, d'un nouveau genre de pachydermes auquel il donne le nom de *chœropotame*, dérivé de deux mots grecs qui signifient *cochon des fleuves*. Cet animal devait avoir les formes générales et même des dimensions assez analogues à celles du cochon : il était voisin du pécari (*V.* ce mot), pachyderme particulier à l'Amérique méridionale; mais il devait être un peu plus grand. Chacune de ses mâchoires était garnie de six dents incisives et de deux canines, et offrait sept molaires de chaque côté. On n'en connaît encore qu'une seule espèce, à laquelle Cuvier a réservé le nom de chœropotame des gypses (*chœropotamus gypsorum*).

**CHŒROPSALÈS**, Χοιροψαλής : Bacchus à Sicyone (r. χοῖρος, parties sexuelles de la femme; ψάλλω, chanter pour la danse).

**CHŒRORYNQUE**, *chœrorynchus* (*ichthyol.*), nom d'un poisson du Japon, voisin des SPARES (*V.* ce mot).

**CHOES**, s. f. pl. (*antiq. gr.*), littéralement *libations*, nom de la fête qui se célébrait à Athènes le deuxième jour des Dionysiaques lénéennes (*V.* CHYTRES, PITHÉGIE).

**CHOES, COAS** ou **CHOASPES** (*géogr. anc.*), aujourd'hui Cauw, fleuve de l'Inde, qui prenait sa source dans la partie nord-ouest du mont Paropamisus, et se jetait dans l'Indus, après s'être joint au Cophus.

**CHOES** ou **CHOUS** (*archéol.*), mesure attique pour les liquides.

**CHŒTODON** (*V.* CHÉTODON).

**CHŒUR.** On appelle chœur, en musique, une composition à une ou plusieurs parties, dans laquelle chaque partie est rendue par un certain nombre d'exécutants. — Au premier abord, rien ne paraît devoir choquer davantage la vraisemblance que cet assemblage d'individus se réunissant dans une pensée et dans une expression unanimes; mais, si l'on considère que l'idée primordiale du chœur est toujours spontanée, incomplexe, et dérive constamment de la circonstance; si l'on réfléchit que son texte est aussi simple que possible, on restera convaincu que le chœur ne blesse pas trop ouvertement la vérité relative, seule souveraine en matière d'art, et que l'expérience a justement consacré l'adoption d'un moyen aussi agréable que puissant. Une prière, une fête, un défi, un serment, une sédition, tels sont en général les sujets de chœurs, et l'on comprend tout le parti que peut tirer un compositeur de ces sentiments divers, qui puisent encore une variété nouvelle dans la condition des personnages, tantôt guerriers, tantôt hommes du peuple, tantôt villageois, etc. Le chœur contribue essentiellement à la beauté et à la perfection du drame lyrique : il le coupe avec adresse, en dissimule les longueurs ou les côtés faibles et l'empêche de tomber dans la monotonie, en même temps qu'il l'explique, le commente et le complète. Après un air ou un duo, rien ne repose agréablement comme un chœur; plus loin, c'est de la force et de l'éclat qu'il imprime à la composition; que seraient la plupart des morceaux d'ensemble, et particulièrement les grands finales d'opéra, sans le secours des masses chorales? Jusqu'ici nous n'avons envisagé le chœur que relativement au théâtre, mais là ne se bornent pas ses fonctions; il joue un rôle pour le moins aussi important au concert, dans les cérémonies publiques et surtout à l'église; les plus belles pages de musique sacrée sont écrites pour le chœur, et il semble que tous les grands maîtres se soient entendus pour lui subordonner en cette occasion les parties solo : c'est qu'une masse de voix réunies offre infiniment plus de majesté qu'une ou deux voix isolées, et que l'effet qui en résulte s'accommode bien mieux à la grandeur du sujet et à la sainteté du lieu. — Il y a des chœurs à une, deux, trois, quatre et un plus grand nombre de parties; des chœurs à voix de femmes, à voix d'hommes, à voix d'hommes et de femmes réunies; des chœurs avec accompagnement et sans accompagnement; des chœurs doubles, triples, quadruples, etc. Les chœurs à quatre parties, pour *soprano, alto, ténor* et *basse*, sont en général les plus beaux : car aux différents timbres des deux sexes ils joignent la richesse d'une harmonie pleine et nourrie. En composant pour voix d'hommes seules, on est souvent indécis, à cause du peu d'étendue de ces voix, si l'on doit écrire à trois ou à quatre parties, parce que l'harmonie serrée ou grave ne produit aucun effet; c'est pourquoi il est bon de faire marcher de temps en temps les voix à deux parties ou même à l'unisson, tandis que l'orchestre fait l'harmonie; par le même motif, une composition sans accompagnement à deux ou à trois parties est parfois préférable à celle qui en a quatre; le même inconvénient n'existe pas pour les chœurs à voix blanches (chœurs de femmes), parce que l'harmonie peut être serrée à l'aigu sans inconvénient; ainsi les chœurs de femmes sont généralement plus faciles à écrire que ceux d'hommes; cela n'a pas empêché que des musiciens habiles aient parfaitement réussi dans ce dernier genre, fort goûté en Allemagne, et l'on peut citer comme autant de modèles les chœurs pour deux ténors et deux basses de Harder, Schülz, Call, C.-M. Weber, etc. La proportion dans laquelle on peut faire concourir chaque genre de voix est tout à fait arbitraire et dépend entièrement du compositeur; il en est de même pour le choix du style : libre, mixte ou sévère, suivant que le comporte la circonstance. — Jusque vers le milieu du XVIe siècle, le genre sacré absorbant presque sans partage la composition musicale, l'on n'écrivit guère de chœurs que pour l'Eglise : ils étaient d'ordinaire, suivant le goût de l'époque, dans un style sévère, sans accompagnement et à un grand nombre de parties. Les chœurs de Palestrina jouirent alors et jouissent encore aujourd'hui d'une faveur méritée; ce maître fit école, et l'imitation de sa manière subsista longtemps après lui; le fameux *Miserere* d'Allegri est écrit pour double chœur, l'un à cinq, l'autre à quatre voix, en tout neuf parties; Zarlino et Gabrieli ont laissé des concerts et des symphonies vocales à douze et à seize parties; parmi les compositions de ce genre qui méritent de fixer l'attention des connaisseurs, nous mettrons en première ligne les motets à quatre chœurs d'Ab. Antonelli, les messes et les motets à douze, vingt-quatre et trente-deux voix, de P. Agossini, les deux messes divisées en douze chœurs d'Orazio Benevoli, etc., etc. A partir du XVIIIe siècle, l'engouement qu'inspiraient ces œuvres si compliquées diminua sensiblement; Bach et Hændel achevèrent de changer la forme du chœur : à la profondeur et à la gravité du style figuré ils joignirent l'élégance et la grâce du style concertant; toutefois on n'en continue pas moins à conserver dans les compositions religieuses certaines formules, telles que l'imitation et la fugue, dont on avait cru reconnaître l'aptitude particulière et le bon effet. — Ce que Bach et Hændel avaient réalisé pour le chœur sacré, Gluck l'accomplit pour le chœur scénique; non-seulement ce grand homme en perfectionna la facture et la disposition, mais encore il sut l'intéresser directement et lui faire prendre à l'action une part essentielle, tandis qu'auparavant les choristes, rangés sur deux files, à droite et à gauche, se bornaient à chanter leur partie comme des automates. — Le style généralement adopté pour le théâtre est le style libre, qui comporte les formes les plus variées et se prête le mieux à toutes les exigences de la scène; les chœurs y sont pareillement simples et à un petit nombre de parties, sauf de très-rares exceptions; *Ariodant*, *les Bardes*, *Guillaume Tell* et quelques autres ouvrages offrent cependant des exemples de chœurs doubles. Le chœur est parfois coupé de petits solo, tels qu'arioso et récitatifs; d'autres fois il sert d'accompagnement à des airs, duos, trios ou morceaux d'ensemble; toute la différence c'est que dans le premier cas il reste toujours objet principal, tandis que dans le second il n'est plus que partie accessoire. Le chœur accompagne aussi souvent des danses, des marches et des évolutions. — Il y a dans les trois écoles italienne, française et allemande, une si grande quantité de beaux chœurs, qu'on ne saurait raisonnablement faire un choix entre eux; cependant peut-être serait-on fondé à dire que cette fois la balance penche du côté de la France et de l'Allemagne. — On donne, par extension, le nom de chœur aux musiciens qui chantent les chœurs (*V.* CHORISTE). Enfin on dit encore, en parlant des grandes subdivisions de l'orchestre : le chœur des cuivres, le chœur des instruments à cordes, etc.

Edmond VIEL.

**CHŒUR DE DANSE** (*V.* DANSE).

**CHŒUR**, s. m. (*belles-lettres*), dans la poésie dramatique, signifie un ou plusieurs *acteurs* qui sont supposés spectateurs de la pièce, mais qui témoignent de temps en temps la part qu'ils prennent à l'action par des discours qui y sont liés, sans pourtant en faire une partie essentielle. Dacier observe, après Horace, que la tragédie n'était, dans son origine, qu'un *chœur* qui chantait des dithyrambes en l'honneur de Bacchus, sans autres acteurs qui déclamassent. Thespis, pour soulager le chœur, ajouta un acteur, qui récitait les aventures de quelque héros. A ce personnage unique Eschyle en ajouta un second, et diminua les chants pour donner plus d'étendue au dialogue. On nomma *épisodes* ce que nous appelons aujourd'hui *actes*, et qui se trouvait renfermé entre les chants du chœur (*V.* ÉPISODE et ACTE). Mais, quand la tragédie eut commencé à prendre une meilleure forme, ces récits ou épisodes, qui n'avaient d'abord été imaginés que comme un accessoire pour laisser reposer le chœur, devinrent eux-mêmes la partie principale du poëme dramatique, dont à son tour le chœur ne fut plus que l'accessoire; mais ces chants, qui étaient auparavant pris de sujets différents du récit, y furent ramenés, ce qui contribua beaucoup à l'unité du spectacle. Le chœur devint même partie intéressée dans l'action, quoique d'une manière plus éloignée que les personnages qui y concouraient. Ils rendaient la tragédie plus régulière et plus variée : plus régulière, en ce que chez les anciens le lieu de la scène était toujours le devant d'un temple, d'un palais ou quelque autre endroit public; et, l'action se passant entre les premières personnes de l'Etat, la vraisemblance exigeait qu'elle eût beaucoup de témoins, qu'elle intéressât tout un temple, et ces témoins formaient le chœur. De plus, il n'est pas naturel que des gens intéressés à l'action, et qui en attendent l'issue avec impatience, restent toujours sans rien dire; la raison veut au contraire qu'ils s'entretiennent de ce qui vient de se passer, de ce qu'ils ont à craindre ou à espérer, lorsque les principaux personnages, en cessant d'agir, leur en donnent le loisir; et c'est aussi ce qui faisait la matière des chants du chœur. Ils contribuaient encore à la variété du spectacle par la musique et l'harmonie, par les danses, etc.; ils en augmentaient la pompe par le nombre des acteurs, la magnificence et la diversité de leurs habits, et l'utilité par les instructions qu'ils donnaient aux spectateurs, usage auquel ils étaient particulièrement destinés, comme le remarque Horace dans son *Art poétique*. Le chœur, ainsi incorporé à l'action, parlait quelquefois dans les scènes par la bouche de son chef, qu'on appelait *coryphée*. Dans les intermèdes, il donnait le ton au reste du chœur, qui remplissait par ses chants tout le temps que les acteurs n'étaient point sur la scène, ce qui augmentait la vraisemblance et la continuité de l'action. Outre ces chants qui marquaient la division des actes, les personnages du chœur accompagnaient quelquefois les plaintes et les regrets des acteurs sur des accidents funestes arrivés dans le cours d'un acte, rapport fondé sur l'intérêt qu'un peuple prend ou doit prendre aux malheurs de son prince. Par ce moyen, le théâtre ne demeurait jamais vide, et le chœur n'y pouvait être regardé comme un personnage inutile. On regarde comme une faute, dans quelques pièces d'Euripide, de ce que les chants du chœur sont entièrement détachés de l'action, comme isolés, et ne naissent point du fond du sujet. D'autres poëtes, pour s'épargner la peine de composer des chœurs et de les assortir aux principaux événements de la pièce, se sont contentés d'y insérer des odes morales qui n'y avaient point de rapport, toutes choses contraires au but et à la fonction des chœurs: tels sont ceux qu'on trouve dans les pièces de nos anciens tragiques, Garnier, Jodelle, etc., qui par ces tirades de sentences prétendaient imiter les Grecs, sans faire attention que ceux-ci n'avaient pas uniquement imaginé le chœur pour débiter froidement des sentences. Dans la tragédie moderne, on a supprimé les chœurs, si nous en exceptons l'*Athalie* et l'*Esther* de Racine : les violons y suppléent. Dacier blâme ce dernier usage, qui ôte à la tragédie une partie de son lustre; il trouve ridicule que l'action tragique soit coupée et suspendue par des sonates de musique instrumentale, et que les spectateurs, qui sont supposés émus par la représentation, tombent dans un calme soudain, et fassent diversion avec l'agitation que la pièce leur a laissée dans l'âme, pour s'amuser d'une gavotte. Il croit que le rétablissement des chœurs serait nécessaire non-seulement pour l'embellissement et la régularité du spectacle, mais encore parce qu'une de ses plus utiles fonctions chez les anciens était de rectifier, par des réflexions qui respiraient la sagesse et la vertu, ce que l'emportement des passions arrachait aux acteurs de trop fort ou de moins exact; ce qui serait assez souvent nécessaire parmi les modernes. Les principales raisons qu'on apporte pour justifier la suppression des chœurs sont que bien des choses doivent se dire et se passer en secret qui forment les scènes les plus belles et les plus touchantes, dont on se prive dès que le lieu de la scène est public, et que rien ne s'y dit qu'en présence de beaucoup de témoins; que ce chœur, qui ne désemparait pas du théâtre des anciens, serait quelquefois sur le nôtre un personnage fort incommode; et ces raisons sont très-fortes, eu égard à la constitution des tragédies modernes. Dacier observe encore que dans l'ancienne comédie il y avait un chœur que l'on nommait *grex*; que ce n'était d'abord qu'un personnage qui parlait dans les entr'actes; qu'on y en ajouta successivement deux, puis trois, et enfin tant, que ces comédies anciennes n'étaient presque qu'un chœur perpétuel qui faisait aux spectateurs des leçons de vertu. Mais les poëtes ne se continrent pas toujours dans ces bornes, et les personnages satyriques qu'ils introduisirent dans les chœurs occasionnèrent leur suppression dans la comédie nouvelle (*V.* COMÉDIE). — *Donner le chœur*, c'était, chez les Grecs, acheter la pièce d'un poëte et faire les frais de la représentation. Celui qui faisait cette dépense s'appelait à Athènes *chorége*. On confiait ce soin à l'archonte, et chez les Romains aux édiles (*V.* ARCHONTE et EDILE)(*Dissert. de l'abbé Vatri* [*Mém. de l'académie des belles-lettres*, t. VIII]). Voyez, du reste, à l'article ci-dessous, ce que dit Marmontel sur le même sujet.

**CHŒUR** (*belles-lettres, poésie dramatique*). Si l'on en croit les admirateurs de l'antiquité, la tragédie a fait une perte considérable en renonçant à l'usage du *chœur*. Mais, 1° sur le théâtre ancien il était souvent déplacé; 2° lors même qu'il y était employé le plus à propos, ses inconvénients balançaient au moins ses avantages; 3° quand même il serait vrai qu'il convenait au genre de la tragédie ancienne, il n'en serait pas moins incompatible avec le système tout différent de la tragédie moderne et avec la nouvelle forme de nos théâtres. D'abord le chœur étant devenu, d'acteur principal qu'il était sur le chariot de Thespis, un personnage subalterne, un simple confident de la scène tragique, on se fit une habitude de l'y voir, et cette habitude le mit en possession du théâtre. Le chœur chantait, les Grecs voulaient de la musique; le chœur représentait le peuple, et le peuple aimait à se voir dans la confidence des grands; le chœur faisait décoration, et on l'employait à remplir le vide d'un théâtre immense. Rien de plus convenable, de plus touchant et de plus beau, que de voir, dans la tragédie des *Perses*, les vieillards choisis par Xerxès pour gouverner en son absence, attendre avec inquiétude le succès de la bataille de Salamine; environner le courrier qui en porte la nouvelle; interrompre par des gémissements et par des cris le récit de ce grand désastre. Rien de plus terrible que le chœur des Euménides, dans la tragédie de ce nom. On dit que l'effroi qu'il causa fut tel, que dans l'amphithéâtre les femmes enceintes avortèrent. Depuis cet accident, le chœur, qui était composé de cinquante personnes, fut réduit à quinze, et puis à douze, moins à la vérité pour affaiblir l'impression du spectacle que pour en diminuer les frais. Rien de plus naturel et de plus pathétique que d'entendre, dans la tragédie d'*OEdipe*, ce roi, environné des enfants des Thébains conduits par le grand prêtre, ouvrir la scène par ces mots : « Infortunés enfants! tendre race de l'antique Cadmus, quel sujet de tristesse vous rassemble en ces lieux? Que veulent dire ces bandelettes, ces branches, ces symboles de suppliants?..... Quelle crainte, quelle calamité, quel malheur présent ou futur vous réunit au pied des autels? Parlez, me voici prêt à vous secourir : je serais insensible si je n'étais ému d'un spectacle si touchant. » Et le grand prêtre lui répondre : « Vous voyez, grand roi, cette troupe inclinée au pied de nos autels. Voici des enfants qui se soutiennent à peine, des sacrificateurs courbés sous le poids des années, et des jeunes hommes choisis. Pour moi, je suis le grand prêtre du souverain des dieux. Le reste du peuple, orné de couronnes, est dispersé dans la place : les uns entourent les deux temples de Pallas; les autres sont autour des autels d'Apollon, sur les bords du fleuve. La cause d'une si vive douleur ne vous est pas inconnue. Hélas! Thèbes, presque ensevelie dans un océan de maux, peut à peine lever la tête au-dessus des abîmes profonds qui l'environnent. Déjà la terre a vu périr les moissons naissantes et les tendres troupeaux. Les enfants expirent dans le sein de leurs mères. Un dieu ennemi, un feu dévorant, une peste cruelle ravage la ville et enlève les habitants. Le noir Pluton, enrichi de nos pertes, se rit de nos gémissements et de nos pleurs. Tournés vers les autels de votre palais, nous vous invoquons, sinon comme un dieu, du moins comme le plus grand des hommes, seul capable de soulager nos maux et d'apaiser la colère du ciel. » Quelquefois aussi un dialogue, plus pressé, du chœur avec le personnage en action, était naturel et touchant, comme on le voit dans *Philoctète*. Mais, s'il y a dans le théâtre grec quelques exemples de cet heureux emploi du chœur, combien de fois ne l'y voit-on pas inutilement, oiseux, importun et contre toute vraisemblance? Quelle apparence que Phèdre confie sa honte aux femmes de Trézène? De quel secours est à l'innocence d'Hippolyte ce chœur de femmes, ce témoin muet qui, le voyant condamné par son père, se contente de faire cette froide réflexion : « Qui des mortels peut-on appeler heureux, quand on voit la fortune de nos rois sujette à une si triste révolution? » Quoi de plus froid encore et de plus à contre-temps que cette première partie du chœur qui suit la scène où Phèdre a pris la résolution de mourir? « Que ne suis-je sur un rocher élevé, et changée en oiseau! A la faveur de mes ailes, je passerais sur la mer Adriatique et sur les rives du Pô, où les infortunées sœurs de Phaéton répandent des larmes d'ambre. J'irais au riche jardin des Hespérides, nymphes dont la douce voix charme les oreilles, dans ces climats où Neptune ne laisse plus le passage libre aux nautoniers; car il a pour terme le ciel soutenu par Atlas. Là coulent toujours du palais de Jupiter les bienheureuses sources de l'ambroisie; là un terrain, toujours fécond en célestes richesses, produit ce qui fait la félicité des dieux. » Il s'agit bien de passer sur les rives du Pô ou dans le jardin des Hespérides! il s'agit de secourir Phèdre, réduite au désespoir, ou de sauver l'innocent Hippolyte. En pareil cas, notre vieux poëte Hardi faisait dire au chœur, se parlant à lui-même :

Ô couards! ô chétifs! ô lâches que nous sommes!
Indignes de tenir un rang parmi les hommes!
Endurer, spectateurs, tel opprobre commis!

Les deux grands inconvénients de l'usage continuel du chœur, dans la tragédie ancienne, étaient, l'un, d'exiger nécessairement pour le lieu de la scène un endroit public, comme un temple, un portique, une place, où le peuple fût censé pouvoir accourir; l'autre, de rendre indispensable par sa présence l'unité de lieu et de temps; et de là une gêne continuelle dans le choix des sujets et dans la disposition de la fable, ou une foule d'invraisemblances dans la composition et dans l'exécution (*V.* Entr'acte, Unité). Ce qu'il eût fallu faire du chœur sur le théâtre ancien, pour l'employer avec avantage, c'eût été de l'introduire toutes les fois qu'il aurait pu contribuer au pathétique ou à la pompe du spectacle, et de s'en délivrer toutes les fois qu'il était déplacé, inutile ou gênant. Mais si par la nature de l'action théâtrale, qui était communément une calamité publique ou du moins quelque événement qui ne pouvait être caché, une foule de confidents y pouvaient être mis en scène; si la simplicité de la fable, la pompe du spectacle, et la nécessité de remplir un théâtre immense, qui sans cela aurait paru désert, demandaient quelquefois la présence du chœur, il n'en est pas de même dans un genre de tragédie où ce n'est plus ni un arrêt de la destinée, ni un oracle, ni la volonté d'un dieu qui conduit l'action théâtrale et qui produit l'événement, mais le jeu des passions humaines, qui dans leurs mouvements intimes et cachés ont peu de confidents et souffriraient peu de témoins. Quoiqu'il ne soit pas vrai, comme on l'a dit, que la tragédie fût un spectacle religieux chez les Grecs, il est vrai du moins que les opinions religieuses s'y mêlaient sans cesse, ainsi que les cérémonies du culte; et c'est ce qui rendait majestueuse pour eux cette espèce de procession du chœur, qui sur trois files se promenait en cadence dans l'intervalle des scènes, tournant à gauche, et puis à droite, chantant la strophe et l'antistrophe, puis s'arrêtant et chantant l'épode, le tout pour exprimer, dit-on, les mouvements du ciel et l'immobilité de la terre. Mais certainement rien de semblable ne convient au théâtre de *Cinna*, de *Britannicus*, de *Zaïre*. Nos premiers poëtes tragiques, en imitant les Grecs, ne manquèrent pas d'adopter le chœur, et jusqu'au temps de Hardi le chœur était chanté. Cet accord des voix était connu sur nos premiers théâtres dans ce qu'on appelait *mystères;* le Père éternel parlait à trois voix, un dessus, une haute-contre et une basse, à l'unisson. Hardi se réduisit à faire parler le chœur par l'organe d'un coryphée. Dans le *Coriolan* de ce poëte, le chœur dialogue avec le sénat, et dit de suite jusqu'à quarante vers. Dès lors il ne fut plus question du chœur en intermède, jusqu'à l'*Athalie* de Racine, pièce unique dans son genre et absolument hors de pair. Voltaire, dans son *OEdipe*, a voulu depuis mettre le chœur en scène : jamais il ne fut mieux placé, et l'extrême difficulté de l'exécution l'a cependant fait supprimer. Depuis, on s'est borné, comme Hardi, lorsque l'action exige une assemblée, à faire parler un ou deux personnages au nom de tous; c'est la seule espèce de chœur qu'admet la scène française. Et dans les sujets mêmes, soit anciens, soit modernes, dont le spectacle demande le plus de pompe et d'appareil, comme les deux *Iphigénie*, *Mahomet* et *Sémiramis*, un théâtre où l'action se passe immédiatement sous nos yeux rend presque impossible le concert et l'accord d'une multitude assemblée qui parlerait en même temps. Il est vrai qu'en le faisant chanter comme les Grecs la difficulté serait moindre; mais le chant du chœur, entremêlé avec une déclaration simple, fera toujours pour nos oreilles une disparate et une invraisemblance, qui dans le genre sérieux et grave nuirait trop à l'illusion. Dans ce qu'on appelle chez les Grecs la comédie ancienne, comme ce n'était communément qu'une satire politique, le chœur était très-bien placé; il représentait le peuple ou une classe de citoyens, tantôt allégoriquement, comme dans *les Oiseaux* et dans *les Guêpes;* tantôt au naturel, comme dans *les Acharniens, les Harangueuses, les Chevaliers;* et le poëte l'employait ou à faire la satire de la république, ou à sa propre défense et à son apologie. C'est ainsi que dans *les Acharniens* le chœur, traitant le peuple d'enfant et de dupe, lui reproche son imbécillité à se laisser séduire par des louanges, tandis qu'Aristophane a seul osé lui dire la vérité en plein théâtre au péril de sa vie. « Laissez-le faire, ajoute le chœur, il n'a eu en vue que le bien, et il le procurera de toutes ses forces, non par de basses adulations et des souplesses artificieuses, mais par de salutaires avis. » La comédie du second et du troisième âge changea de caractère, et le chœur lui fut interdit.

**CHŒUR** (*hist. de la relig., discipl. ecclés., etc.*). C'est, comme on l'a vu dans un article précédent, un espace situé ou derrière l'autel, ou entre l'autel et la nef, dans lequel est placé le clergé pour chanter l'office divin. Dans la plupart des églises d'Italie, le chœur est placé derrière l'autel, et alors celui-ci se trouve rapproché de l'assemblée du peuple; c'est ce que l'on nomme *autel à la romaine.* En France, le chœur est ordinairement situé entre l'autel et la nef, environné d'une balustrade ou d'un mur, garni à droite et à gauche de deux rangs de stalles, où se placent les ecclésiastiques et les chantres. — Le chœur signifie aussi l'assemblée de ceux qui chantent; ainsi le chœur répond au célébrant; on chante à deux chœurs. Le haut chœur, ce sont les chanoines ou les prêtres qui occupent les stalles les plus élevées; le bas chœur, ce sont les chantres, les musiciens, les enfants de chœur qui remplissent les basses stalles. — Dans l'origine, χορός signifie une assemblée formée en rond, une enceinte; c'est pour cela qu'il désignait une troupe de danseurs qui se tenaient par la main et formaient un circuit. Il ne faut pas en conclure, comme ont fait quelques auteurs, que *chorus* a signifié, dans les églises, un espace où l'on dansait. Dans le second livre d'*Esdras*, ch. XII, v. 31, 37, 39, χορός signifie évidemment des chantres et non des danseurs. — On prétend que le chœur des églises n'a été séparé de la nef que sous le règne de Constantin. Cela signifie seulement qu'il n'y a point de preuve plus ancienne de cette séparation. Alors il fut environné d'une balustrade, et même d'un voile ou rideau qui ne s'ouvrait qu'après la consécration. Dans le XII^e^ siècle, on le ferma par un mur; mais, comme cette séparation défigure une église et cache le coup d'œil de l'architecture, on est revenu à l'usage des balustrades. — Dans les monastères de filles, le chœur est une salle attachée au corps de l'église, de laquelle il est séparé par une grille; c'est là que les religieuses chantent l'office. — Bingham (*Orig. ecclés.*, l. VIII, c. 6, § 7) a prouvé, par plusieurs anciens monuments, que dans les premiers siècles le chœur des églises était réservé au clergé seul; qu'il n'était permis aux laïques d'approcher de l'autel que pour faire leur offrande et pour recevoir la communion. Cette enceinte est souvent nommée *adytum*, lieu où l'on n'entre point. Quand on compare le plan des anciennes basiliques avec le tableau des assemblées chrétiennes tracé par saint Jean dans l'Apocalypse, c. IV et V, on voit que cette discipline venait des apôtres. L'empereur Julien, quoique apostat, la respectait. Saint Ambroise ne permit point à l'empereur Théodose de se placer dans le chœur de l'église de Milan : l'entrée du sanctuaire était surtout interdite aux femmes; les laïques, sans distinction, devaient se tenir dans les nefs pendant les saints mystères : preuve irrécusable, contre les protestants, de la distinction qui a régné entre les prêtres et les laïques, dès l'origine du christianisme, et de l'idée que l'on attachait à l'auguste sacrifice des autels. — Mais, lorsque les barbares se furent rendus maîtres de l'Occident, ils portèrent dans la religion leur caractère hautain, militaire et féroce; ils entrèrent dans les églises avec leurs armes, qu'ils ne quittaient jamais; ils prirent les places du clergé, et ne respectèrent aucune loi. Les possesseurs des moindres fiefs suivirent l'exemple des princes, et prétendirent au même privilége; une place dans le chœur devint un droit seigneurial. Aujourd'hui, c'est une simple distinction honorifique, donnée dans quelques circonstances.

**CHOFFARD** (PIERRE-PHILIPPE), dessinateur et graveur, né à Paris en 1730, se forma un genre particulier d'ornement, qu'il exécutait avec un goût et un esprit infini. Parmi ses estampes, on distingue les planches d'Herculanum pour le *Voyage pittoresque* de l'abbé de Saint-Non; la *Vue du pont d'Orléans;* une des planches des *batailles de la Chine*, d'après le dessin de Jean Damascenus, missionnaire : les vignettes et culs-de-lampe pour les *Œuvres de J.-J. Rousseau*, les *Contes de la Fontaine*, les *Métamorphoses d'Ovide*, le *Voyage de la Grèce*. Cet artiste mourut en 1809. Il a publié une *Notice historique sur l'art de la gravure*, 1805, in-8°, réimprimée en 1809 en tête de la nouvelle édition du *Dictionnaire des graveurs*, de Basan. Ponce a donné une *Notice* sur Choffard dans l'*Annuaire de la société des arts graphiques*.

**CHOFFIN** (DAVID-ETIENNE), philosophe, était né le 2 octobre 1703 à Héricourt, dans la Franche-Comté. Fils d'un négociant aisé, il termina ses études à Stuttgard, et, à sa sortie du gymnase, se chargea de l'éducation des enfants d'un officier. Il obtint ensuite la double place de professeur de langues modernes à l'école des orphelins et à l'université de Halle, et il contribua, par ses écrits et par ses leçons, à répandre l'usage du français dans la Saxe. Il mourut au mois de janvier 1773. Choffin avait embrassé les opinions des *herrnhutters* ou frères moraves; il a publié quelques opuscules à leur usage, tels que le *Trésor des enfants de Dieu*, et un recueil de psaumes et d'hymnes, traduits en partie de l'allemand. Comme philosophe, on a de lui : 1° *Abrégé de la vie de divers hommes illustres et des grands capitaines*, avec des réflexions sur leur conduite et sur leurs actions, Halle, 1748, 2 vol. in-12. 2° *Amusements philosophiques*, ibid., 1749, 3 vol.; 1755, 3 vol.; 1763-1767, 4 vol. in-8°. Cet ouvrage, qui eut un grand succès, a été reproduit en 1767, à Stuttgard, sous le titre de *Récréations philosophiques*, et en 1791 à Lund, sous celui d'*Amusements des jeunes étudiants*. En 1811, l'abbé Magner en a annoncé une septième édition. Le *Dictionnaire abrégé de mythologie*, qui forme le troisième volume de l'édition de 1755, a, suivant *la France littéraire*, été réimprimé séparément, Halle, 1794, in-8°. 3° *Grammaire élémentaire*, Halle, 1753, in-8°. 4° *Recueil de fables*, ibid., 1754, in-8° (nouvelle édition, 1798). 5° *Grammaire française-allemande à l'usage des dames*, ibid., 1756, 2 vol. in-8°. 6° *Introduction à la grammaire des dames*, 1757, in-8°. 7° *Dictionnaire français-allemand et allemand-français*, 1759, 2 vol. in-8°, réimprimé sous le titre de *Nouveau Dictionnaire des voyageurs*, Francfort, 1780, 2 vol. in-8°. Un abrégé de ce dictionnaire a paru dans la même ville, 1805, in-8°. 8° *Monument à l'honneur de Gellert*, 1770, in-4°. 9° *Amusements littéraires, ou Magasin de la belle littérature, tant en prose qu'en vers*, 1772, in-8°. Ce volume est le seul qui ait paru. — On doit encore à Choffin une édition augmentée de la *Vie de Baratier* (*V.* ce nom, III, 322), par Formey, Leipzig, 1755, et une de la *Vie de Jean-Frédér. Nardin*, par J.-L. Duvernoy, avec des notes, Halle, 1759, in-8°. Il fut aussi l'éditeur de l'*Histoire ancienne* de Rollin, et de la traduction française de *Cornelius Nepos*, par le P. Legras, laquelle, comme on sait, a été réimprimée plusieurs fois en Allemagne. C'est par erreur que M. Quérard attribue à Choffin une nouvelle traduction de *Cornelius*. M. Duvernoy a consacré une *Notice* à ce philosophe dans ses *Ephémérides du comte de Montbelliard*.

**CHOFTI** (*ornith.*). Belon prétend que les Lorrains donnaient, de son temps, ce nom au pouillot ou chantre, que, suivant Salerne, on appelait de même dans la forêt d'Orléans.

**CHOGIA**, ou **CODGIA**, ou **HOGIA**, ou **COZZA** (*hist. mod.*) (car on trouve ce nom écrit de toutes ces manières dans différents auteurs), signifie, en langue turque, *maître, docteur, précepteur* ou *gouverneur*. Golius dit que c'est un mot persan qui signifie *vieillard*, mais qui s'emploie ordinairement pour un titre d'honneur. Il y a dans le sérail plusieurs *chogias* chargés de l'éducation des icoglans et autres jeunes gens qui y sont destinés pour le service du grand seigneur. Le précepteur des enfants de sa hautesse porte aussi le nom de *codgia* ou de *cozza*.

**CHOGRAMME**, s. m. (*mécan.*), nom que l'on donne, suivant le dictionnaire technologique, à une serrure mécanique à combinaisons.

**CHOI-DUC**, s. m. (*botan.*), arbrisseau de la Cochinchine.

**CHOIER** (*vieux lang.*), choir, tomber.

**CHOIETTE**, s. f. (*vieux lang.*), pluie.

**CHOIGNES** (COMBAT DE). Pendant la première quinzaine du mois de janvier 1814, la grande armée des alliés avait successivement contraint à la retraite toutes les divisions françaises qui s'efforçaient d'arrêter sa marche sur Paris. Réunie entre Langres et Neufchâteau, elle n'avait plus, le 20, devant elle, que les troupes du duc de Trévise, qui avaient quitté Langres pour venir à Chaumont. Au point du jour, le prince de Schwartzenberg, généralissime des alliés, ordonna au comte Giulay et au prince royal de Wurtemberg de marcher sur cette dernière ville. Le premier s'avança par la route directe; le second prit la route de Bourbonne et Montagny. Déjà il s'était emparé de Choignes et allait devenir maître du pont qui est en avant de ce village, lorsque survinrent quatre cents grenadiers de la vieille garde. Dès lors la fortune changea : non-seulement les Français reprirent Choignes et conservèrent le pont, mais ils culbutèrent dans la Marne deux bataillons wurtembergeois qui furent entièrement noyés. Néanmoins, attaqué sur sa droite et sur son front par le comte Giulay et par le prince royal, et de plus menacé sur sa gauche par le comte de Wrède, le duc de Trévise, qui n'avait que six ou sept mille hommes, fut forcé de se replier sur Bar-sur-Aube.

**CHOILER**, v. a. (*vieux lang.*), celer, cacher.

**CHOIN** (*botan.*), *schœnus* Linn., genre de plantes monocotylédones, hypogynes, de la famille des cypéracées Juss., et de la *triandrie monogynie* Linn., dont les principaux caractères sont les suivants : fleurs à glume univalve, attachées plusieurs ensemble à un axe commun, imbriquées les unes sur les autres, et formant des épillets groupés en tête ou en paquets serrés; chaque fleur en particulier consiste en trois étamines et en un ovaire supérieur chargé d'un style à stigmate trifide; une graine ronde ou ovoïde, nue, entre la glume et l'axe de l'épillet. — Les choins sont des plantes à tiges cylindriques ou triangulaires, roides; à fleurs écailleuses, sans éclat, disposées en tête ou par paquets. — Linnæus avait divisé ce genre en deux sections, dont l'une comprenait les espèces à tige cylindrique, et l'autre celles à tige triangulaire. Mais M. Wahl a établi une autre division beaucoup plus naturelle, d'après la considération, 1° des tiges dépourvues d'articulations, et munies seulement de feuilles radicales, dont la gaîne les embrasse à leur base; 2° des tiges articulées, garnies de feuilles distantes entre elles. — Le genre choin est très-nombreux en espèces; on en compte aujourd'hui environ cent, ce qui a engagé les botanistes modernes, d'après l'observation de caractères particuliers dans la fructification de différentes espèces, à le diviser en plusieurs autres genres, tels que le *chœtospora*, *dichromena*, *mariscus*, *maschœrina*, *melancranis*, *rynchospora*. Les choins naissent en général dans les prairies humides et marécageuses; on en trouve dans toutes les parties du monde : quelques-uns seulement viennent en Europe; le plus grand nombre est exotique. Ces plantes, à cause de leur aridité, ne peuvent fournir de fourrage, et les bestiaux ne les mangent point; on n'en fait la récolte que pour servir de litière, ou pour quelques autres usages peu importants. Aucune des espèces exotiques n'étant connue sous le rapport de son utilité ou de ses propriétés, nous ne parlerons que de celles qui croissent naturellement dans notre pays; elles ont toutes les racines vivaces. —1° *Tiges garnies de feuilles*. CHOIN MARISQUE *schœnus mariscus* Linn., *Spec.* 62; *Fl. Dan.*, t. 1202. Ses tiges sont redressées, cylindriques, inférieurement triangulaires et rameuses dans leur partie supérieure, garnies de feuilles linéaires, finement dentées en scie à leurs bords et sur leur dos; ses fleurs sont roussâtres, réunies en petites têtes, n'ayant le plus souvent que deux étamines, dont les filaments persistants paraissent comme autant de soies, autour de la base de leur graine. Cette plante croît, en France et dans une grande partie de l'Europe, sur les bords des étangs et des eaux stagnantes. Elle fleurit en juin et en juillet. — En Suède, les habitants des campagnes se servent de ses feuilles et de ses tiges pour couvrir leurs toits rustiques, et cette espèce de couverture dure plus longtemps que celle que l'on fait avec toute autre espèce de paille. — CHOIN BRUN, *schœnus fuscus* Linn., *Spec.* 1664. Ses tiges sont grêles, triangulaires, hautes de cinq à huit pouces, garnies de quelques feuilles sétacées, canaliculées; ses fleurs sont d'un brun ferrugineux, disposées en épillets formant trois faisceaux, dont deux terminaux et le troisième latéral, les deux premiers étant trois fois plus courts que la feuille qui les accompagne; ses graines sont entourées de trois soies. Cette espèce se trouve en France, et dans plusieurs parties de l'Europe, dans les pâturages humides et les marais tourbeux. Elle fleurit en mai et en juin. — CHOIN BLANC, *schœnus albus* Linn., *Spec.* 65; *Fl. Dan.*, t. 320. Cette espèce diffère de la précédente par sa tige un peu plus élevée, par la couleur blanchâtre de ses épillets, qui ne sont jamais surpassés par la dernière feuille de la tige, mais surtout parce que ses graines sont blanchâtres et entourées à leur base par dix soies. Elle croît dans les mêmes lieux que le choin brun; elle fleurit en juillet et août. —2° *Tiges dépourvues de feuilles*. CHOIN NOIRATRE, *schœnus nigricans* Linn., *Spec.* 64; Lam., *Illustr.*, t. 38, f. 1. Ses tiges sont cylindriques, nues, très-simples, hautes de six à douze pouces; ses feuilles sont toutes radicales linéaires, semi-cylindriques; ses fleurs, d'un brun noirâtre, forment deux faisceaux de quatre à dix épillets chaque, et qui sont unis à leur base de deux bractées, dont l'extérieure plus longue que la tête de la fleur; ses graines sont environnées de trois à quatre soies très-petites. Cette plante croît en France, en Allemagne, en Angleterre, etc., dans les marais et les prairies humides. Elle fleurit en mai et juin. — CHOIN FERRUGINEUX, *schœnus ferrugineus* Linn., *Spec.* 64; Schrad., *Fl. Germ.*, 1, p. 115, t. I, f. 4. Cette plante a beaucoup de rapports avec la précédente; mais elle paraît en différer, en ce qu'elle s'élève toujours moins, parce que la bractée extérieure est toujours plus courte que ceux-ci. Elle croît dans les prés marécageux des montagnes, en Allemagne, en Suisse et dans les Alpes de la Provence et du Dauphiné. Elle fleurit en été. — CHOIN MUCRONÉ, *schœnus mucronatus* Linn., *Spec.* 63; *juncus maritimus* Lob., *Icon.* 87. Ses feuilles sont linéaires, canaliculées, toutes radicales; sa tige est cylindrique, nue, haute de six à douze pouces, terminée par une tête arrondie, composée de trois à six paquets d'épillets d'un pourpre brun, et munis, chacun à leur base, d'une longue bractée; ses graines ne sont environnées d'aucune soie. Cette plante est commune sur les plages sablonneuses de la Méditerranée, en Languedoc, en Provence et dans le midi de l'Europe. Elle fleurit en mai et juin.

CHOIN (PIERRE DE) (*constr.*), pierre calcaire des environs de Lyon.

CHOIN (MARIE-EMILIE JOLY DE), favorite du dauphin, fils de Louis XIV, qui, dit-on, l'épousa secrètement, comme son père avait épousé M^me de Maintenon, était née à Bourg, d'une famille noble originaire de Savoie, et fut d'abord placée auprès de la princesse de Conti. Douée de moins de beauté que de douceur et d'esprit, elle ne fit usage de son ascendant sur le prince que pour opérer dans sa conduite de notables réformes; et cela pourrait expliquer la distinction et les égards dont elle jouit à la cour, où toutefois elle ne se rendait que fort rarement, faisant de Meudon son principal séjour. Après la mort du dauphin, M^lle de Choin vécut dans la retraite avec une fortune fort médiocre, et mourut en 1744. Duclos, dans ses *Mémoires*, appuie fortement l'opinion du mariage secret, contre laquelle Voltaire s'élève avec chaleur.

CHOIN (LOUIS-ALBERT JOLY DE), savant et vertueux prélat, de la même famille que la précédente, né en 1702, à Bourg en Bresse, dont son père était gouverneur, fit ses études au séminaire de Saint-Sulpice, et fut nommé grand vicaire de Nantes. Appelé en 1738 au siége épiscopal de Toulon par le cardinal de Fleury, auquel il opposa d'abord une modeste résistance, il rappela par son zèle vif et pur les premiers temps de l'Eglise, et institua de sages réformes dans son diocèse, qu'il édifia par la simplicité de ses mœurs et par la constante pratique d'une ardente charité. Après avoir été plusieurs fois député aux assemblées du clergé, il mourut en 1759, laissant, outre un grand nombre de *mandements* et autres écrits, une *Instruction sur le rituel*, Lyon, 1778, 3 vol. in-4°; ibid., 1790; ouvrage qui peut, en quelque sorte, tenir lieu de bibliothèque à un ecclésiastique.

CHOINE, s. m. Ce mot se trouve dans Rabelais.

CHOINE (PIERRE-FRANÇOIS), né à Alençon le 19 février 1681, mourut vers 1742. Reçu avocat au parlement de Paris, il vint dans sa patrie exercer sa profession et cultiver la poésie. Ennemi des jésuites, il attaqua en vers et en prose leurs écrits et leurs prédicateurs. Il s'attaqua surtout à un de ses compatriotes, le P. de Couvrigny, prédicateur distingué, devenu depuis confesseur des prisonniers de la Bastille, et contre lequel Choine publia une plaisanterie assez gaie intitulée, *Chanson d'un inconnu, nouvellement découverte, et mise au jour avec des remarques*, Turin, 1737. Il annonçait une suite qui n'a point paru. Les auteurs du Nouveau Dictionnaire historique se sont trompés en citant le P. d'Avrigny au lieu du P. de Couvrigny comme le héros de cette satire; c'est à tort que l'on a attribué à Jouin, auteur des *Sarcelles*, cette chanson, réimprimée en 1756 sous ce titre : *Mœurs des jésuites, avec des remarques critiques et historiques*, Turin, 1 vol. in-12.

CHOIN-JALMA (*mamm.*). Pallas dit que les Kalmouks donnent le nom de *jalma* à l'alactaga, *mus jaculus*, et qu'ils en distinguent une petite variété, en faisant précéder ce nom de celui de *choïn* (mouton), par opposition à celui de *morin* (cheval), qui leur sert à désigner une variété plus grande.

CHOIR, v. n. (Il ne se dit guère qu'à l'infinitif et au participe *chu*), tomber, être porté de haut en bas par son propre poids, ou par impulsion.

CHOISEUL, famille dont l'illustration remonte à Raymond III, qui épousa en 1182 Alix de Dreux, petite-fille de Louis le Gros, et qui, divisée en plusieurs branches, a dès lors produit un grand nombre d'hommes distingués.

CHOISEUL (CHARLES DE), comte du Plessis-Praslin, fils de Ferri, mort à la bataille de Jarnac, apprit le métier des armes sous le maréchal de Matignon, qu'il suivit un instant sous les drapeaux de la Ligue; puis, reconnaissant bientôt dans les Guise une faction armée contre les intérêts du trône, il se retira en Champagne, où sa prudence et son zèle maintinrent l'autorité royale. L'un des premiers, il s'empressa de reconnaître Henri IV, qui le nomma, en 1594, capitaine de ses gardes, puis gouverneur de Troyes, et lui conféra l'ordre du Saint-Esprit. Il eut, en 1602, avec Vitri la commission d'arrêter Biron et le comte d'Auvergne; il rendit, l'année suivante, un plus grand service à son maître, en faisant évader Bellegarde, que Henri IV voulait sacrifier à sa jalousie. Sujet toujours fidèle, il reçut en 1619 la récompense tardive de ses services par le titre de maréchal de France. Il eut depuis le commandement d'une armée dans la Normandie, dans l'Anjou, etc.; le calme rétabli dans les provinces, il se retira dans son gouvernement de Troyes, où il mourut en 1626, âgé de 63 ans. Il avait commandé neuf armées, s'était trouvé à quarante-sept batailles ou combats, avait conquis cinquante-trois villes, et reçu trente-six blessures.

CHOISEUL (CÉSAR, DUC DE), sieur du Plessis-Praslin, neveu du précédent, né à Paris en 1598, fut placé par Henri IV, en qualité d'enfant d'honneur, auprès du dauphin; puis, à 14 ans, obtint un régiment, qu'il résolut de conduire lui-même à pied, et fit ses premières armes en Champagne sous les yeux de son oncle. Habile dans l'escrime, il se fit bientôt un nom par ses duels; le plus connu est celui qu'il eut avec l'abbé de Gondi, depuis cardinal de Retz. Il suivit Louis XIII au siége de Saint-Jean d'Angely, où les soldats français se servirent pour la dernière fois du bouclier. Envoyé avec son régiment dans l'île d'Oléron pour s'opposer à la descente des Anglais, il fit échouer leurs efforts. Après la prise de la Rochelle, il en fut nommé commandant. Il eut part à toutes les expéditions qui suivirent la réduction de cette place importante, et se montra non moins habile dans l'art de négocier que dans celui de vaincre. Les succès qu'il avait obtenus sur les Espagnols en Italie le firent désigner pour aller commander le siége de Roses dans la Catalogne, et la prise de cette forteresse, en 1645, lui valut le titre de maréchal de France. De retour à l'armée d'Italie, où il ajouta à sa réputation par de nouvelles victoires, il en fut rappelé par les troubles connus sous le nom de *guerre de la Fronde*. Fidèle au parti de la cour, il battit à Réthel Turenne, qui commandait l'armée espagnole. Il apprit l'art de la guerre à Louis XIV, qu'il accompagna dans ses premières campagnes, et mourut en 1675, âgé de près de 78 ans. La bibliothèque royale possède deux recueils de *Lettres* de Choiseul, depuis 1632 jusqu'en 1651, et on a de lui des *Mémoires*, de 1628 à 1671, Paris, 1676, in-4°. Ils ont été réimprimés dans l'édition des *Mémoires* de son oncle par Petitot, 2<sup>e</sup> série, t. LVII. La *Vie* de César de Choiseul et celle de son oncle Charles de Choiseul, par Turpin, forment le 26<sup>e</sup> volume des *Hommes illustres de la France*.

**CHOISEUL** (GILBERT DE), frère puîné du précédent, évêque de Comminges en 1644, député de son ordre à l'assemblée des notables en 1650, y prononça une barangue, fut employé depuis dans les négociations entamées pour ramener la paix dans l'Église, troublée par le livre de Jansénius sur la grâce; en 1660, fit l'oraison funèbre du prince de Conti; transféré en 1670 sur le siége de Tournai, concourut à la *déclaration* du clergé de 1682, et mourut à Paris en 1689, laissant la réputation d'un prélat éclairé. C'est l'évêque de Tournay qui passe pour avoir rédigé les *Mémoires* de son frère (*V.* l'article précédent). Outre l'oraison funèbre déjà citée et celle du duc de Longueville, il a publié plusieurs ouvrages ascétiques et quelques écrits de controverse, dont le seul qui puisse être lu aujourd'hui est intitulé: *Mémoires touchant la religion*, Paris, 1681-1685, 3 vol. in-12. Sa *Lettre pastorale sur le culte de la Vierge*, réimprimée à la tête des *Avis salutaires de la Vierge à ses dévots indiscrets*, par Baillet, fit beaucoup de bruit dans le temps et n'a rien perdu de son importance. — La maison de Choiseul a donné plusieurs prélats aux siéges les plus illustres de l'Église de France.

**CHOISEUL-BEAUPRÉ** (GABRIEL-FLORENT DE), né en 1685 à Dinant, évêque de Saint-Papoul en 1718, nommé en 1723 au siége de Mende, publia des *Statuts synodaux* pour ce diocèse, 1739, in-8°, et mourut, en 1767, doyen des évêques de France.

**CHOISEUL-BEAUPRÉ** (CLAUDE-ANTOINE DE), aumônier du roi, évêque de Châlons-sur-Marne en 1733, mourut en 1763, à 66 ans.

**CHOISEUL-BEAUPRÉ** (ANTOINE-CLÉRIADUS DE), né en 1707, aumônier du roi de Pologne, primat de Lorraine, nommé en 1754 à l'archevêché de Besançon, accompagna son cousin, le comte de Stainville, depuis ministre, dans son ambassade près du saint-siége en 1756, et obtint du pape Benoît XIV la promesse que le chevalier de Saint-Georges (le prétendant) serait compris dans la première promotion de cardinaux; élevé lui-même à la dignité de cardinal en 1761, il mourut en 1774.

**CHOISEUL-STAINVILLE** (LÉOPOLD-CHARLES DE), né en 1724, frère du ministre, évêque d'Evreux en 1758, archevêque d'Alby en 1759, transféré au siége de Cambrai en 1764, mourut en 1781 à Moulins, en revenant des eaux de Vichy.

**CHOISEUL-FRANCIÈRES** (CLAUDE, COMTE DE), maréchal de France, parent des précédents, né en 1632, se distingua dans la guerre de Hongrie en 1664, et décida le gain de la bataille de Saint-Gotbard. Sur sa réputation de valeur et d'habileté, les Vénitiens le demandèrent à Louis XIV; en 1669, il prit le commandement des troupes laissées dans Candie par le duc de Navailles, et contribua beaucoup à repousser les Turcs. Il se signala, en 1674, au combat de Senef, fut nommé lieutenant général en 1676, servit depuis en Allemagne, obtint en 1693 le bâton de maréchal, et mourut, en 1711, doyen des maréchaux.

**CHOISEUL** (ÉTIENNE-FRANÇOIS DE), duc de Choiseul et d'Amboise, colonel général des Suisses, chevalier des ordres du roi et de la Toison d'or, né le 28 juin 1719, prit du service sous le nom de *comte de Stainville*, et obtint, grâce à sa bravoure, un avancement rapide. Colonel en 1745, il fut fait maréchal de camp en 1748, et lieutenant général en 1759. Un riche mariage vint suppléer à ce qui lui manquait du côté de la fortune, et lui permettre de satisfaire ses goûts fastueux. Mais il devait parvenir à de plus hautes destinées. Courtisan habile, il sut se concilier à jamais l'amitié de M<sup>me</sup> de Pompadour, sans toutefois sacrifier l'honneur de son nom au soin de sa fortune. Il fut d'abord nommé à l'ambassade de Rome, poste important alors à cause des discussions religieuses. Il sut se concilier l'estime de Benoît XIV, et le détermina à écrire la fameuse *lettre* qui aurait dû terminer les disputes sur la bulle *Unigenitus*. Il obtint même du pape mourant le chapeau de cardinal pour l'abbé comte de Bernis, alors ministre des affaires étrangères, et qu'il devait bientôt remplacer. En octobre 1756, M. de Choiseul fut nommé ambassadeur à Vienne. Il s'agissait de traiter avec l'Autriche, et M<sup>me</sup> de Pompadour était singulièrement flattée de contracter alliance avec l'austère Marie-Thérèse, qui daignait lui écrire et la nommer *son amie*. La négociation, conduite par le prince de Kaunitz, eut un plein succès, et le cardinal de Bernis signa ce traité, sujet de tant de discussions. Le cardinal eût voulu éviter la guerre; mais, une fois la France engagée, il ne pouvait en arrêter le cours. Les contradictions l'aigrirent, et il offrit un peu légèrement sa démission, qui fut acceptée. M. de Choiseul profita de cette disgrâce, sans l'avoir provoquée, et remplaça le cardinal au ministère des affaires étrangères. Le nouveau ministre obtint bientôt le plus grand crédit, et fut créé duc et pair. A la mort du maréchal de Belle-Isle, en 1761, il passa au département de la guerre, et eut assez de crédit pour faire appeler au portefeuille qu'il quittait son cousin, le comte de Choiseul, qui fut plus tard créé duc et pair sous le nom de *duc de Praslin*. Le duc de Choiseul, premier ministre de fait, et dirigeant seul toutes les affaires, s'allia aux parlements pour chasser du royaume les jésuites, et il y parvint, malgré la protection que leur accordait le dauphin, fils de Louis XV. Ce fut la première cause de la malveillance de ce prince contre le duc de Choiseul, qui lui dit alors, avec plus de franchise que de prudence, « qu'il pourrait avoir le malheur de devenir son sujet, mais qu'il ne serait jamais son serviteur. » Toutefois le ressentiment et les plaintes du dauphin ne diminuèrent pas la faveur du ministre. Cependant la guerre continuait, et la France n'éprouvait que des revers. M. de Choiseul dut alors conclure, à de dures conditions, la paix de 1763. Ce traité, amené par les malheurs de la guerre qu'on ne pouvait en toute justice attribuer exclusivement au ministre, offrit une voie facile aux accusations de ses ennemis, qui ne manquèrent pas de rejeter sur lui tout le blâme. Peu de temps après, en 1764, la mort lui enleva sa protectrice, M<sup>me</sup> de Pompadour. Le dauphin lui-même mourut de la poitrine le 20 décembre 1765, et l'on ne craignit pas, à propos de cette mort, de répandre contre Choiseul les plus odieuses imputations. Toutes ces machinations restaient inutiles, et son crédit résistait à toutes les attaques de ses ennemis. Il fallut que le duc d'Aiguillon, l'abbé Terray, contrôleur général des finances, et le chancelier de France Maupeou, eussent recours au plus vil de tous les moyens, et attendissent leur succès des charmes d'une courtisane jeune et belle, Marie-Jeanne Gomar de Vaubernier, plus tard comtesse Dubarry. Ils la firent présenter à Louis XV par Lebel, son valet de chambre. Le roi, frappé de sa beauté, en devint vivement épris. Une liaison secrète n'était pas ce qu'il fallait aux ennemis du ministre. Leur protégée obtint d'être présentée à la cour, malgré les instances du duc de Choiseul, qui ne put empêcher Louis XV de dégrader ainsi la dignité du trône. Involontairement frappée du mérite du duc, et séduite par sa réputation d'amabilité, M<sup>me</sup> Dubarry lui fit toutes sortes d'avances, qu'il rejeta avec hauteur. Il eut même le tort de ne pas épargner les sarcasmes aux faiblesses du vieux roi, mal conseillé en cela par M<sup>me</sup> de Beauveau et la duchesse de Grammont, sa sœur. Elles-mêmes avaient profondément blessé le monarque en refusant de souper dans les appartements avec la comtesse Dubarry. Ce refus, qui leur avait valu les justes applaudissements du public, n'était pas fait cependant pour augmenter la faveur du duc de Choiseul. En ce moment le chancelier Maupeou proscrivait les parlements. La cause de ces corps antiques se confondit avec celle du ministre. On n'eut point de peine à persuader au roi qu'il les excitait à la résistance, et un billet sans date, écrit à l'abbé Chauvelin au moment de l'affaire des jésuites, devint une preuve certaine de complicité. Pendant quelque temps cependant, le roi hésita à renvoyer un ministre qui avait si longtemps possédé toute sa confiance. Ce ne fut que le 24 décembre 1770 qu'il le relégua à Chanteloup. Cette disgrâce acquit au duc de Choiseul une grande popularité; son départ fut un triomphe, et l'on regarda son éloignement comme une calamité publique. On sollicita de toutes parts la permission d'aller à Chanteloup; chacun voulut avoir le portrait de l'exilé; et lorsque le roi, de guerre lasse, eut permis de le visiter, une cour nombreuse vint protester contre l'arrêt injuste qui le frappait. Ses ennemis, de plus en plus irrités de ces témoignages éclatants d'estime et de regrets, forcèrent M. de Choiseul de se démettre de sa charge de colonel général des Suisses, et il dut, pour parer aux dépenses dont sa prodigalité lui faisait un besoin, vendre ses tableaux et les diamants de sa femme. Pendant trois ans il vécut à Chanteloup dans la retraite, et la mort de Louis XV vint seule mettre fin à son exil. Quoiqu'il dût principalement à la haine qu'on portait à Mme Dubarry les hommages empressés qu'il reçut dans sa disgrâce, on peut dire que son administration ne fut pas stérile pour le bien de la France. Comme ministre de la guerre, il sut donner à l'armée une plus puissante organisation, sans augmenter les charges du trésor. Le corps du génie et de l'artillerie fut surtout l'objet de son attention toute particulière, et il y introduisit toutes les réformes que rendaient nécessaires les améliorations apportées par le grand Frédéric dans les armées prussiennes. Comme ministre de la marine, il s'efforça d'améliorer le peu de colonies que la France avait conservées, et à sa sortie du ministère les pertes de la marine étaient réparées et les magasins abondamment pourvus. Comme ministre des relations extérieures, il est l'auteur du *pacte de famille*, qui, réunissant tous les princes de la maison de Bourbon, opposait aux Anglais un faisceau de puissances redoutable, et il avait su semer les germes des divisions qui devaient plus tard enlever l'Amérique à l'Angleterre. Il fit sans coup férir la conquête de la Corse; partout enfin il se montra actif et énergique. Frédéric et Catherine se sont plaints souvent de le rencontrer sans cesse au-devant de leurs projets, et ces plaintes sont les plus beaux titres du duc de Choiseul à la reconnaissance de son pays. On ne doit pas oublier non plus que, prodigue de sa propre fortune, il sut ménager les deniers de l'Etat. Louis XVI, monté sur le trône, fit un accueil gracieux à l'ancien ministre lorsqu'il se présenta à la cour, mais ne lui donna pas sa confiance, que possédait déjà le comte de Maurepas. Le duc de Choiseul sut s'en consoler. Il vécut heureux loin des affaires, grâce à une sorte d'insouciance naturelle, et mourut au moment où l'épuisement de sa fortune lui aurait imposé de pénibles privations. Magnifique dans ses derniers moments, comme il l'avait été pendant sa vie, il légua par son testament des dons excessifs à tous ses anciens serviteurs. Sa femme acquitta avec la plus scrupuleuse exactitude ces legs, qui la ruinaient entièrement, et se retira dans un couvent, où elle emporta l'admiration due à tant d'abnégation et de désintéressement. Le duc de Choiseul n'était pas beau de visage, mais il avait une laideur piquante qui annonçait l'esprit. Sa gaieté naturelle, ses manières ouvertes, sa bonté franche et sa munificence lui donnèrent une foule d'amis. L'ouvrage intitulé *Mémoires du duc de Choiseul* ne se compose que de fragments qui n'étaient pas destinés à la publicité, et qui, bien que renfermant des renseignements précieux, ne sauraient, faute d'ordre et de liaison, exciter aucun intérêt, ni soutenir une lecture suivie.

**CHOISEUL-STAINVILLE** (Jacques, comte de), maréchal de France, fit ses premières campagnes en Autriche, où il fut successivement capitaine, chambellan, colonel des chevau-légers de Lœwenstein. Il se battit avec son régiment sous les ordres des maréchaux Daun et Laudon, et se distingua dans plusieurs occasions, ce qui lui valut le grade de général-major, puis de maréchal-lieutenant (1759). Il revint ensuite en France, où il fut fait lieutenant général (1760). Ce fut en cette qualité qu'il fit la guerre en Allemagne contre les Prussiens, sur lesquels il remporta plusieurs avantages. Forcé de se retirer devant des forces supérieures, il prit position devant Vacha, attendit l'ennemi, le battit, et fit sa jonction avec l'armée qui s'assemblait aux environs de Friedberg. Il reçut alors sa nomination d'inspecteur-commandant des grenadiers de France, et d'inspecteur général d'infanterie. Il continua la campagne, vainquit le prince héréditaire, lui enleva treize pièces de canon, dix-neuf drapeaux et deux mille prisonniers, et s'empara de Lich, où il resta jusqu'à ce que l'ennemi eût retiré toutes ses troupes. La croix de Saint-Louis fut la récompense de sa bravoure. Employé l'année suivante à l'armée du Rhin, il se signala encore par sa valeur dans plusieurs occasions importantes. Il emporta le château de Nagel, et s'empara de toute la Hesse. Le prince Ferdinand le força à se retirer; mais sa retraite lui fit beaucoup d'honneur; il se replia sur Cassel avec tant de prudence et d'adresse, que l'ennemi n'osa pas l'attaquer. La paix ayant été conclue le 18 juin 1783, il reçut le bâton de maréchal, et, trois ans après, la croix de l'ordre du Saint-Esprit. Il fit partie des états généraux de 1789, et mourut peu de temps après leur ouverture.

**CHOISEUL-MEUSE** (Le marquis Henri-Louis de), né le 22 juillet 1689, de la branche des Choiseul qui possédait le marquisat de Meuse, entra au service dans les mousquetaires dès l'année 1704, et fit cette campagne en Flandre sous le maréchal de Boufflers. Devenu colonel du régiment d'Agénois, il le commanda à Ramillies, à Oudenarde et à Denain, où il fut blessé dangereusement. Il obtint ensuite un régiment de son nom, dont il se démit plus tard en faveur de son fils. Il était alors devenu lieutenant général et commandant de Fort-Louis, puis de Saint-Malo. Louis XV le nomma un de ses aides de camp en 1744, et il suivit ce prince aux siéges de Menin, de Fribourg et de Tournay, puis aux batailles de Fontenoy et de Lawfeld en 1747. Il quitta le service à cette époque, et mourut à Paris le 11 avril 1754.

**CHOISEUL-MEUSE** (Le marquis Jean-Baptiste-Armand de), fils du précédent, né en 1735, entré fort jeune au service, avait fait les guerres de sept ans en Allemagne, et y avait dès lors acquis l'estime du prince de Condé, dont, plus tard, il devint le capitaine des gardes. Il avait été fait colonel aux grenadiers de France en 1759, puis employé comme aide-major général, et ensuite gouverneur de la Martinique. Maréchal de camp en 1780, il passa en Allemagne avec le prince de Condé en 1789, l'accompagna tant qu'il eut une armée à commander, et ne revint en France qu'à l'époque de la restauration, en 1814. Ce prince avait pour lui une telle estime, qu'il se fit porter dans son logement au palais Bourbon dès qu'il le sut malade, et qu'il lui donna des témoignages du plus touchant intérêt. Le marquis de Choiseul-Meuse mourut à Paris le 10 décembre 1815, sans laisser d'héritier de ce nom. Il avait cultivé les lettres avec succès, et s'occupait d'une nouvelle édition de ses poésies, qu'il avait autrefois fait imprimer en deux volumes, et qui manquaient depuis longtemps, lorsque la mort l'empêcha d'exécuter ce projet. On remarque parmi ces poésies une traduction libre de l'*Aminte* du Tasse.

**CHOISEUL-GOUFFIER** (Marie-Gabriel-Florens-Auguste, comte de), né à Paris le 27 septembre 1752, épousa, très-jeune encore, Mlle Gouffier. Depuis ce mariage, on le désigna sous le nom de Choiseul-Gouffier, pour le distinguer des nombreux héritiers de l'illustre nom de Choiseul. Il fut élevé au collége d'Harcourt, où sa jeune imagination s'enflamma aux récits des beaux temps de la Grèce antique, aux noms de Léonidas et de Miltiade. L'histoire et la géographie de la Grèce furent dès lors ses études favorites. Au sortir du collége d'Harcourt, il eut pour maître l'abbé Barthélemy, son parent. Le jeune enthousiaste de la Grèce et de ses héros ne pouvait rencontrer aucun homme plus capable de comprendre et d'encourager ses goûts que le célèbre auteur des *Voyages du jeune Anacharsis*. Il forma dès lors le projet d'aller visiter ces contrées qui les premières avaient vu fleurir les arts et la liberté. Son mariage et l'obligation où était alors tout jeune homme de noble famille de courir la carrière des armes retardèrent quelque temps ce voyage tant désiré. Le comte de Choiseul prit donc du service, et devint bientôt colonel. Satisfait de ce grade, il revint à son projet favori. Le moment était favorable. Le marquis de Chabert, capitaine de vaisseau et membre de l'académie des sciences, partait avec la mission de reconnaître les côtes de la Méditerranée et d'en dresser une carte détaillée. Choiseul-Gouffier obtint de lui la promesse qu'il le débarquerait partout où il voudrait, et l'attendrait tout le temps nécessaire à ses recherches. Le comte de Choiseul partit donc sur l'*Atalante* au mois de mars 1776. Il était âgé de vingt-quatre ans. Le marquis de Chabert remplit fidèlement sa promesse. Choiseul, au comble de ses vœux, plein de ses auteurs, Homère, Pausanias, Strabon, visita tous les lieux qu'ils avaient décrits, vérifia toutes leurs indications, remua tous les décombres, interrogea toutes les ruines. Il chercha également à reconnaître dans les mœurs, dans les arts, jusque dans le costume des Grecs modernes, tout ce qui avait conservé quelque tradition de l'antiquité. Aucune démarche ne lui coûte, aucune difficulté ne le rebute; il ne se montre pas moins prodigue de sa fortune que de sa personne pour atteindre le but qu'il poursuit. Il revient en France, chargé des plus précieux renseignements. Sur le seul bruit de l'importance de l'ouvrage qu'il préparait, l'académie des inscriptions et belles-lettres l'appela dans son sein en 1779, où il occupa le siége devenu vacant par la mort du savant Foncemagne. Ce n'est que trois ans après, en 1782, qu'il publia le premier volume de son *Voyage pittoresque en Grèce*, magnifique ouvrage avec des cartes et des gravures de la plus belle exécution. Deux ans après, en 1784, l'Académie française l'admit au nombre de ses membres. A cette époque, les membres de l'académie des inscriptions et belles-lettres s'engageaient à ne pas *solliciter* leur admission dans l'Académie française. Choiseul-Gouffier ne crut pas s'être par là engagé à *refuser* cet honneur s'il lui était offert, et il l'accepta. Ses collègues en furent irrités au point que l'un d'eux, M. Anquetil-Duperron, menaça le comte de Choiseul de le citer devant le tribunal des maréchaux de France, pour avoir manqué à sa parole. Quelques biographes disent même qu'il exécuta sa menace, mais que le tribunal des maréchaux se déclara incompétent. Quoi qu'il en soit, la réception de M. de Choiseul à l'Académie française fut une brillante solennité. Il succédait à d'Alembert, et prononça l'éloge de son prédécesseur. On remarqua surtout, dans ce morceau, le bon goût avec lequel le comte de Choiseul sut mettre de côté les préjugés de son siècle et de sa caste, pour compter à d'Alembert, comme un de ses principaux titres de gloire, sa naissance obscure et illégitime. Il fit dignement ressortir quelles difficultés avait dû vaincre celui qui, parti de si bas, s'était élevé si haut. — L'abbé Delille, qui fut toujours l'ami de Choiseul-Gouffier, saisit cette occasion pour lire un fragment de son poëme de l'*Imagination*. Comment traiter de l'imagination et ne pas parler de la Grèce, ce berceau de la mythologie et de tous les genres de poésie! Aussi y a-t-elle une large place. Dans le passage choisi par Delille, le Génie éploré de l'antique Athènes promet en ces termes la palme académique à *un jeune voyageur enthousiaste*, qui a entrepris un pieux pèlerinage vers cet ancien temple du génie :

Hâte-toi, rends la vie à leur gloire éclipsée.
Pour prix de tes travaux, dans un nouveau lycée,
Un jour je te promets la couronne des arts.

L'âme du jeune voyageur s'enflamme à ces mots; il poursuit ses travaux, secondé par les dieux des arts :

Et, belle encore, malgré les injures de l'âge,
Avec ses monuments, ses héros et ses dieux,
La Grèce reparaît tout entière à ses yeux.

Le récipiendaire était suffisamment désigné par ces vers, et l'assemblée battit des mains à cette heureuse et délicate allusion. La même année (1784), et au moment où il se préparait à faire un nouveau voyage en Grèce et en Orient, le comte de Choiseul-Gouffier fut nommé par Louis XVI ambassadeur à Constantinople. Il ne perdit pas de vue pour cela ses études favorites. Au contraire, résolu à faire tourner les avantages de sa haute position au profit de son ouvrage, il emmena avec lui des artistes, des savants, des géographes, et s'adjoignit pour compagnon de voyage l'aimable abbé Delille, avec lequel il continua ses explorations dans la Grèce, la Troade et l'Asie-Mineure. Toutefois il ne négligeait pas les soins plus importants de son ambassade. Le but de sa mission était d'assurer l'influence de la France près de la Sublime Porte et de protéger notre commerce. Quoiqu'il ne fût chargé que de représenter les intérêts français, il ne négligea pas ceux de la civilisation et de l'humanité. La guerre venait d'éclater entre la Turquie et la cour de Saint-Pétersbourg. Les Turcs, fort mauvais observateurs des principes du droit des gens, avaient enfermé au château des Sept-Tours l'ambassadeur russe. Choiseul, par de sages et énergiques représentations, le fit rendre à la liberté. Une frégate française le prit à son bord et le conduisit à Trieste. Quelque temps après, il obtint de même la liberté de l'internonce autrichien. Il protégea avec une sollicitude également louable les prisonniers russes et autrichiens que les chances de la guerre avaient fait jeter dans les bagnes de Constantinople. Il en racheta même plusieurs de ses propres deniers. En même temps il savait donner de sages conseils au divan. Par ses avis, le grand vizir Halil-Pacha appela des officiers et des ingénieurs français à Constantinople; des fonderies furent établies, et la marine ottomane vit pour la première fois construire, sur les modèles récemment adoptés par les grandes puissances de l'Europe, un vaisseau de soixante-douze canons. En un mot, Choiseul-Gouffier justifiait pleinement la prédiction de Condorcet, qui lui avait dit, en réponse à son discours de réception : « L'art des négociations, qui a été si souvent l'art de tromper les hommes, sera entre vos mains celui de les instruire, de les servir et de leur montrer leurs véritables intérêts. » — Quoique le caractère de Choiseul-Gouffier fût la droiture et la loyauté, il ne manquait pas néanmoins d'adresse, et savait employer la ruse lorsque ce moyen lui paraissait suffisamment justifié par les circonstances. C'est ainsi qu'il sut déjouer l'attaque dirigée contre son crédit par des ministres étrangers, jaloux de son influence dans le divan. Dans la préface de son *Voyage pittoresque en Grèce*, l'âme généreuse de Choiseul-Gouffier avait gémi sur la dégradation où languissaient Sparte, Athènes, toute cette Grèce autrefois si noble, si fière, si puissante et si belle. Puis, s'abandonnant au plus noble enthousiasme, il avait excité les Grecs modernes à briser leurs fers, à raviver le flambeau de leur gloire éclipsée. Il leur indiquait même des moyens praticables pour la réussite d'une si noble entreprise. Cet enthousiasme, comme on le pense bien, n'était pas de nature à plaire au divan. Les ennemis du crédit de Choiseul-Gouffier remirent au sultan un exemplaire de son ouvrage, qu'ils s'étaient procuré. Choiseul, prévenu à temps, ne perdit pas un instant. Il avait établi, pour satisfaire ses goûts et pour faciliter ses travaux scientifiques, un observatoire et une imprimerie dans l'hôtel de l'ambassade française. L'imprimerie fut aussitôt mise en œuvre, et, au moyen d'un carton, il imprima une nouvelle préface, où se trouvait supprimé le passage qui était de nature à déplaire au sultan. Il lui remit un exemplaire de l'ouvrage ainsi rectifié, et ce prince resta persuadé que les ennemis de Choiseul-Gouffier avaient falsifié son ouvrage. Quelque temps après éclatait la révolution française. Elle trouva un ennemi dans Choiseul. Nommé ambassadeur à Londres en 1791, il refusa de s'y rendre, et resta à Constantinople, d'où il adressait ses dépêches aux princes français alors exilés en Allemagne. Sa correspondance fut surprise dans la Champagne par les troupes républicaines en 1792, et le 22 novembre de la même année il fut décrété d'accusation. Il se retira alors en Russie, où il fut accueilli avec distinction par Catherine II. Paul I^er^, qui succéda à cette princesse, lui accorda la plus flatteuse confiance. Il le fit son conseiller intime, et le nomma directeur de l'académie des arts et de toutes les bibliothèques impériales. Toutefois le comte de Choiseul éprouva une légère disgrâce. Ses relations avec le comte de Cobentzel avaient déplu à l'empereur. Il quitta la cour de Russie en 1800. Bientôt après, Paul I^er^ le rappela, mais inutilement. Toutes les distinctions qu'on lui prodiguait à l'étranger ne pouvaient faire oublier à Choiseul-Gouffier cette France où il était né, où il avait passé les années de sa jeunesse et de son enfance. Il put enfin la revoir en 1802. Napoléon, aspirant dès lors à l'empire, et dans le but de se gagner des partisans, venait de faire rapporter la loi qui proscrivait les émigrés. Choiseul-Gouffier rentra l'un des premiers. Il vécut dans la retraite, livré tout entier à la rédaction de ses matériaux sur la Grèce. Ce n'est que sept ans après, en 1809, qu'il publia la première partie du second volume de son *Voyage pittoresque en Grèce*. Cette partie est froidement scientifique. On n'y trouve plus la vie, la couleur, l'animation, qui faisaient le charme de la première. On sent que l'auteur a vieilli, que son enthousiasme est mort. Cette seconde partie, toutefois, n'est pas moins précieuse que l'autre; mais elle ne s'adresse plus aux mêmes lecteurs. Les faits y sont recueillis, les lieux y sont décrits avec la plus scrupuleuse, la plus minutieuse exactitude. « M. de Choiseul (dit M. Dacier, secrétaire perpétuel de l'académie des inscriptions et belles-lettres, dans sa *Notice* sur la vie et les travaux de Choiseul-Gouffier) est le premier qui ait fait planter un graphomètre sur les hauteurs qui dominent le Bosphore, pour faire tracer le plan de ce magnifique canal; il est aussi le premier qui ait fait mesurer géométriquement la vaste étendue de Constantinople. » Dès la réorganisation de l'Institut par Napoléon, Choiseul-Gouffier entra dans la classe qui représentait l'ancienne académie des inscriptions et belles-lettres. Ce fut toute son ambition, tant que dura l'empire. Au retour des Bourbons, il fut créé pair de France, ministre d'État, membre du conseil privé. Enfin en 1816 il prit de nouveau place à l'Académie française. Une attaque d'apoplexie vint porter une rude atteinte à sa santé, jusqu'alors robuste. Par le conseil des médecins, il partit pour les eaux d'Aix-la-Chapelle avec la princesse Hélène de Bauffremont, qu'il avait épousée en secondes noces. C'est entre ses bras qu'il succomba à une seconde attaque, le 20 juin 1817, à l'âge de soixante-quatre ans. — La troisième partie de son *Voyage pittoresque* fut publiée par Blaise en 1824, avec des notes, des commentaires et des passages intercalés, pour servir de liaisons et de transitions, par MM. Barbié du Bocage et Letronne. On doit encore à Choiseul-Gouffier différents mémoires sur l'hippodrome d'Olympie, sur l'origine du Bosphore de Thrace et sur Homère. Il a fourni des notes au poëme de l'*Imagination*, par Delille (Paris, 1816, 2 vol. in-8°). Enfin il a fait publier à ses frais l'ouvrage de Lydus sur les magistrats de la république romaine, d'après un manuscrit qu'il avait rapporté de Grèce. Ce livre, qui contient, outre le texte, une interprétation latine de M. Fuss et une intéressante préface de M. Hase, a paru en 1812, in-8° et in-4°. — La collection d'antiquités du comte de Choiseul-Gouffier a été achetée par le musée, qui s'est ainsi enrichi de plusieurs objets d'une haute valeur artistique et scientifique.

**CHOISEUL-DAILLECOURT** (MICHEL-FÉLIX-VICTOR, COMTE DE), né le 10 avril 1754, était, en 1785, colonel en second du régiment de Guyenne. Appelé à siéger aux états généraux comme député de la noblesse de Chaumont en Bassigny, il s'éleva avec force contre toute idée de réforme, soit politique, civile ou religieuse. Il signa les protestations des 12 et 15 septembre 1791 contre les opérations de l'assemblée nationale, et quitta la France quelques jours après. Créé chevalier de Saint-Louis et maréchal de camp à l'armée des princes et au corps de Condé, il ne revint en France qu'en 1814, à la suite de Louis XVIII. Il fut alors nommé officier de la Légion d'honneur et lieutenant général des gendarmes de la garde, fonctions qu'il a exercées jusqu'à la suppression de ce corps. Le comte Victor de Choiseul-Daillecourt est mort à Paris vers 1817.

**CHOISEUL-DAILLECOURT** (ANDRÉ-URBAIN-MAXIME, MARQUIS DE), fils du précédent, fut admis de minorité dans l'ordre de Malte le 29 décembre 1792. Ses études furent dirigées vers les sciences et les talents de l'esprit, qui semblent héréditaires dans cette famille, déjà illustre à tant d'autres titres. En 1808, le marquis de Choiseul-Daillecourt partagea le prix décerné par les classes d'histoire et de littérature de l'Institut pour le meilleur mémoire sur cette question : *Quelle a été l'influence des croisades sur la liberté civile de l'Europe, sur sa civilisation, et sur les progrès de l'industrie et du commerce?* — Nommé auditeur au conseil d'Etat en 1809, et préfet du département du Finistère en 1813, il administra ce département jusqu'en 1814. Ayant adhéré à la déchéance de Napoléon, il fut désigné par le duc d'Artois, lieutenant général du royaume, pour la préfecture de l'Eure, où il se rendit en avril 1814. Napoléon le destitua lors de son retour de l'île d'Elbe, et il ne reprit ses fonctions qu'après l'arrivée de Louis XVIII. Il fut nommé, en 1816, préfet du département de l'Oise. En 1817, l'académie des inscriptions et belles-lettres l'admit dans son sein en remplacement du comte de Choiseul-Gouffier, son oncle, qui venait de décéder. Après les événements de juillet 1830, M. le marquis de Choiseul-Daillecourt se démit volontairement de ses fonctions. Il est mort à Paris le 15 février 1841, âgé de cinquante-huit ans.

**CHOISEUL-MEUSE** (FÉLICITÉ, COMTESSE DE), de la même famille que les précédents, née en 1768, morte à Paris le 18 février 1838, est auteur d'un grand nombre de romans, dont plusieurs sont assez agréablement écrits. Cette dame a publié : 1° *Elvire, ou la Femme innocente et perdue*, 1809, 2 vol. in-12; 2° *Récréations morales et amusantes*, 1810, in-12; 3° *Aline et Dermance*, 1810, 3 vol. in-12; 4° *Paola*, 1812, 3 vol. in-12; 5° *la Famille allemande, ou la Destinée*, 1815, 3 vol. in-12; 6° *Cécile, ou l'Élève de la pitié*, 1816, 2 vol. in-12; 6° *Coralie, ou le Danger de se fier à soi-même*, 1816, 2 vol. in-18; 8° *les Nouvelles contemporaines*, 1818, 6 vol. in-12; 9° *le Retour des fées*, contes, 1818, 2 vol. in-12; 10° *les Amours de Charenton*, 1818, 4 vol. in-12; 11° *Oréna, ou l'Assassin du Nord*, 1823, 4 vol. in-12; 12° *les Remords*, 1822, 3 vol. in-12; 13° *l'Héritage de mon oncle*, 1822, 2 vol. in-12; 14° *Camille, ou la Tête de mort*, 4 vol. in-12, 1823; 15° *le Chapelain de Chambord*, 1824, 4 vol. in-12; et enfin, 16° *Mémoires de madame Adaure*, 4 vol. in-12, 1824.

**CHOISEUL-PRASLIN** (ANTOINE-CÉSAR, COMTE, puis DUC DE), né à Paris le 6 avril 1756, maréchal de camp du régiment de la reine en 1786. Député de la noblesse de la sénéchaussée d'Anjou aux états généraux en 1789, il vota constamment avec la majorité de cette assemblée. Ce fut lui qui fit décréter l'adoption des trois couleurs pour les cravates des drapeaux. Après la session de 1791, il vécut dans la retraite, et n'en sortit qu'après le 18 brumaire. Il fut nommé sénateur, ensuite commandant de la Légion d'honneur, et mourut plusieurs années avant les événements de 1814.

**CHOISEUL-PRASLIN** (CHARLES-REYNAUD-LAURE, DUC DE), fils du précédent, adopta comme son père les principes de la révolution, mais montra beaucoup moins de constance dans ses opinions. Il devint en 1805 un des chambellans de la nouvelle cour impériale, et fut nommé en 1811 président du collége électoral de Seine-et-Marne, chevalier de la Légion d'honneur et commandant en chef de la première légion de la garde nationale de Paris. On dit que, le 31 mars 1814, quelques heures après la capitulation de Paris, voyant un grand nombre de royalistes porter la cocarde blanche et crier *Vive le roi!* il se permit de leur dire : « Vous n'êtes que des misérables, ce n'est pas là le sentiment général; vous feriez mieux d'aller aux barrières relever les blessés. » Ce qui ne l'empêcha pas de donner, six jours après, son adhésion à tous les actes du sénat qui prononçaient la déchéance de Napoléon et rappelaient en France la famille déchue. Il servit la restauration avec autant de ferveur qu'il avait servi l'empire : il fut un des premiers à proposer une souscription pour le rétablissement de la statue de Henri IV sur le Pont-Neuf à Paris. Le 18 avril, il fit afficher sur tous les murs de Paris une exhortation à tous les habitants d'élever un monument qui rappelât l'époque « où le meilleur des princes avait ramené dans sa patrie le bonheur et la paix. » Il fut créé pair de France le 4 juin suivant. Lorsque Napoléon revint de l'île d'Elbe en 1815, le duc de Choiseul-Praslin alla de nouveau se ranger sous ses bannières, et reprit le commandement de la première légion de la garde nationale parisienne, qui avait été donné, le 20 décembre précédent, à son cousin le duc de Choiseul-Stainville.—Par suite de l'ordonnance de Louis XVIII, il a cessé de faire partie de la chambre des pairs, et a totalement disparu de la scène politique, pour laquelle il n'était pas né. Il est mort à Paris le 30 juin 1841, âgé de soixante-treize ans.

**CHOISEUL-STAINVILLE** (LE DUC CLAUDE-ANTOINE-GABRIEL DE), né en 1762, mort à Paris le 2 décembre 1838, succéda en 1782 au titre et à la pairie du célèbre duc de Choiseul, dont le ministère a jeté beaucoup d'éclat sur quelques années de la fin du règne de Louis XV. Le jeune Choiseul, par suite de la faveur dont l'honorait l'infortunée reine Marie-Antoinette, jouissait à la cour d'une existence brillante. D'abord colonel en second des dragons de la Rochefoucauld, puis colonel en premier de Royal-Dragon, il occupait en mai 1790 ce dernier grade, et se trouvait sous les ordres du comte de Bouillé, commandant à Metz, lorsque ce général organisa les dispositions qui devaient faciliter l'évasion de Louis XVI. Des malentendus de toute espèce (1) rendirent inutiles les mesures qui furent

(1) Le général envoya à Paris M. de Choiseul, afin de se concerter avec le monarque. Le départ de la famille royale ayant été fixé au 20 juin, ordre fut donné au duc de précéder de quelques heures les voitures, et d'attendre le roi à Pont-de-Sommevelle, où se trouvait un fort détachement de hussards. Il devait se mettre à leur tête et accompagner le roi; mais, ne recevant aucune nouvelle de la famille royale, il crut ou que l'itinéraire avait été changé, ou que les illustres voyageurs avaient changé de résolution. Il donna l'ordre aux nombreux détachements échelonnés le long de la route de se disperser, afin de dissiper les soupçons des paysans, qui commençaient à s'attrouper. Une heure après le roi arrivait. M. de Choiseul, ayant pris un chemin de traverse pour se rendre à Varennes, s'égara avec son détachement, et n'arriva dans cette ville qu'après l'arrestation du roi.— Lorsque plus tard M. de Bouillé fit paraître ses *Mémoires*, il porta contre M. de Choiseul de graves accusations. Celui-ci sollicita une rétractation. Voici ce que M. de Bouillé lui répondit par une lettre datée de Londres, 14 août 1800, et insérée dans les papiers du temps. On nous saura gré de reproduire ces faits, qui généralement sont peu connus. « J'ai pu dire que vous aviez quitté votre poste à Pont-de-Sommevelle, dit M. de Bouillé, malgré les ordres précis que je vous avais donnés d'y attendre le roi, poste que vous saviez être la cheville ouvrière de l'exécution du projet, et votre détachement le chaînon principal de l'escorte du roi, qui, selon toute probabilité, n'eût pas été arrêté à Varennes si cette première disposition, d'où dépendait le succès de toutes les autres, avait été exécutée. J'ai dit que vous aviez reçu ordre de délivrer le roi, les armes à la main, s'il venait à être arrêté, et vous ne pouvez contester cet ordre. Cependant, au lieu de disperser à Varennes le peuple qui l'y retenait, vous avez mis bas les armes avec votre détachement. Le roi a pu, dans cette occasion comme dans d'autres, vous excuser et vous pardonner; mais moi votre général, moi, chargé de la responsabilité de l'événement, j'ai dû dire vos fautes. » — M. de Choiseul répondit à cette lettre. Nous terminerons cette légère digression en exposant les motifs qu'il donne de sa retraite et de celle du détachement qu'il commandait. « D'après nos conventions, dit-il, le courrier devait précéder au moins d'une heure la voiture. Nous nous attendions donc à le voir arriver vers deux heures et la voiture à trois. A trois heures, ni courrier ni voiture. A quatre heures, point de nouvelles. Je ne puis exprimer ce que j'ai souffert pendant cette terrible attente. Une autre scène se préparait. Les paysans d'une terre appartenant à M^me d'Elbœuf, située près de Pont-de-Sommevelle, ayant refusé le payement des droits non rachetables, on les avait menacés d'exécution militaire. Quand ils virent venir des hussards au Pont-de-Sommevelle, ils crurent que c'était pour agir contre eux, et aussitôt le tocsin sonna dans tous les villages environnants. D'un autre

prises à cet égard. M. de Choiseul fut arrêté à Varennes avec la famille royale, emprisonné à Verdun, décrété d'arrestation par l'assemblée législative, puis traduit devant la haute cour d'Orléans. L'amnistie proclamée au sujet de l'acceptation de la constitution par le roi lui sauva la vie. Le premier usage qu'il fit de sa liberté fut de retourner auprès de ce prince. Touché des malheurs d'une famille à laquelle il avait depuis longtemps consacré sa vie, il partagea tous les périls des journées des 20 juin et 10 août. Après les massacres de septembre, et lorsque sa tête fut mise à prix, il quitta la France à l'aide d'un passe-port et d'un uniforme espagnols. Il se rendit en Angleterre, où il leva un régiment de hussards qui porta son nom et qui devint l'asile d'un grand nombre de Français proscrits. A la tête de ce régiment, M. de Choiseul *combattit contre la France;* mais son caractère et sa loyauté bien connue donnent lieu de penser que s'il en agit de la sorte, c'est qu'il crut de son devoir de défendre Louis XVI à une époque où la vie du monarque courait déjà le plus grand danger. Fait prisonnier en mars 1795, il fut conduit dans les prisons de Dunkerque. Il s'en échappa un mois après, et gagna à la nage un navire américain. Il se rendit en Hanovre; mais, l'évacuation de ce pays ayant été décidée, il résolut de passer aux Indes orientales pour y combattre Tippoo-Saïb (*V.* ce nom), alors en guerre avec l'Angleterre. Il s'embarqua à Staale avec son régiment, le 12 novembre 1795. Après cinq jours de navigation, une violente tempête le jeta sur les côtes de Calais avec quelques-uns de ses compagnons, dont le plus grand nombre périt dans les flots. Arrêté au moment où il touchait le sol, il fut traduit devant une commission militaire et se crut destiné à la mort. La procédure, suspendue et reprise à plusieurs intervalles pendant plusieurs années, fut enfin soumise aux délibérations du conseil des cinq cents (7 janvier et 30 avril 1799). Le conseil adopta la proposition faite par la commission d'appliquer au duc de Choiseul et à ses compagnons, si connus alors sous le nom de *naufragés de Calais*, la loi du 1er brumaire an III. Cette loi punissait de mort tout émigré qui chercherait à rentrer en France. Indépendamment du respect dû au malheur, la simple raison suffisait pour décider si l'on pouvait considérer comme rebelles à cette loi des hommes jetés en France par la tempête. Mais l'esprit de parti fut de tout temps incorrigible. — La nouvelle commission devant laquelle furent traduits M. de Choiseul et ses compagnons s'étant déclarée incompétente, ces infortunés furent ramenés, *enchaînés deux à deux*, de Lille à Calais, où une autre commission déclara que la loi du 1er brumaire ne pouvait leur être appliquée. La révolution du 18 brumaire ayant mis le pouvoir dans les mains du général Bonaparte, une enquête minutieuse fut ordonnée sur cette affaire. A la suite de cette enquête, ces infortunés furent tous déportés en Hollande. M. de Choiseul parvint à s'échapper et se rendit en Angleterre, où il reçut l'accueil le plus bienveillant de la famille royale, et une pension de mille livres sterling (25,200 francs) du roi d'Angleterre. En 1801, Bonaparte lui envoya l'autorisation de rentrer en France. Mais le terme de sa carrière si agitée et jusque-là si aventureuse n'était pas encore arrivé. Il se trouvait à Paris depuis quelques semaines seulement, lorsqu'il fut arrêté et jeté en prison. Il était accusé d'avoir pris part au complot de Georges et de Pichegru contre la vie du premier consul. Sa participation directe à ce complot n'ayant pu être établie, un simple bannissement lui fut infligé. Il retourna en Angleterre, où il séjourna pendant plus de dix-huit mois. Bonaparte, devenu empereur, et cherchant à rallier autour de sa personne les principaux membres de l'ancienne noblesse, autorisa M. de Choiseul à rentrer dans sa patrie, et il lui accorda une pension annuelle de douze mille francs, afin de l'indemniser de la perte de tous ses biens, qui avaient été confisqués. M. de Choiseul s'honora par le refus qu'il fit au roi d'Angleterre, et malgré les instances de ce prince, de toucher plus longtemps la pension qui lui avait été allouée par le gouvernement anglais. — Jusqu'au retour du prince qu'il regardait comme son souverain légitime, M. de Choiseul-Stainville ne remplit aucune fonction publique. Le 4 juin 1814 il fut nommé pair de France et promu au grade de lieutenant général le 22 du même mois. En décembre de la même année, il remplaça son cousin M. de Choiseul-Praslin dans le commandement de la première légion de la garde nationale de Paris. Le 20 mars 1815, il cessa d'avoir ce commandement, qui ne lui fut rendu qu'au retour de Louis XVIII. M. de Choiseul fit constamment preuve d'un beau et loyal caractère pendant les réactions déplorables qui signalèrent les premiers jours de la seconde restauration. Dans ces temps difficiles, il sut concilier ses affections et ses devoirs, son dévouement au prince et son respect inviolable pour les institutions constitutionnelles. On en jugera par sa conduite lors du procès de l'illustre et infortuné maréchal Ney. La chambre des pairs ayant écarté la partie de la défense du maréchal qui se fondait sur la capitulation de Paris, le duc de Choiseul refusa de voter sur l'application de la peine et motiva son refus sur ces considérations remarquables : « M'étant trouvé deux fois sur le banc des accusés, comme M. le maréchal Ney, dit-il, la première, devant la haute cour d'Orléans, la seconde, devant une commission militaire, plus que tout autre j'ai pu me rendre compte des angoisses qu'éprouve l'accusé lorsque sa vie se trouve entre les mains de ses juges sans aucun moyen d'appel. C'est dans ces moments solennels où l'accusé, en présence de la mort, invoque toutes les concessions que la justice peut lui faire qu'il a le plus besoin de bienveillance et que la plus grande grâce qu'il puisse espérer est celle d'être entendu... La similitude de cette situation avec celles où je me suis trouvé se retrace vivement à mon cœur et à ma mémoire. Regrettant que la défense de M. le maréchal Ney n'ait pas été complète, et que des motifs que je ne veux pas juger aient donné à la fin de la procédure une rapidité que la sagesse du commencement était loin de faire prévoir; enfin, n'étant pas assez éclairé, puisque la chambre a supprimé une partie essentielle de la défense, je m'abstiens de voter sur l'application de la peine. » Dans une circonstance analogue, lors du procès de la conspiration du 19 août 1820, M. de Choiseul prit noblement la défense de M. le général Merlin, dont le père, ministre de la justice sous le directoire, n'était pas resté étranger aux iniques persécutions auxquelles les naufragés de Calais furent si longtemps en butte. Il prononça à ce sujet un discours qui fit sur l'esprit des pairs la plus vive impression. C'était un appel à tous les sentiments de justice et de loyauté. « Ce n'est point, dit-il en terminant, une générosité aveugle qui m'inspire ces réflexions. Il est doux sans doute de rendre le bien pour le mal; mais M. le général Merlin est inattaquable, il est innocent, et votre arrêt achèvera de le prouver. » L'acquittement du général Merlin fut pour M. de Choiseul le prix le plus doux de ses nobles efforts. Une justice à lui rendre, c'est qu'en aucun temps, à aucune époque de sa longue carrière, il n'a témoigné de ressentiment contre les auteurs des nombreuses persécutions dont il a été l'objet. « Si un grand nombre de Français émigrés, dit un biographe, ont rapporté du sol étranger les préjugés qu'ils y avaient portés, si quelques-uns d'entre eux ont revu la France avec le désir de se venger sur la génération actuelle d'une révolution dont les excès sont dus en partie à leur aveugle résistance, ce double reproche ne peut être adressé à M. de Choiseul. Militaire en 1789, il dut accomplir le serment qu'il avait fait de défendre le trône et ses prérogatives. Mais, lorsqu'en 1814 il fut entré à la chambre des pairs et eut juré de maintenir dans son intégrité l'existence de la charte, il s'opposa constamment et avec chaleur aux mutilations que des ministres impopulaires voulaient lui faire subir. Profitant de l'expérience qu'il avait puisée à l'école du malheur, il donna l'exemple de la modération à une époque et dans une circonstance où les partis, aigris les uns contre les autres, oublièrent trop que les actions que l'on considère comme des crimes en politique sont souvent commandées par la force des choses, quelquefois même par les intérêts du pays. » Jamais aussi M. de Choiseul n'a témoigné le moindre regret de la perte d'une immense fortune; un revenu médiocre s'alliait parfaitement à

côté, la municipalité de Châlons, sachant un poste de hussards campé si près de cette ville sans aucun motif connu, envoya des cavaliers de gendarmerie nationale pour nous reconnaître et tâcher de découvrir notre but. La route était très-fréquentée; les postillons racontaient que les hussards restaient toujours dans la même position. Aussitôt le bruit courut que c'était la reine que nous attendions; l'inquiétude augmenta visiblement dans Châlons. Déjà même on parlait d'envoyer la garde nationale contre nous, de doubler les postes de la ville et même d'en fermer les portes... N'y aurait-il pas eu de notre part une maladresse capitale de créer ainsi des dangers au roi, et de ne pas faire cesser, par notre éloignement, cette fermentation populaire ? — Quand mes hussards furent à cheval, continue M. de Choiseul, il était près de six heures moins un quart, et je m'en allai au pas jusqu'à la traverse qui conduit à Varennes. » Il y avait par conséquent près de quatre heures de retard sur l'arrivée du courrier, et la non-réussite du projet ne doit pas être attribuée exclusivement à M. de Choiseul. Ces faits ont été extraits par ous de la *Relation du départ de Louis XVI*, par le duc de Choiseul, p. 80 et suivantes. Le lecteur, jaloux de s'instruire des moindres détails de cet événement, devra consulter les *Mémoires de M. le duc de Choiseul*, publiés par Bossange frères en 1824.

la simplicité de ses goûts. Si donc il a paru s'être franchement rallié au gouvernement issu des événements de juillet, ce n'est ni par ambition, ni par intérêt, comme on le lui a reproché. — M. de Choiseul-Stainville est mort, âgé de soixante-seize ans, le 2 mars 1838, comme nous l'avons dit en commençant cette notice. Il était pair de France, lieutenant général, aide de camp du roi actuel, grand officier de la Légion d'honneur, gouverneur du Louvre, etc. Il ne laisse pour postérité qu'une fille, madame la marquise de Marmier. — M. de Choiseul-Stainville a publié les ouvrages suivants : 1° *Relation du départ de Louis XVI*, in-8° : cet ouvrage, écrit par lui dans la prison de la haute cour d'Orléans, n'a vu le jour qu'en 1822 : cette *Relation* fait partie de la *Collection des Mémoires relatifs à la révolution française ;* 2° *Histoire du procès des Naufragés de Calais*, 1823, in-8° ; 3° *Mémoires inédits de M. le duc de Choiseul*, 1824, in-8° ; 4° *Opinion de M. le duc de Choiseul sur le projet d'indemnité*, 1825, in-4°.

**CHOISI** ou **CHOISY** (**FRANÇOIS-TIMOLÉON DE**), prieur de Saint-Lô et grand doyen de la cathédrale de Bayeux, l'un des quarante de l'Académie française, naquit à Paris en 1644. Sa première jeunesse ne fut pas trop réglée. Il est très-vrai qu'il s'habilla et vécut en femme pendant quelques années, et qu'il se livra, dans une terre auprès de Bourges, au libertinage que couvrait ce déguisement ; mais il n'est pas vrai que, pendant qu'il menait cette vie, il écrivait son Histoire ecclésiastique, comme le dit un écrivain célèbre qui sacrifie souvent la vérité à un bon mot. Le premier volume de cet ouvrage parut en 1703, l'abbé de Choisi avait alors près de soixante ans. Il aurait été difficile qu'à cet âge il eût conservé les agréments et la figure qu'il lui fallait pour jouer ce rôle. En 1685, il fut envoyé, en qualité d'ambassadeur, auprès du roi de Siam, qui voulait, dit-on, se faire chrétien. L'abbé de Choisi se fit ordonner prêtre dans les Indes par le vicaire apostolique, non pas pour avoir de quoi s'amuser dans le vaisseau, comme le dit un écrivain satirique, mais par des motifs plus nobles. Il mourut, en 1724, à Paris, à quatre-vingts ans. L'enjouement de son caractère, les grâces de son esprit, sa douceur et sa politesse le firent aimer et rechercher. On distingue parmi ses ouvrages les suivants : 1° *Journal du voyage de Siam, fait en* 1685 *et* 1686, Paris, 1687, in-4°. Cet ouvrage, écrit d'un style aisé, plein de gaieté et de saillies, manque quelquefois d'exactitude ; il est d'ailleurs très-superficiel, ainsi que la plupart de ses écrits. 2° La *Vie de David*, in-4°, et celle *de Salomon*, in-12 : la Vie de David est accompagnée d'une interprétation des passages, avec les différences de l'hébreu et de la Vulgate. 3° *Histoire de France sous les règnes de saint Louis, de Philippe de Valois, du roi Jean, de Charles V et de Charles VI*, 5 vol. in-4°. Ces vies avaient été publiées chacune séparément ; on les a réunies en 1750 en 4 vol. in-12 : l'auteur les a écrites de cet air libre et naturel qui fixe l'attention sur la forme et empêche de trop examiner l'exactitude du fond (*V.* **CHAISE** [Jean de Filleau de la]). 4° L'*Imitation de Jésus-Christ*, traduite en français, réimprimée in-12 en 1735. La première édition était dédiée à madame de Maintenon, avec cette épigraphe : *Audi, filia, et vide, et inclina aurem tuam, et concupiscet rex decorem tuum.* 5° L'*Histoire de l'Eglise*, en 11 vol. in-4° et in-12 : l'abbé de Choisi aurait pu l'intituler *Histoire ecclésiastique et profane* ; il y parle des galanteries des rois, après avoir raconté les vertus des fondateurs d'ordres. En ne voulant pas accabler son ouvrage d'érudition, il a supprimé une infinité de faits aussi instructifs qu'intéressants. Le ton de l'auteur n'est pas assez noble, et il cherche trop à égayer une histoire qui ne devrait être qu'édifiante. 6° *Mémoires pour servir à l'histoire de Louis XIV*, 2 vol. in-12. On y trouve des choses vraies, quelques-unes de fausses, beaucoup de hasardées, et le style en est trop familier. 7° Les *Mémoires de la comtesse des Barres*, en 1736, petit in-12. C'est l'histoire des débauches de la jeunesse de l'auteur. Le compilateur de la *Vie de l'abbé de Choisi*, in-4°, publiée en 1748 à Genève (qu'on croit être l'abbé d'Olivet), s'est beaucoup servi de cet ouvrage scandaleux dans le détail des aventures galantes de son héros. 8° Quatre *Dialogues sur l'immortalité de l'âme, sur l'existence de Dieu, sur la Providence et sur la religion*, en 1684, in-12. Le premier de ces dialogues est de l'abbé de Dangeau ; le second, du même et de l'abbé de Choisi ; le troisième et le quatrième sont de ce dernier. Ils sont dignes de l'un et de l'autre, quoique peu approfondis. On a réimprimé cet ouvrage à Paris en 1768, in-12. 9° *Vie de madame de Miramion, fondatrice des filles de Sainte-Geneviève*, Paris, 1706, in-4°.

**CHOISIR**, v. a. élire, préférer une personne ou une chose à une autre, à plusieurs autres. Il s'emploie souvent absolument. — et familièrement, *C'est du choisi*, c'est ce qu'il y a de mieux, de meilleur.

**CHOISISSABLE**, adj. des deux genres, qui peut, qui doit être choisi.

**CHOISNIN** (Jean), secrétaire de Henri III, né à Châtellerault dans les premières années du XIV^e^ siècle, fut chargé par la reine Catherine de Médicis de préparer auprès de la diète polonaise, et avant même que le roi Sigismond-Auguste eût expiré, l'élection du duc d'Anjou. Il commença et seconda l'œuvre achevée plus tard par J. de Montluc, évêque de Valence, auprès duquel il fut ensuite employé. Il a laissé un ouvrage fort curieux, contenant les détails de toutes ces intrigues, et intitulé *Discours au vray de tout ce qui s'est faict et passé pour l'entière négociation de l'élection du roi de Pologne*, Paris, 1574, in-8°.

**CHOISON**, s. f. (*vieux langage*), occasion ; dessein.

**CHOISY** ou **SOISY** (*géogr.*, *hist.*), ancienne seigneurie du Gâtinais orléanais (aujourd'hui département de Seine-et-Marne), érigée en comté en 1564, et en marquisat en 1599.

**CHOISY-AU-BAC** (*géogr.*, *hist.*), en latin *Cauciacum*, village de l'Ile-de-France, aujourd'hui département de l'Oise, à quatre kilomètres de Compiègne, où les rois des deux premières races possédaient un château qui leur servit souvent de résidence. Auprès de ce château se trouvait une abbaye, dans l'église de laquelle furent enterrés les rois Clovis III, Childebert II et Dagobert III. Berthe, femme de Pepin et mère de Charlemagne, morte au château de Choisy en 783, fut aussi inhumée dans cette église ; mais son corps fut plus tard transféré à Saint-Denis. Il ne reste plus aujourd'hui de traces du château ni de l'abbaye de Choisy.

**CHOISY-LE-ROI** (*géogr.*, *hist.*), petite ville de l'ancienne Ile-de-France, aujourd'hui département de la Seine, où mademoiselle de Montpensier fit bâtir par Mansard, en 1682, un magnifique château, qui, habité successivement par Louvois, par le dauphin, fils de Louis XIV, et par la princesse de Conti, fut acheté, à la mort de cette dernière, et reconstruit, par ordre de Louis XV, pour madame de Pompadour. Ce château, en partie démoli, est aujourd'hui converti en fabrique. La ville de Choisy compte 3,075 habitants.

**CHOISYE**, s. f. (*botan.*), arbuste du Mexique.

**CHOIX**, s. m. élection, préférence donnée à une personne ou à une chose sur une ou plusieurs autres. — Il signifie quelquefois le pouvoir ou la faculté de choisir. — **CHOIX** signifie encore, élite, ce qu'il y a de meilleur.

**CHOIX** (**ARMES DE**) (*blason*), se dit des armoiries qu'un particulier compose à sa fantaisie, et sans les avoir acquises par quelque action glorieuse. On dit aussi, *Armes arbitraires*.

**CHOIX**, élection de Dieu. Selon les monuments de la révélation, Dieu a choisi Abraham pour se faire connaître à lui plus particulièrement qu'aux autres hommes ; il a choisi la postérité de ce patriarche pour en faire son peuple particulier ; il nous a choisis nous-mêmes pour nous rendre, par le baptême, ses enfants adoptifs. Ce choix de la part de Dieu est-il, comme le prétendent les incrédules, un trait de partialité, une aveugle prédilection, une injustice ? On pourrait le dire si la grâce que Dieu a faite à Abraham avait dérogé en quelque chose à celle qu'il accordait aux autres hommes ; si, en adoptant les Israélites, il avait abandonné les autres peuples ; si les grâces dont il a daigné nous combler diminuaient la mesure de celles qu'il veut départir aux infidèles : mais qui a jamais osé ou l'écrire ou le penser ? Dieu, maître absolu de ses dons, soit dans l'ordre de la nature, soit dans l'ordre de la grâce, peut, sans injustice, mettre dans la distribution qu'il en fait telle inégalité qu'il lui plaît. Un infidèle qui a reçu moins de grâces qu'un chrétien n'a pas plus de droit de se plaindre qu'un homme disgracié par la nature ne peut accuser Dieu, parce qu'il a donné à un autre homme une âme plus belle, un esprit plus pénétrant, un cœur plus noble, etc. Dans l'une et l'autre espèce de bienfaits, tous sont absolument gratuits. — La justice de Dieu est à couvert de blâme, parce qu'elle ne fait rendre compte à chacun que de ce qu'il a reçu ; sa bonté est justifiée, puisqu'il n'est aucune créature à laquelle il n'ait fait du bien, plus ou moins. La sagesse divine brille dans cette conduite, puisque par cette diversité même elle conduit toutes choses à leurs fins. Il n'y aurait plus ni dépendance, ni besoins mutuels, ni société entre les hommes, s'ils étaient tous égaux, tous doués des mêmes qualités, tous favorisés des mêmes avantages ; l'égalité parfaite, qu'exigent les incrédules, n'est dans le fond qu'une absurdité. — L'objection des déistes contre la révélation, contre la dispensation des grâces surnaturelles, est substantivement donc précisément la même que celle des athées contre la conduite de la Providence dans la distribution des dons de la nature : les uns et les autres se font une idée fausse de la bonté, de la sagesse, de la justice de Dieu ; ils ne s'entendent pas eux-mêmes. Ils demandent pourquoi Dieu est appelé par les Ecritures sacrées *le Dieu d'Israël*, le Dieu d'Abraham et de Jacob ; n'est-il donc pas le Dieu de tous les peuples et de tous les hommes ? Il est sans doute leur créateur, leur bienfaiteur, leur souverain seigneur ; mais tous ne l'ont pas reconnu comme tel, puisque la plupart ont adoré des dieux qu'ils avaient forgés eux-mêmes. Abraham et ses descendants, mieux instruits, n'ont rendu leurs hommages qu'au vrai Dieu : il a donc été leur Dieu par préférence, et dans le même sens qu'il est encore le Dieu des chrétiens, parce que nous n'en connaissons point d'autre. — Toute la question est donc réduite à savoir si Dieu n'a pas donné à tous les hommes, sans exception, les moyens de le connaître, et s'il n'a pas tenu à eux de l'adorer : or l'Ecriture nous atteste que Dieu s'est révélé et manifesté à tous les hommes par les ouvrages de la création, par les lumières de la raison, par les leçons de leurs premiers pères, par le témoignage de la conscience, par les bienfaits et les châtiments qu'il leur a départis. Les incrédules ont donc tort de supposer que Dieu a abandonné, méconnu aucune de ses créatures (*V.* INÉGALITÉ, BIENFAITS DE DIEU, JUSTICE DE DIEU).

**CHOKIER** (ERASME DE SURLET, SEIGNEUR DE), habile jurisconsulte de Liége, mort le 19 février 1625, a laissé : 1° *Tractatus de jurisdictione ordinarii in exemptos, et horum ab ordinario exemptione*, en deux tomes ; 2° *Tractatus de advocatis feudalibus* (Valère André, *Bibliothèque hist. des aut. de droit*).

**CHOKIER** (JEAN-ERNEST DE), frère du précédent, était seigneur de Velroux, Lexhy, etc. Il naquit à Liége le 14 janvier 1571, d'une famille noble et ancienne. Il prit le grade de docteur en l'un et l'autre droit à Orléans ; alla à Rome, où il se fit connaître du pape Paul V ; revint à Liége, où il fut d'abord chanoine de Saint-Paul, ensuite de l'église cathédrale de Saint-Lambert, puis vicaire général et conseiller de Ferdinand de Bavière, évêque et prince de Liége. Il fit bâtir une maison pour les pauvres incurables, et une autre pour les filles pénitentes ou repenties, et se distingua par sa sagesse, ses lumières, son zèle pour les lettres, et son application à l'étude, particulièrement de la jurisprudence et des antiquités romaines. Il mourut dans la soixante-dix-neuvième année de son âge, peu de temps après l'an 1650, et fut inhumé dans l'ancien chœur de l'église cathédrale de Liége, sous un mausolée magnifique. Il avait étudié la jurisprudence à Louvain, et l'histoire romaine sous le savant Juste Lipse. On a de lui, entre autres ouvrages : 1° *Notæ in Senecæ libellum De tranquillitate animi*, à Liége, 1607, in-8°. 2° *Thesaurus aphorismorum politicorum, seu Commentarius in Justi Lipsii Politica, cum exemplis, notis et monitis*, etc., à Rome, 1610 ; à Mayence, 1613, in-4° ; et à Liége, 1642, in-fol. 3° *Tractatus de permutationibus beneficiorum*, 1613 et 1632, in-8°, à Rome, en 1700, in-folio, avec plusieurs ouvrages concernant la même matière. 4° *De re nummaria prisci ævi, collata ad æstimationem monetæ præsentis*, à Cologne, 1620, in-8° ; et à Liége, 1649. 5° *Commentaria in glossemata Alphonsi Soto*, à Liége, en 1621 et 1658, in-4°. Il s'agit dans cet ouvrage des règles de la chancellerie romaine. 6° *Scholia in preces primarias imperatoris*, 1621, in-4°. 7° *Tractatus de legato* (De l'ambassadeur et de ses fonctions et obligations), à Liége, 1624, in-4° ; et en 1642, avec les Aphorismes politiques. 8° *Erotemata materiam indulgentiarum et jubilæi concernentia*, à Liége, 1626. 9° *Vindiciæ libertatis ecclesiasticæ*, à Liége, 1630, in-4°. 10°. *Parænesis ad hæreticos nostri temporis, et alios Ecclesiæ mastiges*, à Liége, 1634, in-4°. 11° *Apologeticus adversus Samuelis Maresii librum, cui titulus, Candela sub modio posita per clerum romanum*, 1635, in-4°. 12° *Anchora debitorum*, ouvrage de droit, à Liége, 1642. 13° *De senectute*, à Liége, 1647, in-4°. 14° *Facis historiarum centuriæ duæ* : la première centurie contient les mœurs des diverses nations ; la seconde, es rites sacrés, etc., à Liége, 1650 (Valère André, *Bibl. belg.*, t. II, p. 613 et suiv.).

**CHOKIER**, président de Belgique (*V.* SURLET).

**CHOLAGOGUE**, adj. (*médec.*), de χολή, bile et ἄγω, je chasse ; épithète donnée par Galien aux purgatifs qui agissent spécialement en faisant couler la bile. Inusité.

**CHOLATE**, s. m. (*chimie*), genre de sels produit par la combinaison de l'acide cholique avec une base.

**CHOLE**, s. f. (*vieux langage*), colère ; mot qui se trouve dans Rabelais.

**CHOLÉCYSTE**, s. f. (*médec.*), de χολή, bile, et κύστις, vessie ; nom donné à la vésicule biliaire.

**CHOLÉCYSTITE**, s. f. (*médec.*), inflammation de la vésicule biliaire.

**CHOLÉDOGRAPHE**, s. m. (*didact.*), auteur qui traite de la cholédographie.

**CHOLÉDOGRAPHIE**, s. f. (*médec.*), de χολή, bile, et γραφή, description ; description de l'appareil sécréteur de la bile. Inusité.

**CHOLÉDOGRAPHIQUE**, adj. des deux genres, qui a rapport à la cholédographie.

**CHOLÉDOLOGIE**, s. f. (*médec.*), de χολή, bile, et λόγος, discours, traité ; dissertation sur la bile. Inusité.

**CHOLÉDOLOGIQUE**, adj. des deux genres (*didact.*), qui a rapport à la cholédologie.

**CHOLÉDOLOGUE**, s. m. (*didact.*), auteur d'une cholédologie.

**CHOLÉDOQUE** (CANAL) (*anat.*). C'est un canal qui part du foie et va s'ouvrir dans l'intestin. Ce canal est la réunion de deux autres qui se nomment le *canal cystique* et le *canal hépatique*. Le premier part d'une vésicule (la vésicule biliaire), qui fait partie, comme son nom l'indique, de l'organe du foie ; le second naît des granulations charnues qui forment la substance de cet organe. C'est au moment de leur réunion, sous un angle plus ou moins aigu, que le canal unique qui en résulte prend le nom de *cholédoque*. C'est par ce canal que la bile s'écoule pour aller se rendre dans cette partie de l'intestin qu'on a nommée *duodénum*. Ce liquide contribue par sa présence à ce mystère de chimie vivante qui s'appelle la digestion, et dont aucune hypothèse n'a su rendre compte d'une manière satisfaisante. Les concrétions biliaires qui peuvent obstruer ce canal et plusieurs autres causes qu'il serait trop long d'énumérer suspendent ou altèrent les fonctions du foie et même les fonctions digestives. C'est au médecin à les reconnaître et à les faire disparaître ; si rien ne s'y oppose.

**CHOLÉLITHE**, s. f. (*médec.*), de χολή, bile, et λίθος, pierre ; calcul biliaire.

**CHOLÉLOGIE**, s. f. (*didact.*), histoire de la bile.

**CHOLEM**, s. m. (*gramm. hébr.*), nom d'un des points-voyelles longs.

**CHOLEOS** (*ornith*). Belon expose, page 289 de son *Histoire de la nature des oiseaux*, les raisons qui lui font penser que ce mot désignait anciennement le geai, *corvus glandarius* Linn.

**CHOLÉPOIÈSE**, s. f. (*médec.*), de χολή, bile, et ποιέω, faire ; sécrétion abondante de la bile.

**CHOLÉPYRE**, s. f. (*médec.*), de χολή, bile, et πῦρ, feu ; fièvre bilieuse.

**CHOLÉRA**. A certaines époques qui n'ont rien de déterminé, l'espèce humaine est décimée par des fléaux qui portent le nom de peste, de choléra, de typhus, de fièvre jaune, etc. Quelles causes leur donnent naissance ? par quelles voies se propagent-ils d'un bout du monde à l'autre ? pourquoi apparaissent-ils dans un temps plutôt que dans un autre ? Toutes ces questions d'une si grande portée n'ont reçu aucune réponse satisfaisante. En vain l'orgueil de l'homme a voulu, à l'occasion du choléra, résoudre ces grands problèmes, comme toujours il n'a pu franchir les limites qui lui sont imposées, et dans ses explications il s'est montré aussi faible que dans ses moyens de traitement. Mais si sa science s'est bornée à enregistrer les faits, le danger a révélé les nobles qualités de son cœur, et son dévouement héroïque a lutté d'énergie avec l'affreuse maladie. — Le choléra, dont nous allons rapidement esquisser l'histoire, connu sous les noms de *trousse-galant*, de *maladie noire*, de *mort de chien*, n'était guère connu que des médecins anglais de l'Inde, lorsque ses ravages dans cette contrée, son apparition dans l'Asie centrale, firent conjecturer aux médecins observateurs que ce fléau atteindrait l'Europe et ravagerait ses fertiles et populeuses contrées. L'époque de son invasion fut même hautement annoncée. Aussi, après avoir franchi la Mésopotamie, la Perse, pénétré à Bockara, ravagé la Géorgie, atteignait-il Moscou le 28 septembre 1830, Varsovie le 19 avril 1831, et Paris le 23 mars 1832. — Tous les praticiens ont fait deux divisions du choléra, le sporadique, qui règne depuis un temps immémorial en Europe, et l'épidémique, d'abord limité à l'Inde, observé ensuite dans le monde entier, et qui paraît avoir fait de grands ravages surtout pendant la période du moyen âge. — Le *choléra sporadique*, dont nous allons d'abord donner la description, se manifeste ordinairement tout à coup la nuit. Des crampes se font sentir dans le ventre, vers l'estomac ; à ce symptôme succèdent les nausées, puis des vomissements de matières abondantes, qui varient quant à leur aspect et leur nature. En même temps le malade se plaint de coliques très-violentes et d'un poids incommode au voisinage de l'anus. De copieuses évacuations alvines s'effectuent. Les lèvres sont rouges, la langue pointue, animée; la soif vive, mais les boissons sont aussitôt rejetées qu'avalées. Des borborygmes fréquents annoncent le désordre des intestins. Les matières vomies présentent des changements notables : d'abord aqueuses, muqueuses et filantes, mélangées d'aliments, elles deviennent bilieuses, verdâtres, noires, érugineuses, poracées et quelquefois acides. Les évacuations alvines prennent aussi une coloration bilieuse, noirâtre, glaireuse et filante. Le pouls est petit, fréquent et dur; la respiration courte, difficile. La céphalalgie du début est remplacée par une sorte de constriction vers les tempes; le malade est triste, abattu, assiégé par des pensées de découragement. Les crampes se font sentir dans les mollets, les cuisses, les bras, les doigts, les orteils; elles sont quelquefois si douloureuses, qu'elles arrachent des cris au patient; la figure alors se décompose, devient d'une pâleur effrayante, et présente tous les caractères de la mort; le refroidissement devient général; une sueur visqueuse, froide, inonde la peau; les urines peu abondantes sont quelquefois supprimées. Des syncopes ont lieu, la voix peut à peine être entendue, le pouls est filiforme, le danger est extrême. Comme dans toutes les maladies, ces degrés ne sont pas tous parcourus, et le choléra s'arrête à la période douloureuse. — En peu d'heures, le choléra sporadique atteint son plus haut degré d'intensité; mais il présente un caractère fort important, c'est que la convalescence s'établit souvent très-rapidement, et ce caractère tranché est la ligne de démarcation qui le sépare du choléra épidémique. — La durée du choléra sporadique dépasse rarement quarante-huit heures.—Examiné sous le rapport de ses causes, on trouve qu'il est presque toujours dû à la chaleur brûlante, humide, de l'été. Aussi se montre-t-il de préférence à la fin d'août et au mois de septembre. L'ingestion des boissons froides, à la glace, suffit alors pour l'occasionner. On se rappelle le retentissement qu'eut, il y a quelques années, l'affaire du café de la Rotonde; des expertises médico-légales mirent hors de doute que tous les vases étaient bien préparés et qu'il s'agissait seulement d'un cas de choléra. Des modifications dans les conditions atmosphériques semblent aussi favoriser le développement de cette grave maladie. Certaines substances alimentaires, comme les viandes, les poissons fumés, le porc, les moules, etc., peuvent déterminer des accidents cholériques. Enfin ce mal s'est quelquefois déclaré sous l'influence d'une vive émotion morale. — Le plus ordinairement le choléra sporadique se termine heureusement dans nos climats; il n'en est pas toujours ainsi, et l'on voit quelquefois l'inflammation des intestins lui succéder. La convalescence, dans les cas simples, a lieu assez promptement; mais il ne faut pas négliger les lois de l'hygiène. Les récidives de cette maladie sont assez communes chez les personnes qui se livrent à des écarts de régime, et entraînent après elles des accidents graves. Nous ne ferons qu'énumérer les maladies avec lesquelles on peut confondre le choléra sporadique; ce sont la gastrite, la péritonite, la colique de plomb, l'envagination des intestins, l'empoisonnement par les substances âcres, certains étranglements internes, l'hépatite et les calculs biliaires.— Lorsque l'individu jouit habituellement d'une bonne santé, il y a lieu de croire que le choléra n'aura point de terminaison fâcheuse. Le danger est beaucoup plus grave quand l'estomac et les intestins sont depuis longtemps le siége de maladies. —Le *traitement* du choléra sporadique, comme celui de toutes les maladies rapidement mortelles, doit commencer par des moyens moraux. Il faut éloigner du sujet toute inquiétude, toute peine morale un peu vive, et commencer par lui inspirer la confiance. On doit ensuite avoir soin de le tenir chaudement sans trop le couvrir. Les vomissements continuels ne permettent pas de satisfaire la soif du malade, il faut se contenter de lui donner quelques gorgées d'un liquide froid, comme l'eau glacée, une infusion légère, aromatique, dans lequel on administre un quart de grain d'opium tous les quarts d'heure. On prescrit un lavement d'un petit volume fait avec le riz ou l'amidon, auquel on ajoute de la gomme adragant et vingt à trente gouttes de laudanum de Sydenham. On fait des embrocations sur le ventre, et on rappelle la chaleur aux extrémités au moyen de flanelles chaudes, de pédiluves chauds, de sinapismes. Des boules d'eau peuvent remplir le même but. Quand le bain chaud est possible, c'est un très-bon moyen.—Lorsque aucun de ces remèdes ne peut être prescrit, soit à cause des vomissements, soit par tout autre motif, on peut faire appliquer un large vésicatoire sur le creux de l'estomac ou sur le lobe gauche du foie. L'hydrochlorate de morphine, d'après la méthode endémique de MM. Lembert et le Sieur, peut rendre d'importants services.—Lorsque les vomissements continuent, comme par une sorte d'habitude, on se trouve quelquefois très-bien de la potion antivomitive de Rivière. — Si des symptômes inflammatoires succédaient à l'état spasmodique, il faudrait recourir aux adoucissements, au traitement antiphlogistique.— Dans la convalescence, il faut craindre les rechutes.—Suivant M. le docteur Gaultier de Claubry, le choléra sporadique serait une névrose gastro-intestinale. — *Choléra épidémique*. Beaucoup moins connu des médecins que le sporadique, jusqu'à son apparition en Europe, le choléra épidémique est caractérisé par des vomissements et des déjections blanchâtres, des crampes douloureuses, la chute des traits, la teinte bleuâtre des téguments, le refroidissement de la peau, la suppression de l'urine, l'amaigrissement, la cessation du pouls, une faiblesse marquée et l'intégrité des facultés intellectuelles. — On peut partager la marche de la maladie en quatre périodes. *Première période*. L'attaque du choléra est souvent rapide et violente; mais, dans un grand nombre de cas, elle s'annonce par des symptômes précurseurs, qui consistent en une sensibilité exagérée, un sentiment de faiblesse, des sueurs abondantes, des défaillances; les malades éprouvent une douleur plus ou moins vive autour de l'ombilic, et souvent une diarrhée simple, quelquefois blanchâtre avec ou sans nausées. Il n'est pas rare d'observer une sorte de tremblement, de la faiblesse, des tintements d'oreilles, des vertiges, des éblouissements et de la céphalalgie. Le pouls est accéléré et faible, la peau humide et plus froide que de coutume. Ces symptômes (auxquels on a donné le nom de *cholérine*) ou seulement quelques-uns d'entre eux peuvent durer plusieurs heures, un jour, quatre à cinq jours.— *Deuxième période*. Le malade a des nausées; il rejette bientôt les aliments qu'il avait pris; puis des matières séreuses, blanchâtres, troubles, quelquefois bilieuses, mais qui deviennent promptement blanchâtres, tantôt troubles comme de l'eau de riz salé, quelquefois semblables à de l'empois délayé dans de l'eau, ou à du blanc d'œuf coagulé. La matière des vomissements a une odeur *sui generis*. — Le ventre est affaissé, et il donne à la percussion, ainsi que nous l'avons fait remarquer les premiers, un son mat dans presque toute son étendue. Le fluide cholérique des selles, d'abord jaunâtre et fétide, ne tarde pas à prendre la teinte de celui des vomissements, dont il ne peut plus se distinguer. — Les spasmes n'apparaissent point à une époque déterminée; ils affectent le plus ordinairement les muscles des jambes, et s'étendent aux membres supérieurs et au tronc. Pendant ces mouvements convulsifs, beaucoup de malades sont dans un état d'agitation extrême, leur physionomie exprime la plus vive anxiété, ils poussent des cris lamentables et déchirants, jettent avec violence leurs membres à droite et à gauche, bondissent sur leur lit, et portent leurs mains vers l'estomac et le ventre, qui sont eux-mêmes le siége de fortes douleurs.—De tous les symptômes du choléra il n'en est point de plus constant que la chute du pouls; concentré, petit, filiforme et vite, avec les progrès du mal, il devient de plus en plus misérable, s'enfonce, et finit par disparaître à tel point, qu'on ne peut souvent le sentir aux artères carotides. L'altération de la face n'est pas moins remarquable : il se fait une fonte rapide de la graisse et du tissu cellulaire ; les muscles se collent sur les parties osseuses; les yeux s'excavent, ils perdent leur éclat; la conjonctive s'injecte, la pupille est souvent dilatée; on aperçoit au-dessous de l'œil un cercle bleuâtre ou livide. Cette coloration s'observe également aux oreilles, aux pommettes, aux ailes du nez, aux lèvres, aux membres supérieurs et inférieurs et au tronc. — Un phénomène non moins constant est la sensation de froid : si vous touchez les extrémités du patient, vous les trouvez comme glacées, la langue elle-même est sensiblement froide, l'air expiré présente les mêmes conditions. Dès le début de la maladie, la peau est au-dessous de la température ordinaire, et, lorsque le froid est prononcé, elle se montre insensible à l'action des agents chimiques; elle se couvre d'une sueur froide et visqueuse; si on la pince entre deux doigts, elle conserve assez longtemps le pli qu'on lui a donné; la peau des doigts et des orteils se ride comme si elle avait subi une longue macération dans l'eau. Le malade ressent une forte chaleur à l'épigastre; la soif est extrême. — L'excrétion de l'urine est nulle; celles de la bile et de la salive sont souvent supprimées. — La voix subit un changement notable, elle devient faible, elle prend un timbre plus aigu. — La respiration est gênée, difficile, entrecoupée de hoquets. — Au milieu de ces grands désordres, la raison se conserve intacte, le patient répond juste aux questions qu'on lui adresse.—*Troisième période : cyanose, état algide*. La grande quantité de cholériques qui ont été soumis à notre observation en Pologne et en France ne nous ont que trop prouvé que ces divisions scientifiques étaient purement arbitraires; aussi ferons-nous observer que les accidents sont souvent si rapides, qu'il est impossible d'établir une pareille classification. Ces réserves faites, lorsque cette période existe, le pouls disparaît complétement, les bruits du cœur ne s'entendent plus; si l'on incise une artère, il n'en sort pas de sang; ouvre-t-on les veines, on en obtient à peine quelques gouttes de liquide noir, visqueux, très-épais, qui coule en bavant, et dont le caillot ressemble à de la gelée de groseilles. C'est à cette stase du sang dans les veines qu'il faut attribuer la coloration bleue de la peau et cette teinte qui a fait dire avec beaucoup de justesse à M. Magendie que le choléra cadavérisait subitement les malades. — Lorsqu'on touche un cholérique arrivé à ce degré, on éprouve la sensation que donnerait un crapaud. L'amaigrissement prodigieux qui s'est fait donne à des jeunes gens la figure de vieillards, et ce caractère établit la différence entre cette coloration anormale et celle de l'asphyxie et de certaines maladies du cœur, qui augmente au contraire le volume des parties. A cette époque la respiration est difficile, la voix est affaiblie, éteinte et comme soufflée. On croit que l'air expiré par le cholérique asphyxié contient notablement plus d'oxygène que celui de l'homme sain. — Les facultés intellectuelles sont encore conservées, mais les malades sont plongés dans un abattement profond. — Les expériences faites pour déterminer avec exactitude la température du corps des cholériques ont donné 15° Réaumur pour la langue, et 14° pour les pieds. — Presque toutes les sécrétions sont alors supprimées. L'œil s'affaisse, se ride et se réduit presque à rien. Lorsque la mort survient, elle est annoncée par l'augmentation du refroidissement du corps, la cessation des battements du cœur, l'état comateux et la perte complète des connaissances. — Dans cette grave période, nous avons vu beaucoup de malades sur le point d'expirer qui paraissaient tranquilles et murmuraient d'une manière presque imperceptible qu'ils se sentaient mieux. La marche de cette troisième période est quelquefois si rapide, qu'on voit les individus périr presque subitement, aussi avions-nous proposé de lui donner le nom de *choléra foudroyant*, dénomination qui a été depuis adoptée. — *Quatrième période : réaction, état fébrile.* Lorsque le malade ne succombe pas, des signes de réaction se manifestent dans un certain nombre de cas. Le pouls a plus de développement, les bruits du cœur se font entendre, le sang reprend ses qualités, la respiration devient un peu plus accélérée, la céphalalgie se développe de nouveau. Le cerveau peut s'exalter, et il n'est pas rare d'observer une sorte de délire. La chaleur de la peau dépasse bientôt l'état naturel; l'urine se rétablit, la peau s'injecte, se colore, les boissons sont très-bien supportées par l'estomac. Il est une autre espèce de réaction qu'on a nommée *réaction typhoïde* parce qu'il y a coloration brunâtre des lèvres, des dents et de la langue, état de stupeur, expression d'imbécillité. Quelques malades éprouvent un subdelirium; les urines coulent par regorgement. — Cet état est très-souvent suivi de mort au bout de huit à dix jours. — Déjà l'étude des symptômes vient de jeter quelque jour sur la nature du mal; demandons maintenant à l'anatomie pathologique les renseignements qu'elle peut nous fournir. — La chaleur du cadavre ne se perd qu'à la longue; quatre heures après la mort, le thermomètre introduit dans la bouche d'un cholérique du service de M. Roger marquait 25° centigrades. Cette chaleur disparaît avec la rigidité, qui est en général très-marquée chez les individus qui ont succombé dans la période algide : plusieurs médecins assurent avoir observé des mouvements dans les membres. L'amaigrissement constaté en France n'a point été noté en Pologne d'une manière notable, ce qui tenait à ce que les individus examinés par nous étaient tous des soldats dans la force de l'âge. — Le sang contenu dans les artères est en petite quantité; celui des veines est visqueux, noirâtre, pris en gelée, poisseux, peu abondant, et se sépare fort difficilement en sérum et en caillot. Voici au reste comme nous nous exprimions dans notre lettre, lue le 2 mai 1831 à l'académie des sciences, sur les principales altérations : La tunique superficielle des intestins avait une couleur rosée; le sang qui s'écoulait des vaisseaux était généralement liquide, abondant, noirâtre; l'estomac présentait des taches d'un rouge livide et des injections linéaires de même couleur; il était rempli d'un mucus épais, d'un blanc jaunâtre, visqueux; la membrane villeuse se détachait facilement. La portion supérieure de l'intestin grêle contenait une très-grande quantité de mucus épais, semblable à celui de l'estomac; à mesure qu'on avançait dans l'intestin, ce mucus devenait plus blanc et plus consistant; quelquefois il prenait une teinte jaunâtre. La quantité de la matière sécrétée était très-considérable. Il y avait une injection partielle de l'intestin grêle, une tuméfaction des cryptes dans une grande étendue, et quelques plaques d'un rouge plus ou moins foncé; sous le doigt, les intestins faisaient éprouver une sensation d'empâtement; çà et là on distinguait quelques petits corps sablonneux. On retrouvait dans le gros intestin la matière blanchâtre, épaisse et visqueuse, qui, par places, avait un aspect purulent. Vers la fin de l'intestin, cette matière ressemblait à de la purée. La vessie, contractée, légèrement injectée, offrait également ce mucus blanchâtre, qu'on retrouvait aussi dans les fosses nasales et dans l'œsophage; les poumons étaient engoués, le cerveau injecté. Le sang était partout liquide dans les cavités splanchniques. Dans beaucoup de cas, outre la matière crémeuse, nous trouvâmes un fluide séreux, trouble, aqueux, incolore, inodore, au milieu duquel nageaient des flocons albumineux. Cette matière, que nous considérons comme la sérosité du sang, explique la viscosité de ce fluide et le froid de la surface. — *Marche.* On peut dire d'une manière générale, que la succession régulière des phénomènes morbides constitue le cachet spécial du choléra épidémique. — *Durée.* Sur 4, 907 individus, sur lesquels on a pu se procurer des renseignements exacts à cet égard, 204 ont vécu d'une heure à six; 615 de six à douze; 592 de douze à dix-huit; 1,173 de dix-huit heures à un jour; 823 d'un jour à deux; 502 de deux à trois jours; 382 de trois jours à quatre; 240 de quatre à cinq; 125 de cinq à six; 79 de six à sept; 171 de sept à huit; 35 de huit à neuf; 36 de neuf à dix; 111 de dix à quinze; 19 de quinze à vingt. La durée moyenne a été de soixante heures quarante et une minutes. — *Terminaisons.* Le choléra peut se terminer par la mort, par la guérison, se compliquer d'autres maladies. — La convalescence dans les cas les plus favorables nécessite, durant un temps assez long, des soins tout particuliers; dans les premiers temps, elle est favorable aux rechutes et aux récidives. — Le choléra peut se compliquer de coma, d'accidents cérébraux inflammatoires, de gastro-entérite, de maladies pulmonaires. — *Diagnostic.* Au premier coup d'œil, le diagnostic du choléra-morbus paraît peu difficile à établir. Il est cependant quelques maladies avec lesquelles on pourrait le confondre : telles sont l'irritation gastro-intestinale, la péritonite, certains empoisonnements, l'asphyxie. Mais cette erreur sera de courte durée, lorsque les symptômes caractéristiques du choléra épidémique auront été bien observés. On pourrait tout au plus être induit en erreur par le choléra sporadique et la fièvre intermittente cholérique; l'efficacité de l'opium, dans le premier cas, du sulfate de quinine, dans le second, dissiperont les doutes. — Dans les épidémies de choléra, comme dans toutes les autres, on a remarqué que les maladies régnantes en révélaient souvent les caractères. Ce fait fut observé par nous et sur nous à Varsovie. M. Legallois et moi, pendant le typhus, dont l'un de nous devint victime, nous eûmes un froid extrême qui persista douze heures; le pouls était très-petit, et nous étions baignés par une sueur froide. — Dans une maladie où la mort est si prompte, où le nombre des victimes est si considérable, ou dans l'espace de peu de mois 18,402 personnes périrent à Paris, on prévoit combien le *pronostic* doit être grave. A l'apparition du mal, il faut s'attendre à de grands désordres; attaquant de préférence les individus soumis à l'influence des causes débilitantes, ses ravages sont affreux; mais peu à peu sa malignité s'affaiblit, le nombre des malades diminue chaque jour, et l'espérance renaît. Il arrive souvent cependant que la maladie se montre avec une nouvelle force, et quelquefois, sous une nouvelle forme, déjoue toutes les combinaisons, renverse tous les moyens de défense. — D'après les documents fournis par la statistique, il résulte que le pronostic varie suivant l'âge des sujets atteints; la vieillesse et l'enfance augmentent la gravité du mal; les hommes sont en général plus maltraités. — Toutes choses égales d'ailleurs, on doit redouter des suites désastreuses, lorsque le choléra se manifeste dans une ville où les causes de misère, de malpropreté et d'insalubrité sont réunies, et où la population est nombreuse et agglomérée dans des habitations étroites, malpropres, humides et mal aérées. — Le jugement à porter est grave, lorsque la maladie a marché avec une très-grande rapidité, lorsqu'elle se complique d'accidents intermédiaires à l'asphyxie et à l'état typhoïde. La réaction qui s'établit d'une manière graduelle est généralement favorable, tandis que les complications cérébrales et typhoïdes ajoutent beaucoup à sa gravité. L'âge et l'état de santé influent notablement sur le pronostic de la convalescence. Les sujets adultes et bien constitués sont ceux chez lesquels la révolution se fait plus facilement. — Le courage, le repos de l'esprit, concourent pour beaucoup à une heureuse terminaison du mal, tandis que la frayeur figure parmi les conditions défavorables. — *Etiologie.* Une maladie qui, depuis 1817, a parcouru tant de milliers de lieues sans qu'aucun obstacle l'arrêtât, doit avoir dans son mode de transmission une cause d'une grande activité. Un coup d'œil jeté sur la route qu'elle a suivie prouvera la vérité de cette proposition. Fréquent en tout temps dans l'Inde, le choléra-morbus y devint épidémique en 1815; y exerça de grands ravages en 1817; jeta de 1819 à 1820, quelques brandons à Bourbon, à l'Ile-de-France, à Bassora, dans la Mésopotamie, dans la Syrie; traversa la Perse en 1823, pour s'étendre aux rives de la mer Caspienne; enfin, après avoir sévi dans différentes localités pendant les années intermédiaires, il arrive à Boukara (Asie centrale) au printemps de 1829; de là il passe à Orembourg, et ravage le territoire de cette ville pendant la dernière moitié de cette année et les premiers mois de 1830. Au printemps suivant il est à Tauris, vers les limites septentrionales de la Perse; en juillet et août, à Tiflis en Géorgie, à Astrakan (embouchure du Volga); s'étend à droite et à gauche dans les provinces limitrophes, et, remontant le cours du Volga, il atteint Moscou le 28 septembre 1830.—Ainsi, dans sa marche générale, et malgré des différences énormes de latitudes, de climats, de mœurs, de salubrité, de police, le choléra-morbus a parcouru quarante-six à quarante-sept mille lieues carrées en moins d'une année et demie, et rasé en deux mois trois cent cinquante lieues de pays, distance comprise entre Astrakan et Moscou. — En donnant ces détails à l'académie des sciences le 22 novembre 1830, nous annoncions que la maladie ne s'arrêterait pas là, et en effet, le 10 avril 1831, M. Legallois et moi nous reconnaissions la maladie dans l'armée polonaise; le 19 elle était à Varsovie; en septembre elle était arrivée à Berlin et à Vienne; le 13 février 1832, M. Lebreton annonçait son entrée à Paris, rue des Lombards, et le 26 mars sa manifestation était non équivoque. — La température atmosphérique n'a fourni aucuns renseignements utiles. A Paris, à Varsovie, en Prusse, on a constaté que le choléra avait été indépendant des variations atmosphériques. L'influence de l'exposition n'a conduit à aucune conclusion; mais on a reconnu que la force de la mortalité paraît plus souvent dépendre du genre de la population et de son plus ou moins d'aisance. — Les rues sales et étroites ont compté dans Paris une mortalité de trente-trois par mille, tandis que celles qui étaient placées dans des conditions différentes n'ont eu que dix-neuf morts sur la même quantité. Le voisinage des rivières a paru en général favorable à la marche du choléra. L'encombrement, l'air non suffisamment renouvelé, la densité de la population, doivent être comptés parmi les causes qui président au développement du choléra-morbus. On a déterminé avec assez d'exactitude, se fondant sur la mortalité, l'influence des conditions sociales et des professions sur le développement du choléra. On a trouvé, d'après ces recherches, que les rentiers et les employés ont été le plus épargnés, ainsi que les marchands de draps, de meubles, de toiles, de vin, de merceries, les épiciers, fruitiers, libraires et quincailliers, les bijoutiers, orfèvres, ébénistes, menuisiers, cordonniers, couturières, fleuristes, lingères, modistes et tailleurs, les cochers et les domestiques. La maladie a sévi plus fortement sur les bouquinistes, les employés à la vente des bois sur les chantiers, les marchands de légumes, de fruits, les aubergistes et les logeurs en garni, les blanchisseurs des deux sexes, les maçons, les matelassiers, et surtout sur les ouvriers et tous les salariés. La mauvaise nourriture a contribué à augmenter le chiffre de la mortalité dans ces dernières classes; l'ivrognerie a eu sa part d'influence. Ainsi dans un rapport du comité de la société de tempérance à New-York, on lit que sur trois cent trente-six victimes du choléra il s'est trouvé cent quatre-vingt-quinze ivrognes, cent trente et un buveurs plus modérés, cinq individus sobres, deux membres de la société de tempérance, un idiot et deux individus dont les habitudes étaient ignorées. —La peur, les passions vives, la colère, les affections morales de toute nature, ont été rangées au nombre des causes qui favorisent l'influence épidémique. La commission nommée par le préfet de Paris a réuni quelques documents, desquels il semblerait résulter que ces causes n'ont point d'action appréciable sur la production des accidents cholériques. Dans l'épidémie de Paris nous avons vu des gens saisis d'effroi mourir du choléra, tandis que d'autres, dans la même disposition d'esprit, n'en ont point été atteints. Une des questions le plus naturellement soulevées par l'apparition et la marche du choléra a été celle de la contagion. Avant de la discuter, nous rappellerons avec tous les bons observateurs, comme l'ont aussi fait remarquer les auteurs du Compendium, que la contagion est un caractère accidentel et relatif des maladies, qui, semblable à tout autre élément, peut se joindre à plusieurs affections qui ne sont pas par elles-mêmes contagieuses, tandis que cette faculté peut manquer dans celles qui le sont le plus souvent. Cette opinion, que nous avons soutenue dans notre *Relation historique et médicale de Pologne*, publiée en 1831, est appuyée sur un grand nombre d'observations; et c'est donc à tort que d'autres médecins venus après nous, lorsque l'épidémie avait déjà perdu de son intensité, ont voulu attaquer des faits dont nous avions été les témoins au début de la maladie. A Paris, la plupart des médecins ont rejeté la contagion; mais quelques-uns, parmi lesquels nous citerons MM. Chomel et Velpeau, ont été beaucoup moins affirmatifs. La question n'est point tranchée, parce que chez quelques femmes qui n'ont cessé d'allaiter qu'à la période bleue, lorsque leur lait a tari, les enfants n'ont point été atteints du choléra. — Parmi les causes occasionnelles, il faut ranger les alternatives de chaud et de froid, la mauvaise nourriture, les excès, l'ingestion d'une grande quantité d'eau froide. — Mais au-dessus de toutes ces causes plane une influence beaucoup plus puissante, plus active, qui nous est complétement inconnue.—*Traitement*. Voici ce que nous écrivions il y a douze ans dans notre *Traité du choléra :* « Une des grandes illusions de l'espèce humaine a été de chercher dans tous les temps des panacées contre les maladies; de là le charlatanisme et ses spécifiques merveilleux. En ce moment, l'Europe entière n'est plus qu'une vaste affiche où l'on annonce en lettres colossales les recettes admirables qui doivent préserver du choléra. Là c'est la ceinture, ici c'est l'élixir, partout ce sont des titres mensongers qui démontrent jusqu'à l'évidence que ce siècle, qui se croit celui des lumières, est au moins celui des fripons. — Les faits observés à Paris n'ont point modifié notre opinion; nous avons reconnu, ici comme ailleurs, qu'au début les victimes tombaient en foule, et que ce n'était que, lorsque la furie du mal était un peu apaisée que les secours de la médecine pouvaient être efficaces. Nous croyons aussi que tel médicament qui avait d'abord obtenu des succès perd tout à coup sa vertu et les propriétés qu'on lui attribuait, sous l'influence d'une commotion morale ou d'une variation atmosphérique.—Ces principes posés, si maintenant on nous demande quel est le fond de notre pensée sur le traitement qui convient au choléra-morbus, nous répondrons qu'il n'en est pas d'applicable à tous les cas; que nous n'avons pas vu de médicament ayant une action spécifique sur la cause inconnue de la maladie. Voici, parmi la série des remèdes, ceux que nous emploierions de préférence. Si la maladie était bénigne, et que nous aperçussions dans le principe les signes d'une congestion inflammatoire de l'estomac et des intestins, nous commencerions par faire appliquer des ventouses scarifiées ou un bon nombre de sangsues à l'estomac, et même par une saignée, si le sujet était fort; ensuite nous ferions prendre des boissons chaudes, adoucissantes ou aromatiques, suivant les cas; elles consisteraient en une tasse de décoction de riz, d'orge, ou d'infusion bien chaude de menthe poivrée, de mélisse, et même encore de thé, tous les quarts d'heure ou toutes les demi-heures. L'action de ces boissons pourrait être augmentée par trois ou quatre gouttes d'ammoniaque liquide, administrées dans une tasse d'infusion, et par des frictions sur la région précordiale, sur les bras, sur les jambes et les cuisses, avec des flanelles imbibées d'alcool et de lavande ou de romarin. Nous recouvririons en même temps les pieds, les mains et le ventre de sinapismes faits avec de l'eau, et nous en augmenterions encore, s'il était besoin, l'énergie, en frictionnant ces parties, avant de les appliquer, avec de l'essence de térébenthine. Si les vomissements persistaient, ou bien que la concentration nerveuse ne diminuât point, nous userions de la méthode endermique; et, après avoir enlevé l'épiderme avec la pommade ammoniacale, nous appliquerions de un à deux grains d'acétate d'ammoniaque, suivant la gravité de la maladie. Nous donnerions en même temps à l'intérieur dix à quinze gouttes de laudanum de Rousseau sur un morceau de sucre, ou bien un demi-grain ou un grain d'opium, associé au camphre, à l'éther, à l'ammoniaque. Les lavements amylacés et opiacés seraient administrés pour calmer le spasme intestinal; et plus tard, lorsque les phénomènes nerveux auraient diminué, six à huit grains de calomel pris par pilules de deux grains, de deux heures en deux heures, en évacuant les matières contenues dans le canal intestinal, assureraient la convalescence, comme nous l'avons vu plusieurs fois.—Ainsi comme base de traitement, tout ce qui peut porter l'énergie vitale au dehors, calmer les accidents nerveux et diminuer la congestion inflammatoire de l'estomac et du canal intestinal. » — Ces préceptes que nous avions formulés pour le choléra de Pologne, nous les avons mis également en pratique dans le choléra de Paris. — Dans plusieurs cas, nous nous sommes bien trouvé de l'usage des boissons à la glace chez les individus qui étaient dévorés par la soif, ou qui ne pouvaient rien garder. Un point qu'il ne faut pas perdre de vue, c'est d'administrer les secours dès le début; la marche de la maladie est si rapide, qu'au bout de quelques heures il est souvent trop tard. Aussi ne doit-on pas hésiter un seul instant à appeler le médecin, lorsque dans une épidémie de choléra on éprouve le plus léger malaise, de la faiblesse, des étourdissements, une simple diarrhée; c'est une question de vie ou de mort. — Lorsque la réaction a lieu d'une manière lente, des boissons rafraîchissantes, quelques cataplasmes sur le ventre, des lavements émollients, la diète, le repos au lit, tel est le traitement qui convient. Contre la réaction typhoïde, il faut recourir aux moyens antiphlogistiques. Si la faiblesse est extrême, les moyens toniques ont souvent été utiles. — Les crampes constituent l'un des accidents les plus douloureux de la maladie. On leur a opposé avec succès les bains, les frictions sédatives, alcooliques, rubéfiantes. — Un nombre prodigieux de médicaments ont été préconisés contre cette grave maladie; ils n'ont fait que prouver l'impuissance de l'art, et sont rentrés dans le néant d'où ils n'auraient pas dû sortir. — La convalescence exige de grandes précautions. Lorsqu'elle est franche et qu'elle offre quelques symptômes inflammatoires, il convient d'alimenter les malades avec du bouillon de viande léger, puis avec quelques potages à la fécule, faits avec le sagou, l'arrow-root, le tapioka, la farine de riz, et plus tard on accorde des œufs frais, du poisson, des légumes bien cuits, des compotes sucrées, du poulet, etc. — Lorsque les malades sont très-affaiblis, on prescrit avec succès dix à douze grains d'extrait de quinquina; l'infusion de petite centaurée, l'exercice en plein air, les frictions, secondent parfaitement cette médication. — Nous terminerons ce qui est relatif au choléra par notre opinion sur la nature de cette maladie et sur sa place dans le cadre nosologique. Suivant nous, 1° l'origine du choléra paraît être primitivement le mauvais air produit par la décomposition des matières animales et végétales, rendue plus prompte et plus active par la chaleur, l'humidité et le voisinage des eaux; 2° ce mauvais air, se répandant dans les lieux habités par les hommes, agit sur eux comme un poison subtil, altère le sang (p. 83), et détermine le choléra chez ceux qui sont prédisposés à le contracter; 3° cette prédisposition dépend de la faiblesse, des excès, des écarts de régime, des marches longues et forcées, de la violation des lois de l'hygiène, de la crainte, et en général de toutes les causes débilitantes: le nombre d'hommes qui se trouvent dans cette catégorie est immense; 4° la maladie, une fois déclarée, s'attache à l'espèce humaine, la suit dans ses grands mouvements et ses retraites; évidemment secondée par les causes occasionnelles, qui lui donnent plus ou moins d'intensité, elle devient probablement contagieuse, lorsqu'il y a encombrement; 5° les individus atteints du choléra sont un foyer miasmatique pour les hommes robustes qui vivent avec eux, mais qui n'ont pas de prédisposition, et ces derniers, quoique bien portants, peuvent à leur tour, par les effluves qu'ils dégagent, devenir un foyer d'infection pour ceux qui les approchent. Enfin, dans un grand nombre de cas, la maladie paraît n'être point de nature contagieuse, puisque de tous ceux qui entourent les cholériques aucun n'en est attaqué. — Quant à la place que le choléra doit occuper dans le cadre nosologique, nous pensons qu'il doit être rangé parmi les névroses des organes digestifs, à côté du choléra sporadique.

A. Brierre de Boismont.

**CHOLÈRE**, s. f. (*vieux langage*), colère.

**CHOLÉRINE**, s. f. (*médec.*), nom donné à la diarrhée ordinaire, depuis l'apparition du choléra asiatique en Europe.

**CHOLÉRIQUE**, adj. des deux genres (*médec.*), qui appartient au choléra, ou qui est atteint du choléra. Dans la seconde acception, il s'emploie ordinairement comme substantif (*V.* Colérique). — En physiologie, *tempérament cholérique*, tempérament bilieux.

**CHOLERRHAGIE**, s. f. (*médec.*), flux de bile, choléra-morbus.

**CHOLERRHAGIQUE**, adj. des deux genres (*médec.*), qui a rapport à la cholerrhagie.

**CHOLESTÉRATE**, s. m. (*chimie*), sel produit par la combinaison de l'acide cholestérique avec une base.

**CHOLESTÉRINE** (*chimie*), graisse particulière, découverte, pour la première fois, en 1788, par Green dans les calculs biliaires, et que M. Chevreul a depuis rencontrée dans la bile fraîche. Cette substance, que l'on trouve encore dans quelques liquides et tissus animaux, cristallise en feuilles blanches et d'un brillant nacré; elle est insipide, inodore, plus légère que l'eau; à 137 degrés elle se fond en un liquide incolore qui, par le refroidissement, se prend en une masse cristalline, lamelleuse, translucide, susceptible d'être pulvérisée, mais dont la poudre s'attache facilement à tous les corps. Soumise à une forte température dans des vases clos, elle se sublime sous forme de feuilles, sans être décomposée; l'action de l'air a-t-elle lieu, la décomposition se manifeste. — A l'air libre, la cholestérine s'enflamme et brûle comme de la graisse; elle est peu soluble dans l'eau, peu dans l'alcool, dans l'essence de térébenthine, plus dans l'éther, nullement dans l'acide sulfurique aqueux et la potasse: cette dernière ne la saponifie pas non plus. — La cholestérine s'obtient de la bile en évaporant celle-ci jusqu'en consistance d'extrait peu épais, traitant celui-ci par l'éther, puis l'alcool bouillant, etc.

**CHOLESTÉRIQUE**, adj. m. (*chimie*). Il se dit d'un acide que produit la cholestérine.

**CHOLET**, petite ville de l'ancien Anjou, aujourd'hui chef-lieu de canton du département de Maine-et-Loire, à 36 kilomètres d'Angers. Cette ville a joué un grand rôle dans les guerres de la Vendée, et son château, pris et repris plusieurs fois par les républicains, fut complètement détruit; il avait été bâti en 1696. Cholet, qui avait le titre de baronnie, fut érigé en marquisat en 1677 en faveur d'Edouard Colbert, comte de Maulevrier. Cette ville possède aujourd'hui un tribunal de commerce, un conseil de prud'hommes et une chambre des manufactures. On y compte 7,345 habitants.

**CHOLET** (Combats et prises de). Dans les premiers jours de l'insurrection vendéenne, Cathelineau s'était mis à la tête des bandes et avait successivement occupé Saint-Florent, Jallais, Chemillé. Ces rapides exploits grossirent tellement le nombre de ses partisans, qu'il n'hésita pas à marcher, le 14 mars 1793, sur Cholet. Cette ville n'avait qu'une faible garnison; les vainqueurs y entrèrent et la saccagèrent. Ce fut alors que l'importance toujours croissante de la révolte décida Bonchamp et d'Elbée à en prendre le commandement. — Depuis cette première occupation, Cholet devint un des principaux foyers de l'insurrection et le but vers lequel se dirigèrent les principales attaques des généraux républicains. Après la défaite de Chemillé (11 avril 1793), les Vendéens avaient évacué la ville et s'étaient retirés découragés au delà de la Sèvre Nantaise, et Berruyer en avait repris possession. Plus tard Cholet, tombé encore au pouvoir des Vendéens, devint leur quartier général. Mais les désastres successifs de Châtillon, de Mortagne et de la Tremblaye (*V.* ces mots), les forcèrent de l'abandonner le 15 octobre 1793. Alors, désespérés, ils songèrent à passer la Loire. Mais, avant de se déterminer à cette retraite fatale, ils voulurent tenter un dernier effort, et l'attaque de Cholet fut résolue. Le 17 au matin ils se dirigèrent sur la ville au nombre de 40,000 hommes. Ils étaient attendus. Se précipitant avec la rage du désespoir, Stofflet et Larochejacquelein attaquent d'abord les ailes, tandis que Bonchamp et d'Elbée marchent au centre sur Chalbos. Ce choc vigoureux ébranla la ligne républicaine, et le général Bard est blessé. Mais en ce moment la réserve mayençaise accourut pour rétablir le combat. Bard, malgré sa blessure, rallie ses grenadiers et s'écrie: *Camarades, voulez-vous passer pour des lâches aux yeux de ces braves?* Aussitôt on fait volte-face, et le combat recommence avec une nouvelle fureur. Les Vendéens reculent à leur tour. Bonchamp, d'Elbée, font des efforts désespérés pour prolonger la mêlée. Le général Beaupuy, serré par eux, échappe avec peine au carnage; ils tombent enfin criblés de blessures mortelles. Leur collègue Piron fait un dernier effort et les arrache du champ de bataille. Mais ensuite la déroute est générale et tous s'enfuient dispersés jusqu'à Beaupréau, laissant 8,000 morts sur les hauteurs de la Tremblaye et de Cholet. L'armée républicaine, exécutant alors avec une extrême rigueur les ordres terribles de la convention, pénètre dans Cholet la torche à la main, et cette ville est incendiée et livrée au pillage. — Larochejacquelein venait de périr dans une rencontre près de Trémentine, lorsque Stofflet, qui avait pris le commandement et brûlait de se signaler, se disposa pour attaquer Cholet, défendu par le général Moulin, commandant 5,000 hommes, et ayant pour toute artillerie cinq pièces de canon. Le 10 février 1794, 5,000 Vendéens fondent sur les retranchements en poussant d'affreux hurlements et y pénètrent de toutes parts. En vain le général Moulin veut rallier ses soldats; atteint de deux coups de feu, poursuivi par les tirailleurs de Stofflet, il va tomber vivant dans les mains des royalistes, quand il saisit ses pistolets et se brûle la cervelle. Stofflet entra triomphant dans Cholet, si souvent baigné de sang des deux partis; mais le général Cordellier vint bientôt faire cesser les déplorables excès auxquels se livrait le vainqueur. Accourant de Genesteau au secours de Cholet, il rallia sur la route de Nantes un grand nombre de fuyards de la veille, et força de nouveau les Vendéens à évacuer la place. Stofflet ne parvint à régulariser la retraite que sur les hauteurs de Nouaillé. — Lorsque dans les premiers jours de mars Cordellier fut remplacé par le général Huchet, Stofflet, devenu plus hardi, se présenta aux avant-postes de la ville. Le général

Grignon, qui, avec sa colonne, venait de renforcer la division de Cholet, ordonna la charge et ne fut pas obéi ; ses soldats se débandèrent sous prétexte que les cartouches étaient trop grosses pour leurs fusils. Grignon les conjura en vain de marcher à l'ennemi à l'arme blanche ; ils se révoltèrent. Informé du désordre, Huchet arrive sur le champ de bataille avec des troupes nouvelles et arrête les fuyards. Grignon s'écrie : « Je suis déshonoré, je ne puis plus commander. » En même temps les soldats se pressent autour du général Huchet et lui présentent des cartouches : « Tiens, général, lui disent-ils, vois les cartouches anglaises, et dis que tu ne nous trahis pas ! » On ne put arrêter ce désordre qu'en faisant rentrer les troupes dans leurs retranchements. Deux jours après les républicains sortirent de Cholet, où ils abandonnèrent équipement, grains et fourrages.

**CHOLET** (Jean), cardinal, natif du Beauvoisis, d'une famille noble, fonda à Paris le collége qui porte son nom. Il mourut en 1293. La fondation du collége des Cholets n'eut son exécution qu'en 1295. On y honore la mémoire de ce cardinal, qui ne dut sa fortune qu'à ses talents.

**CHOLÈVE** (*entom.*). M. Latreille a désigné ainsi un genre de coléoptères que M. Illiger avait nommé *ptomaphage*, et que nous avons indiqué, d'après Paykul et Fabricius, sous le nom de *catops*.

**CHOLEWA** (Matthieu), le plus ancien historien polonais, obtint par la protection de Ladislas, duc de Pologne, l'évêché de Cracovie, auquel il fut nommé en 1163 par le pape Innocent II. Cependant ses ouvrages sont restés ignorés; mais l'historien du XIVe siècle, nommé Kadlubeck, en profita beaucoup, comme il le dit dans ses *Chroniques polonaises*. Cholewa mourut en 1165. Joachim Lelewel, savant historien du XIXe siècle, a fait là-dessus une dissertation très-remarquable.

**CHOLEX** (le comte Roger-Gaspard-Jérome de), ministre du roi de Sardaigne, né à Bonneville, dans le Faucigny, en 1771, fit ses premières études dans sa patrie, et fut ensuite admis au collége dit l'*Académie des nobles*, à Turin, où il se livra avec le plus grand succès à l'étude des lois. Reçu docteur en 1791, il se trouvait en vacances dans sa patrie, lorsque l'armée française y pénétra sous les ordres de Montesquiou, en septembre 1792. Cholex, s'étant à plusieurs reprises énergiquement élevé contre les projets révolutionnaires, fut bientôt contraint de prendre la fuite. Réfugié à Turin avec les autres émigrés savoyards, et voyant le Piémont tomber à son tour sous la domination des Français, Cholex se rendit, en 1801, à Genève, où il se fit recevoir avocat et acquit une grande réputation. Lorsque le roi de Sardaigne recouvra ses États, en 1814, le comte de Gattinara, président du sénat de Savoie, le proposa pour intendant de la Maurienne ; mais il n'y resta que peu de temps, car il fut chargé par le gouvernement d'aller suivre à Paris les intérêts de ce pays auprès de la commission de liquidation. A son retour de cette mission, il fut nommé intendant général de la Sardaigne, et se rendit à Cagliari. L'intempérie du climat le força bientôt de revenir à Turin ; il y vivait d'une modique pension et presque oublié, lorsque la révolution de 1821, qui plaça sur le trône le roi Charles-Félix, mit aussi à la tête du gouvernement le comte de Thaon, qui avait su apprécier Cholex : ce dernier fut nommé à la régence du ministère de l'intérieur. Les éminents services qu'il rendit, dans ce poste, à son pays, lui valurent le titre héréditaire de comte avec la grand'croix de l'ordre de Saint-Maurice. Il mourut sans fortune en 1828, et le roi accorda six mille francs de pension à sa veuve.

**CHOLIAMBE** (*littér. anc.*), ïambe boiteux ou *scazon*, est un terme de la métrique grecque et latine qui désigne un vers ïambique qui cloche (χωλεύει), parce que le dernier pied est un spondée au lieu d'être un ïambe, comme :

*Fŭlsē | rē quŏn | dām cān | dĭdī | tĭbī sōlēs.*

**CHOLIAMBIQUE**, adj. (*littér.*). Il se dit d'une composition faite en choliambes ; du mètre où entre le choliambe.

**CHOLIBA** (*ornith.*). Cet oiseau de nuit du Paraguay, que M. d'Azara décrit sous le no 48, et que les Guaranis appellent *urucurea*, paraît avoir des rapports avec le tatchicuatly de Nieremberg (*Hist. nat.*, l. X, c. 39).

**CHOLIDES**, s. m. pl. (*hist. nat.*), famille d'insectes coléoptères.

**CHOLIÈRES** (Nicolas) est un auteur inconnu de quelques ouvrages presque aussi inconnus que leur auteur ; il vivait dans le XVIe siècle. On a de lui des contes sous le titre des *Neuf Matinées et Neuf Après-dînées de Cholières*, Paris 1610, 2 vol. in-12. Les *Matinées* avaient déjà été imprimées en 1585, in-18, et les *Après-dînées* en 1587, in-12. La *Guerre des mâles contre les femelles, représentant en trois dialogues les prérogatives et les dignités de l'un et de l'autre sexe*, et autres œuvres poétiques, 1588, in-12. La rareté de cet ouvrage est son seul mérite.

**CHOLIHÉMIE** (*médec.*), mélange de la bile avec le sang.

**CHOLIN** (Pierre), savant helléniste, né à Zug, professa les belles-lettres à Zurich, fut précepteur de Théodore de Bèze, traduisit du grec en latin les livres réputés apocryphes par les protestants, et mourut en 1542. Cholin, dont Budé faisait beaucoup de cas, concourut avec Léon de Juda, Bibliander, Pellican et R. Gautier, à la *Bible* dite *de Zurich*, très-estimée des protestants; elle est chargée de notes littérales et de scolies sur les marges.

**CHOLIQUE**, s. f. ancienne orthographe du mot *colique*.

**CHOLIQUE**, adj. m. (*chimie*). Il se dit d'un acide qui existe dans la bile.

**CHOLLE** (*géogr. anc.*), aujourd'hui El-Come, fontaine bouillante dans la Syrie, à quelque distance de l'Euphrate, à l'est de Thapsacus.

**CHOLLET** (le comte François-Auguste), né à Bordeaux en 1747, fut, avant la révolution, procureur du roi de l'amirauté de Guyenne. Il était un des administrateurs du département, de la Gironde lorsqu'il fut nommé, en septembre 1795, par ce département membre du conseil des cinq cents. Il combattit, le 16 novembre 1796, dans cette assemblée, le projet de rétablir la loterie nationale. Il se montra ensuite un des plus zélés défenseurs des naufragés de Calais. Nommé secrétaire le 20 avril suivant, il fit rapporter, le 21 mai, la loi qui bannissait de Paris cent quatre-vingt-dix-huit membres de la convention. Chollet appuya ensuite la proposition d'exiger une nouvelle déclaration des ecclésiastiques, vota le maintien des ventes des presbytères, fondé sur la nécessité de calmer les inquiétudes des acquéreurs de biens nationaux, et présenta un nouveau projet pour la suspension de la vente de ceux qui n'étaient pas aliénés. Le 27 août, il s'éleva contre la proposition de décréter l'inviolabilité des lettres, et soutint que le directoire devait avoir le droit de les ouvrir quand il le jugerait nécessaire. Il s'opposa, le 2 septembre, deux jours avant le 18 fructidor an V, à ce que l'on délibérât sur les projets de Thibaudeau, relatifs à la marche des troupes et aux adresses des armées, ce qui prouve qu'il était dans les secrets du directoire. Le 9 du même mois, il combattit la proposition d'exclure les nobles de tous les emplois, présenta, le 4 décembre, un rapport sur la législation concernant les ecclésiastiques, et proposa la déportation de ceux qui refuseraient de se soumettre aux lois. Le 19 mars 1798, il appuya la demande faite par le directoire pour la révision des jugements rendus, depuis mai jusqu'en septembre (époque du 18 fructidor), contre les acquéreurs de biens nationaux, les défenseurs de la patrie et les représentants condamnés durant ce temps par les tribunaux. Lors de la célébration du 9 thermidor an II (27 juillet 1794), il fut d'avis de supprimer la publicité donnée à cette fête, et de la renfermer dans l'intérieur du conseil ; néanmoins il combattit la réunion en une seule des trois fêtes des 13 vendémiaire, 9 thermidor et 18 fructidor, parce que c'eût été confondre, disait-il, la faction des *royalistes* avec celle des *anarchistes*, qu'il trouvait bien moins abominable. Le 27 novembre, il attaqua le projet de Duplantier de la Gironde, relatif à la confiscation des biens d'ascendants d'émigrés, et lui reprocha une rétroactivité qui blessait tous les principes de justice. Réélu en 1799, Chollet s'opposa, après la crise du 30 prairial (18 juin), à ce qu'on supprimât du serment civique la formule de *haine à l'anarchie*, et présenta, le 8 septembre, un projet pour l'organisation des sociétés politiques. Après la révolution du 18 brumaire an VIII (8 novembre 1799), il fut membre de la commission intermédiaire chargée de donner de nouvelles bases à la constitution. Bonaparte le nomma, quelque temps après, sénateur, puis comte de l'empire. Chollet fit longtemps partie de l'inutile commission de la liberté de la presse. En 1814, il concourut sans hésiter à la déchéance de Bonaparte et au rétablissement des Bourbons. Il fut créé pair de France le 4 juin ; et, n'ayant pas figuré parmi les pairs de Bonaparte, il dut à cette circonstance l'avantage de reprendre sa place à la chambre, aussitôt après le second retour de Louis XVIII. Il mourut en 1826.

**CHOLMADRA** (*géogr. anc.*), ville d'Asie, dans la Comagène, sur la rive droite de l'Euphrate, près de Samosate.

**CHOLOMA**, s. m. (*chirurg. anc.*), distorsion d'un membre ; claudication.

**CHOLOSE**, s. f. (*médec.*), distorsion d'un membre ; claudication.

**CHOLULA** (PUEBLA) (*géogr.*), ville du Mexique (Amérique septentrionale), à 34 lieues est de Mexico, autrefois immense et très-commerçante; elle contenait plus de quatre cents temples. Le plus ancien, qui existe encore, bâti sur une montagne artificielle, a 164 pieds de hauteur. 16,000 habitants.

**CHOMABLE**, adj. des deux genres, qu'on doit chômer. Il ne se dit que des jours de fête.

**CHOMA-EPHTA** figure comme vingt-neuvième dynaste dans le Latercule d'Eratosthène. Histoire et mythologie se taisent également sur son compte, ainsi que sur les autres suivants de Ménès. Pris pour un des trente-six décans du cercle zodiacal, il est regardé comme identique : 1° à Sothis, 2° à Srô, 3° à Smat. Eratosthène traduit le nom de Choma-Ephta par celui de monde de Vulcain (cosmos Hephæstou). Que Fta, Ephta, Aphta, signifie Vulcain, rien de plus simple; mais on peut s'étonner de voir Choma rendu en grec par κόσμος (cosmos), monde. Le Catalogue décanographique de Saumaise présente un nom assez voisin, Chommé. La ressemblance des deux noms, le voisinage du décan et du dynaste (si la liste des dynastes partait du Bélier, ainsi que semble le supposer Dupuis), la synonymie incontestée du Sagittaire, qui s'appelle aussi Cosmos ou Cosmos Vulcani, enfin le rôle du premier décan du Sagittaire attribué à Chommé par la Table de Saumaise, tout indique qu'il faut mettre en rapport Choma-Ephta et Chommé; en d'autres termes, tout invite à poser comme fait indubitable ce que d'autres particularités inclinent à faire croire : 1° que les rois de la liste d'Eratosthène ne sont que des dynastes ou génies célestes dotés de noms, de formes, et quelquefois d'aventures humaines; 2° que l'ordre dans lequel les dynastes terrestres se présentent sur la liste d'Eratosthène ne moule pas fidèlement l'ordre des dynastes célestes, et que par conséquent on ne peut espérer de fixer la concordance d'une manière satisfaisante qu'en commençant par intervertir la disposition du catalogue ératosthénien.

**CHOMÆSCH** (*botan.*). Ce nom arabe est donné, suivant Forskaël, à la variété de l'oranger connue ailleurs sous celui de cèdre.

**CHOMAGE, CHOMER.** Les étymologistes ont exercé sur ces mots leurs recherches les plus subtiles sans obtenir un résultat satisfaisant. Vulcanius les extrait du grec : χασμάομαι, *bâiller, hésiter ;* Lancelot les tire du grec κῶμα, *assoupissement.* Selon Labbe, ils viennent de *comus* ou de *comessatio*, repos pris hors du temps consacré. D'après Ménage, ils seraient nés de *calamare*, ou chômer, parce que pendant les jours fériés les paysans restent sous le chaume. — Ces mots, quelle que soit l'incertitude de leur origine, indiquent le repos, l'inaction, l'oisiveté. *Chômer* exprime aussi manquer de travail; et, par extension, on dit : *Tel champ chôme*, pour indiquer qu'il n'est pas ensemencé. *Chômer une fête* s'emploie encore comme synonyme de *solenniser*. — Par le *chômage* ou suspension du travail, il résulte souvent dans le commerce un préjudice et une action de la part de celui qui l'éprouve contre celui qui l'occasionne. Cette action se subdivise ainsi : elle peut avoir lieu pour les commerçants auxquels les fabricants ne fournissent pas la marchandise; pour les ouvriers que les fabricants n'emploient pas; pour les fabricants dont les ouvriers suspendent les travaux. La même règle devrait être appliquée, car les mêmes principes d'équité subsistent, et pourtant il n'en est pas ainsi.

**CHOMAH** (*botan.*), nom arabe du *ruellia hispida* de Forskaël.

**CHOMAK** (*mamm.*). On trouve ce nom dans Erxleben, comme étant celui que les Russes donnent au hamster, *mus cricetus* Linn.

**CHOMEITAH** (*ornithol.*). Suivant M. Savigny, les Egyptiens habitant les bords des lacs Mengaleh, Burlos, etc., appelaient ainsi l'orfraie ou aigle de mer, *falco ossifragus* Linn.; mais le *chomeitah-el-kebir* des Arabes du Désert est le grand vautour barbu, *phene gigantea* du même auteur.

**CHOMEL** (NOEL), agronome, né vers 1640 à Paris, était petit-neveu de Delorme, premier médecin de Henri IV et de Louis XIII. Ayant passé quelque temps au séminaire de Saint-Sulpice, il fut établi par le supérieur, l'abbé Tronson, pour régir les biens que possédait la communauté à Vincennes, et, jaloux de justifier sa confiance, s'empressa d'acquérir toutes les connaissances nécessaires à l'exploitation rurale la plus étendue. Nommé depuis curé de Saint-Vincent à Lyon, il y mourut en 1712, après avoir mis au jour le résultat de ses lectures et de ses expériences, sous le titre de *Dictionnaire économique*, Lyon, 2 vol. in-fol. Cet ouvrage a eu un grand nombre d'éditions successivement améliorées, dont la plus récente est celle de Paris, 1767, 3 vol. in-fol., avec des augmentations par de Lamare. Il a été traduit en allemand, Leipzig, 1750; en anglais, par Robert Bradley, Londres 1722 et 1735; en flamand, Leyde, 1743.

**CHOMEL** (PIERRE-JEAN-BAPTISTE), neveu du précédent, médecin et botaniste, né à Paris en 1671, suivit les leçons et herborisations de Tournefort, dont il devint l'ami, et fut reçu docteur en médecine en 1697. Tournefort ayant formé le projet d'écrire l'histoire générale des plantes du royaume, Chomel se chargea de l'aider dans ce travail. Il présenta successivement à l'académie des sciences sept mémoires, qui contiennent la description et l'histoire de diverses plantes, et lui communiqua plusieurs observations sur les eaux minérales et sur les maladies extraordinaires. Ayant, en 1707, obtenu la place de médecin du roi, par quartier, qu'avait occupée son père, il réunit dans un jardin les plantes dont on se sert en médecine, et donna des cours publics sur leurs propriétés. Chomel, admis à l'académie des sciences en 1720, fut élu doyen de la faculté en 1738 et mourut en 1740. On a de lui : *Abrégé de l'histoire des plantes usuelles*, dont la meilleure édition est celle de Marnend, 1803, 2 vol. in-8°.

**CHOMEL** (JEAN-BAPTISTE-LOUIS), fils du précédent, médecin de la faculté de Paris, mort en 1765, a publié, entre autres ouvrages : *Essai historique sur la médecine en France*, Paris, 1762, in-12, curieux et estimé; *Eloge historique de Jacques Molin, dit Dumoulin*, ibid., 1761, in-8°; *Eloge de Duret*, ibid., in-12, 1765. Chomel, son frère, a publié anonyme : 1° *Tablettes morales et historiques*, Paris, 1762, in-12; 2° *les Nuits parisiennes, à l'imitation des Nuits d'Aulu-Gelle*, ibid., 1769, 2 vol. petit in-8°; 3° *Aménités littéraires, ou Recueil d'anecdotes*, ibid., 1773, 2 parties, in-8°. — CHOMEL (Jacques-François), oncle du précédent, né à Paris, reçu docteur à Montpellier en 1708, a publié : 1° *Universæ medicinæ theoricæ pars prima, seu Physiologia ad usum scholæ accommodata*, Montpellier, 1709, in-12; 2° *Traité des eaux minérales, bains et douches de Vichy*, Clermont-Ferrand, 1734 et 1738, in-12; Paris, 1738, in-12.

**CHOMÈLE ÉPINEUSE** (*botan.*), *chomelia spinosa* Jacq. (*Amer.*, 18, tab. 13). Ce genre a été réuni, avec beaucoup de raison, aux *ixora* par M. de Lamarck. En effet la différence la plus essentielle ne paraît exister que dans l'expression de drupe pour le *chomelia*, de baie pour l'*ixora;* mais cette baie de l'*ixora* est un véritable drupe, quoique le noyau ait moins d'épaisseur. Ce genre appartient à la famille des rubiacées, à la *tétrandrie monogynie* de Linnæus; il offre un calice tubulé, fort petit, à quatre découpures inégales; une corolle tubulée; le tube long et grêle; le limbe étalé à quatre lobes; quatre étamines saillantes, attachées à l'orifice du tube; un style; le stigmate bifide; un drupe couronné par le calice, contenant un noyau à deux loges monospermes. Cet arbrisseau est très-épineux, garni depuis sa base jusqu'à son sommet de rameaux glabres, cylindriques, très-ouverts; les épines fortes, opposées, axillaires; les feuilles opposées, très-rapprochées, ovales, entières, luisantes et ridées; les pédoncules souvent solitaires, axillaires, chargés ordinairement de trois fleurs blanchâtres, qui exhalent pendant la nuit une odeur très-suave. Le fruit est un drupe ovale, pulpeux, noirâtre dans sa maturité. Il croît aux environs de Carthagène, dans l'Amérique méridionale.

**CHOMER**, v. n. ne rien faire, faute d'avoir à travailler. Il se dit proprement des ouvriers et des gens de travail. — Par extension et familièrement, *Chômer de quelque chose*, manquer de quelque chose. — CHOMER se dit aussi des terres qu'on laisse reposer, qu'on n'ensemence point. — *Ce moulin chôme*, il ne va point, on n'y moud point. On dit dans un sens analogue, *Ce canal chôme depuis telle époque jusqu'à telle autre.* — *La monnaie chôme*, se dit lorsqu'on cesse de travailler dans les ateliers de la monnaie, faute de matière. — CHOMER s'emploie aussi comme verbe actif, et signifie fêter, solenniser un jour en cessant de travailler. — Proverbialement et figurément, *Il ne faut point chômer les fêtes avant qu'elles soient venues*, il ne faut point se réjouir ni s'affliger d'une chose qui n'est pas encore arrivée. On dit encore dans le même sens, *Quand la fête sera venue, nous la chômerons.* — Proverbialement et figurément, *C'est un saint qu'on ne chôme point*, se dit d'un homme dont on ne fait nul cas.

**CHOMER** ou **HOMER**, mesure; la même que le core ou *corus*, qui contenait dix baths, et par conséquent deux cent quatre-vingt-dix-huit pintes une chopine un demi-setier et un peu plus.

**CHOMERAC** (*géogr.*), bourg de France (Ardèche), sur la Maldarie; chef-lieu de canton. On y fabrique des étoffes de soie. 2,687 habitants. A une lieue un quart S.-E. de Privas.

**CHOMET** (*erpétol.*). Quelques commentateurs des livres saints pensent que ce mot, qu'on trouve dans le Léviath., XXX, était employé par les Hébreux pour désigner l'ORVET FRAGILE (*V.* ce mot).

**CHOMIK-SKR-ZECZEC** (*mamm.*). Selon Rzaczynski, c'est le nom que les Polonais donnent au hamster, *mus cricetus* Linn.

**CHOMMÉ** de Saumaise, CHÉNEN de Firmicus, troisième décan du Sagittaire, est représenté dans le zodiaque rectangulaire de Dendérah avec un urée sur la tête. Quant à sa localisation dans la liste ératosthénienne des vieux dynastes égyptiens, on l'associe tantôt à Chouter, tantôt à Sirius, tantôt à Meuros (vingt-septième dynastie), tantôt à Pamm-Arkhondé. Il est impossible de ne pas être frappé de la ressemblance du nom de Chommé avec celui du dynaste Choma-Ephta ou Coma-Ephta dont Eratosthène traduit le sens par les mots de κόσμος Ἡφαίστου (cosmos Hephæstou), *monde de Vulcain*. Et de plus on doit remarquer que le Sagittaire est souvent désigné par ces noms de Cosmos Héphæstou, Cosmos Vulcani ou simplement de Cosmos (*V.* CHOMA-EPHTA).

**CHOMPRÉ** (PIERRE), licencié en droit, né à Nancy, diocèse de Châlons-sur-Marne, vint de bonne heure à Paris et y ouvrit une pension. Son zèle pour l'éducation de la jeunesse lui procura beaucoup d'élèves; il leur inspirait l'amour de l'étude et de la religion. Il mourut à Paris le 18 juillet 1760, à soixante-deux ans. On a de lui plusieurs ouvrages; les principaux sont: 1° *Dictionnaire abrégé de la fable, pour l'intelligence des poëtes, des tableaux et des statues, dont les sujets sont tirés de l'histoire poétique*, petit in-12, souvent réimprimé. M. Millin en a publié, en 1801, une nouvelle édition, Rome, corrigée et considérablement augmentée; 2 vol. petit in-8. 2° *Dictionnaire abrégé de la Bible, pour la connaissance des tableaux historiques tirés de la Bible même et de Flavius Josèphe* in-12. M. Petitot en a donné une nouvelle édition revue et augmentée, in-8° et in-12, 1806. 3° *Introduction à la langue latine*, 1753, in-12. 4° *Méthode d'enseigner à lire*, in-12. 5° *Vocabulaire universel latin-français*, 1754, in-8°. 6° *Vie de Brutus, premier consul à Rome*, 1730, in-8°. 7° *Vie de Callisthène, philosophe*, 1730, in-8°. Ces deux vies sont peu estimées, et le style en est trop négligé. 8° *Selecta latini sermonis exemplaria*, 1771, 6 vol. in-12. L'auteur a compilé ce qu'il a jugé de plus propre à son sujet dans les anciens auteurs latins, soit en prose, soit en vers; le texte y est conservé dans se parfaite intégrité; tous les extraits sont accompagnés d'un petit vocabulaire utile. 9° *Traduction des modèles de latinité*, 1746 à 1774. C'est la traduction de l'ouvrage précédent. Il y a plusieurs morceaux rendus avec fidélité et avec élégance; mais on en trouve aussi un grand nombre qui sont semés d'expressions peu françaises, de phrases louches et mal construites.

**CHOMPRÉ** (NICOLAS-MAURICE), physicien, fut consul de France à Malaga, puis membre du conseil des prises. Il naquit à Paris, le 23 septembre 1750, et mourut le 23 juillet 1825, dans sa maison de campagne à Ivry-sur-Seine. Il est auteur de plusieurs ouvrages estimés, que quelques biographes ont attribués par erreur à son père, Pierre Chompré, auteur du petit *Dictionnaire de la fable*, fort répandu dans les colléges (*V.* l'article qui précède). La modestie de Nicolas Chompré l'empêcha de réclamer contre cette méprise. Auteur laborieux et distingué par la variété de ses connaissances, il a publié un grand nombre d'écrits. Il s'occupa surtout du galvanisme, et, dans son rapport du 6 février 1808, la classe des sciences physiques de l'Institut lui rendit un témoignage flatteur à cet égard. On a de lui: 1° *Eléments d'arithmétique, d'algèbre et de géométrie*, Paris, 1776, in-12; nouvelle édition, avec les sections coniques, Paris et Lyon, 1785, in-8°. Ces *Eléments* font partie du *Cours d'étude à l'usage de l'école militaire*. 2° *Traité de trigonométrie rectiligne et sphérique*, par Cagnoli, traduit de l'italien, Paris, 1786, in-4°. 3° *Table des angles horaires* (dans la *Connaissance des temps*). 4° *Expériences sur la compressibilité de l'eau par le galvanisme* (lues à l'académie des sciences par Delambre, et rapportées dans le *Manuel du galvanisme*, par Isarn), 1 vol. in-8°, 1804. 5° (Avec Riffaut) *Expériences sur les effets du pôle négatif et positif*, mémoire lu à l'académie des sciences, qui en ordonna l'impression, et mentionné dans le rapport pour les prix décennaux. 6° *Tables de réduction des mesures et poids*, imprimées dans divers recueils. 7° *Calendrier perpétuel*, sous la forme d'almanach de cabinet, propre à consulter sur-le-champ pour les dates historiques. 8° *Mémoire sur la densité de la terre*, traduit de l'anglais de Cavendish (inséré dans le *Journal de l'école polytechnique*, 1815). 9° *Méthode la plus naturelle et la plus simple d'enseigner à lire*, Paris, 1813, in-8° (anonyme). 10° *Commentaire sur les lois anglaises*, traduit de l'anglais de Blackstone, Paris, 1823, 6 vol. in-8°. Chompré a donné une nouvelle édition du Dictionnaire anglais et français de Nugent, revu par Charrier, Paris, 1825, 2 vol. in-8°.

**CHON** (*temps héroïques*), personnage de la mythologie des Egyptiens qui répond à l'Hercule des Grecs et des Latins. Il passa en Italie avec Osiris, et donna son nom au peuple de cette contrée dont le territoire fut appelé *Chonia*, et la capitale *Chonis*.

**CHON** (*ornithol.*). Il paraît que chez les Kalmouks ce nom est appliqué au coucou.

**CHON-AMBASA** (*mamm.*), nom du caracal, *felis caracal*, en Abyssinie, suivant M. Salt.

**CHONCAR** (*hist. nat.*) (*V.* CHUNGAR).

**CHONDRACANTHE** (*crust.*). Delaroche a établi ce genre de la famille des épizoaires de Lamarck. M. de Blainville lui a depuis assigné les caractères suivants: corps symétrique pair, subarticulé, recouvert d'une peau comme cartilagineuse, assez dure, partagée en thorax et en abdomen: le premier formant une sorte de tête avec la bouche armée d'espèces de palpes, le second pourvu de chaque côté d'un certain nombre d'appendices pairs divisés en plusieurs lobules; rudiments de membres et branchies terminés en arrière par deux ovaires de forme un peu variable. M. Delaroche avait nommé tête ce que M. de Blainville appelle thorax. Cet animal est convexe en dessus, concave en dessous; de chaque côté de la ligne médiane et au bord antérieur du thorax, il présente un tubercule ovalaire placé de champ, séparés l'un de l'autre par une rainure assez profonde qui se prolonge par un petit tentacule conique; la partie supérieure du thorax est occupée par une sorte de bouclier corné sous la peau; de chaque côté est un bourrelet charnu; au milieu, une paire d'organes légèrement cornés et recourbés; au-dessus, la bouche qui paraît oblique. On distingue au rétrécissement qui suit le thorax trois articulations: la première sans appendices; les deux autres plus longues, en portant chacune une paire latérale à trois anneaux. L'abdomen, plus large en avant, se rétrécit vers l'arrière; il se compose de deux anneaux: l'extérieur porte une paire d'appendices à trois rameaux coniques et recourbés; les appendices du second se subdivisent en trois branches. Une espèce de queue termine le corps, recouvre les ovaires et se compose de deux cornes, enfin l'abdomen est terminé par une bande transverse, au delà de laquelle on voit deux tubercules, d'où dépendent les sacs des ovaires et une autre paire de petits corps cylindriques renflés à leur extrémité. — Les chondracanthes sont parasites et vivent sur les branchies des poissons. L'espèce décrite par Delaroche avait été trouvée sur le poisson de Saint-Pierre; c'est le même que celui décrit par Blainville et qu'on a trouvé sur un thon.

**CHONDRACHNE**, s. f. (*botan.*), genre de plantes.

**CHONDRE**, *hydrophytes* (*botan.*), genre de la famille des floridées, caractérisé par des tubercules hémisphériques ou ovales, situés sur la surface des feuilles et ne formant jamais saillie que d'un seul côté; feuilles planes et rameuses, sans nervures, quelquefois mamillaires ou prolifères, d'un violet ou d'un pourpre foncé. — Les chondres sont rarement parasites et se rencontrent davantage sur les roches calcaires, argileuses ou schisteuses, que sur les granits et les quartz. La plupart de ces végétaux périssent à l'époque de la maturité des graines; quelques espèces seulement, celles qui habitent les contrées tempérées ou équatoriales, paraissent bisannuelles. — Parmi les espèces connues, nous ne nommerons que les *chondrus polymorphus, norvegicus, agathoicus*.

**CHONDRILLE**, s. f. (*botan.*), genre de plantes à fleurs composées.

**CHONDRIS** (*botan.*). Pline désigne sous les noms de *pseudodictamnum* et de *chondris* la plante qui est aussi le *pseudodictamnum* de Matthiole et de Dodoens, le *pseudodictamnus* de C. Baunin et de Tournefort, le *merrulium pseudodictamnus* de Linné.

**CHONDRITE** (*médec.*), χόνδρος, cartilage; inflammation des cartilages.

**CHONDRITES**, s. m. pl. (*hist. nat.*), famille de serpents.

**CHONDROCARPE**, adj. des deux genres (*botan.*), qui a des fruits cartilagineux.

**CHONDRODENDRUM** (*botan.*). Le genre de ce nom existant dans la *Flore du Pérou*, appartient à la famille des ménispermées. Les auteurs de cette Flore lui attribuent un petit calice à trois feuilles, six pétales, dont trois plus intérieurs, un nectaire composé de six écailles, entourant six étamines insérées sur un réceptacle. Ils n'ont point aperçu d'ovaire, ce qui prouve que ce genre est dioïque et qu'ils ont vu seulement l'individu mâle. De plus, en comparant ce genre à l'*epibaterium* de Forster, et en transformant la corolle en calice et le nectaire en corolle, on lui retrouve les mêmes caractères. Il en résulte que ce genre peut être supprimé et réuni à celui de Forster.

**CHONDRO-GLOSSE**, adj. (*médec.*), de χόνδρος, cartilage, et γλῶσσα, langue. — *Muscle chondro-glosse;* c'est une portion de l'hyoglosse (*V.* ce mot).

**CHONDROGRADES**, s. m. pl. (*hist. nat.*), famille d'acéphales

**CHONDROGRAPHIE**, s. f. (*didact.*), de χόνδρος, cartilage, et γραφή, description; description des cartilages.

**CHONDROGRAPHIQUE**, adj. des deux genres (*didact.*), qui a rapport à la chondrographie.

**CHONDROLOGIE**, s. f. (*didact.*), partie de l'anatomie qui traite des cartilages.

**CHONDROLOGIQUE**, adj. des deux genres (*didact.*), qui a rapport à la chondrologie.

**CHONDROMÈTRE**, instrument pour connaître au poids le titre des grains et farines. Cet instrument, qui a été importé d'Angleterre, est composé de cinq pièces portatives dans une petite boîte: 1° un petit seau de la capacité de quatre pouces cubes anglais, muni d'une anse et d'un crochet pour la suspension; 2° une radoire en bois, tranchante d'un côté, cylindrique de l'autre; on la passe sur le bord du seau pour en rejeter le grain qui dépasse; 3° un pied ou support vertical, au sommet duquel est une fourchette garnie d'une pièce concave en acier, 4° une romaine, dont on pose les couteaux d'acier dans la fourchette du support: l'un des bras est une règle graduée, l'autre est terminé par un œil qui reçoit le crochet du seau; 5° enfin un poids cubique percé d'un trou, dans lequel on introduit la règle de la romaine: on l'approche des couteaux jusqu'à ce qu'il fasse équilibre au poids du seau rempli de grain. Pour se servir en France de cet instrument, il faut le graduer ainsi: un seau de deux cents centimètres cubes de capacité, le bras d'à peu près huit centimètres, et la règle qui porte le poids cubique de quinze centimètres, plus ou moins. Après avoir accroché le seau vide, les poids des diverses parties doivent être proportionnés, de sorte que l'équilibre ait lieu sans le secours du poids cubique, ou que le seau soit prépondérant de quelques grammes. M. Jecker a su approprier à notre usage cet instrument, qui a été présenté à la société d'encouragement; il a été reconnu propre à faire connaître au poids le titre des grains et des farines (société d'encouragement, séance du 25 mars 1818. — *Moniteur*, 1818, p. 692).

**CHONDROPETALUM** (*botan.*) (*V.* RESTIO).

**CHONDROPHARYNGIEN**, adj. et s. m. (*anat.*). Il se dit d'un petit muscle étendu de la petite corne de l'hyoïde au pharynx.

**CHONDROPTÉRYGIEN, IENNE**, adj. des deux genres (*hist. nat.*), qui a des nageoires cartilagineuses.

**CHONDROPTÉRYGIENS** (*poiss.*), l'une des deux grandes séries de poissons établies par Cuvier. Dans cette division rentrent les poissons dont le squelette est cartilagineux. Elle renferme tous les squales, les raies et plusieurs autres poissons (*V.* CARTILAGINEUX).

**CHONDROS**, s. m. (*médec. anc.*), terme purement grec qui signifie cartilage.

**CHONDROSIACÉ, ÉE**, adj. (*botan.*), qui ressemble à un chondrosion.

**CHONDROSIACÉES**, s. f. pl. (*botan.*), famille de plantes graminées.

**CHONDROSION**, s. m. (*botan.*), genre de plantes graminées d'Amérique.

**CHONDROSYNDESME**, s. m. (*anat.*), union de deux os au moyen d'un cartilage.

**CHONDROTOMIE**, s. f. (*médec.*), de χόνδρος, cartilage, et τομή, section; dissection des cartilages.

**CHONDROTOMIQUE**, adj. des deux genres (*anat.*), qui a rapport à la chondrotomie.

**CHONDRUS** (*botan.*). Ce nom, qui, dans les livres anciens, est rapproché de celui d'*ialica*, paraît être celui d'une préparation faite avec la farine de la plante céréale nommée far ou zea par les anciens, et par les modernes épeautre, *triticum spelta* Linn. Dodoens entre dans de grands détails sur cette préparation, qu'il dit très-nutritive (*V.* CHONDRE).

**CHONENIAS**, maître de la musique du temple sous le roi David (*I. Par.*, XV, 22).

**CHONENIAS**, frère de Séméi, préposés tous les deux par le roi Ezéchias pour recevoir les offrandes du peuple dans le temple (*II. Par.*, XXI, 13).

**CHONG**, s. m. (*relation*), sorte de boisson qu'on prépare avec le riz, au Tibet.

**CHONGOR-GALU** (*ornithol.*), nom mongol d'une espèce d'oie.

**CHONIDAS**, gouverneur que Pitthée, roi de Trézène, donna à Thésée, son petit-fils, et à qui les Athéniens rendirent les honneurs divins, en reconnaissance des sages maximes qu'il avait inspirées à son élève.

**CHONIDES** (*antiq. gr.*), fête athénienne en l'honneur de Chonidas, gouverneur de Thésée.

**CHONIDETRÓS** (*botan.*), espèce de gomme qui, au rapport de Garcias, cité par Daléchamps, est semblable à du succin, et que l'on mêle par fraude avec le camphre recueilli à Bornéo.

**CHON-KUI** (*ornithol.*). Suivant Petis de la Croix, dans son *Histoire de Timur-Bec*, le chon-kui est un oiseau de proie que, dans la Tartarie, on présente aux souverains orné de pierres précieuses et comme une marque d'hommage. On a conjecturé que ce pouvait être le même que le chungar (*V.* ce mot).

**CHONTA** (*botan.*), nom péruvien d'un palmier, qui est une des espèces du genre *martinezia* de la *Flore du Pérou*. Les auteurs de cette Flore le nomment *martinezia ciliata*, parce que ses feuilles pennées ont leurs folioles ciliées. Ils disent que ses jeunes sommités sont mangées, crues ou cuites, comme celles du chou palmiste, et qu'eux-mêmes, dans leurs excursions botaniques au milieu des bois déserts, ils s'en sont nourris. Le bois de ce palmier est noir, compacte, et cependant facile à fendre. On en fait des cannes, des flèches, des arcs et des baguettes de fusil.

**CHONTACRÉ** de Saumaise, **SÉNACHER** de Firmicus, est le second décan du Bélier. Dans le zodiaque rectangulaire de Dendérah, on le voit représenté sur une fleur de lotos, de laquelle il semble sortir dans l'attitude symbolique du soleil levant ou du soleil nouveau: on peut comparer, dans la *Dactylioth. Stosch.*, II, pl. 15, fig. 93, un Harpocrate assis de même sur le lotos, le doigt sur la bouche, avec un air de mystère; et de plus, dans la *Description de l'Egypte* (*Antiq.*, pl., vol. 1, pl. 95, 1), Haroéri sortant du calice d'un lotos épanoui, mais la main étendue vers une Isis, qui semble lui tendre la sienne pour l'aider. Au reste Séket, troisième décan du même signe, est figuré absolument de la même manière; aussi le zodiaque circulaire n'a-t-il qu'une figure pour tous les deux (*V.* les représentations du planisphère de Dendérah, vol. IV, pl. 21 de la *Description de l'Egypte* (*Antiq.*, pl.). Comme roi humain, Chontacré serait Atothès I^er^, Achekchara ou Atothès II, suivant les diverses hypothèses auxquelles on pourrait se livrer (*V.* l'art. DÉCANS et le tableau y annexé).

**CHONTARÉ** est, dans la nomenclature des décans de Saumaise, un nom commun à trois décans, que nous désignons en conséquence par les dénominations de Chontaré I^er^, Chontaré II, Chontaré III. On peut remarquer qu'immédiatement après le premier de ces trois personnages sidériques arrive, dans la liste salmasienne, un Chontaré dont le nom ne diffère des trois autres que par la présence du *k* ou *c*. Est-ce le même nom mal orthographié, ou varié par des modifications qui ne tiennent qu'au dialecte? ou bien n'est-ce qu'un nom extrêmement voisin? Nous admettrions volontiers que la différence des deux noms ne tient qu'au dialecte. Voici ce qui nous le fait penser. La liste des décans, telle que la donne Firmicus, ne présente point les noms de Chontaré, de Chontacré. En revanche, on ne peut nier que ceux de Sentacer, Asentacer, Sénacher, ne présentent des rapports avec ceux-ci. Quel est le nom véritable? Nous ne pourrions le dire, à moins de nous livrer à un examen minutieux et aride: encore notre résultat serait-il très-problématique. Nous ferons observer seulement que, dans le Catalogue des Pharaons de la dix-huitième dynastie, conservé par Manéthon, figurent, aux lignes onze et douze, deux rois du nom d'Achenchérès, et à la ligne dix, une reine Akenchersès. Nous n'ajoutons plus qu'une réflexion, c'est qu'évidemment il faut, d'après les identités ici reconnues, nier que les Tables de Saumaise nous présentent les décans dans le même ordre que ceux de Firmicus (comp. la fin de l'art. CHOMA-EPHTA). — Passons maintenant aux détails relatifs à chaque décan du nom de Chontaré. — CHONTARÉ I^er^ de Saumaise, auquel Firmicus substitue Asiccan, mais que nous retrouvons avec plus de probabilité, soit dans le Sénacher, soit dans l'Asentacer, qui le suivent immédiatement chez ce dernier, est, selon l'opinion commune, le premier décan du Bélier. Peut-être devrait-il en être regardé comme le second ou le troisième. Cette supposition aurait d'ailleurs pour elle la ressemblance des deux génies que l'on voit portés sur une fleur de lotos dans le zodiaque rectangulaire de Dendérah, ressemblance qui a peut-être influé sur celle des deux mots *Chontaré* et *Chontacré*, qui, dans l'hypothèse ci-dessus, sont le troisième et le second décan. Mais, si l'on se borne à voir dans Chontaré I$^{er}$ le premier décan, dans les deux zodiaques dendériques, c'est un hiéracocéphale : le rectangulaire le représente de plus coiffé d'un vautour et armé du sceptre des dieux bienfaisants; dans le planisphère, il est précédé d'un dieu acéphale assis sur un trône, qui, au lieu de cou et de tête, a deux cornes de bouc. C'est évidemment Amoun ouvrant l'année dans le signe du Bélier. Rapproché du Latercule d'Eratosthène pour devenir un des trente-six successeurs de Ménès, Chontaré, premier décan du Bélier, serait ou Ménès lui-même, ou Agappe, ou Atothès I$^{er}$, selon celle des trois hypothèses de concordance à laquelle on donnerait la préférence; Chontaré, troisième décan, serait ou Atothès II, ou Nitocris, ou Diabiès. — CHONTARÉ II serait, suivant Saumaise, le troisième décan de la Balance. A sa place, Firmicus nomme Arpien, nom qui, comme on le voit, n'offre aucune ressemblance avec celui de Chontaré. Mais celui qui suit immédiatement dans la liste du mythologue latin (Sentacer, que nous pouvons changer en Sentaker ou Sentakré) est indubitablement le même. Maintenant à laquelle des deux nomenclatures donner la préférence? Sentaker sera-t-il le troisième décan de la Balance avec Chontaré? ou bien Chontaré va-t-il redescendre dans le Scorpion à côté de Sentaker? Nous ne nous attacherons pas à décider ce problème. Mais, en supposant avec Saumaise que Chontaré soit le troisième décan de la Balance, ce serait le personnage sélénocéphale ou, si l'on veut, discocéphale placé au-dessous du monstre à corps de laie, à pattes de lion et à queue de scorpion. Pris pour un des dynastes de la Table d'Eratosthène, c'est, selon l'hypothèse de concordance que l'on adoptera (*V.* DÉCANS), Achekchérès, Diabiès, ou Nitocris. — CHONTARÉ III, deuxième décan des Poissons, selon Saumaise, a pour pendant chez Firmicus Topiboui. Peut-être serait-il mieux de voir dans Topiboui (ou mieux Tpébiou) l'Abiou de Saumaise, premier décan, et l'identifier à Chontaré III, l'Archotapias de Firmicus. La différence des deux noms n'est pas aussi considérable qu'elle peut le sembler d'abord : évidemment la finale *tapias* n'est qu'une forme du mot *tpé*, ciel, si souvent ajouté par Firmicus aux noms spéciaux de ses décans, et *arkho* peut revenir à *kharo* ou *kro*, un des éléments du nom de Chontaré ou Chontacré. Quoi qu'il en soit, Chontaré, deuxième décan des Poissons, est l'ibiocéphale que l'on voit dans le zodiaque rectangulaire de Dendérah, entre l'hiéracocéphale et le dieu à tête de chakal. C'est, selon les diverses hypothèses de concordance entre les dynastes terrestres et les décans, le Siphoas, ou le Mourthi, ou le Phrouren d'*Eratosthène*.

**CHOOMPACO** (*botan.*). A Sumatra, on nomme ainsi, au rapport de Marsden, le *champaca* des Malabares, *michelia* des botanistes.

**CHOOPADA** (*botan.*). C'est ainsi que l'on appelle, à Sumatra, le jako ou jaquier, dont on distingue, suivant Marsden, deux espèces : le *ootan*, plus estimé et plus rare, dont les feuilles sont pointues; le *nanko*, plus commun, distingué par ses feuilles arrondies au sommet. Le fruit de l'une et de l'autre sort du tronc, et pèse jusqu'à cinquante livres. Sous son enveloppe extérieure et raboteuse sont placées plusieurs graines, que l'on mange rôties comme des châtaignes; elles sont renfermées dans une substance charnue d'un goût exquis, mais d'une saveur forte pour ceux qui en mangent la première fois. L'arbre rend un suc blanc dont on fait de la glu, et l'on tire de ses racines, coupées par tranches et bouillies dans l'eau, une teinture jaune. Dans la même île, on trouve le *sookoon* et le *calavée*, qui sont du même genre. Le premier, dont les graines avortent, est un véritable arbre à pain, semblable à celui des îles de la mer du Sud, et multiplié pareillement par drageons. Les habitants mangent avec du sucre son fruit coupé par tranches, bouilli ou rôti, et ils l'aiment beaucoup. Ils emploient l'écorce du calavée pour leurs vêtements. Ces deux espèces ont les feuilles allongées et profondément sinuées. Rumph décrit plusieurs espèces de ce genre, premier volume, page 104 et suiv., sous le nom de *soccus*; et dans le recueil des noms particuliers donnés à ces espèces dans divers pays, tels que l'Inde, les Moluques et les Philippines, et qu'il a recueillis, on trouve ceux de *nanca, jaca, panas, ambi, champadaha, chambasal, towada*, etc. Rheede, dans l'*Hort. Malab.*, vol. III, p. 17 et 26, cite aussi plusieurs espèces sous les noms de TSJAKA et ANSJELI (*V.* ces mots, et surtout celui de JAQUIER).

**CHOOPOTE**, χοοπότης, *qui boit tout un conge*, Bacchus (le conge d'Athènes revenait à trois litres environ).

**CHOOUT**, en grec χῶος, et en latin *Chous*, premier décan du Taureau selon Saumaise, tandis que Firmicus donne à ce dynaste céleste le nom de Sikat ou d'Asicat, dont effectivement on retrouve les principaux éléments dans la légende hiéroglyphique qui l'accompagne sur le zodiaque rectangulaire de Dendérah, porte dans ce monument une coiffure assez compliquée, composée de cornes de bouc et de cornes de taureau, entre lesquelles s'élève une espèce de mitre, et, contre l'ordinaire des décans figurés dans ce zodiaque, ne tient à la main qu'un simple bâton, au lieu du sceptre à tête de coucoupha. Comme roi de la liste d'Eratosthène, Chooul serait Diabiès, Myrtée ou Semphe.

**CHOPA** (*hist. nat.*) (*V.* CHOUPA).

**CHOPART** (*ornithol.*). Ce nom, qui s'écrit aussi *choppard*, et celui de *grosse tête noire*, sont, d'après Salerne, donnés en Picardie au bouvreuil ordinaire, *loxia pyrrhula* Linn.

**CHOPE**, s. f. (*anc. term. milit.*), jaque, vêtement de peau ou de buffle.

**CHOPER** (*manége*) (*V.* CHOPPER).

**CHOPI** (*ornithol.*), espèce de troupiale du Paraguay, dont M. d'Azara a donné la description sous le n° 62 de son *Ornithologie* de ce pays.

**CHOPIN** (RENÉ), né à Bailleul, près la Flèche, en Anjou, au mois de mai 1537, fut un jurisconsulte fort estimé dans son temps. A l'âge de dix-sept ans, il soutint avec une grande distinction, à l'académie d'Angers, une thèse sur plusieurs titres du droit civil et du droit canonique. Il se fit avocat au parlement de Paris, où ses plaidoyers lui acquirent une grande réputation qu'accrurent encore ses ouvrages justement estimés. Son *Commentaire sur la coutume d'Anjou* lui valut un don de mille écus d'or de la part du roi Henri III. Le même prince lui conféra des titres de noblesse pour ses *Traités du domaine de la couronne* et *de la police ecclésiastique*. La ville d'Angers, fidèle interprète des habitants de l'Anjou, qui étaient fiers d'un tel compatriote, le choisit, par une délibération solennelle et publique, pour patron et défenseur de la province dans tous les procès qu'elle pourrait avoir. Plusieurs ordres religieux, dont il avait parlé avec éloge dans son *Traité de la police ecclésiastique*, s'engagèrent à prier Dieu pour lui. René Chopin était d'ailleurs catholique exalté; il fut ligueur zélé, et prit, en 1591, dans un écrit publié, la défense d'un bref de Grégoire XIV contre Henri IV. Cela ne l'empêcha pas d'écrire, trois ans après, un panégyrique de ce prince, et de lui dédier, en 1596, son *Commentaire sur la coutume de Paris*. Ainsi se trouve justifiée la *turlupinade* que lui adressa Jean Hotman de Villiers (*V.* ce nom), sous le titre : *Anti-Chopinus, imo potius Epistola congratulatoria magni Nic. Turlupini ad magnum Renatum Chopinum*. — Du reste tous les jurisconsultes distingués de son temps, Mornac, Pline de Marca, Boissieu, s'accordent à vanter son érudition et ses talents. Toutefois son latin (et tous ses ouvrages sont écrits en cette langue) est dur, enflé, et difficile à comprendre. Aussi Bacquet, auquel il reprochait de s'être approprié une partie de son *Traité du domaine*, lui répondit-il : « Comment cela se pourrait-il, puisque j'avoue que je n'entends point votre latin. » Cependant Chopin avait étudié l'antiquité aussi bien que les coutumes; il avait une mémoire prodigieuse et une profonde doctrine. Atteint de la pierre, il ne put résister à la douloureuse opération que nécessita cette maladie cruelle, et mourut à Paris l'an 1606, à l'âge de soixante-neuf ans. Il fut enterré dans l'église de Saint-Benoît, en présence d'un grand concours de personnages distingués, et de l'ordre des avocats au parlement de Paris. Nous transcrivons ici son épitaphe :

Chopinus hic cubat memoria thesaurus et penus legum
Tota Gallia nunc gemit Chopinum,
Andi municipes gemunt alumnum,
Cives Parisii gemunt patronum,
Quem nunc Elisii tenent colonum.

Voici la liste complète des ouvrages de René Chopin : *Commentaires sur la coutume d'Anjou.* — *Traité du domaine de la couronne de France.* — *Commentaires sur la coutume de Paris.* — *Traité des priviléges des rustiques personnes vivant aux champs.* — *Traité de la police ecclésiastique.* — *Traité des religieux et monastères, avec la notice des archevêchés et évêchés de tout le monde.* — *Usance de la Saintonge.* Une traduction française de ses œuvres par Jean Tournet, en 5 vol. in-4°, a été publiée à Paris en 1663. Le *Commentaire sur la coutume d'Anjou* passe pour le meilleur ouvrage de Chopin. Toutefois ses autres livres sont remplis de bonnes recherches et de décisions considérables.

**CHOPINE**, du latin *copa, copina*, selon Ménage ; ancienne mesure pour les liquides dont la capacité variait suivant les localités. La chopine de Paris se divisait en deux demi-setiers ; le setier en deux poissons, et le poisson était de six pouces cubiques. — Deux chopines égalaient une pinte. — La chopine de Saint-Denis était le double de celle de Paris. — On s'en est servi aussi pendant quelque temps comme d'une mesure de solide, et l'on disait une chopine de sel, une chopine d'olives, etc. — De ce mot sont dérivés les mots *chopiner*, pris trivialement pour dire : boire souvent ; *chopinette*, usité dans quelques provinces pour désigner les burettes qui servent pendant la messe. — Dans la marine, le mot *chopine* est le nom d'un cylindre qui porte le clapet intérieur d'une pompe.

**CHOPINE.** Proverbialement, *Mettre pinte sur chopine*, faire débauche de vin.

**CHOPINE**, s. f. (*marine*), boîte cylindrique placée dans le corps d'une pompe, au-dessous de la heuse ou du piston.

**CHOPINER**, v. n. boire du vin fréquemment, boire chopine par chopine. — Il est populaire.

**CHOPINETTE**, s. f. Il se dit vulgairement pour chopine. *Boire sa chopinette.*

**CHOPINETTE** (*technol.*), cylindre du corps d'une pompe qui est sous le piston.

**CHOPPART** (FRANÇOIS), l'ami de Desault, et dont les noms ne doivent pas être séparés dans l'histoire de la chirurgie, a cependant été oublié dans tous les dictionnaires et même dans la biographie médicale. Né vers 1750 à Paris d'une famille honorable, Choppart étudia de bonne heure la chirurgie. Il connut Desault à l'école du célèbre Petit ; et bientôt il s'établit entre eux une de ces amitiés dont l'antiquité même ne fournit que peu de modèles. Desault, sans fortune et éloigné de sa famille, étant tombé dangereusement malade par suite d'une application trop soutenue au travail, Choppart ne voulut pas le quitter un seul instant et, pendant toute sa maladie, lui prodigua les soins les plus tendres. Cette circonstance accrut encore l'attachement mutuel de ces deux jeunes gens ; dès lors il fut impossible à l'un de vivre sans l'autre. Reçu docteur en chirurgie en 1770, Choppart, qui jouissait des succès de son ami plus que de ceux qu'il avait obtenus lui-même, se chargea de le suppléer dans ses cours à l'école pratique et dans ses visites à l'Hôtel-Dieu. Ils publièrent en 1789 un *Traité des maladies chirurgicales*, qui fut traduit quelques années après en allemand. Choppart, nommé professeur de chirurgie, obtint ensuite la place de chirurgien en chef à l'hospice de la Charité. Après la mort de son ami, dont il avait recueilli le dernier soupir, il fut chargé par la commune de Paris de donner des soins au dauphin, enfermé dans la tour du Temple ; mais, frappé du même coup que Desault, il mourut quelques jours après, au mois de juin 1795. Outre deux observations dans le tome cinquième des *Mémoires de l'académie de chirurgie*, dont il était membre, on a de lui, 1° *De læsionibus capitis per ictus repercussos*, Paris, 1770, in-4°. Choppart traduisit lui-même cette thèse en français, sous ce titre : *Mémoires sur les lésions à la tête*, ibid., 1771, in-12. 2° *De uteri prolapsu*, ibid., 1772, in-4°. 3° *Traité des maladies chirurgicales et des opérations qui leur conviennent*, ibid., 1789, 2 vol. in-8°. On sait que Desault n'eut presque aucune part à la rédaction de cet ouvrage ; mais Choppart aurait mieux aimé renoncer à sa publication que de ne pas conserver sur le frontispice le nom de son ami. 4° *Traité des maladies des voies urinaires*, ibid., 1791, 2 vol. in-8°. Choppart dédia ce nouvel ouvrage à Desault. Le premier volume, divisé en deux parties, traite des fonctions des voies urinaires et de leurs maladies ; le second des maladies de la vessie. L'auteur en promettait un troisième sur les pierres vésicales et l'opération de la taille. Une nouvelle édition de l'ouvrage de Choppart a été publiée à Paris, 1812, 4 vol. in-8°, revue et augmentée par M. Pascal.

**CHOPPEMENT**, s. f. action de chopper.

**CHOPPER**, v. n. faire un faux pas en heurtant du pied contre quelque chose. Il a vieilli. — Figurément et familièrement, *Il a choppé lourdement*, se dit d'un homme qui a fait une faute grossière.

**CHOPPER** (*manége*). Il se dit d'un cheval qui cède d'une jambe de l'avant-main, soit qu'il se trouve faible de cette partie, soit qu'il heurte contre une pierre.

**CHOPPEUR**, s. m. Il se dit quelquefois de celui qui fait des faux pas.

**CHOPUNNISH**, nation indienne des Etats-Unis, qui habite entre 46° et 47° de latitude nord, vers le centre du district de Colombia, sur les bords de la Kooskooskee et du Lewis. On évalue sa force à 12,000 individus, divisés en plusieurs peuplades. Tels sont les Pelloatpallah, les Willewah, et les Soyennours. Ces Indiens sont en général vigoureux et ont bonne mine ; leurs femmes sont petites, ont les traits réguliers, et sont assez jolies. Le teint des Chopunnish est plus brun que celui des autres tribus voisines ; les hommes se vêtent de peaux de buffle ou d'élan ornées de grains de verre, de coquilles ou de nacre de perles, et portent des plumes de diverses couleurs sur la tête. Les femmes ont à peu près le même vêtement, excepté qu'il est plus long ; elles portent un bonnet sans bords, tressé avec une espèce d'herbe et d'écorce de bois de cèdre. Les Chopunnish sont doux et obligeants, mais sérieux. Ils se divertissent à courir à pied et à tirer de l'arc. On les accuse d'aimer les jeux de hasard et de tromper au jeu. Ils font peu de cas des bagatelles dont les autres Indiens sont avides, et ne désirent que des objets d'utilité, tels que couteaux, chaudrons, couvertures, etc. Depuis quelque temps ils se sont procuré des munitions de guerre, et plusieurs d'entre eux ont déjà des fusils. Ils mettent leurs morts dans des tombeaux faits en planches, après les avoir enveloppés de peaux ; ils y joignent leurs canots et autres ustensiles à leur usage, et ils leur sacrifient tous les animaux dont ils étaient propriétaires. On ne leur connaît point de culte proprement dit. Ed. GIROD.

**CHOQUANT, ANTE**, adj. offensant, désagréable, déplaisant.

**CHOQUARD** ou **CHOCARD**, *pyrrhocorax* (*hist. nat.*). Ce genre, tel que le comprend M. Temmink, renferme plusieurs espèces, et entre autres le choquard ou choucas des Alpes de Buffon et le coracias du même auteur. Ces deux oiseaux doivent seuls nous occuper, quoiqu'ils aient entre eux les plus grands rapports de couleur, d'organisation et de mœurs, et que dans les Alpes, où on les trouve, leurs troupes se mêlent souvent. Cuvier n'a pas cru devoir les faire entrer dans le même genre ; il les a même placés très-loin l'un de l'autre (le premier dans la famille des *passereaux dentirostres*, qui est la première de l'ordre, et le second dans la quatrième, celle des *ténuirostres*, laissant ainsi plus de soixante-dix genres entre eux). Les seules différences sont que le choquard a le bec plus court, que la tête est échancrée à sa pointe, tandis que le coracias l'a plus long et sans échancrure. C'est que l'auteur du *Règne animal* a considéré ce dernier caractère comme étant de premier ordre ; il s'en est même servi pour caractériser une des familles qu'il a établies, et force a été qu'il séparât les deux oiseaux, comme il l'a fait. Sans discuter ici le principe qui l'a guidé, nous ne décrirons point le genre pyrrhocorax d'après lui ; nous suivrons au contraire la disposition proposée par M. Temmink : c'est d'ailleurs ce qu'ont fait plusieurs savants ornithologistes. — Voici les caractères de ce genre : bec médiocre, plus ou moins arqué, échancré à sa pointe ou non échancré ; narines basales, latérales, ovoïdes et entièrement cachées par des poils dirigés en avant ; pieds forts, robustes ; tarses plus longs que le doigt du milieu ; ailes à quatrième et cinquième remiges les plus longues. Ces oiseaux, dont nous ne possédons en Europe que les deux espèces citées plus haut, ont les mêmes mœurs que les corbeaux ; ils habitent les plus hautes vallées de nos Alpes, dans le voisinage des régions couvertes de glaces perpétuelles, et ne descendent dans les plaines que lorsque la nourriture vient à leur manquer. Ils nichent dans les fentes des rochers ou dans les bâtiments inhabités, et se nourrissent de graines, de baies, d'insectes, et aussi de charognes et de voiries. Leur mue est simple ; les sexes et les âges diffèrent fort peu. — **CHOQUARD** ou **CHOUCAS DES ALPES** (*corvus pyrrhocorax* Gm.). Tout le plumage est d'un noir brillant, avec les reflets d'un pourpré brillant changeant au vert ; queue un peu arrondie, plus longue que les ailes ; bec d'un jaune orangé ; pieds rouges ; longueur, quatorze pieds six lignes. Cet oiseau se trouve en Europe, en France, en Suisse, etc., sur les chaînes des montagnes. — **CORACIAS HUPPÉ** ou **SONNEUR**, (*corvus græculus* Linn. Cuvier en a fait son genre grave, *fregilus* : c'est un oiseau de la taille d'une corneille, noir sur tout le corps, avec le bec et les pieds rouges. Il vit sur les hautes montagnes des Alpes et des Pyrénées, et y niche dans les fentes des rochers, comme le choquard; mais il est moins commun et se réunit en troupes. On prétend que lorsqu'il descend dans les plaines, c'est un signe de neiges et de mauvais temps.

**CHOQUE**, s. m. (*technol.*), outil dont le chapelier se sert pour donner au feutre la forme du chapeau.

**CHOQUEL**, avocat au parlement d'Aix, mort en 1761, est auteur d'un ouvrage intitulé: *la Musique rendue sensible par la mécanique*, Paris, 1759-1762, in-8°.

**CHOQUER**, v. a. donner un choc, heurter. Il s'emploie quelquefois avec le pronom personnel. — Il se dit, dans un sens particulier, de la rencontre et du combat de deux troupes de gens de guerre. — Choquer signifie, figurément, offenser; on l'emploie aussi dans ce sens, avec le pronom personnel. — Il signifie encore, figurément, déplaire. — *Cela choque le bon sens, la bienséance, l'honneur;* cela est contraire au bon sens, à la bienséance, à l'honneur.

**CHOQUER**, v. a. (*marine*), filer ou mollir avec précaution un cordage tendre que l'on tient à retour sur un taquet, un chevillot, etc. — *Choquer du câble*, en filer dehors, augmenter la touée en la faisant courir sur la bitte, sans défaire le premier demi-tour.

**CHOQUES**, abbaye de l'ordre de Saint-Augustin, au diocèse de Saint-Omer. Elle fut bâtie d'abord dans un bourg dont elle porte le nom, en 1100; mais ayant été ruinée du temps de Milon, évêque de Térouane, elle fut rebâtie dans un lieu plus commode, près de Béthune, sous Didier, évêque du même siége, qui en fit la dédicace sous le nom de Saint-Jean-Baptiste, l'an 1181. Cette abbaye fut quelque temps de la congrégation d'Arouaise, et reconnaissait pour ses principaux bienfaiteurs les seigneurs de Béthune, Guillaume Baudoin, Daniel et Robert. L'abbé de Choques avait droit de siéger aux états d'Artois (*Gallia christ.*, t. III, col. 518).

**CHOQUET** (Louis), poëte français, est auteur d'un mystère intitulé: *l'Apocalypse, par saint Jean Zébédée, où sont comprises les visions et révélations qu'icelui saint Jean eut en l'isle de Pathmos*; Paris, 1541, in-folio, à la suite des *Actes des apôtres* des frères Gréban (*V.* ce nom).

**CHOQUET** (François-Hyacinthe), né à Lille en Flandre, embrassa l'ordre de Saint-Dominique dans le couvent d'Anvers, et fut envoyé en Espagne, où il eut pour professeurs de théologie, à Salamanque, les célèbres Dominique Bannez, Pierre de Ledesma et Pierre de Herera. De retour en Flandre, il fut fait docteur à Douai le 28 juillet 1615, où il érigea le collége de Saint-Thomas. Il passa presque toute sa vie à enseigner à Louvain, à Douai et à Anvers, et mourut le 28 juillet 1646. C'était un homme d'un esprit subtil, d'un jugement profond, de beaucoup de littérature et de facilité à s'exprimer. On a de lui: 1° *Sancti Belgii ordinis prædicatorum, iconibus in ære incisis ornati*, à Douai, 1618, in-8°; 2° *Laudatio virtutis et sapientiæ Thomæ Aquinatis*, à Douai, en 1616; 3° *De origine gratiæ sanctificantis*, etc.; Douai, 1628, in-4°; 4° *De missione aquæ in calice eucharistico ejusdemque in Christi sanguinem conversione, opusculum theologicum*; 5° *De confessione per litteras seu internuntium, dissertatio theologica*; 6° *B. Jagridis, ord. prædic, rediviva sive brevicula ejus hactenus incognita vita et beatificatio*, à Douai, 1632, in-12; 7° *Mariæ Deiparæ in ordinem prædicatorum viscera materna*, à Anvers, 1634, in-8°; 8° *In funere F. Michaelis Ophovi, ex ord. prædic. Sexti Sylveducensium episcopi, oratio*, à Anvers, 1638, in-4°; 9° *Triumphus Rosarii a sede apostolica decretus, sodalitati B. Virg. Mariæ ob victoriam ipsius precibus partam de potentissima Turcarum classe sub Pio V. pont. max.*, à Anvers, 1641, in-8° (le P. Echard, *Scrip. ord. prædic.*, t. II, p. 543).

**CHOQUET DE LINDU**, ingénieur en chef des fortifications et bâtiments civils de la marine, né à Brest en 1713, et mort dans la même ville le 8 octobre 1790, a dirigé les grands ouvrages qui ont fait de ce port le premier arsenal maritime du royaume. Il en a publié la description sous ce titre: *Description des trois formes du port de Brest, bâties, dessinées et gravées en* 1757; *Description du bagne de Brest*, in-fol. avec 12 planches.

**CHORAGIDE**, adj. des deux genres (*hist. nat.*). qui ressemble à un chorague.

**CHORAGIDES**, s. m. pl. (*hist. nat.*), famille d'insectes coléoptères.

**CHORAGIQUE, CHORÉGE** (*archéol.*), χοραγός, *choragos*, de χορός et ἄγειν, *choros* et *agein*, conduire le char. Chacune des dix tribus d'Athènes fournissait pour les cérémonies religieuses, les fêtes et les jeux de théâtre, un *chœur* de danseurs et de musiciens, et élisait un citoyen dont les fonctions étaient de diriger, de costumer et même de nourrir le chœur; on l'appelait *chorége* et sa charge *chorégie*. Les priviléges de sa charge et la popularité qui en résultait la faisait briguer comme un moyen presque assuré d'arriver aux premières magistratures. Toutes les dépenses étaient aux frais des choréges, qui rivalisaient entre eux de goût et de magnificence, et celui qui l'emportait sur ses émules recevait un prix qui était décerné par les arbitres du théâtre avec la plus grande solennité. Ce prix était un bas-relief ou un trépied dont l'inscription perpétuait la gloire du chorége vainqueur et celle de sa tribu. Ce prix *choragique* était exposé publiquement, et on élevait à cet effet une colonne ou un édifice particulier, où l'on plaçait le trépied glorieusement obtenu. Quelques-uns de ces monuments se sont conservés jusqu'à nos jours, et le plus remarquable est le *monument choragique de Lysicrate*, appelé communément la *lanterne de Démosthène*, parce qu'une fausse tradition avait fait croire que ce célèbre orateur s'y retirait pour s'exercer librement à l'art de la déclamation; mais, outre que cette tradition est démentie par l'inscription, Plutarque nous apprend que le lieu où s'enferma Démosthène pendant trois mois était souterrain, tandis que celui-ci est fort élevé au-dessus du sol par son soubassement, et qu'il est d'ailleurs trop petit pour cet usage. Le peuple ignorant a encore plus altéré cette tradition en appelant ce monument la *lanterne de Diogène*. — Le comte de Choiseul-Gouffier, ambassadeur de France à Constantinople, de retour de son voyage en Grèce, y envoya des artistes et fit mouler les parties les plus délicates des sculptures de ce monument. Ces plâtres fournirent aux architectes Legrand et Molinos les moyens de faire exécuter en terre cuite, avec la plus parfaite exactitude et de la même grandeur que l'original, ce monument choragique, qui est maintenant placé dans l'endroit le plus élevé du parc de Saint-Cloud. Le trépied qui en couronnait le sommet n'existe plus. On voit encore à Athènes, sur le rocher de l'Acropole, au-dessus du monument de Thrasyllus, deux colonnes isolées, de grandeur et de grosseur différentes, et qui, par cette raison, ne peuvent pas avoir appartenu au même édifice, mais qui, selon toutes les apparences, étaient des monuments choragiques destinés à supporter les trépieds. Cette destination est d'autant plus vraisemblable, que les chapiteaux, d'une forme inusitée, ont trois faces, ainsi que le fleuron placé sur la coupole du monument choragique de Lysicrate, et que l'on y remarque encore, ainsi que dans ce dernier, sur chaque coin, un trou qui servait probablement à fixer le trépied. On peut en voir les figures dans le second volume des *Antiquités*, par Stuart.

**CHORAGIUM**, s. m. (*antiq. rom.*), lieu placé derrière la scène du théâtre antique, où l'on renfermait les costumes et les décorations. Il se dit même des décorations et des costumes scéniques. — Il se dit encore des funérailles d'une jeune vierge, qui étaient suivies du chœur de ses compagnes.

**CHORAGUS**, *choragus* (*hist. nat.*), genre de coléoptères de la section des tétramères, famille des cycliques, tribu des chrysomélines, ayant pour caractères: corps cylindrique avec le corselet de la largeur de l'abdomen; antennes plus longues que la tête et le corselet, terminées par trois articles formant une massue. Ce genre a été établi par M. Kirby, dans la *Centurie d'insectes* publiée dans la *Transaction de la société linnéenne de Londres*, sur un très-petit insecte d'Angleterre, et qu'il a nommé *choragus Scheppardi;* mais M. Robert ayant trouvé le même insecte aux environs de Liége sur des saules, et ne connaissant pas l'ouvrage de M. Kirby, l'a décrit et figuré comme nouveau dans le *Magasin de zoologie* de M. Guérin, 1833, classe IX, pl. 16, sous le nom de *bruchus pygmæus;* ces deux insectes n'en font qu'un, et l'on peut en voir de bonnes figures soit dans les deux ouvrages que nous venons de citer, soit dans la nouvelle édition qu'a donnée M. Lequien de la *Centurie* de M. Kirby. — *Choragus Scheppardi*: long d'une ligne, de couleur enfumée, avec les pattes et les antennes d'une couleur fauve incertaine. D'après les localités où il a été trouvé, on peut le regarder comme un insecte propre aux provinces européennes du Nord.

**CHORAIQUE**, adj. terme de versification grecque et de versification latine. Il se dit d'un vers qui renferme des chorées.

**CHORAL**, s. m. (*vieux langage*), enfant de chœur.

**CHORAL** (*musique*), espèce de chant religieux. De ce genre est le *choral* de Luther.

**CHORAM** (*ichthyol.*), nom arabe d'une variété du gambarur *esox marginatus* Linn., dont parle Forskaël, et qu'on pêche dans la mer Rouge (*V.* Scombrésoce).

**CHORAPTÉNODYTES**, s. m. pl. (*hist. nat.*), famille d'oiseaux qui vivent dans les champs et n'ont point d'ailes.

**CHORAS** (*mamm.*). Plusieurs auteurs allemands ont parlé, sous le nom de choras, du babouin mandrill, *simia maimon* Linn.

**CHORASMIENS** (*géogr. anc.*), peuple de la Sogdiane qui habitait les îles formées par l'Oxus.

**CHORASMIENS** (Lac des) (*géogr. anc.*), lac du pays des Chorasmiens, aujourd'hui *lac d'Aral*.

**CHORAULE**, s. m. (*hist. anc.*). On donnait ce nom, chez les Grecs et chez les Romains, à celui qui présidait sur les chœurs. Celui qu'on voit dans les *Antiquités* du P. Montfaucon, t. III, pl. 190, est revêtu d'une tunique, et tient de chaque main une flûte dont le petit bout est appuyé sur la poitrine.

**CHORBA** (*ichthyol.*), nom kalmouk du grand esturgeon, suivant quelques lexicographes (*V.* Esturgeon).

**CHORDA** (*botan.*) (*V.* Chorde).

**CHORDAPSE**, s. m. (*médec.*), très-forte colique.

**CHORDARIA** Link. (*botan.*) (*V.* Chorde).

**CHORDARIÉ, ÉE**, adj. (*botan.*), qui ressemble à une chordaria.

**CHORDARIÉES**, s. f. pl. (*botan.*), famille d'algues marines.

**CHORDE**, s. f. (*botan.*), genre d'algues marines.

**CHORDE**, ancienne orthographe du mot *corde*.

**CHORDORHIZE**, adj. des deux genres (*botan.*), qui a une racine filiforme.

**CHORDOSTYLUM** (*botan.*), genre établi par Gmelin dans la famille des champignons, et qui comprend diverses espèces de clavaires, décrites par Tode et par Bulliard. Les plus remarquables sont les *clavaria filiformis* et *pennicillata* Bull., *Herb.*, pl. 448, fig. 1, 3. Les caractères de ce genre sont : champignons droits ou rampants, tenaces, pédicellés, très-longs, simples ou rameux, terminés par un renflement globuleux, caduc, et contenant les graines. Ce genre n'a pas été adopté.

**CHORDYLA** (*géogr. anc.*), aujourd'hui Kordyle, ville d'Asie, dans la Colchide, près de l'embouchure de l'Acinacis, au midi de Gyganeum.

**CHORÈBE**, fils de Mydon et d'Anaximène, et amant de Cassandre. Il vint secourir Priam, et fut tué par Pénélée la nuit de la prise de Troie.

**CHORÈBE**, héros de l'Argolide, tua un serpent envoyé par Apollon pour punir Argos.

**CHORÈBE**, Eléen, le premier qui fut proclamé vainqueur à la première célébration des jeux Olympiques, rétablis par Iphitus, 776 ans avant J.-C. Il commence cette longue liste de vainqueurs dont les noms, indiquant les différentes olympiades, formaient la chronologie des Grecs.

**CHORÈBE**, archonte l'an 306 avant J.-C.

**CHORÉE**, s. f. dans Rabelais, la danse, le bal.

**CHORÉE**, *chorea*, danse de Saint-Gui ou de Saint-Vit). (*médec.*). C'est une des maladies les plus curieuses parmi les maladies qui méritent le plus ce nom. Son principal symptôme est une convulsion continue de tout le corps, ou d'un membre, ou d'une moitié du corps, sans que la volonté puisse faire cesser, ou même ralentir ces mouvements désordonnés. Quelle est la cause de cette maladie? comment finit-elle? quelles sont les personnes qui en sont frappées de préférence? enfin comment la traite-t-on? Voilà tout autant de questions auxquelles nous tâcherons de répondre, sans entrer d'ailleurs dans des détails qui ne manqueraient pas de nous conduire trop loin. — Et d'abord le nom que la médecine a donné à la maladie n'explique rien. Il constate que le principal symptôme, celui qui frappe le vulgaire comme le médecin, est un mouvement d'agitation, enfin une danse. L'autre nom, celui de danse de Saint-Vit, se rattache à un fait historique que nous devons rappeler ici. La maladie dont nous parlons a été d'abord observée en Allemagne. Sans doute les médecins du pays n'avaient pas obtenu de bons résultats; car la confiance des malades, au lieu de leur rester, fut livrée tout entière à un saint qui s'appelait saint Vit ou saint Gui. De là des pèlerinages, pendant lesquels les malades dansaient nuit et jour pour se guérir de la danse involontaire dont ils étaient atteints. — — Quelle est la cause de cette maladie? Nous commençons par dire que la maladie a son siége dans le système nerveux; car évidemment c'est son état de perturbation qui produit ces convulsions d'une nature si particulière. Mais de cet effet il est bien difficile de remonter à la cause du mal ou d'indiquer le genre d'altération qui le détermine. On peut dire seulement qu'une émotion puissante sur un organisme délicat, qu'un état d'affaiblissement ou d'irritabilité causé par des maladies diverses, peuvent produire la danse de Saint-Gui. Sans aller plus loin dans cette obscure recherche, nous rapporterons un fait, un exemple dont nous avons eu connaissance directement. Une jeune ouvrière, âgée de quinze à seize ans, revenait le soir chez ses parents, qui demeuraient à l'extrémité du faubourg du Roule. C'était par une noire soirée d'hiver; et un homme, que cette jeune fille n'avait pas aperçu, la suivait à quelques pas d'elle. Bientôt il se mit à lui tenir des propos indécents; des propos il ne tarda pas à passer aux gestes. Effrayée, la jeune fille se prit à fuir; mais celui qui l'insultait était toujours à ses côtés, lui renouvelant plus énergiquement que jamais ses propositions infâmes. Heureusement que la pauvre enfant touchait à la maison paternelle, et qu'elle put échapper à son persécuteur. Cependant elle n'était pas sauvée. Elle se laissa tomber sur une chaise dans un état complet de syncope, d'autant plus effrayant qu'il se compliquait de convulsions nerveuses. Cet état dura longtemps; la parole et le calme ne revenaient pas, malgré les soins éclairés dont la pauvre enfant fut bientôt entourée. Quand il eut cessé, ce ne fut que d'une manière incomplète. Des tremblements, des soubresauts nerveux d'un caractère particulier, persistèrent presque sans aucune interruption. L'insulte dont cette jeune fille avait été l'objet lui avait donné la danse de Saint-Gui. J'eus occasion de la voir; et, pour donner une idée de la force avec laquelle se faisaient les mouvements convulsifs, et surtout pour montrer combien ces mouvements sont indépendants de la volonté, elle était obligée d'arrêter avec la main du bras qui n'était pas affecté le bras qui se trouvait en prise à l'agitation choréique. Je ne saurais dire si cette intéressante malade est guérie. Cet exemple rattache aussi directement que possible l'effet à la cause. C'est par une émotion puissante que l'affection choréique s'est développée. Il serait facile de citer des exemples en faveur de l'opinion qui rattache la chorée à des maladies d'un autre ordre que l'ordre moral. Ainsi un des derniers numéros de la *Gazette médicale de Paris* en rapportait un qui la faisait concorder ou plutôt qui la rattachait comme résultat à une affection organique du cœur. Mais nous n'irons pas plus loin. Nous ne devons pas oublier que nous ne nous adressons pas aux hommes spéciaux. — Comment finit cette maladie? Sa terminaison est en général fâcheuse. Ces convulsions permanentes, quand elles ne guérissent pas vite, nuisent évidemment à l'exercice régulier des autres fonctions du corps. Le système nerveux est en effet, comme on ne l'ignore pas, *l'arbre de vie*. C'est lui qui domine par son activité les activités inférieures des organes; c'est lui qui les anime. Donc, lorsqu'il n'a plus la même séve ou que cette séve est altérée, le corps dans son ensemble languit et tombe en déchéance. Or c'est ce qui arrive pour les chorées qui durent pendant une certaine période de temps. L'affaiblissement fait des progrès effrayants, l'amaigrissement marche de pair avec ce symptôme. Bientôt les organes se refusent peu à peu à leurs fonctions respectives; enfin l'organisme est enrayé dans son activité, et on touche à la terminaison funeste. Quand la maladie n'existe pas depuis longtemps, et qu'il y a de l'étoffe, suivant l'expression vulgaire, dans la constitution malade, on peut, lorsque la cause du mal est bien connue et que les indications thérapeutiques à remplir sont bien comprises, on peut, dis-je, espérer ou même produire des guérisons. Heureusement la médecine en présente des exemples. Quand la chorée existe dans l'enfance ou dans la puberté, les différentes révolutions qui se passent dans l'organisme à cette époque, changent tellement les conditions du tempérament et de l'innervation, que la maladie se guérit quelquefois par les forces seules du corps. Les anciens appelaient ce genre de guérison *la guérison par la nature*. Il y a des cas mêmes où une circonstance bien simple en apparence détermine la guérison spontanée de la chorée : c'est l'établissement de la menstruation, ou le rétablissement de l'écoulement menstruel quand il a été supprimé par une cause quelconque. — Quelles sont les personnes les plus sujettes à l'affection dont nous parlons? Evidemment si ce sont celles qui ont l'impressionnabilité la plus vive, qui peuvent le moins se garantir d'une émotion, qui n'ont pas cette énergie de volonté qui, chez l'homme fort, est une défense contre la sensation trop puissante du mal physique ou du mal moral dont on ne saurait prévoir l'atteinte, si ce sont celles-là, dis-je, qui sont le plus exposées à la chorée, elles appartiennent au sexe féminin. La femme en effet est dévolue, par sa constitution physique, aux affections nerveuses, qui se rapprochent plus ou moins de la chorée, et par conséquent à la chorée elle-même. Ce n'est pas à dire pour cela que cette affection soit une de celles qui s'attaquent spécialement à la femme. Les hommes qui par les habitudes ou la maladie se rapprochent de cet état de mobilité nerveuse, de cette constitution impressionnable dont nous parlions, peuvent contracter la chorée. Mais les hommes forment l'exception; chez les femmes, et chez les jeunes surtout, se trouve la loi commune. — Comment traite-t-on cette maladie? Les causes et les tempéraments sont loin d'être identiques. De là les différences dans le traitement. La diète des impressions morales est quelquefois un bon moyen; quelquefois au contraire les impressions vives peuvent produire une diversion ou plutôt une révolution favorable. On comprend quel tact il faut avoir, quelle étude il faut avoir faite des conditions particulières dans lesquelles se trouve le malade, pour bien diriger à propos un moyen d'action qui peut être très-efficace ou très-dangereux. Comme traitement physique, il faut tenir compte en première ligne du tempérament. On saigne le malade qui est sanguin; on se garde bien de le faire, si on a à traiter un malade qui porte sur lui des signes d'un tempérament faible, d'une insuffisance de vitalité. Il faut suivre les mêmes indications quand on se dispose à agir par les médicaments. Il y a des antispasmodiques qui modifient le système nerveux de l'existant; il y en a d'autres qui le modifient au contraire en abaissant son activité. Il faut choisir non-seulement entre ces deux classes, mais encore entre les médicaments qui composent l'une ou l'autre de ces deux grandes catégories. Le difficile est de bien faire et de bien réussir : cela arrive quelquefois. D'ailleurs, quand le médecin a suivi une bonne voie, qu'il a su procéder avec logique dans l'étude qu'il a faite du malade et des moyens d'action qui peuvent modifier son état, il est presque sûr de soulager s'il ne peut pas guérir. C'est au moins une consolation. — La chorée a été assez commune quand elle s'est développée; on en voyait de fréquents exemples. Du reste elle ne paraît pas dater d'une époque très-reculée : elle remonte au XVI<sup>e</sup> siècle. Bien qu'elle ait été décrite par les auteurs du temps, il paraît que la description qui en avait été faite par les Allemands n'avait pas eu d'abord beaucoup de retentissement; car le premier médecin de Louis XV, Lieutaud, en niait l'existence. Depuis ce sceptique, personne n'a songé à nier ce qui pouvait se constater facilement. La maladie a passé le Rhin; elle est allée se présenter elle-même aux observateurs, comme l'a fait le choléra asiatique dans ces derniers temps pour les incrédules de l'Europe. Mais, loin de sévir sur un grand nombre de victimes, elle ne se montre que rarement. Ce n'est d'ailleurs que dans les centres considérables de population qu'on en trouve des exemples. D<sup>r</sup> Ed. CARRIÈRE.

**CHORÉE**, s. m. (*belles-lettres*). C'est, dans l'ancienne poésie grecque et latine, un pied ou une mesure de vers, composés d'une longue et d'une brève, comme *arma*. On l'appelle plus ordinairement *trochée* (*V.* ce mot).

**CHORÉGE** (*V.* CHORAGIQUE).

**CHORÉGIQUE** (*antiq. gr.*), qui concerne un chorége (*V.* CHORAGIQUES).

**CHORÉGRAPHE**, s. m. celui qui connaît la chorégraphie, qui s'occupe de la chorégraphie.

**CHORÉGRAPHIE**, s. f. composé du grec χορός, danse, et γραφειν, décrire; description de la danse (*V.* ce mot); l'art d'écrire la danse à l'aide de différents signes, comme on écrit la musique à l'aide de figures ou de caractères désignés par la dénomination des notes. Thoinot-Arbeau, chanoine de Langres, est le premier qui ait écrit sur cet art; son ouvrage est intitulé : *Orchésographie*, composé du grec ὄρχησις, danse, et de γράφειν, décrire : *description de la danse*. Beauchamps donna ensuite une forme nouvelle à la chorégraphie, et perfectionna l'ébauche ingénieuse de Thoinot-Arbeau : il trouva le moyen d'écrire les pas par des signes auxquels il attacha une signification et une valeur différentes, et il fut déclaré l'inventeur de cet art par arrêt du parlement. Feuillet vint ensuite; les ouvrages qu'il a écrits sur cette matière, et auxquels on a fait les changements indiqués par Dupré, sont généralement adoptés par les professeurs de l'art. Dans la danse on se sert de pas, de pliés, d'élevés, de sauts, de cabrioles, de tombés, de glissés, de tournoiements de corps, de cadences, de figures, etc. On connaît par la lettre A, placée ordinairement à la tête du pas, quelle est sa durée. Si elle est blanche, elle équivaudra à une blanche de l'air sur lequel on danse; si elle est noire, elle aura la même valeur qu'une noire du même air; si c'est une croche, la tête n'est tracée qu'à moitié, en forme de C. On pratique, en faisant les pas, plusieurs agréments, comme plié, élevé, sauté, *cabriolé*, etc.; le plié se marque sur le pas par un petit tiret penché du côté de la tête du pas. La danse, de même que la musique, est sans agréments, si la mesure n'est rigoureusement observée : les mesures sont marquées dans la danse par de petites lignes qui coupent le chemin; les intervalles du chemin compris entre ces lignes sont occupés par les pas, dont la durée est déterminée par les têtes blanches, etc. Quand il faut laisser passer quelques mesures de l'air sans danser, soit au commencement ou au milieu d'une danse, on les marque par une petite ligne qui coupe obliquement. Les figures des danses sont régulières ou irrégulières : les figures régulières sont celles où les chemins des deux danseurs font symétrie; et les irrégulières, celles où ces chemins ne font pas symétrie. La symétrie est une ressemblance de figure, et une dissemblance de position : telle est la contre-épreuve d'une estampe, relativement à la planche qui a servi à l'imprimerie. Il y a encore dans la danse des mouvements des bras et des mains ménagés avec art. Le caractère qui représente la main droite est placé à droite du chemin, et le second caractère à gauche; lorsque ce signe est tranché, il annonce qu'il faut quitter la main; on connaît que les deux bras agissent en même temps par une liaison qui unit les deux signes; ces signes sans liaison annoncent que les deux bras doivent agir l'un après l'autre. En voilà assez pour entendre comment on déchiffre les danses écrites. M. Favier a publié un système de *chorégraphie*, dans lequel l'air est écrit au-dessus de la danse, en sorte qu'au premier coup d'œil une danse écrite de cette manière paraît un *duo* ou un *trio*, etc., selon que deux ou plusieurs danseurs dansent ensemble; mais l'on s'en tient à celui de Feuillet, où la figure des chemins est représentée avec les changements indiqués par Dupré. — Les détails suivants sont tirés de l'ouvrage de Feuillet, maître de danse, dont la deuxième édition parut en 1701, chez Brunet, à Paris, à l'enseigne du *Mercure galant*. — La première gravure représente quelques *positions* des pieds : le petit rond indique le talon, et la ligne droite donne la direction de la pointe; on voit, par exemple, qu'en *a* les talons sont joints et les pieds en dehors.

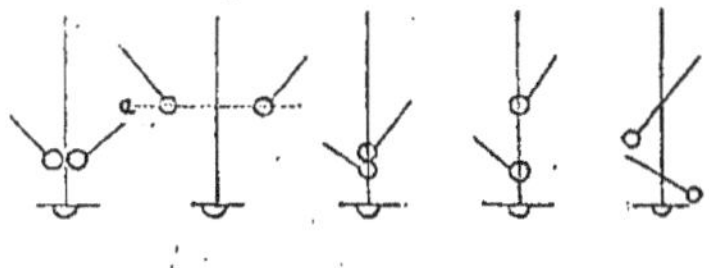

La deuxième gravure montre les signes affectés à certains pas : ainsi le premier signe figure le *pas droit en avant*; il faut regarder le point noir comme la marque du talon, la ligne droite qui y tient comme la trace du pied sur le parquet, et le petit revers d'en haut comme la direction de la pointe.

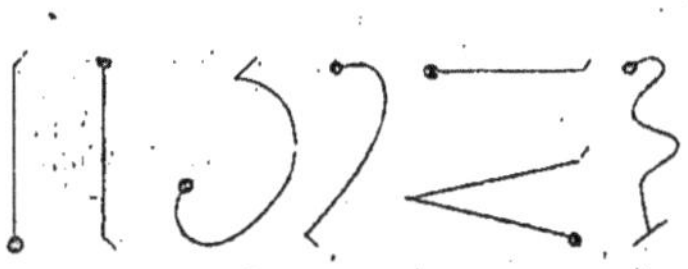

D'après cela, l'inspection seule des traits de cette deuxième gravure permet de reconnaître un *pas droit en avant*, un *pas droit en arrière*, un *pas droit de côté*, un *pas battu de côté*, un *pas tortillé en arrière*.

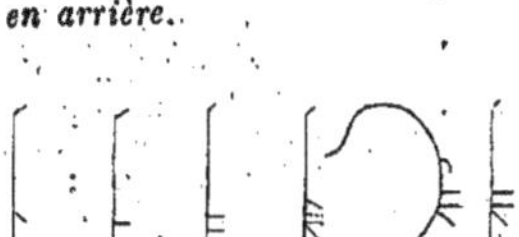

A la troisième gravure, on retrouve d'abord le *pas droit en avant* accompagné de plusieurs appendices; ceux-ci ont pour objet de distinguer certains mouvements que doit faire le danseur pendant ce pas : ainsi l'appendice incliné signifie qu'il faut *plier;* le trait horizontal qu'il faut *élever*, les deux traits horizontaux qu'il faut *sauter*. — Puis on a un plié et un sauté; vient ensuite un pas ouvert, dont les appendices marquent qu'il faut *plier, sauter, tourner demi-tour*, etc. — Il est facile de concevoir, par ces simples notions, comment on peut représenter, au moyen de signes conventionnels, les positions des pieds, les pas et les mouvements qu'il faut faire en les exécutant; il reste à donner une idée de la manière dont on écrit les *figures* et les *mesures*, c'est ce que montre la quatrième gravure. — On distingue d'abord en H et en F deux signes, dont l'un, formé d'une barre et d'un demi-rond, désigne la position du danseur, et dont l'autre, formé d'une barre et de deux demi-ronds, désigne la position de la danseuse. A partir de ces signes on voit deux lignes continues symétriquement placées l'une à l'égard de l'autre, et coupées de loin en loin par des petites barres transversales. Ces lignes représentent les deux routes que doivent suivre les deux *figurants;* à la rigueur on pourrait les tracer sur le parquet, et les spectateurs verraient que chaque danseur parcourt exactement la sienne. Les barres transversales marquent les mesures; il faut qu'aux mesures successives le figurant se trouve aux places indiquées par ces petites barres. Les signes particuliers tracés le long de la route, entre deux de ces barres, représentent les pas qu'il faut faire entre les deux mesures. — La gravure ci-dessous représente le commencement de la gigue *de Roland*, à deux. — Pour les mouvements des bras, pour les castagnettes, on a aussi des signes conventionnels, qu'on écrit à droite et à gauche de la route, à côté des positions et des pas qui leur correspondent. — On devine que pour un groupe où il y aurait quatre, six danseurs, le compositeur trace d'abord les lignes ou routes que chaque figurant doit parcourir, ayant soin de leurs divers mouvements; les passes et les voltes présentent toujours au spectateur un coup d'œil agréable; sur chaque route il écrit les pas que le danseur exécutera, et il se rend ainsi facilement compte des pas et de la position de tous les personnages de son groupe en un instant quelconque.

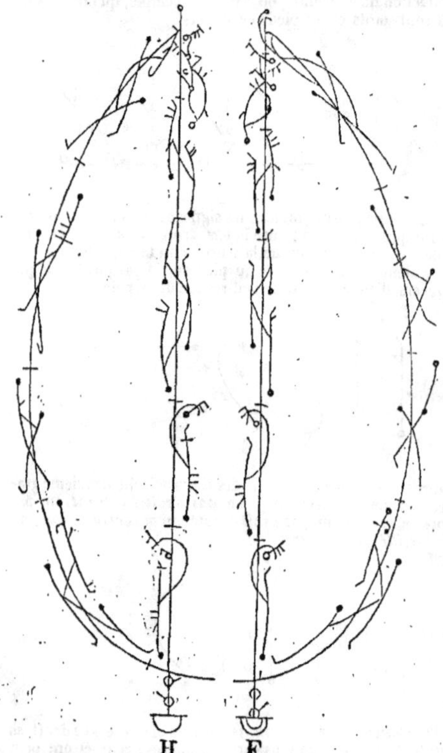


Gigue de Roland.

Nous n'ajouterons rien à ces détails, quant à l'art de la chorégraphie en lui-même; il ne reste aucune trace de son existence chez les anciens; il fut ébauché par un chanoine de Langres en 1588. Beauchamps, maître des ballets sous Louis XIV, le perfectionna et en fut nommé l'inventeur par le parlement. Depuis plusieurs maîtres ont ajouté de nouveaux perfectionnements. — Le vieil ouvrage du chanoine de Langres est extrêmement curieux par la naïveté qui y règne; il est intitulé *Orchésographie en forme de dialogue, par lequel toutes personnes peuvent facilement apprendre l'honeste exercice des danses*, par Thoinot-Arbeau (anagramme de Jehan Tabourot), avec cette épigraphe tirée de l'*Ecclésiaste : Tempus plangendi et tempus saltandi*. Il commence ainsi : « *Capriol.* M. Arbeau, je viens vous saluer; vous ne me cognoissez plus? il y a six ou sept ans que je partis de ce lieu de Langres pour aller à Paris. — *Arbeau.* Certes, de premier front je vous ay mescogneu, parce que vous estes devenu grand depuis ce temps là, et croy que vous avez aussi aggrandi vostre esprit par vertu et science. Que vous semble de l'estude des lois? j'y ay estudié autrefois. — *Capriol.* Je trouve que c'est un art fort beau et nécessaire à la chose publique; mais je me repents qu'estant à Orléans, j'ay négligé la civilité de laquelle plusieurs escoliers se munissent pour accompaigner leur savoir; car, estant de retour, je me suis trouvé ez compagnies, où je suis demeuré tout court sans langue et sans pieds, estimé quasi une bûche de bois. — *Arbeau.* Ce vous sera chose facile à acquérir en lisant les livres français pour vous aiguiser le becq, et apprenant l'escrime, la danse et le jeu de paulme. » — Après ce préambule viennent les leçons de danse entremêlées de citations, d'érudition et de réflexions toutes plaisantes. — A la fin, lorsque Capriol remercie le chanoine, celui-ci lui adresse ce bon conseil : « Pratiquez les danses honestement et vous rudez compaignon des planettes, lesquelles dansent naturellement, et de ces nymphes que M. Varron dit avoir vues en Lydie sortir d'un estang danser, puis rentrer dedans estang; et quand vous aurez dansé, rentrez dedans le grand estang de votre estude pour y profiter, comme je prie Dieu qu'il vous en donne la grâce. »

**CHORÉGRAPHIQUE**, adj. des deux genres, qui appartient à la chorégraphie.

**CHORÉGRAPHIQUEMENT** (*didact.*), selon les principes de la chorégraphie.

**CHORÉION** (*antiq. gr.*), air de danse, selon l'Encyclopédie.

**CHORÉMANIE**, s. f. (*médec.*), synonyme de chorée.

**CHORÈTRE** (*botan.*), *choretrum*, genre très-voisin de la famille des *éléagnées*, qui appartient à celle des *santalacées* de Brown et à la *pentandrie monogynie* de Linnæus; il a de grands rapports avec le *leptomeria*. Le caractère essentiel consiste dans un calice extrêmement petit, à cinq dents très-courtes; une corolle à cinq découpures profondes, concaves, persistantes; cinq étamines placées dans la cavité des divisions de la corolle; les anthères à quatre loges, à quatre valves; un stigmate en étoile; le fruit, non observé en son état parfait, paraît devoir être un drupe. Ce genre comprend des arbrisseaux de la Nouvelle-Hollande, dont les tiges sont souples, élancées, très-rameuses; les feuilles fort petites, éparses, distantes; les fleurs blanches, petites, axillaires ou terminales, solitaires ou agrégées. M. Rob. Brown, auteur de ce genre, en cite deux espèces : 1° *choretrum lateriflorum* Brown (*Nouv.-Holl.*, page 354), à fleurs axillaires, sessiles et solitaires; 2° *choretrum glomeratum* (Brown, loc. cit.), deux ou trois fleurs réunies en paquets, situées littéralement à la partie supérieure des rameaux.

**CHORÉVÊQUE**, c'est-à-dire évêque d'un bourg ou d'un village. Ce mot signifie étymologiquement *vice episcopi;* on en fit des *episcopos pagi*, à cause du double sens du mot χῶρος. — On n'a point de monument plus ancien que le IVe siècle dans lequel il soit parlé de chorévêque. On le trouve pour la première fois dans les conciles d'Ancyre et de Néo-Césarée, tenus peu de temps avant l'empire de Constantin le Grand. Il est ensuite parlé des chorévêques, mais seulement en Orient, dans les deux siècles suivants. En Occident, la première fois qu'il en est parlé, c'est dans le concile tenu à Riez l'an 439, où l'on permet à Armentarius, qui avait été ordonné contre les règles par deux évêques sans le consentement du métropolitain, de faire la fonction de chorévêque. Les lettres attribuées à Damase et saint Léon, où il est parlé des chorévêques, sont supposées. Elles en ont cependant imposé, il y a plus de huit cents ans, aux évêques de France, qui les ont crues légitimes, et il faut avouer que depuis ce temps-là les chorévêques étaient fort fréquents dans les Gaules et dans l'Allemagne. — Les chorévêques ne gouvernaient pas seulement un bourg, mais aussi les villages voisins; ils avaient un pouvoir subordonné à l'évêque, mais beaucoup au-dessus des simples prêtres. Ils souscrivaient aux conciles avec les évêques; ils offraient le sacrifice en présence des prêtres de la ville. En Orient ils donnaient le sacrement de confirmation et consacraient les églises et les vierges; mais ces fonctions ne leur furent point permises en Occident. Ils visitaient les églises et les monastères; ils avaient des prêtres et des clercs sous eux; ils baptisaient, imposaient la pénitence. Néanmoins ils n'avaient pas l'ordre épiscopal, puisqu'ils pouvaient être ordonnés par un seul évêque, au lieu que les ordinations épiscopales ne se peuvent faire que par plusieurs évêques. Il est cependant vraisemblable que l'ordination d'un chorévêque était différente de celle d'un simple prêtre. — Les canons des conciles d'Ancyre et d'Antioche supposent que les chorévêques avaient le pouvoir non-seulement d'ordonner des clercs inférieurs, mais aussi des prêtres et des diacres à la campagne, pourvu que ce fût du consentement de l'évêque. C'est le sentiment du P. Pétau sur les chorévêques dans une savante dissertation qu'il a placée dans son édition des œuvres de saint Epiphane; c'est aussi celui du P. Morin, dans son érudit *Traité des ordinations sacrées de l'Église*. — On croit que la dignité de *chorévêque* a été entièrement abolie en Orient et en Occident vers la fin du IX^e siècle.

**CHORGES**, petite ville de l'ancien Dauphiné, aujourd'hui chef-lieu de canton des Hautes-Alpes, à cinq kilomètres d'Embrun. Cette ville est bâtie près de l'emplacement d'une ancienne cité des Caturiges, où les Romains firent ériger et élever plusieurs édifices, entre autres un temple de Diane, qui sert aujourd'hui d'église paroissiale. Auprès de ce temple s'élevait une citadelle qui dominait la ville. La population de Chorges est aujourd'hui de 2,000 habitants.

**CHORGES** (MONNAIE DE). Lelewel a le premier publié un tiers de sou d'or, qu'il attribue avec beaucoup de raison à la ville de Chorges. Cette monnaie, comme toutes les pièces mérovingiennes, présente d'un côté un buste de profil tourné à droite, la tête ornée d'un collier de perles, et le corps couvert d'un *paludamentum*, avec cette légende : CATHIRICI. Au revers on distingue une croix potencée et ansée par un globe accosté de deux besants. On lit en légende : *Vgi*HTNAR, et à l'exergue, qui est séparé du champ par un trait, se trouve le signe ∽. Cette légende doit peut-être se lire *ugimontarius*. Cette pièce est le seul monument monétaire que l'on connaisse de la ville de Chorges.

**CHORI**, s. m. (*botan.*), nom brame d'un arbre du Malabar, désigné aussi sous le nom de *mallam toddali*, qui signifie *toddali des montagnes*. Les brames l'appellent *chori* et *chori bori*; les Malabares, *dudhali*, selon Zanoni; les Portugais, *tarilla d'agoa*; et les Hollandais, *narren pluymen*, selon Zanoni. Cet arbre s'élève à la hauteur de vingt à vingt-cinq pieds; son tronc est cylindrique droit, haut de cinq à six pieds sur un pied et demi à deux pieds de diamètre, couronné par une cime sphérique, composé de branches alternes menues, longues, disposées circulairement, ouvertes sous un angle de quarante-cinq degrés, à bois blanc solide, recouvert d'une écorce d'abord verte et velue, ensuite brune lisse. Sa racine est blanchâtre, recouverte d'une écorce rougeâtre. Ses feuilles sont alternes, disposées parallèlement sur un même plan, au nombre de six à dix sur chaque branche, fort serrées à des distances d'un pouce environ, écartées, sous un angle ouvert de soixante à soixante-dix degrés; elles sont elliptiques, obtuses à leur base, pointues à leur extrémité, longues de trois à cinq pouces, une fois et demie moins larges, marquées d'une centaine de petites dentelures sur chacun de leurs bords, velues, rudes, vert noir dessus, plus clair dessous, relevées de trois à quatre côtes principales, dont la plus grosse ne les coupe pas précisément au milieu, la moitié supérieure étant plus large, et portées sur un pédicule cylindrique velu, fort et court. De l'aisselle de chaque feuille sort un corymbe trois à quatre fois plus court qu'elles, composé de dix à douze fleurs vertes de deux lignes au plus de longueur, portées sur un pédicule cylindrique de même longueur. Chaque fleur est hermaphrodite, et consiste en un calice vert, fermé, ne produisant point, enveloppant les étamines, et un ovaire sphéroïde, couronné par deux styles coniques aussi longs que la fleur, sortant au dehors, et épanouis horizontalement comme deux cornes veloutées de points blancs. L'ovaire, en mûrissant, devient une baie sphéroïde, verdâtre, à chair succulente, à une loge contenant un osselet rougeâtre, lisse, à une amande blanche de même forme. Le chori croît au Malabar sur les montagnes, au bord des rivières, surtout auprès de Cambotto. Il porte des fruits pendant soixante ans, et ils mûrissent communément en septembre et en octobre. Toutes ses parties et même ses fruits ont une saveur âcre, amère, astringente, et une odeur aromatique douce assez agréable. Sa racine, son écorce, ses feuilles et ses fruits passent dans l'Inde pour le spécifique de l'épilepsie, de la frénésie et semblables maladies du cerveau. Le chori est un genre particulier de plantes qui semble tenir le milieu entre le micocoulier, *celtis*, et le *bucephalen*, dans la troisième section de la famille des châtaigniers.

**CHORIAMBE**, s. m. (*belles-lettres*), dans l'ancienne poésie, pied ou mesure de vers composée d'un chorée ou trochée et d'un ïambe, c'est-à-dire de deux brèves entre deux longues, comme *hīstŏrĭcōs*.

**CHORIAMBIQUE**, adj. des deux genres (*littér.*). Il se dit d'une composition faite en vers choriambes.

**CHORIAS**, Ménade tuée par Persée lorsque Bacchus vint assiéger Argos.

**CHORI-BORI** (*botan.*), nom brame du *mallam toddali* des Malabares, que Linné croyait être le *muntingia calabura*, et que M. Richard rapporte, avec plus de raison, au micocoulier du Levant, *celtis orientalis*.

**CHORICIUS**, sophiste grec, vivait sous Justinien vers l'an 520 de J.-C. Il se fit une assez grande réputation par des discours et des déclamations, dont on trouve quelques-uns dans la *Bibliotheca* de Fabricius, et dans le deuxième volume des *Anecdot. græca*, de Villoison. Yarte, dans le *Catalogue de la bibliothèque de Madrid*, indique un manuscrit qui contient dix-neuf déclamations inédites de ce sophiste.

**CHORICUS**, roi d'Arcadie, eut deux fils, Enétus et Plexippus, et une fille nommée Palestra. Ses deux fils ayant inventé l'art de la lutte, leur sœur en fit part à Mercure. Ils s'en plaignirent à Choricus, qui leur conseilla de s'en venger sur le dieu. En effet, l'ayant trouvé endormi, ils lui coupèrent les mains. Jupiter, touché de son malheur, ôta les entrailles à Choricus, et le changea en soufflet.

**CHORIER** (NICOLAS), né à Vienne en Dauphiné en 1609, fut avocat au parlement de Grenoble, mais négligea le barreau pour se livrer tout entier à l'étude de l'histoire de sa province. On a de lui, entre autres ouvrages, une *Histoire générale du Dauphiné*, Grenoble et Lyon, 1661 et 1672, 2 vol. in-fol.; *Nobiliaire du Dauphiné*, Grenoble, 1697, 4 vol. in-12; *Recherches sur les antiquités de Vienne*, Lyon, 1659. Il est aussi l'auteur de l'ignoble recueil publié d'abord sous le titre d'*Aloysiæ Sigeæ Toletanæ satira sotadica*, et ensuite sous celui de *J. Meursii latini sermonis elegantiæ*, Grenoble (sans date), 2 vol. in-12. Chorier avait de l'érudition; mais il manquait de goût et de critique. Ses ouvrages latins sont néanmoins écrits avec une certaine élégance. Il mourut à Grenoble en 1692.

**CHORINÉE**, nom de deux guerriers, tués, selon Virgile, dans les guerres des Rutules.

**CHORINÉE**, prêtre de la suite d'Enée.

**CHORION** (*musiq.*), nom de la musique grecque qui se chantait en l'honneur de la mère des dieux, et qui, dit-on, fut inventée par Olympe Phrygien.

**CHORION**, s. m. (χόριον ou χωρίον). Les auteurs qui écrivent χόριον par un ο font dériver ce mot de χορός, chœur, parce que les vaisseaux de la membrane fœtale appelée *chorion* y sont disposés comme les personnages d'un chœur, ou, dit Moschion, parce qu'elle est formée de plusieurs parties distinctes, comme un chœur l'est de plusieurs personnages. D'autres, avec Riolan, le font dériver de χορηγεῖν, faire les frais, parce que, dit-il, cette membrane fournit la nourriture du fœtus. Ceux qui écrivent χωρίον par un ω le font dériver de χωρεῖν, contenir, renfermer, parce que c'est la plus extérieure des membranes qui enveloppent le fœtus (*V.* FOETUS et OEUF). — On donne encore ce nom à la portion la plus épaisse du tissu de la peau (*V.* PEAU). — En botanique, Malpighi a donné le nom de *chorion* à une liqueur pulpeuse qui constitue l'amande de la graine avant la fécondation, et qui disparaît avant la maturité.

**CHORIONNAIRE**, adj. des deux genres (*médec.*), qui a rapport au chorion.

**CHORIQUE** (*musiq. instrumentale des anciens*), nom d'une sorte de flûte dont on accompagnait les dithyrambes.

**CHORIS** (LOUIS) (on prononce *Khoris*), peintre et voyageur russe, né le 22 mars 1795, d'une famille allemande, à Iekaterinslaw, fut envoyé au gymnase de Karkow, où il montra d'heureuses dispositions pour le dessin. Ses premiers essais fixèrent l'attention, et Marshall de Biberstein l'emmena avec lui dans un voyage qu'il fit au Caucase en 1815. Choris s'étant ensuite perfectionné dans son art à Saint-Pétersbourg, il fut choisi pour faire partie, comme peintre, de l'expédition autour du monde, entreprise par le brick *le Rurick*, que le comte de Romanzow, chancelier de l'empire, équipait à ses frais. Le bâtiment était commandé par Othon de Kotzebue, lieutenant de vaisseau de la marine impériale. Il fit voile de Cronstadt le 30 juillet 1815, et fut de retour le 3 août 1818. Choris vint à Paris l'année suivante, et y reçut un accueil distingué des savants et des artistes. Il travailla assidûment dans l'atelier de M. Gérard, pour acquérir plus d'habileté, et apprit la pratique de la lithographie, afin de n'être pas obligé de recourir à l'aide d'autrui pour publier les matériaux qu'il avait recueillis dans son voyage. Dominé par la passion de parcourir les pays lointains, et voulant tirer parti de son talent tout en courant le monde, il quitta la France en 1827, avec le projet de visiter le Mexique et d'autres contrées de l'Amérique. Il emportait tout ce qui était nécessaire pour l'exécution de son plan, et il avait obtenu du gouvernement son passage sur une frégate, qui, après avoir visité les petites Antilles, atterrit à la Havane. De là Choris gagna la Nouvelle-Orléans, où l'on essaya vainement de le retenir pendant quelque temps. Débarqué à la Véra-Cruz, le 19 mars 1828, il se mit en route le 22 pour la capitale. Il devait partir la veille avec un Anglais nommé Henderson; mais il aima mieux aller en compagnie d'un médecin italien, qu'il avait rencontré à la Louisiane. Arrivé à un détour entre Puente-Nationale et Plan-del-Rio, Choris, frappé d'un coup de sabre et atteint d'une balle, resta mort sur la place. Henderson, que l'on avait rejoint, blessé d'une balle au bras, d'une autre à la poitrine et d'une troisième à la cuisse, mourut à Xalappa. Le corps de Choris, trouvé le lendemain, fut transporté dans cette ville, où on l'enterra honorablement. Ces détails, qui diffèrent de ceux qu'on lit dans une biographie allemande, sont extraits des lettres écrites du Mexique, et d'une dépêche du médecin italien, lequel se saisit des effets du malheureux Choris, « parce que, dit-il, comme je ne suis pas riche, je dois les garder moi-même, » et il ajoute que si sa famille, à laquelle il devait écrire, ne les réclamait pas, il ferait du bien aux pauvres pour le salut de l'âme du défunt; mais il eut soin de dire auparavant qu'il se regardait comme le premier pauvre. On a de lui : 1° *Voyage pittoresque autour du monde, accompagné de descriptions de mammifères par M. le baron Cuvier, et d'observations sur les crânes humains par M. le docteur Gall*, Paris, 1820, in-fol., avec figures et cartes. *Le Rurick*, visita successivement Ténériffe, l'île Sainte-Catherine sur la côte du Brésil, Talcahuanha sur celle du Chili, l'île de Pâques, l'archipel Dangereux, les îles Peurhyn, le groupe de Radack, le Kamtchatka, le détroit de Behring; il entra dans l'océan Glacial, où un golfe qu'on découvrit sur la côte d'Amérique reçut le nom de Kotzebue. Revenu dans le Grand-Océan, *le Rurick* relâcha dans la baie de Saint-Laurent, sur la côte du pays des Tchoukichis, à l'extrémité nord-est de l'Asie; ensuite il alla consécutivement à Ounalachka, la plus grande des îles Aléoutiennes, à Puerto-San-Francisco, en Californie, aux îles Sandwich, aux groupes de Romanzov et aux îles Radack; revint à Ounalachka, cingla au nord jusqu'à l'île Saint-Laurent, près du détroit de Behring, repassa par Ounalachka, les îles Sandwich, le groupe Romanzov et Radack, fit un court séjour à Guahan, dans l'archipel des Mariannes et à Manille, traversa les détroits de Banca et de la Sonde, et essaya inutilement de jeter l'ancre sur la rade de Sainte-Hélène. Choris donne une relation abrégée du voyage, et présente les remarques sur les pays qu'il a vus : son livre a d'autant plus d'intérêt que la relation de M. de Kotzebue n'a pas été traduite en français. Il ne dessine pas avec une grande pureté, mais ce défaut est compensé par la variété des figures; ce ne sont pas, comme dans les planches des voyages publiées autrefois, des images inexactes, et dans lesquelles on ne pouvait louer que le burin de l'artiste. Cette méthode vicieuse, qui n'a cessé qu'à la publication du voyage de Baudin aux terres australes, n'a pas été suivie par Choris; il peint les différents peuples tels qu'ils se sont offerts à ses yeux. Ses paysages ne sont pas moins fidèlement représentés. 2° *Vues et Paysages des régions équinoxiales recueillis dans un voyage autour du monde, avec une introduction et un texte explicatif*, Paris, 1826, in-fol., fig. coloriées. L'ouvrage précédent n'avait pas épuisé les matériaux de portefeuille de Choris; il a voulu dans celui-ci faire connaître par des dessins caractéristiques, avec la végétation et les animaux, les divers pays qu'il avait visités. Il réclame l'indulgence du public, qu'il prie de ne pas juger avec trop de sévérité ces nouveaux essais. Ce ne sont effectivement en grande partie que des esquisses; on voit que l'auteur n'y a pas mis la dernière main : il a tenu à ne rien changer à sa première idée. Choris a fourni les dessins des figures de plusieurs plantes de l'ouvrage de Marshall de Biberstein intitulé : *Icones plantarum Russiæ rariorum*. Il avait publié le prospectus d'un ouvrage qui devait offrir le recueil des têtes des différents peuples du globe; ce projet est resté sans exécution. Le nom de cet infortuné voyageur avait été donné à une île du golfe de Kotzebue; on ne sait par quel motif il fut effacé dans la carte qui accompagne la relation publiée par ce capitaine.

**CHORISANTHÉRIE**, s. f. (*botan.*), classe de plantes à anthères distinctes.

**CHORISOLÉPIDE** (*botan.*). Le péricline de plusieurs synanthérées est formé de squammes entre-greffées; auquel cas les botanistes disent qu'il est *monophylle*, expression dont l'impropriété est évidente. C'est pourquoi, dans notre nouvelle Terminologie, relative aux synanthérées, nous avons proposé de désigner cette structure remarquable du péricline par l'adjectif *plécolépide*, ou *connastisquamme;* et, par opposition, nous nommons péricline *chorisolépide*, ou *libérisquamme*, celui dont les squammes sont libres. Le péricline plécolépide est ordinairement formé des squammes unisériées, comme dans l'œillet d'Inde, ou *tagètes;* rarement de squammes plurisériées, comme dans quelques arctotidées. Le *lagascœa* offre un exemple curieux de péricline plécolépide uniflore; car il faut, selon nous, considérer ce que les botanistes croient être le péricline, dans cette plante, comme un véritable *involucre*, et la prétendue calathide comme un *capitule* composé de plusieurs calathides uniflores, dont chacune est munie d'un court péricline plécolépide.

**CHORISOPHYTE**, s. m. (*botan.*), plante à étamines libres.

**CHORISPERME**, s. m. (*botan.*), genre de plantes crucifères.

**CHORISPERMUM** (*botan.*) (Ait., *Hort. Kew.*, ed. nov.). Cette plante a été placée tantôt parmi les radis, sous le nom de *raphanus tenellus* Pall. (*Itin.*, 3, append., tab. 50, fig. 3); tantôt parmi les juliennes, sous le nom d'*hesperis tenella hort. Paris*. Enfin Aiton, dans sa nouvelle édition de l'*Hort. Kew.*, l'a considérée comme formant un genre particulier, caractérisé par une silique à deux loges, sans valves, se déchirant en segments monospermes; les cotylédons plans et couchés, le stigmate simple. Il est évident que cette plante ne peut pas être placée parmi les juliennes, dont elle diffère par ses siliques; mais je doute qu'elle puisse être également séparée des *raphanus*, parmi lesquels M. Desfontaines l'a placée dans son Catalogue du jardin du roi. Ses tiges sont presque glabres, à peine longues de cinq à six pouces; les feuilles alternes, pétiolées; les radicales profondément découpées, presque ailées; les lobes oblongs, entiers, un peu obtus; les feuilles caulinaires, lancéolées, entières, munies à leur contour de dents écartées, glabres à leurs deux faces; les fleurs petites, d'un bleu tendre; les siliques toruleuses, articulées, raboteuses, terminées par une longue pointe subulée. Elle croît dans les déserts, sur les bords de la mer Caspienne.

**CHORISPORE**, s. m. (*botan.*), genre de plantes d'Asie.

**CHORISPORÉ, ÉE**, adj. (*botan.*), qui ressemble à un chorispore.

**CHORISPORÉES**, s. f. pl. (*botan.*), famille de plantes crucifères.

**CHORISTE.** On nomme ainsi les artistes qui exécutent les chœurs. Les bons choristes sont fort rares, et il n'y a guère qu'en Allemagne qu'ils réunissent toutes les conditions voulues, possédant de belles et fortes voix, étant suffisamment frottés de musique, et se trouvant doués d'une intelligence et d'un amour de l'art qui suppléent en quelque sorte le manque d'études. Dans les autres pays, et surtout en France, les choristes sont généralement détestables; ce n'est pas que les belles voix y soient par trop rares, mais leurs propriétaires ne connaissent pas, pour la plupart, une note de musique, ils sont complétement étrangers à l'art du chant, et ils exercent leur profession avec la même indifférence qu'ils ajusteraient les pans d'un habit ou ressemèleraient une paire de bottes. Un pareil état de choses est fâcheux, et l'on doit tout faire pour y apporter remède, car l'exécution de nos meilleures œuvres musicales en souffre cruellement. A qui la faute? A l'éducation première, qui ne s'inquiète en aucune façon d'inculquer aux enfants le goût de la musique et de cultiver leur organe vocal. Tant que le chant sera négligé dans nos écoles primaires, nos choristes seront mauvais. C'est précisément par là que l'Allemagne offre sur la France une supériorité incontestable : l'instruction musicale y est tellement répandue parmi le peuple, qu'on peut dire que les enfants la reçoivent et s'en pénètrent en même temps qu'ils apprennent la langue maternelle. En France, il y a bien les maîtrises qui forment des chantres, il y a bien quelques établissements spéciaux qui s'occupent avec zèle et habileté de préparer de bons choristes ; mais, dans la foule des élèves qui suivent ces différents cours, vient-il à surgir un sujet que sa voix ou son aptitude semble appeler à de brillantes destinées, vite il se fait chanteur, c'est-à-dire chanteur solo; quant aux autres, incapables d'aspirer à ce rôle important, ils n'en prennent pas moins en mépris les fonctions de choriste, qu'ils regardent comme au-dessous de leur mérite, et, plutôt que de se contenter d'un emploi aussi modeste, ils se jettent dans n'importe quelle carrière étrangère à l'art musical. Nous le répétons, il faut que l'enfant du peuple apprenne à être musicien, non pas dans le but déterminé d'en exercer la profession, mais simplement pour être à même d'associer les bénéfices du talent qu'il aura acquis à l'exercice de son industrie journalière, lorsqu'il s'y sentira porté par son penchant et que ses occupations lui en laisseront la faculté. — Pour produire un effet convenable, un chœur ne doit pas se composer de moins de quinze chanteurs, et, s'il est à un certain nombre de parties, il faut que cette quantité s'accroisse proportionnellement, car chaque partie doit être exécutée par environ une dizaine de choristes, sous peine de tomber dans la confusion. Nos premières scènes lyriques ont de cinquante à soixante artistes pour chanter les chœurs, et il n'y a point de chœur qu'on ne puisse exécuter d'une manière satisfaisante avec un pareil nombre de chanteurs; cependant on se plaît quelquefois à en réunir une bien plus grande masse, deux ou trois cents, par exemple, ou même encore davantage. L'effet produit par ces grandes masses chorales est aussi imposant que grandiose ; mais ce sont là des combinaisons exceptionnelles, et auxquelles on n'a jamais recours en temps ordinaire. — Dans la formation d'un chœur, on ne doit pas tant se préoccuper d'arriver au même chiffre d'exécutants pour chaque partie, que de mettre ces diverses parties en harmonie l'une avec l'autre, sous le rapport du timbre, de la force et du volume : ainsi, il faut savoir tenir compte de la supériorité relative que peut présenter telle partie sur telle autre, par le genre de voix ou l'habileté de ses chanteurs; il ne faut pas oublier que certaines voix, celles de femmes, par exemple, sont bien plus perçantes que les voix d'hommes. Dans un chœur composé pour voix d'hommes et de femmes réunies, on peut faire intervenir avec avantage quelques jeunes garçons pour chanter des parties de femmes : l'effet en est excellent. Les véritables voix d'alto étant fort rares, on les remplace presque toujours dans les chœurs par des mezzo-soprano, qui se rencontrent partout en abondance. — En écrivant pour les chœurs, il faut se garder avec soin des roulades, des figures compliquées ou précipitées, des sauts et intervalles difficiles, en un mot de tout ce qui pourrait faire obstacle à la bonne exécution : un style simple et naturel est celui qui convient le mieux ; enfin on doit éviter, autant que possible, d'employer les deux notes au grave et à l'aigu placées sur l'extrême limite de chaque genre de voix : car, au grave, ces notes sont faibles et d'une mauvaise sonorité; à l'aigu, elles sont fatigantes et souvent criardes; les notes du médium au contraire ne présentent aucun de ces inconvénients et sont les plus belles, les plus fortes et les mieux timbrées (*V.* CHOEUR). Ed. VIEL.

**CHORISTEA** (*botan.*). Solander, voyageur botaniste, qui accompagnait Cook et le chevalier Bank, a fait sous ce nom un genre, non publié, de la classe des composées ou synanthérées, que Gærtner a depuis nommé *favonium*. M. Thunberg nommait aussi *choristea* la plante qui est le *delta* de l'Héritier (*V* ce mot).

**CHORISTITE**, s. f. (*hist. nat.*), genre de coquilles.

**CHORIZANDRE** (*botan.*), *chorizandra*. Ce genre, peu différent des *chrysitrix*, appartient à la famille des *cypéracées*, à la *triandrie monogynie* de Linnæus. Il offre pour caractère essentiel des épillets nus, à plusieurs fleurs, composés d'écailles fasciculées ; une étamine sous chaque écaille ; un pistil dans le centre de chaque fascicule; le style bifide ; point de filets sétacés. Les tiges sont planes, simples, noueuses, feuillées à leur base, terminées par une tête de fleurs sessiles, composée d'épillets nombreux et agrégés. Ce genre renferme deux espèces, découvertes par M. Rob. Brown aux environs du Port-Jackson, dans la Nouvelle-Hollande : 1° CHORIZANDRA EPHÆROCEPHALA Brown (*Nov-Holl.*, p. 221) : ses fleurs sont réunies en une petite tête globuleuse, saillante; les écailles petites, acuminées, barbues; 2° CHORIZANDRA CYMBARIA Brown (l. c.) : la tête des fleurs est en ovale renversé, à demi enfoncée dans la tige creusée en nacelle; les écailles obtuses, point barbues.

**CHORIZÈME** (*botan.*), genre appartenant à la famille des légumineuses de Jussieu et à la décandrie monogynie de Linné. Ce genre a du rapport avec le *podalyra* : il s'en distingue par son calice, qui est à cinq divisions, bilabié; par sa corolle, qui est papilionacée, et dont la carène est renflée et plus courte que les ailes. Le style est petit et en forme de crochet; la gousse est renflée et polysperme. — Les espèces comprises dans ce genre, sont : 1° la CHORIZÈME A FEUILLES DE HOUX, *chorizema ilicifolia* (Labillardière, *Voyage à la recherche de Lapeyrouse*, t. XXI) : c'est une petite plante des côtes de la Nouvelle-Hollande, dont les feuilles sont alternes, allongées, munies d'épines semblables à celles du houx, mais beaucoup plus petites ; les fleurs sont disposées en grappes axillaires ou terminales, jaunes; 2° la CHORIZÈME NAINE, *chorizema nana* (Smith. *Bot. Mag.*, 1032); 3° CHORIZEMA ROMBEA (Brown, *Hort. Kew.*, III, p. 9). — Brown a transformé en genre le *chorizema trilobum* de Smith, sous le nom de *polodovium*.

**CHOROIDE** (*anat.*), On a donné ce nom à plusieurs parties qui ressemblent au chorion par le grand nombre de vaisseaux qu'elles reçoivent. La membrane choroïde, ou chorioïde, est une des membranes intérieures de l'œil. C'est pour imiter son usage dans la vision que l'on noircit l'intérieur de tous les instruments d'optique (*V.* OEIL). — On nomme *plexus choroïdes* des espèces de cordons membrano-vasculaires, appartenant à la pie-mère, aplatis, rougeâtres, et flottant dans les ventricules du cerveau (*V.* CERVEAU).

**CHORIZONTE**, s. m. (*philol.*). Il se dit d'une classe de critiques postérieurs aux diascevastes. Les chorizontes firent des poëmes d'Homère l'objet de leurs recherches, et en retranchèrent quelquefois des passages qui leur semblaient hétérogènes.

**CHORLITE**, s. f. (*hist. nat.*), genre d'oiseaux échassiers.

**CHORO** (*mamm.*), singe hurleur d'Amérique dont parle M. de Humboldt dans son *Recueil d'observations zoologiques*, t. I, p. 343 (*V.* SAPAJOUS).

**CHOROBATE**, s. m. (*mécan.*), espèce de niveau dont se servaient les anciens. Le grand niveau qu'ils appelaient *chorobate* était une espèce de bois de vingt pieds de longueur, soutenue par quelques pièces aux extrémités, et qui avait dans sa partie supérieure un canal qu'on remplissait d'eau, avec quelques petits plombs qui pendaient aux côtés, pour s'assurer si cette pièce était de niveau. C'était là toute la longueur de leurs nivellements; car ils transportaient le chorobate de vingt en vingt pieds, pour conduire leurs ouvrages. Ce niveau était fort défectueux ; les modernes en ont inventé de beaucoup plus parfaits (*V.* NIVEAU, NIVELLEMENT).

**CHOROCITHARISTE**, s. m. (*antiq. gr.*), joueur de lyre qui accompagnait les chœurs.

**CHORODIDASCALE** (*hist. anc.*, *musiq.*), maître de chœur qui bat la mesure, qui conduit la danse et le chant ; les Latins l'appelaient *præcentor*. C'est ainsi qu'Horace est le *précenteur* dans le poëme séculaire qui devait être chanté par de jeunes garçons et de jeunes filles,

Virginum primæ, puerique claris
Patribus orti
Lesbium servate pedem, meique
Pollicis ictum.

**CHORODIDASCALE**. Ce mot désignait anciennement le poëte tragique, parce que c'était le poëte lui-même qui instruisait les acteurs.

**CHORODIE**, s. f. (*antiq. gr.*). Il se disait du chant exécuté en chœur, par opposition à *monodie*.

**CHORŒBUS** (*V.* CHORÈBE).

**CHOROGRAPHE**, s. m. (*didact.*), auteur de chorographie, de cartes chorographiques.

**CHOROGRAPHIE** (de χώρα, contrée, et γράφω, je décris). Ainsi que l'indique son étymologie grecque, ce nom a été donné à une science qui a pour but de décrire une contrée. C'est, en d'autres termes, la *géographie descriptive* d'un pays, d'une province; c'est une des parties les plus essentielles de la géographie proprement dite. La description d'un pays ou d'une contrée ne peut être complète et d'une intelligence facile pour le lecteur que lorsqu'elle est accompagnée de cartes exactes. Celles-ci ne peuvent atteindre toute la précision désirable, que lorsqu'elles sont des réductions d'une suite de levers topographiques obtenus par le secours de la trigonométrie. Malheureusement il n'y a qu'un petit nombre de pays qui soient levés trigonométriquement dans toute leur étendue. Le voyageur qui veut faire connaître exactement les contrées qu'il parcourt, et dont il n'existe point de cartes exactes, est obligé de fixer par des observations astronomiques les principaux points dont il veut avoir la position. Les autres points sont ensuite déterminés par lui, à l'aide de distances itinéraires prises des points dont il a établi la position avec exactitude, à moins qu'il n'ait le temps de faire assez d'observations pour fixer la position de tous les lieux qui doivent être figurés sur la carte. La chorographie embrasse tout ce qui peut donner une idée précise d'un pays, mais elle ne doit comprendre que les lieux remarquables; c'est ce qui fait que les *cartes chorographiques* ne présentent point tous les détails, tous les accidents de terrain, tous les chemins, tous les cours d'eau, et quelquefois même les habitations isolées, que, en raison de leur étendue, présentent les *cartes topographiques*. Cette différence tient à la distinction qu'il faut faire entre la *chorographie* et la *topographie*, qui sont des parties d'une même science que l'on confond souvent dans le langage habituel.

**CHOROI** (*ornithol.*). L'oiseau qui, suivant Molina, porte ce nom au Chili, est un perroquet vert sur le corps et gris en dessous, *psittacus choræus* Gmel.

**CHOROIDE**, adj. (*anat.*), de χόριον, le chorion, et de εἶδος, forme, ressemblance, se dit de plusieurs parties qui ressemblent au chorion par la multitude de vaisseaux qu'elles contiennent. — **MEMBRANE CHOROIDE**, ou simplement **CHOROIDE**, membrane très-mince et d'une couleur très-foncée qui revêt intérieurement la sclérotique : on la nomme aussi *uvée*. Elle est placée entre la sclérotique et la rétine. Elle offre en arrière une ouverture pour le passage du nerf optique ; en avant, elle se termine vers la grande circonférence de l'iris, où elle se continue avec les procès ciliaires. Cette membrane, très-mince, est imprégnée et enduite à sa surface interne d'une humeur brun noirâtre; elle est formée d'une lame de tissu cellulaire et de vaisseaux sanguins très-apparents. Elle paraît avoir pour fonction d'absorber ceux des rayons lumineux qui ne servent point à la vision. — **PLEXUS CHOROIDES**. On nomme ainsi deux replis membraneux et vasculaires de la pie-mère situés dans les ventricules latéraux ; ils sont fixés à la toile choroïdienne par un de leurs bords ; lâches, flottants et onduleux par l'autre.

**CHOROIDIEN**, adj. (*anat.*) (même étymologie et même signification que *choroïde*), mot adopté par Chaussier pour désigner divers organes situés à l'intérieur du cerveau, et qui ont des rapports avec les plexus choroïdes. — **TOILE CHOROIDIENNE**, sorte de prolongement membraneux qui tapisse la face inférieure de la voûte à trois piliers réunie au corps calleux. Elle est tendue au-dessus du ventricule moyen du cerveau, et recouvre la commissure postérieure et les tubercules quadrijumeaux. — **VEINES CHOROIDIENNES** ou **DE GALIEN**. Ce sont deux veines qui rampent dans la toile choroïdienne, et qui reçoivent presque toutes celles des ventricules latéraux, de la partie supérieure du cervelet, de la glande pinéale et des tubercules quadrijumeaux; elles s'ouvrent dans le sinus droit. — **SINUS CHOROIDIEN**. C'est le sinus longitudinal supérieur (*V.* SINUS).

**CHOROK** (*mamm.*), nom russe de la marte de Sibérie de Pallas, suivant Erxleben.

**CHORON** (ALEXANDRE-ETIENNE) naquit à Caen le 21 octobre 1772. Ses parents lui firent donner l'éducation la plus brillante. Il embrassa d'abord la carrière de l'enseignement, et fut successivement répétiteur à l'école normale et à l'école polytechnique; mais son goût pour la musique étant le plus fort, il quitta tout pour s'y livrer sans partage. Choron avait alors vingt-cinq ans; ses études musicales étaient fort incomplètes; car ce qu'il savait, il l'avait deviné d'instinct, ou appris dans les livres. Les leçons de Bonezi et de l'abbé Roze en firent bientôt un théoricien distingué. Cependant son amour pour les mystères didactiques augmentant à mesure qu'il acquérait de nouvelles connaissances, il se détermina à apprendre l'italien et l'allemand, dans le seul but de pouvoir étudier les traités des principaux maîtres de ces deux écoles. Son premier ouvrage fut celui intitulé : *Principes d'accompagnement des écoles d'Italie*, qu'il composa en collaboration de Fiocchi. Ce livre, qui avait nécessité d'immenses recherches, fit sensation parmi les connaisseurs ; mais c'était peu de cette première publication, comparée à l'œuvre gigantesque dont il avait depuis longtemps conçu le projet, et que, à force de soins et de patience, il réussit à mener à bonne fin : nous voulons parler des *Principes de composition des écoles d'Italie*. Ce travail remarquable fut achevé et parut en 1808 : l'auteur en recueillit de la gloire, mais il s'y ruina. Dans l'intervalle, il avait donné plusieurs traductions, et, avec Fayolle, un *Dictionnaire biographique des musiciens*, le premier et le seul ouvrage de ce genre avant celui que vient de publier récemment M. Fétis. — Vers cette époque, il se fit une révolution soudaine dans les habitudes et les idées de Choron ; cette vie reposée et spéculative qu'il avait menée jusqu'alors, il essaya de la transporter du cabinet dans une sphère d'action toute nouvelle : voyons quels fruits porta cette seconde phase d'une organisation si puissante. En 1812, Choron fut chargé de recomposer les anciennes maîtrises, ainsi que de diriger la musique dans les fêtes et les cérémonies religieuses. En 1816 il fut nommé directeur de l'Opéra : il n'y resta qu'un an. En 1818, à l'aide d'une légère subvention que lui accorda le ministre, il fonda une école qui devait devenir plus tard le *Conservatoire de musique classique et religieuse* ; les résultats qu'il obtint furent aussi satisfaisants qu'inattendus : chacun se rappelle encore les intéressantes séances de la Sorbonne, où les élèves de Choron interprétaient avec un ensemble si merveilleux et un sentiment si parfait les meilleures productions des anciens compositeurs. La révolution de juillet vint frapper mortellement l'école de musique classique et religieuse, et Choron en ressentit si violemment le contre-coup, qu'il ne put survivre à la ruine de cette institution qu'il avait édifiée avec tant de peine, et qu'il soutenait avec tant d'amour. — Outre les ouvrages cités plus haut, Choron a laissé une foule de notes, de traductions, de dissertations, de critiques et de mémoires; une magnifique introduction à l'étude générale de la musique; plusieurs méthodes, et enfin quelques compositions dans le genre sacré. Les sciences mathématiques, que Choron avait approfondies dans sa jeunesse, déterminèrent en lui une aptitude et un penchant particuliers aux investigations théoriques; mais il avait commencé trop tard pour être bon praticien ; cependant, dans les dernières années de sa vie, il était parvenu, grâce à un travail opiniâtre, à acquérir ce qui lui manquait de ce côté. — Si cet homme extraordinaire, doué des facultés les plus éminentes et de l'activité la plus infatigable, n'est point parvenu à réaliser de plus grandes choses, c'est qu'un vice radical, l'inconstance, le défaut de suite, le manque de fixité, venait entraver toutes ses conceptions ; joignez à ces causes des manières tant soit peu acerbes, une opposition souvent injuste aux pouvoirs établis, ses éternelles discussions, par exemple, avec l'ancien conservatoire de musique, et vous aurez le secret d'une existence dont la meilleure part se consumait en dehors du centre vers lequel auraient dû converger toutes ses forces. Choron n'en a pas moins rendu de signalés services à l'art et à son pays : son grand ouvrage sur les écoles d'Italie, et surtout la fondation de son école de musique classique et religieuse, de laquelle sont sortis un grand nombre de chanteurs et de compositeurs de premier mérite, voilà des titres qui le recommanderont éternellement à l'estime de l'étranger et à la reconnaissance de ses concitoyens. — Choron mourut le 20 juin 1834. Ed. VIEL.

**CHOROPTÈNES**, s. m. pl. (*hist. nat.*), famille d'oiseaux qui vivent dans les champs.

**CHORORO**, s. m. (*hist. nat.*), oiseau du Paraguay.

**CHORRAESCH** (*botan.*), nom arabe d'une variété de l'euphorbe des anciens, suivant Forskaël.

**CHORRÉENS** ou **HORRÉENS**, peuples qui furent les premiers habitants de Séhir, qui fut depuis occupée par les Iduméens. Ils étaient déjà puissants du temps d'Abraham ; et Séhir, bien différent d'Esaü, était leur père. Les enfants d'Esaü conquirent le pays de Séhir, ou se mêlèrent avec les Horréens, avec lesquels ils ne font qu'un même peuple (*Gen.*, XXXVI, 20, 21).

**CHORS** (*mamm.*). L'ours brun est ainsi nommé par les Persans, suivant Erxleben.

**CHORSA** (*géogr. anc.*), aujourd'hui Kars, ville dans le nord de l'Arménie.

**CHORSANES** (*géogr. anc.*), peuples d'Asie, dans le nord de l'Arménie.

**CHORTINON** (*botan.*). Pline dit qu'on retire de la graine du raifort une huile nommée *chortinon*.

**CHORTODIPHYTE**, s. m. (*botan.*), plante qui se rapproche des graminées.

**CHORTONOMIE**, s. f. (*didact.*), art de faire les herbiers.

**CHORTONOMIQUE**, adj. des deux genres (*didact.*), qui a rapport à la chortonomie.

**CHORUM**, s. m. (*vieux langage*), instrument de musique.

**CHORUS** (*musiq.*). Faire *chorus*, c'est répéter en chœur, à l'unisson, ce qui vient d'être chanté à voix seule.

**CHORUS**, mot emprunté du latin, qui n'est usité que dans cette phrase, *Faire chorus*, en parlant de plusieurs personnes qui chantent à table, et qui répètent en chœur et à l'unisson ce qu'une d'elles vient de chanter.—Figurément et familièrement, *Faire chorus*, donner son assentiment à une opinion, à des éloges, etc.

**CHOSAR-ERROBAD** (*botan.*). L'*ornithogalum flavum* de Forskaël est ainsi nommé en arabe.

**CHOSE**, s. f. ce qui est. Il se dit indifféremment de tout; sa signification se détermine par la matière dont on traite. — *Peu de chose* (*V.* PEU). — *La chose publique*, l'Etat. — Proverbialement, *A chose faite, conseil pris*, il n'est plus temps de demander conseil, quand la chose sur laquelle on devait délibérer est faite. — *Aller au fond des choses*, ne pas s'arrêter à un examen superficiel. — CHOSE est quelquefois opposé à *personne*. Il s'oppose de même à nom, mot, etc., et signifie alors objet, réalité, fait. — *Ouvrage, Style fort de choses*, plein de faits, d'idées; et, dans le sens contraire, *Ouvrage, Style vide de choses*. — CHOSE signifie encore, familièrement, bien, possession. — QUELQUE CHOSE s'emploie souvent comme un seul mot; alors il est toujours masculin. — Quand l'adjectif suivant n'est pas précédé d'un relatif, il doit l'être de la préposition *de*.

**CHOSE**, terme trivial dont quelques personnes qui parlent difficilement se servent pour désigner ce dont elles ont oublié le nom. Il est alors nom propre et substantif des deux genres. *Chose... ce Romain... Régulus*, dit plaisamment M$^{me}$ de Sévigné. *Apportez-moi le... chose, qui est sur le... chose.*

**CHOSES DE LA MER** (*marine*), se dit de tout ce que la mer jette sur ses bords.

**CHOSES** (*théol.*). Les choses de droit divin sont celles qui n'appartiennent à personne et qui ne peuvent point tomber dans le patrimoine des particuliers, comme sont les choses sacrées, les choses religieuses et les choses saintes. — Les *choses sacrées* sont celles qui sont solennellement consacrées à Dieu, comme les temples, les vases sacrés, etc. — Les *choses religieuses* sont les lieux qui servent à la sépulture des morts, et dont il n'est pas permis de faire aucun usage profane. — Les *choses saintes* sont celles que les lois mettent à l'abri de l'injure des hommes, en établissant des peines contre ceux qui les violent et manquent au respect qui leur est dû. Telles sont les murailles et les portes des villes, la personne du souverain, celles des ambassadeurs, et les lois, qu'on ne viole pas impunément.

**CHOSE** (*sciences méd.*). On distinguait autrefois en médecine trois sortes de choses : 1° les *choses naturelles* (*res naturales* ou *secundum naturam*), ou celles qui, par leur réunion, étaient censées constituer la nature de l'homme; savoir : les éléments, les tempéraments, les humeurs, les esprits, les parties similaires et les fonctions; 2° les *choses non naturelles* (*res non naturales*), ou celles qui, lorsqu'on en fait un usage convenable, entretiennent la vie et la santé, et qui, au contraire, la détruisent lorsqu'on en fait abus : ce sont l'air, les aliments, le mouvement et le repos, le sommeil et la veille, les humeurs retenues ou évacuées, les passions de l'âme : ces *choses* font ce qu'on appelle la matière de l'hygiène; 3° les *choses contre nature* (*res contra naturam*), ou celles qui tendent à détruire l'homme, c'est-à-dire les maladies et tout ce qui y a rapport.

**CHOSES**. Ce mot se dit indifféremment de tout; sa signification se détermine par la matière dont on traite. — Dans le langage du droit, on entend par là tout ce qui peut devenir l'objet d'un droit ou d'une obligation, tout ce dont l'homme peut retirer quelque utilité, quelque avantage, quelque agrément. C'est dans cette acception qu'il est surtout opposé au mot *personnes* (*V.* PERSONNES). L'homme lui-même, ses actions, peuvent devenir l'objet d'un droit. — Si on considère les *choses* par rapport à l'homme, on voit que les unes sont dans sa propriété, et que les autres n'y sont pas : les premières prennent plus particulièrement le nom de *biens*. Ainsi l'on met au rang des *choses* et non des *biens*, l'air, la mer, les terres désertes, les animaux sauvages, parce qu'ils ne sont possédés par personne. — Les divisions ou les distinctions des *biens* sont différentes, suivant les mœurs et les institutions des peuples : les Romains les divisaient en *publics*, *universitatis*, *nullius*, *singulorum* (*V. Instit.*, lib. II, tit. I, *procemium*.— *Digest.*, lib. I, tit. VIII). — Dans notre ancien droit, les divisions étaient nombreuses : elles tenaient aux lois sur les successions, le mariage, le droit féodal, le régime temporel de l'Eglise. De toutes ces distinctions notre droit n'a conservé que celles qui sont fondées sur la nature même des choses. La division la plus générale est celle des biens en *corporels* et *incorporels*. Les biens corporels sont ceux qui tombent sous les sens, comme une maison, un champ, etc.; les biens incorporels sont ceux qui ne s'aperçoivent que par l'entendement, et qui ne frappent pas les sens : ce sont les droits, les engagements, les actions, les productions de l'esprit, le patrimoine. Les choses corporelles se divisent en biens meubles et immeubles. Les choses incorporelles ne sont de leur nature ni meubles ni immeubles; mais, par une détermination de la loi, elles sont censées être de l'une ou de l'autre de ces qualités, suivant la nature des choses corporelles qu'elles ont pour objet. — Eu égard aux droits des personnes, les choses se divisent en *publiques*, *communales* et *choses privées*; les choses publiques et communales sont soumises à un régime spécial (*V.* DOMAINE PUBLIC, DOMAINE DE L'ETAT, COMMUNE, BIENS COMMUNAUX). H. MARLET, avocat.

**CHOSE JUGÉE.** La chose jugée est une présomption établie par la loi en faveur de celui qui a obtenu une décision judiciaire qui ne peut plus être attaquée, *Res judicata pro veritate habetur*. Et cependant les juges sont hommes, et, comme tels, peuvent se tromper. Mais il est de l'intérêt public que la magistrature soit respectée dans ses décisions, et si par hasard elles sont iniques, l'opinion publique est là pour les réformer. D'ailleurs cette présomption ne s'applique qu'aux effets civils; elle est du nombre de celles qui cèdent à la preuve contraire, ainsi que l'a reconnu le conseil d'Etat (avis du 31 janvier 1806, inséré au *Bulletin des lois*). — La chose jugée produit une exception par laquelle le bénéficiaire de la décision peut repousser toute action tendante au même but. Quatre conditions sont nécessaires pour donner lieu à l'exception de la chose jugée : 1° identité de la chose demandée; 2° identité de la cause sur laquelle la demande est fondée; 3° identité des personnes; 4° identité de qualité dans les personnes. — L'identité de la chose : ce doit être le même corps, la même quantité, le même droit. On ne peut demander la partie d'un tout qui était l'objet de la première action; par exemple, demander l'usufruit après avoir échoué dans la réclamation de la propriété, ou 10,000 francs, après s'en être vu refuser 20,000. Mais, en sens inverse, je pourrais certainement réclamer la propriété, après avoir échoué dans la demande de l'usufruit. On peut encore demander la même chose, si la cause de la seconde demande est différente de celle de la première. Mais avec la différence de causes il ne faut pas confondre la différence d'actions; les actions ne sont en effet que les moyens d'arriver à la preuve, mais ne sont pas les motifs de la demande. — La chose jugée ne peut être opposée aux tiers, c'est-à-dire à ceux qui n'étaient pas parties au procès jugé; mais elle a toute sa force pour ou contre les successeurs et héritiers de celui qui était partie au jugement. —La sentence rendue contre l'un des débiteurs solidaires a force de chose jugée contre les autres. — En matière criminelle, le principe de la force de chose jugée est encore plus tutélaire qu'en matière civile. Où serait en effet la sécurité des citoyens sous une législation qui permettrait d'exercer de nouvelles poursuites, à raison du même crime, contre un individu solennellement déclaré innocent? Aussi le principe de la chose jugée a-t-il été nettement formulé par la maxime de droit criminel : *Non bis in idem*, adoptée depuis longtemps et par le droit romain et par l'ancien droit français (*V.* l'art. 360 du code d'instr. crim.). Et cette maxime s'applique aussi bien aux délits et aux contraventions qu'aux crimes dont parle seulement l'art. 360. — Du reste les caractères constitutifs de la chose jugée sont les mêmes au criminel qu'au civil. L'identité de personne, d'objet et de cause sont indispensables. Ainsi un individu acquitté pour un crime peut être poursuivi à raison du même fait qualifié délit. Ce n'est pas là contrevenir à la maxime *non bis in idem*; car le délit n'a pas été l'objet de poursuites, l'accusation n'a été purgée qu'à raison du crime; par exemple, l'accusé acquitté de l'homicide volontaire par la cour d'assises peut être traduit devant la police correctionnelle comme coupable d'homicide par imprudence. De même les juges correctionnels, en acquittant le prévenu du délit, peuvent le condamner à raison d'une contravention. La chose jugée, en matière criminelle, est tellement une exception d'ordre public, que l'individu absous ne peut renoncer lui-même au bénéfice de son absolution. — Examinons s'il existe une influence des jugements civils sur les jugements criminels et réciproquement. — La décision civile ne doit avoir aucune influence sur le juge criminel. En effet, outre que le ministère public n'a pas été partie dans le jugement civil, il n'y a pas identité d'objet entre l'action publique et l'action civile; l'objet de la première étant l'application de la peine, celui de la seconde les dommages-intérêts. Il y a deux exceptions cependant à ce principe : la première relative à l'exception préjudicielle de propriété, qui, en matière de délits forestiers, motive un sursis (art. 187 du code forestier), et la seconde relative aux questions d'état (code civil, art. 327). — Les jugements criminels ne sauraient non plus avoir une influence directe sur l'action civile, excepté dans le cas où le fait sur lequel repose l'action civile a été clairement et nécessairement jugé dans l'instance criminelle. A. Is...

**CHOSETTE**, s. f. diminutif de chose. Il ne se dit que dans le langage familier ou burlesque.

**CHOSIER**, s. m. terme familier qui n'est en usage que dans ce proverbe : *Il y a bien des choses dans un chosier*, il y a bien des circonstances à considérer dans les affaires de ce monde.

**CHOSJAEIN** (*botan.*), nom arabe d'un ciste que Forskaël croit être le *cistus thymefolius ;* il le donne également à son *cistus stipitatus*, que Wahl rapporte au *cistus lippii* de Linnæus. Daléchamps parle d'un ciste, nommé en arabe *chasus*, qui paraît être le *cistus monspeliensis*, et sur lequel on recueille une espèce de *ladanum*.

**CHOSROÈS** (*V.* KHOSROU et PERSE).

**CHOTUBRE** (*ichthyol.*), nom kalmouk de la lote, *gadus lota* (*V.* ce mot).

**CHOU** (*botan.*), *brassica* Linn., genre de plantes de la famille des crucifères, comprenant douze à quinze espèces, qui, excepté le *chou d'Orient* et le *chou de la Chine*, sont originaires d'Europe. Voici ses caractères anatomiques : calice connivent, bossu à sa base ; étamines accompagnées de quatre glandes à leur base ; silique cylindrique, toruleuse, terminée par un bec plus ou moins allongé, s'ouvrant aux deux valves. Nous ne citerons que quelques espèces. — CHOU-NAVET, *brassica napus* Linn. Sa racine est charnue, blanche, d'une forme très-variée, tantôt napiforme, tantôt plus ou moins allongée ; sa tige est rameuse, dressée, cylindrique, glauque ; elle porte des feuilles sessiles, semi-amplexicaules, cordiformes, lancéolées, charnues et glauques ; les feuilles radicales sont lyrées et couvertes de poils très-rudes. Fleurs jaunes, en épis paniculés aux extrémités des rameaux ; chaque fleur est pédonculée, assez petite ; le calice est à moitié ouvert, composé de quatre sépales elliptiques lancéolés, caducs ; les pétales ont l'onglet dressé, à peu près de la hauteur du calice ; le limbe étalé, arrondi, entier. À la base de six étamines tétradynames sont quatre glandes vertes, dont deux plus petites en dehors, et, entre les deux paires d'étamines plus longues, deux plus grosses, sur lesquelles sont implantées les deux étamines plus courtes. L'ovaire est linéaire, comprimé, surmonté d'un style cylindrique que termine un stigmate capitulé, glanduleux. La silique est allongée, presque cylindrique, glabre, toruleuse et bosselée, terminée à son sommet par une pointe allongée, un peu ensiforme et striée longitudinalement. — Le chou-navet est cultivé dans les jardins potagers, non-seulement à cause de ses feuilles, que l'on mange en hiver, mais parce que ses racines sont comestibles et d'une grande ressource dans les années froides : on en connaît six variétés, qui sont : le *chou-navet ordinaire*, le *chou-navet hâtif*, le *chou-navet à collet rouge*, tous trois à chair blanche ; le *chou-navet de Laponie*, qui a été introduit en Angleterre par Arthur Young, et en France par Sennini : ce dernier diffère des précédents par la couleur moins blanche de ses racines, une plus grande abondance et une couleur plus foncée en vert dans ses feuilles, qui sont très-charnues ; le *chou-navet d'Angleterre*, le *chou-navet de Suède*, ou *chou de rutabaga*, qui a deux variétés, l'une à chair blanche, l'autre à chair jaune : le rutabaga, considéré comme fourrage, est une des racines les plus recommandables et l'une de celles qui reçoivent actuellement les plus nombreuses applications en grande culture. Cette racine, d'une constitution privilégiée, traverse les plus rudes hivers en pleine terre sans souffrir, et fournit ainsi une nourriture fraîche, dans cette saison, sur le sol même, où on peut envoyer les animaux, qui s'en nourrissent dans le champ même, avec d'autant plus de facilité que le rutabaga croît presque entièrement hors de la terre, à laquelle il n'adhère que par la partie inférieure de sa racine, comme si la terre ne lui servait que de point d'appui. Les graines de la navette, variété du *brassica nasus*, sont oléagineuses ; on en retire, par expression, une huile abondante, connue sous le nom d'*huile de navette*. Elle est employée pour l'usage des lampes. — CHOU DES CHAMPS, vulgairement *colza* ou *colsat ;* on en cultive deux variétés : l'une dite d'*hiver*, l'autre d'*été*. Cette plante est annuelle ; sa racine fusiforme, quelquefois renflée ; sa tige dressée, haute d'un pied à un pied et demi, cylindrique et glabre ; ses feuilles inférieures sont lyrées et sinueuses, glauques, couvertes de poils rudes sur les nervures de sa face inférieure ; les feuilles supérieures sont sessiles, amplexicaules, glabres et entières. Les fleurs sont jaunes ; les siliques dressées, cylindriques, un peu anguleuses, contenant plusieurs graines globuleuses et brunes. — Les deux espèces du chou des champs sont des cultures très-productives par l'huile que fournissent leurs semences et par le fourrage qu'elles produisent. On sème le colza d'hiver en juillet, à la volée, dans la proportion de deux à trois kilogrammes de graines par arpent. On éclaircit, au besoin, ce semis, de manière à laisser au moins quatre à cinq pouces entre chaque pied. D'autres cultivateurs sèment le colza en pépinière, et le replantent en septembre à six pouces de distance. Dans l'une ou l'autre méthode, ce sera après dix mois de semis qu'on fera la récolte de la semence. Après l'expression de l'huile, les pains ou tourteaux qui restent sont un très-bon aliment pour les animaux et un engrais puissant pour les terres et les prairies. Le colza d'été, un peu moins fort dans toutes ses parties, se sème au printemps, et fournit, ainsi que le colza d'hiver, ses semences la première année. Le colza d'été a pris faveur, parce que, indépendamment qu'il est d'un débit toujours certain, on a la ressource, en une multitude de circonstances, de pouvoir semer du colza même au printemps, quand il a été impossible d'en semer en automne. Le colza d'été étant plus actif que le colza d'hiver, on le sème de préférence dans tout le printemps et même pendant tout l'été, pour se procurer de la nourriture pour le bétail, quand le fourrage est rare, et quand on se trouve avoir une surabondance d'animaux à nourrir, des moutons surtout. Cette huile, qui est fort employée dans les arts et l'économie domestique, particulièrement pour l'éclairage, est connue dans le commerce sous le nom d'*huile de graines*. — CHOU CULTIVÉ, *brassica oleracea*. La racine bisannuelle, très-rarement vivace par la culture, pivotante, presque simple, offrant de petites fibrilles nombreuses. Tige dressée, glabre et glauque, ainsi que toutes les autres parties de la plante ; elle est rameuse à sa partie supérieure et haute d'environ deux à trois pieds ; feuilles grandes, épaisses, charnues, sessiles ; les inférieures, ovales, arrondies, très-obtuses, onduleuses et bosselées ; les supérieures sont ovales, allongées, inégalement denticulées sur leurs bords : toutes sont très-glauques. Les fleurs sont jaunes, assez grandes, et forment de longs épis lâches à l'extrémité des rameaux. Chaque fleur est portée sur un pédicule d'environ un demi-pouce de longueur ; le calice est formé de quatre sépales dressés, jaunâtres, dont deux sont un peu bossus à leur base : ils sont caducs. Les quatre pétales ont un onglet dressé de la longueur des sépales, une feuille étalée, arrondie, entière ; la silique est allongée, presque cylindrique, un peu tortueuse, terminée par une pointe à bec un peu comprimée. — Le nombre des variétés du chou cultivé est très-considérable ; cependant M. Richard les rapporte à cinq principales : 1° le *chou-fleur* ou *brocoli*. Ici les sucs nourriciers surabondants, au lieu de s'employer à former soit de plus grandes feuilles, soit de plus fortes racines ou des tiges très-élevées, comme on le voit dans certaines autres espèces et variétés de choux, se portent à l'extrémité des tiges et des rameaux, qu'ils convertissent en une masse convexe, blanche, tendue et charnue, appelée *chou-fleur*, l'un des mets les plus agréables. Plus le terrain sera bon et la végétation abondante, plus le chou-fleur sera gros, serré, blanc et tendre ; on en distingue plusieurs variétés : les *choux-fleurs de Paris*, *de Hollande*, *de Malte*, *d'Italie*, etc., qui conviennent pour les terres légères et qui se sèment en février ou en mars sur couche, et en avril et en mai en pleine terre pour en jouir à la fin de l'été. Le *chou-fleur demi-dur de France* et *d'Angleterre*, qu'on destine plus particulièrement pour les terres froides : on le sème aussi au printemps comme les choux tendres, plus souvent dans les mois d'août et de septembre pour passer l'hiver. Les divers *choux-fleurs durs*, *demi-durs* et *tendres* présentent peu de différence ; les tendres sont plus hâtifs, réussissent dans une terre légère, et se plaisent dans une terre substantielle. Le *chou-fleur de Malte hâtif*, ayant le pied très-court et dont la pomme est blanche, égale et serrée, est un des meilleurs et des plus cultivés dans les expositions et les terrains chauds. Le *chou-fleur d'Angleterre* a la tige plus élevée, mais la pomme a la même beauté. On dit assez généralement qu'avec du fumier et de l'eau il est facile d'obtenir des choux-fleurs, mais cela ne prouve pas, comme on a cherché à le faire entendre, que le choix du terrain soit chose indifférente pour ce végétal, car il vient bien plus beau et a un goût meilleur dans une terre douce, généreuse et défoncée. — 2° Le *chou-rave* se distingue à sa tige, qui est renflée au-dessus du collet de la racine et qui forme une tête charnue, de la force de deux poings. C'est dans cette partie inférieure de la tige que réside la partie nourrissante de ce légume. Il en existe quatre variétés : le *chou-rave blanc grande espèce*, le *chou-rave violet grande espèce*, le *chou-rave blanc nain*, le *chou-rave violet nain*, qui ne diffèrent guère que par la couleur : ce végétal a un peu la saveur du chou-fleur, mais sa pulpe est beaucoup plus nourrissante. On le sème à plusieurs époques, depuis mars jusqu'en juin, et pour en avoir en hiver on sème les graines en juillet. Le chou-rave est cultivé en Prusse pour fourrage, et cette pratique a des imitateurs en France et ailleurs. Le chou-rave, encore connu sous le nom de *chou de Siam*, commence à se répandre dans les potagers, et se trouve en abondance dans les marchés de Paris. — 3° Le *chou pommé* ou le *chou cabus*, facile à reconnaître à ses feuilles très-rapprochées et très-serrées les unes contre les autres et formant une tête plus ou moins volumineuse. C'est une des meilleures races, parce que les fleurs intérieures étant étiolées, deviennent blanches et beaucoup plus tendres. Jamais ces choux ne doivent être frisés ni dentelés. Considérées selon leur ordre de précocité, les diverses variétés de ce chou se présentent dans l'ordre suivant, qui est aussi leur ordre d'accroissement en longueur : *chou cabage*, allongé, très-petit ; *chou superfin hâtif*, petite tête ovale ; *chou nain hâtif*, pied court, tête ronde ; *chou d'York*, moins petit, mais un peu moins hâtif que les précédents, mais assez fort pour former une tête ronde, bien pommée ; le *gros chou d'York*, plus fort, presque aussi hâtif ; le *gros chou de Pomeranie*, qui ne diffère du dernier que par sa forme conique ; le *chou cœur de bœuf*, qui a trois sous-variétés : le *petit*, le *moyen* et le *gros* ayant la forme allongée, tous trois très-bons et fort cultivés ; le *chou pommé de Saint-Denis*, gros, serré, de forme ronde ; le *chou de Bonneuil*, d'égal volume et de forme allongée ; le *chou cabus d'Alsace*, deuxième saison, plus gros, aplati, très-bien pommé, pied court, le plus prompt à former sa tête parmi les grosses espèces de cette race ; *chou pommé blanc de Hollande*, tige élevée, tête plus grosse que dans le précédent ; *chou pommé blanc d'Allemagne*, de troisième saison, ou *chou quintal*, le plus gros et le plus tardif de tous les choux pommés et celui dont les Allemands font la choucroute, qu'on peut faire aussi avec tous les choux de grosse espèce ; *chou pommé du Puy-de-Dôme*, gros, plat, serré, bonne espèce ; *chou glacé de l'Amérique septentrionale*, à feuilles vertes, vernies et glacées, formant une pomme volumineuse, légère et très-peu serrée : comparé aux autres choux pommés, quant à son utilité pour le jardin potager, il ne les égale pas en qualité, parce qu'il pomme mal et conserve une couleur verte ; mais, en attendant qu'il s'améliore, c'est une plante d'agrément fort curieuse. Les choux pommés se sèment selon la saison et le climat, soit sur couche, soit en pleine terre, et doivent toujours être replantés. — Parmi les choux pommés il en est qui sont rouges ; ce sont : le *petit chou rouge de Hollande*, hâtif, tendre, le plus employé des choux de cette couleur pour les salades ; le *gros chou rouge de Brunswick*, d'un rouge foncé, tendre, succulent et propre à être mangé en salade ; on le fait confire ainsi que le *chou noir d'Utrecht*, pour les employer l'un et l'autre comme les cornichons : les choux rouges passent pour être amis de la poitrine et sont fort considérés sous ce rapport. — Enfin on trouve encore parmi les choux pommés ceux dits *frisés*, aux feuilles crépues, recouvertes les unes par les autres, et formant ainsi une tête ou pomme plus ou moins grosse, selon les variétés ; voici dans quel ordre on peut les présenter eu égard à leur accroissement et à leur précocité : *chou de Milan très-hâtif*, *d'Ulm*, petit, rond, très-serré ; *chou de Milan hâtif ordinaire*, plus gros, plus productif ; *chou de Milan trapu* ou *frisé*, court, tête moyenne, très-serrée, plate, pied court ; *chou de Milan d'été*, d'un vert foncé, à pomme très-serrée, moyenne grosseur ; *chou de Milan à tête longue*, tendre ; *chou de Milan doré*, jaune dans toutes ses parties, l'un des meilleurs choux pancaliers, plus gros, plus recherché que tous les précédents ; *chou de Milan des Vertus*, rustique et l'un des plus cultivés pour l'approvisionnement de Paris ; *gros milan d'Allemagne*, extrêmement gros ; *chou de Russie*, ses feuilles découpées jusqu'à la nervure, moyennes, réunies au sommet, tige de quinze pouces de hauteur, s'arrondissant en une grosse pomme très-serrée, tendre et excellente. — 4° Le *chou non pommé*, comprenant généralement un grand nombre de variétés : le *chou vert à larges côtes*, le *chou blond à larges côtes*, le *chou crépu à larges côtes*, qui s'élèvent peu, et ont une tendance à s'arrondir : ils se sèment en juin et en juillet, et se mangent en hiver : ces trois variétés sont encore connues sous le nom de *chou de Beauvais*, *à grosses côtes* ; le *chou cavalier* et ses sous-variétés dites : *chou moellier*, *chou en arbre*, *chou à vache*, et le *chou coulet de Flandre*, dont les feuilles naissantes servent à la nourriture de l'homme, et les plus grandes à celle des animaux ; le *chou branchu du Poitou*, très-abondant en feuilles, et l'un des plus productifs, soit comme aliment pour l'homme, soit comme nourriture des animaux ; le *chou vivace de Daubenton*, qui sort du précédent, mais qui est plus rameux, plus riche en feuillage, et qui n'est réputé vivace qu'en ce sens que l'inclinaison de ses branches pendantes, permettant de les coucher et de les marcotter en terre, le perpétuent ainsi. Les *choux frangé à aigrettes rouges*, *rouge du Nord*, *panaché*, *bicolore*, *tricolore*, le *chou frisé vert*, le *chou frisé nain*, le *chou crépu d'Ecosse*, le *chou prolifère*, et d'autres qui ont reçu le nom général de *capouska*. La plupart sont très-bons et ont une saveur agréable, étrangère à celle du musc quand ils ont subi l'action de la gelée ; ils sont en outre de fort belles plantes qu'on voit avec plaisir dans les jardins d'agrément. Cette série comprend aussi le *chou à faucher*, qui s'élève encore moins que le chou vivace, dont il est un diminutif remarquable par sa propriété plus prononcée de se prêter aux mutilations que lui occasionnent les opérations de couper et casser un grand nombre de fois ses feuilles, toujours promptes à repousser. Le *chou-palmier*, dont les feuilles palmées et du plus beau vert, réunies au sommet d'une tige droite et élevée comme le tronc d'un arbre, font de ce chou une plante d'une physionomie distinguée, et le *chou de Naples*, moins élevé que le précédent, à feuilles pleines, glauques auprès de leurs nervures, et frangées en leur bord. Enfin le *chou à jets de Bruxelles*, d'un usage très-répandu, et dont on fait une grande consommation à Paris : ce chou s'élève de deux à trois pieds, et produit, aux aisselles de ses feuilles, de petites têtes vertes du volume d'une noix.

CHOU. Proverbialement et figurément, *Il est allé planter ses choux*, se dit d'un homme qui se retire à la campagne après avoir vécu dans le monde, après avoir exercé des emplois. — *On l'a envoyé planter ses choux*, on lui a ôté sa place, son emploi ; il n'a plus qu'à vivre dans la retraite. — Proverbialement et figurément, *Chou pour chou, Aubervilliers vaut bien Paris*, chaque chose est recommandable sous quelque rapport. On dit quelquefois, *Chou pour chou*, lorsqu'on veut indiquer une parfaite égalité entre deux personnes, entre deux choses. — Proverbialement et figurément, *Faire ses choux gras de quelque chose*, en faire ses délices, en faire son profit. — Figurément et familièrement, *Aller tout au travers des choux*, *à travers choux*, agir étourdiment, inconsidérément, sans aucun égard. — Familièrement, *Il en fait comme des choux de son jardin*, il dispose de cela comme s'il en était le maître, le possesseur. — Proverbialement et figurément, *Faites-en des choux, des raves*, faites-en ce que vous voudrez. — Figurément et familièrement, *Il a été trouvé sous un chou*, se dit d'un homme dont la naissance est inconnue. — Proverbialement, *Cela ne vaut pas un trognon de chou*, cela ne vaut rien. — Proverbialement et figurément, *Ménager*, *Sauver la chèvre et le chou*, user d'adresse pour se conduire entre deux adversaires, de manière à ne blesser ni l'un ni l'autre. — Proverbialement, *Il s'y entend comme à ramer des choux*, se dit d'un homme qui veut faire une chose à laquelle il n'entend rien. — Familièrement, *Mon chou*, *Mon chou-chou*, mots de tendresse qu'on n'emploie guère qu'en parlant aux enfants. — Proverbialement, *Ce n'est pas le tout que des choux, il faut encore de la graisse*, il faut, en général, se procurer plusieurs choses pour venir à bout de ce qu'on entreprend. — *Juin, juillet et août, ni femme ni chou*, à cette époque, la saison des choux est passée, et il convient de vivre chastement. — *La gelée n'est bonne que pour les choux*, les premiers froids sont désagréables, mais ils rendent les choux plus tendres. — *Faire valoir ses choux*, expression proverbiale, priser plus qu'il ne faut ses bonnes qualités ou sa fortune. — *Faire ses choux gras*, faire de grands profits dans une affaire. — CHOU, se dit par extension de certaines plantes ou parties de plantes qui ont plus ou moins de ressemblance avec le chou. — CHOU est encore le nom d'une espèce de pâtisserie. — En termes de chasse, *Chou, chou-là*, se dit pour exciter un chien à quêter, et *Chou-pille*, pour exciter le chien à se jeter sur le gibier. — *Chou-pille* se dit aussi substantivement d'un chien qui ne quête que sous le fusil. — Au jeu de quilles, *Faire chou blanc*, ne rien abattre. Cette manière de parler s'emploie aussi en conversation, et signifie ne point réussir, échouer complétement dans une affaire.

CHOU, s. m. monnaie de compte de la Chine. Le *chou* vaut la dixième partie d'une *cache*, ou 8 centièmes de centime.

CHOUAN (*bot.*), nom donné à une semence inconnue, apportée du Levant, et un peu semblable aux têtes de *semen-contra*, ayant une couleur vert jaunâtre et un goût un peu aigrelet. M. Bosc ajoute qu'on l'emploie quelquefois dans la teinture, et que c'est probablement la graine du fenugrec, *trigonella fenum græcum*.

**CHOUAN** (*ichthyol*). Dans quelques cantons de la France, on appelle ainsi le *cyprinus cephalotes* de Linnæus (*V.* CYPRINUS).

**CHOUAN** (JEAN COTTEREAU, dit), fils de Pierre Cottereau, sabotier, naquit le 30 octobre 1757, sur la paroisse de St-Berthevin, aujourd'hui canton ouest de Laval, département de la Mayenne. Son aïeul, ainsi que son père, était également sabotier, vivant presque toujours dans les bois. Pierre Cottereau se faisait respecter de ses enfants; mais ceux-ci le redoutaient, à cause de son caractère extraordinairement vif. C'est ce qui les empêcha de profiter des leçons qu'il leur proposait, car il savait lire et écrire; mais aucun de ses quatre garçons, Pierre, Jean, François et René, n'osa se mettre de si près sous sa férule, et tous restèrent dans l'ignorance. Ils reçurent néanmoins de leur père des principes profondément religieux. Jean, le second de ses garçons, est celui dont il s'agit ici; il avait en outre deux sœurs, et leur mère resta chargée de ces six enfants, car Pierre Cottereau mourut lorsque Jean Chouan était encore bien jeune. A l'exemple de son père et de ses frères, il exerça d'abord la contrebande du sel, alors fort en usage dans cette contrée. La famille Cottereau habitait la closerie des Poiriers, près du bourg de Saint-Ouen-des-Toits, à trois lieues au nord-ouest de Laval. Elle travaillait toujours dans le bois de Misdon, voisin de sa demeure. En faisant la contrebande, Jean Chouan montrait de l'énergie et du courage. — Lorsqu'il voyait ses camarades s'intimider, son habitude était de leur dire : « Ne craignez point, *il n'y a pas de danger.* » Ces mots, *il n'y a pas de danger*, étaient sa devise, et, comme il les répétait quelquefois sans raison, ses camarades l'avaient surnommé *le gars mentoux* (le garçon menteur). Il y avait quelquefois du danger sans doute, car Jean Chouan fut poursuivi lui-même, s'engagea, déserta, fut arrêté et condamné à mort. Sa mère alla demander sa grâce au roi. Arrivée près du prince, elle oublia la leçon qu'on lui avait apprise, et demanda la vie pour son fils dans les termes que lui inspira sa tendresse. Le roi accorda la grâce. Jean avait passé deux ans en prison à Rennes; c'est là que des réflexions sérieuses le ramenèrent à une vie plus conforme à ses principes religieux. Dès lors sa conduite ne se démentit plus; il renonça à la contrebande et entra au service de la famille Ollivier, vénérée dans le pays. Chouan était dans cette maison, lorsque la révolution arriva. Les exemples qu'il avait sous les yeux auraient été capables de fixer son opinion politique, quand même il aurait balancé; mais dès le commencement il se déclara contre les innovations. Le 15 août 1792, des gardes nationaux et des gendarmes de Laval vinrent à Saint-Ouen pour engager les jeunes gens à s'enrôler. Ces émissaires se rassemblèrent dans l'église de Saint-Ouen; un d'entre eux prit la parole, et vanta la liberté dont jouissait la France, devant une foule de spectateurs accourus pour voir ce qui allait se passer. On écouta tant bien que mal ce discours sur la liberté; mais quand l'orateur en vint à la péroraison, et qu'il parla d'engagement et de volontaires, on entendit murmurer de tous les côtés. Les gendarmes reçurent l'ordre d'arrêter les perturbateurs. Alors tout le monde se soulève, et le désordre est à son comble, quand un homme s'avance au milieu de l'assemblée, d'une main arrête le premier gendarme, et de l'autre impose silence à la multitude, en s'écriant : *Non, point de volontaires; s'il faut prendre les armes pour le roi, nos bras sont à lui, nous marcherons tous pour lui; et moi, je réponds de tout. Mais s'il faut partir pour défendre ce que vous appelez la république, vous qui la voulez, allez la défendre; pour nous, nous sommes tous au roi, et rien qu'au roi.* Tout le monde répète : *Oui, nous sommes tous au roi, et rien qu'au roi.* Alors les gendarmes, les gardes nationaux furent chassés de l'église et mis en fuite. L'homme qui venait de se montrer ainsi était Jean Chouan : telle est l'origine de la chouannerie : car ce fut là un parti pris; on se réunit et l'on s'arma pour se défendre : il fallait un chef, on choisit Jean Chouan. Nous ne détaillerons pas tous les combats qu'il livra à la tête de cette nouvelle troupe. Les affaires de Saint-Ouen, de Bourg-Neuf, de la Baconnière, celles de Launay-Villiers, du Port-Brillet, d'Andouillé, du Pertre, etc., eurent aussi leur célébrité à une époque illustrée par tant de gloire militaire. Jean Chouan conduisit sa troupe à Laval, pour s'y réunir aux Vendéens, après leur passage de la Loire, et les suivit jusqu'à Granville, puis dans la retraite après le désastre du Mans. Ce fut là qu'il eut le malheur de perdre sa mère, à qui il devait deux fois la vie, qui n'avait pas voulu le quitter, et qui mourut écrasée sous la roue d'une charrette. Jean Chouan se réfugia dans le bois de Misdon; et lorsque les royalistes, après tant de défaites, commençaient à revenir de leur stupeur, il fut un des premiers à reprendre les armes. C'est de là que date la seconde époque des *chouans*, ou de la *chouannerie* proprement dite. L'insurrection royaliste du bas Maine commença vers le mois de mai 1794, et forma six divisions, qui prirent le nom de leurs chefs; mais la troupe garda le nom générique de chouans. Celle qui fut immédiatement sous ses ordres se distingua par sa discipline et ses sentiments religieux. Jean Chouan mettait surtout beaucoup de zèle à sauver les prêtres, et il a protégé la fuite d'un grand nombre; il en a conduit plusieurs jusqu'à Granville, pour leur faciliter les moyens de s'évader (1). Tous ses compagnons d'armes, tous ses compatriotes, attestent encore aujourd'hui qu'on ne vit jamais en lui que des sentiments nobles et une grande droiture. Sa mort a été racontée de différentes manières. S'il fallait s'en rapporter à P. Renouard (*Essai historique sur la province du Maine*, t. II, p. 270), un détachement cantonné dans le bourg de Gravelle aurait surpris, dans une reconnaissance, une compagnie, de cinquante-deux chouans, commandés par Jean Chouan en personne, *qui fut tué dans cette affaire*, ajoute Renouard; *la tête de ce trop fameux insurgé fut séparée de son corps, portée en triomphe à la Gravelle, et exposée ensuite à un piquet sur la grande route de Laval à Vitré.* Mais il ne faut pas plus s'en rapporter à ce récit qu'à mille autres mensonges de ce prêtre apostat. Voici des détails que nous avons recueillis sur les lieux mêmes, ainsi que la plupart des faits consignés dans cette notice. Un jour Chouan faisait reposer ses soldats fatigués à la métairie dite de la Babinière, appartenant à la famille Ollivier. On les rassurait sur ce que la garde de Saint-Ouen avait quitté son poste. Le fait était vrai; mais les soldats cantonnés au Port-Brillet vinrent les surprendre et les attaquer. Dans le premier moment de la surprise, toute la troupe royaliste se crut obligée de fuir; Jean Chouan néanmoins décharge sa carabine, atteint un soldat républicain et lui casse la cuisse. Mais il avait auprès de lui la femme de son frère René, qui, saisie par la peur et empêchée par une grossesse avancée, ne pouvait escalader une haie couverte de broussailles; elle appelle du secours. Jean Chouan se hâte d'aller protéger sa retraite, et, pendant qu'elle prend la fuite, il arrête l'effort de l'ennemi. Tandis qu'il chargeait sa carabine, une balle frappe sa tabatière qui était dans sa poche, et les morceaux de cette tabatière lui entrent dans le corps. Il tombe et sent qu'il est blessé mortellement. Ses gens l'emportèrent dans le bois de Misdon, lui prodiguèrent leurs soins; mais tout fut inutile. Avant de mourir, il adressa à ses soldats les paroles les plus touchantes, leur recommandant l'union et la fidélité au roi et à la religion. C'était le 28 juillet 1794 : Jean Chouan fut inhumé dans le bois de Misdon, à l'endroit appelé pompeusement *la Place royale*, parce que c'était le lieu de réunion. On avait pensé sous la restauration à lui ériger un monument; mais les cendres de cet homme religieux reposent encore sous le gazon et la mousse dont ses compagnons d'armes les couvrirent pour les soustraire à la profanation des républicains. On peut consulter les divers ouvrages publiés sur la Vendée et la chouannerie, tels que l'*Histoire des guerres de la Vendée et des chouans*, par Beauchamp, et les *Lettres sur l'origine de la chouannerie, et sur les chouans du bas Maine*, 2 vol. in-8°, par M. Duchemin de Scepeaux. M. Bobelet a fait lithographier le portrait de Jean Chouan en 1832, format in-4° : on voit que ce chef d'une nouvelle croisade portait au revers de son habit une croix et un sacré cœur; un chapelet et une médaille sont suspendus à la boutonnière de son gilet. Il devait faire partie de la collection des chefs vendéens, dont les portraits auraient été tirés en pied. Douze seulement ont paru; les événements de juillet 1830 ont arrêté cette entreprise.

**CHOUANNERIE** (*V.* VENDÉE [Guerres de la]).

**CHOUANT** (*ornithol.*), nom que porte en Bretagne le hibou commun ou moyen duc, *strix otus* Linn.

**CHOUANT** (*ornithol.*). On appelle ainsi, dans le Vendômois, l'effraie, *strix flammea* Linn.

**CHOUC** (*ornithol.*). Ce nom est donné, dans l'Encyclopédie, au choucas noir, *monedula nigra* de Brisson, variété du *corvus*

(1) Chacun avait pris des mesures pour délivrer le prince de Talmont, quand il fut conduit de Rennes à Laval, où sa tête fut exposée sur le portail de son château. Des soldats cantonnés à Ernée lui avaient fourni des habits militaires pour cette tentative. Il reçut effectivement la lettre d'avis; mais il la fit lire par un des siens qui, peu capable et honteux de son ignorance, dit que la lettre ne signifiait rien. Chouan arrivé trop tard au lieu désigné ne pouvait cacher sa douleur, il disait que la mort du prince l'affectait plus que celle de sa mère.

*monedula* Linn., qui est représentée sous le n° 522 dans les pl. enl. de Buffon.

**CHOUCA** (*ornithol.*), un des noms vulgaires du choucas, *corvus monedula* Linn., qu'on appelle aussi *chicas, chocas, chuca, chucas*.

**CHOUCADOR** (*ornithol.*). M. Levaillant a décrit et figuré sous ce nom, dans son *Ornithologie d'Afrique*, t. II, pag. 105 et pl. 86, un oiseau que Daudin a placé dans la troisième section de ses étourneaux et nommé stourne choucador, *sturnus ornatus*.

**CHOUCALLE** (*botan.*) (*V.* ÇALLE).

**CHOUCARI** (*ornithol.*). Ce nom, que M. Daubenton le jeune n'avait originairement donné qu'à un oiseau de la Nouvelle-Guinée rapporté par Sonnerat, a été étendu par M. Cuvier (*Règne animal*) à d'autres espèces dont ce naturaliste a formé le genre *graucalus*, caractérisé par un bec échancré, moins comprimé que celui des pies-grièches, ayant l'arête supérieure aiguë, arquée également dans toute sa longueur, et sa commissure aussi un peu arquée, avec les narines quelquefois couvertes de plumes roides, comme aux corbeaux. Les espèces sont: le CHOUCARI DES PAPOUS, *graucalus papuensis* (*corvus papuensis* Gmel.), pl. enl. de Buffon, 630. Cet oiseau, dont M. Vieillot a fait sa coracine choucari, est long d'environ onze pouces; il a la base du bec entourée d'une bande noire qui se prolonge jusqu'aux yeux, et les grandes pennes des ailes noirâtres; le reste de son corps est d'un gris cendré, plus foncé sur la partie supérieure et plus clair en dessous; ses narines sont entièrement couvertes par des plumes soyeuses, comme celles des choucas; ses ailes ne s'étendent pas au delà de la moitié de la queue. Il y a au muséum d'histoire naturelle un individu étiqueté *choucari de la Nouvelle-Calédonie*, qui a été apporté par M. de Labillardière et qui offre beaucoup de rapports avec le précédent; la tête et le dessus du cou sont noirs et le reste du plumage d'une couleur d'ardoise foncée. Le CHOUCARI A VENTRE RAYÉ, *graucalus fasciatus* (*corvus Novæ Guineæ*). Le front et les joues sont noirs, le dessus de la tête, le dos, le cou et la gorge d'un gris ardoisé; les plumes qui couvrent le ventre, l'anus, le croupion, présentent des raies transversales noires sur un fond blanc, comme aux pics variés; les pennes des ailes et de la queue sont noirâtres, et les premières atteignent presque l'extrémité de la seconde. La femelle n'a point de noir sur la tête, et les rayures, qui commencent à la gorge, ne s'étendent pas sur le bas-ventre, ni sur l'anus. Cet oiseau a environ un pied de long. Le CHOUCARI A MASQUE NOIR, *graucalus larvatus*, dont M. Levaillant a donné la description parmi les rolliers, dans ses *Oiseaux de Paradis*, page 86, pl. 30, a les narines entièrement couvertes; ses ailes excèdent la moitié de la longueur de la queue, dont toutes les plumes sont étagées; le front, jusque vers le milieu de la tête, les tempes, la gorge et une grande partie du cou, sont noirs; tout le reste du plumage est d'un gris bleuâtre, nuancé d'une légère teinte purpurine et plus foncé sur le corps qu'au-dessous, à l'exception des pennes des ailes et de la queue, qui sont noires intérieurement; celles-ci sont frangées de gris à leur extrémité. Le bec, d'un gris bleuâtre à sa base, est noir vers la pointe; les ongles sont de cette dernière couleur et les pieds d'un brun roux. On en voit au cabinet d'histoire naturelle trois individus venant de Port-Jackson; l'un d'eux, qui paraît être la femelle, a le ventre rayé transversalement de noir sur un fond d'un gris pâle. Le CHOUCARI VIOLET, *graucalus violaceus*. Cet oiseau de la Nouvelle-Hollande, dont il a déjà été question sous le nom de chocard violet, que lui a donné M. Vieillot, a tout le plumage d'un violet d'acier brun, avec des reflets brillants chez le mâle, tandis que la femelle est d'un vert pâle, avec des taches blanches en forme de larmes sur la tête, le cou et les parties inférieures, et que sa queue est terminée de blanc. Cette grande différence dans les couleurs, et surtout la circonstance que les plumes soyeuses de la base du bec ne recouvrent pas les narines, ont porté M. Vieillot à douter que cet individu fût réellement la femelle du choucari violet, et il l'a présenté comme une espèce distincte dans son genre coracine; mais les narines du seul individu que l'on possède ayant pu être élargies et découvertes dans la préparation qu'on lui aura fait subir, il est prudent d'attendre d'autres objets de comparaison, pour prendre à cet égard un parti plus certain. M. Cuvier a formé dans ses choucaris une section particulière d'un autre oiseau trouvé à Timor, et dont M. Vieillot a fait le genre *sphécotère*, ayant pour attributs un bec épais, droit et glabre à la base, robuste, convexe en dessus, fléchi vers la pointe de la mandibule supérieure; les orbites nues et les deux premières remiges plus longues que les autres. Cet oiseau, de la taille d'un loriot, a le dessus de la tête et du cou et les joues noirs, les parties supérieures d'un vert olive, dont la teinte est plus jaune sur la poitrine et le ventre, et le dessous de la queue gris. C'est le *choucari vert* de M. Cuvier, *graucalus viridis*.

**CHOUCAS** (*ornithol.*). Quoique ce nom soit spécialement affecté à la petite corneille des clochers, *corvus monedula* Linn., espèce appartenant au genre corbeau et à ses variétés, telles que le choucas à collier, le choucas blanc, le choucas noir, etc.; on l'a appliqué à d'autres oiseaux de genres différents. Ainsi on appelle vulgairement *choucas des Alpes* le chocard des mêmes lieux; *choucas chauve*, l'oiseau dont M. Geoffroy a fait son genre gymnocéphale; *choucas de la Nouvelle-Guinée*, le choucari à ventre rayé de M. Cuvier; *choucas de la mer du Sud*, la coracine à front blanc de M. Vieillot; *choucas de la Jamaïque*, des quiscales du même auteur; *choucas d'Owihée* et *choucas des Philippines*, le cassican noir et le drongo balicasse.

**CHOUCE** (*ornithol.*). La crécerelle, *falco tinnunculus* Linn., ou une espèce très-voisine, porte ce nom dans l'Inde.

**CHOUCHETTE** (*ornithol.*), vieux nom français du choucas proprement dit, *corvus monedula* Linn., qu'on appelait aussi *chocatte* et *chouette*.

**CHOUCHOUÉ** (*botan.*) (*V.* CHOUROUCOULIHUÉ).

**CHOUCHOUROU** (*botan.*), nom caraïbe de l'*hibiscus tiliaceus*, inscrit dans l'herbier du Surian.

**CHOUCOU** (*ornithol.*). M. Levaillant (*Oiseaux d'Afrique*, t. I, pag. 100) a donné ce nom à une chouette représentée pl. 38 du même ouvrage, et celui de choucouhon à une autre espèce figurée pl. 39. Ce sont les *strix choucou* et *nisuella* de Daudin et de Latham (*V.* CHOUETTE).

**CHOUCOUHOU**, s. m. (*hist. nat.*), chouette d'Afrique.

**CHOUCROUTE.** On prépare la choucroute, le chou cabus blanc, de la manière suivante: après avoir enlevé les grandes feuilles pendantes et la tige, on coupe le houppe-pomme, en le rabotant sur une colombe de tonnelier, en tranches minces qui se divisent d'elles-mêmes en rubans sinueux. On étend au fond d'un tonneau propre, qui a contenu du vin, du vinaigre ou de l'eau-de-vie, un lit de sel marin gris, dit sel de cuisine; on met par-dessus une couche de choux divisés, de trois à quatre pouces d'épaisseur, qu'on saupoudre d'une poignée de graines de genièvre (*juniperus communis*) ou de carvi (*carum carvi*), pour les aromatiser. On ajoute un second lit de sel, puis une couche de choux de même épaisseur, que l'on aromatise de même et ainsi de suite, jusqu'à ce que le tonneau soit plein. Dès la troisième couche, il est nécessaire de bien fouler les choux le plus possible, soit avec une bûche arrondie, soit comme pratiquent les Allemands, en y faisant descendre un homme qui piétine avec ses bottes: on répète ensuite la même opération à chaque couche que l'on ajoute, et l'on termine par une couche de sel. La proportion qu'il en faut est d'une livre pour cinquante de choux environ. On couvre le dernier lit de sel avec de grandes feuilles vertes, sur lesquelles on étend une toile humide, et l'on recouvre le tout avec le fond du tonneau, que l'on charge d'un poids de cent à cent cinquante livres, pour empêcher que la masse ne soit soulevée pendant la fermentation. Les choux, ainsi comprimés et environnés d'un sel déliquescent, laissent écouler l'eau de végétation qui dissout le sel marin, et qui devient acide, fétide et boueuse; on la tire à l'aide d'un robinet, puis on la remplace par une saumure nouvelle, que l'on change encore au bout de quelques jours. On continue à prendre ces soins jusqu'à ce que la saumure ne contracte plus de mauvaise odeur; ce qui arrive dans l'espace de douze à dix-huit jours, suivant la température du lieu; il est nécessaire qu'elle ne soit pas trop élevée. — La choucroute, préparée de cette manière et tenue dans un lieu frais, s'y conserve pendant toute l'année; elle a un goût acide très-prononcé et une saveur particulière assez forte, qui ne paraissent agréables qu'après avoir mangé plusieurs fois de cet aliment. On peut diminuer le goût de cette préparation en la lavant à l'eau tiède, avant de la faire cuire. Pour conserver la choucroute dans les transports et les approvisionnements de mer, il faut la changer de tonneau, la bien fouler, y mettre une saumure nouvelle et fermer avec soin le baril qui la contient. Les fûts qui ont servi à l'eau-de-vie sont très-propres à conserver la choucroute. Lorsqu'on craint qu'elle ne s'échauffe ou ne fermente de nouveau, on doit renouveler la saumure, ou si l'on ne pouvait pas se procurer de la saumure fraîche, on soutirerait celle qui se gâte, on la ferait bouillir et on la remettrait dans le baril, après l'avoir laissée refroidir. Lorsqu'on peut y ajouter un ou deux millièmes d'acide sulfureux, ou mieux encore de sulfite de soude, on est bien plus assuré d'une plus longue conservation.

**CHOUDET** (*ornithol.*), un des noms vulgaires du hibou ou moyen duc, *strix otus* Linn.

**CHOUDJAA-ED-DOULAH**, surnommé *Djelai eddyn Hayder*, l'un des *nababs* ou vice-rois de l'empire du Mogol, dans l'Inde, né à Delhy en 1729. Irrité de l'arrogance des Anglais, il leur déclara la guerre en 1763. Mais dès le premier choc son armée fut mise en déroute, et, après avoir vainement tenté d'organiser des moyens de résistance, il se vit forcé d'accepter les conditions onéreuses des Anglais, qui le rétablirent dans ses États. Nourrissant au fond de l'âme un profond ressentiment contre ses vainqueurs, il s'occupa de reformer une armée, et se servit des Français, que la prise de Pondichéri et de leurs autres comptoirs privaient de toute ressource, pour instruire ses soldats à l'européenne, et, sous leur direction, établit un arsenal et un parc parfaitement approvisionnés. En annonçant l'intention d'attaquer les Marhattes et les autres peuples de l'Inde, il sut tromper les Anglais sur le véritable but de ses préparatifs; il obtint même du gouvernement britannique un corps de troupes auxiliaires pour cette expédition. Vainqueur des Prohyllas, il songeait à secouer le joug de ses puissants alliés, lorsqu'il mourut au commencement de l'année 1775, laissant la réputation d'un des plus adroits adversaires que les Anglais aient eus dans l'Inde et du meilleur ami des Français dans cette même contrée.

**CHOUE** (*ornithol.*). Ce nom, par lequel en Lorraine on désigne les oiseaux de nuit, est appliqué, dans les environs de Niort, au choucas, *corvus monedula* Linn. En Bourgogne, le hibou commun est connu sous le nom de *choue cornerolle*.

**CHOUÉDÉ**, premier ministre de l'empereur Kien-long, était Tatar Mantchou d'origine. Il remplissait depuis plusieurs années la charge de gouverneur du Pé-king, lorsque des envieux le firent envoyer à l'armée, alors occupée de la conquête du pays des Eleuths. Le général, qui connaissait sa capacité, sut tirer d'utiles services de ses talents, en le plaçant à la tête de l'administration de l'armée. Les ennemis de Chouédé ne le laissèrent pas tranquille dans ce nouveau poste, et réussirent à le faire condamner à mort; mais le second des ministres de la cour obtint un sursis, et son innocence fut parfaitement reconnue. Les nouvelles preuves de zèle et de fidélité qu'il donna le firent combler d'honneurs à son retour de l'armée. C'est à cette époque qu'il fut nommé premier ministre, et il jouit de l'entière confiance de son maître jusqu'à sa mort, qui arriva en 1777.

**CHOUÉGUEN** (**Prise du fort**). Il y avait longtemps que les Anglais fixaient leurs vues ambitieuses sur les possessions françaises de l'Amérique. Ils crurent, en 1756, avoir trouvé une occasion favorable; ils se préparaient à fondre sur le Canada, lorsque le marquis de Vaudreuil, lieutenant général de la Nouvelle-France, se mit en devoir de les prévenir et résolut d'attaquer le fort de Chouéguen, à l'embouchure de la rivière de ce nom. Il n'avait que trois mille hommes; mais les officiers secondèrent si bien ses desseins, que les Anglais se trouvèrent investis et attaqués lorsqu'ils s'y attendaient le moins. Le marquis de Montcalm, qui était chargé de la principale attaque, surpassa ce qu'on attendait de sa valeur ordinaire. Les Canadiens et les sauvages traversèrent la rivière à la nage. Par cette manœuvre hardie, la communication fut coupée entre le fort Georges et celui de Chouéguen. Une batterie de canons, établie avec la plus grande célérité, fit cesser le feu de la place; le gouverneur demanda à capituler et fut fait prisonnier de guerre avec sa garnison. Sept vaisseaux de guerre et deux cents bâtiments chargés de munitions furent les fruits de cette victoire.

**CHOUER**, v. a. Il se disait autrefois pour éluder, tromper, décevoir. *Il avait choué la divine justice*, dit Montaigne d'un homme à qui la Providence avait envoyé un grand sujet d'affliction sans qu'il en fût touché.

**CHOUET** (**Jean-Robert**), philosophe, né à Genève en 1642, termina ses études à Nîmes, obtint à 22 ans la chaire de philosophie de Saumur, où il fit recevoir la philosophie de Descartes. Rappelé dans sa patrie en 1669, il y fut suivi par un grand nombre de ses élèves. Nommé conseiller de la république en 1686, il rendit d'importants services dans cette place, et mourut en 1731. Outre une *Logique* en latin, Genève, 1672, in-8°, on lui doit quelques thèses de physique dont Bayle, son disciple, parle avec éloge, mais qui ne sont plus depuis longtemps au niveau de la science. Il a laissé *Diverses Recherches sur l'histoire de Genève*, etc., trois vol. in-folio, dont on trouve un extrait dans le *Journal helvétique*, janvier 1735. Spon y a puisé pour son *Histoire de Genève*.

**CHOUETTE** (*strix*). Sous ce nom générique qui sert à désigner un genre d'oiseaux de l'ordre des *rapaces*, il faut comprendre non-seulement les *chouettes* proprement dites, mais aussi les *hiboux*, qui, offrant avec elles une conformité complète d'organisation, de formes et d'habitudes, n'en diffèrent que par quelques plumes relevées en aigrettes sur le front. Ces oiseaux de proie nocturnes ont pour caractères distinctifs une tête volumineuse; de gros yeux logés dans de larges orbites, entourés d'une couronne de plumes roides; de longues oreilles; un bec comprimé, crochu, couvert à sa base d'une membrane ou *cire* poilue; des pieds emplumés, et offrant quatre doigts, dont trois devant, entièrement divisés. Mais ce qui caractérise d'une manière non moins frappante ces disgracieux bipèdes, c'est la singularité de leurs mœurs. Eblouis par la lumière solaire, à laquelle leurs pupilles donnent une trop large entrée, ils ne peuvent distinguer les objets qu'à la faible lueur du crépuscule. Ils n'ont donc, pour la recherche d'une proie, que les courts moments qui séparent une obscurité complète du jour qui va finir ou naître. C'est alors que, habiles à profiter de la sécurité trompeuse qui leur livre leur proie à demi endormie, ils fondent sans bruit sur les petits oiseaux, qu'ils engloutissent tout entiers, ou font la chasse aux rats, aux mulots, aux taupes; de là leur est venu le nom de *chat-volant* ou *chat-huant*, et l'usage où l'on est dans certains pays de les élever à la place de chats, auxquels ils le disputent en adresse. En vertu d'une organisation particulière à leur estomac, ils rejettent, sous la forme de petites pelottes, les parties dures des animaux qu'ils ont avalés. Les chouettes se tiennent blotties pendant le jour dans les excavations des vieux troncs d'arbres, dans les fentes des rochers ou au milieu des décombres d'édifices abandonnés. C'est là qu'on trouve leurs nids, garnis de deux à quatre œufs, d'où éclosent des petits, couverts en naissant d'un épais duvet. L'oiseau lucifuge est-il obligé de quitter son obscur réduit, adroits à profiter de la supériorité que leur donne le trouble où le jette une vive lumière, les oiseaux dont il fait sa proie se réunissent pour le poursuivre à coups de bec. Néanmoins, quelques espèces peuvent affronter le grand jour. Le cri aigre et plaintif de cet animal (1), joint à la bizarrerie de ses formes et de ses mouvements, à l'aspect lugubre des lieux qu'il habite, est sans doute la source des terreurs fantastiques et des tristes présages dont il est l'objet chez le vulgaire superstitieux. — Parmi les *hiboux* ou *ducs*, nous citerons le *grand*, le *petit* et le *moyen duc* ou *hibou commun*, tous trois connus en France. Le dernier a treize pouces de longueur, depuis le sommet de la tête jusqu'au bout de la queue; des aigrettes de six à huit plumes d'un brun noirâtre; les parties supérieures d'un roux clair, et variées de brun et de gris cendré; les parties inférieures rougeâtres ou roussâtres, avec des taches oblongues brunes; les yeux entourés d'un disque de plumes frisées, blanchâtres, bordées de noir. Chez la femelle, le fond du plumage est d'un blanc grisâtre. — Parmi les chouettes, l'espèce la plus commune en Europe est l'*effraie*, ainsi nommée probablement de l'effroi qu'elle inspire. Elle a treize à quatorze pouces de longueur : les parties supérieures sont d'un fauve clair, et piquetées de points blancs avec zigzags gris et bruns; les parties inférieures blanches, quelquefois fauves, avec ou sans mouchetures noires; le bec blanc à son origine et noir à la pointe. On imite le cri des chouettes en frouant, à l'aide de certains instruments, dans le but d'attirer dans des piéges les oiseaux de la contrée. C'est ce qu'on appelle chasser à la pipée.

Dr Saucerotte.

Chouette.

(1) Il lui a fait donner en allemand le nom poétique d'*ou-kou*.

CHOUETTE. Proverbialement, *Larron comme une chouette*. — Aux jeux de piquet, de trictrac, de billard, etc., *Faire la chouette*, jouer seul contre deux ou plusieurs personnes. — Figurément et familièrement, *Il est leur chouette*, il est en butte à leurs mépris et à leurs railleries.

CHOUETTE (*entom.*). C'est le nom d'une phalène, qu'on nomme aussi hibou, *noctua sponsa*. Goëdard a désigné sous ce nom la chenille de la noctuelle du séneçon.

CHOUETTE (*archéol.*; *numism.*). Chaque divinité du paganisme avait un animal qui lui était consacré, et qui était son symbole particulier. La chouette était l'oiseau de Minerve. La divinité révérée à Saïs sous le nom de *Néith*, et qui était la Minerve des Egyptiens, était représentée, dit Philostrate (*Vita Apollon.*, I, 9), sous la forme d'une chouette. Les Athéniens, dévoués au culte de Minerve, l'ont toujours accompagnée de la chouette, que l'on voit sur leurs monnaies, au revers de la tête de cette déesse. On nommait chouette, *noctua*, la monnaie d'Athènes, à cause de son type. Aristophane y fait allusion dans sa comédie des *Oiseaux* (v. 301, édit. Brunck). Les augures, que l'on tirait à Athènes de l'apparition de ces oiseaux, étaient toujours favorables (Plutarch., *in Themist.*). — Dans d'autres contrées, là chouette était regardée comme de mauvais augure, et Pyrrhus prédit la mort qui l'attendait à Argos, pour avoir vu une chouette se poser sur sa lance (OElian., *Hist. anim.*, XV, c. 59). Dès le temps de la guerre de Troie, la chouette était le symbole de Minerve, et annonçait un augure favorable; car Homère (*Iliad.*, X, v. 274) dit que Minerve envoya une chouette qui volait à la droite de Diomède et d'Ulysse, lorsqu'ils entrèrent dans le camp des Troyens. La chouette se trouve sur les monnaies antiques de beaucoup de villes d'Italie, Syracuse, Tarente, Valence, etc.; sur des médailles de la Thrace, de la Crète, de la Troade, de la Phrygie; sur d'autres de l'Asie. On voit même, sur les médailles des anciens rois de Perse, une chouette portant une espèce de fléau. — On voit quelquefois sur les monuments Minerve dans un char tiré par deux chouettes. On avait consacré cet oiseau à Minerve, parce qu'il voit dans les ténèbres, et que l'on en avait fait, à cause de cette propriété, le symbole de la sagesse et de la prudence.

DU MERSAN.

CHOUETTE (JEU DE LA), amusement qui ressemble au jeu de l'oie.

CHOUETTE DE MER (*ichthyol.*). Dans certains cantons, on appelle ainsi le cycloptère *lump* (*V.* ces deux mots).

CHOUETTE ROUGE (*ornithol.*), un des noms vulgaires que l'on donne, en France, au choquard, *corvus pyrrhocorax* Gmel.

CHOU-FLEUR (*pathol.*), excroissance syphilitique présentant un pédicule plus ou moins étroit, surmonté de plusieurs lobes ou tubercules variables dans leur forme, leur couleur et leur consistance. Les choux-fleurs naissent particulièrement des membranes muqueuses, et sur les parties du système cutané exposées au contact du virus vénérien (*V.* VÉGÉTATION).

CHOUGH (*ornith.*), nom anglais du coracias, *corvus gracu-lus* Linn.

CHOUGUET, s. m. (*technol.*), billot sur lequel on rabat les filières dans les tréfileries. On dit aussi *chouquet*.

CHOUHAK (*botan.*). Dans la Nubie, suivant M. Delile, on nomme ainsi le *spartium thebaicum*, espèce nouvelle décrite et figurée par lui dans le grand ouvrage sur l'Egypte.

CHOUISKI, nom d'une ancienne famille russe, originaire de Chouïa, ville du gouvernement de Wladimir, et qui formait une branche cadette de celle des princes apanagés de Souzdal et Nijegorod. La principauté devint ensuite le patrimoine des Chouïski, jusqu'à ce qu'Ivan III Vassiliévitch les en dépouillât. Alors cette famille vécut à Moscou, où Herberstein, au commencement du XVIe siècle, en connut deux membres. Pendant la minorité d'Ivan IV Vassiliévitch, les Chouïski disputèrent la régence aux Glinski. A leur tour ils furent renversés en 1538, après avoir horriblement abusé de leur autorité, répandu des flots de sang, arraché violemment Ivan Belskoï de l'appartement du jeune czar, destitué le métropolitain Joseph, et tyrannisé le peuple. Cependant les Chouïski continuèrent de figurer parmi les principaux boyards; Ivan Chouïski fut désigné par Ivan Vassiliévitch le Terrible pour être membre du conseil de régence pendant la minorité de son fils Fœdor. Mais cette régence fut de courte durée. Boris Godounof, beau-frère de Fœdor, s'empara du pouvoir, et plus tard même du trône, lorsque la branche directe de Rurik se fut éteinte dans la personne de Dimitri ou Demetrius. Vassili ou Basile, l'un des trois fils d'Ivan Chouïski, parait avoir été témoin de la mort de ce jeune prince, assassiné, dit-on, par ordre de Godounof; mais il garda un prudent silence à cet égard. Toutefois lui et Dimitri, son frère, s'opposèrent d'abord à l'usurpateur; enfin ils se soumirent, et Boris gagna Dimitri en lui donnant sa sœur en mariage. On sait que Boris Godounof transmit la couronne à son fils. Sous le règne de ce dernier, le peuple se déclara pour le faux Dimitri, qui marcha sur Moscou. Maître de la ville, l'imposteur ne dissimula pas assez ses préférences pour les Polonais et pour le clergé romain; de plus, il se rendit odieux par son libertinage et par ses cruautés. Une conspiration se trama contre lui entre les boyards russes : le prince Vassili Chouïski, quoiqu'il eût déjà succombé dans une première tentative, et qu'il eût manqué de payer de sa tête sa témérité, y entra, et cette fois l'entreprise réussit. Le faux Dimitri fut livré à la vengeance de ses ennemis, et Vassili le remplaça sur le trône. Il y eut une espèce d'élection dont le rusé boyard sut faire tourner les chances en sa faveur. Il régna de 1606 à 1610; mais, privé des talents nécessaires pour se maintenir dans des temps aussi difficiles, sans énergie et sans confiance en lui-même, haï des boyards, qui, l'ayant connu leur égal, refusaient de lui obéir, il chercha un point d'appui à l'étranger, et livra aux Suédois plusieurs portions de l'empire. Deux nouveaux imposteurs surgirent dans la nation, et trouvèrent de nombreux partisans. Enfin la Pologne, jalouse des progrès de la Suède et avide de ressaisir l'influence qu'elle avait exercée sur le premier faux Dimitri, envoya son grand général Zolkiewski vers Moscou. Vassili, abandonné de ses sujets, ne put leur opposer aucune défense. La capitale fut prise et ravagée; les princes Chouïski furent emmenés en captivité; et Vassili, qui mourut quelques années après à Gostyunie, fut enterré à Varsovie, ainsi que son frère Demetrius. On l'accusait d'avoir, par jalousie, fait donner du poison à son neveu, le prince Michel Chouïski-Skopine, le plus vaillant de la famille, et qui avait le plus contribué à soutenir le trône chancelant et déconsidéré de son oncle. Vassili, ayant nommé Michel gouverneur de Novogorod, l'avait chargé de conclure avec les Suédois un traité d'alliance défensive et offensive, qui fut en effet signé en février 1609. Le boyard russe concerta ses opérations avec le général suédois, Pont de la Gardie, et eut des alternatives de revers et de succès. Le peuple attendait de lui sa délivrance, lorsqu'il mourut subitement (mars 1609).

CHOUK (*botan.*). Ce nom égyptien, qui signifie *épine*, selon M. Delile, a été donné à l'espèce d'asperge dont les feuilles sont fermes et aiguës comme des épines, *asparagus horridus*.

CHOUK-EL-GEMEL (*botan.*) (*V.* CHASJIR).

CHOU-KING, s. m. (*philologie chinoise*), titre d'un ouvrage philosophique qui, à la morale contenue dans l'*Y-king*, joint des notions historiques. Le *Chou-king* appartient à l'école de Confucius. Il ne faut pas le confondre avec le *Ché-king* (*V.* ce mot).

CHOUL (GUILLAUME DU), gentilhomme du Lyonnais, bailli des montagnes du Dauphiné, fit le voyage d'Italie pour se perfectionner dans la connaissance de l'antiquité. Il est connu par un traité excellent et rare, intitulé : *De la religion et castramétration des anciens Romains*. Cet ouvrage est remarquable surtout par rapport à la seconde partie, qui traite de la manière de dresser et de fortifier les camps chez les Romains, de leur discipline et de leurs exercices militaires. Il a été traduit en italien. La première de ces versions fut imprimée à Lyon en 1556, in-fol., et la seconde à Amsterdam en 1685, in-4°. Ces éditions sont assez rares, mais moins que l'original français. — Nous devons à un autre JEAN DU CHOUL un petit traité latin, peu commun, intitulé : *Varia quercus historia*, Lyon, 1555, in-8°.

CHOULAN ou KOULAN (*mamm.*), nom de l'âne à l'état sauvage chez les Tartares, d'après Pallas.

CHOULER, v. n. (*vieux langage*), jouer au ballon.

CHOULTRY (*relation*) (*V.* CHAUDRERIE et CHAVERY).

CHOUMLA (*géogr.*), ville de la Turquie d'Asie, sangiac de Silistrie. Fabrique de vêtements pour Constantinople. 20,000 âmes.

CHOUN (*mythol.*), divinité adorée autrefois dans le Pérou, avant l'établissement de l'empire des Incas. Les anciens Péruviens racontaient, au rapport de Coréal, « qu'il vint chez eux, des parties septentrionales du monde, un homme extraordinaire qu'ils nommaient *Choun*; que ce *Choun* avait un corps sans os et sans muscles; qu'il abaissait les montagnes, comblait les vallées, et se frayait un chemin par des lieux inaccessibles. Ce

*Choun* créa les premiers habitants du Pérou, et leur assigna, pour leur subsistance, les herbes et les plantes sauvages des champs. Ils racontaient encore que ce premier fondateur du Pérou, ayant été offensé par quelques habitants du plat pays, convertit en sables arides une partie de la terre, qui auparavant était très-fertile, arrêta la pluie, dessécha les plantes; mais ensuite, ému de compassion, il ouvrit les fontaines et fit couler les rivières. »

**CHOUO** ou **TOUNG-FANG-CHOUO** était homme de lettres, et favori de Han-ou-ti, empereur de la Chine, dont le règne commença l'an 140 avant l'ère chrétienne. Il avait de bonne heure cultivé son esprit par l'étude, et dut aux lettres toute sa fortune, ainsi que son introduction à la cour, dont il occupa successivement les premières charges. Ses fonctions lui donnaient un libre accès chez l'empereur, et il fut souvent admis à des entretiens familiers où ce prince, se dépouillant en quelque sorte de la majesté du trône, permettait à ceux qui l'environnaient de déposer à leur tour la respectueuse contrainte que sa présence leur inspirait partout ailleurs. Ses bons mots, ses saillies, ses reparties vives et spirituelles, et une aimable liberté dont il savait assaisonner ses discours, lui gagnèrent tellement le cœur de son maître, qu'il devint bientôt son plus cher favori, l'homme nécessaire et le bel esprit de la cour. On croirait qu'un courtisan de ce caractère aurait dû se faire une foule d'ennemis. Cependant Chouo obtint l'estime et l'amitié de tous les grands avec lesquels il vivait. C'est que la liberté qu'il mettait dans ses propos était toujours décente et mesurée. Jamais il n'offensa par ses plaisanteries, et souvent il rendit d'importants services par son crédit. Le trait suivant, que nous choisissons entre plusieurs autres, suffira pour faire connaître la tournure d'esprit de ce lettré chinois. L'empereur était prévenu qu'une conspiration se tramait contre lui par son fils, l'impératrice, et plusieurs femmes de la cour qui leur étaient attachées. De ce nombre était sa propre nourrice. Celle-ci, intimidée des suites de ce crime, qu'on punit toujours de mort ou au moins de l'exil, eut recours au crédit de Chouo pour obtenir sa grâce, dans le cas où elle serait accusée. « Si vous ne l'êtes pas encore, lui dit Chouo, vous ne tarderez pas à l'être. Vos liaisons avec l'impératrice et le prince héritier vous ont rendue suspecte. L'empereur croit au complot, et j'ai ouï dire qu'il devait lui-même juger quelques dames du palais. Si vous êtes du nombre, je parlerai et tâcherai de vous sauver. Ayez attention seulement à ne pas vouloir trop vous justifier. Parlez peu, mais sanglotez et versez des larmes. Lorsque l'empereur vous chassera de sa présence pour vous envoyer soit en exil, soit au supplice, retirez-vous à pas lents, arrêtez-vous de temps en temps, et tournez la tête vers lui. Je me charge du reste. » La nourrice était réellement impliquée dans l'accusation, et l'on avait trouvé des preuves qui étaient plus que suffisantes pour la convaincre. Elle comparut devant le monarque, qui la jugea coupable et la condamna. Elle se conduisit selon les instructions de Chouo, parla peu, mais pleura et sanglota beaucoup. Elle n'oublia pas surtout, en sortant de la salle, de s'arrêter en essuyant ses larmes, et de tourner souvent la tête vers l'empereur pour attirer sur elle quelques-uns de ses regards. « Mais que signifie donc ce manége? dit alors Chouo en lui adressant la parole. Est-ce que vous voudriez encore donner à téter à l'empereur? Il y a longtemps qu'il est sevré. Vous l'avez nourri de votre lait pendant trois ans, jour et nuit; pendant ce même temps, vous avez veillé sur son berceau. Tout cela est bien; ces soins lui étaient alors nécessaires. Mais aujourd'hui il n'a plus besoin de vous. Il vous chasse, il vous condamne à l'exil. N'est-il pas le maître? Allez, bonne dame, retirez-vous sans tant de façons, et obéissez promptement. » Cette brusque saillie fit impression sur l'esprit de l'empereur; elle réveilla dans son cœur les sentiments de la reconnaissance, et fit accorder sur-le-champ à la coupable le pardon entier de sa faute. — Le monarque chinois admirait dans Chouo des qualités précieuses et rares dans les cours; il estimait son désintéressement, sa probité, sa franchise, et il l'avait en quelque sorte constitué son censeur, en lui permettant de l'avertir librement de ce qu'il trouverait de répréhensible dans sa conduite. La sage favori eut plusieurs fois le courage de s'acquitter de ce ministère délicat, toujours utilement pour le prince et sans qu'il s'en offensât. L'histoire ne donne point d'autres détails sur la vie de cet homme singulier.

**CHOUPA** (*ichthyol.*), nom espagnol et portugais de l'oblade *boops melanurus*.

**CHOUPER**, v. n. (*vieux langage*), broncher; chopper.

**CHOUPILLE**, s. m. (*chasse*), espèce de chien bon pour la chasse au tir.

**CHOUPO** (*botan.*), nom portugais du peuplier blanc, *populus alba*.

**CHOUPPES** (AIMARD, MARQUIS DE), lieutenant général, né en 1612, d'abord page de Louis XIII, entra au service à seize ans, et, protégé par Richelieu, qui l'employa dans plusieurs missions, fut placé comme aide de camp près de la Meilleraye, grand maître de l'artillerie. Lieutenant général de cette arme en 1643, il fit plusieurs campagnes en Flandre, en Italie et en Espagne. Il commandait en 1650 l'artillerie au siége de Bordeaux, où il fut blessé assez grièvement. Sans avoir de motifs, il s'engagea dans la guerre civile avec le prince de Condé; mais il ne l'accompagna pas hors de France. Il fit sa paix avec la cour, fut nommé lieutenant général du Roussillon, puis gouverneur de Belle-Isle. Il fit la campagne de Portugal en 1668, et mourut en 1677. Il a laissé des *Mémoires* publiés par Duport-Dutertre, Paris, 1753, deux parties in-12, qui commencent en 1625 et finissent en 1660. On y trouve des particularités curieuses; mais Petitot ne les a pas jugés assez importants pour les admettre dans sa collection.

**CHOUQUET**, s. m. (*anc. cout.*), petit billot dont les bourreaux se servaient, pour achever de couper une tête qu'ils avaient manquée avec la hache.

**CHOUQUET**, s. m. (*marine*), *chuquet*, *bloc*, *tête-de-more*. C'est une grosse pièce de bois, ou plutôt un billot qui est plat et presque carré par-dessous, et rond par-dessus; il sert à couvrir la tête du mât, et emboîte aussi un mât à côté de l'autre. Chaque mât a son *chouquet*. — Le *chouquet* est percé en mortaise pour embrasser le tenon des mâts, et on amarre au *chouquet* le pendant des balancines. — Les mâts de hune, les perroquets et les bâtons de pavillon entrent aussi dans un *chouquet*, qui les affermit et les entretient avec le mât qui est au-dessous; et ce *chouquet* est enfermé dans un collier de fer qui l'embrasse.

**CHOUQUETTE** (*ornithol.*), un des noms vulgaires du choucas, *corvus monedula* Linn., que l'on nomme aussi *chaquette*.

**CHOURLES** ou **CHURLES** (*botan.*), ancien nom vulgaire de l'ornithogale pyramidal, *ornithogalum pyramidale* Linn.

**CHOUROUCOULIHUÉ**, **CHOUCHOUÉ** (*botan.*), noms caraïbes du rocou, *bixa*, selon Surian, cité dans l'Herbier de Vaillant.

**CHOUS**, Χῶος, probablement Chôout dans la langue des anciens Egyptiens.

**CHOUS**, s. m. (*antiq. gr.*), mesure grecque pour les liquides, qui valait environ trois litres et demi. Douze cotyles faisaient un *chous*, et douze chous valait un métrète. Le *chous* est la même chose que le *conge*.

**CHOUSSET**, s. m. (*relation*), boisson en usage chez les Turcs.

**CHOUSTACKS** (*comm.*), monnaie d'argent, usitée en Pologne, qui vaut environ huit sous de notre argent.

**CHOUTHER** ou **CHOUTER** (et non CHOUTHERTAURE), c'est-à-dire le Taureau tyran, un des trente-sept dynastes du Latercule d'Eratosthène, figure le vingt-septième dans sa liste. Dans l'hypothèse qui ramène ces trente-sept dynastes aux trente-six décans, Chouter serait ou Chommé, troisième décan du Sagittaire, selon Saumaise, ou le Véraçona de Firmicus (Ouéré de Saumaise), second décan des Gémeaux, ou Sesmé II, second décan du Scorpion.

**CHOUX** (VAL DES) (*géogr.*), nom d'un lieu situé dans le département de la Haute-Marne.

**CHOUX** (VAL DES) (*hist. ecclés.*), nom d'un ordre religieux institué, vers la fin du XII^e^ siècle, dans le diocèse de Langres, et ainsi nommé du lieu où le monastère fut bâti.

**CHOUWER**, s. m. (*ichthyol.*), poisson des îles Moluques. — Il a le corps extrêmement court, très-comprimé par les côtés, comme arrondi, mais pointu aux deux extrémités; la tête, la bouche et les écailles petites; les yeux grands. — Ses nageoires sont au nombre de sept; savoir : deux ventrales petites, placées sous le milieu du ventre, bien loin derrière les pectorales, qui sont petites, triangulaires; une dorsale très-longue, comme fendue vers son milieu, et plus basse devant que derrière; une derrière l'anus triangulaire, un peu plus longue que profonde; et une à la queue, grande et fourchue jusqu'au milieu de sa longueur. De ces nageoires il y en a une qui est épineuse, savoir, la dorsale, dont les treize rayons antérieurs sont simples. — Son corps est rouge dessus et verdâtre dessous; sa nageoire dorsale a les rayons antérieurs épineux, noirâtres; ses yeux ont la prunelle noire, entourée d'un iris bleu, cerclé de rouge. — Ce poisson se pêche dans la mer d'Amboine autour des rochers;

il y vit de petits poissons, qu'il surprend en allongeant sa bouche qui est composée d'osselets cartilagineux, larges, très-minces, et qui se déploie en filet comme celle du bédrieger. — Le *chouwer* forme un genre particulier de poissons qui se range dans la famille des carpes.

**CHOUZÉ-SUR-LOIRE** (*géogr.*), village de France (Indre-et-Loire). 3,900 habitants.

**CHOVA** (*ornithol.*), nom espagnol du choucas, *corvus monedula* Linn.

**CHOVANNA-MANDARU** (*botan.*). Sur la côte malabare, suivant Rheede, on nomme ainsi le *bauhinia variegata* et le *bauhinia purpurea*, deux arbres de la famille des légumineuses.

**CHOYER**, v. a. (il se conjugue comme *employer*), conserver avec soin. Il se dit principalement en parlant des personnes que l'on soigne avec tendresse, avec affection, et des choses précieuses qui peuvent se casser ou se gâter. Il est familier. — Il s'emploie aussi avec le pronom personnel, mais seulement en parlant des personnes.— Figurément, *Choyer quelqu'un*, avoir pour lui de grands égards, chercher à lui plaire par toute sorte de prévenances.

**CHOYNE** (*botan.*). Jean Bauhin parle, après Thevet, d'un arbre qui croît dans l'Amérique, et que les habitants d'une région, *regionis Morpionis*, nomment ainsi. Ses feuilles ressemblent à celles d'un laurier; son fruit, de la grosseur d'une pastèque ou d'un œuf d'autruche, n'est pas bon à manger. Il a une écorce dure, dont on fait des vases pour boire et un instrument que ces habitants nomme *maraca*. Clusius comparait ce fruit à celui d'un corossol; il paraît plus probable que ce serait celui d'un calebassier, *crescentia*, qui a de même la tige arborescente, et le fruit de même grosseur, employé aux mêmes usages, à cause de son écorce pareillement dure.

**CHOZALA** (*géogr. anc.*), ancienne ville d'Afrique, dans la Mauritanie césarienne, près de Julia Cæsarea.

**CHOZAM** (*botan.*), un des noms arabes du *cleome ornithopodioides*, suivant Forskaël.

**CHRAESI** (*botan.*), nom égyptien d'une fabagelle, *zygophyllum proliferum* de Forskaël, ou *zygophyllum album* de Linnæus. Forskaël attribue à la salicorne, *salicornia*, le même nom, et de plus celui de *hattab hadade*.

**CHRAMNE**, fils naturel de Clotaire Ier (*V.* ce nom), se révolta contre lui, fut vaincu et brûlé, ainsi que toute sa famille, dans l'asile où il s'était retiré en 560.

**CHRAPAUDINE**, s. f. (*vieux langage*), sorte de pierre précieuse qu'on croyait se trouver dans la tête d'un vieux crapaud.

**CHRÉMATISTIQUE** (LA), science des richesses ou l'art d'acquérir et de conserver des biens. Ce mot, employé par Aristote et dont se sont servis quelques économistes modernes, est en grec un adjectif (ἡ χρηματιστική, sous-entendu τέχνη) dérivé de χρήματα, les biens, ou, plus verbalement, tout ce dont on use. La chrématistique, dans ce sens, forme une partie essentielle de l'économie politique.

**CHRÉMATOLOGIE**, s. f. (*didact.*), économie politique; traité des richesses.

**CHRÉMATOLOGIQUE**, adj. des deux genres (*didact.*), qui a rapport à la chrématologie.

**CHRÉMATONOMIE**, s. f. (*didact.*), traité de l'emploi des richesses.

**CHRÉMATONOMIQUE**, adj. des deux genres (*didact.*), qui concerne la chrématonomie.

**CHRÉMATOPÉE**, s. f. (*didact.*), nom donné par M. Ampère à la partie de l'économie politique élémentaire qui traite de la formation des richesses.

**CHRÊME**, *sacrum chrisma*. Il y a deux sortes de chrêmes : l'un qui se fait avec de l'huile et du baume, qui sert aux sacrements de baptême, de confirmation et de l'ordre; l'autre, qui est d'huile seule, qui sert à l'extrême-onction. C'est l'évêque qui consacre solennellement le saint chrême, le jeudi saint. Dans l'Eglise latine, le chrême dont on se sert pour la confirmation n'est composé que d'huile d'olives et de baume, comme il paraît par le Sacrement de saint Grégoire, et par tous les pontificaux. Mais dans l'Eglise grecque, outre l'huile et le baume, on y mêle jusqu'à trente-cinq espèces d'aromates, dont il est parlé dans l'*Eucologe* qui, depuis plus de mille ans, est en usage parmi les Grecs. Les curés sont obligés de se pourvoir tous les ans du chrême qui a été nouvellement consacré le jeudi saint par l'évêque, sans qu'ils puissent se servir de l'ancien, qu'ils doivent brûler. C'est ainsi que l'ordonne le droit, tant ancien que nouveau, que l'on peut voir dans les conciles et dans tous les rituels. Les conciles défendent aussi aux évêques de rien prendre pour le saint chrême qu'ils distribuent aux églises (Fabianus, *In can. litteris*, XVIII, *De consecr.*, dist. 3.— *Concile de Prague, en* 572, can. 4). — DES CÉRÉMONIES DE LA BÉNÉDICTION DU CHRÊME. 1° On fait des prières sur le chrême qu'on veut bénir. 2° On y fait le signe de la croix. 3° L'évêque souffle sur le chrême. Les luthériens et les calvinistes traitent cette cérémonie de ridicule et de superstitieuse, mais sans raison, puisqu'elle se fait à l'exemple de Jésus-Christ, qui souffla sur ses apôtres pour montrer que l'Esprit-Saint descendait en eux. 4° L'évêque et les prêtres saluent le chrême en fléchissant le genou, et en disant : *Ave sanctum chrisma;* ce que les hérétiques traitent encore de ridicule et d'idolâtre, puisqu'il est ridicule, disent-ils, de saluer une chose inanimée, et que c'est une idolâtrie de l'adorer. Mais il est absolument faux qu'on adore le saint chrême. La génuflexion n'est pas un signe du culte d'idolâtrie; on s'agenouille par respect devant les hommes. D'ailleurs l'honneur qu'on rend au saint chrême se rapporte à Dieu. Pour ce qui est de l'usage de s'adresser aux choses inanimées, rien de plus commun dans les auteurs sacrés et profanes. C'est ainsi que David disait : *Laudate eum sol et luna;* saint André : *Salve, crux pretiosa;* Fortunat, en parlant du jour de la résurrection : *Salve, festa dies toto venerabilis ævo*, etc. Saint Paul salua aussi Bethléem en la voyant; et saint Grégoire de Nazianze, quittant Constantinople, dit adieu à la chaire, au temple, etc. (*V.* CONFIRMATION).

**CHRÊME DE BOURGES** (*anc. cout.*), juridiction spirituelle de l'archevêque de Bourges, dans le district de laquelle ce prélat avait le droit de distribuer le saint chrême aux curés.

**CHRÉMEAU**, bonnet ou béguin de toile blanche qu'on met sur la tête des enfants, après qu'ils ont été baptisés, et qui représente la robe blanche, symbole de l'innocence, dont on revêtait autrefois les catéchumènes après leur baptême. Si l'on avait pensé, dit l'abbé Bergier, comme le font les protestants, que ce sacrement n'a point d'autre vertu que d'exciter à la foi, on n'y aurait pas ajouté un symbole de la pureté de l'âme qu'il communique à celui qui le reçoit.

**CHRÉMÈS**, archonte l'an 327 avant J.-C.

**CHRÉMÈS**, vieillard avare qui joue un rôle dans l'*Andrienne* de Térence.

**CHRÉMIS** (*ichthyol.*), χρέμης, est le nom grec d'un poisson que nous ne pouvons pas déterminer.

**CHRÉMON**, un des trente tyrans que Lysandre établit à Athènes après la bataille d'Ægos.

**CHRENÉCRUDE**, s. f. (*hist.*), nom d'une loi qui fut réformée par Childebert, vers l'an 593. *Loi de la chrenécrude* ou *du bâton blanc* (*V.* LOIS DES BARBARES).

**CHRÈS** ou **CHRÈTES** (*géogr. anc.*), aujourd'hui rivière de Saint-Jean, fleuve sur la côte occidentale d'Afrique, au sud de l'île de Cerne. Il fut reconnu par Hannon, dans son voyage sur cette côte.

**CHRÈSE**, s. f. (*antiq. gr.*), une des parties de la mélopée, celle qui se rapportait à la mélodie.

**CHRÉSIPHON**, architecte qui travailla au temple de Diane d'Éphèse.

**CHRÉSIMON**, s. m. (*diplom.*). Il se dit, selon Isidore de Séville, d'une espèce de chrisme, ou de croix de Saint-André surmontée d'un *rho* grec, que l'on trace à la marge d'un passage remarquable.

**CHRESMOTHÈTE** (χρησμός, oracle ou sort, τίθημι, je pose), ministre des temples, chargé de donner des sorts à tirer.

**CHRESTE**, s. m. (*botan. anc.*) sorte de chicorée, selon Pline.

**CHRESTIENNER**, v. a. (*vieux langage*), faire chrétien; baptiser.

**CHRESTOMATHIE**. Photius cite sous ce titre un livre de Proclus, et dit qu'il y énumère les noms de tous les poëtes cycliques et la patrie de chacun d'eux. Depuis, ce titre est devenu celui de tous les choix de poëtes ou de prosateurs, ou de morceaux de leurs ouvrages réunis en corps et coordonnés de manière à offrir aux commençants des difficultés progressives, et à les initier par degrés à la connaissance des langues anciennes et plus particulièrement du grec. Mais, dans l'origine, les chrestomathies ne se faisaient point dans cette intention : les Grecs donnaient ce nom aux ouvrages qu'ils composaient en réunissant ce que, dans leurs lectures, ils avaient marqué d'un χ pour signifier χρηστόν, bon, utile.

**CHRESTON**, roi de Bithynie, tué par Mithridate le Grand, roi de Pont.

**CHRESTUS**, un des deux préfets du prétoire sous le règne d'Alexandre Sévère, fut soupçonné, ainsi que Flavius, son collègue, d'avoir fomenté une conspiration dans le camp, et fut assassiné par ordre de l'empereur, ou, selon d'autres, de Julie Mammée, mère de l'empereur.

**CHRESTUS**, prince de la Chersonèse, tributaire de l'empire sous Dioclétien, porta les armes avec succès en faveur des Romains contre Sauromate, prince du Bosphore.

**CHRESTUS**, officier de l'empereur Constance dans son armée des Gaules. Il trahit le prince pour élever Magnence à l'empire, l'an 350 de J.-C.; mais il fut défait la même année, et puni avec ses complices.

**CHRESTUS**, successeur d'Evantius dans l'école de Constantinople, sous l'empereur Constance II.

**CHRÉTHRON**, Χρήθρων, fils de Dioclès et frère d'Orsiloque, fut tué par Enée devant Troie.

**CHRÉTIENS**, *christiani*. On appelle ainsi ceux qui sont baptisés et qui font profession de croire en Jésus-Christ. Saint Luc nous apprend au verset 26, chapitre VI des Actes des apôtres, que ce nom fut donné pour la première fois dans Antioche aux disciples de Jésus-Christ. Tous les écrivains ecclésiastiques, à l'exception peut-être de Tertullien et d'Eusèbe de Césarée, croient que cela arriva sous le règne de l'empereur Claude, avec cette différence que Baronius le rapporte à la première année du règne de cet empereur, au lieu que M. de Tillemont, Pearson et Ussérius ne le rapportent qu'à la troisième année de ce même règne. Il paraît par les lettres des apôtres que le nom de chrétiens fut donné aux fidèles à peu près dans le même temps qu'arriva la famine que le prophète Agabe avait prédite; et comma cette famine arriva, selon Baronius, la seconde année de Claude, il faut rapporter le nom de chrétiens donné aux fidèles à cette même année ou à la suivante, mais non à la première. Voici le texte de saint Luc : *Annum totum conversati sunt* (Paulus et Barnabas) *in Ecclesia, et docuerunt turbam multam, ita ut cognominarentur primum Antiochiæ discipuli christiani. In his autem diebus supervenerunt ab Jerosolymis prophetæ Antiochiam; et surgens unus ex eis nomine Agabus, significabat per Spiritum famem magnam futuram in universo orbe terrarum, quæ facta est sub Claudio* (*Act.*, XI, 26 et seq.). — On trouve dans le premier tome des *Origines et Antiquitates christianæ*, du P. Mamachi, des recherches fort curieuses touchant les noms que l'on donnait autrefois aux chrétiens; il en distingue de deux sortes: les uns honorables et glorieux, c'était ceux que les chrétiens se donnaient à eux-mêmes pour se distinguer des païens; les autres odieux et honteux, c'était ceux que les païens, ou ceux qui s'étaient séparés de la communion de l'Eglise, donnaient aux vrais fidèles pour les rendre méprisables et haïssables. Nous rapporterons ici les uns et les autres de ces noms, parce que la connaissance en peut être utile aux lecteurs. Ils apprendront des noms honorables que les chrétiens se donnaient anciennement quelle était leur foi, leur tempérance, leur chasteté, leur piété, la pureté et l'intégrité de leurs mœurs; et les noms honteux et odieux que leurs ennemis se plaisaient à leur prodiguer feront connaître jusqu'à quel point ils étaient attachés à leur religion, puisqu'ils aimaient mieux souffrir toutes sortes d'opprobres que de l'abandonner. — 1. Les Juifs ou les païens qui embrassaient le christianisme furent d'abord appelés *disciples*, pour marquer qu'ils avaient été instruits par Jésus-Christ: car c'était un usage reçu parmi les Juifs que ceux qui s'étaient mis sous la discipline d'un maître pour prendre ses leçons se nommassent *disciples*. Le nom de *disciples* fut donc donné aux premiers chrétiens, parce qu'ils faisaient profession de suivre la doctrine de Jésus-Christ, leur maître, et de marcher sur ses traces, en conformant leurs mœurs à sa vie et à ses préceptes. — 2. On les appela aussi *fidèles* ou *croyants*, parce qu'ils croyaient en Jésus-Christ, et qu'ils recevaient tous ses dogmes et tous ses mystères. — 3. On les nommait *élus*, parce qu'ils avaient été divinement choisis par les Juifs ou les gentils pour embrasser la religion chrétienne. Saint Paul les nomme les *élus de Dieu*, *electos Dei*, au chap. VIII, verset 33, de son Epître aux Romains; et saint Pierre les nomme simplement *élus*, *electos*, dans sa première Epître, chap. I, verset 1. — 4. Les chrétiens s'appelaient *saints* et *frères*; saints, parce qu'ils avaient été sanctifiés dans le sang de Jésus-Christ, et qu'ils étaient appelés à la sainteté; frères, parce qu'ils n'avaient, comme ils n'ont encore, qu'un même père qui est Dieu, une même mère qui est l'Eglise, un même Saint-Esprit dont ils sont nés, un même baptême dans lequel ils ont été régénérés, etc. C'est de ce nom de *frères* qu'est venu celui de *fraternité*, que l'on donne à la société des fidèles, et dont on voit d'illustres exemples dans les anciens monuments, tels que la première lettre de saint Clément aux Corinthiens, et celle de saint Cyprien. Ce fut ce nom de *frères*, usité parmi les chrétiens, qui donna lieu aux païens de les calomnier, comme s'ils voulaient cacher les crimes les plus honteux sous ce beau nom, parce que les païens eux-mêmes s'en servaient comme d'un voile à leurs passions infâmes. — 5. Les chrétiens se nommaient *conserviteurs*, *conservi*, parce qu'ils servaient un même Dieu dans la même religion (*Apocalyp.*, VI, 2; Lactantius, *Institut. divin.*, lib. V, cap. 16, page 504). — 6. Les saints Pères désignent quelquefois les chrétiens par le nom de *petits poissons*, *pisciculi*, faisant allusion aux eaux du baptême, dans lesquelles les chrétiens reçoivent leur naissance et leur vie spirituelle, comme les poissons prennent leur naissance et leur vie naturelle dans les eaux. C'est pour cela que Clément d'Alexandrie exhortait les chrétiens de son temps à faire graver sur leurs anneaux la figure d'un poisson, pour les faire ressouvenir de leur origine. C'est pour cela encore que les anciens chrétiens gravaient cette même figure d'un poisson sur leurs lampes et leurs urnes sépulcrales, figure qui sert souvent à distinguer nos sépulcres de ceux des païens (Tertullianus, *Lib. de baptismo*, cap. 1; Clemens Alexand., *Pædagogo;* Joannes Bottarius, dans l'ouvrage intitulé: *Sculture et Pitture sacre estratte da cimeteri di Roma*, etc., edit. rom., anno 1737, t. I). — 7. Quelques saints Pères ont aussi donné quelquefois aux chrétiens en général le nom de *gnostiques*, marquant par là qu'ils faisaient profession de mépriser les biens fragiles pour ne s'attacher qu'aux biens solides et éternels. Ce nom fut encore donné plus particulièrement aux ascètes et aux chrétiens parfaits; mais il se prit aussi et il se prend encore en mauvaise part, soit pour désigner en général plusieurs hérétiques des premiers siècles, comme les nicolaïtes, les simoniens, les carpocratiens, etc., soit pour signifier en particulier les successeurs des premiers carpocratiens, qui quittèrent le nom des auteurs de leur secte pour celui de gnostiques. — 8. Les chrétiens ont été appelés *déifères*, *christifères*, *spiritifères*, *sanctifères* et *templifères*. Saint Ignace, martyr, interrogé par l'empereur Trajan sur son état et sa religion, répondit qu'il était *déifère* ou *porte-Dieu*. Saint Clément d'Alexandrie, *Stromat.*, lib. VIII, n°13, donne à un gnostique ou à un chrétien orthodoxe le nom de déifère ou porte-Dieu, *Deum ferens*. On peut voir la même chose dans saint Grégoire de Nazianze, *Orat.* 3, t. III, dans Pallade, Théodoret, saint Cyrille d'Alexandrie, etc. Que si l'on demande pourquoi les chrétiens furent nommés déifères, on répond que parce qu'ils sont les temples de Dieu, comme dit l'Apôtre, et que Dieu habite d'une façon particulière dans les temples, c'est à juste titre qu'on nomme les chrétiens *déifères* ou *porte-Dieu ;* c'est par la même raison qu'on les a aussi nommés *christifères* ou *porte-Christ*, parce qu'étant chers à Jésus-Christ, et lui étant unis par la grâce, ils sont censés le porter dans leur esprit et dans leur cœur. On les nomme encore *spiritifères*, pour marquer qu'ils étaient remplis de dons, et conduits par ses inspirations; et de là sans doute l'ancien usage de mettre un Saint-Esprit dans les inscriptions sépulcrales des fidèles morts dans la paix et la communion de l'Eglise. Les chrétiens étant les temples vivants de Dieu, ils ont en eux le *saint des saints*, qui est Dieu même; et c'est pour cela qu'on les a nommés *sanctifères;* et parce que Jésus-Christ est appelé le temple de Dieu, et que les chrétiens portent Jésus-Christ dans leur esprit et dans leur cœur, il était naturel de les appeler aussi *templifères*. — 9. On a donné aux chrétiens le nom de *petits enfants*, et de *petits agneaux*, à cause de la simplicité et de l'innocence de leur vie. Sur quoi l'on peut voir saint Clément d'Alexandrie, lib. I, *Pædag.*, cap. 5; saint Isidore de Péluse, lib. 1, *Epist.* 207, *etc.* On leur a encore donné le nom de *colombes*, et rien n'est plus ordinaire que cette dénomination dans les anciens monuments, la colombe étant le signe de la candeur et de la simplicité des mœurs, de la paix, de la douceur, de la chasteté, de la contemplation, de la prudence et de l'innocence. Une autre raison de cette dénomination est, ou parce que les chrétiens sont membres de l'Eglise, qui est appelée *colombe*, ou parce qu'ils sont participants du corps de Jésus-Christ, que l'on gardait autrefois dans un vase qui représentait la figure d'une colombe, ou enfin parce qu'ils sont nés du Saint-Esprit qui descendait en forme de colombe sur la personne de Jésus-Christ. — 10. On a souvent nommé les chrétiens *enfants de Dieu*, *enfants du Très-Haut*, parce que Dieu est leur père d'une façon toute particulière; *enfants de Jésus-Christ*, parce qu'il les a engendrés dans son sang; *enfants race d'Abraham*, *vrais Israélites*, parce qu'ils ont succédé aux Juifs, qui ont méconnu, rejeté, crucifié Jésus-Christ, leur Messie. — 11. Les chrétiens ont été appelés *catholiques*, *ecclésiastiques*, *dogmatiques*, *orthodoxes*; *catholiques*, pour marquer l'universalité de la véritable Eglise; *ecclésiastiques*, car quoique ce terme soit affecté plus particulièrement à la vie cléricale, on s'en est servi néanmoins pour désigner en général tous les chrétiens orthodoxes, parce qu'on l'a cru propre pour les distinguer des païens, des Juifs et des hérétiques; *dogmatiques*, parce que les vrais fidèles sont attachés à tous les dogmes de la religion; *orthodoxes*, parce qu'ils pensent bien sur tous les points du christianisme, soit par rapport à la foi, soit en ce qui concerne les mœurs. — 12. Saint Epiphane, *hær.* 29, assure qu'on donna le nom de *jesséens* aux disciples de Jésus-Christ avant qu'ils fussent appelés chrétiens. *Jessæi vocabantur priusquam christianorum nomen essent adepti, quia Jesse pater erat Davidis. Aut ergo a Jesse, aut a nomine Jesu Christi vocati Jessæi fuerunt.* Saint Epiphane se fonde sur un livre de Philon qu'il suppose avoir été intitulé : *De Jessæis, Des Jesséens*, lesquels, selon lui, n'étaient autres que les chrétiens. Mais Philon n'a point composé de livre intitulé, *De Jessæis*, et si saint Epiphane est tombé sur quelques exemplaires du livre de Philon, *De vita contemplativa*, qui fut aussi intitulé, *De Jessæis*, cela est venu de la faute des copistes, qui, voyant que Philon parlait des *Esséens* au commencement de cet ouvrage, et ne sachant quels ils étaient, se seront imaginé que c'étaient des chrétiens institués par Jésus-Christ, et par conséquent qu'ils pouvaient intituler cet ouvrage *De Jessæis*, titre qui n'est pas de Philon, mais de ses copistes ignorants ou inattentifs; en ce cas même ils auraient dû intituler l'ouvrage *De Iessæis*, *Des Iesséens*, et non pas *De Jessæis*, *Des Jesséens*, puisque les chrétiens n'ont pu être appelés *jesséens* de *Jessé*, père de David, plus ancien et moins célèbre que David lui-même. D'ailleurs nous ne trouvons le nom de *jesséens* attribué aux chrétiens dans aucun ancien écrivain de l'Eglise. — 13. Il s'est trouvé des auteurs qui, sur ce que Philon nous dit des thérapeutes dans son livre *De la vie contemplative*, ont cru que tous les chrétiens en général ont été nommés *thérapeutes*; Bingham entre autres est de ce sentiment dans ses *Origin. eccl.*, lib. 1, cap. 1, § 1. Pour que ce sentiment fût vrai, il faudrait 1° que tous ou presque tous les chrétiens eussent été moines, puisque les thérapeutes menaient tous une vie à peu près semblable à celle que les moines ont toujours menée, et qu'ils mènent encore aujourd'hui; il faudrait 2° qu'il fût certain que les thérapeutes dont parle Philon eussent été chrétiens. Or il est certain que tous les premiers chrétiens n'ont pas été moines, et il est au moins douteux si les thérapeutes ont été chrétiens, pour ne pas dire qu'il est certain qu'ils ne l'ont point été. Que tous les premiers chrétiens n'ont point été moines, la chose est indubitable, puisqu'ils vivaient dans des villes et dans la société comme tous les autres, et que, suivant l'opinion la plus reçue, la vie monastique, cénobitique, n'a commencé que dans le IIIe ou le IVe siècle. Quant aux *thérapeutes*, voici les raisons qui laissent à douter s'ils ont été chrétiens, ou même qui prouvent certainement qu'ils ne le furent jamais. — II. Il est nullement croyable que Philon, qui était Juif, et l'un des plus zélés pour sa religion, ait fait un discours exprès à la louange des chrétiens, et qu'il les ait loués au point de préférer leur religion à la sienne. *Quels peuples*, dit-il en parlant des thérapeutes, *parmi ceux qui professent quelque religion, leur peut-on comparer avec justice?* Cette conduite eût certainement indisposé les Juifs contre Philon, eux qui avaient juré une haine irréconciliable aux chrétiens; et cependant Philon fut toujours honoré et respecté des siens. Puis Philon, dans son livre *De migratione Abrahami*, p. 402, condamne la doctrine évangélique, comme tendante à introduire des nouveautés dans la religion des Juifs, et à abolir l'observation du sabbat, de la circoncision, et des autres pratiques prescrites par la loi de Moïse; et dans son livre *De profugis*, p. 455, il donne clairement à entendre que les thérapeutes étaient Juifs, puisqu'il se plaint que quelques Juifs d'Alexandrie, sous prétexte de mépris pour les plaisirs et les vanités du monde, quittaient la société civile et le gouvernement de leurs biens, sans s'être auparavant éprouvés dans la vie ordinaire; il appelle même les maisons où se retiraient ces Juifs pour vaquer à la contemplation, des maisons de thérapie; ce qui est une preuve qu'il ne les distinguait point de ceux à qui il donne le nom de thérapeutes dans son traité *De la vie contemplative*. — III. Philon attribue aux thérapeutes des usages entièrement contraires à l'esprit, aux mœurs et aux pratiques du christianisme. Telles étaient dans leurs solennités ces danses d'hommes et de femmes enthousiasmés, à quoi ils passaient la nuit; telle encore leur vénération extrême pour le nombre septénaire, qu'ils appelaient un nombre chaste, toujours vierge, et pour le cinquantième, qu'ils disaient être le plus saint de tous et le plus physique, comme renfermant en soi la vertu du triangle rectangle, principe de la génération de toutes choses. Ne sont-ce pas là des observations plus dignes de cabalistes que de chrétiens? Qu'est-ce encore que cette table où ils mettaient leur aliment le plus saint et le plus sacré de tous, consistant en pain levé, du sel et de l'hysope, par imitation de la table sainte posée au vestibule du temple? L'Eglise chrétienne reconnaît-elle là ses mystères, et ce qui en est l'objet? La même réflexion naît de leurs danses instituées en mémoire de ce que firent les Juifs après le passage de la mer Rouge. Philon nous apprend encore que les thérapeutes n'usaient jamais de vin, même dans leurs assemblées et dans la célébration de leurs mystères; ils le regardaient comme un poison qui causait la démence. Que l'on accorde ceci avec la doctrine et la pratique des chrétiens, qui, loin de regarder le vin comme un poison, le tiennent pour une partie essentielle de leur sacrifice, d'après l'exemple et le précepte de Jésus-Christ, leur maître. Enfin il est visible par Philon que les thérapeutes observaient le sabbat à l'exclusion du dimanche, toujours sacré chez les chrétiens, même judaïques, comme on le voit par les Actes des apôtres. Il est bien vrai que l'usage d'observer le sabbat, c'est-à-dire de faire des assemblées ce jour-là et de l'avoir en vénération, a duré dans la plupart des Eglises d'Orient jusqu'après le Ve siècle, et s'y est maintenu jusqu'à notre temps; mais on ne trouvera nulle part qu'elles aient jamais observé le sabbat comme la principale fête de la semaine, encore moins comme la seule. L'autorité de Sozomène, qu'on allègue peut montrer qu'en plusieurs villes et villages d'Egypte on s'assemblait sur le soir du samedi, au lieu que dans Philon il n'est question que de la solennité du sabbat. — IV. Le silence des premiers Pères de l'Eglise sur le sujet des thérapeutes prouve qu'ils n'étaient pas chrétiens. En effet, les premiers apologistes de la religion chrétienne, qui avaient tant d'intérêt à mettre en évidence la pureté de l'excellence des mœurs des chrétiens, n'ont jamais apporté en preuve la sainteté de vie des thérapeutes. On voit au contraire qu'ils les ont toujours regardés comme étrangers à la religion chrétienne. Saint Justin, qui avait vu les principales colonies des apôtres, et qui avait été en Egypte, avance hardiment que les chrétiens ne diffèrent des autres personnes, ni par les lieux de leur demeure, ni par leur langue, ni même par leurs mœurs; qu'en quelque pays qu'ils habitassent, ils se conformaient aux habillements, à la nourriture et à toutes les autres manières du pays; enfin, qu'il n'y avait parmi eux aucune secte qui fît profession de se distinguer au dehors par une austérité de vie particulière. Ce saint docteur aurait-il parlé ainsi s'il eût reconnu les thérapeutes pour chrétiens (Bouhier, *Lettres sur les thérapeutes*)? — Tertullien, répondant aux reproches que les païens faisaient aux fidèles de ce qu'ils s'éloignaient du commerce du monde, avoue qu'en effet ils ne se trouvaient ni aux spectacles publics, ni aux temples des faux dieux, ni à aucunes cérémonies profanes; mais il soutient que pour tout le reste ils suivaient extérieurement le même train de vie que les autres. « Nous ne sommes point, ajoute-t-il, comme ces philosophes des Indes qui habitent les bois et les déserts, et s'exilent volontairement de la vie commune. » Pouvait-il mieux marquer combien le genre de vie des chrétiens était éloigné de celui des thérapeutes, qui, à l'imitation des brahmanes des Indes, s'exilaient volontairement des villes pour vivre dans des lieux écartés (Tertull., *Apologet.*, cap. 42). — Ceux qui prétendent que les thérapeutes étaient chrétiens, répondent, I. que Philon a pu louer les chrétiens sans offenser ceux de sa religion, parce que les païens donnaient aux chrétiens le nom de Juifs; que les chrétiens eux-mêmes se glorifiaient d'être appelés Juifs; et qu'ils étaient en une si haute estime parmi le peuple juif, que les principaux de cette nation n'osaient sévir ouvertement contre les chrétiens, de peur de s'exposer à l'indignation et à la violence de la multitude. Mais Philon ayant toujours été en une haute considération chez les premiers de sa république, dont il était lui-même un des principaux membres, ces raisons ne peuvent nous empêcher de soutenir qu'il aurait encouru le blâme et la disgrâce des premiers de sa nation, et même d'une partie du peuple, s'il eût loué les chrétiens, parce que les premiers de sa nation et même une bonne partie du peuple étaient les ennemis déclarés des chrétiens. D'ailleurs nous avons déjà remarqué que Philon condamne la religion des chrétiens, loin de la louer et de la favoriser. II. Ces mêmes auteurs assurent que les usages que Philon attribue aux thérapeutes n'étaient pas si éloignés de l'esprit, des mœurs et des pratiques du christianisme; qu'ils doivent faire prononcer en notre faveur, et qu'il y avait au contraire entre les uns et les autres beaucoup de conformité. Les thérapeutes, disent-ils, méprisaient et abandonnaient leurs biens, de même que les chrétiens; ils chantaient des hymnes; ils avaient une table sacrée, des prêtres, des vierges; ils priaient le visage tourné vers l'orient, et usaient d'eau chaude le jour du sabbat, ce qui n'était pas permis aux Juifs. D'ailleurs le septième jour, auquel Philon dit que les thérapeutes s'assemblaient, peut s'entendre de tout autre jour que celui du sabbat, et peut-être de celui du dimanche. Enfin, si Philon a cru que les thérapeutes étaient Hébreux, pourquoi ne les a-t-il pas appelés Hébreux? — Nous répondrons que la conformité qu'il y avait entre les usages des thérapeutes et ceux des chrétiens n'est rien moins que suffisante pour christianiser les thérapeutes; car, 1° si les thérapeutes méprisaient et abandonnaient leurs biens, c'était pour les donner à leurs parents ou à leurs amis, au lieu que les chrétiens les vendaient pour en donner le prix aux apôtres, et le distribuer à chacun des fidèles, selon ses besoins. D'ailleurs les prêtres et philosophes égyptiens et indiens avaient coutume d'abandonner leurs biens avant de se mettre sous la discipline de leurs maîtres: en conclura-t-on qu'ils étaient chrétiens? 2° De ce que les thérapeutes chantaient des hymnes dans leurs assemblées, il ne s'ensuit nullement qu'ils fussent chrétiens. Les brahmanes des Indiens en chantaient aussi, et l'usage en était fréquent chez les Hébreux depuis le temps de Moïse. Qu'est-ce qui pouvait donc empêcher que les thérapeutes, qui faisaient profession d'une vie beaucoup plus austère que le commun des Juifs, ne poussassent le chant de ces hymnes bien avant dans la nuit, lorsqu'ils s'assemblaient? Mais ces chants étaient accompagnés de danses tout à fait indignes de la gravité des chrétiens, et qui convenaient bien plus à des bacchantes. 3° Les thérapeutes avaient une table sacrée; oui, mais bien différente de celle des chrétiens, comme nous l'avons déjà observé. Ils avaient des temples; disons plutôt des synagogues. Ils avaient des diacres et des prêtres. Ces diacres, au rapport de Philon, étaient des jeunes gens qui servaient à table; au lieu que les diacres des chrétiens étaient des hommes graves, choisis par les apôtres et propres à prêcher l'Evangile. Les prêtres des thérapeutes sont ainsi nommés de leur âge et non de leur dignité. Philon ne parle jamais de leur ordination, non plus que de celle des diacres. Quant aux vierges des thérapeutes, c'étaient de vieilles filles qui avaient toujours conservé leur virginité, ce qui n'était pas sans exemple du temps de Philon parmi les Juifs. Josèphe nous apprend que la plupart des esséens gardaient une chasteté perpétuelle (Josèphe, lib. II, *De bello judaico*, cap. 8). 4° Les thérapeutes priaient le visage tourné vers l'orient; les esséens le faisaient aussi, au rapport de Josèphe. S'ensuit-il de là qu'ils étaient chrétiens? Les thérapeutes pouvaient donc prier en se tournant vers l'orient, ou à cause de ce verset du psaume LXXII: *Timebant tuum solem*, car c'est ainsi que lisent les Hébreux, ou à cause que les rabbins disent qu'il faut exciter l'aurore par ses prières, ou enfin parce que Jérusalem est à l'orient d'Alexandrie, si l'on a égard au lever du soleil pendant l'été. 5° Les thérapeutes usaient d'eau chaude le jour du sabbat; ce qui n'était pas permis aux Juifs; les rabbins nous disent que les Juifs pouvaient boire le jour du sabbat de l'eau échauffée aux rayons du soleil, ou même de l'eau qu'on aurait fait chauffer à un feu allumé la veille du sabbat. Le septième jour, auquel Philon dit que les thérapeutes s'assemblaient, ne peut être que le jour du sabbat que les Juifs et Philon lui-même appelaient souvent le *septième jour*. *Sacrum*, dit cet auteur en parlant des esséens, qui étaient Juifs, *existimant septimum, quo ab omnibus aliis operibus abstinent* (Philo, *in Quod omnis probus liber*, édit. an. 1613). 7° Si Philon n'a point donné aux thérapeutes le nom d'Hébreux, c'est que cela n'était point nécessaire pour faire connaître de quelle religion ils étaient; la description qu'il fait de leur vie le donne assez à entendre. Les esséens, dont il décrit aussi les mœurs dans son livre *De omni probo quod liber sit*, étaient indubitablement Hébreux, et cependant il ne les nomme point ainsi; ne suffisait-il point qu'il appelât; comme il appelle en effet, les thérapeutes *disciples de Moïse*, pour faire connaître à tout le monde de quelle religion ils étaient? — Nous avons dit en dernier lieu que le silence des premiers Pères de l'Eglise sur le sujet des thérapeutes était une preuve qu'ils n'étaient pas chrétiens. On oppose à cette preuve le témoignage d'Eusèbe de Césarée, de saint Jérôme, de saint Epiphane, de Cassien, de Sozomène, qui ont cru que les thérapeutes étaient chrétiens. Mais, pour que le témoignage de ces auteurs pût faire impression, il faudrait qu'ils fussent contemporains ou presque contemporains; or Eusèbe, le plus ancien de tous, écrivait plus de deux cents ans après les thérapeutes, et il n'apporte aucun garant de ce qu'il avance sur leur prétendu christianisme. La seule raison qu'il en donne est la conformité qu'il a aperçue entre leur manière de vivre et celle des premiers chrétiens; ce qui ne conclut rien, ou conclut également pour les esséens, ou même pour les prêtres des Egyptiens, et pour les brahmanes des Indiens, comme nous l'avons montré. — Il est temps de dire quelque chose des noms odieux et honteux que les païens, les Juifs et les hérétiques donnaient par haine et par mépris aux chrétiens orthodoxes. Tels étaient entre autres les noms d'*athées*, parce que les chrétiens méprisaient les dieux païens; ceux de *magiciens*, de *sorciers*, de *prestigiateurs*, parce que les païens attribuaient à la magie les miracles de Jésus-Christ et de ses disciples; ceux de *Grecs* et d'*imposteurs*: de *Grecs* par dérision, et à cause que les chrétiens portaient ordinairement le manteau à la façon des philosophes grecs, et non la robe des Romains; *imposteurs*, comme si les chrétiens voulaient tromper les hommes par leur doctrine et leur manière de vivre. On les appelait aussi *sophistes*, *séducteurs*, *superstitieux*, *mauvais démons*, *auteurs d'une religion étrangère et barbare*; pour de semblables raisons, et parce que les chrétiens méprisaient généralement la mort, et mouraient sans crainte au milieu des plus cruels tourments, les païens les nommaient *désespérés*, *bestiaires*, *parabolaires*, *sarmentitii*, *semaxii*, *biathanati*. Par ces mots de bestiaires, chez les Romains, et de parabolaires, chez les Grecs, on faisait allusion aux bestiaires qui combattaient contre les bêtes, parce que les chrétiens aimaient mieux être exposés aux bêtes les plus féroces que de renoncer à leur religion; les noms de *sarmentitii* et de *semaxii* viennent de ce qu'on brûlait quelquefois les chrétiens attachés à un pieu environné de sarments et longs d'un demi-axe, c'est-à-dire d'environ six pieds, dit Bingham (lib. I, *Orig.*, cap. 2, § 10). Le terme de *biathanati* signifie ceux qui meurent d'une mort violente. Les païens donnaient encore aux chrétiens les épithètes d'*ignorants*, d'*idiots*, de *grossiers*, d'*incivils*, d'*ineptes*, de *rustres*, d'*imbéciles*, de *stupides*, d'*insensés*, de *fous*, d'*obstinés* et de *factieux*. Ils les appelaient aussi une nation *lucifuge* et *muette en public*, *lucifuga natio, ac latebrosa et muta in publico*, parce qu'ils se cachaient dans les lieux souterrains pour se dérober à la persécution, et qu'ils se rendaient inutiles à l'Etat en évitant les charges publiques. Cæcilius, *apud Minutium*, les appelle *race de Plaute et boulangers*, *plautina prosapia, et pistores*, à cause qu'ils étaient de la lie du peuple, selon les païens, et par conséquent semblable à Plaute, qui, se voyant réduit à une extrême indigence, fut contraint de se louer à un boulanger pour ne point mourir de faim. C'est par la même raison que Jean Lamius, dans son livre intitulé *De eruditione apostolorum*, croit que le poëte Juvénal les appelle *cerdones*, c'est-à-dire des personnes viles et méprisables qui cherchent à vivre de leurs travaux. Les païens, s'imaginant que les chrétiens honoraient une tête d'âne, les nommaient *asinaires* et *asinicoles*. Ils les appelaient aussi *criminels de lèse-majesté divine et humaine*, *sacriléges*, *profanes*, *vains*, *impies*, *homicides*, *incestueux*, *scélérats*, *méchants en toutes manières*, *ennemis du genre humain*, *marchands du Christ*, peut-être à cause des trésors célestes qu'ils en attendaient; *sibyllistes*, *Juifs*, *Galiléens*, *Nazaréens*. — Les hérétiques n'épargnaient pas non plus les termes de mépris et de dérision aux catholiques: les montanistes les nommaient *apsychiques* ou *animaux*, comme si, manquant totalement d'esprit, ils n'avaient eu en partage que la seule animalité. Les valentiniens, qui prétendaient que la chair et le siècle, ou le monde, venaient d'un mauvais principe, les appelaient *mondains*, *séculiers* et *charnels*, parce qu'ils soutenaient avec raison que la chair et le monde ne venaient pas d'un mauvais principe, mais de Dieu, créateur de toutes choses. — Les millénaires donnaient aux catholiques le nom d'*allégoristes*, parce qu'ils expliquaient dans un sens allégorique les paroles du vingtième chapitre de l'Apocalypse de saint Jean, où il est parlé du règne de mille ans. Les manichéens les appelaient *simples*, et leurs évêques, il les nommaient les *maîtres des simples*, comme s'ils ignoraient les bonnes choses, parce qu'ils rejetaient leur erreur des deux principes, l'un bon et l'autre mauvais. — Les novatiens appelaient les orthodoxes *cornéliens* parce qu'ils reconnaissaient saint Corneille; *apostats*, parce qu'ils avaient arrêté dans un synode qu'on recevrait à la communion ceux qui feraient pénitence après être tombés dans l'idolâtrie; *synédriens*, à cause que les novateurs appelaient par mépris ce synode *Synedrium*, *Capitolus*, parce que la plupart de ceux qui étaient tombés et qui demandaient ensuite la pénitence avaient sacrifié dans le Capitole. — Les ariens appelaient les orthodoxes *eustathiens* et *pauliniens*, d'Eustathe et de Paulin d'Antioche; *homousiens*, parce qu'ils soutenaient que le Fils de Dieu est *homousios*, c'est à-dire consubstantiel à son Père; *athanasiens*, de saint Athanase, évêque d'Alexandrie, le fléau des ariens.—Les aëtiens nommaient les catholiques *temporaires* et *chronites*, *temporarii* et *chronites*, parce qu'ils se flattaient que la religion catholique finirait dans peu. Les apollinaristes les nommaient *anthropolastres*, *anthropolatræ*, c'est-à-dire adorateurs de l'homme, parce qu'ils croyaient que Jésus-Christ était vrai Dieu et vrai homme, doué d'une âme et d'un corps semblables aux nôtres, au lieu que les apollinaristes niaient que Jésus-Christ eût une âme. A la place de l'âme, ils lui donnaient le Verbe divin, et lui attribuaient un corps différent des nôtres. —Les origénistes appelaient les catholiques *philosarques*, *philosarcæ*, c'est-à-dire amis de la chair, et *pelosiotes*, *pelosiotæ*, c'est-à-dire gens de boue, hommes charnels, animaux, bêtes. La raison de ces injures grossières est que les origénistes prétendaient que nous ressusciterions avec des corps différents de ceux que nous avons maintenant, et quant à la substance et quant à la figure; au lieu que les catholiques soutenaient que nous ressusciterions avec les mêmes corps que nous avons, quant à la substance, qu'il n'y aurait que les qualités de changées. — Les nestoriens appelaient les orthodoxes *cyrilliens*, de saint Cyrille d'Alexandrie, grand adversaire de Nestorius, qui admettait deux personnes en Jésus-Christ; et les eutychiens les appelaient *nestoriens*, parce qu'ils reconnaissaient deux natures en Jésus-Christ, contre l'erreur des eutychiens ou monophysites, qui n'en reconnaissaient qu'une. Enfin, pour passer sous silence beaucoup d'autres noms odieux que les hérétiques et les schismatiques des premiers siècles prodiguaient aux orthodoxes, les lucifériens n'avaient pas honte d'appeler l'Eglise catholique la *synagogue de l'Antechrist et de Satan*. Nos pères souffraient tous ces opprobres avec patience, et même avec joie. Voilà ce que nous devons faire nous-mêmes, lorsque nous entendons les hérétiques modernes nous traiter de papistes et d'idolâtres, d'enfants et d'habitants de la prostituée Babylone, etc. (*V.* le P. Mamachi, dans le premier tome de ses *Origines et Antiquitates christianæ*, p. 1 et suiv.).

**CHRÉTIENS DE SAINT-JEAN.** On donne ce nom, et aussi ceux de *zabiens* et de *nazaréens*, à une secte particulière, non de chrétiens, mais de disciples de saint Jean Baptiste qui se sont mêlés avec les chrétiens. Cette secte est encore fort nombreuse à Bassora et dans les environs. Jadis ils demeuraient sur les bords du Jourdain, où saint Jean donnait le baptême. Lorsque les Arabes eurent conquis la Palestine, les sectateurs de saint Jean cherchèrent en Mésopotamie et en Chaldée un refuge contre la persécution des vainqueurs. Tous les ans ils célèbrent une fête qui dure cinq jours, pendant lesquels ils se rendent tous auprès de leurs évêques, qui les baptisent du baptême de saint Jean. Ils ne baptisent que dans les rivières, et les dimanches seulement. Ils n'admettent point la Trinité. Selon eux, Jésus-Christ, Verbe de Dieu le Père, est inférieur à saint Jean Baptiste. Pour communier, ils se servent de pain et de farine, de vin et d'huile; suivant leur croyance, le vin est l'image du sang de Jésus-Christ, et l'huile est le symbole de l'onction de la grâce et de la charité. Leur consécration consiste en longues prières; par lesquelles ils louent et remercient Dieu; ils bénissent le pain et le vin en mémoire de Jésus-Christ, mais ne font aucune mention de son corps ni de son sang. Lorsqu'un évêque meurt et laisse un fils, ce dernier lui succède; si l'évêque n'a point de fils, il est remplacé par un de ses plus proches parents. Les chrétiens de Saint-Jean admettent une foule de fables sur la cosmogonie et sur la vie future. Ils ont trois fêtes principales: l'une en hiver, qui dure trois jours en mémoire d'Adam et de la création; une autre au mois d'août, qui dure aussi trois jours, et qu'ils appellent la fête de Saint-Jean; la troisième au mois de juin; elle dure cinq jours, et c'est alors qu'ils se font baptiser. Ils observent le dimanche; ils n'ont point de jeûnes et ne font point de pénitence; ils croient qu'ils seront tous sauvés. Ils ont des livres écrits dans une langue tout à fait inconnue, ou du moins qui leur est particulière. Ces hommes crédules attribuent à leurs prêtres un pouvoir absolu, même sur le démon (*V.* à ce sujet les *Voyages de Tavernier*, t. 1er). — De nos jours, une secte de *chrétiens de Saint-Jean*, mais de saint Jean l'apôtre et non pas le précurseur, a reparu au milieu de nous, en même temps que l'ordre du Temple, avec lequel elle est liée. On trouve l'exposé de ses doctrines dans la brochure récemment publiée sous ce titre: *Du christianisme primitif et de l'Eglise romaine de nos jours*, par une réunion d'ecclésiastiques, Paris, 1835, in-8°.

**CHRÉTIENS DE SAINT-THOMAS.** Lorsque pour la première fois, vers la fin du XVe siècle, les Portugais arrivèrent à Calicut, dans l'Inde, ils y trouvèrent des *chrétiens* qui prétendaient descendre de ceux que jadis saint Thomas avait convertis dans ces contrées; aussi les appelait-on de *Saint-Thomas* ou *de San-Thomé*. Les Portugais reçurent leurs députations par lesquelles ils implorèrent leur secours contre les princes idolâtres. On regarde ces chrétiens comme des Indiens naturels; leurs compatriotes leur donnent le titre de *nazaréens*, qui, dans leurs idées, a quelque chose d'injurieux; celui de *mappuleymar* est plus honorable. Ils formaient une caste qui eût pu être puissante, si elle n'avait pas été déchirée par de continuelles divisions. Elle habite surtout les terres qui s'étendent de Calicut à Travancor. Ils sont plus détestés que tous les autres chrétiens par les mahométans. On n'est pas d'accord sur le saint Thomas qui a porté le christianisme dans ce pays. Au reste, ces chrétiens sont depuis longtemps *nestoriens*. On essaya souvent aux XVIe et XVIIe siècles de les amener à l'obédience du pape; mais ils se montrèrent très-zélés pour défendre leur croyance, et l'adresse des jésuites eux-mêmes échoua contre leur fermeté. Quelques auteurs ont prétendu que, dans le IXe siècle, le roi d'Angleterre Alfred le Grand, qui fit faire plusieurs voyages de découvertes, envoya un prêtre nommé Sighelin recueillir en Orient des renseignements positifs sur les chrétiens de Saint-Thomas établis à Méliapour. Les indications que les anciens chroniqueurs nous ont transmises au sujet de ces recherches du prince anglais demanderaient sans doute à être soumises à l'épreuve d'une critique rigoureuse.

**CHRÉTIEN DE LA CEINTURE** (*V.* cette locution au mot CEINTURE).

**CHRÉTIEN DEMI-JUIF**, nom par lequel on désigne en Angleterre les disciples d'une femme nommée Jeanne Souchot, qui annonça, au XVIIIe siècle, qu'un nouveau Messie naîtrait d'elle. Ceux qui ont foi en ses promesses attendent sa résurrection, et la plupart croient devoir circoncire leurs enfants.

**CHRÉTIEN** (ANCIEN), ou **VIEUX CHRÉTIEN** (*hist.*), se disait des chrétiens du Portugal, par opposition à *nouveau chrétien*, terme de mépris par lequel on désignait les Mores et les juifs convertis. Le roi Joseph abolit, par une loi promulguée en 1773, la distinction qu'on avait faite jusqu'alors entre les *anciens* et les *nouveaux* chrétiens.

**CHRÉTIEN** (NOUVEAU) (*hist.*). Il se dit des juifs et des Mores portugais, qui embrassèrent le christianisme pour échapper au bannissement, sous le règne d'Emmanuel le Fortuné (1496). Les nouveaux chrétiens furent exclus de toutes charges ecclésiastiques et civiles, et regardés à perpétuité comme infâmes.

**CHRÉTIEN** (ROI TRÈS-), le roi de France.

**CHRÉTIEN**, adj. signifie aussi, qui appartient aux chrétiens, qui est particulier aux chrétiens. — Figurément et familièrement, *Cela n'est pas chrétien*, cela n'est pas conforme à la morale, à la justice. — Proverbialement et figurément, *Parler chrétien*, parler clairement. Cette locution a vieilli. — BON-CHRÉTIEN, sorte de poire (*V.* POIRE).

**CHRÉTIEN**, ou mieux **CHRESTIEN**, dit de *Troyes*, parce qu'il était né dans cette capitale de la Champagne, s'attacha au comte de Flandre, Philippe d'Alsace, qui fut tué, en 1191, devant Saint-Jean d'Acre. Chrétien mourut la même année que ce prince. Il avait acquis une grande renommée par des romans, qui sont effectivement très-remarquables, et dont la lecture est d'une beauté importante pour l'étude de notre histoire littéraire et pour la connaissance des diverses vicissitudes que notre langue a subies. Aucun des contemporains du poëte romancier dont nous nous occupons ici ne l'égale par le mérite de l'invention, par l'art de conduire un sujet, ni surtout par l'élégance, la grâce, l'énergie, qu'il sut donner à son style, et par conséquent à la langue romane, dont il se servait, et qui jusqu'alors avait été si souvent ingrate. Les poëtes qui vivaient à l'époque où parut Chrétien sentirent sa supériorité; tous le comblent d'éloges, Thibault surtout, le roi de Navarre. Les ouvrages de Chrétien de Troyes, sont le roman de *Perceval le Gallois*, continué par Gautiers de Denet, et achevé par Manessier; le roman du *Chevalier du lion*, celui de *Guillaume d'Angleterre*, ceux d'*Erec et d'Enide*, de *Cligel*, de *Lancelot du Lac*: ce dernier a été achevé par Godefroi de Ligny. Ces différents ouvrages existent en manuscrit dans la bibliothèque royale et dans celle de l'Arsenal. Beaucoup d'autres romans ont été faussement attribués à Chrétien de Troyes; mais il est vrai aussi que nous ne possédons pas tous ceux qu'il avait réellement composés. Dans ces derniers temps, lors de la discussion soulevée par M. Edgard Quinet sur les *poëmes-romans* du moyen âge, considérés comme source historique, il a été souvent parlé de Chrétien de Troyes; on a tiré de ses ouvrages des arguments tantôt pour, tantôt contre le système de M. Quinet. Nous résumerons cette discussion, beaucoup moins importante, selon nous, que l'on a paru le croire, à l'article ROMANS DE CHEVALERIE. Aug. SAVAGNER.

**CHRÉTIEN** (PIERRE), né à Poligny en Franche-Comté dans le XVI^e siècle, fut principal du collége de cette ville jusqu'en 1580; il donna sa démission, et entra au conseil de la ville; il mourut en 1604. On a de lui un ouvrage intitulé : *Lucaninei Centones, ex Pharsaliæ libris desumpti, in quibus facies bellorum apud Belgas gestorum repræsentatur*, Besançon, 1588, in-4°; Bruxelles, 1590, in-8°. Ce petit écrit est devenu rare : c'est un tableau assez fidèle des troubles qui agitaient la Flandre; mais l'auteur s'y montre trop partisan du gouvernement espagnol; il peint des couleurs les plus noires le malheureux prince d'Orange, et ne rougit pas de prodiguer des éloges à Balthasar Girard, son assassin (*V.* GIRARD).

**CHRÉTIEN** (NICOLAS), sieur des Croix, fut aussi un poëte médiocre du même temps, né à Argentan en Normandie. Il écrivit pour le théâtre, et fit représenter, en 1608, *le Ravissement de Céphale*, pièce à machines, qu'il avait traduite de l'italien. Il donna ensuite successivement : *les Portugais infortunés*, tragédie; *Amnon et Thamar*, tragédie; *Alboin, ou la Vengeance*, tragédie, et *les Amantes ou la Grande Pastorelle* : toutes ces pièces sont en cinq actes, avec des intermèdes ou des chœurs. Elles furent imprimées à Rouen de 1608 à 1613, et le recueil en est rare et recherché par les curieux qui veulent connaître la marche dramatique en France. On a encore de lui les *Royales Ombres* (en vers), Rouen, 1611, in-8°.

**CHRÉTIEN** (GUILLAUME), ou, comme on écrivait alors, *Chrestian*, gentilhomme breton, cultiva la médecine avec succès dans le XVI^e siècle, et traduisit en français quelques traités d'Hippocrate, de Galien et de Jacques Sylvius. Il est auteur de *Philalethes sur les erreurs anatomiques de certaines parties du corps humain, naguère réduites et colligées selon la sentence de Galien*, Orléans, 1536, in-12. D'abord médecin du duc de Bouillon, ensuite de François I^er et de Henri II, il mourut vers 1560. On trouve la liste de ses autres ouvrages, devenus de peu d'intérêt, dans la *Bibliothèque de Duverdier*, et dans les *Mémoires de Nicéron*, t. XXXIV. Ce dernier observe que Van-der-Linden et son continuateur Mercklein n'ont point connu ce médecin. Eloi, dans son *Dictionnaire*, a commis une faute bien plus grande qu'une omission, en confondant Guillaume Chrétien avec son fils Florent, qui n'a jamais exercé la même profession.

**CHRÉTIEN** (FLORENT), l'un des plus célèbres érudits du XVI^e siècle, naquit en 1540, à Orléans. Son père, médecin distingué et qui fut attaché en cette qualité à François I^er et à Henri II, prit beaucoup de soin de son éducation. Le jeune Chrétien étudia le grec sous la direction de Henri Etienne, et devint précepteur du prince de Béarn, depuis Henri IV. On a de lui divers ouvrages en vers et en prose, tels que *le Cordelier ou le Saint-François de Buchanan*, mis en vers français, Genève, 1567, in-4°; *Jephté ou le Vœu*, tragédie, traduction du même auteur en vers français, Paris, 1566, in-4°; les quatre livres de la Vénerie d'Oppian, traduits du grec en vers français, ibid., 1575, in-4°; *Epigrammata ex catholoigia græca selecta*, etc., Paris, 1608, in-8°; *Histoire de notre temps*, etc.; enfin il est encore auteur de traductions en vers latins d'Aristophane, d'Euripide, d'Eschyle, de Sophocle et d'autres poëtes grecs. Chrétien occupe un rang distingué parmi les savants qui, au XVI^e siècle, réveillèrent en France l'amour de l'antiquité et des lettres. En général, ses traductions sont correctes et fidèles; mais malheureusement le travail ne donne pas le goût, et ses versions manquent le plus souvent d'élégance, d'harmonie et de facilité. Dans la tragédie de *Jephté*, par exemple, on trouve en très-grand nombre des *hiatus*, des enjambements, des vers languissants, composés de synonymes inutiles. Pour voir Chrétien véritablement poëte il faut lire ses vers latins. On dit qu'il travailla à la *Satire Ménippée*. Royaliste zélé, il dut saisir avec joie l'occasion de porter un dernier coup à la Ligue. Il eut aussi une querelle avec Ronsard, mais une querelle qui n'avait rien de littéraire; quelques attaques dirigées contre les calvinistes, et non une question de goût, avaient excité sa colère. Il se convertit cependant avec son élève Henri IV, et mourut zélé catholique en 1596.

**CHRÉTIEN** (GILLES-LOUIS), né à Versailles en 1754, premier violoncelle à l'Opéra, nommé, au concours de 1783, musicien de la chapelle du roi et des concerts particuliers de la reine. Privé de sa place par la révolution, il sut trouver une ressource en faisant des portraits au physionotrace, instrument qu'il avait imaginé pour son amusement, et dont l'invention lui a été faussement contestée par M. Quenedey. Il est auteur d'un livre intitulé : *la Musique étudiée comme science naturelle, certaine, et comme art, ou Grammaire et Dictionnaire musical*, Paris, 1811, in-8°, avec un cahier de planches, in-4°. La pratique et la théorie de l'art musical sont traitées dans cet ouvrage, fruit de trente années de travail, d'une manière absolument neuve. — L'auteur a su établir avec solidité des principes dont il a tiré des conséquences heureuses; on trouve aussi dans cette sorte de grammaire beaucoup d'idées sur la philosophie de l'art, entre autres celle de la *tolérance des sons*, qui sera combattue par les physiciens, mais dont une expérience continuelle justifie l'emploi pour le charme de l'oreille. L'ouvrage de Chrétien a mérité le suffrage de trois célèbres compositeurs, MM. Grétry, Martini et Lesueur. Chrétien est mort le 4 mars 1811, au moment où il terminait la gravure des planches de son ouvrage, qu'il a faite lui-même.

**CHRÉTIENTÉ.** Dans les premiers siècles de l'Eglise, on ne donnait pas le nom de *chrétiens* aux hérétiques. Tertullien, saint Jérôme, saint Athanase et Lactance, le leur refusent. Deux édits, l'un de Constantin, l'autre de Théodose, et le concile général de Sardique, décident qu'il ne doit point leur être accordé (Bingham, *Orig. ecclés.*, l. I, c. 3, § 4, t. I, p. 33). Cependant l'usage contraire a prévalu; et par le mot *chrétienté* on a coutume de désigner tantôt les diverses régions où domine le culte du Christ, tantôt l'universalité des hommes qui reconnaissent l'Evangile, quelles que soient leurs dissidences sur la doctrine. On a reproché au christianisme la multitude de sectes auxquelles il a donné naissance. Mais, si l'on considère son antiquité, son étendue, l'élévation de ses dogmes, la sévérité de sa morale, et le joug inflexible de la loi qu'il impose à l'orgueil humain, loin d'être surpris de leur nombre, on s'étonnera peut-être qu'elles ne soient pas plus nombreuses. S'il était démontré que les hommes n'ont pas toujours été vains, curieux, dissipateurs et opiniâtres, alors on pourrait s'étonner qu'il y ait eu tant de sectaires, ou d'hommes attachés à leurs propres sens; mais, les hommes étant ce qu'ils sont, les choses ont dû se passer comme l'histoire les raconte. Les hérésies sont nées de la philosophie, et par conséquent ce n'était point à la philosophie qu'il convenait de les reprocher au christianisme. Il y aurait absence de toute justice à le rendre responsable des erreurs et des travers dans lesquels se sont jetés ceux qui l'ont laceré dans ses dogmes et sa discipline, qui ne l'ont pas compris et qui l'ont déshonoré. S'ils l'eussent mieux entendu, ils ne se seraient pas écartés de son esprit; ils auraient cru ce que croyaient leurs pères, et auraient suivi la tradition au lieu de s'étourdir par la dispute, conformément à ce conseil de saint Paul à l'évêque Timothée : « Ce que j'ai appris de plusieurs témoins, ce que vous avez entendu de ma bouche, confiez-le à des hommes fidèles, qui soient capables d'en instruire les autres » (*Epist.* II, *ad Timoth.*, c. II, v. 2).—COUR DE CHRÉTIENTÉ était autrefois une juridiction ecclésiastique, et désignait aussi le lieu où avait coutume de siéger l'assemblée de ceux qui l'exerçaient. Dans quelques diocèses, entre autres dans celui du Mans, les doyens ruraux se nommaient *doyens de chrétienté*.

**CHRÉTIENTÉ.** Proverbialement, figurément et populairement, *Marcher sur la chrétienté*, avoir des souliers et des bas usés et percés.

**CHRICHTONITE** ou **CRACTONITE**, substance minérale presque toujours cristallisée, ordinairement en lamelles à peu près hexagonales et biseautées sur les bords, plus rarement en rhomboïdes simples ou profondément tronquées au sommet; couleur noir-verdâtre, éclat métalloïde très-vif, poussière noire, cassure conchoïde éclatante; raye à peine le verre. Elle est composée d'acide titanique et d'oxyde de fer, en proportions encore inconnues. Il existe d'autres combinaisons des mêmes éléments; mais celle-ci se distingue par la propriété de n'être pas attirable à l'aimant. Elle se trouve avec la chlorite, l'albite, le fer oligiste et d'autres substances recherchées des minéralogistes, dans les fissures des roches cristalines des Alpes, ou plutôt dans des filons au contact de ceux des roches ignées hétérogènes, comme on l'a vu au fond de la vallée de Saint-Véran en Queyras (Hautes-Alpes). On ne la connaissait qu'auprès de Saint-Christophe en Visans (Isère).

**CHRIE**, s. f. (*rhétor.*), narration, amplification qu'on donne à faire aux écoliers.

**CHRISMAL**, *chrismale*, vaisseau dans lequel les anciens moines portaient sur eux de l'huile bénite, pour en oindre les malades quand ils sortaient. Il en est parlé dans la règle de Saint-Colomban. Ces mêmes moines nommaient aussi chrismal le vaisseau dans lequel ils portaient l'eucharistie; car ils la portaient aussi en voyage. Celui qui oubliait le chrismal, allant en un lieu éloigné, recevait quinze coups de fouet. Si, étant dans un champ, il posait ce vase sur terre et l'oubliait en s'en retournant, on le frappait de cinquante coups, quoiqu'il fût aussitôt allé le chercher (dom Cellier, *Hist. des aut. sacrés et ecclésiast.*, t. XVII, p. 477).— CHRISMAL signifiait aussi quelquefois un reliquaire.

**CHRISMATION**, *chrismatio*, action d'imposer le saint chrême; cérémonie par laquelle le ministre de l'Eglise applique le saint chrême à ceux qu'il baptise ou qu'il confirme. La chrismation ne se dit que du baptême et de la confirmation. Pour l'ordre et l'extrême-onction, on dit onction (*V.* CONFIRMATION, MATIÈRE DE LA CONFIRMATION).

**CHRISME**, s. m. (*paléogr.*), abréviation du mot *Christus*. XPS, XPI, XPO, XPM, sont autant de chrismes, pour *Christus, Christi, Christo, Christum*. — CHRISME se dit aussi du monogramme plus connu sous le nom de *labarum*.

**CHRISOPRAS**, s. m. (*vieux langage*), chrysoprase, pierre précieuse.

**CHRIST**. Selon Lactance, ce nom n'est point un *nom propre*, mais un titre qui désigne la puissance et la royauté. Il est dérivé du mot grec χρίω (*christos*, qui signifie *oint*), faire une *onction*, et qui répond à l'hébreu *Messiah*, Messie. Il n'a pas d'autre signification dans les saintes Ecritures. Abisaï veut tuer Saül dans son camp; David l'en empêche et lui dit : « Ne le tuez point; car qui étendra la main sur l'OINT du Seigneur, et sera innocent? » *Ne interficias eum : quis enim extendet manum suam in* CHRISTUM *Domini; et innocens erit* (*I. Reg.*, XXVI, 9)? Plus loin, le prophète royal dit à l'Amalécite, qui lui apporte la nouvelle de la mort de Saül et de Jonathas : « Comment n'as-tu pas craint de mettre la main sur l'OINT du Seigneur et de le tuer? » *Quare non timuisti mittere manum tuam ut occideres* CHRISTUM *Domini?* Et David ajoute : « Que ton sang retombe sur ta tête : car tu t'es condamné par ta propre bouche, en disant : « C'est moi qui ai tué l'OINT du Seigneur. » *Sanguis tuus super caput tuum; os enim tuum locutum est adversum te, dicens : Ego interfeci* CHRISTUM *Domini* (*II. Reg.*, I, 14, 16). Au psaume XXVII, le chantre de Sion nous apprend que « le Seigneur est la force de son peuple et le protecteur qui sauve son christ, et son OINT. » *Dominus fortitudo plebis suæ : et protector salvationum christi sui est* (*Ps.* XXVII, 8). Et voici ce que dit dom Calmet sur ce texte : Le nom de CHRIST, ou d'OINT, est commun aux rois, aux prêtres et aux prophètes. L'auteur de ce psaume pourrait bien se désigner lui-même par ce nom; car jusqu'ici il n'a pas dit un mot du roi de Juda. « Le Seigneur est la force de son peuple; il est mon protecteur, de moi qui suis son prophète, son prêtre et son *oint*. » Eusèbe l'entend en général des prophètes et des justes, et saint Athanase, du peuple des fidèles, qui a reçu l'onction et le sacerdoce royal par Jésus-Christ : *Vos genus electum, regale sacerdotium* (*I. Petr.*, II, 9). Enfin nous lisons dans le prophète Isaïe : « Voici ce que dit le Seigneur à Cyrus, qui est mon CHRIST, que j'ai pris par la main pour lui assujettir les nations, pour mettre les rois en fuite, pour ouvrir devant lui toutes les portes, sans qu'aucune lui soit fermée » (ch. XLV, 1). Par ce texte, nous voyons que le Seigneur appelle Cyrus son roi, son ministre, son OINT, destiné pour l'accomplissement du grand ouvrage de la délivrance de son peuple. — Le verbe *oindre* se prend aussi, dans l'Ecriture, pour *destiner, disputer, employer* à quelque action importante (*V.* Théodoret). Jacob consacra la pierre de Béthel par l'onction (*Gen.*, XXVIII, 18). Moïse oignit tous les instruments du tabernacle au jour de la Dédicace (*Exod.*, XL, 9; et *Nomb.*, VI, 7, 10). Elie donne l'onction à Elisée (*III. Reg.*, XIX, 6). Les anciens patriarches sont appelés les OINTS du Seigneur (*Ps.* CIV, 15; et *I. Par.*, XVI, 22), aussi bien que les chrétiens qui ont reçu le Saint-Esprit (*II. Cor.*, I, 21; *I. Joan.*, II, 20).— Telle est la véritable signification du mot CHRIST ou OINT. Mais dans un sens plus relevé, et dans le sens qui lui convient au reste, les écrivains inspirés désignaient par ce nom et avaient en vue le Fils de Dieu, le Rédempteur promis pour délivrer le monde; et, toutes les fois qu'ils employaient les mots CHRIST, OINT, ils parlaient en figure du Sauveur, comme nous le ferons voir à l'article JÉSUS-CHRIST. — Ce nom adorable de CHRIST signifiait tellement le libérateur promis, que le peuple hébreu le lui donnait indistinctement. Et, comme l'onction sainte était accordée aux rois, aux prêtres et aux prophètes, il en résulte que, en désignant le Sauveur promis sous le nom d'OINT ou de MESSIE, on témoignait assez qu'il devait réunir éminemment dans sa personne les qualités de roi, de prophète et de grand prêtre, et qu'il devait exercer ces qualités non-seulement sur les Juifs, mais sur tous les hommes, et d'une façon plus particulière sur ceux qui croiraient en lui, et qui le reconnaîtraient pour leur sauveur, leur roi, leur prêtre et leur prophète (*V.* dom Calmet, *Dict. de la Bible*). On sait que, parmi les signes qui distinguent les tombeaux des chrétiens dans les catacombes, les plus ordinaires sont les deux lettres XP, réunies en monogramme ou en poisson. Ces deux lettres XP, en grec, sont les deux premières lettres du mot CHRISTUS, et rappelaient ainsi la qualité de *chrétiens*. Quant au poisson, il s'appelle, en grec, IXTHUS, dont les lettres sont en grec l'initiale des mots JÉSUS CHRISTUS, *Dei Filius, Salvator*. Cette interprétation est de saint Optat (*De schism. Donat.*, lib. III, 2). Le poisson était donc propre à rappeler la qualité de *chrétien* sous ce rapport; mais il la rappelait encore, en ce sens que ce poisson vit dans l'eau avec laquelle on donne le baptême qui nous rend chrétiens. C'est la remarque de Tertullien : *Nos pisciculi secundum piscem* (ixthon), *nostrum Jesum Christum in aqua nascimur* (Tertull., *De bapt.*). Clément d'Alexandrie, dans son *Pédadogue*, liv. III, met le poisson au nombre des symboles qu'il est permis aux chrétiens de porter sur leurs anneaux : *Sunt autem nobis signacula columba, piscis*, etc. On peut consulter sur les images du CHRIST, qui se trouvent sur divers monuments des catacombes, le chapitre VI du *Tableau des catacombes de Rome*, par M. Raoul Rochette, in-12, 1837. — Comme nous venons de le voir, le poisson a été dès les premiers siècles l'emblème du christianisme; les chrétiens en portaient l'image sur leurs anneaux; ils la gravaient sur les vases sacrés, les lampes et les tombeaux. Le baptême qui les avait inondés et leur vie cachée avaient d'ailleurs des rapports d'analogie avec l'aquatique. Les apôtres étaient des pêcheurs, et les chrétiens leur pêche miraculeuse. Jésus-Christ était appelé lui-même *sacer piscis*, divin poisson; et nous voyons saint Optat de Milève, Tertullien, Clément d'Alexandrie, saint Augustin, saint Prosper, donner cette dénomination à Notre-Seigneur. Au reste, une raison grammaticale autorisait cet usage, comme nous venons de le remarquer, puisque les deux premières lettres du mot grec IXTHUS, POISSON, sont les initiales du nom adorable du Sauveur, et que chaque lettre du mot entier IXTHUS forme les initiales de *Iesous Christos, Theou Uios Soter*, Jésus-Christ, Fils de Dieu, Sauveur. — « Est-il croyable, s'écrie ici un pieux et savant archéologue, qu'une idée si universellement admise soit échappée à la pensée des architectes de l'époque, et qu'ils n'aient rien imaginé pour la représenter? Qu'ils aient inventé l'ogive ou qu'ils l'aient trouvée par hasard, ils avaient reconnu dans sa coupe une similitude avec la tête du poisson vu de profil. Cela dut leur suffire pour adopter l'ogive comme un symbole, et, pour qu'on ne s'y méprît pas, ils ont eu l'idée plus tard de remplir par un autre emblème l'espace intérieur de l'ogive. En effet, on remarque presque toujours, dans les compartiments qu'encadre l'ogive, deux lobes unis ensemble, l'un plus grand que l'autre. Cette figure est répétée à satiété dans les petites niches, les culs-de-lampe, les fastiges, les grandes roses, et généralement dans toutes les ouvertures du gothique des deux dernières époques. Personne ne voudra-t-il reconnaître ici la vessie natatoire, qu'on trouve dans le corps du poisson, et qui lui sert, en la remplissant d'air ou en le rejetant, à s'élever à la surface des eaux ou à descendre dans leurs profondeurs? Cette figure est le complément du symbolisme de l'ogive, comme elle est le caractère distinctif du gothique proprement dit, puisque l'ogive seule s'allie avec le style byzantin. Ajoutons qu'on a admis dans les constructions gothiques, comme dans le roman, les emblèmes qui rappellent le mot *christ*. Ainsi les *chérubins*, aux poses les plus variées, sont nichés aux clefs des voûtes, sous les culs-de lampe, dans les gorges des arceaux et dans les brillantes verrières; les *chimères* menaçantes, les *chiens* à la gueule béante, servent de gargouilles et dégorgent l'eau pluviale; les végétaux de nos contrées, le *chou* frisé, le gland et la feuille de *chêne*, le *chardon* hérissé, la *chicorée* aux feuilles dentelées, grimpent sur les nervures des ogives et se fixent sur le déclin de leurs arêtes. Voilà donc le nom entier du Sauveur reproduit sous mille formes et écrit sur toutes les parties de l'édifice qu'il a choisi pour sa demeure.

Si les monuments civils portent les mêmes symboles, c'est que les hôtels de ville et les édifices d'utilité publique s'élevaient alors par les soins des évêques et des abbés dans les villes soumises à leur juridiction... » (*l'Institut catholique*, revue religieuse, t. II, p. 255 et suiv.). — Ainsi le nom très-saint de Notre-Seigneur et Sauveur est partout : il est dans toutes les Ecritures ; il est dans toute la loi, dit saint Augustin ; il est l'*alpha* et l'*oméga* : *Ego sum* α et ω... *principium et finis* (*Apocal.*, XXII, 13). L'art chrétien s'applique à le représenter partout : il est inscrit sur les tombeaux ; il est notre signe d'espérance et de salut ; et enfin les saints s'attachent à le graver dans leurs cœurs (*V.* JÉSUS-CHRIST). L.-F. GUÉRIN.

**CHRIST** (TÊTES DE). Il n'est pas tellement avéré parmi les artistes qu'il ait jamais existé, par conséquent qu'il soit arrivé assez près de nous une image authentique du Christ, pour que l'on puisse considérer comme fidèle le type consacré depuis la renaissance des arts par les peintres et les sculpteurs. Les actes du concile de Nicée, tenu contre les iconoclastes, parlent, il est vrai, d'un portrait que, contre toute vraisemblance, Jésus lui-même aurait envoyé à Abgar, roi d'Edesse, et d'un autre tableau miraculeux, qui existait à Béryte, où le Sauveur était représenté en pied, comme aussi d'une statue en bronze érigée pour Jésus par la femme qu'il avait guérie d'un flux de sang, laquelle statue fut détruite ensuite par Julien l'Apostat pour y substituer la sienne propre, que le feu du ciel renversa. Mais il est permis de douter de l'authenticité de ces faits, ainsi que de l'originalité de cette sainte face imprimée sur le voile de sainte Véronique, conservée à Saint-Pierre de Rome depuis tant de siècles, et à laquelle on attribue des miracles si éclatants. Lorsque après les temps de persécution les chrétiens purent enfin exercer leur culte au grand jour, élever des monuments, appeler les arts à les embellir, la peinture et la sculpture étaient dans un tel état de barbarie, qu'à peine les figures tracées sur les parois des temples, sur les sarcophages, sur les médailles, avaient des formes humaines. Ce n'est pas à ces ébauches imparfaites que les Nicolas de Pise, les Cimabué, et leurs successeurs jusqu'à Léonard de Vinci, empruntèrent sans doute le type primordial de la figure du Christ qu'on retrouve dans leurs ouvrages ; il est vraisemblable qu'ils l'ont tiré des écrits des Pères de l'Eglise. Saint Nicéphore, patriarche de Constantinople, et l'un des défenseurs d'images, décrit avec assez de détails la stature et la physionomie de Jésus, et son récit ne diffère pas essentiellement de ce qu'aurait écrit sur ce sujet un certain Lentulus, contemporain du Messie. Selon lui, sa stature était élevée, son air tellement imposant, que tous ceux qui l'approchaient l'aimaient et le craignaient. Ses cheveux, partagés sur le front à la manière des nazaréens, avaient la couleur d'une noisette mûre ; ils étaient lisses et foncés. En retombant sur ses épaules, ils ondulaient et se terminaient en boucles. Son front était ouvert, son visage serein, sans rides ni taches ; ses joues étaient doucement colorées ; la bouche et le nez d'une forme parfaite. Tous ses traits avaient un caractère sensible de constance et de vérité. Ses yeux étaient grands et brillants ; leur expression était terrible lorsqu'il réprimandait ; elle était affable et douce lorsqu'il exhortait. La joie même conservait sur ses lèvres une gravité décente : jamais on ne l'a vu rire, et ses yeux étaient souvent mouillés de larmes. Il parlait peu, mais toujours avec dignité : par son extérieur même, il semblait au-dessus de tous les humains. — On comprend combien un Gérard, un Paul Delaroche, resteraient loin de la vérité, s'ils devaient, sur de si vagues données, reproduire pour nous les traits d'un homme, et quelle dissemblance il existerait entre leurs ouvrages. Toutes les représentations du Christ sont donc de pures inventions. Ainsi, quand Léonard de Vinci traça, dans son admirable tableau de *la Cène*, la plus belle tête que l'imagination, d'accord avec ce que la science physionomique et phrénologique enseignèrent plus tard, puisse jamais inventer, l'art n'opérait que sur des traditions écrites ou imparfaitement figurées. Mais, semblable à Phidias, qui fixa le type du Jupiter Olympien, Léonard de Vinci a donné l'idéal de la tête du Christ. Toute figure qui n'offrira pas, comme celle de Léonard, le caractère israélite empreint de toutes les perfections physiques et morales qui constituent l'homme par excellence, l'homme exempt de vices et doué de toutes les vertus, l'homme dont aucune maladie de l'âme, aucun travail corporel n'a déformé les traits ni altéré les proportions, n'aura plus de droits à notre foi, à notre vénération. Elle pourra flatter nos sens, mais ne nous abusera pas sur son origine humaine. — Après Léonard de Vinci et Raphaël, qui ont le mieux compris l'obligation du peintre dans la représentation du Christ, les Carrache, le Guerchin, Carlo Dolce et Holbein, occupent le premier rang. Michel-Ange, si grand artiste pourtant, a su rarement imprimer à la figure du Sauveur une véritable dignité et le caractère qui lui convient. — Ceux qui voudront consulter une iconologie de la figure du Christ pourront recourir à l'ouvrage intitulé : *M. J. Reiskii Exercit. hist. de imaginibus Jesu Christi*, Iéna, 1685. Les *Têtes de Christ* publiées par Yunter en 1777 et *Joh. Fechtii Noctes christianæ* (Rostock, 1706) méritent aussi d'être citées.

**CHRIST**, s. m. (*philol.*), suivant le gnosticisme valentinien, une des plus hautes puissances du Plérôme, descendue jusque dans ce monde pour y réformer l'ouvrage du Démiurge.

**CHRIST** (ORDRE DU). Erigé en Portugal, sur les ruines des ordres d'Avis et des templiers (*V.* ces mots), par Denis Ier, en 1318, pour garantir les frontières du royaume des Algarves contre les infidèles, cet ordre religieux et militaire fut approuvé en 1319 par une bulle de Jean XXII. Cette bulle renferme les obligations des chevaliers en quatorze articles, dont le dernier porte que le grand maître sera tenu, tous les trois ans, d'aller en personne à Rome, ou d'y envoyer quelqu'un de sa part. Outre les preuves ordinaires, il fallait avoir donné pendant trois ans des marques de valeur dans les guerres contre les Maures. Le chef-lieu de l'ordre est la ville de Tomar. Les chevaliers portent au bout du collier, qui est une chaîne à trois rangs, une croix patée, haussée, rouge, chargée d'une autre croix pleine et haussée. L'histoire nous apprend que les chevaliers du Christ rendirent de grands services, qu'ils remportèrent des victoires signalées et devinrent très-puissants (*V.* les *Dissertations* du P. Honoré de Sainte-Marie).

**CHRIST** (JEAN-FRÉDÉRIC), célèbre professeur d'histoire à l'université d'Iéna, né à Cobourg en avril 1700, et mort à Leipzig le 3 août 1756. Ses principaux ouvrages sont : 1° *Dictionnaire des monogrammes, chiffres, lettres initiales, etc., sous lesquels les peintres, graveurs et dessinateurs ont désigné leurs noms*, Leipzig, 1747, in-8°. Cet ouvrage, écrit en allemand, a été traduit en français par Sellius, Paris, 1750, in-8°, fig. (rare). Quoiqu'on y trouve plusieurs explications peu satisfaisantes, c'est encore le meilleur ouvrage que nous ayons sur cette matière. 2° *Noctes academicæ*, Halle, 1727. C'est un recueil de dissertations sur plusieurs points de philosophie, d'histoire, de droit romain et de littérature classique. 3° *Origines longobardicæ*, Halle, 1728, in-4°.

**CHRISTALDI** (BÉLISAIRE), cardinal, naquit à Rome le 11 juillet 1764, de la famille des barons de Noha. Elevé au collége romain, il se fit recevoir docteur en droit, et exerça la profession d'avocat. Lorsque Rome fut envahie, à la fin du siècle dernier, par les Napolitains, Christaldi fut nommé secrétaire de la suprême commission d'Etat ; il s'empressa ensuite d'aller à Venise porter ses hommages à Pie VII. Lorsqu'il revint à Rome, il fut placé sur la liste des avocats consistoriaux. Pendant l'invasion française, il vécut dans la retraite, jusqu'à l'époque où il fut exilé à Bologne. En 1814, il reprit ses fonctions d'avocat, et fut auditeur pontifical ; en 1820, il devint trésorier général. Léon XII le créa cardinal en 1826, mais ne le déclara qu'en 1828. Il mourut le 25 févrièr 1831. Sa vie tout entière fut consacrée à l'instruction de la jeunesse, à l'éducation des jeunes clercs, au soulagement des pauvres et à la propagation de la foi.

**CHRISTE-MARINE** (*botan.*). Trois plantes sont connues sous ce nom vulgaire : la salicorne herbacée, l'inule maritime, et la bacile maritime.

**CHRISTIA** (*botan.*), nom générique, substitué par Mœnch à celui de *lourea* de Necker, pour désigner une plante placée d'abord parmi les sainfoins sous le nom d'*hedysarum vespertilionis*, retirée de ce genre, ainsi que beaucoup d'autres, par les réformateurs de Linné, dont peut-être un jour il sera fait justice, lorsqu'on s'apercevra enfin que, en s'écartant des principes établis pour les genres par ce génie créateur, on finira par jeter le désordre dans une science dont il a posé les vastes fondements. Au reste, le genre dont il est ici question ne diffère des *hedysarum* que par son calice, qui, après la fécondation, se ferme, s'enfle, et renferme une gousse articulée, pliée à chacune des articulations ; mais on y retrouve les autres caractères essentiels des sainfoins, très-variables dans la forme de leurs fruits. Cette plante, figurée par Jacquin, est facile à reconnaître par la forme singulière de ses feuilles simples ou à trois folioles, et l'impaire très-grande, étendue en deux lobes ouverts horizontalement. Ses tiges sont d'abord simples, presque ligneuses, légèrement hispides ; les rameaux ne paraissent ordinairement que lorsque la tige principale a produit des fleurs ; les feuilles sont alternes, pétiolées ; la grande foliole, souvent seule, se partage en deux grands lobes, longs au moins de deux pouces, semblables à deux ailes de papillon. Ces lobes sont très-ouverts, traversés de veines en réseau, et quelquefois nuancés par zones de brun, de blanc ou de jaune; une petite pointe dans le milieu de l'échancrure. Les deux autres folioles sont petites, tronquées, cunéiformes; le pétiole est muni à sa base de stipules subulées. Les fleurs sont terminales, disposées en un épi court, souvent réunies deux à deux, l'une sessile, l'autre pédicellée. D'autres fleurs sont solitaires et sessiles dans l'aisselle des feuilles supérieures, munies d'une bractée caduque, lancéolée. Le calice est campanulé, très-velu, à cinq découpures lancéolées, aiguës; la corolle petite, panachée de blanc et de violet; les ailes et la carène sont fortement réfléchies; la gousse est renfermée dans le calice agrandi. Cette plante croît dans les Indes orientales.

**CHRISTIAN**, s. m. (*hist. relig.*), membre d'une secte née aux Etats-Unis dans le commencement du XIX$^e$ siècle. Les christians rejettent la Trinité, et se croient illuminés par le Saint-Esprit. Ils tiennent leurs assemblées en plein air, et confessent publiquement leurs péchés. On leur donne aussi le nom de *smithites*.

**CHRISTIAN**, s. m. (*métrol.*), monnaie d'or du Danemark, frappée en 1775. Le christian vaut fr. 20, 95.

**CHRISTIAN I$^{er}$** ou **CHRISTIERN**, roi de Danemark, de Suède et de Norwége, naquit en 1425. Il était fils de Thierry le Fortuné, comte d'Oldenbourg, et de Hedwige, héritière de Sleswig et de Holstein. — La convention de Calmar, conclue en 1397, avait réuni sur la même tête les trois couronnes du Nord. Cependant, en 1448, Christophe de Bavière, roi de Danemark, de Suède et de Norwége, étant mort sans postérité, les trois Etats ne purent s'accorder sur le choix d'un souverain. Les Suédois élurent Charles Canutson, et les Danois offrirent le trône à Adolphe, duc de Sleswig. Ce prince refusa, en alléguant son âge avancé; mais il pria les états de reporter leurs suffrages sur Christian, comte d'Oldenbourg, son neveu et son héritier. Son désir fut satisfait. Christian fut proclamé roi à Lunden en 1448. La Norwége ne s'était pas encore prononcée: en 1449, elle se donna pour roi Charles de Suède; mais Christian parvint presque aussitôt à enlever ce royaume à son compétiteur. Christian convoitait aussi la couronne de Suède. Il fit une guerre active à Charles VIII (Canutson), et noua des intelligences avec plusieurs personnages influents de la cour de Stockholm. Ioens Bengtson, archevêque d'Upsal, qu'il sut mettre dans ses intérêts, fut pour lui un puissant auxiliaire. Ce prélat se révolta en 1456 contre Charles, et vint l'assiéger dans Stockholm, à la tête de ses vassaux, pendant que Christian envahissait la Suède, à la tête d'une armée danoise. Charles fut obligé de prendre la fuite. Les portes de Stockholm furent ouvertes à Christian, qui se fit aussitôt proclamer roi de Suède. Suivant un antique usage, la nation lui prêta serment de fidélité dans la plaine de Mora, le 24 juin 1457. — L'année précédente (1556), Christian avait conclu avec Charles VII le premier traité qui ait existé entre la France et le Danemark. Les deux rois se liguaient par ce traité contre les Anglais, leurs ennemis communs, les Suédois et les villes hanséatiques. En même temps, le roi de France mit fin à la contestation qui s'était élevée entre l'Ecosse et le Danemark, relativement à la possession des îles Orcades et de Shetland. Il les adjugea à l'Ecosse. — En 1559, les états de Sleswig et de Holstein, choisirent Christian pour souverain. Il nomma son frère Gerhard, administrateur de ce nouveau domaine; mais il fut obligé de lui enlever quelque temps après cette charge, à cause des exactions dont l'administrateur se rendait coupable. — Cependant Christian ne put demeurer paisible possesseur de la Suède. Il mécontentait les Suédois par des préférences marquées qu'il accordait au Danemark; il accablait la Suède d'impôts, enlevait l'argent des couvents, et ne reculait devant aucune exaction. L'archevêque d'Upsal commença à se repentir de lui avoir donné la couronne. Christian eut des doutes sur la fidélité de ce prélat, et le fit jeter dans une prison de Danemark. A la nouvelle de cet attentat, le pape Pie II l'excommunia. Christian, pour conjurer l'orage, rassembla un tribunal composé d'ecclésiastiques, à qui il remit l'exposé de ses griefs contre Bengtson. Ce tribunal ne voulut point prononcer, et l'archevêque d'Upsal continua d'être privé de sa liberté. Mais Kettil Karlson Vasa, évêque de Linkœping et neveu de Bengtson, excita alors un soulèvement contre Christian. Celui-ci battit d'abord l'évêque de Linkœping, qui assiégait Stockholm; mais la chance ayant tourné, il fut contraint de s'enfermer dans cette capitale et de se retirer ensuite en Danemark. La garnison de Stockholm fut obligée de se rendre à Charles VIII, que les Suédois avaient rappelé. Ce prince ne parvint pas néanmoins à conserver longtemps la couronne. En 1465, il fut renvoyé de nouveau, et il tenta vainement plus tard de faire valoir ses droits. Sous l'influence de l'archevêque d'Upsal, Stenon Sture fut nommé, en 1470, administrateur de la Suède. Christian fit, l'année suivante, une nouvelle tentative contre ce royaume; mais, battu par Stenon Sture, blessé et forcé de regagner précipitamment le Danemark, il abandonna définitivement ses desseins contre la Suède. — En 1473, Christian fit un voyage à Rome pour se faire relever d'un vœu de pèlerinage en terre sainte. Il revêtit, ainsi que toute sa suite, l'habit de pèlerin, et offrit au saint-père de la morue, des harengs et des peaux d'hermine. Le pape Sixte IV le traita magnifiquement et le renvoya comblé de présents, après lui avoir accordé l'autorisation de fonder une université dans ses Etats. A son retour, Christian fut choisi par l'empereur comme arbitre entre l'archevêque de Cologne et son clergé. Il apaisa le différend qui s'était élevé entre ces ecclésiastiques. Il s'interposa aussi (1475), dans l'intérêt du maintien de la paix, entre l'Angleterre et les villes hanséatiques. En 1478, il fonda l'ordre de l'Eléphant. — Christian I$^{er}$ avait la réputation d'un prince doux et bienfaisant; sa libéralité envers les pauvres était excessive, il encouragea le commerce et l'industrie. Les historiens lui reprochent seulement les traitements iniques qu'il fit endurer à la Suède. Il mourut à Copenhague le 25 mai 1481. Il avait épousé Dorothée de Brandebourg, dont il eut Jean, qui lui succéda, Frédéric, duc de Sleswig, puis roi de Danemark, et Marguerite, mariée à Jacques III, roi d'Ecosse.

**CHRISTIAN II**, roi de Danemark, sorte de Louis XI, moins le génie, s'efforce, pendant toute la durée de son règne, de relever l'autorité royale par l'abaissement de la noblesse et du clergé. Il finit par succomber dans sa lutte contre ces deux ordres, et passa en captivité les dernières années de sa vie. — Christian II était fils du roi Jean, et petit-fils de Christian I$^{er}$. Il naquit à Copenhague le 2 juillet 1481. Son éducation fut très-négligée; on lui laissa prendre, dès sa jeunesse, ses compagnons de plaisirs dans les dernières classes de la société. Né avec des passions très-violentes, il se livra à des excès que l'autorité paternelle ne réussissait pas toujours à réprimer. En 1507, envoyé à Bergen pour y réprimer une sédition, il contracta une liaison avec une fille nommée *Dyveke*, dont la mère, *Sigefrite*, tenait une hôtellerie. Ces deux femmes exercèrent bientôt la plus grande influence sur son esprit. Christian gouverna la Norwége, en qualité de vice-roi, jusqu'à la mort de son père (1513). Il se fit couronner à Copenhague et ensuite en Norwége. Les commencements de son règne furent paisibles. En 1515, il épousa Isabelle-Elisabeth, fille de Philippe I$^{er}$, roi de Castille, et sœur de Charles-Quint. En même temps il fit venir des Flandres une colonie agricole, qui propagea la culture des légumes dans le Danemark. Voulant se mettre bien avec les bourgeois de Copenhague, il enleva à la ville d'Elseneur la douane du Sund, pour la transporter dans la capitale. — Christian encouragea beaucoup le commerce dans ses Etats, et renouvela les traités du Danemark avec la Moscovie; il adressa aussi à Henri VIII de justes représentations sur les pirateries commises par les Anglais au préjudice du commerce danois. — Le caractère cruel de Christian se manifesta pour la première fois à la mort de Dyveke. Torbern Oxe, gouverneur du château de Copenhague, était devenu amoureux de cette femme, et manifestait l'intention de l'épouser. Ses parents s'opposaient à cette alliance disproportionnée. On les accusa d'avoir empoisonné la maîtresse du roi. Torbern Oxe commit, de son côté, l'imprudence d'avouer à Christian qu'il avait été l'amant de Dyveke. — Christian, furieux, réunit douze paysans pour juger son rival; ce tribunal improvisé condamna Oxe comme coupable de *désirs* injurieux à la personne royale. Le malheureux eut la tête tranchée. La noblesse ayant accueilli avec des murmures cette inique condamnation, Christian commença contre elle une longue et sanglante persécution. Sigefrite et Slaghock, son confesseur, jadis barbier en Westphalie, étaient ses deux principaux conseillers. Sigefrite surtout jouissait d'une grande influence; les personnages les plus importants de l'Etat ne dédaignaient pas de lui faire leur cour. — Cependant Christian nourrissait des desseins ambitieux contre la Suède. Ce royaume était alors divisé en deux grands partis. L'administrateur Stenon Sture était à la tête de l'un; Gustave Trolle, archevêque d'Upsal, dirigeait l'autre. Les états de Suède accordèrent leur appui à Stenon Sture, et firent déposer l'archevêque d'Upsal et raser son château. Trolle appela alors Christian en Suède. Celui-ci parut devant Stockholm (1518) à la tête d'une flotte de 120 voiles. Il opéra son débarquement; mais Stenon Sture, qui était venu à sa rencontre à la tête d'une armée, le battit à Bremkirka, et le força de regagner ses vaisseaux. Avant de reprendre la route du Danemark, Christian commit un acte de mauvaise foi qui lui aliéna complétement les esprits en Suède. Il fit dire à Stenon Sture qu'il désirait se rendre à Stockholm pour négocier avec lui, et il lui demanda des otages. Sture, sans défiance, lui envoya six seigneurs suédois, au nombre desquels se trouvait Gustave Ericson, de la maison de Wasa, qui devait plus tard se rendre si célèbre par la délivrance de sa patrie. — A peine Christian eut-il ces seigneurs en son pouvoir, qu'il mit à la voile et retourna à Copenhague, où il les fit détenir rigoureusement. Gustave Wasa fut confié à la garde d'un seigneur nommé Eric Banner. L'année suivante, Christian n'entreprit rien de considérable contre la Suède; mais, en 1520, il dirigea contre elle une expédition formidable. Son armée s'était recrutée d'Allemands, d'Écossais, de troupes du Holstein et aussi de Français. François I^er lui avait envoyé deux mille hommes de pied sous la conduite de Gaston de Brezé, seigneur de Fonquarmont. Le fameux Paracelse servait, comme chirurgien, dans cette armée. Dès le début de la campagne, les Suédois furent défaits près de Bogesund, où l'administrateur Stenon Sture fut tué. Sa mort livra la Suède à Christian. Les états, convoqués à Upsal, sous la présidence de l'archevêque Trolle, le reconnurent roi. Cependant Christine Gyllenstierna, veuve de l'administrateur Stenon Sture, s'était renfermée dans Stockholm, où elle se disposait à faire une énergique résistance. Pendant quatre mois, Christian assiégea vainement cette capitale. Il y entre enfin (7 septembre 1520) par suite d'une capitulation. Un oubli général du passé en fut la condition principale. Christian remit son couronnement au jour de la Toussaint, et retourna en Danemark. En octobre, il revint à Stockholm, où les états se trouvaient déjà rassemblés. Son couronnement fut marqué par une sanglante proscription de la noblesse suédoise. Christian la savait ennemie de la domination danoise; il résolut de la terrifier par l'exécution de ses principaux membres. Après la cérémonie du couronnement, il fit inopinément rassembler le sénat. Il parut bientôt au sein de cette assemblée, accompagné d'un chanoine d'Upsal, nommé maître Jone. Celui-ci prononça un long discours, dans lequel, après avoir énuméré les griefs du roi contre la veuve de Stenon Sture, les sénateurs de Suède et les magistrats de Stockholm, il concluait à la prise de corps et détention des accusés, jusqu'à ce que le roi eût prononcé; il ajoutait ensuite que ce prince ne pouvait manquer de s'attirer les louanges de la chrétienté par la punition de ces hérétiques. — Christian, comme on voit, employait, pour se défaire de ses ennemis en Suède, une accusation d'hérésie, tandis que, par une contradiction assez singulière, il encourageait dans le Damark l'introduction du luthéranisme. Maître Martin de Wittemberg venait d'être appelé par ses soins à Copenhague, où il répandait les dogmes de la nouvelle secte. Ses premières prédications n'y eurent à la vérité aucun succès. — Mais revenons à Stokholm. Christian fit arrêter aussitôt les sénateurs, et nomma une commission pour les juger. La veuve de Stenon Sture y comparut la première. Pour justifier la mémoire de son mari, elle produisit l'acte de déposition de l'archevêque Trolle, rendu par le sénat en 1517. Christian s'empara avidement de cette pièce, qui devint, entre ses mains, une liste de proscription. Tous ceux qui l'avaient signée reçurent leur arrêt de mort, à l'exception du seul évêque de Linkœping, qui avait mis une restriction à son vote. — L'exécution de la sentence ne se fit pas attendre : on ferma les portes de la ville, et l'on arrêta tous les sénateurs accusés. Des échafauds furent dressés sur la grande place, et, en un même jour, il s'y coupa quatre-vingt-quatorze têtes. Avant de se livrer au bourreau, l'évêque de Skara appela la vengeance divine sur la tête de Christian; plus tard en effet la main de la Providence s'appesantit sur ce prince! — Les cadavres des victimes furent jetés dans un immense bûcher et livrés aux flammes. Mais la proscription ne s'arrêta pas là. Dans toute la Suède, les nobles et les personnages influents que le roi danois supposait hostiles à son autorité, furent recherchés et mis à mort. Plus de six cents personnes périrent ainsi en quelques mois. Les Danois eux-mêmes furent révoltés de cette barbarie. Otho Krumpen, général de l'armée danoise, se démit de sa charge, tandis que Norby, amiral de la flotte, accordait, dans l'île de Gotland, un asile aux proscrits. Christian retourna alors dans le Danemark, d'où il se rendit dans les Pays-Bas, pour réclamer l'appui de Charles-Quint contre les Lubeckois, qui lui étaient hostiles, et contre le duc de Holstein, son oncle, qui intriguait dans le Danemarck. — Christian avait confié le gouvernement de la Suède à son favori Slaghock, élevé par lui à la dignité d'archevêque de Lunden. Slaghock ne conserva néanmoins pas longtemps cette haute position. Le pape ayant envoyé à Copenhague un légat pour faire une enquête sévère sur le supplice des évêques compris dans la proscription du sénat de Suède, le roi détourna l'orage sur la tête de son favori. L'archevêque de Lunden fut brûlé vif; mais cette mort n'apaisa point le ressentiment des Suédois. Échappé à la surveillance d'Eric Banner, Gustave Wasa avait traversé la Suède, et ralliait autour de sa bannière les paysans de la Dalécarlie. Bientôt tout le pays fut soulevé, et les Danois ne conservèrent plus que les trois places de Stockholm, Calmar et Abo. Les états de Suède, rassemblés à Wadstena, déclarèrent le monarque danois déchu de la couronne. — On a imputé, en ces circonstances, à Christian un crime abominable, dont il paraît cependant que sa mémoire doit être déchargée. Selon l'historien Messenius, que beaucoup d'auteurs ont suivi, entre autres Vertot, il aurait fait jeter à la mer, enfermées dans un sac, la mère et la sœur de Gustave Wasa. Eric Jœransen et Ægidius Girs, anciens historiens de Suède, ne font aucune mention de ce fait; le premier affirme au contraire que Cécile, la mère du libérateur de la Suède, et Emmerance, sa sœur, retenues en captivité à Copenhague, y moururent de la peste. Cette version nous paraît plus croyable. — Outre sa guerre avec la Suède, Christian en soutenait une autre contre Lubeck. Il engagea son oncle Frédéric, duc de Holstein, à envahir le territoire de cette ville; mais Frédéric, qui convoitait déjà le trône de Danemark, ne voulut point y consentir. — Bientôt même le duc de Holstein vit l'occasion venue de réaliser ses ambitieux projets, Christian acheva de s'aliéner la noblesse et le clergé danois, par la publication des deux codes de lois *politiques* et *ecclésiastiques*. Il y restreignait les droits des nobles et portait atteinte aux priviléges du clergé. Cependant ces deux codes renfermaient quelques dispositions excellentes en elles-mêmes, mais malheureusement intempestives. Ainsi la condition des serfs s'y trouvait adoucie; défense était faite aux seigneurs de les maltraiter et d'en trafiquer comme des bêtes de somme. — « La coutume mauvaise et impie, y lisons-nous (*Leg. ecclesiast.*, c. 5), qui a lieu dans les îles de Seeland, de Falster, de Laland et de Moene, de vendre des pauvres paysans, et de trafiquer de personnes chrétiennes comme de créatures privées de raison, sera et demeurera abolie; et, lorsque les maîtres maltraiteront injustement leurs serfs, il sera permis à ces derniers de s'enfuir et d'aller s'établir dans d'autres terres, comme font les paysans de Scanie, de Jutland et de Fionie. » — Défense fut faite, en même temps, de piller les biens des naufragés. Des règlements très-sages furent établis pour contribuer à la répression de cet abus odieux. — Ce qui indisposa surtout la noblesse danoise fut l'établissement d'une cour souveraine de justice, composée, au gré du roi, de quelques docteurs en droit, secrétaires et notaires, à qui la garde du sceau de l'État était confiée. C'était là un attentat évident aux droits du sénat; c'était l'annulation réelle de ce pouvoir, auquel on enlevait la meilleure partie de ses attributions. Aussi la mesure souleva-t-elle une clameur générale, Christian aurait pu sans doute se mettre à couvert des ressentiments de la noblesse, en recherchant l'appui du peuple; telle était aussi sa politique : on l'avait vu naguère, en Suède, fournir gratuitement du sel aux paysans, tandis qu'il décimait la noblesse sur la grande place de Stockholm ; mais l'état obéré de ses finances ne lui permit pas d'employer ces moyens, qui auraient pu lui concilier le tiers état. Au lieu de réduire les impôts, il se voyait journellement obligé de les augmenter; il dut même recourir à l'expédient ruineux d'altérer les monnaies, mesure qui lui aliéna complétement la classe bourgeoise. Aussi, lorsqu'en 1522 la noblesse, mécontente, intrigua pour le déposer, elle trouva le peuple très-disposé à la seconder. Vers la fin de cette année, les sénateurs et les évêques dressèrent l'acte de déchéance de Christian, et offrirent la couronne de Danemarck à Frédéric de Holstein. Cependant Christian, qui avait reçu avis de la conjuration, convoqua la noblesse du Jutland à Callundborg, en Seeland; mais personne ne se rendit à son appel; il fit alors une nouvelle convocation pour le 25 janvier 1523 à Aarhus, et partit pour cette dernière ville. Pendant ce temps, les conjurés, pressés d'en finir, s'assemblent à Viborg, où ils règlent définitivement la marche de leur entreprise. Munk, un des juges de la province, est chargé par eux de communiquer au roi son acte de déchéance. Il se rend à Veile, où se trouvait Christian, et lui demande audience. Celui-ci l'accueille amicalement et le retient à souper. En se retirant, Munk laisse tomber un de ses gants, puis il prend un bateau, et s'empresse de quitter la ville. Le lendemain, un page aperçoit le gant et y trouve l'acte d déchéance du roi. Celui-ci voulut faire courir après le hardi messager; mais il était trop tard, Munk se trouvait déjà en lieu de sûreté. Bientôt tout le pays fut en armes. Christian, effrayé, abandonna le Danemark le 14 avril 1523, et se rendit dans les Pays-Bas avec la reine, ses enfants et toutes les richesses qu'il put emporter. Une tempête dispersa sa flotte et brisa une partie de ses vaisseaux : il n'arriva à Veere en Zélande qu'après avoir couru mille dangers. Il y venait réclamer l'appui de son beau-frère, Charles-Quint. Ce monarque, qui se trouvait alors en Espagne, se borna à publier des manifestes contre Frédéric, le nouveau roi de Danemark, et à défendre aux Lubeckois de rien entreprendre contre Christian. Cependant une expédition se prépara bientôt dans les Pays-Bas, pour remettre ce dernier en possession de sa couronne. Plusieurs princes allemands lui promirent leur appui, et des banquiers hollandais lui prêtèrent de l'argent. En 1531, Christian débarqua à Opslo, alors capitale de la Norwége, et il obtint d'abord quelques succès. Le sénat de Norwége lui prêta de nouveau serment de fidélité, et fit signifier sa résolution à Frédéric. Mais un revers complet succéda à ces premiers avantages. Attaqué par les flottes de Danemark et de Lubeck, Christian eut la douleur de voir la plupart de ses vaisseaux dispersés et brûlés. Il fut lui-même obligé de se renfermer dans la ville, où il ne tarda pas à demander à capituler. Les négociations traînant en longueur, il voulut avoir une entrevue avec Frédéric, et réclama un sauf-conduit. On le lui accorda, et il arriva devant Copenhague à la fin de juillet 1532. Frédéric usa alors contre lui d'une insigne mauvaise foi; il fit déclarer par le sénat toute convention nulle et décréter l'arrestation de l'ex-roi. Christian fut conduit au château de Sœnderbourg, dans l'île d'Alsen, sur les côtes du duché de Sleswig, où il subit, pendant douze années, une détention très-rigoureuse. Son sort ne fut adouci qu'en 1546, par suite d'un traité signé entre Christian III (*V.* ce nom) et Charles-Quint. On lui assigna un revenu sur le bailliage de Callundborg et sur l'île de Samsoé. Christian III alla lui-même le délivrer, et le fit conduire à Callundborg par quatre sénateurs. — Le roi détrôné demeura dans cette ville, où il fut traité honorablement jusqu'à sa mort, arrivée le 24 janvier 1559. — Isabelle, sa femme, était morte à Gand en 1526. Christian en avait eu cinq enfants : Jean, né en 1518, fut élevé dans les Pays-Bas par le célèbre Corneille Agrippa : il mourut à Ratisbonne en 1532; deux autres moururent également en bas âge; Dorothée épousa Frédéric, comte, puis électeur palatin, et Christine, accordée d'abord à François Sforze, duc de Milan, épousa en secondes noces François, duc de Lorraine. — Christian II a été diversement jugé par les historiens : quelques-uns l'ont représenté comme un monstre, d'autres ont tracé son panégyrique. M. Riegels, écrivain danois (*Apologie de Christian II*, publiée en 1788), l'a comparé à Joseph II. Christian avait peut-être quelques-unes des qualités de ce prince; mais il y joignait des vices inconnus au monarque autrichien. Le massacre de la noblesse suédoise à Stockholm est une tache sanglante imprimée sur sa vie. Ses codes et ses règlements révèlent en revanche une grande sagesse de vues et une intelligence éclairée. — Christian II eut le tort de vouloir augmenter l'autorité royale aux dépens de la noblesse, sans avoir, comme Louis XI, le génie de venir à bout de son dessein.

CHRISTIAN III, fils de Frédéric I^er^, fut nommé roi de Danemark par les états de Jutland, le 4 juillet 1534. Son élection ne lui assura pas immédiatement la couronne. Elevé dans la religion luthérienne, Christian III rencontra dans l'ordre du clergé et dans celui des paysans une vive et légitime opposition. Un parti considérable se forma en faveur de Christian II, alors détenu au château de Sœnderbourg; ce parti fut soutenu par les habitants de Lubeck, qui envoyèrent dans le Holstein une armée considérable sous le commandement du comte d'Oldenbourg. Copenhague, toute la Seeland, la Scanie et la Fionie se soumirent à l'armée du comte. — Pendant ce temps, Christian alla assiéger la ville de Lubeck. Ce siége, poussé d'abord vigoureusement, se termina par une transaction : les Lubeckois s'engagèrent à ne faire aucune entreprise contre le Holstein, et Christian, de son côté, leur promit de ne plus inquiéter leur ville. Cependant la guerre se continuait avec d'égales alternatives de succès et de revers; un secours que Christian obtint de Gutave Wasa, son beau-frère (ils avaient épousé les filles du duc de Saxe-Lauenbourg), finit par fixer l'avantage de son côté. Une armée suédoise, commandée par Jean Thureson, occupa la Scanie, pendant que Christian, après avoir battu ses ennemis entre Assens et Middelfahrt, s'emparait de la Fionie. Ayant réuni une flotte considérable, composée en grande partie de vaisseaux du roi de Suède et du duc de Prusse, Christian alla ensuite assiéger Copenhague. Ce siége, qui dura toute une année et ne se termina qu'après une famine terrible, endurée avec héroïsme par les assiégés marque dans les annales du Danemark. Abandonnés par les Lubeckois, qui firent, à Hambourg, leur paix avec Christian, les habitants se rendirent enfin (1536). Le roi usa dans les premiers moments avec modération de sa victoire; mais il s'occupa bientôt de détruire la foi catholique dans le Danemark, pour y établir le luthéranisme. Il commença par exclure les évêques du sénat, et fit ensuite arrêter les principaux d'entre eux. Les états, à l'exception de l'ordre du clergé, furent alors convoqués par lui à Copenhague, afin de porter un jugement sur la conduite des prélats incarcérés. Des accusations passionnées furent à cette occasion dirigées contre le clergé. Parmi les crimes imputés aux évêques, nous trouvons en première ligne celui de s'être opposés de tout leur pouvoir à l'introduction de la religion protestante dans le royaume. — On décréta enfin dans cette assemblée que le culte public de la religion romaine serait aboli et que l'on affecterait les biens du clergé à l'acquittement des dettes de l'Etat, au soulagement du peuple, à l'entretien des pauvres et à celui du clergé protestant, de l'université et des autres écoles. — Cette résolution fut l'objet d'un décret désigné sous le nom de *recez des états généraux* (1536). Les évêques furent ensuite remis en liberté, à l'exception de *Ronnow*, évêque de Roschild, qui refusa de se soumettre aux ordonnances de Christian. — La suppression de la religion catholique eut pour effet d'altérer profondément la constitution du Danemark. Auparavant l'ordre du clergé et celui des paysans se soutenaient mutuellement contre la noblesse. Lorsque le premier fut abattu, le tiers état, réduit à ses propres forces, se trouva incapable de lutter encore contre les prétentions de l'aristocratie. Celle-ci domina alors complétement dans l'Etat; elle occupa toutes les positions importantes, et rien ne se fit plus que par son influence. C'est un résultat qu'il est bon de constater. — En 1536, la Norwége se soumit à Christian III; Olaüs Lunge, archevêque de Drontheim, quitta ce royaume pour se réfugier en Hollande. Par une décision du sénat, assemblé à Copenhague, la Norwége fut alors réunie au Danemark à titre de province. — Le 12 août 1537, Christian III se fit couronner à Copenhague par Bugenhag, ministre protestant, qui tint dans cette cérémonie la place du primat du Nord. — L'année suivante, le roi de Danemark se rendit à Brunswick, où se trouvèrent réunis les ducs de Lunebourg François et Ernest, Jean-Frédéric, électeur de Saxe, Maurice de Saxe, Philippe, landgrave de Hesse, Albert, comte de Mansfeld et plusieurs théologiens allemands, entre autres le fameux Mélanchthon. Les princes y contractèrent une alliance relative à la sûreté de la religion protestante. Christian III avait un intérêt particulier dans cette ligue. Frédéric, électeur palatin, gendre de Christian II, s'efforçait de faire valoir ses droits à la couronne de Danemark, et il avait trouvé dans Charles Quint un allié puissant. Ce dernier voulut cependant s'interposer comme médiateur entre les deux princes. Un congrès eut lieu dans ce but en 1540, à Ratisbonne; mais rien ne put y être conclu. L'année suivante, Christian crut prudent de renforcer encore ses alliances, en faisant un traité avec le roi de France, François I^er^. Par ce traité, les deux souverains se donnaient pour la première fois le titre de *frères*, et s'engageaient à s'assister réciproquement. Le monarque français promettait au danois un secours de deux mille hommes de pied et de douze vaisseaux; Christian ne s'engageait à fournir que la moitié de ces forces, mais il devait refuser le passage du Sund aux ennemis de son allié. — Peu de temps après, Christian conclut encore, à Bromsebro, avec Gustave Wasa, une alliance défensive dont la durée fut fixée à cinquante ans. — En 1542, il envoya des secours à François I^er^ contre Charles-Quint, poussa avec assez de vigueur la guerre contre les Flamands. L'empereur s'aperçut enfin que cette lutte, qui empêchait ses sujets de commercer dans la Baltique, lui portait un grand préjudice sans nuire beaucoup à son ennemi, et il résolut d'y mettre un terme. Un congrès fut assemblé à Spire; Charles y envoya Granvelle; Christian y fut représenté par Jean Rantzow et André Bilde. Ces négociateurs conclurent un traité qui termina la guerre engagée depuis la déposition de Christian II. Par ce traité, la captivité du monarque détrôné dut être adoucie. Le roi de Danemark s'engagea en outre à ne plus prendre de force à son service aucun navire des Pays-Bas, comme un ancien usage l'y autorisait; il réduisit les droits du Sund à un noble à la rose par vaisseau, etc. — Une disette affreuse ravagea ensuite le Danemark; Christian s'efforça, par de sages mesures, d'en diminuer les désastres. Il refusa de prendre part à la guerre engagée contre Charles-Quint par la ligue de Smalcalde, quoique la convention de Brunswick l'y obligeât. Il paraît néanmoins qu'il fit passer des secours d'argent aux confédérés. — Les dernières années du règne de Christian III s'écoulèrent dans une paix profonde. Il protégea les sciences et releva l'université de Copenhague, à laquelle il donna des revenus sur les douanes du Sund. Il mourut à Colding, dans le Jutland, le 1er janvier 1559, à l'âge de cinquante-six ans. — Il eut, de son mariage avec Dorothée de Sand-Lauenbourg, cinq enfants : Anne, mariée à Auguste, duc et électeur de Sand; Frédéric, qui lui succéda sous le nom de Frédéric II; Jéan, duc de Sleswig-Holstein, et Dorothée, épouse de Guillaume, duc de Lunebourg, de qui descendent les ducs et électeurs du Hanovre.

**CHRISTIAN IV**, l'un des meilleurs rois que le Danemark ait possédés, naquit le 12 avril 1577, et succéda à Frédéric II, son père, en 1588. Pendant sa minorité, la régence fut confiée à quatre sénateurs. Cette régence, qui dura huit années, fut très-heureuse; une paix profonde régna dans le royaume. En 1592, le jeune roi se rendit en Norwége pour y recevoir l'hommage de ses sujets; sa bonne mine et ses manières pleines de dignité lui concilièrent tous les suffrages. A son retour il alla faire une visite au célèbre Tycho-Brahé, établi alors dans l'île de Hveen, et il prit auprès de ce grand astronome des leçons de diverses sciences, notamment d'architecture navale. Il voulut contribuer au développement du grand établissement scientifique fondé par Tycho-Brahé, dont il augmenta la pension et à qui il fit cadeau de son portrait. — En 1594, Christian, âgé de dix-sept ans seulement, reçut de l'empereur une dispense d'âge qui lui permit de prendre possession des duchés de Holstein et d'Oldenbourg. — Deux ans plus tard, en 1596, il fut déclaré majeur et couronné roi de Danemark et de Norwége. Cette cérémonie fut très-imposante. Le sénat présenta au jeune roi des *capitulations* renfermant l'ancienne charte aristocratique du Danemark, qu'il jura d'observer et de maintenir. Ces capitulations attribuaient des droits étendus au sénat et des priviléges considérables à la noblesse. Ainsi le roi ne pouvait faire la guerre, donner des fiefs de la couronne, choisir des sénateurs, lever des impôts sur la noblesse, sans le consentement du sénat; de plus, il était accordé aux seigneurs dans leurs terres des droits égaux à ceux dont le roi jouissait dans les siennes, etc. Parmi les dispositions singulières que renfermaient ces capitulations, nous trouvons celles-ci : « Si un homme anobli et possédant des terres nobles vient à mourir sans autres héritiers que des roturiers, ses terres ne passeront ni à ses héritiers ni à la couronne; mais les héritiers seront tenus de les vendre dans l'espace d'un an et un jour à quelque personne noble. — Les officiers du roi ne pourront défier un gentilhomme; mais, s'ils ont sujet de se plaindre de lui, ils doivent se pourvoir en justice. Que si quelqu'un veut défier un gentilhomme, il doit lui envoyer ses lettres de défi ouvertes et scellées par deux gentilshommes; et celui qui a reçu le défi doit suivre ceux qui le lui ont signifié, un jour et une nuit après l'avoir reçu. » — La noblesse insista sur le maintien de ces articles, qui n'étaient déjà plus dans les mœurs de l'époque, mais qui consacraient les vieux priviléges et assuraient sa prééminence. — Pendant les premières années de son règne, Christian IV prit diverses mesures pour encourager le commerce de son royaume et pour augmenter le revenu public. Il se montra bon économe et administrateur éclairé; il fit aussi de nombreux voyages. La Russie ayant élevé des prétentions sur la Laponie, il voulut reconnaître lui-même cette contrée. En 1599, il équipa une escadre de douze vaisseaux et parcourut les côtes de la Norwége, de la Laponie et de la Russie; il poussa ses explorations jusqu'aux environs de la mer Blanche. Aucun souverain avant lui n'avait pénétré aussi loin dans ces parages. Christian se rendit ensuite en Allemagne, où il reçut l'hommage de la ville de Hambourg. En 1606, il alla visiter le roi Jacques d'Angleterre, son beau-frère, afin de l'intéresser à la cause des protestants d'Allemagne; mais il ne réussit point dans sa négociation. — En 1611, le Danemark déclara la guerre à la Suède; les griefs des deux Etats étaient réciproques. Les hostilités durèrent deux ans, avec des succès balancés. Christian débuta par le siége de Calmar, qui se rendit après avoir fait une résistance désespérée. Le roi de Suède, Charles IX, vint lui livrer bataille sous les murs de cette place; l'armée danoise eut l'avantage, et, peu de temps après, elle s'empara de l'île d'OEland. Charles IX défia alors Christian à un combat singulier. Ce défi ne fut pas mis à exécution; mais les deux armées se livrèrent un nouveau combat, plus sanglant que le premier, où l'avantage fut partagé. — Dans une marche que Christian fit pour se rapprocher de Calmar, il se trouva serré de près par l'armée suédoise; il blessa de sa propre main et fit prisonnier le commandant d'un détachement qui le poursuivait. — Les deux armées prirent en- suite leurs quartiers d'hiver (1612), et Christian ramena sa flotte à Copenhague. L'année suivante, il eut pour adversaire Gustave-Adolphe; néanmoins il s'empara d'Elfsborg et de quelques autres places, et présenta le combat à son adversaire, qui le refusa à cause de l'infériorité de ses forces. La paix ne tarda pas à être conclue (janvier 1613) par l'intermédiaire du roi d'Angleterre. — Le Danemark jouit alors d'une longue paix, que le roi utilisa dans l'intérêt de la prospérité du royaume. Il fit faire une expédition pour découvrir un passage aux Grandes-Indes par le nord, établit à Tranquebar la domination danoise et fonda la compagnie asiatique. — En 1625, Christian s'engagea, pour son malheur, dans la guerre de trente ans. Les Etats de la basse Saxe, menacés par la ligue catholique, dont le duc de Bavière était le chef et Tilly le général, implorèrent l'appui des souverains du Nord. Le roi de Danemark répondit le premier à cet appel, et alla prendre le commandement de la ligue des protestants d'Allemagne. La première campagne ne fut marquée par aucun événement important; la seconde (1626) fut désastreuse pour Christian. Il eut à lutter à la fois contre Tilly et Wallenstein, les deux plus célèbres généraux de l'empereur. Une bataille décisive eut lieu à Lutter, dans le pays de Brunswick. Christian y déploya la plus grande valeur, et ramena trois fois ses troupes au combat; mais il dut céder enfin devant le génie de ses adversaires. Les protestants furent complétement défaits, et leur chef se trouva bientôt abandonné par la plus grande partie de ses troupes; néanmoins il réussit à se maintenir sur l'Elbe et à empêcher les Impériaux de pénétrer plus avant dans le pays de Brême. L'empereur lui fit alors offrir la paix par l'entremise de Wallenstein et de Tilly; Christian en trouva les conditions trop humiliantes et continua la guerre. Il ne tarda pas à être réduit aux plus dures extrémités. Pressé par des forces supérieures, il dut évacuer successivement le Holstein, le Sleswig et le Jutland; une grande partie de son armée, acculée au fond de cette presqu'île, fut obligée de se rendre à discrétion. — En 1628, le roi de Danemark se releva momentanément; il secourut Stralsund, fit une descente dans les îles situées à l'embouchure de l'Oder, et s'empara de quelques villes du comté d'Oldenbourg. Ses succès cependant furent passagers; il se vit de nouveau obligé de se retirer devant des forces supérieures. Il obtint quelques compensations sur mer; ses flottes réussirent constamment à interdire aux Impériaux l'accès des îles du Danemark. — Dans cette guerre, Christian se trouvait l'allié de Gustave-Adolphe, naguère son ennemi. Des conférences s'ouvrirent à Lubeck pour traiter de la paix; le roi de Suède en fut exclu, et Christian se vit obligé de souscrire à des conditions onéreuses : Tilly fut le négociateur de ce traité, qui termina la période danoise de la guerre de trente ans. — Le Danemark eut alors une période de quinze années de repos. En 1644, sa tranquillité fut brusquement troublée par une invasion suédoise. Torstenson se rendit en quelques jours maître du Holstein, tandis que Horn, autre général suédois, envahissait la Scanie. Christian se plaignit avec justice à la reine Christine de cette violation déloyale du traité. Christine ne répondit à ses réclamations que par une déclaration de guerre. Le roi de Danemark s'était mis cependant en état de résister aux Suédois, qu'enorgueillissaient les récents triomphes de Gustave-Adolphe. Il repoussa deux fois Torstenson, qui essayait de forcer, avec une escadre, le passage des Belts; les Hollandais s'unirent alors contre lui avec les Suédois. — Christian tint d'abord la flotte hollandaise bloquée sur les côtes de Sleswig; il l'empêcha ensuite d'opérer sa jonction avec la flotte danoise, et, grâce à quelques renforts qui lui vinrent de Copenhague, il l'obligea de regagner les côtes de la Hollande, après lui avoir fait subir des pertes considérables. Il alla alors à la rencontre des Suédois. En 1644, il trouva la flotte suédoise près de Femern; le combat dura dix heures. Christian fut blessé à la tête par un éclat de bois et renversé; les Suédois furent néanmoins forcés de se retirer et de gagner les côtes du Holstein. La délivrance de la Scanie fut la suite de ce succès; mais la fortune ne tarda pas à changer et à se déclarer contre les Danois; les Suédois occupèrent le Sleswig, et Christian fut obligé d'abandonner la Scanie. Une flotte hollandaise parut devant Copenhague et jeta la terreur dans l'âme des habitants. Les états contraignirent le roi à demander la paix. — Elle fut signée, sous la médiation de la France, le 13 août 1645, à des conditions plus dures encore que la précédente. Le Danemark céda à la Suède l'île de Gotland, deux provinces à l'est des montagnes de la Norwége et l'île d'OEsel; elle lui accorda en même temps l'exemption du péage du Sund. La grandeur d'âme avec laquelle Christian supporta ses revers fut admirée par toute l'Europe et lui concilia tout à fait l'affection de ses sujets. — Il mourut trois ans après la conclusion de la paix, le 28 février 1648. — Christian IV avait épousé, en 1598, Anne-Catherine, fille de Joachim-Frédéric, margrave de Brandebourg; il en eut plusieurs enfants, qui moururent en bas âge, à l'exception de Frédéric, qui lui succéda. — En 1612, la reine étant morte, Christian épousa *de la main gauche* Christine de Munck, dont il eut un grand nombre d'enfants; ceux-ci se montrèrent fort remuants, et troublèrent, par leurs intrigues, la vieillesse de leur père. Christine de Munck ne jouit pas longtemps de sa haute fortune; remplacée par Wydeke dans les affections du monarque, elle fut mise en jugement et renfermée dans un château du Jutland. Le règne de Wydeke finit à son tour, et celle-ci, dit-on, mourut de douleur de se voir délaissée. Ces détails intimes sont la partie honteuse de la vie de Christian.— L'histoire de ce monarque a été écrite en danois par M. Slange, conseiller de conférence, revue par M. Grumm, et publiée en 1749 à Copenhague. Les premières parties ont été traduites en allemand et enrichies d'additions considérables, par M. T.-H. Schlegel.

CHRISTIAN V, né en 1646, succéda en 1670 à son père, Frédéric III. Pendant les premières années de son règne, le ministre Schumacher, devenu grand chancelier, eût la direction des affaires du royaume. Sous l'influence de cet homme d'Etat, un grand nombre de sages ordonnances furent rendues, et la prospérité du Danemark prit un essor rapide. L'armée de terre fut diminuée; on réduisit de moitié les *droits de rivage*, qui pesaient sur les navigateurs et entravaient le commerce; une nouvelle compagnie des Indes orientales reçut l'autorisation de commerce depuis le cap de Bonne-Espérance jusqu'à la Chine. Une autre compagnie, dite des Indes occidentales, fut mise en possession de l'île Saint-Thomas des Antilles, que les Anglais restituèrent au Danemark. — C'est du commencement du règne de Christian V que date l'établissement de la noblesse titrée dans le Danemark. Dans les temps anciens les nobles s'y distinguaient bien à la vérité par les titres de *jarl* et de *hersa*, que l'on pourrait traduire par *comte* et *baron*; mais ces dénominations étaient tombées en désuétude. Schumacher en fit établir de nouvelles, dont il profita l'un des premiers: il fut nommé comte de Griffenfeld. L'ordre de Dannebrog, créé jadis par Valdemar II, mais aboli depuis l'an 1500, fut rétabli avec solennité. Schumacher fit également partie de la première promotion. Ces honneurs ne l'empêchèrent pas de succomber sous une intrigue en 1676. Il fut mis en jugement et condamné à avoir la tête tranchée. Entre autres griefs énoncés contre lui, on trouve celui d'avoir tenu de trop longs discours au roi et de lui avoir répété trop souvent les mêmes choses. — On lui fit grâce de la vie et on l'envoya, pour le reste de ses jours, dans la forteresse de Munckholm en Norwége. Cet épisode de l'histoire du Danemark a fourni à M. Victor Hugo le sujet de son roman de *Han d'Islande*. — En 1671 Christian V s'unit à l'empereur, au roi d'Espagne, à l'électeur de Brandebourg, au landgrave de Hesse-Cassel et au duc de Brunswick-Lunebourg contre Louis XIV. En 1673, il fit également alliance avec les Hollandais, quoique Terlon, l'ambassadeur de France, lui offrît un subside considérable s'il consentait à rester neutre. — — L'année suivante il attira dans la forteresse de Rendsbourg le duc de Holstein-Gottorp, avec qui il avait des démêlés, et il ne l'en laissa sortir qu'après lui avoir fait signer l'abandon de la forteresse de Tonningsen. — Christian déclara ensuite la guerre à la Suède et s'empara de la Poméranie. En même temps sa flotte, sous le commandement de l'amiral Juel, s'empara de l'île de Gotland; réunie ensuite à celle de Hollande, commandée par Tromp, elle défit complétement les Suédois à Ertholllen sur les côtes de Scanie.—En 1676 Christian envahit la Scanie, occupa Helsingborg et plusieurs autres places, mais ne put réussir à opérer sa jonction avec son armée de Norwége, qui fut battue par le roi de Suède Charles XI. Le 3 décembre, les deux rois se livrèrent bataille près de Lunden, et tous deux s'attribuèrent la victoire. Le 1er juillet 1677, la flotte suédoise fut de nouveau battue par les Danois, commandés par l'amiral Juël. Quelque temps après, les Suédois perdirent encore l'île de Rugen, dont ils s'étaient emparés, et la ville de Stralsund. Leur domination se trouva momentanément anéantie en Allemagne (1678). Cependant, un congrès s'étant ouvert à Nimègue, Louis XIV voulut que la Suède fût comprise dans la paix qui allait être conclue. Christian refusa d'abord de traiter; mais, le roi de France l'ayant menacé d'une invasion, il consentit à ce qu'une conférence fût ouverte à Lunden sous la médiation de l'électeur de Saxe. La paix fut signée à Fontainebleau le 2, et à Lunden le 4 septembre 1679. Le duc de Holstein-Gottorp fut remis en possession de ses Etats, et Christian rendit à la Suède tous les territoires dont il s'était emparé. Avant de dissoudre son armée, le roi de Danemark voulut surprendre Hambourg, pour la forcer à lui rendre hommage et à reconnaître sa suzeraineté. Les Hambourgeois transigèrent en lui payant une indemnité de deux cent mille écus. En 1684 il essaya de nouveau de s'emparer de cette ville, sans pouvoir y parvenir. — Le traité de Lunden n'ayant pas été exécuté en ce qui concernait le duc de Gottorp, de nouvelles conférences furent ouvertes à Altona, par suite desquelles ce prince fut définitivement réintégré dans ses possessions. Il en jouit paisiblement jusqu'à sa mort, arrivée en 1694. De nouveaux dissentiments éclatèrent alors entre Christian et l'héritier de Gottorp. Celui-ci trouva un énergique auxiliaire dans le jeune Charles XII, qui venait de monter sur le trône de Suède. Une guerre allait infailliblement éclater entre les deux royaumes, lorsque Christian mourut, le 25 août 1699, des suites d'une blessure qu'il avait reçue à la chasse l'année précédente. Le Danemark doit à ce roi un code, publié en 1693, et qui est encore en vigueur maintenant. Ce code porte son nom. Christian V s'appliqua à embellir Copenhague; il y introduisit l'éclairage des rues. Il fonda aussi, dans le comté d'Oldenbourg, la ville de Christianbourg. Christian V épousa en 1667 Charlotte-Amélie, fille du landgrave de Hesse-Cassel; il en eut Frédéric IV, qui lui succéda, et trois autres enfants morts sans postérité.—Quelques années après son mariage, il prit pour maîtresse Sophie-Amélie Moth, fille de son médecin, qu'il créa comtesse de Samsoé, et dont il eut également plusieurs enfants. L'un d'entre eux, F. Guldenlew, eut une carrière assez glorieuse et fut élevé à la dignité de vice-roi de Norwége.

CHRISTIAN VI naquit le 10 décembre 1699, et succéda, le 12 octobre 1730, à son père, Frédéric IV. C'était un prince pieux et de mœurs très-régulières. Non-seulement il tenait une conduite rigide et austère, mais encore il faisait surveiller les mœurs de ses sujets. Il était d'une santé très-délicate, et ne put réaliser toutes les améliorations qu'il projetait. Il donna au commerce et à l'industrie des encouragements efficaces. Sous ses auspices, deux compagnies furent organisées pour le commerce de la Laponie norwégienne, d'Archangel et de la Russie. La compagnie danoise des Indes occidentales acheta en même temps au roi de France, pour la somme de cent soixante-quatre mille écus, l'île de Sainte-Croix dans les Antilles. Le règne de Christian VI fut presque entièrement pacifique. En 1732, il conclut une alliance avec les cours de Vienne et de Saint-Pétersbourg. Il s'engagea à fournir à l'empereur un contingent de six mille hommes, qui furent employés à l'armée du Rhin jusqu'en 1736. En 1734, il contracta aussi une alliance étroite avec la Suède. Quelques années après (1742), la reine Ulrique-Eléonore étant morte sans laisser de postérité, Christian voulut faire élire par les Suédois le prince royal de Danemark et renouveler ainsi l'ancienne union de Calmar. Mais les concurrents étaient nombreux: le roi de France recommandait le duc de Deux-Ponts; le landgrave de Hesse, mari d'Ulrique-Eléonore, présentait son neveu le prince de Hesse; enfin l'impératrice de Russie, Elisabeth, alors en guerre avec les Suédois, patronnait Adolphe-Frédéric évêque de Lubeck, de la maison de Gottorp, parent du duc de Holstein-Gottorp, son neveu. Elle imposait l'élection de ce prince comme condition de la paix. Quoique le prince royal de Danemark eût pour lui le clergé et l'ordre des paysans, il ne put l'emporter; la nécessité de conclure la paix fit élire Adolphe-Frédéric (4 juillet 1743). Elisabeth restitua aux Suédois tout ce qu'elle leur avait pris en Finlande, et, d'un autre côté, elle assura à Christian la paisible possession du duché de Sleswig. — Cependant la maison de Holstein-Gottorp ne voulut point consentir à se désister de ses prétentions sur cette province. Christian, que l'élévation de cette maison sur les trônes de Suède et de Russie inquiétait, songea alors à réclamer l'appui de la France; il conclut, en 1745, avec le roi Louis XV, une alliance défensive pour deux ans. Quelques démêlés qu'il eut, à cette époque, avec la ville de Hambourg se terminèrent au moyen d'une transaction. Les Hambourgeois payèrent au Danemark une indemnité d'un demi-million de marcs. Christian VI mourut le 6 août 1746. Malgré l'austérité de ses mœurs il laissa les finances fort obérées. Il avait la manie de bâtir; il fit élever de magnifiques palais à Copenhague et à Hirsholm. Il rebâtit aussi plusieurs quartiers de Copenhague, détruits dans l'incendie de 1728. — Christian VI avait épousé Sophie-Madeleine de Brandebourg-Culembach, dont il eut Frédéric V, son successeur, et une princesse, nommée Louise, qui fut mariée au duc de Saxe-Hildbourghausen.

CHRISTIAN VII, roi de Danemark, né le 29 janvier 1749, succéda, le 13 janvier 1766, à son père Frédéric V. Après son couronnement il alla visiter l'Allemagne, la Hollande, l'Angleterre et la France. Pendant son voyage, il fréquenta de préférence la société des savants et des littérateurs. Il eut des relations avec Voltaire, qui lui adressa plus tard une épître. Il se fit recevoir docteur en droit à l'université de Cambridge. Après avoir voyagé deux ans, il revint en Danemark. Son règne, peu fécond en événements importants, fut marqué par de déplorables intrigues de cour. Le soin des affaires fut d'abord confié à J.-H.-C. de Bernstorff (*V.* ce nom), qui avait été le principal ministre de Frédéric V; mais cet homme d'Etat fut remplacé en 1770 par Struensée (*V.* ce nom), esprit insinuant et habile qui avait su captiver toute la confiance du roi. Le pouvoir de Struensée dura deux ans; mais une terrible catastrophe le termina. La noblesse, que le favori avait humiliée, s'unit, pour le renverser, à la reine douairière, Julie-Marie de Brunswick-Wolfenbuttel, qui voulait obtenir la haute direction des affaires. Christian avait épousé, en 1766, Caroline-Mathilde, sœur de Georges III, roi d'Angleterre. Struensée avait également acquis toute la confiance de cette princesse. Dans la nuit du 16 janvier 1772, à la suite d'un bal, la reine douairière se rendit avec quelques-uns des conjurés dans la chambre du roi, et lui persuada que Caroline-Mathilde, d'accord avec Struensée, voulait le forcer de renoncer à la couronne. Christian, dont la santé et l'esprit étaient déjà très-faibles, crut à cette fable et délivra l'ordre d'arrêter les coupables. La reine Mathilde, Struensée et leurs prétendus complices furent mis en jugement. La reine, enfermée d'abord au château de Kronenbourg, obtint ensuite la permission de se retirer en Angleterre; Struensée eut la tête tranchée, et son corps fut écartelé. La reine douairière fut alors toute-puissante. Son favori, Ove Guldberg, devint le ministre principal du royaume. Sous son administration, un traité fut conclu avec la Russie, par lequel les différends qui existaient entre le Danemark et la maison de Holstein furent définitivement aplanis. La partie ducale de ce comté fut réunie au Danemark. En 1778, pendant la guerre de l'indépendance américaine, le Danemark conserva la neutralité armée. En 1784, le prince royal Frédéric réussit à enlever le pouvoir au parti de la reine douairière. Le comte de Bernstorff, neveu du précédent, fut chargé de l'administration du royaume et gouverna longtemps avec sagesse. Christian ne régnait plus que de nom; sa raison s'était tout à fait altérée, il n'avait plus que de rares intervalles de lucidité. Toutefois il vécut encore longtemps. Vers la fin de son règne, de tristes calamités vinrent accabler son royaume. En 1795 un terrible incendie détruisit une grande partie de la ville de Copenhague. En 1800, le Danemark étant entré dans la coalition formée contre l'Angleterre par la France et la Russie, l'amiral Nelson arriva dans la Baltique et attaqua la flotte danoise. Le combat fut long et acharné; mais les Anglais finirent par remporter une victoire complète. Le prince royal crut alors devoir traiter avec eux. Les Danois s'engagèrent à évacuer Hambourg dont ils s'étaient naguère emparés; en revanche les Anglais leur restituèrent les îles de Sainte-Croix et de Saint-Thomas, situées dans les Indes occidentales. La paix du Danemark ne fut point troublée jusqu'en 1807. A cette époque, Napoléon voulut former de nouveau une ligue dans le Nord contre l'Angleterre. Il songea d'abord à y faire entrer le Danemark, dont la marine était encore puissante. Les Anglais, pour neutraliser l'effet de la menace de Napoléon, exigèrent que les vaisseaux de guerre danois leur fussent remis jusqu'à la conclusion de la paix générale. Une prétention aussi exorbitante fut repoussée avec indignation. Alors une flotte considérable, sous le commandement de l'amiral Popham, vint attaquer Copenhague. Pendant trois jours cette malheureuse ville fut impitoyablement bombardée; ses principaux édifices, des magasins pleins de richesses immenses, furent réduits en cendre (août 1807). — Après cet acte inouï, les Anglais occupèrent Copenhague jusqu'en 1808. Avant de l'abandonner, ils pillèrent les chargements de tous les navires qui se trouvaient dans le port, dévastèrent et dépouillèrent les arsenaux. Ils emmenèrent avec eux en Angleterre non-seulement toute la flotte de guerre consistant en quinze vaisseaux de ligne, quatorze frégates et cinq bricks, mais encore un grand nombre de bâtiments marchands et jusqu'aux plus frêles embarcations. Le roi Christian VII ne fut pas témoin du désastre de sa capitale. On l'avait emmené, avant le bombardement, à Rendsbourg, où il mourut le 13 mars 1808. Son fils Frédéric, qu'il avait eu de Caroline-Mathilde, lui succéda sous le nom de Frédéric VI.

**CHRISTIAN-FRÉDÉRIC**, prince de Danemark, fils aîné du prince héréditaire Frédéric (*V.* ci-dessus), mort en 1805, et héritier présomptif de la couronne, est né le 18 septembre 1786. Ayant divorcé en 1812 avec sa première femme, Charlotte de Meklembourg-Schwérin, dont il a un fils (Frédéric-Charles-Chrétien, né le 6 octobre 1808), il a épousé en 1815 Caroline-Amélie, fille du duc Frédéric-Chrétien de Sleswig-Sonderbourg-Augustenbourg. Il était gouverneur de la Norwége en 1813, lorsque la Russie et la Suède, soutenues par l'Angleterre et la Prusse, exigèrent du Danemark, fidèle allié de la France, la cession de la Norwége. Mais le roi Frédéric VI déclara, le 28 avril, qu'il ne se déciderait jamais à échanger ce royaume contre les provinces qui bornent le Holstein, et les négociations échouèrent. Le Danemark conclut, le 10 juin de la même année, une alliance avec la France, et déclara la guerre à la Suède, à la Russie et à la Prusse. Mais ces puissances signèrent, le 14 janvier 1814, la paix de Kiel, qui garantit la Norwége à la Suède, et le roi n'eut aucun moyen de résistance. Cependant le prince Christian-Frédéric ayant soumis ce traité à une assemblée de Norwégiens, ils le rejetèrent unanimement, en invoquant leur ancienne indépendance. En vain le roi de Suède voulut-il leur assurer à plusieurs reprises une constitution libre et des droits politiques plus larges que ceux dont ils avaient joui sous la domination des Danois, le peuple s'obstina à défendre son indépendance, et, le 19 février suivant, le prince Frédéric la proclama dans une déclaration adressée aux évêques, aux employés civils, à l'armée et au peuple. Des envoyés suédois étaient cependant arrivés à Christiania pour exiger la soumission des Norwégiens aux conditions de la paix de Kiel; mais, pour toute réponse, le prince Frédéric prête serment dans la cathédrale comme régent de Norwége, et annonça, le 13 mars, la résolution des Norwégiens de défendre leur indépendance jusqu'à la mort. — Il réunit une armée de douze mille hommes, et convoqua les états du royaume pour le 10 avril à Eidswold. La majorité des cent cinquante-quatre représentants du peuple y signa alors, le 17 mai, une loi fondamentale qui assurait la liberté du pays, et nomma le régent roi héréditaire de Norwége, sous le nom de Christian I^er^. Mais le prince chercha inutilement à obtenir la reconnaissance de l'Angleterre, dont les ministres invoquèrent les traités conclus avec les puissances alliées, et ordonnèrent bientôt après le blocus des côtes de la Norwége. Le Danemark, de son côté, déclara nul et non avenu ce qui s'était passé au delà de la mer, et pendant qu'une armée suédoise se concentrait sur la frontière, des vaisseaux de guerre de la même nation croisaient sur les côtes. L'Autriche, la Russie, la Prusse et l'Angleterre envoyèrent des plénipotentiaires à Christiania pour engager le prince à céder; mais ces tentatives furent aussi vaines que la menace du roi Frédéric VI d'établir un tribunal qui le priverait de son droit de succession à la couronne danoise. Le prince royal de Suède (*V.* Charles-Jean) s'avança le 27 juillet avec dix mille hommes vers la frontière; treize mille suivaient, et dix mille autres formaient la réserve. Une flotte suédoise, composée de quatre vaisseaux de ligne, trois frégates et soixante-quinze chaloupes canonnières, força la flottille norwégienne, qui n'était que de six bricks, quatre schooners et trente-six chaloupes canonnières, à se retirer, et, le 14 août, le prince Christian se vit contraint de conclure l'armistice de Moss, d'après lequel Frédérikshall et la forteresse de Frédéricksten furent remis aux Suédois. L'armée norwégienne, qui manquait de tout, fut dissoute. Le prince consentit à l'ouverture d'un storthing (congrès du royaume), et la Suède promit d'accepter la constitution d'Eidswold, sauf les changements que nécessiterait plus tard l'union de la Suède avec la Norwége. Mais, le 16 août, le prince Christian déclara, à Moss, qu'il renonçait à la couronne de Norwége, et exposa en même temps les motifs qui l'y engageaient. Le peuple de Christiania se montra d'abord très-mécontent; on cria à la trahison; mais tout rentra bientôt dans l'ordre. Sur ces entrefaites le prince était tombé malade à Ladegarsœn, près de Christiania : il remit la direction des affaires au conseil d'Etat, et envoya, le 10 octobre 1814, son acte d'abdication au storthing; puis il s'embarqua pour le Danemark. — Dans les années de 1819 à 1822, le prince parcourut avec son épouse l'Allemagne, l'Italie, la France et l'Angleterre; il visita, dans l'été de 1824, l'île de Bornholm, dans la mer Baltique. Très-versé dans les beaux-arts et dans les sciences, il possède une superbe collection d'antiquités et d'objets d'arts. Il est aujourd'hui gouverneur général de la Fionie, et en même temps colonel d'un régiment d'infanterie. Depuis l'année 1832, il est aussi membre du conseil d'Etat et président de l'académie des beaux-arts. De son second mariage le prince n'a pas d'enfants, et son fils du premier lit, marié depuis 1828 à la fille du roi Frédéric VI, Guillemette-Marie, n'en a pas non plus. Mais le prince a un frère, Frédéric-Ferdinand, né en 1792, marié à une princesse de Danemark, et général des troupes du royaume.

**CHRISTIAN**, archevêque de Mayence, prélat belliqueux, fut chargé par l'empereur Frédéric Barberousse de deux expéditions en Italie, l'une en faveur de l'antipape Pascal III, l'autre pour seconder les Gibelins toscans, dont il réussit assez bien à discipliner les troupes. Ayant entrepris, en 1174, le siége d'Ancône, il était sur le point d'enlever cette ville, quand l'approche d'une armée, conduite par Guillaume des Adelardi, l'obligea de s'éloigner; mais il ne cessa de combattre les Guelfes et les ennemis de Frédéric qu'après la trêve de Venise, en 1177. S'étant alors réconcilié avec Alexandre III, il déploya pour la cause de l'Eglise le même zèle qu'il avait mis à la défense de l'empire, et mourut en guerroyant près de Tusculum, en 1183.

**CHRISTIAN** (CHARLES) ou **CHRISTIAN REISEN**, graveur en pierres fines, né à Londres vers 1795, était d'origine danoise. Son père, graveur assez estimé, étant passé à Londres à la suite du roi Guillaume, s'établit dans cette ville et y enseigna son art à son fils. Charles l'a beaucoup surpassé. Quoique mort à la fleur de l'âge, en 1725, il a laissé un grand nombre d'ouvrages, auxquels on peut reprocher le manque de goût et l'absence de finesse. Son *Portrait de Charles XII* est son œuvre capitale. Il a su former des élèves distingués, entre autres, Claus, mort fou en 1739; Smart, auquel un seul jour suffisait pour graver plusieurs têtes sans qu'elles fussent trop négligées; et Seaton, Ecossais, qui se fit une réputation par le fini et l'esprit de ses figures.

**CHRISTIAN** (GÉRARD-JOSEPH), né à Verviers (Belgique) en 1776, se livra de bonne heure à l'étude des arts industriels, pour la pratique desquels il se sentait une vocation profonde. A vingt ans il connaissait les moindres détails des divers procédés employés dans l'industrie et dans les manufactures. En 1798, il obtint, au concours, une chaire de physique et de chimie appliquées aux arts et manufactures à l'école centrale du département de Sambre-et-Meuse. Lors de la suppression de ces écoles, l'amitié du célèbre Coulomb (*V.* ce nom) le fit nommer professeur de mathématiques spéciales et de chimie au lycée de Bruxelles. Trois années après, il quitta la carrière de l'enseignement, afin de pouvoir se livrer exclusivement à son goût pour les arts. Il vint se fixer à Paris, et y publia ses principaux ouvrages. Il fut un des fondateurs de *l'Industriel*, journal mensuel, qui avait pour objet de répandre parmi les ouvriers des manufactures les connaissances scientifiques qui peuvent les éclairer. Nommé directeur du conservatoire des arts et métiers en 1816, il a occupé ce poste important jusqu'à sa mort, arrivée en 1832 à Argenteuil, près de Paris. Les efforts de cet homme ingénieux tendirent à porter la lumière des sciences dans la pratique des arts. Ce but a été atteint dans ses principaux écrits, et particulièrement dans son célèbre *Traité de mécanique*. Jusqu'ici cet ouvrage est le seul dans lequel on ait démontré que cette science est toute d'observation et d'expérience, conséquemment fort différente de la mécanique rationnelle, science purement mathématique. Parmi les principaux ouvrages de Christian, nous citerons : 1° *Plan de technomonie, ou Vues sur le système général des opérations industrielles*, Paris, 1819, in-8°. Cet écrit est le fruit des travaux et des méditations de toute la vie de l'auteur, et offrait pour la première fois une théorie générale des arts industriels. 2° *Traité des impositions et de leur influence sur l'industrie agricole, manufacturière et commerciale*, Paris, 1814, in-8°. 3° *Traité de mécanique industrielle à l'usage des manufacturiers et des artistes*, 1822, 3 vol. in-4°, atlas de 60 pages. Christian a donné, en 12 vol. in-4°, la *Description des machines et des procédés spécifiés dans les brevets d'invention dont la durée est expirée*, Paris, 1813 à 1827, avec 390 planches. Il a encore publié une *Instruction sur la manière de préparer le lin et le chanvre sans rouissage*, Paris, 1820, in-4°, avec planches. Il était membre du conseil d'administration de la société d'encouragement, et a pris une part active aux nombreuses publications de cette belle institution. Il était en outre chevalier de la Légion d'honneur, membre du *comité consultatif pour l'industrie* au ministère de l'intérieur, et commissaire expert du gouvernement.

**CHRISTIANA** (*géogr.*), ville très-commerçante des Etats-Unis, Etat de Delaware, fondée en 1640 par les Suédois. 8,400 habitants.

**CHRISTIANBORG** (*géogr.*), établissement principal des Danois sur la côte d'Or, dans la Guinée septentrionale. 8,000 âmes.

**CHRISTIANI** (LE BARON CH.-J.), maréchal de camp, était frère d'un avocat de Strasbourg qui fut député à la convention nationale, membre du conseil des cinq cents, commissaire du directoire dans son département, et révoqué en 1799. Adjudant-major en 1794, il décida par sa bravoure la prise du fort Saint-Elme. Colonel des grenadiers de la garde impériale à la bataille de Dresde, il attaqua à la baïonnette des ennemis de beaucoup supérieurs en nombre et les culbuta sur tous les points. Les batailles de Vachau et de Leipzig, et les campagnes de France en 1814 et 1815, mirent le comble à sa réputation. Il est mort dans ces dernières années.

**CHRISTIANIA**, capitale du royaume de Norwége, située au fond d'un golfe qui porte son nom, par 59° 53' latitude nord, contient 21,000 habitants. Du côté du port elle offre un point de vue surprenant par le singulier mélange de ses édifices et de ses jardins, plantés d'arbres verts. Son aspect est à la fois agréable et majestueux; ses rues sont larges, régulières et bien pavées. Ses plus beaux édifices sont la cathédrale, l'hôtel de ville, la bourse, le château de la résidence royale, le collége et l'école militaire. Parmi les établissements littéraires, on doit citer la bibliothèque, riche de 130,000 volumes, le jardin de botanique, l'observatoire, le cabinet de physique, et la collection d'histoire naturelle. On y voit aussi un grand nombre d'établissements de bienfaisance, dont le plus remarquable est appelé la *maison d'Anker*, qui distribue des secours aux familles indigentes et aux pauvres honteux, et fait instruire les enfants dont les parents sont dans l'impuissance de le faire. Dans le réfectoire du grand collége se tiennent annuellement les séances du *storthing* ou des états de Norwége. — Si Christiania renfermait moins de maisons en bois, elle serait une des plus belles villes du Nord. Ses faubourgs sont considérables; l'un d'eux, appelé le *Vieux-Opslo*, est tout ce qui reste de l'ancienne capitale de la Norwége, fondée en 1060 par Harald aux Beaux Cheveux, et détruite en 1624 par un incendie. L'évêque d'Aggershuus réside dans ce faubourg, au palais épiscopal qu'on a restauré. L'antique forteresse d'Aggershuus, sise à l'embouchure de l'Agger, dans le golfe de Christiania, a donné son nom à l'évêché : c'est plutôt aujourd'hui un arsenal qu'un fort de défense, d'autant plus qu'il est dominé par des montagnes. — La moderne capitale de la Norwége porte le nom de Christian IV, son fondateur en 1624. — Elle renferme des fabriques de verres, de savon, de cordages, de grosses toiles, et une alunière considérable. Son principal commerce consiste en planches et en fer, dont l'exportation est facilitée par d'excellents ports.

**CHRISTIANISER**, v. a. Il s'est dit quelquefois pour rendre chrétien, convertir au christianisme. — Attribuer aux auteurs de l'antiquité des sentiments chrétiens. — Dans le *Journal des savants de* 1716, Dacier se justifie du reproche d'*avoir christianisé* les païens.

**CHRISTIANISME**, doctrine et religion du Christ. Voici l'article fondamental, le centre où doivent venir converger et se confondre tous les rayons de notre immense cercle encyclopédique. J'avoue que la main me tremble, en posant en quelque sorte la pierre d'assise de ce vaste monument. Je sens mes genoux trembler sous le faix : il me semble, comme Atlas, porter sur mes épaules le fardeau du monde.

Résumer en quelques pages les preuves du christianisme; présenter, pour ainsi dire, en miniature, mais sans négliger aucun trait caractéristique, son dogme, sa morale, sa liturgie, ses bienfaits ou son histoire; repousser les attaques anciennes et nouvelles dirigées contre lui; montrer que de même qu'il a suffi à tous les besoins du passé, il suffira encore à tous les besoins de l'avenir : telle est la tâche que nous avons à remplir. Le travail suppléera en nous à la science, et la foi au génie. Si nous atteignons le but, qu'à Dieu seul en reviennent tout l'honneur et la gloire; mais si nous venions à le manquer, à nous seul la honte et la peine de notre témérité. Nous supplions les ennemis du christianisme entre les mains desquels nous pourrions tomber, de ne pas prendre notre inhabileté et notre impuissance pour la mesure de ce qui peut être fait dans le même genre en faveur de la cause que nous défendons. Qu'ils nous flagellent, si nous le méritons, avec tous les fouets du ridicule, qu'ils nous déchirent avec toutes les tenailles de la critique, qu'ils nous étouffent dans les étreintes d'une logique impitoyable, qu'ils nous immolent enfin sur les autels de la raison outragée, et que notre nom reste à jamais couvert de la boue de leur mépris; mais, au nom du ciel, que la cause sacrée du christianisme n'en souffre pas. Sans autorité et sans nom, simple combattant de la milice sainte, sorti des rangs sans ordre de nos chefs, nous nous sommes avancé sur la brèche sans autre mission que celle de notre zèle et de notre ardeur. Si nous succombons, l'Eglise n'y perdra qu'un soldat sans gloire; mais d'autres, plus forts et plus habiles, s'élanceront à leur tour pour nous venger.

Pour nous, le christianisme c'est le catholicisme, qui en est la plus haute expression. Partout ailleurs il est tronqué, incohérent, multiforme et, pour ainsi dire, insaisissable. Cependant notre article CHRISTIANISME différera essentiellement de l'article CATHOLICISME. Dans ce dernier on s'est principalement attaché à montrer le catholicisme comme la formule chrétienne par excellence, la seule complète et la seule vraie, à le venger contre les accusations de l'hérésie, et à prouver qu'il est bien réellement catholique par la triple universalité du nombre, des temps, des lieux. Dans l'article CHRISTIANISME, ce n'est plus aux sectes dissidentes que nous avons à faire, mais à tous les incroyants. Nous devons prouver la divinité du christianisme et convaincre d'insuffisance toutes les explications humaines qu'on en a données. Nous devons en discuter l'origine, en examiner les bases, l'ensemble, les progrès, les effets merveilleux et montrer que tout y est divin. Pour cela nous le considérerons successivement comme *fait*, comme *doctrine*, et comme *institution*.

Bien qu'on nous ait laissé une latitude raisonnable, on se tromperait si l'on croyait trouver dans cet article tout ce qui peut être dit sur l'excellence, la beauté et la divinité du christianisme; nous ne pouvons qu'effleurer les points principaux. Nous prions donc les personnes qui voudraient se former du christianisme une idée, non pas peut-être plus juste, mais plus complète, de vouloir bien lire les différents articles auxquels nous renvoyons, et, si cela ne suffit pas encore, de vouloir bien recourir aux ouvrages spéciaux qui seront indiqués, et dans lesquels les questions sont plus largement traitées et plus approfondies. Toutes les fois que le lecteur ne sera pas satisfait, nous le supplions de nouveau de vouloir bien ne l'attribuer qu'à notre insuffisance ou à l'étroitesse du cadre dans lequel va se trouver comme étranglée une question pour ainsi dire sans bornes.

## DU CHRISTIANISME COMME FAIT.

Le christianisme est un fait, disait Fénelon à M. de Ramsay; il doit donc être étudié comme tel. Or un fait demande des preuves extrinsèques, des preuves de témoignage, et non des preuves intrinsèques. Qu'importe qu'un fait paraisse invraisemblable? S'il est, toutes les raisons du monde ne prouveront pas qu'il ne doive ni ne puisse être. Il est, donc il peut être; ce serait perdre son temps que de disputer sur la possibilité de son existence; il faut l'expliquer, si cela est possible, et l'admettre encore, lors même qu'il serait inexplicable. La physique, la chimie et les autres sciences expérimentales qui ont fait, depuis un demi-siècle, de si immenses progrès, seraient encore dans l'enfance, si l'on ne s'était pas résigné à admettre une foule de faits inexplicables et incompréhensibles. L'expérience est plus sûre que la raison, et les faits parlent plus haut que les théories.

Pour étudier le grand fait du christianisme, il faut donc mettre de côté toutes les préventions, toutes les objections et les systèmes, et ne s'attacher qu'aux preuves et aux difficultés historiques.

Il importe aussi de dégager le fait de toutes ses conséquences métaphysiques et morales ou pratiques. Il faut l'étudier comme une chose abstraite qu'on n'a nul intérêt à admettre ou à rejeter; comme on étudierait un problème de géométrie, par exemple. En agir autrement, c'est fermer volontairement les yeux pour ne point voir. Heureux ceux qui à ces dispositions indispensables joignent encore le secours de la prière!

Comme *fait*, le christianisme est divin dans ses bases, dans son auteur, dans ses antécédents ou sa préparation, dans ses témoins, dans son établissement et sa perpétuité.

Premièrement, le christianisme est divin dans ses bases. Ce n'est point un fait isolé qui surgit tout à coup sur le champ de l'histoire : il a son germe à l'origine du monde, et ses racines jusque dans les profondeurs de l'humanité. On ne peut pas le nier sans nier l'histoire et toute certitude, sans ébranler le monde. Les sources ou les bases du christianisme sont : l'Ancien et le Nouveau Testament, dont il est nécessaire de mettre d'abord la valeur historique hors de toute contestation.

Il n'est pas un livre au monde capable de soutenir les épreuves auxquelles ceux-là ont été soumis. On s'est rué sur eux avec acharnement. La critique est venue avec son scalpel, la philosophie avec ses doutes, la chronologie avec ses dates, l'histoire avec ses conjectures, toutes les sciences avec leurs théories : toutes sont venues pleines de préventions hostiles et ont cité à leur tribunal les Testaments divins, et de ces longues enquêtes et de ces débats sans fin est résultée pour tout esprit impartial cette conséquence facile à prévoir, c'est qu'on ne saurait nier l'authenticité des livres du Nouveau et de l'Ancien Testament sans nier implicitement celle de tous les livres. On peut en dire autant de l'intégrité et de la véracité. Celle de ces choses qu'on mettra en doute pour les livres sacrés, une invincible logique poussera au même doute sur tous les autres, l'histoire tout entière sera ébranlée, et l'abîme du scepticisme s'ouvrira sans fond et sans rivage. — Comment douter de l'authenticité des livres de Moïse ou du Pentateuque? Comment refuser de se rendre au témoignage unanime et constant d'une nation tout entière déposant de l'authenticité de ce livre toujours public, toujours vulgaire, qui renferme les fondements de sa religion, de sa politique et de son histoire, et dont l'auteur, à la fois prophète, libérateur et législateur, a joué un si grand rôle dans les annales de ce peuple? Livre unique, livre sacré et vénérable, où les lévites trouvaient l'origine de leurs priviléges, la règle de leurs fonctions, les rois les bases de la constitution, les magistrats la forme des jugements, les tribus et les familles les titres de leurs propriétés, les formules de leur foi et les règlements de la police et des mœurs; livre copié par les prêtres et les rois, et chaque année lu publiquement en partie devant le peuple assemblé, livre par conséquent d'un poids et d'une autorité immense. — Comment douter de l'authenticité d'un pareil livre, quand, pendant plus de mille ans, une suite non interrompue d'écrivains de la même nation la suppose : quand les Samaritains, ennemis acharnés des Juifs, ont toujours été d'accord avec eux sur ce point; quand l'Égyptien Manéthon, l'Athénien Philochore, Eupolème, Apollonius Molon, Alexandre Polyhistor et d'autres cités par Josèphe, Eusèbe et saint Clément d'Alexandrie, s'accordent avec les auteurs juifs dans les témoignages qu'ils rendent à cette même authenticité; quand cet accord est encore rendu plus solennel par celui de Diodore de Sicile, de Trogue Pompée, de Juvénal, de Galère, de Tacite, d'Apulée et de Longin, auteurs dont les écrits sont parvenus jusqu'à nous? — Comment douter, quand les lois, les rites, les cérémonies, les mœurs, les coutumes, les faits rapportés, le style, les détails, les noms de lieux et de personnes et l'accord parfait qui règne entre toutes ces choses, tout respire la plus haute antiquité, et rend non-seulement invraisemblable, mais impossible, une fabrication plus moderne? — Dire que Moïse n'a jamais rien écrit, ou que ses écrits ont péri, que le Pentateuque lui a été attribué plusieurs siècles après, ce sont là des assertions gratuites et auxquelles il suffit d'opposer une imperturbable négation. Où sont les preuves de ce qu'on affirme avec tant d'audace et d'impudence? Qu'on nous dise l'auteur ou seulement l'époque de la substitution. La placera-t-on dans le cours des deux cent soixante-dix années qui ont immédiatement précédé notre ère? Mais la version des Septante, faite alors par l'ordre de Ptolémée Philadelphe, atteste que le Pentateuque existait déjà. D'ailleurs, deux cents ans auparavant, l'histoire des Machabées atteste également son existence. La mettra-t-on au temps d'Esdras, comme l'a fait le juif Spinosa? Mais, avant même le retour d'Esdras à Jérusalem, il est dit dans le livre qui porte son nom que les prêtres avaient fait plusieurs choses, *selon qu'il est prescrit dans la loi de Moïse, appelé l'homme de Dieu* (1). Esdras lui-même est appelé *un scribe habile dans la loi de Dieu* (2). S'il eût tenté cette fraude, comment l'aurait-il fait adopter par ses contemporains et surtout par les Samaritains, qui ont repoussé l'innovation beaucoup moins importante opérée alors dans les caractères de la langue et ont conservé les anciens caractères hébreux ou phéniciens? Il faut donc nécessairement remonter au delà du schisme, c'est-à-dire dix siècles avant Jésus-Christ, peu de temps après la mort de Salomon. Or, de ce prince à Moïse la substitution devient plus difficile encore : plus on approche du temps où a vécu ce grand législateur, plus les souvenirs sont précis, plus les traditions sont claires, suivies et par conséquent inaltérables. D'ailleurs on remonte par les monuments jusqu'à Moïse, et les livres de Ruth, des Rois, de Samuel, des Juges et de Josué attestent que les lois civiles et religieuses écrites dans le Pentateuque ont toujours été suivies par la nation juive.

L'intégrité des livres de Moïse repose sur les mêmes preuves que leur authenticité. Tout se tient dans ces livres, tout se lie et s'enchaîne de la manière la plus rigoureuse; il faut tout rejeter ou tout admettre : or on ne peut pas tout rejeter, donc il faut tout admettre. — Quant à la véracité, elle résulte du style même, qui indique si peu d'apprêt, qui se produit avec tant de

(1) Esdras, VI, 18.

(2) Ibid., VII, 6.

simplicité, de candeur et de naïveté, qu'on est invinciblement porté à ajouter foi à de pareils récits.

Il est impossible que le mensonge prenne jusqu'à la fin et sans se démentir, ce ton et cette manière. D'ailleurs ce n'est pas de faits occultes qu'il s'agit, mais bien de faits majeurs, publics, manifestes, éclatants. Les démentis pouvaient donc pleuvoir de toutes parts, et ce n'est pas sur des ouï-dire qu'on est invinciblement porté à ajouter foi à de pareils récits; l'auteur, dont la bonne foi, la religion et la probité sont à toute épreuve, est témoin oculaire, il est même acteur, dans les choses qu'il raconte. N'attendez pas qu'il garde d'adroits ménagements, comme n'aurait pas manqué de le faire le moins habile imposteur; l'amour-propre, les préjugés et les passions du peuple pour lequel il écrit, il brusque tout. Il impose à ce peuple une loi dure, un cérémonial pénible, un joug insupportable. Au lieu de le flatter, il le blesse à chaque page, en racontant ses révoltes, ses murmures, sa stupidité. Quatre fois dans le même livre (*Exode*) il l'appelle le peuple à la tête dure, au cou inflexible; il le montre, en punition de son indocilité, traîné pendant quarante ans à travers l'exil du désert, en proie aux plus dures privations, aux châtiments les plus miraculeux et les plus effroyables, et, sur toutes ces choses, il invoque le témoignage des anciens, et prend les ancêtres à témoin. Est-ce ainsi que procèdent le mensonge et l'imposture? Non content de provoquer ainsi par tous les moyens l'improbation du présent et le démenti du passé, il se soumet encore à l'épreuve de l'avenir, en annonçant aux Hébreux les récompenses ou les châtiments qui les attendent, selon qu'ils seront fidèles ou infidèles aux lois qu'il leur a données. Encore une fois, est-ce ainsi que procèdent le mensonge et l'imposture? D'ailleurs, outre la tradition des anciens, les monuments contemporains, comme les cantiques populaires, les fêtes de la Pâque, de la Pentecôte et des Tabernacles, l'arche d'alliance, les tables de la loi, la verge d'Aaron, la manne, le serpent d'airain, ne rendaient-ils pas un perpétuel témoignage? — Qu'importe après cela le silence des auteurs étrangers? Qu'importe le silence d'Hérodote, de Manéthon et d'Eratosthène, qui vivaient le premier plus de mille ans et les deux autres plus de douze cents ans après Moïse? Qu'importe leur désaccord avec les récits bibliques, quand on peut les convaincre à chaque page de mêler à quelques vérités des fables incontestables, quand ils ne sont pas plus d'accord entre eux qu'avec Moïse, quand on les voit tous partir gravement du règne des dieux et des héros égyptiens et accorder à ces règnes imaginaires soixante mille ans de durée? S'est-on jamais avisé de suspecter les récits de César, parce que les Gaulois n'ont point laissé d'écrits contemporains? Et cependant dans les Commentaires du guerrier romain il ne s'agit pas, comme dans la Bible, de faits accomplis chez un peuple isolé, bien avant qu'il n'y eût chez les autres ni historiens ni histoires. Pourquoi donc deux poids et deux mesures? Ou niez César et tous les livres, ou laissez en paix Moïse et le Pentateuque.

Qu'importent après cela quelques difficultés de détail, quelques contradictions de mots, quelques obscurités de noms propres, de grammaire et de chronologie dans des livres aussi anciens? Qu'importe que quelques notes explicatives se soient peut-être glissées dans le texte? Ya-t-il là de quoi motiver la réprobation qu'on voudrait faire peser sur les livres tout entiers? Est-il un seul ouvrage qui trouvât grâce, si on le soumettait à une aussi rude épreuve? A-t-on jamais jugé, dit Bossuet, je ne dis pas d'un livre divin, mais de quelque livre que ce soit, par des raisons si légères?

Ce que nous avons dit du Pentateuque peut se dire également des autres livres de l'Ancien Testament (1).

L'authenticité du Nouveau Testament n'est pas moins incontestable que celle de l'Ancien. A l'antique, universelle et publique croyance de la société chrétienne se joint le témoignage des auteurs apostoliques, saint Clément de Rome, saint Ignace d'Antioche, saint Polycarpe de Smyrne, saint Justin martyr, Papias, saint Irénée de Lyon, Origène, saint Clément d'Alexandrie et Tertullien, tous des trois premiers siècles. A ces témoignages il faut ajouter les aveux des hérétiques, des juifs et des païens. Qui osera contester, quand les juifs et les sectaires, comme Tatien, Héraclion, Ptolémée, Valentin, les marcionites, les ébionites et les gnostiques, tous si près des sources, tous si hostiles, et contre qui l'Église se prévalait de l'antiquité et de l'apostolicité de sa doctrine, ne l'ont pas osé, quand les païens eux-mêmes, comme Julien, Porphyre, Celse et Hiéroclès n'ont pas cru pouvoir le faire? Ils combattaient le christianisme, mais sur un autre terrain; jamais, dans leurs plus grands emportements, ils ne sont allés jusqu'à contester ce qui leur paraissait incontestable. Les livres du Nouveau Testament ont d'ailleurs des marques évidentes d'authenticité : les mœurs, les lois, les coutumes, la religion, les sectes, les empires, les rois, les princes, les idées, les opinions, les lieux, les personnes, les formes du langage, le mélange continuel de l'élément hébreu et de l'élément grec, tout y respire les temps apostoliques. Nul autre livre ne porte aussi bien sa date sur son front et ne reflète aussi parfaitement la couleur de son époque. Rien qui ne soit en harmonie avec le caractère des auteurs : *Sonantes vocem*, dit Tertullien, *et repræsentàntes faciem uniuscujusque*(1). Pas un mot des choses qui ont eu lieu peu de temps après, comme du siége de Jérusalem, de la destruction du temple, de la dispersion des Juifs, des *constitutions apostoliques* et des *canons dits des apôtres*, qui remontent certainement jusqu'au berceau du christianisme. Après tout, nous possédons et nous montrons nos titres; qu'on les annule par d'autres, si on le peut. Une possession de dix-huit siècles, appuyée sur tant de preuves irrécusables, ne se détruit pas par de simples allégations; il faudrait d'autres monuments, d'autres preuves aussi positives, et l'on n'en a pas. « La foi actuelle de l'Église ne peut avoir commencé qu'avec l'Église elle-même, dit Duvoisin, et je ne puis lui supposer une autre origine que l'opinion des premiers chrétiens, qu'il était impossible de tromper sur un fait de cette nature. En quel siècle, en effet, en quelle contrée placez-vous la supposition du Nouveau Testament? A quel faussaire attribuez-vous ce grand nombre d'écrits d'un caractère et d'un style si différents? Quelle Eglise les aura reçus la première? Comment ont-ils passé des Grecs aux Latins, des catholiques aux hérétiques? Comment une fourberie aussi grossière aurait-elle échappé aux juifs et aux païens? Par quel prestige les chrétiens, qui jusque-là n'avaient entendu parler d'aucun écrit historique ou dogmatique des apôtres, se sont-ils accordés tout à coup à recevoir, sous leurs noms, des Evangiles et des Epîtres fabriqués par un imposteur? En vain l'on essayerait de répondre à ces questions et à cent autres semblables. Quelque supposition que l'on se permette, il sera toujours impossible d'expliquer comment les livres du Nouveau Testament sont devenus la loi suprême de l'Eglise, s'ils ne lui ont pas été légués par les apôtres eux-mêmes, à l'époque de sa naissance » (*Démonstr. év.*, t. Ier, p. 35) (2).

Quant à l'intégrité et à la véracité de ces mêmes livres, outre qu'on peut faire valoir les mêmes arguments que pour l'authenticité, il ne faut pas oublier que, pendant trois siècles, on a examiné ces questions à la lueur des bûchers, et que, si le doute eût été possible, sans cesse provoqué par le bruit des chaînes et les appareils du supplice, il serait venu nécessairement se présenter à l'esprit des confesseurs et des martyrs. On ne se fait pas hacher pour un livre, sans savoir d'où il vient, par qui il est venu, et s'il mérite quelque créance. D'ailleurs, dans tous les temps, les hérétiques n'étaient-ils pas là, toujours inquiets, toujours jaloux, et par conséquent toujours prêts à objecter les suppositions et les altérations qui auraient pu avoir lieu? Or, jamais ils n'ont élevé de semblables réclamations, bien qu'on leur ait constamment reproché à eux-mêmes des altérations sacriléges, et que la discussion fût souvent engagée sur l'antiquité et la valeur des textes sacrés (3). — Si l'Ancien Testament est frappant de candeur et de vérité, le Nouveau l'est bien plus encore. Quel ton! quelle manière! Jamais de colère, jamais de haine, jamais de passion. Les auteurs racontent sans réflexions, sans récriminations ni commentaires, leurs fautes et leurs lâchetés comme leurs plus belles actions, les ignominies et les défaillances de leur maître comme ses miracles et ses plus beaux triomphes. Quel imposteur eût jamais imaginé ce raffinement d'imposture? Quel écrivain, sous la seule inspiration de la nature, eût jamais écrit les choses de cette manière?

(1) *V.* les articles spéciaux sur chacun de ces livres. — *V.* aussi Duvoisin et Bergier.

*V.* d'ailleurs, pour des difficultés de détail, Guénée, *Lettres de quelques juifs*; Huet, Houbigant, la *Synopsis criticorum*, les Bibles de Vence et de M. Glaire, Polu, et la Bible de Chaix. — *V.* aussi l'article PENTATEUQUE et ceux relatifs aux cinq livres qui le composent.

(1) *Apologet.*

(2) Pour la question des faux Evangiles, *V.* le mot ÉVANGILE.

(3) *V.*, pour plus de détails, Duvoisin, *Démonstration évangélique*, et Bergier, *Traité de la religion*. — *V.* aussi les articles ÉVANGILE, ACTES et ÉPÎTRES DES APÔTRES.

« Lisons donc avec foi et amour, dit un auteur moderne (1), méditons jour et nuit ce livre divin; ce livre écrit par des témoins oculaires qui l'ont signé de leur sang, reçu en dépôt par d'autres témoins qui n'ont cessé de le publier par toute la terre; ce livre, pour lequel sont morts plus de témoins qu'il n'y a de lettres dans toutes ses pages; ce livre dont la simple lecture a arraché ces paroles d'admiration à un des chefs de l'incrédulité moderne (2) : « Je vous avoue que la majesté des Ecritures m'étonne; que la sainteté de l'Evangile parle à mon cœur. Voyez les livres des philosophes avec toute leur pompe; qu'ils sont petits près de celui-là! Se peut-il qu'un livre à la fois si sublime et si simple soit l'ouvrage des hommes? Se peut-il que celui dont il fait l'histoire ne soit qu'un homme lui-même? Est-ce là le ton d'un enthousiaste ou d'un ambitieux sectaire? »

Nous dirons donc des livres du Nouveau comme de ceux de l'Ancien Testament, ou admettez ces livres ou rejetez tous les autres : car nous vous défions de donner en faveur d'aucun autre livre autant de preuves que nous en donnons pour nos livres sacrés. Il est facile de dire que tout cela a pu être inventé; mais une pareille assertion ne s'admet pas sans preuve, et l'on n'en donne pas. « Mon ami, a dit Rousseau, ce n'est pas ainsi qu'on invente; l'Evangile a des caractères de vérité si grands, si frappants, si parfaitement inimitables, que l'inventeur en serait plus étonnant que le héros» (*Emile*). Il faut se défier de ceux qui se montrent si prompts à formuler des accusations de mauvaise foi, car nous jugeons presque toujours les autres sur nos propres dispositions. D'après cette règle, les philosophes du dernier siècle méritent d'être jugés bien sévèrement; ils ne voyaient partout que des imposteurs. Telle était la sagesse de leur école, qu'il eût suffi d'appliquer ses règles de critique à ses propres œuvres, pour prouver qu'elles étaient apocryphes et ne venaient pas d'elle. Quand le P. Hardouin a cherché à prouver que l'Enéide n'est pas de Virgile, il n'a fait que suivre de point en point la voie tracée par Tindal, Dupuis, Voltaire et toute l'école.

Aujourd'hui la philosophie est un peu moins hargneuse, mais elle n'est pas plus sage. Avec ses idées allemandes sur les mythes, après avoir peuplé le passé de vains fantômes, qui sait si elle ne finira pas par vouloir aussi nous persuader à nous-mêmes que nous ne sommes que des apparences sans réalité? Avec cette méthode, il n'est rien qu'on ne puisse ébranler. Il y a quelques années, on a prouvé fort doctement, dans une petite brochure (3), que Napoléon n'a pas existé. On en fait Apollon ou le Soleil; sa mère, Lætitia, c'est l'Aurore qui inspire la joie et enfante en quelque sorte l'astre du jour. Ses trois sœurs ne sont autres que les trois Grâces, qui avec les Muses, composaient la cour d'Apollon. Ses quatre frères sont les quatre Saisons, ses deux femmes, la Terre et la Lune, son fils, le petit Orion, et ses douze maréchaux, les douze signes du zodiaque. Aujourd'hui même, 13 février 1844, nous lisons dans l'*Univers* un feuilleton, qui promet d'être suivi de plusieurs autres et qui a pour titre : *Comme quoi le peuple français descend du pieux Enée et de ses Troyens.* « C'est l'Enéide elle-même, dit l'auteur, qui va me fournir mes matériaux. Quel homme que ce Virgile et quelle œuvre que son épopée!.. Là sont les archives de bien des peuples, et l'on en conviendra aisément quand j'aurai montré que Parisiens, Provençaux, Normands ou Picards, nous tirons tous notre origine du pieux Enée et, par suite, du grand Jupiter. Et cela par des déductions simples qui seront à la portée de tout le monde. L'Enéide nous signale une foule de héros dont nous allons retrouver les noms et les aventures dans les noms des rivages, des villes et des fleuves de notre patrie. Les lieux chers aux Troyens, les parents de leur pieux et valeureux chef, ses femmes, son fils, ses compagnons, les ennemis dont il a triomphé, les faits mémorables de sa brillante carrière, tout cela a laissé de profondes empreintes dans notre nomenclature géographique, tout cela s'y retrouve presque sans altérations, et ce faisceau de témoignages étymologiques est compacte à tel point, qu'il présenterait la plus insoluble des énigmes, si l'Enéide n'était là pour nous en donner la clef. Il y a plus : maintes appellations actuelles offrent des bizarreries inexplicables aux géographes et aux érudits; or, dans le système que nous allons dérouler, toutes ces singularités disparaîtront comme par enchantement. » A tous les fabricants de mythes et d'allégories, à l'instar de Dupuis, Heine, Strauss, Salvador et compagnie, il suffit d'opposer ces ingénieux mensonges, enfants de leurs théories. S'ils persistent dans leurs extravagances, il faut s'incliner devant leur science et leur esprit, s'ils en ont, et leur faire bien entendre qu'on discutera avec eux, quand ils auront recouvré le sens et la raison. Quoi! parce qu'avec un peu d'invention et de science on est parvenu à imaginer de prétendus mythes et quelques méchantes allégories, il faudra que l'histoire recule devant ces risibles fantasmagories? Mais le témoignage et la certitude historiques, les prend-on pour des chimères? Dira-t-on que leur valeur est loin d'être aussi grande qu'on l'avait cru jusqu'alors? Tant pis si l'on dit cela; car rien ne prouve mieux qu'on n'est pas dans le vrai. Ce sont de bien pauvres systèmes que ceux qu'on ne peut établir qu'en froissant toutes les idées reçues. Aux doutes sur le passé se joignent bientôt les doutes sur l'avenir, et tout disparaît dans les abîmes du scepticisme universel. La gloire du christianisme est de forcer ceux qui le nient à reculer ainsi jusqu'à ces limites extrêmes où il ne reste pas même de champ pour le combat.

Le principe fondamental de la théorie de Strauss est que les premiers développements de l'esprit humain sont nécessairement mythiques, que toute religion est essentiellement mythique. Il faut nier ce principe et mettre son auteur en demeure de le prouver, ce qu'il n'a pas fait. Les mythologies qu'on nous objecte ne prouvent rien, car elles ne sont pas primitives, elles ont succédé aux traditions primordiales; on les voit naître et se développer chez les différents peuples avec la littérature et la poésie. « On est forcé de convenir, dit M. Maret, que la création des mythes est une opération très-compliquée; aussi accorde-t-on aux premiers humains des facultés extraordinaires et qui n'ont pas d'analogues dans l'état actuel de la civilisation. En effet, quelle puissance ne faut-il pas supposer dans les inventeurs des mythes pour pouvoir mettre en harmonie, pour assortir les idées et les symboles, et les faire adopter aux autres? On rentre ainsi dans le surnaturel et le miraculeux auquel on veut échapper par la théorie des mythes » (*Essai sur le panth.*, p. 139). Ainsi on veut que dès le commencement, quand l'esprit humain était encore dans les langes de la première enfance, il ait été capable de tours de force intellectuels dont il ne serait pas capable aujourd'hui, et l'on nous donne cela comme une explication des choses qui lève tous les doutes et répond à toutes les difficultés! Ce n'était pas la peine de faire de gros livres pour émettre de pareilles pauvretés. Chose remarquable! Dans la méthode mythico-germanique, c'est toujours au parti le plus difficile que l'on s'attache. Ainsi on dit que les mythes sont le produit d'une nation, d'une société, d'un siècle même; ce qui centuple la difficulté et rend mille fois plus inexplicables l'ensemble et l'unité qu'on admire dans ces récits. Il est vrai qu'en les attribuant à un seul homme, comme on veut que ce soit une œuvre de bonne foi, il devient difficile d'expliquer comment cet homme a pu se tromper lui-même. Que si on accuse les auteurs des mythes d'imposture et de fourberie, alors on retombe dans le défaut justement reproché au XVIIIe siècle par M. Ampère fils : « Un des grands travers de ce siècle, dit-il, a été de partager constamment l'humanité en deux classes, l'une de dupes, l'autre de fourbes et d'imposteurs. » — Nous citerons un passage de Jahn, ex-professeur à l'université de Vienne, où l'application du système mythique à la Bible est parfaitement réfutée.

« La raison principale sur laquelle se fondent les prétentions de l'interprétation mythique de l'Ancien Testament se trouve déjà dans les idées de Varron. Il dit, en effet, que les âges du monde peuvent se diviser en temps obscurs, temps mythiques et temps historiques. Chez tous les peuples, l'histoire est d'abord obscure et incertaine, ensuite mythique ou allégorique, et enfin positivement historique. Et pourquoi, s'est-on demandé, si ce fait existe partout, n'aurait-il pas existé chez les Hébreux? — Les témoins qui pourraient le mieux nous fixer sur la légitimité de l'interprétation mythique de la Bible devraient être ces chrétiens primitifs, qui eux-mêmes commencèrent par être païens, et parmi lesquels se trouvaient des hommes savants et des philosophes. Ils ne purent ignorer le principe de Varron. Ils connaissaient la mythologie des Egyptiens, des Grecs, des Romains, des Persans, mieux sans doute que nous aujourd'hui. Dès leur jeunesse, les nouveaux convertis avaient pu se familiariser avec ces produits de l'imagination religieuse, ils les avaient longtemps honorés, ils avaient pu étudier et pu découvrir toutes les subtilités d'interprétation à l'aide desquelles on avait cherché à soutenir le crédit de ces monu-

(1) Rohrbacher, *Histoire de l'Eglise*, t. IV, p. 275.
(2) Rousseau, *Réponse au roi de Pologne*.
(3) Cette brochure a été imprimée à Agen; l'auteur ne s'est pas fait connaître. Il n'a voulu, je crois, que s'amuser, mais il a parfaitement montré l'abus qu'on peut faire de la science étymologique et de l'érudition.

ments. Ensuite, lorsque ces nouveaux convertis commencèrent à lire la Bible, n'est-il pas probable qu'ils eussent de suite reconnu et démêlé les mythes, s'il en eût existé? Cependant ils ne virent dans la Bible qu'une simple et pure histoire. Il faut donc, suivant l'opinion compétente de ces juges antiques, qu'il y ait une grande différence entre le mode mythique des peuples païens et le genre de la Bible. Il a pu arriver, il est vrai, que ces chrétiens primitifs, peu versés dans la haute critique, peu capables aussi de l'appliquer, et, d'un autre côté, accoutumés aux mythes païens, fussent peu frappés des mythes de la Bible. Toutefois il est permis de soutenir que, plus on est familiarisé avec une chose, plus on la reconnait avec rapidité, même dans des circonstances dissemblables par la forme. Si donc les histoires hébraïques sont des mythes, comment les chrétiens primitifs n'ont-ils pu les découvrir, et s'ils ne l'ont pu, n'est-ce pas une preuve que ces mythes étaient tellement imperceptibles, que ce n'a été qu'après dix-huit siècles qu'on a pu les signaler?

» Si nous en revenons à la division de Varron, qu'on a cherché à appliquer à la Bible, nous sommes frappés d'abord de l'absence de ces temps obscurs et incertains qui durent précéder l'apparition des mythes, temps que les annales hébraïques ne présupposent jamais. Les plus antiques légendes des autres peuples débutent par le polythéisme; non-seulement elles parlent d'alliances entre les dieux et les mortels, mais elles nous racontent les dépravations et les adultères célestes, elles décrivent les guerres entre les dieux, elles divinisent le soleil, la lune, les étoiles, et admettent une foule de demi-dieux, de génies, de démons. Selon elles, tout inventeur d'un art utile obtient l'apothéose. Si elles nous montrent une chronologie, elle est ou presque nulle ou bien gigantesque; leur géographie s'étend comme un vaste champ peuplé de chimères; toutes choses, selon elles, ont subi les plus étranges transformations, et elles s'abandonnent sans frein à tous les élans de l'imagination la plus variée et la plus grotesque. Mais il en est bien autrement dans les récits de la Bible. La Bible commence par déclarer qu'il est un Dieu créateur, dont la puissance est irrésistible, qui veut, et à l'instant les choses sont. Nous ne trouvons ici ni l'idée du chaos, ni l'idée d'une matière rebelle, ni d'un Ahriman, génie du mal. Ici la lune, le soleil, les étoiles, loin d'être des dieux, servent au contraire à l'usage de l'homme, lui prodiguent la clarté et lui servent de mesure du temps. Toutes les grandes inventions sont faites par des hommes qui restent tels. La chronologie procède par séries naturelles, et la géographie ne s'élance pas au delà des bornes de la terre. On ne voit ni transmigrations, ni métamorphoses, rien enfin de ce qui nous montre si clairement, dans les livres des plus anciens peuples profanes, la trace de l'imagination et du mythe. Cette connaissance du Créateur, sans mélange de superstition, est une des choses les plus remarquables dans des documents aussi antiques. Qui peut douter qu'elle ne soit due à l'influence d'une révélation divine? Ce qu'on nous dit dans tant de livres modernes, que la connaissance de Dieu finit par sortir du milieu même du polythéisme, est contredit par toute l'expérience de l'histoire sacrée et profane. Jamais, au contraire, cela n'arrive. Les philosophes eux-mêmes avancèrent si peu la connaissance du Dieu unique, que, lorsque la foi de Jésus parut, ils prirent le polythéisme sous leur protection. Mais quelle que fut l'origine de cette idée de Dieu dans la Bible, il est certain qu'elle y est tellement sublime, tellement pure, que les idées les plus éclairées des philosophes grecs, qui admettaient une nature générale, une âme du monde, lui sont inférieures de beaucoup. Il est vrai que cette connaissance de Dieu n'est pas parfaite, bien qu'elle soit exacte, et cette circonstance de l'initiation dénote qu'elle fut parfaitement adaptée à l'état de l'homme dans des temps aussi anciens. Cette imperfection même et le langage figuré, mais si clair et si simple, des fragments qui nous en parlent démontrent que ni Moïse, ni personne depuis lui, ne les a inventés, pour leur attribuer ensuite une antiquité qu'ils n'auraient pas réellement eue. Cette connaissance si remarquable de Dieu a dû être conservée dans sa pureté depuis la plus haute antiquité, ou plutôt chez quelques familles depuis l'origine des choses, et le collecteur des fragments que nous trouvons dans le premier livre de la Bible, eut pour dessein, en les rassemblant, d'opposer quelque chose de certain et de fondamental aux fictions et aux corruptions des autres peuples, dans des temps moins anciens. Quelle nation a conservé un seul rayon de la grande vérité, que proclame le premier chapitre de la Genèse? — Chez presque tous les peuples, la mythologie s'est exercée dans la nuit des temps, lorsque l'imagination ne redoutait pas les faits, et elle s'est éteinte dès que l'histoire a commencé. Les anciens monuments des Hébreux, au contraire, sont moins remplis de choses prodigieuses dans les temps antiques que dans les temps plus modernes. Si l'écrivain qui rassembla la tradition des faits eût eu pour but de nous donner un amas de légendes douteuses, de fictions, de mythes, il les eût placés surtout dans les temps antiques; il ne se fût pas exposé à être contredit en les plaçant dans un siècle plus moderne, où l'histoire positive aurait eu mille moyens de les combattre et de les détruire. Ainsi l'absence de prodiges dans les premiers récits de son histoire, et le peu de détails qu'elle présente, n'ont pu venir que du soin scrupuleux qu'il mit à rejeter tout ce qui lui parut douteux, exagéré, extravagant, comme indigne d'être relaté. Il a peu raconté, parce que ce qui lui parut tout à fait véritable s'est borné à ce qu'il raconte. Rien de plus imposant à signaler dans la Bible que le peu de prodiges très-antiques et l'abondance des prodiges plus modernes. C'est le contraire qui arrive chez les autres peuples. Mais dans la Bible l'ordre est renversé, il y existe même des périodes où l'on ne trouve aucun miracle, et d'autres où ils éclatent à chaque pas. Or, les périodes plus particulièrement miraculeuses, le siècle d'Abraham, de Moïse, des rois idolâtres, de Jésus, des apôtres, sont toujours ceux où il était nécessaire qu'un tel spectacle d'intervention divine confirmât la propagation de l'idée religieuse nouvelle. Les miracles de l'Ecriture ont donc constamment un but grand et louable, l'amélioration de l'espèce humaine, et ne sont nullement dérogatoires à la majesté de Dieu. Que l'on veuille bien les comparer avec les mythes et les légendes des autres peuples, nul penseur impartial ne pourra confondre des choses aussi distinctes.

» Enfin une autre question se présente : comment peut-on concevoir que ces fragments de l'histoire primitive aient pu se conserver, sans altération, jusqu'au temps où ils furent rassemblés par Moïse? N'ont-ils pu être grossis des additions de l'imagination poétique? Cela n'est-il pas arrivé pour les traditions des autres peuples? On peut répondre que les traditions bibliques, faisant exception quant à leur supériorité évidente sur les autres, elles font aussi exception quant à leur mode de transmission. Leur peu d'étendue rendait précisément leur conservation plus facile et plus concevable. Elles furent sans doute écrites à une époque où les traditions des autres peuples n'avaient pas encore été rédigées. Leur forme écrite, leur langage simple, leurs images précises et élémentaires, tout cela, en elles, est si frappant, que si l'historien qui les rassembla eût essayé de les interpoler, il se fût indubitablement trahi de deux manières, par ses idées plus modernes, et par son langage plus profond et plus recherché. »

« *Une certaine nécessité* dans la production du mythe, dit Strauss, l'ignorance de son caractère parmi ceux qui le produisaient, telle est la double idée sur laquelle nous insistons. » Et c'est avec cela qu'on prétend établir que les Evangiles sont essentiellement mythiques, c'est-à-dire qu'ils ne renferment que des récits imaginaires. Mais qu'est-ce que cette *nécessité* dont on nous parle? Nous la nions; qu'on la prouve. Qu'est-ce encore que cette *ignorance* et cette simplicité d'enfant au siècle d'Auguste et dans des hommes capables de formuler l'Evangile? Nous la nions également, qu'on la prouve encore. « Telle et telle chose appartient au Messie. Or Jésus a été le Messie; donc ces choses sont arrivées à Jésus. » On veut que tel ait été le raisonnement de ceux qui auraient imaginé les récits évangéliques; mais nous le nions encore, parce que c'est une assertion sans preuve. Nous disons au contraire que le raisonnement des premiers chrétiens a été celui-ci : « Telle et telle chose est arrivée à Jésus, donc il est le Messie ». Et la preuve qu'ils raisonnaient ainsi, c'est qu'ils se faisaient tuer pour le soutenir; or on ne meurt pas pour des chimères.

On veut que les Evangiles se soient formés peu à peu *comme une boule de neige*, dans l'espace de temps compris entre la mort du Sauveur et le milieu du second siècle, où l'on ne peut plus nier que les Evangiles n'existassent tels que nous les connaissons aujourd'hui; mais, outre les difficultés déjà exposées plus haut, nous demanderons comment il se fait que ni les Juifs, ni les philosophes païens qui ont attaqué le christianisme dès les premiers temps, ne se soient doutés de cela. Nous demanderons comment saint Irénée, disciple de saint Polycarpe, qui lui-même l'avait été de saint Jean, a pu précisément, vers le milieu du second siècle, affirmer en face des hérétiques qu'il combattait, qu'il y avait quatre Evangiles dont il nomme les auteurs, que ces quatre Evangiles n'en font qu'un, et que « leur certitude était si grande que les hérétiques eux-mêmes leur rendaient témoignage et s'efforçaient de s'en servir pour appuyer leur doctrine » (S. Irénée, *Contra hæres.*). Nous demanderons enfin dans quel lieu, dans quel temps, chez quels peuples les Evangiles ont commencé à paraître. S'ils ne sont pas des apôtres et de leurs disciples, quels en sont les auteurs? Comment ils ont pu être adoptés par toutes les Eglises avec tant de facilité, qu'il n'y a pas même trace dans l'histoire du plus léger débat sur ce point? On nous répond par la *nécessité*. Nous répondons à notre tour que ces raisons-là ne prouvent qu'une chose, c'est qu'on n'en a pas de bonnes à donner. Singulières explications dont le moindre inconvénient est d'être plus obscures que ce qu'il s'agit d'expliquer! Toutes ces théories mythiques, éclectiques et panthéistiques, nées sous le ciel brumeux de la Germanie, sous le souffle du génie mystique et rêveur des Allemands, et favorisées par la vague indécision d'une langue obscure, toutes ces théories, dis-je, ne feront jamais grande fortune sous le ciel de la France; la langue et le génie français s'y opposent, et c'est un grand bien: car tant qu'elles resteront allemandes ou enveloppées dans les formules allemandes, elles seront sans danger pour le monde. Nous citerons contre Strauss un auteur non suspect, c'est Salvador, que nous aurons bientôt à combattre lui-même. « Les traditions des quatre évangélistes reconnus, dit-il, s'accordent avec toutes les œuvres des apôtres, et avec la multitude secondaire des récits apocryphes, pour affirmer en commun l'existence de Jésus-Christ. Or, à quelque idée qu'on s'arrête en définitive touchant ces traditions, quelque influence qu'on réserve à la pensée systématique qui y préside, il est impossible, après un examen attentif, de ne pas les adopter dans leur ensemble pour des monuments véritables; il est impossible surtout de ne pas avouer que, dans la supposition de la non-existence de Jésus, la puissance d'esprit nécessaire aux auteurs pour concevoir et pour faire agréer si vite tous les détails d'une si étrange fiction, serait, sans contredit, de beaucoup supérieure à la puissance que ces monuments mêmes, comparés avec leurs époques, obligent d'accorder à leur principal personnage?... Ensuite est-ce à d'autres hommes que des Juifs que l'invention des tableaux évangéliques pourrait être attribuée convenablement? A quelque génie de l'Orient, ou à des platoniciens d'Alexandrie? Mais comment croire que des savants étrangers se soient réunis et se soient succédé dans l'ombre, pour composer une œuvre où la science, prise selon son acception commune, est loin de jouer un rôle essentiel; une œuvre destinée à donner une haute importance à une petite nation, qui était alors en proie au sort le plus malheureux; une œuvre enfin dans laquelle le lieu de la scène, le héros, les figures accessoires, tout le matériel, appartiennent à cette nation même, et où chaque ligne exige, pour être comprise, la connaissance rigoureuse de son histoire, de ses lois, de ses mœurs anciennes, des localités, des préjugés, du langage, des opinions populaires, des sectes, du gouvernement, et des diverses classes de Juifs existant aux époques où les événements sont rapportés? »

On aurait lieu de s'étonner de l'acharnement qu'on a mis à attaquer les livres saints et de la mauvaise foi avec laquelle on a apprécié leur valeur historique, si l'on ne savait qu'au fond toute la question est là. Il est impossible de rendre hommage à l'authenticité, à l'intégrité et à la véracité de ces livres, sans être aussitôt forcé de reconnaître la divinité du christianisme. Car, outre l'histoire générale de la Providence, on voit presque à chaque page, dans ces livres, des miracles éclatants et une multitude de prophéties, toutes vérifiées de point en point par les événements.—Quant aux miracles, ils frappent tout d'abord par leur importance et leur publicité. Les dix plaies d'Egypte tombant sur tout un peuple, le passage de la mer Rouge, la loi donnée au sommet du Sina, la colonne de feu et de fumée, le châtiment des murmurateurs, la manne et le serpent du désert, l'eau jaillissant du rocher d'Horeb, le Jourdain remontant vers sa source, les remparts de Jéricho tombant au seul bruit des trompettes et des acclamations, toutes ces merveilles opérées sous les yeux de plus d'un million d'hommes; et, au commencement de notre ère, les Mages et l'étoile miraculeuse, les tempêtes s'apaisant à la voix du Sauveur, les flots en quelque sorte solidifiés sous ses pas, des foules nourries par lui avec deux pains et quelques poissons; à un mot de sa bouche, à un signe de sa main, les démoniaques délivrés, les malades guéris, les boiteux redressés, les paralytiques vivifiés dans tous leurs membres, la vue rendue aux aveugles, l'ouïe aux sourds, la parole aux muets, les morts sortant de leurs tombeaux; à sa mort, le soleil comme voilé de douleur, le voile du temple déchiré, la mort lâchant sa proie, la terre émue et tremblante, puis ce même Christ sorti glorieux du tombeau, apparaissant en divers lieux, et remontant radieux vers les demeures éternelles; tout cela se passant à la face du ciel, au milieu des multitudes assemblées, quoi de plus éclatant! quoi de plus solennel et par conséquent de plus propre à solliciter vivement l'attention des hommes!

Qui osera dire que ces prodiges ont pu passer inaperçus, surtout quand on voit qu'ils ont été donnés en preuve de missions divines? N'a-t-on pas dû en discuter la valeur avec d'autant plus de soin que les conséquences en étaient plus graves et intéressaient davantage ceux qui en étaient témoins? De quel œil prévenu la synagogue et les pharisiens ne devaient-ils pas voir ceux de Jésus-Christ? Avec quelle répugnance les philosophes païens qui écrivaient contre le christianisme ne devaient-ils pas les accueillir? S'il eût été possible de les nier, avec quelle énergie les uns et les autres eussent articulé et soutenu cette négation! Et cependant ils ne l'ont pas fait. Bien plus, ils ont tout avoué implicitement, en attribuant à la magie, ou en cherchant à expliquer de quelque autre manière ce dont ils ne pouvaient contester l'existence. Les explications données par nos philosophes ne valent pas mieux que celles des païens et des pharisiens. Tout ce qu'on a dit sur les plaies de l'Egypte, sur le passage de la mer Rouge, la manne du désert et les miracles évangéliques, pour les réduire aux proportions de faits ordinaires et naturels, ne vaut pas même la peine d'être discuté (1). Faire de Moïse et du Sauveur des magiciens et des prestidigitateurs, c'est une explication qui n'explique rien, qui est aussi absurde qu'impie, et qui, si elle était admise, compliquerait étrangement la difficulté. Contester la possibilité du miracle, quand on croit à un Dieu créateur, c'est faire preuve d'autant d'ignorance que de mauvaise foi. « Dieu peut-il faire des miracles, dit le philosophe de Genève, c'est-à-dire peut-il déroger aux lois qu'il a établies? Cette question, sérieusement traitée, serait impie, si elle n'était absurde; ce serait faire trop d'honneur à celui qui la résoudrait négativement que de le punir, il suffirait de l'enfermer. Mais aussi quel homme a jamais nié que Dieu pût faire des miracles? Il fallait être Hébreu, pour demander si Dieu pouvait dresser des tables dans le désert » (*Lettres de la Montagne*).

Les matérialistes, qui admettent la puissance infinie de la nature, ne devraient contester aucun miracle, comme l'a remarqué Bayle contre Spinosa, puisqu'il est absurde de fixer des bornes à une puissance infinie. Que veut-on dire quand on objecte que Dieu ne peut ni changer ni se contredire, ni par conséquent détruire ses propres lois? Est-ce donc que Dieu change ou se contredit quand il opère un miracle qu'il a prévu de toute éternité? Est-ce qu'il détruit ses lois quand il en suspend l'exécution sur un point, tandis qu'elles s'exécutent sur tous les autres? Quand il ressuscite un mort fait-il revivre tous les autres? On dit, Dieu aurait pu atteindre le même but sans miracle: soit; mais de ce qu'il aurait pu n'en pas faire, cela ne prouve point qu'il n'en a pas fait. Se réfugier derrière les forces inconnues de la nature pour soutenir qu'on ne peut ni reconnaître ni constater un miracle, c'est un pauvre retranchement; car pourquoi conteste-t-on ceux de l'Ancien et du Nouveau Testament, si l'on ne peut pas les distinguer des faits ordinaires? Un fait sensible cesse-t-il de l'être, parce qu'il est miraculeux? L'expérience qui prouve que les lois physiques ne sont pas interrompues naturellement, prouve-t-elle qu'elles ne puissent pas l'être surnaturellement? Après tout, le fait emporte le droit, et, quand l'histoire parle, il faut que la métaphysique se taise. « D'ailleurs, dit Duvoisin, quelle absurdité de rejeter le témoignage alors qu'il est plus certain, parce que l'attention des témoins a dû être plus vivement excitée! » C'est à tort qu'on objecte certains faits obscurs et clandestins, comme les miracles de Mahomet; ces prétendus miracles ne sont attestés par aucun témoin oculaire, par aucun monument, et ne tiennent à aucun dogme : aussi les musulmans ne les ont-ils jamais invoqués en faveur de la divinité de leur religion. Le sabre au poing, et la menace à la bouche, ils se contentaient de dire : *La foi ou la mort!* Les miracles du christianisme, au contraire, tous éclatants, publics, parfaitement attestés, et intimement liés à la doctrine, ont toujours été invoqués, dès les premiers jours, comme preuves de la divinité de cette doctrine. Mais nous aurons occasion de revenir sur ce point en traitant du témoignage des apôtres et des premiers martyrs.

Ce qu'on est convenu d'appeler miracles dans le paganisme doit arrêter bien moins encore. Sans notoriété, sans importance, sans preuve d'aucun genre, leur fausseté se trahit le plus souvent par leur extravagance. Ceux des légendes, tout faux qu'ils sont pour la plupart, servent à prouver les vrais; car

(1) *V.* les ouvrages cités à la fin de cet article.

s'il n'y en avait jamais eu de vrais, on n'en aurait point imaginé de faux.

Il reste une difficulté qui jetterait dans la stupéfaction par son ineptie, si l'on ne connaissait l'insigne mauvaise foi des incrédules du dernier siècle. Ils ont prétendu que les miracles ne prouvaient rien, parce qu'il n'existe entre la vérité d'une doctrine et les faits miraculeux qu'on invoque en sa faveur aucune connexion naturelle. A cela il suffit de répondre avec Rousseau : « Qu'un homme vienne vous tenir ce langage : « Mor» tels, je vous annonce la volonté du Très-Haut ; reconnaissez à » ma voix celui qui m'envoie ; j'ordonne au soleil de changer sa » course, aux étoiles de former un autre arrangement, aux mon» tagnes de s'aplanir, aux flots de s'élever, à la terre de prendre » un autre aspect. » A ces merveilles, qui ne reconnaîtra pas à l'instant le maître de la nature? Elle n'obéit point aux imposteurs. »

De tout cela que résulte-t-il? Sinon que les livres de l'Ancien et du Nouveau Testament, dont les auteurs se donnent comme inspirés et comme envoyés de Dieu et prouvent leur mission divine par des prophéties que Dieu seul peut inspirer et par des prodiges que Dieu seul peut opérer ; que ces livres, dis-je, sont véritablement divins, c'est-à-dire qu'ils sont bien véritablement le testament de Dieu ou l'expression de sa volonté sainte. Donc le christianisme est divin dans ses bases. Cette conclusion acquiert toute la force d'une déduction mathématique, quand, en mettant les deux Testaments en regard, on les voit s'expliquer mutuellement, et l'un devenir le commentaire de l'autre ; le Nouveau, réaliser constamment ce qui est promis, prédit et figuré dans l'Ancien, et toute l'antiquité converger ainsi vers un seul point, Jésus-Christ ! Comment ne pas reconnaître là un dessein unique et providentiel? Comment expliquer autrement l'accord de tant de siècles et d'événements, que tout confirme et que rien n'est encore venu déranger ni démentir? Dire que c'est un jeu du hasard, c'est avouer qu'on n'en connaît pas la cause. D'ailleurs quel jeu étrange que dix-huit siècles n'auraient encore pu troubler ! Voltaire lui-même, malgré ses préventions et sa frivolité, était frappé de cet accord merveilleux et avouait qu'il lui paraissait inexplicable.

Si le christianisme est divin dans ses bases, il ne l'est pas moins dans son auteur. L'examen de cette seconde question jettera un nouveau jour sur ce qui précède. Dès l'origine du monde apparaît la grande figure du Messie : elle domine tous les âges et rayonne d'un plus vif éclat, à mesure qu'on approche de l'époque où il a paru sur la terre. Le roi de la création n'est pas plutôt tombé du trône, qu'une première promesse fait briller à ses yeux mouillés de larmes un rayon d'espérance : *De la femme*, dit le Seigneur à l'homme coupable, ***naîtra un fils qui écrasera la tête du serpent*** (*Genes.*, III, 15). Deux mille ans s'écoulent et de nouvelles promesses faites à Abraham viennent confirmer et déterminer la première, en fixant les regards sur la postérité de ce patriarche. Plus tard, Jacob désignera la tribu de Juda, et David, sa propre famille. Ainsi ramenées de tous les peuples à un seul, d'une nation à une tribu, et d'une tribu à une famille, les promesses finissent, dit M. Gaume, mais non nos incertitudes. Un signalement était nécessaire pour reconnaître le Messie au milieu de tant de rejetons de la même famille, et ce signalement a été donné, d'abord dans les figures et ensuite dans les prophéties. Pendant trois mille ans, une longue suite de personnages figurent le Messie dans les différentes circonstances de sa naissance, de sa vie, de sa mort, de sa résurrection et de son triomphe. Adam figure sa qualité de père de la race nouvelle, et Eve l'Eglise enfantée par lui dans son douloureux sommeil sur l'arbre de la croix ; Abel, sa qualité de frère et de victime ; Melchisédech, son sacerdoce éternel ; Isaac, son sacrifice; Jacob, son exil volontaire pour venir chercher sur la terre une épouse féconde et bénie qui est l'Eglise ; Joseph nous le montre vendu par les siens, esclave et chargé de chaînes, puis pardonnant à ses bourreaux et sauvant ses ennemis et ses persécuteurs; Moïse le montre libérateur et sauveur; Josué, également sauveur, mais sauveur triomphant, et introduisant victorieusement ses frères dans la véritable terre promise ; en Gédéon, il apparaît comme le dernier des enfants des hommes, sauvant le monde par les plus faibles moyens ; Samson fait pressentir sa naissance miraculeuse, sa puissance invincible, le choix de son épouse parmi les gentils et la victoire éclatante remportée par sa mort sur la croix ; David, sa royauté pleine de douceur et son empire fondé au milieu des plus grands obstacles et par des travaux sans nombre; Salomon, son triomphe et sa gloire, et enfin Jonas, la vocation des gentils aux joies de sa rédemption et sa résurrection après trois jours passés dans le tombeau.

Figuré par les personnes, le Messie l'est encore par les choses. L'agneau pascal, la manne du désert, la colonne lumineuse, le serpent d'airain, l'immolation perpétuelle de l'agneau dans le temple, la plupart des cérémonies légales, et surtout les sacrifices, étaient comme autant de traits épars, comme autant de figures permanentes, qui signalaient constamment le Désiré des nations. Comment ne pas voir là encore un dessein providentiel, parfaitement suivi jusqu'à sa complète réalisation? Comment mettre tout cela sur le compte du hasard ? Autant vaudrait, à la vue d'une série de portraits du même personnage faits par différents peintres, autant vaudrait, dis-je, soutenir que c'est par hasard qu'ils se sont ainsi rencontrés. D'ailleurs l'Ecriture elle-même nous avertit qu'il faut voir Jésus-Christ et son Eglise sous le voile des ombres antiques, et que, dans les temps qui ont précédé le Messie, ***tout arrivait en figures***, comme le dit formellement saint Paul (*I. Cor.*, X, 11). — D'après les Pères, le Nouveau Testament est comme une rose épanouie, et l'Ancien en est le bouton. Selon saint Augustin, le Nouveau est caché dans l'Ancien, et le peuple juif tout entier est comme un grand prophète.

Ce qui peut rester d'incertitude va se dissiper à la voix des prophètes, et le dessein providentiel apparaître dans tout son éclat. Qui osera nier l'intervention divine, en voyant ces hommes merveilleux plonger d'un regard sûr dans la profondeur des siècles, et, accumulant les traits, donner longtemps avant qu'il paraisse le signalement complet du Messie? Voici Jacob, Daniel, Aggée et Malachie qui précisent l'époque où viendra ce Désiré des nations. « Le sceptre, dit Jacob, ne sortira point de Juda, ni le législateur de sa postérité, jusqu'à la venue de celui qui doit être envoyé et à qui les peuples obéiront » (*Gen.*, XLIX, 10). Dix-huit siècles ont vérifié cette prophétie ; car depuis dix-huit siècles les Juifs dispersés n'ont plus ni rois ni législateurs. Selon Daniel, le Christ devait venir après soixante-dix semaines d'années, à partir du temps où l'ordre fut donné de rebâtir la ville de Jérusalem ; au milieu de la soixante-dixième semaine il devait être mis à mort, son peuple le renoncer et n'être plus son peuple, les sacrifices cesser avec les victimes, la ville et le temple être détruits par un prince étranger, et les Juifs plongés dans un abîme de désolation et de misère ***jusqu'à la consommation*** (*Dan.*, IX, 25 et suiv.). Or, qui ne voit que cette prophétie s'est accomplie de point en point? Les soixante-dix semaines d'années dont parle le prophète font quatre cent quatre-vingt-dix ans, qui, comptés de la reconstruction de Jérusalem, conduisent au temps de Jésus-Christ. Depuis cette époque, le peuple juif n'est-il pas visiblement rejeté et abandonné de Dieu, dispersé aux quatre vents du ciel, désolé et maudit? Où est son temple, où sont ses autels et ses sacrifices? Depuis dix-huit cents ans, Tite et Vespasien n'ont-ils pas fait cesser tout cela en transformant Jérusalem en une vaste ruine? Et puisque, malgré tant d'efforts pour faire mentir la prophétie, cet état de désolation a subsisté jusqu'à ce jour, comment douter qu'il ne doive subsister ***jusqu'à la consommation?*** — Aggée et Malachie annoncent de la manière la plus positive que le Messie doit honorer de sa présence le second temple, et qu'ainsi la gloire de ce second temple, inférieur en grandeur et en magnificence, surpassera celle du premier (*Agg.*, II, 7; ***Malach.***, III, 1). Or nous savons aussi, de la manière la plus positive, que Jésus-Christ a paru dans le second temple, et que depuis dix-huit cents ans ce temple a disparu. Donc Jésus-Christ est bien celui qui devait venir.

A l'époque où il a paru sur la terre, les Juifs étaient si persuadés que les temps étaient accomplis, qu'ils firent à saint Jean Baptiste l'honneur de le prendre pour celui qu'ils attendaient. Ils lui envoyèrent une ambassade pour lui demander s'il n'était pas le Messie. Ce grand homme répondit que sa mission se bornait à préparer les voies au Messie, qui était au milieu d'eux, ignoré et méconnu, selon la prédiction d'Isaïe (*Jean*, I, 23, 26). Les Samaritains n'étaient pas moins persuadés que les Juifs de l'arrivée prochaine du Messie. « Je sais, dit la Samaritaine à Jésus-Christ, je sais que le Messie va venir, et que, quand il sera venu, il nous enseignera toutes choses » (*Jean*, IV, 25). Mais les prophètes ne se sont pas contentés de préciser l'époque de l'arrivée du Messie, ils en ont tracé un portrait si frappant, qu'il était impossible de le méconnaître et de le confondre avec ses contemporains. Ils ont prédit qu'il naîtrait d'une Vierge (***Isa.***, VII, 14), que ce serait à Bethléem, petite ville jusque-là obscure et inconnue (***Mich.***, V, 2), qu'il serait de la tribu de Juda et de la race de David (***Gen.***, X; ***Isa.***; XI, 11; ***Sam.***, XVI; ***Ps.*** XXXIX; ***Jérém.***, XXIII), qu'il serait pauvre et annoncerait l'Evangile aux pauvres

(*Zach.*, IX, 9, 10; *Isa.*, XL, 3), qu'il serait obscur et sans éclat, et qu'un jour cependant les rois se prosterneraient devant lui (*Isa.*, LIII, 4), qu'il aurait un précurseur (*Malach.*, III, 1), que ce précurseur ferait entendre sa voix dans le désert (*Isa.*, XL, 3), qu'il sèmerait les miracles et les bienfaits sur ses pas (*Isa.*, XXXV, 4, 5), que l'esprit de l'Eternel, l'esprit de sagesse et d'intelligence, l'esprit de conseil et de force, l'esprit de science et de crainte reposerait sur lui, qu'il brillerait de tout l'éclat de la justice; mais qu'il serait en même temps plein de douceur et d'humilité (*Isa.*, XI, XL, XLII, LIII; *Zach.*, IX), qu'il serait en butte aux mépris et aux contradictions, rejeté et persécuté par son peuple (*Dan.*, IX, 26; *Isa.*, VI, 10; LV, 2), qu'il entrerait dans Jérusalem monté sur une ânesse, accompagnée de son ânon (*Zach.*, IX, 9), qu'à la place des anciens sacrifices rejetés il en établirait un nouveau plus durable et plus pur qui serait offert dans toutes les contrées de la terre (*Malach.*, I, 10, 11), qu'il serait le prêtre éternel selon l'ordre de Melchisédech (*Ps.* CIX, 5), qu'il serait trahi par un de ses apôtres (*Ps.* XI, 10), vendu trente pièces d'argent (*Zach.*, XI, 12, 13), abandonné des siens (*ibid.*, XIII, 7), calomnié par de faux témoins (*Ps.* et *Lamentat.*, passim), qu'il se livrerait volontairement et se laisserait conduire à la mort comme une brebis sans défense, comme un agneau muet entre les mains de celui qui le dépouille de sa toison (*Isa.*, LIII, 7), qu'il serait souffleté, conspué, rassasié d'opprobres, qu'on grincerait des dents contre lui, qu'on lui percerait les pieds et les mains (*Ps.* XXI; *Isa.*, *Jérém.* et *Zach.*), qu'il serait mis au rang des scélérats et condamné comme eux (*Isa.*, LIII), que les passants branleraient la tête en insultant à ses douleurs (*Ps.* XXI, 7, 8, 9), que ses vêtements seraient partagés et sa robe jetée au sort (*ibid.*, 19), qu'on lui présenterait pour étancher sa soif du fiel et du vinaigre (*ibid.*, 22), qu'il serait enseveli par des hommes riches, et que son tombeau serait glorieux (*Isa.*, XI, 10; LIII, 9), qu'il descendrait dans les lieux bas de la terre pour en tirer les justes prisonniers (*Zach.*, IX, 11), qu'il ressusciterait le troisième jour (*Ps.* XV, 9, 10), qu'il monterait au ciel après sa résurrection (*ibid.*, LXVII, 19), qu'ensuite il répandrait son esprit sur toute chair (*Joël*, II, 28; *Isa.*, XL, 9; L, 6), que les Juifs seraient rejetés et les païens appelés à leur place, qu'il fonderait une religion nouvelle (*Jérém.*, XXXI), et qu'enfin son Eglise s'étendrait par toute la terre. Ainsi tout a été prédit, et tout ce qui l'a été s'est accompli. Donc Jésus-Christ, objet de toutes ces prophéties, est vraiment l'envoyé de Dieu, et Dieu lui-même, puisqu'il s'est donné comme tel.

Dire que ces prophéties ont été fabriquées après coup ou falsifiées par les chrétiens, c'est être plus hardi que les juifs, qui connaissent mieux la vérité. Dépositaires des saints oracles, ennemis acharnés de Jésus-Christ, ils savent bien que toute connivence entre les chrétiens et eux, sur ce point comme sur tous les autres, a toujours été impossible. D'ailleurs, qui ne sait que, près de trois cents ans avant l'existence du Christianisme, toutes les prophéties rapportées plus haut se lisaient dans la traduction grecque des Septante, ordonnée par Ptolémée Philadelphe, et répandue bientôt après dans tout l'empire romain? — Dire que les prophéties sont de pures conjectures qui ont réussi par hasard serait encore plus absurde. Comment, à une si grande distance, car les dernières prophéties ont été écrites 400 ans avant Jésus-Christ, comment, dis-je, à une si grande distance, des faits si nombreux; si variés, si détaillés, si singuliers, si contraires à toutes les apparences humaines, auraient-ils pu être prévus naturellement et fixés avec tant de précision à une époque déterminée? Quel autre que le Roi éternel des siècles pouvait dans sa pensée évoquer ainsi les événements cachés dans les replis lointains de l'avenir? Mais aussi, si nul autre ne le peut, à lui, qui lui en contestera le pouvoir? Il fallait être M. de Voltaire pour nier la possibilité de la prophétie, sous le frivole prétexte qu'*on ne peut prévoir ce qui n'est pas*. Il suivrait de là, que les astronomes ne pourraient pas prévoir et annoncer les éclipses, ce qui est une incontestable absurdité. Que reste-t-il donc? sinon de dire avec saint Augustin que la voix des prophètes est plus forte pour convaincre que la voix même descendue du ciel (*Serm. I*, liv. III, ch. 26, n. 5).

Les incrédules raisonnent singulièrement à l'égard des prophéties : si elles sont obscures, ils les rejettent à cause de leur obscurité; si elles sont claires, à cause de leur clarté, prétendant qu'elles ont été fabriquées après l'événement. Un peu plus de bonne foi de leur part simplifierait beaucoup la discussion; ils n'auraient qu'à déclarer nettement tout d'abord qu'ils ne veulent pas être convaincus.

A l'objection de M. Salvador, que les prophètes ne sont que des poëtes, que l'essence de la poésie hébraïque et sa puissance consistent dans la personnification de Dieu et du peuple juif, et que ce peuple-roi destiné à devenir le modèle de tous les autres est précisément le Messie, M. Maret répond : « Nous remarquerons d'abord la choquante anomalie qui se trouve entre cette mission surnaturelle et vraiment miraculeuse reconnue au peuple juif, et une théorie qui nie tout ordre surnaturel. M. Salvador entend les prophètes dans un sens tout matériel et tout terrestre; il ne s'agit, selon lui, que de richesse, de gloire, de puissance, des délices de la vie. Cette erreur ne lui est pas personnelle; elle a été et est encore celle de toute sa nation. Ce n'est pas non plus un système nouveau d'appliquer au peuple juif les prophéties qui regardent le Messie. Sans doute il est souvent question de ce peuple dans les prophéties; mais que tous les oracles se rapportent à lui, que le peuple juif soit le Messie tant promis et tant désiré, le Messie libérateur et sauveur, le Messie, la lumière du monde, c'est une assertion qu'il est impossible de justifier, et que d'ailleurs M. Salvador n'essaye pas même de prouver. — Les anciens Juifs n'expliquaient pas les prophéties comme les rabbins modernes; ils appliquaient au Messie, comme les apôtres et comme l'Eglise, les oracles de Jacob, d'Isaïe et de Daniel. C'est en désespoir de cause que les juifs modernes ont abandonné leurs anciennes interprétations, et se sont créé ainsi des embarras et des difficultés inextricables. Que d'efforts, par exemple, n'a-t-on pas faits pour appliquer tantôt au peuple juif tout entier, tantôt à la partie fidèle de la nation, ou au corps des prophètes, l'immortel oracle contenu dans le cinquante-troisième chapitre d'Isaïe? Dans cette prophétie, la passion de Jésus-Christ est racontée, et sa résurrection prédite. Qu'un homme sans prévention lise ce mémorable chapitre, il se convaincra aisément de la futilité des interprétations rabbiniques. Quoi de plus formel aussi que la prophétie de Daniel? La cessation des sacrifices anciens, la ruine du temple et de la nation, juste châtiment de la mort violente du Messie, y sont annoncées de la manière la plus claire. A quel misérable subterfuge n'a-t-on pas recours pour appliquer cet oracle à un autre qu'à Jésus-Christ? Avant donc de nous présenter ces interprétations avec tant d'assurance, il eût été bon de les dégager des impossibilités et des contradictions qu'elles renferment. Non, il n'est pas uniquement question dans les livres saints et dans les prophéties d'une prospérité temporelle, des richesses et des joies de la vie. Un Messie, bien distinct du peuple juif, est annoncé à toutes les pages de ces livres inspirés. Si sa gloire y est prédite, ses humiliations et sa mort y sont aussi prophétisées. Il était attendu au jour et à l'heure où il s'est manifesté. On ne peut le nier, on ne le nie pas; les anciens docteurs des Juifs lui appliquaient toutes les prophéties que nous lui appliquons encore, et qui ne peuvent s'entendre que de lui. La ruine, l'humiliation, les malheurs qui pèsent depuis dix-huit siècles sur la race juive ont été prédits aussi. Si Jésus-Christ n'était pas le Messie, si le crime du peuple juif n'a pas été de le méconnaître, comment expliquer l'inexorable vengeance qui le poursuit depuis si longtemps? Les annales de ce peuple, celles du monde entier, n'offrent rien de pareil; et cependant, lorsque ces malheurs sont venus fondre sur lui, jamais il n'avait été plus fidèle à sa loi, plus zélé pour elle » (*Essai sur le panthéisme*, p. 417) (1).

Promis, figuré et signalé dès le commencement et dans toute la suite des siècles, Jésus-Christ n'apparaît pas moins divin dans la préparation de son avénement. Longtemps avant sa venue, on voit les événements concourir, sous l'action providentielle, à l'établissement de son règne éternel. Préparation étonnante de grandeur et de majesté dont Dieu seul était capable. Sensible dès la vocation d'Abraham, cette préparation devient encore plus évidente 500 ans avant l'ère chrétienne. On voit alors quatre grandes monarchies absorber successivement tous les autres empires, et, semblables aux grands fleuves qui entraînent à l'Océan, avec leurs eaux, celles des rivières et des courants tributaires, porter le monde entier aux pieds de Jésus-Christ. Ce divin sauveur apparaît ainsi, selon la pensée de l'Apôtre, *comme l'héritier universel pour qui tous les siècles ont été faits* (*Hébr.*, I, 2).

Or ceci n'est pas une simple vue de l'esprit humain, ou un arrangement fait après coup sur les événements accomplis; les quatre grands empires préparatoires à l'empire universel et

(1) *V.* PROPHÈTES, et les noms de chaque prophète; de la Luzerne, *Discussion sur les prophéties*; Keith, *Prophéties et leur accomplissement*; Joly, *Religion chrétienne éclairée par la prophétie*.

éternel du Messie ont été prédits par le prophète Daniel (*V.* ce nom). Ces quatre empires sont celui des Assyriens, celui des Perses, celui des Grecs et celui des Romains. Pour bien comprendre leur mission, il ne faut pas oublier que le dessein providentiel, souvent annoncé par les prophètes, était que la vraie religion et le dépôt des promesses divines se conservassent intacts au milieu du peuple juif, que le Messie naquit dans son sein, où l'erreur ne souillerait point son berceau, et que l'Evangile se répandit, comme par enchantement, d'une extrémité du monde à l'autre, afin que personne ne pût douter de l'intervention divine. Cela posé, il est facile de voir que la mission des Assyriens, comme l'indiquent du reste suffisamment les prophètes, était de châtier le peuple juif toutes les fois qu'il tombait dans l'idolâtrie, et de le contraindre à rester fidèle dépositaire du Testament divin. Mais quand les Assyriens sont sur le point d'outre-passer leur mission, en détruisant ce peuple, qu'ils doivent se contenter de châtier pour le conserver pur, voici que Dieu suscite les Perses pour le délivrer, et procurer l'accomplissement des prophéties d'après lesquelles le Messie doit sortir de la tribu de Juda, de la famille de David, naître dans la Judée, et entrer dans le second temple. Ce but atteint, l'empire d'Orient passe aux mains des Grecs, qui préparent le règne de l'envoyé divin et en facilitent l'établissement, soit par la diffusion de leur langue, qui sera employée par les apôtres, soit par la propagation des livres saints, fidèlement traduits en cette langue et mis ainsi à couvert des altérations judaïques; soit enfin par la dispersion des Juifs à travers le monde, où ils portent, comme préparation à l'Evangile, la notion du vrai Dieu. Les Romains continuent la mission des Grecs, mais sur un plan plus vaste encore. Toutes les barrières sont renversées; toutes les voies aplanies. Du couchant à l'aurore, les nations bégayent la langue du peuple-roi, qui remue le monde pour exécuter, sans le savoir, les oracles divins. Des communications sont établies entre toutes les parties du globe, de grandes routes poussées jusqu'aux extrémités du monde, et tous les peuples, reliés comme dans un immense faisceau. Tout est prêt, et les envoyés divins n'ont plus qu'à partir pour leur mission universelle. Aussi les temps sont accomplis, et, selon la prédiction de Jacob, le sceptre est sorti de Juda. Admirable philosophie, qui résume en trois mots l'histoire de quarante siècles : Tout pour l'homme, l'homme pour le Christ, et le Christ pour Dieu. *Omnia vestra sunt, vos autem Christi, Christus autem Dei* (D. Paul., *I. Cor.*, III, 22).

Quand même les prophètes n'auraient pas fait d'autres prophéties que celles qui concernent Jésus-Christ et son Eglise, en voyant ces prophéties accomplies de point en point, nous ne pourrions pas refuser à leurs auteurs le don de l'inspiration divine; mais combien leur autorité devient plus imposante encore, quand on considère qu'ils ont fait, sur une foule d'autres objets, une multitude d'autres prophéties, toutes également accomplies, et dont quelques-unes sont encore subsistantes, ou en voie d'accomplissement! Ils en ont fait sur Ninive et son anéantissement, sur Babylone et sa chute, sur Tyr et sa ruine, sur l'Egypte et ses désolations, sur l'Arabe, *comme l'âne sauvage*, toujours indomptable et vagabond, sur l'Afrique et sa servitude, sur Jérusalem et sa destruction, sur les Juifs et leur dispersion à travers toutes les contrées du globe, sur leur aveuglement, leurs souffrances, leur faiblesse, leur pusillanimité, leur incorrigible impénitence, leur avarice insatiable, leur caractère de maudits, enfin leur existence indestructible, malgré la risée universelle, les spoliations et l'oppression terrible auxquelles ils ont toujours été en butte. Les prophètes ont fait encore d'autres prophéties sur la Judée et les contrées adjacentes, sur Ammon, Moab, Edom ou l'Idumée et la Phénicie. Quelle force ces prophéties, qui se sont accomplies avec une merveilleuse précision ou qui s'accomplissent encore tous les jours, quelle force, dis-je, ces prophéties ne donnent-elles pas à celles qui regardent le christianisme et son auteur (1)! Quelle force encore dans l'accord des traditions des anciens peuples avec les oracles de la Judée! — « C'est un fait, dit M. Rohrbacher, que depuis le commencement du monde, toutes les nations de la terre attendaient un roi, un législateur, un saint, un sauveur, un médiateur, un réparateur de toutes choses; et même qu'elles s'attendaient à le voir paraître il y a dix-huit siècles, et dans la Judée. Outre les preuves que nous avons déjà vues ailleurs, nous avons le témoignage non suspect de Suétone et de Tacite, parmi les anciens, et de trois incrédules, Boulanger, Voltaire et Volney, parmi les modernes. D'abord Suétone, ainsi que Tacite, rapporte dans la *Vie de Vespasien*, *qu'une antique et constante tradition, répandue dans tout l'Orient, annonçait qu'il devait en ce temps-là sortir de la Judée le dominateur du monde.* « Les Romains, dit Boulanger, tout républicains » qu'ils étaient, attendaient, du temps de Cicéron, un roi prédit » par les sibylles, comme on le voit dans le livre *De la divination* de cet orateur philosophe : les misères de leur république » en devaient être les annonces, et la monarchie universelle la » suite. » Puis il montre que l'attente de ce personnage extraordinaire était partagée, non-seulement par les Hébreux, mais encore par les Grecs, les Egyptiens, les Chinois, les Japonais, les Siamois, les Américains, les Mexicains. Enfin conclut-il, il n'y a aucun peuple qui n'ait eu son expectative de cette espèce. » Voltaire atteste la même chose, et, de plus, il montre de quel côté les divers peuples attendaient ce désiré de toutes les nations. Voici ses paroles : « C'était, de temps immémorial, une » maxime chez les Indiens et chez les Chinois, que le sage » viendrait de l'Occident. L'Europe, au contraire, disait qu'il » viendrait de l'Orient. Toutes les nations ont toujours eu besoin d'un sage ». Voilà ce que dit Voltaire. Sur quoi il est aisé de remarquer que la Judée, d'où, selon Tacite et Suétone, devait sortir ce dominateur du monde, est précisément à l'occident des Indiens et des Chinois, et à l'orient de l'Europe. Le témoignage de Volney est conforme aux autres. De plus, il nous rappelle encore sous quels titres ou qualités la croyance universelle attendait le Sauveur du monde. Voici ses paroles : « Les traditions sacrées et mythologiques des temps antérieurs » (à l'ère chrétienne) avaient répandu dans toute l'Asie la » croyance d'un grand médiateur qui devait venir, d'un juge » final, d'un sauveur futur, roi, Dieu, conquérant et législateur, » qui ramènerait l'âge d'or sur la terre et délivrerait les » hommes de l'empire du mal » (*Histoire de l'Eglise universelle*, t. IV).

Qui osera contester sa mission divine à celui qui est l'objet de tant d'espérances, de tant de promesses accomplies, de tant de figures réalisées, de tant de signalements reconnus traits pour traits en sa personne, de tant de préparations enfin qui ont fait servir le monde entier à l'établissement de son empire? Qui osera contester sa divinité, quand à toutes ces preuves si concluantes s'en joignent d'autres plus évidentes encore tirées de son caractère, de ses vertus, de sa doctrine, de sa vie, de sa mort, de ses miracles, de sa résurrection, et enfin de ses succès si immenses, si constants, si prodigieux, et par conséquent si inexplicables sans l'intervention divine? Il suffit de contempler attentivement la noble et magnifique figure de Jésus-Christ pour être forcé de tomber à ses pieds, en s'écriant, comme l'apôtre incrédule : « Mon Seigneur et mon Dieu » (*Jean*, XX, 28)! Il sait tout sans avoir rien appris. Où sont ses maîtres? Où son école? Chose merveilleuse! Au sein d'un peuple ignorant et superstitieux surgit tout à coup la plus haute intelligence qui ait jamais paru sur la terre! Voyez de l'atelier d'un pauvre artisan sortir ce jeune enfant qui, à douze ans, étonne et confond les plus grands docteurs, et, à l'âge où les philosophes anciens entraient à peine dans la carrière, éclipse tous les sages de l'antiquité! Où a-t-il puisé cette doctrine, à laquelle l'esprit humain n'a rien ajouté depuis dix-huit cents ans que des commentaires plus ou moins incomplets? Quelle sublimité! Quelle profondeur! En même temps qu'il étonne les sages par la hauteur de l'idée, il charme les petits par la simplicité de l'expression. Quelle grâce! quelle naïveté! quel charme dans ses paraboles. Plus on les relit, plus on se sent pressé de dire comme la foule qui l'entendait : « Jamais homme n'a parlé comme il parle » (*Jean*, VII, 46). Pas de phrases, pas d'ornements pompeux; rien qui sente le rhéteur ou l'homme occupé de lui-même. Sans autorité apparente, sans puissance extérieure au milieu des hommes, il parle avec une souveraine autorité et une souveraine puissance; sa morale est aussi belle que sa doctrine, et ses mœurs aussi pures que sa morale. Il ne craint pas de dire à ceux qui ont toujours l'œil ouvert sur ses démarches : « Si vous n'en croyez pas mes paroles, croyez-en du moins mes œuvres » (*Jean*, X, 38)? Et ailleurs : « Qui de vous me convaincra de péché » (*Jean*, VIII, 46). Comme il faut être sûr de soi-même pour tenir un pareil langage! Or ce défi n'a point été relevé, et la robe du Christ est restée sans souillure et sans tâche (1). Quelle sérénité sur son front! Quelle

(1) *V.* l'excellent livre du docteur Keith, intitulé : *les Prophéties et leur accomplissement littéral.*

(1) On lui reprochait, il est vrai, de fréquenter les pécheurs et de

sainteté dans ses actions! Quelle douceur dans son caractère! Voyez-le caressant les petits enfants, consolant toutes les douleurs, accumulant les prodiges pour soulager toutes les infortunes, multipliant les pains sur la montagne, pardonnant à la femme adultère, tempérant le zèle trop ardent de ses disciples irrités, pleurant sur le tombeau de Lazare, son ami, et sur Jérusalem, dont il prévoit l'ingratitude: est-il possible de se montrer plus homme et plus Dieu tout à la fois? En lui nul défaut, nulle imperfection, nulle passion mauvaise, pas même l'ombre du péché; en lui toutes les vertus dans un sage tempérament et une parfaite harmonie. Il est sévère sans rigorisme, indulgent sans faiblesse, grave sans froideur, calme sans apathie, humble sans bassesse, pauvre sans envie, noble sans orgueil, puissant en œuvres et en paroles, sans la moindre ostentation. Il passe en faisant le bien, et quand ses ennemis s'arment de pierres pour l'accabler, il peut leur dire en face: « Pour lequel de mes bienfaits prétendez-vous me lapider » (*Jean*. X, 32)? Où est dans toute l'antiquité païenne le sage qui ne se soit jamais laissé mordre par le serpent de la volupté, dont le cœur ne se soit jamais enflé au souffle de l'orgueil et de la colère, qui soit toujours passé en faisant le bien, toujours calme, toujours bon, toujours pur, toujours accessible à tous, enfin toujours prêt à donner son sang même pour ses ennemis? Tel fut Jésus-Christ! « Je connais les hommes, disait Napoléon, et je vous dis que Jésus-Christ n'est pas un homme. » — « Vous ne croyez pas que Jésus-Christ est Dieu? disait-il un autre jour à un de ses vieux compagnons d'armes; eh bien! j'ai eu tort de vous faire général. » Tel fut donc Jésus-Christ; or, encore une fois, où avait-il pris chez les siens l'idée de cette douceur inaltérable, de cette pureté sans tache, de cette merveilleuse humilité, et de cette charité sans bornes inconnue jusqu'à lui? Et à quelle perfection n'a-t-il pas porté la première de ces vertus? Voyez-le dans le drame sanglant de sa passion: quelle patience, quelle douceur et en même temps quelle fermeté! Jamais rien de semblable ne s'était vu sur la terre; jamais on n'avait vu tant de calme au milieu des tortures; jamais sous la grêle des verges, des crachats, des injures et des calomnies, absence si totale de colère, de révolte et d'irritation. Jamais, avant Jésus, la prière et le pardon n'étaient descendus du haut d'une croix sur des bourreaux. Les siens ont poussé au delà de toutes les bornes l'insolence et la cruauté. Après l'avoir traîné, à travers les places publiques, de tribunal en tribunal, de supplice en supplice; après l'avoir, pour prix de ses bienfaits, baloué, souffleté, flagellé, conspué, couronné d'épines; après l'avoir contraint, par un raffinement de barbarie, à porter lui-même l'instrument de son supplice; après l'avoir cloué sur le gibet infâme, l'avoir suspendu sur ses blessures et avoir centuplé ainsi ses douleurs, ils ne savent que vomir contre lui mille imprécations et mille blasphèmes, et, quand il demande à boire, ils ne savent trouver que du fiel pour abreuver son agonie; et cependant il ne fait pas entendre le plus léger murmure, et non-seulement il ne laisse pas paraître le plus léger signe de haine contre ces barbares, mais il leur pardonne, et non-seulement il leur pardonne, mais il les excuse, et non-seulement il les excuse, mais il prie pour eux! Expliquez, si vous le pouvez, en dehors du mystère de l'incarnation, et cette mort, et cette vie, et cette doctrine, et ces vertus. Oh! combien le philosophe de Genève était dans le vrai, quand il disait: « Si la vie et la mort de Socrate sont d'un sage, la vie et la mort de Jésus sont d'un Dieu! » — Voilà pourtant celui que l'on ne craint pas de transformer en un vil imposteur qui aurait passé sa vie à tromper les hommes, qui se donnait pour l'envoyé du Très-Haut (*Jean*, XXI, 20), se disait descendu du ciel (*Jean*, VI), se faisait passer pour le fils de Dieu (*Matth.*, XVI, 6), pour le juge universel des vivants et des morts (*Matth.*, XXV), quand il savait mieux que personne qu'il n'était que le fils d'un misérable charpentier! Et non content de tromper ainsi pendant sa vie, il aurait formé des suppôts de son imposture pour la perpétuer après sa mort! Ainsi il aurait réuni tout à la fois dans sa personne, la candeur, la simplicité la plus touchante et la dissimulation la plus profonde, les mœurs les plus pures et l'hypocrisie la plus consommée! Il aurait été tout à la fois le plus religieux et le plus impie, le plus vertueux et le plus scélérat des hommes! Y ont-ils bien pensé ceux qui soutiennent ces blasphèmes?

On dit que Jésus-Christ était un grand homme: mais on lui fait trop d'honneur: car, s'il n'était pas Dieu, il ne serait qu'un grand criminel, ou plutôt qu'un scélérat heureux et très-maladroit, qui aurait fait tout ce qu'il fallait pour ne pas réussir. S'il inventait et s'il avait du génie, comme il est impossible de le nier en suivant de point en point son enseignement, pourquoi tant de mystères dans sa doctrine et tant de sévérité dans sa morale? Ne pouvait-il abaisser son dogme, le mettre plus en lumière, adoucir sa morale, et moins heurter toutes les habitudes, toutes les passions et tous les préjugés? Pourquoi révolter tous les esprits, en disant qu'il donnera sa chair à manger, et son sang à boire? Pourquoi se vanter qu'une fois attaché à la croix, *il attirera tout à lui* (*Jean*, XII, 32)? Pourquoi provoquer ainsi, par tous les moyens, la défiance et les soupçons? Et puis, voyez que d'autres maladresses! Au lieu de gagner les riches, si utiles au succès de son entreprise, il n'a que des anathèmes à lancer sur eux; au lieu de flatter les grands, il ne cesse de leur reprocher leur hypocrisie; au lieu de s'attacher des hommes instruits et éloquents, il s'adresse à de pauvres pécheurs, sans études et sans lettres. Il leur confie le dépôt de sa doctrine, qu'il ne prend pas même la peine de fixer par l'écriture, et, au lieu d'envoyer d'abord ces pauvres pêcheurs au sein de quelques peuplades ignorantes et grossières, il les envoie indifféremment partout, chez les peuples les plus avancés dans la civilisation comme chez les plus barbares; il les envoie enseigner toutes les nations à la fois! Est-ce assez de maladresse et de folie? Et si Jésus-Christ n'était pas Dieu, ne faudrait-il pas le proclamer non-seulement le plus fourbe, mais le plus inepte et le plus insensé des hommes? Dira-t-on qu'il avait voulu se concilier les suffrages du plus grand nombre, en prenant le parti des pauvres? Mais si c'est de sa part un calcul, ne voyez-vous pas encore combien il est malhabile? Que fait Jésus-Christ? Il gourmande les riches et les puissants, et, au lieu de flatter les passions des autres, il dit aux pauvres: Souffrez sans vous plaindre; et aux faibles: Restez toujours soumis. De cette manière, il ne plaît ni aux riches ni aux pauvres, ni aux grands ni aux petits; il les mécontente et les révolte tous également. Le tribun agite les masses, en soulevant les pauvres contre les riches, et les petits contre les grands; mais quel tribun s'est jamais avisé pour gagner des partisans de dire aux riches: Devenez pauvres, au moins en esprit; aux grands: Abaissez-vous au niveau des petits; et aux pauvres et aux petits: Soyez contents de votre partage. Redisons-le donc encore: Si Jésus-Christ n'est pas Dieu, il faut dire qu'il est tout à la fois le plus médiocre et le plus grand des hommes, l'esprit le plus étroit et en même temps le plus vaste qui ait jamais été; c'est-à-dire un être absurde dont les succès sont une énigme à jamais inexplicable. Si au contraire on le prend pour ce qu'il est, c'est-à-dire pour le Fils de Dieu fait homme, réformateur et sauveur de l'humanité, alors tout s'explique à merveille: sa divinité se révèle dans la profondeur des vues, l'immensité de l'entreprise, la faiblesse des moyens et la grandeur des obstacles dont elle se joue, sans rien faire pour les éviter, et ce qui, dans l'autre hypothèse, *est folie, devient sagesse de Dieu* (*I. Cor.*, I, 25).

On a dit que Jésus-Christ s'était formé chez les *esséniens*, secte juive fanatique et austère, dont parlent Josèphe et Philon; mais il est étonnant qu'on n'ait pas dit cela plus tôt. Il l'est bien plus encore qu'on soit si tranchant sur ce point, quand on ne sait de cette secte ni son origine ni son commencement. Il est certain qu'elle existait au temps de Josèphe; mais depuis quand? A-t-elle précédé le christianisme, ou lui est-elle postérieure? Sur quoi fondé, affirme-t-on que les rapports de ressemblance qui existent entre certaines pratiques esséniennes et certains conseils évangéliques viennent d'un emprunt fait à la secte par l'auteur du christianisme? Le contraire n'est-il pas aussi naturel et plus probable? D'ailleurs ces rapports ont été fort exagérés, et les dissemblances sont au moins aussi nombreuses et plus frappantes. Jésus-Christ a enseigné une foule de vérités nouvelles pour toutes les sectes juives: ainsi les mystères de la très-sainte Trinité, de l'incarnation et de la rédemption, la vocation des gentils à la grâce et au salut éternel, la résurrection future des corps, étaient autant de choses inconnues des Esséniens. Ils croyaient au destin, et par suite niaient la liberté; or on chercherait en vain de cela la moindre trace dans l'Evangile. Ils n'ont jamais eu la moindre idée des sacrements ni de la charité universelle, tant recommandée par Jésus-Christ. Ils se distinguaient surtout par l'observation superstitieuse du sabbat, et Jésus-Christ l'a blâmée. Ils n'allaient pas sacrifier au temple, et Jésus-Christ y allait. Peu contents des purifications ordinaires, ils en avaient encore d'autres extraordinaires et particulières, et Jésus-Christ permettait à

manger avec eux. Mais qui s'avisa jamais de reprocher au médecin la fréquentation des malades?

ses disciples de manger sans s'être même lavés les mains. Ils ne voulaient obéir à nul autre qu'à leurs anciens, et Jésus-Christ recommandait l'obéissance même envers les empereurs païens, etc... Il est donc faux que l'Evangile soit un emprunt fait aux esséniens. D'ailleurs, si cet emprunt eût été réel, comment la parole du Christ eût-elle paru si nouvelle? Comment se serait-il élevé des voix qui disaient : « Jamais personne n'a parlé comme il parle ! Mais n'est-ce pas le fils de Marie ? N'est-ce pas le fils de Joseph? Ne connaissons-nous pas son père et sa mère ? Où prend-il ce qu'il dit ? Comment sait-il les lettres, puisqu'il ne les a point apprises » (*Jean*, VII)?

Mais il est, dans la vie de Jésus-Christ, des choses encore plus inexplicables que sa doctrine, ce sont ses prédictions et ses miracles. Il a prédit, en dehors de toutes les prévisions humaines, non-seulement la trahison de Judas et le reniement de saint Pierre, non-seulement les ignominies de sa passion, les crachats dont il serait couvert, sa flagellation et son crucifiement (*Matth.*, XX, 17; *Marc*, X, 32; *Luc*, XVIII, 31, 32), mais encore sa résurrection, qu'il a fixée au troisième jour après sa mort (*ibid.*). Il a prédit aussi la descente du Saint-Esprit sur les apôtres (*Jean*, XV, 26; XVI, 13), le siége de Jérusalem, les immenses lignes de circonvallation dans lesquelles cette ville devait être enveloppée, sa ruine, l'extermination des Juifs et la destruction du temple, dont il ne devait *pas rester pierre sur pierre* (*Luc*, XIX, 43; *Matth.* XXIV, 2; *Marc*, XIII, 2). Or, quand on considère, d'un côté, que le temple fut brûlé malgré la défense du général romain, et qu'il y eut dans la ruine de Jérusalem, où périrent quatorze cent mille hommes, quelque chose de si prodigieux, que Titus refusa le triomphe après sa victoire, reconnaissant qu'il n'avait été que l'instrument des vengeances du ciel; et quand on voit, d'un autre côté, que rien n'a pu encore jusqu'ici faire mentir la prophétie, ni la toute-puissance de Julien l'Apostat, qui essaya vainement de rebâtir le temple, ni les conseils des impies, ni l'or, ni les intrigues des Juifs de tous les siècles, est-il possible de se refuser à croire qu'il y a là quelque chose de divin ? Jésus-Christ a encore prédit l'établissement de son Eglise, qui s'est établie en dépit de tous les obstacles (*Matth.*, XVI, 18), sa catholicité (*ibid.*, XXVIII, 19; *Jean*, XII, 32), sa perpétuité, sa sainteté et son infaillibilité (*Matth.*, XVI, 18). Or toutes ces prophéties s'accomplissent sous nos yeux.

Il est encore une chose en Jésus-Christ qui ne serait pas moins inexplicable que ses prophéties, s'il n'était pas Dieu, ce sont ses miracles. Toute sa vie en est pleine, depuis l'étable jusqu'au Calvaire. Les anges viennent annoncer sa naissance aux hommes et la célébrer dans leurs concerts; des rois, conduits par un météore miraculeux, viennent du fond de l'Orient incliner leurs sceptres devant son berceau; au temple, un saint vieillard et une sainte prophétesse chantent à l'envi ses hautes destinées; à douze ans, assis au milieu des docteurs, il les étonne et les confond par sa sagesse profonde; plus tard, une voix du ciel le proclame Fils du Très-Haut et l'objet de ses complaisances éternelles. A ce témoignage du Père se joint celui du Saint-Esprit, qui plane sur sa tête sous la forme d'une colombe. Il entre ensuite dans sa vie publique et sème partout les prodiges sur ses pas. Comment ne pas reconnaître en lui l'auteur et le maître de la nature, en la voyant si docile à sa voix ? Elle n'attend même pas ses ordres pour obéir; elle change son cours et suspend ses lois par la seule vertu qui s'échappe de sa personne divine et de la frange de ses vêtements. Nous ne reviendrons pas sur ce que nous avons dit plus haut sur les miracles. La nature de ceux qui sont rapportés dans l'Evangile, leur importance, les circonstances dans lesquelles ils ont été opérés, leur publicité, le nombre et le caractère des témoins, l'impression qu'ils produisaient, et la manière dont les Juifs cherchaient à en éluder l'autorité, sans oser les révoquer en doute, tout concourt à les rendre incontestables comme faits historiques, et irrésistibles comme faits miraculeux. Comment contester, redirons-nous encore, quand les Juifs contemporains, témoins oculaires et ennemis acharnés, ne l'ont pas fait ? Voyez-les dans leurs plus grands emportements, quand ils se rendent les accusateurs de Jésus-Christ auprès du gouverneur romain : « Ils le dénoncent comme rebelle, et non comme imposteur; ils le chargent d'avoir voulu soulever la nation contre César, et non d'avoir séduit le peuple par des faux prodiges. Ils ne produisent pas de témoins qui déposent contre ses prétendus miracles. Ni le fils de la veuve de Naïm, ni la fille de Jaïre, ni Lazare, ni l'aveugle-né et tant d'autres qui publiaient hautement ses bienfaits et sa puissance, ne sont mis en jugement et poursuivis comme complices d'une fourberie sacrilége. Toutes les accusations portent sur la doctrine et sur les discours de Jésus, tant la vérité de ses miracles était constante et inattaquable » (Duvoisin, *Démonstr. év.*, t. Ier, p. 148).

C'est fort mal raisonner que de comparer le passé au présent et de dire : Il n'y a plus de miracles, donc il n'y en a jamais eu. D'abord il est faux qu'il n'y ait plus de miracles; mais quand même il n'y en aurait plus, qu'est-ce que cela prouverait contre ceux du passé? On sent que des miracles publics et éclatants comme ceux de Jésus-Christ et de ses apôtres étaient nécessaires pour l'établissement du christianisme, mais c'est dire par là même qu'ils ont cessé de l'être quand le christianisme a été établi. On a donc bien moins lieu d'être étonné, en ne les voyant pas se produire, qu'on n'aurait lieu de l'être, s'ils se produisaient encore. Il y a assez de lumière pour ceux qui veulent ouvrir les yeux; tant pis pour ceux qui s'obstinent à les fermer. Dieu ne doit pas plus de nouveaux miracles aux incrédules qu'il ne devrait un autre soleil à ceux qui refuseraient de marcher à la lumière de celui qui brille maintenant dans les cieux. Des miracles aux incrédules ! Mais qu'en feraient-ils ? Ils les nieraient d'abord; puis, s'ils ne pouvaient pas les nier, ils chercheraient à les expliquer, et s'ils ne pouvaient pas les expliquer, ils diraient : D'autres les expliqueront après nous. Et cependant il y en a : de moins grands et de moins éclatants, sans doute, que ceux qui autrefois étaient destinés à réveiller le monde endormi dans les ombres de la mort; mais il y en a de particuliers pour ceux que Dieu prévoit ne devoir pas être rebelles à la vérité, et aussi pour ceux qu'il destine à servir d'instruments pour la conversion des autres.

Nous dirons peu de choses des lourdes négations de Strauss, dont il suffit d'énoncer les principes pour qu'ils se trouvent réfutés par eux-mêmes. « Toutes les fois, dit-il, qu'un récit nous rapporte un phénomène ou un événement, en exprimant d'une manière formelle, ou en donnant à entendre que le phénomène ou événement a été produit immédiatement par Dieu même ou par des individus humains qui tiennent de lui un pouvoir surnaturel, *nous ne pouvons y reconnaître une relation historique.* » — « Voilà un axiome irréfragable, dit M. Rosselly de Largues. Il reste établi que Dieu ne pourra obtenir par aucun moyen un acte inaccoutumé de sa puissance. Conséquemment la sagesse, le nombre, la sainteté des témoins qui se font égorger et que croyait volontiers la philosophie française, ne serviraient de rien. Les témoignages des nations ne changeraient pas ce principe. Dès lors le Pentateuque, les annales du peuple de Dieu, les écrits de ses prophètes, sa gloire et sa captivité, la venue du Messie, sa prédication, son supplice, faits de la plus éclatante authenticité, ne peuvent offrir la moindre garantie; car, en vertu du principe admis antérieurement, ils ne sauraient être historiques. Cela posé comme infaillible, on ne s'étonnera point des paroles suivantes : « Si donc on nous dit d'un grand homme » que, dès son enfance, il a eu et exprimé le sentiment intime » de la grandeur qui a été l'apanage de son âge viril; si l'on » raconte de ses partisans qu'à la première vue ils ont reconnu » qui il était, il nous faut encore ici faire plus que douter de » la réalité de l'histoire qu'on nous raconte. Car, c'est ici le » cas de tenir compte de toutes les lois psychologiques, qui ne » permettent pas de croire qu'un homme ait senti, pensé, agi, » autrement que ne le font les hommes ou qu'il ne le fait lui-» même d'ordinaire. » — Ainsi il y a des lois précises, invariables, qui enferment chaque homme dans une égale limite où est resserré son semblable, et ne permettent point aux autres d'agir autrement qu'il ne le fait *lui-même d'ordinaire.* Avec cette étroitesse de principes, on détruit la poésie, l'histoire. L'ascendant d'un homme sur une armée, d'un orateur sur le forum, de Pierre l'Ermite sur l'Europe chrétienne, de François Xavier sur les nations idolâtres, devient fabuleux. Tout acte de haute domination morale, toute résolution d'héroïsme et d'impétueux enthousiasme doit paraître mythique. Il n'est pas même jusqu'à la puissance d'un dompteur d'animaux, exercée chaque soir dans les théâtres des capitales, qui ne demeure chose impossible. En force du même principe, il est très-juste que le docteur Strauss, refusant à Dieu la faculté d'un miracle, nie la réalité du discours de Jésus après la cène, rapporté par saint Jean, puisque lui, Strauss, répétiteur au séminaire évangélique de Tubinge, n'aurait pas la mémoire assez forte pour retenir une aussi longue instruction. — Toujours en vertu du même principe, il nie la conception miraculeuse de la Vierge. Appliquant sa règle à cette *espèce*, il dit : « Une pareille naissance serait » la plus extraordinaire déviation de toute loi naturelle. Il y a » toujours à faire valoir ici la phrase de Plutarque : *Jamais*

» *femme n'est dite avoir eu un enfant sans le concours d'un* » *homme*, » et il répète l'*impossible* de Cérinthe. Par suite de ce principe invariable, il ne croit pas non plus que les apôtres aient tout quitté pour suivre Jésus, parce qu'il ne serait point naturel qu'à la parole d'un inconnu des pêcheurs eussent laissé les filets et la barque qui assuraient leur paisible existence, pour courir sa fortune, d'autant plus que l'extérieur de cet homme ne pouvait annoncer l'opulence. En effet, en rencontrant un étranger, le docteur n'agirait pas ainsi *lui-même d'ordinaire*, donc tout ceci est faux. » — Qui ne voit qu'en tout ceci la niaiserie le dispute à l'absurde ?

C'est une bien pauvre objection que celle qui est tirée des faux miracles; bien plus, c'est une objection qui se tourne en preuve. Il suffit de comparer ces prétendus miracles à ceux de Jésus-Christ pour voir aussitôt que là est le mensonge et ici la vérité. Dans les premiers, pas de publicité : c'est en secret que Numa confère avec la nymphe Égérie, Mahomet avec l'ange Gabriel, et Apollonius de Thyane avec les dieux ou les héros. Ce qui n'est pas ridicule est pour l'ostentation. Que signifient, par exemple, dans la vie d'Apollonius, ces oiseaux dont il entend le langage, ces arbres qui le saluent, ce chien qu'il guérit de la rage et cette jambe d'or qu'il montre dans sa prison ? Tout cela n'est-il pas puéril et indigne de Dieu ? Dans l'Evangile, au contraire, tout se passe au grand jour, tout est grand, convenable et digne; rien ne se fait par intérêt ou par vanité; rien n'est accordé à la curiosité, rien au caprice, rien au ressentiment : on ne voit qu'un seul but à tout, c'est de secourir, d'instruire ou de consoler. Là Dieu agit en Dieu, et il est impossible de le méconnaître, en voyant partout la bonté jointe à la toute-puissance.

La résurrection suffirait seule pour prouver la divinité de Jésus-Christ. Ici revient dans toute sa force le dilemme insinué plus haut : ou Jésus-Christ est Dieu, ou il faut le proclamer, non pas le plus grand, comme on le dit, mais le plus insensé de tous les hommes. Quelle maladresse, quelle folie, s'il n'était pas Dieu, d'annoncer, comme il l'a fait, qu'il ressusciterait (1), et surtout qu'il ressusciterait le troisième jour après sa mort (2)? Pourquoi, s'il n'était pas sûr de son fait, cette prédiction si claire, si précise, tant de fois et si solennellement répétée? Pourquoi soumettre à cette épreuve la foi de ses disciples déjà si faible et si chancelante? Pourquoi donner ainsi l'éveil à ses ennemis? Pourquoi stimuler ainsi leur vigilance et provoquer de leur part toutes les précautions possibles pour le convaincre de mensonge? Pourquoi compromettre ainsi le succès de son entreprise, en le subordonnant à celui d'une chose impossible comme imposture? Dans un Dieu qui peut changer les lois de la nature, triompher de tous les obstacles, et fait ainsi mieux éclater sa toute-puissance, cela se comprend; mais dans un simple mortel qui ne peut disposer ni de la nature, ni des événements, ni des volontés, cela ne se comprendra jamais. Oh! qu'un imposteur, capable d'inventer l'Evangile, se serait bien gardé d'être aussi malhabile! Mais ce n'est pas tout : il est un fait incontestable pour tous, c'est qu'au bout de trois jours après la mort de Jésus-Christ son corps n'a plus été retrouvé dans le tombeau; or, il n'a pu en sortir que de deux manières, ou par la puissance de Dieu, ou par la puissance des hommes; ceux qui ne veulent pas que ce soit par la puissance de Dieu disent que les apôtres l'ont enlevé, et ont ensuite publié sa résurrection; mais, outre que le caractère des apôtres répugne à ce rôle indigne, il y avait à cela des impossibilités matérielles. Cet enlèvement prétendu, les Juifs l'avaient prévu, ils le redoutaient, et avaient mis tout en œuvre pour le prévenir. On peut voir dans les quatre évangélistes comment les pharisiens et les princes des prêtres apposèrent leur sceau sur la pierre sépulcrale, et apostèrent autour du sépulcre une garde de leur choix. Or, qui croira que, pour composer cette garde, ils aient choisi des hommes indifférents, faibles ou timides, ou en trop petit nombre pour résister à un coup de main? Qui ne sent qu'ils ont dû choisir des hommes dans des conditions tout opposées? qu'ils ont dû leur donner une consigne sévère, l'accompagner de menaces terribles et même les faire surveiller? Voilà les gardes que les apôtres eussent été obligés ou de corrompre, ou de forcer, ou de surprendre, trois choses également impossibles. Pour corrompre, il faut de l'or ou du crédit et de l'influence, et les apôtres n'en avaient pas. Pour triompher par la force, il faut lutter et combattre, et pour cela il faut de la hardiesse et du courage, et les apôtres en manquaient également. A la première apparence du danger, ils n'avaient su que fuir et se cacher; or, comment veut-on qu'ils aient ensuite tout bravé pour enlever le cadavre d'un homme qui, dans cette hypothèse, les avait trompés, et qu'ils n'avaient pas su défendre quand il était encore en vie? Comment veut-on que ces hommes, si timides et si lâches, soient devenus tout à coup des conspirateurs intrépides? Surprendre une garde nombreuse n'est pas moins impossible, et cependant c'est à ce dernier parti qu'on paraît s'arrêter. Les gardes, dit-on, se seront endormis, et, pendant leur sommeil, les apôtres ont pu faire tout ce qu'ils ont voulu; mais que penser de ces gardes qui dorment tous à la fois, sans qu'aucun d'eux fasse sentinelle, et qui dorment si profondément et si loin de l'objet confié à leur vigilance, que plusieurs hommes peuvent s'approcher, détourner une pierre énorme, retirer du tombeau un cadavre chargé de bandelettes et de cent livres de myrrhe et d'aloès, le dégager de ses enveloppes, l'emporter enfin, et tout cela sans éveiller ces gardes, toujours paisiblement endormis? O merveilleux sommeil, qui, s'il était réel, serait plus merveilleux que la résurrection elle-même! Mais c'est pourtant là, dit-on, ce qu'ils ont déclaré, et c'est précisément pour cela qu'il ne faut pas y croire. Ils ont déclaré qu'ils dormaient, donc ils ne dormaient pas: car, s'ils eussent dormi, ils l'auraient payé de leur tête, et, au lieu de publier paisiblement cette lâcheté et cette infamie, ils auraient remplacé sur la croix celui qu'ils auraient si mal gardé. Les Juifs les ont laissés faire? Donc ils étaient d'accord avec eux, donc ils ont voulu tromper comme eux, et c'est ainsi que *l'iniquité se ment* toujours *à elle-même*. Que conclure de ce qui précède, sinon que les apôtres manquaient de tous les moyens nécessaires pour enlever le corps du Sauveur, et que la synagogue avait au contraire tous les moyens de l'empêcher, et que par conséquent cet enlèvement n'a point eu lieu? Que dire de ceux qui prétendent que les apôtres ont pu se faire illusion en imaginant voir ce qu'ils ne voyaient pas? Ils auront pris, dit-on, un fantôme pour la réalité. Etrange fantôme en vérité que celui qui reparaît tant de fois, dans tant de circonstances différentes, qui marche, qui parle, qui boit, qui mange, et qui est également visible pour tous ceux qui sont présents! Etrange fantôme que celui qui, pendant six semaines consécutives (1), apparaît en divers temps, en divers lieux, à différentes personnes assemblées tantôt en petit, tantôt en grand nombre, et après ce temps ne reparaît plus jamais! Voilà pourtant de quoi se payent des hommes qui se disent philosophes. Si nous débitions dans les chaires chrétiennes de semblables pauvretés, de quel pitié nous serions l'objet! Comme nous serions impitoyablement flagellés par le fouet de la dérision et du mépris! — Cependant Dieu a pitié de toutes les infirmités humaines, et, pour l'instruction de ceux qui devaient soupçonner les apôtres de s'être peut-être fait illusion, il a permis qu'ils ne se rendissent qu'à la plus parfaite évidence. Ils traitent d'abord d'extravagance la première nouvelle qui leur est donnée de la résurrection (*Luc*, XXIV, 11). Il faut qu'ils constatent que le sépulcre est bien réellement vide et qu'ils voient eux-mêmes le Sauveur, et alors même ils hésitent encore. Ecoutez plutôt le récit évangélique : « Jésus, se tenant debout au milieu d'eux, leur dit : « La paix soit avec » vous. C'est moi; ne craignez point. » Mais, effrayés et troublés, ils croyaient voir un esprit. Et il leur dit : « Pourquoi » vous troublez-vous? Pourquoi ces pensées qui montent dans » vos cœurs? Voyez mes pieds et mes mains; c'est bien moi. » Touchez et voyez. Car enfin les esprits n'ont ni chair ni os, » comme vous voyez que j'en ai.» Et, en leur disant cela, il leur montrait ses pieds et ses mains. Mais, comme ils ne croyaient point encore, et qu'ils étaient stupéfaits de joie et d'admiration, il leur dit : « Avez-vous ici quelque chose à manger? » Et ils lui offrirent une moitié de poisson grillé et un rayon de miel. Et, quand il eut mangé, il leur rendit ce qui restait » (*Luc*, XXIV, 39). Ainsi ils ne cèdent qu'à la plus irrésistible évidence. L'un d'eux va plus loin encore, et refuse de se rendre au témoignage de ses collègues, qui lui disent : « Nous avons vu le Christ, il est ressuscité! Nous l'avons parfaitement reconnu, c'est bien lui, il est vraiment ressuscité.» Certes on ne l'accusera pas de crédulité celui qui dit à ces dix hommes, qu'il connaît et qu'il estime : « Vous dites que vous avez vu le Christ, que vous l'avez vu manger, que vous l'avez entendu parler;

(1) S. Matthieu, XXVI, 32; XVI, 21; XVII, 9. — S. Marc, XIV, 28. — S. Luc, XVI, 31. — S. Jean, XX, 9.

(2) S. Matthieu, XVI, 23; XXVII, 63. — S. Marc, VIII, 31. — S. Luc, XVIII, 33; XXIV, 6, 7.

(1) Actes des apôtres, c. I.

je veux bien vous croire; mais vos yeux et vos oreilles ont pu vous tromper, les miens pourraient me tromper de même : je veux vérifier le témoignage de ces deux sens par celui d'un troisième. Pour croire à la résurrection, non-seulement je veux voir et entendre, mais je veux toucher; et tant que je n'aurai pas palpé la chair et les os du Sauveur, tant que je n'aurai pas mis les doigts dans les trous de ses mains et de ses pieds, et la main dans la plaie de son côté, je ne croirai point! *Non credam*» (*Jean*, XX, 25)! Et cependant il a cru cet incrédule, et il a cru, non-seulement parce qu'il a vu et entendu, mais parce qu'il a touché, mais parce qu'il a senti la chair et les os résister sous sa main. Il a cru, donc il faut croire après lui.

M. Strauss nous fait, au nom de la philosophie, une objection assez étrange sur la résurrection. Il dit que Jésus-Christ n'est pas mort, et que par conséquent il n'a pas pu ressusciter. On serait d'abord tenté de croire que ce n'est là qu'une mauvaise plaisanterie de la part de M. Strauss, dans le système duquel Jésus-Christ, n'ayant pas même vécu, n'a évidemment pas pu mourir; mais le répétiteur au séminaire évangélique de Tubinge ne plaisante pas; il dit sérieusement que Jésus-Christ n'est pas mort sur la croix, qu'on ne meurt pas dans l'espace de trois heures, surtout à la fleur de l'âge. Qu'il essaye de se faire crucifier, après une longue et cruelle agonie, comme celle du jardin des Olives, après une série de supplices tels que ceux qui ont précédé la passion du Sauveur, et, s'il en revient, qu'il ait la bonté de venir nous le raconter, nous serons très-curieux de l'entendre. On ne meurt pas en si peu de temps : à cela il n'y a qu'une chose à dire, c'est qu'il faut beaucoup moins de temps pour mourir. Les Juifs, si acharnés et si pleins de rage, qui eurent le corps du Sauveur à leur disposition jusqu'à la fin du jour (*Matth.*, XXVII, 57), n'ont-ils pas dû s'assurer qu'il était véritablement mort, avant de l'abandonner à ses disciples? On dit : ils auront été trompés par une léthargie; mais cette prétendue léthargie aurait cessé au coup de lance du soldat. Mais, dit-on, le texte grec n'indique pas positivement que ce fut une lance, ce pouvait être un autre instrument plus effilé. Qu'importe? Il n'en faut pas tant pour faire sortir du sommeil de la léthargie. Ce sommeil d'ailleurs n'aurait-il pas inévitablement cessé à la descente de la croix, quand, pour détacher le corps, il fallut arracher les clous, qui devaient être énormes, et déchirer de nouveau toutes les blessures?

Enfin ce sommeil ne se serait-il pas changé en une mort inévitable, quand, plus tard, le corps, enveloppé de linges et enseveli avec cent livres de myrrhe et d'aloès, fut déposé et enfermé dans le tombeau? Cinq minutes passées dans un tel état suffiraient pour amener l'asphyxie de l'homme le plus vigoureux.

Le coup de lance, dit-on, qui aurait fait jaillir du sang et de l'eau, est une invraisemblance de plus; car, outre qu'il n'est pas dit que le soldat ait frappé du côté gauche, il est certain que les cadavres ne jettent pas de sang. Mais pourquoi veut-on que le soldat ait frappé à droite plutôt qu'à gauche? Et puis qu'importe? Le cœur n'est-il pas aussi à droite? Le sang est liquide tant qu'il n'est pas figé, et tant qu'il est liquide il coule à la manière des liquides : voilà qui est clair et parfaitement certain. Or le soldat frappa le Sauveur au côté immédiatement après sa mort; le sang n'était donc pas encore figé. D'ailleurs il est dit qu'il coula du sang et de l'eau, et c'est précisément ce que jettent les cadavres.

On dit encore : les gardes ne prouvent rien; car ce n'est que le lendemain qu'ils furent placés au sépulcre, et le corps de Jésus n'y était déjà plus; ses apôtres ou des disciples cachés avaient eu tout le temps de l'enlever pendant la nuit. Mais c'est prêter gratuitement aux Juifs trop d'imbécillité. Quoi! ils placent des gardes au tombeau du Sauveur, de peur que ses disciples ne viennent enlever son corps, et, avant de placer ces gardes, ils ne cherchent pas à s'assurer si l'enlèvement n'a déjà pas eu lieu? Les apôtres, dit-on, auront mis un autre cadavre à la place de celui de leur maître; mais où auraient-ils pris ce cadavre? Il fallait qu'il fût mort seulement depuis quelques heures, qu'il fût de même âge, de même taille, qu'il eût les cheveux et la barbe de même couleur, qu'il présentât une parfaite ressemblance de tournure et de visage, et de plus qu'il portât les marques du crucifiement. Encore une fois, où les disciples auraient-ils pris un tel cadavre? Après avoir trouvé un homme qui réunît toutes les conditions nécessaires, ils l'auraient donc assassiné? Mais c'était le plus infaillible moyen de faire découvrir tôt ou tard leurs manœuvres et leur supercherie. D'ailleurs pense-t-on que, même pendant la première nuit, les princes des prêtres, parfaitement instruits des promesses de résurrection que le Sauveur avait faites et souvent répétées, et par suite desquelles ils craignaient un enlèvement, peut-on penser, dis-je, qu'ils n'aient pas exercé sur le tombeau et sur les disciples une surveillance active? Si le lendemain ils vont demander une garde officielle au gouverneur romain, c'est une preuve de plus de la vivacité de leurs craintes et des précautions qu'ils avaient déjà dû prendre, dans les limites de leur pouvoir.

Une autre réflexion bien simple qui vient prodigieusement infirmer toutes ces objections, c'est que les Juifs ne les ont jamais faites, parce qu'ils n'ont jamais osé les faire, tant ils en sentaient la faiblesse et l'absurdité. Après tout, le sceau national fut apposé sur la grande pierre du sépulcre. Or, une fois la garde à son poste, comment le sceau a-t-il été brisé et la pierre détournée? Par cela seul notre argumentation reste tout entière. Elle reste tout entière encore, par la raison que ce faux cadavre qui aurait été substitué à celui du Sauveur qu'on aurait enlevé, il a fallu l'enlever à son tour, et qu'ainsi les mêmes impossibilités reviennent toujours, et toujours plus nombreuses et plus insurmontables. Ainsi un homicide qui n'a pas laissé de trace, une substitution de cadavre d'une ressemblance impossible, deux enlèvements et un bris de sceau, dans un lieu public et au milieu d'une garde nombreuse placée là tout exprès pour empêcher ces manœuvres, telle est l'explication simple et facile que les philosophes nous donnent de la résurrection! Décidément ils nous forceront d'ajouter ce verset à nos litanies : De la philosophie délivrez-nous, Seigneur!

*Toujours des hommes entre Dieu et moi!* dit-on avec le philosophe de Genève; hé! sans doute toujours des hommes entre vous et les faits. Peut-il en être autrement? Que voulez-vous donc? Que tous les hommes soient témoins de la résurrection? Mais elle devrait donc se répéter autant de fois qu'il naît des hommes, ou tous les hommes devaient donc naître au temps où elle s'est accomplie? Avouez qu'il n'est guère possible d'imaginer quelque chose de plus absurde. On dit : Pourquoi Jésus-Christ n'est-il apparu qu'aux apôtres, aux saintes femmes et aux cinq cents disciples? Pourquoi ne s'est-il pas montré à un plus grand nombre de témoins? Mais quel devait être ce nombre? Ceux auxquels il s'est montré étaient-ils assez nombreux pour vérifier le fait? Leur témoignage a-t-il tout ce qu'il faut pour mériter notre assentiment? S'il en est ainsi, cela doit nous suffire; nous n'avons pas le droit de nous montrer plus exigeants. Autant notre foi est sage, autant notre infidélité serait inexcusable. Si vous demandez pourquoi Jésus-Christ ne s'est pas manifesté à toute la ville de Jérusalem, je vous dirai à mon tour : Pourquoi pas aussi à Rome, à Corinthe, à Athènes, à Paris, à Londres et partout ailleurs? Dès lors il n'y a plus de terme à ces questions indiscrètes. D'ailleurs que serait devenue, dans cette hypothèse, la possibilité du doute et par conséquent la liberté (*V.* RÉSURRECTION)?

Qu'on ne soit pas surpris de l'importance que nous donnons ici à la résurrection, comme preuve du Christianisme; car c'est le fait culminant et le véritable pivot sur lequel roule toute la question. On l'a compris dès le commencement : saint Paul disait aux Corinthiens : « Si le Christ n'est pas ressuscité, notre prédication est vaine, ainsi que votre foi : nous sommes de faux témoins, et c'est contre Dieu même que nous rendons témoignage » (*I. Cor.*, XV, 17). Or l'importance de la résurrection en fait la certitude. Célébré dès le commencement par une fête solennelle et par l'institution du dimanche, toujours attesté et toujours cru, il est impossible qu'un pareil fait soit supposé. Pas le moindre vide entre l'époque de ce fait et le commencement de la tradition : il a toujours été regardé comme le fondement du Christianisme, toujours mis au premier rang parmi les articles du symbole apostolique. Il est impossible, je ne dirai pas de citer, mais d'imaginer une seule Église chrétienne à laquelle la résurrection n'ait pas servi de base. Toutes se sont établies en invoquant ce grand fait et le magnifique témoignage qui lui a été rendu par les martyrs; mais ceci nous conduit à cette autre proposition : que le Christianisme, si évidemment divin dans ses bases et son auteur, ne l'est pas moins dans ses témoins et son établissement.

Les apôtres sont les premiers témoins que nous invoquons en faveur de la divinité du Christianisme. Tout est merveilleux dans leur témoignage. Et d'abord à qui vont-ils se présenter comme témoins? A tous les peuples, au monde entier. « Vous me rendrez témoignage, leur avait dit Jésus-Christ, à Jérusalem, dans toute la Judée, à Samarie et jusqu'aux extrémités du monde» (*Jean*, XV). Ils iront donc témoigner à Jérusalem, c'est-à-dire sur le théâtre des événements, au milieu des princes de la nation et des docteurs de la loi, là où cent mille voix peuvent s'élever à la fois pour les contredire et les confondre. Ils parcourront la Judée en disant partout : Nous venons attester ce que vous avez vu. Juifs, ils iront témoigner devant les Samaritains, qui ont les Juifs en exécration, devant les Grecs et les Romains, qui sont persuadés qu'il ne peut sortir de la Judée autre chose que de l'extravagance et de la folie. Ils iront enfin témoigner devant les barbares, qui, inquiétés dans leurs forêts et leurs déserts, nourrissent contre le vieux monde d'implacables haines et aiguisent déjà de toute part le fer avec lequel ils doivent bientôt l'exterminer. — Mais de quoi vont-ils rendre témoignage aux Juifs? De la divinité et de la résurrection de Jésus de Nazareth, c'est-à-dire, d'après l'opinion commune, de cet impie et insensé novateur dont le peuple avait demandé le sang à grands cris, qui avait été condamné à la peine capitale et venait d'expirer sur un gibet infâme; et c'est ce Galiléen crucifié qu'en conséquence du témoignage qu'ils lui rendent, les apôtres vont proposer à leur adoration! Il est vrai qu'ils en appelleront à ses miracles; mais on les regarde comme des œuvres diaboliques. D'ailleurs ne les connaissait-on pas quand on l'a crucifié? Tel est donc le témoignage que les apôtres vont rendre devant les Juifs; il est plein d'audace et de provocation : car il est en contradiction flagrante avec les sentiments de tout un peuple, et ils ne peuvent le rendre qu'en accusant du plus grand de tous les crimes les prêtres, les sages, les magistrats et tous les principaux de la nation.

Quel est celui qu'ils vont rendre aux gentils? Ils vont témoigner de la divinité d'un certain Juif de Galilée, fils d'un charpentier de Nazareth, qui, après une vie obscure et de prétendus prodiges dont on n'a rien su dans le monde, pendit un jour à une croix, et y mourut, entre deux voleurs, de la mort des esclaves. C'est ce scandale même pour les Juifs, c'est cette folie pour les gentils, que les apôtres iront présenter à leur adoration! Un crucifié, c'est-à-dire un supplicié, voilà le Dieu devant lequel ils vont commander que toute tête s'incline et que tout genou fléchisse! Du moins, si ce nouveau Dieu voulait se contenter de partager avec les autres l'empire du monde, il pourrait peut-être recevoir sa part d'hommages et d'encens, et peut-être que Rome se déciderait à lui donner une place dans son Panthéon, à côté des trente mille autres dieux qui y sont déjà entassés; mais il prétend, ce Dieu nouveau, détrôner tous les autres et recevoir seul les prières et l'encens des mortels. Et c'est aux Grecs, ce peuple de philosophes, que les apôtres iront dire : Peuples de la Grèce, tous ces dieux qu'ont reconnus vos sages, que vos poëtes ont si magnifiquement célébrés et qu'ont adorés vos ancêtres alors qu'ils étaient si grands et si glorieux, tous ces dieux ne sont que de vains fantômes; voici que nous venons en témoignage, vous annoncer le seul Dieu qui mérite vos adorations, c'est Jésus de Nazareth, le crucifié, *Nos autem prædicamus Christum crucifixum* (*I. Cor.*, I, 23). O peuple de la Grèce, héritiers de la science et de la sagesse antique, disciples de Socrate et du divin Platon, éloquents orateurs, poëtes inspirés, et vous, ô Romains, qui avez parcouru l'univers au milieu des fanfares de la victoire, fiers consuls de Rome, nobles patriciens qui réglez les destinées du monde, peuple de rois, et vous tous empereurs, rois, princes, savants, sages, grands de la terre, de quelle pitié, mais en même temps de quelle indignation je prévois que vous allez être saisis, quand ces Juifs sans gloire iront vous dire en face que votre philosophie est vaine et votre sagesse insensée! Quand ils vous sommeront, de par leur crucifié, d'embrasser leur sagesse et leur philosophie! Quand ils vous diront : Jusqu'à présent vous avez végété dans les plus grossières erreurs, nous vous apportons enfin la vérité! Désertez vos temples, renoncez à vos dieux, brûlez ces tableaux, renversez ces statues, et, au risque de passer pour des insensés et de payer cette folie de votre tête, tombez à genoux devant cette croix, dressée naguère pour un Juif au sommet du Calvaire!

Mais ce n'est pas tout encore : le témoignage des apôtres ne doit pas se borner à humilier l'orgueil de l'esprit; il doit encore contrarier tous les penchants du cœur, en combattre toutes les passions, en extirper tous les vices, et en arracher jusqu'au germe du mal. Religion, culte, lois, maximes, règles d'opinion, sentiments, mœurs, préjugés, coutumes, tout ce qu'il y a de plus sacré parmi les hommes, de plus enraciné dans la conscience des peuples, tout cela doit faire place à une autre religion, mais moins commode, à un autre culte, mais moins pompeux, à d'autres lois, mais plus sévères, à d'autres maximes, mais plus austères, à d'autres sentiments, mais moins conformes aux vœux déréglés de la nature, à d'autres mœurs, mais plus graves et plus pures, à d'autres coutumes, mais plus opposées aux passions qui gouvernent le monde. N'est-ce pas remuer de fond en comble la nature humaine et la jeter en quelque sorte dans un moule nouveau?

Encore s'il ne s'agissait que de quelques hommes, peut-être pourrait-on, à force d'adresse et de patience, les amener à ce changement prodigieux; mais il ne s'agit de rien moins que de faire subir au genre humain tout entier cette étonnante métamorphose. Or, qui ne sait que des législateurs, en recourant à toutes les ruses de la politique, en déployant quelquefois toutes les terreurs et les séductions de la puissance, aidés même de tous les prestiges de la majesté royale, ont souvent éprouvé des difficultés insurmontables à déraciner certains usages qui semblaient devoir disparaître au premier signe de leur volonté? Toute la puissance de Louis XIV, aidée du bon sens et de la religion, n'a-t-elle pas échoué contre le duel, ce cruel enfant de la barbarie, si contraire à la politesse de nos mœurs? Un empereur de la Chine avait d'excellentes raisons pour faire porter des cheveux courts à ses sujets; il donna des ordres pour cela, et des Chinois se trouvèrent en foule qui aimèrent mieux perdre la tête que leur chevelure. Pierre le Grand trouva la même résistance, quand il essaya de faire couper la barbe aux Russes; ces barbares aimaient mieux mourir que de vivre avec quelques poils de moins au menton. Tant est grand et tyrannique l'empire de l'habitude, même dans les petites choses! La politique romaine le savait bien. Assez puissante pour écraser un peuple sur le champ de bataille, Rome se sentait trop faible pour arracher à ce peuple vaincu et désarmé ses mœurs, ses coutumes, et surtout son culte et sa religion. Elle lui laissait ses dieux, et, au lieu de les inquiéter sur leurs autels, elle les adoptait pour elle-même. Hé bien! ce que Rome, maîtresse du monde, a regardé comme impossible, même à l'égard de quelques peuples vaincus; ce que les philosophes, avec toute leur éloquence, leur science et leur génie, n'ont jamais osé entreprendre, même à l'égard d'une seule cité, douze pêcheurs de Galilée vont l'entreprendre sur tous les peuples à la fois. Et non-seulement ils prétendent changer tout ce qui est, mais leur dessein est de mettre à la place des choses tout à fait opposées, qui heurteront à la fois toutes les idées, toutes les habitudes, tous les penchants les plus chers au cœur de l'homme. Si c'était du moins quelques siècles plus tôt, alors que les peuples, à peine sortis de l'enfance, avaient encore toute la simplicité des premiers âges, peut-être que, à parler humainement, cette entreprise serait moins extravagante et moins impossible; mais on est alors dans le siècle le plus savant et le plus poli de l'antiquité, dans un siècle dont les chefs-d'œuvre sont encore l'objet de l'admiration universelle : les sciences, les lettres, l'éloquence, la poésie, tous les arts brillent du plus vif éclat; la philosophie dispute partout, dans les écoles et sur les places publiques; la sagesse des Grecs est devenue en quelque sorte populaire; le luxe et la corruption sont à leur comble, tellement que tous les raffinements des temps modernes ne sont que des jeux d'enfants en comparaison des voluptés monstrueuses et des profusions gigantesques de cette époque fameuse. — O hommes de Galilée, quel temps choisissez-vous pour aller rendre votre témoignage? Ignorez-vous donc que la subtilité, la science, les lumières ne furent jamais aussi répandues? Que le doute, fruit de la philosophie, s'est glissé au fond de toutes les âmes? Que la corruption est à son comble? Que toute chair a corrompu sa voie? Que ce vieux monde est gangrené jusqu'au fond des entrailles? Hé! quelle action prétendez-vous exercer sur ces hommes qui vous traiteront de barbares, sur ces esprits depuis longtemps faussés par l'erreur, sur ces cœurs gâtés jusqu'à la dernière fibre? Avec quel sourire de pitié ils vont accueillir votre foi naïve et votre témoignage, ces hommes sceptiques et raisonneurs! Comme ils vont se rire de la soumission que vous leur prêcherez, ces esprits superbes et libertins, qui se font un jeu de tout ce qu'il y a de plus sacré parmi les hommes! Comme ils vont se moquer de votre croix et de vos exhortations à la pénitence, ces épicuriens, habitués à se couronner de fleurs, à se plonger dans les délices et à s'enivrer de toutes les voluptés! Je les entends d'avance vous dire avec un superbe dédain : *Mais que veulent donc ces semeurs de paroles* (*Act. apost.*, XVII, 18)? Et vous croyez qu'ils abjureront l'idolâtrie, cette religion si flatteuse pour les sens, qui n'impose que des obligations faciles, qui est pleine de charmes et de poésie, dont les dogmes, loin d'effaroucher l'esprit, semblent créés tout exprès pour amuser l'imagination; vous croyez, dis-je, que, sur votre parole, ils vont abjurer cette religion si riante et si commode, pour embrasser la vôtre, qui ne dit rien à l'imagination, qui n'offre que crucifiement pour les sens, à l'esprit que contradictions apparentes et au cœur qu'abnégation, mortification et pénitence? Et vous croyez qu'ils renonceront au culte de leurs ancêtres si magnifique et si pompeux, qu'ils renonceront à ces Panathénées si brillantes, à ces ravissantes théories, à ces joyeuses Saturnales, à toutes ces fêtes licencieuses où ils brûlent au pied des autels l'encens de la volupté, vous croyez, dis-je, qu'ils vont renoncer à tout cela pour embrasser votre culte, en comparaison si froid, si sévère, si dénué de pompe? Et vous croyez qu'ils renonceront, au péril de leur vie, à leur morale si douce, si facile, si complaisante, si amie de toutes les voluptés, pour adopter la vôtre, en comparaison si dure, si austère, si crucifiante? Ah! croyez-le, si vous le voulez, croyez-le d'une invincible foi, si c'est d'un Dieu que vous tenez votre mission; mais si c'est d'un homme, mais si c'est de vous-mêmes, gardez-vous d'une pareille folie.

Tel était le témoignage des apôtres, telles en étaient les nombreuses et vastes conséquences; il devait opérer dans le monde la plus immense de toutes les révolutions. Voyons comment ils ont rendu ce témoignage. Pour lui donner, au milieu des Juifs et des gentils, quelque autorité; certains qu'il va soulever contre eux tous les fanatismes religieux et politiques, tous les intérêts et toutes les passions, à quels moyens recourront les apôtres? Auront-ils recours aux séductions de l'éloquence, aux subtilités de la dialectique, aux savantes déductions de la philosophie? Chercheront-ils à en imposer par l'ascendant de la science et du génie? Eloquence, dialectique, philosophie, science, génie, toutes ces choses leur sont si parfaitement étrangères, qu'ils en connaissent à peine les noms : ils se vantent de ne savoir qu'une chose, Jésus-Christ crucifié. *Non enim judicavi*, dit le plus habile d'entre eux, *me scire aliquid inter vos, præter Jesum et hunc crucifixum* (*I. Cor.*, II, 2). Mais alors ils ont sans doute des trésors pour suppléer à cette absence de tout moyen intellectuel? Car l'or triomphe quelquefois de ceux que l'éloquence n'a pu ébranler. Des trésors! ils n'avaient qu'une barque avec quelques filets, et, à la voix de leur maître, ils les ont abandonnés. Maintenant il ne leur reste plus rien, pas même une pierre pour reposer leur tête! Mais peut-être qu'ils peuvent compter sur la protection des rois et des grands de la terre, et sans doute qu'au besoin ils auront de nombreuses et puissantes armées à leur disposition? Les rois et les grands de la terre ignorent jusqu'à leur existence, et quand même ils la connaîtraient, ils s'en inquiéteraient fort peu. Cependant ils s'en inquiéteront plus tard; mais ce sera pour les persécuter. Ils sont douze pauvres pêcheurs, voilà toutes leurs armées! Pour arme, une croix; pour glaive, une parole inculte et grossière : c'est ainsi qu'ils iront affronter les nations, ignorant même ce qu'ils leur diront : car il leur a été dit de ne point s'en mettre en peine, et ils ne s'en inquiètent point. Ainsi donc, d'un côté, jamais entreprise plus difficile, plus vaste, plus colossale, et, de l'autre, jamais dénûment plus absolu de tout ce qui fait réussir les choses humaines.

Les apôtres n'avaient qu'un seul avantage, et certes il n'était pas grand, c'était de ne pas se séparer, afin de pouvoir s'entr'aider, se prêter un mutuel appui, et se suppléer au besoin; et cet unique avantage, ils s'en privent encore, en se séparant, quoique unis de cœur et d'esprit. Ils s'en vont, ceux-ci au Levant, ceux-là à l'Occident; les uns au Midi, les autres au Septentrion. Après cela leur bonne foi peut-elle être mise en question? Est-ce ainsi qu'on invente? Des hommes capables de créer Jésus-Christ et l'Evangile, et de former une conjuration aussi vaste que celle de la conquête religieuse et morale du monde, l'ourdiraient-ils aussi mal? Se lanceraient-ils étourdiment dans l'exécution avec un dénûment si prodigieux de tout ce qui peut leur assurer le succès? Commenceraient-ils par se déshonorer et se flétrir, comme ils le font, dans leur récit? Raconteraient-ils avec une égale naïveté, sans commentaires ni détours, ce qui est à leur honte comme ce qui est à leur louange, ce qui les couvre d'ignominie comme ce qui les couvre de gloire, leurs défauts comme leurs bonnes qualités, leurs vices comme leurs vertus, leur ignorance, leur grossièreté, leurs lâchetés et leurs trahisons, comme les actes héroïques par lesquels ils se sont plus tard immortalisés? Encore une fois, est-ce ainsi qu'on invente? Et puis, s'ils inventaient, ne pouvaient-ils pas se dispenser d'ajouter à leur invention tant de dogmes incompréhensibles et une morale si austère? Ne pouvaient-ils pas imaginer une religion plus commode, plus accessible à l'esprit, moins gênante pour le cœur, plus flatteuse pour les sens, moins opposée à tous les penchants de la nature et à toutes les opinions reçues? Ne pouvaient-ils pas du moins corriger leur première invention, quand ils se sont aperçus qu'elle soulevait le monde entier contre eux? Si cette pensée n'est pas venue à tous, comment pas à plusieurs, comment pas à un seul? Comment ces ignares et grossiers inventeurs sont-ils restés constamment d'accord entre eux et avec eux-mêmes? Encore une fois est-ce ainsi qu'on invente? — D'ailleurs, si Jésus-Christ n'était pas ressuscité, comme il l'avait promis, quels devaient être leurs sentiments à son égard? Ne devaient-ils pas lui vouer une implacable haine et le renier comme un vil imposteur qui les avait indignement trompés? Quel intérêt avaient-ils à aller partout se parjurer, en prenant le ciel et la terre à témoin de sa résurrection? Que pouvaient-ils espérer? Que n'avaient-ils pas à craindre? Or, agit-on ainsi sans raison et contre toute raison, sans intérêt et contre tous les intérêts possibles? Intérêt du repos, de l'honneur, de la liberté et de la vie? Car enfin que pouvaient-ils attendre, sinon une vie pleine de tribulations, une fin cruelle, un supplice infâme et, après leur mort, le titre d'imposteurs? Oh! comme ils auraient bien plutôt repris leur existence paisible! comme ils se seraient hâtés de regagner leurs barques et de ressaisir leurs filets!

Dira-t-on qu'en se prêtant à une pieuse imposture, ils ont voulu servir l'humanité? Quoi, tant de charité et de fourberie! tant d'héroïques vertus avec tant de duplicité! le plus beau et en même temps le plus odieux caractère! la simplicité la plus touchante, et en même temps la dissimulation la plus profonde! O Pierre, ô Paul, et vous tous glorieux apôtres, et vous tous illustres martyrs, généreux saints! n'auriez-vous donc tant travaillé et tant souffert que pour tromper les hommes? Quoi! cette résurrection du Christ, que vous invoquiez sans cesse et dont vous preniez le ciel et la terre à témoin, n'aurait donc été dans votre bouche qu'un odieux mensonge, un affreux parjure? Quoi! quand vous mouriez avec joie pour le Christ ressuscité, vous auriez donc su que vous mouriez pour un imposteur? Quoi! le Christ lui-même, qui, s'il n'était pas Dieu, serait encore le plus grand des hommes, le Christ un imposteur! Alors il n'y a plus rien de sacré sur la terre, rien, ni la vieillesse, ni les liens du sang, ni la sainteté, ni le génie, ni la gloire, ni la majesté, ni la vertu, rien, non rien, il faut tout prendre en pitié, il faut tout flétrir, tout fouler aux pieds! Le Christ et ses apôtres, des imposteurs! Mais alors, ô incrédules, expliquez-nous donc leur admirable vie et leur mort plus admirable encore; expliquez-nous leur doctrine et leurs vertus! Expliquez-nous comment aucun d'eux ne s'est démenti ni dans son enseignement ni au milieu des tortures! Expliquez-nous leur immense succès sans rien de ce qui fait réussir les choses humaines! Expliquez-nous dix-huit siècles de consécration! Dites-nous enfin comment, à la suite de tant de générations, nous nous pressons encore sous les voûtes séculaires de nos temples, au nom de ces imposteurs dont nous chantons les louanges, en bénissant leur mémoire! Mais vous n'expliquez rien, vous ne pouvez rien expliquer! Vous ne faites que multiplier vos doutes et vos déplorables incertitudes. Oh! que ne vous rendez-vous à l'exemple du monde entier, au témoignage des apôtres! On est si heureux de croire! Il est si doux d'espérer!

C'est tenter l'impossible que de vouloir expliquer sans miracles le changement prodigieux qui s'est opéré dans les apôtres, et celui plus prodigieux encore qui s'est opéré dans le monde par leur prédication. Voyez saint Pierre, leur chef: peu de jours auparavant on l'a vu trois fois en quelques heures renier son maître à la voix d'une servante, et maintenant que ce maître n'est plus, non-seulement il s'avoue hautement et devant tout le peuple, son disciple et son adorateur, mais il ne craint pas de provoquer la réprobation des Juifs, en leur reprochant sa mort, et en les sommant de le reconnaître pour leur Dieu. Il parle au milieu de la place publique, cet homme que naguère encore une servante faisait trembler; il parle avec tant de véhémence et de conviction, qu'on le croit plongé dans l'ivresse, et c'était bien en effet une sainte ivresse, ivresse de zèle et de dévouement, ivresse de vérité et d'amour, ivresse de l'Esprit de Dieu qui le possédait et parlait par sa bouche. Trois mille Juifs tombent au pied de la croix à son premier discours, et cinq mille le lendemain! Le même changement s'est opéré dans les autres apôtres. Ces hommes si timides, qui fuyaient à la première apparence du danger, sont devenus tout à coup pleins de hardiesse et d'intrépidité; ces *hommes de peu de foi*, comme le leur reprochait leur maître, naguère encore si incrédules, ont maintenant une foi capable de transporter les montagnes. On les chasse des synagogues, c'est-à-dire qu'on les met au ban de la nation, et qu'on leur imprime une flétrissure à la fois civile et religieuse; on les charge de chaînes, on les jette dans les cachots pour avoir rendu témoignage au Galiléen crucifié, on les menace des verges et de la mort, s'ils ont encore la même audace, et, comme s'ils ne recevaient que des encouragements, ils continuent de rendre le même témoignage sans emportement, sans ostentation, avec la même simplicité, non-seulement dans les maisons, mais sur les places publiques, dans les synagogues, au milieu des docteurs de la loi et des princes de la nation. Une persécution s'élève menaçante et terrible, une persécution de Juifs, c'est tout dire en un seul mot, tout fuit épouvanté. Chacun va où il peut chercher un asile dans les diverses régions de la Judée et de la Samarie (*Act. apost.*, VIII, 1); les apôtres seuls restent au milieu des persécuteurs. Eux, qui naguère encore n'osaient pas témoigner devant des valets, iront bientôt témoigner à la face du monde, en présence des tyrans et des bourreaux, au milieu des cris de réprobation qui s'élèveront de toute part; ils iront partout témoigner comme ils témoignent déjà au milieu des Juifs déicides, qui ont toujours des malédictions à la bouche et des pierres à la main pour leur imposer silence, et qui croiraient faire une chose agréable à Dieu, s'ils pouvaient les exterminer. Jusqu'où ces forcenés ne portaient-ils pas la haine et la fureur? Ne vit-on pas quarante d'entre eux s'engager par un vœu à ne prendre aucune nourriture jusqu'à ce qu'ils eussent massacré saint Paul, qui, témoignage vivant de l'Esprit-Saint, d'ardent persécuteur, était devenu le plus zélé des apôtres? Certes, quand on a affaire à de tels hommes, pour leur répéter en face, sans le déguiser ni l'affaiblir jamais, le témoignage qui les fait rugir comme des bêtes féroces, pour rester au milieu d'eux, quand ils sont exaspérés par la fureur et que rien n'y oblige, il faut plus que les calculs de l'ambition et de la vanité : l'ambition et la vanité sont plus prudentes, plus circonspectes; elles ne se compromettent pas ainsi sans raison. Pour agir comme l'ont fait les apôtres, il faut être, comme eux, plein d'abnégation et d'amour pour la vérité et pouvoir dire comme eux : « Nous avons été témoins des choses que nous annonçons, et nous sommes envoyés pour les publier jusqu'aux extrémités du monde. Nous ne pouvons pas taire ce que nous avons vu et entendu. Nous sommes à la fois témoins et envoyés, martyrs et apôtres, et en cette qualité nous ne relevons que de Dieu; alors, que nous importent les menaces et les prohibitions » (*Act.*, V, 32 ; *Jean*, III, 11; *I. Jean*, I, 2)?

Au témoignage des apôtres il faut joindre celui des innombrables martyrs qui les ont suivis; je dis innombrables, car on a cherché vainement à en diminuer le nombre. Dix fois l'Eglise, à peine naissante, a vu le monde entier, déchaîné contre elle, employer le fer et le feu pour la détruire, et dix fois, sans autres armes que sa douceur et sa résignation, elle est sortie victorieuse de ces luttes sanglantes! Qui pourrait dire tous les tourments qu'on faisait souffrir aux martyrs? « Ils seront dépouillés de leurs dignités et de leurs biens, disaient les édits impériaux; on les appliquera à la torture, quelle que soit leur condition. Toutes les demandes qui seront faites contre eux seront accordées par les juges; mais ils ne seront pas reçus à demander justice, quand même on leur aurait fait outrage, qu'on aurait ravi leurs biens et corrompu leurs femmes (1). »

L'exil dans les régions lointaines et sauvages, la mort civile, la flétrissure, la marque au front, le travail des mines, avec les fers aux pieds, étaient les peines les plus douces, et suffisaient rarement à la cruauté des persécuteurs. Pendre par les mains avec d'énormes poids aux pieds, battre de verges ou de lanières garnies de balles de plomb, disloquer les membres par la torture, brûler à petit feu avec des fers rouges ou des flambeaux, n'étaient encore que des tourments préparatoires. On clouait les patients à la croix, on les couchait sur des grilles ardentes, on les étendait sur des roues armées de lames tranchantes ou de pointes aiguës, on leur brisait les dents, on leur arrachait les ongles, on les plongeait dans l'huile bouillante, on faisait couler dans leurs oreilles du plomb fondu. On ne se contentait pas des supplices connus : toujours libre de suivre impunément l'instinct de sa cruauté, chaque proconsul, chaque gouverneur en inventait de nouveaux. Après qu'on avait, sans pitié, déchiré les corps des confesseurs avec des ongles de fer, jusqu'aux os, jusqu'aux entrailles, on aigrissait encore ces blessures horribles en les frottant de vinaigre et de sel; puis, après quelques jours, quand elles commençaient à se refermer, on se plaisait à les rouvrir. Quelquefois on laissait les victimes expirer dans les tourments de la soif et de la faim; ou bien, si on les nourrissait, si on les pansait avec soin, c'était pour les torturer de nouveau. Souvent, quand leurs corps n'étaient plus qu'une vaste et horrible blessure, on les portait nus et sanglants sur le froid pavé des cachots, qu'on avait semé de fragments de verre et de pierres aiguës. Quel lit de repos après tant de tortures! On laissait ainsi leurs plaies se corrompre, et la gangrène ronger lentement la vie. Et ces horreurs n'ont pas duré seulement quelques mois ou quelques années, mais pendant plus de trois siècles on a pu suivre les chrétiens à la lueur des bûchers, au bruit de leurs chaînes, et à la trace de leur sang. On ne se contentait pas de leur arracher la vie au milieu des plus horribles tortures, on s'acharnait encore contre eux après leur mort : on traînait leurs cadavres dans les cloaques ou dans les eaux, ou, après les avoir brûlés, on en jetait la cendre au vent, afin qu'il n'en restât plus rien; on les aurait anéantis, s'il eût été possible. — Les haines de races et de peuples devenaient souvent fatales aux chrétiens : les barbares, qui ne voyaient dans le christianisme qu'une des superstitions du vieux monde, se vengeaient sur les adorateurs du Christ de leurs griefs contre les Romains. Sous le règne de Sapor II, on compta en Perse deux cent mille martyrs, et le carnage continua sous ses successeurs. *Les chrétiens aux bêtes!* s'écriait le peuple dans toutes les grandes villes de l'empire, et ces malheureux étaient jetés par centaines pêle-mêle avec les lions de l'amphithéâtre, ou, presque nus et sans défense, étaient forcés de combattre avec les gladiateurs. On a vu, par une malice infernale, des vierges condamnées à être prostituées, et de jeunes martyrs retenus sur des lits d'une molle douceur pour y recevoir les baisers impurs des courtisanes. Mais ces infâmes séductions, par leur inutilité même, tournaient à la honte de ceux qui les employaient. Les caresses et les promesses des tyrans, qui faisaient briller l'or aux yeux des chrétiens, et leur offraient les plus brillants avantages pour prix de leur apostasie, n'avaient pas plus d'effet que les menaces et les tourments. Ils restaient inébranlables, et à force de constance ils lassaient leurs bourreaux, qui, plus d'une fois secrètement touchés de la grâce, se déclarèrent chrétiens, et mêlèrent leur sang à celui de leurs victimes. Quel héroïsme que celui de ces hommes qui, à tant de vexations, de mépris et de tortures, n'opposaient qu'une inaltérable patience, qui priaient pour leurs tyrans, pour leurs bourreaux, et souvent même mettaient au nombre de leurs héritiers celui-qui devait leur trancher la tête (*Act. S. Maximil. et S. Eupsich. Eus. Mart. Palest.*, c. 5)! S'inscrire en faux contre ces cruautés, sous prétexte que le monde était alors trop civilisé pour être capable de tant de barbarie, serait aussi mal raisonner que si l'on niait les sanglantes horreurs de notre grande révolution, parce que les Français, qui se sont toujours distingués par leur politesse exquise, étaient alors à l'apogée de la civilisation. Quand la politique et les passions troublent les cœurs et les têtes, de quoi ne sont-elles pas capables? Elles arment le père contre le fils, le frère contre le frère, l'épouse contre l'époux, les enfants contre leurs mères; elles se dévorent elles-mêmes. Or, la politique et les passions animaient à la fois les peuples contre les chrétiens. Tous les mauvais penchants du cœur se soulevaient contre une loi qui les frappait d'anathème et leur imposait un frein. Les politiques invoquaient toutes les rigueurs de la pénalité contre une secte ennemie des dieux, qui voulait changer toutes les religions, et jetait ainsi la perturbation dans les Etats. Les Romains surtout, qui croyaient devoir à leurs dieux la conquête du monde, regardaient les chrétiens comme les ennemis de l'empire, et quand les armées éprouvaient quelque échec, ou qu'un fléau venait fondre sur la terre, on s'en prenait à eux, et on leur faisait éprouver toute sorte de vexations. Aussi les persécutions ne cessaient pas avec les mauvais princes, leurs édits sanglants n'étaient pas révoqués, la haine du peuple n'était point éteinte, et, pour lui plaire et satisfaire en même temps leur avarice, les gouverneurs de provinces continuaient de persécuter les chrétiens. Il est prouvé que sous les meilleurs princes leur sang ne cessa point de couler, et Justin et Athénagore se plaignaient aux Antonins de ce qu'ils n'usaient pas envers les chrétiens de la même justice qu'ils exerçaient envers tous les hommes (Bullet, *Etablissement du Christ.*, preuves). D'après la chronique des Samaritains, Adrien fit mourir en Egypte un grand nombre de chrétiens, et cependant, au rapport de Lampride, il avait formé le projet de faire recevoir Jésus-Christ au nombre des dieux, et avait fait élever plusieurs temples en son honneur. Alexandre Sévère, qui l'honorait à l'égal de ses dieux, défendit pourtant à ses sujets, selon Spartian, d'embrasser le Christianisme. Un célèbre chronologiste juif assure que Judas le Saint, prince de la nation des Hébreux, vécut sous trois empereurs qui persécutèrent les chrétiens et furent très-favorables aux Juifs, Antoine, Marc Aurèle et Commode (Basnage, liv. III, c. 3, n. 4. — *V.* encore dans Pline, t. X, lettre 97, le rescrit de Trajan à ce proconsul; dans Lactance, *De instit. divin.*, liv. V; le jurisconsulte Ulpien, compulsant sous Marc Aurèle les anciens édits contre les chrétiens, pour régler la conduite des gouverneurs dans ces sortes de jugements).

(1) Bullet, *Etablissement du Christianisme*, preuves.

On avait des chrétiens les idées les plus fausses et les plus extravagantes. Comme on juge ordinairement les autres d'après ce qu'on trouve dans son propre cœur, ils passaient pour tout ce qu'il y a de plus odieux et de plus infâme dans l'esprit des païens corrompus. On attribuait à tous les turpitudes des gnostiques et de quelques autres sectes sans pudeur. On les accusait de se livrer, dans leurs assemblées nocturnes, à des abominations monstrueuses et de tuer un enfant pour le manger, après avoir trempé leur pain dans son sang. Or ce secret plein d'horreur, que nous connaissons maintenant, nous permet d'apprécier à leur juste valeur les autres crimes qui leur étaient imputés. Ainsi, parce qu'on ne les voyait pas adorer les idoles, on les accusait d'athéisme et d'impiété : *Tolle impios!* A bas les impies! s'écriait le peuple qui demandait leur sang. Singuliers athées que ceux qui mouraient avec joie pour leur religion et pour leur Dieu! La haine des païens ne s'arrêtait pas là; on empoisonnait toutes leurs actions, jusqu'à leurs vertus les plus pures. On disait qu'ils étaient les ennemis du genre humain, eux qui priaient pour tous les hommes! Leurs aumônes étaient un moyen de séduction, leurs miracles, des maléfices et de la magie, leur charité, une conjuration, et leur fraternité, un signe de débauche (Tertull., *Apol.*, c. 39). Aussi les regardait-on comme des gens dévoués à la mort, *biothanati*, des hommes de gibet, *samaxii*, destinés au feu et sentant déjà le sarment, *sarmentarii*. Voilà ce qui a égaré le jugement de Tacite, ce grave et impartial historien, évidemment trompé par la rumeur populaire, quand il qualifie les fidèles de *gens odieux qui méritaient les derniers supplices* (*An.*, XV). On comprend après cela comment les persécutions exercées contre eux ont pu être si longues et si sanglantes. — L'intrépidité des martyrs au milieu des tourments, le courage avec lequel ils supportaient la mort, passaient pour de la folie ou une stupide insensibilité (1). D'ailleurs, on ne s'en étonnait pas : les Romains se tuaient alors pour les moindres déplaisirs, comme il arrive à toutes les époques de doute et d'incrédulité, et tous les jours on voyait des gladiateurs volontaires qui, pour quelques oboles, s'exposaient à se faire couper la gorge en plein amphithéâtre. On était même surpris de ce que les chrétiens ne se tuaient pas eux-mêmes : « Puisque vous n'espérez de bonheur que dans l'autre vie, tuez-vous donc, leur disait-on, et hâtez-vous d'aller rejoindre votre Dieu » (S. Just., *Apolog.*, l. I). Or, avec de telles idées, on conçoit sans peine que le peuple devait être impitoyable. — Quel temps que celui où la jeune Romaine, assise aux jeux du cirque, contemplait d'un œil avide le sang et les larges blessures, tressaillait de joie aux cris des mourants, et d'un signe de sa main ordonnait aux vaincus de rendre le dernier soupir! Grand Dieu! si telle était la jeune fille, que devaient donc être les bourreaux! Quel peuple que celui qui ne trouvait pas de spectacle plus délicieux que celui du carnage, et pour qui le plaisir était sans attrait quand il n'était pas assaisonné par le sang! Quel peuple que celui pour l'amusement duquel on a vu jusqu'à onze mille bêtes féroces déchaînées dans le même amphithéâtre et le même jour dix mille gladiateurs saluer César en lui disant : *César, ceux qui vont mourir te saluent! Cæsar, morituri te salutant!* Il est certain que l'habitude de la guerre, les combats du cirque, les luttes sanglantes de l'homme contre la bête, les cruautés des empereurs, le massacre des prisonniers dans les triomphes, la débauche et la corruption, toutes ces choses, jointes à leur férocité naturelle, avaient rendu les Romains de cette époque impitoyables. On sait avec quelle barbarie ils traitaient leurs esclaves qui, pour les moindres fautes, subissaient de cruelles tortures, ou allaient servir de pâture aux murènes. Quels règnes que ceux de Néron, de Domitien, de Commode, de Caracalla, de Maximien, de Dèce, de Dioclétien, et de Galère! Si Verrès, au temps de la république, quand l'innocent et l'opprimé trouvaient encore de courageuses et éloquentes voix pour les défendre (Cicér., *contra Verr.*), avait pu commettre en trois années tant de crimes et de vexations en une seule province, qu'on juge de ce que devaient faire, sous Néron et Caligula, les Albin, les Florus, en Judée, les Flaccus à Alexandrie, et en général les préteurs et proconsuls contre ceux que les préjugés populaires et la haine publique les encourageaient à dépouiller de leurs biens, quand ils ne craignaient plus d'avoir à rendre compte de leurs vexations et qu'ils étaient même autorisés par l'exemple du souverain.

On crie à l'esprit de secte, à l'exagération, quand on lit les longues listes des martyrs dans les martyrologes; mais Tacite obéissait-il à l'esprit de secte, exagérait-il, quand il disait, à propos des chrétiens sur lesquels Néron fit retomber le crime de l'incendie de Rome, dont il était seul coupable : « On se fit un jeu de leur mort, et on employa contre eux les supplices les plus recherchés. Les uns, couverts de peaux de bêtes, furent dévorés par les chiens; les autres, attachés à des pieux, furent brûlés, pour servir de flambeaux pendant la nuit. Néron prêta ses jardins pour ce spectacle, et y parut lui-même en habit de cocher, monté sur un char, comme aux jeux du cirque » (*Annal.*, XV. — Juvén., *Sat.* IV, V, LV; Sénèq., *Epist.* XIV). Celse assurément ne songeait point à exagérer, quand il reprochait aux chrétiens d'être appliqués à la torture, attachés à la croix et condamnés à endurer toute sorte de tourments, avant d'être délivrés de la vie (Orig., *contr. Cels.*, liv. VIII, n° 39); et Libanius non plus n'a point obéi à une pieuse commisération, quand il a dit, à propos de l'avénement de Julien à l'empire : « Les chrétiens s'attendaient qu'on leur arracherait les yeux, qu'on leur couperait la tête, qu'on verrait couler des flots de leur sang; ils croyaient que le nouveau maître inventerait des tourments nouveaux, plus cruels que d'être mutilés, broyés sous des meules, ensevelis sous les eaux, ou enterrés tout vivants : car les empereurs précédents avaient employé contre eux ces sortes de supplices..... Julien, voyant que le Christianisme grandissait par le massacre de ses sectateurs, ne voulut point employer contre eux des supplices qu'il n'approuvait pas » (*Parental. in Jul.*, n° 58). Ces *flots de sang* qu'on s'attendait à voir couler, et qui avaient inondé la terre sous les règnes précédents, indiquent bien, je crois, qu'il y avait eu quelques victimes, et les supplices énumérés par Libanius ne me semblent pas donner une bien haute idée de la douceur des bourreaux. Le sensible Pline écrivait au bon Trajan qu'il avait jugé d'autant plus nécessaire d'arracher la vérité à des filles esclaves qu'on disait être *dans le ministère du culte chrétien* (liv. X, ép. 95), *qu'il n'avait rien découvert de criminel, après les plus exactes informations*, ni dans le Christianisme, ni dans ceux qui le professaient. Voyez-vous ce philosophe, ce courtisan, plein d'urbanité, qui fait torturer de pauvres esclaves, uniquement parce qu'il n'a rien *découvert de criminel* ni dans le Christianisme ni dans ceux qui le professaient? Si tels étaient les agneaux, dirons-nous encore, quels devaient donc être les tigres?

Combien il faut que la persécution de Dioclétien ait été terrible, alors que le monde entier était devenu chrétien, pour que cet empereur ait fait frapper une médaille avec cette légende : *Nomine christianorum deleto! Biblioth. britanniq.*, p. 200. Deux colonnes, trouvées en Espagne, sont chargées d'inscriptions analogues : l'une porte le nom de Dioclétien, l'autre celui de Maximien, son collègue (Bullet, *Etabl. du Christian.*, preuves). Une autre inscription, trouvée dans le même pays, attribue la même gloire à Néron (*Hist. de l'Eglise*, par M. Rohrbacher, t. IV, p. 446). — Mais, lors même que les monuments se tairaient, que d'autres motifs de croire à toutes les horreurs des persécutions! Rome était le boulevard de l'idolâtrie; elle faisait adorer ses dieux, et parmi ses dieux, ses empereurs; elle se faisait adorer elle-même, et plusieurs temples lui furent dédiés. D'ailleurs elle se croyait redevable de ses triomphes à sa religion; et par conséquent ne pas l'adorer avec ses dieux et ses césars, c'était se déclarer ennemi de son empire et attaquer les fondements de sa domination. De là ce double fait, qui en explique bien d'autres : 1° le fait de la politique romaine travaillant pendant trois siècles par le fer et la flamme à la ruine du Christianisme; 2° le fait des chrétiens persécutés comme ennemis de l'empire et traités de séditieux et de rebelles par de graves historiens, malgré leur caractère pacifique et leur soumission sans borne, toutes les fois qu'on n'exigeait pas d'eux des actes d'idolâtrie. C'est donc bien à tort et avec bien de la légèreté qu'on vient nous dire aujourd'hui que les persécutions n'ont pas été si sanglantes que semblent l'indiquer les martyrologes, et que celles qu'ils ont souffertes, les chrétiens se les sont attirées par leurs révoltes et même par leurs autres crimes. Ces accusations, que Bayle n'a pas craint d'articuler, sont sans aucun fondement. Julien, qui nourrissait contre les chrétiens une haine implacable, ne leur adresse aucun reproche de ce genre, ce qu'il n'aurait pas manqué de faire, s'il l'eût pu avec quelque vraisemblance, pour légitimer sa haine et ses vexations. Dans une lettre à Arsace, son ami, l'empereur philosophe ne peut s'empêcher d'admirer la charité chrétienne, et avoue que le Christianisme s'est établi par la pratique au moins apparente de toutes les vertus (1). Pline, dans sa lettre à Trajan, rend aux chrétiens

(2) Marc Aurèle, *Réflexions*, l. II, c. 3.

(1) *Epist. Jul.*, l. XIV. *Ad Arsace.*

le même témoignage. Celse ne leur fait pas d'autres reproches que de s'assembler contre la défense des magistrats, de détester les simulacres et de blasphémer contre les dieux. Lucien, apostat comme Julien, et qui devait connaître aussi bien que lui ceux qu'il mord dans ses ouvrages, trouve en eux des vertus, et non des crimes. « C'est une chose incroyable, dit-il, que le soin qu'ils apportent pour consoler et secourir les prisonniers..... Leur premier législateur leur a mis dans l'esprit qu'ils sont tous frères..... Ils méprisent les biens de la terre et les mettent en commun » (*Vie de Pérégrin.*). Aussi les anciens apologistes, saint Justin, Origène, Tertullien et saint Cyrille étaient si sûrs de l'innocence des premiers chrétiens, qu'ils défiaient les païens de leur reprocher aucun acte de sédition, aucun crime avéré, et jamais personne n'a répondu à leur défi. On ne trouve qu'un certain Fronton, un faiseur de harangues, qui, sous Caracalla, jugea à propos, pour s'exercer dans son art, d'invectiver contre les chrétiens; mais, comme le remarque Minutius Félix, ce n'était de sa part ni un témoignage, ni même une affirmation; seulement, comme orateur, il avait pris ce texte pour s'escrimer dans l'art des injures.

« Les chrétiens, dit un ancien auteur dans sa lettre à Diognète, les chrétiens font voir une société merveilleuse et vraiment incroyable..... On les flétrit, mais les flétrissures leur tournent en gloire; on les calomnie, et on rend hommage à leur vertu; on les insulte, et ils bénissent; on les outrage, et ils répondent par des marques d'honneur; ils font le bien, et on les punit; les punit-on, ils s'en réjouissent comme d'un bienfait; les Juifs leur font la guerre comme à des étrangers, et ils sont persécutés par les Grecs; ceux qui se font leurs ennemis ne peuvent dire pourquoi ils les haïssent.»

Oui, c'était *vraiment une merveilleuse et incroyable société que celle que les chrétiens faisaient voir!* Mutilée par le fer, dispersée par l'exil, traquée dans les antres des montagnes et jusque dans les entrailles de la terre, appauvrie, ruinée par la confiscation des biens, flétrie et chargée de chaînes, toujours devant les juges, toujours dans l'horreur des cachots, torturée sur les chevalets, brûlée sur les bûchers, chaque jour décimée par les bourreaux, rien ne pouvait ni la détruire, ni arrêter ses progrès; elle renaissait de ses cendres, se relevait de ses ruines, et chaque jour apparaissait plus immense! *Le sang versé était comme une semence féconde qui faisait germer de nouveaux chrétiens* (Tertul., *Apolog.*). Une branche coupée sur cette tige féconde en faisait renaître mille; malgré tous les efforts de la puissance humaine, le monde entier devenait chrétien. « Nous ne sommes que d'hier, disait Tertullien aux politiques de Rome, et nous remplissons tout: vos villes, vos maisons, vos bourgades, vos colonies, vos champs même, vos tribus, vos palais, votre sénat, vos places publiques» (*Apol. Christ.*, XXXVII).

Un fait que personne ne saurait nier, c'est qu'au commencement du IV^e siècle, après toutes les persécutions des siècles précédents, le monde était chrétien.

Hé bien! Voilà ce qu'il s'agit d'expliquer. Pour nous, notre explication est simple et facile; elle se résume en un seul mot, l'intervention divine. Que ceux qui n'en veulent pas nous donnent la leur. Puisqu'ils ne veulent entendre parler ni de Dieu ni de miracles, qu'ils nous disent comment tout cela s'est fait sans Dieu et sans miracles. « S'ils ne croient pas, dit saint Augustin, que les apôtres aient opéré ceux qu'on leur attribue, il en est un incontestable qui nous suffit, c'est que l'univers ait cru sans miracles...... Quiconque demande pour croire de nouveaux prodiges est lui-même un prodige étonnant, en refusant de croire quand le monde entier a cru.... En deux mots: ou les incroyables choses qui se passaient et qu'on ne pouvait nier, parce qu'on les avait sous les yeux, faisaient croire à ce qu'il y a d'incroyable dans le Christianisme, ou bien tout y est tellement croyable, qu'on n'avait besoin d'aucun miracle pour y croire, et dans l'une et l'autre hypothèse l'incrédulité reste confondue.»

On dit: les martyrs ne prouvent rien; toutes les sectes ont eu les leurs, et le meilleur moyen de donner de l'importance à certaines gens et à certaines choses, c'est de les persécuter. Les martyrs ne prouvent rien! Cependant des *martyrs* sont des *témoins*; et si des témoins qui se laissent égorger et qui scellent leur témoignage de leur sang ne prouvent rien, que reste-t-il en fait de témoignage? Que deviendront et la justice, et l'histoire, et la certitude? Croirez-vous au serment, si vous ne croyez pas au sang répandu? Vous croyez au témoignage de vos semblables, bien que la plupart n'osassent pas soutenir ce qu'ils attestent, si on les menaçait de la mort; vous croyez cependant à leur témoignage, et vous faites bien; car vous péririez, si vous refusiez d'y croire; soyez donc conséquent avec vous-même, et croyez aussi au témoignage des martyrs qui est mille fois plus certain. — Toutes les religions, toutes les sectes ont eu leurs martyrs; et qu'en concluez-vous? Parce qu'il y en a de faux, direz-vous qu'il n'y en a pas de vrais? Ce serait bien mal raisonner. Quoi! parce qu'il est prouvé qu'il y a de faux témoins, il faut conclure qu'il n'y en a pas de véridiques! Or, je le répète, des martyrs sont des témoins. Si, pour soutenir quelque grand intérêt, vous produisiez en justice de nombreux témoignages et qu'on vous donnât de semblables raisons pour les éluder, avouez que vous ne seriez pas maître de votre indignation! Pourquoi donc avez-vous deux poids et deux mesures? Pourquoi vous permettez-vous envers la religion ce que vous n'oseriez pas vous permettre envers qui que ce soit au monde? *Croyez-en donc*, avec Pascal, *à des témoins qui se laissent égorger.*—Toutes les religions ont eu leurs martyrs! Oui, si l'on veut; mais ce sont de faux martyrs, et voici les signes auxquels il est facile de les reconnaître. Ils meurent pour des doctrines, pour des idées, pour des opinions, jamais pour des faits; ils sont donc martyrs de leur entêtement et de leur orgueil: aussi comment meurent-ils? Ils meurent les armes à la main, ou tout au moins l'orgueil au front, la rage dans le cœur, l'invective à la bouche, en maudissant leurs ennemis et en les citant au tribunal de Dieu; mais montrez-moi, si vous le pouvez, un seul de ces prétendus martyrs qui, comme ceux de l'Eglise catholique, soit mort pour des faits dont il prétendait avoir été témoin oculaire pendant quarante jours, tels que celui de la résurrection du Sauveur; qui soit mort avec calme et pourtant sans orgueil, en pardonnant à ses persécuteurs et en priant pour ses bourreaux. Cherchez, compulsez les annales des peuples; je vous prédis que vous le chercherez longtemps; vos cheveux blanchiront à l'œuvre; votre œil s'éteindra, et vous ne l'aurez pas encore trouvé, et vous ne le trouverez jamais. Ne me parlez donc pas de ces prétendus martyrs qui, s'ils le pouvaient, deviendraient des bourreaux et des persécuteurs, et gardez-vous surtout de les mettre en parallèle avec les chrétiens des catacombes qui, traqués comme des bêtes fauves, dépouillés, mutilés, déchirés, brûlés à petit feu, n'ouvraient la bouche que pour bénir, et souffraient tout avec une inaltérable patience, quand ils auraient pu, forts de leur nombre, écraser du poids de leurs fers les tyrans qui les persécutaient; quand ils n'auraient eu qu'à s'éloigner pour rendre les cités et les empires déserts, quand ils n'auraient eu qu'à se compter pour faire pâlir d'effroi ceux qui les opprimaient! — Pour donner de la vie à une secte sans avenir, il suffit, dites-vous, de la persécuter. Oui encore, s'il s'agit de systèmes, de politique, d'idées et d'opinions; oui peut-être encore, si l'orgueil, l'ambition, la cupidité et la volupté s'en mêlent, en un mot, s'il s'agit d'une doctrine qui promet un plus libre essor aux passions: car c'est alors aux passions qu'on s'attaque, et c'est comme un guêpier qu'on excite; mais s'il s'agit de faits, comme dans le Christianisme, ou d'une doctrine qui comprime à la fois l'esprit, le cœur, les sens, toutes les passions, s'il s'agit de se renoncer soi-même, de tout souffrir sans se plaindre, de mourir même, s'il le faut, au milieu des plus cruelles tortures, en bénissant ses bourreaux, sans orgueil, sans haine, sans vengeance, sans pouvoir écraser ses tyrans, quand on en a la force et les moyens, oh! non, non, ne le croyez pas; les persécutions alors n'ont rien de contagieux, les tortures rien qui captive, et les bourreaux rien de séduisant. — Il ne faut jamais oublier que pendant trois siècles de persécutions sanglantes, quand les factions armées ensanglantaient l'empire, quand tous les liens sociaux étaient brisés, quand le sceptre impérial roulait dans la poudre des camps et était ramassé par des soldats parvenus, jamais on ne vit les chrétiens s'armer du fer de la vengeance, ni fomenter des révoltes, ni former des partis contre les empereurs qui les traitaient avec le plus de cruauté. Certes elle ne venait pas de la terre ni des conseils du cœur humain cette soumission dont ils donnaient l'exemple, quand ils avaient tant de raisons de se plaindre et tant de moyens de se faire respecter! — Se rejeter sur l'amour de la nouveauté, c'est n'expliquer rien. Si le Christianisme avait dû son établissement à sa nouveauté, il aurait péri par sa nouveauté même: car une institution n'a de force et de vie, surtout quand elle a à lutter contre un grand nombre de résistances qu'autant qu'elle a sa racine dans le passé et qu'elle répond aux besoins du présent. Oui sans doute, ce qui est nouveau a bien une certaine vertu attractive par sa nouveauté même: on cède d'abord à l'attrait de la curiosité, on veut voir et connaître cette chose nouvelle et pouvoir en raisonner; il se fait donc un mouvement autour d'elle, et, s'il s'agit de doctrines et de systèmes, il y a foule un moment autour des maîtres et des adeptes; on se presse, on se coudoie, pour voir et pour entendre; puis, la curiosité étant satisfaite, quand on a tout vu, tout entendu, on se prend à réfléchir, et l'on dit : Cela paraît spécieux; mais quel fondement tout cela a-t-il? Car enfin cela n'est que d'hier; cela est étrange et sans nul rapport avec les idées reçues. C'est ainsi que le premier enchantement finit où la réflexion commence: la foule s'écoule peu à peu, et les adeptes restent seuls, faibles, chancelants dans leur foi et honteux de leur petit nombre; et le système, ou l'institution, ou la doctrine meurt, parce qu'elle est sans passé, et que ce qui est sans passé ne peut pas avoir d'avenir, surtout quand les passions s'en mêlent et qu'il s'agit d'une chose qui leur ferait obstacle. Voyez le saint-simonisme : ne dut-il pas sa vie d'un moment à ce qu'il avait emprunté au Christianisme, et ne mourut-il pas bientôt, au bruit des huées et des sifflets de la foule, par ce qu'il avait d'insolite et de nouveau? Et la réforme, comment s'est-elle établie, et comment subsiste-t-elle encore? N'est-ce pas en protestant au nom du passé? Elle serait frappée de mort le jour où elle renoncerait à ce prétendu passé qu'elle invoque! Voyez encore la république: tandis qu'elle reniait, dans les temps antérieurs, tout ce qui portait un caractère chrétien, ne remontait-elle pas plus haut pour rencontrer un passé glorieux? N'invoquait-elle pas les grandes ombres de la Grèce et de Rome? N'était-ce pas d'elles qu'elle prétendait s'inspirer? N'était-ce pas sous leurs auspices qu'elle inaugurait ses lois et ses constitutions? Le passé! rien ne peut le suppléer, ni l'habileté, ni le génie, ni la puissance, ni même la gloire avec tous ses enchantements et ses prestiges. Alors, pour lutter contre sa ruine, il faudrait être doué d'une force infinie, pouvoir croître et s'élever toujours; autrement on tombe, et, après avoir été un puissant empereur, après avoir fait trembler le monde, on va expirer sans bruit, triste, seul, au milieu des mers, sur un rocher solitaire!

Aussi toute secte cherche-t-elle à se faire un passé. Et de nos jours ne voyons-nous pas la philosophie essayer de se former un passé imaginaire, en se prenant aux débris épars de tous les naufrages essuyés par l'esprit humain? Or, pour les païens, le Christianisme était sans passé; car celui qu'il invoquait, trop ancien pour pouvoir être apprécié par eux, ou enfermé tout entier dans les livres, les traditions et les institutions juives, était complétement étranger à ces Grecs et à ces Romains, qui, ayant pour le Juif un mépris plus profond que pour tout autre barbare, s'embarrassaient fort peu de ce qu'avaient pu dire ou penser ses patriarches et ses prophètes. Le Christianisme était donc pour eux une nouveauté étrange, bizarre, absurde, dangereuse même, qu'il fallait tuer par le mépris, et même par le fer et la flamme, si elle essayait de vivre. Ils l'ont bien fait voir, et l'histoire est là pour montrer comment le Christianisme a été jugé et traité par eux. — Mais est-il bien vrai, comme on le dit, qu'en matière de religion le peuple se laisse prendre à l'attrait de la nouveauté? En thèse générale, cela est au moins très-contestable; et quand il s'agit de passer d'une religion riante et commode, comme l'était le paganisme, à une religion austère et crucifiante, comme le Christianisme, il n'y a plus de contestation possible. Il est incontestablement faux qu'alors la nouveauté plaise; elle est repoussée avec horreur, et, si elle s'obstine, on cherche à l'étouffer : c'est là ce que prouve l'histoire de toutes les missions chrétiennes.

On prétend que le Christianisme devait plaire par les idées d'égalité et de liberté qu'il proclamait dans un temps où il y avait tant d'esclaves et de peuples opprimés; mais il faut s'entendre. L'égalité prêchée par le Christianisme n'était ni l'égalité de fortune, ni l'égalité de droits temporels, ni l'égalité politique, mais bien l'égalité de déchéance par le péché et de réhabilitation par Jésus-Christ, l'égalité dans l'adoption et les droits à l'héritage éternel, en un mot, l'égalité devant Dieu, et non pas devant les hommes. Or cette doctrine, qui flattait le peuple, n'était propre qu'à mécontenter les grands. Il en était de même de la liberté prêchée par le Christianisme : c'était la liberté des enfants de Dieu qui consiste à s'affranchir du joug de Satan et de la tyrannie des passions. Bien loin d'appeler les esclaves et les peuples à la révolte, le Christianisme leur ordonnait au contraire d'obéir à toutes les puissances établies, et de ne jamais secouer le joug, quelque intolérable qu'il fût. Cette liberté, toute spirituelle, ne devait tenter que bien faiblement les esclaves et les peuples opprimés; ce n'est donc point là qu'il faut chercher la cause de l'établissement du Christianisme. Nous ne voulons pas dire que le Christianisme, par ses grands principes de charité, de fraternité et de dévouement, ne tende pas à amener entre les hommes une certaine égalité et une certaine mesure de libertés politiques; mais nous disons que ces conséquences politiques ne devaient être et n'ont été tirées que plus tard, quand l'esclavage fut aboli, et quand eurent disparu les préjugés de castes et de races, dans lesquels le Christianisme a toujours trouvé une résistance invincible à ses applications sociales. La preuve certaine que les conséquences politiques du Christianisme n'ont point été tirées dès le commencement, c'est qu'elles n'ont jamais servi de prétexte de révolte ni de drapeau de ralliement aux chrétiens, si longtemps et si cruellement persécutés.

Mais, dit-on, la communauté des biens n'était-elle pas un puissant attrait? Pas pour les riches du moins; cette communauté de biens, résultat naturel et volontaire de la charité qui régnait dans la primitive Eglise, n'a jamais été imposée comme une obligation. On recommandait les pauvres, les infirmes, les malades, les veuves et les orphelins à la générosité des fidèles, quelques-uns d'entre eux se dépouillaient volontairement de leurs biens; mais personne n'était obligé de les imiter. Dira-t-on que cela seul devait suffire pour attirer une foule d'hommes, comme il y en a toujours, qui ne cherchent qu'à vivre aux dépens des autres, sans peine et sans travail? Mais où a-t-on vu que le fruit des aumônes ait jamais servi, dans la primitive Eglise, à nourrir la paresse et l'oisiveté? La première loi était celle du travail. « Si quelqu'un refuse de travailler, dit saint Paul, qu'on ne lui donne pas à manger; *Si quis non vult operari, nec manducet* » (*II. Thess.*, III, 10). Les apôtres eux-mêmes donnaient l'exemple, et vivaient du travail de leurs mains; ils se flattaient dans leurs Epîtres de n'avoir été à charge à personne. Quand il se rencontrait quelques-uns de ces hommes qui essayent de vivre sans rien faire, on les marquait du sceau de l'infamie; personne ne voulait plus les fréquenter, et ils étaient confondus. *Hunc notate*, dit saint Paul, *et ne commisceamini cum illo, ut confundatur* (*ibid.*, III, 14). Si cela n'eût pas suffi pour éloigner les paresseux et les oisifs, l'austérité des mœurs chrétiennes, la sévérité de la discipline, les abstinences continuelles, les longs jeûnes, les longues veilles, les longues prières, n'eussent pas manqué de le faire. Il se serait étrangement trompé dans ses calculs celui qui se serait fait chrétien pour mener une vie douce et commode. Ajoutez encore les persécutions et la mort dont sans cesse on était menacé. C'est à tort qu'on a cru pouvoir avancer, pour expliquer l'élan des populations vers le Christianisme, que les Eglises primitives étaient formées de la lie du peuple; car le contraire est prouvé par des monuments authentiques. On voit, dans le Martyrologe, des sénateurs, des préfets, des proconsuls, des tribuns, des questeurs et des consuls même. Il y avait des chrétiens parmi les domestiques et les premiers officiers des empereurs, de Trajan, d'Alexandre, de Valérien, et jusqu'à la cour de Néron, de Dèce et de Dioclétien (*Martyrol. rom.*, passim; Fleury, *Histoire ecclésiast.* et *Mœurs des chrétiens*, passim.) *Ceux qui vendaient leurs biens pour en apporter le prix aux pieds des apôtres* n'étaient pas de la lie du peuple, et puisqu'on faisait tant d'aumônes il fallait bien qu'il y eût des riches au milieu des pauvres. Sans doute les derniers devaient être plus nombreux que les premiers; parce que les pauvres ont toujours été et seront toujours en majorité sur la terre.

Cependant, disent les penseurs, le Christianisme étant la religion des malheureux, il ne pouvait pas manquer de trouver des partisans à une époque où les malheureux étaient en si grand nombre. Certes nous ne nierons point que la religion chrétienne soit la religion des malheureux; mais nous demanderons pourquoi certains hommes qui prennent avec tant d'emphase le titre de philanthropes se montrent si empressés à l'attaquer et à la détruire. Oui, la religion chrétienne est la religion des malheureux, et c'est pour cela qu'elle est la religion de l'humanité : car l'humanité souffre dans presque tous ses membres, et la somme de ses douleurs l'emporte immensément sur celle de ses jouissances. « Venez à moi, vous tous qui souffrez, vous tous qui êtes accablés, venez à moi, dit Jésus-Christ, et je vous soulagerai » (*Matth.*, XI, 28). Le Christianisme est donc bien réellement la religion des malheureux, et nous avouerons encore sans peine que jamais peut-être ils ne furent aussi nombreux qu'à l'époque de son établissement; mais nous soutenons en même temps que sans l'intervention divine, sans la foi, qui est un don de Dieu, jamais il n'eût été reçu même par les malheureux. Pour s'en convaincre, il suffit de voir ce qui se passe au sein même du Christianisme. Quand un homme plein de piété est frappé tout à coup par le malheur, il a besoin de lutter longtemps contre lui-même et de ranimer toute sa foi pour puiser dans la religion les consolations qu'elle offre aux malheureux; mais, s'il ne croyait pas, les y chercherait-il? Se ferait-il chrétien pour les recevoir dans les mêmes circonstances, où, malgré toute sa foi, il est presque tenté de ne l'être plus? Voyez plutôt ce qui se passe autour de vous. Il y a bien des malheureux; on les voit fourmiller de toutes parts. On leur a dit dans leur enfance, et ils n'ont pu l'oublier, que la religion chrétienne a des consolations pour toutes les douleurs; hé bien! en est-il beaucoup qui les lui demandent? Les voit-on se presser pour les recevoir? Comme les païens, ils n'ont pas à renoncer à une religion qu'ils aiment; ils n'ont point à craindre, comme les premiers chrétiens, d'être pour cela arrêtés et jetés dans les fers, de voir leurs biens confisqués, d'être appliqués à la torture, et de mourir dans les tourments. Ils ne croient plus au Christianisme, direz-vous; mais les païens y croyaient-ils? Pour quiconque n'avait pas la foi, se faire chrétien alors, n'était-ce pas mettre le comble à son malheur? N'était-ce pas appeler sur soi toutes les calamités, se mettre au nombre des ennemis publics et des proscrits? Quel attrait pour les malheureux que les supplices affreux inventés tout exprès pour les chrétiens? Quel encouragement que ce cri sanguinaire : A bas les impies! Et cet autre cri tant de fois répété par les échos des grandes cités de l'empire et par les sept collines de la ville éternelle : *Les chrétiens aux bêtes!* Quel attrait dans les menaces des persécuteurs, dans le bruit des chaînes, la lueur des bûchers, les horreurs des catacombes, et l'horrible mort de ceux qu'on avait arrêtés sur leur seul titre de chrétiens et qu'on jetait par centaines aux lions de l'amphithéâtre! Ne dites pas que plusieurs pouvaient être poussés par l'espoir d'être glorifiés après leur mort; car tout indique que ce n'était pas l'orgueil qui les faisait agir. D'ailleurs combien de temps pouvaient-ils espérer de jouir des honneurs du martyre? Humainement qui devait l'emporter dans cette lutte de l'empire romain ou plutôt du monde entier contre une religion naissante? Ne dites pas non plus que tout s'explique par la foi aux récompenses éternelles, qu'ils croyaient conquérir par le martyre; car c'est cette foi elle-même qu'il s'agit d'expliquer. Voilà pourquoi Gibbon est absurde quand il prétend trouver cinq causes secondaires et naturelles de l'établissement du Christianisme (1): dans le zèle inflexible et intolérant des chrétiens, dans la doctrine d'une vie future, le don des miracles attribué à l'Eglise primitive, la morale pure et austère des premiers sectateurs du Christ, et la perfection du gouvernement de l'Eglise. Ces prétendues explications n'expliquent rien; ces causes sont elles-mêmes des effets ou des obstacles, et par conséquent des pétitions de principes. Il s'agit précisément d'expliquer d'où venait aux chrétiens leur zèle inflexible et leur morale pure au milieu de l'indifférence et de la corruption universelle. L'*austérité* de la morale chrétienne ne doit-elle pas être rangée parmi les obstacles plutôt que parmi les causes de l'établissement du Christianisme? Le don des miracles, s'il n'eût pas été réel, se serait tourné tôt ou tard contre ceux qui l'auraient donné en preuve de leur mission et se serait encore changé en obstacle. La croyance à une vie future, étant aussi ancienne que le monde, n'a pu favoriser en rien l'établissement du Christianisme. Quant à *l'union et à la discipline de la république chrétienne*, cela suppose l'Eglise établie, et c'est précisément son établissement qu'il s'agit d'expliquer. « Sans doute, dit M. Rohrbacher, ces causes étant supposées, elles expliquent les effets qu'elles produisent. Mais d'où viennent ces causes elles-mêmes? D'où vient ce zèle des apôtres? D'où vient que, dans leur bouche, le dogme vulgaire de l'immortalité de l'âme a plus d'efficace que dans la bouche de Platon et de Socrate? D'où leur vient le pouvoir qu'ils ont de faire des miracles? Car, s'ils ne l'ont pas, il ne faut pas le compter parmi les causes de l'établissement du Christianisme. D'où viennent les vertus si merveilleuses des premiers chrétiens? D'où ce gouvernement si parfait de l'Eglise? Comment tout cela a-t-il pu être l'œuvre posthume d'un Juif crucifié » (*Hist. de l'Egl. univers.*, t. II)?

Ceux qui prétendent tout expliquer en disant qu'on était las de l'idolâtrie, ne sont pas plus dans le vrai que Gibbon. Non, non, on n'était pas las de l'idolâtrie; c'était une religion trop riante, trop commode, qui flattait trop les penchants du cœur; trop de citoyens étaient intéressés à sa conservation, poëtes, littérateurs, artistes, prêtres, magistrats, hommes de plaisir, toute une multitude d'hommes tenant à l'autel, depuis les familles riches et puissantes, honorées des différents sacerdoces, jusqu'aux artisans qui travaillaient aux objets du culte. Par combien de racines l'idolâtrie n'était-elle pas implantée dans le sol de ce vieux monde? Par combien de ramifications infinies ne tenait-elle pas aux entrailles mêmes des sociétés païennes? Dès lors quelle difficulté ne dut pas éprouver le Christianisme à la renverser et à s'établir sur ses ruines?

Nous n'avons point à nous occuper de l'allégation toute gratuite de ceux qui prétendent que le Christianisme dut ses succès à ce que de persécuté il se fit persécuteur; comme il n'aurait persécuté qu'à partir de Constantin et qu'alors il était établi, la raison de son établissement n'est pas là. Quand les empereurs, devenus chrétiens, ont protégé le Christianisme, il ne s'agissait plus de l'établir, il l'était. On n'avancerait donc rien, lors même qu'on donnerait de meilleures preuves des prétendues violences exercées contre le paganisme dans les IV$^e$ et V$^e$ siècles de notre ère. On n'a jamais pu citer un seul païen mis à mort pour sa religion. Constantin n'a défendu de l'idolâtrie que ce qui était d'une immoralité flagrante ou n'était pas sans danger par la magie qui s'y mêlait. S'il fit démolir quelques temples, c'est parce qu'il s'y commettait des abominations; mais il a toujours respecté la liberté religieuse. Les lois oppressives qu'on attribue à ses successeurs sont ou supposées ou mal entendues, ou n'ont jamais reçu d'exécution (*Mémoires de l'académie des inscript.*, t. XV, in-4°, p. 941; t. XXII, in-12, p. 350). Nous pouvons donc répéter en toute confiance ce que Théodoret disait au V$^e$ siècle, en présence des événements, que la puissance des empereurs chrétiens n'a été pour rien dans l'établissement du Christianisme (*Thérapeut.*, IX$^e$ discours, p. 613 et suiv.).

Il est une chose, dit-on, qui a dû singulièrement aplanir les difficultés, ce sont les rapports du Christianisme, d'un côté, avec le stoïcisme, et, de l'autre, avec les religions païennes. Quand même on admettrait ces prétendus rapports entre le Christianisme et le stoïcisme, que s'ensuivrait-il? Le stoïcisme était-il en faveur? Etait-il populaire? Y avait-il beaucoup de stoïciens dans ces vieilles sociétés livrées au luxe, à la mollesse, et depuis longtemps gangrenées par la corruption? Etaient-ils bien nombreux ces hommes ennemis du plaisir, qui faisaient profession de s'endurcir à la souffrance, et ne voulaient point avouer que la douleur fût un mal? Ce serait se tromper que de le croire; d'ailleurs le monde entier eût-il été stoïque qu'il n'eût pas été pour cela plus disposé à devenir chrétien : car le stoïcisme est fondé sur l'orgueil, et le Christianisme sur l'humilité.

Quant à la prétendue ressemblance du dogme catholique et de la liturgie chrétienne avec la mythologie, supposé qu'elle fût réelle, ce qui n'est pas, elle n'aurait servi en rien à l'établissement du Christianisme, car cette ressemblance, personne ne la soupçonnait alors. Les politiques, les philosophes, les savants de cette époque ne s'en doutèrent pas, et les apologistes chrétiens ne la firent jamais remarquer. Dira-t-on que le peuple a été plus clairvoyant que les sages? D'ailleurs on dit que le peuple, en se faisant chrétien, s'est laissé prendre à l'attrait de la nouveauté; ce n'est donc point parce qu'il voyait dans le Christianisme des rapports de ressemblance avec les croyances anciennes. Avant de faire la guerre au Christianisme, ne serait-il pas bon de commencer à être un peu plus d'accord avec soi-même? Nous sommes fâché d'avoir à combattre ici M. Troplong, qui, dans son excellent livre *De l'influence du christianisme sur le droit civil des Romains*, fait du Christianisme je ne sais quelle espèce d'éclectisme, *dans lequel se seraient résumés tous les anciens systèmes de morale et de philosophie*, je ne sais quel *progrès final par lequel l'humanité a été mise en possession de la vraie civilisation universelle* (1). « Le christianisme, ajoute-t-il, devait donc trouver partout des affinités et des sympathies préexistantes. Ici le platonisme d'Alexandrie... Là le stoïcisme de Rome... De tous côtés il avait des intelligences préparées. Des pierres d'attente semblaient avoir été posées pour qu'il vînt y asseoir les fondements de sa puissance : c'est pourquoi sa propagation a été d'une rapidité si prodigieuse. »

A cela nous répondrons que si telle était la cause des rapides progrès du Christianisme, il s'ensuivrait que les stoïciens et les platoniciens auraient été en majorité dans l'empire romain, ce qui n'est pas et ce qu'on ne prouvera jamais; il s'ensuivrait encore que les stoïciens et les platoniciens se seraient convertis les premiers, et c'est précisément le contraire qui est arrivé. Au lieu d'embrasser le Christianisme, ils l'ont combattu et persécuté. Philosophes ou politiques, ils ont abusé contre lui de leur science ou de leur pouvoir, et quand, après trois siècles de luttes sanglantes, le monde entier fut devenu chrétien, les

(1) Soit ménagement, soit conviction, Gibbon, dans une petite phrase qui précède le développement des cinq causes secondaires, reconnaît que la victoire du Christianisme sur le monde *est due à l'évidence convaincante de la doctrine elle-même, et à la providence invariable de son grand auteur* (*Hist. de la décad. de l'emp. rom.*, t. III, p. 144.

(1) Ceci sera réfuté plus bas.

stoïciens et les platoniciens attardés, en étaient encore à réclamer en faveur du culte de Jupiter et des autels de la Victoire. Les quelques Pères des premiers siècles ne sont dans le fait général que de rares et faibles exceptions.

« Auriez vous enfin recours, dit M. P. Leroux, qui sera sans doute fort étonné de se voir citer comme apologiste de la religion chrétienne, auriez-vous enfin recours à l'invasion des barbares pour expliquer comment une pure superstition a pu s'établir? Mais quand les barbares parurent, le Christianisme était déjà fondé. Quand les évêques, venus de toutes les provinces, formulèrent le symbole de Nicée, il n'y avait pas encore un seul barbare qui eût osé fouler les frontières de l'empire; et saint Augustin avait achevé de donner la dernière formule importante de la théologie chrétienne, quand les Vandales arrivèrent. »

Nous ne nous occuperons pas de certaines allégations de M. Salvador que nous n'avons pas encore réfutées, mais qui le seront par ce que nous allons répondre à M. Pierre Leroux; nous nous contenterons de rapporter ici le jugement qu'en a porté un de ses confrères en judaïsme. « M. Salvador, dit M. Cahen, est dominé par la prose poétique des Allemands, par le jargon historico-métaphysique de l'école de Vico, par la phraséologie monstrueusement torturée des romantiques, fléaux littéraires de l'époque. Du reste, dans cette nouvelle production, notre coreligionnaire suit le même système, ou, pour parler exactement, soutient la même gageure que dans son ouvrage sur Moïse. Sa première thèse est celle-ci : Le judaïsme, par son principe, appartient à l'Europe occidentale, il l'a prouvé en deux gros volumes (1828); la seconde thèse est celle-ci : Le Christianisme, par son principe, appartient à l'Asie orientale, et il l'a prouvé en deux gros volumes (1838) : on dit qu'un secrétaire d'Abd-el-Kader va publier cette troisième thèse : Le mahométisme, par son principe, appartient à l'Amérique centrale. Il le prouve, dit-on, en deux gros volumes. Je ne doute pas que le Musulman n'obtienne le même succès que l'Israélite, pourvu qu'il suive la même méthode. Elle est très-facile : elle consiste uniquement à ne savoir pas lire les originaux, à ne vouloir pas discuter la valeur des documents qu'on cite, ni l'époque de leur composition, à mêler, jeter et remuer dans le même sac tous les temps, tous les lieux; à citer le Talmud, quand il est favorable à Moïse, et Moïse, quand il est favorable au Talmud, et l'abbé Guénée, quand il est favorable à tous les deux. Trouvez-vous une prescription d'une barbarie révoltante chez le législateur ami? Dites qu'elle est de l'ordre politique; rencontrez-vous une morale sublime chez le législateur ennemi, faites entendre que c'est de l'hypocrisie. Eloignez tous les passages qui peuvent vous nuire, et ne négligez pas le moindre iota qui vous soit utile; et, en tout cas, versez du baume sur vos propres blessures et du venin sur celles d'autrui. Avec de tels moyens, ayez le talent de grouper avec esprit les faits, de répandre avec habileté les jours et les ombres, selon l'effet que vous voulez produire, et vous ferez pour le mahométisme, le bouddhisme, le fétichisme, ce que notre *christophobe* coreligionnaire a fait pour le judaïsme. Toutefois, après avoir admiré l'éloquence de l'écrivain, la logique du penseur, la science de l'érudit, vient le bons sens avec sa grosse voix qui crie à tue-tête : Et pourtant cela n'est pas vrai! »

Passons maintenant à M. Pierre Leroux; en lui répondant, nous répondrons à toute l'école progressiste et humanitaire. Dans son *Encyclopédie nouvelle*, à l'article CHRISTIANISME, il suppose entre un philosophe et un chrétien un dialogue dans lequel ce dernier est complètement battu. Au lieu d'un simple chrétien, nous supposons que M. Leroux rencontre un théologien, et que la conversation s'engage comme il suit :

*Le théologien à M. Leroux.* — J'ai lu, monsieur, les articles que vous avez publiés contre le Christianisme dans votre *Encyclopédie;* j'ai pu admirer votre habileté et votre talent, je rends hommage au calme avec lequel vous discutez, je reconnais même que vous avez une dialectique rare et une grande science de déduction; mais vos allégations sont souvent erronées, vos principes faux, vos appréciations inexactes, et votre logique, opérant sur ces données, ne produit en somme que de mauvais raisonnements.

*M. Leroux.* — Vous tombez précisément dans le défaut que vous me reprochez. Rien de plus faux que vos allégations, rien de plus inexact que votre appréciation de mes principes et de mes travaux. Du reste, entre nous, pas de compliments ni d'injures, je vous prie, mais des preuves.

*Le théologien.* — Des preuves! elles abondent. Commençons, si vous voulez, par votre article *Zoroastre.* Votre prétention de faire dériver le Christianisme du mazdéisme ou de la religion de Zoroastre m'a paru fort singulière. Du reste vous n'auriez pas dû donner cela comme une nouveauté, car c'est déjà une assez vieille chose. Richter, Ballenstedt et quelques autres de vos confrères d'outre-Rhin, et plus récemment encore Salvador, vous avaient frayé ce chemin scabreux, dans lequel vous auriez bien fait de ne pas vous engager avec votre bagage philosophique. Tenez, j'ai là une thèse allemande soutenue en 1828, devant l'académie de Bonn, par Paul Bergsma, dans laquelle ce jeune Hanovrien, en répondant aux Allemands, vous a réfuté d'avance. — *M. Leroux.* — Je ne connais pas votre Hanovrien, mais ni lui ni personne ne pourront me réfuter. — *Le théologien.* — Je pourrai peut-être y parvenir. — *M. Leroux.* — Que répondez-vous d'abord aux témoignages des platoniciens Hermippe et Hermodore, de Plutarque, d'Eudoxe, d'Aristote et du Latin Pline, par lesquels j'ai prouvé que Zoroastre vivait cinq mille ans avant la guerre de Troie? — *Le théologien.* — Je réponds que vous n'avez rien prouvé du tout, ou plutôt que vous avez répondu vous-même à cette difficulté, si cela peut s'appeler de ce nom : car vous dites vous-même, dans votre article *Zoroastre*, qu'*un peuple n'est compétent en chronologie que lorsqu'il fait preuve d'une méthode sévère en histoire.* Or quelle certitude avez-vous que les sectateurs de Zoroastre aient jamais fait preuve d'une pareille méthode? Il faudrait pourtant avoir cette certitude pour attacher quelque importance au témoignage des Grecs; car ceux-ci n'ont pu savoir sur Zoroastre que ce que leur ont dit les Mages, et l'on sait que les Mages poussaient jusqu'au ridicule, comme les brames de l'Inde et les prêtres d'Egypte, la prétention d'être les plus anciens sages. D'ailleurs, outre qu'ils se sont copiés les uns les autres, les Grecs ne sont pas d'accord entre eux. Justin, qui vivait au second siècle, mais *sous lequel il faut voir*, dites-vous, *l'historien grec Théopompe, dont toute l'antiquité a loué l'exactitude, et dont les premiers livres de l'histoire latine ne sont que l'abréviation* (*Just.*, lib. 1, ch. 1), Justin, dis-je, fait Zoroastre roi de la Bactriane et contemporain de Ninus. Ce sentiment, adopté par Eusèbe, réduit bien les cinq mille ans avant la guerre de Troie. Zoroastre ne serait déjà plus que le contemporain d'Abraham. Vous dites encore que Xanthus, dont vous relevez fort doctement la valeur et l'antiquité, prétend que de Zoroastre à l'invasion de Xerxès on ne compte que six cents ans. Il est vrai que vous cherchez à éluder le malencontreux *Exakosia*, qui vous embarrasse. Vous invoquez deux manuscrits qui portent *Exakiskilia;* mais deux manuscrits ne peuvent pas faire autorité contre tous les autres. Vous dites encore qu'Agathias, historien grec du Bas-Empire, qui écrivait au VIe siècle une histoire de la Perse, n'a déjà pu tirer des Perses de cette époque aucun éclaircissement sur le temps précis où Zoroastre, qu'il appelle aussi Zaradas, a publié ses lois. Si les Perses du VIe siècle eussent été aussi peu instruits que vous le dites sur un fait de cette importance, tout porterait à croire que ceux des siècles précédents ne l'auraient pas été davantage. Comment croire qu'ils auraient pu oublier des traditions aussi fondamentales? Mais les Perses du VIe siècle n'avaient rien oublié sur ce point; ils savaient tout ce que savaient leurs ancêtres, et racontaient tout simplement, au rapport d'Agathias, que *Zoroastre avait vécu sous Hystaspe*, qui serait le père de Darius. Cette opinion a été adoptée par Anquetil, Prideaux, Hyde, dans son *Hist. relat. Pers.*, et par Kleuker dans son *Anhang zum Zend.* Resterait à expliquer la différence qui existe entre le témoignage des Perses du VIe siècle et celui des Perses du temps d'Alexandre; mais l'explication est facile. Les anciens auteurs grecs auront suivi la tradition des Mages, qui croyaient se rendre plus respectables, en exagérant leur antiquité et celle de leur fondateur, et Agathias, la tradition vraie, qui s'est toujours conservée à côté de la première. Cette conjecture paraît d'autant plus probable, qu'Hérodote, plus ancien et plus judicieux, ne parle pas même de Zoroastre dans son *Histoire des Perses*, tant ce qu'il en entendait dire lui paraissait fabuleux et incohérent! Voilà déjà bien des incertitudes, et voici ce qui les augmente encore. Tychsen, dans son livre *De Zoroastr. relig. apud veteres vestig.*, prouve que Zoroastre a vécu sous Cyaxare Ier, environ soixante-dix ans avant Cyrus. Heeren regarde cette opinion comme probable, et comme plus probable encore celle qui le fait vivre au commencement de l'empire des Mèdes, ce qui ne le mettrait qu'à huit siècles au delà du Christianisme, et n'irait nullement à votre système, d'après lequel vous nous donnez le mazdéisme comme la source primitive de toute religion. Puis voici les Arabes qui apportent encore d'autres témoignages : Aboul-Faradj vous dira que Zoroastre était contemporain de Cambyse; El-Tabari le fait esclave d'Elie, et Abou-Mohammed, de Jérémie. Ces deux derniers sentiments ne paraîtront pas dénués de toute vraisemblance, si l'on considère, comme je le ferai voir tout à l'heure, que Zoroastre a dû avoir connaissance de la Bible. Vous savez que certains auteurs ont prétendu qu'il y avait eu plusieurs Zoroastre, que Stanley en compte jusqu'à six (*Hist. de la philosoph.*, p. 13, sect. II, chap. 2), et que d'autres veulent qu'il n'y en ait point eu du tout. Vous dites vous-même que l'auteur des *Récognitions* de saint Pierre identifie Zoroastre avec Cham; et le savant Huet ne voulait voir en lui que Moïse. Si l'on ignore le temps où il a vécu, on ne connaît pas mieux sa patrie. Les uns le font naître en Chine, les autres en Europe, et d'autres en Asie. Que résulte-t-il de tout cela, sinon une incertitude et une confusion extrêmes qui obligent à beaucoup de réserve et de circonspection? C'est en vain que vous avez cherché à faire jaillir la lumière au milieu de ces ténèbres, votre flambeau s'éteint au premier souffle de la critique, et les ténèbres reviennent plus épaisses qu'auparavant. C'est en vain que vous accumulez les textes grecs et que vous en formez comme une barricade pour nous attaquer, votre trait est sans force, et ne va pas au but; il est comme celui de Priam : *imbelle, sine ictu*. — Il est contre vous un argument décisif, qui a surtout une force irrésistible, quand on se place au point de vue de votre système. Il est question dans les *Naçkas* de lois civiles, de règlements de police, de commerce, de monopole, du prêt à intérêt; il y est question des devoirs du citoyen, de ceux des rois, des princes et des sujets; il est question en particulier dans l'*Iaçna*, XIX, de la distinction des castes qui sont au nombre de quatre, celle des prêtres, celle des guerriers, celle des laboureurs et celle des artisans, toutes choses qui supposent déjà une civilisation très-avancée et nous rejettent par conséquent bien en deçà non-seulement des cinq mille ans avant la guerre de Troie, au sommet desquels vos platoniciens ont hissé Zoroastre, mais en deçà même des époques patriarcales. Où sont donc les traces de cette civilisation qui, déjà si avancée cinquante siècles avant les temps héroïques et s'étant perfectionnée sans cesse durant cinq mille ans, a dû laisser de magnifiques débris? Où sont les histoires contemporaines, sans lesquelles un philosophe comme vous ne doit jamais s'aventurer? Comment ne retrouvons-nous de tant de siècles écoulés qu'une phrase fort suspecte, accompagnée de *on dit*, sur l'âge où a vécu Zoroastre? Comment faites-vous coïncider tout cela avec les traditions grecques? Vous citez quelques Grecs sur l'époque de Zoroastre, et moi je les invoque tous contre vous sur l'époque infiniment plus récente où apparaissent les premiers rudiments de la civilisation? Et puis que faites-vous des traditions bibliques, si éloignées de vos calculs? A part leur caractère sacré, les regardez-vous comme n'ayant aucune valeur historique? Cependant, si nous nous appuyions sur des données aussi incertaines que celles de Zoroastre, et que vous pussiez invoquer contre nous quelque chose d'aussi antique, d'aussi clair, d'aussi précis et d'aussi lié que la Bible, avouez que vous vous sentiriez si fort, que nous vous ferions pitié, si nous nous obstinions à défendre encore nos vagues conjectures, et si nous disions comme vous : « Ce qui me frappe dans cette date, c'est moins son exagération que sa modestie, et cette modestie, si remarquable en comparaison des hyperboles des autres chronologies orientales, me paraît une raison qui s'ajoute à l'autorité de ceux qui l'ont transmise pour lui valoir du respect (1). » — *M. Leroux.* — « Mais ne vous paraît-il pas incontestable que l'opinion des Grecs et des Latins se trouve confirmée d'une manière décisive par l'étude directe des monuments des Mages? » — *Le théologien.* — Nullement; parce que M. Burnouf, que vous avez pris pour guide, ne connaissant pas plus le zend que vous et moi, n'a pu qu'embrouiller la question avec ses rapprochements clairs-obscurs et ses étymologies incertaines. Il vous a rendu un très-mauvais service, en vous lançant dans des régions inconnues, à travers des routes impratiquées, dont on reconnaîtra la fausse direction aussitôt que le terrain sera mieux exploré. En vous voyant interroger M. Burnouf sur le zend, lui qui ne sait qu'un peu de sanscrit, j'ai cru voir un Allemand se servant d'un Anglais qui ne connaîtrait qu'un peu de mauvais italien pour pénétrer dans les secrets de la langue, de la théologie et de la littérature française. Vous dites vous-même : « Quelques feuillets chargés de l'écriture d'une nation éteinte, entre les mains d'infortunés qui ne savent plus qu'en épeler grossièrement les syllabes, sans en entendre le sens autrement que par une glose incertaine, voilà ce qui nous reste du naufrage de la religion de Zoroastre. » Plus loin vous dites encore : « La science n'est pas encore entièrement maîtresse du dialecte védique, et elle est encore tellement éloignée de celui des Naçkas, qu'elle n'en est encore à son égard qu'aux premières tentatives. » Et c'est sur ce terrain que vous vous placez pour combattre le Christianisme! J'admire les tours de force et d'adresse que vous exécutez sur cette corde; mais je ne vous suivrai pas; la corde venant à se briser, quand *la science sera moins éloignée de la langue des Naçkas*, nous risquerions vous et moi de nous rompre les côtes. — *M. Leroux.* — Vous parlez beaucoup trop légèrement des travaux de M. Burnouf. — *Le théologien.* — J'en parle d'après lui-même, et c'est à lui qu'il faut vous en prendre si je n'y ai pas attaché plus d'importance. Il dit lui-même, dans l'avant-propos de son *Commentaire sur le Jaçna*, que des vingt *Nesks* ou *Naçkas* qui composaient la littérature sacrée des Parses, nous ne possédons qu'une partie du vingtième appelé *Vendidad*, plus le recueil liturgique appelé *Izeschné* ou *Jaçna*, une petite collection d'invocations à laquelle on donne le nom de *Vispered*, et quelques fragments sous le nom de *Ieschts* et de *Néaeschs*. « On voit déjà, ajoute-t-il, que celui qui veut expliquer ces monuments et les traduire doit trouver dans leur petit nombre même un obstacle bien difficile à surmonter. » La traduction que M. Anquetil Duperron nous a donnée de ces livres, sous le nom de *Zend-Avesta*, et qu'il a faite dans le *Guzavate*, à l'aide des mobeds ou docteurs parses, cette traduction, dis-je, paraît suspecte à M. Burnouf, parce qu'elle a été faite sur une version en langue pehlvie, langue morte elle-même et peu connue des mobeds. Il a la prétention de corriger Anquetil au moyen d'une version sanscrite, faite également sur une version pehlvie, laquelle a la même origine que celle qui a servi aux mobeds d'Anquetil, c'est-à-dire la traduction pehlvie d'un Destour, qui vers la fin du XIV<sup>e</sup> siècle, vint du Sistan dans le Guzarate! Or le nom de *Neriosengh*, auteur présumé de la version sanscrite, offre une ressemblance si frappante avec le sanscrit *Narasimha*, nom d'une célèbre incarnation de Vichnou, que MM. de Bohlen et de Schlegel en ont été frappés. Ce Neriosengh pourrait donc bien n'être qu'un brahmane, d'où il résulterait, comme le reconnaît M. Burnouf lui-même, « que l'authenticité de sa traduction deviendrait très-suspecte, et que les inductions qu'on en tirerait relativement au sens du texte zend ne reposeraient pas sur une base très-solide. Il est vrai que le style de cette traduction est très-barbare, dit encore M. Burnouf, que les règles les plus simples de la grammaire y sont ouvertement violées, et que les fautes nombreuses qu'on y remarque à chaque pas trahissent clairement l'indécision d'un écrivain qui s'exprime dans une langue qui ne lui est pas familière. » Mais alors quel fond pourrait-on faire sur une traduction aussi informe, lors même qu'il serait prouvé qu'elle n'est pas d'un brahmane? Aussi M. Burnouf reconnaît-il qu'il a eu *souvent recours à une espèce de divination*, et qu'il en a été réduit quelquefois à ne suivre d'autres guides que les *lois de permutation*, lois bien incertaines, quand il s'agit de langues aussi peu étudiées. En somme, l'interprétation d'une traduction en langue peu connue d'une version très-inconnue d'un texte tout à fait inconnu, incomplet et tronqué, voilà la base d'opérations que vous a offerte M. Burnouf; et c'est sur ce terrain que vous nous défiez au combat! Encore une fois nous ne vous y suivrons pas tant qu'il n'offrira aussi peu de solidité. Je vous ferai seulement remarquer qu'il est ridicule d'argumenter, comme vous le faites, sur l'antiquité respective du zend et du pehlvi, quand vous n'avez pas même les premiers éléments de ces deux langues éteintes, et sur l'identité du zend et du sanscrit, quand vous êtes forcé d'avouer « que la science n'est pas encore entièrement maîtresse du dialecte védique, et qu'elle est encore tellement éloignée de celui des Naçkas, qu'elle n'en est encore à son égard qu'aux premières tentatives » (art. *Zoroastre*). Je vous ferai encore remarquer que, outre les incertitudes des étymologies de M. Burnouf, vous tirez de très-fausses conclusions de la différence entre les noms des contrées donnés aux hommes par Ormuzd et les noms actuels. Que ces noms soient différents, et que l'ethnique des Mèdes ne paraisse

(1) Dans la comparaison du mazdéisme et du brahmanisme pour arriver à prouver la haute antiquité de l'un et de l'autre, M. Leroux est tombé dans une contradiction flagrante. En comparant la langue des Naçkas à celle des Védas, il croit à l'antériorité des premiers; et, en comparant la doctrine, il croit à l'antériorité des derniers, c'est-à-dire qu'il ne sait pas ce qu'il faut en croire. Le brahmanisme et le mazdéisme sont en effet deux épanouissements d'une même tige primitive, qui a ses racines dans la vieille terre d'Asie; mais cette tige n'est autre que celle des traditions primitives.

même pas dans le passage du *Vendidad*, où se trouve la nomenclature de ces noms, cela ne prouve rien pour l'antiquité de Zoroastre, ni pour celle des Nackas, dont vous reconnaissez vous-même qu'il n'est pas l'auteur. Que diriez-vous, si nous faisions le législateur des Juifs contemporain de l'époque où Jéhovah donnait à Adam le domaine de la terre, et où il y avait en Asie une terre d'Hévilath et les fleuves Gehon et Phison, dont il est parlé au deuxième chapitre de la Genèse? — Du reste ne croyez pas que je méconnaisse ce qu'a de fécond la comparaison des langues. L'étymologie est à mes yeux une baguette magique, au moyen de laquelle, avec un peu d'esprit, on peut faire tout ce que l'on veut. Ainsi, en m'emparant de quelques éléments fournis par les langues de la famille sanscrite, je pourrais escamoter Zoroastre, et n'en faire plus qu'un mythe ou une ombre de quelque chose.

*M. Leroux.* — Vous plaisantez souvent, monsieur, et des plaisanteries ne sont pas des raisons. — *Le théologien.* — Je ne plaisante pas, monsieur; j'ai dit que je pourrais escamoter Zoroastre, et je vais le faire en votre présence. Les livres zends disent que Zoroastre est né dans l'*Hedenesch;* mais ne serait-ce pas là l'*Eden* de la Bible? Et la terre d'Ari ou d'Erie, où était située la province d'*Hedenesch*, n'est-ce pas encore l'*Aarets* de l'Ecriture? Car l'hébreu *Aarets* signifie terre et c'est dans l'*Aarets* qu'était le jardin d'Eden. *Hedenesch* signifierait alors *volupté de l'homme.* Les noms zends *Eeri-Ema* ou *Ari-Ema*, d'où *Aryana*, viennent à l'appui de cette opinion. Ils nous montrent la petite province d'*Hedenesch* ou d'*Heden* dans la grande *Ari* comme le petit Eden biblique est dans le grand *Aarets.* Le nom de Zoroastre lui-même, qui signifie *astre éclatant*, n'est-il pas la traduction littérale d'Adam, qui signifie *brillant?* Sa femme, *Huow*, n'est-elle pas *Haoua* ou Eve, et le *Soziosch* ou sauveur des hommes qui doit naître de sa postérité, n'est-ce pas littéralement la tradition biblique? Le calque est donc évident et d'autant plus vraisemblable que Zoroastre n'apparaît dans l'histoire que comme un personnage fabuleux dont on ne connaît ni l'origine, ni la patrie, ni l'époque, ni la vie, ni la condition, ni rien enfin qui puisse faire croire à sa réalité. Ce prétendu législateur n'est donc qu'un mythe dans lequel on retrouve les deux types d'Adam et de Moïse. Mais alors, direz-vous, d'où viendraient les Nackas? De celui qui les a composés, et vous dites vous-même qu'il est incontestable qu'ils ne sont pas de Zoroastre. L'auteur de ces livres, quel qu'il soit, a tout inventé, la religion, les lois et Zoroastre lui-même, ou plutôt il a tout emprunté à la Bible, qu'il a défigurée en y mêlant ses propres rêveries et des lambeaux de traditions altérées. Nous voilà bien loin de votre système dans lequel « le nom de Zoroastre, si fameux dans notre antiquité, quoique si étranger en apparence à ses destinées, si radieux, quoique enveloppé de tant de nuages, si grand, si mystérieux, reçoit la justification de sa gloire, et se range en effet à l'une des places les plus considérables des annales du monde. Il caractérise le point de partage des deux courants généraux de la théologie, l'un se portant sur l'Inde et l'Asie orientale, l'autre sur l'Occident, et c'est lui qui donne à ce dernier la première impulsion » (art. *Zoroastre*).

Ce double courant théologique, sauf le rôle que vous y faites jouer à Zoroastre, est en effet très-réel et nous l'adoptons pleinement. La Bible ne nous apprend-elle pas que l'Asie occidentale fut le berceau du genre humain? Ne nous montre-t-elle pas, après le déluge, l'arche arrêtée sur les montagnes d'Arménie? Et, après la confusion des langues, n'est-ce pas encore dans les plaines de la Babylonie que nous voyons les hommes se séparer pour se disperser à travers le monde? Les migrations durent se diriger vers l'orient et l'occident, la mer, faisant obstacle au sud et les frimas au nord. Ils s'en allèrent donc, les uns vers l'Inde et l'Asie orientale, comme vous le dites fort bien, et les autres vers l'occident. Or tous emportèrent les mêmes traditions, les mêmes idées et les mêmes croyances; de là ce fond commun à toutes les mythologies anciennes; de là ces rapports entre toutes les traditions populaires antiques et les traditions bibliques. Voilà ce qui explique les ressemblances qui existent, mais que vous exagérez beaucoup entre le Christianisme et ce que vous appelez le mazdéisme ou la religion de Zoroastre. Ces deux religions, dans leurs éléments primordiaux, ont en effet la même source primitive. Vous êtes trop philosophe, monsieur, pour qu'il soit nécessaire de vous expliquer d'où viennent les différences encore plus nombreuses qui distinguent les diverses religions. L'influence des climats, et par suite celle des caractères, des mœurs, des habitudes, l'amour de la nouveauté, le fanatisme, les fictions de la poésie, les invasions, les migrations et les rivalités des peuples, tout a contribué à altérer le fond primitif des croyances générales. Les peuples sortis de la confusion de Babel qui ont pris leur direction vers l'orient, à travers les belles et riches contrées de la Perse, de l'Inde et de la Chine, trouvant une nature plus riante, un ciel plus splendide, des terres plus fertiles, qui leur donnaient presque sans travail des fruits en abondance, ces peuples, dis-je, jouissant de plus de loisir, durent s'occuper davantage des choses religieuses. L'image de Dieu semblant mieux se réfléchir à leurs yeux, dans la belle et grande nature dont ils étaient environnés, ils durent mieux conserver les éléments traditionnels; mais, naturellement contemplatifs et rêveurs, ils durent aussi mêler à l'or pur beaucoup d'alliage, ajouter au thème primitif des gloses sans fin, et, de commentaire en commentaire, rien ne les troublant dans ce travail séculaire, arriver ainsi à des théogonies et à des cosmogonies gigantesques. C'est en effet ce qui est arrivé, et quand vous nous montrez un fond primitif commun dans les diverses théologies de ces peuples de même race et de même génie, vous voyez que nous en connaissons la cause, et que nous n'avons nulle raison de vous contredire. Dans l'Occident les choses n'ont pas dû se passer de la même manière. Aux prises avec une nature plus rude et moins féconde, obligés de s'occuper davantage des soins de la vie matérielle et de lutter plus souvent contre les éléments déchaînés, les peuples occidentaux durent oublier plus vite les traditions communes et, par suite, se forger des théogonies et des cosmogonies plus pauvres et moins concordantes avec les données primitives, en sorte que plus on approche des pôles, plus dut s'affaiblir le thème primordial, et c'est encore ce qui est arrivé et ce que confirment l'étude des monuments et les rapports de tous les voyageurs. L'Egypte, plus près de la source et se rapprochant davantage des conditions climatériques de l'Inde, dût arriver à des développements théologiques analogues. Quand donc on nous objecte les conformités qui se trouvent au fond des religions antiques, on nous lance un trait qui ne peut pas nous atteindre.

*M. Leroux.* — Cette explication pouvait paraître raisonnable, quand on ignorait que les Hébreux ne sont que des enfants auprès des Ariens, des Indiens, des Egyptiens et des Chinois, et que c'est dans les théologies de ces divers peuples que la théologie hébraïque a étendu ses racines et a puisé ses meilleurs sucs. — *Le théologien.* — Je crois vous avoir prouvé, monsieur, que Zoroastre est loin d'être aussi ancien que vous le prétendez et par conséquent que le mazdéisme ne domine point, comme vous le dites, les autres religions par son antiquité. Laissons donc les prétendus Ariens ou les prétendus habitants de l'Aryane pour ce qu'ils ont été, si tant est qu'ils aient été quelque chose. Quant aux Indiens, aux Chinois et aux Egyptiens, vous savez que ce sont tous de grands hâbleurs en fait de chronologie. Lors même qu'on trouverait de la haute antiquité qu'ils s'attribuent des monuments qui paraîtraient certains, il faudrait s'en défier beaucoup; car ils ont toujours poussé jusqu'au ridicule la prétention de passer pour les plus anciens peuples de la terre. Quel fond peut-on faire sur les allégations, les titres et les annales mêmes de peuples capables d'une supercherie semblable à celle dont les Japonais ont naguère donné l'exemple? N'a-t-on pas découvert il y a quelques années, dans un de leurs musées nationaux, un baromètre de Fahrenheit dont ils avaient effacé tous les caractères européens et sur lequel ils avaient mis une inscription japonaise qui l'attribuait à un de leurs anciens sages, lequel vivait, à les en croire, il y a quelque cinq mille ans? Voilà du moins ce que disait un jour M. Arago dans son cours d'astronomie, et je ne vois pas pourquoi on suspecterait son témoignage.

Il est à l'origine de toutes les histoires et au fond de toutes les mythologies un fait qui réduit à leur juste valeur toutes les prétentions indiennes, chinoises et égyptiennes, c'est le déluge universel. Que cette grande catastrophe soit bien réellement la source de toutes les traditions sur le déluge, nous en avons une preuve frappante dans le rapprochement des dates auxquelles sont rapportés les trois déluges de la Bible, de l'Inde et de la Chine : d'après la version des Septante, le déluge biblique aurait eu lieu l'an 3044 avant J.-C.; celui de l'Inde est fixé à l'an 3101, et celui de la Chine à l'an 3050; la différence moyenne n'est donc que de trente-deux, ce qui n'est rien dans un tel compte. — Voici d'autres coïncidences qui ne sont pas moins remarquables : entre Adam et Noé les Septante comptent deux mille deux cent quarante-deux ans; or le Chaldéen Bérose compte de la création au déluge cent vingt saros, ce qui donne, selon Suidas, deux mille deux cent vingt-deux années lunaires ou deux mille cent soixante-cinq années solaires. D'un autre côté, les trente mille cycles lunaires du règne du soleil chez les Egyptiens équivalent aussi à deux mille deux cent quarante-cinq années solaires, en sorte que la différence moyenne entre ces trois chiffres est très-minime.

Voici encore de nouveaux synchronismes : entre la création et le déluge, la Bible compte dix générations de patriarches, les Babyloniens, dix rois (*Bérose. Alex. Poly. apud. Syncel.*), les Perses, dix rois pischadiens (*Bibl. ori. Pisch.*), les Chaldéens, dix générations, les Indiens, dix métamorphoses de la Divinité (*Sociét. asiat. de Calcut.*, t. II), les Chinois, dix *ki* et les livres sibyllins, dix siècles, ce qui revient encore aux dix générations séculaires de la Bible. — Voilà le seul point historique antédiluvien sur lequel les peuples soient d'accord, le reste n'est qu'un tissu de fables, d'incohérences et de contradictions : c'est le règne des dieux, des demi-dieux et des héros, fils des dieux. C'est l'époque des dynasties inconnues, des siècles vides, de l'étrange, du gigantesque et du merveilleux prodigué sans raison : ce n'est pas même l'ombre de la vérité. La critique n'a rien à démêler avec tous ces vains fantômes évoqués par l'orgueil, monnaie de faux aloi à laquelle il est étrange que la philosophie s'obstine à vouloir donner cours. — Au delà du déluge, pas de monuments certains ; en deçà, ils n'apparaissent que plusieurs siècles après ce grand événement. On nous objecte pour l'Egypte les monuments de Philae, dont les plus modernes, d'après les auteurs de l'expédition d'Egypte, doivent avoir au moins deux mille trois cents ans d'ancienneté..... « Fondé sur la figure du Lion produisant l'inondation qui arrive au temps du solstice, on pense que ces temples furent érigés dans le temps où la constellation du Lion était solsticiale, ce qui remonterait à l'an 2500 avant l'ère vulgaire. Mais ce qui fait une difficulté sérieuse, c'est que les plus anciens de ces temples sont bâtis avec des débris d'autres monuments, ce qui paraîtrait prouver une antiquité très-reculée » (*ibid.*). Votre collègue, M. Letronne, a fait de ces *paraîtrait* et de ces *peut-être* tout l'abus qu'il était possible d'en faire ; mais il n'a réussi qu'à se donner une peine inutile. Le lion des monuments de Philae est-il le Lion solsticial ? Et s'il l'est, signifie-t-il que les Egyptiens aient bâti ces monuments sous le signe du Lion ou seulement qu'ils aient commencé alors à observer les inondations du Nil ? Et ces débris d'autres monuments prouvent-ils que la réédification a eu lieu 2500 avant notre ère ou seulement plusieurs siècles après ? Voilà trois questions qui devraient être résolues tout d'abord et qui ne l'ont pas été. Lisez les *Soirées de Montlhéry*, et vous ne douterez point que la chronologie égyptienne ne remonte pas au delà de 2044 et au plus 2200 ans avant J.-C.

W. Jones a prouvé que la chronologie de Moïse et celle des Indiens sont parfaitement d'accord et que l'aurore de leur véritable histoire ne commence à poindre que trois ou quatre siècles avant l'ère chrétienne (*Recherches asiat.*, t. II). Les millions d'années qu'ils s'attribuent sont fondés sur un faux calcul astronomique (Legentil, *Acad. des sci.*, 1772, II$^e$ partie). Pas une de leurs inscriptions et médailles ne remonte au delà de 800 ans avant J.-C. Au delà on ne peut, plus se fier à rien. Vous dites vous-même que nous trouvons dans l'Inde « un pêle-mêle d'idées, de systèmes et de civilisations différentes, mais que nous n'avons pas d'histoire, pas de chronologie, pour les distinguer et les classer ; que ce peuple a toujours vécu dans l'idée de son éternelle métempsycose sans tenir compte du temps. » D'où je conclus qu'il ne faut tenir aucun compte de ses assertions en fait de chronologie.

*M. Leroux.* — Avez-vous remarqué la comparaison que je fais, d'un côté, entre le zend et le sanscrit, et, de l'autre, entre le mazdéisme et le brahmanisme ? De cette comparaison ne vous paraît-il pas résulter évidemment que le zend est plus ancien que le sanscrit, et le mazdéisme plus ancien que le brahmanisme ? Or vous voyez à quelle antiquité cela nous reporte.

*Le théologien.* — J'ai remarqué que plus les questions sont obscures, moins vous avez de preuves et de monuments, plus vous devenez affirmatif et tranchant. Vous aimez à vous enfoncer dans les ténèbres et à poursuivre des fantômes à travers des ombres.

Où le sage s'arrêterait, c'est là que vous courez à perdre haleine. Je ne vous suivrai pas dans vos courses aventureuses, je me contenterai de nier vos conclusions qui ne sont nullement dans vos prémisses. Je puis vous accorder que le zend et le mazdéisme sont plus anciens que le sanscrit et le brahmanisme, je puis même vous accorder que le mazdéisme est la source du brahmanisme, sans que pour cela il en résulte rien en faveur de l'antiquité que vous attribuez aux Nackas et à Zoroastre ; car le sanscrit et le brahmanisme étant très-modernes, ce qui est plus ancien qu'eux peut bien ne pas l'être beaucoup.

*M. Leroux.* — Sur quelles preuves pouvez-vous baser une semblable assertion ? — *Le théologien.* — Sur des preuves très-solides, comme vous allez voir. Parmi tous les ouvrages que vous citez sur l'Inde dans votre article *Brahmanisme et Bouddhisme*, vous ne parlez pas de la traduction de Foé-koué-ki, voyage du prêtre bouddhiste Fâ-hian, qui, au V$^e$ siècle de notre ère, se rendit de la Chine à Ceylan et fit, à travers l'Inde, douze cents lieues par terre. Vous ne parlez pas non plus du travail important que W. H. Sikes a publié sur l'Inde dans le tome XII$^e$ du *Journal asiatique* de Londres. Si vous aviez lu ces ouvrages, dont M. Maupied a donné une excellente analyse dans son *Prodrome d'ethnographie*, vous auriez été, je crois, beaucoup moins affirmatif dans la grande question des religions de l'Inde. Vous dites vous-même : « Tout ce qu'on sait des annales des Hindous, c'est à d'autres nations, c'est aux Grecs, aux Arabes, aux Chinois, qu'on le doit. Tout ce qui précède le IV$^e$ siècle avant J.-C. dans l'histoire de l'Inde est complètement obscur. Et pourtant voilà des livres, voilà des monuments qui nous emportent, malgré nous, dans les régions de la haute antiquité. » Je n'aurais jamais cru qu'un philosophe se fût laissé si facilement emporter malgré lui, sachant surtout que « nous ne sommes encore, quant aux livres de l'Inde, qu'au bord d'un Océan, que les Védas ne sont pas traduits et qu'à peine a-t-on quelques parties traduites des autres traités religieux ou ouvrages de philosophie, des grandes épopées et du théâtre. » Comment donc, pour emprunter toujours vos propres paroles, n'avez-vous *pas été plus circonspect*, puisque vous saviez que les Indiens, comme vous le dites si bien encore, *sont toujours excessifs et démesurés dans leurs suppositions* ? Quand vous dites que les *livres et les monuments* de l'Inde vous emportent malgré vous, vous voulez sans doute parler d'une seule et même chose ? Car les monuments qu'on a pu découvrir jusqu'à présent dans l'Inde, au lieu d'emporter, comme vous le dites, *dans les régions de la haute antiquité*, ramènent au contraire les livres eux-mêmes à une époque assez récente.

Les livres sacrés de l'Inde, c'est-à-dire les quatre *Védas*, les dix-huit *Pouranas*, les *Oupanichads* et les grands poëmes épiques et historiques sont écrits en langue sanscrite ; or le sanscrit n'est pas ancien dans l'Inde. De toutes les inscriptions sanscrites, publiées dans le journal de la société asiatique du Bengale, de 1834 à 1841, la plus ancienne est de l'an 309 après J.-C. ; deux sont de 323, et encore ces trois inscriptions ne sont même pas du sanscrit pur ; on en cite encore une de 600, et toutes les autres sont du IX$^e$ au XIV$^e$ siècle. Cependant on en a découvert des milliers ; mais, jusqu'au commencement du IV$^e$ siècle, on n'y a point trouvé la moindre trace de sanscrit. Et, chose remarquable ! le brahmanisme n'apparaît avec cette langue dans les monuments que vers le VIII$^e$ siècle de notre ère. Avant cette époque, c'est toujours le bouddhisme et le vieil idiome *pâli*. Il est des inscriptions bouddhistes en cette langue qui remontent jusqu'au VI$^e$ siècle avant J.-C. Ainsi, pendant dix siècles, de Cachemire à Ceylan, les monuments bouddhiques et pâlis, apparaissent seuls, et quand, vers le VIII$^e$ siècle, s'opère le passage des monuments bouddhiques aux monuments brahmaniques, les brahmes, selon M. Sikes, sont représentés dans d'humbles relations avec les souverains, tandis que deux ou trois siècles plus tard ils sont appelés, dans les inscriptions, seigneurs de la terre. Ajoutez à cela que les voyageurs chinois qui ont parcouru l'Inde dans les premiers siècles de notre ère, la trouvent couverte de monuments bouddhiques et ne disent pas un mot du brahmanisme. Que penser après cela de votre brahmanisme primitif, de votre bouddhisme enfanté par le brahmanisme, et des mille ans avant J.-C., ni plus ni moins, au delà desquels vous reportez cet enfantement prétendu ? Vous êtes vraiment curieux quand vous dites : « Comment le brahmanisme antique a-t-il cessé d'exister, et à quelle époque sa destruction a-t-elle eu lieu ? Dans l'état actuel de nos connaissances, il est presque impossible de répondre à cette question. (Je le crois bien !) Nous n'avons sur ce grand problème que des indications fort vagues. Ainsi, pour commencer par la fin (il fallait dire plutôt : pour finir par le commencement), on est à peu près sûr qu'il restait du brahmanisme antique des vestiges assez vivaces au VIII$^e$ siècle de notre ère. » Ce qui veut dire qu'alors il en est question pour la première fois. — Vous savez et vous dites vous-même que les Indiens attribuent à Vyasa la compilation des quatre Védas, celle des dix-huit Pouranas et le poëme appelé *Mâhâbarata* ; vous savez aussi que Valmiki est l'auteur du *Ramayana* ; or tout s'accorde à prouver que Valmiki est plus ancien que Vyasa. D'un autre côté le Ramayana n'existait pas au V$^e$ siècle de notre ère ;

car Fâ-hian n'en parle pas dans la relation de son voyage. Les Pouranas seraient donc aussi postérieurs à cette époque, et votre ami M. Burnouf a en effet prouvé que le *Bhaguvata Pourana* est du XIIIe siècle, et M. Wilson avait prouvé avant lui que le *Wichnou Pourana* ne remonte pas plus haut que le XIIe siècle. En supposant les Védas plus anciens de quelques siècles, on n'arriverait encore qu'à une bien médiocre antiquité. Et si tant est qu'ils soient écrits dans un langage plus ancien que celui des Pouranas, deux ou trois siècles sont plus que suffisants pour expliquer ce progrès du langage. Qui ne sait qu'il est des époques où, en moins de deux ou trois siècles, les langues subissent des métamorphoses presque complètes? Or, du VIIIe aux XIIe et XIIIe siècles, la langue des Védas a eu tout le temps de vieillir et de devenir presque inintelligible. C'est vous dire assez ce que je pense de l'opinion qui, dites-vous, « fait remonter la dernière rédaction des lois de Manou au XIIIe siècle avant l'ère chrétienne, et appuie cette haute antiquité sur le style, qui a un caractère manifestement plus ancien que celui de tous les autres livres indiens, hormis les Védas (1). »

Quand paraissent les brahmanes dans les récits chinois, c'est comme étrangers, formant une tribu particulière, et plus tard comme hérétiques et comme persécuteurs. Dans Arrien, on les voit en armes et se battant contre Alexandre. Rien ne peut faire soupçonner qu'ils étaient prêtres, ni qu'ils eussent la moindre ressemblance avec les brahmanes modernes; car ils mangeaient et communiquaient sans scrupule avec les étrangers. Les Bringaris, qui forment la tribu des bergers et qui ne sont qu'un débris des anciennes castes indiennes, ne suivent point le symbole brahmanique ou pouranique, et portent des ornements semblables à ceux qui se trouvent sur les temples bouddhistes de l'Inde occidentale. M. Sikes vous dira encore, d'après Wathen, que, lors de la conquête des Indes par les musulmans, les brahmanes ont détruit tous les documents historiques, et ont arrangé selon leur système des compositions sanscrites propres à établir leur suprématie religieuse. Ils ont refait les livres bouddhiques à leur manière, et se sont trahis par des anachronismes palpables. « Si nous considérons d'autre part, dit M. Maupied : 1° que de l'accord des livres bouddhiques, des voyageurs chinois, des historiens grecs et autres, les brahmanes sont une tribu séculière et étrangère à l'origine ; 2° que les monuments, les inscriptions et médailles ne font mention d'eux et de leur culte qu'en cessant de parler du bouddhisme; 3° que les livres brahmanes commencent où finissent les livres bouddhistes; 4° que les brahmanes ont souvent embrassé le bouddhisme; que les inscriptions et médailles de la période de transition montrent le bouddhisme mêlé avec le brahmanisme; que les livres brahmaniques, étant postérieurs en date aux livres bouddhiques, et leur étant pourtant identiques sur un grand nombre de points, sont évidemment des copies; qu'en outre les premiers dieux des brahmanes sont un héritage du bouddhisme, qui en faisait des dieux inférieurs; 5° enfin, que les brahmanes ont été regardés, vers le Ve siècle, comme hérétiques, et pourtant ménagés par les bouddhistes, nous aurons la preuve positive que le brahmanisme s'est greffé sur le bouddhisme, qu'il a hérité d'une partie de son culte, de ses livres, et qu'il a fini par l'envahir et le remplacer dans l'Inde » (*Prodrome d'ethnographie*, par M. Maupied, chap. 8, p. 204).

La même conclusion ressort encore de la comparaison des langues. Nous avons vu que le pâli ou magadi apparaît seul dans les inscriptions et sur les médailles depuis le Ve siècle avant jusqu'au Ve siècle après J.-C. Donc il était la seule langue usitée, et Fâ-hian ne parle en effet que d'une seule langue sacrée dans l'Inde. Donc le *pâli*, qui signifie *racine, original*, est plus ancien que le *sanscrit*, qui signifie *poli, achevé;* donc les livres brahmaniques, qui sont tous écrits en langue sanscrite, sont plus modernes que les livres bouddhiques; donc le bouddhisme ou le samanéisme, qui n'est que le bouddhisme primitif, est plus ancien que le brahmanisme. En suivant attentivement l'histoire du bouddhisme, on voit qu'il a prévalu dans l'Inde pendant plus de mille ans, et qu'il s'y est formulé, qu'il s'est développé en s'étendant, et s'est enrichi de plusieurs traditions juives et chrétiennes. On voit que sa doctrine se greffe sur le culte de la raison suprême et que les docteurs de la raison suprême ont puisé d'abord chez les Juifs de la Perse et ensuite chez les autres; car dès le VIIe siècle avant J.-C., les Juifs sont répandus avec leurs livres, non-seulement dans la Perse, mais dans l'Inde occidentale, et un siècle plus tard dans toute l'Inde, le Tibet et la Chine. L'histoire nous montre également le Christianisme prêché dans l'Inde dès le Ier siècle de notre ère; or les livres bouddhiques n'ont été écrits en totalité qu'après cette prédication : aussi contiennent-ils plusieurs passages de l'Ancien et du Nouveau Testament tronqués et travestis à la manière indienne (*V. Prodrome d'ethnographie*). Le bouddhisme, dans ses doctrines essentielles, est donc d'origine juive et chrétienne. Ce qui ne vient pas de là a sa source dans les traditions primitives et, si je puis parler ainsi, dans les inspirations de la nature, qui est la même chez tous les hommes.

Vous voyez, monsieur, que nous ne sommes nullement embarrassés pour expliquer certaines ressemblances qui peuvent vous étonner et ne nous étonnent point. Ainsi nous savons pourquoi on trouve dans les Védas un Dieu suprême, existant par lui-même, inaccessible aux sens, incompréhensible à tous, source de tous les êtres et cause éternelle du monde; pourquoi Manou a pu dire que Brahma, le divin mâle, comme il l'appelle, a été porté sur les eaux à l'époque de la création. Nous savons pourquoi vous avez pu dire, après avoir rapporté quelques prescriptions assez ridicules tirées du deuxième livre des lois de Manou. « Ici toute la religion est manifestement réduite à un seul mystère, à une seule formule sainte, à une seule prière; le monosyllabe sacré est composé de trois lettres, la prière est composée de trois stances, et les mots dont on la fait précéder sont au nombre de trois. Le monosyllabe, les trois mots, et la prière reproduisent encore, réunis, le nombre de trois. Ce nombre se retrouve également dans le sacrement fondamental des brahmes, dans ce qu'on pourrait appeler à juste titre leur *baptême*, sacrement de régénération, comme ils disent, sans lequel le fils même d'un brahme n'est en aucune façon membre de la communion religieuse. Cette régénération spirituelle est, comme on sait, le fondement même de toute l'institution brahmanique. » Et plus loin : « On le voit, un brahme ne devient tel que par l'initiation, *dikcha;* et le rapport entre cette initiation spirituelle des brahmes et l'initiation chrétienne du baptême, tel surtout qu'il existait dans la primitive Eglise, est si apparent, que les chrétiens de l'Inde nomment également *dikcha* le baptême que les missionnaires leur donnent. » — Puis, quand à cela nous voyons se joindre toutes les extravagances de la métempsycose, du polythéisme et du panthéisme indien, ou, comme vous le dites vous-même, *tant de rêveries polythéistiques si étranges, qu'on dirait que le législateur se joue lui-même du mythe qu'il rapporte*, nous reconnaissons la faiblesse de l'esprit humain, qui s'égare inévitablement dans un labyrinthe inextricable, aussitôt qu'il quitte le fil divin de la révélation. Seulement on a lieu d'être quelque peu surpris de vous voir préférer les Védas à la Bible, et, après un rapprochement entre les commencements des deux ouvrages, ajouter gravement : « On pourrait même dire, suivant toutes les règles de la critique ordinaire, que la Genèse de Moïse n'est qu'une copie abrégée de la Genèse indienne, copie où tout le fond métaphysique disparaît sous la plume de l'abréviateur, qui ne conserve que les faits matériels et leur succession. » Quoi, la prévention a pu vous aveugler à ce point! Vous avez bien pu comparer le récit biblique de la création, si beau, si suivi, si profond, si rationnel, je pourrais même dire si scientifique, que la science a été forcée de reconnaître que jusqu'ici elle s'est trompée toutes les fois qu'elle s'en est écartée dans ses systèmes, vous avez pu, dis-je, comparer ce récit à la misérable rapsodie qui se trouve au commencement des lois de Manou, et vous avez donné la préférence à des puérilités comme celles-ci : « Ayant résolu, dans sa pensée, de faire émaner de sa substance les diverses créatures, il produisit d'abord les eaux, dans lesquelles il déposa un germe. Ce germe devint brillant comme l'or, aussi éclatant que l'astre aux mille rayons, et dans lequel l'Etre suprême naquit lui-même sous la forme de Brahmâ, l'aïeul de tous les êtres. — Après avoir demeuré dans cet œuf une année, Brahmâ, le Seigneur, par sa seule pensée, sépara cet œuf en deux parts.

(1) D'après le *Maharanso*, recueil de divers ouvrages bouddhiques (ils sont relatifs à l'histoire de Ceylan), traduit par M. Turnour, le bouddhisme a une existence et une chronologie certaines, remontant à plus de 500 ans avant J.-C., et le brahmanisme ne peut lui opposer une seule date qui approche de cette antiquité.

Le voyage de Fâ-hian prouve qu'au Ve siècle de notre ère il n'y avait pas encore un seul prince de la secte brahmanique qui régnât dans l'Inde. Ce n'est qu'au VIIe siècle qu'un autre voyageur chinois, Hivan-tsang, commence à trouver des souverains engagés dans cette secte. En général, les Chinois qui ont parcouru l'Inde durant les premiers siècles de notre ère parlent d'une religion plus éloignée de l'idolâtrie, et par conséquent plus rapprochée du bouddhisme. Il n'est encore question dans leurs récits ni de Linga, ni de Wichnou, ni des autres dieux brahmanes.

» Et de ces deux parts il forma le ciel et la terre; au milieu il plaça l'atmosphère, les huit régions célestes, et le réservoir permanent des eaux.

» Il créa la dévotion austère, la parole, la volupté, le désir, la colère et cette création; car il voulait donner l'existence à tous les êtres.

» Cependant, pour la propagation de la race humaine, de sa bouche, de son bras, de sa cuisse et de son pied, il produisit le Brahmane, le Kchatsya, le Vaisya, et le Soudra.— Ayant divisé son corps en deux parties, le souverain maître devint moitié mâle et moitié femelle, et, en s'unissant à cette partie femelle, il engendra Viradj. Apprenez, nobles brahmanes, que celui que le divin mâle (Pouroucha), appelé Viradj, a produit de lui-même, en se livrant à une dévotion austère, c'est moi, Manou, le créateur de tout cet univers.

» C'est moi qui, désirant donner naissance au genre humain, après avoir pratiqué les plus pénibles austérités, ai produit d'abord dix saints éminents (maharchis), seigneurs des créatures (pradjâpatis), savoir:

» Marîtchi, Atri, Angiras, Poulastya, Poulaha, Cratou, Pratchétas ou Dakcha, Vasichtha, Bhrigou et Nârada.

» Ces êtres tout-puissants créèrent sept autres manous, les dieux (dévas) et leur demeure, et des maharchis doués d'un immense pouvoir.

» Ils créèrent les gnomes, les géants, les vampires, les musiciens célestes, les nymphes, les titans, les dragons, les serpents, les oiseaux et les différentes tribus des ancêtres divins. — Les moustiques piquants, les poux, les mouches, les punaises, naissent de la vapeur chaude; ils sont produits par la chaleur, de même que tout ce qui leur ressemble, comme l'abeille, la fourmi.

» Tous les corps privés du mouvement, et qui poussent soit d'une graine, soit d'un rameau mis en terre, naissent du développement d'un bourgeon. Les herbes produisent une grande quantité de fleurs et de fruits, et périssent lorsque les fruits sont parvenus à leur maturité.

» Entourés de la qualité d'obscurité manifestée sous une multitude de formes, à cause de leurs actions précédentes, ces êtres doués d'une conscience intérieure, ressentent le plaisir et la peine.

» Une année des mortels et un jour est une nuit des pitris, et voici quelle en est la division : le jour répond au cours septentrional du soleil, et la nuit à son cours méridional.

» Maintenant apprenez par ordre et succinctement quelle est la durée d'une nuit et d'un jour de Brahmâ, et de chacun des quatre âges (yougas).

» Quatre mille années divines composent, au dire des sages, le crita-youga; le crépuscule qui précède est d'autant de centaines d'années, le crépuscule qui suit est pareil.

» Dans les trois autres âges, également précédés et suivis d'un crépuscule, les milliers et les centaines d'années sont successivement diminués d'une unité. Les quatre âges qui viennent d'être énumérés, étant supputés ensemble, la somme de leurs années, qui est de douze mille, est dite l'âge des dieux.

» Sachez que la réunion de mille âges divins compose en somme un jour de Brahmâ, et que la nuit a une durée égale.

» Ceux qui savent que le saint jour de Brahmâ ne finit qu'avec mille âges, et que la nuit embrasse un pareil espace de temps, connaissent véritablement le jour et la nuit.

» A l'expiration de cette nuit, Brahmâ, qui était endormi, se réveille, et, en se réveillant, il fait émaner l'esprit divin (manas), qui par son essence existe, et n'existe pas pour les sens extérieurs. Poussé par le désir de créer, éprouvé par l'âme suprême, l'esprit divin ou le principe intellectuel opère la création, et donne naissance à l'éther, que les sages considèrent comme doué de la qualité du son. De l'éther, opérant une transformation, naît l'air, véhicule de toutes les odeurs, pur et plein de force, dont la propriété reconnue est la tangibilité.

» Par une métamorphose de l'air est produite la lumière, qui éclaire, dissipe l'obscurité, brille, et qui est déclarée avoir la forme apparente pour qualité.

» De la lumière, par une transformation, naît l'eau, qui a pour qualité la saveur; de l'eau provient la terre; ayant pour qualité l'odeur : telle est la création opérée dès le principe.

» Cet âge des dieux ci-dessus énoncé, et qui embrasse douze mille années divines, répété soixante et onze fois, est ce qu'on appelle ici la période d'un manou (manawantara). »

Comment après cela, avez-vous pu accorder la moindre importance aux sept manous? Croiriez-vous avec les Indiens que « les périodes des manous sont innombrables, ainsi que les créations et les destructions du monde, et que l'Etre suprême les renouvelle comme en se jouant; que la justice, sous la forme d'un taureau, se maintient ferme sur ses quatre pieds; mais que, par l'acquisition illicite des richesses et de la science, la justice perd successivement un pied. »

Il ne resterait plus qu'à abaisser le Christ lui-même au-dessous de ces prétendus législateurs, et à dire qu'il y a moins de dignité et de véritable morale dans son Evangile que dans le passage suivant, également extrait du deuxième livre de Manou : « Soigner les bestiaux, donner l'aumône, sacrifier, étudier les livres saints, faire le commerce, *prêter à intérêt*, labourer la terre, sont des fonctions allouées au Vaisya.

» Mais le souverain maître n'assigna au Soûdra qu'un seul office, celui de servir les classes précédentes, sans déprécier leur mérite.

» Au dessus du nombril, le corps de l'homme a été proclamé plus pur, et la bouche en a été déclarée la partie la plus pure par l'Etre qui existe de lui-même.

» Par son origine, qu'il tire du membre le plus noble, parce qu'il est né le premier, parce qu'il possède la sainte Ecriture, le Brahmane est de droit le seigneur de toute cette création. En effet, c'est lui que l'être existant par lui-même, après s'être livré aux austérités, produisit dès le principe de sa propre bouche, pour l'accomplissement des offrandes aux dieux et aux mânes, pour la conservation de tout ce qui existe.

» Celui par la bouche duquel les habitants du paradis mangent sans cesse le beurre clarifié, et les mânes, le repas funèbre, quel être aurait-il pour supérieur? »

Quel orgueil satanique! Qu'il y a loin de là au Christ et à ses enseignements divins! Est-ce que vous auriez été séduit par les beautés de la mythologie indienne, dont vous rapportez complaisamment les principales absurdités? Croiriez-vous, par exemple, je ne dirai pas avec les brames, qui souvent ne croient pas à grand'chose, mais avec les Hindous, aux sept sphères terrestres? Croiriez-vous qu'à l'orient règne *Indra*, le dieu de l'éther et du firmament? Que *Jama*, au sud, préside à la nuit, aux morts, et aux enfers? Que *Agni* est le dieu du feu, et qu'il règne au sud-est? Que *Varouna*, dieu de la mer et des eaux, réside à l'ouest? Que *Kouvéra*, est le dieu des richesses et des trésors cachés, et qu'il habite au nord? Que *Vayou*, le roi des vents et de l'air, tient sous ses ordres le nord-ouest? Enfin que deux autres dieux, *Narita*, prince des mauvais génies, régnant au sud-ouest, et *Isa*, que l'on croit être *Siva*, et qui règne au nord-est, terminent la série des dieux protecteurs ou tyrans de la terre, dont chacun a son épouse qui partage avec lui ses fonctions et ses honneurs? Que le ciel est peuplé de dieux comme la terre? Que *Soma* ou *Tchandra* est une divinité mâle qui préside à la lune? Que *Sourya* est la divinité du soleil? Que les sept manous, dont chacun est l'Adam ou l'homme initial d'une période du monde, habitent les sept étoiles du Chariot? Qu'après eux viennent les dix *brahmadicas*, appelés aussi les grands brahmanes, qui paraissent être des créateurs ou ordonnateurs du monde en sous-œuvre, comme les aides et les ouvriers de Brahmâ, des espèces de saints qui ont obtenu, par la pureté de leur vie et par le zèle de leur dévotion, le pouvoir surnaturel de produire, soit médiatement, soit immédiaement, des animaux, des hommes, et même de purs esprits? Que les *richis* ont à leur tour leurs subordonnés, les *pitris* ou patriarches, génies paisibles qui habitent la lune, distribués en compagnies, pères et générateurs comme les brahmadicas, et au moyen desquels ceux-ci exécutent la plupart de leurs opérations, et que c'est par eux que se poursuit et se consomme le grand œuvre de la population de l'univers? — Si vous croyez à cela, ou si même vous y attachez la moindre importance, soyez Indien, brame, ou brahmane, tout ce que vous voudrez; mais laissez le Christianisme en paix, et n'abusez pas de votre talent pour réhabiliter des choses qui font la honte de l'humanité (1) (*V.* Inde, Manou, Védas et Pourana).

*M. Leroux.*—Vous me prêchez, monsieur, et même sur un ton assez rude; or vous devez savoir que je n'aime pas les sermons. Il vaudrait mieux répondre au parallèle que j'ai établi entre le Christianisme et le mazdéisme, parallèle qui prouve avec une irrésistible évidence que la seconde de ces religions est la source de la première.

*Le théologien.* — Je crois y avoir déjà répondu, monsieur, en renversant l'échafaudage d'antiquité dans lequel vous aviez placé Zoroastre. Vous avouez vous-même que c'est là la

(1) Nous n'avons cité des lois de Manou que ce que M. Leroux lui-même a trouvé de plus magnifique. Que serait-ce donc si nous avions dévoilé les mille autres folies et toutes les immoralités des livres sacrés de l'Inde (*V.* Inde)?

question fondamentale : car si Zoroastre est comparativement aussi moderne que vous le supposez ancien, il n'a plus aucune importance, il ne domine plus, comme dans vos écrits, les courants religieux partis de l'Asie occidentale, et il faut nécessairement en chercher la source ailleurs. Or les preuves que vous donnez de la haute antiquité de Zoroastre, ne sont nullement concluantes, je crois l'avoir prouvé. D'ailleurs vous avez vous-même détruit d'une main ce que vous aviez cherché à édifier de l'autre : en montrant les rapports intimes qui existent entre le zend, d'un côté, et le sanscrit, de l'autre, entre le mazdéisme et le brahmanisme, vous avez prouvé, sans le vouloir, que le zend et le mazdéisme sont assez modernes, puisqu'ils ne sont guère plus anciens que le sanscrit et le brahmanisme, qui ne le sont pas du tout. — Cependant, puisque vous paraissez tenir à votre parallèle, je veux bien le discuter brièvement. D'abord, dans le paragraphe qui a pour titre *De l'importance de Zoroastre*, vous dites des choses assez singulières. Dans l'histoire de l'adoration des Mages, que vous traitez de *légende*, vous voyez *dans l'étoile une difficulté insurmontable, par suite des progrès de l'astronomie.* Mais l'Eglise n'a jamais fait une obligation de croire que ce fût une véritable étoile ; dès lors l'astronomie est parfaitement désintéressée dans cette question, et il n'y a plus là de difficulté insurmontable. Vous dites encore : « Origène, avec son instinct des grandes choses, avait bien senti que l'essence de cette figure consistait dans la connexion du sacerdoce arien avec le Messie de Judée. Il rapportait à la prophétie de Balaam, c'est-à-dire aux relations anciennes des Hébreux et des Chaldéens dans le Chanaan, l'intérêt qu'il pouvait y avoir pour les affaires chrétiennes dans les sanctuaires mazdéens. Mais cette idée, qui prend jour en effet sur le côté sérieux de la question, perd sa valeur dès qu'on cesse d'attribuer une réalité positive aux narrations poétiques des Hébreux et des néochrétiens. Il ne s'agit plus de savoir comment les Mages, d'après la prédiction de Balaam, ont pu deviner dans une étoile l'avénement du fils de Marie, lorsqu'il n'est plus permis de douter que les faits eux-mêmes ne soient fabuleux. Le problème change, mais en acquérant un tour plus vif et en même temps plus d'étendue. Il faut savoir en effet comment une fiction, en apparence aussi dénuée de fondement, a pu s'inventer dans les premiers siècles chez les chrétiens de Syrie, auteurs de l'Evangile qui la contient, s'accréditer parmi eux comme expression de leurs sentiments généraux, et de là, sur les débris rejetés de tant d'autres fables analogues accueillies avec faveur par les théologiens d'Occident, s'enraciner définitivement dans la mythologie de l'Eglise, et ensuite, ce qui n'est pas moins important, rechercher quelle vérité était enveloppée dans ce mythe, pour que la chrétienté ait pu, sans se compromettre absolument, y ajouter foi aussi universellement et pendant tant de siècles. En un mot, quel est le sens philosophique de l'entrevue des Mages avec le Christ au berceau? »

Ainsi, selon vous, l'Evangile n'est qu'une misérable mythologie! Libre penseur, il faut avouer que vous usez largement de votre liberté de penser. Mais je me demande comment votre philosophie, qui vous donne un air de grave impartialité, vous inspire tant de respect pour les pauvretés du brahmanisme et du mazdéisme et tant de mépris pour le Christianisme. Je m'étonne que vous soyez embarrassé sur la question de savoir comment, à l'aide de l'inspiration divine, *les Mages ont pu deviner dans une étoile l'avénement du fils de Marie*, tandis que vous comprenez parfaitement comment les Syriens du temps de Jésus-Christ ont pu deviner, dix-huit cents ans à l'avance, votre système humanitaire : « Il est évident, dites-vous, que la grâce accordée par Dieu à ces Orientaux (les Mages) à l'exclusion de tous les autres gentils, n'est qu'un reflet de la sympathie instinctive qu'éprouvaient pour leur culte les auteurs et les premiers acceptateurs du mythe. » Puis, après nous avoir donné, on ne sait trop pourquoi, Hérode comme le représentant de Moïse, vous ajoutez : « C'est à l'influence de la théologie mazdéenne, je ne crains pas de le dire, que le Christ a dû les traits qui distinguent le plus la théologie qui lui appartient de celle qui se personnifie dans Moïse : aussi en se plaçant au sein du mazdéisme, et en jugeant de là ce prophète avec impartialité, peut-on le considérer, tant par lui-même que par ce qui s'est accumulé successivement sous son nom, comme une des puissances qui ont le plus contribué à la propagation et au développement de l'esprit de Zoroastre; ainsi, à se mettre dans l'abstrait, il est incontestable que les Mages ont dû bénir sa naissance. Voilà ce dont avaient eu vaguement conscience ceux dont la naïveté fervente s'est prêtée à la formation et à l'enracinement du mythe de l'adoration. La rectitude de leur sentiment donne suffisamment convenance à l'image qui l'exprime. Donc c'est là aussi ce qui justifie l'Eglise de la longue créance qu'elle a donnée à ce récit. » L'Eglise que vous traitez en général si cavalièrement, ne s'attendait guère à cette justification de votre part. Plus loin vous dites encore : « C'est ici, à ce qu'il me semble, que je dois articuler nettement que ce serait se méprendre tout à fait sur ma pensée que d'imaginer que je veuille rabaisser par ces rapprochements l'histoire de Jésus à celle de quelque échappé de l'école des Mages, qui vient faire merveille en Judée de ce qui lui a été enseigné chez ses maîtres. Il est évident que l'homme qui a eu l'inspiration de se croire Messie, et qui, de fait, l'a été, puisque, par l'Occident, il a régénéré le monde, a pu, je ne crains pas de le dire, a dû nécessairement puiser au sein même de l'humanité la nourriture théologique avec laquelle il a sustenté l'Europe et suffi à son éducation pendant dix-huit cents ans ; mais il est évident aussi que, dans sa marche extraordinaire, entraîné par le sentiment dominateur de sa messanéité, n'entendant relever que de Dieu et de lui-même, il a dû avoir à peine conscience de sa formation. Celui qui sentait frémir en lui le pressentiment de l'incroyable destinée que la postérité lui a faite, n'en était pas à scruter l'origine de ses idées et à s'analyser lui-même. Il songeait à celui qu'il appelait son père, et, sans prononcer d'autre nom, laissait librement rayonner des profondeurs de son esprit les trésors qui s'y étaient amassés. Il ne faudrait pas croire non plus, et les Evangiles en font foi par plus d'un trait, que l'horizon fût toujours serein et tranquille dans son âme. Je me persuade que, avec moins de fracas qu'au Sinaï, Dieu lui apparaissait cependant quelquefois dans un grand et tumultueux assemblage de nuages et de lumière. Il me semble d'ailleurs vraisemblable que, se considérant comme le Sauveur promis dès l'origine des temps à l'universalité des nations, et ayant sans doute senti au moins un souffle des religions asiatiques, lui dont on devait représenter le berceau sous la bénédiction des Mages, il ait pu croire à un certain rapport entre sa personne et la personne divine, adorée sous le nom de Hom dans l'Orient, comme il s'en croyait un avec le Messie des Hébreux et peut-être avec le Verbe des platoniciens. » D'où il résulte que c'est par le mazdéisme, qu'il ne connaissait pas, que le Christ a connu la Bible, *et a eu l'inspiration de se croire Messie!* D'où il suit encore que le Christ serait le plus grand et le plus habile imposteur qui eût jamais existé, qui se disait envoyé de Dieu et savait qu'il ne l'était pas, Fils de Dieu, quand il avait la conscience qu'il n'était que le fils de Marie, celui qu'avaient annoncé les prophètes, en qui résidait la plénitude de la Divinité, quand *il n'avait senti qu'un souffle des religions asiatiques et certains rapports entre sa personne et la personne divine adorée sous le nom de Hom dans l'Orient !* Il faut avouer que la philosophie a une puissance de digestion intellectuelle incroyable: poison de l'erreur, venin de l'hérésie, drogue de l'impiété, fiel du blasphème, falsification du mensonge, pointes aiguës du paralogisme et de la contradiction, elle digère tout : rien n'est lourd à son estomac d'autruche.

Après tout, nous voilà bien rassurés sur les prétendus emprunts que le Christianisme aurait faits au mazdéisme ; comme vous en êtes réduit sur ce point à de très-vagues conjectures, à des ressemblances exagérées et très-contestables, enfin, faute de mieux, à des inspirations humanitaires plus contestables encore, vous nous permettrez de n'en rien croire absolument, jusqu'à ce que vous ayez donné des preuves plus convaincantes. Quelle valeur voulez-vous que nous accordions à des allégations telles que celles-ci sur lesquelles vous vous appuyez pour relever l'importance de Zoroastre! « Soit d'origine, soit par communication postérieure, il y a dans le peuple juif de toutes les religions anciennes, et son histoire, si admirablement composée, qu'il n'y a rien de pareil au monde, semble n'avoir eu d'autre but que de déposer en lui une sorte de résumé de toutes les théologies asiatiques. » Et plus loin : « Le dogme de l'élection d'Israël n'a été qu'une manière d'entrevoir la vérité. Il implique en effet la justification générale du genre humain dans la substance de ses religions, car on ne peut justifier la théologie hébraïque sans justifier en même temps toutes les théologies dans lesquelles s'étendent ses racines et dont elle a absorbé les meilleurs sucs. » Et plus loin encore : « Les Ecritures juives semblent indiquer que les Hébreux n'avaient jamais eu, avant leur séjour en Egypte, une aussi grande connaissance de Dieu. »

« Ainsi dans cette hypothèse, comme c'est en Egypte que s'est rassemblé le fond matériel du peuple juif, c'est dans cette même matrice que se serait aussi couvé le germe spirituel de sa vie. » Ainsi c'est chez le peuple le plus livré à l'idolâtrie que s'est formé le peuple le moins idolâtre de la terre! C'est chez le peuple qui adorait les chats, les chiens, les renards, les crocodiles, une foule d'autres animaux et jusqu'aux légumes des jardins, et dont le poëte a pu dire :

> Porrum et cœpe nefas violare ac frangere morsu (1)!
> O sanctas gentes quibus hæc nascuntur in hortis numina!

c'est chez ce peuple, dis-je, que Moïse a puisé cette sublime définition de Dieu : *Je suis celui qui suis*, et ce premier précepte de la loi : *Je suis le Seigneur ton Dieu, qui t'ai tiré de la servitude d'Egypte. Tu n'auras point d'autres dieux devant moi*, etc. Vous avez bien raison d'appeler cela une hypothèse; mais il ne fallait rien élever sur ce terrain; car rien n'y peut subsister. — Vous êtes vraiment étonnant quand vous dites, en parlant du dogme mosaïque : « Je ne sais si l'histoire de la chute y est comprise : du moins n'y en a-t-il trace que dans les textes qui correspondent, selon toute probabilité, à une époque postérieure à Moïse..... Rien n'est plus certain que la compilation qui se manifeste dans la théologie hébraïque, à mesure qu'elle s'éloigne de son instituteur. L'histoire de la Judée n'est guère qu'une suite de mouvements vers le grand foyer de Babylone dans lequel se fait enfin une immersion complète..... Roboam dut faire pencher Jérusalem vers la Chaldée, et désormais Jéhovah ne fut plus qu'une des divinités du panthéon hébraïque.» Cela dégénère en idée fixe, et bien des lecteurs, en lisant ces lignes, vous donneront un nom que je ne veux pas vous donner. — Je saute plusieurs autres étrangetés pour arriver au Christianisme. D'abord vous faites du Christ un pharisien, ce qui est assez bizarre et dont ne se seraient jamais doutés ceux qui ont lu l'Evangile. Mais j'ai remarqué qu'en général, quand vous avez besoin qu'une chose soit vraie, vous dites qu'elle l'est en assez beau style, sans autre preuve qu'un merveilleux aplomb, puis ensuite vous la donnez comme incontestable. Vous avez une manière qui est tout à rebours de la manière commune. Ainsi de ce qu'un grand nombre de sectes manichéennes, toutes issues du mazdéisme et frappées d'anathème par l'Eglise, firent longtemps obstacle au Christianisme, d'autres concluraient qu'il y avait opposition entre le mazdéisme et le Christianisme; vous au contraire, vous en concluez qu'il y avait affinité et ressemblance entre ces deux religions. Puis, après avoir rappelé les mauvaises farces d'Apollonius et d'Héliogabale, toujours pour arriver à montrer les rapports intimes qui existent entre le Christianisme et le mazdéisme, vous ajoutez : « Le monde romain dispose le terrain dans lequel la parole de l'Evangile sera semée et deviendra un jour si florissante. Aussi, quand cet œuvre est achevé; quand les nations méditerranéennes sont policées, mises en état de se fréquenter et de s'entendre; qu'il n'y a plus rien à faire dans les voies de la civilisation matérielle qu'à s'y corrompre, à cet instant-là même l'œuvre théologique de l'Orient est terminé aussi; le Christ sort de la matrice dans laquelle il a été conçu et porté durant les siècles, et vient prendre possession du royaume qui lui a été prédestiné. La transfiguration de l'Europe n'est donc pas l'effet d'une religion qui, s'improvisant, supplante tout à coup une autre religion qui s'éteint. Le phénomène est à la fois plus simple et plus profond : il n'y a ni naissance ni mort, mais continuation. Le courant de la théologie orientale, dans sa majestueuse lenteur, parvient à une terre qu'il n'avait point encore atteinte, et l'abreuve de ses eaux. Voilà tout le fond de l'histoire. De là cette merveilleuse effervescence de toute l'Europe au moment où commencent à s'y précipiter ces flots inconnus. On dirait Israël dans le désert, quand, après une longue privation, Moïse frappe enfin le rocher. Et il y a une concordance plus étourdissante encore, si je puis m'exprimer ainsi, que toutes les autres. Non-seulement les barbares, à cette même heure, descendent du septentrion sur la scène commune pour prendre part à cette grande action; mais ils y viennent tout préparés. Dieu les avait également convoqués au rendez-vous dès les temps reculés. La théologie qui, par eux, se précipite du Nord, grâce à cette Providence admirable, porte dans son sein Zoroastre, de la même manière que celle qui fait invasion par le Midi. Aussi les disciples d'Odin, comme avertis par un instinct de leur antique parenté, ouvrent-ils spontanément les bras à ceux du Christ. Dieu, pour mieux assurer l'institution théologique du monde européen, avait ordonné les événements de manière qu'issus des mêmes sources les deux courants, ariens vinssent un jour, à l'insu l'un de l'autre (la Providence y entendait pour eux), s'entre-croiser à l'improviste sur le terrain préparé, et le transformer irrésistiblement par la force de leur coïncidence (art. *Zoroastre*).

(1) Juvénal, *Sat.* xv.

*Le théologien.* — Il y a dans tout cela du vrai, mais aussi beaucoup de faux, à cause du rôle primitif que vous donnez toujours à Zoroastre. En mettant à la place de ce personnage Moïse et la tradition primitive où il a puisé lui-même, et en supprimant votre matrice humanitaire, qui a toujours conçu mille erreurs en matière religieuse pour quelques vérités dans l'ordre scientifique et matériel, nous pourrions tomber d'accord.

*M. Leroux.* — Vous paraissez craindre d'aborder le véritable point de la question; car, après tout, il s'agit des rapports de similitude qui existent entre le mazdéisme et le Christianisme et par conséquent des emprunts que le second a faits au premier. — *Le théologien.* — Je ne fais que marcher sur vos traces; car vous avez employé cinquante-deux colonnes ***grand in-4°, petit romain***, à relever l'antiquité et l'importance des textes zends et de Zoroastre, tant vous sentiez combien votre parallèle entre le Christianisme et le mazdéisme est peu concluant. Après tout, fût-il cent fois plus frappant, il n'en résulterait qu'une chose, c'est que Zoroastre et les siens auraient trouvé le mosaïsme et le Christianisme si beaux, qu'ils lui auraient fait beaucoup d'emprunts. D'ailleurs, de votre aveu, *la date des textes est le pivot de toutes les questions fondamentales posées par vous;* or, ce fondement étant chancelant et ruineux, les questions elles-mêmes n'ont plus aucune importance. Aux preuves déjà données j'ajouterai celles-ci : c'est que tout annonce que les Nackas sont postérieurs à la domination des Grecs ou à l'expédition d'Alexandre; les détails qu'on y trouve sur le culte et les mœurs ne sont nullement conformes à ceux donnés par les Grecs, et se rapprochent au contraire presque en tout point des usages modernes. On peut en dire autant des écritures indiennes. Et puis, si ces immenses collections de livres sacrés eussent existé alors, comment les Grecs, si curieux et devant l'épée victorieuse desquels tout sanctuaire devait s'ouvrir, n'en auraient-ils pas eu connaissance? Comment n'en auraient-ils pas parlé dans leurs livres? — Les rapports entre la religion de Zoroastre et celle de Jésus-Christ dérivant en grande partie des traditions primitives comme d'une source commune qui les domine toutes deux, sont loin d'avoir, au point de vue d'emprunts réciproques, la valeur que vous leur donnez. D'ailleurs ils sont peu nombreux, et les dissemblances le sont bien davantage. Dans votre examen des *articles principaux de la théologie de Zoroastre*, vous débutez par une très-fausse appréciation. Vous dites : « Le fond du mazdéisme est la lutte contre le mal. De là le caractère moral et essentiellement pratique de sa théologie. » Cela serait vrai si d'après cette théologie le mal était autre chose que l'oubli ou l'abandon du culte d'Ormuzd, pour favoriser celui d'Ahriman; or il n'en est pas ainsi : tout se rapporte à l'honneur et à la louange d'Ormuzd, à la conservation et à l'agrandissement de son empire au détriment de celui d'Ahriman (1). La morale et la religion, dans le Zend-a-Vesta ou les Nackas, sont deux choses entièrement distinctes, et la vraie morale, on l'y cherche en vain. Il est vrai que, d'après Zoroastre, il ne suffit pas d'éviter le mal, qu'il faut aussi faire le bien; mais en quoi consiste le bien? Voici quelques-unes des actions les plus méritoires : amasser de gros tas de bois pour entretenir le feu sacré; prendre soin des bœufs, des chevaux, des chameaux et des autres animaux consacrés à Ormuzd, surtout du coq; donner des viandes et des vêtements aux soldats et aux prêtres qui sont occupés à combattre contre Ahriman; exercer ou favoriser l'agriculture (2); prêter à intérêt; nourrir les chiens; donner sa fille en mariage à un prêtre; favoriser la multiplication des animaux sacrés, surtout des chiens; ne pas rester dans le célibat; s'efforcer d'avoir une nombreuse famille, afin d'attendre en toute confiance le jugement général; donner un époux à la fille adolescente (3); faire

(1) Une des actions les plus coupables, et qui était punie de mort, était d'exposer le feu sacré au soleil ou de le souffler avec la bouche; parce que, l'intérieur du corps étant impur, l'haleine qui en sort souille cet élément. Aussi les prêtres n'approchaient-ils du feu sacré que la bouche couverte d'un linge.

(2) C'est le moyen de multiplier les lieux saints et de chasser les *dews*, qui n'habitent que les lieux déserts.

(3) Cependant la loi de Zoroastre s'élève contre la débauche et l'impudicité; mais elle est accompagnée d'une sanction ridicule. D'après ses enseignements, celui qui se livre à la débauche, soit avec des personnes du peuple, soit avec celles qui n'en sont pas, soit avec celles qui adorent les dews, soit avec celles qui refusent de les adorer, fait, par cette ac-

la guerre aux ennemis d'Ormuzd, et les exterminer; se couper les ongles, les cheveux; se laver les mains; se couvrir de vêtements; se ceindre les reins, et d'autres actions que l'honnêteté ne permet pas de nommer; tuer pieusement les tortues et les grenouilles; faire de longues prières; réciter la même jusqu'à deux mille fois dans un jour; honorer les amschaspands, les izeds et les férouers, ou les âmes des hommes morts ou qui ne sont pas encore nés; invoquer le ciel, la terre, la lumière, le soleil, la lune, les étoiles et en particulier Vénus ou *Mithra*, Jupiter ou Tascher, le feu, l'eau, le vent, les montagnes, les animaux saints, les arbres enfin et surtout le *Hom* (1). Telles sont les œuvres de la justice et de la perfection! Et vous osez nous donner ces pauvretés comme la source de la morale évangélique? A qui le persuaderez-vous? Ce n'est pas à ceux qui connaissent l'Evangile et qui voient la loi de Zoroastre inviter les hommes au plaisir (*Vendidad-Sadé, hâ* 72), les engager à plaire à tous les êtres, à la nature entière, à semer des grains, à planter des arbres, à soigner les troupeaux, pour gagner le ciel, menacer de l'enfer la jeune fille qui meurt vierge ou qui atteint l'âge de dix-huit ans sans être mariée, déclarer irrémissibles les souillures contractées en aidant à porter un cadavre dans l'eau ou dans le feu (2), prescrire, comme expiation du péché, de frapper dix mille couleuvres à corps de chien, dix mille mouches, dix mille fourmis, et défendre de mettre sur un mort un vêtement neuf, etc., etc. Peut-on lire sans pitié des naiseries telles que celles-ci que vous citez vous-même? « O Hom, ces paroles que tu as prononcées sont célèbres: Je prie les animaux pour que les animaux me prient à leur tour. Je parle avec douceur aux animaux. J'appelle les animaux avec grandeur. Je nourris les animaux. J'habille les animaux. J'entretiens les animaux en bon état. Ce sont eux qui me donnent la nourriture et ce qui est nécessaire à la vie. » — Malgré tous vos efforts vous n'avez pu trouver dans Zoroastre ni la création (3), ni la Trinité, ni la chute, ni par conséquent la rédemption, et vous prétendez y avoir trouvé le Christianisme? Vous donnez de la théologie mazdéenne une idée complètement fausse, en présentant Ormuzd comme le dieu suprême, tandis qu'il n'est que le dieu ou le génie du bien. Le vrai dieu est Zervandé-Akéréné, ou le Temps sans bornes. C'est lui qui a d'abord produit Ormuzd et Ahriman, qui à leur tour ont donné naissance à tous les êtres (4). Vous n'avez pas dit que ce fût là la Trinité mazdéenne, et vous avez bien fait: Zoroastre n'y a pas non plus songé (5).

*M. Leroux.* — Mais à part la Trinité, la ressemblance entre Ormuzd et Jéhovah n'est-elle pas parfaite?

*Le théologien.* — Je ne suis nullement de votre avis. Les attributs sont les mêmes, il est vrai, mais Ormuzd est une créature et Jéhovah, créateur; Ormuzd a un corps très-subtil

tion, diminuer d'un tiers et les sources pures qui coulent en abondance, et les arbres les plus majestueux de la terre la plus riche en fruits et en moissons, et les hommes sains, grands et victorieux. Il frappe le monde comme une couleuvre prompte et cruelle, et vous diriez que c'est un loup, le plus violent des loups, qu'il se jette sur tout ce qui est dans le monde, ou comme mille grenouilles pleines qui paraissent dans l'eau (*Vendidad*, fragm. 18).

(1) *Zend-a-Vesta*, passim. Ces longues énumérations sont ordinairement suivies de la formule: Louange en un mot à tout ce qui est saint, pur et grand (*Izeschné*, hâ 18).

(2) « Celui qui s'est ainsi souillé, dit le *Vendidad-Sadé*, a beau fondre en pleurs et devenir jaune de tristesse; quand le cristallin blanchi sortirait de ses yeux, cela n'empêchera pas le Daroud-Nésosch de s'en emparer de la tête jusqu'aux pieds, et il sera ensuite impur tant que les siècles rouleront. »

(3) Kleuker a prouvé que Zoroastre n'avait pas enseigné la création (t. I, p. 8 et 94). M. Leroux dit lui-même: « La puissance d'Ormuzd n'est considérée, dans ces écritures, que comme ordonnatrice de l'univers. Les éléments y sont donnés comme éternels. »

(4) On ne comprend guère, après cela, cette question posée par M. Leroux: *Qui a fait le temps? Zoroastre l'ignore.*— On comprend moins encore ce qui suit: « Du reste, rien dans l'œuvre de Dieu, selon la doctrine des Naçkas, qui ne soit bon. A cet égard, Zoroastre s'accorde exactement avec Moïse. La pensée adoptée dans la ligne brahmanique, que le mal est une émanation de Dieu, comme le bien, répugne au religieux instinct du législateur de l'*Ariane*. »

(5) Ce n'est pas seulement dans le *Bun-Dehesch*, comme l'a dit Creuzer, qu'il est question du Zervandé-Akéréné; il en est question aussi dans le *Vendidad*, dans l'*Izeschné* ou *Jaçna*, dans le *Si-Ruze* et l'*Ieschts-Sadé*. Si l'on dit que ce sont autant d'interpolations, il faudra le prouver, et, en le prouvant, on ôtera toute autorité aux livres zends.

à la vérité, puisque c'est un corps de lumière et de feu, et Jéhovah n'en a pas.

*M. Leroux.* — Vous ne pouvez pas nier du moins que l'Eglise n'ait emprunté à Zoroastre sa croyance aux substances angéliques?

*Le théologien.* — Je le nie avec toute l'énergie dont je suis capable. Si l'Eglise avait puisé là, elle n'eût pas manqué d'adopter les six grands amschaspands, ou les six immortels saints, types de la bonté, de la vérité, de la justice, de la piété, de la richesse et de l'immortalité, qui, à part la richesse, sont une assez belle conception philosophique, et il n'y en a pas trace dans le dogme catholique. Vous raisonnez comme si avant Jésus-Christ on n'avait pas eu connaissance des anges dans la ligne hébraïque, vous le dites même positivement, et c'est une grande erreur. Il suffit d'avoir de la Bible la moindre connaissance pour savoir qu'il y est souvent parlé des anges et de leurs messages sur la terre. Dès le troisième chapitre de la Genèse, n'est-il pas question d'un chérubin armé d'une épée flamboyante et placé à la porte du paradis terrestre, pour en interdire l'entrée à l'homme coupable? Moïse, il est vrai, est peu explicite sur le dogme des anges; il ne fait qu'insinuer, sur ce point, les croyances primitives et traditionnelles; mais Zoroastre a puisé à la même source et dans ce qu'il dit de plus que Moïse, il est au moins très-suspect, quand il n'est pas absurde. — Je sais que vous n'aimez pas le deuxième et le troisième chapitre de la Genèse, et que vous les soupçonnez de n'être qu'une interpolation, sans doute parce que vous y trouvez clairement formulé le dogme de la chute dont vous ne voulez pas. Vous dites: « Le livre hébreu s'ouvre par une première cosmogonie qui me paraît appartenir au pur mosaïsme: Dieu crée l'univers matériel, les plantes, les animaux, l'homme et la femme, donne à ceux-ci l'empire, leur commande de se multiplier, et, mettant fin à son œuvre, rentre dans le repos; qu'on joigne à ce récit la loi de Moïse réglant le culte et la morale, promettant les biens de la vie à la fidélité, les maux à la désobéissance, la théorie du monde est achevée. A cette première cosmogonie en succède une autre qui en diffère sensiblement, et qui pourrait bien avoir un degré plus intime de parenté avec la tradition chaldéenne. Le nom de Dieu n'y est plus le même que dans la première; c'est dans celle-ci qu'on le trouve au pluriel; en même temps, des répétitions et des contradictions apparaissent; le style de la narration change comme son esprit, et la précision philosophique, si remarquable dans le premier morceau, s'évanouit. Quelle que soit la relation historique de ces deux récits, c'est dans le dernier seulement qu'il est question du principe surnaturel du mal: comme dans la mythologie arienne, sa figure est le serpent. »

*Le théologien.*—Comment pouvez-vous dire que dans le récit de la chute le nom de Dieu n'est plus le même, qu'on l'y trouve au pluriel, comme s'il était au singulier dans le premier chapitre, quand le plus faible hébraïsant sait que la Genèse commence par ces mots: *Béréshith bârâ Elohim*, au commencement les *Elohims* ou Dieu créa, ce qui offre une particularité assez remarquable: un verbe au singulier et son sujet au pluriel, allusion manifeste au mystère de la sainte Trinité; car plusieurs personnes agissent, et cependant il n'y a qu'une seule action. Ce que vous dites est si peu vrai, que ce n'est au contraire que dans les second et troisième chapitres qu'on voit paraître le nom singulier *Jéhoah* ou *Jéhovah* qui vient se joindre au pluriel *Elohim*. Où avez-vous vu, dans ces chapitres, des répétitions et des contradictions? Où des défauts de précision? Où des changements de style? Ce sont là, monsieur, autant d'allégations sans preuve qui n'ont pas plus de fondement que vos assertions sur le pluriel et le singulier du nom divin. Je vous accorderai sans peine que l'*Aryana* des Naçkas, lieu de délices et d'abondance, est bien l'Eden de la Bible; que la source d'*Ardouisour* est bien la fontaine dont les eaux jaillissaient au milieu du paradis terrestre; qu'Ahriman, prenant la figure du serpent, et les six grandes périodes génésiasques de la cosmogonie arienne nommées *gâhanbars* ont un rapport évident avec le récit biblique; mais tout cela a été puisé, ou dans la Genèse mosaïque elle-même; ou dans la tradition primitive, qui est la source commune et qui a dû se conserver plus pure aux lieux mêmes où elle a commencé.

On ne s'explique pas comment vous avez pu trouver le culte des anges gardiens dans celui des *férouers*, que, d'après les Naçkas, les invocations et les sacrifices font descendre du ciel: car les *férouers* ne sont pas des anges, mais des âmes humaines, appartenant aux hommes nés ou à naître. Quant au férouer d'Ormuzd, comme les amschaspands et tous les autres anges, tous les astres, tous les animaux, tous les hommes et en-général toutes les existences ont aussi les leurs, et comme Ormuzd n'est que la créature de Zervandé-Akéréné, on voit encore moins comment vous avez pu le prendre pour l'analogue du Verbe divin. Les *férouers* vous ont encore fourvoyé, en vous faisant croire qu'ils avaient donné naissance au culte des saints. Ce culte a sa source dans le dogme de l'immortalité de l'âme, et vous savez bien que ce dogme est fondamental dans toutes les religions. — Libre à vous de vous extasier sur les tendresses de Zoroastre et de Manou pour les animaux et sur l'obligation imposée à tout mazdéisman de garder au moins trois animaux dans sa maison : un bœuf, un chien et un coq. Libre à vous de vous édifier sur l'existence du Coq céleste qui, à l'approche du jour, entonne un hymne, et à la voix duquel répondent aussitôt les coqs de la terre, en appelant les hommes à la prière et au travail. Libre à vous, après avoir cité un passage assez ridicule, d'ajouter avec emphase : « Ainsi se trouve sanctifié ce splendide et vigilant animal, prophète de la lumière, et dont le chant vigoureux donne l'éveil au monde. Non-seulement, comme les autres animaux, il aide au bien matériel de la terre; mais, sous la figure de son alliance avec l'ange Sérosch, il renoue plus directement encore, héraut de la dévotion militante, l'ordre de la terre avec celui du ciel. » — Mais, puisque nous vous laissons la liberté de trouver cela attendrissant et magnifique, vous ne nous refuserez pas la liberté de nous en moquer un peu.

Vous avez compris que le rire de Voltaire, en face de la croix, n'était qu'une laide et triste grimace, vous avez jugé à propos de blasphémer sur un autre ton. Vous dites sérieusement de grosses sottises au Christianisme; mais il faut avouer que, par votre sérieux même, vous prêtez quelquefois singulièrement à rire. Qui ne se déciderait, par exemple, en vous voyant aborder gravement et avec respect la question du *néreng-din* et du *Taureau primitif, dont l'âme est dans le ciel*, dites-vous pieusement, et *dont les membres dispersés ont donné naissance à tout ce qui existe?* Le nérenq-din, *dont la matière est l'urine de bœuf*, paraît avoir pour vous un parfum délectable; vous lui trouvez la même dignité qu'à *l'eau-zour* ou l'eau sacrée; vous y voyez un *liquide sacramentel*, une *soudure précieuse qui scelle la coutume mazdéenne à l'origine même des choses humaines et une communication avec Dieu, par l'intermédiaire du principe de la terre.* N'est-ce pas le cas de dire avec le poëte latin : *Spectatum admissi risum teneatis amici* (1)! Je m'étonne qu'en vertu des lois du progrès, vous n'ayez pas cherché l'analogue et le développement de toutes ces belles choses dans le Christianisme.

N'est-il pas bien permis de s'amuser aussi un peu du sérieux avec lequel vous traitez le culte de Hom, où l'on disait de jolies choses comme celles-ci? « O Hom, ces paroles que tu as prononcées sont célèbres : Je prie les animaux pour que les animaux me prient à leur tour, etc. (2). » La loi d'Ormuzd est parfaitement identique au sujet de ces êtres avec la loi antique de Hom. Voici un de ses textes : « Je recommande de donner aux troupeaux. Celui qui agira ainsi ira au paradis. Procure-leur les plaisirs, les pâturages. Nourris ceux qui ne sont pas nourris. Donne un berger à ceux qui n'en ont pas. Que l'homme et la femme sachent que celui qui fera cette bonne action aura le vent favorable » (*Jaçna*, 35). Manou professe un respect plus grand encore pour les animaux. « Le jour et la nuit, dit-il, comme le brahmane a fait périr, sans le vouloir, un certain nombre de petits animaux, qu'il se baigne, et retienne six fois sa respiration pour se purifier. » D'où il résulte que Hom, Ormuzd et Manou sont parfaitement d'accord et qu'ils sont aussi plaisants l'un que l'autre. Tout cela est certainement fort amusant; mais j'y cherche en vain des rapports avec le Christianisme, et je m'étonne de plus en plus de l'idée qui vous est venue de donner comme la source d'une religion toute spirituelle, une religion toute matérielle, telle que la religion mazdéenne, que son auteur résume dans ces quelques paroles : « Juste juge du monde, toi qui es la pureté même, *quel est le point le plus pur de la loi des mazdéismans?* Ormuzd répondit : *C'est de semer de forts grains*, ô sapetman Zoroastre. *Celui qui sème des grains remplit toute l'étendue de la loi des mazdéismans.* » Ne faut-il pas avoir un triple bandeau sur les yeux pour ne pas voir qu'une distance infinie sépare une pareille religion du christianisme?

Le désir de trouver des similitudes entre ces deux religions vous a aveuglé jusqu'au point d'imaginer des rapports entre l'égalité chrétienne et la distinction des castes mazdéennes. Vous trouvez aussi que la chrétienté moderne a donné raison *à la croyance arienne contre la croyance romaine* sur le *khetadas* ou mariage entre proches parents, que Zoroastre recommande et appelle *pur et saint.* Or ce khetadas allait jusqu'à épouser sa sœur, sa fille et même sa mère. Il faut avouer que c'est pousser par trop loin la fureur des rapprochements et des similitudes, et vous vous défendez fort mal contre les témoignages de Xanthus, de Ctésias, de Sotion et d'Eusèbe, que vous citez vous-même. Que le khetadas ait fini par engendrer une effroyable corruption, cela devait être, qu'il ait fini par amener la communauté des femmes, non dans le secret et par la violence, mais du consentement des parties (1), cela devait être encore; mais cela ne prouve nullement ce que vous voulez prouver, c'est-à-dire que le khetadas ne soit pas de condition primitive et qu'on doive le regarder comme un effet de la dégénérescence des mœurs.

*M. Leroux.* — Savez-vous, M. le théologien, que vous avez une manière de discuter qui est bien plus propre à pousser à bout la patience de vos adversaires que leur raison? Tout autre que moi se serait emporté depuis longtemps; mais je respecte mon caractère de philosophe, et je ne m'emporterai point. D'ailleurs, de l'humeur dont je vous connais, vous abuseriez encore de mon emportement, et vous ne manqueriez pas de me dire : Vous vous fâchez, donc vous avez tort. Supposons donc que vous avez gardé jusqu'à présent la gravité dont je vous avais donné l'exemple, et voyons ce que vous avez à répondre à la fin de mon article *Zoroastre* et à mon article *Christianisme;* car c'est là que je vous attends.

*Le théologien.* — Achevons donc, puisque vous le voulez, et soyons aussi sérieux qu'il me sera possible. Ayant pris à tâche de donner le Christianisme comme un pastiche du mazdéisme, il fallait bien trouver dans ce dernier l'analogue du Verbe divin. Or vous êtes tombé sur ce point dans une petite contradiction que je vous reprocherai d'abord. Après avoir dit *qu'il était impossible de se faire du férouer d'Ormuzd une autre idée que celle du Verbe*, vous dites plus loin que l'analogue du Verbe chrétien est Zoroastre, qui cependant n'est pas le férouer d'Ormuzd. Vous reconnaissez vous-même que Zoroastre n'est pas une incarnation divine, *que son union avec la nature divine n'est point constante et immuable, mais simplement accidentelle;* comment pouvez-vous donc trouver en lui l'analogue du Christ? Vous dites : *Il y a différence, mais sur le degré de perfection et non sur l'essence même de la chose;* mais le Christ est une personne divine, il est Dieu, et Zoroastre n'est qu'un prophète et par conséquent une personne purement humaine; il y a donc entre eux la même différence qu'entre un homme et un Dieu, et par conséquent *différence sur l'essence même de la chose.* Vous avez beau dire que l'âme du Christ est une créature, et, avec saint Thomas, que son union avec le Verbe est une création, *aliquid creatum*, le Christ est Dieu et Zoroastre n'est qu'un prophète; l'un n'est donc point l'analogue de l'autre. Vous ne vous tirerez jamais de là, même avec le secours des brahmanes, qui n'avaient rien à voir dans cette question, et, malgré votre mysticisme humanitaire, que je vous laisse et que je regarde comme peu dangereux au temps où nous vivons; je vous dirai même que vous nous faites beaucoup plus de bien que de mal, en réhabilitant, au point de vue rationnel, certains mystères et certaines pratiques religieuses dont la philosophie ne parlait plus depuis longtemps qu'avec un superbe dédain.

*M. Leroux.* — « La théologie mazdéenne enseigne aussi les signes extérieurs qui facilitent le salut de l'homme sur la terre, c'est-à-dire les cérémonies préparatoires, les sacrements et les prières. Elle se résout donc, comme celle du Christ, en un système liturgique. »

*Le théologien.* — Et elle a cela de commun, non-seulement avec le Christianisme, mais avec toutes les religions, ce qui prouve que dans toutes les religions il y a un fond commun, et ce fond commun vient, d'un côté, de la révélation primitive, et, de l'autre, de ce je ne sais quoi de spontané qui est une inspiration de la nature.

*M. Leroux.* — En comparant le mazdéisme et le Christianisme au point de vue liturgique, « on y voit les affinités de la doctrine du Christ et de celle de Zoroastre prendre corps, pour ainsi dire, et se trahir plus explicitement encore que dans l'ordre métaphysique, par ces démonstrations sensibles. »

(1) Horat., *Ars poet.*
(2) *V.* ce même passage cité plus haut.

(1) S. Clém. d'Alex., *Strom.* 3.

*Le théologien.* — Comme vous seriez fort embarrassé de dire à quelle époque sont entrées dans le mazdéisme ***beaucoup de pratiques*** qui, dites-vous, ***ne se sont introduites que postérieurement à l'institution primitive,*** je pourrais couper court à toute discussion, en vous disant que c'est le mazdéisme qui a fait des emprunts au mosaïsme et plus tard au Christianisme. Vous donnez toujours le mazdéisme comme primitif, et il ne l'est pas; mais il le serait, que ma réponse aurait encore toute sa valeur. Votre argumentation pèche par plusieurs points. Vous dites : Il y a similitude en plusieurs choses, donc il y a emprunt. La conséquence n'est pas logique : car les similitudes peuvent venir d'une source toute différente. Puis vous ajoutez : Il y a emprunt, donc c'est le Christianisme qui a emprunté. Vous rendez par là votre raisonnement encore plus défectueux : car, s'il y a eu emprunt, on peut en accuser le mazdéisme avec bien plus de probabilités que le Christianisme.

Votre argumentation porte sur trois points principaux, le feu, l'eau et l'eucharistie, et elle porte à faux sur chacun d'eux; j'en ai déjà donné plusieurs raisons, en voici d'autres encore. Pour le feu, vous en avez beaucoup trop exagéré l'importance dans le culte catholique, et vous l'avez beaucoup trop diminué dans le culte mazdéen. Vous vous défendez mal sur l'adoration du feu toujours reprochée aux Mages. Comment nier que cette adoration ne ressorte clairement de ce passage du Jaçna, ou recueil liturgique que vous citez vous-même? « O Feu! je te sacrifie et je t'invoque, dit *l'athorné;* je porte purement, je porte saintement des odeurs dans le Feu. Je t'adresse des vœux, Feu d'Ormuzd!... Donnez-moi ce que je désire, ô Feu d'Ormuzd! Donnez-moi promptement une vie heureuse et brillante; donnez-moi promptement la nourriture; donnez-moi un bonheur, un éclat abondant, une nourriture abondante, des enfants en grand nombre. Donnez-moi une science excellente, une langue douce et moelleuse, etc. » (*Jaçna*, hâ 68). Trouvez-vous rien de semblable dans le mosaïsme? Lors même qu'il serait possible de vous accorder que le feu n'était, dans la pensée des Mages, qu'un symbole de la Divinité, trouvez-vous rien de semblable chez les Juifs?

*M. Leroux.* — « Dans les deux circonstances les plus décisives de leur histoire, la révélation du mont Horeb et celle du mont Sinaï, leurs écritures donnent au feu un rôle capital, et non pas simplement symbolique, mais formel. Jéhovah apparaît d'abord à Moïse sous la figure d'un feu duquel sort sa voix, et Moïse n'ose y lever les yeux de peur de voir Dieu. — Et Dieu lui apparut dans la flamme du feu, du milieu d'un buisson, et Moïse cacha sa figure, car il n'osait regarder contre Dieu » (*Exode*, III). Dans la première révélation du Sinaï, lorsque Jéhovah adresse lui-même la parole au peuple du milieu des nuages, c'est encore sous la forme du feu qu'il est supposé se témoigner. — « Toute la montagne du Sinaï fumait, parce » que le Seigneur était descendu sur elle dans le feu » (*ibid.*, XIX). Du reste les Lévites célébraient, comme les athornés, leurs cérémonies devant un feu entretenu par eux nuit et jour dans l'intérieur du temple. Les prescriptions relatives à ce feu sont comprises dans le rituel du Lévitique. Sa conservation n'y est pas recommandée moins rigoureusement que ne l'est, dans les Nackas, celle du feu des ater-gâhs. — « Ce feu, dit Jéhovah à » Moïse, brûlera toujours sur l'autel, et le prêtre le nourrira, en » y mettant chaque jour du bois dès le matin. C'est là le feu per» pétuel qui ne devra jamais s'éteindre sur l'autel » (*Lévit.*, VI).

*Le théologien.* — Vous êtes toujours exagéré dans vos conséquences; de tout cela il ne résulte qu'une chose, c'est que le feu est un symbole de pureté, et c'est pour l'instruction de ceux qui l'approchent que Dieu s'environne de ce symbole, et qu'il le fait brûler sur ses autels. Comment pouvez-vous dire que les ***Hébreux sont allés plus loin que les Mages dans l'association de l'idée de Dieu avec celle du feu?*** Citez-nous donc dans le Pentateuque ou le Sepher, comme vous l'appelez, la moindre prière, la moindre invocation adressée au feu. Si des textes de l'Exode cités plus haut il fallait conclure que chez les Juifs le feu était la figure sensible de Jéhovah, pourquoi n'en conclurait-on pas aussi bien qu'un buisson, une montagne, des nuages, le son des trompettes et le bruit de la foudre sont aussi des figures de la Divinité? car tout cela se trouvait à Horeb et au Sinaï (1).

*M. Leroux.* — Laissons là les Juifs; « mais les nouveaux chrétiens eux-mêmes se sont complu à voir dans la lumière le symbole du Christ, de la même manière que les mazdéisnans y voient celui d'Ormuzd. On trouve dans l'Evangile de saint Jean que Jésus se comparait continuellement à la lumière. — « Je suis, dit-il, la lumière du monde; celui qui me » suit ne marche pas dans les ténèbres. Pendant que vous avez la » lumière, dit-il ailleurs, croyez à la lumière, afin que vous soyez » enfants de la lumière (chap. VIII, 12). » L'évangéliste, dans sa première Epître, insiste encore sur cette grande figure, montrant dans le ciel le monde de la lumière, et à l'opposé le monde des ténèbres, comme Zoroastre, qui, sous les mêmes signes, fait paraître d'un côté le monde d'Ormuzd, et de l'autre le monde d'Ahrimân. « Voilà, dit-il, la déclaration que nous avons en» tendue de lui et que nous vous transmettons; c'est que Dieu » est la lumière, et que ce n'est pas en lui que sont les ténè» bres (*I. Jean*, c. I.). » Aussi, n'y a-t-il point à s'étonner que la croyance au Saint-Esprit, descendu sur les apôtres sous la forme du feu ait pu s'engendrer dans l'Eglise naissante et réussir : elle s'accordait avec l'idée reçue de toute antiquité, qu'entre l'homme et Dieu le feu est l'agent de communication le plus simple..... » Par le rang donné au feu dans sa liturgie, le Christianisme s'est encore plus rapproché du mazdéisme que n'avait fait le judaïsme. La vertu symbolique de cet agent primitif du sacrifice y est mise en effet à découvert d'une manière plus pompeuse : il n'y a pas un acte important où le feu n'intervienne. On en allume sur l'autel pour la célébration du mystère de la messe; on en porte devant les livres sacrés, quand on en fait au peuple la lecture; devant les offrandes, quand on les présente à la bénédiction; devant les reliques des saints; autour des morts; enfin un feu perpétuel brûle, comme dans les atergâhs, à côté du sanctuaire. De même que chez les Mages, ces feux resplendissent pour une signification positive. Intermédiaires mystiques entre la nature de l'homme et celle de Dieu, ils sont à la fois l'image de la pureté du Christ et de la pureté de la foi qui l'embrasse.

*Le théologien.* — Dans tout cela, vous dirai-je toujours, montrez-moi la moindre trace d'un culte quelconque rendu au feu, comme chez les Mages. Que le feu soit un naturel et magnifique symbole de lumière intellectuelle et de pureté morale, c'est ce que nous ne nierons jamais, c'est même un symbole si naturel qu'on aurait lieu de s'étonner, s'il ne se retrouvait pas dans toutes les liturgies. « Le feu sur l'Indus et sur le Gange selon le rituel védique, dites-vous vous-même, le feu sur le Tibre selon le mode de Vesta, le feu sur les autels de Jupiter, le feu dans le tabernacle de Jéhovah, le feu perpétuel devant le saint sacrement ont tous, au fond, le même sens, et la même origine. » Et cette origine, c'est ou la tradition primitive qui domine tous les cultes, ou plus probablement encore ce qu'il y a de naturel et de facilement imaginable dans ce symbole.

Je ne puis croire à votre bonne foi dans l'abus que vous faites de la bénédiction du cierge pascal, qui du reste se tourne contre vous; car le feu nouveau qu'on fait jaillir du caillou ne devient sacré qu'en vertu de la bénédiction donnée à la matière qui doit l'alimenter, et diffère par conséquent essentiellement du feu des Mages, qui était sacré par lui-même, si tant est qu'il ne fût pas, ce qui est beaucoup plus probable, adoré comme un dieu. Si le diacre attache des grains d'encens au cierge pascal, ce n'est point, comme vous l'insinuez, pour faire un sacrifice au feu, c'est encore un pur symbole qui nous avertit de répandre la bonne odeur de Jésus-Christ, en même temps que nous marchons à la clarté de ses révélations.

Ce que je viens de dire du feu est vrai aussi de l'eau. Comme élément, l'eau était sacrée pour le mazdéisnan; vous dites vous-même qu'il lui était sévèrement commandé de ne la souiller par rien d'immonde, même dans l'économie domestique; or il n'y a pas de cela la moindre trace parmi nous. Pourquoi voulez-vous que l'eau padiave soit le primitif de l'eau bénite, quand vous reconnaissez vous-même que ***l'usage des eaux lustrales a été si universel dans le monde, qu'on ne saurait mettre en doute qu'il n'ait précédé le législateur de l'Aryane?*** Comme moyen de purification et comme symbole de pureté, l'eau a dû faire partie du culte primitif, et passer de là dans toutes les religions. Mais cela ne prouve nullement que le mazdéisme ait eu l'initiative; dans sa tendance au panthéisme, il a au contraire défiguré la tradition, en divinisant ce qui n'était d'abord qu'un symbole et un moyen de purification. Témoin ce passage du Jaçna où l'eau-Zour est personnifiée et invoquée comme un dieu. « O toi qui es toujours en bon état, qui donnes la santé, qui donnes l'abondance, qui accordes les fruits avec profusion, qui de toi-même es très-pure, qui donnes de bonnes paroles, qui es très-pure, victo-

(1) Et cœperunt audiri tonitrua ac micare fulgura, et nubes densissima operire montem ; clangorque buccinæ vehementius obstrepebat (*Exode*, XIX, 16).

rieuse, qui donnes l'abondance au monde, je te sacrifie, reine, avec le zour de la pureté de mon cœur; je te sacrifie, reine, avec le zour de la pureté de mes paroles; je te sacrifie, reine, avec le zour de la pureté de mes actions. Donne-moi des dispositions lumineuses, des paroles lumineuses, des actions lumineuses. Que mon âme soit sainte dans ce monde! Donne-moi, reine, fille d'Ormuzd, les demeures célestes des saints, éclatantes de lumière, qui ne sont que bonheur. » — Où est l'analogue de tout cela dans le Christianisme? Comment pouvez-vous dire : « *Je ne crains pas de rapprocher des paroles du rituel mazdéen celles du rituel chrétien. Je te bénis* par le Dieu vivant, par le Dieu vrai, par le Dieu saint, par le Dieu qui au commencement te sépara d'avec la terre, etc. (*Office du temps pascal*). » Comment ne voyez-vous pas que ces paroles mêmes vous condamnent? Comment pouvez-vous dire encore : « Je crois que s'il m'a été permis d'entrevoir une certaine analogie entre l'eau padiave et l'eau bénite, je puis sans exagération comparer l'eau-zour à l'eau baptismale. » Où avez-vous trouvé que l'eau baptismale fût différente de l'eau bénite? Que parlez-vous de baptême à propos d'une religion où il n'est pas question du péché originel? Vous avez déjà voulu trouver l'analogue du baptême dans l'initiation brahmanique, mais avec aussi peu de succès, car j'ai la même réponse à vous faire. D'ailleurs l'initiation brahmanique, bornée aux seuls brames, à l'exclusion des autres castes, ne ressemble pas plus au baptême que le monopole à la liberté.

*M. Leroux.* — Passons au dogme eucharistique; « car c'est par ce dogme que le mazdéisme et le Christianisme me paraissent attachés le plus solidement l'un à l'autre; car en même temps que c'est autour de l'eucharistie que pivote toute l'institution du Christ, c'est aussi par là qu'elle procède le plus radicalement de Zoroastre. A défaut de tant d'autres liaisons, n'y aurait-il donc que celle-là; elle suffirait pour montrer que les deux institutions appartiennent au même corps, et que si la première peut être regardée comme l'épanouissement, la deuxième n'est pas moins digne que le judaïsme d'être honorée comme racine.... »

*Le théologien.* — Voilà la chose arrangée à votre manière, et les conclusions ne se font pas attendre; mais vous allez plus loin que les textes mazdéens : vous parlez de *consécration*, et ils n'en parlent pas, vous dites que *tandis que les autres sacrements donnent la pureté, celui-ci donne la vie.* Voici ce qu'il donne d'après les textes mêmes : « Pour cette seule coupe, disait le prêtre mazdéen, donne-moi trois, quatre, six, sept, neuf, dix pour un, récompense-moi ainsi. O pur Perahom, donne la pureté à mon corps. Veille sur moi, Hom, production excellente; viens toi-même, source de pureté. » Et ailleurs : « O Hom, Hom pur, qui donnes ce qui est bon, qui donnes la justice, la santé, qui as un corps excellent, éclatant de lumière, victorieux, qu'on appelle de couleur d'or, etc. » Il n'est question là *ni de vie, ni de personne de Dieu mangée par l'homme, il ne s'agit que de production excellente, de pureté et de santé*, ce qui assimilerait le suc de Hom à une potion pharmaceutique bien mieux qu'à l'eucharistie. Les libations antiques avec le vin et la coupe, les gâteaux sacrés, la participation aux sacrifices, et, par toutes ces choses, je ne sais quelle imparfaite communion avec la Divinité, vous offriront, quand vous voudrez y réfléchir, des rapports beaucoup plus frappants que le Hom avec l'eucharistie. Vous ne trouverez pas même de différence pour la matière : mais tout cela est à une distance infinie de l'eucharistie; ce n'est que la traduction liturgique de l'antique tradition qui nous montre le premier homme en communication ou en communion continuelle avec Dieu. Votre Hom, qui est tout à la fois un arbre et une personne humaine; car Zoroastre lui dit : *Quel homme es-tu, toi que j'ai vu le meilleur de tout le monde existant, avec ton beau corps immortel?* votre Hom, dis-je, n'est évidemment qu'une réminiscence de l'arbre édénique appelé *arbre de vie*, dont les fruits devaient donner à l'homme l'immortalité. « A la vérité, dites-vous, si l'on ramène le vin eucharistique au végétal dont il dérive, il est certain que la vigne du Christ devient, aussi bien que le Hom de Zoroastre ou le végétal édénique du Sépher, un arbre de vie. Mais il est sensible néanmoins que ce caractère est plus à découvert dans le dogme mazdéen que dans le chrétien, et que par conséquent le premier, touchant à la tradition chrétienne et par ses origines et par son suprême développement, constitue sur ce point, entre le Sépher et l'Evangile, une sorte d'enchaînement qui sans lui ne s'apercevrait pas aussi bien. » — Pour toute réponse je me contenterai de vous demander ce qui arriverait, si *l'on ramenait aussi le pain eucharistique au végétal dont il dérive.*

*M. Leroux.* — « Vous ne nierez pas du moins, que sur la question de l'enfer, la théologie mazdéenne, inférieure à la chrétienne à tant d'autres égards, ne paraisse prendre sur elle une supériorité véritable. Si l'enfer, c'est-à-dire la nécessaire conséquence de l'abus des libertés, est dans les lois indéfectibles du monde, comme l'a pressenti le Christianisme, que la religion du moins ne nous empêche pas de le regarder comme ne renfermant que des égarements passagers; que la réhabilitation y suive la peine, et qu'à nos yeux la fin de toute âme soit dans le ciel. C'est principalement sur ce point que la théologie de l'Occident me paraît aujourd'hui en instance de se redresser. Ce progrès domine en effet tous ceux dont le besoin se fait également sentir, et les entraîne avec lui. Aussi me semble-t-il bien remarquable qu'il nous soit en quelque sorte dicté par la même tradition dont les inspirations ont déjà fait accomplir tant d'autres à la théologie de nos pères » (art. *Zoroastre*).

*Le théologien.* — A cela je répondrai en peu de mots, en vous demandant sur quoi fondé vous espérez qu'un enfer temporaire serait une sanction suffisante à la loi divine? Comment un tel enfer pourrait suffire à retenir les hommes, quand la foi à un enfer éternel est souvent impuissante à les arrêter sur le penchant du mal? Je vous demanderai quel rapport vous voyez, sur ce point, entre le mazdéisme et le Christianisme et ce que l'un a emprunté à l'autre. Je vous demanderai enfin comment, dans votre système du progrès continu, vous expliquez la marche rétrograde du dogme sur ce même point, depuis Zoroastre jusqu'à Jésus-Christ; comment Zoroastre, si sévère dans le châtiment des moindres fautes, a pu imaginer un enfer un million de fois moins rigoureux que celui de Jésus-Christ, qui toujours s'est montré si doux, si indulgent, si bon, si prompt à pardonner, et comment enfin tous deux, également inspirés selon vous par le génie de l'humanité, sont tombés si peu d'accord.

*M. Leroux.* — Je vois bien que vous n'avez pas lu mon article *Christianisme*, vous seriez moins ardent à défendre ce culte intolérant, qui n'est après tout qu'une secte de la véritable religion. — *Le théologien.* — J'ai lu votre article *Christianisme;* et cette lecture a fortifié ma foi au lieu de l'ébranler: c'est ce que vous avez écrit de plus faible contre nous. D'abord vous dites *que la philosophie a triomphé du Christianisme, qu'elle a pulvérisé ses mythes et ses symboles..., que le Christianisme est désormais de l'histoire;* mais cela est parfaitement ridicule : la vérité est que la philosophie n'a rien pulvérisé, et qu'elle a au contraire été battue sur tous les points. Toutes les preuves du Christianisme sont restées debout, et ni vous ni personne ne pourra les renverser. Croyez bien que vos fanfaronnades saint-simoniennes ne font plus illusion à personne. *Quand les premiers chrétiens allaient aux agapes*, ils croyaient à la présence réelle de Jésus-Christ dans l'eucharistie, comme nous y croyons aujourd'hui; les Pères des premiers siècles sont formels sur ce point, et il n'est pas vrai qu'au XIe siècle l'Eglise ait décidé la chose avec hésitation. Elle n'a inventé qu'un mot pour mieux exprimer sa foi, et la *transsubstantiation* n'est que le dogme ancien autrement exprimé.

*M. Leroux.* — Que m'importent vos preuves, quand il est démontré pour moi que le Christianisme n'est qu'un mélange des doctrines orientales et des philosophies stoïcienne et platonicienne; quand il est certain que ses dogmes étaient connus bien avant Jésus-Christ.

*Le théologien.* — J'espère qu'il ne s'agit plus entre nous du mazdéisme, qui est bien dûment enterré et embaumé dans le ridicule. Quant aux doctrines orientales et aux autres en général, je vous répéterai ce que j'ai déjà eu l'honneur de vous dire: que ce qu'il y a de vrai vient des révélations adamique, patriarcale et mosaïque; je vous dirai avec les Pères et les apologistes, qu'en ramenant à lui et en concentrant dans son foyer divin les rayons épars des vérités flottantes dans les traditions des peuples, le Christianisme n'a fait que reprendre son bien et rentrer dans sa légitime et incontestable propriété. Mais que le Christianisme ne soit que le résultat de cette concentration et par conséquent une espèce d'éclectisme et de toute élaboration, voilà ce qui est faux et ce que je nie avec toute l'énergie dont je suis capable. Si le Christianisme n'avait pas ajouté des vérités nouvelles aux vérités anciennes, l'immense révolution qu'il a opérée dans la politique, les lois, les mœurs, les doctrines, la philosophie et les institutions, serait un effet sans cause.

*M. Leroux.* — Vous niez que le Christianisme soit un simple amalgame d'orientalisme et de platonisme, cependant en voici bien la preuve. « L'essence du Christianisme consiste dans la connaissance de l'unité et de l'infinité de Dieu et dans la distinction du Verbe dans la substance divine; or les Indiens, les Egyptiens et les Grecs ont connu toutes ces choses. Je vais vous lire divers morceaux des poëtes et des philosophes païens qui vous prouveront que, etc.

*Le théologien.* — Je les connais. Tous ces morceaux ne prouvent qu'une chose, c'est que si les philosophes étaient parvenus à ressaisir quelques débris des dogmes primitifs au milieu du naufrage universel, ils y mêlaient beaucoup d'erreurs. On retrouve presque toujours, au fond de leurs théories, le panthéisme et la doctrine indienne de l'émanation. Les premiers philosophes grecs sont matérialistes et font Dieu corporel; les pythagoriciens partent de l'émanation, et les éléates se perdent dans un idéalisme panthéistique. Platon lui-même admet le dualisme et l'éternité de la matière, et Aristote a pu être soupçonné d'athéisme (*V. Essai sur le panthéisme*, p. 329 et suivantes). Dans toutes les cosmogonies antiques on est sûr de retrouver, sous des formes différentes, l'éternité de la matière, le panthéisme, l'émanation, l'anthropomorphisme, et par conséquent nulle part la notion vraie de la création, de la spiritualité, de l'indépendance absolue, et de la toute-puissance divine. La notion du Verbe y est vague, confuse et presque sans aucun rapport avec la notion catholique. Comment pourrait-il en être autrement, quand on n'y trouve que des allusions plus vagues encore à la sainte Trinité? Vous avez bien cherché à montrer la Trinité au fond de tous ces rêves panthéistiques; mais vous n'y avez pas réussi. Dans le passage des lois de Manou, vous vous arrêtez à la production de Nâra ou Narâyâna, qui serait l'analogue du Saint-Esprit; tandis que Brahm et Brahmâ ou Pourahnâ correspondraient au Père et au Fils; mais pourquoi vous arrêter là? Trois versets plus bas, vous auriez encore trouvé, toujours *exprimés de l'âme suprême*(1), *Manas ou le sentiment, qui existe par lui-même, et, avant la production du sentiment, Anchâra ou le moi, moniteur et souverain maître, et, avant le sentiment et la conscience, Mahat, ou le grand principe intellectuel*, et enfin *les Tanmâtras ou embryons des éléments*. Or qu'est-ce que tous ces rêves d'une imagination en délire? Singulière Trinité! Voilà sept personnes au lieu de trois! Vous rejetterez-vous sur la Trimourti ou la Trinité très-moderne de Brahmâ, Vichnou et Siva? Mais cette branche vous manquera encore sous les pieds. D'abord cette Trinité est très-moderne; car dans les Védas et les lois de Manou il est à peine question de Vichnou et de Siva. Tout porte à croire qu'elle a été imaginée dans un but politique ou philosophique, pour réconcilier ensemble les partisans de ces trois divinités. Mais, en accordant même à la Trimourti indienne une antiquité qu'elle n'a pas, en admettant même que Brahmâ, qui est *l'univers* (Colebroke, *Système Vedenta*), et n'est pas créateur, soit le Père, que Vichnou ou l'action conservatrice soit le Fils de la Trinité chrétienne, et que Siva, le dieu de la mort et de la destruction, soit le Saint-Esprit, ce qui est la plus énorme sottise qu'on ait jamais imprimée, on n'aurait encore rien avancé; car il y a d'autres points qui lancent la *Trimourti* à une distance infinie de la Trinité chrétienne. D'abord il y a trois dieux distincts dans la Trimourti et non pas seulement trois personnes en Dieu; puis ces trois dieux sont continuellement en guerre; Brahm a été vaincu et détrôné par les deux autres, ils ne sont donc pas égaux. D'ailleurs tous trois sont subordonnés au Dieu suprême, aucun d'eux ne jouit donc ni de la toute-puissance ni de l'indépendance qui sont au premier rang des attributs divins; chacun d'eux a sa compagne ou déesse qui lui ressemble et avec laquelle il engendre des dieux sans fin. Qu'est-ce encore que tout cela? Comment ose-t-on mettre ces hideuses caricatures en regard de la Trinité chrétienne? — Si vous m'objectez l'Egypte et sa prétendue Trinité qui serait composée du Dieu sans nom, de *Kneph* et de *Phta*, je vous dirai qu'elle n'a pas plus de réalité que la Trinité indienne, que c'est toujours le système de l'émanation et par conséquent le panthéisme sous d'autres noms; je vous demanderai ce que vous faites d'Osiris et d'Isis, pouvoirs divins primitifs et constitutifs du monde, ce que vous faites de Typhon, qui n'est autre que le Siva des Indiens. — Si vous objectez la Chine et son Fo ou Lao-tseu, qui serait l'analogue du Verbe, je vous dirai avec M. Fréd. Schlegel (2): « En Chine c'est du panthéisme pur qui est compris dans la fameuse philosophie numérale, telle qu'elle est rapportée dans l'ancien Y-king, le livre de l'unité, l'un des plus remarquables documents primitifs de l'antiquité orientale... La grande unité de laquelle traite ce livre hiéroglyphique est nommée aussi Tao ou raison. Le Tao a produit l'unité ou monade; celle-ci a produit la dyade, qui elle-même a produit la triade, par laquelle enfin toutes choses ont été faites. » — On cherche en vain dans tout cela une Trinité créatrice et incréée

*M. Leroux.* — Et la Trinité platonicienne?

*Le théologien.* — Trinité de faux aloi, monsieur, enfant posthume plus que suspect qui est né quelque cinq cents ans après la mort de son père! Car ce n'est qu'au second siècle de notre ère, après la diffusion du dogme de la Trinité chrétienne, quand les néoplatoniciens disputaient au Christianisme l'empire du monde, que ces philosophes syncrétistes ont voulu trouver une Trinité dans Platon, qui ne s'en est jamais douté. Aussi ne sont-ils nullement d'accord entre eux : Alcinoüs, Numénius, Plotin et Proclus ont chacun leur Trinité qu'ils donnent tous comme celle de Platon. Si Plotin paraît se rapprocher davantage du dogme catholique, cela s'explique par les leçons d'Ammonius Saccas, apostat du Christianisme, dont il fut le disciple. On ne prouvera jamais que Platon a fait du λόγος une hypostase ou une personne. Le seul texte sur lequel on s'appuie est tiré d'une lettre très-obscure dont l'authenticité est fort contestable. Mais lors même qu'on le prouverait, on n'avancerait rien encore; car ce Verbe platonique, modèle idéal du monde, ne se détachant pas de la chose créée, resterait sans proportion avec le Verbe divin. Puis, il manquerait toujours la troisième personne, dont il n'y a pas même la moindre trace dans les récits du philosophe grec; ne manquerait-elle pas, qu'il faudrait encore entre les personnes, égalité et consubstantialité, et de tout cela pas même l'ombre; donc la Trinité platonique est une chimère (1). Or dans Platon se résument Orphée et Pythagore, donc le prétendu emprunt fait par le Christianisme aux doctrines grecques est également une chimère. En somme, on peut dire, comme nous l'avons déjà remarqué, que tout ce qu'il y a dans les religions païennes de conforme au Christianisme vient ou des traditions primitives communes à tous les peuples, ou des emprunts faits plus tard au Christianisme, ou enfin, pour le culte, de ce qu'il y a de naturel et de spontané dans certains rites qu'on peut regarder comme des inspirations de la nature. Nous insistons sur cette observation : elle explique les efforts que font certains apologistes pour montrer les similitudes qui se trouvent au fond de toutes les anciennes religions, et conclure ensuite que le Christianisme n'est point une nouveauté sur la terre et que son berceau est celui de l'humanité même, qui dès le commencement a été illuminée par les révélations divines.

En reprenant la discussion où nous l'avons commencée, j'aurais encore à vous dire que votre argumentation ne conclut pas; parce qu'elle part d'un point absolument faux. Votre majeure est celle-ci : *L'essence du Christianisme consiste dans la connaissance de l'unité et de l'infinité de Dieu et dans la distinction du Verbe en Dieu;* or cela n'est pas : ce n'est pas là l'essence du Christianisme, pas plus que la partie n'est le tout. Ce sont là sans doute des points principaux; mais ceux qui s'y arrêteraient ne seraient pas plus chrétiens que vous n'avez la prétention de l'être. Pour être chrétien, il faut sans doute admettre l'unité et l'infinité de Dieu et la personnalité du Verbe; mais il faut admettre aussi son incarnation et la rédemption par ses mérites, ce qui suppose le dogme de la chute et de la réhabilitation. Voilà surtout l'essence du Christianisme. Pourquoi n'en parlez-vous pas? Pourquoi paraissez-vous redouter ces questions fondamentales? Vous auriez cependant trouvé ce dogme au fond de toutes les traditions des peuples, vous y auriez même trouvé celui de la rédemption ou de la réparation. M. Roselly de Lorgues (2) vous forcera de les y reconnaître; mais en même temps il vous forcera d'avouer que tout cela ne peut s'expliquer que par la chute réelle de l'homme et par une révélation primitive et commune qui domine, à l'origine, toutes les traditions et toutes les croyances. Mais c'est là ce que vous craignez et ce que vous ne voulez pas. Vous aimez mieux, par

(1) Si cette âme suprême n'est pas Brahm, si elle est une autre personne, si elle est *Puranama*, dont on fait aussi une troisième personne de la Trinité indienne, elle devient pour nos adversaires un embarras de plus.

(2) *Essai sur la langue et la philosophie des Hindous.*

(1) *V. Théodicée chrétienne*, par M. Maret, p. 233 et suivantes. — M. Maret prouve que l'origine du dogme de la Trinité est dans la révélation et les Ecritures divines, dans le baptême et sa formule, dans les enseignements du Sauveur et dans les témoignages des apôtres.

(2) *Mort avant l'homme.*—*V. le Christ devant le siècle.*—*V.* CATHOLICISME.

vos abberrations et l'impuissance de vos efforts, dans votre lutte insensée contre Dieu, vous aimez mieux, dis-je, fournir une nouvelle preuve de la vérité de ce que vous avez le malheur de combattre. Combien il faut que le ciel ait pris soin de vous aveugler, pour que vous ne vous aperceviez pas même des énormes bévues dans lesquelles vous tombez presque à chaque pas, et pour que vous puissiez affirmer le pour et le contre dans la même page, et vous montrer aussi convaincu de l'un que de l'autre! Quelle confiance accorder à un homme qui se contredit et débite les plus grosses sottises avec un imperturbable aplomb?

*M. Leroux.* — Je ne suis point cet homme-là.

*Le théologien.* — D'un côté vous dites que le Christianisme est vrai, et de l'autre vous dites, dans la même page, qu'il est faux, n'est-ce pas là le pour et le contre, le oui et le non qui ne peuvent que jurer ensemble? Après avoir glorifié tous les ennemis du Christianisme, et Julien, et Voltaire, et tous les hérétiques, et ceux qui n'ont nié que quelques vérités et ceux *qui ont fait aboutir toutes les hérésies à une négation complète*, après les avoir salués comme une *glorieuse phalange d'âmes d'élite, d'intelligences sublimes*, et, dans votre enthousiasme, vous être écrié : *Gloire à eux!* vous vous mettez à faire contre eux une apologie du Christianisme que pourrait signer, à part quelques expressions et quelques passages, un Père de l'Eglise(1).

« Si le Christianisme est une grossière erreur de l'esprit humain, dites-vous fort bien, le plus sûr est de douter de tout, et de déclarer l'esprit humain à jamais incapable d'asseoir sur une base solide aucune vérité morale. » Et pourtant, dites-vous plus loin, Jésus n'est point ressuscité, Jésus n'est point Dieu; le Saint-Esprit n'est jamais descendu, et ne descendra jamais; les anges, les séraphins, dont nos pères peuplaient le ciel, n'ont jamais visité la terre que dans les rêves des hommes pieux. Mais si Jésus n'est pas Dieu, le Christianisme n'est autre chose qu'une grande imposture, car tout y suppose la divinité de Jésus-Christ; et comme pendant dix-huit cents ans l'humanité a cru à cette divinité, à la descente du Saint-Esprit et aux messages des anges, toute votre argumentation se tourne contre vous, et l'on

(1) Voici cette apologie qui est vraiment remarquable, surtout dans la bouche de M. Leroux : « Si vous prenez parti, dit-il, pour le camp philosophique de Julien et de Voltaire, le christianisme est dans sa *totalité* un mensonge. L'humanité en masse s'est donc complétement et fondamentalement trompée pendant dix-huit cents ans. Quelle blessure à la certitude humaine! Il faut en convenir, le coup est mortel, et le plus sûr, après cela, c'est de douter de tout.

» En effet, quel misérable et ridicule spectacle tout à la fois! Vous représentez-vous ces millions de chrétiens, pendant dix-huit cents ans, courant après leur paradis imaginaire, livrés à de folles rêveries, fruit de leur cerveau délirant ou de l'imposture de leurs prêtres, invoquant pour Dieu ce Jésus mort qui ne les entend pas, invoquant sa mère comme une déesse, et se livrant au souffle imaginaire d'un Esprit Saint chimérique! Les malheureux insensés! Les voyez-vous se succéder de génération en génération pendant dix-huit siècles, en proie à ce rêve obstiné! Les voyez-vous courir au martyre, à la mort, sous toutes les formes! Les voyez-vous jeûner, se macérer, vivre dans le célibat, fuir au désert! Les voyez-vous se battre et se déchirer pour des dogmes absurdes! O quelle espèce est donc la nôtre! Ou plutôt qu'est-ce que ce monde? Et ce Dieu que nous appelons bon, et que nous implorons comme la source de la vie, n'est-il pas plutôt quelque affreux démon qui se plaît à tromper ses aveugles et imbéciles créatures, et qui se rit, dans je ne sais quel ciel, des vertiges qui agitent nos cœurs et nos têtes sur cette terre misérable où nous sommes jetés? Ou bien encore, n'est-il pas à croire qu'il n'y a pas même ce Dieu ironique et mystificateur pour répondre par un rire infernal à notre amour et à nos prières; mais qu'il n'y a au fond de tout qu'un aveugle destin, sans yeux et sans oreilles, sans intelligence et sans cœur, pareil à la matière que nous façonnons de nos mains, et qui ne sent pas la main qui la façonne? Oui, s'il est possible de croire que pendant dix-huit siècles nos pères n'ont embrassé que des erreurs, le Dieu, créateur du monde est la matière même, la matière aveugle, et il n'y en a pas d'autre : car il n'y a pas d'autre Dieu qui ait pu voir sans s'émouvoir une folie pareille à la nôtre, et qui n'ait pas agi sur sa créature, soit pour la corriger, si elle était guérissable, soit pour la perdre et l'anéantir, si sa folie était trop grande et trop radicale pour être jamais guérie. Je le répète donc : si le christianisme est en totalité une grossière erreur de l'esprit humain, le plus sûr est de douter de tout, et de déclarer à jamais l'esprit humain incapable d'asseoir sur une base solide aucune vérité morale. — Sur quel fondement, en effet, appuyer une vérité morale quelconque, si, pendant dix-huit cents ans, l'humanité a regardé comme vrais des dogmes chimériques et faux, si elle a cru à des rêves, à des absurdités, à des mensonges? — Vainement direz-vous que les temps de la superstition sont passés, et que l'homme aujourd'hui peut arriver, par la seule force de sa raison, à des vérités certaines, après avoir longtemps caressé des erreurs. Votre raison est-elle plus forte que celle de vos aïeux? Avez-vous plus de génie que vos pères? Remarquez qu'il ne s'agit pas ici de vérités physiques et chimiques, où le temps apporte des informations et des expériences : c'est de l'homme qu'il s'agit et de Dieu. L'homme est toujours l'homme, et Dieu est toujours Dieu. Si l'humanité antérieure s'est fondamentalement trompée sur la nature de l'homme et sur la nature de Dieu, qui peut vous assurer que vous ne vous trompez pas vous-mêmes? — Par quel miracle, je vous le demande, l'homme, après s'être trompé fondamentalement pendant tant de siècles sur sa propre nature et sur celle de l'Etre suprême, serait-il devenu tout à coup capable de ne plus se tromper sur ces deux points? Philosophes, qui refusez toute vérité aux religions antérieures, et qui les prenez toutes pour le résultat de la crédulité humaine, vous êtes vraiment bien crédules vous-mêmes! Vous rejetez les révélations et les miracles; mais vous ne faites pas attention qu'en fondant le déisme moderne sur la raison, et en repoussant le christianisme et toutes les religions antérieures comme fondamentalement contraires à cette même raison, vous supposez implicitement que l'homme, après avoir été pendant des siècles incapable de raison sur le point le plus important, eu est devenu tout à coup capable; ce qui serait, certes, la plus grande des révélations et le plus grand des miracles. — Dites-moi donc en quel siècle, à quel jour, à quelle heure, cette révélation subite s'est faite, et comment s'est accompli ce miracle? Est-ce, par hasard, au XVI$^e$ siècle, est-ce au XVIII$^e$ que l'humanité a ainsi changé d'essence et revêtu une nature toute nouvelle? Sont-ils, en effet, d'une autre essence, d'une nature plus parfaite, d'une raison plus sublime que leurs prédécesseurs, les philosophes qui depuis cent ou deux cents ans ont professé le théisme, fondé sur la seule raison? Philosophes du XVIII$^e$ siècle, je vous vois grands et bons; mais, certes, je ne vous vois pas plus grands ni meilleurs que les fondateurs du christianisme. Direz-vous, pour expliquer modestement une aussi grande anomalie entre vous et vos devanciers, que vous avez paru dans un siècle de lumière, et que les fondateurs du christianisme naquirent au milieu des ténèbres? Quoi! le christianisme, précédé par les écoles grecques, précédé par Platon et par Aristote, précédé par l'esprit de doute qui avait détruit le polythéisme; le christianisme, venant triompher d'Epicure et de l'académie sceptique, a paru dans un temps de ténèbres! Le siècle d'Auguste et les deux siècles qui le suivirent, des temps de ténèbres! Alexandrie, Rome, Athènes, le séjour de l'ignorance et des ténèbres!... Eh! ce sont ces ténèbres mêmes qui vous ont en partie éclairés! N'est-ce pas la Grèce et Rome qui ont engendré, vers le XV$^e$ siècle, cette renaissance d'où vous êtes sortis vous-mêmes, qui avez renversé le christianisme? Quels monuments d'une plus forte et plus haute raison avez-vous donc produits, qui effacent les monuments de l'art et de la philosophie grecs? Les sciences ont été perfectionnées de votre temps; mais il faut convenir que les anciens les avaient déjà fort avancées. De quelle découverte moderne ne trouve-t-on pas chez eux le germe ou le pressentiment? Le christianisme est né au milieu de toutes les lumières concentrées de l'Orient, de la Grèce et de Rome, et il a d'abord vaincu toutes ces lumières, ou plutôt il s'est servi de toutes ces lumières pour vaincre. Examinez ce que furent ses premiers Pères avant d'être chrétiens : ils avaient été philosophes. Ce sont des disciples de Platon et des écoliers de Cicéron qui ont propagé la doctrine du Christ.

» Auriez-vous enfin recours à l'invasion des barbares pour expliquer comment une pure superstition a pu s'établir? Mais, quand les barbares parurent, le christianisme était déjà fondé. Quand les évêques, venus de toutes les provinces, formulèrent le symbole de Nicée, il n'y avait pas encore un seul barbare qui eût osé fouler impunément les frontières de l'empire; et saint Augustin avait achevé de donner la dernière formule importante de la théologie chrétienne quand les Vandales arrivèrent. — Ce n'est donc pas plus l'ignorance qu'un défaut radical de raison qui a donné lieu à cette religion. L'ignorance! mais, s'il n'avait dû son triomphe qu'à l'ignorance, le christianisme n'aurait jamais engendré lui-même que l'ignorance. Comment supposer que ce qui n'aurait pu supporter en naissant l'examen se serait ensuite entouré à plaisir de science et de clarté? Or, voyez si le christianisme a jamais redouté la science. N'est-ce pas lui, au contraire, qui a conservé toutes les sciences et tous les arts dans ce grand renversement du monde qu'amena l'invasion des barbares? S'il a été précédé de la philosophie grecque, n'a-t-il pas été appelé lui-même la sainte philosophie? S'il a devant lui Platon, il a après lui Leibnitz; s'il a en avant tout le chœur des poëtes grecs, depuis Homère jusqu'aux derniers descendants d'Homère, il a à sa suite un cortége de poëtes comparables, et qui sont bien à lui, depuis Dante jusqu'à Milton. Si les temples de Phidias, si les statues des dieux ont croulé sous ses coups, il a montré que, le temps venu, il pourrait orner la terre de monuments plus grandioses que les basiliques romaines, et donner à la statuaire et à la peinture des types de beauté inconnus aux admirateurs de la Vénus et de l'Apollon. Michel-Ange et Raphaël ont exécuté pour lui ce que les séraphins, dont ils portaient le nom, auraient pu rêver dans le ciel.

» Le christianisme n'est donc pas plus suivi de l'ignorance qu'il n'en est précédé : il naît au milieu de la lumière, et il engendre une lumière nouvelle. »

peut vous dire par votre propre bouche : « Sur quel fondement appuyer une vérité morale quelconque, si pendant dix-huit cents ans l'humanité a regardé comme vrais des dogmes chimériques et faux, si elle a cru à des rêves, à des absurdités, à des mensonges? » Mille pardons si je me sers de votre gaule pour vous en donner sur le dos. En vérité vous n'êtes pas né pour faire la guerre, vous fournissez sans cesse des armes contre vous. Ainsi pourquoi mettez-vous la croyance à la divinité de la sainte Vierge au nombre des dogmes catholiques? Pourquoi, voulant nier ces dogmes dans ce qu'ils ont de plus essentiel, après avoir nié la divinité de Jésus-Christ, ajoutez-vous : *Marie, sa mère, n'est pas une déesse.* Qui vous a jamais dit qu'elle le fût? Quel autre que vous s'est jamais avisé de cela? Pourquoi dites-vous que depuis dix-huit cents ans les chrétiens attendent la fin du monde, qu'une impie et détestable superstition a germé partout au pied de la croix? Pourquoi enfin n'étudiez-vous pas mieux ce que vous voulez combattre? — J'aurais bien encore d'autres petites contradictions à vous reprocher, telles que celle-ci, par exemple, où vous nous montrez la philosophie comme une impie, une empoisonneuse et comme une sainte. « En voulant trop prouver, les philosophes n'ont rien édifié. Ils n'ont su jusqu'ici semer sur la terre que le doute et l'impiété, semence stérile et qui ne produit que des poisons, » dites-vous fort bien; car vous parlez comme un ange, quand vous voulez; et plus loin, dans la même page, en parlant de l'œuvre des philosophes du XVIIIe siècle, vous dites : « L'œuvre de nos pères n'a-t-elle pas été elle aussi sainte et providentielle? Nous abandonnerions lâchement leur mémoire, que leur œuvre n'en serait pas moins faite : seulement elle ne serait pas continuée, le Christianisme ne renaîtrait pas et nous serions sans religion. »

*M. Leroux.* — Vous ne m'avez pas compris, j'ai voulu dire que, « pour n'être pas le produit de l'erreur, de l'ignorance et du mensonge, le Christianisme n'est pas toute vérité. Si les croyants ne se sont pas trompés totalement, les protestants de tous les siècles ne se sont pas trompés non plus en totalité. Si saint Paul a vu un côté de la vérité, Julien l'Apostat n'a pas été complétement dans l'erreur; si, dans les derniers temps de cette lutte, Bossuet et Fénelon ont pu, sans être absurdes, rester fidèles au Christianisme, Voltaire et Diderot ont pu, sans impiété, considérer le Christianisme d'un autre œil, et travailler avec ardeur à en délivrer le genre humain. Démêler le vrai d'avec le faux dans les deux partis qui se sont combattus avec tant d'acharnement pendant tant de siècles, reconquérir, à notre profit, la portion de vérité que renfermait le Christianisme, et conserver fidèlement la portion de vérité que défendirent ses adversaires, voilà ce que doit faire notre époque » (art. *Christianisme*).

*Le théologien.* — Mais c'est de l'éclectisme religieux que vous voulez faire?

*M. Leroux.* — J'ai l'éclectisme en horreur.

*Le théologien.* — Cependant vous dites encore, en vous résumant : « Ainsi, je le répète, contrôler la tradition du Christianisme par la tradition de la philosophie, profiter, pour nous éclairer, de leur combat, démêler dans l'une et dans l'autre la partie vraie et la faire revivre dans notre conscience, mais repousser énergiquement la partie fausse et périssable, tel est notre devoir. » Comment ne pas appeler cela un véritable éclectisme, surtout quand on vous voit plus loin rechercher dans les traditions humaines et les religions antiques ce qui vous paraît universel et fondamental, pour en former la religion de l'humanité? Vous avez si bien senti que vous faisiez là une œuvre éclectique, que vous cherchez à repousser d'avance le reproche qu'on devait inévitablement vous adresser; mais vous n'y avez pas réussi. « Cette œuvre de conciliation, dites-vous, est-elle possible? Est-il possible, sans tomber dans un absurde éclectisme, de combiner ensemble le Christianisme et la philosophie négatrice du Christianisme? N'est-ce pas, comme dit Horace, accoupler ce qui ne saurait l'être, et s'exposer à provoquer la risée en produisant aux yeux je ne sais quel monstre aussi contraire à l'art qu'à la vérité? » C'est bien cela! vous vous dites là une bonne vérité que je pensais à vous dire. J'ajouterai seulement que vous vous faites encore un peu trop d'honneur; car vous n'avez pas même enfanté un monstre: un monstre a une forme quelconque, et ce que vous avez enfanté n'en a pas. Votre prétendue religion nouvelle n'est qu'un avorton tellement informe, qu'on n'y reconnaît même pas les plus légères traces d'un ensemble organique et les plus faibles aspirations vers la vie. Vous dites vous-même : *Je ne vous dis pas que cette religion soit aujourd'hui connue, mais je vous dis qu'elle le sera nécessairement un jour.* Après cela vous devez comprendre que nous sommes très-peu empressés à vous suivre, quand vous prétendez *emporter des ruines du Christianisme le feu immortel de la vie, et, loin des décombres, appeler les esprits à une cité nouvelle qui ne sera pas le Christianisme.*

*M. Leroux.* — Vous n'avez rien compris à mon système sur l'humanité; autrement vous auriez vu que tout cela se concilie fort bien.

*Le théologien.* — J'ai compris qu'il en est de votre système philosophique comme de votre religion; que c'est quelque chose de si peu défini, de si vague, de si confus et de si avorté, qu'on pourrait raisonnablement douter si cela est seulement arrivé à la puissance d'être. J'ai compris qu'il y a quelque peu de vrai dans votre système, et c'est là ce qui le rend dangereux pour certains esprits; j'ai compris, dis-je, qu'il y avait du vrai, en ce sens que l'humanité n'est pas un être abstrait, inerte, sans mouvement et sans vie; il y a du vrai encore en ce sens qu'il s'appuie sur des faits incontestables en eux-mêmes; mais il est complétement faux en ce qu'il représente l'humanité comme trouvant tout en elle-même, par conséquent se suffisant à elle-même, et progressant par une puissance d'ascension qui lui est propre, non-seulement dans les sciences profanes, mais dans la science divine ou dans la religion. Il est faux encore en ce qu'il ne saisit une partie du plan providentiel que pour le parodier, pour le systématiser et le plier à ses erreurs. Comment l'histoire même ne vous a-t-elle pas dégoûté de ce système avec lequel elle est, sur le terrain théologique, en contradiction perpétuelle? Au lieu de voir les peuples s'élever graduellement dans la connaissance de la vérité divine, n'est-ce pas le contraire qu'on voit dans toutes les histoires? Au lieu de monter du fétichisme au polythéisme et du polythéisme au monothéisme, les nations ne descendent-elles pas constamment cette échelle, et ne voit-on pas chez elles la théologie suivre toujours une marche inverse à celle des autres sciences, tellement que plus les nations sont savantes et policées, plus elles apparaissent livrées à toutes les extravagances de l'idolâtrie? Ainsi, vous dites que l'humanité, abandonnée à elle-même, va constamment en avant, et l'histoire nous la montre allant constamment à reculons. Or qu'est-ce que cela, sinon un démenti formel donné à votre système?

*M. Leroux.* — C'est à vous que l'histoire donne ce démenti formel. « Le Christianisme, n'ayant commencé à exister que depuis dix-huit cents ans, que ferez-vous de l'humanité antérieure? Vous sauvez les Juifs jusqu'à la venue de Jésus-Christ; mais c'est tout ce que vous pouvez faire, et encore est-ce à grand'peine. Que faites-vous de tant de peuples réputés sages? Que faites-vous des pieux contemplatifs de l'Inde? Que faites-vous de ces prêtres d'Egypte chez lesquels Moïse apprit la sagesse? Que faites-vous de l'héroïque Grèce? Que faites-vous des vertueux Romains? Que faites-vous de Pythagore, de Socrate et de Platon? Leur âme a-t-elle péri? Vous n'oseriez pas le dire, car vous détruiriez par là le dogme même de l'immortalité de l'âme. Se sont-ils sauvés eux-mêmes par les seules forces de la nature humaine? Vous n'oseriez pas le dire non plus; car vous détruiriez par là le dogme essentiel, suivant vous, de la mission divine de Jésus : vous êtes donc invinciblement forcé de les reléguer en enfer » (art. *Christianisme*).

*Le théologien.* — Nullement, nous n'y reléguons personne, nous ne damnons personne, pas même les plus scélérats des hommes, parce que les miséricordes de Dieu sont infinies, et que nous ne savons pas toutes les voies de sa providence, ni tous ses moyens d'action sur les âmes. Qui sait surtout ce qui se passe entre Dieu et l'homme au moment suprême? Personne n'est sauvé par les seules forces de la nature humaine, mais personne n'est déshérité de la grâce. Il n'y a de salut que par Jésus-Christ; mais les grâces sont données avec profusion en vertu de ses mérites. En somme, personne ne sera jugé que sur la partie de la loi qu'il aura connue; personne ne rendra compte d'autre chose que de ce qu'il aura reçu, et par conséquent personne ne sera damné autrement que par sa faute. Vous croyez qu'il y a des païens qui n'ont pas mérité d'être condamnés aux peines éternelles, hé bien! nous ne vous disons pas qu'ils le soient. Pourquoi prêtez-vous à l'Eglise des dogmes et des sentiments qu'elle n'a pas?

*M. Leroux.* — « Je dis *à priori* que c'est avoir une idée horrible de Dieu que de restreindre au seul Christianisme les voies religieuses. Si le Christianisme est la seule religion véritable, voyez à quelle conséquence vous êtes entraîné tout d'abord. Le genre humain se compose aujourd'hui d'un milliard d'hommes. Or, sur ce nombre, il y a deux cents millions de bouddhistes, cinquante millions de sectateurs des autres religions brahmaniques, cent millions de mahométans, quatre millions de juifs, et cent vingt millions de disciples de Confucius, de sectateurs du magisme, du fétichisme, etc. Sur ce milliard d'hommes, le Christianisme ne compte donc que pour deux cent soixante millions; mais sur ce nombre il y a soixante millions de schismatiques grecs, et soixante millions de protestants. Enfin, des cent quarante millions qui restent nominalement à l'Eglise catholique, si vous retranchez tout ce que la philosophie lui a enlevé, il vous restera à grand'peine une centaine de millions, composés de tout ce que l'Europe et l'Amérique ont de plus ignorante et de plus stupide population » (art. *Christianisme*).

*Le théologien.* — Merci du compliment! Au train que vous y allez, si vous étiez roi, je vois qu'un de vos premiers soins serait de défendre d'avoir de l'esprit à quiconque ne serait pas philosophe. Où avez-vous pris ces chiffres? L'opinion des statisticiens et des géographes modernes est que la population du globe est de sept à huit cents millions. Volney n'élève ce chiffre qu'à quatre cent trente-sept millions, Vossius et Struik qu'à cinq cents millions, Malte-Brun à six cent quarante millions, et Graberg à six cent quatre-vingt-six millions. D'après l'appréciation la plus commune, vous auriez toujours commis une petite erreur de deux cents et quelques millions : c'est bien quelque chose. Votre chiffre des chrétiens est également faux; car le vrai chiffre est de deux cent quatre-vingt-six millions. Celui que vous donnez pour les catholiques est encore trop faible de vingt-six millions; car le nombre total des catholiques est de cent soixante-six millions quatre cent vingt mille. Après cela je n'ai pas besoin d'examiner ceux que vous donnez pour les différentes sectes païennes ou autres, ils sont évidemment exagérés; il faut les diminuer de quelque trois cents millions, et dès lors toute votre argumentation croule par sa base. —

*M. Leroux.* — « Lors même qu'il faudrait diminuer les chiffres que j'ai donnés, mon argumentation n'en resterait pas moins tout entière. *N'y aurait-il que Socrate injustement condamné dans votre système, que ce système me paraîtrait encore horrible.* Que si vous sauvez un seul païen, vous ne pouvez plus damner les incrédules, et dès lors que devient votre fameux axiome : Hors de l'Eglise point de salut » (art. *Christianisme*)?

*Le théologien.* — Socrate ni personne n'est condamné injustement dans notre système; encore une fois nous ne condamnons définitivement personne, et ceux qui le sont, le sont justement et par leur faute. Beaucoup de païens peuvent être sauvés à cause de leur bonne foi, et plusieurs incrédules aussi par l'action invisible de la grâce au moment de la mort, sans qu'il en résulte rien contre l'axiome : *Hors de l'Eglise point de salut :* car tous ceux qui sont sauvés et qui n'appartiennent pas extérieurement au corps de l'Eglise, appartiennent à son âme ou à son esprit.

*M. Leroux.* — « Je ne comprends pas comment vous pouvez combattre mon système, quand vous en admettez le principe fondamental : car vous admettez que le mosaïsme a développé la religion primitive, que le Christianisme a développé le mosaïsme, et qu'il n'a pas cessé de se développer lui-même par les révélations successives des Pères et des conciles; vous croyez *que son essence a été de passer de révélation en révélation nouvelle à travers les siècles, sous la direction de l'Eglise.* Vous croyez donc implicitement que la *religion se perfectionne de siècle en siècle,* ou plutôt *d'année en année et de jour en jour,* et c'est précisément là mon système : voilà ce qui me fait attendre une religion nouvelle » (*ibid.*).

*Le théologien.* — Qu'à l'aide des révélations divines, la religion primitive se soit développée et soit devenue le Christianisme, c'est ce que je ne nierai point; mais il y a loin de là à votre système, où tout se fait en vertu d'une force inhérente à l'humanité. Vous dites que dans l'ordre religieux comme dans l'ordre scientifique et matériel, l'humanité avance par elle-même, et l'histoire atteste qu'elle recule; or j'en crois l'histoire plutôt que vos assertions. Nous n'admettons nullement que le Christianisme ait continué de se développer depuis les apôtres jusqu'à nous. Vous avez là-dessus les idées les plus fausses et les plus bizarres : vous transformez les Pères et les conciles en révélateurs, et c'est en quoi vous vous trompez grossièrement. D'abord, il ne fallait pas mettre sur la même ligne les Pères et les conciles, car ceux-ci sont infaillibles et ceux-là ne le sont pas. Mais, malgré leur infaillibilité en matière de foi, les conciles ne sont pas révélateurs et n'ont jamais rien révélé; ils n'ont jamais fait que déclarer le dogme et attester la foi des siècles passés. Leur principe a toujours été celui de saint Vincent de Lérins : *Quod ubique, quod semper, quod ab omnibus traditum est.* Du reste ce saint personnage, qui vivait au $\text{v}^e$ siècle, va vous répondre lui-même : « L'Église, par ses conciles, a voulu que ce qui était déjà cru simplement fût professé plus exactement; que ce qui était prêché sans beaucoup d'attention fût enseigné avec plus de soin; que l'on expliquât plus distinctement ce que l'on traitait auparavant avec une entière sécurité. Tel a toujours été son dessein; elle n'a donc fait autre chose, par les décrets des conciles, que de mettre par écrit ce qu'elle avait déjà reçu des anciens par tradition... Le propre des catholiques est de garder le dépôt des saints Pères et de rejeter les nouveautés profanes, comme le veut saint Paul » (*Vincentii Lirinensis. commonitorium*). Quand donc vous dites : « Me demanderez-vous maintenant comment une religion se fait? Etudiez les conciles, vous verrez que ce sont des hommes, des assemblées d'hommes qui font les religions »; vous parlez comme un homme qui ne sait pas ce qu'il dit.

*M. Leroux.* — Mais si tout se trouve dans l'Ecriture, *à quoi bon les travaux des Pères* de l'Eglise? à quoi bon les conciles? A quoi bon l'Eglise?

*Le théologien.* — L'Eglise est établie pour garder le dépôt des saintes Ecritures, pour empêcher les fausses interprétations et repousser les hérésies; les conciles sont ses organes, et les saints Pères, ses champions pour le combat. C'est à tort que vous séparez la tradition de l'Ecriture; car l'une et l'autre sont la parole de Dieu, l'une écrite, l'autre parlée; l'une et l'autre sont l'écho de l'enseignement divin, et remontent jusqu'à Jésus-Christ.

*M. Leroux.* — « Si, comme vous l'insinuez, rien d'essentiel ne manquait aux livres saints, pourquoi tant de combats qui ont divisé le Christianisme de siècle en siècle? Pourquoi Arius? Pourquoi Nestorius? Pourquoi Pélage? Pourquoi Dieu aurait-il suscité saint Athanase et saint Augustin? Donc le Christianisme n'était pas achevé à la fin de l'époque apostolique » (art. *Christianisme*).

*Le théologien.* — Arius, Nestorius et Pélage sont, comme vous, d'irréfragables preuves de la liberté de l'esprit humain. Ces novateurs expliquent les Pères qui les ont combattus. « Pour que votre raisonnement eût quelque valeur, vous dirai-je avec M. Maret, il faudrait que toutes les disputes qui naissent parmi les hommes provinssent de ce que les points discutés ne sont point fixés et nettement posés. Or il est bien certain que les hommes disputent sur ses doctrines dont le sens est parfaitement arrêté : témoin les discussions sur l'existence de Dieu et l'immortalité de l'âme; témoin les hérésies du $\text{xvi}^e$ siècle. Personne sans doute ne soutiendra que le dogme de la présence réelle, par exemple, n'était pas clairement enseigné par l'Eglise, lorsque Zwingle et Calvin vinrent le lui contester. Les disputes dogmatiques proviennent donc d'autres causes que du vague, de l'indéterminé qui peuvent régner dans l'exposé d'un dogme » (*Essai sur le panthéisme*). Votre raisonnement ne prouve donc absolument rien.

*M. Leroux.* — « On peut aller plus loin encore. Qu'est-ce que l'époque apostolique elle-même, sinon une révélation successive, une perpétuelle évolution? Elle commence par saint Pierre et finit par saint Paul. Est-ce que saint Pierre comprend le Christianisme précisément comme saint Paul? L'Evangile résurrectionniste de saint Matthieu parle-t-il de la divinité du Verbe comme l'Evangile platonicien de saint Jean? » *Donc, suivant vous, chrétiens, le Christianisme a été l'œuvre du temps*, et c'est en effet ce que l'*histoire nous montre dès le commencement.*

*Le théologien.* — Ce sont là des allégations sans preuves. Où avez-vous vu que le Christianisme de saint Pierre différât de celui de saint Paul? Et puis, que voulez-vous dire avec votre *Evangile résurrectionniste* et votre *Evangile platonicien?* Qu'est-ce que cela? Pour imaginer de pareilles étrangetés, il faut avoir, comme vous, un système préconçu dont on ne veut pas démordre. Il faut, comme vous, s'être fourré dans la tête qu'il y a eu d'abord un embryon de Christianisme qui est allé se développant toujours, et d'évolution en évolution est devenu ce que nous le voyons. Ainsi, selon vous, il y aurait eu d'abord un Christianisme matériel, celui de *saint Matthieu ou des résurrectionnistes*, lequel aurait fait place à un Christianisme plus spirituel, celui des néoplatoniciens ou de saint Jean. Mais il n'est pas un mot dans l'Evangile qui ne soit une protestation contre cette hypothèse absurde. Partout, dans les quatre évangélistes, respire le même esprit et la même doctrine; partout le même enseignement, la même morale, et les différences, quand il y en a, viennent uniquement du génie des écrivains et jamais du fond des choses. Vous dites vous-même (art. *Confirmation*) : « La prédication de saint Jean, autant que nous pouvons le connaître par le peu qui nous en reste, et la prédication de Jésus renferment les leçons les plus élevées de la vie spirituelle, revêtues d'une admirable éloquence et d'une poésie souvent sublime. » Il y avait donc dans cette prédication autre chose qu'un *Christianisme matériel.*—Quelquefois un évangéliste insiste davantage sur ce que les autres ont laissé passer comme inaperçu, parce que les circonstances dans lesquelles il écrit lui en font mieux sentir la nécessité. Ainsi saint Jean, qui a écrit son Evangile à une époque où la divinité de Jésus-Christ et sa filiation éternelle étaient déjà contestées, saint Jean, dis-je, a plus insisté que les autres évangélistes sur ce point; mais cela ne constitue point une différence essentielle. Pour qu'il y eût différence essentielle, il faudrait prouver que la divinité de Jésus-Christ et sa filiation divine ne ressortent pas évidemment, au moins comme conséquences, d'une foule de passages de saint Matthieu et des autres évangélistes, et c'est ce qu'on n'a jamais fait et ce qu'on ne fera jamais. Pour répondre à tout ce que vous avez dit sur saint Paul, que vous nous donnez comme le véritable *instaurateur du Christianisme*, et sur les Pères, qui auraient continué à compléter le dogme par un travail de lente élaboration, je vous renvoie à saint Paul et aux saints Pères eux-mêmes, qui tous se sont constamment appuyés sur l'Evangile, renvoyant sans cesse à ce livre divin, et faisant profession de le respecter jusqu'à n'oser pas même y ajouter ou en retrancher un iota. — Ce que c'est que les systèmes! Pour soutenir le vôtre, vous n'avez pas craint de vous affubler des vieux oripeaux tout râpés des néoplatoniciens, et de réchauffer de votre style chaleureux les vieilles pauvretés de Celse et de Porphyre. Vous osez transformer le Sauveur du monde et son saint précurseur en magiciens, en *alchimistes enthousiastes et rêveurs, qui vont faire sortir de leur main la transmutation des corps*, en guérisseurs et, tranchons le mot, en charlatans politiques, qui n'auraient eu d'autre but que la guérison et la longévité des corps, et l'établissement d'un royaume temporel dont le Sauveur préparait sans doute l'avénement, en prescrivant l'obéissance à César! Tout cela, monsieur, a été mille fois réfuté et ne méritait pas de l'être. S'il n'y eût eu au fond des miracles du Sauveur qu'un peu d'alchimie et de mauvaise magie et quelques mauvais tours de passe-passe et de prestidigitation, croyez-vous que les pharisiens, ses ennemis acharnés, ne l'auraient pas objecté avant Celse et Porphyre? Croyez-vous qu'ensuite les apôtres et les autres disciples se seraient fait égorger pour ces mauvais tours? Qui vous a dit que les apôtres entendissent par le règne de Dieu la *résurrection du corps* et *l'immortalité corporelle?* Qui d'entre eux s'est jamais douté de cela? Où avez-vous pris encore que pour eux *tout était corporel*, et que la *distinction de l'esprit et du corps n'était pas faite alors, surtout chez les Juifs?* Les Psaumes, les Cantiques, les prophètes, les livres sapientiaux et les Evangiles vous donnent à l'envi le démenti le plus formel. Ignorez-vous donc ce mot de Salomon : « Que le corps retourne à la terre d'où il est sorti, et l'esprit à Dieu qui l'a donné » (*Ecclesiastes*, XII, 7)? N'avez-vous donc pas lu la magnifique prosopopée d'Isaïe, où il dépeint la mort du roi de Babylone, son entrée aux enfers, et le discours que lui tiennent les morts au rang desquels il est descendu? Et dans l'Evangile *résurrectionniste* ou *matérialiste* de saint Matthieu, entre plusieurs autres passages que je pourrais citer, ne lit-on pas ces paroles remarquables : « Ne craignez pas ceux qui tuent le corps et ne peuvent tuer l'âme; mais craignez, dit le Sauveur, celui qui peut perdre le corps et l'âme, en les précipitant dans la géhenne du feu (*Matth.*, XVII, 28)?

*M. Leroux.* — Vous ne nierez pas du moins que les écrits des Pères ne soient pleins de platonisme, qu'ils n'aient presque tous été platoniciens, que le Christianisme n'ait été formulé par eux, et qu'ainsi à l'élément juif n'ait été substitué l'élément platonicien?

*Le théologien.* — Les Pères n'ont pas formulé le Christianisme, il est tout entier dans l'Evangile, la tradition et les écrits des apôtres; c'est là qu'ils ont puisé toute leur doctrine. Ceux qui étaient platoniciens avant leur conversion ont cessé de l'être en devenant chrétiens. Tous, même ceux des premiers siècles, font profession de suivre un maître bien supérieur à Platon, et reprochent à ce philososophe de graves et nombreuses erreurs (*V.* Baltus, *Pureté du Christianisme*, passim, *ou Défense des saints Pères accusés de platonisme*).

*M. Leroux.* — «Si vous niez l'élaboration successive du dogme, vous ne la nierez pas du moins pour la constitution de l'Eglise et l'institution des sacrements » (art. *Conciles*).

*Le théologien.* — Je la nierai tout de même.

*M. Leroux.* — Le pouvoir spirituel a commencé sous la forme démocratique; car c'était le peuple qui nommait les évêques; donc la démocratie était au fond de la hiérarchie, donc elle était aussi au fond des conciles où les évêques siégeaient sur le pied de l'égalité parfaite et où les votes se comptaient par tête. La papauté n'a eu aucune prépondérance dans les huit premiers conciles généraux; les papes n'assemblaient pas les conciles et ne les présidaient pas.

*Le théologien.* — Ce sont les protestants qui vous ont dit cela; car vous ne l'avez pas vu dans l'histoire, et les protestants vous ont indignement trompé. Bossuet vous répondra que la chaire de Saint-Pierre a toujours dominé toutes les chaires pontificales. « C'est cette chaire romaine, dit-il, tant célébrée par les Pères, où ils ont exalté comme à l'envi la principauté de la chaire apostolique, la principauté principale, la source de l'unité, et, dans la place de Pierre, l'éminent degré de la chaire sacerdotale, l'Eglise mère qui tient en sa main la conduite de toutes les autres Eglises, le chef de l'épiscopat d'où part le rayon du gouvernement, la chaire principale, la chaire unique en laquelle seule tous gardent l'unité : vous entendez dans ces mots, saint Optat, saint Augustin, saint Cyprien, saint Irénée, saint Prosper, saint Avit, Théodoret, le concile de Calcédoine et les autres, l'Afrique, les Gaules, la Grèce, l'Asie, l'Orient et l'Occident unis ensemble (1). » Comment pouvez-vous dire que dans les huit premiers siècles les papes n'assemblaient pas les conciles et ne les présidaient pas, quand il est certain qu'en 451 le concile de Calcédoine fut assemblée par les soins de saint Léon, et présidé par ses légats? Quand le Grec Gélas, non suspect en cette matière, dit expressément qu'au concile de Nicée Osius, évêque de Cordoue, dont le nom se trouve à la tête de toutes les souscriptions, tenait la place de Sylvestre, évêque de la grande Rome (2)?

Quand il vous plaira d'étudier un peu l'histoire ecclésiastique, vous verrez les papes, dès le commencement, non-seulement présider les conciles, mais exercer les fonctions de pasteurs suprêmes, en confirmant les élections épiscopales, en donnant l'institution canonique, en instruisant l'Eglise, et en citant les autres évêques, même les patriarches, à leur tribunal. Vous donnez à la démocratie une importance qu'elle n'a jamais eue dans l'Eglise. « Les apôtres, vous dirai-je avec M. Maret, sont choisis par Jésus-Christ et envoyés par lui; à leur tour ils consacrent par l'imposition des mains, et envoient les hommes que le *sort* ou l'élection leur désignent; quelquefois ils choisissent eux-mêmes les sujets auxquels ils veulent confier les saints mystères. Tel est l'ordre divin; tel est l'ordre invariable de l'Eglise. C'est le ministère pastoral qui enfante à Jésus-Christ les fidèles, c'est le pasteur qui établit le troupeau, c'est le pouvoir qui forme la société. L'origine des pouvoirs sacrés ne peut donc se trouver dans la société des fidèles. La démocratie n'a donc jamais régné dans l'Eglise; elle ne l'a jamais gouvernée; les fidèles ont toujours reçu les décrets des pasteurs comme des ordres de Dieu même » (*Essai sur le panthéisme*, p. 371).

Quant aux sacrements, comme ils supposent l'ordre surnaturel, que vous n'admettez pas, vous auriez dû n'en rien dire; car vous n'êtes pas apte à en raisonner. Ce sont encore les protestants qui vous ont endoctriné sur cette matière, et, comme vous avez reproduit leurs objections, je vous renvoie aux réponses qui leur ont été faites par tous les théologiens. Je vous renvoie aux premiers Pères qui parlent des sacrements comme nous en parlons nous-mêmes; je vous renvoie aux Eglises orientales, séparées de l'Eglise romaine depuis la plus haute antiquité, et qui professent la même doctrine qu'elle sur les sept sacrements. Vous niez la grâce sacramentelle, parce que *nous n'en sentons pas*, dites-vous, *l'action merveilleuse*, parce qu'*elle opère dans une obscurité profonde;* vous nierez donc aussi l'âme, et la vie, et la force mathématique? Quand on est enfoncé dans un réalisme aussi grossier, peut-être pourrait-on faire de la physique ou de la chimie; mais à coup sûr il vaudrait mieux se croiser les bras que d'écrire sur la religion ou la théologie (3). Vous avancez sans aucun fondement que les sacrements n'étaient d'abord que de simples cérémonies destinées à avertir le fidèle du changement opéré dans sa nature morale. Lisez les Pères, et vous verrez qu'ils reconnaissaient tous leur efficacité divine; ils les appelaient : *Sermo Dei opi-*

(1) *Discours sur l'unité de l'Eglise.*

(2) *V.* Thomassin, *Discipline ecclésiastique;* Fleury, *Histoire de l'Eglise;* M. Maret, *Essai sur le panthéisme.*

(3) Les auteurs du nouveau dictionnaire de philosophie pensent, comme nous, que M. Leroux, sous des apparences pompeuses de spiritualisme et même de mysticisme, ne cache au fond qu'un grossier matérialisme (*V.* l'introduction au *Dictionnaire des sciences philosophiques*, 1844).

*fex, operatorius, vivus et efficax : verba Christi efficientia plena, omnipotentia Verbi.* Ils n'ont tous qu'un cri pour vous démentir, quand vous avancez sans preuve, et contrairement aux textes les plus formels de l'Ecriture, que le baptême n'était d'abord qu'une simple initiation spirituelle, qui n'avait nullement pour but d'effacer les péchés, surtout le péché originel (*V.* BAPTÊME). — Quant à la question de la confession, on voit que la chose vous est peu familière, sans doute parce que vous la pratiquez peu, et, à parler franchement, on voit que vous n'y entendez absolument rien. On a prouvé mille fois que la confession remonte jusqu'aux temps apostoliques, et qu'elle est d'institution divine. La pratique des nestoriens, qui la gardent depuis le v^e^ siècle, malgré leur séparation ; les témoignages formels de saint Augustin, de saint Jérôme, de saint Jean Chrysostome, de saint Ambroise, de saint Basile, et de saint Athanase, aux IV^e^ et V^e^ siècles ; aux II^e^ et III^e^ siècles, ceux d'Origène et de Tertullien, et au I^er^, celui de saint Clément de Rome, sont un peu plus concluants que ce que le calviniste Daillé a pu vous apprendre sur ce point. Quand cesserez-vous de dogmatiser sur ce que vous ne connaissez pas (*V.* CONFESSION) ?

*M. Leroux.* — Vous paraissez craindre d'aborder le terrain de la métaphysique, sans doute parce que vous sentez que là je suis invincible. J'ai prouvé que les mystères du Christianisme ne sont que des mythes qui doivent être remplacés par des formules philosophiques. Oui, « la doctrine du progrès et de la perfectibilité est la transformation des mystères chrétiens. La philosophie est l'héritière du Christianisme.... La pensée chrétienne démontrée dans son essence, à quoi peuvent servir les voiles » (*Revue encyclopédique*, numéro de janvier et mars 1833)?

*Le théologien.* — Vous n'avez rien prouvé du tout. La critique passe, comme à travers une toile d'araignée, au milieu du réseau de preuves par lesquelles vous avez cherché à établir que le Christianisme n'est qu'une lente élaboration du passé, et elle passe de même à travers celles que vous donnez de sa transformation future. Dans votre article CHRISTIANISME, à la question du chrétien qui vous dit : « Dites-moi donc, je le répète, quelle est cette religion positive dont le Christianisme vous paraît dépendre, vous répondez : « Je ne vous dis pas que cette religion soit aujourd'hui connue ; mais je vous dis qu'elle le sera nécessairement un jour, et que nous devons faire tous nos efforts pour que ce jour arrive. » Il paraît que durant le court espace de temps qui s'est écoulé entre votre article *Christianisme* et votre article *Conscience*, vous avez fait d'incroyables efforts et de merveilleux progrès : car cette *religion positive, inconnue* dans le premier, vous la connaissez dans le second ; c'est la *doctrine de la perfectibilité et du progrès continu, c'est la tradition vivante de l'humanité.* Dans cette religion ; « le ciel est l'infini être. Ce n'est pas l'infini créé sous les deux aspects d'espace infini et de temps éternel, c'est-à-dire d'immensité et d'éternité ; non, le ciel est ce qui se manifeste par cet infini créé, l'infini véritable qui est sous cet infini créé ; le ciel est Dieu lui-même... Dieu est infini, donc il n'est contenu dans aucun lieu ; il est éternel, donc il n'est contenu dans aucun temps... Le ciel (Dieu) existe doublement, pour ainsi dire, en ce sens qu'il est et se manifeste. Invisible, il est infini, il est Dieu. Visible, il est le fini, il est la vie par Dieu au sein de chaque créature. L'invisible devient visible sans cesser d'être l'invisible. L'infini se réalise sans cesser d'être l'infini. Les créatures progressent en Dieu, sans que Dieu cesse d'être avec elles dans le rapport de l'infini au fini... « Ailleurs, vous assurez que le monde est éternel et infini : L'espace est infini et continu ; le temps est infini et continu. Il n'y a donc, dites-vous, qu'une seule vie qui unit ensemble toutes les créatures ; et la nature se confond avec l'éternité ou l'infinité » (*De l'humanité*, t. I).

Est-il possible d'imaginer quelque chose de plus embarrassé, de plus obscur, de plus vague, de plus nuageux, de plus avorté, de plus informe, de plus contradictoire, de plus impuissant, de mieux marqué au sceau du panthéisme et de plus propre à enfanter le scepticisme universel ? — *M. Leroux.* — Il est évident que vous ne connaissez pas ma théorie : car si vous la connaissiez vous en parleriez avec beaucoup plus de réserve. « Une attraction préexistante au phénomène, mais à l'état latent et virtuel, produit l'union et la combinaison du moi et non-moi, union dont le résultat est un nouvel état composé, qui à son tour a des attractions latentes pour d'autres objets, attractions qui pourront se manifester et qui produiront alors un nouvel état composé. Telle est la formule de la manifestation de la vie du moi ; et c'est aussi précisément la formule de la manifestation de la vie de la nature physique. La vie s'entretient et se nourrit en continuant à se manifester ; ce que nous appelons agrégations ou combinaisons dans les corps bruts, circulation, absorption, nutrition, dans la vie physiologique des plantes et des animaux... Dans l'ordre humain, la vie se nourrit aussi des produits de la vie antérieure qu'elle assimile et qu'elle transforme. Cette transmission de la vie humaine ou plutôt de ses produits, car la *vie du moi reste incommunicable dans son essence et en tant que force*, s'opère par des moyens que la vie humaine a créés elle-même laborieusement et à force de siècles. Nous appelons cela la parole, l'écriture, la peinture, la sculpture, la musique, l'architecture et tous les arts en un mot. L'idée que nous devons nous faire de tous les arts, c'est qu'ils ne sont que les voies et moyens de la nutrition de notre nature... Connaître, c'est réellement et en un certain sens se nourrir de la vie d'un homme antérieur. De même que la vie animale s'entretient en s'assimilant des produits déjà animalisés, de même la vie humaine, la vie du moi, s'entretient parce que les hommes s'assimilent les *produits déjà spiritualisés* par d'autres hommes, par d'autres générations... *Cette vérité est le fond de la doctrine de la perfectibilité...* Ainsi la vie se manifeste en trois termes : le moi, le non-moi et leur rapport : le sujet, l'objet, le produit qui participe du sujet et de l'objet... La nutrition de la vie n'est autre chose que la continuité de sa manifestation » (art. *Conscience*).

*Le théologien.* — Je connais votre théorie, et c'est précisément parce que je la connais que je la juge si sévèrement. Et vous croyez que c'est là ce qui réconciliera les matérialistes avec les spiritualistes, les athées avec les théistes, les théologiens avec les philosophes ? Vous affirmez sans preuve que tel était le mot des énigmes religieuses de tous les anciens peuples, que les sages de l'Egypte et de la Grèce l'ont transmis aux premiers docteurs chrétiens, et que ces docteurs n'entendaient pas du tout le Christianisme, comme l'Eglise l'entend aujourd'hui. Or, quand on affirme sans preuve de pareilles étrangetés, on ne mérite qu'un rude et âpre démenti, et à ce démenti j'ajouterai encore le défi formel de prouver ce que vous avancez, c'est-à-dire que les mystères chrétiens ne soient que la doctrine de la perfectibilité. Je suis sévère à votre égard, monsieur, mais vos confrères les philosophes le sont encore davantage. Ecoutez comme ils vous jugent dans la préface de leur *Dictionnaire des sciences philosophiques*. « Le matérialisme, disent-ils, et c'est de votre doctrine qu'ils parlent, le matérialisme aurait-il donc plus de chances de durée que la doctrine de la sensation ? Logiquement, cela est impossible ; mais il est inutile, ayant affaire à un tel adversaire, que nous appelions à notre aide le raisonnement : le langage des faits est bien assez clair. Or quel spectacle l'opinion matérialiste offre-t-elle aujourd'hui à nos yeux ? Abandonnée sans retour par l'esprit public, qui ne sait plus se plaire qu'aux idées graves et sérieuses, elle n'ose plus même avancer son nom ni parler sa propre langue. Elle n'a plus à la bouche que des phrases mystiques ; elle ne fait que citer les Ecritures saintes pêle-mêle avec les Védas, le Coran et des sentences d'une origine encore plus suspecte ; elle parle sans cesse de Dieu, de morale, de religion ; et tout cela pour nous prouver qu'il n'existe rien en dehors ni au-dessus de ce monde, qu'une âme distincte du corps est une pure chimère, que la résignation aux maux inévitables de cette vie est une lâcheté, la charité une folie, le droit de propriété un crime et le mariage un état contre nature. Elle n'a pas changé, comme on voit, quant au fond, sinon qu'à ce tissu de pernicieuses extravagances elle vient de mêler encore le rêve depuis longtemps oublié de la métempsycose. »

Vous donnez donc dans la métempsycose ? Voilà donc où vous a conduit votre théorie ? Alors je m'explique votre vénération pour le taureau primitif des mazdéismans et son urine sacramentelle. Les brames ont aussi une grande vénération pour la race bovine, et, puisque vous vous faites de tout point leur disciple, il faut bien espérer que vous ne mourrez point sans tenir, comme eux, une queue de vache à la main. Mais revenons à votre théorie. Lors même qu'on l'admettrait pour l'ordre physique, intellectuel et moral, cela ne toucherait pas même la question religieuse, loin de la décider : resterait toujours l'ordre surnaturel, dont vous ne voulez pas, mais qui n'en existe pas moins. Or il est dans l'homme une vie correspondante à cet ordre supérieur, c'est la vie spirituelle, et cette vie-là ne s'entretient pas, en s'assimilant des produits *déjà spiritualisés par d'autres hommes ;* mais *elle se nourrit de toute parole sortie de la bouche de Dieu*, a dit le Sauveur lui-même. Il lui faut une atmosphère divine, une lumière divine, une chaleur divine et le pain *supersubstantiel* de la vérité, tel qu'il est donné dans les révélations divines. Otez-lui cela, et elle s'éteint, et les *produits spiritualisés par les hommes* en qui elle s'est éteinte ne contiennent plus que les poisons de l'erreur. C'est un fatras délétère et infect d'où ne s'élèvent que des miasmes pestilentiels, comme des religions de l'Inde, de l'Egypte, de la Chine, de la Grèce et de Rome, et en général de tous les cultes idolâtriques. Tant que vous vous obstinerez à remuer ces fanges religieuses pour trouver la vérité, vous ne réussirez qu'à vous salir beaucoup et à soulever le dégoût et l'indignation de ceux à qui vous présenterez ces saletés comme la pure essence du Christianisme.

Encore un mot sur votre théorie, qui est du panthéisme tout pur : ce mot est aussi à l'adresse de votre ami Reynaud ; je l'emprunte à quelqu'un que je ne connais pas, mais qui vous connaît bien. « D'après le système du progrès continu, dit-il, et de l'engendrement progressif, l'homme sortirait de quelque animal comme le chien, le phoque ou le singe. Cette opinion a pour elle de nombreux partisans ; elle en compte de célèbres dans la philosophie et les sciences naturelles. Plusieurs des savants de cette école se sont demandé si tels êtres qu'on appelle humains dans la langue chrétienne, malgré leur état d'abrutissement, ne sont pas plus près du singe que de l'homme. D'où il suivrait que le mot humanité serait très-vague, qu'on ne saurait pas si le Cafre, le Hottentot, le Papou, etc., appartiennent à l'espèce homme ou à l'espèce singe. A ce point de vue, toute classification est d'ailleurs purement arbitraire ; il y a une échelle qui commence à la matière pure et s'élève jusqu'à l'homme, par une progression continue d'êtres qui s'engendrent les uns les autres, en sorte que, rigoureusement, ils sont tous de la même famille.

» Pour être conséquent, il faudrait donc étendre la fraternité à tous les êtres sans exception, ou la borner à sa famille immédiate. C'est trop, vraiment, ou trop peu !

» Mais, outre cette conséquence inacceptable, le système a encore de ces mystères dont on devrait nous débarrasser. En effet, dans l'ordre ordinaire, le chien produit le chien, le phoque un phoque, le singe un singe. Jamais personne, que nous sachions, n'a vu l'un de ces animaux, ou tout autre, produire un homme; ce serait un fait surnaturel, quoi qu'en dise le système, un miracle du premier ordre. Cependant nous connaissons une foule de personnes dont la raison ne se révolte pas à cette idée, qui y croient même très-fermement et qui jettent les hauts cris quand on leur parle du Verbe de Dieu s'incarnant dans une nature humaine. On ne veut pas accorder à Dieu la puissance de faire sortir un organisme humain du sein d'une vierge, quand on lui accorde de faire sortir un homme d'une chienne ou d'une guenon (*Atelier*, p. 77).

Le mot d'ordre dans l'école philosophique moderne est de montrer que Jésus-Christ n'a rien inventé, et qu'il n'est qu'un éclectique ou un plagiaire. On remue tous les livres pour cela, on fait dans ce but de véritables débauches d'érudition. On lui donne pour maîtres tantôt les Egyptiens, tantôt les Grecs, tantôt les Indiens, et quelquefois tous ensemble; car on n'est pas fixé, et l'on ne sait à quoi s'en tenir. M. Leroux, comme nous l'avons vu, le fait procéder en droite ligne de Zoroastre; d'autres lui donnent pour père spirituel le Chinois Confucius. Voici M. Pecqueur qui vient, lui dernier, nous jeter à la face des textes accablants. « L'idée de la fraternité des hommes, dit d'après lui un fougueux démocrate, n'est-elle pas formulée d'une manière précise dans ces paroles de Confucius : L'Être souve-
» rain est le principe de tout ce qui existe. *Il est le père de*
» *tous les hommes ; tous les hommes sont les enfants du ciel ;* et
» dans celles-ci : Faites ce qui est convenable entre frères et
» sœurs de différents âges. » Le principe de la charité enfin n'est-il pas enseigné et développé dans le passage suivant du même philosophe avec autant de force et plus de poésie peut-être que dans l'Evangile. « On s'approche de Dieu, dit Confu-
» cius, en perfectionnant sa raison et en servant l'humanité :
» *Aimez votre prochain comme vous-même; aimez, aimez, voilà*
» *le premier point.* L'amour d'un homme pour ses semblables
» est la source de perfection de toutes les vertus sociales (*Atelier*, mai 1843, p. 74).

Nous laisserons répondre pour nous l'habile anonyme déjà cité plus haut.

« Les adversaires du Christianisme démontrent par une foule de citations que Jésus-Christ n'a rien inventé, et on lui oppose surtout Confucius. D'où il suit qu'il n'aurait pas révélé, mais simplement propagé une doctrine prêchée plus de cinq siècles avant lui. Voyons donc.

» Nos lecteurs se souviennent du passage de Confucius cité dans la lettre de notre correspondant. Dans ce passage en effet est soutenu le principe de l'égalité et de la fraternité universelles. Cela nous a beaucoup étonné, à vrai dire, et nous sommes allé chercher le livre de M. Pecqueur, d'où ce passage est tiré, pour savoir où il l'avait pris ; mais M. Pecqueur a oublié de le dire. Nous avons cherché dans d'autres livres quelle était la doctrine de Confucius, et nous n'y avons rien trouvé de semblable. Confucius y est présenté à la vérité comme un réformateur rationaliste, s'appuyant sur la raison de l'homme, en un mot faisant de la morale un point de vue individuel, mais n'enseignant nulle part un but nouveau à l'activité humaine.

» Mais il ne s'agit pas ici d'opposer version à version ; si l'une peut nous être suspecte, l'autre peut être suspecte aux *confuciusiens*. Il est un autre moyen, et beaucoup plus simple, de savoir à quoi s'en tenir. S'il n'y a qu'un très-petit nombre de personnes qui sachent un peu débrouiller les livres sacrés des Chinois, en revanche tout le monde connaît maintenant ou peut connaître les institutions et l'état social de la Chine. Nous avons donc un infaillible moyen de vérification. Ce moyen toutefois n'est pas du goût de M. Pecqueur, qui pose en principe qu'il ne faut point juger des mœurs par les préceptes, ni des préceptes par les mœurs. Par Dieu ! M. Pecqueur, ce serait là une doctrine par trop commode! Et si nous disions que Confucius a inventé le daguerréotype, que nous diriez-vous? Nous disons, nous, ne vous en déplaise, qu'on peut juger des préceptes par les mœurs, et des mœurs par les préceptes, quand ils sont acceptés.

» Admettons donc que Confucius ait enseigné cinq cents ans avant Jésus-Christ, ce que cite notre correspondant, d'après M. Pecqueur, savoir : l'égalité, le dévouement au prochain, sans acception de races ou de nations, en un mot la fraternité universelle.

» Si cela est vrai, comme l'enseignement était fait au peuple alors l'un des plus avancés du globe, les Chinois doivent être au moins de cinq cents ans en avance sur nous. Nous admettons toutes les causes possibles de retard ; nous savons qu'un peuple n'est pas toujours actif, les pouvoirs sociaux toujours dévoués ; nous ne demandons pas une image parfaite de la société telle que la voudrait l'enseignement en question ; mais puisque la doctrine de Confucius a été acceptée par toutes les intelligences en Chine, puisqu'elle est la doctrine officielle de l'empire, puisque depuis deux mille trois cents ans elle n'a pas cessé d'être enseignée, il faut bien qu'elle convienne à ceux qui l'ont reçue, et ils ont dû subir son influence. Si elle ne leur avait pas convenu, ils auraient pu la refuser, comme les Juifs ont refusé la doctrine chrétienne ; il n'y a donc aucun sophisme à faire ici : il faut que les mœurs répondent au précepte, ou nous dirons que le précepte ne pouvait faire d'autres mœurs que celles qu'il a faites.

» Donc, si l'égalité règne quelque part, ce doit être chez le peuple chinois; si quelque part la femme est l'égale de l'homme, et l'enfant une chose sacrée, ce doit être chez le peuple chinois; s'il est une nation au monde où le peuple soit souverain, ou le pouvoir soit donné au plus digne, ce doit être la nation chinoise; s'il est une nation qui ait perdu le préjugé de la race, et chez laquelle l'étranger soit bien reçu, ce doit être la nation chinoise ; s'il est une doctrine morale qui ait inspiré aux hommes l'amour de l'humanité, et qui ait envoyé des apôtres dans toutes les parties du monde pour y prêcher aux peuples la bonne nouvelle, certainement ce doit être la doctrine de Confucius.

» Voyons si le *fait*, l'inflexible fait, répond à l'affirmation des admirateurs de Confucius.

» S'il est un peuple qui soit arriéré, c'est le peuple chinois (1); s'il est un peuple où l'inégalité existe sous toutes les formes, où l'homme pauvre soit plus avili, où la femme soit plus infériorisée, où l'infanticide soit permis, c'est chez le peuple chinois; s'il est un peuple où le pouvoir soit plus despotique et de droit divin, c'est en Chine, où l'empereur est fils du ciel; s'il est une nation qui ait une haine et un mépris profond pour l'étranger, c'est le peuple chinois et particulièrement le corps des lettrés, disciples et représentants fidèles de la doctrine de Confucius; s'il est une doctrine qui n'ait point inspiré l'amour de l'humanité à ceux qui l'ont reçue, c'est la doctrine de Confucius, attendu que le peuple chinois ne la connaît pas, et qu'elle est la doctrine exclusive de l'aristocratie lettrée ou militaire.

(1) *V.* une lettre publiée par la *Revue indépendante* (10 mars 1843), et tous les *Voyages en Chine*.

» Eh bien! nous disons qu'il est faux que la doctrine de Confucius contienne le principe de fraternité universelle. Si quelque traducteur, entraîné par esprit d'opposition au Christianisme, avait cru voir quelque chose de semblable dans le moraliste chinois, il aurait fait ce que font beaucoup de traducteurs : il aurait voulu à toute force comprendre des choses qu'on dit être presque incompréhensibles, qui sont en tous cas comprises différemment, et il aurait prêté à Confucius son propre sentiment d'Européen et de chrétien.

» Regardez maintenant la société chrétienne : Jésus-Christ n'a qu'un très-petit nombre de disciples, tous gens de condition inférieure. Aussitôt qu'ils ont reçu la loi du maître, et que le *symbole des apôtres* est formulé, les voilà qui se mettent à l'œuvre, se dépouillant de leurs préjugés de races, et se répandant parmi toutes les nations, si bien qu'il n'est pas un coin du monde aujourd'hui qui n'ait été visité par eux, pas une nation qui n'ait été sollicitée par leur enseignement.

» Un auteur dont nous honorons le caractère a dit : « Après » dix-huit siècles de Christianisme, nous vivons encore » sous le système païen! » Ce n'est là qu'une exagération échappée à un légitime sentiment de colère contre les pouvoirs qui voudraient arrêter le mouvement. Mais l'auteur de ces paroles sait fort bien lui-même, et il l'a écrit souvent, que la société chrétienne est aujourd'hui la tête de l'humanité; et quoiqu'elle soit peu nombreuse relativement au reste des hommes, il n'en est pas moins vrai qu'elle est aux peuples qui n'ont point encore accepté sa foi, ce que l'homme est à l'enfant. La pensée chrétienne a pénétré partout dans les institutions civiles; et, malgré la mauvaise volonté des pouvoirs spirituels et temporels, l'Europe, et particulièrement la France, est bien près d'une réalisation complète. Encore quelques grands efforts, et les *mœurs justifieront complétement les préceptes chrétiens*.

» Mais que voulez-vous? Il y a des gens qui disent aimer la liberté, l'égalité, la fraternité, qui parlent de dévouement, et qui font tout leur possible pour enlever son autorité au seul livre qui commande positivement toutes ces choses. Ils croient, ces gens-là, que nous serons beaucoup mieux disposés à nous dévouer, dès que nous serons convaincus avec eux que Jésus-Christ n'avait pas le caractère que les chrétiens lui reconnaissent; ils tiennent à en faire un plagiaire et même un imposteur, et ils s'évertuent à lui trouver des maîtres dans les philosophes des diverses nations. M. Pecqueur lui-même, que nous aimons à prendre à partie, parce qu'il est le dernier venu des écrivains déistes, et qu'il montre une ardeur toute particulière à détrôner Jésus-Christ, M. Pecqueur prétend qu'il suffisait à l'auteur de l'Evangile d'être logicien et d'aimer l'humanité pour dire ce qu'il a dit. Il semble, à l'entendre, que, s'il avait vécu du temps de Jésus-Christ, et qu'il eût connu quelque peu les idées qui avaient cours alors, il en aurait certainement déduit la conséquence chrétienne, et c'est à peine s'il aurait eu le droit d'en être fier. Cependant nous ferons observer qu'il y avait alors, non pas en Judée, mais à Alexandrie, en Grèce et en Italie, des écoles philosophiques célèbres, dont les chefs devaient connaître aussi bien que Jésus-Christ, sinon mieux, toutes les grandes idées sociales. Comment se fait-il donc que ces grands philosophes n'aient pas trouvé cette conséquence si simple? Comment se fait-il qu'ils ne l'aient pas reconnue immédiatement vraie quand elle leur a été présentée? Comment se fait-il qu'elle ait été admise par des ignorants, quand elle était refusée par les grandes intelligences du temps, juives, grecques ou romaines? Comment se fait-il, si la doctrine répondait si bien au sentiment des peuples, que ces peuples se soient plu, pendant plus de trois siècles, à martyriser les propagateurs de la bonne nouvelle? Comment se fait-il enfin que, parmi les nations non christianisées, il ne se soit pas encore trouvé un homme pour inventer quelque chose de semblable à l'Evangile? Nous serions bien aises qu'on répondît à ces diverses questions.

» Il résulte donc de ce qui précède que tous les efforts d'érudition de certains écrivains, pour prouver que Jésus-Christ n'est pas l'auteur de ses œuvres, ne sont pas plus heureux que ceux qu'on a faits pour prouver qu'il n'a jamais existé. Il suffit d'un peu de bon sens pour faire justice de ces tristes efforts » (*Atelier*, mai 1843, p. 80).

## DU CHRISTIANISME COMME DOCTRINE.

Divin comme fait, le Christianisme ne le paraîtra pas moins comme doctrine ou ensemble de vérités dogmatiques et morales. Hâtons-nous de déclarer franchement que le dogme catholique est plein de mystères et que c'est pour nous une raison de plus, non de le rejeter, mais d'y croire; parce que ceux qui y ont cru les premiers et qui ont scellé leur foi de leur sang, l'auraient rejeté à cause de ses mystères mêmes, s'ils n'eussent pas été forcés de l'admettre, à cause des miracles opérés sous leurs yeux. Ainsi le mystère appelle le miracle et en est la preuve. Nous croyons donc d'autant plus volontiers que le dogme objet de notre foi est plus mystérieux. S'il l'était moins, nous croirions moins aussi, et, s'il était de tout point accessible à la raison, nous ne croirions pas du tout; nous craindrions qu'il n'y eût là quelque arrangement humain, et, comme tout est plein de mystères, nous trouverions étrange qu'il n'y en eût pas dans les choses où il doit naturellement s'en trouver davantage, c'est-à-dire dans les choses divines. *Nous ne voyons le tout de rien*, a dit Bossuet, et l'incompréhensible fait le fond des choses les plus claires. Qu'est-ce que la substance? Qu'est-ce que la matière? Qu'est-ce que la vie? Qu'est-ce que le mouvement? Et la lumière? Et le feu? Et l'électricité? Et l'âme? Et son union avec le corps? Et la pensée? Et la mémoire? Et toutes les opérations de l'intelligence? Mystères! mystères pour les spiritualistes, et pour les matérialistes mystères plus grands encore. Puis donc que le mystère est, en tout, même dans le fini, comment s'étonner de le trouver dans l'infini? Comment s'étonner de le trouver en Dieu et dans l'expression de ses rapports avec l'humanité, c'est-à-dire dans la religion? Ne le voir nulle part ou s'étonner de le trouver dans les choses divines, c'est faire preuve d'une ignorance ou d'une faiblesse d'esprit incontestable. L'homme n'est infini en rien : il en est de son horizon intellectuel comme de son horizon matériel. L'un et l'autre sont bornés, et de même que ce qui est hors de la portée de l'œil est invisible, ainsi ce qui est au delà de la portée de l'intelligence, est mystérieux, c'est-à-dire caché et incompréhensible. Or, comme ce qui est invisible à cause de l'éloignement peut être très-visible en soi, ainsi ce qui est au-dessus de la raison peut être très-raisonnable, et ce qui est incompréhensible ou au delà de la portée de l'intelligence, si l'intelligence s'élève, peut devenir parfaitement intelligible. Voilà pourquoi nous croyons que nous comprendrons dans le ciel beaucoup de choses que nous ne comprenons pas sur la terre.

Le mal vient de ce que nous voulons juger de tout comme si tout était à notre portée et que nous comprissions toutes choses, tandis que la vérité est que nous ne comprenons rien. Des dieux qui pénétreraient du regard de l'intuition les choses les plus cachées, seraient moins fiers et moins prétentieux que nous ne le sommes. Imperceptibles atomes jetés dans un point de la création, sur une goutte de l'Océan des mondes, placés entre deux infinis, pour qui tout est mystère, pourquoi sommes-nous si superbes? Ah! de quelque part que nous vienne la lumière, ne fermons point les yeux. Si la science nous la donne, acceptons-la; cette lumière est bonne pour la terre; mais, si elle descend du ciel, acceptons-la avec plus d'empressement encore; il nous la faut bien pour nous élever plus haut. Quoi! nous l'acceptons des hommes, et nous ne l'accepterions pas de Dieu?

Nous ne contestons point les droits de la raison, nous les reconnaissons au contraire, et nous aimons à les proclamer; mais nous voulons qu'elle se restreigne et qu'elle reste dans sa sphère. Que diriez-vous du paysan qui, n'ayant jamais vu le ciel qu'à l'œil nu ou armé d'une faible lunette à longue vue, contesterait à l'astronome ce qu'il y découvre avec ses puissants télescopes? Plus il crierait à l'impossible, plus vous ririez de son ineptie. C'est pourtant là l'image du philosophe qui, armé de sa raison, faible lunette dont le champ est si étroit et la puissance si faible, veut pénétrer jusque dans la profondeur des secrets éternels, et traite de folies tout ce qui n'est pas conforme à ce qu'il voit ou plutôt à ce qu'il ne voit pas. Sans doute le chrétien voit dans les choses divines ce que la philosophie n'y découvre pas; mais la révélation n'est-elle pas pour son intelligence ce que les instruments d'optique sont pour les yeux du corps? N'est-ce pas un télescope divin qui lui montre les choses invisibles et la fait lire jusque dans les cieux? A la raison les choses naturelles, et à la révélation les choses divines. Si vous êtes tenté de murmurer contre ce partage, considérez ce qui se passe dans l'observation des cieux matériels. L'observateur doué de la vue la plus perçante ne voit distinctement dans le ciel que quelques milliers d'étoiles, le reste lui échappe ou lui apparaît comme des taches plus ou moins confuses dont le blanc pâle se dessine sur le fond de la voûte azurée; mais si, du haut de quelque observatoire, il regarde le ciel avec ces instruments merveilleux qui abrégent si prodigieusement les distances, le chaos se débrouille, de nouveaux cieux se révèlent : les nébuleuses s'étendent et se groupent en brillantes constellations; ces astres qu'il appelait fixes, parcequ'il les croyait immobiles, il les voit se jouer entre eux comme des planètes autour de leurs soleils. Il les voyait tous avec leur lumière blanche, scintiller comme d'ardentes étincelles, et maintenant il les voit, comme des torches flamboyantes, briller des plus riches couleurs. Si au lieu de s'élancer dans l'infini, il se restreint dans notre système planétaire, tout prend encore un aspect nouveau : des croissants, de grandes lunes se dessinent où il ne voyait que des point lumineux, et d'autres petites lunes se montrent où il n'apercevait rien. Or, si quelques verres placés entre l'œil et le ciel peuvent en changer ainsi la décoration et y faire découvrir tant de choses nouvelles, faut-il s'étonner si la raison, dont le rayon visuel est si borné, ne voit pas en Dieu tout ce qu'y découvre l'œil de la foi, aux clartés de la révélation? Que faites-vous donc, vous qui, pour tout voir des yeux de l'esprit, vous fatiguez la vue; parce que vous l'avez perçante, comme s'il n'y avait pas dans le monde infini des intelligences, une infinité de choses qu'en raison de leur éloignement et de leur élévation, vous devez voir mal et d'autres que vous ne pouvez pas voir? Que faites-vous donc encore une fois, quand vous dites que vous voyez bien toute chose? N'imitez-vous pas ces logiciens intrépides qui s'obstinent à soutenir que le soleil tourne, parce qu'ils le voient tourner, ou que la terre est immobile parce qu'ils ne la sentent pas se mouvoir? Vouloir étudier la religion et connaître les choses de Dieu, sans le secours de la révélation, c'est donc comme si l'on voulait étudier le ciel matériel à l'œil nu et faire de l'astronomie sans télescope : avoir cette prétention et se dire philosophe, c'est le comble du ridicule. On a beau exalter la raison, on ne peut pas faire que son horizon soit infini; quand pour voir au delà, nous disons qu'elle a besoin d'une lumière supérieure, nous ne méconnaissons pas plus ses droits qu'on ne méconnait ceux de l'œil armé d'un instrument d'optique. La foi est le télescope divin à l'aide duquel nous atteignons les choses surnaturelles et l'accord entre la foi et la raison est le même qu'entre l'œil de l'astronome et le télescope à l'aide duquel il pénètre dans les profondeurs des cieux.

L'histoire du paganisme qui est celle de la philosophie, c'est-à-dire cinq ou six mille ans d'égarement et de folie, ne sont-ils pas là pour attester l'impuissance de la raison réduite à elle-même? Elle ne sait alors que s'égarer, et quand, ivre d'erreur et d'orgueil, elle voit tout chanceler autour d'elle, elle proclame que le doute est la seule véritable sagesse, et, tout en trébuchant dans les ténèbres, comme une bacchante en délire, elle s'en va se moquant, avec un ricanement infernal, de ceux qui marchent à la clarté des révélations divines. C'est en vain qu'on proclame la *souveraineté de la raison individuelle, inévitable, inamissible;* c'est en vain qu'un écrivain célèbre affirme que « la raison ne peut, sans s'abjurer, reconnaître entre elle et le vrai aucun intermédiaire; » c'est en vain que M. Pecqueur s'écrie : « La raison est son critérium à elle-même; il est évident que ce critérium ne saurait être ailleurs, sans déplacer ou anéantir aussitôt la raison. On ne comprend pas comment elle sortirait d'elle-même pour se vérifier et se juger, ce serait un cercle vicieux perpétuel. Que diriez-vous d'un homme qui sortirait de sa chambre et regarderait par la fenêtre pour savoir s'il y est? »

M. Pecqueur dira tout ce qu'il lui plaira, mais nous sommes dans le cas de l'homme en question : car dans ce moment même notre raison se vérifie et se juge; elle regarde en elle-même pour savoir si elle a bien la puissance d'invention et le caractère de souveraineté qu'on lui attribue. — Mais suivons notre raisonnement. La raison est déclarée souveraine; c'est en elle que chacun de nous puise sa certitude, et jamais hors d'elle; sans quoi elle ressemblerait à l'homme qui sort de sa chambre et regarde par la fenêtre pour voir s'il est chez lui. — Appliquons donc la théorie au fait universel. Que voyons-nous? Que la théorie n'est pas plus conforme à l'expérience universelle, que le trou de l'aiguille n'est en conformité avec la grosseur du câble. L'expérience nous montre, en effet, que telle chose admise comme très-bonne par un peuple, est rejetée comme très-mauvaise par un autre peuple. De plus, on voit au sein d'une même société, des guerres civiles et religieuses, soutenues de part et d'autre par des hommes parfaitement convaincus, parfaitement dévoués. La raison ou la conscience naturelle, inamissible, innée, ne parlait donc pas le même langage des deux côtés? — Il ne s'agit pas ici d'alléguer la liberté de prendre l'un ou l'autre parti, puisque des deux côtés on croyait bien faire, et que chacun portait en soi son critérium de certitude. Il ne faut pas non plus venir parler de superstitions. Une croyance, si superstitieuse qu'on la suppose, est toujours un fait de l'ordre spirituel; il faut que la raison y adhère. Comment, s'il est vrai que la raison ne puisse s'altérer ou se perdre, puisqu'on la déclare inamissible, comment n'a-t-elle pas prémuni tous les peuples du monde contre les superstitions qui répugnent tant aux esprits forts de notre temps? Et, sans aller chercher si loin, comment se fait-il qu'il y ait chez nous quatre ou cinq écoles philosophiques qui se nient les unes les autres, alors qu'il n'est pas permis de douter ni de l'intelligence ni de la bonne foi de leurs chefs? M. de Lammenais a-t-il donc une raison d'une nature différente de celle de M. Buchès et de M. Pierre Leroux, et chacun de ceux-ci une différente nature de raison de celle des deux autres? Enfin M. Pecqueur, qui croit avoir un système plus parfait que celui des autres, a donc aussi une raison qui voit autrement que celle des philosophes que nous venons de nommer.

« Les déistes sont donc forcés d'admettre que la raison n'est pas sa règle à elle-même; qu'elle ne trouve pas en elle-même la certitude des devoirs et du but, et qu'elle est obligée de reconnaître, entre elle et le vrai, des intermédiaires, tantôt sous le nom de sages ou de philosophes, tantôt sous le nom d'inspirés, de spontanéités ou de révélateurs proprement dits, ce qui constitue la plus grande des contradictions du déisme » (*Atelier*).

Ces considérations, jointes aux preuves de fait que nous alléguons, nous portent à nous soumettre sans peine à la révélation. Nous la reconnaissons comme une nécessité, nous l'admettons comme une réalité et nous la recevons comme un bienfait. Notre intelligence, irradiée et affermie, nous montre, dans les enseignements de la foi une haute convenance et une philosophie profonde. Nous rendons raison de presque tous les points, et, quand nous ne trouvons pas d'autres raisons, nous donnons encore la meilleure de toutes, qui est celle du fait de l'enseignement divin. Les obscurités ne nous scandalisent pas, car nous savons qu'elles disparaîtront au grand jour de l'éternité. Certains qu'une parole féconde est descendue du ciel, nous écoutons docilement la grande voix de l'Eglise qui la proclame, et nous ne sommes nullement troublés des contradictions qui s'élèvent : « Ce qui est clair, dit le P. Lacordaire, c'est que jamais le fini ne comprendra l'infini comme l'infini se comprend lui-même.

» C'est là le premier abaissement que nous cause la doctrine catholique : en nous donnant la mesure de nos forces, elle nous apprend à ne pas chercher ce que nous ne pouvons pas obtenir, elle jette une grande clarté au dedans de nous-mêmes, sur nous-mêmes. Mais est-ce là tout? Non, sans doute. Vous disputez, n'est-il pas vrai, sur les questions les plus fondamentales, et vous n'avez pas même le temps de les discuter, tant vous êtes pressés par les nécessités de la vie. Quel est donc votre plus grand besoin? C'est qu'il n'y ait plus de questions. Le plus grand bienfait de Dieu à l'égard de l'homme, c'est assurément de faire qu'il n'y ait plus de questions : car, quand il n'y aura plus de questions, il n'y aura plus d'obscurité, attendu que c'est la question qui engendre l'obscurité. Eh bien! qu'a fait Dieu? Dieu a répondu clairement, manifestement, à toutes vos questions : il vous a donné d'un seul coup en une page, ce que tous vos livres ne vous avaient point appris » (*Confér. de Notre-Dame,* Avent 1843)!

Les objections, même celles qui seraient insolubles, s'il y en a, ne nous arrêtent point; nous ne sommes nullement surpris qu'en se plaçant à un faux point de vue, on voie moins bien, ou même qu'on ne voie pas du tout. Que faut-il pour cacher l'astre le plus brillant? Un léger nuage qui ne tient nullement à l'astre; il suffit même d'élever la main à la hauteur de ses yeux. Sans doute les raisonneurs ont soulevé quelques nuages, et il arrive à ceux qui envisagent les questions à travers ces nuages, sans trop s'enquérir comment ils ont été soulevés, de sentir leur vue se troubler et à la fin de n'y plus rien voir. Mais l'enfant qui excite au bord du chemin des tourbillons de poussière, finit aussi par ne plus voir le soleil. Or qu'est-ce que cela prouve, et contre le soleil et contre sa lumière? Comme on rirait du fou important qui, regardant à travers cette poussière, s'écrierait que le flambeau de la nature est éteint, que l'œil le cherche en vain dans l'immensité des cieux! Que penser donc de ceux qui, retranchés derrière je ne sais quelles vieilles objections déjà cent fois réfutées et ayant devant les yeux des nuages de poussière voltairienne, hégélienne ou autre, ont la bonhomie de faire de gros livres pour nous apprendre que le Christianisme, ce grand flambeau de la civilisation qui a inondé le monde de torrents de vie, de chaleur et de lumière, n'est plus aujourd'hui qu'un météore éteint, et, quand ce grand flambeau brille encore comme aux premiers jours, allument gravement et élèvent le plus haut qu'ils peuvent leurs petites lanternes philosophiques, par lesquelles ils ont la prétention de le remplacer? S'ils sont de bonne foi, nous les plaignons beaucoup, et, s'ils sont de mauvaise foi, nous les plaignons encore davantage.

Il n'en est pas du symbole catholique comme des doctrines occultes des sanctuaires et des écoles antiques, qui n'étaient que pour un petit nombre d'adeptes privilégiés; nous le proclamons hautement, à la face du ciel et de la terre. Nous ne dissimulons rien du dogme qui humilie l'orgueil de l'esprit, ni de la morale qui gêne les penchants du cœur.

Nous croyons en un seul Dieu tout-puissant, immuable, infini, éternel et, pour tout dire en un seul mot, infiniment parfait. Nous croyons en lui, parce que, ayant la plénitude de l'être, il a toutes les raisons d'être possible; parce que, si, prenant pour guides les plus puissants génies, nous nous enfonçons avec eux dans les idées de l'être et de l'infini, ce grand Dieu nous apparaît avec tant de droits à l'être, que nous ne pouvons pas même concevoir comment il ne serait pas. Nous croyons en lui, parce qu'il est la cause et la raison suprême de tout ce qui est, parce qu'avec lui tout s'explique et que sans lui tout est inexplicable. Nous croyons en lui, parce que tout le proclame aux cieux et sur la terre, les astres, les animaux, les hommes, les plantes et jusqu'aux plus imperceptibles atomes, par le fait même de leur existence. Nous croyons en lui, parce que nous croyons à la certitude et à la vérité et que sans lui il n'y a plus ni vérité ni certitude. Nous croyons en lui, parce que son existence est au fond indémontrable et que rien n'est plus évident que ce qui ne peut pas être démontré à cause de son évidence même. Nous croyons en lui, parce qu'il s'est révélé lui-même, et aussi parce que nous avons le sentiment intime et profond de son existence, parce que nous sommes attirés vers lui comme l'aiguille aimantée vers le pôle. Cette attraction divine se fait moins sentir au sein des sociétés corrompues, où les passions altèrent profondément les âmes; mais qui ne sait que le fer aimanté, soumis à une haute température, perd également son aimantation? Nous croyons en lui avec toute l'humanité; car l'humanité n'a qu'un cri pour proclamer son existence et imposer silence à ceux qui la nient. L'idée de Dieu se retrouve partout où il y a des hommes: on la voit luire sur le berceau des empires et rayonner encore sur leurs ruines. Elle suit les peuples dans leurs migrations, sous toutes les latitudes, à travers tous les continents et toutes les mers, et il n'est pas de langue, si pauvre qu'elle soit, qui n'ait un nom pour l'exprimer.

Nous croyons en Dieu, parce que l'ordre admirable qui règne dans l'univers est un fait qu'on ne peut nier sans folie et qu'on ne peut expliquer sans un suprême ordonnateur. Dire que les choses sont nécessairement ainsi, c'est avouer qu'on n'a pas d'autre explication à donner de cet immense phénomène que celle que nous donnons: c'est avancer de plus une incontestable absurdité: car, tout dans le monde étant sujet au changement, c'est dire que tout y est nécessairement non nécessaire. Nous croyons en Dieu, parce que nous ne pouvons pas concevoir comment toutes ces merveilles qu'on appelle hommes, animaux, plantes, cristaux, et toutes les lois admirables qui régissent la matière, depuis les soleils jusqu'aux fluides impondérables, ne seraient que les jeux incompréhensibles d'une puissance aveugle et désordonnée. Nous croyons en Dieu, parce que nous ne concevons pas comment on peut nier les causes finales et que nous n'entendons rien à la haute philosophie qui enseigne que l'œil n'est pas fait pour voir, l'oreille pour entendre, la main pour saisir et le pied pour marcher; parce qu'il nous est impossible d'imaginer que c'est le hasard qui a mis dans la composition de ces organes tant de mathématiques, de délicatesse et de précision. Nous croyons en Dieu à la vue de l'univers, comme nous croyons à un architecte, à la vue d'un palais, à un peintre, à la vue d'un tableau. Nous croyons en Dieu, à la vue du ciel: car quel autre que lui aurait pu coordonner tant d'immenses systèmes, tracer aux astres leurs ellipses et leur donner la première impulsion? Quoi! c'est un grand artiste que celui qui, à force d'étude, d'application et de génie, a réussi à imiter la nature en quelque chose; c'est une puissante intelligence que celle qui, à force de calculs et de pénétration, a fini par dérober à cette même nature quelques-uns de ses secrets: et il n'y aurait dans la nature ni art, ni intelligence! Vous dites: Le hasard! et vous croyez tout expliquer par ce mot vide de sens; mais ne voyez-vous pas que vous donnez le néant pour la cause de l'être?

Enfin nous croyons en Dieu, parce qu'il nous répugne de croire à une éternelle succession d'effets sans cause, c'est-à-dire à une éternelle contradiction; parce que les grandes assises du globe, le noyau même de la terre, les montagnes, les animaux, les plantes, la race humaine, les arts, les sciences, les lois, les langues, les gouvernements, les empires, les peuples et leurs histoires, tout porte des signes incontestables de progrès et par conséquent de commencement et de nouveauté: si le progrès était fatal et éternel, il y a des millions de siècles que nous serions passés par les mêmes phases et que nous aurions franchi le terme où nous sommes parvenus. C'est ainsi que tout nous porte et nous ramène à Dieu, comme ces projectiles qui, poussés avec une incalculable vitesse loin de la terre, leur centre d'attraction, y reviennent toujours et se précipitent vers lui avec la même vitesse qu'ils s'en sont éloignés.

O mon Dieu, tout nous parle de vous, tout vous proclame; les sciences sont une hymne à votre gloire; *les cieux la racontent, le jour la redit au jour et la nuit à la nuit* (*Ps.* XVIII, 2, 3). C'est vous que révèlent les brillantes expériences de la physique et de la chimie moderne; c'est vous que l'astronome dégage dans l'inconnu de ses immenses calculs; c'est vous que le botaniste admire dans les merveilles des fleurs, l'anatomiste, dans les prodiges de l'organisation, le philosophe, dans le type unique et fécond d'après lequel les torrents de la vie se distribuent dans tous les règnes et vont atteindre les plus frêles existences, depuis le cétacé, roi de l'abîme, jusqu'aux mille petits monstres qui se jouent dans une goutte d'eau!

Nous croyons rationnellement que Dieu est un, parce que, étant l'être par excellence, il absorbe en lui tout l'être divin et toutes ses perfections, en sorte que tout ce qui n'est pas lui, ne pouvant venir que de lui, ne peut lui disputer ni la priorité ni la qualité d'être principe et source de tout ce qui est. Nous croyons qu'il est un, parce qu'il nous l'a révélé ainsi, et aussi parce que seul il suffit, et qu'il ne faut pas multiplier les êtres sans raison.

Nous croyons que ce grand Dieu a créé le ciel et la terre et dans le ciel les anges, ses ministres sacrés, avec leurs chœurs sublimes et leurs célestes hiérarchies, tous bons, tous purs au commencement, mais en partie rebelles et frappés d'anathème. Nous croyons qu'il a ensuite créé la terre, qui en porte la preuve écrite dans ses entrailles, où la succession des couches ou formations est l'indice certain d'un commencement. Nous croyons qu'il a créé le monde en six jours naturels ou en six époques indéterminées, car nous sommes libres d'adopter l'une ou l'autre opinion; que l'homme a été la dernière de ses créations, et la géologie et l'histoire s'unissent pour rendre témoignage à notre foi: la géologie, en nous montrant dans les archives du globe de vastes dépôts marins sans matières organiques; puis les végétaux; puis les mollusques, les poissons et les oiseaux, puis les mammifères, selon l'ordre indiqué dans le récit divin. L'homme ne paraît pas dans ces archives séculaires, parce qu'il est trop récent et de beaucoup postérieur aux grandes catastrophes qui ont formé les fossiles: l'histoire nous le montre en effet très-récent sur la terre. Que faut-il pour se trouver à l'origine des sociétés, assister à leur formation et voir tout commencer? Il suffit de remonter à trois mille ans; au delà il n'y a plus que la fable et le chaos.

Nous croyons rationnellement à la création, quelque incompréhensible qu'elle soit, parce qu'elle l'est moins encore que la succession éternelle des êtres, qui n'est qu'une éternelle succession d'effets sans causes, ou une éternelle série d'absurdités. Nous croyons à la création des règnes, des genres et des espèces, parce que rien ne peut expliquer ni le passage d'un genre à un genre supérieur, ni à plus forte raison le passage d'un règne à un règne plus élevé: car l'homme, malgré tous ses soins et son intelligence, n'obtient, en croisant les espèces même les plus rapprochées, que des mulets inféconds que la nature outragée frappe de sa réprobation.

Nous croyons rationnellement à la création *de nihilo* ou à la fécondation du néant, parce que, bien que mystérieuse et incompréhensible, elle ne présente pas une contradiction dans les termes, comme le système moderne qui nous représente Dieu tirant le monde de sa propre substance, c'est-à-dire l'infini devenant fini et distrayant une portion de lui-même, sans cesser d'être infini.

Nous croyons rationnellement non-seulement à la création de l'homme, mais à la descendance de tous les peuples d'un seul couple; parce que les monuments, les langues, les histoires, les traces des plus anciennes migrations, l'uniformité des tendances morales et des principes fondamentaux et la conformité du type humain dans ce qu'il a d'essentiel, tout décèle une origine commune.

Les différences, du reste fort légères, de conformation physique et celles des couleurs ne sont pas même des objections aujourd'hui. Mais, lors même que les choses ne seraient pas ainsi;

nous croirions encore à la descendance des peuples d'un seul couple, plutôt que de les croire autochthones ou sortis de terre un beau matin comme des champignons. Nous aimons mille fois mieux encore notre croyance, pour les raisons exposées plus haut, que celle qui les fait venir des lichens et des agarics, par transformations successives. Enfin nous croyons rationnellement à la création de l'homme, des animaux et des plantes, parce qu'il est parfaitement prouvé par les expériences de la chimie moderne que nul être organisé n'est produit sans germe préexistant.

Nous croyons que Dieu est un pur esprit et qu'il est parfaitement distinct de la matière. Nous repoussons le panthéisme sous toutes ses formes, comme la plus monstrueuse et la plus insensée de toutes les doctrines. Nous le prenons en pitié, comme un premier bégayement de la philosophie dans les langues et comme un dernier radotage de cette même philosophie dans sa décrépitude, comme un premier vol et une dernière chute, comme l'enfant de l'inexpérience et de la lassitude métaphysique, comme une espèce d'alchimie scolastique, quelque peu poétique, très-peu philosophique, très-nuageuse, très-indigeste, très-obscure, infiniment absurde et à peine propre à faire quelque illusion aux sots et à certains enthousiastes en délire. Nous rejetons dédaigneusement le *panthéisme psychologique*, qui admet que Dieu est l'âme du monde, mais qu'on ne saurait le distinguer de l'univers, comme on distingue l'âme du corps; nous le rejetons, dis-je, parce que nous ne concevons pas un Dieu modifié, agacé, paralysé, altéré par la matière et agité par les crises de la nature, comme l'âme l'est par le corps : un pareil Dieu n'aura jamais nos adorations. Nous rejetons avec un dédain plus grand encore le *panthéisme cosmologique* des philosophes éléates, qui enseignaient gravement que Dieu et le monde sont une seule et même chose, que Dieu par conséquent a une forme circulaire et occupe un espace déterminé.

Nous rejetons, avec un dédain qui va toujours croissant, le *panthéisme ontologique* de Spinosa, comme n'étant qu'une pure hypothèse, c'est-à-dire un pur jeu d'esprit dont le Juif hollandais a dû se moquer lui-même. Quand il fondait toute sa théorie sur l'idée de la substance et sur son unité, ne devait-il pas être tenté de se dire à lui-même : Je pars de l'idée de la substance; mais que répondrais-je à celui qui viendrait me dire que personne au monde n'a jamais dit et ne dira jamais ce que c'est que la substance ? Je dis qu'il n'y a qu'une substance; mais que pourrais-je répondre à celui qui me dirait qu'il y en a deux, qu'il y en a trois, qu'il y en a vingt, qu'il y en a cent peut-être ? Je dis : *Tout ce qui tombe sous les sens internes ou externes n'est qu'une série d'apparences;* mais que pourrais-je répondre à celui qui me dirait que je ne suis qu'une apparence d'homme, une apparence de philosophe, que ce que j'écris n'est qu'une apparence d'écriture qui n'a qu'une apparence de sens et ne mérite par conséquent qu'une apparence d'attention ? Nous éprouvons un dédain qui ne connaît plus de bornes pour ceux qui, accumulant les ténèbres sur ces obscurités et laissant là la *substance* et les *modes* ou *accidents* de Spinosa, ne nous parlent plus que d'*objectif* et de *subjectif*, de *réalisme* et d'*idéalisme* (Cousin et ses adeptes), de *réel* et d'*idéal*, de l'*idée* ou de l'*absolu* et du *être*, du *moi* et du *non-moi*, de l'*infini fini*, du *Dieu implicite* et du *Dieu explicite*, de l'*involution primordiale* et de l'*évolution progressive, de l'idéalité absolue* (Schelling), de l'*identité de l'être et de l'idée* (Hégel), du *ciel-infini-être* (Pierre Leroux), du *Dieu-vie*, du *Dieu-progrès* (idem), du *Dieu-humanité* (tous un peu et surtout Feurbach), et de je ne sais quelles autres sottises qui, si l'on était dans la vie privée et le reste de la vie publique ce qu'on est dans son école et dans ses livres, nous feraient prendre nos philosophes pour des chevaliers d'industrie qui se donnent de la fausse monnaie et se trompent, ou font semblant de se tromper mutuellement, pour mieux tromper les autres. Nous repoussons avec une douloureuse pitié, avec le sentiment qu'on éprouve à l'aspect de la folie, le *panthéisme mystique*, plein d'exaltation et d'extase et tout suintant d'immoralité, en vertu duquel les adorateurs de Brahma et de Bouddha se croient émanés de la substance divine et aspirent à y rentrer, pour s'y perdre et s'y confondre. On a beau faire avec cela du sentiment et de la poésie; la raison et la foi diront toujours : Anathème ! Que si, en faisant des livres sur ces folies, on ne veut que s'amuser, qu'on le dise; alors, prenant ces utopies philosophiques pour ce qu'elles valent, nous pourrons peut-être nous en amuser aussi ; mais tant qu'on parlera sérieusement, nous ne pourrons jamais répondre que par le mépris et l'anathème. Quoi ! dirons-nous au panthéiste, quel qu'il soit, vous voulez que Dieu soit tout à la fois et le juif et le chrétien, et le fidèle et le sectaire, et le croyant et le sophiste, et l'idolâtre et le catholique ? Quoi ! vous voulez qu'il s'adore et se blasphème tout à la fois ? Qu'au commencement du Christianisme il ait travaillé, avec une infatigable persévérance, à l'établissement de cette religion nouvelle et à sa destruction ? Qu'il ait été en même temps le persécuteur et le martyr, le bourreau et le supplicié, la vierge pure et le tyran corrupteur? Vous voulez qu'il soit encore l'oppresseur et l'opprimé, l'innocent et le coupable, l'assassin et sa victime? Vous voulez qu'il soit tout ce qu'il y a de plus odieux, de plus honteux, de plus abominable, de plus impur, de plus criminel, de plus perdu et de plus infâme? Mais vous voulez donc qu'il n'y ait plus ni juste ni injuste, ni vérité ni erreur, ni crimes ni bonnes actions, ni vice ni vertu ? Mais c'est une chose horrible que vous voulez ! — Mais vous êtes tout au plus digne d'aller enseigner dans ces lieux horribles qui n'ont pas de nom dans des bouches honnêtes ! Mais votre doctrine, malgré les mots pompeux dans lesquels vous avez soin de l'envelopper, mérite l'exécration de la terre et du ciel ! Mais tous les jours on appréhende au corps et l'on enferme des hommes qui ont moins outragé que vous la société et la raison ! Quel Dieu que le vôtre ! Comment un tel être pourrait-il subsister ? Une guerre éternelle serait dans son sein. Etre monstrueux, il résumerait en lui toutes les contradictions et toutes les erreurs ! Pantomime effroyable, ses membres se tordraient et sa figure grimacerait dans tous les sens ! Etre stupide, il serait tout à la fois et le feu qui brûle et l'eau qui éteint, et le mal qui tue et le remède qui guérit, et le froid qui glace et la chaleur qui vivifie, et la vie qui fait végéter les êtres et la mort qui les dessèche, et le suc bienfaisant qui les ranime et le venin qui les fait expirer dans les convulsions ! Il serait la rosée qui rafraîchit les plantes et l'incendie qui les dévore, le zéphir qui caresse les fleurs et la trombe qui arrache les forêts, le vent qui pousse le vaisseau vers le port et la tempête qui le brise contre les rochers ! Il s'enchaînerait lui-même dans les cachots, se déchirerait dans les maladies, se torturerait dans les supplices, s'ensevelirait sous la lave ardente des volcans, se taillerait en pièces sur les champs de bataille, s'engloutirait dans les naufrages, s'étoufferait dans les profondeurs des mines, se briserait dans les tremblements de la terre, se consumerait sous les feux du tonnerre, se dévorerait avec les bêtes féroces, se mangerait avec tout ce qui respire, boirait son sang avec les tigres et les anthropophages, enfin travaillerait à sa ruine avec un incroyable acharnement, partout et de toute manière, par le fer, par l'eau, par le feu, par la foudre, par tous les fléaux qui ravagent le monde ! Que c'était bien la peine de renoncer au dogme catholique pour retourner à de pareilles doctrines !

Nous croyons donc en Dieu, pur esprit, père tout-puissant, créateur et conservateur de tout ce qui est. Nous croyons à la Providence, qui n'est que l'exercice de ses attributs divins. Nous croyons à la Providence, parce que Dieu étant un être sage non moins que puissant et bon, il a dû, après avoir créé des êtres, s'occuper de leur conservation et par conséquent leur donner des lois, tout en se réservant le droit d'y déroger à son gré. Nous croyons à la Providence, parce que plusieurs de ces êtres étant libres et pouvant par conséquent troubler l'harmonie de l'ensemble et fausser leur destination, ainsi que celle des êtres qui leur sont subordonnés, il était nécessaire qu'une haute surveillance fût exercée pour rétablir l'ordre et l'harmonie, faire sortir le bien du mal et rendre à chacun selon ses œuvres. Or tant de soins ne sont point indignes de la majesté de Dieu; l'amour explique ce que n'explique pas la raison. Dieu n'est pas moins grand quand il donne à l'insecte sa robe soyeuse et brillante que quand il glorifie un ange du ciel; le premier de ces actes ne le rabaisse pas plus que le second, et le second ne l'élève pas plus que le premier. Qui osera dire qu'il est plus indigne du soleil de faire briller la goutte de rosée suspendue au brin d'herbe que la perle sortie du sein des mers, de faire étinceler les écailles du reptile que les diamants au front des rois ? Tant de soins ne sont pas non plus pénibles pour Dieu et ne fatiguent point son intelligence infinie. De même que l'œil de l'homme peut embrasser un immense horizon et voir simultanément une multitude d'objets, distinctement, sans fatigue et sans peine, ainsi Dieu, présent à tous les lieux par son immensité, à tous les temps par son éternité, voit sans fatigue aucune tout ce qui est, tout ce qui a été et tout ce qui sera. Pour tout savoir, il n'a besoin ni de prévoir ni de se souvenir, il lui suffit de voir : car tout est présent devant lui, et, comme pour agir il lui suffit de vouloir, le gouvernement du monde, comme la création, n'est qu'un acte de sa volonté.

Nous croyons à la Providence, dont les cieux dans leur ordre admirable, la terre dans sa fécondité, les saisons dans leur retour, les plantes dans leur organisation, les animaux dans leurs instincts, toute la création dans ses innombrables merveilles, sont autant de preuves éclatantes et irrécusables. Eh! comment, à l'aspect des merveilles de la nature, ne croirions-nous pas à la Providence ? N'est-ce pas elle, quand le grain confié au sillon s'est désorganisé, corrompu, putréfié, qui lui fait retrouver la vie au sein même de la mort ? N'est-ce pas elle qui le fait se multiplier au centuple ? A quelle école l'arbrisseau fait-il son éducation ? Qui lui apprend à aspirer l'air et à le décomposer mieux que ne pourrait faire le chimiste le plus habile ? Qui lui fait discerner parmi les différents sucs terrestres ceux qui lui conviennent ? Et, quand il les a discernés, qui lui apprend à les absorber, à se les assimiler et à les transformer en sa propre substance, de telle manière que les uns restent dans les racines, tandis que les autres s'élèvent dans les mille canaux de la tige contre toutes les lois de la pesanteur, se distillent, s'épurent, se divisent et vont alimenter les différentes parties de la plante: ceux-ci les parties molles, ceux-là les parties dures; ceux-ci le bois, ceux-là l'écorce; ceux-ci les feuilles, ceux-là les fleurs et les fruits ?

Considérez les oiseaux du ciel, dit le Sauveur lui-même: ils ne sèment, ni ne moissonnent, ni ne recueillent dans des greniers; mais le Père céleste ne les abandonne pas à leur imprévoyance: chaque jour il les convie au banquet qu'il leur prépare et a soin de conserver pour le lendemain les restes du festin. Voilà que chaque couple a suspendu dans les airs le berceau de sa petite famille; mais qui donc les a faits tout à coup architectes, maçons, charpentiers, géomètres ? Qui a joint en eux à tant de légèreté tant de persévérance et d'application ? Voilà que la femelle a pondu de petits cônes tronqués et qu'elle les échauffe avec amour, oubliant tout pour cela, et les chants d'allégresse, et les joyeux ébats, et la nourriture même. Pendant ce temps-là, le mâle chante pour charmer sa compagne ou la remplace sur la couvée, afin que l'œuvre ne souffre pas d'interruption. Mais qui donc leur a dit qu'il y a dans ces morceaux de calcaire des êtres semblables à eux, dont les germes se développeront s'ils les échauffent sous leurs ailes ? Ce n'est pas l'expérience; car les jeunes couples d'une année le font aussi bien que ceux qui ont déjà vécu plusieurs printemps. Puis, quand approchent les hivers, qui les leur fait pressentir au milieu des doux soleils d'automne ? Qui leur dit qu'il est temps de quitter les rivages où ils ont reçu le jour ? Qui les rassemble en caravanes ? Qui leur donne le signal du départ ? Mais, avant tout, qui leur dit qu'il est d'autres pays que celui qui les a vus naître ? qu'il est des régions moins froides et des climats plus doux? Qui leur dit qu'ils trouveront le soleil au midi plutôt qu'au septentrion ? Comment ne se trompent-ils jamais, quand tous les jours les hommes se trompent sur les chemins qu'ils connaissent le mieux ? Et, quand le printemps ramène les beaux jours, qui les ramène avec eux ? Comment savent-ils que les frimas ne désolent plus la patrie ? Sans guide sur la terre, sans boussole dans les déserts, sans pilote sur les eaux, qui les dirige dans leurs lointains voyages, à travers les forêts profondes, dans les cieux sans limites et sur les mers sans bornes ? La voyez-vous, la Providence ? Oh! qui pourrait la méconnaître ?

Ce que nous venons de dire des oiseaux qui nous quittent aux approches de l'hiver, nous pourrions le dire aussi de ceux qui nous arrivent; car ceux-ci aiment les brumes et les frimas comme ceux-là les beaux jours. Les uns, destinés à seconder l'homme dans la guerre qu'il fait aux ennemis de ses champs, sont armés de becs robustes et de serres puissantes; les autres, obligés de chercher leur pâture dans les eaux, sont munis de longs becs emmanchés de longs cous et apparaissent montés sur de longues échasses. Leurs pieds membraneux leur servent de rames et la matière onctueuse qui les recouvre est comme le goudron du vaisseau. Mais tandis qu'ils fourragent, les uns sur la terre et les autres sur l'onde, des sentinelles sont placées à distance pour veiller à la sûreté commune. On voit celles-ci, inquiètes et attentives, sonner l'alarme aussitôt que l'ennemi se présente. Puis, dans leurs voyages aériens, n'avez-vous jamais admiré comment ces tacticiens sauvages savent toujours se former en flèche ou en triangle, pour mieux fendre les airs? comment ils se succèdent au poste avancé, de telle sorte, que celui qui pendant quelque temps a soutenu, au premier rang, l'effort et la fatigue vient se placer au dernier, où le courant d'air établi le pousse et lui permet de réparer ses forces épuisées ?

Voyez l'araignée: qui lui a appris à tisser ses réseaux et à les tendre comme des filets, dont ils affectent la forme ? Quand elle veut passer un ruisseau, qui lui a appris à confier son fil au vent pour se faire comme un pont sur l'abîme? Pourquoi la chenille ne continue-t-elle pas de brouter jusqu'à la mort la verdure dont elle est si avide ? Qui lui a appris à se filer une couche molle et soyeuse, impénétrable à l'air et à la dent de ses ennemis, et à s'y endormir, pour en sortir ensuite, image brillante de la résurrection, papillonnante et légère et parée de mille couleurs ? Puis, devenue cet insecte volage qu'on a pris pour le symbole de l'inconstance, qui lui a donné la pensée de l'avenir et cette paternelle prévoyance avec laquelle le papillon arme ses œufs contre la rigueur des frimas et les dépose précisément sur les plantes où il sait que sa jeune progéniture trouvera la nourriture et l'abri ?

Tandis qu'au fond des mers le mollusque bâtit ses ruches de madrépores, élève ses forêts de coraux et nuance des plus riches couleurs sa brillante coquille, qu'il frange en dentelle, découpe en bivalve ou roule en élégante spirale, le castor construit ses digues, l'abeille ses alvéoles, et confond le géomètre par la rectitude des formes et la précision des mesures; en même temps, mille petits économes font leurs provisions pour l'hiver, et donnent aux hommes l'exemple du travail, de la prévoyance, de la subordination et des vertus sociales, etc., etc. Or de qui peuvent venir tant de merveilleux instincts, sinon de celui qui a allumé les soleils dans les cieux et dans l'homme le flambeau de l'intelligence, qui a donné à la mite sa robe soyeuse et sa parure à la fleur des champs ? On ne saurait trop faire remarquer que les animaux ne doivent rien à l'expérience, rien au progrès. Le singe, qui est sans contredit le plus intelligent, a vu cent fois les travaux de l'agriculture, mais son talent mimique ne l'a jamais porté à les imiter sérieusement. Bien des fois il s'est chauffé au bivouac du sauvage, et cependant jamais il n'a songé à faire jaillir de la matière ce feu qu'il recherche et qu'il aime. Ce seul fait suffirait pour prouver la Providence: car, si les animaux avaient seulement pendant un jour la puissance du feu, le soir même de ce jour, le monde serait embrasé.

Ainsi tout nous parle de Dieu et de sa providence. Ce dont nous ne pouvons pas rendre raison ne nous arrête point, nous savons que l'œuvre est trop grande et notre intelligence trop bornée.

Nous croyons à la très-sainte Trinité, dont tout le symbole catholique n'est que le développement, la première partie nous instruisant du Père et de l'œuvre de la création, la seconde du Fils et de l'œuvre de la rédemption, la troisième du Saint-Esprit et de l'œuvre de la sanctification; ce qui ne veut pas dire toutefois que ces œuvres soient tellement propres à chacune des personnes qu'elles ne soient aussi communes à toutes les autres.

Nous croyons donc au mystère de la sainte Trinité, c'est-à-dire que nous croyons qu'en Dieu il n'y a qu'une seule nature et trois personnes qui ne font qu'un seul Dieu; obscurité, mais non absurdité; mystère, mais non contradiction : car nous ne disons pas qu'il y a trois dieux qui ne font qu'un seul Dieu, ni trois personnes qui ne font qu'une seule personne; mais nous disons, ce qui est essentiellement différent, qu'il y a trois personnes en un seul Dieu, ou un seul Dieu en trois personnes. Nous croyons que ces trois personnes sont parfaitement égales en toute chose, en nature, en puissance, en perfection, en éternité. Nous croyons que le Père n'est ni créé, ni engendré, ni ne procède; que le Fils est engendré de toute éternité par le Père, et que le Saint-Esprit n'est ni créé, ni engendré, mais qu'il procède du Père et du Fils. Toute la création porte l'empreinte du nombre trois, qui a évidemment présidé à l'action créatrice: cette empreinte est tellement évidente, qu'un philosophe grec (Aristote) a pu dire : τρία ἐστὶν ἅπαντα, *tria sunt omnia*. La Trinité en Dieu nous explique ce sceau mystérieux imprimé sur la création. Elle est aussi le type de la famille et de la société. Dans l'Evangile, l'union indissoluble et parfaite des trois personnes divines nous est proposée pour modèle. *O mon Père, je vous en conjure*, dit le Sauveur dans sa prière sublime, *qu'ils soient un comme vous et moi (Jean*, XVII, 23)!

Nous croyons que Dieu a créé l'homme à son image, en lui donnant une âme immatérielle, immortelle, capable de connaître et d'aimer. Nous croyons qu'il l'a créé libre et que l'infaillibilité de sa prévision divine n'est point un obstacle à l'exercice de la liberté: l'homme faisant toute chose, non parce que Dieu l'a prévu, mais Dieu l'ayant prévu parce que tout devait se faire en vertu de la libre détermination de l'homme; Dieu, en un mot, prévoyant deux choses, l'acte et la libre détermination. Nous croyons que l'homme, créé pur et bon, a prévariqué dès le commencement; mais, comme nous croyons à sa chute par Adam, nous croyons à sa réhabilitation par Jésus-Christ, et c'est là tout le Christianisme.

Nous croyons à la chute de l'homme et à la transmission de sa faute à tous ses descendants par le fait même de leur conception, et c'est ce que nous appelons *péché originel*. Comment avons-nous péché dans notre premier père, soit que nos volontés aient été ou n'aient pas été renfermées dans la sienne? C'est là le mystère. Cependant, dans la nature, les branches ressemblent naturellement à la tige et les ruisseaux à leur source; et, dans les sociétés, les enfants sont souvent punis pour les fautes de leurs pères. Si Adam était resté fidèle, nous naîtrions tous dans la gloire, dans l'innocence et le bonheur, et nul ne songerait à s'en étonner; mais, puisque nous étions tellement liés à lui, que nous devions hériter de sa fortune, pourquoi n'hériterions-nous pas de ses malheurs?

Nous croyons à la chute de l'homme dont nous voyons les funestes effets dans son intelligence, dans son cœur et dans ses sens. Il est impossible qu'il ait été créé tel qu'il est et qu'il ne soit pas une grande ruine de lui-même: il y a trop d'ignorance dans son esprit, trop de perversité et de faiblesse dans sa volonté, trop de dépravation dans ses sens; le foyer impur de la concupiscence brûle en lui avec trop d'intensité; il renferme trop de contradictions; l'infortune et la douleur sortent trop naturellement du fond de son être; il est impossible qu'il ait été ainsi façonné par les mains de Dieu. « L'homme ne sait à quel rang se mettre, dit Pascal; il est visiblement égaré, et sent en lui des restes d'un état dont il est déchu, et qu'il ne peut retrouver. Il le cherche partout avec inquiétude et sans succès dans des ténèbres impénétrables. » (*Pensées*, ch. 1, p. 14).

Voyez ce roi de la création, dans quel état de faiblesse, d'ignorance et de dégradation il entre dans la vie! « Les anciens philosophes se plaignoient contre la nature, comme étant non pas une bonne mère, mais une marâtre injuste, qui nous avait formés avec un corps nu, fragile, infirme et mortel, et un esprit faible à porter les travaux, aisé à troubler par les terreurs, inquiet dans ses douleurs et enclin aux cupidités les plus déréglées. De dures expériences ont fait connoître à ces philosophes le joug pesant des enfants d'Adam; et, sans en savoir la cause, ils en sentoient les effets » (Bossuet, *Élévations*, IVe semaine). « Combien faudra-t-il le tourmenter pour lui faire apprendre quelque chose? Combien sera-t-il de temps comme un animal? N'est-il pas bien malheureux d'avoir à passer par une longue ignorance à quelques rayons de lumière? Regardez, disait un saint(1), cette enfance laborieuse, de quels maux n'est-elle pas opprimée? Parmi quelles vanités, quels tourments, quelles erreurs et quelles terreurs prend-elle son accroissement? Et quand on est grand, et même qu'on se consacre à servir Dieu, que de dangereuses tentations, par l'erreur qui nous veut séduire, par la volupté qui nous entraîne, par la douleur et l'ennui qui nous accable, par l'orgueil qui nous enfle! Et qui pourroit expliquer ce joug pesant dont sont accablés les enfants d'Adam ou croire que sous un Dieu bon, sous un Dieu juste, on dût souffrir tant de maux, si le péché originel n'avoit précédé » (Bossuet, *Élévations*, VIIe semaine)?

Rien n'est plus étrange dans la nature de l'homme que les contrariétés que l'on y découvre à l'égard de toutes choses. « Il est fait pour connoître la vérité, il la désire ardemment, il la cherche, et cependant, quand il tâche de la saisir, il s'éblouit et se confond de telle sorte, qu'il donne sujet de lui en disputer la possession. C'est ce qui a fait naître les deux sectes des pyrrhoniens et des dogmatistes, dont les uns ont voulu ravir à l'homme toute connoissance de la vérité, et les autres tâchent de la lui assurer, mais chacun avec des raisons si peu vraisemblables, qu'elles augmentent la confusion et l'embarras de l'homme, lorsqu'il n'a point d'autre lumière que celle qu'il trouve dans sa nature » (Pascal, ch. 21, p. 149).

« Nous sommes sur un milieu vaste, toujours incertains et flottants entre l'ignorance et la connoissance; et, si nous pensons aller plus avant, notre objet branle et échappe à nos prises; il se dérobe et fuit d'une fuite éternelle: rien ne le peut arrêter. C'est notre condition naturelle, et toutefois la plus contraire à notre inclination: nous brûlons du désir d'approfondir tout et d'édifier une tour qui s'élève jusqu'à l'infini; mais tout notre édifice craque, et la terre s'ouvre jusqu'aux abîmes » (Pascal, ch. 22, p. 165).

Aussi le genre humain, abandonné à lui-même, a-t-il constamment reculé dans la vérité et progressé dans l'erreur. Pour quelques vérités morales qu'il a mises en lumière, il a parcouru le cercle immense de toutes les erreurs. Quelle meilleure preuve pourrions-nous en donner que les stupidités de l'idolâtrie, dont les ténèbres, toujours plus épaisses, ont régné pendant tant de siècles sur la terre?

Voilà ce qu'est l'homme à l'égard de la vérité; considérons-le maintenant à l'égard de la félicité.

« C'est une chose étrange, qu'il n'y a rien dans la nature qui n'ait été capable de tenir la place de la foi et du bonheur de l'homme, astres, éléments, plantes, animaux, insectes, maladies, guerres, vices, crimes, etc. L'homme étant déchu de son état naturel, il n'y a rien à quoi il n'ait été capable de se porter. Depuis qu'il a perdu le vrai bien, tout également peut lui paroître tel, jusqu'à sa destruction propre, toute contraire qu'elle est à la raison et à la nature ensemble » (Pascal, ch. 21, p. 155). « Quelle chimère est-ce donc que l'homme? quelle nouveauté, quel chaos, quel sujet de contradiction? Juge de toutes choses, imbécile ver de terre; dépositaire du vrai, amas d'incertitude, gloire et rebut de l'univers; s'il se vante, je l'abaisse; s'il s'abaisse, je le vante, et le contredis toujours, jusqu'à ce qu'il comprenne qu'il est un monstre incompréhensible » (Pascal, chap. 11, p. 160).

« L'état malheureux de l'âme, asservie sous la pesanteur du corps, a fait penser aux philosophes que le corps étoit à l'âme un poids accablant, une prison, un supplice semblable à celui qu'un tyran faisoit souffrir à ses ennemis, qu'il attachoit tout vivants à des corps morts à demi pourris. Ainsi, disent ces philosophes, nos âmes vivantes sont attachées à ce corps, comme à un cadavre. Ils ne pouvoient concevoir qu'un tel supplice se pût trouver dans un monde gouverné par un Dieu juste, sans quelque péché précédent; et ils donnoient aux âmes une vie hors du corps avant la naissance; en s'abandonnant au péché, elles furent précipitées des cieux dans cette prison du corps. Voilà ce qu'on pouvoit dire quand on ne connaissoit pas la chute du genre humain dans son auteur » (Bossuet, *Élévations*, VIIe semaine).

« Les misères de l'homme commencent avec la vie et le suivent en se multipliant jusqu'au tombeau. Quatre sources intarissables les font couler sur tous les états et dans toute la vie: les *soucis*, les *terreurs*, les *agitations d'une espérance trompeuse* et enfin le *jour de la mort*..... Les maux qui viennent de ces quatre sources empoisonnent toute notre vie et ne nous laissent pas même en repos pendant le sommeil...... *A peine commence-t-on à en goûter les douceurs qu'il se présente* à une imagination échauffée *toutes sortes de fantômes et de monstres, comme si l'on avoit été mis en sentinelle* dans une tour (*Ecclésiaste*, XI). On se trouble dans les visions de son cœur. *On croit être poursuivi par un ennemi furieux, comme dans un jour de combat, on ne se sauve de cette crainte qu'en s'éveillant en sursaut; on s'étonne d'une si vaine terreur* (*ibid.*), et d'avoir trouvé tant de périls dans une entière sûreté. On a peine à se remettre d'une si étrange épouvante, et l'on sent que sans aucun ennemi on se peut faire à soi-même une guerre aussi violente que des bataillons armés. Les songes nous suivent jusqu'en veillant. Qu'est-ce que les terreurs qui nous saisissent sans sujet, si ce n'est un songe effrayant; mais qu'est-ce que l'ambition et une espérance fallacieuse, qui nous mène de travaux en travaux, d'illusion en illusion, et nous rend le jouet des hommes, sinon une autre sorte de songe qui change de vains plaisirs en des tourments effectifs? Que dirai-je des maladies accablantes *qui inondent sur toute chair, depuis l'homme jusqu'à la bête, et cent fois plus encore sur les pécheurs* (*ibid.*)? Et où arrive-t-on par tant de maux, et à quelle mort? Laisse-t-on du moins venir la mort doucement et comme naturellement, pour nous être comme une espèce d'asile contre les malheurs de la vie? Non, l'on ne voit que des *morts cruelles*, dans *le combat, dans le sang, l'épée, l'oppression, la famine, la peste, l'accablement, tous les fléaux de Dieu; toutes ces choses ont été créées pour les méchants et le déluge est venu pour eux* (*ibid.*). Mais, le déluge des eaux n'est venu qu'une seule fois; celui des afflictions est perpétuel et inonde toute la vie dès la naissance.

» Après cela peut-on croire que l'enfance soit innocente? O Seigneur! *Vous jugez indigne de votre puissance de punir les innocents* (*Sagesse*, XII, 15). Pourquoi donc répandez-vous votre colère sur cet enfant qui vient de naître? A qui a-t-il fait tort? De qui a-t-il enlevé les biens? A-t-il corrompu la femme de son prochain? Quel est son crime? Et pourquoi commencer à l'accabler d'un joug si pesant? Répétons encore: *Un joug pesant sur les enfants d'Adam* (*Ecclésiaste*, XI). Il est enfant d'Adam; voilà son crime. C'est ce qui le fait naître dans l'ignorance et dans la foiblesse, ce qui lui a mis dans le cœur la source de tou-

(1) Saint Augustin.

tes sortes de mauvais désirs: il ne manque que de la force pour les déclarer. » (Bossuet, *ibid.*).

Quelles contradictions dans l'homme! Il se sent né pour la vérité, et s'attache à l'erreur; il aime le bien, et se prend au mal; c'est le bien qu'il veut faire, et c'est le mal qu'il fait: *Video meliora proboque; Deteriora sequor*, a dit le poëte latin (1); il aime l'indépendance jusqu'à ne vouloir pas même dépendre de Dieu, et il se met sous la dépendance des plus honteuses misères. Tantôt il veut être Dieu, tantôt ne ressembler qu'à la bête. Etre d'un jour, il rêve l'éternité, et cherche à imprimer le sceau de l'immortalité à ses ouvrages. Borné en tout, il a des désirs sans bornes; contradiction vivante, il aspire à l'infini, qui seul peut combler l'immensité de ses désirs, il le sent, et s'absorbe dans ce qu'il y a de plus petit, et quelquefois de plus indigne et de plus misérable. N'est-ce pas évidemment un ange tombé qui se souvient du ciel, qui a encore de nobles élans vers les choses divines, mais que la force de sa chute enfonce et précipite toujours; un voyageur fourvoyé qui sait où il va, mais qui ne peut ni se reconnaître ni se fixer sur le chemin? « Certainement, dit Pascal, rien ne nous heurte plus rudement que cette doctrine. Et cependant sans ce mystère, le plus incompréhensible de tous, nous sommes incompréhensibles à nous-mêmes. Le nœud de notre condition prend ses retours et ses plis dans cet abîme, de sorte que l'homme est plus inconcevable sans ce mystère que ce mystère n'est inconcevable à l'homme » (Pascal, *Pensées*, ch. 3, p. 39).

Nous croyons donc à la déchéance de l'homme, à cause des preuves que nous venons d'en donner plus haut, et aussi à cause du retentissement qu'a eu sa chute dans tout l'univers. Toutes les traditions des anciens peuples en sont pleines. Les Hindous, les Chinois, les Perses, les Scandinaves, les Tartares, les Tibétains, les Egyptiens, les Grecs, les Romains, les Gaulois, les Mexicains, les Iroquois, la plupart des tribus de l'Amérique, et les hordes africaines, nous montrent également, pour cause du châtiment de l'homme, sa désobéissance, inspirée par l'orgueil, à la suggestion d'un être malfaisant. — « Telle est la substance commune de chaque récit des nations. La femme et le serpent y apparaissent comme instruments de ce malheur. Aussi le rôle désastreux que joua la femme dans le drame du péché, et la perfidie de son conseiller, représenté sous la forme du serpent, furent-ils marqués en traits ineffaçables dans l'expressif langage de l'antiquité » (*De la mort avant l'homme*, chap. 4, p. 193).

Dans les vieilles langues, la femme est appelée de différents noms qui rappellent la part qu'elle a prise à la chute primitive. Partout où n'a pas été arboré le signe de la réhabilitation, elle est sous le poids de la réprobation et de l'anathème, elle est esclave et opprimée; et ce n'est pas sa faiblesse qu'on opprime, c'est son sexe qu'on humilie, à cause de la misère dont elle fut l'occasion. Les rapports de la femme avec le serpent sont également dans les usages et les traditions antiques. Partout le serpent est pris pour le signe de la perfidie, du mensonge, du mal, du péché et de la mort. Dans la langue hiéroglyphique, il signifiait la science du bien et du mal. « L'antiquité entière accuse une obscure tradition sur certains rapports entre le serpent et la femme. Toujours près du serpent une femme apparaît. Un dieu se transforme en serpent pour séduire une femme. La rencontre d'un serpent est fatale à la compagne d'Orphée, prince de la lyre. Un serpent menace Andromède. Sous l'arbre merveilleux des Hespérides se cache un serpent. Un serpent défend l'approche de la Toison d'or.

» La mythologie du Nord nous montre aussi le serpent Midgar, ses rapports avec Angerbode, cause de nos malheurs, et le serpent Sciur, qui porte la parole de l'envie. Aux rives indiennes, la sculpture a révélé une image pareille: la fameuse statue découverte à Ceylan représente une femme entichée d'un serpent qui surmonte son front. Par suite des rapports entre la femme et le premier séducteur, celle-ci naturellement devait supporter les charges de son culte. Des vierges romaines étaient seules prêtresses du grand serpent de Lavinium. En Epire, seule une vierge pouvait pénétrer dans les bocages consacrés au serpent. Dans la Nigritie, des vierges sont encore les prêtresses ordinaires du serpent. Même il y eut des peuplades qui prétendaient tirer leur origine du contact entre le serpent et la femme. Les anciens naturalistes attestent la croyance à une race particulière d'hommes, issue de cette mystérieuse liaison: les Grecs les appelaient Ophiogènes » (*De la mort avant l'homme*, p. 218). Dans les Nackas, écritures sacrées des Perses, Ahriman descend du ciel et s'abat sur la terre sous la figure d'un serpent. La plus légère connaissance de l'antiquité ferait soupçonner, lors même qu'on ne le saurait pas d'ailleurs, qu'une promesse faite dès l'origine annonça la destruction du serpent. Qui ne connaît ces vers mystérieux du poëte latin signalant le libérateur attendu: *Jam redit et virgo... occidet et serpens.* Et le serpent Python tué par Apollon? Et Esculape tuant le serpent par le bois? Et la destruction du grand Dragon de la fable? Et Bellérophon domptant la Chimère? Et Persée tranchant la tête de Méduse? Typhon, au bord du Nil, n'était-il pas l'emblème du mal spirituel, et Python son anagramme, de même qu'Apollon est une défiguration évidente de l'Horus égyptien? « Ces faits, ces connexions, ces rapprochements, portent avec eux la meilleure dialectique. Nous bornant à les exposer, nous vous laisserons conclure. Notre opinion vous paraît-elle erronée, supprimez-la; mais alors veuillez nous expliquer comment le serpent, si inférieur dans l'échelle de la création, ce vil habitant de la fange, des broussailles et des ruines, a été représenté sur les autels, honoré par les mages de Babylone, les prêtres de Memphis, du Gange, de la Tartarie, de la Chine, des archipels indiens et des deux Amériques? Dites-nous pourquoi il est devenu le signe impérial de la monarchie, comme emblème de la science du bien et du mal? Comment aujourd'hui encore, dans les immobiles nations de l'extrême Asie, il s'étale sur le cachet des empereurs et les étendards des armées? Si ce n'est point à cause de son rôle dans la chute, trouvez un autre motif.

» Et si l'importance universelle du serpent provient du récit de la déchéance.

» Donc ce récit parut, dans l'origine, mériter une créance absolue.

» Donc il fut antérieur à la dispersion des peuples.

» Donc cette tradition est primitive.

» Dès lors la théorie du progrès continu s'abîme par sa base, puisque le fétichisme initial et progressif fut impossible. Non-seulement la figure du serpent génésiaque n'est point fatale au catholicisme, mais elle réhabilite son enseignement. Et de nos jours, selon l'image des Israélites dans le désert de Hor, les morsures cruelles faites à la foi par le serpent calomniateur du siècle dernier, sont guéries à la vue du serpent historique, exposé sous son véritable aspect » (*De la mort avant l'homme*, p. 226).

Si la déchéance n'était qu'une allégorie, l'inventeur n'aurait-il pas cherché à mettre quelque analogie entre la femme et son conseiller? Pourquoi faire parler un serpent aux formes tortueuses et repoussantes? Pourquoi pas plutôt tout autre animal, un singe, par exemple, qui aurait facétieusement donné l'exemple, en mangeant lui-même du fruit défendu? Mais un serpent, quelle raison de le choisir? N'était-ce pas ôter toute vraisemblance au récit? Et puis comment un récit si invraisemblable est-il devenu si universel? « Si l'histoire de la déchéance dérivait d'une pure invention, serait-elle, ainsi que la tradition sur le déluge, commune à toutes les régions habitées? Les sauvages du Grand-Lièvre, de la Tortue, des Longs-Couteaux, sont-ils allés la chercher dans la Grèce, la demander à l'Iran? Puisque les nations, séparées par la mer immense, le langage et l'orgueil, plus infranchissable, n'ont pu se la communiquer, il faut donc qu'elle vienne de plus loin et soit antérieure aux migrations primitives, pour avoir été ainsi emportée dans les cinq parties du monde » (*De la mort avant l'homme*, p. 210).

Si la vérité n'était pas au fond de cette tradition, la retrouverait-on partout et dans tous les temps? « Trouvez-nous ainsi la conquête de la Toison d'or, la prise de Troie, les figures homériques également conservées à la terre de Feu, aux rives du fleuve Jaune ou de la mer Vermeille? Le poëme de Job, cette admirable parabole sur la Providence et sur l'humanité, est-il devenu familier à l'Afrique et à l'Océanie?

» La réalité du récit de la chute et l'authenticité de sa date se démontrent l'une par l'autre.

» Remarquez ceci:

» Dans les annales de l'univers, deux événements sont seulement présents au souvenir des nations: la punition de l'homme par la déchéance, et celle de l'humanité par le déluge. — D'où descend cette prérogative, ce privilége d'universalité et de perpétuité? Pourquoi seuls subsistent-ils les mêmes partout?

» C'est que ces deux événements précèdent la formation des familles postdiluviennes. Leur réalité matérielle est justifiée par l'unité de leur tradition; cette unité, par l'universalité des

(1) Ovide.

récits, et cette universalité, expliquée par sa date, dont la garantie est l'universalité même » (*De la mort avant l'homme*, p. 213).

Voyez comme toutes les traditions concordent! Tous ont cru à la déchéance, tous ont cru à l'âge d'or, qui est primitif dans toutes les cosmogonies. La théorie du progrès continu est donc contraire à la tradition universelle. Le mot même de religion, tiré de *re* et de *ligare*, marque une interruption de relations entre Dieu et l'humanité. La croyance aux suites funestes du péché originel se retrouve au fond des plus vieilles langues; elles montrent dans leurs racines une connexion étroite entre les maladies, la douleur et le péché: *pomme*, *tromperie* et *chute* y ont une origine commune. Dans le latin, le *mal* et la *pomme* sont synonymes. En français, *sain* et *saint*; en latin, *sanus* et *sanctus*; en grec, ὑγιής et ἅγιος; en allemand, *heilsam* et *hiliger*; en anglais, *healthy* et *holy*, se tiennent évidemment, et témoignent de la persuasion où étaient les anciens hommes que le mal physique vient du mal moral, et n'est venu qu'après lui (1). La naissance de l'homme, le mariage même, portaient avec eux l'idée de souillure, et avaient leurs purifications. L'expiation est la base universelle de toutes les religions. « De tant de religions différentes, dit Voltaire lui-même, il n'en est aucune qui n'ait pour but principal les expiations » (*Questions sur l'Encyclopédie*); et ailleurs: « La chute de l'homme dégénéré est le fondement de la théologie de toutes les anciennes nations » (*Philos. de l'hist.*). De là le sacrifice sanglant, qui fut universel; or le sacrifice suppose le dogme de la réversibilité et de la substitution, et ce dogme ne s'explique que par la promesse faite au commencement d'un expiateur innocent qui viendrait se substituer à l'homme coupable. On a vainement cherché à expliquer le sacrifice sanglant par l'usage où auraient été les peuples d'offrir aux dieux les choses dont ils avaient coutume de se nourrir: car on trouve le sacrifice sanglant en usage bien avant la coutume de se nourrir de chair, et le sacrifice humain chez des peuples qui ne furent jamais anthropophages (*V. Mort avant l'homme*, *question du sacrifice*).

Nous ne quitterons point la question du péché originel, sans répondre à une difficulté qu'on nous fait quelquefois sur la mort, qui, d'après la doctrine catholique, ne serait *entrée dans le monde* qu'à la suite du péché, et que les archives du globe nous montrent exerçant ses ravages bien avant l'existence de l'homme. Mais qui ne voit que le *monde* veut dire ici le genre humain ou l'humanité? Ni saint Paul ni l'Eglise n'ont jamais voulu dire que la mort n'exerçât pas ses ravages sur la terre avant le péché. Or, que l'homme, par une grâce spéciale de Dieu, et peut-être même par la *vertu de l'arbre de vie*, dont il mangeait les fruits dans le paradis terrestre, que l'homme, dis-je, bien que mortel de sa nature, ait été élevé à l'état d'immortalité, puis qu'il en soit déchu par le péché, qu'y a-t-il là qui puisse éveiller les susceptibilités de la science et de la raison? Qu'il y ait même eu, par suite de la déchéance et de l'abaissement de l'homme, dépression dans toute la nature, c'est ce que la science insinue plutôt qu'elle n'y est contraire. Tous les débris fossiles n'indiquent-ils pas qu'il y a eu dégénérescence dans les genres et les espèces? Et quand même on croirait que les relations entre l'homme et les animaux ont changé, et que l'homme, avant son péché, régnait sur eux avec plus d'empire, qu'y a-t-il encore dans l'histoire naturelle qui s'y oppose? Dans l'hypothèse où le tigre aurait toujours été altéré de sang, Dieu ne pouvait-il pas faire du moins que ce ne fût pas de sang humain?

Pourquoi faut-il que nous trouvions ici sur notre chemin, s'efforçant de nous barrer le passage, un homme qui naguère encore combattait dans nos rangs? Quoi! vous, naguère encore éloquent défenseur de la foi, vous avec les incroyants! Comment avez-vous pu entonner avec eux l'hymne discordant du blasphème? Prêtre, pourquoi avez vous forniqué avec cette vieille courtisane qu'on appelle philosophie?

Dans votre *Esquisse* vous vous ruez avec acharnement contre le dogme de la chute. Vous avez compris, et qui était plus à même de le comprendre que vous? vous avez compris, dis-je, que c'était là le point capital. Vous dites que *ce dogme repose sur l'hypothèse d'un état primitif de perfection impossible en soi et manifestement opposé de plus à la première loi de l'univers, la loi de progression à l'infini* (2). Voilà de rudes affirmations. Mais vous abusez des termes. Il y a perfection et perfection: il y a la perfection absolue et la perfection relative, et celle-ci admet des degrés sans fin; un être peut donc être établi dans un degré de perfection relative et, en s'élevant à un degré supérieur, suivre la *loi de progression* dont vous parlez. Qu'est-ce que la perfection dans le sens le plus général du mot? C'est, disent les lexicographes, l'*accord qui règne dans la variété de plusieurs choses différentes qui concourent toutes au même but*. Telle est surtout l'idée qu'il faut se faire de la perfection de l'homme dans l'état d'innocence; il y avait accord, harmonie entre ses diverses facultés, entre ses besoins et ses désirs, entre sa fin et les moyens qu'il avait d'y parvenir, et non, comme aujourd'hui, désordre, disproportion, trouble et défaut complet d'harmonie. D'ailleurs comment entendez-vous la chose? Vous admettez la création; or dans quel état croyez-vous que l'homme soit sorti des mains du Créateur? Est-ce dans celui où il se trouve au sortir du sein de sa mère? Alors quelles mamelles ont allaité son enfance? Qui a recueilli sa faiblesse? Qui a protégé son impuissance? Que si vous dites qu'il est sorti tout développé des mains du Créateur ou à l'état d'*homme parfait*, alors vous êtes vous-même en opposition formelle avec *la loi de progression*, et vous ne pouvez plus dire que l'*état primitif de perfection est impossible en soi*. Vous êtes de plus en contradiction flagrante avec vous-même. Vous vous cramponnez, vaille que vaille, à la loi du progrès, et vous vous prononcez pour l'enfance primitive du genre humain, en sorte qu'il y aurait *eu un temps où le sens moral, qui se perfectionne sans cesse, n'était pas né encore, ou présentait à peine quelque légère et vague annonce de son futur développement* (*ibid.*). Alors, mon maître, je suis forcé de vous dire que vous n'êtes plus seulement en contradiction avec la loi du progrès, mais que vous le niez, en en rendant toute application impossible. Il n'y a, vous le savez, ni pensée sans parole, ni parole sans pensée; donc le premier homme et le genre humain tout entier, abandonnés à eux-mêmes, comme vous le voulez, seraient restés éternellement ensevelis dans les langes de la première enfance, sans autre progrès que celui qui est propre à la matière organique. Ne dites pas qu'ils ont inventé la parole; car pour inventer la parole il faut avoir la pensée, et pour avoir la pensée il faut déjà jouir de la parole. Voilà un cercle inflexible duquel vous ne sortirez jamais que par la révélation ou le système des communications divines.

« Il n'y a point de déchéance, dites-vous: la déchéance, c'est la création; c'est, pour tous les êtres, la réalisation, dans l'espace et le temps, de leur type idéal, éternel » (p. 67). Vous êtes trop généreux, il n'y a pas même là la moindre trace de déchéance: car, outre que le type idéal de chaque être réalisé continue de subsister en Dieu, on ne voit pas comment un être peut déchoir, en passant de la possibilité à la réalité de l'existence. L'être ne vaut-il pas mieux que le non-être, ou que la simple possibilité d'être? Direz-vous que la réalisation n'atteint jamais la perfection du prototype idéal? Cela peut être vrai pour l'homme; mais cela ne l'est pas pour Dieu, à qui la puissance ne fait jamais défaut pour élever ses créations à la perfection de son idée.

Votre erreur vient de plus loin; elle vient du fond même de votre système panthéistico-trinitaire. Comme vous n'admettez qu'une substance, qui est la substance divine, tout ce qui est en Dieu forme cette substance infinie et *appartient*, comme vous dites, *à son unité divine; union infinie qui divinise les exemplaires typiques de tous les êtres*; mais alors, si vous vous demandez comment de pareils exemplaires peuvent être réalisés, vous vous trouverez en face d'une difficulté insoluble; la création ou la limitation de l'infini qui devient fini sans cesser d'être infini, n'est plus qu'une énorme contradiction dans les termes. Or cette contradiction vous l'admettez sans sourciller, et vous la formulez clairement quand vous dites: « Aucun être fini ne saurait être conçu que comme une actuelle limitation de ce qui est en Dieu sans limites. » Mais que vous importe une contradiction de plus ou de moins? N'êtes-vous pas vous-même une contradiction incarnée et toujours subsistante.

Et puis à quel jeu jouez-vous avec ces types et ces prototypes divins? Les supposez-vous fixés dans des limites infranchissables? Alors il faut nier le progrès. Admettez-vous au contraire qu'ils puissent se développer sans fin ni mesure, et *s'approcher sans cesse de l'infini sans pouvoir jamais y atteindre?* Et c'est en effet ce que vous admettez; mais alors il faut admettre aussi qu'ils peuvent parcourir une échelle inverse et décroissante ou subir un *abaissement*, une *dégradation*, un *moindre être* (p. 48), comme vous dites vous-même, c'est-à-dire, en d'autres

(1) La même remarque s'applique à l'italien et à l'espagnol.

(2) *Esquisse*, t. I, p. 58.

termes, subir une *déchéance* que vous dites cependant *impossible en soi :* autre contradiction.

Or supposez qu'au lieu de s'élever vers l'infini par leur propre énergie, ils le fassent en vertu d'une action divine qui vienne seconder cette énergie trop faible par elle-même ou trop affaiblie par suite d'*un abaissement*, *d'une dégradation* ou d'*un moindre être*, vous avez l'ordre surnaturel, contre lequel vous vous insurgez en vain; vous avez de plus la réhabilitation, dont vous ne voulez pas davantage, mais pour des motifs infiniment frivoles. Vous dites : « La réhabilitation, impliquant un terme infini, implique une action infinie; or une action infinie est évidemment impossible à l'homme... Infinie par son essence, action essentiellement infinie quant à son effet, la grâce serait nécessairement irrésistible et nécessitante » (*ibid.*, p. 83). Mais, puisque vous en savez si long sur les opérations divines, dites-nous donc comment, en réalisant la création, l'action divine, infinie dans son essence, a pu être limitée dans son effet. Comment ne sentez-vous pas que vous vous fustigez vous-même, et que vos arguments contre la grâce sont autant de pierres qui vous retombent directement sur la tête?

Vous dites: *L'union avec Dieu doit croître sans cesse* (p. 82). Mais, quand au lieu de croître elle décroît, comme cela s'est vu durant le règne de l'idolâtrie, qui lui imprime de nouveau une force ascensionnelle? Vous répondez par l'humanité: mais c'est une pétition de principe : il s'agit précisément d'expliquer comment l'humanité, emportée loin de Dieu par toutes les forces inhérentes à sa nature, peut s'arrêter dans ce mouvement désordonné et reprendre une marche ascendante vers la vérité et la vie. Vous dites : *L'amélioration de l'humanité est étroitement liée à sa croissance, n'est que sa croissance même, son mouvement naturel d'ascension vers Dieu* (p. 97). Mais c'est encore une pétition de principe, et c'est de plus une fausseté au point de vue de l'histoire. Il n'est pas d'homme tant soit peu lettré qui ne sache que, au lieu de croître dans la connaissance du vrai et la pratique du bien, l'humanité, pendant des milliers de siècles, a constamment décru. Il n'est également personne qui ne sache que les sauvages, soumis, sans aucune influence contraire, à la force intime du prétendu progrès humanitaire, restent constamment dans le même état, sans faire un seul pas en avant; il paraît même qu'ils en font beaucoup en arrière.

Que deviennent en présence de ces faits *et votre croissance de l'humanité et son mouvement naturel d'ascension vers Dieu?* Il est certain que depuis dix-huit cents ans l'humanité a fait de grands pas dans la voie du progrès; mais c'est d'en haut et non d'en bas qu'est venue l'impulsion, et l'œuvre de l'Homme-Dieu n'a rien de commun avec vos hypothèses stériles.

Au fond, la véritable raison de toutes vos négations impies sur la perfection primitive, sur la déchéance, la réhabilitation et l'ordre surnaturel, c'est votre système spinosiste sur l'unité de substance, et, pour en finir avec vous d'un seul coup sur tout cela, il suffit de vous nier cette prétendue unité de substances et de vous mettre en demeure de la prouver, ce que vous n'avez pas encore fait, ce que vous ne ferez jamais.

J'en ai trop dit pour prouver que l'*état primitif de perfection*, que suppose le dogme de la chute, *n'est ni impossible en soi, ni contraire à la loi de progression*, comme vous le dites. Je serai beaucoup plus court sur vos autres affirmations. Vous dites : *L'héréditaire transmission du péché renferme en outre une contradiction absolue* (p. 58). Il y a mystère, monsieur, mais il n'y a pas contradiction, et surtout contradiction absolue. Vous avez beau dire que la *volonté est essentiellement incommunicable*, le mystère est que tous les hommes ont péché dans Adam qui était la *forme de l'avenir*, comme le dit énergiquement saint Paul (*Ad Rom.*, v, 14), à qui vous voulez bien délivrer le titre de *fondateur de la philosophie chrétienne;* mais comment cela s'est-il fait? Si l'on pouvait le dire, il n'y aurait plus de mystère. Vous vous placez, pour nous attaquer, dans l'hypothèse de ceux qui disent que les volontés de tous les hommes étaient renfermées dans celle d'Adam, comme des effets dans leur cause, ou comme les plantes qui doivent naître d'un germe sont toutes renfermées dans ce germe et portent jusqu'à la fin la trace des vices organiques dont il peut être atteint; mais ce n'est là qu'une opinion qui du reste ne présente pas la moindre contradiction.

Vous dites que cette doctrine « renverse les notions fondamentales et choque au fond de la conscience le sentiment du juste et de l'injuste, lequel répugne invinciblement à cette solidarité de fait et de châtiment, aussi bien qu'à l'éternité de celui-ci » (*ibid.*). Cette doctrine ne renverse rien et ne choque que ceux qui veulent bien se choquer. Chez tous les anciens peuples, et ceci est décisif contre vous, on a admis une certaine solidarité de faute et de châtiment entre le père et les enfants; la loi même permettait de vendre ces derniers pour les dettes d'un père insolvable. A la guerre on réduisait les enfants en servitude, et personne ne criait à l'injustice et ne se sentait *choqué au fond de la conscience*. Maintenant encore une espèce de réprobation ne plane-t-elle pas sur la race des méchants et sur le fils d'un père coupable? Qui voudrait se lier d'amitié avec le fils d'un scélérat flétri par la main du bourreau? Or, je le répète, cela est décisif contre vous, car c'est le sentiment de l'humanité.

Vous abusez des termes quand vous dites : « L'éternité du châtiment implique l'éternité du crime et aboutit logiquement à l'hypothèse de deux principes coéternels et indépendants » (*ibid.*). Est-ce donc à vous qu'il faut apprendre que ce qui a commencé n'est pas et ne sera jamais éternel?

Vous abusez encore des termes et vous êtes de plus en contradiction formelle avec votre système du témoignage universel quand vous dites, pour repousser la vertu expiatrice des souffrances et des châtiments : « Supposer, d'une part, que Dieu peut se complaire dans la souffrance de ses créatures (1), et, d'une autre part, que la souffrance contient à son égard une vertu réparatrice du mal, ce sont deux choses dont l'une est destructive de la notion de Dieu, puisqu'elle serait exécrable même dans l'homme, et dont l'autre est extrêmement absurde » (*ibid.*). Vous niez par là tout châtiment du crime dans le temps aussi bien que dans l'éternité, et vous êtes en contradiction formelle avec le genre humain tout entier. Citez-nous, si vous le pouvez, un seul peuple où la peine physique n'ait pas été considérée comme l'expiation des fautes morales. Expliquez-nous autrement et les innombrables codes de pénalité, et les supplices usités chez tous les peuples, et les bagnes et les bourreaux. Expliquez-nous aussi la croyance universelle à l'enfer, non pas seulement à un enfer temporaire, mais à un enfer éternel. Par quelle fatalité êtes-vous donc sur tous les points en contradiction flagrante avec vous-même?

Comment voyez-vous que la doctrine du péché originel *décourage l'homme et lui montre la vie sous un aspect sombre et désespérant (ibid.)*? Vous a-t-elle donc tant découragé et tant désespéré quand vous aviez le bonheur de croire? N'avez-vous pas fait alors de grandes et belles choses? Les plus belles pages de votre *Esquisse* même ne sont-elles pas de cette époque? N'étiez-vous pas alors plein de courage et d'espérance pour le temps et pour l'éternité? Car, il doit vous en souvenir, on est heureux de combattre les combats du Seigneur. Mais, quand vous voulez vous livrer à vos boutades de tribun, pourquoi ne respectez-vous pas davantage ce qui jadis eut toutes vos sympathies et vos respects? Pourquoi vous permettez-vous sciemment des imputations erronées, telles que celle-ci : « Et n'est-ce pas d'elle (la doctrine de la déchéance) qu'on est parti pour enseigner aux hommes que, venant sur la terre pour y subir le supplice auquel l'être souverainement juste et souverainement bon les condamne originairement, la société, selon le plan divin, ne devait être que l'organisation de ce supplice? » Qui a jamais songé avant vous à une pareille absurdité?

Je ne m'arrêterai point à relever toutes vos allégations erronées, qu'il suffit du reste d'énoncer pour qu'elles se trouvent réfutées par elles-mêmes. Je n'en citerai que quelques exemples. Comment osez-vous prêter à l'Eglise ou avancer des opinions telles que celles-ci : que *la grâce est reçue sans aucun égard aux dispositions intérieures de l'homme* (2); que dans la doctrine catholique, *la lutte contre le mal est entièrement incompréhensible ;* qu'*elle est à peu près stérile;* que *l'intervention surnaturelle de Dieu aboutit définitivement à la perte certaine de la presque universalité des hommes et à l'éternité du mal* (3); que, dans l'ordre pratique, *cette même doctrine tend à produire un fanatisme sombre, une terreur lugubre....., à cause de l'état purement passif de l'homme sous la fatalité du décret divin, sous la puissance irrésistible de Dieu et sa volonté invariable et primordiale de sauver ou de perdre* (4); que de la croyance catholique à l'efficacité de certains signes extérieurs pour produire la grâce *résulte, et l'expérience le prouve, un relâchement funeste* (5); que *la*

(1) Nous ne disons pas cela : ce trait ne nous atteint point.
(2) *Esquisse*, t. II, p. 85.
(3) *Ibid.*, p. 86, 87.
(4) *Ibid.*, p. 87.
(5) *Ibid.*, p. 88.

*doctrine d'un ordre surnaturel qu'on ne saurait définir* (1) *détourne non-seulement de combattre les effets du mal, mais de combattre le mal même* (2), etc., etc. Ou vous ne connaissiez pas le dogme catholique, quand vous faisiez profession de le défendre, ou bien il faut que vous l'ayez totalement oublié; car je ne puis pas supposer que vous y mettiez de la mauvaise foi: voilà tout ce que prouvent vos dires et vos affirmations.

Je ne m'arrêterai pas non plus à réfuter l'explication que vous donnez du troisième chapitre de la *Genèse*, au point de vue de votre système. Je vous conseille seulement de ne pas vous faire professeur d'exégèse, car vraiment vous vous y entendez peu. Je ne vous adresserai qu'une simple question. Si, comme vous le dites, l'*arbre de la science du bien et du mal* n'est pas autre chose qu'un symbole qui marque le passage du pur organisme au monde supérieur de l'intelligence et de la liberté, et si ces mots: *Vous mourrez de mort* signifient: *Vous saurez que vous êtes sujets à la mort*, je vous demanderai pourquoi Dieu se montre si fort irrité de la désobéissance de l'homme à un commandement absurde, pourquoi il réprimande la femme, pourquoi il maudit la terre et le serpent, pourquoi il condamne l'homme à un travail plus pénible et le chasse du paradis terrestre, dont il fait garder l'entrée par un chérubin. Il faut avouer, messieurs les philosophes, qu'avec votre prétention d'éclaircir les choses, vous avez le talent d'embrouiller singulièrement les questions. Que ceci vous fasse souvenir de Samson, qui, privé de sa force divine, pouvait être battu par le dernier des Philistins, et de l'infidèle Goliath, vaincu, malgré sa taille gigantesque et sa force herculéenne, par un jeune et simple berger d'Israël.

Après cette digression nécessaire sur la certitude du péché originel, base de la foi catholique, reprenons l'exposition de cette même foi.

Nous croyons donc en Dieu, Père tout-puissant; ce qui veut dire que nous croyons qu'il est et que nous mettons en lui toute notre confiance, comme étant à la fois le plus puissant et le meilleur des pères, et ayant par conséquent une puissance sans bornes au service d'une bonté infinie. Voilà un dogme auquel le cœur est heureux de souscrire; or tout le Christianisme n'est que la preuve et le développement de ce dogme plein de douceur. Nous croyons au Père, nous croyons au Fils ou en Jésus-Christ, Fils unique et incréé, Dieu de Dieu, lumière de lumière, engendré de toute éternité et né dans le temps d'une vierge, par l'opération du Saint-Esprit. Nous croyons qu'il est seul Fils par nature et nous par adoption. Nous disons qu'il est Notre-Seigneur, parce que nous lui appartenons comme créatures et comme de pauvres esclaves rachetés au prix même de son sang.

Nous croyons qu'il est Dieu, nous croyons qu'il est homme, nous croyons qu'il est Dieu et homme tout ensemble, que seul il réunit en lui les deux extrêmes, et par conséquent qu'il est l'unique Médiateur entre Dieu et les hommes. Nous croyons que, réunissant en lui la nature divine et la nature humaine en une seule personne qui est la personne divine, la Vierge qui l'a enfanté est véritablement devenue la mère de Dieu, et nous l'honorons et nous l'invoquons comme telle, aussi convaincus de sa puissance que de sa bonté. Ainsi, comme nous croyons que nous avons un Père dans le ciel, nous croyons aussi que nous y avons une mère toute radieuse, toute bonne et presque toute-puissante, et cette croyance nous rassure et nous est bien douce au cœur (*V.* MARIE).

Comme il fallait une satisfaction infinie pour une offense infinie, nous croyons que le divin Médiateur a souffert comme homme, et qu'il a donné comme Dieu un prix infini à ses souffrances. Nous croyons qu'étant venu relever l'homme déchu, il a voulu lui servir de modèle en toute chose et qu'il a pris pour cela toutes nos misères, excepté le péché; qu'il a souffert dans son corps, dans son cœur, dans son esprit, et qu'en donnant l'exemple de la pauvreté, des humiliations et des souffrances, il a indiqué le remède aux trois grandes plaies du péché, plaie de la cupidité, plaie de l'orgueil, plaie de la volupté.

Nous croyons avec saint Paul que, de même que tous meurent dans Adam, tous sont vivifiés en Jésus-Christ (*I. Cor.*, XII; 22), qu'ainsi il n'y a proprement que deux hommes représentant l'humanité, le premier Adam et le second, qui est Jésus-Christ; que le premier représente le genre humain déchu, et le second, le genre humain régénéré; que, si l'humanité est coupable et malheureuse par son union avec le premier, son union avec le second lui rend la justice et le bonheur; qu'après avoir vécu de la vie du nouvel Adam sur la terre, vie d'épreuve et de purification, nous vivrons également de sa vie dans le ciel, qui sera une vie de glorification et de bonheur éternel.

Nous croyons que, tout étant vicié dans l'homme par son union avec le vieil Adam, l'esprit, le cœur, les sens, tout est réparé en lui par son union avec le nouveau, l'esprit par la foi, le cœur par la charité, et les sens par la participation sensible à la chair de l'Homme-Dieu. Nous croyons que Jésus-Christ, ou le nouvel Adam, est au milieu du monde moral comme l'arbre de vie au milieu du paradis terrestre, et que, pour être régénérés, il faut que nous tenions à lui comme les branches au tronc, comme les membres à la tête: c'est une des vérités les plus fondamentales du Christianisme; le Sauveur y revenait souvent dans ses enseignements divins. « Je suis la vigne, disait-il, et vous, vous en êtes les branches, et, comme c'est du tronc que viennent aux branches la sève et la vie, sans moi vous ne pouvez rien. Demeurez donc en moi, et moi en vous. Celui qui ne demeure pas en moi est comme une branche séparée du tronc qui n'est propre qu'à devenir la proie des flammes » (*Jean*, XV et suiv.). Et ailleurs: « Celui qui ne croit pas en moi, ou qui n'est pas uni à moi par la foi, sera condamné. Celui qui ne m'aime pas, ou qui ne m'est pas uni par la charité, demeure dans la mort. Si vous ne mangez la chair du Fils de l'homme, et si vous ne buvez son sang (c'est-à-dire si vous ne lui êtes uni par la communion), vous n'aurez point la vie en vous » (*Jean*, III, X).

Nous croyons que Jésus-Christ pouvait nous racheter par une seule goutte de son sang et que, s'il a souffert une si longue et si douloureuse passion, s'il est mort dans les tortures du crucifiement, c'est pour mieux nous prouver son amour et être mieux compris de nous dans le commandement qu'il nous fait de nous aimer les uns les autres et de l'aimer lui-même, comme il nous a aimés (*Jean*, XIII, 34). Car le Christianisme est une loi d'amour, et peut se résumer tout entier dans ce seul mot *charité*, charité de Dieu envers les hommes, charité des hommes envers Dieu et envers leurs frères. Voilà pourquoi le joug et si doux et le fardeau si léger.

Nous croyons que le Christ, Sauveur et Rédempteur, a souffert sous Ponce Pilate, et ce nom du proconsul déicide, inséré par les apôtres dans l'abrégé de notre foi, est à lui seul une preuve frappante de leur sincérité. S'ils n'avaient pas dit vrai, ils n'auraient pas agi ainsi: car il eût été trop facile de les convaincre d'imposture; il eût suffi de compulser les registres envoyés des provinces et de montrer qu'aucun Nazaréen du nom de Jésus n'était mort sous Ponce Pilate. Il fallait donc que les registres publics attestassent l'événement; Tacite, qui avait dû les consulter, l'atteste également (*Annal.*, lib. XV). Saint Justin, cent ans après la mort du Sauveur, et Tertullien, cinquante ans plus tard, renvoyaient, sur ce point, les païens à leurs propres archives (Just., *Apol.* II, p. 76, 84; Tertull., *Apol.* XXI): « Vous pouvez vous en convaincre, disaient-ils, en lisant les Actes qui ont été écrits sous Ponce Pilate. »

Nous croyons que Jésus-Christ est mort sur la croix pour racheter le monde, qu'il a payé de son sang la rançon de l'humanité, qu'il a levé le sceau d'anathème qui pesait sur elle, brisé le joug de Satan, reconquis nos droits à l'héritage éternel et réconcilié le ciel avec la terre. Nous croyons que, tandis que son corps était déposé dans le tombeau, son âme descendait aux limbes, ou dans les lieux bas de la terre pour délivrer les âmes des justes qui y gémissaient captives et attendaient sa venue pour entrer avec lui dans le royaume des cieux. Les portes du ciel, fermées par le vieil Adam, ne devaient se rouvrir que pour le nouveau, après qu'il aurait *ôté le péché du monde* et fait révoquer la sentence de réprobation sous laquelle le genre humain languissait foudroyé.

Nous croyons que le troisième jour après sa mort il est sorti glorieux du tombeau. Nous l'avons prouvé plus haut. Ressuscité par sa propre vertu, il est monté au ciel pour nous en ouvrir les portes, et y régner avec le Père et le Saint-Esprit dans les splendeurs de la gloire éternelle.

Nous croyons au jugement particulier pour chaque homme, jugement nécessaire, parce que la justice de Dieu exige qu'il rende à chacun selon ses œuvres. « La mort et ensuite le jugement, dit saint Paul, telle est la loi pour tous » (*Hébr.*, IX, 27). Nous croyons aussi au jugement général, également nécessaire, parce qu'il faut qu'une réparation éclatante et solennelle soit faite, non-seulement au Christ, par les juifs, les hérétiques, les impies et les mauvais chrétiens, mais au juste

(1) *Ibid.*, p. 84.
(2) *Ibid.*, p. 88.

méconnu et persécuté comme son divin Maître, et aux attributs de Dieu audacieusement niés et blasphémés. Il faut que justice soit faite à l'égard du pécheur qui se moque de Dieu sur la terre et se rit de ses lois, de ses menaces et de ses promesses; il faut enfin que justice soit faite à l'égard de tous les hommes, relativement à l'influence funeste ou salutaire qu'ils exercent sur la société par leurs discours et leurs exemples, influence qui augmente sans cesse leurs mérites ou leurs crimes, et qui ne peut finir qu'avec le monde. Le Christ lui-même a prédit le jugement universel et en a donné dans l'Evangile les signes avant-coureurs (*Matth.*, XIV, et *Luc*).

De même et pour les mêmes raisons que nous croyons au Père et à l'œuvre de la création, au Fils et à l'œuvre de la rédemption, nous croyons aussi au Saint-Esprit et à l'œuvre de la sanctification. Nous croyons au Saint-Esprit, au nom duquel il est ordonné de baptiser non moins qu'au nom du Père et du Fils. Nous croyons au Saint-Esprit, qui procède, par voie de volonté, du Père et du Fils, dont il est l'amour consubstantiel. Nous croyons qu'il est saint par essence et non par sanctification, qu'il est saint et la source de toute sainteté, qu'il est comme la vie de notre vie spirituelle, et l'âme de notre âme. Nous croyons qu'il est apparu sur le berceau de l'Eglise en forme de langues de feu, pour annoncer qu'il n'y aurait plus désormais qu'une foi, une langue et un amour, et qu'ainsi allait être réparée la confusion des langues et des idées et la division des cœurs, triste suite du péché. Nous croyons qu'il a sanctifié l'Eglise dès le commencement, qu'il continue et qu'il continuera jusqu'à la fin de la sanctifier par l'effusion de ses dons divins (*V.* ESPRIT-SAINT). Voilà pourquoi, après avoir protesté de notre foi au Saint-Esprit, nous ajoutons aussitôt que nous croyons en la sainte Eglise, que, pour mieux la désigner, nous nommons catholique et apostolique, signes caractéristiques qui l'ont toujours distinguée et la distingueront toujours (*V.* la troisième partie de cet article : LE CHRISTIANISME CONSIDÉRÉ COMME INSTITUTION).

Nous croyons qu'il y a communion ou communauté de foi, de charité et de prières entre tous les membres de cette même Eglise; que les liens qui les unissent ne sont pas rompus par la mort, qu'ils subsistent au delà du tombeau, et qu'en conséquence il y a communion ou communauté de mérites et de prières entre ceux qui combattent encore, ceux qui souffrent au lieu des expiations, et ceux qui sont déjà glorifiés, trois états de l'Eglise qui unissent le ciel avec la terre et nous remplissent de consolation et d'espérance : de consolation, parce que nous pouvons entretenir un doux commerce de pensées et de prières avec ceux que nous pleurons; d'espérance pour eux et pour nous, parce que les souillures qu'il est impossible de ne pas emporter en quittant la vie, purifiées par les flammes du purgatoire, ne nous empêcheront pas de nous réunir un jour dans le ciel (*V.* COMMUNION DES SAINTS).

Nous croyons que l'Eglise, épouse bien-aimée de Jésus-Christ, gardienne fidèle du dépôt sacré de sa doctrine et des trésors de sa grâce, a reçu de son divin Epoux le pouvoir de remettre les péchés, et qu'elle exerce ce pouvoir par le ministère des prêtres. Nous croyons en conséquence qu'on peut se guérir des langueurs spirituelles et se relever de la mort du péché, en sorte que tout est consolant dans le Christianisme, tout y parle de l'inépuisable bonté de Dieu, tout y tend à relever et à faire refleurir les âmes. (Nous parlerons plus amplement de la rémission des péchés, en traitant du sacrement de pénitence.)

Nous croyons à *la résurrection de la chair*, c'est-à-dire que nous croyons qu'un jour nos corps se réuniront à nos âmes pour ne plus mourir, et qu'après nous être relevés de notre poussière nous marcherons sur les traces du vainqueur de la mort et nous entrerons, comme lui, dans le ciel en corps et en âme. Nous croyons à la résurrection de la chair ou des corps, parce qu'elle est clairement annoncée dans les saintes Ecritures, et que nous sentons qu'il y a justice à ce que le corps, instrument des œuvres de sanctification et d'iniquité partage le châtiment ou la récompense. Nous croyons à la résurrection, dont nous retrouvons partout l'image, dans la nuit qui succède au jour, le réveil à l'engourdissement du sommeil, le printemps à l'hiver, les papillons aux chrysalides, la verdure aux feuilles tombées, et les germes vigoureux aux semences corrompues. Nous croyons que les méchants ressusciteront avec des corps hideux, et les justes avec des corps glorieux et incorruptibles, fruit de leur union avec le nouvel Adam, de telle sorte qu'en eux tout sera rendu à l'intégrité et à la perfection primitive et qu'il n'y paraîtra plus rien des suites du péché. Nous croyons qu'il sera plus facile à Dieu de rassembler notre poussière, en quelque lieu du monde qu'elle soit dispersée, qu'il ne l'a été pour lui de faire qu'elle existât quand elle n'était pas. « Dieu peut tout; et, si vous étiez tentés de douter qu'à sa voix cette chair réduite en poudre, dévorée par les bêtes, engloutie par les flots, dispersée par les vents, puisse redevenir un corps, reportez-vous à l'instant de la création, et vous n'aurez plus de peine à croire. Ce monde, qui la veille n'existait pas, comment a-t-il été produit?... Et vous-mêmes, ô hommes! qu'étiez-vous avant d'être hommes? Rien. Pourquoi donc celui qui vous a appelés du néant à l'existence ne pourrait-il pas vous y ramener quand il le voudra? Qu'y aura-t-il de nouveau? Vous n'étiez pas, et vous êtes; vous ne serez plus, et vous recommencerez d'être. Expliquez-moi, si vous pouvez, le mystère de votre création, et je vous expliquerai celui de votre résurrection. Sera-t-il plus difficile de redevenir ce que vous étiez déjà que d'être ce que vous n'aviez pas encore été? Certes c'est quelque chose de plus grand de produire que de réparer, de donner l'être que de le rendre, de bâtir une maison que d'en relever les ruines : pour la réparer vous avez des matériaux, pour la construire vous n'aviez rien. Dieu a voulu commencer par ce qu'il y a de plus difficile, afin qu'il ne vous en coûtât pas de croire ce qui l'est moins (1). »

Nous croyons donc qu'un jour nous ressusciterons pour ne plus mourir, et par conséquent pour vivre de la vie éternelle à laquelle nous faisons profession de croire par le douzième article du symbole. Nous croyons à une double éternité, l'une de bonheur et l'autre de malheur, l'une pour les bons et l'autre pour les méchants. Ce point de foi n'est pas nouveau, il est aussi vieux que le monde et commun à tous les peuples et à toutes les religions. Le Christ l'a promulgué de nouveau quand il a dit : « Les justes iront à la vie ou au bonheur éternel, et les méchants au supplice éternel, au feu qui ne s'éteindra point, au ver qui ne mourra point » (*Matth.*, XXI). Ainsi vie éternelle, supplice éternel, éternité pour les récompenses, éternité pour les châtiments, il n'y a pas de différence ni de distinction possible; si l'on admet l'une, il faut admettre l'autre. Or on admet sans peine que par la vie ou le bonheur éternel, le Sauveur a voulu exprimer un bonheur qui ne doit point finir, donc il faut admettre aussi que par ces mots : ***supplice éternel***, il a voulu désigner un supplice qui ne finira point. Nous croyons que de même qu'il a fallu de la part du Sauveur une satisfaction infinie pour le péché, il faut de même de la part du réprouvé une peine infinie pour l'expier. Nous croyons que, le péché étant à la fois fini et infini, il faut un supplice à la fois fini et infini pour le punir; le péché fini comme acte d'une créature finie est infini comme outrage à une majesté infinie; il est infini en malice, en ingratitude et même en quelque sorte en durée dans l'intention du réprouvé, qui aurait persévéré éternellement dans son péché, si cela lui eût été possible, puisqu'il y a persévéré autant qu'il l'a pu, c'est-à-dire jusqu'à la mort. Il faut donc, pour qu'il y ait proportion, que le châtiment, limité dans sa rigueur, puisqu'il doit être subi par une créature finie, soit infini dans sa durée. Cela est dur à penser; mais ainsi le veut la foi et même la raison.

Si l'on demande ce que devient avec ce dogme la bonté de Dieu, nous demanderons ce que deviendrait autrement sa justice. Nous répondrons que la bonté de Dieu n'exige rien de plus que les merveilles de l'incarnation, de l'eucharistie et de la rédemption; rien de plus que le déluge de grâces qui chaque jour inonde la terre et que les torrents de sang divin qui ont coulé sur le Calvaire et qui sans cesse rougissent nos autels; rien de plus enfin que la longanimité merveilleuse avec laquelle Dieu attend ceux qui l'outragent; mais qu'il arrive un temps où la bonté, poussée à bout, provoque enfin les rigueurs de la justice.

Nous dirons que, s'il n'y avait pas un enfer éternel, non-seulement la justice, mais la sagesse de Dieu, serait compromise; car sa loi n'aurait pas alors une sanction suffisante. Combien qui la violent, malgré leur foi à la redoutable sanction d'un enfer éternel! Qu'arriverait-il donc, si cette foi n'existait pas, et si tout le monde était convaincu qu'on en finira un jour avec la justice de Dieu! Tout frein ne serait-il pas brisé, et la loi divine ne serait-elle pas aussi impuissante à empêcher le mal qu'à déterminer au bien? L'éternité des peines n'est donc pas inutile, comme on le dit, puisqu'elle est nécessaire. « Nous disons qu'il faut une sanction; que plus elle sera rigoureuse, mieux elle vaudra : car il est nécessaire d'imposer aux mé-

(1) Tertul., *Apolog.*, c. XLVIII.

chants, et, au lieu de discutailler sur la nature des peines et de faire mal à propos de la sympathie pour des êtres qui toute leur vie n'ont pensé qu'à mal faire, il vaut mieux respecter la rigueur salutaire du précepte et s'en rapporter à la justice infaillible de Dieu (1). » « Encore une fois ce n'est pas sans un danger très-réel que l'on fait de la tolérance à propos de la sanction; car, si les uns veulent qu'elle soit moins terrible, d'autres viendront après qui nieront la sanction elle-même, ainsi que cela a toujours lieu, et les passions n'auront plus d'autre frein que la loi humaine, à laquelle il est si facile d'échapper » (*ibid.*).

Autant le dogme des peines éternelles est redoutable, autant est doux et consolant celui des récompenses éternelles. Voir Dieu face à face, sans énigme et sans nuage, s'enivrer de son amour, se plonger dans les océans de son bonheur, rayonner des splendeurs de sa gloire, se transformer en quelque sorte en lui, comme le fer incandescent semble se changer en feu dans la fournaise, être ainsi plongé dans une extase ou un ravissement éternel, voilà la vie du ciel, la vie sans fin que nous espérons pour prix de notre fidélité. C'est à cela que doivent se rapporter toutes nos actions; c'est là que doivent tendre toutes nos pensées et tous nos désirs. Connaître, aimer et servir Dieu, et arriver ainsi à ce bonheur qui nous est promis, c'est là tout l'homme, c'est là toute la religion, qui n'a d'autre but que de le rappeler à la félicité qu'il a perdue. Le symbole ne pouvait pas mieux finir.

Nous croyons qu'il y a beaucoup d'élus: car le Seigneur compare la séparation des bons et des méchants, 1° à celle du bon grain d'avec l'ivraie, qui dans un champ bien cultivé est toujours la moins abondante: or nul champ n'est mieux cultivé que celui de l'Eglise, qui est celui de Dieu. 2° Le Sauveur compare encore la séparation des bons et des méchants à la séparation des bons et des mauvais poissons: or on prend généralement plus de bons poissons que de mauvais. 3° Il la compare encore aux dix vierges invitées, dont cinq sont admises dans la compagnie de l'époux. Dans les paraboles des talents, deux serviteurs sont récompensés et un seul puni, et dans celle du festin un seul convive est chassé. La maxime: ***Il y a beaucoup d'appelés et peu d'élus***, ne doit s'entendre que du petit nombre de Juifs dociles à la voix de Jésus-Christ. Dans les passages qui précèdent et qui suivent celui où elle est contenue, le Sauveur s'attache presque uniquement à bien faire comprendre aux Juifs qu'ils seront rejetés et que les gentils leur seront préférés. C'est à quoi font également allusion les paraboles des ouvriers et de la vigne, des deux enfants du père de famille, de l'héritier tué par les mercenaires et du festin des noces. Toutes ces paraboles, contenues dans les XIX^e^, XX^e^, XXI^e^, XXII^e^, XXIII^e^ chapitres de saint Matthieu, se rapportent évidemment au même objet et n'ont pas d'autre signification (2).

Cependant, lors même que le nombre des réprouvés serait très-petit en comparaison de celui des justes, il resterait toujours à demander pourquoi Dieu a créé des êtres qu'il prévoyait devoir être éternellement malheureux. Mais c'est demander pourquoi il a créé l'homme libre, et pourquoi, l'ayant créé libre, il ne violente pas sa liberté. C'est supposer qu'un ordre de choses où personne n'abuserait ou par conséquent ne pourrait abuser de sa liberté, car c'est tout un, serait meilleur que celui où l'on en abuse; et, dans l'hypothèse où cela serait vrai, ce serait supposer encore que Dieu aurait été obligé de choisir cet ordre meilleur, ou du moins prétendu tel, précisément parce qu'il était meilleur: ce qui est absurde, puisqu'il est toujours possible d'en imaginer un beaucoup meilleur et plus parfait. Au lieu de nous embarrasser dans ces questions, nous renouvelons notre foi, d'un côté, dans la prescience et la bonté infinie de Dieu, de l'autre, dans le dogme de l'éternité des peines; et nous tenons fortement les deux bouts de la chaîne, comme dit Bossuet, certains qu'elle n'est pas brisée, qu'il ne manque aucun anneau, bien que nous ne voyions pas bien le point central où ils se réunissent. C'est un mystère de plus en Dieu; or il y en a tant dans le fini, qu'un de plus dans l'infini n'a pas même le privilége de nous surprendre.

Nous en avons assez dit sur le symbole catholique pour en faire connaître l'esprit: c'est un phare éclatant, allumé par la main de Dieu, qui nous éclaire sur notre origine et notre destinée, et nous trace le chemin pour y parvenir; il nous enseigne tout ce qu'il nous importe de savoir de Dieu et de l'homme, de la vie présente et de la vie future. Voyez tous les autres symboles; qu'ils sont pâles auprès de celui-là! Nul ne peut lui être comparé; nul n'est aussi complet, aussi rationnel et aussi consolant. Il suffit, pour en comprendre l'excellence et la sublimité, de le comparer à ceux des mille sectes religieuses ou philosophiques qui ont tour à tour paru sur la terre. Chacun des mots qui le composent est un trait de lumière qui dissipe les rêves nébuleux accumulés par la philosophie antique et trop souvent renouvelés par la philosophie moderne, et la réunion de tous ces traits forme un faisceau lumineux devant lequel disparaissent, comme les ombres devant le soleil, toutes les ténèbres accumulées sur la raison humaine depuis la chute originelle.

L'acte de foi catholique ou l'adhésion au symbole, bien loin d'être illogique, aveugle et irrationnelle, est au contraire l'acte de la plus haute raison. Croire est chose si naturelle à l'homme que, croire même des mystères sur la parole de Dieu est ce qu'il y a de plus rationnel au monde. Qu'est-ce que la foi dans le sens le plus général du mot (1)? Si nous interrogeons la philologie, elle nous répondra que la foi est ce qui lie, c'est-à-dire, ce qui lie l'intelligence à la vérité; elle nous dit encore que la foi est ce qui donne la force et la vie; le grec dit de plus qu'elle

(1) *Atelier*, suppl., mai 1843.

(2) C'est à tort que certains théologiens ont érigé en article de foi leur opinion sur le *petit nombre des élus*, et se sont prévalus du sentiment des commentateurs et des Pères de l'Eglise. «La question, dit Bergier, est de savoir si par élus on doit entendre ceux qui sont sauvés, ou seulement ceux qui sont dans la voie du salut, les fidèles; pour le décider, il faut consulter les commentateurs, les Pères, l'Ecriture elle-même, l'analogie de la foi. Parmi les commentateurs, point d'uniformité. Pour ne parler que des catholiques, Cajétan, Mariana, Tostat, Luc de Bruges, Maldonat, Corneille de la Pierre, Ménochius, le P. de Picquigny, admettent l'une et l'autre explication, entendent par élus ou les hommes sauvés ou les fidèles. Jansénius de Gand pense que le dernier sens est le plus naturel; Stapléton le soutient contre Calvin; Sacy, dans ces commentaires, juge que c'est le sens littéral; D. Calmet semble lui donner la préférence. Enthynius n'en donne point d'autre; il suivait saint Jean Chrysostome. Le père Hardouin soutient que c'est le seul sens qui s'accorde avec la suite du texte; le père Berruyer exclut aussi tout autre sens; c'est pour cela qu'il a été condamné; mais la faculté de théologie n'a certainement pas voulu censurer les interprètes catholiques que nous venons de citer, et ils sont suivis par beaucoup d'autres. Quel dogme peut-on fonder sur un passage susceptible de deux sens si différents? La même variété règne parmi les Pères de l'Eglise: pour rassembler leurs passages, il faudrait un volume entier. Les compilateurs qui voulaient le petit nombre des fidèles sauvés, ont cité soigneusement les textes qui semblent favoriser leur opinion; mais ils ont laissé de côté ceux qui y sont contraires (*De paucitate fidel. salvand.*, etc.). Quelquefois par les élus les Pères entendent les fidèles; d'autres fois ils entendent, non simplement les hommes sauvés, mais ceux qui le sont en vertu de leur innocence, d'une vie sainte et sans tache. Ces derniers, sans doute, sont en très-petit nombre; mais cela ne conclut rien contre le salut de ceux qui sont moins parfaits. Lorsque Pélage osa décider qu'au jugement de Dieu tous les pécheurs seront condamnés au feu éternel, saint Jérôme et saint Augustin s'élevèrent hautement contre cette témérité (Saint Jérôme, *Dial.* 1, *contra Pelag.*, c. 9; saint Aug., *Lib. de gestis Pelagii*, c. 3, n. 9). Mais le meilleur commentaire de l'Evangile est l'Evangile même. Dans vingt passages du Nouveau Testament, *electi* désigne évidemment les fidèles, ceux qui croient en Jésus-Christ, par opposition à ceux que Dieu laisse dans l'infidélité; élection est la même chose que vocation à la foi.

» La maxime, il y a beaucoup d'appelés et peu d'élus, se trouve deux fois dans saint Matthieu; savoir: c. XX, v. 16, et c. XXII, v. 14. Ces deux chapitres, et tout ce qui précède depuis le c. XX, v. 30, se rapportent au même but, à montrer le petit nombre de Juifs dociles aux leçons de Jésus-Christ, à leur prédire que les gentils seraient moins incrédules, et leur seraient préférés. La comparaison du chameau, les ouvriers de la vigne, les deux enfants du père de famille, l'héritier tué par les vignerons, le festin des noces, sont autant de paraboles qui confirment la même vérité. La conclusion est que les gentils, appelés les derniers, seront élus ou choisis en plus grand nombre que les Juifs, appelés les premiers, puisque parmi ceux-ci il y en a très-peu qui répondent à leur vocation (chap. XXII, v. 14). Jésus-Christ, interrogé pour savoir s'il y a peu de gens qui soient sauvés, répondit: Tâchez d'entrer par la porte étroite, parce que plusieurs chercheront à entrer et ne le pourront pas (Luc, XIII, v. 24). La porte étroite était sa morale sévère, peu de gens avaient le courage de l'embrasser. Lorsque la Judée eut été ravagée par les Romains, plusieurs Juifs dispersés se repentirent sans doute de n'avoir pas ajouté foi aux prédications et aux leçons de Jésus-Christ; c'était trop tard, ils cherchèrent à entrer et ne le purent » ( *Traité de la relig.*, t. X).

(1) Il est évident qu'il s'agit ici de la foi humaine, qu'il ne faut nullement confondre avec la foi divine, dont elle n'a pas le caractère surnaturel.

est la lumière et le germe de la vérité. Qu'est-il besoin de dire que *fides*, πίστις, *vita*, βίος, *vis*, βία, φάειν, φυεῖν, etc., formés de lettres de mêmes organes sont de la même famille et se touchent par leur origine et leur signification? Les langues orientales donnent de la foi une idée non moins juste et non moins belle, en disant qu'elle est l'aliment de l'âme. Croire, dans la plus ancienne langue du monde, c'est nourrir son intelligence, qui vit de vérité comme le corps de pain. En hébreu, *amen* signifie vérité. Or *amen* vient de *aman*, *il a nourri*, d'où, en *hiphil*, *amin*, croire. Tout commence par la foi; c'est sur elle que tout repose, la raison même et toutes les connaissances humaines. Elle est dans l'homme un besoin, une nécessité, un instinct irréfléchi, irrésistible, qui précède tout et qui survit à tout. La foi prend l'homme au berceau et ne le quitte plus jusqu'à la tombe. C'est elle qui ouvre les yeux de son âme à la lumière des esprits, et sans elle il ne pourrait pas même naître à la vie des intelligences.

L'homme, qui, sous le rapport physique, est le plus parfait de tous les animaux, est presque le seul qui n'apporte pas en naissant tout ce qui lui est nécessaire pour pourvoir à sa conservation. Voyez ce qu'est ce roi de la création à son entrée dans la vie. Quelle faiblesse! Quelle impuissance absolue! Ses yeux sont fermés à la lumière, ses membres sont comme enchaînés; rien ne le défend contre l'intempérie de l'air; il ne peut ni prévoir ni éviter ce qui peut lui nuire. Le voilà étendu, faible, souffrant, immobile, attendant qu'une main bienfaisante vienne lui prêter sa force, et des yeux étrangers leur lumière. Tel est son dénûment, si grand est le besoin qu'il a d'appui et de pitié, qu'il n'a qu'une voix pour avertir qu'il est là, des cris douloureux pour attirer à lui, et des pleurs pour attendrir. Destiné à vivre en société et à recevoir des autres ce qui est nécessaire à la vie, il a l'instinct de la confiance ou de la foi la plus absolue, auquel il obéit sans le savoir, incapable qu'il est du plus léger examen, et ne pouvant pas même s'élever jusqu'au doute ou à la défiance. Quelle foi que celle qui rend tout doute impossible! Il s'abandonne avec la plus aveugle confiance aux bras qui le bercent et qui le transportent il ne sait où: car quelquefois c'est le crime qui s'est emparé de lui et qui va se débarrasser de son inutilité et de ses cris importuns. Une nourriture est posée sur ses lèvres; est-ce un aliment de vie ou un poison mortel? Il ne le sait ni ne peut le savoir; n'importe: il laisse cette nourriture s'insinuer dans son sein et boit à longs traits dans la coupe qui lui est présentée, tant il a foi en ceux qui l'environnent; et s'il pouvait n'avoir pas cette foi qui le fait vivre, il périrait.

Ainsi, à ne considérer dans l'homme que la vie du corps, il est déjà vrai de dire qu'*il vit de la foi*. Or cela est vrai aussi de la vie intellectuelle. De même que les yeux du corps ne s'ouvrent pas aussitôt après la naissance à la lumière sensible, ceux de l'âme ne s'ouvrent non pas de suite à la lumière des esprits. La foi précède la raison; elle en est le germe et la racine. C'est par elle que l'homme reçoit les premières irradiations du soleil des intelligences qui lui sont transmises, à travers l'atmosphère sociale, par le véhicule de la parole. Intelligence incarnée, esprit et matière, l'homme n'est point en rapport immédiat avec les idées pures; pour se révéler à lui, il faut qu'elles revêtent une forme sensible, il faut qu'elles s'incarnent dans la parole. Voilà pourquoi un grand philosophe a pu dire que l'homme pense sa parole et parle sa pensée (1). Tout ce qui d'une manière quelconque ne frappe pas les sens de l'homme, il n'en a pas d'idée: ainsi le sourd-muet n'a pas l'idée des sons, ni l'aveugle des couleurs, et la réponse à cette vieille question: Quelle langue parlerait un enfant élevé dans un silence absolu et loin de toute société, la réponse, dis-je, est bien simple: il n'en parlerait aucune. Il végéterait dans la vie animale, et ne s'élèverait jamais à la vie des esprits, parce qu'il n'aurait pas reçu le germe de toute vie intellectuelle, la *parole* ou le *verbe humain, écho affaibli du Verbe éternel qui éclaire tout homme venant en ce monde* (*Jean*, I). L'homme naît pour être enseigné, et il reçoit la vie de l'esprit comme la vie du corps. Il n'est le principe et la source de rien. Cela peut contrister notre orgueil; mais notre orgueil ne change rien à la nature des choses. Nous aimerions mieux trouver en nous la source de la vie intellectuelle et avoir, comme Dieu, notre verbe à nous, et pouvoir dire: C'est en moi qu'il était au commencement, c'est moi qui l'ai enfanté et avec lui ma raison, qui ne procède que de moi. Ainsi dit la philosophie; ainsi disent ses adeptes, qui, croyant tout trouver en eux, nient audacieusement toute révélation, car ils n'ont rien perdu des prétentions de notre premier père, et, comme lui, ils veulent être des dieux; mais l'expérience est là qui leur crie: Ton verbe par lequel tu enfantes ta pensée, ce verbe, image imparfaite et cependant sublime du Verbe éternel, ce verbe n'est pas à toi; tu l'as reçu le jour où, pour la première fois, une parole humaine vint frapper tes oreilles et t'éveiller à la vie des intelligences. Or ce même verbe, comme nous esprit et matière, qui ne vient pas de l'homme individuel, ne vient pas non plus de l'humanité, mais de Dieu, qui l'a donné au premier homme, avec lequel le plus ancien des livres nous le montre en rapport dès le commencement (*Gen.*, II). Ainsi c'est de Dieu que vinrent à Adam les premières illuminations de la pensée, et ceux qui nient toute révélation n'ont rien compris à la nature de l'homme et aux premières notions d'une saine philosophie.

Il est incontestable que les idées viennent à l'enfant par la parole; mais comment les reçoit-il? Les discute-t-il, les soumet-il à un examen quelconque avant de les adopter? La nature ne lui permet pas de tomber dans cette extravagance; incapable qu'il est d'éclaircir le moindre doute, elle ne lui permet pas même de douter. Il reçoit tout sans examen, avec une confiance sans bornes et la foi la plus absolue, et il obéit à cette foi, qui est en lui un besoin irrésistible, comme il obéit à la faim, qui est un besoin de la vie des sens. Aussi que ne croit-il pas? Que n'est-il pas disposé à croire? L'erreur comme la vérité, la fable comme l'histoire, l'absurde, l'invraisemblable, les extravagances et les chimères, il croit tout avec une foi immense.

Or c'est avec cette foi vivace, avide, insatiable, que l'homme croit et se développe, et qu'il arrive à la raison. Mais de quoi la raison se forme-t-elle? N'est-ce pas des notions acquises par la foi? Sur quoi s'exerce-t-elle? N'est-ce pas encore sur les matériaux fournis par la foi? Que deviendrait-elle si elle s'avisait de vouloir s'en séparer? Elle tomberait aussitôt dans un vide immense, et l'homme, reculant jusqu'à son berceau, se trouverait dans le même état que l'enfant qui vient de naître, qui s'ignore et ne peut pas même affirmer qu'il est. Que conclure de là, sinon que la raison a dans la foi sa racine, son principe et sa source, et que la foi est la base et en même temps le ciment de tout l'édifice intellectuel?

C'est sur la foi que reposent, en dernière analyse, les premiers principes de toutes les sciences. Il faut croire que nous ne sommes pas le jouet d'une perpétuelle illusion; il faut croire que ce qui nous paraît le plus certain, que les principes qui servent de base à toutes les sciences ne sont pas des chimères auxquelles nous accordons la préférence.

Il faut croire que l'évidence n'est pas une illusion de plus; il faut le croire, car il n'y a de cela nulle démonstration possible; il faut le croire ou s'enfoncer dans l'abîme sans fond du scepticisme universel; il faut le croire ou mourir. *Croire ou mourir!* telle est, en dernière analyse, la suprême raison de tous les principes, et en ce sens il est vrai de dire que nous vivons de la foi et par conséquent que *la foi c'est la vie*, comme l'a dit saint Augustin.

La foi, qui est tout pour l'homme dans les premières années de sa vie, se retrouve donc au fond de toutes les sciences, là même où la raison paraît dominer avec le plus d'empire. Elle se retrouve de même dans presque toutes les actions de la vie. Nous avons foi dans nos maîtres, dans nos semblables, dans la nourriture que nous prenons, dans l'air que nous respirons, dans les livres qui nous parlent du passé ou des pays lointains; nous croyons à notre identité et aux titres de notre origine et de nos propriétés; nous vivons véritablement de la foi, et ce n'est qu'à cette condition que nous sommes raisonnables et que nous pouvons vivre en société. La société tout entière repose sur la foi. Quand l'homme ne croit plus à rien, il ne lui reste plus qu'à mourir. Celui qui voudrait n'obéir qu'à l'évidence et à la certitude pourrait à peine satisfaire logiquement les besoins les plus impérieux; il végéterait tristement, inquiet et irrésolu, n'osant se fier à personne et se consumant dans l'interminable solution d'insolubles problèmes. Il en est de même des peuples: c'est aussi la foi qui les fait vivre et qui fait toute leur force morale. Tant qu'ils sont croyants, ils sont invincibles; mais quand ils cessent de croire, quand ils écoutent les sophistes et les raisonneurs, ils commencent à chanceler sur leurs bases et ne tardent pas à devenir la proie des nations qui ont conservé leurs croyances naïves. C'est, en deux mots, l'histoire de la Grèce et de Rome, et en général de tous les anciens peuples.

L'homme est si naturellement croyant, qu'il ne peut pas plus échapper à la foi religieuse qu'à la foi humaine. L'incré-

(1) M. de Bonald, *Recherches phil.*

dule ne secoue le joug de la religion que pour retomber aussitôt sous celui de la superstition. Vous le trouverez croyant aux rêves de la nuit, aux rencontres fortuites, à l'influence des nombres, aux présages, au hasard, à la fortune et quelquefois même au fétichisme le plus ridicule. Il ne veut pas croire à la Providence, et il croit au fatalisme, et il marche enchaîné par cette terrible croyance comme un esclave qui attend le signal du maître à qui a été vendue sa liberté. En essayant de se soustraire à la foi, il ne fait que décrire une courbe qui l'y ramène. Voyez tout le XVIII^e siècle, si fanfaron d'incrédulité; ne croyait-il pas à la pierre philosophale, à la transformation des êtres, à l'homme né du limon échauffé par les rayons du soleil, et enfin à toutes les mystifications de Mesmer et de Cagliostro? Combien de fiers incrédules, de l'un et de l'autre sexe, sont allés demander à ces charlatans fameux la jeunesse et l'immortalité? Et aujourd'hui encore, à quelles étranges choses ne croient pas quelques-uns de nos philosophes? Voyez plutôt leurs systèmes!

On ne peut donc pas plus nier l'empire de la foi qu'on ne peut s'y soustraire; or, s'il faut croire pour vivre de la vie physique et intellectuelle, comment ne le faudrait-il pas pour vivre de la vie spirituelle? Puisque l'influence de la foi s'étend à tout, comment s'étonner de la trouver dans la religion? Quoi! elle est indispensable dans nos rapports avec nos semblables, et elle ne le serait pas dans nos rapports avec Dieu? « Je crois ma nourrice, dit saint Augustin; je crois cette femmelette quand elle me dit que je suis le fils de telle autre femme, et je ne croirais pas Dieu? » Toute la question est donc de savoir si Dieu a parlé; et, s'il l'a fait, il faut croire à sa parole ou renoncer à la raison. Or Dieu a parlé par ses prophètes, et en dernier lieu par son Christ : nous l'avons vu; le symbole catholique n'est que l'abrégé de ses révélations; donc l'adhésion à ce symbole ou l'acte de foi catholique est un acte de la plus haute raison.

En adhérant au symbole catholique et aux explications qui sont données par l'Eglise, l'âme sort des angoisses de l'erreur, des ténèbres du doute, et se fortifie en se nourrissant du pain de la vérité; comme dans l'ordre naturel la foi la conduit à l'intelligence, selon ce mot de saint Augustin : *Crede ut intelligas*. Le mal causé par notre union avec le vieil Adam est réparé par notre union avec le nouveau. Cette union, commencée par la foi, se perfectionne par la charité, qui guérit les plaies du cœur ou de la volonté, comme la foi celles de l'esprit. Ceux qui ont dit que la foi suffit au salut n'ont donc rien compris à l'humanité et à l'œuvre de la rédemption; car l'homme n'est pas seulement esprit, il est aussi cœur et volonté. La volonté ayant été viciée plus encore que l'esprit, qui ne voit que la réparation par la foi n'est qu'un commencement, et qu'elle doit se continuer par la charité? Nous verrons plus tard quelle doit en être la consommation. L'union avec le nouvel Adam par le cœur s'opère donc par la charité, qui nous affranchit de la concupiscence comme la foi de l'erreur. Mais *celui qui dit qu'il aime Dieu et n'aime pas son frère, est un menteur*, dit saint Jean (*I. Jean*, XVIII, 20). Le second commandement, a dit le Sauveur lui-même, *est semblable au premier; vous aimerez votre prochain comme vous-même* (*Matth.*, v., 3). Or notre prochain, ce sont tous les hommes, même les étrangers, même nos ennemis. Notre charité doit donc être, comme notre foi, catholique ou universelle. Admirable précepte en vertu duquel disparaissent les distinctions de langues, de races, d'origine, de castes, de positions sociales, de vainqueurs et de vaincus, de libres et d'esclaves, en un mot tout ce qui tend à diviser les hommes sur la terre! Nous sommes tous les enfants d'un même père, tous membres de la grande famille de Dieu, et le Christ, le premier de nos frères, qui a donné son sang pour nous, nous commande de nous aimer les uns les autres comme il nous a aimés. Tout est là! Que ce commandement s'accomplisse, et la terre redeviendra un Eden d'où presque toutes les traces de la chute auront bientôt disparu. Toutes les théories modernes sur la réorganisation sociale ne sont que de pâles commentaires de ce précepte évangélique. En donnant pour base à sa morale ce grand principe de la fraternité universelle, le Christ a créé un monde nouveau et renouvelé la face de la terre, et, tant que ce principe n'aura pas reçu une application proportionnée à son étendue, il sera faux de dire que le Christianisme a fait son temps. Laissez de plus en plus s'aplanir les obstacles, laissez tomber les haines nationales, laissez s'abréger les distances et se rapprocher les rivages des mers; laissez, d'un pôle à l'autre, les peuples se donner la main; laissez enfin l'Eglise étreindre le monde entier dans son sein, et vous verrez quels flots de vie découleront encore de cette source intarissable!

Aimer Dieu par-dessus toute chose, aimer le prochain comme soi-même, c'est là toute la loi (*Matth.*, VII, 12). Il n'est pas de justice, pas de vertu qu'on ne puisse rapporter là. Or ce double amour de Dieu et du prochain ne doit pas être stérile; il ne doit pas seulement s'exhaler en paroles, mais se traduire par des œuvres. Aimer Dieu, c'est conformer sa volonté à la sienne, c'est observer sa loi.

*Nous aimons Dieu*, dit saint Jean, *si nous observons ses commandements; et ses commandements ne sont pas difficiles* (*I. Jean*, V). *Celui-là m'aime*, dit le Sauveur, *qui observe mes commandements* (*Jean*, XIV, 21). Ainsi on ne peut pas aimer Dieu sans aimer le prochain, sans observer le Décalogue ou les dix commandements. Ces dix commandements se divisent en effet en deux parties : les uns regardent Dieu, ce sont les trois premiers, et les sept autres le prochain. Le premier règle l'adoration qui est due à Dieu. Or nous l'adorons en quatre manières : par la foi, comme la source de toute vérité; par l'espérance, comme la bonté infinie; par la charité, comme le souverain bien; et enfin par la vertu de religion qui exprime, par le culte d'adoration, son souverain domaine et notre dépendance absolue. La foi met un terme à nos incertitudes, l'espérance à nos anxiétés, et la charité à nos inconstances. Autant il est raisonnable de croire à la parole de Dieu, autant il est consolant d'espérer en lui, autant il est doux de l'aimer, puisqu'il nous l'ordonne, malgré ses perfections et ses grandeurs infinies. Par la foi nous lui faisons hommage de notre intelligence, et par la charité et l'espérance, de notre volonté; quoi de plus raisonnable, puisque c'est lui qui a tout donné?

Nous nous élevons de la foi à la charité par l'espérance, qui tient de la foi, dans laquelle elle a son principe, et de la charité, dans laquelle elle a sa perfection. Croyant, d'un côté, à la bonté infinie de Dieu et à sa fidélité inviolable dans ses promesses, et, de l'autre, aux mérites infinis de la rédemption, nous espérons tous les biens qui nous ont été promis; et la foi et l'espérance en un Dieu si grand et si bon, produisent en nous la charité, « qui est le couronnement de l'édifice, dit Origène, comme la foi en est la base et l'espérance le corps » (Origèn., *Epist. ad Roman.*, ch. IV).

La foi et l'espérance ont leurs limites, la charité n'en a pas; la mesure de l'amour de Dieu, dit saint Bernard, c'est de l'aimer sans mesure. N'est-ce pas là en effet la seule manière raisonnable d'aimer un être dont les perfections sont infinies, les bienfaits innombrables et les promesses au-dessus de toute conception humaine? De même que le métal se purifie dans la fournaise, ainsi le cœur se purifie dans les feux de l'amour divin; il se dégage des souillures du péché, des perverses affections de la concupiscence, et reprend des inclinations divines. Ainsi s'opère dans notre volonté l'œuvre de notre régénération en Jésus-Christ.

Par la vertu de religion nous rendons à Dieu le culte qui lui est dû : culte intérieur ou de l'esprit et du cœur, c'est la foi, l'espérance et la charité : nous en avons dit quelque chose; culte extérieur, ce sont les actes de religion par lesquels se manifestent les pensées de l'esprit et les sentiments du cœur. Esprit et corps, l'homme doit à son créateur l'hommage de tout son être, et cet hommage n'est complet que par les deux cultes réunis; mais de même que le culte intérieur ne saurait être trop fervent, le culte extérieur ne saurait être trop pompeux. Quoi! il y aurait pour Dieu quelque chose de trop digne et de trop magnifique! Si cela est impie à dire et à penser, que signifient donc les déclamations philosophiques et protestantes contre le culte catholique?

Les trois péchés opposés à la vertu de religion sont l'irréligion, la superstition et le culte illégitime. Nous condamnons l'irréligion, soit qu'elle se manifeste par l'impiété, par le sacrilége ou par la simonie. Nous condamnons la superstition, soit qu'elle s'appelle magie, divination, maléfice, ou vaine observance. Nous ne croyons ni aux sortiléges, ni aux horoscopes, ni aux songes, ni aux présages; nous ne tenons compte ni de l'influence prétendue des jours et des nombres, ni de la signification donnée à certains signes par l'ignorance et la crédulité, et si le peuple croit encore à tout cela, c'est malgré l'Eglise, et contrairement aux instructions qui lui sont données.

Nous condamnons le culte illégitime ou qui n'est pas approuvé par l'Eglise : le culte catholique n'est-il pas assez beau, assez varié, assez touchant? Ne parle-t-il pas suffisamment aux sens, à l'esprit, à l'imagination et au cœur? Ne rend-il pas tous nos sentiments envers Dieu? Qu'est-il donc besoin d'y ajouter, comme s'il était incomplet?

Nous adorons Dieu, et nous honorons les anges et les saints, les uns comme les ministres, les autres comme les amis de Dieu. Nous les prions non pas de nous accorder, mais de nous obtenir des grâces. Pourquoi certaines sectes chrétiennes ne veulent-elles pas nous comprendre sur ce point? Pourquoi s'obstinent-elles, contre toute justice, à nous jeter au visage le reproche d'idolâtrie, quand nous avons déclaré mille fois de la manière la plus explicite et la plus formelle que le culte que nous rendons aux saints n'est point un culte d'idolâtrie ou d'adoration, mais un culte relatif qui se rapporte à Dieu? Pourquoi ne pourrions-nous pas adorer Dieu sans ses saints? On dit : il n'y a qu'un médiateur; mais nous ne le nions pas : c'est même pour cela que nous disons que la médiation des saints n'a de vertu que par la sienne.

Nous honorons les saints dans tout ce que nous rappelle leur mémoire et en particulier dans leurs reliques et leurs images, que nous n'adorons pas plus que ceux qu'elles rappellent ou qu'elles représentent. Ou brisez les portraits de vos ancêtres et jetez leurs restes au vent, dirons-nous aux philosophes et aux sectaires, ou cessez de déclamer contre le culte que nous rendons aux images des saints.

Nous avons dit que l'amour du prochain est inséparable de l'amour de Dieu, et que, comme celui-ci doit se manifester par le culte extérieur, celui-là aussi doit s'exercer et se prouver par les œuvres. Nous devons prouver à notre prochain que nous l'aimons comme nous-mêmes, en le soulageant dans les besoins de son corps et de son âme. Instruire les ignorants, reprendre avec ménagement ceux qui font mal, donner de bons conseils à ceux qui en ont besoin, consoler les affligés, supporter avec patience les défauts du prochain, pardonner les offenses, prier pour les vivants, pour les morts et pour ceux qui nous persécutent, voilà pour l'âme; donner du pain à ceux qui n'en ont pas, l'hospitalité à ceux qui sont sans abri, des vêtements à ceux qui sont nus, visiter les malades et les prisonniers, racheter les captifs, ensevelir les morts, voilà pour le corps : telles sont les œuvres qui doivent témoigner de notre charité envers nos frères. Elles embrassent toutes les misères qui peuvent assaillir notre pauvre existence, depuis le berceau jusqu'à la tombe.

Par le premier commandement, Dieu, en nous ordonnant de l'aimer et de ne rien aimer qu'en lui et pour lui, préserve notre cœur de toute affection mauvaise. Il nous préserve du malheur des païens, qui se dégradaient par des amours infâmes, et de celui des mauvais chrétiens, qui s'attachent à de faux biens, qui les corrompent, les tourmentent et leur échappent, sans avoir rassasié leur cœur.

Au point de vue social, ce commandement est plus utile encore. On bâtirait plus facilement une ville dans les airs qu'on ne fonderait une société sans religion, a dit Plutarque. Or, si la religion est si indispensable, qui ne voit que plus elle sera florissante, plus aussi le sera la société. Quoi de plus propre à resserrer les liens sociaux, à adoucir les frottements, à maintenir la paix, que les nombreux devoirs imposés par la charité chrétienne? S'il y a aujourd'hui tant de malaise, tant d'anxiété et d'irritation au sein des classes pauvres et laborieuses, n'est-ce pas parce que les nouveaux riches ignorent ces devoirs ou les méconnaissent? N'est-ce pas parce qu'ils ne se regardent plus comme les économes et les représentants de la Providence? N'est-ce pas enfin parce qu'il y a beaucoup de chrétiens parmi nous qui oublient que nous devons à nos frères l'aumône de notre foi, de notre science, de notre crédit, de nos soins, de nos consolations, et de tous les biens dont nous pouvons disposer, et dont nous voudrions raisonnablement qu'on disposât pour nous si nous étions malheureux? Oh! qu'il y aurait d'infortunes secourues et de larmes séchées, si la charité chrétienne était mieux observée, si l'on se souvenait mieux de ces paroles sacrées : *Si vous avez beaucoup, donnez beaucoup, si vous avez peu, donnez encore volontiers du peu que vous avez* (*Dan.*, IV, 21); ou bien de celles-ci, qui sont un précepte du Sauveur : *Faites l'aumône de votre superflu* (*Luc*, XI, 46), c'est-à-dire de ce qui n'est nécessaire à l'entretien ni de votre vie ni de votre état, selon lequel vous pouvez vivre, mais sans aucun luxe (*V.* CHARITÉ)! Là est le remède à presque tous nos maux. Supposez la foi vive et forte au fond de toutes les âmes, et dites-moi si, pour la juste répartition des biens sur la terre, il est possible de trouver quelque chose de plus efficace que ces paroles d'un Dieu : *Tout ce que vous ferez pour les plus petits d'entre vos frères, c'est à moi-même que vous l'aurez fait* (*Matth.*, XL, 20). Voilà pourquoi nous sommes si indifférents aux réformes politiques et sociales qui ne tendent pas à ranimer la foi dans les âmes et la charité dans les cœurs.

Les neuf autres commandements ne sont que comme un commentaire ou un développement du premier. Le second nous défend de prendre le nom de Dieu en vain ou de le profaner par le parjure et le blasphème. C'est une conséquence nécessaire de l'adoration et de l'amour que nous devons à ce grand Dieu et qu'il nous commande.

Nous pouvons cependant jurer par le saint nom de Dieu ; mais il faut que ce soit *avec vérité* ou pour une chose vraie, *avec discrétion* et non témérairement, *avec justice*, ou pour une chose juste et honnête. Qui ne voit combien ce commandement est utile à la société? Supprimez-le, et vous la dissolvez ; il n'y a plus de sûreté ni dans les jugements, ni dans les transactions ; la fortune et la vie des citoyens sont livrées en proie à l'homme pervers, qui se rit de la justice et de la vérité.

Le troisième commandement fixe le jour où nous devons particulièrement rendre à Dieu le culte prescrit par le premier. Ce jour, qui est pour nous le dimanche, répond tout à la fois au premier jour du monde, et à celui de la résurrection du Sauveur et de la descente du Saint-Esprit sur les apôtres, jour à jamais glorieux, où apparut l'aurore d'un monde nouveau, et commença à se renouveler la face de la terre.

Nous honorons, ce jour-là, le Père tout-puissant, comme Dieu créateur et conservateur, le Fils, comme sauveur et réparateur, entrant, après les travaux de la rédemption, dans son repos éternel figuré par le repos de Dieu après la création, et enfin le Saint-Esprit, comme principe d'une création spirituelle plus merveilleuse encore. En réservant pour son culte un jour de chaque semaine, Dieu a voulu rappeler l'homme aux graves pensées de ses fins dernières, et l'empêcher de les perdre de vue dans l'amour exclusif des créatures. Image de Dieu, l'homme doit travailler six jours, et, comme son Créateur, se reposer le septième. Les six jours de labeur sont l'image de la vie, et le septième celle du repos de l'éternité.

En nous prescrivant la sanctification du dimanche, le troisième commandement nous défend par là même tout ce qui pourrait empêcher cette satisfaction, et en particulier les œuvres *serviles* ou les œuvres qui s'exercent plus par le corps que par l'esprit, comme sont tous les métiers et les arts mécaniques. Les œuvres *libérales*, dans lesquelles l'esprit a plus de part que le corps, les œuvres *mixtes*, dans lesquelles le corps n'a pas plus de part que l'esprit, comme la promenade, les voyages, etc., ne nous sont pas interdites les jours de dimanches et de fêtes. Ainsi non-seulement le troisième commandement n'a, comme les autres, rien de tyrannique; mais il est de plus tout à l'avantage de l'homme et de la société. Malheur à l'ouvrier qui l'oublie ou qui le méconnaît. Refusant de se reposer le dimanche, ou il se reposera un autre jour, et altèrera sa santé dans la débauche, en dépensant plus qu'il n'aura gagné, tandis que sa femme et ses enfants feront de même, et rapportent souvent la honte au coin du foyer domestique, jusqu'à ce qu'ils aillent les uns et les autres gémir au fond de quelque hôpital ; ou il travaillera sans repos et sans relâche, et bientôt ses forces épuisées lui feront sentir que la loi de Dieu n'est jamais impunément violée. S'il a des animaux à son service, et qu'il les condamne, comme lui, à un travail forcé, ils dépériront comme lui, et, en cela encore, il sera puni par où il aura péché; car le repos du septième jour est dans la nature, et l'on a pu souvent remarquer qu'il n'est pas moins nécessaire aux animaux qu'aux hommes. Malheur aux sociétés où abondent les contempteurs de la grande loi du repos religieux et sanctifié; car les passions brutales ne tardent pas à s'y développer, et, comme elles y sont sans frein, elles exercent bientôt d'effroyables ravages. Bientôt ces sociétés reculent jusqu'au paganisme, et nulle part la misère n'est à la fois plus commune, plus extrême, et ne parait plus hideuse.

Voilà les trois commandements qui regardent Dieu : le second et le troisième ne sont que des développements du premier; il en est de même des sept autres qui regardent le prochain. Ainsi l'unité se retrouve en tout, dans la morale comme dans le dogme, et ce n'est pas une des moindres preuves de la divinité de l'une et de l'autre.

Le quatrième commandement comprend les devoirs des enfants envers leurs pères et mères, et, par suite, des inférieurs envers les supérieurs, et des supérieurs envers les inférieurs. Honneur, respect intérieur et extérieur, amour, obéissance, assistance spirituelle et temporelle, tels sont les devoirs des enfants et des inférieurs. Nourriture, instruction, correction, bon exemple, vigilance continuelle, telles sont les obligations des pères et mères et des supérieurs. Il y a une haute philosophie dans cette assimilation des enfants avec les inférieurs et des pères et mères avec les supérieurs en général; elle montre que, de part et d'autre, l'amour et le dévouement doivent déterminer l'accomplissement réciproque de tous les devoirs. Elle nous montre aussi la société comme une grande famille où les rois, les princes et les magistrats jouent le rôle de pères, et les sujets et les administrés celui d'enfants. Elle nous montre encore que, de même que l'autorité paternelle vient de Dieu, de lui vient également toute autorité légitime, en sorte qu'en obéissant à nos supérieurs c'est à Dieu lui-même que nous obéissons, ce qui donne à la fois plus de dignité au commandement et de noblesse à l'obéissance. Les rois et ceux qui les représentent sont pour nous les *ministres de Dieu pour le bien* (*Rom.*, XIII, 4). Que si l'on rapproche cette doctrine de cette autre, dont notre divin maître a donné à la fois le précepte et l'exemple : *Celui qui voudra être le premier sera le dernier et le serviteur de tous* (*Marc*, I, 34), et ailleurs : *Celui qui sera le plus grand parmi vous sera votre serviteur* (*Matth.*, XX, 26), on sentira qu'il n'est pas possible d'imaginer une religion plus sociale et plus favorable aux faibles que le Christianisme; il tend constamment à rétablir l'équilibre rompu par l'orgueil et le hasard de la naissance, non en élevant les petits au niveau des grands, ce qui est impossible, mais en abaissant les grands au niveau des petits, ce qui l'est toujours. Si cette doctrine était mieux connue, et si surtout elle était mieux pratiquée par ceux qui exercent l'autorité, il ne serait pas nécessaire de se mettre en quête de réformes sociales, les sociétés seraient parfaites.

Ainsi, base de la famille, le quatrième commandement est aussi la base de la société. S'il était mieux observé, les familles et les sociétés vivraient longtemps sur la terre et toujours seraient stables et heureuses, et l'on verrait mieux encore se vérifier cette remarque de Montesquieu : que le Christianisme, qui paraît n'avoir en vue que le bonheur de la vie future, fait aussi le bonheur de l'homme dans celle-ci.

Après avoir assuré par le quatrième commandement la stabilité des familles et des sociétés et le bonheur des hommes sur la terre, en les obligeant à vivre les uns pour les autres, par le cinquième, Dieu défend tout ce qui pourrait troubler ce bonheur. Il défend de nuire au prochain de quelque manière que ce soit. Il défend l'homicide, qui s'attaque au corps, et le scandale, qui s'attaque à l'âme. Par l'homicide il faut entendre le duel et le suicide aussi bien que tout autre meurtre; car le précepte *Non occides* est général et ne distingue pas. Il ne dit pas que l'homme ait plus de droit sur sa vie que sur celle d'un autre, ni qu'il puisse en acquérir par les lâchetés du désespoir, par un point d'honneur brutal ou des conventions barbares. En défendant l'homicide, Dieu défend par là même tout ce qui peut y porter, comme le ressentiment, la haine et la colère. Il prescrit donc l'oubli et le pardon des injures. Or, comme le divin Maître savait que ce serait de sa morale le point le plus difficile, c'est aussi en cela qu'il a donné au monde le plus beau et le plus magnifique exemple, en pardonnant à ses bourreaux acharnés et en priant pour eux du haut de sa croix. Cette croix arborée sur les édifices, sur les hauteurs, sur les places publiques, partout au sein des populations chrétiennes, est une loi toujours vivante pour étouffer les emportements de la colère et les cris de la vengeance. Avec quelle reconnaissance nous devons recevoir le cinquième commandement! N'est-ce pas comme une barrière sacrée par laquelle Dieu protége notre vie, celle de l'enfant qui n'est pas encore né, celle des petits, des pauvres et des faibles sans appui? N'est-ce pas encore là une des colonnes de l'édifice social? Quel autre frein arrêterait l'homme puissant qui peut éluder la loi ou le malfaiteur qui se flatte d'échapper au bourreau? Qu'est-ce que les lois humaines si elles n'avaient pas leur sanction dans la loi divine, et leur base dans la conscience des peuples, sinon des toiles d'araignée qui peuvent bien arrêter quelques mouches timides, mais à travers lesquelles passent librement les frelons audacieux? Qui oserait dire qu'il ne doit rien à ce commandement ni pour lui ni pour les siens? Or, si nul particulier ne peut dire cela, donc à plus forte raison la société.

Le sixième commandement, auquel il faut joindre le neuvième, est autant pour nous que pour le prochain. Si le cinquième protége la vie en plein exercice, ceux-ci la protégent dans ses sources, et il serait difficile de décider à qui ils sont plus utiles, si c'est aux particuliers ou à la société. C'est ici surtout qu'on voit mieux la supériorité de la loi divine sur les lois humaines : celles-ci n'atteignent que le corps, celle-là atteint les âmes; celles-ci ne connaissent que des faits extérieurs, celle-là interroge les volontés; celles-ci s'arrêtent aux actes, celle-là va jusqu'aux plus secrètes pensées; celles-ci enfin ne s'occupent que de ce qui paraît aux yeux, celle-là interroge les replis de la conscience. Mais, pour établir une telle loi et lui donner une sanction, il fallait être le législateur suprême dont l'œil voit dans les ténèbres et scrute les reins et les cœurs.

Le sixième et le neuvième commandement ne se bornent pas à défendre les actes contraires à la pureté, ils défendent aussi les regards, les paroles, les pensées, les désirs et tout ce qui peut y porter. Voilà pourquoi les danses, les bals et les spectacles sont vus par l'Eglise avec tant de défaveur; et qui oserait nier que tout cela ne soit le plus souvent fort dangereux, à cause de l'esprit qui y préside et de la corruption que le monde y porte avec lui? Voilà pourquoi l'Eglise réprouve tout ce qui peut inoculer le poison dans les âmes et gangrener les cœurs, comme les parures immodestes, les chants langoureux, les livres passionnés, les gravures et les tableaux qui outragent la pudeur. Or supposez que le sixième et le neuvième commandement soient parfaitement observés, supposez par conséquent que la fornication, l'adultère, l'onanisme, le concubinage, la séduction, le viol, le rapt, les vices secrets, en un mot toutes les formes que peut revêtir le vice honteux, aient disparu de la terre, quel bonheur pour les individus et pour les sociétés! Voyez-vous l'homme, affranchi du péché qui éteint la foi, abrutit l'âme, énerve l'intelligence, tue le corps et ravale l'être humain au niveau de la brute, le voyez-vous, dis-je, s'élever librement sur la triple échelle de la vie physique, intellectuelle et spirituelle? Voyez-vous les sociétés, délivrées de la lèpre qui les ronge, fortes de toute la vie, qui est nuit et jour dévorée par le crime, s'avancer radieuses et puissantes dans les voies illimitées du progrès! Donc en ceci encore l'homme trouve à observer la loi de Dieu son avantage même sur la terre.

Nous avons sur le septième et le dixième commandement relativement à la supériorité de la loi divine sur les lois humaines la même remarque à faire que sur les précédents : les premières défendent le vol, la seconde en défend jusqu'à la pensée; les premières défendent de prendre le bien d'autrui, la seconde de le désirer; les premières n'atteignent que le mal déjà fait, la seconde l'étouffe jusque dans son germe; les premières se contentent de couper l'arbre, la seconde l'extirpe jusque dans la racine. Combien la loi divine se montre merveilleusement sage, en prévenant le crime, pour n'avoir pas à le punir! Non content d'avoir par le cinquième commandement protégé notre vie, par ceux-ci Dieu protége encore nos propriétés.

Le larcin, la rapine, la fraude, l'usure, toutes les manières de s'approprier ou de retenir injustement le bien d'autrui, tout cela est formellement défendu. Il n'est pas d'injustice qui échappe aux préceptes divins : ceux mêmes qui la commandent ou la conseillent, qui l'autorisent, qui y coopèrent d'une manière quelconque ou qui ne l'empêchent pas, quand ils le peuvent, sont tenus solidairement à la restitution, et, sans cette restitution en réalité ou en désir, le péché n'est pas remis. Outre ceux du désir et de la pensée, il est une foule de cas où la loi divine condamne quand la loi humaine absout. Combien d'injustices, de fraudes et de concussions que celle-ci ne peut atteindre! Combien de fois n'est-elle pas éludée par la mauvaise foi, la ruse et la chicane? Hélas! jamais on n'a vu ni tant de lois ni tant d'injustices C'est dire assez combien d'avantages résultent du septième et du dixième commandement pour les particuliers et pour la société. Quelle sécurité, quelle confiance dans les relations et les affaires, que d'infortunes de moins, s'ils étaient mieux observés!

La loi de Dieu règle toutes les facultés de l'homme. Nous avons déjà vu les règles de l'esprit et du cœur, celles des pensées, des désirs, des regards et de l'emploi des forces physiques; voici maintenant celles de la langue ou de la parole, dont l'abus en matière de serment a déjà été prohibé par le deuxième commandement. Le huitième défend le faux témoignage, le mensonge avec toutes ses subtilités, la médisance sous toutes ses formes, la calomnie, les paroles outrageantes, les moqueries, les rapports, les flatteries, les soupçons et les jugements téméraires. Ainsi sont protégés par la loi de Dieu notre réputation et notre honneur non moins que nos biens et notre vie. Ainsi sont bannies de la société la défiance, la dissimulation, l'hypocrisie qui mettent tout en confusion parmi les hommes; ainsi sont ramenées la confiance, la vérité, la bonne foi, qui, si elles régnaient partout, feraient de la terre un paradis anticipé.

On a pu voir par ce qui précède que, parmi les commandements de Dieu, les uns sont *affirmatifs* et les autres *négatifs* ou plutôt qu'ils sont à la fois affirmatifs et négatifs; c'est-à-dire qu'ils nous apprennent ce que nous devons aimer et comment nous devons l'aimer, en même temps qu'ils protégent notre cœur contre tout amour ennemi, étranger et usurpateur; c'est-à-dire qu'ils nous enseignent à la fois ce que nous devons faire et ce que nous devons éviter pour notre bonheur. Car on a pu voir aussi que chaque commandement est pour notre plus grand bien en ce monde et en l'autre, en sorte que le Décalogue tout entier est un immense bienfait. L'homme et la société trouvent leur intérêt à l'observer, et jamais ils ne le violent impunément même sur la terre. Toujours *on est puni par où l'on pèche* (1).

C'est une loi inévitable et malheureusement trop ignorée de ceux qui croient pouvoir trouver le bonheur en secouant le joug de Dieu. Ils le regardent comme un joug pesant et importun, tandis qu'il est au contraire léger et plein de douceur. Est-elle donc importune la barrière placée sur le bord de l'abîme? Est-il lourd à la main du voyageur le flambeau qui le guide à travers l'obscurité? Le nautonier se plaint-il de l'étoile et de la boussole qui le dirigent sur l'immensité des mers? Hé bien! la loi de Dieu est à la fois et cette boussole et cette étoile, et cette barrière et ce flambeau; le labyrinthe c'est le dédale des passions, la mer c'est le monde, l'abîme, l'enfer et, dès cette vie même, l'assemblage de tous les maux que le péché traine après lui. « Non, non, hommes trompés, dirons-nous avec M. Gaume, le Décalogue ne gêne point votre liberté, il la perfectionne; il n'entrave point votre marche, il la règle; il n'embarrasse point vos pieds, il les affermit et les éclaire..... Loi divine, loi protectrice des particuliers et des peuples, recevez ici nos hommages. Que vous êtes aimable! Vous ne commandez rien qui ne soit conforme à nos véritables intérêts. Que vous êtes sage! Tous vos préceptes bien médités nous font sentir le rapport nécessaire qu'ils ont avec les besoins de notre cœur; toutes vos règles ne renferment que le remède de nos maux. Que vous êtes lumineuse! C'est vous qui éclaircissez toutes les lois de la nature, en les interprétant selon toute leur pureté, en renversant toutes les erreurs dont l'ignorance, le libertinage et l'irréligion des hommes ont toujours voulu les obscurcir.

» Que vous êtes puissante! C'est vous qui autorisez toutes les lois humaines. Outre l'obligation civile et politique de les garder, vous y en ajoutez une de conscience, qui est inviolable et qui subsiste toujours..... Que vous êtes sainte! Sainte d'une sainteté solide, qui attaque le vice jusque dans ses principes les plus éloignés, le désir et la pensée, et qui établit la vertu sur des principes inébranlables. Sainte d'une sainteté agissante, qui ne s'en tient ni aux sentiments ni aux paroles, mais qui demande des œuvres. Sainte d'une sainteté universelle, qui ne laisse pas échapper un point de ce qu'elle ordonne : qui viole un seul de vos préceptes devient infracteur de tous les autres et digne d'une éternelle réprobation. Sainte d'une sainteté sage, qui n'exige rien que d'équitable, que de raisonnable, que de praticable. Sainte d'une sainteté courageuse, que les difficultés n'arrêtent point, que les contradictions n'ébranlent point, que les plus grands sacrifices n'étonnent point.

» Salut, loi du Seigneur, loi pure et sans tache; vous ravissez ceux qui vous contemplent; vous êtes fidèle dans vos promesses; vous donnez la sagesse aux plus simples, vous tracez à tous le chemin du bonheur; vous êtes un flambeau à nos pieds, un bâton à notre main, la joie du cœur, la lumière de l'esprit; vous êtes juste, vous vous justifiez vous-mêmes; vous donnez la gloire aux nations qui vous suivent, et vous assurez le repos à l'homme qui porte votre aimable joug. Puissent les particuliers et les peuples vous obéir et vous aimer (2)! »

Aux préceptes de la loi antique la loi nouvelle a ajouté la perfection; c'est l'objet des conseils évangéliques. Ainsi le précepte oblige à respecter le bien d'autrui, le conseil porte à se dépouiller du sien. Le précepte oblige à consacrer à Dieu un jour de la semaine, le conseil porte à les lui consacrer tous. Le précepte défend l'impureté, le conseil engage à rester pur comme les anges. Le précepte défend l'injuste préférence du moi, le conseil élève jusqu'à l'abnégation. Le précepte oblige au pardon des injures, le conseil dit de les rechercher pour les pardonner toujours. Le précepte défend de faire le mal pour le mal, et le conseil veut que pour le mal on rende toujours le bien. Ainsi le conseil est au-dessus du précepte, il est pour les parfaits, et ceux qui veulent y parvenir s'inspirent des exemples du législateur lui-même, qui a marché le premier dans la voie de ses conseils et de ses commandements. Ils s'inspirent surtout de son amour qui l'a fait descendre du ciel sur la terre, qui lui a fait tout souffrir, jusqu'aux privations de la pauvreté la plus extrême, jusqu'aux humiliations les plus désespérantes, jusqu'à la mort la plus cruelle pour nous sauver. Voilà en quel sens encore son joug est doux et son fardeau léger; car tout est doux et léger à celui qui aime. Ainsi à la loi de crainte le nouvel Adam, réparateur des ruines accumulées par l'ancien, a substitué la loi d'amour. Nous avons vu comment tous les commandements se rapportent au premier, comment celui-ci prescrit l'amour de Dieu et du prochain, deux amours qui n'en font qu'un, et comment par conséquent l'homme régénéré par le Christ est ramené à l'unité et à la sainteté primitive de l'état d'innocence. A cela, pour achever de rendre la charité encore plus dominante dans la loi nouvelle, le nouvel Adam a joint l'exemple de l'immense amour dont il nous a aimés, en donnant sa vie pour nous. Il semble que l'amour ne puisse pas aller plus loin, et cependant celui de Jésus-Christ pour nous a encore dépassé cette limite sublime, par l'institution de l'eucharistie. En sorte que tout nous crie: amour, amour sans borne au Dieu souverainement aimable, qui vous a tant aimés (1)!

L'homme, ayant été prodigieusement affaibli par la chute et étant devenu par lui-même incapable de tout bien, les préceptes appellent la grâce ou le secours divin, et la nécessité de la grâce conduit aux sacrements, qui en sont les canaux ordinaires. D'ailleurs la double union de notre entendement et de notre volonté avec le nouvel Adam étant opérée par la foi et la charité, cela ne suffit point encore. Le sang, la chair, le corps, les sens, tout dans l'homme étant vicié, il faut que tout soit régénéré, et que notre union avec le nouvel Adam soit entière et parfaite; or c'est ce qui se fait merveilleusement par l'eucharistie, qui est en même temps un signe extérieur et palpable de notre union intérieure par la foi et la charité.

Le mot communion rend parfaitement ces idées; par elle nous devenons comme participants de la nature divine, et nous pouvons dire en toute vérité avec l'apôtre saint Paul: Ce n'est plus moi qui vis, c'est Jésus-Christ qui vit en moi (*Gal.*, II, 20). Ainsi est atteint le but suprême de toute la religion; qui est de *réunir* ou de *relier* Dieu et l'homme séparés par le péché. Dans l'Ancien Testament, tout promet cette union, tout la figure, l'annonce et la prépare; dans le Nouveau, tout s'y rapporte et la consomme: le symbole, le Décalogue et les sacrements. Je dis les sacrements; car tous tendent à nous unir à Dieu par la grâce qu'ils nous communiquent, et tous se rapportent à l'eucharistie, qui est la consommation de notre union avec Dieu par la communion. Or l'eucharistie, c'est le sacrement d'amour, c'est le chef-d'œuvre de l'amour divin; voilà donc tous les sacrements se résumant, comme le Décalogue et le symbole, dans un seul mot: charité! Charité ou amour de Dieu pour les hommes, charité ou amour des hommes pour Dieu et pour leurs semblables, ces deux termes de notre amour sont à jamais inséparables. Voilà pourquoi le Sauveur, résumant en quelques paroles le but de sa mission divine a dit: ***Je suis venu apporter un feu sur la terre*** (le feu de la charité), ***que veux-je, sinon qu'elle en soit embrasée*** (*Luc*, XII, 49)?

« Le fer incandescent, qui prend toutes les qualités du feu, sans perdre sa propre nature; deux gouttes de cire, fondues ensemble; la greffe qui se nourrit de la séve de l'arbre sur lequel elle est entée; l'aliment qui se change en la substance de celui qui le digère; l'unité même qui est entre les divines personnes : telles sont les sublimes idées que les Pères nous donnent de l'union de l'homme avec Dieu dans la communion (2). »

Toute la nature communie ainsi à Dieu par l'homme qui la résume en lui. Les êtres inférieurs reçoivent dans les êtres supérieurs qui se les assimilent une vie plus parfaite, et la vie va ainsi montant et se perfectionnant toujours. Les substances inorganiques sont absorbées par les êtres organiques, la plante par l'animal, l'animal et tous les règnes par l'homme, et l'homme par Dieu, qui se l'assimile et lui communique sa vie divine et immortelle. Ainsi *Dieu redevient tout en toutes choses* (*I. Cor.*, XV, 28), et, par l'eucharistie, la création tout entière remonte à son créateur.

L'eucharistie est tout à la fois comme une continuation et une extension merveilleuse de l'incarnation du Verbe. Par l'in-

(1) *Sapient.*, XI, 15.
(2) Gaume, *Introduction.*

(1) Dans cette partie de notre exposition, nous devons beaucoup à M. l'abbé Gaume, vicaire général de Nevers, nous avons suivi d'après lui la méthode de saint Augustin, et nous aimons à rendre ici un nouvel hommage au *Catéchisme de persévérance*, auquel on ne peut guère reprocher qu'un peu de diffusion.
(2) *Catech. de persév.*, t. IV, p. 282.

carnation, il a pris la nature humaine; par l'eucharistie et la communion, il prend en quelque sorte la nature de chacun de nous et, sur les débris du vieil homme, fait vivre en nous l'homme nouveau. « L'eucharistie est, dit saint Thomas, la consommation de la vie spirituelle et la fin de tous les sacrements, elle est le sacrement des sacrements; tous s'y rapportent, y conduisent, ou y ramènent. » Le baptême nous en rend capables, la confirmation plus dignes, la pénitence fait disparaître les obstacles qui nous en éloignent, l'extrême-onction lui vient en aide dans le dernier combat, l'ordre perpétue les ministres qui la reproduisent, et le mariage les fidèles qui doivent la recevoir; ainsi on peut dire que tous les sacrements sont, pour parler le langage mathématique, en *fonction de l'eucharistie*. Les sacrements sont les signes sensibles d'une grâce invisible; ils sont à la grâce ce que la parole est à la pensée, et viennent en aide à la faiblesse de notre esprit, qui, depuis la chute, ne peut s'élever que par des signes sensibles à la connaissance des choses spirituelles. Leur essence est la grâce en quelque sorte incarnée dans la matière, et se trouve ainsi en parfaite harmonie avec la nature de l'homme, qui est une âme incarnée dans un corps, et avec le mode d'opération divine, qui consiste à employer les plus petites choses pour opérer les plus grandes.

Relativement à la vie spirituelle, qui est encore la charité ou l'union avec Dieu, les sacrements font preuve d'une économie parfaite : le baptême donne cette vie divine, la confirmation la fortifie, l'eucharistie en est l'aliment, la pénitence le remède, l'extrême-onction le dernier soutien, tandis que l'ordre produit des ministres pour la donner, l'entretenir ou la rendre, et le mariage des fidèles pour la recevoir.

Nous croyons que c'est Jésus-Christ qui a institué tous les sacrements, et qu'il ne lui a pas été plus difficile de donner à des signes matériels et sensibles la vertu de produire la grâce, que d'unir dans l'homme le corps et l'âme pour en faire une seule personne.

Partie intégrante et essentielle du Christianisme, les sacrements sont nécessaires à la société, au même titre que le Christianisme lui-même. D'où viennent la plupart des crimes? N'est-ce pas du peu de respect que l'homme a pour l'humanité dans sa propre personne et dans celle des autres? Or, ce respect, les sacrements l'inculquent, en apprenant à l'homme ce qu'il est et ce qu'il vaut. Ne sont-ils pas, par les grâces dont ils sont les signes et par les exorcismes, les bénédictions et les onctions qui les accompagnent, comme un grand enseignement de sainteté, de vertu et d'innocence, et par conséquent de respect pour nous-mêmes? Enseignement sublime qui commence au berceau et ne finit qu'à la tombe. Quelle immense réforme dans les mœurs et dans la société, si tout à coup, pénétré des enseignements de la foi, l'homme voyait en lui-même et dans chacun de ses semblables un enfant de Dieu, un membre de Jésus-Christ, comme l'enseigne le baptême, ou plutôt un autre Jésus-Christ, comme il résulte de l'eucharistie!

Nous renvoyons pour les détails à l'article spécial qui traitera de chaque sacrement. Nous ajouterons seulement quelques mots sur les rapports des divers sacrements avec la société. La raison théologique du baptême est dans ces paroles du Sauveur, ***Allez, enseignez toutes les nations; baptisez-les au nom du Père, du Fils et du Saint-Esprit*** (***Matth.***, XXVIII, 19). La raison philosophique du même sacrement est dans les preuves de la chute que nous avons données plus haut. Quant aux avantages qu'en retire la société, qui ne les voit? Otez le baptême, c'est-à-dire la grande idée d'une régénération divine, et vous enlevez aux premiers soins des mères toute leur dignité, aux sentiments maternels leurs plus pures délices, et aux joies de la paternité leurs plus douces jouissances. Quel respect dès lors pour la vie de l'enfant, avant et après sa naissance? Quelles garanties pour son éducation morale? Que serait-il alors, sinon un petit animal qu'on enregistrerait à l'octroi de la vie, et dont on se débarrasserait, comme dans les sociétés antiques et comme aujourd'hui encore chez les peuples idolâtres, par l'infanticide et l'exposition? Quelle belle institution, quelle institution éminemment sociale que celle qui imprime au front de l'homme naissant un caractère indélébile et sacré, et lui donne dans ses parrains et marraines un second père, une seconde mère, chargés par l'Eglise de remplacer auprès de lui les auteurs de ses jours, si la mort venait à les lui ravir! La confirmation donne aussi à l'enfant des parrains et marraines; elle continue ce qui a été commencé par le baptême; elle vient donner la force au moment du combat. Au moment où l'homme sent ses passions naissantes bouillonner dans son sein, où le monde est plein de dangereux enchantements pour ses yeux fascinés, et où par conséquent il est plus exposé à fléchir sous le joug dégradant du péché, la confirmation vient ranimer ses forces spirituelles et le sentiment de sa dignité. « Souviens-toi, lui dit-elle entre autres choses, *que tu es roi, prêtre et prophète*, et prends garde de souiller dans la fange ton triple diadème. Je t'arme soldat du Christ; l'huile des athlètes va couler sur ta chair, combats noblement les combats du Seigneur; fils de héros, sois digne de tes ancêtres, et souviens-toi qu'après avoir porté sur la terre, à l'exemple de ton divin maître, une couronne d'épines, tu es appelé à ceindre dans le ciel une couronne de gloire et d'immortalité. » Certes il ne faut pas un grand effort d'imagination pour comprendre que l'homme, ainsi anobli à ses propres yeux et solennellement convoqué à la lutte contre ses mauvais penchants, est éminemment propre à la société. Otez la confirmation, et l'homme entre dans la vie, dépouillé d'une partie de sa dignité, et il avance sans but et sans frein, toujours prêt à abuser de ses forces contre tout ce qui s'oppose au dérèglement de ses désirs.

« Ce que le cœur est dans le corps humain, l'eucharistie l'est dans le Christianisme et dans la société dont elle est la vie, dit saint Bonnaventure. » Qui dira toutes les saintes ardeurs pour le bien, allumées par l'union théandrique dans les âmes jeunes et tendres? Qui dira toutes les perverses habitudes rompues, tous les mauvais penchants réprimés, toutes les passions vaincues? Qui dira toutes les vertus acquises, tous les crimes prévenus par l'eucharistie? Qui dira par conséquent tout ce qu'elle épargne de larmes aux familles, et à la société de désordres et de scandales? Est-il et peut-il être quelque chose de plus social que la communion? Quand on voit un Dieu donner l'exemple d'un si prodigieux amour, quand on le voit pousser le dévouement jusqu'à se sacrifier sans cesse pour ceux qui le haïssent comme pour ceux qui l'aiment, quand on a reçu l'aumône infinie qu'il fait de lui-même dans l'eucharistie, comment ne pas se sentir embrasé d'amour pour ses frères? Comment ne pas se sentir pressé de se dévouer et de se sacrifier pour eux? Voilà ce qui explique la merveilleuse fécondité de l'Eglise catholique en œuvres de charité, la supériorité de ses missions et les admirables dévouements dont elle donne sans cesse le spectacle au monde, dans ses prêtres, dans ses frères des écoles chrétiennes, et les saintes femmes dévouées nuit et jour au soulagement de toutes les misères humaines. Sans l'eucharistie, on peut bien donner quelques pièces de monnaie, mais on ne se donne pas soi-même. Les communions séparées peuvent bien produire des philanthropes; mais jamais elles ne produiront ni des missionnaires, ni des martyrs, ni des sœurs de charité, ni tant d'autres servantes des pauvres, comme il en fourmille au sein du catholicisme; jamais les âmes qu'elles repaissent de leurs symboles tronqués ne se passionneront pour le dévouement et le sacrifice, seuls remèdes à la grande plaie de l'égoïsme qui nous dévore!

L'eucharistie et la charité sont dans le monde des esprits ce que le soleil et la chaleur sont dans le monde des corps; supprimez le soleil et vous supprimez la chaleur et la vie des corps; supprimez l'eucharistie, et vous supprimez la chaleur et la vie des âmes : c'est une vérité acquise à l'histoire. La communion est l'action la plus auguste et la plus sainte de la religion. Elle est l'abrégé de tous les mystères, l'accomplissement de toutes les figures, la plus touchante de toutes les cérémonies, la plus étonnante de toutes les merveilles; elle résume et complète toutes les alliances de Dieu avec l'humanité. C'est une belle institution que celle qui divinise l'homme sans lui inspirer d'orgueil, qui l'élève au-dessus de tout ce qui est créé, et lui inspire en même temps la plus tendre sympathie pour tout ce qui est faible et souffrant. Les ennemis les plus acharnés du Christianisme ont admiré la communion et reconnu ses heureux effets. « Voilà donc des hommes, dit Voltaire, qui reçoivent Dieu dans eux, au milieu d'une cérémonie auguste, à la lueur de cent cierges, après une musique qui enchante leurs sens, au pied d'un autel brillant d'or. L'imagination est subjuguée, l'âme saisie; on respire à peine, on est détaché de tout bien terrestre; on est uni à Dieu, il est dans notre chair et dans notre sang. Qui osera, qui pourra commettre après cela une faute, en concevoir seulement la pensée! Il était impossible sans doute d'imaginer un mystère qui retînt plus fortement les hommes dans la vertu » (***Questions sur l'Encyclopédie***, liv. VI, édition de Gen.). Le printemps a succédé aux tristes hivers; le soleil, plus puissant, éveille la nature endormie; tout s'anime, tout renaît, tout se renouvelle. L'homme aussi se renouvellera en s'approchant de l'autel, en retrempant son âme à la source même de la vie. L'orgueil s'humilie, les torts se réparent, la colère calme ses fureurs, l'intempérance devient sobre, le libertinage rougit de ses excès, les vieilles inimitiés s'éteignent, l'avarice s'est attendrie! Des hommes qui nourrissaient depuis longtemps dans leurs cœurs le poison de la haine se donnent mutuellement le salut de l'amitié; c'est qu'on touche à la *communion pascale;* voici venir la *Pâque*, la grande mémoire du passage, car nous passons; mais celui qui est le Père de tous a songé à ses enfants; nous ne tomberons pas d'épuisement sur le chemin, une nourriture céleste nous est assurée pour le voyage. Quand tout tressaille de volupté et d'amour, quand l'homme sent la vie bouillonner dans son sein, il est bon qu'un frein puissant soit imposé à ses passions; c'est alors qu'il a besoin du *pain des forts*, du *vin qui fait germer les vierges*, et nulle autre époque de l'année ne convenait mieux pour la communion pascale. Entrez dans le temple: voyez ces hommes qui s'avancent vers l'autel, et le riche avec ses habits somptueux, et le pauvre avec ses haillons, et ceux qui sont grands et ceux qui sont petits, et ceux qui servent et ceux qui sont servis, tous vont s'agenouiller à la même table, à cette table, merveilleux souvenir de l'égalité antique, qui a été dressée pour les bergers et pour les rois. Voilà que le même Dieu descend pour tous; tous se nourrissent de sa substance, et ne font plus qu'un avec lui; ils doivent désormais se considérer comme ses membres (*I. Corinth.*, cap. XII), n'avoir plus qu'un cœur et qu'une âme, et, pénétrés de son être et de son esprit, s'aimer comme il les a tous aimés. O vous qui vous fatiguez à chercher la sagesse, revenez de vos voies stériles et laborieuses, voici le chef-d'œuvre de la sagesse et de l'amour; tout est là, et il n'en faut pas plus pour le bonheur du monde.

Mais voilà que de jeunes adolescents au front candide et pur, parés des livrées de l'innocence, et de jeunes vierges avec les voiles de la pudeur, tendres comme la rose qui s'est épanouie le matin, simples comme la fleur des champs, se pressent à leur tour sur les marches saintes. D'où vient à ces enfants tant de recueillement et de modestie? Leurs yeux pleins d'amour sont tournés vers l'autel, leur bouche entr'ouverte exprime le désir; on dirait des anges descendus pour nous apprendre comment il faut adorer. Leurs mères émues versent des pleurs de joie, leurs pères attendris essuient de grosses larmes sur leurs joues hâlées. C'est la *première communion!* Voilà bien le Dieu qui *réjouit la jeunesse de l'homme et renouvelle sa vieillesse comme celle de l'aigle* (*Ps.*). C'est ainsi que le Christianisme nous initie à la vie; nous avons vu comment il nous y conduit, et si jamais vous avez pu voir le moribond sourire sur sa couche en recevant encore une fois le gage de l'immortalité, vous devez comprendre que toutes ces nouvelles religions dont on nous parle ne valent pas celle qui a fait le bonheur de nos pères.

La réforme n'a pas compris l'eucharistie comme sacrement, c'est-à-dire comme moyen d'union ou de communion de Dieu avec l'humanité, immense et perpétuelle union, magnifique préparation à l'union éternelle, fin sublime et dernière de tout ce qui est! Elle ne la comprend pas mieux comme sacrifice. Elle ne veut pas entendre que, de même que l'eucharistie est, comme sacrement, une admirable extension de l'incarnation du Verbe, elle est, comme sacrifice, une admirable extension du sacrifice que ce même Verbe incarné a fait de lui-même sur la croix. Ce sacrifice, qui ne s'est offert qu'une fois au sommet du Calvaire par l'institution eucharistique, se renouvelle partout et à toutes les heures du jour. Tous les peuples, toutes les langues, y sont convoqués; toutes les générations y viennent à leur tour recevoir leur part du sang divin, et ainsi sont largement, constamment, sans fin, sans relâche et d'une manière digne de Dieu, appliqués les mérites de la rédemption.

Il ne suffit pas d'avoir la vie et ce qui est nécessaire pour l'entretenir, si l'on n'a aussi ce qu'il faut pour réparer les atteintes qu'elle peut recevoir: de là la nécessité du sacrement de pénitence par lequel nous nous relevons de la mort spirituelle, et nous nous guérissons des blessures du péché. Le rejeter, c'est ouvrir la porte au désespoir ou proclamer l'inamissibilité de la justice, ce qui l'ouvre à tous les crimes.

Trois choses sont requises de la part du pénitent: la contrition, la confession et la satisfaction. La contrition suppose le repentir pour le passé et le ferme propos pour l'avenir; ce qui exclut tout attachement au péché et toute volonté de le commettre. La contrition doit être intérieure, c'est-à-dire véritable; surnaturelle, c'est-à-dire conçue par un mouvement du Saint-Esprit; universelle, c'est-à-dire s'étendre à tous les péchés, et enfin souveraine, c'est-à-dire l'emporter sur toute autre douleur. Comment peut-on dire après cela que le sacrement de pénitence est un encouragement au péché? Evidemment ceux qui ont soulevé cette difficulté n'ont pas compris ce qu'ils condamnaient.

Le seul fait de l'existence de la confession est une preuve de sa divinité. Quel sage eût jamais songé à attaquer ainsi le péché dans sa source, qui est l'orgueil? Qui eût jamais imaginé d'abaisser ainsi l'homme devant l'homme, pour le punir de s'être élevé contre Dieu? Qui l'eût jamais tenté? Et, si cette tentative eût été faite, comment n'aurait-elle pas eu de retentissement dans l'histoire? Une nouvelle preuve de la divinité de la confession, ce sont ses effets; chaque jour elle opère des prodiges. La médecine n'a pas de contre-poison semblable à celui-là: non-seulement la confession fait rejeter au pénitent le venin du péché, mais elle verse l'huile et le baume sur ses blessures; elle ranime son courage et ses forces épuisées; elle le relève, le guérit, le renouvelle, le transforme et lui donne intérieurement la fraîcheur de la jeunesse. Comme elle est bonne à tous les âges! Quelle initiation pour l'enfance! Quel frein dans l'adolescence! Quelle consolation pour l'âge mûr! Quel soutien pour la vieillesse! Quelle source de lumière et de bons conseils pour tous les âges! C'est la planche dans le naufrage, la source d'eau vive dans le sable du désert, le rayon de soleil dans les froides ondées de l'hiver. Mauvais penchants réprimés, crimes prévenus, vertus raffermies, haines étouffées, injures pardonnées, injustices réparées, et tout cela chaque jour, sans mesure, sans fin, sans relâche, telles sont les merveilles opérées par la confession!

Elle est donc tout à l'avantage de l'homme et de la société; aussi les philosophes et plusieurs protestants célèbres se sont-ils plu à reconnaître et à proclamer ses bienfaits (*V.* CONFESSION).

La satisfaction n'est pas moins nécessaire que la contrition et la confession pour la rémission des péchés; elle est nécessaire pour achever d'apaiser la justice divine, en expiant la peine temporelle qui reste ordinairement après la rémission de la peine éternelle; elle est nécessaire pour réparer le dommage fait au prochain dans son âme ou dans son corps, dans son honneur ou dans ses biens; elle est nécessaire enfin pour achever la guérison commencée et servir de contre-poids à la force des mauvaises habitudes. Il faut avoir les yeux faits d'une étrange façon pour voir là des encouragements au péché. Il n'y en a pas davantage dans les indulgences, car jamais elles n'ont dispensé de la pénitence, ni des réparations et des restitutions possibles; seulement elles viennent en aide à notre faiblesse et suppléent à notre indigence, en nous faisant participer aux mérites surabondants du Sauveur et des saints. L'Eglise dispose de ce trésor selon des règles dont on ne peut pas plus contester la sagesse que son pouvoir. Or qui lui refusera le pouvoir d'accorder des indulgences? N'est-il pas renfermé dans celui qu'elle a reçu de remettre les péchés? Est-il plus difficile de remettre la peine temporelle que le péché lui-même et la peine éternelle? Nier ces points, n'est-ce pas nier l'Evangile (*V.* INDULGENCES)?

Nous ne traitons point ici des effets spirituels des sacrements; nous les envisageons surtout au point de vue rationnel et social. Or, sous ce rapport, l'extrême-onction mérite, comme tous les autres, les hommages du moraliste et du philosophe. C'est la dernière marque de tendresse de la part d'une religion qui reçoit l'homme à l'entrée de la vie et ne le quitte plus jusqu'au tombeau, où elle l'accompagne encore de ses chants lugubres et de ses suffrages. Quand la maladie l'a cloué sur son lit de douleur, quand elle a paralysé ses membres et ses facultés, quand son front décoloré, ses yeux ternes et ses lèvres livides font pressentir une dissolution prochaine, quand il serait tenté de croire qu'il n'est qu'une machine dont bientôt il ne restera plus rien que des débris dispersés, quand l'effroi vient glacer son âme au bord de l'éternité, quand ceux qui l'approchent se sentent repoussés, en contemplant en lui l'image de la mort, l'extrême-onction vient ranimer ses forces et son courage, lui rappeler ses espérances immortelles et lui rendre sa dignité: n'y a-t-il pas dans ce spectacle un enseignement éminemment social par les graves pensées qu'il suggère à ceux qui en sont témoins, par les remords qu'il leur inspire, par l'avertissement qu'il leur donne sur la brièveté de la vie et la réalité d'un avenir éternel?

Le sacrement de l'ordre a une face sociale plus saillante encore. N'est-ce pas lui qui fait le prêtre, et le prêtre n'est-il pas ce qu'il y a de plus éminemment social? Homme de prière, de science et de charité, le prêtre attire les grâces, suspend les vengeances, instruit et console. Il est l'âme des sociétés modernes; c'est lui qui les a retirées de la barbarie, c'est lui qui les empêche d'y retomber: sans lui plus de culte, plus de sacrements, plus d'enseignement religieux, et par conséquent plus de religion. Supprimez le prêtre, et vous sapez la société dans ses fondements. Que si, en le voyant sujet aux faiblesses de l'humanité, on s'étonne des pouvoirs sublimes qui lui sont confiés, il faut se souvenir que Dieu, afin de mieux faire éclater sa puissance, a pour habitude de se servir de ce qu'il y a de plus petit pour arriver à ce qu'il y a de plus grand, et de ce qu'il y a de plus faible pour vaincre ce qu'il y a de plus fort.

Quant au sacrement du mariage, comment ne pas voir son influence sociale? N'est-ce pas lui qui sanctifie et constitue la famille, et la famille n'est-elle pas l'élément de la société? En proscrivant le divorce, la polygamie, le Christianisme n'a-t-il pas chassé la corruption du lit conjugal et la tyrannie du foyer domestique? N'a-t-il pas renouvelé la face de la terre? Si tous les mariages étaient véritablement chrétiens, que la société serait heureuse!

Commencée par la foi, perfectionnée par la charité, consommée par la participation au corps et au sang de l'Homme-Dieu, notre union avec lui, sous le triple rapport de l'esprit, du cœur et des sens, suppose une condition, et cette condition, c'est la grâce qui s'obtient par la prière. Nous croyons que l'homme a été gratuitement élevé à une fin surnaturelle, qu'il a été gratuitement rétabli dans cet état duquel il était déchu, et qu'il y est encore gratuitement maintenu et conservé par le secours incessant de la grâce, sans laquelle il ne pourrait rien. Nous croyons en conséquence qu'elle est absolument nécessaire à l'homme dans l'ordre spirituel, que sans elle il ne peut rien mériter pour le ciel, ce qui suppose que son libre arbitre a été singulièrement affaibli, mais non détruit. La volonté réclame le secours de la grâce, et la grâce le concours de la volonté, et ce que chacune d'elles ne ferait pas, leur union l'accomplit. Ainsi la liberté subsiste avec la grâce, qui la fortifie : bien loin d'être détruite par la grâce, elle ne pourrait pas même subsister sans elle. Il n'y a donc pas de difficulté sérieuse dans l'accord de la grâce et de la volonté ou de la liberté : l'une invoque l'autre et est supposée par elle.

Nous croyons que la grâce est purement gratuite, que nous la devons aux mérites de Jésus-Christ, qu'elle comprend tous les secours surnaturels et qu'en conséquence la religion entière est une grâce. Nous distinguons deux grandes espèces de grâces, les grâces intérieures et les grâces extérieures. Sous la loi antique, les promesses, les figures, les prophéties qui annonçaient le Messie futur, les sacrifices, les enseignements des prophètes, les vertus des justes, et sous la loi nouvelle, les miracles, les discours et les exemples du Sauveur et des saints, la religion chrétienne tout entière, sont autant de grâces extérieures. La grâce intérieure, c'est tout ce qui éclaire intérieurement l'esprit, touche le cœur, fortifie la volonté et la porte aux choses du salut : tantôt c'est une lumière, tantôt un remords, tantôt un doux sentiment de foi, d'espérance et de charité. Les grâces intérieures et extérieures sont innombrables, c'est le rayonnement du divin soleil sur les âmes, et les flots de chaleur, de vie et de lumière qui partent du soleil des corps, ne sont pas plus nombreux. Cette comparaison suffit pour faire comprendre combien ceux qui nient la grâce, sous prétexte que l'homme a naturellement tout ce qu'il faut pour se suffire à lui-même, sont de pauvres philosophes. C'est comme si, en voyant une plante douée de tous ses organes et bien fixée dans le sol, ils prétendaient qu'elle n'a plus besoin ni d'air, ni de chaleur, ni de lumière, et qu'elle peut se passer de l'atmosphère et du soleil.

De la nécessité de la grâce découle la nécessité de la prière, qui procure à Dieu la gloire et à l'homme le bonheur, par la satisfaction de ses besoins spirituels. Comme la grâce est toujours nécessaire, il en est de même de la prière. *Il faut toujours prier et ne jamais cesser* (*Luc*, XVIII), c'est-à-dire avoir toujours l'intention de plaire à Dieu en toute chose. Il faut toujours prier, comme il faut toujours respirer pour vivre de la vie du corps; car la prière est la respiration de l'âme. Or qui s'est jamais plaint de la nécessité de la respiration? Qui donc pourrait se plaindre de la nécessité de la prière? Qui oserait dire qu'elle est onéreuse et étrange, ou que Dieu met ses faveurs et ses secours à un trop haut prix, quand il n'exige qu'une seule chose, c'est qu'ils lui soient demandés? Car la prière est toute-puissante. *Demandez, et vous recevrez*, est-il dit dans l'Evangile, *frappez, et l'on vous ouvrira* (*Luc*, XI, 19). De là le rôle incessant que joue la prière dans l'économie de la vie spirituelle, de là le soin du Sauveur à nous apprendre à prier. Nous aimons à répéter souvent la prière qu'il a composée lui-même et nous la regardons avec raison comme la plus excellente. Nos droits, nos devoirs, nos besoins, nos espérances, elle renferme tout en quelques paroles, et ces mots : *Pardonnez-nous nos offenses, comme nous pardonnons à ceux qui nous ont offensés*, ont eu plus d'influence pour la paix et le bonheur du monde que tous les traités des moralistes anciens.

Ce n'est pas assez de connaître la nature et les conditions de notre union avec le nouvel Adam, il faut en connaître aussi le but et la fin; or le but ou la fin de cette union, c'est de nous faire vivre de sa vie dans le temps et dans l'éternité, c'est de nous faire imiter ses vertus sur la terre, afin de jouir de sa gloire dans le ciel. Non content de nous avoir tracé la route, il y a marché le premier, et il a dit : *Je suis la voie, la vérité et la vie; celui qui me suit ne marche point dans les ténèbres; je vous ai donné l'exemple, afin que vous fussiez comme j'ai fait* (*Jean*, VIII, 12).

Un chrétien, ont dit les Pères de l'Eglise, est un autre Jésus-Christ. *Comme nous avons porté l'image de l'homme terrestre*, dit saint Paul, *il faut que nous portions celle de l'homme céleste* (*I. Cor.*, XV, 49). Il faut que ses pensées soient nos pensées, ses affections nos affections, que nos actions soient saintes et pures comme les siennes, et qu'ainsi nous lui ressemblions en toute chose, dans notre vie intérieure et extérieure, par le cœur, par l'esprit et la pureté des sens. Il n'y a de salut que pour ceux qui réalisent en eux cette auguste ressemblance (*Rom.*, VIII, 29).

Trois grandes plaies ont été faites à l'homme par le péché, plaie à l'esprit, plaie au cœur, plaie à la chair; de là la triple concupiscence de l'esprit, du cœur et des sens, ou l'orgueil, la cupidité et la sensualité, et à cette triple concupiscence il a opposé en sa personne un triple remède, la pauvreté, l'humilité et les souffrances. Humiliation pour l'orgueil, pauvreté et détachement pour la cupidité, mortification pour la sensualité, remèdes amers mais nécessaires, violents mais infaillibles. Or quels magnifiques exemples Jésus-Christ n'a-t-il pas donnés de ces vertus? N'a-t-il pas poussé l'humilité jusqu'à l'anéantissement, la pauvreté jusqu'à n'avoir pas où reposer sa tête? la mortification jusqu'au supplice de la croix? Et il a souffert tout cela avec une patience et une douceur qui ne se sont pas démenties un seul moment depuis le commencement jusqu'à la fin; aussi, résumant en deux mots toute sa morale, a-t-il pu dire en toute vérité avec la double autorité du précepte et de l'exemple : « Prenez mon joug sur vos épaules et apprenez de moi que je suis doux et humble de cœur, et vous trouverez le repos pour vos âmes, car mon joug est doux et mon fardeau léger » (*Matth.*, XI, 29).

Le Christ, c'est l'homme dans tous les états, dans toutes les conditions et tous les âges. Aux supérieurs il a donné l'exemple du dévouement, aux inférieurs celui de la soumission, aux uns et aux autres celui du détachement des créatures, du renoncement à soi-même, d'une patience à toute épreuve, d'une pureté angélique et d'un amour sans bornes pour Dieu et pour les hommes. Après avoir si dignement rempli, pendant sa vie mortelle, les fonctions de maître et de docteur, il continue encore dans l'eucharistie *de tenir académie de toutes les vertus*. Quelles leçons éloquentes et persuasives! Tous les siècles, tous les âges, toutes les conditions, y sont convoqués, et tous les entendent. L'habitant des campagnes est aussi favorisé que celui des villes, et l'esclave, aussi bien accueilli que son maître. Jésus-Christ est aussi véritablement présent dans la pauvre église du hameau que dans la cathédrale toute rayonnante de pourpre et d'or. Il se donne tout entier aux petits comme aux grands, et se communique aux plus faibles esprits aussi bien et mieux souvent qu'aux plus grands génies. *C'est ainsi qu'il a bien fait toutes choses* (*Marc*, VII, 37), et qu'après être passé sur la terre en faisant le bien durant le cours de sa vie mortelle, il continue de même en passant à travers les siècles, les générations et tous les lieux, prêchant la charité, le dévouement et le sacrifice du haut de sa croix, et plus éloquemment encore du sein de ses tabernacles, où il nous attend nuit et jour pour nous nourrir de sa chair et nous abreuver de son sang! Certes il y a là quelque chose que toutes les philosophies du monde ne remplaceront jamais.

En nous efforçant d'imiter Jésus-Christ, sur les débris du vieil homme, nous formons en nous *l'homme nouveau ou l'homme parfait* (*Eph.*, II, 3), qui doit être un jour l'homme glorifié, l'homme immortel et incorruptible. Nous rendons en même temps plus complète et plus intime notre union avec le nouvel Adam. Que cette union n'est-elle inamissible et éternelle! Mais le péché peut la rompre, et, comme cette union est le plus grand de tous les biens, le péché est par là même le plus grand de tous les maux. Soit que nous l'envisagions en lui-même comme une révolte contre Dieu, comme troublant, avec une monstrueuse ingratitude, l'harmonie de la création, ou dans ses effets comme nous faisant perdre l'amitié de Dieu, le ciel et tous nos mérites, ou que nous le considérions dans ses châtiments éternels et son expiation par la mort de l'Homme-Dieu, il mérite également toute notre haine. *Mortel*, il donne la mort à l'âme, et est plus à craindre que le reptile qui tue de son venin. *Véniel*, il est moins indigne de pardon, mais est encore un si grand mal qu'on ne devrait pas le commettre, lors même qu'il s'agirait de faire cesser à l'instant toutes les douleurs de la terre, du purgatoire et de l'enfer. Tels sont les enseignements de la foi, enseignements salutaires qui, s'ils étaient suivis comme ils devraient l'être, auraient bientôt fait cesser presque tous les maux qui affligent la terre, car tous viennent du péché (*V.* PÉCHÉ).

Qu'on trouve, s'il est possible, une doctrine plus propre à moraliser et à purifier le monde.

Dans l'*Encyclopédie nouvelle*, M. Leroux fait au Christianisme, sur la question du *mal*, de la *loi morale* et du *bonheur*, divers reproches très-mal fondés que nous devons repousser en passant. « Le Christianisme, dit-il, abusant de la nécessité du mal, dit anathème à la terre, c'est à-dire à la nature entière, et à la vie telle qu'il nous est possible de la concevoir. La mythologie chrétienne a imaginé trois mondes si différents, que de l'un à l'autre on ne peut passer que par un abîme et un miracle : l'Eden primitif, la terre et le paradis; le bonheur et le paradis; le bonheur et l'innocence, la faute et le malheur, la réparation et la béatitude. Il a été providentiel que l'humanité se fixât pendant plusieurs siècles à cette croyance; mais cette croyance n'était qu'un mythe qui, comme tous les mythes, cache une vérité. Le mal est nécessaire, c'est lui, pour ainsi dire, qui nous a créés; c'est lui qui a fait notre personnalité; sans lui notre conscience n'existerait pas. Mais le mal devient de moins en moins nécessaire, si nous savons créer en nous une force vive qui nous permette d'agir et de perfectionner la vie humaine et le monde sans avoir besoin de l'aiguillon du mal. L'erreur n'est donc pas cette suite qui nous montre, après une vie inconsciente, une vie active et douloureuse, puis une vie active et sans douleurs: elle est dans la caractérisation de ces trois termes. C'est le terme du milieu qui, caractérisé d'une certaine manière, a forcé de caractériser les deux autres comme on l'a fait; là est l'erreur. La terre, c'est-à-dire la vie, telle que nous la connaissons, a été incomplètement appréciée, et de là est venu l'Eden chimérique et le paradis chimérique. Les grands théologiens, saint Paul et saint Augustin, ont beau médire de la nature, la nature n'est pas aussi corrompue qu'ils le disent. La vie présente n'est pas uniquement dévouée au malheur. Aussi qu'est-il arrivé? C'est que la nature a toujours conservé ses partisans, c'est que la vie présente s'est moquée de l'anathème jeté sur elle, et qu'on a fini, depuis trois siècles, par ne plus croire à l'Eden ni au paradis(1).» Et ailleurs : « Quelle est notre condition dans cette vie? Comment devons-nous nous y comporter par rapport aux biens et aux maux qui s'y rencontrent? Le Christianisme répond par l'organe de saint Paul et de saint Augustin : ne pas s'intéresser à cette vie, ne pas vivre, penser comme Platon, que c'est un état contraire à la nature originelle de l'homme, et comme Zénon, que cette chaîne ne durera pas longtemps et ne se reproduira plus; mais, au lieu que Zénon cherche son sauveur en lui-même, ne le chercher qu'en Dieu, c'est-à-dire, en cette sagesse divine qui s'est incarnée en Jésus-Christ. Mais quels sont les moyens pour arriver au but assigné? Le Christianisme répond : *N'aime que Dieu*, ne considère que lui, efforce-toi de te mettre dans un rapport immédiat avec lui, que tout disparaisse devant cet élan (2).» Ces passages sont pleins de faussetés et de calomnies. Le Christianisme n'a jamais regardé le mal comme nécessaire, mais toujours comme le libre fruit de la liberté de l'homme; comment aurait-il donc pu abuser d'une nécessité qu'il n'a jamais reconnue? Permis à M. Leroux, que nous avons vu épris d'une vive tendresse pour le mazdéisme ou la doctrine des deux principes, permis, dis-je, à M. Leroux de croire le mal nécessaire et de le regarder comme l'auteur de notre *conscience* et de notre *personnalité*; il peut même le regarder comme l'auteur du bien, s'il le veut, ce qui serait tout aussi compréhensible que *cette force vive que nous devons créer, afin qu'il nous soit permis d'agir et de perfectionner le monde*, mais il est de toute justice qu'il n'impute pas à l'Eglise les rêves de son imagination en délire. Le Christianisme nous enseigne que l'homme n'est pas dans son état normal, qu'il est déchu de sa grandeur et de sa dignité primitive, que la vie présente est une vie d'épreuve, de passage et de réhabilitation ; mais il ne dit *pas qu'elle soit uniquement dévouée au malheur, et ne lui jette point l'anathème;* il ne le jette ni à l'homme, ni à la matière, ni à la terre, ni au monde, ni à aucune autre créature. Que dirait saint Augustin si, revenant à la vie, il se voyait accusé de manichéisme, lui qui l'a si constamment et si énergiquement combattu? Que dirait-il encore s'il se voyait accusé de nier la liberté de l'homme, lui qui n'a soutenu la nécessité de la grâce que pour venir en aide et donner force à la liberté? Car tel est sur ce point la doctrine de l'Eglise. Dire qu'elle nie la liberté n'est autre chose qu'une imputation calomnieuse.

Le Christianisme ne dit point qu'*il ne faut pas s'intéresser à la vie;* mais qu'il ne faut pas trop s'y intéresser; il ne dit point qu'*il ne faut pas vivre*, mais qu'il faut bien vivre, parce que chacun rendra compte de ses œuvres, et en cela où est le mal? Sans doute le Christianisme tend à détacher l'homme de lui-même, de la terre et de la vie, toutes choses auxquelles il est toujours assez et souvent trop attaché; mais en cela encore où est le mal? Sans doute il ouvre devant l'homme des horizons sans bornes, et, pour contenter l'immensité de ses désirs et ses aspirations vers l'infini, il lui montre en perspective des océans de gloire, une éternité de bonheur; il lui montre Dieu lui-même comme devant être sa récompense et toute la création comme une échelle pour s'élever jusqu'à lui; mais en cela encore où est le mal? Sont-ils plus sages ceux qui, pour étancher une soif inextinguible, ne savent que renvoyer aux ruisseaux troublés et si souvent desséchés de la félicité présente? Sans doute le Christianisme encourage ceux qui quittent tout pour atteindre à la perfection, et faire contre-poids à ceux qui se prennent de toute part à la matière et *ne veulent plus croire ni à l'enfer, ni au paradis;* mais en cela encore il y a sagesse et non cause de blâme. M. Leroux reconnaît lui-même que la vie monastique a été pour l'humanité la source d'immenses avantages.

Nous terminerons par ce passage de M. l'abbé Maret : « Puisque la vie terrestre est l'introduction à la vie divine, quel prix cette vie n'acquiert-elle pas aux yeux du chrétien! Puisque ce n'est que par l'accomplissement des devoirs de la vie qu'on peut mériter les récompenses divines, combien ces devoirs qui lient l'homme à tout ce qui l'environne deviennent respectables à ses yeux!

» Ce n'est donc pas par l'attrait seul des jouissances que le chrétien est attaché à la vie, mais par le sentiment du devoir. Le plaisir n'est pour lui, comme pour la nature, qu'un moyen; il place sa fin dans quelque chose de plus haut et de meilleur. Le devoir embrasse la vie tout entière; il règle et sanctifie l'usage légitime des sens, comme les affections du cœur : par ce puissant lien, toutes les sympathies de notre cœur sont fortifiées. Y a-t-il quelque chose de bon, de vrai, d'utile, dont le Christianisme n'ait fait un devoir? C'est lui qui donne à la famille son caractère sacré, aux amitiés la durée, à la société la justice, la liberté et le progrès. La charité chrétienne et le dévouement qu'elle inspire n'ont-ils pas couvert la terre de bienfaits? Quelle est la souffrance qui ne trouve la consolation et le secours qu'elle appelle? Le chrétien seul connaît la valeur des biens et des maux de la vie. Il reçoit les biens avec reconnaissance et en use sans une attache excessive; il se soumet aux maux avec amour, et s'en sert comme d'un exercice propre à le purifier et à l'élever aux plus difficiles vertus. Il poursuit sans doute, il combat sans relâche le principe de corruption et d'égoïsme que nous portons tous en nous-mêmes; mais cette lutte ne sert qu'à le faire libre et grand ; et si la vertu lui demande des sacrifices, il les offre avec joie et devient sublime » (*Essai sur le panthéisme*, p. 295).

Nous avons dit notre triple union avec le nouvel Adam ou notre triple réhabilitation par la foi, par la charité et par la communion; nous en avons dit la condition et le moyen, qui sont la grâce et la prière, le but, qui est l'imitation du nouvel Adam sur la terre et la possession de sa gloire et de son bonheur dans le ciel; enfin nous en avons signalé l'écueil, qui est le péché: nous avons maintenant à parler de ce qui la perpétue.

## DU CHRISTIANISME COMME INSTITUTION.

Jusqu'à présent nous avons considéré le Christianisme comme *fait* et comme *doctrine*, il nous reste à l'envisager comme *institution*. Nous l'avons trouvé divin comme fait et comme doctrine; comme institution nous lui trouverons également le

(1) Art. *Saint Augustin*.
(2) *Ibid.*, art. *Bonheur*.

cachet de la divinité : sa constitution, sa perpétuité et ses bienfaits, tout prouve qu'il a Dieu pour auteur. Le Christianisme comme institution c'est l'Eglise. Nous avons donc à parler de l'Eglise. Obligés de nous resserrer toujours de plus en plus, nous renvoyons à ce mot pour tout ce que nous ne dirons pas ou ce que nous ne ferons qu'indiquer en passant.

Jésus-Christ, avant de remonter au ciel, a dû s'occuper du soin de perpétuer sa doctrine et d'appliquer à tous les hommes les fruits de sa rédemption; pour cela, il a dû songer à se faire représenter sur la terre, et c'est aussi ce qu'il a fait : il s'est choisi un vicaire ou un représentant dans la personne de saint Pierre, à qui il a confié ses merveilleux pouvoirs. Mais la tâche était trop grande pour un seul homme; d'autres devaient lui venir en aide et d'autres encore à ceux-ci; de là les apôtres et les évêques, successeurs des apôtres, et les prêtres, successeurs des autres disciples, qui forment avec le souverain pontife l'Eglise enseignante. Mais une Eglise enseignante suppose une Eglise enseignée. Or tout le monde est peuple, quand il s'agit d'enseignement et surtout d'enseignement religieux. Nul ne naît avec la science infuse : combien qui n'ont rien de ce qu'il faut pour se procurer par eux-mêmes l'enseignement religieux! Combien du moins qui n'ont pas les choses les plus indispensables! A l'un manque le temps, à l'autre les moyens, à celui-ci les livres, à celui-là la bonne volonté. D'ailleurs, en supposant tout le monde également instruit et également capable, que serait-il arrivé, si à chacun eussent été abandonnées la fixation du dogme, la règle des devoirs et l'interprétation de la doctrine? Ce qui est arrivé et arrive encore tous les jours au sein des sectes hérétiques ou schismatiques, c'est-à-dire un chaos d'erreurs et d'extravagances. Pas de lien, pas d'unité, pas de subordination; mais des discordes incessantes, un foyer inextinguible de révolte et d'anarchie. De là une dissolution inévitable, et ce que nous voyons dans les Eglises protestantes, c'est-à-dire des corps fiévreux, formés d'atomes répulsifs et incohérents qui, sans cesse travaillés par des divisions intestines, chaque jour se désorganisent et s'en vont en poussière.

L'œuvre du Christ aurait cessé avec lui et maintenant on chercherait en vain les ruines du Christianisme, comme on cherche vainement celles de plusieurs religions antiques qui ont disparu de la terre. Il était donc absolument nécessaire qu'il y eût une Eglise enseignante, puisqu'il y a nécessairement une Eglise enseignée; il était également nécessaire que l'Eglise enseignante héritât des pouvoirs de Jésus-Christ, puisque autrement elle n'aurait pas pu continuer son œuvre; il l'était aussi qu'elle eût la même autorité, puisque autrement on aurait pu impunément lui résister; enfin il fallait encore qu'elle fût infaillible, puisque autrement toute sécurité et toute confiance auraient disparu et que chacun serait redevenu son propre juge. Or c'est là aussi ce qui s'est fait. Etablissement, pouvoir, autorité, infaillibilité, le Christ a tout donné comme il l'avait promis : *J'établirai mon Eglise*, avait-il dit (*Matth.*, XVI, 18). *Comme mon Père m'a envoyé, je vous envoie*, dit-il ailleurs, en soufflant sur ceux qui devaient la composer, pour montrer qu'il leur communiquait sa toute-puissance, *recevez le Saint-Esprit* (*Jean.* XX, 22). Et ailleurs : *Qui vous écoute m'écoute, qui vous méprise me méprise* (*Luc*, X, 16). Et ailleurs encore : *Tu es Pierre, et sur cette pierre je bâtirai mon Eglise, et les portes de l'enfer ne prévaudront point contre elle* (*Matth.*, XVI, 18). Pierre est donc véritablement la pierre fondamentale, et ceux qui rêvent des Eglises sans pape rêvent des édifices sans fondement. Mais le fondement doit être au moins aussi solide que l'édifice qu'il est destiné à soutenir; pour donc que l'édifice ne soit pas ruineux, il faut de toute nécessité que le fondement ne le soit pas. Donc, puisque l'Eglise est infaillible, le souverain pontife l'est aussi en matière de foi, et, lors même qu'il ne le serait pas, il faudrait tenir qu'il l'est, et agir comme s'il l'était réellement. Ne lui est-il pas ordonné de confirmer ou d'affermir les autres dans la foi (*Luc*, XXII, 22)? Donc il est plus ferme qu'eux. Comment ceux qui agitent ces questions, en jetant des dénégations à travers, peuvent-ils se donner pour les défenseurs de l'Eglise? Comment peuvent-ils avoir l'incroyable prétention de soutenir l'édifice, en en secouant les bases? Les objections qu'on devait faire ont été prévues, et non-seulement elles ont été prévues, mais elles ont été résolues dès le commencement. Pierre est donné pour base à l'Eglise; or admirez le choix du fondement. Un pécheur pour affermir la vertu chancelante! Un berger infidèle pour paître les agneaux et les brebis (1)! Un apostat pour confirmer les autres dans la foi (1)! Un roseau pour soutenir l'univers! Un grain de sable pour porter la masse du monde! Voilà bien le procédé divin! Immensité dans les résultats, faiblesse ou plutôt nullité dans les moyens. Voyez donc comme l'objection qu'on devait tirer plus tard des scandales qui quelquefois ont éclaté jusqu'au sommet de la hiérarchie sacerdotale, se trouve réfutée tout d'abord! Qu'on fouille donc encore, si l'on n'en est point las, dans les plus obscurs recoins de la vie privée, qu'on remue encore les dix-huit siècles de notre histoire, plus on trouvera dans le sanctuaire de faiblesses et de misères, plus nous conclurons à la divinité du Christianisme. Quand à l'ombre de l'autel on découvrirait de triples apostasies, cela ne prouverait rien encore; l'Eglise, ayant commencé ainsi, a pu et peut encore continuer de même; elle n'en paraît que plus divine : Dieu veut montrer qu'elle n'est, ni ne subsiste par elle-même; mais que c'est lui qui l'a fondée et qui la soutient.

Que l'Eglise ait pu s'établir sur de pareilles bases, cela est merveilleux; mais qu'elle continue de subsister ainsi, cela est plus merveilleux encore.

Rien de semblable ne s'était encore vu sur la terre. On parle des vieux empires, des républiques antiques : tout cela fut grand sans doute; mais tout cela a disparu; et cependant, tandis que des aréopages, des sénats nombreux prodiguaient leurs conseils, des armées innombrables prodiguaient leur sang pour défendre ces patries puissantes et glorieuses. L'ennemi s'était-il montré, des peuples entiers, conduits par des héros, se levaient et marchaient comme un seul homme! Il est impossible de pousser plus loin la sagesse, le courage, l'enthousiasme et le dévouement. Ces empires devaient être éternels; on s'en flattait alors : comme s'il était donné à l'homme d'imprimer le sceau de l'éternité à ses ouvrages! Et aujourd'hui, à la vue de quelques ruines, nous disons : C'est là qu'ils ont été! Et il en est plusieurs dont nous cherchons en vain quelques débris, car ils n'ont pas même laissé de traces sur la terre. Telle est la destinée des choses humaines : commencer, grandir, puis arriver tôt ou tard au jour fatal au lendemain duquel on se dit : Cela était encore hier! Mais au milieu de tant de débris anciens, de tant de ruines nouvelles, une seule chose apparaît toujours la même, impérissable, immobile, comme Dieu, toujours ancienne et toujours nouvelle, c'est l'Eglise! Il y a dix-huit cents ans qu'elle règne sur le monde, et ceux qui la connaissent bien disent qu'elle n'a point vieilli, qu'elle semble au contraire se rajeunir. Elle règne! mais comment a-t-elle conquis cet empire et l'a-t-elle conservé, sans généraux, sans armées? Quelle fixité de principes, quelle puissance d'organisation! Jamais ses nombreux ennemis n'ont pu l'amener à transiger sur rien; jamais elle n'a eu besoin de réformer sa constitution. Voyez-la dans tous les siècles, tandis qu'elle foudroie les mille hérésies qui de toute part se dressent contre elle, comme des serpents venimeux, en dardant leurs langues menaçantes, elle pousse au loin ses conquêtes, et fait planter ses étendards jusqu'aux extrémités du monde. Elle est encore aujourd'hui ce qu'elle a été dans tous les temps. Dans son sein la sève sacerdotale coule encore aujourd'hui abondante et féconde comme aux premiers jours. Le zèle apostolique ne s'est point refroidi. Il est encore des prêtres en grand nombre que n'arrêtent ni les distances, ni les privations, ni les périls. Pour avoir encore des confesseurs et des martyrs, il ne manque que des persécuteurs et des bourreaux, et partout où ceux-ci se rencontrent, les autres ne font jamais défaut. Or il n'y a pas d'effet sans cause; l'Eglise en a donc une. Si l'on ne veut pas de celle que nous assignons, il faut en trouver une autre meilleure et plus probable.

Quand un météore apparaît dans le ciel, le physicien s'efforce d'en trouver l'explication. Le médecin cherche dans les secrets de son art la source des maladies nouvelles qui de temps en temps se développent au sein des sociétés. Nous avons dans nos bibliothèques des livres profonds qui nous donnent les raisons de la grandeur des empires et de leur décadence; or, d'après ce que je viens de dire, parmi tous les phénomènes sociaux, l'Eglise est le plus extraordinaire et le plus imposant. De tous les empires, le plus étonnant par sa grandeur, ses combats, sa constitution et sa durée, c'est l'Eglise. Que trouvez-vous dans le présent et dans le passé qui lui soit comparable? Comment donc est-elle? Quelle main puissante a posé ses fondements? Qui lui a donné sa merveilleuse constitution? Qui a soufflé dans son sein cette vie intarissable qui est à l'épreuve des siè-

(1) Pasce agnos meos....., pasce oves meas. *Joan.*, XXI, 15, 17.

(1) Aliquando conversus, confirma fratres tuos. *Luc*, XXII, 22.

cles et des crises qui mettent en péril l'humanité? Qui donc enfin, si ce n'est Dieu?

Cette perpétuité d'existence, cette jeunesse éternelle, est quelque chose d'admirable sans doute; mais il est quelque chose de plus admirable encore dans l'Eglise, c'est sa fixité et son immutabilité au milieu des fluctuations et des variations universelles. Prenez le symbole des premiers jours, prenez celui des derniers, vous les trouverez identiques : même conformité dans la morale et les constitutions. Jamais le défaut de ce qui a vieilli, jamais l'attrait si puissant de la nouveauté, jamais les déchirements du schisme et les subtilités de l'hérésie, jamais l'ardeur des disputes et l'espérance d'apaiser de puissants ennemis, n'ont pu faire varier l'Eglise dans les points dogmatiques. Elle a modifié sa discipline qui était son œuvre; mais le dogme, la morale et les constitutions qu'elle a reçus de son divin auteur, jamais. Et qu'on ne dise pas que les causes et les occasions lui ont manqué, car les unes et les autres ont été nombreuses et bien propres à la déterminer. Or cette fixité se concevrait pour quelques siècles, pour un seul peuple, sous un seul climat; mais pendant dix-huit siècles, mais pour tous les peuples et tous les climats, cette éternelle immobilité, cette immuable fixité sur les mêmes bases, cela ne se conçoit pas autrement que par l'intervention divine. L'Eglise est donc évidemment l'œuvre de Dieu, elle est faite à son image. Voyez les œuvres des hommes; qu'elles sont petites auprès de celle-là! Il y a eu de puissants génies dans l'antiquité, leur parole savante et pompeuse excitait l'enthousiasme de ceux qui les entendaient, ils ont fait grand bruit dans les populations, ils ont fondé des écoles et formulé des doctrines; mais ces doctrines et ces écoles sont restées sans autorité après leur mort, et la plupart ont à peine duré le temps qu'il fallait pour mourir. Qu'en reste-t-il aujourd'hui? Tout cela gît silencieux et sans vie dans la poussière de nos bibliothèques.

L'établissement, l'universalité, l'indéfectibilité et l'infaillibilité de l'Eglise, que nul ne peut contester au moins comme fait, prouvent par elles-mêmes que c'est une œuvre divine. Il y a dans ces faits pour l'incrédule des énigmes inexplicables et pour le chrétien une logique irrésistible; mais quand on considère que ces mêmes faits ont été prédits, que Jésus-Christ les a positivement annoncés (1), alors une logique encore plus irrésistible force à tirer pour conclusion sa divinité, et ainsi de toute manière nous sommes amenés à cette proposition fondamentale : le Christianisme est divin.

Quel autre que Dieu aurait pu donner à l'Eglise, des constitutions non-seulement aussi durables, mais aussi belles et aussi sages? Voyez quel admirable tempérament! son gouvernement est à la fois théocratique et démocratique, monarchique et républicain.

Les élus, ceux qui doivent exercer le pouvoir, sortent du peuple; c'est lui qui doit les choisir, le pontife suprême lui-même est souvent sorti de son sein; mais au droit du peuple vient s'unir le droit de Dieu, et de là résulte un droit contre lequel tout autre prétendu droit qui s'élève à l'encontre vient se briser. Voilà pourquoi les constitutions de l'Eglise sont plus fortes et plus durables, bien que dénuées de tout appui extérieur, que celles des royaumes de la terre, qui sont défendues par des millions d'hommes. Ajoutez à cela le principe du dévouement imposé et accepté comme le premier des devoirs et le ciment réciproque de la charité, et vous aurez le plus merveilleux gouvernement qu'on ait jamais vu sur la terre; or ce gouvernement est celui de l'Eglise.

Au sommet, le chef suprême ou le *Père* doit être plein de tendresse pour tous ses enfants et se regarde comme le *serviteur de tous;* plus bas d'autres Pères, pénétrés des mêmes sentiments et des mêmes devoirs, et plus bas encore et partout d'innombrables convergences de sollicitude, de respect, de soumission et d'amour. Voilà l'Eglise! Merveilleuse puissance qui, sans nul moyen de coaction, règne, avec un empire absolu, sur ce qu'il y a de plus insaisissable dans l'homme, sur la pensée, l'intelligence, la conscience et la volonté! Chose étonnante! ceux qui acceptent ce joug sont heureux de le porter et en racontent les douceurs à ceux qui ne les connaissent pas. Que l'on nous dise donc d'où tout cela vient, si ce n'est pas de Dieu! Que tous les plus grands politiques, que tous les plus puissants génies unissent leurs efforts et essayent de construire un édifice social qui ressemble quelque peu à celui-là, et ils verront la distance infinie qui sépare les œuvres des hommes de celles de Dieu! N'est-ce pas une chose bien remarquable que l'Eglise soit le modèle des sociétés, comme l'est des individus le Christ qu'elle représente, et dont elle continue l'œuvre à travers les siècles?

Cette grande mission lui a toujours suscité de nombreux ennemis, et en cela encore elle ressemble à son divin maître. Toujours elle a entendu siffler contre elle les mille serpents de l'erreur et de l'hérésie, et toujours elle leur a écrasé la tête. Aux uns elle a opposé son indissoluble unité, aux autres sa sainteté, à tous sa catholicité et son apostolicité. Une dans sa foi, dans son chef visible et invisible, dans ses membres qui ne font qu'un même corps; sainte dans son auteur et dans sa doctrine, ses sacrements et ceux de ses enfants qui vivent de son esprit; catholique par l'universalité des temps et des lieux; apostolique par son berceau que les apôtres ont façonné de leurs mains, il lui suffit de se nommer et de déclarer ses titres pour réduire au silence ceux qui tentent d'usurper son nom.

La guerre qu'on lui fait est quelquefois bien inintelligente. Ainsi on lui reproche ses commandements; on en demande le pourquoi, et l'on ne voit pas qu'ils sont une conséquence logique de sa mission divine. Continuer l'œuvre du Christ, faire par conséquent que son Evangile soit observé, que Dieu soit glorifié et l'homme sauvé, telle est en deux mots cette mission sublime; or tel est aussi le but vers lequel tendent tous les commandements de l'Eglise. Ils ont pour objet principal, les deux premiers : l'obligation d'assister au saint sacrifice de la messe au moins les jours de dimanches et de fêtes; le troisième de recourir, au moins une fois l'an, pour la rémission de ses péchés, au sacrement de pénitence; le quatrième de se nourrir et de s'abreuver au moins au temps de Pâques, du corps et du sang théandrique; enfin le cinquième et le sixième ont pour objet le devoir si essentiellement évangélique de la mortification et de la pénitence; or, s'il est étrange qu'elle ait fait de tout cela des obligations strictes et déterminées, ce n'est pas proprement qu'elle l'ait fait, mais bien qu'elle ait été obligée de le faire. Les hommes ne devraient-ils pas naturellement se presser autour des autels où se renouvelle le grand sacrifice de la croix, autour des piscines sacrées où sont lavées les souillures du péché, aux saints tabernacles où tombe la manne du ciel? Quant à la mortification, comme elle moins sympathique à notre nature, pour infiltrer quelques gouttes de son amertume salutaire dans notre corruption, on conçoit qu'il était nécessaire que l'obligation en fût ramenée à des époques fixes et déterminées (*V.* ÉGLISE).

Dire les bienfaits du Christianisme, c'est dire ceux de l'Eglise, qui n'est autre chose que le Christianisme établi, propagé et conservé à travers les âges. Voilà pourquoi il nous arrivera souvent de prendre indistinctement l'un pour l'autre. Le Christianisme étant la continuation de l'œuvre de la rédemption, il a dû tendre constamment à relever ce qui était tombé, à fortifier ce qui était faible, à sauver ce qui avait péri, et à faire disparaître toutes les erreurs, tous les maux, toutes les imperfections et toutes les douleurs, en un mot, toutes les suites du péché; et c'est aussi ce qu'il a fait.

### *Bienfaits du Christianisme dans l'ordre religieux.*

Pour faire apprécier l'heureuse influence du Christianisme sous le rapport religieux, il suffit de montrer l'état déplorable de la religion avant Jésus-Christ.

Un fou en délire mettrait plus de suite et de logique dans ses conceptions qu'il n'y en avait au fond des théologies païennes.

Les attributs divins personnifiés étaient devenus autant de dieux distincts, qui avaient chacun leur culte et leurs autels, mais sans aucun lien d'unité; en sorte que ceux-là se sont étrangement trompés qui sont venus plus tard innocenter l'idolâtrie, en la présentant comme le culte du vrai Dieu adoré sous différents symboles : il y avait les grands dieux, *dii majorum gentium*, appelés aussi *consentes*, de *consentientes*, parce qu'ils formaient le conseil divin. Il y avait les dieux subalternes, *dii minorum gentium*, les dieux nationaux, les dieux étrangers, les dieux mâles et les dieux femelles, les dieux naturels, les dieux animés ou demi-dieux, les dieux allégoriques, les dieux publics, les dieux particuliers, les dieux connus, les dieux inconnus, les dieux nuptiaux, les dieux domestiques, les dieux du ciel, les dieux de la terre, les dieux de la mer et ceux des enfers. Qui eût essayé de compter tous

(1) Aux textes déjà cités ajoutez celui-ci : *Ecce ego vobiscum sum omnibus diebus, usque ad consummationem sæculi.* Matth., XXVIII, 20.

ces dieux, nés des débauches d'une imagination sans frein et de la superstition en délire, eût plutôt énuméré les feuilles des forêts ou les sables des rivages. Le seul Panthéon de Rome en abritait trente mille sous son dôme orgueilleux. Le ciel, la terre, la mer, le soleil, les étoiles, la nuit, l'aurore, les éléments, les fleuves, les rivières, les hommes morts ou vivants, les quadrupèdes, les oiseaux, les poissons, les reptiles, le bois, le marbre et le métal taillés en vaines idoles, les arbres, les plantes, la matière brute, jusqu'aux pierres informes, jusqu'aux légumes des jardins, *tout étoit Dieu*, dit Bossuet, *excepté Dieu lui-même*. Partout des puissances occultes sous les noms de génies, de nymphes, de dryades et d'amadryades, recevaient des vœux et des prières. Les attributs divins étaient prodigués à ce qu'il y a de plus bas, de plus vil et de plus méprisable. Non-seulement on avait divinisé les vertus, mais on adorait aussi les biens et les maux physiques, les faiblesses, les passions et même les vices les plus honteux. La fièvre, la mauvaise fortune, la tempête, l'injure, l'impudence, la peur, la fuite et la honte avaient leurs autels comme la victoire, la patrie et la liberté; la vengeance, le divorce, la colère et l'impudicité avaient aussi les leurs. Il y avait un dieu pour les voleurs, un pour les ivrognes, un autre pour les voluptueux. Les dieux mêmes les plus dignes, comme les grands dieux du ciel, étaient la plupart des misérables auprès desquels les héros de nos carrefours seraient presque des sages (1). Jupiter lui-même, leur souverain seigneur à tous, le premier par le rang, était aussi le premier par la corruption. Il avait détrôné son père, rempli le ciel et la terre de ses adultères, et n'était qu'un effréné libertin. Cicéron disait, dans sa gravité romaine, que Clodius était un second Jupiter, parce qu'il avait eu avec sa propre sœur des relations criminelles (2). Les dieux du paganisme étaient toujours en guerre; ils avaient toutes les faiblesses et tous les vices de l'humanité. On chantait dans les temples leurs amours scandaleuses, et l'on célébrait leurs cruautés, leurs jalousies et leurs autres excès. Si une pareille religion subsistait encore aujourd'hui, il suffirait d'être sincèrement religieux et de bien imiter les dieux pour se rendre digne du carcan, de la marque et du bagne à perpétuité. Or on se tromperait étrangement si l'on s'imaginait que les scandales de la mythologie fussent sans influence sur les mœurs. On voit dans Térence un jeune homme s'encourager au vice impur par l'exemple de Jupiter, « qui, par le bruit de sa foudre, fait trembler les plus hautes régions des cieux (3). » Euripide prête souvent le même raisonnement à ses personnages. Les hommes méchants et corrompus, perdus de vices et de débauchés, se glorifiaient de ressembler aux dieux immortels. « Quel est l'homme élevé dans les principes de l'honnêteté et de la pudeur, disait Arnobe, que l'exemple des dieux et l'histoire de leurs débauches ne portent pas aux plus infâmes excès (4)? » Les Crétois, au rapport de Platon, s'encourageaient aux amours infâmes et contre nature par l'exemple de Jupiter et de son Ganymède (5). Les anciens auteurs sont pleins de passages analogues (6). La religion engendrait une telle corruption parmi les païens, que la *pudeur*, selon saint Paul, ne permet pas de dire ce que la piété leur faisait faire ( *Eph.*, v, 12). Il y avait des dieux qu'on ne peut pas même faire connaître, et des autels pour des choses qu'on ne peut pas même nommer. Ces choses étaient représentées dans les temples, exposées à la vénération publique, portées en triomphe dans les processions, et souvent même servaient d'ornements aux femmes (7). Les temples de Vénus étaient de véritables lupanars, et ses prêtresses des courtisanes ou des prostituées. Un seul de ses temples à Corinthe entretenait jusqu'à mille de ces ignobles créatures, presque toutes consacrées à la déesse par ceux qui venaient lui demander des faveurs, c'est-à-dire des infamies ou des crimes.

Son culte était un des plus répandus et des mieux suivis. La loi, chez les Babyloniens, au rapport d'Hérodote, obligeait toute femme née dans le pays à aller une fois dans sa vie se livrer à un étranger, sur l'autel même de Vénus, et des monuments authentiques sont venus confirmer le témoignage de cet historien (1). Strabon dit que les femmes qui allaient ainsi satisfaire au vœu de la loi étaient pompeusement vêtues et accompagnées d'un nombreux cortége (2). Le même auteur rapporte que les Arméniens honoraient à peu près de la même manière la déesse Anaïtis. Les personnages les plus distingués de la nation lui consacraient leurs filles en bas âge. Ces jeunes vierges servaient au culte de la déesse pendant plusieurs années, se prostituaient en son honneur, et étaient ensuite recherchées en mariage pour cette prostitution même, qui était réputée honorable, parce qu'elle était religieuse et sacrée (3). Hérodote rapporte la même chose des femmes lydiennes Lucien, des Syriennes à Byblos, et Valère Maxime des Africaines, qui s'abandonnaient aux étrangers dans le temple de Sicca (4). Plus licencieux et plus infâme encore était le culte de Kotys ou Kotytis, déesse de l'impudicité chez les Grecs (5), et celui de Libentina, déesse du libertinage chez les maîtres du monde (6). Les auteurs païens les plus graves attestent en vingt endroits de leurs ouvrages, que des impuretés abominables, des crimes contre nature, étaient commis en l'honneur des dieux. A Mendes en Egypte, où le dieu Pan était adoré, la bestialité, au rapport de Strabon et d'Hérodote, avait lieu publiquement avec les chèvres sacrées (7). Julius Firmicus atteste que dans plusieurs temples païens le crime de sodomie était commis en plein jour, et qu'on s'en faisait gloire (8). Les hommes se prostituaient comme les femmes en l'honneur des dieux et des déesses, et leur consacraient le prix de leurs prostitutions. Qui pourrait dire toutes les abominations qui se commettaient dans les fêtes religieuses instituées pour célébrer les déportements des dieux? Que d'outrages aux mœurs, que de mystères d'iniquité, que d'attentats à la pudeur, dans les Dionysiaques, les Bacchanales, les Saturnales, les Hilaries, les Priapées, les Lupercales, les Kotylia, les Aphrodisiennes, les Floréales, les Thesmophories, les Divales ou Angénorales! etc., etc. Dans presque toutes ces fêtes, on ne voyait que des prêtres nus, des hommes et des femmes ivres, des prostituées aux gestes infâmes, des danses lubriques, des cérémonies obscènes, des actions abominables accompagnées de cris sauvages, de hurlements effroyables et des discours les plus licencieux (9). *In Italiæ compitis*, dit saint Augustin d'après Varron, *sacra Liberi celebrata cum tanta licentia turpitudinis, ut in ejus honorem pudenda virilia colerentur. Nam hoc turpe membrum per Liberi dies festos cum honore magno plaustellis impositum, prius rure in compitis et usque in urbem postea vehebatur* (10). *Quidam dicunt mulieres in sacris istam turpem effigiem deosculari solitas.* La licence effroyable qui régnait pendant ces fêtes a inspiré ce mot célèbre au sage Aristippe: « Une femme vraiment sage, disait-il, le sera même pendant les Bacchanales. »

Les mystères, dans lesquels on a voulu voir une religion plus pure, s'étaient corrompus comme le reste, et ne valaient pas mieux, si même ils n'étaient pas pires. Ils étaient devenus autant de foyers de corruption. Au temps de Cicéron, *mystères* et *abominable* étaient presque synonymes (11). « La cause la plus certaine, dit Warburton lui-même, qui a essayé d'en faire l'apologie, la cause la plus certaine des horribles abus et de l'affreuse corruption des mystères, c'est le temps où on les célébrait: on les représentait dans l'ombre et le silence de la nuit, temps propice pour toutes les mauvaises actions (12). » Il avoue qu'on y retrouvait les mêmes processions infâmes dont nous parlions tout à l'heure. Saint Clément d'Alexandrie, qui les connaissait bien, dit que « ceux qui les avaient fait passer d'Egypte en Grèce avaient semé dans la vie humaine le germe de la corruption (13). » Le savant Arnobe, qui, comme lui, avait été païen, et sans doute initié à tous ces mystères, en parle encore plus défavorablement. Rien ne montre mieux le véritable esprit des cultes païens que les honneurs extraordinaires ren-

(1) *V.* Leland, *Démonstration évang.*, t. I, p. 235 et suiv.
(2) *Orat. pro domo sua ad pontifices.*
(3) Terent., *Eunuch.*, act. III, v. 18.
(4) Arnob., *Advers. gentes*, l. VIII.
(5) Platon, *Opera*, p. 589, edit. Lugd.
(6) *V.* Leland, *Démonstr. évang.*, t. I, p. 219.
(7) Les femmes païennes portaient par dévotion des petits priapes suspendus à leur cou. Euseb., *Præp. evang.*, l. II, c. 6, p. 74.

(1) Hérodot., l. I.
(2) Strab., l. XVI, p. 1081.
(3) Strab., l. XI.
(4) Lucian., *Op.*, v. XI, p. 658, ed. Amstel. Val. Max., l. II, c. 6.
(5) Potters, *Antiq. of Greece.*
(6) S. August., *De civit. Dei*, l. CVIII.
(7) Hérodot., l. II, n° 46. Strab., l. XVII, p. 1154.
(8) *De errore profan. relig.*, p. 10.
(9) *V.* Leland, *Démonstr. évang.*, t. I, p. 341.
(10) S. Aug., *De civit. Dei*, l. VII, c. 21.
(11) *Divine législat. de Moïse*, p. 85.
(12) *Ibid.*, p. 190.
(13) Clem. Alex., *Cohort. ad gentes.*

dus partout à la déesse de la volupté, ses types divers, la multitude des noms qui lui furent donnés, et ses nombreux analogues dans toutes les religions païennes. On la retrouve sous le nom d'Astarté chez les Sidoniens, d'Anaïtis chez les Mèdes, d'Alittat chez les Arabes, de Nephthys chez les Egyptiens, de Salambo chez les Babyloniens, de Milytta, de Dercéto ou d'Astergatis chez les Assyriens. On la retrouve encore sous d'autres noms dans les diverses religions de l'Amérique, de l'Inde et de l'Océanie. Elle est le vrai lien d'unité de tous les cultes idolâtriques. Erreur et corruption, voilà donc en deux mots l'essence de toutes les religions païennes.

Ces religions n'étaient pas seulement des religions de débauche, c'étaient aussi des religions de sang. Le prêtre idolâtre avait toujours le couteau à la main, et ses plus beaux jours étaient ceux où cent bœufs tombaient sous ses coups. Mais ce qui était plus horrible, c'était de voir l'homme mêler son sang, dans les sacrifices, à celui des animaux. Il est prouvé par les témoignages des auteurs anciens, que les Philistins, les Moabites, les Phéniciens, les Egyptiens, les Arabes, les Perses, les Tyriens, les Phrygiens, les Lydiens, les Troyens, les Scythes, les Gaulois, les Germains, les Thraces, les Thessaliens, les Messéniens, les Phocéens, les Lesbiens, les Athéniens, les Spartiates, les Thébains, les Arcadiens, les Corinthiens, les habitants de Chio, de Chypre, de Ténédos, de Salamine, de Rhodes et de Crète, les Romains, les Carthaginois, les Hérules et les autres peuples anciens ont tous immolé des victimes humaines (1). En Amérique, le sang ruissela particulièrement dans les temples des nations les plus civilisées. Chez les Gaulois on immolait des vieillards au dieu Dis sur le dolmen ou la pierre druidique; d'autres fois une immense statue chauffée au rouge recevait les victimes dans ses entrailles brûlantes. Ce n'étaient pas seulement les vieillards, les étrangers, les ennemis ou les criminels qu'on immolait, mais aussi et surtout les vierges et les enfants. « Ainsi que le sang du Juste, du Christ, notre Rédempteur, coula des cinq plaies de son corps adorable, les cinq parties de ce globe furent abreuvées du sang de l'humanité. L'Asie, sur toute sa surface; l'Europe entière; l'Afrique, en ses espaces mal connus; l'Océanie, sans en excepter le moindre archipel, ont appliqué la maxime rappelée par saint Paul : *Sans effusion de sang, il n'est point de rédemption* (2).

« Les talapoins, les brahmes, qui pour rien au monde ne voudraient écraser un insecte, offrirent jadis leurs frères à la Divinité. Vainement essayeraient-ils de nier ces usages abolis depuis nombre de siècles. Nous savons sous le voile des sanctuaires, au fond des pagodes, un livre secrètement caché, l'Adarvéna-Vedam (3), qui prescrit les sacrifices humains.

» Aussi haut que remonte l'histoire, après le déluge, elle montre l'homme immolant l'homme pour supplier le ciel. Sur la limite des temps fabuleux, Kronos, fils d'Uranos, fondateur de Byblos, immole au ciel son fils premier-né. L'antiquité de cet égorgement reparait dans cette docte expression de Plaute : *Saturni hostiæ*, victimes de Saturne, pour *victimes humaines*. Donc les hommes furent les plus anciennes victimes. Le règne de Saturne est le plus reculé dont fasse mention le polythéisme.

» Les Rhodiens immolaient annuellement un homme à Saturne (4).

» Les prêtres de Tarquinies et les Lucumans sacrifiaient les captifs (5).

» Le père du vénérable Priam, Laomédon, pour délivrer d'un fléau ses Etats, livra une de ses filles (6) ; l'oracle demanda l'immolation d'un enfant désigné par le sort.

» La colonie grecque, prenant possession de Lesbos, l'oracle demanda la fille de Sminthée, à l'un des princes qui la conduisaient (7).

(1) Gensius, *De victimis humanis*. Porphyr., Περὶ ἀποχῆς, l. II, §§ 27, 34, 35, 36. Tacit., *Annal.*, l. XIV, c. 8; idem, *De morib. Germ.* Cæsar, *De bell. gall.*, l. VI, c. 21. Procop., *De bell. goth.*, l. VI, c. 11. Plutarch., *Vita Themist. et Marcell.* Tit. Liv., *Histor.*, l. XXII, c. 55. Florus, l. I, c. 13. Lactant., *Div. inst.*, l. I, c. 21.

(2) Sine sanguinis effusione non fit remissio (*Hebr.*, IX, 22).

(3) William Jones, *Asiat. Research.*, t. II, p. 578. Dubois, *Mœurs et instit. des peuples de l'Inde*, t. I, c. 8.

(4) Porphyr., *De abstin. carn.*, l. II, § 54.

(5) Dans les extraits de Festus sur les Lucumans.

(6) Apollod., l. III, c. 11, § 3.

(7) Plutarque, *Banquet des sept sages*.

» Le roi Erechthée livra les siennes à la mort, afin de sauver l'Etat (1).

» Pareillement Léos sacrifia ses filles pour obtenir du ciel la cessation d'une épidémie qui désolait l'Attique.

» Durant la disette des Messéniens, le prince Aristodème dévoua sa fille.

C'est encore une vierge du sang royal, Polyxène, qui doit apaiser les mânes d'Achille, lequel avait immolé douze enfants nobles à l'âme de Patrocle, son brave écuyer.

» A Salamine, le sang des étrangers baigne l'autel de Jupiter (2).

» Un roi de Messénie sacrifie au même dieu trois cents prisonniers avec leur chef vaincu, Théopompe, et finit par s'immoler lui-même (3).

» Le sacrifice humain se perd dans la nuit des âges. Sa réforme remonte plus haut que l'histoire certaine. L'Arcadien Lycaon, frappé par Jupiter pour ses sacrifices abominables; Thoas, exterminé pour une cause semblable; Iphigénie, dérobée au fer sacré par une divinité qui lui substitue une biche, sont les premiers indices de la reprobation de l'holocauste humain. L'exemple du fils d'Abraham, auquel fut substitué un bélier, est célébré par l'univers; la solennité de l'Aïd-Bekir, la grande fête du Beyram, rappelle dans la postérité d'Ismaël cette réformation. Au rapport de Macrobe, Hercule abolit le sacrifice humain en Italie; Moïse interdisait formellement ce sacrifice (4); Zerducht défendit cette forme de supplication; Numa obtint, par ses prières, de Jupiter la remise du sacrifice humain (5); le roi de Chypre, Diphilus, ordonna de substituer le taureau à l'homme (6). Les Phéniciens étaient exécrés pour leurs horribles holocaustes; les prophètes d'Israël s'élèvent contre eux. Même des peuples qui sacrifiaient des hommes s'indignaient du grand nombre d'enfants immolés à Carthage. Gélon, tyran de Syracuse, après avoir défait les Carthaginois, leur imposa pour condition de paix l'abolition de ces sacrifices, et dans leur conquête de la Syrie déjà les Perses avaient promulgué une semblable défense (7).

» A Rome, le marché aux bœufs fut le théâtre de l'immolation des Grecs et des Gaulois des deux sexes, voués pour le salut de la république, par l'ordre du destin (8). De pareils sacrifices se renouvelèrent à la seconde guerre punique, et revinrent dans tous les dangers imminents de la patrie. Malgré les sénatus-consultes (9), dans la dernière année de la vie de César, deux victimes humaines furent sacrifiées (10). Egalement, malgré l'abolition de l'holocauste humain, consentie dans des traités, les Carthaginois, en tout péril, reprirent l'ancienne coutume. Pendant le siège de leur cité par Alexandre, les Tyriens proposèrent, pour s'attirer les dieux, de recourir à l'immolation des hommes (11). Circonstance à noter, les cités et les îles les plus renommées par l'élégance de leur civilisation conservèrent le plus longtemps ces rites cruels. Alors que sur le continent avaient cessé d'abominables sacrifices, à Chypre, à Lesbos, à Chios, à Ténédos, à Rhodes, à Candie, le sang humain coulait encore (12). D'autres cérémonies pleines de cruauté déshonoraient encore les cultes païens. Les prêtres de Baal se faisaient des incisions sur tout le corps avec des instruments tranchants (*III. Reg.*). Ceux d'Isis et de Bellone se déchiraient aussi en l'honneur de ces divinités. Ceux de Cybèle se mutilaient eux-mêmes et se fustigeaient cruellement. A Sparte, on fustigeait de jeunes garçons sur l'autel de Diane d'une manière si cruelle, que Plutarque dit avoir vu plusieurs de ces enfants expirer sous les coups (*Vit. Lycurg.*). Dans plusieurs villes d'Arcadie, des femmes et surtout de jeunes filles étaient ainsi fouettées jusqu'à la mort sur les autels de Bacchus (13). »

(1) Démosth., *Orais. fun.* Pausan., l. I, § 5.

(2) Lactant., l. I, c. 21. Porph., *De abstin. carn.*

(3) Euseb., *Præpar. evang.*, IV, 16.

(4) *Levitic.*, c. XXVII.

(5) Niebuhr, *Hist. rom.*, *tradit. div. sur la fondat.*

(6) Lactant. et Porphyr., *loc. cit.*

(7) Justin., l. XIX.

(8) Plutarch., *Vit. Marcell.*

(9) Le sénatus-consulte de l'an 657 ne put l'empêcher en l'an 708 de Rome.

(10) 44 ans avant J.-C.

(11) Quint. Curt., l. IV, § 3.

(12) *Mort avant l'homme*, p. 474 et suiv.

(13) *Notes de Dacier sur la vie de Thémistocle*. Potters's *Antiq.*, l. I, p. 193.

Or c'est le Christianisme et le Christianisme seul qui a balayé toutes ces erreurs, toutes ces cruautés et cette corruption! N'est-ce pas déjà un immense bienfait? Ce bienfait inestimable, il l'a payé pendant trois siècles du plus pur de son sang. Une lutte à mort s'engagea entre le vieux polythéisme et la religion nouvelle; partout les rois et les peuples prirent part à cette lutte gigantesque; le monde en fut ébranlé. Enfin le polythéisme tomba noyé dans le sang de son ennemi; mais, en tombant, il répandit un venin dont quinze siècles n'ont pu encore effacer la trace. De temps en temps les populations délirantes s'agitent encore aux inspirations de son souffle empoisonné. Et après dix-huit siècles de Christianisme, voici venir de nouveaux hiérophantes qui essayent de le ranimer parmi nous! N'en ont-ils pas tenté l'apologie? N'en ont-ils pas glorifié les extravagances? N'ont-ils pas de nouveau proclamé au nom de la philosophie, ô honte de la raison humaine! n'ont-ils pas proclamé le règne de la matière, la réhabilitation de la chair et la déification des plus ignobles penchants? Que veulent donc dire ceux qui, pour s'affranchir de toute reconnaissance envers l'Église, affirment dans leurs chaires ou dans leurs livres, que le monde serait sorti par lui-même du chaos d'erreurs et de crimes dans lequel il était plongé? L'Inde et la Chine, où le polythéisme a peut-être commencé, en sont-elles sorties, malgré l'exemple de l'Europe et les sollicitations réitérées de nos missionnaires? Les ténèbres de l'erreur et la corruption ne se sont-elles pas encore épaissies dans ces malheureuses contrées? Les parleurs de progrès continu qui ont toujours les noms de ces peuples à la bouche, quand il s'agit de chronologie biblique, les oublient-ils donc quand il s'agit de leur théorie?

Non, non, jamais le monde ne serait sorti par lui-même des fanges de l'idolâtrie. « Quand les païens s'appliquaient à la religion, dit Bossuet, ils paraissaient comme possédés par un esprit étranger, et leur lumière naturelle les abandonnait. » Non, la civilisation n'aurait jamais entraîné le polythéisme dans son cours; ils savaient trop bien s'arranger ensemble et se concéder mutuellement leurs aberrations et leurs turpitudes. Cette question d'ailleurs est résolue par l'histoire. Les Égyptiens, les Assyriens et les Perses, parvenus à l'apogée de leur civilisation, ne sont-ils pas restés les plus idolâtres, les plus superstitieux et les plus corrompus de tous les hommes? Le paganisme ne fut jamais plus florissant qu'au temps d'Auguste et de Périclès. Quand les dieux furent-ils plus nombreux? Quand la corruption plus grande? Quand le culte plus licencieux? La vérité est que la civilisation fut entravée et l'est encore par le polythéisme partout où il a continué de subsister. Les nations précitées et aujourd'hui les Indes, la Chine et le Japon n'en sont-ils pas une preuve incontestable? Mais, en admettant même que l'idolâtrie ne soit pas intrinsèquement un obstacle à la véritable civilisation, au lieu de s'épurer avec elle, elle ne peut que se dissoudre dans les négations de l'athéisme, qui est la mort de toute civilisation, ou dans un panthéisme indéfinissable, qui est la plus vaste de toutes les idolâtries et la condamnation inévitable à une immobilité éternelle dans les entraves d'un fatalisme stupide. Le monde était donc absolument impuissant à sortir par lui-même du cloaque et des ténèbres de l'idolâtrie.

La philosophie ne l'aurait pas non plus tiré de là. D'abord cela supposerait que les philosophes étaient assez désabusés de l'erreur pour en désabuser les autres, et c'est une supposition fausse, comme nous le dirons bientôt; mais lors même qu'on l'admettrait comme vraie, cela n'avancerait rien, car les philosophes étaient sans autorité et sans courage, parce que la plupart étaient sans conviction: ce qu'ils auraient pu ils ne l'auraient pas osé, et ce qu'ils auraient osé ils ne l'auraient pas pu. Socrate, buvant la ciguë pour avoir été seulement soupçonné de ne pas partager sur les dieux l'opinion commune, était plus que suffisant pour retenir les plus intrépides. Ils songeaient si peu à détromper le peuple, qu'ils affectaient toujours de parler de manière à n'en être pas entendus. Ils aimaient à s'envelopper comme d'un manteau d'obscurité et affectaient quelquefois un mysticisme étrange, comme on l'a surtout remarqué dans Pythagore et les derniers platoniciens. Platon disait lui-même « *qu'il est difficile* de trouver l'auteur et le père de l'univers, et que quand on l'a trouvé, il n'est pas possible de le faire connaître à tout le monde (1). » *Indicare in vulgus nefas*, disait Cicéron. D'ailleurs les philosophes méprisaient trop le peuple et en étaient trop sincèrement méprisés. Si le peuple leur paraissait méprisable à cause de son ignorance, ils l'étaient encore davantage aux yeux du peuple à cause de leur langage obscur, de leur subtilité et de leurs extravagances. De plus, le peuple se défiait d'eux, les soupçonnait d'impiété et écoutait plus volontiers les poëtes, qui charmaient ses oreilles sans blesser ses croyances. Si les philosophes n'avaient pas senti leur impuissance absolue à réformer l'idolâtrie, ne l'auraient-ils pas tenté au moins une fois durant le long cours des siècles pendant lesquels ils ont pu se considérer comme les précepteurs du genre humain? Or c'est ce qu'ils n'ont jamais fait. Puisqu'ils n'ont rien tenté, c'est qu'ils n'ont rien pu. Les plus sages d'entre eux, ceux qui donnaient le ton aux autres, avaient même des maximes essentiellement opposées à toute tentative de réforme religieuse. Socrate disait que chacun doit suivre la religion de son pays (1), et, quand il fut accusé de nier les dieux que le peuple adorait, il s'en défendit comme d'un crime. Platon, son disciple, déclare dans sa *République* « qu'il ne faut jamais rien changer dans la religion qu'on trouve établie, et que c'est avoir perdu le sens que d'y penser (2). » Ailleurs il proteste de ne jamais parler qu'en énigmes du Dieu qui a créé l'univers (3). Ces professions de foi philosophiques en disent plus que tous les raisonnements; elles prouvent clairement que les philosophes n'étaient nullement taillés pour être les réformateurs de la religion et surtout des réformateurs universels; ils n'en avaient ni la puissance, ni la volonté, ni le courage; ils n'en avaient pas même la pensée.

Encore supposons-nous que ces sages fameux étaient d'accord entre eux et possédaient la vérité, ignorée du vulgaire; deux suppositions également gratuites et complétement démenties par l'histoire. Autant d'écoles, autant de systèmes; autant de têtes, autant de sentiments. Guerre entre les écoles et les systèmes, guerre entre les maîtres et les disciples, guerre plus vive encore entre les disciples eux-mêmes; guerre partout, division en toutes choses, et par conséquent élision de forces, impuissance et nullité absolue. Voilà ce qu'a toujours été la philosophie réduite à elle-même, voilà ce qu'elle sera toujours. En second lieu, nous avons supposé dans notre argumentation, que les philosophes possédaient la vérité, et nous leur avons fait beaucoup trop d'honneur. Ils savaient peu et mal. Comme ceux d'aujourd'hui, le trésor de leur science consistait dans un certain vocabulaire de mots sonores et pompeux et un certain jargon obscur destiné à voiler la pauvreté de leur doctrine. Qui ne sait qu'en fait de vérité les philosophes ont toujours été des gueux intellectuels, faisant les riches et n'ayant jamais que les apparences et l'orgueil de la richesse? Parmi ceux de l'antiquité, les uns doutaient de tout et formaient différentes sectes sceptiques, au nombre desquelles il convient de ranger la nouvelle académie illustrée par Cicéron; les autres étaient athées ou faisaient profession de croire que les dieux ne se mêlaient pas du monde. Et ce n'étaient pas seulement les nombreuses sectes d'épicuriens qui professaient ces déplorables principes, ils étaient reçus dans toutes les écoles. Les plus sages cachaient au fond de leur âme ce doute impie et quelquefois même l'exprimaient ouvertement. Le grave Tacite doute « si les affaires humaines sont réglées par un destin et une nécessité immuables, ou par le hasard, les plus sages des anciens et leurs sectateurs ayant eu des sentiments opposés sur ce point, et plusieurs d'entre eux ayant même décidé que les dieux ne prenaient aucun soin ni de notre naissance, ni de notre mort, ni des affaires des hommes, ni des hommes eux-mêmes (4). » Pline regarde comme ridicule, *irridendum*, le dogme de la Providence. *Quidquid est summum*, dit-il dans sa sagesse païenne, *anne tam tristi et multiplici ministerio non pollui credamus, dubitemusve* (5)? Quelques-uns, comme Aristote, admettent une Providence qui règle les choses du ciel, mais ne s'occupe nullement de celles de la terre (6). Plutarque, Apulée, Porphyre et en général tous les platoniciens regardaient comme indigne de la majesté des dieux de se mêler des affaires humaines. *Neque enim pro majestate deum cœlestium fuerit hæc curare* (7). Parmi les stoïciens mêmes, quelques-uns, comme Sénèque, ont douté que les soins de la Providence descendissent jusqu'aux individus, si ce n'est quelquefois et par curiosité. *Interdum*, dit le précepteur philo-

(1) Platon, *Op.*, p. 526, edit. Lugd.

(1) Xenoph., *Memor.*, l. I.
(2) Platon., *De legib.*, l. V.
(3) *Epist. II ad Dionys.*
(4) Tacit., *Annal.*, l. VIII.
(5) Plin., *Natural. Hist.*, l. II, c. 7.
(6) Plutarch., *De opinion. philos.*, l. II, c. 3.
(7) Apul., *De dæmon. Socrat.*

sophe, *curiosi singulorum*. Dans toutes les sectes, on parlait beaucoup de la nécessité et du destin. Platon lui-même dit que Dieu et avec Dieu la Fortune et l'Occasion gouvernent toutes choses (1). Dans d'autres endroits, il rapporte plusieurs choses à la nécessité.

Tous les philosophes anciens ont cru à l'éternité de la matière, et beaucoup à celle des deux principes. Plutarque, qui partageait cette dernière opinion, la montrait partout non-seulement chez les Chaldéens, mais chez les Egyptiens et les plus célèbres d'entre les Grecs. Cicéron dit que les sentiments des philosophes *sur la nature des dieux* sont si nombreux et si divers, qu'il est difficile de n'en point oublier (2). « Eusèbe cite quelques passages d'un livre de Plutarque qu'il appelle *Stromates* (3), pour montrer les différentes opinions des anciens philosophes grecs, appelés physiciens ou naturalistes, sur l'origine et la formation de l'univers. Il expose en particulier celles d'Anaximandre, d'Anaximènes, de Xénophane, de Parménide, de Métrodore de Chio, d'Empédocle, de Démocrite, d'Epicure et de Diogène d'Apollonie, et il fait observer que les plus fameux, parmi ces philosophes naturalistes, ne faisaient aucune mention de Dieu dans les explications qu'ils donnaient de l'univers. Leur cosmogonie, dans laquelle ils traitaient de la génération des choses, ne supposait point un être intelligent et sage pour auteur du monde » (Leland, *Démonstr. évang.*, t. II, p. 166). Qui ne connait le fameux système d'Epicure? C'était aussi celui de Leucippe et de Démocrite. Ceux qui paraissaient avoir sur la Divinité des idées quelque peu plus saines étaient si entortillés et si obscurs, qu'on peut douter s'ils s'entendaient eux-mêmes. Ils faisaient de vains efforts pour se dégager du bourbier de la mythologie. Lors même qu'ils semblent aspirer dans leurs écrits vers l'unité divine, le polythéisme y reparait toujours. Socrate parle toujours *des dieux*. Platon dit que *les dieux* existent. Cicéron disserte sur la *nature des dieux, de natura deorum*. « L'essence de la piété, dit Epictète, consiste à se former une juste notion *des dieux* (4). Il y a *des dieux*, dit l'empereur Marc Antonin (5). Zaleucus de Locres parle en polythéiste dans la préface de ses lois. Archytas parle de même dans son *Traité des lois* (*apud Stobœum*, serm. XLII). Dans leur impuissance, les philosophes renvoyaient les peuples aux oracles qui parlaient par la bouche des *prêtres des dieux*. Dans son *Timée* et son *Livre des lois*, Platon dit que le monde est dieu, que le ciel, les astres, la terre, les âmes sont aussi des dieux. Cudworth, si favorable aux anciens philosophes, n'a pu s'empêcher de convenir que « le tout ou l'univers est souvent pris par les théologiens païens, dans un sens collectif, pour la Divinité considérée dans toute l'étendue de sa fécondité, ou pour Dieu se manifestant dans le monde, ou pour Dieu et le monde ensemble, celui-ci étant réputé une émanation du premier. Il ajoute que les Grecs et les barbares donnaient cette signification au dieu Pan, et que Zeus et Pan, suivant Diodore de Sicile, étaient deux noms différents de la même divinité. » Et ailleurs : « Comme ils supposaient que le monde corporel animé était le Dieu suprême, ils étaient forcés de confesser que les diverses parties du monde étaient des parties ou des membres de Dieu (6). » Personne n'ignore que cette doctrine a toujours été celle des Indiens. On la retrouve dans les vers d'Orphée.

N'est-ce pas cette même doctrine qui a inspiré ceux-ci :

> Jupiter omnipotens regum rerumque deumque
> Progenitor, genitrixque deum, deus unus et omnis..

Les païens étaient si pleins de cette opinion qu'ils l'attribuaient même aux Juifs (7). « Le monde est Dieu, disaient les stoïciens, ainsi que les astres, la terre et surtout l'intelligence qui réside dans l'éther le plus élevé et le plus subtil (8). » Balbus, dans Cicéron, dit et répète souvent que *le monde est un animal intelligent et raisonnable* (9). « Le tout dans lequel nous sommes compris, dit Sénèque, est un et Dieu ; nous sommes ses compagnons et ses membres (1). » Si l'on en croit Epictète, « Dieu a fait du soleil une petite partie de lui-même, en comparaison de la grandeur du tout...» Il dit ailleurs : « Chacun de nous, quand il prend quelque nourriture ou qu'il fait quelque exercice, croit que c'est Dieu qu'il nourrit et qu'il exerce, et qu'il porte Dieu partout avec lui (2). » — « O univers, disait Marc Antonin, tout ce qui te convient me convient aussi... Tout vient de toi, tout est en toi, et tout retourne à toi (3). » Cicéron regarde comme générale l'opinion qui faisait de l'âme humaine une portion de la Divinité (4). « Sous le nom de nature, dit Lactance, les philosophes comprennent des choses essentiellement différentes : Dieu et le monde, l'ouvrier et son ouvrage. » Si, sur certains points de la morale surtout, Epictète, Sénèque et d'autres contemporains des apôtres et de leurs disciples sont un peu moins absurdes, cela ne prouve absolument rien ; car c'est à l'influence du Christianisme qu'il faut l'attribuer. Qu'importe qu'on ne puisse pas prouver qu'il y ait eu relation entre les personnes? Il faudrait prouver que les philosophes n'ont pas même eu connaissance des livres chrétiens, et c'est ce qu'on ne fera jamais. « Ainsi donc, dit M. Troplong, après avoir rapporté plusieurs faits qui avaient dû faire connaître à Sénèque saint Paul ou tout au moins ses ouvrages, ainsi donc la vérité évangélique avait pris racine dans la capitale du monde ; elle y était à côté de Sénèque, levant son front serein sur les calomnies par lesquelles on préludait aux persécutions, à ces supplices d'une atrocité raffinée, qui étaient aussi un moyen de faire connaître le Christianisme et d'appeler sur lui l'intérêt et la sympathie. Or, la vérité a une puissance secrète pour s'épancher et se propager ; elle s'empare des esprits à leur insu, et germe en eux comme les bonnes semences qui, jetées au hasard par les vents sur une terre propice, croissent bientôt en arbres vigoureux, sans que nul œil attentif ait pu apercevoir le mystère de leur naissance. Pour quiconque a lu Sénèque avec attention, il y a dans sa morale, dans sa philosophie, dans son style, un reflet des idées chrétiennes qui colore ses compositions d'un jour tout nouveau (5). ..... Je dis donc que le Christianisme avait enveloppé Sénèque de son atmosphère, qu'il avait agrandi en lui la portée des idées stoïciennes, et que par ce puissant écrivain il s'était glissé secrètement dans la philosophie du Portique, et avait modifié, épuré, à son insu et peut-être malgré elle, son esprit et son langage. Epictète n'était pas chrétien, a dit M. Villemain, mais l'empreinte du Christianisme était déjà sur le monde (*ibid.*). »

Les philosophes païens étaient si éloignés de songer à détruire le paganisme, qu'ils l'ont énergiquement défendu quand ils l'ont vu attaqué par le Christianisme. Ils se jetèrent avec ardeur dans la lutte, et plusieurs, sous la pourpre impériale ou la toge proconsulaire, devinrent d'ardents persécuteurs. Ils faisaient du mysticisme comme ceux d'aujourd'hui, et cherchaient à spiritualiser l'idolâtrie et à la systématiser pour l'opposer à l'enseignement évangélique. Qu'on ne vienne donc plus nous dire que le Christianisme n'a rien fait que la philosophie n'aurait pu faire. Ceux des sages de l'antiquité qui voulaient être de bonne foi avouaient, avec Socrate et Platon, que la réforme religieuse du monde surpassait les forces et le génie d'un mortel, et qu'il fallait qu'un Dieu descendît pour dissiper tant de ténèbres. Du reste la question a été jugée historiquement d'une autre manière encore : en Orient, berceau de la philosophie comme de la religion, de nombreuses phalanges de philosophes sont restées à l'œuvre : Elles ont bâti des théories gigantesques, écrit des traités monstrueux et des livres sans fin ; et à quoi sont-elles parvenues? Qui ne le sait? En Chine, à un athéisme universel, et dans l'Inde, à un panthéisme mystique qui les enchaîne dans une éternelle immobilité. Que conclure de ce qui précède, sinon qu'une révélation divine était absolument nécessaire pour arracher le monde à ses erreurs? Que conclure encore, sinon que la réforme opérée par le Christianisme a été non-seulement un bienfait immense, mais une œuvre divine, et que par conséquent le Christianisme est divin?

On peut voir par l'exposé, bien que fort incomplet, que nous

(1) Plutarch., *De placit. philos.*, l. I, c. 26, p. 884.
(2) Cicero, *De natura deorum.*
(3) Euseb., *Præp. evang.*, l. I, c. 8.
(4) Enchir., c. 31. *Réflex. mor.*, l. II, § 11.
(5) Cudworth, *Systema mundi intell.*, p. 343 et suiv.
(6) Cudworth, *Syst. mundi intell.*, p. 343 et seq.
(7) Strabo, l. XVI, p. 1014, edit. Amst., 1707. — Apud Phot., *Biblioth. cad.*, c. 144.
(8) Plutarch., *De placit. phil.*, l. I, c. 6.
(9) *De natur. deor.*, l. II, c. 8, 13 et seq.

(1) Seneca, *Quæst. natur.*
(2) Epict., *Dissert.*, l. I, c. 14 ; l. II, c. 7, § 2.
(3) Ant., l. V, § 27.
(4) Cicero, *De divinit.*, l. I, c. 49.
(5) Troplong, *De l'influence du Christianisme sur le droit civil des Romains*, p. 75 et suiv.

avons fait de la doctrine chrétienne, la supériorité de cette doctrine sur les mythologies païennes. D'un côté, quelle unité! quelle plénitude! quelle vive lumière! De l'autre, quel chaos! quel vide! quelles épaisses ténèbres. A quoi il faut ajouter, pour tout dire, quel effroyable tissu de mensonges, d'ordures et de révoltantes absurdités!

Mais à cela ne se bornent pas les bienfaits de la religion chrétienne. Dans les religions antiques, pas de chaires, pas de prédications, pas d'enseignement populaire. Saint Augustin affirme que jamais les prêtres païens n'ont été chargés d'enseigner la religion et les préceptes de la morale au nom des dieux; il défie les incrédules de citer un seul lieu où fussent donnés de pareils enseignements (1). Les païens n'ont même jamais prétendu que leurs dieux eussent donné des préceptes de morale et y attachassent quelque importance: comment l'auraient-ils cru, en voyant leurs exemples? Offrir les sacrifices et garder les meilleurs morceaux de la victime, exécuter les cérémonies d'un culte ridicule et souvent immoral, et prévenir les assistants des jours où recommenceraient ces momeries scandaleuses, telles étaient les fonctions du prêtre païen (2). Il ne s'inquiétait ni du peuple, ni des enfants, ni des pauvres, ni des faibles, ni des malheureux. Dans le Christianisme au contraire, deux églises, l'une enseignante, l'autre enseignée: c'est-à-dire un immense système d'enseignement religieux qui monte jusqu'au faite des sociétés, jusqu'aux trônes des rois, et descend jusqu'aux plus bas degrés de l'échelle sociale, jusque dans la chaumière du pauvre et la hutte du sauvage. Depuis bientôt deux mille ans la parole évangélique retentit sans relâche dans tous les points du temps et de l'espace. Partout la chaire sacrée s'élève, comme une preuve toujours subsistante de la divinité de cette puissante parole: *Allez, enseignez toutes les nations* (3), et nous pouvons donner de la divinité de celui qui l'a prononcée la preuve qu'il donnait lui-même aux disciples de saint Jean, c'est que les pauvres sont évangélisés, *pauperes evangelizantur* (4).

Autrefois les colléges sacerdotaux, renfermés dans le secret des temples, avaient pour principe de cacher leurs doctrines au profane vulgaire; ils en faisaient des *mystères* auxquels ils n'admettaient qu'un petit nombre d'initiés. Les ministres de l'Evangile au contraire doivent prêcher à tout venant et ne dérober à personne les secrets de la doctrine sainte. *Quod dico vobis in tenebris*, leur a dit leur divin maître, *dicite in lumine, et quod in aure auditis prædicate super tecta* (5). Vie et lumière des âmes, rayonnement du soleil des intelligences, la vérité divine doit briller à tous les yeux, comme le soleil dans les cieux matériels. Pour peu qu'on veuille y réfléchir, on sentira que cette universalité et cette perpétuité de l'enseignement chrétien sont une des plus grandes preuves de sa divinité. Il n'y a rien dans toute l'antiquité qui ait une ombre de ressemblance avec cet immense phénomène. Grâce à l'enseignement divin, répandu dans le monde catholique avec la même profusion que la lumière dans le monde des corps, il n'est pas de femmelette au sein du Christianisme qui, sur les hautes questions de morale et de religion, n'en sache plus que tous les philosophes païens ensemble. Pain pour les forts, manne céleste pour les parfaits, l'aliment divin de la parole sainte devient entre les mains du prêtre un breuvage pour les faibles et un lait plein de douceur pour les petits enfants. Le clergé est merveilleusement secondé dans sa mission d'enseignement par les ordres religieux de l'un et de l'autre sexe. Humbles disciples du bienheureux de la Salle, pieux frères de tous les ordres et vous toutes saintes et ferventes filles de saint Vincent de Paul, de saint François de Sales, de saint François d'Assise, de saint Ignace, etc., gloire à vous! C'est de vous surtout que l'enfant du pauvre apprend qu'il n'est pas déshérité du Père qui est dans les cieux, et qu'il a droit, comme le riche et les puissants de la terre, à son héritage éternel. Si le clergé français faillit momentanément à sa tâche relativement à l'enseignement secondaire, à qui faut-il apprendre que ce n'est ni sa faute ni celle des pieux cénobites qui sont tout prêts à lui prêter leur concours (1844)?

L'esprit se refuse à comparer les prêtres catholiques avec les prêtres païens; quelle distance infinie entre le saint vieillard assis dans la chaire de Saint-Pierre et ces monstres couronnés, pontifes suprêmes de l'idolâtrie, qui emportaient dans la tombe l'horreur et l'exécration du genre humain! La même différence éclate entre nos évêques et les chefs des antiques colléges sacerdotaux, entre les prêtres catholiques et les prêtres païens. Si vous demandez ce que faisait pour l'humanité le prêtre païen, on ne saura que vous répondre; si vous demandez au contraire ce que fait le prêtre catholique, on ne saura par où commencer. Qu'est-ce en effet que le prêtre catholique? Un homme qui, pendant plusieurs années, fut une puissance dans le monde intellectuel, disait un jour: *Je leur montrerai ce que c'est qu'un prêtre.* Le malheureux! que ne l'a-t-il fait? Après avoir jeté un si grand éclat, il ne fumerait pas aujourd'hui comme un tison qui s'éteint; il répandrait encore la lumière, et la vie, et la bonne odeur de celui en qui toutes les vertus exhalent leurs divins parfums. Ange tombé, pense-t-il se souvenir du ciel! Mais qu'est-ce qu'un prêtre? Un prêtre est un homme qui s'est dit à lui-même: Qu'elle est belle, qu'elle est sublime, la mission à laquelle j'aspire! Je vais être placé entre le ciel et la terre pour continuer l'office du divin Médiateur, pour servir d'interprète entre Dieu et les hommes; j'offrirai les prières et l'encens des mortels; je ferai descendre les grâces et le pardon du ciel. Ange de paix, j'intercéderai pour les coupables, ma bouche ne s'ouvrira que pour bénir; j'irai recevoir l'homme à l'entrée de la vie, je bégayerai avec lui la science des révélations divines, je le suivrai dans ses voies laborieuses, pour le soutenir et le consoler, et, debout auprès de son lit de mort, je le consolerai encore en lui parlant d'espérance et d'une autre patrie. Image et représentant de la Providence sur la terre, je m'efforcerai de prévenir les injustices et de réparer les torts; j'intimiderai le vice et j'encouragerai la vertu; je désarmerai la vengeance, j'apaiserai les haines, je calmerai l'orgueil irrité; j'arracherai des âmes jusqu'au germe des passions mauvaises, j'exprimerai doucement des cœurs ulcérés le venin et la gangrène; je rapprocherai le pauvre du riche et les engagerai à partager entre eux les biens que le Père céleste a créés pour tous ses enfants; s'il le faut, j'irai dire au puissant, au monarque, jusque sur son trône: Vous êtes ce coupable! Et à l'infortuné qui se désespère: Consolez-vous, voici de l'or pour vos besoins, du baume pour vos douleurs et un ami pour que vous ne soyez pas seul dans la vie. J'accourrai partout où je verrai couler des pleurs, partout où l'homme fera entendre une plainte, un cri douloureux; j'irai me remplir l'âme de ses tristesses, lui dire de ces choses qui vont si bien aux cœurs navrés par la douleur et qui ne peuvent tomber que d'une bouche sacerdotale; et, si nulle consolation n'est possible, j'irai du moins gémir et pleurer avec lui. Mais, pour cela, il faut que je ne tienne à rien sur la terre, il faut que je renonce aux jouissances de la fortune, aux fêtes, aux plaisirs, aux divertissements du monde, à l'alliance de la femme, aux joies de la famille, et j'y renonce avec joie. Ce monde auquel je renonce pour mieux travailler à son bonheur, ce monde ne me pardonnera rien: j'aurai besoin de m'observer dans toutes mes démarches, de veiller sur toutes mes paroles: car ce qui amuserait sur des lèvres profanes, sur les miennes ferait frissonner comme le blasphème; j'aurai donc à vivre dans une réserve et une contrainte continuelle, je le sais, et je m'y résigne. Mes jours, mes nuits, ne m'appartiendront plus, je ne m'appartiendrai plus à moi-même; je serai tout à Dieu, tout à mes frères, obligé de me faire tout à tous pour les gagner tous à Jésus-Christ; ce sera donc de ma part une perpétuelle abnégation: je le sais, et je m'y résigne. Si un fléau tombe du ciel, si une calamité fond sur la terre, si la peste vient ravager mon troupeau, quand de toute part on s'enfuira épouvanté, il faudra que je reste au milieu des miasmes pestilentiels, au milieu des cadavres et de la mort; je le sais, et je me résigne encore. Souvent, pour prix de mon dévouement, je ne recueillerai que des calomnies, des persécutions, des dérisions insultantes; n'importe, je me dévouerai toujours. Ah! ils m'abreuveraient de fiel, comme mon divin maître, ils s'acharneraient à ma ruine, ils me tortureraient, ils me crucifieraient, que si, pour les sauver, il ne fallait que me dévouer pour eux, hé bien! je me dévouerais encore, je me dévouerais toujours!

Tel est le prêtre catholique, et tel il a été dans tous les temps. Voyez-le au commencement du Christianisme, ne fut-il pas alors le type du dévouement dans toute sa sublimité? Pendant trois siècles, les apôtres et leurs successeurs n'ont pas cessé de se dévouer pour leurs persécuteurs. Le monde, à la régénération duquel ils travaillaient avec tant d'ardeur, ne leur offrait en perspective que la flétrissure, l'exil, les fers, les cachots, les verges, les tortures et la mort: n'importe, ils sont restés invin-

(1) *De civit. Dei*, II, 58.
(2) *V.* plusieurs autres passages dans les *Notes* de Gataker sur Marc Antonin, p. 145 et suiv.
(3) *Matth.*, XXVIII, 19.
(4) *Matth.*, XI, 5.
(5) *Matth.*, X, 27.

ciblement dévoués au bonheur de ce vieux monde que, malgré lui, ils voulaient sauver. On les maudissait, et ils bénissaient; on les frappait, ils bénissaient encore; on leur dressait des gibets infâmes, on déchaînait contre eux les lions et les tigres indomptés, on épuisait sur eux tout ce que le génie du mal pouvait inventer de plus horribles tortures, et ils bénissaient toujours, et ils priaient pour que leur sang servit au salut de ceux qui le répandaient! Catacombes sacrées, prétoires des proconsuls, cachots ténébreux, arènes sanglantes, redites-nous les prodiges du dévouement sacerdotal: car il n'est presque pas un prêtre qu'alors vous n'ayez vu, dans vos terribles enceintes, offrir sa tête et son sang pour ses frères, seul ou au milieu d'une troupe de martyrs, qu'il encourageait de la voix et du geste, en s'élançant le premier au-devant des tourments de la mort.

Après trois siècles de luttes sanglantes, le monde entier, en dépit de toutes les prévisions et de toutes les résistances, le monde entier étant devenu chrétien, le dévouement sacerdotal ne brilla plus par le sang et les tortures, mais il éclata par d'autres prodiges. L'Eglise enfan'a alors ses grands docteurs, qui tous, semblables à de lumineux flambeaux, se consumèrent pour éclairer les peuples avides de leur divine lumière. Que de veilles, que de travaux! Quel zèle, quelle sollicitude, quelle charité dans ces grands hommes! Que ne puis-je montrer tous les genres de dévouement par lesquels ils ont immortalisé leurs noms! On les verrait renoncer souvent aux plus magnifiques espérances pour se charger des mille sollicitudes de l'épiscopat, qui était alors la plus pesante charge qu'il y eût au monde, se dépouiller de leurs biens en faveur de leurs Églises, ou les distribuer aux pauvres, afin que, ne possédant plus rien et ne tenant plus à rien sur la terre, ils pussent mieux se dévouer tout entiers. Court sommeil, longues veilles, études profondes, travail continuel, prédications journalières, privation de toutes les distractions et de tous les plaisirs, jeûnes et abstinences de tous les jours, rien ne leur coûtait pour ceux dont ils étaient devenus les pères en Jésus-Christ. Comme la mère qui se fait petite avec son petit enfant, ils se rapetissaient pour se faire tout à tous; le pauvre comme le riche, l'esclave comme le maître, tous pouvaient les aborder sans distinction et à toutes les heures du jour. Ils se multipliaient pour être à la fois au milieu de leurs peuples, dont ils faisaient les délices, et au milieu des conciles, dont ils étaient l'âme et la lumière, disputant contre les hérétiques, les confondant par la force de leurs discours, et, loin de s'enorgueillir de leur victoire, recourant aux gémissements et aux larmes pour demander la conversion de ceux qu'ils avaient vaincus, leur désir étant, disaient-ils, non de les surprendre, mais de les avertir, non de les vaincre, mais de les guérir. Mais ces mêmes hommes, si tendres, si généreux et si bons, devenaient tout à coup durs comme le diamant, et résistants comme le fer, quand il s'agissait de protéger la veuve et l'orphelin et de défendre l'Eglise contre la tyrannie. Ces hommes si humbles, si pleins de douceur comme le divin maître, si amoureux de la retraite, de la prière et du silence, avaient tout à coup la hardiesse et le courage des lions, quand il s'agissait de se dévouer pour le salut de leurs peuples. Voyez l'un d'entre eux, saint Ambroise, ambassadeur auprès de Maxime, qui a usurpé la pourpre dans les Gaules; retenu en quelque sorte comme prisonnier dans le camp du barbare, il ose le frapper d'excommunication et lui dire en face: « Vous êtes coupable! Et comme tel, vous devez vous soumettre aux lois de la pénitence! » Il répète la même chose à Théodose, souillé du sang des Thessaloniciens. « Retirez-vous, lui dit-il à la porte de la basilique sacrée, retirez-vous, et n'aggravez pas votre crime. » Quel autre qu'un prêtre eût osé parler ainsi au maître du monde? Une autre fois, après que ce prince eut subi la dure loi de la pénitence, il le fait sortir du sanctuaire réservé aux ministres des autels, en lui disant que si la pourpre fait les empereurs, elle ne fait pas les évêques. « Je te ferai trancher la tête, lui dit un jour un ministre tout-puissant. — Je souffrirai alors, répondit le saint avec dignité, ce qu'il convient à un évêque de souffrir; mais vous, vous ferez une action indigne d'un eunuque. » Persécuté par une impératrice hautaine, emportée et folle de sa détestable hérésie, assiégé dans son église, dans sa propre maison, environné de soldats et d'assassins, avec quel courage et quelle persévérance ne résiste-t-il pas aux injustes prétentions de la cour impériale? On veut qu'il cède une de ses basiliques aux ariens, c'est trahir la foi qu'il est chargé de défendre, c'est introduire le loup dans la bergerie, et il mourra plutôt que d'y consentir. Ne croyez pas toutefois que ce soit de sa part ni fierté ni orgueil: il est le premier à calmer le peuple irrité, qui menace d'écraser ses persécuteurs; il demande qu'on épargne ses ennemis avec plus d'instance que d'autres leurs amis et leurs proches. Tout ce qu'il désire c'est de pouvoir être seul anathème en sauvant tous les autres. « Voulez-vous vous emparer de mon patrimoine, disait-il aux comtes et aux tribuns envoyés par l'empereur? Quoiqu'il soit devenu celui des pauvres, vous pouvez vous en emparer. Voulez-vous vous saisir de ma personne? J'irai me livrer à vous. Voulez-vous me jeter dans les fers, me donner la mort? Vous ne ferez qu'exaucer mes désirs, je ne me ferai point environner du peuple comme d'un rempart, je n'irai point embrasser l'autel pour demander la vie; au contraire je m'immolerai avec joie pour mon peuple et pour les saints autels. » « Vous savez, disait-il à son peuple, que j'ai toujours eu pour les empereurs une juste déférence; mais je ne sais pas ce que c'est que la bassesse... Je le dis sans orgueil et en même temps avec une généreuse liberté; on me menace de l'exil, du glaive, de la flamme, tout cela les serviteurs de Jésus-Christ ont appris à ne pas le craindre; et quand on est sans crainte on ne se met point en peine de toutes ces terreurs. » O grand homme, comme vous étiez plein de la sève sacerdotale! Combien vous étiez prêtre (1)!

Ainsi brillèrent, par un dévouement sublime dans ces beaux siècles où tant de foi s'alliait à tant de génie, les Athanase, les Cyprien, les Basile, les Flavien, les Léon, les Grégoire, les Chrysostome, les Jérôme, les Augustin et tant d'autres que je ne puis citer et dont les noms même sont inconnus sur la terre, mais sont inscrits avec gloire dans les fastes du ciel. Dans les siècles suivants, quand le déluge des barbares déborda sur le monde, que d'admirables dévouements encore de la part des prêtres pour sauver du naufrage les lettres, les sciences, les arts, la civilisation, les vierges timides, les pauvres sans défense, les chrétiens faibles dans la foi! L'hérésie et la barbarie confondant leurs fureurs, les persécutions se renouvelèrent alors, atroces et sanglantes comme aux premiers jours, et l'on vit encore les prêtres se disputer la couronne du martyre et envier le bonheur de ceux d'entre eux qui mouraient pour leurs troupeaux.

Pour raconter tous les dévouements du sacerdoce catholique, il faudrait dérouler toute l'histoire de l'Eglise, l'histoire de dix-huit siècles. Nous signalerons seulement les grandes pestes qui ont ravagé le monde, celle d'Alexandrie au IIe siècle, celle de Carthage au IIIe, celle du *feu Saint-Antoine* ou du *mal des ardents* au moyen âge, celle d'Angleterre et de Marseille au XVIIIe siècle et enfin le choléra, où le clergé catholique s'est constamment montré si supérieur, tantôt aux prêtres païens, tantôt aux ministres de l'hérésie. Que si à certaines époques le clergé a peut-être été moins grand et moins sublime, ne pourrait-on pas dire qu'après la conquête du monde, humainement parlant, il était bien permis de se reposer un peu? Ne pourrait-on pas dire qu'on ne voyage pas pendant dix ou quinze siècles sur cette terre sans se fatiguer un peu, sans se souiller par un peu de boue et de poussière dans l'ornière du chemin? La lumière même, si brillante et si pure, ne se ternit-elle pas en passant par une atmosphère nébuleuse et sombre? Mais, alors même que le clergé a été moins beau par son dévouement et ses autres vertus, n'était-il pas encore au-dessus de son siècle? Le prêtre, même à des époques moins glorieuses, n'était-il pas encore, sous le rapport moral, supérieur à tout ce que le monde produisait alors? Que si enfin quelquefois, pendant la longue veille des siècles, le clergé, n'ayant plus de tourments à braver, ni de sang à répandre, parut sommeiller un peu, manqua-t-il jamais de se réveiller dans les grandes crises sociales? Fit-on jamais un vain appel à son dévouement? N'a-t-il pas toujours prévenu cet appel? Est-il un champ de bataille, une peste, une scène de désolation et de ruine où le prêtre ne soit point accouru les larmes aux yeux et la bénédiction sur les lèvres? Depuis l'épouvantable épidémie qui au IIe siècle, pendant dix années consécutives, ravagea l'empire romain, jusqu'à nos dernières révolutions, ne le voyez-vous pas partout et toujours aussi exempt de crainte que de présomption, ne songer qu'à se dévouer pour le salut de ses frères? Si vous entrez dans les asiles de la charité, ne le trouvez-vous pas au chevet du moribond, recevant son dernier soupir, et lui montrant le ciel, qu'il vient de lui ouvrir par le pouvoir du pardon? Si vous descendez dans les cachots, ne le verrez-vous pas sur la paille infecte du condamné? Si vous pénétrez dans les bagnes, ne le trouverez-vous pas encore au milieu de ces enfers de la terre, s'efforçant de ranimer dans des

(1) Nous recommandons ce petit document à nos hommes d'Etat qui paraissent ignorer ce que c'est qu'un évêque (1844); cela pourra compléter l'étude que M. de Montalembert leur a conseillé de faire sur saint Basile.

âmes flétries des germes de vertu depuis longtemps étouffés? Le prêtre, mais il est partout, au sein des nations civilisées et des peuples sauvages, sous les feux des tropiques, au milieu des glaces du pôle, dans les cités, dans les déserts, partout où passent les calamités et les fléaux dévastateurs, partout où il y a des douleurs à endormir et des larmes à sécher, partout où l'homme souffre et se débat sous les coups du malheur, partout, partout prodiguant l'espérance et les consolations!

Après avoir, pendant quinze siècles, arrosé l'ancien monde de ses sueurs, de ses larmes et de son sang, quand au delà des mers un nouveau monde est découvert, le voyez-vous accourir le premier pour planter sur ces lointains rivages l'arbre du salut et de la civilisation? Dans ces contrées nouvelles on ramasse, dit-on, l'or et les pierreries à pleines mains; mais que lui importent à lui et l'or et les pierreries? Ce n'est point là ce qui le touche, ce n'est point là ce qu'il cherche. On lui a dit aussi qu'il y a là des hommes qui ne connaissent pas Jésus-Christ, et par conséquent la vérité et la vie: ces hommes il ne les connaît pas; on les dit sauvages, on les dit farouches, terribles, anthropophages, et c'est pour ces hommes inconnus, farouches, terribles, anthropophages, qu'il se dévoue avec joie: il les appelle ses frères, et il va mourir pour eux! Ils le trouveront tel que ses ancêtres dans la foi apparurent jadis dans les amphithéâtres de l'ancien monde, c'est-à-dire, inaccessible à la peur et à l'épreuve du fer et de la flamme. Ils pourront bien, ces barbares, couper ses chairs en lambeaux, en dévorer à ses yeux les fibres palpitantes; ils pourront bien épuiser ses veines et boire son sang jusqu'à la dernière goutte, mais ils n'épuiseront pas sa charité, ni son dévouement pour eux!

Aujourd'hui, la même charité opère encore les mêmes prodiges. Dans ces contrées et dans d'autres plus récemment découvertes, il est encore des prêtres qui témoignent, par l'effusion de leur sang, de leur dévouement sans bornes à l'humanité. Ce dévouement est tel aujourd'hui qu'il a été dans tous les siècles.

Comme aux temps apostoliques, il est encore des prêtres qui vont porter l'Évangile jusqu'aux extrémités du monde. Comme au temps des confesseurs et des martyrs, il est encore aujourd'hui des prêtres qui, dans les cachots ou dans l'exil, sous le knout ou sous la cangue, par la faim, par les tortures, par le sang et par la mort, confessent généreusement la foi de Jésus-Christ, flambeau du monde moderne, vie et gloire des sociétés chrétiennes. Que de prêtres martyrs dans nos dernières révolutions! Que d'intrépides confesseurs sur le sol de la péninsule espagnole et dans les glaces de la Sibérie! Et dans le dernier fléau qui nous a frappés, n'avons-nous pas vu revivre parmi nous, au grand étonnement d'un monde égoïste et sans cœur, les plus fervents héros de la charité? Les Denys d'Alexandrie? les Charles Borromée? les Barthélémy des Martyrs? les Vincent de Paul? les François de Sales? les Belzunce et les Fénelon? Le dévouement sacerdotal est donc tel aujourd'hui qu'il a été dans tous les temps, c'est-à-dire prodigieux, humainement inexplicable, et par conséquent surnaturel et divin; donc surnaturelle et divine est aussi la religion qui l'inspire, et seule la religion catholique a ce privilége. Les autres, même celles qui en approchent davantage, comme les schismes et les mille sectes de la réforme, ne savent pas enfanter ce dévouement sublime. Je ne calomnie pas; je parle comme l'histoire. Durant la dernière peste qui ravagea l'Angleterre et tout récemment encore, quand apparut dévorant et terrible le choléra-morbus, tandis que le clergé français et en général le clergé catholique, se montrait si admirable par son dévouement, qu'ont fait les ministres de l'Eglise anglicane? Ils n'ont fait que fuir et se cacher, et un évêque se trouva même parmi eux qui eut l'incroyable courage de couvrir cette lâcheté de son approbation. Ah! qu'ils ne viennent donc plus nous dire qu'ils sont les successeurs du souverain pasteur des âmes, qui, en mourant pour ses brebis, nous a donné l'exemple à tous. Qu'ils ne se disent donc plus les disciples de celui qui a dit: « Le bon pasteur donne sa vie pour ses brebis; mais le mercenaire, celui qui n'est pas le pasteur, à qui les brebis n'appartiennent pas, voyant le loup venir, les abandonne et s'enfuit (1).» Car c'est là ce qu'ils ont fait; donc ils ne sont pas prêtres. Non, ils ne sont pas prêtres, puisqu'ils n'aiment pas leurs troupeaux plus qu'eux-mêmes; non, non, ils ne sont pas prêtres, puisqu'ils ne savent pas se dévouer, puisqu'ils ne savent pas mourir!

(1) *Joann.*, x, 12.

Cherchez dans le monde quelque chose qui ressemble au clergé catholique, quelque chose qui ressemble à son immense influence sur le passé, à sa vie séculaire, à sa force présente, à ses lumières, à ses vertus, à sa charité et à son dévouement de tous les jours et de tous les instants, vous ne le trouverez nulle part. N'en déplaise à la philosophie, le clergé est encore aujourd'hui *la lumière du monde et le sel de la terre*. Sur les grands problèmes de l'origine et des destinées humaines, sur Dieu et ses rapports avec l'humanité, sur le passé, sur le présent, sur l'avenir, lui seul a des solutions complètes et nettement formulées, seul il empêche le monde de rétrograder de vingt siècles et de s'abîmer dans la corruption.

Il est dans la milice de l'Église des compagnies d'élite dont on chercherait en vain les analogues dans les religions antiques, ce sont les ordres religieux ou monastiques, laborieux auxiliaires du clergé séculier dans sa triple lutte contre l'erreur, contre le mal moral et les misères physiques: car, nous ne saurions trop le redire, la mission de l'Église n'a pas d'autre but que celle de son divin auteur, c'est-à-dire la réhabilitation de l'homme sous le triple rapport de l'esprit, du cœur et des sens. Il y a des ordres religieux correspondant à ces trois sortes de réhabilitation; il y a des ordres de science pour lutter contre l'erreur; « il y a des ordres contemplatifs pour la défense de la rédemption dans l'homme moral; et vous les voyez, par un noble mépris de toutes les choses sensibles, relever l'amour humain vers les biens surnaturels, faire contre-poids au scandale et empêcher la concupiscence de reprendre son empire. Victimes pures, toujours immolées et toujours vivantes, anges de la prière, nuit et jour prosternés entre le vestibule et l'autel, ils font plus pour le repos du monde et la pureté des mœurs que les rois avec leur police, les magistrats avec leurs arrêts et les philosophes avec leurs maximes. Un pauvre couvent de carmélites prévient plus de désordre que les bagnes n'en punissent.

» Enfin il y a des ordres infirmiers: consacrés au soulagement de toutes les misères humaines, on les trouve veillant sur le berceau de l'enfant nouveau-né et auprès du vieillard expirant, dans la chaumière de l'indigent et dans le cachot du prisonnier, attendant le voyageur au sommet des Alpes et suivant le mineur dans les souterrains du Potose; en un mot, ils sont postés sur tous les points par où l'enfer peut attaquer l'œuvre de la rédemption dans l'homme physique (1). »

On a souvent, à l'occasion des ordres religieux, articulé le reproche d'oisiveté et de vie inutile. Mais « donner au monde l'exemple du détachement et de toutes les vertus, défricher des déserts, cultiver et embellir des terres réputées inhabitables, créer des ressources pour des milliers de familles, enseigner gratuitement la jeunesse, répandre l'instruction et toutes sortes de secours dans les campagnes, entreprendre et achever d'immenses travaux scientifiques qui excéderaient les forces d'un seul homme, offrir une retraite au repentir, un refuge à l'infortune, un asile à l'innocence, exercer une hospitalité douce et affectueuse, héberger et guider les voyageurs, soigner les pauvres et les malades, consoler les affligés, satisfaire les besoins spirituels et temporels d'une population délaissée, tout cela est-ce donc une vie *oisive* et *inutile*, voire même une chose *abominable* et *infâme* (2)? »

Mais quand il n'y eut plus de manuscrits à copier, ni de forêts à abattre, ni de landes à défricher, n'y eut-il pas toujours des prières à adresser au ciel? N'y eut-il pas toujours à intercéder pour les coupables? Les antichrétiens peuvent bien ignorer le rôle immense que joue la prière dans le gouvernement providentiel; mais leur ignorance ne prouve pas plus contre son existence et sa nécessité que contre tout ce qu'ils ne connaissent pas. Sans doute « il s'est quelquefois glissé des abus dans les maisons religieuses; mais qu'est-ce que cela prouve? Que les couvents étaient habités par des hommes, et que tant qu'il y aura des hommes, il y aura des passions, et par conséquent des abus. Si maintenant nous mettions en regard le bien que les monastères ont produit, nous nous convaincrions qu'il l'a de beaucoup emporté sur le mal, qu'on a si souvent exagéré pour décrier les institutions monastiques. Un monastère était la maison de la Providence, l'asile des pauvres, le refuge des malheureux de toute une contrée. En France, où l'on plaisante sur tout, on s'est moqué du costume de certains ordres religieux, comme si l'utilité d'un état devait résulter de la forme ou de la couleur d'une robe; et cependant ces capucins, que l'on a tant livrés au

(1) *Catéch. de persév., Introd.*, p. 136.
(2) *Ibid.*

ridicule, étaient toujours les premiers lorsqu'il s'agissait de se dévouer, dans un incendie, dans une inondation, au moment d'une tempête, d'une maladie épidémique. Ils ne reculaient devant aucun danger et comptaient pour rien leur vie, dès qu'il s'agissait de sauver celle du prochain. Tous les autres ordres religieux faisaient de même. Est-il une seule misère de l'âme ou du corps que les moines n'aient cherché à soulager? On a quelquefois reproché aux congrégations religieuses les richesses dont elles jouissaient; mais c'est une chose assez plaisante que cette manière de raisonner. Les premiers moines de l'Occident se sont établis dans des forêts, dans des landes, dans des vallées sauvages, que les princes ou les particuliers leur ont abandonnées comme des terrains improductifs et inutiles! Entre les mains de ces hommes laborieux et intelligents, ces déserts ont perdu leur âpreté, et sont devenus des jardins fertiles: aurait-il été juste de les en dépouiller, lorsqu'ils les avaient rendus productifs? Ensuite les jeunes aspirants à l'état religieux abandonnaient aux monastères leur patrimoine. Qu'une maison subsiste quelques siècles, et elle doit nécessairement se voir en possession de revenus considérables. On prétend qu'on a eu raison de supprimer les maisons religieuses! Mais sommes-nous plus heureux en France depuis la suppression de ces asiles de la piété et de la charité? N'y a-t-il plus d'orphelins, d'infortunés, de pauvres, de voyageurs à soulager» (*Histoire des bienfaits du Christianisme*, p. 133)?

C'est quand la lutte est plus engagée et la mêlée plus ardente qu'on voit les ordres religieux surgir comme par enchantement avec le caractère et l'aptitude qui conviennent à chaque époque. Ainsi dans les premiers siècles, au milieu des agitations convulsives d'une société expirante, les anachorètes montraient aux fidèles le chemin de la solitude et aux faibles le moyen d'échapper à l'air pestilentiel qui s'élevait des vieilles corruptions de l'ancien monde. Plus tard, les bénédictins sauvèrent la science du déluge de la barbarie. Plus tard encore, au milieu des violences du moyen âge, les monastères apparaissent comme des ruches pleines d'âmes ardentes à l'œuvre de la régénération et toutes débordantes de foi et d'amour. Enfin, dans des temps plus rapprochés, on vit au milieu des sociétés modernes, devenues plus savantes, sans cesser d'être aussi corrompues, on vit, dis-je, de nouveaux ordres s'élever avec la triple couronne de la science, de la sainteté et de l'éloquence, pour combattre les nouvelles hérésies. Du reste les ordres religieux ne sont que la réalisation de la morale chrétienne dans ce qu'elle a de plus élevé et de plus parfait; on devrait donc comprendre, car enfin la chose n'est pas difficile, qu'il y a une stupide inconséquence à les attaquer, quand on fait profession de respecter la morale chrétienne (*V.* ORDRES MONASTIQUES).

Ce qui est vrai du triple caractère des ordres religieux l'est aussi des saints. Il y a également des saints *apologistes*, des saints *contemplatifs* et des saints *infirmiers*. Ils apparaissent dans les mêmes circonstances que les ordres monastiques, comme des prodiges de grâce et de vertu qui forcent le monde à s'arrêter au moins quelques instants sur la pente de l'erreur et de la folie, pour entendre et pour admirer. Ils brillent de loin en loin à travers les âges comme des fanaux providentiels sur la mer orageuse des siècles. Modèles vivants du Christ dans toute sa beauté et sa perfection, ils sont un reproche incessant à l'indifférence et à la lâcheté. Le paganisme tout entier n'a rien qui leur ressemble. L'hérésie a aussi reconnu son impuissance à enfanter des saints; il faut pour cela toute la plénitude de la foi et de l'amour divin. Qu'est-ce que la vie des grands hommes de l'antiquité comparée à la vie des saints?

« Qu'elle est belle la religion chétienne envisagée dans ses moyens de conservation! Tour de David, mille boucliers protégent tes murailles! Sacerdoce, maison de Dieu, camp d'Israël toujours veillant sur les murs de Jérusalem, ou priant sur la montagne, ou combattant dans la plaine, sois béni! Et vous saints de Dieu, astres bienfaisants qu'il fait lever sur l'horizon de la terre coupable, pour dissiper les sinistres nuages de l'erreur et du vice, soyez bénis! Et vous aussi soyez bénis, ordres religieux, puissants auxiliaires de la rédemption! Merveilles du monde, il suffit de vous connaître pour déplorer l'aveuglement des hommes qui vous ont supprimés» (*Catéch. de persév.*, Introd., p. 136)!

On peut dire que le paganisme était la religion des heureux: il avait des fêtes pour ceux qui avaient le cœur dans la joie; mais il ne faisait rien pour les malheureux.

Le Christianisme au contraire, tout en bénissant les joies innocentes, a des larmes pour toutes les infortunes et toutes les douleurs. Que ne lui doivent pas les pauvres et les infortunés? On compterait plutôt les gouttes de pluie qui tombent pressées dans la tempête que les établissements fondés par lui pour soulager toutes les misères humaines. La charité chrétienne est allée si loin, qu'on peut défier les ennemis du Christianisme de citer une seule infortune qu'elle n'ait pas secourue (1).

Nous ne parlerons ni des ordres nombreux d'hommes et de femmes voués au service des malheureux, ni des innombrables maladreries du moyen âge, ni des hôpitaux et hospices qui s'élèvent sur tous les points de la catholicité; ici pour les enfants, là pour les vieillards, ailleurs pour les malades et les aliénés, plus loin pour les étrangers et les pauvres voyageurs; ceux-ci pour l'innocence, ceux-là pour le repentir, ceux-ci pour les incurables, ceux-là pour les forçats déshérités de tous droits. Que n'aurions-nous pas à dire si nous pouvions entrer dans quelques détails, seulement sur les filles *de la Charité*, qui, outre leur maison mère, ont à Paris trente-six autres maisons, quatre cents établissements dans toute la France, beaucoup d'autres dans les pays étrangers, et chaque année produisent trois cents sujets nouveaux? Que n'aurions-nous pas à dire encore des dames de Bon-Secours, du Refuge, du Bon-Pasteur, de la Sainte-Enfance, de la Providence, de Saint-Michel et de Sainte-Marie-Madeleine? Nous nous contenterons de citer une page de l'excellent petit livre intitulé *De la politique de Satan au* XIX*e siècle* (2) sur les institutions et œuvres de charité actuellement existantes. « A Paris seulement, dit l'auteur, on compte au moins quatre-vingts de ces œuvres qui s'occupent de la naissance, de l'éducation, de l'apprentissage, de l'abandon, des maladies, des infirmités des enfants des deux sexes; qui ont pour but la visite, le soulagement, la guérison du pauvre, l'instruction et la moralisation de ses enfants. La charité catholique envahit tous les âges, toutes les souffrances, toutes les positions de la vie.

» Parmi ces œuvres, non pas la plus ancienne, mais la plus nombreuse et la plus importante, est celle de la société de Saint-Vincent de Paul, pour la visite des pauvres. Fondée en 1833 par huit étudiants, elle s'est développée avec cette rapidité et cette universalité qui favorisent les œuvres catholiques de ce siècle en France.

» Huit membres en 1833... et en 1843, cinq mille! En 1833, recette annuelle 2,480 fr. 6 c., et en 1843, 200,000 fr.!

» En 1825, il n'y avait à Paris que quatre conférences; en 1843, on en compte trente, comprenant deux mille membres. Des conférences sont établies dans cinquante autres villes de France. Deux ont été fondées à Rome.

» A Paris, la société visite cinq mille familles, et patronne quinze cents enfants.

» Elle a multiplié ses œuvres avec ses ressources; aujourd'hui, elle s'occupe de la visite des pauvres, du mariage des pauvres, des salles d'asile, du patronage des enfants, des apprentis, des ouvriers, des hôpitaux, des prisonniers, des voyageurs, des militaires... Les membres de la société de Saint-Vincent de Paul appartiennent à la jeunesse, à l'âge mûr, à la vieillesse, à toutes les professions, à toutes les positions sociales (3). »

Or Paris n'est que la miniature du monde catholique.

A Rome, les œuvres de charité ne sont ni moins nombreuses ni moins florissantes. Au commencement du XVII^e siècle cette capitale du monde chrétien comptait déjà cinquante établissements de ce genre dans son sein, et depuis cette époque ce nombre est allé toujours croissant. Toute l'Italie en est pleine, et, au XVI^e siècle, Luther ne pouvait s'empêcher d'admirer la manière dont les pauvres étaient traités. L'Angleterre, l'Allemagne, l'Espagne et le Portugal n'avaient rien à envier, sous ce rapport, à la France et à l'Italie, avant d'être ravagés par l'hérésie et les révolutions. On peut en dire autant de la Grèce et des autres chrétientés d'Orient. Sur la fin du XVII^e siècle, Constantinople, qui n'avait pas encore une seule maison de charité, en compta, moins d'un siècle après, plus de trente dans ses murailles; c'étaient des asiles pour les orphelins, pour les enfants abandonnés, les malades, les étrangers, les mendiants, les lépreux, les vieillards, les pauvres et les autres personnes tombées dans le malheur. Ces maisons s'appelaient: *orphanotrophia*, *brephotrophia*, *nosocomia*, *xenodochia*, *lobothrophia*, *pandochia*, *ptochia*, *ptochotrophia*, *penetotrophia*, *gerontocomia*,

(1) *V.* CHARITÉ, ORDRES RELIGIEUX. — *V.* aussi *Manuel des institutions et des œuvres de charité à Paris*; Ryan, *Bienfaits du Christianisme*, p. 136 et suiv.; *Génie du Christianisme*, etc.

(2) Par M. Alex. de Saint-Chéron (1844).

(3) Quant aux détails sur les autres œuvres, leur fondation, leur organisation et leur destination, voyez le manuel déjà cité.

etc., etc. Si vous cherchez ces mots dans les lexiques destinés à l'explication des auteurs païens, vous les chercherez vainement; ces auteurs ne connaissaient point ces choses et ne s'en inquiétaient nullement; mais vous les trouverez, ces mots sacrés, dans les Grecs chrétiens et les glossaires, qui les expliquent (1). Le nom même de la charité n'existait pas dans les langues païennes.

Incapable de soutenir le moindre parallèle avec le Christianisme sous le rapport de la doctrine, de la morale et des institutions, le paganisme ne peut pas même lui être comparé dans sa partie la plus riche et la plus pompeuse. Son culte le cède en beaucoup de points au culte catholique. D'abord, par ses sacrifices sanglants et en général par l'effusion et l'emploi du sang, qui revenait souvent dans ses cérémonies, il portait les hommes à la cruauté. Ses chants sacrés étaient souvent obscènes, ses pratiques immorales, et ce qui ne l'était pas était ou frivole, ou puéril, ou insignifiant et incapable d'inspirer la moindre pensée salutaire. Ce qu'il y avait de raisonnable se retrouve dans le culte catholique, mais sans mélange impur, et en quelque sorte divinisé. Tout ce qu'il a trouvé de bon dans le paganisme, sous le triple rapport du dogme, de la morale et du culte; c'est-à-dire tout ce qui venait des traditions primitives et des lumières de la droite raison, le Christianisme l'a adopté et n'a fait que rentrer dans sa légitime possession: car il remonte jusqu'au berceau du monde, il est la religion de l'humanité, et à lui seul appartient tout ce qui dans la religion, soit par le fait des révolutions divines, soit par l'activité naturelle de l'esprit humain; s'est produit de vrai, de raisonnable et de conforme à la nature.

Rejeter le culte extérieur sous prétexte que Dieu doit être *adoré en esprit et en vérité*, c'est raisonner aussi logiquement que celui qui rejetterait la parole sous prétexte que les communications entre les esprits doivent être sincères et se faire à la manière des esprits, et non à la manière des corps. On est toujours sûr de déraisonner; quand on se permet de philosopher sur l'homme, en le prenant ou pour un pur esprit ou pour une pure matière. Il ne faut jamais oublier qu'il est l'un et l'autre, qu'il est une intelligence servie par des organes, un esprit qui traîne partout un corps avec lui; et alors, dans le temple comme sur la place publique, dans les choses de la religion comme dans les choses profanes, on comprendra que les gestes sont, comme la parole, les expressions naturelles des sentiments et de la pensée. On comprendra également la vérité du proverbe latin: *Ducimur sensibus*; et; au lieu de critiquer le culte et sa pompe extérieure, on sera d'autant plus porté à lui rendre hommage qu'il sera plus en harmonie avec notre double nature et qu'il parlera aux sens un langage plus expressif par sa magnificence. L'Eglise n'a donc dû rejeter ni le culte extérieur, comme le veulent les déistes, ni ses pompes, comme l'ont fait les protestants. En adoptant le fond des cultes païens qui était une portion de son héritage, elle n'a dû retrancher de ces cultes que les impuretés qui les souillaient et les altérations qu'ils avaient subies; mais elle a dû y ajouter ce qui était nécessaire pour exprimer toute sa doctrine; et c'est aussi ce qu'elle a fait. Le culte catholique est une expression vivante et comme un magnifique épanouissement du dogme, de la morale, des mystères et des espérances de l'Eglise. Toujours pur, toujours saint, toujours digne, il est plein de graves enseignements et de touchantes cérémonies; tout y tend à instruire l'homme et à le rendre meilleur.

Nos églises, avec leurs cryptes souterraines, leurs chapelles latérales, leurs flambeaux, leurs lampes suspendues, leurs divisions intérieures et leurs autels en forme de tombeaux, nous rappellent les catacombes et les assemblées des premiers chrétiens, alors qu'il y avait tant de foi dans les âmes et tant de charité dans les cœurs. Les cloches sont comme les trompettes de l'Eglise militante: elles sonnent, pour chaque soldat du Christ, le commencement et la fin du combat. Dans le deuil et les calamités, elles semblent pleurer avec nous, et dans les fêtes religieuses, l'allégresse s'accroît de leurs éclatantes volées et de leurs joyeux carillons. Les nombreuses bénédictions qui reviennent souvent dans la liturgie catholique nous rappellent l'empire que le démon a acquis sur les créatures par le péché et la nécessité, pour en faire un bon usage, de les ramener à leur sainteté primitive. La division du temps ou de l'année ecclésiastique est pour nous une source féconde d'enseignements salutaires. L'avent nous rappelle les quatre mille ans de préparation pendant lesquels le monde attendit son Sauveur. Dans le temps qui s'écoule depuis Noël jusqu'à la Pentecôte, le culte nous rappelle la vie mortelle de Jésus-Christ, sa circoncision, sa manifestation aux gentils, sa présentation au temple, son incarnation, l'institution qu'il fit, la veille de sa passion, de la sainte eucharistie, sa passion, sa mort, sa résurrection et son ascension triomphante; la troisième partie de l'année commence à la Pentecôte et finit à la Toussaint; elle nous rappelle l'établissement et la vie ou l'histoire de l'Eglise. Nous célébrons, pendant cet intervalle, la descente du Saint-Esprit sur les apôtres, les fêtes de la sainte Vierge, de la Chaire de saint Pierre, des apôtres et des autres saints, dont chaque jour plusieurs sont proposés à notre imitation. Ainsi nos fêtes nous rappellent tour à tour les principaux mystères de notre foi, les immenses bienfaits de Dieu et les sublimes exemples des saints. Le dimanche est pour nous un mémorial perpétuel de la résurrection du Sauveur et du repos de l'éternité. L'office divin, avec ses sept parties ou ses sept heures canoniales, nous rappelle la recommandation du divin maître *qu'il faut toujours prier et ne cesser jamais* (*Luc*, XVIII, 1). Les vigiles ou matines nous font souvenir que nos pères se relevaient pour prier et quelquefois même passaient les nuits en prières. Nos chants religieux; si graves, si pieux, si beaux, échauffent nos âmes et électrisent nos cœurs.

Le saint sacrifice de la messe nous rappelle le sacrifice de la croix; l'autel est pour nous un autre Calvaire. En même temps que nous accomplissons les fins du sacrifice, c'est-à-dire en même temps que nous rendons à Dieu le culte d'adoration qui lui est dû, que nous le remercions de ses bienfaits, que nous apaisons sa justice et que nous implorons sa bonté, en nous identifiant avec la sainte victime, nous prenons une plus large part aux effets de la rédemption. Les ornements des évêques, des prêtres et des autres ministres de l'autel, nous rappellent le respect et les autres dispositions avec lesquels nous devons assister au saint sacrifice: tantôt leur blancheur éclatante nous dit la pureté que doivent avoir nos cœurs, tantôt leur richesse nous rappelle les vertus qui doivent embellir nos âmes. Le blanc, symbole d'innocence, sert aux fêtes de la Vierge des vierges et des saints ou saintes qui lui ressemblent davantage par leur angélique pureté; le rouge figure le sang répandu par le Christ et ses martyrs ou les ardentes flammes du feu de la charité; le vert est un symbole d'espérance, le violet un signe de pénitence, et le noir la triste couleur dont l'Eglise se voile pour pleurer ses enfants. Les cierges qui brûlent sur l'autel, tout en nous faisant souvenir que Jésus-Christ est la véritable lumière du monde, tout en nous rappelant les catacombes, nous disent aussi que nous devons briller comme eux par l'éclat de nos vertus et nous consumer pour Dieu. Les vases sacrés, par leur éclat et leur matière précieuse, nous disent dans quel état nous devons tenir les vases de nos cœurs. L'eau bénite, mise à l'entrée du lieu saint et répandue sur les fidèles avant le sacrifice, nous dit la pureté que doivent avoir nos âmes pour être dignes de faire partie du *sacerdoce royal* (*Pierre*, II, 9). La procession qui se fait au commencement de la messe nous rappelle le Sauveur ressuscité, apparaissant aux saintes femmes et leur ordonnant d'aller annoncer aux apôtres cette bonne nouvelle; les processions en général, parties de l'autel et retournant à l'autel, sont une image de notre vie, et nous montrent que, sortis de Dieu, nous devons retourner à lui et nous reposer éternellement dans son sein. La croix, figure de Jésus-Christ, qui marche la première, suivie des bannières flottantes avec lesquelles se balancent les images des saints, nous rappelle que, pour atteindre ces destinées glorieuses, nous devons suivre les exemples de Jésus-Christ et des saints, ses imitateurs.

Nous nous confondons dans le sentiment de notre indignité à l'aspect du prêtre qui se frappe la poitrine au pied de l'autel. Nos prières et nos vœux s'élèvent avec la fumée de l'encens. Au *Kyrie* neuf fois répété, nous nous unissons aux neuf chœurs des anges. Au *Gloria in excelsis*, nous nous souvenons des messagers célestes, chargés d'annoncer à la terre la naissance du Sauveur, et nous éclatons avec eux en transports d'allégresse. Le prêtre baisant l'autel, symbole auguste de Jésus-Christ, afin de puiser dans son sein la paix qu'il va souhaiter aux fidèles, puis ouvrant les mains en signe de charité, puis les étendant pour prier comme le Sauveur sur la croix, puis présentant au Père céleste l'expression de nos besoins et de nos désirs, tout nous édifie, tout nous ravit, tout nous transporte! En entendant l'épître, le graduel ou le trait, nous nous reportons au temps où les jeunes Eglises lisaient avec enthousiasme les lettres qu'elles recevaient des apôtres, leurs pères dans la foi. L'*Alleluia*, avec ses *séquences* ou ses *suites* joyeuses, réveille en nous la pensée du ciel où;

(1) Ryan, *Bienfaits du Christianisme*, p. 138.

Sur des harpes d'or l'immortel séraphin,
Aux pieds de Jéhovah, chante l'hymne sans fin.

A l'évangile, nous nous levons par respect et pour montrer que nous sommes prêts à marcher dans la voie des commandements divins; nous formons en même temps le signe de la croix sur nos fronts, sur nos bouches et nos poitrines, en priant le Seigneur avec le prêtre de purifier nos pensées, nos lèvres et nos cœurs. Toute la partie de la messe qui a précédé, composée en grande partie des paroles de l'Ancien Testament, nous rappelle les longs siècles de préparation pendant lesquels fut attendu le Sauveur du monde, et nous porte à écouter avec plus de respect et de reconnaissance ses enseignements divins. Le prône, où sont développés ces enseignements sacrés, est pour nous une école de vertu, et ces paroles, souvent répétées par le prêtre, *mes frères, mes très-chers frères*, une touchante leçon de fraternité, qui ressort également de l'invitation pressante qui nous est faite au nom de l'Eglise de prier pour les vivants et pour les morts, pour ceux qui sont dans la puissance et dans la faiblesse, dans le péril ou dans l'infortune. Mais quand les voûtes sacrées retentissent de ces paroles solennelles : *Credo in Deum Patrem omnipotentem*, nous croyons voir se réveiller les vieilles générations endormies, nous croyons les entendre répéter avec nous ce symbole de notre foi, et, mêlant notre voix à la grande voix de l'Eglise, à la grande voix de dix-huit siècles, nous chantons avec enthousiasme l'antique et trois fois vénérable expression du dogme catholique, pleins de mépris pour les doutes impuissants et les clameurs discordantes de la philosophie. Le chant de l'offertoire exprime la joie avec laquelle nous nous offrons à Dieu avec tout ce que nous possédons. Nous mangeons le pain bénit avec respect, comme un symbole d'union et de charité. La quête nous rappelle que cette charité ne doit pas rester stérile, et nous reporte aux premiers siècles du Christianisme, quand les fidèles, *n'étant tous qu'un corps et qu'une âme* (1), étonnaient les païens par leur empressement à se secourir dans leurs besoins, sans distinction de Grecs, ni de barbares, ni de libres, ni d'esclaves. En voyant le ministre du Seigneur se laver les doigts, nous comprenons que pour offrir un sacrifice aussi saint il faut être purifié des plus légères souillures, et nous prions avec plus de ferveur à l'invitaton du prêtre, qui se retourne pour nous dire, avec le geste de la charité : *Orate, fratres! Priez, mes frères!* Quand, après la prière qu'il fait à voix basse, et qu'on appelle *secrète* pour cela même, nous l'entendons s'écrier tout à coup dans un saint transport : *Per omnia sæcula sæculorum!* il nous semble que le voile du temps s'est déchiré, et que nous assistons à l'inauguration du règne sans fin de l'éternité. L'élévation, la beauté, la sublimité du chant de la préface, la voix du prêtre et celle du peuple qui se répondent, l'orgue qui murmure, toutes les pierres du temple qui semblent chanter, tout se réunit pour nous arracher à la terre, et nous transporter jusque dans les cieux. Nous nous croyons avec les chérubins, quand nous entendons répéter l'hymne enflammé qu'ils redisent sans cesse en se voilant de leurs ailes de feu : Saint, saint, saint le Seigneur, le Dieu des armées! Les cieux et la terre sont inondés des torrents de sa gloire! *Hosanna in excelsis!*

Ici nous nous recueillons plus profondément pour réciter les prières du canon, composées des paroles mêmes de Notre-Seigneur, des traditions apostoliques et de quelques mots ajoutés, dès les premiers siècles par les souverains pontifes, nous rappelant qu'autrefois les fidèles, c'est-à-dire les saints (2), assistaient seuls à cette partie de sacrifice. En voyant le prêtre former à plusieurs reprises le signe de la croix sur les oblations saintes, nous nous représentons la sainte victime étendue sur la croix, et quand la cloche du sanctuaire nous avertit que le mystère de la transsubstantiation s'est opéré sur l'autel, nous nous prosternons pour adorer, et le recueillement universel, les voix d'enfants qui montent pures vers le ciel comme celles des anges, l'orgue qui semble s'attendrir pour roucouler de plus doux soupirs, tout concourrait à nous donner la foi, si nous avions le malheur de ne pas la posséder. Toujours plus recueillis et unis d'esprit et de cœur au sacrificateur et à la sainte victime, nous prions non-seulement pour les vivants, mais aussi pour les morts; car nous croyons que l'Eglise de la terre, l'Eglise du ciel, et celle du purgatoire ne sont ensemble qu'une seule et même Eglise universelle, dans laquelle elles sont unies par les liens d'une indissoluble unité. Quand le prêtre, du fond du sanctuaire, qui jadis restait voilé depuis le *Sanctus* jusqu'à la communion, quand le prêtre, dis-je, fait entendre de nouveau ce cri majestueux : *Per omnia sæcula sæculorum!* nous lui répondons avec un saint transport; nous nous identifions de plus en plus avec lui, tandis qu'il chante la prière divine, et nous n'avons tous qu'une voix, qu'un cœur et qu'une âme pour lui répondre : *Amen!* Qu'il soit fait ainsi! *amen!* C'est le cri des saints, avec lesquels nous espérons le redire un jour dans les splendeurs de l'éternité! A ces mots trois fois répétés : « Voici l'agneau de Dieu, l'agneau pur et sans tache, » et, en voyant le ministre de l'autel se frapper la poitrine, en entendant le prêtre, profondément incliné, répéter trois fois ces paroles : « Seigneur, je ne suis pas digne, » et le diacre réciter la formule de confession des péchés, et répéter trois fois, au nom des assistants, en se frappant la poitrine : « Par ma faute, par ma faute, par ma très-grande faute! » les uns, dans un profond sentiment d'humilité, s'approchent du sanctuaire pour participer à la victime sainte, les autres gémissent de leur indignité, et s'efforcent d'y participer spirituellement par la foi et la charité. Avant la communion, il se passe une cérémonie touchante; la paix, prise à l'autel, passe aux assistants; dans les communautés religieuses et les maisons cléricales, elle court de rang en rang, et chacun donne à son voisin le baiser fraternel. Tel était l'antique usage dans ces Eglises primitives qui faisaient l'admiration de la terre et du ciel (1).

Or, qu'y a-t-il dans les cultes païens, au point de vue même purement liturgique; qu'y a-t-il, dis-je, de comparable au saint sacrifice de la messe? Où trouver quelque chose d'aussi moral, d'aussi beau de forme et d'antiquité, d'aussi dramatique, d'aussi pur, d'aussi noble, d'aussi sublime et d'aussi éminemment social?

Que penser après cela de ceux qui ne croient pas la messe digne d'eux, et la regardent comme bonne tout au plus pour les femmes et les petits enfants?

Aux bienfaits du Christianisme dans l'ordre religieux, on pourrait peut-être opposer l'inquisition et les guerres de religion. Nous répondrons, en général, que l'Eglise n'est pas plus responsable des abus que la politique et les passions ont pu faire de la religion que le Créateur ne l'est des mille abus criminels qu'on fait chaque jour des choses qu'il a créées pour le bien. Outre la large part qui doit être faite à la politique, trop souvent couverte du masque de la religion, ces guerres de croyances doivent être attribuées à ceux qui ont attaqué le dogme bien plus qu'à ceux qui l'ont défendu. Si l'hérésie ne s'était pas mise à troubler le monde religieux par son inquiétude, son audace et sa turbulence, le monde religieux n'aurait jamais été troublé. Si elle n'avait pas pris le glaive, elle n'aurait jamais péri par le glaive. *Mais il fallait qu'il y eût des hérésies* (2), et, par suite des guerres de religion, c'est une conséquence de la liberté de l'homme et de la vivacité de la foi catholique. Aimerait-on mieux l'indifférence et l'inertie païenne? Mais l'indifférence et l'inertie, c'est la mort. Voyez toutes les forces qui font marcher le monde, il n'en est pas une seule qui, contrariée dans ses lois, ne produise quelques désordres et quelquefois beaucoup de mal; or, ce sont là des malheurs que l'on déplore; mais personne ne s'avise de s'en prendre aux forces elles-mêmes, sans lesquelles le monde ne pourrait pas subsister. Tant que la locomotive ne dévie pas du rail-way, le convoi marche triomphalement vers son but, et l'on bénit les progrès de l'industrie; que si elle vient à dévier, le convoi se brise, il y a des blessures, du sang et des ruines; mais la force qui pousse la machine et la science qui en a fait l'application sont-elles responsables de l'imprévoyance des conducteurs ou de l'incurie des administrations? Une prémé-

(1) *Act. apost.*
(2) Aux *saints* de Rome, de Corinthe, d'Ephèse, de Colosse, de Philippes et de Thessalonique, disait l'apôtre saint Paul, écrivant aux premiers fidèles... *Tous les saints*, c'est-à-dire tous les fidèles, *vous saluent*, dit-il en terminant sa lettre aux Hébreux (*Ad Roman.*, I, 1. — *I. Corinth.*, I, 1. — *Ephes.*, I, 1. — *Coloss.*, I, 1. — *Philipp.*, I, 1. — *Thessalon.*, III, 27. — *Hebr.*, XIII, 24.

(1) Les hommes étaient séparés des femmes par une cloison longitudinale qui divisait l'église en deux parties, en sorte qu'ils ne se voyaient même pas. Le baiser de paix n'offrait donc aucun danger pour les mœurs. Cependant c'est ce baiser si pur que les païens, aveuglés par l'ignorance et la corruption de leurs cœurs, ont transformé, dans leurs accusations, en embrassements infâmes.
(2) *I. Cor.*, XI, 19.

ditation coupable, si elle était possible, de la part de ceux qui dirigent l'emploi de ces forces terribles ne rendrait pas plus criminelles ni ces forces elles-mêmes, ni la science, qui les a mises au service de l'humanité. C'est ainsi qu'il faut raisonner des malheurs causés par l'abus de la religion; il ne faut pas que ces abus, qui sont de simples accidents, fassent méconnaître les bienfaits. Le massacre de la Saint-Barthélemy et les autres atrocités commises au nom de la religion ne doivent embarrasser en rien les apologistes de la religion; rendre la religion responsable de tout ce qui a été commis en son nom, ce serait procéder avec la plus évidente injustice. L'homme est doué d'un sentiment si fort et si vif de l'excellence de la vertu, qu'il essaye de couvrir du manteau de la vertu jusqu'aux plus grands crimes; serait-il raisonnable de bannir pour cela la vertu de la terre? Il y a dans l'histoire de l'humanité des époques terribles où un vertige funeste s'empare des têtes; la fureur, enflammée par la discorde, aveugle les intelligences et dénature les cœurs; on donne au mal le nom de bien, au bien le nom de mal; on commet les plus horribles attentats, en invoquant des noms augustes. L'historien, le philosophe, en traitant de semblables époques, savent bien quelle est la conduite qui leur est tracée; tenus, comme toujours, à une véracité rigoureuse dans la narration des faits, ils doivent se garder de tirer de ces faits un jugement sur les idées et les institutions dominantes. Les sociétés sont alors comme un homme dans un accès de délire; on jugerait mal des idées, du caractère ou de la conduite de cet homme, par les choses qu'il dit et fait, tant que dure ce déplorable état.

« Quel parti, dans ces temps de calamité, peut se glorifier de n'avoir pas commis de grands crimes? Arrêtons-nous à l'époque même que nous venons de mentionner; ne voyons-nous pas les chefs de l'une et l'autre bande assassinés par trahison? L'amiral de Coligny meurt aux mains des assassins qui commencent le massacre des huguenots; mais le duc de Guise avait été aussi assassiné par Poltrot, devant Orléans; Henri III meurt assassiné par Clément, mais ce même Henri III a fait assassiner traîtreusement l'autre duc de Guise dans les corridors du palais, et le cardinal, frère du duc, dans la tour de Moulins; ce même Henri III a pris part aux massacres de la Saint-Barthélemy. On vit commettre des atrocités parmi les catholiques; mais leurs adversaires n'en commirent-ils pas aussi? Jetons donc un voile sur ces catastrophes, sur ces affligeants témoignages de la misère et de la perversité du cœur de l'homme (1). »

Quant à l'inquisition, il a été bien des fois prouvé que ce qu'elle a eu d'odieux et de sanguinaire ne vient pas de l'Eglise, mais de la politique humaine, parce que souvent l'hérésie a compromis la paix des Etats par ses principes anarchiques et révolutionnaires. Comment certains hérétiques n'auraient-ils pas été traités en ennemis de la patrie, quand on les surprenait en flagrant délit de relations coupables avec les ennemis de l'Etat (2)? Que si certains inquisiteurs, agissant au nom de l'Eglise et en dehors de toute impulsion séculière, ont commis des excès, l'Eglise les désavoue; ils ont trahi ses intentions, agi contrairement à son esprit, et dépassé leur mandat.

Nous avons dit quelques-uns des bienfaits du Christianisme dans l'*ordre religieux*, passons maintenant à l'ordre moral.

### *Bienfaits du Christianisme dans l'ordre moral.*

Si le tableau de l'état religieux de la société sous le paganisme est si affligeant et si honteux, celui de son état moral l'est peut-être encore davantage; du reste l'un n'est que la conséquence de l'autre. Qui sondera les plaies de ces sociétés maladives? Qui montrera les ulcères de ce vieux monde tout gangrené par la corruption? Les religions étant fausses et corrompues, la morale aussi devait l'être : car la base de la morale, c'est la religion; il n'y en a pas d'autres. La morale a toujours été et sera toujours inséparable des dogmes (3). Du reste, lors même que ce principe pourrait être contesté au point de vue métaphysique, il serait encore suffisamment prouvé

(1) Balmes, t. II, 218.
(2) Voyez *ibid.*, t. II, ch. 36.
(3) Voyez le mandement de Mgr l'archevêque de Paris pour le carême de l'année 1844.

par l'histoire de toutes les sociétés païennes, où la corruption des dogmes mythologiques et les coupables exemples des dieux ne tardèrent pas à passer dans les mœurs.

La fornication était permise; les lois et l'opinion publique la toléraient également. Les plus sévères la blâmaient un peu dans les femmes, mais non pas dans les hommes. Les philosophes donnaient l'exemple, et les plus sages d'entre eux, comme Socrate, Platon, Diogène et beaucoup d'autres, entretenaient un commerce scandaleux avec les hétaïres ou les courtisanes. Plutarque vous dira les Dulcinées du grave Caton, le plus vertueux des Romains, ce stoïcien si austère, ce censeur en apparence si zélé pour la morale publique (1). Les maximes des philosophes ne valaient pas mieux que leur conduite. Ce même Caton, trouvant un jour un jeune homme à l'entrée d'un lupanar, lui permet de s'amuser ainsi, pourvu qu'il respecte les femmes des citoyens. Mais son exemple ne portait pas à les respecter extrêmement, car lui-même prêtait la sienne à l'orateur Hortensius. Or, si tel était Caton, ce prodige de la vertu romaine, que devaient être ceux qui ne se piquaient point d'une si grande sévérité! « Blâmer tout commerce avec les courtisanes, dit l'orateur romain, en vérité, c'est une sévérité extraordinaire, et tout à fait contraire, non-seulement à la liberté de ce siècle, mais encore aux coutumes et aux constitutions de nos ancêtres. Quand ne l'a-t-on pas fait? Quand ne l'a-t-on pas désapprouvé comme une faute? Quand ne l'a-t-on pas permis? Peut-on assigner un temps où cette pratique, aujourd'hui légitime, ne l'ait pas toujours été (2)? » Solon permettait le commerce avec les hétaïres (Plutarch., *Vita Solon.*) Démosthène parle de cette espèce de libertinage comme d'une pratique ordinaire (3). Plusieurs sectes de philosophes affectaient de ne reconnaître d'autres lois que celles du plaisir. On sait que les cyniques ne devaient ce nom d'infâmes qu'à l'effronterie avec laquelle ils se permettaient publiquement les actions les plus immorales et les plus déshonnêtes. Diogène et Zénon pensaient, que les femmes devaient être communes entre les sages (4). Plutarque approuve cette maxime (5), et Diogène la mettait en pratique, aux applaudissements du stoïcien Chrysippe (6). Platon lui-même, le divin Platon, qui, au jugement de Cicéron, apparaît comme un Dieu au milieu des autres philosophes, Platon met la communauté des femmes au nombre des constitutions de sa fameuse république. Il veut que les hommes et les femmes paraissent nus dans les assemblées. Selon lui, un guerrier valeureux pouvait en tout temps abuser de toutes les femmes, et nulle d'entre elles ne devait se refuser aux désirs d'un guerrier quel qu'il fût, au moment de partir pour la guerre (7).

Pour ces prétendus sages, le libertinage n'était évidemment qu'un jeu, ou plutôt il n'y avait pas de libertinage. Le chevalier Marsham fait observer, d'après des faits authentiques, qu'il n'est pas de sortes d'incestes, d'adultères et de sodomies qui n'aient été regardées par quelques anciens renommés pour leur sagesse comme des choses indifférentes (8). Or, encore une fois, si tels étaient les sages, que devaient donc être ceux qui faisaient profession de ne l'être pas!

Les maximes corrompues de la philosophie passaient dans les lois et les mœurs publiques. Une loi de Lycurgue permettait la communauté des femmes, et les Spartiates le pratiquaient ainsi. Les femmes étaient en commun chez les Scythes, les Massagètes, les Agathyrses et les Troglodytes (9). Puffendorf donne une longue liste de plusieurs autres nations où la même coutume était observée. La loi romaine réglementait le concubinat (10). A Rome et dans toute l'Italie, la corruption était à son comble. *Sævior armis*, disait Juvénal, *victum ulciscitur orbem* (11). Les Romains s'abandonnaient, dans leurs festins, aux débordements les plus honteux (12). Sur leurs coupes étaient gravées les figures les plus obscènes, et les esclaves qui servaient à table étaient entièrement nus. S'enivrer, manger

(1) Plutarch., *Vita Caton.*
(2) Cicero, *Orat. pro M. Cœlio.*
(3) Démosth., *contra Neaer.*
(4) Diog. Laert.
(5) *Ibid.*, l. VII, § 72.
(6) Plutarch., *De stoic. repugn. opera*, t. II, p. 1044.
(7) Plato, *De republica*, l. V.
(8) Marsh., *Canon. Chronic. sæcul.*
(9) Strabo, l. VII, p. 461, edit. Amstel.
(10) Troplong, *Influence du Christianisme.*
(11) *Satyr.*, VI, 92.
(12) *V.* Plutarque, *Vie d'Antoine.* — *V.* dans Suétone, le *Souper d'Octave*, et les *Satires* d'Horace et de Juvénal.

gloutonnement et avec excès, provoquer le vomissement pour pouvoir recommencer ces odieux festins, toutes ces pratiques indignes ne blessaient pas sensiblement les délicatesses du bon ton romain. Efféminatiou, extravagance de tout genre dans le luxe des habits, des maisons, des meubles, des repas et des funérailles, voilà ce que Meursius reproche au peuple-roi, dans son livre intitulé *De luxu Romanorum* (c. 3). Qu'on juge du luxe des dames romaines pour la distribution des salles de bains qui dans les grandes maisons étaient consacrées à leur usage; on y distinguait le *frigidarium*, le *tepidarium* le *sudatorium* et l'*unctorium* (1). Quelle toilette que celle pour laquelle on employait jusqu'à six sortes d'esclaves : les *psecæ*, les *vestiplicæ*, les *cometes*, les *cinerariæ*, les *calamistræ* et les *ornatrices* (2)! Que serait-ce si nous entrions dans le détail des ornements de la tête, des bras, des mains, de la poitrine, de la ceinture et des pieds! « Que peuvent faire les femmes de grand et de réfléchi, dit un personnage dans Aristophane? Leur vie se passe à rester assises, teintes d'ancune (espèce d'herbe), enluminées de vermillon, bien peignées, bien frisées, couvertes d'or et de perles et enveloppées dans leurs longues *crocota* (tunique couleur de safran). » On peut bien croire qu'au milieu d'une telle vie et d'une telle société, les Lucrèces n'étaient pas très-communes. L'adultère était devenu un jeu et comme une chose passée en coutume. Or l'adultère amenait le divorce et la répudiation, le divorce et la répudiation de secondes, troisièmes, cinquièmes, dixièmes noces, si l'on voulait, et ces noces de nouveaux adultères avec de nouvelles répudiations, c'est-à-dire que cela dégénérait en prostitution légale. L'inceste était pratiqué sans honte en plusieurs contrées, et même recommandé en certains pays; dans la Perse nous l'avons vu prescrit au nom de la religion. La polygamie souillait presque partout la couche conjugale, même chez les barbares (3). Et en ceci encore les philosophes ne rougissaient pas de donner l'exemple. Qui ne sait que Socrate avait deux femmes? On pouvait bien, après cela, passer cette faiblesse à Euripide et à tant d'autres. « Presque toutes les maisons de Carthage étaient des maisons de prostitution; des hommes erraient dans les rues couronnés de fleurs, répandant au loin l'odeur des parfums, habillés comme des femmes, la tête voilée comme elles et vendant aux passants leurs abominables faveurs (4) » (Châteaubr., *Etudes historiques*). Or Carthage n'était pas plus corrompue que la plupart des autres villes de l'empire.

A la corruption se joignait, comme il arrive toujours, la barbarie et la cruauté. Les amusements étaient souvent atroces, et les jeux publics faisaient couler des flots de sang. Il n'y avait pas de plus délicieux spectacle que celui des combats sanglants, des blessures et de la mort. Voir les gladiateurs s'entr'égorger, les hommes lutter sans défense contre les bêtes féroces, celles-ci se baigner dans le sang humain ou se dévorer entre elles, était tout ce qu'un Romain pouvait imaginer de plus propre à charmer ses yeux. La fête était belle, et longtemps on en parlait avec enthousiasme et avec bonheur, quand on avait vu tomber des milliers d'hommes, l'arène se joncher de cadavres et regorger de sang. Jules César présenta, dans une seule fête, trois cent vingt paires de gladiateurs (Plutarque); le bienfaisant Titus régala le peuple de ces cruautés, et le bon Trajan les surpassa tous en atteignant le nombre de cinq mille paires (5)! Juste Lipse fait observer que ces sortes de spectacles enlevaient à la patrie plus de citoyens que les guerres (6). Ces jeux sanglants s'appelaient *circenses*. La fureur du peuple pour ces sortes d'amusements était telle, qu'il ne demandait plus que cela à ses maîtres, avec un morceau de pain pour la journée. *Panem et circenses!* s'écriait-il près d'un siècle après l'établissement du Christianisme. Deux siècles plus tard, il murmurait encore quand Constantin proscrivait, au nom de l'Evangile, ces spectacles affreux, qui ne furent entièrement abolis qu'au commencement du VI<sup>e</sup> siècle, sous le règne de Justin (7). Or qu'on ne croie pas que ces cruautés fussent particulières à la capitale du monde; on trouvait partout des cirques et des amphithéâtres; c'était presque le symbole de la domination romaine. On vit des chevaliers, des sénateurs et même des femmes, se donner en spectacle comme gladiateurs. Un pieux anachorète nommé Télémaque, venu d'Orient à Rome pour solliciter l'abolition de ces jeux barbares, périt victime de son zèle; le peuple, instruit du sujet de son voyage, entra dans une telle rage, qu'il se jeta sur lui et l'écrasa sous une grêle de pierres. « Au milieu des provinces en flammes, dit M. de Châteaubriand, on ne se pouvait arracher aux jeux du cirque et du théâtre! Rome est saccagée, et les Romains fugitifs viennent étaler leur dépravation aux yeux de Carthage, encore romaine pour quelques jours..... Quatre fois Trèves est envahie, et le reste de ses concitoyens s'assied au milieu du sang et des ruines, sur les gradins déserts de son amphithéâtre (1). »

La cruauté des barbares surpassait encore en plusieurs points celle des peuples civilisés. Chez eux, la loi même était cruelle: elle ne condamnait qu'à quelques pièces de monnaie celui qui avait cassé un membre à son adversaire. Chez les Saxons, six schellings pour trois dents cassées, trois schellings pour l'ongle du pouce, tel était le tarif légal. En cas de blessure à la tête, on examinait gravement si l'os sorti de la blessure résonnait à douze pas contre un bouclier. Quels hommes que ceux qui se tailladaient la figure en signe de deuil ou de réjouissance, qui mordaient à belles dents dans les membres de leurs prisonniers, comme les Sarrasins et les Scythes de l'Europe! Les Atticotes, dans les Gaules (2), se faisaient gloire de leur barbarie et buvaient à la mort, en répétant ce refrain: Nous sourirons quand il faudra mourir!

Le suicide était partout en honneur, et dans certaines circonstances devenait un devoir. Cicéron, Sénèque, Epictète et Marc Antonin prêchent à l'envi cette lâcheté. Les druides y encourageaient. Les Norwégiens, les Suédois et les Danois en faisaient un jeu. Les plus sages se tuaient pour les moindres déplaisirs. Zénon, devenu vieux, s'étrangla, parce qu'il s'était cassé le doigt en sortant de sa leçon (3); Cléanthe se tua pour un mal de dents (4). Qui ne connaît la mort de Caton d'Utique, tant chantée par les poëtes et tant louée par les philosophes (5)? Les femmes mêmes attentaient à leurs jours, et l'histoire nous a conservé le mot de cette dame romaine qui, s'étant percée d'un glaive et arrachant de son sein l'arme ensanglantée, la présenta à son mari, en lui disant: *Pœte, non dolet* (6)! Sénèque, Pline l'Ancien et Quintilien dissertent froidement sur la question du suicide, et indiquent divers moyens d'y parvenir (7). Pour les épicuriens, qui ne reconnaissaient d'autre Dieu que le plaisir, le suicide, dans l'adversité ou dans les maladies aiguës, était une conséquence logique de leurs principes. Chez les Gaulois, les Francs, les Bourguignons, les Germains, les Lombards, les Angles, les Normands, les Saxons, les Danois et presque tous les autres barbares, le duel décidait de presque tous les différends. C'est de là qu'il est passé dans nos mœurs, malgré les anathèmes de l'Eglise. Les barbares croyaient que dans les combats singuliers, les dieux se déclaraient toujours pour la justice; de là les combats judiciaires du moyen âge, que le Christianisme a eu tant de peine à faire disparaître.

A l'exemple de leurs dieux, les païens savouraient le plaisir de la vengeance et éprouvaient du bonheur à rire de l'abaissement d'un ennemi vaincu. De là ce vers d'Homère:

Οὔκουν γέλως ἥδιστος εἰς ἐχθροὺς γελᾶν;

« Est-il un plaisir comparable à celui qu'on éprouve à rire de ses ennemis? » Socrate dit qu'il nous est bien permis de nous réjouir de l'infortune de ceux qui nous haïssent. Un des sept sages prescrit la douceur envers les amis et la vengeance envers les ennemis (8). Aristote dit que la pa-

(1) Vitruv., t. X et XI. — Plin. II, *Epist.* XVII. — Cels., *De re medica.*
(2) Plaut., *Trinum.*, II, I, 22. — Nonn. Marcellus. — Juven., *Sat.* VI. — Varro, l. X. — Ovid., *Amor.*, I, 14.
(3) Tacit., *Annal.*, l. XXXI, c. 9.
(4) Salvian., *De gubern. Dei*, l. VI, p. 214.
(5) Dion Cass., l. LXVI, LXVIII. « Les gladiateurs, nus et armés, étaient enchaînés deux à deux et obligés de se battre jusqu'à la mort. »
(6) *Saturn.*, I, 12.
(7) Baron., *Annal.*, t. VIII, p. 72.

(1) *Etudes hist.* — Salvian., *De gubern. Dei*, t. VI, p. 217.
(2) Pompon. Mela, *De Scyth.* — S. Hieron., t. II.
(3) Diog. Laert., l. VII.
(4) *Ibid.*
(5) Plutarque et Sénèque entre autres.
(6) *Selectæ e profanis.* J'ai oublié le nom de l'auteur latin auquel cet extrait a été emprunté.
(7) Senec., *De vita beata*, c. XIX; *De ira*, III, 15. — Plinius, II, 63. — Quint., l. VI, *In proemio.*
(8) Stobæi *Sermon.*

licence est la vertu des esclaves (1), et Cicéron que le sage, dominé par une mauvaise coutume, peut faire du mal sans rien perdre de sa sagesse (2). Auguste, après sa victoire, éleva un temple à Mars vengeur. La patience était regardée comme une lâcheté, la douceur comme une bassesse, et l'humilité eût certainement passé pour une faiblesse de cœur et une petitesse d'esprit; mais on n'en connaissait pas même le nom. L'orgueil régnait en souverain; il était parvenu à se faire décerner les honneurs de l'apothéose, et l'ambition, l'une de ses filles légitimes, était regardée comme la vertu des grandes âmes. C'était même là ce qui gâtait toutes les autres vertus païennes. Au fond des plus belles apparences se trouvait toujours, comme le ver dans le fruit, un satanique orgueil. Ce vice, qui a perdu les anges dans le ciel et l'homme dans les délices d'Eden, a aussi perdu le monde antique. Que de fois ne l'a-t-il pas mis en feu? Que de fois ne l'a-t-il pas inondé de sang et couvert de ruines?

Toutes les notions du bien, du juste et de l'honnête s'étaient oblitérées et pour ainsi dire perdues. Chez les Romains des dernières années de la république et de l'empire, le brigandage était passé en coutume parmi les gouverneurs de province. Le trafic des consciences se faisait publiquement. *Ammonius, legatus regis*, dit Cicéron dans une de ses lettres à Lentulus, *aperte pecunia nos oppugnat* (3). *O urbem venalem*, avait dit Jugurtha un demi-siècle auparavant! La corruption des juges était affreuse, dit M. Troplong (4); Cicéron la signale à chaque instant dans ses lettres comme un fait notoire. *Sed judices nostri!!!* dit-il quelque part; *Judicum sordes*, dit-il ailleurs. « On peut voir aussi dans son plaidoyer pour Cluentius, dit encore M. Troplong (5), quelle corruption et quels monstres offrait la société romaine! Dans un petit municipe des bords de la mer Adriatique, on voit les divorces, les incestes, les faux, les empoisonnements, les juges corrompus, une mère acharnée contre son fils, etc., etc. » Avec quelle vérité saint Jean disait de ce vieux monde tout gangrené qu'il était tout entier dans le mal: *Totus in maligno positus est* (6)!

Le monde allait ainsi s'abîmant de plus en plus dans la corruption, et nulle puissance humaine n'était capable d'empêcher sa ruine. Les philosophes ne l'ont pas même tenté. Bien loin d'entreprendre une réforme universelle, ils n'ont pas même essayé celle d'un seul municipe, d'une seule cité, tant ils avaient le sentiment de leur impuissance et de leur nullité! D'ailleurs, à moins de s'exposer à se voir jeter à la face le *Medice, cura te ipsum*, il aurait fallu qu'ils commençassent par se réformer eux-mêmes, et il y avait vraiment beaucoup à faire; car ils ne cachaient souvent, sous les brillants dehors d'une sagesse orgueilleuse, qu'une corruption plus raffinée et plus profonde. Il est une tache d'infamie, plus hideuse encore que toutes les autres, qu'on n'a pu jusqu'ici effacer du front des philosophes, c'est la pédérastie, que les lois autorisaient dans quelques villes, au rapport de Xénophon. Platon en fut accusé et non justifié. La plupart des stoïciens et les cyniques en ont parlé comme d'une chose indifférente (7). Plutarque n'est pas fixé sur ce point: dans ses *Dialogues*, il approuve et blâme tour à tour. Dans son *Traité de l'éducation*, il cite un grand nombre de philosophes qui ont autorisé ce vice odieux par leurs exemples. Cicéron et Lucien se moquent des mauvaises excuses alléguées par eux (8). Une églogue de Virgile, qui devrait être à jamais bannie de toutes les écoles chrétiennes, prouve que le vice dont nous parlons était chanté par les plus grands poëtes, et l'exemple d'Antinoüs qu'il allait quelquefois s'asseoir jusque sur le trône, à côté des plus grands empereurs.

Ainsi livrés à toutes les *passions d'ignominie*, comme dit saint Paul (9), que pouvaient les philosophes pour la réforme du monde! Eussent-ils été plus sages, qu'ils n'auraient également rien pu; ils étaient trop ignorants sur le dogme, source de la morale, et trop peu d'accord sur les principes de la morale elle-même. Au reste, un accord parfait n'aurait encore rien avancé; leur enseignement serait toujours resté sans base, sans autorité et surtout sans une sanction suffisante pour faire passer aux réalités de la pratique du vague de la spéculation. Toujours on aurait pu leur dire avec Rousseau, qui aurait bien dû se le dire à lui-même: « Philosophe, ta morale est belle; mais montre-m'en la sanction. »

Or un grand changement a été opéré et s'est opéré par le Christianisme. Au commencement, quand l'Evangile était mieux observé, ce changement était certainement plus sensible; mais cependant, aujourd'hui même, bien que la foi se soit singulièrement affaiblie et que les mœurs, dans leur relâchement, tendent à redevenir païennes, la différence est encore sensible. Notre niveau, en morale, est bien au-dessus du niveau païen. Il y a certainement bien de la corruption dans nos sociétés modernes; mais elle est forcée de se couvrir d'un voile, et cela seul est un progrès immense. Il faut tenir compte des perturbations morales causées par nos perturbations politiques. Il n'y a pas plus d'un demi-siècle, le Christianisme n'était-il pas proscrit parmi nous? Ne vit-on pas alors un retour honteux vers les dissolutions du paganisme? la pudeur outragée? le vice encouragé? la débauche déifiée et le symbole de la volupté placé sur les autels? N'avons-nous pas entendu naguère encore des hommes qui se disaient philosophes, et qui s'efforçaient de rétablir le règne du paganisme parmi nous? Les maîtres n'ont-ils pas formé des disciples, et plusieurs ne sont-ils pas encore à l'œuvre? D'autres ne présentent-ils pas le doute comme le dernier terme de la sagesse? Notre littérature, en pleine révolte contre les principes immuables du vrai, du beau et du bien, ne ressemble-t-elle pas à la société, dont elle est l'expression? Dès lors faut-il s'étonner si le siècle est quelque peu païen? Mais nous commençons à nous réveiller du léthargique sommeil de l'indifférence, duquel nous avons dormi si longtemps; nous commençons à remonter des profondeurs de l'abîme d'impiété et d'irréligion dans lequel le XVIII$^e$ siècle nous avait précipités; et ceux qui sont restés ou qui sont redevenus franchement chrétiens, si nous les comparons aux païens qui sont parmi nous, peuvent nous faire apprécier à quelle hauteur le Christianisme nous a élevés. Ainsi le déplorable état de la société prouve notre thèse, au lieu de l'infirmer. La corruption a gagné tout ce que le Christianisme a perdu. Ceux à qui il resterait quelque doute sur ce point peuvent facilement les éclaircir; ils n'ont qu'à voir si ceux que la justice flétrit et enferme dans ses cachots sont de bien fervents chrétiens (1).

Si l'on nous objecte les héros du paganisme, nous montrerons des taches indignes sur leur vêtement de gloire, et nous leur opposerons les héros chrétiens. Si l'on nous objecte les Régulus, les Décius, les Curius et les Scévola, nous répondrons par leurs mœurs farouches, et nous leur opposerons des dévouements analogues et nos légions de martyrs, de confesseurs et de missionnaires qui ont montré et montrent encore le même courage, mais non la même férocité, qui étonnent les bourreaux plus encore par leur angélique douceur que par leur intrépidité. Aux guerriers de l'ancien monde nous pouvons opposer des guerriers non moins braves, mais plus humains, non moins grands sur les champs de bataille, mais plus grands après les gloires du triomphe et les enivrements de la victoire. Sur quelque point qu'on établisse la comparaison, nous aurons toujours d'incontestables avantages, et après cela nous aurons encore de plus, et en dehors de toute comparaison, les innombrables héros de la foi et de la charité dont on chercherait en vain les analogues dans les siècles païens. Jamais le paganisme n'a produit ni un martyr, ni un missionnaire, ni un saint Vincent de Paul, ni rien qui leur ressemble; en sorte que pour un héros païen nous avons mille héros chrétiens, dont la gloire n'a fait verser aucune larme et qui ont au contraire tout sacrifié pour le bonheur de leurs frères, tant le Christianisme a épuré et agrandi les âmes! Pour quelques sages, de mœurs plus que suspectes dont peut se glorifier le paganisme, le Christianisme n'a-t-il pas ses myriades de saints tout radieux et tout purs? Pour quelques vestales forcément retenues dans le devoir par la crainte d'un châtiment terrible, ne pouvons-nous pas montrer dans tous les temps des milliers de vierges chrétiennes, volontairement enrôlées dans les saintes milices de la perfection, anges de prière et de pureté qui arrêtent l'effusion de la coupe

(1) *Moral.*, IV, 11.
(2) *De officiis*, l. I, c. 7.
(3) *Ad familiares*, l. I.
(4) *De l'infl. du Christ. sur le droit civil des Romains*, p. 66.
(5) *Ibid.*
(6) Joann., *Epist.*
(7) Pyrrhon., *Hypoth.*, l. III, c. 24.
(8) « Comment arrive-t-il, dit l'orateur romain dans ses *Tusculanes*, qu'on n'aime jamais ni un laid jeune homme ni un beau vieillard ? »
(9) *Ad Roman.*, I, 26.

(1) Ceci était écrit avant la condamnation de M. l'abbé Combalot ; mais les prisons se rempliraient de criminels de cette nature, que cela prouverait certainement beaucoup contre certaines gens et certaines choses, mais rien contre notre thèse (1844).

des vengeances toujours prête à déborder et protestent contre le relâchement et les scandales du monde? Pour une Lucrèce souillée n'avons-nous pas dans tous les temps des milliers de saintes filles et de saintes veuves qui ont su résister à toutes les menaces et à toutes les séductions? Mais pourquoi insister davantage? Lors même que nous manquerions de données suffisantes pour comparer l'histoire des siècles païens à celle des siècles chrétiens, la raison ne nous dirait-elle pas que la religion de l'Homme-Dieu qui, toujours vierge et toujours pur, au précepte joignit toujours l'exemple, et, modèle accompli de toutes les vertus et de toutes les perfections, dans l'eucharistie, abreuve ses fidèles de son sang virginal, la raison, dis-je, ne nous dirait-elle pas qu'une telle religion a dû et doit exercer sur le monde une autre influence morale que celle d'une Vénus impudique et d'un Jupiter adultère? Voilà ce qui tiendra toujours notre niveau moral bien au-dessus du niveau païen. Au milieu de toutes les aberrations et de toutes les corruptions modernes, deux choses restent toujours : l'Evangile et l'Eglise; l'Evangile avec son dogme inébranlable, et sa morale si parfaite, si pure et si fermement appuyée sur le dogme et la certitude de la sanction divine, à la fois terrible et éternelle (1) ; l'Eglise, douée d'une vie et d'une force immortelle et se débarrassant sans cesse, avec le secours de l'Esprit-Saint, des erreurs et des désordres qui troublent sa constitution. Tel un corps robuste qui lutte victorieusement contre le mal et prouve mieux encore par là la bonté et la force de son organisation. D'ailleurs la morale chrétienne, généralement respectée même par les ennemis du Christianisme, n'est-elle pas développée dans une multitude innombrable d'excellents ouvrages de toute forme et de toute grandeur? Est-il une seule maison chrétienne où l'on ne trouve plusieurs de ces conseillers fidèles? Cette même morale n'est-elle pas prêchée partout, dans les chaires, dans les tribunaux sacrés, dans le sanctuaire de la famille? Les sacrements ne lui viennent-ils pas en aide dans la lutte contre les passions? N'est-elle pas dignement représentée au sein des populations par un clergé pur et dévoué, dont le désir le plus ardent est la moralisation des peuples et la sanctification des âmes? Comment ne pas voir là un immense progrès sur les siècles païens? Voyez le prêtre au milieu de son troupeau qu'il évangélise et qu'il s'efforce de ramener ou de fixer dans le bien ou au milieu d'une troupe de jeunes chrétiens qu'il forme à la science et aux vertus évangéliques, se rapetissant pour mieux se mettre à leur portée, bégayant avec eux, comme une tendre mère avec ses enfants, les sublimités des révélations divines et leur émiettant en quelque sorte le pain de la doctrine sainte; concevez-vous quelque chose de plus magnifique et en même temps de plus utile à l'humanité? Voilà ce à quoi Platon, avec tout son génie, n'a pas même songé. Représentez-vous une première communion, c'est-à-dire une foule de petits anges longtemps préparés par le prêtre et débutant dans la vie par une initiation qui les met en possession du Dieu de toute sainteté, à qui ils jurent une fidélité et un amour éternels, et voyez si le Christianisme n'est pas la plus belle institution qu'il y ait au monde. Que serait-ce si l'on pouvait voir tout ce qui se passe au saint tribunal? Que de passions réprimées, que de vertus raffermies, que d'injustices prévenues ou réparées, que de haines étouffées, que de vengeances éteintes, que de bien opéré et de mal empêché par la confession! La seule présence du prêtre au milieu des populations n'est-elle pas une école continuelle de vertus? Quelle heureuse influence n'exerce pas sur ceux dont l'incrédulité n'a pas gâté le cœur et l'esprit le seul aspect de cet homme plein de douceur, aux manières graves, aux mœurs austères, dont l'esprit et le cœur rayonnent de vérité et d'amour, dont les lèvres distillent le miel de la consolation et le baume de l'espérance, et qui s'est voué, par un libre sacrifice, au long martyre de la virginité, pour mieux travailler au salut de ses frères? Nous ne daignons pas répondre à l'objection qu'on pourrait tirer de quelques anecdotes scandaleuses si complaisamment recueillies par je ne sais quels hommes qui semblent avoir pour mission de ramasser les ordures du monde moral et de les jeter dans certains tombereaux littéraires, pour être conduites à ceux qui aiment à se repaître de ces infections, comme les reptiles qui, dit-on, composent leur venin des miasmes impurs dont ils purifient l'air. Ces chutes du prêtre, ces scandales de l'homme de Dieu, sont à jamais déplorables sans doute; mais une note fausse ne détruit pas tout un concert d'harmonie, et le fruit verreux qui tombe de l'arbre ne prouve rien contre ceux qui restent et continuent de boire la sève féconde et de se dorer aux feux du soleil (*V.* saint Aug., *De morib. Eccles. cathol.*).

(1) Voyez ce que nous avons dit sur le symbole et les commandements de Dieu.

***Bienfaits du Christianisme dans l'ordre politique et social.***

En exposant la doctrine chrétienne, nous nous sommes attaché à en faire ressortir le caractère éminemment social ; ici, sans répéter ce que nous avons dit alors, nous allons signaler quelques-unes des améliorations politiques dues à l'application de cette doctrine. Nous avons vu comment le Christianisme a dissipé les monstrueuses erreurs de l'idolâtrie et retiré l'ancien monde des abîmes de la corruption, en remplaçant la vieille morale païenne, toute putride et gangrenée, par la morale évangélique; maintenant nous allons montrer comment il a réhabilité l'homme dans toutes les positions sociales, dans toutes les situations de la vie. Nous dirons successivement ce qu'il a fait pour les individus, pour la famille, pour la société et pour les nations en général.

L'un des caractères les plus frappants de l'antiquité, c'est l'abus de la force, et par suite l'oppression de l'être faible ou vaincu par l'être fort. Or le Christianisme a fait cesser ou du moins a considérablement diminué ce règne injuste de la force. Un autre caractère de l'antiquité, c'est le mépris de l'homme, et ce mépris, le Christianisme l'a également fait cesser, en montrant dans l'homme non-seulement une créature et une image de Dieu, mais le prix du sang d'un Dieu. Un autre caractère encore de l'antiquité, c'est la division permanente et l'inégalité fatalement établies entre les hommes et les nations, division et inégalité que le Christianisme tend constamment à détruire. Tout cela va être prouvé par les détails.

« Nul doute, dit M. Guizot, que l'Eglise n'ait lutté obstinément contre les grands vices de l'état social. » Or pour nous l'Eglise et le Christianisme c'est tout un, parce que nous ne reconnaissons pas de véritable Christianisme en dehors de l'Eglise. Par ses grandes idées sur la dignité de l'homme, par ses maximes et son esprit de fraternité, et enfin par la douceur qu'il a peu à peu infiltrée dans les mœurs, le Christianisme a d'abord aboli l'esclavage. La question n'est pas de savoir s'il l'a aboli tout de suite ou par le fait même de son établissement; cela n'était pas possible. La question n'est pas non plus de savoir s'il l'a aboli directement, c'eût été provoquer des réactions embarrassantes, mais bien de savoir si l'affranchissement des esclaves est une conséquence plus ou moins lente, mais sûre, de l'influence chrétienne et de l'exemple donné par l'Eglise; or cela est incontestable. Il faut n'avoir aucune idée du Christianisme pour ne pas savoir qu'il est une religion d'égalité et de fraternité, et il faut n'avoir jamais lu l'histoire pour ne pas savoir que les conciles s'intéressèrent souvent au sort des esclaves, et que les papes, les évêques et les abbayes donnèrent souvent l'exemple, en affranchissant leurs propres esclaves. Ainsi fit saint Grégoire, pape. « Comme notre rédempteur, disait ce grand homme, a pris notre chair pour nous délivrer de l'esclavage du péché, nous devons rendre la liberté à ceux qui en ont été privés par la loi des nations. »

Une multitude de canons et d'autres monuments témoignent, dans tous les siècles, de la tendre sollicitude de l'Eglise pour les esclaves, devenus ses enfants par la grâce du baptême. On peut citer entre autres les troisième, quatrième et cinquième conciles d'Orléans, les troisième, quatrième, neuvième, dixième et onzième de Tolède, le premier d'Orange, ceux de Worms, de Merida, d'Elvire, d'Epone, le premier et le deuxième de Mâcon, le cinquième de Paris, celui d'Agde, celui de Reims, les deuxième et troisième de Lyon, celui de Condé, le *synodus incerti loci*, celui de Châlons, le *synodus celichytensis*, le concile de Rome et celui d'Armagh en Irlande. Ici on impose une pénitence à la maîtresse qui maltraite son esclave (*ancillam*) (1), ou l'on excommunie le maître qui met le sien à mort de son autorité privée (2); là on déclare que l'Eglise sera un asile inviolable pour les esclaves coupables même des plus grands délits, et l'on prend les précautions les plus minutieuses pour qu'ils n'y soient pas maltraités par leurs maîtres (3). Ailleurs on défend de mutiler les esclaves (4); ailleurs encore on réprime toute

(1) *Concil. Eliberitan.*, ann. 305, can. 5.
(2) *Concil. Epaon.*, ann. 517, can. 34.
(3) *Ibid.*, can. 39. — *Concil. Aurel.*, ann. 549, can. 22.
(4) *Conc. Emerit.*, ann. 666, can. 15. — *Toletan.*, ann. 675, c. 6.

tentative faite contre la liberté de ceux qui ont été affranchis par l'Eglise, ou qui lui ont été recommandés par testament (1). Gagnant toujours un peu plus sur le vieil esprit de tyrannie, elle prend, sur la fin du VI<sup>e</sup> siècle, la défense non-seulement des esclaves affranchis dans son enceinte ou qui lui ont été recommandés par lettre ou par testament, mais de ceux-là même qui ont été affranchis par prescription. Elle réprime l'arbitraire des juges à l'égard de ces infortunés, et décide que les évêques connaîtront désormais de ces causes (2). Le cinquième concile de Paris confie aux simples prêtres la défense des affranchis (3). Le concile d'Agde dit que l'Eglise mettra le rachat des captifs au nombre de ses premiers soins, et que, en quelque état que soient ses propres affaires, elle fera toujours passer leurs intérêts avant les siens propres (4). Il est convenu que les biens de l'Eglise seront employés au rachat des captifs, qu'on pourra briser ou vendre pour cela les vases sacrés (5) : c'est ce que firent saint Grégoire le Grand, saint Augustin, saint Ambroise, saint Hilaire de Poitiers, Deo-Gratias, évêque de Carthage, et plusieurs autres évêques, lors de l'invasion des barbares. Quand les affranchis acquéraient ensuite la faculté de rembourser les sommes dépensées pour eux, l'Eglise refusait tout remboursement (6). Ceux qui attentaient à la liberté des autres étaient excommuniés (7). Le concile de Londres défend de vendre les hommes comme de vils animaux (8). L'Eglise voulait que toute personne vendue pût se racheter en payant le prix de sa rançon, qui ne devait jamais excéder celui de la vente (9). Il était défendu aux Juifs d'avoir des esclaves chrétiens (10). Si un maître faisait travailler son esclave un jour de dimanche ou lui donnait de la viande à manger un jour d'abstinence, l'esclave devenait libre (11). La liberté devait être accordée aux esclaves qui voulaient embrasser la vie monastique (12). Ils pouvaient être ordonnés, et recevaient par cela même le bienfait de la liberté (13). Nous pourrions citer encore les lettres apostoliques de Pie II en 1482, celles de Paul III en 1537, celles d'Urbain VIII en 1639, celles de Benoît XIV en 1741, et enfin celles de Grégoire XVI en 1839, lesquelles couronnent magnifiquement cette série d'efforts constamment renouvelés par l'Eglise pour l'adoucissement ou la destruction de la servitude.

Qui ne connaît l'ordre héroïque des religieux de la Trinité, qui, pendant cinq siècles, se dévouèrent, au milieu de fatigues et de périls sans nombre, au rachat des chrétiens captifs sur les rivages africains? Qui ne connaît encore les religieux de Notre-Dame de Merci, dont toute l'existence était également vouée à la rédemption des captifs? Qui pourrait dire le nombre des malheureux rendus à leur patrie et à leur famille par les soins de ces saints religieux? Chaque année on les comptait par centaines. C'est ainsi que l'Eglise a toujours marché la première dans les voies de la liberté.

Quand les nations hésitent encore sur la question d'entière abolition de la servitude, déjà, depuis douze siècles, cette question est théoriquement et pratiquement résolue par l'Eglise. Dans les premiers siècles de l'ère chrétienne, quand elle ne pouvait pas encore songer à briser les chaînes des esclaves, nous avons vu avec quelle sollicitude elle s'occupait déjà d'adoucir le sort de ces infortunés. Or ce fut là un immense service rendu à l'humanité. Pour s'en former une idée, il suffit de se rappeler combien était grand le nombre des esclaves. A Athènes, on compta, dans un recensement, vingt mille citoyens et quarante mille esclaves. Les Pénestes chez les Thessaliens, et les Ilotes chez les Spartiates, surpassaient également de beaucoup le nombre des citoyens. A Rome, on comptait, vers la fin de la république, deux millions d'habitants et seulement deux mille propriétaires (Cicér., *De officiis*, 112). Quel ne devait pas être le nombre des esclaves! Beaucoup de maîtres comptaient les leurs non pas seulement par centaines, mais par milliers. Pudentila, femme d'Apuleius, en donna quatre cents à ses fils en héritage. *Quot pascit servos* (1), disait-on alors? comme on dit maintenant : Quelle est sa fortune? Spartacus, à la tête des esclaves révoltés, ne fit-il pas trembler la république romaine? Et cela n'était pas nouveau; car Platon disait déjà de son temps que les esclaves avaient souvent ravagé l'Italie. A Tyr, on vit un jour, comme à Saint-Domingue, les esclaves révoltés massacrer tous leurs maîtres. L'esclavage ne régnait pas seulement chez les peuples civilisés, il régnait aussi chez les barbares, parmi toutes les hordes ameutées contre le Capitole. Lors de l'invasion des Francs, les deux tiers de la Gaule étaient esclaves, et à la chute de l'empire romain le nombre des esclaves dut encore s'accroître de celui de tous les maîtres réduits en servitude. Il est facile de comprendre après cela pourquoi l'Eglise n'a pas brusqué l'émancipation des esclaves. Il serait du reste fort étrange qu'on reprochât sa sage lenteur à l'Eglise au milieu des embarras et des résistances de tous genres qu'éprouvent les sociétés modernes dans la question bien moins compliquée et bien moins générale de l'émancipation des noirs.

Pour mieux apprécier encore le service que l'Eglise a rendu au monde par l'adoucissement d'abord et ensuite par l'abolition de la servitude, il faut considérer les traitements qu'on faisait subir aux esclaves. Nous laisserons parler un grave magistrat qu'on ne soupçonnera pas d'exagération. « Après la terre, dit M. Troplong, Ulpien nomme les esclaves qui sont la richesse principale des nations de l'antiquité; les esclaves, que la terrible exploitation de l'homme par l'homme place au rang des choses (2) !!! »

« Nous avons vu que, jusqu'à l'époque où le Christianisme commença à ramener les esprits aux principes de la charité, les maîtres romains abusaient de leurs esclaves par les plus affreux traitements : *Nos esclaves sont nos ennemis*, disait Caton, mot cruel qui servait d'excuse à tout ce que la tyrannie domestique peut inventer de plus odieux. Q. Flaminius, sénateur, fit mettre à mort un de ses esclaves, sans autre motif que de procurer un spectacle nouveau à un de ses complaisants qui n'avait jamais vu tuer un homme. Pollion, ami d'Auguste, entretenait dans ses viviers des murènes d'une énorme grosseur auxquelles il faisait jeter ses esclaves pour pâture. Tel était le droit du maître sur ses esclaves! Si quelquefois, dans un jour propice, l'esclave avait bien mérité de l'arbitre de sa destinée, soit en lui apportant une bonne nouvelle, soit en lui rendant un service signalé, il lui était permis, par exception, de réunir quelques compagnons dans un joyeux festin, dont la figue, les noix, les fèves, les olives, et quelques débris de gâteaux formaient tous les apprêts. Les plaisirs de l'esclave n'allaient pas au delà; mais la somme de ses infortunes n'avait pas de limites » (*ibid.*, p. 147). « Les plaintes de Sénèque nous révèlent de plus fort l'arrogance des maîtres et les misères des esclaves bien moins bien traités que les bêtes de somme. Tandis que le maître est mollement étendu pour son souper au milieu de ses amis, surchargeant avec avidité son estomac blasé, la foule de ses esclaves l'environne; l'un essuie les crachats; l'autre recueille les vomissements des convives enivrés; un troisième verse le vin; il est paré comme une femme; l'âge veut en vain le faire sortir de l'enfance, la force l'y retient; une recherche odieuse épile tout son corps, lui rend la peau lisse comme celle d'un enfant. Condamné à veiller la nuit entière, il faut qu'il se partage entre l'ivrognerie et l'impudicité de son maître : *In cubiculo vir, in convivio puer est.* Malheur à ces êtres méprisés s'il leur échappe un mot, un mouvement des lèvres! le fouet étouffe tout murmure, et n'épargne pas même une toux involontaire, un éternument, un hoquet, le bruit le plus léger; car ce sont autant de fautes que les coups doivent punir. Toute la nuit se passe pour les esclaves au milieu des veilles; ils sont là debout, à jeun, dans le silence et l'impassibilité. La moindre plainte serait châtiée cruellement » (*ibid.*, p. 149).

(1) *Conc. Aurel.* 5, ann. 549, can. 7. — *Arausican.* 1, ann. 441, can. 6.

(2) *Conc. Matiscon.* 2, ann. 585, c. 7. — *Agath.*, ann. 506, can. 29. — *Toletan.* 3, ann. 589, can. 6.

(3) *Conc. Paris.* 5, ann. 614, can. 5.

(4) *Conc. Agath.*, ann. 506, can. 16.

(5) *Conc. Rhem.*, ann. 625, can. 22. — *Matiscon.* 2, ann. 585, can. 5. — *Lugdun.* 3, ann. 583, can. 2. — *Vernense* 2, ann. 844, can. 12.

(6) *Synodi P. Patricii, Aurelii et Isernini*, ann. 456.

(7) *Conc. Lugd.* 2, ann. 566, can. 3. — *Rhemens.*, ann. 630, can. 17. — *Conc. Fluentin.*, ann. 922, c. 7.

(8) *Conc. Londin.*, ann. 1102.

(9) *Synod. incerti loci*, ann. 616, can. 14.

(10) *Conc. Matiscon.* 1, ann. 581, can. 16. — *Toletan.* 3, ann. 589, can. 14.

(11) *Leges Ynæ regis Saxo occid.*, ann. 692. — *Conc. Bergamst.*, ann. 697, c. 15.

(12) *Conc. Roman.*, ann. 597, apud S. Gregor. *Epist.*, 44, l. IV.

(13) *Conc. Tolet.* 4, ann. 633. — *Emerit.*, ann. 666, can. 18. — *V. le Protestantisme comp. au Catholicisme*, t. I, notes.

(1) Juven., *Satyr.* III, v. 140.

(2) *De l'influence du Christian. sur le droit civil des Romains*, p. 31.

Ne dites pas que la civilisation aurait fait disparaître cette barbarie; car jamais les esclaves ne furent plus nombreux et plus maltraités qu'au milieu des sociétés antiques parvenues à l'apogée de leur civilisation. Que si par la civilisation en général vous entendez parler de la civilisation chrétienne, alors vous ne dites que ce nous disons nous-mêmes. Que si au contraire vous entendez par là l'influence de la philosophie réduite à elle-même et se développant en dehors du Christianisme, voici deux de ses plus illustres organes qui vous apprendront ce qu'elle pensait sur la question qui nous occupe, à une époque où elle avait déjà pris certes d'assez beaux développements. « Si un citoyen tue son esclave, dit Platon, la loi déclare le meurtrier exempt de peine, pourvu qu'il se purifie par des expiations; mais si un esclave tue son maître, on lui fait subir tous les traitements qu'on juge à propos, pourvu qu'on ne lui laisse pas la vie » (Platon, *De rep.*, l. IX).

« Il y a peu de différence, dit Aristote, entre les services » que l'homme tire de l'esclave et ceux qu'il tire de l'animal: » *La nature même le veut*, puisqu'elle fait les corps des hommes libres différents de ceux des esclaves, donnant aux uns » la force qui convient à leur destination, et aux autres une stature droite et élevée. » Puis l'illustre philosophe conclut ainsi: « Il est donc évident que les uns sont *naturellement libres, et* » *les autres naturellement esclaves*, et que pour ces derniers » l'esclavage est aussi utile qu'il est juste. Ainsi l'esclavage est » de droit naturel; il trouve sa légitimité dans la justice et la » nature. » Telle est la doctrine qu'Aristote expose sans objection. Cette doctrine n'avait rien perdu de sa rigueur du temps même de Cicéron. On sait avec quelle froide indifférence l'orateur romain parle du préteur Domitius, qui fit crucifier impitoyablement un pauvre esclave pour avoir tué avec un épieu un sanglier d'une énorme grosseur » (*ibid.*, p. 79). On sait aussi qu'un jour quatre cents esclaves furent exécutés dans une seule maison, en vertu de l'affreuse loi qui ordonnait, quand un maître était assassiné, que tous les esclaves habitant sous le même toit fussent mis à mort.

Si vous objectez Sénèque et les jurisconsultes Florentinus, Ulpien et les autres des derniers temps de l'empire, je vous dirai que leur exemple ou leur témoignage ne prouve rien, parce qu'il est évident qu'ils avaient sciemment ou à leur insu subi l'influence du Christianisme. « Ainsi ce fut l'Eglise qui, par ses doctrines aussi bienfaisantes qu'élevées, par un système aussi efficace que prudent, par sa générosité sans bornes, son zèle infatigable, sa fermeté invincible, abolit l'esclavage en Europe, c'est-à-dire qu'elle fit le premier pas vers la régénération de l'humanité, et posa la première pierre sur laquelle devait s'asseoir le profond et large fondement de la civilisation européenne; nous disons *l'émancipation des esclaves, l'abolition pour jamais d'un état aussi dégradant, la liberté universelle*. Il était impossible, sans relever l'homme de son état d'abjection, et sans le replacer au-dessus du niveau des brutes, de créer et d'organiser une civilisation pleine de grandeur et de dignité. Partout où l'on voit l'homme accroupi aux pieds d'un autre homme, attendant d'un œil inquiet les ordres d'un maître, ou tremblant au seul mouvement du fouet; partout où l'homme est vendu comme une brute, où l'on voit ses facultés et sa vie même estimées pour une vile monnaie, la civilisation n'aura jamais son développement convenable; elle sera toujours faible, maladive et faussée: car, dans ces lieux, l'humanité porte sur son front une marque d'ignominie » (*le Protest. comparé au Catholic.*, Balmes, t. I, p. 325).

Les pauvres n'ont pas moins gagné que les esclaves à l'établissement du Christianisme. On a déjà pu en juger par ce que nous avons dit de l'influence du Christianisme dans l'ordre religieux (*V.* aussi l'article CHARITÉ). Au lieu de ne voir dans le pauvre qu'un sujet d'effroi, πτῶχος, comme les Grecs, le Christianisme fit voir en lui un autre Jésus-Christ. Sous les haillons de la misère, le chrétien fidèle vit les membres souffrants de l'Homme-Dieu mort pour son salut, et, plein de foi dans ces paroles divines par lesquelles le Christ s'identifie lui-même avec les plus petits et les plus malheureux d'entre les hommes: « Tout ce que vous ferez à ces plus petits d'entre mes frères, c'est à moi-même que vous l'aurez fait, » le chrétien regarda l'aumône comme le plus saint des devoirs, et se fit un honneur de servir les pauvres. Non content de leur donner ses biens, il leur donna son cœur; non content de leur élever de somptueux asiles et de pourvoir largement à tous leurs besoins, il se fit leur serviteur. Il alla panser leurs plaies, consoler leurs douleurs, sécher leurs larmes, remuer leurs couches et recueillir leur dernier soupir. On vit même les rois descendre de leurs trônes pour leur laver les pieds, à l'imitation du chef de l'Eglise qui, chaque année le jeudi saint, lave les pieds à douze pauvres prêtres étrangers. Or ce que le souverain pontife fait au Vatican, ce que les rois et les reines faisaient autrefois parmi nous, quand ils ne comptaient pas sur les tendresses de la charité légale, les évêques le font encore dans leurs diocèses et les curés dans leurs paroisses. Quel magnifique enseignement au milieu des populations chrétiennes que celui de ces hauts dignitaires de l'Eglise humiliés ainsi devant la pauvreté, et remplissant à son égard un office qui est ordinairement le partage des derniers serviteurs!

Qui pourrait dire tous les ordres religieux établis pour le service des pauvres, et, dans ces ordres, toutes les brillantes existences qui se dévouèrent et se dévouent encore pour eux? Qui pourrait dire combien se sont faits pauvres volontaires pour mieux ressembler aux pauvres et se consacrer tout à eux? Depuis dix-huit cents ans, le titre de serviteur ou de servante des pauvres n'est-il pas, au sein du Christianisme, un titre d'honneur? Et parmi les myriades de nos saints, dont plusieurs ne sont connus que dans les fastes du ciel, en est-il un seul qui n'ait pas mérité ce titre glorieux? Rien ne prouve mieux l'influence du Christianisme sur le monde, au point de vue de la charité, que l'un des noms donnés partout aux prêtres attachés aux communautés religieuses, aux palais, aux châteaux ou aux riches particuliers: on les appela non-seulement chapelains, mais *aumôniers* ou distributeurs des aumônes. L'élégante bourse en broderie, qui pendait à la ceinture des dames du moyen âge, s'appelait *aumônière*, tant le souvenir du pauvre était présent partout! Tant il était relevé de son abjection! On peut voir, par l'histoire de l'abbaye de Saint-Riquier, ce que faisaient pour les pauvres ces antiques établissements. Outre les aumônes particulières de l'abbé, qui étaient très-considérables, cette seule abbaye, sous les rois francs, distribuait chaque jour quinze sous d'or en aumônes, nourrissait trois cents pauvres, cent cinquante veuves et soixante clercs destinés au service des autels.

On a beau dire que l'aumône est un encouragement à la mendicité, il est bien plus vrai que la dureté des riches est un affreux encouragement à la faim et au désespoir. Tant qu'on ne supprimera pas les maladies, les infirmités, les revers de fortune, la débauche, les vices et les mauvaises passions, or il faudrait pour cela supprimer l'humanité tout entière, on ne supprimera pas la pauvreté. On ne fera jamais mentir cette parole de Jésus-Christ: « Vous aurez toujours des pauvres avec vous (1). » On l'a essayé du reste, la philosophie est à l'œuvre depuis quelque cinquante ans; or voyez à quoi elle est parvenue; le nombre des pauvres ne va-t-il pas toujours croissant avec l'incrédulité et l'immoralité, fruit de ses enseignements pervers? Plaisants philosophes en vérité que ceux qui ont cru faire cesser la soif, en tarissant les sources où elle allait s'abreuver! Le partage des biens ne serait qu'un remède très-passager, si bientôt même il ne devenait pire que le mal. Car ou chacun resterait propriétaire de sa portion, et alors, les maladies et les revers venant en aide à l'inconduite et à la paresse, en moins de dix années, la moitié des individus auraient déjà aliéné la leur; ou bien ce serait la communauté qui serait seule propriétaire, et alors les paresseux, les gourmands, les ivrognes et les libertins s'en donnant à cœur-joie, et les autres ne se trouvant pas fort encouragés à travailler pour de pareilles gens, il pourrait bien se faire qu'un beau jour la communauté avec tous ses membres vînt à mourir de faim. Il y a encore une combinaison possible, c'est celle de la propriété particulière avec impuissance d'aliénation; mais alors, chacun étant réduit à sa portion congrue, que ferez-vous des infirmes, des malades, des orphelins et de ceux qui auront été ruinés par des calamités imprévues? Chacun n'ayant que son strict nécessaire, qui prendra soin d'eux? Qui les nourrira? Et si, comme il est certain, vous ne parvenez à déraciner ni les vices ni les mauvaises passions, que ferez-vous des petits enfants, des êtres faibles ou des malheureux eux-mêmes qui seront devenus victimes de leurs propres excès?

Imposerez-vous des taxes? Mais ce sera retomber dans le vieux système avec un inconvénient de plus, c'est que les bourses seront plus tôt vides et que vous pourrez moins longtemps y puiser. D'ailleurs en ôtant à l'homme l'espoir de l'aisance et du bien-être, l'espoir même de briller un jour par son luxe au milieu des autres, vous tuerez l'activité humaine, et vous n'aurez plus que des masses indolentes que rien ne pourra

(1) *Matth.*, XXVI, 11.

tirer de leur apathie et de leur léthargique assoupissement. En vérité le bon Dieu a bien fait toute chose, et, en établissant une religion qui sait si bien pourvoir au besoin des pauvres, qui inspire tant de charité et de dévouement pour eux, la Providence s'est montrée plus sage que nos socialistes modernes qui rêvent l'impossible en rêvant l'égalité des fortunes et la complète cessation de la pauvreté. Jamais les hommes ne seront plus égaux en fortune qu'ils ne le sont en taille, en force, en talent, en moralité, en énergie et en activité intellectuelle et morale. Ces dernières inégalités entraîneront toujours nécessairement la première. Si donc nous nous montrons si peu empressés à nous joindre aux socialistes modernes, ce n'est point par indifférence pour les malheureux ni par coupables ménagements envers les riches et les puissants du siècle, mais c'est parce que les socialistes ne tromperont jamais que les sots avec leur panacée universelle. Tout le monde ne peut ni ne doit être riche, ni milord, ni pair de France; et cela est bien ainsi, car rien n'est moins nécessaire au bonheur. Qui ne sait que le laboureur qui gagne son pain de chaque jour en cultivant le champ de ses pères, et l'ouvrier qui retire de son travail un salaire suffisant pour nourrir sa famille, ont souvent plus de joie au cœur et de sérénité au front que les riches avec toutes leurs richesses et les grands avec toutes leurs grandeurs? Il ne faut pas objecter la populace des grandes cités. Qu'est-ce qui en a fait une boue morale mille fois plus infecte que la boue matérielle dans laquelle elle piétine? N'est-ce pas l'irréligion et l'incrédulité? Mais voyez l'artisan qui se souvient qu'un Dieu est venu sur la terre pour lui apprendre à travailler et à souffrir et sur les traits duquel la religion a gravé le sceau de l'espérance, du courage et de la résignation ; est-il au monde un être plus noble et plus digne? Evidemment c'est là le type qui doit servir de modèle à toutes les réformations. Au reste, que les réformistes nous présentent des systèmes dans lesquels la religion, la nature, la société, le bon sens et la raison ne soient pas également outragés, et alors nous verrons à nous aviser. Si l'on nous présente des plans d'associations où soient respectées les lois éternelles de la morale et de la religion, et de l'application desquels doive résulter en faveur des classes pauvres et laborieuses une amélioration certaine, nous serons les premiers à provoquer ces réformes, et nous nous mettrons volontiers, prêtres et simples fidèles, à la tête du mouvement régénérateur; mais jusque-là nous accueillerons tous les systèmes avec une défiance extrême ou plutôt avec une répugnance invincible. Les grands mots d'égalité et de fraternité inscrits sur les drapeaux ne nous feront point illusion; nous savons qu'en dehors du dogme catholique ce ne sont que des mots ou des signes trompeurs sans aucune réalité. En somme, réforme par l'Evangile entendu catholiquement, c'est-à-dire en respectant le dogme et la morale, avec cela concours de l'Eglise, des prêtres et des fidèles, avec cela succès, autrement rien!

Reprenons l'exposition des bienfaits du Christianisme dans l'ordre politique et social. Nous venons de voir quelle large part les esclaves et les pauvres ont eue dans ces bienfaits. En général le Christianisme a partout protégé les opprimés contre les oppresseurs, le faible contre le fort, et réhabilité dans leurs droits ceux que le règne de l'orgueil et de la violence en avait dépouillés. Grâce à lui, le droit des gens ne fut plus un vain mot; les étrangers, loin de leur patrie, ne furent plus regardés ni traités comme des ennemis; ils retrouvèrent des frères sur la terre barbare ou étrangère. Les côtes maritimes ne furent plus inhospitalières; on n'y vit plus de feux perfides destinés à tromper les navigateurs, mais des phares bienfaisants destinés à les conduire au port. L'Eglise abolit la coutume barbare où étaient les princes et les propriétaires riverains de s'emparer des biens des naufragés et souvent même de leurs personnes. Elle fulmina contre eux ses redoutables excommunications (1). A son instigation, les premiers législateurs chrétiens firent des lois pour protéger les marins naufragés (2). Plusieurs papes, entre autres Grégoire VII (3), Alexandre III (4) et Honorius IV (5), se distinguèrent par leurs efforts pour faire prévaloir contre la barbarie des coutumes les vrais principes de l'Evangile. Malgré tous leurs efforts, le cruel droit

(1) Lindenbrog., *Glos.*, art. *Lex Rhodia de Jacturis.*
(2) Cod. Theod., *De naufragiis.* — Ducange, *Vox Ejectus et vox Wreckum.* — Wilkins, p. 342. — Hildeberti *Epist.* 67 *ad Honor.*
(3) *Conc. Rom.*, ann. 1078.
(4) *Conc. Later.*, can. 24.
(5) Raynald., n. 12 et 40.

d'épave subsista bien longtemps encore : ce ne fut qu'en 1212 que Philippe Auguste, sur les instances de l'archevêque de Reims, y renonça avec les princes et les grands du royaume. La Pologne se montra encore plus rebelle sur ce point à l'esprit de l'Evangile. Ce ne fut qu'en 1454 que le roi Casimir fit la déclaration suivante : « Moi, prince catholique, abhorre cet usage comme cruel et injuste, et comme contraire aux lois de Dieu, ainsi qu'au décret du pape; je promets que ni moi ni mes officiers nous ne demanderons les effets des naufragés, mais que nous les conserverons entiers aux propriétaires ou aux plus proches parents de ces derniers; si ces propriétaires n'ont pas d'héritiers ou de successeurs légitimes, nous réserverons alors ces biens pour nous-mêmes (1). »

Rien ne prouve mieux l'opposition radicale qui règne entre l'esprit païen et l'esprit chrétien, et par conséquent l'immense progrès opéré par le Christianisme que la comparaison de ce langage des princes chrétiens avec celui de Marc Antonin, le plus sage des empereurs et des philosophes païens. De malheureux naufragés, dépouillés sur les côtes des Cyclades, dans la mer Egée, s'étant adressés à lui pour obtenir justice, cet empereur philosophe, ce maître du monde répondit avec indifférence qu'il ne pouvait rien contre *une loi qui était universelle* (2). O philosophie, que vous avez déjà dit et fait de tristes et vilaines choses!

Les prisonniers furent aussi l'objet de la tendre sollicitude du Christianisme, et en cela il ne fit que suivre la lettre même de l'Evangile, où l'on voit le Sauveur s'identifier avec les malheureux privés de la liberté (3). Dès lors la visite de ces infortunés et leur soulagement furent regardés comme des œuvres éminemment chrétiennes et méritoires pour le ciel. L'Eglise ordonna à ses ministres, au nom du Dieu des miséricordes, de descendre dans les cachots, d'aller s'asseoir sur la paille du condamné, de verser dans son cœur avec les amertumes du repentir le baume de l'espérance, et de l'accompagner, comme des anges consolateurs, jusqu'au lieu du supplice, jusque sur l'échafaud, comme un frère ferait pour un frère, un ami pour un ami!

Plus chers encore furent à l'Eglise les veuves et les orphelins. Bien des fois elle prit sous sa protection puissante les enfants des rois décédés et les mit sous le patronage sacré des évêques (4). Elle menaça de ses foudres ceux qui oseraient conspirer contre ces pupilles royaux (5). Louis le Bègue et Ladislas de Hongrie recoururent d'eux-mêmes à cette haute protection en faveur de leurs enfants (6). Mais l'Eglise ne s'intéressa pas seulement aux orphelins des rois; elle réchauffa dans son sein tous les enfants que la mort avait privés de leurs mères. Saint Augustin recommande aux évêques d'avoir soin des pupilles et des orphelins (7). Ils étaient toujours inscrits au premier rang sur les tablettes de la charité. « Vous ajoutez à la splendeur de votre ministère, quand vous protégez la veuve et l'orphelin, » disait saint Ambroise aux ecclésiastiques de son temps (8). Le pape saint Grégoire envoya deux nonces dans différentes provinces pour protéger les veuves et les orphelins (9). Les princes, pénétrés de l'esprit de l'Evangile, firent aussi des règlements dans le même but. Ainsi Pepin donna à ces malheureux des protecteurs distingués par leur piété. Son fils Charlemagne et Louis le Pieux ordonnèrent aux magistrats et aux préfets de seconder les évêques dans cette œuvre de protection (10). Le concile de Mayence la recommanda aux laïques (11), et celui de Paris aux rois (12). L'Eglise représentait sans cesse aux puissants de la terre qu'étant les *ministres de Dieu pour le bien* et les instruments de sa provi-

(1) Ducange, suppl., *Vox Lagan.*
(2) Ducange et le *Lexicon* d'Hoffman, *Vox Naufr.*, *Lex Rhod. ad Navis frac.*
(3) *V.* dans les quatre Evangiles la scène du jugement. — Constantin ordonna aux geôliers de traiter les prisonniers avec bonté et humanité. Baronius, 320, 330.
(4) *Epist. Ambr.*, 26. — *Item* plusieurs conciles des VI^e, VII^e et VIII^e siècles, entre autres le 15^e de Tolède en 688, et le 16^e en 693.
(5) Thomassin, t. II, p. 834, 835, 836 et suiv.
(6) *Ibid.*, p. 847. — Raynald., *Ann.*, n. 61 (edit. 1516). — Thomass., t. II, p. 851.
(7) *Epist.* 226.
(8) S. Ambr., *De offic.*, l. II, c. 29.
(9) Greg., *Epist.*, l. V, ep. 37.
(10) *Capitul.*, l. II, c. 6.
(11) Thomass., t. II, p. 840.
(12) *Ibid.*, ann. 829.

dence, ils devaient venir au secours des malheureux et punir ceux qui les opprimaient. Grâce à ces soins touchants, à cette sollicitude paternelle, les évêques étaient appelés du doux nom de *Pères*, que les plus illustres d'entre eux ont toujours conservé, et que le chef de l'Eglise porte maintenant encore avec tant de vérité; car il n'est personne qui ne sache que le mot *pape* signifie père. Ainsi l'Eglise est une mère et son chef suprême est un père, et le monde entier est comme une grande famille, et les plus petits et les plus malheureux sont ceux qui ont le plus de part à la tendresse de ce père et de cette mère auguste, représentants et personnifications vivantes du Père qui est dans les cieux.

Ce ne sont pas seulement les veuves et les orphelins qui sont redevables au Christianisme de la protection qu'ils trouvent maintenant dans les lois et dans les sympathies chrétiennes, les femmes et les enfants en général doivent aussi beaucoup au Christianisme. Nul ne lui doit plus que la femme après les pauvres et les esclaves. Elle a été opprimée, dégradée, avilie par toutes les législations antiques, et elle l'est encore partout où la croix n'est pas arborée. Chez les anciens, la femme n'intervenait ni dans le gouvernement de la famille, ni dans les entreprises industrielles et commerciales; elle était tenue à l'écart du mouvement des affaires publiques et privées, et *enchaînée par les liens de l'agnation sous la supériorité des mâles*. Elle passait sa vie dans une tutelle éternelle, sans pouvoir jamais devenir elle-même tutrice de ses enfants, ou disposer de ses biens et de sa personne. C'était un meuble et comme une chose gracieuse dont on ornait sa maison, et rien de plus. Renfermée dans le gynécée, elle ne devait pas même chercher à savoir quelles lois se discutaient au sénat, ou quelles émotions agitaient le Forum (1). Une réaction de licence et de corruption devait être la suite inévitable d'une pareille éducation. « Le vide de cette existence à laquelle les Romaines se trouvaient condamnées les forçait en général à aller chercher un aliment à leur activité dans le luxe, dans de vaines parures, dans les festins et les plaisirs. Elles aimaient à se montrer dans des chars, à paraître devant leurs esclaves avec de riches habits et des bijoux précieux, à se faire une cour de femmes d'atours, de suivantes et d'eunuques; cour vouée à la mollesse, où figuraient, comme ministres et confidents, le coiffeur, le parfumeur, le confiseur; où l'on délibérait sur les cadeaux à faire à la diseuse de bonne aventure, à l'interprète des songes, à l'aruspice, à l'expiatrice; où l'on s'occupait de mille riens frivoles qui l'emportaient sur les soins du ménage. Lorsque des lois somptuaires venaient mettre un frein à ce faste, les femmes faisaient des espèces de coalitions ou d'émeutes pour reconquérir la vaine liberté du luxe, la seule à laquelle elles pussent prétendre pour se consoler d'une vie ennuyée, contrainte, inférieure en dignité à celle des hommes » (*Infl. du Christ.*, Troplong, p. 286).

Partout où règnent l'islamisme et l'idolâtrie, dans toute la Turquie, dans l'Inde, la Chine, l'Afrique et l'Océanie, est-il une condition plus misérable que celle de la femme? Condamnée à l'ignorance et à l'abrutissement, renfermée dans les harems, forcée de partager avec ses rivales une couche impure et souillée, elle passe sa vie dans une contrainte et un esclavage continuels.

« Pour notifier authentiquement à la femme sa dépendance, le mariage même, cette institution toujours religieuse, consacre contre elle, dans ses formules, la violence ou l'avilissement. Quand la future épouse n'est pas arrachée de force, comme une proie, un butin, dont la propriété dès lors n'est plus contestable, elle est marchandée et payée ainsi qu'une génisse qu'on emmène » (*Mort avant l'homme*, p. 196).

Ainsi se passent les choses, avec quelques légères modifications, chez les Chamites (Afrique); dans le pays de Bunda, aux Mandigues, dans toute la Nigritie, dans les steppes de la Mongolie, dans l'Araucanie et dans les immensités de l'Océan Pacifique (2).

« Aux vieilles Indes, jamais les femmes ne peuvent obtenir l'honneur de manger avec leur mari. Dans la jeune Océanie; à Nouka-Hiva, aux îles Washington, etc., etc., non-seulement elles ne sauraient aspirer à cette faveur, mais il y a des mets recherchés des hommes, et qui leur sont absolument interdits; même en les préparant à l'occasion de leurs noces, elles n'y peuvent goûter. En Nubie, la femme qui oserait toucher à la tasse ou à la pipe de son mari serait rudement châtiée. Dans le royaume de Loango, pendant le repas de son seigneur, la femme se tient debout à l'écart, et c'est en s'agenouillant qu'elle lui adresse la parole. Aux bords du Gange, la femme du brahmane ne paraît en sa présence que dans une attitude de soumission, les yeux baissés. Elle ne peut prétendre à l'honneur de prononcer son nom, et ne doit lui parler qu'à la troisième personne. Dans le Sennâr, à l'aspect d'un cheik, d'un cadi ou de tout autre officier public, la femme doit quitter ses sandales et les prendre à la main, pour passer devant lui. Chez les Fellatahs, elle n'ose regarder son maître qu'après s'être agenouillée. Par toute la Nigritie, les soins de l'allaitement, la préparation des aliments et des liqueurs, les soins du foyer, l'entretien des vêtements, ne sont pas comptés; c'est encore à la femme de cultiver le tabac, d'extraire l'huile du palmier, de broyer le millet, de fournir la case d'eau et de bois. Tandis que son mari dort nonchalamment, elle doit le garantir avec respect de la piqûre des mouches. Durant les marches, les fardeaux lui sont échus de plein droit. Chez les Bachasiens, non-seulement elle est chargée de l'entretien, mais encore de la construction de la maison, et en aucun cas l'homme ne daigne lui prêter la main. Les Gallas laissent la femme fendre péniblement la terre, labourer, semer, faire la moisson, battre et recueillir le grain. Parmi les Arabes de l'Algérie, on prend pour ses forces moins de ménagements que pour le bœuf ou le cheval; aux travaux de son sexe la femme ajoute ceux de l'homme, de la bête et même des machines. Cette condition de dur labeur est rigoureusement imposée à la femme, autant dans le Congo, la Guinée, la Sénégambie, le Bénin, qu'au Bornou, à Bambara, aux côtes d'Ajan, de Zanguebar, à Mélinde, dans le Malaman, comme dans la Cafrerie. Parmi les nations du Caucase, sur le sol privilégié où s'épanouissent le plus harmonieusement les formes humaines, dans la Circassie, terre classique de la beauté, il serait messéant pour la dignité d'un mari, de témoigner la moindre préoccupation touchant la santé de sa femme. Aussi longtemps qu'elle est malade, il ne peut la visiter ou s'informer de son traitement sans déroger aux bienséances. Plus les peuplades sont grossières, moins elles déguisent la vieille animosité qu'excita la femme. A la Nouvelle-Hollande, outre la charge habituelle des enfants attachée sur son dos dans des peaux de kanguroos, les ustensiles, les richesses du ménage, la femme porte en sus, qui le croirait! les armes de son dédaigneux propriétaire? Accablée sous ce poids oppressant, elle contracte de bonne heure une allure courbée, témoignage de son asservissement. Sur les côtes de l'Australie, c'est elle qui pourvoit seule à la nourriture de son oisif seigneur. A cet effet, plusieurs fois chaque jour, elle plonge, malgré la fureur des vagues, parmi les récifs pour chercher des coquillages, des crustacés, au risque d'être dévorée par les requins ou de rester engagée entre les fucus qui s'élèvent du fond de ces mers. Dans le Bornou, les femmes, chargées d'ensemencer les champs, sont préposées à leur garde lorsque les grains touchent à la maturité. Alors, protégées par les hautes herbes, les bêtes féroces, s'embusquant sur leur passage, les enlèvent facilement. Chaque année les hyènes en attaquent, et les lions en dévorent plusieurs. Cette perte n'est pas comptée. Jusque dans la liberté de l'Océan et l'égalité du péril, la femme ne peut oublier sa dépendance. A l'île de Pâques, l'étiquette lui impose une règle particulière de natation. Obligée à ne point mouvoir à la fois les bras et les jambes, comme le font les hommes, mais alternativement, elle ne peut qu'aller moins vite, et se sauver la dernière en cas de danger. Cette infériorité, constatée sur la terre et sur l'eau, survit encore au trépas. La simplicité, et en certains lieux la suppression du cérémonial funèbre, dit à la tombe qu'on lui va confier un dépôt de moindre valeur. Dans nos possessions d'Afrique, le rituel mortuaire des juifs atteste cette différence; le convoi de la femme étant arrivé au champ des sépultures, l'inhumation s'opère précipitamment, sans employer les figures et les cérémonies du cercle dansant, des pièces d'or jetées au loin, et l'appareil usité de ce dernier adieu (1). »

C'est le Christianisme qui a relevé la femme de cette dégradation et de cet abaissement universel, en illuminant son front de l'auréole de la sainteté, et en la déclarant non plus l'esclave, mais la compagne de l'homme. Au lieu de la montrer toujours souillée, comme déesse et comme simple femme, il la montra toute rayonnante de pureté dans les saintes, et l'honora d'un

(1) Cat., apud Tit. Liv., l. xxxiv, n. 2.
(2) *Histoire générale des voyages*, t. II et III. — *Cérémonies et coutumes de tous les peuples du globe*.

(1) *De la mort avant l'homme*, p. 198 et suiv.

culte supérieur à celui de tous les saints, dans la personne de celle à qui il fut donné de devenir la mère d'un Dieu, sans cesser d'être la plus pure des vierges. Il lui rendit sa dignité, en ôtant à l'époux le droit de vie et de mort que lui donnaient les lois antiques, en abolissant le divorce, la polygamie et le concubinat, c'est-à-dire le concubinage légal, en la préservant des souillures de l'adultère, en l'appelant, comme l'homme, au bienfait de l'initiation et de l'instruction chrétienne, en l'admettant aux mêmes assemblées, aux mêmes autels et aux mêmes sacrements; en lui donnant la plus large part dans l'éducation de la jeune famille, en affranchissant sa majorité de toute tutelle légale, et en lui confiant au contraire celle de ses enfants.

« Dans le système du Christianisme, la femme a une mission à remplir; elle doit travailler, comme l'homme, pour le service du Seigneur (1); elle a la même dignité morale que l'homme (2). Si elle lui est inférieure en force, elle le surpasse en foi et en amour (3). Il faut donc qu'elle sorte de cette inutilité à laquelle l'ancienne Rome la réduisait, renfermée qu'elle devait être dans une vie monotone et étrangère à la marche du mouvement social (4). La doctrine nouvelle lui fait au contraire un devoir d'agir, d'exhorter, d'user de son ascendant communicatif, de partager les combats des martyrs, de monter, intrépide comme eux, sur le bûcher. Elle va connaître le Forum et le prétoire, jadis interdits à son sexe; car il faudra qu'elle sache y parler, s'y défendre et braver le glaive de la justice païenne. Jetée désormais dans la vie militante, elle doit s'y tenir avec le courage des héros, avec la ferveur des missionnaires. Esclave, on la verra forte contre le maître qui voudra l'avilir; épouse, elle sera l'interprète de la foi auprès de son mari, elle obtiendra son adhésion, ou saura résister à ses ressentiments; mère, veuve, vierge, dans toutes les positions elle a des devoirs nouveaux à remplir; la charité sera surtout son partage, et deviendra entre ses mains une branche de l'administration de la société chrétienne. Il y aura même des dignités pour elle dans l'Eglise; diaconesse, elle sera chargée (chose inouïe jusqu'alors) d'une partie de l'instruction. Elle partagera l'apostolat; elle prêchera aux femmes, et revêtira un caractère officiel » (*De l'influence du Christ.*, Troplong, p. 302).

Or, qui pourrait dire combien cette émancipation chrétienne a relevé le caractère de la femme? Sans doute il est parmi les femmes de l'antiquité de grandes et belles figures; mais ce ne sont que de rares exceptions, et le sexe en général croupissait dans l'ignorance et la dégradation. Que d'Athalies et de Mégères pour une Cornélie! Pour une Antigone ou une Eponine, combien d'empoisonneuses et de parricides (5)! Combien de Livies et de Messalines pour une Artémise (6)! Combien de Cléopâtres pour une Porcie ou une Zénobie (7)! Dans le Christianisme au contraire, combien de pieuses Cornélies qui n'ont pas de plus précieux joyaux que leurs enfants! Elles sont si nombreuses que celles qui ne leur ressemblent pas s'efforcent de les imiter, de peur d'être citées comme de honteuses et impardonnables exceptions! Combien d'Antigones et d'Eponines durant nos grands troubles politiques! Combien dans tous les temps de Porcies dévouées jusqu'à la mort et d'Artémises inconsolables! Combien de Zénobies sur les trônes chrétiens, depuis sainte Pulchérie jusqu'à Blanche de Castille, jusqu'à Marie-Thérèse d'Autriche! Combien d'héroïnes sans taches pour quelques amazones fabuleuses ou souillées! Si l'antiquité a une Sémiramis, elle n'a pas de Jeanne d'Arc, comme elle n'a pas de saint Vincent de Paul. « Je sais tout ce qu'il y a à admirer dans la mère des Gracques et dans Porcia, dit M. Troplong; mais gardons-nous de prendre ces belles et nobles figures pour le type des femmes romaines. La conjuration des Bacchanales, les sourds complots contre la pudeur et la paix publique, les divorces indécents, les adultères audacieux, tout ce débordement de mauvaises mœurs dépeint par les philosophes, les historiens, les satiriques, et qui obligea Auguste à aller chercher dans des lois politiques un remède que ne donnaient plus les lois de la famille, ne sont-ce pas là des preuves plus véridiques de l'état général de la société » (*Infl. du Christ.*, p. 289)?

Malgré toutes les réformes opérées par le Christianisme, il est encore resté beaucoup de mal, parce que la nature de l'homme en est pleine, et qu'il faudrait, pour la purifier entièrement, la jeter dans un moule nouveau. Cependant, quand le Christianisme n'a pas pu empêcher tout le mal, il est curieux de voir comment, en imitant la Providence, il a cherché à en faire sortir le bien. La guerre, sous sa direction, servit plus souvent à faire triompher la justice. N'ayant pu empêcher l'homme de mettre son orgueil dans sa force et de trouver quelque plaisir à l'exercer, il assigna du moins un noble but à cet exercice : il l'arma chevalier, en lui disant: *Souviens-toi d'être sans peur et sans reproche!* et en même temps il lui montra des torts à redresser, des vierges à défendre, des princesses captives à délivrer, des usurpateurs à punir, et de chastes beautés à protéger contre la violence ou la calomnie. Fidèle à ces enseignements sacrés, le chevalier se mit au bras sa rude emprise de fer, symbole énergique de ses vœux et de sa parole, et se voua à la défense de la religion et de la patrie, de la beauté malheureuse, du faible et de l'opprimé, de la veuve et de l'orphelin, de l'innocence et de la vertu persécutée. Il se montra pieux autant que brave, courtois autant que courageux; généreux dans la victoire, autant que redoutable dans le combat; il rehaussa sa gloire par une sensibilité magnanime, et sema partout de brillants exemples de délicatesse et d'humanité.

Les enfants doivent aussi beaucoup au Christianisme. Outre l'abolition des sacrifices humains, pour lesquels ils étaient ordinairement choisis, ils n'eurent plus à craindre la brutalité d'un père inhumain, dont les lois païennes autorisaient toutes les violences, et dont les sociétés antiques admiraient la barbarie, quand, dans certaines circonstances solennelles, il avait dépassé toutes les bornes de la cruauté, en arrachant la vie à celui à qui il l'avait donnée. Au lieu d'encourager ces mœurs barbares, le premier empereur chrétien rendit un hommage éclatant aux vrais sentiments de la nature, en portant une loi qui punissait des peines du parricide le père convaincu d'avoir tué son enfant (1). Il ne fut plus permis d'alléguer comme cause de non-conservation le sexe, la faiblesse ou les vices de conformation; le mari ne put plus dire à sa femme sur le point d'enfanter : « Si c'est un garçon, tu le conserveras; si c'est une fille, tu l'étoufferas ou tu la noieras dans le fleuve; tu feras de même si le garçon est faible ou mal conformé. » L'enfant n'eut plus à craindre d'être vendu (2) par des parents sans cœur, en qui le sentiment du besoin étouffait tous les autres.

Il n'eut plus à craindre de se voir exposé pour servir de pâture aux bêtes ou à la lubricité, ce qui était pire encore. « Il est impossible, disait Lactance au IIIe siècle, il est impossible d'accorder que les pères aient le droit de faire mourir leurs enfants nouveau-nés, car c'est là une très-grande impiété. Dieu fait naître les âmes pour la vie et non pour la mort. Comment se fait-il donc qu'il y ait des hommes qui souillent leurs mains en enlevant à des êtres à peine formés la vie, qui vient de Dieu, et qu'ils ne leur ont pas donnée? Epargneront-ils le sang étranger ceux qui n'épargnent pas leur propre sang? Que dirai-je aussi de ceux qu'une fausse affection porte à exposer leurs enfants? Peut-on considérer comme innocents ceux qui offrent en proie aux chiens leurs propres entrailles, et les tuent plus cruellement encore que s'ils les étranglaient?... Quand même il arriverait que l'enfant exposé trouvât quelqu'un qui se chargeât de le nourrir, le père serait-il moins coupable pour avoir livré son propre sang à la servitude ou à la prostitution : *Ad servitutem vel ad lupanar!* Oui! autant vaut tuer son enfant que l'exposer. Il est vrai que ces pères homicides (*parricidæ*) se plaignent de leur pauvreté, et prétendent qu'ils ne peuvent suffire à élever plusieurs enfants. Comme si les biens de ce monde appartenaient à ceux qui les possèdent! comme si Dieu n'élevait pas tous les jours le pauvre à la richesse, et ne faisait pas tomber le riche dans la pauvreté! Au

(1) Saint Paul aux Romains.
(2) Saint Paul aux Corinthiens.
(3) Saint Matthieu.
(4) Caton.
(5) *V.* Valère Maxime, *Sur les empoisonnements des maris.* « Cent soixante-dix femmes furent condamnées à mort pour ce crime. L'historien Appien nous apprend que, pendant les guerres civiles, plusieurs maris furent trahis et dénoncés par leurs épouses. — Je doute que l'on puisse trouver de pareilles abominations dans le cours de notre révolution » (Troplong, *De l'infl. du Christ.*, p. 289).
(6) Sous Tibère, un défenseur de femmes était obligé d'avouer qu'il y avait peu de mariages sans atteinte : *Vix præsenti custodia manere illæsa conjugia* (Tacit., *Annal.*, l. III, n. 34).
(7) *V.* les invectives de Cicéron et de Sévérus Cécina contre les femmes.

(1) Ann. 318. L. I, Cod. Theod., *De parricid.*; et lib. I, Cod. Just., *De his qui parent., vel lib.*
(2) *Cod. Theod.*, l. I.

surplus, que ceux que leur indigence empêche de nourrir leurs enfants, s'abstiennent de leurs épouses : cela vaut mieux que de porter des mains impies sur l'œuvre de Dieu (1). »

L'Eglise donna à l'orphelin et à l'enfant abandonné des mères douces et tendres à la place de celle que la nature lui avait donnée, et que lui avaient ravie la misère, le libertinage ou la mort. Les conciles dans leurs prescriptions, les souverains pontifes dans leurs décrétales, les princes chrétiens dans leurs édits, protégèrent à l'envi sa frêle existence. On dut le regarder comme un dépôt précieux marqué d'un sceau divin, comme un hôte sacré aux besoins duquel il fallait pourvoir dans l'ordre physique, intellectuel et moral; car l'âme a ses besoins comme le corps, et le pain matériel n'est pas le seul dont l'homme ait besoin pour se rassasier.

Or, en même temps qu'il rendait ses droits à l'enfant, le Christianisme lui imposait des devoirs; car ces deux choses vont toujours ensemble : devoirs de respect, d'amour, de soumission et d'assistance, quand les parents, achevant le cercle de la vie, reviennent à la faiblesse de l'enfance.

En rendant à l'épouse sa dignité et ses droits à l'enfant, le Christianisme a par là même rendu au père son véritable caractère, celui de représentant du Père céleste et chéri qui est dans les cieux. La force est tempérée en lui par la tendresse; il ne doit pas se considérer seulement comme maître, mais comme protecteur. Image de la Providence au sein de la famille, c'est lui qui doit pourvoir à tous les besoins, et vous pouvez voir comme il sèche, blanchit et se consume dans l'accomplissement de sa pénible tâche. C'est ainsi qu'en rendant le père plus doux et plus humain, la femme plus digne et plus fidèle, et les enfants plus respectueux et plus soumis, le Christianisme a réhabilité la famille. Il l'a également réhabilitée, en la formant sur le modèle de celle dont un Dieu et sa divine mère étaient membres. « Bethléem est le berceau de la famille chrétienne; on la verra s'en échapper, pour s'organiser, se développer, et couvrir le monde entier, qu'elle est appelée à changer jusqu'à la fin des temps. Les mères pieuses essayeront d'imiter Marie, rediront à leurs filles sa pudeur qui se trouble à la vue même d'un ange, sa respectueuse déférence envers celui que le mariage lui donna pour chef et pour guide, et ses tendresses graves et respectueuses pour le fruit de ses entrailles. Les époux verront dans Joseph ce que c'est qu'un homme de soumission et de foi, qui, lorsque Dieu a parlé, ne sait plus qu'obéir; les enfants apprendront de Jésus, soumis à son père et à Marie, croissant en âge et en vertu devant Dieu et les hommes, à honorer, à aimer ceux qui nous ont donné le jour, et à se montrer dociles à leur voix, et toutes les autres obligations que la religion, que la société nous imposent, s'apprendront à cette divine école » (Egron, *Influence du Christianisme sur la famille*, p. 79).

Or, en réhabilitant la famille, le Christianisme a par là même réhabilité la société, dont la famille est la base et en quelque sorte la miniature. La famille est la seule institution chrétienne que n'aient point encore rongée les doctrines corrosives de la philosophie. Voici qu'elle est attaquée à son tour avec un incroyable acharnement, et, chose étrange, par le sexe même pour qui elle a été comme un sanctuaire qui l'a rendu vénérable et sacré. Puisse la famille résister toujours aux attaques de certains réformateurs, pour qui le premier élément d'ordre est la confusion du chaos, et aux traits brûlants de je ne sais quelles mégères en furie qui mettraient volontiers le feu aux quatre coins du monde, pour se venger de ce que la nature n'en a pas fait des hommes, tout en leur en donnant les vices et les instincts! Si la famille, seule arche à peu près intacte qui flotte encore au milieu des débris des vieilles sociétés en ruines, si la famille, dis-je, venait encore à sombrer, que deviendrait le monde? Les familles sont comme les chaloupes du grand vaisseau de l'Eglise; si elles venaient à disparaître, que deviendrait la partie de l'humanité qui est sortie du vaisseau et qui refuse d'y rentrer? Ce serait un naufrage effrayant dont le genre humain ne se relèverait pas.

Outre l'influence indirecte que le Christianisme exerce sur la société par la famille, il exerce aussi sur elle une influence directe et tout à fait analogue. Il réprime d'abord les tendances tyranniques du pouvoir, en montrant aux rois dans leurs sujets des frères et non des esclaves, des protégés et non des victimes, en leur montrant dans le ciel un juge et un maître souverain, dont ils ne sont que les mandataires et les représentants. Il leur prêche la douceur, la clémence et le pardon, comme un devoir dont le Christ, du haut de sa croix, leur a donné un sublime exemple; il leur fait envisager le pouvoir comme une fonction, une charge, une mission, un ensemble de devoirs, et non comme une propriété et un droit imprescriptible, en vertu duquel ils peuvent tout oser. Il le leur montre non plus comme une puissance arbitraire, sans autre règle que les caprices d'un égoïsme monstrueux, mais comme un sacerdoce, comme un sublime et continuel dévouement; en sorte que celui-là a le mieux compris et le mieux rempli sa mission qui, dans l'exercice du pouvoir, s'est le plus dévoué et le plus sacrifié pour ceux qui lui obéissent. A l'exemple de celui qui est le Père de tous et de qui toute puissance émane au ciel et sur la terre, il faut que ceux qui commandent regardent ceux qui leur sont soumis comme leurs enfants. A l'exemple de l'Homme-Dieu, il faut qu'ils soient toujours prêts à se sacrifier pour eux; il faut qu'ils s'abaissent vers les petits et qu'ils leur tendent la main. C'est ainsi que l'Evangile, pour le redire de nouveau, résout merveilleusement le problème d'égalité sociale, non en disant aux petits : Elevez-vous au niveau des grands, ils ne le peuvent; mais en disant aux grands : Abaissez-vous vers les petits, ce qui est toujours possible. Il y a là pour le monde un immense avenir de prospérité et de bonheur. Là, et là seulement, est le véritable progrès social. Le chercher ailleurs, vouloir le réaliser par les améliorations physiques et les associations purement matérielles, c'est tenter une œuvre sans fécondité et sans avenir. Nous ne repoussons pas ces choses; mais il faut qu'elles soient fécondées par les grands principes que nous exposions tout à l'heure, ou bien elles ne seront jamais que des tentatives infructueuses. Direz-vous que ces grands principes n'ont jamais été mis en pratique? Mais alors ne dites donc pas que le Christianisme a fait son temps, qu'il est usé, qu'il ne peut plus suffire aux nouveaux besoins des sociétés; car, sous le rapport social, il est pour ainsi dire tout neuf encore, et n'a reçu jusqu'à présent qu'une très-imparfaite application. Il n'a reçu une réalisation complète que dans les individus et dans certaines associations partielles, jamais dans les sociétés; il a sanctifié des individus et des associations, jamais des nations entières. Cependant, tant qu'il ne l'aura pas fait, sa mission ne sera pas entièrement remplie. Les réductions du Paraguay ont montré en petit ce que le Christianisme est appelé à faire en grand sur les peuples, quand on s'appliquera à lui donner une réalisation véritablement sociale; partout ailleurs il n'y a eu que des essais sans harmonie : ou les princes devançaient leurs siècles, ou quand les nations, palpitantes et toutes pleines de foi et d'amour, étaient prêtes à marcher à pas de géant dans les voies du progrès, les princes retournaient au paganisme, esclaves de leurs mauvaises passions. Peut-être n'y aura-t-il jamais parfaite harmonie entre les rois et les sujets pour la complète réalisation de la théorie sociale de l'Evangile; mais il n'en est pas moins vrai que c'est dans les efforts faits pour atteindre cette perfection que consiste le véritable progrès. Et qu'on ne croie pas que cette théorie ait été jusqu'à présent sans influence sur le monde; elle a déjà considérablement amélioré l'exercice et les instincts du pouvoir; elle a rendu à jamais impossible le retour de ces effroyables oppressions et de ces monstrueuses tyrannies qu'on voit peser sur les peuples à toutes les époques de l'antiquité. Cela ne s'est vu qu'une fois parmi nous, quand ceux qui avaient usurpé la puissance, ayant banni de leurs cœurs toute idée et tout sentiment chrétien, le pouvoir redevint un moment complétement païen; alors ce fut de nouveau le règne de la haine, de la vengeance et de la force brutale; ce fut le règne de la guillotine et de la terreur; et ceux qui ont vu ces choses en frémissent encore d'épouvante et d'horreur.

En même temps que le Christianisme ramène le pouvoir à sa destination naturelle, le retient dans ses véritables limites, et lui impose de sublimes devoirs, il commande aux sujets l'amour, le respect et l'obéissance envers les souverains. L'obéissance, dans les idées chrétiennes, est, en dernière analyse, la soumission de la volonté humaine à la volonté divine; elle est donc éminemment compréhensible et raisonnable. L'ordre exige qu'on obéisse aux princes, aux magistrats, à tous ceux qui ont reçu quelque portion du pouvoir; or l'ordre n'est que la manifestation ou l'expression sensible de la volonté divine et éternelle; en obéissant à ceux qui ont le pouvoir, on obéit donc à Dieu, dont ils sont les représentants. L'obéissance chrétienne, tout en concourant merveilleusement à la stabilité des Etats, est donc en même temps un acte de haute raison, et voilà ce que les anciens ne soupçonnaient même pas. Le Christianisme dé-

(1) *Divin. instit.*, l. vi, c. 20.

fend les révoltes, les séditions, les conjurations et le régicide, qu'il représente comme un odieux attentat, comme un affreux parricide. Et ne dites pas qu'il encourage la tyrannie; car il la défend et l'a rendue impossible à la manière antique. On pourrait m'opposer l'exemple de l'autocrate de toutes les Russies; mais qui ne sait qu'il est condamné par l'Eglise? Qui ne sait, d'ailleurs, qu'il n'y a là qu'un Christianisme tronqué et depuis longtemps affaibli dans l'esprit des peuples? Rousseau et Gibbon se sont donc grossièrement trompés, quand ils ont dit que le Christianisme n'est propre, au point de vue social, qu'à former des esclaves et des tyrans, des dupes et des imposteurs. Cela pouvait se dire peut-être au XVIIIe siècle, au milieu des préventions étranges qui aveuglaient les esprits; mais cela ne peut plus se dire au XIXe siècle, où les préventions sont en partie tombées et l'histoire mieux connue. Du reste, si vous en croyez Rousseau, quand il dit que le Christianisme est incompatible avec la liberté, la valeur et le patriotisme, ce même Rousseau se chargera de vous répondre : « Un peuple de vrais chrétiens formerait la plus parfaite société que l'on puisse imaginer. Chacun remplirait son devoir : le peuple serait soumis aux lois, les chefs seraient justes et modérés, les magistrats intègres, incorruptibles, les soldats mépriseraient la mort, et il n'y aurait ni luxe ni vanité (1). » D'ailleurs l'histoire répond plus éloquemment encore. Jamais il n'y a eu moins de despotisme et de servitude, et jamais plus de liberté que sous l'empire du Christianisme. Et quand, sur la fin du dernier siècle, l'étranger mit le pied sur nos frontières, a-t-il pu s'apercevoir, après dix-huit siècles de Christianisme, que l'élan patriotique se fût beaucoup refroidi parmi nous? Les chrétiens de la France sont-ils si inférieurs en bravoure aux païens de la Gaule? Je voudrais bien savoir devant quels guerriers de l'antiquité le vainqueur de Damiette et de Taillebourg, ceux de Bouvines et d'Ivry, et, pour citer des noms, les du Guesclin, les Bayard, les Sobieski, les Turenne, les Condé, les Napoléon, et la plupart des héros de l'Iliade impériale doivent incliner leurs cimiers.

Il y a toujours eu dans l'antiquité mille fois plus de tyrannie que sous l'empire du Christianisme, et des tyrannies beaucoup plus effroyables, à part cependant les époques de révolution, où, tout frein étant brisé, et la voix de l'Eglise ne pouvant plus se faire entendre au milieu des passions déchaînées, on se retrouve momentanément en plein paganisme; mais cela prouve notre thèse au lieu de l'infirmer. Or non-seulement il y eut sous le paganisme plus d'abus de la force et du pouvoir; mais nulle puissance protectrice n'était là pour réprimer ces excès et tempérer les rigueurs d'une servitude dégradante. Sous le Christianisme au contraire, l'Eglise n'a pas cessé d'interposer sa médiation puissante entre les rois oppresseurs et les sujets opprimés. Elle ne se contenta pas de prêcher la soumission aux peuples, elle admonesta aussi les rois prévaricateurs, et réprima leurs injustes tyrannies. Les *papes* se montrèrent véritablement les *pères* communs de tous les fidèles. Ils prirent sous leur protection non-seulement les reines douairières, les princes orphelins et les rois détrônés contre les usurpateurs, mais aussi les libertés des peuples contre les envahissements du pouvoir.

Si l'Eglise protégea les rois contre les sujets révoltés, comme il arriva au concile de Tolède en 676, à Grégoire IV en 834 en faveur du roi Louis, aux métropolitains des Gaules en faveur de Charles le Simple, en 921 au concile d'Ingenheim, en 948 en faveur de Louis IV, aux évêques de Bohême, d'Espagne, d'Ecosse, d'Angleterre, de Danemark et de Hongrie, à différentes reprises et en diverses circonstances (2), ces mêmes papes, ces mêmes évêques et ces mêmes conciles avertissaient en même temps les rois qu'ils protégeaient que le Christ condamne les princes qui ne règnent pas selon la justice. Ils portaient au pied des trônes les plaintes des malheureux, et leur voix était écoutée. Je vois Constantin, sous l'influence de leurs conseils, ordonner à ses représentants dans les provinces de rendre la justice avec impartialité aux pauvres comme aux riches; défendre les exactions, et menacer de châtiments sévères ceux qui s'en rendraient coupables (3). Je vois, en 430, saint Germain d'Auxerre entreprendre un long voyage par terre et par mer, pour décharger ses concitoyens d'un tribut extraordinaire, sous lequel ils gémissaient accablés (4); je vois, en 440, Théodoret, évêque de Cyrrhus, plaider auprès de sainte Pulchérie la cause de malheureux paysans que les exigences du fisc portaient à prendre la fuite et à laisser leurs terres sans culture (1). Je vois, en 580, l'évêque Mérovée obtenir de Childebert II l'allégement des taxes, en faveur des pauvres, des veuves et des orphelins, et Grégoire de Tours, en 580, réprimer les exactions commises à l'égard du peuple (2). Je vois saint Grégoire le Grand écrire à Phocas pour lui rappeler que les princes païens régnaient sur des esclaves, mais que les princes chrétiens régnaient sur des hommes libres, et le prier en conséquence de diminuer les taxes exorbitantes par lesquelles il pressurait les peuples (3). Je vois ce grand homme stimuler pour le même objet le zèle de l'évêque de Gallipoli, s'adresser à l'exarque d'Afrique contre le duc Théodore, pour faire cesser les mesures oppressives sous lesquelles gémissait la Sardaigne (4), dire à l'impératrice Constance que l'injuste tribut imposé aux habitants de la Corse n'était propre qu'à attirer la colère du ciel sur elle et sur ses enfants, et représenter à l'empereur lui-même que les glaives des Lombards étaient moins à craindre que la rapacité de ses agents (5). Je vois Euphronius, Autregisillus et d'autres évêques faire cesser dans leurs diocèses respectifs les taxes oppressives; le cinquième concile de Paris (615) défendre d'exiger d'autres tributs que ceux qui étaient établis en 525 (6); le troisième concile de Tolède, charger les évêques, avec l'approbation du roi Récarède, de déterminer l'impôt et de veiller à ce qu'il fût levé sans exaction (7); le huitième concile tenu dans la même ville en 653 recommander l'économie au prince, et lui défendre de léguer à ses héritiers d'autres biens que ceux qu'il possédait en montant sur le trône (8); le second concile de Mâcon (525) excommunier les ministres des rois qui envahissaient injustement les maisons et les terres des citoyens trop faibles pour leur résister (9); le quatrième concile de Tolède décider, en 671, qu'un des principaux devoirs des évêques était de défendre les pauvres contre les violences des riches, de châtier les juges corrompus, et d'appeler l'attention des rois sur ceux qui persévéreraient dans leur mauvaise conduite (10); le troisième concile de Tours faire parvenir à Charlemagne les plaintes arrachées par les vexations à un certain nombre de ses sujets, et le prier de chercher la cause de ces maux, et d'y apporter un prompt remède. Je vois, au IXe siècle, l'illustre Hincmar écrire de Reims à l'empereur Louis pour lui rappeler les glorieux exemples de plusieurs de ses ancêtres, dont *les palais, les mains, les oreilles et les trésors étaient toujours ouverts aux malheureux*, et le prier de ne point grever ses Etats de taxes nouvelles (11). Je vois, en 1233, le concile de Toulouse recommander aux princes de ne point établir de nouveaux impôts, et de ne pas exiger ceux qui l'avaient été durant les trente dernières années. Je vois Honorius IV, en 1235, imposer également un frein à l'insatiable avidité du fisc dans le royaume de Naples, le concile de Béziers anathématiser, en 1246, ceux qui augmenteraient les taxes ou en imposeraient de nouvelles. Je vois la même prescription renouvelée, en 1255, au concile d'Albi. Je vois, en 1506, le cardinal Ximenès diminuer les taxes, réprimer les exactions, et obtenir du roi le droit pour chaque district de nommer son collecteur. Dans des siècles encore plus rapprochés, je vois les doléances de l'épiscopat et du clergé monter souvent vers les trônes en faveur des peuples opprimés; et, en 1844, je vois l'épiscopat français combattre glorieusement pour l'abolition de l'impôt universitaire et la liberté de l'enseignement.

Or ce n'est là qu'une très-imparfaite histoire de ce que le clergé fit dans tous les temps en faveur des peuples et des libertés des nations (12). L'Eglise a toujours rappelé aux souverains qu'opprimer leurs sujets, c'était opprimer leurs frères et ses propres enfants, et par conséquent la blesser au cœur. Les

(1) *Contrat soc.*, IV, 8.
(2) Raynal., *Annal.*
(3) Baron., ann. 313, 331.
(4) Thomassin, t. II, p. 829.

(1) Thomassin, t. II, p. 829.
(2) *Ibid.*, p. 331.
(3) *Ibid.*, p. 752.
(4) *Ibid.*, p. 837.
(5) *Ibid.*, p. 752.
(6) Canon 44.
(7) Thomassin, t. II, p. 834.
(8) *Ibid.*, p. 835.
(9) *Ibid.*, p. 835 et suiv.
(10) *Ibid.*, t. VII, p. 831.
(11) *Ibid.*, p. 834.
(12) *V.* l'*Histoire de la papauté*, par Rank. — Gosselin, *Sur la papauté au moyen âge.*

longues querelles du sacerdoce et de l'empire au moyen âge ne sont que la lutte des deux principes sociaux, le pouvoir et la liberté; *les Guelfes étaient les démocrates, les Gibelins les aristocrates* (1). L'Eglise remontrait, priait, conjurait, ordonnait, menaçait; elle parlait avec la double autorité de ses divins pouvoirs et de sa majesté séculaire, et quand les empereurs et les rois ne voulaient entendre ni ses prières, ni ses remontrances, ni ses ordres, ni ses menaces, elle les frappait de ses foudres, et le monde était ébranlé. « Or ces trônes déclarés vacants et livrés au premier occupant; ces empereurs qui venaient à genoux implorer le pardon d'un pontife; ces royaumes mis en interdit; ces églises fermées et une nation entière privée du culte par un mot magique; ces souverains frappés d'anathème, abandonnés non-seulement de leurs sujets, mais de leurs serviteurs et de leurs proches; ces princes évités comme des lépreux, séparés de la race mortelle, en attendant leur retranchement de l'éternelle race; les aliments dont ils avaient goûté, les objets qu'ils avaient touchés passés à travers les flammes, ainsi que choses souillées : tout cela n'était que les effets énergiques de la puissance populaire déléguée à la religion et par elle exercée (2). » « La papauté avait seule alors le droit de parler, et remplaçait l'opinion publique pour les nations (3). »

J'entends ici des cris discordants poussés de toute part contre l'Eglise; j'entends partir de tous les points les reproches d'ambition cléricale, de despotisme des prêtres, et d'envahissement du clergé sur le temporel des rois; mais à tout cela je ne répondrai qu'un mot, c'est que si, au milieu des effroyables violences de la barbarie et des pouvoirs de fer du moyen âge, l'autorité des souverains pontifes n'était pas intervenue, si, grâce à leur énergie, l'esprit ne l'avait pas emporté sur la matière et l'intelligence sur la force brutale, ceux qui formulent ces accusations pleines d'ingratitude, abrutis et dégradés, ne pourraient pas même confier leur pensée au papier, qui n'existerait probablement pas pour la recevoir. Pauvres écrivains, qui ne peuvent pas même s'élever à cette conception, bien simple cependant, qu'on ne conduit pas un taureau comme une génisse, ni un lion comme un agneau! Où en serions-nous aujourd'hui, si l'Eglise n'avait pas opposé des digues infranchissables aux flots de la barbarie, si, de sa douce et puissante voix, elle n'avait pas apaisé des vainqueurs farouches et ivres de sang, si elle n'avait pas retiré des griffes du tigre la victime palpitante, si elle n'avait pas rogné les ongles et brisé les dents du lion, si elle n'avait pas arraché son gantelet de fer au baron indompté, si elle n'avait pas protégé les rois contre leurs propres passions, en les empêchant de souiller leurs couches royales et de se baigner dans le sang et les pleurs, si enfin elle n'avait pas pris les rênes du monde quand il chancelait comme un homme ivre, quand il extravaguait comme un fou en délire et se dévorait lui-même dans les convulsions de la douleur, de la fureur et du désespoir?

C'est encore au Christianisme que le monde est redevable de n'être pas aussi souvent et aussi profondément ravagé par la guerre. Les nations païennes avaient toujours l'écume à la bouche et le fer à la main; les cris de vengeance et de fureur se mêlaient sans cesse au bruit des armes. Dans l'espace de sept cent vingt ans, le temple de Janus ne fut fermé que trois fois, et, durant les cinq premiers siècles de leur existence, les Romains n'eurent que quarante-trois ans de tranquillité, tandis que de 476 à 840 de l'ère chrétienne, on compte deux cent cinquante ans de paix en Italie. Les guerres que le Christianisme n'a pu empêcher, il les a rendues moins sanglantes. Si l'on compare les batailles livrées sous le paganisme à celles livrées sous l'empire du Christianisme jusqu'à l'invention de la poudre, on trouve une différence sensible en faveur de ces dernières. Trois cent mille hommes périrent, en une seule année, dans la guerre sociale; cent mille en deux années, dans les démêlés de Marius et de Sylla, et un plus grand nombre encore dans ceux de Pompée et de César, de Brutus et de Cassius. Trois cent vingt mille Germains mordirent la poussière dans une seule bataille contre les Romains; un plus grand nombre d'hommes succombèrent dans les victoires et les défaites de Marc Antoine. Dans la lutte entre Othon et Vitellius, quatre-vingt mille hommes restèrent sur le champ de bataille à Crémone, cinquante mille dans un combat entre les généraux de Vitellius et de Vespasien, et un plus grand nombre encore sous les murs de Rome. Sous l'empire du Christianisme au contraire, du IIIe au XIe siècle, durant l'espace de huit cents ans, au milieu des invasions des barbares, il y aurait exagération à porter à plus de deux cent mille le nombre des hommes tués dans les combats. N'est-ce pas là une preuve évidente que le Christianisme a adouci les lois de la guerre? Du reste, comment ne pas le reconnaître, quand on voit Constantin recommander l'humanité envers les prisonniers et accorder une récompense à ceux de ses soldats qui leur conservaient la vie? Comment révoquer en doute la salutaire influence du Christianisme, quand, à partir de l'ère chrétienne, on voit cesser presque toutes les cruautés et les horreurs qui souillaient la victoire dans l'antiquité? Presque à toutes les pages de l'histoire des anciens peuples reviennent ces terribles paroles : *La ville fut prise et tout fut mis à feu et à sang*, c'est-à-dire qu'on livrait tout au pillage et aux flammes, et qu'on égorgeait sans pitié, non-seulement ceux qui portaient les armes, mais les vieillards, les vierges timides, les enfants et les femmes. Ainsi s'accomplissait ce mot cruel si célèbre dans l'antiquité : Malheur aux vaincus! Si le vainqueur ne poussait pas toujours aussi loin la barbarie, le sort des malheureux que lui avait livrés la victoire n'était guère moins déplorable. Non content de les dépouiller de leurs biens, de les séparer de ce qu'ils avaient de plus cher, on les traînait loin de leur patrie et on les vendait comme esclaves, et nous avons vu ce que c'était que l'esclavage. Or ce sont encore là autant de calamités dont le Christianisme a délivré le monde. Aujourd'hui on ne permet pas même le pillage; le vaincu en est quitte pour nourrir le vainqueur et payer les frais de la guerre. Nous avons pu voir comment les choses se passent sous l'empire du Christianisme, quand, il y a quelques années, l'Europe irritée déborda sur la France. Cette Europe, tant de fois battue et foulée aux pieds par nos armées, avait à venger de bien cruelles injures, et, une fois victorieuse, il semblait que nul frein ne dût arrêter son courroux. D'après les anciennes lois de la guerre, c'en était fait de la France; elle serait maintenant partagée, et ceux de ses habitants qui auraient survécu au carnage universel gémiraient maintenant dans les fers. Mais toutes ces armées victorieuses, que nous avons vu passer l'arme au bras, se sont souvenues que nous étions chrétiens comme elles; elles ont comprimé leur courroux, et, contentes de demander du pain et un abri, elles ont à peine toléré quelques vexations. Admirez l'heureuse influence du Christianisme jusque sur les champs de bataille; non-seulement il fait épargner, dans l'enivrement de la victoire, le vieillard et la vierge sans défense, mais il fait recueillir l'ennemi blessé, il le fait transporter dans les hôpitaux élevés pour les vainqueurs, et là des anges de consolation lui prodiguent leurs soins et pansent ses blessures! Que diriez-vous, ô hommes de l'ancien monde, si vous voyiez ces choses? Vous seriez forcés de reconnaître qu'un Dieu est descendu sur la terre pour apprendre aux hommes à agir d'une manière si contraire à ce que vous avait enseigné la nature.

Que ne fit pas l'Eglise, à toutes les époques, pour diminuer le redoutable fléau de la guerre? *Heureux les pacifiques* (1)! a dit le Sauveur du monde; et l'Eglise, toute remplie de son esprit, n'a pas cessé d'accomplir une mission de paix entre les nations. Je vois partout ses souverains pontifes et ses évêques exhorter les princes à la paix; je vois ses conciles briser, par les foudres de l'excommunication, l'épée entre les mains du guerrier sourd à ses maternelles exhortations; je vois la *trêve de Dieu*, sans cesse prêchée par les évêques du moyen âge, faire cesser tout combat à certaines époques et à certains jours de l'année, amener l'arrangement de bien des différends, prévenir bien des guerres et épargner bien du sang (2). Je vois Guillaume le Conquérant porter ce décret plein d'humanité et d'esprit évangélique : « Que la trêve de Dieu et de l'Eglise ait lieu dans le royaume depuis le premier jour de l'avent jusqu'au huitième après l'Epiphanie; depuis la Septuagésime jusqu'au huitième jour après Pâques; depuis l'Ascension jusqu'au huitième jour après la Pentecôte; tous les dimanches, les veilles de fêtes des apôtres et des saints qui sont annoncées dans les églises, et le jour de la fête du patron de chaque paroisse (3). »

(1) Châteaubriand, *Etudes historiques*.
(2) *Ibid.*, t. II.
(3) *Ibid.*

(1) *Matth.*, v, 9.
(2) Châteaubr., *Etudes histor.* — Ducange, ad verb. *Treuga*. — La trêve de Dieu fut prêchée pour la première fois en 1033, par les évêques d'Arles et de Lyon.
(3) Ryan, *Bienfaits du Christianisme*, p. 93.

Je vois ce statut confirmé par le concile de Lillebonne, en 1080; je vois l'évêque de Liége faire porter la même ordonnance par les ducs et barons flamands (1); je vois Urbain II et le concile de Clermont confirmer, en 1095, ces mêmes dispositions, qui deviennent enfin le droit public du moyen âge. Déjà, plusieurs siècles auparavant, on avait vu le pape saint Grégoire négocier la paix entre l'empereur Maurice et les Lombards (2); le pieux évêque Chéore réconcilier le roi des Angles et celui de Murcie (3); Foulques, archevêque de Reims, réconcilier également Charles le Simple et Othon, et deux autres évêques ce même Othon et Litulphe, son fils. Ces évêques s'avancèrent entre les deux camps et firent signer la paix dans le lieu même où des flots de sang allaient couler (4). Pourquoi la peinture et la poésie ne s'emparent-elles pas de ces beaux sujets et ne les lèguent-elles pas, brillants de leurs diverses couleurs, à l'admiration des siècles à venir? Je vois, en 990, le pape Jean XV envoyer son légat en Angleterre et amener le duc Richard et le roi Ethelred à signer la paix (5); je vois, en 1161, le pape Alexandre III rétablir la paix entre Louis de France et Henri d'Angleterre (6), et Innocent III entre Jean d'Angleterre et Philippe de France. Au XIV$^e$ siècle, au milieu des invasions anglaises, je vois les légats du saint-siége suivre partout les armées, aller de l'une à l'autre, proposer des accommodements et ne faire entendre que des paroles de paix. « Ne faites pas usage du glaive, écrivait le pape Nicolas aux rois de France Louis et Charles; ne faites pas usage du glaive, redoutez l'effusion du sang, réprimez la colère, apaisez les différends et bannissez la haine de vos cœurs. Que chacun de vous soit content de son lot et jouisse en paix de son propre héritage, sans troubler et sans envahir les droits des autres (7). » Quel pontife païen fit jamais entendre aux rois un semblable langage? Ne fallait-il pas s'appeler Hume et vivre au milieu de l'atmosphère philosophique du XVIII$^e$ siècle pour paraître ignorer ces choses, et ne voir dans l'histoire de l'Eglise que les rares évêques qui, oubliant leur caractère sacré, échangèrent la crosse contre l'épée et la mitre contre le heaume des combats? D'ailleurs qui ne sait que les évêques guerriers, en se présentant à *la montre* sur l'appel du suzerain, à la tête de leur ban ou arrière-ban de guerre, agissaient bien plus comme princes temporels ou comme vassaux des rois que comme princes de l'Eglise? Qui ne sait que plusieurs membres de l'épiscopat aimèrent mieux renoncer à leurs fiefs qu'à leur caractère? Si, parmi les souverains pontifes, on voit un Jean XXII affublé du casque et de la cuirasse, cet exemple unique ne vient-il pas à l'appui de notre thèse par son unité même? Objectera-t-on les croisades? Mais depuis quand est-ce un crime à une mère de pousser le cri d'alarme, quand elle voit ses enfants en danger? Or c'est là ce qu'a fait l'Eglise : en se servant du levier de la foi pour arracher l'Europe à ses fondements et la précipiter sur l'Asie, elle a de nouveau sauvé le monde de la barbarie. Ce sont donc des actions de grâces et non des reproches qu'il convient de lui adresser. Il faut n'être pas de son siècle pour essayer de balbutier le contraire aujourd'hui.

Quant aux guerres de religion, nous en avons parlé plus haut; mais n'est-il pas bien étrange que la philosophie cherche à s'en faire des armes contre nous? Car n'est-ce pas à elle qu'elles doivent être imputées bien plus qu'à la religion? Si jamais elle n'était venue sophistiquer sur les dogmes et mettre son orgueil et sa vaine science à la place de la foi, jamais il n'y aurait eu ni schismes, ni hérésies, par conséquent ni de guerres de religion.

Nous signalerons encore l'heureuse influence du Christianisme sur les lois, qu'il a rendues plus humaines en ramenant le droit à la raison et à l'équité. Il permit à la bonne foi de faire entendre sa voix dans les jugements, en détruisant l'*asservissement à la lettre légale*. Il améliora le droit des personnes, auquel il fit subir une réforme complète, diminua les tortures, et adoucit la rigueur des supplices. Ecoutons M. Troplong, qui a fait sur ces matières des études si consciencieuses (8) : « Que d'efforts, dit-il, ne fit pas la législation chrétienne pour élever l'homme matériel à la dignité de l'homme moral, et pour éliminer, au profit des droits de la nature, les droits arbitraires concédés par le droit civil. Mais en même temps on apercevra les difficultés incessantes que le Christianisme eut à surmonter pour conquérir à la pureté de ses principes des esprits si profondément saturés de polythéisme. Dès lors l'on s'étonnera moins de l'absence d'un code chrétien aux premiers temps de son avénement.

» Comme tout ne pouvait se faire par les lois, Constantin eut recours à la persuasion pour préparer les voies de l'autorité. Les évêques, investis par lui de nombreux priviléges temporels, furent placés, pour ainsi dire, à côté des citoyens, pour les éclairer de leurs conseils, pour être les juges arbitres de leurs différends, pour protéger les faibles. Cette intervention se développa plus tard sur une grande échelle ; elle devint le principe de la juridiction ecclésiastique qui a joué un si grand rôle dans les ténèbres du moyen âge, et sans laquelle la justice se fût infailliblement éclipsée, comme l'a reconnu la haute impartialité de Robertson! Pour le moment, l'arbitrage épiscopal fut loin d'avoir une aussi grande étendue. Cependant l'ascendant dont jouissait le clergé conduisait spontanément à lui les populations ; de telle sorte qu'on voyait les évêques passer des journées entières à concilier les différends. Les païens eux-mêmes, frappés de leur sagesse, venaient les consulter, et soumettaient leurs affaires et leurs procès à leurs décisions. Ce genre de médiations, conseillé par saint Paul, avait maintenu la paix entre les chrétiens de la primitive Eglise. Elargi depuis Constantin par la faveur populaire et par l'appui du prince, il contribua puissamment à faire pénétrer la sagesse chrétienne dans les rapports civils. Les sentences des évêques, dégagées des formes judiciaires, ramenaient le droit à la raison et à l'équité. Elles tenaient plus de compte de la bonne foi que de l'asservissement à la langue, des droits de la nature que du droit strict, des préceptes religieux et moraux que des préceptes civils. Enfin la charité, la bienveillance, la vérité, régnaient dans ce tribunal, plus humain et plus éloigné de l'esprit contentieux que la justice officielle du préfet du prétoire. De plus, comme patron des faibles, l'évêque s'interposait entre les maîtres et les esclaves, entre les pères et les enfants; il corrigeait les abus d'autorité et les mauvaises directions. Les pupilles étaient sous sa protection ; il veillait à ce qu'ils fussent pourvus de tuteurs et de curateurs. C'est certainement à la sollicitude des évêques pour ces êtres faibles, que Jésus-Christ avait environnés de sa tendresse, qu'il faut attribuer l'importante loi de Constantin qui accorda aux mineurs une hypothèque légale sur les biens de leurs tuteurs et protégea par de plus fortes garanties l'aliénation de leurs biens immeubles. Sous d'autres rapports, la législation de Constantin se distingua par son humanité chrétienne. On verra plus tard comment il généralisa le droit des mères sur la succession de leurs enfants, tout en les conciliant avec le préjugé de l'agnation dont il ne put se débarrasser. La bonne foi reçut de lui de plus amples sanctions par la loi qui prescrivit aux témoins l'obligation de prêter serment avant de déposer. Son aversion pour cet amour de la contestation que condamnait saint Paul le porta à infliger des peines à ceux qui interjetaient de téméraires appels. Enfin il régla la forme des codicilles devenus très-populaires à cause de leur simplicité ; il retrancha des legs les paroles sacramentelles qui, comme je l'ai dit ci-dessus, asservissaient le testateur au joug de certaines formules, et il voulut que, dans la recherche de la volonté du testateur, la pensée l'emportât sur un vain arrangement de paroles ; c'est surtout ici que se révèle la politique religieuse qui dirigeait Constantin. A cette époque, presque tous les codicilles et les testaments contenaient des dispositions pieuses. De même que sous les princes païens il avait été de mode de donner à l'empereur une place dans les actes de dernière volonté, de même, sous la domination du Christianisme, les fidèles se faisaient un devoir de laisser à l'Eglise un souvenir de leur piété. C'était un hommage rendu dans le moment suprême au maître de toutes choses, à celui de qui toutes les richesses émanent; et ceci nous révèle une grande révolution survenue dans les idées » (Troplong, *Infl. du Christ.*, p. 116 à 120).

Qui ne connaît la cruauté des lois antiques à l'égard des débiteurs? On leur infligeait les châtiments les plus cruels, on les battait de verges, on les frappait avec des bâtons garnis de plomb aux extrémités (1), on les réduisait en servitude, on leur

(1) *V.* les Gloss. de Ducange, Lindenbrog et Spelman.
(2) Greg. Turon., x, 1, et Beda, II, 1.
(3) Beda, *Hist. eccles.*, l. IV, c. 21.
(4) Baron., *Ann.*, p. 625, 734.
(5) *Ibid.*, p. 850.
(6) *Ibid.*, t. XII, p. 461.
(7) *Ibid.*, t. X, p. 299.
(8) *V.* son livre intitulé *De l'influence du Christianisme sur le droit civil des Romains*, 1843.

(1) *Codex Theod.*, l. III, *De exactionibus*.

ôtait la vie, et quelquefois même on les coupait par morceaux qu'on envoyait aux créanciers, s'il y en avait plusieurs (1). A peine monté sur le trône, Constantin fit cesser toutes ces cruautés, et les rois barbares, encore à demi sauvages dans leurs mœurs, mais chrétiens de cœur et d'esprit, se montrèrent plus humains dans leurs lois que les plus sages législateurs de toute l'antiquité. « Comme il est de notre devoir, dit Rescevinthe, roi des Wisigoths, d'adoucir les maux des infortunés, s'il s'élève un procès entre un noble et un pauvre, qu'un évêque s'interpose comme avocat pour ce dernier (2). » Le second concile de Mâcon institue les évêques juges des pauvres, des veuves et des orphelins (3). On voit, en 590, Grégoire de Tours, complimenter l'évêque Maurille pour avoir bien rempli ce devoir (4). Charlemagne et Louis le Pieux chargèrent leur *comes palatii* de veiller à ce que les causes des faibles et des malheureux fussent jugées avec équité et expédiées avec promptitude (5). Boleslas, premier roi de Pologne, qui vivait sur la fin du Xe siècle, s'occupa aussi de protéger les faibles contre les puissants et de procurer des défenseurs aux pauvres et aux malheureux (6). L'empereur Frédéric voulait que leurs causes passassent avant les autres, immédiatement après celles du roi, et qu'ils eussent des défenseurs d'office (7). Cette sage mesure est passée en coutume et subsiste encore dans presque toute la chrétienté. C'est ainsi que le Christianisme adoucit les duretés du droit antique et tint la balance égale entre le pauvre et le riche, le faible et le puissant. Il éleva en même temps la dignité des juges, en les montrant comme les représentants du juge éternel et souverain, et donna une nouvelle garantie de l'équité de leurs jugements. A défaut du public, un crucifix assista, dans la salle d'audience, à l'arrêt du juge et à la défense de l'accusé. « Si l'on veut avoir une idée juste de la société au moyen âge, dit M. de Châteaubriand, il faut reconnaître qu'elle prit en tout la forme ecclésiastique, et que tout se gouverna par l'Eglise, depuis les nations jusqu'aux rois, dont le sacre était purement le sacre d'un évêque. Aussi étaient-ils appelés évêques du dehors (8). »

Veut-on une preuve de plus de l'heureuse influence du Christianisme sur les sociétés modernes? Je la trouve dans leur longévité. Elles ont une vie et des éléments de durée que n'avaient pas les sociétés antiques. Autrefois les peuples, travaillés par mille ferments de dissolution, vieillissaient vite et, après quelques siècles, tombaient en décrépitude. Aujourd'hui une seule phase de l'existence de nos sociétés dure plus que toutes les phases des sociétés anciennes. Grâce à l'initiation chrétienne, à l'enseignement divin qui atteint toutes les âmes et aux moyens de sanctification dont l'Eglise dispose, la vie morale au sein des peuples chrétiens va se renouvelant et se perpétuant sans cesse comme la vie physique. Ils seraient éternels, s'ils étaient fidèles de tout point à l'esprit évangélique. Certes ce n'est pas en présence de ce qui se passe aujourd'hui dans le monde qu'il peut être permis de révoquer en doute la longévité et l'immense supériorité des nations chrétiennes. Voyez toutes celles qu'a enfantées l'islamisme, comme elles se meurent de vieillesse et de corruption! Voyez celles de l'Inde et de la Chine, antiques chefs-d'œuvre de l'idolâtrie; elles ne peuvent pas même supporter le souffle des nations européennes. Semblables à ces momies qui paraissent subsister tant qu'on n'y touche point, mais qui tombent en poussière au premier contact, elles ne peuvent pas même soutenir le plus léger choc des bataillons chrétiens!

Nous avons essayé de montrer quelques-uns des bienfaits du Christianisme dans l'ordre politique et social, passons maintenant à l'ordre intellectuel.

### *Bienfaits du Christianisme dans l'ordre intellectuel.*

Si le Dieu des chrétiens est le Dieu des sociétés, parce qu'il est le Dieu de la charité, de l'unité, de l'ordre, de l'obéissance et de la justice, il est aussi le Dieu des sciences, *Deus scientiarum Dominus est* (1), et sa religion, en les affranchissant du joug de l'erreur et de la superstition, a singulièrement favorisé leurs progrès. Il a affranchi la philosophie et les sciences morales, en renversant les vains systèmes dans lesquels elles étaient fourvoyées sur Dieu, sur le monde, sur l'homme, son origine, ses devoirs et ses destinées. Il a affranchi les sciences physiques et naturelles en faisant cesser la divinisation de la matière, et en chassant des diverses parties du monde ces milliers de dieux et de génies qui étaient censés tout expliquer par leur action. Et ne dites pas que cet affranchissement se serait opéré tout naturellement par les seules forces de la raison, car l'expérience a prouvé le contraire. Si le Christianisme n'était pas venu faire briller la lumière au milieu des ténèbres du paganisme, il ne serait arrivé que deux choses : ou la raison serait toujours restée attelée au char des vieilles superstitions, comme dans l'Inde, et alors nul progrès possible; où elle s'en serait affranchie, mais pour tomber dans l'athéisme, comme en Chine, et alors elle aurait marché en sens inverse du progrès. N'objectez pas la philosophie moderne, car elle est tout imprégnée de Christianisme et ne se soustrait à son influence que pour devenir sceptique et athée ou panthéiste, ce qui est la même chose. N'est-ce pas là le triste spectacle qu'offrent la philosophie allemande et celle qui est enseignée dans la plupart de nos écoles?

La philosophie moderne est fille du Christianisme, fille perdue qui a renié son père, qui a souillé ses cheveux blancs et l'a indignement calomnié; mais c'est en vain qu'elle le renie, car elle parle sa langue, elle porte ses traits au front, et ne sait, avec toute sa jactance, que singer ses manières et répéter ses sublimes leçons. Les lambeaux qui la couvrent, on les reconnaît à la couleur, elle les a déchirés dans la robe paternelle. Que lui resterait-il si elle rendait au Christianisme tout ce qu'elle en a reçu? Quelle honteuse nudité! Quelle pauvreté! Quelle folie! Telle nous apparaît encore la philosophie d'Outre-Rhin et en plusieurs endroits notre philosophie universitaire.

Le Christianisme est, comme son auteur, la *vraie lumière du monde*, et il a pu dire comme lui : Celui qui me suit ne marche point dans les ténèbres (2). C'est lui, et lui seul, qui a fait sortir la science des langes de la superstition, qui a assuré ses pas et l'a empêchée de s'égarer dans les vagues rêveries d'un panthéisme destructeur de toute morale, de toute justice et de toute vérité, ou de rester pour toujours endormie entre les bras d'un athéisme sans fécondité. Le Christianisme a pris le monde tel que Dieu l'a fait et l'a livré aux disputes de la science (3). Il a ouvert à celle-ci des horizons sans bornes, en lui montrant la création comme l'œuvre d'une puissance infinie. Le Christianisme livre donc le monde à la science, mais à une condition, c'est qu'elle respecte Dieu et son Eglise; c'est qu'elle n'ait pas la prétention de faire prévaloir ses vains systèmes sur les révélations divines et d'en savoir sur le monde plus que Dieu qui l'a créé. Le monde entier est à vous avec ses espaces sans bornes, avec ses grandeurs et ses petitesses infinies; élancez-vous dans ces immensités, que rien n'arrête l'essor de votre génie, prenez ce géant corps à corps et dépecez-le jusqu'à la dernière fibre. Hé bien! n'est-ce point assez? Quoi! vous demandez davantage? Que voulez-vous donc? Pouvoir donner le démenti aux révélations divines et proclamer l'éternité et la divinité du monde, quand Dieu vous dit qu'il l'a créé, et qu'il n'est qu'un imparfait échantillon de sa toute-puissance! Que voulez-vous donc encore? Que Dieu vous soit livré et son Eglise aussi! Que vous puissiez les citer au petit tribunal de votre petite raison, pour prononcer sur la légitimité de leur existence! Mais qui êtes-vous donc vous qui avez ces prétentions incroyables? Mais ne voyez-vous pas, avec vos protestations en faveur de ce que vous appelez les droits imprescriptibles de la raison, ne voyez-vous pas, dis-je, que vous ressemblez exactement à celui qui, admis par un grand roi à visiter ses palais et à jouir de toutes les richesses qui y seraient renfermées, voudrait encore n'y reconnaître aucune autorité et exigerait, sous prétexte qu'il aurait d'assez bons yeux, que le roi lui-même fût mis avec sa royale épouse à sa disposition pour les traiter à son gré? Une pareille prétention vous paraît le comble de l'extravagance et du ridicule, et pourtant c'est là ce que vous faites. Sous prétexte que vous avez une raison dont il vous plaît de proclamer la puis-

(1) Baron., *Annal.*, t. VI, p. 135.
(2) *Lex Wisig.*, c. 30.
(3) Thomassin, t. II, p. 831.
(4) *Ibid.*, p. 833.
(5) *Capitul.*, l. IV, c. 16. — *Ludov. imp.*, cap. addit.
(6) Curæi *Annal. Silesiæ*, p. 77.
(7) *Const. Siculæ seu Neap.*, Lindenbrog.— *Leges Longob.*, l. II, titul. 52, Lindenbr.
(8) *Etudes hist.*

(1) *Reg.*, II, 3.
(2) *Joan.*, I, 9. — *Ibid.*, VIII, 12.
(3) *Ecclés.*, III, 11.

sance, malgré son incontestable faiblesse, et l'infaillibilité, malgré ses incontestables erreurs, une raison qui peut, tant bien que mal, vous conduire à travers l'immense dédale du monde, qui vous est livré pour en jouir et pour l'admirer, vous voulez que Dieu lui-même, créateur et souverain maître de ce même monde, roi éternel des siècles et des intelligences, soit livré avec son Eglise au scalpel de votre analyse et aux insolences de vos blasphèmes et de vos dénégations impies! Et le prêtre vous paraît intolérant et ennemi du progrès, quand il refuse de vous trouver admirable avec ces prétentions insensées! Mais si vous ne raisonniez pas mieux dans les questions relatives à vos propres affaires, sachez donc qu'il y a longtemps qu'un conseil de famille vous aurait fait interdire et vous aurait mis entre les mains des hommes de l'art pour opérer votre guérison.

Dès le commencement, le Christianisme n'a pas moins brillé par l'éclat de la science et du génie que par celui de la sainteté et de la vertu. Dès les temps apostoliques, quand fumait encore le sang des apôtres, je vois leurs disciples prendre la plume pour écrire, à la lueur des bûchers, des apologies en faveur de la religion à laquelle ce sang servait de témoignage. Je vois saint Clément de Rome et saint Ignace d'Antioche écrire aux Eglises naissantes des lettres admirables qui les enivrent de ferveur et d'espérance. Je vois Quadrat, évêque d'Athènes, adresser à l'empereur Adrien une éloquente apologie, pour défendre les chrétiens injustement persécutés; je vois Aristide, son compatriote, mettre au service de la même cause sa vaste érudition; je vois Agrippa Castor, leur contemporain, lutter victorieusement contre l'hérétique Basilide; je vois saint Justin, philosophe païen converti, lutter corps à corps avec le paganisme; Tatien, son disciple, continuer cette lutte avec honneur dans son *Traité contre les gentils;* Athénagore, philosophe athénien, saint Théophile, sixième évêque d'Antioche, se signaler également dans ces combats de la pensée. Puis voici Hermias qui flagelle d'un fouet sanglant les divinités de l'Olympe et sature du sel âcre du ridicule les philosophes accablés sous les coups de sa dialectique; je vois saint Irénée, disciple de saint Polycarpe, combattre victorieusement l'hydre de l'hérésie et, premier Père de l'Eglise de France, mériter les éloges du dernier, qui les surpassa tous par l'éclat de son génie; je vois la fameuse école d'Alexandrie répandre alors sur l'Orient les plus vives lumières. J'en vois sortir le célèbre Panthænus, apôtre des Indes; le savant et profond saint Clément et le grand Origène, l'un des plus vastes et des plus beaux génies de l'univers, qui, directeur à dix-huit ans de l'école alexandrine, enseignait à la fois la théologie, la rhétorique, la philosophie, la géométrie, l'histoire, la langue hébraïque et même la musique! Je vois à la même époque briller sur le rivage africain le Tacite chrétien, le grand Tertullien, âme de feu, science incarnée, imagination brillante, aigle à la serre puissante qui étouffe dans la lutte l'ennemi qu'il a pu étreindre. Je vois après lui saint Cyprien faire revivre sur les ruines de Carthage la vigueur du grand orateur athénien (1); je vois un avocat romain, Minutius Félix, faire trêve aux clameurs du Forum, pour venger le Christianisme au tribunal du monde; je vois le savant Arnobe et le célèbre Lactance, surnommé le Cicéron chrétien, faire marcher de front le génie et la foi. J'aurais pu nommer encore Miltiade, Apollonius, sénateur romain, Rhodon, disciple de Tatien, Astère, Urbain et plusieurs autres, dont les ouvrages ne sont pas parvenus jusqu'à nous. Mais je vois le quatrième siècle s'ouvrir et tout éclipser par le nombre et l'éclat des splendides génies qui l'inondent de leur gloire. « Tandis qu'Eusèbe de Césarée, surnommé le Père de l'histoire ecclésiastique, interroge les siècles passés et rassemble une multitude de faits glorieux au Christianisme, saint Athanase, le bouclier de l'orthodoxie, assure le triomphe de la foi par ses écrits et son inébranlable fermeté (2); » saint Cyrille de Jérusalem, saint Cyrille d'Alexandrie composent l'un ses *Catéchèses*, l'autre ses *Commentaires*, et saint Grégoire de Nazianze fait revivre Pindare, en forçant la muse grecque à chanter les vertus chrétiennes. Je vois à la même époque le grand saint Basile jeter à pleines mains, sur son fameux *Hexaméron*, toutes les fleurs de son imagination brillante; je vois Prudence et saint Fulgence saisir la lyre d'Horace (3) et sanctifier la muse latine, en lui faisant chanter les mystères chrétiens et les triomphes de l'Eglise. Je vois saint Grégoire de Nysse rédiger le symbole de Nicée; l'ardent saint Jérôme élaborer, dans son désert, sa traduction des livres saints et poursuivre à outrance les hérésiarques de son temps; le tendre saint Ambroise écrire, à Milan, son *Traité des devoirs* et étonner le monde par son inébranlable fermeté; saint Jean Chrysostome, ou *la Bouche d'or*, le prince des anciens orateurs chrétiens, l'émule à la fois de Démosthène et de Cicéron, cueillir, aux rives du Bosphore, la double palme de l'exégèse et de l'éloquence; et enfin saint Augustin, ce génie si vaste et si profond, qu'on serait tenté de le prendre pour un ange incarné, composer, au milieu des mille sollicitudes de l'épiscopat, ses quatre-vingt-treize ouvrages, des lettres sans nombre, et, pendant quarante ans, tenir seul en échec toutes les hérésies!

Mais les nuages amoncelés de la barbarie vont éclipser pour un moment le soleil de la civilisation. Avant de nous élancer à travers ces tempêtes d'hommes déchaînés sur l'empire romain, arrêtons-nous un instant. « Le Christianisme n'a que quatre siècles d'existence, dont trois ont été marqués par de sanglantes persécutions, et cependant quelle vive lumière n'a-t-il pas déjà jetée sur l'univers, par cette foule d'hommes savants qui ont puisé dans l'Evangile les inspirations du génie!

» Les longs troubles qui ont entouré le berceau de l'Eglise catholique, bien loin d'étouffer les élans de l'esprit, ont au contraire hâté sa maturité et imprimé à l'âme des chrétiens, cette énergie qui les a retrempés à l'école de l'adversité. Le même courage qui les a soutenus au pied des échafauds a conduit leurs plumes; jusqu'alors ils n'ont, pour la plupart, que lutté corps à corps avec le paganisme; mais l'Eglise une fois affranchie, les écrivains religieux vont prendre une marche différente et exploiter toutes les branches des connaissances humaines. La religion, sur la fin du IVe siècle, s'avance déjà entourée du cortége imposant d'une multitude de savants de tous les pays et de toutes les langues; quel bel avenir l'attend » (*Bienfaits du Christianisme*, p. 112 et 113)!

Au Ve siècle, le monde fut vaincu par la science catholique, comme il l'avait été, un siècle auparavant, par le sang des martyrs. En présence des grands docteurs de cette époque, la philosophie resta muette ou quitta son manteau traditionnel, pour prendre la robe étriquée de l'hérésiarque; elle se fit chrétienne, et fut obligée d'humilier l'orgueil de sa science devant la folie de la croix. Or qu'on ne croie pas que l'esprit humain, en subissant l'influence chrétienne, se soit affaibli et affaissé sur lui-même; il a au contraire singulièrement gagné en étendue, en vigueur et en fécondité. Voyez plutôt les immenses ouvrages des Pères de l'Eglise. Que toute l'antiquité paraît pauvre! Qu'on se sent petit auprès de ces œuvres de géants! O vous tous, fiers enfants de l'erreur, que l'orgueil vous sied mal devant la majesté de nos ancêtres! Comment ne pas reconnaître après cela que l'influence chrétienne a doublé les forces de l'esprit humain? D'ailleurs, s'il n'en avait pas été ainsi, comment le génie chrétien aurait-il si vite et si complétement triomphé du génie païen, disposant de toute la puissance matérielle des peuples et des rois? Il y a eu accroissement d'activité, de force et d'énergie, et par conséquent progrès; donc l'action du Christianisme sous ce rapport a encore été un bienfait.

Mais voici le VIe siècle, le siècle des grandes calamités, qui commence. Le monde a tremblé sous les pas des barbares. Les voilà qui débordent de toutes les extrémités du globe sur l'empire romain; d'effroyables cataractes, ouvertes sur tous les points de l'horizon politique, vomissent leurs multitudes et les amoncellent pour en former un déluge nouveau. Voici les Germains avec leurs vingt peuples divers, tous ennemis des lettres et de la civilisation; voici les Slaves ou Sarmates avec leurs tribus sauvages, ne connaissant que les luttes désespérées contre les hommes et les éléments déchaînés; voici les Scythes avec leurs hordes sanguinaires, les voici tous accourant des quatre vents du ciel; redoutables *conscrits du Dieu des armées, aveugles exécuteurs d'un dessein éternel* (1), ils viennent punir le vieux monde, humilier sa sagesse orgueilleuse, et réclamer leur part de ses immenses dépouilles. Les voilà donc au sein de la civilisation, plus nombreux que les brins d'herbes dans les prairies, poussant jusqu'au fanatisme l'exaltation de leurs sauvages instincts, se regardant comme les fléaux de Dieu (2), ayant la *passion d'effacer le nom romain de la terre* (3), tous ardents à détruire, tous dé-

(1) Fénelon compare la vigueur de saint Cyprien à celle de Démosthène.
(2) *Histoire des bienfaits du Christianisme*, in-32, p. 110.
(3) *Ibidem.*

(1) Châteaubriand, *Etudes historiques*.
(2) Attila se faisait appeler le fléau de Dieu.
(3) Mot d'Ataulphe, successeur de Genséric.

vorés d'une soif d'or et de sang que rien ne peut éteindre; les voilà transformant les villes en de vastes ruines « où les fragments de murs, les pierres, les sacrés autels, les tronçons des cadavres pétris et mêlés avec le sang, ressemblent à du marc écrasé sous un horrible pressoir (1); » les voilà faisant de Rome le tombeau des peuples dont elle avait été la mère (2) et de ses amphithéâtres le repaire des loups et des animaux sauvages, transformant les campagnes en mornes solitudes couvertes de ronces, bigarrées de verdure et d'ossements blanchis, dépeuplant la terre d'hommes et d'animaux, les airs d'oiseaux et les fleuves de poissons (3); les voilà dansant à la lueur des incendies qui dévorent les cités et promenant partout la désolation et la mort! Or qui songea, au milieu de cette épouvante et de ce deuil universel, au milieu de ces flots amoncelés de la barbarie, qui songea à sauver l'arche de la science? Qui l'a conduite au milieu de ces foudres et de ces effroyables tempêtes? Qui l'a amenée saine et sauve aux rivages de la civilisation moderne? N'est-ce pas l'Eglise? N'est-ce pas elle qui a sauvé les monuments qui nous restent de l'ancien monde de la ruine universelle? N'est-ce pas elle qui a arraché du milieu des flammes les chefs-d'œuvre antiques? « Quand la poussière qui s'élevait sous les pieds de tant d'armées, qui sortait de l'écroulement de tant de monuments, fut tombée, dit M. de Châteaubriand, quand les tourbillons qui s'échappaient de tant de villes en flammes furent dissipés, quand la mort eut fait taire les gémissements de tant de victimes, quand le bruit de la chute du colosse romain eut cessé, alors on aperçut une croix, et au pied de cette croix un monde nouveau. Quelques prêtres, l'Evangile à la main, assis sur des ruines, ressuscitaient la société au milieu des tombeaux, comme Jésus-Christ rendit la vie aux enfants de ceux qui avaient cru en lui (4). »

Que de services ne rendit pas alors l'ordre des bénédictins, si fier aujourd'hui de ses quarante mille saints, de ses cinquante papes et de ses savants innombrables? Voyez-vous ces laborieux enfants de saint Benoît, quand les fils des barbares s'enorgueillissent de leur superbe ignorance, et se font gloire de ne savoir ni former ni reconnaître les signes de la pensée, les voyez-vous, dis-je, rechercher les manuscrits anciens, les copier, former des bibliothèques et des écoles, rédiger les annales du monde et devenir partout les guides et les précepteurs des peuples? Durant plus de dix siècles, on vit la science se réfugier à l'ombre du cloître et de l'autel; elle n'eut pas d'autre asile, et il est incontestable qu'elle aurait irrévocablement péri, si cet asile lui eût manqué. La chaîne intellectuelle qui lie le monde moderne au monde antique, eût été à jamais brisée.

Grâce au moine laborieux qui, par sympathie ou par pénitence, se mit à copier les manuscrits anciens et passa sa vie silencieuse dans ce rude labeur, la littérature ne cessa point de jeter quelques lueurs, même au milieu des plus épaisses ténèbres de la barbarie. On peut même dire qu'il n'y a jamais eu de barbarie pour l'Eglise; elle n'a jamais oublié la science antique, et, quand vint la renaissance, elle eut la gloire de l'initiation dans la science moderne. Du VI<sup></sup>e au XII<sup></sup>e siècle, c'est-à-dire pendant toute la durée de ce qu'on pourrait appeler l'âge de fer, des phares lumineux brillent à travers cette nuit profonde, mais ils s'élèvent toujours de quelques abbayes ou du pourtour des basiliques et des cathédrales. Tandis qu'Ennodius de Pavie, saint Fulgence de Talepte, saint Césaire d'Arles, saint Benoît de Nursie, saint Denis le Petit, saint Martin de Braga, saint Grégoire le Grand, saint Jean Damascène, saint Bruno, saint Anselme, Yves de Chartres, saint Bernard, Pierre Lombard, Pierre de Blois, saint Thomas et saint Bonaventure continuaient la brillante chaîne des Pères de l'Eglise et répandaient, comme eux, des flots de lumière sur les hautes questions de la théologie, une multitude d'autres hommes, distingués par leurs talents et plusieurs par leur génie, faisaient refleurir, sous l'inspiration de l'Eglise, les autres parties de la littérature, des sciences et des arts. Au VIe siècle, Ruricius, évêque de Limoges, Paschasius, Anianus, Eugippius, abbé de Lucallane, Godelbert, Elpidius Rusticus, Boëce, saint Avite, évêque de Vienne, Epiphane le Scolastique, Marcellin, comte d'Illyrie, Victor, évêque de Capoue, saint Cyprien, évêque de Toulon, Ablabius, Bellator, Mucien le Scolastique, saint Maximin, évêque de Ravenne, Jornandès, *item*, Arator, saint Gildas, saint Nicetius, évêque de Trèves, Cassiodore, sénateur romain, Florien, saint Grégoire de Tours, Marius, évêque d'Avranches, Fortunat, Claude, cénobite, et saint Patérius; au VIIe siècle, Diname, Venance, Fortunat, Faustus, le moine Secundus, saint Aunacaire, évêque d'Arles, saint Colomban, Marc, Jean, Nennius, Marculfe, saint Isidore de Séville, Gallus, Frédigaire, Maurus, Eugène, saint Ildefonse, archevêque de Tolède, Raimbert, Jonas, Julien, évêque de Tolède, Félix et Flavien; au VIIIe siècle, Augarde, Adelme, Joannice, Félix, évêque de Ravenne, deux anonymes, Bède, Jonas, Willebrod, premier évêque d'Utrecht, Erchambert, Zacharie, saint Boniface, archevêque de Mayence, un anonyme, Natale, saint Chrodegang, un autre anonyme, le moine Autpert, saint Lulle, archevêque de Mayence, le pape Adrien Ier, le diacre Paul, le diacre Epiphane et Turpin, archevêque de Reims; au IXe siècle, Pierre, archevêque de Milan, Farfulfe, Alcuin, saint Paulin, patriarche d'Aquilée, saint Jean, diacre napolitain, un anonyme, Claude, évêque de Turin, Maxence, patriarche d'Aquilée, Odilbert, Angilbert, secrétaire de Charlemagne et ensuite abbé de Saint-Riquier, Leidrade, Smaragde, saint Benoît d'Aniane, Théodulphe, évêque d'Orléans, Adalard, abbé de Corbie, Dungal, Halitgaire, Anségise, abbé de Fontenelle, Fridéger, abbé de Saint-Martin de Tours, Wala, abbé de Corbie, Autpert, Amalaire, Eginhard, abbé de Selgenstat, Agobard, archevêque de Lyon, Hilduin, abbé de Saint-Denis, Jonas, évêque d'Orléans, saint Ardon, Thégan, Pacifique, saint Méthodius, Strabon, abbé de Reichnau, Ermoldeus Nigellus, Agnellus, Berthaire, un anonyme, la duchesse d'Odane, Fréculfe, le moine Angelome, Raban Maur, archevêque de Mayence, Nithard, Florus, saint Prudence, évêque de Troyes, Servatus Lupus, Rabbert, abbé de Corbie, Ratamne, moine de Corbie, Goceschalt, Otfride, Milon, moine de Saint-Amand, Jean Scott, saint Remi, archevêque de Lyon, saint Adon, archevêque de Vienne, Isaac, Herric, Hincmar, archevêque de Reims, le bibliothécaire Anastase, le diacre Jean, le sous-diacre Pierre, le moine Théodose, Pierre de Sicile, le prêtre André et le moine Erchempert; au Xe siècle, Alfred, roi d'Angleterre, le moine Remi d'Auxerre, le moine Asser, Notker, le moine Réginon, Guy, prêtre de Ravenne, le moine Hildéric, du Mont-Cassin, le moine Abbo, de Saint-Germain de Paris, le moine Hugbold, le moine Saint-Odon, Jean, abbé du Mont-Cassin, Théodulphe, le moine Jean, Atton, évêque de Verceil, deux anonymes, Frodogard, chanoine de Reims, Rathérius, évêque de Vérone, Luitprand, un anonyme de Salerne, un autre de Bénévent, Adson, Arnoul, Helpéric, Jean et Gérard, moines de Fleury. O philosophes, superbes détracteurs de l'Eglise, ingrats héritiers des biens acquis ou conservés au prix de ses sueurs et de son sang, où étiez-vous alors? Mais poursuivons notre exposition.

Nous avons déjà parcouru cinq siècles. Au XIe nous trouvons le fameux Gerbert, d'abord archevêque de Reims et ensuite pape, Abbon, abbé de Fleury, Hérigères, abbé de Lobbes, Aimoin, moine de Fleury, Notger, évêque de Liége, un moine anonyme, Rovicon, le moine Arnoul, Hugon, abbé de Farfe, saint Brunon, évêque de Langres, Jean, moine de Saint-Amour, le moine Dudon, Arnoul, archevêque de Reims, Gauzbert II, moine de Tours, Adelbolde, évêque d'Utrecht, le moine Adémar, Gauselin, archevêque de Bourges, Fulbert, évêque de Chartres, Adalbéron, évêque de Laon, Dietrich, moine de Fleury, le roi Robert, Guillaume, abbé de Saint-Bénigne, un moine anonyme, Othelbold, abbé à Gand, Pierre, Hermann Contractus, moine de Saint-Gall, Enguerrand, abbé de Saint-Riquier, le moine Berron, Olbert, Jotsand, moine de Cluny, saint Odilon, abbé de Cluny, Aganon, le moine Odoranne, Gérard, évêque de Cambray, Vippon, Radulphe Glaber, moine de Cluny, André, moine de Fleury, Guido, moine à la Pompeuse, un anonyme, Papias, Dominique, patriarche de Grade, Pandulphe, moine du Mont-Cassin, Constantin, *item*, Atton, *item*, Guillaume, cardinal, Adelmann, évêque de Bresse, Humbert, cardinal, Gervais, archevêque de Reims, Pierre Damien, cardinal, Banial d'Angers, Jean, abbé de Frécun, Jean, archevêque de Tours, Jean de Gerlande, le sous-diacre Foulcoie, le moine Bruno, Folcard, abbé de Torney, Alfane, archevêque de Salerne, le moine Marianus Scotus, Guillaume, roi d'Angleterre, Lanfranc, archevêque de Cantorbéry, Béranger, Albéric, moine du Mont-Cassin, saint Anselme, évêque de Lucques, Jean Roscelin, chanoine de Compiègne, Jean, moine de Farfe, Théadoin, *item*, le moine Placide, Léon, moine du Mont-Cassin, Amat, *item*, Pierre, Arnolfe, Landulfe l'Ancien, Malaterra, Guillaume de Pouille, Bonison, évêque de Plaisance, Odon, moine du Mont-Cassin, Jean, professeur à

(1) *Histor. Gildæ.*
(2) Hieronym., *in Ezechiel.*
(3) *Idem, ad Sophon.*
(4) *Etudes historiques*, 1re partie, Mœurs des barbares.

Salerne, Lambert, moine de Hirsfeld, saint Ulric, moine de Cluny, Robert Ier de Herford, le moine Guillaume, Conrad, évêque d'Utrecht, Pierre Tudebode, Thomas Ier, archevêque d'York, Goscelin, moine de Cantorbéry, Hildebert et Bennon, cardinal. Saint Anselme, archevêque de Cantorbéry, père de l'école scolastique, ferme ce siècle.

Avec le suivant s'ouvrent la fameuse école de droit romain de Bologne et celle de Ravenne. On sait que depuis lors le mouvement ne s'arrêta plus, et que les hommes qui se distinguèrent dans les lettres, les sciences et les arts, toujours par l'impulsion et sous l'influence de l'Eglise, devinrent de plus en plus nombreux. Nous trouvons dans le XIIe siècle le Russe Nestor, le Grec Zonare, Richard de Burg, Marco Juliano, Cedrenus, Guillaume de Poitiers, Anne Comnène, Irnerius ou Werner, Abeilard, Suger, Arnauld Daniel, Vacarius, Robert Wace, Henri de Huntington, Othon de Fressingue, Léonius, chanoine de Saint-Victor, Gratien, Pierre Lombard, Maurice de Sully, Rambaud d'Orange, Guyot de Provins, Placentius, Guillaume de Tyr, Bernard de Ventadour, Alphonse d'Aragon, Richard Cœur de Lion et Roger de Oveden.

Au XIIIe siècle, Pierre Vidal, Pierre de Blois, Alexandre, Saxon le Grammairien, Villehardouin, Frédéric II, Jacques de Vitry, saint François d'Assise, Robert de Luzarche, le Dauphin d'Auvergne, saint Antoine de Padoue, Albert le Grand, Blacas d'Aulus, Gerson, Pierre Mauclerc, Gervais de Tilbury, Roderic Ximénès, Montreau, Rucellaï, Jean de Novogorod, Matthieu Paris, Nicolas de Pise, Thibault de Champagne, Accurse, Guillaume de Lorris, Pierre des Fontaines, Cimabué, Agostino et Agnolo Panesi, Alphonse X, Scot (Michel), Roger Bacon et Marco Polo.

Au XIVe siècle, Jean de Joinville, Beaumanoir François, Guido Cavalcanti, Arnolfe de Pise, Guillaume de Nangis, Français, Dunes Scot, Pachymère, Arnauld de Villeneuve, Salvino de Glamarti, Raymond Lulle, Joinville, Dante, Cecco d'Ascoli, Marsile, Musato, André, Aboulféda, Durand, Dandolo, Giotto, Cino, Jean Van-Eych, Lorenzetti, Barlaam, Villani, Bertholc, Jean Cantacuzène, Léonce-Pilate, Pétrarque, Boccace, Jean, Galfrid Chamer, Oresme, Pisani, Froissard et Christine de Pisau, etc.

A partir du XVIe siècle, les noms des hommes distingués dans les lettres, les sciences et les arts, deviennent si nombreux, que nous ne citerons que les principaux parmi les Français: on pourra juger par là de ce que serait une liste renfermant les noms des hommes célèbres de tous les pays. Nous suivrons l'ordre alphabétique : Jacques Abbadie, Abelli, maître Adam, d'Aguesseau, Noël Alexandre, Amyot, les cinq Arnaud, d'Aubenton, d'Aubigné, de Bachaumont, Baltus, Balzac, Barthélemy, les Basnage, Baudran, de Beaumont, Beauzée, de Belzonce, Bergier, Berruyer, les Boileau, Bossuet, Bouhours, Bourdaloue, de Brossard, le Brun, Buffier, Buffon, dom Calmet, les Camus, du Cerceau, Charlevoix, Cheminais, la Colombière, la Condamine, les Corneille, les Crébillon, Cujas, Dacier, d'Aguesseau, Delille, Descartes, Desfontaines, Deshoulière, Domat, Félibien, Fénelon, Fontenelle, Fréron, Gilbert, Girard, Gresset, Guénée, la Harpe, Huet, Janin, Jouvenci, Labruyère, Lafontaine, Lami, la Rue, Mabillon, Malbranche, Malfilâtre, Malherbes, Marmontel, Mascaron, Massillon, Ménage, Millan, le Moine, Molière, Montaigne, Montesquieu, Moréri, Nonote, d'Olivet, Patru, Pélisson, Pérault, Pétau, Pluquet, Rabelais, les Racine, Richelieu, la Rochefoucauld, Rollin, les deux Rousseau, Sabatier, de Sacy, Santeuil, Saumaise, Ségrais, Scarron, Sedaine, Sévigné, Thomassin, Tillemont, le Tourneur, Vauvenargues, Vaugelas, Vertot, Voiture et Voltaire. Dans ce siècle, qu'est-il besoin de nommer les Châteaubriand, les de Maistre, les de Bonald, les Gerbet, les de Breyne, les Roselly de Lorgues, les Lamartine, et tant d'autres dont les écrits brillent de l'éclat de la pensée chrétienne?

L'Eglise peut revendiquer à juste titre même la science arabe, dont le flambeau fut évidemment allumé au foyer catholique; qu'était-ce que les Turcs et les Maures, avant leur contact avec la chrétienté? Nous dirons également qu'elle peut revendiquer toute la science hérétique moderne, dans ce qu'elle a de bon sur la morale, l'apologétique, l'histoire et l'exégèse; car, pour avoir secoué le joug maternel, une fille, même perdue, ne cesse pas d'appartenir à sa mère. D'ailleurs l'hérésie est chrétienne et, en cette qualité, relève de l'Evangile et rentre dans notre thèse. Il y a plus, l'Eglise peut revendiquer toute la science moderne : car c'est elle qui a conservé le feu sacré d'où sont sorties toutes les lumières dont notre siècle est si orgueilleux : c'est elle qui a donné l'impulsion ou qui a formé les hommes qui l'ont donnée, tout en la reniant et en lui contestant ses droits imprescriptibles. Depuis qu'elle ne dirige plus le mouvement, il y a eu déviation, et sous certains rapports décadence et retour évident vers la barbarie.

L'Eglise a mérité de la science une reconnaissance éternelle, non-seulement en conservant les monuments de la science antique et en la cultivant elle-même, mais encore en s'efforçant de la répandre et en établissant partout des écoles. Au VIe siècle, je vois des écoles établies, dans tous les diocèses de France, autour des cathédrales; on y enseignait la grammaire, l'astrologie, l'arithmétique, la dialectique, la géométrie, le chant et la poétique (1). Le concile de Vaison ordonne aux curés de prendre chez eux des jeunes gens pour les instruire (2). En Italie, on voit des écoles tenues par des curés (3). Les Goths, devenus chrétiens, établissent des écoles publiques dans toute l'étendue de leur domination; les plus célèbres sont celles de Clermont et celles de Rome, ouvertes par Alaric au Capitole, sur les ruines du paganisme vaincu. Aux écoles municipales succèdent définitivement, vers 560, les écoles cathédrales, parmi lesquelles se distinguent celles de Poitiers, de Paris, du Mans, de Bourges, d'Arles et de Gap (4). On voit aussi, dans le cours de ce siècle, commencer les écoles monastiques parmi lesquelles brillent surtout celles de Luxeuil, de Fontenelle, de Sithieu, de Lerins et de Viviers (5). Au commencement du VIIe siècle Sigebert, roi d'Angleterre, fonde des écoles publiques et en confie la direction à l'évêque Félix (6); les moines, conduits en Angleterre par saint Augustin, y font fleurir les sciences et fondent des écoles (7); saint Isidore ouvre à Hispalis un collège où sont enseignées les lettres et les sciences (8); en 690, saint Willebrod vient d'Angleterre en Hollande, et établit à Utrecht une église et une école. Au commencement du VIIIe siècle, les écoles ecclésiastiques de France souffrent de la persécution qui atteint aussi les églises et les monastères; cet état fâcheux se prolonge jusqu'en 771, où Charlemagne appelle d'Italie en France Clément, Pierre de Pise et Paul Diacre, et les met à la tête des écoles qu'il rétablit (9). Vers le milieu du siècle, on voit fleurir l'école du monastère d'York (10); saint Boniface fonde les écoles de Fulde, de Fritzlar, d'Erfurd, de Bura, d'Aischstadt et de Wurtzbourg et en rétablit plusieurs autres en Allemagne (11). Vers 785, Alcuin dirige l'école du palais, à la cour de Charlemagne, et tous les hommes d'Etat assistent à ses leçons (12); en 796, ce même Alcuin enseigne publiquement et avec le plus grand éclat dans l'école du monastère de Saint-Martin de Tours (13). Les évêques de France, encouragés par Charlemagne, donnent aux écoles ecclésiastiques une nouvelle splendeur. Au commencement du IXe siècle, Théodulfe, évêque d'Orléans, prescrit aux curés d'ouvrir des écoles gratuites dans les bourgs et les campagnes (14). Les écoles rurales, confiées aux curés, se maintiennent en Italie. En 816, le pape Innocent X, pour favoriser l'étude de la langue grecque, fonde un monastère de moines grecs et leur ordonne de psalmodier dans cette langue (15). Lothaire établit des écoles à Pavie, à Ivrée, à Turin, à Crémone, à Florence, à Fermo, à Vérone, à Vicence et en plusieurs autres villes (16). En 826, le pape Eugène II publie un canon du concile de Rome, par lequel il institue, dans chaque évêché, des professeurs de belles-lettres (17). Vers le milieu de ce même siècle, l'école palatine est relevée et entourée d'un nouvel éclat par Charles le Chauve; Jean Scott et d'autres célèbres lettrés anglais sont appelés pour la diriger (18). En 888, Alfred, roi d'Angleterre, établit un grand nombre d'écoles, et fait briller d'un nouvel éclat l'université d'Oxford (19). Ri-

(1) *Hist. litt.*, p. 22 et 23.
(2) Guizot, 16e leçon.
(3) Tiraboschi, p. 27.
(4) Guizot, 18e leçon.
(5) *Ibid.*, 18e leçon. — *Hist. litt.*, t. III.
(6) *Ibid.*, p. 447.
(7) Guizot, 22e leçon.
(8) Mariana, t. I, l. VI.
(9) *Hist. litt.*, p. 32 à 121.
(10) Guizot, 22e leçon.
(11) *Hist. litt.*, p. 32 à 121.
(12) Guizot, 23e leçon.
(13) *Ibid.*, 22e leçon.
(14) Tirabos., p. 135, 136.—Guizot, 33e leçon.
(15) Tirabos., p. 180.
(16) Muratori, *Annales*.
(17) Tirabos., p. 144.
(18) Guizot, 29e leçon.
(19) Millot, *Hist. d'Anglet.*, t. I, p. 56.

culfe, évêque de Soissons, recommande à ses prêtres les écoles ecclésiastiques (1); Athanase, évêque de Naples, établit des écoles dans son diocèse, et s'efforce de répandre le goût de l'étude (2). Au x<sup>e</sup> siècle, école de théologie de droit canon, tenue à Pise par quelques chanoines. Tandis que les Normands ravagent la Gaule, sous les faibles successeurs de Charlemagne, les études se conservent dans les églises et les monastères les plus reculés, vers la Meuse, le Rhin, le Danube, dans la Saxe, la Bavière et la Suisse (3). Ecoles gratuites pour les jeunes laïques, sous la direction des prêtres, établies par l'évêque de Verceil (4); éclat des écoles de Reims, de Paris, de Liége, de Vérone, de Fleury, de Cluny et d'Aurillac. En 930, saint Odon augmente le nombre des écoles (5) ; il est secondé par Guy, évêque d'Auxerre (6). En 942, le même saint Odon, devenu archevêque de Cantorbéry, fait pour l'Angleterre ce qu'il a fait pour la France; il appelle, pour réformer les écoles anglaises, les moines de Fleury, et rend ainsi à l'Angleterre ce qu'elle nous a prêté sous Charlemagne (7). Vers le milieu du siècle, les écoles monastiques et épiscopales prennent plus d'extension et brillent d'une nouvelle splendeur, surtout en France et en Belgique (8); les écoles de médecine naissent à Salerne. En 970, le célèbre Gerbert, invité par Adalbéron, archevêque de Reims, à venir prendre la direction de l'école cathédrale de cette ville, y attire des élèves de l'Espagne, de l'Allemagne et de l'Italie (9). Vers la fin du siècle, école publique de littérature à l'abbaye de Cluse, au diocèse de Turin (10), éclat des écoles d'York, par les soins de l'archevêque Oswald, saint Abbon de France est appelé pour les diriger : grande école de Chartres sous la direction de Fulbert (11) ; école de grammaire à Ravenne (12). Othon III fonde l'université de Plaisance (13). XI<sup>e</sup> siècle : au commencement brillent les écoles de Parme et de Pavie (14); Bonomo, Alton et Boniface se distinguent en Italie par l'enseignement de la jurisprudence (15). L'école de Liége acquiert une nouvelle splendeur par les soins de l'évêque Notger et de plusieurs célèbres professeurs, surtout de son disciple Vason, qui tient une école gratuite et donne encore des secours aux écoliers dont il connaît la pauvreté (16). Le B. Guillaume fonde à Fécamp des écoles gratuites *internes* et *externes*, où sont secourus les écoliers pauvres; elles servent de modèle à celles qu'on voit s'établir dans le reste de la France, en Italie, en Allemagne, en Espagne et en Angleterre (17). Saint Bruno fonde à Langres une école complète et restaure celle de saint Bénigne à Dijon, où le brillant enseignement du B. Guillaume attire une foule d'étudiants de tous les pays (18). On peut signaler encore les écoles de Saint-Denis, de Saint-Germain-des Prés de Paris, de Saint-Germain d'Auxerre, celles de Lyon, sous Agobard, et celles de Strasbourg, sous Heddon, Adeloch et Bernard. En 1022, Guy Arétin enseigne le plain-chant au monastère de la Pompeuse, en Italie, et en dicte les règles (19). Vers l'an 1025, on voit à Milan deux écoles de philosophie dont les professeurs sont rétribués par l'archevêque (20). En 1046, le célèbre Lanfranc fonde, en France, l'école de Bec (21), et a pour successeur saint Anselme dans la direction de cette école, jusqu'en 1092 (22). Au milieu de ce siècle, on voit des écoles élémentaires à Asti, au monastère de Sainte-Perpétue (23), et Pierre Lombard donne à l'école théologique de Paris une réputation qu'elle ne perdra plus (24). En 1078, synode de Rome, sous Grégoire VII, où l'on réitère aux évêques l'ordre d'entretenir dans leurs diocèses une école de belles-lettres (1).

On a pu voir, par ce qui précède, avec quelle activité et quelle persévérance l'Eglise lutta contre la barbarie. Partout où s'élève une cathédrale ou une abbaye s'élève aussi une école; ces deux choses sont comme inséparables. Ceux-là seuls qui ont pu appeler la religion catholique *infâme* ont pu aussi formuler contre l'Eglise le reproche d'obscurantisme et d'ignorance. Nous donnerons moins de détails sur les XII<sup>e</sup>, XIII<sup>e</sup>, XIV<sup>e</sup> et XV<sup>e</sup> siècles. Qui ne sait qu'alors le monde européen, c'était l'Eglise elle-même? Que par conséquent la renaissance, bien qu'un peu trop grecque et romaine du XVI<sup>e</sup> siècle, est partie de ses écoles? Que c'est elle encore par conséquent qui a enfanté le siècle de Louis XIV en France, comme elle avait enfanté celui de Léon X en Italie ? A partir du XII<sup>e</sup> siècle, les choses se font plus en grand : au lieu de simples écoles, l'Eglise fonde des universités avec leurs légions d'élèves et de professeurs et leurs diverses facultés. Ce que font les princes en ce genre, ils le font sous l'influence et l'inspiration de l'Eglise, et c'est tout un. Or les universités furent appelées de ce nom, parce qu'on y enseignait l'universalité des sciences alors connues, et dès lors le reproche d'obscurantisme, tant de fois jeté à la face de l'Eglise, ne peut plus prouver que deux choses de la part de ceux qui l'articulent, ou une excessive mauvaise foi, ou une excessive ignorance. Les écoles de Paris prirent les premières le nom d'université, quand elles montèrent des différents quartiers de la capitale sur la montagne Sainte-Vierge, qui porta dès lors le nom de quartier latin. Cette université, toute chrétienne, toute catholique, et où le clergé enseignait presque seul, servit de modèle à toutes celles qui s'établirent en France et à l'étranger. Voici celles de France, avec la date de leur fondation et les noms de leurs fondateurs : Angers (1364), par Charles V, Dôle, par Philippe le Bon, duc de Bourgogne, transférée à Besançon par Louis XIV, Bordeaux, par Louis XI (1472), Bourges (1469), Caen (1436), par les Anglais, sous Henri VI, Douai (1572), par Philippe II, roi d'Espagne, Montpellier (1284), Nantes (1460), par Pie II, Orléans (1305), par Clément V, Pau (1722), Poitiers (1431), par Eugène IV, Reims (1548), Toulouse (1223), par Grégoire IX, Orange (1365), par Raymond V, Grenoble (1330), par Humbert II, transférée à Valence par Louis XI, en 1454, Nancy (1769). Les autres contrées de l'Europe, l'Angleterre, l'Ecosse, l'Irlande, l'Italie, l'Espagne, le Portugal et l'Allemagne, rivalisèrent avec la France. Nous donnerons également la liste des universités étrangères, avec l'année de leur fondation. La première est celle de Salerne, au commencement du XII<sup>e</sup> siècle ; puis viennent celles de Bologne (1158), d'Oxford, au commencement du XIII<sup>e</sup> siècle, Valence (1209), Naples (1224), première université fondée par un prince temporel, Padoue (1228), Rome (1245), Salamanque (1250), Cambrigde (1257), Coïmbre (1279), Lisbonne (1290), Perugia (1307), Pise (1333), Valladolid (1346), Prague (1348), Huesca (1354), Vienne (1365), Genève (1368, réorganisée en 1538), Sienne (1380), Cologne (1385), Heidelberg (1386), Erfurt (1392), Palerme (1394), Cracovie (1400, réorganisée en 1817), Turin (1405), Leipzig (1409), Saint-Andrew (1412), Rostock (1419), Louvain (1426, réorganisée en 1836), Florence (1438), Catane (1445), Trèves (1454, ouverte en 1472), Glasgow (1454), Greisswald (1456), Freyburg en Brisgau (1456), Bâle (1459), Ofen (1463, transportée à Tyrnau en 1635), Ingolstadt (1472, transportée à Landshut en 1802), Saragosse (1474), Copenhague (1475), Upsal (1476), Tubingen (1477), Mayence (1477), Parme (1482), Alcala (1499), Wittemberg (1502, réunie à celle de Halle en 1815), Séville (1504), Francfort-sur-l'Oder (1506, réunie à celle de Breslau en 1811), Aberdeen (1506), Marburg (1527, première université protestante), Grenade (1531), Santiago (1531), Baeza (1533), Macerata (1540), Kœnigsberg (1544), Messine (1548), Ossuna (1548), Candie (1549), Orihuela (1552), Almagro (1552), Dillingen (1554), Iéna (1558), Estella (1565), Tarragone (1572), Leyde (1575), Helmstadt (1575), Altorf (1576), Evora (1578), Oviedo (1580), Wurtzbourg (1582), Edimbourg (1582), Francker (1585), Grätz (1585, réorganisée en 1827), Dublin (1591), Paderborn (1592), Barcelone (1596), Hardewijk (1600), Parme (1606), Giesen (1607), Groningen (1614), Molsheim (1618), Stadthagem (1619), Rintel (1621), Saltzbourg (1623), Mantoue (1625), Munster (1631, transportée à Bonn en 1818), Osna-

(1) *Hist. litt.*, t. VI, p. 83 et 84.
(2) Tiraboschi, p. 152.
(3) *Ibid.*, p. 149.
(4) *Ibid.*, p. 149.
(5) *Hist. litt. de Fr.*, t. VI, p. 239.
(6) *Ibid.*
(7) *Ibid.*
(8) *Ibid.*
(9) *Ibid.*, p. 559 à 614.
(10) *Hist. litt.*, t. VII, p. 44.
(11) *Ibid.*
(12) Tiraboschi, p. 147.
(13) *Ibid.*, p. 221.
(14) *Ibid.*, p. 220.
(15) *Ibid.*, p. 315, 316.
(16) *Hist. litt.*, t. VII, p. 10, 17, 20, 29.
(17) *Ibid.*, p. 33 à 39.
(18) *Ibid.*, t. VII, p. 1 à 159.
(19) Muratori, *Annal.*
(20) Tirabos., p. 219.
(21) Savigny, t. I, p. 194.
(22) Tirabos., p. 228, 229.—*Hist. litt.*, t. VII, p. 75 à 80.
(23) Tirabos., p. 247.
(24) *Ibid.*, p. 234, 235.

(1) Tirabos., p. 218. — V. *De la littérature aux onze premiers siècles de notre ère.* Lettres du comte C. Balbe, trad. de l'ital.

bruck (1632), Dorpat (1632), Tyrnau (1635, formée de celle d'Ofen, transportée à Pesth, en 1777), Utrecht (1636), Abo (1640, transportée à Helsingfort en 1827), Bamberg (1647), Pærborn (1654), Luisburg (1655), Kiel (1665), Lund (1666), Urbino (1671), Inspruck (1672), Halle (1694, première université où l'on parla la langue vulgaire), Breslau (1702, à laquelle on réunit celle de Francfort), Girona (1710), Majorque (1717), Onate (1717), Tolède (1717), Cervera (1717), Cagliari (1720), Fulda (1734), Gœttingen (1734, ouverte en 1737), Erlangen (1743), Buztow (1760, réunie à celle de Rostock en 1789), Sassari (1765), Milan (1765), Stuttgard (1775), Pesth (1777), Osma (1778), Lemberg (1784), Landshut (1802), Moscou (1803), Wilna (1803), Kasan (1804), Kharkow (1804), Berlin (1810), Christiania (1811), Gênes (1812), Liége (1816), Gand (1816), Varsovie (1816), Bonn (1818), Pétersbourg (1819), Corfou (1823), Munich (1836), Helsingfort (1827), Londres (1828), Zurich (1832), Berne 1834), Bruxelles (1834), Malines (1831), Athènes (1836) (1).

L'Amérique, à part le Brésil, les Etats-Unis et Buénos-Ayres, n'a pas d'universités : les jeunes gens viennent étudier en Europe. Dans la liste qui précède, nous avons cité les universités protestantes pêle-mêle avec les universités catholiques; parce que c'est toujours la pensée chrétienne qui a présidé à leur formation et que les branches, même coupées et desséchées, doivent toujours être rapportées au tronc. L'Asie, ce berceau de la science primitive, cette patrie de la civilisation antique, n'a pas une seule université! l'Afrique n'a que celle du Caire, née en 1820, sous l'impulsion des idées chrétiennes (2)! Comment douter, en présence de ces faits, de l'heureuse influence du Christianisme dans l'ordre intellectuel?

Que penser maintenant de la philosophie française qui, sous le nom d'*Université*, en dépit du passé, au mépris du présent, au mépris de la charte, de la religion, de la raison, du bon sens, de la liberté des cultes, de la liberté de conscience, de la liberté de la presse et de l'esprit de liberté en général qui forme comme notre atmosphère sociale et politique, rêve, en plein XIXe siècle, l'éternité d'un monopole oppressif, né sous le règne du despotisme impérial, en vertu duquel l'Eglise est déclarée inapte à enseigner la jeunesse française, elle qui enseigne le monde entier depuis dix-huit siècles et qui l'a fait ce qu'il est! O philosophes, nous savons maintenant plus que jamais ce que valent vos paroles menteuses! vous ne parliez que de liberté, et vous ne donnez que la servitude! Vous dites : l'Eglise est vaincue! Et, non contents de vous être partagé ses dépouilles, vous voulez encore enchaîner sa pensée! Mais il y a dans le monde deux choses qui ne s'enchaînent point, c'est l'esprit de Dieu et l'esprit de l'homme. Celui-là seul qui a allumé la pensée au milieu des merveilles de l'organisme humain, celui-là seul peut lui donner des lois, et encore respecte-t-il sa liberté: vous en êtes, je pense, une preuve assez convaincante. Quand donc vous prétendez, au nom de je ne sais qui et de je ne sais quoi, nous imposer votre enseignement ou votre pensée, enchaîner la nôtre et garrotter l'esprit de Dieu qui parle par l'Eglise, nous ne pouvons pas même nous indigner, nous n'éprouvons qu'une indicible pitié. Sachez bien que la toile d'araignée offre plus de résistance que ce que vous pourrez opposer au mouvement catholique, qui ne fait que commencer. C'est en vain que vous cherchez à vous identifier avec l'Etat, l'Etat ne peut pas être ce *pandæmonium* que vous avez élevé contre l'Eglise; l'Etat ne peut pas se suicider.

(1) Une multitude de colléges s'élevaient autour des universités. En France, sous Philippe le Bel, on voit ceux du cardinal le Moyne, de Montaigu et de Narbonne; depuis Philippe de Valois jusqu'à Charles VI, ceux des Lombards, de Tours, de Lisieux, d'Autun, de l'Ave-Maria, de Grandmont, de Saint-Michel, de Cambray, d'Aubusson, de Bonnecour, de Tournay, de Bayeux, des Allemands, de Boissy, de Dainville, de Beauvais et de Maître-Gervais. Telle était l'affluence des élèves, qui accouraient de toute part pour recevoir la science chrétienne dans les universités de France, que les professeurs étaient quelquefois obligés d'enseigner en plein air (*Vie d'Albert le Grand*). Aux fêtes de l'Université, quand la tête de la procession, toute composée d'élèves, entrait dans l'église abbatiale de Saint-Denis, la queue était encore à la rue des Mathurins Saint-Jacques. Dix mille membres de l'Université signèrent les protestations de la France lors de la naissance du grand schisme, et vingt-cinq mille élèves furent un jour envoyés pour augmenter la pompe d'un convoi funèbre.

(2) *L'Algérie, étant devenue une terre à jamais française*, ne peut point entrer dans notre compte.

Nous avons signalé les grandes écoles; que n'aurions-nous pas à dire des petites, de celles que l'Eglise a ouvertes spécialement pour le peuple? Nous ne pouvons que payer, en passant, notre tribut d'admiration à l'institut des frères de la doctrine chrétienne et aux autres instituts du même genre qui se dévouent à l'instruction et plus encore à l'éducation des pauvres; car, depuis que la philosophie s'est emparée des écoles, tout y est pour l'orgueil de l'esprit, il n'y a plus rien pour le cœur, il n'y a plus d'éducation véritable. Elle fait des savants, elle ne sait pas faire des hommes. Elle ne sait pas faire, pour les classes riches qui la payent, ce que la religion fait gratuitement et si bien pour les classes pauvres. Que dirons-nous des couvents et des nombreuses écoles tenues par des servantes du Seigneur, sur les lèvres desquelles le nom du divin Sauveur est si doux, et qui vont jusque dans les lieux les plus reculés apprendre aux petits enfants des hameaux à le bénir et à l'aimer? Nommer les ursulines, les hospitalières de la Charité de Notre-Dame, les filles de Saint-Vincent de Paul, de la Croix, de la Miséricorde de Jésus, de la Sainte-Enfance, de la Providence, de Sainte-Geneviève, de Saint-Joseph, de Sainte-Agnès, de Saint-Maur, du Bon-Pasteur, de Saint-Paul, de Saint-Thomas, de la Sagesse chrétienne, de la Présentation et de Sainte-Sophie, c'est nommer le dévouement personnifié. « Que ne doivent pas à ces humbles filles l'Etat, la religion, les mœurs et les familles? Souvent pour un modique salaire, et ayant à peine le nécessaire, ces vertueuses filles trouvent encore, dans leur pauvreté, de quoi faire l'aumône, de quoi habiller les malheureux et procurer aux enfants pauvres livres, papier, tout ce qu'il faut pour leur instruction. Après le curé, la sœur de l'école est l'ange du village. Elle se condamne, à un âge encore tendre, au pénible métier d'arracher à l'ignorance des enfants grossiers; elle renonce à un établissement, elle quitte ses parents, pour dévorer ailleurs les affronts, les humiliations, les dégoûts inséparables de sa sainte profession. Elle est à la fois l'amie, la consolatrice, la bienfaitrice du village, où la Providence l'a placée pour opérer le bien. Et que demande-t-elle pour prix de son dévouement? De la tolérance de la part des hommes; car le ciel seul est sa récompense » (*Hist. des bienfaits du Christian.*, p. 169).

Il n'y a rien de semblable dans toute l'antiquité, ni même chez les peuples modernes, où le Christianisme ne règne point ou ne règne pas dans toute sa plénitude. Il y a là un dévouement sublime, dont la source féconde n'est nulle part ailleurs qu'à l'autel catholique. Or ce que de pieux instituts d'hommes et de femmes font pour les enfants des pauvres, d'autres instituts le feraient volontiers pour les enfants des riches; mais la philosophie ne le veut pas; ce qui devrait être un titre de plus devient entre ses mains un cas d'exclusion : la vertu lui fait peur, le dévouement blesse ses instincts, et la perfection, offusquant ses regards, suffit pour faire ranger parmi les suspects. C'est un crime à ses yeux que de renoncer à tout pour mieux se dévouer tout entier; et, avant d'être admis à travailler à l'éducation de la jeunesse, il faut déclarer par serment qu'on n'est pas de ceux qui sont le plus aptes à y réussir. Elle viole le sanctuaire de la conscience, et ose invoquer Dieu pour forcer à déclarer qu'on ne veut point continuer l'œuvre glorieuse qu'accomplissaient et qu'accomplissent encore avec tant de succès, dans d'autres contrées, les enfants de saint Benoît, de César de Brus, du cardinal de Bérulle, de saint Philippe de Néri et de saint Ignace. O philosophes, qui ne serait ébahi devant la profondeur de votre sagesse? qui ne s'inclinerait devant la hauteur de votre politique?

Mais quittons ce terrain brûlant où la raison souffre non moins que la foi, et reprenons l'exposition des bienfaits du Christianisme dans l'ordre intellectuel. Nous avons vu ce qu'il a fait pour procurer l'instruction aux riches et aux pauvres, aux grands et aux petits; nous avons passé en revue une partie des grands hommes qu'il a formés dans les lettres, les sciences et les arts; or non-seulement il ne le cède en rien au paganisme sous ce rapport, mais il l'a même de beaucoup surpassé; il a cent fois plus vrais, plus nombreux et non moins forts, ses Platons et ses Aristotes, ses Démosthènes et ses Cicérons, ses Sophocles, ses Eschyles et ses Euripides, ses Homères et ses Virgiles, ses Horaces et ses Anacréons, ses Hésiodes et ses Ovides, ses Théocrites et ses Ménandres, ses Plautes, ses Térences et ses Aristophanes, ses Plutarques et ses Varrons, ses Sénèques et ses Théophrastes, ses Tacites et ses Thucydides, ses Tites Lives et ses Xénophons, ses Sallustes et ses Polybes, ses Phèdres et ses Esopes, ses Vitruves et ses Euclides, ses Béroses et ses Ptolémées, enfin ses Phidias et ses Praxitèles. Nous pourrions faire une nomenclature inverse et signaler une multitude de célébrités chrétiennes dont l'antiquité n'a pas même les analogues; ainsi tous les apologistes, les prédicateurs (1), les théologiens, les auteurs ascétiques. les romanciers et les économistes, manquent entièrement au paganisme.

En sorte que, plus on y regarde, et moins on comprend comment on a pu faire au Christianisme le reproche d'être hostile à la science et de craindre les lumières. Mais je me trompe : tout se comprend de la part de gens qui s'imaginent bonnement qu'on ne savait rien, ou à peu près rien, avant l'invention des allumettes chimiques et le glorieux avénement des écoles à la Lancastre et à la Jacotot. Siècle vantard ! Sans doute l'Eglise craint certaines lumières entre les mains de certains individus, qui, si on les laissait faire, mettraient le feu aux quatre coins du monde, à peu près comme on craint le feu entre les mains d'un enfant ou d'un insensé; or ce n'est pas le feu en lui-même que l'on craint, mais l'usage que l'enfant ou le fou peut en faire. Comment le prêtre qui aime Dieu pourrait-il haïr la science, puisqu'il sait que c'est de Dieu qu'elle émane, et qu'il lui est ordonné de la garder sur ses lèvres? Comment pourrait-il la haïr, lui qui aime les hommes, et qui sait qu'elle est utile à l'humanité? Cependant quand, enivrée d'orgueil, elle se révolte contre Dieu et lui jette un insolent défi ; quand elle vomit contre le ciel le blasphème et l'impiété; quand, trahissant la vertu, elle encense l'idole impure du vice ; en un mot, quand elle devient une lumière fatale qui n'éclaire plus que les chemins de l'abîme, alors le prêtre lui dit : Anathème, et s'écrie : A Dieu seul l'honneur et la gloire ! Quelquefois aussi, dans l'église du hameau, il est forcé de tonner contre la science; mais Dieu sait de quelle science il s'agit ! Si vous vous êtes jamais trouvé face à face avec cette science du village, vous avez pu l'apprécier; or, comme elle s'attaque brutalement à ce qu'il y a de plus sacré au monde, le prêtre repousse ses attaques, et c'est un de ses premiers devoirs. Que si quelquefois son zèle l'emporte trop loin, il faut faire la part de la faiblesse humaine. Mais, au demeurant, nous n'avons pas la mission de tout justifier, et l'Eglise étant quelquefois forcée de désavouer certains actes de ses ministres, il est injuste de les lui attribuer.

Après tout, si, depuis la dernière moitié du XVIIe siècle jusqu'à ces dernières années, il y a eu une certaine hostilité entre l'Eglise et la science, n'est-ce pas uniquement à la philosophie qu'il faut l'attribuer? N'est-ce pas elle, qui a empoisonné de son venin ce qui, de sa nature, est parfaitement innocent? N'est-ce pas elle qui a proclamé partout la ridicule prétention de renverser l'Eglise avec le levier de la science? Or à quoi tout ce fracas a-t-il abouti? N'a-t-il pas servi à faire mieux ressortir l'accord parfait qui régnera toujours entre la véritable science et la religion? Dans quelles fausses routes la science, au service de la philosophie, ne s'est-elle pas fourvoyée, en voulant trouver en défaut les révélations divines? C'est en vain que l'archéologie a remué de nouveau la poudre des anciens âges, et qu'elle a fouillé avec une nouvelle ardeur les ruines des empires; c'est en vain que son œil de lynx a tout vu et tout déchiffré, depuis les grossiers symboles du sauvage, jusqu'aux vieux hiéroglyphes de Sésostris et de Rhamessès ; elle n'est arrivée qu'à mieux montrer l'inanité des absurdes systèmes et des exagérations mensongères dans lesquels la philosophie voltairienne aimait à s'égarer. Ardente, infatigable, et stimulée par la haine que la philosophie avait su lui inspirer, elle a tourné curieusement autour des fondements de la révélation, elle a fait d'incroyables efforts pour les soulever dans leur profondeur, elle a gratté péniblement la rouille qui les recouvre; mais ses cheveux ont blanchi, ses ongles se sont usés, et elle n'a pu découvrir une origine humaine au monument éternel et divin. Notre discussion avec M. Leroux a pu montrer à quel résultat elle est parvenue.

La géologie, autrefois si hostile, rend maintenant hommage à la révélation ; en prouvant que tout a commencé, elle force les plus incrédules à admettre le dogme de la création ; et en montrant l'homme plus récent sur la terre que tous les autres êtres inférieurs, elle donne à la Bible une autorité immense. En histoire naturelle, plus d'êtres vivants sans germes préexistants, et par conséquent plus de ce matérialisme absurde qui faisait sortir la vie de la corruption ; l'unité partout, au milieu d'une variété prodigieuse; rien de fortuit, rien qui aille au hasard ; là Dieu apparaît visiblement en toute chose, et le naturaliste irréligieux est le plus inconséquent de tous les hommes. En physique et en chimie, pas une seule découverte n'est venue se heurter au dogme catholique. Les mathématiques, science peu favorable à la religion comme sentiment, ramènent cependant plutôt à Dieu qu'elles n'en éloignent; en constatant les lois, elles prouvent le législateur. Mais l'abus est nuisible en tout, et le vin, qui ranime le voyageur épuisé, abat celui qui en abuse et l'étend sur le chemin. Or l'ivresse des mathématiques, ivresse froide et léthargique, est peut-être plus dangereuse encore ; mais il n'en reste pas moins éternellement vrai que les mathématiques n'ont rien de contraire à la religion. Les découvertes de l'astronomie sont un hommage au Dieu de Moïse et des prophètes, et non une objection contre ses Testaments divins; les mondes nouveaux, probablement habités, qu'elle nous montre dans l'étendue, sont comme un hymne sublime au Dieu créateur. Sans doute les dieux de Virgile et d'Homère n'y suffiraient pas ; mais le Dieu de l'Evangile, qui d'une parole a créé ces mondes, et qui d'une parole pourrait les briser, et en un clin d'œil en créer d'autres plus grands et plus beaux, ce grand Dieu a, dans sa nature et ses perfections, de quoi suffire à tous ces mondes et à des millions d'autres encore, s'il lui plaisait de les appeler à l'existence (1).

Nous ne dirons rien de je ne sais quels extravagants systèmes, sans portée et sans avenir, qui réclament la parenté de la science et que la science désavoue ; avortons informes pour qui il n'y a pas de lendemain. Il est des choses qui meurent si vite, qu'il faut les laisser mourir d'elles-mêmes. Le saint-simonisme pourrait servir de leçon à certains hommes qui s'escriment à soutenir ces pauvretés; mais il faut les laisser dire et faire, ils sont trop ridicules pour être dangereux.

Il n'y a réellement que la philosophie qui soit hostile au dogme catholique ; c'est elle qui a ameuté l'histoire et la politique contre l'Eglise ; c'est elle qui a la prétention de le remplacer dans le monde, et jamais elle n'a donné une marque plus éclatante d'extravagance et de folie ; car enfin qu'est-elle? Elle s'est faite grecque, arabe, allemande, écossaise, éclectique, tout ce qu'elle a pu : qu'est-elle aujourd'hui parmi nous? Quel est son programme? Quel est son objet? Quelle est sa méthode? Quels sont ses résultats? Obscurité, doute, incertitude, contradiction, inanité, stérilité, nullité, impuissance absolue : voilà en deux mots ce qu'elle est, ce qu'elle a produit, et ce qu'elle peut produire. Comme nous pourrions paraître suspects en

(1) Voici les noms des principaux prédicateurs catholiques français qui ont laissé des œuvres, depuis le XVIe siècle : d'Argentan, d'Argentré, d'Alègre, Anselme, André, Asselin, Asseline, Balset, Badoire, Barulet, Baudrand, Bégault, Beauregard, Beurrier, Beuvelet, Bretteville, de la Berthonie, Billot, Billy, de Beaumont, de Borderies, de Boulogne, Bocquillot, Boileau, de Boisgelin, de Boismont, de la Boissière, Bossuet, Bouquin, de Bonnevie, Bourdaloue, de Bourzeis, Bourgoing, Bridaine, Bourrée, Brumoy, le Boux, de Bretteille, Cambacérès, Carrelet, Camus, Cochin, Castillon, Collet, Caussin, Combefils, Champigny, Cossard, le Chapelain, Charaud, Chauchènes, Caignet, Cheminais, Chenard, de la Chétardie, Chevassu, Ciceri, Clément, de la Colombière, Cotton, Couturier, Dessauret, Damasiène, Daniel de Paris, Dufay, de Fitz-James, de l'Ecluse des Loges, Elisée, Feller, Fossard, Fauchet, Feutrier, Fénelon, Fléchier, Floriot, François de Toulouse, de Foix, Foucault, Frayssinous, de Fromentières, Fournier, Gaillard, Girard, Gérard, Gambard, Geoffroy, de Géry, Guilloré, Guillet, Giraut, Giraudeau, Gordeau, Griffet, Goujet, Hébert, Henry, Hermant, Houdry, du Jarry, Jard, Joly, du Lan, Lafargue, Lafiteau, de la Luzerne, Lambert, de Ligny, Legris-Duval, Longin, Lacoste, Lenfant, Lejeune, de Lingendes, Loriot, Maboul, Mac-Carthy, Maimbourg, Marolles, Mascaron, Montazet, Massillon, Masson, Maury, Mangin, Molinier de Toulouse, Molinier, Mong, Montmorel, Montargon, de Nermond, de Noé, de Neuville (Pierre), de Neuville (Claude) Nicole, d'Orléans, du Perron, Pacaud, Pallu, de Paris, de la Parisière, Perrin, Perusseau, Pesse, Petit, Planchot, Poisson, Poncet de la Rivière (Michel), Poncet de la Rivière (Matthieu), Pousse, Prévôt, de Quinquerand de Beaujeu, Ribier, Raconis, de Rancé, Raynaud, Reguis, Renaud, Reyre, Richard, Robinot, de la Roche, Rapin, Richelieu, de la Rue, Roquelaure, de Saint-Martin, Segaud, Seguy, Sabatier de Castres, Senault, Sensaric, Senchin, Sermet, Simon de la Vierge, Simon, Singlin, Soanen, Surian, Tâchon, Talbert, Terrasson (André), Terrasson (Gaspard), de Tracy, du Treuil, Thiébaut, de Tournemine, Texier, Torné, de la Tour, le Tourneux, Trublet, de la Valpilière, le Vray, de Valois (a).

(a) Presque tous ces prédicateurs ont été édités par M. Migne.

(1) Lors même que l'opinion de quelques savants sur les planètes d'Herschell, et tous ces nombreux aérolithes qui paraissent se mouvoir dans des orbites formant avec celle de la terre un angle quelconque, serait aussi certaine qu'elle peut être vraisemblable, c'est-à-dire lors même que ces corps, plus ou moins puissants, seraient des débris de vieux mondes brisés, cela ne prouverait absolument rien contre Dieu, qui, auteur des lois en vertu desquelles les substances s'unissent, l'est également de celles en vertu desquelles elles se décomposent.

cette matière, nous laisserons parler les adeptes ou les initiés. Rousseau, jugeant les philosophes et la philosophie du XVIIIe siècle, disait : « Je consultai les philosophes, je feuilletai leurs livres, j'examinai leurs diverses opinions, je les trouvai tous affirmatifs, dogmatiques même dans leur scepticisme prétendu. N'ignorant rien, ne prouvant rien, se moquant les uns des autres; et ce point, commun à tous, me parut le seul sur lequel ils avaient tous raison. Triomphants quand ils attaquent, ils sont sans vigueur en se défendant. Si vous pesez leurs raisons, ils n'en ont que pour détruire; si vous comptez les voix, chacun est réduit à la sienne; ils ne s'accordent que pour disputer. Les écouter n'était pas le moyen de sortir de mon incertitude; je conçus que l'insuffisance de l'esprit humain est la première cause de cette prodigieuse diversité de sentiments, et que l'orgueil est la seconde.

» Fuyez ceux qui, sous le prétexte d'expliquer la nature, sèment dans le cœur des hommes de désolantes doctrines, et dont le scepticisme est cent fois plus affirmatif et plus dogmatique que le ton décidé de leurs adversaires. Sous le hautain prétexte qu'ils sont éclairés, vrais, de bonne foi, ils nous soumettent impérieusement à leurs décisions tranchantes, et prétendent nous donner, pour les vrais principes des choses, les inintelligibles systèmes qu'ils ont bâtis dans leur imagination; du reste, renversant, détruisant, foulant aux pieds tout ce que les hommes respectent, ils ôtent aux affligés la dernière consolation de leur misère, aux puissants et aux riches le frein de leurs passions; ils arrachent du fond des cœurs les remords du crime, l'espoir de la vertu, et se vantent encore d'être les bienfaiteurs du genre humain. Jamais, disent-ils, la vérité n'est nuisible aux hommes; je le crois comme eux, et c'est, à mon avis, une preuve que ce qu'ils enseignent n'est pas la vérité (1). »

Or les choses n'ont point changé : en peignant ainsi de main de maître les philosophes du XVIIIe siècle, Rousseau a peint, trait pour trait, ceux du XIXe. On pourrait dire des plus habiles ce que Cicéron disait des aruspices : qu'on ne sait en vérité comment ils peuvent se regarder sans rire. Ecoutez plutôt M. de Rémusat, qui, dans ses *Essais de philosophie*, se montre chaud partisan de cette science orgueilleuse, mais chez qui le bon sens et l'esprit font quelquefois jaillir des éclairs au milieu du nuage épais des préjugés. Non moins expert que Rousseau dans la matière, voici ce qu'il dit de la philosophie du XIXe siècle : « Avant de recueillir les principaux traits dont se compose le tableau de la philosophie de notre pays et de notre âge, un scrupule m'arrête, un scrupule qu'il est difficile d'éviter toutes les fois qu'on entreprend de parler de philosophie; est-ce parler d'une chose qui en vaille la peine? Est-ce toucher un sujet digne de l'attention des hommes raisonnables (p. 56)..... Par une nécessité singulière et qui n'est imposée qu'à elle, la philosophie a pour première obligation de prouver son existence..... En effet (p. 59); dire ce que c'est qu'une science, c'est surtout dire quel est son objet; or la philosophie est dans cette déplorable condition que l'objet même dont elle s'occupe est souvent mis en doute. On ne se contente pas de lui disputer les moyens de connaître, on va jusqu'à lui contester d'avoir quelque chose à connaître, et, pour comble d'humiliation, cette objection si insolente est naturelle, elle tient à la constitution même de la philosophie. ..... Il est triste après tant de siècles d'en être encore là, et une science paraît bien peu avancée qui doit encore aujourd'hui revenir toucher à son point de départ (p. 60)..... Au reste (p. 61), ce n'est pas d'aujourd'hui qu'on a raillé la philosophie. La Grèce elle-même, où les sages tinrent une place que leur offrirait difficilement la civilisation moderne, les a confondus plus d'une fois avec les sophistes..... Ce préteur dont parle Cicéron, qui, arrivant dans son gouvernement d'Athènes, cita tous les philosophes devant son tribunal, afin qu'ils eussent à s'entendre, et à vider leurs différends par transaction valable et définitive, était sans doute un homme de bon sens, un magistrat capable, et qui entendait supérieurement les affaires .... Vous vous rappelez encore (p. 66) que les choses (en France) en vinrent au point que, lorsqu'en 1795 l'Institut fut fondé, et dans l'Institut une classe des sciences morales et politiques, il y eut une section d'analyse, des sensations et des idées, il n'y eut point de section de philosophie : ce mot ne fut point prononcé. » Pauvre philosophie!!! « Nous nous demandons quelquefois (p. 175 et suiv.) si les philosophes ont raison de s'en prendre au public de ce que la philosophie n'est point en honneur, ni surtout en crédit..... Si leur science ne jouit pas d'une grande autorité près du commun des hommes, c'est, il faut bien le dire, qu'elle a souvent l'air d'en vouloir au sens commun. Si vous venez à parler sans ménagement le langage de la philosophie à un homme raisonnable, et à lui présenter, sans préparation, les questions qu'elle pose et les thèses qu'elle soutient, il y aura chance de voir votre auditeur imaginer que vous vous moquez de lui, et vous aurez de la peine à lui persuader que des gens sérieux se soient creusé la tête pour de pareilles chimères. Cette opposition entre la science des doctes et la sagesse du peuple est si connue, qu'elle fait proverbe..... La philosophie se donne pour la science de la raison; le bon sens ne se croit ni l'opposé de la raison, ni étranger à la vérité..... Prenez quelqu'un dans la foule, contez au premier venu qu'il y a des hommes d'esprit qui s'inquiètent très-sérieusement d'avérer si les corps existent, il lèvera les épaules et demandera si vous plaisantez. Changez de sujet et dites-lui que, selon de très-habiles gens, il n'est nullement certain, quand son pied est trop serré, que ce soit sa chaussure qui le gêne, parce que rien ne démontre qu'un fait provienne d'un fait, ni que l'un soit l'effet et l'autre la cause, il continuera de vous croire tant soit peu railleur et n'en dénouera pas moins sa chaussure. Sans vous décourager par ce mauvais succès, tentez de l'intéresser à la sollicitude de ces rares génies qui se tourmentent studieusement de la question de savoir si l'on peut être certain d'un fait quelconque, et s'il existe pour les sens et la raison telle chose que l'évidence, il demandera dans quel pays vivent ces fous-là, afin de prendre soin de n'avoir aucune affaire avec eux. La philosophie n'a donc qu'une ressource, c'est de n'admettre entre elle et le sens commun qu'une différence de degrés et de se réduire à savoir mieux que le genre humain ce qu'il sait, peut-être à savoir un peu plus qu'il ne sait..... On ne peut raisonnablement exiger que ce soit le sens commun qui se mette à l'unisson de la philosophie. D'abord il serait passablement plaisant de voir le public, se conformant aux caprices des théories, obéir à des hypothèses et se conduire par des systèmes. Se figure-t-on la société, prenant à la lettre le matérialisme, l'idéalisme, le scepticisme, *ces trois produits divers de la raison*, c'est-à-dire vivant comme s'il n'y avait pas d'âme, ou bien encore comme s'il n'y avait pas de corps, ou bien encore comme s'il n'y avait rien du tout?..... Les faits et la logique veulent donc que la philosophie, jusqu'à un certain point, se subordonne à l'humanité. On peut sans examen répondre du genre humain, non se rendre caution des philosophes. »

Ecoutez Jouffroy à son tour, racontant, dans un ouvrage posthume (1) ce qu'on lui apprenait, il y a quelques lustres, dans le sanctuaire même de la philosophie, ce qu'on lui apprenait, dis-je, sur cette science qu'il devait enseigner. Après avoir dit comment il perdit la foi au milieu de l'atmosphère sceptique de l'école normale, il ajoute : « M. Cousin, évoquant tous les systèmes des philosophes anciens et modernes, les rangeant en bataille en face les uns des autres, s'épuisait à montrer que, M. Royer Collard avait raison et Condillac tort. C'était là tout; et, dans l'impuissance où j'étais alors de saisir les rapports secrets qui lient les problèmes en apparence les plus abstraits et les plus morts de la philosophie aux questions les plus vivantes et les plus pratiques, ce n'était rien à mes yeux. .... Je ne pouvais revenir de mon étonnement qu'on s'occupât de l'origine des idées avec une ardeur si grande, qu'on eût dit que toute la philosophie était là, *et qu'on laissât de côté l'homme, Dieu, le monde, et les rapports qui les unissent à l'énigme du passé, et les mystères de l'avenir, et tant de problèmes gigantesques sur lesquels on ne dissimulait pas qu'on fût sceptique*.... Encore si, pour consoler ceux qu'on enfermait ainsi dans une aride et étroite question, on eût commencé par leur montrer le vaste et brillant horizon de la philosophie, et, dans cette perspective, les grands problèmes humains, chacun à leur place, et le chemin à parcourir pour les atteindre, et l'utilité des idées pour les féconder, cette carte du pays, en m'éclairant, m'eût fait prendre patience. Mais non; *cette carte régulière de la philosophie qui n'existait pas, et qui n'existe pas encore aujourd'hui, on ne pouvait la donner*, et le mouvement philosophique d'alors était encore trop jeune pour qu'on en sentit bien le besoin..... Toute la philosophie était dans un trou où l'on manquait d'air, et où mon âme, récemment exilée du Christianisme, étouffait; et cependant l'autorité du maître et

(1) *Emile*, I-III, p. 25.

(1) Cet ouvrage est intitulé : *De l'organisation des sciences philosophiques*; il a été mutilé par M. Cousin.

la ferveur des disciples m'imposaient, et je n'osais montrer ni ma surprise ni mon désappointement...... *Bien loin de chercher à nous donner une idée de l'ensemble de la philosophie et de son histoire, il n'avait pas même essayé de tracer aux futurs professeurs qui l'entouraient un cadre pour leur enseignement..... Ainsi j'étais appelé à professer à mon tour une science dont je ne savais pas même l'objet.....* »

Ecoutez encore un professeur de l'université appréciant les idées du chef de l'école éclectique. « Nous ne demanderons pas, dit-il, s'il y a là une doctrine propre à former des pères de famille, ce serait nous jouer du lecteur. Mais de bonne foi, ne se croit-il pas en présence d'une énigme devant laquelle son esprit est en échec? Le symbolisme oriental offre-t-il rien de plus profondément cabalistique? Pour rendre, comme nous l'éprouvons, l'effet de ces paroles creuses, nous ne trouvons qu'une image toute matérielle; qu'on nous la permette en faveur de son exactitude : une telle méthode, un tel langage, c'est la machine pneumatique appliquée à la philosophie. On obtient le vide le plus complet. Ainsi donc l'école réformatrice, incapable de rien produire par elle-même, loin de bien mériter de la science, n'a fait que substituer le vague et l'obscurité à la précision de la vieille philosophie française (1). » Or tout le monde sait que cette vieille philosophie était éminemment chrétienne.

Il est vrai qu'une nouvelle école philosophique se présente au nom de l'humanité; mais qui voudrait se rendre caution de l'humanité, surtout en matière de morale et de religion, ne serait guère plus prudent que celui qui se rendrait caution de la philosophie. Qui ne sait que l'humanité, sur ces deux points, a constamment donné avec les philosophes dans les plus monstrueuses erreurs? Otez les révélations chrétienne et mosaïque, qui n'appartiennent ni à l'humanité ni à la philosophie, que reste-t-il? O honte de la raison et de l'esprit humain! Que serait-ce si l'on pouvait retrancher encore la révélation primitive? Cicéron disait qu'il n'y avait pas d'absurdité si absurde qui n'eût été avancée par quelque philosophe. Ce que l'orateur romain disait des philosophes de son temps, nous pouvons le dire également de ceux du nôtre. Voyez les écoles allemandes! Voyez les écoles naturalistes, panthéistiques, socialistes et humanitaires! O philosophes, je vois bien ce que vous avez nié, mais je ne vois pas ce que vous avez établi; je vois bien ce que vous avez perdu, mais je ne vois pas ce que vous avez trouvé; enfin je vois bien ce que vous avez détruit; mais je ne vois pas ce que vous avez édifié. Vous nous accusez de nier la raison, c'est une calomnie; nous ne nions pas plus la raison, en combattant les abus que vous en faites, qu'on ne nie le vin et son utilité, en combattant l'ivrognerie. Vous proclamez l'infaillibilité de la raison, et nous vous montrons toutes les pages de l'histoire pleines de ses erreurs; vous proclamez son incompatibilité avec la foi catholique, et nous vous disons que l'une et l'autre étant de Dieu, elles ne peuvent pas être en contradiction; vous dites que la raison est supérieure à la révélation, qu'elle doit la tirer à elle, et nous vous disons que l'homme a beau s'enfler, qu'il ne sera jamais aussi grand que Dieu. Nous ne disons pas, comme l'un des vôtres, que l'homme qui pense, qui raisonne ou philosophe, *est un animal dépravé;* nous voulons la raison, nous voulons la philosophie; mais nous les voulons soumises à Dieu. Nous voulons une philosophie plus grande que la vôtre; car vous la voulez toute de l'homme, et nous, nous la voulons de Dieu et de l'homme tout à la fois. Nous la voulons à la manière des Pères de l'Eglise, à la manière des philosophes chrétiens, tels que Bossuet, Fénelon, Pascal, Descartes, Malebranche, et, dans ces derniers temps, de Maistre et de Bonald. Est-ce que ces hommes n'en valent pas bien d'autres? Est-ce qu'ils ne s'entendaient pas aussi quelque peu à la philosophie? N'y a-t-il donc de philosophie en France que depuis que MM. de Voltaire et Cousin ont daigné s'en occuper et y faire assez bien leurs affaires? En dehors du club d'Holbach et de l'école éclectique, aujourd'hui si malade, que son père, témoin de son agonie, verra probablement ses funérailles, n'y a-t-il pas eu; ne peut-il pas y avoir, et n'y a-t-il pas enfin d'autres écoles? Avant ses Kant et ses Hégel, l'Allemagne n'avait-elle pas eu son Leibnitz, et l'Angleterre ses Bacon, ses Newton et ses Addison, avant ses Hume et ses Bolingbrock? En vérité, à vous entendre, il semble que le monde est né d'hier et qu'on n'y voyait goutte avant que vous y vinssiez tenir le flambeau. Vous dites que le Christianisme est dépassé et que vous nous tendez doucement la main, pour nous élever aux sublimes hauteurs où vous êtes parvenus. Vous avez donc réellement découvert une formule plus complète que la formule chrétienne, et surtout que la formule catholique? Vous avez donc réellement trouvé quelque chose qui va mieux à la double nature de l'homme, qui satisfait mieux sa raison et répond mieux aux immenses besoins de son cœur? Réellement! vous avez mieux résolu le problème de l'origine et des destinées humaines? Vous avez assigné un but plus noble à l'humanité? Vous avez trouvé quelque chose de plus grand et de mieux organisé que l'Eglise? Quelque chose de plus pur que la morale chrétienne? Quelque chose enfin de plus beau que l'Evangile? Mais alors pourquoi vos livres n'en disent-ils rien? Pourquoi, vous qui faites profession d'aimer les hommes, gardez-vous ainsi la vérité pour vous seuls? Est-ce égoïsme? Est-ce modestie outrée, ou crainte de n'être pas compris, ou mauvaise volonté? Quoi enfin? Nous attendons, dites-vous; une nouvelle révélation est proche. Elle n'est donc pas encore venue? Mais alors, pourquoi parlez-vous comme si vous l'aviez reçue? Ah! vous attendez! Hé bien! vous attendrez longtemps! Mais, comme le monde ne peut pas attendre, puisque vous voulez le bonheur du monde, il faut le laisser en paix, il faut le laisser aller son chemin, comme il a toujours fait; il n'a pas, comme vous, de jolies rentes et de jolies places, pour pouvoir rêver de longs rêves sur les rêveries anciennes et modernes, il faut qu'il accomplisse sa tâche laborieuse et qu'il gagne son pain de chaque jour; laissez-le donc à l'œuvre. On verrait d'étranges choses, s'il allait se croiser les bras pour vous écouter et attendre avec vous ce qui ne viendra jamais. Laissez-lui donc sa vieille foi et ses douces espérances. Ne lui dites plus que la foi et la religion sont bonnes pour les vieilles femmes et les petits enfants, que la raison et la philosophie sont pour les sages, et qu'en somme, de l'aveu des plus habiles, la suprême sagesse consiste à n'être sûr de rien. Où en serions-nous, grand Dieu! si le monde allait prendre au sérieux de pareilles leçons? Peut-être comprendrez-vous maintenant pourquoi nous, qui sommes avant tout des hommes de pratique, parce que nous sommes les hommes du peuple, nous avons si peu de respect et de sympathie pour un certain genre de philosophie qui rend ceux qui s'y livrent infiniment peu philosophes ou, ce qui est la même chose, infiniment peu sages.

Mais, puisque vous attendez, vous pourriez bien, en attendant, résoudre quelques petites difficultés qui arrêtent ceux que vous appelez à vous. Vous partez de ce principe que la vieille révélation est morte sous les coups de la philosophie du XVIII$^e$ siècle, et l'histoire apprend et les livres montrent que la philosophie du XVIII$^e$ siècle n'était qu'une bacchante aveugle et en délire, qui chancelait sur ses bases, qui frappait à tort et à travers, et dont tous les coups portaient à faux. Il y a plus: comme ses armes n'étaient qu'imaginaires ou si fragiles, qu'elles se brisaient au premier choc, elle n'a fait que se meurtrir et se tuer elle-même dans les coups qu'elle a portés. Il faudrait donc prouver comme quoi il est bien vrai que la philosophie voltairienne a tué la révélation. Mais si la révélation est tuée, il ne faut plus en parler, et vous en parlez toujours, et, au lieu de vous contenter, comme nous, de l'ancienne, vous en attendez encore une autre, plusieurs autres peut-être. Ciel! que dirait M. de Voltaire, s'il entendait ceux qui se disent ses disciples, aussi mal répéter ses leçons? Et puis il faudrait dire encore comment on peut être mort et vivant tout à la fois. Vous dites: Le Christianisme a été tué, il est mort, il n'y a plus qu'à l'ensevelir, et vous menez son deuil et vous convoquez le monde à ses funérailles; mais que voulez-vous que pensent ceux qui le voient, qui le touchent, qui l'entendent, et à qui il se montre partout, debout, gigantesque, immense et plus vivant tout que ce qui vit autour de lui? Il faudrait donc prouver comme quoi il n'y a plus d'Eglise ni de chrétiens sur la terre. Vous dites encore que les livres sacrés sont remplis de mythes ou d'allégories, et que les dogmes, basés sur la lettre, sont par conséquent sans aucune réalité; mais, à part ce que nous avons déjà dit et tout ce qu'il y aurait encore à dire à l'encontre de cette proposition germanique, je vous ferai seulement quelques petites questions sur le premier chapitre de la Genèse, votre science biblique n'allant peut-être pas plus loin. Veuillez donc nous dire comment Moïse, ou tout autre fabricant de mythes, a pu deviner, il y a plus de trois mille ans, toutes les plus importantes découvertes de la géologie et de la chimie moderne. Comment a-t-il pu savoir, en dehors de la tradition et de la révélation, ce qui est tout un, que la terre n'a pas toujours été à l'état solide, que les acides et les bases n'ont pas toujours formé les sels concrets qui composent son noyau, qu'il fut un temps où il

(1) *L'Ecole éclectique et l'Ecole française*, p. 15 et 16.

n'y avait pas de mers et par conséquent de dépôts marins, que la terre fut d'abord sans végétaux ni animaux d'aucune espèce, que la lumière (1) et la végétation (2) peuvent exister sans le soleil, que le règne végétal a précédé le règne animal, que les mollusques et les poissons ont précédé les oiseaux, ceux-ci les mammifères, et enfin que l'homme est venu le dernier, après toutes ces créations ? O grands esprits, ô profonds génies, vous qui voyez de si haut ces pauvres chrétiens qui ont la bonhomie de croire encore à la Bible et de trouver encore l'Evangile supportable, expliquez-nous donc ces choses! Voilà ce à quoi le XVIII<sup>e</sup> siècle n'a pas même songé. Je sais bien que M. de Voltaire, qui avait des réponses à tout, qui n'était embarrassé de rien et qui expliquait les dépôts marins des continents par le passage des pèlerins de Saint-Jacques, n'aurait pas manqué de répondre par la science des sanctuaires égyptiens où aurait puisé Moïse; mais, au XIX<sup>e</sup> siècle, on ne se paye pas de si peu de chose : pour croire à ces merveilles de la science égyptienne, il faudrait des preuves positives, des monuments certains, et il n'y en a pas. Quoi! il y aurait eu là, pendant de longs siècles, des foyers scientifiques où les plus hautes questions auraient reçu d'admirables solutions qu'un travail de trois mille ans n'a pu encore surpasser, et il n'en serait rien resté! Et les Grecs, si curieux, si investigateurs, n'auraient pas trouvé, au fond de ces sanctuaires, qu'ils ont violés et dévastés pendant leur conquête, n'auraient pas trouvé, dis-je, les trésors intellectuels qui y étaient déposés! Et le Christ, fugitif et sans autorité, aurait puisé à son tour dans ces trésors une science dont les Ptolémées et les philosophes de l'école d'Alexandrie n'auraient pas même soupçonné l'existence! Vraiment l'incrédulité est par trop crédule! Si notre foi catholique reposait sur des motifs aussi misérables que ceux qu'elle nous oppose, non-seulement nous n'aurions pas le courage de la défendre; mais nous n'oserions pas même avouer que nous avons la faiblesse de souscrire à un seul article de son symbole.

Les philosophes modernes, qui prétendent nous élever bien haut, en nous élevant jusqu'à eux, et qui ne parlent plus que de progrès, vont malheureusement sans cesse à reculons. Ainsi ils ont mis le doute à la place de la certitude. Ils nient la morale, en niant la liberté; ils nous remettent en plein paganisme, en cherchant à briser l'indissolubilité du lien conjugal, ce qui est le plus sûr moyen d'infériotiser la femme et de la replonger dans son ancien avilissement. Puis, voici une foule d'hommes de progrès, dit l'anonymé déjà plusieurs fois cité, qui reprennent la pensée séparatrice de l'antiquité et établissent de nouveau le système des races au milieu d'une société qui veut la fraternité universelle! C'est bien le cas de dire « qu'après dix-huit siècles de christianisme nous sommes encore sous le système païen. » Nous ne pouvons mieux faire que de montrer à ces hommes de progrès, comment saint Augustin entendait la question : « Pourquoi Dieu voulut-il que tous les hommes naquissent d'un seul? Il n'est pas malaisé de voir que Dieu a beaucoup mieux fait de ne créer d'abord qu'un seul homme dont les autres descendissent que d'en créer plusieurs; car les autres animaux, soit sauvages et solitaires, soit privés ou aimant la compagnie, il ne les a pas fait sortir d'un seul, il les a créés plusieurs à la fois. Mais pour l'homme, qui devait tenir le milieu entre les anges et les bêtes, il a jugé à propos de n'en créer qu'un, non pour le laisser sans compagnie, mais pour faire aimer davantage par là à ses descendants l'union et la concorde, en faisant qu'ils ne fussent pas seulement unis entre eux par la ressemblance de la nature, mais aussi par les liens de la parenté; si bien qu'il ne voulut pas même créer la femme comme il avait fait de l'homme, mais la tirer de l'homme, afin que tout le genre humain sortît d'un seul. »

« On nous répondra que c'est déjà faire un pas en avant que de débarrasser le Christianisme de tout ce qu'il contient de surhumain, de tout ce qui semble transgresser la loi naturelle; mais on oublie toujours de dire ce que c'est que la loi naturelle. Quand on pourra édifier un système quelconque sur le monde, sans trouver de mystères et de choses inexplicables, on sera admis à repousser les faits dont on ne se rend pas compte; mais jusque-là on ressemble à cet être éphémère qui, voyant marcher une montre par un mouvement régulier, aurait crié à la transgression de la loi naturelle, si on lui avait dit qu'une main puissante avait remonté la veille le rouage arrêté de cette montre. Avant de crier contre ce qui ne tombe pas sous leurs sens, les déistes, en progrès sur l'Evangile, devraient commencer par expliquer les énormes contradictions que nous avons rencontrées dans l'examen de leur doctrine, et notamment celle d'une *conscience naturelle, innée*, qui ne parle à l'homme que lorsqu'on lui a fait son éducation, si bien qu'il n'y aurait pas de libre arbitre pour qui n'aurait pas d'éducation, si bien que les hommes se seraient dit un jour : Si nous nous faisions un libre arbitre? L'écrevisse doit être le symbole de cette école-là. Il en est qui ont prétendu être en progrès sur l'Evangile, en déclarant qu'il n'y a ni bien ni mal absolu dans le monde; que l'esprit humain *est un;* que tous les individus, ou plutôt toutes les apparences d'individus, renaîtront dans l'humanité, sous des formes de plus en plus perfectionnées, et s'approcheront de plus en plus du vrai bonheur. Dans cette doctrine, on fait venir l'homme du singe; le singe, d'un autre animal; puis, en descendant l'échelle, on arrive à la plante, puis au minéral. En un mot, c'est une sorte de panthéisme que nous avons entendu dire être renouvelé d'une vieille doctrine hindoue. Les savants en jugeront. Quant à la morale qui en découle, quelques personnes la trouveront peut-être plus agréable que celle de l'Evangile; mais nous la croyons fort inférieure. D'abord, si l'*esprit humain est un*, il ne peut y avoir de responsabilité individuelle, ni conséquemment de sanction. L'individu n'est qu'une des milliards de milliards de formes qu'affecte le *tout;* l'individu n'est rien; et ce n'est pas avec une telle pensée qu'il ira se sacrifier pour le triomphe d'une idée généreuse. D'ailleurs il est un autre précepte qui conclut directement à ce que chaque individu rapporte tout à lui-même : *Aime l'humanité en toi; aime-toi dans l'humanité.* De quelque manière qu'on cherche à interpréter ce précepte, comme il est fort difficile de faire croire que : *Aime l'humanité en toi, aime-toi dans l'humanité* veuille dire : Aime ton prochain plus que toi-même, et comme on est toujours enclin à l'égoïsme, on aimera beaucoup mieux l'interpréter dans le sens de : *aimer soi*, que dans le sens de : *aimer les autres.* Et c'est encore là du progrès à reculons. »

Avant de vouloir nous faire sortir de l'immense et magnifique édifice de l'Eglise qu'ils n'ont pu renverser, avant de tant nous appeler à eux, les philosophes feraient donc bien de se construire d'abord une tente qui fût assez grande pour les contenir, qui ne se renversât pas au premier souffle, qui eût une base et une forme quelconque, qui eût l'apparence de quelque chose et qui pût les abriter un peu contre les vents et le soleil.

### *Bienfaits du Christianisme dans l'ordre matériel.*

Nous ne dirons que quelques mots. Il est certain que le Christianisme, en réprimant la tyrannie, en diminuant la rapacité du fisc et la dureté de ses agents, en inspirant la patience et la résignation, a ranimé les habitants des campagnes, qui, dans les derniers temps de l'empire romain, abattus et profondément découragés, abandonnaient leurs propriétés ou se couchaient sur le sol, sans plus vouloir le travailler. Aussi bien, le côté matériel n'a jamais été et ne sera jamais le principal dans le Christianisme. Le côté moral et religieux l'emportera toujours. Cependant, si le catholicisme impose des restrictions plutôt qu'il ne donne des encouragements aux tendances de l'homme vers la matière, il est certain qu'il est favorable au bien-être matériel général, par ces restrictions mêmes. En faisant du travail une obligation rigoureuse, il pousse à la production, et, en diminuant la consommation, par ses lois d'abstinence, il procure l'économie. Ainsi, constance et activité dans le travail, et par suite accroissement des produits; modération dans la jouissance, jeûnes, abstinences, et par suite diminution de la consommation, tels sont les éléments féconds que le catholicisme met à la disposition de l'*économie politique et sociale.* Cette science, qui se dit nouvelle, est appliquée, depuis plus de quinze siècles, dans les couvents, avec une magnificence de résultats qu'elle n'atteindra jamais dans les sociétés profanes. Un couvent de trappistes est la plus belle école d'économie pratique qu'on puisse imaginer : il est impossible de consommer moins et de produire davantage. Il est impossible en même temps de faire un meilleur usage de son superflu. Heureux les pauvres, si les richesses étaient toujours en de pareilles mains!

C'est en réglant l'ordre moral, que le catholicisme atteint et sert merveilleusement l'ordre matériel. En assainissant les

(1) Dans le système généralement adopté des vibrations qui suppose un fluide lumineux indépendant du soleil.

(2) Berzélius l'a prouvé.

mœurs, il assainit les populations; or sans populations saines, il n'y aura jamais de véritable prospérité matérielle. En guérissant les cœurs, le Christianisme guérit les corps; car, si c'est par le péché que le mal physique est entré dans le monde, il y subsiste également par le péché. Supprimez les excès, les abus de tout genre, les usages désordonnés, le péché enfin, et vous supprimerez la plupart des maux qui affligent l'humanité. La morale chrétienne est donc une source féconde et la plus féconde de prospérité matérielle. Rien n'est plus utile à la société que les lois de l'Eglise sur le mariage, desquelles résultent en particulier le mélange des sangs et le croisement des familles. Le frein qu'elle oppose aux écarts de la passion, soit dans l'usage du mariage, soit en dehors de ses liens, est aussi très-utile au point de vue social. Les générations seraient cent fois plus saines, plus fortes et plus belles, si l'Evangile était bien observé.

Outre la plus grande production de la richesse, avec la moindre consommation possible, et par suite reflux de la surabondance sur ceux qui manquent du nécessaire, les couvents sont encore d'une immense utilité matérielle au sein des populations. Les trois vœux de pauvreté, de chasteté et d'obéissance, faits souvent par des hommes et des femmes devant qui s'ouvre dans le monde le plus brillant avenir, sont des exemples salutaires pour les classes riches et laborieuses. Est-il possible de prêcher plus éloquemment la résignation, la chasteté et la subordination. Qui ne voit encore l'avantage qu'il y a là pour les familles? Débarrassées de quelques-uns de leurs membres, elles peuvent établir les autres, qui autrement resteraient stériles, ou ne produiraient que des malheureux. Ainsi, par les rameaux qu'il retranche, le jardinier fait refluer la sève dans ceux qu'il conserve. Supprimez les couvents, et ceux qui servent par leur exemple et par leur absence à la prospérité morale et matérielle de la société, en deviendront souvent la honte et le fléau. Après avoir fermé les cloîtres, il faudra agrandir les prisons. On pourrait objecter l'Espagne et l'Italie; mais ce ne sont pas les couvents qui ont nui à la prospérité matérielle dans ces deux pays; la dévotion au *far niente* y sera toujours le plus grand obstacle. Après tout, nous ne prétendons pas qu'on ne puisse point abuser des couvents; car on abuse des meilleures choses; mais c'est l'abus qu'il faut prohiber, et non la chose elle-même.

On peut dire que ce sont les couvents qui, de concert avec les évêques, ont formé les sociétés modernes. Ce sont les moines qui ont extirpé les forêts, défriché les landes, desséché les marais et fécondé les déserts. Les plus anciennes chartes de concessions faites aux monastères, portent toujours que les terrains concédés étaient *eremi* ou *ab eremo*. Un saint se retirait dans quelque affreuse solitude, dans des lieux sauvages, au milieu des forêts; d'autres âmes ardentes ou malades venaient se joindre à lui, et bientôt un couvent s'élevait au milieu des broussailles. Les pauvres accouraient, pour recevoir les aumônes qu'on distribuait toujours en abondance; quelques-uns se fixaient autour du palais populaire; de là nos villages, nos bourgs et même plusieurs de nos cités les plus florissantes. A Paris même, plusieurs noms de rues et de quartiers n'indiquent-ils pas que ce fut d'abord aux communautés religieuses que cette grande cité dut son agrandissement? Les monastères étaient tout à la fois des fermes modèles et des manufactures. Quelle influence matérielle et morale ne durent pas avoir sur notre vieille France, les quinze cents abbayes qu'on y comptait avant nos grandes révolutions (1)?

« L'agriculture fut singulièrement perfectionnée dans les monastères; des milliers d'arpents de terre se couvraient de riches moissons; de nombreux troupeaux paissaient dans les belles prairies couvertes autrefois de stériles bruyères. Les ordres religieux, qui s'abstenaient de l'usage de la viande, furent, dans le principe, très-favorables à l'économie rurale; car cette abstinence contribua beaucoup à la propagation des races. La congrégation du tiers ordre de Saint-François s'occupait de la confection de draps et de galons recherchés; elle enseignait aussi la lecture aux enfants de familles pauvres, et soignait les malades. Le même esprit de travail et de charité animait les *pauvres frères cordonniers et tailleurs*. On ne pouvait voir sans attendrissement le beau couvent des Hiéronymites, en Espagne, qui renfermait plusieurs manufactures florissantes et considérables. Les vers à soie, que l'empereur Justinien fit venir en Europe, se propagèrent pendant les règnes suivants dans la Grèce, par les soins des moines, qui cultivaient en même temps les fameuses vignes des îles de l'Archipel.

»Les coteaux de la Hongrie, de l'Italie, du midi de la France, durent en grande partie aux religieux d'avoir été plantés de vignes. Les maisons religieuses faisaient de même le commerce des grains, soit dans le pays même, soit avec l'étranger. Les religieuses de différentes maisons filaient la plus grande partie des toiles de l'Europe.

» L'établissement des foires est encore dû à la religion. Leur origine remonte aux fêtes qui se célébraient autrefois dans nos abbayes et près des tombeaux des saints. L'affluence des fidèles qui allaient faire leur dévotion dans ces églises engagea d'abord quelques marchands à établir des boutiques portatives autour des temples du Seigneur. Bientôt des foires plus considérables s'organisèrent. Une des plus importantes était celle du *Landi*, à Saint-Denis, qui devait son origine à l'université de Paris» (*Bienf. du Christ.*, p. 189).

» Les couvents devinrent des espèces de forteresses où la civilisation se mit à l'abri sous la bannière de quelque saint. La culture de la haute intelligence s'y conserva avec la vérité philosophique, qui renaquit de la vérité religieuse. La vérité politique ou la liberté trouva un interprète et un complice dans l'indépendance du moine, qui recherchait tout, disait tout et ne craignait rien » (Châteaubriand, *Etudes hist.*).

Nous avons signalé quelques-uns des bienfaits du Christianisme dans l'ordre religieux, moral, politique, social, intellectuel et matériel; nous n'avons pu qu'effleurer cette immense question; il y aurait beaucoup à dire encore; mais il faut bien terminer enfin un article déjà beaucoup trop long sans doute, non peut-être pour l'importance de la matière, mais pour l'intérêt qu'il peut offrir.

Ici, il me semble entendre l'Eglise, chaste épouse du Dieu fait homme, mère auguste de tous les saints, assise sur son trône séculaire, ornée de l'éclatante variété de toutes les vertus (1), le front ceint du limbe de l'immortalité, il me semble, dis-je, l'entendre, interpeller les nations chrétiennes, et leur dire avec tristesse, mais en même temps avec l'accent d'une inexprimable douceur : « Hé quoi! mes filles, vous que j'ai portées dans mes entrailles, que j'ai enfantées dans la douleur; vous que j'ai nourries de mon lait et réchauffées contre mon sein; vous que j'ai bercées dans mes bras et enveloppées dans les premiers langes de la civilisation, vous dont j'ai guidé les premiers pas, et avec qui j'ai bégayé les langues du vieux monde et ces langues modernes dont vous êtes si fières; vous que j'ai initiées à la vie sociale, que j'ai défendues contre ceux qui vous opprimaient; vous qui m'avez coûté tant de veilles, pour qui j'ai ressenti tant d'alarmes, éprouvé tant de sollicitudes; vous qui portez au front l'empreinte de mon image, qui êtes une portion de ma substance, dont la vie est une portion de ma vie; vous enfin que j'ai tant aimées, pour qui j'ai versé le plus pur de mon sang, ô mes filles, pour lequel de mes bienfaits me persécutez-vous? A l'exemple de mon divin époux, j'ai traversé les siècles, je suis passée au milieu de vous, en faisant le bien, en protégeant les faibles, adoucissant les forts, consolant les affligés, guérissant les cœurs malades et les âmes blessées, recueillant les orphelins, donnant du pain à ceux qui avaient faim, des vêtements à ceux qui étaient nus, un abri à ceux qui n'en avaient pas; he bien! pour lequel de ces bienfaits me persécutez-vous? Mes saints ont versé leur sang pour retirer vos aïeux des épaisses ténèbres de l'idolâtrie; mes souverains pontifes vous ont sauvées trois fois de la barbarie, et toujours vous ont énergiquement défendues contre la tyrannie; mes évêques ont été pour vous des pères; mes religieux ont défriché pour vous les champs de la science et des déserts; mes prêtres se sont consumés et se consument encore pour instruire vos petits enfants, vous nourrir du pain de la parole sainte et faire tomber sur vous la pluie fécondante de la grâce; mes vierges font monter pour vous, vers le ciel, d'ineffables concerts de prières; encore une fois pour lequel de ces bienfaits me persécutez-vous? Car, hélas! vous me persécutez! Depuis que vous avez écouté des hérésiarques pleins d'orgueil et des sophistes séducteurs, qui vous ont enivrées des filtres de l'erreur et de la corruption, vous m'avez prise en défiance et en haine, moi votre mère, moi qui n'ai pas cessé de vous aimer plus que la jeune mère la plus tendre n'aima jamais son premier-né! Vous m'avez frappée dans ce que j'avais de plus sensible, en désolant mes prêtres, en détruisant mes institutions chéries,

(1) *Gallia christiana.*

(1) *Psalm.* XLIV, 10, 25.

Chaque jour vos philosophes, vos historiens et vos orateurs me jettent à pleines mains l'injure et l'outrage. Vous avez gaspillé mes biens, et, en retour, vous me donnez, d'une main avare un pain amer, que j'ai souvent mouillé de mes larmes, et que, hélas! quelquefois vous me reprochez! Je suis la meilleure de toutes les mères, et vous me traitez comme une marâtre indigne! Je suis l'épouse du Dieu qui est votre Père et qui règne dans les cieux, et vous voulez que je m'abandonne à ceux qui règnent sur la terre! Je suis votre reine, et vous voulez que je sois votre esclave! Vous me chargez de chaînes, moi qui ai brisé les vôtres et vous ai conquis la liberté! Vous me donnez, pour mieux me trahir, de perfides baisers; vous me rendez des honneurs dérisoires, pour mieux m'humilier; vous me couvrez de lambeaux de pourpre, pour mieux m'insulter; vous me traînez devant vos prétoires, devant vos cours d'Hérode; vous me livrez à la dérision de vos populaces ivres d'incrédulité; vous m'attachez aux poteaux d'injustes lois, et vous me faites flageller par tous les scribes de votre littérature; vos préteurs me condamnent, tout en reconnaissant mon innocence; vos valets me soufflètent, quand je réponds à ce que vous me demandez; vous me mettez à la main, comme insigne de ma puissance, un roseau brisé; vous me posez au front une couronne d'épines, et vous tournez en dérision ma royauté, que vous dites perdue pour toujours; vous ne voulez plus d'autre roi que César, et vous jetez ce nom formidable à la face de ceux qui élèvent la voix pour me défendre; vous rassemblez contre moi la cohorte de vos hommes d'Etat, de vos légistes, de vos savants et de vos littérateurs, et tous ensemble m'abreuvent d'insultes et d'outrages; vous me préférez des Barabbas, c'est-à-dire des hommes de trouble et de sang; vous leur donnez la liberté, et moi, vous demandez qu'on me crucifie. Vous me faites porter une pesante croix; vous me forcez à gravir un Calvaire escarpé, et vous me suppliciez, comme les malfaiteurs, comme ceux qui ont cherché à troubler le repos du monde! Pour étancher l'ardente soif que j'ai de votre salut et de votre gloire, vous jetez un nouveau fiel dans mon calice d'amertume; vous insultez à mes douleurs, vous répondez à mes plaintes par un rire moqueur, et plusieurs, parmi vous, tiennent toujours la lance prête pour me percer. Hélas! ne puis-je pas bien dire comme le Prophète: « J'ai élevé » des enfants, les leçons que je leur ai données, les soins que » j'en ai pris, les ont mis au premier rang parmi les enfants des » hommes; je les ai exaltés, je les ai couronnés de gloire, et ils » ne m'ont payée que d'ingratitude et de mépris (1). » Mais je suis mère, plus mère qu'aucune autre créature de Dieu, et j'ai des mères l'inépuisable tendresse. Le Dieu de bonté, qui m'a faite à son image, a mis dans mon sein des entrailles de miséricorde; comme lui, je suis patiente, parce que j'ai les siècles devant moi, et que je participe en quelque sorte à son éternité. Quels que soient donc vos torts envers moi, ô mes filles bien-aimées, vous ne me forcerez point à vous haïr; je vous aimerai toujours!

» Ma fille d'Italie, gardez la foi qui fait votre bonheur, non moins que votre gloire; car Rome, votre grande et immortelle métropole, a conquis, par là, un empire plus grand que celui qu'elle avait conquis par ses armes. Donnez à vos sœurs l'exemple de la douceur évangélique, de la piété et d'un amour toujours plus vif pour les beautés surnaturelles de l'art chrétien.

» Ma fille des Gaules, vous que j'ai toujours le plus aimée, pourquoi, après avoir été si rudement châtiée, pour avoir prêté l'oreille aux leçons des sophistes, pourquoi les écoutez-vous encore? Pourquoi refusez-vous à mes docteurs le droit de se consacrer à l'éducation de vos enfants? Pourquoi refusez-vous à mes évêques la liberté que vous accordez à ceux qui vivent sous vos lois? Pourquoi ne permettez-vous pas à ceux qui se sentent appelés à la perfection évangélique, de se réunir, pour pratiquer ensemble la pauvreté, la chasteté et l'obéissance, afin de pouvoir mieux se dévouer à votre bonheur? Pourquoi, devant vos lois, si cela ne constitue pas un privilége, est-ce un cas d'exclusion? Pourquoi êtes-vous ainsi en contradiction flagrante avec mon esprit et celui de mon divin époux? Au milieu de l'égoïsme qui vous dévore, craindriez-vous la contagion du dévouement? Pourquoi enfin me menacer toujours de je ne sais quelles libertés mensongères, qui n'ont plus d'objet aujourd'hui, et qui ne sont entre les mains de ceux qui les exploitent qu'un moyen de mieux vous asservir? Hélas! ma fille, que vous êtes loin d'être ce que vous avez été! Votre foi s'est affaiblie, votre charité est presque éteinte, et vous voilà, privée de votre instinct catholique, à la merci de tous les enchanteurs qui vous abusent. Vos sœurs d'Orient vous invoquent et poussent vers vous des cris de détresse; vos missionnaires gémissent dans les cachots de la Corée et de la Cochinchine; ils tendent vers vous leurs bras ensanglantés, et vous n'en êtes point émue, et vous ne les entendez point! Prenez garde, en vous livrant sans réserve aux tendances matérielles, de tarir en vous les sources de la vie, de déchoir du rang des grandes nations, et d'être bientôt effacée de la terre!

» Ma fille de Belgique, usez sagement des libertés que vous avez conquises, et montrez-vous digne de servir de modèle aux nations catholiques et constitutionnelles.

» Ma fille d'Irlande, continuez de montrer au monde avec quel courage une nation catholique sait supporter ses maux, tout en travaillant avec une infatigable persévérance à en tarir la source; souvenez-vous que vous avez été appelée *l'île des saints*, et montrez-vous, par votre modération et vos vertus, par votre soumission à mes lois sacrées, digne des libertés que vous réclamez, de concert avec mes évêques, par la grande voix du plus illustre de vos enfants, que je bénis pour le bien qu'il vous a fait et qu'il veut vous faire encore, et aussi parce qu'il montre aux peuples modernes quelles grandes choses ils peuvent opérer en mon nom, sans sortir des voies tracées par les constitutions nouvelles.

» Ma fille de la Grande-Bretagne, rendez enfin justice à votre sœur d'Irlande, qui a déjà tant fait pour votre gloire, en versant son sang pour vous sur les champs de bataille! Laissez-vous aller au mouvement régénérateur qui vous pousse vers moi. Cessez de me créer partout des obstacles, comme si j'étais votre ennemie; rétablissez les institutions monastiques, qui vous aideront à guérir l'effrayante plaie de la corruption et du paupérisme qui vous ronge. O ma fille, redevenez catholique, et bientôt vous jouirez, par la force de l'unité dont vous goûterez de nouveau les fruits, d'une puissance morale égale à votre puissance matérielle; votre politique deviendra plus large et plus généreuse, et, puisque la France paraît abdiquer sa mission catholique, vous serez la plus grande nation du monde, moins par le passé que par le rôle magnifique qui vous est réservé dans l'avenir.

» Mes filles d'Ibérie et de Lusitanie, qu'avez-vous fait de votre glorieux surnom? Quand rejetterez vous enfin pleinement les poisons mortels qui, depuis tant d'années, vous ont causé de si effroyables convulsions? Que vous êtes malades! Que vous m'avez fait souffrir par vos longues souffrances! Au récit de vos maux, les nations ont pleuré! O mes filles, jetez-vous dans mes bras, et j'endormirai vos douleurs, et je verserai le baume sur vos blessures, et je vous rendrai votre première fraîcheur, et votre nom figurera encore avec gloire dans les lieux où se décident les destinées du monde.

» Ma fille de Pologne, gardez votre foi comme un gage assuré de résurrection. J'avais ménagé le czar, dans l'espérance qu'il garderait à son tour quelques ménagements avec vos sœurs de Russie; il ne l'a pas fait, et j'ai dû lui infliger un blâme solennel par l'organe de mon pontife. Puisse le czar me donner satisfaction avant de paraître au tribunal de Dieu! Recevez, ma fille, en attendant des jours meilleurs, l'expression de ma vive et tendre sympathie.

» Mes jeunes filles d'Amérique et d'Océanie, nouveaux et merveilleux gages de mon inépuisable fécondité, recevez mes baisers maternels. Croissez, croissez, mes filles, en grâce et en sagesse devant Dieu et devant les hommes. A l'instar de vos sœurs aînées, aux beaux jours de leur enfance, brillez par vos vertus et votre innocence, comme des astres à travers le monde. Gardez longtemps votre heureuse simplicité et votre première candeur. Que la philosophie, à votre aspect, soit forcée de rougir de sa stérilité.

» Mes filles d'Orient, jadis si florissantes et si belles, qu'avez-vous fait des couronnes de gloire, de science et de vertu, dont j'avais paré vos fronts? Hélas! comme vous voilà meurtries, souillées, flétries, mutilées! Comme vous voilà méconnaissables et humiliées! Vous n'avez pas voulu de mon joug si doux et de mon fardeau si léger, et vous voilà courbées sous le cimeterre des Osmanlis et sous le sceptre de fer du Sarmate orgueilleux! Ma fille de Grèce, maintenant affranchie du joug infidèle, ne donnerez-vous pas la première le signal d'un retour salutaire, duquel dépend votre régénération?

» Mes filles de Russie, jusque-là restées fidèles, ah! que ne puis-je prendre pour moi toutes vos douleurs! Honte à celles de vos sœurs sans courage et aux oints du Seigneur qui vous ont donné l'exemple de l'apostasie! Gardez, comme le feu sous la cendre, le dépôt sacré de la foi, en attendant des jours meilleurs. Dieu tient dans sa main les cœurs des rois, il peut chan-

(1) *Isaïe*, XI, 28.

ger celui de votre persécuteur. Unissez vos prières aux miennes, et, en attendant, que la souffrance soit pour vous comme un baptême qui vous purifie.

» Ma dernière-née d'Afrique, aux lieux où brillèrent jadis tant de vertus et de génie, puisez largement dans mes mamelles fécondes. Devenez grande et belle comme celles qui vous ont précédée sur ces rivages autrefois si chrétiens. Faites revivre un jour ce génie africain qui jeta tant d'éclat sur mon propre berceau, quand les Cyprien, les Origène, les Tertullien, les Clément, les Athanase et les Augustin, à l'esprit vaste comme le monde, au cœur embrasé d'amour, forçaient le paganisme au silence et à l'admiration. Que le Bédouin, charmé, s'arrête à votre aspect! qu'il vous demande de faire couler sur son front l'eau régénératrice, et d'initier sa farouche barbarie aux douceurs de la civilisation!

» Mes filles de Hollande, d'Helvétie, de Germanie, de Suède, de Danemark, de Norwége et d'Islande, quand serez-vous donc enfin lasses des divisions et des déchirements de l'hérésie? Quand donc enfin comprendrez-vous que la raison vous inspire mal, puisqu'elle vous jette en de perpétuelles contradictions, et que l'Esprit-Saint ne vous inspire aucunement, puisqu'il ne peut pas se contredire lui-même? Déjà vous ne savez plus comment vous défendre contre les envahissements de la philosophie sceptique et panthéistique. Les princes vous dictent des symboles, comme des arrêts de police; vous vous êtes séparées de moi, au nom de la liberté, et vous voilà réduites à la plus avilissante servitude. Cependant vos divisions s'accroissent, et, avec elles, la fièvre des jouissances matérielles; bientôt vous aurez perdu jusqu'aux dernières marques du Christianisme. Rien n'égale déjà votre stérilité, votre faiblesse et votre impuissance. O mes filles, revenez à moi, et je vous rendrai la vie. Voyez! je vous tends les bras, et suis prête à vous donner le baiser du pardon.

» Mes filles catholiques d'Allemagne, j'ai à me plaindre de votre apathie. Vous n'avez plus de zèle pour la foi; vous dormez du léthargique sommeil de l'indifférence; votre morale est relâchée; c'est à peine s'il vous reste quelques vestiges de l'antique discipline. A part quelques exceptions, la sève apostolique est presque entièrement tarie parmi vous. Et cependant la foi fut puissante chez vos ancêtres: voyez vos cathédrales! Leur morale fut pure et leur discipline austère: voyez le catalogue de mes saints! Ranimez donc votre ferveur, et, imitant votre sœur de Cologne, n'attendez pas que le souffle vengeur des révolutions vous purifie.

» Nations mahométanes et idolâtres, quand enfin ouvrirez-vous les yeux? Quand enfin comprendrez-vous votre infériorité devant les peuples qui ont reçu le Verbe régénérateur? Quand cesserez-vous de persécuter et de mettre à mort ceux qui vont, en mon nom, vous porter la lumière? Quand laisserez-vous enfin le vieil esprit de corruption et de mort, pour recevoir l'esprit de vie et de sanctification?

» Nations catholiques, nations chrétiennes, nations anciennes et nouvelles, nations des continents et des îles, et vous surtout nations européennes qui marchez à la tête de l'humanité, écoutez ma voix, la voix de votre reine et de votre mère: Je vous adjure par le Dieu éternel, par le Dieu vivant et véritable, par le Dieu mort sur la croix pour votre rédemption commune, je vous adjure de déposer les haines et les rivalités qui vous divisent, de vous souvenir que vous êtes toutes sœurs, et que le genre humain n'est qu'une grande famille, non pas seulement par son père unique sur la terre, mais par son Père unique qui est dans les cieux; non pas seulement dans le vieil Adam terrestre, mais dans le nouvel Adam céleste qui est Jésus-Christ. Renversez ces remparts et ces citadelles menaçantes, désarmez ces flottes redoutables, congédiez ces immenses armées qui vous ruinent, changez en socs et en instruments utiles ces armes sanguinaires, et que vos soldats moissonnent, dans les travaux de la civilisation, des palmes qui ne feront plus verser de larmes. Poussez vos chemins de fer jusqu'aux extrémités du globe, qu'ils rayonnent dans tous les sens en ramifications infinies; que vos escadres amies sillonnent les mers en toute liberté avec la rapidité de la foudre et unissent ainsi les continents aux îles; renversez ces barrières élevées entre vous par la haine, l'ambition, la politique et l'orgueil; d'un pôle à l'autre, des dernières limites du sud aux dernières bornes du septentrion, donnez-vous la main, ô mes filles bien-aimées, et embrassez-vous dans mon sein! Qu'il n'y ait plus de sang répandu; la terre en a trop bu jusqu'à ce jour! Qu'il n'y ait plus d'autres conquêtes que les conquêtes pacifiques de la vérité et de la civilisation. Laissez à mes missionnaires le soin d'attaquer et de vaincre la barbarie; ils en feront plus avec la croix que vous avec le glaive; ils en feront plus avec la prière, l'amour et le dévouement qui les inspire, que vous avec toute votre puissance. Prêtez-leur seulement l'appui de vos négociations. Si vous avez des différends et que vous ne puissiez pas vous entendre, je serai votre juge: pourriez-vous me récuser, quand je vous ai donné tant de preuves de dévouement et d'amour? O nations chrétiennes, pourquoi êtes-vous encore sur ce point en pleine barbarie? Pourquoi faites-vous ce que vous défendez à ceux qui vous appartiennent? Pourquoi, au moindre différend, en appelez-vous aux armes, comme ces barbares qui ne connaissaient d'autre loi que la force et d'autre raison que celle du plus fort? N'avez-vous donc point, vous dirai-je avec l'Apôtre, un juge parmi vous (1)? Donnez un autre but à votre activité, et visez à des conquêtes plus nobles, plus belles, et surtout plus durables.

» On vous parle d'un progrès dont on ne connaît ni le but ni le terme: pour réaliser ce progrès chimérique, on voudrait vous lancer dans des voies nouvelles, où vous ne trouveriez que la souffrance, la dégradation et la mort. On veut vous détacher de la croix, qui est l'étendard de la civilisation moderne: on veut vous détacher de l'Evangile, qui en est le code, et du Christ, qui en est le père. Moi, au nom de la croix, au nom de l'Evangile, au nom du Christ, au nom du Dieu de vérité et d'amour, je vous convie à un progrès véritable et sans bornes, progrès dans l'ordre matériel, dans l'ordre intellectuel, dans l'ordre politique, dans l'ordre moral, dans l'ordre religieux, progrès dans le temps et dans l'éternité.

» Progrès dans l'ordre matériel. Jusqu'ici vous n'avez cherché qu'à conquérir la terre, vous ne l'avez pour ainsi dire pas cultivée. C'est elle qui vous nourrit, qui nourrit le genre humain tout entier, et l'art de la faire produire a été jusqu'à présent le plus négligé. Ah! si, au lieu d'encourager les productions du luxe, vous aviez demandé à la terre ce que Dieu lui a ordonné de donner à vos labeurs, les pauvres n'auraient pas eu faim! Que d'éléments à dompter! Que de fleuves à enchaîner! Que de canaux à creuser? Que d'irrigations à diriger! Que de marais à dessécher! Que de landes à rendre fécondes! Que de communications à établir! Que d'améliorations à faire dans les choses existantes! Je ne parle pas des autres parties de l'industrie, elles ne sont que trop florissantes, et c'est là ce qui vous appauvrit et agrandit chaque jour l'effrayante plaie du paupérisme, au profit de quelques mauvais riches. Comment avez-vous pu écouter les sophistes, quand ils vous disaient que le règne de l'industrie serait un nouvel âge d'or sur la terre? Que l'exemple de la Grande-Bretagne vous serve à jamais de leçon! Vous ne surpasserez jamais son industrie, puissiez-vous ne jamais l'égaler dans sa misère! Il y a encore d'incalculables conquêtes à faire sur la matière; mais ces conquêtes ne feront jamais descendre le ciel sur la terre, parce qu'elles n'en chasseront jamais la douleur et la mort. La terre, après toutes les améliorations matérielles, après qu'elle aura pris la plus large part possible aux effets de la réhabilitation, comme elle a eu part à ceux de la déchéance, la terre, dis-je, restera toujours un lieu d'épreuve, de passage et d'exil. Que sont du reste ses joies et ses bonheurs d'un jour pour les immensités du cœur de l'homme? Que la croix domine donc toujours au milieu de la matière régénérée par elle; qu'elle brille partout pour prêcher à l'homme le sacrifice et le dévouement, et lui rappeler, avec le sacrifice de l'Homme-Dieu, les salutaires effets des souffrances, au milieu des douleurs physiques et morales, des infirmités et de la mort, qui ne cesseront point de désoler la terre.

» Progrès dans l'ordre intellectuel. Comme ils vous trompent ceux qui vous disent que je crains la science! Nations chrétiennes, vous savez bien que c'est à moi que vous êtes redevables de celles que vous possédez. Je crains si peu la science, que je vous y convie; mais sachez distinguer la science catholique de la science impie, qui met tout en problème et recule jusqu'au scepticisme. Pourquoi cette scission que l'on cherche à opérer entre la philosophie et la science des révélations divines? Pourquoi ce dualisme absurde? Pourquoi cette rétrogradation vers des temps si mauvais? La raison et la révélation venant toutes les deux de Dieu, elles ne peuvent ni ne doivent se contredire. Pourquoi la philosophie veut-elle absorber la révélation? Quelle folie à l'homme de vouloir absorber Dieu! De puissants génies, en faisant rentrer la vérité philosophique dans la vérité religieuse, ont fait marcher le monde, et tant que cette union a duré, le monde a continué de marcher: maintenant que cette union a cessé, le monde s'arrête ou rétrograde. Il

(1) *I. Corinth.*, VI, 5.

faut de nouveau le faire avancer dans les voies du véritable progrès. A l'œuvre donc, savants de tous les ordres, astronomes, physiciens, chimistes, mathématiciens, naturalistes, littérateurs, artistes; à l'œuvre! Vous aurez toutes mes sympathies et mon admiration, tant que vous resterez étrangers aux vaines prétentions d'une philosophie menteuse qui prétend tout expliquer et ne peut pas même s'expliquer, ni s'affirmer elle-même. Reculez donc les bornes de la science; élargissez sans fin les horizons intellectuels, découvrez-nous sans cesse des mondes nouveaux, des lois plus admirables, des merveilles plus étonnantes encore; plus Dieu sera trouvé grand dans ses œuvres, plus il sera aimé!

» Que le progrès dans l'ordre intellectuel ait pour résultat le progrès dans l'ordre politique et social: il est temps d'appliquer socialement l'Evangile. Peuples de la terre, choisissez les formes de gouvernement qui vous plairont davantage: elles sont toutes bonnes avec les principes évangéliques, et sans eux elles sont toutes également mauvaises. O vous tous, qui que vous soyez, qui vous préoccupez de réformes politiques, souvenez-vous qu'on ne réforme les nations qu'en réformant les individus qui les composent, et que celui-là est indigne de toute liberté qui ne sait pas s'affranchir du joug et de la tyrannie de ses passions. Efforcez-vous donc avant tout de conquérir et de faire conquérir à vos frères la liberté des enfants de Dieu, et toutes les autres vous seront données par surcroît. Que la fraternité ne soit plus un vain nom; que l'esprit de sacrifice et de dévouement anime à la fois ceux qui commandent et ceux qui obéissent; qu'il n'y ait plus d'exploitation de l'homme par l'homme; que l'industrie et le travail du pauvre soient mis dans la balance avec l'or du riche, et pesés à des poids égaux; que l'esprit d'association, si éminemment évangélique, vienne suppléer à l'impuissance individuelle; il y a dix-huit cents ans que j'ai donné l'exemple, et mes ordres religieux l'ont continué à travers les siècles; que le travail ne manque jamais à l'ouvrier, ni la récompense au travailleur; qu'il n'y ait plus d'oisifs, l'Evangile les condamne, et le premier, et le plus profond commentateur de ce livre divin, saint Paul, dit que *celui qui refuse de travailler ne doit pas manger* (1). Or tous ne sont pas obligés de travailler la terre ou la matière, il est d'autres occupations et d'autres soins par lesquels on peut payer sa dette à l'humanité, ainsi qu'il a été réglé par les commandements divins. Il faut que ceux qui ont la richesse sachent qu'ils sont redevables de leur richesse, ceux qui ont l'intelligence, qu'ils le sont de leur intelligence, et ceux qui ont le crédit et la puissance, qu'ils le sont de leur crédit et de leur puissance; et, comme il y aura toujours des pauvres, parce qu'on ne tarira jamais toutes les sources de la pauvreté; comme il y aura toujours des faibles, des infirmes, des cœurs malades, en proie aux passions ou à la douleur, que la charité, qui n'est pas toujours de pain et d'or, reste toujours le premier des devoirs.

» Mais le progrès social est impossible, sans la réalisation du progrès moral, dans les individus et dans les masses. Que tout chrétien soit donc ce qu'il doit être, c'est-à-dire *un autre Jésus-Christ*, et alors, le progrès moral ayant atteint sa perfection, le progrès social atteindra aussi bientôt la sienne. Mais il sera à jamais impossible, tant que les cœurs resteront gâtés et les volontés perverses. Or, la morale évangélique n'ayant jamais été et ne pouvant jamais être surpassée, le progrès moral est et ne peut être que dans sa réalisation. Il faut donc prendre l'enfant dès le berceau et le former à cette belle et forte discipline. Il faut reprendre le travail de régénération si heureusement commencé il y a dix-huit siècles; travail souvent troublé, jamais interrompu, qui a fait germer une multitude de saints, semés çà et là à travers les siècles, pour servir de modèles et de guides dans les voies de la perfection ou du progrès, qui a sanctifié des corporations, des communautés ferventes, mais n'a jamais entièrement sanctifié les nations. Donc à l'œuvre, ô mes prêtres fidèles, ô mes pontifes vénérables, éloquents orateurs, pasteurs brûlants de zèle, confesseurs aux entrailles de miséricorde! A l'œuvre, ô vous tous que Dieu a touchés de sa grâce, jeunes hommes en qui bouillonne la sève de la vie, et vous tous, catholiques, hommes d'intelligence et de cœur, à l'œuvre! Aidez-moi à purifier et à régénérer ces sociétés corrompues. A l'œuvre, ô mes vierges angéliques, ô mes filles du cloître et du monde, à l'œuvre! Faites monter la prière plus incessante, plus ardente et plus pure, priez sur la montagne, tandis que vos frères combattront dans la plaine. A l'œuvre! ô vous tous qui avez le bonheur de croire; je vous convie tous à cette lutte solennelle, il s'agit de combattre le mal sous toutes ses formes: il s'agit d'appliquer à tous les hommes les fruits de la rédemption; il s'agit de former Jésus-Christ en chacun de vous et en chacun de vos frères; il s'agit de faire descendre enfin le règne de Dieu sur la terre, et alors, l'humanité étant relevée de sa déchéance, chaque homme étant sanctifié et réhabilité par son union avec le nouvel Adam, les réformes sociales deviendront inutiles: il n'y aura plus rien à réformer; les sociétés elles-mêmes seront saintes; elles palpiteront sous le souffle de Dieu, aspirant sans cesse à des perfections nouvelles, avançant toujours, sans épuiser jamais l'espace, dans cette carrière sans bornes.

» Mais ce progrès moral est impossible sans le progrès religieux. Il faut donc que la foi se ranime plus vive et plus forte, l'espérance plus ferme et la charité plus ardente; il faut que la foi, devenue capable *d'opérer des prodiges et de transporter les montagnes* (1), vivifie la science moderne, la tire de la matière, la transforme et l'élève jusqu'à l'infini; il faut que l'espérance, devenue capable de résister même à la chute du monde et de s'élever encore sur ses ruines, soutienne les courages dans les luttes immenses qu'il faudra engager contre les obstacles matériels, contre les puissances malveillantes et les volontés rebelles; il faut que la charité, plus ardente, brûle sans cesse, selon le vœu du Christ (2), toutes les impuretés du cœur, et, comme un aimant divin, soutienne l'humanité dans sa marche ascensionnelle vers Dieu et ses destinées éternelles. Mais pour cela il faut que les canaux de la grâce soient sans cesse ouverts, et qu'on vienne sans cesse y puiser; il faut que l'incarnation eucharistique se renouvelle sans cesse dans le sein de chaque fidèle, afin que le corps et le sang théandrique opèrent et renouvellent sans cesse en lui la transformation divine. O nations catholiques, Dieu est avec vous! Vous pouvez vous enivrer de son esprit, vous nourrir de sa substance, vous abreuver de son sang divin, et, par l'action puissante de sa grâce, vous avancer à pas de géant dans les voies de la perfection, et je vous vois prêter l'oreille aux leçons des sophistes qui n'ont que le doute et ses impuissances à vous donner! Si la foi, l'espérance et la charité ont cette intensité, le culte, qui en est l'expression, rayonnera aussi d'un éclat tout nouveau. La prière montera ardente et enflammée vers le ciel et en redescendra chargée de grâces qui viendront alimenter le foyer d'où elle se sera élancée, pour remonter encore, redescendre et remonter toujours! Alors, tous les hommes étant régénérés en Jésus-Christ et *Dieu étant tout en tous* (3), ils ne seront plus, comme aux jours de ma naissance, *qu'un cœur et qu'une âme* (4), et partageront en frères les biens que leur donneront en abondance une prospérité matérielle jusque-là inconnue et, dans l'ordre moral, politique et social, la vérité, l'égalité, la liberté, la justice et la paix.

» Nations de toute langue, de toute latitude et de tout climat, tel est le progrès auquel je vous convie, au nom du Christ qui vous a rachetées. Et, après ce magnifique progrès sur la terre, je vous convie encore à un progrès éternel dans le ciel, quand toutes les traces de la déchéance ayant disparu, quand la réhabilitation étant devenue complète, le corps lui-même sera en quelque sorte spiritualisé et élevé à une gloire dont rien ne peut donner l'idée sur la terre; quand l'intelligence humaine, irradiée par la lumière divine, s'élèvera sans cesse de clarté en clarté (5), verra Dieu face à face (6), et comme il est (7), et en Dieu comprendra ce qui est pour elle ici-bas énigme et incompréhensible mystère; quand le cœur de l'homme, malgré son immensité, débordera de joie et de bonheur, et se dilatera dans des océans de délices, dans une extase éternelle! »

Ainsi ne parlait pas l'Eglise il y a quelques siècles, dira le philosophe avec un rire moqueur; l'Eglise est donc bien réellement vaincue, et son règne est donc bien réellement passé. — Dans votre cœur peut-être, dirais-je au philosophe; mais cela ne prouve rien, si ce n'est que, ayant perdu le sens religieux, vous n'êtes pas plus apte à juger de la religion que l'aveugle des couleurs. Vous ressemblez au malheureux qui, ayant perdu la vue, continuerait de trancher sur tout ce qui la suppose, et nierait que les autres en aient conservé l'usage. Avez-vous compté les âmes sur lesquelles l'Eglise règne

(1) *II. ad Thessal.*, III, 10.

(1) *Marc.*, XVI, 17.
(2) *Luc.*, XII, 49.
(3) *I. Corinth.*, XV, 28.
(4) *Act.*, IV, 32.
(5) *II. Corinth.*, III, 18.
(6) *I. Corinth.*, XIII, 12.
(7) *I. Joann.*, III, 2.

encore? Savez-vous toutes celles qu'elle a conquises dans les lieux qu'éclaire le soleil et dans ceux mêmes où sa lumière ne pénètre pas, depuis que vous célébrez votre prétendu triomphe? Sans doute vous avez soulevé contre elle des tempêtes politiques; mais à quoi ont servi ces tempêtes si ce n'est à mieux montrer qu'elle est assise sur des fondements éternels? Ne voyez-vous pas que, les tempêtes passées, le ciel est redevenu plus serein? Sans doute vous vous êtes rué sur l'Eglise avec ceux qu'avaient enivrés les poisons de vos doctrines; vous avez meurtri le sein qui vous avait portés, les mamelles qui vous avaient allaités, vous avez versé le sang de votre mère; mais, revêtue de la pourpre sanglante, elle a paru plus belle, et elle est devenue plus chère à ceux qui pleuraient ses malheurs. En voulant tarir la vie dans son sein, vous n'avez réussi qu'à accroître sa fécondité. Vous avez frappé le corps, mais vous n'avez pu atteindre l'âme. Vous avez saisi et déchiré la partie humaine et matérielle, mais la partie divine était au-dessus de votre portée. Vous croyiez tenir la personne, vous ne teniez en réalité que le vêtement; vous croyiez l'avoir accablée sous vos coups, et vous n'avez fait qu'essuyer la poussière qui blanchissait ses pieds! L'Eglise reste aujourd'hui tout entière, telle qu'elle a été fondée par son divin auteur, et d'autant plus puissante qu'elle est moins mêlée aujourd'hui aux vaines querelles des hommes. Les politiques le savent bien, et c'est pour cela qu'ils cherchent à s'en servir comme d'un instrument: ils l'enchâssent dans leurs petits systèmes, et comme elle ne peut y tenir, parce qu'elle est grande comme le monde et que leurs systèmes sont petits comme des jeux d'enfants, ils s'étonnent, s'irritent et entrent dans une grande colère, et, à l'exemple des Nazaréens, ils la précipitent des *sommets* du pouvoir *où ils habitent* (1), espérant qu'elle se brisera dans sa chute; mais elle se relève plus brillante et plus belle, sans avoir reçu la plus légère blessure. Alors les politiques la saisissent de nouveau pour la faire forniquer avec eux; mais elle leur échappe encore, en leur laissant entre les mains sa tunique tissue d'or. Alors ils s'efforcent de l'enfermer dans le dédale de leurs lois, ils la font lier par leurs licteurs aux poteaux de leurs prétoires, mais elle leur échappe toujours. Elle passe au milieu d'eux et continue sa marche séculaire (2) vers les rivages de l'éternité, entraînant le monde après elle, et plaignant, dans son cœur de mère, ces gouvernements d'un jour, qui hier n'étaient pas, qui demain peut-être ne seront plus, qui sont petits et faibles comme l'enfant qui vient de naître, et qui veulent absorber ce qui est grand comme la terre, ce qui a vaincu le monde, ce qui compte les siècles comme les jours, ce qui est impérissable et éternel (3)!

L'abbé J. **BARTHÉLEMY**,
Chanoine honoraire de Reims et de Périgueux.

(1) Et duxerunt illum usque ad supercilium montis, super quem civitas illorum erat ædificata, ut præcipitarent eum (*Luc.*, IV, 29).

(2) Ipse autem transiens per medium illorum, ibat (*Ibid.*, 30).

(3) Voici la liste des principaux apologistes de la religion chrétienne; elle pourra servir aux personnes qui seraient peu au courant de la science religieuse, et qui voudraient faire sur ce sujet important des études plus approfondies: Tertullien, Origène, saint Justin, Minutius Félix, Tatien, Théodoret, Vincent de Lerins, saint Jean Chrysostome, saint Jérôme, saint Augustin, Eusèbe, saint Thomas d'Aquin, Bacon, Montaigne, Grotius, Descartes, Richelieu, Abbadie, Baltus, Ferrand; Raymond Lulle, Vivès, Agrippa, Arnaud, de Choiseul du Plessis-Praslin, Pascal, Pélisson, Nicole, Boyle, Bossuet, Bourdaloue, Locke, Lami, Burnet, Malebranche, Lesley, Leibnitz, Labruyère, Fénelon, Huet, Clarke, Duguet, Stanhope, Bayle, Forbes, Leclerc, Dupin, Jacquelot, Tillotson, de Haller, Sherlock, le Moyne, Pope, Leland, Racine, Massillon, Ditton, Derham, d'Aguesseau, de Polignac, Saurin, Buffier, Warburton, Tournemine, Bentley, Littleton, Fabricius, Addison, de Bernis, Jean-Jacques Rousseau, Para-du-Phanjas, Stanislas Ier, Turgot, Statler, West, Beauzée, Bergier, Gerdil, Thomas, Bonnet, de Crillon, Euler, Delamare, Caraccioli, Jennings, Duhamel, Liguori, Butler, Bullet, Vauvenargues, Guénard, Blair, de Pompignan, Deluc, Porteus, Gérard, Diessbach, Jacques, Lamourette, Laharpe, le Coz, Duvoisin, de la Luzerne, Schmitt, Poynter, Moore, Silvio Pellico, Lingard, Brunati, Manzoni, Perrone, Paley, Lefebvre, Pérennès, Wiseman, Buckland, Marcel de Serres, Keith, Chalmers, Dupin aîné, S. S. Grégoire XVI (*a*), de Bonald, de Maistre, Buddée, *De l'athéisme*; Gaume, *Catéchisme de persévérance*; Clément, *Caractère du Messie*; John Sheppart, *the Divin Orig. of Christianity*; Reinhard, *Essai sur le plan de Jésus-Christ* (traduction de Dumas); Seigneux de Correvon; Billecocq, *De la religion chrétienne*; d'Exauvilbers, *De la religion catholique*; Roselly de Lorgues; d'Alvimar, *Recueil de refutations*; Sherlock, *De l'usage et de la fin des prophéties*, *De la divinité de Jésus-Christ* par un bénédictin de la congrégation de Saint-Maur; Pluquet, *Du fatalisme*; M. Mare, *Panthéisme et Théodicée*; Mourgues, *Parallèle de la religion chrétienne*; Nonotte; de Colonia; Frayssinous; Butler, *l'Eglise romaine*; Moulinier, *Leçons de la parole de Dieu*; Lefrançais, *Traité de la religion*; Pontbriand, *l'Incrédulité détrompée*; Smith, *Traduction d'Henrion*; Feller, *Catéch. philosoph.*; Guénée; Hooch, *Religionis naturalis principia*; Châteaubriand; Bozius, *De signis Ecclesiæ*; Desdouits, *Soirées de Montlhéry*; Ryan, *Bienfaits du Christianisme*; le président Joly, *Religion chrétienne éclairée par le dogme et la prophétie*; Balmès, *le Protestantisme comparé au Catholicisme*; Droz, *Pensées sur le Christianisme*. V. aussi les théologiens.

(*a*) Presque tous les auteurs précités ont été reproduits par M. Migne dans son recueil apologétique.

**CHRISTIANITE**, s. f. (*minéral.*), substance minérale peu connue.

**CHRISTIANOCATÉGORE**, *christianocategorus*. Saint Jean Damascène appelle ainsi certains hérétiques qui adoraient les images de la sainte Vierge et des saints. Christianocatégore signifie accusateur des chrétiens.

**CHRISTIANSAND** (Norwége), ville et port à l'embouchure du Torris-Elo, dans une baie formée par la mer du Nord; est située par 58° 8' 4" latitude nord, 5° 43' 54" longitude est. — Cette ville, dont la population est de 5,000 habitants, n'a pas une haute importance commerciale; mais son port, qui peut recevoir cinq à six cents navires, offre un refuge très-sûr aux vaisseaux qui ont eu à souffrir dans la dangereuse traversée du Cattégat, et possède de bons chantiers de construction. On y trouve aussi une manufacture de toiles à voiles, et de riches mines de fer dans le bailliage dont cette ville est le chef-lieu. La culture des pommes de terre y supplée à l'insuffisance des céréales, et la pêche est abondante. On en tire des bestiaux, du goudron, du poisson salé, des peaux et des planches. Cette fournit annuellement à Christiansand pour quatre-vingts à cent mille francs de sel; mais la France en ferait avec la Norwége un commerce bien plus considérable, si les produits de ses marais de l'Ouest, mieux épurés et moins chargés d'argile, se rapprochaient davantage de la qualité des sels de Cette. On peut répartir ainsi la quantité de sel que chaque puissance fournit, année commune, à la Norwége: l'Espagne, quatre-vingt mille tonnes; le Portugal, cinquante mille tonnes; la France, vingt mille tonnes.

**CHRISTIAQUE**, adj. et subst. des deux genres, chrétien. Mot forgé par Voltaire.

**CHRISTICOLE**, adj. et subst. des deux genres, adorateur du Christ.

**CHRISTIE** (Thomas), écrivain écossais, naquit à Montrose en 1761, et, dès qu'il eut fini ses études, fut placé dans une maison de banque; mais cette carrière, dans laquelle au reste il acquit toutes les connaissances financières, n'était point en harmonie avec ses goûts; et toutes ses heures de loisir étaient consacrées à des études littéraires ou scientifiques. — Cette irrésistible direction de son esprit le fit aller à Londres en 1787, pour se livrer à la médecine. Là bientôt il entra, sous les auspices du docteur Simmons, au séminaire de Westminster; il revint ensuite en Ecosse, suivit pendant deux hivers des cours de médecine à Edimbourg, puis se mit à voyager pour ajouter à la masse de ses connaissances. Doué d'une grande flexibilité d'esprit, Christie, en se lançant dans le domaine de la pathologie et de la clinique, ne se vouait pas exclusivement à ces sciences. Dès son arrivée à Londres, il avait recherché la société des hommes de lettres, avec non moins d'amour pour celle des savants: philosophie, théologie, poésie, histoire, tout avait successivement captivé son encyclopédique imagination. Une de ses lectures favorites était celle des journaux littéraires étrangers, et peu de personnes en Angleterre étaient plus aptes que lui à traiter un point de critique ou d'histoire littéraire. Quelques discussions de ce genre lui donnèrent l'idée d'un écrit périodique consacré à l'analyse et à l'appréciation des œuvres de l'esprit, et l'année suivante (1788) il commença la Revue analytique (*Analytical Review*), modèle suivi depuis un demi-siècle par tant d'autres publications. La réputation dès lors acquise à Christie lui valut un brillant accueil en France, où il vint à l'aurore de la révolution. Reçu partout, il eut de fréquents rapports avec les coryphées des doctrines nouvelles, les Necker, les Mirabeau, les Sieyès, et il retourna en Angleterre, convaincu de l'infaillibilité de ces politiques et de la prochaine régénération du genre humain; il ne lui vint pas même en tête que peut-être ses intérêts auraient à souffrir de la tempête que déjà les vrais hommes d'Etat pouvaient prévoir. Christie, pendant son séjour en France, avait reçu des offres avantageuses d'une forte maison de banque anglaise, et n'avait point cru devoir refuser ce qu'il regardait comme ne devant être qu'une sinécure commerciale. Il s'aperçut bien vite, lorsqu'il eut remis le pied à Londres, qu'il n'en était point ainsi, et en 1792 il sortit de l'association, mais pour prendre un intérêt dans une fabrique de Finsburg-Square. Quelques arrangements de commerce le forcèrent, en 1796, à s'embarquer pour Surinam; l'insalubrité du climat altéra sa santé délicate, et une mort prématurée l'enleva au mois d'octobre de la même année. Cette perte fut vivement sentie, en Ecosse surtout, où son incontestable talent avait trouvé parmi ses compatriotes de nombreux et fervents admirateurs. — Le principal écrit de Christie est son volume de *Mélanges de philosophie, de médecine et de morale*, 1789, in-8°. Cet ouvrage, dont le style est pur, la morale persuasive, la pensée toujours ingénieuse et quelquefois profonde, se compose de plusieurs parties, qui n'ont ensemble aucune liaison, mais qui par là même dénotent les diverses études auxquelles se livra successivement l'esprit délicat et souple, mais vacillant et un peu capricieux de Christie : 1° des *Observations* sur le caractère et le talent littéraire des premiers écrivains chrétiens, morceau conçu dans le dessein de réfuter les imputations superficielles de Rousseau et de Voltaire, qui faisaient de ces illustres défenseurs de la foi des ennemis de la philosophie (lu pour la première fois à la société des antiquaires d'Ecosse); 2° des *Réflexions* sur le caractère de Pamphile de Césarée; 3° des *Considérations* sur l'état de l'éducation du peuple; 4° des *Pensées* sur l'origine des connaissances humaines et sur l'antiquité du monde; 5° des *Remarques* sur l'ouvrage de Meiner, intitulé : *Histoire des opinions des anciens relatives à la Divinité;* 6° une *Analyse* de l'ouvrage d'Ellis, sur l'origine des connaissances sacrées. On voit, en se reportant au millésime de ce volume piquant et varié, que Christie devait n'avoir que vingt-cinq ans lorsqu'il se livrait aux réflexions qu'il y sème. On trouve encore de lui beaucoup de lettres ingénieuses dans le *Gentleman's Magazine*. Sa *lettre* au docteur Simmons, dans le *London medical Journal*, contient les matériaux de la thèse qu'il se proposait de subir pour le doctorat. — CHRISTIE (Guillaume), né près de Montrose en 1730, et mort en 1794, remplit avec distinction les fonctions de l'enseignement, et publia plusieurs ouvrages élémentaires très-estimés. — CHRISTIE (Jean), mort le 2 février 1831, à Londres, consacra sa fortune à la culture des lettres et à la publication de quelques ouvrages, dont un au moins peut être regardé comme classique en son genre : c'est une *Dissertation sur les vases étrusques*, où Christie ne montre pas moins de sagacité dans l'appréciation des monuments, dans ses vues sur l'histoire de l'art, que de talent et de goût dans l'exposition des découvertes ou des résultats qu'il développe. L'ouvrage, tiré à un petit nombre d'exemplaires, est fort rare. On doit encore à Christie : 1° un *Essai sur l'ancien jeu d'échecs, dont l'invention est attribuée à Palamède, et qu'on prouve avoir été antérieur au siége de Troie*, 1802. Christie y prouve même que ce jeu était connu des Chinois, et qu'il fut successivement importé et amélioré dans l'Inde, en Perse et en Europe. 2° Un *Essai sur les idolâtries primitives et sur le culte des éléments*. 3° La *Description du vase de Lanti, en possession du duc de Bedford* (imprimée dans la *Collection des vases* de ce lord), et le *Catalogue des vases de M. Hope*. 4° Plusieurs éditions d'auteurs latins et grecs, avec des commentaires très-savants.

**CHRISTIN** (JEAN-PIERRE), bourgeois de Lyon, né dans cette ville en 1683, y a laissé un souvenir honorable comme amateur éclairé des arts. L'un des premiers membres de l'académie de Lyon, dont il fut élu secrétaire, il fit les fonds d'une médaille d'or pour un prix de physique, perfectionna le thermomètre, et mourut en 1755, léguant à l'académie ses livres, ses estampes et ses machines.

**CHRISTIN** (CHARLES-GABRIEL-FRÉDÉRIC), avocat, député à l'assemblée constituante, était né le 9 mai 1744 à Saint-Claude en Franché-Comté. Un procès que les mainmortables de la terre de Saint-Claude intentèrent au chapitre de cette ville, pour obtenir leur affranchissement, fut l'origine de sa liaison avec Voltaire. Il sut intéresser au sort de ces malheureux le défenseur éloquent des Calas et de Sirven; mais la protection de Voltaire, ses réclamations en leur faveur, les excellents mémoires que publia pour eux Christin, tout fut inutile. Condamnés au parlement de Besançon, l'arrêt rendu contre eux fut confirmé par le conseil d'Etat. La convocation des états généraux leur rendit l'espoir, et Christin fut député par le bailliage d'Aval à cette assemblée : il s'y distingua par sa modération, et, après avoir servi ses concitoyens de tout son pouvoir, il revint modestement au milieu d'eux occuper la place de président au tribunal de district. Les affaires dont il était accablé ne l'avaient point détourné de son goût pour l'étude : 5 vol. in-fol. de notes sur l'histoire de sa province et sur d'autres sujets non moins importants furent les fruits de son application. Cette précieuse collection a péri avec son auteur dans l'incendie qui consuma Saint-Claude au mois de juin 1799. Il avait publié : 1° *Dissertation sur l'établissement de l'abbaye de Saint-Claude, ses chroniques, ses légendes, ses chartes, ses usurpations, et sur les droits des habitants de cette terre*, 1772, in-8°; 2° *Collection des mémoires présentés au conseil du roi par les habitants du mont Jura et le chapitre de Saint-Claude, avec l'arrêt rendu par ce tribunal*, 1772, in-8°. Ces deux ouvrages sont ordinairement réunis : quand ils parurent, on les attribua à Voltaire. *La Lettre du P. Polycarpe à l'avocat général Séguier sur le Livre des inconvénients des droits féodaux* (*V.* BONCERF), imprimée sous le nom de Voltaire, est aussi de Christin, qui avait fait une étude si particulière de la manière et du style de ce grand écrivain, que personne ne reconnut la supercherie.

**CHRISTINE**, vierge et martyre, que Molanus confond mal à propos avec sainte Crispine d'Afrique, dont a parlé saint Augustin, était de la petite ville de Tyr en Toscane, qui ne subsiste plus aujourd'hui. On croit qu'elle souffrit dans le III^e ou IV^e siècle. L'Eglise romaine, qui l'honore le 24 de juillet, n'admet pas cependant ses actes, qu'on n'a point encore publiés en entier, parce qu'ils sont fabuleux et supposés. Son corps a été transporté de la Toscane à Palerme en Sicile (Cajetan, tome II, *Des saints de Sicile;* Baillet, 24 juillet).

**CHRISTINE DE BRUZO**, qu'on nomme aussi *de Stommelen*, de l'endroit de sa naissance, naquit dans le village de ce nom, au duché de Juliers, en 1252, et se distingua par ses vertus et une piété extraordinaire, que le ciel illustra de divers prodiges. Elle mourut en 1313. On voit son tombeau dans l'église collégiale de Juliers, où son corps fut transporté en 1619. On a d'elle beaucoup de *lettres*, dont on peut voir le catalogue dans les *Acta sanctorum*, tome IV, au 22 juin. Quelques-uns confondent, non sans de bonnes raisons, cette Christine avec Christine *l'Admirable*, qui vivait également dans le XIII^e siècle, et dont M. Nicole (tome VII, lettre 45), parle en ces termes : « Le cardinal Jacques de Vitri, homme de poids et de mérite, fait, dans la *Vie de Marie d'Oignies*, le récit des choses extraordinaires arrivées à une sainte fille encore vivante de son temps, qu'on appeloit *Christine l'Admirable*. Il étoit confesseur d'un monastère où elle étoit et apparemment le sien. Cependant, de quelque poids que soit son autorité, ce qu'il en dit est si extraordinaire, que M. d'Andilly s'est cru obligé de le retrancher de la Vie de Marie d'Oignies qu'il a donnée en françois. » (*V.* ABINELLE, CATHERINE DE SIENNE, etc.)

**CHRISTINE** (*hist. de Pologne*), reine de Pologne, fille de l'empereur Henri IV, sœur de Henri V. Elle épousa Vladislas, fils de Boleslas III, roi de Pologne. L'ambition de cette princesse fit les malheurs de son époux : elle alluma dans son cœur cette passion de dominer dont elle était dévorée; lui peignit ses frères Boleslas, Miceslas, Henri, comme des rivaux dangereux qui lui refuseraient bientôt l'hommage qu'ils lui avaient promis, s'érigeraient en souverains dans leurs apanages et se ligueraient pour l'accabler et partager sa dépouille; elle ajouta que le seul moyen de prévenir les maux qui menaçaient la Pologne était de s'emparer des domaines de ces princes. Vladislas, prince faible, esclave du premier courtisan qui s'emparait de sa confiance, suivit ce conseil funeste, leva des troupes, assiégea ses frères dans Posen, fut vaincu, et s'enfuit en Allemagne. La reine engagea l'empereur Conrad à secourir son époux; mais, bientôt abandonnée par ce prince, elle trouva dans Frédéric Barberousse, son successeur, un allié moins inconstant. Ce monarque entra dans la Pologne à main armée, et força Boleslas, qui avait été couronné, à abandonner le trône. Vladislas put rentrer dans sa patrie; mais la mort l'arrêta en chemin. Il mourut méprisé de ses sujets, abandonné de ses amis, victime de sa complaisance pour sa femme; elle fut reléguée en Allemagne, et passa le reste de sa vie dans une obscurité plus cruelle pour cette âme orgueilleuse que la mort même. Peu de vertus rachetaient ses défauts, et ses talents n'égalaient pas son ambition. Son caractère était féroce; elle ne sentit jamais ni reconnaissance pour ses partisans, ni pitié pour ses ennemis; elle avait fait crever les yeux et couper la langue à un seigneur polonais qui osa défendre, devant Vladislas et la nation, la cause des princes opprimés.

**CHRISTINE DE PISAN**. Dans un des jours du mois de décembre de l'année 1368, le roi Charles V recevait dans son palais du Louvre une famille dont l'air et le costume révélaient facilement l'origine étrangère. Au milieu d'un groupe composé du père, de la mère et de trois enfants, on remarquait une petite fille âgée de cinq ans environ, magnifiquement vêtue à la lombarde, et dont les traits réguliers et gracieux présageaient une beauté précoce. Cette petite fille avait nom Christine, et sans doute le sage roi qui en ce moment l'honorait d'un bienveillant accueil, ne prévoyait guère que cette humble enfant serait un jour son historien et contribuerait grandement à faire passer à la postérité la gloire de son nom et la sagesse de son règne. — Christine était née à Venise en 1363, de Thomas de Pisan, Bolonais, habile astronome, que sa réputation et la faveur dont jouissait alors l'astronomie et particulièrement l'astronomie judiciaire, avait fait rechercher en même temps par le roi de Hongrie et par le roi de France. « Il (Charles V) fit en tous pays querre et cherchier et appeler à soy clercs solemnels, philosophes fondez en science, mathématiques et spéculatives; de laquelle expérience me apprens la vérité. Car comme renommée lors témoigna par toute chrestienté la souffisance de mon père naturel ès sciences spéculatives, comme supellatif astrologien, jusques en Italie en la cité de Boulogne la grasse par ses messagers l'envoya querre, par lequel commandement et volonté fut puis ma mère avec ses enfans et moy sa fille translatez en ce royaume, si comme est encore sçu par maints vivans. » Christine fut élevée à la cour, et son père, lui reconnaissant d'heureuses dispositions, voulut qu'elle cultivât son esprit par l'étude des lettres; il lui fit apprendre le latin. Dès l'âge de quinze ans, elle avait déjà été recherchée par plusieurs personnes de distinction, de robe et d'épée; un jeune homme de Picardie, nommé *Etienne du Castel*, qui avait de la naissance, de la probité et du savoir, obtint la préférence. Bientôt après son mariage on lui donna la charge de notaire et de secrétaire du roi, qu'il exerça avec distinction. Le roi Charles l'aimait et le considérait beaucoup. « Avenir au point de mes fortunes, le temps vint que je approchoië l'aage auquel on seult les filles assener de mari, tout fusse-je ancore assez jeunette, nonobstant quer par chevaliers, autres nobles et riches clercs, fusse de plusieurs demandée (et cette vérité ne soit de nul réputée ventence, car l'auctorité de l'onneur et grant amour que le roy à mon père demonstroit estoit de ce cause, non mie ma valeur), comme mondit père reputast cellui plus valable, qui le plus science avec bonnes mœurs avoit; aussi un jone escolier gradué, bien né et de nobles parents de Picardie, de qui les vertus passoient la richece, à cellui que il réputa comme propre fils je fus donnée. En ce cas ne me plains-je de fortune; car à droit eslire en toutes convenables graces, si comme autrefois ay dit, à mon gré mieux ne voulsisse. Cellui pour sa souffisance, tout après nostre susdit bon prince, qui l'ot agréable, lui donna l'office, comme il fut vaquant, de notaire et son secrétaire à bourses et à gages, et retint de sa cour très-amé serviteur. » Malheureusement le bonheur de Christine devait peu durer. En 1380, Charles V mourut : Thomas de Pisan perdit de son crédit; on lui retrancha une partie de son traitement; le reste fut mal payé, et le vieillard accablé d'infirmités, dégoûté sans doute des faveurs des grands dont il reconnaissait toute la fragilité, descendit au tombeau peu de temps après son bienfaiteur. Pendant la vie du roi, sa position avait été des plus heureuses; chaque mois il recevait cent francs de gages, qui, selon l'abbé Lebeuf, valaient environ sept cents livres de la monnaie actuelle. Ses livrées et les gratifications qu'il touchait n'allaient à guère moins; et par-dessus tout cela, on lui faisait espérer un fonds de terre de cinq cents livres de revenu pour lui et ses héritiers. Le changement fut grand à la mort du roi, et les dernières années du savant durent être bien rudes. « Durant son sain entendement jusques à la fin, dit Christine, recoynoissant son créateur, comme vray catholique trespassa mondit père, droit à l'eure que devant ot prénostiqué. Duquel entre les clercs demoura renommée, que en son temps durant, ne plus de cent ans devant, n'avoit vescu homme de si hault entendement, ès sciences mathématiques en jugemens d'astrologie. Avec ce entre les princes, et ceux qui le fréquentoient, la vraye réputation de sa prudomie, ses bienfaits, loyauté, vérité et autres vertus, et nul reprouche faisoit plaindre sa mort et regretter sa vie; en laquelle nulle repréhension n'affiert, se trop grant libéralité de non refuser riens que il eust aux povres, en tant qu'il avoit femme et enfants, ne luy donne. Et que je ne le dit par faveur, de ceste vérité sont ancores aujourd'huy mains de ses cognoiscens princes et autres certains comme de expérience. Si fu un tel homme à bon droit des siens plaint et plouré. » A la mort du père de Christine, Etienne du Castel devint le chef de la famille. Il la soutint encore quelque temps par le crédit de sa charge; mais bientôt atteint d'une maladie (1389) contagieuse, il succomba à l'âge de 34 ans, laissant sa femme alors dans sa vingt-cinquième année, chargée de trois enfants et de tous les embarras d'une position gênée. Elle qui n'avait connu que l'aisance, dont la jeune imagination s'était développée à la vie élégante et luxueuse d'une cour, et qui avait échangé les beaux palais de Venise contre les salles du Louvre, allait aussi connaître les soucis de chaque jour, l'existence inquiète et agitée des plaideurs, l'humiliante et précaire ressource des emprunts. Christine tombait de la vie des privilégiés dans la vie de la foule; son apprentissage d'auteur commençait. « Or me convint, dit-elle, mettre mais à œuvre, ce que moy nourrie en délices et mignotemens n'avoië appris, et estre conduisaresse de la nef demourée en la mer orageuse sans patron; c'est à savoir le desolé mainage hors de son lieu et pays. Et donc messourdirent angoisses de toutes pars. Et comme ce soient les mès des veufves plais et procès m'avironnèrent de tous lèz, et ceux qui me devoient m'assaillirent, affin que ne m'avançasse de leur rien demander. » Plusieurs années se passèrent ainsi à lutter contre des débiteurs de mauvaise foi et des demandeurs injustes, et à courir de tribunal en tribunal, sans pouvoir obtenir justice. Après tant et de si pénibles efforts, il se trouva que Christine n'avait point gagné ses procès et qu'elle avait perdu beaucoup d'argent; alors, lasse de mener inutilement une vie si contraire à ses goûts, elle se renferma dans son cabinet et chercha à se consoler par la lecture des livres que son père et son mari lui avaient laissés. « Ne me pris pas, dit-elle, comme présomptueuse aux parfondesse des sciences obscures, etc. Ains comme l'enfant que au premier on met à l'a b c d, me pris aux histoires anciennes des commencemens du monde; les histoires des Ebrieux, des Assiriens et des principes des seigneuries, procédant de l'une en l'autre, dessendant aux Romains, des François, des Bretons, et autres plusieurs historiographes; après aus déductions des sciences, selon ce que en l'espace du temps que y estudiai en pot comprendre, puis me pris aux livres des poëtes..... A donc fus-je aise quand j'os trouvé le stile à moy naturel, me délitant en leurs soubtiles couvertures, et belles matières, mutiées sous fictions délitables et morales; et le bel stile de leurs metres et prose, déduite par belle et polie rhétorique. » Ce plaisir que Christine goûta dans ses études solitaires à la lecture des poëtes, détermina sans doute, ou plutôt révéla sa vocation poétique. Après avoir longuement étudié les ouvrages des autres, elle se sentit capable d'en produire elle-même, et se mit à la composition dans l'année 1399; elle était alors âgée de trente-cinq ans. Six ans après, elle publia le livre intitulé : *Vision de Christine*, dans lequel elle assure avoir déjà composé quinze volumes. « Depuis l'an MCCCXCIX, dit-elle, que je commençay, jusques à cestui MCCCCV, ouquel ancores je ne cesse, compilés en ce tandis quinze volumes principaulx, sans les autres particuliers, petits dictiez, lesquieulx tous ensemble contiennent environ LXX quayers de grant volumes, comme l'expérience en est manifeste. » Ses premiers ouvrages furent ce qu'elle appelle de petits *Dictiez*, c'est-à-dire de petites pièces de poésie, des ballades, des lais, des virelais, des rondeaux. Elle avait commencé à en faire dès le temps même de ses procès et des plus grands embarras de son veuvage. La ballade où elle se plaint de ce que les princes ne veulent point l'entendre est de ce temps-là; elle l'apprend elle-même. « Ne m'avoit ancores tant grevée fortune, que ne fusses accompagnée des musettes des poëtes... Icelles me faisoient rimer complaintes plourables regraitant mon ami mort et le bon temps passé, si comme il appert au commencement de mes premiers dictiez, ou principes de mes cent balades, et meismement pour passer temps, et pour aucune gayeté attraire à mon cuer doulouroux, faire dis amoureux et gays d'autruy sentement, comme je dis en un mien virelay. » Mais le monde, qui ne pardonne pas au talent, s'est de tout temps particulièrement irrité contre les femmes assez téméraires pour préférer l'étude et les arts à la vie futile qu'il leur impose. Dans les sociétés anciennes, elles devaient acheter par la flétrissure le privilége d'avoir du génie, et ce n'était qu'en devenant ses courtisanes qu'elles trouvaient grâce auprès de lui. Si, du temps de Christine, elles n'étaient plus forcées à subir son contact impur; du moins ne pouvaient-elles, pas plus qu'aujourd'hui, se soustraire à la souillure de ses interprétations. Christine l'éprouva : et lorsqu'elle eut livré au monde le secret de ses travaux solitaires, elle tomba avec eux dans le domaine public. Alors on ne voulut pas accepter l'explication de ses vers auquel elle s'était adonnée, disait-elle, « pour aucune gayeté attraire à mon cuer douloureux, faire dis amoureux et gays d'autrui sentement. » Mais on publia partout qu'elle était véritablement amoureuse. Elle eut beaucoup à souffrir de ces médisances, et nous voyons par un passage du troisième livre de sa *Vision*, qu'elle en fut très-affectée. « Ne fut-il pas dit de moy par toute la ville que je amoie par amours, dit-elle; je te jure m'ame, que icellui ne me cognoisçoit, ne ne savoit que je estoie : ne fu onques homme ne créature née qui me veist en public, ne en privé, en lieu où il fust... Et de ce me soit Dieu tesmoing que je dis voir... Dont comme celle qui ignocent me sentoie, aucune fois, quand on me le disoit, m'en troubloie: et aucune fois m'en souriove, disant: Dieux et icelluy et moy savons bien qu'il n'en est riens. » Cependant, parmi la foule envieuse et méchante, il se trouve toujours quelques hommes d'élite capables d'apprécier le talent et de l'honorer sans arrière-pensée. Christine eut le bonheur d'en rencontrer non-seulement parmi les Français, mais encore parmi les étrangers. Le comte de Salisbury, favori de Richard, roi d'Angleterre, « gracieux chevalier, dit Christine, aimant dictiez, et luy-même gracieux dicteur, » vint en France à l'occasion du mariage d'Isabelle, fille de Charles VI, avec son maître. Il fit la connaissance de Christine, dont il aimait déjà les poésies, et à son retour en Angleterre il emmena son fils, alors âgé de treize ans, pour le faire élever avec le sien. Peu de temps après, Richard fut détrôné par Henri de Lancastre, et le comte de Salisbury mourut décapité. Le nouveau roi, ayant lu les ouvrages de Christine, lui fit des offres très-avantageuses pour l'attirer à sa cour, et traita son fils avec bonté et affection; mais Christine refusa tout et rappela son fils près d'elle, sous prétexte qu'il devait venir la chercher pour la conduire en Angleterre. « Et ainsi reffusay leschoite de icelle fortune pour moy et pour luy; pour ce que je ne puis croire que fin desloyal viengne à bon terme. » Le duc de Milan lui fit à son tour des propositions fort honorables, si elle voulait consentir à se fixer dans ses États. « Très grandement avoit ordonné de mon estat par rentes à tous jours, dit-elle, se y aller vouloye : et ce scevent plusieurs gentils hommes du pays meismes, commis à cette ambassaderie. » Elle préféra rester en France. — De tous les princes français qui protégeaient et appréciaient Christine, le duc de Bourgogne, Philippe le Bon, paraît être celui auquel elle s'attacha le plus particulièrement. Ce fut lui qui prit à son service son fils aîné, quand il revint d'Angleterre, et qui lui fournit pendant quelque temps à elle-même de quoi subvenir à ses dépenses. Ce fut encore ce même duc qui la chargea d'écrire la vie de Charles V. « Voirs est que c'est present an de grace mil IIII et II, après un mien novel volume appelé *de la Mutation de fortune*, audit très solemnel prince monseigneur de Bourgogne de par moy par bonne estreine présenté le premnier jour de janvier que nous disons le jour de l'an, lequel sa débonnaire humilité receupt très-aimablement et à grant joye me fut dit et rapporté par la bouche de Monbertaut, trésorier dudit seigneur, que il lui plairoit que je compilasse un traicté touchant certaine matière, laquelle entierrement ne me déclairoit. Si que sceusse entendre la pure voulenté dudit prince; et pour ce moy meue de désir d'accomplir son bon vouloir selon l'estendue de mon foible engin, me transportay avec mes gens où il estoit lors à Paris au chastel du Louvre, et là de sa benigne grace lui informé de ma venue, me fist aler vers lui : menée où il étoit par II de ses écuyers en toute courtoisie duiz nommez Jehan de Chalons et Toppin de Chantemerle, là le trouvay retrait assez solitaire, accompaigné de son trez-noble fils Anthoine mon seigneur conte de Retel..., et dont lui trez-bénigne, après que son humilité m'eust rendu plus mercis qu'à recepvoir à ma petitece n'appartenoit; me dit et déclaira la manière et sur quoy luy plaisoit que je ouvrasse, et après maintes offres notables receues de sa bénignité, congé pris avec la charge agreable, que je reputay commendement plus honorable, que moy idoine ou digne de le souffisamment accomplir. » — Elle n'avait encore composé que le premier volume de cet ouvrage, lorsque Philippe mourut. « Laquelle mort, dit-elle, fut le renouvellement des navreures de mes adversitez, et semblablement grief parte à cestuy royaume, si comme audit livre qu'il me commanda, non ancore lors achevé, je recorde en piteux regrais. » Malgré la protection des grands, malgré la réputation que l'auteur s'était acquise par la publication de plus de quinze volumes, elle était pourtant toujours dans un état voisin de la misère, ayant à sa charge une mère âgée, un fils sans place et de pauvres parentes. Le souvenir de son opulence passée et la fierté naturelle aux âmes élevées rendaient encore cette position plus pénible par la honte qu'elle en éprouvait et les efforts qu'elle tentait pour la cacher. Elle nous révèle elle-même, dans son langage naïf et vrai, les douleurs si bien connues et tant éprouvées de ceux qui, dans la pauvreté, cherchent encore à conserver une certaine dignité. « Si te promets; dit-elle à dame Philosophie, que à mes semblans et abis peu apparoit entre gens le faissel de mes ennuys : ainsi soubs mantel fourré de gris et soubs surcot d'escarlate, non pas souvent renouvellé, mais bien gardé, avoie espesses fois de grans friçons, et en beau lit et bien ordené de males nuis. Mais le repas estoit sobre; comme il affiere à femme vefve; et toute fois vivre convient. » Toutes les économies, tous les soins de la pauvre *vefve* ne purent cependant lui épargner le fond amer du calice; quand la pauvreté s'acharne à une victime, elle l'accable sous ses coups. Christine ne put même plus cacher sa misère; il lui fallut emprunter et devoir! « Mais quand il convenoit, dit-elle, que je feisse aucun emprunt ou que soit, pour eschever plus grant inconvénient beau sire Dieux, comment honteusement à face rougie, tant fust la personne de mon amistié le requeroie: et encore aujourd'huy ne suis garie de cette maladie, dont tant ne me greveroit, comme il me semble quant faire le m'esteut, un accès de fièvre. » Les bienfaits du duc de Bourgogne avaient amélioré momentanément sa position, sans l'assurer toujours; aussi, un an après sa mort, Christine se plaint-elle du peu de secours qu'elle reçoit des grands; de la nécessité où elle se voit réduite *de poursuivre à grant train les gens de finance qui la promènent de jour en jour par leurs belles paroles;* de l'impossibilité où elle se trouve d'entretenir sa mère selon l'état qui lui convient; de ce qu'elle ne peut assister de pauvres parentes à marier, et de ce qu'enfin elle est privée de la compagnie de ses deux frères, qui, n'ayant pas de quoi subsister en France, s'en sont allés vivre sur l'héritage de leur père: Christine avait alors trente-neuf ans. — Plus tard, en l'année 1411, elle reçut du roi Charles VI une gratification de deux cents livres, *pour considération des bons et agréables services que feu maistre Thomas de Boulogne, en son vivant conseiller et astrologien du feu roy Charles que Dieu pardoint, et dudit seigneur et aussi père d'elle avoit faits, pour certaines autres causes et considérations; deux cens livres, par lettres du roy du 13 may mil quatre cens onze.* On ignore si dans la suite elle fut plus heureuse. — Elle parle de son fils avec beaucoup d'éloges, et paraît aussi n'avoir reçu que des consolations de sa fille, retirée dans un couvent à Passy. C'était bien le moins qu'elle trouvât dans ses enfants une compensation à ses douleurs. — Les ouvrages de Christine de Pisan sont moitié vers, moitié prose. Les premiers sont : 1° cent ballades, lais, virelais, rondeaux : *Jeux à vendre, ou Vente d'amours*, et autres ballades (manuscrit n° 7212); 2° *Epistre au dieu d'amour* (ib.); 3° *le Desbat des deux amants* (ib.); 4° *le Livre des trois jugements* (ib.); 5° *le Livre du jugement de Poissy* (ib.); 6° *le Chemin de longue estude* (ib.), mis en prose par Jehan Chaperon et imprimé à Paris en 1549, in-16; 7° *les Dits moraux, ou les Enseignements que Christine donne à son fils*; 8° *le Roman d'Othéa, où l'Epistre d'Othéa à Hector* (manuscrit n° 7223-7641); l'abbé Sallier l'a fait connaître dans le tome XV de l'*Académie des inscriptions;* 9° *le Livre de mutacion de fortune* (manuscrit n° 7087). — Les ouvrages en prose sont : 1° *Histoire du roi Charles le Sage* (manuscrit n° 9668). L'abbé Lebeuf l'a publiée avec des notes dans le troisième volume de ses *Dissertations sur l'Histoire de Paris*, XL; 2° *Vision de Christine de Pisan* (manuscrit n° 7394); 3° *la Cité des dames*, auquel se trouve joint le *Livre des trois vertus* (manuscrit n° 7395-7399). Imprimés sous le titre des *Cent Histoires de Troyes;* Paris, Philippe Pigouchet, in-4°, sans date; puis en 1497, in-fol., Paris, Ph. Lenoir, 1522, in-4°, avec l'*Epistre d'Othéa;* 4° les *Epistres sur le roman de la Rose* (manuscrit n° 7087); 5° *Instruction des princesses, dames de court et aultres;* 6° *Lettres à la reine Isabelle*, en 1405; 7° les *Proverbes moraux* et le *Livre de prudence*. — La vie de Christine de Pisan a été écrite par Boivin le jeune (*Académie des inscriptions*, t. II); par l'abbé Lebeuf, à la tête de l'*Histoire de Charles V*, etc. Une partie des productions de cette dame a été imprimée dans les tomes II et III de la collection des meilleurs ouvrages français composés par des femmes.

**CHRISTINE DE FRANCE**, digne fille de Henri IV, née en 1606, épousa en 1619 Amédée II, duc de Savoie. Ce prince étant mort en 1637, elle gouverna pendant la minorité de son fils avec prudence et fermeté. Attaquée par ses deux beaux-frères dont l'un, le prince Thomas, ligué avec les Espagnols, réussit à s'emparer de Turin, elle se mit sous la protection de Louis XIII, son frère, et fit rentrer le Piémont sous l'autorité de son fils Charles-Emmanuel II, et rendit le calme à ses États. Cette princesse mourut en 1663.

**CHRISTINE DE SUÈDE**, née le 8 décembre 1626, eut pour père Gustave-Adolphe, et pour mère Marie-Eléonore de Brandebourg, distinguée par sa beauté et son goût pour les arts. Gustave, voyant en Christine le seul appui de son trône, donna les plus grands soins à l'éducation de cette princesse. Il voulut qu'elle fût élevée d'une manière forte et mâle, et qu'on l'instruisît dans toutes les sciences qui pouvaient orner son esprit et donner de l'énergie à son caractère. L'ayant conduite à la forteresse de Calmar, lorsqu'elle n'avait encore que deux ans, et le commandant de la place craignant de faire tirer le canon en présence de l'enfant: «Tirez, dit Gustave, elle est fille d'un soldat; il faut qu'elle s'accoutume au bruit. » Peu après, il partit pour l'Allemagne et recommanda sa fille dans les termes les plus touchants au chancelier Oxenstiern. Gustave ayant terminé sa carrière à Lutzen en 1632, les Etats du royaume s'assemblèrent pour prendre les mesures qu'exigeaient les circonstances. Christine, qui n'avait que six ans, fut proclamée reine de Suède, et on lui donna pour tuteurs les cinq dignitaires de la couronne, qui furent en même temps chargés de l'administration. C'étaient des hommes connus par leurs lumières, leur expérience, leur patriotisme. Le chancelier Oxenstiern s'était fait surtout remarquer depuis longtemps par l'énergie et la maturité de ses conseils. Ce fut lui qui obtint la direction des affaires en Allemagne, et qui, de concert avec les généraux, soutint la gloire et l'influence de la Suède. L'éducation de Christine fut continuée d'après le plan tracé par Gustave-Adolphe. Douée d'une imagination vive, d'une mémoire très-heureuse et d'une intelligence peu commune, elle fit les progrès les plus rapides; elle apprit les langues anciennes, l'histoire, la géographie, la politique, et dédaignait les amusements de son âge, pour ne se livrer qu'à l'étude. En même temps elle manifestait déjà cette singularité de conduite et de caractère dont toute sa vie porta l'empreinte, et qui fut peut-être le résultat de son éducation autant que de ses dispositions naturelles. Elle n'aimait point à paraître dans le costume de son sexe, elle se plaisait à faire de longues courses à pied ou à cheval, et à partager les fatigues et même le danger de la chasse. On avait beaucoup de peine dans les occasions solennelles à lui faire observer les usages et les convenances que prescrivait l'étiquette de la cour. Se livrant quelquefois à la plus grande familiarité avec ceux qui l'entouraient, elle déployait dans d'autres occasions une fierté dédaigneuse ou une dignité imposante. En 1636, Oxenstiern, qui avait passé plusieurs années en Allemagne, retourna en Suède et prit sa place dans le conseil de régence. Christine le reçut comme un père, lui donna toute sa confiance et se forma par les fréquents entretiens qu'elle eut avec lui à l'art de régner. Bientôt elle montra en assistant au conseil une maturité de raison qui étonna ses tuteurs. Les états, assemblés en 1642, l'engagèrent à prendre les rênes du gouvernement, mais elle refusa, alléguant son âge et son peu d'expérience. Ce ne fut que deux ans après qu'elle se chargea de l'administration. — Dix ans s'écoulèrent depuis le jour où Christine prit les rênes du gouvernement jusqu'à celui où elle les remit entre les mains des états généraux. Dès le mois de mai 1642, elle avait commencé à assister aux délibérations du sénat. Elle entra en majorité le jour anniversaire de sa dix-huitième année, le 6 décembre 1664. Les états, convoqués pour le 8 octobre 1644, se trouvèrent à la rencontre de la reine, à Stockholm. Les tuteurs lui rendirent compte de leur administration. Ce rapport, fait par le chancelier du royaume, rappelle les circonstances difficiles au milieu desquelles ils s'étaient chargés du gouvernement avec le consentement et la volonté des états. Ils étaient entrés en fonctions après la mort d'un héros moissonné à la fleur de l'âge et qui avait porté sa patrie à un si haut point de gloire qu'il leur avait été difficile de l'y maintenir. Ils avaient eu à surmonter beaucoup d'obstacles, tant à l'étranger qu'en Suède, non-seulement par le nombre de personnes qui devaient être à la tête du gouvernement, mais aussi par la nature humaine, qui est portée à la contradiction. Cependant ils s'étaient mis à l'œuvre, confiants qu'ils étaient dans le secours de Dieu, la concorde des états, l'obéissance des sujets et les vertus croissantes de la jeune reine. Ils avaient l'intention de suivre les conseils et les projets qu'ils savaient être ceux du feu roi. Ils espéraient que si la force des choses ou le malheur du temps leur avaient fait faire quelque chose qui aurait pu être mieux ou autrement exécutée, on devait les juger d'après la pureté de leurs intentions, et non suivant l'opinion de leurs ennemis et de leurs calomniateurs. Les mesures d'administration intérieure qu'ils soumettaient à la décision de la reine étaient : 1° plusieurs règlements qu'ils avaient été obligés de faire et plusieurs ordonnances qu'ils avaient publiées, et pour lesquels ils demandaient la sanction de la reine; 2° la division de quelques préfectures qui étaient trop étendues; l'institution de la cour suprême à Joukoping et la création de l'université d'Abo et de plusieurs gymnases; la fondation de nouvelles villes et la restauration des anciennes; la concession de priviléges à plusieurs forges et fabriques de cuivre jaune; 3° l'acquisition, par échange, de quelques terres seigneuriales, acquisition qu'ils s'étaient vus dans la nécessité de faire au profit de la couronne pour la fondation ou l'agrandissement des villes, ou pour favoriser le développement de l'exploitation des mines; 4° l'engagement (*forpantuing*) de plusieurs domaines de la couronne, nécessité par les grandes dépenses du royaume, que les recettes ne pouvaient couvrir et auxquelles on ne voulait pas faire face en excédant le peuple, de crainte de troubles qui avaient été plusieurs fois sur le point d'éclater. Ils savaient que cette mesure était mal interprétée; mais ces engagements étaient nécessaires pour sauver l'Etat et la patrie. Gustave-Adolphe lui-même en avait donné l'exemple; on avait agi de même dans d'autres Etats lorsqu'on s'était trouvé dans de grands embarras. Les propriétés sont mieux cultivées par les particuliers que par les fermiers de la couronne; elle peut rentrer en possession de ces terres, et, quoique le temps de la prescription soit trop court, cependant tout dépend de la ratification de la reine, qui peut l'étendre à plusieurs années. 5° Quoique la constitution défende d'anoblir quelqu'un pendant la minorité du roi ou de donner des domaines en dotation, les tuteurs n'ont pu, à la longue, observer ce paragraphe de la loi avec cette grande guerre qui était au-dessus des forces du pays et avec un trésor épuisé. Le feu roi, d'ailleurs, avant sa mort avait constitué à plusieurs personnes des dotations dont il ne restait plus que les actes à signer. Comme un gouvernement ne peut subsister sans infliger des peines ou décerner des récompenses, on n'avait pu se dispenser de faire droit aux prétentions de personnes qui avaient bien mérité du pays : dans cette vue, on avait donné des domaines à quelques-uns, délivré des titres de noblesse à d'autres, et les tuteurs pensaient avoir bien fait; cependant toutes ces nominations et ces dotations dépendaient de la sanction ultérieure d'une autorité supérieure, celle de la reine. Cette princesse approuva tout. Sa décharge aux cinq hauts fonctionnaires est du 7 décembre 1644, le même jour qu'elle donna son assurance aux états. Leur administration est l'objet des plus grands éloges dans le décret de la diète. Cette assurance de Christine, contient sur la constitution de 1634 ce passage suivant : « Elle nous a été d'un grand secours pendant notre minorité; mais, comme nous ne sommes pas encore sortis d'embarras, et que nous n'avons pas eu le temps de l'examiner, nous ne la sanctionnerons qu'à notre couronnement, afin que nous puissions l'étudier à loisir; alors elle pourra devenir, avec le consentement des états, la loi générale qui réglera désormais le pays. Cependant nous voulons la faire respecter et la respecter jusqu'à cette époque. » Une brochure qui a été publiée prouve que cette constitution a été en effet présentée aux états pour être examinée par eux. Les modifications importantes qu'on voulait lui faire subir paraissent avoir déterminé l'ajournement. Elles portaient sur l'extension des droits des états, et semblaient en grande partie dirigées contre le chancelier du royaume : « Pour empêcher un particulier ou une famille de s'emparer d'une trop grande autorité ou un état d'arriver à une trop grande prépondérance, les hauts fonctionnaires ne peuvent être nommés que sur la proposition des états; ils présentent trois personnes au roi, qui en choisit une. Ces places ne peuvent être remplies par deux frères ou par plusieurs membres de la même famille. L'élection des sénateurs ne se fait pas autrement; une partie d'entre eux entourent la personne du roi; les autres, comme dans les anciens temps, sont gouverneurs des provinces, car les paysans sont trop éloignés de la capitale pour y porter toujours leurs plaintes. Les juges ne peuvent pas remplir les fonctions d'exécuteurs et *vice versa*, car dans ce cas la force l'emporterait sur la loi. Pour que la chambre des nobles jouisse de toute sa liberté, et éviter qu'à l'avenir, comme il est arrivé jusqu'ici, des personnes haut placées, qu'on ne veut pas nommer, puissent adresser des reproches insolents à ceux qui n'ont pas voté au gré de messeigneurs, le maréchal de la diète est également nommé sur la proposition de la chambre, qui présente trois nobles. Pour régler les affaires du clergé, il serait utile de mettre à exécution l'idée de Gustave, d'établir un *consistorium politico-ecclesiasticum*, toutefois avec un président et des assesseurs choisis librement par les états. De crainte que les comptes qui doivent être présentés par les colléges et les fonctionnaires, suivant le paragraphe 30 de la constitution, ne soient négligés pour d'autres affaires, des patriotes dévoués et intelligents seront nommés par les états pour en prendre connaissance et les transmettre à la diète, afin qu'elle sache comment sont employés les deniers que le peuple paye à la couronne. Les états prient la reine de vouloir faire des réductions dans toutes les dépenses, parce que après l'aliénation des domaines de la couronne les sujets sont dans l'impossibilité de payer des impôts plus élevés. Il est à craindre que la misère, qui ronge le peuple et lui fait pousser des plaintes énergiquement articulées, n'enfante des discordes civiles, et qu'un état ne se lève contre un autre. Il faut donc un gouvernement fort. La diète doit prier sa majesté de se choisir un époux; en cas de refus, il est nécessaire d'élire parmi les plus proches parents de la reine un héritier du trône pour assurer l'avenir. » Cette dernière observation était faite dans l'intérêt du cousin de la reine, le comte palatin Charles-Gustave. Ce document, officiel ou non, renferme contre le système dominant une opposition visible qui devait éclater plus tard. C'était une hauteur dangereuse que celle à laquelle la Suède était parvenue; Christine elle-même, flottant entre les extrêmes, en fournit la preuve. Il est difficile de concilier les contradictions de ce caractère : laissons-le se peindre lui-même. Christine, privée de son père à l'âge de six ans, avait grandi loin des yeux de sa mère. Après la mort de Gustave-Adolphe, elle fut séparée de bonne heure de Marie-Eléonore, qui à la faiblesse et à la beauté unissait un caractère bizarre et la tristesse d'un deuil exagéré; puis elle fut abandonnée aux soins de sa tante la princesse Catherine, épouse du comte palatin Jean-Casimir. Elle resta sous la surveillance de cette princesse tant que celle-ci vécut. La confiance que Gustave-Adolphe avait en sa sœur, le profond respect avec lequel Charles-Gustave parle de sa mère prouvent que Catherine était douée de qualités éminentes. Il paraît cependant que l'éducation de la reine, dans ses premières années, n'avait pas été des meilleures, à en juger par les propres expressions de Christine, qui ne la présente pas sous un jour favorable : « Ceux qui croient que l'enfance est le temps où la vérité approche des princes se trompent étrangement; on les craint et on les flatte, même quand ils sont encore au berceau. Tous ceux qui sont destinés à porter la pourpre royale sont élevés dans l'oisiveté et dans l'ignorance, et ils deviennent efféminés, » dit-elle. La maison du palatin, négligée par les grands, chercha un appui dans l'affection de la jeune reine, et dans sa main la garantie de l'avenir du jeune Charles-Gustave. Le prince invoque plus tard la promesse qu'elle lui avait faite dans son enfance. Les rapports qui s'étaient établis entre eux étaient de nature à déterminer une grande condescendance de la part des parents du prince pour les volontés de Christine, dont l'éducation leur était confiée. La défiance qu'on avait inspirée à Christine dès son enfance contre ses tuteurs se révèle d'une manière étonnante dans ses lettres; cependant, parvenue à un âge plus avancé, elle témoigne une grande estime à « ces vieillards couverts de gloire, » pour nous servir de ses propres expressions. En 1635, les états tracèrent le plan suivant lequel ils désiraient voir diriger l'éducation de leur jeune reine. Ils jugèrent nécessaire de lui donner pour précepteurs et pour gouvernantes des personnes qui comprissent la manière de former l'esprit et le cœur d'une femme destinée à régner, personnes qui fussent assez dévouées à ce devoir sacré pour qu'elles s'y livrassent tout entières, et sachant néanmoins conserver une telle autorité que l'enfant leur vouât du respect et de l'amitié. Au sujet des études de sa majesté, elles doivent avoir pour objet principal la science de bien gouverner. Comme ce mérite vient de Dieu, on doit l'élever dans le respect de l'Etre suprême, dans la lecture de l'Ecriture sainte, et lui enseigner l'histoire et les langues étrangères. — Christine rapporte que Gustave-Adolphe avait ordonné de lui donner une éducation mâle. Il avait lui-même choisi pour précepteur de la princesse royale Johannes Matthiœ, d'abord professeur au *collegium illustre*, à Stockholm, puis prédicateur du roi, homme savant, de mœurs douces et aimables, bienfaisant, et si tolérant sur les questions religieuses qui divisaient les hommes à cette époque, que dans un âge avancé, et après qu'il eut perdu ses protecteurs, Christine et Charles-Gustave, le clergé fanatique provoqua et détermina sa destitution comme évêque de Strengnes. Il fut un de ceux à qui Christine accorda une estime invariable. Ses progrès étaient étonnants. A l'âge de dix-huit ans, elle lisait Polybe et Thucydide dans leur langue; elle écrivait et parlait le latin, l'allemand et le français. Elle fit preuve d'une grande intelligence dans le sénat et dans l'administration, et elle exerçait surtout ce qui l'entourait une influence marquée, quoiqu'elle semblât plutôt oublier sa dignité que la faire sentir. « Il en est des dignités, disait-elle, comme des odeurs; ceux qui les portent y sont presque insensibles. » Le ministre français à la cour de Suède, Chanut, homme instruit et distingué, qui fut quelque temps dans les bonnes grâces de la reine, nous en a tracé l'intéressant portrait au moment où elle était à l'apogée de sa gloire. Nous allons en donner les traits principaux en y ajoutant les observations faites par Christine elle-même dans les dernières années de sa vie : « Au premier abord, dit le ministre, elle n'excite pas l'admiration qu'on ressent pour elle lorsqu'on la connaît plus intimement. On ne pourrait dans un seul tableau donner une idée de son visage; l'expression en change avec tant de mobilité, suivant les mouvements de son esprit, qu'on ne les reconnaît plus d'un moment à l'autre. Elle paraît presque toujours pensive; mais quelque changement que son âme subisse, elle conserve toujours quelque chose d'agréable et d'inspiré. Si elle désapprouve ce qu'on dit, ses yeux se couvrent momentanément d'une sorte de nuage qui inspire la crainte. Sa voix est douce comme celle d'une jeune fille; quelquefois cependant elle prend un degré de force supérieure à celle de son sexe. Sa taille est au-dessous de la moyenne, ce qu'on remarquerait moins si elle faisait usage de souliers de femme; mais pour la promenade et pour monter à cheval, elle prend la chaussure des hommes. Si l'on peut juger de l'intérieur par les apparences, elle a un profond sentiment religieux et une véritable affection pour le christianisme; cependant elle paraît s'intéresser moins aux querelles de religion qu'aux doctrines des juifs, des païens et aux objections des philosophes contre la doctrine du Christ. Elle regarde comme rêveries tout ce qui n'est pas conforme à l'Evangile, et ne prend parti dans aucune des querelles entre le protestantisme et le catholicisme (1). Au reste, elle n'est pas minutieusement scrupuleuse, et ne demande pas une dévotion outrée (2). Son âme s'ouvre avec passion aux grandes vertus, et elle aime la gloire par-dessus tout. Elle parle de la vertu en philosophe stoïcien; elle est forte sur cette matière, et discute avec ses confidentes sur le véritable prix qu'on doit attacher aux dignités (3) : alors c'est un plaisir de la voir poser sa couronne à ses pieds (4), et proclamer que la vertu est le seul bien auquel les hommes doivent s'attacher, sans s'enorgueillir de leur position (5). Cependant dans ses entretiens elle n'oublie pas longtemps qu'elle est reine (6). Elle a une faculté admirable pour tout saisir et une mémoire qui la sert si fidèlement qu'on peut dire qu'elle en abuse. Elle aime à s'entourer d'hommes savants, qui s'entretiennent avec elle, pendant ses heures de loisir, de tout ce qu'il y a de remarquable dans le domaine des sciences (7). Cet esprit qui brûle du désir de s'instruire veut avoir des notions de tout; il ne se passe pas de jour qu'elle ne lise quelques pages de Tacite, qu'elle appelle ses échecs (8). Elle trouve un plaisir infini à entendre traiter des questions ardues par des savants; elle n'émet jamais d'opinion avant que les autres aient exprimé leur sentiment, et elle le fait nettement et en peu de mots. Sa mémoire se révèle dans le maniement des affaires publiques, mais nullement dans ses entretiens scientifiques. Dans le conseil, ses ministres ont peine à découvrir de quel côté elle penche. Elle sait garder un secret, et comme elle ne se laisse pas entraîner par une élocution facile, elle paraît un peu soupçonneuse et difficile à convaincre (9). Son influence est grande dans le sénat (10); les sénateurs eux-mêmes s'étonnent du pouvoir qu'elle exerce sur eux lorsqu'ils sont assemblés (11). Il y en a qui attribuent à sa qualité de femme cette soumission des ministres à ses volontés (12); mais, à dire vrai, son autorité repose sur ses qualités personnelles : la nature ne lui a refusé aucune de celles dont un jeune chevalier se glorifierait. Elle est infatigable dans les plaisirs de la campagne : je l'ai vue chasser à cheval pendant dix heures; personne ne tue aussi bien un lièvre où ne manie mieux un cheval. Sa table est très-simple et n'est pas surchargée de friandises.

(1) Elle ne fut jamais luthérienne (*Annotation de Christine*).
(2) Elle ne fut jamais atteinte de cette maladie (*ibid.*).
(3) Elle ne les a jamais beaucoup prisées (*ibid.*).
(4) Elle se faisait une gloire de mettre sous ses pieds ce que les autres rois mettent sur leur tête (*ibid.*).
(5) C'était vraiment son opinion (*ibid.*).
(6) Elle ne l'oublia jamais (*ibid.*).
(7) Cela est exact (*ibid.*).
(8) Cela n'est pas vrai; elle n'a jamais eu de prédilection pour cet auteur (*ibid.*).
(9) Elle ne s'est jamais repentie d'avoir eu ce défaut (*ibid.*).
(10) Folie! Comme il est ridicule et mal instruit (*ibid.*)!
(11) Le contraire devait plutôt exciter l'étonnement (*ibid.*).
(12) La qualité de femme ne commande pas l'obéissance (*ibid.*).

Elle parle rarement aux femmes de la cour; lorsqu'elles assistent à une réception publique, elle les quitte après les premiers compliments et se rend auprès des hommes. Elle est bonne pour ses domestiques et libérale au delà de ses ressources. Elle est portée à la raillerie; il vaudrait mieux qu'elle s'en abstînt (1). Elle est avare de son temps et ne dort que cinq heures (2); dans l'été elle se livre au sommeil pendant une heure après le dîner (3). Elle donne fort peu de soin à sa toilette; dans un quart d'heure elle est habillée, et, si l'on en excepte les grandes fêtes, un peigne et un cordon font tout l'ornement de sa tête. Ses cheveux, flottant négligemment, donnent un certain charme à son visage, qu'elle expose aux rayons du soleil, à la pluie et aux vents. Personne ne l'a vue avec un bonnet, et, lorsqu'elle monte à cheval, elle a la tête couverte d'un chapeau garni de plumes. Sans doute elle pousse trop loin ce laisser aller; mais à ses yeux rien n'a de prix que l'amour de la vertu et de la gloire, et c'est par un mérite personnel et hors de ligne ainsi que par des conquêtes qu'elle veut immortaliser son nom : elle veut devoir plus à elle-même qu'à la bravoure de ses sujets. » Voilà la lumière du tableau, l'ombre ne tardera pas à paraître. Les dernières victoires de Torstenson jetèrent de l'éclat sur le commencement du règne de Christine. Après avoir dispersé et détruit l'armée impériale, commandée par Gallas, qui avait été envoyé pour l'envelopper, il envahit la Bohême, au commencement de 1645, laissant Kœnigsmark en Westphalie et chargeant le major général Axel Lilje, alors gouverneur de Leipzig, de négocier avec l'électeur de Saxe un armistice qui fut signé dans le cours de l'année. Il avait résolu, disait-il, « d'attaquer l'empereur dans le cœur de ses Etats, et de le contraindre à la paix. » Et la régence approuva son projet, « parce que les raisons en étaient bonnes et le but grand. » L'empereur Ferdinand III s'était rendu à Prague; il y avait rassemblé une nouvelle armée, à laquelle il réunit des renforts tirés du Rhin, de la Bavière, et même de la Hongrie. Le 24 février, Torstenson livra la bataille de Jankou ou Jankowitz à cette armée commandée par le maréchal de l'empire Hatzfeld. Nous allons donner un extrait de son récit : « Après avoir levé le camp de Caaden, écrivait-il à Axel Lilje le 27 février, je vous ai écrit de Pressnitz, deux milles de Pelinitz; mais j'apprends que l'ennemi s'est emparé des dépêches. J'ai continué ma marche sans m'arrêter jusqu'à Glattau, et de là à Oreschewitz, où était l'ennemi. J'y suis arrivé heureusement le 16. L'armée ennemie venait de passer la rivière nommée Ottawa; je ne pouvais donc rien entreprendre contre elle. J'avançai sur une rive, tandis que l'ennemi suivait la même direction sur l'autre jusqu'à Strackonitz. Nous étions si près, que nous nous sommes envoyés quelques boulets. Nous avons perdu peu de monde. Comme l'ennemi me disputait le passage, je poussai vers le fleuve de Mulda, et je trouvai, à un demi-mille au-dessous de Zurikau, un gué que je passai le 20, en me rapprochant de Woditz et de Jaukou. Ici l'ennemi, laissant ses bagages derrière lui, se jeta à ma poursuite, me joignit le 23 à trois milles de Tabor, occupa avant mon arrivée toutes les montagnes qu'il trouva à son avantage, et se mit dans une telle position que Jaukou se trouvait entre les deux armées et sans utilité pour aucune. Il est très-difficile, à cause des montagnes, de livrer une bataille rangée; mais comme l'ennemi nous suivait pendant notre marche et que les bivouacs pouvaient causer notre ruine dans cette saison froide et rigoureuse, je me décidai, après une mûre délibération avec les généraux, à attaquer l'ennemi. A cet effet, le 24, je fis faire à l'armée un mouvement à gauche, dans la direction d'une montagne où l'ennemi avait posé des sentinelles et derrière laquelle il s'était posté dans un bois. Nous l'en débusquâmes après un combat opiniâtre; il laissa sur le champ de bataille trois pièces de canon, et le maréchal Gœtz fut tué. Il battit en retraite d'une montagne à l'autre jusqu'à l'endroit où il avait campé la veille; là, il se forma en nouvel ordre de bataille. Je le poursuivis en aussi bon ordre que le permettaient l'inégalité du sol, les montagnes et les bois. Là commença un combat acharné et sanglant, dont l'issue fut longtemps douteuse. L'ennemi avait deux ou trois mille cavaliers de plus que nous; notre infanterie était égale à la sienne. Cependant les nôtres combattirent sans relâche depuis huit heures du matin jusqu'à quatre heures de l'après-midi. Alors la victoire, grâce à Dieu, se déclara pour nous. Nous ne perdîmes pas un général. Le major général Golstein, qui commença l'attaque, fut blessé à la main droite; les colonels Reusch et Schested, ainsi que d'autres officiers, furent également blessés. On ne peut évaluer exactement le nombre des morts, car ils couvrent les champs sur une étendue de deux milles. — Suivant les rapports de Torstenson, six généraux impériaux, parmi lesquels le général en chef Hatzfeld, grand nombre d'officiers et quatre mille soldats furent faits prisonniers; soixante-dix-sept drapeaux ou étendards et vingt-six canons furent le prix de cette glorieuse journée. Parmi les officiers supérieurs, les Impériaux ont perdu le maréchal Gotz et le jeune Piccolomini. Le lieutenant général comte Brouay mourut de ses blessures quelques jours après. Le prince suédois Charles-Gustave courut de grands dangers; son chapeau, son habit et jusqu'à sa chemise furent percés de coups. L'épouse de Torstenson fut pendant quelques instants au pouvoir des Impériaux, qui, avec trois escadrons, attaquèrent les bagages des Suédois. Suivant le récit de l'ennemi, ce ne fut qu'entre trois et quatre heures que le combat s'engagea sérieusement : « Jamais, disent les Impériaux, nous n'avions été aussi acharnés; tout était passé au fil de l'épée. D'abord nous avions l'avantage; mais nos deux ailes ayant été rompues, le maréchal Hatzfeld fut cerné et obligé de se rendre. Toutes nos munitions et nos bagages tombèrent entre les mains de l'ennemi. » On attribua la victoire à l'habileté et à la supériorité de l'artillerie de Torstenton, qui manœuvrait selon l'ancienne coutume suédoise. L'empereur quitta Prague en fugitif; il accourut, par Ratisbonne, à la défense de la capitale de l'empire. — C'était la troisième fois que Torstenson pénétrait dans le centre des Etats héréditaires, et la victoire de Jaukowitz lui ouvrait le chemin de Vienne. Il s'emparait de Znaim, de Krems et de Kornenbourg, que ses avant-postes touchaient déjà; le pont du Danube et le fort qui le défendait tombèrent, le 30 mars, en son pouvoir. Cependant cette tentative eut le même résultat que toutes les autres, par défaut de coopération : on y avait compté dans cette circonstance. Le prince de Transylvanie, Rakoczi, avait promis à la Suède et à la France de venir par la Hongrie joindre Torstenson avec une armée, et les Français, qui faisaient généralement la guerre dans leur intérêt sur les bords du Rhin, entrèrent en Bavière au mois d'avril 1645. Mais Turenne fut battu à Mergenheim, par Mercey, qui périt le 24 juillet, dans la bataille livrée à Condé et à Turenne, à Allersheim, où les deux partis s'attribuèrent la victoire. Les soldats de Rakoczi, réunis aux troupes suédoises, sous les ordres de Douglas et de Charles-Gustave, s'emparèrent de Tyrnau en Hongrie : ils étaient indisciplinés, et, loin de renforcer l'armée suédoise, ils lui étaient plutôt à charge; d'ailleurs, le prince ne tarda pas à se réconcilier avec l'empereur. De nouvelles forces furent organisées pour défendre les Etats héréditaires; on leva en Autriche un homme sur cinq, et en Bohême et en Moravie un sur dix. Torstenson, qui pour avoir un pied en Moravie, avait commencé le siége de Brünn, fut contraint, quand les troupes de Rakoczi eurent répandu la peste, et que l'usage immodéré des fruits et des raisins eut produit d'autres maladies parmi ses soldats, de lever le siége au bout de quatre mois et de battre en retraite. Sa cavalerie, forte de huit mille hommes, manquait de chevaux; son infanterie était réduite à deux mille cinq cents hommes; lui-même était malade et se faisait porter sur un brancard. Ce fut ainsi qu'il traversa la Bohême. Il se sépara de Charles-Gustave, qui retourna en Suède et à qui il prédit une couronne; puis il se réunit à Kœnigsmark, qui était venu à sa rencontre en Silésie, et termina ses exploits par la prise de Lentmeritz en Bohême. Là, la goutte dont il était atteint se porta à la tête et à la poitrine, et force lui fut de déposer le commandement, quoique Wrangel, qu'il avait depuis longtemps demandé pour successeur, et qui était alors en chemin avec des renforts de Suède, ne fût pas arrivé. Ils se rencontrèrent en Saxe, après que Torstenson eut quitté l'armée. Tant qu'il resta en Allemagne, Wrangel n'entreprit rien sans son conseil. — La victoire de Torstenson, sous un rapport, eut une grande influence sur la guerre d'Allemagne; elle introduisit plus de sincérité dans les négociations relatives à la paix. Sept années s'étaient passées en délibérations avant qu'on tombât d'accord, vers la fin de 1641, sur les préliminaires du congrès, d'après lesquels, pour éviter des disputes de préséance et de cérémonial, la Suède devait négocier à Osnabrük, et la France à Munster; il s'écoula encore près de quatre ans avant que le congrès se réunit, et ce ne fut qu'en 1645, après le succès de Torstenson, qu'on abandonna les formalités pour ne s'occuper que de la réalité. Et comme le gouvernement suédois, dès l'année suivante, formula l'ultimatum de ses prétentions, et qu'il le soutint fermement depuis,

(1) Il a raison. Sa légèreté lui a fait beaucoup d'ennemis (*ibid.*).
(2) Trois heures (*ibid.*).
(3) C'est faux (*ibid.*).

il ne paraît pas avoir mérité le reproche qu'on lui a fait d'avoir contribué le plus à prolonger la guerre. Les plénipotentiaires étaient Jean Oxenstjerna, fils aîné du chancelier, et Adler Salvius. — Le 10 novembre 1645, le chancelier, au nom du gouvernement, écrivit aux commissaires de Suède : « Il y a quatre questions importantes à résoudre : Demanderons-nous le rétablissement des États ? Tous les États doivent-ils être admis au congrès de la paix ? Peut-on permettre la neutralité de la Bavière? On voit que l'empereur cherche à enlever au congrès de la paix toutes les affaires qui regardent la constitution pour les faire discuter à la diète. L'oppression et l'esclavage des États en seraient la suite, et si nous nous laissons entraîner à déposer les armes à de telles conditions, nous aurons la tête prise dans le filet. Tâchez de faire converger les vues de la France et celles des États, et déclarez que, quoique nous demandions avec beaucoup de raison une indemnité de la part des États et de l'empereur, nous attachons cependant un grand prix à l'indépendance et à la liberté des États. Si toute restitution se bornait à ce qui a été stipulé dans la paix de Prague ou dans l'armistice de Ratisbonne de 1641, nous ne nous regarderions pas comme très-bien garantis. Poussez cette affaire avec modération; et, à mesure que vous verrez que les États désapprouvent la résolution de l'empereur, sachez la stimuler, et si vous voyez qu'ils lâchent un peu la main, effrayez-les par les suites que vous ferez envisager. Assurez-vous le concours de la France; dites aux Français que s'ils ne nous prêtent pas leur appui dans cette affaire, nous serons d'autant plus difficiles dans la question de notre propre satisfaction. Faites que les choses soient remises en l'état où elles étaient avant la guerre; si cela ne se peut, demandez-nous de nouvelles instructions. Sachez surtout que nous n'abandonnerons d'autre droit que ce qui doit faire réussir celui de notre indemnité. Il faut cependant dans cette dernière question agir avec beaucoup de prudence: tenez-vous-en d'abord aux *generalia* de nos droits, pour lesquels nous avons été obligés, après la paix de Prague, de continuer la guerre; si l'on en vient aux particularités au sujet de notre indemnité, laissez d'abord faire les offres; mais s'ils réitèrent celles d'argent qu'ils ont déjà proposées, vous direz que nous ne pouvons les accepter, tant à cause de la valeur que des termes des échéances et de la garantie que nous réclamons. Nous voulons avoir une compensation réelle, assez forte pour se défendre elle-même, et assez bien située pour être utile à la Suède : nommez la Poméranie, le diocèse de Camin, Vismar, Brême, plusieurs diocèses de la basse Saxe et de la Westphalie, ainsi que de la Silésie; c'était précisément ce que possédait la Suède à cette époque. Si vous arrivez à traiter, vous pourrez faire rentrer dans vos prétentions les diocèses de Magdebourg, d'Akerstadt, de Minden et d'Osnabruck; mais tenez ferme pour la Poméranie, Camin, Vismar, Brême et Verden. Au sujet de l'admission ou de l'exclusion des États dans le traité entre nous et l'empereur, il faut s'arranger de manière qu'aucun État ne soit exclu s'il est notre allié. Échangez vos mémoires directement avec les Impériaux sans l'intermédiaire des États. Nous avons remarqué que le duc de Longueville a parlé d'un armistice avec la Bavière, et que la France avait longtemps cherché à négocier avec cet État. On peut dire qu'un pareil traité serait avantageux, s'il faisait perdre un tel allié à l'empereur; il est à craindre cependant que la Bavière ne cherche qu'à gagner du temps, car elle est étroitement liée avec l'Autriche, et elle attend les événements. Écartez cette neutralité par toutes les raisons que vous pourrez imaginer, sans blesser personne. Si la France objecte notre propre armistice avec les électorats de Saxe et de Brandebourg, il faut répondre que ces deux électeurs ont été nos alliés dans cette guerre, mais qu'ils se sont séparés de nous, et qu'on cherche à les faire rentrer dans nos intérêts. Si, malgré tout, la neutralité de la Bavière est reconnue, il faudra permettre ce que nous ne pouvons empêcher, mais en déclarant que nous n'aurons jamais foi dans la sincérité d'une alliance avec la France. Quant à notre indemnité, notre dernier mot est que la Poméranie est de la plus haute importance pour la sûreté de la Suède. » — Le chancelier ne voulut pas abandonner la Poméranie, et il exprima aux plénipotentiaires son mécontentement de ce qu'ils n'avaient pas rejeté le projet pris par la France, et en vertu duquel la Suède, en même temps qu'elle recevrait le *Vor-Pommern* (la Poméranie suédoise), accepterait de l'argent pour Stettin. Le 19 septembre 1646, on manda aux plénipotentiaires de céder de leurs prétentions sur la Poméranie antérieure (*Hinter-Pommern*), mais de veiller au moins à ce que la Suède dominât l'embouchure de l'Oder. Le 19 décembre de la même année, ils reçurent les derniers ordres de la régence, qui leur enjoignait de demander le *Vor-Pommern* (la Poméranie suédoise), les îles de Rugen, Wollin, Stettin, Damm, Golnau, Tiefenau avec leurs districts : « Il ne faut pas céder un pied de terre, ajoutait-elle, encore moins un village. » Tant l'influence du chancelier du royaume se fit sentir sur les négociations de la paix. L'année suivante, la disgrâce dans laquelle il tomba auprès de la jeune reine fut complète. — Les désastres des dernières années de la guerre comblèrent la mesure des malheurs de l'Allemagne; ce n'était pas seulement les pays que la Suède devait avoir en indemnité, qui étaient déserts et dévastés; la correspondance du maréchal Wrangel avec les princes, les villes et les communes de l'Allemagne, prouvent que cet empire était parvenu au dernier degré de l'affaiblissement. La neutralité de la Saxe et du Brandebourg laissait le nord de l'Allemagne sans défense; la guerre étendait ses calamités de plus en plus vers le sud, mais partout le pays était en butte aux vexations et au pillage des soldats amis ou ennemis, et le peuple se réfugiait souvent en foule dans le camp de ses oppresseurs. Le 31 mai 1648, le général Gronsfeld écrivait à l'électeur Maximilien de Bavière, qui avait fait publier des ordres du jour sévères contre les pillages et les brigandages : « Il y a dans les deux armées (celle de l'empereur et celle de la Bavière) au moins cent quatre-vingt mille hommes, femmes et enfants, auxquels il faut procurer la subsistance, ainsi qu'aux soldats. On distribue tous les jours des vivres pour quarante mille hommes; le général ne comprend pas comment pourraient vivre les cent quarante mille autres, s'il ne leur était pas permis d'avoir recours au pillage pour pourvoir à leur subsistance; il n'y a pas un endroit où les soldats, même avec de l'argent, puissent se procurer quelque chose; il ne fait pas cette observation pour favoriser les excès, mais seulement pour avertir l'électeur qu'ils ne sont pas l'effet d'une mauvaise discipline, mais de la disette. — Au commencement de 1646, l'armée suédoise comptait quinze mille cavaliers et huit mille fantassins, presque tous vétérans, outre les garnisons des places fortes que la Suède possédait en Autriche, en Moravie, en Silésie, dans la Westphalie, dans la haute et basse Saxe, et le corps séparé que commandait Kœnisgmark. Lorsque Wrangel reçut le commandement, l'artillerie se composait de soixante-dix canons; son premier soin fut de s'assurer des défilés des montagnes de Bohême, par lesquelles on communique avec la Saxe, où il se retira au mois de février, pour éviter les forces réunies des Bavarois et des Impériaux qui lui étaient supérieures. Le plan de campagne de 1646 fut tracé par Torstenson; son but était de conserver l'armée intacte, et d'éviter une bataille jusqu'à ce qu'on pût se réunir aux Français. Puis on devait essayer de chasser l'ennemi au delà du Danube; la jonction avec les Français, qui avaient promis d'être au mois de mai à Mayence, fut regardée comme nécessaire, afin que leur concours fût efficace; car ils avaient pour habitude de rester tranquilles pendant l'hiver, et de laisser ainsi aux Impériaux et aux Bavarois le moyen d'attaquer simultanément les Suédois, de sorte que ceux-ci perdaient presque toujours ce qu'ils avaient gagné pendant l'été. Tandis que Wrangel et Turenne se dirigeaient sur la haute Allemagne et la Bavière, le général Wittenberg, ayant reçu trois mille fantassins et neuf cents cavaliers de troupes fraîches arrivées de la Suède, devait s'avancer sur la Silésie, prendre pied dans le haut du pays en s'emparant de Troppau, et de là faire une diversion ou dans la Bohême, ou dans la Moravie, vers les frontières de l'Autriche. — Le 28 avril 1646, Wrangel fut promu au grade de feld-maréchal, aux appointements de dix-sept mille thalers; Christine lui annonça sa nomination par une lettre de sa main. Il en reçut aussi une de Louis XIV; elle était accompagnée d'une épée pour lui, et du portrait du roi, et de celui de la reine pour son épouse. Cependant l'ennemi se réjouissait, croyant que les canons de Torstenson étaient devenus muets, et ils regardaient le départ de ce général comme le présage de la victoire. Le plan dont nous venons de faire mention ne fut exécuté qu'en partie. Wrangel se porta sur le Weser par la Thuringe, afin de se joindre aux Hessois, et de délivrer le pays situé entre le Weser et l'Elbe de la présence de l'ennemi jusqu'à l'arrivée des Français. Il occupa Hoxter et Paterborn, et résolut d'attendre Turenne dans la Hesse; mais celui-ci, malgré sa promesse de faire grande diligence, ne passa le Rhin qu'au mois de juillet, et il tardait toujours, probablement lié par des ordres secrets, quoique les ministres français au congrès de Munster donnassent des assurances que démentait la lenteur de Turenne; de sorte que la jonction avec Wrangel, devenue très-difficile par l'invasion des Impériaux et des Bavarois dans le Hesse-Cassel, ne put s'effectuer qu'au mois d'août à Giessen. Les armées réunies, après avoir, près de Nidda, offert la bataille à l'ennemi, qui se retira sur la Lahn, s'assurèrent de Hanau; s'emparèrent d'Achaffembourg, et se portèrent, Wrangel le long du Jaxle; et Turenne sur le Necker, pour se rejoindre sur le Danube; le premier passa ce fleuve à Danauverth, le dernier à Lauingen; ils se réunirent près du Lech, et assiégèrent Augsbourg. Ils restèrent dix-neuf jours devant cette ville; elle fut secourue par les Impériaux et les Bavarois qui traversèrent la Franconie à marches forcées pour défendre la Bavière; malgré cela, les alliés envahirent le pays, et Wrangel tenta d'approcher de Munich; Turenne s'y opposa, sous prétexte que les Français avaient besoin de quartiers d'hiver; il les prit en Souabe, et les Suédois dans les environs du lac de Constance. Les vicissitudes de la guerre les avaient encore conduits vers l'extrémité de l'Allemagne. Cependant Wittenberg, qui ne reçut de renforts de la Suède qu'au mois d'août, s'était porté de la Silésie en Bohême, où Montécuculi, qui était déjà en marche pour défendre la Bavière, reçut l'ordre de faire halte. Wittenberg remporta de grands avantages sur la cavalerie à Horschitz le 21 septembre, et écrivit le 24 à Wrangel qu'il espérait que les renforts que l'ennemi attendait de la Bohême ne l'inquiéteraient pas beaucoup. Il mit de nouvelles troupes dans les plus fortes places qu'occupaient les Suédois en Moravie, mais la saison le força à la fin de retourner en Silésie. — L'hiver se passa en négociations relatives à la neutralité de la Bavière, elle fut enfin signée à Ulm par l'influence de la France; sur ces entrefaites, Turenne repassa le Rhin, et Wrangel retourna en Franconie. Les soldats de Weimar, les débris de l'armée du duc Bernhard, jusqu'ici au service de la France, étaient tourmentés d'un mécontentement secret : ils haïssaient les Français, et n'avaient jamais oublié les liens qui les avaient unis à la Suède. Lorsque Turenne voulut les ramener de l'autre côté du Rhin, ils se révoltèrent, destituèrent leurs officiers, se portèrent sur la Franconie, repoussèrent les troupes qui avaient été envoyées pour les poursuivre, et furent sur le point de se joindre aux Suédois. Ils furent redemandés par Turenne; mais Wrangel, qui hésita longtemps à les recevoir, fut obligé de souffrir leur jonction avec Kœnigsmark en Westphalie, de crainte qu'ils n'exécutassent leur menace de se réunir à l'ennemi. Le général était le partisan le plus redoutable des Suédois, comme Jean de Vert l'était des Impériaux. — Le 7 avril 1647, le gouvernement envoya au feld-maréchal Wrangel une instruction contenant un aperçu de toute la guerre; on y reconnaît la main du chancelier; « Gustave-Adolphe, en se présentant sur le sol de l'Allemagne, dirigeait tous ses projets contre l'empereur, et les Etats héréditaires, pour conjurer l'influence de la maison d'Autriche et le danger qui en pouvait résulter; mais, après la bataille de Leipzig, l'ennemi se retira dans l'intérieur de l'Allemagne avec toutes ses forces; le roi le poursuivit et s'empara de Mayence et des bords du Rhin, ce qui excita de nombreuses jalousies contre la Suède. Après la mort du roi, on chercha toujours à porter la guerre sur le pays de l'ennemi; et l'on opéra en Silésie et sur le Danube, jusqu'à ce que la malheureuse bataille de Nordlingen fût venue détruire tous les projets des Suédois. Ensuite, malgré la peine qu'on eut à relever les affaires, on chercha plus d'une fois à transporter la guerre au cœur des Etats de l'empereur; ce qui réussit si heureusement au maréchal Torstenson, que l'ennemi qui voulait d'abord donner l'impulsion au congrès, se vit réduit à songer sérieusement à la paix. Nous nous livrons à ces réflexions surtout pour que vous sachiez que sa majesté est toujours dans l'intention d'agir contre l'empereur et son principal allié le prince de Bavière, en éloignant toutefois autant qu'il sera possible la guerre des Etats d'Allemagne, afin de laisser dormir la jalousie des alliés puissants, jalousie que le feu roi s'attira en se fixant sur le Rhin. Il faudra ensuite porter son attention sur le cercle de la basse Saxe et sur la Baltique. Si l'on entreprend une invasion en Bohême, on a devant soi la Moravie et l'Autriche, à côté la Silésie, et derrière le Meissen; on est bien éloigné de la mer, mais nous possédons de fortes garnisons en Silésie et dans les places qui bordent l'Oder, à Glogau et à Ols; en Moravie, à Olmütz, à Iglau et à Neustadt; dans le Meissen, à Leipzig; dans la Thuringe, à Erfurt, outre les villes fortes que nous occupons sur le Wéser; sur l'Elbe et dans le Marck-Brandebourg. Il est donc peu probable que l'ennemi puisse se mettre entre l'armée et ces places, et s'approcher de la mer. Vous devez surtout vous attacher à empêcher qu'aucun corps ennemi ne vous coupe de ce côté, à moins que vous n'en ayez un disponible pour l'observer. Dans ce but, il faut veiller attentivement au maintien des deux petites armées que Torstenson avait rassemblées, l'une sous Wittenberg en Silésie, l'autre sous Kœnigsmark en Westphalie. » On était tellement mécontent des Français, qu'on ne voulut point se réunir à eux. Ce mécontentement s'accrut encore lorsque Wrangel ayant envahi la Bohême et pris Egèr, la subite rupture de l'armistice par les Bavarois et leur jonction avec les Impériaux le contraignirent de faire retraite sur le Meissen et sur la Westphalie, où il eût été probablement battu si le nouveau général en chef des Impériaux, Mélander, jadis au service de la Hesse, ne se fût tourné par vengeance contre les Hessois : « Jamais, depuis la mort de Gustave-Adolphe, dit Puffendorf, les armées suédoises n'avaient couru un plus grand danger. » Mais des personnes intelligentes, lorsque Mélander se dirigea contre la Hesse, prédirent qu'il n'y ferait rien, car jusque-là aucune armée n'était entrée dans ce pays sans y avoir trouvé sa ruine, à cause des nombreuses places fortes qui défendent ces contrées, de la difficulté des chemins, de la hauteur des montagnes et de la bravoure des paysans, qui aiment beaucoup leurs princes et manient bien les armes à feu. Cependant l'ennemi reprit courage, les négociations n'avançaient pas à Osnabrück et à Munster, et la dernière année de la guerre s'ouvrit avec des espérances bien contraires à la paix. — Ce que la campagne de 1648 offre de plus remarquable, c'est que la France ne se sépara pas de la Suède au sujet de la Bavière, quoique l'électeur rompît l'armistice dans l'espoir de pouvoir le faire observer avec les Français. Turenne, au contraire, reçut l'ordre de soutenir Wrangel avec toutes ses forces. Après quelques pourparlers et quelques difficultés, nous voyons les deux généraux réunis dans la Franconie au commencement d'avril, pendant que les Impériaux et les Bavarois qui avaient espéré chasser les Suédois des bords du Wéser, affaiblis par les privations et les excès, repassèrent à la hâte le Danube pour courir au secours de la Bavière. Une guerre de brigandage semblable à celle de Baner en Saxe, guerre qui embrasa toute la Bavière, désola ce malheureux pays. Elle ne présente au reste aucun événement remarquable, aucune victoire qui soit digne de ce nom; car l'affaire de Susmarshausen près d'Augsbourg, dans laquelle fût tué le général Mélander, et où Kœnigsmark enveloppa et tailla en pièces une partie de l'armée ennemie, était plutôt un sanglant combat qu'une bataille décisive. Cependant les alliés s'avancèrent jusqu'à l'Inn, et Kœnigsmark, qui s'était joint aux soldats de Weimar, et se séparait d'autant plus volontiers de Wrangel qu'il ne pouvait s'accorder avec lui, se porta sur la Bohême. Le 31 juillet, il s'empara à l'improviste d'une partie de Prague, nommée la *petite ville*, où il fit un immense butin. Ce fut le dernier exploit de cette guerre. Wrangel et Turenne furent obligés de passer le Lech; et, quoique Charles-Gustave, nommé généralissime, eût amené des renforts de Suède et eût dirigé, conjointement avec Kœnigsmark et Wittenberg, tous ses efforts contre Prague, la ville proprement dite fut cependant sauvée par le courage de ses habitants. La dernière campagne était une double tentative contre les Etats héréditaires de l'Autriche du côté de la Bohême et de la Bavière; ce fut elle qui hâta la conclusion de la paix de Westphalie. Elle fut signée le 14 octobre 1648, à Osnabrück et à Münster. La Suède reçut la Poméranie (plus tard appelée suédoise), l'île de Rügen, une partie de la Poméranie antérieure jusqu'à l'Oder, y compris Stettin et Gartz; l'île de Wollin et les trois embouchures de l'Oder, ce fleuve de l'autre côté de Damm et Golnau; Wismar, avec les bailliages de Poel et de Neukloster; Brême et Verden, tout cela comme fiefs de l'empire. — Les armées avaient eu leurs plénipotentiaires particuliers au congrès; leur solde fut la dernière chose qui fut décidée. Elle fut évaluée à cinq millions de thalers. Dix-huit tonneaux d'or devaient être payés immédiatement, douze autres devaient l'être en billets; les deux derniers millions devaient être garantis sur hypothèque. Chaque cavalier reçut du premier payement quarante thalers, chaque soldat douze; les indigènes touchèrent trois mois de solde, et les officiers des sommes plus ou moins fortes. On promit de payer une somme égale un ou deux ans après la dissolution de l'armée, aussitôt que les deux millions seraient entrés dans le trésor. Il ne paraît pas que cette promesse ait été remplie; car sur ces deux millions on retrancha les sommes dues sous le nom de *dette allemande* (*Tyska Skuld-Registret*); puis on fit des remises, et l'on donna pour instruction aux commissaires suédois « de ne pas pousser les choses trop loin, d'autant plus que l'état des affaires en France pouvait faire prendre encore une fois les armes à l'empereur. « Au contraire, nous prions votre altesse, par tout ce qu'il y a de plus sacré, écrivait la reine à Charles-Gustave, de ne vous pas laisser influencer par les raisons et les obstacles qu'on a fait valoir, mais de mettre un terme aux lenteurs de cette négociation. » La conclusion de la paix fut décidée, et le traité d'exécution (*Executions Recessen*) signé à Nüremberg en 1650. La paix de Westphalie fixa pour longtemps l'état politique de l'Europe. Nous savons que la violence naît de la violence; mais peut-on demander encore, en considérant les désastres de cette longue guerre, si elle était faite dans l'intérêt de la religion? Nous répondrons avec Oxenstjerna : « Non, » et nous rappellerons ce proverbe oriental : « Ce dont les princes s'emparent, ils le détruisent; ce dont Dieu s'empare, il le vivifie. » — La paix, qu'on désire tant, est souvent, ainsi que la guerre quand elle arrive, un instant d'embarras; c'est comme un changement subit dans la manière de vivre : les forces, dirigées d'abord à l'extérieur, refluent sur le corps. Ajoutons à cela que les hommes sont soumis à la nécessité, qui est souvent très-sensible dans la guerre; qu'ils savent rarement mettre un frein à leurs passions, lorsqu'on leur laisse un libre cours, et que la paix, non moins que la guerre, met à l'épreuve les ressorts d'un gouvernement. La grande guerre dans laquelle la Suède prit la part la plus glorieuse entraîna dans ce royaume tant de difficultés intérieures, que Christine en abandonna la solution à d'autres mains. La cause n'en était pas seulement dans la position générale du pays, mais aussi dans la sienne propre. — Ces difficultés dont nous avons parlé résultaient en partie de la guerre, dont on disait, non sans raison, « qu'elle était disproportionnée aux forces du pays. » Une répartition supportable des impôts est dans ce cas un fait impossible; mais, supportable ou non, la justice veut qu'elle soit basée sur l'égalité, et, dans les circonstances les plus graves, on n'a de salut à attendre que de la justice la plus sévère. On peut tourner cette nécessité par des faux-fuyants, mais on en est puni. Le remède qu'employa la régence, de modérer les impôts en vendant les domaines de la couronne, lorsque les subsides étrangers ne suffisaient pas, était à la fois un soulagement et une injustice, moins par lui-même (car l'opinion du chancelier du royaume, que les terres sont mieux cultivées par les particuliers que par la couronne, est très-sensée) que par les conditions attachées à la rente et par l'extension qu'on donnait à la dénomination des domaines. Quant à la première circonstance, nous remarquerons que les terres ne pouvaient être vendues qu'aux nobles; pour la seconde, il est à remarquer que la vente ne se bornait pas aux domaines, mais s'étendait aussi à la rente des paysans sur les hemmans taxés, qui tombaient ainsi entre les mains des nobles, et devenaient médiats d'immédiats qu'ils étaient. Il est vrai qu'il était spécifié qu'on ne vendait pas la rente des hemmans taxés; mais la nouvelle position que le noble acquérait lui donnait trop d'occasions de borner et d'anéantir l'ancien droit du franc tenancier en tant que propriétaire de terre. Les nobles n'épargnèrent ni menaces ni séductions pour faire accepter leur domination aux paysans des hemmans taxés, comme le prouvent les plaintes réitérées de ces derniers aux diètes au sujet de ces hemmans. Certaines personnes disaient aussi que l'obligation de payer l'impôt était basée sur le principe que toute terre appartenait à la couronne, que par conséquent l'abandon de la rente à la noblesse emportait celui de la terre. Cette assertion fut renouvelée si ouvertement qu'elle provoqua une réfutation expresse. L'état des paysans en Suède y était considéré comme un état libre. — Nous ne saurions dire si le chancelier était opposé à cette liberté des paysans. Plusieurs de ses paroles prononcées dans le sénat, où il n'était pas l'aristocrate le plus ultrà, démontrent le contraire : « Les paysans suédois forment un état libre et ont leur vote dans la diète, » dit-il; mais lorsqu'il ajoute : « qu'il n'y a qu'un contrat entre eux et leurs maîtres (*husbande*), » cette opinion implique que le noble peut être ce maître, malgré la liberté individuelle des paysans, et cette induction ressort de l'examen des résultats du système suivi par le chancelier dans l'administration intérieure. L'opinion de ce grand homme d'État paraît en effet différer peu de celle du drots, comte Pierre Brache, qui s'exprimait ainsi à cette occasion : « Nous sommes tous sujets du royaume (*subditi regni*), les paysans comme *médiats*, et non comme *immédiats*; » distinction qui convenait si peu à Charles-Gustave, lorsqu'il la trouva dans un ouvrage de Gyllenstolpe, qu'il jeta le livre contre la muraille quoiqu'il lui eût été dédié. Les nobles marchaient à grands pas vers la possession de toute la terre, tandis que le chancelier se figurait l'état des paysans avec le maintien du droit de représentation comme un état de fermiers indépendants; de là sa prédilection pour les *contributions indirectes*, et son opinion inébranlable que la noblesse ne devait pas en être exempte, mais qu'elle devait au contraire venir au secours de l'État par des subventions particulières. Et nous nous rappelons ses paroles à ce sujet : « Tous les malheurs de la Suède viennent de ce que les rois ont demandé ce dont l'État avait besoin et que les nobles n'y ont voulu contribuer en rien. » C'était le seul moyen de combiner la charge des contributions avec l'exemption des terres des nobles. — Christine sanctionna sans restriction toutes les ventes faites pendant sa minorité des biens de la couronne et des terres taxées; en outre, elle leur accorda dès ce moment les privilèges des terres nobles. Les mêmes moyens que les tuteurs avaient employés avec beaucoup de ménagement furent mis en usage sans mesure par la reine jeune et libérale. Les registres du royaume ne sont remplis que de titres de vente, de dotation, de diplômes de noblesse et de libéralités de toute sorte. Elle avait de grands mérites à récompenser, souvent d'anciennes injustices à réparer, et l'intérêt qu'elle portait aux anciens militaires blessés est digne d'éloges. — Malheureusement la faveur eut beaucoup de part dans la distribution des récompenses. On s'étonna de voir la reine accabler de ses bienfaits le plus noble, le plus brillant et le plus beau de sa cour, Magnus-Gabriel de la Gardie, qui reçut en dotations diverses et en peu d'années, dit-on, des terres dont les revenus étaient évalués à quatre-vingt mille thalers. Nous venons de nommer celui dont l'influence éclipsa bientôt celle du chancelier. Une des premières causes des contestations qui s'élevèrent entre le vieux ministre et la jeune reine fut la volonté que manifesta celle-ci d'appeler de la Gardie au sénat dès l'instant où elle lui accorda les premières marques de faveur. Il paraît que ce fut pour vaincre cette résistance qu'elle nomma, en 1646, son favori à l'ambassade brillante et dispendieuse de France. Les frais de cette mission s'élevèrent à cent mille thalers. De la Gardie, dont le grand-père était Français, fit partager à la reine son intérêt pour la France et accéléra ainsi la disgrâce complète du chancelier. On l'accusa de traîner en longueur la conclusion de la paix et d'être hostile à la France. Le 10 avril 1647, la reine écrivit à ses plénipotentiaires au congrès : « Messieurs, je n'ajouterai qu'un mot : faites tout votre possible pour nous procurer promptement une paix honorable; ce résultat me paraît d'autant plus facile à obtenir qu'on est d'accord sur ce que doit avoir la couronne de Suède; il n'y a plus qu'à prendre le consentement des soldats et faire taire les plaintes des États allemands. Travaillez dans ce sens jusqu'à l'arrivée d'Erskine, qui vous instruira de mes intentions. Vous serez responsables devant Dieu, les états et moi, des retards que vous mettrez à vous y conformer. Ne vous laissez pas entraîner, croyez-moi, par les sophismes de quelques ambitieux, si vous tenez à éviter ma disgrâce. Et si vous suivez une autre ligne que celle que je vous trace, vous verrez que ni les liens du sang ni aucune considération de famille ne m'empêcheront de vous faire sentir l'effet de mon mécontentement. » La lettre était adressée à Benoît Oxenstjerna, fils du chancelier du royaume. La reine écrivit en même temps à son collègue Adler Salvius : « Je ne croirai jamais vous récompenser assez de votre fidélité. Je vais prendre vis-à-vis du parti opposé une contenance telle qu'on verra que ce n'est pas le chancelier seul qui gouverne les affaires : *Sapienti sat*. La lettre ci-jointe vous concerne tous deux; mais vous la remettrez au comte Benoît, et quoique je vous attaque l'un et l'autre, c'est cependant contre lui seul que tout est dirigé. Faites en sorte que d'Avaux soit instruit de son contenu, afin que les Français ne prennent pas mauvaise opinion de moi et qu'ils sachent au contraire de quel côté sont les torts. — Soyez assuré que je vous en tiendrai compte; et quand Dieu permettra que vous reveniez en Suède avec le traité de paix, vos services seront récompensés par la dignité de sénateur. Je vous recommande les intérêts du comte Magnus de la Gardie comme les miens propres. Je vous prie de me faire connaître les grimaces et les contorsions que fera le comte Oxenstiern en lisant cette lettre. » — L'orgueilleux comte Benoît Oxenstjerna répondit qu'il était prêt à rendre compte de sa conduite à la reine aussitôt qu'elle le désirerait. Il ajouta que des raisons particulières et ses affaires lui faisaient désirer depuis longtemps d'être délivré du poids des négociations; qu'il savait bien qu'un homme comme lui n'était pas nécessaire au service de la reine, mais que celui qui lui avait inspiré une telle lettre lui en rendrait raison un jour s'il parvenait à le découvrir. Quelques semaines après, il put donner à la reine la preuve que ce n'était pas sa faute si les négociations étaient retardées, mais bien celle des ministres français eux-mêmes, qui en écartaient la conclusion. Il disait vrai. — Alors Salvius reçut l'ordre de régler sa conduite sur les vues des plénipotentiaires français : « Vous faites bien d'appuyer les Français dans leurs demandes, lui écrivit Christine le 6 juillet 1647; saisissez cette occasion de leur prouver combien je suis disposée en leur faveur. » Ce qui s'était passé fournit l'occasion d'une réconciliation entre la reine et le chancelier par l'entremise de Torstenson. La reine déclara qu'aucune intention malveillante n'avait dicté la lettre qu'elle avait écrite à son fils, et il s'ensuivit une réconciliation, du moins apparente; aussi la cour de France flattait-elle le vieux chancelier. Mais pendant quelque temps il cessa de paraître à la cour : « Je suis depuis cinq semaines avec ma femme sur mes terres pour veiller à mes intérêts, écrivait-il de Tidœu à son fils; car je me suis trop occupé, comme tu sais, des affaires publiques, et j'ai oublié les miennes. » Il se plaint de l'état de sa santé. L'âge et les infirmités commençaient à épuiser ses forces : « Ta mère, ajoutait-il dans la même lettre à son fils, ta mère reste au lit; la vieillesse joue aussi avec moi. » Cependant il reprit ses fonctions : un homme de son mérite ne pouvait guère rester sans influence. Après la disgrâce de la Gardie, vers la fin de 1653, on voit presque toutes les affaires du gouvernement passer entre les mains du vieux chancelier ou par celles de son fils Erick. S'il ne conserva pas toute l'importance qu'il avait eue, ce n'est pas aux caprices d'une jeune fille couronnée qu'il faut l'attribuer, mais au changement qui s'était opéré dans les sentiments du peuple à son égard : la véritable activité d'un homme d'Etat part du point central du pays en s'étendant à tous ceux de la circonférence; sa force n'est pas dans les faveurs et dans les personnes, mais dans la justice générale, dans la sécurité de l'ordre, pour lesquels il vit et qu'il est appelé à garantir. La guerre européenne à laquelle la Suède avait pris une part si honorable avait profondément ébranlé l'équilibre intérieur de l'Etat; le rétablir sur de nouveaux fondements n'eût peut-être pas été au-dessus du génie créateur de Gustave-Adolphe, s'il n'eût pas succombé au milieu de sa brillante carrière. Ce qui fut exécuté après sa mort, malgré l'héroïsme qui le caractérise, n'était pourtant qu'une ébauche. Vouloir fonder la paix sur les circonstances que la guerre avait enfantées était sans doute une faute, et nous ne pouvons en justifier Oxenstjerna ; c'est pour cela que sa vie politique se termine avec la guerre; c'est un nouvel ordre de choses en dehors duquel il est rejeté. Il faut chercher dans cette circonstance, plutôt que dans l'altération de sa santé, le secret de l'affaiblissement de son influence. L'avenir de la Suède fut fixé sans lui et malgré lui; Christine en fut le principal instrument. Malgré tous les justes reproches qu'on a faits à la reine et qu'elle méritait, on ne peut lui refuser du génie et du courage, et on ne lui a pas assez rendu justice pour la constance avec laquelle elle vint à bout, malgré la résistance des grands, de faire adopter sa résolution de déposer un sceptre qui devenait trop lourd pour elle. — Dès son avénement au trône, en 1648, se manifestèrent les symptômes de ce qui devait arriver. « Les paysans sont opiniâtres, dit un historien, dans leur idée que les domaines doivent être restitués avant que sa majesté prenne les rênes du gouvernement, ainsi que beaucoup d'autres choses qui regardent les intérêts de la noblesse; il paraît que les paysans ont pour conseillers de bons patriotes; ils ont aussi demandé à lire la constitution pour en connaître l'esprit, et le gouvernement a été obligé de le permettre; on ajoute que le clergé est d'accord avec eux, mais qu'il est travaillé lui-même par des divisions, parce que les curés commencent à résister aux évêques. » Dans les observations contre la constitution présentées à cette diète dont nous avons fait mention, il est dit que les états menacent de se mettre en hostilité les uns contre les autres. Ce qu'il y a de curieux, c'est que ces observations, dirigées contre les grandes familles, sont l'œuvre d'une partie de la noblesse, scission qui plus tard, dans la solution des questions alors soulevées, devait avoir de si graves résultats. Tout était dans son premier développement, et ce fut le clergé qui, à la tête des états roturiers, prit la conduite de la nouvelle opposition; elle s'attaquait surtout aux priviléges des nobles, lesquels n'en furent pas moins confirmés et même étendus par la reine. En revanche la noblesse renonça à l'exemption de douanes. Nombre de ces priviléges étaient depuis longtemps hostiles au clergé, comme le droit de la noblesse de nommer les curés. Chaque noble, dans la paroisse qu'il habitait, avait le droit de choisir un curé; s'il y en avait plusieurs, et s'ils n'étaient pas d'accord avec la paroisse dans le choix du pasteur, l'évêque intervenait pour concilier les opinions; il avait aussi le droit d'annuler le choix si celui qui en était l'objet n'avait pas les qualités requises; cependant une disposition du même privilége défend la nomination d'aucun clerc sans le consentement des nobles. Les terres seigneuriales de la noblesse étaient exemptées d'impôts; mais elle étendit cette exemption au delà de la lettre de son privilége. Dans de telles circonstances il ne faut pas s'étonner de la résistance que rencontra le projet d'un *consistoire du royaume* (*consistorium regni*), qui devait être composé de clercs et de laïques. Le clergé ne vit dans cette proposition qu'un nouveau champ ouvert à l'influence des grands sur l'Eglise, quoique Charles IX, qui en est l'auteur, paraisse n'avoir eu en vue que l'extension des droits des laïques dans les affaires de l'Eglise. Le clergé ne trouva d'autres moyens de se garantir de la puissance de la noblesse que de faire valoir ses propres priviléges. L'évêque de Vesteras, Jean Rudbeck, homme actif et influent, commença cette lutte dès le règne de Gustave-Adolphe. La publication de son livre sur les anciens priviléges des savants et du clergé fit croire qu'il voulait le rétablissement de l'ancienne hiérarchie de l'Eglise. L'auteur, qui avait attaqué la régence et la noblesse, fut accusé devant le gouvernement de la régence, et son ouvrage fut prohibé. La mitre destinée à Rudbeck fut donnée à un autre, mais il ne manqua pas d'imitateurs. Johannes Mathiæ, qui fut plus tard exposé à la persécution de la part de son propre état, présenta à la diète de 1644 un projet de priviléges du clergé que la reine sanctionna en 1647, et qu'elle confirma plus explicitement encore à son couronnement. Les priviléges et les revenus du clergé furent ainsi garantis contre toute atteinte; quant au droit des nobles de nommer les curés, il paraît que ce privilége était plutôt dans les mots que dans le fait. Les assurances gracieuses de la cour aux huit membres du clergé, que nous ne tarderons pas à voir sur la même scène, peuvent le faire supposer. — Les deux diètes de 1649, et de 1650, qui suivirent la paix, nous rapprochent de la péripétie. La reine fut obligée, pour ces deux années, de demander la levée des citoyens nécessaires pour remplir le vide que les congés des soldats étrangers avaient laissé dans l'armée, et par conséquent le maintien des contributions dont le peuple était chargé pendant la guerre. Les états consentirent à sa demande, « Parce que, est-il dit dans le décret de la diète de 1649, une paix nouvellement faite après une guerre de longue durée, selon les expressions de sa majesté, ressemble à un grand feu nouvellement éteint, il reste beaucoup de brandons qui jettent encore de la fumée et peuvent fournir bientôt un nouvel aliment aux flammes. » La reine n'avait rien perdu dans l'opinion publique; on l'aimait à cause de son père, de sa jeunesse, de ses grandes qualités, on ne lui attribuait pas les souffrances du pays. Mais les esprits étaient dans une grande fermentation; ce qui le prouve, c'est l'apparition, dans le temps où l'on écrivait si peu, de cette foule d'écrits anonymes dont les copies parcouraient le pays d'un bout à l'autre, et dont le contenu peut fournir de grands avertissements pour l'histoire de cette époque. C'étaient des espèces de manifestes écrits au nom du peuple dans la Suède moyenne et terminés par une invitation aux citoyens, surtout aux prêtres, de les soumettre à la réflexion de tous. On y montre l'avenir des paysans destinés à devenir serfs, au lieu de former un état libre dans le royaume. « On abuse de la clémence de la reine, qui n'a que le titre attaché à la couronne sans avoir le pouvoir qu'elle confère. On a fait un grand abus des dotations; ce n'est pas toujours le mérite qui en est investi; elles sont distribuées par faveur ou pour de l'argent. Les impôts se sont accrus au point que le peuple n'en peut plus supporter le fardeau; il y en a, comme la contribution des feux (*Mentals pingar*), qui sont iniques, parce que le pauvre et le riche sont également imposés. Les plaintes du peuple ne se font point entendre aux diètes; on lui donne des secrétaires de mauvaise foi qui n'écrivent pas ce qu'on leur dit, et il ne reçoit pour réponse que de vaines paroles auxquelles on ne donne jamais suite. Les décrets des anciennes diètes permettent aux paysans d'élire ceux qui doivent porter leurs plaintes au pied du trône. » Dans la seconde de ces brochures est un dialogue entre quatre membres des différents états de la diète : la noblesse cherche à prouver aux autres états que l'influence qu'elle a acquise sert à l'unité et à l'honneur du royaume; que ses adversaires cachent leurs projets sous prétexte que la noblesse veut changer la constitution du pays en un gouvernement aristocratique ou en un royaume électif. « La noblesse avait donné trop de preuves de fidélité envers le roi et la patrie pour qu'on puisse admettre une telle supposition. Il est bien connu aussi qu'elle n'aime pas à être gouvernée par ses égaux; mais, d'après la direction qu'avaient prises les opinions des états roturiers, on devait nécessairement aboutir au gouvernement démocratique, dont l'Angleterre offrait les malheureux résultats. Les attaques contre la couronne amenaient ces tempêtes; car on l'attaque en attaquant ses priviléges, qui en émanent et qui sont indispensables à la stabilité des institutions monarchiques. Les affaires qu'on traite à la diète ne doivent être présentées que par le gouvernement, et la solution définitive dépend de lui. Il n'a rien à décider sur le vote des états, puisqu'ils ne sont appelés à la diète que pour conférer entre eux; autrement ils pourraient déposer le roi et priver la noblesse de ses priviléges et de ses honneurs. Le pays est cultivé surtout par la noblesse; les revenus de la couronne sont quinze fois plus forts que lorsqu'elle administrait elle-même ses domaines. L'accroissement de la noblesse vient des états roturiers. Combien de gens de basse extraction ne sont-ils pas parvenus à de hautes fonctions ! mais appeler tout à coup aux honneurs des épiciers et des paysans, c'est ce qui est contraire à tout bon gouvernement. Les prêtres cherchent à ressaisir leur ancien pouvoir, les bourgeois à en fonder un nouveau. Un noble sur vingt seulement eût exercé le droit de nommer les curés. Les paysans sont entraînés, car quoique la noblesse, par des dotations, ou des acquisitions soit entrée en possession d'une grande partie des domaines de la couronne, elle n'a cependant jamais voulu que les paysans fussent exclus des diètes. — Les priviléges du clergé furent une pierre d'achoppement à la diète de 1649. La noblesse demanda le maintien de son droit à la nomination des curés; ce qui surtout la mécontentait, c'était que les évêques étaient chargés de veiller à ce que les nobles n'eussent pas trop de chapelains (*Husperdikanter*) dans leurs châteaux. Une ordonnance de la reine enjoignit aux nobles de se rendre assidûment aux églises, à moins qu'ils n'eussent un motif légitime de s'en abstenir. Les priviléges des prêtres qui ouvraient à leurs fils la carrière des emplois publics, s'ils possédaient les connaissances requises, provoquèrent les réclamations de la noblesse, qui voulut se réserver à elle seule l'accès des places à la chancellerie royale. La reine, lorsqu'elle nomma Adler Salvius sénateur, répondit ainsi, en 1648, aux objections qu'on éleva contre cette nomination : « Quand on apprécie les bons conseils et qu'on veut en avoir, il ne faut pas regarder à l'ancienneté de la noblesse de celui qui les donne; au reste les emplois ne sont pas des terres héréditaires. » — La rupture éclata ouvertement à la diète suivante. Les prêtres, les bourgeois et les paysans présentèrent à la reine, avant son couronnement, le 3 octobre 1650, la fameuse protestation dans laquelle ils demandaient à l'Etat des domaines de la couronne, après avoir prouvé les pertes qui étaient résultées pour la Suède et ses habitants de l'aliénation de ses terres; ils représentèrent en outre que les priviléges de la noblesse étaient si exagérés, qu'il n'était pas possible aux autres habitants de supporter les contributions qui retombaient en entier sur eux. — Le chancelier du royaume, qui essaya de réfuter au nom de la noblesse cette protestation des trois états, argumentant de ce qu'ils avaient attaqué la majesté royale, et tirant de ce fait la conséquence qu'ils avaient mérité d'être punis, se trouva dans un grand embarras lorsque la reine prit l'affaire dans un autre sens, et qu'il fut démontré qu'elle n'avait eu lieu qu'avec son adhésion. « Aujourd'hui ou jamais, » dit-elle à Terserus. Cet homme hardi et entreprenant, alors professeur de théologie à Upsala, avait été choisi comme président par le bas clergé, après que les évêques, s'étant ralliés à la noblesse, avaient fait scission avec lui. Ce schisme entre les évêques et les curés dura six semaines. Les premiers s'assemblèrent dans la chambre du clergé; les derniers choisirent un autre local. L'inquiétude agitait profondément tous les esprits; les paysans et les bourgeois prirent une attitude menaçante; la guerre civile paraissait imminente. Les nobles les plus riches mirent en sûreté leur mobilier précieux, et se ménagèrent les moyens de fuir. Le chancelier resta ferme et inébranlable. « Il était assis dans sa chambre, dit un récit traditionnel, et ne savait pas, chaque fois que la porte s'ouvrait, si ce n'était pas un assassin qui entrait. » A la fin le clergé se portait comme médiateur quand les évêques furent revenus à lui; mais ce rapprochement eut lieu sous la condition que les évêques adhéraient à la protestation contre la dotation des domaines. Deux projets de rédaction pour cet acte avaient été élaborés, l'un par Terserus, l'autre par le secrétaire du magistrat de Stockholm, Nils Skunk. La reine les avait approuvés tous deux; ils furent réunis en un seul, qui lui fut présenté par les états roturiers. Elle le reçut avec une bienveillance marquée; mais elle évita d'exprimer son opinion sur cette grave affaire. Elle était donc déjà soulevée, cette question qui, dans un avenir peu éloigné, devait opérer une si grande révolution dans la position de la noblesse. Christine ne pouvait qu'en abandonner la solution à d'autres. La diète de 1650, qui avait duré quatre mois, était la plus longue que les annales de la Suède eussent consignée jusqu'à cette époque. — L'avenir de la patrie était avec raison l'objet de craintes sérieuses. Christine n'était pas mariée, et l'hérédité de la couronne n'était pas assurée. Plusieurs princes recherchaient son alliance et sa main ; l'électeur Frédéric-Guillaume de Brandebourg avait repris dans ce but, en 1642, les négociations qui avaient été entamées du temps de Gustave-Adolphe. La régence donna une réponse évasive, et les envoyés ne trouvèrent pas d'occasion de présenter eux-mêmes à la jeune reine la commission qu'ils avaient reçue de leur maître. Elle avait entrepris une tournée dans les provinces, suivant toute probabilité pour ne pas recevoir cette ambassade. Le choix du peuple se prononça en faveur du cousin de la reine, le prince palatin Charles-Gustave : il était né en Suède, où il avait fait ses études. Les grands avaient toujours cherché à abaisser cette maison princière; et Christine, qui dans son enfance avait promis sa main à son parent, ne semble pas avoir eu d'inclination pour sa personne, ou elle éprouvait quelque répugnance pour le mariage. Cependant elle avait pris sa résolution au sujet de la succession, et cette résolution était plus imposante qu'elle ne paraissait d'abord : car elle ne comprenait pas seulement l'offre, mais elle renfermait encore le sacrifice d'une couronne. Charles-Gustave nous a transmis le récit de la demande qu'il fit de la main de la reine ; nous lui empruntons les détails suivants : « Dans la soirée du 15 juin 1648, en présence du comte Magnus de la Gardie et de l'évêque Johannes Mathiæ, il se passa ce qui suit entre moi et la reine. — Comme j'avais fait observer que j'espérais une réponse catégorique de sa majesté à la proposition de mariage que je lui avais présentée, elle me fit appeler et me dit, après quelques moments de silence profond, qu'elle voulait, en présence de ces messieurs et à la face de Dieu, dire ce qu'elle pensait de moi; que ce n'était point par flatterie ni vaines paroles, mais l'expression d'une résolution inébranlablement arrêtée ; que quant au mariage elle ne me donnait ni ne m'enlevait l'espérance, mais que bien certainement elle n'épouserait personne que moi, si elle se déterminait pour le mariage; que si au contraire elle ne m'épousait pas, elle emploierait tous les moyens en son pouvoir pour me faire reconnaître comme héritier de la couronne; elle ne pouvait faire rien de plus pour me satisfaire. Je gardai un silence absolu ; le saisissement m'empêchait de parler. Sa majesté répéta ce qu'elle venait de dire, ajoutant qu'elle ne s'était laissé influencer par aucune considération qui eût rapport à elle ou à moi, mais qu'elle n'avait consulté que l'intérêt et la sûreté de l'Etat. Sa déclaration n'avait point d'autre but que de me le persuader; en conséquence elle voulait me confier le commandement dans la guerre et assurer ainsi mon avenir et celui de la patrie. La conversation devint extrêmement animée. Je jurai que je n'aspirais qu'à sa main et que, si elle me refusait, je préférerais l'indigence à l'honneur qu'elle me faisait, ou m'offrait, et jamais je ne reverrais la Suède. Sa majesté parut très-mécontente de ma réponse, qu'elle qualifiait de fanfaronnade et de tirade de roman. « Dieu, dit-elle, ne vous a pas créé pour végéter dans les petits domaines de votre père en Allemagne, » mais il vous ménage une plus haute destinée. » Elle connaissait trop mon ambition pour croire que je me contenterais d'une pareille obscurité; je répliquai que c'était mon opinion sérieuse. Je rappelai à sa majesté la promesse qu'elle m'avait faite aux noces du comte Magnus de la Gardie, le 2 mai 1647, de céder sinon par affection pour moi, du moins pour satisfaire au vœu du peuple; si j'avais su qu'elle retirât les promesses qu'elle m'avait faites dans notre enfance, je ne serais jamais rentré en Suède. Elle répondit que les promesses de sa jeunesse étaient le fruit de son inexpérience et ne pouvaient la lier aujourd'hui; qu'elle n'avait pas droit alors de disposer d'une ferme, à plus forte raison de sa personne et d'une couronne ; mais ce qu'elle promettait aujourd'hui elle saurait le tenir. — Je n'avais jamais eu en vue, dis-je, que le mariage, je ne voulais pas survivre à sa majesté pour tomber *entre les mains de ces messieurs*. Je ne pourrais jamais m'accorder avec eux, et il me répugnerait de souiller mes mains de leur sang; j'aimerais mieux, dans ce cas, n'avoir pas l'espoir de la couronne. — Sa majesté m'assurait qu'elle arrangerait l'affaire de telle sorte que je n'aurais pas besoin de verser leur sang ; elle espérait au contraire empêcher par mon moyen toute espèce de trouble. » — Plus d'une fois les états avaient prié Christine de se choisir un époux, et les états roturiers avaient exprimé le vœu que sa majesté donnât sa main au prince Charles-Gustave. A la diète de 1649, le 23 février, une députation des états lui présenta une nouvelle proposition où elle était engagée à se décider. Le jour suivant, Christine vint surprendre le sénat par la proposition qu'elle lui fit de choisir le prince comme héritier de la couronne; il y avait trois jours qu'elle méditait ce projet, parce qu'elle ne pouvait se résoudre au mariage ; de grands dangers pour le royaume étaient attachés à la négligence à fixer l'hérédité. Charles-Gustave n'avait pas de droit à la couronne; mais il était du sang royal, et son plus proche parent né en Suède et professant la même religion que les Suédois, il connaissait leurs mœurs, leurs lois et leur langue ; il était aimé de tout le monde par son affabilité et ses qualités éminentes. Il avait donné des preuves de son grand courage en combattant les ennemis de la patrie ; aucun intérêt étranger ne l'empêchait de se dévouer tout entier à elle. Le sénat pour toute réponse garda un silence profond ; enfin la presque totalité des membres s'opposa à ce projet. On objecta qu'il était très-dangereux de fixer ce point du vivant de la reine, surtout lorsque son successeur n'était pas son époux. L'hérédité indécise était un grand mal ; mais celle qui pouvait être une source de contestations en était un plus grand encore. On avait fait en Suède une expérience assez sanglante des guerres civiles soulevées par les prétentions des membres de la famille royale. Le souvenir d'Erick et de ses frères, de Charles et de Sigismond, était encore vivant. Gustave-Adolphe et Charles-Philippe eux-mêmes avaient jeté dans les esprits un ferment d'agitation dont on ne pouvait calculer les suites, quand Dieu appela à lui l'un des deux princes. Si le comte palatin était déclaré héritier du trône sans espoir d'obtenir la main de la reine, il fallait qu'il épousât une autre princesse ou qu'il restât célibataire. Dans le premier cas, en supposant que la reine vînt à se marier, il pourrait se trouver deux familles qui se disputeraient la couronne ; dans le second cas, l'hérédité était encore remise au hasard, et le comte palatin, s'il mourait avant la reine, se verrait contraint par sa position d'assurer la couronne à sa famille, peut-être à son frère. On souhaitait toute sorte de bonheur à Charles-Gustave, mais avant tout la main de la reine. On finissait en la priant de tenir la parole qu'elle avait autrefois donnée au prince. Christine répondit « qu'elle avait promis seulement de n'en épouser jamais d'autre que lui ; elle avait résolu, pour assurer la tranquillité du royaume, de faire élire son successeur, et personne ne devait s'étonner que son choix tombât sur un prince que les états avaient jugé digne d'être son époux. On pouvait éviter le retour des anciens troubles en ne lui donnant pas de duché. On s'anima des deux côtés, et il était d'autant moins facile d'arriver à un résultat par des argumentations que chacun pressentait, que derrière la résolution apparente de la reine il y avait autre chose qui devait servir à l'expliquer sans qu'elle eût besoin de le dire : elle voulait imposer, et elle réussit. Cette jeune femme voulait essayer son influence sur des hommes d'Etat et des guerriers blanchis sous le poids des affaires et des armes, devant lesquels l'Europe avait tremblé, et elle les réduisait au silence par les accusations les plus hardies. « Elle voyait bien, disait-elle, que le sénat voulait rétablir le royaume électif et le pouvoir de l'aristocratie en Suède. Les plans du drots et du chancelier, les espérances des familles d'Oxenstjerna et de Brahe n'étaient plus des secrets. » On lui objectait les troubles qui naîtraient de la rivalité des princes héréditaires. Valait-il mieux que la couronne fût une pomme de discorde entre leurs enfants? « Proclamez de suite Charles-Gustave comme héritier de la couronne, ajouta-t-elle : car si je meurs auparavant, j'affirmerais bien qu'il ne montera jamais sur le trône. » — Torstenson ayant fait observer que le prince ne se marierait probablement pas s'il n'obtenait la main de la reine, celle-ci répondit : « Il n'y a pas de danger ; l'amour ne brûle pas pour un seul objet, et la couronne est une jolie fille. » — Quelques jours plus tard, le 28 février, la reine fit la même proposition aux députés des états roturiers. Elle répondit aux instances pressantes qu'ils lui faisaient de se marier : « Vous n'en saurez rien avant d'avoir pris un parti sur la question de la succession. » Le maréchal de la diète voulut connaître la décision du sénat. Celui-ci ne pouvait avoir d'autre opinion que celle qu'il avait exprimée jusqu'alors. La reine n'en fit pas moins exécuter sa volonté. Le 10 mars 1649, les états et le sénat déclarèrent que, convaincus par les raisons de sa majesté, ils choisissaient pour héritier du trône le comte palatin Charles-Gustave, dans le cas où la reine mourrait sans postérité. Ce ne fut que le jour suivant qu'Axel Oxenstjerna, qui s'était abstenu de prendre une part ouverte aux délibérations, se décida, non sans faire de grandes difficultés, à signer le décret. La reine le lui avait fait remettre par le chancelier de la cour, Tungel, qui nous en a laissé le récit. Il dit, entre autres choses : « Si mon tombeau s'ouvrait à l'instant même et qu'il dépendît de moi de mourir ou de signer cet acte, je choisirais la mort. » Le vieil homme d'Etat soupçonnait, et avec raison, que si Christine choisissait son successeur au trône, c'est qu'elle avait envie d'en descendre. Il ne tardera pas d'être évident pour tous que tel était le but. La reine, à la diète de 1650, affermit son œuvre par une déclaration des états sur l'hérédité de la couronne, acquise à la postérité de Charles-Gustave. Le 20 octobre, elle célébra son couronnement avec une pompe jusqu'alors inconnue en Suède ; un an après elle annonça sa résolution de déposer la couronne. L'histoire atteste qu'elle avait pris cette résolution dès 1648. — Nous avons dit que l'abdication de Christine avait été déterminée en partie par des considérations politiques, en partie par des motifs personnels. Nous avons développé les premières ; nous ne nous étendrons sur les dernières, qui ont rapport à sa vie privée, qu'autant que nous le permettent les bornes de cet ouvrage. Nous commencerons par quelques courtes considérations sur la civilisation de ce siècle et son influence sur la Suède. L'Ecriture sainte et l'ancienne Rome furent les deux sources principales d'où jaillit cette civilisation, et qui acquirent pour ainsi dire une nouvelle fraîcheur après la chute de la hiérarchie romaine, qui les cachait l'une et l'autre. De ces éléments hétérogènes se formèrent dans les esprits les plus élevés un ensemble intéressant, une tendance puissante, à la fois politique et religieuse, dont les représentants les plus distingués étaient dans le monde savant Grotius, et dans le monde politique Gustave-Adolphe. Ce fut la passion de ce roi pour les écrits de Grotius qui le porta à offrir un asile à ce savant, persécuté et banni de sa patrie. Oxenstjerna s'acquitta à cet égard du devoir que la mort avait empêché Gustave-Adolphe de remplir. Le chancelier appartenait à la même école politico-religieuse : il aimait à lire la Bible ainsi que les anciens auteurs romains. Ses écrits politiques portent l'empreinte de ces lectures ; on la remarque également dans plusieurs membres du gouvernement et du sénat, par exemple chez le drots du royaume, Pierre Brahe le cadet, comme nous l'avions déjà observée dans son aïeul. Au reste, on a si souvent préconisé dans ces derniers temps les savants des siècles passés pour leur savoir profond, qu'il faudrait admettre que cette civilisation était presque générale. Nous ne voyons pas ainsi les choses. La connaissance de la langue latine tenait au système d'instruction suivi à cette époque, parce que cette langue jusque-là était celle qu'avait adoptée la diplomatie européenne. Ce fut pour cela que le gouvernement, par une décision royale, décréta qu'il serait répondu en latin à quiconque lui adresserait un écrit dans cette langue, et en suédois à tous ceux qui en emploieraient une autre. Un plus vaste savoir, comme celui de Jean Skytte ou celui d'Axel Oxenstjerna, rentrait dans les exceptions. Mais nous avons remarqué que ce qui imprime à cette époque un cachet de grandeur, c'est que chacun recherchait la gloire en favorisant les progrès des lumières : une tendance commune vers un but élevé, vers les trésors les plus nobles de l'humanité, honore le protecteur et le protégé. Pour rehausser l'homme, il faut qu'il sente quelque chose au-dessus de lui. Ainsi chaque orgueil a son humiliation, et c'est en le reconnaissant qu'il acquiert quelque noblesse. L'enseignement dans les écoles sorties du siècle de Gustave-Adolphe et de Christine était fondé sur la théologie et le latin. C'est alors que commencent à briller les premiers noms qui, en Suède, se sont distingués dans les lettres ou dans les sciences : Stjernhjelm, à la fois philosophe, géomètre, linguiste et poëte ; Stjernhœck, le père de la jurisprudence suédoise. Parmi les savants étrangers appelés en Suède, Loccenius et Scheffer acquirent une grande illustration. — Ce tableau a aussi ses ombres. On remarque dans presque toutes les directions une influence étrangère ; c'était une conséquence de la situation politique. Mais comme l'extension rapide de la force politique était privée du secours d'une consistance suffisante à l'intérieur, les éléments de la civilisation étrangère ne jetèrent pas d'assez profondes racines ; ce ne fut que plus tard que la Suède eut un fonds indépendant propre à la culture de la science et de l'art, et qu'elle dirigea son attention non plus sur l'étranger, mais sur elle-même. L'étranger apportait plutôt la confusion que le progrès, et cette confusion n'est pas moins apparente dans les mœurs et les opinions que dans la situation politique ; elle est plus évidente encore dans la langue, mélange barbare de latin, d'allemand et de français, avec des expressions comme celles qu'on pourrait signaler dans les documents dont nous avons cité des extraits. Christine, dont l'esprit était porté vers la nouveauté, appela les savants de toutes les parties de l'Europe : ils arrivèrent en foule, chargés de trésors de philologie et d'antiquités, sciences alors à la mode ; ils étalèrent leurs savoir, élaborant des dédicaces ou des panégyriques, où toutes les ressources de la langue des Romains se convertissaient en un encens enivrant qu'on faisait respirer à la reine ; ils présentèrent leurs livres, et reçurent leur récompense et leur congé. Nous ne savons pas ce que leur nom a de commun avec l'histoire de Suède ; comme exception, nous en nommerons un bien supérieur aux autres : c'est le fondateur de la philosophie moderne, le grand Descartes. Son ami Chanut l'avait fait inviter, en 1649, à se rendre à la cour de Suède, où la reine le reçut chaque jour pendant deux mois, à cinq heures du matin, dans sa bibliothèque. Descartes mourut à Stockholm le 1er février 1650. On ne saurait dire quelle influence la profondeur de sa philosophie exerça sur l'esprit de Christine, quoiqu'on ait prétendu que ce fut dans ces conversations qu'elle puisa son goût pour le catholicisme. Ce qu'il y a de certain, c'est que ce ne fut pas du sein des tourbillons et du doute philosophique, mais de celui de la légèreté et de l'athéisme que Christine se jeta dans le giron de l'Église romaine. L'époque de l'indifférence chez la reine, préparée par quelques philologues, fut signalée par l'exclusion des savants et par le crédit du médecin Bourdelot. Celui-ci ayant réussi, il le croyait du moins, à sauver Christine d'une grave maladie, lui conseillait de prendre plus de distraction; mais il lui inspira en même temps son mépris pour la religion. Il jouit pendant quelque temps si exclusivement de la faveur de cette princesse que toutes les grâces qu'elle accordait étaient distribuées par lui, et que l'étoile brillante de la Gardie lui-même commença à pâlir. Une vie indépendante sous un beau ciel, tel était le rêve de Christine quand elle crut son rôle politique fini; et dès 1652 les voyageurs suédois en Italie ouïrent dire qu'on l'y attendait. — Nous avons dit que la première proposition de la reine relativement à son abdication eut lieu le 25 octobre 1651. Elle résista fermement aux propositions du sénat; mais lorsque le vieux chancelier, à la tête d'un comité des états, qui étaient alors assemblés, la conjura de renoncer à son projet, elle céda. Il paraît qu'elle en avait ajourné l'exécution pour être à même d'observer encore pendant quelque temps la marche des événements. Sa volonté, quant à la transmission de la couronne à Charles-Gustave, avait vaincu toutes les résistances; mais elle ne paraît pas avoir assez observé la nature de ses alliés: elle voulait que son abdication, faite dans une entière liberté, fût entourée d'un éclat réel. Le bruit se répandit qu'on s'opposerait à cette pompeuse manifestation, et qu'un parti était déjà tout formé pour l'y contraindre si elle tardait. Les découvertes et les investigations incomplètes, provoquées par l'imprudent écrit du jeune Messénius, au mois d'octobre 1651, firent élever des soupçons sur les auteurs des intrigues des diètes de 1649 et 1650, et surtout sur le sénateur Benoît Skytte, celui de tous les sénateurs qui avait fait le plus ouvertement scission avec ses collègues et qui s'était éloigné dans l'attente d'une révolution. D'après les premiers rapports qui lui furent faits, Christine s'attendait à une sédition, et son courage lui conseilla d'attendre qu'elle éclatât pour faire arrêter les conjurés. Elle changea d'opinion, et il paraît même qu'elle ne voulut pas tout savoir. L'écrit dont nous venons de parler, et dont l'auteur fut découvert de suite, était un pamphlet dirigé contre la reine, contre l'ancienne régence, et contre le favori Magnus de la Gardie: on y engageait le prince héréditaire à prendre les rênes du gouvernement. Dans ce cas il pouvait, puisqu'il était, même sans élection, le plus proche héritier de la couronne, compter sur la jeune noblesse et le concours des états roturiers. Charles-Gustave, qui était en OEland, envoya immédiatement l'écrit diffamatoire à la reine; il était, autant par prudence que par reconnaissance, loin d'approuver ces intrigues. Les deux Messénius, père et fils, furent décapités: ainsi s'éteignit cette famille malheureuse, qui avait produit des hommes éminents: le grand-père était mort après vingt ans de captivité. Terserus; le bourgmestre de Stockholm, Nils Nilsson; le secrétaire du magistrat, Skunk; et Benoît Skytte furent accusés de participation au complot et acquittés; mais le bourgmestre fut obligé de fournir caution. La reine ordonna la destruction du dossier. Elle eut le courage de convoquer les états en 1652, sans dire un mot de son abdication; et comme les différends avec la Pologne, le Danemark et l'empire rendaient la position périlleuse, elle obtint encore trois conscriptions pour remplir les cadres de l'armée et équiper la flotte: on lui accorda aussi une augmentation d'impôts, et la noblesse se chargea d'une conscription particulière. — Christine, par sa conduite pendant le reste de son règne, parut ne vouloir pas laisser de regrets. La dissipation allait croissant: les dotations se multipliaient à l'infini. On commença à employer en tête des actes de dotation des biens la formule: « En cas qu'ils ne soient pas encore donnés, ou En cas qu'ils appartiennent encore à nous et à la couronne. » On ajouta à d'anciennes dotations ce qu'on appelait des *améliorations* sous différentes dénominations plus ou moins étranges. Les secrétaires de la chancellerie en disposaient. Le 15 avril 1651, un secrétaire fut décapité sur la place de Norrmalm pour avoir vendu quarante-deux fausses lettres de dotation et d'exemption. Il n'y avait déjà plus depuis longtemps de comtés et de baronnies pour le grand nombre de nominations qui avaient lieu. — Christine, pendant son règne, a augmenté la chambre des nobles de huit comtes, vingt-quatre barons et quatre cent vingt-huit nobles de nouvelle création. On comptait au nombre de ces derniers le tailleur de la cour, John Holm, qui prit l'orgueilleux nom de *Leyoukrona* (Couronne de lion); il fut nommé en même temps intendant de la cour. C'était un homme riche; mais il fut obligé de quitter son emploi lorsque le baron Clas Baner refusa de servir avec lui: « C'est de cette époque, dit un récit du temps, que date la décadence des bonnes et anciennes mœurs. » La jeunesse commença à vouloir prendre le pas sur la vieillesse. La religion fut traitée avec une indifférence et une légèreté jusqu'alors inconnues. Quelques-uns crurent faire preuve d'esprit en ridiculisant la piété, et s'ils mettaient le pied dans le temple, ce ce n'était que pour la forme. Sur la fin, la reine elle-même en vint à ce point. « L'orgueil était le trait dominant du caractère de la jeune reine; les plaisirs du vin et de la débauche étaient des coutumes qu'avait laissées la guerre de trente ans et qui étaient venues de l'Allemagne. Il s'y mêla une galanterie chevaleresque qui donna une teinte de noble gaieté à la vie. Les dames étaient les divinités du jour. » L'envoyé de Cromwell, Whitelocke, qui conclut au nom du protecteur, en 1654, une alliance avec la Suède, vit avec horreur, pendant le séjour de la cour à Upsala, de jeunes seigneurs se livrer au désordre un dimanche, et finir par boire, à genoux sur la place publique, à la santé de la reine. Tout le temps se passait en fêtes et en ballets, dans lesquels la reine dansait elle-même, en courses (*Ringrænningar*). Il s'écoulait des mois sans que la reine assemblât le conseil; elle disait qu'elle croyait voir le diable quand les secrétaires d'État lui apportaient des papiers à signer. La cour était remplie de danseurs, de chanteurs et de comédiens. Des jésuites prirent ce déguisement pour s'insinuer auprès de la reine, et travaillèrent à sa conversion. Celui qui en vint à bout était un nouveau favori, don Antonio Pimentelli, homme doué de qualités éminemment aimables, qui arriva en Suède, comme ambassadeur d'Espagne, en 1652. Il vivait dans l'intimité la plus étroite avec la reine, habitait le château et passait avec elle une partie des nuits jusqu'à trois et quatre heures du matin. Cette nouvelle faveur fut partagée par le comte de Tott, beau jeune homme, récemment revenu de ses voyages, et qui fut fait sénateur par la reine à l'âge de vingt-trois ans. Elle le voulait faire duc, parce qu'il descendait par sa mère du roi Erick XIV. Cette nomination n'eut pas lieu, à cause qu'Oxenstjerna et Brahe, à qui la reine offrait la même dignité, la refusèrent. La jalousie excita les plaintes de la Gardie; il dénonça le comte de Tott, l'écuyer de la cour, baron de Steinberg, et le baron Schlippenbach comme ayant dit que la reine l'accusait d'infidélité et de malversation. Tous trois déclarèrent en sa présence ses allégations calomnieuses sans qu'il osât leur en demander raison. Christine ne put jamais lui pardonner, et toute sa vie elle ne parla de lui qu'avec mépris. La prodigalité produisit ses effets accoutumés: deux fois la cuisine de la reine avait été fermée par défaut d'argent. Ce n'était pas la peine, dans un tel état de choses, de renouveler les ordonnances relatives à la balance des recettes et des dépenses, ni de faire faire au vieux chancelier, en 1653, le travail pénible d'un aperçu sur l'administration financière du royaume. Le mécontentement du pays était parvenu à un point dangereux: « Ne venez pas ici, écrivait la mère de la Gardie à son fils, de son comté en Vestrogothie, le 7 mars 1653; sur toute la route, les paysans sont en sédition, et, à Blixberg, celui qui travaille à la corvée et se distingue par sa grande barbe rouge a dit que le peuple n'attendait qu'une occasion pour massacrer tous les nobles. » Charles-Gustave, qu'on avait complétement oublié, mais qui avait l'œil ouvert sur les événements, écrivit qu'il n'osait aller visiter son père, parce que le peuple se rassemblait partout sur les chemins, et accourait dès qu'il se montrait pour lui demander son appui dans ces temps difficiles. — Le 11 février 1654, la reine convoqua le sénat à Upsala, et lui communiqua sa résolution, irrévocablement arrêtée, de disposer de sa couronne pour la mettre sur la tête du prince héréditaire. On lui fit les objections habituelles. Le chancelier du royaume lui dit à la fin: « Si cela doit arriver, le plus tôt sera le mieux. » Les états furent aussi convoqués à Upsala pour le 21 mai. Christine employa l'intervalle qui s'écoula jusqu'à cette époque pour convenir avec Charles-Gustave, par l'intermédiaire de Herman Fleming et de Stjernhok, de l'apanage qui lui serait accordé pour l'avenir. Les états lui donnèrent les îles de Gottland, d'OEland et d'OEsel, la ville et le château de Norkœping, Wolgast, avec plusieurs possessions en Poméranie, Poel et Neukloster, près de Wismar, donnant un revenu de deux cent quarante mille thalers. On ne tint pas compte des dotations dont était grevé cet apanage, ce qui donna lieu à des explications très-chaudes entre le sénat et la reine. Dans ses terres, elle avait droit de nommer des gouverneurs, des préfets et d'autres employés, ainsi que des curés dans les paroisses où leur nomination appartenait à la couronne ; mais ces derniers devaient être Suédois et de la communion protestante. Elle et ses employés jugeaient en première et en seconde instance; quant à elle-même, elle ne devait compte à personne de ses actions. Le riksdrots, comte Pierre Brahe, rapporte ainsi les circonstances de l'abdication : « Le 6 juin au matin, la reine fit sa renonciation. C'était un acte bien déplorable. La reine sortit de sa chambre, la couronne sur la tête, le globe et le sceptre dans la main, vêtue du manteau du couronnement sur une robe de soie blanche. Elle fit un discours auquel Schering-Rosenhane répondit en termes appropriés à la circonstance. Puis la reine déposa l'un après l'autre les attributs de la royauté, descendit du trône, s'adressa au prince héréditaire, qui devait être couronné immédiatement roi de Suède, lui recommandant les intérêts du pays, glissant un mot d'éloge pour chaque état, et en particulier pour ses tuteurs; elle lui donna des conseils d'un ton touchant et solennel. Sa majesté avait fini. Elle parlait bien et avec facilité ; plusieurs fois son émotion avait été sur le point de se trahir par des larmes. Des hommes et des femmes ne purent retenir les leurs lorsqu'elle dit que sa famille et son règne allaient s'éteindre avant que Dieu y eût mis un terme. Elle était belle comme un ange. Le roi répondit avec dignité et reconnaissance. Elle voulait qu'il montât de suite les degrés du trône, mais il s'y refusa. On quitta la salle; Christine voulut suivre le roi dans sa chambre : il n'y consentit pas, et l'accompagna. A deux heures après midi, Charles-Gustave fut couronné. Il était à cheval, ainsi que les sénateurs qui l'accompagnaient. Le jour suivant, Christine quitta Upsala et ne s'arrêta que quelques jours à Stockholm, où elle se confessa publiquement. Douze vaisseaux de guerre avaient été équipés et l'attendaient à Calmar pour la transporter en Allemagne; mais elle prit la route d'Halmstadt et passa le Sund. Quatre Suédois seulement la suivirent : elle avait congédié les autres. Parvenue à un petit ruisseau qui servait alors de frontière entre le Danemark et la Norwége, elle descendit de voiture et sauta sur la rive opposée en disant : « Enfin je suis libre et hors des frontières de la Suède, où j'espère bien ne jamais rentrer. » Christine disparut ainsi comme un météore de l'horizon politique de la Suède. » — Quelques jours

Christine, reine de Suède.

après elle partit, prenant pour devise ces mots : *Fata viam invenient* (les destins me traceront la route). Ayant passé par le Danemark, elle traversa l'Allemagne et se rendit à Bruxelles, où elle fit une entrée solennelle, et où elle s'arrêta quelque temps. Pendant ce séjour elle abjura le luthéranisme dans une entrevue secrète avec l'archiduc Léopold, le comte Fuen Saldagna, le comte Montecuculi et Pimentel. Elle fit ensuite une abjuration solennelle, et se reconnut publiquement de la religion catholique à Inspruck, dans la cathédrale de cette ville. L'Europe fut étonnée de voir la fille de Gustave-Adolphe, de ce monarque qui s'était dévoué pour la cause du protestantisme, passer dans le sein de l'Eglise romaine. Peu de personnes crurent à la sincérité de sa conversion, et le plus grand nombre en chercha la cause dans les principes de tolérance universelle que lui avait donnés son précepteur Jean Mathiæ, dans le désir de vivre plus agréablement en Italie où elle allait se fixer, et dans son goût pour tout ce qui était extraordinaire. Ce qui est certain, c'est qu'elle s'exprima dans plusieurs occasions d'une manière peu respectueuse au sujet du chef de l'Eglise, et qu'elle porta souvent la légèreté et l'indifférence dans les temples, au pied des autels. On rapporte qu'ayant vu dans un livre une citation de l'ouvrage de Campuzano, intitulé *Conversion de la reine de Suède*, elle souligna ce titre et mit en marge : « Celui qui en a écrit n'en savait rien, et celle qui en savait quelque chose, n'en a rien écrit. » D'Inspruck Christine se rendit à Rome, et fit une entrée brillante dans cette ville en habit d'amazone et à cheval. Le pape Alexandre VII lui ayant donné la confirmation, elle ajouta à son nom celui d'*Alessandra;* elle parcourut ensuite la ville, visita les monuments, et donna une grande attention à tout ce qui retraçait les souvenirs de l'histoire. Elle admira beaucoup une statue de la Vérité du cavalier Bernini : « Dieu soit loué, dit un cardinal qui l'accompagnait, que votre majesté fasse tant de cas de la vérité, qui n'est pas toujours agréable aux personnes de son rang. — Je le crois bien, répliqua-t-elle, c'est que toutes les vérités ne sont pas de marbre. » Après avoir passé quelque temps à Rome, Christine fit un voyage en France. Elle arriva dans le pays pendant l'été, en 1656, et fut reçue avec tous les honneurs qu'on accorde aux têtes couronnées. S'étant arrêtée quelques jours à Fontainebleau, elle se rendit à Compiègne où résidait la cour, et de là à Paris. La bizarrerie de son costume et la singularité de ses manières firent une impression peu avantageuse ; mais on admira généralement son esprit, ses talents et l'étendue de ses connaissances. Ayant voulu voir les hommes de lettres les plus distingués, Ménage fut chargé de les introduire auprès d'elle. En les présentant successivement, il ne manqua pas de dire : « C'est un homme de mérite. » Ces présentations commençant à fatiguer Christine, « Il faut convenir, dit-elle, que ce M. Ménage connaît beaucoup les hommes de mérite. » Pendant son règne elle s'était déclarée tantôt pour la France, tantôt pour l'Espagne; pendant son séjour à Paris, elle était médiatrice entre ces deux puissances, mais Mazarin écarta cette médiation. Elle s'intéressa aussi aux liaisons de Louis XIV avec la nièce du cardinal, et on prétend qu'elle voulut engager le roi à l'épouser. Mazarin prit enfin le parti de l'éloigner d'une manière honnête et d'accélérer son départ. L'année suivante elle revint ; ce second voyage fut surtout remarquable par la catastrophe de Monaldeschi, grand écuyer de Christine. Cet Italien avait joui de toute la confiance de Christine, qui lui avait révélé ses pensées les plus secrètes. Arrivée à Fontainebleau, elle l'accusa de trahison et résolut de le faire mourir ; un religieux de l'ordre de la Trinité, le P. Lebel, fut appelé pour le préparer à la mort. Monaldeschi se jeta aux pieds de la reine et fondit en larmes. Le religieux, qui a publié lui-même un récit de l'événement, fit à Christine les plus fortes représentations sur cet acte de vengeance qu'elle voulait exercer arbitrairement dans une terre étrangère et dans le palais d'un grand souverain ; mais elle resta inflexible, et ordonna à Sentinelli, capitaine de ses gardes, de faire exécuter l'arrêt qu'elle avait prononcé. Monaldeschi, soupçonnant le danger qu'il croyait prochain, s'était cuirassé, il fallut le frapper de plusieurs coups avant qu'il expirât, et la galerie des Cerfs, où se passait cette scène révoltante, fut teinte de son sang. Pendant ce temps Christine, au rapport de plusieurs historiens, était dans une pièce attenante, s'entretenant avec beaucoup de calme de choses indifférentes. Selon d'autres rapports, elle fut présente à l'exécution, accabla Monaldeschi de reproches amers, et contempla ensuite son cadavre sanglant avec une satisfaction qu'elle ne chercha point à dissimuler. Que ces détails soient fondés ou non, la mort de Monaldeschi est une tache ineffaçable à la mémoire de Christine, et c'est à regret qu'on voit sur la liste de ses apologistes le nom du fameux Leibnitz. La cour de France fit connaître son mécontentement, et deux mois se passèrent avant que la reine se montrât à Paris. On s'empressa moins à la voir, et on lui prodigua moins d'encens; elle en reçut cependant d'une femme d'esprit, de M^me de la Suze, qui avait abandonné le protestantisme à peu près au même temps qu'elle s'était séparée de son mari, pour éviter de le voir, disait Christine, dans ce monde et dans l'autre. Retournée à Rome en 1658, la reine reçut des nouvelles peu satisfaisantes de Suède, ce pays était en guerre avec le Danemark et la Pologne; elle ne pouvait recevoir son revenu, et personne ne se montrait disposé à lui faire des avances. Alexandre VII vint à son secours, lui assigna une pension de douze mille scudi, et lui donna le cardinal Azzolini pour intendant de ses finances. Charles-Gustave étant mort en 1660, la reine entreprit un voyage en Suède, prétextant de vouloir régler ses affaires économiques; mais on s'aperçut bientôt qu'elle avait d'autres projets, et qu'elle regrettait ce trône dont elle était descendue peu d'années auparavant avec une fastueuse indifférence. Le prince royal étant en bas âge, elle fit entendre que, s'il venait à mourir, elle aspirerait à la couronne; mais on accueillit mal cette idée, et on lui fit même signer un acte formel de renonciation. D'autres contrariétés rendirent son séjour à Stockholm peu satisfaisant et l'engagèrent à partir. Cependant elle retourna une seconde fois en Suède en 1666; mais, ayant appris qu'on ne lui accorderait pas l'exercice public de sa religion, elle repartit avant d'avoir atteint la capitale, et fit un séjour à Hambourg. Dans le même temps elle aspira à la couronne de Pologne que Jean-Casimir venait d'abdiquer; mais les Polonais ne firent aucune attention à sa demande. Elle reprit le chemin de l'Italie, et se fixa à Rome pour le reste de ses jours. La culture des lettres et des arts devint l'objet principal de ses soins. Elle fonda une académie, correspondit avec les savants, et rassembla des collections précieuses de manuscrits, de médailles, de tableaux. Cependant, au milieu de ses occupations paisibles, l'inquiétude et le regret ne cessaient de la poursuivre; elle voulait prendre part aux grands événements et paraître influer sur les destinées politiques du monde. La dispute élevée au sujet de la franchise des quartiers l'occupa très-longtemps; elle offrit sa médiation à plusieurs puissances. Lorsque l'édit de Nantes eut été révoqué, elle écrivit à Terlon, ambassadeur de France en Suède, une lettre où elle désapprouvait les mesures qu'on avait prises contre les protestants. Bayle appela cette lettre un reste de protestantisme. Plusieurs difficultés avec le pontife de Rome au sujet des franchises de son palais et de la pension de douze mille scudi répandirent la tristesse et le chagrin sur les dernières années de sa vie. Ayant appris la mort du prince de Condé, qu'elle avait toujours admiré beaucoup, elle écrivit à Mlle Scudéri pour l'engager à célébrer la mémoire de ce prince. « La mort, disait-elle dans cette lettre, ne m'inquiète pas, je l'attends sans la défier ni la craindre. » Quelques années après, en 1689, le 19 avril, elle termina sa carrière. Son corps fut déposé dans l'église Saint-Pierre, et le pape lui fit élever un monument chargé d'une longue inscription; elle-même n'avait demandé que ces mots : *Vixit Christina annos LXIII.* Le cardinal Azzolini fut son principal héritier; elle ne laissait pas des sommes d'argent considérables, mais une nombreuse bibliothèque et une riche collection de tableaux et d'antiques. La bibliothèque fut achetée par Alexandre VIII, qui fit déposer neuf cents manuscrits au Vatican, et donna le reste à sa famille. Odescalchi, neveu d'Innocent XI, acheta les tableaux et les antiques; en 1722, une partie des tableaux fut acquise par le régent de France pour la somme de quatre-vingt-dix mille scudi. On peut juger de la richesse de ces deux collections par les deux ouvrages destinés à les décrire. Le premier a pour titre : *Nummophylacium reg. Christinæ*, par Avercamp, la Haye, 1742, in-fol. (*V.* aussi CAMELI). Le second, *Museum Odescalcum*, Rome, 1747, 2 vol. in-fol. La vie de Christine offre une suite d'inégalités et de contradictions : on y voit, d'un côté, la fierté, la grandeur d'âme, la franchise, la douceur; de l'autre, l'orgueil, la vanité, la dureté, la vengeance et la dissimulation. La connaissance des hommes et des affaires qu'avait cette princesse, son discernement, sa pénétration et ses lumières ne purent la détourner des projets chimériques, des entreprises téméraires, des illusions de l'alchimie et des rêves de l'astrologie. Il en résultait que, si elle se montra grande quelquefois, elle ne fut le plus souvent qu'extraordinaire, et qu'elle excita l'étonnement plutôt que l'admiration. Christine a laissé plusieurs ouvrages de peu d'étendue, mais dans lesquels son caractère se peint comme dans sa conduite; ce sont : 1° l'*Ouvrage de loisir, ou Maximes et Sentences*, qui, sans avoir la profondeur et la précision de celles de la Rochefoucauld, présentent des idées et des observations neuves, exprimées d'une manière originale; 2° les *Réflexions sur la vie et les actions d'Alexandre* : c'est un panégyrique de ce roi, qui était le héros de Christine; 3° les *Mémoires de sa vie*, dédiés à Dieu, et dans lesquels elle se juge avec une impartialité remarquable; 4° l'*Endymione*, pastorale en italien, dont la reine donna le plan et quelques strophes, et dont Alexandre Guidi acheva le reste. On a aussi publié en 1762 un recueil de *Lettres* de Christine, mais dont l'authenticité n'est pas prouvée : la plupart des ouvrages de Christine ont été recueillis dans les *Mémoires* concernant cette princesse, par Archenholtz, 1751, 4 vol. in-4°. C'est de cette compilation que Lacombe a tiré la *Vie de Christine* et d'Alembert les *Réflexions et Anecdotes sur la reine de Suède*. Il a paru à Stockholm dans les derniers temps plusieurs mémoires relatifs à la minorité et au règne de la fille de Gustave-Adolphe, qui répandent un nouveau jour sur cette partie de son histoire.

**CHRISTINIEN** (PAUL), né à Malines, où il a été syndic, mourut dans un âge avancé, en 1631. On a de lui le *Recueil des décisions du conseil de Malines*, en six volumes, et un *Commentaire* fort exact sur les coutumes de la même ville, augmenté par Sébastien Christinien, son fils, en 1654. Ces ouvrages sont fort estimés (Denis Simon, *Bibliothèque historique des auteurs de droit*).

**CHRISTINOS.** On appelle ainsi, en Espagne, les partisans de la reine Marie-Christine, princesse des Deux-Siciles et veuve de Ferdinand VII. Depuis la mort de ce roi, elle est *reine gouvernante* du royaume d'Espagne pendant la minorité de la reine Isabelle II, sa fille aînée, en vertu du testament de Ferdinand VII, signé en date du 12 juin 1830.

**CHRISTMAN** (JACOB), né à Johannesberg, ville de l'ancien électorat de Mayence, en 1554, cultiva avec succès les langues orientales et les mathématiques. Après avoir commencé ses études dans le collége de cette ville, il vint les achever dans celui de Neuss, où le firent admettre ses heureuses dispositions, et dans lequel il prit les premières leçons d'hébreu. Il le quitta pour venir à Heidelberg, fut attaché à trois colléges de cette ville, et lors de la mort de l'électeur Frédéric III, il résolut de se former l'esprit et le jugement, d'accroître ses connaissances par les voyages. Christman se rendit d'abord à Bâle avec le docteur Eraste, et y étudia la médecine; de là à Breslaw, à Vienne, à Prague, à Neustadt, où il publia son *Alphabetum arabicum*, et enfin retourna à Heidelberg en 1583. Il fut nommé successivement régent du collége de cette ville, professeur d'hébreu, de logique en 1590, et d'arabe en 1608. L'électeur Frédéric IV, voulant récompenser son mérite, créa extraordinairement cette dernière chaire en sa faveur. Cependant l'ardeur avec laquelle il se livrait à ses travaux avançait ses jours, et il succomba à l'attaque d'une jaunisse très-grave le 16 juin 1613. Christman avait professé l'hébreu pendant sept ans et expliqué la Logique d'Aristote pendant vingt-deux. Son érudition était très-variée: outre l'arabe, l'hébreu, le syriaque, le chaldéen, le grec, l'espagnol, le français, l'italien, il possédait à fond les mathématiques et l'astronomie, surtout dans ses rapports avec la chronologie, et ses connaissances se trouvaient jointes à une moralité pure et douce, à une rare modestie. On a de ce savant : I. *Alphabetum arabicum; cum isagoge scribendi legendique arabice;* Neustadt, près de Spire (Neapoli Nemetum), 1582, in-4° de 22 pages. Cet essai est le premier qui ait été publié en Allemagne avec des caractères arabes, et il fixa d'autant plus l'attention que non-seulement on n'y connaissait point ces caractères, mais que personne n'avait étudié et encore moins donné les principes de cette langue. Il se divise en trois chapitres : dans le premier Christman explique son alphabet; dans le second il donne ses principes de l'écriture; le troisième ceux de lecture. Le tout est terminé par un modèle propre à exercer à lire et à écrire. On doit convenir que les caractères sont très-grossièrement dessinés et gravés. II. *Muhamedis Alfragani Arabis chronologica et astronomica elementa, e Palat. Bibl. veteribus libris versa, expleta et scholiis exposita; additus est commentarius qui rationem calendarii romani, ægypt., arab., pers., syriaci et hebr. explicat;* Francfort, 1590 et 1618, in-8°. Christman fit sa traduction d'après une version hébraïque de R. Jacob Antolius, et la compara à une version latine du même ouvrage qui existait à la bibliothèque palatine de Bavière, et avait été achevée de copier l'an 1447; on en ignore l'auteur. Il est bon d'observer que la traduction de Christman se divise en trente-deux chapitres, tandis que le texte arabe, publié par Golius (*V.* ALFERGAN), ne se compose que de trente; la division seule diffère, les deux textes sont complets. III. *Calendarium Palæstinorum et univers. Judæor., ad annos 40 supput. auct. R. Ori fil. Simeonis ex hebr. in lat. vers. cum scholiis*, Francfort, 1594; in-4°. On trouve dans le même volume : 1° *Epistola chronol. ad J. Lipsium de ann. hebr. connexione;* 2° *Disputatio de anno, mense, et die passionis dominicæ*. Dans ces ouvrages, Christman combat plusieurs opinions de Scaliger sur la computation des Juifs et des Hébreux, et défend ce qu'il avait avancé dans ses notes sur Alfergan. IV. *Tractatio geometrica de quadratura circuli.* C'est une réfutation de Joseph Scaliger, qui, dans sa *Nova Cyclometria*, avait prétendu trouver la quadrature géométrique du cercle, en mesurant mécaniquement la longueur d'un fil appliqué sur une circonférence circulaire. V. *Observationum solarium libri tres*, Bâle, 1601, in-4°. VI. *Theoria lunæ ex novis hypothes. et observat. demonstrata*, Heidelberg, 1611, in-fol. VII. *Nodus gordius ex doctrina sinuum explicatus, accedit appendix observat. quæ per radium artificios. habitæ sunt circa Saturn., Jov. et Lucid. stell. affix.*, ib., 1612; in-4°. Ces deux derniers ouvrages prouvent qu'il n'était pas moins bon observateur que savant théoricien. VIII. *Is. Argirii computus Græcorum de solemni Paschalis celebr. græce cum latin. vers. et schol.*, Heidelberg, 1611, in-4°. IX. *De kalendario romano*, dans le tome VIII du *Thes. antiq. rom.* de Grævius. X. *Epistola de litteris arabiis*. Cette lettre, adressée à Joseph Scaliger et datée de Heidelberg le 28 mars 1585, a été publiée dans le *P. Burmani sylloge epist.*, Leyde, 1727, t. II, p. 318. Lorsque la mort surprit Christman, il avait dessein de traduire Avicenne en latin.

**CHRISTMAS-FLOWER** (*botan.*). Les Anglais donnent ce nom, qui signifie fleur de Noël, à l'ellébore noir.

**CHRISTMON**, s. m. (*botan.*), un des noms du bacile.

**CHRISTODIN**, s. m. (*hist. rel.*), nom qui se donnait dans l'origine aux huguenots, parce qu'ils avaient sans cesse le nom du Christ à la bouche.

**CHRISTODORE**, poëte grec de la Thébaïde, né à Thèbes même ou à Coptos, florissait sous le règne d'Anastase Dicore, comme le constate l'inscription où il célèbre la victoire remportée par cet empereur, en 493, sur les Isauriens. Le plus précieux reste de ses poésies est une description en quatre cent seize vers, des statues qui ornaient le Zeuxippe, thermes magnifiques de Constantinople, élevés près de l'église de Sainte-Sophie et de l'Hippodrome, et qui furent détruits par un incendie, en 532, sous Justinien. Cette description, curieuse pour l'histoire de l'art, forme tout le cinquième livre de l'*Anthologie* de Planude et la deuxième section de l'*Anthologie palatine*.

**CHRISTOLYTE**, *christolytus*. Ce mot vient du grec Χριστός et λύω, je résous, et signifie des gens qui dissolvent, qui détruisent Jésus-Christ. Les christolytes étaient donc des hérétiques qui détruisaient Jésus-Christ en disant qu'il était descendu aux enfers en corps et en âme; qu'il y avait laissé l'un et l'autre, et qu'il était monté au ciel avec sa seule divinité, ou plutôt que sa seule divinité y était montée. Ces hérétiques vivaient dans le VI^e siècle. Ils n'ont pas fait secte (saint Jean Damascène, *De hæres.*; Sanderus, hérésie, 107; Gautier, *Chronique*, VI^e siècle).

**CHRISTOMAQUE**, s. m. (*hist. rel.*), nom générique qui a été donné par plusieurs Pères, et entre autres par saint Athanase, à tous ceux auxquels ils attribuaient des erreurs sur la nature ou sur la personne de Jésus-Christ.

**CHRISTOPHE** (SAINT-) ou **SAINT-KIT**, en anglais *Saint-Christopher*, île du groupe des petites Antilles, par 17° 20' de latitude nord, et 65° 6' de longitude ouest; à 28 lieues nord-ouest de la Guadeloupe. Elle a Saint-Eustache au nord-ouest et Nevis au sud-est. Sa longueur est de six lieues; sa largeur moyenne d'une lieue et demie, et sa superficie d'environ dix lieues. La partie méridionale, extrêmement étroite, ne tient au reste de l'île que par un isthme; un grand étang salé a fait nommer cette portion de l'île Saint-Christophe presqu'île des Salines. Les montagnes de cette île s'élèvent en amphithéâtre, et l'on y jouit d'une vue charmante sur toutes les plantations qui, du bord de la mer, s'étendent jusqu'à leurs pieds. Ces montagnes ne sont pas propres à la culture: on y trouve des rochers d'un aspect effrayant, d'horribles précipices, d'épaisses forêts et des sources thermales. Le Brimstone-Hill (colline du Soufre) offre sur un de ses flancs une caverne d'où il sort de la fumée. Le mont Misery, volcan éteint, s'élève à 1,136 mètres au-dessus du niveau de la mer; son cratère embrasse une surface de 15 hectares, dont une partie est occupée par un étang et le reste ombragé par un bois de palmistes. Le mont Saint-Patrick domine au centre de l'île. Plusieurs ruisseaux descendent de ces montagnes; l'un d'eux se rend dans la baie de Sundy au sud, et deux coulent au nord. L'air est très-pur et très-sain. Dans les plaines et le long des côtes, le sol, substantiel, léger, poreux, d'un gris foncé, formé d'un mélange de pierre ponce et d'une terre végétale vierge, est très-fertile et convient parfaitement à la canne à sucre. Sur les 17,700 hectares que contient cette île, 7,000 sont cultivés en sucre, 1,800 en pâturages et 1,200 en coton, indigo et plantes alimentaires; le reste est stérile. Les forêts des montagnes sont remplies de singes d'une petite espèce, qui commettent de grands ravages dans les plantations de cannes. La valeur des denrées exportées de cette île se monte à plus de 18,750,000 francs. La population se compose de 1,200 blancs, 500 hommes de couleur et environ 26,000 esclaves. — Saint-Christophe était nommée par les Caraïbes *Liamniga* (île fertile). Colomb, qui la découvrit en 1493, fut si charmé de son aspect, qu'il lui donna son nom de baptême, et elle a été longtemps la seule île de l'Amérique dont le nom rappelât celui de ce grand navigateur. Les Anglais s'y établirent les premiers, en 1623, sous la conduite de Thomas Warner. Des Français, partis de Dieppe, sous les ordres du capitaine Desnambuc, y abordèrent deux ans après. Ces Européens réunirent leurs forces contre les Caraïbes, qu'ils parvinrent à expulser de l'île. Ils se firent ensuite une guerre sanglante, à laquelle le traité d'Utrecht (en 1713) mit fin en cédant Saint-Christophe aux Anglais. En 1782 les Français s'en emparèrent; mais ils la rendirent en 1783. Saint-Christophe dépend du gouvernement des îles Caraïbes, dont le siége est à Antigua. Son chef-lieu est Basse-Terre.

**CHRISTOPHE** (SAINT), en grec *Christophoros*, c'est-à-dire qui porte le Christ, l'un des saints de l'Eglise catholique, et, s'il est permis de s'exprimer ainsi, l'Hercule de la mythologie chrétienne. Les circonstances de sa vie sont presque absolument inconnues. Les uns prétendent qu'il naquit en Syrie, d'autres opinent pour la Palestine. Il était, selon les récits de plusieurs hagiographes, d'une taille et d'une force corporelle extraordinaires, n'ayant pas moins de douze pieds de hauteur: aussi le nomme-t-on le *grand Christophe*. Suivant la tradition, saint Babylas, évêque d'Antioche, lui aurait administré le baptême, et, au milieu du III^e siècle, il aurait subi le martyre, à l'occasion des persécutions contre les chrétiens sous le règne de l'empereur Dèce. L'Eglise orientale célèbre son anniversaire le 9 mai, et l'Eglise d'Occident le 25 août. On avait recours à ce saint principalement dans les temps de peste, et aussi quand on voulait trouver des trésors ou conjurer les esprits qui gardent ces richesses cachées, et l'on nommait *prière de saint Christophe* la formule dont on faisait usage dans cette occasion. Saint Christophe fut choisi pour patron par l'ordre de la Tempérance, qui se forma, en 1527, en Antioche et dans les Etats contigus, pour garantir les hommes contre les excès dans la boisson et dans l'usage des jurements; l'ordre prit le nom du saint. On montre encore, en bien des endroits, de ses reliques, principalement en Espagne.—A en croire la légende, Christophe n'aurait voulu servir que le plus puissant de tous les êtres. Il alla, en conséquence, à la cour d'un grand prince; mais il ne tarda pas à s'apercevoir que ce dernier avait peur du diable, ce qui lui fit penser qu'il fallait que le diable fût plus puissant que lui. Il alla donc offrir ses services à ce dernier, et resta à ses ordres jusqu'au moment où il remarqua que son nouveau maître montrait de la crainte à la vue de l'image du Christ. Il n'en fallut point davantage à Christophe pour l'abandonner en toute hâte et pour se mettre à la recherche de Jésus-Christ. Il ne put le trouver. Enfin un solitaire, voyant ses peines inutiles, lui suggéra l'idée qu'il ne pourrait mieux le servir qu'en s'imposant le devoir de porter les pèlerins de l'autre côté d'un torrent qui manquait de pont. Telle avait été pendant longtemps l'occupation journalière de Christophe, lorsqu'un jour un enfant se présenta sur les rives du torrent. Christophe chargea sur ses épaules ce fardeau qu'il croyait léger, mais qui manqua l'écraser; cet enfant était le Christ en personne, et, pour se faire connaître à Christophe, il lui ordonna d'enfoncer son grand bâton dans la terre. Christophe obéit et vit avec étonnement, le lendemain matin, ce bâton métamorphosé en dattier garni de feuillage et de fruits. Des milliers d'hommes, entraînés par ce miracle, adoptèrent avec lui le christianisme. Alors le gouverneur païen de la province le fit jeter en prison; mais les plus cruelles épreuves n'ébranlèrent pas la foi du saint homme. Il fut frappé de verges rougies au feu; on mit sur sa tête un casque ardent; on le lia sur une chaise embrasée; mais on le trouva invulnérable. Enfin trois mille soldats eurent ordre de tirer sur lui avec des flèches empoisonnées; aucun de ces traits ne le blessa, tous se tournèrent au contraire contre les soldats qui les avaient décochés. Le gouverneur, en personne, fut atteint à l'œil. Christophe lui indiqua un remède pour ce mal: c'était de lui faire trancher la tête, et de laver avec son sang sa blessure. Christophe fut donc décapité, et le gouverneur, entièrement guéri par ce sang généreux, se fit baptiser avec toute sa famille.—Le saint est ordinairement représenté sous la forme d'un géant portant le Christ sur ses épaules, appuyé sur un grand bâton et faisant tous ses efforts pour ne pas succomber sous le fardeau. La statue colossale de saint Christophe qui existait autrefois dans l'église métropolitaine de Paris a été démolie en 1784; on donna son nom à la statue d'Hercule qui s'élève au-dessus de la cascade artificielle de Wilhelmshœhe, près de Cassel, à une hauteur considérable, et dont la massue est assez grande pour que nous ayons pu, avec deux autres personnes, trouver place dans son intérieur.

**CHRISTOPHE**, Romain de naissance, chassa le pape Léon V, et s'empara du siége de Rome en novembre 903. Chassé à son tour, l'année suivante, par Sergius III, il fut relégué dans un monastère et chargé de chaînes. Si ses violences et moyens iniques employés pour parvenir à la dignité pontificale et les scènes scandaleuses qui en résultaient ont de quoi affliger le chrétien, il y trouve, d'un autre côté, la matière des réflexions les plus consolantes. « Le Sauveur, dit un sage historien, dormait dans la barque de Pierre, tandis qu'elle était battue des vents et des flots prêts à l'engloutir; mais bientôt, en s'éveillant, il devait la délivrer avec un éclat proportionné à la grandeur du péril. Cette épreuve ne pouvait nuire qu'aux disciples infidèles, qui, faisant injure à la vérité incréée, avaient cru les puissances infernales capables de prévaloir contre l'arche du salut. Le vrai fidèle au contraire en devait prendre un nouveau degré d'affermissement dans la foi. En effet, si le vaisseau de l'Église ne s'est pas brisé à de tels écueils, c'est qu'il est toujours gouverné par la main du Seigneur, et non par les bras des hommes: s'il a évité ce naufrage, il n'en est point qui puisse le faire périr. » Christophe est regardé comme antipape par plusieurs auteurs.

**CHRISTOPHE**, empereur d'Orient, était fils de Romain Lécapène et beau-frère de Constantin Porphyrogénète, qui, se livrant à son goût pour l'étude, laissa le soin du gouvernement à Romain, son collègue. Celui-ci associa à l'empire Christophe, son fils aîné, le 30 mai de l'an 920, et quelques années après y associa encore ses deux autres fils, Etienne et Constantin. Cette multiplicité d'empereurs n'empêcha pas leur capitale, assiégée par Siméon, roi des Bulgares, en 923, d'être obligée d'acheter la paix à force de présents. Christophe avait épousé Sophie, fille du rhéteur Nicétas, et lui donna le titre d'Augusta. En faisant la paix avec les Bulgares en 928, il donna en mariage à leur prince sa fille Marie; et pendant les fêtes qui eurent lieu à cette occasion, ces peuples demandèrent que dans les acclamations Christophe fût nommé le premier. Ce prince mourut au mois d'août de l'an 931, laissant un fils nommé Michel, qui embrassa l'état ecclésiastique. On a des médailles de Christophe en or et en argent; son nom y est toujours accompagné de ceux de Romain ou de Constantin Porphyrogénète. — Un autre CHRISTOPHE, fils de Constantin Copronyme et d'Eudoxie, fut créé César en 769 et mis à mort avec ses frères (*V.* IRÈNE).

**CHRISTOPHE Ier** (*hist. de Danemark*), roi de Danemark, était fils de Valdemar II, surnommé *le Victorieux*. Né avec une ambition démesurée, il n'avait pas vu sans dépit deux de ses frères, Eric et Abel, se succéder au trône et la nation promettre à ce dernier d'y placer sa postérité après lui. Abel étant mort d'une manière tragique et trop digne de sa tyrannie, en 1252, Christophe, à force de cabales et d'intrigues, écarta son neveu et fit oublier à la noblesse le serment solennel qui l'obligeait à mettre la couronne sur la tête du fils aîné d'Abel (*V.* ce nom). Il se déclara tuteur du jeune prince et de ses frères, et, sous ce titre dangereux, s'empara même des apanages qu'on ne pouvait leur refuser. Son usurpation rencontra quelques obstacles. Le brave Meldorp refusa de lui livrer les clefs des villes où il commandait au nom des princes dépossédés. *Chistophe* rassembla une armée, marcha contre lui et l'investit dans Skielsor. Meldorp sortit avec sa garnison, pénétra dans les retranchements des royalistes, et y porta la terreur et la mort. L'armée s'enfuit. Le roi fut entraîné dans sa déroute; il alla chercher un asile dans Copenhague; mais l'évêque de Roschild lui en ferma la porte. Christophe, furieux, fit de nouvelles levées et marcha dans la Seeland, que son ennemi ravageait. Meldorp s'enfuit à son aspect; les villes qu'il avait défendues portèrent la peine de sa révolte: elles furent démantelées, et leurs garnisons, massacrées sans pitié, furent ensevelies sous les ruines des remparts. — Un châtiment si terrible n'effraya point les partisans du jeune Valdemar, prétendant au trône, à qui Christophe n'avait pas même accordé le duché de Sleswick, qu'un ancien usage conservait au premier prince du sang. Celui-ci trouva dans le Danemark des amis attachés à sa fortune, et hors des frontières des alliés intéressés à fomenter les divisions intestines de ce royaume. Meldorp arma les Lubeckois en sa faveur. Ceux-ci montèrent sur une flotte nombreuse, descendirent sur les côtes, mirent tout à feu et à sang, firent des levées de fortes contributions, remportèrent un butin immense, et le seul fruit que Valdemar retira de cette expédition fut de ravager des Etats qu'il ne put conquérir. Bientôt l'incendie augmente; la ligue se grossit de jour en jour, et devient générale dans le Nord. Les rois de Suède et de Norwége, les comtes de Holstein, les margraves de Brandebourg, font dans le Danemark des irruptions combinées; les uns dévastent les côtes, d'autres pénètrent jusqu'au centre du royaume; le reste bloque les ports. Mais aucun de ces princes ne montra plus d'acharnement que le roi de Norwége: partout où il passait, il laissait des traces de sa fureur; il gagna une bataille, rasa des villes, brûla les moissons, et parut se faire un jeu de toutes ces horreurs. Valdemar devait sentir que des alliés si puissants combattaient moins pour lui que pour eux-mêmes, et que si, avec leur secours, il était parvenu à chasser Christophe de son patrimoine, il aurait eu à combattre ensuite six usurpateurs au lieu d'un. — Christophe cependant contemplait ces maux avec un flegme qui lui laissait entrevoir les moyens de les réparer. Tranquille au milieu de ces orages, il faisait désigner Eric son fils, âgé de trois ans, pour son successeur, tandis que le sceptre échappait de ses mains. Sa constance lassa ses ennemis, il sut les diviser d'intérêt, et se fit offrir la médiation des princes de Vandalie et du duc de Poméranie: on négocia. Christophe convint de rendre les apanages de ses neveux lorsqu'ils seraient parvenus à leur majorité; et ces princes renoncèrent à leurs prétentions au trône. — Le roi s'était promis après ce traité de jouir d'un calme profond; mais il eut bientôt sur les bras un ennemi plus dangereux que tous ses concurrents: c'était Ethuausen, archevêque de Lunden. Ce prélat ambitieux reconnut le pape pour son souverain, afin de n'en reconnaître aucun, changea au gré de son caprice les lois ecclésiastiques du royaume, traita de sacriléges les ordonnances qui mettaient des bornes à l'ambition du clergé, échauffa les murmures du peuple trop chargé d'impôts, et le rassembla sous l'étendard de la révolte. Christophe, qui avait résisté à six princes ligués contre lui, fut contraint de céder à un évêque, et renonça aux subsides que le désordre des finances avait rendus nécessaires. Le prélat, devenu puissant par la faiblesse du monarque, assembla un concile dans le Jutland. Ce fut là que l'on fit cette constitution bizarre, par laquelle il est réglé « que le royaume tombera en interdit toutes les fois qu'un évêque aura été offensé par un particulier, et que le roi sera soupçonné complice de cette insulte, ou qu'il ne l'aura pas vengée à la première plainte de l'évêque outragé. » Ainsi le culte divin cessait, Dieu n'avait plus d'adorateurs publics, les secours de la religion étaient refusés aux mourants; et il ne tenait pas aux évêques que ces malheureux, pendant l'interdit, n'allassent en enfer, pour venger un évêque offensé. Telle était la décision d'un ramas de factieux qu'on appela *concile*. Le pape Alexandre n'eut pas honte de revêtir cet acte ridicule du sceau de son autorité; mais on ne peut trop louer le zèle des dominicains, qui le rejetèrent avec mépris. — Christophe, dans une assemblée d'états, voulut punir l'audacieux auteur de cette constitution; mais il ne put même obtenir qu'on le forçât à se justifier sur tant de crimes accumulés. Le roi fut contraint de dévorer son ressentiment et de remettre sa vengeance à des temps plus heureux. Dans une seconde assemblée, l'archevêque se montra, non avec l'air d'un coupable qui vient chercher sa grâce, mais avec l'audace d'un rebelle qui vient déclarer la guerre à son maître. Il dit à haute voix qu'il n'obéissait qu'au pape, et le dit impunément. Ainsi, lorsque le roi était outragé par un évêque, il n'osait châtier le coupable. L'archevêque souleva tout son diocèse, les maisons royales furent livrées au pillage, et tous les seigneurs attachés au roi cherchèrent leur salut dans la fuite. — Le prélat donnait un cours d'autant plus libre à ses fureurs, qu'il voyait Christophe menacé par Haquin, roi de Norwége, qui exigeait des sommes immenses comme une indemnité des ravages que les Danois avaient commis sur ses terres sous le règne d'Abel. Haquin parut en effet, à la vue de Copenhague, avec trois cents voiles. Christophe, ou frappé de terreur, ou subjugué par l'équité des demandes de son ennemi, fit porter sur ses vaisseaux les sommes qu'il avait exigées. Haquin crut en avoir fait assez pour ses intérêts, en ayant assez fait pour sa gloire; il rendit à Christophe les trésors qu'il lui offrait, y ajouta des présents magnifiques, lui jura une amitié inviolable, et retourna en Norwége, laissant Christophe et les Danois dans cet étonnement délicieux que causent les belles actions. — Il semblait que la retraite de Haquin dût renverser les projets ambitieux de l'archevêque; mais l'appui que lui prêtaient les comtes de Holstein lui inspira tant de fierté, qu'il rejeta même la médiation du régent de Suède que Christophe avait lâchement acceptée pour négocier avec son sujet. Il osa défendre aux évêques d'assister au couronnement du jeune Eric qu'on préparait : aucun d'eux en effet n'osa poser le diadème sur sa tête. Christophe se vit contraint de recourir à la trahison, ressource des princes faibles. Il corrompit un frère de l'archevêque, qui se saisit de sa personne et l'enferma dans une forteresse ; d'autres prélats subirent le même châtiment; mais deux autres, échappés aux poursuites du régent, du fond de leur retraite lancèrent les foudres de l'Eglise, animèrent la cour de Rome contre Christophe, et soulevèrent quelques vassaux. Enfin ce prince, dont tant de malheurs avaient par degrés abâtardi le courage, eut la faiblesse d'en appeler au pape, et de le prendre pour juge entre les évêques et lui. — Cependant Haquin et Birger, régent de Suède, exposés comme Christophe aux usurpations des prélats et aux outrages de la cour de Rome, sentirent que sa cause était la cause commune des rois. Déjà ils accouraient pour le venger; mais le bruit de sa mort les arrêta en 1259. Des auteurs contemporains et qui vivaient à la cour de Christophe prétendent qu'un prêtre nommé Arnefast l'empoisonna dans une hostie. La mort de Henri, empereur, semble donner quelque vraisemblance à cet attentat. Il fut empoisonné de la même manière en 1313, par Bernardin, frère prêcheur : *Pontifice nequaquam dolente*, dit l'auteur de la *Chronique des Slaves*. — Les prélats traitaient Christophe d'usurpateur; ils objectaient que, malgré l'incertitude des lois sur l'ordre de la succession, la nation avait juré, dans une assemblée des états, de remettre le sceptre dans les mains du fils aîné d'Abel. Mais, dans une autre assemblée, Valdemar et ses frères avaient renoncé à tous leurs droits sur le trône, et depuis cette époque Christophe ne les avait plus troublés dans la possession de leurs apanages. Il montra beaucoup de fermeté contre les premiers coups de la fortune. Eric V, son fils, lui succéda.

**CHRISTOPHE II** (*hist. de Danemark*), roi de Danemark, fils d'Eric VII et frère d'Eric VIII. — C'était un prince inquiet, turbulent, ambitieux, plus féroce que brave, plus fourbe que politique, aspirant au trône moins pour gouverner l'Etat que pour n'avoir point d'égaux, hasardant les promesses dans la nécessité comme les méchants prodiguent les vœux dans le péril, comptant la vie des hommes pour rien et la sienne peu de chose; il eût sans doute causé moins de maux à sa patrie, si, placé sur le trône par sa naissance et par le suffrage de la nation, il n'eût point rencontré de rivaux. Il était en bas âge, ainsi qu'Eric VI, lorsqu'Eric V fut assassiné. Christophe, au couronnement de son frère en 1286, laissa déjà apercevoir le germe de cette haine qui causa tant de malheurs dans la suite; elle éclatait jusque dans les jeux de l'enfance; il se plaisait à empoisonner tous les plaisirs de son frère, à lui disputer le pas dans les cérémonies, ou s'il le lui cédait, cet hommage ironique était plus insultant que la révolte même; enfin quand Eric, parvenu à sa majorité, eut prit les rênes du gouvernement, Christophe ne dissimula plus ses desseins. La haine qu'il portait au roi avait déjà développé ses talents pour les intrigues. Des courtisans, intéressés à fomenter les divisions de la famille royale, avaient nourri par leurs perfides conseils l'ambition et le dépit du jeune Christophe. Son premier acte d'indépendance fut de fermer au roi la porte de Callimbourg, ville de son apanage. Eric s'en plaignit; et Christophe fit périr l'officier qui avait exécuté ses ordres au mépris de ceux du roi. Exemple terrible qui apprend aux courtisans qu'en se prêtant aux injustices de leurs maîtres ils ont pour ennemis et celui qu'ils offensent et celui qu'ils servent. Eric paya les excuses politiques de son frère en lui donnant l'Esthonie pour six ans et le Halland méridionale à perpétuité. Ces bienfaits donnaient au roi un nouvel empire sur son frère, et cet empire augmentait la haine de Christophe. Celui-ci flatta les mécontents, donna à ceux qui ne l'étaient pas des prétextes pour le devenir, et fit à son frère autant d'ennemis de tous les sujets qu'il lui avait si généreusement cédés. Eric revoqua à regret ses donations. Christophe saisit cette occasion de satisfaire son inimitié. Il s'enfuit en Suède en 1308. Les deux frères remplirent le Nord de manifestes semés de plaintes amères; mais celles d'Eric étaient fondées sur des faits que la nation n'ignorait pas, et celles du prince fugitif n'étaient que des reproches vagues qui ne décelaient que sa fureur. Les trois ducs de Suède, Eric, Valdemar et Birger, étaient trop occupés à se nuire les uns aux autres pour épouser des querelles étrangères; ils se firent médiateurs entre les deux frères. Eric oublia les torts de Christophe, et lui rendit la Halland méridionale. Christophe disparut une seconde fois, se retira en Poméranie, et forma contre son frère une ligue de plusieurs princes; la guerre s'alluma avant même d'être déclarée. Christophe, secondé par ses puissants alliés, entra dans le Danemark, et ravagea plus ou moins les provinces à proportion du zèle plus ou moins actif qu'elles avaient témoigné pour son frère: ce rebelle imprudent oubliait qu'il pouvait régner un jour. En traitant ainsi les Danois, il justifiait leurs révoltes futures, puisqu'il leur apprenait que la fidélité qu'ils conservaient à leur souverain était un crime à ses yeux. Les Scaniens essuyèrent plus de maux que le reste de la nation, parce qu'ils avaient montré plus d'attachement pour Eric. Christophe laissa aussi en Fionie des monuments de sa fureur et du patriotisme de cette province. Les richesses renfermées dans la ville de Swendbourg devinrent la proie du soldat. Ainsi Christophe, par un délire inconcevable, livrait aux étrangers les richesses d'un pays sur lequel il prétendait régner. Il régna en effet, et la mort de son frère mit le comble à ses vœux le 13 novembre 1319. — Il ne fut pas reconnu sans obstacles; et, pour ne point parler de la cabale du duc de Sleswick, prétendant au trône, et de quelques autres chefs, le parti le plus considérable qu'il y eut contre lui en Danemark était celui qu'il avait formé lui-même par toutes les hostilités qu'il avait commises. Les Danois sentaient bien que c'était choisir pour maître leur plus grand ennemi; mais ils prévoyaient aussi qu'en ne le couronnant pas ils allaient perpétuer une guerre qui avait déjà ébranlé l'Etat jusque dans ses fondements. Ils reçurent donc Christophe comme le fléau le moins funeste que le ciel pût leur envoyer; mais, en le recevant, ils tâchèrent de lui lier les mains et lui imposèrent les lois les plus dures. Par ce traité les ecclésiastiques rentraient dans leurs privilèges et en obtenaient de nouveaux; on assurait à la noblesse une liberté qui ressemblait beaucoup à l'indépendance; on augmentait la puissance des grands par de nouveaux domaines; enfin dans cette négociation on n'oublia que le peuple, qu'on laissa dans l'oppression où il gémissait. Christophe, qui n'était point avare de serments, jura d'observer tous les articles de ce traité; mais la nation, qui ne s'oubliait pas elle-même, présenta aussi ses remontrances par la voix des communes. Le nouveau roi promit d'alléger les impôts, de favoriser la circulation du commerce, de veiller à l'administration de la justice, d'encourager l'agriculture; il promit enfin tout ce qu'un bon roi exécute sans rien promettre. — A ces conditions Christophe fut proclamé à la diète de Vibourg, ainsi que son fils Eric, le 25 janvier 1320; mais ils ne furent couronnés qu'au retour de l'archevêque de Lunden, qui était allé se plaindre au pape de ce qu'Eric lui avait ôté l'île de Bornholm. Christophe la lui restitua, pour mettre la cour de Rome et le clergé dans ses intérêts. La cérémonie se fit sans trouble, mais non pas sans une inquiétude secrète de la part des assistants. — Christophe, qui sentait que son affermissement sur le trône dépendait plus des grands et des princes voisins que du peuple, se fortifia par deux puissantes alliances : l'une avec Louis, margrave de Brandebourg, fils de l'empereur Louis de Bavière; l'autre avec Gérard, comte de Holstein. Il donna Rugen, Barth, Grinine et Loyzitz à Witislas, duc de Poméranie et Rostoch à Henri, prince de Meklembourg, à qui Eric Meuved l'avait engagé : car les rois de Danemark, lorsque leurs finances ne suffisaient pas aux besoins de l'Etat ou à leurs plaisirs, engageaient pour quelques années une portion de leurs domaines à des hommes puissants, qui leur prêtaient des sommes considérables et jouissaient des revenus des seigneuries aliénées jusqu'au terme fixé par la convention. Mais, lorsque le prince était faible et le sujet puissant, la restitution éprouvait de grandes difficultés. L'Eglise, toujours zélée pour le bien de l'Etat, montrait un empressement généreux à prêter de l'argent aux rois sur de pareils gages, et c'est par cette voie surtout qu'elle s'était tellement enrichie dans le Danemark, qu'elle a possédé très-longtemps la plus belle et la plus grande partie de ce royaume. — Tant de bienfaits répandus sans choix et avec profusion, tant de revenus dont Christophe s'était privé, le forcèrent à violer sa promesse solennelle et à établir des impôts. Tant que le peuple seul en fut chargé, il gémit en silence. Le roi les étendit sur la noblesse, et elle en murmura. Enfin il voulut y soumettre l'Eglise, et la révolte fut décidée. L'archevêque de Lunden menaça Christophe de le déposer. Celui-ci rentra à main armée dans les biens qu'il avait engagés : c'était réparer une imprudence par une autre. Bientôt tout le royaume fut en armes, la Seeland en peu de temps devint un désert, la Scanie un théâtre d'horreurs, le reste du royaume un champ de bataille, et les Danois s'égorgeaient les uns les autres, pour punir leur roi de leur avoir manqué de parole. — Sur ces entrefaites, Eric, duc de Sleswick, paya tribut à la nature; il laissait son duché à Valdemar son fils, enfant trop faible pour se défendre lui-même, et qui dans des circonstances si critiques ne pouvait pas choisir un défenseur qui ne fût son ennemi. Christophe se déclara son tuteur. Gérard de Rendsbourg prit le même titre. Tous deux soutinrent à main armée les prétentions qu'ils avaient à la tutelle, et ravagèrent le patrimoine de Valdemar sous prétexte de le lui conserver. On sent assez que si leur dessein eût été d'administrer avec sagesse les biens de leur pupille, pour les lui rendre au terme de sa majorité, le titre de tuteur n'aurait pas allumé entre eux une jalousie aussi vive. Christophe investit Gottorp; Gérard parut et lui présenta la bataille. Le roi fut vaincu et voulut chercher un asile au centre de ses Etats; mais il n'y rencontra que des amis chancelants, la noblesse armée contre lui, le clergé accumulant outrages sur outrages, et le peuple, instrument de ses propres malheurs, servant avec fureur les intérêts des grands. On le déclara déchu de tout droit au gouvernement. A cette révolution succéda une anarchie plus funeste cent fois que le despotisme même, et le peuple se donna mille tyrans en déposant un roi. — La haine des rebelles s'étendit jusque sur le jeune et innocent Eric, qui, en combattant pour son père, ne faisait que remplir ses devoirs de sujet et de fils. Trahi par ses soldats, il fut jeté dans un cachot. Christophe, en le perdant, perdit tout espoir; il avait cru que les grâces de ce prince, ses vertus, son courage, calmeraient la révolte et qu'il serait médiateur entre son peuple. Il s'enfuit, va mendier des secours chez ses alliés, revient, et apprend que son ennemi, Gérard de Rendsbourg, vient d'être proclamé généralissime et régent du royaume. Bientôt il est enfermé dans Vordimbourg par Gérard lui-même, obtient la liberté de se retirer en Allemagne, descend dans l'île de Falster, y est assiégé encore, promet de se confiner à Rostoch, et n'observe pas mieux cette seconde capitulation que la première. Les états se crurent autorisés alors à mettre le sceptre dans les mains du jeune Valdemar. Il fut proclamé, et les grands, qui dans cette assemblée dictaient tous les suffrages, ne les réunirent en sa faveur que parce que sa faiblesse, favorable à leur ambition, leur laissait l'espoir de régner sous son nom. Tous les seigneurs dépossédés rentrèrent aussitôt dans leurs domaines; mais cette révolution même fit naître entre eux des différends dont Christophe sut profiter. Il fit semer en Danemark des lettres pathétiques, où il peignait son repentir avec des traits si touchants, qu'ils faisaient naître les mêmes remords dans les cœurs les plus endurcis. Le peuple ouvrait les yeux et commençait à s'apercevoir que la protection simulée que les grands lui accordaient était une oppression véritable. Il se fait tout à coup une révolution dans les esprits; on croirait même qu'il s'en est fait une dans le cœur de Christophe. Ce n'est plus ce prince terrible jusque dans son infortune, songeant à se venger lors même qu'il ne pouvait se défendre. Il paraît à la tête d'une petite armée, portant l'épée dans une main, dans l'autre une amnistie générale pour ses ennemis. Cette clémence politique attire et le peuple, toujours prompt à rentrer dans les bornes du devoir comme à en sortir, et le clergé, jaloux de la puissance des administrateurs du royaume. Eric est arraché de sa prison; mais bientôt ceux mêmes qui l'avaient délivré s'assurent de sa personne. Les Danois sont battus par Gérard près de Gottorp. Cependant Christophe soumet la Scanie sans effusion de sang et voit son parti se grossir de jour en jour. Le vertige qui suit le bonheur lui fait oublier des ménagements nécessaires dans sa situation. Il fait arrêter un évêque; le pape, d'après la constitution de Vedel (V. CHRISTOPHE I^er^.), lance un interdit sur le royaume; mais le bruit des armes, le choc des cabales, le flux et reflux des révolutions qui se succèdent si rapidement ne permettent guère de s'apercevoir des foudres du Vatican. — Cependant Christophe engageait de nouveaux domaines à ses alliés, pour payer leurs services et conserver leur amitié. Gérard se vit abandonné de tous ses partisans; il ne lui restait dans sa mauvaise fortune que la ressource de persuader au peuple que, n'ayant combattu que pour le bien public, le malheur ayant rendu Christophe plus digne du trône, et la nation paraissant l'y voir remonter avec plaisir, il se retirait satisfait lui-même d'avoir sacrifié son propre repos pendant tant d'années à celui du Danemark. La paix se conclut à Rypen le 25 février 1330: Christophe reçut de nouveau les serments et les hommages de la nation. Comme Valdemar n'était qu'un fantôme de roi, on le déposa aussi facilement qu'on l'avait proclamé; on lui laissa le duché de Sleswick, et Gérard emporta toutes les richesses qu'il avait amassées pendant son administration. Tel fut le terme de tant de révolutions: le bien public en fut le prétexte, les grands en recueillirent le fruit, et le peuple en fut la victime. — Christophe devait demeurer enfin tranquille sur ce trône dont la conquête lui avait coûté tant de travaux; mais l'amour de la vengeance l'égara. Il épousa la querelle de Jean, comte de Holstein, contre Gérard; il marcha contre ce dernier; les deux armées se rencontrèrent; les Danois furent taillés en pièces, et Christophe perdit dans ce jour son fils Eric, une partie de son royaume, et la fleur de la noblesse. Les Scaniens se révoltèrent aussitôt, et offrirent leurs hommages à Magnus, roi de Suède. Celui-ci écrivit au pape pour le prier de lui confirmer la possession de la Scanie et de tout ce qu'il pourrait conquérir. Benoît fut assez modeste pour répondre qu'il ne pouvait disposer des Etats de Christophe avant de l'avoir cité à son tribunal. Celui-ci, abandonné, trahi, méprisé par ses sujets, se vit traîné par eux de cachot en cachot. Livré à Jean, son frère, qui lui rendit la liberté, il n'en jouit pas longtemps: la mort l'enleva le 15 juillet 1333. Moins injuste, moins cruel, moins faux sur la fin de sa vie, il semblait que son cœur se fût épuré à l'école du malheur; mais les leçons qu'il avait reçues de la fortune avaient coûté plus cher à ses sujets qu'à lui-même. Sa mort fut suivie d'un interrègne de sept ans.

DE SACY.

CHRISTOPHE III, dit de Bavière (*histoire de Danemark*), duc de Bavière, comte palatin du Rhin, puis roi de Danemark, enfin roi de Suède et de Norwége. Il était fils de Jean, duc de Bavière, et de Catherine, sœur d'Eric X, roi de Danemark. Ce dernier était un prince faible, imprudent, jouet de ses courtisans, de ses sujets, de ses ennemis. Il voulut posséder trois royaumes et n'en put conserver un. Aux premiers revers qu'il essuya en Suède, en Norwége, en Danemark, il s'enfuit de ses Etats avec autant de secret et de précipitation qu'un criminel s'échappe d'un cachot. Il se retira dans l'île de Gœtland, où pendant dix ans il observa beaucoup, et n'entreprit rien; pleura lâchement ses malheurs, et n'osa tenter le moindre effort pour les réparer. Les Danois lui mandèrent, en 1440, que sa faiblesse le rendait indigne du trône, qu'il leur fallait un roi qui n'abandonnât point le timon de l'Etat au milieu des secousses dont il était agité, qu'ils avaient jeté les yeux sur Christophe, que lui seul paraissait digne, d'après l'union de Calmar, de régner sur trois vastes empires, et que la Norwége, la Suède et le Danemark, d'un consentement unanime, lui offraient la triple couronne. Christophe avait les talents d'un général, ceux d'un négociateur, ceux d'un ministre et, par-dessus tout, celui de cacher sous une modération apparente, l'excessive ambition dont il était dévoré. Il se rendit aux instances des états d'un air si bien composé, qu'il leur persuada qu'il faisait à leur bonheur le sacrifice de sa tranquillité. — Il ne prit d'abord que le titre modeste de protecteur de la patrie, et se garda bien de donner ses premiers soins à l'établissement de cette monarchie universelle qu'il s'était promise dans le Nord. Il commença par rétablir en Danemark les lois presque oubliées, apaiser les querelles des seigneurs, diminuer les impôts, et rendre enfin à ses Etats le calme dont les troubles passés leur faisaient encore mieux sentir le prix. Il eut soin de ne pas laisser ignorer aux Suédois la révolution heureuse qu'il venait d'opérer en Danemark. Ceux-ci, comme il l'avait prévu, vinrent d'un mouvement libre lui offrir la couronne. Christophe ne rencontra en Danemark qu'un seul concurrent: c'était le maréchal Canutson, qui depuis fut roi sous le nom de Charles VIII (*V.* ce nom); mais le prince, qui avait étudié le caractère de ce ministre, crut qu'il préférerait la possession tranquille de quelques domaines assurés à la perspective d'une couronne éloignée et incertaine. Il acheta par le don de quelques terres le consentement du maréchal, et parut généreux en lui ôtant le gouvernement et le rang dont il jouissait. Christophe craignait plus la haine de Canutson qu'il ne désirait son amitié; il chercha donc à caresser ses passions favorites, flatta son orgueil, satisfit son avarice, et le roi devint le courtisan du ministre. Le caractère de Christophe, susceptible de mille formes différentes, se pliait sans peine à ce rôle humiliant; il s'en dédommageait par le mépris souverain qu'il conservait dans son cœur pour le maréchal. Ces soins, minutieux en apparence, mais très-importants à sa fortune, ne lui faisaient pas perdre de vue le dernier objet de son ambition, la couronne de Norwége. Les états de cette contrée conservaient pour Eric X un attachement qu'il méritait peu; ils avaient résolu de s'opposer à l'élection de Christophe. Mais celui-ci avait au milieu d'eux des agents secrets, d'autant plus sûrs du succès de leurs menées, qu'ils paraissaient être ses ennemis les plus décidés. A force d'intrigues, ils firent députer un évêque, partisan de Christophe, à l'assemblée des trois états. Ceux de Norwége le chargèrent de réclamer contre l'élection de Christophe; il fit tout le contraire, et déclara qu'il apportait le suffrage de la nation qu'il représentait. — Mais, tandis qu'on couronnait Christophe en Suède, le Jutland se soulevait en faveur de l'indolent Eric. Henri Tagond, sénateur danois, partisan du prince détrôné, rassembla vingt-cinq mille paysans, donna bataille aux royalistes, les mit en fuite, présenta le combat au roi lui-même qui était accouru, fut vaincu, tomba entre les mains des vainqueurs, et expira sur la roue, ainsi que ses principaux complices. Quelques rebelles implorèrent la clémence du roi, qui leur donna la vie; le reste, retranché sur une colline, fut enveloppé et taillé en pièces. Stockholm reçut Christophe avec des acclamations de joie; il y fit l'entrée la plus pompeuse. Canutson était à côté de lui : sorte de distinction qui ressemblait un peu à la coutume des Romains de traîner les esclaves attachés au char du triomphateur. Christophe ne démentit point le caractère héroïque qu'il avait montré jusqu'à ce jour. Eric, caché dans l'île de Gœtland, se vengeait par des moyens peu glorieux: il envoyait des pirates croiser entre le Danemark et la Suède, et tâchait du moins de ruiner des peuples qu'il n'osait combattre. On excita Christophe à s'emparer de l'île de Gœtland. « Mon oncle, dit-il, est assez malheureux, laissons-le du moins en paix dans son asile. » Enfin, pressé par les instances de ses sujets, il descend dans cette île, et, satisfait d'avoir fait trembler Eric, repasse la mer. Son vaisseau se brise contre des écueils. A peine échappé du naufrage, il court à Auslo en Norwége, où il se fait couronner. C'est ainsi que le protecteur de la patrie devint successivement roi de Danemark, de Suède et de Norwége. — Ce qu'il y a sans doute de plus beau et peut-être de plus étonnant dans une révolution si générale, c'est qu'elle coûta peu de sang, et que Christophe resserra son ambition dans les bornes que la nature avait mises à ses Etats : il ne songea plus à conquérir. Des soins pacifiques occupèrent le reste de son règne. Il grossit ses trésors par la vente des fiefs, que l'acheteur ne pouvait posséder que jusqu'à ce qu'un gentilhomme plus riche en offrît un prix plus considérable. Il valait mieux sans doute mettre sur l'ambition des nobles cet impôt déguisé que d'appauvrir réellement l'Etat, en cherchant à l'enrichir de la substance du peuple. — Christophe établit dans les villes et dans les campagnes une police jusqu'alors inconnue, et fit payer les dîmes aux ecclésiastiques. D'après son règlement, un tiers de ce tribut appartenait à l'évêque, un tiers au curé, un tiers à l'église paroissiale. Le roi favorisait ainsi le clergé, et le clergé ne troubla point l'Etat. Les Danois payaient un dixième à l'Eglise et un dixième au roi. Christophe confirma les priviléges accordés aux différentes villes du royaume, et combla des mêmes faveurs plusieurs villes hanséatiques; leur puissance lui donnait de l'ombrage. Il eût voulu les opprimer; mais il sentait toutes les difficultés d'une pareille entreprise. Tous les princes voisins étaient intéressés à protéger des villes qui servaient de frein à l'ambition des rois de Danemark. Ainsi Christophe, désespérant d'asservir ces petits peuples libres, aima mieux s'en faire des alliés, et il y réussit. Tant de bonté pour les étrangers avait attiré dans le Danemark une foule de ces gens indifférents sur le choix de leur patrie, qui n'en connaissent d'autre que le pays où la fortune les appelle. Il leur avait donné des fiefs, et les admettait même aux charges publiques. Les Danois murmurèrent, et Christophe congédia les étrangers. Il continuait à réprimer les abus, à établir de sages lois pour le commerce et l'agriculture, lorsque la mort l'enleva en 1448. — On prétend qu'en mourant il exhorta les seigneurs de sa cour à lui choisir un successeur qui achevât ce qu'il n'avait pu lui-même entreprendre, la ruine de la ville de Lubeck. Il ajouta même que la guerre qu'il méditait contre cette république était l'objet des soins économiques qu'il n'avait point suspendus pendant tout son règne, et que les trésors qu'il laissait devaient servir à envahir ceux des Lubeckois. — Christophe avait épousé Dorothée, fille du margrave Jean de Brandebourg. Pontanus assure intrépidement que ce roi du Nord avait cherché une femme au fond de l'Egypte, que le soudan avait consenti à lui donner sa fille; il cite même la lettre du prince musulman, qu'il nomme Balthazar. Mais c'était Amurat qui régnait alors, et, dans un siècle de barbarie, Amurat, plus barbare que son siècle même, ignorait peut-être qu'il existait un Christophe à plus de mille lieues de ses Etats. — Tout le Nord regretta ce prince. Jusqu'alors on n'avait vu que des rois belliqueux, armés ou contre leurs voisins ou contre leurs sujets mêmes. Celui-ci n'avait fait la guerre qu'aux vices de son temps et aux abus anciens. Ceux qui connaissent les hommes conviendront que tant de victoires remportées sur les préjugés nationaux n'étaient pas moins difficiles que celles que ses prédécesseurs avaient remportées sur les Vandales et les autres nations voisines. Si le nom de héros est le partage des princes qui détruisent le genre humain, quel nom réserve-t-on à celui qui l'éclaire et le rend heureux ?

**CHRISTOPHE** (JOSEPH), peintre, né à Utrecht en 1498, fut placé dès son enfance dans l'atelier d'Antoine Moro, recueillit avidement les leçons de son maître, et devint lui-même, en peu de temps, un peintre habile. Il peignait l'histoire et le portrait avec un égal succès. Pierre Pérugin et Jean Bellino étaient les deux peintres dont il s'étudiait de préférence à imiter la manière; mais son pinceau était plus gracieux et son coloris avait plus d'harmonie. Peu de peintres contemporains ont aussi bien observé les règles de la perspective. Jean III, roi de Portugal, l'attira à sa cour, et lui confia le soin de faire plusieurs tableaux pour les églises de Lisbonne et pour les maisons royales. Il en fut tellement satisfait, qu'il le fit chevalier du Christ et le combla de bienfaits. Christophe mourut à Lisbonne en 1557. — CHRISTOPHE (Joseph), né à Verdun en 1667, et mort à Paris le 29 mars 1745, a peint l'histoire avec succès; il était de l'académie de peinture. Son tableau représentant la *multiplication des pains* était, avant la révolution, un des plus beaux ornements de la métropole de Paris.

**CHRISTOPHE** (ANTOINE-NOEL-MATTHIEU), né à Lyon en 1768, fit ses études au collége de Saint-Irénée de cette ville, et venait d'entrer dans les ordres en 1791. Lorsque le refus de serment aux décrets de l'assemblée nationale l'obligea de quitter la France, il se réfugia d'abord en Savoie, puis en Suisse, et ne rentra qu'en 1797. Il se rendit d'abord à Paris, et y publia, sous le voile de l'anonyme, une brochure où il invitait les ecclésiastiques à se soumettre au gouvernement. Il se mit ensuite à traduire, à composer des romans, et même des ouvrages plus mondains, puisqu'il présenta aux comédiens français, sous le titre de *Blanche et Mont-Cassin*, une pièce de théâtre qui ne fut pas jouée, mais dont il crut reconnaître une imitation ou une copie dans la tragédie d'Arnault, qui fut représentée quelque temps après sous le même titre. Christophe réclama dans les journaux contre cette représentation avec beaucoup d'amertume, ce qui n'eut aucun résultat. Il était professeur de belles-lettres, en 1815, à Tournay, lorsque cette place lui fut ôtée par suite de la séparation de la Belgique. Il est mort à Néris-les-Bains le 31 juillet 1824. Outre un roman intitulé *Antoinette et Valmont*, Paris, 1801, 2 vol. in-18, on a de lui : 1° *les Deux Emilies*, 1800, 2 vol. in-12; *Arundel et Henriette*, 1800, in-12; *le Château de Saint-Hilaire*, 1801, 2 vol. in-12. Ces trois romans sont traduits de l'anglais de Henriette Lee. 2° *Lettres athéniennes*, traduites de l'anglais, 1802, 4 vol. in-12. Villeterque en a donné aussi une traduction. 3° *Dictionnaire pour servir à l'intelligence des auteurs classiques*, 1805, 2 vol. in-8°, traduction libre du dictionnaire anglais de Lemprière, qui est un bon abrégé de celui de Sabbatier (*V.* ce nom).

**CHRISTOPHE** (HENRI), noir créole, roi d'Haïti sous le nom de HENRI Ier, naquit dans l'esclavage le 6 octobre 1767. Quant au lieu où il vit le jour, les historiens et les biographes désignent les uns l'île Saint-Christophe, d'autres l'île Saint-Barthélemy, d'autres enfin l'île de Grenade. Suivant ces derniers, il était âgé de onze ans, lorsque le comte d'Estaing enleva cette île aux Anglais. Il servit à table dans le premier repas que les Français vainqueurs prirent à terre. Un officier de marine, ayant remarqué sa physionomie animée et intelligente, l'acheta, et se l'attacha comme domestique. Il l'emmena à sa suite au siége de Savannah et de là au Cap-Français, où, en récompense de ses services, il lui donna la liberté. Le nouveau libre se serait alors livré au commerce des bêtes de somme, qu'il allait acheter dans la partie espagnole et revendait dans la partie française. Mais bientôt il se serait dégoûté de ce commerce pénible et peu lucratif, et serait entré en qualité de factotum à l'hôtel de la Couronne, la plus belle hôtellerie de la ville du Cap. De tous ces faits la plupart sont contestés; il n'y a de certain que le dernier, sa présence, fort jeune encore, à l'hôtel de la Couronne. Aussi, plus tard, lorsqu'il s'entoura de tout le faste des cours, les républicains du Port-au-Prince écrivaient-ils « que ses mains, soi-disant royales, manieraient moins bien le sceptre que la queue des casseroles de l'hôtellerie du Cap dont il était autrefois domestique. » Cette satire, qui n'a de portée qu'à cause de l'ostentation ridicule qu'il montrait alors, confirme pleinement notre assertion. Factotum de l'hôtel de la Couronne, il sut gagner la confiance de la maîtresse de la maison, et sans trahir ses intérêts fit prospérer les siens. Telle était sa condition, lorsque, le 22 août 1791, éclata la révolte des noirs de Saint-Domingue. Il serait difficile de dire à quel moment précis il se rangea sous les drapeaux de l'insurrection. Quoi qu'il en soit, on l'y retrouve bientôt chef de bande, rôle que son caractère actif, audacieux et intrépide lui assurait à l'avance. Il sut, dès lors s'approprier une part considérable dans le pillage des habitations. Ce fut l'origine de ses immenses richesses, qui, jointes à ses qualités personnelles, ne contribuèrent pas peu à son élévation. Il se fit bientôt remarquer de Toussaint Louverture, et l'aida puissamment dans la soumission de la partie espagnole. Lorsqu'en 1801 Toussaint résolut de se faire proclamer gouverneur général à vie, Christophe tint une conduite qui ne présageait guère ce qu'il se montra depuis. Le chef de brigade Vincent, officier français qui était encore à Saint-Domingue, et que Toussaint Louverture écoutait habituellement avec faveur, avait été éconduit par le chef suprême des noirs, lorsqu'il avait cherché à le détourner de son projet. En vain avait-il voulu le convaincre qu'en se faisant gouverneur à vie il s'attirerait la colère du gouvernement de la mère patrie, qui, disait-il, ne pouvait à ce point renoncer à sa souveraineté. Ses observations furent accueillies plus favorablement par Christophe, qui lui dit avec émotion : « Commandant Vincent, vous êtes le seul Européen qui aimiez réellement les hommes de Saint-Domingue. Vous nous avez toujours dit la vérité; le projet de constitution a été rédigé par nos ennemis les plus dangereux. » Il osa même dire à Toussaint lui-même, dont l'autorité était sans limite, que « la constitution était un crime médité par les plus cruels ennemis des noirs. » Ses conseils ne furent point écoutés, et Toussaint Louverture, déjà tout-puissant par le fait, se constitua gouverneur général à vie. — Le chef de brigade Henri Christophe était alors si modeste, que ses amis durent le solliciter de demander, dans cette circonstance, le grade d'officier général. Il lui fut accordé avec le gouvernement de la ville du Cap. Il est difficile de croire à cette prétendue modestie d'un homme qui, plus tard, se montra orgueilleux jusqu'au ridicule. Il est également difficile de penser que Christophe respectât alors à ce point l'autorité de la métropole, lui qui contribua aussi puissamment que personne à l'expulsion de l'armée française, qui prit le titre de roi, ce que Toussaint-Louverture n'avait pas voulu faire, et qui enfin plus tard ne voulut jamais admettre un seul Français dans la partie soumise à sa domination. Il y avait plutôt là jalousie, ambition, calcul. Quoiqu'il n'aimât point Toussaint, Christophe le servit avec fidélité, promptitude et énergie, surtout contre Moïse, chef de la première division, dite du Nord. Ce Moïse, neveu de Toussaint, se riait des ordres de son oncle, se croyant sûr de l'impunité. Christophe l'arrêta au milieu de son armée, le livra à Toussaint, qui le fit passer devant une commission militaire et fusiller. Christophe reçut en récompense le gouvernement de la province du Nord. Cependant Moïse avait laissé des partisans, ennemis comme lui de la politique de Toussaint. Ils n'aspiraient qu'à venger sa mort. Dans la soirée du 21 octobre 1801, ils s'insurgent au Cap, et commencent à massacrer les partisans de Louverture. Christophe, prévenu à temps, monte à cheval. A la tête de ses troupes les plus dévouées, il fond sur les révoltés et les disperse. Plusieurs chefs tombés en son pouvoir sont aussitôt passés par les armes. Cette expédition fut faite avec tant de rapidité, que la révolte n'était pas encore connue dans toutes les parties de la ville, qu'elle était déjà domptée. Il étouffa avec la même énergie et la même promptitude l'insurrection qui se manifesta le lendemain dans plusieurs quartiers des environs de la ville du Cap. Christophe était toujours général en chef de la division du Nord, quand la flotte qui portait l'expédition du capitaine général Leclerc se rallia au cap Samana (30 janvier 1802). Suivant l'un des historiens de Saint-Domingue qui faisait partie de l'armée française, Christophe aurait été assez disposé à se soumettre. « Il annonçait le désir de recevoir l'expédition et de lui donner des fêtes; les rues étaient balayées, les casernes nettoyées, les habitants et les troupes noires se livraient en ville à une satisfaction générale. L'arrivée de Toussaint Louverture arrêta ces dispositions amicales » (*Mémoires pour servir à l'histoire de la révolution de Saint-Domingue*, par le lieutenant général baron Pamphile de Lacroix). La présence de Toussaint au Cap n'est nullement prouvée. Quoi qu'il en soit, lorsque M. Lebrun, aide de camp de l'amiral Villaret-Joyeuse, prit terreau fort Picolet, comme il refusait de remettre à un autre qu'à Toussaint les papiers dont il était porteur, Christophe lui dit avec fermeté : « Vous ne pouvez voir le gouverneur; donnez-moi les papiers que vous avez à lui remettre. » Après en avoir pris connaissance, il refusa de rendre la ville sans nouveaux ordres de Toussaint Louverture. En vain la municipalité vint-elle le supplier de recevoir l'armée française, lui rappelant la proclamation de Toussaint qui ordonnait d'*obéir à la mère patrie avec l'amour d'un fils pour son père*, et lui faisant remarquer qu'il n'avait pas besoin de nouveaux ordres et que sa responsabilité était à couvert, Christophe fut inébranlable. « Il répondit : qu'il ne reconnaissait pour chef que Toussaint Louverture, que rien ne lui prouvait qu'une escadre sur laquelle on voyait flotter des pavillons étrangers fût envoyée par la métropole. Il déclara que, si le *soi-disant* capitaine général Leclerc persistait à vouloir entrer au Cap, la terre *brûlerait* avant que l'escadre mouillât dans la rade (*Mémoires du général Pamphile de Lacroix*). Toutefois il permit à la municipalité d'aller dire au général Leclerc que s'il voulait suspendre pendant quarante-huit heures son entrée, il solliciterait de nouveaux ordres. Le général Leclerc répondit à M. Granier, qui parlait au nom de la municipalité, qu'il ne pouvait accorder ce délai, la conduite du général Christophe faisant craindre qu'il n'employât ce temps à compléter ses moyens de défense. Nous croyons qu'en cela le général Leclerc comprit mieux la conduite de Christophe que le général Pamphile de Lacroix. En effet, pendant ces pourparlers, Christophe faisait renouveler à ses soldats le serment de mourir pour la liberté prescrit par la proclamation de Toussaint Louverture, en date du 27 frimaire (18 décembre 1801). Il faisait faire des dépôts de lances à feu dans tous les corps de garde, et en faisait distribuer aux noirs armés qui accouraient de la plaine. Il répondit en termes fermes et dignes à une lettre que le général Leclerc lui avait fait remettre par M. Granier, et dans laquelle il lui faisait des offres brillantes, s'il consentait à rendre la ville. A peine eut-il appris le débarquement du général Rochambeau au fort Dauphin, qu'il fit évacuer la ville et la livra aux flammes. Ainsi se trouva réalisée la menace qu'il avait faite. Il emmena avec lui comme otage toute la population blanche; mais bientôt il lui permit de retourner au Cap, où campait l'armée française sur des ruines fumantes. Christophe déploya une grande vigueur dans la guerre acharnée qui suivit. Mais, se voyant hors d'état de résister, il entama des négociations. Il disait dans toutes ses lettres qu'il ne demandait qu'à se soumettre, ainsi que Toussaint lui-même, si on leur montrait un code où se trouvât consacrée la liberté des noirs. Le capitaine général Leclerc, éludant cette demande, lui donna par écrit sa parole que les noirs seraient libres. Le général Hardy lui écrivit dans le même sens, mais avec plus de bonne foi. Christophe fut-il convaincu, ou était-il trop épuisé pour résister plus longtemps? Lui seul aurait pu le dire. Néanmoins il mit bas les armes, et sa soumission entraîna celle de Dessalines et enfin celle de Toussaint Louverture. Christophe conserva son grade, en récompense de son humanité envers la population blanche du Cap. Lors de l'insurrection de Sans-Souci, causée par l'ordre d'un désarmement général, Christophe, questionné par le général Pamphile de Lacroix sur les causes de l'insurrection, lui dit : « La révolte augmente parce que la défiance est à son comble. Si vous aviez notre épiderme vous ne seriez peut-être pas si confiant que moi, qui remets mon fils unique Ferdinand au général Boudet, pour le faire élever en France. Je compte pour rien les brigands qui ont donné le signal de l'insurrection; ce n'est pas là où est le danger, c'est dans l'opinion générale des noirs; ceux de Saint-Domingue s'effrayent, parce qu'ils connaissent le décret du 30 floréal, qui maintient l'esclavage et la traite dans les colonies restituées à la France en exécution du traité d'Amiens. » Il avait dès lors des intelligences avec les révoltés, car ses convois n'étaient pas attaqués. Il promettait de marcher contre Sans-Souci et Macaya; mais il disait d'autre part qu'il avait les moyens de rabaisser la fierté du général Leclerc, et que, en attendant l'issue des événements, il allait en rester *spectateur bénévole*. L'attaque contre la ville du Cap par les généraux des noirs, Clervaut et Pétion, déterminèrent sa défection. Il se montra, comme toujours, actif et audacieux dans la guerre. A la première nouvelle de la maladie du général Leclerc, il attaqua le 6 brumaire au matin (28 octobre) les avant-postes du Cap. Il les emporta et força la défense à se restreindre dans la ville. Après la mort du général Leclerc, Christophe redoubla ses efforts, qui, combinés avec ceux de Dessalines, et secondés par les ravages d'un terrible auxiliaire, la *fièvre jaune* ou *mal de Siam*, forcèrent l'armée française à évacuer la colonie le 28 novembre 1803. Christophe supporta impatiemment la domination du féroce Dessalines, qui s'était fait proclamer empereur sous le nom de Jacques Ier. Il ne fut pas étranger à la conspiration qui renversa ce monstre, le 17 octobre 1806. Christophe fut aussitôt proclamé chef intermédiaire de l'État d'Haïti, en attendant la nouvelle constitution, qu'une assemblée constituante réunie au Port-au-Prince fut appelée à rédiger. Cette assemblée décida que le gouvernement serait républicain, et nomma Christophe président. Celui-ci, trouvant ses pouvoirs trop restreints, refusa d'accepter la constitution, et marcha sur le Port-au-Prince. L'assemblée constituante proclama aussitôt Pétion. Le nouveau président marcha contre Christophe. La rencontre eut lieu dans les champs de Cibert le 1er janvier 1807. La journée fut sanglante; Christophe fut battu et contraint de se retirer dans la partie du Nord.

Déjà les partisans de la constitution y étaient en armes. Il lui fallut enlever de vive force, et après un siége meurtrier, les villes de Jean-Rabel et du Môle-Saint-Nicolas. — Deux officiers anglais qu'il avait pris à son service, le capitaine Goadall et M. John M'Callogh, dirigèrent les travaux de ces deux siéges. — Cependant Pétion s'était avancé avec son armée vers le nord; après quelques combats sans résultat décisif, chaque parti se retira l'un au sud, l'autre au nord, et l'ancienne partie française de Saint-Domingue fut divisée en deux Etats. Pétion résidait au Port-au-Prince. Christophe, établi au Cap, rêvait sans cesse la conquête du Sud. La rivalité et la rupture armée qui éclata bientôt entre Pétion et le général Rigaud lui parurent une occasion favorable. Il se mit rapidement en marche. Mais les deux rivaux se réunirent contre l'ennemi commun par un pacte fédératif signé à Miragoane. Christophe, qui s'était avancé jusqu'à Saint-Marc, se retira à cette nouvelle. Jusqu'alors il s'était contenté des titres de chef et généralissime de l'Etat d'Haïti. Son ambition voulait plus. En mars 1811, il se fit conférer le titre de roi par un décret du conseil d'Etat, qui était composé de ses créatures. Le 2 juin 1811, il fut couronné, sous le nom de Henri I^er^, dans l'église du Cap, et sacré de l'huile de cacao, par un capucin nommé Corneille Brell. Il fit revivre avec quelques modifications la constitution impériale de Dessalines du 20 mai 1805. A l'exemple de Napoléon, il voulut s'entourer du prestige de toutes les grandeurs. Il créa des distinctions de noblesse. — Deux princes hors du sang royal, huit ducs, dix-huit comtes, trente-deux barons et huit chevaliers la composaient à l'origine, et remplissaient toutes les hautes fonctions du royaume. Malheureusement leurs noms prêtaient trop au ridicule et donnaient à rire aux Européens. — Comment prendre au sérieux le *prince du Sale-Trou*, le *duc de la Marmelade*, le *comte de Limonade*, les *barons de la Seringue et du Trou-Mignon*, les *chevaliers de Coco*, *Joko*, etc., etc. Ces railleries blessaient beaucoup Christophe, dont la vanité était excessive. Toujours accompagné d'un nombreux état-major, il voyageait avec pompe. Sa maison particulière présentait une foule de charges réservées à la noblesse héréditaire. Le 20 avril 1811, il créa un ordre royal et militaire de Saint-Henri, conférant la noblesse personnelle à ceux qui en étaient décorés. Du reste son gouvernement était des plus despotiques. Il se déclarait maître de toutes les propriétés vacantes. Pour l'exploitation des terres, il avait établi un système féodal qui n'en accordait la concession qu'à bail emphytéotique. Les agents du fisc, les grands seigneurs et les premiers chefs militaires possédaient presque tout le pays. Quant au menu peuple, fixé sur les habitations, dont il ne pouvait s'éloigner, même momentanément, qu'avec une autorisation écrite de l'officier de leur quartier, il n'était guère mieux traité que du temps de l'esclavage. Tous les moyens coercitifs et le bâton même étaient en usage. Christophe s'était également réservé le monopole du commerce, dont il tirait des sommes considérables. Dans la partie du Sud on avait conservé le régime administratif et judiciaire de la révolution française. Christophe avait établi dans le Nord la juridiction par sénéchaussée. Dans chaque siége de sénéchaussée il y avait une cour d'amirauté composée d'un conseiller-sénéchal-juge, d'un lieutenant de juge, d'un procureur du roi, d'un greffier en chef et de deux huissiers. La justice de paix était tenue dans chaque paroisse par un lieutenant de juge, un substitut et un greffier. Mais c'était surtout l'armée qui avait été l'objet des soins assidus de Christophe. Sa domination s'étendait sur environ deux cent quarante mille âmes. Son armée s'élevait au chiffre énorme de vingt-quatre mille hommes. Il est vrai qu'il n'y avait habituellement sous les armes que cinq à six mille hommes, relevés alternativement par trimestre. Tant qu'ils étaient employés au service, ils recevaient un escalin (cinquante-cinq centimes) par jour. Pendant les neuf autres mois de l'année, ils étaient répartis sur les grandes places à vivre. Ils ne recevaient pas de solde. Le gouvernement leur fournissait la nourriture, et ils exerçaient une sorte d'autorité sur les travailleurs employés à la culture. Christophe avait créé dans son armée des corps privilégiés, sous différentes dénominations. Il y avait les gardes du corps du roi, les chevau-légers du roi, les chevau-légers de la reine, les chevau-légers du prince royal. Pour soutenir son autorité despotique, il avait fait venir, au moyen de primes considérables, quatre mille jeunes esclaves de la côte, dont il avait fait des compagnies spéciales, sous le nom de *royals-dahomets*. Les plus jeunes de ces Africains remplissaient le cadre de la compagnie d'élite des royals-bonbons, et étaient tous mariés et généreusement dotés par Christophe. Tous ces *dahomets*, confiés aux chefs les plus dévoués, remplaçaient la gendarmerie et étaient chargés de la police. Christophe, soutenu par cette milice dévouée, commettait impunément les actes les plus tyranniques et les plus cruels. — C'est ainsi que, dans le but de détruire le vol, il faisait jeter des montres et des bijoux sur les grands chemins. — Des dahomets étaient en embuscade et suivaient ceux qui les avaient ramassés. S'ils n'allaient pas les rapporter aux autorités, ces malheureux étaient fusillés prévôtalement. — Ce mode de civilisation lui avait fait prodiguer par les républicains de Port-au-Prince les épithètes les plus cruelles. Ils ne le désignaient que sous le nom de *Phalaris*. Avec ces moyens d'exécution, dont on lui reprochait avec raison la barbarie, Christophe n'en fit pas moins des choses bonnes, utiles et morales. Ainsi, tandis que dans la république on voyait beaucoup d'unions irrégulières, Christophe n'en souffrait aucune dans le royaume. Il avait organisé une instruction publique, dirigée par une *chambre royale de l'instruction publique*. Il avait institué au Cap un collége royal où l'on enseignait la langue anglaise et les premiers éléments des sciences. Il y avait au Cap, à Sans-Souci, au Port-de-la-Paix, aux Gonaïves, à Saint-Marc, des écoles primaires exclusivement dirigées par des Anglais. Les Français, et jusqu'à la langue française, étaient rigoureusement proscrits dans les Etats de Christophe. Le commerce anglais obtenait de lui toute espèce de facilité. Le roi noir avait son aumônier dans la personne du capucin Corneille Brell, qu'il créa duc de l'Anse. Il avait l'intention d'en faire un archevêque; mais ce fut en vain qu'il sollicita du pape la bulle d'institution. Christophe faisait publier au Cap l'*Almanach royal*, dans lequel il présentait l'organisation entière de la république du Port-au-Prince, avec tous les noms des fonctionnaires en blanc, comme si tôt ou tard il devait soumettre cette portion du territoire, alors au pouvoir de ce qu'il appelait les rebelles. Pendant ce temps la guerre désolait le Sud. Pétion et Borgella allaient en venir aux mains. Dans le même moment, la frégate dite *la Princesse royale Améthiste* et plusieurs bricks, formant la plus grande partie des forces navales de Christophe, passèrent sous les drapeaux de la république. Irrité de cette défection, qu'il attribua aux intrigues de Pétion, mais dont il faut plutôt accuser son despotisme, Christophe sentit se raviver toute sa haine contre les républicains. Il débouche à l'improviste dans les plaines de l'Ouest. En l'absence de Pétion, Boyer, son secrétaire et son ami, essaye d'arrêter Christophe aux champs de Cibert. Christophe le déborde après une vive résistance. Il le suit dans sa retraite, et vient mettre le siége devant le Port-au-Prince avec vingt-deux mille hommes. Borgella, comme autrefois Rigaud, se réunit à Pétion. Après deux mois d'efforts inutiles, Christophe se retire avec des troupes épuisées et harcelé de près par Boyer. Rentré dans ses limites, il force Boyer à se retirer. Sans accord ni trêve, les deux partis cessèrent la guerre, également épuisés. — Ils laissèrent entre eux dix lieues de pays inhabités. Ces terres, n'étant plus cultivées, se couvrirent en peu de temps de forêts épaisses, grâce à la prodigieuse végétation de ces contrées. Enfin, quelque temps après, les deux Etats convinrent de ne pas s'attaquer, et même de s'unir contre tout ennemi du dehors. Tôt ou tard, en effet, la métropole devait réclamer son ancienne colonie : les plaintes des anciens planteurs assiégeaient sans cesse le gouvernement. Le génie de Napoléon, absorbé par de trop vastes projets, ajourna toute entreprise contre l'ancienne Saint-Domingue. Le gouvernement de la première restauration écouta ces plaintes. Il fut convenu qu'on emploierait d'abord la voie des négociations. M. Malouet, ministre de la marine et des colonies, chargé de les diriger, était complétement dominé par les bureaux, eux-mêmes entièrement soumis à l'influence des anciens colons. Ceux-ci croyaient toujours que rien n'était changé à Saint-Domingue, et ne voyaient dans les Haïtiens que des esclaves révoltés. — On crut pouvoir les traiter sans ménagements. Trois hommes obscurs, les sieurs Dauxion-Havaïsse, Draverman et Franco-Médina, partirent avec le titre de commissaires. Ces étranges négociateurs avaient si peu de consistance, qu'on ne jugea pas même à propos de mettre à leur disposition un vaisseau de la marine de l'Etat. Ils passèrent par l'Angleterre, et s'embarquèrent sur un paquebot anglais à Falmouth. L'orgueilleux Christophe ne pouvait consentir à recevoir de pareils envoyés. Il affecta de ne pas les reconnaître comme tels. Il fit épier par des émissaires l'arrivée du troisième agent du ministre Malouet. C'était Franco-Médina qui débarqua à Monte-Christe, dans la partie espagnole. Christophe le fit enlever et jeter dans les fers, et après avoir pris connaissance des papiers trouvés sur lui, il le fit condamner comme espion. On exposa ce malheureux pendant plusieurs heures dans l'église paroissiale, tendue en noir. Là on le fit assister à une messe de *Requiem*. Cette cérémonie terminée, il fut livré aux geôliers, et après plusieurs semaines de souffrances il périt en prison. Le gouvernement du Cap publia toute la procédure du procès de Franco-Médina, et l'envoya à Pétion. Cependant Christophe n'ignorait pas le but de la mission des commissaires. Il en avait été prévenu par plusieurs de ses agents, entre autres par Peltier, rédacteur en chef de l'*Ambigu*, et son chargé d'affaires près le gouvernement britannique. Dès le 15 août 1814, la *Gazette royale d'Haïti* avait publié une proclamation au peuple haïtien, bientôt suivie d'un manifeste à la date du 18 septembre, dans lequel Christophe déclarait hautement sa résolution inébranlable de maintenir l'indépendance d'Haïti. Après un exposé historique des principaux faits des révolutions de Saint-Domingue, cette pièce remarquable se terminait ainsi : « Roi d'un peuple libre et soldat de profession, nous ne craignons ni la guerre, ni nos ennemis. Nous avons déjà déclaré que nous étions résolu à ne nous mêler en aucune sorte du gouvernement des colonies voisines. Nous désirons avoir la paix et la tranquillité, et jouir des prérogatives qu'ont toutes les autres nations, de se faire des lois conformes à leurs besoins. Si, après cette libre exposition de nos sentiments et de la justice de notre cause, on violait le droit des gens en entrant chez nous en ennemis, notre premier devoir serait de mettre tout en usage pour repousser l'agression. Nous déclarons solennellement que nous n'accepterons jamais aucun traité ni aucune condition capables de compromettre l'honneur, la liberté et l'indépendance du peuple d'Haïti. Fidèle à notre serment, nous nous ensevelirons sous les ruines de notre patrie, plutôt que de laisser porter la moindre atteinte à nos droits politiques. — Donné en notre palais de Sans-Souci, le 18 septembre 1814, la onzième année de l'indépendance et la quatrième de notre règne. *Signé* HENRI. » — Il répondit dans le même sens aux autres commissaires, qui lui écrivirent du Port-au-Prince, où ils avaient été accueillis avec froideur, mais sans colère. Pétion, au nom de la république, refusa également de reconnaître la suprématie de la France. Lorsque Louis XVIII eut connaissance de la manière inhabile et inconvenante dont cette négociation avait été conduite, il donna ordre au ministre de la marine de désavouer publiquement tout ce qu'on avait fait. Ce désaveu a été inséré dans le *Moniteur* du 10 janvier 1815. Cependant le gouvernement de Louis XVIII renonça aux négociations, et, cédant aux instances des colons, il donna l'ordre d'armer une flotte, destinée à mettre à la voile au printemps de 1815. Christophe prépara tout pour une résistance désespérée. Le retour de Napoléon vint détourner l'orage qui le menaçait. Ce ne fut qu'en 1816 que le gouvernement français reprit les négociations. La frégate *la Désirée* et le brik *le Railleur* partirent avec de nouveaux commissaires, le vicomte de Fontanges, MM. Esmangart, Georges Dupetit-Thouars, Laujon, Jouette et Cotelle-Laboulatrie. Christophe, toujours hautain, refusa leurs dépêches, parce qu'elles portaient cette suscription : *Au général Christophe*. Les commissaires ne voulant rien y changer, mais ne pouvant faire recevoir leurs lettres directement, les adressaient sous le couvert du commandant du port des Gonaïves. Christophe et Pétion ne purent s'entendre avec les commissaires, dont la mission ne produisit aucun résultat. A la mort de Pétion (29 mars 1818), Christophe, toujours ambitieux, s'avança vers le Port-au-Prince. Ses proclamations promettaient à tous protection et sûreté, aux autorités civiles et militaires des titres, des honneurs, des richesses. Les républicains du Port-au-Prince et Boyer, leur nouveau président, y répondirent par les préparatifs d'une défense vigoureuse. Christophe se décida à reprendre le chemin du Cap, avec une armée mal disposée, plus à craindre pour lui que pour ses ennemis. Quelque temps après cette expédition, dont il a depuis désavoué le but hostile, le fort Ferrier ou Henri fut dévoré par les flammes. Cette perte consterna Christophe, qui avait fait des dépenses énormes pour élever et approvisionner cette forteresse d'armes et de munitions de toute espèce. Elle était, dit-on, hérissée de trois cents pièces de canon. Après cette catastrophe, Christophe ordonna à tous ses sujets mâles de porter un crêpe au bras et aux femmes d'aller quinze jours de suite à la messe, *pieds nus* et vêtues de blanc. Tous les hommes furent mis en réquisition pour porter des pierres et de la chaux au fort qu'il voulait faire rebâtir promptement. Cependant la tyrannie de Christophe commençait à peser à ses sujets. Ils enviaient le sort des républicains du Port-au-Prince. Christophe ayant été atteint d'une paralysie locale, la nouvelle de sa maladie détermina la révolte qui depuis longtemps était imminente. La garnison de Saint-Marc en donna le signal. Elle massacra le gouverneur Glonde, et envoya sa tête dans un sac de cuir au président Boyer, en lui demandant des secours. Tandis que celui-ci réunissait ses troupes, Christophe, retiré à son palais de Sans-Souci, ordonna au général Romain (duc du Limbé) de marcher contre les rebelles. Il partit en effet avec cinq à six mille hommes; mais ce général était lui-même au nombre des mécontents. Pendant qu'il était en marche, il apprit que le général Richard (duc de la Marmelade) avait soulevé la ville du Cap et était sorti avec toute la garnison pour marcher sur Sans-Souci. Il s'unit aux révoltés. Un courrier que Christophe envoyait au général Richard, dont il ignorait la révolte, lui fut renvoyé, pour lui annoncer qu'on ne reconnaissait plus son autorité. Christophe se fit alors hisser sur son cheval; mais ses souffrances le forcèrent d'en descendre. Il avait fait rassembler ses gardes au nombre de quatorze ou quinze cents hommes. Il se fit porter dans leurs rangs, leur prodigua les éloges, promit à chaque soldat jusqu'à douze dollars et le pillage du Cap, s'ils soumettaient les rebelles. Son général le plus dévoué, Joachim Noël (duc du Fort-Royal), partit à leur tête. Mais à peine fut-il en face des révoltés, que ses troupes passèrent à l'ennemi. A cette nouvelle, Christophe dit avec calme : « Puisque le peuple d'Haïti n'a plus confiance en moi, je sais ce qui me reste à faire. » Il pria qu'on le laissât seul. Un de ses gens l'ayant entendu verrouiller la porte de sa chambre, regarda à travers la serrure, le vit s'asseoir dans un fauteuil et se tirer deux coups de pistolet, l'un à la tête et l'autre au cœur. Telle fut, le 8 octobre 1820, la fin de cet homme extraordinaire. Ses qualités naturelles furent obscurcies par sa barbarie, résultat de sa première et déplorable condition. Christophe récompensa toujours magnifiquement ses amis; c'était d'ailleurs un des plus puissants ressorts de sa politique. Cependant nous devons dire qu'il fut quelquefois guidé par les sentiments d'un cœur généreux. C'est ainsi que l'ancienne maîtresse de l'hôtel de la Couronne, qui était tombée dans la misère, fut recueillie par son ancien serviteur et traitée par lui comme si elle eût été sa mère. Christophe comptait en Angleterre des admirateurs enthousiastes de son génie. Dans un banquet donné par la société africaine de Londres, Wilberforce, qui en était le président, porta le toast suivant : « A Christophe, l'honneur de l'espèce humaine, l'homme le plus libéral, le plus éclairé, le plus bienfaisant, chrétien sincère et pieux, l'un des plus augustes souverains de l'univers, élevé sur le trône par l'amour et la reconnaissance de ceux dont il fait le bonheur. » Le peuple d'Haïti n'a point confirmé cet éloge, et le cadavre de Christophe, jeté dans un précipice, est devenu la proie des bêtes sauvages. Son fils Jacques, âgé de seize ans, qui s'était réfugié au fort Henri, en fut tiré par le peuple, et impitoyablement massacré. Un autre fils, nommé Ferdinand, que nous avons vu confier au général Boudet, était mort en France. Quant à sa veuve et à ses deux filles, elles restèrent quelque temps à Haïti. Le président Boyer, qui réunit la partie du Nord sous les lois de la république du Port-au-Prince, leur fit accorder une pension. Bientôt après elles passèrent en Europe, et, après avoir visité l'Allemagne et l'Italie, elles se fixèrent à Pise en Toscane, où elles vivent encore aujourd'hui.

**CHRISTOPHERSON (JEAN)**, évêque anglais du XVI^e siècle, natif du comté de Lancastre, occupa, sous le règne de Henri VIII, la place de principal du collège de la Trinité à Cambridge, et fut, en 1554, nommé doyen de Norwich. Proscrit sous le règne d'Édouard VI, il revint en Angleterre à l'avénement de la reine Marie, devint évêque de Chichester, et mourut peu de temps avant cette princesse, en 1558. On a de lui une traduction en latin barbare de *Philo Judæus* et des *Histoires ecclésiastiques* d'Eusèbe, de Socrate, Sozomène, Evagre et Théodoret. Ces traductions, quoique supérieures à celles de Rufin et de Musculus, prédécesseurs de Christopherson, sont encore bien imparfaites, et ont entraîné dans beaucoup d'erreurs Baronius et plusieurs autres écrivains.

**CHRISTOPHORIANA** (*botan.*). Ce nom, donné par Dodoens à l'herbe de Saint-Christophe, et adopté par Tournefort, a été rejeté par Linnæus, qui lui a substitué celui d'*actæa*, employé par Pline pour désigner la même herbe, selon Gaspard Bauhin, qui annonce cependant cette opinion avec doute. On trouve encore quelques aralies citées par des anciens sous le même nom.

**CHRISTOPHORON** (*ichthyol.*). Les Grecs modernes appellent χριστόφόρον, le poisson saint-pierre, Zeus Faber, Linn. (*V.* DORÉE et ZÉE).

**CHRISTOPHORUS ANGELUS**, écrivain grec du XVII^e siècle, fit imprimer en Angleterre, en 1619, un ouvrage curieux, mais rempli de fables, intitulé : *l'Etat présent de l'Eglise grecque*; il y est traité principalement de la discipline et des cérémonies. On y trouve des détails intéressants sur les fêtes, les jeûnes, la confession et la vie monastique des chrétiens d'Orient. Ce traité, publié en grec, fut traduit en latin, et réimprimé dans les deux langues à Leipzig, 1676, in-4°. — **Christophorus** (Jacques), évêque de Bâle, est auteur du *Sacerdotale Basileense*, Porentrui, 1595, in-4°.

**CHRISTYN** (**Jean-Baptiste**), jurisconsulte et historien, né à Bruxelles, en 1622, de Pierre Christyn, écuyer, fut d'abord avocat postulant au conseil souverain de Brabant et assesseur du prévôt de l'hôtel et du drossart de ce duché, d'où il passa en 1667 aux fonctions de conseiller et de maître des requêtes du graud conseil. En 1671, il entra au conseil privé, et quelque temps après fut appelé en Espagne pour siéger au conseil, où se traitaient les affaires des Pays-Bas. Il revint dans ces provinces en 1678, ayant été nommé troisième ambassadeur du roi catholique au congrès de Nimègue. Son portrait, gravé par Morin, d'après Van-Dyck, lequel se trouve parmi ceux des autres plénipotentiaires, est d'un beau caractère et semble révéler de hautes capacités. Christyn était en effet un homme d'Etat remarquable. Il eut beaucoup de part au succès des négociations sur lesquelles repose encore une partie du droit public de l'Europe, et depuis ce temps prit pour devise ces mots du cent quarante-septième psaume : *Posuit fines tuos pacem*. Le gouvernement espagnol fut si satisfait de sa conduite à Nimègue, qu'en 1681 il le nomma premier commissaire du roi aux conférences qui se tinrent à Courtrai avec les envoyés français, et dont les procès-verbaux se trouvent à la bibliothèque de Cambray, n° 679 du Catalogue de M. A. Leglay. En 1685, après le départ de don Juan de Layseca y Alvarado pour l'Espagne, il fut chargé de la surintendance de la justice militaire. En considération de ses longs et importants services, sa terre de Meerberck, entre Bruxelles et Louvain, fut érigée en baronnie par lettres patentes données à Madrid le 11 janvier 1687. La même année, le 22 avril, il fut créé chancelier de Brabant, dignité qu'il exerça jusqu'à sa mort, arrivée le 28 octobre 1690. Il fut enterré dans le chœur de l'église des Augustins de Bruxelles, et le P. Bernard Désirant, docteur en théologie de l'université de Louvain, prononça son oraison funèbre, qui a été imprimée. Christyn avait épousé Catherine de Pretère, dont il eut un fils qui se maria à Marguerite-Thérèse d'Espinosa, fille du gouverneur d'Anvers et sœur de l'évêque de cette ville. Son frère Libert-François Chrystin, vicomte de Tervueren, fut conseiller et enfin vice-chancelier de Brabant. Il a été l'éditeur des œuvres juridiques de Jean et de Frédéric Van-der-Sande, Bruxelles, 1721, in-fol. Jean-Baptiste Christyn, qui fut aussi conseiller de Brabant, et qui a écrit en flamand sur les coutumes du pays, Anvers, 1682, 2 vol. in-fol., et sur les droits et coutumes de la ville de Bruxelles, un traité dont on a une édition de 1762, 3 vol. in-8°, était neveu du chancelier, auquel on a attribué mal à propos ses ouvrages. Le chancelier n'a écrit proprement que sur l'héraldique, sujet qu'il possédait à fond. Voici la liste de ses œuvres : 1° *Jurisprudentia heroica, sive De jure Belgarum circa nobilitatem et insignia... liber prodomus*, Bruxelles, 1663, in-4° de 144 pages, fig. 2° *Jurisprudentia heroica*, Bruxelles, 1689, 2 vol. in-fol., fig.; l'un de 586 pages, l'autre de 174. Ce traité, qui n'est pas commun, surtout hors des Pays-Bas, est plein de détails curieux pour l'histoire. L'auteur y a mis son nom, ce qu'il n'avait pas fait pour le *Liber prodomus*, où il s'est contenté de signer ses initiales au bas de l'épître dédicatoire. 3° *Observationes genealogicæ et heroicæ*. Cologne ou plutôt Bruxelles, 1678, in-4°, publié sous l'anonyme. 4° *Basilica Bruxellensis, sive Monumenta antiqua, inscriptiones et cenotaphia*, Amsterdam, c'est-à-dire Bruxelles, chez F. Froppens, 1677, in-8°, fig. Il en a paru une seconde édition à Malines, chez Laurent-Van-der-Elst, en 1743, augmentée d'une seconde partie par J.-F. Froppens, qui y a joint une notice sur l'auteur, et qui a mis à contribution les *Monumenta sepulcralia Brabantiæ* de Swert et les manuscrits du roi d'armes Josse de Beckberghe. Au reste les épitaphes contenues dans l'ouvrage de Christyn ont été recueillies en 1729 dans le théâtre sacré du Brabant, imprimé à la Haye en 2 vol. in-fol., mais d'une manière peu correcte. 5° *Les Tombeaux des hommes illustres qui ont paru au conseil privé du roi catholique aux Pays-Bas, depuis son institution de l'an 1517 jusqu'aujourd'hui*, Leyde, 1672, et Amsterdam, 1674, in-12 de 93 pag. 6° *Septem tribus patriciæ Lovanienses*, Leyde, 1672, in-12; *editio emendatior et auctior usque ad annum* 1754; Louvain, 1754, in-12 de 192 pages chiffrées. Dans cette édition on cite les *Antiquités* manuscrites de Guillaume Boan, qui fut greffier de la ville de Louvain, *antiquités* rédigées en flamand, et que nous avons lues avec profit. 7° *Senatus populique Antverpiensis nobilitas, sive Septem Tribus patriciæ Antverpensis*, ibid., 1672, in-12 de 55 pag. C'est une chose assez remarquable que ce nombre *sept* dans les familles patriciennes de Bruxelles, Louvain et Anvers; cela se retrouve même ailleurs, et l'on se souvient encore des sept familles du Gevaudan. 8° *Tabula chronologica ducum Lotharingiæ, Brabantiæ, Limburgiæ gubernatorum ac archistrategorum eorum ducatuum*. Malines, 1669, et Cologne, 1677, in-4°, troisième édition. 9° *Les Délices des Pays-Bas*, Bruxelles, 1697, in-12 de 542 pag. : c'est la première édition ou plutôt le germe de cet ouvrage si populaire, corrigé et augmenté dans six réimpressions successives, et dont l'*Essai sur la statistique ancienne de la Belgique*, première partie, pag. 23-25, offre l'histoire littéraire. Barbier met cette première édition sur le compte de l'imprimeur P. de Dobbeleer; mais J. Ermens, suivi par M. Brunet, la donne au chancelier Christyn. En revanche la troisième édition, qui parut en 1711, en 3 vol. in-8°, lui est attribuée par l'auteur du *Dictionnaire des anonymes*.

**CHRITHARI** (*botan.*), nom donné par les Candiots à l'orge, suivant Tabernæmontanus, cité par Mentzel.

**CHROCUS** ou **CROCUS**, roi des Vandales, pénétra dans les Gaules, au IIIe siècle, avec une puissante armée. Il ravagea le pays des Médiomatriciens, la Bourgogne, l'Auvergne, et une partie du Lyonnais; mais, arrivé près d'Arles, il fut défait en bataille rangée par un général romain du nom de Marius, le même, dit-on, qui fut proclamé empereur par ses soldats après la mort de Victorin, et dont le règne ne dura que quatre jours. Chrocus, tombé au pouvoir du vainqueur, fut conduit dans toutes les villes qu'il avait ravagées pour être donné en spectacle au peuple, et enfin ramené à Arles, où il fut mis à mort l'an 260. On attribue à ce barbare la ruine du temple de Mars de l'Auvergne, un des plus fameux de toutes les Gaules; et les légendaires l'accusent du meurtre de plusieurs saints prélats, particulièrement de saint Antide, évêque de Besançon; de saint Didier, évêque de Langres, et de saint Privat, évêque du Gévaudan.

**CHRODEGANG** (**Saint**), évêque de Metz, né en Hasbagne ou Brabant, vers l'an 712, fut élevé dans le monastère de Saint-Tron, aux confins de cette province. On l'envoya de là à la cour de Charles Martel, qui lui donna la charge de référendaire ou chancelier. Aprs la mort de Sigebalde, évêque de Metz, il fut choisi pour le remplacer, et ordonné le 1er octobre 742. Il fonda l'abbaye de Gorze en Lorraine et celle de Saint-Pierre, toutes deux de l'ordre de Saint-Benoît. En 953, il fut choisi par le roi Pepin et l'assemblée des états du royaume pour aller à Rome inviter le pape Etienne II à venir en France. Ce voyage lui procura le *pallium*, que le pape lui accorda avec le titre d'archevêque. Il persuada à ses clercs de mener une vie commune; il leur donna pour cela une règle, et les obligea de vivre dans un cloître. En 765, il présida au concile d'Attigny, apparemment en sa qualité d'archevêque. Il mourut l'année suivante, le 6 mars, après un épiscopat de vingt-trois ans et quelques mois, et fut enterré à Gorze. Son épitaphe, que l'on croit de Théodulphe d'Orléans, le représente comme un prélat qui fut la lumière et l'honneur de l'Eglise, et qui instruisit son peuple autant par l'exemple de ses vertus que par la force de ses discours. Il y est fait aussi mention du *pallium* que le pape Etienne lui accorda et de la règle que saint Grodegang donna à ses chanoines. Elle est tirée, pour la plus grande partie, de celle de Saint-Benoît, et divisée en trente-quatre chapitres, avec un prologue. Elle se trouve dans le cinquième tome des *Annales ecclésiastiques* du P. le Cointe, avec de courtes notes de sa façon et quelques variantes. Un anonyme, voulant la rendre commune à tous les chanoines, en retrancha tout ce qu'elle avait de particulier pour l'Eglise de Metz, et y ajouta beaucoup de statuts, tirés principalement du concile d'Aix-la-Chapelle. Elle est divisée en quatre-vingt-six chapitres, et se trouve dans le septième tome des *Conciles*, et dans le premier tome du *Spicilége* de dom Luc d'Achérie. On a encore de saint Chrodegang la chartre de fondation du monastère de Gorze, qui fut confirmée par le concile de Compiègne en 757 (Meurisse, *Histoire des évêques de Metz*, liv. II, p. 6 et suiv.; dom Mabillon, liv. XXIII; *Annal.*, n. 31, p. 183; dom Cellier, *Histoire des auteurs sacrés et ecclés.*, t. XVIII, p. 176 et suiv.).

**CHRODEGANG** (**Saint**), évêque de Seez, dans le VIIIe siècle, et frère de sainte Opportune, abbesse de Montreuil en Normandie, fit un pèlerinage à Rome pour visiter le tombeau des saints apôtres, et confia le gouvernement de son diocèse à un ami perfide nommé *Chrodobert*, qui fut un mauvais administrateur. — Chrodegang revenait enfin après une absence de sept ans, lorsqu'il fut assassiné à Nonant par l'ordre de celui qu'il avait imprudemment mis à sa place, et qui voulait s'y maintenir. Opportune alla chercher le corps de son frère, et le fit enterrer à Montreuil. Chrodegang, mis au nombre des saints par l'Église de France, est honoré le 3 septembre à Seez. On gardait son chef à Paris dans l'église de Saint-Martin-des-Champs, et le reste de ses reliques était conservé au prieuré de l'Isle-Adam.

**CHRODO** (*myth. germ.*), un des dieux des anciens Germains. Une statue de Chrodo, décrite par Montfaucon, a quelques-uns des attributs de Saturne.

**CHROICOLYTE**, s. m. (*chim.*), corps qui forme avec les acides une dissolution colorée.

**CHROICOZITES**, s. m. pl. (*chim.*), nom donné par M. Ampère aux métaux qui forment des combinaisons salines colorées (*V.* CORPS SIMPLES).

**CHROKIEL** (*ornithol.*). Buffon a décrit sous ce nom, à la suite suite de la caille ordinaire, l'oiseau que Rzaczynski a cité également en parlant de cette caille, p. 277 de son *Histoire naturelle de Pologne*: où ce mot est écrit *chrosciel*, avec deux accents sur l's et le *c*, qui donnent à ces lettres le son du *k*. Le jésuite polonais dit que les chasseurs appellent grande caille, *coturnix major*, cet oiseau, qui court avec une extrême vitesse à travers les blés et les prairies, et qui parvient ainsi fort souvent à se soustraire à leurs poursuites. Buffon, qui, à l'article *chrokiel*, ne regarde l'oiseau que comme une variété de notre caille, place cependant le mot *chrosciel* parmi les synonymes du râle de genêt, *rallus crex*, et tout porte à croire qu'il y a ici un double emploi : le *coturnix major*, au lieu d'être une espèce de caille particulière à la Pologne, paraît en effet être le râle de terre, vulgairement connu sous la dénomination de roi des cailles, auquel d'ailleurs s'applique d'une manière plus spéciale ce qui est dit de sa course rapide, dans l'ouvrage cité, où il n'est fait aucune autre mention du râle, oiseau trop commun pour avoir été passé sous silence.

**CHROMACE** ou **CHROMATIUS** (SAINT), évêque d'Aquilée et confesseur, que saint Jérôme appelle le plus saint évêque de son temps, était fils d'une mère que le même saint compare à Anne la prophétesse, et dont il dit que le ventre pouvait s'appeler un ventre d'or, à cause des saints enfants qu'elle avait mis au monde : car, outre Chromace, elle eut encore Eusèbe et des filles, qui consacrèrent à Dieu leur virginité. Chromace fut élevé sur le siége d'Aquilée après l'an 386. Ughel lui donne dix-huit ans et neuf mois d'épiscopat. On trouve aussi dans la *Bibliothèque des Pères*, t. V, p. 976, trois discours qui portent son nom, et où il est appelé évêque de Rome ou romain, et non pas d'Aquilée. Le premier est sur les huit béatitudes; le second est une explication du cinquième chapitre de saint Matthieu, avec une partie du sixième, qui est apparemment un fragment d'un commentaire que ce saint avait composé sur l'Évangile entier de saint Matthieu. En expliquant ce qui est dit dans l'Évangile du divorce, il parle comme s'il croyait que l'on pût épouser une autre femme après avoir fait divorce pour cause d'adultère; mais il condamne ceux qui quittent leurs femmes pour d'autres causes, et ensuite se remarient, quoiqu'il avoue que les lois humaines le permettent. Dans le troisième discours, qui n'est pas entier, saint Chromace explique ces paroles de saint Jean à Jésus-Christ : *C'est moi qui dois être baptisé par vous.* Ces trois discours ont été imprimés à Bâle en 1528, avec l'apologie de Symmaque, et en 1551 dans le *Micropresbyticon*, d'où ils ont passé dans la *Bibliothèque des Pères* et dans les *Orthodographes*. Il y en a eu aussi une édition à Louvain, en 1649. Nous n'avons plus ni ses deux lettres aux empereurs Honorius et Arcade, ni celle qu'il écrivit avec son frère Eusèbe à saint Jérôme, vers l'an 374. Il paraît que saint Chromace lui écrivit encore vers l'an 390, avec saint Héliodore, pour lui demander une traduction du livre de Tobie sur le texte chaldaïque; mais cette lettre n'est pas venue jusqu'à nous, non plus que celle que ces deux prélats lui écrivirent vers le même temps, pour lui demander des commentaires sur les prophètes Osée, Amos, Zacharie et Malachie. Nous avons, dans le cinquième tome des *OEuvres de saint Jérôme*, de l'édition de dom Martianay, une lettre sous le nom de saint Chromace et d'Héliodore à saint Jérôme, pour lui demander l'histoire de la naissance de la Vierge; mais on convient unanimement que cette lettre est supposée, de même que celle où il lui demande un martyrologe. Il faut porter le même jugement d'un grand nombre d'homélies, mêlées parmi les ouvrages de saint Chrysostome, et qu'on attribue aussi à saint Chromace (saint Jérôme, *Præfat. in Paralip.*, t. I, p. 1022; et *Prolog. in Abacuc*, t. III, p. 1591; Baronius; Cave; Dupin, v<sup></sup>e siècle; dom Cellier, *Hist. des auteurs ecclés. et sacr.*, t. X, p. 82 et suiv.).

**CHROMADOTE**, s. m. (*phys.*), instrument propre à observer les phénomènes de l'inflexion de la lumière.

**CHROMATES** (*chim.*), *Combinaisons de l'acide chromique avec les bases salifiables.* Les chromates ne sont point assez connus pour que nous présentions des généralités sur leur histoire. — Nous devons à M. Vauquelin presque toutes les connaissances que nous avons sur ce genre de sels. — CHROMATE D'ALUMINE, inconnu. — CHROMATE D'AMMONIAQUE. Il est jaune orangé, sous la forme de petites aiguilles ou de plaques minces, nacrées; il est très-soluble dans l'eau; la chaleur le décompose, lors même qu'il est dissous : il se produit alors de l'eau, du gaz azote et de l'oxyde de chrome; lorsque celui-ci se sépare de la solution du chromate d'ammoniaque, il est sous la forme de flocons bruns, qui deviennent verts par la calcination. On prépare ce chromate en neutralisant l'acide chromique avec de l'ammoniaque; on abandonne ensuite la liqueur à l'air libre. — CHROMATE D'ANTIMOINE, inconnu. — CHROMATE D'ARGENT. Lorsqu'on mêle une dissolution neutre de chromate de potasse avec une dissolution neutre de nitrate d'argent, il se produit un chromate d'argent insoluble, qui est d'un rouge pourpre si le mélange a été fait à froid, et d'un rouge brun s'il a été fait à chaud. Lorsque les dissolutions, ou l'une d'elles, contiennent un excès d'acide, le précipité est moins abondant et plus lent à se former; il est cristallisé en aiguilles d'un beau rouge pourpré. Ce sel est soluble dans l'acide nitrique; l'acide hydrochlorique en précipite l'argent. — CHROMATE D'ARSENIC. Il ne paraît pas exister. — CHROMATE DE BISMUTH. Il est jaune. — CHROMATE DE BARYTE. Ce sel, préparé avec le chromate de potasse et le nitrate de baryte, est séparé par l'eau bouillante de toute substance étrangère, est pulvérulent, jaune citrin, insipide, inodore, tout à fait insoluble dans l'eau, et soluble dans l'acide nitrique. Comme d'une part l'acide sulfurique précipite le baryte de cette solution, et, d'une autre part, qu'en ajoutant de l'ammoniaque à la liqueur séparée du sulfate de baryte, on obtient du chromate d'ammoniaque et du sulfate (si l'on avait mis plus d'acide sulfurique que la quantité nécessaire à la neutralisation de la baryte), et que le chromate d'ammoniaque calciné laisse de l'oxyde de chrome, tandis que le sulfate d'ammoniaque se volatilise en totalité, il est très-facile de déterminer la proportion dans laquelle se trouvent la baryte et l'oxyde du chrome dans le chromate de baryte, et de ces deux déterminations on peut déduire celle de la quantité d'oxygène qui est nécessaire pour acidifier l'oxyde de chrome, si l'on a opéré sur un chromate de baryte parfaitement desséché. M. Vauquelin, en suivant cette manière d'opérer, a obtenu de 5 grammes de chromate sec dissous dans l'acide nitrique 4$^{gr}$,4 de sulfate, qui représentent 2$^{gr}$,904 de baryte, et de l'oxyde de 5 grammes, on a 0$^{gr}$,536 pour la quantité de l'oxygène qui était uni à l'oxyde de chrome. De là il suit que le chromate de baryte est formé de :

| | | | |
|---|---|---|---|
| Acide. . . | 2,096 . . . | 41,92 . . . | 100 |
| Baryte. . . | 2,904 . . . | 58,08 . . . | 138,55; |

et que, dans ce chromate, 100 d'acide neutralisent 14,54 d'oxygène dans la base à laquelle ils sont unis. — CHROMATE DE CERIUM, inconnu. — CHROMATE DE CHAUX. Il est très-soluble dans l'eau : sa solution cristallise par l'évaporation spontanée en petites aiguilles qui se réunissent de manière à former des plaques soyeuses; la potasse, la soude, la baryte et la strontiane le décomposent. — CHROMATE DE CHROME, inconnu. — CHROMATE DE COLOMBIUM, inconnu. — CHROMATE DE CUIVRE. Celui que l'on prépare en mêlant du chromate de potasse neutre avec du sulfate de cuivre est insoluble dans l'eau, d'un brun jaune quand il est humide, mais d'un brun bistré quand il a été desséché. — CHROMATE D'ÉTAIN. Le chromate de protoxyde d'étain ne paraît pas exister, car l'hydrochlorate de protoxyde d'étain réduit l'acide chromique du chromate de potasse en oxyde vert. Le chromate de peroxyde est inconnu. — CHROMATE DE FER. M. Vauquelin pense qu'il n'y a point de chromate de protoxyde de fer : car en mêlant le chromate de potasse avec le sulfate de protoxyde de fer dissous dans l'eau, on obtient un précipité d'oxyde de chrome et de peroxyde de fer, qui sont peut-être dans le même état de combinaison que les éléments du *fer chromématif*. Il est vraisemblable que l'acide chromique se combine avec le peroxyde de fer. — CHROMATE DE GLUCINE, inconnu. — CHROMATE D'IRIDIUM, inconnu. — CHROMATE DE MANGANÈSE, inconnu. — CHROMATE DE MAGNÉSIE. Ce sel est très-soluble dans l'eau; il cristallise en prismes à six pans, d'une transparence parfaite et d'un beau jaune de topaze s'ils sont petits, ou d'un beau jaune orangé s'ils sont volumineux. — **Chromates de mercure.** Il y en a deux : un chromate de protoxyde et un chromate de peroxyde.— **Chromate de protoxyde de mercure.** Quand il est parfaitement pur, sa couleur est toujours le rouge de cinabre ; il est insoluble dans l'eau ; il se dissout dans l'acide nitrique, sans qu'il y ait dégagement de gaz nitreux ; si l'on verse dans cette solution une quantité de potasse insuffisante pour neutraliser tout l'acide nitrique, on obtiendra un précipité rouge brun, qui est du chromate de peroxyde de mercure, et une liqueur verte, qui est du nitrate de chrome, mêlé de nitrate de potasse. Il est évident que dans cette opération le protoxyde de mercure s'est oxygéné aux dépens d'une portion d'acide chromique, laquelle, ramenée à l'état d'oxyde vert, s'est unie à de l'acide nitrique. Le chromate de protoxyde, traité par la potasse, devient noir, comme tous les sels qui ont ce protoxyde pour base. — Ce chromate, exposé à l'action d'une chaleur rouge, se réduit en oxygène, en mercure, qui se dégagent, et en oxyde de chrome, qui reste fixe. — Pour obtenir le chromate de protoxyde à l'état de pureté, il faut prendre une dissolution de chromate de potasse cristallisé, marquant de 8 à 10° à l'aréomètre de Baumé, et la verser peu à peu dans une dissolution de nitrate de protoxyde de mercure, en observant de laisser un assez grand excès de ce dernier. Si l'on ne suivait pas ce procédé, le chromate produit, au lieu d'avoir la couleur rouge de cinabre, qui caractérise le chromate de mercure pur, tirerait plus ou moins sur le jaune, parce qu'alors, suivant M. Dulong, il reviendrait en combinaison du nitrate de mercure ou du chromate de potasse. En faisant usage d'une dissolution mercurielle au minimum et aussi neutre que possible, la liqueur séparée du précipité est incolore, et ne contient que du nitrate de potasse et du nitrate de mercure ; mais il arrive souvent, dans la préparation en grand du chromate de mercure, que la *liqueur*, au lieu d'être sans couleur, est colorée en *améthyste*. M. Vauquelin a observé qu'en ajoutant de la potasse à cette liqueur on en précipitait une matière d'un vert pâle, laquelle, délayée dans l'eau, se divisait en deux parties, savoir : en chromate de peroxyde de mercure, qui était sous la forme de petits cristaux pesants, d'un brun violet, et en oxyde de chrome, qui restait en suspension sous la forme de flocons. Un fait remarquable que présente la liqueur améthyste, c'est que, quoique contenant du mercure en excès, elle donne cependant un précipité lorsqu'on y verse du nitrate de protoxyde de mercure ; c'est qu'alors l'acide chromique abandonne le peroxyde de mercure, avec lequel il formait une combinaison très-soluble dans l'acide nitrique, pour se porter sur du protoxyde, avec lequel il forme une combinaison beaucoup moins soluble que la première. — L'oxyde de chrome, obtenu du chromate de mercure pur ou d'un chromate qui retenait du nitrate de mercure, appliqué sur la porcelaine, ne donne, au grand feu, que des couleurs pâles, qui tirent sensiblement sur le jaune ; mais si l'oxyde de chrome a été préparé avec un chromate de mercure qui contenait de la potasse et du peroxyde de manganèse, comme est celui que l'on obtient en versant dans du nitrate de mercure peu acide un excès d'une solution de chromate de potassse contenant du peroxyde de manganèse, il arrive alors que cette combinaison triple d'oxydes de chrome, de mercure et de potassium, donne à la porcelaine une couleur verte d'autant plus foncée, qu'il y a plus de manganèse. En ajoutant à cette combinaison ternaire des quantités différentes d'oxyde de chrome pur, on obtient des mélanges qui donnent à la porcelaine toutes les teintes comprises entre le vert jaune léger et le vert olive foncé. Ces observations, très-importantes pour la préparation de l'oxyde de chrome, ont été faites par M. Dulong. Ce chimiste a vu que la couleur verte que présente quelquefois la lessive du fer chromé qui a été traité par la potasse, est due à du peroxyde de manganèse, et non à de l'oxyde de chrome, comme on l'avait pensé ; que cette liqueur verte, abandonnée à elle-même dans un flacon fermé, passe au jaune, en déposant du peroxyde de manganèse, qui est uni à de l'alumine ; qu'en versant dans la liqueur filtrée un peu d'acide nitrique, pour neutraliser l'excès d'alcali, on précipite une nouvelle combinaison d'alumine et de manganèse. Au reste on peut obtenir du chromate de mercure pur avec du chromate de potasse manganésifère, en se servant de nitrate de mercure très-acide, et en versant un excès de la chromate alcalin. — Le chromate de protoxyde de mercure est formé, suivant M. Godon :

| | | |
|---|---|---|
| Acide. . . . . | 17 . . . | 100 |
| Protoxyde. . . | 83 . . . | 488,23 |

— **Chromate de peroxyde de mercure.** Ce sel peut être obtenu sous la forme de petits cristaux d'un brun violet. Il est insoluble dans l'eau, il se dissout facilement dans l'acide nitrique faible : cette dissolution est jaune. Si on l'a mêlé à du nitrate de protoxyde de mercure, il produit un précipité de chromate de protoxyde. La potasse lui enlève l'acide chromique, et le peroxyde de mercure rouge reste à l'état solide. — Le chromate de peroxyde de mercure, exposé rapidement à une température suffisante, se sublime sans décomposition, et se condense ensuite, sur les corps froids qu'il vient à toucher, en petites aiguilles pourprées ; chauffé lentement dans une cornue, il se convertit en oxygène, en mercure, et en oxyde de chrome. — Telles sont les propriétés que M. Vauquelin a reconnues au chromate de protoxyde de mercure, obtenu d'une *liqueur améthyste*, par un procédé décrit à l'article **Chromate de protoxyde de mercure.** Le même chimiste dit qu'en mêlant du nitrate de protoxyde de mercure avec du chromate de potasse, on obtient un précipité de chromate de peroxyde, si la dissolution mercurielle n'est pas avec excès d'acide. — **Chromate de molybdène**, inconnu. — **Chromate de nickel.** Il est déliquescent : sa dissolution ne cristallise pas ; elle est jaune quand elle est étendue, et d'un rouge fauve quand elle est concentrée. — **Chromate d'osmium**, inconnu. — **Chromate de palladium**, inconnu. — **Chromate de platine**, inconnu. — **Chromate de plomb.** Les cristaux natifs de ce sel sont rouges ; leur poussière est jaune ; ils ont une densité de 5,75. — Le chromate de plomb est insoluble dans l'eau. L'acide nitrique le dissout à chaud ; mais par le refroidissement une partie s'en précipite. L'acide sulfurique en isole l'acide, parce qu'il produit, avec sa base, un sulfate insoluble. L'acide hydrochlorique, étendu de son poids d'eau, le décompose à froid : il se produit de l'eau, et du chlorure de plomb qui cristallise ; l'acide chromique qui a été isolé se dissout dans l'acide hydrochlorique ; si l'on fait chauffer cette dissolution, il y a dégagement de chlore, formation d'eau et d'hydrochlorate de chrome. — La potasse dissout le chromate de plomb ; le sous-carbonate de potasse le réduit en sous-carbonate de plomb. — Le chromate de plomb artificiel est employé aujourd'hui dans la peinture à l'huile, soit sur tableaux, soit pour peindre les caisses des voitures en jaune jonquille. On le prépare pour ces usages, en précipitant le chromate de potasse par le nitrate ou l'acétate de plomb. Quand le chromate alcalin est neutre, le précipité est jaune ; quand il est avec excès d'alcali, le précipité tire sur le rouge orangé ; mais alors il est plus susceptible de noircir par les émanations sulfureuses. — D'après M. Vauquelin, le chromate de plomb serait formé :

| | |
|---|---|
| Acide. . . . . . | 100 |
| Oxyde. . . . . . | 169 |

— **Chromate de potasse.** Il est d'un jaune citrin : il cristallise facilement ; mais il est rare d'obtenir des polyèdres bien réguliers. Lorsqu'on l'expose à une température voisine de la chaleur rouge, il paraît orangé ; mais en refroidissant il reprend sa couleur citrine. Il est assez soluble dans l'eau, sans cependant être déliquescent ; la solution est d'un beau jaune d'or ; les acides, au moins ceux qui ont quelque énergie, la font passer au rouge orangé, parce qu'ils enlèvent une portion d'alcali au chromate. En faisant évaporer spontanément cette liqueur, on obtient du surchromate de potasse sous forme de prismes d'un beau rouge orangé. — Le chromate de potasse n'est pas décomposé par une température très-élevée. — Nous avons décrit à l'article **Chrome** la manière de le préparer. — **Chromate de rhodium**, inconnu. — **Chromate de silice.** M. Godon dit que l'acide chromique forme avec la silice un composé rosé, insoluble dans l'eau, qui ne change pas de propriétés lorsqu'on l'expose à la chaleur du four à porcelaine. — **Chromate de soude.** Ce chromate, ayant beaucoup d'analogie avec le chromate de potasse, a été peu étudié. — **Chromate de strontiane.** Il est d'un jaune citrin ; il est insoluble dans l'eau, et a beaucoup d'analogie avec le chromate de baryte. — **Chromate de tellure.** On sait qu'il est jaune citrin. — **Chromate de titane**, inconnu. — **Chromate de tungstène**, inconnu. — **Chromate d'urane**, inconnu. — **Chromate de zinc.** On sait qu'il est jaune. — **Chromate de zircone**, inconnu. — **Chromate d'yttria**, inconnu.

**CHROMATÉ**, ÉE, adj. (*chim.*), qui est converti à l'état de chromate

**CHROMATIQUE**, s. f. (*beaux-arts*). Il se dit, selon le dictionnaire de Trévoux, du coloris, envisagé comme une des parties de l'art de la peinture.

**CHROMATIQUE**, l'un des trois genres de l'ancienne musique grecque, de χῶμα, couleur, parce que les Grecs avaient coutume d'indiquer par des signes diversement colorés, les tons étrangers à la gamme, afin de mieux les distinguer des tons propres; ce qu'ils pratiquaient également au moyen de cordes de diverses couleurs, à l'égard de plusieurs instruments, tels que que la harpe et la lyre. On attribue l'invention du genre chromatique chez les Grecs à Epigonus ou à Timothée de Milet. De nos jours, la dénomination de chromatique s'applique aux compositions qui procèdent par demi-tons ; ainsi une gamme chromatique, une basse chromatique, sont celles qui procèdent par demi-tons. On peut construire une gamme chromatique au moyen de tous les signes d'allitération :

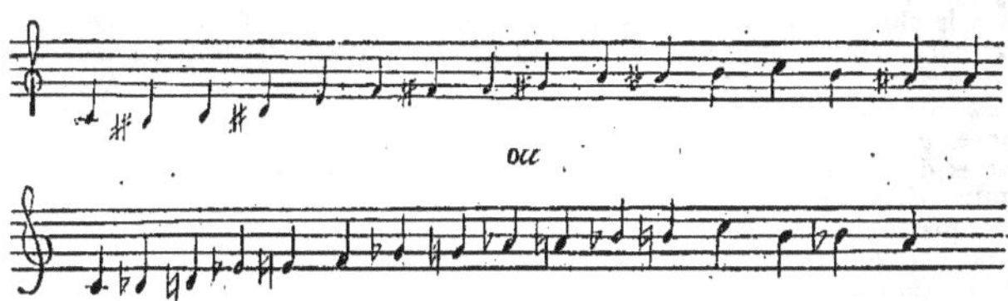


A la rigueur, cette succession ne forme pas de gamme proprement dite, du moins dans le sens que nous attachons à ce mot, car elle ne marche pas de degré à degré ; mais si l'on considère qu'elle se partage en douze intervalles égaux à partir du premier ton jusqu'à sa répétition à l'octave, on conviendra qu'elle mérite le nom de gamme (échelle) aussi bien que la succession des tons diatoniques qui procède par intervalles inégaux. Quelques musiciens distinguent deux sortes de gammes chromatiques, la majeure et la mineure; cette différence consiste, pour cette dernière, dans l'abaissement des troisième, sixième et septième degrés :

Gamme chromatique majeure d'*ut* en montant.

Gamme chromatique mineure d'*ut* en montant.

Le genre chromatique tient le milieu entre le diatonique et l'enharmonique. Il n'a pas toute l'importance du premier; mais il est beaucoup plus intéressant que le second. En général le chromatique exprime bien les sentiments douloureux ou mélancoliques. Les Italiens appellent la croche *croma*, parce qu'on la représente par une blanche colorée.

**CHROMATIQUEMENT**, adv. (*musique*), d'une manière chromatique, par demi-tons.

**CHROMATISME**, s. m. (*phys.*), coloration.

**CHROMATOGÈNE**, adj. des deux genres (*anat.*), qui produit de la matière colorante. Il se dit surtout d'un appareil sécrétoire qui produit la matière colorante de la peau.

**CHROMATOPSEUDOPSIE**, s. f. (*médec.*), maladie dans laquelle on voit les corps revêtus de couleurs différentes de celles qu'ils ont réellement.

**CHROME**, s. m. (*rhét.*). Il se dit des raisons spécieuses que l'orateur emploie pour persuader, à défaut de motifs sérieux et réels.

**CHROME** (*musique*) se disait autrefois pour dièse. — Il se dit quelquefois, dans la musique italienne, pour croche; c'est pourquoi la double croche s'appelle bis-chrome.

**CHROME** (*chim.*), métal qui fut découvert en 1797 par M. Vauquelin, dans le plomb rouge de Sibérie, où il se trouve à l'état de chromate de plomb. Le nom de chrome, qui dérive de χρῶμα, couleur, lui a été donné à cause de la propriété dont jouissent, à l'état d'oxyde ou d'acide, ses composés oxygénés, de former des combinaisons colorées avec presque tous les corps auxquels ils sont susceptibles de s'unir. Le chrome est un métal d'un blanc grisâtre, très-fragile; celui qu'on a obtenu par l'action de la chaleur appliquée à un mélange d'oxyde de chrome et de charbon était en masse poreuse, dont quelques parties présentaient des aiguilles qui se croisaient dans tous les sens. Le chrome est extrêmement difficile à fondre; lorsqu'il est fortement chauffé avec le contact de l'air, il se recouvre d'une croûte lilas qui devient verte par le refroidissement; tel est au moins le résultat obtenu par M. Vauquelin sur un fragment de chrome chauffé au chalumeau. La matière verte est un oxyde. — L'action des autres corps simples sur le chrome est inconnue. — Parmi les acides, il n'y a guère que le nitrique qui puisse l'attaquer d'une manière sensible; en distillant cinq à six fois de suite 20 d'acide nitrique concentré sur 1 de chrome, on parvient à le convertir, en partie au moins, en acide chromique, qui est jaune orangé et soluble dans l'eau. — L'eau n'a point d'action sur le chrome. — *Combinaisons du chrome avec l'oxygène.* Il y en a deux : l'une est l'oxyde vert, l'autre est l'acide chromique (1). Dans cet article nous ne traiterons que de la première ; nous renvoyons la seconde au mot **Chromique** (Acide). — L'oxyde de chrome qui a été chauffé au rouge est d'un vert olive, infusible; il peut être exposé aux températures les plus élevées sans éprouver la moindre décomposition. Il est inaltérable à l'air. Le carbone le désoxygène avec difficulté; l'hydrogène n'a sur lui aucune action. Le potassium chauffé au rouge brun avec le double de son poids d'oxyde de chrome produit une matière brune qui, étant refroidie sans le contact de l'oxygène, prend feu lorsqu'on l'expose à l'air et se transforme alors en chromate de potasse. MM. Gay-Lussac et Thénard, qui ont fait cette observation, regardent la matière brune comme étant formée de potasse et de chrome divisés, ou bien de potasse et d'un oxyde de chrome moins oxygéné que l'oxyde vert. Le sodium se comporte de la même manière que le potassium. L'oxyde de chrome n'est pas ou n'est qu'extrêmement peu attaqué par les acides, si ce n'est par l'acide nitrique bouillant, qui finit par l'acidifier. La potasse, la soude, la baryte, la strontiane et, à ce qu'il paraît, l'alumine même convertissent l'oxyde de chrome en acide, lorsqu'on expose ces corps au con-

(1) M. Godon admet un oxyde blanc moins oxydé que l'acide vert, et M. Vauquelin en admet un plus oxydé que ce dernier.

tact de l'air, après les avoir préalablement élevés à une certaine température.—L'oxyde de chrome, préparé par la voie humide, et qui est peut-être un hydrate, a une couleur verte, mais moins agréable que celle de l'oxyde calciné. Il est soluble dans les acides sulfurique, nitrique, hydrochlorique, phosphorique, oxalique: ces dissolutions sont vertes. Il est soluble dans la potasse et la soude: ces dissolutions sont vertes comme les précédentes; mais elles en diffèrent en ce qu'elles laissent précipiter tout leur oxyde, si on les fait bouillir. — L'oxyde de chrome est employé avec le plus grand succès pour faire des fonds vert olive sur porcelaine. Dans le cas où l'on opère au *feu de moufle*, on peut faire usage de l'oxyde de chrome pur; mais lorsqu'on opère au *grand feu*, il faut, suivant M. Dulong, pour avoir une belle couleur, employer un oxyde qui contienne du peroxyde de manganèse et de la potasse (*V.* CHROMATE DE PROTOXYDE DE MERCURE).—DES PRÉPARATIONS DU CHROME. — *Préparation du chromate de potasse.* On remplit un creuset de terre jusqu'aux sept huitièmes environ d'un mélange de une partie de fer chromé (improprement appelé fer chromaté), et de une demi-partie de nitrate de potasse; on le ferme avec un couvercle de terre; puis on l'expose à une chaleur rouge cerise pendant une ou plusieurs heures, suivant que la quantité de matière est plus ou moins considérable. Dans cette opération, l'acide nitrique est décomposé; une portion de son oxygène acidifie le chromate qui était à l'état d'oxyde, et l'acide chromique produit s'unit à la potasse. En lessivant la masse refroidie et détachée du creuset, on obtient une lessive de chromate de potasse et un résidu formé: 1° de silice, d'alumine, de magnésie, de peroxydes de manganèse et de fer, principes constituants de la roche qui sert de gangue au fer chromé, et qui est toujours plus ou moins intimement mêlée au fer chromé de France; 2° du peroxyde de fer qui était uni à l'oxyde de chrome; 3° d'une portion de fer chromé indécomposé. On traite à chaux ce résidu par l'acide hydrochlorique à 10; on décante promptement cet acide dès qu'il n'a plus d'action; on le remplace par de nouvel acide; puis on lave avec de l'eau la matière qui ne s'est pas dissoute: ce résidu est en grande partie du fer chromé. On le traite par le quart de son poids de nitre dans un creuset de terre; on lessive la masse à l'eau bouillante, et on réunit le chromate dissous à celui qui l'a été dans la première opération. On neutralise l'excès d'alcali de la liqueur par l'acide nitrique; on filtre, pour séparer de la silice, de l'alumine et du manganèse, qui se précipitent; puis on fait cristalliser le chromate de potasse, afin de le séparer de toute substance étrangère, notamment d'une portion de manganèse qui n'a point été précipitée dans l'opération précédente. —Le chromate de potasse sert ensuite à faire toutes les préparations du chrome. — *Préparation des chromates insolubles.* Pour les obtenir, il suffit de mêler la solution du chromate de potasse avec la solution d'un sel qui contient la base que l'on veut unir à l'acide chromique; on recueille le précipité sur un filtre, et on le lave jusqu'à ce que l'eau n'ait plus d'action sur le précipité. C'est par ce moyen qu'on prépare: 1° le chromate de baryte, qui sert à préparer l'acide chromique; 2° le chromate de mercure, qui sert à préparer l'oxyde de chrome par la voie sèche; 3° le chromate de plomb, qui est employé dans la peinture. — *Préparation de l'acide chromique.* On prend du chromate de baryte qui a été exactement lavé avec l'eau bouillante; on le dissout dans l'acide nitrique faible, et on verse dans cette dissolution ce qu'il faut d'acide sulfurique pour en précipiter toute la baryte. Si l'on avait mis une plus grande quantité d'acide, on précipiterait celle-ci en ajoutant de la baryte, ou mieux encore du chromate de cette base dissous dans de l'acide nitrique. On filtre la dissolution dans du papier qui a été préalablement lavé avec de l'acide nitrique, puis on la fait évaporer doucement à siccité, pour en chasser tout l'acide nitrique: le résidu est de l'acide chromique retenant de l'eau. Si l'on craignait qu'il ne fût mêlé d'acide nitrique, il faudrait le redissoudre dans l'eau et faire évaporer de nouveau sa dissolution. L'acide chromique sert à préparer tous les chromates solubles. — *Préparation de l'oxyde de chrome. 1° Par la voie sèche.* On met du chromate de protoxyde de mercure dans une cornue de grès lutée, à laquelle on a adapté une allonge et un ballon; on chauffe la matière dans un fourneau de réverbère: le mercure et l'oxygène qui était uni à ce métal, ainsi que celui qui l'était à l'oxyde de chrome, se dégagent, tandis que ce dernier reste dans la cornue (*V.* CHROMATE DE MERCURE, à l'article CHROMATES). — *2° Par la voie humide.* On fait passer du gaz hydrosulfurique dans une solution de chromate de potasse: il se forme de l'eau par la combinaison de l'hydrogène du gaz acide avec une portion de l'oxygène de l'acide chromique, tandis que la potasse dissout, outre de l'acide hydrosulfurique indécomposé, le soufre qui a perdu son hydrogène et l'oxyde de chrome qui a été désacidifié. On ajoute à la liqueur assez d'acide hydrochlorique pour neutraliser la potasse; alors l'acide hydrosulfurique se dégage, et le soufre et l'oxyde de chrome se précipitent. On jette le tout sur un filtre; on lave le précipité à l'eau bouillante; puis on le traite par l'acide hydrochlorique, qui ne touche point au soufre; on filtre; on précipite à chaud, par la potasse, l'hydrochlorate de chrome; on filtre; on lave l'oxyde précipité; puis on le délaye dans l'eau et on le renferme dans un flacon. Cet oxyde peut servir à préparer tous les sels à base d'oxyde de chrome. — *Préparation du chrome à l'état métallique.* Séparer l'oxygène du chrome, et obtenir le métal réduit en une masse cohérente, sont deux choses très-difficiles; cependant M. Vauquelin y est arrivé en exposant au feu d'une forte forge de l'acide chromique renfermé dans un creuset de charbon qu'il avait placé au milieu d'un creuset de terre brasqué: 72 d'acide chromique lui ont donné 24 de métal. Il est vraisemblable que l'oxyde de chrome préparé par la voie humide, ainsi que l'hydrochlorate de chrome desséché, donneraient le même résultat si on les chauffait de la même manière, surtout après les avoir imprégnés d'un peu d'huile.

**CHROME** (*minéral.*). Ce métal, découvert par M. Vauquelin, et qui doit son nom à la propriété qu'il a de colorer plusieurs substances minérales, ne s'est point encore trouvé isolé dans la nature, ni à l'état d'oxyde pur, ni à l'état de sulfure, ni dans aucune combinaison dont il fasse la base. Il a été reconnu dans un grand nombre de corps, où il n'est que comme principe accessoire; il n'y a donc encore aucune espèce à placer dans ce genre; mais il est nécessaire de connaître les propriétés du métal lui-même et de ses combinaisons avec une plus ou moins grande quantité d'oxygène, afin de pouvoir le reconnaître dans les minéraux où il se rencontre (*V.* CHROME [*chim.*]). — On retrouve le chrome oxydé dans l'émeraude du Pérou, dans la diallage verte, dans quelques serpentines, dans un oxyde de plomb qui accompagne souvent le plomb rouge, et dans les aréolithes.— M. Leschevin a découvert, il y a quelques années, l'oxyde de chrome colorant le quartz. Les pierres qui renferment cet oxyde se trouvent dans le département de Saône-et-Loire, sur les pentes du nord et de l'est de la montagne des Ecouchets, entre le Creusot et Conches. Cette montagne est composée, ainsi que celles qui l'environnent, de psammite quartzeux, traversé dans diverses directions de veines de quartz coloré par de l'oxyde de chrome; elle est élevée d'environ six cents mètres au-dessus du niveau de la mer, et fait partie de la chaîne qui borne, au nord-ouest, la vallée de l'Heune. Elle forme la transition du terrain primitif qui borde la même vallée au sud-est, au terrain secondaire. Elle repose immédiatement sur le primitif. Les roches qui composent cette montagne sont tantôt assez homogènes, et ont tous les caractères que nous attribuons aux véritables grès; tantôt elles sont composées de mica, de fragments de quartz et de feldspath, et ressemblent, au premier aspect, à des roches primitives. Dans d'autres parties, les mêmes roches rougeâtres, décomposées et friables, encaissent des espèces de couches de brèches ou de poudingues à ciment siliceux, qui ont des salbandes minces d'un quartz rougeâtre. Presque partout elles sont traversées dans tous les sens de veines de quartz coloré en vert pâle, et ces veines quartzeuses se continuent jusque dans la roche porphyroïde, qui fait la base de cette montagne. — C'est dans ces psammites, sur les faces des fissures; c'est surtout dans les couches de brèches et de poudingues qui les traversent; c'est enfin dans les veines de quartz qui les parcourent dans tous les sens que se voit l'oxyde vert et siliceux de chrome. Il est plus abondant vers le sommet de la montagne, et devient plus rare à mesure qu'on s'enfonce.— Les morceaux colorés par l'oxyde de chrome contiennent depuis 2, 5, jusqu'à 13 pour 100 d'oxyde; mais ces derniers sont rares. Les parties constituantes essentielles de ces roches chromifères sont la silice et l'alumine. —On a trouvé dans le Tyrol du véritable chrome oxydé, comme celui de M. Leschevin. L'oxyde de chrome, très-pur, appliqué sur la porcelaine, sans fondant, mais fondu avec la couverte au grand feu, donne un vert foncé très-beau, sur lequel on peut dorer. On s'en sert à Sèvres. — Le chrome, à l'état d'acide, se retrouve dans le SPINELLE, dans le PLOMB CHROMATÉ, dans le FER CHROMATÉ, etc. (*V.* ces mots). — Le chromate de plomb artificiel est employé avec avantage dans la peinture à l'huile.

**CHROMICO-AMMONIQUE**, adj. m. (*chim.*). Il se dit d'un sel chromique combiné avec un sel ammonique.

**CHROMICO-POTASSIQUE**, adj. m. (*chim.*). Il se dit d'un sel chromique combiné avec un sel potassique.

**CHROMICO-SODIQUE** (*chim.*). Il se dit d'un sel chromique combiné avec un sel sodique.

**CHROMIDES**, s. m. pl. (*minéral.*), famille de minéraux qui renferme le chrome.

**CHROMIE**, Χρομιά, fille d'Itone, petite-fille d'Amphictyon et d'Endymion, dont elle eut Epée et Etole.

**CHROMIFÈRE**, adj. des deux genres (*minéral.*), qui renferme du chrome.

**CHROMIQUE** (ACIDE) (*chim.*). On l'obtient en décomposant par l'acide sulfurique le chromate de baryte dissous dans l'acide nitrique (*V.* CHROME. — *Préparation de l'acide chromique*). — L'acide chromique desséché est rouge orangé; il a une saveur très-acide, austère et métallique; il attire l'humidité de l'atmosphère avec une grande force; c'est à cause de cette grande affinité pour l'eau qu'il est très-difficile de le faire cristalliser; ce n'est qu'après avoir été fortement concentré que sa dissolution donne des masses mamelonnées, dans lesquelles on démêle des cristaux grenus. Il est soluble dans l'alcool. — L'acide chromique, chauffé dans une petite cornue, se réduit en oxyde de chrome et en oxygène: il n'a donc pas une grande affinité pour la proportion de cet élément qui le constitue acide; mais, lorsqu'il est uni à une base alcaline fixe au feu, il jouit d'une grande stabilité. — L'acide hydrosulfurique produit, avec l'acide chromique, de l'eau, de l'oxyde de chrome et du soufre. — L'acide sulfurique concentré, chauffé avec cet acide, donne lieu à un dégagement d'oxygène et à une formation de sulfate de chrome. — L'acide sulfureux, en s'emparant d'une portion de son oxygène, produit du sulfate de chrome. M. Vauquelin a observé de plus qu'en ne mettant dans l'acide chromique qu'une quantité d'acide sulfureux moindre que celle qui est nécessaire pour réduire l'acide en oxyde vert, la liqueur devient d'un brun sale, et que, si l'on verse alors dans la liqueur de la potasse caustique, il se dépose une matière d'un brun rouge, qui peut être un oxyde de chrome plus oxydé que l'oxyde vert. Ce précipité est soluble dans les acides. — L'acide hydrochlorique décompose l'acide chromique; de l'eau est formée, du chlore est mis à nu, et de l'oxyde de chrome s'unit à une portion d'acide hydrochlorique non décomposée. Cette réaction de l'acide chromique sur l'acide hydrochlorique explique comment M. Vauquelin a dissous l'or dans un mélange de ces deux acides. — La solution alcoolique d'acide chromique se décompose assez promptement; la couleur verte qu'elle acquiert annonce que la partie combustible du liquide désoxyde l'acide.

**CHROMIS**, χρόμις, 1° partisan de Phinée, tua Emathion aux noces de Persée; 2° Centaure, tué par Pirithoüs; 3° Satyre; 4° fils d'Hercule, foudroyé par Jupiter, parce qu'il nourrissait ses chevaux de chair humaine; 5° chef mysien auxiliaire de Priam: il combattit autour du cadavre de Patrocle et voulut s'emparer des chevaux d'Achille; 6° suivant d'Enée, tué par Camille en Italie.

**CHROMIS**, (*ichthyol.*), χρόμις, était chez les Grecs le nom d'un poisson que nous ne savons à quel genre rapporter. Linnæus l'a donné comme nom spécifique à un de ses LABRES et M. de Lacépède l'a transporté à une SCIÈNE (*V.* ces mots). M. Cuvier vient de l'appliquer à un nouveau genre qu'il a formé aux dépens des spares et des labres de Linnæus. — Ce genre, qui appartient à la famille des léiopomes de M. Duméril, présente les caractères suivants: lèvres et os intermaxillaires protractiles; une seule nageoire dorsale, avec des filaments; dents en velours aux mâchoires et au palais; ligne latérale interrompue; catopes souvent prolongés en filets; point de dents molaires. — Les chromis ont le port des labres, dont ils se distinguent parce que ceux-ci ont les dents maxillaires coniques et disposées sur un seul rang, et celles du pharynx cylindriques et mousses, en pavé. On les sépare facilement des spares, qui ont des dents molaires arrondies en pavé. — Leur estomac forme une sorte de cul-de-sac, sans cæcum. — Le PETIT CASTAGNEAU, *chromis mediterranea; labrus chromis* Linn. Son corps est entièrement d'une couleur noirâtre ou d'un châtain foncé. — On pêche ce poisson par milliers dans la mer Méditerranée. Rondelet, liv. V, p. 152, nous apprend que le nom de *castagno* lui a été donné par les pêcheurs de la côte de Gênes, en raison de sa couleur. Sa chair est peu estimée. — Le BOLTI, *chromis nilotica; labrus niloticus* Hasselq., Linn. Dents très-petites et échancrées; couleur générale blanchâtre; nageoires dorsale, anale et caudale nuageuses, à fond gris; des bandes noirâtres et transversales sur le dos; mâchoires d'égale longueur; iris de couleur d'or; opercules écailleuses; pas de vessie natatoire. — On pêche ce poisson dans le Nil, dans les petits canaux qui en dérivent, et dans les flaques d'eau qui subsistent après l'inondation. Il se nourrit de plantes et de vers aquatiques; sa chair est délicate et d'une saveur agréable, aussi passe-t-il pour le meilleur poisson du Nil. — Les Égyptiens l'appellent bolti ou bolty; quelques auteurs lui ont donné l'épithète de *nuageux*. Il atteint jusqu'à deux pieds de longueur. — Le CHROMIS FILAMENTEUX: *chromis filamentosa; labre filamenteux* Lacép., III, XVIII, 2. Nageoire dorsale munie de quinze rayons aiguillonnés, garnis chacun d'un filament; ouverture de la bouche en forme de demi-cercle vertical; quatre ou cinq bandes transversales sur le dos. Trouvé par Commerson dans le grand golfe de l'Inde. — Le CHROMIS QUINZE ÉPINES, *chromis quindecim aculeata; labre quinze épines* Lacép., III, XXV, 1. Quinze rayons aiguillonnés à la nageoire dorsale; mâchoire supérieure plus avancée; opercules anguleuses; six bandes transversales sur le dos et la nuque. Il vient probablement, pense M. de Lacépède, de la mer du Sud ou du grand golfe de l'Inde. — Le CHROMIS DE SURINAM, *chromis surinamensis; sparus surinamensis* Bloch, tab. 277, 2. Nageoire caudale en croissant; teinte générale jaune; des bandes transversales rouges; trois taches grandes et noires de chaque côté; ouverture de la bouche petite; un orifice à chaque narine; écailles lisses et minces; des raies brunes sur les nageoires. Le *labrus punctatus* et le *perca saxatilis* de Bloch se rapportent encore à ce genre.

**CHROMITE**, s. m. (*minéral.*), sel produit par la combinaison d'un oxyde de chrome avec une base.

**CHROMIUS**, Χρόμιος, 1° un des sept Ptérélaïdes; 2° un des onze fils de Nélée, tué par Hercule; 3° chef grec au siége de Troie; 4° et 5° deux chefs troyens tués l'un par Ulysse, l'autre par Teucer; 6° le même que Chromis, chef mysien (*V.* CHROMIS).

**CHROMOPHORE**, s. m. (*hist. nat.*). Il se dit de certains globules colorés dont le corps des poulpes est parsemé.

**CHROMULE**, s. f. (*chim.*), matière colorante verte des végétaux.

**CHROMURGIE**, s. f. (*didact.*), connaissance des matières colorantes et de leur application aux arts.

**CHROMURGIQUE**, adj. des deux genres (*didact.*), qui a rapport à la chromurgie.

**CHRON**, abréviation du mot chronologie.

**CHRONHYOMÈTRE**, s. m. (*phys.*), instrument propre à mesurer la durée de la pluie.

**CHRONHYOMÉTRIE**, s. f. (*phys.*), mesure de la durée de la pluie.

**CHRONHYOMÉTRIQUE**, adj. des deux genres (*phys.*), qui a rapport à la durée de la pluie. *Observations chronhyométriques.*

**CHRONICITÉ**, s. f. (*médec.*), état ou qualité d'une maladie chronique.

**CHRONIES** (*V.* CRONIES).

**CHRONIQUES**. On appelle ainsi une sorte d'histoire où les faits sont classés dans leur simple ordre de succession, sous leurs dates respectives, et généralement sans aucune réflexion. Ce genre d'annales fut à peu près le seul connu lorsque, avec l'empire romain et avec ses dernières traces, eut disparu la civilisation ancienne. La vie du peuple n'était plus rien; il était esclave: les grands seigneurs féodaux étaient tout; mais ils ne savaient pas écrire, et ne songeaient pas à transmettre aux siècles futurs le souvenir de leurs faits et gestes. Les prêtres et les moines avaient en réalité plus d'importance que le peuple et les grands; mais leur but, leurs intérêts, n'étaient pas les mêmes. Ils s'occupaient des événements publics seulement en ce qu'ils intéressaient leurs églises et leurs couvents; le reste se bornait à de simples et vagues indications. — Les auteurs de chroniques méritent plus ou moins d'attention selon le temps où ils ont écrit et la manière dont ils ont rempli leur tâche. Ceux qui ont vécu dans les premiers siècles de l'Église, surtout les Grecs, sont, pour les temps très-anciens, les plus étendus et les plus curieux à connaître; ils ont fait des sortes de chroniques universelles qui nous ont seules conservé d'utiles connaissances. Nous citerons en ce genre Eusèbe, le Syncelle, les *Fastes de Sicile*, etc. Les siècles qui s'étendent du VI<sup></sup>e au XVI<sup></sup>e nous fournissent un si grand nombre de chroniques générales et particulières qu'il semblerait que ce fût la seule espèce d'histoire que l'on connût alors. A ce genre se réduisait le plus souvent toute la capacité des historiens; il est même douteux que ces écrivains pussent faire davantage dans les circonstances où ils se trouvaient placés. A peu d'exceptions près, les personnes attachées au gouvernement, et qui en connaissaient les secrets, étaient illettrées; l'art d'écrire, si borné alors, était relégué dans les monastères, et ceux qui le cultivaient conservaient une simplicité plus grande quelquefois que leurs mœurs. On ne pouvait donc attendre d'eux que des chroniques fort simples, capables seulement de marquer les faits publics, dont ils omettent même les circonstances les plus curieuses et les motifs secrets qui leur étaient également cachés. C'est ainsi que s'est conservée presque toute l'histoire du moyen âge. Sigebert, Fréculfe, Hugues de Fleury, Honoré d'Autun, Hermann le Raccourci (*Contractus*), l'abbé d'Ursperg, le moine Abéric, et tant d'autres que nous pourrions citer, tiennent lieu des historiens qui nous manquent. Il y a même cet avantage, que si ces auteurs nous présentent une histoire sèche et peu satisfaisante, au moins est-elle exempte de ces passions vives qui obscurcissent la vérité des faits par des réflexions malignes ou intéressées. Ces ouvrages ne tiennent pas seulement lieu d'une histoire universelle dans les temps où leurs auteurs ont vécu, ils servent encore à l'histoire de leur patrie. Une autre vérité, c'est qu'on y retrouve des époques omises par nos historiens, qui ont été souvent moins attentifs à préciser la date d'un événement qu'à en développer toutes les circonstances et toute la suite. Combien n'y voit-on pas encore de faits singuliers qui peuvent servir à l'histoire des grands hommes, dont la vie ou les actions les plus éclatantes seraient peut-être inconnues si une chronique, peu utile d'ailleurs, ne les eût conservées! — Tout en reconnaissant l'utilité des chroniqueurs, il ne faut pas oublier leurs défauts. La vanité les a souvent engagés à faire de gros volumes où il y a beaucoup de choses superflues. Le peu de secours qu'ils avaient pour l'étude des siècles les plus reculés a fait qu'ils ont copié, sans goût et sans discernement, deux ou trois chroniques qui avaient paru avant eux. Souvent ils ont voulu se distinguer par des additions qui doivent être appréciées suivant le caractère de l'auteur. Un moine exalte toujours la prétendue supériorité de son ordre; un évêque n'oublie ni la fondation ni l'histoire de son Eglise. Si (chose rare!) le chroniqueur est homme de goût, il écrit d'une manière claire, nette et précise: tel est, par exemple, Lambert d'Aschaffenbourg, sur lequel Scaliger a écrit: *Equidem miror in sæculo tam barbaro tantam hominis et in loquendo puritatem et in temporum putatione solertiam fuisse.* Un homme initié aux affaires du gouvernement insère presque toujours dans sa chronique des faits qui font connaître le droit public de sa nation. C'est de là que les écrivains d'Allemagne ont tiré la plus grande partie du droit public de l'empire; c'est par là qu'ils en remarquent les diverses variations; « et (disait il y a plus d'un siècle un écrivain français) c'est la voie que nous devrions prendre nous-mêmes, si nous étions en France aussi attentifs à cette partie de notre histoire que l'ont été les Allemands, qui nous surpasseront toujours en ce point. » — Le mauvais goût du siècle défigure souvent les chroniques. Un faux miracle, une vision ridicule, un fait apocryphe, mais extraordinaire, de prétendues révélations, étaient admis avec une sorte de prédilection; d'ailleurs les écrivains monastiques soutenaient ainsi la lucrative piété des dévots. La critique fait sans peine justice de ces contes; mais il est bon de les connaître et de suivre leur transmission, si l'on veut faire une étude vraiment philosophique de ces curieuses périodes. Si, entre plusieurs chroniques, il y a contradiction sur un même fait, il faut discuter la nature du fait par le caractère de l'auteur qui le rapporte. Trouve-t-on de la différence dans l'époque ou dans les circonstances d'un fait arrivé en Allemagne, le préjugé est pour l'auteur allemand, que l'on doit présumer être mieux instruit que l'auteur anglais avec lequel il ne s'accorde pas. Un ancien fait historique se trouve-t-il contesté, un auteur du IX<sup>e</sup> ou du X<sup>e</sup> siècle doit être préféré à celui qui n'aurait écrit qu'au XI<sup>e</sup> ou au XII<sup>e</sup>. Cette règle admet quelque exception, mais elle ne doit se faire qu'en faveur des lumières et des soins que l'écrivain postérieur aurait mis à discuter un fait auquel la crédulité de quelques historiens aurait donné cours. (*V.* CRITIQUE HISTORIQUE). — Comme on trouve beaucoup de différences, soit dans les manuscrits, soit dans les imprimés des chroniques qu'on attribue à un même auteur, il ne faut pas croire que les plus longs soient plutôt l'ouvrage des écrivains dont ces chroniques portent le nom. Les chroniques, aussi bien que les martyrologes, se sont grossies peu à peu. C'est le sort de cette espèce de livres qui, n'étant composés que pour présenter d'un coup d'œil un grand nombre de faits particuliers, sont d'autant plus utiles qu'on peut y trouver une plus grande variété. C'est ainsi qu'on a augmenté les chroniques de Prosper, d'Isidore de Séville, d'Hermann le Raccourci, d'Othon de Freisingen, et de beaucoup d'autres, dont les éditions ou les manuscrits les moins amples passent communément pour originaux et méritent par là plus de croyance. Il y a une autre sorte d'additions qui ne sont pas insérées dans le texte, mais qui se trouvent à la suite des chroniques. Ces appendices ne sont dignes d'attention qu'autant qu'on peut compter sur les lumières, le discernement et le soin de leurs auteurs. Si l'on estime les continuations que saint Jérôme et Prosper ont jointes à la Chronique d'Eusèbe, à peine regarde-t-on celle de Palmérius; on préfère à Guillaume de Nangis son continuateur, parce qu'on trouve chez lui plus de goût et de jugement. Mais on ne fait que peu de cas des additions qui ont été jointes à Vincent de Beauvais et à Philippe de Bergame: elles sont plus fastidieuses encore que les ouvrages de ces insipides compilateurs. — Il n'est pas de pays qui n'ait ses chroniques du moyen âge, monuments curieux de ses connaissances et de ses pensées. Chaque ville, chaque couvent, et quelquefois chaque famille avait ses chroniques ou au moins ses tables d'archives. A la fin du XVI<sup>e</sup> siècle, les mémoires particuliers, les abrégés d'histoire et d'autres genres de composition succédèrent aux chroniques et les remplacèrent comme sources historiques. Aujourd'hui ce sont les journaux et les annuaires qui en tiennent lieu. Les chroniques des différents pays ont été recueillies et réunies en grande partie dans les collections connues sous le titre de *Scriptores rerum*, etc. A l'article FRANCE (Sources de l'histoire de), nous indiquerons les principaux chroniqueurs français et les recueils où ils se trouvent. C'est là aussi que nous parlerons des *Grandes Chroniques de France*, dites aussi *Chroniques de Saint-Denis*.

A. S-R.

**CHRONIQUE DE PAROS** (*V.* PAROS).

**CHRONIQUES**, s. f. pl. nom par lequel les calvinistes désignent ordinairement les deux livres de l'Ecriture sainte que les catholiques appellent PARALIPOMÈNES (*V.* ce mot).

**CHRONIQUES DE SAINT-DENIS** (LES), appelées aussi *les Grandes Chroniques de France*. Cet ouvrage, l'un des plus curieux monuments de notre histoire, jouissait autrefois d'une grande réputation; mais après avoir servi de base à nos premiers annalistes, tels que Nicolle, Gilles, Gagüin, etc., il tomba dans un tel discrédit au XVII<sup>e</sup> siècle, qu'à peine quelques érudits osaient y avoir recours. Cependant un mémoire que Lacurne de Sainte-Palaye consacra à cet ouvrage, et qui fut inséré dans le recueil de l'académie des inscriptions et belles-lettres, le remit en faveur, et depuis cette époque son autorité n'a fait que s'accroître. — D'après une savante notice de M. L. Lacabane, publiée dans la *Bibliothèque de l'école des chartes*, les Grandes Chroniques ne remontent pas au delà des premières années du règne de Philippe le Hardi, qui parvint au trône en 1270. Entreprises par l'ordre de ce prince, et peut-être même par celui de Louis IX, elles furent exécutées sous les yeux du célèbre Vendôme, abbé de Saint-Denis et régent du royaume, par un religieux de son abbaye nommé Primaz. Le travail primitif, qui s'arrêtait à la mort de Philippe Auguste (1223), était déjà terminé en 1274, époque où il fut présenté par l'auteur à Philippe le Hardi. — Dans cette première partie des Chroniques on trouve, pour le commencement de notre histoire, un grand nombre de fables qui faussèrent complétement pendant plusieurs siècles les idées que l'on devait avoir sur l'origine de la monarchie française. Suivant elles, les Gaulois et les Francs étaient issus des fugitifs de Troie, les uns par Brutus, prétendu fils d'Ascanius, fils d'Enée; les autres par Francus ou François, fils d'Hector, etc. Jusqu'au règne de Charlemagne, la narration suit en général un seul auteur, Aimoin, religieux de Fleury ou de Saint-Benoît-sur-Loire, au X<sup>e</sup> siècle; puis vient une traduction fort inexacte de la Vie de Charlemagne par son secrétaire Eginhard; puis un fragment de la fausse Chronique de l'archevêque Turpin, où sont détaillés les faits et prouesses du preux Roland. Mais cette partie de l'ouvrage est la seule où se trouvent entremêlées des détails tirés des romans du moyen âge. Le reste est emprunté à nos anciens historiens qui ont écrit en latin, comme l'auteur anonyme de la *Vie de Louis le Débonnaire*; Suger; les deux auteurs de la *Vie de Louis VII*; Rigord; Guillaume le Breton; l'historien de Louis VIII; Guillaume de Nangis, auteur des *Vies de saint Louis et de Philippe le Hardi*, ainsi que d'une chronique qui s'arrête à l'an 1301; enfin le premier continuateur de ce même Guillaume de Nangis, de 1301 à 1340. Jusqu'à cette époque les *Chroniques de Saint-Denis* ne sont que la traduction française des textes latins antérieurs, où sont intercalés de loin en loin des faits puisés à d'autres sources, mais trop peu nombreux pour donner au récit qui les renferme le caractère et le mérite d'une composition originale. De l'année 1340 à l'avénement du roi Jean en 1350, la rédaction devient complétement originale. L'histoire de ces dix années est l'ouvrage d'un moine de Saint-

Denis qui écrivait avant la bataille de Poitiers, interrompu à la fin du règne de Philippe de Valois. Ce recueil fut longtemps abandonné et ne fut repris que sous Charles V. Ce prince, suivant l'auteur de l'excellente notice déjà citée, chargea Pierre d'Orgemont, chancelier de France, de continuer ce grand travail; ce magistrat le continua en effet jusqu'en 1375 ou 1377 et très-probablement jusqu'à la mort de Charles V, en 1380. A dater de l'avénement de Charles VI, les Grandes Chroniques ne sont plus qu'une copie littérale de l'histoire de Juvénal des Ursins jusqu'en 1402 et de la Chronique de Jean Chartier pour les vingt années qui suivent. Là s'arrêtent les manuscrits qui ont servi de texte à la première édition de ces Chroniques publiées en 1496. C'est seulement depuis qu'on y a ajouté les *Vies de Louis XI, de Charles VIII* et *de Louis XII*. Reproduit dans la Collection des historiens de France publiée par dom Bouquet, ce recueil a été de nouveau publié séparément, il y a quelques années, par M. Paulin Paris, sous le titre suivant: *Grandes Chroniques de France selon qu'elles sont conservées en l'église de Saint-Denis en France*, Paris, 1839 et suiv.; in-fol.

**CHRONIQUE SCANDALEUSE.** C'est à tort que l'on confond habituellement la chronique scandaleuse et la médisance; cette erreur vient sans doute d'une fausse application du mot *scandale*. La chronique dont il est ici question n'est point une série d'imputations scandaleuses par leur fausseté, c'est un recueil net et vrai d'anecdotes galantes. — Quand les méchants exploitent la chronique scandaleuse, ils en font une sentine impure, immonde réceptacle de turpitudes et de calomnies. Dans le cas contraire, ce n'est qu'un boudoir transparent où le peuple ébahi voit passer pour son instruction ceux mêmes qui surprenaient sa crédulité par d'hypocrites apparences de vertu. Il est sans doute bien triste d'avoir à avouer que la chronique se trompe quelquefois involontairement et qu'elle met des noms respectacles sur de coupables masques; mais, dans l'ordre des choses d'ici-bas, de pareilles erreurs n'ont qu'une durée éphémère, et dans tous les cas ce doit être pour nous un motif de plus d'éviter tout ce qui peut compromettre notre bonne réputation. La conscience d'un citoyen, son for intérieur, ne suffisent pas à la société: « Il ne faut pas seulement, a dit un philosophe, qu'une femme soit vertueuse; il faut encore qu'on sache qu'elle l'est.» Cela est applicable aux deux sexes et à toutes les positions sociales.

**CHRONIQUES (AFFECTIONS)** (*médec.*). Ce mot chronique a pour racine le mot grec χρονικός, qui exprime la durée du temps. Ainsi donc, d'après cette étymologie, les affections chroniques sont celles qui ont une durée plus considérable que celle des autres catégories. Les maladies aiguës forment naturellement opposition aux maladies chroniques. C'est même sur la différence qui les sépare que la médecine a formé ces deux grandes classes de maladies qui les renferment toutes, les maladies chroniques et les maladies aiguës. Celles-ci procèdent suivant des règles déterminées; elles ont une période d'incubation, d'accroissement; et, après avoir atteint toute leur intensité, elles décroissent successivement jusqu'à ce que l'économie soit rentrée dans ses conditions ordinaires. Il est donc possible de se représenter tous les accidents qui les caractérisent dans un ordre presque régulier; il est possible d'en formuler l'histoire. Mais il n'en est pas ainsi des maladies chroniques. Il est difficile d'assigner un terme à leur durée. Elles se font remarquer par une absence complète de ces phénomènes qui caractérisent si puissamment les maladies aiguës. La violence du mal disparaît même souvent sous l'apparente innocuité des symptômes. C'est surtout au début de ces maladies qu'il est difficile d'apprécier, de juger leur importance. Il faut que le mal ait fait des progrès, que l'état des forces, la maigreur du corps, la coloration particulière de la face et les autres signes qui peuvent corroborer ceux-là viennent témoigner du danger de la situation. C'est moins pour les médecins que pour les personnes étrangères à l'art de guérir que nous parlons. Les premiers ont l'habitude de reconnaître sur des signes, qui de prime abord paraissent sans importance, l'altération qui se produit par un travail lent et caché au sein d'un organe essentiel à la vie. Toutefois il ne leur est pas toujours facile de porter un jugement exact, surtout au commencement du travail morbide. Sans entrer dans des détails qui n'intéresseraient pas le lecteur, nous pouvons citer à l'appui une des maladies qui font le plus de ravages dans les populations, surtout dans celles des grandes villes, la phthisie pulmonaire. Cette maladie en effet débute quelquefois par un simple accès fébrile qui se manifeste le soir pendant quelques minutes. Souvent ce symptôme ne se complique d'aucune gêne dans la respiration, la toux ne vient pas même encore témoigner de l'altération qui occupe déjà l'organe pulmonaire. Si aucun vice de construction dans le squelette de la poitrine, si aucun antécédent dans l'existence du malade et dans la constitution des membres de sa famille ne viennent éclairer le médecin, celui-ci est condamné à rester dans l'incertitude jusqu'à ce qu'un symptôme plus apparent vienne lui dévoiler le terrible caractère de la maladie. Pourtant nous ne venons de citer pour exemple qu'une de ces affections malheureusement trop communes, et sur laquelle l'attention médicale est fixée depuis si longtemps. Que sera-ce donc de celles que l'observation a à peine effleurées, ou qu'elle n'a pu jusqu'à présent analyser d'une manière suffisante? Ce qui précède conduit à cette conclusion. Si les médecins doivent s'occuper avec la plus scrupuleuse attention de l'étude des maladies chroniques, les malades qui ont quelque raison de les craindre ne doivent pas se livrer avec confiance à une sécurité fatale qu'ils ne tarderaient pas à déplorer. Mais, pour qu'il soit moins difficile de le garantir de ces maladies, en général si dangereuses, disons quelles sont les causes qui les amènent le plus ordinairement. — Nous mettrons en première ligne le tempérament. Les tempéraments lymphatiques contractent plus facilement que les autres les maladies chroniques. Dépourvus d'activité, ils ne peuvent prêter de l'énergie aux affections qui se développent chez eux. Au contraire ils en embarrassent la marche, ils en abaissent le rhythme; de telle sorte qu'on voit souvent une maladie aiguë prendre chez les individus lymphatiques la forme, la physionomie d'une maladie chronique. Cette forme se manifeste surtout à la période de décroissance, c'est-à-dire quand la maladie, après avoir parcouru sa période d'extrême activité, tend à diminuer et enfin à s'effacer. Cela se concevra facilement après une explication. Il faut une certaine énergie au corps pour que, en langage médical, une maladie se résolve. En d'autres termes, pour que la guérison se produise, il est nécessaire qu'une force vitale se réveille dans l'organisme et lutte contre la maladie quand celle-ci est arrivée à son déclin. Mais les corps faibles sont incapables de réaction, ou ne peuvent parvenir à produire une réaction suffisante; et il arrive alors que la maladie prend en quelque sorte domicile dans le corps, et que les organes primitivement malades ne reviennent pas à cet état normal qui constitue l'état de santé. Ainsi donc il reste, dans cette hypothèse, une altération au sein de l'économie qui ne peut s'effacer, qui ne peut se résoudre, et dès ce moment la maladie chronique existe. Le mal ne saurait rester longtemps stationnaire, comme on le pense bien; et sous une influence quelconque les symptômes particuliers se dessinent, et l'affection revêt bientôt un caractère de gravité. Ainsi la faiblesse du tempérament a un grand rôle, comme on le voit, dans la formation des maladies chroniques. Le remède à cette condition mauvaise est de rétablir les forces par les médicaments et par une hygiène bien entendue, autant que faire se peut, et de ne pas attendre pour cela que la maladie, qui peut dégénérer en affection chronique, ait épuisé, ou par les souffrances qu'elle détermine, ou par le traitement qu'on a cru devoir diriger contre elle, le peu de forces, la faible activité du malade. Ces recommandations ne peuvent s'adresser qu'au médecin. Mais nous dirons aux individus du tempérament dont nous parlions tout à l'heure que, quelque maladie qu'ils aient, ils doivent se garder le plus possible de l'usage longtemps continué des énervants et des affaiblissants. — Quand le tempérament n'est pas naturellement faible, il le devient ou il peut le devenir, suivant les circonstances ou les lieux au milieu desquels l'individu se développe. On se fait une idée assez juste généralement de l'influence des habitudes. Personne n'ignore en effet qu'elles créent un tempérament nouveau. L'adage a dit vrai quand il a dit qu'elles étaient une seconde nature. Ainsi des lieux. Qui ne sait la différence qui existe pour l'économie entre l'habitation des villes et celle de la campagne. Dans celle-ci l'air salubre avec toutes les conditions de son renouvellement et de sa purification; dans les cités au contraire toutes les causes qui peuvent introduire et maintenir dans l'atmosphère des principes délétères. Joignez à cela la manière de vivre dans les villes et dans les champs. Ici tous les plaisirs, tous les travaux, ont lieu en plein air ou dans de grandes salles que les pratiques de la mode ou de la civilisation n'ont pas garanties des atteintes directes du fluide extérieur. Dans les grands centres de population il est loin d'en être ainsi. Malgré les progrès qu'a faits dans ces derniers temps l'hygiène publique, on dirait presque que tous les éléments de viciation de l'air respirable y sont réunis. Il est donc tout naturel que les tempéraments lymphatiques ou énervés soient très-communs dans les villes considérables. Les habitudes qu'on y suit ne font que développer l'influence déjà si puissante des lieux. Or, pour résister à ces grandes causes qui créent le tempérament propre aux maladies chroniques, il faut opposer, par une règle de conduite hygiéniquement entendue, la force qui fortifie à la force qui détériore. C'est en prenant avec soin ces précautions que le tempérament ne perd pas de son énergie, et se sauve en quelque sorte au milieu des influences qui, livrées à elles-mêmes, finiraient nécessairement par le détruire. — Une troisième cause et qui n'est pas la moins nombreuse du développement des maladies chroniques, c'est la manière dont une certaine classe de médecins soigne les maladies aiguës. On sait que, suivant les règles du système de Broussais et la méthode de ceux qui en ont exagéré la pratique, il faut, dans la plupart des cas et sur tous les tempéraments, employer les antiphlogistiques, c'est-à-dire tous les moyens d'action qui peuvent concourir à abaisser la somme d'énergie, ou vitale ou morbide, que présente le malade. Jusqu'à un certain point et dans un nombre limité de circonstances, cette méthode est excellente. Mais, poussée à l'extrême et appliquée indistinctement comme on appliquerait une formule générale, elle conduit évidemment à continuer les maladies au lieu de les guérir. Ainsi ou c'est la maladie aiguë qui dégénère en affection chronique, ou l'état permanent de convalescence dans lequel le traitement a plongé le malade se complique bientôt d'une affection de cette nature. Nous voudrions développer davantage l'influence de cette cause; car les idées de Broussais ont encore beaucoup de partisans et en conserveront beaucoup jusqu'à ce que la philosophie ait ouvert les yeux au nombreux personnel de la famille médicale française, mais nous outre-passerions notre cadre. Qu'il nous suffise donc d'avoir mis en garde nos lecteurs. — Après avoir parlé des causes principales des maladies chroniques, nous devrions peut-être présenter une classification de ces maladies, donner une description de leurs espèces, et faire le tableau de leur marche et de leurs péripéties; mais ceci ne doit, ce nous semble, avoir sa place que dans un ouvrage spécial. Nous avons dit au lecteur comment les maladies chroniques se développent, de quelle manière il est possible de lutter contre leur invasion quand elles commencent à s'établir, nous croyons avoir assez fait pour la classe de lecteurs à laquelle nous nous adressons. D[r] Ed. CARRIÈRE.

**CHRONIQUEMENT**, adv. (*didact.*), d'une manière prolongée.

**CHRONIQUER**, v. a. et n. Il s'est dit autrefois, selon le dictionnaire de Trévoux, pour écrire des chroniques, et quelquefois aussi pour critiquer.

**CHRONIUS**, Χρόνιος, bâtit le temple de Diane à Orchomène.

**CHRONOGRAMME.** A n'en juger que par les deux termes grecs dont ce mot se compose, c'est l'expression d'un *millésime en lettres numérales*; mais, dans une acception moins générale, un chronogramme, soit en prose, soit en vers (et dans ce cas il a pour synonyme *chronostique, vers* ou *distique numéral*), est une formule où le millésime d'un fait est contenu dans certaines lettres des mots qui énoncent l'événement dont il s'agit. Ces lettres sont celles qui avaient une valeur numérique chez les Romains, et qu'on a soin d'écrire en caractères plus grands et d'une couleur différente pour les distinguer des autres lettres du même chronogramme. Ainsi Pierre le Grand, voulant consacrer la mémoire de Pultava, fit frapper une médaille avec ces quatre mots : PVLTAVA MIRA CLADE INSIGNIS. Si l'on additionne les numérales de cette légende, V, L, V, M, I, C, L, D, I, I, I, on trouve en somme : 5, 50, 5, 1000, 1, 100, 50, 500, 1, 1, 1, = 1,714, millésime de cette mémorable journée. — On ne saurait dire l'époque ni l'auteur de cette invention; mais elle ne va pas au delà du moyen âge, car les anciens n'ont pas de chronogrammes dans la juste acception du terme. Il est vrai néanmoins qu'ils attachaient des nombres à certains mots, soit pour en tirer des présages, soit pour d'autres motifs, et, sans aller bien loin, on peut citer l'épigramme insérée dans l'*Anthologie grecque* (liv. I, ch. 91) : *Il y a six heures qui sont dues au travail, mais les heures suivantes* (7e, 8e, 9e et 10e) *dont les lettres composent le mot* ζῆθι *disent à l'homme : Jouis de la vie.* Que les anciens aient donné aux modernes l'idée du chronogramme ou non, il est vraisemblable que l'invention en est due aux cénobites du moyen âge, comme tant d'autres bagatelles difficiles, enfants du mauvais goût et d'un immense loisir. — Il paraît qu'on n'a pas découvert un chronogramme plus ancien que celui d'Aire en Picardie, où, sur les vitres de Saint-Pierre il consacre à la mémoire, sous l'année 1064, la fondation de quatorze prébendes par le comte Baudoin : il est à observer que les D ne sont pas comptés dans ce vers numéral. C'est qu'en effet les Romains n'ont jamais employé que cinq lettres : I, V, X, L, C, pour exprimer toutes les quantités possibles. Ils écrivaient le nombre 500 avec un C retourné et précédé d'un I (IƆ), figure que l'ignorance et la précipitation des copistes confondirent avec un D. Le signe particulier du nombre 1000 (CIƆ) subit la même fortune, grâce à son air de famille avec un M gothique, arrondi et fermé aux deux extrémités du premier et du dernier jambage. Mais le D n'eut qu'assez tard une condition assurée dans les numérales : car, au XVIe siècle, et longtemps même pendant sa durée, il est arbitraire, tantôt négligé, tantôt compté. — Les peuples chez lesquels cette invention fut le plus accréditée sont les Allemands, les Hollandais, et surtout les Belges, où la mode en abusa au commencement du siècle dernier. Il n'y avait plus si petite solennité, soit publique, soit particulière, à laquelle on ne prodiguât les chronogrammes ou plutôt les sentences *chronographées*, en détournant le chronogramme de sa destination pour l'appliquer à ces vérités morales qui sont immuables, de tous les temps, et n'appartiennent pas à telle année plus qu'à telle autre. Le chronogramme doit rappeler le passé aux yeux du présent : il a été imaginé pour marquer au frontispice des monuments, au pied des statues, autour des médailles, le millésime d'une fondation, d'un traité et d'un fait mémorable. L'avenir n'entre pas mieux dans son domaine, car le temps peut démentir ses oracles, comme il advint au maréchal de Vauban, après qu'il eut fortifié Landau (1702). Il se vantait d'en avoir fait une place imprenable, et ce chronogramme fut arboré aux portes : HÆC NEMINI CEDET. La même année, elle tomba au pouvoir de l'empereur, et le chronographe prophétique fit place à celui-ci : CEDIT TAMEN CÆSARI. Les Français, à leur tour (1703), ayant donné un démenti au chronogramme d'une médaille impériale et repris Landau, l'ennemi réussit à les en chasser l'année suivante, et parmi les chronogrammes plus ou moins bons des médailles frappées à la gloire de cet événement on distingue la justesse et la précision de celui-ci : CEDIT BIS CÆSARIS ARMIS.

**CHRONOGRAMMATIQUE**, adj. des deux genres (*philol.*), qui renferme un chronogramme, qui forme un chronogramme. *Inscription chronogrammatique.*

**CHRONOGRAPHE**, s. m. (*philol.*) (*V.* CHRONOGRAMME). — Il s'emploie quelquefois pour chroniqueur, et se dit surtout en parlant des anciens.

**CHRONOGRAPHIE**, s. f. (*rhétor.*). Il se dit quelquefois d'une description dans laquelle on a soin de mentionner toutes les circonstances propres à caractériser l'époque à laquelle appartient le fait ou l'objet décrit.

**CHRONOGRAPHIE** (*philol.*), titre d'un ouvrage de P. Térentius Varro.

**CHRONOGRAPHIE** (*astron.*) (*V.* CRONOGRAPHIE).

**CHRONOGRAPHIQUE**, adj. des deux genres (*rhétor.*), qui tient de la chronographie.

**CHRONOGRAPHIQUE** (*astron.*) (*V.* CRONOGRAPHIQUE).

**CHRONOLOGIE** (LA), mot composé de χρόνος, temps, et λόγος, discours, traité, conformément à son étymologie, du temps, de la manière de mesurer ses parties, en tant que, d'après la définition de Leibnitz, le temps est l'ordre des êtres successifs. Newton avait dit aussi : *In tempore quoad ordinem successionis locantur universa.* Cette science a donc deux buts : elle recherche d'une part la connaissance des divisions du temps chez les anciens et les modernes : les calendriers sont un des nombreux moyens dont elle se sert à cet effet; de l'autre, elle se propose de classer régulièrement, dans leurs doubles rapports de succession et de durée, tous les faits passés dont nous avons la mémoire; de marquer ceux qui ont précédé, ceux qui ont suivi, ceux qui ont été contemporains; de mettre, en un mot, dans l'ensemble des événements dont la tradition nous est restée, un ordre sans lequel l'histoire ne serait qu'un chaos indéchiffrable et inutile. Résumons encore le véritable objet de la chronologie dans ces deux mots, *mesurer et distinguer les temps.* — La chronologie, à bien dire, est de date moderne. Les anciens poëtes semblent y avoir été étrangers, et Homère n'assigne aucune époque précise, en aucune partie de ses immortels poëmes, aux événements qu'il raconte. Aux âges les plus reculés le temps n'était mesuré que par les saisons et les révolutions du soleil et de la lune. Plusieurs siècles se sont écoulés entre l'ère des jeux Olympiques et les premiers écrivains, et plusieurs autres encore entre ceux-ci et les premiers chronologistes. Dès que nous voyons commencer à compter les temps anciens, nous n'y voyons mettre en usage que des mesures indéterminées. La succession des prêtresses de Junon à Argos sert à Hellanicus pour régler ses récits, tandis qu'Éphore compte par générations. Ni Hérodote ni même Thucydide ne nous donnent de dates précises dans leurs histoires. Il faut arriver, pour en obtenir, jusqu'au temps de Ptolémée Philadelphe, qui a précisé quelques époques, en rapprochant et en comparant les dates des olympiades, des rois de Sparte, et la succession des prêtresses de Junon à Argos. Eratosthène et Apollodore ont également mis en concordance les événements qu'ils racontaient avec les olympiades et les règnes des rois de Sparte. L'inexactitude des mesures du temps dans les premiers âges rend les annales de ces époques également incertaines. A peine voit-on deux chronologistes s'accorder sur la même époque. Les écrivains chaldéens et égyptiens sont généralement reconnus pour fabuleux; Strabon nous dit que Diodore de Sicile et les autres anciens historiens grecs étaient mal informés et trop crédules. Hellanicus et Acusilaüs ne sont point d'accord dans leurs généalogies. Ce dernier même rejette les traditions d'Hésiode. Timée accuse Ephore de fausseté, et chacun en accuse Timée. Hérodote a fait les plus extravagants récits, et souvent on trouve des erreurs dans Thucydide et Diodore, les écrivains de l'antiquité les plus dignes de foi. La chronologie des Latins est encore plus incertaine. Les annales de Rome furent anéanties par les Gaulois; et Fabius Pictor, le plus ancien historien romain, fut obligé de puiser la plupart de ses documents en Grèce. Que l'on cherche dans nos livres, et l'on verra plus de cent cinquante opinions différentes sur la durée du monde jusqu'à Jésus-Christ. Fabricius, dans sa *Bibliotheca antiquaria*, en rapporte plus de cent quarante; elles varient entre 3616 ans et 6484; et encore en a-t-il omis un grand nombre. Toutes néanmoins, si l'on s'en rapporte à ceux qui les ont émises les premiers, sont fondées sur les Ecritures. Ainsi, pour ne parler que des principales, la durée du monde depuis la création jusqu'à Jésus-Christ aurait été :

SELON LA VULGATE.

| | |
|---|---|
| D'après l'opinion d'Ussérius, de. . . . | 4004 ans. |
| — de Rabbi Nahassan. . | 3740 |
| — Scaliger. . . . . . . | 3950 |
| — P. Petau. . . . . . . | 3984 |
| — P. Tormel. . . . . . | 4052 |
| — Riccioli. . . . . . . | 4184 |
| — P. Labbe. . . . . . | 4053 |

SELON LES SEPTANTE.

| | |
|---|---|
| D'après Eusèbe et le Martyrologe romain. | 5200 ans. |
| — Vossius. . . . . . . . . . . . . | 5590 |
| — Riccioli. . . . . . . . . . . . . | 3634 |
| — l'auteur des Tables alphonsines. . | 6984 |

Mais la négligence que tous les écrivains sacrés ont mise à préciser le temps des événements devrait enfin nous convaincre qu'ils ont plutôt voulu former les hommes à la religion que fournir des données à la science chronologique. On trouve à la vérité des raisons assez satisfaisantes de ces incertitudes dans la différente forme des années, puisque celles-ci, dit Jean Malala, ont été quelquefois d'un seul jour, tantôt d'un mois, souvent de trois ou de six; chez d'autres nations, de douze lunes; et ceux mêmes qui ont voulu, pour les rendre plus précises, les régler sur le mouvement apparent du soleil ont commis de si graves erreurs, que, du temps de Jules César, la procession des siècles avait confondu les saisons. Il y aurait donc de l'exagération à croire que l'on peut dissiper entièrement ces nuages; il n'est guère possible que de rendre les difficultés moins sensibles, en éclaircissant, par tous les moyens que l'on peut réunir, les choses trop obscures, et en établissant les moyens de conciliation les plus probables. Il faut louer les efforts de ceux qui, pour les temps anciens, croient découvrir jusqu'au mois, et même jusqu'au jour d'un événement. Cependant, comme cette science offre beaucoup plus de conjectures que de véritables démonstrations, il ne faut pas leur accorder une foi trop explicite. Depuis combien de siècles ne sommes-nous pas avertis que, pour les temps reculés, les mécomptes de soixante ou quatre-vingts ans doivent seuls nous arrêter, ceux qui sont au-dessous ne préjudiciant que rarement à la chronologie! Pour une grande partie de l'Europe cette science est de fraîche date et très-imparfaite; et, même pour les temps modernes, ne trouvons-nous pas souvent une grande confusion et une inexactitude frappante dans les récits des historiens dont la négligence impardonnable à préciser les dates et les époques est la seule cause? — Il est donc nécessaire d'avoir un système régulier de chronologie pour l'intelligence de l'histoire, et l'on voit combien il est difficile de l'établir sur une base sûre. Néanmoins, en recourant aux procédés employés par les hommes les plus versés dans cette science, on trouve qu'elle se fonde généralement sur les observations astronomiques, particulièrement sur les éclipses de soleil et de lune, rattachées à des dates et à des époques consacrées dans les souvenirs de différentes nations; sur les monuments anciens existants, ou dont l'existence est avérée, et sur la même date donnée par plusieurs écrivains à un fait historique, quand toutefois ils ne sont pas copistes l'un de l'autre; la certitude résultant de leur accord est d'autant plus positive, que ces écrivains ont pu moins se connaître, se copier, et ont écrit dans des vues et des intérêts plus opposés. A ces connaissances est nécessaire la théorie du calendrier, qui quelquefois ne suffit pas toujours, ou, ce qui revient au même, l'objet de la première partie de la chronologie, c'est-à-dire de *celle qui concerne la division du temps*, dont nous allons d'abord nous occuper. — Les divisions les plus ordinaires du temps dérivent des révolutions apparentes des corps célestes, particulièrement du soleil, qui, par les alternatives du jour et de la nuit, a frappé l'attention des nations les plus barbares et les plus ignorantes. Dans sa stricte expression, le mot *jour* signifie seulement cette portion de temps pendant laquelle le soleil éclaire une contrée du globe : il est appelé le *jour naturel;* mais, dans sa plus large acception, il comprend également la nuit : c'est ce que les chronologistes appellent le *jour civil*. Autrefois quelques auteurs, parmi lesquels on cite Sacrobosco, donnaient à ce dernier la dénomination de *jour naturel*, et au jour naturel celle de *jour artificiel*. — Chaque peuple a eu sa manière particulière de compter le commencement et la fin des jours. Pour les Babyloniens, les Syriens, les Perses et les Indiens, le jour commençait avec le lever du soleil. Les Athéniens, et probablement tous les Grecs, le comptaient, comme le font encore aujourd'hui les juifs et les mahométans, à partir du coucher du soleil, parce que les révolutions de la lune servaient de base à leur chronologie. Les Gaulois, les Germains et les anciens peuples de l'Europe paraissent avoir suivi la même coutume, ainsi que les Libyens nomades ou Numides. On ne sait pas exactement comment agissaient les Egyptiens à cet égard; Pline nous apprend cependant qu'ils comptaient leurs jours civils de minuit à un autre minuit. Il est probable que les usages étaient différents suivant les provinces ou les villes. Les Ausoniens, les plus anciens peuples de l'Italie, comptaient le jour à partir de minuit, tandis que les Ombriens marquaient son commencement à midi. Les astronomes donnent la préférence au dernier de ces usages, parce que le moment où le soleil est parvenu à sa plus grande élévation au-dessus de l'horizon peut être fixé avec la plus grande précision. — Les Romains firent commencer le jour civil avec le milieu de la nuit; mais cet usage n'était en rien fondé sur les connaissances astronomiques, puisque la nature ne nous fournit aucun signe, aucun phénomène, d'après lequel nous puissions reconnaître le milieu de la nuit. Pour déterminer ce milieu, il fallut d'abord inventer des moyens artificiels, des horloges enfin, qui pussent, pendant la nuit même, fixer les heures. Au temps où nous vivons, ces moyens, ces horloges, se sont singulièrement perfectionnés; et nous avons conservé, pour le commencement du jour, l'usage des Romains, parce que le moment, le point d'arrêt choisi par eux coïncide avec l'instant du repos absolu dans toutes les occupations civiles. Mais en Italie on avait, il y a peu d'années encore, l'étrange méthode de commencer le jour civil à l'heure du coucher du soleil, ce qui faisait que l'heure de midi variait avec la saison. Au solstice d'été la cloche frappait seize coups à midi, et dix-neuf à la même heure au solstice d'hiver. Alors aussi la longueur de chaque jour différait de quelques minutes de celui qui le précédait ou qui le suivait immédiatement. Ce changement était d'une difficulté considérable pour faire marquer exactement l'heure aux horloges. On faisait les rectifications quand la différence était à un quart d'heure près seulement, ce qui arrivait quelquefois à la fin de huit jours, quelquefois après quinze, et quelquefois encore après quarante jours. Pour en être informé, on avait recours à un calendrier annonçant que depuis le 16 février, par exemple, au 24 du même mois, il serait midi à dix-huit heures un quart, que depuis ce jour au 6 mars il serait midi à dix-huit heures précises, que depuis le 1er juin au 13 de juillet il serait midi à seize heures, et ainsi de suite pour les différents mois de l'année. Malgré ses inconvénients, cet usage a été difficile à supprimer. Les subdivisions du jour n'ont pas été moins variées que les manières de compter les jours. La division la plus usitée, celle qui ne permettait point d'erreur de temps ni d'âge, fut le partage en matins et soirs, puis en milieux de jours et milieux de nuits, ce qui amena la division en quarts, qui précéda de beaucoup celle en heures. Ces quarts, admis par les Juifs et les Romains, s'appelèrent *veilles* ou *vigiles*. Le jour et la nuit eurent chacun leurs quatre veilles ou vigiles, de trois heures de durée, comme précédemment elles avaient été de six, alors que, ainsi que chez les Grecs, le quart comprenait chez ces peuples la quatrième partie du jour civil, commençant du soir à minuit, et successivement. — On ignore quand commença la division la plus petite des jours en heures. Moïse, qui connaissait les arts et les sciences de l'Egypte, n'en fait aucune mention, d'où l'on peut inférer que les Egyptiens de son temps n'en faisaient point usage, non plus que sa nation. Cette très-ancienne division du jour naturel et de la nuit en vingt-quatre parties est venue de l'Orient. Selon Hérodote, les Grecs la tenaient des Babyloniens. Quelques interprètes ont cru à tort que par ces *douze parties du jour* dont Hérodote parle à son livre II, chap. 109, il désignait les parties du jour civil, et non celles du jour naturel, et c'est par cette erreur que les *heures* que l'on appelle *babyloniennes*, dont une devrait équivaloir à deux des nôtres, se sont introduites dans les ouvrages de chronologie. Il est probable que cette division fut appliquée aux jours avant de porter le nom d'*heures*, car Censorinus nous apprend que ce terme n'était point en usage à Rome trois cents ans après la fondation de cette ville, à l'époque de la construction des douze tables. Aujourd'hui les peuples chrétiens de l'Europe partagent généralement le jour en vingt-quatre heures, et chacune des heures en soixante minutes. Il est aussi question chez les chronologistes de *minutes du jour;* chacune de ces dernières divisions équivaut à une soixantième partie du jour civil, mais elles sont sans importance historique. Nous ne parlerons pas non plus ici des *minutes judaïques*, usitées dans le calcul des fêtes des Israélites, parce qu'elles ne trouvent guère d'application dans l'histoire. Les mahométans divisent comme nous le jour en vingt-quatre heures; mais ils le comptent à partir du coucher du soleil. Comme chez nous, ces vingt-quatre heures ne sont pas comptées de *une à vingt-quatre;* mais on divise leur ensemble en deux sections égales : on compte de *une à douze*, puis on recommence. Les Juifs, les Egyptiens et les Romains partageaient le jour naturel en douze heures, et la nuit naturelle en autant. Ces heures étaient nommées inégales, *horæ inæquales, sive planetaria.* En effet elles ne sont pas les mêmes dans toutes les saisons ni dans tous les pays; leur inégalité augmente à mesure qu'une contrée est éloignée de l'équateur et rapprochée des pôles; elle augmente, dans le même pays, depuis les équinoxes jusqu'aux solstices, et décroît depuis les solstices jusqu'aux équinoxes. En Islande, par exemple, les vingt-quatre heures sont divisées vulgairement en huit parties inégales. La première commence à trois heures du matin, la seconde à cinq, la troisième à huit heures et demie, la quatrième à onze, la cinquième à trois heures après midi, la sixième à six heures du soir, la septième à huit, et la dernière à minuit. Mais on ne connaît aujourd'hui en Europe que les heures égales divisées en vingt-quatre, qui, comme nous l'avons dit, ne se comptent pas de suite; depuis minuit, où commence le jour civil, on va jusqu'à douze, heure qui répond à midi; de là on recommence à compter depuis un, et douze tombe sur minuit. Les astronomes ont divisé les heures du jour civil en soixante parties égales qu'ils appellent minutes; chaque minute est divisée en soixante secondes; et chaque seconde en soixante tierces, dont chacune se subdivise en quartes, etc., divisions qui ne trouvent pas d'application dans la chronologie historique, et qu'il suffit d'indiquer. — Les divisions du jour étant établies, on s'occupa des moyens de les marquer, et ainsi se découvrirent successivement le cadran solaire, que l'Ecriture nous apprend avoir été mis en usage à Jérusalem dès le temps d'Achaz, roi de Juda, quatre siècles environ avant Alexandre; le sablier, qui devait suppléer au cadran solaire, dont l'emploi, subordonné à la présence du soleil, était insuffisant, et qui fut connu aux anciens Egyptiens; la clepsydre, connue, dit-on, aussi en Egypte, et retrouvée dans les temps modernes en Chine, puis dans l'Indostan; et enfin les horloges. Nous renvoyons pour l'historique et la connaissance de ces différents instruments aux articles qui leur sont consacrés spécialement. Bien qu'ils appartiennent à notre sujet, ils nous entraîneraient, par les développements qu'ils nécessitent, au delà des bornes où nous devons nous renfermer ici. — Connaissant les diverses parties du jour et les différents moyens de les apprécier, nous devons passer à la division du temps la moins compliquée après le jour, celle en sept jours, qui est désignée en français par le nom de *semaine*, la plus ancienne, et qui semble dater du commencement du monde, comme étant fondée sur la nature même. En effet on la rencontre dans les contrées les plus diverses de la terre, chez les sauvages de l'Afrique comme à la Chine et dans le nouveau monde. Il en est fait déjà mention dans le second chapitre de la Genèse, et ne paraît pas avoir été particulière aux Hébreux; on peut croire qu'elle fut commune à tous les peuples de race sémitique. Chez les Arabes du moins elle était usitée déjà antérieurement à Mahomet. De l'Orient elle se répandit en Occident avec la religion chrétienne. Chose étonnante, c'est que les Grecs, non plus que les Romains, jusqu'au temps des césars, n'avaient aucune idée de la semaine de sept jours. Les Athéniens faisaient des mois de trente jours, partagés en trois portions, où les jours se comptaient jusqu'à dix. Ainsi le quinze d'un mois était le second cinquième jour ou le cinquième de la deuxième décade. Les Romains avaient leurs semaines de huit jours. — Il est à remarquer que chez tous les peuples il y a toujours eu un jour de la semaine regardé comme saint. Ainsi le sabbat ou samedi était consacré par les Juifs à leurs cérémonies religieuses, le vendredi par les Turcs, le mardi par les Africains de la Guinée, et le dimanche par les chrétiens. — Le mot *semaine* est quelquefois employé pour désigner sept années, non-seulement dans l'Ecriture sainte, mais encore dans les auteurs profanes. Ainsi Varron, dans son livre intitulé *Hebdomades*, dit qu'il entre dans la douzième semaine de ses années, pour indiquer qu'il a quatre-vingt-quatre ans. — La plus grande division du temps après celle de la semaine est le *mois*. S'il n'a pris naissance après la création, au moins dut-il exister avant le déluge. Réglés par la lune, les mois de toutes les nations furent d'abord d'une durée variable, telle que la donnent les phases de cet astre. Seulement avec les progrès de la science, ses révolutions ayant été comparées avec celles du soleil, on fixa la longueur des mois d'une manière certaine en les composant rigoureusement d'un nombre de jours entiers, ce qui aujourd'hui donne deux différents mois; les derniers sont appelés *solaires* ou *civils*, et les premiers, mois *lunaires* ou *astronomiques*. Ceux-ci sont *synodiques* ou *périodiques*. Le mois synodique s'écoule d'une nouvelle lune à l'autre. Il est appelé ainsi parce que la nouvelle lune a lieu par la conjonction ou par l'entrée simultanée du soleil et de la lune dans le même signe du zodiaque. Le mois périodique comprend le temps que la lune emploie pour rentrer au point du zodiaque où elle a commencé sa course. Il est de 27 jours 7 heures 43' 5''. On n'en fait aucun usage dans la chronologie historique; le mois synodique dure 29 jours 12 heures 44' 3'' 12'''. Ces fractions ne pouvant être comptées dans la vie civile, les législateurs, au lieu de ce mois naturel, en ont introduit un civil composé d'un certain nombre de jours entiers; quelques peuples ont eu des mois lunaires d'égale durée; chez d'autres, ces mois ont été inégaux. Les Arabes, les Turcs et d'autres nations qui comptent par l'ère de l'hégire ont pour mois civil le mois lunaire. Il en est de même de quelques autres peuples chez qui les connaissances astronomiques ont fait peu de progrès. Les astronomes appellent mois solaires le temps que le soleil emploie pour passer par chacun des signes du zodiaque; mais, comme il ne traverse pas ces signes dans le même espace de temps, pour avoir des mois d'égale durée, on a divisé en douze parties égales la totalité du temps que le soleil met à parcourir le zodiaque. En comptant pour chaque signe une de ces parties, on a obtenu des mois solaires de la même durée. Chacun de ces mois est absolument la douzième partie d'une année périodique de 365 jours 5 heures 48' 45'' 30''', ou composé de 30 jours 10 heures 29' 3'' 47''' 30''''. César, ayant trouvé naturellement que douze mois lunaires faisaient onze jours de moins que l'année solaire, ordonna que les mois seraient comptés sur le cours du soleil et non sur celui de la lune; et qu'ils seraient alternativement de 30 et de 31 jours, février seulement excepté, qui aurait 28 jours communément, si ce n'est dans les années bissextiles. — L'année, qui dans presque toutes les langues est désignée par un mot signifiant un mouvement circulaire, un retour sur soi-même, est la plus grande division du temps qu'elle partage en douze mois, ainsi que nous venons de le voir. Les saisons, par leur ordre constant de succession, ont dû en apprendre la durée aux hommes. Cependant cette connaissance ne pouvait qu'être approximative, et il fallut de longues observations astronomiques pour déterminer avec la plus grande précision le temps que met le soleil à faire sa course apparente d'un tropique vers l'autre, ce qui constitue l'année astronomique ou naturelle. Elle est aussi appelée solaire, et a la durée exacte de 365 jours 5 heures 48' 45'' 30'''. Mais comme dans la vie civile on ne pourrait pas avoir égard à ces fractions, on les néglige tout à fait jusqu'à ce qu'elles équivalent à un jour entier. L'année civile est donc, dans la règle, de 365 jours; mais lorsqu'au bout de quelques années les 5 heures 48' 45'' 30''' négligées forment 24 heures on intercale un jour, et l'année est alors une fois de 366 jours.

Cette année est dite bissextile de ce que, dans la réforme du calendrier par Jules César, le jour intercalé était non le 29 février, comme de nos jours, mais le 25 de ce mois, et que, d'après le système de comput des Romains, on l'appelait, de même que le 24, le sixième jour avant les kalendes de mars, et cependant, pour le distinguer du 24, on le nommait *bissextus* (double sixième jour). L'autre année de 365 jours est désignée sous le nom de *commune*. La nature n'indique pas à quelle époque il faut commencer l'année, aussi les législateurs ont varié à cet égard. Les peuples d'Orient, particulièrement les Egyptiens, les Chaldéens et les Indiens, adonnés dès la plus grande antiquité à l'astronomie, ayant trouvé, en examinant les mouvements relatifs de la lune et du soleil, que le premier astre accomplissait environ douze révolutions, tandis que le second n'en faisait qu'une, formèrent une année de douze lunaisons, dans chacune desquelles ils comptaient trente jours : de là vint sans doute que l'écliptique fut divisée en 360 degrés. Cette année, appelée *lunaire*, précéda de longtemps l'année rectifiée par intercalations, et semble avoir été d'un usage général dans les premiers âges. Hérodote rapporte que les Egyptiens divisèrent l'année en douze parties de trente jours chacune, avec l'aide des étoiles. Les Thébains modifièrent cette année en y ajoutant cinq jours intercalaires. L'ancienne année chaldéenne fut aussi réformée par les Mèdes et les Perses. On a su par les missionnaires que les Chinois avaient également une année lunaire corrigée, et que l'année solaire était déterminée avec une grande exactitude. L'année romaine, avant l'amélioration qui y fut apportée par Numa, consistait en trois cent soixante jours, dont trois cent quatre formaient dix mois, auxquels on ajoutait deux mois non mentionnés au calendrier. Les astronomes appellent l'année naturelle *tropique*, parce qu'elle est déterminée par la course que le soleil fournit d'un cercle tropique vers l'autre. Ils la distinguent en ce sens de l'année *sidérique* ou *sidérale*; celle-ci comprend le temps que le soleil emploie pour revenir à la même constellation où il avait été vu au commencement de sa course. Pendant que le soleil achève sa révolution tropique, les étoiles fixes font aussi un mouvement, de manière que la constellation auprès de laquelle le soleil avait été aperçu au commencement de l'année tropique se trouve avancée de 20' 25" 30"', que le soleil doit parcourir encore avant d'avoir achevé sa révolution tropique. L'année sidérale est donc de 20' 25" 30"' plus grande que l'année tropique, elle est de 365 jours 6 heures 9' 11". Mais la chronologie historique n'en fait aucun usage. — Le mois lunaire naturel étant de 29 jours 12 heures 44' 3" 12"', il s'ensuit que la véritable durée d'une année lunaire est exactement de 354 jours 8 heures 48' 38" 12"'. La différence entre l'année solaire et l'année lunaire est donc en moins pour cette dernière de 10 jours 21 heures 0' 7" 18"'; ainsi pendant trente-deux années solaires, il s'écoule trente-trois années lunaires, plus 4 jours 18 heures et 48', ce qui transporte les mois d'été à la place de ceux d'hiver, et réciproquement. — Sans accorder de foi à quelques écrivains qui prétendent que les Egyptiens ont eu primitivement des années d'un mois et de deux, assertions fondées sur une simple hypothèse imaginée pour expliquer la longue vie des héros et des dieux, dont il est question dans l'histoire d'Egypte, nous avons fait honneur à ce peuple d'être le premier auteur, ou du moins le premier propagateur de la division de l'année solaire de 365 jours; mais cette année, plus petite de six heures que l'année exacte, devait produire dans la procession du temps une révolution considérable. L'inondation du Nil s'annonçant annuellement par le lever héliaque de Sirius, on y adapta le commencement de l'année que l'on supposait invariablement en concordance avec la révolution de cet astre; mais au bout d'une certaine période d'années on vit que les réformateurs du calendrier avaient été induits en erreur. En raison de l'inégalité ci-dessus mentionnée par le défaut d'heures, le lever héliaque de Sirius avançait par degrés environ dans la proportion d'un jour sur quatre ans, de sorte que, en mille quatre cent soixante et une années, il eût accompli une révolution en marquant successivement son lever à chacun des trois cent soixante-cinq jours, et revenant à se lever au point primitivement assigné pour être le commencement de l'année. Cette période, égale à mille quatre cent soixante années juliennes, fut nommée la *grande année égyptienne*, ou *cycle caniculaire*. Des renseignements que nous avons sur le renouvellement de ce cycle peuvent conduire avec certitude à l'époque de son établissement. Il recommença, d'après Censorinus, la cent trente-huitième année de l'ère chrétienne. En rétrogradant donc depuis ce temps de mille quatre cent soixante années, nous arrivons à mille trois cent vingt-deux ans avant J.-C., quand le soleil se trouvait dans le signe du Cancer, environ quatorze ou quinze jours après le solstice d'été, qui tombait le cinq de juin. Fréret soutient l'existence d'un cycle antérieur à celui-ci. Il le date de l'an 2782 avant J.-C., et regarde cette chronologie comme conforme au texte de l'Ecriture, parce que c'est dans ce cycle, le plus ancien de tous, qu'il veut placer les principaux événements de l'histoire égyptienne, tels que l'invasion des pasteurs, l'établissement de la postérité d'Abraham dans une contrée de ce royaume, etc. Les Egyptiens ayant été soumis par les Romains, l'empereur Auguste y introduisit l'année julienne, en ordonnant que trois années communes seraient toujours suivies d'une année bissextile. Mais la superstition de cette nation et son attachement aux vieilles institutions firent conserver les noms égyptiens des mois, leur composition de trente jours, et l'usage des cinq jours complémentaires appelés *épagomènes*. Les Romains et les Grecs, habitants d'Alexandrie, se conformèrent seuls au décret d'Auguste. Comme le premier du mois de thoth, quand le calendrier julien fut introduit en Egypte, était tombé le 29 août, et que les Egyptiens, ainsi que nous venons de le dire, persistèrent à commencer l'année à cette époque, cette modification a été appelée par les auteurs *année alexandrine;* elle a été aussi appelée quelquefois *annus actiacus*, parce que sa réforme eut lieu après la bataille d'Actium. — On croit généralement que les années babyloniennes étaient de trois cent soixante-cinq jours, sans aucune intercalation, comme celles des Egyptiens; on les nommait années vagues, parce que dans l'espace de mille quatre cent soixante leur commencement parcourait toute l'année tropique. — L'année des anciens Juifs était lunaire. La tradition nous apprend cependant qu'Abraham conserva dans sa maison et transmit à sa postérité la forme chaldéenne de l'année, c'est-à-dire de trois cent soixante jours, qui resta sans corrections jusqu'à l'ère de Nabonassar. Ils adoptèrent l'année solaire après leur retour de la captivité de Babylone; mais, quand ils retombèrent sous la domination des successeurs d'Alexandre en Syrie, ils furent contraints d'admettre l'année lunaire dans leur calendrier. Afin d'accorder cette année avec le cours du soleil, ils ajoutaient quelquefois à leur dernier mois d'*adar* un treizième mois qu'ils appelaient *veadar*. Ils composaient aussi un cycle de dix-neuf ans, dans sept desquels ils plaçaient le mois intercalaire. Cette correction était faite pour régulariser les mois, de manière à faire tomber le quinze du mois de nisan au point équinoxial. Ils s'arrangeaient également ainsi, pour que, d'après le cours simultané de leurs fêtes et des saisons, ils pussent récolter pour la Pâque l'orge mûre que la loi leur prescrivait d'offrir à Dieu à cette époque. On voit par les voyageurs que l'orge mûrit en Palestine peu après l'équinoxe de printemps; c'est donc dans cette saison que commençait l'année religieuse des Juifs. Mais ils en avaient encore une autre civile, qui s'ouvrait à l'équinoxe d'automne, ou avec le mois d'aithanim. C'est cette circonstance qui explique les passages de l'*Exode*, XXIII, 16, et XXXIV, 22, où il est dit que la fête de la récolte se fera à la fin de l'année, lorsqu'on aura cueilli les fruits des champs. Par un passage de la *Genèse*, VIII, 22, il semblerait que les Juifs comptaient six saisons : les semailles, l'hiver, le froid, la moisson, l'été et la chaleur. Aujourd'hui ils commencent leur année par le mois d'aithanim, qui correspond à l'équinoxe d'automne, et ont six espèces d'années, dont trois communes de douze mois lunaires, l'une de trois cent cinquante-quatre jours, l'autre de trois cent cinquante-trois, et la troisième de trois cent cinquante-cinq jours. Les trois années intercalaires sont appelées *années embolismiques ordinaires*, *pleines* ou *maigres*, suivant qu'elles ont trois cent quatre-vingt-cinq, trois cent quatre-vingt-quatre ou trois cent quatre-vingt-trois jours. Les anciens Juifs avaient un cycle de sept années, pendant la dernière desquelles, appelée *année du sabbat*, la terre restait en jachère; et une période de sept de ces cycles, appelée *jubilé*. Les années dont se composaient ce cycle et cette période n'étaient pas religieuses, mais des années civiles, commençant au septième mois de l'année religieuse. L'année du jubilé, tous les serfs d'extraction juive étaient mis en liberté, toutes les dettes étaient censées éteintes, et toutes les propriétés aliénées retournaient à leurs anciens possesseurs : car le fonds était regardé comme inaliénable, et on n'avait vendu qu'un certain nombre de récoltes. Les Juifs avaient des semaines de sept jours : le septième était nommé *sabbat*, jour de repos, parce que ce jour-là ils s'abstenaient de tout travail, en commémoration de l'œuvre de la création. On ne trouve pas dans leurs livres sacrés que les autres jours aient eu des noms particuliers. Ils ne connaissaient aucune division artificielle des jours. Il est vrai qu'il est fait mention (deuxième livre des

*Rois*, et *Isaïe*, XXXVIII, 8) d'un cadran solaire, mais il paraît que ce fut une chose extraordinaire et presque unique; et d'ailleurs on pourrait à la rigueur, avec plusieurs interprètes, entendre le mot hébreu des *degrés* du palais d'Achaz. Dans le Nouveau Testament, il est question d'heures artificielles : sans doute les Juifs les avaient prises des Grecs et des Romains. — Nous ne passerons point en revue les nombreuses manières de compter et de former les années chez les différents peuples. Pour ces détails, qui prendraient trop de place ici, comme pour ce qui concerne la réforme du calendrier par Jules César et par le pape Grégoire, nous indiquons à nos lecteurs, outre les articles ALMANACH, ANNÉE et CALENDRIER de notre Encyclopédie, l'ouvrage intitulé trop modestement, *Traité élémentaire de chronologie historique*, par un de nos collaborateurs, M. Savagner, ancien élève de l'école des chartes, Paris et Dijon, 1837. Nous saisissons l'occasion de déclarer que nous avons fait de fréquents emprunts à ce livre, dont la méthode et la clarté avec lesquelles il est conçu, ont considérablement éclairé et facilité notre travail. — Le commencement de l'année, chez tous les peuples, fut déterminé soit par la date de quelque mémorable événement, soit par quelque circonstance remarquable, comme la création du monde, le déluge universel, la conjonction des planètes, l'incarnation de Notre-Seigneur, etc., et naturellement fut rapporté à différents points dans l'écliptique. Les Chaldéens et les Égyptiens commençaient leur année à l'équinoxe d'automne, époque à laquelle nous avons vu que les Juifs, à l'imitation de ces nations, rapportaient leur année civile. Les anciens Chinois la comptaient depuis la nouvelle lune la plus proche du milieu du Verseau; mais, suivant des notions récentes, le commencement de leur année fut transporté en 1740 à la nouvelle lune la plus voisine du solstice d'hiver. Il en est de même pour l'année japonaise. Gengis, roi de Perse, ayant observé, le jour d'une de ses entrées solennelles à Persépolis, que le soleil entrait dans le signe du Bélier, ordonna en commémoration de cet heureux événement, que le commencement de l'année serait reporté de l'équinoxe d'automne à celui du printemps. Cette époque fut appelée *neuruz*, c'est-à-dire *nouveau jour*, et est encore célébrée avec de grandes réjouissances. L'ancienne année suédoise commençait au solstice d'hiver, ou plutôt à l'époque où le soleil apparaissait sur l'horizon après une absence d'environ quarante jours. La fête de cette époque était solennisée le vingtième jour après le solstice. Dans quelques États grecs l'année se comptait à partir tantôt de l'équinoxe d'automne, tantôt de celui de printemps, ou bien lorsque le soleil entrait dans le tropique du Cancer. L'année de Romulus commençait en mars, et celle de Numa en janvier. Chez les Arabes et chez les Turcs elle s'ouvre le 16 de juillet; chez les Indiens de l'Amérique c'est à l'apparition de la nouvelle lune de l'équinoxe de printemps. L'Église romaine a fixé son premier jour de l'an au dimanche qui correspond avec la pleine lune de la même saison, c'est Pâques. Les Vénitiens, les Florentins, les Pisans, en Italie, et les habitants de Trèves en Allemagne commencent l'année à l'équinoxe de printemps. L'ancien clergé anglican comptait son année à partir du 25 mars; et cette méthode subsista en Angleterre jusqu'à l'introduction du nouveau style (en 1752). Depuis, l'année religieuse, comme la civile, commence dans ce pays avec le premier jour de janvier. En France, Grégoire de Tours et d'autres écrivains des VI^e et VII^e siècles, ont quelquefois commencé l'année avec le mois de mars. On trouve encore le même usage au VIII^e siècle, dans un statut du concile de Vern, tenu en France l'an 755, par lequel il est ordonné : *Ut bis in anno synodus fiat : primus synodus mense primo, quod est kalendis martis.* — Sans doute il y a dans les annales de l'univers des périodes pour la mesure desquelles l'année serait une unité trop courte, et présenterait les mêmes inconvénients que le jour, si on voulait l'appliquer à la supputation des périodes historiques ordinaires. Mais malheureusement ces grandes périodes, qui se révèlent à nous, quand nous jetons nos regards dans le temps au delà des étroites limites de nos propres annales, se laissent pressentir sans se laisser mesurer; il n'est pas donné à la chronologie d'ouvrir assez largement son compas pour les atteindre, et elles se fondent par une transition insensible avec cette durée éternelle et continue devant laquelle toute appréciation du temps disparaît. L'année, malgré sa brièveté, est donc une unité généralement suffisante. Cependant une unité plus forte devient quelquefois nécessaire, soit pour faire dans l'histoire des divisions plus étendues, soit pour évaluer des temps que l'on ne peut fixer qu'approximativement : c'est ce qui fait que l'on a souvent recours aux siècles, c'est-à-dire aux centaines d'années. Dans l'antiquité grecque, on employait fréquemment, dans le même but, les générations, mesure moins susceptible d'une définition rigoureuse, et moins propre aussi à se graver correctement dans l'esprit. Les Chinois se servent habituellement et de toute ancienneté d'une mesure analogue à nos siècles, mais de soixante ans seulement. Cette période de soixante ans se retrouve dans l'Inde, et les Égyptiens en possédaient une moitié moindre. Ces diverses unités, d'une étendue facile à apprécier, sont sagement calculées et fort commodes pour les évaluations chronologiques. — Outre les divisions naturelles résultant immédiatement des révolutions des corps célestes, il y a encore avec les siècles d'autres compositions de temps formées par quelques-unes des petites conséquences nécessaires de ces révolutions; ce sont les *cycles*, appelés ainsi du mot grec κύκλος, un cercle. Nous ne parlerons que des plus remarquables. — Le *cycle solaire* est un intervalle de vingt-huit ans, après lequel les jours de la semaine reviennent dans le même ordre, tant que les années sont bissextiles de quatre en quatre ans. Le cycle solaire a commencé neuf ans avant l'ère chrétienne, de sorte que si l'on veut savoir de quel cycle nous étions en 1841, on n'a qu'à ajouter neuf ans à ce nombre, ce qui fait 1850. Ce dernier nombre divisé par 28 donne 66, avec un restant égal à deux, c'est-à-dire qu'il y a déjà soixante-six cycles solaires passés, et qu'en 1841 nous étions dans la deuxième année du soixante-septième. Mais cette manière de compter ne peut être utile qu'aux peuples qui se servent du calendrier julien, et qui, par conséquent, n'ont point égard à la suppression des années bissextiles séculaires. — Le *cycle lunaire*, communément appelé *nombre d'or*, est une révolution de dix-neuf ans, au bout de laquelle les nouvelles pleines lunes arrivent aux mêmes époques de jours et de mois, parce que le soleil et la lune sont de nouveau, par rapport à la terre, dans les mêmes circonstances et dans les mêmes points du ciel que dix-neuf ans auparavant, depuis lesquels il s'est écoulé deux cent trente-cinq révolutions lunaires. Le cycle lunaire recommence toutes les fois que la nouvelle lune recommence le premier janvier, ce qui arrivera en 1843, année qui aura par conséquent 1 pour nombre d'or. Si l'on voulait savoir quel est le nombre d'or qui correspond à l'année 1841, on ajouterait 1 à ce millésime, parce que dans l'année première de l'ère chrétienne le nombre d'or a dû être 2; on diviserait ensuite 1842 par 19. En faisant le calcul, on a pour résultat 96, plus un reste égal à 18, c'est-à-dire qu'il y a déjà eu quatre-vingt-seize cycles lunaires écoulés, et que le nombre du quatre-vingt-dix-septième cycle correspondant à l'année 1841 est treize. La période du cycle lunaire fut proposée par Méton l'Astronome aux jeux Olympiques; accueillie avec enthousiasme par les Grecs, elle fut inscrite en lettres d'or. De là lui est venue la dénomination de *cycle d'or*. — Le *cycle pascal*, introduit par Victorin dans les Gaules en 457, en même temps que l'emploi de la date de l'indiction, dont nous allons parler, est appelé aussi *période dionysienne* ou *victorienne*. C'est une révolution de cinq cent trente-deux années trouvée au moyen de la multiplication du cycle solaire de vingt-huit ans par le cycle lunaire dix-neuf. Il est nommé *cycle pascal*, parce qu'après cet espace de cinq cent trente-deux ans, les nouvelles lunes reviennent aux mêmes jours de la semaine et du mois, ainsi que les lettres dominicales, Pâques et toutes les fêtes mobiles, en omettant toutefois d'avoir égard à la réforme grégorienne. On se figure ordinairement que Denys le Petit a publié un cycle embrassant une époque de ce nombre d'années; mais Denys n'a calculé les Pâques que pour quatre-vingt-seize ans. Le cycle de Victorius contenait au contraire les Pâques de cinq cent trente-deux ans; aussi vaut-il mieux dire *cycle période victorienne* que *dionysienne*. D'ailleurs on ne s'en sert plus aujourd'hui. — Le plus tôt possible que puisse tomber Pâques est le 22 mars, et le plus tard le 25 avril. Entre ces limites se rencontrent donc trente-cinq jours; et le nombre appartenant à chacun d'eux est appelé *nombre de direction*, parce qu'il sert à indiquer l'époque de Pâques pour chaque année. — Les *indictions* sont une révolution de quinze années qu'on recommence toujours par l'unité, lorsque le nombre de quinze est fini. On ne croit pas que leur origine, qui est obscure, remonte au delà de Constantin, ni descende plus bas que le règne de Constance, mort en 361. Elles se comptent séparément comme tous les autres cycles, à l'exception des olympiades. Nous ne signalerons parmi les différentes indictions que l'indiction romaine ou pontificale, parce que les papes, surtout depuis Grégoire VII, l'ont souvent employée dans leurs bulles. Elle commençait au 25 décembre ou au 1^er janvier, selon que l'un ou l'autre de ces deux jours étaient pris pour le commencement de l'année. Elle n'a pas été inconnue en France. Il se trouve dans les registres du parlement de Paris une indiction qui se prend du mois d'octobre. On a fait observer aussi que le pape Grégoire VII introduisit une nouvelle sorte d'indiction qui commençait à Pâques. En général, dans une foule d'actes, dont on ne peut du reste contester l'authenticité, l'indiction est fautive ou du moins très-embarrassante. La première année de chaque cycle d'indiction s'appelle indiction Ire, et ainsi de suite jusqu'à la XVe. En remontant de l'an 312, époque à laquelle certains auteurs mettent la première indiction, on trouve que la première année de l'ère chrétienne aurait été la IVe indiction, si cette manière de compter les temps eût été alors en usage ; d'où il suit que pour trouver l'indiction de quelque année que ce soit depuis Jésus-Christ il faut ajouter le nombre 3 au nombre donné, et, divisant par 15, s'il ne reste rien, cette année sera l'indiction XVe ; s'il reste un nombre, ce nombre donnera l'indiction que l'on cherche. Le mot *indictio* (d'*indicere*, déclarer) a d'abord signifié un tribut que les Romains percevaient toutes les années dans les provinces, sous le nom d'*indictio tributaria*. Lorsque l'empire romain changea de face sous les derniers empereurs, on conserva le terme *indictio*, mais on l'employa simplement pour désigner un espace de quinze ans. — Les années communes étant composées de cinquante-deux semaines et un jour, et les années bissextiles de cinquante-deux semaines et deux jours, ce jour ou ces deux jours surnuméraires sont appelés *concurrents*, parce qu'ils concourent avec le cycle solaire; ou qu'ils en suivent le cours. En effet la première année de ce cycle on compte un concurrent, la seconde deux, la troisième trois, la quatrième quatre, la cinquième six, au lieu de cinq, parce que cette année est bissextile, la sixième sept, la septième un, la huitième deux, la neuvième quatre, par la raison que cette année est encore bissextile, et ainsi des autres années, en ajoutant toujours un dans les années communes, et deux dans les bissextiles, et en recommençant toujours par un après avoir compté sept, parce qu'il n'y a que sept concurrents, autant qu'il y a de jours dans la semaine, et autant qu'il y a de lettres dominicales. Ces lettres sont A, B, C, D, E, F, G, et servent à marquer les sept jours de la semaine. A désigne le premier jour de l'année, B le second, C le troisième, et ainsi des autres, par un cercle perpétuel, jusqu'à la fin de l'année. Si le premier jour de l'année est un dimanche, tous les dimanches de l'année seront aux jours marqués par la lettre A. Mais pour l'année suivante, comme elle commencera par un lundi, les dimanches seront marqués par le G. Dans la troisième année la lettre *dominicale* ou du *dimanche* serait F, etc., en admettant que cette année soit commune; mais, si elle est bissextile, la lettre F ne marquera les dimanches que jusqu'au 24 février inclusivement, et la lettre E les marquera depuis ce jour jusqu'à la fin de l'année. Cela se fait ainsi dans les années bissextiles, à cause du jour intercalaire ajouté au mois de février en ces années-là. Le concurrent 1er répond à la lettre dominicale F, le 2e à E, le 3e à D, le 4e à C, le 5e à B, le 6e à A, le 7e à G. Dans les chartes la lettre dominicale de l'année est souvent employée parmi les notes chronologiques; mais quelquefois, au lieu de la nommer, on se contente de la désigner par le rang qu'elle tient dans l'alphabet. Ainsi, au lieu de marquer *littera A*, on met *littera I;* au lieu de *littera B*, on met *littera II*, et ainsi des autres. — L'*épacte*, du mot grec ἐπάγειν, ajouter, n'est autre chose que le nombre de onze jours, dont l'année commune solaire excède l'année commune lunaire. Ainsi l'épacte de la première année est XI; celle-ci, jointe à l'épacte de la seconde année, donne XXII d'épacte. Si à ces XXII vous ajoutez encore XI pour l'épacte de la troisième année, vous aurez le nombre de XXXIII jours, qui valent un mois lunaire et trois jours; et alors vous omettez les trente jours qui forment une lunaison complète, et il vous restera III pour l'épacte de la troisième année. Dans la quatrième vous ajoutez XI à III, ce qui donne XIV d'épacte; dans la cinquième XI à XIV, qui font XXV d'épacte; dans la sixième XI à XXV, qui font XXXVI, et en omettant toujours le nombre trente vous avez VI d'épacte, et ainsi de suite. Lorsque l'épacte était VIII, deux ans après elle se trouvait être XXX, alors on la notait par ces mots, *epacta nulla*. Les épactes servent à trouver le jour de la lune. Pour y arriver, on additionne le nombre de l'épacte, celui des jours du mois courant, et celui des mois écoulés, en commençant à les compter au mois de mars. Si tous ces nombres assemblés sont au-dessous de trente, le nombre qui en résulte est celui des jours de la lune; mais si ces nombres passent trente, on supprime ces trente, et le surplus est le jour de la lune. — Dans l'usage que l'on fait des épactes pour déterminer la date des actes du moyen âge, voici ce qu'on doit observer : 1° les années bissextiles ayant un jour de plus que les années communes, il faut, depuis le bissexte, ajouter I à l'épacte courante; 2° il y a eu beaucoup de variations, et les computistes, comme les tables chronologiques, s'accordent assez rarement : les uns comprennent mars parmi les mois qu'il faut compter pour trouver pendant l'année les jours de la lune, les autres l'excluent; les uns comptent du 22 mars le quantième de la lune pour l'épacte, les autres ne commencent qu'au 31 décembre à supputer ce qui restait du quantième de la lune pour servir d'épacte de l'année suivante. Ce n'est que depuis l'introduction du calendrier grégorien, qu'on a établi une parfaite uniformité dans les épactes. Au XIe siècle, il n'était pas rare de voir des chartes datées de deux époques différentes, la *majeure* et la *mineure*. La première ne diffère pas de l'épacte solaire, ni la seconde de l'épacte lunaire. L'épacte solaire se confond avec les concurrents, et ceux-ci avec les lettres dominicales, comme nous l'avons dit (Savagner, *Traité élémentaire de chronologie historique*). Nous omettons de parler de l'épacte sous les rapports purement astronomiques. — De toutes les périodes plus ou moins arbitraires, la période *julienne*, entièrement chronologique, est la plus connue. Au moyen de la multiplication du cycle solaire de vingt-huit ans par le cycle lunaire de dix-neuf ans, et de leur produit multiplié aussi par le cycle des indictions, ou quinze ans, on a obtenu cette période de sept mille neuf cent quatre-vingts années. Elle peut servir d'échelle générale à la chronologie historique, et c'est dans ce but qu'elle a été imaginée par Joseph Scaliger, qui lui donna le nom de Jules César, son père. La première année de l'ère chrétienne étant attachée à la quatre mille sept cent quatorzième de cette période, on peut aisément placer sur les quatre mille sept cent treize ans antérieurs tous les événements de l'histoire d'une époque connue, et les ranger ainsi sur une seule et même échelle. Il en est de même pour les faits postérieurs à cette première année de l'ère vulgaire; mais on s'en sert beaucoup moins dans ce dernier cas. Les années de cette période sont de trois cent soixante-cinq jours un quart, conséquemment juliennes, et ne subissant pas la réformation grégorienne. On doit remarquer à ce sujet que les astronomes et les chronologistes ne s'accordent pas sur la manière de compter d'après cette période. Les chronologistes disent la *première année* de J.-C., et les astronomes, marquant cette première année O, nomment la suivante ou la deuxième de J.-C., la *première après* J.-C. Il y a donc, depuis l'ère chrétienne, une différence nominale seulement dans la manière d'indiquer la même année d'après ces deux manières. Les chronologistes ne doivent pas perdre de vue cette observation. Les Grecs et les chrétiens orientaux ont aussi une sorte de période julienne, et comme ils remontent le commencement du monde au delà même de la première année de cette période, qui est de quatre mille sept cent treize ans, antérieur à l'ère chrétienne, ils ont donné à leur période, connue sous le nom de *période de Constantinople* ou *gréco-romaine*, sept cent quatre-vint-quinze ans de plus. La première se trouve ainsi antérieure de cinq mille cinq cent huit ans à l'ère chrétienne. Le commencement de cette ère elle-même n'avait jamais été parfaitement assigné jusqu'en l'année 527, où Denys le Petit, abbé romain, le plaça à la fin de l'année 4713 de la période julienne, ce qui était encore quatre ans trop tard : car Jésus-Christ était né avant la mort d'Hérode, puisque celui-ci avait cherché à lui ôter la vie dès qu'il eut appris sa naissance. Or, suivant le témoignage de Josèphe (B, XVII, chap. 8), il y eut une éclipse de lune pendant la dernière maladie d'Hérode : cette éclipse, d'après nos tables astronomiques, se manifesta dans la 4710[e] année de la période julienne, le 13 mars, et fut visible à Jérusalem à trois heures après minuit. Or, comme Notre-Seigneur est né quelques mois avant la mort d'Hérode, et que dans cet intervalle il fut emporté en Égypte, le dernier point auquel on fixe le temps de sa naissance doit correspondre à la fin de la 4709[e] année de la période julienne. — De même qu'il y a dans le ciel certains points desquels les astronomes partent pour se diriger dans leurs observations, de même il y a dans le temps des jalons sur lesquels se guident les chronologistes dans leurs calculs; ces jalons sont les *ères* et les *époques*, qu'il arrive trop souvent de confondre dans le langage. Il existe pourtant dans l'acception de ces deux mots, une différence qu'il faut considérer. Les *ères*, d'après l'étymologie probable, mais contestée de ce mot, que nous penchons à faire dériver de σειρά, *series*, *catena*, sont des suites ou des enchaînements d'années. « La connaissance détaillée des ères principales qui furent civilement en usage chez les anciens, les rapports de ces ères entre elles, leur réduction à un terme généralement connu, sont, dit M. Champollion-Figeac, des notions absolument nécessaires à l'intelligence de la chronologie. » Ce qui ne l'est pas moins, c'est la distinction des *ères astronomiques* de celles qui furent purement *chronologiques*, c'est-à-dire qui furent employées dans le comput des temps pour les usages civils, et qui se liaient par là intimement à celui du calendrier. Les principales ères sont : l'ère mondaine des Juifs, l'ère d'Abraham, l'ère cécropique, l'ère des olympiades, l'ère de Nabonassar, les ères d'Alexandre le Grand, des Séleucides, de Ptolémée Philadelphe, de Denys (cette ère est tout astronomique), de Tyr, des consuls, de la ville de Rome, julienne, d'Espagne, l'ère césarienne d'Antioche, l'ère actiaque, celle des Augustes, l'ère de l'Ascension, l'ère chrétienne, les ères de Constantinople, de Dioclétien, des jeux Capitolins, des Arméniens, de Hiesdedgerd, de l'hégire, et enfin celles des Hindous et des Chinois. Nous traiterons de chacune de ces ères à l'article consacré à ce mot. Il ne faut pas confondre non plus les *ères* avec les *périodes*. En chronologie, une ère est une méthode reçue de compter les années qui s'écoulent, en les rapportant toutes, selon leur succession, à un point fixe historique ou astronomique, qui est le commencement de cette ère : ainsi l'*ère* chrétienne est la méthode de compter les années qui se sont écoulées depuis la naissance de Jésus-Christ, l'année de cette naissance étant la première de l'ère de ce nom. La *période* ou le *cycle* est un ensemble successif de faits physiques, ou l'espace de temps revenant à la fois du cercle ou de tous, soit au même point du ciel, soit au même jour ou à la même heure. — Le mot *époque* vient du grec ἐποχή, *point d'arrêt*, de ἐπέχω, *arrêter*. Il désigne les événements qui paraissent à l'historien les plus propres à servir de cadre, dans lequel on puisse classer les événements qu'il raconte. Les époques historiques sont arbitraires ; le temps qui s'est écoulé d'une époque à une autre s'appelle aussi période ; et la période ici est formée par deux époques consécutives, deux périodes le sont par trois. — L'histoire générale admet, sous le rapport du temps, trois grandes divisions : 1° l'*histoire ancienne*, qui commence aux temps les plus reculés, et comprend les annales de l'ancien monde jusque vers l'an 476 de Jésus-Christ. Les époques les plus remarquables de cette période, sont, *pour les temps ténébreux*, celles de la création du monde ; *pour les temps fabuleux*, celles de Nemrod et Bélus : fondation des premiers empires, 2200 ans avant J.-C. ; de Sésostris : fondation des plus anciennes villes de la Grèce, vers l'an 1645 avant J.-C., et du siége de Troie : naissance des beaux-arts dans la Grèce, vers l'an 1270 avant J.-C. ; *pour les temps historiques*, celles des temps législatifs, de 750 à 588 avant J.-C. ; de Cyrus : gloire de la Grèce, de 538 à 325 avant J.-C. ; de la mort d'Alexandre ; gloire de Rome, de 323 à 133 avant J.-C. ; des Gracches : discordes de Rome, de l'an 133 à l'an 31 avant J.-C ; d'Auguste ; haut empire, de l'an 31 avant J.-C. à l'an 211 après J.-C ; et de Caracalla, bas empire, de l'an 211 à l'an 246 de J.-C. 2° Nous adoptons pour deuxième division de l'histoire générale, l'*histoire du moyen âge*, qui comprend les annales des Etats de l'Europe formés par le démembrement de l'empire romain, depuis l'an 476 de J.-C. jusqu'à l'an 1453, époque de la prise de Constantinople par les Turcs et de la destruction de l'empire romain d'Orient. Elle se divise en cinq époques. Dans la première, qui va jusqu'à 800, les barbares envahissent l'empire d'Occident, et produisent une révolution complète dans les gouvernements, les lois, les mœurs et les arts. La puissance séculière des papes commence, et Mahomet fonde en Asie une nouvelle religion et un empire qui s'étend par l'Afrique jusqu'en Espagne. Dans la seconde période, depuis 800 jusqu'en 962, l'empire de Charlemagne est fondé et se démembre pour former le berceau de quelques royaumes d'aujourd'hui. D'autres Etats sont établis par les Normands, les Russes et les Hongrois. L'Allemagne devient puissance dominante dans la troisième époque, qui se termine à l'an 1072 de J.-C. En même temps les Capétiens montent sur le trône de France, les Normands font la conquête de l'Angleterre, les peuples du Nord, convertis au christianisme, apparaissent dans l'histoire, la Russie s'agrandit, tandis que l'empire et celui des Romains s'écroulent. Dans la quatrième période, qui finit en 1300, on voit les papes tout puissants. Les croisades changent l'Etat social des peuples d'Occident. L'Italie se divise en républiques, la jurisprudence romaine est remise en honneur, l'inquisition s'établit en France, les Deux-Siciles et le Portugal deviennent royaumes, et les Mongols ont un puissant empire. La puissance des papes tombe en décadence à la cinquième époque, où les Turcs s'établissent en Europe, où les lumières deviennent plus vives, tandis que le commerce fleurit et que les Etats européens prennent leur forme actuelle. 3° L'*histoire moderne* comprend les annales des gouvernements de l'Europe et de leurs établissements coloniaux, depuis l'an 1453 jusqu'à nos jours. Nous nous contenterons d'indiquer les principales divisions que l'on peut lui appliquer, au moyen des dates seulement. Les connaissances de nos lecteurs assigneront aisément à chacune des courtes périodes que nous signalerons les faits remarquables qu'elles renferment : de 1453 à 1515, — de 1515 à 1556, — de 1556 à 1598, — de 1598 à 1618, — de 1618 à 1648, — de 1648 à 1660, — de 1660 à 1679, — de 1679 à 1715, — de 1715 à 1789. Nous nous arrêtons à cette année, qui, dans l'enseignement, termine l'histoire moderne. On voit par cette division, empruntée tout entière en résumé à l'ouvrage dont nous avons déjà parlé, que le partage de l'histoire générale en périodes ou époques facilite beaucoup, ainsi que le fait remarquer M. Savagner, l'étude chronologique de cette science, en même temps qu'elle permet d'en résumer en peu de mots les points de vue philosophiques. Nous ne parlerons point de la chronologie de la période contemporaine, par la raison que ses déterminations prennent d'autant plus de certitude que les temps qu'elle concerne sont plus voisins de nous, et que nous avons tous été plus ou moins acteurs, suivant notre âge, sur le théâtre des événements qui l'ont remplie. — Après avoir exposé, d'une manière aussi étendue que nous le permettent les limites dans lesquelles nous devons nous renfermer, les différentes divisions du temps, admises comme première partie de la chronologie, nous entrerons dans quelques considérations sur la seconde partie, *celle qui est immédiatement relative à l'histoire*, et que nous ferons reposer sur les quatre bases suivantes : 1° les observations astronomiques, particulièrement les éclipses ; 2° les époques de l'histoire généralement reconnues vraies ; 3° les témoignages des auteurs dignes de foi ; 4° les anciennes médailles, les monnaies, les monuments et les inscriptions. Nous allons les examiner successivement dans l'ordre où nous les énonçons. — I. Il existe certaines informations extrêmement précieuses, qui portent en elles-mêmes, et indépendamment de toute information auxiliaire, l'expression de la distance par rapport à nous : ce sont les observations astronomiques relatives aux événements célestes variables et clairement déterminés, tels que les éclipses par exemple. La science permettant d'assigner rigoureusement dans toute l'étendue du passé les époques correspondantes à ces divers phénomènes, il en résulte que la situation chronologique des faits mis en rapport avec eux par leurs contemporains devient véritablement géométrique. C'est ainsi que Ptolémée nous ayant transmis dans ses Tables une suite d'observations remontant jusqu'au huitième siècle avant notre ère, et caractérisées par l'année des règnes auxquels elles appartiennent, la position précise de chacune de ces années dans les siècles passés, et par conséquent aussi de chacun de ces règnes, n'est plus qu'un calcul ordinaire. Mais Ptolémée ne mérite notre confiance que parce qu'il a eu sous les yeux, pour la construction de ses Tables, des recueils contemporains des faits, et soigneusement conservés dans les observatoires, tandis qu'Aratus, par exemple, donnant la description de l'état du ciel au temps des Argonautes, ne saurait jouir d'aucun crédit, puisqu'il n'avait certainement aucune notion directe des observations attribuées au centaure Chiron. C'est donc avec beaucoup de raison que l'on a appelé les éclipses de soleil et de lune, ainsi que les différents aspects des autres planètes, les caractères publics et célestes du livre des temps : leur calcul fournit aux chronologistes d'infaillibles preuves des époques précises auxquelles sont arrivés un grand nombre d'événements les plus remarquables dans l'histoire. Il ne peut y avoir de certitude en chronologie sans l'emploi des tables astronomiques et la connaissance du calcul des éclipses. Les anciens regardaient ces dernières comme les pronostics de la chute des empires, de la perte des batailles, de la mort des rois, etc., et c'est à cette superstition, à cette déplorable ignorance, que nous devons heureusement le vaste travail qu'ont fait les historiens pour conserver la mémoire de toutes celles dont la tradition a pu assigner les époques. Les chronologistes les plus capables n'ont épargné aucune peine pour les recueillir. Calvisius, entre autres, établit sa chronologie sur cent quarante-quatre éclipses de soleil et cent vingt-sept de lune, qu'il prétend avoir calculées. La grande conjonction des deux planètes supérieures, Saturne et Jupiter, qui, suivant Kepler, arrive une fois en huit cents ans au même point du zodiaque, et qui a eu lieu seulement huit fois depuis la création (la dernière se manifesta au mois de décembre 1603), peut aussi fournir d'incontestables preuves à la chronologie. Il en est de même pour le passage de Vénus sur le soleil que l'on a observé de nos jours, et pour, toutes les autres positions extraordinaires des planètes. Outre ces caractères célestes et naturels, qui servent, pour ainsi dire, à enregistrer le temps, il y a aussi ceux que l'on nomme civils et artificiels, et qui, néanmoins, dépendent des calculs astronomiques. Ce sont ces mesures que nous connaissons déjà : les cycles solaire et lunaire, les indictions romaines, les jours pascals, l'année bissextile, les ères différentes, les périodes, les époques, etc. Nous ferons remarquer seulement que l'ère des Juifs commence avec la création du monde, celle des anciens Romains avec la fondation de la ville de Rome, celle des Grecs à l'institution des jeux Olympiques, celle de Nabonassar avec l'avénement du premier roi de Babylone au trône, celle de Hiesdedgerd avec le dernier roi persan de ce nom ; l'hégire des Turcs se compte de la fuite de Mahomet de la Mecque à Médine, etc. Pour se conformer à la méthode la plus commune de compter, on admettra encore que la naissance du Christ eut lieu en l'année 4713 de la période julienne, quoique nous ayons démontré qu'elle doit être placée dans la 4709e. L'astronomie chronologique enseigne à calculer l'année précise de la période julienne dans laquelle chaque époque est arrivée. — II. Les dates transmises par les historiens n'ont de valeur qu'à condition que ces historiens soient dignes de foi, et qu'il soit manifestement établi qu'ils ont été en position de fonder leur opinion sur des monuments authentiques existant de leur temps. Sans ces conditions, les calculs chronologiques, quelle que soit leur ancienneté, rentrent entièrement dans la classe des propositions systématiques, et demeurent soumis, comme toute hypothèse, au libre empire de la critique. Nul homme à la vérité n'est infaillible, et ne doit en imposer à notre confiante crédulité comme un oracle sacré ; néanmoins on ferait injure à l'opinion publique si l'on doutait de la véracité d'auteurs qui, de générations en générations, ont joui de l'estime universelle, et si l'on regardait comme des rêveries des faits, des événements, qui ont incontestablement eu lieu. Ne serait-ce pas folie, par exemple, que de révoquer en doute l'existence de villes comme Athènes, Sparte, Rome, Carthage, etc., dans les siècles passés? Qui oserait nier que Xerxès régna en Perse et Auguste à Rome? ou qu'Annibal ait jamais été en Italie, ou bien que l'empereur Constantin ait bâti Constantinople? Les témoignages unanimes des historiens les plus respectables ne laissent aucune incertitude sur ces matières. Quand on a reconnu un historien capable en tous points de porter son jugement sur des événements, et qu'il n'a eu aucun intérêt à induire en erreur, son témoignage est irrécusable. Mais afin de se prémunir contre le danger d'accueillir le faux pour le vrai, et de trouver un moyen satisfaisant d'éclaircir un fait qui ne paraît pas parfaitement admissible en histoire, on peut faire l'emploi des quatre règles suivantes, fondées sur la saine raison. — 1° Nous devons accorder une considération particulière aux rapports de ceux qui ont écrit en même temps que les choses qu'ils racontent sont arrivées, et qui n'éprouvent aucune contradiction de la part des auteurs d'une autorité reconnue. Qui pourrait douter, par exemple, de la vérité des faits rapportés par M. de las Cazes, dans son *Mémorial de Sainte-Hélène?* Il a suivi jour par jour les détails de la vie d'un grand homme qui s'est écoulée sous ses yeux dans l'île anglaise, et il a publié son ouvrage pendant que tous ses compagnons d'exil et de dévouement sont encore existants. Il aurait été contredit sur-le-champ, ou bien ses erreurs auraient été relevées s'il y avait eu dans ses récits de l'exagération, de l'irrégularité, et, à plus forte raison, de la fausseté. Les Anglais eux-mêmes se sont tus devant le compte rendu des traitements inhospitaliers, pour ne pas dire plus, qu'ils exerçaient à l'égard de l'illustre proscrit, tant la vérité est sacrée, même pour ceux dont son flambeau éclaire les mauvaises actions! — 2° Après les contemporains, nous accorderons notre croyance aux historiens qui ont vécu le plus près des temps où se sont accomplis les faits, plutôt qu'à ceux qui en ont été séparés par quelques générations. — 3° Les histoires incertaines, rapportées par des auteurs assez peu en réputation, ne peuvent avoir de crédit, si elles ne sont conformes à la raison et aux traditions établies. — 4° Nous devons nous défier de la vérité d'une histoire écrite par un auteur moderne, quand il n'est pas continuellement d'accord avec lui-même, ni avec les anciens historiens regardés comme les sources primitives. Suspectons la fidélité surtout de ces portraits brillants de style, faits presque toujours à plaisir, quelquefois plusieurs siècles après la mort de leurs originaux. — La source la plus pure et la plus profitable pour l'histoire ancienne est sans contredit l'Écriture sainte. Qu'il soit permis de cesser un moment de lui porter le respect dû à sa divine origine, et qu'on soit censé la regarder comme une histoire ordinaire. De ce point de vue, les écrivains de l'Ancien Testament apparaissent tantôt comme des auteurs, tantôt comme des témoins oculaires, tantôt encore comme des historiens dignes de considération : alors on réfléchit à la simplicité de la narration, et l'on respire ce parfum de vérité dont elle est constamment empreinte ; ou l'on reste en admiration devant les pieuses précautions que les peuples, les Etats, les sages et les savants de tous les âges ont déployées pour conserver le vrai texte de la Bible ; on est frappé d'étonnement à l'heureuse conformité de la chronologie des saintes Écritures avec celle de l'histoire profane, à l'accord extraordinaire qui existe entre ses récits et ceux des plus respectables historiens, Josèphe, par exemple, et d'autres encore si l'on fait à celui-ci un reproche de sa nationalité ; on songe que les livres sacrés des Hébreux fournissent à eux seuls une histoire exacte du monde depuis la création, en traversant les lignées des patriarches, des juges, des rois et des princes ou chefs du peuple de Dieu, et qu'avec leur aide on peut former une série presque entière d'événements jusqu'à l'époque de la naissance du Christ ou au temps d'Auguste, qui comprend une période d'environ quatre mille ans, à quelques courtes lacunes près, aisées à remplir au moyen de l'histoire profane ; et quand on s'est pénétré de tout cela on a acquis la conviction raisonnée que les Écritures forment un livre digne d'occuper le premier rang parmi toutes les sources de l'histoire ancienne. On a objecté qu'elles renfermaient des contradictions ; mais ces prétendues contradictions ont été conciliées par les interprètes les plus capables. On a dit que la chronologie du texte hébreu et de la Vulgate ne s'accordait point avec la chronologie de la version des Septante ; mais les critiques les plus éclairés ont montré qu'on pouvait établir leur accord. On a fait de plus la remarque que les livres saints abondaient en miracles et en prodiges ; mais ces miracles ont réellement eu lieu. Et d'ailleurs qu'on cite une ancienne histoire qui ne soit remplie de miracles et d'autres événements merveilleux? Et doit-on pour cela rejeter l'autorité de ces livres? Est-ce qu'on ne peut supposer au vrai Dieu la puissance d'opérer ces miracles que les historiens païens ont attribués à leurs fausses divinités? Refusons-nous de croire aux écrits de Tite Live, parce que ses annales contiennent mille relations fabuleuses? — III. Les *époques* sont aussi une des bases fondamentales de la chronologie historique. Elles forment plus particulièrement ces points fixes de l'histoire qui n'ont jamais été contestés, et sur lesquels on ne peut, en fait, élever le moindre doute. Nous avons dit que les époques historiques sont arbitraires ; mais cela n'est d'aucune importance, pourvu que les dates de ces époques s'accordent, et qu'il n'y ait nulle contradiction entre les faits eux-mêmes. Pour le choix des époques, on a cherché généralement ces traits principaux qui ont eu un rapport marqué avec la plupart des faits contemporains, et qui ont été les causes de plusieurs autres faits. Telle est la fondation d'un empire devenu par la suite dominateur ; telle est la chute d'un trône puissant, dont les débris ont fait naître plusieurs Etats ; telle est la vie d'un homme extraordinaire qui par son génie a éclairé la face d'un hémisphère. On a admis encore comme époque un changement important dans les mœurs, dans les lumières d'une partie considérable de notre globe. C'est en traitant de l'histoire qu'il conviendra de s'arrêter sur les principales époques. Nous jetterons seulement un coup d'œil ici sur chaque tradition pour y chercher les points à partir desquels on trouve quelque certitude dans le compte du temps. — Bien que la Chine fasse remonter ses annales au delà du trentième siècle avant notre ère, il ne paraît pas que l'on doive considérer son histoire comme certaine avant le règne de Yao, qui est de l'an 2357. A partir de cette époque, où il est prouvé que l'état social était assez avancé dans ce pays pour permettre une tradition authentique, jusqu'à nos jours il n'y a plus une seule lacune dans l'histoire de la Chine, malheureusement très-rarement mêlée à celle des autres nations, de sorte que sa chronologie n'est d'aucun secours pour nous guider dans les chronologies qui, nous touchant de plus près, nous intéressent davantage. En Egypte, les recherches de M. Champollion nous éclairent sur sa chronologie jusqu'au XXIIe siècle avant notre ère. Les listes de Manéthon commencent bien à l'origine de la première dynastie, 5868 ans avant notre ère, et donnent, à partir de cette époque jusqu'à celle de la conquête d'Alexandre en 332 avant J.-C., la suite complète des dynasties et des princes qui la composent. Mais ce n'est qu'à partir de la seizième dynastie, 2272 ans avant l'ère vulgaire, qu'on peut, en vertu des conditions requises pour la certitude, leur accorder pleine confiance. — Dans l'histoire juive, le temps ne peut être évalué avec quelque rigueur qu'à partir de l'époque d'Abraham ; au delà, malgré les indications contenues dans le livre de la

Genèse, la science est sans appui. Depuis Abraham, les annales du peuple juif prennent un caractère de plus en plus historique, et l'on peut essayer d'en classer les époques à l'aide des documents que l'on y rencontre. Mais les données ne sont cependant pas assez rigoureuses pour fournir des résultats certains, et les chronologistes sont loin de se trouver d'accord. Chacun a son système. Marsham compte 880 ans de la sortie d'Egypte à la captivité; le P. Pezron en compte 1343, et place la naissance d'Abraham en 2435 ans avant J.-C.; M. Champollion-Figeac la place en 2144, Eusèbe en 2044; d'autres la rapprochent encore davantage. Entre tant d'opinions il faut opter avec le plus grand nombre. Nous nous en rapporterons donc avec le plus grand nombre à Eusèbe, à l'avis duquel s'est aussi rangé Idacius dans sa Chronique. — Les historiens les plus dignes de foi rapportent que les Chaldéens, à l'époque de la conquête d'Alexandre, possédaient des observations astronomiques remontant à une antiquité de plusieurs milliers de siècles. On a fait raison de ces rapports, dont on a du reste rendu l'authenticité très-plausible, en prouvant que les unités de temps dont il y était question étaient des jours et non pas des années. La chronologie chaldéenne rentre ainsi dans ses véritables limites, qui sont à peu près les mêmes que pour la chronologie des Juifs, car ce sont deux peuples du même sang, du même berceau. — En ce qui concerne les temps héroïques de la Grèce, la tradition est presque uniquement symbolique, les faits sont renfermés dans des termes si vagues, que l'on n'a aucun moyen de déterminer leur époque, et les antiquités grecques sont enveloppées d'un voile si épais, que la chronologie ne peut le soulever. On a eu recours pour calculer l'époque de la prise de Troie à différentes méthodes; mais la plus ordinaire, en laissant à part la discussion des termes d'Hérodote, est la suivante, que nous empruntons à une encyclopédie moderne : « Léonidas est regardé comme le dix-septième descendant d'Aristodème; Aristodème, suivant une tradition plus que douteuse, était l'arrière-petit-fils d'Hercule; en évaluant chacune de ces vingt et une générations à cinquante-trois ans et demie en moyenne, Léonidas se trouve séparé d'Hercule par un intervalle de six cent quatre-vingt-dix-sept ans, et en retranchant trente-trois et demi pour la vie du demi-dieu, que l'on suppose antérieur d'une génération à la prise de Troie, on obtient six cent soixante-quatre pour la valeur du temps écoulé entre la prise de Troie et le combat des Thermopyles, ce qui porte le premier de ces événements à l'an 1144 avant notre ère. Newton, observant que les éléments sur lesquels ce calcul se fonde représentent non pas des générations vagues, mais des règnes successifs, ce qui est bien différent, estime en moyenne, d'après le compte des règnes des rois de France et d'Angleterre, la durée de chaque règne à vingt ans, et trouve par là que la prise de Troie est de l'an 900 seulement. Newton a encore établi un autre calcul à propos de cette importante époque, basé sur ce qu'au temps des Argonautes, le centaure Chiron, astronome de l'expédition, reconnut que l'équinoxe de printemps tombait en une certaine partie de la constellation du Bélier; comme, en vertu du mouvement de précession de l'équinoxe, les colures se sont trouvés dans cette position l'an 935 avant J.-C., c'est vers cette époque qu'il faudrait placer le voyage des Argonautes, et toujours par conséquent vers 900 la guerre de Troie, qui n'en est séparée que par l'intervalle d'une génération. Or non-seulement la vérité de l'observation attribuée à Chiron par des témoignages postérieurs est extrêmement douteuse; mais il suffirait que l'équinoxe, désigné par la narration poétique comme placé dans le dos du Bélier, au lieu d'être exactement dans l'étoile des reins, comme le suppose Newton, eût été près de l'étoile de l'origine de la queue, pour qu'il y eût, dans le résultat final du calcul, une différence de plus de quinze cents ans. Mais les anciens fixaient la guerre de Troie, d'après la suite des générations des rois héraclides de Lacédémone, à une époque qui répond à l'année 1144 avant J.-C. » Quoi qu'il en soit, les premières certitudes, dans les évaluations adoptées par les chronologistes à l'égard des anciennes époques de la Grèce, ne commencent qu'à partir des olympiades, c'est-à-dire de l'érection régulière des monuments olympiques. Cette ère, signalée par la première statue élevée à Corœbus, le premier vainqueur couronné dans les jeux, concorda avec l'an 776 avant la nôtre. — Quant à la fondation de Rome, quoique le chronologie romaine soit encore plus obscure que celle de la Grèce, on s'accorde communément à la placer, soit à la fin de la VII$^{e}$ olympiade, suivant le calcul très-problématique de Caton l'Ancien, soit au commencement de la VIII$^{e}$, c'est-à-dire en 753, suivant celui de Varron, qui n'est guère mieux fondé. Denys d'Halicarnasse, partisan de Caton, s'est efforcé de prouver l'établissement de cette époque au 21 avril de l'an 752 avant J.-C. Mais ce n'est, à proprement parler, qu'avec la suite des consuls que la chronologie romaine commence avec exactitude. — Nous nous abstenons de traiter de la chronologie de la période moderne, qui ne présente d'ailleurs aucun doute assez important pour soulever une dissertation. — IV. La chronologie s'appuie encore sur les monuments. Ceux qu'elle peut surtout considérer comme capables de produire la certitude mathématique sont les inscriptions, les médailles, les actes manuscrits publics et privés, et, nous comprenons encore dans cette catégorie les récits des écrivains contemporains dont nous avons parlé plus haut. On doit y joindre les monuments postérieurs lorsqu'ils sont empreints d'un caractère inattaquable de franchise et de véracité, et surtout lorsque leur accord sur certains points avec des monuments authentiques vient augmenter la probabilité de leur exactitude pour tous les points de même ordre. Ainsi les listes de Manéthon, par exemple, ces débris de la grande histoire égyptienne composés par un écrivain respectable, rédigés sur l'autorité des archives des temples, vérifiés pour divers points de la seizième dynastie et des dynasties suivantes par le témoignage de monuments contemporains encore subsistants, ces listes, disons-nous, méritent certainement d'être acceptées par la chronologie comme authentiques, du moins à partir de la seizième dynastie; tandis que la chronique de Paros, dressée par une main inconnue, sans autre fondement pour tous les temps anciens que des traditions vagues et poétiques, dépourvue de l'approbation patente de ses contemporains, ne saurait en aucune manière jouer dans la chronologie grecque le même rôle que les listes de Manéthon dans la chronologie égyptienne. A l'égard de la valeur des temps écoulés depuis chaque époque jusqu'à nous, elle se trouve déterminée par la coordination des faits postérieurs. De son côté, la science de la numismatique, à peine connue depuis deux siècles, a déjà rendu d'immenses services à la chronologie. Pour n'en citer qu'un, nous rappellerons que c'est à l'aide des médailles que M. Levaillant a composé sa judicieuse Histoire des rois de Syrie depuis l'époque d'Alexandre le Grand jusqu'à Pompée. Elle a de plus jeté de grandes lumières sur l'histoire ancienne, particulièrement sur celle de Rome, et a percé bien des ténèbres dans le chaos du moyen âge. — Tout lecteur, doué d'un juste discernement, sentira l'utilité des quatre bases sur lesquelles nous faisons reposer la certitude chronologique, et combien l'emploi de cette méthode est un excellent guide pour diriger nos recherches à travers le dédale du passé. Mais la franchise nous impose l'obligation de déclarer que ces fils conducteurs ne sont point si solides qu'ils ne puissent quelquefois se rompre dans nos mains; car, en ce qui touche à l'histoire en général, et particulièrement à l'histoire ancienne, il reste toujours quelque matière à conjecture pour la fidélité historique. Nous devons donc à l'estime que nous professons pour la bonne foi commune de ne point passer sous silence les objections que les auteurs de la plus grande réputation ont élevées contre la justesse de certains points chronologiques. Nous les extrayons de leurs propres ouvrages, et nous espérons avec confiance qu'on nous saura gré de ne sacrifier à aucun préjugé en présence de la vérité. — 1° La prodigieuse différence qui existe entre la Bible des Septante et la Vulgate, au point de vue chronologique, présente un embarras, une difficulté tels, que l'on ne peut positivement indiquer de quel côté se rencontre l'erreur. La Bible grecque compte, par exemple, depuis la création du monde à la naissance d'Abraham, mille cinq cents ans de plus que les Bibles hébraïque et latine, etc. 2° A quelles vagues appréciations n'est-on pas livré si l'on veut préciser les années des juges de la nation juive dans la Bible? Quels nuages couvrent la succession des rois de Juda et d'Israël? Le compte du temps y est si inexact que l'Ecriture n'explique jamais si les années sont dans leur cours ou si elles sont révolues, car on ne peut admettre qu'un patriarche, un juge ou un roi, ait vécu exactement soixante, quatre-vingt-dix, cent, ou neuf cent soixante-neuf ans, sans quelques mois ou quelques jours de plus ou de moins. 3° Les différents noms donnés par les Assyriens, les Egyptiens, les Perses et les Grecs au même prince n'ont pas peu contribué à embarrasser toute l'ancienne chronologie. Trois ou quatre princes ont porté le nom d'Assuérus, quoiqu'ils aient eu aussi d'autres noms. Si nous ne pouvons reconnaître que Nabuchodonosor, Nabucodrosor et Nabucolassar étaient le même nom ou le nom du même homme, nous croirons difficilement à l'existence de ce personnage. Sargon est Sennachérib; Ozias est Azarias; Sédécias est Mathanias;

Joachas est aussi appelé Sellum; Asaraddon, qui est prononcé indistinctement Esarhaddon et Asharaddon, est appelé Asenaphar par les Cuthæens; et, par une bizarrerie inexplicable, Sardanapale est appelé par les Grecs Texos Concoleros. 4° Il ne nous reste que peu de monuments des premiers monarques du monde. Un grand nombre de livres ont été perdus, et ceux qui sont venus jusqu'à nous sont mutilés, ou bien ont été altérés par les transcripteurs. Les Grecs ont commencé tard à écrire. Hérodote, leur premier historien, était d'une crédule bonhomie, et ajoutait foi à toutes les fables débitées par les prêtres égyptiens. Les Grecs étaient en général présomptueux, passionnés, et n'avaient de louanges que pour leur nation. Les Romains étaient encore plus infatués de leur propre mérite et de leur grandeur; leurs historiens n'avaient pas moins de morgue que leurs sénateurs, et se montraient d'une injustice révoltante envers les autres peuples, dont la plupart étaient souvent beaucoup plus respectables qu'eux. 5° Les ères, les années, les périodes et les époques n'étaient pas les mêmes dans chaque nation, et de plus l'année y commençait à différentes saisons. Toutes ces particularités ont jeté une telle confusion dans la chronologie des premiers temps, qu'il semble au-dessus de la capacité humaine de pouvoir jamais la dépouiller. — Le christianisme lui-même a subsisté environ douze cents ans avant de connaître d'une manière précise combien d'années s'étaient écoulées depuis la naissance de Notre-Seigneur. On voyait parfaitement que l'ère vulgaire était défectueuse; mais on fut longtemps avant de comprendre qu'il y avait une différence de quatre ans entiers pour marquer la véritable époque. Denys le Petit, qui fut le premier des chrétiens qui, en 532, eut l'idée de former cette ère importante et de compter les années écoulées, afin de rendre leur chronologie toute chrétienne, se trompa dans son calcul et a induit toute l'Europe en erreur. En commençant cet article, qu'il faudrait étendre aux proportions d'un livre pour le traiter complétement, nous avons signalé les dissidences d'opinions régnant entre plus de cent cinquante historiens, relativement au temps écoulé depuis l'origine du monde jusqu'à la naissance de Jésus-Christ. — Quoi qu'il en soit sur ces matières, la sagesse de la Providence a disposé toutes choses de telle manière, qu'il nous reste entre les mains un flambeau dont la lumière nous éclaire assez pour nous permettre de remonter à travers les âges, sans quitter trop longtemps la chaîne des événements. Dans les trois premiers mille ans du monde, nous marchons avec la chronologie de la Bible pour guide, et après cette période, où nous trouvons plus d'obscurité dans les annales chronologiques des saintes Écritures, les meilleures autorités des auteurs profanes viennent à notre secours. C'est à ce point d'arrêt que commencent les temps appelés par Varron historiques. Aussi, depuis l'ère des olympiades, la vérité des événements, tels qu'ils sont arrivés, est consignée fidèlement dans l'histoire. La chronologie tire donc son principal éclat de l'histoire, et en retour elle lui sert de conducteur.

**CHRONOLOGIE SACRÉE.** Comme la chronologie sacrée est la science des temps marqués dans nos livres sacrés, elle doit nécessairement comprendre non-seulement les temps renfermés dans les livres historiques qui font partie des saintes Écritures, mais encore de ceux qui sont annoncés dans les écrits prophétiques. En effet la science des temps n'est pas moins nécessaire pour l'intelligence des prophéties que pour celle de l'histoire; et sans cette connaissance on s'expose à confondre souvent, dans les oracles prophétiques, des choses très-différentes et très-distinctes. Ainsi l'histoire sacrée, qui remonte, par son origine, jusqu'à la création du monde, se terminant aux temps apostoliques, si l'on ne considérait dans les livres saints que ce qu'ils renferment d'historique, on pourrait limiter la chronologie sacrée aux temps apostoliques, c'est-à-dire à la ruine de Jérusalem par les Romains, en l'an 70 de l'ère chrétienne vulgaire, qui est en effet l'époque à laquelle s'arrêtent Ussérius et Lancelot. Mais si, comme Bossuet, on a égard à la partie prophétique de la Bible, on comprendra aisément que la chronologie sacrée doit se prolonger bien au delà des temps apostoliques. Or, comme les prédictions contenues dans les divines Écritures s'étendent non-seulement jusqu'au siècle où ont vécu les apôtres, mais encore dans les siècles postérieurs et jusqu'à la fin du monde, la chronologie sacrée doit aussi s'étendre jusqu'à la fin du monde, ce qui est dire qu'elle doit comprendre toute la durée des siècles. Nous avons déjà remarqué (*V.* AGES DU MONDE) que les chronologistes ne s'accordent point parfaitement sur la manière de partager tous les temps qui ont précédé et qui doivent suivre la naissance de Jésus-Christ, les uns les divisant en six âges, les autres en sept. Nous ajouterons que les oracles prophétiques contenus dans nos divines Écritures, et qui n'ont point eu leur parfait accomplissement jusqu'aux temps apostoliques, ont donné lieu à quelques auteurs de distinguer aussi en six ou sept âges l'intervalle qui doit s'écouler depuis la naissance ou l'ascension de Jésus-Christ jusqu'à la dernière consommation des temps, et au commencement du siècle qui n'aura jamais de fin. C'est d'après cette distinction et cette distribution des âges que les auteurs ont formé le plan de leur système et de leurs tableaux chronologiques. Cet ordre nous paraissant assez naturel, nous le suivrons nous-même, au moins pour le fond, dans cet article. Ainsi nous partagerons la durée des temps qui séparent l'origine de l'univers de sa fin dernière en deux parties, dont l'une s'étend de la création du monde à la naissance de Jésus-Christ, et l'autre de cette dernière époque à la consommation des siècles. — PREMIÈRE PARTIE DE LA CHRONOLOGIE SACRÉE. — Rappelons-nous que les temps qui ont précédé la venue du Sauveur des hommes, et par conséquent cette première partie de la chronologie sacrée, se divisent en six âges différents (*V.* AGES DU MONDE); rappelons-nous encore que, de tous les anciens ouvrages connus jusqu'ici, les livres de Moïse sont les premiers qui aient raconté la création de l'univers et l'apparition de l'homme sur la terre, et que, par conséquent, toutes choses égales d'ailleurs, c'est à cette source qu'il faudrait aller puiser de préférence. Mais, il faut bien en convenir, quelque pure, quelque limpide, qu'ait été cette source sacrée à son origine, elle ne nous a donné ses eaux que par des ruisseaux qui ont été plus ou moins altérés. On sait en effet que le Pentateuque mosaïque nous a été transmis, 1° par les Hébreux, dont le texte a servi de base à notre Vulgate latine et à toutes les traductions protestantes; 2° par les Samaritains, qui descendent du mélange des dix tribus avec les colonies établies dans leur pays par Assaradon, et qui ont conservé des manuscrits spéciaux du Pentateuque; 3° par les Septante, interprètes juifs, qui, sous le règne de Ptolémée Philadelphe, traduisirent en grec les livres de Moïse, pour l'usage de ceux de leurs coreligionnaires qui habitaient l'Égypte. Or ces trois textes sont loin de s'accorder sur le nombre des années qui peuvent servir à faire connaître la durée des premiers âges, et des différences qu'ils présentent résultent trois chronologies qui étendent ou resserrent cette durée des premiers âges du monde, comme on peut le voir dans les tableaux suivants, qui présentent en regard le nombre des patriarches, l'âge auquel ils ont engendré, le temps qu'ils ont vécu depuis qu'ils sont devenus pères, et la durée entière de leur vie; toutes choses qui servent de matière et de fondement aux calculs et aux supputations de la chronologie.

### CHRONOLOGIE DU PREMIER AGE.

*Chronologie du texte hébreu et de notre Vulgate.*

| | Engendra à | Vécut ensuite | Sa vie entière |
|---|---|---|---|
| 1. Adam. . . . | 130 ans. | 800 ans. | 930 ans. |
| 2. Seth. . . . . | 105 | 807 | 912 |
| 3. Enos. . . . . | 90 | 815 | 905 |
| 4. Caïnan. . . | 70 | 840 | 910 |
| 5. Malaléel. . . | 65 | 830 | 895 |
| 6. Jared. . . . | 162 | 800 | 962 |
| 7. Hénoch. . . | 65 | 300 | 365 |
| 8. Mathusala. . | 187 | 782 | 969 |
| 9. Lamech. . . | 182 | 595 | 777 |
| 10. Noé. . . . . | 500 | 450 | 950 |
| Jusqu'au déluge.. | 100 | | |
| | 1656 ans. | | |

*Chronologie du texte samaritain.*

| | Engendra à | Vécut ensuite | Sa vie entière |
|---|---|---|---|
| 1. Adam. . . . | 130 ans. | 800 ans. | 930 ans. |
| 2. Seth. . . . . | 105 | 807 | 912 |
| 3. Enos. . . . | 90 | 815 | 905 |
| 4. Caïnan. . . | 70 | 840 | 910 |
| 5. Malaléel. . . | 65 | 830 | 895 |
| 6. Jared. . . . | 62 | 785 | 847 |
| 7. Hénoch. . . | 65 | 300 | 365 |
| 8. Mathusala. . | 67 | 653 | 720 |
| 9. Lamech. . . | 53 | 600 | 653 |
| 10. Noé. . . . . | 500 | 450 | 950 |
| Jusqu'au déluge.. | 100 | | |
| | 1307 ans. | | |

*Chronologie de la version des Septante.*

| | Engendra à | Vécut ensuite | Sa vie entière |
|---|---|---|---|
| 1. Adam. . . . | 230 ans. | 700 ans. | 930 ans. |
| 2. Seth. . . . | 205 | 707 | 912 |
| 3. Enos. . . . | 190 | 715 | 905 |
| 4. Caïnan. . . . | 170 | 740 | 910 |
| 5. Malaléel. . . | 165 | 730 | 895 |
| 6. Jared. . . . | 162 | 800 | 962 |
| 7. Enoch. . . . | 165 | 200 | 365 |
| 8. Mathusala. . | 167 | 802 | 969 |
| 9. Lamech. . . | 188 | 565 | 753 |
| 10. Noé. . . . | 500 | 450 | 950 |
| Jusqu'au déluge.. | 100 | | |
| | 2242 ans. | | |

Ainsi, d'après ces tableaux, le texte hébreu donne au premier âge du monde 349 ans de plus que le samaritain, et 586 de moins que la version des Septante. Mais quel est de ces trois tableaux chronologiques, celui qu'il faut préférer? Sans entrer dans de longues discussions à ce sujet, ni sans vouloir nous prononcer d'une manière trop affirmative, nous ferons remarquer que le texte hébreu s'est généralement conservé plus pur que le samaritain et surtout que la version des Septante, et que les arguments critiques qui servent à établir son intégrité dans les passages chronologiques du premier âge, ne sauraient être attaqués par des raisons solides. Mais, comme nous aurons occasion de revenir un peu plus bas sur cette question, nous donnerons immédiatement quelques explications nécessaires pour l'intelligence des tableaux chronologiques du premier âge. Ainsi, pour avoir la durée entière de l'espace de temps qui s'est écoulé entre la création du monde et le cataclysme qui couvrit le globe du vivant de Noé, on additionne les années de la première colonne des trois tableaux ; puis on y ajoute 100 ans, qui s'écoulèrent depuis la naissance des trois enfants de ce patriarche jusqu'au déluge, et l'on en conclut que la durée de ce premier âge fut de 1656 ans selon l'hébreu, de 1307 selon le samaritain, et de 2242 selon les Septante. Cependant il y a vraisemblablement dans ce calcul un certain mécompte; car toutes les années y sont supposées complètes, tandis que, selon toute apparence, plusieurs étaient au contraire incomplètes; d'où il arrive que l'on compte deux fois celles qui concourent au terme de chaque génération. C'est ainsi, par exemple, que lorsque Moïse dit qu'Adam avait 130 ans quand il engendra Seth, et que Seth en avait 105 lorsqu'il donna le jour à Enos, on réunit les deux sommes qui produisent 235. Mais Adam pouvait bien n'avoir pas encore 130 ans complets et révolus à la naissance de Seth ; la première année de Seth a donc pu concourir avec la 130e d'Adam ; alors Seth sera entré dans sa 105e année dès l'an 234 du monde, et par conséquent on peut rapporter à cette année 234e la naissance du patriarche Enos. La même chose peut avoir lieu pour la plupart des autres générations; de manière que les sommes totales des trois tableaux peuvent se réduire de cinq ou six années. Quant à l'inégalité que l'on remarque dans le temps auquel chaque patriarche a engendré les enfants qui sont mentionnés dans l'Ecriture, on peut dire, avec saint Augustin (*De civit. Dei*, l. XV, ch. 15), que ceux qui sont nommés dans la Genèse ne sont pas toujours leurs premiers-nés; mais que l'écrivain sacré s'est contenté de nous donner une suite généalogique des patriarches, sans se mettre en peine de nous faire connaître en particulier tous les hommes qui sont nés dans leur rang. Mais nous ne quitterons point ce premier âge sans faire une observation qui n'est pas sans importance pour l'histoire de la religion; c'est que Lamech et Mathusala ont vu Adam et tous les autres patriarches descendus de lui, et que Noé même, qui n'a vu ni Hénoch, ni Seth, a du moins vu Enos et les suivants; qu'ainsi Mathusala et Lamech ont pu recueillir les traditions en remontant jusqu'à l'origine du monde, et qu'ils les ont transmises à Noé, qui lui-même a vécu avec le petit-fils du premier homme. — CHRONOLOGIE DU DEUXIÈME AGE. — D'après le système d'Ussérius, que nous avons adopté, la période de temps qui forme le second âge et qui s'étend depuis le déluge jusqu'à l'entrée d'Abraham dans la terre promise comprend un espace de 427 ans. L'hébreu, la Vulgate et les Septante marquent l'âge auquel les patriarches ont engendré, le temps qu'ils ont vécu depuis ; et de là on peut facilement conclure quelle a été la durée entière de leur vie. Le texte samaritain dispense de tirer cette conclusion, puisqu'il détermine expressément cette durée.

*Chronologie du texte hébreu et de notre Vulgate.*

| | Engendra à | | vécut ensuite | Sa vie entière |
|---|---|---|---|---|
| 1. Sem. . . . . | 100 ans. | | 500 ans. | 600 ans. |
| 2. Arphaxad. . | 35 | Vulgate. | 303 | 338 |
| | | hébreu. | 304 | 438 |
| 3. Salé. . . . . | 30 | | 403 | 433 |
| 4. Héber. . . . | 34 | | 430 | 464 |
| 5. Phaleg. . . . | 30 | | 209 | 239 |
| 6. Réhu. . . . | 32 | | 207 | 239 |
| 7. Sarug. . . . | 30 | | 200 | 230 |
| 8. Nachor. . . | 29 | | 110 | 148 |
| 9. Tharé. . . . | 70 | | .... | 102 |

*Chronologie du texte samaritain.*

| | Engendra à | Vécut ensuite | Sa vie entière |
|---|---|---|---|
| 1. Sem. . . . . | 100 ans. | 500 ans. | 600 ans. |
| 2. Arphaxad. . | 135 | 303 | 438 |
| 3. Salé. . . . . | 130 | 303 | 433 |
| 4. Héber. . . . | 134 | 270 | 404 |
| 5. Phaleg. . . . | 130 | 109 | 239 |
| 6. Réhu. . . . | 132 | 107 | 239 |
| 7. Sarug. . . . | 130 | 100 | 230 |
| 8. Nachor. . . | 79 | 169 | 148 |
| 9. Tharé. . . . | 70 | .... | 145 |

*Chronologie de la version des Septante.*

| | Engendra à | Vécut ensuite | Sa vie entière |
|---|---|---|---|
| 1. Sem. . . . . | 100 ans. | 500 ans. | 600 ans. |
| 2. Arphaxad. . | 135 | 400 | 535 |
| 3. Caïnan. . . . | 130 | 330 | 460 |
| 4. Salé. . . . . | 130 | 330 | 460 |
| 5. Héber. . . . | 134 | 270 | 404 |
| 6. Phaleg. . . . | 130 | 209 | 339 |
| 7. Réhu. . . . | 132 | 207 | 339 |
| 8. Sarug. . . . | 130 | 200 | 330 |
| 9. Nachor. . . | 179 | 125 | 304 |
| 10. Tharé. . . . | 70 | .... | 205 |

Si on supprime de ce tableau les 100 années de Sem, qui appartiennent en effet au premier âge, puisque ce patriarche avait précisément 100 ans lorsque le déluge arriva, et si ensuite on ajoute, d'un côté, une ou deux années entre le cataclysme et Arphaxad, qui naquit en effet deux ans après le déluge ou dans la seconde année depuis le commencement de cette inondation, et de l'autre les 75 années qui s'écoulèrent depuis la naissance d'Abraham jusqu'à son entrée dans la terre promise, on aura pour la durée du second âge 367 ans selon l'hébreu, 1017 ans selon le samaritain, 1247 ans selon les Septante. D'après ces calculs, notre système chronologique se trouverait en défaut de 60 ans; mais nous comblons ce déficit en donnant à Tharé, lorsqu'il engendra Abraham, non point 70 ans seulement, mais 130; et, en adoptant ce calcul, nous ne pensons point faire violence au texte sacré de la Genèse, qui porte : ***Tharé vécut soixante-dix ans et engendra Abram, et Nachor, et Aran*** (XI, 26). Car, premièrement, il est de toute évidence que ce texte ne doit point être pris à la rigueur de la lettre, puisqu'il est constant que Tharé n'eut point ces trois fils en la même année soixante-dixième de son âge. En second lieu, on sait d'ailleurs qu'Abraham était le cadet de ses frères; troisièmement enfin, la Genèse nous apprend que Tharé est mort à Haran à l'âge de 205 ans (XI, 32), et qu'Abraham, son fils, sortant de cette même ville l'année de la mort de son père, n'était âgé que de 75 ans (XII, 4) ; d'où il suit évidemment que ce patriarche ne vint au monde que l'an 130 de son père, et qu'ainsi il est plus jeune que ses deux frères, que Tharé engendra depuis sa soixante-dixième année. Il suit aussi de ces observations que Moïse, en ne mettant dans le texte biblique que la soixante-dixième année de Tharé, a voulu marquer celle à laquelle Tharé commença à engendrer, et non point l'année précise de la naissance de ses trois fils. Il en a usé de même à l'égard de Noé, lorsqu'il dit de ce patriarche qu'*étant âgé de cinq cents ans il engendra Sem, Cham et Japhet* (Gen., V, 31). Cette explication, disons-le en passant, détruit la contradiction apparente qui se trouve entre le récit de Moïse et le discours de saint Etienne, qui, dans les actes des apôtres (VII, 4), dit qu'Abraham ne quitta Aran qu'après la mort de son père. Si toutefois l'on nous objecte qu'Abraham est nommé le premier dans cette liste généalogique, nous répondrons que ce n'est nullement comme l'aîné de ses deux frères; mais c'est à cause de son grand mérite personnel et du rôle important qu'il a joué dans sa nation. C'est ainsi que Sem se trouve toujours nommé le premier dans le dénombrement des deux fils de Noé, bien qu'il soit plus jeune que Japhet et Cham, ses deux frères (*Gen.*, IX, 24; X, 21, 31). C'est encore ainsi que Moïse lui-même paraît constamment avant Aaron, qui était pourtant son frère aîné. — Parmi les difficultés que présente la confrontation des trois tables du deuxième âge, il en est une surtout qui a beaucoup exercé et qui exercera probablement toujours les interprètes et les chronologistes: c'est le nom de Caïnan, qui manque dans le texte hébreu et dans le samaritain, et qui figure dans les Septante comme fils d'Arphaxad et père de Salé, qu'il engendra à l'âge de 430 ans. Or ce qui confirme la leçon des Septante, c'est que saint Luc, dans la généalogie de Jésus-Christ (III, 36), nomme aussi Caïnan comme père de Salé. Nous n'entrerons point ici dans une discussion approfondie pour décider quelle est la leçon que l'on doit préférer; nous nous bornerons à dire que l'histoire et la critique du texte fournissent également des raisons spécieuses en faveur de l'hébreu, du samaritain, de la Vulgate, d'un côté, et de la version des Septante, de l'autre, mais que nous penchons cependant pour le texte hébreu. Et si l'on nous objecte que l'omission du mot *Caïnan* s'explique plus facilement en critique que l'addition des quatre versets des Septante, où il est question de Caïnan, nous répondrons que, dans la plupart des cas analogues, cette règle de critique est incontestable; mais que, dans celui-ci, elle se trouve subordonnée à une autre question, qui est de savoir s'il n'y pas d'autre motif de supposer que la version grecque a pu être interpolée dans ce passage. Or il y en a plus d'un, ce nous semble. D'abord il n'y a point d'accord entre les différents exemplaires, sur le nombre d'années qu'Arphaxad vécut, après avoir engendré Caïnan (*Gen.*, XI, 13). L'édition commune ou ordinaire porte ce nombre à 400; d'autres à 365; quelques-unes à 335; plusieurs à 330; d'autres enfin à 300. En second lieu, ni Josèphe ni Philon, qui se servaient des exemplaires de cette version, n'ont connu Caïnan. D'un autre côté, les anciens Pères ont constamment enseigné qu'il n'y avait que dix générations depuis Noé jusqu'à Abraham. Origène (*Tract. XVI in Matth.*, et *Tract. XX in Joan.*, et *Homil. IV in Numeros*) n'y compte en effet que dix générations. Eusèbe, qui dans sa Chronique a suivi les exemplaires d'Origène, ne dit rien de Caïnan. Jules Africain, plus ancien que ce père de l'histoire ecclésiastique, et qui vivait du temps d'Origène, n'a point lu Caïnan dans les Septante, puisqu'il ne compte que 5,000 ans depuis Adam jusqu'à la mort de Phaleg. Théophile d'Antioche (*Lib. III ad Autolyc.*), dans la supputation qu'il fait des années, conformément à l'édition des Septante, ne fait aucune mention de Caïnan dans son texte grec; et si ce mot se trouve dans la version latine, c'est seulement au traducteur qu'il faut l'attribuer. En troisième lieu, presque tous les anciens Pères et écrivains ecclésiastiques qui ont suivi les Septante dans leurs supputations chronologiques, ont omis les années qu'aurait dû nécessairement introduire dans leur calcul l'existence de Caïnan. Ajoutons qu'on ne lit point ce nom dans l'édition grecque des Septante, faite sur l'ancien exemplaire de Rome, ni dans la version syriaque, ni dans les deux versions arabes. Il semblerait donc que ce n'est que depuis Eusèbe que cette addition a été faite aux exemplaires des Septante, et que, du temps d'Origène, le nom de Caïnan ne se lisait pas encore dans les meilleurs manuscrits grecs. Quant à saint Luc, il n'est nullement certain que ce soit cet évangéliste lui-même qui ait inséré le nom de Caïnan dans sa généalogie du Sauveur. Plusieurs savants, entre autres Corneille Lapierre, le P. Pétau, Noël Alexandre, pensent que ce nom a été ajouté plus tard. On conçoit aisément en effet que si ce mot a été ajouté dans les Septante, il a dû l'être également dans saint Luc, qui, dans ses citations de l'Ancien Testament, fait usage de cette version. Voilà les raisons de critique qui nous ont fait préférer la leçon du texte hébreu à celle de la version des Septante, par rapport à Caïnan; et si nous lui avons accordé la même préférence pour sa chronologie en général, c'est, comme nous venons de le dire un peu plus haut, qu'il s'est généralement conservé plus pur que tous les autres. Cependant, il faut bien le reconnaître, le calcul des Septante ouvre une voie plus facile de conciliation entre l'histoire sainte et les annales des divers peuples de l'antiquité. Ainsi, par exemple, nous dit-on, sans avoir égard aux prétentions des Orientaux, qui se sont toujours donné une antiquité fort exagérée, mais en réduisant leurs calculs à une valeur qui semble juste et raisonnable, Champollion a établi pour les Egyptiens, que le commencement de leur quinzième dynastie, la plus ancienne sur laquelle on ait des données certaines, et qui pourtant, selon toute probabilité, fut précédée par quelques autres, remonte à plus de 2,500 ans avant J.-C. D'après les recherches de plusieurs savants sinologues sur la chronologie chinoise, l'empereur Hoang-ti monta sur le trône vers l'an 2698 avant J.-C. Evidemment ces dates dépassent de beaucoup l'époque assignée au déluge par le texte hébreu. Aussi Champollion-Figeac ne craint point d'avancer que « des monuments antiques de l'histoire profane encore subsistants de nos jours, et remontant à une époque certaine, ne peuvent pas se concilier avec la date assignée au déluge, selon le texte hébreu et la Vulgate, qui en est la traduction latine » (*Résumé de chronologie*, p. 106). Tout en admettant qu'il faut bien que ces raisons aient un certain poids, puisqu'elles ont fait impression sur un grand nombre de savants et les ont déterminés à rejeter la chronologie du texte hébreu, nous ferons remarquer premièrement que les données qui ont servi de base aux calculs de ces savants ne sont, ou du moins ne semblent pas appuyées elles-mêmes sur des preuves assez claires et assez solides pour qu'on puisse les adopter avec une sécurité pleine et entière; secondement, qu'en admettant ces données comme certaines, il serait bien difficile de ne point arriver à des résultats qui mettraient en défaut la chronologie des Septante même. Mais passons au troisième âge. — CHRONOLOGIE DU TROISIÈME AGE. — Le troisième âge du monde offre moins de difficultés que les deux premiers, parce que le texte sacré présente lui-même des époques plus assurées, et que les obscurités qui s'y trouvent sont plus faciles à dissiper. La durée de 430 ans est expressément marquée par Moïse dans l'Exode (XII, 40) et dans l'Epître de saint Paul aux Galates (III, 17). Il est vrai que le texte hébreu porte à la lettre: ***Or le temps que les enfants d'Israël demeurèrent dans l'Egypte fut de quatre cent trente ans;*** ce qui semble inexact au premier abord, puisque, si l'on veut prendre le temps précis du séjour des Israélites en Egypte, on n'y trouvera que 215 ans; mais nous avons tout lieu de supposer ici, dans l'hébreu, une faute de la part des copistes, qui ont omis quelques mots qui se trouvent dans le samaritain aussi bien que dans les Septante. Voici en effet les paroles du samaritain et de la version grecque: ***Le temps que les enfants d'Israël demeurèrent dans l'Egypte et dans la terre de Chanaan, eux et leurs pères, fut de quatre cent trente ans.*** Cette leçon est d'ailleurs confirmée par le témoignage formel de saint Paul, de l'historien Josèphe et de saint Augustin. Car, premièrement, le grand apôtre compte les 430 ans depuis les promesses que Dieu fit à Abraham au jour de sa vocation jusqu'à la loi donnée par Moïse. En second lieu, Josèphe reconnaît (*Antiq.*, l. II, ch. 6) que les Israélites sortirent de l'Egypte 430 ans après qu'Abraham fut venu dans la terre de Chanaan, et 215 ans seulement après l'arrivée de Jacob en Egypte. Enfin le témoignage de saint Augustin est encore plus explicite: Il est constant, dit ce Père (*Quæst. 47 super Exod.*), que dans les 430 ans terminés à la sortie d'Egypte il faut comprendre le temps même des patriarches, depuis qu'Abraham commença son séjour dans le pays de Chanaan, c'est-à-dire depuis la promesse au sujet de laquelle l'Apôtre loue sa foi (*Hébr.*, XI, 8), jusqu'au temps où Israël entra en Egypte; car pendant tout ce temps, les pères des Israélites mêmes habitèrent comme étrangers dans l'Egypte; et c'est de cette manière que furent remplies les 430 années depuis la promesse faite à Abraham jusqu'au temps où les Israélites sortirent de l'Egypte, lorsque la loi fut donnée sur le mont Sinaï, cette loi qui, selon l'expression de l'Apôtre, n'a pu annuler l'alliance faite avec Abraham, ni anéantir les promesses. » Nous n'arrêterons pas longtemps le lecteur sur la difficulté que semble soulever le chapitre XV, verset 13 de la Genèse, où il n'est parlé que de 400 ans au lieu de 430, parce qu'il s'agit là d'une prophétie, et que, d'après le style des oracles prophétiques, dans les nombres composés de plusieurs espèces d'unités l'on passe sous silence la plus petite. D'ailleurs, comme l'a remarqué saint Augustin, dans le passage dont nous venons de citer une partie, ces 400 ans peuvent très-bien se compter depuis la naissance d'Isaac, qui naquit environ 25 ans après la promesse faite à Abraham au jour de sa vocation; en sorte que, depuis la naissance d'Isaac jusqu'à la sortie des Hébreux hors de l'Egypte se trouve un espace de 405 ans, que Dieu exprime par le nombre entier de 400. Ainsi nous pouvons résumer en quelques époques principales la durée du troisième âge.

| | |
|---|---|
| Abraham vint dans la terre de Chanaan à l'âge de 75 ans; il était âgé de 100 ans lorsqu'il engendra Isaac (*Gen.*, XXI, 5). Isaac naquit donc 25 ans après l'arrivée de son père dans le pays de Chanaan. . . . . . . . . . . . . . . . . . . | 25 ans. |
| Isaac engendra Jacob à 60 ans (*Gen.*, XXV, 26). . . . . . . . | 60 ans. |
| Jacob avait 130 ans à son arrivée en Egypte (*Gen.*, XLVII, 9). | 130 ans. |
| De là il résulte que depuis l'entrée d'Abraham dans le pays de Chanaan jusqu'à l'arrivée de Jacob en Egypte, il s'écoula | 215 ans. |
| En ajoutant pour le séjour des Israélites en Egypte. . . . . | 215 ans. |
| On a pour la durée du séjour des Israélites et de leurs pères en Egypte et dans le pays de Chanaan le nombre de. . . | 430 ans. |

— CHRONOLOGIE DU QUATRIÈME AGE. — La durée du quatrième âge, qui commence à la sortie d'Egypte, se trouve déterminée par la fondation du temple de Salomon; elle comprend 480 ou plutôt 479 années complètes. Voici le passage biblique qui nous a porté à prendre, avec nos chronologistes modernes, cet événement pour époque dans l'histoire des Hébreux. On lit donc au troisième livre des Rois (VI, 1) : *On commença donc de bâtir une maison au Seigneur en l'année 480e, depuis la sortie des enfants d'Israël hors de l'Egypte, quatrième du règne de Salomon.* Ce texte, quoi qu'en disent quelques chronologues, est, sous le rapport de la critique littérale, à l'abri de toute attaque sérieuse, puisqu'il se trouve absolument en ces termes dans l'hébreu, le chaldéen, le syriaque, l'arabe et la Vulgate. Il est vrai que dans l'édition romaine, la version grecque porte seulement *quatre cent quarante;* mais celle de Complute lit *quatre cent quatre-vingts;* ce qui suffit, en bonne critique, pour abandonner la leçon de l'édition romaine. Mais c'est sous d'autres rapports que le passage du livre des Rois souffre des difficultés. Et d'abord saint Paul parlant aux Juifs d'Antioche leur dit : *Le Dieu du peuple d'Israël a choisi nos pères, et il a élevé ce peuple pendant qu'il demeurait en Egypte, d'où il le fit sortir par la force de son bras. Et pendant l'espace de* QUARANTE ANS, *il les supporta dans le désert; puis, ayant détruit sept nations dans la terre de Chanaan, il la leur partagea au sort, et environ* QUATRE CENT CINQUANTE ANS *après, il leur donna des juges jusqu'à Samuel le prophète* (*Act.*, XIII, 17-20). Ces paroles de saint Paul paraissent en effet contredire ouvertement celles du livre des Rois; car si, selon le passage de ce dernier livre, on ne doit compter que 480 ans depuis la sortie d'Egypte jusqu'à la quatrième année de Salomon, comment s'en serait-il écoulé 450 ans depuis le partage de la terre de promission jusqu'à Samuel, antérieur à Salomon de moins de 30 années? D'ailleurs ne sait-on pas que lorsque Dieu donna des juges aux Israélites, il ne s'était écoulé tout au plus que 36 ans depuis le partage du pays de Chanaan? Il faut remarquer cependant que le texte que nous venons de citer, d'après le grec de l'édition romaine, se lit ainsi dans la Vulgate : *Sorte distribuit eis terram eorum, quasi post quadringentos et quinquaginta annos : et post hæc dedit judices usque ad Samuelem prophetam.* Il faut remarquer encore que plusieurs manuscrits grecs, entre autres celui de Cambridge, sont conformes à la Vulgate, dont la leçon fait disparaître la difficulté. Mais il est un autre passage de l'Ecriture qui paraît encore opposé à celui du livre des Rois. Jephté comptait de son temps 300 ans écoulés depuis l'entrée des Hébreux dans la terre promise, jusqu'à leur servitude sous les Ammonites (*Judic.*, XI, 26). Or le temps qui s'écoula depuis le commencement de cette servitude jusqu'à la fondation du temple de Salomon, s'étend certainement beaucoup au delà de 180 ans. Une troisième difficulté surgit du calcul même des temps pris selon la lettre du texte sacré; car s'il ne s'écoula que 480 ans depuis que les Israélites sortirent de l'Egypte jusqu'à la quatrième année du règne de Salomon, et qu'on donne

| | |
|---|---|
| Au gouvernement de Moïse. . . . . . | 40 ans. |
| A celui de Josué. . . . . . . . . | 7 ans. |
| A celui des anciens. . . . . . . . | 30 ans. |
| A celui d'Héli. . . . . . . . . | 40 ans. |
| A celui de Samuel. . . . . . . . | 21 ans. |
| A celui de Saül. . . . . . . . . | 40 ans. |
| A celui de David. . . . . . . . | 40 ans. |
| Et à Salomon. . . . . . . . . | 3 ans. |
| On aura pour total la somme. . . . . . . | 221 ans. |

— Or si l'on déduit ces 221 ans de 480, il ne restera que 259 ans pour les servitudes des Israélites et le gouvernement des juges. Mais, d'après les calculs qu'il est permis d'établir sur le texte même du livre des Juges, les années de ces gouverneurs jointes à celles des servitudes présentent un total de 410 ans; d'où il résulte qu'il faudrait donner au quatrième âge une durée non pas de 480 ans seulement, mais de plus de 600. — Pour résoudre ces difficultés, les savants ont eu recours à diverses suppositions : les uns changent la leçon du livre des Rois, qu'ils regardent comme fautive; d'autres ont inventé des moyens de conciliation, qui paraissent au moins beaucoup plus spécieux. Nous citerons en première ligne le système d'Ussérius. Cet habile chronologiste suppose que le nombre d'années dont il est parlé, lorsque le texte porte : *Le pays fut en repos,* désigne l'époque à laquelle ce repos commença, et non la durée de ce repos ou du gouvernement du juge qui la procura. Ainsi il traduit la formule : *Le pays fut en repos quarante ans,* par : *Le pays commença à être en repos la quarantième année,* à compter depuis le repos précédent. Ce système ingénieux donne à la vérité au quatrième âge son intervalle de 480 ans; mais il n'est pas lui-même sans difficulté : car les passages de l'Ecriture, qu'Ussérius cite à l'appui de sa manière de traduire, ne présentent point la même construction; et, d'un autre côté, n'est-ce point encore faire violence au texte que de comprendre dans un même nombre les années de paix et les années de servitude? Ce système d'interprétation paraît du moins peu naturel et peu conforme au style ordinaire de l'Ecriture. Quant aux 300 ans du calcul de Jephté, Ussérius les considère souvent comme un nombre rond et parfait, mis, comme il arrive souvent, pour un nombre imparfait, que ses calculs ne font point remonter au delà de 263 ans. Enfin le passage des Actes des apôtres offre, il est vrai, une troisième difficulté; mais, il faut l'avouer, elle n'est pas bien solide. En effet on peut, avec Ussérius et d'autres savants critiques, remonter jusqu'à la naissance d'Isaac, pour avoir l'époque précise du temps dont parle saint Paul. Le texte lui-même nous y autorise assez ouvertement. Le grand Apôtre venait de dire immédiatement : *Le Dieu d'Israël a choisi nos pères.* Or il les avait choisis en faisant naître Isaac, pour qu'il fût, au lieu d'Ismaël, la tige du peuple qui devait descendre d'Abraham et jouir des prérogatives attachées à la véritable postérité de ce patriarche (*Gen.*, XXI, 12). Il rappelle ensuite la délivrance de la servitude d'Egypte, le séjour des Hébreux dans le désert, la conquête du pays de Chanaan et le partage qui en fut fait aux tribus; puis, revenant au point d'où il est parti, c'est-à-dire à l'élection du peuple d'Israël par la naissance d'Isaac, il ajoute (d'après le texte grec) : *Et (ainsi) environ 450 ans s'étant écoulés, il leur donna des juges jusqu'à Samuel;* c'est-à-dire dont Samuel fut le dernier. Cette solution paraît d'autant plus admissible, que, de la naissance d'Isaac à la sortie d'Egypte on compte 405 ans, lesquels, si on y ajoute les 40 années de séjour dans le désert et les 6 ans et demi qui s'écoulèrent jusqu'au partage de la terre promise, présentent un total d'environ 451 ans, qui nous porte à l'an du monde 2560, c'est-à-dire à l'année même où s'acheva le partage, qui a servi de point de départ à Ussérius, dans sa chronologie des juges. — Un second système, que nous ne saurions passer sous silence, parce qu'il a paru assez fondé à un grand nombre d'interprètes, est celui du chevalier Marsham (*Canon. chron. ægypt., Hebr., Græc.*). Ce savant observe que les 480 ans que le livre des Rois compte depuis la sortie d'Egypte jusqu'à la fondation du temple de Salomon se trouvent partagés en deux intervalles : l'un de 340 ans, dont 40 s'écoulèrent depuis la sortie des Israélites hors de l'Egypte jusqu'à leur entrée dans le pays de Chanaan, et 300 ans, qu'il faut compter, selon Jephté (*Judic.*, XI, 26), depuis cette entrée jusqu'à l'invasion des Ammonites; et l'autre de 140 ans, qui s'étend de cette invasion à la fondation du temple. Pour trouver ce total de 480 ans, Marsham suppose que les judicatures aussi bien que les servitudes, dont il est parlé dans le livre des Juges, ne furent point successives, mais simultanées. Ainsi, selon cet auteur, il y avait en même temps des juges différents à l'orient et à l'occident, au nord et au sud du Jourdain; et les guerres qu'eurent à soutenir les Israélites d'une des parties du pays de Chanaan ne regardaient nullement les tribus établies dans les autres. Par exemple, lorsque le texte sacré dit que le pays fut en repos 80 ans après qu'Aod eut vaincu les Moabites (*Judic.*, III, 30), Marsham ne l'entend que de la partie orientale, et il veut que 20 ans après la victoire d'Aod, Jabin, roi de Chanaan, qui régnait dans Asar, attaqua les Israélites de la partie du nord et les opprima pendant 20 ans, jusqu'à ce que les tribus de Zabulon et de Nephtali, commandées par Barac, ayant défait Sisara, général de Jabin, tout le pays fut en repos durant 40 ans, qui finirent avec les 80 années de paix dont la partie de l'orient ne cessa point de jouir. De cette manière, notre chronologiste abrége les temps et réduit les 480 ans marqués par l'auteur du premier livre des Rois tout l'intervalle qui se trouve entre la sortie d'Egypte et la fondation du temple de Salomon. Mais cette supposition des judicatures et des servitudes simultanées nous a paru bien peu fondée, d'autant plus que la formule : *Le pays fut en repos* signifiant dans trois endroits différents, de l'aveu de notre auteur lui-même, que *tout le pays fut en paix*, c'est par pure conjecture qu'il en restreint la signification seulement à une partie, lorsque cela favorise ses calculs. On a soulevé encore d'autres difficultés sérieuses contre ce système; mais on a aussi essayé, quoique inutilement, de le concilier avec celui d'Ussérius. Nous ne dirons rien de la chronologie proposée par le P. Houbigant; elle repose uniquement sur des conjectures et des suppositions trop gratuites pour que nous puissions l'adopter. Nous ne saurions prendre un parti entre les systèmes d'Ussérius et de Marsham, parce que les difficultés qu'ils présentent tous les deux nous semblent aussi graves, quoiqu'elles ne soient pas de même nature. — Mais si l'époque de l'histoire des Hébreux, remplie par le gouvernement des juges et les différentes servitudes, offre des difficultés, la période qui l'a précédée n'en est pas exempte: car, sans parler du gouvernement des anciens ni de l'anarchie qui l'a suivi, comment classer et arranger les événements contenus dans le livre de Josué, pour les rattacher à des dates certaines? Le seul point qui puisse être solidement établi, c'est que Josué gouverna les Israélites pendant 7 ans au moins, et 35 ans au plus. Tel est le vague dans lequel nous laisse le texte sacré. Pour avoir donc une date plus précise et plus déterminée, les interprètes ont eu recours à des conjectures plus ou moins spécieuses. Posant presque tous en principe que depuis la délivrance de l'Egypte jusqu'à la fondation du temple de Salomon il s'est écoulé 480 ans, selon le passage déjà cité du livre des Rois, que quelques-uns seulement croient fautif, et ne trouvant rien de déterminé sur la durée du gouvernement des juges, des anciens et de Josué dans cet intervalle, ils ont donné à celui de Josué, les uns plus, les autres moins de temps, selon l'opinion que chacun d'eux a embrassée par rapport au gouvernement des anciens et à celui des juges. De là l'historien Josèphe prétend que Josué a commandé le peuple de Dieu pendant 25 ans, Ussérius pendant 7 ou 8 seulement, quelques anciens Pères, 27; le savant Masius avec les rabbins, 28; Bonfrère, suivi de Lightfoot, de D. Calmet, de Carpzovius, 17, etc. D'après cet exposé, on comprend aisément qu'il est impossible de dresser un tableau chronologique du quatrième âge, dont les dates soient bien certaines. Cependant, comme il faut nécessairement que nous en présentions un au lecteur, nous nous sommes déterminé à tracer le suivant, d'après les calculs d'Ussérius.

| | |
|---|---|
| Les Israélites sortent de l'Egypte et arrivent dans le désert, où ils demeurent et où Moïse meurt. . . . . . . . . . . . | 40 ans. |
| Josué, successeur de Moïse, introduit le peuple dans la terre promise, qu'il partage entre les tribus, et meurt. . . . . . | 8 ans. |
| Après la mort de Josué les anciens ou chefs des tribus gouvernent le peuple. . . . . . . . . . . . . . . . . . | 30 ans. |
| Viennent ensuite des juges, que Dieu suscite de temps en temps, lorsque les Israélites sont asservis et dominés par leurs ennemis. Cette période, prolongée jusqu'au règne de Saül, embrasse un espace de. . . . . . . . . . . . . . | 318 ans. |
| Saül et David règnent chacun 40 ans. . . . . . . . . . . | 80 ans. |
| Salomon, successeur de David, monte sur le trône, et la quatrième année de son règne a lieu la fondation du temple. . . | 4 ans. |
| En tout, pour la durée du quatrième âge. . . . . . . . . . . | 480 ans. |

— CHRONOLOGIE DU CINQUIÈME AGE. — Le cinquième âge, qui s'étend depuis la fondation du temple de Salomon jusqu'à la captivité de Babylone, comprend un espace de 424 ans. Les monuments de l'Écriture où l'on peut puiser les faits et les événements qui remplissent cette période de l'histoire sacrée et qui ont servi conséquemment à en dresser le tableau chronologique sont les deux derniers livres des Rois et les Paralipomènes. Si ces deux sources réunies fournissent en quelques endroits des matériaux plus riches et plus abondants, elles offrent aussi dans d'autres des difficultés qui naissent de leur désaccord dans les dates qu'elles assignent aux mêmes événements; car il ne faut point oublier que les Paralipomènes répètent un certain nombre de faits historiques déjà racontés dans les livres des Rois. A ces difficultés il faut ajouter celles que présentent ces derniers livres, quand on veut dresser une liste des rois de Juda et d'Israël, marquer avec exactitude le temps que chacun d'eux a gouverné l'Etat, et en additionnant ces sommes trouver dans leur produit le terme précis de la durée de leur royaume. Cependant on doit convenir, d'un autre côté, que les commentateurs et les interprètes ont trouvé le moyen d'expliquer d'une manière satisfaisante un grand nombre de ces difficu tés; et ce premier succès prouve que celles qui pourraient rester encore malgré tous leurs efforts, ne sont qu'apparentes; et que, si elles semblent insolubles, c'est uniquement, parce que notre ignorance n'a point su découvrir le moyen, peut-être très-simple au fond, de les résoudre. C'est la réflexion qu'auraient dû faire Spinosa et quelques exégètes téméraires de ces derniers temps, au lieu de nier l'authenticité des livres saints, à cause des fautes de chronologie que la critique croit y apercevoir. Nous n'entrerons point dans les longues discussions que nécessiterait la conciliation des divers passages bibliques qui paraissent opposés au chiffre de 424 ans assigné au cinquième âge; cette tâche nous entraînerait beaucoup au delà des limites qui nous sont prescrites dans cet article. Nous nous bornerons à quelques observations historiques. Après la mort de Salomon, Roboam, son fils, lui succéda; mais sa conduite ayant exaspéré les Israélites, dix tribus se révoltent contre lui et reconnaissent pour roi Jéroboam, fils de Nabat. Par suite de ce schisme, deux royaumes sont établis, celui de Juda, formé seulement des tribus de Juda et de Benjamin, et celui d'Israël, composé des dix autres tribus. Le premier, qui compte dix-huit rois, a duré pendant 388 ans; le second, qui en a eu vingt, n'a subsisté que pendant 254 ans. Osée, dernier roi d'Israël, s'étant allié aux Egyptiens, et s'étant soulevé contre Salmanasar, roi d'Assyrie, celui-ci vint assiéger Samarie, qu'il prit après un siége de trois ans. Il jeta Osée dans les fers, passa par le fer une multitude d'Israélites, et transporta les autres soit en Assyrie, soit dans les villes des Mèdes. Entre ces captifs se trouva Tobie de la tribu de Nephtalie. Quant à l'histoire de Judith, l'opinion la plus commune et d'ailleurs la plus facile à concilier avec la chronologie est celle qui la place avant la captivité de Babylone. Mais les défenseurs de cette opinion ne s'accordent ni sur le temps où cette héroïne a sauvé Béthulie, ni sur ce qu'était Nabuchodonosor dont l'armée fut détruite sous les murs de cette ville. On peut voir sur cette question la dissertation qui a été communiquée à l'auteur de cet article et qu'il a insérée dans son *Introduction historique et critique aux livres de l'Ancien et du Nouveau Testament*, t. III. — Nous attachons aux trois dates suivantes tous les événements qui ont rempli la durée du cinquième âge.

| | |
|---|---|
| Salomon meurt 36 ans après la fondation du temple. . . . . | 36 ans. |
| Roboam lui succède; mais dix tribus s'étant détachées de sa couronne, elles forment un royaume séparé; par suite de cette division, deux gouvernements sont établis, celui d'Israël, qui dure. . . . . . . . . . . . . . . . . . . . . | 254 ans. |
| Et celui de Juda, qui subsiste 388 ans, ou bien qui survit à celui d'Israël de. . . . . . . . . . . . . . . . . . | 134 ans. |
| Total. . . | 424 ans. |

— CHRONOLOGIE DU SIXIÈME AGE. — Le sixième âge ou la période de temps qui s'est écoulée entre la captivité de Babylone et la naissance de Jésus-Christ embrasse, selon nous, un espace de 584 ans. Quoique cet âge offre sous certains rapports moins de difficultés que les précédents, parce qu'il est plus rapproché de nous, il n'est cependant pas bien aisé d'en déterminer la durée précise, parce que les différents calculs des chronologues ont répandu des nuages sur les époques qui peuvent la fixer. La première de ces époques, c'est-à-dire le premier terme, le point de départ de cet âge, est le commencement de la captivité de Babylone, comme la dernière, ou le dernier terme auquel elle aboutit, est la naissance de Jésus-Christ. Or l'époque du commencement de l'émigration des Juifs tient à celle de l'empire des Babyloniens sous Nabuchodonosor, qui envoya à Babylone une multitude de captifs la première année de son règne, comme le dit expressément Jérémie dans ses prophéties (XXV, 1). Ajoutez que l'une et l'autre époque dépendent du commencement de l'empire des Perses sous Cyrus, qui rendit la liberté aux Juifs dans la première année de son règne. Mais le règne de ce prince a trois époques différentes. La fin du cinquième âge, venons-nous de dire, doit être déterminé par l'époque de la naissance de Jésus-Christ. Or c'est encore un point sur lequel les chronologistes sont loin de s'accorder. Il faut cependant le dire, la différence entre eux n'est que d'un très-petit nombre d'années. Enfin on trouve encore quelque difficulté à concilier la durée de cet âge, avec plusieurs dates assignées par l'Ecriture elle-même à certains faits historiques qui ont eu lieu dans la même période, c'est-à-dire entre la captivité et la naissance du Sauveur. Ainsi, sans parler d'Esther, dont il n'est pas aisé de placer l'histoire, Isaïe (VII, 7) annonce que dans *soixante-cinq ans, Ephraïm cessera d'être peuple*, sans qu'on sache précisément quelle est l'année à laquelle Dieu lui a inspiré cet oracle prophétique, et par conséquent quelle est celle où il a dû avoir son accomplissement. Ezéchiel, parlant de l'infidélité des deux royaumes de Juda et d'Israël, marque *trois cent quatre-vingt-dix jours*, c'est-à-dire, selon le style biblique et d'après le contexte, *trois cent quatre-vingt-dix ans*. Or il est encore difficile de déterminer l'époque de ces années. D'un autre côté, Jérémie nous apprend (XXV) que la captivité doit commencer en *la quatrième année de Joakim, fils de Josias, roi de Juda, qui est la première année de Nabuchodonosor, roi de Babylone*, tandis que Daniel commence ses prophéties en disant : *Dans la troisième année du règne de Joakim, roi de Juda, Nabuchodonosor, roi de Babylone, vint à Jérusalem et y mit le siège*. On voit qu'il y a entre le récit de ces deux prophètes une différence d'une année; mais cette légère différence ne saurait présenter une difficulté sérieuse ; on peut supposer à bon droit que Nabuchodonosor partit de Babylone dès la *troisième année* de Joakim, et qu'il n'entra en Judée que dans la *quatrième* du règne de ce prince. Enfin c'est encore, au cinquième âge qu'appartient la célèbre prophétie de Daniel sur les soixante-dix semaines, prophétie qui a donné lieu à bien des hypothèses différentes, à cause de la difficulté qu'il y a d'assigner l'époque précise où commencent ces soixante-dix semaines. Nous nous bornerons à deux réflexions sur cette difficulté. Nous dirons d'abord qu'elle n'est pas insoluble, parce que, parmi les moyens de solution proposés par les savants, il en est qui sont de nature à satisfaire un esprit raisonnable. Nous ajouterons que le grand objet, l'objet dominant de cette prophétie, qui est incontestablement le Messie, Jésus de Nazareth, se trouve établi, indépendamment de tout calcul chronologique, par l'ensemble même de l'oracle prophétique, qui d'ailleurs ne peut s'appliquer à aucun autre personnage, sans faire violence tant à l'esprit qu'à la lettre du texte. — Ainsi pour résumer en quelques mots ce que nous avons dit dans cette première partie de la chronologie sacrée, nous rappellerons qu'elle se divise en six âges, dont le premier, qui s'étend depuis le commencement du monde jusqu'au déluge, comprend 1656 ans; le deuxième, depuis le déluge jusqu'à l'entrée d'Abraham dans la terre promise, 427; le troisième, depuis cette entrée jusqu'à la sortie de l'Egypte, 479; le quatrième, depuis cette sortie jusqu'à la fondation du temple de Salomon, 479; le cinquième, depuis cette fondation jusqu'à la captivité de Babylone, 424; enfin le sixième depuis cette captivité jusqu'à la naissance de Jésus-Christ, 584 : ce qui porte la naissance du Sauveur à l'an du monde 4000. — DEUXIÈME PARTIE DE LA CHRONOLOGIE SACRÉE. — Nous avons déjà remarqué au commencement de cet article que si, à l'exemple de Bossuet, on a égard à la partie prophétique de nos livres saints, on comprendra aisément que la chronologie sacrée doit se prolonger au delà des temps historiques du Nouveau Testament, c'est-à-dire des temps apostoliques, puisque la Bible renferme des oracles qui n'ont pas encore été entièrement accomplis, et qui ne le seront qu'à la fin du monde. Mais il faut bien se garder de tomber dans le défaut de ceux qui, l'esprit de secte ou de fausses spéculations, quoique consciencieuses, interprétant mal certains passages prophétiques de la Bible, en ont fait des applications plus ou moins erronées, plus ou moins dangereuses. De tous les livres de la Bible, celui dont on a abusé le plus en cette matière, c'est, on le sent bien, l'Apocalypse. Le fond et la forme même de cette composition, que l'Esprit-Saint a dictée à l'apôtre saint Jean, ont été exploités en tous sens pour trouver presque dans chacun de ses mots une allusion à quelque fait historique. Nous sommes loin de blâmer par cette réflexion les efforts louables au contraire des écrivains qui ont cherché à dissiper l'obscurité de ce livre, qui nécessairement doit avoir un sens vrai et réel dans chacune de ses parties; mais nous voudrions prévenir les lecteurs chrétiens qu'ils ne doivent faire aucun fond sur des systèmes qui ne reposent eux-mêmes que sur un fondement peu solide, l'imagination de leurs auteurs, quoique plus d'une fois les applications aux faits historiques ont quelque chose de spécieux. Parmi ces derniers systèmes nous pouvons citer celui de l'abbé de la Chétardie. Le fond de ce système, inventé avant lui, pourrait à la rigueur être adopté, avec certaines modifications; car il est au moins imprudent de chercher dans l'Apocalypse une histoire circonstanciée de l'Eglise chrétienne depuis sa naissance jusqu'à la fin du monde. Ainsi ce qui, à notre avis, doit le faire rejeter, c'est le plan suivi d'applications historiques qui en résulte. Saint Augustin avait dit dans sa *Cité de Dieu* (l. XX, ch. 8) : *Le livre de l'Apocalypse comprend tout le temps qui s'écoule depuis le premier avénement de Jésus-Christ jusqu'à son dernier avénement à la fin des siècles*. Ce texte a fourni l'occasion à quelques écrivains de découvrir les sept âges de l'Eglise non-seulement dans les symboles qui accompagnent l'ouverture des sept sceaux et des sept trompettes, mais dans ceux qui accompagnent l'effusion des sept coupes. Sans donner à ces idées plus d'importance qu'elles ne méritent, nous adoptons volontiers les époques chronologiques de leurs auteurs, et à leur exemple nous partagerons cette deuxième partie de la chronologie en sept âges, cette division pouvant aider facilement dans la lecture et l'étude de l'histoire de l'Eglise. — CHRONOLOGIE DU PREMIER AGE. — Le premier âge de l'Eglise s'étend depuis la naissance de Jésus-Christ jusqu'à la paix donnée à l'Eglise par Constantin et comprend une période de 312 ans. On sent bien que nous ne pouvons donner ici un tableau chronologique complet, nous devons nous borner à signaler les faits et les événements principaux de l'histoire sacrée et ecclésiastique. Ainsi dans le premier siècle qui s'est écoulé depuis que le Verbe fait chair est entré dans le monde, les grands mystères de la religion chrétienne ont été accomplis. Le Sauveur des hommes est né le 25 décembre de la quatrième année avant l'ère vulgaire; et c'est de sa naissance que l'on compte assez ordinairement les années; quoique, d'un autre côté, on suppose souvent les quatre années vulgaires sans en faire mention. C'est ainsi que l'on dit simplement que le monde a été créé 4004 avant J.-C., au lieu de dire : 4000 avant J.-C., et 4004 ans avant l'ère vulgaire. — Huit jours après sa naissance, c'est-à-dire le 1^er^ janvier, Jésus-Christ fut circoncis. A l'âge de douze ans il se rend à Jérusalem pour la fête de Pâques. Son précurseur Jean Baptiste commence sa prédication, l'an 15^e^ de l'empire de Tibère, et la 28^e^ de J.-C.; il baptise deux ans après, au 6 janvier, le Sauveur, qui entrait par conséquent dans sa trentième année, qui fut la première de son ministère public; sa première pâque depuis son baptême; la première année également de la dernière des soixante-dix semaines marquées par Daniel dans sa célèbre prophétie (IX, 27). De là la trente et unième année de Jésus-Christ fut la deuxième de son ministère public; sa deuxième pâque depuis son baptême, et la deuxième année de la dernière des soixante-dix semaines marquées par Daniel. De même sa trente-deuxième et sa trente-troisième furent les troisième et quatrième de son ministère public; les troisième et quatrième années de la dernière des soixante-dix semaines marquées par Daniel; et enfin ce furent ses troisième et quatrième pâques depuis son baptême. La quatrième pâque qui fut la dernière; Jésus-Christ la célébra avec ses disciples le quatorzième jour du mois de nisan pour les Galiléens, c'est-à-dire le soir du jeudi 2 avril, veille de sa mort, par laquelle il abolit les anciens sacrifices au milieu de la dernière des soixante-dix semaines marquées par Daniel. Le dimanche suivant au matin, 5 avril, le lendemain du sabbat, Jésus-Christ ressuscite pour monter au ciel quarante jours après, et envoyer le Saint-Esprit à ses apôtres le jour de la Pentecôte. — C'est ici que commence, selon l'abbé de la Chétardie l'histoire distribuée en sept âges représentés dans l'Apocalypse sous les trois symboles de l'ouverture des sept sceaux, du son des sept trompettes et de l'effusion des sept coupes. D'après ce système l'ouverture du premier sceau, qui est l'époque du premier âge, figure la prédication de l'Evangile; le son de la première trompette désigne la persécution des fidèles dans le premier âge; et l'effusion de la première coupe c'est la punition des persécuteurs dans le premier âge. — En cette même année 33^e^ de Jésus-Christ ont lieu l'élection des sept diacres, et le martyre de saint Etienne, le premier de ces sept diacres. Les années qui suivent sont signalées par plusieurs événements remarquables, tels que la persécution des Juifs contre l'Eglise de Jérusalem (34), la conversion de saint Paul (35), le voyage de cet apôtre à Jérusalem pour saluer saint Pierre (38), le martyre de saint Jacques le Majeur, l'emprisonnement de saint Pierre à Jérusalem et sa délivrance (44). C'est vers ce temps qu'on place le voyage de ce prince des apôtres à Rome, où il établit son siége. Cette même année est encore marquée par la mission confiée à Paul et à Barnabé d'aller prêcher l'Evangile aux gentils, et par la mort d'Agrippa, frappé de Dieu. Un peu plus tard (51), les apôtres se réunissent en concile à Jérusalem pour terminer la discussion qui s'était élevée touchant les observances légales. L'an 58 saint Paul est arrêté dans le temple de Jérusalem ; de là il est envoyé à Rome (61), où il reste deux ans prisonnier. — On place à la 64e année de J.-C. le commencement des combats du dragon contre l'Eglise, figurés dans l'Apocalypse par les combats du dragon contre la femme. Les sept têtes de ce dragon représentent les sept principaux tyrans qui doivent persécuter l'Eglise, et les dix cornes de ce dragon figurent les dix principales persécutions que le démon excita contre l'Eglise dans les trois premiers siècles. La première persécution eut lieu sous Néron, le premier des sept principaux tyrans représentés par les sept têtes du dragon. — L'an 67 saint Pierre et saint Paul souffrent le martyre à Rome le 29 juin. Trois ans après, Titus assiége Jérusalem ; il entre dans la ville par une brèche ; il prend la forteresse Antonia, et livre le temple aux flammes. En 95 une seconde persécution s'allume sous Domitien, le second des sept principaux tyrans figurés par les sept têtes du dragon. Ce fut vers ce temps que saint Jean fut plongé dans l'huile bouillante et exilé dans l'île de Patmos. La troisième persécution a lieu sous Trajan (100) ; la quatrième sous Marc Aurèle (161) ; la cinquième sous Sévère (202), le sixième sous Maximin (235) ; la septième sous Dèce (249) ; la troisième des sept principaux tyrans figurés par les sept têtes du dragon ; la huitième sous Valérien (257), le quatrième de ces mêmes tyrans ; la neuvième sous Aurélien (273), le cinquième tyran. La dixième persécution eut lieu sous Dioclétien (303), le sixième des sept principaux tyrans. On lit dans l'Apocalypse : *Les sept têtes sont sept rois, dont cinq sont morts ; il en reste un, et l'autre n'est pas encore venu ; et quand il sera venu, il doit demeurer peu* (*Apocal.*, XVII, 10). On prétend que *les cinq rois morts* sont Néron, Domitien, Dèce, Valérien et Aurélien, que celui *qui reste* est Dioclétien, et que *l'autre qui doit demeurer peu, quand il sera venu*, est Julien l'Apostat, ou plutôt l'Antechrist, représenté par Julien l'Apostat. — Enfin en 312 Constantin, après avoir vaincu Maxence, entre victorieux dans Rome. C'est cette victoire qui a valu à l'Eglise la paix qu'un édit, rendu l'année suivante, procura à ses enfants. — CHRONOLOGIE DU DEUXIÈME AGE. — La période qui forme le deuxième âge de l'Eglise et qui s'étend depuis la paix donnée à l'Eglise par Constantin jusqu'à la division de l'empire après la mort de Théodose comprend un espace de quatre-vingt-deux ans, espace qui se trouve également rempli d'une foule d'événements du plus haut intérêt pour l'Eglise chrétienne. Parmi ces événements il faut surtout remarquer le premier, nous voulons dire l'édit que Constantin et Licinius donnèrent en faveur des chrétiens, et qui semblait assurer d'autant mieux la paix à l'Eglise, que l'année même où cet édit fut rendu toute la race des persécuteurs périt avec Maximin. Mais cette paix fut bientôt après troublée par l'arianisme dont la naissance et les progrès sont annoncés, prétend-on, à l'ouverture du deuxième sceau, au son de la deuxième trompette et à l'effusion de la deuxième coupe. Licinius entreprend de renouveler la persécution (319) ; mais une défaite qu'il éprouva dans un combat contre Constantin arrêta forcément son audace sacrilége (324). — Cette défaite du dernier empereur païen a été prise pour figure de la fin des combats du dragon apocalyptique contre l'Eglise, lequel est précipité dans l'abîme, où il se trouve enchaîné et enfermé pour mille ans. Quant au règne de l'idolâtrie, détruit par Constantin, il ne doit être relevé que par l'Antechrist à la fin des siècles ; et Constantin, premier empereur chrétien, régnant seul, commence en lui le règne temporel de Jésus-Christ sur la terre pendant mille ans entiers et au delà, en la personne des monarques chrétiens ; en sorte que la puissance des empereurs chrétiens n'a été entamée par l'empire antichrétien de Mahomet qu'après mille ans révolus. — Les soixante-dix années suivantes, qui vont jusqu'à la fin du deuxième âge, sont marquées principalement par les événements relatifs à l'arianisme ; c'est dans cette période que se sont tenus les conciles généraux et particuliers qui ont condamné cette hérésie, aussi bien que les conciliabules qui avaient pour but de la justifier et de la maintenir. C'est aussi dans cette période que Julien est proclamé empereur par ses soldats, qu'il abjure le christianisme, et que, voulant favoriser les Juifs en haine des chrétiens, il fait des efforts sacriléges, mais inutiles, pour rebâtir le temple de Jérusalem. Il avait aussi entrepris de rétablir l'idolâtrie ; c'est ce qui l'a fait regarder comme représenté par la septième tête du dragon et de la bête de l'Apocalypse, et comme figurant lui-même l'Antechrist, qui est principalement représenté sous le symbole de cette septième tête. L'empereur Valens n'avait pas seulement favorisé les ariens, il avait aussi toléré l'idolâtrie ; ce fut Théodose qui en détruisit les restes dans l'empire d'Orient (385). L'année suivante, saint Ambroise, persécuté par l'impératrice Justine, est justifié par Dieu même, qui lui découvre les reliques de saint Gervais et de saint Protais, et qui lui fait opérer des miracles à la translation de ces précieuses reliques. Enfin la division de l'empire, à la mort de Théodose (395), termine le deuxième âge de l'Eglise chrétienne. —CHRONOLOGIE DU TROISIÈME AGE. — Le troisième âge, qui embrasse l'intervalle compris entre la division de l'empire qui eut lieu à la mort de Théodose et la naissance du mahométisme, renferme un espace de 227 ans. Théodose avant sa mort avait ordonné à ses enfants de partager l'empire entre eux ; par suite de cet ordre Arcade régna en Orient, Honorius en Occident. Ce dernier publia un édit par lequel il enjoignait aux manichéens et aux donatistes de se réunir à l'Eglise catholique (405). Cet édit, qui fut appelé *l'édit d'union*, contribua en effet à la conversion d'une partie des donatistes. L'année suivante les barbares firent une irruption sur les provinces de l'empire romain. Cet événement, rapproché de quelques passages de l'Apocalypse (XVII, XVIII), semble y être réellement prédit. D'abord la femme que l'apôtre décrit n'est-elle pas la ville de Rome, et la bête sur laquelle elle est assise l'empire romain idolâtre et persécuteur ? Il est difficile de ne pas voir dans les sept têtes les sept collines de Rome et les sept empereurs qui avaient le plus persécuté la religion, ou qui la persécutaient à l'époque où se rapporte la prophétie. Ajoutons que le chapitre XVIII en particulier paraît être la description de la chute de Rome ; car tout s'y rapporte à sa destruction par ces barbares. — Dans ce troisième âge se tiennent plusieurs conciles, entre autres le troisième concile général, tenu à Ephèse, et dans lequel l'hérésie de Nestorius est condamnée (431) ; le quatrième concile général, tenu à Chalcédoine, où l'hérésie d'Eutychès est frappée d'anathème (451) ; le cinquième général et deuxième de Constantinople, où les Pères confirment solennellement le concile de Chalcédoine, et condamnent sous le nom des trois chapitres les écrits de Théodore de Mopsueste, la lettre d'Ibas, évêque d'Edesse, à Maris, Persan, et l'écrit de Théodoret contre les anathèmes de saint Cyrille d'Alexandrie (546), ouvrages qui avaient été déjà flétris par un édit de Justinien (546). Ce troisième âge est encore marqué par plusieurs événements importants, tels que la prise de Rome par Alaric (410) ; la persécution de trente ans en Perse sous le roi Isdegerd ; celles des Vandales en Afrique ; les ravages en Italie par les Lombards, qui y font même des martyrs (577) ; la mission de saint Augustin, apôtre de l'Angleterre envoyé par saint Grégoire (596) ; la prise de Jérusalem par Chosroès (614). Enfin, vers 622, Mahomet jette en Arabie les fondements d'un empire ennemi de Jésus-Christ, et qui, aux yeux de beaucoup de judicieux interprètes, n'est autre que l'empire antichrétien prédit par les prophètes. C'est par cet événement que se termine le troisième âge de l'Eglise chrétienne. — CHRONOLOGIE DU QUATRIÈME AGE. — Le quatrième âge de l'Eglise chrétienne, qui s'étend depuis la naissance du mahométisme jusqu'à l'élévation de Photius, premier auteur du schisme des Grecs, comprend 236 ans. Nous allons parcourir rapidement les événements qu'il renferme. D'abord le mahométisme a été annoncé, suivant l'abbé de la Chétardie, à l'ouverture du quatrième sceau de l'Apocalypse. Il y avait déjà dix ans que Mahomet prêchait sa nouvelle religion, lorsque, proscrit par les Arabes de sa tribu, il quitta la Mecque, sa patrie, et se sauva à Médine. L'abbé de la Chétardie a pris de là occasion de dire que l'empire qu'il a fondé est figuré par la petite corne que Daniel vit s'élever du milieu des dix cornes qui étaient sur le front de la quatrième bête (*Dan.*, VII). De plus les dix cornes représentent les rois barbares qui ont démembré les provinces romaines, et, selon la plupart des interprètes, cette quatrième bête représente l'empire romain ; le nombre de dix peut marquer les dix royaumes auxquels se trouvaient alors réduits les démembrements de l'empire romain, savoir : le royaume des Lombards dans l'Italie, le royaume des Francs dans les Gaules, celui des Visigoths en Espagne, et l'heptarchie ou les sept royaumes des Saxons-Anglais dans la Grande-Bretagne. Or tels étaient dans l'Occident les dix royaumes établis sur les ruines de l'empire romain, lorsque dans l'Orient s'éleva l'empire antichrétien de Mahomet. Quoique plusieurs traits de la prophétie de Daniel combinée avec celle de l'Apocalypse puissent en effet s'expliquer du mahométisme, nous ne pensons pas que tous ces détails aient été dans l'esprit de ces auteurs sacrés. Quant à la petite corne en particulier, nous ne saurions la regarder comme une figure de l'empire musulman ; elle nous semble plutôt représenter Antiochus Epiphane, qui persécute les saints et figure l'Antechrist. Ce fut vers ce temps que prit naissance l'hérésie des monothélites, qui fut condamnée plus tard dans le sixième concile général, troisième de Constantinople (680). Omar, un des successeurs de Mahomet, s'empare de Jérusalem, où il bâtit une mosquée à la place du temple de Salomon; puis, après s'être rendu maître de la Syrie et de la Mésopotamie, il entre en Perse, défait le roi Isdegerd, le chasse de ses Etats, et subjugue la plus grande partie de cet empire (636-659). Plusieurs interprètes voient ici l'accomplissement de la prophétie de Daniel contenue au chapitre VII, verset 8-24. L'empereur Léon l'Isaurien autorise l'hérésie naissante des iconoclastes (727), laquelle fut condamnée soixante ans après dans le septième concile général, deuxième de Nicée, mais qui ne fut bien éteinte que sous Michel III, dont la mère fit rétablir solennellement les images à Constantinople (842). L'événement qui termine le quatrième âge de l'Eglise chrétienne est l'expulsion de saint Ignace, patriarche de Constantinople, dont le siége fut bientôt après occupé par Photius (858). — CHRONOLOGIE DU CINQUIÈME AGE. Le cinquième âge qui s'étend depuis l'élévation de Photius, premier auteur du schisme des Grecs, jusqu'à la naissance de l'hérésie de Luther en Occident, renferme l'espace de 659 ans. Ce schisme des chrétiens de l'Orient a paru à l'abbé de la Chétardie être annoncé au son de la quatrième trompette. Mais nous doutons fort que le passage de l'Apocalypse (VIII, 12, 13) qui a servi de fondement à l'opinion de cet auteur lui soit réellement favorable. D'abord tous les interprètes conviennent qu'il ne faut point prendre à la lettre tous les symboles qui se trouvent dans le texte sacré. Secondement l'obscurcissement du soleil et de la lune en particulier désignent probablement, non point les ténèbres du schisme et de l'erreur, mais quelques éclipses extraordinaires, une des grandes calamités en général, signifiée d'ailleurs par cet obscurcissement dans le langage des prophètes. Dans les premières années de cet âge Photius assemble plusieurs faux synodes pour faire condamner les conciles légitimement tenus pour le condamner lui-même. D'autres conciles sont assemblés à différentes époques pour différents objets. C'est encore pendant ce cinquième âge qu'ont lieu des démêlés entre plusieurs papes et plusieurs souverains, et que Bertrand de Got, archevêque de Bordeaux et couronné pape à Lyon sous le nom de Clément V, fixa le séjour des papes à Avignon (1305). Enfin en 1517, qui est la fin du cinquième âge, Léon X ayant fait publier des indulgences pour achever la construction de la basilique de Saint-Pierre, commencée par Jules II, son prédécesseur, Luther commença par déclamer contre le pape, puis contre les abus des indulgences, et de là il passa ouvertement à la révolte et à l'hérésie. — CHRONOLOGIE DU SIXIÈME AGE. — Le sixième âge, qui commence à la naissance de l'hérésie de Luther (1517), ne doit finir qu'à la fin du monde; ce qui est dire que personne n'en sait la durée. Les suites funestes du luthéranisme paraissent à l'abbé de la Chétardie avoir été annoncées particulièrement à l'ouverture du cinquième sceau. Tout le monde connaît les condamnations des erreurs de Luther, de même que les discussions qui ont eu lieu relativement au jansénisme. Nous n'irons pas plus loin dans l'exposé des faits qui se sont déjà passés depuis le commencement du sixième âge; nous nous bornerons à rappeler que plusieurs prophéties de l'Ancien et du Nouveau Testament n'ont point eu encore leur accomplissement au moins complet, et que la nature même de ces oracles prophétiques, aussi bien que le langage des prophètes, nous autorise à croire qu'elles ne seront entièrement réalisées qu'à la fin des temps. — Mais, avant de terminer cet article, nous devons faire quelques observations; nous les avons empruntées pour le fond à D. Calmet. On a pu voir, d'après ce que nous avons dit dans cet article, que les Hébreux, malgré les grands avantages qu'ils ont sur les autres peuples par rapport à la certitude de leur origine, de leur antiquité et de leurs monuments historiques, ne sauraient offrir une chronologie parfaite; on remarque au contraire des imperfections de plus d'un genre dans leurs documents chronologiques. Mais ces défauts ne se trouvent-ils pas même en plus grand nombre dans l'histoire profane? Ainsi, par exemple, que de dénombrements imparfaits? que de généalogies abrégées? Solin dans le catalogue des rois de Macédoine ne met que huit ou neuf rois, quoiqu'il y en ait eu jusqu'à vingt-trois. Justin ne cite que Bélus, Ninus et Sémiramis, rois d'Assyrie; et, sans nommer les autres, il passe immédiatement à Sardanapale. Les chroniques de Perses passent sous silence tout le temps qui s'est écoulé depuis la mort d'Alexandre le Grand jusqu'au règne d'Arsace; elles ont même beaucoup abrégé le temps des Arsacides; et quand elles parlent d'Arsace elles nous le représentent non point comme un Parthe, mais comme un Perse, parent de Darius ou d'Artaxerxès. Sans parler des Indiens, ni même des Chinois, dont la chronologie laisse des lacunes considérables, qui pourra jamais fixer celle des Égyptiens, des Chaldéens, des Grecs et des Romains? Quant aux variétés qu'on trouve dans les passages parallèles de différents auteurs, sur des noms de lieux ou de personnes, sur le nombre des années, et sur les dénombrements, variétés dont on prétend tirer avantage contre l'authenticité et la véracité des nos livres divins, nous n'avons qu'une question à faire. Si c'est là un motif suffisant de faire abandonner ces livres, ou de révoquer en doute les récits qu'ils contiennent, quel historien sera jamais à couvert du reproche de fausseté ou de falsification? Il n'y a certainement dans l'antiquité aucune histoire plus connue ni plus exacte que celle qui nous a été transmise des conquêtes d'Alexandre le Grand. Une multitude d'auteurs graves, judicieux, fidèles, exacts, contemporains, en composant sur des mémoires du temps même d'Alexandre, ont écrit ses belles actions. Cependant les voit-on s'accorder dans presque un seul dénombrement de ses troupes, dans les sommes qu'il trouva dans les villes conquises, dans le nombre des ennemis tués, dans le nom des nations et des villes assujetties par le grand conquérant? Malgré ces différences, qui oserait révoquer en doute l'histoire de ce prince? L'histoire sacrée présente en sa faveur une autorité bien plus imposante que l'histoire dont nous venons de parler. L'Esprit-Saint gouvernait et inspirait les auteurs de nos livres saints; mais cela empêche-t-il que divers historiens sacrés, ayant consulté divers mémoires, n'aient suivi les sentiments de ceux qu'ils consultaient? Et ces opinions, qui paraissent diverses, sont-elles pour cela contradictoires et opposées entre elles? N'y a-t-il pas divers moyens de les concilier? N'y aurait-il pas de la témérité de vouloir prononcer aujourd'hui contre des faits si anciens et si autorisés d'ailleurs, sous prétexte de quelques difficultés qu'on y rencontre? Est-il extraordinaire que des livres qui ont passé par tant de mains depuis une si longue suite de siècles aient souffert certaine altération dans quelques dates et dans quelques nombres? Quand il s'agit des Ecritures sacrées et des matières de religion, on est inexorable et inflexible; dans tout le reste on se montre d'une extrême facilité. Les plus faibles objections qu'on élève contre la religion frappent et convainquent certains esprits; et les raisonnements les plus solides, les preuves les mieux établies qu'on emploie en sa faveur ne font sur eux aucune impression. On reçoit sans peine les autres livres, et les autres histoires, mais pour les livres saints et pour l'histoire sacrée on ne s'y rend qu'à force de raisons et de preuves; on craint toujours d'y être trompé. L'abbé GLAIRE.

**CHRONOLOGIQUEMENT**, adv. d'une manière chronologique; sous le rapport chronologique.

**CHRONOLOGIQUE**, adj. des deux genres, qui appartient, qui a rapport à la chronologie.

**CHRONOLOGISTE**, s. m. celui qui sait la chronologie, qui enseigne la chronologie, qui écrit sur la chronologie.

**CHRONOLOGUE**, s. m. chronologiste. Il a vieilli.

**CHRONOMÉRISTE**; s. m. (*musiq.*), tableau contenant toutes les décompositions possibles de la mesure; l'un des moyens principaux de la méthode de musique dite méthode du méloplaste (*V.* MÉLOPLASTE).

**CHRONOMÈTRE** (*mesure du temps*), instrument de recherches scientifiques destiné à mesurer le temps et ses plus petites fractions avec une parfaite exactitude. Une montre à secondes, douée d'une marche rigoureusement invariable, serait sans contredit un appareil des plus précieux. Les usages de la vie civile n'exigent nullement une aussi grande précision; mais il est une foule d'expériences de physique et de physiologie qu'on ne saurait entreprendre sans avoir un bon *compteur* à sa disposition; et surtout la solution complète et pratique de ce problème d'une si haute importance, les *longitudes en mer*, dépend de la construction d'un chronomètre parfait. Aussi, dans tout le cours du dernier siècle, les premiers savants et les plus habiles artistes de l'Europe ont combiné leurs efforts pour arriver à la fabrication d'une *montre marine* invariable. Malheureusement pour le commerce, pour la géographie et pour la navigation, le chronomètre, malgré les immenses perfectionnements apportés aux arts mécaniques, n'est pas encore aujourd'hui un instrument auquel on puisse se fier d'une manière absolue. Le principe fondamental de la détermination de la longitude par ce procédé est que chaque navigateur puisse être pourvu d'un instrument assez exact pour emporter et pour garder dans tout le cours d'un long voyage l'heure du port d'où il est parti. Muni d'un pareil chronomètre, il n'aura plus qu'à déterminer l'heure *locale* de chaque station où il se trouvera; et en comparant cette heure avec celle de sa montre marine, il en déduira sur-le-champ et avec précision la différence des heures des deux lieux, ou leur différence de longitude. Rien n'est plus sûr ni plus simple, pourvu que le chronomètre marche parfaitement. C'est cette dernière condition que les travaux réunis des Harisson, des Kendal, des Graham, en Angleterre, ainsi que ceux des Berthoud, des Leroy, des Breguet, en France, n'ont pu résoudre encore d'une manière absolue, bien que la précision des montres marines ait été portée au point qu'elles puissent toujours servir utilement à aider et à contrôler le résultat des autres méthodes, parmi lesquelles la *méthode lunaire* est généralement préférée aujourd'hui (*V.* LONGITUDES). Le grand inconvénient de l'usage absolu des chronomètres en mer, ce n'est pas tant l'étendue de leurs variations que l'ignorance où se trouve forcément l'observateur sur le sens et la loi de ces variations; la découverte de l'erreur de la montre serait une opération absolument identique à celle de la détermination de la longitude même. — L'irrégularité de leurs écarts paraît aussi devoir longtemps échapper à toute explication : de deux chronomètres exposés au mouvement d'un voyage de long cours, l'un ne variera en plusieurs mois que de huit à dix secondes (ce qui est un très-beau résultat); l'autre, absolument semblable en apparence, aura une marche bien moins sûre. Les artistes les plus habiles sont parvenus à corriger les effets de la dilatation, à régulariser l'isochronisme du spiral, à surmonter les difficultés d'un engrenage inégal, et même à rendre le frottement ou nul ou entièrement invariable; mais il leur a été impossible jusqu'ici de combattre les effets des diverses forces magnétiques ou électriques que les éléments métalliques du chronomètre doivent nécessairement traverser aux divers parages du globe. Cette cause d'erreur sans doute ne pourra jamais être entièrement écartée : mais si les appareils destinés à rester invariables pendant une très-longue navigation laissent encore quelque chose à désirer, les artistes sont parvenus à fabriquer et à livrer à un prix modique des *compteurs* et des *horloges* à peu près invariables. Il y a même de ces instruments avec lesquels on peut apprécier exactement *un dixième de seconde*, bien que les astronomes préfèrent généralement d'autres méthodes plutôt mentales que physiques. Il faut remarquer aussi que de la marche d'une montre en *repos parfait* dans un observatoire on ne peut malheureusement rien conclure avec certitude sur sa marche *agitée* par une longue et aventureuse navigation. Quant aux secousses d'un transport par terre, elles dérangent promptement et gravement ces appareils délicats. — Les artistes qui fabriquent aujourd'hui à Paris les montres marines avec le plus de succès sont : MM. Berthoud, Jacob Motel et Breguet. Nous avons appris qu'un chronomètre disposé à l'Observatoire royal en 1834, par M. Berthoud, n'avait pas varié en six mois d'*une seconde ;* mais il y a beaucoup de bonheur dans un pareil résultat, et l'on ne doit pas y compter en général. Les autres montres ont donné environ cinq à six secondes de variation dans le même temps. Nous citerons aussi la maison Perrelet, rue de Rouen à Paris, qui livre d'excellents chronomètres astronomiques à un prix fort modéré.

**CHRONOMÉTRIE**, s. f. (*phys.*), mesure du temps.

**CHRONOMÉTRIQUE**, adj. des deux genres (*phys.*), qui a rapport à la chronométrie.

**CHRONOPHYLE**, Χρονοφύλη, nymphe aimée de Bacchus et mère de Phlias.

**CHRONOS**, Saturne; doit s'écrire *Cronos* (*V.* SATURNE). — Un CHRONOS ou CHRONUS, père de Léophytas, devrait peut-être s'écrire Coronus.

**CHRONOSCOPE**, s. m. (*phys.*), instrument propre à mesurer le temps.

**CHRONOSCOPIE**, adj. des deux genres (*phys.*), art d'observer, de mesurer le temps.

**CHRONOSCOPIQUE**, adj. des deux genres (*phys.*), qui a rapport à la chronoscopie.

**CHRONOSTICHE**, s. m. (*littér.*), composition en vers, disposée de telle sorte que les premières lettres des vers, prises comme lettres numérales, forment le chiffre de l'année.

**CHRONUS** (*géogr. anc.*), aujourd'hui Pregel, rivière de la Sarmatie européenne, qui se jetait dans le golfe Codanus.

**CHROSCIEL** (*ornithol.* (*V.* CHROKIEL).

**CHROSCIKROWSKI** (SAMUEL), de la congrégation des piaristes, littérateur polonais, né en 1730, mort en 1799. Il enrichit la littérature nationale des ouvrages suivants : 1° *la Philosophie chrétienne*, Varsovie, 1776; 2° *Officia et Obligationes hominum in omni statu*, Varsovie, 1769; 3° *De jure naturali et politico philosophia moralis, sive ethica, utrumque jus et ea quæ ad illud spectant*, Varsovie, 1769; 4° *la Physique expérimentale*, 1764; 5° *Préceptes chrétiens à l'usage de tous les hommes*, 1772; 6° les *Dialogues de Phocion*, traduits du français, ably, 1770; 7° *Mathilde*, tragédie en vers, traduite de l'italien, imprimée à Léopol en 1782.

**CHROSCINSKI** (ALBERT-STANISLAS), poëte polonais, secrétaire de Jacques Sobieski, fils du roi Jean III, roi de Pologne. On a de lui : 1° la *Pharsale de Lucain*, traduite en vers polonais, Oliva, 1690; 2° *Recueil des poésies religieuses où se trouve la traduction des sept psaumes de David*, Creustochow, 1712; 3° *la Hérodiade*, traduite en vers, Varsovie, 1695; 4° *la Trompette de la gloire immortelle de Jean Sobieski, ou la Description de la victoire sur les Turcs, près Vienne, et de Parkany, en 1683*, Varsovie, 1684; 5° *le Laurier poétique, ou Chants en l'honneur de la sainte Vierge*, traduit du latin; 6° *Joseph vendu par ses frères*, poëme. Chroscinski mourut dans un âge très-avancé dans les commencements du règne d'Auguste III, électeur de Saxe et roi de Pologne.

**CHROTTA** (*musiq. instrum.*), espèce d'instrument anciennement usité par les Anglais, qui le nommaient *crowde*. Ducange veut que ce fût une espèce de flûte ou une crotale.

**CHROUBIS** ou **CHNOUBI** , un des dieux subalternes de l'Egypte.

**CHRUDIM** (*géogr.*), cercle de Bohême, entre les cercles de Czaslau, Biczow et Kœnigingratz et la Moravie. L'ouest de ce pays abonde en pâturages et nourrit des chevaux renommés; il est fertile en blé et en lin. L'est est couvert de forêts et de montagnes. Population, 245,000 habitants.

**CHRUDIM** (*géogr.*), ville de Bohême, chef-lieu du cercle du même nom, à 25 lieues est de Prague, sur la Chrudimska, célèbre par ses étangs poissonneux et par ses haras. 4,500 habitants.

**CHRYASUS**, roi d'Argos, descendant d'Inachus.

**CHRYOLITE**, substance minérale en masses laminaires, clivables en prismes rectangulaires, couleur ordinairement blanche, quelquefois salie par un mélange d'hydrate de fer; raye le calcaire, est rayée par la chaux fluatée; éclat un peu vitreux; composée de fluorures d'aluminium et de sodium. Se trouve en filon ou en couches minces dans le granit et le gneiss du Groënland, où elle accompagne l'oxyde d'étain, le wolfram, etc.

**CHRYSA** (*géogr. anc.*), ville de la Troade, sur la mer Egée.

**CHRYSÆA** (*botan.*). Daléchamps nomme ainsi une espèce de balsamine, *impatiens noli me tangere* de Linn.

**CHRYSACTOS** (*ornithol.*) terme grec qui signifie aigle doré, et que Buffon applique spécialement à son grand aigle, *falco chrysactos* Linn., quoiqu'il ne paraisse différer de l'aigle commun, *falco fulvus* Linn. qu'en ce que le premier est un jeune, et le second un individu plus âgé.

**CHRYSALIDE** (*entomol.*), AURÉLIE, PUPE, et plus vulgairement FÈVE. On nomme ainsi la nymphe de certains insectes dont toutes les parties sont resserrées et comme emmaillottées. Dans les papillons, les phalènes et autres lépidoptères, par exemple, toutes les parties de l'insecte parfait, au moment où il quitte la forme de chenille, se trouvent déjà indiquées au dehors, comme dessinées par des compartiments de lames de corne; c'est ce que les auteurs ont désigné sous le nom de chrysalide *obtectée*. Dans les mouches, les syrphes et la plupart des autres diptères, la larve apode ou le ver, en devenant immobile, se trouve enfermé dans sa peau, qui se dessèche et qui ressemble aux téguments d'une semence, soit sphérique, soit ovalaire, mais à la surface de laquelle on ne peut distinguer aucune des parties de l'insecte parfait qu'elle contient, comme le petit oiseau est contenu dans la coque calcaire de l'œuf qui le renferme : c'est ce que les naturalistes ont appelé une chrysalide coarctée. — Cependant plus généralement le nom de chrysalide a été affecté aux nymphes de lépidoptères ; ce nom même comme celui d'*aurélie*, qui en est le synonyme, est emprunté de l'éclat métallique, doré ou argenté, qui brille sur l'enveloppe de la nymphe de quelques espèces de papillons de jour. — Le mot de *pupe* lui-même exprimait, chez les Latins, ces sortes d'images ou de représentations de petites figures humaines, de bois, de carton ou de cire, que nous nommons des poupées, dont les petites filles faisaient leur amusement, et qu'elles consacraient à Vénus, à l'époque où elles avaient atteint l'âge de la puberté :

> Dicite, pontifices, in sacris quid facit aurum ?
> Nempe hoc quod Veneri donatæ a virgine pupæ.
> PERSE, *Sat.* II.

Et le nom de chrysalis est employé par Pline (lib. II, cap. 25) pour indiquer cet état des lépidoptères. *Erucæ genus est... quæ, rupto cortice cui includitur, fit papilio.* — Sous cet état de chrysalide, l'insecte reste ordinairement dans un parfait repos; il cesse de croître, ses parties prennent plus de consistance, il éprouve une sorte d'incubation, qui s'abrége proportionnellement à l'élévation de la température des corps environnants.— Les chrysalides ne sont pas toujours exposées à l'air libre. Les lépidoptères de chacun des genres et même des espèces qui ont entre eux le plus d'analogie ont les mêmes habitudes. C'est ainsi, par exemple, que parmi les papillons de jour, un grand nombre, tels que les espèces de chenilles épineuses, analogues au paon de jour, aux tortues, se métamorphosent en s'accrochant, par l'extrémité du corps opposé à la tête, à quelques fils de soie, de manière que la chrysalide reste suspendue dans une position renversée et verticale; d'autres, comme les chenilles de quelques chevaliers troyens, des danaïdes, tels que le flambé, les papillons du chou, de l'aubépine, ont eu la précaution de se passer en travers une sorte de sangle qui les empêche d'être ballottées; quelques autres, comme celles des sphinx, se creusent dans la terre une sorte de tombeau ou de voûte dont elles affermissent les parois en y dégorgeant une espèce de vernis imperméable à l'humidité; ou bien, comme les chenilles de la plupart des bombyces, elles se filent un cocon d'une soie plus ou moins serrée, qui les protége contre la piqûre des insectirodes ou le bec des oiseaux; ou bien enfin, comme celles des teignes, des lithosies, elles se métamorphosent dans l'espèce d'étui ou de fourreau qui leur servait de refuge sous leur premier état. — Il est facile au zoologiste qui a étudié les métamorphoses des insectes de reconnaître, même par la forme de la chrysalide, le genre et l'espèce de l'insecte qui en sortira, comme les ornithologistes classeraient peut-être les œufs des oiseaux par leur forme, leur couleur et les taches dont ils sont marqués.— C'est ainsi que les chrysalides de beaucoup de papillons de jour portent sur le dos du corselet une sorte de carène: que la partie correspondante à la tête se bifurque, et qué le tout représente une sorte de masque; que les bombyces ont en général des chrysalides arrondies, velues dans l'apparent, le disparate, lisses dans le ver à soie, la lunule, la plupart des phalènes, des teignes, (*V.* les articles MÉTAMORPHOSE, LÉPIDOPTÈRES, BOMBYCES, PAPILLONS, etc.).

**CHRYSALIDÉO-CONTOURNÉ**, **ÉE**, adj. (*botan.*), qui est chiffonné à la façon des chrysalides.

**CHRYSALIDER (SE)**, v. pron. (*hist. nat.*), se changer en chrysalide.

**CHRYSALITE** (*fossil.*). C'est le nom donné par Mercatus à une espèce de *corne d'Ammon*, dont la surface ressemble à celle d'une chrysalide (*Métall.*, p. 311) (*V.* CORNE D'AMMON).

**CHRYSAME**, Thessalienne, prêtresse de Diane Trivia, fit avaler du poison à un taureau, et le lâcha parmi les ennemis de sa patrie. Ceux-ci, l'ayant mangé, tombèrent dans le délire, et furent aisément vaincus.

**CHRYSAMMANITE** (*fossil.*). On appelle ainsi les *cornes d'Ammon* qui sont couvertes d'une teinture dorée (*V.* CORNE D'AMMON).

**CHRYSANDER** (GUILLAUME-CHRISTIAN-JUSTE), théologien protestant, né le 9 décembre 1718, dans un village de la principauté d'Halberstadt, fut successivement professeur de philosophie, de mathématiques, de langues orientales et de théologie dans les universités de Helmstadt, de Rinteln et de Kiel, et mourut dans cette dernière ville le 10 décembre 1788. Il était très-laborieux, et a fourni beaucoup de morceaux intéressants à un grand nombre de recueils littéraires et d'ouvrages périodiques. Il était aussi passionné pour la musique, et, jusque dans sa vieillesse, on l'entendait souvent chanter les Psaumes en hébreu, en s'accompagnant de la guitare. La liste complète des dissertations, programmes et opuscules qu'il a mis au jour, occupe neuf pages dans le *Lexicon* de Meusel. Nous citerons seulement les plus intéressants: 1° *Memorabilia anni 1740 metro decantata*, Halle, 1741, in-fol.; 2° *Plutarchi vitæ selectæ parallelæ, græcis marginalibus nunc primum elaboratis instructæ, cum præfatione græca*, Helmstadt, 1747, in-8°, édition donnée aux frais du duc de Brunswick; 3° *Abbreviaturæ quædam in scriptis judaicis usitatiores, ordine alphabetico*, Halle, 1748, in-4°; 4° *Hypomnema de primo scripto arabico quod in Germania typis excussum est, tit. Bismilabi Walibni*, etc., ibid., 1749, in-4°; sur une version arabe de l'Épître de saint Paul aux Galates, imprimée en Allemagne en 1583; 5° *Grammaire de la langue des juifs d'Allemagne*, Leipzig, 1750, in-4°; en allemand, ainsi que les deux suivants; 6° *Recherches sur l'antiquité et l'utilité des accents dans la langue hébraïque*, Brême, 1751, in-8°; 7° *Bibliothèque liturgique*, Hanovre, 1760, in-4°, pour servir de supplément et de continuation à la *Bibliotheca agendorum* du pasteur *Kœnig*, et à la *Bibliotheca symbolica* de Feuerlin.

**CHRYSANTHE**, martyr, souffrit à Rome avec sainte Darie, sous l'empereur Numérien, dont le règne commença en 283, et finit en 284, ou plus vraisemblablement sous l'empereur Valérien, et au plus tard avant le mois d'août de l'an 257, s'il est vrai que le pape saint Etienne, qui mourut alors, avait donné ordre qu'on recueillît les actes de leur martyre. Ils eurent tous les deux la même couronne et le même tombeau dans une grotte qui donnait sur le chemin du Sel. Saint Grégoire de Tours, qui cite les actes de saint Chrysanthe, au ch. 38 de son *Traité de la gloire des martyrs*, rapporte qu'un grand nombre de fidèles s'étant assemblés à leur tombeau peu de temps après leur martyre, l'empereur ou le préfet de la ville les fit enfermer dans la grotte avec une grande quantité de pierres et de sable, et qu'ils y furent étouffés. Après la persécution, les chrétiens ouvrirent la grotte, et commencèrent à rendre un culte religieux à saint Chrysanthe et à ses compagnons. Une partie des reliques de saint Chrysanthe et de sainte Darie était au monastère des bénédictins d'Avol dans le diocèse de Metz, et l'autre à Vienne en Autriche. On fait leur fête le 25 d'octobre. Les actes de ces saints ont été si fort corrompus, que Baronius les a tenus suspects d'une fausseté totale (Baronius, à l'an 284, n. 7; Ruinart, *Act.*, p. 420; Tillem., tome IV, p. 762; Baillet, 25 octobre).

**CHRYSANTHELLUM** (*botan.*) (*corymbifères* Juss.; *syngénésie polygamie superflue* Linn.). Ce genre de plantes, de la famille des synanthérées, appartient à notre tribu naturelle des hélianthées, et doit probablement être rangée dans la section des hélianthées coréopsidées. — La calathide est radiée, composée d'un disque pauciflore, équaliflore, réguliflore, androgyniflore, et d'une couronne multiflore, liguliflore, féminiflore. Le péricline, presque égal aux fleurs du disque, est cylindrique, et formé de squammes subunisériées, accompagnées à leur base externe de quelques bractéoles. Le clinanthe est garni de squammelles planes; les cypsèles sont biformes, et sans aigrette; les unes cylindracées, sillonnées; les autres comprimées, non dentées sur les arêtes; les fleurs femelles ont la languette courte, linéaire, bidentée. — Le CHRYSANTHELLE COUCHÉ (*chrysanthellum procumbens* Pers.; *verbesina mutica* Linn.) est une plante herbacée, annuelle, qui habite en Amérique les pâturages un peu humides; sa tige est couchée, garnie de feuilles alternes, cunéiformes, partagées en deux ou trois divisions, et elle porte des pédoncules allongés, terminés par des calathides solitaires. — Ce genre, établi par M. Richard, ne nous est connu que par sa description, qui se trouve dans le *Synopsis* de M. Persoon.

**CHRYSANTHÈME** (*botan.*), *chrisanthemum* (*corymbifères* Juss., *syngénésie polygamie superflue* Linn.). Ce genre de plantes, de la famille des synanthérées, fait partie de notre tribu naturelle des anthémidées. — La calathide est radiée, composée d'un disque multifore, équaliflore, réguliflore, androgyniflore, et d'une couronne unisériée, liguliflore, féminiflore. Le péricline est hémisphérique, et formé de squammes imbriquées, apprimées, coriaces, scorieuses sur les bords; le clinanthe est nu et convexe; la cypsèle, munie de cinq ou dix côtes, est entièrement dépourvue d'aigrette; les fleurs radiantes ont la languette ovale-oblongue, étalée, le plus souvent tronquée au sommet. — Les botanistes confondaient sous le nom de chrysanthème les espèces à cypsèle non aigrettée et les espèces à cypsèle surmontée d'une petite aigrette coroniforme. Gaertner n'admet dans le genre chrysanthème que les espèces sans aigrette, et forme avec les autres le genre *pyrethrum*, indiqué déjà par Haller. Cette distinction, quoique très-légère et purement artificielle, nous semble pouvoir être admise pour faciliter la recherche des espèces, qui sont nombreuses. On peut en outre diviser les vrais chrysanthèmes en deux sous-genres, d'après la couleur des fleurs, en nommant leucanthèmes les espèces à couronne blanche ou rouge, et chrysanthèmes proprement dits celles à couronne jaune comme le disque. On trouve en France cinq ou six espèces de ce genre qui y croissent naturellement; nous devons nous borner à en faire connaître deux qu'on rencontre fréquemment dans les environs de Paris. — Le CHRYSANTHÈME LEUCANTHÈME (*chrysanthemum leucanthemum* Linn.), vulgairement nommée grande marguerite, est une plante herbacée, à racine vivace, très-commune dans les prairies, où elle fleurit en été. Sa tige est dressée, un peu rameuse supérieurement, haute d'un à deux pieds, striée, hispidule inférieurement; les feuilles inférieures sont ovales-spatulées, étrécies inférieurement en pétiole, crénelées; les supérieures sont amplexicaules, oblongues, obtuses, dentées en scié supérieurement, subpinnatifides inférieurement; la tige et ses branches sont terminées par de grandes et belles calathides solitaires, à disque jaune et à couronne blanche. Le CHRYSANTHÈME SÉGÉTAL (*chrysanthemum segetum* Linn.) est annuel et beaucoup moins commun que le précédent : c'est une plante toute glabre et d'un vert glauque, haute d'un pied et demi; à tige dressée, rameuse, cannelée, garnie de feuilles amplexicaules; dont les inférieures sont presque pinnatifides, et les supérieures étroites, aiguës, dentées. Les calathides, solitaires à l'extrémité des rameaux, sont presque aussi grandes et aussi belles que dans l'espèce précédente; mais leur couronne est jaune comme le disque; c'est pourquoi ce chrysanthème porte le nom vulgaire de marguerite dorée. Il peut fournir une teinture jaune.

**CHRYSANTHÈME DES INDES** (*botan.*). On nomme souvent ainsi, et peut-être avec raison, la superbe plante que M. Desfontaines appelle anthémis à grandes fleurs, *anthemis grandiflora*, et qu'il croit différente, spécifiquement et même génériquement, du vrai *chrysanthemum indicum*. Nous croyons au contraire, comme M. Persoon, que les deux plantes sont du même genre, peut-être de même espèce, et que les squammelles du clinanthe sont une variation produite par la culture. Nous avons observé cette sorte de monstruosité chez un grand nombre de synanthérées de tout genre.

**CHRYSANTHÉMÉ, ÉE**, adj. (*botan.*), qui ressemble à un chrysanthème.

**CHRYSANTHÉMÉES**, s. f. pl. (*botan.*), famille de plantes à fleurs composées.

**CHRYSANTHÉMOIDES** (*botan.*). Commelin, dans son *Hort. Amstelod.*, nommait ainsi un genre de plante composée, auquel il ajoutait pour épithète le nom d'*osteospermum*, à cause de ses fruits, qui sont osseux. Tournefort et Dillenius avaient adopté ce genre et sa nomenclature; Linnæus les a suivies, en changeant seulement l'épithète en nom générique (*V.* OSTÉOSPERME).

**CHRYSANTHEMUM** (*botan.*). Si on ouvre divers livres de botanique, on verra que ce nom, qui signifie fleur dorée, a été donné à beaucoup de plantes composées de trente genres différents, dont le plus grand nombre se range parmi les radiées. Le genre auquel le nom a été conservé est de cet ordre (*V.* CHRYSANTHÈME.). On sera plus surpris de retrouver le même nom appliqué à des renoncules, à une protéacée et à une *stadvia*, dans les *rhamnées*.

**CHRYSANTHIUS**, philosophe contemporain de Julien l'Apostat, auteur d'un grand nombre d'ouvrages qui ne sont point parvenus jusqu'à nous.

**CHRYSANTINS** (*jeux*), jeux célébrés avec magnificence à Sardes, ville de Lydie.

**CHRYSANTIS**, nymphe d'Argos, qui apprit à Cérès l'enlèvement de Proserpine.

**CHRYSAOR** (*V.* KHOUÇOR.).

**CHRYSAOR** naquit, suivant Hésiode, du sang qui sortit de la tête de Méduse. Au moment de sa naissance, il tenait une épée d'or à la main, d'où il prit le nom de Chrysaor (χρυσός, or, et ἄορ, épée). Il épousa Callirhoé, une des Océanides, de laquelle il eut Géryon, Echidna et la Chimère. On croit que c'était un habile ouvrier qui travaillait en or et en cuivre.

**CHRYSAOR**, fils de Glaucus.

**CHRYSAORA** (*arachnoïd.*), nom latin du genre chrysaore.

**CHRYSAORE**, *chrysaora* (*arachn.*). MM. Péron et Lesueur ont établi ce genre dans la famille des méduisaires, pour un assez grand nombre d'espèces qui ont un estomac composé avec plusieurs ouvertures ou bouches, un pédoncule perforé à son centre, des bras parfaitement distincts, non chevelus; une grande cavité aérienne et centrale. Parmi les onze espèces de ce genre nous citerons celles qui ont été vues sur les côtes de la Manche, et dont plusieurs pourraient bien n'être que des variétés. — CHRYSAORE LESUEUR, *chrysaora Lesueur*. L'ombrelle, de quinze à vingt centimètres de diamètre, est presque entièrement roussé, avec un cercle blanc au centre, et trente-deux lignes blanches très-étroites, formant seize angles aigus, dont le sommet est dirigé vers l'anneau central. Des côtes du Havre. — CHRYSAORE ASPILONATE, *chrysaora aspilonata*. L'ombrelle de sept à huit centimètres, entièrement blanche, avec trente-deux lignes rousses, très-étroites, formant seize angles aigus à la circonférence. Des côtes du Havre. — CHRYSAORE SPILHÉMIGONE, *chrysaora spilhemigona*. L'ombrelle de sept à huit centimètres, d'un gris léger, tout pointillé de brun roux, avec une tache ronde de la même couleur à son centre; trente-deux lignes, également rousses, formant seize angles aigus à la circonférence. Des côtes du Havre. — CHRYSAORE SPILOGONE, *chrysaora spilogona*. L'ombrelle de quinze à vingt centimètres, d'un gris cendré, tout légèrement pointillé de roux, avec une grande tache fauve au centre, et seize autres triangulaires de même couleur à la circonférence. Des côtes du Havre. — CHRYSAORE PLEUROPHORE, *chrysaora pleurophora*. L'ombrelle de cinq à six centimètres, entièrement blanche, offrant à l'intérieur trente-deux vaisseaux ou canaux qui, à chaque contraction, présentent l'apparence d'autant de côtés arquées et tranchantes. Des côtes du Havre.

**CHRYSAORE** *chrysaor* (*fossil.*). M. Denys de Montfort (*Conch. system*, t. I, p. 139), donne ce nom à une coquille libre univalve, cloisonnée, cellulée dans toute sa longueur; droite, conique; à bouche arrondie, horizontale; à siphon central et à cloisons unies. Il a donné la figure de cette coquille, p. 378 de son ouvrage; et l'on en trouve une autre dans celui de Know, t. II, pl. CVII, fig. 4. D'après les figures de ce fossile, qui a été trouvé à Huttenrode et dans la montagne de Sainte-Catherine, près de Rouen, il paraît qu'il a les plus grands rapports avec les *bélemnites*. Walch, rédacteur du texte qui accompagne les planches de Know, l'a regardé comme pouvant appartenir au genre des *entroques* ou à celui des *astéries*. Quand on sera à portée de vérifier son organisation intérieure, il sera facile de distinguer s'il appartient au genre *bélemnite* ou à celui des *entroques* (*V.* BÉLEMNITES et ENCRINES).

**CHRYSAORÉE**, Χρυσαορεύς, Jupiter, à cause du culte dont il est honoré à Chrysaoris en Carie.

**CHRYSAORIS** (*géogr. anc.*), ancien nom de la ville de Stratonice (*V.* STRATONICE).

**CHRYSAORUS** (*V.* CHRYSORRHOAS).

**CHRYSARGYRE**, impôt qui se payait dans l'empire romain, tous les quatre ans, par les marchands, le menu peuple et les gens de mauvaise vie. Zozime dit que Constantin en fut l'auteur; mais Evagre dit au contraire que ce prince pensa à l'abolir; ce que fit l'empereur Anastase. On voit des vestiges de ce tribut dans la vie de Caligula par Suétone, et dans celle d'Alexandre par Lampridius. Ce tribut se payait en or et en argent, et de là son nom χρυσός, or, et ἀργύριον, argent.

**CHRYSAS**, Χρύσας, dieu-fleuve en Sicile, est figuré sur les médailles d'Enna sous les traits d'un jeune homme qui tient une amphore et une corne d'abondance.

**CHRYSASPIDES** (*hist. anc.*). On donnait ce nom, dans la milice romaine, à des soldats dont les boucliers étaient enrichis d'or. On prétendait par cette richesse encourager le soldat à se bien battre, afin de ne pas perdre son bouclier : mais une arme si précieuse était bien capable de donner du courage à l'ennemi, dans l'espérance de s'en emparer.

**CHRYSE**, s. f. (*pharm.*), sorte d'emplâtre usité chez les Grecs.

**CHRYSÉ**, Χρύση, fille d'Halme, roi d'Orchomène, eut de Mars Phlégyas (*V.* une autre tradition à DOTIE).

**CHRYSÉ** (*géogr. anc.*), île de la mer Égée, qui a été couverte par les eaux. C'est dans cette île, dit-on, que Philoctète fut mordu par un serpent.

**CHRYSÉGIS**, adj. f. (*mythol. gr.*), littéralement qui porte une égide d'or. Surnom de Minerve.

**CHRYSÉIDE**, s. f. (*botan.*), genre de plantes à fleurs composées.

**CHRYSÉIDÉ, ÉE**, adj. (*botan.*), qui ressemble à une chryséide.

**CHRYSÉIDÉES**, s. f. pl. (*botan.*), famille de plantes.

**CHRYSÉIS**, Χρυσηΐς, ou **ASTYNOMÉ**, fille de Chrysès, prise par Achille au sac de Lyrnesse, échut en partage à Agamemnon, qui en fit sa concubine, et qui, lorsque Chrysès vint la redemander moyennant rançon, refusa de la lui rendre. La peste alors ravagea le camp des Grecs, et le roi des rois se vit obligé de rendre gratis Astynomie et d'envoyer une hécatombe à l'autel d'Apollon. La jeune fille, alors enceinte, prétendit l'être d'Apollon lui-même. — Une des cinquante Thespiades portait aussi le nom de CHRYSÉIS. Hercule eut d'elle Onésippe.

**CHRYSÉIS** (*botan.*), *cynarocéphales* Juss.; *syngénésie polygamie frustranée* Linn. Ce nouveau genre de plantes, que nous avons établi dans la famille des synanthérées (*Bull. soc.*

*philom.*, février 1817), appartient à la tribu naturelle des centauriées. La calathide est radiée, composée d'un disque multiflore, équaliflore, régulariflore, androgyniflore, et d'une couronne unisériée, ampliatiflore, neutriflore. Le péricline, plus court que les fleurs du disque et ovoïde, est formé de squammes imbriquées, apprimées, coriaces; les extérieures courtes, larges, ovales, sphacélées au sommet; les intérieures longues, étroites, surmontées d'un appendice lâche, scorieux, ovale-acuminé; le clinanthe est hérissé de fimbrilles laminées, membraneuses, subulées; la cypsèle est couverte de longs poils soyeux apprimés; l'aigrette, un peu plus longue que la cypsèle, est composée de squammellules imbriquées, multisériées, laminées-paléiformes, non barbelées, mais denticulées ou frangées sur les bords et au sommet: les squammellules extérieures courtes, étroites, linéaires; les intérieures longues, larges, subspatulées; il n'y a point de petite aigrette intérieure. La corolle des fleurs neutres est très-longue et très-large, à limbe amplifié, obconique, membraneux, multidenté. — La CHRYSÉIDE ODORANTE (*chryseis odorata* H. Cass.; *centaurea amberboi* Lam.) a été décrite sous le nom de CENTAURIUM SUAVEOLENS: nous y renvoyons nos lecteurs. — Nos quatre nouveaux genres *chryseis*, *cyanopsis*, *goniocaulon* et *volutaria*, forment dans la tribu des centauriées un petit groupe très-naturel, et bien distinct par l'aigrette, dont les squammellules sont paléiformes, non barbelées, et ne recèlent point au milieu d'elles une petite aigrette intérieure. — Nous ne pensons pas cependant qu'il convienne de réunir ces quatre genres en un seul. Dans le *cyanopsis*, les squammes du péricline sont surmontées d'un appendice spiniforme, et l'ovaire, grabriuscule, est muni de dix à douze côtes régulières, séparées par des sillons vidés transversalement. Dans le *goniocaulon*, la calathide est composée de quatre à six fleurs hermaphrodites, sans fleurs neutres. Dans le *volutaria*, la corolle des fleurs hermaphrodites a ses lobes roulés en dedans, du haut en bas, en forme de volute, et celle des fleurs neutres a son limbe divisé jusqu'à la base en trois ou quatre longues lanières liguliformes. Si l'on se décidait à réunir les quatre genres, il faudrait au moins les conserver comme sous-genres.

**CHRYSÉLECTRE** (*minéral.*), *chryselectrum* Plin. Ce nom, qui signifie en grec électre doré, était donné par les anciens à une pierre jaune assez semblable à de l'ambre. Quelques auteurs présument que c'est l'hyacinthe.

**CHRYSÈNE** (*botan.*), nom français du chrysanthemum.

**CHRYSENIOS**, adj. m. (*mythol. gr.*), littéralement, qui tient des rênes d'or. Epithète de Pluton.

**CHRYSÉOCYCLOS**, adj. m. (*mythol. gr.*), littéralement, au casque d'or. Epithète d'Apollon ou du Soleil.

**CHRYSÉOMITHRÈS** (*mythol. gr.*) (*V.* CHRYSOMITHRÈS).

**CHRYSÉOTARSOS**, adj. m. (*mythol. gr.*), littéralement, aux talonnières d'or. Epithète de Mercure.

**CHRYSERME**, Corinthien, composa l'histoire du Péloponèse, celle de l'Inde et plusieurs traités sur les fleuves.

**CHRYSÉRUS** ou **CHRYSORUS**, affranchi de l'empereur Marc Aurèle, écrivit, vers l'an 162 de J.-C., un *index* de tous les personnages qui avaient commandé dans Rome depuis sa fondation jusqu'à cette époque. Scaliger l'a inséré dans ses additions à la *Chronique* d'Eusèbe.

**CHRYSÈS**, χρύσης, grand prêtre d'Apollon à Sminthe ou à Lyrnesse, père d'Astynomie, concubine d'Agamemnon (*V.* CHRYSÉIS). On peut le nommer Chrysès I$^{er}$. — CHRYSÈS II sera le fils d'Astynomie et d'Agamemnon, ou d'Apollon. Il fut prêtre-roi de Sminthe. Oreste et Iphigénie ayant relâché dans cette île à leur retour de la Tauride, dévoilèrent à Chrysès le mystère de sa naissance, que jusque-là il avait ignoré, et tous trois alors se dirigèrent vers Mycènes.

**CHRYSÈS**, un des fils de Minos et de la nymphe Paréa, fut tué, ainsi que son père, par Hercule, dont ils avaient massacré deux compagnons.

**CHRYSÈS**, fils de Neptune ou de Mars et de Chrysogénie, régna sur Orchomène après Phlégyas.

**CHRYSEUS** (*mamm.*). Appien parle de cet animal comme d'une espèce de loup qui habite l'Asie-Mineure, et qui se distingue par un pelage doré. Il est plus grand que le loup commun, et sa force est extrême; il se cache dans des terriers, etc. On a cru reconnaître le chacal, *canis aureus*, à ces divers traits.

**CHRYSIDES**, *chrysides* (*insect.*), tribu d'hyménoptères, de la famille des pupivores, ayant pour caractères : ailes inférieures non veinées, abdomen des femelles ne paraissant composé que de trois ou quatre anneaux, les autres servant à former la tarière, qui se compose de tubes rentrant les uns dans les autres, et est terminée par un petit aiguillon; le dessous de l'abdomen, à l'exception du genre clepte, est plat et voûté. — Les insectes contenus dans cette tribu sont de petite taille et d'égale largeur partout; la tête est inclinée, les antennes, de treize articles, sont coudées, en forme de fil; ces insectes les tiennent habituellement courbées et dans une agitation continuelle; la bouche varie selon les genres; le thorax est cylindrique, et ses différentes divisions sont marquées par des impressions transversales; l'abdomen est ovalaire; ces insectes brillent dans leurs téguments de tout l'éclat de l'or et des pierreries, aussi leur nom est-il significatif; ils ont aussi été quelquefois nommés par les auteurs anciens *guêpes dorées*; mais si leur physique offre la réunion de tout ce qui est beau, il n'en est pas de même de leur moral, qui est très-pervers. En effet ces jolis petits insectes n'ont pas trouvé jusqu'à présent de meilleur moyen pour pourvoir au soin de leur postérité que de pondre leurs œufs dans le nid de quelque autre hyménoptère, dont ils dévorent le fruit. Quoique ces insectes fréquentent quelquefois les fleurs, ce n'est pas là qu'il faut les chercher; c'est au long des vieux murs, des terrains abruptes exposés au soleil, dans les allées sablonneuses, qu'on peut les voir dans un mouvement continuel, entrant dans tous les trous et les fentes qui s'offrent à eux, cherchant un gîte pour leur postérité. Trouvent-ils un nid vide, ils y pénètrent à l'instant; mais souvent la mère s'y trouve et poursuit l'intrus, qui, s'il n'est pas le plus fort, se met en boule à la façon des armadilles, et, à la faveur de sa cuirasse, brave la juste colère de son ennemi (*V.* CHRYSIS, CLEPTE, etc.).

**CHRYSIDIDE** (*hist. nat.*) (*V.* CHRYSIDE).

**CHRYSIDIFORME**, adj. des deux genres (*hist. nat.*), qui ressemble à un chrysis.

**CHRYSIPPE**, Danaïde, épousa et tua Chrysippe.

**CHRYSIPPE** (*mythol.*), fils naturel de Pélops, roi de Phrygie, et de la nymphe Danaïs, fut assassiné par Hippodamie (*V.* ce nom), qui craignait qu'un jour cet enfant ne régnât au préjudice des siens propres.

**CHRYSIPPE**, philosophe stoïcien, naquit à Soli ou à Tarse, on ne sait pas au juste en quelle année. On place l'époque de sa mort dans la CXLIII$^{e}$ olympiade. En supposant qu'il ait vécu soixante-treize ou quatre-vingt-trois ans, comme il paraît probable, il serait né entre la CXXIV$^{e}$ et la CXXII$^{e}$ olympiade, dans le III$^{e}$ siècle avant J.-C. Après avoir perdu son patrimoine, il s'appliqua aux sciences, alla à Athènes, où il entendit non-seulement Zénon le Stoïcien, mais encore les académiciens Arcésilas et Lacydes. Après avoir écouté les objections des académiciens contre l'école de Zénon, il s'attacha de préférence à celle-ci. Il essaya non-seulement de la venger des attaques des académiciens, mais aussi de la développer et de la perfectionner. Il succéda à Cléanthe, et enseigna avec honneur jusqu'à la mort sa philosophie stoïque. On le considérait même comme le second fondateur du Portique, et l'on regardait comme un bienfait particulier de la divine Providence qu'il fût venu après Arcésilas et avant Carnéade : car en combattant le premier il paraît déjà les coups du second. Cependant des philosophes ont pensé qu'il avait mieux réussi à exposer les arguments de ses adversaires qu'à les réfuter. Il fut aussi un des écrivains les plus laborieux parmi les stoïciens, puisqu'il passe pour avoir composé plus de sept cents ouvrages (Diog. Laert., VII, 180). Diogène Laërce (§. 189, 202) rapporte les titres d'un certain nombre de ces écrits, d'où l'on voit qu'ils ne traitaient pas uniquement de la philosophie, mais aussi de la grammaire et de la rhétorique. On ne peut avoir une connaissance suffisante de la philosophie de ce stoïcien, ni apprécier au juste les services qu'il a rendus à la science, d'après le peu de fragments qui nous restent de lui. Doué surtout d'une grande pénétration dialectique, il porta particulièrement son attention sur la logique, et le succès qu'il obtint fit dire que si les dieux avaient une dialectique ce ne pourrait être que celle de Chrysippe (Diog. Laert., VII, 180). Il ne pensait pas avec Zénon et Cléanthe que la perception fût une image de l'objet dans l'âme : il prétendait que ce n'était qu'un accident de l'âme, par conséquent une détermination passive; il regardait l'âme elle-même comme une chose corporelle, parce qu'il pensait que tout ce qui agit est corporel, ou qu'il n'y a que des corps qui puissent agir les uns sur les autres. C'est en conséquence du même principe qu'il regardait aussi la Divinité comme un être corporel, mais qui pénètre et régit les autres choses, en partie comme habitude, en partie comme intelligence, νοῦς, et dont l'existence resplendit dans la nature par une infinité de phénomènes qui dépassent les forces humaines. Il expliquait le destin admis par les stoïciens comme l'enchaînement, causateur nécessaire des choses, et cherchait à le concilier, tant avec la providence divine, qui accommode tout au meilleur enchaînement possible, qu'avec la liberté humaine, qui consiste uniquement à être déterminé par des principes rationnels. Il semble aussi s'être occupé avec soin de la saine morale, puisque Diogène Laërce (VII, 84) le met en première ligne parmi les stoïciens qui traitaient cette partie de la philosophie d'une manière plus étendue que Zénon et Cléanthe (1). — On attribue à Chrysippe le sophisme connu sous le nom de *crocodile* (*crocodilinus syllogismus*), dans lequel on suppose qu'un crocodile avait enlevé à une mère son enfant, et que, prié par elle de le lui rendre, il répondit qu'il le ferait si elle disait la vérité en cherchant à deviner s'il le rendrait ou s'il ne le rendrait pas. « Ah ! s'écria la mère, tu ne me le rendras cependant pas ! » Le crocodile répliqua : « Ou tu as dit la vérité, ou tu ne l'as pas dite. Si tu l'as dite, je ne dois pas te rendre ton enfant, autrement tu n'aurais pas dit vrai. Mais si tu n'as pas dit la vérité, je ne dois pas te le rendre non plus, puisque tu n'as pas rempli la condition de la promesse. En aucun cas donc je ne suis tenu par ma promesse à te rendre ton enfant. » — « Ce raisonnement dit M. Krug, pèche en ce que la condition de la promesse pouvait toujours être accommodée à la volonté du crocodile, en sorte que sa promesse devenait délusoire. » Ce n'est pas ici le lieu d'examiner la justesse de cette réponse, contre laquelle nous aurions à faire diverses objections.

**CHRYSIPPE**, affranchi de Cicéron.

**CHRYSIPPE** (avant J.-C. 336), médecin cnidien, fils d'Erinée et disciple d'Eudoxe, vécut dans le XXXVII^e^ siècle du monde. Il eut un fils du même nom et de la même profession que lui, mais qui périt malheureusement. Ptolémée Lagus, à qui échut le royaume d'Egypte dans le partage des Etats d'Alexandre le Grand, le fit cruellement mourir sur le rapport d'un calomniateur. Chrysippe le père se récria fortement contre la pratique des rationnels et contre plusieurs usages universellement estimés. En particulier il déclama contre la saignée et les purgatifs, quoique ces remèdes eussent été pratiqués de temps immémorial. C'est de Galien que nous apprenons ceci; mais nous ne savons point sur quel fondement Chrysippe appuyait ses opinions. Ses écrits, déjà fort rares du temps de Galien, ne sont pas venus jusqu'à nous ; et d'ailleurs Galien lui-même s'est moins attaché à réfuter ce médecin qu'Erasistrate, son disciple, dont les sentiments étaient conformes à ceux de son maître. Quelque grande qu'eût été l'aversion de Chrysippe pour les purgatifs, elle n'alla pas jusqu'au vomitif et aux lavements, dont il faisait quelquefois usage. — Pline parle aussi de ce médecin, et se déclare ouvertement contre sa façon de penser. Il lui reproche d'avoir employé plus de babil que de raison pour renverser les maximes des anciens, quoiqu'elles fussent établies sur l'expérience de plusieurs siècles. Pline ajoute que Chrysippe a écrit sur les herbages et en particulier sur les propriétés du chou. — Il y a eu plusieurs personnages du nom de Chrysippe; les auteurs en comptent jusqu'à vingt, parmi lesquels on trouve neuf médecins. Galien parle d'un second Chrysippe qui était Sicilien, à qui il reproche son ignorance dans la langue grecque, et en même temps sa présomption, qui allait jusqu'à vouloir donner la leçon sur le vrai sens des mots les plus difficiles de cette langue. On ne sait point le temps dans lequel ce médecin a vécu ; mais on connaît quelques-uns de ses ouvrages qui témoignent qu'il avait du savoir en philosophie et en médecine. Leurs titres sont : *De affectibus et ægritudinibus animi, deque remediis ægro animo convenientibus.* — *De anima.* — *Commentaria absque causis conscripta, curativa et moralia.*

**CHRYSIPPE**, prêtre de Jérusalem, prévôt de l'église de la Résurrection et garde de ses chartres, vivait vers l'an 455. Nous avons de lui, dans la *Bibliothèque des Pères*, un sermon à la louange de la sainte Vierge, qui contient quantité d'éloges extraordinaires pareils à ceux des litanies. Cave lui attribue aussi un panégyrique de saint Jean Baptiste, manuscrit; et Léon Allatius un discours à la louange de saint Michel. Photius fait encore mention d'un écrit où il était rapporté que Gamaliel et Nicodème avaient été baptisés par saint Jean, et avaient souffert le martyre. Photius ajoute que cet écrit était attribué à Chrysippe, prêtre de Jérusalem, qui, dans un discours sur Théodore, martyr, fait mention de Lucien, et de la relation que Gamaliel lui fit de son histoire, et du lieu où il était enterré avec Gamaliel et saint Etienne. Cyrille, évêque de Schytople, nous apprend, dans la vie de l'abbé Euthyme, que Chrysippe avait composé plusieurs livres dignes d'approbation, et qu'il avait été disciple de l'abbé Euthyme, avec Côme et Gabriel, ses frères (Cyrille de Schytople, *Vita Euthymii ;* Photius, *Cod.* 171 ; Cave ; Dupin, V^e^ siècle.)

(1) Cette partie de l'article est extraite d'une notice de M. Krug, de Leipzig, dans son *Dictionnaire général de philosophie.*

**CHRYSIPPEA** (*botan.*). Daléchamps dit que plusieurs personnes regardent la plante nommée ainsi par Pline comme la même que la grande scrofulaire.

**CHRYSIS**, prêtresse du célèbre temple de Junon dans l'Argolide, ayant placé par mégarde une lampe allumée devant quelques bandelettes, se laissa gagner par le sommeil. Le feu prit à ces bandelettes, et par suite au temple, qui fut entièrement consumé l'an 423 avant J.-C. Elle n'y périt point, comme disent quelques auteurs; mais, craignant la colère des Argiens, elle s'enfuit à Philinte. Il y avait plus de cinquante ans qu'elle était prêtresse. Les Argiens nommèrent Plusennis à sa place, et ne cherchèrent point à sévir contre Chrysis, dont ils respectèrent même la statue; car on la voyait encore au temps de Pausanias devant les ruines du temple qui avait été brûlé.

**CHRYSIS**, *chrysis* (*insect.*), genre d'hyménoptères de la famille des pupivores, tribu des chrysides, établi par Fabricius et ayant pour caractères : lèvres et mâchoires ne formant pas de fausse trompe; palpes maxillaires de cinq articles, labiaux de trois ; abdomen voûté en dessous de trois segments. Ce genre a été subdivisé ; mais, comme les genres qui en ont été démembrés diffèrent peu entre eux, nous allons tous les mentionner ici. — I. Les quatre palpes égaux, la languette profondément échancrée; second segment abdominal beaucoup plus grand que les autres, un bourrelet transversal à la base du dernier. — 1° Bouche avancée en forme de pointe. Le genre STILBE de M. Spinola. — 2° Bouche pas avancée en forme de museau ; mandibules unidentées intérieurement, écusson non terminé en pointe. Le genre EUCHRÉE de Latreille. — II. Palpes maxillaires beaucoup plus longs que les labiaux. — 1° Languette échancrée. Le genre HÉDICHRE de Latreille. — 2° Languette arrondie et entière. — *a.* Mandibules bidentées intérieurement, abdomen uni et arrondi au bout. Le genre ELAMPUS de M. Spinola. — *b.* Mandibules unidentées intérieurement, abdomen un peu allongé, offrant souvent de gros points enfoncés à son extrémité. Le genre CHRYSIS proprement dit, tel que le restreint M. Spinola. — Nous renvoyons, pour les mœurs de ces insectes, à la tribu dont ils font partie; nous nous contenterons de citer une espèce de chacune de ces coupes. — CHRYSIS SPLENDIDE, *chrysis splendida* Fab. (genre STILBE) : long de six à sept lignes au plus et le plus grand du genre ; écusson avancé en forme d'épine et creusé en dessus en gouttière ; l'abdomen est terminé par quatre dents, dont les deux intermédiaires plus rapprochés ; entièrement d'un beau vert bleuâtre, presque violacé à l'extrémité de l'abdomen. Des Indes orientales. — CHRYSIS POURPRÉ, *chrysis purpurata* Fab. (genre EUCHRÉE) : long de quatre lignes, vert doré, trois bandes longitudinales sur le corselet, une bande à la base du second segment de l'abdomen et toute l'extrémité de cette partie violet pourpre. Il se trouve en Europe, mais il n'y est pas commun. — CHRYSIS BRILLANT, *chrysis lucidula* Fab. (genre HÉDYCHRE) : long de trois lignes, vert bleu, toute la première partie du thorax jusqu'aux premières ailes doré terne, abdomen doré brillant. Commun dans notre pays. — CHRYSIS ÉPINE, *chrysis spina* (genre ELAMPUS) : très-petit insecte bleu avec l'abdomen vert luisant. Rare aux environs de Paris. — CHRYSIS ENFLAMMÉ, *chrysis ignita* Fab. (genre CHRYSIS proprement dit) : long de trois à quatre lignes, bleu mêlé de vert, surtout en dessous; abdomen doré, terminé par quatre dents distinctes. Cette espèce est la plus commune de notre pays.

**CHRYSIS** (*botan.*). Rencaulme, au commencement du XVII^e^ siècle, nommait ainsi le grand soleil, *helianthus annuus.*

**CHRYSITE DU CAP** (*botan.*), *chrysitrix capensis* Linn. (genre III^e^, tab. 842). Plante du cap de Bonne-Espérance, la seule espèce du genre CHRYSITE, de la famille des cypéracées, de la *polygamie dioécie* de Linn. Elle offre pour caractère une fleur écailleuse, ovale, comprimée, accompagnée en dessous d'une écaille en forme de spathe, coriace, concave, moins longue que la fleur ; une enveloppe calicinale, composée de plusieurs bulles bivalves, lancéolées, cartilagineuses, fortement imbriquées, et formant un paquet serré; un faisceau de paillettes nombreuses, sétacées, contenues dans l'enveloppe calicinale; des étamines situées entre chaque paillette; les filaments capillaires; les anthères linéaires, adossées aux filaments; un ovaire oblong, chargé d'un style court, et de trois stigmates allongés, aigus; le fruit n'est pas connu. Le pistil avorte dans plusieurs fleurs. Les feuilles sont étroites, en forme de lame d'épée, glabres, s'engaînant à leur base, comme celles des iris enveloppant une hampe nue, comprimée, terminée en pointe; s'ouvrant latéralement d'un pouce au-dessous du sommet, pour donner passage à une fleur sessile, d'un roux brun.

**CHRYSITE** (*minéral.*), nom que les anciens donnaient à la *pierre de touche*, à cause de l'usage qu'on en fait pour essuyer l'or.

**CHRYSITIS** (*botan.*). Un des stæchas citrins, *gnaphalium orientale*, était ainsi nommé par Pline et Dioscoride. La même plante, et quelques-unes de ses congénères, portaient aussi le nom de *chrysocome*, ainsi que plusieurs elychrysum de Wildenow; et, suivant Mentzel, le *chrysospermum* des Grecs est synonyme de chrysocome.

**CHRYSITRICE**, s. m. (*botan.*), plante du cap de Bonne-Espérance.

**CHRYSITRICÉ, ÉE**, adj. (*botan.*), qui ressemble à un chrysitrice.

**CHRYSITRICÉES**, s. f. pl. (*botan.*), famille de plantes.

**CHRYSOBALANE**, *chrysobalanus* (*botan. phan*), genre connu vulgairement sous le nom d'*icaquier*, appartenant à la section des drupacées, dans la famille des rosacées, et à l'icosandrie monogynie. A ce genre se rapportent deux ou trois espèces américaines, qui sont des arbrisseaux à feuilles alternes, entières, dépourvues de stipules; à fleurs assez petites, hermaphrodites, en grappes courtes et pédonculées, naissant à l'aisselle des feuilles supérieures. Le calice est tuberculeux, campanulé, persistant, à cinq divisions égales; la corolle se compose de cinq pétales insérés à la partie supérieure du calice, ainsi que les étamines, qui sont au nombre de quinze à vingt. L'ovaire est globuleux, sessile au fond du calice; de sa base part latéralement un style allongé, terminé par un stimate évasé et simple. Le fruit est un drupe ovoïde, environné à sa base par le calice persistant, et contenant un noyau uniloculaire à deux graines. C'est aux Antilles, à Cayenne et en Afrique qu'on trouve l'espèce la plus intéressante de ce genre. — Le CHRYSOBALANE ICAQUIER, *chrysobalanus icaco* Linn., arbre de dix à douze pieds de hauteur, à feuilles alternes presque sessiles, obovales, arrondies, entières, glabres, luisantes, un peu coriaces, à fleurs en petites grappes, sortant de l'aisselle des feuilles supérieures et terminant les ramifications de la tige. Les pédoncules sont courts, articulés ou tricholomes. Ces pédoncules, ainsi que le calice, sont recouverts d'un duvet court, soyeux et très-abondant. Les fruits sont ovoïdes, de la grosseur d'une prune moyenne, d'une couleur variable, le plus souvent jaune ou rougeâtre, d'une saveur douce et agréable pour les habitants des contrées d'où elle est originaire, qui leur donnent le nom de *icaques* ou *prunes-coton*. Une deuxième espèce, le CHRYSOBALANE A LONGUES FEUILLES, C. *oblongifolius* Mich., croît dans les lieux sablonneux et boisés de la Géorgie et de la Caroline; son fruit a la forme de l'olive.

**CHRYSOBALANÉ, ÉE**, adj. (*botan.*), qui ressemble à un chrysobolane.

**CHRYSOBALANÉES**, s. f. pl. (*botan.*), famille de plantes.

**CHRYSOBATE**, s. f. (*chimie*), végétation d'or artificielle, et opérée par le feu.

**CHRYSOBÉLEMNOS**, adj. (*mythol. gr.*), littéralement, aux flèches d'or. Epithète d'Apollon.

**CHRYSOBÉRIL** (*V.* CYMOPHANE).

**CHRYSOBULLE**, s. m. (*hist.*). Il se disait des chartes et diplômes scellés d'un sceau d'or.

**CHRYSOCALE** (*V.* CHRYSOCALQUE).

**CHRYSOCALIS** (*botan.*), un des anciens noms de la matricaire cité dans l'ouvrage de Dioscoride.

**CHRYSOCALQUE**, *similor*, *or de Manheim*, *alliage du prince Robert*, *cuivre jaune*, *laiton*. On donne ces différents noms à des alliages de cuivre et de zinc, dont quelques-uns offrent l'apparence de l'or.— Un échantillon de chrysocale analysé a donné : cuivre 90, zinc 7, 9, plomb 1,6 p. 100.

**CHRYSOCARPOS** (*botan.*), nom, cité par Dalèchamps, de lierre à feuilles non lobées, *hedera poetica* de C. Bauhin et de Tournefort.

**CHRYSOCÉPHALE**, adj. des deux genres (*hist. nat.*), qui a la tête jaune.

**CHRYSOCÈRE**, adj. m. (*mythol. gr.*), littéralement, aux cornes dorées. Epithète de Bacchus.

**CHRYSOCÈRES**, s. m. pl. Il se disait des victimes dont on avait doré les cornes.

**CHRYSOCHLORE**, *chrysochloris* (*mamm.*). On doit la distinction de ce genre au naturaliste Lacépède, qui l'a proposé pour des animaux assez semblables aux taupes, et qui ont le museau court, large et relevé, les conques auriculaires nulles, et les pieds de devant courts, robustes, propres à fouiller la terre et munis de trois ongles seulement; les pieds postérieurs sont faibles et à doigts ordinaires, tous garnis d'ongles. — Form. dent : incisives $\frac{2}{4}$, canines $\frac{0}{0}$, molaires $\frac{22}{66}$, 40. On ne connaît dans ce groupe que deux ou trois espèces, lesquelles sont aveugles, fouissent à la manière des taupes, et se nourrissent de vers. Ce sont les seuls mammifères, qui présentent des couleurs métalliques; leurs poils sont disposés de manière à réfléchir les rayons lumineux en les décomposant, ce qui leur donne des reflets chatoyants assez semblables à ceux des aphrodytes. — CHRYSOCHLORE ROUGE, *C. rufa* Desm., est un peu plus grande que la taupe d'Europe; son pelage est d'un roux cendré assez clair; pieds postérieurs à cinq doigts. Cette espèce habite, dit-on, la Guyane; elle est fort douteuse, et pourrait bien n'être, ainsi que le fait remarquer G. Cuvier, qu'un individu altéré de l'espèce suivante. On l'a établie d'après une figure de Séba. — CHRYSOCHLORE DU CAP, *C. capensis* Desm. Le poil est brun, laissant voir sous certains aspects des reflets vert métallique et cuivreux très-brillants; pieds de derrière à cinq doigts; point de queue; longueur totale, quatre pouces six lignes. Cet animal habite les environs du cap de Bonne-Espérance; il fait des terriers semblables à ceux de nos taupes, et occasionne beaucoup de dégâts dans les jardins et les plantations. — M. Smith a décrit une autre chrysochlore, laquelle diffère un peu de la précédente pour les couleurs, mais présente d'ailleurs la même organisation et les mêmes mœurs. Elle se trouve également au Cap.

**CHRYSOCOCCÈS** (GEORGES), savant médecin de Constantinople dans le XIVe siècle, a écrit en grec deux traités, dont les manuscrits existent à la bibliothèque royale : l'un roule sur l'astronomie des Grecs, l'autre sur la manière de trouver les syzygies pour tous les mois de l'année. La bibliothèque de l'Escurial et du Vatican possèdent aussi des ouvrages manuscrits de cet auteur. —Un autre savant du même nom fut l'un des maîtres de Bessarion et de Philelphe.

**CHRYSOCOLLE**, χρυσοκόλλα, de χρυσός, *or*, et κόλλα, *colle*. — Les anciens naturalistes appelaient ainsi le borax ou sous-borate de chaux qu'on emploie pour souder l'or et dont on se servait aussi dans le traitement de plusieurs maladies. Depuis ce nom a été donné à une matière que l'eau détache des mines de cuivre et d'or.

**CHRYSOCOME**, *chrysocoma* (*botan. phan.*). Sur les montagnes arides des contrées méridionales de la France et de l'Europe croît une petite plante herbacée ou suffrutescente, dont les tiges, hautes de seize à trente-deux centimètres, sont effilées, ramifiées en leur sommet, garnies toute l'année de feuilles vertes linéaires, éparses, très-nombreuses, pointues et glabres, et d'abondantes capitules florales d'un jaune d'or éclatant, ramassées en corymbe terminal, et couronnées par une aigrette de poils courts, soyeux : c'est de là que les anciens l'appelèrent chevelure dorée, *chrysocoma;* ce nom a été donné par les botanistes modernes à un genre des plantes de la syngénésie égale et de la belle tribu des corymbifères. On lui connaît une vingtaine d'espèces, dont la plupart habitent les Canaries et surtout le cap de Bonne-Espérance; quelques-unes se trouvent dans la Nouvelle-Hollande; on en rencontre peu en Europe, et encore moins en Amérique. L'élégante espèce qui croît dans notre patrie est le CHRYSOCOME LINIÈRE, *C. linosyris*. Le botaniste parisien la ramasse à Marcoussis, à Mantes, à Vernon, à Fontainebleau, etc. De sa racine noirâtre et vivace s'élèvent des touffes assez larges de tiges grêles, d'un aspect extrêmement agréable. On la multiplie de graines semées au printemps sur couche chaude, ou par l'éclat des pieds en automne; il lui faut une terre légère et une bonne exposition. Les espèces du Cap, le *C. cernua* et le *C. ciliata*, donnent une écorce d'une amertume intense; celle des Canaries, le *C. sericea*, s'emploie comme un excellent dentifrice. La plus haute de tout le genre est le CHRYSOCOME GIGANTESQUE, *C. prœalta*, qui monte à trois et quatre mètres, est originaire de l'Amérique du Nord, et porte des fleurs d'un pourpre violâtre.

**CHRYSOCOMÉ, ÉE**, adj. (*botan.*), qui ressemble à un chrysocome.

**CHRYSOCOMÉES**, s. f. pl. (*botan.*), famille de plantes à fleurs composées.

**CHRYSOCOMOS** (χρυσός, *or*, et κόμη, *chevelure*), surnom d'Apollon, à cause de sa chevelure blonde.

**CHRYSODONTE**, adj. des deux genres (*hist. nat.*), qui a des dentelures jaunes.

**CHRYSODRABE**, s. f. (*botan.*), genre de plantes crucifères.

**CHRYSOGASTRE** (*entomol.*). M. Meigen a donné ce nom, qui signifie ventre doré, à un genre de diptères qui comprend le syrphe des cimetières et le syrphe métallique, que M. Fabricius a décrits sous le nom d'*érystales*, d'après M. Latreille (*V.* SYRPHE).

**CHRYSOGÈNE**, s. m. (*hist.*), nom qu'une prophétie répandue par les Grecs, et admise chez les Turcs, assigne à un peuple qui doit un jour détruire l'empire de Constantinople. On croit que les Chrysogènes sont les Russes, parce que ceux-ci ont généralement les cheveux blonds.

**CHRYSOGÈNE**, adj. des deux genres (*hist. nat.*), qui a les joues jaunes. Mot hybride pour *chrysognathe*.

**CHRYSOGÉNIE**, fille d'Halmus, mère de Chrysès et aïeule d'Astynomé ou Chryséis.

**CHRYSOGONE**, joueur de flûte qui avait remporté le prix aux jeux Pythiques. Il vivait du temps d'Alcibiade.

**CHRYSOGONE**, affranchi de Sylla, fut dénoncé au sénat par Cicéron, jeune encore, comme spoliateur des proscrits, aux dépens desquels il avait amassé une immense fortune.

**CHRYSOGONE**, chanteur célèbre du temps de Domitien.

**CHRYSOGONIE**, s. f. (*anc. chimie*), nom que les alchimistes donnaient à une prétendue semence d'or.

**CHRYSOGONUM** (*botan.*), *corymbifères*, Jussieu; *syngénésie polygamie nécessaire* Linn. Ce genre de plantes, de la famille des synanthérées, appartient à notre tribu naturelle des hélianthées, et très-probablement à la section des hélianthées milleriées.

**CHRYSOGRAPHES**, s. m. pl. (*hist. anc.*), écrivains en lettres d'or. Ce métier paraît avoir été fort honorable. Siméon Logothète dit de l'empereur Attemius qu'avant de parvenir à l'empire il avait été chrysographe. L'écriture en lettres d'or pour les titres des livres et pour les grandes lettres paraît d'un temps fort reculé. Les manuscrits les plus anciens ont de ces sortes de dorures. Il est fait mention dans l'histoire des empereurs de Constantinople des *chrysographes*, ou écrivains en lettres d'or. L'usage des lettres était bien connu vers le IV$^{e}$ et le V$^{e}$ siècle; il a diminué depuis ce temps, il s'est même perdu, car on ne sait plus aujourd'hui attacher l'or au papier, comme on le voit à la bibliothèque de l'empereur, au Virgile du Vatican, aux manuscrits de Dioscoride, de l'empereur, et à une infinité de livres d'église (*V. Antiq. expliq.*).

**CHRYSOGRAPHIE**, s. f. (*paléogr.*), l'art d'écrire en lettres d'or. La chrysographie était fort en usage dans le Bas-Empire.

**CHRYSOLACHANUM** (*botan.*), un des noms grecs donnés suivant Dodoens, à la follette ou arroche des jardins potagers, *atriplex hortensis*. Il ajoute que quelques personnes croyaient que cette plante des Grecs était l'espèce d'anserine que nous nommons maintenant *chenopodium bonus Henricus*, le bon-Henri. S'il faut en croire Ruellius, cité par C. Bauhin, c'est la lampsane, *lampsana communis*, que Pline a désignée sous le même nom.

**CHRYSOLAMPE**, s. m. (*hist. nat.*), genre d'insectes hyménoptères.

**CHRYSOLAMPIS**, s. f. (*antiq.*), nom donné par les anciens à une sorte de pierre précieuse. Au dire de Pline, la chrysolampis paraissait pâle pendant le jour, mais elle était de couleur de feu pendant la nuit.

**CHRYSOLAN** ou **CHROSOLAN** (Pierre), transféré d'un évêché à l'archevêché de Milan, au commencement du XII$^{e}$ siècle, fut envoyé par le pape Pascal II vers Alexis Comnène, empereur de Constantinople. Il y disputa fortement de vive voix et par écrit contre les Grecs touchant la procession du Saint-Esprit. Etant revenu de sa légation, l'archevêché de Milan lui fut disputé par Jordanes, et le concile de Latran, tenu en 1116, le condamna à retourner à son premier évêché. On a le discours qu'il adressa à Alexis Comnène touchant la procession du Saint-Esprit; il est en latin dans Baronius, à l'année 1110, et en grec et en latin dans le premier tome de la Grèce d'Allatius. Il avait encore composé d'autres ouvrages pour la défense de l'Eglise romaine, dont Trithème a donné le catalogue, et qui sont un Traité contre les Grecs, un de la Trinité, des épîtres, des sermons, etc. (Trithème, *De script. eccl.*; Baronius, t. XII, 1116; Dupin, *Biblioth. des auteurs ecclésiastiques du* XII$^{e}$ *siècle*, part. I, p. 94 et 104; et part. II, p. 603).

**CHRYSOLAS** ou **CHRYSOLAUS**, un des cinquante Priamides.

**CHRYCOLAS**, tyran de Méthymne, fut livré par Alexandre à ses concitoyens, qui le mirent à mort.

**CHRYSOLAS**, traître qui livra aux Scythes la ville de Nicomédie sur la fin du III$^{e}$ siècle.

**CHRYSOLE**, *chrysolus* (*conch.*). C'est un des genres nombreux établis par M. Denys de Montfort parmi les coquilles microscopiques, et qui renferme les espèces de nautiles un peu carénées, dont l'ouverture triangulaire est élargie et fermée par un diaphragme bombé, sans trous ni siphons, mais crénelé contre le tour de spire. L'espèce qui lui sert de type, et que M. Denys de Montfort nomme le *chrysole perlé*, est figurée dans Van-Fichtel (*Test. microscop.*, p. 107, tab. 19, fig. *g*, *h*, *j*. sous le nom de *nautilus crepidula*. C'est une très-petite coquille d'environ deux tiers de ligne de diamètre, ovale allongée, pellucide, rose dans l'état de vie, et d'un blanc de perle après la mort. On la trouve sur les rivages de la Méditerranée, près de Livourne.

**CHRYSOLÉPIDE**, adj. des deux genres (*hist. nat.*), qui a des écailles dorées.

**CHRYSOLITHE** (*minéral.*). Ce nom a été donné à plusieurs substances minérales, principalement à la cymophane et au péridot (*V.* ces mots).

**CHRYSOLITHIQUE**, adj. des deux genres (*minéral.*), qui a rapport à la chrysolithe.

**CHRYSOLOGIE** (de χρυσός, or, et λόγος, discours), terme d'économie politique, par lequel on entend proprement la *science des richesses*.

**CHRYSOLOGUE**, adj. des deux genres (*hist.*), littéralement, qui parle d'or. Epithète que l'on a donnée à quelques orateurs sacrés.

**CHRYSOLOGUE** (PIERRE) (*V.* PIERRE CHRYSOLOGUE [Saint]).

**CHRYSOLOGUE** (NOEL-ANDRÉ, plus connu sous le nom de PÈRE), né à Gy en Franche-Comté le 8 décembre 1728, entra jeune encore dans l'ordre des capucins. La vue de quelques cartes de géographie lui donna le goût de cette science. Il étudia d'abord seul et sans maître; mais ses progrès déterminèrent ses supérieurs à l'envoyer à Paris, où il devait trouver plus de facilité pour s'instruire. Il suivit d'abord les leçons de Lemonnier, célèbre astronome de l'académie des sciences, et il sut mettre à profit les conseils d'un maître aussi habile. Frappé de l'imperfection des planisphères célestes dont il avait été obligé de se servir, il en composa un uniquement pour son usage. Lemonnier le détermina à le publier, et ce planisphère parut en 1778, approuvé par l'académie et sous son privilége. Ce planisphère, projeté sur l'équateur, est en deux grandes feuilles, et on y trouve les neuf cents étoiles du *cœlum australe* de la Caille; mais on prétend que Lemonnier, jaloux de ce dernier, empêcha le P. Chrysologue d'y dessiner la figure des quatorze nouvelles constellations australes. En 1779 il en fit paraître un second, et en 1780 deux autres de différentes grandeurs et projetés sur divers horizons. Ces planisphères sont accompagnés d'instructions sur la manière de s'en servir. Sa mappemonde, projetée sur l'horizon de Paris, en deux grandes feuilles, est un chef-d'œuvre de correction, et on n'en a point encore publié en France de plus détaillée. Ce bon religieux, obligé par son état à de fréquents voyages, eut l'occasion de parcourir, sur presque tous les points et dans presque tous les sens, les Vosges, le Jura et les principales chaînes des Alpes. Il en profita pour mesurer les hauteurs de ces montagnes. Son projet était de publier une carte de cette partie de l'Europe, si intéressante aux yeux du physicien et du naturaliste; mais il ne l'a point exécuté. A l'époque de la révolution, il se retira dans sa famille, et peu de temps après, en 1791, il fit paraître une excellente carte de la province de Franche-Comté, d'après sa division en trois départements. En l'an VIII, il fit imprimer dans le *Journal des mines* la description d'un baromètre portatif. Ce baromètre est celui dont Toricelli est l'inventeur; mais le P. Chrysologue l'avait perfectionné d'après ses propres observations. Il rendit compte dans le même journal des différentes mesures qu'il avait prises et des expériences qu'il avait faites à l'aide de cet instrument. Enfin en 1806 il fit imprimer un ouvrage intitulé : *Théorie de la surface actuelle de la terre, ou plutôt Recherches impartiales sur le temps et l'agent de l'arrangement actuel de la surface de la terre, fondées uniquement sur les faits, sans système et sans hypothèse*, Paris, 1806, in-8°. Cet ouvrage peut être considéré comme le résultat de toutes les observations qu'il avait faites pendant vingt-cinq ans dans la Suisse, la Franche-Comté et les Vosges; on peut le regarder comme un supplément aux *Voyages de Saussure*, dont il a partout suivi la méthode et rectifié quelques inexactitudes. Suivant le rapport fait à l'Institut par M. Cuvier, « Ce livre est précieux pour les géologues, sous le rapport des faits intéressants qu'il contient. » Le P. Chrysologue est mort, à Gy, le 8 septembre 1808. On trouve son éloge, dans le troisième volume des *Mémoires de la société d'agriculture du département de la Haute-Saône*.

**CHRYSOLOPE**, *chrysolopus* (*insect.*), genre de coléoptères de la famille des rhyncophores, qui se peut rapporter au genre CHARANÇON proprement dit (*V.* ce mot). L'espèce la plus connue est le CHRYSOLOPE REMARQUABLE, *chrysolopus spectabilis*, de la Nouvelle-Hollande, noir avec les élytres quadrillées; quelques-uns des quadrillés, la suture et trois raies sur le corselet, vert pâle.

**CHRYSOLOPHE**, adj. des deux genres (*hist. nat.*), qui a une huppe dorée.

**CHRYSOLORAS (MANUEL ou EMMANUEL)** a des droits éternels à la reconnaissance de tous ceux qui aiment les lettres. Il est à la tête de ces Grecs savants qui portèrent en Italie la langue d'Athènes, et y rouvrirent les sources de l'érudition. Né à Constantinople dans une famille très-ancienne et très-distinguée, il fut envoyé par l'empereur Jean Paléologue auprès des puissances de l'Europe. L'objet de cette mission était d'obtenir contre les Turcs des secours d'hommes et d'argent. Chrysoloras, après une absence de quelques années, revint à Constantinople; mais il n'y resta pas longtemps. Les magistrats de Florence l'engageaient à accepter dans leur ville l'emploi public de professeur en langue grecque; il y ouvrit son école vers 1393 ou 1394, mais il n'y enseigna que trois ans. De Florence, Chrysoloras passa à Milan, et de Milan, dans l'université naissante de Pavie, où il était appelé par Jean Galéas, duc de Milan. Galéas mourut en 1402, et les troubles dont la Lombardie devint le théâtre forcèrent Chrysoloras à quitter Pavie. Il se retira à Venise, d'où, quelques années après, il se rendit à Rome, sur l'invitation de Léonard Arétin, qui avait été son disciple, et était alors secrétaire du pape Grégoire XII. Vers cette époque, Chrysoloras rentra dans la carrière des affaires, et l'on a la preuve qu'il était en 1408, à Paris, chargé par Michel Paléologue d'une mission publique. En 1413 il accompagna les cardinaux Chalanco et Zobarella, envoyés par le pape Martin V, auprès de l'empereur Sigismond, pour fixer, de concert avec lui, le lieu où s'assemblerait le concile général demandé par ce prince. La ville de Constance fut choisie, et Chrysoloras, qui s'y était rendu pour assister au concile, de la part de l'empereur grec, y mourut le 15 avril 1415, dans une vieillesse encore peu avancée. — Il laissait, pour propager sa doctrine, d'illustres élèves, entre autres Angelo, Léonard Arétin, Lepogge, Guarino, et ce Grégoire Tiphernas qui le premier porta en France la connaissance du grec. Les ouvrages de Chrysoloras sont peu nombreux. Le plus connu est sa grammaire grecque, publiée sous le titre d'*Erotemata* (Interrogations). Il y en a plusieurs éditions faites dans le XV^e^ siècle, et dont la rareté est extrême. Les éditions de Gourmont en 1507, d'Alde en 1512 et 1517, de Junte en 1514, méritent d'être indiquées. Dans le dixième volume de la *Byzantine* on trouve deux lettres de Chrysoloras, l'une à l'empereur Jean Paléologue : il y compare Rome et Constantinople; l'autre à Jean Chrysoloras, son neveu. M. le chevalier des Rosmini, dans la Vie de Guarino qu'il a donnée à Brescia en 1806, a traduit en grande partie deux autres lettres de Chrysoloras, trouvées parmi les manuscrits de la bibliothèque royale de Naples : elles sont adressées à Guarino. La première n'est que de politesse. Dans la seconde Chrysoloras disserte avec érudition sur les fonds théoriques, dont il est plus d'une fois question dans Démosthène, et sur le mot νάρθηξ, dans Plutarque. Divers opuscules de Chrysoloras, et entre autres un *Traité sur la procession du Saint-Esprit*, sont encore manuscrits dans quelques bibliothèques. Dans ce dernier ouvrage Chrysoloras suit absolument les opinions de l'Eglise romaine. B. S. S.

**CHRYSOLORAS (JEAN)** était disciple et neveu du précédent, mais non pas son fils, comme l'a écrit Lancelot, dans la *Vie* de Philelphe. *Gratia erit utrique referenda Chrysoloræ, viris ætate nostrâ clarissimis, avunculo scilicet et nepoti*, dit Guarini, cité par Hody. On croit que Jean Chrysoloras accompagna son oncle en Italie et y professa le grec; ce fait n'est pas très-bien prouvé; mais il est certain qu'en 1415 il habitait Constantinople, où Guarini lui adressa une lettre de consolation sur la mort de Manuel. Il fut le maître de Philelphe, qui, en 1425, épousa sa fille Théodora Chrysolorina. Elle mourut à Milan le 3 mai 1441, âgée d'environ trente ans. Deux sœurs de Théodora, dont l'une se nommait *Zambia*, et leur mère, *Manfredina Auria*, furent faites esclaves par les Turcs, à l'époque de la prise de Constantinople. Philelphe réussit à obtenir leur liberté, et elles passèrent en Crète, où Manfredina mourut en 1464. Jean Chrysoloras était mort longtemps auparavant, entre 1425 et 1427.

**CHRYSOLORAS (DÉMÉTRIUS)**, né probablement à Thessalonique, s'occupa beaucoup de philosophie et de théologie. Les bibliothèques contiennent plusieurs de ses ouvrages encore manuscrits; cent *Lettres* à l'empereur Manuel Paléologue; un *Traité de la procession du Saint-Esprit contre les Latins*; un *Dialogue contre Démétrius Cydonius*; un *Eloge de saint Démétrius*, etc. On peut consulter, pour plus de détails, la *Bibliothèque grecque*, t. XI, p. 411. Canisius a inséré dans le sixième volume de ses *Antiquæ Lectiones*, sous le nom de Démétrius de Thessalonique, quelques morceaux qui probablement appartiennent à Démétrius Chrysoloras.

**CHRYSOMALLE, CHRYSOMALLOS**, Χρυσόμαλλος, bélier à la toison d'or, naquit de Neptune et de Théophanie, fut envoyé par Jupiter à Phryxus et à Hellé pour les soustraire à la mort qui les attendait à Orchomène, les emporta sur son dos dans la direction de la Colchide, laissa tomber Hellé dans le détroit qui depuis porta son nom, déposa Phryxus sur la rive du Phase, et là fut immolé à Mars, ou à Mercure, ou à Jupiter Phryxios. Sa toison fut consacrée à Mars, et c'est elle qui, selon les mythologues, devint l'objet de l'expédition des Argonautes. D'autres nous le montrent placé aux cieux, où il devint un des signes du zodiaque. Chrysomalle, dit-on, n'apporta point en naissant cette éclatante toison que convoitèrent les Argonautes. C'est Mercure qui la lui donna. En même temps il fit cadeau de l'animal à Néphélé, mère de Phryxus et d'Hellé. Chrysomalle parlait et volait. C'est à travers le vague des airs qu'il transportait les deux jeunes Athamantides; c'est du haut des airs qu'Hellé se laissa tomber. Chrysomalle est peut-être de toutes les personnifications astronomiques des anciens la moins contestable. Evidemment c'est le signe du Bélier.

**CHRYSOMALLUM** (*botan.*), *chrysomallum* Dupet.-Th. (*Gen. Madag.*, n° 25), arbrisseau d'un port élégant, observé par M. Dupetit-Thouars à l'île de Madagascar. Ses feuilles sont verticillées, à trois ou cinq folioles; ses fleurs disposées en corymbes dichotomes, situés un peu au-dessus de l'aisselle des feuilles. Ce genre, borné à une seule espèce, appartient à la famille des verbéracées, à la *tétrandrie monogynie* de Linnæus. Ses fleurs offrent un calice d'une seule pièce, urcéolé, à cinq dents; une corolle tubuleuse, irrégulière, recourbée, couverte de poils soyeux; le limbe étalé, à cinq découpures; quatre étamines plus longues que la corolle; un style de la longueur des étamines; un stigmate double; un drupe ovale, accompagné du calice persistant, contenant un noyau osseux à quatre loges; une semence dans chaque loge. — Cette plante paraît avoir été confondue avec les *bignonia*. Son nom est composé de deux mots grecs, χρυσός, *or*, et μαλλός, toison, à cause du duvet soyeux et roussâtre dont la corolle est revêtue en dehors.

**CHRYSOMÉLANE** (*ichthyol.*), nom donné par Plumier à un poisson des eaux de l'Amérique équinoxiale, et que M. de Lacépède rapporte au genre des spares. Ce mot, tiré du grec, signifie nuancé d'*or et de noir*.

**CHRYSOMÈLE**, *chrysomela*. On désigne sous ce nom un genre nombreux d'insectes coléoptères, qui ont quatre articles à tous les tarses, les antennes filiformes, grenues, et que nous rangeons à la tête de la famille des herbivores ou phytophages. — Ce nom de chrysomèle est emprunté du grec χρυσόμηλον, et signifiait une boule d'or, et par suite une orange : il paraît avoir été employé d'abord par Moufet, qui a figuré l'espèce la plus commune sous le nom que lui donnait Eustathius, qui est χρυσομηλολόνθη, ce qui signifie scarabée doré. — Linnæus, qui a formé ce genre, y avait compris d'abord la plupart des espèces qui composent maintenant la famille nombreuse des coléoptères tétramérés herbivores. Geoffroy le circonscrivit, en séparant les criocères, les galéruques, les altises, les lupères; Fabricius, Olivier, Loichart, Paykull, Latreille, y trouvèrent ensuite des genres très-naturels : cependant, il faut l'avouer, Linnæus avait parfaitement rapproché les insectes qui font l'objet de cet article. — Les chrysomèles ont le corps arrondi, lisse, convexe en dessus, légèrement aplati en dessous; quatre articles à tous les tarses, qui sont garnis de pelotes en dessous;

ayant l'avant-dernier article partagé en deux lobes ; les antennes, quoique filiformes, sont grenues et à articles distincts, grossissant insensiblement, insérées au-devant des yeux, et distantes l'une de l'autre. Leur corselet, en général, de la largeur des élytres, est plus large que long, avec une sorte de rebord ou de marge épaissie. Les élytres recouvrent l'abdomen et l'enveloppent latéralement ; elles sont coriaces, très-solides, souvent soudées, et alors il n'y a pas d'ailes membraneuses. Le dessus du corps est toujours brillant, ou luisant et poli ; les couleurs métalliques, bleue, violette, rouge et jaune, sont les plus ordinaires. — Les chrysomèles sous l'état parfait, comme sous la forme de larves, se nourrissent de feuilles de végétaux. Lorsqu'on les saisit, la plupart retirent leurs membres sous le corps, et se laissent ainsi précipiter, sans faire le moindre mouvement; quelquefois elles laissent échapper de leurs articulations, surtout de celles des cuisses, des jambes et du corselet, une humeur colorée ou odorante, qui paraît destinée à dégoûter les oiseaux, dont elles deviennent pourtant fort souvent la proie. — Leurs larves, dont plusieurs vivent en famille, comme on peut l'observer sur celle du peuplier, ont le corps allongé, et les pattes écailleuses, rapprochées de la tête, écartées les unes des autres à angle droit. Leur corps est souvent muni de verrues ou de tubercules, par lesquels l'animal, au moment où il croit qu'un danger le menace, laisse exhaler une humeur transparente ou laiteuse, d'une odeur acide ou vireuse, qui s'évapore lentement, et que l'animal résorbe quand il a lieu de croire que le péril a cessé. — La plupart se transforment à l'air libre, et se fixent par l'anus sur les branches ou sur les feuilles, comme les larves des coccinelles; quelques-unes cependant ne se changent en nymphes que sous la terre, dans laquelle elles s'enfoncent quand elles ont acquis tout leur développement ; mais ces nymphes offrent cette particularité, parmi celles des coléoptères, que la peau de la larve se dessèche et recouvre la nymphe comme dans les dyptères. — On verra, à l'article PHYTOPHAGES, qu'il est facile de distinguer au premier coup d'œil le genre des chrysomèles, qui ont le corps arrondi, demi-sphérique, ou légèrement ovale et aplati en dessous, et les antennes grossissant insensiblement à l'extrémité, d'avec la plupart des genres dont les noms suivent, qui ont le corps allongé, souvent arrondi, et les antennes filiformes, tels que les donacies, les criocères, les hispes, les lupères, les galéruques, les altises, les gribouris, les clytres et les alurnes; les chrysomèles sont ensuite facilement distinguées des érotyles qui ont l'extrémité grossie de l'antenne légèrement aplatie, des hélodes dont les élytres ne sont pas bombées, et des cassides dont le corselet recouvre la tête. — Ce genre comprend de très-belles espèces. Nous allons indiquer les plus communes aux environs de Paris, et celles qui sont les plus remarquables par les couleurs. — CHRYSOMÈLE TÉNÉBRION, *chrysomela tenebricosa*. C'est la chrysomèle à un seul étui de Geoffroy, nº 19. Noire, sans ailes, à antennes et pattes violettes. — Linnæus avait d'abord décrit cet insecte parmi les ténébrions. Il varie beaucoup pour la grosseur, et en général les mâles sont plus petits. La larve, qui est très-grosse, très-vorace, ressemble un peu à celle des scarabées; mais elle est d'un teinte noire, violette ou cuivreuse. Elle se trouve sur les gazons, principalement sur le caille-lait.—CHRYSOMÈLE DE GRAMEN, *chrysomela graminis*. Entièrement d'un vert brillant, cuivré et bleuâtre : le grand vertubleu, Geoffroy nº 10. — Cet insecte a été nommé ainsi, parce qu'il est d'une belle couleur verte, glacée de bleu; quand on l'examine à la loupe, on remarque que ses élytres, quoique très-brillantes, sont finement pointillées de creux enfoncés, ce qui en augmente beaucoup la surface et l'éclat. Quoiqu'on le nomme du gramen, on le trouve principalement dans les lieux aquatiques, sur les menthes, les marrubes, les lamiers et autres plantes aromatiques.—CHRYSOMÈLE DU PEUPLIER, *chrysomela populi*. A corselet bleu, à élytres rouges, noires à la pointe. — C'est la grande chrysomèl erouge, à corselet bleu, de Geoffroy, nº 1. Tout le dessous du corps est d'un bleu cuivré; la larve se nourrit de feuilles du peuplier noir, dont elle ronge le parenchyme en laissant les nervures. — CHRYSOMÈLE DU TREMBLE, *chrysomela tremula*. Bleu, à élytres testacées, sans taches. — CHRYSOMÈLE POLIE, *chrysomela polita*. Rouge sans taches, à corselet doré.—CHRYSOMÈLE DIX POINTS, *chrysomela decempunctata*. Corselet rouge, noir derrière; élytres rouges, à cinq points noirs. — CHRYSOMÈLE FASTUEUSE, *chrysomela fastuosa*. Le petit vert et bleu, Geoffroy, nº 12. D'un vert doré; élytres à trois raies bleues. — CHRYSOMÈLE ENSANGLANTÉE, *chrysomela sanguinolenta*. Noire, à élytres ponctuées, à bord extérieur d'un jaune rougeâtre, Geoffroy, nº 8. — CHRYSOMÈLE A LIMBES, *chrysomela limbata*. Noire, à bord des élytres rouges, Geoffroy, nº 9.

**CHRYSOMÉLIDE**, adj. des deux genres (*hist. nat.*), qui ressemble à une chrysomèle.

**CHRYSOMÉLIDES**, s. f. pl. (*hist. nat.*), famille d'insectes coléoptères.

**CHRYSOMÉLINE**, *chrysomelinæ* (*insect.*), tribu de coléoptères, de la section des tétramères, famille des cycliques, dont le caractère consiste à avoir les antennes insérées au-devant des yeux, écartées. Cette tribu formait autrefois le seul genre chrysomèle pour Linné. Fabricius le sépara en deux, et depuis il a été beaucoup plus subdivisé; mais, telle qu'elle est, cette tribu paraît encore loin d'être naturelle, par la différente manière de vivre que l'on remarque dans les larves des espèces qui la composent (*V.* CHRYSOMÈLE, CRYPTOCÉPHALE, etc.).

**CHRYSOMELON** (*botan.*). Ce nom, qui signifie pomme d'or, a été donné par quelques anciens à l'abricotier ou à son fruit.

**CHRYSOMITRIS** (*ornithol.*). Si Aristote, en parlant de cet oiseau, dont Camus a traduit le nom grec par *bonnet d'or*, ne l'accolait à d'autres qu'il dit ne manger ni vers ni rien qui ait vie, cette dénomination conviendrait bien mieux au roitelet, *motacilla regulus* Linn., qui porte en effet une huppe d'or, qu'au chardonneret, qui n'a de jaune qu'à l'aile, et qui est mieux désigné par *aurivittis*; mais les auteurs anciens se sont accordés assez généralement à regarder le *chrysomitris*, comme le chardonneret, *fringilla carduelis* Linn.

**CHRYSONDIE** (*géogr. anc.*), ville de Macédoine, vers le nord-ouest, dans la Darétide.

**CHRYSONOÉ**, Χρυσονόη (*mythol. phénicienne altérée par les Grecs*), fille de Clitas, roi des Sidoniens, femme de Protée et mère d'enfants nombreux et méchants qu'Hercule mit à mort.

**CHRYSOPALE** (*minéral.*) (*V.* CYMOPHANE).

**CHRYSOPE**, adj. des deux genres (*hist. nat.*), qui a les pieds jaunes.

**CHRYSOPÉE**, s. f. (*didact.*), art prétendu de faire de l'or.

**CHRYSOPÉLÉE** (que quelques-uns écrivent *Proserpélie*), Hamadryade. Arcas lui sauva la vie en recouvrant de terre les racines d'un chêne auquel les jours de la déesse étaient attachés. Chrysopélée, reconnaissante, devint sa maîtresse et lui donna deux fils.

**CHRYSOPÉLÉE**, s. f. (*hist. nat.*), genre de serpents.

**CHRYSOPHÈNE**, adj. des deux genres (*hist. nat.*), qui a une teinte dorée.

**CHRYSOPHIS** ou **CHRYSOPHITE** (*antiq.*) (*V.* CHRYSOPIS).

**CHRYSOPHORE**, *chrysophora* (*insect.*), genre de coléoptères, de la section des pentamères, famille des lamellicornes, ayant pour caractères : sternum s'avançant en pointe conique entre la seconde paire de pattes; bord antérieur du labre toujours apparent; mandibules dentées au bord interne; pieds postérieurs très-grands dans le mâle, gros; tibias arqués, terminés par une pointe très-forte; les crochets des tarses sont inégaux. Ces insectes ressemblent à de gros hannetons qui auraient les feuillets des antennes courts. M. Latreille a fait figurer, dans les *Observations de zoologie* de Humboldt (t. I, pl. 15) l'espèce sur laquelle il a établi ce genre, sous le nom de *Melolontha chrysochlora*. Le mâle est long de dix-huit lignes et la femelle de treize. Tous deux sont du plus beau vert doré brillant, avec les élytres fortement ponctuées; l'extrémité des tibias et les tarses sont noirs. Il vient de l'intérieur de l'Amérique.

**CHRYSOPHTHALME**, adj. des deux genres (*hist. nat.*), qui a les yeux dorés.

**CHRYSOPHYLAX** (χρυσός, or, et φύλαξ, gardien), ministre inférieur du temple de Delphes, gardien du trésor, était encore chargé de puiser tous les jours de l'eau de la fontaine de Castalie, de balayer le temple avec des rameaux de laurier, cueillis sur les bords de cette source sacrée, et de chasser à coups de flèches les oiseaux qui venaient se reposer sur les statues dont le temple d'Apollon était environné.

**CHRYSOPHYLLE** (*botan. phan.*), *chrysophyllum*, arbres des régions chaudes américaines, produisant un fort bel effet par leur port élégant, leur taille élevée, et par la beauté, par la persistance de leur feuillage, d'un vert aimable en dessus, chargé d'un duvet soyeux, jaune doré en dessous, d'où leur est venu le nom de *feuille dorée* qu'ils portent dans la langue botanique. Vulgairement on les appelle *caimitiers*, surtout aux Antilles. Ils constituent un genre de quinze à vingt espèces, dans la famille des sapotées et dans la pentandrie monogynie. — La plus répandue de toutes est le CHRYSOPHYLLE A LARGES FEUILLES, *C. cainito*, arbre très-branchu, dont la tête large, étalée, se balance à plus de dix mètres du sol. Ses rameaux droits tendent à présenter l'éventail. Ses fleurs, qui sont petites, donnent naissance à des fruits globuleux de la grosseur d'une pomme de reinette, rouges, rafraîchissants et agréables à manger quand une fois on est habitué à leur odeur fade; dans chacune des dix loges du fruit on trouve une seule semence comprimée latéralement, luisante. — Le **CHRYSOPHYLLE GLABRE**, *C. glabrum*, moins élevé de moitié que l'espèce précédente, porte des feuilles luisantes et glabres sur les deux faces, et des fruits bleus, elliptiques. Son bois passe pour être incorruptible; les poteaux que l'on fait avec sont d'une longue durée. Le **CHRYSOPHYLLE A FEUILLES ÉTROITES**, *C. oliviforme*, que l'on a ridiculement appelé *argenté*, à cause d'un duvet blanc mat qu'offre quelquefois le dessous de ses feuilles, est muni de rameaux fléchis en zigzag, d'un jaune roussâtre. Ses fruits, deux fois plus gros qu'une olive ordinaire, sont d'une belle teinte violette, et recherchés pour leur saveur vineuse attrayante; ils contiennent un noyau de forme irrégulière.

**CHRYSOPHYS** (*ichthyol.*). Les Grecs ont donné ce nom, qui signifie *sourcil d'or*, au centrolophe nègre, ou coryphène pompile. Ce poisson a effectivement une tache dorée au-dessus de chaque œil (*V.* CENTROLOPHE).

**CHRYSOPHYS** (*minéral.*). Pline et quelques auteurs pensent que cette pierre précieuse des anciens est la *topaze*.

**CHRYSOPIE** (*botan.*), *chrysopia* Dupet. Th. (*Gen. Madag.*, p. 15, n° 48), genre de la famille des *hypéricées*, de la *polyadelphie polyandrie* de Linnæus. La seule espèce qu'il renferme est un grand et bel arbre de l'île de Madagascar, dont les rameaux sont étalés, les supérieurs rapprochés et presque en ombelle; les feuilles alternes, ovales, entières; les fleurs grandes, d'un pourpre foncé, disposées en fascicules à l'extrémité des rameaux ; elles offrent un calice inférieur, à cinq folioles épaisses, concaves, colorées; une corolle à cinq pétales épais, concaves, roulés; un appendice urcéolé, épais, entier à sa base, divisé profondément en cinq lobes connivents; des étamines nombreuses, réunies en plusieurs paquets; cinq anthères sur chaque lobe, sillonnées extérieurement; un ovaire à cinq loges, contenant quelques ovules attachés dans le centre; un style divisé jusqu'à sa moitié en cinq découpures cylindriques : le fruit n'a point été observé; les semences sont épaisses, oléagineuses, dépourvues de périsperme, les cotylédons réunis. Il découle de cet arbre un suc abondant, d'un beau jaune; caractère exprimé par son nom composé de deux mots grecs, χρυσός, doré, ὀπός, suc. Ce genre a les plus grands rapports avec le *vismia* de Vandelli, publié antérieurement.

**CHRYSOPIS**, s. f. (*antiq.*), nom donné par Pline à une sorte de pierre précieuse.

**CHRYSOPOLIS** (*géogr. anc.*), aujourd'hui Scutari, promontoire et port de l'Asie-Mineure, vis-à-vis du Bosphore. C'est là que les dix mille s'embarquèrent, après leur fameuse retraite, pour passer à Byzance.

**CHRYSOPOLIS** (*géogr. anc.*), ville de Syrie, dans la Palmyrène, vers l'est.

**CHRYSOPRASE** (*minér.*), *quartz-agathe-prase* Haüy. C'est une variété de silex ; elle est d'un vert pomme ou vert poireau, et varie très-peu de couleur ; sa cassure est unie, cireuse, quelquefois un peu écailleuse; elle est lisse dans la variété vert poireau ; sa pesanteur spécifique, suivant Klaproth, est de 3,25, tandis que celle des silex ordinaires est de 2,4 à 2,6 ; elle ne diffère cependant pas essentiellement du silex, ni par sa nature, ni par la proportion des parties qui la composent. D'après Klaproth, cette pierre contient de l'alumine, de la chaux, de l'oxyde de fer, 0,96 de silice, et 0,01 de nickel. On croit qu'elle doit sa couleur verte à ce métal ; elle la perd facilement au chalumeau. — La chrysoprase n'a été trouvée qu'à Kosemitz, au delà de Breslau, dans la haute Silésie. Les montagnes qui la renferment sont composées, en grande partie, de serpentine, d'ollaire, de talc et d'autres pierres onctueuses qui contiennent presque toutes de la magnésie. On la trouve dans ces roches en veines, en couches interrompues et sans suite, au milieu d'une terre verte qui contient aussi du nickel, et dont on a fait une espèce sous le non de *pimelite*. On voit dans le même lieu des calcédoines, des opales, du quartz, etc. — On fait avec la chrysoprase des bijoux assez estimés. On prétend que l'humidité altère sa couleur. — Il ne faut pas confondre la chrysoprase décrite ici avec le quartz-prase, qui a la cassure vitreuse, une couleur beaucoup plus sombre, etc., ni avec le silex prasien, dont la cassure est conchoïde et lisse.

**CHRYSOPRASE D'ORIENT** (*minér.*). On a donné ce nom à une variété de topaze qui est d'un jaune verdâtre.

**CHRYSOPROCTE**, adj. des deux genres (*hist. nat.*), qui a le bout de l'abdomen jaune.

**CHRYSOPS**, *chrysops* (*insect.*), genre de diptères, de la famille des tabaniens, ne différant des taons proprement dits que par le dernier article de leurs antennes divisé en cinq anneaux ; les deux premiers articles de l'antenne proprement dite sont cylindriques et presque égaux. Ces insectes ont les mœurs des taons et attaquent les chevaux avec acharnement; ils sont d'autant plus redoutables qu'ils sont beaucoup plus nombreux ; ils se jettent aussi sur les hommes, et si l'on est un peu découvert, on s'aperçoit bientôt à ses dépens de leur présence. Ils habitent plus habituellement les bois humides. L'espèce la plus commune est le C. **AVEUGLANT**, *C. cæcutiens* Fab., long de quatre lignes ; il a les yeux dorés, avec des taches pourpres dans le vivant ; le corps est noir. Dans le mâle, les ailes sont presque entièrement noires, avec un espace triangulaire diaphane à l'extrémité ; les côtés de la base de l'abdomen sont fauves en dessous. La femelle diffère du mâle par ses ailes enfumées seulement à la base et à la côte externe, et une large bande traversant l'espace diaphane. La base de l'abdomen est jaune en dessus et en dessous. Commun partout.

**CHRYSOPSIDE** (*hist. nat.*) (*V.* CHRYSOPS).

**CHRYSOPTÈRE** ou **CHRYSOPTERON** (*minér.*). On présume que c'est un des noms que les anciens donnaient à la **CHRYSOPRASE** ou à la **CHRYSOLITHE**.

**CHRYSOPTÈRE** (*ichthyol.*). Ce mot, d'origine grecque, et qui veut dire nageoires dorées, forme le nom spécifique d'un **CHÉILODIPTÈRE**.

**CHRYSOPYGE**, adj. des deux genres (*hist. nat.*), qui a le croupion doré.

**CHRYSOR**, dieu phénicien (*V.* KHOUÇOR).

**CHRYSORHIZE**, adj. des deux genres (*hist. nat.*), qui a des racines d'un jaune doré.

**CHRYSORRHAPHIS**, adj. m. (*mythol. gr.*), littéralement, *à la baguette d'or*, épithète de Mercure.

**CHRYSORRHÉ, ÉE**, adj. (*hist. nat.*), qui a le bout de l'abdomen jaune.

**CHRYSORRHOAS** (*géogr. anc.*), de χρυσός, or, et ῥέω, je coule, ancien nom du Pactole (*V.* PACTOLE).

**CHRYSORRHOAS** (*géogr. anc.*), aujourd'hui *Baradi*, fleuve de Syrie, qui part de l'Anti-Liban, et se partage, près de Damas, en trois branches qui, après avoir traversé cette ville et ses environs, se réunissent, et vont se perdre dans un lac.

**CHRYSORRHOAS** (*géogr. anc.*), aujourd'hui rivière de Damala, rivière située à l'extrémité de la presqu'île du sud-est de l'Argolide. Elle arrosait la ville de Trézène.

**CHRYSORRHOAS** (*géogr. anc.*), rivière de l'Asie-Mineure, dans la Lycie. Elle avait sa source au mont Tmolus.

**CHRYSORRHOAS** (*géogr. anc.*), petite rivière de Thrace, se jetait dans le Bosphore, entre Sclétrinas et Myrliéion.

**CHRYSORTHE**, fille d'Orthopolis, aimée d'Apollon, et mère de Coronus.

**CHRYSOS**, monnaie d'or des Grecs (*V.* STATER).

**CHRYSOSPLENIUM** (*botan.*) (*V.* DORINE).

**CHRYSOSPERMON** (*botan.*). On lit dans le Dictionnaire de Calepin, que quelques personnes donnent ce nom à la grande joubarbe. Mentzel croit que c'est la même plante que le *chrysocome*, espèce de gnaphalium.

**CHRYSOSTACHYÉ, ÉE** (*botan.*), qui a des fleurs jaunes disposées en épi.

**CHRYSOSTERNE**, adj. des deux genres (*hist. nat.*), qui a la poitrine jaune.

**CHRYSOSTOME**, adj. des deux genres (*hist.*), littéralement, *à la bouche d'or*. Épithète appliquée à quelques orateurs sacrés.

**CHRYSOSTOME** (*hist. nat.*), qui a la bouche ou l'ouverture jaune.

**CHRYSOSTOME** (SAINT JEAN) (*V.* JEAN [Saint]).

**CHRYSOSTOME** (DION) (*V.* DION).

**CHRYSOSTROME** (*ichthyol.*), genre de poissons de la famille des auchénoptères, établi, pour la première fois, par M. de Lacépède, d'après une espèce figurée par Rondelet, p. 138 de l'édition de Lyon, sous le nom de *fiatola*. — Le mot chrysostrome est tiré du grec, et signifie *tapis d'or*, χρυσός, στρῶμα. — Les caractères de ce genre sont les suivants : corps et queue très-hauts, très-comprimés et aplatis latéralement, de manière à former un ovale régulier; une seule nageoire dorsale allongée. On n'en connaît qu'une espèce : c'est le **CHRYSOSTROME FIATOLOIDE**, *chrysostromus fiatoloides* Lacép. : dorsale et anale falciformes; caudale fourchue; raies d'or longitudinales interrompues, et taches de différentes grandeurs et de la même teinte sur les côtés; mâchoire inférieure un peu avancée; lèvres grosses. — On prend ce poisson sur les côtes de la mer Méditerranée, particulièrement aux environs de Rome. — MM. Schneider et Cuvier pensent que l'établissement de ce genre repose sur une erreur que l'on remarque dans la figure de Rondelet, et regardent ce poisson comme la fiatole véritable. M. de Lacépède au contraire pense qu'il en est assez distinct pour ne pas appartenir au même ordre (*V.* FIATOLE et STROMATHÉE).

**CHRYSOTE**, adj. des deux genres (*hist. nat.*), qui a les oreilles jaunes.

**CHRYSOTHÉMIS**, fils du célèbre Crétois Carmanor, qui avait purifié Apollon d'un meurtre, remporta le premier prix de l'hymne à Apollon aux jeux Pythiques. Même gloire couronna Philammon, son fils, et Thamyris, son petit-fils. Cette succession de triomphes fut attribuée au service que Carmanor avait rendu au dieu de la lumière.

**CHRYSOTHÉMIS**, femmes : 1° Danaïde, épouse d'Astérius; 2° fille d'Apollon, placée parmi les astres; 3° femme de Staphyle et mère de trois filles, Molpadie, Rhœo, Partheno; 4° fille d'Agamemnon et de Clytemnestre. Affligée du meurtre de son père, elle dissimulait sa douleur, tandis qu'Electre, sa sœur, la laissait éclater. Les tragiques présentent souvent ces deux princesses, qui forment l'une avec l'autre un contraste vraiment dramatique. Antigone et Ismène, dans le cycle des catastrophes royales thébaines, forment un couple analogue.

**CHRYSOTHÉMIS**, sculpteur grec, né à Argos dans le v^e siècle avant l'ère chrétienne, fit avec Eutélidas, autre sculpteur de la même ville, les statues de Démarate et de son fils Théopompe, vainqueurs aux jeux Olympiques.

**CHRYSOTHOLES** (*botan.*), un des noms anciens donnés, suivant Daléchamps, à une espèce de trique, *sedum*, à fleurs jaunes, qui paraît avoir beaucoup de rapport avec le *sedum reflexum*.

**CHRYSOTOSE**, *lampris* (*poiss.*). La hauteur de la première dorsale, le prolongement des ventrales, de la caudale, les côtés de la queue, qui sont relevés en carène, distinguent le genre chrysotose de celui des capros, dont le corps est couvert d'écailles fort rudes, et dont la dorsale est échancrée comme dans les dorées. Retzius a fait connaître l'espèce qui compose ce genre (*lampris guttatus* Retz., *Encycl. ichthyol.*). Ce poisson devient fort grand; il est violet, tacheté de blanc et à nageoires rouges. Il est représenté dans l'*Iconographie du règne animal*. On ne le rencontre que très-rarement dans la Méditerranée; il paraît qu'il est moins rare dans les mers du Nord.

**CHRYSOTOXE**, *chrysotoxum* (*entomol.*). Meigen a désigné sous ce nom deux espèces de diptères du genre MULION (*V.* ce nom de genre et les espèces qui seront décrites sous les noms d'ARQUÉ et DEUX-CEINTURES).

**CHYSOTRIÉNÈS**, adj. m. (*mythol. gr.*), littéralement, qui port eun trident d'or. Épithète de Neptune.

**CHRYSULCE**, adj. f. (*anc. chim.*). Il ne se dit que dans cette expression : *eau chrysulce*, employée par quelques alchimistes pour signifier l'eau régale, substance qui dissout l'or.

**CHRYSURE**, adj. des deux genres (*hist. nat.*), qui a la queue jaune.

**CHRYSURE** (*botan.*), *chrysurus* Pers., genre de plantes monocotylédones, hypogynes, de la famille des *graminées* Juss., et de la *triandrie monogynie* Linn., dont les principaux caractères sont d'avoir des épillets de deux sortes : les uns stériles, multiflores, à glumes linéaires, subulées, ayant l'apparence de bractées; les autres fertiles, à une, deux ou trois fleurs hermaphrodites, ayant un calice de deux glumes linéaires, et une corolle de deux balles, dont l'extérieure est prolongée en une longue arête. — Ce genre est composé de quatre espèces qui avaient été rapportées aux *cynosurus*. Leurs fleurs sont disposées en panicule, souvent resserrées en épi. — CHRYSURE CYNOSUROIDE, *C. cynosuroides* Pers. (*Synop.*, 1, p. 80; Polit., *Agrost.*, 123, tab. 22, fig. 5); *cynosurus aureus* (Linn., *Spec.* 107); *lamarckia aurea* Kœl. (*Gram.*, 376). Ses chaumes sont coudés et ordinairement rameux à leur base, hauts de trois à six pouces, garnis de feuilles linéaires, molles au toucher; ses fleurs, d'un vert clair, tirant sur le jaune pâle, quelquefois un peu rougeâtres, forment une panicule oblongue, resserrée et tournée du même côté; les bractées sont formées de huit à dix valves glumacées, stériles, distiques. Cette espèce est annuelle; elle croît dans le midi de l'Europe, en Corse, en Provence. — CHRYSURE HÉRISSÉ : *C. echinatus; cynosurus echinatus* Linn. (*Spec.* 105; *Host. gram.*, 2, p. 67, t. XCV. Ses chaumes sont d'abord coudés à leur base, ensuite redressés, hauts d'un à deux pieds, garnis de feuilles linéaires, glabres; ses fleurs sont verdâtres, disposées en panicule resserrée, ovale-oblongue et tournée d'un seul côté; les bractées sont pinnées et en forme de peigne, ayant chacune de leurs divisions aristée. On trouve cette plante dans les champs du midi de l'Europe et de la France. Les deux autres espèces que M. Palisot de Beauvois rapporte à ce genre sont le *cynosurus elegans*, Desf., *Fl. Atl.*, 1, p. 82, t. XVII), et le *cynosurus effusus* Pers. (*Synop.*, t. 1, p. 86).

**CHRYSURE** (*ichthyol.*). Commerson a donné ce nom, et M. de Lacépède l'a conservé, à une espèce de poisson de la mer du Sud, qui appartient au genre coryphène. Chrysure est un mot tiré du grec, qui signifie *queue dorée*, χρυσός et οὐρά (*V.* CORYPHÈNE).

**CHRYXUS**, général des Boïens, petit-fils de Brennus.

**CHTCHERBATOV (LE PRINCE MICHEL)**, historien russe, né dans les premières années du XVIII^e siècle de l'une des plus illustres familles de l'empire russe, fit de bonnes études, et manifesta, fort jeune, un goût très-vif pour les lettres et surtout pour l'histoire. Méditant un grand ouvrage, il rassembla de bonne heure des matériaux. L'impératrice Catherine II, sachant ses projets, lui donna toutes sortes d'encouragements, et voulut que toutes les bibliothèques, tous les dépôts publics de son empire lui fussent ouverts. Le prince Chtcherbatov publia d'abord son *Livre des czars*, et ensuite une volumineuse *Histoire des troubles et des révolutions de Russie*, Saint-Pétersbourg, 1777. On promit alors une traduction française de cet ouvrage; mais elle n'a point paru. C'est une compilation indigeste, et dans laquelle on remarque cependant beaucoup de réticences, commandées par la position de l'auteur. Lévêque et tous les autres historiens y ont néanmoins beaucoup puisé. Le prince de Chtcherbatov a encore publié quelques traductions du français en russe : le *Journal de Pierre le Grand*, et un *Tableau des possessions de Vladimir Monomaque*. Il était sénateur, chambellan, membre de la commission du commerce et du nouveau code des lois, etc. Il mourut le 12 décembre 1790.

**CHTHONIA** (*botan.*), *corymbifères* Juss.; *syngénésie polygamie superflue* Linn. Ce nouveau genre de plantes, que nous avons établi dans la famille des synanthérées (*Bull. soc. philom.*, février 1817), appartient à la tribu des hélianthées, et fait partie de notre section naturelle des hélianthées tagétinées. La calathide est radiée, composée d'un disque pluriflore, équaliflore, quinquéflore, androgyniflore, et d'une couronne unisériée, quinquéflore, liguliflore, féminiflore; le péricline, un peu plus court que les fleurs du disque et cylindracé, est formé de cinq squammes unisériées, égales, apprimées, se recouvrant par les bords, larges, elliptiques, entières, coriaces, membraneuses sur les bords, glandulifères, articulées autour du clinanthe; le clinanthe est très-petit, presque nu, garni seulement de quelques fimbrilles filiformes extrêmement courtes; la cypsèle est allongée, grêle, anguleuse, striée, hispidule; l'aigrette est composée de squammellules subunisériées, inégales, ayant leur partie inférieure laminée paléiforme, membraneuse, irrégulièrement dentée ou laciniée, et leur partie supérieure filiforme, épaisse, barbellulée; le style des fleurs du disque a ses deux branches presque entièrement entre-greffées; la languette des fleurs de la couronne est large, elliptique. — La CHTHONIE GLAUCESCENTE, *chthonia glaucescens* H. Cass., est une plante herbacée, glabre, haute au moins d'un pied et demi; à tige dressée, grêle, rameuse; à branches opposées, longues, dressées, à feuilles opposées, connées à la base, linéaires, glauques, ciliées inférieurement, munies de glandes sur les bords; à calathides solitaires et terminales, portées sur de courts pédoncules filiformes, et composées de fleurs jaunes. Nous avons observé cette plante dans l'herbier de M. de Jussieu; nous ignorons son origine, et nous ne croyons pas qu'elle soit décrite. — Notre genre *chthonia* diffère du *pectis* par l'aigrette, celle des vrais *pectis* ayant les squammellules subtriquètres, subulées, cornées, parfaitement lisses. Ainsi les *pectis punctata* et *linifolia* doivent demeurer dans le genre *pectis*; mais les *pectis humifusa*, *prostrata*, et probablement le *ciliaris*, doivent entrer dans le genre *chthonia*. La structure du style des fleurs du disque est très-remarquable, en ce qu'elle est semblable à celle des styles de fleurs mâles, quoique les fleurs dont il s'agit paraissent être réellement hermaphrodites. Plusieurs tagétinées nous ont offert cette anomalie.

Feu H. CASSINI.

**CHTHONIA INSULA** (*V.* CRÈTE).

**CHTHONIE**, Χθονία, c'est-à-dire *la terrestre* (souvent la terre même personnifiée), est une fille de Calontas d'Argos, que tour à tour on montre adoratrice de Cérès, première prêtresse argienne de Cérès, élève de Cérès, créatrice du temple de Cérès à Argos. Au fond, c'est une incarnation de Cérès, qui est terrestre, qui est la terre. Argos, métropole de la Grèce, avait aussi des prétentions à être la métropole du culte de Cérès. C'est là, disaient les Argiens, que cette déesse s'est rendue à son arrivée en Grèce. Eleusis, Orchomène, d'autres villes encore, revendiquaient cet honneur. Une fille de Phoronée (par conséquent Argienne, et plus ou moins identifiée avec le sol), s'appela aussi CHTHONIE. On donne de même ce nom à une fille de Saturne, femme de Sipyle, mère d'Olympe et de Tmole (ces deux derniers noms sont des noms de montagnes). Sipyle est une ville et un mont, la femme de Saturne est la Terre. On mentionne encore une CHTHONIE, épouse de Butès, et fille d'Erechthée, roi d'Athènes, qui passait lui-même pour fils de la Terre. De toutes manières donc nous revenons à voir la Terre dans Chthonie. — Enfin Proserpine et Cérès se nomment CHTHONIE : la dernière avait sous ce nom une fête dans l'Hermionide.

**CHTHONIES**, fêtes annuelles que les Hermioniens célébraient en l'honneur de Cérès Chthonie. Dans ces solennités, les prêtres allaient en procession, suivis des magistrats et d'un grand concours de femmes et d'enfants vêtus de blanc et couronnés de fleurs. Derrière eux on traînait une génisse qui n'avait point encore porté le joug. Lorsque la procession était arrivée au temple, on déliait la victime, et quatre vieillards l'immolaient. On amenait ensuite trois génisses, que de vieilles femmes sacrifiaient à leur tour. On avait soin que toutes ces victimes tombassent du même côté.

**CHTHONII DII**, Χθόνιοι θεοί, les dieux souterrains ou infernaux.

**CHTHONIUS**, 1° un des cinq Spartes; 2° Egyptide, qui eut pour mère Caliadné; 3° Centaure tué par Nestor; 4° fils de Neptune et de Symé, donna le nom de sa mère à une île; 5°, 6°, 7° et 8° Pluton, Mercure, Bacchus et Jupiter.

**CHTHONOPHYLE**, nymphe que Bacchus rendit mère de Phlias.

**CHUB**, peuples que l'on croit être les Cubiens, placés par Ptolémée dans la Maréote (*Ezéch.*, **XXX**, 5).

**CHUB** (*ichthyol.*), nom d'un poisson du genre able, *leuciscus chub*. C'est le cyprin chub de M. Lacépède. On le pêche dans plusieurs rivières d'Europe. M. Risso l'a observé dans la Toggia, rivière du comté de Nice.

**CHUBANA** (*géogr. anc.*), ville d'Asie, dans la Mésopotamie, sur la rive orientale de l'Euphrate.

**CHUBB** (THOMAS), écrivain controversiste, né en 1679 à East-Harnham, village des environs de Salisbury en Angleterre, fils d'un marchand de drêche, mis d'abord en apprentissage chez un gantier, quitta ce métier pour s'associer avec un fabricant de chandelles. Il ne savait que lire et écrire; mais, animé du désir de s'instruire, il consacrait tous ses loisirs à la lecture, et, sans connaître jamais d'autres langues que la sienne, il acquit dans les livres anglais une assez grande connaissance de la géographie, des mathématiques et d'autres branches de la science. La théologie était son étude favorite, et il établit une petite conférence dont l'objet était la discussion des matières religieuses, à l'époque des grandes controverses sur la Trinité, entre Clarke et Waterland. Chubb composa à cette occasion une dissertation publiée plus tard sous le titre de : *la Suprématie du Père établie*, etc., où il fit preuve de beaucoup de talent, et qui lui attira la réputation d'un profond penseur, au point que sir Joseph Jekyll, maître des rôles, lui offrit un logement dans sa maison pour jouir et profiter de sa conversation. Mais cette position précaire ne put longtemps convenir à Chubb, ami de son indépendance, et au bout de quelques années il rejoignit ses amis de Salisbury. Il fit paraître plus tard un recueil in-4° de *traités* sur divers sujets, à propos duquel Pope écrivit à Gay : « J'ai lu ce livre en entier avec une admiration toujours croissante pour son auteur, quoique je n'approuve pas en tout la doctrine qu'il renferme. » Chubb mourut à Salisbury dans la soixante-huitième année de son âge, laissant après lui deux volumes in-8° d'*œuvres posthumes*, qui ont fait beaucoup de bruit en Angleterre. On aperçoit clairement, en les lisant, que Chubb avait le malheur de ne pas croire fermement à la révélation, et qu'il ne pensait pas que les phénomènes du monde supposassent une providence particulière. Quoi qu'on puisse penser de ses changements d'opinion, assez naturels dans un homme dont les connaissances, acquises sans ordre et sans principes, n'avaient jamais pu former un ensemble de doctrine, il avait une raison forte et beaucoup de talent pour exprimer ses idées : tel est du moins le jugement qu'en ont porté les docteurs Clarke, Headly, Harris, etc. On lui a reproché des erreurs qui étaient l'effet de son ignorance des langues savantes. Whiston, partisan des opinions de Chubb, n'avait point dédaigné de faire à son premier ouvrage, quelques corrections relatives à des explications du texte de l'Écriture. Ed. GIROD.

**CHUBÈSE**, *chubos* (*botan.*) (*V.* CHOBBEISE).

**CHUCAS** (*ornithol.*), nom vulgaire du choucas, *corvus monedula* Linn.

**CHUCHETER**, v. n. gazouiller. Il se dit quelquefois en parlant du moineau.

**CHUCHIE** (*mamm.*). Ovide désigne ainsi un animal dans lequel on reconnaît les traits d'une espèce de pécari.

**CHUCHILLEMENT**, s. m. Il se trouve dans la Fontaine pour chuchotement.

**CHUCHIM** (*ornithol.*), nom du paon, *pavo cristatus* Gmel., en langue hébraïque.

**CHUCHOTEMENT**, s. m. action de chuchoter. Il est familier.

**CHUCHOTER**, v. n. parler bas à l'oreille de quelqu'un, pour n'être pas entendu d'autres personnes. — Il est quelquefois actif. — Il est familier.

**CHUCHOTERIE**, s. f. entretien de personnes qui se parlent à l'oreille, pour n'être pas entendues des autres. Il est familier.

**CHUCHOTEUR, EUSE**, s. celui, celle qui a coutume de chuchoter. Il est familier.

**CHUCHTER** ou **CHUSTER** (*géogr.*), ville de Perse, chef-lieu du Khousistan, sur le Caroun. Dans les environs se trouvent les ruines de Suse. On l'appelle aussi *Tuster*. 15,000 âmes.

**CHUCHU** (*botan.*), nom donné au lapin dans le Pérou, suivant Feuillée.

**CHUCIA** (*mamm.*). Cardan parle, sous ce nom, d'animaux à bourse, vraisemblablement de quelque sarigue.

**CHUCK-WILLS** (*ornithol.*), nom que les habitants de la Floride et de la Nouvelle-Géorgie ont donné, d'après son cri, à une espèce d'engoulevent que M. Vieillot, dans son Histoire naturelle des oiseaux de l'Amérique septentrionale, appelle *caprimulgus popetus*.

**CHUCLET** (*ichthyol.*). M. F. de la Roche nous apprend qu'à Iviça on appelle ainsi l'*atherina hepsetus* (*V.* ATHÉRINE).

**CHUCLODIT** (*ichthyol.*). Suivant M. F. de la Roche, à Iviça on donne ce nom à la *lamproie marine*, *petromyzon marinus*, et au *lépadogastère* de Gouan (*V.* ces mots).

**CHUCUITO** ou **TITICACA** (*géogr.*), le plus grand lac de l'Amérique méridionale, long de 70 lieues, large de 20, sujet à des tempêtes, renfermant des îles nombreuses. Il produit de gros roseaux, et fournit beaucoup de sardines et d'anchois. C'est dans ce lac que les incas jetèrent, dit-on, des trésors considérables. Il est situé entre les deux chaînes des Andes. Son centre gît par lat. S. 15° 45′; long. O., 72° 40′.

**CHUCUTO** (*mamm.*). M. de Humboldt dit que l'on donne ce nom à son sakia cacajao, dans les missions de Cassiquiare.

**CHUDLEIGH** (LADY MARIE), née en 1656 dans le comté de Devon en Angleterre, ne dut qu'à elle seule ses connaissances dans la littérature et la philosophie. On a d'elle un volume d'*essais* sur divers sujets, en vers et en prose (1710), écrits d'un style élégant et naturel, et un volume de *poésies* imprimé pour la troisième fois en 1722. On remarque dans ce dernier un poëme intitulé *la Défense des femmes*, composé à l'occasion d'un sermon plein d'aigreur prononcé contre elles. La manière dont elle y parle des hommes fait présumer qu'elle ne fut pas heureuse dans son mariage avec le baronnet anglais qui lui donna son nom, quoiqu'elle en ait eu plusieurs enfants. La plupart de ses poésies ont été insérées dans le *Recueil des poëmes des femmes les plus distinguées de l'Angleterre et de l'Irlande*. On y trouve en général une raison sûre et une versification agréable plutôt qu'une imagination brillante. Marie Chudleigh avait composé quelques tragédies et comédies, non imprimées, dont sa famille est en possession. Elle mourut en 1710. Ed. GIROD.

**CHUE** (*ornithol.*), nom que le choucas, *corvus monedula* Linn., porte en Savoie.

**CHUER**, v. a. et n. (*vieux langage*), parler bas. — Flatter, caresser.

**CHUETTE** (*ornithol.*), un des noms vulgaires de la petite chouette ou chevêche, *strix passerina* Linn.

**CHUGUETTE** (*botan.*), nom vulgaire de la mâche, *valerianella*, aux environs de Montpellier, selon M. Gouan.

**CHUINTER**, v. imitatif, qui sert à exprimer le cri particulier de la chouette, et d'où l'on a fait le participe *chuintant*, reçu depuis longtemps par les grammairiens. Le *j* et *ch* sont appelés lettres *chuintantes*, parce qu'il est effectivement impossible de les prononcer sans faire entendre ce sifflement caractéristique propre à certains oiseaux de nuit. « Ce mot n'est pas moins essentiel, dit M. Ch. Nodier (*Examen crit. des dict.*), que les mots *labial*, *sifflant* et *guttural*, employés en parlant d'autres sons qui désignent d'autres consonnes. S'il est des mots qu'un dictionnaire doit absolument admettre, ce sont ceux sans contredit qui paraissent indispensables pour l'intelligence de l'alphabet. »

**CHULAN**, s. m. (*comm.*), sorte de thé.

**CHULEM** (*botan.*). Gaspard Bauhin soupçonne que la plante graminée ainsi nommée par Garcias est celle que nous connaissons maintenant sous le nom de paturin des prés, *poa pratensis*. D'une autre part, Rumph, dans son article sur le schénanthe, (*Herb. Amb.*, vol. IV, p. 183), dit que Garcias assimile sa racine à celle du chulem mentionné par Sérapion; mais il ajoute que les commentateurs de ce dernier sont embarrassés pour déterminer ce qu'il faut entendre par *chulem* : il pense que ce mot est dérivé de *korum*, nom arabe donné à l'*acorus*, et il observe qu'en effet les racines de schénanthe et d'*acorus* ont beaucoup de rapport dans leur conformation.

**CHULON** (*mamm.*). On dit que c'est un animal de Tartarie, de la grandeur et de la forme du loup, dont les poils sont longs, doux, épais et de couleur grise. On en estime la fourrure en Russie et à la Chine. A ces traits on a cru reconnaître le lynx.

**CHUMACERO-Y-CASTILLO** (D. JUAN), membre du conseil royal d'Espagne, fut nommé en 1633 ambassadeur extraordinaire à Rome, conjointement avec Dominique Pimentel, évêque de Cordoue. Ces deux envoyés présentèrent au pape Urbain VII un mémoire contre les abus de la nonciature et contre les excès commis en Espagne par la cour de Rome, etc. Ce mémoire, imprimé en espagnol, in-4°, 1633 ou 1634, devenu très-rare, est remarquable en ce qu'il fait connaître que l'Eglise espagnole a pris l'initiative sur celle de France dans la réclamation de ses libertés et de ses usages.

**CHUMAR** ou **CURMA** (*botan.*), nom africain de la rue, *ruta*, suivant Ruellius, traducteur de Dioscoride.

**CHUMNE** (GEORGES), historien grec, écrivit en vers une histoire sainte, qui comprenait ce qui s'était passé depuis le commencement du monde jusqu'au règne de Salomon (Léo Allatius, *Diatr. de Georg.*; Vossius, *De historia græc.*).

**CHUMO** (*botan.*) (*V.* CHUNNO).

**CHUMPI** (*minéral.*). C'est le nom qu'Alphonse Barba donnait au *platine*, que l'on regardait encore à cette époque comme une espèce d'émeril.

**CHUN** ou **CUN**, ville de Syrie, dont David fit la conquête (*I. Par.*, XVIII, 8).

**CHUN** (*ornithol.*), ce nom et ceux de *chan* et *chuan* désignent le cygne chez les Kalmouks.

**CHUN**, neuvième empereur de la Chine (*V.* CHINE).

**CHUNCHU**, (*botan.*). L'arbre ainsi nommé dans le Pérou, suivant les auteurs de la *Flore* de ce pays, est leur *gimbernatia obovata*; genre de la famille des myrobolanées, qui a été publié antérieurement dans notre *Genera plantarum*, sous le nom de *chuncoa*.

**CHUNCO** (*botan.*), *chuncoa* Juss. Ce genre est le même que celui qui a été plus récemment nommé *gimbernatia* par les auteurs de la *Flore du Pérou* : il appartient à la famille des éléagnées, de la monoécie décandrie de Linnæus. Il se rapproche des badamiers (*terminalia*); il comprend des arbres à feuilles éparses, alternes; les fleurs disposées en épis axillaires, souvent hermaphrodites à la base des épis, mâles au sommet. Chaque fleur offre un calice campanulé, supérieur, à cinq découpures caduques; point de corolle; dix étamines; un ovaire adhérent avec le calice; un drupe monosperme (*Fl. Per.*), ou une capsule monosperme non couronnée; à cinq angles ailées, deux opposés plus grands (Juss.). Ce genre comprend deux espèces mentionnées par les auteurs de la *Flore du Pérou*. — CHUNCO A FEUILLES OVALES, *chuncoa obovata* Poir. (*Encycl.*, suppl.; *Gimbernatia*, *Syst.*, *Fl. Per.*, p. 274). Cet arbre, découvert dans les grandes forêts du Pérou, s'élève à la hauteur d'environ soixante pieds : ses rameaux sont garnis de feuilles éparses, alternes, en ovale renversé, acuminées à leur sommet; ses fleurs disposées en épis pendants; les capsules munies de de cinq ailes. — CHUNCO A FEUILLES OBLONGUES, *chuncoa oblonga* Poir. (*Encycl.* suppl.; *Gimbernatia*, *Syst.*, *Fl. Per.*, l. c.). Dans cette espèce, les fleurs sont réunies en épis touffus; les capsules pourvues seulement de deux ailes; les feuilles alternes, oblongues. Elle croît dans les forêts du Pérou, au Poguso.

**CHUNDA** ou **SCHUNDA** (*botan.*), nom malabre d'une espèce de morelle épineuse, *solanum undatum*. Une autre espèce plus épineuse, *solanum ferox*, est nommée *ana-chunda*; et le *charuchunda* ou *scheru-schunda* est le *solanum indicum*, troisième espèce également munie d'épines.

**CHUNDALI** (*botan.*), nom indien de l'*hedysarum gyrans*, suivant l'auteur de l'Encyclopédie. Dans le Bengale, il est nommé *buramchadali* (*V.* ce mot).

**CHUNGAR** (*ornithol.*). Parmi les oiseaux de la grande Tartarie, celui-ci, qu'on trouve assez fréquemment dans la partie du pays des Mongols qui touche aux frontières de la Chine, est un des plus beaux. On le dit tout à fait blanc, à l'exception du bec, des ailes et de la queue, qui seraient d'un très-beau rouge. Sa chair, ajoute-t-on, est délicate et d'un goût pareil à celle de la gelinotte. Il s'appelle *chungar* en langue turque, et *kvatzschot* en langue russe. Le traducteur anglais de l'*Histoire générale des voyages* s'est avisé de supposer de l'identité entre cet oiseau et le *chon-kui*, oiseau de proie dont Petis de la Croix parle dans son Histoire de Timur-Beck. Ce rapprochement, qui n'est motivé sur aucune sorte de description, a contribué à augmenter des incertitudes qu'on n'a pu encore lever; et pour éclaircir ce point, il paraît nécessaire d'écarter d'abord toute idée d'analogie entre l'oiseau de proie chon-kui, et le chungar, regardé par les auteurs de l'*Histoire générale des voyages*, t. VI, p. 604, comme un échassier de l'espèce du héron. Abul'ghazi-kan, dont le texte est cité en note, ne dit pas que l'oiseau ait les ailes et la queue rouges, mais seulement que les pieds, le bec et la tête sont de cette couleur; or ces dernières circonstances se rencontrent dans le tantale d'Afrique, *tantalus ibis* Linn., figuré dans les planches enluminées de Buffon, n° 289, sous le nom d'*ibis blanc d'Egypte*. Quant à la délicatesse prétendue de sa chair, on voit combien peu méritent d'importance les observations individuelles de cette nature (*V.* CHON-KUI).

**CHUNNO** (*botan.*). Les Virginiens nomment ainsi le pain qu'ils font avec la racine de pomme de terre, ou la pâte qu'ils tirent de cette racine pour faire ce pain. Suivant Clusius, les habitants des environs de Quito, dans l'Amérique méridionale, donnent à la même préparation le nom de *chumo*.

**CHUNON** ou **CONRAD**, abbé de Moury en Suisse, mort le 2 novembre 1188, a écrit les actes de l'origine de cette abbaye, située au diocèse de Constance, sur les bords de la rivière de Bintz, à six lieues de la ville de Rède (*Gallia christ.*, t. V, p. 1038; dom Ceillier, *Hist. des aut. sacr. et ecclés.*, t. XXII, p. 530 et suiv.).

**CHUN-TCHI**, premier empereur chinois de la dynastie tartare-mantchoue (*V.* CHINE).

**CHUPALON** (*botan.*). La Condamine, étant au Pérou, envoya à Ant. de Jussieu, sous ce nom, la description et le dessin d'un arbrisseau voisin du *vaccinium*, et qui paraît appartenir entièrement au genre *cevalostema*, dans la famille des campanulacées. Il est remarquable par un calice adhérent, une corolle monopétale dont le limbe présente la forme d'un grelot terminé par cinq dents, dix étamines insérées au tube de cette corolle, à filets courts et anthères longues, droites et profondément fourchues par le haut. Son ovaire, adhérent au calice, est surmonté d'un style simple et d'un stigmate à cinq petites divisions; il devient un fruit charnu semblable à une petite pomme, à cinq loges polyspermes. Les feuilles de cet arbrisseau sont simples et alternes; les fleurs, d'un beau rouge, sont en bouquets axillaires ou terminaux. Il paraît que c'est le même végétal qui est nommé *chupalulones* dans quelques livres, et que l'on a comparé à quelques *hibiscus*.

**CHUPALULONES** (*botan.*) (*V.* CHUPALON).

**CHUPIRI, CHARAPETI** (*botan.*). On lit dans l'*Abrégé de l'histoire des voyages*, par Laharpe, vol. IV, p. 323, qu'un arbrisseau du Mexique, portant ces noms, y jouit d'une grande réputation, parce que sa racine y est regardée comme très-bonne pour combattre le mal vénérien et diverses maladies de la peau. La description qu'il en donne est absolument empruntée de l'ouvrage de Hernandez sur les plantes du Mexique, dans lequel on peut le voir avec la figure qu'il y joint : l'une et l'autre sont trop imparfaites pour qu'on puisse déterminer le genre : il paraît seulement que c'est une plante monopétale de la famille des personnées.

**CHUP-MESSAHITES.** Ce sont des mahométans qui croient que Jésus-Christ est Dieu, et le vrai Messie, le vrai Rédempteur du monde, sans cependant lui rendre aucun culte public, ni se déclarer. Quelques auteurs disent que ce nom est composé de *choup*, qui signifie *appui* ou *protecteur* et de *messchi* ou *messhi*, qui signifie un chrétien, comme qui dirait protecteur des chrétiens (Micaut, *De l'empire ottoman*).

**CHUQUELAS**, s. m. (*comm.*), étoffe des Indes, tissu de soie et coton.

**CHUQUIRAGA** (*botan.*), *corymbifères* Juss., *syngénésie polygamie égale* Linn. Ce genre de plantes, de la famille des synanthérées, appartient, à notre tribu naturelle des carlinées. — La calathide est multiflore, équaliflore, subrégulariflore, androgyniflore. Le péricline est grand, turbiné, radiant, formé de squammes très-nombreuses, coriaces, régulièrement imbriquées, les intérieures étant progressivement plus longues que les extérieures. Le clinanthe est hérissé de fimbrilles sétiformes. L'ovaire est cylindracé, tout couvert de longs poils roux, dressés ; son aréole basilaire est sessile, suborbiculaire, point oblique. L'aigrette est longue, composée de squammellules égales, unisériées, entre-greffées à la base, filiformes-laminées, barbées, s'arquant en dehors. La corolle est longue, étroite, cylindracée, couverte de longs poils roux sur toute sa surface externe, et sur la surface interne de sa partie indivise ; son tube est excessivement court, presque nul, et son limbe divisé en cinq lobes longs, étroits, linéaires, par autant d'incisions très-inégalement profondes, dont l'une est ordinairement presque nulle, de sorte que deux lobes se trouvent réunis. Les étamines ont les filets glabres, les anthères extrêmement longues, dont les appendices apicilaires sont très-longs, linéaires, obtus, entre-greffés, sauf le sommet, et les appendices basilaires très-longs, pollinifères et entre-greffés supérieurement, membraneux et libres inférieurement. Le style est très-long, filiforme, divisé supérieurement en deux très-courtes branches qui demeurent accolées : il n'y a ni articulation, ni poils collecteurs. — Les chuquiragues sont des arbustes rameux, garnis de feuilles alternes, rapprochées, régulièrement imbriquées, sessiles, ovales-acuminées, raides, analogues à celles du fragon ; leurs calathides sont grandes et solitaires à l'extrémité des rameaux. M. de Jussieu a formé ce genre sur un échantillon de son herbier, recueilli au Pérou par Joseph de Jussieu, son oncle ; et il l'a classé dans ses corymbifères. M. Decandolle a mieux apprécié les affinités de ce genre, en le rapportant aux cynarocéphales ; mais c'est à notre tribu des carlinées qu'il appartient véritablement, et il faut l'y placer auprès des *turpinia*, *bardanesia*, *diacantha*, *bacazia*. — Il a aussi beaucoup de rapports avec nos mutisiées. Nous avons décrit les caractères de la fleur proprement dite, sur un échantillon de *chuquiraga microphylla* Bonpl., de l'herbier de M. Desfontaines. C'est sans aucun motif valable que Willdenow a substitué le nom de *johannia*, et M. Persoon celui de *joannesia*, au nom de *chuquiraga* que porte cette plante dans son pays natal. Feu H. Cassini.

**CHUQUISACA** (*géogr.*), ville de la république de Buénos-Ayres, sur le Cachimayo. On l'appelle aussi *la Plata*. 15,000 âmes.

**CHURAH** (*ornithol.*). On appelle ainsi au Bengale une pie-grièche rousse.

**CHURCHILL** (Sir Winston), historien anglais, père du duc de Marlborough, né en 1620 au comté de Dorset, à Wotton-Glanville, descendait d'une ancienne et honorable famille de ce comté. Il étudia à l'université d'Oxford, que les troubles de la guerre civile l'obligèrent de quitter jeune encore. Son attachement à la cause de Charles Ier lui coûta toute sa fortune. Ses biens lui furent cependant rendus en partie à la restauration. Charles II le créa chevalier en 1663, et la société royale, nouvellement fondée, l'admit dans son sein. L'année suivante il devint l'un des commissaires de la cour des réclamations en Irlande, et ensuite contrôleur du tapis vert, place qu'il perdit pour avoir fait une grave offense au parlement dans un essai politique sur l'histoire de l'Angleterre. Cet ouvrage a pour titre : *Divi Britannici, ou Remarques sur les vies de tous les rois de cette île depuis l'an du monde* 2855 *jusqu'à l'an de grâce* 1660, Londres, 1675, in-fol. Il paraît qu'il avait osé y avancer que le roi pouvait lever de l'argent sans l'aveu du parlement ; mais il avait lui-même fait disparaître ce passage dans une nouvelle édition de son livre, dans la dédicace duquel il avoue à Charles II, auquel il l'offrait, que son ouvrage n'est que l'*oraison funèbre du dernier gouvernement*, ou plutôt, comme le titre l'indique, l'*apothéose des rois morts*. Il jouit d'une grande faveur à la cour de Charles II et de Jacques II, dont sa fille Arabelle fut la maîtresse. Sa place de commissaire du tapis vert lui fut rendue dans la suite, et il vécut assez pour voir son dernier fils, le duc de Marlborough, comblé d'honneurs, s'élever à la pairie. Il mourut en 1688. Ed. Girod.

**CHURCHILL** (Jean), duc de Marlborough, et prince du saint-empire romain, si célèbre comme général, et homme d'Etat habile, fils du précédent, naquit à Ashe, dans le Devonshire en 1650. Il n'avait que douze ans lorsque son père le présenta à la cour, où il jouissait d'une faveur particulière auprès du duc d'York, depuis roi sous le nom de Jacques II. En 1666 il fut nommé enseigne des gardes pendant la première campagne de Hollande, où il ne tarda pas à faire remarquer ses talents militaires. En 1672, il s'attacha au duc de Montmouth qui commandait un corps d'auxiliaires au service de France, et devint bientôt capitaine dans le régiment même du duc. Au siége de Nimègue, il se distingua d'une manière si particulière, que le maréchal de Turenne le mentionna aux bulletins de l'armée et le désignait depuis sous le nom du *bel Anglais*. Ce fut donc à l'école du premier général français que Churchill apprit à combattre et à vaincre. Pendant la même campagne il sauva la vie à son colonel, le duc de Montmouth, et donna au siége de Maestricht des preuves d'un si grand courage, que Louis XIV le combla d'éloges à la tête de son armée, et l'assura de sa protection auprès du roi d'Angleterre. Le grade de lieutenant-colonel fut sa récompense. Il continua de servir dans les armées françaises jusqu'en 1777, époque à laquelle il retourna dans sa patrie. Sa réputation l'y avait devancé, il devint l'homme à la mode et se livra aux plaisirs avec toute l'ardeur de son âge. Sa faveur auprès du duc d'York lui fit obtenir un régiment malgré sa jeunesse, et pour épouse Sarah Jennings, favorite de la princesse Anne, seconde fille du duc d'York. Elle passait pour une des plus belles personnes de la cour, et jouissait d'un crédit qui contribua par la suite à élever son mari aux plus grands honneurs. Créé successivement baron par Charles II et nommé colonel du troisième régiment des gardes, quand le duc d'York monta sur le trône en 1665, Churchill conserva auprès de lui sa place de gentilhomme de la chambre et obtint de nouveaux bienfaits. Après avoir été promu au grade de brigadier général, il fut envoyé à la cour de France pour y notifier l'avénement de Jacques II, et à son retour fait grand maître du bourg de Saint-Alban, et pair d'Angleterre sous le titre de baron Churchill de Sanbridge, dans le comté d'Hertford, terre qui lui appartenait du chef de son épouse. La révolte du duc de Montmouth fournit à Churchill, envoyé pour le combattre, l'occasion de se signaler. Les fautes commises par Jacques II et l'ambition du prince d'Orange, son gendre, devaient bientôt amener une révolution. Churchill ne rougit point d'y contribuer, malgré tous les liens qui devaient l'attacher à son souverain. On le vit, au débarquement de Guillaume en Angleterre, passer dans le camp des Hollandais, en revenir à Londres pour séduire les gardes à cheval du roi, et figurer parmi les pairs qui s'assemblèrent à Westminster pour y signer le fameux acte d'association en faveur du prince d'Orange. Nommé lieutenant général des armées de Guillaume, l'ingrat Churchill procéda à une nouvelle organisation des troupes ; il prit ensuite part à tous les débats de la chambre des pairs assemblés pour discuter la déclaration des communes relative à la déchéance de Jacques II ; mais il s'absenta le dernier jour où l'on délibéra sur la vacance du trône, soit par un motif de pudeur ou de politique, soit qu'il fût réellement indisposé, comme il le prétendait. Mais il n'eut pas honte de voter le 6 février 1689 pour la résolution qui assurait la couronne au prince et à la princesse d'Orange. Les nouveaux souverains furent proclamés le 26 du même mois, et, après avoir prêté serment en qualité de membre de leur conseil privé et de gentilhomme de la chambre du roi, Churchill, qui avait été quelques jours auparavant créé comte de Marlborough, assista en cette qualité au couronnement de Guillaume. Il eut le commandement des troupes anglaises dans les Pays-Bas, et contribua beaucoup à la victoire de Walcourt, passa en 1691 en Flandre pour y servir sous les ordres du roi, qu'il accompagna à son retour en Angleterre, et là, à peine débarqué, se vit dépouillé de tous ses emplois et enfermé à la tour de Londres avec d'autres seigneurs, par suite de la découverte d'une correspondance secrète qu'il entretenait avec Jacques II, dont il avait recherché le pardon, et à qui il s'était engagé à rendre l'affection de l'armée. Les dénonciations de sir John Fenwick, qui fut exécuté pour ce fait, et les papiers de Blenheim ne permettent point de doute sur ce point, éclairci totalement par les pièces trouvées postérieurement à Rome lors de la mort du cardinal d'York. Après une longue procédure, Marlborough fut mis en liberté faute de preuves suffisantes, mais il resta dans une espèce d'exil pendant trois ans et demi. — La paix de Ryswick (20 septembre 1697) ayant consolidé l'autorité de Guillaume, ce prince oublia insensiblement les torts de Marlborough, le nomma gouverneur du duc de Glocester, et le réintégra dans sa place de membre du conseil privé dont il avait dépouillé. Après la mort de son élève en 1700, la guerre de la succession s'étant allumée, l'année suivante Marlborough fut nommé par Guillaume commandant en chef de toutes ses forces dans les Provinces-Unies, et son ambassadeur extraordinaire auprès des États généraux. Guillaume mourut en 1702; la princesse Anne prit en main les rênes du gouvernement, décora Marlborough de l'ordre de la Jarretière, et le revêtit de tous ses pouvoirs en Hollande. Les négociations n'étaient pas encore rompues, lorsqu'il se fit nommer commandant en chef des troupes alliées avec un traitement de dix mille livres sterling; il revint ensuite en Angleterre, où la guerre fut déclarée le 15 mai 1702. La campagne s'était déjà ouverte par la prise de Kaiserwaert, lorsque Marlborough, qui venait d'être nommé grand maître de l'artillerie, arriva enfin à la Haye, après avoir été retenu par les vents contraires. Le commandement général lui fut conservé par les États généraux, et après plusieurs marches savantes il obligea les Français à évacuer la Gueldre espagnole. Liége et sa citadelle venaient de se soumettre aux alliés, lorsque Marlborough, jugeant la campagne finie, crut devoir se rendre en Hollande. Dans ce voyage un accident faillit arrêter le cours de ses exploits. Embarqué sur la Meuse, il fut un instant au pouvoir d'un partisan français, qui le laissa passer, ignorant l'importante capture qu'il avait faite. De retour à Londres, où les plus grands honneurs lui furent décernés par tous les corps de l'État, il reçut de la reine le titre de marquis de Blandford et de duc de Marlborough. Après avoir ouvert la campagne de 1703, qui se borna à la prise de quelques places et à des avantages peu décisifs, il fut envoyé au secours de l'empereur pour arrêter les progrès des Français en Allemagne, et partagea alternativement le commandement avec le prince de Bade, généralissime des troupes de l'empereur. La chaude affaire de Donawert signala ses talents militaires dès son début à la tête de l'armée alliée. La bataille de Hochstett fut encore un nouveau triomphe pour Marlborough, qui y courut personnellement les plus grands dangers. On ne saurait trop louer sa conduite pendant l'action. — Cette victoire fut célébrée avec enthousiasme dans toute l'Allemagne, en Hollande et en Angleterre. Trois médailles furent frappées pour en perpétuer le souvenir. Parmi les poëtes anglais qui chantèrent les exploits de Marlborough on distingua Addison et Jean Philipps, et la reine, de concert avec le parlement, lui fit bâtir dans sa terre principale un palais immense qui porte le nom de Bleinheim, donné par les Anglais à cette bataille. Enfin l'empereur, en le félicitant par une lettre de sa main dans les termes les plus flatteurs, lui conféra le titre de prince de l'empire. — Marlborough poursuivit d'abord les ennemis qui se retiraient sur le Rhin, et il prit ses quartiers d'hiver sur la Moselle. Le roi de Prusse, qu'il était allé visiter à Berlin, lui confia huit mille hommes de ses troupes pour secourir le duc de Savoie. Peu après il vint en Hollande, et de là en Angleterre. Dans la campagne suivante (1705), il essaya vainement d'attirer au combat le maréchal de Villars. Contraint à la retraite par les sages dispositions de son adversaire, il marcha vers les Pays-Bas, inquiétés par les Français, et eut en tête le présomptueux Villeroi, dont il parvint à forcer les lignes qu'il lui opposait, en s'emparant de quelques places peu importantes. Étant allé à Vienne pour se concerter avec l'empereur sur les moyens de pousser vigoureusement la guerre, ce souverain l'accueillit de la manière la plus honorable, et lui donna la seigneurie de Mendelheim, qu'il érigea en principauté. Pour témoigner sa reconnaissance, le duc procura, dit-on, à l'empereur un emprunt de trois millions de livres sterling, dans lequel il souscrivit personnellement pour seize mille livres. La journée de Ramillies, après le passage de la Dyle le 19 mai 1706, éclaira encore les succès de l'heureux Marlborough, qui faillit y être pris par des dragons français dont il avait été reconnu. En franchissant un fossé pour leur échapper, il fut jeté à bas de son cheval; un de ses aides de camp lui amena le sien, et, comme il mettait le pied à l'étrier, tenu par son écuyer, un boulet de canon emporta la tête de ce dernier. Cette journée de Ramillies livra aux alliés tout le Brabant, dont les places ouvrirent leurs portes au duc, qui fit, le 28, une entrée triomphante à Bruxelles. Pour réparer ses désastres, Louis XIV confia le commandement de son armée de Flandre au duc de Vendôme; mais ce grand capitaine ne put qu'assister au triomphe de son fortuné adversaire, et vit prendre sous ses yeux, sans pouvoir s'y opposer, Ostende, Dendermonde et Ath. La campagne de 1707 fut stérile en événements. Marlborough, après avoir obtenu la neutralité de la part de Charles XII, qui se montrait disposé à attaquer la ligue dans la personne de l'empereur, qu'il n'aimait pas, revint en Angleterre, où il éprouva un échec à la chambre des pairs au sujet d'une augmentation de troupes qu'il avait demandée. Depuis quelque temps il s'élevait à la cour des nuages qui commençaient à éclipser sa faveur, et présageaient une disgrâce éloignée. Retourné sur le continent, il ouvrit la campagne, qu'il termina par la prise de Lille, de Gand et de Bruges, favorisé par la mésintelligence des généraux français. L'année d'après il se trouva en présence de Villars à Malplaquet (11 septembre 1709), et gagna près de ce village, avec le prince Eugène, une des plus sanglantes batailles qui aient été livrées depuis plusieurs siècles. Il faut attribuer cette victoire autant au malheur qu'eut Villars d'être blessé au commencement de l'action qu'aux mesures habiles des généraux alliés. L'armée française, dont Boufflers avait pris le commandement, se retira en bon ordre et sans être entamée; sa contenance, fière et menaçante, et l'ardeur des soldats n'auraient pas fait soupçonner qu'elle venait d'être battue. Après avoir forcé Mons à capituler, Marlborough se rendit à la Haye, puis à Londres, où il fut remercié par les deux chambres; mais la reine lui ayant demandé par écrit un régiment pour un de ses favoris, il le refusa de vive voix, et, la reine insistant, il se retira à Windsor, d'où il envoya une espèce de démission. Anne, voyant l'effet produit sur le public par la nouvelle de cette retraite, se trouva contrainte de renoncer à son désir, et, malgré sa souveraine, Marlborough domina dans les deux chambres. Fort de cet appui, il commit alors la faute grave de demander la place de capitaine général à vie, privilége sans exemple que la constitution réprouvait. Ses ennemis ne négligèrent pas une aussi bonne occasion de rendre son ambition odieuse et suspecte, et la reine rejeta sa demande avec dédain. Ayant rejoint son armée pour traverser de son camp les négociations des conférences de Gertruydenberg relatives à la paix demandée par Louis XIV et dans lesquelles le monarque français, tombé dans la mauvaise fortune, fut accablé de tant d'humiliations, il ouvrit la campagne avec Eugène, et ils s'emparèrent de Mortagne, de Douai, de Béthune, de Saint-Venant et d'Aire. C'était le terme de la prospérité de Marlborough. Depuis la fameuse disgrâce de lady Marlborough, si connue par le *verre d'eau* qui en fut la cause, le duc avait perdu la confiance de la reine, qui ne l'employait encore que par une espèce de contrainte. Anne venait de renouveler son ministère, où Marlborough seul fut conservé; mais il ne devait plus avoir d'influence sur ses nouveaux collègues, choisis parmi ses ennemis. Au mois de janvier 1711, il arriva en Angleterre après la dissolution du parlement, qui le protégeait, et la convocation d'un nouveau peu disposé en sa faveur. Les victoires des Français en Espagne donnèrent lieu dans le parlement à de vifs débats, dans lesquels Marlborough éprouva plus d'une humiliation. Il conserva cependant son commandement et partit pour l'armée, mais avec une puissance restreinte: car il n'avait plus, comme auparavant, la libre disposition des emplois. Après des opérations insignifiantes de la part des deux armées, le duc voulait faire le siége de Quesnoi; mais les États généraux s'y étant opposés il se rendit à la Haye, où il apprit que la reine, résolue de terminer cette longue guerre, s'était fortement prononcée pour la paix. Dans son vif chagrin de l'impuissance où il se trouvait de s'opposer aux mesures du cabinet anglais, il revint cependant à Londres (17 mai 1711) pour tenter de nouveaux efforts; mais il ne put rien obtenir, et il éprouva la honte d'être obligé de descendre à une justification. Accusé de péculat dans l'administration des deniers de l'armée, un rapport des commissaires des comptes publics lui fut défavorable, et Anne saisit avec joie cette occasion de se défaire de lui en le mortifiant. Elle le destitua de tous ses emplois le 1er janvier 1712, « afin, disait-elle aux communes, que son affaire pût être soumise à un jury impartial. » Ses partisans éclatèrent en plaintes. Quant à lui, il montra une résignation apparente, et publia une apologie qui fut jugée diversement. Le prince Eugène, ayant appris la situation des choses en Angleterre, s'y rendit pour porter secours à son ami et à la faction qui était opposée à la paix. Tout fut inutile, et bientôt Marlborough eut la douleur de voir le résultat de dix années de travaux anéanti par le succès de Villars, et la paix d'Utrecht (13 juillet 1713) rendre à l'Europe une tranquillité après laquelle elle soupirait. Enfin, abreuvé de dégoûts dans sa patrie, Marlborough se rendit sur le continent. Il visita la Hollande, les Pays-Bas, l'Allemagne, et sa principauté de Mendelheim, qui devait bientôt lui être enlevée. Partout il fut accueilli avec enthousiasme, partout les plus grands honneurs lui furent rendus. Il ne revint en Angleterre que lorsque la reine était à toute extrémité. Débarqué à Douvres le jour même de la mort de cette princesse (12 août 1714), après une absence de vingt-deux mois, il fit à Londres une entrée dont la pompe fut un scandale pour les partisans de l'ancienne cour. Georges I^er^, qui devait en quelque sorte sa couronne aux efforts du parti dont Marlborough était regardé comme l'âme, accueillit fort bien ce héros, et l'un des premiers actes de son règne fut de le rétablir dans tous ses emplois. Le duc, honoré de la confiance de son souverain, qui l'avait fait généralissime de ses troupes, et lui avait particulièrement confié le soin d'apaiser la révolte occasionnée par le débarquement du prétendant en Ecosse, ne fit dès lors plus rien de remarquable, et mourut d'apoplexie, à Windsor, en 1722, à l'âge de soixante-treize ans, laissant après lui une fort nombreuse postérité, dont les membres ont formé des alliances avec les familles les plus nobles et les plus puissantes dans les trois royaumes. — « Après sa mort tous les partis furent d'accord pour rendre justice à son mérite et honorer sa mémoire, dit un biographe anglais, et il fut enterré à Westminster avec toute la pompe dont on pouvait entourer les restes de celui qui avait porté à un si haut degré la gloire des armes nationales. » Laissons encore parler l'orgueil britannique d'un autre biographe dans les réflexions suivantes : « Le majestueux monument de Blenheim-House près de Woodstock est sans doute un magnifique hommage qui témoignera aux âges futurs de la reconnaissance de l'Angleterre à ce héros ; mais, sans se prétendre doué du don de prophétie, on peut hardiment prédire que la gloire de Marlborough survivra aux ruines de cet édifice, et tant que subsistera notre histoire, tant que l'histoire de l'Europe conservera quelques pages, sa mémoire se perpétuera pour l'honneur éternel de l'Angleterre, que ses exploits ont rendue la première des nations (ceci était écrit en 1823), comme Marlborough fut sans contredit le plus grand homme de son siècle. S'il eut de ces faiblesses inséparables de la nature humaine, elles sont tellement éclipsées par l'éclat de ses vertus, qu'à peine les doit-on apercevoir; bien mieux il serait juste de les oublier. Un plaisant qui s'imaginait être agréable en tournant en ridicule l'avarice du duc devant le lord Bolingbroke, fut arrêté court par ces mots de sa seigneurie : *C'était un si grand homme, que j'oublie qu'il eut des vices* » (*Encyclopédie britannique*). Nous devons certes justice à chacun, et payer notre tribut d'admiration à tous les genres de mérite, étrangers comme nationaux, mais nous ne pouvons nous abandonner à des louanges exagérées pour encenser un guerrier, éternel ennemi du repos de la France, qui n'a dû une partie des succès de ses armes qu'aux malheureux choix des généraux envoyés contre lui par Louis XIV, que le grand âge avait rendu faible contre les intrigues et les ambitions particulières. Nous avons vu que la mésintelligence des chefs de l'armée française et le hasard lors de la blessure du maréchal de Villars, mis hors de combat dès les premiers coups de canon tirés à Malplaquet, servirent en différentes circonstances merveilleusement la fortune de Marlborough. Tout en reconnaissant d'ailleurs ses grandes capacités comme homme de guerre ; nous n'aurons pas assez de bienveillance pour ne pas nous ressouvenir avec ses compatriotes qu'il fut d'une avarice sordide et insatiable, dissolu dans ses mœurs au temps de sa jeunesse, concussionnaire, ambitieux au dernier degré, traître et ingrat à ses bienfaiteurs et souverains. Avec quelque éclat que son nom aille à la postérité chez nos voisins, il est destiné à jouir du même privilége parmi nous, d'une manière un peu différente à la vérité, grâce à cette chanson populaire qui est connue de tout le monde, et qui lui fut dédiée par l'esprit français de l'époque à la nouvelle de sa mort, si pacifiquement arrivée dans son lit, que cet événement ne pouvait manquer d'éveiller la bonne humeur de nos joviaux et caustiques aïeux de la régence.

Ed. GIROD.

**CHURCHILL (CHARLES)**, poëte satirique anglais, né en 1731 à Westminster. Il paraît avoir manifesté dans ses premières études plus de vivacité d'esprit que d'application; car ayant été présenté par son père à l'université d'Oxford, on refusa de l'y admettre comme trop ignorant dans les langues classiques. De là vint sans doute la haine qu'il a exprimée contre cette université dans plusieurs de ses écrits. Après avoir continué quelque temps ses études à Westminster, il se maria très-jeune, prit les ordres, et obtint une cure de peu de valeur, puisqu'il fut obligé pour augmenter ses ressources pécuniaires d'ouvrir un magasin de cidre; mais ce commerce l'entraîna à une banqueroute. Il vint remplacer son père à Londres dans la cure de la paroisse de Saint-Jean, et donnait en même temps des leçons de grammaire à de jeunes demoiselles, quand il se lia avec Thornton, Colman et Lloyd, qui formaient alors une sorte de triumvirat littéraire ; il se fit bientôt connaître par son poëme de *la Rosciade*, satire des acteurs qui occupaient alors la scène anglaise, où il n'épargna que Garrick et quelques actrices. Ce poëme, publié en 1761 sous le voile de l'anonyme, eut un succès assez brillant, mais fut l'objet de l'attaque de quelques journaux. L'auteur écrivit alors son *Apologie*, où les journalistes, les acteurs et Garrick lui-même sont impitoyablement maltraités. Il venait de se séparer de sa femme, et ses mœurs n'étaient rien moins qu'exemplaires pour un ecclésiastique, ce qui le fit accabler par ses ennemis de brocards et de pamphlets. Il essaya de se justifier d'abord dans une épître adressée à Robert Lloyd et intitulée *la Nuit*, puis dans le premier chant d'un poëme qui avait pour titre *le Revenant* (*the Ghost*); mais un ouvrage qui fit beaucoup de sensation, c'est *la Prophétie de famine, pastorale écossaise*, ouvrage de parti, s'il en fut, écrit avec chaleur, et rempli de personnalités et d'invectives contre les Ecossais, qu'il détestait. L'auteur fut élevé par ses partisans au-dessus de Pope, et le succès d'un écrit qui ne méritait pas tant d'honneur ne fit qu'ajouter le scandale à la malignité qui le lui avait obtenu. Il était fort lié avec Hogarth ; mais ce peintre ayant publié une caricature du fameux Jean Wilkes, ami de Churchill, celui-ci composa pour venger son ami l'*Epître à W. Hogarth*, où le caractère moral de l'artiste est si indignement attaqué, qu'on prétend que le sensible peintre en mourut de chagrin. Churchill publia ensuite *la Conférence; le Duelliste; Gotham*, poëme politique; *le Candidat*, satire; *l'Adieu*, *le Temps*, *l'Indépendance*, trois autres chants du *Revenant*, et *l'Auteur*, l'une de ses plus agréables productions. — Il mourut en France à Boulogne, en 1764, dans une visite qu'il faisait à son ami Wilkes, alors proscrit. — Churchill est regardé par les Anglais comme un homme de génie ; mais, poëte très-inégal, souvent obligé d'écrire pour vivre, il se laissait aller à sa facilité naturelle, soignait peu ses ouvrages, et ne songeait guère à la postérité. — On a donné en 1804 une édition en 2 vol. in-8° des œuvres de Churchill avec des explications et des remarques.

Ed. GIROD.

**CHURCHYARD (THOMAS)**, poëte anglais du XVI^e^ siècle, né dans le comté de Shrewsbury, mort en 1604, est auteur d'une *Légende de Jane Shore* ; d'un poëme intitulé : *the Worthiness of Wales*, 1580, in-8°, réimprimé en 1776, et de plusieurs autres poésies oubliées aujourd'hui.

**CHURGE** (*ornithol.*). Cet oiseau, qui est l'outarde moyenne des Indes de Buffon, l'*indian bustard* d'Edwards (*Glan.*, pl. 250), est placé par Brisson au rang des pluviers, sous le nom de *pluvialis bengalensis;* c'est l'*otis bengalensis* de Linné.

**CHURI** (*ornithol.*), un des noms sous lesquels est connue au Paraguay l'autruche de Magellan, ou nandu, *struthio rhea* Linn.

**CHURIGATU** (*ornithol.*). Les Buratles appellent ainsi une espèce d'engoulevent.

**CHURLEAU**, s. m. (*botan.*), nom vulgaire du panais sauvage.

**CHURLES** (*botan.*), *churli*. Dodoens rapporte, d'après Ruellius, qu'aux environs de Soissons on tirait de terre la bulbe d'une espèce d'ornithogale que l'on nommait *churles*, et que les pauvres habitants mangeaient comme des châtaignes, dans les temps de disette. Cette bulbe était également agréable aux enfants. On a dit encore que, dans la Picardie, la racine de la gesse tubéreuse, *lathyrus tuberosus*, était nommée *chourles*, et servait pareillement de nourriture.

**CHURN-OWL** (*ornithol.*), nom de l'engoulevent, *caprimulgus europæus* Linn., dans l'Yorkshire.

**CHURRINCHE** (*ornithol.*), nom que l'on donne, à Buénos-Ayres, au gobe-mouches huppé de la rivière des Amazones, de Buffon, *muscicapa coronata* Linn.

**CHURTAL** (*botan.*), nom arabe de l'avoine, suivant Daléchamps.

**CHURTON (RALPH)**, écrivain anglais, naquit le 8 décembre 1754 près de Bickley (Chester). Orphelin de père et de mère à l'âge de dix-huit ans, il dut son éducation ultérieure aux soins généreux du docteur Townson, qui le fit entrer à Brazen-Nose en 1772, et lui ouvrit plus tard la carrière des bénéfices ecclésiastiques. Churton fut successivement lecteur de Bampton en 1785, prédicateur à Whitehall en 1788, archidiacre de Saint-David en 1805. C'est dans cette position qu'il mourut le 23 mars 1831. Ses fonctions lui laissaient beaucoup de loisir, qu'il consacra à la littérature. Il composa, entre autres ouvrages : 1° *Leçons de Bampton*, 1785, in-8°. Ce sont huit sermons prononcés devant l'université d'Oxford, et relatifs à la destruction de Jérusalem. 2° *Notice sur la vie du docteur Th. Townson, archidiacre de Richmond*, etc. (A Memoir of, etc.), à la tête du *Discours sur l'histoire évangélique de la sépulture à l'ascension du Christ*, par Loveday, Oxford, 1793. Cet hommage de reconnaissance et d'amitié n'est pas, comme tant d'autres, un froid et stérile panégyrique ; c'est un véritable modèle de biographie, recommandable par l'exactitude, l'impartialité, une juste appréciation du caractère et des talents de Townson, enfin par un style d'une élégance et d'une simplicité classiques. Ce morceau a été reproduit trois fois, en tout ou en partie, en tête des *OEuvres de Townson*, par Churton lui-même en tête de l'édition des *Discours pratiques* du même, par l'évêque de Limerick; en tête de celle qu'en ont donnée Cochrane et Duncan. 3° *Courte Apologie de l'Eglise anglicane*, etc. (adressée aux habitants de Midleton-Cheney, comté de Northampton), Oxford, 1795. Cet écrit polémique donna naissance à une *Lettre* de François Eyre de Warwick. Churton se crut obligé de ne point laisser passer triomphalement les observations de ce laïque, et publia sa *Réponse à la lettre de*... etc., Oxford, 1796 ; et deux ans plus tard, lorsque son antagoniste eut mis au jour sa *Réplique à la Réponse*, etc., il crut fermer la discussion par son *Post-scriptum à la Réponse faite à François Eyre*, Oxford, 1798, qui fut suivi pourtant d'un autre *Post-scriptum à la Réponse*, etc., Oxford, 1801. 4° *Lettre à l'évêque de Worcester, à l'occasion de ses critiques sur l'archevêque Secker et l'évêque Lowth dans sa Vie de Warburton*, Oxford, 1796. 5° *Vies de Guill. Smith, évêque de Lincoln, et du chevalier Richard Sutton, fondateur du collège de Brazen-Nose à Oxford*, Oxford, 1800, in-8°. Churton donna lui-même un supplément à cet ouvrage en 1803. 6° *Vie d'Alex. Howel, doyen de Saint-Paul*, etc., Oxford, 1809, in-8°. Cette biographie présente, quoiqu'à un degré moins élevé, toutes les qualités de la *Notice sur Townson*. 7° Divers *Sermons* publiés séparément. Le *Gentleman's Magazine* de 1831 a consacré un article à la mémoire de Churton, qui était aussi un de ses collaborateurs. Ses sermons sont au nombre de huit, ainsi que ceux que nous avons indiqués sous le n° 1. Enfin on doit encore à Churton la *Notice biographique sur Chandler*, qui se trouve en tête de la nouvelle édition des *Voyages en Asie-Mineure et en Grèce* de ce savant (Oxford, 1825, 2 vol. in-8°). L'archidiacre de Saint-David avait été l'ami du célèbre voyageur. — Nous avons mentionné plus haut l'édition des œuvres complètes de Townson : cette publication, qui est de 1810, 2 vol. in-8°, se recommande non-seulement par une Vie de l'archidiacre de Richmond, mais encore par une introduction aux sermons sur l'Evangile, et par un sermon sur les citations tirées de l'Ancien Testament. De plus, Churton avait donné beaucoup d'articles à Michols pour ses *Anecdotes littéraires*, et à Alex. Chalmers pour son *Histoire de l'université d'Oxford*.

**CHURUMAYA** (*botan.*), espèce de poivre du Pérou, nommée *piper churumaya* par les auteurs de la *Flore* de ce pays, qui l'ont décrite et figurée dans le vol. I, p. 35, t. LVIII.

**CHURZETA** (*botan.*), nom africain du *chrysanthemum*, suivant Ruellius et Mentzel.

**CHUS**, premier fils de Cham et père de Nemrod (*Genèse*, X, 6, 8). Chus est aussi un nom de pays, et l'Ecriture marque trois pays de Chus, savoir l'Ethiopie, l'ancienne demeure des Scythes sur l'Araxe, et une contrée de l'Arabie Pétrée, frontière d'Égypte et de Palestine (*Gen.*, II; Bochart, *Géogr. phaleg.*, l. L, c. 2).

**CHUSA**, intendant de la maison d'Hérode Agrippa, et mari de Jeanne, dont il est parlé dans saint Luc, VIII, 3.

**CHUSAI**, de la ville d'Arach, et ami de David, fit semblant de s'attacher à Absalon dans le temps qu'il se révolta contre David, son père, et dissipa le conseil d'Achitophel ; ce qui causa la perte d'Absalon. On ne sait quelle fut la fin de Chusaï (*II. Reg.*, XV, 32).

**CHUSAN-RASATAIM**, Ethiopien, roi de Mésopotamie, fit la guerre aux Israélites, et les réduisit en servitude. Dieu le permettait ainsi pour les punir de leur idolâtrie. Ils demeurèrent dans cet esclavage huit ans, à la fin desquels Dieu, touché de leur repentir, se servit d'Othoniel pour les remettre en liberté, vers l'an 1414 av. J.-C.

**CHUSITE** (*hist. anc.*), nom patronymique. Descendant de Chus, fils de Cham. Les Chusites s'établirent dans l'Arabie, d'où ils passèrent dans l'Ethiopie.

**CHUSITE** (*minéral.*). C'est un minéral que Saussure a trouvé dans les cavités des porphyres des environs de Limbourg. Il est jaunâtre ou verdâtre, et translucide ; sa cassure est tantôt parfaitement unie et d'un éclat gras, tantôt grenue. Il est tendre et assez friable ; il se fond facilement en un émail blanc jaunâtre translucide, et renfermant quelques bulles. Il se dissout entièrement et sans effervescence dans les acides. — Saussure a trouvé la variété grenue, tapissant les cloisons rougeâtres d'une argilolite des Deux-Emmes, en Suisse (de Saussure, *Journ. de ph.* de 1794, t. I, p. 340). — M. Brard regarde cette substance, ainsi que la limbilite, comme des variétés de péridot altéré (*V.* PÉRIDOT).

**CHUT** (le *t* se prononce), mot dont on se sert pour avertir ou ordonner de faire silence.

**CHUTASLIUM** (*botan.*), nom péruvien du *nunnezharia* de la *Flore* du Pérou ; genre nouveau de palmier à tige basse, à feuillage fourchu, dont les divisions sont dentelées d'un côté. Ses fleurs ont l'odeur de la racine d'iris.

**CHUTE** (*arts mécan.*). Lorsqu'on abandonne un corps à la gravité, il tombe, et sa chute suit des lois constantes qu'il importe de connaître, et dont les effets sont d'une grande importance dans les arts. — La chute d'un corps s'accélère de plus en plus, et s'il a décrit, par exemple, un mètre dans le premier instant (presque en une demi-seconde), il parcourra 3 mètres dans un temps égal compté à l'expiration du précédent ; 5 mètres, 7 mètres,... dans les instants suivants. Comptons les espaces et les temps depuis l'origine de la chute, et nous verrons que, dans les durées représentées par 1, 2, 3, 4,... les hauteurs descendues sont 1, 4, 9, 16,... qui sont les carrés des premiers nombres. Ainsi les hauteurs des chutes croissent comme les carrés des temps, en comptant les unes et les autres depuis l'origine du mouvement. — Prenons la seconde pour unité de temps, et comme dans la première seconde de sa chute l'espace décrit par un corps est de 4m,904, ou 15p,1, on a :

$$\textit{Hauteur de chute} = 4^{m},904 \times (\textit{temps})^2 \ldots \text{ en mètres.}$$
$$= 15^{p},1 \times (\textit{temps})^2 \ldots \text{ en pieds.}$$

$$\textit{Temps} = \sqrt{(0'',2039 \times \textit{hauteur en mètres})}.$$
$$= \sqrt{(0'',0662 \times \textit{hauteur en pieds})}.$$

Donc, pour assigner l'espace parcouru par un corps qui tombe depuis un temps donné, il faut multiplier le nombre de secondes de la chute par 4m,904, ou 15p,1. — Quant à la vitesse que le corps se trouve avoir acquise par sa chute, elle croît proportionnellement au temps : après la première seconde, elle est deux fois $4^{m},904 = 9^{m},81$, ou deux fois $15^{p},1 = 30^{p},2$ ; au bout de deux secondes, elle est double de la précédente, triple après trois secondes, etc. Donc :

$$\textit{Vitesse acquise} = 9^{m},81 \times \textit{temps} \ldots \text{ en mètres.}$$
$$= 30^{p},2 \times \textit{temps} \ldots \text{ en pieds.}$$

On en tire les relations

$$\textit{Vitesse acquise} = 4^{m},429 \sqrt{\textit{hauteur}} \ldots \text{ en mètres.}$$
$$= 7^{p},71 \sqrt{\textit{hauteur}} \ldots \text{ en pieds.}$$

$$\textit{Hauteur} = 0^{m},051 (\textit{vitesse})^2 \ldots \text{ en mètres.}$$
$$= 0^{p},0166 (\textit{vitesse})^2 \ldots \text{ en pieds.}$$

— Ces équations servent à faire connaître deux des quantités, hauteur de chute, vitesse et temps, lorsque la troisième est donnée. Le fréquent usage qu'on fait de cette théorie rend utile la table suivante, d'où l'on peut tirer les résultats tout calculés.

*Table de la chute des corps dans le vide.*

| TEMPS EN SECONDES. | CHUTE EN MÈTRES. | VITESSE ACQUISE. | VITESSE. | HAUTEUR EN DÉCIMÈTRES. | VITESSE. | HAUTEUR EN DÉCIMÈTRES. | VITESSE. | HAUTEUR EN DÉCIMÈTRES. |
|---|---|---|---|---|---|---|---|---|
| | mètres. | mètres. | déc. | décim. | déc. | décim. | déc. | décim. |
| 1/2 | 1,226 | 4,904 | 1 | 0,005 | 35 | 6,244 | 69 | 24,269 |
| 1 | 4,904 | 9,809 | 2 | 0,020 | 36 | 6,606 | 70 | 24,978 |
| 1 1/2 | 11,035 | 14,715 | 3 | 0,046 | 37 | 6,978 | 71 | 25,696 |
| 2 | 19,618 | 19,618 | 4 | 0,082 | 38 | 7,361 | 72 | 26,425 |
| 2 1/2 | 30,662 | 24,522 | 5 | 0,127 | 39 | 7,753 | 73 | 27,164 |
| 3 | 44,140 | 29,426 | 6 | 0,184 | 40 | 8,156 | 74 | 27,914 |
| 3 1/2 | 60,079 | 34,331 | 7 | 0,250 | 41 | 8,569 | 75 | 28,673 |
| 4 | 78,470 | 39,235 | 8 | 0,326 | 42 | 8,992 | 76 | 29,443 |
| 4 1/2 | 99,314 | 44,140 | 9 | 0,415 | 43 | 9,425 | 77 | 30,223 |
| 5 | 122,610 | 49,044 | 10 | 0,510 | 44 | 9,869 | 78 | 31,015 |
| 5 1/2 | 148,358 | 53,948 | 11 | 0,617 | 45 | 10,322 | 79 | 31,813 |
| 6 | 176,558 | 58,853 | 12 | 0,734 | 46 | 10,786 | 80 | 32,624 |
| 6 1/2 | 207,211 | 63,757 | 13 | 0,861 | 47 | 11,260 | 81 | 43,445 |
| 7 | 240,316 | 68,662 | 14 | 0,999 | 48 | 11,744 | 82 | 34,275 |
| 7 1/2 | 275,873 | 73,566 | 15 | 1,147 | 49 | 12,239 | 83 | 35,116 |
| 8 | 313,882 | 78,470 | 16 | 1,305 | 50 | 12,744 | 84 | 35,968 |
| | | | 17 | 1,473 | 51 | 13,258 | 85 | 36,829 |
| | | | 18 | 1,651 | 52 | 13,784 | 86 | 37,701 |
| | | | 19 | 1,840 | 53 | 14,319 | 87 | 38,583 |
| | | | 20 | 2,039 | 54 | 14,864 | 88 | 39,475 |
| | | | 21 | 2,248 | 55 | 15,420 | 89 | 40,377 |
| | | | 22 | 2,467 | 56 | 15,986 | 90 | 41,290 |
| | | | 23 | 2,696 | 57 | 16,562 | 91 | 42,212 |
| | | | 24 | 2,936 | 58 | 17,148 | 92 | 43,145 |
| | | | 25 | 3,186 | 59 | 17,744 | 93 | 44,088 |
| | | | 26 | 3,446 | 60 | 18,351 | 94 | 45,041 |
| | | | 27 | 3,716 | 61 | 18,968 | 95 | 46,005 |
| | | | 28 | 3,996 | 62 | 19,595 | 96 | 46,978 |
| | | | 29 | 4,287 | 63 | 20,232 | 97 | 47,962 |
| | | | 30 | 4,538 | 64 | 20,879 | 98 | 48,956 |
| | | | 31 | 4,899 | 65 | 21,537 | 99 | 49,960 |
| | | | 32 | 5,220 | 66 | 22,205 | 100 | 50,975 |
| | | | 33 | 5,551 | 67 | 22,883 | | |
| | | | 34 | 5,893 | 68 | 23,571 | | |

— On voit, par cette table, que lorsqu'un corps pesant est tombé dans le vide pendant cinq secondes il a parcouru 122$^{m}$ 610, et qu'il a acquis la vitesse de 49$^{m}$ 044 ; que, s'il fût tombé pendant le temps nécessaire pour avoir 60 décimètres ou 6 mètres de vitesse, il aurait dû tomber de 18,351 décimètres ou 1,8351 mètres. — L'interpolation qu'on fait à la manière de celle des tables de logarithmes donnera les nombres qui répondent à des valeurs intermédiaires à celle de la table. — Il faut observer que toute cette théorie subsiste, quels que soient les poids des corps, leur substance, le temps de l'expérience, etc., parce que la gravité est différente à toutes ces circonstances, et que son action en est absolument indépendante. Mais ces propositions supposent que la chute a lieu dans le vide ; le mouvement dans l'air est soumis à d'autres principes. La résistance du fluide, nulle dans les premiers instants de la chute, devient bientôt très-grande, parce qu'elle croît comme le carré de la vitesse, laquelle devient fort considérable ; et, puisque la gravité est une force constante qui imprime à chaque instant au corps des degrés égaux de vitesse, pour les ajouter aux vitesses antérieurement acquises, tandis qu'au contraire la résistance de l'air s'accroît de plus en plus et dans un grand rapport, on voit que cette résistance ne tarde pas à se trouver égale à la gravité. Alors la vitesse n'augmente plus ; elle reste constante, et le mouvement devient uniforme. FRANCOEUR.

**CHUTE.** Le mot chute, dans son acception la plus générale, touche d'une part à la médecine, et de l'autre aux idées de la philosophie et aux croyances de la théologie. Ainsi, pour commencer par la médecine, on appelle *chute de matrice*, *chute de rectum*, le déplacement de ces parties, leur *descente*, leur abaissement au-dessous de l'espace qu'elles doivent occuper à l'état normal. La médecine appelle *chute des forces* l'abaissement, la diminution des forces à la suite d'une maladie violente ou d'une existence pleine de travail ou de plaisirs. Quand cet état se fait remarquer à la suite d'une maladie, il faut une grande prudence de la part du médecin et une grande modération de la part du malade pour lutter avec avantage contre les résultats funestes qu'il peut produire. On a vu souvent la mort arriver quand la maladie était vaincue. Lorsque l'abaissement des forces résulte d'excès de travail et d'abus de plaisirs, la maladie la plus légère qui se développe sur les personnes de cette catégorie prend généralement une gravité extraordinaire. Il n'y a pas d'étoffe, selon l'expression vulgaire ; et le médecin a souvent les mains liées en présence du mal qui s'accroît et de la catastrophe qui arrive. Comme exemple des *morts faciles*, si l'on peut s'exprimer ainsi, quand le corps ne possède plus la puissance d'activité de la santé robuste ou de la brillante jeunesse, nous citerons la fin ordinaire des vieillards. On dirait que toutes ces morts sont calquées sur le même modèle. La naissance de la maladie touche à sa terminaison ; entre l'agonie et les premiers symptômes du mal il n'y a souvent que quelques heures. Et cette agonie, si terrible, si cruelle, chez ceux qui ont encore la vigueur des jeunes années, ne semble chez ceux-là qu'un assoupissement ; qu'un sommeil. Ce sont bien réellement les vieillards qui, suivant la belle expression des livres saints, s'endorment dans la mort. Eh bien ! c'est souvent de cette manière que nous avons vu finir des jeunes gens dont la carrière aurait pu être brillante. N'ayant vécu ceux-ci que par le plaisir, ceux-là que de privations, et d'autres que d'un travail sans repos ni trêve, ils avaient devancé l'âge, ils étaient de précoces vieillards. Aussi un accident sans importance déposait en eux le germe d'une maladie, et cette maladie était la mort, de quelque soin qu'ils fussent entourés de la part du médecin ou de leur famille. Dans les grandes villes comme Paris, ces exemples sont communs ; on les trouve dans toutes les classes de la population. — Le mot chute s'emploie aussi au moral. L'affaissement de l'intelligence, la diminution des facultés, sont une chute des forces spirituelles. — Une faute, un crime, sont une chute. C'est par extension à la chute sous le point de vue matériel, c'est-à-dire à la perte de l'équilibre du corps et à l'événement qui en résulte, qu'on s'est servi du même mot pour exprimer la perte de l'équilibre moral et ses suites plus ou moins criminelles. Le mot chute est d'autant plus employé sous ce dernier rapport, qu'il représente un des dogmes essentiels de la religion chrétienne. C'est la chute criminelle de l'homme qui explique la rédemption ; c'est la chute à laquelle sont exposés chaque jour les membres si nombreux de la famille humaine qui explique la nécessité de l'absolution sacerdotale. Enfin c'est cette chute morale à laquelle nous sommes tous soumis qui traduit d'une manière si positive, aux yeux des hommes les plus prévenus, cette dichotomie, cette dualité qui est le caractère distinctif de notre nature. — On trouve dans la langue, considérée grammaticalement, autant d'arguments en faveur du spiritualisme chrétien que dans les ouvrages spéciaux sur la matière.

D$^{r}$ Ed. CARRIÈRE.

**CHUTE.** Le mot chute s'emploie aussi dans plusieurs acceptions relatives aux arts. En architecture et en décoration, par exemple, on donne ce nom, dit M. Quatremère de Quincy, à des groupes de fleurs, de fruits ou de feuillages qui tombent en festons isolés ou en guirlandes. On les place dans des panneaux ou sur des montants, qu'on multiplie souvent pour avoir l'occasion d'y introduire cet ornement (*V.* FESTON et GUIRLANDE). — En termes de jardinage, on appelle chute (*declivitas*) le raccordement de deux terrains inégaux, qui se fait par des perrons ou par des gazons en glacis. — CHUTE, en termes d'horlogerie, est synonyme de *choc*, et se dit des effets d'un engrenage. On appelle *chute de voiles*, en marine, la longueur des voiles. — En astrologie, la chute est le signe où une planète a le moins d'influence ou de vertu, ce qu'on appelle autrement *signe de défection* (defectio). — Enfin, en termes d'hydraulique, on entend par *chutes* soit les pentes qu'on ménage à dessein à l'écoulement des eaux, soit les épanchements d'eaux naturels ou artificiels ; qu'on appelle autrement *cascades*. — CHUTE, au figuré, s'entend d'une espèce de revers ou adversité particulière aux auteurs de tous genres, et qui jadis leur était si fatale, qu'ils en mouraient souvent. Aujourd'hui *on ne tombe plus*, même au théâtre ; car avant que les portes soient ouvertes le succès est déjà assuré. On ne tombe pas davantage dans les journaux, puisque l'écrivain et l'éditeur disputent à qui fera insérer au plus vite ou au plus long l'article laudatif. La chute étant désormais bannie en littérature, on ne compte en retour aucun succès véritable. Dans le siècle dernier, il fallait qu'un triomphe fût bien éclatant pour n'être pas contesté, et

Gilbert a osé dire de Laharpe, tant de fois couronné, qu'il

Tomba de *chute* en *chute* au trône académique.

— CHUTE, en grammaire et en littérature, signifie quelquefois finale d'un morceau soit de prose, soit de poésie : c'est le point sur lequel on cherche à fixer principalement l'attention. C'est ainsi que Molière fait dire à Alceste (*Misanthrope*) à Philinte, qui a loué les vers d'Oronte, et surtout la *chute* de son sonnet :

La peste de ta *chute*, empoisonneur au diable!
En eusses-tu fait une à te casser le nez!

— CHUTE est encore employé pour *cadence* (*V.* ce mot) : c'est le complément d'une période bien arrondie, et qui remplit agréablement l'oreille. — Dans le système représentatif, un ministère auquel la majorité manque fait une *chute;* mais cet accident est rare ; on le prévient et l'on s'arrange pour se retirer en vainqueur, c'est-à-dire avec les dépouilles, non pas de l'ennemi, mais du public qui vous regarde. — Enfin il y a une dernière espèce de *chute*, et c'est la plus terrible de toutes, la chute morale. Elle est telle, que bientôt nous cessons de nous reconnaître nous-mêmes. Une chute dans ce genre est rarement unique, et souvent, ou même presque toujours,

Une *chute* toujours entraîne une autre *chute*.

Cependant il ne faut jamais, quelque *déchu* qu'on soit, désespérer de l'avenir : il y a dans l'homme une puissance de repentir qui est infinie. Par un accord merveilleux, la vertu tient toujours en réserve de la tendresse pour celui qui a besoin de se relever : elle lui donne la main, et assure même à un simple effort ce commencement de considération qui plus tard sauve tout à fait. Le monde oublie une *chute* sans la pardonner; il ne console pas et ne répare rien : le coupable ne le retrouve que pour douter de ses remords. Aussi est-il sage de vivre dans la retraite après une *chute*, et de se confier à son repentir ; c'est le meilleur comme le plus solide des appuis.

**CHUTE** (*chasse*). Ce mot désigne les lieux où les canards et les bécasses s'abattent ordinairement à l'entrée de la nuit, et où les chasseurs construisent une loge pour les attendre.

**CHUTÉENS** (*géogr. sacrée*), peuples d'au delà de l'Euphrate, que Salmanasar transporta dans la Samarie, à la place des Israélites, qui y demeuraient auparavant. Ces peuples continuant à adorer dans ce nouveau pays les dieux qu'ils adoraient au delà de l'Euphrate, le Seigneur envoya contre eux des lions qui les tuaient. Assaradon, roi d'Assyrie, en étant averti, les fit instruire du culte du vrai Dieu par un prêtre hébreu, qui fixa sa demeure à Béthel. Ils allièrent longtemps la religion véritable avec les superstitions païennes, et s'attachèrent ensuite uniquement à l'observance de la loi de Moïse, comme l'observent encore aujourd'hui les Samaritains descendus des Chutéens (*V.* SAMARITAINS).

**CHUTER**, v. n. (*néol.*). Il se dit vulgairement pour tomber, en parlant d'une pièce de théâtre.

**CHUTERTAURUS**, d'où le français CHUTERTAURE, mauvaise leçon pour CHOUTER ou CHOUTHER, vient probablement de ce que, en traduisant les mots Χουτὴρ (ou Χουθὴρ) τύραννος (par corruption ταῦρος) du látercule d'Ératosthène, l'interprète latin aura regardé ταῦρος comme faisant partie du nom propre égyptien, au lieu d'y voir le premier mot de la traduction grecque de ce nom propre.

**CHU-TSE** (*botan.*), nom chinois du bambou, mentionné dans l'*Abrégé de l'histoire générale des voyages*.

**CHUTUN** (*ornithol.*). On appelle ainsi, chez les Kalmouks, la demoiselle de Numidie, *ardea virgo* Linn.

**CHUTWUN** ou **CHYTWUN**, s. m. (*botan.*), arbre du Bengale.

**CHUVA** (*mamm.*). C'est le nom qu'on donne, sur le fleuve des Amazones, suivant M. de Humboldt, à l'*ateles marginatus* de M. Geoffroy.

**CHUXTAID** (*botan.*), nom arabe de l'ananas, suivant Daléchamps.

**CHUY** (*ornithol.*), nom que l'on donne, au Brésil, à l'oiseau que Buffon a décrit sous celui de guirnégat, *emberiza brasiliensis* Linn.

**CHWALKOWSKI** (NICOLAS), écrivain polonais du XVII^e siècle. Parmi ses ouvrages, on remarque particulièrement les suivants : 1° *Regni Poloniæ jus publicum, a Nicolao Chwalkowo Chwalkowski, equ. pol. illustrissimi et celsissimi in Livonia, Curlandiæ et Semigalliæ ducis consiliario, et ad aulam regiam polonam residente, per alteram editionem auctius exhibitum*, Regiomonti, 1684. 2° *Singularia quædam holodica a Nicolao Chwalkowski, cels. in Livon., Curlan. et Semigal. ducis ad aulam regiam polonam ablegato capitaneo Schrewdensi, per alteram editionem auctius exhibita*, Varsoviæ, 1696, in-8°.

**CHWEDER** (*ornithol.*). En Bretagne, on nomme ainsi l'alouette commune, *alauda arvensis* Linn.

**CHWOSTCH** (*botan.*). On donne ce nom, en Russie, à la prêle des champs, *equisetum arvense* Linn.

**CHYAZATE**, s. m. (*chim.*). Il s'est dit quelquefois pour *hydrocyanate* (*V.* ce mot).

**CHYAZIQUE**, adj. m. (*chim.*). Il s'est dit quelquefois pour *hydrocyanique* (*V.* ce mot).

**CHYCALLE** (*ichthyol.*). L'abbé Bonnaterre indique, sous ce nom, une espèce de poisson des rivières de Norwége, qu'il rapporte avec doute au genre salmone.

**CHYDÆA**, s. f. (*botan.*), sorte de palmier, dont parlent les écrivains anciens.

**CHYDÉNIUS** (SAMUEL), physicien, né en 1727 à Abo (Finlande), y établit à ses frais un laboratoire de chimie, et ne négligea rien pour répandre chez ses concitoyens le goût de la science, qu'il cultivait lui-même avec succès. Il mourut en 1767, après avoir consacré les dernières années de sa vie à des voyages, pour déterminer la topographie de la Finlande.

**CHYDORE**, s. m. (*hist. nat.*), genre de crustacés.

**CHYEH** (*botan.*) (*V.* CHEYDEH).

**CHYLAIRE**, adj. des deux genres (*médec.*), qui a rapport au chyle.

**CHYLE**, **CHYLIFICATION** (*physiol.*). Le chyle est une liqueur blanche qui se sépare de la masse alimentaire (*V.* CHYME), lorsque celle-ci est parvenue dans le duodenum. Cette liqueur est la partie essentielle de l'aliment, tandis que l'autre partie, celle qui reste dans l'intestin et parcourt toute la longueur de ce canal pour sa sortie du corps, en est la portion grossière. La première, c'est-à-dire le chyle, est absorbée au moment de la séparation par des vaisseaux qui s'abouchent au duodenum. C'est la force attractive de ces bouches aspirantes qui produit cette séparation. Le chyle gonfle bientôt les vaisseaux, et on peut les voir, si on les découvre sur un animal égorgé au moment de la digestion, à cause de la couleur blanche de leur trajet, qui tranche sur la couleur rosée des parties sur lesquelles ils rampent. Ces vaisseaux ont bientôt un point de réunion dans un canal qui s'appelle le *canal thoracique*, à cause de la place qu'il occupe dans la région du corps. Ce canal monte en effet le long de la colonne vertébrale; mais, au niveau de la cloison qui sépare transversalement la poitrine du ventre, il se renfle de manière à former un réservoir, qui a pris le nom de l'anatomiste qui l'a décrit le premier. Ce réservoir s'appelle le *réservoir de Pecquet* (*cisterna chyli*). Il a pour but de réunir en un point central les vaisseaux qui apportent au canal thoracique non-seulement le chyle, mais encore d'autres produits qui sont absorbés dans diverses parties du corps. Enfin le canal monte, et, après avoir changé de diamètre, de direction, il va s'ouvrir dans la veine *sous-clavière*, du côté gauche. Cette veine s'appelle *sous-clavière*, parce qu'elle est placée sous cet os saillant qui arc-boute l'épaule, et qui se voit si bien chez les personnes maigres. Tout le monde sait d'ailleurs que cet os s'appelle *la clavicule*. Une fois versé dans ce vaisseau, et mêlé au sang veineux, le chyle appartient à la circulation générale. Bientôt porté dans les poumons, il y prend avec le sang, qui lui sert de véhicule, les propriétés vitales qui le font concourir à la formation du sang vraiment vivant, c'est-à-dire du sang artériel. — On a analysé le chyle : voici d'ailleurs ses propriétés générales. Il est toujours laiteux, inodore, insipide, et plus pesant que l'eau. Dans la distillation, il donne de l'huile et du carbonate d'ammoniaque; il renferme des sels et du fer. Le physiologiste Magendie considère le chyle sous deux rapports : celui qui provient de matières grasses végétales ou animales, et celui qui n'en provient pas. Le premier, dit-il, est d'une odeur spermatique prononcée, d'une saveur salée, et est alcalin ; l'autre est opalin et presque transparent. Enfin voici l'analyse de MM. Leurêt et Lassaigne. Le chyle, disent-ils, quels que soient l'animal dont il a été extrait et l'espèce d'aliment qui l'a fourni, se compose de fibrine, d'albumine, de graisse, de soude, d'hydrochlorate de soude, et de phosphate de chaux, en quantité variable. Nous ne nous étendrons pas davantage sur ces analyses, qui ont été répétées, commentées et enrichies; car lorsqu'il s'agit de cette chimie vivante, qui se produit dans le mystérieux laboratoire du corps humain, il est probable que notre chimie à nous ne peut guère y porter des lumières. — Comment se fait cette chylification, cette séparation des parties actives de l'aliment d'avec les parties inutiles? — On a suivi le voyage du chyle depuis le duodenum jusqu'à la veine *sous-clavière*, ce voyage en sens contraire de la pesanteur, puisque le liquide monte des parties inférieures aux parties supérieures. Mais ceci s'explique ou plutôt se comprend facilement. Les vaisseaux se contractent sur eux-mêmes; puis ils ont ces diamètres infiniment petits qui attirent, comme on le sait, les liquides sous l'influence d'une loi qu'on n'explique pas, mais qu'on nomme en l'appelant *loi de la capillarité*; enfin ils sont garnis de soupapes qui empêchent la colonne liquide de descendre, une fois qu'elle est montée. Tous ces mouvements, toutes les périodes de cette fonction, se font d'ailleurs sans l'intervention de notre volonté, et sans que nous puissions nous en rendre compte par la sensation même la plus légère. C'est la force conservatrice du corps qui préside à notre insu à ce travail intime, qui n'est lui-même qu'une des divisions du travail immense et compliqué qui se poursuit à tous les instants en nous.

D[r] Ed. CARRIÈRE.

**CHYLEUX, EUSE**, adj. (*médec.*), qui a rapport au chyle.

**CHYLIFICATION** (*V.* CHYLE).

**CHYLIFIER**, v. a. (*physiol.*), convertir en chyle. Il s'emploie plus souvent avec le pronom personnel. *Se chylifier*.

**CHYLIFÈRE**, adj. des deux genres (*anat.*), vaisseaux qui conduisent le chyle.

**CHYLINE** (*botan.*), nom grec du cyclame, *cyclamen* suivant Mentzel.

**CHYLIVORE**, adj. des deux genres (*hist. nat.*), qui vit de chyle.

**CHYLODIA** (*botan.*). Ce genre de M. Richard, que nous ne croyons pas avoir jamais été publié, est le même que le *wulffia* de Necker, publié en 1791. Nous le ferons connaître sous ce dernier nom.

**CHYLOLOGIE**, s. f. (*didact.*), histoire du chyle.

**CHYLOPOIÈSE**, s. f. (*médec.*), formation du chyle.

**CHYLOPOIÉTIQUE**, adj. des deux genres (*anat.*), qui sert à la formation ou au cours du chyle.

**CHYLOSE**, s. f. (*médec.*), formation du chyle.

**CHYMCHYMKA** (*mamm.*). Erxleben cite ce nom comme le synonyme de la martre zibeline, chez les Kamtschadales.

**CHYME, CHYMIFICATION** (*physiol.*). Le chyme est un des résultats du travail de la digestion. C'est l'une des métamorphoses que subit l'aliment avant d'avoir acquis les qualités nécessaires à la nutrition du corps. — Après avoir été divisé, trituré dans la bouche, réduit enfin à l'état de bouillie, à l'aide de l'appareil de mastication et des sucs salivaires, l'aliment est rejeté dans l'œsophage par un mouvement de bascule de la langue, et, après avoir parcouru ce long canal, il tombe dans l'estomac. Cet organe lui fait subir une autre préparation. Les fluides qui y sont contenus, et puis sa contraction sur la pâte alimentaire, continuent l'œuvre de préparation que les premières voies ont commencée. Après être restée pendant quelque temps dans l'estomac, temps qui varie, comme on le pense bien, suivant l'état de l'organe, la masse et la qualité des aliments, enfin le tempérament de l'individu, la pâte chymeuse passe dans la première portion de l'intestin, celle qui s'abouche directement avec l'ouverture inférieure de l'estomac, et que la science anatomique a appelée du nom de *duodenum*. C'est dans cette portion d'intestin que deux liquides, qui jouent un grand rôle dans l'acte de la digestion, viennent se mêler à la masse alimentaire. L'un c'est le fluide *pancréatique*, qui est fourni par une glande placée près de l'estomac; et l'autre, le fluide *biliaire*, qui vient, comme on sait, du foie. C'est après ce mélange, c'est après la modification qui en résulte sans doute (car rien n'est inutile de ce qui a lieu dans le corps), qu'il se fait une séparation dans la masse du chyme. La partie qui doit servir à la nutrition, qui doit représenter l'aliment au sein de tous les organes, cette partie se dessine bientôt dans des vaisseaux qui aboutissent à l'intestin. L'autre, au contraire, qui est la partie la moins déliée, la moins riche de sucs, est abandonnée à la contraction intestinale, qui la pousse jusqu'à ce qu'elle soit rejetée hors du corps. Cependant, dès l'instant de la séparation du chyle de la masse chymeuse, ce qui reste dans le duodenum ne doit pas être considéré comme excrément. Il y a encore dans ce chyme, privé de son essence la plus pure, la plus riche en sève alimentaire, un reste de chyle qui est absorbé pendant le long trajet que fait celui-là dans l'intestin. Ce n'est que lorsque le chyme est parvenu dans le gros intestin qu'il est dépouillé de toutes les parties utiles. Alors il n'est bon qu'à être chassé hors du corps, où il ne saurait être qu'une cause de mal. C'est alors aussi qu'il commence à exhaler cette odeur fétide qui est caractéristique des matières fécales. — On a fait l'analyse du chyme; mais on doit comprendre qu'il serait difficile, ou plutôt qu'il est impossible d'admettre un absolu sur cette question-là. Les matières alimentaires dont on use sont si différentes comme nature, comme qualité et comme quantité, suivant les individus, que chaque masse chymeuse exigerait une analyse spéciale. Cependant il a été constaté, et les chimistes s'accordent tous là-dessus, que le chyme a un caractère et une odeur acides très-prononcés. Ce qui le prouve du reste, sans avoir recours à des expériences directes, c'est l'odeur des gaz qui s'exhalent par la bouche des individus qui font péniblement la digestion. Il est rare qu'ils ne sentent pas un peu le vinaigre. — Comment s'opère cet acte si compliqué et pourtant si régulier dans sa marche de la chymification. Cet acte est successivement sous l'influence de la volonté et sous l'influence de cette action latente qui agit mystérieusement sans que notre volonté puisse la presser ou la ralentir. Notre volonté agit pour le choix de nos aliments, pour la manière dont nous les mangeons, dont nous leur faisons subir cette première opération qui se fait dans la bouche; mais une fois l'aliment tombé dans l'œsophage, il n'est plus sous l'influence autocratique de notre vouloir. Des forces qui sont inhérentes aux organes, et que la maladie seule peut intervertir ou détruire, ces forces s'emparent de l'aliment et lui font subir cette série de préparations qui doivent le rendre apte à être assimilé, c'est-à-dire à jouer un rôle dans l'entretien de cette action puissante qui s'appelle la vie. Quand cette fonction latente se fait bien, qu'il n'y a rien dans les ressorts des organes digestifs qui se refuse à la part d'action dont le travail lui est dévolu, l'homme qui digère n'a pas même la sensation de sa digestion; il exerce son intelligence, il fait un voyage pénible; et pourtant un phénomène des plus complexes s'accomplit avec la plus grande régularité. Dans la cavité de ses organes il s'élabore cette action vitale, qui fait à la fois l'existence et la santé.

D[r] Ed. CARRIÈRE.

**CHYMIE**, s. f. ancienne orthographe du mot chimie.

**CHYMIFÈRE**, adj. des deux genres (*anat.*), qui renferme du chyme.

**CHYMIFICATION**, s. f. (*médec.*), formation du chyme.

**CHYMIFIER**, v. a. (*physiol.*), convertir en chyme. Il s'emploie plus souvent avec le pronom personnel. *Se chymifier*.

**CHYMOSE**, s. f. (*médec.*), formation du chyme.

**CHYNDONAX**, nom d'un druide dont on découvrit le tombeau près de Dijon en 1598. La description de ce monument fut publiée par Guenebaud, Dijon, 1621; in-4°.

**CHYNLEN** (*botan.*). Murray, dans son *Apparatus medicaminum*, vol. VI, parle d'une racine de ce nom apportée de Chine à Bergius par Ekeberg, habile navigateur suédois. Elle n'a pas d'odeur; sa saveur est amère, et elle donne à la salive une couleur safranée. Les Chinois vantent la vertu de son infusion dans le vin comme stomachique, et la vendent très-cher. Bergius confirme son efficacité par son expérience; mais il observe que quelquefois elle a occasionné des vomissements.

**CHYPKEFA** (*botan.*), nom de la ronce ordinaire dans la Hongrie, suivant Clusius.

**CHYPRE** (*géogr.*; *hist.*), *Kypros*, île de la Méditerranée, située entre l'Asie-Mineure et la Syrie, et qui a une étendue de 340 milles carrés géographiques. Elle était célèbre dans l'antiquité par sa fertilité et la douceur de son climat. L'île de Chypre est renommée pour ses vins, dont le plus remarquable est celui de Commanderia. Les vins, en coulant du pressoir, sont rouges; mais ils pâlissent après cinq à six ans; une seule sorte, le muscat, le plus doux de tous, est blanc dans les premières années, et rougit à mesure qu'il vieillit; après un certain nombre d'années, il devient épais comme du sirop. Les vins de Chypre ne sont pas également agréables à boire dans toutes les saisons; le printemps et l'été leur sont particulièrement favorables; le froid leur enlève le goût et le bouquet. Après la récolte, ils sont mis dans des outres enduites de poix, ce qui leur donne une odeur assez désagréable, qu'ils ne perdent qu'après bien des années. On les envoie sur le continent dans des fûts; mais, pour les conserver, il faut les tirer de suite en bouteilles. L'île de Chypre produit en outre de l'huile, du miel, de la soie et du coton. *Nicosia*, la capitale de l'île, compte 16,000 habitants; elle est le siége d'un archevêque grec et d'un évêque arménien. Les principales villes de la côte sont : au sud, *Larnica*, d'où l'on expédie beaucoup de vin à Venise, à Livourne; et à l'est, *Famagusta, Paphos, Amathonte* et *Salamis*, ainsi que le mont Olympe avec son riche temple de Vénus, étaient aussi célèbres dans l'antiquité sous leurs rapports mythologiques que pour les événements historiques dont ils furent le théâtre. Les traditions disent que Vénus était sortie de l'écume de la mer, d'abord sur les rives de Cythère, et ensuite sur celles de l'île de Chypre; il était donc bien naturel que son culte y fût surtout en honneur; aussi les poëtes donnent-ils ordinairement à Vénus le nom de *Cypris* ou *Cypria*, et à l'Amour, son fils, celui de *Cyprinus* ou *Cypripor*. — L'histoire de cette île se perd dans la plus haute antiquité. Lorsque Amasis la soumit, l'an 550 avant J.-C., à la domination égyptienne, elle était partagée entre plusieurs colonies ioniennes et phéniciennes, et formait plusieurs petits royaumes. Elle resta sous la domination égyptienne jusqu'à l'invasion des Romains, qui s'en rendirent les maîtres 57 ans avant J.-C. Après le partage de l'empire romain, elle demeura soumise à l'empire d'Orient et fut gouvernée par des membres de la famille impériale. Comnène I<sup>er</sup>, l'un de ses gouverneurs, s'étant affranchi de la dépendance de l'empire, ses descendants se soutinrent sur le trône de Chypre jusqu'à ce que Richard d'Angleterre en investit la famille de Lusignan, en 1191. Après l'extinction de la ligne mâle des Lusignan, Jacques, un de ses rejetons naturels, arriva au pouvoir. Il avait pour femme une Vénitienne nommée Catherine Cornaro, et, comme il ne laissa pas d'enfants après sa mort, les Vénitiens profitèrent de cette circonstance pour s'emparer de l'île, en 1473. Ils la conservèrent jusqu'en 1571, époque où Amurat III en fit la conquête et la réunit à l'empire turc après la courageuse défense de Marc-Antoine Bragadino, qui soutint pendant onze mois un siége à Famagusta; le général turc, violant alors la capitulation, fit massacrer tous les prisonniers et écorcher vif le brave Bragadino. Mohamed-Ali-Pacha, vice-roi d'Egypte, a fait occuper militairement l'île de Chypre dans le courant de juin 1832, et en a été formellement investi par le sultan en 1833. Le roi de Sardaigne porte jusqu'à ce jour avec ses autres titres, celui de roi de Chypre et de Jérusalem.

**CHYPRE** (ORDRE DE CHYPRE OU DU SILENCE), ordre militaire institué en 1192 par Guy de Lusignan, roi de cette île, pour la défendre contre les infidèles. Il donna aux chevaliers un collier composé de lacs d'amour de soie blanche entrelacés des lettres R et S en or. Au bout de ce collier pendait une médaille d'or, dans laquelle il y avait une épée dont la lame était d'argent et la garde d'or, avec la devise : *Securitas regni*. Cet ordre, que quelques-uns mettent sous la règle de Saint-Basile, fut aboli lorsque Catherine Cornaro, veuve de Jacques de Lusignan, céda ce royaume aux Vénitiens; qui en ont été les maîtres jusqu'en l'an 1571, que les Turcs s'en emparèrent (Mennenius, *Delic. equest. ord.*; Favin, *Theat. d'homm.*; Justiniani, Herman et Schoonebeck, *Hist. des ordres milit.*; le P. Hélyot, *Hist. des ordres monast.*, part. I, p. 276).

**CHYPRIOT, OTE**, adj. et s. (*géogr.*), habitant de l'île de Chypre. — Qui appartient à cette île ou à ceux qui l'habitent. On dit plus souvent *Cypriot, ote*.

**CHYRAZ** (*V.* CHIRAZ).

**CHYR-CHAH**, roi de Béhâr, dans l'Inde, usurpa ce trône au préjudice de l'héritier légitime, trop jeune pour soutenir ses droits, envahit le Bengale et défit complétement l'armée du Grand Mogol, Humâgoûn, en 1540 (947 de l'hégyre). Après un règne de cinq ans, troublé par des guerres continuelles avec ses voisins, Chyr-Châh mourut par suite de l'explosion d'un baril au siége d'une place forte de l'Hindostan, en 1545. On doit à cet usurpateur un grand nombre de monuments existant encore aujourd'hui dans l'Inde, et l'établissement des postes aux chevaux, jusqu'alors inconnues dans ces contrées.

**CHYRCKOUH** (AZAD-EDDYN), oncle du célèbre Saladin, commanda les armées de Noradin, s'empara de l'Egypte et devint vizir du calife Adhey.

**CHYRONIS** (*botan.*). Chomel, dans ses *Plantes usuelles*, cite ce nom français pour la carotte sauvage, *dancus carota* Linn.

**CHYRRHABUS** (*ornithol.*). Hésychius et Varinus font mention de cet oiseau, sans en désigner l'espèce. Sigismond Gélénius croit que c'est le *scharbe* des Allemands, lequel est le cormoran, *pelicanus carbo* Linn.; mais son opinion est purement conjecturale.

**CHYRYN**, belle esclave persane dont les aventures et les intrigues amoureuses ont été chantées par les poëtes persans, paraît avoir vécu au commencement du V<sup>e</sup> siècle de l'ère chrétienne. Quelques écrivains croient reconnaître en elle la princesse Irène, fille de l'empereur grec Maurice.

**CHYTE** (*minéral.*) (*V.* SCHISTE).

**CHYTLON**, s. m. (*médec. anc.*), onction avec un mélange d'eau et d'huile.

**CHYTRACULIA** (*botan.*). Le genre de ce nom, établi par Brown dans ses *Plantes de la Jamaïque*, avait été rapporté par Linnæus au genre myrtus; c'est maintenant le *calyptranthus chytraculia* de Swartz et de Wildenow.

**CHYTRÆUS** (DAVID), ministre luthérien, né à Ingelfing en 1530, et mort en 1600 à 70 ans. On a de lui plusieurs ouvrages, qui furent recherchés dans le temps par ceux de son parti. Le plus connu est un commentaire sur l'Apocalypse, 1575, in-8°, rempli de rêveries, et où il marque de l'attachement à la doctrine de Socin. On a encore de lui : 1° une *Histoire de la confession d'Augsbourg*, Anvers, 1582, in-4°; 2° une *Chronologie latine de l'histoire d'Hérodote et de Thucydide*, Helmstad, 1585, in-4°, très-rare. Il y a joint *De lectione historiarum recte instituenda*, où, après quelques légères observations sur la nécessité de l'histoire, il donne une liste de quelques historiens, avec des remarques; 3° *Tabula philosophica, seu Series philosophorum*, dans les antiquités grecques; 4° *Chronicum Saxoniæ et vicinarum aliquot gentium, ab anno* 1500 *ad* 1611, Leipzig, 1628, in-fol.; c'est la meilleure édition de cet ouvrage qui a eu du succès; 5° continuation de l'*Histoire de Prusse*, de Schutz, en allemand; 6° *Chronologia vitæ Alphonsi, et Ludovici XII, et Caroli V imperatoris*, Wittemberg, 1585, in-4°. Chytræus était précisément ce qu'on appelle un compilateur allemand. Il ne composait point, il recueillait dans mille auteurs de quoi former ses ouvrages. On en imprima le recueil à Hanovre, en 1604, 2 vol. in-fol.—CHYTRÆUS (Nathanaël), son frère et ministre luthérien, comme lui, recteur du collége de Brême, était pour le moins aussi versé dans les belles-lettres. Il mourut en 1598, âgé de 55 ans. Il a donné *Variorum in Europa itinerum deliciæ*, in-8° : c'est un recueil d'épitaphes et d'inscriptions qui se trouvent en différentes villes de l'Europe.

**CHYTRES**, χύτρα, marmite, fête athénienne, célébrée le troisième jour des Anthestéries, et pendant laquelle on faisait cuire dans des marmites toutes sortes de légumes, qu'on offrait pour les morts à Bacchus et à Mercure. Deucalion institua cette fête après le déluge qui porte son nom.

**CHYTRI** (*géogr. anc.*), lac de la Grèce, dans la Béotie, entre les fleuves Mélas et Céphise.

**CHYTRI** (*géogr. anc.*), bains d'eaux chaudes, près des Thermopyles.

**CHYTRINDA**, s. f. (*antiq. gr.*), nom d'une sorte de jeu qui ressemblait au jeu des Quatre-Coins. *Chytrinda* s'employait adverbialement, χυτρίνδα παίζειν.

**CHYTRIUM** (*géogr. anc.*), ville de l'Asie-Mineure, en Ionie, bâtie sur les débris de Clazomène.

**CHYTROPODES**, *des marmites*. Dieu commande de briser les marmites dans lesquelles il serait tombé quelque chose d'impur. C'est ainsi que saint Jérôme traduit le terme hébreu *kiraïm*, que d'autres expliquent d'un foyer, ou d'un fourneau, ou d'une cuvette, d'un bassin à laver les pieds (*Lévit.*, II, 35).

**CHY-WA-LY-YN** (*ichthyol.*). Dans l'*Histoire générale des voyages*, in-4°, t. VIII, p. 7, on donne ce nom à une espèce de carpe de la Chine, dont la chair est fort délicate et fort grasse. Elle se pêche dans l'étendue de quinze ou vingt lieues, au-dessus et au-dessous du Palte-cheu. Les habitants du pays attribuent la délicatesse de ce poisson à sa nourriture, qui consiste en une certaine mousse qui croît dans les rochers dont le Wang-ho est bordé. On en transporte un grand nombre à Pékin, pendant l'hiver, pour l'empereur et les mandarins de sa cour.

**CI**, adv. de lieu, ici. Il indique l'endroit où est celui qui parle, ou du moins un lieu proche de lui, ou bien encore une chose présente. — En termes de pratique, *les témoins ci-présents*. — Dans les épitaphes, *ci-gît*, etc., *ici est enterré*, etc. — Il se met très-souvent, dans les comptes, avant le chiffre qui indique le montant de chaque article. *Quatre aunes d'étoffes à 20 fr., ci*. . . . . . . . . . . . . . . 80 fr.

Il se joint à la locution interrogative *qu'est-ce?* et se met immédiatement après *qu'est-ce-ci?* Il se joint aussi ou avec le pronom démonstratif *celui, celui-ci, celle-ci, ceux-ci, celles-ci*; ou avec les substantifs, quand ils sont précédés du démonstratif *ce* ou *cet*; *Ce livre-ci, Cet homme-ci, Cette femme-ci, A ces heures-ci*; et alors il s'oppose quelquefois à l'adverbe *là*, qu'on joint de même au pronom démonstratif et aux noms substantifs, pour indiquer que la chose dont on parle est éloignée. — Il se joint encore à la préposition *par*; et l'on dit *Par-ci, par-là*, en divers endroits, de côté et d'autre. — Par-ci, par-là signifie aussi à diverses reprises, à diverses fois, et sans aucune suite. — CI se met également devant les prépositions *dessus, dessous, devant, après* et *contre*, pour former les locutions adverbiales qui suivent: *Ci-dessus, Ci-devant, Ci-après*, qui s'emploient ordinairement pour marquer, dans un discours, ce qui précède ou ce qui suit. *Ci-devant* signifie aussi autrefois. On l'emploie quelquefois adjectivement en ce sens: *Les ci-devant récollets. Ci-dessous* indique le dessous du lieu où l'on est; et, en ce sens, il ne s'emploie guère que dans les épitaphes. Il signifie plus ordinairement ci-après, plus bas dans la même page. *Ci-contre* s'emploie pour désigner la page, la colonne, etc., qui est vis-à-vis, à côté de celle qu'on lit; c'est aussi un terme de comptabilité qui sert à désigner qu'une somme sera rapportée en addition. — CI se met encore après la préposition *entre*, et sert à marquer le moment où l'on parle. *Entre ci et demain il peut arriver bien des choses*; *Entre ci et là il y a encore loin*. Ces locutions ont vieilli.

**CIA**, une des filles de Lycaon, fut aimée d'Apollon, qui la rendit mère de Dryops.

**CIA** (*ornithol.*). Ce nom, que Linnæus a spécialement appliqué au bruant fou, *emberiza cia*, le même que le *cia sylvatica* et le *cia montana* des Génois, désigne, avec les épithètes de *palearis* dans Aldrovande et de *migliarina* en italien, le bruant commun, *emberiza citrinella* Linn. Le même terme se remarque dans les dénominations d'espèces appartenant à d'autres genres: c'est ainsi que le *cia-ciac* est, en Piémont, le merle à plastron blanc, *turdus torquatus* Linn., et que le *ciu-ciat* est, dans le même pays, la mésange à longue queue, *parus caudatus* Linn.

**CIA**, héroïne italienne du XIVe siècle, femme d'Ordelaffi, chef gibelin à Forli, se défendit vaillamment dans Césène, assiégée par les Guelfes; mais ayant eu la générosité de renvoyer quelques bourgeois de cette ville que son mari lui avait signalés comme partisans de la cause du pape, elle eut bientôt lieu de s'en repentir; et, ne pouvant résister aux nouvelles forces que ceux-ci recrutèrent au parti des Guelfes, elle fut obligée de se reconnaître prisonnière du légat, qui, à force de persévérance, était parvenu à faire miner la citadelle où elle se tenait renfermée.

**CIABRA** (TIMOTHÉE), de Pimentel en Portugal, fut chanoine de Lisbonne et ensuite de l'ordre des carmes. Il mourut vers l'an 1633, et laissa des commentaires étendus sur l'Épître de saint Paul à Timothée, et d'autres œuvres morales (Dupin, *Table des aut. ecclés. du* XVIIe *siècle*, p. 1755).

**CIABRE, CIAMBRE** et **CÈBRE** (*géogr. anc.*), aujourd'hui Zibris, rivière qui séparait la Mésie supérieure de la Mésie inférieure, et se rendait dans le Danube en coulant vers le Nord.

**CIACA** (*géogr. anc.*), ville de la petite Arménie, sur la droite de l'Euphrate.

**CIACALE** (*hist. nat.*) (*V.* CHACAL).

**CIACAMPELON** (*botan.*) (*V.* CHINKAPALONES).

**CIACOL** (*ornithol.*), nom brescian de la corneille mantelée, *corvus cornix* Linn, que l'on y appelle aussi *ciacola* et *grolla*.

**CIACONE** ou **CIACONIUS** (*V.* CHACON).

**CIAFFO** (*ornithol.*). Ce nom désigne à Turin le pégot ou fauvette des Alpes, *motacilla alpina* Linn.

**CIAGULA** (*ornithol.*), nom italien du choucas, *corvus monedula* Linn.

**CIAHGHETZY** (LAZARE), grand patriarche d'Arménie à Etchmiatzin, né en 1682 près de Nakhtchovan, fut sacré à Smyrne, élu catholicon en 1737, et mourut en 1751. On a de lui: *le Jardin désirable*, Constantinople, 1744, petit in-4°.

**CIAKEIAK** (LE P.), religieux arménien du monastère de l'île de Saint-Lazare, près de Venise, était né d'illustres parents dans la ville de Ghiumuskana, en 1771. Il vint, dès sa première jeunesse, dans cette île, pour y faire ses études. Parmi ses professeurs, il eut le célèbre P. Avedichian; et, après ses cours de philosophie et de théologie, il s'appliqua particulièrement à l'étude des langues. Il savait l'arménien, le grec, le latin, l'italien, le français et l'allemand, et il eut part à l'édition en quatorze langues des *Preces S. Nierses, Armeniorum patriarchæ*, 1815, in-24, de l'imprimerie du monastère. Il composa plusieurs ouvrages en prose et en vers qui sont conservés manuscrits dans ce monastère, où il mourut en janvier 1835. Parmi ses ouvrages publiés nous citerons: 1° *la Mort d'Abel*, en cinq chants, traduction du poëme de Gessner en arménien, Venise, 1825, in-8°; 2° *les Aventures de Télémaque*, traduites en arménien, 1826, in-8°; 3° *Dictionnaire italien et arméno-turc*, de l'imprimerie du monastère à l'île de Saint-Lazare, 1804; 4° *Dictionnaire arménien-italien*; la première partie fut publiée à l'imprimerie du monastère en 1834, et la seconde était sous presse lors de la mort de Ciakeiak. C'est un ouvrage précieux, enrichi de témoignages et de phrases tirés des auteurs arméniens les plus classiques. Il a traduit l'*Enéide de Virgile* en arménien, dont on attend la publication. L'île de Saint-Lazare est depuis longtemps habitée par des moines arméniens catholiques. L'auteur de cet article a visité, en octobre 1816, leur monastère, où vingt-neuf religieux et un évêque s'occupent de l'éducation d'enfants de leur nation qui viennent de Constantinople et retournent en Orient. Ils ont une vaste bibliothèque, un cabinet de physique et une imprimerie, où l'on publie les ouvrages des meilleurs auteurs: Bossuet, Buffon, etc. On y propage les sciences en Orient, et notamment parmi les nationaux.

**CIAMBERLANO** (LUCAS), peintre et graveur, né à Urbin en 1586, mort à Rome en 1641, a laissé un grand nombre d'estampes gravées au burin, soit d'après ses propres dessins, soit d'après les plus grands maîtres de l'école italienne, surtout d'après Raphaël. Celle de ses compositions qui fait le plus d'honneur à son talent est une série de seize bustes représentant, en grandeur naturelle, les faces de Jésus-Christ, de la Vierge, des évangélistes et des apôtres; il fut aidé dans ce travail précieux et d'une extrême rareté par Dominique Falcini et César Bassani.

**CIAMCIAM** ou **TCIAMCIAM** (LE P. MICHEL), religieux arménien de la congrégation des Mekbitaristes de Venise, naquit à Constantinople en 1738. Il fut d'abord joaillier; mais, ayant renoncé de bonne heure à son état, il entra dans les ordres ecclésiastiques, qu'il reçut à 23 ans, et répara tellement les lacunes de sa première éducation, qu'en peu de temps il se mit en état de professer l'arménien littéraire. Il enseigna cette langue à Venise pendant plusieurs années; mais quelques contestations qu'il eut avec les membres de son ordre le forcèrent de retourner à Constantinople, où il mourut à l'âge de 85 ans, le 30 novembre 1823. Il a composé dans son idiome plusieurs écrits, dont les plus importants sont: 1° *Grammaire arménienne*, Venise, 1779, in-4°, ouvrage utile, mais diffus, dépourvu d'ordre et de clarté; 2° *Histoire d'Arménie*, Venise, 1784-1786, 3 vol. in-4°, compilation estimable, écrite avec pureté et correction, précieuse pour les temps modernes, mais incomplète pour les temps anciens, que l'auteur n'avait pu connaître, à cause de son ignorance de la langue latine; 3° *Commentaire sur les Psaumes*, 10 vol. in-8°; 4° quelques autres ouvrages moins importants.

**CIAMPA** ou **PHAN-RANG**, appelé aussi **BINHTUAM** (*géogr.*), province de l'empire d'An-nam, dans la Cochinchine, resserrée entre les monts Tchampava et la mer de Chine, depuis le cap Saint-Jacques jusqu'au havre de Padaran, entre 10° 18' et 12° 5' de latitude nord, et entre 104° 35' et 106° 35' de longitude est. Elle est bornée au nord-est par la province de Nhat-rang, au sud-est par la mer de Chine, à l'ouest par le Donnaï, et au nord-ouest par le Cambodge. Sa longueur, du nord-est au sud-ouest, est d'environ 55 lieues, et sa moyenne largeur, du nord-ouest au sud-est, de 35 lieues. C'est un pays montagneux. La partie orientale est tout à fait déserte, et les monts y sont inaccessibles; le centre est assez bien peuplé et bien cultivé. La partie occidentale n'est habitée que par des peuplades sauvages. Les côtes offrent peu de golfes et de baies, et les rivières, en général petites, ont toutes leurs sources à peu de distance de leurs embouchures. Cette province est assez fertile; elle produit du riz, diverses sortes de fruits, du poivre, de la cannelle, du benjoin, du coton, du bois d'aigle et de très-beaux bois de construction. Le sein de la terre recèle beaucoup de métaux précieux. On y fabrique quelques étoffes de soie et de la porcelaine; on y travaille assez bien l'ivoire. Population, 600,000 habitants. — Le Ciampa, nommé par les Tonquinois et les Cochinchinois *Chiem-thanh* ou *Xiem-thank*, était autrefois un royaume considérable et comprenait, avant le XVe siècle, la Cochinchine. Vers la fin de ce siècle, le roi de Tonquin s'empara de cette partie du Ciampa et la réunit à ses États. Ce pays a été longtemps le théâtre de guerres civiles qui rendirent les habitants très-belliqueux, et depuis le dernier siècle il a suivi le sort de la Cochinchine. Les An-namitains attachent beaucoup de prix à la possession de cette province, parce qu'elle met le Cambodge en communication avec le reste de l'empire.

**CIAMPELLI** (AUGUSTIN), peintre, né en 1578 à Florence, élève de Santi-Titi, vint à Rome, attiré par les travaux qu'y faisait exécuter le pape Clément VIII, y passa le reste de sa vie, constamment employé à décorer les églises, où l'on ne compte pas moins de quarante tableaux et plusieurs fresques de cet artiste, et mourut en 1640. Ses plus beaux ouvrages se voient au Vatican et à Saint-Jean de Latran. Il a laissé un recueil précieux de toutes ses compositions.

**CIAMPINI** (JEAN-JUSTIN), savant littérateur, né en 1633 à Rome, se fit recevoir docteur en droit, mais abandonna le barreau pour se consacrer à l'étude de l'antique, et fut pourvu successivement de différents emplois qui, loin de gêner son goût pour les recherches historiques, lui facilitèrent la recherche de plusieurs documents précieux. Sa maison était devenue le rendez-vous de tous les savants; il établit plusieurs académies, ne cessa d'encourager la culture des lettres, et mourut en 1698. Ses nombreux ouvrages, très-estimés en Italie, se ressentent de la précipitation avec laquelle ils ont été composés; les plus importants sont: *Conjecturæ de perpetuo azymorum usu in Ecclesia lat.*, Rome, 1688, in-4°.— *Examen libri pontificalis Anastasii*, 1688, in-4°. — *Vetera monumenta in quibus præcipue musiva opera, ædium structura, ac nonnulli ritus dissertationibus illustrantur*, Rome, 1690-1699, 2 vol. in-fol., ouvrage non terminé. — *Synopsis historica de sacris ædificiis a Constantino Magno constructis*, 1693, in-fol.— *Dissertatio historica de collegii abbreviator. de parco majori erectione*, 1691, in-fol. Ces trois ouvrages ont été réimprimés à Rome, 1747, 3 vol., par les soins de Gianini, qui a donné la liste de ses autres écrits.

**CIAMPOLI** (JEAN-BAPTISTE), poëte italien, né à Florence en 1589 de parents pauvres, dut à ses brillants succès dans ses premières études la protection de J.-B. Strozzi, noble florentin, qui lui fournit les moyens d'aller à Padoue suivre les leçons de Galilée. Il ne tarda pas à se lier avec les deux frères Aldobrandini, qui l'emmenèrent à Bologne et le présentèrent au cardinal Maffeo Barberini, alors gouverneur de cette ville et depuis pape sous le nom d'Urbain VIII. Le jeune poëte, produit dans le monde sous de tels auspices, obtint un avancement rapide; secrétaire des brefs, il obtint successivement plusieurs bénéfices, et notamment un canonicat de la basilique de Saint-Pierre. L'avénement d'Urbain VIII au trône pontifical lui valut de nouveaux honneurs; mais son orgueil lui fit perdre les avantages que lui avaient mérités ses talents. Devenu insupportable au pontife, il fut éloigné de Rome, et il n'eut jamais la permission d'y revenir. Ciampoli préférait hautement ses vers à ceux de Pétrarque, de l'Arioste, du Tasse, de Virgile et de tous les poëtes les plus célèbres; cette vanité dut être impardonnable aux yeux d'Urbain VIII, poëte lui-même; mais sa disgrâce eut encore une autre cause; ce fut son attachement pour Galilée, contre lequel la cour de Rome commençait à sévir. Détrompé sur la folie de son orgueil, Ciampoli trouva dans l'étude de douces consolations contre l'exil, et mourut à Jési en 1643, laissant ses manuscrits à Ladislas IV, roi de Pologne, qui lui avait témoigné un vif intérêt pendant sa disgrâce. Ses poésies ont été recueillies et publiées après sa mort, Rome, 1648, in-4°; on a publié dans la même ville, 1667, in-8°, sous le titre de *Prose*, son dialogue intitulé *Zoroaster* et sa *Défense* du pape Innocent II. Il était de l'académie des Lincei (*V.* CESIO). Il a laissé imparfaite une *Histoire du règne de Ladislas IV*.

**CIANCIN** (*ornithol.*), nom piémontais du pouillot ou chantre, *motacilla trochilus* Linn.

**CIANFOGNI** (PIER NOLASCO), né à Florence en 1710, mort dans la même ville en 1794, a traduit du français en italien la *Vie de Saint-Jean de Dieu*, et du latin la *Vie de Redi*. La première parut en 1747, la seconde fut imprimée en tête des *Lettres* de Redi. Il écrivit de plus, dans sa langue maternelle, sur les instances des carmes, la *Vie du bienheureux Angiolo Paolo da Argigliano*. Son ouvrage principal, publié après sa mort par Dominique Moreni (Florence, 1804, in-4°), a pour titre: *Memorie istoriche dell' Ambrosiana regia basilica di S.-Lorenzo di Firenze*. Cianfogni était chanoine de cette église.

**CIANTAR** (LE COMTE JEAN-ANTOINE), l'un des littérateurs les plus distingués et des savants les plus profonds qui soient nés dans l'île de Malte, descendait, selon lui, des *Paléologues*, et en portait le nom; il était né dans cette île le 14 septembre 1696, et vint en Italie à l'âge de 15 ans pour y terminer ses études; il y fit un second voyage en 1721 et sut, dans ces deux circonstances, par les charmes de son esprit, s'attirer la bienveillance et l'amitié des grands seigneurs et des savants de ce pays. En 1722, le grand maître de l'ordre de Malte lui confia les fonctions municipales de *jurat*, que l'on n'accordait qu'aux personnages les plus distingués. Ciantar s'occupait tous les jours de ses études favorites; mais en 1751 il devint aveugle. Doué d'une mémoire prodigieuse et d'une grande facilité de rédaction, il dicta plusieurs ouvrages qui ont eu beaucoup de vogue en Italie. Son édition de *Malta illustrata d'Abela*, qu'il avait continuée et augmentée considérablement, parut en 1772, c'est-à-dire qu'il travailla à cet ouvrage pendant sa cécité. Le second volume a été publié après sa mort, en 1780, par les soins de son fils, le comte Georges-Séraphin Ciantar-Paléologue. Ciantar mourut à Malte, dans le mois de novembre 1778, laissant un grand nombre d'ouvrages, dont les principaux sont: 1° *Comitis F. Ant. Ciantar, acad. intronati, epigrammat. lib. III*, Rome, 1737, in-4°; 2° *De beato Paulo apostolo in Melitam Siculo Adriatici maris insulam naufragio ejecto dissertationes apologeticæ in inspectiones anticriticas R. P. D. Ignatii Georgii de Militensi apostoli naufragio descripto in Act. apostol., cap. XXVII et XXVIII*, etc., Venise, 1738; 3° *De antiqua inscriptione nuper effossa in Melite urbe notabili dissertatio*, Naples, 1749; 4° *Critica de' critici moderni, che dall' anno 1730, fin all' anno 1760, scris sero sulla controversia del naufragio di S. Paolo apostolo*, Venise, 1763. En 1747, il fut nommé membre correspondant de l'académie des inscriptions de Paris.

**CIANTÈS** (IGNACE), né à Rome en 1594, eut pour père Horace Ciantès, sénateur romain, et pour mère Lucrèce de Citara, fille de la bienheureuse Louise Albertoni. Il entra jeune dans l'ordre de Saint-Dominique, au couvent de la Minerve, et l'on peut juger de la rapidité de ses progrès par le discours fort applaudi qu'il eut l'honneur de prononcer en 1615, n'étant pour lors que dans sa vingt et unième année, en présence du pape Paul V et de tout le sacré collége. Il enseigna ensuite la théologie dans le couvent de la Minerve; et, ayant été choisi provincial de la province de Naples, il la mit dans un état si florissant pour la science et la régularité, que ses supérieurs le nommèrent commissaire général dans la Pouille, la Calabre et la Sicile, au delà du Phare, où il eut les mêmes succès que dans la province de Naples, réformant partout les abus, ou augmentant et perfectionnant la vie régulière, les observances, le bon ordre, le goût des lettres et des sciences. Le P. général Rodolphe l'ayant mis au nombre de ses assistants, avec le titre de provincial d'Angleterre, cette place devint pour lui la source de bien des tribulations, qu'il partagea avec son général, injustement déposé, et qui lui donnèrent occasion de faire admirer sa sagesse et sa fermeté. Innocent X, juste estimateur du mérite, récompensa sa vertu en le faisant évêque des deux diocèses de Bisaccia et de Saint-Ange des Lombards, unis ensemble. Il fut sacré le 17 septembre 1646, et remplit tous les devoirs d'un pasteur zélé jusque l'an 1661, qu'il abdiqua librement pour se retirer parmi ses frères à la Minerve, où il mourut l'an 1667, âgé de 73 ans. On a de lui, 1° deux *Discours* imprimés à Rome, in-4°, en 1615, dont l'un est un éloge de saint Thomas d'Aquin; 2° trois autres *Discours* qu'il prononça en présence du pape Urbain VIII, imprimés à Rome en 1627, in-4°; 3° des *Statuts diocésains*, Rome, 1652, in-4°; 4° *Cæremoniale ord. Prædic.*, Naples, 1654, in-8°; 5° un ouvrage sur les miracles opérés dans l'église de Saint-Dominique de Soriano, divisé en trois parties. La première parut à Messine l'an 1632, sous le nom emprunté de *Sylvestre Frangipanis;* la seconde deux ans après, dans la même ville; et la troisième à Milan, à Naples et à Rome, sous le titre de *Chronique du couvent de Soriano* (le P. Echard, *Script. ord. prædic.*, t. II, p. 620; le P. Touron, *Hommes illustres de l'ordre de Saint-Dominique*, t. V, p. 475 et suiv.).

**CIANTÈS** (JOSEPH-MARIE), frère du précédent, naquit à Rome l'an 1602, et prit l'habit de Saint-Dominique dans le couvent de la Minerve, à l'âge de quatorze ou quinze ans. Il suivit dans tout le reste son frère Ignace, mais il le précéda dans l'épiscopat, et sa réputation de doctrine fut encore plus brillante. Il joignit à la connaissance des lettres divines et humaines celle des langues orientales, et surtout de l'hébraïque, qu'il fit servir heureusement à la conversion des juifs, dont le pape Urbain VIII l'établit prédicateur à Rome, l'an 1626. Ciantès n'était pour lors que dans sa vingt-quatrième année, et il continua ce ministère de charité avec beaucoup de succès l'espace de quatorze ans, pendant lesquels il enseigna aussi la théologie dans le couvent de la Minerve. Il fut sacré évêque de Marsico dans le royaume de Naples en 1640, et signala le commencement de son épiscopat en ramenant à l'obéissance, non par la voie des armes, qu'on lui avait proposée, mais par la force de ses discours et les charmes de sa charité, les habitants de Saponara, qui, depuis plus de soixante ans, s'étaient soustraits à la juridiction des évêques de Marsico. Ce ne fut là que son coup d'essai; et les beaux exemples de vertu qu'il donna toujours à son peuple, la douce persuasion qu'il employa toujours pour le gagner de plus en plus, ses abondantes aumônes, son application infatigable à ce qui concernait son bien spirituel et temporel, sa magnificence dans la décoration des églises, son zèle à former de dignes ministres des autels, tout cela fût toujours suivi de nouveaux fruits, jusqu'à l'an 1656, qu'il abdiqua volontairement pour se retirer dans le couvent de la Minerve, où il vécut encore quatorze ans dans les exercices de la piété et de l'étude. Il mourut âgé de soixante-huit ans en 1670, et fut enterré avec son frère Ignace dans l'église de Sainte-Sabine. Nous avons de Joseph-Marie Ciantès, 1° des *Statuts synodaux* imprimés à Rome en 1644, in-4°; 2° un *Traité de la très-sainte Trinité* et un autre *de l'incarnation contre les juifs;* le premier imprimé à Rome en 1667, in-4°, et le second en 1668, qui se trouvent traduits en notre langue à la bibliothèque royale, B. 1515, sous ce titre: *les Deux Mystères de la Trinité et de l'incarnation prouvés contre les Hébreux, par la doctrine même de leurs théologiens, traduits de l'italien de M. Joseph Ciantès, évêque de Marsique, par le sieur du Mothier;* 3° *Traité de la perfection propre à l'état des évêques, par comparaison à celle qui convient aux autres hommes en différents états*, Rome, 1669; 4° *Summa contra gentes D. Thomæ Aquinatis*, etc. C'est une traduction en hébreu de la Somme de saint Thomas contre les gentils, imprimée à Rome l'an 1657, à deux colonnes, le latin d'un côté et l'hébreu de l'autre. Il n'y a que les trois premiers livres de cette version qui aient été imprimés; le quatrième se conservait en manuscrit dans la bibliothèque de la Minerve. Ughel remarque que tout ce qui sortait de la plume de cet auteur était extrêmement recherché, lu et applaudi par les gens de lettres (le P. Échard, *ibid.*, p. 634; le P. Touron, *ibid.*).

**CIANUM** (*géogr. anc.*), promontoire de l'île de Crète, sur la côte septentrionale.

**CIANUS SINUS** (*géogr. anc.*), golfe de la Propontide, compris entre une presqu'île formée au nord par une partie de la Bithynie, et au sud par la portion de la même contrée où se trouvait le mont Olympe.

**CIARA** (*géogr.*), province de l'empire du Brésil, prend son nom d'une petite rivière qui la traverse, et a reçu ses premiers colons depuis 1603. Elle confine au nord à l'Océan, à l'est à Rio-Grande et à Parahiba, au sud à Pernambouc, à l'ouest à Piauli. Selon Schæffer, sa superficie est de 5,311 milles carrés, et selon Gutsmuths, qui est plus exact, de 2,800. Elle est plaine le long des côtes, couverte de savanes, montagneuse à l'intérieur et hérissée de forêts; le sol est en majeure partie sablonneux et par conséquent peu fertile, si l'on excepte les bords de la rivière. Sur les côtes les baies de Titoya, d'Iericoacoara et d'Iguapa s'avancent dans les terres, qui présentent une multitude de petits lacs et de ruisseaux, parmi lesquels on remarque l'Iaguarybe, qui est fort poissonneux. Le climat est d'une chaleur excessive, surtout dans les vallées. La principale production de cette province est le coton, car le sucre et le café n'y sont cultivés qu'en petite quantité; on y cultive le maïs, un peu de tabac. Les arbres fruitiers y sont magnifiques, le bétail abondant, les poissons en superflu; on y recueille du miel, de la cire, du sel, du sable d'or, des améthystes. La population est encore très-faible; il n'y a point d'Indiens sauvages.

**CIASSI** (JEAN-MARIE), en latin *Ciassius*, savant italien, né à Trévise en 1654, mort à la fleur de son âge vers 1679, a composé un ouvrage sur la nature des plantes et leur anatomie, dont la seconde édition a été publiée à Venise, in-12, 1677, sous ce titre : *Meditationes de natura plantarum*. Il remonte jusqu'à l'examen de la petite plante renfermée dans la graine, et il reconnait très-bien que ce n'est pas la pulpe qui l'entoure qui lui donne naissance, mais les deux cotylédons; qu'elle a déjà reçu un type qu'elle doit conserver en germant; en sorte que, malgré l'obscurité de son style, on voit qu'il avait entrevu quelques phénomènes importants de la germination, qui n'ont été bien connus que dans ces derniers temps. Il y parle aussi de la circulation de la sève et de la sensibilité des végétaux. Ciassi s'est aussi occupé de mathématiques, et a fait un traité *De æquilibris præsertim fluidorum et de levitate ignis*, qui se trouve à la suite de l'ouvrage précédent. Le professeur abbé Ficolaï a cru voir dans ce traité la solution de la fameuse question des forces vives, que Leibnitz n'a donnée que neuf ans après, quoiqu'on lui en attribue généralement la découverte.

**CIAVA** (*ornithol.*), nom que porte, dans les Alpes, le coracias ou crave, *corvus graculus* Linn.

**CIBAGÉ** (*botan.*). On lit dans J. Bauhin que Paludanus avait envoyé du Levant, sous ce nom, une graine noire terminée en pointe, qui, en germant, avait donné une plante de la force d'un pin, mais plus tendre.

**CIBAIRES** (*entomol.*). Quelques auteurs d'entomologie ont employé cette expression, tirée du latin, de M. Fabricius, *instrumenta cibaria*, pour indiquer les organes de la manducation ou de la déglutition (*V.* BOUCHE, *dans les insectes*).

**CIBAIRE**, adj. des deux genres (*vieux langage*), qui a rapport aux aliments. *Cibaire* s'emploie aujourd'hui dans le style didactique.

**CIBATION**, s. f. (*physiol.*), préhension des aliments.

**CIBALIS** ou **CIBALÆ** (*géogr. anc.*), aujourd'hui Swilei, ville de la basse Pannonie entre la Save et la Drave. Près de cette ville, Licinius fut défait par Constantin le Grand, l'an 314 de J.-C.

**CIBAO** (*géogr.*), montagne de l'île d'Haïti, située à peu près au centre. Son étendue est d'environ vingt-trois lieues. L'Artibonite, le Grand-Yaque, la Neybe et l'Younay y prennent leurs sources. Elle renferme, dit-on, des mines d'or.

**CIBAR** ou **CYBAR** (SAINT), *Eparchius*, reclus à Angoulême, fils de Félix Oriol et de Principe, naquit à Périgueux, de l'une des meilleures familles de la ville, au commencement du VI<sup></sup>e siècle. Son grand-père Félissime, comte ou principal magistrat de cette ville, le prit chez lui en qualité de son secrétaire; mais Cibar, bientôt dégoûté de ce monde, se retira tout d'un coup, à l'insu de ses parents, dans le monastère de Sedaciac, auprès de l'abbé Martin, qui, pour mettre sa vocation à l'épreuve, le fit travailler à la vigne, labourer la terre, et servir dans les plus bas offices de la maison. Charmé de cette conduite de son supérieur, Cibar la secondait en joignant à ses pénibles et humiliants exercices le jeûne de tous les jours, les longues veilles, la prière continuelle, l'assistance des pauvres et des malades. La réputation que lui fit le don des miracles, que Dieu voulut dès lors accorder à sa vertu, le fit sortir secrètement de Sedaciac pour aller chercher une solitude hors du Périgord. Aphthone, évêque d'Angoulême, l'arrêta dans son diocèse, le fit prêtre, et lui permit de se renfermer dans une cellule, près de la ville, pour y mener la vie d'un reclus. Il se laissait voir cependant, et parlait à ceux qui venaient le consulter sur l'affaire de leur salut. Il reçut même quelques disciples, qui lui ont fait donner le nom d'abbé par quelques auteurs. Il voulait qu'ils s'occupassent toujours à la prière, à la méditation, ou au chant des Psaumes et au service divin, sans leur permettre aucun travail. — Entre autres miracles, il guérit un reclus nommé Arthême, qui était énergumène. Sa mort, qui arriva le premier jour de juillet de l'an 581, ne fut qu'une simple défaillance de la nature, sans aucune maladie. Dieu lui continua le don des miracles après sa mort. Ses reliques, qui étaient dans l'abbaye des bénédictins qui porte son nom, furent brûlées par les huguenots l'an 1568. On fait sa fête le premier jour de juillet. Sa vie, écrite par un auteur presque contemporain qui paraît sincère, se trouve altérée dans Surius, et rétablie dans sa pureté au premier tome du *Recueil des actes des PP. bénédictins*, par dom Mabillon (Baillet, 1<sup></sup>er juillet).

**CIBARITIDE** (*géogr. anc.*), petite contrée de l'Asie-Mineure, voisine du Méandre.

**CIBATION**, s. f. (*médec.*), de *cibare*, nourrir, opération chimique au moyen de laquelle on donne à une substance plus de consistance et de solidité.

**CIBAUDIÈRE**, s. f. (*pêche*), sorte de filet; le même que les *folles*.

**CIBBER** ou **CIBERT** (GABRIEL-CAÏUS), sculpteur, né à Flensburg, dans le Holstein, vint se fixer à Londres à la restauration des Stuart, et y mourut en 1700, à soixante-dix ans. Les deux fameuses figures représentant l'une la *Mélancolie*, l'autre la *Folie furieuse*, qui sont aujourd'hui dans le vestibule de Bethlehem-Hospital, sont l'ouvrage de Cibber. Il avait épousé une fille de William Colley, d'une ancienne famille du Rutlandshire.

**CIBBER** (COLLEY), fils du précédent, auteur et acteur dramatique anglais, né à Londres en 1671, avait porté les armes dans la révolution qui mit le prince d'Orange sur le trône. Engagé au théâtre malgré sa famille, il resta comédien obscur jusqu'à ce qu'il eût trouvé les rôles qui convenaient à son talent. Son genre tenait de près à la caricature. En 1695 parut sa première comédie. On y remarque, comme dans celles qu'il donna depuis, un tableau piquant des mœurs de son époque, mais peu d'invention dans l'intrigue et peu d'originalité dans les caractères. Le *Careless Husband* (l'Époux négligent) est la meilleure de ses pièces. Pope lui-même en a fait l'éloge, et Pope était un des ennemis de Cibber, dont il fit assez injustement le héros de la *Dunciade*. Devenu directeur du théâtre de Drury-Lane, Cibber obtint ensuite la place de poëte lauréat, dont il remplit les fonctions obligées par des odes annuelles assez médiocres. Il mourut en 1757, âgé de quatre-vingt-six ans. La meilleure édition de ses pièces de théâtre (au nombre de quinze) est celle de Londres, 1777, 5 vol. in-12. Il a laissé aussi un ouvrage sérieux : *Conduite et Caractère de Cicéron*, etc., qui fit peu de bruit ; mais on relit encore avec plaisir des espèces de mémoires dramatiques intitulés : *Apologie de la vie de M. Colley Cibber*, etc., recueil précieux d'anecdotes et d'observations sur le théâtre anglais.

CIBBER (THÉOPHILE), fils du précédent, né en 1703, périt en 1757 dans le naufrage du vaisseau sur lequel il se rendait en Irlande. Acteur comme son père, il eut aussi l'ambition d'écrire pour le théâtre; mais ses pièces originales eurent moins de succès que celles qu'il emprunta de Shazspeare. Il publia sous son nom les *Vies des poëtes*, attribuées à Rob. Shiels, qui lui acheta son nom dix guinées. — Susanne-Marie, sa femme, morte en 1766, fut une actrice fort admirée de son temps. Un procès en adultère qui rapporta dix livres sterling à son mari contribua aussi beaucoup à sa réputation. Elle a traduit en anglais l'*Oracle*, petite comédie de Sainte-Foix.

CIBERIS (*géogr., anc.*), ville de la Chersonèse de Thrace. Elle fut rebâtie et repeuplée par l'empereur Justinien, qui y construisit des bains, des hôpitaux et d'autres édifices.

CIBIBI (*ornithol.*). Ce nom est donné, dans le Piémont, à la mésange charbonnière, *parus major* Linn.

CIBICIDE (*conchil.*), *cibicidis*, espèce de coquille polythalame, microscopique, hétéroclite, que Soldani a figurée (*Test.*, tab. 46, vol. CLXX), sans chercher à la rapprocher d'espèces connues, et dont M. Denys de Montfort fait un genre distinct, qu'il caractérise ainsi : coquille libre, univalve, cloisonnée, à base aplatie; le sommet conique, élevé en pain de sucre; ouverture linéaire, aussi haute que la coquille, et appuyée contre le retour de la spire; cloisons unies. On trouve la seule espèce de ce genre, que M. Denys de Montfort nomme le cibicide glacé, *cibicida refulgens*, à l'état vivant comme à l'état fossile, près de Livourne et dans le territoire de Sienne. Elle est diaphane, nacrée et irisée.

CIBLE, s. f. planche ou but contre lequel on tire avec un arc, un fusil, etc., et qui a au milieu un point noir où l'on vise (*V.* TIR).

CIBLIA (*ichthyol.*), nom suédois de la morue (*V.* ce mot et GADE).

CIBO (*V.* CYBO).

CIBOIRE, vase sacré, fait en forme de grand calice ouvert, qui sert à conserver les hosties consacrées pour la communion des fidèles, dans l'Eglise catholique. On gardait autrefois ce vase dans une colombe d'argent suspendue dans le baptistère, sur le tombeau des martyrs ou au-dessus de l'autel, comme le P. Mabillon l'a remarqué dans sa *Liturgie gallicane*. Le concile de Tours ordonna de placer le *ciboire* sous la croix qui est sur l'autel. Les théologiens catholiques ont observé que l'usage de conserver l'eucharistie pour la communion des malades est une preuve invincible de la foi de l'Eglise dans la présence réelle. Les protestants ont retranché cette coutume, parce qu'ils n'admettent la présence de Jésus-Christ que dans l'usage ou dans la communion, plutôt que dans les espèces consacrées. Or il est prouvé que l'usage de les conserver est très-ancien, qu'il est observé dans les Eglises orientales séparées de l'Eglise romaine depuis plus de douze cents ans (*V. Perpétuité de la foi*, t. IV, liv. III, c. 1, et t. V, liv. VIII, c. 2). — CIBOIRE, chez les auteurs ecclésiastiques, désigne encore un petit dais élevé sur quatre colonnes au-dessus de l'autel. On en voit dans quelques églises de Paris et de Rome; c'est la même chose que *baldaquin*; les Italiens appellent *ciborio* un tabernacle isolé (*V. Ancien Sacramentaire*, par Grancolas, première partie, p. 92 et 728.

Ciboire émaillé du moyen âge.

CIBOLE, s. f. (*vieux langage*), ciboule.

CIBOLE, s. f. (*anc. term. militaire*), massue.

CIBORÉE, s. f. (*vieux langage*), ragoût à la ciboule.

CIBORY, s. m. (*vieux langage*), charnier.

CIBORIUM, en français *ciboire*. Ce mot aujourd'hui n'est plus guère d'usage que pour signifier le vase qui contient les hosties consacrées. Nous l'emploierons toutefois dans cet article indistinctement avec le mot dont il est la traduction, pour exprimer le petit édifice porté sur quatre colonnes au-dessus du maître-autel, et qui a donné naissance aux baldaquins (*V.* BALDAQUIN). — Quelques-uns ont voulu faire venir le mot *ciborium* du grec κιβωτός, κιβώριον, coffre, arche. Cette étymologie pourrait assez bien convenir aux usages des premiers chrétiens. En effet le *ciborium*, couvrant l'autel et les choses saintes, était pour eux ce que l'arche avait été pour les Hébreux. Le nom de ciboire que nous donnons à la coupe aux hosties ne prouverait rien contre cette étymologie. Effectivement, dans le temps où le petit édifice appelé *ciborium* était d'un usage universel, on renfermait les hosties dans une colombe d'argent ou une tour d'ivoire, que l'on suspendait à sa voûte. Ce qui pourrait le confirmer encore, c'est qu'on appelait *ciborium* l'autel qui renfermait le corps d'un martyr ; c'est enfin qu'on appelle encore en Italie *ciborio* tout tabernacle qui est entièrement isolé. On peut donc croire avec Paulin que l'idée de l'arche donna aux chrétiens celle du *ciborium*. *Arcæ testamenti ad instar christiani ciborium adinvenere*, liv. XI, ép. II). — On élevait donc les *ciboires* au-dessus des autels et des tombeaux. Quelquefois il y en avait plus d'un dans une église; mais le plus souvent il n'y en avait qu'un seul servant de couronnement au grand autel, et l'espace qu'il occupait s'appelait le *saint des saints*, *sancta sanctorum*. — Il paraît que ces petits édifices avaient tous à peu près la même forme ; mais la plupart ne pouvaient devoir leurs ornements qu'à la libéralité des princes. Le plus magnifique fut très-probablement celui que Justinien avait élevé dans Sainte-Sophie, après avoir rebâti ce temple la douzième année de son règne. Sur quatre grandes colonnes de vermeil reposait une voûte d'argent, au sommet de laquelle était un globe massif d'or du poids de cent dix-huit livres. Des lis d'or environnaient ce globe et retombaient en festons. Ils pesaient ensemble cent seize livres. Du milieu d'eux sortait une croix de même métal, pesant soixante-quinze livres, et tout étincelante des pierreries les plus précieuses. — Souvent aussi les ciboires étaient ornés de sculptures et de peintures. Des statues étaient placées aux angles et sur les colonnes; les peintures ornaient les rideaux qui entre les colonnes tombaient de la voûte jusque sur le sol, et ils ne s'ouvraient que pour la célébration des mystères. — Cependant tous les ciboires n'étalaient pas la même magnificence. Dans beaucoup d'églises on en voyait qui n'étaient composés que de quatre colonnes, soit de marbre, soit de cuivre, quelquefois même de pierre, avec des pentes ou des rideaux fort simples. — Le *ciborium* étant indispensable dans le temps où les rites prescrivaient l'usage des voiles ou rideaux, et ces rites ayant changé, il aurait pu à la fin disparaître avec les draperies qui lui étaient affectées ; cependant la pratique ou la tradition s'en est conservée, et on l'a vu reparaître avec éclat dans le plus bel âge de l'architecture moderne sous le nom de *baldaquin* (*V.* ce mot).

CIBORIUM (*botan.*) (*V.* CYAMOS).

CIBOT (PIERRE-MARTIAL), missionnaire français, né à Limoges en 1727, entra fort jeune chez les jésuites, et y professa les humanités avec succès. Ayant obtenu la liberté de ses supérieurs de se consacrer aux missions, il partit pour la Chine le 7 mars 1758, et il aborda à Macao le 25 juillet 1759. Destiné à augmenter le nombre des missionnaires employés aux travaux scientifiques dont les jésuites sont chargés dans le palais de l'empereur, après un séjour de quelques mois dans cette ville, il se rendit à Pékin, où il arriva le 6 juin 1760. Toutes les sciences lui étaient familières; il se livra à l'astronomie, à l'étude des langues et de l'histoire, à la mécanique, à l'agriculture et à la botanique. C'est à lui ainsi qu'au savant P. Amyot, que nous devons la plus grande partie des renseignements qui nous sont survenus sur la Chine. Ils ont servi à composer les *Mémoires sur les Chinois*, 15 vol. in-4°, dont ils furent la majeure partie; la nomenclature de ceux du P. Cibot occupe elle seule sept colonnes in-4° dans la table générale des matières, t. X, au mot *Cibot*. L'écrit le plus important de ce jésuite est l'*Essai sur l'antiquité des Chinois*, inséré dans le t. Ier des *Mémoires*; il prétend y prouver qu'Iao fut le fondateur et le premier législateur de l'empire, et regarde comme fabuleux les règnes des sept empereurs qui l'ont précédé. Cette opinion ne s'accorde point avec le sentiment du plus grand nombre des lettrés chinois, ni avec celui du P. Amyot, qui a cru devoir défendre l'intégrité de la chronologie chinoise dans une dissertation particulière insérée à la tête du t. II des *Mémoires*. On peut reprocher au P. Cibot un peu de diffusion dans le style, et quelquefois trop d'écarts d'imagination; mais ces défauts sont bien rachetés par le fonds toujours intéressant de ses observations, et par l'étendue et la variété de ses recherches. Il n'attachait du reste aucune prétention à ses ouvrages, et poussa si loin la modestie à cet égard, qu'il ne voulut jamais mettre son nom à aucun de ses écrits.

**CIBOULE**, mot fait du latin *cepula*, diminutif de *cepa*, oignon, et par lequel on désigne une espèce d'ail (*V.* ce mot), dont les jardiniers comptent plusieurs espèces, qui sont la *ciboule ordinaire*, la *blanche*, la *ciboulette*, *civette* ou *appétit*, et la *ciboule vivace*. On l'emploie dans les sauces ou dans la salade, comme assaisonnement ou comme fourniture. — Les ciboules demandent une bonne terre, inculte et légère; la *ciboulette* exige de plus une exposition chaude et de fréquents arrosements en été. Les deux premières variétés que nous indiquons se multiplient de graines semées (fin de février) à la volée ou en rayon, et que l'on recouvre légèrement; ou bien on les repique à la fin de juillet. Les deux autres se multiplient par caïeux, que l'on sépare et que l'on replante en bordures ou en planches (en mars). La graine de ciboule dure trois ans, si on a le soin de la conserver dans sa capsule.

**CIBOULE**. Proverbialement, et populairement, *Marchand d'oignons se connaît en ciboules*, on est difficilement trompé sur les choses de son métier.

**CIBOULETTE**, s. f. nom vulgaire de l'espèce d'ail qu'on appelle autrement *civette* (*V.* CIBOULE).

**CIBSAIM**, ville de la tribu d'Ephraïm, qui fut destinée pour être ville de refuge, et assignée aux lévites de la famille de Caath (*Jos.*, XX, 22).

**CIBU** (*ornithol.*). L'oiseau qui est ainsi nommé dans le tome II des *Recherches asiatiques*, et que M. Chezy présente comme synonyme du *kypou* des Persans, dont Koswini parle dans son livre des *Merveilles de la nature*, paraît, d'après la forme et la position de son nid suspendu aux branches des arbres, être l'espèce de gros-bec, connue sous le nom de nélicourvi, *loxia pensilis* Linn., et figurée pl. 112 du *Voyage de Sonnerat aux Indes orientales*.

**CIBUS-SATURNI** (*botan.*), *manger de Saturne*, nom donné chez les anciens aux *equisetum* (*V.* PRÊLE).

**CIBYRA** ou **CIBYRRHA** (*géogr. anc.*), aujourd'hui Buruz, surnommée *la Grande*, ville de l'Asie-Mineure, située vers le centre, sur les frontières de la Phrygie, de la Carie, de la Lycie et de la Pisidie. Elle avait 100 stades de circuit (près de 4 lieues). Elle pouvait mettre plus de trente mille hommes sur pied. Soumise aux Romains l'an 83 avant J.-C., elle devint le chef-lieu d'un département qui comprenait vingt-cinq villes, et que l'on appela *Cibyraticus Conventus*. Presque détruite par un tremblement de terre, elle obtint de Tibère des privilèges qui firent regarder ce prince comme le nouveau fondateur de Cibyra. Dans les premiers siècles de l'Eglise, elle fut érigée en évêché.

**CIBYRA** (*géogr. anc.*), aujourd'hui Iburar, ville de Pamphylie, située dans l'intérieur des terres, au sud-est d'Aspende.

**CICACOLE**, *Chicacula* (*géogr.*), ville du district de Vizagapatam, dans l'Inde britannique et dans la province de Vizagapatam. Elle est située sur le Seteveram, et était appelée par les musulmans Murphus Bunder. Elle était le chef-lieu du plus septentrional de tous les Cirkars, dont, en 1753, les Français obtinrent la cession du soubah de Dekan, mais qu'ils durent à leur tour céder aux Anglais en 1765. Cette ville renferme une antique et célèbre mosquée, mais n'offre du reste rien de remarquable. Les habitants fabriquent des étoffes de coton.

**CICADAIRES** (*entomol.*), *cicadariæ*, famille d'hémiptères, de la section des homoptères, ayant pour caractères rigoureux: antennes toujours terminées par une soie; femelles pourvues d'une tarière dentée. On peut ajouter que dans tous les ailes sont entièrement diaphanes et disposées en toit dans le repos. Le travail que M. Léon Dufour a donné sur les insectes de cet ordre nous permet de donner ici un aperçu de leur anatomie interne. Dans la première section de cette famille, celle que l'on peut appeler les *cicadelles*, y compris les cigales, le tube alimentaire a une longueur de dix fois celle du corps, et fait par conséquent de nombreux replis; il débute d'abord par un jabot, vient ensuite un estomac à parois minces, dilaté à droite en cul-de-sac, et s'ouvrant à gauche dans une poche dégénérant en un tube intestiniforme, égalant en longueur la moitié de tout le tube intestinal, et allant se dégorger dans la poche elle-même où elle prend naissance; cette organisation est très-extraordinaire. Le reste du canal n'offre rien de particulier, et se termine par une poche stercorale à parois musculo-membraneuses. Dans la seconde section des cicadaires, les fulgorelles, les intestins diffèrent beaucoup de ceux des cicadelles; le canal intestinal n'a plus que trois fois la longueur du corps; l'œsophage se dilate en un jabot plus ou moins marqué; l'estomac forme une poche ovalaire, à boursouflures prononcées, logée dans le thorax; le tube, qui succède à l'estomac, se fléchit en une anse latérale allongée; après l'anse, le tube digestif, sans changer de diamètre ni de texture, reçoit les conduits biliaires et presque immédiatement se renfle en un cæcum oblong qui s'atténue en arrière pour se terminer à l'anus. La différence de cette organisation a fait penser à M. Dufour que ces deux groupes devaient être séparés, et que les fulgorelles ne devaient pas être interposées entre les cigales proprement dites et les cicadelles. Il propose à cet effet de reporter les fulgorelles en tête de la famille. J'avais pensé qu'elles devaient être rejetées à la fin comme se rapprochant davantage des psylles et des autres hémiptères voisins; j'ai déjà indiqué ces idées à l'article CERCOPE; mais voici les caractères que l'on peut assigner à ces coupes: A. OCELLES PLACÉS AU-DESSUS DES YEUX. 1° Trois ocelles: les *chanteuses*. Les antennes sont au moins de six articles, les pieds impropres au saut; les mâles ont à la base de l'abdomen un organe musical. 2° Deux ocelles: les *cicadelles*. Les antennes sont de trois articles, les pieds postérieurs propres au saut. Les mâles, comme les femelles, sont muets. B. OCELLES PLACÉS AU-DESSOUS DES YEUX: les *fulgorelles*. Les antennes ne sont encore composées que de trois articles, et les pieds postérieurs sont propres au saut. Les mâles et les femelles sont muets. Tous les insectes composant cette famille vivent sur les végétaux, qu'ils percent avec leur trompe; la plus grande partie est propre aux pays chauds (*V.* les mots CIGALE, CICADELLE et FULGORELLE).

**CICADELLES** (*entomol.*), *cicadella*, genre d'hémiptères de la famille des cicadaires, section des cigales muettes, dont les caractères sont: tête triangulaire sans être très-allongée et très-aplatie; les yeux lisses placés latéralement entre les yeux composés, mais non près du front; la soie qui termine les antennes paraît être articulée à la base. On connaît un grand nombre de ces insectes tant d'Europe que des autres parties du monde; ils sont tous de petite taille, mais offrent souvent des couleurs très-variées. Une des espèces les plus communes de nos environs est la CICADELLE VERTE, *cicadella viridis* Fab. Elle a la tête jaune avec des points noirs, et les élytres vertes.

**CICÆ** (*géogr. anc.*), île située dans l'Océan Atlantique, sur la côte occidentale de l'Espagne, en face des Callaïci, au nord-ouest de Tyde.

**CICATRICE, CICATRISATION**. Ce terme de médecine est du domaine du vulgaire. Ce n'est plus un mot spécial; tout le monde en comprend la signification. Mais nous ne devons pas moins le définir. La cicatrice est une réunion de parties du corps qui ont été divisées dans leur continuité, sous l'influence d'une activité particulière aux tissus vivants. La cicatrice n'est pas seulement cette réunion qui se produit à l'extérieur sur une plaie. Ce même travail se produit aussi à l'intérieur. Il y a donc des cicatrices visibles et invisibles. Les unes se font sur les points accessibles à l'air et à la lumière, les autres dans les cavités des organes. Je ne parlerai pas de celles que l'autopsie découvre dans les diverses parties du tube intestinal; car tout le canal digestif est accessible aux fluides extérieurs, et se comporte comme les surfaces dermiques, avec lesquelles il a une si grande analogie. Mais je dois nommer au moins les cicatrices qui se produisent dans la trame intime des organes les plus profonds. On a reconnu et on trouve dans les autopsies du cerveau, un froncement particulier de la substance qui indique une réunion, un rapprochement des tissus détruits par une action morbide quelconque. Qui ne sait aussi que les os divisés violemment par les fractures se réunissent de manière à reproduire la dimension, sinon la forme exacte, de l'os primitif. C'est encore par l'action cicatrisante que ce phénomène se produit. La soudure osseuse qui relie les fragments divisés n'est autre chose qu'une cicatrice. Comment procède ce travail dans tous les tissus depuis le commencement jusqu'au résultat définitif. Il a ses périodes déterminées qui se succèdent d'une manière régulière, si rien ne trouble sa marche, que cela vienne du traitement qu'on fait subir au malade, ou des conditions de tempérament de celui-ci. D'abord la plaie commence à rougir, à se ramifier sur ses bords, à s'enflammer. Le tissu cellulaire, c'est-à-dire ce tissu blanc dans les aréoles duquel s'accumule et se condense la graisse, et qui sépare la peau des muscles des masses charnues, est le siége d'une certaine activité; les matériaux y abondent. D'autre part, le fond de la plaie est en proie aussi à un état d'irritation plus ou moins considérable; sous cette influence, il s'y forme ce qu'on appelle, en termes de l'art, des bourgeons charnus. La chair y végète en quelque sorte, comme pour fournir son étoffe à la cicatrice qui doit finalement se former. Mais cette particularité ne se remarque que sur les plaies d'une certaine dimension. Celles qui n'ont pas de fond, qui sont étroites comme si elles ne consistaient qu'en une fente, se réunissent sous l'influence d'action des matériaux accumulés dans l'épaisseur du tissu cellulaire. Quand les plaies sont larges, les bourgeons charnus peuvent nuire par leur activité, par l'exagération de leur puissance, au rapprochement des bords. Il faut alors les réprimer à l'aide des moyens que l'art met à la disposition du médecin. Cet obstacle détruit, le travail marche par un progrès continu pour aboutir à l'occlusion de la plaie, c'est-à-dire à la cicatrisation elle-même. L'accumulation active de ces humeurs aux alentours de la plaie et dans la plaie elle-même se fait par un mécanisme très-simple sous un rapport, mais absolument mystérieux sous un autre. Il existe un principe de médecine consacré par l'expérience de tous les siècles, qui dit que dans les points où il y a stimulation, il y a fluxion; *ibi stimulus, ubi fluxus*. Or la stimulation existe dans la plaie par son état même. C'est une partie protégée par la peau qui est découverte et qui est exposée à des influences dont par sa fonction et sa position elle ne devait pas recevoir les atteintes. La fluxion s'explique comme effet d'après cela. Mais la fluxion entretient un état inflammatoire, fixe un caractère de maladie sur les parties. De là vient ce qui termine en général toute inflammation qui suit régulièrement et sans obstacle ses périodes, c'est-à-dire cette transformation des matériaux accumulés en une humeur visqueuse et blanchâtre connue sous le nom de *pus*. Ce pus n'est-il en dernière analyse que la représentation de la partie surabondante des matériaux de la plaie? C'est sous une forme particulière l'écoulement bienfaisant de ce qui était nécessaire dans une certaine proportion, mais qui devait être nuisible dans une proportion trop considérable? Est-ce une preuve de cette richesse de la nature, qui a plus qu'il ne faut dans toutes les circonstances où il faut qu'elle travaille pour la conservation de l'individu? Tout cela peut s'admettre; mais, dans la mesure des connaissances nouvelles, il y a d'autres et de meilleures explications à donner. La nature, ou, pour parler plus exactement, cette activité vitale et conservatrice que la Providence a mise en nous, n'a pas besoin de se servir d'un moyen morbide, d'une maladie, pour produire un phénomène de réparation. Elle n'est pas assez pauvre pour suivre cette voie. Sans doute on n'est pas parti de ce principe général pour arriver à ce que nous nous disposons à faire connaître; on a pris la route de l'observation des inductions expérimentales; mais peu importe la voie qu'on a choisie, si on est parvenu à un résultat vrai. Donc on a reconnu que les cicatrices n'avaient besoin ni d'inflammation ni de suppuration pour se fermer. Si cela avait lieu, c'était parce que l'air extérieur touchait à la plaie, et y portait à chaque instant un contingent régulier de stimulation. Cette explication est vraie dans toute l'acception du mot. Ainsi les cicatrices qui se forment dans l'intérieur du corps, au sein des organes, dans les os, pour le recollement des fractures, n'ont jamais de suppuration. Si cette complication avait lieu, une cicatrice intérieure ne se formerait qu'à la condition d'un abcès, ce qui ne serait autre chose que remplacer un mal disparu par un danger difficile à détruire. Mais on ne s'est pas contenté de ces inductions, quelque logiques qu'elles soient, on a fait de l'expérience directe. On a en effet neutralisé par les moyens admis contre l'inflammation tous les phénomènes inflammatoires qui se développaient pendant les périodes diverses de la cicatrisation. Eh bien! la cicatrisation n'en marchait que mieux. Au lieu d'une suppuration, c'était une exsudation d'une matière particulière qui était fournie par la plaie. Cette exsudation était l'étoffe de la cicatrice future, et la nature de ce fluide se modifiait suivant le genre de tissu qu'elle devait former. Ainsi elle devenait osseuse pour les os, tendiniforme pour les tendons, etc., suivant les différences de consistance et de nature des divers tissus de l'économie. On connaissait bien l'existence de cette exsudation avant toutes ces expériences; mais on ne l'admettait que pour la cicatrisation osseuse, et non pas pour le travail de cicatrisation qui se fait à l'extérieur et au contact de l'air. Mais on est allé plus loin encore. Puisque l'air était la cause du désordre inflammatoire, de la formation de cette matière purulente toujours inutile et si souvent dangereuse, on a essayé de mettre à l'abri de l'air les plaies qui avaient assez peu de surface pour être couvertes. Peu de personnes ignorent les faits si curieux qui ont excité l'intérêt du public depuis deux ou trois années. La chirurgie a fait à Paris des sections de muscles par d'étroites ouvertures pratiquées à la peau. C'est par ce pertuis que l'instrument était porté sur la partie dont on se proposait de faire la division. La section se faisait souvent sur une épaisseur considérable; et il se formait dans les tissus un épanchement de sang plus ou moins abondant. Une fois l'opération pratiquée avec cette précaution, celle qui consistait à ne pas agir sur une surface découverte, on rendait l'introduction de l'air bien plus difficile, ou pour mieux dire impossible, en couvrant l'ouverture de l'étroit pertuis avec une plaque de toile gommée. Or il n'y a pas d'exemple d'inflammation à la suite de cette manière de procéder. Le collement des parties se produit sans engorgement inflammatoire, ou dans les bords extérieurs, ou dans les masses musculaires divisées. La sensibilité physiologique n'est pas, pour ainsi dire, mise en cause. — Ainsi donc il existe une loi pour la formation des cicatrices, pour la réparation des parties divisées du corps, une loi, disons-nous, qui exclut la maladie, et qui peut dans bien des cas s'exécuter sans souffrance. La force de l'action conservatrice de l'économie est si sûre d'elle-même, qu'elle n'a pas besoin de cette exagération de puissance que la médecine est obligée d'éveiller parfois pour obtenir un médiocre résultat. D'autre part, les moyens compliqués ne sont pas ceux qu'emploie pour l'ordinaire cette action, que les anciens appelaient *médicatrice*, et qui peut s'appeler tout aussi bien *conservatrice*. La nature, pour se servir de l'ancienne glossologie médicale, procède toujours par les voies les plus simples; il paraît que ce sont les plus sûres. — Nous nous sommes étendu sur un sujet tout spécial (et le lecteur voudra bien nous le pardonner), parce qu'il prouve l'ordre et la sagesse de cette puissance souveraine qui, en organisant tout ce qui respire, a placé une sentinelle vigilante dans les entrailles mêmes de la vie, pour qu'elle conservât, au milieu des obstacles et des dangers, des conditions de conservation et de durée.

Dr Ed. Carrière.

**CICATRICE.** Il se dit, figurément et au moral, en parlant de tout ce qui affecte profondément notre âme. *Un affront ne peut entièrement s'oublier, la cicatrice en demeure toujours*. Il se dit encore, figurément, des atteintes portées à l'honneur, à la réputation. *Les atteintes de la calomnie laissent trop souvent des cicatrices.*

**CICATRICULE** (*anat.*), *cicatricula*, petite cicatrice. Ce nom, emprunté au langage vulgaire, est employé dans la science des corps organisés pour désigner des parties qui sont réellement des cicatricules très-peu étendues ou qui en ont l'apparence.

**CICATRICULE, HILE, OMBILIC** (*botan.*), cicatrice qui indique sur la graine le point par lequel elle était attachée à la plante mère. Elle est linéaire dans la fève, orbiculaire dans le marron d'Inde, elliptique dans le haricot. Elle est fine et allongée, comme un léger trait, dans la commeline. Ce n'est qu'un simple point dans les crucifères et autres plantes.

**CICATRICULE** (*ornithol.*), tache blanche que l'on aperçoit sur la membrane dont les parties intérieures de l'œuf sont recouvertes à l'endroit où se trouve le germe qui, vu la légèreté spécifique du jaune, est toujours rapproché, pendant l'incubation, du ventre de l'oiseau, dont la chaleur doit opérer son développement.

**CICATRISANTS.** On appelle *cicatrisants* les corps, les substances médicinales qui sont propres à hâter la cicatrisation des plaies. Pour bien comprendre cette définition, il faut savoir que les plaies ne marchent pas toujours à leur occlusion avec cette régularité qui peut se remarquer dans certaines circonstances et dans un grand nombre de cas. Il peut y avoir et il y a souvent des obstacles. Ainsi il peut arriver que par la présence d'une cause pathologique quelconque, la plaie se change en ulcère, c'est-à-dire qu'elle s'agrandisse de plus en plus en surface, et qu'elle prenne de plus en plus de la profondeur. Dans ce cas la plaie rebrousse chemin en quelque sorte; au lieu de se confondre dans ses parois, elle ne fait que reculer de jour en jour l'instant de la cicatrisation. Pour traiter cette complication qui fait obstacle à l'occlusion de la plaie, il faut attaquer le vice morbifique; et c'est lorsqu'on l'a détruit que la complication disparaît, ou, en d'autres termes, que la plaie change de caractère, et marche progressivement vers son heureuse terminaison. D'autres causes peuvent encore s'opposer au résultat dont nous parlons. Elles tiennent au tempérament des malades, à la nature faible et pour ainsi dire inerte des tissus où siége la plaie. Il est ordinaire que les personnes lymphatiques et scrofuleuses ne voient pas chez elle la cicatrisation s'opérer facilement. L'action vitale est pour ainsi dire à l'état de paralysie dans les tissus, et il faut l'éveiller de cette torpeur pour qu'elle agisse. De là la pratique de panser les plaies avec une charpie qui irrite la surface de la plaie, à l'aide des onguents ou substances médicamenteuses dont elle est chargée. De là aussi la pratique souvent si efficace des cautérisations avec le nitrate d'argent, dont la puissance si énergique, comme celle des autres cautérisants, appelle les fluides, et par conséquent la vie, sur les points où elle se fait énergiquement sentir. On voit d'après ce qui précède que la nécessité d'employer des substances plus ou moins actives pour favoriser ou hâter l'occlusion des plaies ne vient pas de l'impuissance absolue de cette fonction naturelle qui s'appelle l'acte de la cicatrisation. Cette nécessité résulte de l'existence des obstacles qui s'opposent au développement d'une action régulière, qui nuisent à l'accomplissement d'une fonction éminemment conservatrice. Nous faisons cette réflexion, pour conserver à cette force active et tutélaire toute sa valeur, pour aller en quelque sorte au-devant des incriminations qu'à une certaine époque surtout les partisans aveugles de l'école matérialiste ne manquaient pas de diriger contre elle.

D[r] Ed. Carrière.

**CICATRISATIF, IVE,** adj. (*médec.*), qui détermine la forme d'une cicatrice.

**CICATRISATION,** s. f. (*médec.*), formation d'une cicatrice à la surface d'une plaie ou d'un ulcère.

**CICATRISER,** v. a. Il se dit des remèdes qui aident à fermer une plaie. Il signifie aussi faire des cicatrices. Il *se dit*, avec le pronom personnel, d'une plaie presque guérie, qui commence à se fermer.

**CICCA** (*botan. phan.*). Voisin des phyllanthes, ce genre de la famille des euphorbiacées et de la monœcie tétrandrie, est composé de quelques arbrisseaux de l'Inde et d'un seul que l'on trouve aux Antilles, où ils sont connus sous le nom de *chéramèliers*, que leur donna Rumph, et sous celui vulgaire de *amvallas* ou de *champava*. Leurs rameaux élancés sont couverts de petites feuilles ovales, alternes, et de fleurs également petites, rassemblées en grappes, situées à la base des rameaux dans le *cicca disticha*, en paquets le long des rameaux dans le *micca nodiflora*. Leurs fruits sont de petites baies globuleuses, à quatre coques contenant chacune une semence. Dans deux espèces, celles que l'on cultive à la Cochinchine et dans les Antilles, l'enveloppe charnue de cette baie, légèrement acide, offre une nourriture saine et agréable : singularité fort singulière dans une famille dont les propriétés délétères sont si connues et si justement redoutées.

**CICCABOS** (*antiq.*) (*V*. Kikkabos).

**CICCADA** (*ornithol.*), nom qui, suivant Gesner, p. 596, a été donné, ainsi que celui de *cicymis*, à un oiseau de nuit, *noctua*, par onomatopée, et d'après la couleur glauque de ses yeux.

**CICCARELLI** (Alphonse), de Bévagna, dans l'Ombrie, médecin de profession, acquit dans le XVIe siècle une honteuse et triste célébrité par les fourberies littéraires les plus insignes et par leur juste châtiment. Après avoir donné une *Histoire d'Orviète*, remplie de faits controuvés et d'impostures, il publia en 1580, à Ascoli, l'*Istoria di casa Monaldesca*, où il eut l'audace d'insérer des monuments et des titres de sa façon, qu'il prétendit avoir tirés des archives publiques et particulières. Il y citait, comme autorités, des auteurs qui n'avaient jamais existé. Il en avait fait autant dès 1504, en publiant à Padoue un opuscule intitulé : *De Clitumno flumine*, avec un traité *De tuberibus*. C'est sans doute encore du même genre qu'était une *Storia della casa Conti*, que l'on trouve citée parmi les manuscrits du baron de Stosch (*Catalogue*, p. 6). Il ne se bornait pas à des falsifications purement historiques; il fabriquait des titres et des actes au profit ou aux dépens des familles. Il flattait l'orgueil des grands par des généalogies fabuleuses. Il tendit un de ces piéges au marquis Albéric Cybo, et entreprit de lui prouver par de faux titres que l'ancienneté de sa famille datait de cinq ou six siècles de plus. Albéric, qui était homme d'esprit, s'aperçut de la ruse, et fut le premier à éventer les fraudes de Ciccarelli. D'autres accusations s'élevèrent contre lui; enfin il fut arrêté par ordre du pape Grégoire XIII ; on lui fit son procès, et, convaincu de faux et de supposition de titres dans les intentions les plus coupables, il fut condamné à avoir la main coupée et à être ensuite pendu en place publique; ce qui fut exécuté en 1580. L'Allacci a mis à la fin de ses *Observations sur les antiquités étrusques d'Inghirami* un petit traité où il entre dans beaucoup de détails sur les impostures de Ciccarelli, et sur les artifices qu'il employait pour les accréditer. On y voit que Fanusius Campanus, Joannes Selinus, et d'autres écrivains souvent cités par ce faussaire à l'appui de ses assertions, n'ont jamais existé que dans son imagination, ou que du moins, quant au premier, s'il exista et s'il écrivit réellement, Ciccarelli a falsifié et altéré toutes les pièces qu'il prétendit avoir empruntées de lui. Tiraboschi avait rassemblé beaucoup de matériaux pour une dissertation sur les impostures de ce misérable, sur Fanusius Campanus, Selinus, Corellus, et d'autres pseudo-historiens mis au jour et cités par lui, par ses imitateurs et par ses dupes. Il avait annoncé ce projet dans son *Histoire de la littérature italienne* (t. III, part. III, p. 349, première édition de Modène), mais il est mort sans l'avoir exécuté.

**CICCI** (Marie-Louise), l'une des muses italiennes qui brillèrent à la fin du XVIIIe siècle, naquit à Pise le 14 septembre 1760. Son père, d'une naissance noble et jurisconsulte, la plaça dans un couvent de religieuses, voulant que toute l'éducation de sa fille se bornât à la pratique des vertus et des devoirs domestiques; mais Marie-Louise, entraînée vers les belles-lettres, trouva moyen de lire en cachette plusieurs poëmes italiens. Dès ce moment son génie poétique se déclara ; on eut beau la priver d'encre et de papier, du jus de raisin où elle trempait quelques morceaux de bois, lui suffirent pour fixer ses pensées sur le premier chiffon de papier. C'est ainsi qu'elle écrivit ses premiers vers à l'âge de dix ans. Étant retournée dans sa famille à l'âge de quinze ans et n'étant plus contrariée, elle se livra tout entière à l'étude des lettres. Son poëte favori était le Dante; ce qu'on ne devinerait certainement pas en lisant ses poésies, qui sont presque toutes dans le genre anacréontique, et qui sont remplies d'élégance et de grâce. Elle étudia aussi la philosophie dans Locke et Newton, et acquit une pleine connaissance des langues anglaise et française. Ses premières poésies eurent un grand succès et lui méritèrent d'être reçue membre de la colonie arcadienne de Pise en 1783, où elle prit le nom d'*Herminia Tindarida*, et ensuite de l'académie des *Intronati* de Sienne en 1786. Marie-Louise, désirant conserver son indépendance et ne pas se séparer de sa famille, demeura toujours chez son père Paul Cicci, et, après sa mort, avec son frère le chevalier Paul Cicci. Ayant négligé une légère indisposition, qui devint une maladie grave, elle mourut le 8 mars 1794, regrettée de tous ses parents et de ses amis. Aux talents littéraires elle joignait toutes les vertus de son sexe et les mœurs les plus pures. Son frère fut l'éditeur de ses poésies, et les publia sous ce titre : *Poesie di Maria Luigia Cicci*, Parme, Bodoni, 1786, in-16. On y trouve à la tête l'éloge de cette dame intéressante, écrit avec esprit par le docteur Anguilleschi, jurisconsulte et littérateur distingué.

**CICCIONE** (André). On ne connaît que l'époque de sa mort, qui arriva l'an 1455. Il fut le plus habile architecte et sculpteur napolitain qui soit sorti de l'école de Masuccio II. On lui attribue la construction du célèbre couvent et de l'église du mont Olivet. Le beau palais de Barthélemy de Capoue, prince della Riccia, près Sainte-Blaise des Libraires, à Naples, est encore un de ses ouvrages. Ce fut aussi sur les dessins de cet architecte que furent construits le troisième cloître d'ordre ionique que l'on voit à Saint-Severin dans la même ville et l'église de Pontanus.

CICCOPERIUS (FRANÇOIS), docteur, protonotaire apostolique et chanoine de la collégiale de Saint-Pierre de Massa, dans le XVIIe siècle, a donné *Lucubrationes canonicales*, où il explique ce qui regarde les chanoines, Lucques, 1662, in-4° (Dupin, *Table des aut. ecclés. du XVIIe siècle*, p. 2226).

CICCUM (*botan.*). C'est ainsi que les anciens nommaient les cloisons intérieures du fruit du grenadier.

CICCUS (*ornithol.*). Ce terme, suivant Aldovrande, liv. XIX, désigne une espèce d'oie, nommée par les Allemands *Sterngans*, c'est-à-dire oie étoilée, à raison des taches que présente sa poitrine.

CICÉ (*V.* CHAMPION).

CICENDIE (*botan.*), *cicendia*. Adanson, qui divise, avec plusieurs autres botanistes, la gentiane en plusieurs genres, désigne sous ce nom la *gentiana filiformis*, qu'il caractérise par une fleur terminale unique, un petit calice à quatre divisions, une petite corolle à quatre lobes et à quatre étamines.

CICER, pois chiche. Les anciens Hébreux se servaient de pois chiches grillés comme d'une provision ordinaire lorsqu'ils se mettaient en voyage. Le terme hébreu *cali*, que la Vulgate traduit par *cicer*, signifie proprement *du grillé* en général, et on l'entend de l'orge, des pois, du riz grillés (*II. Reg.*, XVII, 28).

CICERA, CICERCULA (*botan.*), noms anciens donnés à la gesse cultivée, *lathyrus*; et à d'autres espèces congénères.

CICERBITA (*botan.*). Pline appelle de ce nom le *sonchus oleraceus* Linn.

CICERENIS (CAIUS), secrétaire de Scipion l'Africain, remporta une victoire sur les habitants de la Corse.

CICERI (FRANÇOIS), savant humaniste, né en 1527 à Lugano, avait une école de grammaire à Milan en 1550, fut en 1561 nommé professeur d'éloquence à l'académie de cette ville, et mourut en 1595. Il était en correspondance avec les écrivains les plus distingués de son temps, tels que Paul Manuce, Pierre Vettori, etc. Le recueil de ses *Lettres*, en douze livres, a été publié par l'abbé Casati, Milan, 1782, 2 vol. in-4°, précédé de recherches sur la vie de cet écrivain et du catalogue de ses ouvrages.

CICERI (BERNARDIN), peintre, né à Pavie en 1650, élève de Sacchi, vint jeune à Rome, où l'on trouve, ainsi qu'à Pavie, plusieurs de ses compositions assez estimées. Il mourut après 1718, dans un âge avancé.

CICERI (PAUL-CÉSAR DE), abbé commendataire de Notre-Dame, en basse Touraine, prédicateur du roi et de la reine, et membre de l'Académie française, né à Cavaillon le 24 mai 1678, mort le 27 avril 1759, âgé de près de quatre-vingt-un ans. M. Bassinet a publié ses *Sermons et Panégyriques*, Avignon, 1761, 6 vol. in-12. Il y a joint une courte notice sur la vie et les talents de cet orateur, que l'on a comparé à Fléchier. Le panégyrique de saint Louis, qu'il prononça en 1721, mérite d'être distingué; il est écrit avec beaucoup de délicatesse et d'éloquence, et avec un éloignement pour la flatterie que les ministres de l'Evangile devraient toujours prendre pour modèle.

CICÉRIQUE, adj. m. (*chim.*). Il se dit d'un acide qui existe dans le pois chiche.

CICÉRO, terme d'imprimerie, nom d'un caractère d'impression qui est entre la *philosophie* et le *saint-augustin*, et que l'on appelle aussi du *onze*. Le nom de *cicéro* lui vient de ce que les premiers imprimeurs qui allèrent à Rome imprimèrent (1467) les *Epîtres familières* de Cicéron, en latin, avec une sorte de caractère de la force du onze.

CICÉROLE (*botan.*), *cicer* Linn., genre de plantes dicotylédones, polypétales, périgynes, de la famille des *légumineuses* Juss., et de la *diadelphie décandrie* Linn., dont les principaux caractères sont d'avoir un calice monophylle, presque aussi long que la corolle, à cinq divisions, dont quatre supérieures et une seule inférieure; une corolle papilionacée, dont l'étendard est plus grand que les autres pétales; dix étamines diadelphes; un ovaire supérieur; un légume rhomboïdal ou ovoïde, renflé, vésiculeux, contenant deux graines globuleuses. On ne connaît qu'une seule espèce de ce genre. — CICÉROLE TÊTE DE BÉLIER, vulgairement CHICHE, CICHE, POIS CHICHE, GARVANCE, *cicer arietinum* Linn., *Spec.*, 1040; Dod., *Pempt.*, 525. Sa tige est herbacée, annuelle, rameuse, haute d'environ un pied; ses feuilles sont ailées avec impaire, composées de quinze à dix-sept folioles ovales, velues et dentées; ses fleurs sont petites, blanches ou d'un pourpre violet, pédonculées et solitaires dans les aisselles des feuilles. Le fruit est une gousse renflée, contenant une ou deux graines globuleuses, et ressemblant un peu à la tête d'un bélier. Cette plante croît naturellement dans le Levant, en Espagne et en Italie; on la cultive dans plusieurs parties de la France, et surtout dans les départements méridionaux. Ses graines se mangent comme les pois ordinaires; elles sont nourrissantes, mais d'une digestion difficile pour les estomacs délicats, étant dures et coriaces; en les réduisant en purée, elles sont beaucoup meilleures et plus saines. Dans le midi de l'Europe, en Egypte et dans le Levant, le peuple en fait un grand usage, et cela remonte à un temps immémorial. Ses feuilles servent pour le fourrage des bestiaux. — Il y a plusieurs variétés de pois chiches, parmi lesquelles les Espagnols en distinguent particulièrement deux : les petits pois chiches qu'on mange pendant l'été, et les gros qu'on garde pour l'hiver. Les pois chiches ne craignent pas le froid, et ils peuvent supporter des gelées assez fortes; ce qui permet de les semer avant l'hiver, à la fin d'octobre et en novembre. Leur semis peut servir de pâturage aux troupeaux pendant l'hiver, pourvu toutefois que la douceur prolongée de l'automne ne l'ait pas trop avancé, car il est alors très-nuisible de le laisser brouter: mais, dans le cas contraire, les pois chiches, sur lesquels on a mis les troupeaux tallent davantage, produisent plus de tiges au printemps, et enfin une meilleure récolte. Si la culture du pois chiche est préférée, dans le Midi, à celle des autres pois, ce n'est pas qu'elle soit d'un plus grand rapport, mais seulement parce qu'elle est plus assurée. Dans le Nord, on ne cultive guère les pois chiches que comme fourrage. On les sème sur les jachères après avoir convenablement labouré la terre, et dès le commencement d'octobre, afin que la graine, favorisée par le reste de chaleur de la saison, puisse lever promptement, et que le semis ait le temps de prendre une certaine force avant les gelées. Au printemps, on en fauche les tiges à plusieurs reprises, pour les donner vertes aux moutons, et surtout aux vaches, qui en sont très-friandes, et dont elles augmentent le lait. On a observé que, dans les pays chauds, les tiges et les feuilles de pois chiches laissent transsuder, pendant la floraison, une liqueur acide, assez forte pour corroder les bas et les souliers des personnes qui marchent dans les champs où l'on cultive ces plantes.

CICÉRON (MARCUS TULLIUS). De même que la plupart des grands hommes qui ont illustré le nom romain, soit dans les armes, soit dans les lettres, Cicéron n'était pas originaire de Rome, bien que citoyen de la république par naissance. Il naquit l'an 647 de Rome, le 7 janvier de la 107e année avant J.-C., à Arpinum, petite ville des Volsques, jouissant du droit de cité et exerçant le droit de suffrage dans la tribu de Cornélia. Sa famille était distinguée, sans avoir pourtant exercé aucune charge publique à Rome. Il annonça par une passion précoce pour la gloire les hautes qualités qui l'illustrèrent en effet à son époque d'agitations et de troubles. Il reçut des leçons des plus habiles maîtres de Rome avec son frère Quintus, sous la surveillance du célèbre orateur Crassus, ami de son père, et se livra à l'étude avec une ardeur que l'on blâmait souvent, comme embrassant trop de connaissances inutiles. Il montra d'abord un goût très-prononcé pour la poésie. Le poëte Archias, pour lequel dans la suite il prononça cette harangue, le plus beau panégyrique des lettres qui nous soit parvenu des anciens, avait été un de ses premiers maîtres. A seize ans il prit la robe virile, commença à suivre les débats du Forum, et se perfectionna dans l'étude du droit sous les deux augure et pontife Scévola. A dix-huit ans il servit sous Pompéius Strabon dans la guerre des alliés; puis, de retour à Rome à l'époque du tribunat de Sulpitius, il consacra plusieurs années à de nouvelles études, qui achevèrent de développer son génie au milieu des Grecs, qui affluaient de toutes parts dans la métropole du monde. Nous le voyons écouter avec la même assiduité les leçons de l'épicurien Phèdre, du stoïcien Diodote, de l'académicien Philon. Favorisé par la nature de tous les dons nécessaires à l'éloquence, doué d'une figure agréable, il joignait à un esprit vif, pénétrant, un cœur sensible, une imagination riche et féconde. A l'âge de vingt-six ans il parut au barreau pour y faire l'essai de ses forces, et tout d'abord il se plaça au premier rang des orateurs judiciaires. Après des succès prodigieux au barreau, à trente ans il est nommé questeur et gouverneur en Sicile, le grenier de l'Italie. Dans un moment où Rome manquait de blé, il subvint aux besoins de cette ville, mais sans fouler sa province, qu'il administra avec justice et bonté. Comblé d'honneurs à son départ, il remercia les Siciliens par un discours qui ne nous est point resté, et, revenu en Italie, il fut tout étonné de voir qu'on n'y avait pas la plus légère idée de sa gloire. Ce petit échec, qu'il raconte d'une manière charmante dans son discours pour Plancius, lui fit sentir, dit-il, que le peuple romain avait l'oreille dure, et il résolut de tout faire pour rester sous ses yeux. Il paraît que c'est à l'époque de sa nomination à la questure qu'il faut rapporter avec plus de vraisemblance son mariage avec Térentia, dont on suppose que la fortune aida sa candidature. Il avait cinq ans à passer dans la vie privée avant de pouvoir exercer l'édilité; ce temps fut consacré aux exercices oratoires et aux travaux de la défense. — Pendant sa candidature à l'édilité, les députés de la Sicile vinrent réclamer contre Verrès, qui l'avait précédé dans la questure de cette île, l'appui de son éloquence. Ce misérable, gorgé de dépouilles et couvert du sang des Siciliens, comptait sur son crédit et sur le fruit de ses brigandages pour obtenir l'impunité; mais Cicéron résolut de vaincre l'éloquence d'Hortensius, consul, qui plaidait pour Verrès, et de rendre inutile l'or de celui-ci; il en vint à bout. Verrès fut condamné par le tribunal même qui s'était vendu à lui, et, écrasé sous le poids des preuves qu'accumulait Cicéron sur sa tête, il prit le parti de s'exiler sans attendre le jugement. L'arrêt devait être précédé d'une seconde plaidoirie, dans laquelle Cicéron avait promis de développer l'accusation. Ne pouvant le faire de vive voix, il résolut de l'écrire et nous laissa ces cinq discours contre Verrès, où son éloquente indignation nous donne une si triste idée des misères du monde romain sous la tyrannie des proconsuls et des préteurs. — Parvenu à l'édilité, Cicéron employa la reconnaissance des Siciliens à faire baisser le prix des grains. A cette époque commence ce qui nous reste des lettres de Cicéron; elles se rapportent à la partie la plus intéressante de sa vie. Tout entier jusqu'alors à ses travaux oratoires, il s'était assuré par ses seuls talents une aussi nombreuse clientèle que celle qui remplissait les maisons de Crassus et de Pompée. Cette clientèle lui avait donné à l'unanimité ses suffrages pour la questure et l'édilité; elle les lui assura pour la préture. Ce fut dans le cours de cette magistrature qu'il parut pour la première fois à la tribune. Examinons-le à son début dans son rôle politique. — Homme nouveau, sa place naturelle était dans les rangs populaires; mais son caractère et ses relations le poussaient vers l'aristocratie. Il nous dit lui-même, dans le *Brutus*, qu'il prit pour règle de sa politique une harangue que Lucius Crassus, le plus célèbre orateur de son temps, avait prononcée pour soutenir l'autorité du sénat contre les prétentions des chevaliers. Mais il ne se pressa pas de mettre au jour ses principes. Suivant la pratique habituelle des hommes d'État de Rome, et malheureusement de tous les pays libres ou soi-disant tels, il ajourna jusqu'au consulat la manifestation franche et complète de sa pensée, et ne songea, tant qu'il suivit la longue route qui conduisait à cette dignité suprême, qu'à se faire des amis dans le peuple, en ménageant ou caressant toutes les opinions en vogue. Il célébra Marius, le dernier héros de la multitude; il se chargea de la défense de Roscius d'Amérie contre les intrigues d'un affranchi de Sylla; en plaidant pour une femme d'Arrétium, il justifia la prétention des villes d'Italie au droit de cité, contre une loi expresse du dictateur qui les privait de cet honneur; pendant son édilité, nous l'avons vu attaquer avec une extrême violence l'ancien préteur de Sicile Verrès, protégé par toute l'aristocratie, qui se sentait aussi coupable que lui. Enfin étant préteur et à la veille de demander le consulat, le voici qui trouve moyen d'accroître encore sa popularité, et cette fois en faisant les affaires de la noblesse. Le tribun Manilius avait proposé de joindre au commandement de la guerre maritime, dont était chargé Pompée, celui de la guerre contre Mithridate, c'est-à-dire de toutes les armées romaines de l'Orient; Cicéron fait entendre pour la première fois sa voix de la tribune aux harangues, et y parle chaudement en faveur de cette mesure, qui avait l'approbation du peuple, et à laquelle, heureux de créer un pareil antécédent, César lui-même poussait. Son discours est le plus travaillé ou du moins le plus orné de ceux qu'il nous a laissés. — Après s'être si adroitement préparé les voies, Cicéron ne pouvait manquer le consulat; il l'enleva à Catilina, et ce fut le terme comme ç'avait été le but de ses longues dissimulations. Fidèle à son principe de ne point quitter Rome à l'expiration de sa préture, il n'avait pas pris de province, et, dans sa carrière de nouveaux succès judiciaires, il fut sur le point, par une singulière fatalité, de défendre Catilina, son compétiteur au consulat, accusé de concussion. Les faits lui paraissaient évidents; mais il voulait se ménager le concours de ce dangereux rival pour appuyer son élection. Il y parvint sans employer ce moyen peu honorable. Aux comices, il fut élu à l'unanimité, malgré la mauvaise volonté des nobles, qu'il allait servir, et entra plein de confiance dans cette arène redoutable, où il ne devait pas trouver de repos jusqu'à la fin de sa vie. A peine en fonctions, il travailla à tirer l'ordre équestre du parti populaire pour en fortifier celui du sénat; il combattit ensuite sans ménagement la démocratie dans la loi agraire préparée par Rullus; dans les prétentions des victimes de Sylla et de leurs descendants, qui demandaient à être réhabilités; dans l'accusation contre Rabirius, auquel un tribun dévoué à César demandait compte du meurtre de Saturninus, mis hors la loi par le sénat en 653. Il faisait consacrer par les juges l'arme dont il devait user contre les complices de Catilina. Tout servit ainsi ses projets. Il eut le bonheur, en découvrant et punissant cette conjuration fameuse, dont tout le monde connaît les détails (*V.* CATILINA), de rendre à sa patrie un de ces services que les hommes d'État les moins habiles savent toujours faire profiter à leurs passions politiques. Ce fut un concert unanime d'éloges et d'applaudissements. Le peuple, reconnaissant, décerna à Cicéron le titre de *père de la patrie* et de *second fondateur de Rome;* on lui éleva des statues, et l'aristocratie et son héros étaient ivres de joie et d'orgueil. Le jour de l'expiration de son consulat, étant obligé de prononcer les serments ordinaires et se préparant à haranguer le peuple, selon la coutume, il en fut empêché par le tribun Métellus, qui voulait l'outrager. Cicéron avait commencé par ces mots: *Je jure...* Le tribun l'interrompit et lui déclara qu'il ne lui permettait pas de haranguer. Il s'éleva un grand murmure; Cicéron s'arrêta un moment, et renforçant sa voix noble et sonore, il dit pour toute harangue: « Je jure que j'ai sauvé la patrie. » L'assemblée, transportée, s'écria: « Nous jurons qu'il a dit la vérité. » Ce moment fut le plus beau de sa vie. Pendant la conspiration, Antoine, son collègue, était accusé de favoriser les projets de Catilina: Cicéron sut le gagner à la république en lui cédant la riche province de Macédoine, que le sort venait de lui accorder pour son proconsulat. Il renonça lui-même à tout gouvernement et fit donner à Métellus la Gaule cisalpine, qui était échue à Antoine. Au milieu des embarras de ce consulat, comment peut-on comprendre que Cicéron trouvât du temps pour un plaidoyer! Ce fut entre la deuxième et la troisième de ses Catilinaires qu'il prononça, pour la défense de Muréna, ce discours plein d'un persiflage adouci par le souvenir des vertus qui se mêlaient aux travers de Caton. — Q. Cicéron avait été nommé préteur pendant le consulat de son frère, et ce fut devant lui que l'année suivante fut prononcé le beau discours pour le poëte Archias. Cicéron plaida la même année pour Sylla, parent du dictateur, accusé de complicité dans la conspiration de Catilina, et prononça dans le sénat quelques discours contre ses ennemis. Il était alors dans l'enivrement de sa gloire; mais son triomphe dura peu, il irritait l'envie par les éloges qu'il se donnait à lui-même. Pendant que dans son enthousiasme il s'adressait à toutes les langues, à tous les talents, à toutes les figures oratoires, pour exalter sa brillante administration, des événements imprévus en détruisaient un à un les fragiles résultats, et d'abord cette alliance qu'il s'était tant flatté d'avoir cimentée entre les chevaliers et les sénateurs. Les haines, qui étaient restées cachées et silencieuses, reparaissaient menaçantes de toutes parts. Cicéron avait donné un chef actif et redoutable à ses ennemis en Clodius, accusé d'avoir souillé par sa présence les mystères de la bonne déesse. Cicéron déposa contre lui, poussé, dit-on, par Térentia, qui, jalouse de la fameuse Clodia, sœur de l'accusé, voulait élever une barrière entre elle et son mari. Clodius, acquitté, n'en jura pas moins de se venger, et tint son serment. Il se fit adopter par une famille plébéienne, et, aidé par César, parvint au tribunat, puis gagna la multitude par des lois populaires et gagna les consuls par l'appât de riches provinces. Cicéron commença alors à craindre le danger. Il allait partir avec César pour son armée des Gaules en qualité de lieutenant, quand Clodius, feignant de se réconcilier avec lui, le dissuada de s'éloigner; mais, dès que Cicéron eut renoncé à son projet, le perfide tribun proposa une loi contre ceux qui avaient mis à mort des citoyens sans jugement. Cicéron était frappé au cœur par ce décret. Ayant vainement imploré l'appui de Pompée, qui ne voulut pas le voir, car le général était sans doute jaloux de l'orateur, Cicéron ne savait quel parti prendre. Résister par la force, suivant l'avis de quelques amis, n'était pas un moyen favorable dans les circonstances. Les conseils pacifiques d'Hortensius et de Caton prévalurent; l'illustre consulaire partit de Rome et se retira à Thessalonique. Ses maisons de ville et de campagne furent rasées par ordre de Clodius, ses statues renversées, ses biens vendus, ses propriétés pillées, sa famille insultée; de plus un décret d'exil fut rendu contre lui qui lui interdisait l'eau et le feu, défendait de lui donner un abri à moins de quarante milles de l'Italie, et prohibait toute proposition, toute discussion tendant à son rappel. A cette nouvelle, il se laissa tomber dans un désespoir indigne de tout homme de cœur. Seize mois se passèrent ainsi, pendant lesquels ses ennemis eurent l'imprudence de s'attaquer à Pompée, qui se repentit alors de sa conduite envers Cicéron. Il fit porter par les deux consuls Lentulus et Métellus une loi formelle de rappel, que les deux tribuns soutinrent. Le sénat, malgré les efforts de Clodius, déclara qu'il ne s'occuperait d'aucune affaire avant que le décret ne fût porté. Pompée parcourut lui-même l'Italie pour obtenir des protestations contre Clodius, et forma dans Rome même un parti nombreux, à la tête duquel il plaça Milon, en faveur de l'exilé. Une lutte terrible entre les champions de Cicéron et de Clodius eut lieu au Forum; le tribun Sextius fut blessé et Q. Cicéron laissé pour mort; mais Milon finit par l'emporter, et les centuries, rassemblées aussitôt, prononcèrent unanimement le rappel de Cicéron, qui revint à Rome dix-sept mois après son départ, *reporté*, dit-il, *dans les bras de toute l'Italie*, et le sénat en corps le reçut à la porte de la ville. Il était si charmé de ces témoignages de la considération publique, qu'il disait encore « qu'à ne considérer que les intérêts de sa gloire, il eût dû, non pas résister aux violences de Clodius, mais les rechercher et les acheter. » Aussi peu modéré dans sa victoire que dans sa douleur, on le vit, lui qui dans les lettres écrites dans son exil n'adressait que de misérables plaintes et de misérables reproches à ses amis, on le vit, recommençant des hymnes à sa propre gloire, débuter par briser les tables sur lesquelles étaient inscrits les actes du tribunat de Clodius, et blesser ainsi Caton, qu'un plébiscite inscrit sur ces tables avait envoyé dans l'île de Chypre. Deux discours prononcés dans l'assemblée du peuple avaient exprimé la reconnaissance triomphante de Cicéron, qui sacrifiait plus ici à son amour-propre qu'à ses propres sentiments. La défection de Caton, qu'il s'était aliéné comme nous venons de le voir, en entraîna beaucoup d'autres. Se trouvant abandonné par les hommes de son ancien parti, les honnêtes gens, comme il les appelait, il écrivit à ses amis : « Puisque ceux-là qui ne peuvent rien ne veulent pas m'aimer, je ferai en sorte d'être aimé par ceux qui ont le pouvoir..... A la tête des affaires sont deux hommes si grands, si glorieux, dont j'ai reçu tant de prévenances et de services... Les vrais, les justes, les honnêtes desseins ne sont plus de saison... Il y a nécessité pour les sages de changer quelque chose à leurs désirs comme à leurs opinions. Platon ne veut pas qu'on fasse d'opposition inutile, ni qu'on se mêle des affaires d'un peuple retombé en enfance. Il n'est plus question de s'obstiner, mais de s'accommoder aux conjonctures, etc., etc... » En lisant ces lignes, ne se sent-on pas pénétré d'une amère tristesse, d'une sorte de compassion désagréable pour ce grand orateur, austère défenseur jadis des droits populaires, prôneur de la sainte liberté des citoyens, avocat éloquent dont toutes les paroles étaient un hommage à la justice! et ne redescend-on pas par la pensée, avec chagrin, de cette antique époque de corruption à celle au milieu de laquelle s'agitent nos hommes politiques! Voilà donc Cicéron qui se réconcilie avec César et qui lui fait décerner de nouvelles ressources pour son expédition des Gaules, qui déclare qu'il faut l'obliger à achever ses brillantes conquêtes, *eût-il même envie de revenir;* qui, par condescendance pour Pompée, prend la défense de deux citoyens contre lesquels il avait autrefois composé, à la demande du même homme, les plus violentes invectives, Vatinius et Gabinius; il plaide encore pour Domitius, pour Scaurus, en écrivant à Atticus : « Que je meure si je sais comment les défendre. » Et tous ces rôles subalternes, il s'y abaisse, afin d'obtenir quelques lettres flatteuses de Pompée et de César, une lieutenance pour son frère, pour lui l'augurat après la mort du jeune Crassus, et enfin le proconsulat de Cilicie. — Cependant Clodius s'était opposé par la force au rétablissement de la maison de son ennemi; Milon, en le citant devant les tribunaux, le combattait en même temps à main armée, et Rome devenait un champ de bataille. A cette époque, qui est de quatre années, appartiennent les plaidoyers pour Sextius, pour Balbus, pour Plancius, pour Cœlius, pour Babirius, et la défense de Scaurus. Il faut citer encore parmi ces travaux les trois dialogues de l'*Orateur*, le *Traité de la république* et d'autres ouvrages sans doute dont la date et l'authenticité sont incertaines. Pour mettre un terme aux désordres de la lutte entre Clodius et Milon, qui finissait par dégénérer en véritable guerre civile, le sénat avait nommé Pompée consul unique, lorsque, dans une rencontre qui eut lieu à quelques milles de Rome Clodius fut tué par les gens de Milon et, l'on peut ajouter, par ses ordres. Ce dernier fut donc accusé de meurtre, et le sénat, effrayé des désordres qui avaient accompagné les funérailles de son ennemi, chargea Pompée de présider au jugement. La place fut entourée de soldats armés, et Cicéron, qui s'y était fait porter en litière, fut tellement troublé en voyant ces armes et en entendant les cris des partisans de Clodius, qu'il resta, dans cette cause, bien au-dessous de son talent. Le discours qu'il avait prononcé subsistait encore au temps de Quintilien. Milon, condamné, se retira à Marseille. Cicéron, désespéré de ce que sa faiblesse avait trahi la cause de l'amitié, refit son plaidoyer et lui envoya dans son exil le discours que tout le monde admire. On rapporte à cette année le *Traité des lois*. — L'administration de Cicéron pendant son proconsulat en Cilicie fut vigilante et sage. Une petite guerre contre les montagnards de l'Amanus donna au pacifique orateur le surnom d'*imperator* et l'ambition du triomphe. Mais quand il arriva à Rome il s'agissait de bien autre chose; la guerre civile était en question. Vainement essaya-t-il de réconcilier les partis, aucun des deux chefs ne voulant faire fléchir ses prétentions. Quand ils en eurent appelé aux armes, il lui fallut choisir. Après de longues incertitudes, augmentées par les lettres de César, qui le pressait de rester neutre, il se décida à suivre Pompée, en dépit du blâme de Caton, qui lui reprochait de ne pas conserver une position où il fût à même de jouer le rôle de médiateur. Il se repentit bientôt de son choix, voyant ses conseils méprisés par l'imprudente confiance de l'aristocratie pompéienne, et ses regrets éclatèrent en railleries qui le rendirent suspect et odieux à tout le parti. Après la bataille de Pharsale, où il ne parut point, quand il était engagé par Caton à prendre le commandement de l'armée de Dyrrachium, il eut la maladresse de répondre qu'il fallait *non poser les armes, mais les jeter*. A ces paroles, lâchées devant le jeune Cnéius Pompée, celui-ci se précipita l'épée nue sur Cicéron, que Caton eut peine à sauver. Il revint en Italie, où il resta pitoyablement tourmenté de craintes et d'inquiétudes jusqu'à l'arrivée de César, dont l'amitié, au moins apparente, lui rendit une espèce de dignité. Cicéron se permettait quelques bons mots contre l'administration nouvelle, contre la réforme du calendrier par exemple, ou sur la création des sénateurs gaulois. César fit des *Dicta collectanea*, et voulut qu'on lui rapportât scrupuleusement tout ce qui échappait au vieux consulaire, afin de l'insérer dans ce recueil. Cicéron venait d'écrire l'éloge de Caton, qui s'était donné la mort à Utique; dans cet éloge *qui*, disait-il, *était un problème d'Archimède à résoudre en le faisant sous la dictature de César*, il portait, nous apprend Tacite, le stoïque Romain, jusqu'aux nues. César le combattit à armes égales en écrivant un Anti-Caton, qui fut réfuté par Brutus. Toutefois il accorda la grâce de Ligarius, en s'écriant qu'elle lui était arrachée par tant d'éloquence. Au milieu de toutes ces flatteries, et surtout en public, Cicéron exaltait le jugement admirable, la sagesse, la pénétration, la clémence du dictateur. Il demanda même un jour en plein sénat qui serait assez insensé pour ne pas voir que la vie de César était le salut de tous? Mais ses antipathies reprenaient bientôt le dessus. Elles percent à chaque page dans sa correspondance, et César lui-même ne se faisait pas illusion; il l'associait, dans ses pressentiments et dans ses craintes, à ces hommes *pâles et maigres* dans les mains desquels il voyait déjà briller un poignard. Pendant ce temps, Cicéron rédigeait pour son fils le *Traité des partitions oratoires*, traduisait en vers quelques extraits d'Homère et des tragédies; en prose, le *Timée* de Platon et les discours d'Eschine et de Démosthène. Il réfutait les prétendus attiques en traçant son admirable tableau du *grand orateur*, et exposait dans le *Brutus* l'histoire de l'éloquence latine. Enfin le rappel de Marcellus lui arracha dans le sénat ce remercîment où la vivacité d'éloges mérités qui échappent à l'enthousiasme est mitigée cependant par ses réclamations, assez surprenantes dans sa bouche d'après ses derniers actes, en faveur de la liberté. — Le dérangement de ses affaires domestiques, causé par les dissipations de Térentia, et sans doute de légitimes plaintes, le déterminèrent à quitter cette femme pour épouser une jeune et riche héritière, qu'il répudia quelques mois après, révolté de la joie qu'elle avait montrée de la mort de sa fille Tullia. Il prodigua à cette fille bien-aimée les honneurs de l'apothéose dans la retraite où il cachait ses chagrins. C'est là qu'il reçut la visite de César, dont il avait naguère exalté la générosité envers Métellus dans cette fameuse harangue qui renferme autant de leçons que d'éloges. La dictateur lui témoigna beaucoup d'amitié, mais ne lui parla que de littérature. La vie politique de Cicéron était terminée; sa douleur, qui lui faisait un besoin de la retraite, le livrait tout entier à l'étude et aux lettres. Il avait déjà comme essayé le goût de son siècle en publiant deux traités philosophiques, celui de la *République* et celui des *Lois*. Dans le premier, la société des Scipion disserte sur la meilleure forme de gouvernement;

dans le second, lui-même, causant avec Brutus et Atticus, présente un vaste système de législation. Ensuite il prélude à ses ouvrages purement philosophiques par une apologie de la philosophie dans son *Hortensius*, si cher à saint Augustin; puis il expose le système de l'Académie avant et après la réforme d'Antiochus, en quatre livres intitulés *Académiques*, fait un *Eloge funèbre de Porcia*, sœur de Caton, écrit un *Traité des biens et des maux*, où, par la bouche de trois illustres victimes de la dernière guerre, Torquatus, Caton et Pison, avec lesquels il discute lui-même, il développe le principe moral des épicuriens, celui des stoïciens et celui de l'Académie. Dans les *Tusculanes* il développe un certain nombre d'idées stoïciennes sur la mort, la douleur, le chagrin, les passions, et sur cette idée que la vertu suffit au bonheur. Il passe ensuite au *Traité des devoirs*, admirable ouvrage où il expose ses idées sur l'amitié et la vieillesse. Il arrive ensuite à la philosophie religieuse : le *Traité de la nature des dieux* et les deux *Traités de la Divination* et *du Destin*. Nous n'avons plus les *Traités de la gloire* et *de la liberté*, ces deux divinités de Cicéron et de Brutus. Tel est l'ensemble des compositions philosophiques de ce fécond génie. Une partie en est postérieure à la mort de César, mais elles furent presque toutes écrites en moins de deux ans. — Les ides de mars vinrent arracher Cicéron à cette retraite laborieuse, pour le rejeter dans les tempêtes au-devant d'une mort qui ne devait point profiter à sa patrie. Brutus ne paraît point l'avoir associé à ses projets; mais, après avoir frappé, il le félicita le fer à la main du rétablissement de la république, et mêla son nom au cri de liberté. Cicéron fit éclater sa joie et bénit le ciel de lui avoir donné un tel spectacle. Il s'anima d'abord à de brillantes espérances; mais il ne tarda pas à comprendre qu'Antoine aspirait à remplacer le tyran, et s'écria : « La liberté est vengée, non sauvée; l'arbre est coupé, non arraché : il repousse. » Il s'efforçait d'ouvrir les yeux aux amis de la liberté et de les réunir contre le nouveau candidat à la tyrannie. Il crut inutilement qu'il allait recouvrer un grand crédit politique. Moins il avait agi pendant la révolution, plus il voulait y participer en l'approuvant. Il n'y put réussir et s'arracha dès lors au spectacle des fautes de son parti et des misères de la patrie. Il quitta Rome, parcourut ses villas, où il écrivit quelques-uns des traités philosophiques dont nous venons de parler; enfin il s'embarqua au mois de juin pour la Grèce, afin d'être plus loin encore du théâtre où les conjurés, « après avoir agi avec un courage d'homme, se comportaient comme des enfants, n'ayant rien prévu au delà du meurtre. » Mais deux fois les vents le repoussèrent, et il vit là un avertissement de la Providence qui lui ordonnait de « venir mourir au milieu de l'incendie, » avec les dernières chances de la liberté; il arriva « sans conserver presque aucun espoir de succès; » il parut au sénat, et y commença, en prononçant sa première *Philippique*, la plus belle lutte de sa vie, celle dont il mourut. Chose remarquable! son caractère s'était épuré, élevé avec l'âge, dont l'influence est aussi funeste d'ordinaire à la force morale qu'à la force physique. Entraînement de vanité, irrésolution, faiblesse, tout cela avait disparu; il ne restait plus au déserteur pompéien, au courtisan de César, qu'un patriotisme énergique, qu'un dévouement absolu à la cause de la liberté qu'il croyait perdue. On ne peut s'empêcher, malgré ses fautes antérieures, de reconnaître qu'il fut de tous les Romains celui qui manqua le moins à la cause de son pays. Il ne se borna pas à son duel héroïque qui se continua dans ses autres *Philippiques* avec Antoine; il chercha à rallier au sénat les légions de vétérans, il pressa des plus vives instances Lépidus, Plancus, Pollion, les premiers gouverneurs des provinces. En même temps, Octave lui faisant des avances, il accepta cette dernière ressource sans se dissimuler tout ce qu'elle avait de périlleux. On l'en a sévèrement blâmé; on a dit que cette fois encore il s'était laissé prendre à de flatteuses paroles. Brutus lui-même écrivait à Atticus : « Pourvu qu'il trouve quelqu'un qui le respecte et qui le loue, il accepte un esclavage honorifique. » Montesquieu a répété ces durs reproches. Mais quel autre parti pouvait-on adopter? C'était la seule arme qui restât, Cicéron la prit. Est-ce sa faute si Dieu, lorsqu'il a condamné un ordre de choses désormais inutile ou contraire à ses desseins, emploie malgré eux à le ruiner ceux mêmes qui s'en portent comme les représentants et les défenseurs? — La mort des deux consuls et la défection de Lépidus vinrent détruire toutes les espérances de Cicéron. Octave, après avoir quelque temps dissimulé avec la haute habileté dont il donna des preuves toute sa vie, rallia à lui tous ceux des vétérans qui avaient servi le sénat. Des négociations avec Antoine et Lépidus amenèrent le triumvirat. On sait comment la proscription de Cicéron fut une des conditions du traité. Il apprit cette nouvelle à Tusculum, où il était avec son frère et son neveu, tous deux proscrits comme lui. Ils résolurent alors de rejoindre Brutus en Macédoine. Quintus devait rester quelque temps pour se procurer l'argent nécessaire au voyage; mais il fut, au moment de partir, découvert et tué avec son fils. Cicéron s'embarqua près d'Asture, mais son irrésolution le perdit : il se fit bientôt mettre à terre; ses esclaves le décidèrent à reprendre de nouveau la mer à Caïe. Il allait la gagner, quand il rencontra sur le rivage les soldats d'Antoine, leur tendit la tête hors de la litière, et périt ainsi à l'âge de soixante-quatre ans! — Malgré les faiblesses qui déparent cette vie, malgré les taches qui lui ôtent de son éclat, c'est celle d'un bon citoyen, comme le reconnaissait Auguste; c'est celle du plus sage, et, quoi qu'il en soit, de l'un des plus honnêtes représentants du passé dans la grande transformation sociale de l'empire, en y comprenant même Brutus et Caton, c'est celle enfin du plus parfait écrivain du monde entier. Cicéron fut peu célébré sous Auguste; Horace et Virgile n'en parlent jamais. Dès le règne suivant, Cornélius Severus maudit la mémoire de ses meurtriers; et d'autres poëtes déplorent sa mort comme réduisant au silence l'éloquence latine. Pline l'Ancien interrompt ses écrits pour saluer la cendre de Cicéron, et Velléius Paterculus ne prononce son nom qu'avec enthousiasme. Il sort du ton paisible de l'histoire pour apostropher Marc Antoine et lui reprocher le sang d'un grand homme. Quintilien nous atteste que, pour faire leur cour à Auguste, beaucoup de lâches flatteurs s'attachèrent à critiquer les ouvrages de Cicéron. Peut-être cette nouvelle école d'éloquence qu'il avait combattue si fortement pendant sa vie, ces attiques à la tête desquels se trouvait, après la mort de Calvus et de Brutus, Salluste son ennemi, contribuèrent-ils à donner cette direction aux esprits? Peut-être encore l'esprit de parti ne fut-il pas étranger à cette injustice? Les républicains et les césariens s'accordaient pour blâmer la conduite de Cicéron. — Jeune encore, comme nous l'avons vu, il avait débuté par la poésie, ainsi que Platon et la plupart des grands prosateurs, et il revint souvent dans sa vie à ce premier exercice de son talent. Tout le monde, à cette époque, faisait des vers : chevaliers, sénateurs, patriciens et plébéiens, savants et ignorants, *indocti doctique*. A en croire Plutarque, Cicéron se fit dans ce genre plus de réputation que personne. Il écrivit soit des poëmes descriptifs, comme *Pontius Glaucus*, comme le *Nil*, etc.; soit des poëmes didactiques, comme *la Prairie* et la traduction des *Phénomènes d'Aratus*; soit des poëmes historiques, comme *Marius* et ses *Actes de son propre consulat*. Il paraît qu'il avait composé aussi quelques-unes de ces pièces satiriques ou critiques, mais toujours obscènes, que les anciens appelaient du mot général *anecdota* ou *epigrammata*. Le talent poétique de Cicéron ne mérite pas le mépris qu'on lui a prodigué sur la foi de Juvénal et du *Dialogue des orateurs*. Mais personne ne vint lui ravir la palme de la prose. Un seul homme, bien grand en effet, lui a été opposé et quelquefois préféré, Démosthène, qui avait défendu comme lui, contre un despotisme civilisateur et providentiel, la cause de l'antique liberté. C'était la pensée de Denys d'Halicarnasse, c'était l'opinion de Longin, et, parmi les modernes, Fénelon et Rousseau ont encore enchéri sur ce qu'avait de sévère pour Cicéron le jugement de ces anciens auteurs. Mais de puissants témoignages viennent de toutes parts former un contre-poids victorieux en faveur de l'orateur romain et nous autorisent à ne pas reconnaître, quant à nous, la supériorité prétendue du démagogue grec. La *Rhétorique* de Quintilien n'est qu'une longue étude de ses ouvrages, et plusieurs passages du *Traité des maux et des biens* peuvent avoir servi de modèle à Rousseau même pour cette manière brillante et passionnée d'exposer la morale, et pour cet art heureux de sortir tout à coup du ton didactique par des mouvements qui deviennent eux-mêmes des preuves. — On divise en quatre classes les œuvres de Cicéron : 1° ouvrages de rhétorique; 2° oraisons; 3° lettres; 4° ouvrages philosophiques. — Le premier ouvrage de Cicéron qui ait été imprimé est le *Traité des devoirs*. Ses œuvres de rhétorique sont : 1° les deux livres *De l'invention*; Cicéron en avait composé quatre; 2° les quatre livres *De la rhétorique, à Herennius*, ouvrage, comme le précédent, de la jeunesse de l'auteur; 3° les trois *Dialogues de l'orateur à Quintus*; 4° *Brutus* ou *Des orateurs illustres*, qu'on divisait anciennement en trois parties; 5° les *Topiques, adressées à Trébatius* : ce livre est consacré à la doctrine des arguments ou preuves judiciaires; 6° le livre *De l'orateur, à Brutus*; 7° *Dialogue sur la partition oratoire*; 8° *Du meilleur genre des orateurs*, que Cicéron avait composé pour servir de préface à sa traduction latine des *Oraisons* d'Eschine et de Démosthène. — Les oraisons de Cicéron qui sont venues jusqu'à nous sont au nombre de cinquante-neuf. Il y en a sept contre Verrès, quatre contre Catilina, trois sur la loi agraire, quatorze contre Marc Antoine, que, à l'exemple de Démosthène, Cicéron lui-même appela *Philippiques*. Les autres sont isolées. — Quant aux épîtres, ce sont : 1° les *Epîtres à divers*, appelées aussi *Epîtres familières*, divisées en seize livres qui comprennent les lettres de Cicéron et les réponses qu'on lui faisait. 2° Les *Epîtres à Pomponius Atticus*, également divisées en seize livres: elles renferment les lettres écrites par Cicéron à Atticus depuis son consulat jusqu'à la fin de ses jours. Ce fut Pétrarque qui trouva à Verceil ou à Vérone le manuscrit de ces lettres, comme celui des *Epîtres familières*, dont le manuscrit original et la copie de la main de Pétrarque se conservent à Florence dans la bibliothèque Laurentienne. Le manuscrit de celles à Pomponius est perdu; mais la copie, aussi de la main de Pétrarque, reste dans la même bibliothèque. 3° Trois livres d'*Epîtres à son frère Quintus*. Cicéron y donne à son frère des conseils et des règles pour la conduite qu'il doit tenir dans son gouvernement. La plus importante de ces lettres est la première du livre premier; elle a sans contredit servi de modèle au traité de saint Bernard, *De la considération*. 4° Livre d'*Epîtres à M. Brutus*. Il y en a vingt-cinq; mais il en est sept dont on conteste l'authenticité. — Les ouvrages philosophiques sont : 1° *Questions académiques*, appelées aussi *Livres académiques*. Cicéron avait d'abord composé deux livres qu'il avait intitulés : *Catullus et Lucullus*. Dans la suite il traita ce même sujet en quatre livres, qu'il adressa à Varron. De son premier travail il ne nous reste que le second livre; des quatre adressés à Varron il ne nous est parvenu que le premier. 2° *Des biens et des maux ;* cinq livres adressés aussi à M. Brutus. 3° Cinq livres également des *Questions tusculanes*, adressées encore à M. Brutus. 4° Trois livres *De la nature des dieux*. On a publié à Bologne (Berlin, 1811, in-8°) un prétendu quatrième livre de cet ouvrage. Après avoir établi la nécessité d'une religion, on y établit la nécessité de ses ministres. L'existence des ministres suppose un dogme; la conservation de ce dogme exige des réunions des ministres, ou, pour trancher le mot, des conciles; dans des conciles, comme dans toutes assemblées, il faut un président, un chef; et, en cas de division dans les opinions, c'est le chef qui doit l'emporter. On croit que l'auteur de ce quatrième livre est M. Buchholz ; ce qui est plus certain, c'est qu'il n'est pas de Cicéron. Lactance a, dans ses *Institutions divines*, imité le *Traité de la nature des dieux*. 5° Deux livres *De la divination* avec les *Traités du destin* et *des lois*, le premier en deux livres, dont nous n'avons que le second, encore est-il imparfait, et le deuxième en trois livres. Morebin croit que le *Traité des lois* avait été composé en six livres; il y en avait au moins cinq, puisque Macrobe cite le cinquième dans le sixième livre de ses *Saturnales*. 6° Trois livres *Des devoirs* adressés par Cicéron à son fils Marcus, alors à Athènes. C'est un extrait de Panætius le Jeune et de son disciple Hécaton, qui tous les deux avaient composé des ouvrages sous le même titre; mais cet extrait est tellement arrangé et orné, que c'est le plus beau corps que l'on ait des préceptes du droit naturel, et il est permis de croire que c'est à l'imitation de Cicéron que saint Ambroise composa ses trois livres *Des offices*. 7° *Lælius* ou *De l'amitié*, adressé à Atticus. 8° *Caton l'Ancien* ou *De la vieillesse*, dédié au même. 9° *Paradoxes*. — Outre ces ouvrages, il nous reste encore de Cicéron, 1° *le Songe de Scipion*, qui faisait partie du sixième et dernier livre de *la République*, ouvrage perdu dont les fragments retrouvés ont été habilement mis en œuvre par M. Bernardi, au moyen des passages analogues tirés des autres écrits de Cicéron, sans autre secours étranger que des fragments de Salluste et quelques citations de Tite Live et de Florus, que la liaison l'a obligé d'employer; 2° une partie de la traduction du *Timée*, dialogue de Platon ; 3° quelques passages de sa traduction en vers du poëme d'Aratus. — Les ouvrages de Cicéron qui ne sont pas venus jusqu'à nous sont : 1° vingt-six oraisons ; 2° *Commentarii causarum* ; 3° des lettres grecques et latines; 4° deux livres *De la gloire* : cet ouvrage existait peut-être encore au XVIe siècle, car Paul Manuce accuse Alcyonius de Venise d'en avoir trouvé le seul manuscrit qui existât dans une bibliothèque de religieuses, et d'avoir anéanti les deux livres après les avoir fondus dans son dialogue *De exilio;* mais cela est contredit par Tiraboschi dans son *Histoire de la littérature italienne* ; 5° *OEconomica* en trois livres, d'après Xénophon ; 6° *Protagoras*, traduction de Platon ; 7° une traduction des oraisons d'Eschine et de Démosthène sur la couronne; 8° *Laus Catonis*, qui donna lieu à l'*Anti-Caton* de César; 9° *De philosophia liber*, appelé aussi *Hortensius* ; 10° *De jure civili* ; 11° *Liber de suis conciliis* ; 12° *De auguris* ; 13° *Consolatio, sive De luctu minuendo*; 14° *Chorographia* ; 15° des poëmes héroïques : *Alcyones*, *Limon*, *Marius*, et *De consulatu suo, sive de suis temporibus, libri tres*; 16° *Tamelastis*, élégie; 17° un poëme (*Jocularis Libellus*), dont Quintilien rapporte deux vers; 18° *Pontius Glaucus*, poëme qu'il avait composé dans sa jeunesse ; 19° *Anecdota*, dont il parle lui-même dans ses Lettres à Atticus. Il paraît qu'il avait traduit en vers latins les passages les plus remarquables et peut-être même des livres entiers d'Homère. — Plusieurs ouvrages ont été attribués ou contestés à Cicéron. A ceux qui ont déjà été cités il faut ajouter : 1° *Oratio ad populum et equites antequam iret in exilium*; 2° *Epistola ad Octavium*, que Paul Manuce a imprimée à la suite des Epîtres à Quintus ; 3° *Oratio de pace*, que Méronville a fait entrer dans son édition des oraisons ; 4° *Oratio adversus Valerium*, qui fourmille de solécismes : aussi est-elle retranchée des éditions de Cicéron, où elle avait été glissée pour la première fois par Ph. Béroalde; 5° *Consolatio*, à l'occasion de la mort de Tullie, que l'on a attribuée à Vianello, mais qu'on prétend être de Sigonius; 6° *Liber de synonymis* : Erasme pense que cet ouvrage n'est autre chose qu'un extrait des mots de Cicéron ; 7° *De re militari* ; 8° *Orpheus, sive De adolescente studioso*, qu'on suppose adressé au fils de Cicéron pendant qu'il était à Athènes; 9° *De memoria*, que l'on croit être de Tiron, affranchi de Cicéron ; 10° *Notæ tachygraphicæ*, que Trithème attribue à Cicéron, mais qui sont plutôt du même Tiron; 11° enfin *De petitione consulatus*, qui, quoique imprimé dans les œuvres de Cicéron, n'est pas de lui, mais lui fut adressé par son frère. — Il serait impossible d'énumérer tous les éditeurs, traducteurs et commentateurs de Cicéron; il suffira de citer les principales éditions de ses œuvres complètes. On divise ces éditions en sept âges ou époques. Le premier âge comprend les premières éditions faites en Allemagne et en Italie des traités séparés. Avec le second âge commencent les éditions des œuvres complètes : la plus ancienne de toutes est celle de Milan, 1498-1499, 4 vol. in-fol. Le troisième âge date de l'édition de P. Vettori (Victorius), Venise, L.-A. Junte, 1534-1537, 4 vol. in-fol. réimprimée à Paris chez Robert Estienne, 1528-1529, 4 vol. in-fol. Le quatrième âge comprend l'édition de Paul Manuce, avec ses Scolies, Venise, 1540-1541, 10 vol. in 8°, et celles que, d'après Paul Manuce, donnèrent Robert Estienne, 1543-1544, 8 vol. in-8°, et Charles Estienne, 1552, 2 vol. in-fol. C'est au cinquième âge que se rapporte l'édition de Denys Lambin, critique savant, interprète habile, mais correcteur téméraire, Paris, 1566, 2 tomes en 3 vol. in-fol. Jean Gruter, antagoniste de Lambin et respectant quelquefois jusqu'aux mauvaises leçons des manuscrits, ouvrit le sixième âge en donnant son édition avec des notes critiques, Hambourg, 1618, 4 vol. in-fol.; et c'est cette édition qu'ont suivie Jean Gronovius dans celle qu'il donna à Leyde, Isaac Verburg dans celles qu'il publia à Amsterdam, et Ernesti dans ses deux premières éditions. Dans l'intervalle avaient paru les éditions de Leyde, Elzevir, 1642, 10 vol. petit in-12, et par les soins de C. Schrevelius, celle d'Amsterdam, L. Elzevir, 1661, 2 vol. in-4°. Ce fut d'après toutes les éditions qui existaient déjà que d'Olivet donna sa belle et précieuse édition, Paris, 1740-1742, 9 vol. in-4°, reproduite avec des notes à Padoue, à Genève, à Glascow, et avec quelques retranchements à Oxford. Lallemand donna son édition de Cicéron, Paris, Barbou, 1768, 14 vol. in-12. Le septième âge date de la troisième édition donnée par Ernesti, Halle, 1774-1777, 7 vol. in-8°. Avec les tables réunies sous le nom de *Clavis Ciceronia*, que M. Leclerc a considérablement augmentées dans son édition, sans essayer de les compléter entièrement. Celle de Schutz, Leipzig, 1814-1823, 20 tomes in-8° formant 28 vol., où le texte est trop souvent dénaturé par l'inconcevable hardiesse de l'éditeur, clôt cet âge. Les quatre derniers tomes (7 vol.) de cette édition contiennent un *Lexicon Ciceronianum* beaucoup plus étendu que la clef d'Ernesti. Mais les nouveaux fragments publiés postérieurement à tous ces travaux par M. Maï en 1814 et 1822, par M. Niebuhr en 1820, par M. Amédée Peyron en 1824, manquent à toutes ces éditions. La première qui ait été vraiment complète est celle de M. Leclerc, en latin et en français, 1821-1825, 30 vol. in-8°, et 1823-1827, 35 vol. in-18. Cette édition est une des plus estimées, tant pour le texte que pour les traductions, qui ont toutes été faites par le savant éditeur. Le tome 29 contient les ouvrages récemment découverts à Milan et à Rome. Depuis, la collection de M. Lemaire et celle de M. Panckoucke ont également donné tout ce qui nous reste de Cicéron. Ils avaient été précédés par M. Amar, 1823-1825, 18 vol. in-32. Plusieurs autres éditions ont paru ensuite en Allemagne; il faut distinguer celle de M. Orelli, Zurich, 1826, 5 vol. in-8°, à laquelle sont joints deux volumes contenant les scoliastes de Cicéron. — Les traducteurs principaux des œuvres de l'orateur romain, soit en tout ou en partie, sont: Cassagne, pour les trois livres du *Dialogue de l'orateur;* Ch. Dallier, pour le *Dialogue des orateurs illustres;* il avait eu des prédécesseurs en Giry et Villefore. *L'Orateur* a été traduit par MM. Daru et Nongarède; il l'avait déjà été par Colin. Charbury a traduit les *Partitions oratoires;* Jacob, avocat, les quatre *Lettres à Herennius,* sous le titre de *Rhétorique de Cicéron;* Villefore, les *Oraisons;* d'Olivet et Bellet, les *Catilinaires.* Des *Oraisons choisies* ont été traduites par Etienne Philippe, et plus tard par M. Bousquet. Wailly a revu des *Oraisons choisies,* traduites par Villefore. Auger a donné une traduction des *Oraisons choisies.* Sa traduction de toutes les oraisons fait partie de ses œuvres posthumes. M. Truffer a traduit les *Harangues de Cicéron contre Verrès,* intitulées *Des statues et des supplices.* M. Henri a publié: *Discours de Cicéron, traduits et analysés,* 1808, in-12. Les *Lettres familières* ont eu plusieurs traducteurs, entre autres Dolet, Dubois, Godouin et Prévost. Les *Lettres à Atticus* ont été traduites par Saint-Réal et par Mongault; la *Lettre politique de Cicéron à son frère Quintus,* par Lecomte et aussi par Prévost; le livre unique des *Lettres à Brutus,* par Laval et encore par Prévost. M. le Deist de Botidoux a traduit les *Lettres de Cicéron à Brutus et de Brutus à Cicéron;* M. Morellet, une *Lettre de Cicéron à Brutus.* Il existe aussi des traductions des *Académiques,* par Castillon et D. Durand; des *Traités des vrais biens et des vrais maux* et *de la divination,* par Régnier-Desmarest; des *Tusculanes,* par Bouhier, Dolet et Maucroix; des *Entretiens sur la nature des dieux,* par d'Olivet, Lefèvre de la Boderie et le Masson; *des Lois,* par Morabin, et *des Offices,* par Dubois et Barrest. M. Brosselard a donné une traduction de ce dernier ouvrage sous ce titre: *Des devoirs de l'homme.* M. Gallon-Labastide l'a également traduit. Les livres *De la vieillesse, De l'amitié,* les *Paradoxes,* le *Songe de Scipion* et la *Lettre politique à Quintus* ont été souvent traduits ensemble, principalement par Barrest, Dubois, Mignot, Geoffroy; la traduction du *Traité de l'amitié* est de Langlade, celle des *Traités de la vieillesse et de l'amitié* appartient au Bailly de Rességnier. M. Gallon-Labastide a donné une traduction nouvelle des *Traités de l'amitié et de la vieillesse,* et des *Paradoxes,* en 1804. Les *Pensées de Cicéron,* traduites par d'Olivet, souvent réimprimées, ont été traduites de nouveau par M. Louis Leroy. Les *Pensées morales de Cicéron,* recueillies et traduites par Lévesque, font partie de la *Collection des moralistes anciens,* 1782, in-8°. Les meilleures traductions des ouvrages philosophiques ont été recueillies sous le titre d'*Œuvres philosophiques de Cicéron,* 1795, 10 vol. in-8°. La traduction de Cicéron par Durier, la seule complète, ne mérite pas d'être mentionnée. Une traduction nouvelle par MM. Demeusnier, Clément, et Gueroult, a paru à la fin de 1812. Quelques ouvrages y sont traduits pour la première fois. M. de Lally-Tolendal a aussi fait une bonne traduction des discours de Cicéron, à laquelle Laharpe se plaisait à prédire du mérite. L'édition récente de MM. Panckoucke a pour traducteurs les meilleurs littérateurs contemporains, parmi lesquels figurent MM. Andrieux, Charpentier, Delcasso, Deguerle, Durosoir, Golbéry, Matter, Stiévenart, etc.

Il nous reste à dire quelque chose des autres membres de la famille de Cicéron qui portaient le même nom que lui. — Son frère QUINTUS épousa la sœur de Pomponius Atticus, dont le caractère acariâtre finit par amener un divorce. Après avoir été préteur, il obtint, en l'année 692, le gouvernement de l'Asie, où sa hauteur excita quelque mécontentement et amena les lettres de Cicéron, dont nous avons parlé. Revenu à Rome, il exposa plusieurs fois sa vie pendant l'exil de Cicéron, dans les luttes entre Clodius et les tribuns qui proposaient le rappel de son frère. En 699, il fut un des lieutenants de Pompée, chargé de l'approvisionnement de Rome, et bientôt après lieutenant de César dans les Gaules, d'où il le suivit dans son expédition de la Grande-Bretagne, puis de son frère en Cilicie. Dans la guerre civile, il suivit celui-ci au camp de Pompée. Après la bataille de Pharsale, il s'enfuit en Asie avec son fils, et sollicita son pardon du vainqueur en mettant tous les torts sur le compte de son frère. Bientôt réconcilié avec lui, il fut comme lui victime de la haine d'Antoine et tué avec son fils. Il nous reste de lui un *Traité sur la candidature pour le consulat* et deux petites pièces formant une vingtaine de vers, qui se trouvent dans le *Corpus poetarum* de Mettaire. Il paraît qu'il avait aussi publié des annales, et Cicéron cite dans ses lettres les noms de trois tragédies: *Erigone, Electre, la Troade,* que Quintus avait composées en quinze jours, avec une quatrième dont le titre nous est inconnu; ce qui annonce chez lui un talent marqué pour la poésie. Il avait eu le projet d'un poëme sur l'expédition de César dans la Grande-Bretagne et avait invité son frère à y concourir. Leur mort commune en empêcha l'exécution. — Son fils, nommé comme lui QUINTUS, après avoir donné à son père et à son oncle de nombreux sujets de plainte, s'honora par la piété filiale qu'il montra dans ses derniers moments. Découvert par les satellites d'Antoine, qui voulaient lui arracher le secret de la retraite de son père, il supporta les plus cruelles tortures; et quand ce malheureux père, instruit de sa persévérance, vint se présenter aux bourreaux, chacun d'eux implorant la faveur de mourir le premier, ces misérables, émus autant qu'ils étaient capables de l'être, les séparèrent et les frappèrent tous deux en même temps.

**CICÉRON** (MARCUS), fils de l'orateur, survécut seul aux proscriptions qui avaient fait périr sa famille. Né en 688 à Arpinum, il avait à peine dix-sept ans lors de la bataille de Pharsale, où il assista. Son caractère et ses dispositions donnaient de la satisfaction à Cicéron, qui en parle souvent avec éloge. Pendant son séjour à Athènes, sa dissipation, causée par les mauvais exemples du rhéteur Gorgias, donna quelques chagrins à son père; mais il rentra bientôt en grâce avec lui, et ne paraît pas lui avoir causé d'autres désagréments. Il avait eu un commandement dans l'armée de Brutus, qui en parle à Cicéron avec beaucoup de bienveillance. Brutus mort, il alla rejoindre Sextus Pompée, et ne rentra dans Rome qu'après la paix conclue entre ce dernier et les triumvirs. Il y resta longtemps sans prendre part aux affaires publiques; Pline dit même qu'il s'y livra aux excès de la table. Nommé consul par Auguste après sa rupture avec Antoine, il fut chargé de faire exécuter le décret qui ordonnait la destruction des monuments élevés en l'honneur d'Antoine. On le voit encore proconsul en Asie et en Syrie; là on perd sa trace, et le reste de sa vie comme l'époque de sa mort, sont totalement inconnus. Deux lettres adressées à Tyron sont tout ce qui reste de lui.

**CICERONE**, s. m. (on prononce *chichéroné*), mot emprunté de l'italien. Celui qui montre aux étrangers les curiosités d'une ville.

**CICÉRONIANISME**, s. m. (*littér.*), style de Cicéron; imitation de ce style; roideur et longueur affectée des périodes. — CICÉRONIANISME (*philos.*) (*V. Philosophie cicéronienne,* au mot CICÉRONIEN).

**CICÉRONIEN, IENNE**, adj. qui est imité de Cicéron. Il se dit du style, des phrases, etc. — *Philosophie cicéronienne,* ensemble des opinions philosophiques de Cicéron. Ce philosophe admettait comme *criterium pratique* le consentement de tous les peuples, et comme *criterium spéculatif,* les probabilités de la nouvelle académie. En morale, il inclinait vers le stoïcisme. — CICÉRONIEN, s. m. (*philol.*). Il s'est dit des membres d'une espèce de secte littéraire qui prétendait que Cicéron était le seul auteur qu'on dût lire et imiter. — *Le Cicéronien,* titre d'un dialogue d'Erasme, dans lequel ce critique s'élève contre l'admiration outrée et exclusive que l'on professait pour Cicéron.

**CICÉRONISER**, v. n. (*littér.*). Il s'est dit pour imiter le style et les formes de Cicéron.

**CICERONIS VILLA** (*géogr. anc.*), maison de campagne de Cicéron, près de Puteoli.

**CICH-CIEH** (*ornith.*), nom que porte, à Turin, le gobe-mouche, *muscicapa grisola* Linn.

**CICHE** (*botan.*) (*V.* CICÉROLE).

**CICHLE** (*ichthyol.*), *cichla.* M. Schneider (*M. E. Blochii systema ichthyologiæ*) a établi le premier, sous ce nom, un genre de poissons qu'il a placé parmi ses HEPTAPTÉRYGIENS THORACIQUES. M. Cuvier l'a depuis adopté, et l'a mis dans la cinquième tribu de la quatrième famille de ses poissons ACANTHOPTÉRYGIENS, ou celle des PERCOÏDES. Il appartient à la famille des léiopomes de M. Duméril (*V.* ces divers mots). Le genre cichle, qui a été démembré des labres de Linnæus et de M. de Lacépède, offre les caractères suivants: *Dents en velours ou en carde; une seule nageoire du dos; les opercules sans épines ni dentelures; la bouche un peu protractile, bien fendue.* — On distinguera facilement les cichles des labres, qui ont des doubles lèvres charnues et des dents non disposées en velours; des canthères, qui ont le museau peu fendu et peu protractile; des pristipomes, qui ont le bord du préopercule dentelé; des spares, qui ont deux nageoires dorsales. — Les espèces de cichles sont assez multipliées dans l'ouvrage de M. Schneider; mais plusieurs appartiennent au genre CANTHÈRE (*V.* ce mot); d'autres à celui des dentex, etc. Celles dont nous croyons devoir parler en particulier sont: La CICHLE OCELLAIRE, *cichla ocellaris* Schn., tab. 66. Bouche grande, obliquement fendue;

mâchoire inférieure plus longue, pointue; dents très-petites; deux bandes transversales brunes; une tache de même couleur vers la fin de la nageoire dorsale; une autre tache ronde, noire, bordée de blanc à l'origine de la nageoire caudale; nageoire dorsale échancrée dans son milieu; celle-ci et l'anale couvertes vers leur base par de petites écailles, et parsemées de taches blanches, arrondies dans les intervalles de leurs rayons; deux os rugueux dans la région du palais. Des Indes orientales. — La CICHLE FOURCHE, *cichla furca;* labre fourche, *labrus furca* Lacép. Dernier rayon de la nageoire dorsale et dernier rayon de la nageoire anale très-longs; les deux lobes de la caudale pointus et très-prolongés; la mâchoire inférieure plus avancée que la supérieure. Découverte et figurée par Commerson dans le grand golfe de l'Inde, et dans la mer qui sépare la Nouvelle-Hollande du continent de l'Amérique. M. Duméril a reconnu que ce poisson est le même que le caranxomore sacrestin. (*V.* CARANXOMORE). — La CICHLE HOLOLÉPIDOTE, *cichla hololepidota, labrus hololepidotus* Lacép. Caudale très-arrondie; tête et opercules garnis d'écailles semblables à celles du dos; chaque opercule terminé en pointe. Découverte et décrite par Commerson dans le grand Océan équatorial. Le mot hololépidote est tiré du grec et signifie *entièrement écailleux;* la surface entière de ce poisson est en effet couverte d'écailles. — CICHLE BRÈME DE MER, *cichla brama* Schn. (*V.* CANTHÈRE). — CICHLE DENTÉE, *cichla dentex* Schn.; *sparus dentex* Bloch. (*V.* DENTEX). — CICHLE PÉLAGIQUE, *cichla pelagica* Schn.; *scomber pelagicus* Linn.; *scombre monoptère* Daubenton (*V.* CARANXOMORE). — CICHLE MACROPTÈRE, *cichla macroptera* Schn.; c'est le CHÉILODACTYLE FASCIÉ de M. de Lacépède (*V.* ce mot).— CICHLE A QUEUE ROUGE, *cichla erythura* Schn.; *sparus erythurus* Bloch (*V.* PICAREL et SMARE). — CICHLE DE SURINAM, *cichla surinamensis* Schn.; *sparus surinamensis* Bloch (*V.* CHROMIS). — CICHLE TACHETÉE, *cichla maculata* Schn (*V.* DENTEX). — CICHLE A GOUTTELETTES, *cichla guttata* Schn. (*V.* DENTEX). — CICHLE PONCTUÉE, *cichla punctata* Schn. (*V.* DENTEX).— Ces trois dernières espèces sont des persègues dans Bloch.

**CICHOCIUS** (GASPARD), chanoine et curé de Sandomir, était de Tarvowitz, ville de la petite Pologne. Il fut reçu maître ès arts l'an 1567. On a de lui deux ouvrages : l'un intitulé *Anatomia*, qui est une espèce d'apologie des jésuites; l'autre *Alloquia occiciana*, qui est contre les hérétiques.

**CICHORIO-AFFINIS** (*botan.*). Plukenet a nommé ainsi la *sigesbeckia orientalis* Linn.

**CICHORIUM** (*botan.*), nom latin du genre CHICORÉE (*V.* ce mot).

**CICHYRE**, Κίχυρος, CICHYRUS, fils du roi de Chaonie, tua sa maîtresse Panthippe en croyant frapper une panthère, et de désespoir se précipita du haut d'un rocher. On bâtit là, en son honneur, une ville de même nom.

**CICHYRUS** (*géogr. anc.*), nommée précédemment Ephra, ville d'Épire, sur la côte, à l'embouchure de l'Achéron, près du Glykys-Limen.

**CICI** (*botan.*). Gessner nommait ainsi le ricin ordinaire, au rapport de C. Bauhin.

**CICI** (*ornith.*). Ce nom est donné, à la Martinique, suivant M. Moreau de Jonnès (Monographie des vipères trigonocéphales), à un bruant vert olive, *luxia indicator*, qui, par son vol circulaire et par ses cris, découvre aux hommes la retraite de la *vipère-fer-de-lance*.

**CICIDA** (*ornith.*). Ce nom, qui se trouve sur le vocabulaire extrait d'un manuscrit de l'an 1420, imprimé à la fin du *Prodromus historiæ avium* de Klein, désigne la mésange charbonnière; *parus major* Linn.

**CICIGNA** (*erpétol.*), nom italien d'un seps vivipare à trois doigts (*V.* SEPS et CECELLA).

**CICINDÈLE** (*hist. nat.*), genre d'insectes de la section des pentamères, famille des carnassiers, tribu des cicindélètes, ayant pour caractères : pénultième article des tarses entier, abdomen en carré long, arrondi postérieurement; palpes maxillaires intérieurs très-distincts, et les extérieurs au moins aussi longs que les labiaux. Les cicindèles ont la tête saillante, les mandibules très-développées, fortement dentées intérieurement, susceptibles d'un très-grand écartement quand l'insecte veut s'en servir; les yeux gros; le corselet presque cylindrique; l'abdomen beaucoup plus large que le corselet. Ces insectes habitent habituellement les endroits sablonneux, soit dans les bois, soit au bord de la mer; ils vivent de chasse, prennent leur vol avec rapidité, mais se reposent à quelques pas pour s'envoler de nouveau. La larve d'une espèce, la cicindèle hybride, a été étudiée avec soin. Cette larve est longue d'environ un pouce, d'un blanc sale. Son corps est formé de douze segments dont le premier ainsi que la tête sont écailleux, vert bronzé en dessus, bruns en dessous; la tête est plus large que le corps, concave en dessus, convexe en dessous; cette partie est en outre partagée par un sillon qui la fait paraître comme bilobée; des deux côtés de la tête et en arrière sont situés les yeux, composés de six ocelles dont quatre plus forts; les antennes n'offrent que quatre articles; enfin la bouche offre beaucoup d'analogie avec celle de l'animal parfait; le premier segment du corps, celui qui est coriace, a une forme demi-circulaire; il donne attache à la première paire de pattes; les deux autres sont fixées aux segments suivants; les pattes sont coriaces et brunes, le huitième segment du corps offre une particularité remarquable : il est muni à la partie dorsale de deux tubercules couverts de poils et armés à l'extrémité de crochets. Le renflement occasionné par ces tubercules donne au corps la forme d'un Z; l'extrémité du corps s'atténue insensiblement jusqu'à l'ouverture de l'anus. Cette larve se creuse dans le sable un trou de près de huit pouces de profondeur; pour parvenir à exécuter un pareil travail, elle se sert de ses pattes et de ses mandibules; mais, pour vider les déblais, le dessus de sa tête fait l'office d'une hotte : l'insecte y charge les matériaux qui lui nuisent, et, regrimpant son trou à l'aide de ses pattes, et se cramponnant à l'aide des crochets dont sont armés les mamelons de son dos, il parvient à se débarrasser, à force de répéter ce manége, et vient à bout de terminer son habitation. Il se met alors en embuscade à l'entrée de son trou, sa tête dans ces moments se trouve au ras du sol et en bouche entièrement l'ouverture; s'il passe à sa portée un insecte, il le saisit avec ses mandibules, baisse la tête, fait une culbute et précipite sa proie au fond du trou où il la déchire à loisir. Lorsque les cicindèles veulent changer de peau ou passer à l'état de nymphe, elles bouchent l'entrée de leur trou. — Ce genre est très-nombreux; on peut voir une partie des espèces qu'il renferme dans l'*Iconographie des coléoptères d'Europe* et dans le *Species des insectes* de la collection de M. le comte Dejean, qui en contient presque une monographie. — CICINDÈLE CHAMPÊTRE, *cicindela campestris* Linn. (Icon., *Col. d'Europe*, pl. 2, fig. 3). Longue de six lignes, vert doré; le labre et les mandibules blanches, et des bandes blanches au nombre de dix sur les élytres. Les pattes sont cuivreuses. — CICINDÈLE GERMANIQUE, *cicindela germanica* Fabr. (Icon., *Col. d'Europe*, pl. 6, fig. 2). Longue de cinq lignes; corps beaucoup plus allongé et plus cylindrique que celui de la précédente; tête et corselet vert bronzé; élytres bleuâtres avec deux taches blanches à la partie terminale et médiane de la côte externe, et une bande blanche à sa terminaison. Cette espèce vit particulièrement sur les graminées. — La CICINDÈLE HYBRIDE, *cicendela hibrida*, est voisine de la champêtre; mais le fond de sa couleur est d'un bronzé brun. C'est une des plus communes en France.

**CICINDÉLÈTES**, *cicindeletæ* Juss., tribu de coléoptères de la section des pentamères, famille des carnassiers, division de ceux appelés terrestres. Les caractères qui distinguent cette première tribu sont d'avoir les mâchoires terminées par un onglet mobile, et la languette entièrement cachée par le menton; leurs yeux sont très-gros et saillants; les mandibules, très-avancées, sont fortement dentées intérieurement; leurs pieds longs en font des insectes vifs à la course et très-prompts dans leurs mouvements; la plupart même volent avec une grande facilité. On ne connaît encore les larves que de deux espèces du genre cicindèle proprement dit; elles sont aussi carnassières que l'insecte parfait. A l'exception de ce genre, dont l'Europe offre un assez grand nombre d'espèces, tous les insectes composant cette tribu appartiennent aux contrées chaudes des autres continents (*V.* CICINDÈLE, MANTICORE, COLLIURES, THÉRATES).

**CICINNIE**, **CICINNIA**, est donnée comme une des déesses de la volupté, une colytta inférieure ou partielle. Rac. vulgaire : κινεῖν, agiter. — Κίκιννος, d'où le latin *cincinnus*, cheveu bouclé, pourrait être l'étymologie vraie de Cicinnie. Cette divinité serait dans ce cas la déesse de la frisure, et par suite de la toilette.

**CICINNIS**, s. f. (*antiq. gr.*), genre de danse propre à la comédie.

**CICINNURUS** (*ornith.*). M. Vieillot a formé ce genre du manucode, extrait des *paradisea* de Linnæus. C'est le quatre-vingt-huitième de sa méthode.

**CICIOLO** (*botan.*), nom donné en Italie à une espèce d'agaric très-délicate et fort recherchée. C'est elle que les Provençaux nomment boulingoule, *bolus gulæ*, qui est l'oreille-de-chardon, *agaricus eryngii*, Decand.

CICIRRUS (MESSIUS), homme qu'Horace met aux prises avec un esclave nommé Sarmentus.

CICISBÉE (*V.* SIGISBÉE).

CICLA (*botan.*), nom ancien, cité par C. Bauhin, de l'espèce de poirée blanche que Linnæus a nommée, pour cette raison, *beta cicla*.

CICLÆ (*ornith.*). C'est ainsi que Belon (De la nature des oiseaux, liv. VI, ch. 31) écrit le mot grec κίχλη, *kichlé*, par lequel Aristote désigne les grives, *turdi* des Latins, qu'il distingue ensuite en plusieurs espèces.

CICLAMOR, s. m. (*blason*), espèce de bordure de l'écu, ou des pièces dont il est orné. On dit mieux *orle* (*V.* ce mot).

CICLATUNS (*vieux langage*) (*V.* SIGLATON).

CICLE (*ichthyol.*). M. Cuvier écrit ainsi le nom des poissons que nous avons décrits à l'article cichle (*V.* ce mot).

CICLOPHORE (*conch.*), *cyclophorus*. C'est le nom sous lequel M. Denys de Montfort sépare quelques espèces de cyclostomes qui sont ombiliquées, et dont les bords de l'ouverture sont renflés en bourrelets; ainsi, par exemple, le *cyclophorus volvulus* de quelques auteurs, *helix volvulus* de Muller, que l'on trouve dans les canaux du Delta, en Egypte, et surtout dans ceux d'Alexandrie, et qui est fluviatile, appartient à ce genre; M. Denys de Montfort lui donne le nom de ciclophore volvé. C'est une coquille assez épaisse, à tours de spire arrondis, avec un ombilic très-prononcé à tout âge, dont les lèvres, réunies circulairement et formant un bourrelet épais, sont blanches, ainsi que l'intérieur; le reste est d'un jaune doré, entremêlé de fauve, tacheté de blanc et rayé à la base.

CICLOSTOME (*conch.*) (*V.* CYCLOTOME).

CICOGNA (PASQUAL), doge de Venise, fut élevé à cette dignité en 1585. Sous son gouvernement, la république reconnut la première Henri IV comme roi de France, malgré les excommunications du pape. Ce doge contribua beaucoup à l'embellissement de Venise, et fit bâtir en terre ferme la forteresse de Palma-Nuova. Il mourut en 1595.

CICOGNA (*ornith.*), nom italien de la cigogne.

CICOGNA (*ornith.*), ancienne orthographe de la version française du mont *ciconia*, qu'on écrivait aussi *cicoigne* et *cigongne* (*V.* CIGOGNE).

CICOGNARA (LÉOPOLD, COMTE DE), célèbre antiquaire, né en 1767 à Ferrare, d'une famille patricienne, fit ses études à l'université de Paris, et, après avoir reçu le laurier doctoral dans la faculté de droit, se rendit à Rome, où il se lia bientôt avec les artistes et les amateurs les plus distingués. Quelques paysages qu'il exécuta vers le même temps firent concevoir de ses talents comme peintre des espérances qu'il n'a pas réalisées. De Rome il alla voir Naples et la Sicile, où il reçut de la reine Caroline un accueil qui, dit-on, causa de la jalousie à Acton. Il revint en Italie, et s'établit à Modène; il se trouvait dans cette ville lorsque l'invasion des Français changea momentanément la face du pays. Elu membre du corps législatif de la république cisalpine, il fut ensuite son ministre à Turin; puis, lors de la création du royaume d'Italie, il prit place au conseil d'Etat; mais en 1808 il se démit de cette charge, et vint à Venise occuper celle de président de l'académie des beaux-arts, dont on doit le regarder comme le second fondateur. En 1815, il profita du retour de la paix pour visiter les principales villes d'Europe, dans le but d'accroître encore sa précieuse collection d'ouvrages d'art, que des raisons de convenances le déterminèrent à céder en 1827 au pape Léon XII, et qui se trouve maintenant divisée entre les bibliothèques de la Sapience et de la Minerve. Les tracasseries de la police autrichienne le forcèrent de quitter Venise et d'aller habiter les Etats romains pendant quelques années. Le désir de terminer un grand travail qu'il avait entrepris sur les anciens monuments de Venise le ramena dans cette ville en 1830, et il y mourut en 1834. Cicognara, membre des principales académies de l'Europe, était correspondant de l'Institut de France. Outre quelques opuscules moins importants, on a de lui : *Storia della scultura dal risurgimento delle belle arti in Italia*, Florence, 1813-18, 3 vol. in-fol.; Prato, 1833-25, in-8°. Cet ouvrage, resté le premier titre de Cicognara, n'est point exempt d'erreurs ni de partialité pour ses compatriotes, qu'il loue uniquement, sans tenir compte des travaux des sculpteurs français. Il a été critiqué solidement, même en Italie. *Le Fabriche piu cospicue di Venezia*, 1820, 2 vol. in-8°; *Catalogo ragionato dei libri d'arte e d'antichita*, Pise, 1821, 2 vol. in-8°. C'est le catalogue de sa bibliothèque. *Memorie per servire a la storia della calcographia*, Prato, 1821, in-8°. *Les Chefs-d'œuvre de Canova*, 1823, in-8°. Cicognara était l'ami et l'admirateur de ce grand artiste.

CICOGNAT ou CICONEAU, s. m. (*hist. nat.*), petit de la cigogne.

CICOGNINI (HYACINTHE-ANDRÉ), Florentin qui vécut au milieu du XVIIe siècle, regardé par quelques-uns comme le créateur du genre de l'opéra; mais d'autres lui contestent cet honneur.

CICOLINA (*erpétol.*), nom italien de l'orvet fragile.

CICONES (*géogr. anc.*), peuple de Thrace, dans le voisinage de l'Hèbre. A son retour de Troie, Ulysse les subjugua, et pilla Ismare, leur capitale, pour les punir d'avoir donné des secours à Priam. Les femmes de cette contrée mirent Orphée en pièces, pour se venger de ses mépris.

CICONIEN, IENNE, adj. (*hist. nat.*), qui ressemble à la cigogne.

CICONIENS, s. m. pl. (*hist. nat.*), famille d'oiseaux.

CICONIUM PROMONTORIUM (*géogr. anc.*), promontoire de l'Asie-Mineure, sur le Bosphore de Thrace.

CICONUM FLUMEN (*géogr. anc.*), rivière de Thrace, au pays des Cicones. On croit que c'est le même que le Lissus.

CICONUM MONS (*V.* ISMARA).

CICOYRUS (*géogr. anc.*) (*V.* CICHYRUS).

CICUNEA (*ornith.*), nom latin sous lequel était anciennement connue la chouette ou grande chevêche, *strix ulula* Linn.

CICUNIA (*ornith.*). Dans Belon, ce mot est considéré comme synonyme de *corvus nocturnus*, ou *nycticorax*.

CICURATION, s. f. (*néol.*), action d'apprivoiser les animaux, de les rendre domestiques.

CICURINUS (*antiq. rom.*), surnom d'une branche de la famille Veturius (*V.* ce nom).

CICUS ou CIDARIS (*géogr. anc.*), rivière de Thrace, qui se perdait dans le port de Byzance.

CICUTA, vieux usurier fort avare, dont parle Horace.

CICUTA (*bot.*) (*V.* CIGUE).

CICUTAIRE, *cicutaria* (*botan. phan.*). C'est une des trois plantes désignées en français sous le nom de *ciguë*, et qui possèdent des propriétés vénéneuses à un degré plus ou moins énergique. Celle-ci, qui, comme les autres, appartient aux ombellifères, pentandrie digynie, est caractérisée par un involucre d'une seule foliole ou nul, par un involucelle de trois à cinq folioles linéaires; des pétales cordiformes entiers, à peu près égaux; un fruit subglobuleux, marqué de cinq côtes sur chaque face, et surmonté de cinq petites dents. On distingue la cicutaire de la grande ciguë ou *conium*, par son involucre non polyphylle, et son fruit à côtes simples, non crénelées; et de l'*æthusa*, ou petite ciguë, parce que cette dernière a des pétales inégaux et des fruits plus allongés. — La CICUTAIRE AQUATIQUE ou CIGUE VIREUSE, *cicutaria aquatica* Lamarck (*cicuta virosa* Linn.), espèce européenne du genre, est commune dans les marécages du nord de la France et de l'Allemagne. Sa tige, rameuse et haute de deux à trois pieds, est garnie de feuilles amples, découpées en un grand nombre de folioles dentées. Les fleurs sont blanches. La racine, charnue, creuse et coupée de diaphragmes, répand un suc jaunâtre, âcre, et vénéneux comme tout le reste de la plante. On la regarde même comme plus active que la grande ciguë; elle manquait aux juges d'Athènes, lorsqu'ils condamnèrent Socrate et Phocion. On s'en sert quelquefois comme narcotique. — Deux autres espèces de *cicutaire* croissent en Amérique, et sont également vénéneuses.

CICUTÉ, ÉE, adj. (*pharm.*), qui est imprégné de ciguë.

CICUTIN, s. m. ou CICUTINE, s. f. (*chimie*), nom donné par Brande à un alcaloïde particulier qu'il a signalé dans la grande ciguë (*conium maculatum* Linn.). C'est ce même principe que M. Giseke a indiqué sous le nom de *coniin*. Son existence n'est pas encore démontrée.

CID. On a donné en Espagne les surnoms *del mio Cid*, c'est-à-dire *monseigneur*, et de *Campeador*, héros incomparable, au célèbre don Rodrigue ou Ruy Diaz, comte de Bivar, né en 1026, ou plus tard, vers l'année 1045, selon d'autres auteurs. Jadis on ne connaissait l'histoire de ses amours que par la tragédie de Corneille. Don Rodrigue, l'idéal des vertus héroïques de son siècle, la fleur de la chevalerie espagnole, aimait aussi tendrement qu'il en était aimé la jeune Chimène, fille du comte Lozano de Gormaz, qui, avec Diégo, père de Rodrigue, était le chevalier le plus distingué de la cour de Ferdinand I$^{er}$, roi de Castille. La haute considération dont jouissait Diégo à cette cour excita cependant la jalousie de Gormaz et mit la désunion entre les deux pères; il y eut entre eux un duel. Le vieux Diégo, blessé et insulté par Gormaz, chargea son fils de le venger. L'honneur l'emporta sur l'amour dans le cœur de Rodrigue, et Gormaz succomba. Chimène de son côté ne put céder à la voix de son amour, et dut appeler la vengeance sur la tête de son amant. Rodrigue le souhaitait lui-même pour apaiser les douleurs de son cœur déchiré; mais Chimène ne put trouver de chevalier qui voulût s'essayer contre le jeune héros. Cinq rois maures avaient, sur ces entrefaites, envahi une partie de la Castille, répandant partout le ravage et la mort; Rodrigue, à peine âgé de vingt ans, mais impatient de trouver une distraction à ses chagrins, s'élança aussitôt sur son coursier Babiéça, et à la tête de ses vaillants vassaux, il alla combattre ces ennemis formidables, qui cessèrent bientôt d'être la terreur du pays. Il envoya les cinq rois prisonniers à Ferdinand: celui-ci, plein de reconnaissance, fit amener la belle Chimène devant lui, et l'accorda à Rodrigue. Les deux amants se marièrent peu de temps après à Valence. Ferdinand réunit la Galice, les royaumes de Léon et d'Oviédo à la Castille, et si la renommée l'a surnommé le Grand, c'est à Rodrigue qu'il en est redevable. Ferdinand se trouvant quelque temps après en contestation avec Ramire, roi d'Aragon, au sujet de la possession de Calahorra, ce dernier appela Ferdinand en duel, et lui envoya à sa place le chevalier Martin Gonzalès; Ferdinand se fit représenter par le Cid, qui, vainqueur de Gonzalès, acquit à son roi la ville litigieuse. Ferdinand, dans son testament, avait partagé son royaume entre ses trois fils; la Castille échut à Sanche, Alphonse obtint les royaumes de Léon et d'Oviédo, et Garcia la Galice, avec la partie conquise du Portugal. Ce partage ayant suscité une guerre entre les frères, Sanche sortit victorieux de tous les combats; car le Cid, qu'il avait nommé *Campeador* de toute son armée, portait sa bannière. Alphonse fut fait prisonnier; Garcia perdit sa couronne par son imprudence. Il ne s'agissait plus que de soumettre Zamora, qui se défendait opiniâtrément sous les ordres d'Urraca, sœur de Sanche, quand ce prince fut assassiné sous les murs de la ville. Alphonse, que le Cid avait battu huit mois auparavant, fut alors nommé roi. Les romanciers racontent que le Cid, au nom des Etats de Castille, lut à son nouveau souverain un serment qui devait le purger de l'assassinat de Sanche, avec une gravité tellement imposante, qu'Alphonse en fut ébranlé sans cependant pouvoir s'en offenser. Malgré les grands et nombreux services qu'il lui rendit, le Cid apprit néanmoins bientôt à connaître l'inconstance de la faveur royale. Un homme tel que lui, droit, sévère, vertueux, inflexible, qui avait des sentiments élevés et méprisait la vie oisive des cours, n'était pas propre au métier de courtisan. Son ami fidèle, son inséparable compagnon d'armes, Alvaro-Hanez-Minarra, sa femme et son enfant, étaient pour lui tout au monde. La sévérité de ses traits excitait en même temps la crainte et le respect; mais sa vie retirée alimentait la calomnie des courtisans, qui le firent plus d'une fois condamner au bannissement. On se ressouvenait souvent de lui au moment du danger, et le généreux Cid oubliait toujours alors les offenses qu'il avait reçues. Le roi poussa l'injustice jusqu'à lui enlever tout ce qu'il possédait, même sa femme, et s'il rendit Chimène à la liberté, ce fut par un sentiment tardif de pudeur, ou peut-être aussi déterminé par la crainte. Cependant Rodrigue, exilé et n'ayant d'appui que dans sa propre force, devint plus grand que jamais. Fidèle à sa foi et à sa patrie, il créa par la seule gloire de son nom une armée pour aller combattre les Maures à Valence. Au milieu de ses victoires, il vola au secours du roi lorsqu'il le sut menacé par Iousouf, fondateur de l'empire de Maroc; mais cette fois encore il fut payé d'ingratitude, et se vit forcé de se sauver pendant la nuit avec une poignée de ses plus fidèles guerriers. Enfin sa générosité toucha encore une fois Alphonse, et il permit indistinctement à tous ses sujets de prendre part à la guerre du Cid, qui combattait toujours avec le succès le plus constant pour l'Espagne et pour la foi, et depuis lors la cour d'Alphonse lui resta ouverte. A cette époque, deux frères, les comtes de Carrion, résolurent de s'emparer des richesses du Cid en épousant ses filles. Le roi avait fait lui-même la demande de leurs mains, et le héros n'avait pu résister à ses instances; mais, à peine mariés, les frères disparurent avec dona Elvire et dona Sol, dont ils vainquirent la résistance par toutes sortes de violences, et avec les immenses trésors que le Cid avait amassés. Cette trahison ayant été découverte par un confident que le père avait envoyé sur leurs traces, le Cid demanda vengeance. Alphonse convoqua alors tous ses vassaux du royaume de Léon et de Castille, en une cour de justice qui se tint dans la ville de Tolède. On ordonna aux ravisseurs de remettre les bijoux et les richesses, et d'en venir aux mains avec les chevaliers dont le Cid ferait choix. Forcés malgré eux d'obéir au jugement, les deux comtes et leur oncle furent terrassés par les champions du Cid : on leur laissa la vie sauve pour qu'ils la traînassent dans le déshonneur. — Les derniers exploits du Cid furent la conquête de Valence en 1094, et celle de Murviédo (Sagonte) en l'an 1099. Il mourut à Valence; on l'enterra dans le couvent de San-Pédro de Cardena, près de Burgos, où des rois et des empereurs sont allés visiter sa tombe. Sa noble épouse y repose près de lui, et sous les arbres devant le monastère est enterré son fidèle coursier Babiéça. Son épée *Colada* est déposée dans l'arsenal royal de Madrid, et l'on en voit une autre nommée *Tizona*, dans les archives des marquis de Falce. D'après quelques auteurs, le Cid se serait marié deux fois : Chimène, la fille du fier Gormaz, aurait été sa première épouse, et une autre Chimène, nièce d'Alphonse, serait devenue la seconde en 1074. — Les hauts faits du Cid, et particulièrement son bannissement et son retour, ont fourni le sujet du poëme le plus ancien de la Castille, vraisemblablement vers la fin du XII$^e$ siècle. Il est intitulé, *Poema del Cid el Campeador*, et se trouve dans la *Colecion de poesias castelanas anterior al siglo XV*, que Sanchez fit paraître en 1775, et dans la *Biblioteca castellana portugues y provenzal* de Schubert. Des romances plus modernes, également consacrées à la mémoire du héros, furent recueillies au commencement du XVI$^e$ siècle par Fernando de Castillo, et reproduites en 1614 par Pédro de Florez, dans le *Romacero general*. Nous citerons aussi un recueil de romances publié par Escobar, sous le titre de *Historia del muy noble et valeroso caballero el Cid Ruy Diaz*, Lisbonne, 1615; Séville, 1632. Une autre édition, enrichie d'une traduction de la vie du Cid, par Jean de Muller, a été publiée à Francfort-sur-le-Mein, 1828, in-18. Ces romances sont au nombre de plus de 100; Herder en a traduit environ 80 dans son Cid. Robert Southey a recueilli dans son *Chronicle of the Cid from the spanish*, Londres, 1808, in-4°, tout ce que les chroniques et les romances encore existantes racontent du Cid; Masten, dans son *Historia critica de Espana*, Madrid, 1805, met l'histoire de ce héros espagnol au nombre des fables, mais sans alléguer de raisons suffisantes à l'appui de cette opinion. — M. Creusé de Lesser a publié à Paris (1814) les *Romances du Cid*, imitées de l'espagnol, en vers français, nouvelle édition, avec une préface historique de 35 pages, Paris, 1821, in-24. Les romances sont divisées en six livres.

**CIDARIE**, Κιδαρία, surnom de Cérès à Phénéos. Son image était conservée sous une espèce de dôme. Le jour des mystères, le prêtre la mettait sous ses habits, et lui donnait quelques coups de baguette, en mémoire de la mauvaise réception que les Phénéates avaient faite à la déesse lorsqu'elle était venue dans leur pays.

**CIDARIFORME**, adj. des deux genres (*didact.*), qui a la forme d'un bonnet.

**CIDARIS**, bonnet du grand prêtre des Hébreux. Ce bonnet était à peu près de la forme d'un turban, avec une lame d'or par devant (*Exod.*, XXVIII, 4).

**CIDARIS**, s. f. (*antiq.*), espèce de danse en usage chez les Arcadiens.

**CIDARIS**, roi de Thrace (*V.* CICUS).

**CIDARITE**, *cidarites* (*zooph. échyn.*), genre fondé par Lamarck aux dépens des oursins, et que Cuvier n'en distingue pas (*V.* OURSIN).

**CIDAROLLE**, *cidarollus* (*conch.*). Soldani (*Test.*, tabl. 36, vol., 160, 5) figure au nombre de ses polythalames une petite coquille microscopique de deux tiers de ligne, diaphane, irisée, que l'on trouve en abondance dans le sable des rivages de la Toscane; elle est réellement assez singulière, et il faudrait la voir pour s'en former une juste idée. M. Denys de Montfort, qui la nomme cidarolle étoffée, *cidarollus plicatus*, en fait un genre qu'il caractérise ainsi : coquille libre, univalve, cloisonnée, en disque, à spire éminente, à base aplatie, roulée en forme de turban; bouche ouverte, recevant verticalement le retour de la spire, cloisons unies, siphon inconnu.

**CI-DEVANT**, locution prise substantivement (*hist.*). Il s'est dit, à l'époque de la première révolution, d'un noble, d'une personne attachée à l'ancien régime par sa position. *C'est un ci-devant. Les ci-devant auront beau jeu.*

**CIDON**, petit-fils de Minos, embellit la ville d'Apollonie en Crète, et lui donna le nom de Cidonie.

**CIDONIE** (*géogr. anc.*), ville de Crète, anciennement Apollonie.

**CIDRE.** On nomme ainsi la boisson qu'on prépare avec les pommes; on appelle *poiré* et *cormé* les cidres qu'on fait avec les poires et les cormes. — *Préparation du cidre.* Après avoir abattu les pommes par un temps sec, dans les mois de septembre et d'octobre, on les porte sous des abris, où on les divise en tas de quarante à cinquante hectolitres, afin d'éviter qu'il ne s'établisse une fermentation au milieu d'elles; on les abandonne à elles-mêmes, pendant quinze jours au plus pour les pommes tendres, et six semaines au moins pour les dures, suivant le temps, la qualité et l'état du fruit. On les *pile* ensuite dans un *moulin* en pierre, à *meules verticales* qui sont mues par un cheval ou deux chevaux, et tournent dans une auge circulaire également en pierre. Lorsque le fruit est à demi écrasé, on y ajoute environ un cinquième de son poids d'eau de rivière ou de mares; ces dernières, par une longue pratique, ont été reconnues préférables aux eaux de puits, et même de rivière : elles contiennent moins de sel calcaire, et sont plus propres à la macération des marcs et à la fermentation du jus. Le *lemna* croît ordinairement dans les eaux des bonnes mares; elles ne doivent pas être chargées de feuilles tombées, ni salies par la fange ou la fiente des animaux. Lorsque les mares sont ainsi en mauvais état, et qu'elles ont acquis vers la fin de l'été un goût putride, les paysans s'imaginent qu'elles sont encore préférables aux autres pour la préparation du cidre, et qu'il en faut moins pour *faire sortir le jus*. La vérité est qu'employant moins d'eau, le cidre est plus fort, et que le goût de ces eaux est quelquefois dissipé par la fermentation; mais il arrive le plus ordinairement que le cidre est moins agréable; et si les habitants du pays ne reconnaissent pas ce mauvais goût, il faut l'attribuer à l'habitude qu'ils en ont. — Dans quelques endroits on se sert, pour piler les fruits, d'un moulin composé de deux cylindres cannelés en fonte, placés parallèlement entre eux au fond d'une trémie, et dont l'un reçoit d'une manivelle un mouvement de rotation qu'il communique en sens inverse à l'autre, au moyen de leurs cannelures, dont les unes entrent dans les autres. — Il faut faire passer trois fois de suite les mêmes fruits dans ces moulins grossiers pour qu'ils soient *broyés* suffisamment : on y ajoute la même quantité d'eau que dans les moulins à meules. — Lorsque les pommes sont écrasées, on les met ordinairement dans une cuve où elles restent pendant douze, dix-huit ou vingt-quatre heures. Ce *cuvage* facilite le dégagement du jus, parce que le mouvement de fermentation qui a lieu dans la masse fait déchirer quelques-unes des cellules qui retiennent le jus; mais il en résulte toujours une perte d'alcool, que l'acide carbonique enlève en dégageant, et les pelures et les pepins développent un goût désagréable dans le liquide. Le curage devrait donc être supprimé si les pommes étaient divisées au point de rendre leur jus directement. Après le cuvage, on porte le marc au pressoir, on en met sur une claie d'osier ou sur une sorte de paillasson carré une couche de quatre à cinq pouces (11 à 13,5 centimètres environ); on étend dessus un lit très-mince de brins de paille; on ajoute une seconde couche de fruits écrasés, puis des brins de paille; on continue de cette manière jusqu'à ce qu'on ait élevé une motte cubique d'environ un mètre cinq décimètres de hauteur. En Angleterre et en Amérique, on se sert de tissus de crin pour séparer les couches de fruits; ce qui est bien préférable, car la paille communique souvent un léger goût désagréable au jus. Lorsque le marc s'est suffisamment égoutté sous son propre poids, on recouvre la motte avec le plateau supérieur de la presse, et l'on commence à exercer une très-légère pression. — Tout le jus écoulé jusque-là est mis dans des tonneaux séparés; il produit le meilleur cidre. L'action de la presse augmente graduellement, et fait sortir une nouvelle quantité de jus qui participe davantage du goût des pepins, des pelures et de la paille. — Le moût est mis dans des tonneaux à larges bondes; une fermentation tumultueuse ne tarde pas à s'y développer; on remplit complétement, afin que tous les corps légers en suspension dans le liquide soient entraînés par le gaz acide carbonique et expulsés en écume : c'est un moyen d'éclaircir le cidre, qu'il est nécessaire d'employer pour les cidres faibles particulièrement, parce qu'on ne peut guère attendre que, le mouvement ayant cessé, les matières en suspension puissent se déposer au fond des tonneaux. Dans presque toutes les circonstances, d'ailleurs, lorsqu'on n'a pas ajouté de matière sucrée dans le moût, cette espèce de lavure qui monte à sa surface doit être séparée, de peur qu'elle ne détermine, en se précipitant dans le cidre, une fermentation acide. — On élève les tonneaux sur des chantiers, afin de pouvoir placer dessous des baquets plats, qui reçoivent le liquide expulsé avec les écumes. Au bout de deux ou trois jours pour les cidres faibles qu'on veut boire sucrés, et de six, dix jours ou davantage pour les cidres plus forts, et, au reste, suivant la température plus ou moins élevée de l'atmosphère, la fermentation est assez avancée; on soutire le cidre dans *d'autres* fûts. Les pièces à eaux-de-vie conservent mieux le cidre que toutes les autres; mais on n'en a pas le plus souvent à sa disposition, et l'on se sert de pièces à cidre. — Il faut avoir la précaution de bien rincer ces dernières, et de s'assurer qu'elles n'ont pas de mauvais goût; car, pour peu qu'elles en aient contracté, elles gâteraient tout le cidre qu'on y entonnerait. Les propriétaires de *pommeraies* veillent avec soin à la conservation de leurs fûts à cidre; ils évitent de les mettre à l'humidité, et d'y laisser séjourner la plus petite quantité de liquide lorsqu'ils cessent de servir, en attendant la récolte. Les fûts neufs, en chêne, modifient un peu le goût du cidre; aussi préfère-t-on les fûts *qui sont faits*, c'est-à-dire qui ont déjà servi. On fait brûler quelquefois une *mèche soufrée* dans les pièces avant d'y mettre le cidre : c'est une pratique assez généralement utile à suivre pour suspendre l'activité de la fermentation et empêcher qu'elle ne passe à l'aigre. — Le cidre obtenu de la première expression est réputé *cidre sans eau*. On enlève le marc resté sous la presse, on divise en morceaux les plaques dures qui se sont formées, on les pile de nouveau, en y ajoutant environ moitié de leur poids d'eau; on reporte le tout à la presse, et l'on traite le liquide qui s'en écoule comme nous l'avons dit précédemment. Le cidre qu'on en obtient est moins fort, et se garderait moins longtemps que l'autre : on le destine à être vendu le premier. — On reprend le marc, on le pile encore, en y ajoutant moitié de son poids d'eau ou davantage; le liquide léger qu'on obtient en l'exprimant n'est plus propre qu'à *mouiller* les fruits une première fois en place d'eau pure : les gens des campagnes s'en servent aussi pour faire de la boisson, avec divers fruits *concassés*, qu'ils laissent macérer dans ce liquide. P.

**CIDROMELA** (*botan.*). Lobel nommait ainsi le citronnier.

**CIDYESSUS** (*géogr. anc.*), ville de l'Asie-Mineure, dans le nord de la Phrygie.

**CIEÇA DE LÉON** (PIERRE), voyageur, né à Séville au commencement du XVI^e siècle, s'embarqua dès l'âge de dix-neuf ans pour les Indes occidentales, suivit la carrière des armes sous Pizarre, et séjourna dix-sept ans au Pérou. De retour en Espagne, il publia la première partie d'un ouvrage intitulé *Chronica del Peru*, Séville, 1553, in-fol.; Anvers, 1554, in-8°. On y trouve la description des provinces et des villes, des mœurs et des coutumes des Indiens, etc. La seconde partie n'a jamais paru. Cette chronique a été traduite en italien par Auguste Gravoliz, Rome, 1555, in-8°, et en anglais, Londres, 1709, in-4°.

**CIÉCÉE-ÈTE**, ou **SCIÉCHÉE-CHÈTE** (*entomol.*). On nomme ainsi, en Amérique, une très-grosse espèce de crustacés dont la chair est très-recherchée comme aliment et comme remède dans certaines maladies. M. Bosc croit que c'est l'ocypode combattant (*V.* à l'article CRUSTACÉS, le genre *ocypode*).

**CIECO** (FRANÇOIS BELLO, dit), poëte italien, naquit à Ferrare dans le XV^e siècle. Le nom de Cieco lui fut donné parce qu'il était privé de la vue. Il est auteur d'un poëme de chevalerie en quarante-cinq chants, dont le héros est *Mambriano*, roi fabuleux de l'Asie, que les anciens romanciers font contemporain de Charlemagne. Cieco le composa pour l'amusement des Gonzague de Mantoue; mais ces souverains magnifiques n'apportèrent guère de soulagement à l'infortune qui le poursuivit pendant toute sa carrière. Suivant Apostolo Zeno, le plan et la marche de ce poëme annoncent un talent véritable; et le style n'en est point inférieur à celui de l'*Orlando inamorato*. Il n'a donc manqué à ce poëte qu'un continuateur comme l'Arioste, pour avoir la même célébrité que le Bojardo (*V.* la *Bibl. d'eloquenza de Fontanini*, I, 259). On voit par différents passages du *Mambriano*, que l'auteur y travaillait en 1495, puisqu'il fait des allusions à l'entrée de Charles VIII en Italie et à sa conquête du royaume de Naples. Selon les chances diverses des armes du monarque français, le poëte versatile célèbre les exploits du *nouveau Charles*, ou maudit la *fureur gallicane*. Il mourut sans avoir pu jouir du succès de son ouvrage. Ce fut Elisée Conosciuto, son parent, qui il avait chargé de l'exécution de ses dernières volontés, qui mit au jour son poëme sous ce titre: *Libro d'arme e d'amore nomato Mambriano*, Ferrare, 1509, in-4°. Cette première édition est très-rare; elle est dédiée au cardinal Hippolyte d'Este, l'un des Mécènes de Cieco.

Il en existe plusieurs autres de différents formats, qui sont assez rares; mais les plus recherchées sont celles de Milan, 1517, et Venise, 1523, toutes deux in-8°. Ginguené a donné une bonne analyse de cet ouvrage dans son *Histoire littéraire d'Italie*, t. IV, p. 253-280. On doit encore à Cieco des sonnets burlesques dans le genre inintelligible créé par Burchiello.

**CIECO (François)**, poëte, contemporain du précédent, était de Florence. Il nous apprend lui-même qu'il était aveugle et pauvre. Jean Bentivoglio s'étant déclaré son protecteur, il dut passer la plus grande partie de sa vie à Bologne. C'est là tout ce qu'on sait de cet écrivain, oublié par les biographes d'Italie. On a de lui : 1° *Tornamento fatto in Bologna, l'anno* 1470, *per ordine di Giovanni Bentivoglio*, Bologne, in-4°. Ce petit poëme, *in ottava rima*, dut être imprimé peu de temps après le tournoi dont il offre une description curieuse; aussi s'accorde-t-on à placer cette édition sous la date de 1471. 2° *Saladi Malagigi*, Bologne, sans date, in-4°. Ce second poëme, *in ottava rima*, comme le précédent, a été réimprimé avec des corrections également sans date, in-4°. Quelques bibliographes conjecturent que cette édition est de Sienne. 3° *Lauda di Venezia, in terza rima*, Venise, 1536, in-8°, à la suite du *Lamento d'Italia*.

**CIECO (Christophe)**, de Forli, fut l'éditeur de la traduction en vers des deux premiers livres de l'*Enéide*, par Alexandre Guarnello, 1554, in-8°, et réimprimés en 1569. On lui doit en outre : 1° *Cronica universale dell' antica regione di Toscana*, Florence, 1572, in-8°; 2° *Cronica della Marca trivigiana*, Venise, 1574, in-8°. « Je ne sais, dit Tiraboschi, si ce chroniqueur est le même que Christophe Sordi de Forli, aveugle et improvisateur, dont on a le premier livre *de' Recali di Francia*, roman en vers qu'il avait improvisé et qui fut publié à Venise en 1534, in-4° » (*V.* la *Storia della literatur.*, *ital* VII, 935).

**CIECOLINA** (*erpétol.*) (*V.* Cicolina).

**CIEF**, s. m. (*vieux langage*), chef.

**CIEL** (*phys. et astron.*), vaste concavité de l'espace, qui se présente à l'œil d'un observateur placé à la surface de la terre. Les anciens, qui avaient des notions extrêmement vagues, tant sur l'espace que sur la gravitation, et qui surtout ne pouvaient concevoir l'équilibre des forces centrales et tangentielles d'où résultent les révolutions des astres, attribuaient au ciel une véritable solidité. Suivant eux, plusieurs énormes voûtes entraînaient avec elles les astres, qui paraissaient y être cloués; de plus, il fallait supposer autant de ces voûtes ou de ces *cieux* qu'il y avait d'astres différents, et admettre encore que ces cieux étaient faits de cristal, afin que la lumière pût les traverser. Quand on réfléchit à toutes les bizarreries de pareilles hypothèses et aux artifices grossiers qui les distinguent, on ne peut s'étonner que le roi Alphonse de Portugal ait cru devoir interposer son autorité pour fixer définitivement à douze le nombre de ces cieux emboîtés les uns dans les autres. Les progrès de la science ont fait depuis longtemps justice de ces rêveries cosmogoniques. Aujourd'hui les notions généralement reçues sur le ciel sont d'une grande précision et sont aussi fort simples. La terre étant isolée dans l'espace, il est clair que l'étendue, se prolongeant en tous sens autour d'elle, comme point central de perspective, doit offrir l'apparence d'une immense sphère concave, où tous les objets célestes paraîtront se projeter. Et comme sur cette lumineuse route des astres il n'y a point de bornes milliaires, comme il n'existe aucun jalon que nous puissions saisir pour estimer les distances, ni aucun point de comparaison auquel nous puissions les rapporter, il en résulte que tous ces corps nous paraissent à peu près à la même distance, bien que les divers degrés de leur éloignement varient prodigieusement. Ainsi, entre notre distance de la lune et notre distance d'une étoile fixe, il y a certainement une différence aussi énorme qu'entre la distance où je suis du bout de ma table et la distance où je suis de la Chine; et cependant, on le sait, le vulgaire croit ordinairement que la région de la lune touche à celle des étoiles. L'erreur est bien plus frappante encore quand on considère le jugement du public sur les *étoiles filantes*, météores qui ne sont guère éloignés de nous que de quelques lieues; le vulgaire encore les confond avec les astres, et on semble croire, lorsqu'on les voit briller, qu'une étoile se détache du ciel et se précipite sur la terre. Le manque de toute échelle pour comparer les distances et une certaine identité d'éclat et de lumière ont pu faire confondre deux classes d'objets, dont les uns nous touchent, pour ainsi dire, et dont les autres sont relégués à de prodigieuses distances dans l'immensité. — Le terme populaire de *ciel* ne peut être scientifiquement précisé qu'autant qu'on l'envisage sous deux aspects extrêmement différents, c'est-à-dire qu'autant qu'on le considère sous le point de vue physique ou astronomique. Sous le point de vue de la physique générale, le ciel doit signifier l'atmosphère qui enveloppe le globe de sa brillante zone d'azur, et au sein de laquelle se passent et s'élaborent tant de phénomènes si intéressants pour nous, et dont la météorologie est toujours bien loin de fournir une théorie complète. Encore n'est-ce qu'une faible portion de l'atmosphère, qui sert de laboratoire à tant de forces physiques et chimiques. Les montagnes les plus élevées de la terre ne dépassent pas huit mille mètres. Dans ces régions, l'air est déjà fort rare; la végétation est arrêtée par un froid perpétuel, et l'homme et les animaux souffrent cruellement par ces deux causes. Cependant, au-dessus de ces pics, et le fait a été bien constaté pour le Chimborazo du Pérou, on voit flotter encore à une grande hauteur une foule de petits nuages blancs de l'espèce de ceux que les marins appellent *moutons*; et l'on ne peut admettre que leur distance du pic soit inférieure à la moindre hauteur des nuages ordinaires, laquelle, dans les temps orageux, peut ne pas dépasser quatre ou cinq cents mètres. Ce rapprochement donnerait donc, pour l'étendue totale de la partie du ciel ou de l'atmosphère où se développent les phénomènes météorologiques, environ neuf mille mètres, ou moins de deux lieues et demie. L'air, qui pour nous forme la voûte azurée, s'étend beaucoup plus loin; mais à dix ou quinze lieues d'élévation sa raréfaction atteint presque jusqu'au vide. Toutefois c'est au sein de cette région où règne un froid très-vif, et pour ainsi dire sur les limites extrêmes de la couche d'air qui enveloppe le globe, que prennent naissance ou du moins qu'apparaissent tous ces phénomènes lumineux connus sous le nom de *bolides* ou d'*étoiles filantes*, qui sont probablement des corps *uraniens* étrangers à la terre, lesquels, venant sillonner nos premières couches d'air avec une vitesse prodigieuse, s'y enflamment, s'y oxydent, éclatent, et souvent lancent sur le sol de nombreux fragments d'*aérolithes*. Dans ces mêmes régions du ciel se développe en liberté le jeu combiné des forces électro-magnétiques, ou plutôt des courants électriques dont la plus magnifique manifestation paraît être l'aurore boréale. Quoique la mince étendue que nous venons d'indiquer soit au plus haut degré intéressante pour nous, c'est bien au-dessus d'elle et dans les plaines incommensurables de l'espace qu'il faut considérer en général la notion physique du véritable ciel, qui s'étend aussi bien sous nos pieds qu'au-dessus de nos têtes. Du soleil, centre du système, à Uranus, la plus éloignée des planètes, une circonférence d'un rayon égal à dix-neuf fois la distance de la terre au soleil, ou à une ligne de six cent cinquante millions de lieues, comprend la totalité des corps qui forment notre groupe planétaire. Sans doute beaucoup d'autres corps que leur petitesse dérobe à nos yeux, et certainement des milliers de comètes, traversent en tous sens cette étendue. Sur le nombre total des comètes observées, le cours de trois seulement a pu être déterminé avec certitude : deux font partie de notre système et ne dépassent jamais la planète Jupiter; une troisième, celle de Halley, qui a reparu sur notre horizon il y a quelques années, s'éloigne dans sa distance apogée à peu près deux fois au delà d'Uranus, c'est-à-dire à un point où elle n'est pas à moins de mille deux cent millions de lieues du soleil. Encore au delà de cette vaste région où nous apparaissent les planètes et les comètes, s'étend jusqu'aux étoiles un immense océan d'espace dont le calcul ne peut assigner la limite, et dont l'imagination peut à peine sonder la profondeur. Les nombres auxquels on arrive ne sont jamais que des *minimum*. Ainsi le résumé des observations des astronomes sur les étoiles les plus brillantes atteste qu'aucune d'elles n'est plus près de la terre que de seize millions de millions de lieues; et, comme il existe une foule de petites étoiles télescopiques, dont l'éclat est si faible qu'il faudrait reculer les astres de première grandeur à plus de trois cent cinquante fois cette dernière distance pour les éteindre à ce point, on peut inférer de ce fait la prodigieuse étendue d'un espace où la terre et tout notre système sont pour ainsi dire perdus. Ces notions acquièrent encore un nouveau degré de sublimité, quand on observe attentivement les *nébuleuses* innombrables dont le firmament est parsemé, et sur lesquelles les importants travaux d'Herschell le père ont appelé toute l'attention des astronomes. A quelles profondeurs doivent être placées ces nébuleuses globulaires, petites taches blanchâtres, où un fort télescope laisse soupçonner un groupe de plus de cinquante mille étoiles; et encore plus ces nébuleuses lactées, où les plus puissants instruments ne démêlent autre chose qu'un léger nuage phosphorescent! On voit donc, en résumé, que la physique et l'astronomie modernes ont rectifié merveilleusement toutes les anciennes idées sur le ciel, et que, pour la science mathématique comme pour la saine philosophie, ce n'est autre chose que l'espace infini peuplé d'astres sans nombre. Ces magnifiques notions sur l'organisation de l'univers avaient été découvertes ou plutôt pressenties de la manière la plus précise bien avant les travaux modernes, et même bien avant Galilée, par un célèbre philosophe italien, Jordano Bruno (*V.* ce nom), qui fut brûlé vif, le 17 février 1600, par jugement de l'inquisition de Rome, « afin, dit l'érudit et intolérant Gaspard Scioppius, témoin de son supplice, qu'il pût raconter dans les autres mondes inventés par lui comment les Romains traitaient les blasphémateurs. »

**CIEL.** *Les cieux cristallins* sont deux cieux sans astres, que quelques astronomes, et entre autres Alphonse, roi d'Espagne, ont inventés pour expliquer quelques irrégularités qu'ils trouvaient au mouvement des cieux, comme celui qu'ils ont appelé *de titubation* ou *de trépidation*, qui est autrement l'inclinaison de l'axe de la terre. Il prétendait que ce ciel de cristal imprimait le mouvement aux cieux inférieurs. Le premier ciel cristallin sert à expliquer le mouvement tardif des étoiles fixes, qui les fait avancer d'un degré en soixante-dix ans vers l'Orient. C'est ce qui fait naître la précession des équinoxes. Le second ciel cristallin sert à expliquer le mouvement de libration ou de trépidation, par lequel la sphère céleste est portée d'un pôle à l'autre.

**CIEL** fait au pluriel CIEUX. Figurément et familièrement, *Etre ravi au troisième ciel, au septième ciel*, éprouver une satisfaction très-vive, une grande joie. — Figurément et familièrement, *Elever quelqu'un jusqu'au ciel, jusqu'au troisième ciel*, le louer extraordinairement. — Figurément, *La voûte du ciel, des cieux*, le ciel, le firmament. — *Ces choses sont éloignées comme le ciel et la terre*, se dit de deux choses entre lesquelles il y a une grande différence. — Proverbialement, *Si le ciel tombait, il y aurait bien des alouettes prises*, se dit pour se moquer d'une supposition absurde, en y répondant par une autre encore plus absurde. — Figurément et familièrement, *Remuer ciel et terre*, faire tous ses efforts, employer toutes sortes de moyens pour parvenir à quelque chose. — CIEL se prend aussi pour l'air, l'atmosphère. *Le feu du ciel*, la foudre. — *Couleur bleu de ciel*, couleur d'un bleu tendre. — Figurément, en termes de l'Ecriture, *Un ciel, Des cieux d'airain*, un temps sec et aride, pendant lequel il ne tombe ni pluie ni rosée. — CIEL se dit encore pour climat, pays. — CIEL signifie aussi, tant au singulier qu'au pluriel, le séjour des bienheureux, le paradis. — Figurément, *Voir les cieux ouverts*, avoir une grande joie, se trouver dans un grand bonheur. — CIEL se dit, par extension, pour la Divinité, la Providence. Dans ce sens, il n'est guère d'usage au pluriel qu'en poésie.

**CIEL**, en chimie ancienne, est la partie la plus pure, la plus parfaite, la plus épurée des corps; c'est la quintessence des minéraux, des végétaux, des animaux.

**CIEL**, en termes d'astrologie, signifie seulement les influences des astres. Les astrologues appellent ainsi le *milieu du ciel*, la maison qui est la plus haute, celle où est le zénith; et le *bas du ciel*, celle qui est la plus basse.

**CIEL** se dit aussi d'un dais, du haut d'un lit. Au lieu de ciel de lit, plusieurs disent fonds de lit (en ce sens, *ciel* fait au pluriel *ciels*).

**CIEL** (DIXIÈME). Les femmes donnaient ce nom à un ornement de tête qui faisait partie de la coiffure qu'elles nommaient *commode*.

**CIEL.** Proverbialement, *Ciel rouge au soir, blanc au matin, c'est la journée du pèlerin*; ces deux circonstances présagent une belle journée, favorable au voyageur.

**CIEL** (*mythol.*) (*V.* COELUS et URANUS).

**CIEL** (*relation*). *Fils du ciel*, nom que les Chinois donnent à leur souverain. — *Ciel inférieur*, la Chine, dans les Livres chinois.

**CIEL.** Nous allons parler du ciel, donner la signification de ce mot, voir comment l'entend la sainte Ecriture, ce qu'en ont dit les peuples, ce que les théologiens enseignent à cet égard, et montrer ce que la théologie mystique entend sur le bonheur du ciel: beau et bien touchant sujet à traiter pour un fils d'Adam, pour l'homme qui est un dieu tombé qui se souvient du ciel! — Le mot *ciel* signifie tout ce qui est au-dessus de la terre, c'est-à-dire l'air, les nuées, le firmament. Voilà la signification propre, astronomique de ce qu'on entend par ciel. Mais, théologiquement, le mot ciel signifie aussi et surtout le lieu de la demeure de Dieu et des bienheureux. L'Ecriture sacrée semble avoir fait elle-même cette distinction. Ainsi, d'une part, elle donne le nom de ciel au firmament: *Vocavitque firmamentum cœlum* (*Gen.*, I, 8), et, un peu plus loin, elle dit que Dieu mit les astres dans le firmament du ciel: *Posuit ea in firmamento cœli* (17). De là ces explications: les nuées du ciel, les oiseaux du ciel, les nuées de dessous le ciel, et ce langage du Psalmiste qui dit que Dieu abaisse les cieux, lorsqu'il abaisse les nuées: *Inclinavit cœlos, et descendit: et caligo sub pedibus ejus* (*Ps.* XVII, 12). Mais, d'autre part, on voit représenté dans le texte sacré le mot *ciel* comme la demeure du Tout-Puissant. Moïse dit que le ciel et le ciel du ciel appartient à notre Dieu: *Domini Dei tui cœlum est, et cœlum cœli* (*Deut.*, X, 14); et, dans un autre endroit du même livre, le législateur des Hébreux, parlant à Dieu, dit: Regardez du haut du ciel où est notre demeure: *Respice de excelso cœlorum habitaculo* (*ibid.*, XXVI, 15). David, dans ses saints cantiques, chante que le ciel appartient à Dieu, mais que la terre est aux hommes: *Cœlum cœli Domino, terram autem dedit filiis hominum* (*Ps.* CXIV, 16). Salomon, en parlant de la sagesse, prie Dieu de l'envoyer du ciel qui est son sanctuaire: *Mitte illam de cœlis sanctis tuis* (*Sap.*, IX, 10), et cette expression *de cœlis sanctis tuis* est souvent employée dans les Psaumes (*Ps.* X, 5; XIX, 7; LXVII, 6; XXI, 4; CI, 20; CIX, 3; CL, 1), pour marquer que le ciel est le vrai *sanctuaire* où réside la Divinité, dont le sanctuaire du temple n'était que la figure. D'après ces textes, nous pouvons donc conclure qu'il y a trois cieux. Le premier est l'air, dans lequel vivent *les oiseaux du ciel*, et où se forment les nuées et les pluies. Le second est celui où nous concevons les astres, comme dans une voûte de cristal incorruptible et impénétrable. Le troisième est le lieu de la demeure du Très-Haut; et c'est dans ce troisième ciel où l'apôtre saint Paul fut ravi, et où il apprit des mystères dont il n'est donné à aucun homme de raconter les splendeurs: « Je connais, dit-il en parlant de lui-même, je connais un homme en Jésus-Christ qui fut ravi jusqu'au troisième ciel; si ce fut avec son corps ou sans son corps, je ne le sais pas; Dieu le sait. Et je sais que cet homme fut ravi dans le paradis, et qu'il y entendit des paroles mystérieuses, qu'il n'est pas permis à un homme de rapporter » (*II. Cor.*, XII, 2, 3, 4). Et c'est là, ajoute-t-il, qu'habite « celui qui seul possède l'immortalité, qui habite une lumière inaccessible, qu'aucun homme n'a vu ni ne peut voir, à qui est l'honneur et l'empire dans l'éternité » (*I. Tim.*, VI, 16). — Mais ces textes mêmes des saintes lettres pourront peut-être élever quelques difficultés que nous devons prévenir avant de passer outre. On demandera si le ciel ou le firmament sont la même chose ou s'ils sont différents, comme semblent le faire entendre ces paroles du Prophète: *Cœli enarrant gloriam Dei, et opera manuum ejus annuntiat firmamentum*: « Les cieux racontent la gloire de Dieu, et le firmament publie les ouvrages de ses mains » (*Ps.* XVIII, 1). Voici ce que dit dom Calmet sur ce texte: « Le ciel est une preuve éclatante de la grandeur de Dieu, et le firmament nous dit en sa manière qu'il a pour auteur un ouvrier tout-puissant. La puissance infinie du Créateur paraît dans toute la nature; mais elle brille principalement dans le ciel et dans le cours des astres. Le silence des cieux, dit saint Chrysostome (*Hom.*, IX), est une voix plus forte et plus éclatante que celle d'une trompette; cette voix crie à nos yeux, et non pas à nos oreilles, la grandeur de celui qui les a faits » (*Comment. sur les Psaumes*, t. I, p. 205). Il paraît bien résulter de ceci que le savant commentateur fait une distinction entre le ciel et le firmament. Nous savons qu'il en est quelques-uns qui soutiennent que le ciel et le firmament ont la même signification en cet endroit du *psaume* XVIII. Mais il est de puissantes autorités qui distinguent entre le ciel et le firmament. Sous le nom de cieux, saint Ambroise (*in lib.* II *de Abrah.*, c. 8, n. 54) entend les anges et les puissances célestes qui publient dans le ciel les louanges de l'Eternel. Le firmament est cette voûte magnifique où l'on voit le soleil et les astres, et au-dessus duquel nous concevons la demeure du Tout-Puissant, à l'égard duquel, ainsi que le remarque ici Théodoret, le ciel que nous voyons est en quelque sorte ce que la terre est à notre égard; et le ciel, qu'il habite comme son palais est à l'égard de ce ciel qui borne nos vues, ce que ce même ciel inférieur est à l'égard de la terre. Depuis cette explication, il n'est donc pas possible de faire aucune difficulté au sujet de la distinction que nous avons établie plus haut touchant les trois cieux. — Il en est de même pour ce texte de saint Paul que nous avons également cité: *Raptus est in paradisum*. Voudra-t-on dire, avec quelques Pères grecs et Grotius, que ce *paradis* est un autre ciel, et que par conséquent l'hypothèse des trois cieux n'est pas exacte? Nous répondrons avec saint Augustin, saint Thomas et beaucoup d'autres Pères, que le troisième ciel et le paradis sont synonymes: saint Epiphane, dit dom Calmet, a cru que c'était le paradis terrestre; mais tous les interprètes l'entendent du paradis, c'est-à-dire de la demeure des justes et des bienheureux. Nous ne trouvons le nom de paradis, dans le Nouveau Testament, qu'en trois endroits. Dans saint Luc, où Notre-Seigneur dit au bon larron: « Aujourd'hui vous serez avec moi en paradis: *Amen, dico tibi, hodie mecum eris in paradiso* » (c. XXIII, 43), ce qui marque la demeure des bienheureux; dans le lieu de l'Epître de saint Paul aux Corinthiens que nous avons cité, et dans l'Apocalypse, où il est pris dans un sens allégorique: « Je donnerai au vainqueur à manger du fruit de l'arbre de vie, qui est dans le paradis de mon Dieu: *Vincenti dabo edere de ligno vitæ quod est in paradiso Dei mei* (*Apocal.*, II, 7) (*V.* le mot PARADIS). — Nous venons de voir ce qu'entend l'Ecriture par ces mots *ciel, cieux*. Maintenant quelle était à ce sujet l'idée des Hébreux et des anciens philosophes? Pour ce qui est des Hébreux, nous pouvons dire qu'ils n'avaient pas d'autre idée que celle que nous en donne la Bible elle-même. Ils reconnaissaient trois cieux divers et d'une élévation inégale: plusieurs textes pourraient nous le prouver. Les peuples étrangers étaient tellement persuadés que les Hébreux plaçaient la demeure de leur Dieu dans un ciel supérieur, dans le troisième ciel, qu'ils le nommaient ordinairement *le Dieu du ciel*. On ne donne pas d'autre nom au Dieu d'Israël, dans les livres d'Esdras, de Tobie, de Judith, qui ont été écrits pendant la domination des Chaldéens et des Babyloniens, et par des auteurs accoutumés aux idées et aux expressions de ces peuples. Jonas, parlant à des étrangers, dans le vaisseau desquels il était, leur dit: *Dominum Deum cœli ego timeo*: « Je crains le Seigneur, le Dieu du ciel » (*Jonas*, I, 9). Tout ce que l'on a pu dire sur les systèmes célestes des Hébreux ou leur prêter de suppositions est injuste ou mal fondé. D'abord, voudrait-on que ce peuple eût eu à cet égard toutes les connaissances qui ne pouvaient s'acquérir que par la suite des temps? Ensuite voudrait-on conclure de ce passage: « C'est vous qui êtes le seul Seigneur, qui avez fait le ciel, et le ciel des cieux, et toute l'armée céleste; qui avez créé la terre et tout ce qu'elle contient, la mer et tout ce qu'elle renferme: c'est vous qui donnez la vie à toutes ces créatures; quel'armée du ciel vous adore » (*II. Esdr.*, IX, 6); voudrait-on conclure de ces paroles, disons-nous, que les Hébreux ont cru les astres et les cieux animés? Et, quand cela serait en effet, y aurait-il donc là un si grand sujet de honte? Plusieurs Pères et plusieurs grands philosophes les croyaient ou animés, ou conduits par des intelligences supérieures. Les lévites, de retour de la captivité, auraient bien pu puiser cette opinion parmi les Chaldéens et les Perses. Au reste, on doit bien savoir que les Hébreux n'adoraient rien de créé ou de visible, qu'ils n'adoraient pas le soleil, la lune et les astres, et que par par conséquent, qu'ils les aient crus ou non vivants, cela ne pouvait entraîner de mauvais résultats. Nous ne répondrons point à d'autres imputations puériles. Que dire à de prétendus critiques qui prennent à la lettre des expressions communes et populaires qui sont en usage chez toutes les nations comme chez nous, et qui ensuite se donnent libre carrière pour se divertir aux dépens d'un peuple qu'ils haïssent parce qu'il était le *peuple de Dieu*, et que son histoire les gêne? Ainsi, par exemple, que penser de Voltaire qui, à propos du quatrième verset du premier chapitre de la *Genèse*, conclut que Moïse croyait à un ciel de cristal? « Le mot *ragagh*, dit-il, signifie le *solide*, le *ferme*, le *firmament*, donc *tous les anciens ont cru que les cieux étaient solides.* » Il faut convenir, dit l'abbé Duclot, que ce critique aurait bien dû ne jamais citer de l'hébreu. « Il a confondu ici la racine avec son dérivé: le mot dont il parle signifie *étendue*, et *ragiagh*, son dérivé, signifie l'*espace*, l'étendue qui soutient les corps posés sur sa surface. Ce nom donc n'est point mal appliqué par Moïse à l'atmosphère qui porte les nuées chargées d'eau, et au fluide immense qui supporte les planètes, sans qu'il soit nécessaire de supposer que lui ou ses contemporains aient admis des cieux de cristal. On ne trouve ces cieux cristallins que dans des systèmes imaginés plus de mille ans ou même plus de quinze cents ans après lui » (*la Sainte Bible vengée des attaques de l'incrédulité*, t. I, p. 155, édit. de 1835). Que dire encore de ce même critique qui plaisante au sujet du déluge et qui le nie sous prétexte *qu'il n'y a point eu de fontaines du grand abîme et de cataractes des cieux, toutes idées grossières que les Juifs avaient empruntées des Syriens, des Chaldéens et des Egyptiens?* « Mais à qui persuadera-t-il donc, répond encore le même philologue, que ces peuples aient imaginé que l'abîme des mers était le produit d'une source, ou qu'il y avait au ciel des écluses ou des sauts de moulin comme on en voit sur une rivière? Tous ces peuples savaient qu'au temps du déluge, les eaux renfermées dans les cavernes souterraines, qui communiquaient avec le bassin des mers, saillirent par les fentes de la terre ébranlée et bouleversée, dont elles couvrirent la surface. Ils nommèrent ces saillies d'eau les *sources du grand abîme*. De même ils nommèrent *cataractes* l'eau qui était tombée des nues, non plus en pluies mais en torrents, à cause de la ressemblance de ces chutes d'eau avec celle d'un fleuve qui se précipite du haut d'un rocher ou qui rompt ses digues. Les Juifs avaient été deux cents ans en Egypte; ils avaient vu les *cataractes* du Nil. Tout le monde sait que ce fleuve, en sortant d'Ethiopie pour descendre en Egypte, précipite ses eaux de plusieurs rochers, en forme de cascades, avec un bruit épouvantable; ce que les Egyptiens appellent *cataractes*. Moïse et les anciens peuples ont employé le nom de choses qui leur étaient familières, pour exprimer un événement unique et singulier dont les effets avaient quelque rapport avec les objets qu'ils connaissaient déjà. N'en usons-nous pas ainsi tous les jours? Ne disons-nous pas que l'eau tombe du ciel à verse? Croyons-nous pour cela qu'il y ait quelqu'un en l'air, qui l'a mise dans un vase pour la verser sur nous » (*ibid.*, p. 273-274)? Avec un peu d'attention, ou plutôt avec un peu de bonne foi, nos habiles critiques auraient compris le sens de toutes ces paroles figuratives que l'on rencontre dans nos livres saints, et ils n'auraient pas cherché à s'en servir pour vouloir établir que réellement les Hébreux avaient une *fausse idée du ciel*. Ils auraient vu qu'*une tour élevée jusqu'au ciel, une tour élevée jusqu'aux nues*, signifie une tour qui est très-haute; que les *cataractes du ciel* sont les chutes d'eau de l'atmosphère; que le *feu du ciel* est un feu qui tombe d'en haut; que l'*armée du ciel* sont les astres; que les *gonds du ciel, cardines cœli*, sont les pôles sur lesquels le ciel paraît tourner, etc., etc. Enfin, ce qui prouve que les Hébreux n'avaient pas une idée fausse de la structure du monde, et que toutes les assertions des incrédules sont des rêveries, c'est que l'un des interlocuteurs du livre de Job, qui avait dit que les cieux sont très-solides et aussi fermes que l'airain, est appelé, dans le chapitre suivant, un vrai discoureur qui parle comme un ignorant (*Job*, XXXVII, 18; XXXVIII, 2); c'est qu'il est dit dans le même livre que Dieu a suspendu la terre sur le vide ou *sur le rien* (*ibid.*, XXVI, 7); c'est que les Hébreux nommaient, comme nous nous la nommons à présent, la terre, *le globe*. — Quant à l'idée qu'avaient du ciel les anciens philosophes, nous ne nions pas qu'ils n'aient eu à cet égard des systèmes assez étranges. Ils donnaient au ciel des fondements que les dieux ébranlaient lorsqu'ils étaient en colère. Ils regardaient les cieux comme une voûte solide, après laquelle étaient attachées toutes les étoiles que nous voyons briller. Ils croyaient qu'il y avait dans le firmament de véritables eaux, fluides, coulantes, et de même nature que les eaux sublunaires. Nous ne concevons pas comment dom Calmet a pu chercher à établir dans sa *Dissertation sur le système du monde des anciens Hébreux*, que les idées de ce peuple sur le ciel étaient les mêmes que celles des anciens philosophes qu'il expose, tandis que mille passages de l'Ecriture sainte sont contre lui. Voudrait-on invoquer ces passages de Salomon, pour dire que les Hébreux soutenaient la solidité, l'immobilité du ciel: « Le Seigneur, par sa puissance, a affermi les cieux » (*Prov.*, III, 19). « — J'étais présente, dit *la Sagesse*, lorsque le Tout-Puissant rendait les cieux fermes et stables » (*ibid.*, VIII, 27). Mais qui ne voit que, par ces expressions, les écrivains inspirés veulent montrer la puissance et la force créatrice de Dieu? Qui ne sait que, lorsque l'Ecriture veut remarquer une chose stable et d'une durée infinie, elle affirme qu'elle durera autant que le ciel? Et combien d'autres passages nous pourrions alléguer, lesquels doivent être pris dans le sens allégorique, mystique? Mais nous n'avons pas à nous étendre beaucoup sur ce chapitre. On sait d'ailleurs que dom Calmet n'est pas toujours, dans ses *Commentaires* sur la Bible, d'une critique sûre, et qu'il entasse, sans beaucoup de discernement, une foule de choses qui peuvent ensuite servir contre la vérité, ou du moins que des esprits mal intentionnés pourraient tourner contre elle. Ce défaut de discernement est fâcheux et bien regrettable dans un si pieux et si savant homme. — Les anciens juraient par le ciel, et il paraît, suivant Philon, que les Hébreux, qui juraient aussi par le ciel, avaient pris cette coutume des païens. Il est assez inutile de citer des exemples de ces jurements des anciens; on peut en voir la preuve dans Virgile, dans Sophocle et autres. Pour les Hébreux, on connaît les premières paroles, l'exorde pompeux de l'admirable cantique de Moïse: « Cieux, écoutez ce que je vais dire: que la terre entende les paroles de ma bouche. » *Audite, cœli, quæ loquor; audite, terra, verba oris mei* (*Deut.*, XXXII, 1). Mais Notre-Seigneur Jésus-Christ, le législateur suprême, lui qui est venu apporter la grâce, la perfection sur la terre, défend tous ces jurements, dans la vue d'éloigner le danger du parjure. « Ne jurez point, dit ce divin Sauveur, par le ciel, parce que c'est le trône de Dieu (*Matth.*, v, 34). Celui qui jure par le ciel, jure par le trône de Dieu, et par celui qui y est assis » (*ibid.*, XXIII, 22). C'est-à-dire que celui qui jure par le ciel, jure par le nom de Dieu même, puisque le ciel est le trône de Dieu, et que de toute manière cela n'est pas permis. — Il est encore parlé dans l'Ecriture de la *vertu des cieux*, *virtus cœlorum*. Théodoret et quelques autres interprètes entendent cette expression des anges, des puissances, des vertus célestes, appelées en quelques endroits la force ou les armées de Dieu (*Luc.*, II, 13; *Matth.*, XXVI, 53). Mais d'autres commentateurs l'expliquent des astres, désignés si souvent dans ce texte sacré sous le nom d'armée du ciel (*Gen.*, II, 1; *Deut.*, XVII, 3, 4; *Reg.*, XVII, 16; *Isaïe*, XXIV, 21; *Sophon.*, I, 5). On pense traduire l'hébreu, dit dom Calmet, par l'armée, ou la milice, ou l'ornement, ou la force du ciel. Mais un point intéressant est de savoir ce que l'on entend par ces autres paroles de la Bible : « Les cieux sont les ouvrages de vos mains; ils périront, mais vous subsisterez dans toute l'éternité : *Opera manuum tuarum sunt cœli; ipsi peribunt, tu autem permanes* » (*Ps.* CI, 26, 27). Ici nous citerons textuellement ce que rapporte dom Calmet sur cette question : « Les sentiments des Pères, dit-il, sont partagés sur ce qui doit arriver aux cieux à la fin des siècles. Les uns soutiennent qu'ils seront simplement changés en mieux; que de corruptibles, ils deviendront incorruptibles; qu'ils ne seront plus comme aujourd'hui sujets à diverses altérations, divers mouvements, qui en dérangent quelquefois l'économie ; qu'il n'y aura plus d'intempérie ni de dérangement dans l'air et dans les saisons; en sorte que l'on pourra dire que ce seront de nouveaux cieux fort différents des premiers. Les autres soutiennent que les cieux périront réellement, de même que les autres créatures; qu'ils passeront, qu'ils se fondront (II. *Pierr.*, III, 12); qu'ils seront détruits, en sorte qu'il n'y aura plus ni ciel matériel, ni soleil, ni lune (*Apoc.*, XXI, 23); que ce sera un monde nouveau, ciel nouveau, terre nouvelle. Ce qu'il y a de certain c'est que David oppose l'immutabilité de Dieu à la chute, à la décadence, au changement des cieux. Dieu est immuable absolument et en tout sens : mais les cieux et les autres créatures peuvent recevoir une infinité de changements divers, qui les mettent toujours dans un très-grand éloignement de l'immutabilité du Créateur. Le Psalmiste ne nous donne pas l'idée d'un changement absolu et total, puisqu'il emploie la similitude d'un habit qui vieillit et qu'on change : Ils (les cieux) vieilliront tous comme un vêtement. Vous les changerez comme un habit dont on se couvre : *Omnes sicut vestimentum veterascent; et sicut opertorium mutabis eos, et mutabuntur* « (*Ps.* CI, 27, 28). Saint Paul, dans l'Epître aux Hébreux (chap. I, 10, 11, 12), applique les paroles des ℣. 26, 27 et 28 de ce psaume CI au Fils de Dieu; il dit que c'est lui qui a créé le ciel et la terre, que ces créatures passeront et périront, mais que pour lui il subsistera éternellement » (dom Calmet, *Commentaire sur le ps.* CI, t. II, p. 319. 320). — Au reste, l'Esprit-Saint lui-même ne tranche-t-il pas la question, lorsqu'il nous dit par la bouche de saint Pierre : « Nous attendons de nouveaux cieux, et une nouvelle terre, où la justice habitera : *Novos cœlos et novam terram in quibus justitia habitat* » (II. *Pierr.* III, 13)? Ces paroles ne marquent-elles pas assez clairement que ni le ciel ni la terre ne retourneront ni dans le néant, ni dans le chaos, et ne périront point entièrement? Elles signifient, suivant les meilleurs interprètes, qu'ils seront simplement changés quant à leur forme et à leurs qualités extérieures. Leur forme substantielle subsistera toujours. Ce sera une terre, ce seront des cieux, mais plus purs et plus parfaits. Il y aura des habitants sur la terre, mais la justice régnera parmi eux : *In quibus justitia habitat.* Les hommes ressuscités habitants du monde nouveau, ne seront pas, comme ceux d'aujourd'hui, injustes, parjures, vains, superbes, méchants, mais justes, bons, parfaits, purifiés. — Nous venons de rapporter les divers endroits de l'Ecriture sainte où il est question du ciel, et nous avons tâché de donner l'interprétation de ces passages. Maintenant nous avons à voir ce qu'entendent les théologiens par ce mot ciel. Dans leur langage c'est le séjour du bonheur éternel, c'est le lieu que saint Paul a appelé le troisième *ciel*, lieu que les Hébreux reconnaissaient, que tous les commentateurs du texte sacré ont assigné comme étant le séjour des bienheureux, en sorte que ce que disent les théologiens est fondé sur l'Ecriture elle-même. — Le lieu de la félicité éternelle est donc le *ciel*, les *cieux*, c'est-à-dire le plus haut des *cieux*, comme le *Cantique des cantiques* est le plus excellent *cantique*. Mais quel est l'état des élus dans le ciel? C'est un état où l'homme, n'ayant plus rien à craindre de tout ce qui peut contribuer à sa béatitude, n'a non plus rien à redouter de tout ce qui pourrait troubler sa béatitude et la terminer. Or, être complétement dans le repos, n'est-ce pas là ce qu'on peut appeler une félicité complète? Les bienheureux dans le ciel possèdent Dieu, et « dans Dieu, dit un orateur chrétien, ils trouvent le repos le plus parfait, puisque Dieu est leur fin dernière, et que chaque être, parvenu à sa fin, s'y repose comme dans son centre ; l'assemblage de tous les biens, puisque Dieu est seul tout leur bien, et que lui seul, par une conséquence naturelle, il leur tient lieu de toutes choses. C'est pourquoi le Sauveur des hommes disait à ses disciples : *Quand vous serez avec moi dans ma gloire, vous ne demanderez rien à mon Père* (*Jean*, XVI), leur faisant entendre que rien alors ne leur manquerait. Mais qu'est-ce que cette possession de Dieu? Qu'opère-t-elle dans l'âme bienheureuse? Comment la remplit-elle, la ressuscite-t-elle, l'enivre-t-elle de ces torrents de joie dont a parlé le prophète? Mystères, nous répond le grand apôtre, qu'il n'est permis à nul homme sur la terre de pénétrer. Mystères au-dessus de tout ce que l'œil de l'homme a jamais vu, de tout ce que l'oreille de l'homme a jamais entendu, de tout ce que l'esprit de l'homme a jamais compris. Et de ce que ni l'œil de l'homme n'a jamais rien vu, ni l'oreille de l'homme n'a jamais rien entendu, ni l'esprit de l'homme n'a jamais rien conçu de pareil, n'est-ce pas cela même qui nous fait mieux connaître l'excellence de ce bonheur incompréhensible et ineffable? Quoi qu'il en soit, il nous suffit de savoir, et la foi nous l'enseigne, que dans cette béatitude tous les désirs de notre cœur seront tellement accomplis, qu'il ne nous restera plus rien à souhaiter; de même aussi que dans tout l'avenir et dans tout le cours de cette éternelle béatitude nous n'aurons plus rien à craindre, parce que c'est une béatitude sans terme, et qu'elle nous mettra à couvert de toutes les révolutions et de tous les changements. Ainsi nous a-t-elle été annoncée dans l'Evangile et promise par Jésus-Christ, comme *une joie* durable et permanente que personne *ne peut ravir*, comme un bonheur indépendant de tout accident humain, de toute puissance ennemie; comme *une rédemption* (*Luc*, XXI), un affranchissement, une délivrance de tous les maux, soit de l'âme, soit des sens ; de toutes les entreprises et de toutes les persécutions où peuvent exposer l'animosité, l'envie, la violence, l'intrigue, la cabale. Eternellement les élus du Seigneur, rassemblés dans son sein, aimeront Dieu et seront aimés de Dieu ; et dans cet amour mutuel et invariable, éternellement ils jouiront de l'abondance de la paix et des plus pures délices » (Bourdaloue, *OEuvres complètes*, édit. de 1821, t. XV, p. 257 et suiv.). — Voilà donc le bonheur parfait que nous pouvons acquérir, toutefois par un pur effet de la grâce et de la bonté de Dieu. Oui, nous ne pouvons entrer dans le ciel que par un effet de bonté, que par la grâce, par un sentiment de miséricorde. Et Notre-Seigneur ne nous le dit-il pas lui-même dans son Evangile : *Beati misericordes, quoniam ipsi misericordiam consequentur* : « Bienheureux les miséricordieux, parce qu'ils obtiendront miséricorde » (*Matth.*, V, 7)? Quelle est cette miséricorde que le Fils de Dieu leur promet? « Je soutiens, dit notre immortel Bossuet, qui développe admirablement cette doctrine, je soutiens que c'est la vie éternelle : » *Regnum cœlorum*, le royaume des cieux (*ibid.*, 3); *Deum videbunt*, ils verront Dieu (*ibid.*, 8) ; *possidebunt terram*, ils posséderont la terre (*ibid.*, 4); *terram viventium*, la terre des vivants (*Ps.* XXVI, 13) ; *saturabuntur*, ils seront rassasiés (*Matth.*, V, 6); *inebriabuntur*, ils seront enivrés (*Ps.* XXXV, 9) ; *satiabor cum apparuerit gloria tua*, je serai rassasié lorsque votre gloire se manifestera (*Ps.* XVI, 17) ; *consolabuntur*, ils seront consolés (*Matth.*, V, 5); *absterget Deus omnem lacrymam*, Dieu essuiera toutes les larmes (*Apoc.*, XXI, 4); ainsi : *misericordiam consequentur*, ils obtiendront la miséricorde. En effet, que pouvons-nous espérer, misérables bannis, enfants d'Eve, c'est-à-dire enfants de colère, enfants de malédiction, naturellement ennemis, chassés du paradis de délices? Si l'on nous rappelle à notre patrie, si l'on nous tire de l'abîme, que devons-nous faire autre chose que de louer la miséricorde de ce charitable pasteur qui nous a retirés du lac par le sang de son testament et nous a reportés au ciel chargés sur ses épaules? *Misericordias Domini in æternum cantabo* : Je chanterai éternellement les miséricordes du Seigneur (*Ps.* LXXXVIII, 1); *in æternum*, éternellement; ce n'est pas seulement dans le temps, mais encore principalement dans l'éternité. « Toutefois, continue Bossuet, on me pourrait dire que cela n'est pas de la sorte; la gloire leur étant donnée comme récompense, il semble que c'est plutôt la justice qui la distribue au mérite, que la miséricorde qui la donne gratuitement. Esprits saints, esprits bienheureux, ne fais-je point tort à vos bonnes œuvres? J'entends un de vous qui dit :

*Bonum certamen certavi*, j'ai livré un glorieux combat (*Tim.*, IV, 7). On vous rend la couronne, mais c'est que vous avez combattu ; on vous honore, mais vous avez servi ; on vous donne le repos, mais vous avez fidèlement travaillé : ce n'est donc pas miséricorde. A Dieu ne plaise! mais c'est cette doctrine qui fait éclater la miséricorde. Expliquons cette doctrine. Saint Augustin nous l'a développée par ces paroles : « *Reddet omnino Deus, et mala pro malis quoniam justus est, et bona pro malis quoniam bonus est, et bona pro bonis quoniam bonus et justus est* : Dieu nous rendra certainement le mal pour le mal, parce qu'il est juste; Dieu nous rendra le bien pour le mal, parce qu'il est bon ; enfin Dieu nous rendra le bien pour le bien, parce qu'il est bon et juste en même temps » (Aug., *De grat. et lib. arb.*, cap. XXIII, n. 4, 5, t. X, col. 744). A cela se rapporte toute la conduite de Dieu envers les hommes. L'une semble diminuer les autres ; non point en Dieu : les ouvrages de Dieu ne se détruisent point les uns les autres. Cette justice n'est pas moins justice pour être mêlée de miséricorde ; cette grâce n'est pas moins grâce pour être accompagnée de justice : au contraire, c'est le comble de la grâce et de la miséricorde » (Bossuet, *OEuvres complètes*, édit. in-4°, de Chalandre, 1836, t. I, p. 2 et 3). — Nous pouvons acquérir le bonheur du ciel, et cela par faveur divine, par un effet de la miséricorde éternelle : c'est la doctrine catholique ; et le gage qui nous est donné de ce bonheur sans fin, comme la certitude que nous avons d'en jouir, c'est que Jésus-Christ notre Sauveur, notre Rédempteur, est entré le premier au ciel, suivant ces paroles de l'apôtre des nations : « *Præcursor pro nobis introivit Jesus, secundum ordinem Melchisedech pontifex factus in æternum* : Jésus notre avant-coureur est entré pour nous au dedans du voile, c'est-à-dire au ciel, fait pontife éternellement selon l'ordre de Melchisédech » (*Héb.*, VI, 20). « Celui qui est descendu, ajoute saint Paul, c'est lui-même qui est monté : *Qui descendit, ipse est, et qui ascendit super omnes cœlos, ut impleret omnia* » (*Eph.*, IV, 10). Et le grand évêque de Meaux, s'adressant à ce divin rémunérateur, lui dit : « Vos intérêts sont de telle sorte liés avec ceux de notre nature, ô Seigneur Jésus ! qu'il ne s'accomplit rien en votre personne qui ne tourne à l'avantage du genre humain : vous ne montez au ciel que pour nous en ouvrir le passage. « Je m'en vais, dites-vous, préparer vos places » (*Joan.*, XIV, 2). « C'est pourquoi votre apôtre saint Paul ne craint pas de vous appeler notre avant-coureur, et de dire que vous entrez pour nous dans le ciel : tellement que si nous savons comprendre vos intentions, vous ne frustrez aujourd'hui notre vue que pour accroître notre espérance » (Bossuet, *OEuvres complètes*, idem, ibid., p. 637). — Mais Notre-Seigneur n'est arrivé à ces heureux termes qu'après beaucoup de travaux, de tribulations, de souffrances, et après avoir souffert la mort pour nous racheter. Nous devons donc aussi beaucoup souffrir, beaucoup travailler pour gagner le ciel. De là ces explications dans la sainte Ecriture : *La porte du ciel est étroite, le ciel souffre violence, le ciel n'est que pour les forts.* « Qu'elle est petite la porte, et qu'elle est étroite la voie qui conduit à la vie, et qu'il en est peu qui la trouvent » (*Matth.*, VII, 14) ! De là ces conseils que nous donnent les saints Pères, les auteurs ascétiques : *Le royaume des cieux ne se prend que par violence.* « Ceux qui sont lâches et paresseux ne le peuvent donc obtenir, dit saint Jean Chrysostome, et on ne l'emporte qu'en y travaillant avec beaucoup de soin et de diligence. Comme la voie pour y arriver est fort étroite, on a besoin de beaucoup de fermeté et de courage pour y parvenir » (*Homélie*, LIII). « On ne peut atteindre celui qui court, sans courir soi-même, dit saint Bernard en parlant de la vigilance que nous devons apporter pour gagner le ciel » (*Ep.* CCLIV, n. 4). Et saint Augustin nous dit qu'on ne saurait trop faire pour le ciel : « Le repos éternel mériterait d'être acquis par un travail éternel » (*sur le ps.* XC). Dans un autre endroit le même docteur nous apprend qu'il faut être altéré des biens du ciel pour y arriver : « Quiconque ne sera pas altéré dans le désert de ce monde, c'est-à-dire parmi les maux qui l'environnent, il ne parviendra jamais au bien véritable qui est Dieu même » (*sur le ps.* LXII). Eh ! comment, dans l'exil de cette vie, au milieu de nos misères, des peines qui nous accablent, des mille tourments auxquels nous sommes exposés, comment ne pas tourner tous nos désirs vers le ciel, aspirer vers les biens du ciel, être altérés des richesses du ciel, de ce séjour ineffable « où l'on aura tout ce que l'on aime, et où l'on ne désirera point ce qu'on n'aura pas, car il n'y aura rien qui ne soit bon ; où Dieu souverain y sera notre souverain bien ; où les amateurs de ce bien suprême l'auront toujours présent pour en jouir, et où ce qui fera le comble de leur bonheur, c'est qu'ils seront assurés que cela durera éternellement » (Aug., *Homélie*)? Comment ne pas soupirer sans cesse vers le ciel « où tout notre emploi sera d'aimer Dieu et de le louer, de le louer en l'aimant, et de l'aimer en le louant » (ibid., *sur le ps.* CXLVII)? Vers le ciel « où tout est grand, où tout est vrai, tout est saint, tout est éternel ; où notre nourriture sera la justice, notre breuvage la sagesse, notre vêtement l'immortalité? Cette maison céleste sera notre demeure éternelle, et c'est là où nous trouverons véritablement la paix, le repos, la joie, la justice » (ibid., *sur le ps.* XLIX). « Il y a donc tout à gagner à travailler pour le ciel ; c'est ce trésor pour lequel on n'a pas à craindre les voleurs, dit l'Evangile, et après lui saint Bernard » (*De conv. ad cler.*, n. 41) ; et avoir tout quitté pour un bien qui est au-dessus de tous les biens, c'est une espèce d'échange où il n'y a rien à perdre ni à risquer, » ajoute le même Père (*Tract. de cont. mund. ad cler.*, cap. 1). « Au reste, dit saint Jean Chrysostome, nous ne sommes sur cette terre que comme des passagers et des voyageurs ; le ciel est notre véritable patrie, c'est là où nous devons faire passer tout ce qui est en notre pouvoir ; et avant même que d'en jouir dans cette divine patrie, nous en recevons dès ici-bas comme la récompense ; car, ajoute cet illustre docteur, celui qui se nourrit en cette vie de l'espérance des biens célestes, et qui est rempli de la confiance de les obtenir, celui-là goûte déjà par avance le bonheur de ce royaume éternel » (*Hom.*, 1). Nous avons voulu que ces exhortations, ces conseils, nous fussent donnés par les autorités compétentes, et voilà pourquoi nous avons recueilli ces paroles que l'on vient de lire de la sainte Ecriture et des saints Pères, ses immortels interprètes. Le ciel est encore appelé dans la langue ecclésiastique, la *Jérusalem céleste*, le *paradis*, le *séjour des bienheureux* ; et dans le langage poétique, le *fortuné séjour*, l'*empyrée*, etc. (*V.* PARADIS, SAINTS). — On vient de voir ce que nous apprennent sur le ciel et l'Ecriture sainte et les théologiens qui ne font, après tout, que s'appuyer sur le texte sacré. D'après ce que nous avons dit, la question est simple et claire, et il n'est pas d'homme qui ne puisse la comprendre, parce que la vérité est faite pour tous les hommes. Mais il a plu à un philosophe moderne de l'embrouiller sur ce point, ou plutôt de la défigurer étrangement dans un long et nébuleux article de l'*Encyclopédie nouvelle* de M. Pierre Leroux. Ses objections contre la félicité des élus portent sur ce principe que la vie active est infiniment supérieure à la vie contemplative, qui n'est rien, selon ce philosophe. Ce principe repose lui-même sur la notion qu'il s'est faite de la vie divine. Dieu crée nécessairement le monde ; son activité divine consiste à créer, sa vie est dans la production éternelle et infinie des mondes. Cette doctrine, qui n'est que le panthéisme, détruit en Dieu toute vie propre et personnelle, et va à anéantir Dieu lui-même. Si le panthéisme était la vérité, sans doute l'idée que le christianisme nous donne de la félicité du ciel serait absurde, et cette félicité ne serait qu'une véritable annihilation. La question véritable est donc de savoir de quelle notion de Dieu et de la vie divine il faut partir. Pour la résoudre, nous n'avons rien de mieux à faire que de nous servir de l'excellent ouvrage de M. l'abbé Maret (*Essai sur le panthéisme dans les sociétés modernes*, in-8°, 1841, deuxième édition, p. 401 et suiv.), dont on doit désormais emprunter la puissante dialectique, lorsqu'il s'agit de réfuter cette monstrueuse erreur du siècle présent. — Le christianisme nous montre en Dieu l'infinie perfection ; Dieu se suffit et trouve en lui-même son infinie félicité. La création, quelque indéfinie qu'on la suppose, n'est donc rien devant lui, elle n'existe que par l'effet libre de la bonté de Dieu. Cette notion admise, le ciel se conçoit. Le ciel, en effet, n'est que l'union avec Dieu, la vue claire de Dieu, la possession de Dieu, la participation réelle à la vie même de Dieu. Dieu nous associera à son bonheur ; telle est l'espérance des chrétiens. L'esprit, le cœur, les sens transformés posséderont l'objet véritable pour lequel ils sont faits, et se désaltéreront sans cesse à la source toujours vive de la félicité. Dieu leur découvrira dans son essence infinie des perfections et des beautés toujours nouvelles qui raviront leur admiration et leur amour. Ils ne seront donc pas dépouillés d'activité, mais cette activité ne sera pas celle de cette vie ; elle sera d'un autre ordre. Unis à Dieu, les élus le seront aussi à la création tout entière ; tous les secrets leur seront dévoilés, tous les mystères manifestés. Ils jouiront entre eux d'une sainte société que rien ne pourra troubler, car Dieu sera assez grand pour rendre chacun dans son degré pleinement heureux, et la félicité de tous contribuera à la félicité de chacun. — Le malheur des réprouvés ne pourra troubler cette paix céleste, puisque les élus verront tout le dessein de Dieu, toute sa sagesse, la miséricorde même dont il use envers les créatures rebelles qui ont encouru l'anathème de la justice. Les lumières que le christianisme jette sur la vie future ne nous en dévoilent pas tous les secrets; de profondes obscurités nous les dérobent; mais nous en savons assez pour animer notre espérance et pour comprendre combien sont vaines les objections du philosophe panthéiste. — Après avoir montré, à ce qu'il croit, la misère des élus, ce philosophe bâtit un ciel à sa manière, et ce ciel vient aboutir à une rentrée de toutes les créatures en Dieu, qui ressemble bien au sommeil de Brahma. « Le ciel n'est pas une demeure, mais un chemin, et le terme de ce chemin mystérieux est précisément ce paradis final que les chrétiens, sans pouvoir le définir, ont vaguement conçu. Et en effet, à la limite de ce perfectionnement vers lequel tout l'univers gravite, n'apercevons-nous pas toutes les créatures assises face à face devant Dieu, satisfaites dans tous leurs désirs, éclairées dans toutes leurs ignorances, aussi incapables de sentir ni foi ni espérance que celui qui sent tout et qui peut tout, et absorbées sans distraction dans l'amour plein de béatitude qui les unit au Créateur et à la création? Mais la jouissance effective de ce paradis ne peut être attribuée qu'à celui qui demeure dans le ciel et n'y chemine pas, et qui, couvrant l'éternité, d'une main touche à l'origine des choses, et de l'autre à leur fin. Aussi l'asile du repos absolu n'est pas *une réalité, mais une limite*... En remontant l'éternité (et remarquons ici une contradiction bien palpable de la part de notre philosophe), on trouve une limite où Dieu existe et où la création n'existe pas encore. Comme, en la descendant, on en trouve une autre où Dieu toujours existant, la création n'existe *plus, parce qu'elle est rentrée tout entière dans le sein de son auteur*, mais ni en creusant dans les siècles passés, ni en entassant millions sur millions les siècles à venir, nous ne pouvons ni nous éloigner, ni nous rapprocher d'un seul pas d'aucune de ces deux bornes inabordables *au delà desquelles le vide occupe l'univers*. » Un peu plus haut, le panthéiste nous dit, en parlant du principe d'activité qui lie toutes les créatures l'une à l'autre pour les attacher à Dieu toutes ensemble : « Supprimez ce principe d'activité, tout s'amortit, et *Dieu lui-même rentre dans le sommeil*. » Ainsi *la consommation finale n'est autre chose que la rentrée de la création dans le sein de Dieu*, l'absorption des créatures en Dieu, le sommeil de Dieu qui équivaut à son annihilation, le vide absolu... Tel est en définitive le paradis de l'auteur de l'article de l'*Encyclopédie nouvelle*, paradis où disparaît la personnalité et qui ressemble bien au néant... C'est cependant à ce terme où l'on est rigoureusement conduit en partant des notions panthéistiques. Cet écrivain reproche aux chrétiens de trop hâter la consommation finale; et certes, quand on la conçoit comme il la conçoit, on ne saurait trop la reculer. — Il voudrait qu'au sortir de cette vie il y eût une série d'épreuves qui permissent à toutes les créatures de s'améliorer, de devenir bonnes. Tel n'est pas l'ordre de Dieu, pour notre globe du moins. La foi chrétienne nous apprend que l'épreuve pour nous s'accomplit ici-bas; que le sort de chaque créature est fixé au sortir de ce monde. Cependant il existe un lieu où les créatures imparfaites, mais dignes des récompenses célestes, peuvent se purifier et devenir capables de l'union divine (*V.* PURGATOIRE). Avec le besoin et le sentiment que nous avons de l'infini, cette prolongation de l'épreuve ne serait qu'une prolongation de nos misères : posséderions-nous la création tout entière, jamais nous ne goûterions le vrai bonheur. Le philosophe dont nous nous occupons ressemble à un voyageur qui soupirerait après la patrie et qui se plaindrait d'y arriver trop tôt. Nous ne le suivrons pas dans toutes ses considérations sur le sort réservé aux corps et dans ses théories des incarnations. Les objections qu'il élève contre le dogme de la résurrection portent sur un fondement ruineux, puisque nous ignorons quel sera l'état réel des corps dans l'autre vie; nous savons seulement que ces corps seront spiritualisés, selon l'expression de l'Apôtre, et que Dieu créera un ciel nouveau et une terre nouvelle. Enfin le philosophe oppose au dogme chrétien celui de la métempsycose. « Joignons, dit-il, la métempsycose à l'Evangile, et plaçons Pythagore à côté de Jésus. » « Nous ne voyons pas là, certes, répond en terminant M. l'abbé Maret, ni une nouveauté, ni un progrès. — Comme toutes ces théories sont vaines! qu'elles sont incompréhensibles, qu'elles sont insensées en présence des notions certaines, claires et lumineuses que la foi catholique nous donne du ciel! Ah! que les hommes qui ne veulent pour guide que leur raison s'égarent facilement! Ils veulent la vérité, et ils la repoussent; ils la cherchent, et, lorsqu'elle est près d'eux, ils la fuient; ou bien d'autres font tous leurs efforts pour l'obscurcir et ne point être importunés de ses vives clartés... Combien nous voyons, aujourd'hui surtout, de ces étranges aberrations! » L.-F. GUÉRIN.

CIELS (*beaux-arts*). La représentation du ciel par la peinture a souvent été fort négligée, bien qu'elle soit de la plus grande importance. En effet, ce que nous nommons ciel étant comme la région de la lumière naturelle, il est impossible de bien rendre les effets du clair-obscur indépendamment des *ciels*. La couleur des rayons solaires semble varier avec les différentes heures du jour; les nuits sont plus ou moins ténébreuses, la clarté de la lune éprouve des modifications d'intensité et de direction; enfin le paysagiste observe sur la terre une infinité d'effets dont il doit chercher, trouver et peindre la cause au-dessus de son horizon. — Mais, connussiez-vous toutes ces lumières qui viennent d'un seul foyer et se combinent avec les couleurs locales, vous n'auriez encore qu'une science insuffisante pour le paysagiste consommé. En effet, le ciel ou les ciels eux-mêmes, c'est-à-dire l'air et les nuages, ont une couleur propre qui varie suivant l'heure ou certaines influences météorologiques. L'air est bleu, les nuages ont généralement une teinte grisâtre; mais ce bleu passe parfois jusqu'au vert, et les teintes grisâtres font place à une éblouissante blancheur, ou se marient avec le violet. Le nombre des nuances ne peut se déterminer, et néanmoins le peintre doit bien savoir qu'une lumière plus ou moins diffuse est réfléchie du ciel à la terre (ce qui devient évident lorsque le soleil est sous l'horizon), et qu'en conséquence tout le paysage doit participer plus ou moins de la teinte générale de l'azur et des nuages. Le Titien, grand coloriste, n'a pas négligé ce moyen d'être vrai, et Claude Lorrain a produit ainsi des effets admirables. Comme les corps, à cause de la grande quantité d'air interposée entre eux et le spectateur, perdent en s'éloignant de leur couleur locale, ils prennent en même temps la teinte de cet air interposé, qui, d'ordinaire, est celle du ciel. Aussi les contours de l'horizon nous échappent-ils parfois. L'étude des eaux et de tous les corps qui font miroir est absolument dépendante de l'étude des ciels. Leurs couleurs servent aussi à déterminer le climat sous lequel on a copié ou imaginé les sites qu'on représente, et ce caractère est souvent tellement tranché, que volontiers on le juge invraisemblable. Certaines vues d'Italie ou d'Afrique, étudiées d'après nature, sembleraient exagérées à ceux qui n'ont jamais vu ces contrées.—On ne peut assigner aux ciels de couleurs précises, depuis les teintes vives et rosées de l'aurore jusqu'à la fatigante blancheur de midi, et de cet éclat impossible à rendre aux couleurs tranchées, à la fois ardentes et sombres des soleils couchants, des brouillards du nord au feu de l'équateur, des teintes paisibles et tendres qui concourent à l'expression d'une pastorale, aux contrastes heurtés de la tempête... comme le poëte, le peintre peut toujours étudier et toujours varier ses couleurs sans cesser d'être vrai. Mais, à peu d'exceptions près, le caractère des ciels est l'indécision, le vague et la fusion des nuances. Nous en trouvons deux raisons : l'une est l'éloignement des nuages, distants de la terre de une à quatre lieues; l'autre est leur nature même.—On sait combien la perspective aérienne rompt la monotonie des ciels. Mais ce qui peut paraître moins évident, c'est qu'on ne doit pas négliger la perspective linéaire. Bien que les nuages n'affectent pas des formes toujours voulues et calculables, le climat, le vent, la pluie les modifient d'une manière probable, sinon certaine, et la cause déterminante, le vent, par exemple, étant supposée constante sur toute l'étendue d'un ciel, les nuages auront un *caractère constant*, une forme approximativement la même, et dès lors on observera aisément la perspective linéaire. Ainsi, supposez-les tous longs, minces et d'un grand axe perpendiculaire à l'horizon, ils devront paraître converger comme une allée ou des allées d'arbres. Qu'ils s'étendent dans le sens de l'horizon, l'espace qui les sépare les uns des autres sera de plus en plus resserré, et ils sembleront enfin se toucher et former de grandes masses horizontales. C'est un exemple entre mille; car les combinaisons de forme et de distance varient à l'infini. Malgré ces observations dont on doit tenir compte, nous concevons aisément combien la variété des effets et des formes possibles met à l'aise l'imagination du peintre. Mais aussi quelle facilité à éluder les difficultés! à justifier le manque de goût et les bizarreries! Si le peintre peut impunément n'être pas consciencieux, c'est assurément lorsqu'il représente un ciel; car peu de gens sont capables de savoir si tel ou tel effet est possible dans cette région où les ombres, les lumières et les formes sont essentiellement mobiles. — L'art des décors emploie pour les ciels des moyens qui sont bien du ressort du clair-obscur, mais non de la peinture proprement dite. Certains effets de nuit ne peuvent se rendre par le pinceau : nous les admirons au théâtre. — En résumé, les *ciels*, si bien rendus par Joseph Vernet et les flamands, trouvent leur importance dans la nécessité d'exprimer le *climat*, l'*heure* du jour ou de la nuit, l'*état de l'atmosphère*, et parfois aussi telle *circonstance décisive dans une bataille*, car il est des ciels historiques comme des ciels de pure fantaisie. C. B. SIEURAC.

**CIEL DE CARRIÈRE**, s. m. C'est le premier banc de pierre où l'on arrive en creusant le puits qui doit servir d'ouverture à une carrière. On perce l'épaisseur de ce banc pour tirer la pierre qui est dessous, et à partir de son orifice il sert de plafond à toute l'étendue de la fouille. La pierre de ce ciel est propre aux fondations (Dans cette acception, le mot *ciel* fait *ciels* au pluriel.

**CIELIER, IÈRE**, adj. (*vieux langage*), céleste.

**CIENFUEGOS (BERNARD)**, botaniste espagnol, né à Tarragone dans le XVIe siècle, fut professeur de l'université d'Alcala. Il s'occupa principalement de la recherche des plantes qui croissent en Espagne, et, dans ce but, il en parcourut toutes les provinces. Il a laissé en manuscrit une *Histoire des plantes*, en sept volumes, avec d'excellentes figures, et enrichie de notes savantes. Cet ouvrage fut déposé à la bibliothèque de l'Escurial, et n'a jamais été publié. Environ deux cents ans après, sur la fin du XVIIIe siècle, Asso, compatriote de Cienfuegos, commença à tirer son nom de l'oubli, et Cavanilles y réussit ensuite complétement, en publiant une notice historique sur la vie de ce botaniste, dans les *Annales d'histoire naturelle espagnole*, page 116, et en donnant, en son honneur, le nom de *Cienfuegosia* à un nouveau genre qu'il a établi dans la famille des malvacées.

**CIENFUEGOS (ALVAREZ)**, jésuite espagnol, né en 1657 à Aguerra, dans les Asturies, professa la philosophie à Compostelle, la théologie à Salamanque, s'attacha à l'amirante de Castille, suivit avec lui le parti de l'archiduc Charles contre Philippe V, se retira en Allemagne, fut employé dans plusieurs négociations importantes à la cour de Portugal, par les empereurs Joseph Ier et Charles VI; obtint le chapeau de cardinal en 1720, fut nommé ministre plénipotentiaire de la cour de Vienne à Rome en 1722, évêque de Catane, ensuite archevêque de Mont-Réal en Sicile, et mourut à Rome le 12 août 1739. Cienfuegos a publié plusieurs ouvrages : 1° *la Vida del venerabile P. Juan Nieto*, 1693, in-8; 2° *la Vida del grande santo Francisco Borgia*, Madrid, 1702, in-fol.; 3° *Ænigma theologicum, seu Quæstiones de Trinitate divina*, Vienne en Autriche, 1717, 2 vol. in-fol. Quelques docteurs romains ayant trouvé dans cette énigme théologique plusieurs propositions qui leur parurent insoutenables, Cienfuegos éprouva, pour être élevé au cardinalat, des difficultés dont l'empereur Charles VI eut peine à triompher. 4° *Vita abscondita sub speciebus eucharisticis*, Rome, 1728, in-fol. Cienfuegos avait dédié la Vie de saint François Borgia à l'amirante de Castille. L'épître dédicatoire offre cette singularité remarquable, qu'elle est plus longue que la Vie du saint; ce qui fit dire que Cienfuegos avait dédié à saint François Borgia la Vie de l'amirante de Castille. On trouve l'éloge du cardinal Cienfuegos à la tête du tome X des *Rerum italicarum scriptores*.

**CIENFUEGOSE DIGITÉE** (*botan.*), *cienfuegosia digitata* Cavan., diss. 3, tab. 72, fig. 2; *fugosia* Juss., *Gén.* Genre consacré à la mémoire de Cienfuegos, botaniste espagnol, contemporain de Gaspard Bauhin, qui a publié une Histoire des plantes pleine de savantes recherches. Ce genre appartient à la famille des malvacées, et doit être placé dans la monadelphie dodécandrie de Linné : il se distingue par son double calice; l'extérieur, composé de douze filaments courts, sétacés ; l'intérieur, d'une seule pièce, à cinq découpures acuminées, une corolle à cinq pétales insérés sur le tube des étamines : celles-ci peu nombreuses, presque verticillées sur un tube central; un ovaire globuleux ; un style simple, épaissi à son sommet; le stigmate en massue; une capsule mucronée par le style, à trois loges; une semence dans chaque loge.—La seule espèce de ce genre est une plante herbacée dont les tiges sont glabres, rameuses, les feuilles alternes, pétiolées, presque digitées, profondément divisées en trois, plus souvent en cinq découpures inégales, lancéolées, un peu obtuses, entières ou munies de deux ou trois grosses dentelures; les fleurs sont axillaires, pédonculées, la plupart solitaires, situées à l'extrémité des rameaux; les pétales pourvus de longs onglets; leur lune ovale, obtuse, un peu recourbée : le fruit est une capsule globuleuse, de la grosseur d'un pois et plus, à trois loges monospermes. Cette plante est originaire du Sénégal. (POIR.)

**CIENTOPIES** (*crust.*). Ce nom, qui signifie cent pieds, est donné en espagnol au *cucaracca* ou mille-pieds, qu'ils nomment encore petite truie, cochinilla.

**CIER**, s. m. (*vieux langage*), vent ; — tourbillon ;—orage ; tempête.

**CIERCELLE**, s. f. (*vieux langage*), sarcelle.

**CIERGE**, chandelle de cire que l'on allume dans les cérémonies religieuses. Comme les premiers chrétiens, dans le temps des persécutions, n'osaient s'assembler que la nuit, et souvent dans des lieux souterrains, ils furent obligés de se servir de *cierges* et de flambeaux pour célébrer les saints mystères. Ils en eurent encore besoin lorsqu'on leur eut permis de bâtir des églises; celles-ci étaient construites de manière qu'elles recevaient très-peu de jour ; l'obscurité inspirait plus de recueillement et de respect : plus les églises sont anciennes, plus elles sont obscures. Il n'est donc pas nécessaire de recourir aux usages des païens, ni à ceux des Juifs pour trouver l'origine des cierges dans les églises. Saint Jean, qui a représenté dans l'Apocalypse les assemblées chrétiennes, fait mention de *cierges* et de chandeliers d'or. Dans les canons apostoliques, *can.* 3, il est parlé des lampes qui brûlaient dans l'église. De tout temps et chez tous les peuples, les illuminations ont été un signe de joie, une manière d'honorer les grands; il est donc très-naturel que ce signe ait été employé pour honorer aussi la Divinité. « Dans tout l'Orient, dit saint Jerôme, on allume dans les églises des *cierges* en plein jour, non pour dissiper les ténèbres, mais en signe de joie, et afin de représenter, par cette lumière sensible, la lumière intérieure de laquelle a parlé le Psalmiste, lorsqu'il a dit : Votre parole, Seigneur, est un flambeau qui m'éclaire et qui dirige mes pas dans le chemin de la vertu » (t. IV, 1re part., p. 284). Les *cierges* nous font souvenir que Jésus-Christ est la vraie lumière qui éclaire tous les hommes; que c'est au pied de ses autels que nous recevons la lumière de la grâce ; que nous devons être nous-mêmes, par nos bonnes œuvres, une lumière capable d'éclairer et d'édifier nos frères (*Matth.*, V, 16). Dom Claude de Vert, dans son *Explication des cérémonies de l'Eglise*, avait avancé que dans l'origine on n'allumait des *cierges* que par nécessité, parce que les offices de la nuit demandaient ce secours, et que l'on n'a commencé qu'après le IXe siècle à donner des raisons morales et mystiques de cet usage. M. Languet, en réfutant cet auteur, a prouvé, par des monuments du IIIe et du IVe siècle, que dès les commencements de l'Eglise on a fait usage des *cierges* dans l'office divin, par des raisons morales et mystiques, pour rendre honneur à Dieu, pour témoigner que Jésus-Christ est, selon l'expression de saint Jean, la *vraie lumière qui éclaire tout homme venant en ce monde;* pour faire souvenir les fidèles de la parole de ce divin maître, qui a dit à ses disciples : *Vous êtes la lumière du monde; ceignez vos reins, et tenez à la main des lampes allumées*, etc. C'est pour cela que l'on mettait à la main des nouveaux baptisés un *cierge* allumé, en leur répétant cette leçon, et que l'on allumait des *cierges* pour lire l'Evangile à la messe. Ainsi le concile de Trente n'a pas eu tort de regarder cet usage comme venant d'une tradition apostolique (sect. 22, c. 5). Par conséquent les protestants ont eu tort de le supprimer et de l'envisager comme un rite superstitieux. Au commencement du Ve siècle, l'hérétique Vigilance objectait, comme eux, que c'était une pratique empruntée des païens, qui faisaient brûler des lampes et des *cierges* devant les statues de leurs dieux. Saint Jérôme leur répond que le culte rendu par les païens à leurs idoles était détestable, parce qu'il s'adressait à des objets imaginaires et indignes de vénération; que celui des chrétiens, adressé à Dieu et aux martyrs, est louable, parce que ce sont des êtres réels et très-dignes de nos respects. Marie, sœur de Lazare, eut-elle tort de répandre des parfums pour faire honneur à Jésus-Christ, parce que les païens en répandaient aussi dans leurs temples? Il réprimanda ses disciples lorsqu'ils voulurent le trouver mauvais et blâmer la sainte prodigalité de cette femme. Nous serons obligé de répéter vingt fois que s'il fallait nous abstenir de toutes les pratiques dont les païens ont abusé, il faudrait supprimer toute espèce de culte extérieur. Les abus subsistaient déjà chez les nations idolâtres lorsque Dieu prescrivit aux Hébreux le culte qu'ils devaient lui rendre; il voulut cependant qu'ils fissent à son honneur plusieurs choses que les païens faisaient pour leurs dieux (*V.* CÉRÉMONIE, CULTE EXTÉRIEUR). Le concile d'Elvire, tenu vers l'an 300, can. 34, défend d'allumer pendant le jour des *cierges* sur les cimetières, *parce que*, dit-il, *il ne faut pas inquiéter les esprits des saints.* L'on a donné différentes explications de ce canon ; il nous paraît faire allusion au reproche que fit Samuel à Saül, lorsque celui-ci le fit évoquer par la pythonisse d'Endor : Pourquoi avez-vous troublé mon repos, en me faisant sortir du tombeau (I. *Reg.*, XXVIII, 15)? Ainsi le concile condamnait la superstition de ceux qui allumaient des *cierges* sur les cimetières, dans l'intention d'évoquer les morts. C'était un reste de paganisme. De nos jours, on a poussé l'ineptie jusqu'à supputer combien coûte chaque année le luminaire des églises ; on en a porté la dépense à quatre millions pour le royaume, et l'on a conclu gravement à supprimer les *cierges*. Les raisons sur lesquelles on a fondé la nécessité de cette réforme ne tendent pas à moins qu'au retranchement de toute cérémonie qui peut être dispendieuse. A cela nous répondons, que les leçons de vertu valent mieux que l'argent; que ceux qui ne donnent rien à Dieu, ne sont pas fort enclins à donner aux pauvres; que ce n'est point à des philosophes sans religion qu'il appartient de prescrire ce que l'on doit faire par religion. Nous ne supputons point ce qu'il en coûte chaque année pour l'illumination des spectacles et des écoles du vice; ils peuvent se dispenser aussi de calculer les dépenses du culte divin. Malheur à toute nation chez laquelle on compte ce qu'il en coûte pour honorer Dieu et pour être homme de bien (*V.* l'*Ancien Sacramentaire*, 1re part., p. 52 et 717). Mais, puisque enfin il faut des raisons de politique et de finance pour satisfaire nos censeurs, nous disons que la consommation qui se fait dans les églises n'est pas moins utile au commerce que celle qui se fait dans les maisons des particuliers. — CIERGE PASCAL. Dans l'Eglise romaine, c'est un *gros cierge* auquel un diacre attache cinq grains d'encens en forme de croix, et il allume ce *cierge* avec du feu nouveau pendant l'office du samedi saint. Le Pontifical dit que le pape Zozime a institué cette cérémonie; Baronius prétend qu'elle est plus ancienne, et le prouve par une hymne de Prudence; il croit que Zozime en a seulement étendu l'usage aux églises paroissiales, et qu'auparavant on ne s'en servait que dans les grandes églises. Papebrock en marque plus distinctement l'origine dans son *Conatus chronico-historicus*. Lorsque le concile de Nicée eut réglé le jour auquel il fallait célébrer la fête de Pâques, le patriarche d'Alexandrie fut chargé d'en faire un canon annuel et de l'envoyer au pape. Comme toutes les fêtes mobiles se règlent par celle de Pâques, on en faisait tous les ans un catalogue, que l'on écrivait sur un *cierge*, et on bénissait ce *cierge* avec beaucoup de cérémonie. Selon l'abbé Châtelain, ce *cierge* n'était pas fait pour brûler, il n'avait point de mèche; il était seulement destiné à servir de tablettes pour marquer les fêtes mobiles de l'année courante. Alors on gravait sur le marbre ou sur le bronze les choses dont on voulait perpétuer la mémoire; on écrivait sur du papier d'Egypte ce que l'on voulait conserver longtemps; on se contentait de tracer sur la cire ce qui devait être de peu de durée. Dans la suite on écrivit la liste des fêtes mobiles sur du papier; mais on l'attachait toujours au *cierge pascal*. Cette coutume s'observe encore à Notre-Dame de Rouen et dans toutes les églises de l'ordre de Cluny. Telle paraît être l'origine de la bénédiction du *cierge pascal;* mais il est dit dans cette bénédiction que ce *cierge* allumé est le symbole de Jésus-Christ ressuscité. La préface, qui fait partie de cette bénédiction, est au plus tard du Ve siècle; elle se trouve dans le missel gallican telle qu'on la chante encore aujourd'hui; les uns l'attribuent à saint Augustin, les autres à saint Léon.

CIERGE. Familièrement, *il est droit comme un cierge*, se dit d'un homme qui est ou qui se tient extrêmement droit.

CIERGE (*botan.*) (*V.* CACTIER).

CIERGE DE NOTRE-DAME (*botan.*), nom vulgaire de la molène bouillon blanc.

CIERGE DU PÉROU (*botan.*). C'est la traduction du nom *cereus peruvianus spinosus*, donné par C. Bauhin à l'espèce de cacte, *cactus peruvianus*, dont les tiges, droites, relevées de plusieurs côtes, sont couvertes d'un rang de faisceaux d'épines placés sur la crête de ses côtes. Il en existe au Jardin du Roi un individu vivant, planté en 1700 : il est conservé dans une serre dont on a élevé une partie en forme de cage ou lanterne, pour laisser à ses rameaux le moyen de s'accroître et le garantir de la gelée. On donne encore le nom de *cierge* aux autres espèces de la même section dans le genre cactus.

CIERGES (*fossil*). On trouve dans les couches *schisteuses* qui forment le toit des mines de houille, des empreintes végétales dont les plus communes sont celles des fougères. Parmi ces empreintes il s'en trouve qui sont aplaties, dont l'épaisseur est de vingt millimètres (huit à neuf lignes), et quelquefois davantage, et dont la longueur est quelquefois de plusieurs pieds. Elles portent ordinairement sur les deux surfaces des côtes longitudinales, légèrement striées, sur lesquelles on voit de distance en distance de petits enfoncements, et, dans quelques espèces, de petites saillies disposées en quinconce; sur d'autres empreintes, au lieu de côtes, des rangées obliques de petites cavités de forme ovale, placées deux à deux les unes contre les autres. Les figures de ces deux espèces d'empreintes se trouvent dans l'ouvrage de Know sur les pétrifications, vol. I, tab. X, *a*, X, *b* et X, *c*, et l'auteur les rapporte à des empreintes de cierges, *cactus*, et de cardasses, *opuntia*. — Il paraît que celles de ces empreintes qui portent des côtes ont appartenu à des corps cylindriques qui ont été aplatis par le poids de ce qui s'est trouvé placé au-dessus d'eux. — Le règne végétal n'offrant, dans ce qui existe vivant aujourd'hui, que le genre des cierges qui porte des côtes longitudinales garnies de pointes ou épines, on a pu y rapporter ces empreintes, dont on a regardé les traces disposées en quinconce sur les côtes, comme la place où étaient situées les épines; mais, d'après l'opinion de Jussieu, il paraît qu'elles proviennent de troncs de fougères en arbre (*V.* FOUGÈRES [*fossil.*]).

CIERGE (*hydraul.*), se dit des jets d'eau sur une même ligne, qui sont droits et menus, et qui sont disposés par divers rangs dans des maisons de plaisance, et dans des bassins de fontaines ou en des cascades. On les nomme *grilles d'eau*, quand ils sont près les uns des autres.

CIERGÉ, ÉE, adj. (*marine*). Il se dit d'une continuité de mâts très-droits.

CIERGER UNE ÉTOFFE (*technol.*). C'est mettre de la cire liquide aux endroits par où elle a été coupée, de peur qu'elle ne s'effile. On dit plus communément *bougier*, à cause que cela se fait avec une petite bougie allumée.

CIERGIER, s. m. (*comm.*), celui qui fait ou vend des cierges.

CIERKIER, v. a. (*vieux langage*), parcourir, tourner autour, chercher.

CIERS, s. m. (*vieux langage*), cerf.

CIERUS (*V.* CIUS ou CIOS).

CIERVE, s. f. (*vieux langage*). Il se disait autrefois pour biche.

CIETREZEW (*ornith.*). On nomme ainsi en Pologne le petit tétras, *tetrao tetrix* Linn.

CIEU-KO (*botan.*), nom chinois du goyavier, *psidium*, mentionné dans la *Flora Sinensis* de Boym, missionnaire jésuite.

CIEUX, adj. m. (*vieux langage*), aveugle.

CIEUX (*géogr.*), village de France (Haute-Vienne), sur le versant méridional des montagnes de Blond et sur un petit lac. 1,728 habitants. A 2 lieues trois quarts de Nantiat.

CIEVETAIGNE, s. m. (*anc. term. milit.*), chefetain, capitaine.

CIEZ, s. m. pl. (*vieux langage*), il se disait autrefois pour cheveux.

CIÉZAR (MICHEL-JÉROME), peintre d'histoire, né à Grenade, d'une famille noble, fut élève d'Alonzo Cano, et se fit un nom dans la peinture par une *Samaritaine* et un *Saint Jacques combattant les Maures*. Il mourut en 1677. — CIÉZAR (Joseph), son fils et son élève, naquit aussi à Grenade et mourut à l'âge de quarante ans à Madrid, où il était peintre du roi. Il excellait à peindre les paysages et les fleurs. — CIÉZAR (Vincent), frère du précédent, né à Grenade en 1656, y mourut en 1701. Elève de son père, il vint à Madrid en 1692 succéder à son frère dans la place de peintre du roi. Son genre principal fut l'histoire, et l'on cite de lui avec éloge : *Un trait de la vie de saint François de Paul*, placé dans l'église de ce nom à Madrid. — On confond souvent ensemble les ouvrages des trois Ciézar.

CIFÉ (*botan.*) (*V.* CYFÉ).

CIFOLOTTO (*ornith.*). Ce nom, et ceux de *ciufolotto* et *suflotto*, sont donnés, en Italie, au bouvreuil, *loxia pyrrhula* Linn., que les Piémontais nomment *cifoulot*.

CIGALA (LANFRANC), troubadour et chevalier ès lois, né à Gênes dans le XIIIe siècle, fut ambassadeur de la république auprès de Raymond, comte de Provence, en 1241, et se livra pendant cette mission à la galanterie et à la poésie. Nostradamus dit que Cigala fut assassiné près de Monaco en 1278, dans un voyage qu'il faisait de Provence à Gênes. Il reste de ce poëte environ trente pièces. Raynouard en a publié une dans son *Choix de poésies des troubadours*, t. IV, p. 210, et des fragments des trois autres, t. V, p. 244.

CIGALE, en latin *cicada*, genre d'insectes *hémiptères*, qui ont quatre ailes membraneuses, veinées, dont les deux supérieures sont plus fortes que celles de dessous et leur servent d'élytres. Les antennes sont sétacées et composées de sept articles, dont le premier est gros et les autres très-minces; elles sont plus courtes que la tête; les yeux sont presque globuleux, très-saillants; la bouche est allongée en forme de bec ou de trompe, le

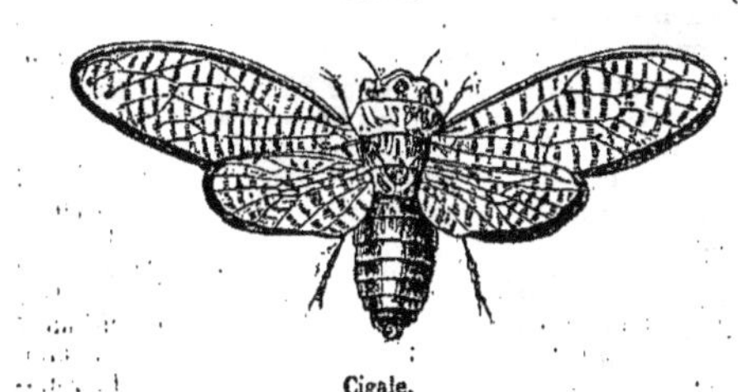
Cigale.

corselet est assez court, mais large à la base de l'abdomen.— Ce qui caractérise plus spécialement ce genre d'insectes, ce sont les organes du chant ou mieux du bruit, car il ne consiste qu'en un son monotone et ennuyeux. On a pendant longtemps émis des opinions bizarres sur la manière dont ce chant est produit; il fallut, pour bien apprécier ce phénomène, être aidé de connaissances anatomiques plus avancées, et des moyens d'observation que les arts ont créés. C'est à Réaumur que l'on doit l'explication la plus complète de cette singulière organisation; l'illustre naturaliste parvint à faire chanter des cigales mortes, en agissant sur les muscles qui mettent en mouvement l'appareil très-compliqué d'où le son émane. Nous ne décrirons point cet appareil, parce qu'il nous faudrait le secours de figures pour être bien compris, et nous renvoyons le lecteur à la collection des mémoires où Réaumur a déposé ses observations sur les insectes en général; nous dirons seulement que ces organes de chant n'existent point dans les femelles, et que si ces hyménoptères étaient silencieux comme les demoiselles et les papillons, ils n'auraient pas autant attiré l'attention, car aucune espèce des soixante-six que l'on connaît n'est remarquable par l'éclat de ses couleurs. En général, elles peuvent causer beaucoup de dommage en attaquant les végétaux, et ne font aucun bien; les anciens les mangeaient, mais cet usage ne subsiste plus nulle part, même parmi les peuplades acridophages (c'est-à-dire qui se nourrissent de sauterelles). — Les cigales ne peuvent vivre que dans les pays dont l'été est chaud et prolongé, quelle que soit la rigueur de l'hiver. Si la chaleur est assez forte, elles se tiennent sur les arbres, sont très-bruyantes, ou volent avec rapidité; mais à mesure que l'air se refroidit, elles se ralentissent et font moins de bruit; aussi est-il assez facile de les prendre le soir et le matin. La femelle est munie d'une tarière dont elle se sert avec une grande activité pour cribler des branches sèches d'une multitude de petits trous de trois à quatre lignes de profondeur, dans lesquels elle dépose ses œufs, en prenant soin de couvrir l'ouverture par des fibres ligneuses soulevées et amenées au-dessus. Les larves, quand les œufs sont éclos, quittent leur première habitation, gagnent la terre et s'y enfoncent; c'est là qu'elles vivent jusqu'à leur métamorphose. On dit qu'elles pénètrent jusqu'à la profondeur de quatre pieds, en suivant les racines des arbres, dont elles tirent leur nourriture. Leur existence s'étend à plusieurs années, dont quelques mois seulement se passent dans l'air, à la lumière; tout le reste, dans une profonde obscurité. Neuf espèces sont propres à l'Europe, vingt-deux à l'Asie, dix-sept à l'Afrique, quinze à l'Amérique et trois à la Nouvelle-Zélande. La plus grande et la plus bruyante des espèces de l'Europe est la cigale plébéienne, dont les ailes déployées ont cinq pouces d'envergure; la plus petite a reçu le nom de pygmée, sa longueur et sa largeur n'est que moitié de celle-ci. Une autre, de grandeur moyenne, porte un duvet cendré et soyeux, qui recouvre plusieurs parties de son corps; elle est noire; le bruit qu'elle fait est moins incommode, quoique aussi monotone que celui de la grande espèce. — Les naturalistes se sont encore peu occupés des cigales que l'on trouve dans le continent et dans les îles d'Asie: ce sont en général les plus grandes du genre; il en est de même pour les espèces africaines. Mais en Amérique, l'intérêt d'importantes cultures a provoqué l'attention du colon sur les insectes qui ravagent de temps en temps ses plantations. Aussi ont-ils bien étudié les deux espèces dont nous allons parler. Dans la Guiane, on trouve la cigale flatteuse; très-grande, et qui, pendant certaines années, fait périr beaucoup de cafiers. Son chant, comparé au son d'une flûte, d'une lyre, ou d'une vielle, n'est que retentissant, sans mélodie et très-incommode. Ses innombrables larves, armées de fortes mâchoires, s'enfoncent promptement sous terre après leur naissance, et rongent les racines de tous les végétaux qu'elles rencontrent.— Un phénomène très-remarquable, est celui d'une vie de dix-sept ans, partagée en deux parties fort inégales, cinquante jours au plus dans l'air et tout le reste sous terre. « Ces larves, dit M. Ferry, s'enfoncent lentement jusqu'à la profondeur de quatre à cinq pieds, et se rapprochent ensuite de la surface avec la même lenteur, jusqu'à ce que le moment de leur sortie soit arrivé, ce qui a lieu presque en même temps pour les immenses légions de ces insectes qui vont se répandre dans les bois et couvrir les arbres. La terre qu'ils ont traversée ressemble à un crible, tant les trous y sont rapprochés. Dès que les mâles ont commencé leur chant, le bruit devient tellement assourdissant, que deux personnes causant ne peuvent plus se faire entendre l'une de l'autre qu'en élevant la voix comme auprès d'une grande cataracte, au milieu du bruit de plusieurs moulins. — Sans doute, personne n'ignore la fable de notre bon la Fontaine, et qui commence par ces vers:

> La cigale ayant chanté
> Tout l'été,
> Se trouva fort dépourvue
> Quand la bise fut venue, etc.

Nous ferons remarquer en passant que cette fable non-seulement renferme une morale peu louable, comme le fait observer Jean-Jacques Rousseau, mais encore est une preuve que l'illustre fabuliste français n'était pas très-versé dans l'histoire naturelle; car il ignorait que la cigale cesse de vivre dès qu'elle a passé le temps où elle chante, et que la fourmi ne fait point, comme on le croit généralement, des provisions pour l'hiver, puisque, dans cette espèce, les mâles et les femelles meurent à l'approche des froids, et que les neutres passent la mauvaise saison engourdis et comme plongés dans un sommeil léthargique.

**CIGALE**, s. f. (*marine*), organeau d'une ancre ou d'un grappin.

**CIGALE** (**JEAN-MICHEL**), aventurier qui vint à Paris en 1670, y fit imprimer son *Histoire*, et la dédia à Louis XIV. Il prétendait descendre de Scipion, fils du vicomte de Cigale fait prisonnier par les Turcs en 1561. Ce Scipion, ayant embrassé la religion musulmane, avait épousé une fille du sultan Achmet, et de cette union était né Jean-Michel ou *Mahomet-Bey*, nom que prenait ce prince ottoman. Après toutes les aventures décrites dans son *Histoire*, Cigale s'était, disait-il, décidé à visiter la cour de France. Il y reçut un grand accueil; le roi envoya au-devant de lui le duc de Saint-Aignan avec de riches équipages, et, lorsqu'il partit, lui fit présent de deux magnifiques chaînes d'or. Au récit de cet aventurier Rocoles a substitué les faits suivants: Cigale, selon lui, était né de parents chrétiens dans la Valachie. Il entra au service de Mathias, vayvode de Moldavie, qui l'envoya à Constantinople. De retour dans sa patrie, une aventure scandaleuse le fit dénoncer au vayvode, qui donna l'ordre de l'arrêter. Cigale se sauva à Constantinople, où il resta jusqu'à la mort de Mathias. Il revint alors en Valachie; mais n'ayant pu réussir à y jouer un rôle, il retourna à Constantinople, où il se fit musulman. Il entreprit ensuite de voyager dans différentes contrées de l'Europe, pour débiter le roman qu'il avait imaginé, et dont il espérait de grands profits. Au sortir de France, il passa en Angleterre, où il fut reconnu par des gens qui l'avaient vu à Vienne dans une condition fort misérable. Ainsi démasqué, il ne reparut plus.

**CIGALINI** (**FRANÇOIS**), médecin et littérateur, qui savait plusieurs langues, et se mêlait d'astrologie, naquit à Côme en Italie, où il mourut en 1550. On a de lui deux lettres sur la médecine, imprimées avec les *Epistolæ* de Thadée Duni, à Zurich, en 1592, in-8°, sous ce titre: *De oxymellitis usu et viribus maxime in pleuritide*. — **CIGALINI** (Paul), né à Côme en 1528, et parent du précédent, suivit la même carrière, et fut reçu docteur à Pavie, où il devint ensuite premier professeur. Il se distingua par la variété de ses connaissances et dans l'enseignement de son art, et mourut en 1598. Il est l'auteur d'un ouvrage estimé sur Pline, intitulé: *Prælectiones duæ: una, de vera patria Plinii; altera, de fide et auctoritate ejus*, Côme, 1605, in-4°.

**CIGARE**, petit cylindre formé de plusieurs brins de tabac qu'on dispose parallèlement, et qu'on enveloppe d'une seule feuille roulée, pour lui donner la consistance convenable.— Quelquefois, à l'une des extrémités on place un petit tuyau de paille de froment que le fumeur met dans sa bouche, et il suffit d'allumer l'autre extrémité pour que la fumée du tabac soit de suite aspirée. On a inventé il y a peu de temps un moyen fort simple de les allumer sans feu; c'est d'y placer à l'un des bouts un grain de poudre fulminante, qu'il suffit de presser entre deux doigts. C'est aux Espagnols qu'on doit l'origine de ces cigares; s'en servir pour fumer est, chez ce peuple, un besoin impérieux, même parmi le beau sexe. Les Français, pour le supplice de nos dames, ont introduit depuis peu d'années l'usage, aujourd'hui trop répandu, de fumer des cigares. On se munit, à cet effet, de jolis *porte-cigares* en paille ou faits de toute autre manière. Les meilleurs cigarres viennent de la Havane. — On nomme *cigarettes* de petits *cigarrelos*, de petits cigares faits extemporanément avec du tabac roulé dans un petit morceau de papier ou de paille de maïs.

**CIGARETTE** (*V.* CIGARE).

**CIGLATON** (*vieux langage*) (*V.* SIGLATON).

**CIGNA** (JEAN-FRANÇOIS), savant anatomiste, professeur de médecine à l'université de Turin, était fils de Philippe et d'Andriette Beccaria, sœur du célèbre physicien de ce nom (V. J.-B. BECCARIA, IV, 8). Il naquit à Mondovi le 2 juillet 1734, et fit ses études sous le professeur Vigo et le médecin Bona. En 1750, il obtint une bourse au collége royal des Provinces à Turin, et il suivit le cours de physique du P. Beccaria, son oncle, avec le célèbre Lagrange. Depuis cette époque, les deux jeunes étudiants se lièrent d'une amitié indissoluble. Cigna fut reçu docteur en 1754; il fut retenu au collége royal comme répétiteur, et en 1757 il fut admis à l'examen d'agrégé de l'université. Une de ses premières thèses fut sur l'usage de l'électricité dans la médecine (1), et de l'irritabilité hallérienne, imprimées à Turin en 1757. La réputation du jeune Cigna se répandit en Europe par sa réponse à la critique des doctrines du grand Haller. En 1770, il fut nommé professeur d'anatomie à l'université de Turin, et y publia son traité en latin qui est très-estimé. Ses liaisons avec Lagrange, Saluzzo et Allioni furent l'origine d'une société littéraire à laquelle se réunirent ensuite Gerdil, Gaber, Richeri, Cavena. Leurs réunions eurent lieu dans le même collége, et Cigna en fut le secrétaire. C'est de cette société qu'est venue l'académie royale actuelle des sciences de Turin. Quatre volumes de mémoires furent publiés par les soins du secrétaire, qui en rédigea la préface en latin (2). Cigna a encore publié : 1° *Sur l'analogie du magnétisme avec l'électricité*; 2° *Des expériences sur la couleur du sang*; 3° *Expériences sur les mouvements électriques*; 4° *Du froid qui provient de l'évaporation des liquides*; 5° *De la cause de l'extinction de la flamme et de la mort des animaux privés d'air*, théorie qui précéda celle de Lavoisier. Une maladie grave obligea Cigna, en 1785, d'interrompre ses recherches physico-médicales; et l'on ne trouve plus de sa composition, dans les actes de l'académie royale des sciences, que trois dissertations; savoir : 1° *Sur de nouvelles expériences électriques*; 2° *Sur l'électricité*; 3° *Sur la respiration*, où il démontre la coexistence des deux fluides électriques. Cette démonstration fut louée par Priestley; et Cigna fut aussi le premier à signaler les idées qui ont conduit Crawford et Lavoisier aux nouvelles théories sur la respiration. Ce savant médecin mourut à Turin en 1790. On trouve dans les actes publiés à Vérone un mémoire de lui *sur la castration des poules et la fécondation de l'œuf*, et dans le *Journal de physique* de Rozier, une *Lettre* sur un phénomène produit par l'éboulement.

**CIGNANI** (CHARLES), peintre, né à Bologne en 1628, mort à Forli en 1719. Ses progrès rapides dans la peinture engagèrent l'Albane, son maître, à l'employer souvent dans ses propres ouvrages, et le succès avec lequel il s'en acquitta lui assura une grande réputation et une illustre clientèle. Clément XI, pénétré pour lui d'une estime particulière, le nomma prince de l'académie de Bologne, appelée encore aujourd'hui l'*académie Clémentine*. Une *Assomption de la Vierge*, qu'il exécuta à Forli et qu'il retoucha pendant vingt années, est le meilleur de ses ouvrages. Parmi ses nombreuses fresques, on remarque les quatre de Saint-Michel-in-Bosco à Bologne, représentant des sujets tirés de l'histoire sainte, et dans la salle d'audience du palais : *François Ier guérissant les écrouelles*, et l'*Entrée du pape Paul III à Bologne*. Plusieurs autres tableaux de Cignani se distinguent dans les galeries de Florence et de Dresde. On a peu gravé d'après lui.

(1) Les expériences des modernes physiciens sur l'électricité animale tiennent à celles du professeur Cigna.

(2) Ces quatre volumes sont très-rares, et ils forment la base des *Mémoires de l'académie royale des sciences de Turin*, dont plus de trente-six volumes in-4° ont déjà paru.

**CIGNE** (*ornithol.*) (*V.* CYGNE).

**CIGNI** (*ornithol.*) (*V.* CINI).

**CIGNINIUS** (NICOLAS), natif de Pise, a laissé : *Questions théologiques; savoir, si Adam eût été immortel dans l'état d'innocence*, à Viterbe, en 1618 et 1620 (Dupin, *Table des auteurs ecclésiastiques du* XVII^e^ *siècle*, p. 1698).

**CIGNO** (*ornithol.*), nom italien du cygne, *anas cygnus* Linn.

**CIGOGNE**, genre d'oiseaux de l'ordre des *échassiers*; il est formé sur les caractères suivants : bec gros, peu fendu, offrant l'ouverture des narines à sa base; tarses réticulés; pieds ayant quatre doigts, dont trois en avant assez fortement palmés à leur base, et un en arrière. En France, nous en avons deux espèces, la *noire* et la *blanche*; elles ne sont bonnes à manger ni l'une ni l'autre; leur chair a un mauvais goût de poisson et un fumet sauvage; mais les cigognes rendent quelques services aux habitants de la campagne, en détruisant les reptiles et en dévorant les cadavres en putréfaction; aussi, des lois dictées par la religion chez les peuples anciens, l'intérêt chez quelques peuples modernes, les ont presque fait jouir d'une protection spéciale. Deux espèces étrangères, la CIGOGNE MARABA, propre à l'Inde, et la CIGOGNE ARGULE de la Sénégambie, nous fournissent ces belles plumes à barbes déliées, souples et flottantes, si recherchées pour la parure des dames et connues sous le nom de *marabouts*. Les cigognes sont des oiseaux peu bruyants; néanmoins leurs mandibules, légères et larges en arrière, produisent un claquement assez souvent répété. Nous allons faire connaître un peu mieux les deux espèces d'Europe. — La CIGOGNE BLANCHE a environ trois pieds quatre pouces de longueur depuis le bout du bec jusqu'à celui de la queue, et quatre pieds depuis le bout du bec jusqu'à l'extrémité des ongles. Son cou est long de sept pouces neuf lignes; son envergure est de six pieds trois pouces. Le fond du plumage est blanc, les pennes des ailes noires, le bec et les pieds rouges, le tour des yeux nu et couvert d'une peau ridée d'un rouge noirâtre. Les jeunes ont les ailes brunes et le bec rouge noirâtre. — La cigogne blanche est presque partout de passage; elle passe l'hiver en Afrique, d'où elle revient au printemps en France et dans l'Europe septentrionale, excepté en Angleterre où l'on n'en voit qu'accidentellement. Elle est aussi assez rare en Italie. En général, elle évite les contrées arides où elle ne trouverait que difficilement sa subsistance, qui se compose de reptiles, de poissons, d'insectes, de mollusques. Son nid, formé de brins de bois et de jonc, est construit tantôt à la cime des grands arbres, ou sur des rochers escarpés, tantôt aussi sur les tours et les clochers, près du voisinage des hommes; car le caractère de la cigogne blanche est doux et peu sauvage. Chaque année le même couple revient, au printemps, reprendre, comme les hirondelles, l'habitation et le nid qu'il a laissés. La ponte est de deux à quatre œufs, d'un blanc jaunâtre, un peu moins gros, mais plus allongés que ceux de l'oie; ils éclosent au bout d'un mois, et sont couverts par le mâle et la femelle alternativement. — On a vu une cigogne se laisser brûler avec ses petits au milieu d'un incendie, après avoir fait pour les enlever d'inutiles efforts. C'est assez dire combien les mères, dans cette espèce, ont de sollicitude pour leur progéniture; elles portent leurs petits sur leurs ailes, les défendent avec courage, et ne les quittent que lorsqu'elles les voient assez forts pour se défendre eux-mêmes et trouver leur nourriture. — La CIGOGNE NOIRE, longue de trois pieds, noirâtre, à reflets pourpres, avec le ventre blanc, le tour des yeux et une partie de la gorge nue et d'un rouge cramoisi. Elle habite les marécages les plus déserts, ainsi que les montagnes, et voyage comme l'espèce précédente. — Ces deux espèces européennes se familiarisent avec le voisinage de l'homme et peuvent être tenues dans les basses-cours; mais elles ne multiplient jamais en domesticité, quelque liberté qu'on leur accorde. C'est en grandes troupes qu'elles voyagent. On les voit dans nos pays, vers la fin d'août, se rassembler par compagnies pendant le jour, dans une grande plaine; puis, pendant la nuit et ordinairement par un vent du nord, s'élever toutes ensemble et partir vers d'autres climats. — On prétend que ces oiseaux ont autant de prévenances, de soins pour ceux d'entre eux qui sont vieux ou faibles, que d'amour pour leurs petits, et que l'on voit souvent de jeunes cigognes apporter de la nourriture et prodiguer leurs soins aux individus affaiblis par l'âge ou la maladie.

**CIGOGNE**, *ciconia*. Moïse met la cigogne parmi les animaux impurs (*Lévit.*, II, 9). Les Hébreux l'appellent *chaseda* ou *chasida*, qui signifie miséricorde, apparemment à cause de sa tendresse pour ses père et mère qu'elle n'abandonne jamais, et qu'elle nourrit jusqu'à la mort. Saint Ambroise dit que les Romains l'appelaient, pour cette raison, *avis pia* (Ambros., *in Hexam.*, liv. v, cap. 16).

**CIGOGNE**. Proverbialement et figurément, *Contes de la cigogne, Contes à la cigogne*, contes ridicules et dépourvus de toute vraisemblance.

**CIGOIGNE** (*ornithol.*), orthographe ancienne du mot cigogne, que l'on écrivait aussi cigougne.

**CIGOLI** (Louis Cardi de), né en 1559. Son nom patronymique fut *Cardi;* son surnom lui vint du lieu de sa naissance, qui était une terre des environs de Florence. Cigoli fut du nombre de ces artistes qui, regardant les arts du dessin comme inséparables, les cultivèrent ensemble. — Il s'adonna de bonne heure et avec un zèle égal à la peinture et à l'architecture. Quoiqu'il ne trouve ici sa place que comme architecte, nous devons le faire, en un seul trait, distinguer comme peintre. Disons donc qu'il fut réputé vainqueur à la fois de Baroccio et de Caravaggio, avec lesquels il eut l'occasion d'entrer en concurrence, et qu'il fut surnommé *le Corrége florentin*. Il n'obtint pas une moindre réputation dans le second des arts qu'il professait, et qu'il avait appris, avec la perspective et les mathématiques, dans l'école de Bernard Buontalenti, architecte célèbre. Celui-ci présenta son élève au grand-duc Ferdinand Ier, qui le chargea bientôt de diriger les décorations projetées pour les fêtes du mariage de Marie de Médicis avec Henri IV, roi de France. Le succès que Cigoli obtint en ce genre d'inventions engagea Ferdinand à l'employer dans de plus grands ouvrages. Cet artiste lui présenta bientôt le projet dont il s'était occupé d'après ses ordres, et qui avait pour but d'agrandir et de terminer entièrement le palais Pitti et sa place, sans apporter de changement aux anciennes constructions. Il présenta peu à peu à Cosme II, successeur de Ferdinand, le modèle d'un nouveau palais que ce prince avait résolu de faire construire à Rome dans *Piazza Madama*. Sous le règne de ces deux princes, Cigoli eut la satisfaction de voir élever à Florence plus d'un ouvrage sur ses dessins. Nous citerons entre autres la porte et l'escalier du jardin des *Gaddi*, la loggia des *Tornaquinci*, la porte du monastère de Sainte-Félicité, le beau cartel du palais Strozzi, et le palais Ranuccini. Dans ces diverses productions, où domine le style du bossage, on reconnaît un sectateur fidèle de la manière de Michel-Ange. Cigoli paraît en général avoir eu un esprit imitateur : dans ses tableaux on retrouve la touche et le goût des maîtres qu'il avait étudiés; son architecture reproduit de même les profils, les enroulements, les licences et les grandes saillies qu'avaient mis en crédit les maîtres dont il devint le suivant; sa porte du monastère de Sainte-Félicité n'est presque autre chose qu'une répétition de la porte de Sainte-Apollonie, par Michel-Ange. Cependant il est juste d'observer à son égard qu'on doit lui appliquer la différence qui existe entre imitateur et copiste. On découvre dans quelques-uns des ouvrages de Cigoli une manière qui est à lui; de ce nombre est, sans aucun doute, sa façade du palais Ranuccini, où l'on trouve, malgré un peu de lourdeur, le caractère d'une mâle solidité. Nonobstant plus d'un point de critique auquel un goût sévère pourrait soumettre son talent, on reconnaît qu'il lui est dû une place encore honorable entre les hommes habiles de son époque à Florence. Le pape Paul V ne balança point à lui demander plusieurs dessins pour des raccordements qu'il croyait nécessaires à la basilique de Saint-Pierre. Les projets qu'il présenta furent universellement approuvés; et toutes les fois qu'il venait à Rome, le pape ne manquait pas de mettre ses talents à contribution. Enfin, aussi satisfait des productions de son compas que de celles de son pinceau, le pape lui fit obtenir du grand maître de Malte des lettres d'admission au grade de chevalier servant de l'ordre. Ces lettres arrivèrent au moment où Cigoli, malade, n'attendait plus que la mort; elle le frappa en 1613, dans la cinquante-quatrième année de son âge. Cigoli a laissé plusieurs ouvrages manuscrits, parmi lesquels s'est trouvé un *Traité des proportions générales et particulières des cinq ordres d'architecture*.

**CIGUE**, *conium* de Linné, genre de plantes de la famille des *ombellifères*. Il a pour caractères : involucre de trois à cinq folioles réfléchies; involucelles de trois folioles unilatérales; pétales presque égaux, cordiformes; fruits globuleux, didymes marqués sur chaque moitié de cinq côtes obtuses qui sont crénelées; fleurs blanches. La principale espèce est la **CIGUE MACULÉE**, *cicuta major* des pharmaciens, et vulgairement dite *grande ciguë*. Voici ses caractères anatomiques tels que les donne le professeur Richard : racine fusiforme, blanche, pivotante, bisannuelle; une tige herbacée, dressée, rameuse, haute de trois à six pieds, glabre, cylindrique; glauque, un peu striée, marquée de taches d'une couleur pourpre foncée; ses feuilles sont alternes, très-grandes, tripinnées, à folioles allongées, profondément dentées, les inférieures pinnatifides et presque pinnées, glabres et quelquefois maculées. Ses fleurs petites, disposées en ombelles terminales; involucre de quatre à cinq petites folioles lancéolées, réfléchies et comme couchées sur le pédoncule; involucelles de trois folioles ovales, aiguës, étalées et tournées d'un seul côté; pétales étalés, à peu près égaux, obcordiformes, sessiles; diakène globuleux et comme didyme, offrant, sur chacune de ses deux moitiés latérales, cinq côtes saillantes et crénelées, en sorte qu'il paraît tout couvert de petites aspérités ou de tubercules arrondis. Cette plante croît dans toute la France, dans les lieux incultes et pierreux; elle fleurit aux mois de juin

Détails de la ciguë.

et de juillet. — *Propriétés et usages*. Froissées entre les doigts, toutes les parties de cette plante exhalent une odeur vireuse et désagréable. Elle est un poison violent pour l'homme et les animaux, surtout dans les pays chauds, en Portugal, en Provence, en Italie, en Grèce; car dans les climats plus tempérés, en Allemagne ou en Angleterre, les gens de la campagne mangent ses feuilles sans en éprouver aucun accident. Les moyens propres à combattre l'empoisonnement par cette substance, sont de provoquer le vomissement, et d'administrer ensuite des acides végétaux étendus, tels que le suc de citron, le vinaigre, le vin, etc. L'usage de la ciguë remonte aux temps les plus reculés de l'antiquité. C'est avec le suc de cette plante que les Grecs préparaient le breuvage que devaient prendre ceux qu'ils condamnaient à perdre la vie. Socrate et Phocion moururent par ce poison. Les écrits d'Hippocrate, de Dioscoride et de Pline prouvent que les anciens faisaient aussi usage de la ciguë comme médicament. — Stoerk est, parmi les modernes, celui qui a le plus préconisé la ciguë prise à l'intérieur; il l'a, dit-il, administrée avec succès contre les affections cancéreuses, et principalement celles de la peau; contre les ulcères chroniques, contre le rachitisme, les scrofules, et on l'a donnée avec succès contre la coqueluche, les scrofules, les engorgements des viscères abdominaux, mais principalement dans les affections nerveuses, que la ciguë combat avec autant d'efficacité que l'opium. C'est ordinairement la poudre des feuilles récemment desséchées qui est la préparation dont on fait le plus souvent usage. On doit commencer par des doses très-petites, que l'on augmente ensuite graduellement. L'extrait se donne aussi à la dose de un à deux grains, que l'on peut porter jusqu'à un scrupule. On prépare aussi un emplâtre de ciguë destiné à l'usage externe. — La **PETITE CIGUE** ou **ÉTHUSE**, appelée vulgairement *faux persil*, ciguë des jardins, est une plante annuelle dont la racine est fusiforme, allongée, glabre, striée, glauque, rougeâtre inférieurement, creuse, portant des feuilles tripinnées à folioles étroites, aiguës, incisées, d'un vert foncé et luisantes. Ses fleurs sont blanches, disposées en ombelles terminales, planes, composées d'environ une vingtaine de rayons inégaux et étalés, ceux de la circonférence plus longs; point d'involucre; involucelles de quatre à cinq folioles linéaires, rabattues et pendantes d'un seul côté. La corolle se compose de cinq pétales presque égaux, étalés, cordiformes; fruit globuleux, un peu comprimé, d'un vert foncé, offrant sur chacune de ses moitiés cinq côtes saillantes et arrondies. Elle croît dans les lieux cultivés, les jardins, les décombres, près des vieux murs, et fleurit en juillet. — *Propriétés et usages.* La petite ciguë jouit des mêmes propriétés délétères que la grande; mais elle est encore plus à redouter, parce que, croissant dans les lieux cultivés, elle peut être prise, lorsqu'elle n'est point encore développée en fleurs, pour le persil, avec lequel elle a beaucoup de ressemblance. Voici les caractères que l'on possède pour distinguer ces deux plantes. Les fleurs de la petite ciguë sont très-blanches, celles du persil sont jaune verdâtre; ses ovaires sont ovoïdes, arrondis; ceux du persil sont allongés; sa tige est presque lisse et glauque, celle du persil est cannelée et verte. Mais si elle n'avait poussé que ses feuilles, on pourrait encore les distinguer, quoique avec moins de facilité : en effet, les feuilles du persil sont deux fois divisées; ses folioles sont larges, partagées en trois lobes subcunéiformes, et dentées. La petite ciguë a les feuilles trois fois divisées; ses folioles sont plus nombreuses, plus étroites, aiguës, incisées et dentées. D'ailleurs, un caractère bien précieux, c'est que dans le persil l'odeur est aromatique et agréable, tandis qu'elle est vireuse et nauséabonde dans la petite ciguë. Malgré cela, le médecin est souvent appelé à combattre les accidents graves qu'elle peut occasionner, quand par méprise on la confond avec le persil, et qu'on la fait entrer dans quelques préparations culinaires. Le médecin emploie alors les mêmes moyens que pour la grande ciguë. — La CIGUE VIREUSE, ou CIGUE AQUATIQUE, est une plante vivace dont la racine, assez grosse, blanchâtre et charnue, est garnie de fibres allongées, et creusée intérieurement de lacunes ou cavités remplies d'un suc laiteux et jaunâtre. Sa tige est dressée, rameuse, cylindrique, creuse, glabre, striée, verte, haute de deux à trois pieds. Ses feuilles, surtout les inférieures, sont très-grandes, décomposées, tripinnées; les folioles sont lancéolées, aiguës, étroites, très-profondément et irrégulièrement dentées en scie; assez souvent deux ou trois de ces folioles sont réunies et confluentes par leur base. Les pétioles des fleurs inférieures sont cylindriques, creux, striés longitudinalement; les feuilles supérieures, moins composées, ont des folioles presque linéaires et dentées; les ombelles, situées à l'extrémité des ramifications de la tige, sont composées de dix à quinze rayons presque égaux. L'involucre, quand il existe, est formé le plus souvent d'une seule foliole linéaire. Les involucelles sont de plusieurs folioles linéaires aussi longues et même plus longues que l'ombellule. Les fleurs sont petites et blanches; les pétales, étalés en rose, presque égaux entre eux. Les fruits globuleux, presque didymes; couronnés par les styles et les cinq dents du calice, ils offrent sur chacune de leurs faces convexes et latérales cinq côtes peu saillantes et simples. Cette plante croît sur le bord des mares et des ruisseaux; elle est plus active, plus délétère que la grande ciguë; les accidents qu'elle détermine sont plus graves, plus intenses, et demandent le même traitement que ceux occasionnés par la grande ciguë. On ne l'emploie plus en médecine. Sa racine, qui est blanche, charnue et allongée, a été quelquefois recueillie pour celle du panais, méprise qui a toujours été suivie des accidents les plus funestes.

**CIGUENNA** (*ornithol.*), nom espagnol de la cigogne, *ardea ciconia* Linn.

**CIHUATOTOLIN** (*ornithol.*), nom mexicain de la femelle du dindon, *meleagris gallopavo* Linn., dont le mâle porte, dans la même langue, au rapport de Fernandez, chap. 59, celui de *huexolote*.

**CIJENA** (*ichthyol.*), nom espagnol du squale-marteau (*V.* ZYGÈNE).

**CIL**, pron. dém. m. (*vieux langage*), celui.

**CIL** (on mouille l'L), de *celare*, cacher. Les cils sont les voiles des yeux. C'est un ornement dont la nature a garni le bord libre de chaque paupière, comme pour tirer un rideau sur l'organe si impressionnable de la vue. Les cils sont des poils plus ou moins longs, disposés d'une manière régulière d'une commissure à l'autre, c'est-à-dire de l'une à l'autre des extrémités de la commissure de l'œil. Ils sont implantés de manière à ce que ceux de la paupière supérieure se dirigent de haut en bas, et ceux de la paupière inférieure de bas en haut. Il résulte de cette disposition que le rideau s'écarte à mesure que l'œil veut voir. Le même désir qui fait chercher la lumière et la vue des objets qu'elle éclaire, fait retirer ces voiles si admirablement disposés. Mais les cils n'ont pas un seul but à remplir. Ils ne sont pas seulement une gaze élégamment étendue au-devant d'un organe sensible, pour tamiser, pour affaiblir l'éclat des rayons lumineux; ils sont encore le gardien de la vue sous un autre rapport. Le microscope fait voir dans l'immensité de l'air une infinité de corpuscules qui nagent et se fixent sur les corps. Ces corpuscules sont des échantillons d'une petitesse infinitésimale de tout ce qui fait partie (matière inerte ou vivante) de notre immense univers. Or, si les uns n'ont nul effet, même sur les points les plus impressionnables de l'économie, d'autres peuvent en avoir d'assez puissants pour déterminer en eux une altération plus ou moins profonde. Beaucoup d'inflammations ou de maladies de l'œil n'ont pour cause que des conditions de cette nature. La médecine le croit et le professe, bien que ses moyens d'investigation ne soient pas assez minutieux ni assez précis pour le démontrer directement. On voit déjà quel est le second genre d'utilité des cils. En tamisant la lumière, ils empêchent que les corpuscules qui nagent dans l'atmosphère pénètrent au delà de leur barrière diaphane. Réfléchissez un instant à la manière dont les paupières se rapprochent, se crispent, lorsqu'on passe dans un air chargé d'une poussière épaisse, lorsqu'on traverse, par exemple, un chemin balayé par le vent. Ce n'est pas pour éviter la lumière que l'œil refuse d'y voir; c'est pour se garder contre les causes d'irritation qui peuvent affecter sa surface. Aussi les paupières, en se crispant, épaississent en quelque sorte la trame du rideau protecteur. Les cils se rapprochent, se plient, s'entrelacent les uns dans les autres, et ils ne forment plus alors une barrière délicate et transparente, mais une espèce d'épais feutrage qui protége complétement les organes de la vision. Les cils sont un ornement qui donne aux yeux un caractère particulier. Ils vont bien aux yeux vifs, aux prunelles ardentes. S'ils sont longs, ils forment, devant le feu intérieur qui se traduit par l'énergie d'un organe, une sorte de nuage qui en tempère l'éclat. Les cils longs sont un voile pour la vierge; ils forment pour ainsi dire le voile naturel de la pudeur. On a parlé beaucoup de la pudeur du regard. Mais si on explique ce caractère par la pensée naïve de l'esprit, par le calme de l'âme, il faut l'analyser aussi dans la forme, dans la manière d'être particulière des organes. Il y a plus qu'on ne le pense de l'harmonie entre la forme et le fond, entre l'expression matérielle et le travail spirituel qui se poursuit mystérieusement à l'intérieur. Les cils rares, les cils irréguliers, gâtent l'harmonie de l'œil; ils nuisent à la grâce du regard; et ils peuvent occasionner, par leur rareté ou leur absence, des maladies dont l'énergie se mesure sur la puissance de la cause et les qualités de l'organe et du tempérament. Les cils sont loin d'avoir toujours cette implantation régulière qui se remarque chez les personnes heureusement privilégiées de ce côté. Il y en a qui sont retournés en queue de chien, de manière à opposer une convexité à une autre convexité. Mais cette irrégularité n'entraîne aucun inconvénient. Les cils qui se dirigent en dedans au lieu de se diriger en dehors, excitent par un frottement constant la surface de l'œil, et nécessitent une opération chirurgicale. La maladie se nomme *trichiasis*, et l'opération consiste à enlever avec des ciseaux une petite portion de la peau de la paupière dont les cils sont vicieusement placés. Le travail de la cicatrisation raccourcit la paupière, fait saillir par conséquent le bord libre en dehors, et détache les cils de la surface oculaire. D^r ÉD. CARRIÈRE.

**CILS** (*zool.*), poils qui garnissent les yeux de tous les mammifères. Nous avons parlé ci-dessus des cils de l'homme; les paupières de plusieurs espèces d'oiseaux sont également garnies de cils: ils sont très-longs dans l'autruche, par exemple; quelquefois ils sont élargis à la base et creusés en gouttière, concaves en dessous et convexes en dessus, comme dans le messager secrétaire. Dans la pintade, ils sont relevés en haut; dans le casoar, ils s'arrondissent en forme de sourcils. Dans les insectes, ce nom sert à désigner les poils roides qui se remarquent sur le bord de certains organes. Dans les animaux rayonnés, on nomme cils les appendices qui rappellent la forme des poils qui bordent les paupières des mammifères. Ces appendices sont situés sur le corps, sur certaines parties du corps ou certains organes de ces animaux. On en rencontre en petite quantité dans les vers intestinaux; ils sont encore plus rares dans les échinodermes; on les rencontre sur les cellules, le bord, les ovaires des polypiers, ainsi que dans les infusoires.

**CILS** (*botan.*). On nomme ainsi les poils fins qu'on observe sur la circonférence de certaines parties des plantes : le périsome de quelques mousses, les feuilles de la joubarbe des toits, les stipules de la persicaire, les anthères de la lavande, les pétales de la capucine, etc., sont garnis de cils.

**CILANO** (Georges-Chrétien Maternus de), né à Presbourg en Hongrie le 18 décembre 1696, étudia, avec autant de zèle que de succès, les diverses branches de la philosophie, et principalement la médecine. Peu de temps après avoir obtenu le doctorat, il fut nommé médecin-physicien d'Altona, puis professeur de médecine, de physique et d'antiquités grecques et romaines au gymnase de la même ville, enfin conseiller royal de justice de Danemark. Il mourut le 9 juillet 1775. La plupart de ses écrits consistent en dissertations et programmes sur différents points de philosophie, de médecine et d'archéologie, tous imprimés à Altona, dans le format in-4° : 1° *De præstantia philosophiæ naturalis*, 1739 ; 2° *De corruptelis artem medicam hodie depravantibus*, 1740 ; 3° *De incrementis anatomiæ*, 1740 ; 4° *De vi centripeta corporum sublunarium*, 1744 ; 5° *De anniversaria Romanorum februatione*, 1749 ; 6° *De causis grandinum nocturnis horis decidentium*, 1755 ; 7° *De gigantibus nova disquisitio historica et critica* (sous le nom d'Antoine Sangatelli, et avec une préface de l'éditeur, Godefroi Schütze), 1756 ; 8° *De historia vitæ magistra*, 1757 ; 9° *De Saturnalium origine et celebrandi ritu apud Romanos*, 1759 ; 10° *De motu humorum progressivo, veteribus non ignoto*, 1762. Cilano avait composé un ouvrage beaucoup plus étendu, qui fut recueilli, mis en ordre et publié par Georges-Chrétien Adler, sous ce titre : *Ausfuhrliche abhandlung*, etc., c'est-à-dire Traité détaillé des antiquités romaines, Altona et Hambourg, 1775 et 1776, 4 parties in-8°.

**CILBICENI** (*géogr. anc.*), peuple de l'Espagne, dans la Bétique, vers le sud, au bord de la mer, non loin de l'île de Tartesse.

**CILBIANA JUGA** (*géogr. anc.*), montagnes de l'Asie-Mineure, dans la Lydie. On appelait *inferiores* ceux qui habitaient la plaine nommée *Cilbianus campus*, située au pied de la montagne, et *superiores* ceux qui occupaient les monts, *Cilbiana juga*.

**CILENO**, une des Pléiades.

**CILIAIRE.** On donne cette épithète, en anatomie, à un ligament, à un corps particulier, à des artères, des veines et des nerfs. Le ligament ciliaire est un cercle très-étroit qui entoure la *cornée transparente*, c'est-à-dire cette tunique diaphane qui couvre et protége la tunique de l'œil. Ce ligament est un corps qui sert à réunir la cornée avec une autre tunique de l'œil qui s'appelle la *sclérotique*. Ce corps particulier est connu en anatomie sous le nom de procès, *processus* ciliaire ; il est constitué par les replis de la membrane la plus interne de l'organe de la vision, de la *choroïde ;* ces replis aboutissent au corps vitré, et forment une couronne par leurs angles les plus aigus, autour de cette lentille transparente du globe oculaire dont l'opacité donne lieu à la cataracte, et qui est connue sous le nom de *cristallin*. La fonction physiologique de cette couronne est de soutenir et fixer l'organe dont nous venons de parler. Les artères ciliaires naissent de l'artère ophthalmique et se divisent dans les diverses parties de l'organe qu'elles sont destinées à nourrir. La veine ciliaire, après avoir absorbé par ses radicules le sang veineux de l'œil, le porte dans la veine ophthalmique. Les nerfs ciliaires naissent d'un centre nerveux qui se trouve dans la région de l'œil et qui s'appelle le ganglion ophthalmique ; ils se divisent et se subdivisent, et finissent par répandre leurs filaments les plus délicats dans l'iris.

**CILIAIRE** (*ichthyol.*), *blepharis*, genre de poissons de la famille des leptosomes, établi dernièrement par Cuvier, aux dépens des *zeus* de Linnæus et de Bloch. — Les poissons de ce genre se reconnaissent aux caractères suivants : corps en rhombe parfait, aussi élevé que long, à angles supérieur et inférieur répondant au commencement de la deuxième nageoire dorsale et de l'anale ; épines très-courtes, au lieu de première nageoire dorsale, mais les premiers rayons mous des deuxièmes nageoires dorsale et anale changés en filaments qui surpassent la longueur du corps ; de petites épines libres au-devant de l'anus ; écailles formant une petite carène sur la fin de la ligne latérale ; reste du corps alépidote. — Les ciliaires seront facilement séparés des dorées ou *zeus*, qui n'ont qu'une nageoire dorsale ; des capras, qui en ont deux, mais qui sont dépourvus de dents ; des chétodons, à cause de la forme des dents, etc. — Le mot *blepharis* est tiré du grec, et indique la disposition des filaments qui terminent les nageoires dans ce genre de poissons. Il est malheureux que le même nom ait été déjà donné par de Jussieu à un genre de plantes de la famille des acanthacées, et cela pour une raison analogue (*V.* Blépharé). — Le **ciliaire longs cheveux**, *blepharis ciliaris*, *zeus ciliaris* Linn. Corps orbiculaire, argenté, nu ; catopes très-longs, noirs ; nageoire caudale fourchue ; operculés à reflets dorés ; nageoires violettes ; deux orifices à chaque narine. Chair coriace, sans saveur et peu estimée. De la mer des Indes.

**CILIANDRO** (*botan.*) (*V.* Coentro).

**CILIARE** (*botan.*), nom français proposé par M. P. de Beauvois pour désigner les mousses du genre trichostome, *trichostomum*.

**CILIATIFOLIÉ, ÉE**, adj. (*botan.*), qui a des feuilles ciliées.

**CILIATOPÉTALE**, adj. des deux genres (*botan.*), qui a des pétales ciliés.

**CILIBIA** ou **ELIBIA**, siége épiscopal d'Afrique, dans la province proconsulaire. Il en est fait mention dans le titre des évêques de cette province au concile de Latran, sous le pape Martin, que Jean, évêque de Cilibia, souscrivit ; dans le concile de Carthage, tenu en 525, sous Boniface, et auquel on voit souscrit Restitut, évêque (*Conférences de Carthage*, premier jour, c. 206, n. 410).

**CILICE**, s. m. large ceinture ou espèce de scapulaire fait d'un tissu de matière rude, comme poil de chèvre ou crin de cheval. On le met sur la peau par mortification (*V.* Sac).

**CILICE** (*anc. term. milit.*). Les anciens avaient inventé les cilices pour s'opposer à l'effet des balistes et en rompre les coups. Ces cilices étaient des espèces de matelas, ou pour mieux dire des tissus de crin de cheval et de poil de chèvre piqués et remplis de bourre ou d'herbes marines entre deux étoffes. Les assiégés suspendaient ces cilices devant les parapets ou sur les brèches, pour rompre la violence des traits ou flèches lancés par les balistes.

**CILICÉE**, s. f. (*hist. nat.*), genre de crustacés.

**CILICIÆ PYLÆ** (*géogr. anc.*), πυλαί, portes, portes de la Cilicie ; défilé célèbre à l'entrée de la Cilicie, formé par le fleuve Sarus et par la chaîne du Taurus.

**CILICIE** (*géogr. et hist.*), contrée de l'Asie-Mineure qui avait pour limites, au nord la Cappadoce (avec une portion de la Phrygie et de la Pisidie), à l'ouest la Pamphylie, à l'est la Cyrrhestique, partie de la Syrie ; la Méditerranée la baignait au sud, et le canal de Cilicie la séparait de l'île de Chypre. Elle répondait à peu près aux pachaliks actuels de Tarsous et de Letefkeh, mais en détachant de celui-ci toute la partie orientale. Le Taurus, à partir du coude qu'il fait, à peu près par 35° de longitude ouest et 38° de latitude nord, à quelques lieues de Samosate, formait sa borne naturelle du côté du septentrion. De ce point majeur, dit *mont Amanus*, le Taurus court à l'ouest pendant trois degrés, puis au sud-ouest pendant un seul, puis enfin se bifurque et jette un rameau vers Halicarnasse, tandis que l'autre monte au nord-ouest par la Phrygie jusqu'à l'Olympie et à l'Ida. D'après cette description, on comprendra pourquoi de très-bonne heure la Cilicie fut divisée en deux régions, l'*âpre* et la *champêtre*, celle-ci à l'est, celle-là au couchant. Quelquefois la première est nommée Trachéotide (du grec τραχύς, *asper*). Dans cette région on distinguait encore la Cétide, la Lalaside, la Lamotide ; dans la Cilicie champêtre, au nord-ouest, la Lycanitide, qui était fort montueuse, et qui confinait au mont Amanus. Outre les pyles ou passes amaniques, menant à l'Euphrate, ce mont formait au sud les pyles syriennes, unique passage qui unit la Cilicie et la Syrie. On voit par là l'importance de la Cilicie sous le rapport militaire, et la raison pour laquelle Issus est devenu le théâtre de plusieurs batailles. Les principales rivières de la Cilicie étaient, de l'ouest à l'est, le Sélinonte, le Calycadne, le Cydne, le Sare, le Pyrame ; les principales villes *Sélinonte, Antioche* sur le mont Cragus, *Séleucie-Trachée, Soles, Anchiale, Tarse, Mopsueste, Malles, Anazarbe, Castabale, Issus*. De riches forêts, des champs de safran étaient les produits caractéristiques du pays. Comme les Cappadociens, leurs voisins, les Ciliciens passaient pour épais et stupides ; mais Oppien et d'autres protesteraient au besoin contre la généralité du proverbe. Du reste ils étaient braves, simples, sobres, infatigables. Le littoral offrait de nombreuses retraites aux pirates, qui semblent s'y être livrés en grand nombre à la traite des blancs, et dont les déprédations sans fin obligèrent Rome d'envoyer contre eux Pompée. La langue cilicienne participait sans doute du syrien. La religion, d'origine orientale, avait de grands rapports avec le culte de Chypre. Le gouvernement fut une théocratie. Quelques auteurs parlent d'un roi Syennèse à l'époque où la Cilicie était province persane. Devenue romaine, la Cilicie finit par faire partie du diocèse d'Orient, et par former une Cilicie première à l'est, et à l'ouest une seconde Cilicie.

**CILICIE** (*géogr. anc.*), contrée de l'Asie-Mineure, dans la Troade. Elle avait au nord les montagnes qui bornent la Dardanie, et à l'ouest le golfe Adramytte. On la divisait en *Cilicia Thebaica* et *Cilicia Lyrnessia*, séparées par le fleuve Evenus. Elle était beaucoup moins étendue que l'autre Cilicie. On la nommait Troyenne pour l'en distinguer.

**CILICIENS** (*géogr., hist. anc.*), habitants de la Cilicie, d'abord appelés Hypachéens (*V.* ce mot). Ces peuples, favorisés par la situation de leur pays, étaient adonnés à la piraterie, et ils se rendirent si redoutables aux Romains, que la république envoya contre eux plusieurs généraux, et le grand Pompée lui-même, qui parvint à exterminer ces pirates, dont les brigandages s'étendaient jusque sur les côtes de l'Italie. Les Ciliciens avaient la réputation d'être menteurs, ce qui avait donné lieu à l'expression proverbiale *Cilicii sermones.* — Le **CILICE**, espèce d'habit fait de poil de bouc et de chèvre, fut d'abord fabriqué en Cilicie; c'est de là qu'il tire son nom.

**CILICISME**, s. m. (*philol.*), manière de s'exprimer qui se ressent du langage des Ciliciens. Chaque province a des termes et des expressions particulières, et qui sont vicieuses. On a reproché à saint Paul son *cilicisme*, c'est-à-dire les termes ou expressions qu'il avait apportés de Cilicie, sa patrie, comme Asinius Pollio a reproché à Tite Live sa patavinité, c'est-à-dire son langage padouan, qui choquait la délicatesse des oreilles de la cour d'Auguste. Mais tout de même qu'on n'a pu découvrir en quoi consistait cette patavinité, il est impossible aussi de distinguer le cilicisme qu'Origène et saint Jérôme ont reproché à saint Paul. Balthazar Stolberg, qui a fait un traité des solécismes du Nouveau Testament, y parle aussi du cilicisme de saint Paul.

**CILICIUM MARE** (*géogr. anc.*). Les anciens nommaient ainsi la mer qui baignait les côtes de la Cilicie. On lui donnait aussi le nom de *Cilicius aulon*, canal de Cilicie, parce que cette portion de la Méditerranée, resserrée presque totalement entre les côtes du continent et l'île de Cypre, ressemble à un canal.

**CILICORNE**, adj. des deux genres (*hist. nat.*), qui a des antennes ciliées.

**CILIÉ** (*zool., botan.*), organe dont le bord est garni de cils ou de poils affectant cette forme. Dans les insectes, on dit que les pattes, la mâchoire, les ailes, le labre sont ciliés, lorsque sur leurs bords sont implantés des poils roides et nombreux. — On désigne, en botanique, par ce mot cilié, toute partie d'une plante bordée de poils soyeux et parallèles : ainsi le calice du *basilic* est cilié; la corolle du *nymphoïde* est ciliée. Il en est de même des feuilles de l'*erigeron du Canada*, des bractées de la *carmentine*, etc.

**CILIÉ** (*ichthyol.*), nom spécifique d'un **HOLOCENTRE** (*V.* ce mot).

**CILIÉS** (*ichthyol.*). C'est le nom d'un poisson d'Amérique que Linnæus a rangé parmi les perches, sous le nom de *perca argentea*. M. de Lacépède en fait un **CENTRONOTE** (*V.* ce mot et **PERSÈQUE**).

**CILIER** (*ichthyol.*), nom d'un poisson du genre **HOLOCANTHE** (*V.* ce mot).

**CILIFÈRE**, adj. des deux genres (*hist. nat.*), qui porte des cils.

**CILIFORME**, adj. des deux genres (*hist. nat.*), qui a la forme d'un cil.

**CILIGÈRE**, adj. des deux genres (*hist. nat.*), qui porte des cils.

**CILINDRE** (*conch.*) (*V.* **CYLINDRE**).

**CILIOBRANCHE**, adj. des deux genres (*hist. nat.*), qui a des branchies en forme de cils.

**CILIOBRANCHES**, s. m. pl. (*hist. nat.*), famille de mollusques.

**CILIOGRADE**, adj. des deux genres (*hist. nat.*), qui marche au moyen de cils.

**CILIOGRADES**, s. m. pl. (*hist. nat.*), famille de zoophytes.

**CILIOLE**, s. m. (*botan.*), petit cil.

**CILIOLÉ, ÉE**, adj. (*botan.*), qui est garni de petits cils.

**CILIPÈDE**, adj. des deux genres (*hist. nat.*), qui a les pattes ciliées.

**CILISSA** (*géogr. anc.*), ville de Phrygie.

**CILIX**, Κίλιξ, fils d'Agénor et de Téléphasse, frère de Cadmus, de Thasos et de Phénix, fut envoyé avec eux à la recherche d'Europe sa sœur, et se fixa sur les bords du fleuve Pyrame (*Geihoun*). Toute la contrée environnante (sud-est de l'Asie-Mineure) prit de lui le nom de Cilicie. On lui donne pour fille Thébé, femme de Corybas. Il est évident que Cilix n'est que la Cilicie personnifiée. Quelques traditions ajoutent qu'il prit ce pays sur Sarpédon.

**CILLA**, Κίλλα, sœur d'Hécube, et par conséquent belle-sœur de Priam, épousa Thymète. Cependant elle eut de Priam un fils nommé Munippe, à l'époque même où Hécube mettait Pâris au monde. L'oracle, interrogé sur les destinées de l'empire troyen et sur les moyens d'en éloigner une catastrophe, répondit qu'il fallait tuer l'enfant et la mère. Priam entendit par ces mots Cilla et Munippe, qu'il fit périr effectivement. L'oracle, dit-on, avait voulu désigner Hécube et Pâris. Une autre Cilla, qu'on nomme aussi Ethylle (*Æthylla*), fille de Laomédon et de Strymno, et par conséquent sœur d'Hésione et de Priam, donna son nom à la ville troyenne de Cilla (*Schol. de Lycophron*, 921, 1075).

**CILLA** (*géogr. anc.*), ville de l'Asie-Mineure, dans l'Eolide, au nord du Caïque.

**CILLA** (*géogr. anc.*), ville de l'Afrique propre.

**CILLA** (*géogr. anc.*), ville de la Troade.

**CILLABA** (*géogr. anc.*), aujourd'hui Gher-Silbin, ville de l'Afrique intérieure, au delà du mont Atlas, au midi de la Mauritanie Tingitane.

**CILLACH** (*mamm.*). Dapper dit qu'on trouve dans le royaume de Quoja deux animaux, qu'on appelle *cillach vondoh*, qui sont de la grosseur de nos cerfs, dont les cornes ont un empan de long, qui sont roussâtres, etc. Il s'agit sans doute de quelque antilope.

**CILLACTER**, poëte dont il reste quelques vers dans l'Anthologie.

**CILLÉE** (*géogr. anc.*), petite rivière de l'Asie-Mineure, dans la Troade, avait sa source au mont Ida.

**CILLEMENT**, s. m. action de ciller. Il ne se dit que des yeux et des paupières.

**CILLER**, v. n. Il ne se dit qu'en parlant des yeux et des paupières, et signifie les fermer et les rouvrir dans le moment. — Il se dit quelquefois absolument. — Familièrement, *Personne n'ose ciller devant lui*, personne n'ose remuer. — **CILLER** est aussi verbe neutre, et alors il ne se dit que des chevaux. *Ce cheval cille, commence à ciller*, il commence à avoir quelques poils blancs aux paupières, au-dessus des yeux.

**CILLER**, v. a. (*fauconn.*), coudre les cils ou les paupières d'un oiseau de proie, afin qu'il ne voie point la lumière et qu'il ne se débatte point. — Coudre les paupières de l'épervier vers le bec, afin qu'il ne voie que par derrière.

**CILLERCOA** (*botan.*), nom donné en Espagne et en Portugal aux mousserons, espèce d'agaric (*V.* **MOUSSERONS**).

**CILLES**, général de Ptolémée, vaincu par Demetrius.

**CILLEUS**, adj. m. (*myth. gr.*), surnom sous lequel les Eoliens de l'Asie-Mineure élevèrent un tombeau à Apollon, auprès du tombeau de Cilles, conducteur des chars de Pélops.

**CILLIBANTE**, s. m. (*antiq. gr.*), échafaudage d'une machine de guerre des anciens.

**CILLICON**, dont le véritable nom était *Achæus*, né à Milet, livra par trahison aux Priéniens une île qui dépendait de cette ville. Comme on lui reprochait cette félonie, il répondit : « Tout pour le mieux, » ce qui est passé en proverbe. Il fixa ensuite sa demeure à Samos; et comme il achetait un jour de la viande chez un certain Théagène, son compatriote, celui-ci, qui le reconnut, lui dit d'indiquer l'endroit où il voulait que le morceau fût tranché. Cillicon y porta la main, que Théagène lui coupa, en disant : « Elle ne trahira plus d'autre ville. » On raconte le même trait d'un nommé Colliphan.

**CILLICYRIEN**, s. m. (*antiq. gr.*), nom que les Syracusains donnaient à leurs esclaves.

**CILLITA**, siége épiscopal d'Afrique, dans la province Byzacène (*Not.*, n. 64, *Confér. Carth.*, premier jour, ch. 128).

**CILLIUM** (*géogr. anc.*), ville d'Afrique, à l'est du fleuve Bagradas, à six lieues au sud-est de Susétula.

**CILLUS**, Κίλλος, conducteur du char de Pélops, dirigea dans l'Asie-Mineure une colonie, et éleva sur une hauteur un temple à Apollon, qui prit de là le nom de Cillée. Il est possible que la ville de Cilla lui ait dû aussi son nom. Quelques-uns lui attribuent l'origine de celui de la Cilicie (*V.* **CILIX** et **CILLA**).

**CILLO**, s. m. Il se dit familièrement de celui qui cligne sans cesse les yeux.

**CILLOSE**, s. f. (*médec.*), tremblement chronique de la paupière supérieure.

**CILLY** (BARBE DE), appelée la Messaline d'Allemagne, était fille de Hermann, comte de Cilly ou Cillei, sur les confins de la Hongrie, et naquit en 1377. Elle épousa en 1408 Sigismond, margrave de Brandebourg, qui, par la mort de Marie, sa première femme, arrivée 1392, se trouvait roi de Hongrie, et qui fut élu empereur en 1410 et roi de Bohême en 1419. Elle n'en eut qu'une fille, nommée *Elisabeth*, qui épousa en 1421 Albert d'Autriche, depuis empereur sous le nom d'Albert II. Sigismond désirait laisser à son gendre ses couronnes de Hongrie et de Bohême; mais Barbe, quoique âgée de soixante ans, voulait épouser le jeune Uladislas, roi de Pologne, et lui porter en dot ces deux royaumes. Elle flatta les hussites et gagna leurs chefs, leur peignant Albert comme l'ennemi déclaré de leur cause. Elle se vantait d'avoir assez de crédit sur l'esprit des Hongrois pour qu'ils lui déférassent la couronne; mais Albert, appelé au trône par le testament de Sigismond, qui mourut à Znaïm le 9 décembre 1437, la fit garder à vue, et s'étant fait couronner à Albe-Royale, ne lui rendit la liberté qu'à condition qu'elle lui livrerait quelques places fortes qu'elle tenait en Hongrie. Il lui assigna un douaire convenable et elle se retira à Gratz, en Bohême (appelé depuis Kôniggratz), où elle mourut, le 11 juillet 1451, avec la réputation de la plus méchante princesse de son siècle. Les Bohémiens lui firent néanmoins de magnifiques funérailles à Prague, et la mirent dans le tombeau de leurs rois. Æneas-Sylvius et Bonfini font le plus hideux tableau de ses débauches et de son caractère; la protection que cette princesse accordait aux hussites a peut-être engagé ces historiens à charger son portrait.

**CILMIANA** (*géogr. anc.*), lieu de l'Espagne, sur le bord de la mer, entre Gades et Calpé, au pays des Bastules.

**CILNIUS**, un des noms de Mécène (*V.* MÉCÈNE).

**CILO** (JUNIUS), gouverneur de la Bithynie et du Pont sous Claude. Cilo se rendit si odieux par son avarice et sa cruauté, que ces deux provinces portèrent plainte à Rome contre lui. Mais lorsque les députés voulurent parler à l'empereur Claude, les courtisans firent tant de bruit, que ce prince ne les entendit pas, et, comme il demandait ce que voulaient ces députés, un des amis de Cilo lui répondit qu'ils venaient louer la bonne administration de ce gouverneur. Eh bien, dit l'empereur, je lui donne le gouvernement de ces provinces pour deux ans.

**CILO** ou **CHILO** (L. FABIUS SEPTIMUS), favori de l'empereur Sévère, fut deux fois consul et préfet de Rome. Il sauva la vie à Macrin, depuis empereur, qui était sur le point de périr avec Plautien. Caracalla chercha à se défaire de lui; mais, voyant que le meurtre d'un homme aussi respectable allait exciter une sédition, il arrêta lui-même les soldats envoyés par ses ordres au moment où ils levaient le bras pour le frapper.

**CILON**, Athénien (*V.* CYLON).

**CIMA** (JEAN-BAPTISTE), peintre, dit *il Conegliano*, du nom de cette ville de la Marche trévisane où il naquit. On ne sait pas l'époque de sa naissance. Ridolfi dit qu'il continua de peindre jusqu'en 1517, et qu'il mourut encore jeune. Il est alors probable qu'il naquit vers 1480. Il fut élève de Jean Bellini. On reconnaît assez facilement ses ouvrages à des vues montueuses de Conégliano, qu'il répète très-souvent dans ses compositions. Du reste, il ressemble beaucoup à son maître; il est comme lui exact, gracieux, vif, coloriste, mais moins délicat. Un de ses meilleurs tableaux, qui était à Parme, est maintenant au Musée; il représente la Vierge et son fils recevant les hommages de saint Jean Baptiste, de saint Côme, de saint Damien, de sainte Apolline, de sainte Catherine d'Alexandrie et de saint Paul; un ange qui va jouer du violon est au pied du trône. Un autre tableau du même artiste est à Santa-Maria dell' Orto, à Venise, il est préférable à celui du Musée pour la perspective et le relief des figures. Le P. Federici observe que Cima eut un fils nommé *Charles*. On ne distingue pas aisément les ouvrages du fils de ceux du père. Cima eut pour élève Victor Belliniano, que Vasari appelle *Bellini*, et qui a peint à Venise un *Martyre de saint Marc*.

**CIMABUE** (GIOVANNI CIMABUE GUALTIERE), né en 1240, doit être considéré, sinon comme l'unique rénovateur de la peinture, du moins comme le plus puissant des artistes qui, dans le XIII^e^ siècle, sortirent de la mauvaise voie suivie par les Grecs et leurs imitateurs. Avant lui, Giunto de Pise s'était fait remarquer par un style meilleur; mais Cimabue le surpassa comme Giotto devait surpasser Cimabue. Celui qui nous apparaît aujourd'hui sous cet aspect vénérable que prennent les figures historiques vues de loin au seuil du progrès, avait en effet ce qui constitue les hommes énergiques destinés à entrer dans des voies nouvelles ou à imprimer de fortes impulsions : indépendance et fierté, volonté ferme, vocation précoce, mais non exclusive. — Cimabue, dessinant sur ses livres, commença par négliger les études littéraires, auxquelles pourtant il ne resta pas étranger. Son goût pour la peinture et sans doute aussi l'instinct de sa force se développèrent à la vue des ouvrages que des Grecs exécutaient à Florence, dans une chapelle souterraine, au-dessus de laquelle on a bâti plus tard Santa-Maria Novella. — Non-seulement il fit mieux que ses maîtres, mais il fit autrement. Bien qu'il nous paraisse roide et froid, à nous qui pouvons profiter des chefs-d'œuvre d'un art perfectionné, il dut être inspiré par un vif sentiment de la vérité, pour abandonner le parti pris des teintes plates, pour imiter quelques plis, pour essayer des groupes, et pour comprendre que, sans action ou sans expression, la peinture historique ne peut exister. Or, selon la remarque du Vasari, l'idée bizarre de mettre dans la bouche de ses personnages des bandelettes explicatives, prouve du moins qu'il voulait introduire dans ses compositions le concours des sentiments ou des pensées divers qui seuls peuvent motiver une action. Il écrit naïvement, sur des bandelettes qui coupent le tableau, ce que ses personnages diraient ou penseraient. Cela n'a que l'inconvénient de diminuer l'illusion, ou pour mieux dire la vraisemblance. Mais on aurait tort de croire que cette coutume accusât nécessairement l'impuissance du peintre à exprimer par son pinceau ce qu'il est obligé d'écrire. Que faudrait-il donc penser des livrets parfois si prolixes, distribués chaque année à l'ouverture du Musée? L'explication n'est donc que mal placée, mais non mal inventée. — Cimabue ne mourut pas avec le regret de n'être pas apprécié : un triomphe éclatant récompensa ses travaux et son génie. Après la défaite de Mainfroi, Charles d'Anjou passait à Florence; les magistrats crurent lui faire honneur en l'invitant à voir dans l'église de Santa-Maria Novella une madone colossale, chef-d'œuvre qui s'écartait de la manière des Grecs, des peintres monochromes et des mosaïstes. Charles d'Anjou admira Cimabue, que le peuple porta en triomphe. Le bourg où demeurait l'artiste fut depuis nommé Borgo-Allegri, soit à cause de cette fête d'enthousiasme, soit pour consacrer le souvenir d'une abondance passagère que dut amener dans ce pays la visite du prince et de sa suite. Quoi qu'il en soit, ce nom d'heureuse mémoire resta au faubourg après qu'il fut joint à la ville. — Cimabue a peint un grand nombre de sujets religieux : des madones, plusieurs saint François, des anges en adoration devant Jésus, sainte Agnès, sainte Cécile, etc. Le P. Richa lui attribue quelques tableaux dont le Vasari ne fait pas mention. Notre musée possède une Vierge et des anges et une Vierge avec l'enfant Jésus, d'après lesquels on aurait tort de vouloir juger Cimabue. Son cachet particulier est une vigueur noble et mâle : aussi fut-il plus habile à rendre les expressions d'hommes que la grâce délicate des femmes et des enfants. — Comme tous ces puissants artistes qu'il précéda, le Cimabue dédaigna de restreindre l'art à une spécialité, et pourtant, ayant à renouveler la peinture, il ne pouvait être accusé de faiblesse. Mais malgré cette rude tâche, digne prédécesseur des Michel-Ange, des Raphaël, des Léonard, ce père des peintres modernes, qui faisait des fresques colossales, peignait aussi sur verre, et ce miniaturiste était architecte. Adjoint à Arnolfo Lapi pour construire Santa-Maria del Fiore, il ne put mettre la main à l'œuvre, et mourut de 1300 à 1310, riche, renommé, et passant pour le plus grand peintre de son temps. Il le fut en effet; mais nous qui voyons se développer après lui cette glorieuse génération d'artistes commençant à Giotto son élève, nous ne pouvons, comme Lanzi, que le comparer au vieil Ennius, précurseur de Virgile. B. SIEURAC.

**CIMÆON MONS** (*géogr. anc.*), chaîne de montagnes de l'Asie-Mineure, qui séparait la Troade du pays des Léléges.

**CIMAISE** ou **CYMAISE**, du mot grec κυμάτιον, *fluctus*, nom qu'on pourrait considérer comme étant génériquement celui de toute moulure *ondée* et formée de deux portions de cercle. Cependant Vitruve n'a donné le nom de *cimaise* qu'à deux moulures, dont l'une est, dit-il, la *dorique*, et l'autre la *lesbienne*. Dans le fait, si on considère ces deux *cimaises*, on voit qu'elles représentent parfaitement l'idée d'ondulation que le mot signifie, et qu'ainsi cette appellation ne convient effectivement qu'à elles. — Les *cimaises* moitié convexes, moitié concaves, ne diffèrent entre elles que par la position où se trouve dans ce profil l'une ou l'autre de ces courbes. Selon cette position, l'une est ce qu'on appelle *doucine* ou *gueule droite;* l'autre est ce qu'on appelle *talon* ou *gueule renversée*. —

Dans la pratique, et selon le langage le plus usuel dans le bâtiment, on donne aujourd'hui le nom de *cimaise* à toute moulure qui termine une corniche. — Ce que Vitruve appelle *cimaise lesbienne* est un talon; ce qu'il appelle *cimaise dorique* est un *cavet*.

**CIMARELLI** (LE P. VINCENT-MARIE), historien, naquit vers la fin du XVI<sup>e</sup> siècle, à Corinalto, petite mais ancienne ville du duché d'Urbin. Ayant embrassé la règle de Saint-Dominique, il fut reçu maître en théologie, et professa cette science dans diverses maisons de son ordre, en Lombardie. Nommé depuis à la place d'inquisiteur, il l'exerça successivement à Gubio, à Mantoue, à Crême et enfin à Brescia, où il mourut en 1660. Il était très-versé dans les antiquités. Outre un volume in-4° de *Décisions morales*, on a de lui: *Istoria dello stato d'Urbino da Senoni della Umbria senonia e de lor gran fatti in Italia; delle citta e luoghi che in essa al presente si trovano; di quelle che distrutte gia furono famose, e di Corinalto che dalle cenesi di suasa hebbe l'origine*, Brescia, 1642, in-4°. Ce volume, rare même en Italie, est très-recherché. Le titre, que nous avons transcrit tout entier, nous dispense d'en donner l'analyse. C'est, comme on le voit, l'histoire de l'Ombrie siennoise depuis l'époque la plus reculée. On y trouve sur ses différentes villes, et en particulier sur Corinalto, des détails très-intéressants.

**CIMAROSA** (DOMENICO) naquit à Aversa (royaume de Naples) en 1754; sa famille était pauvre, et sans doute elle en eût fait un artisan modeste, sans un moine qui sut deviner l'intelligence extraordinaire du petit Domenico. Frappé de ses facultés précoces, et particulièrement de son goût prononcé pour la musique, ce bon père se chargea de son entretien, ébaucha lui-même l'éducation de son protégé, et parvint ensuite à le faire entrer au conservatoire de Lorette. Sorti de cette école à dix-neuf ans, Cimarosa écrivit un opéra bouffe: *la Baronessa Stramba*, puis l'*Italiana in Londra*, qui fut représentée à Rome l'année suivante. Ces deux ouvrages obtinrent un grand succès. *Il Fanatico per antichi Romani*, qui vint après, fit une sensation profonde, grâce à l'heureuse innovation qu'y introduisit l'auteur. Jusqu'alors, les seuls morceaux d'ensemble qu'on se permît d'intercaler dans les compositions dramatiques étaient de petits finales, à la manière de Piccini, pour servir de péroraison à chaque acte: non-seulement Cimarosa donna de plus grands développements à ses finales, mais encore il sema l'ouvrage de trios et de quatuors qui se produisaient suivant les besoins et les convenances du sujet. A dater de ce jour, le jeune maître devint le compositeur à la mode; on ne voulut plus entendre d'autre musique que la sienne, et les principales villes de l'Italie, Naples, Rome, Florence, Turin, Milan, Venise, se disputèrent à l'envi les productions de son génie. Cependant, le bruit de sa renommée ayant pénétré jusqu'au fond de la Russie, Catherine II le manda à sa cour; Cimarosa partit en 1787, et, à son arrivée, il reçut de l'impératrice l'accueil le plus bienveillant et le plus flatteur; mais, malgré les marques d'estime et de sympathie dont on l'entourait, malgré les avantages pécuniaires qu'on lui offrait pour le retenir dans la capitale des czars, il fut bientôt obligé de quitter la Russie, dont le climat compromettait gravement sa santé. Cimarosa se dirigea sur Vienne, où l'attendait une réception non moins brillante. Jaloux d'attacher l'illustre compositeur à sa personne, l'empereur Léopold le nomma maître de chapelle, avec un traitement de 12,000 florins. Ce fut à Vienne qu'il écrivit son fameux opéra *il Matrimonio segreto*. L'empereur prit un si grand plaisir à cet ouvrage, qu'après la première représentation, ne pouvant dominer son impatience jusqu'au lendemain, il fit souper tous les acteurs de la pièce, et se fit donner dans la nuit même une seconde représentation, dont il fut encore plus charmé que de la première. De retour dans sa patrie après une absence de six années, Cimarosa promenait de nouveau ses triomphes dans la Péninsule, lorsque, au plus brillant de sa carrière et dans la force de l'âge, la mort le surprit à Venise, où l'avait appelé un engagement. Il courut des bruits étranges sur cet événement, auquel on était si loin de s'attendre. Cimarosa s'était jeté avec ardeur dans le parti de la révolution. Lors de l'occupation française, les Bourbons ne lui pardonnèrent jamais sa conduite dans cette circonstance; la reine Caroline surtout montra contre lui un acharnement dont sa haute renommée aurait dû le garantir. A la restauration du royaume de Naples, Cimarosa fut incarcéré, et c'est, dit-on, par suite des mauvais traitements qu'on lui fit subir dans sa prison, qu'il expira à Venise. D'autres attribuent sa mort, avec plus de raison, à un empoisonnement secret; mais tout le monde est d'accord pour rejeter sur la famille régnante l'odieux d'un crime dont elle a vainement tenté de se disculper par des dénégations énergiques et des attestations émanées du médecin de la cour. — Les ouvrages que Cimarosa a donnés au théâtre sont: *la Baronessa Stramba* (1773); *l'Italiana in Londra, la Finta Frascatana, la Finta Parigina* (1774); *il Fanatico per gli antichi Romani, la Contessina* (1775); *il Pittor Parigino, i due Baroni, Amor costante, il Matrimonio per industria* (1776); *i Finti nobili, l'Armida imaginaria, gli Amanti comici* (1777); *il Duello per complimento, il Matrimonio per raggione, la Circe* (1778); *il Ritorno di don Calandrino, Cajo Mario, il Mercato di Malmantile, l'Assalonte* (1779); *l'Infedeltà fedele, il Falegname, l'Amante combattuto dalle donne di Punto, l'Avviso ai maritati* (1780); *Alessandro nell' Indie, l'Artaserse, il Capricio dramatico* (1781); *l'Amore contrastato, il Convito di Pietra, la Ballerina amante, Nina e Martuffo* (1782); *la Villana riconosciuta, l'Oreste, l'Eroe cinese, Giunio Bruto, Chi d'altrui si veste presto si spoglia* (1783); *l'Olimpiade, i due supposti Conti, le Statue parlanti* (1784); *Giannina e Bernadone, il Marito disperato, il Credulo, la Dona al peggior appigli, la Scuffiara* (1785); *gli Amanti alla prova, le Trame deluse, l'Impressario in angustie, il Fanatico burlato, il Sacrifizio d'Abramo* (1786); *il Valdomiro, le Feste d'Apollo, la Vergine del Sole* (1787); *la Felicità inaspettata, la Cleopatra* (1788); *l'Atene edificata* (1789); *il Matrimonio segreto, la Calamita, de' cuori, Amor rende sagace* (1792); *i Traci Amanti, le Astuzie feminili* (1793); *Penelope* (1794); *l'Impegno superato* (1795); *i Nemici generosi* (1796); *gli Orazi e Curiazi* (1797); *Achille nell' assedio di Troja, l'Apprensivo raggirato, la Felicità compita* (1798); *Semiramide* (1799); *Artemisia* (1801). Dans cette immense nomenclature on remarque particulièrement *Cajo Mario, Nina, l'Olimpiade, gli Orazi e Curiazi*, et par-dessus tout *il Matrimonio segreto*, son chef-d'œuvre, qui, traduit dans toutes les langues, a fait le tour de l'Europe, et, jusqu'à nos jours, est resté au répertoire. Cimarosa a composé en outre des *cantates*, des *oratorios*, des *messes* et une foule de pièces détachées, dans tous les genres. — Cimarosa fut un de ces hommes prédestinés qui apparaissent de loin en loin comme un phare éclatant, et projettent une vive lumière dans les annales de l'art. Rien n'est comparable à sa fécondité, si ce n'est la richesse et l'élévation de son génie. Il maintint constamment sa supériorité sur des compétiteurs tels que Paesiello et Guglielmi. Il possédait au plus haut degré le don précieux de la mélodie; son goût était aussi pur, aussi délicat que sa verve brillante et originale. Si quelques musiciens, blasés par les productions de l'époque actuelle, trouvent son harmonie pâle et son instrumentation dénuée d'intérêt, c'est qu'ils ne veulent point se mettre au point de vue de ce qui est réellement beau et grand en musique, à savoir la simplicité des moyens et la vérité de l'expression. On l'a peut-être égalé dans le genre sérieux, mais dans le genre bouffe il est resté sans rivaux. Son esprit était fin et enjoué, ses traits agréables et sa personne bien prise, quoique d'une corpulence un peu trop forte; il avait une voix magnifique et jouait parfaitement du violon. A tous ces avantages Cimarosa joignait une modestie rare. Un peintre, pour lui faire sa cour, lui disait qu'il était supérieur à Mozart. « Moi! monsieur, repartit brusquement le grand compositeur; que diriez-vous à un homme qui viendrait vous assurer que vous êtes supérieur à Raphaël? » L'empereur Napoléon demandait un jour à Grétry quelle différence il mettait entre Mozart et Cimarosa: « Sire, répondit Grétry, Cimarosa met la statue sur le théâtre et le piédestal dans l'orchestre, au lieu que Mozart met la statue dans l'orchestre et le piédestal sur le théâtre. — Cimarosa s'était marié deux fois. Il mourut le 11 janvier 1801, à l'âge de quarante-sept ans. ED. VIEL.

**CIMARUS PROMONTORIUM** (*géogr. anc.*), cap de l'île de Crète, à la pointe nord-ouest de l'île.

**CIMBALAIRE** (*V.* CYMBALAIRE).

**CIMBALAIRE** (*botan.*), nom spécifique d'une espèce de linaire.

**CIMBALO, CAPELLONE DE FAGETTA** et **GRUMATO ALBEZINO** (*botan.*), noms italiens de trois agarics roux qui croissent aux environs de Florence (Mich., *Gen.*, p. 153, n<sup>os</sup> 1-3).

**CIMBEBASIE** (*géogr.*), contrée sur la côte occidentale de l'Afrique, entièrement sablonneuse, sans végétation. Elle est située entre les 16° et les 20° 30' de latitude sud.

**CIMBER** (*conch.*). C'est le nom sous lequel M. Denys de Montfort établit, en 1810, en un genre particulier, la *patella porcellana* de Gmelin, que Chemnitz regardait comme une nérite, M. de Roissy comme une crépidule, dont M. de Lamarck a fait son genre navicelle, et que longtemps avant M. de Freussac avait proposé de désigner sous le nom générique de sertaire (*V.* ce mot).

**CIMBER** (Gabinius), un des complices de Catilina.

**CIMBER** (Tullius), un des meurtriers de César. C'est lui qui donna aux conjurés le signal du meurtre, en ouvrant la robe du dictateur.

**CIMBERIUS**, chef des Suèves.

**CIMBEX**, *cimbex* (*entomol.*), genre d'hyménoptères, famille des porte-scies, tribu des tenthrédines. Ce genre a été établi par Olivier, qui lui assigne pour caractères : antennes courtes, de cinq articles, sans compter la massue, qui est formée de plusieurs autres articulations agglomérées; les deux nervures de la côte de l'aile se joignant presque sans laisser d'intervalle. Ce genre a été étudié et divisé par différents auteurs, entre autres le docteur Leach et M. Klug. Mais les genres qu'ils ont fondés à ses dépens n'ont pas été adoptés par tous les naturalistes; cependant les genres *perga* du premier, et *syzigonies* du second, présentent des caractères très-tranchés, dont on doit tenir compte dans un autre ouvrage que celui-ci. Les autres genres qui ont été créés peuvent être considérés simplement comme des divisions. Ces insectes sont de taille moyenne, c'est-à-dire de huit à neuf lignes; ce sont les plus grands de la tribu; leur tête est bombée en dessus, très-plate en dessous; les yeux ovales, convexes, sont presque placés au milieu de la face; les ocelles, au nombre de trois, sont disposés en triangle et situés entre eux; les antennes sont insérées presque immédiatement au-dessous; la proportion de longueur relative des articles peut servir à former des divisions claires; les mandibules sont très-tranchantes; les pattes antérieures sont courtes, mais les postérieures sont très-développées; la tarière est courte. Les larves de ces insectes sont très-connues, et ont été souvent étudiées; elles ont vingt-deux pattes, et contournent beaucoup l'extrémité de leur corps, quand elles sont occupées à manger. Il arrive souvent, quand on les tourmente, qu'elles seringuent, par des ouvertures particulières du corps, une liqueur verdâtre, qui jaillit quelquefois à un pied de distance; elles font une coque pour subir leur dernière métamorphose. On en connaît un assez grand nombre d'espèces, que l'on peut étudier dans la monographie des tenthrédines de M. Lepelletier de Saint-Fargeau, ainsi que dans les auteurs déjà cités. — **Cimbex jaune**, *cimbex lutea* Linn. (Degreer., *Ins.* 11, 38; 8, 16), long de près d'un pouce; tête, corps, pattes brun jaunâtre; antennes et abdomen jaunes : les ailes sont entièrement diaphanes, avec les nervures brunâtres. Des environs de Paris. — **Cimbex gai**, *cimbex læta* Fab., long de quatre lignes, une des plus petites espèces du genre; noir, avec les côtés des anneaux de l'abdomen et les pattes jaunes. Cette espèce est assez rare aux environs de Paris.

**CIMBRARERA** (*botan.*). Les Espagnols donnent ce nom, suivant Jacquin, à un jambosier, *eugenia carthaginensis*, dont les rameaux pliants sont employés comme houssines par les muletiers pour hâter la marche de leurs mulets.

**CIMBRE** (*ichthyol.*). M. Schneider a désigné sous le nom de *gadus cimbricus* une espèce de poisson que nous décrirons à l'article Mustèle.

**CIMBRES**, peuple de la Germanie. Cette nation, sortie de la Chersonèse cimbrique, s'était répandue dans la partie la plus septentrionale de toute la Germanie, vers le milieu du IIe siècle avant J.-C. Les Cimbres, entraînés par leur ardeur guerrière, s'élancèrent du fond de leur pays, et, unis avec les Teutons et d'autres petits peuples, ils ravagèrent une partie de la Germanie, l'Helvétie, quelques provinces des Gaules, et firent trembler les Romains, qu'ils vainquirent dans une première bataille, où ils leur tuèrent, dit-on, quatre-vingt mille hommes. Mais Marius, qui succéda dans le commandement aux consuls Manlius et Servilius Cæpio, attaqua les Teutons près d'Aquæ Sextiæ (Aix), en égorgea vingt mille, et fit quatre-vingt-dix mille prisonniers, l'an 102 avant J.-C. Marchant ensuite contre les Cimbres, qui étaient entrés en Italie par un autre chemin, il les atteignit sur les bords de l'Athésis, et les tailla en pièces au nombre de cent quarante mille. Cette dernière défaite mit fin à la guerre des Cimbres. Leurs restes se fondirent dans la suite avec les Saxons (*V.* Kimris).

**CIMBRIQUE** (Chersonèse) (*V.* Chersonèse).

**CIMBRIQUE** (Guerre) (*V.* Cimbres, Kimris et Marius).

**CIME**, mot fait du latin *cima*, pointe élevée, qu'il faut bien se garder de confondre, comme le font presque tous les dictionnaires usuels, avec le mot **cyme** (*V.* ce mot). Cime est synonyme de *sommet*, mais il y a entre eux cette différence que le dernier signifie proprement la partie la plus haute (*summum*) d'une montagne, d'un rocher, de la tête, etc., et que le premier doit s'entendre du sommet ou d'une extrémité élevée quelconque terminée en pointe. Les corps très-élevés sont ordinairement moins larges à leur *sommet* qu'à leur base; mais il faut que cette différence soit très-sensible et très-caractérisée pour motiver l'emploi du mot *cime*, qui représente proprement le *sommet aigu*, ou la pointe la plus élancée d'un corps terminé en pointe. On dit la *cime* d'un arbre, d'un rocher, d'un clocher, d'un corps pyramidal. On se sert du verbe *écimer*, pour dire *couper la cime*, *enlever la cime* d'un arbre ou d'une plante. — Les poëtes appellent le Parnasse (*V.* ce mot) la *double cime*, à cause de ses deux sommets. C'est dans ce sens que Lamotte a dit du *Télémaque* de Fénelon :

> Les nymphes de la double cime
> Ne l'affranchirent de la rime
> Qu'en faveur de la vérité.

Le mot cime a donné naissance au mot cimier (*V.* ci-après).

**CIME** (*botan.*) (*V.* Cyme).

**CIMÉLIARQUE**, s. m. (*hist.*). Sous le Bas-Empire, titre du gardien du trésor et des joyaux d'une église.

**CIMENT**, s. m. vient du latin *cæmentum* (*V.* ce mot), qui, comme on l'a vu, signifiait de petits morceaux ou des éclats de pierre, ou des cailloux qui, mêlés avec de la chaux, faisaient ce que nous appelons le mortier. — On donne aujourd'hui le nom de *ciment* et on l'applique ordinairement à toute espèce de mortier. Cependant, par suite de sa signification étymologique en latin, on appelle plus particulièrement de ce nom le mortier qu'on fait avec des tuileaux appelés par Vitruve et Pline *testæ tusæ*. — L'on emploie ce dernier genre de *ciment*, c'est-à-dire fait avec des tuileaux, de préférence à celui où l'on mêle le sable, quand il s'agit d'ouvrages à faire dans l'eau. — Perrault, dans sa traduction de *Vitruve*, a confondu le *signinum opus* avec les *testæ tusæ*, quoique les deux premiers mots signifient l'ouvrage ou son genre, et les deux seconds, les matières qu'on y employait. — Selon Vitruve, l'*opus signinum* était composé de chaux vive fraîchement éteinte, de gros sable, de gravier, de tuileaux concassés, ou de petites pierres dont les plus grosses ne pesaient pas plus de douze onzes. Après avoir bien broyé ce mélange, on le coulait dans des encaissements et on le battait avec des pilons ferrés. Il résulte de ce détail que le *signinum opus*, d'après Vitruve, n'était autre chose que ce que nous appelons *béton*, et ce que les Italiens appellent *smalto*. — Pline, à la fin du chapitre 12 du livre XXXV de son *Histoire naturelle*, dit qu'avec des tessons de terre cuite, pulvérisés et broyés avec de la chaux, on faisait des vases appelés *signiens*, plus solides que ceux dont provenaient ces tessons. On ne parvenait à leur donner cette solidité qu'en massivant leur composition dans des meules. C'est à raison de cela que Vitruve, liv. II, chap. 4, conseille de battre les enduits faits avec du sable de rivière, comme on faisait le *signinum*. — Pour faire du bon *ciment*, il faut choisir du tuileau bien cuit et qui ait été du temps sur les toits. La brique pilée, comme étant moins cuite que la tuile, ne ferait pas d'aussi bon *ciment*.

**CIMENT ROMAIN** (*constr.*), produit pulvérisé de la calcination d'un mélange de carbonate de chaux et d'argile, ayant la propriété d'acquérir très-promptement, soit à l'air, soit sous l'eau, une très-grande dureté.

**CIMENT HYDRAULIQUE** (*constr.*), ciment qui, mêlé avec de la chaux grasse, forme un mortier hydraulique, c'est-à-dire durcissant sous l'eau.

**CIMENTIER**, s. m. (*technol.*), celui qui fait le ciment.

**CIMENT**. Proverbialement et figurément, *Cela est fait à chaux et à ciment*, se dit d'une affaire qui est faite solidement, et avec toutes les précautions et les formalités nécessaires.

**CIMENTER**, v. a. lier avec du ciment, enduire de ciment. Il signifie, figurément, confirmer, affermir.

**CIMEPAYE**, s. f. (*hist. nat.*), singe de Sumatra.

**CIMETERRE**. C'est un coutelas, ou un damas pesant, à manche au lieu d'être à garde, à lame convexe, courbe, à contre-pointe, s'élargissant vers la pointe et s'échancrant à son extrémité en portion de cercle prise sur la convexité. Le mot *cimeterre*, d'origine persane, est devenu français par l'intermédiaire de la Grèce moderne et de l'Italie. Les sabres primitifs des Suisses au service de la France se nommaient *cimeterres*, et le sabre hongrois, mis à la mode par les hussards, rappelle le cimeterre oriental, qui est devenu une arme des milices romaines et byzantines, sous le nom d'*acinace*.

**CIMETIÈRE**, *cimeterium*, de κοιμητήριον, dormitoire, lieu de repos. D'après les idées païennes, le cimetière était le terme de la vie, le lieu où, après avoir travaillé par l'âme et par le corps, on allait se reposer de l'épuisement de l'un et de l'affaissement de l'autre. D'après les idées chrétiennes, le cimetière est moins le champ du repos que celui de l'abandon. Là l'enveloppe matérielle revient à ses premiers éléments, tandis que l'âme, délivrée de sa prison corporelle, va jouir ou souffrir suivant ses mérites ou ses fautes. Le cimetière a une histoire comme tout ce qui se modifie par les circonstances et par le temps. Les villes ont commencé par des maisons isolées que les nécessités de la vie sociale ont rapprochées les unes des autres; et les nécropoles modernes n'ont pas toujours eu leurs rues alignées, leurs magnifiques monuments, et leurs tristes parterres de cyprès et de fleurs aux mélancoliques nuances. Nous allons faire un résumé de cette intéressante histoire. — Dans les premiers temps, quand les nations n'étaient encore que des peuplades, on se contentait de gratter la terre pour y déposer les dépouilles des morts. Cette sépulture superficielle laissait en quelque sorte les cadavres à la merci des animaux que ne trompait jamais la sûreté de leur instinct carnassier. On les enfermait aussi dans des cavernes naturelles dont on fermait l'ouverture avec des quartiers de roc. Mais ils n'étaient pas plus en sûreté aux flancs des montagnes que sous quelques pouces de terre; ils devenaient bientôt la proie des bêtes fauves. Chez les sauvages de l'Amérique, qui représentent ou une civilisation éteinte, ou l'état primitif de l'homme social, le respect pour les morts, le culte de leurs restes est poussé extrêmement loin; il domine en quelque sorte tous les autres sentiments. Ainsi, une hutte renferme les cadavres de la tribu, et reste sous la garde de ceux qui vivent encore et iront l'habiter à leur tour. Toute la patrie est pour ces peuplades dans les générations d'ossements qu'ils conservent avec vénération, et qui sont pour elles le témoignage de l'antiquité de leur race. On connaît cette réponse d'un chef indien à des Européens qui lui proposaient la cession et l'abandon de son territoire : *Dirons-nous aux os de nos pères : Levez-vous et suivez-nous aux terres étrangères?* Les témoignages des voyageurs ont consacré le souvenir de cette poétique coutume des habitants des bords de l'Orénoque. Les femmes font ainsi les funérailles de leurs enfants. Elles abaissent les branches les plus élevées de leurs arbres aux plus élégantes fleurs; elles les lient entre elles de manière à en faire un berceau; et c'est lorsqu'elles déposent la dépouille de l'enfant qu'elles pleurent. Les branches, rendues à la liberté, se relèvent pour reprendre leur position naturelle, et placent les restes du mort à l'abri de la profanation des bêtes fauves et dans un cercueil toujours frais et toujours paré. Il est difficile, d'après ce qui précède, d'établir un point de départ commun pour le culte que dans l'enfance des sociétés on rendait aux morts. La mesure de cette religion si respectable résultait d'une foule de causes qu'il serait trop long d'analyser. — Les peuples de l'Asie, qui ont commencé historiquement la race humaine, avaient depuis un temps immémorial des cimetières, quand il a été permis aux voyageurs d'entrer dans leurs cités. Ainsi, d'après Tachard, qui visita les sépultures chinoises des environs de Batavia, le cimetière était un bois taillis coupé de petites routes à la manière des jardins anglais. Chacune d'elles aboutissait à une sépulture où l'exhaussement de la terre indiquait la place du corps. Ce cimetière, qui ne se faisait remarquer par aucun monument, était celui des classes inférieures; celui des hautes classes était à une demi-lieue du premier, sur une éminence boisée, et couverte de mausolées d'une architecture particulière, d'une disposition étrange même, mais qui ne manquait pas de produire un certain effet. Dans toutes les grandes cités, on avait bientôt senti, quelque fussent les idées religieuses dominantes, qu'il fallait écarter les morts du lieu où respiraient les vivants. Les nécessités de l'hygiène publique modifiaient les influences des croyances religieuses. Mais les Chinois, comme tous les peuples de l'antiquité, avaient un tel respect pour la matière, que c'était le plus tard possible qu'ils livraient le cadavre à la sépulture. D'après le témoignage des anciens voyageurs, ils le gardaient plus de quinze jours dans la maison. On a attribué ce fait à l'horreur de ces peuples pour la mort, mais on s'est trompé évidemment : c'est en vue d'une idée qui admet l'existence d'un reste de vie dans l'enveloppe inanimée du cadavre, que s'est introduite la coutume de garder les dépouilles mortuaires jusqu'au moment de la décomposition. La croyance que les actes de la vie se répètent après la mort a donné lieu, dans le même pays, à une cruelle coutume que l'intervention anglaise n'a pu faire encore entièrement cesser, celle de brûler les esclaves et les femmes sur le bûcher de celui qui les avait possédés. On sait avec quel dévouement, avec quelle courageuse et froide abnégation, les femmes de quelques parties du littoral indien se jettent sur le bûcher de celui qui fut leur époux et maître. Il a fallu les témoignages authentiques de ceux qui ont assisté à ces horribles sacrifices, pour croire qu'ils pouvaient exister. Les cendres recueillies de ces familles qui se martyrisent pour célébrer les funérailles de morts, sont déposées sous des monuments, aux alentours des temples, ou sous ces collines et dans les champs consacrés. Je ne m'étendrai pas davantage sur les différentes coutumes des peuples si nombreux du continent asiatique. Il me suffira de dire, que si les uns ont de vastes et beaux cimetières, d'autres, loin d'avoir un champ de repos commun, exposent les cadavres sur les hauteurs voisines, pour les livrer à la voracité des oiseaux de proie. — La pratique des embaumements nous a conservé les dépouilles des morts de l'ancienne Egypte. On n'ignore pas peut-être quel est le dogme religieux qui a donné naissance à cette coutume. On croyait que le corps n'était pas périssable, et que tout ce qui le constituait devait se conserver pur de toute décomposition, pour les joies de l'autre monde. Afin de seconder la volonté de la grande cause du dieu qui avait voulu cela, on se gardait de livrer à la terre la dépouille mortuaire; on l'enfermait, après l'avoir merveilleusement embaumée et soigneusement entourée de bandelettes, dans un cercueil qui dessinait à l'extérieur la forme du cadavre, et qui était couvert de figures et de dessins du plus grand éclat. Il n'y avait pas de cimetières, ou du moins la population n'était pas astreinte par des lois à déposer les corps dans un même enclos. On élevait des monuments sur les routes, dans les champs, dans les îles du Nil, sur les bords de la mer ou au milieu de la vaste solitude des sables; et c'est sous ces dômes de pierre que des générations de morts étaient solennellement déposées. Il nous est resté de merveilleux restes de l'architecture tumulaire de l'ancienne Egypte; ce sont ces pyramides de Dgygé, qui paraissent de loin, aux yeux du voyageur, d'immenses montagnes dominant l'immensité du désert. Les Egyptiens avaient cependant un lieu commun de sépulture, et qui représentait sous un certain point de vue la fosse commune des pauvres de Paris. Mais, à Paris, c'est la misère qui accumule les cadavres sur les cadavres, dans cette large tranchée toujours ouverte dans tous les cimetières; tandis qu'en Egypte c'était la flétrissure d'une condamnation. On sait, en effet, que, suivant la coutume des antiques pays, chaque cadavre paraissait devant des juges; et, suivant qu'il avait bien ou mal fait pendant sa vie, on lui donnait ou on lui refusait les honneurs de la sépulture. C'était la condamnation qui le livrait aux horreurs du Tartare. On appelait de ce nom la fosse commune. — Les Juifs couvraient les corps de terre : ils les rendaient à la poussière, car leur loi leur enseignait que la matière doit se dissoudre, et que l'âme seule n'est atteinte par aucune de ces causes matérielles qui modifient ou détruisent l'harmonie des corps. Les Juifs n'avaient pas de lieu de sépulture commune; cependant ils se font, depuis bien des siècles, ensevelir dans cette vallée de Josaphat qui, suivant la tradition, sera le lieu de réunion de cette immense réunion d'âmes qui viendra répondre aux interpellations du souverain juge, au jour du dernier jugement. Ils avaient l'habitude, pendant qu'ils régnaient souverainement sur les plaines autrefois si fertiles de la Judée, de se faire ensevelir ou dans les jardins, ou le long des chemins, ou sur les lieux élevés. Les grands hommes avaient ces hauts monuments de la nature pour tombeau. Moïse et Aaron furent ensevelis au sommet d'une montagne. Mais cette loi n'était pas absolue; car Saül fut enterré au pied d'un arbre dans une forêt. On ensevelissait aussi *in spelunca agri*, dans les cavernes agrestes. Le Christ fut renfermé dans un tombeau creusé dans la roche vive. On voit encore, non loin de Jérusalem, dans un pli de la plaine stérile, *in valle sylvestri*, les tombeaux des rois. Ce sont des galeries creusées dans le roc, conduisant à des chambres mortuaires, vides maintenant, mais où reposaient les chefs du peuple juif. Chateaubriand, dans son *Itinéraire*, donne la description de cette nécropole royale, dont les portes, par une rare habileté de l'artiste, sont taillées avec leurs gonds dans la roche elle-même. — Les Grecs avaient pour coutume de brûler les morts. Cette coutume du bûcher reposait sur une croyance philosophique tirée de la doctrine des quatre éléments. Le feu avait pour résultat de livrer aux airs la partie la plus éthérée du corps, et de résoudre en cendres sa portion grossière. Or, on sait que l'éther était en quelque sorte la matière des âmes. C'était par une émanation de ces particules réunies en foyer que chaque homme recevait en naissant ses conditions d'existence. Le bûcher était donc un moyen de restitution. Il rendait l'émanation éthérée, le principe de vie au foyer immortel des âmes. Les Romains avaient, comme on le sait peut-être, l'habitude de lancer des aigles ou des colombes dans les airs, quand le feu enveloppait entièrement un cadavre; ils représentaient par cette image toute matérielle le vol de l'âme vers le lieu d'où elle était sortie, et où elle devait se rendre après la mort. Quand les Grecs avaient recueilli les cendres du cadavre, ils les enfermaient dans une urne et les déposaient dans un tombeau. Ces tombeaux étaient toujours loin des villes. Mais les lois n'avaient réglé ni les lieux, ni les conditions de la sépulture. On comprend qu'avec la pratique de la combustion des corps, l'hygiène publique n'eût rien à redouter. Les désirs toujours respectés des morts, ou la volonté des parents, réglaient le lieu de la sépulture. C'était ou sur les collines, ou au pied des montagnes, ou le long des fleuves, ou sur les rives de la mer. On voit encore au Pirée des restes de tombeaux antiques. Mais souvent les cendres des grands hommes avaient les honneurs d'une sépulture au sein des murs. La patrie voulait garder les ossements des morts qui avaient contribué à sa gloire, comme elle gardait le souvenir de leurs services et de leurs vertus. Lacédémone, par une exception qu'explique la férocité de ses mœurs, donnait la sépulture à tous ses enfants dans l'enceinte même de la ville. Elle voulait que les dures nécessités du devoir fussent toujours en présence de la triste image de la mort. Les Turcs et les Grecs modernes, qui sont devenus les héritiers de la noble terre où naquirent en quelque sorte les arts, ont adopté les habitudes d'ensevelissement des peuples de l'Europe occidentale. Leurs cimetières sont hors des villes. Ils couronnent la hauteur et descendent dans la vallée. Il y en a qui présentent l'aspect d'un charmant jardin qui invite le promeneur à aller chercher la fraîcheur dans ses agréables allées. Voici comment s'exprime Châteaubriand en parlant des cimetières turcs, dans son immortel *Itinéraire* : « J'avais une consolation en regardant les tombes des Turcs; elles me rappelaient que les barbares conquérants de la Grèce avaient aussi trouvé leur dernier jour dans cette terre ravagée par eux. Au reste, ces tombes étaient fort agréables. Les lauriers-roses y croissaient auprès des cyprès, qui ressemblaient à de grands obélisques noirs; des tourterelles blanches et des pigeons bleus voltigeaient et roucoulaient dans ces arbres; l'herbe flottait autour des petites colonnes funèbres qui surmontaient un turban; une fontaine bâtie par un chérif répandait son eau dans le chemin pour le voyageur. On se serait volontiers arrêté dans ce cimetière, où le laurier de la Grèce et le cyprès de l'Orient semblaient rappeler la mémoire des deux peuples dont la poussière reposait dans ce lieu. » — Les Romains poussèrent extrêmement loin le culte religieux des morts. Ce n'est pas ici le lieu de décrire leurs pompeuses funérailles. Le temps a heureusement conservé de précieux vestiges de leurs monuments funéraires; l'histoire et l'art en ont profité. Les lois romaines réglèrent les inhumations dans leurs rapports avec l'hygiène publique. Une loi des douze tables, dont la formule a été conservée par Cicéron, ordonna qu'aucun mort ne fût ni enseveli ni brûlé dans l'enceinte des murailles; *Hominem mortuum in urbe, ne sepelito neve urito.* Cette loi n'indiquait pas, il est vrai, un lieu spécial de sépulture; mais elle excluait les cadavres de l'intérieur de la cité, ce qui prouvait une certaine prévoyance pour les intérêts bien entendus de la population. Il y eut toutefois bien des exceptions pendant toute la durée de l'époque romaine. On voit encore çà et là, dans l'enceinte des murs, des *columbarium*, qui étaient de grands tombeaux destinés à renfermer les cadavres des serviteurs d'une famille patricienne. Du côté des thermes de Dioclétien, presque en face du Janicule, se trouve un tombeau d'un Scipion. Celui d'Auguste existe à l'état de cirque dans le quartier populeux qui fut autrefois le Champ de Mars; presque en face, de l'autre côté du Tibre, est cette masse tumulaire, *moles Adriani*, autrefois le tombeau d'Adrien et maintenant le château Saint-Ange, c'est-à-dire à la fois une forteresse, un garde-meuble et une prison d'Etat. En voyant cette énorme tour, je fus frappé d'étonnement; je ne pensais pas, malgré les grandes choses qu'a faites le monde romain, qu'il eût entassé tant de pierres pour honorer la dépouille d'un empereur. Mais, généralement, pour obéir aux prescriptions de la loi, les corps étaient portés loin de Rome, dans les terres, dans les jardins des maisons de campagne, et le plus souvent ils étaient déposés le long des routes fréquentées. Le cimetière de la grande cité était cette voie Appienne, qui, de la porte auprès de laquelle s'élève la belle basilique de Saint-Jean de Latran, s'étend par Albano jusqu'à cette côte délicieuse de Baies où les Romains allaient vivre au sein d'une voluptueuse indolence. Les deux côtés de la route étaient couverts de colonnes funéraires, de cippes, d'urnes, de monuments qui devaient produire le plus bel effet. Ce qui reste maintenant consiste dans des massifs de maçonnerie démantelés des marbres qui les couvraient. On ne voit que les squelettes à demi détruits des monuments dont la solidité a pû résister aux invasions nombreuses des barbares. Un fléau de la nature a conservé non loin de Rome ce qui n'eût pas échappé à la puissance destructive du fléau humain. A l'extrémité de la voie Appienne, du côté de la campagne, en face de Baies, est Pompéi, cette ville que le Vésuve couvrit de cendres pendant une de ses plus terribles éruptions. Toute la côte est conservée, bien qu'elle ne soit pas entièrement découverte encore; et on peut y voir, depuis la maison de campagne de Diomède, qui est comme la sentinelle avancée de cette ville endormie, jusqu'à la porte principale, une double rangée de mausolées et de cippes funéraires où tout est conservé, depuis la moulure la plus délicate, jusqu'à la couleur primitive des inscriptions. Ce spectacle donne une idée complète de la splendeur des monuments funéraires de la voie Appienne, et de l'effet qu'ils devaient produire sur le voyageur qui arrivait du côté de la Campanie. — Nous voici maintenant dans une époque toute nouvelle, dans une autre période historique. Le polythéisme a fait son temps, le christianisme a cessé de régner. Tout doit changer, dans la croyance comme dans la forme, dans la pratique comme dans le fond. C'est ce qui arrive. A l'époque où l'empire s'éteignait, le christianisme commençait à palpiter au sein des murailles de Rome comme dans les grandes cités de l'Orient. La lutte était engagée; et elle se faisait dans le grand cirque, derrière le Palatin, ou sur le sol même où Saint-Pierre s'élève (le cirque de Néron), ou dans ce magnifique édifice à demi détruit, mais si beau encore avec ses gigantesques pans de murs, et qui termine d'une manière si pittoresque, ou plutôt si solennelle, cette grande place aux Vaches (*il campo Vaccino*) qui fut le forum romain. Ce monument c'est l'amphithéâtre de Flavien, le Colysée. Là donc le sang des forts coulait sous la dent meurtrière des lions ou par le fer des gladiateurs. C'était à prix d'or que les chrétiens retiraient les cadavres de leurs frères des mains de ceux qui étaient chargés d'en débarrasser l'arène, et de les jeter peut-être à la voirie. Quand ils les avaient en leur possession, ils les transportaient mystérieusement hors des murs de Rome; et par des entrées qui n'étaient connues que d'eux seuls, ils descendaient dans les galeries étroites et profondes de la Rome souterraine, et confiaient aux Catacombes le dépôt sacré du martyr. J'ai visité au mois de février de l'année 1843 les Catacombes de Rome. J'y suis entré par l'escalier qui descend sous l'autel de Saint-Sébastien, dans l'église de ce nom, située hors des murs. Un frère, qui était notre guide, alluma des flambeaux à la lampe de l'autel, en donna un à chacun de nous, et nous descendîmes. C'est par des allées étroites et sinueuses, qui ne donnent passage qu'à un homme, qu'on entre dans ce lieu de silence et de religieux souvenir. De temps en temps nous trouvions des excavations vides dans les parois du souterrain. C'étaient des sépulcres de martyrs que quelque pape avait vidés pour en distribuer les reliques aux fidèles. Plus loin, c'étaient des cloisons de pierre qui fermaient imparfaitement une de ces excavations, de sorte qu'en nous agenouillant et en introduisant le bout de notre cierge dans la fissure la plus large, nous apercevions un squelette qui paraissait entier. Nous demandions alors à notre guide pourquoi ce sépulcre, qui était peut-être celui d'un grand saint, n'avait pas été fouillé et vidé comme les autres; il nous répondait qu'on avait dû le faire, mais qu'on laisse dans les sépultures les restes qui n'ont ni signe, ni indication, ni nom. Que de nobles dépouilles, que de martyrs inconnus gisent encore dans les Catacombes! Nous continuâmes notre route au milieu de ce dédale sans issue, où il serait si facile de s'égarer; et peu après, nous vîmes s'ouvrir à côté de nous des chambres spacieuses, percées, dans toutes les hauteurs de leurs parois, d'excavations semblables à celles que nous avions déjà remarquées. En face de la porte on apercevait, ou incrustée dans la pierre, ou fixée au sol, une de ces anciennes croix latines dont la forme était un témoignage suffisant de son antiquité. La croix était restée, mais les sépulcres avaient perdu leurs précieuses reliques. C'étaient dans ces mystérieuses chapelles qu'on déposait sans doute les corps des saints les plus méritants; car c'était là que les chrétiens se réunissaient la nuit pour y célébrer leurs mystères. Nous quittâmes bientôt cette terre des morts à laquelle fut confiée dans les premiers temps la semence du christianisme; nous avions satisfait aux émotions du cœur et aux curiosités de l'esprit : nous venions de voir le pieux cimetière des chrétiens de l'époque héroïque. — Lorsque l'époque de la persécution eut fait place à celle du triomphe, lorsque la société fut devenue chrétienne, les morts furent ensevelis dans les églises. Toutefois les honneurs de cette sépulture n'étaient pas pour tous : les prêtres, les hauts dignitaires politiques, les grands hommes jouissaient seuls de cette exception. Mais les riches purent acquérir, dans la suite des temps, un caveau funèbre à l'ombre des autels. La fortune donna ce privilége. Le peuple seul était exclu de l'enceinte de l'église; mais il avait place autour du monument, où chaque jour il allait s'agenouiller. Une enceinte murée laissait un espace considérable entre la circonscription et le vaisseau architectural de l'église. Cette enceinte était pleine de hautes herbes, parsemée de cyprès et couverte çà et là de croix mortuaires. La simplicité primitive de ces cimetières se retrouve encore dans la plupart des villages du nord de la France. On traverse le champ où reposent les villageois pour se rendre à l'église; l'asile de la prière est au centre de l'asile des morts. L'hygiène publique ne souffre pas de l'ensevelissement des cadavres au milieu des petites agglomérations de population. Dans les villages, dans les hameaux, il est rare que l'église et le cimetière ne soient pas à l'une de leurs extrémités, et la ventilation et l'espace y sont trop à l'avantage de la salubrité pour que la santé des habitants puisse souffrir d'un tel voisinage. Mais dans les grandes villes il n'en est pas ainsi : l'histoire rapporte des faits très-graves sur les inhumations dans les églises. Les fidèles, en marchant sur les dalles qui recouvraient les caveaux, finissaient par détacher les plâtres des fissures, et à ouvrir un passage aux émanations produites par la décomposition cadavérique. Le respect pour les habitudes du passé faisait supporter ces dangereuses influences; mais, par le progrès du temps et des lumières, on reconnut enfin qu'il était possible de concilier le culte des morts avec ce qu'on devait à la santé des vivants. Alors les inhumations dans les églises devinrent plus rares; elles ne furent réellement que la rare récompense des grands hommes et des grandes vertus. Mais l'ensevelissement aux alentours des églises existait encore : l'homme religieux voulait que son cadavre fût couché à l'ombre du clocher qui avait sonné gaiement l'heure de son baptême, et retenti des glas funèbres de ceux que la mort avait enlevés parmi les siens. Aussi chaque grande ville des pays chrétiens avait toujours des cimetières aux alentours de ses principaux monuments religieux. Les églises desservies par des corporations régulières donnaient la sépulture aux morts dans leurs cloîtres; les autres, celles que gouvernaient de simples prêtres, avaient leur enclos mortuaire défendu seulement par une haie vive ou une simple muraille. Paris avait un cimetière immense au centre de ses murs. Non loin de la Seine, et au pied de l'église Saint-Eustache, s'étendait un vaste enclos qui n'est plus maintenant qu'un bruyant marché, et qui s'appelait le *Charnier des innocents*. Là les morts étaient entassés les uns sur les autres. La place était grande, mais elle ne suffisait pas, parce que, à l'époque où existait ce cimetière, on ne savait pas ensevelir: on le faisait sans règle et sans méthode. Ce lieu était devenu un lieu de terreur, où on ne se hasardait pas la nuit, tant la crainte était grande de voir des lueurs phosphoriques s'agiter sur les hautes herbes, et d'entendre des bruits lugubres qui paraissaient sortir des entrailles des cercueils. Il eût été difficile d'effacer de l'esprit des Parisiens cette idée que ces bruits mystérieux et ces lueurs passagères étaient une réalité et non pas une illusion créée par la peur. Les Parisiens avaient raison: les sciences physiques rendent compte du phénomène des lueurs phosphoriques qui brillent dans les cimetières, et les exhumations qui eurent lieu plus tard, quand la destination de l'enclos des Innocents fut changée, justifia malheureusement la triste vérité de la tradition. La précipitation des inhumations avait fait ensevelir des personnes qui vivaient encore; car on trouva des cercueils disjoints par les efforts des malheureux qu'ils renfermaient, et des ossements brisés sous la dent de ceux qui étaient condamnés à périr dans leur prison mortuaire. Dans les grandes villes de France, il n'existe plus de cimetières dans la circonscription des murs. Depuis longtemps, les lois ont résolu cette grande question d'hygiène publique. En Italie, on est encore en arrière sous ce rapport. A Florence, par exemple, on ensevelit les morts dans les cloîtres des églises. Sous les arceaux qui servent de promenoir aux moines, et au-dessous des belles fresques qui ornent les cintres des voûtes, sont déposés les cercueils. Dans la cour ouverte, sont de beaux arbres qui appellent les oiseaux, et dont l'ombrage varié bannit toute tristesse de cette demeure de la mort Il y a un cimetière hors la ville, mais il ne sert qu'à la basse classe : c'est la fosse commune de ceux qui n'ont pas de quoi payer la place et le cercueil. Dans les autres villes d'Italie, l'ensevelissement dans les cloîtres est assez adopté; mais quelques-unes ont des cimetières monumentaux qui sont à quelques milles de la ville. Je citerai le beau *campo santo* de Naples et celui de Bologne, qui méritent certainement l'admiration du voyageur. Mais l'œuvre la plus remarquable en ce genre, c'est le *campo santo* de Pise : il est placé en face du baptistère; il tient presque à la cathédrale,

Campo santo de Pise.

et la fameuse tour penchée est à quelques pas de lui. Bien qu'il soit dans l'enceinte de la ville, il est loin du centre de la population; il touche à la campagne, et est assis sur une légère éminence. Jean Pisano en fit les dessins dans le XIIIe siècle. Pour faire juger de sa grandeur, nous donnons sa proportion. Il a la forme d'un parallélogramme de 450 pieds de base sur 140 de côté. Son intérieur est composé de 62 arcades gothiques que soutiennent de gros pilastres; mais, pour donner de la légèreté à ce dessin, de sveltes colonnettes s'élancent dans les intervalles des massifs points d'appui, et vont jeter dans la grande ogive les découpures délicates de leurs frêles nervures. Les arcades des deux extrémités de cet immense parallélogramme sont surtout remarquables par leur hardiesse et leur légèreté. La galerie quadrangulaire que décrivent ces arcades est couverte, sur toute la surface du mur, de grandes fresques de *Giotto*, de *Buffamaleo*, de *Memneo*, et garde encore quelques débris de cette étonnante peinture de l'enfer d'*Orcagna*, qui inspira sans doute la sombre et terrible poésie du Dante. La terre verdoyante qui forme le champ funéraire de cette admirable enceinte a été mêlée, du temps de l'existence glorieuse des Pisans, avec de la terre des lieux saints qu'apportèrent trente galères de la république. On a dit et on a cru longtemps que cette terre consommait les corps en vingt-quatre heures. — Maintenant, quelque différence qu'il y ait entre les nations civilisées, les lois relatives à l'hygiène des sépultures n'éprouvent pas en général d'obstacle à leur exécution. La superstition n'existe guère que dans les lieux les plus reculés, et la science a pénétré assez profondément dans les masses pour qu'elles comprennent les avantages de son application. Mais la France a donné l'exemple de la réforme : c'est en France qu'ont eu lieu les précieuses recherches sur les conditions de la salubrité des cimetières, et sur les lois qui doivent présider à l'établissement de ces nécropoles. Ainsi on a calculé la grandeur de la sphère d'infection que déterminait la décomposition d'un cadavre. C'est en partant de cette base qu'on a réglé la profondeur des fosses, l'espace qui doit exister entre elles, et enfin l'époque où, la consomption cadavérique étant terminée, on peut placer un autre cercueil dans le même lieu. Ces recherches ont été faites par *Marat*. La situation et la dimension des cimetières sont aussi soumises à des lois déterminées. Ainsi les cités mortuaires doivent être fondées sur des lieux élevés, et constamment au nord des habitations. De cette manière, les émanations putrides ne sont jamais portées sur la ville que par un vent dont la température et les qualités modifient et même neutralisent les pernicieuses influences. Il est nécessaire encore que les cimetières soient loin des sources, des cours d'eau ; on comprend les inconvénients de ce voisinage. La grandeur des cimetières, dans ses rapports avec la population, peut être réglée d'une manière très-simple. Il faut trois ans pour la décomposition d'un cadavre enseveli à 4 ou 5 pieds de profondeur ; d'après cela l'étendue du champ mortuaire doit être le triple de l'espace nécessaire aux besoins des inhumations de chaque année. Cela posé, 31 pieds carrés étant les dimensions ordinaires de la fosse d'un homme adulte, il ne s'agit plus que de multiplier le nombre des morts de chaque année par 31, de répéter la même opération en multipliant par 3, qui est le nombre d'années nécessaire pour l'achèvement du travail de la décomposition cadavérique ; et le chiffre qui en résultera donnera, par pieds carrés, la surface de terrain qu'exigent les inhumations de la cité. — Ces règles ont été suivies pour l'établissement des cimetières des grandes villes de France, et de ceux de Paris. On connaît le luxe avec lequel ceux-ci sont entretenus, et le soin avec lequel l'administration veille sur le dépôt qui lui a été confié. Le cimetière du Père-Lachaise, qui est sur la colline où le confesseur de Louis XIV avait bâti une silencieuse et douce retraite, est considéré comme un des curieux monuments de la capitale. Il a des monuments du plus bel effet, de riches parterres et des fleurs charmantes ; des inscriptions où se trahissent moins les vertus du mort que l'orgueil des vivants brillent sur de fastueux tombeaux à côté de l'inscription simple qu'on déchiffre sur une simple pierre. Dans le dédale charmant de ces allées ombreuses, on rencontre souvent des groupes causeurs qui paraissent avoir oublié qu'ils foulent la terre des morts. A peine un triste cortége, qui va porter à cette nécropole une partie du contingent quotidien, les interrompt-il dans leur oubli bruyant des tristesses de la vie. Cependant, à côté de cette indifférence qui joue avec la mort, ou de cette curiosité qui s'arrête à chaque pas et qui lit chaque épitaphe, on voit parfois une femme en deuil, la tête courbée, une couronne d'immortelles à la main, s'agenouiller sur une tombe récente et pleurer sur son enfant ou son époux mort. A ce spectacle, on oublie le faste des tombeaux, la grâce des jardins, la légèreté des visiteurs, enfin ce qu'il y a de profane dans la nécropole parisienne, pour penser aux respectables et longues douleurs qui vont y chercher chaque jour un aliment et une consolation. Dr Ed. CARRIÈRE.

**CIMETIÈRE MUSULMAN DU CAIRE.** Malgré les grandes révolutions qui ont renouvelé les mœurs, la religion et les habitudes sociales de l'Egypte, les rives du Nil sont toujours ce qu'elles étaient autrefois : le lieu où l'on respecte le plus la cendre des morts. On ne voit point là, comme dans la plupart des cimetières de nos contrées, les ossements humains dispersés jusqu'à la surface d'un sol en désordre, ou à peine recouvert de quelques tables d'herbe ; rien n'égale, surtout dans les villes, la somptuosité et le luxe des sépultures funéraires. Partout des arbres et des fleurs ombragent les tombes ; des siéges sont disposés de loin en loin, et les intervalles réguliers laissés entre les monuments forment comme des galeries d'un temple. Cette magnificence funéraire, comparée à la simplicité des habitations, rappelle naturellement cette idée religieuse des anciens Egyptiens, que « les maisons sont des lieux de passage, des hôtelleries, mais que les tombeaux sont des maisons éternelles. » — Près de chaque grande ville, il y a une ville de morts (*necropolis*) plus ou moins spacieuse, et qui souvent l'environne presque entièrement ; des forêts de colonnes, de cénotaphes, de mausolées couvrent des espaces immenses. On dirait, en effet, des villes somptueuses que leurs habitants auraient abandonnées la veille. Les mosquées et les palais des grands égalent à peine en richesses quelques-uns de ces mausolées. Nous citerons surtout ici les cimetières qui se trouvent au midi et au sud du Caire, et qu'ont élevés autrefois les califes et les autres personnages puissants de cette capitale. La première de ces nécropoles commence au mausolée de l'iman Châfey, dont elle a pris le nom, et s'étend à une lieue vers le sud. C'est plus de la moitié de la ville du Caire ; on y voit des monuments de toutes les grandeurs, de cyprès innombrables, et pour ainsi dire des plaines semées de tombeaux. — Auprès de Tourab-el-Iman (les tombeaux de l'Iman), sont les tombeaux de Qarafeh, et plus loin ceux appelés el-Seydeh. Cette continuité de cénotaphes s'étend à perte de vue, dans une plaine sablonneuse, dont l'immensité et la solitude sont d'un effet qu'on ne peut guère se figurer dans nos contrées : le marbre, l'or, l'outremer et autres couleurs brillantes sont prodigués avec un goût exquis. Un des tombeaux les plus riches est celui d'Aly-Bey. — De grandes enceintes sont particulièrement réservées aux familles opulentes ; la famille Cherga-Ouy a donné son nom à une d'elles. Une mosquée est souvent l'édifice principal de ces grands monuments ; la tombe du fondateur y occupe une place de distinction, soit dans une chambre ornée d'un cénotaphe, soit sous une coupole ombragée d'arbres, et qui s'élève au milieu d'une cour environnée d'un péristyle : parfois on trouve à côté une fontaine pour les ablutions. Quelques-uns de ces monuments sont fermés par des portes en pierre roulant sur leurs gonds, et des gardiens, entretenus sur les fonds légués par les morts, y veillent toute leur vie. — On voit souvent sur les tombes des fleurs et des feuillages sculptés, revêtus d'or et de couleurs rouge, verte ou jaune. Les colonnes et les cippes sont chargés d'inscriptions arabes, sculptées de la même manière. L'intérieur des coupoles est orné de caissons sculptés en relief. — Au levant du Caire est l'autre ville des tombeaux, connue sous le nom de *Tourab-Gâyd-Bey* (les tombeaux de Gâyd-Bey), et dont l'étendue est aussi d'environ une lieue. Ces tombeaux ne sont ni moins magnifiques, ni moins imposants pour le luxe de l'architecture, que ceux de Qara-Feh. Beaucoup d'entre eux sont, en petit, de véritables mosquées, dont le minaret, les coupoles et tous les détails d'architecture sont sculptés avec une richesse d'ornements et un luxe de travail plein d'admiration. Ces mosquées sont séparées, entre elles, par de larges rues, et environnées d'une enceinte, où on entassait aussi les esclaves et les serviteurs des familles. Tous ces monuments remontent à des époques plus ou moins reculées dans l'histoire moderne de l'Egypte ; les plus anciens peuvent dater des VIIIe et IXe siècles, et c'est parmi ceux-là qu'on remarque souvent le plus de simplicité et de grandeur dans le style. Ils s'étendent de ce côté, à travers une plaine déserte, jusqu'à la Koubbeh, autre nécropole située sur le chemin de l'ancienne Héliopolis, et qui est le lieu de réunion de la grande caravane de la Mecque. On distingue encore au dehors du Caire les tombeaux de Bâl-el-Ouizir, et el Nasr, Qâsed, etc., ainsi nommés des portes auprès desquelles ils sont situés. A l'intérieur même de la ville, on rencontre plusieurs cimetières, mais leur étendue et leur beauté sont moins remarquables. — Le plus grand nombre de tombeaux de personnages aisés ne consistent qu'en une coupole enrichie de sculptures, et recouvrant une salle au milieu de laquelle est un bloc de maçonnerie carré, oblong, sous lequel reposent les ossements du fondateur. — Les tombeaux plus simples que ceux que nous venons de décrire, se composent (comme on peut le voir dans la gravure) d'un grand soubassement en pierre, surmonté de quatre ou six colonnes qui supportent des arcades et une toiture, soit en forme de dôme, soit en forme de pyramide ; les corps sont déposés dans le soubassement. Quant aux tombes les plus ordinaires, elles consistent en un soubassement ayant à une extrémité un cippe surmonté d'un turban, et sculpté en marbre blanc, et à l'autre une pierre plate, carrée ou en losange allongé sur laquelle on a gravé l'inscription du défunt. — Les tombes des pauvres sont encore un diminutif de celles-ci. Quand ils n'ont pu se procurer une pierre tumulaire en marbre, ils se contentent d'un morceau de granit ou d'une simple pierre de taille, sans aucune sculpture. Quelquefois même un bloc informe couvre un tombeau; cela suffit à la piété indigente; chacun fait de son mieux pour honorer la mémoire de ses parents. — Le vendredi, qui, pour les musulmans, répond au dimanche des chrétiens, est le jour particulièrement consacré à la visite des tombeaux. Les femmes et les enfants accompagnent les hommes; une longue foule de visiteurs, qui s'achemine au loin, annonce le placement de ces nécropoles. On y prie pour les manes des défunts; on s'entretient de leur vie; on se rappelle leurs paroles, et l'on plante des fleurs. C'est un spectacle à la fois touchant et pompeux, qui étonne toujours les Européens.

Cimetière musulman du Caire.

**CIMETIÈRE** (*jurispr.*). C'est le nom qu'on donne aux terrains découverts qui sont consacrés pour enterrer les morts. — L'usage d'enterrer les morts remonte à la plus haute antiquité; mais il n'en faut pas conclure que tous les peuples aient eu des *cimetières*, dans le sens que nous donnons à ce mot, c'est-à-dire des lieux consacrés à l'inhumation publique de tous les habitants d'une ville, d'un quartier, etc. : il paraît au contraire certain que les anciens n'en avaient pas. C'est ce qu'établit parfaitement M. Quatremère de Quincy, dans son *Dictionnaire historique d'architecture*. — D'abord, chez les Romains, on enterrait chacun chez soi : *Prius in domo sua quisque sepeliebatur*. Mais ce droit ne subsista que peu de temps; la loi des douze tables défendit même d'enterrer ou de brûler aucun cadavre dans l'enceinte de Rome (Cicéron, *Des lois*, liv. II., ch. 58). Cette interdiction, qui paraît avoir été commandée par des idées religieuses, fut plusieurs fois renouvelée, tant sous la république que sous les empereurs. — A partir de la promulgation de la loi des douze tables, les tombeaux des Romains furent indifféremment répandus, tantôt dans les campagnes, et particulièrement sur le bord des chemins, tantôt dans un jardin qui avait appartenu au défunt, tantôt dans un jardin acheté à cet effet, soit par lui-même, soit par ses héritiers. Les hommes de la lie du peuple et les esclaves étaient jetés dans des espèces de voiries appelées *puticuli* ou *culinæ*. — Il appartenait au christianisme, qui le premier a fondé le dogme de l'égalité parmi les vivants, d'établir l'égalité entre les morts. Les cimetières furent d'abord placés dans les villes, et l'on enterra même dans les églises. Cet usage, qui avait été proscrit par le concile de Braga de l'an 563, fut rétabli par la novelle 820 de l'empereur Léon. Pendant tout le moyen âge, les morts furent de nouveau enterrés dans les villes, et quelques personnes eurent le privilége d'être enterrées dans les églises.—Cependant de graves inconvénients résultaient d'un pareil état de choses, principalement dans les grands centres de population : il était journellement la cause d'une mortalité considérable. Depuis longtemps l'attention de l'autorité s'était portée sur ce point, et, à la date du 21 mai 1765, il intervint un arrêt de règlement du parlement de Paris, qui défendit d'enterrer dans les cimetières existants dans la capitale, à compter du 1er janvier 1766. Il ordonna en même temps qu'aucune sépulture ne pourrait être faite à l'avenir dans les églises, excepté celles des curés et des supérieurs, et celles des fondateurs et des familles qui auraient des chapelles et des caveaux; que l'on placerait les cimetières hors la ville et au delà des faubourgs; que ces cimetières seraient entourés de murs de dix pieds d'élévation. La déclaration du roi du 10 mars 1776 vint confirmer cet arrêt du parlement. Le cimetière des Innocents, le plus meurtrier de tous, ne fut néanmoins supprimé qu'en 1785. Cette mesure fut insuffisante pour arrêter la propagation des maladies dont il était le foyer; il fallut encore enlever, au moyen de fouilles qui ont duré jusqu'en 1805, tous les corps demi-putréfiés et tous les ossements qu'il enfermait. On les plaça dans les vastes excavations connues sous le nom de *Catacombes*, qui s'étendent sous une partie de Paris et de ses environs. — Nous terminerons cet article par une analyse très-sommaire de la législation qui régit maintenant cette matière; elle se trouve renfermée dans le décret du 23 prairial an XII. L'art. 1er porte « qu'aucune inhumation n'aura lieu dans les églises, temples, synagogues, hôpitaux, chapelles publiques, et généralement dans aucun des édifices clos et fermés où les citoyens se réunissent pour la célébration de leurs cultes, ni dans l'enceinte des villes et bourgs. » Suivant l'art. 2, les terrains spécialement consacrés à l'inhumation des morts devront être situés à la distance de 35 à 40 mètres au moins de l'enceinte de ces villes ou bourgs; l'art. 7 enjoint aux communes d'abandonner les cimetières actuels, et de s'en procurer de nouveaux hors de l'enceinte de leurs habitations. Suivant les art. 10 et 11, il sera permis de faire des concessions de terrains, mais sous la condition que les personnes à qui ces concessions seront faites, offriront de faire des fondations ou donations en faveur des pauvres et des hôpitaux, indépendamment d'une somme qui sera donnée à la commune. L'art. 12 réserve le droit à chaque particulier de faire placer une pierre sépulcrale ou autre signe indicatif de sépulture sur la tombe de son parent ou de son ami ; l'art. 14, celui de se faire enterrer sur sa propriété, pourvu que ladite propriété soit hors et à la distance prescrite de l'enceinte des villes et bourgs. Enfin l'art. 16 soumet à l'autorité, police et surveillance des administrations municipales les lieux de sépulture, soit qu'ils appartiennent aux communes, soit qu'ils appartiennent aux particuliers. L'art. 36 du décret du 30 décembre 1809 a réservé aux fabriques les produits spontanés des cimetières, tels que les herbes, les buissons, etc. — Nous n'avons point parlé dans cet article des règles à suivre pour l'inhumation et le service funèbre : ces deux objets seront traités à chacun de ces mots (*V.* INHUMATION, SERVICE FUNÈBRE, FABRIQUES, COMMUNES). H. MARLET, avocat.

**CIMETIÈRE.** Figurément, *Ce pays est le cimetière des étrangers*, l'air de ce pays est mortel pour les étrangers.

**CIMETRA** (*géogr. anc.*), ville d'Italie, dans le Samnium. Elle fut prise, l'an 308 avant J.-C., par Q. Fabius, général romain.

**CIMÈTTE**, s. f. (*horticul.*). Il se dit des rejetons que poussent certains choux, et que l'on nomme aussi *choux de Bruxelles*.

**CIMEUX, EUSE** (*botan.*) (*V.* CYMEUX).

**CIMEX** (*entomol.*). C'est le nom latin du genre punaise.

**CIMICAIRE, CHASSE-PUNAISE** (*botan.*), *cimifuga*, genre de la famille des renonculacées, de la polyandrie tétragynie de Linnæus. Son caractère essentiel consiste dans un calice à quatre ou cinq folioles caduques ; quatre petits cornets coriaces, en forme de pétales ; une vingtaine d'étamines à peine saillantes, insérées sur le réceptacle ; deux à quatre ovaires munis chacun d'un style recourbé ; le fruit consiste en deux ou quatre capsules, s'ouvrant latéralement, et remplies de semences écailleuses. — Ce genre se rapproche de l'*actæa racemosa* par son port, des *isopyrum* par sa fructification. Il renferme les espèces suivantes : CIMICAIRE FÉTIDE, *cimifuga fœtida* Lam. (*Gen.*, tab. 487), *actæa cimifuga* Linn. Cette plante répand une odeur très-fétide ; on prétend qu'elle est très-propre à chasser les punaises des lits. Ses racines sont courtes et noueuses ; ses tiges hautes de cinq à six pieds, rameuses, fistuleuses, légèrement velues ; les feuilles une et deux fois ailées ; les folioles ovales, dentées en scie, incisées ou lobées ; la terminale souvent à trois lobes ; les fleurs disposées en grappes terminales, rameuses à leur base, variables dans le nombre des parties qui les composent. Elle se trouve dans la Sibérie. — CIMICAIRE PALMÉE, *cimifuga palmata* Mich. (*Amer.*; Curt., *Bot. Magaz.*, tab. 1630 ; Lam., *Ill. gen.*, tab. 500), *falso hydrastis*. Cette espèce a été découverte par Michaux sur les hautes montagnes de la Caroline, le long des ruisseaux. Ses feuilles sont simples et palmées ; ses fleurs disposées en une panicule dichotome ; chaque fleur contient environ douze ovaires distincts, rapprochés en une tête arrondie. C'est par erreur qu'elle a été figurée sous le nom d'*hydrastis* dans les illustrations des genres de l'*Encyclopédie*. — CIMIFUGA AMERICANA Mich. (*Amer.*); *cimifuga cordifolia* Pursh (*Amer.*). Elle est si peu distinguée du *cimifuga fœtida*, qu'elle n'en paraît être qu'une simple variété. Ses feuilles sont plusieurs fois ailées ; les fleurs longuement pédicellées, ainsi que les ovaires ; ceux-ci sont glabres, quelquefois au nombre de six. Elle croît dans les épaisses forêts de la Caroline, sur les hautes montagnes. — Le CIMIFUGA SERPENTARIA de Pursh paraît être une variété de l'*actæa racemosa* Linn. C'est la même plante que l'*actæa monogyna* de Walherius. Elle croît dans la Caroline, et n'a très-souvent qu'un seul ovaire.

**CIMICÉ, CIMICIQUE** ou **CIMICULIEN** (*hist. nat.*) (*V.* CIMICIDE).

**CIMICIDE**, adj. des deux genres (*hist. nat.*), qui ressemble à une punaise (*cimex*).

**CIMICIDES**, s. m. pl. (*hist. nat.*), famille d'insectes hémiptères.

**CIMICIFUGA** (*botan.*) (*V.* CIMICAIRE).

**CIMICIOTTUM** (*botan.*). Suivant Césalpin, ce nom est donné à la ballotte, ou marrube noir, *ballota*, parce qu'elle a une odeur de punaise.

**CIMIER**, partie supérieure du casque (de *cime*, autrefois *crête*, *crista*), qui supporte ordinairement une aigrette ou une touffe de plumes ou de crins. On en voit dans beaucoup de casques antiques, surtout grecs et romains, mais seulement de ceux qui ont appartenu à des chefs et à des personnages illustres. Le plus souvent ces cimiers avaient la figure d'un ou de quelque être allégorique. Homère nous en offre un exemple dans le touchant épisode des adieux d'Hector et d'Andromaque, lorsque le petit Astyanax se jette tout effrayé dans les bras de sa nourrice, en apercevant le redoutable cimier du casque de son père. A cette époque, on ne faisait pas usage de plumes ; du moins Homère ne parle que de touffes de crins de diverses couleurs. — Les cimiers se trouvent fréquemment sur les casques du moyen âge, surtout à partir du XIVe siècle. Henri V d'Angleterre, à la bataille d'Azincourt, portait ainsi une couronne d'or, que le duc d'Alençon fit sauter d'un coup de sa hache d'armes. Mais c'était alors un simple ornement du casque : il ne soutenait ni panaches, ni aigrettes, qui furent employés seulement à la fin du XIVe siècle. Ces cimiers étaient souvent fort bizarres et même extravagants, comme on le remarque dans les casques allemands de cette dernière époque (*V.* les chars de triomphe de Maximilien, etc.) ; ils offraient des têtes d'hommes, des animaux réels ou fantastiques, des cornes (ou plutôt des trompes, suivant la remarque du P. Ménestrier), des portions d'armures, ou même des figures entières armées, etc. ; de là descendaient de grandes masses de plumes qui tombaient quelquefois jusque sur la croupe du cheval (*V.* CASQUE). Le mot de *cimier* s'est conservé dans la science du blason (*V.* ce mot), où l'on a donné ce nom à tout objet posé sur le timbre ou casque qui surmonte l'écu des armoiries. C'est souvent une pièce même de cet écu. C'était la plus grande marque de noblesse, et l'on n'avait droit de la porter qu'après avoir fait ses preuves et figuré dans les tournois. — On appelle encore CIMIER, *en termes de vénerie*, la partie la plus estimée du cerf, qui se lève le long du dos et des reins de l'animal. C'était, dans les grandes chasses, le morceau réservé pour le roi.

**CIMIER** signifie aussi une pièce de bœuf charnue, prise sur le quartier de derrière. On dit aussi *du cimier de cerf*.

**CIMIER**, s. m. (*vén.*), croupe de cerf, qui, dans la curée, se donne au maître de l'équipage.

**CIMIFUGE**, adj. des deux genres (*didact.*), qui chasse les punaises.

**CIMINIA** (*géogr. anc.*), contrée d'Italie, dans l'Etrurie, voisine du mont Ciminus.

**CIMINUS** (*géogr. anc.*) (Viterbe), lac et montagne d'Etrurie, vers l'Orient, chez les Falisques.

**CIMMÉRIEN** (BOSPHORE et EMPIRE) (*V.* BOSPHORE).

**CIMMÉRIENS.** Sur les rives du Pont-Euxin, entre le Danube et le Tanaïs, habita très-anciennement un grand peuple connu des Grecs sous le nom de *Kimmerii*, dont nous avons fait Cimmériens. Outre les rivages occidentaux de la mer Noire et du Palus-Méotide, il occupait la presqu'île appelée à cause de lui Kimmérienne, et aujourd'hui encore Krimm ou Crimée (nous suivons ici M. Amédée Thierry, *Histoire des Gaulois*, introduction ; mais les savants donnent actuellement au nom de *Crimée* une étymologie différente [*V.* ce mot]). Son nom est empreint dans toute l'ancienne géographie de ces contrées, ainsi que dans l'histoire et les plus vieilles fables de l'Asie-Mineure, qu'il ravagea longtemps. Plusieurs coutumes de ces Kimmerii présentent une singulière conformité avec celles des *Kimbri* de la Baltique et des Gaulois. Les Kimmerii cherchaient à lire les secrets de l'avenir dans les entrailles des victimes humaines ; leurs horribles sacrifices dans la Tauride ont reçu des poëtes grecs assez de célébrité ; ils plantaient sur des poteaux, à la porte de leurs maisons, les têtes de leurs ennemis tués dans les combats. Ceux d'entre eux qui habitaient les montagnes de la Chersonèse portaient le nom de *Taures*, qui, dans les deux idiomes kymrique et gallique, signifie *montagnards*. Les tribus des bas pays, au rapport d'Ephore, cité par Strabon, se creusaient des demeures souterraines, qu'elles appelaient *argilon argel*, mot de pur kimric, qui signifie *lieu couvert* ou *profond*. — Jusqu'au VIIe siècle avant l'ère chrétienne, l'histoire des *Kimmerii* du Pont-Euxin reste enveloppée dans la fabuleuse obscurité des traditions ioniennes ; elle ne commence avec quelque certitude qu'en l'année 631. Cette époque fut féconde en bouleversements dans l'occident de l'Asie et l'orient de l'Europe. Les *Scythes*, chassés par les Massagètes des steppes de la haute Asie, vinrent fondre comme une tempête sur les bords du Palus-Méotide et de l'Euxin : ils avaient déjà passé l'Araxe (le Volga), lorsque les Kimmerii furent avertis du péril ; ils convoquèrent toutes leurs tribus près du fleuve Tyras (le Dniester), où se trouvait, à ce qu'il paraît, le siége principal de la nation ; et y tinrent conseil. Les avis furent partagés : la noblesse et les *rois* demandaient qu'on fit face aux Scythes, et qu'on leur disputât le sol; le peuple voulait la retraite: la querelle s'échauffa ; on prit les armes ; les nobles et leurs partisans furent battus. Libre alors d'exécuter son projet, tout le peuple sortit du pays. Mais où alla-t-il ? Ici commence la difficulté. Les anciens nous ont laissé deux conjectures pour la résoudre. — La première appartient à Hérodote. Trouvant, vers la même époque (631), quelques bandes kimmériennes qui erraient dans l'Asie-Mineure sous la conduite de Lygdamis, il rapprocha les deux faits : il lui parut que les *Kimmerii*, revenant sur leurs pas, avaient traversé la Chersonèse, puis le Bosphore, et s'étaient jetés sur l'Asie. Mais c'était aller à la rencontre même de l'ennemi qu'il s'agissait de fuir. D'ailleurs, la route était longue et pleine d'obstacles; il fallait franchir le Borysthène et l'Hypanis, qui ne sont point guéables, ensuite le Bosphore kimmérien, et courir après tout cela la chance de rencontrer les Scythes sur l'autre rive ; tandis qu'un pays vaste et ouvert offrait, au nord-ouest du Tyras, la retraite la plus facile et la plus sûre. — Les érudits grecs qui examinèrent plus tard la question furent frappés des invraisemblances de la supposition d'Hérodote. Cette bande de Lygdamis, qui, après quelques pillages, disparut entièrement de l'Asie, ne pouvait être l'immense nation dont les hordes avaient occupé depuis le Tanaïs jusqu'au Danube; c'étaient tout au plus quelques tribus de la Chersonèse, qui probablement n'avaient point assisté à la diète tumultueuse du Tyras. Le corps de la nation avait dû se retirer en remontant le Dniester ou le Danube, dans l'intérieur du pays qu'elle connaissait depuis longtemps par ses courses, et, comme elle marchait avec une suite embarrassante, elle avait dû mettre plusieurs années à traverser le continent de l'Europe, campant l'hiver dans ses chariots, reprenant sa route l'été, disposant çà et là des colonies qui s'étaient multipliées. A l'avantage de mieux s'accorder au fait particulier, cette hypothèse en joignait un autre : elle rendait raison de l'existence des *Kimmerii* dans le nord et le centre de toute cette zone de l'Europe, et expliquait les rapports de mœurs et de langage que tous ces peuples homonymes présentaient entre eux. On s'en empara, on l'étendit; on ajouta de nouvelles probabilités, et on arriva à cette conclusion, que les *Kimmerii*, les *Cimbres* (Kimbri), les *Kymri* et les *Galls* ou Gaulois, appartiennent tous à une même race (*V.* CIMBRES et GAULOIS). On donnait encore le nom de *Cimmerii* à d'anciens peuples de la Campanie, qui vivaient de pillage et demeuraient dans des cavernes où la lumière ne pénétrait jamais. On partit de ce fait pour imaginer que leur pays était éternellement privé de la clarté du jour. Aussi, selon Plutarque, ce sont les fables répandues sur cette contrée qui ont inspiré à Homère ses admirables descriptions de l'enfer et du royaume de Pluton. Virgile et Ovide y placent le Styx, le Phlégéton et les demeures des ombres.

**CIMMERIS**, Κιμμερίς, c'est-à-dire la Cimmérienne, Cybèle honorée chez les Cimmériens.

**CIMMERIUM** (*géogr. anc.*), ville de la Scythie asiatique, sur le Bosphore cimmérien, vers la partie septentrionale et sur la rive droite.

**CIMMERIUM** (*géogr. anc.*), aujourd'hui *Eski-Krim*, ville considérable de la Chersonèse taurique, bâtie par les Cimmériens, premiers habitants de cette presqu'île.

**CIMMERIUM** (*géogr. anc.*), ville d'Italie, dans la Campanie, aux environs du lac Averne.

**CIMMERIUM** (*géogr. anc.*), promontoire d'Asie, sur la côte méridionale du Palus-Méotide.

**CIMMERIUS MONS** (*géogr. anc.*), aujourd'hui Aghirmiche-Daghi, montagne de la Chersonèse taurique.

**CIMMERIUS SINUS** (*V.* BOSPHORE CIMMÉRIEN).

**CIMOLÉE.** Adjectivement, *Matière cimolée* ou *cimolie*, dépôt qui se trouve sur les meules à aiguiser.

**CIMOLIS** et **CINOLIS** (*géogr. anc.*), aujourd'hui Kimoli, ville de Paphlagonie, sur le Pont-Euxin, à l'est du promontoire Carambis.

**CIMOLUS** (*géogr. anc.*), aujourd'hui Kimoli ou île d'Argentière, une des Cyclades, dans la mer Egée.

**CIMOLITHE** (*minér.*). C'est une variété d'argile. Les anciens la tiraient de l'île de Cimolis, aujourd'hui l'Argentière, près celle de Milo : c'est de là que lui est venu le nom de cimolithe. Ils l'employaient à dégraisser les étoffes.

**CIMON**, Athénien, père de Miltiade. Il fut chassé d'Athènes par Pisistrate, et n'y rentra qu'après la mort du tyran, l'an 527 avant J.-C. Il remporta deux fois le prix aux jeux olympiques. Les fils de Pisistrate le firent assassiner.

**CIMON**, fils de Miltiade et d'Hégésipyle, qui était la fille d'Olorus, roi de Thrace. Plutarque nous dit que sa jeunesse fut fort négligée et surtout fort dissipée. On sait que Miltiade, ayant été condamné à une amende de cinquante talents, fut mis en prison faute de pouvoir payer. Cimon, encore adolescent, vivait dans la maison paternelle avec sa sœur Elpincie, sans apprendre rien de ce qui entrait alors dans l'éducation de la jeunesse; mais il y avait dans son caractère de la vigueur et de la sévérité, en sorte qu'on l'eût pris plutôt pour un Péloponésien que pour un Athénien. Ce fut dans la guerre des Perses qu'il commença à se faire connaître. Jusque-là il avait une mauvaise réputation pour son amour démesuré pour les femmes; et on l'a même accusé d'un commerce incestueux; d'autres prétendent encore qu'il avait épousé sa sœur. Celle-ci fut mariée ensuite au riche Callias, qui, selon Cornelius Nepos, paya l'amende à laquelle Cimon était tenu du chef de son père, dont il partageait la prison. Quand Thémistocle eut proposé d'abandonner la ville pour combattre sur mer, Cimon, conservant seul un air serein au milieu de la stupeur générale, monta à la citadelle et y prit un bouclier, en consacrant à Minerve la bride de son cheval; puis il s'embarqua sur la flotte, et déploya une valeur extraordinaire à la bataille de Salamine. Bientôt il fut initié aux affaires du gouvernement; car il n'avait pas moins d'intelligence que de valeur, et Aristide pensa qu'on pourrait l'opposer à Thémistocle. Athènes ayant envoyé une flotte en Asie, Cimon la commanda avec Aristide : sa sagesse et sa douceur lui gagnèrent tous les alliés, que rebutaient la dureté et l'orgueil du roi Pausanias. Cimon battit les Perses en Thrace, auprès du fleuve Strymon, et prit possession du pays pour Athènes. Les Dolopes, qui occupaient l'île de Scyros, exerçaient la piraterie: Cimon les chassa, et s'empara des restes de Thésée, qu'il rapporta à Athènes, où on lui érigea un temple. Il soumit ensuite toutes les côtes de l'Asie-Mineure, et puis il navigua vers l'embouchure de l'Erymédon, où les Perses cherchaient à décliner le combat et à remonter le fleuve pour se mettre sous la protection de l'armée. Cimon les attaqua, leur détruisit et prit plus de deux cents vaisseaux ; puis, débarquant ses troupes, il battit complétement les Perses, surpassant en un jour, dit Plutarque, et Salamine et Platée. Ce n'est pas tout encore : quatre-vingts trirèmes phéniciennes venaient joindre la flotte de Perse; Cimon alla au-devant d'elles et leur fit éprouver le même sort. Le roi de Perse en fut si effrayé, qu'il conclut cette paix célèbre par laquelle il s'engagea à ne jamais approcher des mers de la Grèce. Cimon employa le butin à l'embellissement d'Athènes; l'académie, la citadelle, les longs murs furent achevés. Il était si généreux, qu'il permettait à tous de cueillir les fruits de ses jardins, et que toujours il donnait, soit des vêtements, soit de l'argent que des esclaves portaient derrière lui. Sa table était ouverte à tous les citoyens de sa curie. Ces libéralités n'avaient point pour but de briguer la popularité: il fut au contraire l'adversaire de Thémistocle, de Périclès et d'Ephialte, qui voulurent renforcer la démocratie. Surtout il tenait à entretenir la concorde entre Athènes et Lacédémone, où on l'estimait beaucoup. Il chassa les Perses de la Chersonèse de Thrace, battit les Thassiens qui avaient fait défection, et prit possession pour Athènes de leurs mines d'or. Il aurait pu passer de là sur les terres de Macédoine; on l'accusa de ne l'avoir pas fait et d'avoir reçu de l'argent du roi Alexandre. Le peuple ne tint compte de cette accusation; mais, quand il fut reparti pour d'autres expéditions, ses adversaires, et entre autres Périclès, établirent une furieuse démocratie. A son retour, Cimon voulut ramener l'autorité de l'aréopage à son antique splendeur; on excita le peuple contre lui. — Les Lacédémoniens avaient imploré le secours des Athéniens contre les ilotes révoltés. Cimon fit décréter ce secours; mais, quand il arriva, les Lacédémoniens firent aux Athéniens l'affront de renvoyer leur contingent en gardant celui des autres alliés. Cette circonstance servit les ennemis de Cimon, qui, victime de l'ostracisme et banni pour dix ans, se rendit en Béotie. Les Lacédémoniens, après avoir délivré Delphes des Phocéens, vinrent camper à Tanagra, où les Athéniens les attaquèrent. Cimon accourut pour combattre avec sa tribu; mais on refusa de le recevoir, parce que ses ennemis avaient répandu qu'il n'avait d'autre but que de jeter le trouble dans les rangs athéniens, pour conduire les Lacédémoniens à la porte d'Athènes. Cimon se contenta donc d'exhorter ses amis à bien prouver par leur valeur qu'on les avait accusés à tort. Ils périrent tous, au nombre de cent. La défaite de Tanagra et la crainte de voir les Lacédémoniens marcher vers l'Attique avec toutes leurs forces, déterminèrent les Athéniens à rappeler Cimon, qui rétablit la paix par son influence à Sparte : puis, voyant qu'il fallait aux Athéniens de l'occupation, il arma deux cents galères, en envoya soixante en Egypte, et, prenant le commandement du reste, battit la flotte du roi de Perse, et alla ensuite à Cypre, d'où il envoya consulter l'oracle d'Ammon; mais ce dieu ne reçut pas l'ambassade : il répondit que celui qui le faisait interroger était déjà près de lui. En effet, quand les députés revinrent au camp des Grecs, Cimon était mort (l'an 449 avant J.-C.). Il assiégeait alors Citium. Les uns disent qu'il mourut de maladie, les autres soutiennent que ce fut d'une blessure. Quoi qu'il en soit, il avait, dans la prévoyance de sa fin, ordonné de faire voile vers Athènes avant que les barbares pussent l'apprendre. Ainsi, comme l'a dit un ancien, il commanda encore la flotte trente jours après sa mort. Les habitants de Citium vénéraient un tombeau de Cimon, quoiqu'il soit bien avéré par beaucoup de monuments que ses restes furent rapportés dans sa patrie.

**CIMON**, peintre grec, né à Cléone, est rangé par Pline au nombre des premiers artistes qui cultivèrent la peinture antérieurement à la XX$^e$ olympiade. On les appelait *monochromes*, parce qu'ils ne se servaient que d'une seule couleur. De ce nombre étaient Hyiænon, Dinias, Charmas, Eumarus d'Athènes, qui, le premier, dans ses tableaux imparfaits, parvint à faire distinguer les hommes des femmes. Cimon de Cléone fut disciple de ce dernier, et fit faire à l'art des pas plus importants; il varia les traits du visage, donna des directions différentes aux regards, et imagina les *raccourcis*, si toutefois on doit traduire ainsi ce que Pline nomme *catagrapha, hoc est obliquas imagines*. Cimon parvint également à exprimer les articulations des membres et les veines du corps, enfin les plis saillants et rentrants des draperies. Suivant Pline, Cimon aurait fleuri longtemps avant le règne de Romulus. C'est ce même peintre dont Elien parle sous le nom de *Conon*, et dont il dit qu'en raison des progrès qu'il fit faire à l'art il eut soin d'augmenter le salaire qu'il tirait de ses élèves.

**CIMON**, statuaire, vivant à une époque encore plus ancienne que le peintre précédent, dut d'avoir échappé à l'oubli à une composition en airain de chevaux qui longtemps décorèrent la ville d'Athènes.

**CIMON**, Athénien qui écrivit l'histoire fabuleuse de l'expédition des Amazones en Attique.

**CIMON**, Romain qui fut condamné à mourir de faim dans sa prison, et que sa fille nourrit de son lait.

**CIMON**, auteur qui fit l'histoire d'Athènes.

**CIMONAGERO** (*botan.*), nom italien du cumin, selon Caspar Bauhin.

**CIMOSSE**, s. f. (*comm.*), lisière d'une sorte de taffetas d'Occident.

**CIN**, père des Cinéens (*Num.*, 22, 24) (*V.* CINÉENS).

**CINABARIN, INE**, adj. (*didact.*), qui a la couleur rouge du cinabre.

**CINABRE.** Le cinabre (deuto-sulfure du mercure du chimiste) existe dans la nature, et se fabrique artificiellement. — Les nombreux emplois que l'on en fait aujourd'hui l'ont rendu un des produits les plus importants du commerce. Nous allons commencer par le cinabre naturel : nous étudierons ensuite celui qui est le produit des arts; et enfin nous l'examinerons sous un autre état, où il prend le nom de vermillon.—Le cinabre naturel existe dans les terrains primitifs, en Hongrie, mais surtout à la partie inférieure des terrains secondaires, à Idria, au Mexique, au Pérou, à Almaden en Espagne, une des mines les plus riches. On en trouve en très-petite quantité en France; mais il est très-abondant en Chine, d'où l'on tire les plus beaux cristaux de cinabre. On pourrait retirer de ce cinabre naturel un produit très-beau et très-pur, mais on préfère le fabriquer de toutes pièces, employer le naturel à l'extraction du mercure. — Il y a très-peu de temps que nous étions tributaires des Hollandais pour l'emploi du cinabre; mais aujourd'hui les manufactures françaises rivalisent avec celles de la Hollande pour la beauté des produits. C'est un perfectionnement auquel on a longtemps désespéré de parvenir, parce que les tentatives multipliées que l'on avait faites étaient toujours restées sans résultats. — Le cinabre artificiel sublimé est sous forme de masses concaves d'un côté, convexes de l'autre; d'une couleur violette foncée, et rouge foncé lorsqu'il est en poudre fine. Il ne se dissout pas dans l'eau, et se sublime sans se fondre quand on le soumet à l'action de la chaleur; si la température est très-élevée, il brûle et se transforme en gaz sulfureux et en mercure métallique. Quoique inattaquable par les acides, l'eau régale le dissout. — M. Séguin a fait un grand nombre de recherches pour préparer de beau cinabre; mais il n'en a pas fabriqué, comme semblaient le faire espérer les succès qu'il disait avoir obtenus dans son mémoire. Nous allons décrire aussi brièvement que possible le procédé des Hollandais, indiqué par Tuckert, pharmacien, et confirmé par M. Payraé, qui a visité plusieurs de leurs manufactures et, en particulier celle de M. Brand, une des plus considérables d'Amsterdam. Quatre ouvriers suffisent pour y préparer par an 48,000 livres de cinabre. — On mêle ensemble 150 livres de soufre et 1,080 livres de mercure pur (1), et on expose ce mélange à une douce chaleur, dans une chaudière de fer plate et polie, d'un pied de profondeur sur deux et demi de diamètre. Si la température était trop élevée, la combinaison serait instantanée, et aurait lieu avec une sorte d'explosion. Le produit ainsi obtenu est de l'*éthiops minéral*, ou sulfure noir de mercure. On broie ce sulfure pour en remplir facilement de petits flacons de terre capables de contenir de 18 à 20 livres de substance : on en prépare ainsi 30 à 40, puis on procède à la sublimation dans trois pots en argile et en sable pur que l'on a lutés d'avance et fait sécher. Ces trois vases sont placés sur trois fourneaux garnis de cercles en fer et adossés contre une voûte élevée, qui puisse résister à l'action du feu. La grandeur des vases sublimatoires n'est pas déterminée : il faut seulement avoir soin que la flamme circule facilement autour des vaisseaux, jusqu'aux deux tiers de leur hauteur. La partie des vases où vient se sublimer le cinabre est ordinairement en fonte; elle est lutée sur la partie inférieure en terre, et fait l'office de condensateur. — On chauffe les fourneaux à l'aide de la tourbe ou d'autres combustibles, d'abord avec modération, puis on élève successivement la température jusqu'à ce que les vases soient rouges : on verse alors un flacon d'éthiops dans chacun d'eux; quelques moments après, on en verse deux, et on augmente successivement. L'inflammation plus ou moins grande du sulfure indique la quantité de matière qui doit être ajoutée. A chaque introduction de sulfure, il y a une inflammation très-vive, due à la combinaison rapide du soufre et du mercure; la flamme produite s'élève quelquefois à plusieurs pieds de haut. Elle est d'abord d'un blanc éblouissant, puis elle devient verte, violette et enfin bleue. On ferme à cette époque le pot avec une plaque de fonte d'un pied carré et d'un pouce et demi d'épaisseur, qui s'y applique parfaitement. On introduit ainsi, dans l'espace de trente-quatre heures, environ 410 livres d'éthiops dans les vases sublimatoires. On continue alors le feu pendant deux heures, en ayant soin de remuer la masse tous les quarts d'heure, avec une tringle de fer, pour en accélérer la sublimation. Pour que le degré de feu soit juste, il faut que la flamme qui sort des vases lorsqu'on les découvre ne surpasse pas plus de trois à quatre pouces leur ouverture. C'est du sulfure de mercure qui vient brûler au contact de l'air. — Après le refroidissement, on retire les vaisseaux et les cercles destinés à empêcher leur rupture, et on casse les premiers. Ils contiennent environ 400 livres de cinabre sublimé, il n'y a qu'une petite quantité de sulfure attachée aux plaques, parce qu'on les ôte continuellement. Il n'y a que sur la fin de l'opération (on ne touche plus aux vases) qu'il s'en attache une faible portion. Il y a donc dix pour cent de perte; ce qui ne devrait pas avoir lieu si on employait la quantité de mercure exactement nécessaire pour opérer la combinaison. — Le pain de cinabre obtenu présente autant de couches qu'il s'est fait de changements. — Quelquefois on ajoute à l'éthiops minéral cinq pour cent de plomb au commencement de la trituration, pour s'emparer d'une portion de soufre qu'on emploie alors en excès. On ne connaît pas encore le motif réel d'une semblable addition. — Un autre procédé analogue consiste à faire fondre d'abord le soufre, puis à y ajouter le mercure en le faisant passer à travers une peau de chamois, pour le diviser davantage, et par conséquent faciliter la combinaison. On surmonte ensuite le vase d'un dôme, et l'on procède à la sublimation. — On peut encore en obtenir en chauffant du mercure avec du sulfure hydrogéné de potasse; mais l'opération est très-lente, quoique le résultat soit du cinabre dans un état de division extrême, sous lequel on l'emploie ordinairement. C'est sur ce principe qu'est fondé le procédé de Kirchoff, dont nous allons

(1) Ce dosage est vicieux, car on sait aujourd'hui que pour 150 de soufre, il n'en faut environ que 950 de mercure. (*Note du rédacteur.*)

parler. — Le cinabre, broyé sous des meules avec de l'eau pure pendant longtemps, donne lieu à une poudre d'un beau rouge, connue sous le nom de vermillon. Il y a des vermillons de vingt-quatre nuances différentes. Malgré les soins apportés dans cette manipulation, on n'obtient jamais par ce procédé de beau vermillon qui puisse rivaliser avec celui de la Chine. Tous les moyens employés pour y arriver, tels que l'urine, l'acide nitrique, n'ont produit aucun résultat, si ce n'est de démontrer que le procédé de la Chine diffère essentiellement de celui que nous venons d'indiquer. — Voici le moyen donné par M. Kirchoff d'abord, et complété par les observations de M. Brunner, pour obtenir par la voie humide un vermillon qui ne le cède en rien pour la beauté à celui de la Chine. On prend 300 parties de mercure, 459 parties d'eau, 115 de soufre et 75 de potasse; on forme d'abord un éthiops à froid, en triturant le soufre et le mercure, ce qui exige un temps très-long. Quand la combinaison est faite, on ajoute la dissolution de potasse en triturant toujours. On chauffe alors le mélange dans des vases de fer, en remuant sans cesse d'abord, puis seulement de temps en temps. On maintient la température à 55°, et on ajoute de l'eau à mesure qu'elle s'évapore, pour que la quantité soit toujours la même — Au bout de quelques heures le mélange prend une teinte brune-rougeâtre: on abaisse alors la température à 45°. Si la masse devenait gélatineuse, on ajouterait de l'eau. La couleur devient de plus en plus rouge, et cet effet a lieu quelquefois avec beaucoup de promptitude. Quand le produit a la couleur que l'on désire, on l'ôte du feu, et on le laisse pendant quelques heures à une douce chaleur; on lave ensuite le vermillon, et par décantation on l'obtient très-beau et privé totalement de mercure. On a, pour les doses que nous avons indiquées, 330 à 331 parties de beau vermillon.—Plusieurs autres composés mercuriels peuvent donner du vermillon, mais bien inférieur à celui que l'on obtient par le procédé précédent. — Le vermillon du commerce est souvent falsifié par du minium, du colcotar, de la brique pilée, du sang-dragon et du réalgar (sulfure d'arsenic). La distillation fait reconnaître les trois premières substances. Le minium pourrait donner naissance au sulfure de plomb, qui est noir. L'ébullition dans l'esprit-de-vin fera reconnaître le sang-dragon qui s'y dissoudra. L'odeur de la vapeur du cinabre indiquera la présence de l'arsenic, qui lui communiquera une odeur alliacée.—Le vermillon est très-employé, par rapport à la beauté et à l'inaltérable éclat de sa couleur, pour la peinture, la coloration de la cire à cacheter, des allumettes oxygénées et autres objets d'art.

**CINADE**, Κιναδος, pilote du vaisseau de Ménélas.

**CINÆ** ou **CYNÆ**, ville de la tribu de Juda (*Josué*, XV,, 22).

**CINÆDIA** (*ichthyol.*). Au rapport de Pline, on donnait autrefois ce nom à des pierres qu'on trouvait dans la tête du poisson qu'on appelait CINÆDUS (*V.* ce mot).

**CINÆDOCOLPITES** (*géogr. anc.*), peuple de l'Arabie Heureuse, sur les bords de la mer Rouge.

**CINÆDOPOLIS** (*géogr. anc.*), île de l'Asie-Mineure, sur les côtes de la Doride, dans le golfe Céramique.

**CINÆDUS** (*ichthyol.*). Pline a donné ce nom à un poisson que nous croyons être le labre canude des auteurs, *labrus cinædus* Linn. Aldovrande et Jouston en ont parlé sous le nom de *cinædus Rondeletii* (*V.* LABRE, CANUDE et CANUS).

**CINALOA** (*géogr.*), ville du Mexique, dans l'Etat de Sonora-Cinaloa. On écrit aussi *Sinaloa*. 9,500 âmes.

**CINAMITE** (*minér.*) (*V.* KANNELSTEIN).

**CINARA** ou **CYNARA** (*botan.*), nom latin du genre ARTICHAUT (*V.* ce mot).

**CINARA** (*géogr. anc.*), île de la mer Egée, près de celle de Léros.

**CINARADAS**, descendant de Cinyras et grand prêtre de la Vénus de Paphos.

**CINARÉ, ÉE**, adj. (*botan.*), qui ressemble à l'artichaut (*cinara*).

**CINARÉES**, s. f. pl. (*botan.*), famille de plantes à fleurs composées.

**CINAROCÉPHALES** (*botan.*). Ce nom qui, d'après son étymologie, signifie têtes d'artichaut, est employé par Vaillant et par M. de Jussieu, pour désigner un groupe de plantes établi ou reconnu par eux dans la famille des synanthérées. Ce groupe, dont M. de Jussieu fait une famille qu'il place entre ses chicoracées et ses corymbifères, est moins naturel que les premières et plus naturel que les dernières; mais cette prétendue famille, qui n'est réellement qu'une section de famille, ne nous paraît admissible ni dans une classification naturelle, ni dans une classification artificielle. Elle n'est point admissible dans une classification naturelle, parce qu'elle réunit des genres appartenant à plusieurs tribus différentes; elle ne saurait être employée dans une classification artificielle, parce qu'elle n'offre pas un seul caractère qui lui appartienne exclusivement et qu'on ne retrouve dans plusieurs corymbifères. Celui qui a paru le plus exclusif est l'articulation des branches du style sur leur tige. Cette articulation est pourtant très-manifeste dans notre tribu des aritolédées, comprise dans les corymbifères de M. de Jussieu, et elle est le plus souvent nulle dans notre tribu des carlinées, que ce botaniste confond parmi ses cinarocéphales. Au surplus, en admettant les cinarocéphales de M. de Jussieu, il faudrait encore changer sa division de ce groupe en trois sections, dont les deux premières, uniquement fondées sur la présence ou l'absence des épines, ne peuvent évidemment se soutenir, et dont la troisième offre un mélange de genres appartenant aux nassauviées, aux vernoniées, aux échinopsées. M. de Candolle a proposé une autre division des cinarocéphales, que la juste réputation de ce botaniste ne nous permet pas de passer sous silence. Il les distribue en quatre sections. La première, celle des échinopsées, ne contient que trois genres qui dans l'ordre naturel, appartiennent à trois groupes très-différents; en effet, le *boopis* est une boopidée, le *rolandra* est une vernoniée, et l'*échinops* une échinopsée. Sa seconde section, dite des gundéliacées, ne comprend que deux genres, aussi mal associés; car l'un, qui est la *gundelia*, est une vernoniée; l'autre, l'*acicarpha*, est une boopidée. Les carduacées de M. de Candolle, qui constituent sa troisième section, offrent les vraies carduacées mêlées avec des vernoniées, telles que le *stoekesia*, l'*hololepis*, l'*heterocoma*, le *pacourina;* avec le *syncarpha*, qui est une inulée, et avec des carlinées, telles que le *cardopotium*, le *stobæa*, le *xeranthemum*, le *sæthelina*, le *chuquiraga*, le *carlowizia*, le *carlina*, l'*atractylis*. Ajoutons que la sous-division de cette section en trois parties, selon que l'aigrette est composée de squamellules paléiformes, de squamellules barbellulées, ou de squamellules barbées, éloigne le *cirsium* du *carduus*, et est intolérable sous beaucoup d'autres rapports. La quatrième et dernière section de M. de Candolle, celle des centaurées, est la seule vraiment naturelle.—Dans notre classification, la plupart des genres, communément confondus sous le titre de cinarocéphales, se trouvent répartis en quatre tribus: celle des échinopsées, qui ne comprend que le seul genre échinops; celle des carduacées, celle des centauriées qui pourrait être réunie à la précédente et constituer une simple section de tribu; enfin celle des carlinées.

**CINAROIDE**, adj. des deux genres (*botan.*), qui ressemble à l'artichaut.

**CINCE**, s. f. (*vieux langage*), ceinture.

**CINCELIER**, s. m. (*vieux langage*), dais. — Il se dit aussi, selon le dictionnaire de Trévoux, pour coussin, oreiller.

**CINCENELLE**, s. f. (*navig.*). Il se dit d'un cordage par le moyen duquel on hale les bateaux.

**CINCENELLE** (*mar.*) (*V.* CINQUENELLE).

**CINCERELLE**, s. f. (*vieux langage*), petite mouche.

**CINCHON** (LA COMTESSE DE), femme du vice-roi du Pérou, ayant éprouvé les heureux effets du *quinquina* pour la guérison de la fièvre, s'empressa de faire connaître la propriété de cette écorce, à son retour en Europe en 1632. L'écorce du Pérou se répandit sous le nom de *chinchina;* mais elle fut aussi nommée *poudre des jésuites*, parce que les missionnaires en exploitèrent l'importation. Linné a consacré le souvenir de cet éminent service rendu à l'ancien monde en donnant au genre de plantes qui renferme ce végétal précieux le nom de *chinchona*.

**CINCHONA** (*botan.*) (*V.* QUINQUINA).

**CINCHONACÉ, ÉE**, adj. (*botan.*), qui ressemble au quinquina (*cinchona*).

**CINCHONACÉES**, s. f. pl. (*botan.*), famille de plantes.

**CINCHONÉ** (*botan.*) (*V.* CINCHONACÉ).

**CINCHONINE**, s. f. (*chimie*), alcali qui existe dans l'écorce de quelques espèces de quinquina.

**CINCHONIQUE**, adj. m. (*chimie*). Il se dit des sels à base de cinchonine.

**CINCIA** (LOI), décrétée l'an de Rome 549, sous les auspices de M. Cincius Alimentus. Elle avait pour objet de percevoir des droits ou de recevoir des présents.

**CINCIBIL.** Le consul C. Cassius, qui commandait en l'an 186 avant J.-C. l'armée d'occupation de la Gaule transpadane, ayant révolté par ses brigandages les peuplades gauloises des Alpes, ces peuplades prirent les armes et implorèrent le secours de Cincibil, l'un des chefs les plus puissants de la Transalpine orientale. Mais l'expulsion de Boïes et la conquête de toute la Circumpadane avaient répandu au delà des monts la terreur du nom romain. Avant d'en venir aux moyens violents, Cincibil voulut essayer les voies de pacification: il envoya à Rome, pour porter les plaintes des peuplades des Alpes, une ambassade présidée par son propre frère. Le sénat répondit « qu'il n'avait pu prévoir ces violences, et qu'il était loin de les approuver, mais que C. Cassius étant absent pour le service de la république, la justice ne permettait pas de le condamner sans l'entendre. » L'affaire en resta là; toutefois le sénat n'épargna rien pour faire oublier au chef gaulois ses sujets de mécontentement (1). Son frère et lui reçurent des présents magnifiques : colliers d'or, vases d'argent, chevaux, armures et habits romains pour tous les gens de leur suite, libres ou esclaves.

**CINCINALE** et **CINCINELLE**, s. f. (*botan.*) (*V.* CINCINNALE).

**CINCINELLE** (*navig.*) (*V.* CINCENELLE).

**CINCINNALE**, s. f. (*botan.*), genre de fougères.

**CINCINNATI** (*géogr.*), ville des États-Unis (Ohio), avec 15,000 habitants, située sur la rive droite de l'Ohio, à 314 lieues 1/2 de Columbus. Lat. N., 39° 5'; long. O., 86° 47'. Commerce assez florissant.

**CINCINNATI** (ORDRE DES), *the Cincinnatuses*, société d'officiers supérieurs et autres de l'armée révolutionnaire des États-Unis, fondée le 14 avril 1783, lors de la guerre de l'indépendance, mais qui ensuite est tombée dans l'oubli, comme une institution aristocratique peu assortie aux mœurs républicaines d'un État démocratique. Les *Cincinnati*, au nombre de plusieurs milliers, étaient d'abord héréditaires; mais ils perdirent bientôt cette qualité. La décoration consistait en une médaille d'or, où l'on voyait sur un écusson Cincinnatus recevant, des mains de trois sénateurs, les insignes de commandement militaire. On y lisait cet exergue: *Omnia reliquit servare rempublicam.* Sur le revers une Renommée couronnait Cincinnatus, et, au milieu de différents emblèmes, se trouvaient ces mots : *Virtutis præmium.* L'exergue était : *Societas Cincinnatorum instituta A. D.* 1783. Cette décoration portait un ruban bleu liséré de blanc.

**CINCINNATO** (ROMULO), peintre d'histoire né à Florence, élève de Salviati, fut appelé en Espagne, où il s'établit, et contribua beaucoup à ramener le goût des arts. Il peignit à l'Escurial des fresques très-remarquables, et dans l'église, des tableaux représentant *saint Jérôme lisant*, et le même Père *dictant à ses disciples*, qui passent pour des chefs-d'œuvre. Philippe II chargea cet artiste de décorer les différentes résidences royales. Il mourut à Madrid en 1600, dans un âge avancé. Ses deux fils, Diègue et François, ses élèves, furent honorés de la protection de Philippe IV et du pape Urbain VIII, qui les créa tous les deux chevaliers de l'ordre du Christ. Diègue mourut à Rome en 1626.

**CINCINNATUS**, c'est-à-dire *aux cheveux bouclés*, génie qui parlait par la bouche d'une femme nommée Jocaba (Cœlius Rhodiginus). Très-probablement cette Jocaba n'était qu'une ventriloque.

**CINCINNATUS** (L. QUINTIUS), Romain célèbre, s'était distingué par son courage, lorsqu'il fut nommé consul l'an 460 avant J.-C., en remplacement de P. Valerius Publicola. C'était l'année de l'invasion du Capitole par Herdonius. Les Romains venaient de reprendre ce poste; mais Valerius était mort en les conduisant à l'attaque. De plus, deux questions divisaient le sénat et le peuple : d'une part la rédaction de lois fixes proposée par le tribun Terentillus, et de l'autre la guerre contre les Èques et les Volsques, qui avaient fait une invasion chez les Herniques. Le peuple, qui, grâce à ses tribuns, savait qu'on ne voulait le mettre en campagne que pour ne pas le laisser délibérer sur la première question, avait longtemps refusé le serment militaire, et enfin ne l'avait prêté que quand l'invasion du Capitole, peut-être favorisée par les optimates, avait fourni un prétexte plausible de le demander avec instance. Lorsque Quintius entra en charge, son ascendant aida beaucoup les optimates à retenir les légions sous les drapeaux, quoique quelques-unes montrassent les dispositions les plus hostiles. La campagne de Cincinnatus n'offrit rien de remarquable; il n'avait d'autre mission que de tenir les turbulents en haleine. Cependant ses ravages chez les Èques et les Volsques forcèrent ceux-ci à la guerre. Comme le peuple avait prorogé ses tribuns dans l'exercice de leur charge, les patriciens offrirent à Cincinnatus de l'élire de nouveau : il refusa de suivre un exemple qu'il blâmait chez les autres. Deux ans après (458), le consul L. Minutius Augurinus, chargé de faire la guerre aux Èques, s'étant laissé cerner dans son camp, Cincinnatus, nommé dictateur, le dégagea fort habilement. Il fit plus : poursuivant les Èques jusque dans leur camp, il prit toute leur armée, la fit passer sous le joug, puis la renvoya, mais en retenant Claudius Gracchus, leur chef, qu'il amena captif à Rome. Plus sévère peut-être à l'égard de Minutius, il le déposa, et peu après un autre consul, Q. Fabius Vibulanus, fut élu. Dans cet intervalle, Cincinnatus était entré à Rome en triomphe; puis, ayant fait réformer le jugement qui bannissait Cæso Quintius, son fils, comme ayant tué un citoyen, il se démit de la dictature, qu'il avait retenue en tout seize jours. Vingt ans plus tard, il reparut encore sur la scène en qualité de dictateur, et fut chargé par le sénat de comprimer ce qu'on appela la sédition de Sp. Mellius. — On a beaucoup parlé de Cincinnatus, que les députés du sénat, chargés de lui annoncer sa nomination à la dictature (458), trouvèrent labourant son champ; et cette circonstance a inspiré un beau passage à Pline. Cette pauvreté venait de l'affaire de Cæso, qui, traduit devant le peuple et ne pouvant se justifier, n'avait joui d'une liberté provisoire qu'en promettant de se représenter et en donnant caution; mais il avait ensuite pris la fuite, et il fallut indemniser les cautions. Il ne resta au père qu'un champ assez petit pour qu'il l'exploitât lui-même aisément. Son désintéressement est devenu proverbial, ainsi que sa frugalité.

**CINCINNATUS** (T. Q. PENNUS), consul en 323, 326 et 328 de Rome, 431, 428 et 426 avant J.-C.

**CINCINNATUS** (L. Q.), consul l'an 334 de Rome.

**CINCINNATUS** (Q. QUINTIUS), consul l'an 349 de Rome.

**CINCINNATUS** (T. QUINT.), consul en 366 et 370 de Rome.

**CINCINNATUS** (L. Q. et C. Q.), tribuns militaires l'an 377 de Rome.

**CINCINNATUS** (M. Q. PENNUS), consul l'an 384 de Rome.

**CINCINNATUS** (T. Q. PENNUS), consul l'an 403 de Rome.

**CINCINPOTOLA** (*ornith.*). On appelle ainsi, en Toscane, la mésange charbonnière, *parus major*.

**CINCIRROUS** (*ichthyol.*), nom vulgaire, indiqué par Commerson comme celui du cirrhite tacheté à l'île de France (*V.* CIRRHITE).

**CINCIUS ALIMENTUS** (LUCIUS), historien romain dont les ouvrages ne sont point parvenus jusqu'à nous. Il fut préteur en Sicile, 142 ans avant J.-C. Envoyé, lors de la mort du consul Marcellus, vers Crispinus, collègue de ce général, pour lui annoncer une si fâcheuse nouvelle, il fut fait prisonnier par les troupes d'Annibal. Tite Live parle de lui comme d'un écrivain recommandable, et vante sa sagacité à recueillir les faits historiques. Quoique Romain, il écrivit l'histoire d'Annibal, et composa encore celle de Gorgias de Léontium, probablement d'après les matériaux qu'il recueillit pendant sa préture. Il publia aussi un traité sur l'art militaire, dont Aulu-Gelle fait mention. Arnobe a aussi parlé de Cincius.

**CINCIUS** (M. ALIMENTUS), tribun du peuple l'an 205 avant J.-C., fut l'auteur de la loi Cincia, et fit passer la loi Fannia.

**CINCLE** (*ornith.*). Le mot grec κίγκλος et le mot latin *cinclus* ont été appliqués à des oiseaux divers. Chez Aristote, ce terme désignait un des plus petits oiseaux de rivage. Belon et Aldrovande en ont fait des bécassines; Moerhing a cru y reconnaître le tourne-pierre, et d'autres la rousserolle. Brisson a donné particulièrement le nom de *cinclus* à différentes alouettes de mer; et, dans Buffon, le cincle est l'alouette de mer à collier, ou *cinclus torquatus* du premier de ces auteurs. Les nouveaux ornithologistes ont regardé le merle d'eau, *merula aquatica*, figuré dans Gmelin, liv. III, p. 585, comme étant l'oiseau auquel la dénomination de cincle devait proprement appartenir; et Bechstein a formé le genre *cinclus*, qui a été ensuite adopté par MM. Temminck et Cuvier, et dont les caractères principaux sont d'avoir un bec comprimé, droit, avec la pointe de la mandibule supérieure légèrement recourbée sur l'inférieure, les narines concaves, longitudinales, recouvertes par une membrane, les doigts entièrement divisés. — Quoique l'habitude de fréquenter le bord des ruisseaux ait sans doute été le motif qui a fait considérer le cincle comme appartenant à la famille des *tringa*, Brisson ne l'aurait probablement point associé aux bécasseaux s'il eût fait attention que, loin d'avoir le bout du bec obtus, ses mandibules allaient toujours en s'effilant; et si Linnæus et La-

(1) Thierry, *Histoire des Gaulois*, t. I, p. 339.

tham l'avaient considéré avec plus d'attention, ils se seraient aussi aperçus que ce n'était ni un étourneau ni un merle. — Le CINCLE PLONGEUR, *cinclus, aquaticus* Becht, *sturnus cinclus* Linn., *turdus cinclus* Lath. C'est l'oiseau figuré sous le nom de *merle d'eau* dans les planches enluminées de Buffon, n° 940. Long d'environ sept pouces, cet oiseau a les jambes élevées, garnies de plumes presque au genou, et la queue courte, ce qui le rapproche des fourmiliers; le haut de la tête et le dessus du cou sont d'un brun bai, les pennes des ailes et de la queue d'une couleur de plomb foncée; des écailles d'une teinte plus claire se remarquent sur les couvertures des ailes, le dos et le croupion; la gorge et la poitrine sont blanches; le ventre et les flancs d'un brun roussâtre; les cuisses et les plumes anales d'un brun sombre. Le bec est noirâtre, et les pieds de couleur de corne. Les jeunes ont le ventre blanc. — Le cincle est un oiseau solitaire et silencieux, qui se tient habituellement près des fontaines et des ruisseaux limpides dont les eaux coulent sur le gravier, dans les hautes montagnes. On le trouve en Espagne, en Sardaigne, en France, et jusque dans les parties les plus septentrionales de l'Europe, où il reste tout l'hiver près des chutes d'eau et des fontaines rapides qui ne sont pas gelées. Tantôt il se promène lentement, tantôt on le voit posé sur les pierres entre lesquelles serpentent les ruisseaux. Quand il vole, c'est en ligne droite, en rasant de près la terre, et en jetant un petit cri comme le martin-pêcheur. Les insectes aquatiques étant sa principale nourriture, il va les chercher sur le lit même des ruisseaux, en suivant leur pente, et continuant sa marche même lorsque la profondeur de l'eau le force à se submerger; il en traverse le fond la tête haute, sans paraître avoir changé d'élément; il s'y promène en tous sens avec la même facilité que s'il était sur terre, et M. Hébert a seulement observé qu'au moment où l'eau lui passait les genoux, il laissait pendre ses ailes en les agitant. Ce mouvement avait peut-être pour objet de faire pénétrer dans l'eau une couche d'air, dont en effet il semblait environné, et ce procédé a vraisemblablement du rapport avec celui des insectes nommés dytiques et hydrophiles qu'on voit toujours au milieu d'une bulle d'air. Si ce fait peut servir à expliquer le mode de respiration du cincle quand il est sous l'eau, il ne saurait rendre raison de la cause pour laquelle ses plumes y sont imperméables; mais, outre leur épaisseur, elles sont enduites d'une substance graisseuse comme celles des canards, et l'on a remarqué, en plongeant un de ces oiseaux dans un vase plein d'eau, qu'elle retombait en globules sans mouiller les plumes. — Le cincle ne se rencontre avec sa femelle qu'au temps des amours, époque à laquelle ils construisent sur terre, et souvent près des roues des usines, avec des brins d'herbe, des petites racines sèches et des feuilles mortes, un nid recouvert d'un dôme voûté, et dont l'ouverture est garnie de mousse. Sa femelle y pond quatre ou cinq œufs blanchâtres, longs d'un pouce, et ayant six lignes de diamètre au gros bout. Lewin en a donné une figure assez mauvaise au milieu de la 15e planche du t. II de ses *Oiseaux de la Grande-Bretagne*. Ch. D.

**CINCLÈSE**, s. f. (*médec.*), mouvement précipité de la poitrine. On dit aussi *cinclisme*.

**CINCLIDIUM** (*botan.*), genre de la famille des mousses. Ses caractères sont : capsule munie d'un péristome double, dont l'extérieur a seize dents libres et aiguës, et dont l'intérieur, membraneux, conique, a seize stries et seize trous oblongs, opposés aux dents; fleur terminale, discoïde, hermaphrodite. Une seule espèce rentre dans ce genre, établi par Swartz, et adopté par Weber, Mohr et Schwoegrichen. Cette espèce est le CINCLIDIUM STYGIUM (Swartz *Diar. bot.*; *Schrad.*, 1801, p. 27, tab. 2; Web. et Mohr, *Taschenb.*, p. 485; Schwoeg., suppl. 2, p. 85, tab. 87, fig. 1 et 2) : tige droite, rameuse; feuilles arrondies, entières, marginées; terminé par une soie; pédicelle long, portant une capsule oblongue un peu étranglée vers le bas, pendante, munie d'un opercule convexe en forme de mamelon, et recouverte d'une caisse cuculiforme. — Cette mousse ressemble au *mnium serpyllifolium* Linn., mais elle est beaucoup plus grande. P. Beauvois en fait une espèce de son genre *amblyodum*, et Bridel son *musia stygia*. Elle a d'abord été découverte dans les marais et les prairies marécageuses d'Upsal en Suède; on l'a trouvée ensuite dans le nord de l'Allemagne; elle existe aussi aux environs de Mayence. C'est en juillet qu'elle fructifie.

**CINCLUS** (*ornith.*) (*V.* CINCLE).

**CINCO-CHAGAS** (*botan.*), nom portugais de la petite capucine, *tropæolata minus*, selon Grisley. Le *cinco el reino* est la quinte-feuille ordinaire, *potentilla reptans*.

**CINCTIPÈDE**, adj. des deux genres (*hist. nat.*), qui a les pattes entourées d'un anneau coloré.

**CINDALISME** (*antiq. gr.*) (*V.* CYNDALISME).

**CINDIADE**, Κινδιάς, Diane. Sa statue, à l'air, n'était jamais mouillée par la pluie.

**CINDRE**, s. m. (*technol.*), instrument de charpentier et de charron.

**CINDYS** (*géogr. anc*), ville de Carie, près d'Iassus.

**CINÉAS**, Thessalien, orateur et négociateur célèbre, avait reçu dans sa jeunesse des leçons de Démosthène; il alla ensuite dans l'Epire, et devint l'ami intime de Pyrrhus, qui disait que l'éloquence de Cinéas lui avait ouvert les portes de beaucoup plus de villes que ses propres armes. Cinéas n'approuvait cependant pas toujours ses projets de conquêtes, et tout le monde connaît sa conversation avec ce prince, que Boileau a mise en vers dans sa première épître au roi. Il savait aussi commander les armées, et Pyrrhus, voulant conquérir l'Italie, l'envoya devant lui à Tarente, avec trois mille hommes. Ce prince, loin de se laisser aveugler par sa première victoire, ayant reconnu la supériorité des Romains dans l'art militaire, et désirant les avoir pour alliés, leur envoya Cinéas comme ambasadeur. Il conduisit sa négociation avec infiniment d'adresse, et il avait presque fait entrer le sénat dans ses vues, lorsque le vieux Appius Claudius, aveugle depuis longtemps, fit rejeter ses propositions, et on lui ordonna de quitter Rome dans la journée. C'est au retour de cette ambassade qu'il dit à Pyrrhus que le sénat lui avait paru une assemblée de rois. Il avait écrit une histoire de la Thessalie, que nous n'avons plus. On lui attribue l'abrégé qui nous reste de l'ouvrage sur la tactique d'Enée de Stymphale.—On connaît deux autres CINÉAS : le premier était roi de Thessalie, et conduisit mille hommes de cavalerie au secours des Pisistratides, lorsque les Lacédémoniens entreprirent, pour la première fois, de les chasser d'Athènes; le second était aussi Thessalien, et Démosthène, son contemporain, le range parmi les traîtres qui vendirent leur patrie à Philippe; mais Polybe le justifie très-bien à cet égard.

**CINÉAS**, roi de Thessalie.

**CINÉAS**, Athénien mentionné par Polyen.

**CINÉDOCOLPITES** et **CINÉDOPOLIS** (*V.* CINÆDOCOLPITES, etc.).

**CINÉDOLOGIQUE**, adj. (*littér. anc.*). Il n'est en usage que dans cette expression, *Poésies cinédologiques*, vers licencieux.

**CINÉENS**, descendants de Cin. Leur demeure était dans des montagnes et des rochers presque inaccessibles, au couchant de la mer Morte, et s'étendait dans l'Arabie Pétrée, puisque Jétro, beau-père de Moïse et prêtre de Madian, était Cinéen. Les terres des Cinéens se trouvèrent dans le partage de Juda; et, en considération de Jétro, on épargna ceux qui voulurent se soumettre aux Hébreux. Les autres se confondirent depuis avec les Iduméens et les Amalécites (*Num.*, XXIV, 21; *Judic.*, I, 16; *I. Par.*, XI, 55).

**CINÉEN, ENNE**, adj. (*géogr. anc.*) (*V.* SINÉEN).

**CINÉFACTION**, s. f. (*didact.*), réduction en cendres.

**CINÉFIER**, v. a. (*didact.*), réduire en cendres.

**CINELLI CALVOLI (JEAN)**, savant médecin et littérateur, né en 1625 à Florence, fut reçu docteur en physique et en médecine à l'université de Pise; puis, après avoir exercé son art dans divers lieux d'Italie, il revint dans sa patrie et s'y lia avec les savants les plus distingués, entre autres avec Antoine Magliabecchi; alors garde de la bibliothèque du grand-duc. Cette liaison lui ayant facilité l'accès de ce précieux dépôt, il s'y livra à la recherche de certains opuscules, que leur utilité ne met pas toujours à l'abri de la destruction, et, dès qu'il en eut découvert un certain nombre, il en publia le catalogue sous le titre de *Biblioteca volante*. Il en donna successivement quatre cahiers ou numéros, dont les deux premiers parurent à Florence, 1678, in-8°, et les deux autres à Naples, 1682-85. Le dernier contenait une note piquante contre le médecin du grand-duc, qui poursuivit Cinelli avec un acharnement extraordinaire. Obligé de quitter Florence pour se soustraire à sa vengeance, il vint chercher un asile à Venise, puis à Bologne et à Modène, où ses amis lui procurèrent une chaire de toscan. Le traitement qu'il recevait comme professeur ne suffisant pas à ses besoins, il reprit l'exercice de la médecine, qu'il pratiqua successivement dans différentes villes, notamment à Lorette, où il mourut en 1706. La *Bibliothèque volante*, qu'il avait poussée jusqu'au seizième cahier, fut portée au vingtième par le docteur Scanssani, qui refondit l'ouvrage dans une nouvelle édition, Venise; 1734, 4 vol. in-4°. C'est à Cinelli que l'on doit la première édition du *Malmantile racquistato* de Lippi (*V.* ce nom).

**CINÉMATIQUE**, s. f. (*didact.*), science qui étudie les mouvements en eux-mêmes, tels que nous les observons dans les corps qui nous environnent, et spécialement dans les machines. Suivant la classification de M. Ampère, la cinématique est la première partie de la mécanique élémentaire.

**CINÉRAIRE**, adj. Il se dit d'une urne qui renferme les cendres d'un corps brûlé après la mort.

**CINÉRAIRE** (*botan.*), *cineraria* (*corymbifères* Juss., *syngénésie polygamie superflue* Linn.). Ce genre de plantes, de la famille des synanthérées, appartient à notre tribu naturelle des sénécionées. — La calathide est radiée, composée d'un disque pluriflore, équaliflore, réguliflore, androgyniflore, et d'une couronne unisériée, liguliflore, séminiflore; le péricline est cylindracé, formé de squammes unisériées, égales, apprimées, foliacées, linéaires; le clinanthe est nu, planiuscule, fovéolé; la cypsèle, cylindracée, cannelée, porte une aigrette de squamellules filiformes, barbellulées. — Ce genre se distingue difficilement du genre *jacobœa* de Gærtner. L'opinion commune est que les jacobées diffèrent par le péricline, dont les squammes sont sphacélées au sommet et accompagnées à la base de quelques bractéoles squammiformes; mais cette distinction est peu solide. Gærtner a proposé de rapporter aux cinéraires toutes les espèces à feuilles indivises, et aux jacobées toutes celles à feuilles découpées ou pinnatifides. Les botanistes qui réunissent mal à propos, selon nous, les jacobées aux séneçons, loin de résoudre la question, en augmentent la difficulté: pour être conséquents, ils devraient amalgamer les cacalies avec les cinéraires, comme les séneçons avec les jacobées, et même ne faire de ces quatre genres qu'un seul. Quoi qu'il en soit, on rapporte au genre cinéraire une soixantaine d'espèces, dont sept ou huit croissent naturellement en France, et dont quelques autres, originaires des îles Canaries, sont cultivées ici par beaucoup d'amateurs des belles plantes. — La CINÉRAIRE CHAMPÊTRE, *cineraria campestris* Retz., est une plante herbacée, à racine vivace, qu'on rencontre dans les bois humides et les prairies, non loin de Paris, à Neuilly-sur-Marne, Avron, Montmorency, et qui fleurit en juin. Sa tige, haute de un à deux pieds, est dressée, simple, cannelée, cotonneuse; les feuilles radicales sont pétiolées, ovales, subspatulées, crénelées, glabres en dessus, cotonneuses et blanches en dessous; les feuilles supérieures sont sessiles, lancéolées, entières; les calathides, composées de fleurs jaunes, et munies d'un poil cotonneux, sont peu nombreuses, portées sur des pédoncules simples, et disposées en un petit corymbe qui termine la tige.— La CINÉRAIRE POURPRÉE, *cineraria cruenta* Lhérit., est originaire de Ténériffe, d'où elle a été apportée en Angleterre par Masson, en 1777. C'est l'une des espèces les plus intéressantes du genre. Sa racine, qui est vivace, produit plusieurs tiges herbacées, dressées, rameuses, hautes d'un pied et demi, glabres et brunes; ses feuilles, portées sur de longs pétioles ailés, dont la base est embrassante et auriculée, sont grandes, cordiformes, anguleuses, crénelées, ridées, d'un vert gris en dessus, agréablement colorées de pourpre en dessous; les calathides sont nombreuses, disposées en corymbes paniculés à l'extrémité des tiges; leur disque est pourpre rembruni, et leur couronne pourpre clair. Elle exhale, le soir, une odeur suave. On multiplie ordinairement cette jolie plante en divisant sa souche vers la fin de l'été : chaque portion se plante séparément dans un pot plein de terre de bruyère, qu'on plonge dans une couche pour faciliter l'enracinement. Il faut abriter cette cinéraire dans l'orangerie, pendant la froide saison; elle dédommagera des soins qu'on lui donnera par l'agrément de ses fleurs, qui se succèdent sans interruption depuis février jusqu'en août, et dont on jouira dès la première année. — Le petit arbuste qu'on cultive communément sous le nom de cinéraire blanc, *cineraria amelloïdes* Linn., n'appartient point à ce genre, ni même à la tribu des sénécionées; il est devenu le type de notre nouveau genre *agathœa*, et nous l'avons décrit sous le nom d'AGATHÉE CÉLESTE, *agathœa cœlestis* H. Cass., dans le supplément du premier volume de ce dictionnaire, p. 77 et 78.

**CINERARIUM**. Ce mot signifie littéralement le dépôt des cendres d'un corps. Doit-on l'appliquer en général à l'édifice qui était destiné à renfermer des urnes cinéraires, ou ne doit-on le réserver particulièrement qu'au vase dépositaire des cendres? Peut-il encore se donner à la cellule où dans les sépulcres on déposait les urnes? Fabretti donne le nom de *cinerarium* à un édifice sépulcral, rapporté dans Montfaucon, t. V, planche 4, et ce dernier incline à penser que le mot *columbarium* et le mot *cinerarium* étaient quelquefois synonymes. L'opinion la plus probable est que le *cinerarium* était l'urne où l'on mettait les cendres, comme l'*ossuarium* était le sarcophage qui renfermait les ossements (*V.* URNE CINÉRAIRE).

**CINERAS** (*malakentomoz.*). C'est un genre proposé depuis une vingtaine d'années par le docteur Leach, dans le supplément à l'*Encyclopédie d'Edimbourg*, pour une espèce d'anatif membraneuse que M. Ocken confond dans son genre otion. Les caractères sont : animal semblable à celui des CIRRHIPODES, enveloppé par un manteau pédonculé, se terminant graduellement en massue, sans appendices auriformes, et dans les parois duquel se développent cinq très-petites pièces calcaires. Les mœurs et les habitudes de ces animaux doivent être entièrement semblables à celles des autres cirrhipodes. Le docteur Leach en cite trois espèces, dont une, figurée dans l'ouvrage dont nous avons parlé plus haut, a le nom de cineras à bandes, *cineras vittatus*, et se distingue par quelques bandes noirâtres verticales sur un fond d'un blanc jaunâtre.

**CINÉRATION**, s. f. (*didact.*), réduction en cendres.

**CINÉRÉICOLLE**, adj. des deux genres (*hist. nat.*), qui a le col cendré.

**CINÉRIDE**, adj. des deux genres (*hist. nat.*), qui ressemble à un cinéras.

**CINÉRIDES** (*malakentomoz.*), *cineridea*. C'est le nom de famille sous lequel le Dr Leach, dans sa classification des cirrhipodes, désigne les anatifs membraneuses, et qui, par conséquent, correspond au genre de Ocken. Ses caractères sont d'avoir des pièces calcaires fort petites, et le corps supérieurement assez peu comprimé. Elle appartient à son ordre des campylozomates, *campylozomata* (*V.* CIRRHIPODES).

**CINÉRIFORME**, adj. des deux genres (*didact.*), qui a l'aspect, la consistance de la cendre.

**CINÉRITES** (du latin *cinere*, cas ablatif de *cinis*, cendre), cendres volcaniques rouges ou grises. Ce sont elles qui pendant les éruptions obscurcissent l'air et se répandent à de grandes distances. Elles forment quelquefois autour des volcans des couches très-épaisses. Elles s'altèrent facilement, et donnent lieu à de nouveaux produits que nous décrirons plus tard.

**CINÉSIAS**, poëte grec, né à Thèbes en Béotie, auteur de quelques dithyrambes.

**CINÈTE** (*entomol.*), *cinetus*. Jurine a nommé ainsi de petits hyménoptères, dont il n'a observé que quelques individus qu'il a rapportés comme espèce à un genre qu'il n'a pas figuré, mais qui paraît voisin des néottocryptes.

**CINÉTHMIQUE** (*didact.*) (*V.* CINÉMATIQUE).

**CINÉTHON**, Spartiate qui composa en vers des généalogies, dans l'une desquelles il soutint que Médée avait eu de Jason un fils nommé Médus et une fille appelée Eriopis.

**CINGA** (*géogr. anc.*), fleuve de l'Espagne Tarraconnaise, prend sa source aux Pyrénées, à l'est des Lacetani, et se jette dans l'Ebre presque au même endroit que le Sigoris.

**CINGALAIS, AISE**, adj. et s. (*ethnogr.*), nom d'un peuple appartenant à la famille hindoustanique, qui habite la plus grande partie de l'île de Ceylan. — Qui appartient à ce peuple ou au pays qu'il habite.

**CINGALAIS**, s. m. (*linguist.*), langue parlée par les Cingalais.

**CINGALLÈGRE** (*ornith.*). Suivant Cetti, l'oiseau connu sous ce nom en Sardaigne est la petite mésange bleue, *parus cœruleus* Linn.

**CINGAROLI** (MARTIN), peintre, naquit à Vérone en 1669. Il était fils d'un peintre médiocre qui lui enseigna les premiers principes du dessin; les rares dispositions que la nature lui avait données firent le reste. Aidé des conseils de Jules Carpioni, il sut peindre en peu de temps des sujets d'histoire en petit, avec un talent qui ne tarda pas à attirer sur lui l'admiration des nombreux amateurs de ce genre de peinture. Sa réputation s'étendit jusqu'à Milan, où il fut appelé par le baron Martino, pour qu'il fit un grand nombre de tableaux. Ces tableaux trouvaient d'autant plus d'amateurs que peu d'artistes italiens s'étaient attachés à peindre l'histoire dans d'aussi petites proportions, et qu'aucun d'eux n'avait apporté dans ce genre de composition autant de talent que Cingaroli. Tout le monde voulait avoir de ses ouvrages; il ne trouvait pas assez de temps, dans une vie d'ailleurs très-laborieuse pour peindre tous ceux qu'on lui demandait; ils sont encore aujourd'hui très-recherchés. Cingaroli est mort à Milan en 1729. A le juger d'après ses ouvrages, on croirait plutôt qu'il s'était formé sur les bons modèles des écoles flamande et hollandaise que d'après les riches compositions des écoles d'Italie.

**CINGÉTORIX**, noble Trévire qui, par jalousie et par ambition, se mit à la tête du parti des Romains, que son beau-père, Indutiomar, combattait avec autant de patriotisme que d'habileté. A l'approche de l'armée de César, il courut avec la plupart des nobles se joindre au général romain, et son rival fut contraint de se soumettre. Le proconsul, récompensant la trahison, retint Indutiomar prisonnier, et signifia à sa nation qu'elle eût à reconnaître Cingétorix pour son magistrat suprême. Mais la soumission des Trévires ne fut pas longue. Sollicités par l'infatigable Indutiomar, ils se levèrent en masse l'an 53, et déclarèrent Cingétorix ennemi de la patrie. Le banni se réfugia aussitôt dans le camp de Labiénus, l'un des lieutenants de César, l'informa des résolutions du conseil et des plans d'Indutiomar, et bientôt une sanglante défaite essuyée par ses compatriotes, et la mort d'Indutiomar, tombé sur le champ de bataille, le remirent à la tête du gouvernement. Cependant les Trévires secouèrent encore une fois le joug; mais Labiénus remporta, en l'an 51, une seconde victoire qui soumit enfin complétement cette courageuse nation.

**CINGÉTORIX**, prince breton qui attaqua le camp de César par ordre de Cassivelaunus.

**CINGILE** ou **CINGILIE** (*géogr. anc.*), ville d'Italie, vers la côte orientale, chez les Vessini.

**CINGLAGE**, s. m. (*marine*), le chemin qu'un bâtiment fait ou peut faire en vingt-quatre heures. Il a vieilli.

**CINGLER**, v. n. naviguer. On ne le dit, *en termes de marine*, qu'en parlant de la route sur laquelle on gouverne. — Il est aussi verbe actif, et signifie frapper avec quelque chose de délié et de pliant. *Cingler le visage d'un coup de fouet.* — Il se dit aussi d'un vent froid et perçant. *Il fait un vent qui cingle le visage.* — Il se dit encore, dans le même sens, de la grêle, de la neige, de la pluie.

**CINGLER**, v. a. (*technol.*), forger ou corroyer le fer.

**CINGLE** (*ichthyol.*), *zingel*. C'est le nom d'un genre de poissons de la famille des acanthopomes, que M. Cuvier a récemment séparé des persèques et des sciènes, et dont les caractères peuvent être ainsi exposés : opercules à piquants et à dentelures, deux nageoires du dos à peu près égales, museau très-proéminent, dents en velours. — A l'aide de ces notes et du tableau synoptique que nous avons donné à l'article ACANTHOPOMES, on distinguera aisément les cingles des autres genres voisins. — Les espèces en sont peu multipliées; elles vivent dans les eaux douces du midi de l'Allemagne; leurs viscères ressemblent à ceux de la perche commune. — Le **CINGLE**, *zingel sciænoïdes, perca zingel* Linn., Bloch, 106; *diplerodon zingel* Lacép. Nageoire caudale en croissant; mâchoire supérieure plus avancée que l'inférieure; tête grosse et déprimée; palais et mâchoires garnis de dents nombreuses, fortes et pointues; langue dure; deux orifices à chaque narine, yeux sur le sommet de la tête; opercules formés d'une seule pièce; écailles dures et dentelées; couleur générale jaune; ventre blanchâtre; taches et bandes transversales brunes. — On prend ce poisson dans les rivières de l'Allemagne méridionale, particulièrement dans le Danube; on le pêche aussi dans plusieurs lacs de la Bavière et de l'Autriche. Il atteint souvent la taille de dix-huit à vingt pouces et le poids de quatre à cinq livres; sa chair est blanche, ferme, d'une saveur agréable, et facile à digérer. Il est très-vorace, et se fait redouter des autres poissons, à cause de la force de ses piquants et de la rudesse de ses écailles; aussi multiplie-t-il beaucoup, malgré la guerre que les pêcheurs lui font. — **L'APRON**, *zingel asper, perca asper* Linn., *dipterodon asper* Lacép. Ouverture de la bouche petite, demi-lunaire, placée au-dessous du museau; chaque orifice des narines double, tête large, queue très-allongée, nageoire caudale fourchue; anus plus rapproché de la tête que de la nageoire caudale; couleur générale jaunâtre, dos noir, ventre blanc; trois ou quatre bandes transversales noires; nageoires jaunes. Ce poisson vit dans le Rhône et dans quelques autres fleuves et rivières de la France, en Allemagne, dans le Wolga, le Jaïk, et quelques lacs de la Bavière. Il atteint la taille d'un pied environ. Sa chair est saine et d'une saveur agréable. — Il dépose au commencement du printemps ses œufs, qui sont petits et blanchâtres, et c'est alors seulement qu'on le pêche, avec des filets ou à l'hameçon, parce que, dans toute autre saison, il se tient presque toujours au fond de l'eau. On le prend cependant quelquefois pendant l'hiver au-dessous des glaces. Il se nourrit d'insectes et de vers. Dans certaines contrées les pêcheurs prétendent qu'il n'a d'autre aliment que l'or, parce qu'on trouve quelquefois des paillettes de ce métal dans son estomac; mais elles y sont entrées avec le limon qu'il peut avaler au fond des fleuves. Il perd difficilement la vie.

**CINGONIUS VARRON**, sénateur romain, que Néron mit à mort comme complice de Nymphidius.

**CINGULARIA** (*botan.*). On lit dans Lemery que le lycopode portait ce nom et celui de *plicaria* dans la Pologne.

**CINGULATA** (*mamm.*). Illiger a formé une famille des tatous à laquelle il a donné ce nom.

**CINGULIFÈRE**, adj. des deux genres (*hist. nat.*), qui porte une ceinture.

**CINGULUM** (*géogr. anc.*), aujourd'hui Cingoli, ville d'Italie, dans le Picénum, vers le nord, à égale distance de l'Æsis et du Potentia.

**CINI** (*ornith.*). On donne ce nom, qui s'écrit aussi cinit, au serin vert de Provence (pl. enl. de Buffon, 658, fig. 1), *fringilla serinus*, Linn.

**CINI** (JEAN-BAPTISTE), littérateur du XVIe siècle, de ceux que les Italiens nomment *Testi*, était né vers 1530 à Florence, d'une famille patricienne. Admis jeune à l'académie florentine, il y prononça en 1548 l'*Eloge funèbre* de François Campana, l'un de ses confrères. Doué d'un esprit actif, il était décorateur et poëte, et savait embellir une représentation théâtrale de tous les accessoires qui servent à compléter l'illusion. Ses talents le firent choisir en 1569 pour ordonner les fêtes par lesquelles on célébra l'arrivée à Florence de l'archiduc Charles d'Autriche, et dont Cini lui-même a publié la *Description*, in-8°. Ce fut à la demande du grand-duc François qu'il entreprit d'écrire la vie de Cosme de Médicis. Il y travaillait en 1583, comme on en a la preuve par une lettre qu'il écrivit à l'évêque de Guidi (dans les *Prose florentine*, IV), pour lui demander des anecdotes plus intéressantes que celles dont avaient fait usage les premiers biographes de ce prince. Cini mourut dans un âge avancé, mais sans avoir pu jouir du succès de son ouvrage. Il avait composé et fait représenter un assez grand nombre de pièces, dont quelques-unes sont conservées dans la fameuse bibliothèque Magliabecchi. Outre les intermèdes de la *Cofanaria*, comédie de Fr. d'Ambia, on ne connaît de lui que la *Vedova*, Florence, 1569, in-8°. Cette pièce, une de celles qui furent jouées devant l'archiduc d'Autriche, est très-rare et fort recherchée des curieux, parce qu'elle offre des exemples des divers dialectes de l'Italie. *La Vita di Cosimo de' Medici primo granducà di Toscana*, fut imprimée à Florence en 1611, in-4°, par les soins d'un fils de Cini. C'est, suivant M. Gamba, l'histoire la plus complète et la plus exacte que l'on ait de ce prince (*V.* la *Serie de' Testi*). On trouve une pièce de Cini dans les *Canti Carnascialeschi* : quelques autres sont restées inédites dans les cabinets des curieux.

**CINIPS** (*entomol.*) (*V.* CYNIPS).

**CINIPTÈRES** (*hist. nat.*) (*V.* CYNIPSAIRES).

**CINITHIENS** (*géogr. anc.*), peuples d'Afrique.

**CINIUM** (*géogr. anc.*), ville de la grande Baléare. Ses habitants jouissaient des droits latins.

**CINIXYDE**, s. m. (*hist. nat.*), genre de tortue.

**CINNA**, s. m. (*botan.*), genre de plantes graminées.

**CINNA**, Κίννα, femme de Phoronée, fut mère d'Apis et de Niobé. Quelques-uns la nomment Laodice.

**CINNA** (L. CORNELIUS), consul l'an de Rome 627, 127 avant J.-C.

**CINNA**, consul l'an de Rome 667, 87 avant J.-C. Partisan de Marius, il voulut le rappeler de son exil malgré l'opposition d'Octavius, son collègue, attaché aux intérêts de Sylla; mais, ayant échoué dans son entreprise, il se vit obligé de sortir de Rome, et fut dépouillé par le sénat de sa dignité consulaire. Retiré chez les alliés, il lève promptement une armée de trente légions, et vient assiéger Rome, accompagné de Marius, de Carbon et de Sertorius. La famine et les désertions ayant obligé le sénat de capituler avec lui, il entre dans Rome en triomphateur, la remplit de meurtres, assemble le peuple à la hâte, fait prononcer le rappel de Marius, et livre au fer de ses satellites son collègue Octavius et les plus illustres citoyens. Il fut tué trois ans après, l'an 84 avant J.-C., par un centurion de son armée, au milieu des préparatifs qu'il faisait contre Sylla. Hautain, violent, toujours avide de vengeance, adonné à la débauche, précipité dans ses desseins, les poursuivant néanmoins avec courage, Cinna avait les passions qui font aspirer à la tyrannie, et peu des talents qui peuvent y conduire.

**CINNA**, un des meurtriers de César.

**CINNA** (C. HELVIUS), ami intime de César. Ayant voulu assister aux obsèques de ce grand homme, il fut mis en pièces par la multitude, qui le prit pour un des meurtriers qui portait le même nom. Il passa huit ans à composer un mauvais poëme, intitulé *Smyrna*, dont Servius et Priscien nous ont conservé quelques vers, que l'on trouve dans le *Corpus pœtarum* de Maittaire.

**CINNA**, petit-fils de Pompée. Il conspira contre Auguste, qui lui pardonna et le mit au nombre de ses amis. Ce trait de clémence est le sujet d'une des plus belles tragédies de Corneille, intitulée *Cinna*. Il parvint au consulat l'an 758 de Rome, et fit l'empereur son héritier.

**CINNA** (*géogr.*), ville d'Italie, prise par les Romains sur les Samnites.

**CINNABARIS** (*botan.*). Les anciens donnaient au sang-dragon ce nom, qui maintenant appartient exclusivement à un minéral. C'était avec cette substance, extraite d'un ou de plusieurs végétaux, qu'on fabriquait le rouge avec lequel les femmes ranimaient les couleurs de leur visage.

**CINNADON**, jeune Lacédémonien qui voulut tuer tous les éphores, afin de s'emparer de l'autorité souveraine. Il fut découvert et mis à mort.

**CINNANA** (*ornithol.*), nom arabe du cygne, *anas cygnus* Linn.

**CINNAMALOGUS, CINNAMOMUS** ou **CINNAMULGUS** (*ornith.*) (*V.* CINNAMON).

**CINNAMO** (LÉONARD), jésuite, né à Capoue vers 1610, professa et cultiva les lettres avec succès. Envoyé dans les missions des Indes en 1644, il publia dans la langue canarie l'explication des mystères du christianisme, et la traduction des *Vies des Saints*, etc. Il revint en Europe au bout de vingt ans, et mourut en 1676. On trouve la liste de ses ouvrages dans la *Bibl. soc.*; les principaux sont : *Orat. et Prælectiones*, Naples, 1671, et *Isaggi delle liriche, e musicali pœsie*, 1670, in-12, sous le nom de Roland Cinnami.

**CINNAMOME** (*botan.*), *cinnamomum*, nom ancien du cannellier, *laurus cinnamomum*, qui est devenu son nom spécifique. Il est aussi donné par C. Bauhin, soit au *laurus cassia*, soit à la cannelle blanche, *canella*.

**CINNAMOME**. Dieu ordonna à Moïse de prendre du cinnamome et divers autres aromates, et d'en composer une huile de parfum pour oindre le tabernacle avec ses vases (*Exod.*, XXX, 23). La plupart des modernes croient que ce cinnamome est la même chose que la cannelle et la casse aromatique. D'autres distinguent ces aromates. Quoi qu'il en soit, Matthiole dit que le cinnamome a manqué en Arabie, de même que le baume en Judée. Le vrai cinnamome était un arbrisseau très-rare, dont l'écorce avait une odeur admirable. Du temps de Gallien, on n'en trouvait déjà plus que dans les cabinets des empereurs. Pline dit que le prix du cinnamome était autrefois à mille deniers, et qu'il avait augmenté de moitié par le dégât des barbares, qui en avaient brûlé tous les plants (*Plinius*, lib. XII, cap. 19).

**CINNAMOMIFERA, REGIO**, contrée de l'Afrique intérieure, au midi de l'Ethiopie, dans la zone torride. Ce pays est ainsi nommé à cause d'un arbrisseau (*cinnamomum*) qui y croissait en abondance, et dont l'écorce, très-estimée des anciens, paraît être notre cannelle. On prétend que Sésostris porta jusque-là ses conquêtes, et qu'il y laissa des monuments de son passage.

**CINNAMON** (*ornithol.*). Gmelin et Latham ont donné à un grimpereau de couleur rousse en dessus et blanche en dessous l'épithète de *cinnamomea*, et cet oiseau est figuré sous le nom de cinnamon, pl. 263 de l'*Histoire naturelle des grimpereaux*, par MM. Audebert et Vieillot. D'un autre côté, Aristote, Théophraste, Elien, Pline, etc., ont parlé vaguement de l'oiseau connu sous les noms de *cinnamomus* ou *cinnamolgus*. Gesner, liv. III, p. 263, et Aldrovande, liv. XII, lui ont consacré d'assez longues dissertations; mais il n'en résulte aucun fait positif qui semble mériter la peine d'être rapporté.

**CINNAMUM** (*botan.*). Le parfum de ce nom, célèbre avant l'époque où vivait Pline, est produit, selon lui, par un arbrisseau qui croît dans le pays des Troglodytes, voisin de l'Ethiopie, sur les bords de la mer Rouge. Ovide en parle aussi dans ses Fastes. On apportait ce parfum, dit Pline, dans le port des Gebonites, d'où il était transporté ailleurs. Ces indications ne suffisent pas pour rapporter le *cinnamum* à une substance connue. Comme Pline le nomme aussi quelquefois *cinnamomum*, pourrait-on en conclure que c'est la cannelle ou le vrai *cinnamomum*, recueilli à Ceylan, qui est, selon plusieurs, la Taprobane des anciens, mais qui ne se trouve pas dans le voisinage de l'Ethiopie. On pencherait plutôt pour la myrrhe, dont l'origine n'est pas connue, ou pour un des produits de l'*amyris opobalsamum*, originaire de l'Arabie et des bords de la mer Rouge.

**CINNAMUS** (JEAN), notaire de la cour de Constantinople, suivit l'empereur Manuel Comnène dans plusieurs expéditions. Ce prince étant mort l'an 1180 de J.-C., il entreprit d'écrire son histoire, qu'il publia en six livres, qui vont jusqu'à l'an 1176. L'ouvrage n'est pas terminé, soit que l'auteur n'en ait pas eu le temps, soit qu'on en ait perdu une partie. Cette histoire a été publiée, pour la première fois, par Corn. Tollius, grec et latin, Utrecht, 1652, in-4°. La meilleure édition est celle que du Cange a donnée avec ses notes sur cet auteur, ainsi que sur Nicéphore Bryenne et Anne Comnène, Paris, 1670, in-fol. Elle fait partie de la Byzantine. Cinnamus est un des meilleurs historiens de cette collection; mais, quoiqu'il ait quelque talent, il n'est nullement comparable à Xénophon, ni à aucun des historiens anciens.

**CINNARE** ou **CINNOR**, ou **CYNNIRA**, ou **CYTHARE**, *cythara*, instrument en bois dont on jouait dans le temple de Jérusalem, et qui avait été inventé dès avant le déluge par Jubal, fils de Lamech. Le premier livre des Machabées semble distinguer la cythare de la cinnare; d'autres les confondent. Ces instruments différaient peu, s'ils n'étaient pas les mêmes. Leur son était triste et lugubre (*Genes.*, IV, 21; I. *Macchab.*, IV, 54).

**CINNANIA** ou **CIRANIA** (*géogr. anc.*), aujourd'hui *Silania*, ville de Lusitanie, célèbre par la valeur de ses habitants.

**CINNYRIDE**, adj. des deux genres (*hist. nat.*), qui ressemble à un cinnyris.

**CINNYRIDES**, s. m. pl. (*hist. nat.*), famille d'oiseaux.

**CINNYRIS** (*ornithol.*). M. Cuvier a appliqué ce nom grec d'un très-petit oiseau actuellement inconnu, aux soui-mangas, section du genre grimpereau, qui comprend ceux d'Afrique et des Indes.

**CINO** (*ornithol.*), nom italien du cygne, *anas cygnus* Linn.

**CINOBELLINUS**, roi d'un peuple de la Grande-Bretagne, sous le règne de Caligula. Son fils Adminius, qu'il avait chassé de ses Etats, étant allé se rendre aux Romains, l'empereur se fit décerner les honneurs du triomphe, comme conquérant de la Grande-Bretagne.

**CINOIRAS** (*botan.*), nom portugais de la carotte, *daucus carota*.

**CINOLIS** (*V.* CIMOLIS).

**CINOSTERNE**, s. m. (*hist. nat.*), genre de tortues. On dit aussi *cinosternon*.

**CINQ**. C'est, dans l'ordre numérique, le nombre immédiatement supérieur à quatre. D'après la numération décimale, tout nombre terminé par des zéros renferme autant de deux fois cinq qu'il y a dans ce nombre de fois dix. Ceci est évident, si l'on considère que la dizaine est formée de deux fois cinq. Ainsi, 480 contient 48 dizaines; il contiendra donc 96 fois cinq. C'est pourquoi tout nombre terminé par des zéros peut et doit être considéré comme étant divisible exactement par cinq. Il en sera de même de tous les nombres terminés par cinq. Lorsqu'une fraction représente une ou plusieurs parties de l'unité partagée en cinq portions, ces parties s'appellent cinquième. Evidemment $\frac{1}{5}\,\frac{2}{5}\,\frac{3}{5}$, etc., peuvent être réduits en fractions décimales équivalentes, puisque si l'on multiplie par dix le numérateur, en y ajoutant un zéro, on obtiendra un nombre exactement divisible par cinq; or, l'on sait que pour réduire en décimales une fraction ordinaire, l'on pose d'abord un zéro pour indiquer la place des unités dans l'expression décimale, puis l'on ajoute successivement au numérateur de la fraction à réduire autant de zéros qu'il en faut pour que le numérateur soit divisible par le dénominateur; on suit alors les règles de la division ordinaire $\frac{1}{5}\,\frac{2}{5}\,\frac{3}{5}$, 0,2, 0,4, 0,3. De ce que nous venons de dire il suit que lorsque le dénominateur, n'étant pas l'unité suivie de plusieurs zéros, ne contient que les facteurs premiers 2 et 5 de la *base* 10, la fraction peut toujours s'exprimer exactement en décimales.

**CINQ** (*express. prov.*). *Mettre cinq et retirer six*, se dit trivialement en parlant de ceux qui mettent les cinq doigts dans un plat, et qui en retirent quelque bon morceau. — *Donner cinq et quatre, la moitié de dix-huit*, appliquer deux soufflets, l'un de la paume de la main, l'autre du revers.

**CINQ** (*jeux*), dé de domino dont un côté est marqué de cinq points.

**CINQ-ARBRES**, ou **CINQUARBRES** (JEAN), en latin, *Quinquarboreus*, né à Aurillac, dans l'Auvergne, au commencement du XVIe siècle, étudia les langues orientales à Paris sous

François Vatable, fut professeur d'hébreu et de syriaque au collége de France en 1554, et mourut doyen des professeurs royaux en 1587. Il publia en 1546 sa *Grammaire hébraïque*, à laquelle il joignit un petit traité *De notis Hebræorum*. Elle fut réimprimée en 1549, 1556, 1582; à Venise en 1588, et en 1609 et 1621, in-4°, sous ce titre : *Linguæ hebraicæ institutiones absolutissimæ*. L'édition de 1609, in-4°, est due à P. Vignal, qui y ajouta des notes, l'explication latine des mots hébreux, l'alphabet rabbinique, le *Traité de la syntaxe et de la poésie des Hébreux*, de Génébrard, et l'Analyse grammaticale du psaume XXXIII, du cardinal Bellarmin. Cette édition est en outre remarquable par la beauté des caractères, qui avaient été gravés et fondus par G. Lebé. Cinq-Arbres traduisit aussi en latin, avec des notes, le *Targum* (ou paraphrase chaldaïque) de Jonathan, fils d'Uziel, et de Jérémie, sur le prophète Osée, qu'il avait donné en 1554, et il y ajouta des paraphrases sur Joël, Amos, Ruth, etc., sous le titre suivant : *Targum in Osean, Joelem, Amosium, Ruth et Threnos*. Il avait fait réimprimer en 1551, in-8°, l'*Evangile de saint Matthieu*, en hébreu, avec la version et des notes de Jeb. Munster. Il a aussi traduit en latin plusieurs ouvrages d'Avicenne.

**CINQ-MARS** (*géogr.*), bourg de France (Indre-et-Loire), près de la rive droite de la Loire. Il y a dans les environs des carrières de pierre meulière. 1,626 habitants. A 1 lieue un quart au nord-est de Langeais.

**CINQ-MARS** (**Henri Coiffier de Ruzé, marquis de**), second fils d'Antoine Coiffier, marquis d'Effiat, maréchal de France et surintendant des finances, naquit en 1620. Envoyé de bonne heure à la cour, il y fit un chemin rapide; sa beauté, son élégance, la vivacité de son esprit plurent à Louis XIII, et il devint le favori de ce prince. Il fut successivement capitaine d'une compagnie du régiment des gardes, puis grand maître de la garde-robe, et enfin grand écuyer de France. Dès lors on ne l'appela plus que M. le Grand. Richelieu avait contribué à son avancement, dans l'espoir qu'il parviendrait à distraire le morose Louis XIII. Mais ce jeune homme s'imagina que, parce qu'il savait amuser le roi, il pourrait gouverner la France; et il voulut substituer son chétif mérite au génie du grand cardinal. Il s'entendit avec le comte de Soissons, le duc de Bouillon et le frère du roi. La reine était au courant du complot; de Thou et de Fontrailles en étaient les agents et les confidents. D'abord il voulut faire assassiner Richelieu, et en parla à Louis XIII dans un moment d'humeur de ce prince contre le cardinal. Mais le roi, qui savait distinguer entre son ministre et son favori, ne voulut point se prêter à ce crime. Il surveilla les démarches de Cinq-Mars, reçut toutes ses confidences, le trahit plus tard, quand il lui eut laissé le temps de devenir coupable, et s'en fit un mérite auprès de Richelieu quand tout fut découvert. Non content d'intriguer avec les mécontents, Cinq-Mars avait osé conspirer avec l'étranger; dans son impatience de supplanter le cardinal, il avait demandé au duc de Bouillon sa ville de Sédan, et à l'Espagne une armée, afin d'avoir un moyen d'agir, et un asile en cas de défaite. Le traité avait été conclu entre de Fontrailles et le duc d'Olivarès; le duc d'Orléans et le duc de Bouillon y avaient souscrit. Mais Richelieu eut connaissance de la conspiration; Cinq-Mars et de Thou furent arrêtés à Narbonne, où le roi s'était rendu pour achever la conquête du Roussillon. Le duc de Bouillon se sauva en abandonnant sa principauté. Gaston obtint son pardon en trahissant ses complices; mais Cinq-Mars et de Thou payèrent de leur tête leur trahison, et ils furent exécutés à Lyon le 12 septembre 1642.

**CINQUAIN, AINE**, adj. numér. (*vieux langage*), cinquième.

**CINQUAIN**, s. m. (*anc. term. milit.*), ordre de bataille d'une armée rangée en cinq masses. Le cinquain était en usage au XVIe siècle et au XVIIe.

**CINQUAIN** (*horticult.*), nom d'une espèce de raisin.

**CINQUANTAINE**, s. f. coll. nombre de cinquante ou environ. *Une cinquantaine de francs*, etc. Il se dit absolument de l'âge de cinquante ans. *Il a la cinquantaine*. — Il se dit encore d'une espèce de fête à l'occasion d'une cinquantaine d'années écoulées dans l'état du mariage, dans l'exercice d'une place, etc.

**CINQUANTAINE**, s. f. (*anc. term. milit.*), compagnie urbaine commandée par un cinquantenier.

**CINQUANTE**, adj. numéral des deux genres, nombre composé de cinq dizaines, cinq fois dix. *Cinquante hommes*. — Il s'emploie quelquefois pour cinquantième, *Page cinquante*. — Il est aussi quelquefois substantif masculin, *Cinquante multiplié par deux*. On dit de même le *nombre cinquante*, etc.

**CINQUANTENIER**, s. m. celui qui commande cinquante hommes. Il s'est dit anciennement en parlant de la milice et de la police des villes.

**CINQUANTENIER**, s. m. (*anc. législ.*), juge d'un village.

**CINQUANTIÈME**, adj. des deux genres, nombre ordinal de cinquante. *Le cinquantième chapitre*, *Vous êtes le cinquantième*, etc. — Il s'emploie aussi substantivement, pour désigner la cinquantième partie d'un tout. *Il en aura le cinquantième*.

**CINQ-CENTS** (**Conseil des**) (*hist.*) (*V.* **Conseil**).

**CINQUÉCENTISTE**, s. m. Il se dit, dans la littérature italienne, des écrivains du XVIe siècle, de mille cinq cents à mille six cents. Les cinquécentistes sont les auteurs classiques italiens (*V.* **Trécentiste** et **Quatrocentiste**).

**CINQUENELLE**, s. f. (*anc. term. de marine*), cordage dont on se sert dans l'artillerie de marine.

**CINQUE-PORTS**. Ainsi s'appellent, depuis Guillaume le Conquérant, cinq ports sur les côtes de Kent et de Sussex, opposées à la France, ports autrefois très-renommés pour le commerce (Dover, Sandwich, Romney, Hithe et Hastings), et qui devaient plus particulièrement garantir le royaume de descentes hostiles. Quoique par la suite deux autres ports fussent ajoutés (Winchelsea et Rye), l'ancienne désignation leur est cependant restée. Pour les rattacher plus intimement encore aux intérêts de l'Angleterre, on avait accordé aux habitants de ces villes différentes libertés, et l'on en confia la garde au commandant du château de Dover, avec le titre de *lord warden of the Cinque-Ports*, et on l'investit de la juridiction d'amirauté. Il touchait autrefois un traitement de trois mille livres sterling. Ces ports sont maintenant tellement obstrués, qu'ils sont hors d'état de recevoir des armées navales un peu considérables; cependant leurs anciens priviléges sont restés, du moins en partie. Ainsi les citoyens de ces villes jouissent du titre de *baron*, et, à l'occasion du couronnement des rois d'Angleterre, ils portent sur lui le baldaquin, qui, après la cérémonie solennelle, devient leur propriété. Autrefois chacune de ces villes, dont plusieurs sont insignifiantes, étaient en possession d'élire deux députés pour le parlement; mais le bill de réforme de 1832 a privé du droit de suffrage Romney et Winchelsea, tandis que Hithe et Rye ne peuvent plus élire chacune qu'un représentant. La place d'inspecteur des Cinque-Ports subsiste comme une sinécure, et tombe ordinairement en partage à quelque favori de la cour ou de l'administration. Lord Wellington en fut revêtu en 1829, mais en faisant abandon du traitement, qui encore aujourd'hui s'élève à mille vingt-cinq livres sterling (*V.* l'article **Baron**).

**CINQUI** (**Jean**), peintre, né aux environs de Florence en 1667, fut un des bons élèves de Dandini (*V.* ce nom). On a de lui de belles fresques dans les églises de Florence et de Viterbe. Ses tableaux les plus remarquables sont une suite de sujets représentant la *Vie de Jésus-Christ*, celle de *la Vierge*, etc. Il mourut en 1743. Son portrait est au musée de Florence.

**CINQUIÈME**, adj. des deux genres, nombre ordinal de cinq. *Le cinquième étage*. Quelquefois elliptiquement, *Il loge au cinquième*. *Le cinquième du mois*, pour *le cinquième jour du mois*. Substantivement et absolument, *La cinquième*, la cinquième classe d'un collége. *Cet écolier est en cinquième*. — La cinquième partie d'un tout, ou substantivement. *Le cinquième*.

**CINQUIÈME**, s. m. (*anc. législ.*), impôt dont les rois de France ont quelquefois ordonné la levée pour les besoins de l'Etat. C'était la cinquième partie du revenu des biens-fonds.

**CINQUIÈMEMENT**, adv. en cinquième lieu.

**CINTAR** (*métrol. anc.*), poids des Juifs, valait quarante mines de Moïse, cent huit petites mines, quarante-cinq de nos livres ou vingt-deux kilogrammes.

**CINTE** (*botan.*). On trouve dans l'herbier de Commerson, sous ce nom et sous celui de *bois senti*, un arbrisseau garni de quelques épines, qui est le *rhamnus circumscissus* (*V.* **Bois senti**).

**CINTEGABELLE** (*géogr.*), petite ville de France (Haute-Garonne), sur l'Ariége; chef-lieu de canton. Il s'y fait un commerce assez actif. 3,738 habitants. A 1 lieue un quart au sud-est d'Auterive.

**CINTRA** (*géogr.*), petite ville de Portugal, sur la pente de la chaîne de montagnes de ce nom. Elle a dans ses environs des maisons de campagne charmantes. A 6 lieues trois quarts de Lisbonne.

**CINTRA** (**Convention de**). Lorsque les Anglais, secondés par un soulèvement général de la population, eurent au mois d'août 1808 opéré une descente en Portugal, et grâce à la supériorité de leurs forces, battu le duc d'Abrantès à la bataille de Vimeiro, celui-ci sentit qu'il ne pourrait conserver longtemps sa position, et envoya aux ennemis, pour tâcher d'obtenir une capitulation honorable, le général Kellermann, qui fut reçu par eux avec la plus grande distinction, et, après avoir conclu une suspension d'armes, arrêta les bases d'une capitulation ou convention, qui, après de longs pourparlers, fut signée le 30 août, au village de Cintra. Les principaux articles portaient que les troupes françaises évacueraient entièrement le Portugal avec armes et bagages, et seraient embarquées sur des vaisseaux anglais qui les déposeraient dans un port français entre Rochefort et Lorient. Cette convention, désapprouvée en Angleterre, fut néanmoins exécutée. L'armée française, ramenée un mois après en Espagne, prit une éclatante revanche à la Corogne, où elle força les Anglais vaincus d'évacuer l'Espagne, et de chercher à leur tour un refuge sur leurs vaisseaux.

**CINTRA** (PIERRE DE), navigateur portugais, gentilhomme ordinaire du roi, fut envoyé en 1462, avec deux caravelles, pour continuer les découvertes le long de la côte de Guinée. Après être arrivé aux îles situées à l'embouchure du Rio-Grande, terme des voyages précédents, il ne put tirer aucune information des habitants, dont les interprètes ne connaissaient pas la langue. Il prolongea la côte jusqu'au cap Mesurade, par les 7° de latitude nord, reconnaissant les bouches des fleuves et les caps auxquels il donna des noms. Au delà de Mesurade, les Portugais nommèrent une forêt immense d'arbres verts, le *bois de Sainte-Marie*. Quelques canots des naturels s'approchèrent des vaisseaux; trois nègres vinrent à bord d'une caravelle; on en laissa deux, et l'on en retint un, conformément aux ordres du roi de Portugal, qui espérait que parmi les nègres, très-nombreux dans son royaume, il s'en trouverait quelqu'un qui comprendrait le langage de ceux que l'on amènerait. En effet, Cintra l'ayant amené en Portugal, une femme esclave vint à bout de le comprendre par un idiome qui n'était pas le leur, mais que tous deux avaient appris. On le traita fort bien, et l'année suivante on le renvoya dans son pays. Cintra avait été accompagné dans son expédition par un Portugais qui avait servi de secrétaire à Cada-Mosta, et qui à son retour le présenta à son ancien maître; tous deux lui racontèrent les détails de leurs découvertes, et Cada-Mosta en écrivit l'histoire qu'il a publiée. On la trouve dans le t. Ier du recueil de Ramusio, dans le t. Ier du recueil de Temporal, intitulé: *Historiale description de l'Afrique, plus cinq navigations au pays des noirs*, Lyon, 1556, 2 vol. in-folio; enfin dans le *Novus Orbis* de Grignæus, où Cintra est appelé *Zinzia*. Sa relation est succincte, mais exacte; il n'a pas assez d'expressions pour louer la végétation de la côte qu'il a suivie. Il donna le nom de *Sierra-Leona* à une montagne, parce que le choc des nuages qui en couvraient la cime produisait un bruit semblable à celui du tonnerre. Cintra retourna en Afrique en 1482, sur une flotte commandée par Diego d'Azambuja, qui poussa sa course jusqu'à la Mina, où l'on bâtit un fort.

**CINTRA** (GONZALÈS DE), autre navigateur portugais, fit en 1441 un voyage à la côte d'Afrique avec Nuno Tristan, et courut de grands dangers dans une incursion qui eut lieu à l'endroit nommé *Puerto del Cavallero*. Renvoyé à la côte d'Afrique en 1445, un Maure qu'il avait reçu à bord l'engagea à se diriger sur Arguin, et s'enfuit pendant la nuit avec un de ses compatriotes. Cintra s'embarqua aussitôt dans un canot avec douze hommes, pour punir le Maure de sa perfidie. Ayant négligé d'observer l'heure de la marée, il échoua. Attaqué au point du jour par deux cents Maures, il fut tué avec sept de ses compagnons; les cinq autres rejoignirent leur vaisseau à la nage. On donna le nom d'*Angra de Gonzalès de Cintra*, à la baie où les premiers Portugais furent tués. Cette baie, désignée sous le même nom sur la carte d'Afrique de d'Anville, est à quatorze lieues au sud du Rio do Ouro.

**CINTRAGE**, s. m. (*marine*), action de cintrer ou de ceintrer. On dit aussi *ceintrage*.

**CINTRE**, s. m. figure en arcade, en demi-cercle. Il signifie aussi l'appareil de charpente sur lequel on bâtit les voûtes de pierre. — Dans un théâtre, *Loges du cintre*, le dernier rang de loges, celui qui est immédiatement sous le plafond.

**CINTRER**, v. a. faire un cintre, bâtir un cintre, faire un ouvrage en cintre.

**CINTRE** (*marine*) (*V.* CEINTRE).

**CINTRÉ, ÉE**, adj. (*blason*). Il se dit du globe impérial entouré d'un cercle horizontal et d'un demi-cercle vertical. — Il se dit aussi des couronnes royales qui sont fermées.

**CINTRER** (*marine*) (*V.* CEINTRER).

**CINXIA**, s. f. (*hist. nat.*), espèce de papillon.

**CINXIA**, quelquefois **CINCTA** et **CINGULA**, Junon, comme présidant au nœud du mariage, ou, si on l'aime mieux, à la ceinture des jeunes mariées. On sait qu'en latin, *solvere zonam*, était d'ordinaire synonyme de consommer le mariage (racine, *cingere*).

**CINYPH REGIO** (*géogr. anc.*), contrée de l'Afrique propre, sur les deux rives du fleuve Cinyph, au nord des Garamantes, vers la grande Syrte. Les habitants étaient appelés Massæ. On leur donnait aussi le nom de Cinyphii et de Syrtites.

**CINYPH** (*géogr. anc.*), aujourd'hui *Wadi-Quaham*, fleuve de l'Afrique propre, prenait sa source dans une montagne appelée par les anciens la *colline des Grâces*, et allait se perdre dans la mer.

**CINYRADES**, descendants de Cinyras, étaient en possession du sacerdoce de Vénus à Paphos.

**CINYRE**, roi de Cypre et père d'Adonis, qu'il eut de Myrrha, sa propre fille. Cet inceste involontaire (*V.* MYRRHA) lui causa un chagrin si profond, qu'il voulut s'ôter la vie. Suivant les uns, il mourut en exil, après avoir été chassé de Cypre par les Grecs en punition de ce qu'il ne leur avait point fourni de vivres durant le siége de Troie; selon les autres, il fut tué par Apollon, à qui il avait osé disputer le prix de la musique. Il eut, dit-on, cinquante filles, qui furent changées en alcyons. Il amassa des richesses si considérables, qu'elles passèrent en proverbe comme celles de Crésus. On lui attribue la fondation de Paphos, de Cinyrée et de Smyrne, et l'invention des tuiles, des tenailles, du marteau, du levier et de l'enclume. Quelques auteurs prétendent qu'il n'était pas né en Chypre, mais qu'il y était venu d'Assyrie, où il avait régné. D'autres le font régner en Phénicie, sur les bords de l'Adonis. On le met aussi au rang des devins.

**CINYRE**, fils de Laodice.

**CINYRE**, Ligurien qui secourut Turnus contre Enée.

**CINYRÉE** (*géogr. anc.*), ville de l'île de Cypre, ainsi nommée à cause de Cinyre, son fondateur.

**CINZILLA**, s. m. (*anc. médec.*), nom donné par Paracelse à une dartre rongeante.

**CIOCCHI** (JEAN-MARIE), peintre, né à Florence en 1658, élève de Dandini, fut chargé de plusieurs ouvrages à fresque, entre autres des peintures de la bibliothèque des Servites, et du plafond de l'église des moines Angeolini. La plus remarquable de ses compositions est *le Martyre de sainte Lucie*, tableau peint pour l'église de ce nom. Vers la fin de sa vie, sa vue s'étant affaiblie, il fut obligé de renoncer à la peinture; c'est alors qu'il écrivit l'ouvrage intitulé: *la Pittura in Parnasso*, où l'on trouve des observations curieuses et utiles, et qui fut publié in-4° en 1725, l'année même de la mort de l'auteur.

**CIOCOQUE** ou **CHIOCOQUE** (*botan.*), *chiococca*. Ce genre a de tels rapports avec les *psycothria*, que plusieurs de ses espèces ont été transportées dans ce dernier genre. Il se distingue d'ailleurs par la forme de sa corolle, qui est tubulée dans les *psycathria*, en forme d'entonnoir, à cinq découpures aiguës, un peu réfléchies dans les ciocoques; leur calice est court, supérieur, persistant, à cinq dents; les étamines au nombre de cinq, non saillantes; un ovaire surmonté d'un style simple, terminé par un stigmate simple et bifide. Le fruit est une capsule arrondie, comprimée latéralement, couronnée par le calice contenant deux semences. — Ce genre appartient à la famille des rubiacées, à la pentandrie monogynie de Linnæus; il renferme les espèces suivantes: — CIOCOQUE A FRUITS BLANCS, *chiococca racemosa* Linn., Lam., *Ill. Gen.*, tab. 160. Arbrisseau de l'Amérique méridionale, assez commun à Saint-Domingue, et à la Jamaïque; il s'élève à la hauteur de quatre à six pieds, et porte des rameaux faibles, allongés, sarmenteux, garnis de feuilles glabres, opposées, luisantes, ovales, aiguës, longues de deux pouces; les fleurs sont d'un blanc jaunâtre disposées en grappes pendantes, axillaires; leur corolle est longue d'environ quatre lignes; le fruit consiste en de petites baies lenticulaires, très-blanches, à chair spongieuse. — CIOCOQUE A FRUITS JAUNES, *chiococca paniculata* Linn. Wildenow a rangé cette plante parmi les *psycothria*. C'est un assez grand arbre, dont les rameaux sont garnis de feuilles opposées, médiocrement pétiolées, ovales, aiguës à leurs deux extrémités; chaque paire de feuilles est réunie par une membrane mince, stipulaire, qui se termine en deux dents intermédiaires et opposées; les fleurs sont jaunes, disposées en une panicule terminale; les baies jaunes, comprimées latéralement. Cet arbre croît aux environs de Surinam, dans l'Amérique méridionale. — CIOCOQUE BRANCHU, *chiococca branchiata*, Fl. Per., tab. 219. Les auteurs de la *Flore du Pérou* ont découvert cette plante dans les forêts de Chincas; ses tiges sont brunes, ligneuses et grimpantes; les rameaux tétragones dans leur jeunesse; les feuilles pétiolées, rabattues, ovales, aiguës, luisantes, très-entières; les stipules vaginales et tronquées; les grappes axillaires; les fleurs médiocrement pédicellées, les bractées subulées; la corolle d'un jaune verdâtre, trois fois plus longue que le calice; le fruit consiste en une baie charnue, roussâtre, comprimée. — On distingue encore le *chiococca barbata*, Forest. Prodr. des îles de la Société des Amis. Sa tige est droite, les feuilles ovales; les fleurs axillaires; les pédoncules uniflores, la corolle barbue à son orifice. Peut-être devrait-on réunir, comme variété, au *chiococca racemosa* le *chiococca scandens*, Br. Jam., dont les rameaux sont très-grêles, sarmenteux et presque simples. Il croît à la Jamaïque. Le *chiococca nocturna* de Jacquin paraît être la même plante que le *cestrum nocturnum* Linn.

**CIOFANO** (HERCULE), orateur et poëte, né à Sulmone au commencement du XVIe siècle, fut le disciple de Muret, et profita des leçons de cet habile maître. On a la preuve de son savoir dans ses *Commentaires sur les Métamorphoses d'Ovide*, son compatriote, où le désir de se montrer érudit ne nuit pas à l'élégance et à la pureté du style. Ils furent imprimés à Venise par Alde le jeune, en 1572, in-8°. Le succès qu'eurent ces Commentaires engagea l'auteur à continuer ce travail sur les autres ouvrages d'Ovide. Toutes ses notes sur cet ingénieux poëte ont été imprimées, avec la vie d'Ovide et la description de Sulmone, à Anvers, Plantin, 1583, in-8°; on les a réimprimées dans l'édition d'Ovide avec les observations d'autres savants, Francfort, 1601, in-fol., et enfin dans la belle édition donnée par Burmann en 1727, 4 vol. in-4°. On a encore de Ciofani, *Adverbia localia*, Sulmone, 1584, in-4°, et quelques autres opuscules. Muret parle de lui avec éloge dans plusieurs de ses lettres. Scaliger, Scioppius, Manuce, s'accordent également à louer son talent, son érudition et sa modestie, ainsi que son désir continuel d'obliger.

**CIOFFIUS** (PIERRE), natif d'Empole, au diocèse de Tivoli, vivait encore en 1630. On a de lui : 1° des *Opuscules* de l'Unité de Dieu, de l'Incarnation, de la Foi, de l'Espérance, des Anges, de l'Homme, des Sacrements, de la Grâce, de la Charité et de la Gloire; 2° trente livres des *Descriptions sacrées*, imprimées à Rome en 1621 et 1623; 3° quatre *Questions des choses sacrées figuratives*, à Foligno, en 1626 (Dupin, ibid., p. 1710).

**CIOJA** (*ornith.*), nom piémontais du chocard ou choucas des Alpes, *corvus pyrrhocorax* Linn.

**CIOLEK** ou **VITELLIO**, mathématicien et physicien polonais du XIIIe siècle. Il fut le premier qui fit connaître à l'Europe la science de l'optique, d'après un opticien arabe nommé *Al-Hazen*. Parmi ses productions, qui ne furent publiées que bien plus tard, après sa mort, nous citerons les suivantes : 1° *Vitellionis perspectivæ libri decem*, Nuremberg, 1533, in-fol.; 2° *Vitellionis mathematici doctissimi de optica, id est, de natura, ratione et projectione radiorum, visus, luminum, colorum atque formarum, quam vulgo perspectivam vocant, libri decem*, Nuremberg, 1551; 3° *Opticæ thesaurus al-Hazeni Arabis, libri septem, nunc primum editi. Ejusdem liber de crepusculis et nubium ascensionibus. Ejusdem Vitellionis Thuringo-Poloni libri decem, a Fr. Risnero*, Bâle, 1572; 4° *Sur la physiologie, Sur l'ordre des êtres, Sur les conclusions élémentaires, Sur la science des mouvements célestes.* — Il y a d'autres hommes distingués du même nom, comme : CIOLEK (Stanislas), nommé aussi VITELLIO, évêque de Posnanie, un des poëtes les plus distingués de son temps. On croit qu'il est le premier qui écrivit des satires, car l'histoire de la littérature polonaise ne fait pas mention que quelqu'un ait écrit avant lui en ce genre de poésie. Stanislas Ciolek mourut en 1438. — CIOLEK (Erasme), nommé aussi et plus connu sous le nom de VITELLIUS, né à Cracovie dans le XVe siècle, d'une famille obscure. Protégé pour ses talents par le grand-duc de Lithuanie Alexandre, il obtint en 1491 à Cracovie le grade de docteur ès lettres, puis fut créé chanoine et enfin évêque de Plotyk. Il fut envoyé en 1518, par Sigismond Ier, roi de Pologne, à la cour de Rome, à l'effet de concilier les différends qui s'élevaient entre Sigismond et Maximilien, archiduc d'Autriche, et pour prévenir la mésintelligence lorsque les Turcs menaçaient la chrétienté. N'ayant pas réussi dans ses démarches, il ne put obtenir la barrette de cardinal, et mourut à Rome en 1522. — CIOLEK (Jacques), ou VITELLIUS. On connaît de lui les ouvrages suivants : 1° *Epinicion Uladislai IV;* 2° *Lacrymæ in funere Gregorii Bradonyxi*, Cracoviæ, 1617; 3° *Hermes Trimegistus;* 4° *Æternis manibus Jacob Janidlovii*, Cracoviæ, 1600.

**CION**, s. m. (*vieux langage*), scion, rejeton, jet d'un arbre. — Tourbillon.

**CION**, s. m. (*médec. anc.*), nom grec de la luette.

**CION** (*ornithol.*), nom italien de la grive-mauvis, suivant Buffon, *turdus iliacus* Linn.

**CIONACCI** (FRANÇOIS), prêtre et littérateur florentin du XVIIe siècle, n'est connu que par une édition qu'il a donnée des *Pœsie sacre* de Laurent de Médicis, surnommé *le Magnifique;* de Lucrèce Tornabuoni, sa mère, et de deux autres Médicis, à Florence, 1680, in-4°. Les poésies de Laurent forment la plus grande partie du volume; c'est une *représentation*, ou espèce de drame pieux de saint Jean et de saint Paul, suivie de prières, *orazioni*, et d'hymnes ou cantiques, *laude;* le tout est précédé d'observations savantes et curieuses de l'éditeur sur ces différentes espèces de poésies sacrées, sur les drames appelés *Représentations*, sur les *Oraisons* et sur les cantiques ou laudes. Comme *lauda*, qui signifie en italien *hymne* ou *cantique*, ressemble au mot latin *laudes* (louanges ou éloges), les savants auteurs du *Dictionnaire universel, historique et critique*, qui savent peut-être un peu de latin, ayant trouvé dans un petit dictionnaire italien que l'éditeur avait joint à ces poésies, des observations *sopra le laude in generale*, etc., n'ont pas manqué de mettre dans leur article, qu'il avait enrichi ce recueil de plusieurs *notes et observations sur les* louanges *en général*, ce qui a, comme on peut le voir, beaucoup de rapport avec les *Poésies sacrées* de Laurent de Médicis et de sa famille.

**CIONE** (*V.* ORCAGNA).

**CIONE** (*entomol.*), *cionus*. C'est le nom que M. Clairville a proposé, dans l'*Entomologie helvétique*, pour désigner un genre de coléoptères rhinocères ou rostricornes parmi les charançons dont les antennes en massue sont coudées, composées de neuf articles, dont le premier très-long, le second et le troisième moyens, obconiques; les trois suivants courts, arrondis, et les derniers serrés en massue. Ce genre, qui n'a pas été adopté par Fabricius, est confondu par lui avec celui de rhynchènes. Telles sont les espèces décrites sous les noms de la salicaire, *lythri*, du bouillon blanc, *verbasci*, de la scrofulaire, de la blattaire, de la vipérine, de l'ortie, du chou, de l'oseille, etc.

**CIONES**, c'est-à-dire *colonnes* (Κίονες), dieux qui ne consistaient qu'en grosses pierres équarries.

**CIONIUM** (*botan.*), sporange subglobuleux ou difforme; péridium simple, membraneux, s'ouvrant par déchirement, et tombant par écailles, flocons ou filaments intérieurs, fixés vers la base de la columelle ou axe central; sporidies entassées. — Ce genre de la famille des champignons a été établi par Link, ordre des gastromyciens, section des mycétodéens; il est tellement voisin des physarum et des didymium, qu'il doit leur être réuni. Aussi voit-on que Link, dans un deuxième travail sur les champginons semble le confondre avec le *didymium*, dont il n'était qu'un démembrement, puisque les espèces du genre *cionium* sont les *didymium complanatum farinaceum* et *tigrinum* Schrad., que M. Persoon regarde comme des *physarum;* mais, chez ceux-ci, le péridium n'est point traversé par un axe central ou columelle, bien que cet axe soit de même nature que les pédicules des *physarum*, et non pas un péridium intérieur, comme l'a dit Schrader (Link, *Berl. Mag.*, III, p. 28).

**CIONITE**, s. f. (*médec.*), inflammation de la luette.

**CIONNER**, v. a. (*vieux langage*), pousser des cions ou scions.

**CIOS** ou **CIUS** (*géogr. anc.*), aujourd'hui Ghio ou Kemlik, ville de l'Asie-Mineure, dans la Bithynie, au sud-ouest, au fond du golfe Cianus. Elle fut détruite par Philippe, père de Persée, et rebâtie par Prusias, roi de Bithynie.

**CIOS** ou **CIUS** (*géogr. anc.*), rivière de Bithynie, qui coule près de la ville du même nom, et qui, après s'être réunie à l'Hylos, se jette dans le golfe Cianus.

**CIOS** ou **ŒSCUS** (*géogr. anc.*), aujourd'hui Esker, rivière de Thrace, qui avait sa source au mont Rhodope, traversait le mont Hémus vers le milieu, et se rendait dans l'Ister, près d'OEscus, dont elle prenait le nom.

**CIOS** (GOLFE DE) (*V.* CIANUS SINUS).

**CIOTA** ou **CIOUTA** (*botan.*), variété de raisin (*V.* VIGNE).

**CIOTAT** (LA), ville et port de France, département des Bou-

-ches-du-Rhône, sur la Méditerranée, entre Marseille et Toulon. Population 5,427 habitants. Le port, dont l'entrée est éclairée par un phare, est sûr et protégé par un fort; il peut recevoir des frégates et des bâtiments de 300 tonneaux. Cette ville possède des chantiers renommés pour la construction des navires de commerce. Le cabotage y est très-considérable. C'est le second port de la Méditerranée pour la pêche des anchois et de la sardine. On y fait des salaisons très-recherchées en foire de Beaucaire. Les vins des coteaux valent ceux de Cassis. Le commerce principal consiste en fruits secs, figues blanches, dites de Marseille, qui s'achètent pour cette ville et Ollioules, grains, chanvres, etc. Il se fait aussi un grand commerce de caves pour les colonies, à cause de la belle et bonne qualité des huiles.

**CIOTOLONE** (*botan.*), nom donné, aux environs de Florence, à une espèce de *pezize* voisine du *peziza cupularis* Linn.

**CIOTTOLARA** (*botan.*), espèce de lichen mentionné par Imperato. La ciottolara, dit-il, est une mousse qui croît sur les arbres; elle se ramifie dès le bas, de manière à ressembler à une pousse d'absinthe; sa substance est jusqu'à un certain point cartilagineuse; elle finit en petits godets. On la trouve sur le chêne. Les parfumeurs l'emploient en poudre pour donner du corps aux odeurs. Cette plante paraît être une espèce du genre *physcia* de Cand., et peut-être le *physcia ciliaris* Lem..

**CIOUC** (*ornith.*), nom piémontais du scops ou petit duc, *strix scops* Linn.

**CIPAHI** ou **CIPAIÈ** (*art milit.*) (*V.* CIPAYE et INDE).

**CIPARISOFIQUE** (*botan.*), *ciparisoficus*, fruit humide, interne, presque conique, appuyé sur un ou deux appendices aussi coniques, surmonté d'une fleur qui a la figure d'une petite lèvre ronde, et d'où s'élève un paquet de filets. Donati, en établissant ce genre, lui donne pour type le *fucus cipressinus* d'Imperato. Ce dernier nous apprend que les pêcheurs de Naples en enveloppent le poisson pour le conserver plus longtemps frais. Ce fucus paraît être le *fucus discors* ou le *fucus sedoides*. On a une espèce de la même section (*V.* FUCUS).

**CIPAYE**, s. m. soldat indien (*V.* INDE).

**CIPERINA** (*ornithol.*), un des noms italiens de l'alouette huppée ou cochevis, *alauda cristata* Linn.

**CIPHONIE**, s. f. (*vieux langage*), instrument de musique à cordes.

**CIPIERRE** ou **SIPIERRE** (PHILIBERT DE MARSILLY, SEIGNEUR DE), né dans le Mâconnais, dut aux Guises son élévation. Après avoir servi avec distinction sous Henri II, il fut nommé, à la recommandation de ses patrons, gouverneur du duc d'Orléans, depuis Charles IX, qui le fit ensuite premier gentilhomme de sa chambre et lui donna les gouvernements de l'Orléanais et du Berri. Cipierre mourut à Liége en 1566. « C'était, dit de Thou, un homme de bien et un grand capitaine, qui n'avait rien de plus à cœur que la gloire de son élève et la tranquillité de l'Etat. » Si Charles IX sur le trône ne sembla pas suivre les leçons de son ancien gouverneur, ce fut, selon Brantôme, parce que le maréchal de Retz lui fit oublier la bonne nourriture que lui avait donnée le brave Cipierre.

**CIPIERRE** (RENÉ DE SAVOIE, plus connu sous le nom de), fils de Claude de Savoie, gouverneur et grand sénéchal de Provence, embrassa sous Charles IX le parti des huguenots, fit des levées en Provence par ordre du prince de Condé, combattit avec Crussol d'Acier, Mouvans, Céreste, etc., et assista à la prise de Nîmes et de Montpellier. Sa conduite lui attira la haine de son propre frère, le comte de Sommerive. Il revenait de Nice, où il était allé saluer le duc de Savoie, son parent, quand il fut assassiné dans Fréjus par un parti de ses ennemis, qui d'abord lui avaient tendu aux environs de cette ville une embuscade à laquelle il avait échappé. On ne douta point que la cour et le comte de Sommerive n'eussent ordonné et préparé ce meurtre, qui eut lieu en 1567.

**CIPIPA** (*botan.*), nom donné à la fécule retirée de la racine de manioc, quand on la presse pour en exprimer le suc. Cette fécule, qui se dépose au fond du vase dans lequel coule le suc, est blanche, cemme celle de pommes de terre et comme l'amidon du froment, et peut servir aux mêmes usages. Aublet en fait mention dans son *Supplément aux plantes de la Guiane*, page 72.

**CIPOLIN**, *cipolino*, nom que les Italiens donnent à une espèce de marbre: selon les uns, à cause du rapport de sa couleur avec l'oignon, appelé en italien *cipolla;* selon d'autres, parce qu'il est formé, ainsi que cette plante potagère, de couches incohérentes, ce qui le rend d'un travail ingrat pour la sculpture. Mais les architectes anciens l'ont employé, comme les modernes continuent de le faire, en colonnes. On en trouve des blocs considérables, à en juger, entre autres colonnes, par celle qui fut trouvée à Rome, il y a une cinquantaine d'années, à Campo Marzo, et qui a cinquante-trois palmes de hauteur sur six et demie de diamètre. Il existe encore des péristyles antiques de colonnes formées de ce marbre: entre plusieurs autres, celui du temple d'Antonin et Faustine, au *Campo Vaccino*. On l'emploie depuis quelques années avec succès à former des revêtissements et des compartiments, dont les dalles, sciées et rapprochées, font l'effet des bois de marqueterie. Il est susceptible d'un beau poli, et sa couleur verte est agréable aux yeux.

**CIPON** (*botan.*), *ciponima*, arbre peu élevé de la Guiane, dont Aublet a donné un genre particulier, et que plusieurs botanistes modernes ont réuni au *symplocos*, avec lequel en effet il a de très-grands rapports. Il appartient à la famille des ébénacées et à la polyandrie monogynie de Linnæus. Ses fleurs offrent un calice fort petit, velu, à cinq découpures; une corolle tubulée, renflée à sa base, rétrécie sous son limbe, qui se divise en cinq lobes concaves, allongés; environ trente étamines disposées sur deux rangs, insérées à l'orifice de la corolle; les filaments réunis à leurs bases; les anthères arrondies; un ovaire supérieur fort petit, surmonté d'un style velu et d'un stygmate en tête; une baie ovale renfermant un noyau ligneux, à quatre ou cinq loges; une semence dans chaque loge.

**CIPON DE LA GUIANE**, *ciponima guianensis* Aubl., *Guian.*, tab. 226; *symplocos ciponima* Willd. Ses tiges s'élèvent à la hauteur de sept à huit pieds; son bois est blanc, son écorce grise; les rameaux garnis de feuilles alternes, pétiolées, glabres, ovales-oblongues, acuminées, très-entières, couvertes dans leur jeunesse de poils couleur de chair; les fleurs sont axillaires, réunies par petits bouquets garnis à leur base de quatre à cinq petites écailles bordées de poils couleur de rose; les pédoncules très-courts; les baies ovales et noirâtres.

**CIPPE**, nom qu'on donne quelquefois à certains fûts qui diffèrent des colonnes en ce qu'ils n'ont ni base ni chapiteau, et sur lesquels on gravait souvent des inscriptions. — Les cippes servirent à plus d'un usage dans l'antiquité. Tantôt on y gravait les distances, et ils étaient des colonnes milliaires; tantôt on y écrivait le nom des chemins, et ils faisaient alors la même fonction que les hermès, qui eux-mêmes n'étaient que des espèces de cippes; tantôt ils servaient de bornes où l'on plaçait les inscriptions qui indiquaient les terrains consacrés à la sépulture de certaines familles. — Les cippes des sépultures ont souvent été pris pour des autels, à cause de leurs formes et de leurs ornements, surtout quand l'inscription ne renfermait pas une épitaphe proprement dite. Cette méprise au fond en est à peine une, puisque ces sortes de cippes étaient consacrés aux divinités infernales. D'ailleurs leur partie supérieure est souvent creusée en forme de cratère ou de coupe, comme les autels.

**CIPPE** (*anc. cout.*), instrument de torture.

**CIPPER** (*ornithol.*). L'oiseau que l'on connaît en Italie sous ce nom, est, suivant Buffon, la grive-mauvis, *turdus iliacus* Linn.

**CIPPICO** (CORIOLAN), historien vénitien du XVe siècle, est auteur d'une *Histoire des guerres des Vénitiens en Asie*, de 1470 à 1474, en cent onze livres, dont l'abbé Morelli a donné une nouvelle édition avec des notes, Venise, 1796, in-4°.

**CIPPUS** (M. GENUTIUS), noble romain des premiers temps de la république, qui, revenant à Rome après une victoire, apprit de l'oracle que s'il entrait dans la ville il y régnerait en souverain. Ne voulant point asservir sa patrie, il assembla le sénat hors de la ville, se bannit lui-même pour toujours, et vécut du produit d'un arpent de terre.

**CIPRE** ou **CHIPRE** (*botan.*). Duhamel, dans son *Traité des arbres*, parle d'un pin de ce nom, qui croît dans le Canada, et qu'il caractérise par des cônes garnis de pointes et des feuilles sortant au nombre de trois de la même gaîne. Il n'est point mentionné dans les ouvrages des botanistes: on le trouve seulement dans la Nouvelle Encyclopédie, cité avec doute, comme pouvant être une variété d'un pin d'encens, *pinus tæda*. Il ne faut pas confondre cet arbre avec le cypre ou bois de Cypre, qui est un sébestier, ni avec le cyprès chauve, *cupressus disticha*, nommé cypre dans la Louisiane.

**CIPRIANI** (JEAN-BAPTISTE), peintre et graveur à l'eau-forte, naquit à Pistoia en 1732, et mourut à Londres en 1785. On ignore de quel maître il fut élève; seulement on sait qu'il vint à Rome à l'âge de dix-huit ans, pour se perfectionner dans son art, et que ses talents lui acquirent bientôt une brillante réputation. Quelques Anglais, amis des arts, qui s'y trouvaient l'engagèrent à venir à Londres; il se rendit à leurs instances et fut un des premiers membres de l'académie royale, fondée en cette ville en 1769. Les Anglais ont toujours beaucoup goûté la manière de peindre de Cipriani. Son dessin a de la correction, ses airs de tête sont pleins de grâce et d'agrément. Cipriani avait beaucoup étudié les ouvrages du Corrége. On voit dans tous ses tableaux qu'il cherche à imiter l'inimitable candeur que ce grand maître sait si bien donner à ses figures; son coloris est harmonieux, et l'effet général de ses compositions séduisant. Il a dessiné pour l'*Orlando furioso* de l'Arioste une suite de petites compositions où l'on trouve toute la grâce et l'esprit de son talent. Celles du trente-cinquième chant représentent des cygnes qui sauvent du Léthé les noms des grands poëtes; au bec d'un de ces oiseaux Cipriani a mis son nom dans un médaillon si petit, qu'il faut un microscope pour distinguer les lettres. Il a encore gravé avec le même esprit plusieurs pièces, tant de sa composition que d'après différents maîtres, et entre autres une *Descente de croix*, d'après Van-Dick, qui est extrêmement rare. Plusieurs jolies estampes de Bartolozzi sont gravées d'après les compositions de Cipriani.

**CIPULAZZA** (*ichthyol.*), nom maltais des poissons du genre scorpène.

**CIPURE** (*botan.*), *cipura*, genre de plantes de la famille des iridées qui appartient à la *triandrie monogynie* de Linn., et dont le caractère essentiel consiste dans une corolle (calice) divisée en six parties; le tube très-court; les trois divisions intérieures du limbe beaucoup plus petites que les extérieures; trois étamines li res attachées sur le tube de la corolle; un ovaire inférieur, trigone; le style épais, triangulaire; le stigmate à trois divisions entières; une capsule oblongue, à trois loges polyspermes. — Ce genre a reçu de Schreber le nom de *marica;* il comprend des plantes, la plupart de l'Amérique méridionale, à racines bulbeuses, à tige herbacée; les feuilles nerveuses, ensiformes, vaginales; les fleurs terminales, spathacées. On distingue les espèces suivantes : — CIPURE DES MARAIS, *cipura paludosa* (Aubl., *Guian.*, t. XIII; Lam., *Ill.*, tab. 30; Curt., *Botan. Mag.*, tab. 646), *marica paludosa* Willd. Ses bulbes sont arrondies et charnues; elles produisent plusieurs feuilles minces, étroites, pointues, longues de plus d'un pied; d'entre ces feuilles s'élève une tige nue, grêle, longue d'un demi-pied, munie à son sommet de deux feuilles et de quelques autres beaucoup plus courtes en forme de spathe, d'où sortent plusieurs fleurs pédonculées, blanches ou bleues, renfermées chacune dans une spathe membraneuse, oblongue, aiguë. Elle croît à la Guyane, dans les savanes humides. — CIPURE A FEUILLES DE GRAMINÉE, *cipura graminea* Kunth., Humb. et Bonpl. (*Nov. Gen.*, I, p. 320). Cette espèce, recueillie sur les bords de l'Orénoque, proche de la ville de Saint-Thomas, a de grands rapports avec la précédente, mais elle est beaucoup plus petite dans toutes ses parties; sa bulbe est oblongue, sa tige droite, longue de six à huit pouces, munie d'une seule feuille terminale et de deux fleurs; les feuilles radicales glabres, linéaires, ensiformes; celles de la tige semblables, mais plus courtes; plusieurs autres spathacées, oblongues, concaves, acuminées, longues d'environ un pouce et demi; sa corolle blanche; ses trois découpures extérieures oblongues, les intérieures ovales, plus courtes; le stigmate infundibuliforme, blanc, diaphane; une capsule oblongue.—CIPURE A TIGE COURTE, *cipura humilis* Kunth., Humb. et Bonpl. (*Nov. Gen.*, I, p. 320). Sa bulbe est ovale; sa tige cylindrique, longue de deux à trois pouces, chargée de deux à trois fleurs; les feuilles radicales linéaires, ensiformes, longues de trois à quatre pouces; une seule feuille caulinaire, de même forme; plusieurs folioles spathacées, lancéolées, concaves, acuminées, les supérieures plus petites; la corolle blanche; ses trois divisions extérieures droites, obtuses, mucronées, en ovale renversé; les trois intérieures une fois plus courtes, ovales, obtuses, réfléchies à leur sommet, marquées à leur base d'une tache triangulaire en cœur, glanduleuses, bordées de jaune; les divisions du stigmate en forme de pétales; une capsule à trois loges; les semences placées sur deux rangs. Elle croît dans le royaume de la Nouvelle-Grenade, proche de Handa. — CIPURE DE LA MARTINIQUE, *cipura martinicensis* (Kunth., Humb. et Bonpl. (*Nov. Gen.*, I, p. 321); *iris martinicensis* Jacq. Amer., VII, tab. 7 (Curtis, *Bot. Magaz.*, tab. 407); *trimezia lurida* Salisb. (*Trans. hort. soc.*, I, p. 280). Ses tiges, hautes d'un pied et plus, se terminent par trois ou cinq fleurs; les feuilles radicales sont linéaires, ensiformes, un peu plus courtes que les tiges; une feuille caulinaire longue d'un demi-pouce; plusieurs folioles spathacées longues d'un pouce, verdâtres, striées, acuminées; la corolle jaune; les découpures extérieures grandes, en cœur renversé, marquées à leur base de deux taches roussâtres; les intérieures concaves, réfléchies à leur sommet, quatre fois plus courtes que les extérieures.

**CIRAGE**, s. m. action de cirer, ou le résultat de cette action. — Il se dit aussi de la cire appliquée sur quelque chose. — CIRAGE, en termes de peinture, tableau peint en camaïeu de couleur de cire jaune. Ce sens est peu usité.

**CIRAGE.** On nomme ainsi plusieurs compositions dans lesquelles anciennement il entrait toujours de la *cire*, et employées surtout pour noircir la chaussure ainsi que les harnais, et leur donner une sorte de vernis noir en les brossant. Le cirage usité le plus généralement en France, il y a vingt ans, pour les chaussures se composait de blancs d'œufs battus avec un peu d'eau, dans lesquels on délayait un peu de noir de fumée; on y ajoutait quelquefois un peu de sucre et de gomme afin de le rendre plus brillant. Il suffisait de l'étendre au pinceau et de l'y laisser sécher. Ce cirage, très-beau, facile à faire et à employer, était peu solide; une grande sécheresse le faisait écailler, et la moindre quantité d'eau le délayait ou le faisait en partie dissoudre. On ne l'emploie plus aujourd'hui dans les grandes villes; il a été remplacé par une composition originairement préparée à Londres, d'où, comme l'on sait, il a donné lieu à des exportations considérables, et enrichi plusieurs fabricants et marchands de ce produit, appelé dès lors cirage anglais par esprit de spéculation et de mode, car on le prépare de la même manière dans toutes les contrées de l'Europe. Ce cirage est un mélange de noir d'os broyés à l'eau et d'acides sulfurique et chlorhydrique, de mélasse, de gomme et d'un peu d'huile. Le cirage que l'on doit expédier, ou qui peut rester longtemps dans les boutiques, est susceptible d'entrer en fermentation, et la grande quantité d'acide carbonique qui se dégage pendant la conversion de la matière sucrée qu'il contient en alcool, occasionne une pression capable de faire casser les bouteilles, ou, lorsqu'on les débouche, de faire projeter au dehors une grande partie du liquide. Pour prévenir ces accidents désagréables, il suffit de faire bouillir dans l'eau, pendant une demi-heure, selon le procédé de conservation de M. Appert, les bouteilles bien bouchées; on parviendrait probablement au même résultat en mêlant au cirage un petit peu d'acide sulfureux ou d'huile essentielle. Lorsqu'on emploie le cirage, on doit l'agiter afin de mélanger les parties qui se séparent spontanément par le repos. Cette composition doit présenter les substances indissoutes qu'elle renferme dans un grand état de division. Etendue sur le cuir, et frottée encore humide avec une brosse peu rude, elle acquiert une sorte de poli brillant et d'un beau noir, adhère fortement au cuir, et n'est pas enlevée par de légers frottements, même à l'air humide; c'est le mode d'essai fort simple qu'emploient les marchands et débitants de cirage. Le cirage en Angleterre, où tout ce qui tient au luxe extérieur, à la matérialité de l'existence, est poussé au plus haut point de développement, le cirage forme une branche de commerce importante. On en fait des expéditions considérables. Des machines à vapeur sont employées à sa préparation dans d'assez grandes manufactures. Mais, comme on prépare le cirage dans toutes les contrées européennes de la même façon et aussi bien qu'en Angleterre, le commerce d'exportation ne s'en fait plus aujourd'hui qu'avec les Indes et les colonies, c'est-à-dire là où les Anglais imposent leurs produits. On vend le cirage anglais, soit fluide, et dans des flacons en grès de diverses contenances, soit aggloméré en pâte mise en boîtes de ferblanc ou en carton, soit dans des petits barils, soit enfin en pains ronds cylindriques, en boîtes ou embarillés. On trouve dans le commerce divers cirages formés de résine, d'huile, de gomme laque, d'alcool, de noir de fumée, et d'autres substances mélangées en diverses proportions. Ils sont plus spécialement désignés sous le nom de VERNIS (*V.* ce mot). L'espèce de cirage qui sert à donner du brillant, et à faire paraître comme vernissés les ouvrages de menuiserie, les sculptures en bois, les parquets d'appartements, etc., contient surtout de la cire dissoute ou mise en émulsion. On le désigne plus ordinairement aujourd'hui sous la dénomination d'ENCAUSTIQUE (*V.* ce mot).

**CIRAN (SAINT)** ou **SIGIRAN**, né dans le Berri d'une famille illustre, ayant reçu à Tours une éducation convenable à sa naissance, parut à la cour, s'y fit estimer et y exerça la charge d'échanson sous le roi Clotaire II. Sigelai son père, qui était évêque de Tours, ayant voulu le marier, Ciran, qui pratiquait les vertus d'un solitaire au milieu des grandeurs, refusa ce parti, rompit peu après tout commerce avec le monde, reçut la tonsure des mains de l'évêque Modégisile, qui avait succédé à son père, et fut élevé aux ordres sacrés. Nommé à la dignité d'archidiacre, il rendit de grands services au diocèse de Tours, corrigea les abus et rétablit partout la discipline. Son zèle et ses vertus ne pouvaient manquer de lui attirer des désagréments. Le gouverneur de la ville le fit mettre en prison, sous prétexte de folie; mais le ciel confondit ses ennemis, et son principal persécuteur périt misérablement. Il se démit ensuite de sa dignité, après avoir distribué le reste de son bien aux pauvres, et se retira dans le diocèse de Bourges, sur les confins du Berri et de la Touraine, où il bâtit deux monastères, celui de Meaubec, et celui de Lonrey, où il mourut vers l'an 657, après l'avoir gouverné plusieurs années. Sa *Vie* a été publiée par Mabillon avec des remarques.

**CIRANDONO** (FRANÇOIS), roi de Bango. Ce prince fit à saint François Xavier une réception magnifique dans son palais. Après l'avoir entendu parler sur la religion, et confondre les plus habiles bonzes du Japon, il donna de grandes espérances d'embrasser le christianisme, ce qu'il différa pourtant encore vingt-sept ans; mais durant cet intervalle, par son crédit et ses libéralités, il contribua infiniment à établir solidement la religion non-seulement dans ses Etats, mais encore dans tout l'empire. Dieu le récompensa de ce zèle par des prospérités perpétuelles et temporelles, et donna surtout à ses armées une prospérité si constante, qu'il joignit quatre autres royaumes au sien. Il reçut enfin publiquement le baptême en 1589, âgé d'environ quarante-huit ans. Sa vertu fut bientôt mise aux plus rudes épreuves. Comme il s'était démis du gouvernement de ses Etats en faveur de son fils aîné, ce jeune prince perdit bientôt par son imprudence tout ce que son père avait conquis, et eût perdu tout le Bango même, si le père n'eût repris les rênes du gouvernement. Ce prince, qui n'aspirait plus qu'à régner dans le ciel, se retira de nouveau quand il eut rétabli les affaires de son fils, qui ne fut pas plus heureux ni plus sage cette seconde fois. Le reste de la vie de Cirandono fut un tissu de malheurs au-dessus desquels il s'éleva toujours par sa vertu et une grandeur d'âme peu commune. Il envoya, en 1572, une magnifique ambassade au pape Grégoire XIII. Il mourut en 1587, avant le retour de son ambassadeur dans une si grande réputation de sainteté, qu'on a commencé à travailler à sa canonisation (*Histoire du Japon*. Baroli, *Asia*).

**CIRANI** (ELISABETH), née à Bologne, se distingua par son talent pour la peinture. L'étude qu'elle fit des œuvres des grands maîtres développa en elle de belles idées qu'elle rendait heureusement. Son coloris était frais et gracieux; mais sa manière manquait de fermeté et de décision, défaut d'autant plus sensible qu'elle traitait de préférence les sujets tragiques. — On ignore l'époque de sa naissance et celle de sa mort.

**CIRATINIENS** (*géogr. anc.*), peuples de Sicile.

**CIRCADAVETHA** (*botan.*), nom portugais du *connarus pinnatus*, suivant Rheede.

**CIRCÆA** (*botan.*). Les modernes ont consacré ce nom à un genre de plantes dont nous parlerons plus bas à l'article CIRCÉE; mais Dioscoride et Pline l'attribuaient à une espèce que nous ne connaissons plus aujourd'hui, et qui paraît très-différente de celles auxquelles on a depuis donné le même nom; car, quoique la description qui nous a été laissée par Dioscoride et par Pline soit très-incomplète, elle suffit cependant pour nous prouver que la circée de Paris ne peut en aucune manière être la *circæa* des anciens. En effet celle-ci, selon Pline, ressemble au *strychnus* cultivé (la morelle commune, *solanum nigrum* Linn., selon plusieurs commentateurs); elle a une petite fleur noire; une petite graine comme du millet, contenue dans des capsules allongées en manière de cornes, et une racine triple ou quadruple, longue d'un demi-pied, blanche, odorante, d'une saveur chaude; elle croît sur les rochers exposés au soleil. Après cette description, Pline parle des propriétés de la *circæa*; mais il est inutile de nous étendre davantage sur une plante qui, comme nous l'avons dit, est maintenant inconnue aux botanistes.

**CIRCAÈTE** (*ornithol.*). M. Vieillot a établi ce genre, en latin *circaetus*, pour l'oiseau vulgairement connu sous le nom de jean-le-blanc, *falco gallicus* Linn.

**CIRCÆUM** (*géogr. anc.*), aujourd'hui Irke, ville de Colchide, sur la rive gauche du Phasis, à l'ouest de Tyndaris.

**CIRCÆUM PROMONTORIUM** (*géogr. anc.*) (*V.* CIRCEII et CIRCELLO [Monte-]).

**CIRCANEA** (*ornithol.*). L'oiseau auquel les anciens appliquaient cette dénomination, à cause de son vol circulaire, paraît être la soubuse, *falco pygargus* Linn., et *circus gallinarius* Savig.

**CIRCASSIE** et **CIRCASSIEN** (*V.* TCHERKESSE).

**CIRCASSIENNE**, s. f. (*comm.*), nom d'une étoffe de laine croisée.

**CIRCATA** ou **CIRCADA**, vieux terme latin qui signifie circuit, tournée. On entendait autrefois par ce mot la visite des évêques dans toutes les paroisses de leurs diocèses. On appelait aussi de ce nom le droit qu'on donnait aux évêques dans leurs visites, et que nous appelons aujourd'hui procuration (Yves de Chartres, *Epist.*, 286).

**CIRCÉ**, célèbre magicienne, fille, suivant les uns, de Hélios et de l'Océanide Persan ou Perséis, selon les autres de Hypérion et d'Astérope, sœur d'Aétès et de Pasiphaé. Elle habitait au milieu d'une vallée dans une île près des côtes occidentales de l'Italie, non loin d'un promontoire appelé encore aujourd'hui *Monte-Circello*. Son palais, construit en pierres brillantes, était gardé par des lions et des loups apprivoisés. Circé s'occupait elle-même à tisser, et accompagnait de chants son travail; elle était servie par des Oréades et des Naïades.— Lorsque Ulysse errant eut abordé dans son île, il envoya Eurylochus avec une partie de ses gens pour la reconnaître. Ils arrivèrent dans le palais de Circé, qui leur donna l'hospitalité et leur offrit des aliments et du vin; lorsqu'ils eurent mangé et bu, elle les toucha de sa baguette magique et les métamorphosa en pourceaux. Eurylochus seul refusa le philtre; il échappa ainsi à la métamorphose, et avertit Ulysse de cet événement. Le héros débarqua pour délivrer ses compagnons; en chemin il rencontra Mercure, qui lui apprit de quelle manière il devait se préserver de l'enchantement, et il lui donna dans le même but une herbe appelée *moly*. Muni de ce préservatif, Ulysse se présenta devant Circé, dont la boisson resta sans effet sur lui. Suivant le conseil de Mercure, il fondit sur elle avec son épée comme s'il voulait la tuer, et l'obligea de lui promettre par serment qu'elle ne lui ferait aucun mal et qu'elle donnerait la liberté à ses compagnons. Ulysse plut à la magicienne; il resta une année entière près d'elle, et en eut deux fils, Adrius ou Agrius et Latinus. Au moment de son départ, elle lui révéla que pour retourner heureusement dans sa patrie il devait auparavant descendre aux enfers et prendre conseil de Tirésias.—Une des meilleures pièces de J.-B. Rousseau est sa cantate de Circé.

**CIRCÉE** (*botan. phan.*), *circæa*. Sous ce nom les anciens désignaient une plante recherchée pour les enchantements et la préparation des philtres amoureux, dont la racine, très-forte, à deux branches, offrait à Pythagore une similitude assez grande avec les cuisses du corps humain, pour qu'il l'appelât *anthropomorphos*, ce qui fit dire à beaucoup d'écrivains botanistes qu'il s'agissait de la mandragore sans tige, *mandragora officinalis*; mais la description de cette plante donnée par Théophraste ne s'accordant point avec celles de Dioscoride et de Pline, d'autres ont assuré qu'il fallait y reconnaître la circée des modernes. Je ne partage ni l'une ni l'autre opinion. Je reviendrai plus tard sur la mandragore (*V.* ce mot); pour le moment, je dois m'occuper de la circée, qui forme un petit genre de la famille des onagraires et de la diandrie monogynie, dont nous connaissons en Europe deux espèces herbacées de peu d'apparence. Les caractères du genre sont : un calice à deux pièces ovales, concaves, caduques; deux pétales ouverts, petits, en cœur; ovaire ou capsule en toupie, hérissé de poils écailleux, à deux loges bivalves, s'ouvrant par la pointe et contenant des semences oblongues, solitaires, étroites. Les circées habitent les forêts et les lieux ombragés, montueux, où elles sont extrêmement communes, et où elles fleurissent au milieu de l'été. — La CIRCÉE PUBESCENTE, *circæa lutetiana*, passe mal à propos pour suspecte aux yeux de quelques personnes. Elle a la tige droite, haute de quarante centimètres, garnie de feuilles opposées, aiguës, de fleurs blanches ou rougeâtres, disposées en longues grappes terminales. On lui conserve le nom de *circée de Paris* que lui donnèrent Lobel, les deux Bauhin et ceux qui les ont suivis, parce que ces botanistes l'y ont trouvée d'abord, mais où elle n'est pas plus abondante qu'en beaucoup d'autres localités de l'Europe et de l'Amérique du Nord. On la désigne aussi vulgairement sous les noms d'*herbe à la magicienne*, d'*herbe aux sorciers*, parce qu'aux temps de la superstition elle était fort recherchée par les imposteurs et les charlatans. J'ignore pourquoi dans certains endroits elle porte le nom d'*herbe de Saint-Etienne*. Naguère encore elle était réputée vulnéraire, et des praticiens l'appliquaient comme résolutive; aujourd'hui ces propriétés sont totalement tombées dans l'oubli. — CIRCÉE DES ALPES, *circæa alpina*, plus petite dans toutes ses parties, mais du reste semblable à la précédente, à l'exception des feuilles, qui sont luisantes, décidément échancrées en cœur, des fleurs qui sont plus habituellement carnées. Elle réside sur les montagnes. On lui connaît une variété qui unit les deux espèces ensemble, et que l'on a pour cela nommée CIRCÉE INTERMÉDIAIRE, *circæa* *intermedia*. Persoon en fait à tort une espèce distincte. Les moutons mangent volontiers toutes les *circées*. On peut les employer à couvrir le pied des massifs dans les jardins paysagers; elles tracent promptement et font bientôt disparaître la triste nudité de leur sol.

**CIRCEII** (*géogr. anc.*), montagne d'Italie, dans la partie du Latium habitée par les Volsques. Au pied de cette montagne étaient la ville et le port de Circeii. Ce lieu formait une espèce d'île ou de presqu'île dans laquelle se trouvait, dit-on, la demeure de Circé, dont on voyait encore le temple du temps de Cicéron. Tarquin y envoya une colonie (*V.* CIRCELLO [Monte-]).

**CIRCEII** (*géogr. anc.*), ville et port d'Italie, dans le Latium, au pied de la montagne de ce nom.

**CIRCELLE** (*ornithol.*). On donne vulgairement ce nom et ceux de cercelle ou cercerelle aux sarcelles ou petits canards d'Europe.

**CIRCELLÉ, ÉE**, adj. (*didact.*), qui est marqué de zones colorées.

**CIRCÉOIDE**, adj. des deux genres (*botan.*), qui ressemble à une circée.

**CIRCELLO (MONTE-)** (*géogr.*), anciennement *Circellum promontorium* ou *jugum*, promontoire et colline des Etats romains (Italie), à 25 lieues sud-sud-est de Rome et à 12 lieues ouest de Gaëte. Il est défendu par six tours et renferme les ruines d'une forteresse et la petite ville de San-Felice.

**CIRCENSES**, jeux du cirque (*V.* CIRQUE).

**CIRCEO** (*géogr.*), dans l'antiquité *OEa insula* ou *Circeium promontorium*, promontoire des Etats romains qui, dit-on, tire son nom de la magicienne Circé. A 4 lieues ouest-sud-ouest de Terracine.

**CIRCESIUM** (*géogr. anc.*), aujourd'hui Kerkisia, grande ville de Mésopotamie, au confluent du Chaboras et de l'Euphrate. Dioclétien la fortifia, et en fit un des remparts de l'empire. Elle est appelée Carchémis dans l'Ecriture.

**CIRCIA** (*ornithol.*). Ce nom, qui avait été employé isolément par d'anciens auteurs, a été donné par Linnæus, comme épithète, à la sarcelle d'été, *anas circia*.

**CIRCIDIUS** (*géogr. anc.*), rivière de l'île de Corse qui avait son embouchure sur la côte occidentale.

**CIRCIGNANO** (NICOLAS), dit *Pomerancio*, parce qu'il naquit à Pomerancia en Toscane en 1516, était déjà assez bon peintre lorsqu'il vint à Rome. Les nouvelles études qu'il fit dans cette capitale le placèrent en peu de temps au rang des meilleurs artistes. Sa manière de composer était grande et hardie, son dessin pur et correct. Il fut jugé digne de travailler aux loges et aux salles du Vatican. Il savait travailler la fresque d'une manière grande, et il entendait surtout parfaitement l'art de peindre de vastes compositions d'appareil. On voit de lui de très-grands ouvrages dans Saint-Laurent in Damaso, tel que le martyre de ce saint. Circignano mourut à Rome en 1588, âgé de soixante-douze ans, laissant un fils, surnommé comme lui *il Pomerancio* (Antoine), qui fut son élève et qu'il associa à ses principaux ouvrages. On trouve dans les tableaux d'Antoine la même franchise dans le dessin, une manière de peindre grande et décidée. Ces deux peintres ont fait en commun presque toutes les grandes compositions que nous avons citées. Antoine fit pour des thèses plusieurs dessins qui furent gravés de son temps; on y retrouve le talent de composition qui recommande ses peintures. Antoine Circignano mourut à Rome en 1619, âgé de soixante ans.

**CIRCINARIA** (*botan.*). C'est le nom qu'Acharius donne à la seconde division de son genre *parmelia*, celle qui comprend les lichens, dont l'expansion (*thallus*) est presque membraneuse, disposée en étoile et à découpures étroites, planes ou convexes, et à contours arrondis. Link nomme *circinaria* un genre qu'il établit dans la famille des lichens, et qu'il caractérise ainsi : conceptacle globuleux, pellucide, épars dans un tissu floconneux très-délicat, enfoncé dans un thallus crustacé, vésiculeux et granuleux. Il donne pour type le *lichen rupicola* d'Hoffmann, qui est l'*urceolaria Hoffmanni*, variété *B* d'Acharius.

**CIRCINÉ** ou **CIRCINAL** (*botan.*), *circinalis*. Ces adjectifs, tirés d'un mot latin qui signifie *formé en cercle*, indiquent la disposition des feuilles lorsqu'elles se roulent sur elles-mêmes, de haut en bas. Les fougères présentent cette particularité, qui les fait reconnaître sur-le-champ. Plusieurs genres de la famille des droséracées ont aussi leurs feuilles *circinées*, ou, comme on dit encore, *roulées en crosse*.

**CIRCINOTRIQUE**, s. m. (*botan.*), genre de champignons.

**CIRCIUS** (*géogr. anc.*), chaîne du mont Taurus.

**CIRCIUS**, vent impétueux de la Gaule narbonnaise.

**CIRCO**, surnom de Q. Lutatius, consul l'an de Rome 513, 241 avant J.-C.

**CIRCOLO-MEZZO**, s. m. (*musiq.*), agrément de chant qui se rapproche du grupetto (*V.* ce mot).

**CIRCOMMÉRIDIEN, IENNE**, adj. (*astron.*), qui a lieu au voisinage du méridien.

**CIRCOMNAVIGATEUR, CIRCOMNAVIGATION** (V. CIRCUMNAVIGATEUR et CIRCUMNAVIGATION).

**CIRCOMPOLAIRES** (*astron.*). On nomme *étoiles circompolaires* les étoiles situées près de notre pôle boréal, et qui tournent autour sans jamais s'abaisser au-dessous de notre horizon. Plus le pôle est élevé au-dessus de l'horizon d'un lieu, et plus le nombre des étoiles circompolaires est grand pour ce lieu. A Paris, par exemple, où le pôle est élevé de 48° 50′ 14″ au-dessus de l'horizon, si l'on imagine un cercle parallèle à l'équateur, et situé à cette même distance du pôle, la zone comprise entre le pôle et ce cercle renfermera toutes les étoiles qui ne se couchent jamais pour Paris.

**CIRCONCELLION**, *circumcellio*. C'est ainsi qu'on nomma une certaine secte de donatistes qui s'élevèrent en Afrique, dans le IV^e siècle, parce qu'ils couraient de tous côtés en commettant une infinité de violences. Ces furieux, se disant les défenseurs publics de la justice, délivraient les esclaves, déchargeaient les gens obérés de dettes, en menaçant de mort les créanciers s'ils ne les leur remettaient. Ils n'étaient pas seulement cruels envers les autres, ils l'étaient envers eux-mêmes. Les uns se précipitaient du haut des rochers, les autres se jetaient dans le feu, quelques-uns se coupaient la gorge, s'imaginant faire un sacrifice agréable au Seigneur par ces inhumanités; et tous ces fanatiques étaient honorés comme des saints par ceux de leur parti (Optat de Milève, l. III; saint Augustin, hér. LXIX; Baronius, à l'an 398; Forbes, *Instructiones historico-theol.*, l. XIV, c. 4).

**CIRCONCELLIONS.** Krantz, dans sa *Metropoles*, parle de certains hérétiques qu'il appelle circoncellions, et qui parurent en Souabe dans le XIII^e siècle. Ils soutenaient que le pape et tout le reste des prêtres étaient simoniaques, hérétiques, hypocrites, pharisiens, pécheurs en toute manière et incapables d'administrer les sacrements. Les prédicants de cette secte avaient coutume de publier, à la fin de leurs sermons, une indulgence de la part du Dieu tout-puissant. Ils recommandaient ensuite aux prières du peuple, non pas le pape, mais Frédéric II, empereur déposé l'an 1245 au concile général de Lyon, et son fils Conrad, roi de Germanie (Hermant, *Hist. des hérés.*, t. II, p. 95).

**CIRCONCIRE**, v. a. couper le prépuce (V. CIRCONCISION). — Le participe CIRCONCIS se dit quelquefois, substantivement, de celui à qui l'on a coupé le prépuce.

**CIRCONCISEUR**, s. m. Il se dit, suivant quelques lexiques, de celui qui circoncit.

**CIRCONCISION**, *circumcisio* (περιτομή, section autour). La circoncision est à la fois un acte d'initiation religieuse et une opération chirurgicale. Nous allons l'étudier sous deux différents points de vue. — On sait que la circoncision, c'est-à-dire la section circulaire du prépuce, est le baptême de la religion juive. Mais les Juifs n'ont pas eu l'initiative de cette institution. Les Egyptiens pratiquaient la circoncision; quelques peuples du continent asiatique la pratiquaient aussi. Les relations du peuple hébreu avec les Egyptiens lui en donnèrent la pensée, et il s'en servit pour marquer d'un signe indélébile *chacun* de ses enfants. Une fois adoptée, cette cérémonie devint pour la nation juive une cérémonie extrêmement importante. Elle marquait l'entrée en religion; c'était le baptême national de l'ancienne loi. Cette expression est en effet celle qui convient à la pratique initiatrice de la circoncision. La loi mosaïque n'avait pas ce caractère spirituel qui se trouve dans la loi nouvelle. Le levain matérialiste n'était pas entièrement absent des dogmes de cette ancienne religion. La venue du Christ, l'ère chrétienne, accomplit seule cette immense métamorphose. Elle créa en quelque sorte cette religion de sympathie, d'amour, d'indépendance spirituelle, d'esclavage de la matière, que les siècles précédents avaient devinée peut-être, mais sans l'avoir jamais comprise. Ainsi donc il était logique que la loi chrétienne fît consister le baptême en un signe qui ne laissât pas de trace sur l'enveloppe matérielle du corps;

tandis que la religion juive devait au contraire imprimer un signe indélébile sur chacun de ses initiés. Il y a en toute chose une logique en quelque sorte invisible, qui se traduit d'une manière régulière, constante même dans les événements qui paraissent le plus les enfants du hasard et du caprice. La réflexion permet quelquefois de pénétrer cette logique, et de la suivre dans ses dernières connexions. Un fait à remarquer encore sous le rapport de la circoncision, c'est que son institution, qui a été adoptée par quelques-uns des peuples de l'Orient, découle d'une pensée puisée dans l'hygiène. L'art médical aurait inspiré primitivement cette opération. La longueur trop considérable du fourreau qui recouvre l'extrémité de l'organe sexuel humain laisse amasser dans les replis intérieurs de cette partie des mucosités, des sécrétions glandulaires, qui peuvent devenir une cause d'irritation, surtout si on ne se livre pas fréquemment à des bains de propreté. Cette irritation, toujours faible dans nos climats, où la chaleur est tempérée, peut prendre plus d'énergie dans les pays méridionaux. Il y a une raison de plus pour qu'elle s'y développe avec une certaine intensité. Le goût des jouissances physiques est à l'état de passion dans les climats chauds, et les parties secrètes du corps, les organes sexuels, y ont une somme d'excitabilité, de sensibilité, extrêmement considérable. Ainsi d'une part la chaleur qui développe les causes d'irritation, d'autre part la sensibilité particulière au tempérament et aux organes des sensations érotiques, expliquent et justifient la circoncision. Nous pourrions pousser plus loin les considérations d'hygiène relatives à la question qui nous occupe ; mais il faudrait entrer dans des détails trop particulièrement scientifiques, et qui nous éloigneraient du sujet. Comment la circoncision se pratique-t-elle? On sait que les Juifs ont suivi fidèlement la tradition, que fidèles à la lettre ils n'ont pas voulu se confier à cet *esprit qui vivifie*. Aussi l'ancienne formule est-elle toujours suivie avec la même exactitude que dans les beaux jours de Jérusalem. Dans les synagogues modernes, on circoncit comme on le faisait dans le temple de Sion. — Un parrain et une marraine répondent de la volonté de l'enfant. Le prépuce est saisi par une pince; la section de la portion qui doit être détachée est faite en partie avec un rasoir. L'opération se termine par l'avulsion du lambeau. Cette déchirure crispe les lèvres de la plaie circulaire et diminue l'hémorragie. D'ailleurs l'opérateur applique la bouche sur la plaie saignante, et rejette le sang reçu par la succion dans un verre où il y a du vin. Lorsque le sang coule en moins grande quantité, la plaie est pansée avec des substances astringentes qui produisent vite la cicatrisation. C'est au moment où se fait la section du prépuce que se prononcent ces paroles : *Béni soyez-vous, Seigneur, qui avez commandé la circoncision.* Il se fait aussi une imposition des mains. La cérémonie se termine enfin en mouillant les lèvres de l'enfant avec le mélange de sang et de vin, et en disant ces paroles d'Ezéchiel : *J'ai dit, vis en ton sang.* On connaît peu de détails sur la circoncision des femmes juives. S'opère-t-elle en faisant une section sur le clitoris ou les lèvres de l'organe sexuel ? On n'a que des incertitudes sur le lieu d'élection du baptême féminin des Hébreux. — Il n'est pas besoin de dire que la circoncision est très-honorée chez les juifs. Cela doit être ainsi, parce que c'est le signe de leur confraternité religieuse. Par opposition, quand les enfants de Jérusalem eurent reçu la punition du crime qu'ils avaient commis sur le Calvaire, le nom de circoncis devint un terme de flétrissure et de mépris, que le genre humain adressait aux enfants dépossédés d'Israël. Pendant le moyen âge, quand la foi était animée par l'enthousiasme des croisades, les juifs étaient l'objet des malversations les plus insultantes et des persécutions les plus cruelles. Dépouiller un circoncis, le tuer, c'était faire action louable. Couverts du sang du Juste, ils ne devaient jouir d'aucune protection, et être seuls dépossédés de ce droit de fraternité humaine que le christianisme avait fait connaître. Peu à peu cette terrible réaction se calma ; mais les prophéties devaient s'accomplir. Le sceau de réprobation devait rester ineffaçable, malgré l'attiédissement de la foi et la protection des gouvernements. Aujourd'hui encore, les juifs forment un peuple au milieu d'un autre. Toujours seuls, toujours étrangers dans le coin de terre où ils ont reçu le jour, ils n'ont de frère, d'épouse, d'ami, que parmi leurs coreligionnaires. Si en France et en Angleterre ils ont droit de citoyen, il n'en est pas ainsi dans le reste de l'Europe. A Jérusalem surtout, où ils furent maîtres et où beaucoup d'entre eux vont mourir, ils sont plus esclaves que dans ce *ghetto* de Rome, où une porte se ferme sur eux comme sur des prisonniers quand l'heure du repos est sonnée. Les mahométans ont imité les juifs pour la pratique de la circoncision. Comme on le pense bien, ce n'est ni la même doctrine, ni la même forme de circoncire; mais c'est la même opération. Nous pourrons dire pour les mahométans ce que nous avons dit pour les juifs touchant les causes de ce baptême matériel. Les mahométans habitent un climat chaud et ont élevé les jouissances sensuelles au niveau d'une religion. Ces deux causes réunies devaient faire prescrire par la loi une coutume d'hygiène qui a au moins l'avantage d'affaiblir ou d'éloigner de fâcheuses conséquences. Toutefois la loi mahométane ne manque pas de précautions hygiéniques ; on sait avec quelle persistance elle ordonne à ses fidèles l'usage des ablutions. Or, avec cette pratique, qui n'a pas seulement ses avantages, mais encore ses agréments, les mahométans auraient pu se passer d'une opération qui, bien qu'elle soit utile, est loin d'être indispensable. — Nous avons à parler maintenant de la circoncision sous le point de vue chirurgical. Il y a des cas de difformité ou de maladie où il est nécessaire de la pratiquer. Le prépuce, comme on ne l'ignore pas, est une gaîne qui renferme le gland et le recouvre en quelque sorte d'un vêtement protecteur. Dans l'enfance cette gaîne est serrée à son embouchure de manière à couvrir parfaitement le gland ; plus tard, quand l'organe intérieur se développe, une dilatation proportionnelle se produit dans la gaîne, et ce qui était recouvert ne l'est plus ou ne l'est qu'en partie. Ceci a lieu dans le cas où tout se fait régulièrement. Mais il peut arriver qu'en s'élargissant la gaîne ne se raccourcisse pas, alors il y a embarras, le jet de l'urine ne peut se faire facilement, et il est nécessaire de faire l'ablation d'une certaine portion du prépuce. Autre circonstance qui exige l'opération. L'embouchure ou la partie libre de la gaîne peut rester froncée, et conserver la petitesse de son ouverture; dans ce cas les soins de propreté sont impossibles : le gland est renfermé comme dans une prison, et l'urine, avant d'être rejetée, est retenue dans l'espèce de réservoir à petite ouverture que lui forme le prépuce. Le mal s'aggrave d'autant plus que l'urine distend progressivement la gaîne qui lui fait obstacle, et on comprend que de là à une inflammation du gland et à tous les accidents qui en résultent il n'y a pour ainsi dire qu'un pas. Il n'est pas besoin de dire que dans une telle circonstance il ne faut pas temporiser, mais promptement agir. Des accidents ou des affections particulières peuvent se produire sur cette gaîne membraneuse. Parmi les accidents nous compterons les déchirures, les brûlures et tant d'autres lésions que l'événement vous fait connaître et qu'il serait très-difficile de prévoir. Parmi les affections, les ulcères vénériens, les dégénérescences cancéreuses. En traitant les plaies produites par les accidents, il ne faut pas oublier, qu'on soit obligé ou non d'enlever des portions du prépuce, qu'il faut conserver le jeu facile de la partie contenue dans celle qui la contient. Pour traiter les ulcères et les dégénérescences cancéreuses, si on n'a pas besoin de l'opération pour les uns, il faut toujours y recourir pour les autres. En travaillant à guérir des ulcérations profondes, en les cicatrisant, il faut faire en sorte que des cicatrices irrégulières ne se forment pas. Si on ne peut l'éviter, il arrive que la gaîne devient irrégulière dans son diamètre, et que son ouverture se trouve dans une position latérale, au lieu d'être dans la ligne du méat urinaire. Cette disposition exige l'intervention du bistouri. La circoncision faite d'une certaine manière, c'est-à-dire modifiée suivant les exigences des cas, détruit l'obstacle et aplanit la difficulté. Les dégénérescences cancéreuses sont toujours très-graves dans quelque partie du corps qu'elles aient pris domicile; les guérir par des médicaments, c'est une tentative louable, mais rarement efficace. Ce qu'il faut faire le plus vite possible, surtout pour les dégénérescences cancéreuses du prépuce, c'est l'opération. Cette opération ne peut jamais être régulière, ce qui est un inconvénient. Il faut circoncire, le bistouri à la main, toute l'étendue qu'occupe le mal ; il faut exciser dans les parties saines, afin qu'aucun germe de la dégénérescence ne reste dans les tissus. Il arrive, après une circoncision quelquefois complète et toujours irrégulière, qu'il n'y a plus de prépuce, ou que le gland est trop comprimé par ce qui reste de sa gaîne naturelle. Dans le premier cas, on comprend qu'il n'y a rien à faire; dans le second, il faut régulariser les parties, les dilater par des incisions et par des pansements méthodiques; mais avant tout il faut prévoir et agir en conséquence quand les nécessités du mal ont exigé l'intervention du bistouri. Je ne donnerai pas de détails sur les pansements qui doivent favoriser la cicatrisation de la plaie; ils doivent être en raison de l'étendue et de la place de la perte de substance. Il y a sans doute des règles absolues pour les pansements; mais elles sont à la merci des conditions de l'opération, c'est à l'opérateur de les modifier. Il faut que j'ajoute, avant de finir, que souvent un appareil n'est rien moins que nécessaire pour le pansement de la plaie. Pour les petites circoncisions, ou pour celles qu'on pratique sur les enfants, il n'est besoin que de cautérisations par le *nitrate d'argent*, d'un peu de charpie, et d'une bande contentive. Dr Ed. CARRIÈRE.

**CIRCONCISION DE NOTRE-SEIGNEUR JÉSUS-CHRIST**, fête qu'on célèbre le premier jour de janvier à l'honneur de la circoncision de Notre-Seigneur, auquel on imposa ce jour-là le nom de Jésus, c'est-à-dire Sauveur, nom qui lui avait été donné par un ange, avant même qu'il eût été conçu dans le sein de Marie, pour marquer qu'il sauverait le monde. On ne sait pas précisément quand cette fête commença. Le point le plus ancien qui paraisse de son érection, c'est l'ordonnance de Recceswinthe, roi d'Espagne, vers le milieu du VIIe siècle. Il est vrai que le second concile de Tours, de l'an 566, ordonne de jeûner et de célébrer la messe de la Circoncision le premier jour de janvier, pour s'opposer aux superstitions païennes qui se faisaient ce jour-là en faveur de Janus; mais cela marque moins un jour de fête qu'un jour de pénitence. Ce ne fut donc que dans le VIIe siècle que l'Eglise établit une fête réglée, sous le double titre de CIRCONCISION et d'OCTAVE DE NOEL; et l'office qu'elle a retenu pour ces deux solennités est composé d'une partie d'un troisième office qui regarde personnellement la sainte Vierge, parce que le jour de l'Octave de Noël était en quelque sorte consacré au culte de cette bienheureuse mère de Dieu longtemps avant la détermination de la fête à la pratique d'aujourd'hui. — Outre ces fêtes générales du jour de la Circoncision, il s'en trouve deux qui sont particulières à certains lieux. La première est la consécration des prémices du sang de notre Sauveur, dont le but est d'honorer le mystère du jour auquel Jésus-Christ commença le grand ouvrage de notre rédemption, par la première effusion qu'il fit alors de son sang; mais l'Église ne prétend point autoriser, par cette fête qu'elle permet, les fictions qu'on a débitées touchant la conservation du morceau qui fut retranché de la chair de Jésus-Christ par le couteau de la circoncision (*Comm. sacrosancti præputii*). La seconde fête particulière qu'on célèbre le jour de la Circoncision est celle du *Saint-Nom de Jésus*, nom qu'on ne peut ni trop craindre, ni trop aimer, ni trop respecter, ni trop invoquer. On remet cette fête, en quelques endroits, au 8 du mois, en d'autres au 14, en d'autres, au 15, etc. — CIRCONCISION se dit figurément pour marquer les Juifs, par opposition au mot de *prépuce*, qui marque les gentils ou païens. — CIRCONCISION se dit spirituellement du retranchement du péché et de l'affection au péché. La circoncision spirituelle consiste à se détacher de tous les objets de la cupidité, à renoncer à tous les mauvais désirs, à mourir continuellement au monde, à soi-même et à toutes ses passions (*V.* Baillet, *Vies des saints*, t. Ier, au 1er janvier).

**CIRCONDER**, v. a. (*vieux langage*), environner; envelopper.

**CIRCONDUIRE**, v. a. (*néol.*), mot hasardé par d'Alembert pour signifier arrondir une phrase en la prolongeant.

**CIRCONFÉRENCE** (*géom.*), ligne courbe qui renferme un cercle (*V.* CERCLE). Ce mot vient de *circum*, autour, et de *fero*, je porte. On donne quelquefois ce nom, par extension, au contour d'une courbe quelconque.

**CIRCONFÉRENCE** se dit aussi de toute espèce d'enceinte, quoiqu'elle ne soit pas parfaitement ronde. — Il se dit, en médecine, de la surface extérieure du corps.

**CIRCONFLEXE**, adj. Il s'emploie surtout avec le mot *accent*, et désigne celui des trois accents de la langue grecque qui a la figure d'une S couchée (∽). En parlant de la langue française, on appelle *circonflexe* l'accent qui est fait comme un V renversé (^), et dont on se sert principalement pour marquer les voyelles qui sont restées longues après la suppression d'une lettre : les mots *âge, blâme, fête, gîte, flûte*, etc., s'écrivaient autrefois *aage, blasme, feste, giste, fluste*, etc.; bien des personnes écrivent *gaîté, dévoûment*, etc., pour *gaieté, dévouement*, etc. — Il se dit aussi des lettres mêmes qui portent l'accent circonflexe. — En grammaire grecque, *verbes circonflexes*, verbes contractes. — CIRCONFLEXE est quelqufois substantif, mais seulement en parlant de l'accent.

**CIRCONFLEXE**, adj. des deux genres. Il a été employé figurément et plaisamment par Scarron et J.-B. Rousseau pour tortu. *Une jambe circonflexe.*

**CIRCONJACENT, ENTE**, adj. (*néol.*). Il se dit, selon quelques lexicographes pour environnant.

**CIRCONLOCUTION** (du latin *circum*, autour, et *loquor*, parler), figure qui consiste, d'après la définition de Quintilien, à dire en plus de paroles ce que l'on pourrait dire en moins. Plusieurs auteurs ont confondu la circonlocution avec la périphrase (*V.* ce mot), et d'autres ont établi entre ces deux figures des distinctions telles, que les uns ne sont pas plus près de la vérité que les autres. On a prétendu que la périphrase, dont le nom en grec forme à peu près l'équivalent du mot circonlocution en latin, offrait avec celle-ci, cette différence qu'elle ne pouvait être employée qu'en bonne part, tandis que la circonlocution devait être plutôt employée à faire des aveux pénibles et humiliants d'une façon détournée, et par les gens qui ont leurs raisons pour ne pas s'expliquer clairement. Cette distinction ne nous semble pas assez exacte à proprement parler : la vraie différence qui existe entre ces deux figures consiste plutôt en ce que l'une doit s'appliquer à un changement de langage à propos d'une locution, tandis que l'autre peut embrasser dans son emploi toute une phrase. Ainsi, par exemple, en admettant cette définition, le philosophe et le traducteur se serviront naturellement de circonlocutions pour donner plus de clarté à un mot ou à une pensée abstraite; l'orateur et le poëte se serviront de la périphrase pour éclairer, développer ou renforcer leurs descriptions. En tout cas, la circonlocution est une figure qu'il faut se garder de trop prodiguer; car, lorsqu'on peut s'en passer, l'expression simple est toujours préférable.

**CIRCONSCISSILE**, adj. des deux genres (*didact.*), qui s'ouvre par une scissure transversale circulaire.

**CICONSCRIPTION** (*botan.*), *circumscriptio*. Une ligne qu'on suppose passer par les points les plus proéminents d'un corps détermine la circonscription de ce corps. Une feuille, par exemple, quoique son contour soit interrompu par des angles rentrants ou des divisions plus ou moins profondes, est dite ovale ou réniforme ou lancéolée *dans sa circonscription*, lorsque la ligne censée passer par le sommet des principales divisions, en négligeant les angles rentrants, décrit une figure ovale, ou réniforme, ou lancéolée, etc.

**CIRCONSCRIPTION**, *circumscriptio*, espace circonscrit et limité qui borne et qui environne un autre espace ou un corps plus petit. Un corps est dans un lieu par circonscription, lorsqu'il répond tout entier à tout le lieu qui l'environne et que chacune de ses parties fait partie du lieu qu'elle occupe. La circonscription n'est pas une propriété essentielle et inséparable des corps, puisque le corps de Jésus-Christ n'est pas dans l'eucharistie par circonscription; mais qu'il est tout entier dans toute l'hostie consacrée, et tout entier aussi dans chaque partie sensible de la même hostie (*V.* CORPS, LIEU, EXTENSION EUCHARISTIE).

**CIRCONSCRIPTION** se dit aussi de la division administrative, militaire ou ecclésiastique d'un territoire.

**CIRCONSCRIRE** (*géom.*), décrire une figure autour d'un cercle ou de toute autre figure courbe, de manière que tous ses côtés soient des tangentes à la circonférence. — Les polygones réguliers, quel que soit le nombre de leurs côtés, peuvent tous être circonscrits au cercle (*V.* CERCLE, n° 15). — On se sert encore de ce terme pour exprimer la description d'un cercle autour d'un polygone. Le cercle est alors *circonscrit* au polygone, ou plutôt le polygone est *inscrit* dans le cercle. Nous renverrons aux mots CARRÉ, HEXAGONE, PENTAGONE, TRIANGLE, etc., les procédés géométriques au moyen desquels on inscrit et circonscrit ces figures.

**CIRCONSCRIRE**, v. a. donner des limites, mettre des bornes alentour. Il s'emploie rarement au propre.

**CIRCONSCRIT, ITE**, participe. — *Espace très-circonscrit*, très-resserré, fort peu étendu. — En médecine, *tumeur circonscrite*, tumeur bien distincte des parties auxquelles elle est contiguë. On dit de même, *inflammation circonscrite*.

**CIRCONSCRITE** (HYPERBOLE) (*mathém.*), courbe hyperbolique du troisième degré, qui coupe ses asymptotes, et dont les branches renferment au dedans d'elles les parties coupées de ces mêmes asymptotes.

**CIRCONSPECT, ECTE**, adj. discret, retenu, qui prend garde à ce qu'il dit, à ce qu'il fait. Il se dit également des choses où il y a de la circonspection.

**CIRCONSPECTION**, s. f. prudence, retenue, discrétion.

**CIRCONSPECTISSIME**, adj. des deux genres, très-circonspect. Superlatif qui a été hasardé par Balzac.

**CIRCONSTANCE**, s. f. certaine particularité qui accompagne un fait, une nouvelle, ou quelque chose de semblable. — En termes de pratique, *circonstances et dépendances* se dit de tout ce qui dépend d'une terre, d'une maison, d'un procès. — CIRCONSTANCES se dit aussi des conjonctures présentes, de la situation actuelle des choses.

**CIRCONSTANCES** (*rhétor.*), se dit d'un lieu commun qui comprend ce qui a rapport à la personne, à la chose, aux biens, aux moyens, aux motifs, à la manière et au temps. On divise les circonstances en trois classes par rapport au temps : celles qui précèdent une action, celles qui l'accompagnent, et celles qui la suivent.

**CIRCONSTANCE (LOI DE)** (*polit.*), se dit des lois que les pouvoirs de l'État votent et sanctionnent dans les moments où la patrie leur paraît en danger, lois qui sont ordinairement abolies ou qui tombent en désuétude lorsque le calme règne de nouveau. Les lois restrictives de la liberté de la presse ou de la liberté individuelle sont, dans un état constitutionnel, des lois de circonstance.

**CIRCONSTANCES AGGRAVANTES** (*droit crim.*). On appelle ainsi certains faits accessoires qui ont pour effet d'augmenter la criminalité d'un fait déjà qualifié crime par la loi. Ainsi, par exemple, le meurtre, lorsqu'il n'est accompagné d'aucune circonstance aggravante, n'est puni que de la peine des travaux forcés à perpétuité (Code pénal, art. 304). Mais si le meurtre a été commis avec préméditation et de guet-apens, il prend le nom d'assassinat, et est puni de la peine de mort (art. 296 et 303 Code pénal). De même le vol simple n'est passible que de peines correctionnelles ; mais s'il a été accompagné d'effraction, d'escalade, de violence, s'il a été commis sur un chemin public à main armée, toutes ces circonstances aggravent la pénalité, et entraînent la peine des travaux forcés à perpétuité ou à temps (art. 381 et suivants Code pénal). Le viol est puni de peines différentes, selon qu'il a été commis sur une jeune fille âgée de plus ou moins de 15 ans (art. 332). On pourrait citer beaucoup d'autres exemples de circonstances aggravantes ; nous en avons assez dit pour démontrer par quel système elles aggravent la pénalité du crime principal. Les circonstances aggravantes doivent faire l'objet de questions distinctes posées au jury. Ainsi, par exemple, on ne pourra demander au jury : « N*** a-t-il commis tel meurtre avec préméditation ? » Il faudra rédiger deux questions distinctes. *Première question :* « N*** a-t-il commis tel meurtre ? » *Deuxième question :* « A-t-il commis ce meurtre avec préméditation ? » — On ne pourrait non plus demander au jury : « N*** est-il coupable de tel *assassinat*, » parce que le mot *assassinat* renferme deux idées bien distinctes : le fait principal du meurtre et le fait accessoire de la préméditation. — Tel est le système de *divisibilité* qui a été imposé aux présidents des cours d'assises par l'art. 338 du Code d'instruction criminelle et par la loi du 13 mai 1836 sur le mode de vote du jury au scrutin secret. Ce que nous avons dit de la préméditation, *exempli gratia*, s'applique à toutes les circonstances aggravantes. C'est une règle générale de droit criminel qu'elles doivent faire l'objet de questions distinctes, et nombre d'arrêts de la cour de cassation (13 juillet 1837, 31 mai 1838, 26 janvier 1839, 9 janvier 1840) ont annulé des déclarations de jurys qui avaient été interrogés d'une manière *complexe* sur le fait principal et les circonstances aggravantes. Le motif de ce principe de la divisibilité, c'est que la déclaration de jury doit être l'expression indubitable de sa pensée. Or, comme le jury délibère au scrutin secret depuis les lois des 9 septembre 1835 et 13 mai 1836, on comprend facilement que si on réunissait dans une même question le fait principal et les circonstances accessoires, quelques-uns des jurés pourraient répondre *oui* à la question principale, tandis que d'autres feraient la même réponse aux questions accessoires ; de sorte qu'il se formerait une majorité factice, composée d'éléments hétérogènes. Au contraire la division classe toutes ses réponses d'une manière claire et irrécusable, et dès lors on est certain que la déclaration est l'expression sincère de la conviction collective des jurés. — Il ne faut pas confondre avec les circonstances aggravantes, les éléments constitutifs du crime. Ainsi, par exemple, dans le cas de faux en écriture de commerce, il n'y a pas lieu de faire une question séparée relativement à la qualité de négociant. En effet cette qualité n'est pas aggravante, elle est constitutive du crime ; il n'y aurait pas sans cette qualité le crime de faux en écriture de commerce. Il n'y a pas lieu de diviser non plus pour l'infanticide, car il faut que la question posée relativement à ce crime réunisse tous les éléments essentiels qu'exige la loi. Ces questions de divisibilité sont souvent délicates, et demandent une grande attention de la part des présidents des cours d'assises.

An. Is.

**CIRCONSTANCES ATTÉNUANTES** (*droit crim.*). Les circonstances atténuantes ont pour but, comme leur nom l'indique, d'atténuer la criminalité de l'accusé, et par suite de diminuer, dans des proportions que nous expliquerons plus bas, la peine applicable au fait reconnu constant par le jury. — Le Code pénal de 1810 n'admettait de circonstances atténuantes que pour les matières correctionnelles ; car son art. 463 autorisait seulement les tribunaux *à réduire l'emprisonnement et l'amende en certains cas, si les circonstances paraissaient atténuantes*. Cette disposition n'était donc pas applicable aux cours d'assises. — Ce droit fut étendu aux cours d'assises par la loi du 25 juin 1824, dans certains cas spécialement prévus par cette loi, tels que l'infanticide, les coups et blessures portés volontairement, etc. — Enfin, en 1832, lors de la révision générale du Code pénal de 1810, le système des circonstances atténuantes fut étendu à toute espèce de crimes, délits et contraventions. — Le rapporteur de la loi du 28 avril 1832, M. Dumon, expliquait ainsi les motifs de cette innovation dans la séance du 11 novembre 1831 : « Les avantages de l'adoucissement de peines autorisé par l'art. 463 sont universellement reconnus ; l'usage en est fréquent et sans dangers ; des résultats analogues doivent être obtenus par l'extension de la même faculté à l'universalité des cas. — L'extension des circonstances atténuantes à tous les cas a obtenu, dans les cours royales dont les observations ont été communiquées à votre commission par M. le garde des sceaux, un assentiment presque unanime ; quelques-uns cependant avaient voulu excepter les crimes atroces, comme le parricide, l'assassinat, l'empoisonnement. Votre commission a unanimement rejeté ces exceptions, que la grande majorité des cours royales avait déjà rejetées. Elle a pensé qu'il n'y avait pas de crimes dont, dans des circonstances rares sans doute, l'atrocité ne pût être atténuée par l'entraînement de la passion, la légitimité de la vengeance, la violence de la provocation morale ou d'incompréhensibles égarements de la raison. Elle n'a pas voulu que dans ces circonstances, où un intérêt puissant s'attacherait à un accusé dont la vie serait menacée, le jury fût condamné à ne rien accorder à cet intérêt ; elle a craint que, forcé par la loi à taire une partie de sa conviction, il ne la dissimulât tout entière, et ne s'affranchît par l'impunité d'une tâche devenue trop pénible. — Votre commission ne s'est pourtant pas dissimulé l'abus que le jury pourrait faire de ce système. Le penchant général qui depuis quelque temps entraîne le jury vers l'indulgence et même vers l'impunité peut faire craindre en effet qu'il n'use avec peu de discrétion et de mesure du pouvoir nouveau qui lui est conféré. Le remède est dans la majorité de huit voix exigée pour les circonstances atténuantes, comme pour la déclaration de culpabilité. Il est difficile de penser que la condescendance et la faiblesse suffisent pour la formation de cette majorité, surtout si l'on considère que sur ces huit voix quatre au moins ont déjà voté pour la condamnation, et fait preuve d'une fermeté qui ne doit pas être facilement ébranlée. » — D'après cette loi du 28 avril 1832, les nouveaux art. 341 du Code d'instruction criminelle et 463 du Code pénal furent ainsi rédigés : — « Art. 341. En toute matière criminelle, même en cas de récidive, le président, après avoir posé les questions résultant de l'accusation et des débats, avertira le jury, à peine de nullité, que s'il pense, à la majorité de plus de sept voix, qu'il existe en faveur d'un ou de plusieurs accusés reconnus coupables des circonstances atténuantes, il devra en faire la déclaration en ces termes : A la majorité de plus de sept voix, il y a des circonstances atténuantes en faveur de tel accusé. — Art. 463. Les peines prononcées par la loi contre celui ou ceux des accusés reconnus coupables en faveur de qui le jury aura reconnu des circonstances atténuantes seront modifiées ainsi qu'il suit : si la peine prononcée par la loi est la mort, la cour appliquera la peine des travaux forcés à perpétuité ou celle des travaux forcés à temps. Néanmoins, s'il s'agit de crimes contre la sûreté extérieure ou intérieure de l'État, la cour appliquera la peine de la déportation ou celle de la détention ; mais, dans les cas prévus par les art. 86, 96 et 97, elle appliquera la peine des travaux forcés à perpétuité ou celle des travaux forcés à temps. — Si la peine est celle des travaux forcés à perpétuité, la cour prononcera celle des travaux forcés à temps ou celle de la réclusion. — Si la peine est celle de la déportation, la cour appliquera la peine de la détention ou celle du bannissement. — Si la peine est celle des travaux forcés à temps, la cour appliquera la peine de la réclusion ou les dispositions de l'art. 401, sans toutefois pouvoir réduire la durée de l'emprisonnement au-dessous d'un an. — Dans le cas où le Code prononce le maximum d'une peine afflictive, s'il existe des circonstances atténuantes, la cour appliquera le minimum de la peine, ou même la peine inférieure. — Dans tous les cas où la peine de l'emprisonnement et celle de l'amende sont prononcées par le Code pénal, si les circonstances paraissent atténuantes, les tribunaux correctionnels sont autorisés, même en cas de récidive, à réduire l'emprisonnement même au-dessous de six jours, et l'amende même au-dessous de seize francs ; ils pourront aussi prononcer séparément l'une ou l'autre de ces peines, et même substituer l'amende à l'emprisonnement, sans qu'en aucun cas elle puisse être au-dessous des peines de simple police. » — L'art. 483 du Code pénal a appliqué aux contraventions de police le système des circonstances atténuantes. — La loi du 9 septembre 1835 a modifié la majorité nécessaire pour prononcer la culpabilité. Sous le Code de 1832, il fallait plus de sept voix, c'est-à-dire huit voix contre quatre ; le législateur n'a plus exigé que la simple majorité de sept voix contre cinq. Cette modification a été appliquée aux circonstances atténuantes qui peuvent être prononcées à sept voix contre cinq. — Il y a des exceptions au principe des circonstances atténuantes. Il n'est pas applicable aux délits spéciaux, par exemple aux délits forestiers (Code forestier, art. 203), ni aux délits militaires (arrêt de cassation du 2 mars 1833, malgré les conclusions de M. le procureur général Dupin). En matière de délits justiciables de la cour d'assises, par exception, ce n'est pas au jury, mais aux magistrats de la cour à apprécier les circonstances atténuantes (arrêts de cassation des 27 septembre 1833 et 15 mars 1838). — Les circonstances atténuantes ne font pas l'objet d'une question distincte posée au jury; mais le président des assises l'avertit qu'il peut en admettre. Cet avertissement doit être donné à peine de nullité des débats et de l'arrêt de cassation. — Si le jury est d'avis de ne pas admettre des circonstances atténuantes, il ne doit pas le déclarer, mais se borner au silence, qui équivaut, dans ce cas, à une déclaration négative. — Le jury a-t-il abusé de la faculté de déclarer des circonstances atténuantes? c'est une question que l'histoire criminelle de ces derniers temps peut résoudre. Mais quand même il se serait montré quelquefois trop facile, l'excès contraire n'aurait-il pas été plus déplorable encore? An. Is.

**CIRCONSTANCE** (PIÈCES DE). La passion, la flatterie et la malignité font naître ces ouvrages dont le succès est souvent éphémère, et qui ont souvent coûté des regrets à leurs auteurs, quand les héros qu'ils avaient chantés sont tombés, quand les hommes qu'ils avaient sacrifiés à leurs épigrammes sont devenus puissants, ou quand les circonstances, si variables dans les temps de révolutions, avaient changé les idées de la multitude. C'est ce qui est arrivé en France depuis un demi-siècle, que tant de gouvernements se sont succédé. Soit par flexibilité de talent, soit par mobilité d'opinions, on a remarqué que les auteurs des pièces de circonstance avaient souvent été les mêmes sous tous les régimes. On peut consulter à cet égard le *Dictionnaire des girouettes* et le *Dictionnaire des protées modernes*.

**CIRCONSTANCIEL, ELLE**, adj. (*gramm.*). Il se dit quelquefois des mots qui indiquent certaines modifications des temps du verbe.

**CIRCONSTANCIER**, v. a. marquer, détailler les circonstances.

**CIRCONSTANTIONNER**, v. a. (*vieux langage*), circonstancier.

**CIRCONVALLATION** (LIGNE DE), ceinture défensive dans l'intérieur de laquelle campe une armée de siége. Elle est formée d'une suite continue ou discontinue d'ouvrages de fortification passagère. Quand le siége d'une place est décidé, le général en chef envoie des officiers du génie reconnaître le terrain pour établir ensuite le projet des lignes. Ce projet, présenté au général en chef, est par lui arrêté. L'armée de siége vient ensuite s'établir entre la ligne de *circonvallation* et celle de *contrevallation*. L'objet de la ligne de circonvallation est d'arrêter les secours qu'on tenterait d'introduire dans la place, et d'opposer un obstacle matériel aux coups de main de l'armée de secours. Il résulte de là que les défenses de la circonvallation doivent être tournées en dehors. Pour que les camps soient hors de la portée du canon, cette ligne se trace à 3,000 mètres environ de la place. Il est dangereux d'attendre un ennemi dans ses lignes, parce qu'on s'expose à être battu, et qu'on a peu de chances pour vaincre (*V.* RETRANCHEMENTS).

**CIRCONVENIR**, v. a. employer des moyens artificieux auprès de quelqu'un pour le déterminer à faire ce qu'on souhaite de lui.

**CIRCONVENTION**, *circumventio*, *deceptio*, tromperie, surprise, dol personnel (*V.* CONTRAT).

**CIRCONVOISIN, INE**, adj. Il n'est guère d'usage qu'au pluriel, et ne se dit que des lieux, des choses et des personnes collectivement, qui sont proches et autour de celles dont on parle.

**CIRCONVOLANT, ANTE**, adj. Il s'est dit autrefois pour signifier qui vole autour.

**CIRCONVOLUTION** (*géom.*), On emploie quelquefois ce mot à la place de *révolution*. C'est ainsi qu'on dit, par exemple, qu'un *cône* est formé par la *circonvolution* ou par la *révolution* d'un triangle rectangle autour de l'un des côtés de son angle droit.

**CIRCONVOLUTION** se dit aussi, en termes d'anatomie, des contours que forment les intestins dans l'abdomen, et des saillies sinueuses du cerveau et du cervelet dans le crâne.

**CIRCONVOLUTION**, s. f. (*musiq.*), ornement du plain-chant, qui se faisait en insérant trois notes entre la pénultième et la dernière note de l'intonation (*V.* PÉRIÉLÈSE).

**CIRCOS** (*ornithol.*). On a donné ce nom à des pointes d'oursins fossiles faites en poires.

**CIRCOS** (*ornithol.*) (*V.* CIRCUS).

**CIRCUIR**, v. a. (*vieux langage*), faire le tour.

**CIRCUIT**, s. m. enceinte, tour. Il signifie aussi détour. — Figurément, *Circuit de paroles*, tout ce que l'on dit avant que de venir au fait.

**CIRCUIT**, s. m. (*littér.*). Il se dit, en rhétorique, d'un discours qui appelle l'attention, d'une manière détournée, sur des choses dont on ne veut point traiter directement.

**CIRCUIT D'ACTIONS** (*jurispr.*), série d'actions dirigées successivement contre différentes personnes, de manière à donner lieu à une action récursoire des unes contre les autres.

**CIRCUITION**, s. f. mot que Montaigne a employé dans le sens de contour, enveloppe.

**CIRCUITION** (*néol.*), action de tourner autour d'une chose; détour.

**CIRCULAIRE** (*géom.* et *astron.*), tout ce qui a rapport au cercle. C'est ainsi qu'on appelle *arc circulaire* un arc ou portion de la circonférence d'un cercle; *secteur circulaire* une partie d'un cercle comprise entre deux rayons et l'arc intercepté; *mouvement circulaire* le mouvement d'un corps autour d'un cercle, etc. — On donnait anciennement le nom de *nombres circulaires* à ceux dont toutes les puissances se terminent par le chiffre qui les exprime : ainsi 5 et 6 étaient des nombres circulaires, parce que toutes leurs puissances 25, 125, 625, etc., 36, 216, 1296, etc., se terminent par ces nombres mêmes.

**CIRCULAIRE** (PARTIE). On emploie fréquemment cette dénomination dans l'architecture, et elle s'applique le plus souvent aux plans des édifices. On appelle donc *parties circulaires* tout plan ou toute portion de plan formée soit par un cercle, soit par une portion de cercle. — Sans doute les *parties circulaires* introduites dans le plan d'un édifice y donnent du mouvement, de la variété, et semblent en augmenter l'étendue. Nous avons déjà vu, à l'acticle CARACTÈRE, qu'il y a des édifices qui non-seulement comportent, mais exigent, par le genre que prescrit leur destination, l'emploi de la force *circulaire* à l'extérieur. Indépendamment des cas dont on a parlé, on ne saurait nier que le plaisir de la variété ne puisse souvent motiver, dans le plan d'un grand ensemble, une alternative de lignes droites ou courbes; mais ici, comme dans tout le reste, la variété ne plaira qu'autant qu'on ne s'apercevra point qu'on l'a cherchée. Disons en général que la ligne droite, en même temps qu'elle est la plus naturelle, est celle qui donne aux masses d'un édifice le plus de simplicité, par conséquent de grandeur et de sévérité. Il y a toujours dans les lignes courbes ou demi-*circulaires* d'un plan ou d'une élévation quelque chose qui sent la mollesse et nuit au sentiment de la grandeur et de l'unité.

**CIRCULAIRE** ou **LETTRE CIRCULAIRE**, se dit de plusieurs lettres écrites dans les mêmes termes, et adressées à différentes personnes pour le même sujet.

**CIRCULAIRE** (LETTRE) (*hist.*) se disait des lettres par lesquelles les princes ou les évêques ordonnaient de fournir à ceux qui voyageaient par leurs ordres toutes les choses nécessaires à leur subsistance.

**CIRCULAIRES** (FONCTIONS) (*mathém.*), se dit des sinus, cosinus, tangentes, etc.

**CIRCULAIRES MINISTÉRIELLES.** Les circulaires ministérielles sont de simples avis ou instructions adressées par les agents supérieurs et responsables du pouvoir exécutif à leurs subordonnés, à l'effet d'éclairer l'interprétation des lois et règlements en la forme et sous le rapport administratif seulement. Elles ne peuvent, vis-à-vis des citoyens étrangers à l'ordre administratif, créer des devoirs ni enlever des droits. — Un décret du 17 janvier 1814 fait connaître que les ministres eux-mêmes donnent à ces circulaires le nom de *solutions*, et que, par exemple, les circulaires du ministre des finances n'ont pour but que « de guider les préposés dans le mode de perception, et de fixer l'incertitude de l'administration sur le sens dans lequel elle doit défendre les dispositions de la loi devant les tribunaux ; que le ministre n'a jamais entendu que les opinions qu'il lui transmettait ainsi dussent faire règle absolue pour les redevables, ni les enlever à leurs juges naturels. Que si les citoyens se croient lésés par les solutions dont il s'agit, ils doivent porter leurs réclamations devant les tribunaux ordinaires, qui seuls peuvent statuer selon leur conviction, et sans prendre ces solutions pour guides. » — C'est par ces motifs que le décret a rejeté le pourvoi au conseil d'Etat, formé par des éditeurs et marchands de musique, contre deux circulaires du ministre des finances, donnant des instructions à la régie sur la manière de liquider le droit de timbre sur les papiers de musique, et a réservé à ces éditeurs le droit de se pourvoir devant la juridiction compétente, si les perceptions leur semblaient illégales. — La jurisprudence a décidé dans le même sens, et a reconnu que les circulaires ministérielles n'étaient aucunement obligatoires pour les tribunaux (*V.* notamment deux arrêts, l'un de la cour de cassation du 11 janvier 1816, l'autre de la cour royale d'Amiens du 31 décembre 1824, Recueil de Sirey, t. XVI, I<sup>re</sup> partie, p. 366, et t. XXV, II<sup>e</sup> partie, p. 190). An. Is.

**CIRCULAIREMENT**, adv. d'une manière circulaire, en rond.

**CIRCULANT, ANTE**, adj. qui est en circulation.

**CIRCULATEUR**, s. m. Il s'est dit autrefois, selon Cotgrave, dans le sens de charlatan, bateleur. — Molière l'a employé pour imiter le langage des pédants de son époque, dans le sens de partisan de la circulation du sang : *J'ai contre les circulateurs soutenu une thèse*, dit Thomas Diafoirus.

**CIRCULATION**, s. f. mouvement de ce qui circule. Il signifie, par extension, la facilité de passer, d'aller et de venir. Dans ce sens, il ne se dit guère qu'en parlant de la voie publique. — On dit quelquefois, dans un sens analogue, *La circulation de l'air*. — Par extension, *Mettre un écrit en circulation*, le répandre, le livrer au public. — Figurément, *Mettre en circulation des idées nouvelles*, les répandre dans le public.

**CIRCULATION**. En économie politique, ce mot exprime deux opérations distinctes, quoique corrélatives : l'une embrasse le transport des produits du travail qu'effectue le commerce dans leur long trajet du producteur au consommateur; l'autre consiste dans l'emploi des valeurs qui servent au payement des produits à chaque mutation du producteur au marchand, des marchands entre eux, et du marchand en détail au consommateur. — Les principes régulateurs de ces deux circulations font nécessairement partie de ceux qui dirigent le commerce dans toutes ses ramifications, et de ceux qui établissent la nature, l'espèce et les effets des valeurs. On ne peut donc les présenter ici dans toute leur étendue sans sortir du sujet, ni les restreindre à ce qui concerne l'une et l'autre circulation sans les morceler, et par conséquent sans altérer la force et la clarté qui résultent de leur liaison, de leur enchaînement et de leur ensemble. C'est donc aux mots COMMERCE et VALEUR qu'il faut chercher la théorie de la circulation en économie politique.

FIN DU SEPTIÈME VOLUME.

www.ingramcontent.com/pod-product-compliance
Lightning Source LLC
Chambersburg PA
CBHW060541280326
41932CB00011B/1368

* 9 7 8 2 0 1 2 5 4 1 9 6 2 *